アイゼンク教授の心理学ハンドブック

マイケル W. アイゼンク【著】
【日本語版監修】山内光哉
白樫三四郎＋利島 保＋鈴木直人
山本 力＋岡本祐子＋道又 爾【監訳】

PSYCHOLOGY
A STUDENT'S HANDBOOK
Michael W. Eysenck

ナカニシヤ出版

PSYCHOLOGY: A Student's Handbook

by

Michael Eysenck

Copyright ⓒ 2000 by Psychology Press Ltd.

All Rights Reserved. Authorised translation from English language edition published by Psychology Press, a member of the Taylor & Francis Group.

Japanese translation published by arrangement with Taylor & Francis Group Ltd through The English Agency (Japan) Ltd.

原著者日本語版序文

　本書を書くことは，大きな挑戦であった。そのため，本書は私のこれまでのいかなる書物よりもずっと長いものとなっている。心理学の主要領域を徹底的に覆うためには，そうなるのは避けがたいことであったろう。本書を執筆することでの私の努力は，ウルトラ・マラソン——全長57マイルにもわたる——として知られる種目を走り抜ける競技の選手の努力に比することができる。私と同じように，彼らは自分の課題を完遂したとき，消耗し果てたのだった！

　最近の数十年間の心理学の中での主要な変化の一つは，文化差に次第に重きを置かれるようになったことである。このことは，とても好ましいことである。あまりに長きにわたって，アメリカの大学生の行動が，驚くほど多様な文化の中に住むすべての年齢の人々を代表すると仮定されてきた！　この仮定が幾度となく反証されてきたことは，驚くにあたらない。本書を執筆するうえでの目標の一つは，心理学のほとんどすべての領域にみられる文化差に，適切に注意を払うことであった。

　本書が世に出るうえで，多くの方々が大切な役割を演じられた。その方々の中には，私の妻クリスチーヌ，サラ・バックル，ロズ・ブロデイ，ジョン・ガモン，サイモン・グリーン，マイク・スタンレーおよびポール・ハンフレーズ氏がおられる。さらに，ジョン・ヴァレンタイン，ステーヴ・アンダースン，およびロンドン王立ホロウェイ大学の心理学部のマルコ・シニレラさんたちには，有益なご指導をいただいた。また，「サイコロジイ・プレス社」の管理にあたられるマイク・フォスター氏に，感謝の意を表するものである。氏は，私が書こうとする書物について，良い考えの淀みなき流れを考えつくという巧みわざをもっておられる。より重要なことは，実に20年以上の長きにわたって私の著述活動を強力に支えられ，そのことで私の前進を勇気づけていただいたということである。

　私はまた山内光哉氏に感謝を捧げる。彼は，（同僚たちとともに）本書の日本版翻訳の責務にあたられた。優れた訳と確信しているが，日本語を少しも知らないので，私には知りがたい！　日本は，心理学においてますます重要な国となっている。彼らの努力で，彼ら自身の言葉で多くの日本の心理学徒と交流することができるのは私にとって嬉しいことである。

　最後に，本書を執筆中，全面的な支持を与えてくれた私の家族に感謝したいと思う。その支持がなかったら，私の生活はつまらない

ものになっただろうし，本書も書かれないままになったであろう。本書を，私のいとしい息子，ウィリアムに捧げる。彼は，私が本書を執筆していたときも，心理学の諸々の不思議なことを調べるよりもギターの演奏に興味をもっていたのだが。

マイケル　W．アイゼンク

著者紹介

　マイケル W. アイゼンク（Michael W. Eysenck）は，著名な英国の心理学者の一人である。彼は，英国における一流の学部である，ロンドンの王立ホロウェイ大学の心理学の教授であり学部長である。アイゼンクの学問的な主要関心事は，認知心理学であり，その多くの研究は健常・臨床の母集団における認知的要因に焦点が当てられている。彼はクリスタル・パレスおよびウィンブルドンフットボールを支援しているが，それを彼はおそらくとても賢いことだとは感じていない。

　アイゼンクは，多くの著書を物しており，「サイコロジイ・プレス社」が出版したこれまでのテキストには，次のようなものがある。『やさしい心理学』（*Simply Psychology*, 1996），『認知心理学：学生のためのハンドブック』（*Cognitive Psychology: A Student's Handbook,* 5th ed., 2005, マーク・キーンと共著），『心理学展望』（*Perspectives on Psychology,* 1994），『個人差：健常と異常』（*Individual Differences: Normal and Abnormal,* 1994），『認知心理学の原理』（*Principles of Cognitive Psychology,* 3rd ed., 2002），および『心理学：国際的展望』（*Psychology: An International Perspective,* 2004）。

　彼はまた，次のような研究モノグラフを書いている。「不安と認知：一つの統一理論」（*Anxiety and Cognition: A Unified Theory,* 1997），および，「不安：認知的展望」（*Anxiety: The Cognitive Perspectives,* 1992）。ならびに，一般向けの本，『幸福：事実と神話』（*Happiness: Facts and Myths,* 1991）もある。

謝　辞

編集顧問	Evie Bentley（7, 8, 9, 10 章）
	Sara Berman（19 章）
	Anne Brazier（11 章）
	Roz Brody（21 章）
	Eleanor Brown（29, 31, 32 章）
	Mike Dobson（3, 18 章）
	Perry Hinton（32 章）
	Judith Lee（12, 13, 15 章）
	Diana Pilcher（14, 23, 24, 26, 28 章）
	Emma Robson（5, 6, 20, 22章）
	Julie Searing（2, 4, 16, 17, 25, 27, 30 章）
復習問題	Paul Humphreys
コピー編集者	Jenny Millington
校正読者	Michael Wright
黙読者	Liz Farrant
机上編集者	Mark Fisher
人名索引製作者	Ingrid Lock
項目索引製作者	Christine Boylan
編集管理者	Sarah Webb
編集業務者	Paul Dukes
計画業務者	Tanya Sagoo
頁デザインおよび植字設定	John Stevens, Facing Pages, Southwick
製図および漫画	Sean Longcroft, Foghon Studio, Brighton
線図	Ray Hollidge & Mike D'Malley, Chartwell
写真専任	Bipinchandra Mistry, Brighton
カヴァー・デザイン	Leigh Hurlock, Hurlock Design, Lewes
印刷者	Midas Printing（UK）Limited, London

ウィリアム
（および　他の偉大なギタリスト
エリック・クラプトン　と　ジミ・ヘンドリックス）
に愛をこめて

賢明になることの技術は
何を看過すべきかを知る技術である
　　　──ウィリアム・ジェームズ

日本語版監修者序文

　本書は，英国の心理学の図書出版で著名な専門書店「サイコロジイ・プレス社」の，アイゼンク教授の著述，*Psychology: A student's handbook*（2000年刊行）の全訳である（ただし，18章はやや抄訳）。
　本書の著しい特色の一つは，この千頁にも及ぶ現代心理学の入門書が，ただ一人の研究者によって書かれたということである。過去において，心理学のテキストが一人の学者によって物されたということは，洋の東西においてなかったわけではない。しかし，心理学の領域が広くなり，また研究が深く行われてきた現在，そのような試みは不可能と思われてきた。心理学の重要な諸領域を覆うとすれば，どうしても何人かの専門家の手によらなければならないと，考えてしまうであろう。だが，それに反し本書において，アイゼンク一人の手でこの仕事をやってのけたということは，まさに驚異に値する。序文でも著者自身が告白しているように，それは競技にたとえれば，ウルトラ・マラソンにも比すべき営みであったにちがいない。
　本書は英語圏において，信頼の置ける，読みやすいテキストとして，アイゼンクの諸々の著書の中でもとりわけ評価の高いものである。そして，心理学のすべての主要領域，すなわち発達心理学，社会心理学，比較心理学，生物学的心理学，異常心理学，認知心理学，心理学の大きな視野，および諸々の研究法にわたって，単なる概論書以上に深く書き込まれている。したがって，本書の原名通りでは，「学生のためのハンドブック」であるが，心理学を教える方にも有用と思えるので，邦訳名は，単に「心理学ハンドブック」とした次第である。
　そしてまた，心理学を学ぶことは，知識を獲得するだけではなく，「評価」できることでなければならない，とする著者の強い主張に基づき，本書では，主要な章は次のように構成されている。

　　　理論　（theory: T）
　　　根拠　（evidence: E）
　　　評価　（evaluation: E）

　それゆえ頭文字をとって，TEEアプローチという。
　さらに，理解を深めるためのいろいろな工夫，鍵となる用語，そしてこれまでの鍵となる諸研究の評価，読者自身がやってみる研究

課題，復習問題，そして（参考のためとしてあるが，おそらくなるべく独断に至らないためであろう）個人的な感想も含まれている。また，多くの写真，図表，漫画も随所に点綴されている。

　原書は，手堅いブリティシュ・イングリシュでしたためられているが，もちろん，訳文でその風韻を伝えることはできない。私たちは，むしろできるだけわかりやすい訳文になるよう努力した。そのため，長めの原文は，分けて訳す等の試みも行い，通常の訳では意味が通じないと思ったところは，あえて大きく意訳を試みた。また，諺などわが国に対応するものは，読み替えた（例：「船頭多くして船山に上る」など）。また，明らかに著者の思い違いと思われる小さな箇所は改めた。さらに，わかりやすくするため，章によっては短い訳注を括弧して付加したところもある。このような訳文を作り，図表も多く錯綜し，必ずしも容易ではない版の組み立てなど，書肆の懸命な努力にもかかわらず，企画して以来6年の星霜が流れた。しかし，もとより人間の仕事である。不行き届きの点もあろうかと思う。諸賢のご指摘もまた仰ぎたいと念じるものである。

　さらに，原文中に英国で用いられている working class（労働階層），middle class（中流階層）など，わが国ではややもすれば差別と受け取られる言葉も目にした。しかしあえて原文を尊重してそのまま訳出した。読者のご諒承を得たいと願うものである。

　なお，アイゼンク教授の主要研究について言えば，健常・臨床的母集団についての認知的要因に関する研究が中心となっており，特に不安と認知にわたっての交差的な諸研究が注目される。したがって，教授の研究をあえて評するならば「温かい」そして「やわらかい」認知心理学だと言えよう。私事にわたるようだが，私は，1982年ロンドン大学で彼と情報交換をしたことがあるが，とても親切な，そのようなやさしい人柄であるように思えた。しかしそのときにはまだ今のような大物書きになるとは予想していなかった。

　また教授は，英国心理学界の代表的な一人であり，現在ロンドン王立ホロウェイ大学の心理学部長でもある。

　教授の著書の数は，30冊以上にも及ぶ。その点，行動療法で著名であった父君ハンス J. アイゼンク（Eysenck, H. J.）教授にひけをとらない多産ぶりである。質的にも優れており，多くの読者を獲得していることは，インターネット上からもうかがえる。ただ，マイケル氏の方は，行動主義とは一定の距離を置いた認知心理学者である

のだが。

　教授の何冊かの著書は，邦訳されている。たとえば，最近のものとしては，『認知心理学事典』（新曜社）がある。

　教授の最近の幾つかの著書に，類書にみられない響きをもつ一つの主張がある。それは，心理学は，アメリカの大学生のみのものであってはならない，という主張である。その見解は，実際大きく結実し，*Psychology: An international perspective*（2004年）という一書となったので，本訳書と併読されれば，一層理解を深めることができよう。

　本訳書が計画されて，多くの人々が参加され，大きな力となった。私自身は別として，わが国の心理学界の第一線で活躍されている先生方が監訳者として参加され，同僚・門下の方々が，ご多忙中にもかかわらずこころよく，この訳業に加わっていただいたことは，望外の幸せとしなければならない。その中でも，監訳者の一人である畏友，白樫三四郎氏には，訳の成立について多くの有用な示唆をいただいたことに感謝したい。

　また監修者の先輩にあたる広島大学名誉教授の山本多喜司先生からは，本書の成立にあたって当初から懇切な庇護とご指導をいただいたことを感謝の意を込めて特記するものである。

　アイゼンク教授には，多忙の中日本版のための序文をいただいたことに感謝するものである。

　もとより，書肆ナカニシヤ出版の，全社あげての支援がなかったなら，この本は成立しなかったであろう。中西健夫社長の温かい眼差しを私たちは強く意識した。そしてまた，編集部長の宍倉由高氏は，この事業が始まって終わるまで，多大な労力を惜しみなく与えられた。また，当社の山本あかね様は，本書の成立に少なからぬ助力を与えられた。また，オックスフォード大学生のクレアさんからは，英語や英国の慣習についていろいろご教示をいただいた。これらの方々に深甚の謝意を表するものである。

　　2008年 春きざすとき

　　　　　福岡にて

　　　　　　　訳者を代表して山内光哉しるす

目　次

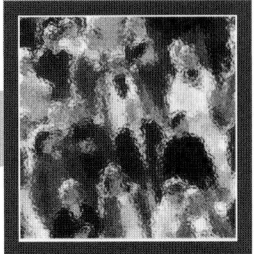

原著者日本語版序文	i
著者紹介	iii
謝　辞	iv
日本語版監修者序文	vii

第 1 章　心理学とは何か　2
　　心理学の多様性　3
　　心理学における方法　6
　　「心理学は常識にすぎない」のか　6
　　心理学を学ぶ　9
　　感　想　16
　　要　約　16
　　参考書　17

第 2 章　心理学のさまざまなアプローチ　18
　　精神力動的アプローチ　20
　　行動主義的アプローチ　29
　　人間性心理学的アプローチ　36
　　認知的アプローチ　40
　　自由意志論　対　決定論　44
　　還元論　47
　　感　想　52
　　要　約　53
　　参考書　55
　　復習問題　55

第 3 章　神経系　56
　　神経系　57
　　内分泌系　64
　　中枢神経系，末梢神経系，内分泌系の影響　68
　　神経細胞とシナプスの活動　71
　　薬物と行動　77
　　感　想　90
　　要　約　90
　　参考書　92
　　復習問題　92

第 4 章　大脳皮質機能　94
　　非侵襲的方法　95
　　侵襲的方法　101
　　機能の局在化　104
　　半球非対称性　108
　　視知覚の構造と処理過程　118
　　色　覚　125
　　感　想　129
　　要　約　129
　　参考書　131
　　復習問題　131

第 5 章　アウェアネス　132
　　体のリズム　133
　　睡　眠　140
　　睡眠の理論　145
　　夢を見る　148
　　意　識　154
　　催　眠　159
　　感　想　169
　　要　約　170
　　参考書　171
　　復習問題　172

第 6 章　動機づけ，情動，およびストレス　174
　　動機づけ　175
　　動機づけの理論　183
　　情　動　190
　　情動の理論　194
　　ストレス　201
　　ストレス低減法　210
　　感　想　216
　　要　約　216
　　参考書　219
　　復習問題　219

第 7 章　進化と行動　220
　　行動の進化　221
　　資源の競争　232
　　捕食者－被捕食者の関係　239
　　共生関係　246
　　感　想　248

要　約	249
参考書	250
復習問題	250

第 8 章　繁殖戦略　252

有性生殖と親としての投資	253
性淘汰	259
配偶システムと親としての養育	267
親子間コンフリクト	275
感　想	281
要　約	281
参考書	283
復習問題	283

第 9 章　血縁関係と社会的行動　284

利他性	285
社会性	295
刻印づけ	303
絆	305
信号システムとコミュニケーション	307
感　想	316
要　約	316
参考書	318
復習問題	319

第 10 章　行動分析　320

古典的条件づけ	322
オペラント条件づけ	326
捕　食	334
帰巣と移住	340
動物の言語	345
人間の行動に関する進化論的説明	351
感　想	360
要　約	361
参考書	363
復習問題	363

第 11 章　知覚過程　364

知覚発達	365
知覚の体制化	372
空間あるいは奥行き知覚	377
視覚の恒常性	380
パターン認識	383
知覚に関する説	389
個人的, 社会的, 文化的多様性	399
感　想	404
要　約	405
参考書	406
復習問題	407

第 12 章　注意とパフォーマンス　408

聴覚における注意の焦点化	410
視覚における注意の焦点化	418
注意の分配	422
自動的処理	428
アクションスリップ	433
感　想	438
要　約	439
参考書	440
復習問題	441

第 13 章　記　憶　442

記憶貯蔵庫	444
作動記憶	449
記憶過程	451
長期記憶	455
長期記憶における情報の体制化	459
なぜ, 私たちは忘却するのか	467
実用的応用	475
感　想	483
要　約	483
参考書	484
復習問題	485

第 14 章　言語と思考　486

言語獲得	487
言語理解	496
言語産出	503
推　論	511
意思決定と判断	520
言語と思考	526
感　想	534
要　約	534
参考書	536
復習問題	536

第 15 章　初期の社会化　538

社会性	539
愛　着	544
剥奪の影響	553
強　化	560
子育てにおける異文化間の相違	566
感　想	574
要　約	574
参考書	576
復習問題	576

第 16 章　認知発達　578

ピアジェの理論	579

ヴィゴツキーの理論	593	
情報処理的アプローチ	598	
教育への実践的応用	602	
知能テストの成績の発達	609	
感　　想	616	
要　　約	617	
参 考 書	618	
復習問題	618	

第17章　社会的行動の発達　620
　　道徳的発達　621
　　性役割発達　635
　　自己の発達　649
　　感　　想　661
　　要　　約　661
　　参 考 書　662
　　復習問題　662

第18章　青年・成人・老年期　664
　　青年期　665
　　成人期の人格変化　673
　　老年期への適応　679
　　成人期のライフイベント　687
　　感　　想　696
　　要　　約　696
　　参 考 書　698
　　復習問題　698

第19章　社会的認知　700
　　社会的認知の諸理論　701
　　帰属理論　711
　　偏見と差別　720
　　ステレオタイプ　722
　　偏見の理論　726
　　偏見と差別の低減　732
　　感　　想　739
　　要　　約　739
　　参 考 書　741
　　復習問題　741

第20章　社会的関係　742
　　好意と愛情　744
　　対人関係の諸理論　745
　　対人関係の形成　753
　　関係の維持　758
　　関係の解消　762
　　対人関係の構成要素　768
　　ポストモダン的接近法　771
　　個人的，社会的，文化的多様性　773

対人関係の効果　779
感　　想　784
要　　約　784
参 考 書　786
復習問題　786

第21章　社会的影響　788
　　同　　調　789
　　権威に対する服従　798
　　独立的行動　805
　　社会的勢力　807
　　リーダーシップ　811
　　集合行動　820
　　感　　想　829
　　要　　約　829
　　参 考 書　832
　　復習問題　832

第22章　向社会的行動と反社会的行動　834
　　愛他性と共感性　836
　　傍観者介入　846
　　攻　　撃　853
　　攻撃行動の低減と，コントロール　866
　　行動におけるメディアの影響　869
　　感　　想　874
　　要　　約　875
　　参 考 書　877
　　復習問題　877

第23章　非定型的発達　878
　　学習困難　880
　　身体障害と感覚障害　887
　　注意欠陥・多動性障害　897
　　自 閉 症　902
　　発達性失読症　907
　　感　　想　911
　　要　　約　912
　　参 考 書　913
　　復習問題　913

第24章　異常モデル　914
　　異常とは何か　915
　　分類しなければならないのか　920
　　分類システム　924
　　異常モデル　930
　　文化差と下位文化差　943
　　感　　想　952
　　要　　約　952
　　参 考 書　954

第25章　精神病理学　956

- 復習問題　954
- 原因となる要因　957
- 精神障害の類型　958
- 統合失調症　959
- うつ病　968
- 恐怖症　976
- 心的外傷後ストレス障害　987
- 摂食障害　992
- 感　想　1002
- 要　約　1002
- 参考書　1004
- 復習問題　1004

第26章　心理療法のアプローチ　1006

- 精神力動的心理療法　1007
- 身体療法　1012
- 人間性心理療法　1019
- 行動療法　1021
- 認知療法　1026
- 認知行動療法　1029
- 治療の効果　1030
- 心理療法における倫理的問題　1042
- 感　想　1050
- 要　約　1051
- 参考書　1053
- 復習問題　1053

第27章　個人差　1054

- 知能検査　1055
- パーソナリティ検査　1066
- パーソナリティの特性理論　1074
- 感　想　1083
- 要　約　1084
- 参考書　1085
- 復習問題　1086

第28章　心理学における諸論争　1088

- 広告，プロパガンダ，心理戦　1089
- 心理学は科学か？　1104
- 文化的多様性とバイアス　1115
- ジェンダー(gender)とバイアス　1119
- 感　想　1123
- 要　約　1123
- 参考書　1125
- 復習問題　1125

第29章　倫理的問題　1126

- 研究協力者の使用　1127
- 動物の使用　1138
- 社会的にデリケートな研究　1149
- 社会的にデリケートな研究領域　1153
- 感　想　1158
- 要　約　1158
- 参考書　1160
- 復習問題　1160
- 人間を研究協力者とする研究を行うための倫理綱領　1162

第30章　心理学的研究法　1166

- 実験法　1167
- 準実験　1175
- 相関研究　1177
- 自然観察法　1179
- 事例研究　1182
- 面接法　1185
- ディスコース分析　1188
- 感　想　1191
- 要　約　1191
- 参考書　1193
- 復習問題　1193

第31章　実験計画　1194

- 目的と仮説　1195
- 研究協力者の選択　1198
- 実験の適切な実施について　1202
- 実験計画法　1205
- 非実験的な計画の適切な実施について　1207
- 実験的研究に関する問題　1214
- 研究に関する一般的な問題　1219
- 感　想　1223
- 要　約　1223
- 参考書　1225
- 復習問題　1225

第32章　データ分析　1226

- データの質的分析　1227
- 面接，事例研究，観察の解釈　1230
- 内容分析　1233
- 量的分析：記述統計　1236
- データの提示方法　1241
- 統計的検定　1244
- 実験的妥当性と生態学的妥当性の問題　1257
- 論文を書く練習をしてみよう　1259
- 感　想　1261
- 要　約　1261

	参　考　書	1263	付録3：ウィルコクスンの符号つき	
	復習問題	1263	順位検定	1274
			付録4：スピアマンのロー検定	1275
付　　録		1266	付録5：カイ2乗検定	1276
	使用する検定法を決めるには	1267		
	表の用い方	1268	引用文献	1277
	助　　言	1269	人名索引	1325
	付録1：マン–ホイットニーのU検定	1271	事項索引	1342
	付録2：符号検定	1273	Illustration Credits	1359

アイゼンク教授の心理学ハンドブック

- **心理学の多様性**：心理学者が使用する種々なアプローチの要約。
    説明の水準
    社会心理学
    比較心理学
    生物学的心理学
    異常心理学
    認知心理学
    発達心理学

- **心理学における方法**：私たちは，どんな方法が最も有効であるかということについて言いうるか。
    種々な技法

- **「心理学は常識にすぎない」のか**：なぜ心理学は，「常識にすぎない」という以上のものか。
    通常の信念と諺(ことわざ)
    服従に関するミルグラムの所見
    後知恵に関するフィシュホフの研究

- **心理学を学ぶ**：どのような勉強の技法が，読者を心理学において成功させるのに，最も有効であろうか。
    本書の構成
    TEE アプローチ：理論，根拠，評価
    本書の特色
    動機づけと問題設定
    読みへの SQ3R アプローチ
    成功のための時間管理と計画
    成功のための助言

心理学とは何か

　まずはじめに，心理学とは何かということを考えてみよう。最もありふれた心理学の定義は，心理学は行動の科学的研究だというものである。たいていの心理学者は，行動を観察・測定することは非常に大切だということは受け入れている。しかし，心理学を単なる行動の研究だと考えることは，あまりに制約的である。そのわけは，心理学者の主要関心事は通常，ヒトまたは他の種(しゅ)の成員が，**なぜ**ある行動様式を示すのかということを理解しようとしているからである。この理解に達するためには，内的な諸々の過程・動機を考えなければならない。ゆえに私たちは，次のような心理学の定義に達するのである。すなわち，心理学は，ヒトや他の種の成員を，ある行動様式に導く，内的諸過程を理解するために，行動や他の根拠を使用する科学だというものである。

図1-1　ギリシャ文字プシー　この文字は，心理学を象徴するものとしてしばしば用いられる。

心理学の多様性

　本書を読まれると，人間行動を理解する試みのうえで，心理学者が実に多くのさまざまなアプローチをとっていることに当惑されることであろう。さまざまなアプローチが存在することの主な理由は，私たちの行動は，幾つもの非常に異なった要因が相伴って決定されているということによる。次に述べるものは，そうした要因である。

- 私たちに提示された特定の刺激
- 私たちの遺伝的資質
- 私たちの生理的システム
- 私たちの認知的システム（知覚，思考および記憶）
- 社会的環境
- 文化的環境
- 私たちの，以前の生活経験（子供時代の経験を含む）
- 私たちの個人的特性（知能，パーソナリティおよび精神衛生を含む）

　さまざまな説明水準があるという考えは，一つの具体例を考えてみればわかるであろう。たとえば，ある男が，別の男をきわめて攻撃的なやり方で頭や体を繰り返し殴りつけるということを考えてみよう。この行動をどのように理解できるであろうか。一つには，この攻撃する男が親から受け継いだ遺伝子によることもあろう。それ

図1-2　社会心理学は，他者と社会と私たちの関係を調べる。

はまた，子供時代の経験，たとえば，家庭内暴力があったことによるかもしれない。また一つには，この男の臨床史によるかもしれない。たとえば，彼は精神病的な，あるいは非社会的な行動の経歴をもっているかもしれない。それは，彼の思考と感情によっているかもしれない（たとえば，男が欲求不満になっていたとか，他人によって打ち負かされてきたといった場合）。それは，社会的諸要因によっているかもしれない。たとえば，攻撃的に行動する男は，他の男が彼の家庭を侮辱してきた者だ，と信じているかもしれない。それはまた，攻撃的に行動する男の生理的な状態によるかもしれない。つまり，彼の内的身体状態は著しく覚醒化し，興奮しているかもしれない。最後に，文化的要因によっているかもしれない。人が殴ることによって攻撃を表すことは，他の文化よりもある文化において，より受容される（あるいは，それほど受容されなくはない）と考えられるからである。

　この例のキーポイントは，攻撃的な人の行動のただ一つの「正しい」解釈はないということである。確かと言っていいくらい，いま論議したほとんどの要因が，この行動に寄与しているのである。このように，心理学の視野はまことに広い。私たちが人間の行動を理解しなければならないならば，そうならざるをえないからである。アイゼンク（Eysenck, 1994b, p.15）は，「心理学は，生理学者，神経学者，社会学者，動物学者，人類学者，生物学者，その他の学者によって豊かなものとなった」と指摘しながら，心理学は多くの学問と関わり合う（multi-disciplinary）科学であると論じている。

　心理学内の幾つかの主要領域は，次のようなものである。すなわち，社会心理学，比較心理学，生物学的心理学，異常心理学，認知心理学，および発達心理学である。私たちはいま，ごく手短に各領域は**何**に関与し，**なぜ**その領域が重要なのかということを考えてみよう。

社会心理学

　社会心理学は，私たちが，いかに他人と関係し，私たちが生活する社会に関係しているかということを吟味するうえで，有用なはたらきをなすものである。そのことは，私たちが社会的動物であるという事実に基づいている。私たちはいつも他人に接し，私たちの行動は，他人が存在することで大きく影響を受けている。たとえ一人でいようとも，私たちの生活を意味あらしめるために，社会的知識を使用している。そして，私たちが関与してきた諸々の社会的な出来事に思いをめぐらせているのである。

比較心理学

　比較心理学は，ヒト以外のさまざまな種の研究に関与している。彼らの行動の基底にある，生物的およびその他の過程を理解するためにそうするのである。比較心理学のきわめて大切な論題は，他の種からの発見が，どれだけ人間に一般化できるかどうかということである。この間接的な方法で人間の心理学にアプローチする利益の一つは，倫理的な理由のために，若干の重要な実験が，ヒト以外の他の種においてのみ実施できるということである。

生物学的心理学

　生物学的心理学は，生物学的視野から人間行動を理解しようとするものである。それは，体内の生理的過程，脳の詳細な機能，等の研究に関与するものある。生物学的心理学が研究する諸々の過程が，すべての人間行動に関係しているので，生物学的心理学の視野は大変重要であることは明らかである。

異常心理学

　異常心理学は，心の障害の起因を理解し，それらの障害を処置することに関わっている。そういった障害は，医学的な視野よりもむしろ心理学的に理解できるという考えは，ジークムント・フロイト（Sigmund Freud）の影響によるところが大きい。異常心理学が重要であるということの，最も強力な根拠は，治療が次第に成功をおさめたこと，こうして苦悩を減少させたことから来るものである。

認知心理学

　認知心理学は，注意，知覚，思考，推理，言語および記憶のような心内過程に関わっている。一時期，これらの過程はたいてい，実験課題によって研究されてきた。しかし，認知的アプローチは，発達上の諸問題，社会的機能，および多くの心の

図1-3　チンパンジーについての研究は，ヒトの母親とその子供たちの間の関係についてどれだけのことを，私たちに語るであろうか。

図1-4 児童期に受けた諸経験は、私たちが大人になってからの生活に大きな影響を及ぼす。

障害者の発達と処置について価値のあることが、次第に明らかとなった。

発達心理学

　発達心理学は、児童期に生じる変化、および児童期の経験が成人の行動にどういった影響を与えるかということを、主要関心事としている。近年、生涯発達心理学に次第に重きが置かれるようになった。この心理学は、生涯にわたって個人の変化と発達は生じるという仮定に基づいている。発達的視野は、発達のパターンを明らかにすることと成人の行動を解明することに有用であると、一般的に合意されている。

心理学における方法

　すでにみてきたように、心理学者たちは、人間行動を詳しく理解するために、さまざまなアプローチを使用してきた。彼らの間ではまた、この理解を達成するために使用する最良の方法、または、方法一般についても異なっている。多くの心理学者の論じるところによれば、心理学では他の科学と同様に、詳細にコントロールされた実験室での研究から、理解は最も生じやすい。これに対し他の心理学者たちの論じるところでは、実験室での実験は通常非常に人工的であり、人間行動を理解するためには、一定範囲の非実験的方法を使用することが好ましい。たとえば、人々については、彼らの日常生活の成り行きを観察されえようし、面接できようし、彼らは、ケース研究によってきわめて詳細に継時的に研究されうる。このように、心理学者は、きわめて広範囲の技法が使用できるのである。

　人々を研究する最良の方途は何だろうか。この問いへのはっきりした答えはない。それぞれの方法は、それ自身の長所と限界をもっている。そして、各々の方法は、他の事態よりある事態で適切に使用されるのである（この論点については、第30章でより詳しく論議する）。すべての方法から得た情報を結合することによって、最終的に心理学の目標を達成することが望ましい。とは言え、本書を読まれるとおわかりと思うが、私たちはそういった目標に達するのに、いまもって著しく遠いところにいるのである！

「心理学は常識にすぎない」のか

　心理学の一風変わった特色の一つは、誰もがある程度心理学者であるという有り様である。私たちは誰しも、他人や自分の行動を観察でき、誰もが自分の意識的な思考・感情に近づくことができる。心理学者の主要課題の一つは、行動を予言することであり、行動の予言は、日常生活において重要である。人々がいずれかの事態にお

いてどのように反応するかをよく予期できればできるほど，私たちの社会的交互作用はより満足がいき，報いられるものとなりやすい。

誰もが心理学者であるという事実から，多くの人々は科学的心理学の成果を過小評価してしまうようになる。もし科学的な心理学の諸々の所見が常識と一致するのであれば，それらの所見は，われわれがこれまで知らなかったものについて何も語りはしないと，主張しうるかもしれない。一方，これらの所見が常識と一致しないならば，人々は「私には，それは信じられない」と答えることが多い。

図1-5 「飛ぶ前に見よ」対「躊躇する者は滅亡する」

心理学が常識程度のものという見解については，種々の問題がある。常識は行動についての首尾一貫した仮説のセットであると仮定することは誤りである。そのことは，諺が常識の見解を提供するものと考えればわかる。恋人と別れた一人の少女が，「去るものは日々に疎し」という諺を考えれば，悲しくなるかもしれない。しかし自分自身に「存在しないことは，心を一層深くする」と言い聞かせるならば，彼女は元気づけられるであろう。

諺には，相対する意味を表す他の幾つもの対がある。たとえば，「飛ぶ前に見よ」は「躊躇する者は滅亡する」と対照的であろう。そして「三人よれば文殊の知恵」は，「船頭多くして船山に上る」の反対である。常識はこのように，人間行動についての非一貫性を含んでいるので，行動を説明する基礎としては用いられない。

心理学は常識にすぎないという考えはまた，たいていの人が期待する所見とは非常に違った所見となるような心理学の研究を考えてみれば，正しくないことがわかる。一つの著名な例は，第21章でもっと立ち入って論議する，スタンレー・ミルグラム（Stanley Milgram, 1974）の仕事である。実験者は，簡単な学習実験において，研究協力者を教師と生徒となるように二分する。「教師」は「生徒」に対し間違った回答をすればそのたびに電気ショックを与えるように教示する。しかも，回を重ねるごとに電気ショックを強化するように教示する。180ボルトで「生徒」は「痛みに耐えられない」と大声を上げる。そして，270ボルトで，反応は必死の金切り声となる。たとえ「教師」が不承不承ショックを与えるそぶりを示しても，実験者（心理学の教授）は，「教師」に，研究協力者にショックを与え続けるように促す（本当は，「生徒」はミルグラムと共謀している者で，電気ショックは実際にはまったく与えられていなかった。ただし，「教師」は実験時にはそのことをまったく知らなかったのである）。

読者は，この実験で最大（おそらくは致死的な）450ボルトを進んで与えようと思われるであろうか。どれだけのパーセントの人が，

進んでそうしようと思われるだろうか。

　ミルグラム (1974) の所見によれば，誰もが個人的にはそうしたことを行うことを拒絶した。先導的な医学校の精神医学者は，1,000人のうち1人だけは450ボルトの段階にまで進むだろうと予言した。だが事実上ミルグラムの研究協力者の60％が，この最大のショックを与えたのだった。このことは，精神医学者の予言より600倍ぐらいもの多くの人がそうしたことになる！　言い換えれば，人々は自分が考える以上に，権威に同調して従う。能力のある人物と思われる誰か（心理学の教授など）の決定に追従する強い傾向があるのである。

　要するに，常識は人間の行動を理解し，予言するのにほとんど役に立たないことになる。たいていの心理学者によれば，こうした理解・予言の目的を達成するのに最良のやり口は，心理学研究に利用されている実験的方法，あるいは他の方法によるものである。これらの方法は，第31章で論議する。

後知恵の傾向

　すでにみてきたように，心理学の所見は単に常識を確認するにすぎない，と仮定するのは誤りである。それではなぜ，かくも多くの人たちが，たいていの心理学の所見は驚くに足らず，何ら新しいものを含んでいないと主張するのであろうか。言い換えれば，なぜ彼らは「そんなことは，みんな知っているよ」と言い張るのであろうか。このことへの回答の重要な一端は，バルーチ・フィシュホフ (Baruch Fischhoff) と彼の同僚たちの，次に論じるある研究に見出される。

フィシュホフの研究

　フィシュホフとベイス (Fischhoff & Beyth, 1975) は，ニクソンの中国とロシア訪問の前夜に，さまざまな出来事がどれくらいの可能性で起こりうるかを，アメリカの学生たちに推定させた。ニクソンの旅が終わった後で，学生たちは同じ課題を行うよう求められた。ただし，実際に生じたことに関する自分の知識を考慮に入れないという条件がつけられた。そうした教示にもかかわらず，後知恵の利益に預かった研究協力者たちは，同じ研究協力者が出来事の前に予測したことよりも，高い確率で，実際に生じたことを答えたのだった。研究協力者たちは，すでに知っていたことに，実際に起こったことをつけ加えたのだった。彼らはニクソンの旅の前には，物事がいかに不確実に思えたかということを，思い出すこともできなかった様子だった。このように，事後に賢くなる傾向は，**後知恵の傾向**（hindsight bias）として知られている。

　スロヴィクとフィシュホフ (Slovic & Fischhoff, 1977) は，一系列の科学的実験の結果についての予測に関する同様な実験を行っている。ある研究協力者は，この最初の実験で何が起こるかを知らされた。しかし彼らは，予測にあたって，この情報を使用することのないように告げられた。しかし研究協力者たちは，これから先の実験結果が得られたならば，告げら

> **キー用語**
> **後知恵の傾向**：後知恵の恩恵により事後に賢くなる傾向。

た結果は未来にもっと起こりやすいと考えた。これは，後知恵の別の一例である。

後知恵はとても強力で，排除することは難しいように思われる。別の一実験でフィシュホフ（1977）は，研究協力者に後知恵について話し，それを避けるように促した。だが，こうしても後知恵の傾向の大きさには，ほとんど，あるいはまったく効果はなかった。

後知恵の傾向は，心理学の教師に一つの問題を突きつけている。なぜなら，そのために，心理学ではほとんどすべてのことに感銘を受けなかった，という学生を生み出しているからである（！）。

議論のポイント
1. 後知恵の傾向を，できれば排除できる何らかの方法を考えられるだろうか。
2. 心理学について，読者が常々抱いてきた見解に思いを馳せるとき，読者は後知恵をはたらかせたということはありえるだろうか。

心理学を学ぶ

本書は，心理学について詳しい（しかし読みやすい）解説を行うよう企画された。その結果，心理学を学び始め，読みやすい心理学の入門書を求める**すべて**の学生に役立つはずである。心理学をうまく学ぶためには，心理学の諸理論，研究，方法，概念についての，十分な水準の知識・理解を伸ばす必要がある。さらには，有効で一貫したやり方で読者の知識を分析し解釈できるようにならねばならない。

本書の構造は，これらの目標を達成するのに役立つよう計画されている。章は次のような広い話題の群にまとめられている。すなわち，第1～2章，入門；第3～6章，生物学的心理学；第7～10章，比較心理学；第11～14章，認知心理学；第15～18章，発達心理学；第19～22章，社会心理学；第23～26章，臨床心理学；第27～32章，検査施行と議論となる点である。本書を通じて，私は **TEEアプローチ**（TEE approach）と呼ぶ方法を使用した。たいていの論点は，理論(Theory) Tで始め，根拠(Evidence) Eに移り，評価(Evaluation) Eで締めくくっている。ここで，評価というのは主として，論議してきた理論または見解のさまざまな長所と短所を考えることである。

> キー用語
> **TEE アプローチ**：理論（T），根拠（E），および評価（E）に基づく学習へのアプローチ。

本書の特色

本書に一貫する幾つかの特色がある。それらは心理学とはいったい何かということを理解する読者の課題の手助けになるよう含ませたものである。それらはまた，読者が学習過程に積極

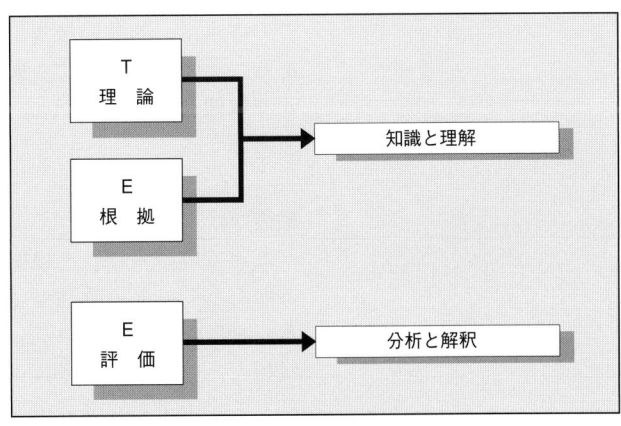

図1-6　本書の構成

的に関与することが易しくなるようにとの，希望と期待に沿って入れたものでもある．

各章は次のようなものを含んでいる．すなわち，導入部，詳しいキー話題，論点についてのキー研究評価，「やってみよう」，キー用語，ケーススタディ，自己評価の質問，比較文化的・倫理的問題，復習問題，参考書，章の要約，そして感想である．感想は別としても，それらの特色の多くは，おのずから明らかなものである．

感想に関する断片は，私が個人的に思うところの幾つかを含んでおり，そのようなものとして取り扱っていただくべきものである．読者は私の考えに同意することも（あるいは，しないことも！）あるであろう．しかし，これらの断片は，論議のための有用な基礎となるはずである．

キー技法

教育の中において，年齢に応じたキー技能の開発とそれに続く実地教育は，次第に強調されるようになってきた．学校教育のすべての段階において，最も大切なキー技法は，次のようなものである．すなわち，コミュニケーション，数の応用，情報技術学，自己学習の改善，そして，他者との共同活動である．キー技法にわたるこの試みの一部分として，キー研究について述べた各々の章の中に，薄く網掛けした部分があることにお気づきと思う．こうした各部はまた，読者の技能の発展・拡大に役立つ論議の諸点を含んでいるかと思う．

勉強の技能

心理学の学生たちは（少なくとも理論面において！）他の学生たちよりも，よい勉強の技法を伸ばすことが容易であることがわかるはずである．心理学の原理が，勉強の仕方の中核にあるからである．たとえば，勉強の技能は，有効な学習・記銘を促進するように立案されているし，学習と記憶は心理学におけるキー領域である．勉強の技能はまた，動機づけと好ましい作業習慣を発展させることに関係している．それらはまた大多数が心理学の範囲に入るものである．このように，勉強の技能に含まれる多くのことは，きわめて明白である．その結果，私は，漠然とした一般的なこと（たとえば，「しっかり勉強せよ」「注意して」）よりも，細かい助言に焦点を合わせるであろう．

動機づけ

たいていの人は，上級水準または学位のコースのような長い期間にわたって，高い動機づけ水準を維持することが難しいことがわかる．読者ができるだけ高い動機づけを維持するために，できることは何だろうか．第6章で論じるように，人間の動機づけの多くは，私たちが未来および自分に設定する目標の種類についてどう考えるかによるものであるという構想について，納得のいく支持がある．エ

ドウィン・ロック（Edwin Locke, 1968）は，きわめて影響度が高いとされた目標設定理論を進めている。この理論の元の版によれば，私たちの作業水準は，主として目標設定の難易度によるとしている。すなわち，私たちが，難しい目標を設定すればするほど，私たちの成績はよいらしいのである。ウッドら（Wood *et al.*, 1987）は，この仮説を検証した 192 の研究を論評し，そのうち 175 において仮説が支持されたと結論した。

ご想像できようが，動機づけには目標の難易度以上のことが含まれている。たとえば，目標に対しどれだけ専念するかということもそうである。もし読者が目標の達成に対し，全身全霊をもって専念できないならば，心理学ですばらしい成績を得るという目標を自分に設定してもせんないことである。目標設定理論の研究（論評はロックとレイサム Lock & Latham, 1990）が示しているように，目標設定は次の七つの状況において，きわめて有効である。

図1-7　目標の立て方：より高度の教育を目指すたいていの人々は，選んだ学科において学位を得ることを長期の目標としようとするものである。しかし日々の勉強は，小論文でよい点をとるといったような，一系列の比較的小さな諸目標を立てることが大切である。

1. 自分自身に，困難ではあるが達成できる目標を設定すること。
2. できるだけ目標に達するよう，専念する必要がある。他人に自分の目標について話すようなことなどしてはどうか。
3. 理にかなった時間（たとえば，せいぜい数週間）内に達成できる目標に焦点を合わせるべきである。長期の目標（たとえば，心理学の上位 2 位のクラスの学位［訳注：英国の学位評価において，「1 位，2 位の上，2 位の下，3 位，合格ライン」のように階位を分けられている由］を得るといったこと）は，短期の一系列の目標に分割する必要がある（たとえば，次の小論文でよい成績を得るという具合に）。
4. 明確な目標を自分に設定し，ただよくやるといった，あまりに漠然とした目標を避ける。
5. 自分がどれだけ目標に近づいたかということに，フィードバックを得るためにベストを尽くすべきである（たとえば，教師または友人と進捗具合をチェックするというように）。
6. 一つの目標に達したならば，喜びを感じ，将来に少し難しい目

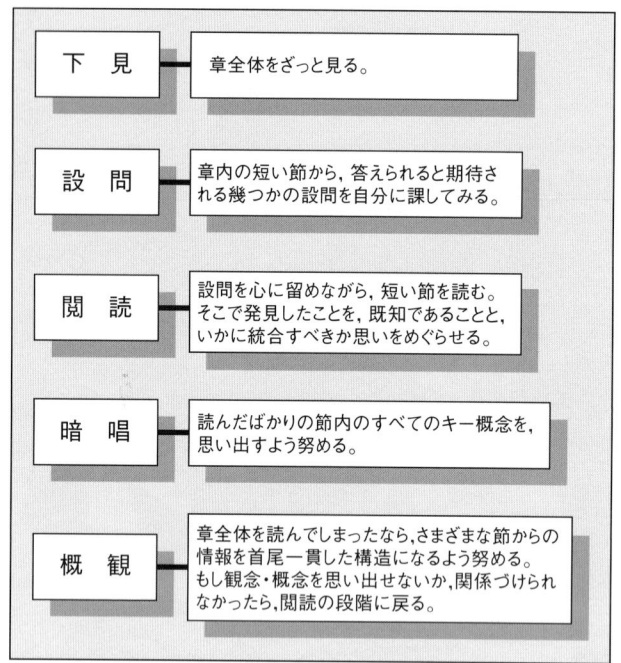

図 1-8　有効な読み方：SQ3R の過程

標を立てるよう進んでいく。
7. なぜ失敗したかについて真摯になり、失敗から学ぼうとしなければならない。本当に「運が悪かった」だけなのかというように。

　読者が自分を動機づけようとする試みは、これら七つの点を使用するときのみ、成功しやすい。もし自分に非常に明瞭な、ほどほどの目標を立てて、フィードバックを得たにしても目標に到達できなければ、動機づけの水準を**高める**よりも**下げる**方がよい。

読みの技法

　読者はおそらく心理学の本を読むことに、かなりの時間を費やすことと思う。それゆえ、できるだけ有効な方法で読むことが、とても大切であることは明らかである。モリス（Morris, 1979）は、SQ3R 法について述べている。このアプローチは、非常に有効であることがわかっている。ここで、SQ3R とは、下見（<u>S</u>urvey）、設問（<u>Q</u>uestion）、閲読（<u>R</u>ead）、暗唱（<u>R</u>ecite）、概観（<u>R</u>eview）の頭文字をとって示したものである。それらは、読みを有効にするための五つの段階を表している。一つの章を読むという課題に関し、これら五つの段階を考えてみよう。

　下　見　下見の段階は、章の情報がどのような仕組みになっているか、ざっと見るということである。もし章に要約がついているならば、それは目標の達成にいとも易しい方法となろう。そうでなかったなら、章を見回せば、どのような話題が論じられ、話題同士がどのように結びついているかを、見つけられよう。

　設　問　説問の段階は、せいぜい 3,000 語ぐらいの章のまことに短い節に適用すべきであろう。この段階の真髄は、この節が答えを与えてくれそうな適切な質問を考えてみるべきことである。

　閲　読　閲読の段階は、前の設問の段階で、それと定めた各節を読み通すことを含んでいる。この段階には、二つの主要目標がある。第一に、前の段階で考えた質問に答えようとしなければならない。第二は、話題についての、前もってもっている知識で、章内の節で与えられた情報を統合しようとすることである。

　暗　唱　暗唱の段階では、これまで読んできた章内の節に含まれていた、すべてのキー概念を思い出さなければならない。もし

その幾つかを思い出せないならば，閲読の段階に逆戻りすべきである。

　概　　観　概観の段階は，章の全体を読んでしまった後で起こる。もしすべてがうまくいったなら，章からキー概念を思い出してみるべきである。そうして，さまざまな節からの情報を，首尾一貫した構造になるよう結びつけるべきである。もしもこうしたことができなければ，読みの過程のこれまでの段階に戻るべきである。

　SQ3Rアプローチがなぜそのようによいのか，その最も大切な理由は，読者がただ受け身で，ほんやりした仕方で読まないことを確かなものとするからである。そのかわり，このアプローチは非常に**積極的**かつ**前向き**に，読みの材料に関わっていくよう読者に促すのである。アイゼンク（1998）が指摘するように，SQ3Rアプローチが有効であるということには，もう一つの大切な理由がある。ある本の一つの章を受け身で読んでいると，そこに書かれた教材がなじみやすいとき，読者は，万事うまくいっていると信じ込んでしまうかもしれない。しかしながら，情報をなじみやすいものとして**再認**することと，不安をかき立てる試験中にそれを意のままに再生できることとの間には，大きな違いがある。試験に成功するためには，必要な情報を**再生**できなくてはならない。SQ3Rアプローチの暗唱と概観の段階は，まさにこのことを達成するよう計画されているのである。

時間管理

　読者は，1週間のうち目覚めている100時間ばかりを，どうしておられるだろうか。おそらく最も正直な答えは，たいていの時の過ぎ去るところ，漠然と考えているにすぎないというのであろう。時間

表1-1　週の活動時間表

週の活動	睡眠	身支度 洗濯 食事	旅行	学校での勉強	パートの仕事	自由時間 社会生活 個人的勉強	全体
月							24
火							24
水							24
木							24
金							24
土							24
日							24
全体							168
平均	56	16	6	25	5	60*	168

*60時間の自由時間があれば，個人的な勉強と宿題は十分こなせる。

というものはとても価値の高いものであるから，それを最大限有効に使うということは，よい考えである。表1-1に，この目標をいかに達成するかということに関し，幾つかの示唆を与えてみた。

- たとえば，1週間丸々利用できる時間表を作りなさい。そこに利用できていない時間を示しなさい。そうすると，どれだけの時間があり，どれだけの時間がともすれば無駄にされているかということに驚くであろう。次に，時間表の上に，日々，勉強時間に課さなければならない科目を示し，1日1日の中で，いずれかの科目に費やそうとする時間はどれだけかを示しなさい。
- 読者にとって，適切な注意の範囲（おそらく30〜40分）は，どれだけかを決定しなさい。1週間のうち，勉強時間の幾つかの期間をとっておき，これらの時間を勉強のために使用するよう心に決めなさい。
- 勉強が習慣になればなるほど，それほど努力しなくてもよいようになり，始めるときにも抵抗感が少なくてすむようになるだろう。
- 無制限に注意を集中することは，誰でもできるものではない。最初は高水準の集中が必要だがその後，この水準は減少していき，終わりはみえてくる。注意が集中できるせいせいした絶頂感を体験するには，規則的に休息をとる必要がある。それゆえ，読者は，勉強に集中する時間が現実的であるかどうかを確かめていただきたい。短い（10分）休息時間を挿むことによって，おそらく注意集中を改善できよう。勉強の中に，テレビ番組など気を散らせるものを避けることを銘記されたい。
- これらの勉強時間の間，他のことをする（たとえば，テレビの終わりの部分を見る。何か飲む）向きもあるだろう。難しい部分が始まるのはこういったところである。読者は気をしっかりもって，これは勉強に当てられた時間であり，また何をしようとしているのかを自分に言い聞かせなくてはならない。しかし，後では他のことをする時間をとっておけるだろう。最初は行いがたいことだが，次第に易しくできるようになる。

計画上の誤り

私たちは，一度も計画上の誤りという言葉を聞いたことがなくても，ほとんどすべての人は計画上の誤りを犯しやすいことを知っている。そのことは，カーネマンとトゥヴァースキー（Kahneman & Tversky, 1979）によって初めて体系的に研究された。彼らは**計画上の誤り**（planning fallacy）を「たとえ自分が多くの類似の計画が遅れてしまうことを知っていても，自分の今の計画が，計画通りに進むだろうという確信をもつ傾向」と定義したのである。

ではなぜ私たちは計画上の誤りを犯しがちなのだろうか。カーネマンとトゥヴァースキーは，単一の情報（目下の課題に焦点を合わせること）と分散情報（過去に完了した類似の課題に焦点を合わせること）を区別した。

キー用語
計画上の誤り：過去に完了した課題からの根拠があるにもかかわらず，仕事の完成時間を過小評価する傾向。

私たちが，目下の課題を終えるのに，どれだけ長くかかるかを決めるとき，概して単一の情報を使用するが，分散情報の方は無視してしまうのである。カーネマンとトゥヴァースキーによれば，計画上の誤りを生じるスケジュールに固執するのは，このように以前の失敗を考慮に入れ損ねるからである。

　ビューラーら（Buehler *et al.*,1994）もまた，計画上の誤りの証拠を見つけ出した。学生たちは，平均して彼らが予言したよりも22日遅く主要な仕事の部分を引き受けるさまだった。完成に要する時間を過小評価するこの傾向は，人の予言の正確度を吟味する目的の研究だと特に伝えていた学生とちょうど同じくらいの大きさであった。この研究者たちが見出したことは，学生たちは自分自身の完成時間よりも，他の学生のそれをもっと正確に言い当てたということである。他の学生について予言するとき，分散情報を使用しやすいというのが，その理由なのである。

議論のポイント
1. 人々はなぜ，過去に数々の課題の完成時間を過小評価してきたにもかかわらず，計画上の誤りを示し続けるのであろうか。
2. 計画上の誤りを，読者は避けることができるであろうか。この設問に対する私の幾つかの感想は後で述べる。

　計画上の誤りを避けることは大切である。そのことができる三つの重要なやり方がある。

　第一に，虚心坦懐に計画上の誤りはあることを知ることである。そうすれば完成時間の予言も，もっと正確になる。第二に，以前の小論文または宿題の完成に要した時間の長さについての情報を活用することである。第三に，ちょっとした仕事の準備に，どういった種類の難しいことがあるかということに，焦点を合わせる。すなわち，正しい書物を見つけること，小論文を整えるうえでの問題，少し気分が優れないこと，などの問題である。そういったことに焦点を合わせれば，完成時間を過小評価する傾向は是正されるはずである。

心理学において成功する方法
・自分に対し，難しい，明晰でしかもほどほどの時間で終わる目標を設定し，そうした目標に対し専念せよ。
・学習過程において積極的な参加者であれ。テキストを読むとき，心に明晰な目標をもて。そして，受け身で気が散るようなことがないようにせよ。
・TEEの方略に従え。つまり，キー理論・概念および関連する根拠を知っており，それらをどのように評価するかを，知っているか確かめよ。
・解答の中の広さと深さの双方に焦点を置くことを銘記せよ。
・心理学におけるあらゆる理論と研究は，幾つかの点で限定されているものであることを忘れるな。このことを指摘することをため

図1-9 SQ3Rアプローチ：有効に読むための積極的で焦点の合ったアプローチ

らってはならない！
・キー技法を身につけるようにせよ。
・計画上の誤りを避けよ。

感　想
・心理学は幾つかの他の科学的および非科学的な学問の出会いの場所だと通常は考えられている。しかし私は，これはあまりに楽観的な見解ではないかと，疑うこともままある。他の一つの見解は，心理学は断片的であり，本当はまったく単一の統一された科学などではないというものである。もしそれが本当だとすれば，科目としての心理学は50年間存在しないかもしれない。

要　約
心理学が多様であるとは
　心理学とは，行動の基底にある内的過程を理解するために，行動的な，あるいは他の根拠を使用する科学である。

心理学における方法
　この課題は複雑であり，それゆえ心理学者は，人間行動を明らかにするために，広範囲にわたる実験的および非実験的な方法を工夫してきた。

「心理学は常識にすぎない」のか
　諺を検討したことからわかるように，常識が一貫した仮説のセットを形作るという仮説は誤っている。多くの心理学の所見（たとえば，ミルグラムの実験）は，多くの人々が予言するであろうものとは，きわめて異なっている。それにもかかわらず，後知恵の傾向のために，多くの人々は心理学の成果を過小評価してしまうのである。

心理学を学ぶ

　心理学において成功するためには，心理学の理論と研究を詳細に知らなければならない。それと同じく重要なことだが，読者は心理学の知識を評価し，それを有効に批判できなければならない。本書ではTEEアプローチを使用する。そこでは，理論，根拠，評価が明確に決められている。本書では数々の特徴（たとえば，テキストの質問，やってみよう，議論のポイント，感想，倫理的問題）を工夫し，心理学を会得するのに必要な技能を獲得するという課題をたやすくするように計画した。最大の動機づけを得るためには，読者は自分に難しい，明快な，専念できる中期の諸目標を設定しなければならない。読者は，フィードバックを得，成功すれば自分をほめてやり，そして失敗を誠実に分析しなければならない。有効な読書法としては，下見，設問，閲読，暗唱そして概観の5段階（SQ3R）がある。以上は，一つの積極的で，焦点を定めたアプローチである。有効な時間管理法としては，時間表を設定してそれを守るということがある。勉強中は短い休息をとり，計画上の誤りを避けるようにする。

【参考書】

　有効な勉強技能を伸ばすことについての有益な一書は，P. McBride (1984), *Study skills for success*, Cambridge: Hobsons Publishing である。あるいは，他の書物としては，勉強の技能の情報に関する良書である，M.Coles & C.White (1985), *Stratgies for studying*, London:Collins Educational がある。

- **精神力動的アプローチ**：人間の情動的・性的な発達についての理論。
    心の構造と機能に関するフロイトの理論
    心理的・性的な発達の過程
    性格の理論
    心理療法の一形態としての精神分析

- **行動主義的アプローチ**：客観的証拠のみに基づいた，思考や感情のような内的要因による説明を排除しての行動理解。
    ワトソンの行動主義
    古典的条件づけに関するパヴロフの研究
    スキナーとオペラント条件づけ
    行動療法

- **人間性心理学的アプローチ**：主観的体験，個人的成長と満足の重要性を強調する立場。
    マズローと自己実現
    ロジャーズのQ分類法
    来談者中心療法

- **認知的アプローチ**：問題解決や言語の習得などに含まれる，内的な情報処理過程を重視する立場。
    コンピュータの比喩
    知覚とコミュニケーションに関するブロードベントの視点
    トップダウン処理とボトムアップ処理

- **自由意志論　対　決定論**：私たちの行動は内的・外的な力によって決定されているのか？　それとも私たちはいかに行動するかを選択する自由があるのか？
    科学の役割
    ウィリアム・ジェームズとソフトな決定論
    自由意志と自己

- **還元論**：複雑な現象は常に単純な原理や法則に還元されなければならないのか？
    諸科学の階層構造
    心理学と生理学
    折衷的アプローチ

2 心理学のさまざまなアプローチ

図 2-1

　第1章で指摘したように，心理学は他の多くの学問分野と関連している。たとえば，生理学，神経学，生物学，社会学，生化学，医学，人類学などは心理学と深い関連がある。この相互関連性を理解することが，現代心理学の複雑さと豊かさを理解するうえで大きな助けになる。またそれは，心理学が過去1世紀あまりの間に歩んできた発展の道程を理解する鍵でもある。しかし一方で，心理学の発展は幾つかの理論的アプローチ，すなわち「学派」によっても大きな影響を受けてきた。そのうちの一つである生理学的アプローチは，きわめて重要であるがこの章では取り上げない。生理学的アプローチについては第3章から第6章にかけて詳細に検討する。

　この章では，以下の四つの主要なアプローチを詳しく取り上げる。すなわち，精神力動的アプローチ，行動主義，人間性心理学，認知心理学の四つである。これら四つのアプローチをこの順序で取り上げるのは，それぞれのアプローチが歴史的にこの順序で発展してきたからである。精神力動的アプローチは，19世紀から20世紀への変わり目にウィーンにおいてジークムント・フロイト（Sigmund Freud）が発展させた。この体系は精神分析として知られる一つの臨床的治療法に基盤をおいている。しかしフロイトはこの精神力動的アプローチを拡張し，通常の子供の発達と人格発達のプロセスを説明するようになった。行動主義的アプローチは1912年あたりからアメリカにおいてジョン・ワトソン（John Watson）などが発展させた。このアプローチは動物研究に起源をもち，高度に統制された実験状況における学習の過程を理解することを主要な目的とした。

　人間性心理学は時に「第三勢力」の心理学として知られている。他の二つの勢力とは精神力動的アプローチと行動主義のことである。これは1950年代にアメリカで発展し，哲学にその起源

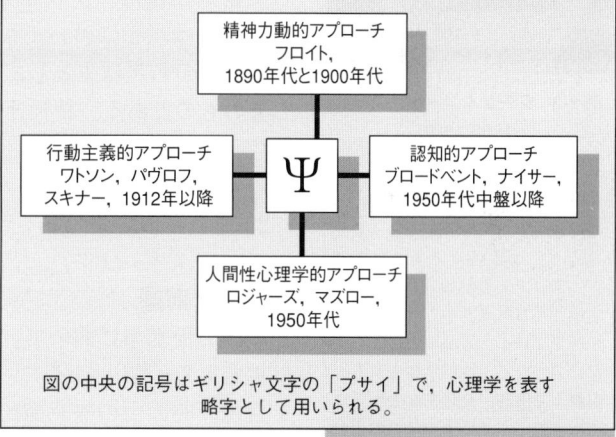

図の中央の記号はギリシャ文字の「プサイ」で，心理学を表す略字として用いられる。

図 2-2　心理学における主要なアプローチ

■やってみよう：「自由意志論」対「決定論」についてどう思うか。私たちの行動は選択可能か，それとも決定されているか。自分の意見をメモ書きにして，この章を読み終えた後にメモを見直して，自分の意見が変化したかどうか考えてみよう。そして自分がこの章で取り上げた幾つかの心理学的アプローチにどのように影響を受けたか考察してみよう。

19

をもっている。人間性心理学的アプローチは精神力動的アプローチと同じく，心理療法に主眼を置いている。最後に，認知的アプローチはアメリカとイギリスにおいて発展した。このアプローチは1950年代中盤あたりから次第に影響力を拡大していった。認知心理学の起源の一部は行動主義的アプローチにあり，統制された実験状況において行動を測定するという点で両者には共通点がある。しかし認知的アプローチは，学習プロセスに加えてより広範囲の認知的プロセス（注意，推論，問題解決，記憶など）を取り扱う点で，行動主義とは明確に異なっている。

　この章では，心理学における幾つかの重要問題についても取り上げる。具体的には，人間にはどう行動するかを選択する自由があるのか，それとも私たちの行動は環境的要因などによって決定されているのかという問題である。この問題は自由意志論と決定論の間の論争として知られているものである。もう一つは還元主義の問題で，心理学が将来的には生理学や生化学のようなより基礎的な科学へと還元されうるのか，という問題を取り扱う。

精神力動的アプローチ

　精神力動的アプローチはジークムント・フロイト（1856-1939）によって創始された。フロイトは心理学に多大な影響を与えた人物で，その業績は現在においても他のどの心理学者よりも多く引用されている。その名声は主として**精神分析学**（psychoanalysis）の創始者としてのものである。精神分析学は以下の二つの主要な要素からなる。

1. 人間の情動的発達と人格形成に関する複雑な諸理論。
2. これらの理論的アイディアに部分的に基づいた治療法の体系。

理論的な前提

　理論的な水準において，心は三つの部分に分割されるとフロイトは仮定した。第一は**イド**（id）である。イドは性的で攻撃的な本能を含み，心の中の無意識的な場所に位置を占める。性的な本能はリビドーという名前でも知られている。イドは快感原則に従ってはたらき，欲望を即座に充足させることを重視する。第二は**自我**（ego）である。自我は意識的で合理的な心であり，誕生後のはじめの2年間で発達する。それは現実原則に従ってはたらき，周りの現実的な環境で生起する出来事を相手にする。第三は**超自我**（superego）である。これは子供が5歳くらいになって，同性の親の価値観の多くを取り入れること（同一化の過程）によって発達する。超自我の一部は無意識的でまた別の一部は意識的である。それは良心と自我理想から成り立っている。良心は子供が罰を受けた結果として形成され，悪いことをした子供は罪悪感を覚えるようになる。これとは逆に自我理想は報酬によって形成され，よいことをした子供は自分に誇りをもつようになるのである。

　フロイトはまた，心には意識，前意識，無意識という三つの水準

図2-3　ジークムント・フロイト
（1856-1939）

キー用語
精神分析学：人間行動に関するフロイトの理論体系であると同時に，フロイトの創始した心の病の治療体系も意味する。
イド：フロイト理論における心の部分の一つで，性的本能を含む。
自我：意識的，合理的な心。フロイト理論における心の三つの部分の一つ。
超自我：フロイト理論における心の部分の一つで，倫理的な問題に関わる。

が存在すると考えた。意識は，その時点で注意が向いている思考の内容のことである。前意識は，いつでもすぐに記憶から取り出して意識化することができる情報や観念のことである。そして無意識は，意識的に気がつくことが非常に困難かあるいはまったく不可能な情報から成り立っている。

フロイトの心の理論は，動機づけの理論，認知理論，社会心理学的理論などを含んでいる。すなわち，イドは基本的な動機づけの力であり，自我は認知システムのことであり，超自我や良心は家族や社会一般の価値観を内面化したものである。しかしフロイトは社会的，認知的な側面の理論に関しては十分に発展させなかったので，彼を社会心理学的・認知心理学的な理論家と考えることは間違いだろう。

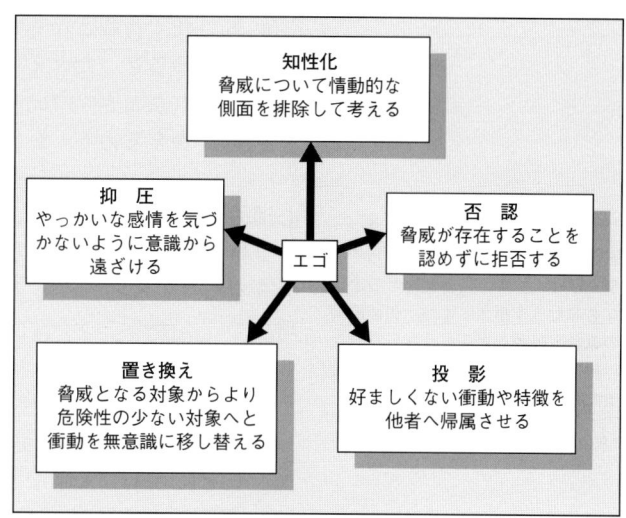

図2-4　自我防衛機制

防衛機制

フロイトの理論において重要なのは，イド，自我，超自我の間に頻繁に**葛藤**が生ずるという考えである。最も多いのはイドと超自我の間の葛藤だろう。イドの求める性急な欲求充足は超自我の倫理的規範と衝突するからである。こうした葛藤によって人間には不安が生じ，自我は葛藤を解決するために多くの時間を費やすようになる。自我は幾つもの**防衛機制**（defence mechanisms）と呼ばれる不安を軽減するための方略によって自分自身を守る。防衛機制の主要なものを以下に挙げておこう。

キー用語
防衛機制：不安に対して自我を防衛するために用いられる方略のこと。

1. 抑圧：フロイト（1915, p.86）によれば「抑圧の本質は，何かを拒絶し，意識の外へ排除し続けるという機能である」。しかしフロイトは時によって「抑圧」という用語の意味を拡大し，脅威的な思考内容に意識的に気づいていながら情動的な反応がない状態にも適用している。
2. 置き換え：脅威となる対象からより危険性の少ない対象へと衝動を無意識的に移し替えること。職場の上司に腹を立てた男が家に帰って猫をけっとばす，などが例。
3. 投影：自分のもつ好ましくない特徴を他者へ帰属させること。たとえば，非常に非友好的な人が，他の人々を非友好的だと非難するなど。
4. 否認：脅威となる事象の存在や現実性を受け入れることを拒絶すること。たとえば，死に至る病に罹患している患者は，その病気が命に関わるという事実を否定することが多い（アイゼンク Eysenck, 1998）。

5. 知性化：脅威となる事象について，情動的側面を取り除いて思考すること。たとえば，カーフェリーが沈没して多くの人命が失われたとき，フェリーの安全性を向上させるにはどうしたらよいかを考える，など。

心理的・性的発達

フロイトの重要な概念の一つに，成人の性格は子供時代の経験に大きく依存するという考えがある。フロイトの心理的・性的発達の理論では，すべての子供は以下のような五つの段階を経て成長するとした。

> 意識から遠ざけて気づかなくしてしまうほどにつらい経験とはどのようなものだろうか？ また，防衛機制の概念で説明できるような日常的な行動の例はこれら以外にも考えられるだろうか？

1. 口唇期：生後18ヶ月くらいの時期で，この時期の幼児は食べること，吸うことなど，口唇による活動から満足感を得る。
2. 肛門期：生後18ヶ月から36ヶ月くらいの時期。この時期にトイレ訓練が始まり，それによって肛門の領域が満足感をもたらす源泉となる。
3. 男根期：3歳から6歳にかけての時期。この時期に性器が満足感の源泉となる。5歳くらいで男児は**エディプス・コンプレックス**（Oedipus complex）を獲得する。つまり母親に性的欲望をもち，それに対応して父親に恐怖を感じるようになる。このコンプレックスは，父親と同一化し父親の態度の多くを自分のものとすることで解消する。女児にも**エレクトラ・コンプレックス**（Electra complex）という類似のプロセスがあり，父親に性的欲望をもつ。
4. 潜伏期：6歳から思春期の始まりまでの時期。男児と女児は一緒に過ごすことはほとんどない。
5. 性器期：思春期の開始とともに始まり，成人してからも続く。この時期には，性器が性的快感の主要な源泉となる。

> **キー用語**
> **エディプス・コンプレックス**：フロイト理論において，5歳くらいの男児が母親に性的欲望をもつことを意味する。
> **エレクトラ・コンプレックス**：フロイト理論において，5歳くらいの女児が父親に性的欲望をもつことを意味する。

> **便利な暗記法**
> フロイトの心理的・性的発達段階を記憶するために，各段階の頭文字から作った以下の語呂合わせが役に立つ。Old Age Pensioners Love Greens!

表2-1 フロイトの心理的・性的発達段階

段階	およその年齢	まとめ
口唇（Oral）	0 - 18ヶ月	食べることや吸うことによって満足を得る
肛門（Anal）	18 - 36ヶ月	肛門領域に関心をもち，そこから満足を得る
男根（Phallic）	3 - 6歳	性器が満足の源泉となる
潜伏（Latency）	6歳 - 思春期	男児と女児はほとんど一緒に過ごさなくなる
性器（Genital）	思春期開始後	性器が性的快感の主要な源泉となる

性格理論

フロイトは，心理的・性的発達の理論を性格理論と結びつけた。子供が発達段階のいずれかで困難な問題に直面したり，あるいは逆に過度な満足を得ると，**固着**（fixation）が生ずる。固着とは，基本的エネルギーであるリビドーが，その発達段階に長期にわたって張りついてしまうことである。固着が生じた子供がその後大人になり，

> **キー用語**
> **固着**：フロイト理論において，問題があったり逆に過剰な満足が与えられたために，ある特定の発達段階に長期間留まることを意味する。

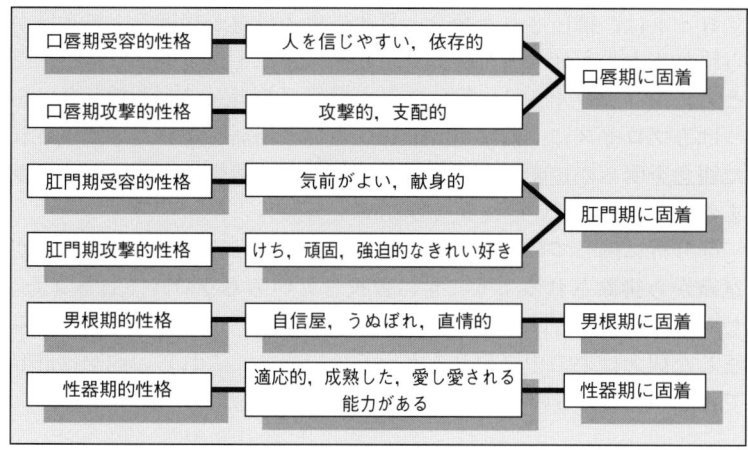

図 2-5

非常にストレスの高い状況を経験すると，**退行**（regression）が生ずる。退行とは，行動が子供っぽくなり，子供のときに固着が生じた心理的・性的発達段階に類似した特徴を示すことである。フロイトによれば，これらの固着と退行のプロセスは，成人の性格的特徴を決定するのに重要な役割を果たすという。図 2-5 は，性格類型とその説明，そして固着の生じた心理的・性的発達段階を示している。

> **キー用語**
> 退行：強いストレスを受けたときに，以前の発達段階へと戻ってしまうこと。

心理療法としての精神分析

今度は治療法としての精神分析について考えよう（第 26 章で詳しく説明されている）。フロイトは，医学的方法よりも心理学的方法の方が心の病の多くをうまく治療できると考えた。彼はまた，心の病の発症と治療には無意識が強大な影響をもつと考えた。より具体的には，フロイトはたいていの神経症（たとえば不安神経症）は子供時代にさかのぼる未解決の葛藤やトラウマ（強い精神的ショック）から生じると考えた。これらの葛藤に関する不安に満ちた情報は，抑圧によって無意識に蓄積されるのである。すでに述べたように，抑圧とは強い脅威となる考えや記憶を意識から排除しようとするプロセスである。

では，どうしたら神経症患者を助けることができるのだろうか。

図 2-6　抑圧された思考は夢の中に出現しがちである。

> **キー用語**
> 洞察：フロイト理論において，無意識から現れてくる情動的な記憶に接近しそれを理解すること。治療の目標である。

フロイトは，抑圧された観念と葛藤に患者自身が接近し，無意識から現れるものが何であれ，それに直面することが最もよい治療法だと考えた。フロイトは，抑圧された記憶に接近しそれと折り合いをつけるプロセスに，**洞察**（insight）という用語を用いた。抑圧された観念を明らかにするために，夢分析，自由連想法，催眠などのさまざまな方法が用いられる（第26章を参照）。

夢分析に関しては，心の中に検閲官が存在し，抑圧された観念が意識から排除されるように常に監視しているとフロイトは考えた。しかしこの検閲官は睡眠中には油断（居眠り？）してしまうので，抑圧した観念は夢の中に現れるというのである。これらの観念は許容できない性質のものなので，偽装された形で現れる（第5章を参照）。

心理学に対するフロイト理論の貢献
発　達
　フロイトの心理的・性的発達の理論は，多くの点で心理学に重要な貢献をしている。子供時代を研究することが大人の思考と行動を理解する助けになるという考えは，現在では広く受け入れられている。この視点はフロイトが初めて体系的に提唱したものである。さらに，子供時代が幾つかの発達段階から成立しているという考えは，フロイト以前には一般的でなかった。これらの理由から，フロイトを発達心理学の創始者とみなす十分な根拠がある。

性　格
　フロイトの心理的・性的発達の理論は，初めての体系的な性格理論でもあると考えられる。現代の多くの性格理論家は，フロイト理論の細部に関しては賛成しないにしても，子供時代の経験が大人になってからの性格に影響するということを認めている。フロイトの心理的・性的発達の理論では，ある特定の性格特性がまとまって現れると考えている。たとえば，几帳面さ，さもしさ，がんこさは，すべて肛門期攻撃的性格の一側面であるが，実際にこれらの性格特性は一つのクラスタ（統計学的まとまり）を形成するという証拠がある（ポラック Pollack, 1979）。この他にも，口唇期受容的性格と口唇期攻撃的性格によく類似した性格特性のクラスタが存在するという証拠がある（クラインとストレイ Kline & Storey, 1977）。

無意識
　無意識についての理論的説明も，フロイトの重要な貢献である。無意識という概念はフロイトが創始したわけではないが，彼はこの概念をそれ以前よりもはるかに発展させたのである。フロイトのアプローチの重要な意義の一つは，意識というものが一般に考えられているほど重要ではないということである。たとえば，自我が防衛機制を用いるのは，葛藤的な思考を意識から排除することが目的なのである。

　最近になって，無意識的なプロセスに関する説得力のある証拠が，

認知心理学によってもたらされている。たとえばヘビ恐怖症の人に，意識的には認識できないほど短い時間ヘビの写真を提示するという実験がある。ヘビ恐怖症の人は写真が見えなくてもある程度の不安を感じ，しかしその不安の理由を説明できないのである（オーマン Ohman, 1986）。

　フロイトの視点と現代の認知心理学の視点の間には類似点も多いが，幾つかの重要な相違点がある。フロイトは無意識を心の中でも非常に複雑な部分であると考えたが，認知心理学者はそれを比較的単純で自動的なプロセスと考えている。たとえば，タッチタイプが可能ということは，自動的なプロセスによってキーボード上のすべての文字を意識的に考えずに発見できるということである。こうした単純な無意識プロセスと，フロイトが無意識で生じていると考えた重要な葛藤との間には，まだ非常な距離が存在する。

防衛機制

　自我を不安から守るためにさまざまな防衛機制が用いられるというフロイトの考えは，非常に有効である。抑圧の存在に関しては証拠があり（第13章を参照），他の防衛機制についてもその存在がある程度支持されている。たとえばスパイズマンら（Speisman et al., 1964）は，情動を喚起するフィルムを提示して，研究協力者の情動反応を生理的指標を用いて測定し，感じた不安について自己報告させた。その結果，フィルム視聴中に否認や知性化を用いるようにと示された研究協力者では不安が軽減することが示されたのである。また，帰属過程のバイアスと誤りに関する社会心理学的研究でも，人間は自尊心を守るためにしばしば歪んだ思考をするということを示している。

心理療法

　心理療法としての精神分析は，不安や抑うつに対する最初の体系的な心理療法であり，その貢献は計り知れない。精神分析は新フロイト派の療法へ直接につながり，また間接的には来談者中心療法と認知行動療法へとつながっている（この章の後半で説明する）。

　多くの人は，より最近の治療技法の方が精神分析よりも効果的だと思うかもしれない。フロイトが精神分析を始めたのは100年も前のことなのだから。しかし，スミス，グラスとミラー（Smith, Glass & Miller, 1980）は大規模に資料を再検討し，主要な心理療法のほとんどが同じ程度の効果をもつと結論した。より最近の研究も同様の結論に達している（ワンポルドら Wampold et al., 1997 など。p.1032 も参照）。ここ数年間で幾つかの非常に効果的な認知行動療法が発展したので，状況は変わっているかもしれない。しかし

遊戯療法

　遊戯療法は，フロイトの独自の思想をさらに修正・発展させた心理療法の一例である。アクスライン（Axline, 1971）は，安全に守られた遊戯集団の中で行われる遊戯療法において，「ディブス」という名の少年が無意識の願望や恐れを表現できるようになった経過を報告している。ディブスは，さえぎられたり否認されたりすることを恐れることなく，望むようにふるまうことができた。彼はしだいに自分の感情と折り合いをつけられるようになり，はっきりと自分についての「洞察」を得たようであった。最終的に，彼はかつて家族に向けていた敵対的な感情に適切に対処できるようになった。遊戯療法によって，ディブスは自分の感情を理解しそれに対処することを学んだのである。

80年にもわたって古びることのなかった治療法を作り上げたフロイトの功績は、やはり偉大と言う他はない。

　精神分析的治療の根底にある重要な考え方の一つに、成人の神経症の起源は子供時代の葛藤や心理的問題にある、ということがある。ジョージ・ブラウン（George Brown）は、ロンドンの中心に近いイスリントン地区の400人の女性に行った調査から、この主張を裏づける結果を得ている（アイゼンク Eysenk, 1994bを参照）。パニック障害女性の64％、うつ病女性の39％に子供時代の環境的問題（冷淡な親、虐待など）が認められたのである。これらの割合は、精神的問題のない女性の17％という数字に比べてはるかに高いものである。

より広い視界

　最後にフロイトの最も偉大な貢献は、心理学の視界を限りなく拡大したことであろう。フロイト以前の哲学者や心理学者は、観念の連合、学習と記憶、反応時間など、人間の思考過程や行動の中のきわめて限定された側面しか取り扱ってこなかった。これに対しフロイトは、性格、異常行動、性的問題、夢、無意識など、ほとんどありとあらゆるテーマに心理学が光を当てることができると主張したのである。

フロイト理論の評価

　ある人がかつて筆者に述べたことによると「フロイトは最高の心理学者だが、また同時に最低の心理学者でもある」ということである。言い換えると、フロイトには偉大なる長所とともにまた偉大なる短所もあるということだ。長所についてはこれまで述べてきたので、今度はフロイトの短所に焦点を合わせてみよう。

反証可能性

　理論的な水準における精神力動的アプローチの最大の問題は、フロイトが**非科学的**アプローチを採用したために、彼の理論の多くを検証することが非常に困難となったことである。1108ページで論じてあるように、ポパー（Popper, 1969, 1972）は科学的理論の重要な特徴は反証可能性であると主張した。**反証可能性**とは、その理論が誤っていることを示すためにはどのような証拠を示せばよいかが明確であることである。フロイト理論の多くは反証可能性を欠いている。たとえば、心はイド、自我、超自我の三つの部分に分割されるという概念を考えてみよう。どのような証拠（どのようなものでもいい）をもってくればこの概念が誤っているということを示せるだろうか。クルーズ（Crews, 1996, p.67）が指摘するように、

> この理論は非常に曖昧で、どんな不意打ちにもびくともせず、理論家の気まぐれに従って際限もなく改訂され、データに基づいて吟味されることは決してないのである。

防衛機制に関するフロイトの理論はどうだろう。この理論を検証するのは非常に難しい。防衛機制が発動されるためには高い水準の不安を実験的に誘導しなくてはならないが，そんなことは倫理上許されないからである。しかし抑圧の機制に関しては理論を支持する証拠が存在する（第13章を参照）。アイゼンク（1998, p.435）が指摘するように，

> フロイト理論の最大の弱点は，ある特定の個人がどの防衛機制を用いるかをあらかじめ予測することができないということである。フロイトによれば，極度に不安を喚起する状況にさらされた人間は防衛機制に頼るというが，その防衛機制が抑圧，置き換え，否認，知性化，投影，反動形成，のうちのどれなのか予測することが不可能なのである。このためにフロイト理論の科学的有効性は大きく損なわれている。

必要な情報の欠如

　心理的・性的発達に関するフロイトの理論はどうだろう。ある個人が授乳やトイレ訓練においてどのような経験をしたのかについては，20年も30年も後になってからきわめて限定されて歪んだ情報が手に入るだけである。さらにこの理論を支持する主要な根拠は，子供時代の経験と成人の性格の間の**相関関係**にすぎない。相関関係は因果関係を意味するとは限らないので，相関関係に基づいて成人の性格が子供時代の経験が原因で形成されたと主張することはできない。

　フロイト理論の中の検証可能な部分に関しては，ほとんどが間違いであることが示されている。たとえばフロイトは，男児の父親に対する同一視の発達には父親に対する恐怖が重要であると考えた。したがって，威嚇的で敵対的な父親をもつ男児は優しい父親をもつ男児よりも強い同一視を示すはずである。しかし実際には，実証的な研究はまったく逆のことを示している（マッセンとラザフォード Mussen & Rutherford, 1963）。エディプス・コンプレックスやエレクトラ・コンプレックスに関しても，それらが存在する証拠はほとんどないのである（クライン Kline, 1981）。

検証されていない観察に基づいていること

　フロイトは自説を検証するための実験を行ったことはない。彼の説は，患者を長年にわたって観察することに依拠していたのである。このアプローチは二つの点において問題がある。第一に，これらの観察は非組織的な方法（そしておそらくバイアスのある方法）で行われていたため，説得力のある証拠とはみなせない。第二に，フロイトのアプローチは母集団（人間一般）を代表するとは言いがたいサンプルに依拠している。フロイトの患者の多くはウィーンの中流階級の女性であった。このようなサンプルに基づいて構築された人間行動についての概念は，非常に限定されたものであると考えられる。

> フロイトがヴィクトリア時代の厳格な社会で仕事をしていたという事実から考えて，彼はなぜ発達理論において性的行動の重要性を強く主張したのだろうか？

フロイトの仕事は，1890年代から1900年代にかけてのウィーンにおける中流階級の女性が相手であった。彼の理論は他の文化どれだけあてはまるだろうか。特に，20世紀における激しい社会的変化をよく考えてみよう。

図 2-7

　心理療法の一形態としての精神分析における重要な弱点は，それが治療状況におけるフロイトと患者の間の交流から発展してきたという事実である。しかしこの交流に関しては驚くほどわずかの情報しか残っていない。というのもフロイトは公表した研究の中でそのうちの12症例しか報告していないからである。患者から得た証拠は，さまざまな情報による汚染の危険性があるので信用できない。この危険性には少なくとも以下の二種類がある。

1. 患者の発言はそれに先立つ治療者の発言に影響されるので，それは治療者の理論的視点によって汚染される。
2. 治療者が理論的な先入観によって患者の発言を解釈するために，患者の発言の真意が歪められる。

　これらの汚染源が存在するため，精神分析がなぜ効果的なのかを

表 2-2　精神力動的アプローチ：まとめ

重要な前提：防衛機制
長所：フロイト以外の研究者が得た証拠でも，人間は情動反応を低減し自尊心を守るために歪んだ思考をすることがある，ということを示している。
短所：理論を検証することが困難で，証明も反証もできない。
重要な前提：心理的・性的発達
長所：性格に関しての発達理論として最初のものの一つである。
短所：患者の子供時代の回想に基づく理論で，回想が歪んでいる可能性が高い。相関関係に基づいていて，因果関係を証明できない。
重要な前提：性格理論
長所：フロイト以外の研究者が得た証拠でも，フロイトの記述に類似した性格特性のクラスタが存在することを示している。
短所：エディプス・コンプレックスとエレクトラ・コンプレックスの存在を支持する証拠はほとんどない。
重要な前提：精神分析
長所：他の治療法と同じくらいの効果があると考えられる。フロイトの基本的アイディアは，効果的な治療法へと修正され発展した。
短所：より効果的な認知行動療法の登場によって地位が脅かされている。

知るのは非常に困難である。

過去の重視

心理療法の一形態としての精神分析には幾つかの限界があった。フロイトは，子供時代にさかのぼる性的問題が心の病の根源にあると信じていた。しかしアルフレッド・アドラー（Alfred Adler, 1870-1937），エーリッヒ・フロム（Erich Fromm, 1900-1980），カレン・ホーナイ（Karen Horney, 1885-1952），ハリー・スタック・サリヴァン（Harry Stack Sullivan, 1892-1949）などの新フロイト主義者たちは，この信念に異議を唱えた。心の病の発現には，対人関係などの社会的要因が性的問題よりも重要な役割を果たすと彼らは考えたのである。彼らはまた，治療者は過去にばかり焦点を当てるのではなく，患者の現在の問題にこそ注目すべきだと考えた。現在の問題の重視は，行動療法や認知行動療法にもみることができる。

行動主義的アプローチ
理論的な前提
ワトソン

心理学に対する行動主義的なアプローチは，20世紀初頭にアメリカで始まった。この新しいアプローチの中心人物はジョン・ワトソン（1878-1958）である。ワトソン（1913）によれば，

> 行動主義者の考える心理学は，自然科学の一部門としての純粋に客観的な実験科学である。その理論的目標は，行動を予測し制御することである。内観法はその方法の本質的部分ではない。

ワトソンが心理学の主要な目的は行動を制御することだと主張していることに注目していただきたい。このことは，行動主義者が，さまざまな心理学的機能の中で特に学習の研究に力点を置く理由を理解する助けになるだろう。つまり他人の行動を変えたければ，適切な学習経験を与える必要があるということである。

行動主義者ははじめ，当時の心理学における有力なアプローチを攻撃することに集中していた。たとえばすでにみたように，心理学者は**内観法**（introspection）に頼るべきではないとワトソンは主張した。内観法とは，自分自身の心的過程を観察し報告することである。しかし次第に単なる批判を超えて，行動主義者はより積極的な前提に基づいた独自の体系を発展させ始める。その主要な前提は以下のようなものである。

- 心理学は行動を研究すべきである。行動は客観的で観察可能だからである。
- 心理学における分析の単位は，単純な刺激 – 反応の連合であるべきである。複雑な行動は無数の刺激 – 反応の連合から構成されている。

図 2-8　ジョン・ワトソン
(1878-1958)

行動主義者はなぜ内観法を有効な心理学的方法論として認めなかったのか。

キー用語
内観法：自分自身の心的過程を吟味し観察すること。

「刺激 – 反応」の省略として S-R という表記がよく用いられる。

- 行動は遺伝ではなく環境要因によって決定される。ワトソン（1924）によれば、「能力、才能、気質、精神的な性質や特徴の遺伝など存在しない。これらのことは主として揺りかごの中での訓練によっている」。
- 学習のプロセスは、パヴロフが提唱したような条件づけの原理によって理解される。これらの原理はほとんどの動物種に当てはまる。
- 脳はさほど重要ではない。「脳は接続ステーションであるが、行動主義者にとって、脳で思考するという言い方は脊髄で歩行するという言い方と同じくらい意味がない」（マーフィーとコヴァック Murphy & Kovach, 1972）。

これらの前提からわかる通り、行動主義的主張の幾つかは、心理学でどのような方法が用いられるべきかという問題に関わっている。特に重要なのは内観（観察不能で主観的）ではなくて行動（観察可能で比較的客観的）を重視することである。行動主義はまた、行動の理論を発展させることを目指した。この理論は条件づけの原理、単純な刺激－反応の連合、行動を決定する環境因、などに基づいていた。

パヴロフ

ワトソンや他の初期の行動主義者は、イワン・パヴロフ（Ivan Pavlov, 1849-1936）によるイヌの古典的条件づけの研究（第10章を参照）に大きな影響を受けた。食物を口に入れるとイヌは唾液を分泌する。パヴロフが発見したのは、音のような中性的な刺激に対しても唾液を分泌するようにイヌを訓練できるということであった。食物を与える直前に音を提示することを何度も繰り返すことで、音は食物がすぐに与えられるという意味の信号となる。そこで今度は食物なしで音だけを提示すると、それでもイヌは唾液を分泌したのである。この音と唾液分泌の間の連合を条件反射と言い、**古典的条件づけ**（classical conditioning）の一例である。

ワトソンはなぜパヴロフの研究に感銘を受けたのか。その第一の理由は、パヴロフは観察可能な刺激と反応に焦点を当てており、したがって科学的であるということである。たとえば音によって生じた唾液分泌の量を測定することによって、生じた学習の量を評価している。第二にパヴロフの研究は、学習のプロセスとは刺激（音）と反応（唾液分泌）の連合を形成することであることを示している。ワトソンは、ほとんどの（あるいはすべての）学習はこの種のプロセスであると考えたのである。

スキナー

B. F. スキナー（B. F. Skinner, 1904-1990）は最も影響力のあった行動主義者である。彼の主な主張は、ほとんどすべての行動は報酬と罰の支配下にあるということである。報酬が与えられる反応の生起

図 2-9 イワン・パヴロフ
(1849-1936)

キー用語
古典的条件づけ：学習の基本的な形態の一つで、単純な反応が新奇な刺激と連合すること。

頻度は上昇し，報酬を伴わない反応の頻度は低下する。これが**オペラント条件づけ**（operant conditioning）である。しかしスキナーの研究で用いられた反応はきわめて単純なもの（ネズミのレバー押し，ハトのついばみなど）であり，オペラント条件づけがより複雑な形式の学習を説明できるというのはありそうもないことである。

スキナーは**等価潜在性**（equipotentiality）という概念を信奉していた。それは任意の刺激状況においてどのような反応でも等しく条件づけが可能であるという考え方である。これとは正反対の考え方が，セリグマン（Seligman, 1970）の提唱した**発達準備性**（preparedness）の概念である。これは，それぞれの動物種にはその生物学的な性質に従って，得意な学習とそうでない学習があるという考えである。たとえば，ハトにとって食物を得るために何かをついばむことは自然な行動である。その結果，食物の報酬を与えることで色円盤をつつくようにハトを訓練することは比較的たやすいのである。行動主義者は，行動の決定因として外的・環境的な要因を重視した。スキナー（1971）によれば，「環境は生物体を突いたり打ったりするだけでなく，選択する。（中略）環境の選択の結果として行動は形成され維持されるのである」。一方で，行動主義者は認知的過程，生理学的過程，遺伝形質などの内的な要因を無視する傾向があった。スキナー（1980）の言葉を借りるなら「行動の科学にはそれ自体の固有の事実がある。（中略）生理学的事実が，行動について私たちがすでに知っている以外のことを教えてくれたことは一度もない」。

図2-10　B.F.スキナー
（1904-1990）

> **キー用語**
> **オペラント条件づけ**：学習の形態の一つで，報酬と罰によって行動が統制されること。
> **等価潜在性**：あらゆる種類の刺激に対してあらゆる種類の反応が条件づけ可能であるという考え。
> **発達準備性**：それぞれの動物種に固有の容易かつ「自然」な学習の形式があるという考え。

心理学に対する行動主義の貢献
行動療法

行動主義による最も重要で長期にわたる貢献は，**行動療法**（behaviour therapy）である。行動療法は，異常行動は条件づけによって生じるので，条件づけの原理を用いることで回復もまた可能である，という前提に基づく。行動療法には多くの種類がある。曝露法（exposure）あるいは内破法（flooding），系統的脱感作法，嫌悪療法，トークン・エコノミー法などである（第26章を参照）。スミスら（Smith et al., 1989）の大規模な治療研究レビューによれば，行動療法は他の種類の療法（たとえば精神分析）と同等の効果があることが示されている。

行動療法ではオペラント条件づけが非常にさまざまな形で応用されている。以下ではそのうちの**職場行動修正法**（organisational behaviour modification）とプログラム学習法を説明する。

> **キー用語**
> **行動療法**：古典的条件づけとオペラント条件づけなどの学習の原理に基づく臨床的治療法。
> **職場行動修正法**：強化原理を用いて職場環境における仕事の効率を改善する方法。

職場行動修正法（organisational behaviour modification）

> これは，強化原理を用いて職場環境における仕事の効率を改善する方法である。ルータンスとクレイトナー（Luthans & Kreitner, 1975）によって提唱されたアプローチが最もよく知られている。
>
> 1. 十分な仕事効率を達成するのに必要な行動とは何であるかを明確に

する。
2. その重要な仕事行動が生ずる頻度を測定する。
3. 労働者の現在の行動の機能分析を行い，どのような報酬・罰の回避がそれらを維持しているのかを理解する。
4. 労働者の行動を望ましい方向へと変容させるための介入の方略を作成する。目標を達成するために強化因（報酬）を用いるが，報酬は実にさまざまなものがありうる（金銭，ほめ言葉，管理職専用のトイレを使用させる，など）。
5. 介入の方略が労働行動を改善するうえで効果的であったかどうかの評価を行う。

　このアプローチによる成功例がアーノルドら（Arnold *et al.*,1995）によって報告されている。SJR食品という会社は，1日あたり15％という高率の無断欠勤に悩んでいた。生産部長のラダ・エルバクリーは宝クジの仕組みを導入した。毎日出勤するたびに宝クジ券1枚を無料で配り，一週間無欠勤だったら2枚追加，という仕組みである。毎週金曜の夕方には抽選会を開いた。宝クジによって無断欠勤率は2～3％に減少したのである。

議論のポイント
1. 職場行動修正法の効果が職場によって異なるということが考えられるだろうか。
2. 職場行動修正法の効果が人によって異なる（たとえば，普段からやる気のない人には特に効果的であるなど）ということが考えられるだろうか。
3. 職場行動修正法は，自分自身がより効率よく勉強するのに役立つと思うか？

プログラム学習

　スキナーは，オペラント条件づけの原理を用いて新しい学習法を発展させることができると主張した。その成果が**プログラム学習**（programmed learning）であり，以下のような特徴をもっている。

- 学習内容は小さな学習ステップに分けて少しずつ順番に提示される。それには特殊な教科書，ティーチング・マシン，コンピュータなどが用いられる。
- 生徒はそれぞれの学習ステップごとに学習内容の理解を確認する幾つかの問題に解答する。
- 質問の解答にはただちにフィードバックが与えられ，正解か不正解かが示される。
- 学習プログラムには直線型と枝分かれ型がある。直線型プログラムでは，学習内容を単一の不変の順序で学習する。枝分かれ型プログラムはより柔軟で，能力の高い生徒は早く次に進めるようになっている。

> **キー用語**
> **プログラム学習**：スキナーが考案した学習法で，オペラント条件づけに基づく。

プログラム学習にはそれに適した教科とそうでない教科がある。この方法が最も役に立つのはどの教科か？役に立たないのはどの教科か？

プログラム学習では学習内容が小さなステップに分かれているために，多くの生徒は各ステップで間違いをすることがほとんどない。そのため生徒は正の強化（正解と告げられる）を受けることになり，それによって学習が進歩する。さらにこの強化は生徒が反応してすぐに与えられるため，学習の進歩に効果的である。

行動主義の評価
科学的な地位
　心理学は真正の科学でなくてはならないという行動主義の主張は，普遍的な重要性をもっている。ドイツの心理学（ウェーバー Weber，フェヒナー Fechner，エビングハウス Ebbinghaus など）は行動主義心理学の開始よりも早く科学的な実験を行っていた。しかし行動主義者たちは，それ以前の心理学者よりもはるかに体系的に，心理学が科学的な地位を獲得するにはどうしたらいいかを明確にしてみせたのである。具体的には，統制された状況下で行動を厳密に観察することが心理学にとって決定的に重要であると主張したのである。

　行動主義にはマイナスの側面もある。実験状況を高度に統制するという主張には，実験状況の人工化という危険性が伴う。たとえば，パヴロフの研究におけるイヌは，拘束具で縛りつけられているのが普通であった。こうした人工的で制約された状況下では，イヌの普段の行動についてはまったく何も知ることができない可能性がある。

外的要因と内的要因
　理論的なレベルにおける行動主義の最大の問題は，行動に対する環境刺激の影響力が過大評価される一方で，内的要因（過去の知識や経験など）の影響がほとんど無視されていることである。バンデューラ（Bandura, 1977）はこの点を手際よく表現している。「もしすべての行為が外的な報酬と罰によってのみ決定されるならば，人々は他人の気まぐれに従って風見鶏のようにあちこちの方向に振れ続けるようになってしまうだろう」。実際には私たちの行動の多くは比較的安定している。それは行動がさまざまな内的目標によって統制されているからなのである。

　この他にも，行動主義者の主要な前提の幾つかが間違いとされるようになった。たとえば行動主義者は，行動における個人差は学習と条件づけの経験の違いによるのであり，遺伝的な違いによるのではないと考えた。しかし遺伝的要因が知能と性格の個人差を決定するうえで非常に重要であることを示す多くの確実な根拠（主として双生児研究からの根拠）が存在するのである（第23章と第27章を参照）。

生物種による差異
　行動主義者は，条件づけの基本原理は異なった種に対しても同様に適用可能であると考えた。そのために彼らは，種間の差異を極端に過小評価することになった。たとえば，人間は言語能力を有する

ために，学習能力が他の動物とは大きく異なる。食物の報酬を得るためにレバー押しを学習したラットは，食物が供給されなくなった後でもずっとレバーを押し続ける。これに対して人間は，もはや報酬が与えられないと告げられたらすぐにレバー押しを止めるだろう。

学習か，それとも単なる作業の遂行か？
　行動主義者は，報酬あるいは強化が学習の主要な決定因であると考えた。しかし実際には，強化は学習よりも作業遂行に影響するのである。たとえば，「地球は平たい」と言うたびに1ポンドもらえるとしよう。きっと誰もが何百回でもそう言い続けるに違いない。しかしこの場合，報酬は作業の遂行と行動に影響しただけである。報酬が知識や学習に影響して，その結果だんだんと実際に地球が平たいと信じるようになることはない。

過剰な単純化
　初期の行動主義理論の多くは，過度に単純化されたものである。たとえば，ワトソンは思考とは声を出さずに話すこと（無声発話）にすぎないと主張した。このことに関して哲学者のハーバード・フェイグル（Herbert Feigl）がしゃれた発言をしている。すなわちワトソンは「自分には心がないと声帯に決めた」（原文は"made up his windpipe that he had no mind."この文は「自分には声帯がないと心に決めた」という文の「声帯」と「心」を入れ換えたもの）。このワトソンの主張は，一つの危険な実験によって否定された（スミスら Smith et al., 1947）。この実験のためにスミスは薬物によって全身の筋肉を麻痺させ，人工呼吸器を使って生命を維持した。彼はまったく身体的運動ができないので無声発話も不可能な状態となった。ワトソンの主張によれば，こうした麻痺状態では周囲で起きていることを観察したり，人の話を理解したり，これらについて思考したりはできないはずである。しかし実際にはスミスはこれらがすべて可能であったと報告し，したがって無声発話ができなくても思考は可能であることが示されたのである。

治療と行動変容
　行動療法，職場行動修正法，プログラム学習などに対する行動主義の貢献はどうであろうか？　これらの技法について順に考えていこう。すでに述べたように，行動療法が広い範囲の臨床的問題の治療に有効であるのは明らかである。しかし，行動療法の成功は条件づけの原理だけに基づくのではない。行動療法を受ける患者は，主として認知的な変化（期待や知識に関する変化）によって健康を回復している可能性が高いのである。

認知的要因
　　行動療法における認知的要因の重要性は，リック（Lick, 1975）の系統的脱感作の研究によく示されている。系統的脱感作とは，恐怖症の患者（た

とえばクモ恐怖など）に恐怖度を弱めた恐怖対象を次第に強度を強めながら提示し，それにリラックスして対応することを学習させる技法である。行動療法家の主張によれば，この治療法が有効なのは，リラックスした反応が恐怖反応に置き換わって恐怖刺激と連合するからである。リックは患者に，恐怖刺激を意識的に知覚できないくらい短時間提示すると説明した。さらに刺激提示中には，提示刺激に対してリラックスすることを順調に学習していることを示す心拍数などの生理学的なデータをフィードバックした。しかし実際には刺激は提示されず，フィードバックもにせものだったのである。このリックの方法は行動主義者の提唱するものから大きく逸脱しているので，こんな「だまし治療」は効果がないはずである。しかし治療は成功したのであり，それはおそらくこの方法が認知的変化をもたらしたからだと考えられる（たとえば患者が刺激に対する恐怖感をコントロールできると信じたことなど）。

キー研究評価―リック

リックの研究には「だまし」が含まれており，心理学研究として倫理的な問題がある（第29章参照）。恐怖症を病む研究協力者に対して提示された生理学的フィードバックはにせものであり，恐怖刺激は実際には提示されなかった。しかし患者はこの治療が恐怖症を低減する助けになったと報告しているのである。このような研究では，よい結果が出れば非倫理的な方法は正当化されるのだろうか？

議論のポイント

1. リックの知見は，なぜ行動主義的な治療アプローチに対する問題提起となるのか？
2. この「だまし治療」が作り出した認知的変化を測定する方法について考えてみよう。

■やってみよう：行動主義の応用的貢献（行動療法，職場行動修正法，プログラム学習）の中から一つ選び，その長所と短所を以下のような表にまとめよう。

貢献した点	説明	評価
		長所：(1)
		(2)
		短所：(1)
		(2)

　職場行動修正法は多くの会社で成功をおさめている。しかしこの技法には多くの限界がある。第一に，この技法は作業行動が適切に行われているかを簡単に監視できるような高度に統制された状況でしか効果的でない。個々の労働者の作業行動が周りの同僚の努力と支援に決定的に依存するような場合にはあまり効果がない。第二に，職場行動修正法は管理職や専門職の労働者に対して適用された例がほとんどないため，これらの上級労働者に対して有効かどうかはまったくわかっていない。第三に，この技法は労働者を組織的に操作・統制するため，倫理的に問題がある。

　プログラム学習は他の学習形態（講義など）と同様の効果があることが知られているが，それらより優れているわけではない。プログラム学習は限定された具体的な知識や技能を教えるには効果的だが，より一般的で複雑な知識を教えるにはあまり効果的でない（テーラー Taylor, 1964）。具体的な知識の例としては，概念の意味を学習すること（たとえば，「オペラント条件づけとは，報酬あるいは強化子を与えることで行動をコントロールする，学習の一形態である」など）や，統計検定の手順を学習することがある（たとえば，「最初のステップは各条件の得点を合計することである」など）。これに対して，より一般的で複雑な知識の例としては，心理学における理論や研究を評価することなどが挙げられる。

　まとめると，行動主義は心理学理論としても条件づけに基づく応用技法としても不十分なものである。すなわちハーンショー

図2-11 労働現場での行動を条件づけして生産性を向上させるために，心理学研究を応用する試みがなされた。

> ある心理学的なアプローチがどれほど「科学的」かが非常に重要視されるのはなぜだと思うか？

(Hearnshaw, 1987, p.219)がスキナーの貢献について結論づけた通り「…その妥当性の範囲内においてどれほど強力であっても，彼の提案したのは結局きわめて制限された心理学である」。

人間性心理学的アプローチ

人間性心理学のアプローチは，主としてカール・ロジャーズ（Carl Rogers）とアブラハム・マズロー（Abraham Maslow）によって1950年代にアメリカで発展した。カートライト（Cartwright, 1979, pp.5-6）によれば人間性心理学とは，

> 人間にとって深い意味をもつ問題に関心をもち，特に主観的な体験と個人の生における独自で予測不能な出来事に焦点を当てる。

人間性心理学は，個人的な責任，自由意志，個人的な成長と自己実現のための努力，などの問題に焦点を当てる。特に重要なことは，人間性心理学は**現象学**（phenomenology）に依拠する強い傾向がある。現象学とは，純粋な体験を解釈することなしにそのまま報告することである。

> **キー用語**
> **現象学**：純粋な経験を報告することに焦点を当てるアプローチ。人間性心理学者たちが採用した。

理論的な前提

現象学に依拠して人間行動を理解すべきという前提をもつため，人間性心理学はそれに先立つ行動主義的アプローチとは大きく異なっている。人間性アプローチが科学的かどうかということには疑問がある。もっとも科学とは何かという問題はきわめて複雑かつ難しい問題なのだが（第28章参照）。こうした批判に人間性心理学者たちはどう答えたのだろうか？　マズロー（1968, p.13）によれば，「個人の独自性というものは，私たちが知っている科学には合致しない。そしてそれは科学にとっても残念なことなのである。科学もまた再創造の苦痛に耐えなくてはならない」。ロジャーズ（1959）も，人間性アプローチは反科学的とみなされうるという批判をまったく気にしなかった。彼によれば，意識経験の自己報告に基づく現象学的アプローチは，行動主義者たちの好んだ伝統的な科学的アプローチよりも，人々の体験の深い意味を理解するのに有効だという。

アブラハム・マズロー

マズロー（1970）は，それまでの動機づけの理論が，基本的な生理学的欲求や不安を低減し痛みを回避する欲求ばかりを取り扱っていると考えた。それに対して，彼は人間の動機づけははるかに広範囲にわたると主張したのである。彼は7つの水準からなる**欲求の階層**（hierarchy of needs）を提案した（第6章参照）。生理学的な欲求（食物や水への欲求など）は階層の最下層に位置する。その次には安全の欲求，愛と所属への欲求と続く。さらに階層を上ると承認欲求があり，認知的欲求（好奇心と理解への欲求），美的（芸術的）欲求

> **キー用語**
> **欲求の階層**：マズローの理論で，底辺の生理学的欲求から頂点の自己実現欲求までの欲求の構造。

がある。最上位には**自己実現**（self-actualisation）への欲求，すなわち最も広範な意味での人間の可能性を実現する欲求が存在する。

自己実現を果たした人間は，自己受容，自発性，プライバシーへの欲求，文化的影響への抵抗，共感性，深い対人関係，民主的な性格特性，創造性，哲学的ユーモアの感覚，などの特徴がある。マズロー（1954）はアブラハム・リンカーン（Abraham Lincoln）とアルバート・アインシュタイン（Albert Einstein）を自己実現した著名人の例として挙げている。

自己実現はどうしたら測定できるだろうか。マズロー（1962）は**至高体験**（peak experiences）に注目した。至高体験とは，世界をありのままに受け入れ，多幸的で驚異の感覚をもつ体験である。至高体験は性行為中や音楽を聞いているとき，あるいはこの二つを同時に行っているときなどに多く体験されるという。マズロー（1962）は自己実現した人はそうでない人より多くの至高体験を報告することを見出したのである。また，自己実現は質問紙（自己実現評定尺度など）による自己評定でも推定することが可能である。

図2-12　マズローは自己実現の特徴を示す有名人としてアブラハム・リンカーンを挙げている。その特徴とは自己受容，文化的影響への抵抗，共感性，創造性などである。

> **キー用語**
> **自己実現**：もっとも広範な意味で個人の可能性を実現すること。
> **至高体験**：高揚した精神状態を体験することで，歓喜と驚異の感情で満たされる。
> **自己概念**：現在経験されているものとしての自己の像。
> **理想自己**：そうであればよいと願っている自己概念。

カール・ロジャーズ

カール・ロジャーズ（1902-1987）は，より優れた治療技法を探求することに生涯を捧げた人である。治療技法の探究は性格研究への興味にも結びついている。ロジャーズ（1951, 1959）は，人間の性格を理解するうえで「自己」の概念が非常に重要であると考えた。自己の概念とは主として意識的なものである。それは個人としての自分自身，そして他者との関係における自分自身に関する考えや感情から構成されている。

ロジャーズ（1951）によれば，**自己概念**（self-concept）と**理想自己**（ideal self）の区別が重要である。自己概念はいま現実に体験されている自己のことで，理想自己とはそうあればよいと願っている自己概念のことである。幸福な人は不幸な人に比べて，自己概念と理想自己の間のギャップが小さい傾向がある。

Q分類法　自己概念と理想自己を評価する方法にQ分類法がある。

1. 研究協力者に「私は友好的な人間である」や「私はいつも緊張している」などのような性格を表す短文の書かれたカードの束を提示する。
2. 研究協力者は現実の自己をよく表していると思う順にカードを並べる。
3. 理想自己についても同じことを行う。

図2-13

4. 検査者は，現実自己と理想自己それぞれで選ばれたカードを比較してギャップの大きさを評価する。

Q分類法やこれに類似した方法によって自己概念と理想自己を評価しようとすることには三つの問題がある。第一に，こうした方法は意識的に気づいていない自己の側面をまったく捉えることができない。第二に，意図的に結果を歪めるという明白な可能性がある。たとえば非友好的より友好的な方が好ましいので，多くの非友好的な人間は友好的なふりをして回答するだろう。第三に，人間は幾つもの自己概念をもっているのに，Q分類法は単一の自己概念を評価するように設計されている。

■やってみよう：自分で自分自身をどのように捉えているかを記述しよう（これをAと呼ぶ）。次に自分がなりたいと思う自分について書いてみよう（これをBと呼ぶ）。AとBはどれくらい離れているだろうか。「理想自己」は現実の自己とは異なるということを考えてみよう。

来談者中心療法 ロジャーズは来談者中心療法の開発者として有名である。これは第26章で詳しく議論するのでここでは簡単に述べる。来談者中心療法には二つの中心的な前提がある。

1. ある体験が自己概念と調和しないという「不一致」が，精神的な問題が生ずる主要な原因となる。
2. 治療者は来談者の不一致のレベルを低減するように努力するべきである。

不一致の背後にはどのような過程があるのだろうか。一つは合理化，すなわち自分の行動の解釈を歪めてそれを自己概念と一致させることである（たとえば「私の行動はよくないが，それは私のせいではない」）。もう一つの例は，ファンタジーつまり自分について空想をめぐらせて（たとえば「私はナポレオンだ」），次にそのファンタジーを否定する経験（「私はフランス語ができない」）を否認することである。

ロジャーズは，来談者の不一致を低減する最もよい方法は，来談者が体験に対して心を開けるように感じることのできるような援助的な環境を与えることだと考えた。その結果，最も効果的な治療者には以下のような傾向がある。

1. 無条件に肯定的である。
2. 真剣である。
3. 共感的である（つまり他者の感情を理解できる）。

これらの特徴が治療者にとって有用であることを示す幾つかの証拠がある。たとえばトゥルーとミッチェル（Truax & Mitchell, 1971）は幾つかの研究をレビューして，効果的な治療者は実際にこれら三つの特徴をもつと結論している。しかし，無条件の肯定，真剣さ，共感性はロジャーズの主張するほどには重要ではないとする証拠も

存在する（ビュートラーら Beutler *et al.*, 1986）。

心理学に対する人間性心理学の貢献

　人間性心理学は心理学に対して幾つかの重要な貢献をしている。第一に，人間性心理学は人間にとって根源的な重要性をもつ問題を提起した。すなわち自己概念，最も深い動機づけの力，個人としての潜在力を実現する努力，などの問題である。これらの問題は，実験科学的な志向をもつ心理学者の関心よりもはるかに人間の生の実相に迫っている。

　第二に，人間性アプローチは人間の動機づけという問題を他のアプローチよりもずっと包括的に捉えた。西欧社会に住む何百万人という人々が，基本的な生理学的欲求をすべて満たしているにもかかわらず，深い憂うつと不満を抱えているという事実からも，成長欲求などの概念の重要性は明らかである。

　第三に，人間性心理学における心理療法（来談者中心療法，エンカウンター・グループなど）は，きわめて効果的であることが明らかとなった。デーヴィソンとニール（Davison & Neale, 1986, p.489）は来談者中心療法の価値について以下のように評価している。

> 不幸だが病的とまでは言えないような人々が自分自身を理解することを援助する方法としては，…来談者中心療法は非常に適切で効果的である。…しかしロジャーズ派の療法は，ロジャーズ自身が警告している通り，重症な精神病の患者に対しては適切な技法ではない。

　第四に，人間性心理学によって多くの心理学者が自らの基本的信念を再考するようになった。人間性心理学者は，行動よりも意識経験を，決定論より自由意志論を，実験的方法よりも経験を語ることを，それぞれ重視した。こうした人間性心理学者の視点の妥当性がどうであれ，彼らは心理学に新たな息吹を吹き込むことに確かに成功したのである。

人間性心理学の評価

　以上のような重要な貢献の一方で，人間性心理学に対しては幾つかの批判も存在する。第一に，彼らの現象学は意識的に気づいている思考にしか関与できない。その結果，それは意識下で生起する重要なプロセスを完全に無視することになる。また，意識的な経験に依拠することには，他者によい印象を与えたいために経験の報告内容を組織的に歪めてしまうという問題もある。

　第二に，基本的欲求さえ充足していれば誰にでも自己実現できる潜在力があるという仮定は，きわめて疑わしい。ごくわずかの人々だけが自己実現でき

人間性心理学には自己を重視するという特徴があるが，それは西欧文化圏で発展したものである。このアプローチは，より集団主義的な非西欧文化圏においても受容されるだろうか。

■やってみよう：下のような表を作成し，人間性心理学における二つの主要な理論をまとめてみよう。

	主要な概念	長所	短所
ロジャーズ			
マズロー			

外的要因のために自己実現が不可能であるような文化圏の例を挙げなさい。

たという事実からは，誰もが自己実現できるという結論は導けない。他の人よりも知的で才能があり，高い教育を受け，高い動機づけをもつ人だけが自己実現できたのだと考えれば十分な説明になるだろう。

第三に，自己実現した人たちが創造的で自己受容的ですばらしい対人関係をもっているという考えは，こうした特徴をすべて満たす人はまず存在しないという事実を無視するものである。たとえば画家のヴァン・ゴッホは突出して創造的だったが，まったく自己を受容することができずに自殺してしまった。このように，非常に創造的な人物の個人生活が感情的に悲惨きわまるものであったという実例は数えきれない。彼らは自己実現したのか，それともしなかったのか？

第四に人間性心理学は，自己実現は個人内部の欲求によって生じ，環境の良し悪しはあまり影響しないと考えた。しかし環境が自己実現を助けることも多いだろう。たとえば多くの西欧社会は，その成員に長期にわたる学校教育，特別な才能を伸ばすチャンス，働きながら学ぶ制度などを供給している。したがって自己実現は内的（欲求的）要因のみならず外的（環境的）要因にも依存すると考えられる。

第五に人間性心理学は，科学的アプローチを拒絶したことによってはっきりと損害を受けている。たとえ時には非常に歩みが遅く，それどころか場合によっては袋小路に陥りながらも，科学は時間につれて少しずつ進歩する。それに比べて人間性アプローチにはあまり進歩という感覚が感じられない。その妥当性は現在でも40年前と比べてあまり明確になっていないのである。

認知的アプローチ

1950年代に認知的アプローチが発展した大きな理由の一つは，行動主義的アプローチに対する不満が高まったことである。言語を自在に操る能力や問題解決に含まれる複雑なプロセスなど，人間の認知能力について関心をもった場合を考えてみよう。観察可能な行動を重視する行動主義的視点は，こうした問題を扱うことが非常に困難なのである。必要なのは内的プロセスへ焦点を当てることであり，それこそが認知心理学者が試みたことである。

認知的アプローチが登場したもう一つの理由は，この時代に「コンピュータ革命」が始まったことである。人間の複雑な認知機構を理解するために，心理学者はそれをより単純でよくわかっている別のものと比較することがしばしばある。たとえば，投擲機や電話交換機などが比喩としてよく用いられた。認知心理学者たちは，コンピュータの比喩が人間の認知機構の理解に重要な基盤を与えると考えた。コンピュータと人間の脳は複雑さにおいて共通性があり，また入力系と出力系，記憶貯蔵，処理システムなどから成り立っているという類似性がある。

1950年代から60年代にかけての認知心理学の発展を支えた重要人

図 2-14

物には，ハーブ・サイモン（Herb Simon），ジョージ・ミラー（George Miller），ジェローム・ブルーナー（Jerome Bruner），ユルリック・ナイサー（Ulric Neisser）などが挙げられる。しかしドナルド・ブロードベント（Donald Broadbent, 1958）の著書『知覚とコミュニケーション』こそが認知心理学の発展に対する最も重要な貢献であることは多くの心理学者の認めるところだろう。ブロードベント以前の心理学者は，注意，短期記憶，知覚などの認知プロセスの諸側面をそれぞれ単独でばらばらに研究するのみであった。ブロードベントの偉大な業績とは，これらの諸側面の相関関係についての理論を作り上げたことである。たとえば彼は，どの情報が短期記憶へ転送されるかは選択的注意によって決定されると主張した。たとえば実験の参加者の一方の耳に2, 8, 6，同時に別の耳に9, 3, 4という数字系列を提示する。参加者は一方の耳の情報しか選択できず，そちらの耳に提示された数字系列（2, 8, 6）しか短期記憶内でリハーサルできない。認知心理学的な用語で言えば，ブロードベント（1958）は情報システムのモデルを提唱したのである。

> 行動主義が心理学を刺激と反応（S-R）に還元したのに対して，認知心理学はもう一つの要素を追加した。内的な認知プロセスを追放して，刺激がどのようにして特定の反応を引き起こすのかという問題を無視するのではなく，認知心理学はまさにこの刺激と反応の間に存在する内的な処理段階に注目したのである（すなわち，刺激 – 情報処理 – 反応）。

理論的前提

　認知的アプローチの基本的前提は何だろうか。最も根本的な前提は，人間の認知機能を情報処理システムとして理解することである。もっとも現在ではこうした処理システムはブロードベント（1958）が提唱したモデルよりもはるかに複雑であると考えられている。この根本的な前提から幾つかの別の前提が導かれる。

- 環境から与えられる情報は，一連の処理システムの系列（注意，知覚，短期記憶など）によって処理される。たとえば，友人の話に**注意**し，言わんとする意味を**知覚**し，発言の記録を**短期記憶**内で常に更新する，などである。
- これらの処理システムは，情報をさまざまに変換し改変する。たとえば図2-15のような絵を見るとき，網膜に入力されるのは5本の直線が結合したものにすぎないが，実際にはピラミッド型が知覚される。
- 研究の目的は，認知的活動の基礎にある情報処理プロセスとその構造（たとえば長期記憶など）を明らかにすることである。たとえば，自転車の乗り方やピアノの弾き方などに関する知識は，個人的な経験についての知識とは別の脳の部位に貯蔵されているということを示す証拠がある（第13章参照）。
- 人間とコンピュータは一種の情報処理システムであるという点で共通点をもち，人間の情報処理はコンピュータの情報処理と類似している。
- 人間の情報処理には，外的な刺激によって決定される**ボトムアップ処理**（bottom-up processing）と，外的刺激でなく個人の知

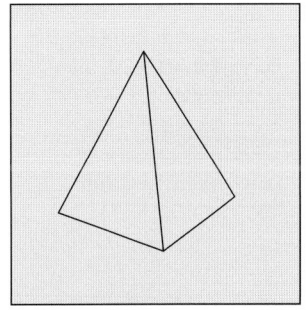

図2-15

キー用語
ボトムアップ処理：外的刺激によって決定される情報処理。

> **キー用語**
> **トップダウン処理**：外的刺激に直接に決定されるのではなく，むしろ個人の知識や期待によって影響される情報処理。

識や期待によって影響される**トップダウン処理**（top-down processing）の二種類が想定される。たとえば人ごみで友人と待ち合わせたとしよう。友人が現れることを非常に期待していることによって，友人に似た別の人が通りかかったのを友人と見間違えてしまうかもしれない。

心理学に対する認知心理学の貢献

認知心理学は，人間の情報処理機構とその構造に関する理解に多大な貢献を果たしている。その貢献は知覚（第11章），注意とパフォーマンス（第12章），記憶（第13章），言語と思考（第14章）などの分野にわたっている。その貢献には幾つかの種類があるが，アイゼンクとキーン（Eysenck & Keane, 1995）は認知心理学を構成する三つの主要な要素を指摘している（以下では新たに四番目を追加した）。

1. 実験認知心理学：このアプローチは，健常者の認知プロセスに関する実験室研究に基づく。
2. 認知科学：コンピュータ・プログラムによって人間の脳の情報処理や出力結果を模倣する。これはきわめて精密なアプローチである。なぜなら，ある認知課題がいかに実行されるかについての詳細を，すべてプログラムに記述しなくてはならないからである。
3. 認知神経心理学：認知システムの一般的活動を理解するために，脳損傷者の認知プロセスを研究する（第4章参照）。たとえば，脳損傷者の中には，言語を理解できるがきちんと話したり書いたりできないという例が存在するという事実は，これらの言語機能がそれぞれ脳の異なる部位に基盤をもつことを強く示唆する。
4. 認知神経科学：このアプローチは，PET，MRI，単一細胞電位導出，Squid（第4章参照）などの高度な技術を用いて活動中の脳を研究する。

> **認知科学**
> コンピュータによって人間の思考プロセスを模倣するためには，細部の非常な精密さが必要である。これに関して有名な話がある。これが本物の実験の話かどうかは不明である。認知科学者のチームが，人間のレンガ積みの作業を模倣させるようにコンピュータ制御のロボットをプログラムできるかどうかを試みた。しかし最初は何度やってもうまくいかなかった。重力の効果をプログラムし忘れたために，ロボットはレンガをてっぺんから下へと積もうとするのである。人間はこういう間違いは決してしないだろう。人間は誰でも幼いときから重力について理解しているが，こうした知識をすべてプログラムするのはたいへんな作業なのである。

認知的アプローチの最も重要な貢献は，それが発達心理学や社会心理学などの他の分野に応用され成果を上げたということである。子供の認知能力は生後数年の間に驚くほどのペースで発達する。この認知発達の過程で何が生じているのかを理解することに多大な関心が寄せられている（第16章参照）。社会心理学においては，社会的認知の問題に大きな関心が集まっている（第19章参照）。ある社会的状況の中で人がどう振る舞うかは，自分自身と他者に関する認知に依存すると考えられている。

認知心理学の評価

認知心理学の最大の強みは，実験的研究，脳損傷者研究，コンピュータ・シミュレーション，脳研究の高度な技術などの多様な方法をもっていることである。一般的に言って，人間の認知システムを四つの異なる角度からみることは，一つだけの角度からみる場合よりもよもはるかに急速に知識を増大させるだろう。さらに，認知心理学における基本仮定（たとえば短期記憶と長期記憶の区別など）の多くが，これら四つのアプローチすべてによって妥当とされているということは実に頼もしい事実である。しかし以下で述べるように，これらの四つのアプローチそれぞれには幾つかの問題が存在する。

図2-16　進化したタコロボット：人工「脳」によって自分で動けるロボット

実験認知心理学の最大の限界は，それがしばしば人工的なものになってしまうということである。多くの実験は，実験室における高度に統制された条件下で実施されるからである（第30章参照）。その結果，実験はしばしば**生態学的妥当性**（ecological validity）に欠ける。すなわち実験結果を日常的な状況に適用できない。

生態学的妥当性の問題は認知神経心理学にも当てはまる。脳損傷者の実験も統制された実験室状況で実施されることが多いからである。また今までのところ認知神経心理学は，思考や推論のような一般的な認知プロセスについてはほとんど何も明らかにしていない。認知神経心理学がその真価を発揮するためには，ある特定の認知機能（たとえば発話理解）にのみ影響するような非常に制限された脳損傷をもつ患者を発見する必要がある。しかし現実には，脳損傷ははるかに広範にわたることが多いのである。

認知科学者の用いるコンピュータ・アナロジーの価値については多くの論争がある。人間の脳の中では同時に複数のプロセスが進行している。しかし人間は複数の異なる情報を同時に保持できず，人間の思考は基本的に**不正確**になりがちである。これに対してごく最近までコンピュータ・プログラムのほとんどは一度に一つのことしかできず，しかしコンピュータの機能は普通きわめて**正確**なものである。この他にもコンピュータと人間の間には根源的な差があるようである。哲学者のA. J. エイヤー（A. J. Ayer）が指摘するように，「機械に内的生活を付与して感性と情動を認め，それを道徳的な主体とみなすこと」は無理なのである。

認知神経科学者は，高度な技術に基づいたきわめて幅広い印象的な技法を駆使する。しかしこれらの技術の多くは，各瞬間ごとに生起する脳内事象についての詳細な情報をもたらすことはできない（第4章参照）。その結果認知神経科学は，画期的な新発見をもたらすというよりも，他の方法によってすでに発見された事実の再確認

> **キー用語**
> **生態学的妥当性**：実験室研究の結果が，日常的状況にどれくらい適用可能かということ。

にとどまる傾向がある。

自由意志論 対 決定論

自由意志論（free will）と**決定論**（determinism）の問題は，何世紀にもわたって哲学者や心理学者の関心を引きつけてきた。決定論の立場は，人間の行為は外的・内的な諸力によって完全に決定されていると考える。自由意志を信じる立場は，事態はより複雑であると考える。彼らの多くも外的・内的な諸力の重要性は認めるが，人間はそれでもなお自身の行動を選択することが可能であり，したがって自由意志を有している，と考える。

自由意志論と決定論の間の区別は，次のような問いを考えれば明確になる。「ある状況におけるある個人の行動は，もし彼が望んだならば別のものでありえただろうか？」自由意志論の信奉者の答えは「イエス」である。これに対して決定論者の答えは「ノー」である。以下では，これら二つの立場を支持あるいは批判する議論をいくつか紹介する。

決定論

決定論者は，心理学者が決定論的な説明を採用しなくては人間行動に関する真正の科学は不可能であると主張する。決定論的な説明とは，すべての生起する事象には明確な原因があると考えることである。一方自由意志に基づく説明では，明確な原因は定義上存在しない。したがってもし自由意志を考慮に入れるならば，人間行動を正確に予測することは不可能になる。決定論者によれば，他の科学においては決定論的な立場に基づく非常に精密な予測（たとえば天体の運動の予測など）が可能である。したがってもし決定論が心理学には適用不能であるとみなされるなら，心理学とは物理学や化学とは非常に異なった科学であるか，あるいはまったく科学ではないことになるだろう。

20世紀における科学の進歩によって，こうした主張はすっかり説得力を失った。ある状況における因果的要因を把握することで正確な予測が可能になるという事態は，物理学や化学においてさえも法則ではなくむしろ例外である。たとえば「不確定性原理」によれば1個の電子の位置と運動とを同時に決定することは不可能なのである。

行動主義とフロイト主義のアプローチ

決定論を信奉する心理学者は多い。行動主義者は特に強く決定論を信じている。スキナーは人間の行動のほぼすべてが環境的要因によって決定されると主張した。すなわち，報酬を与えられた行動は繰り返され，そうでない行動は繰り返されない。他の行動主義者たちも，現在の刺激状況と過去の条件づけの歴史についての知識さえあれば，個人の反応を予測可能であると主張している。

フロイトもまた決定論を強く信じていた。約束を忘れたり，人の名前を呼び間違えたり，ある特定の歌を鼻歌で歌ったりという，ど

キー用語
自由意志論：人間には決定を下す自由があるという考え方。
決定論：すべての行為には明確な原因があるとする考え方。

犯罪者の行った行為に責任があるかどうかを精神鑑定医が判断しなければならない状況では，自由意志論と決定論の概念はどのような役割を果たすだろうか。

誰かの名前を呼び間違ったときのことを考えてみよう。こうした間違いの背後に何か隠れた理由が考えられるだろうか。

うでもいいような現象にも，その人の動機づけシステムの中に明確な原因が存在すると主張したのである。たとえばフロイト（1971, p.157）は，人と会う約束をすっぽかすという行為の背後には「他者に対する深い軽蔑という動機」が存在すると述べている。

ソフトな決定論

多くの心理学者はかつてウィリアム・ジェームズ（William James）が**ソフトな決定論**（soft determinism）と名づけた立場を支持している。この立場では，状況が大きく行動を制約する場合（つまり行動は自発的でない）と，あまり制約しない場合（つまり行動は自発的）の区別をはっきりつける。たとえば，子供が謝るときは，謝らないと罰が待ち受けているから（制約の大きな行動）か，あるいは人を怒らせたことを心底後悔しているから（あまり制約のない行動）のどちらかだろう。どちらの場合でも行動は状況に決定されている。しかし行動が状況的要因によって高度に制約されている場合には，行動の背後にある原因はより明確である。

ウィリアム・ジェームズのこうした視点を支持する証拠がウェストコット（Westcott, 1982）によって報告されている。カナダの大学生を対象に，いろいろな状況においてどの程度自由を感じるかということを調べた研究である。結果は，責任のない状況や不快な刺激（たとえば，しつこい頭痛）がない状況などで最も自由を感じるというものであった。逆に最も自由でないと感じるのは，行動に制約があると感じられるとき（たとえば自分の能力に合わせて欲求を控えめにするなど）であった。

> **キー用語**
> **ソフトな決定論**：状況が行動を大きく制約する場合とあまり制約しない場合とを区別すべきとする考え方。

検証可能性

ソフトなものでも何でも，決定論の最大の問題は，検証が実際上不可能であることである。もし検証が可能なら，自由意志と決定論の対立問題は解決し，したがって問題そのものが消失してしまうことになる。もしすべての行動が外的・内的な諸力によって決定されているならば，原因についての知識から行動を予測することが原理的に可能であるはずである。しかし実際には，個人の行動に影響する外的・内的諸力に関する知識はわずかしかない。その結果，人間行動を正確に予測することが究極的には可能であるということは，単なる信仰箇条にすぎないのである。

自由意志論と決定論の問題は，ヴァレンタイン（Valentine, 1992）によって詳細に検討されている。決定論的な立場には多くの批判があるにもかかわらず，彼女は「この複雑な議論の中では決定論が優勢のようである」という結論に達している。

自由意志論

幾つもの行動の選択肢から自由に選ぶことが可能であるという意味で，多くの人は自由意志をもっていると感じている。18世紀の文人サミュエル・ジョンソン博士（Dr. Samuel Johnson, 1709-1784）が

伝記作家のボズウェル（Boswell）に述べた通り，「私たちの意志は自由であり，またそれには終わりがあることを私たちは知っている」のである。多くの人はまた，自己の行為に対する個人的責任の感覚をもっている。その理由はおそらく，自己の行動を少なくとも部分的には支配できると感じているからであろう。

人間性心理学のアプローチ

カール・ロジャーズやアブラハム・マズローなどの人間性心理学者たちは，自由意志論の信奉者であった。人間は行動を選択していて，外的な力のなすがままではないというのが彼らの主張であった。ロジャーズの来談者中心療法は来談者が自由意志をもつという前提に基づいている。治療者が「ファシリテーター（促進者）」と呼ばれるのは，来談者が自分の人生における生きがいを最大限に発揮するように自らの自由意志を行使することを援助することがその役割だからなのである。本章ですでに述べた通り，人間の行動を外的な力に決定されると考えることは，人間性心理学にとって人間を「非人間化」する間違った考えなのである。

決定論　対　自由意志論

決定論	自由意志論
行動主義	人間性心理学
フロイト的精神力動論	

認知心理学はどちらかに属すると思うか？　その理由を説明できるか？

因果関係

自由意志論を信じる立場は，二つの大きな問題に直面する。第一に，自由意志とは何かということを正確に説明するのは困難である。決定論はすべての行動には幾つかの明確な原因があるという仮定に基づくが，それならば自由意志論とは人間の行動はランダムで原因をもたないということを意味するという主張も成り立つ。しかし誰もそのような極端な主張はしないだろう。行動がランダムな人がいれば，それは精神的に病んでいるかあるいはまったくのおろか者だろう。自由意志論と行動には原因がないという主張が別のものなら，行動を生起させるのに自由意志が果たす役割について知る必要があるだろう。第二に，最も成功をおさめた科学的分野は決定論の前提に基づいている。決定論は自然界には適用可能でも人間には適用できないという可能性もある。もしそうならば，それは心理学にとって重要な意義がある，まったく未踏の問題をもたらすことになる。

結　論

決定論と自由意志論の問題は，幾つかの理由で不毛なところがある。第一に，「自由意志」について語ることに本当に意味があるのかははっきりしない。なぜならそれは制約なしにはたらく「意志」という行為の主体の存在を前提にするからである。哲学者のジョン・ロック（John Locke, 1632-1704）の指摘したように「意志によって選択する，ということは，歌唱能力によって歌い，舞踏能力によって踊る，という表現と同じで，まったく意味がない」というわけで

ある。
　第二に，この問題は科学的というより哲学的なものであり，自由意志が人間行動に影響するかどうかを決定する実験を計画することは不可能である。ウィリアム・ジェームズ（1890, p.323）の指摘するように「自由意志の問題は心理学的な基盤のうえでは解決不能である」。別の言葉で言えば，ある状況におけるある個人の行動が，彼がそう望んだならば別のものだったかどうか，ということは決して知ることができないのだ。
　第三に，この二つの立場の信奉者はそれぞれまったく異なった視点をもつようにみえるが，実際には共通点も多い。決定論と自由意志論のどちらを信奉しているかにかかわらず，多くの心理学者は遺伝，過去経験，現在の環境などが行動に影響することを認めている。これらのうち，環境因は個人にとっての外的要因であり，その他は内的要因である。性格特性などの内的要因の多くは過去にさかのぼる因果関係の連鎖の結果である。そうであるならば，自由意志と決定論の議論は，自由意志とか自己とか呼ばれる孤高の内的要因が，過去経験の影響から免れているかどうか，という問題まで絞り込めるだろう。
　第四は最も重要な点なのだが，さらに議論を進めて，決定論と自由意志論の間には実際には何の対立もないと主張することも可能である。決定論の立場によれば，脳内の物質的活動の連鎖によってある人の諸行為が生ずることを示すことが原理的には可能である。そこで，もし自由意志（意識的な思考や意思決定）がこの連鎖の一部を形成するなら，決定論的立場を維持しつつ自由意志と行為に対する人間の責任を信奉することも可能である。もちろん，もし自由意志が脳内の物質的活動の連鎖へ強制的に介入する侵入者とみなされるならば，この立場は成り立たない。しかしそういう考えを採用する根拠は乏しい。別の言葉で言えば，決定論と自由意志論の間の論争はすべて人為的なもので，かつて考えられていたほど心理学者にとって重要なものではないかもしれないのである。

> ■やってみよう：小グループで，いままで行った，あるいは将来行うであろう重要な決定について考えてみよう。それらがどの程度自由意志によって行われるかを話し合ってみよう。1＝自由な選択，10＝完全に前もって決められている，などの10段階尺度を使って考えるのもよいだろう。

還元論

　オックスフォード・コンサイス辞典によると，**還元論**（reductionism）とは「複雑なものを単純な構成要素へと分解すること」である。心理学においてはこの語はかなり異なる二つの理論的アプローチを意味する。第一に，心理学における諸現象はより基本的な科学分野（たとえば生理学など）の枠組みによって説明可能であるという考え方である。第二に，複雑な行動は単純な諸原理によって説明できるという考え方である。たとえば行動主義は複雑な行動は単純な刺激－反応の連合のまとまりとみなせると主張した。

> キー用語
> 還元論：心理学は究極的には生理学や生化学のようなより基礎的な科学へと還元されるとする考え。

図2-17 還元論:複雑なものを単純な要素へと分解すること。

さまざまな科学分野における還元論

心理学は他の多くの科学分野と関係している。心理学は人間の行動を理解する試みであり,人間の行動は生理学者や生化学者が関心をもつような基本的な生体内プロセスによっても部分的に影響される。その一方で人間は社会的動物であり,その行動は多様な社会的プロセス(たとえば協調性,すなわち他者に好印象を与えたいという欲求)によっても影響される。心理学はこうした学際的な性質をもつため,多くの心理学者が心理学と他の科学分野との関連性に関心をもっている。

> **生理学的説明と心理学的説明**
>
> 神経学と生化学はすべての行動の基盤である。では,ある人が夕焼けを眺めているときに何が生起しているだろうか。生理学的説明では,風景から反射された光が網膜上に像を結び,それが神経信号へ変換されて大脳皮質へと伝達される,等々である。これが真実であることには誰も異議を唱えないだろうし,こうしたプロセスは間違いなく基本的なものであるが,これは生起する事象の完全で適切な説明になりえているのだろうか? 心理学的な説明では,夕焼けを眺めるという体験に関する個人的・社会的な問題を含むだろうが,多くの人はこれらの説明も生理学的説明と同様の重要性をもつと考えるだろう。

科学の諸分野は,あまり精密ではないがより一般的な問題を扱う分野を頂点とし,精密だが狭い問題に焦点化した分野を底辺にもつ,一種の階層構造を形成すると考えられる。心理学を含む階層を考えれば以下のようになるだろう。

- 社会学:集団と社会の科学。
- 心理学:人間と動物の行動の科学。
- 生理学:身体機能についての科学。
- 生化学:生命体の化学的プロセスについての科学。

還元主義者の主張では,この階層の頂点に近いところに位置する分野は,いつかはより底辺に近い分野によって置き換えられなければならない。この主張を心理学に当てはめて考えると,心理学的な現象は究極的には生理学的・生化学的な用語で説明されなければならないということである。しかし,階層的な順序は他にも幾つか考えられるということに注意しなくてはならない。たとえばパトナム(Putnam, 1973)は社会集団,多細胞生物,細胞,分子,原子,素粒子という順序を提唱している。

還元主義の優れた点

還元主義的なアプローチにはさしあたって説得力がある。生化学,生理学,心理学,社会学はそれぞれが人間の機能に関心があるから,

その研究対象には重なるところがある。したがって，これらの分野の共同研究は実りの多いものだろう。他の科学分野からもたらされた知識を十分に活用することで，心理学の人間理解は進歩するに違いない。こうした共同研究によって，心理学，生理学，生化学の理論はお互いに類似したものになっていき，次第に理論的な統合へと進むかもしれない。

　生化学や生理学は心理学や社会学よりも進歩しており，より「科学的」だとみなすこともできる。たとえば，心理学や社会学よりも生化学や生理学の方が確立された事実や理論が多いということは本当だろう。こうした主張は，行動を心理学的に説明するよりも生化学的・生理学的な説明を好み，還元主義的な立場をとることを支持する基盤となるものである。

　還元主義による利益を完全には信じないでも，心理学的理論は生理学的知見と一致し**互換性**があるべきであるということは多くの人が認めている。たとえばゼキ（Zeki, 1993）による視知覚に関する脳研究は，脳の異なる部位には異なる機能があることを示している（第4章参照）。心理学における視知覚理論の今後の発展においては，これらの事実を考慮に入れなくてはならないだろう。

還元主義の問題点

　その魅力にもかかわらず，還元主義には強い反論がある。人間行動の多くは基本的な生物学的・生理学的プロセスによってのみでは理解できないからである。パトナム（1973, p.141）によれば，

> 生物学が素粒子物理学によって確定されないのと同じように，心理学は生物学によって確定されない。…心理学には，深く慣習化された社会的信条の反映が含まれるのである。

　一つの簡単な例を挙げればパトナムの主張がわかりやすくなるだろう。心理学者が，ある集団に属する人々が次回の選挙で誰に投票するかを予測するとしよう。この場合，人々の脳を生化学的・生理学的に詳細に検査することが有用であるとまじめに考える人はいないだろう。投票行動は社会的態度や集団の圧力などによって決定されるのであり，生化学的・生理学的プロセスに直接的に決定されるのではない。しかしその一方で，心理学における問題の幾つかには還元主義的な方向性が適していることもまた真実である。つまり，還元主義的なアプローチの有用性は，個々の具体的な問題によって決まるということである。

　心理学と生理学の関係を考えると，還元主義的なアプローチの別の問題点が明らかになる。ヴァレンタイン（1992）が指摘するように，心理学はある活動（たとえば視知覚）を遂行するときに生起する**プロセス**を取り扱う一方，生理学はそこで用いられる**構造**に焦点を当てる。言い換えるならば，心理学は「どのようにしてHow」の問題に関心があり，生理学は「どこでWhere」の問題に関心がある

> 心理学における問題で，還元主義的アプローチが適しているものを挙げてみよう。

のである。この差異は，心理学を生理学へ還元しようとするあらゆる試みにとって手ごわい障害である。

　還元主義のもう一つの問題は，それが実際上うまく機能しないということである。心理学的現象の中で，生理学的・生化学的概念によって完全に説明された例というのはほとんど思いつかない。この事実から，精神力動的立場，行動主義，人間性心理学などが，心理学が生理学や生化学へと還元可能であるという前提を採用しなかったのは賢明だったと考えられる。

　還元主義の問題点の最後として，生理学でなされるような低次の水準の説明は，心理学の見地からすると無意味な細かい事実を含みすぎている。そのために，ある生理学的説明において何が重要で何が重要でないかを区別することが非常に困難である。生理心理学の教科書を一度でも読んだことがある人ならば，この問題にショックを受けた経験があるに違いない。

複雑な問題を単純化すること

　還元主義のもう一つの意味は，複雑な現象を単純な部分へと分割しようとすることである。このアプローチはしばしば，理論構築において他の科学的分野の知見を無視する態度を生むことがある。行動主義者はこの意味における還元主義者であった。すでに述べたように，行動主義者は単純な刺激-反応の連合が心理学における適切な分析単位であると主張したのである。行動主義者は，複雑な形態の行動（言語の使用，問題解決，推論など）は，それが多数の刺激-反応の単位から成立していると仮定し，また報酬や強化因を重視することで説明可能であるとした。行動主義者は生理学的プロセスには関心を示さない傾向があり，観察可能な刺激と反応に注目することが重要であると主張したのである。

　行動主義者が問題を単純化するということの一例は，言語獲得の複雑なプロセスを説明しようとしたスキナー（1957）の試みである。彼は，子供が単語や文を生成するのはそれが報酬を与えられ強化されるからであると考えた（第14章参照）。しかし言語獲得のプロセスはこのような単純な考えではとても説明できない（チョムスキー Chomsky, 1959）。

　この種の還元主義的主張の問題点は，水（H_2O）についての化学を考えればはっきりする。水は水素（H）と酸素（O）に分解することができる。水素は可燃物であり，酸素は燃焼に必須の物質であるが，水はこのどちらの属性ももっていない。この例では，還元主義的アプローチは問題を明確にするのではなく，むしろ混乱をもたらすのである。

　心理学における多くの現象には，限られた範囲の単純な要因による説明よりも，さまざまな複雑性の水準で作用する多様な要因による説明のほうがうまく当てはまる。たとえば，子供が言語を獲得するプロセスを完全に説明するためには，発達心理学，社会心理学，認知心理学，そして心理言語学の専門家の協力が必要だろう。

行動主義者が採用した還元主義的アプローチの限界は，認知心理学における理論的な発展（第11～14章参照）を考えてもはっきりする。たとえば多くの研究者は**スキーマ**（schemas），すなわち長期記憶に貯蔵された情報の構造化したまとまり，に注目している。スキーマ理論は非常に有用であるが，スキーマを刺激－反応の単位から成立すると考えるのは無意味なことである。

> **キー用語**
> スキーマ：長期記憶内に貯蔵された，構造化した情報のまとまり。

　行動主義者の還元主義的立場のために，心理的問題を治療する方法である行動療法という応用面においても限界が生じている（第26章参照）。行動主義的アプローチによる説明では，症状や問題反応は間違った学習によって獲得されたのであり，治療の目標はこれらの問題反応をより有用な反応へと変容させることである。このアプローチの限界は，パニック障害について考えるとはっきりする。パニック障害とは頻繁にパニック発作を経験する障害のことである（pp.978-979を参照のこと）。パニック障害の患者に対して有効な行動療法を処方することは非常に困難である。それは患者の問題が間違った反応に原因するとは単純にみなせないからである。基本的には，パニック障害患者は自分の身体的症状を過度に恐怖しており，実際の生理学的なプロセスではなくこの過度の恐怖こそが治療すべき問題なのである。

　まとめると，還元主義は検証可能な仮説を生成する精密な理論のようなものではない。還元主義の役割は，理論と実証研究を導く一連の前提を提供することである。したがって還元主義が今後も価値があるかどうかの判断はできない。しかしこれまでに得られた証拠からは，還元主義が強調する単純性への信奉は，まったく支持されないようである。

還元主義に代わるもの

　本章の最初で論じた人間性心理学のアプローチは，還元主義に代わる一つの選択肢である。すでにみたように，マズローやロジャーズなどの人間性心理学者は，自己概念や自分の潜在力を認識する努力から自己実現へ至ることなどを重視した。このアプローチにおいては，自己をさらに小さな部分に分割したり，自己概念と関連する生理学的なプロセスを解明したりするような試みはされなかった。

　しかし多くの心理学者は還元主義に対する人間性心理学的なアプローチは不十分であると考えている。人間性心理学がどのような種類であれ還元主義を完全に拒絶したということは，彼らが生理学的・生物学的要因の重要性をまったく認めていなかったことを示している。個人の意識的な経験こそが彼の行動を理解するのに重要であるというのは正しいだろう。しかしそれ以外の要因も考慮する必要があるだろう。

　還元主義に代わるもう一つの選択肢は，**折衷的アプローチ**（eclectic approach）とでも言うべきものである。これは必要な情報をさまざまな学問分野から収集して統合するという考え方である。たとえば統合失調症（幻覚が生じたり現実との接触を失う重症の精神病）

> **キー用語**
> 折衷的アプローチ：心理学におけるアプローチの一つで，生理学や生化学などの他の科学分野から役に立つ情報を集め，心理学理論へ統合しようとする考え。

の原因をめぐる研究について考えよう。統合失調症には遺伝的要因が関与する証拠がある。生化学的レベルでは，統合失調症患者が神経伝達物質のドーパミンに過剰に敏感であることを示す研究がある（デーヴィソンとニール Davison & Neale, 1990 参照）。またデーヴィソンとニールが紹介している別の研究では，社会関係の貧困と人生での不幸な出来事が統合失調症の発生に一定の役割を果たしていることを示している（第25章参照）。

還元主義者ならば統合失調症の生化学的理論を構築する誘惑にかられるだろう。しかしそうしたアプローチは，ライフ・イベントのような環境的要因を無視する結果になりかねない。折衷的アプローチによれば，統合失調症の完全な理解には，必要な要因すべてとそれらの要因の組み合わせを考慮することが必要なのである。

折衷主義的アプローチの主要な問題は，異なる分野からの情報を統合して一つの理論へとまとめるのは非常に困難であるということである。たとえば，生化学的な概念がライフ・イベント研究とどのように結合されるべきかはまったく明らかではない。しかし心理学は，他の分野からもたらされる有用な情報を無視してはならない。このことは，認知神経科学による最近の脳研究に明確に示されている（第4章参照）。MRIやPETスキャンによる脳内の生理学的プロセスの観察は，人間の認知機構に関する知識を急速に増大させているのである。

感　想

・心理学の歴史の初期には，多くの心理学者は自分がある特定の学派（行動主義，精神分析など）に属していると考えていた。そのために，これらの多様なアプローチの違いは歴史的に大きな重要性をもっていたのである。現在ではしかし，これらのアプローチの影響力はほとんどなくなっている。たとえば私は自分自身を認知心理学者だと考えているが，行動主義者，人間性心理学者，精

図2-18　行動主義者たちのアイディアは学習の理論，職場行動研究，心理療法などに影響を与えたが，多くの研究は高度に統制された実験室実験に依拠していた。

神力動的心理学者たちが発展させたアイディアの多くが，私の思想に影響しているのである。

要　　約
精神力動的アプローチ
　精神力動的アプローチはフロイトによって創始されたもので，彼は人間の精神発達に関する複雑な理論を発展させ，精神分析と呼ばれる治療法を提唱した。フロイトの主張では，精神はイド，自我，超自我に分かれており，また意識，前意識，無意識の水準が存在する。

　彼の心理的・性的発達の理論では，口唇期，肛門期，男根期，潜伏期，性器期という五つの発達段階が想定されている。これらのうちの特定の時期に固着することは成人後の性格に影響を与える。フロイトは発達心理学の創始者であり，最初の体系的な性格理論を提唱し，80年以上にもわたって代わるものがなかったほど優れた治療法を作り上げた。しかしフロイトのアプローチは基本的に非科学的なもので，彼のアイディアの多くは検証不能である。検証可能なアイディアの多くは検証の結果否定されている。精神分析は効果的な治療法ではあるが，なぜそれが効果的なのかについてはほとんど何もわかっていない。

行動主義的アプローチ
　行動主義者たちは心理学の研究対象は行動であるべきで，分析の単位は刺激－反応の連合であると主張した。重要なのは学習のプロセスであり，それは条件づけの原理によって理解されるとした。行動主義がもたらした重要な貢献は多くあり，たとえば行動療法，職場行動修正法，プログラム学習などが挙げられる。行動主義は，内観ではなく行動を重視し，また統制された状況下の行動研究の必要性を主張して，心理学に巨大な影響を及ぼした。しかし行動主義者たちが発展させた行動理論はその後多くの心理学者によって否定された。あらゆる反応がどのような刺激状況においても条件づけ可能であるという考えは誤りであり，行動主義者は動機づけや知識などの内的要因を軽視しすぎたのである。多くの点において，行動主義者が発展させたのは学習の理論というよりもパフォーマンスすなわち作業遂行の結果を説明する理論にすぎなかった。

人間性心理学的アプローチ
　人間性心理学は，個人の責任，自由意志，個人的な成長と満足をめざす個人の努力などに注目した。彼らは行動理解の技術として現象学に依拠した。マズローはその欲求階層の理論の中で，人間の動機づけには生理学的欲求，安全の欲求，愛と所属への欲求，承認欲求，認知的欲求，自己実現への欲求があるとした。ロジャーズは，自己の概念を最も重視し，現実的な自己概念と理想自己とを区別した。彼は来談者中心療法を発展させた。来談者中心療法では，治療

者は無条件に肯定的で，真剣で，共感的である。人間性心理学は一つの統合的なアプローチであり，来談者中心療法はそれなりに効果的である。しかし人間性心理学は非科学的で，意識的に気づいている現象にのみ焦点を当てすぎ，環境が個人に与える影響を過小評価するなどの問題点もある。

認知的アプローチ

認知心理学は，情報が変換され伝達される情報処理システムの存在を前提とする。研究の目標は，認知的な作業遂行における構造とプロセス（ボトムアップ処理とトップダウン処理）を明らかにすることである。認知心理学には以下の四つの主要な分野がある。すなわち実験認知心理学，認知科学，認知神経心理学，認知神経科学である。これらの異なるアプローチから得られる知見は多くの場合一致するが，それぞれのアプローチにはそれぞれの限界が存在する。

自由意志論　対　決定論

決定論は，すべての人間の行動には明確な原因が存在すると主張する。行動主義や精神分析学は一種の決定論である。これに対してソフトな決定論の立場では，幾つかの行動は状況によって高度に制約されている一方で，それほど制約されていない行動もあると考える。決定論の大きな問題は，その主張を実験によって適切に検証できないことである。多くの人々は自分が自由意志をもつと感じていて，したがって多くの状況において自由に行動を選択することができると考えている。人間性心理学者は自由意志を信奉するが，もし自由意志という概念が行動には原因がない（したがってランダムである）ということを意味しないのであれば，自由意志によっていかに行動が生起するのかを知る必要がある。実際に多くの心理学者は，遺伝，過去経験，現在の環境などが行動に影響することを認めている。したがって，行動に影響を与えるもう一つの要因として自由意志という名の内的要因が存在するかどうかが問題のポイントである。

還元論

科学は，より一般的な分野を頂点とし，より精密だが狭い問題に焦点化した分野を底辺にもつ，一種の階層構造をもつと考えることができる。還元論には優れた点がある。異なる科学的分野でも関心の対象は重複しており，また低次の水準の科学は高次の水準よりも発達している。したがって，低次の概念を用いて異なる分野を理論的に統合することは，心理学理論の説得力を増大させる。還元主義には問題点もある。まず，心理学的現象の多くは生理学的・生物学的概念には還元できない。次に，心理学はプロセスに関心がある一方，生理学は構造に関心がある。最後に，還元主義は実際上あまりうまく機能しない。還元主義には，複雑な現象を単純な部分へと分割するという意味もある。実際には，心理学における現象のほとんどは，さまざまの複雑性の水準で作用する多様な要因によってこそ

図2-19 心理学的プロセスの研究とは，異なるアプローチがそれぞれ異なった方向をさしている交差点に立っているようなものである。

よく説明できる。折衷的アプローチによれば，心理学は必要な情報をさまざまな学問分野から収集して統合するべきである。

【参考書】

本書で論じたすべての項目は，以下の文献に取り扱われている。M. W. Eysenck (1994), *Perspectives on psychology*, Hove, UK: Psychology Press. A. E. Wadeley, A. Birch, & A. Malin (1997), *Perspectives in psychology* (2nd Edn.), Basingstoke: MacMillan.

【復習問題】

1　行動主義的アプローチと精神力動的アプローチを比較・対照しなさい。
(24点)
2a　還元主義とは何か説明しなさい。(6点)
2b　心理学における還元主義の例について論じなさい。(18点)
3　自由意志論と決定論の間の論争に対して心理学がどのように貢献したかを，批判的に考察しなさい。(24点)

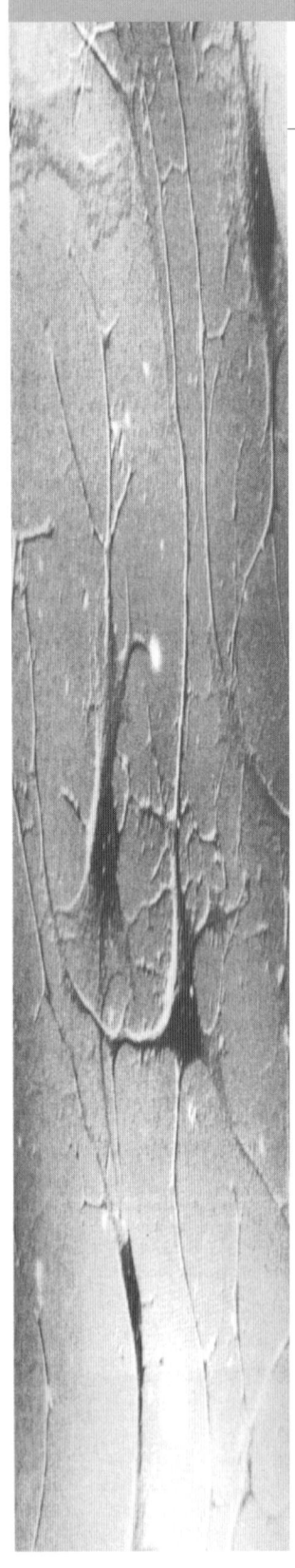

- 神経系：脳，脊髄および神経細胞——構造とそのはたらき。
  脳の主要な三つの領域とその機能
  3領域の五つの区分
  脊髄の構造
  体性神経系と自律神経系

- 内分泌系：内分泌腺と生成されるホルモン。
  視床下部とその機能
  ホルモンを生合成する腺：下垂体，性腺，副腎，甲状腺および膵臓

- 中枢神経系，末梢神経系，内分泌系の影響：三つの系の相互作用が感情と行動に影響する仕組み。
  マグーンらとアンダーソンらによるホメオスタシス研究

- 神経細胞とシナプスの活動：神経系の基本単位であるニューロンはどのようにはたらくか？
  ニューロン内外の電気活動に関するピネルの記述：静止電位と活動電位
  シナプスと神経伝達物質の放出
  神経伝達物質の五つの分類
  ピネルによる神経伝達物質の活動に関する七つの段階
  神経活動に対する薬物の作用

- 薬物と行動：合法薬物と非合法薬物が身体と行動に及ぼす影響の仕組み。
  嗜癖：身体依存か精神依存か？
  抑制薬（アルコールとその作用など）
  オピエイト（モルヒネとヘロインなど）
  興奮薬（コカインとアンフェタミンなど）
  幻覚薬と大麻

神経系

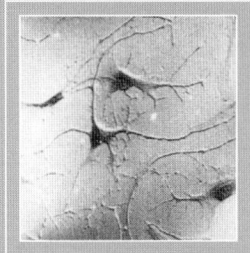

図3-1 実験室内で培養されたヒトの成熟した脳細胞

　この章と続く三つの章で取り上げるテーマは，すべて**生物学的心理学**（biopsychology）と関係がある。生物学的心理学は「行動の生物学的側面についての科学的研究」（ピネル Pinel, 1997, p.3）と定義される。言い換えれば，生物学的心理学とは心理学に関する研究やヒトと動物の行動についての理解を得るために，生物学的アプローチを用いることを意味している。

　心理学の分野で厳密に生物学的アプローチを用いる場合にはいつでも，脳とそのはたらきに焦点を当てた体系的な理解を欠かすことはできない。まさにこのことが，この章と次の章における関心の中核である。この第3章では，まず神経系についての理解が出発点となる。神経系のうち主なものは中枢神経系であり，脳と脊髄が位置づけられる。残りの部分は末梢神経系として脳と脊髄の外部に位置を占める。次に，神経系内で生じる神経インパルスの伝達に関わる過程について取り上げていく。さらに，神経系と内分泌系のホルモン過程との相互作用についても述べていくことになる。

　また，この章の最後の部分では行動に対する薬物の影響についても扱う。行動の基礎となる神経とホルモンの過程に関するこの章の中で，なぜ行動に対する薬物の影響を取り上げることがふさわしいかと言えば，最も基礎となる神経の過程に薬物が作用しており，その結果として行動に影響を与えているからである。神経の伝達に関する私たちの理解が深まった結果として，行動に対してはっきりとした影響を与えるような洗練された薬物の開発を製薬会社が進めてきたという事実が指摘できる。

> **キー用語**
> **生物学的心理学**：心理学研究における生物学的アプローチ。

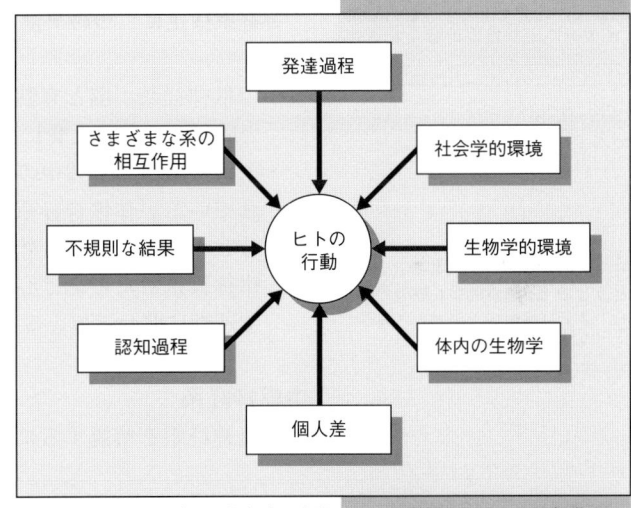

図3-2 さまざまな数多くの変数によって影響されるヒトの行動

神経系

　神経系には身体内のすべての神経細胞が含まれる。神経系は150〜200億個のニューロンからなっている。**ニューロン**（neuron）とは電気的な興奮である神経インパルスを伝導するために特殊化され

> **キー用語**
> **ニューロン**：電気的な興奮である神経インパルスを伝導するために特殊化された細胞。

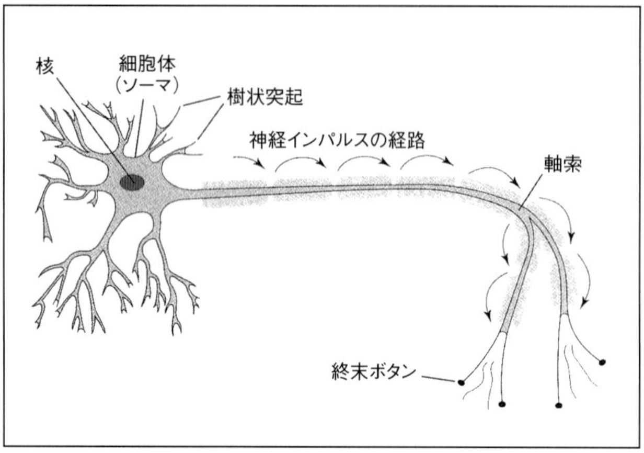

た細胞であり，神経系の基本単位を成している。ニューロンの種類はさまざまであるが，それらすべてに共通して重要な特徴が存在する。

- 細胞体は**ソーマ**（soma）とも呼ばれ，その内部に核をもっている。
- 細胞体の一方の端は**樹状突起**（dendrite）であり，細胞体の中心に向かって神経インパルスを伝導する。
- 細胞体のもう一方の端は**軸索**（axon）であり，細胞体の中心から複数の終末ボタンへ向けて神経インパルスを伝導する。
- ニューロンの外側には層状の細胞膜があり，荷電した素粒子である**イオン**（ions）をニューロン内外に移動させている。
- 受容器と呼ばれる細胞が特定の種類の刺激に反応する。

神経系は主に二つの下位系統に区別される。

- 中枢神経系：脳と脊髄からなり，その周囲を循環する脳脊髄液と呼ばれる体液と骨によって保護されている。
- 末梢神経系：身体中のその他すべての神経細胞によって構成されている。体性神経系と自律神経系に区分され，体性神経系は骨とつながっている骨格筋の随意的な運動に関与しており，自律神経系はたとえば心筋のような骨格筋以外の筋肉の不随意的な運動に関わっている。

中枢神経系

中枢神経系を解説するにあたって，まず脳から始め，その後脊髄

キー用語
ソーマ：核をもつ細胞体
樹状突起：神経インパルスを細胞体に向けて伝えるニューロンの部分。
軸索：神経インパルスを細胞体から伝えていくニューロンの部分。
イオン：正か負に荷電した素粒子。

どうして「不随意的な」筋肉の動きが，それほど重要なのだろうか？

図3-3　ニューロン

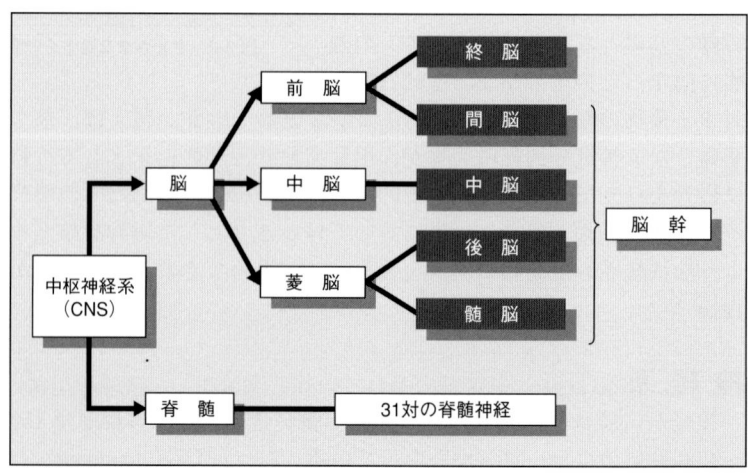

図3-4　脳の五つの区分

について考えていくことにしよう。脳について最初に理解しておくべき点は，その複雑さである。脳を理解するために，私たちはさまざまな部分の構造とその機能について学ばなければならない。脳について機能を明らかにする研究は，その構造を理解する研究よりも容易なものではなかった。しかし，ごく最近の技術的な進展により，まさに活動中の脳を観察することができ，異なる脳領域の機能を同定することが可能になってきている（第4章参照）。

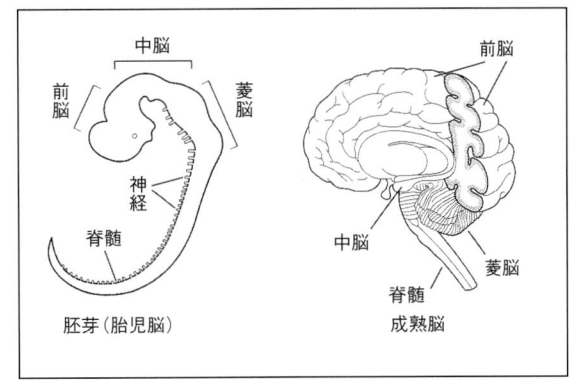

図3-5　胚芽（胎児脳）と成熟脳

脳が重要であるという視点に立つと，身体内で脳が最も守られた器官であるということは驚くに値しない。脳と脊髄はどちらも骨の中におさめられており，さらに保護的な膜に覆われている。加えて，**血液脳関門**（blood-brain barrier）の存在が知られている。血液細胞は脳の中で血液内のさまざまな毒素や有害な物質が脳内へ侵入することを防ぐように設計されている。

最も一般的な基準として，脳は主要な三つの領域に区分される。前脳，中脳，菱脳がそれである。これらの用語は胚の時点での神経系における位置関係によるもので，成人におけるそれぞれの脳領域の相対的位置をはっきりと示しているものでは**ない**。実際には，脳は五つの主な部分に分けられる。五つの部分のうち前脳として二つの部分があり（終脳と間脳），菱脳にはその他の二つがある（後脳と髄脳）。残りは中脳に位置づけられる（中脳）。終脳以外の四つの部分については，時として脳幹と記述されることもある。それでは，これから脳の五つの区分すべてについて考えていくことにしよう。

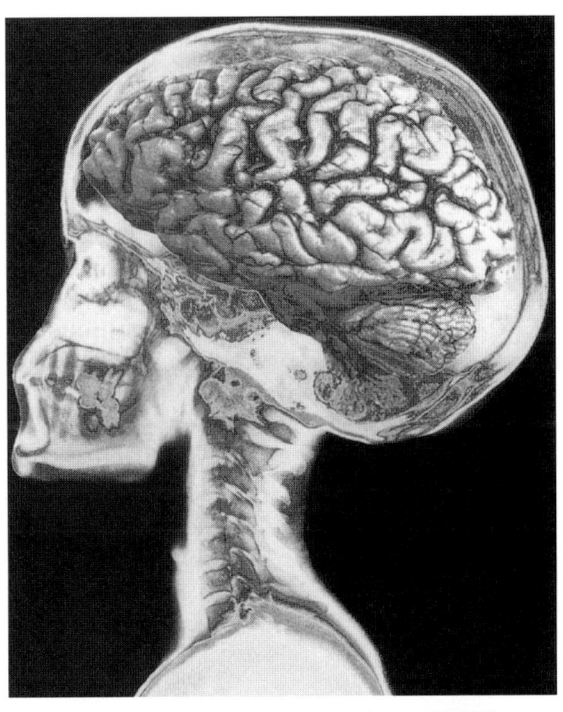

図3-6　生きているヒトの脳のコンピュータ強調画像

キー用語
血液脳関門：脳に侵入したり損傷を与える血液内の有毒な物質から脳を守るために備えられた脳内の血液細胞のシステム。

終　　脳

ヒトの脳の中で最も大きく最も重要な部分である。思考，言語の使用，知覚，そしてその他さまざまな認知能力に関して，決定的な役割を果たしているのがこの終脳である。二つの大脳半球は，大脳皮質として知られる層構造をなす組織が外側を占めている。大脳皮質は深くシワを寄せ，溝が刻まれている。これらの溝と溝の間の盛り上がった部分は脳回として知られている。最も大きな溝は大脳を左右の半球に分けるように通っている大脳縦裂である。二つの半球はほぼ左右それぞれに分かれているが，脳梁とその他2，3の組織に

> とても興味深いこととして気づかれるのは、進化論的な用語による脳の「より新しい」領域には、これも進化論的な用語によって示される比較的「新しい」技能に関わる中枢が含まれているということである。ここで考えられる「新しい」技能とはいったいどのようなものなのだろうか？ 一方で、脳の「古い」部分ではどのようなことに関係する中枢を見出すことができるだろうか？ 関連すると考えられるはたらきの幾つかと脳の「古い」部分について、進化論的な用語から関係づけることができるだろうか？

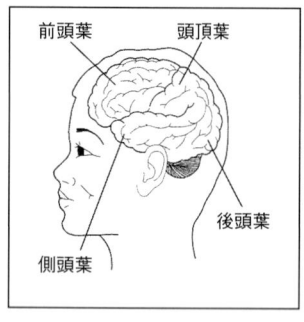

図3-7

よって連絡を保っている。

それぞれの半球には最も目立つ二つの特徴があり、それは中心溝と外側溝である。これらの脳溝は四つの脳葉あるいは半球の各領野を位置づけるときに利用されている。前頭葉は左右半球それぞれの前方にあり、中心溝と外側溝がそれぞれ境界になっている。前頭葉内に位置する中心前回には運動皮質がある。前頭葉の後方で、左右半球それぞれの最も高いところは頭頂葉である。頭頂葉には中心後回があり身体感覚に関わる体性感覚皮質がある。

その他の二つの脳葉は、側頭葉と後頭葉である。側頭葉は前頭葉の後方で、頭頂葉の下方に位置している。側頭葉にある横側頭回や上側頭回には聴覚皮質がある。後頭葉は皮質の後部に位置しており視覚処理過程に関与している。

ヒトの大脳皮質の約90％は文字通り新しい皮質としての新皮質であり六つの層からなっている。新皮質のニューロンは大部分が同じ層かあるいは近接した層内にある他のニューロンと連絡している。その結果として、新皮質はコラム構造をしており、六つの層にわたって垂直にそれぞれのコラムが伸びている。新皮質には含まれない皮質部分として海馬があり側頭葉内側に位置している。ピネル（1997, p.374）によると、海馬は「空間的な位置情報に関する長期記憶の固定に関与しているが、貯蔵には関わっていない」。

終脳の幾つかの部分については、そのほとんどが皮質下領域にあり、辺縁系と大脳基底核の運動系として知られている。辺縁系は扁桃体、中隔、海馬、帯状皮質、脳弓、そして乳頭体を含む幾つかの構造体からなっている。辺縁系の主な機能は摂食、攻撃性、逃避行動でみられるような動機づけに関係する行動と、怒りや不安のような情動に関わる行動など、数種類の行動を制御することである（第6章参照）。大脳基底核は尾状核と被殻を合わせた線条体、淡蒼球、そして扁桃体からなっている。扁桃体はしばしば辺縁系と同じように大脳基底核運動系の一部としてもみなされることがある。大脳基底核の主な機能の一つは、随意的な運動反応が生じる際に補助的に関わることである（第4章参照）。

間　脳

間脳は前脳のもう一つの主要な部分であり、終脳に比べるととても小さい。間脳の最も重要な構造体は、視床と視床下部の二つである。視床下部は視床に比べるとさらに小さく、視床の下方に位置している。視床下部は身体温、飢え、渇きのような幾つかの機能の制御に関わっている。また、性的行動の制御にも関係がある。最後に、視床下部は内分泌（ホルモン）系の制御に重要な役割を果たしている。一例として、身体における「内分泌腺の主人（master gland）」と記述されてきた下垂体の前葉と視床下部は直接つながっているの

である。
　視床のはたらきとは、どのようなものであろうか。視床の主な機能の一つは、末梢からの信号を脳のより高次な中枢へ受け渡すための中継所としてはたらくことである。たとえば、内側膝状体は内耳からの信号を受け、その信号を一次聴覚皮質に伝えている。これと同じやり方で、外側膝状体は目からの情報を受け取り一次視覚皮質へ送っており、また、後腹側核は身体の感覚である体性感覚情報を受け、その情報を一次体性感覚皮質に伝えている。

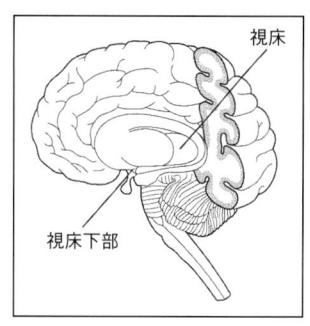

図3-8

中　脳
　発生学的な意味での中脳あるいは解剖学上の中脳には主に二つの部分があり、それは蓋と被蓋である。おおよその見方をすれば、中脳は前脳が果たしている役割に比べ、ヒトの行動において中心的な役割をほとんど果たしていない。しかしながら、中脳にはさまざまな重要な機能がある。蓋は視覚系と聴覚系のどちらについても、その一部となっている。被蓋は**網様体**（reticular formation）の一部になっており、覚醒やその他の機能と関係している（後述参照）。さらに被蓋には黒質と赤核があり、どちらも運動系にとって重要な部分である。また被蓋の一部には中脳水道周辺部灰白質があり、この部分は運動の制御とともにオピエイトによって生じる鎮痛作用に関与している。

> **キー用語**
> **網様体**：皮質の一部として、覚醒、睡眠の調節、呼吸の制御、さらに心臓血管系の調節に関わる。

後　脳
　後脳は二つの部分からなる菱脳の一つである。後脳には主に二つの部位があり、**橋**（pons）と**小脳**（cerebellum）である。橋には意識に関わる網様体の一部分があり、小脳は運動の微調整を伴う制御に関与している。

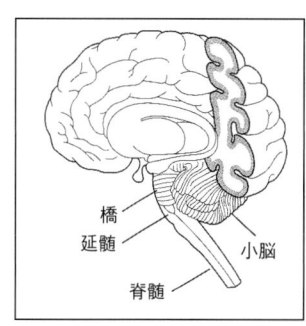

図3-9

髄　脳
　髄脳は菱脳のもう一つの部分である。髄脳には重要な一つの構造体があり、**延髄**（medulla oblongata）として知られている。網様体の一部は延髄内に位置しており、呼吸を支配し心臓血管系の制御に関わっている。髄脳のほとんどは、脳の他の部分と身体の間で受け渡しされる信号を中継する機能に割り当てられている。

> **キー用語**
> **橋**：網様体賦活系の一部であり、意識の制御に関与する。
> **小脳**：菱脳に含まれ、平衡や協調運動の緻密な制御に関わっている。
> **延髄**：網様体の一部として、呼吸運動、心臓血管系、消化、さらに嚥下の制御に関与している。

脊　髄
　中枢神経系の中でこれまで論じてこなかった唯一の部分が脊髄である。脊髄は脳の底部から始まる細い構造物で、背中の下端にある尾骨まで延々と下降している。脊髄は首から背中の下端部まで伸びている24の骨の分節からなる椎骨によって保護されている。これらの椎骨には穴が開いており、脊髄はこの穴を通っている。
　脊髄は灰白質からなる内側の領域と白質からなる外側の領域によって形作られている。白質は主にミエリン化、つまり髄鞘に覆われた軸索からなっており、一方で灰白質は細胞体とミエリン化されて

いない軸索からできている。脊髄には31対の脊髄神経があり、それぞれの脊髄神経は脊髄の近くで二つの根が張り出している。背中側にある後根には、感覚信号を脳へ伝えることに関わっている感覚ニューロンがある。前根は前方部にあり運動ニューロンである。運動ニューロンは、骨格筋とととも胃や心臓などの内臓器へ運動信号を伝えることに関与している。

末梢神経系

末梢神経系は中枢神経系に含まれない身体中の神経細胞すべてである。末梢神経系は二つの部分から構成されており、体性神経系と自律神経系である。体性神経系は外部環境との相互作用に関与しており、一方で自律神経系は身体の内部環境に関係している。

はじめに議論しなければならない話題は、末梢神経系と中枢神経系の間にみられる関係である。末梢神経系のほとんどの神経は脊髄から出ており、脊髄神経と言われる。脊髄神経の幾つかが関わっているのは、体性神経系として骨格筋から信号を受け、それを脊髄に送り、また信号を骨格筋へと伝えることである。一方で、脊髄神経のその他のものは、自律神経系として内臓器から信号を受け取り、それを脊髄に伝え、また信号を内臓器へ送ることである。さらに、

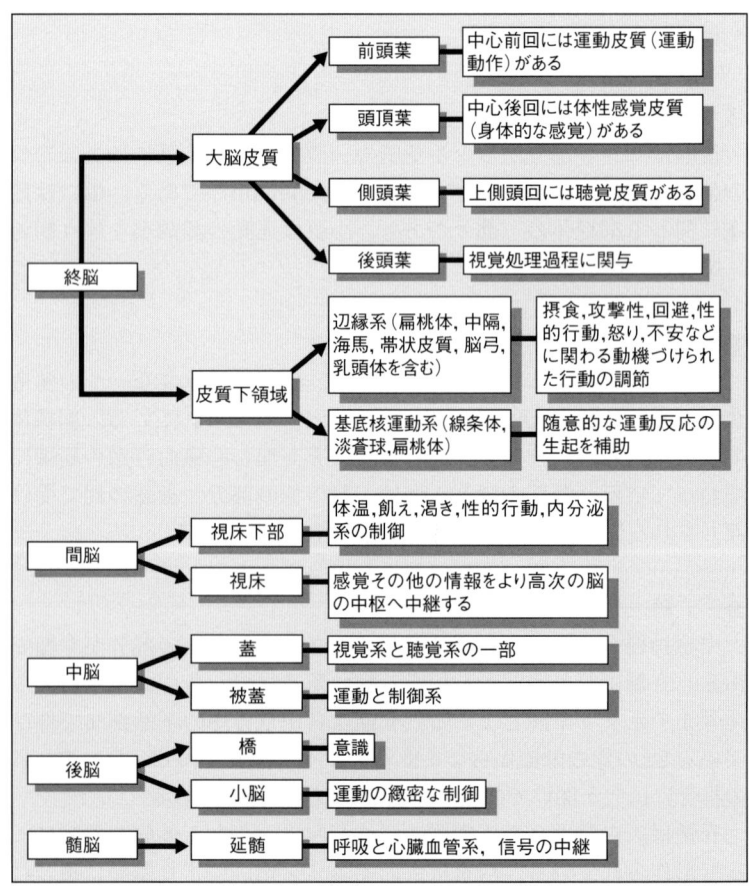

図3-10　神経系の構成要素

12対の脳神経を通じて中枢神経系と末梢神経系の間にはつながりがある。脳神経のほとんどには感覚神経と運動神経の線維のどちらも含まれており，ほぼすべてが頭部かあるいは首の部分と信号の受け渡しをしている。例外として，主なものには第10脳神経の迷走神経があり，腹部と胸部にある臓器の機能を支配している。

体性神経系

体性神経系は眼球，耳，骨格筋および皮膚から中枢神経系へ信号を伝える求心性神経と中枢神経系由来の信号を骨格筋や皮膚などへ伝える遠心性神経からなっている。

自律神経系

自律神経系は心臓，胃，肺，腸，そして内分泌腺（たとえば，脾臓，唾液腺，副腎）を含めた内部環境のはたらきの調整に関わっている。自律神経系と呼ばれている理由は，自律神経系支配の活動の多くが自律的なものであり，たとえば消化や呼吸などのように自己調節的であるからである。これらの活動は，私たちが意識的に努力しなければならないものではなく，そのため眠っているときでさえも持続的に活動している。

体性神経系の場合と同じように，自律神経系も求心性神経と遠心性神経からなっている。求心性神経は内臓器からの感覚性の信号を中枢神経系へ伝え，一方で遠心性神経は中枢神経系由来の運動性の信号を内臓器へと伝えている。

交感神経系と副交感神経系　自律神経系は交感神経系と副交感神経系に分けられる。身体のほとんどすべての臓器は，交感神経と副交感神経の双方から信号を受け取っている。大まかな理解として，交感神経系と副交感神経系が活動している際の身体への作用は，正反対のものである。交感神経系は，たとえば闘争や逃走のようなエネルギーや覚醒を必要とする状況下で作用するように喚起され，一方で副交感神経系は身体がエネルギーを節約しようとする際に関わってくる。つまり，交感神経系の活動によって心拍の増加，胃の内部活動の減少，瞳孔の拡張や拡大，そして肺の気管支の弛緩などが生じる。これに対して，副交感神経系は心拍の減少，胃の内部活動の増加，瞳孔の収縮，そして肺の気管支の緊縮を生じさせる。全般的な見方をすると，交感神経系は全体として活動を高める傾向にあり，一方で副交感神経系は多くの場合，一度に一つの器官だけに影響を及ぼしている。

内臓器官の幾つかにみられる活動の増減は，交感神経系と副交感神経系における相対的な活動水準によって決められる。たとえば，心拍については交感神経系の活動が副交感神経系よりも活発な場合には増加する傾向にあり，一方で副交感神経系の活動がより活発な場合には減少する。

交感神経系と副交感神経系は多くの場合，互いに正反対の作用を

長期間に及ぶ実践によって体性神経の求心性／遠心性経路の感受性が変わるような状況を思いつくだろうか。たとえば，料理人は厨房の熱気に慣れてくるかもしれない。

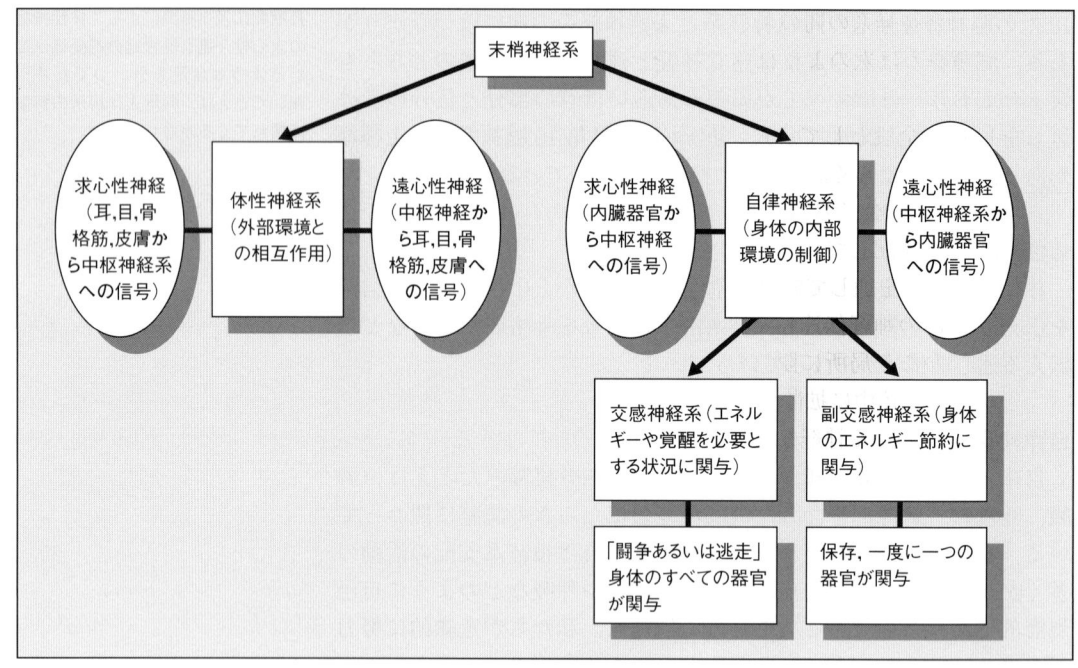

図3-11　末梢神経系の機能

している。しかしながら、アトキンソンら（Atkinson *et al.*, 1993）が指摘しているように、このことには例外が幾つか存在する。たとえば、恐怖や興奮した状態では交感神経系がとても活動的であるのに対し、一方で恐怖を感じたり興奮しているときに、人々は副交感系の活動によって膀胱や腸から不随意的に排出物を排出する可能性がある。その他の例として、男性のセックスを挙げることができる。勃起のためには副交感系の活動が必要であり、その一方で射精のためには交感系の活動が用いられる。

内分泌系

内分泌系は次に挙げる数多くの腺によって構成されている。つまり、下垂体、甲状腺、副甲状腺（あるいは上皮小体）、副腎、膵臓、そして性腺である。内分泌系は神経系の一部をなすものではないが、しかし内分泌系と末梢神経系との間には相互作用が数多く認められる。さらに特殊な側面として、内分泌系は**ホルモン**（hormones）を分泌する。ホルモンとは血流中に放出される化学物質のことである。ホルモンは時として「いのちの使者（the messenger of life）」と記述されてきたほど重要なものである。

ホルモンは私たちの感情や行動に対して、劇的な効果をもっている。しかしながら、ホルモンによってその効果がみられるようになるまでには幾らかの時間を要する。その理由は、ホルモンが血流に乗ってかなりゆっくりと運ばれていくためである。内分泌腺は導管をもたない腺である。このため、導管をもつ腺やあるいは身体の表面を伝わる汗や涙によって物質を運んでいく腺とは対照的であるということが指摘される。

ヒトの身体のシステムの中で、内分泌系と神経系の間でみられる相互作用としてふさわしい一例を考えつくことができるだろうか？

キー用語
ホルモン：内分泌腺によって血流内に分泌される化学物質。

内分泌系と神経系の間の主な違いとはどのようなことであろうか。相違点の幾つかは次のような点である。

- 神経系は全般として急速に活動し，一方で内分泌系はかなりゆっくりとはたらく。
- 神経系は筋肉と腺にはたらきかけることにより**直接的**に身体の活動性を支配しているのに対して，内分泌系は血流中を循環するホルモンを通じて**間接的**な支配を持続させる。
- 神経系内の神経伝達物質（化学物質であり，後述を参照）は特異的でかなり局所に限られた効果をもつのに対して，ホルモンは概して身体中に拡散する。
- 神経系における神経伝達物質の作用は一般的に持続時間が短いのに対して，ホルモンが血流内にとどまることのできる期間は長い。

表 3-1

神経系	内分泌系
・神経細胞からなる	・導管のない腺からなる
・神経インパルスの伝達によって機能する	・ホルモンの放出によって機能する
・急速に活動する	・ゆっくりと活動する
・直接的な支配	・間接的な制御
・神経伝達物質による特定の局所に限られた効果	・ホルモンは身体全体に拡散する
・短期間の効果	・ホルモンはある程度の期間，血液内にとどまる

ウェステン（Westen, 1996, p.85）は簡潔な方法で二つのシステム間の違いを要約した。彼は次のように述べている。

　二つのシステムが作り出す伝達方法の違いは，口から発せられた言葉［神経系］とマスメディア［内分泌系］（この場合には一度に，数億の人々に情報を伝えることができる）の間にみられる違いにたとえられる。

視床下部

　内分泌系を構成するそれぞれの腺は身体のさまざまな場所に配置されている。しかしながら，内分泌系のほとんどは，視床下部によって支配されている。視床下部は脳の底部に位置する小さな構造体であり，間脳の中にある。視床下部と下垂体前葉の間には直接的な連絡が存在する。視床下部で生じるホルモンは視床下部ホルモン（たとえば，コルチコトロピン放出要素：corticotropin-release factor：CRF）であり，下垂体前葉に対してホルモンを分泌するように刺激をする。刺激を受けた下垂体前葉から分泌されるホルモンによって，その他の内分泌腺が機能するというように，視床下部の支配が及んでいる。しかしながら，これらの過程で生じていることは視床下部が下垂体前葉を支配し，そして下垂体前葉が他の内分泌腺を支配していると言うほど単純なものではない。さらに，他の内分泌腺から放出されたホルモンが，しばしば視床下部と下垂体前葉にも影響す

るのである。

下垂体

重要性という観点からみて，下垂体の前葉と後葉は時として身体における「内分泌腺の主人」と称される。下垂体前葉は数種類のホルモンを放出し，その中には次のようなものが含まれている。成長ホルモンは膵臓を刺激し，副腎皮質刺激ホルモン（ACTH）は副腎皮質を刺激する。また，性腺刺激ホルモンは生殖腺を刺激するはたらきがあり，甲状腺刺激ホルモンによって甲状腺が刺激される。一方下垂体後葉は視床下部から派生したものであり，次のようなホルモンを放出している。一つには，抗利尿ホルモンがあり，身体内の水分維持のために腎臓を刺激する。他にオキシトシンは出産中に子宮の平滑筋組織の収縮を生じさせる。

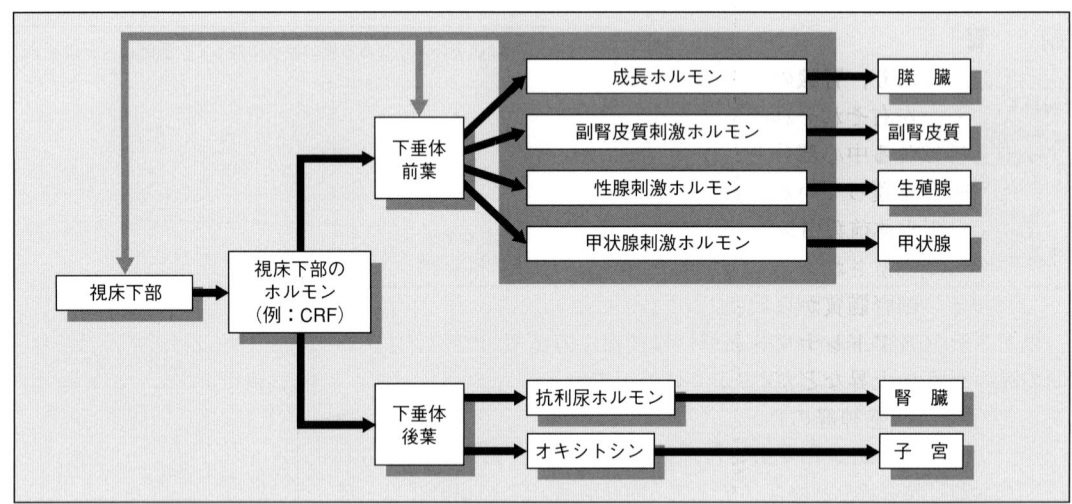

図3-12　下垂体のはたらき

性　腺

性腺とは身体の中にある生殖腺のことである。男性の性腺は精巣として，また女性の性腺は卵巣として知られている。性腺の活動は下垂体前葉由来の黄体形成ホルモンによって高まる。男性の性腺は精子を作り出し，女性の性腺は卵である卵子を作り出す。また，性腺からもさまざまなホルモンが分泌される。

- アンドロゲン（androgens：男性ホルモン）：男性ステロイドホルモンの数種類のものを指し，男性性腺内に多量に見つかっている。アンドロゲンの主なものはテストステロンで性的動因に影響する。
- エストロゲン（estrogens：卵胞ホルモン）：主に卵巣内で生成される性ホルモンの総称であり，エストラジオールが主なものである。エストロゲンは乳房の成長，女性器の発達に影響し，また性的動因に作用している可能性もある。

・ゲスタゲン（gestagens）：卵巣で作り出されるホルモンの総称であり，プロゲステロン（黄体ホルモン）が主なものして知られている。これらのホルモンは妊娠を促進し，継続させるのに役立っている。

霊長類のメスは月経周期として知られる生殖のための周期をもっているが，その他の哺乳類のメスには発情周期がある。生殖のための周期はどちらの場合にも下垂体前葉から分泌される性腺刺激ホルモンによって開始される。これらのホルモンは卵あるいは卵子を取り巻いている卵胞の成長を刺激する。エストラジオールの分泌によって卵胞が発達し，子宮内膜の成長を促す。その後，下垂体前葉から黄体形成ホルモンが分泌され，このホルモンによって排卵が引き起こされる。

> 長い期間にわたってストレスにさらされることとホルモンの不均衡によって生じるヒトの身体の変化との間には関連があるだろうか？

副腎

副腎は二つあり，腎臓のすぐ上に位置している。左右それぞれの副腎は副腎髄質と呼ばれる中心部分と，副腎皮質として外側を覆っている部分からなっている。下垂体前葉由来のACTHによって副腎が刺激されると，副腎はさまざまなコルチコステロイドを分泌する。副腎髄質から放出されたコルチコステロイドにはアドレナリンとノルアドレナリンが含まれており，そのどちらによっても心拍や血圧の上昇などがみられ，高い覚醒状態を引き起こす。これらの効果は交感神経の作用と類似している。確かに，グリーン（Green, 1994, p.107）によればアドレナリンとノルアドレナリンは「ほとんどANS［自律神経系］の一部のように見受けられる」。

副腎皮質は糖質コルチコイドを放出し，この中にはコルチゾン，ヒドロコルチゾンやコルチコステロンが含まれている。糖質コルチコイドは蓄えられているタンパク質と脂肪をエネルギーとして用いるのに便利な形へと変換させる際に役立っている。

> たとえば関節炎のようなある種の症状に対して，医師はステロイド類を処方する。運動選手の中には筋肉量を増やし，筋力を増強する目的でストロイド類を非合法的に摂取している者もいる。これらの状況について，それぞれの場合における長所と短所とはどのようなものか？ ステロイド類を安全に使用するためには，どのような安全対策が提言できるだろうか？ 免疫系を考慮に入れて考えてみよう。

> 免疫系を抑制することで生じる結果とはどのようなものだろうか？

甲状腺と副甲状腺

甲状腺は咽頭の真下で，声帯のある場所に位置している。甲状腺が生成するホルモンとしてサイロキシンがあり，このホルモンは身体の代謝率を上昇させる。サイロキシンをとても多量に生成するような甲状腺をもっている人では体重の減少と不眠に罹るが，一方でこのホルモンの生成が低下している場合には肥満と全般的な不調の原因となる。

副甲状腺は，甲状腺の近くに位置している。これはむしろ限られた機能を有しているということができる。副甲状腺からはホルモンとしてカルシトニンが放出される。このホルモンは骨からカルシウムが放出されるのを低減させることによって，血中のカルシウムレベルが高くなりすぎないように防いでいる。

膵臓

膵臓は副腎と胃の近くにあり，身体の中央部に位置している。膵臓からはインスリンとグルカゴンと呼ばれる二つの重要なホルモンが分泌されている。インスリンは血中のグルコース濃度を制御しており，一方でグルカゴンは血中へグルコースを放出するように刺激している。もし，インスリンの生成される量が不十分であれば，血糖レベルが高くなり糖尿病の状態を引き起こす。この状態は潜在的に危険なものであるが，インスリンを投与することによって制御可能な状態を維持することができる。多量のインスリンが作り出された場合には，血糖レベルは低い状態となり，結果としてひどい倦怠とめまいが生じる。

中枢神経系，末梢神経系，内分泌系の影響

中枢神経系，末梢神経系そして内分泌系の三つの系について，主としてそれぞれの機能が独立したものであるかのように論じてきた。実際，事実以上のことは何もないと言えるだろう。これまでにみてきたように，中枢神経系と末梢神経系の間には脊髄と脳神経を介した強いつながりが存在する。さらに，中枢神経系に位置づけられる視床下部から自律神経系の各部位に通じる神経経路が脳幹内に存在しており，視床下部は内分泌系内の活動を決定する際にも中心的な役割を果たしている。

いかなるシステムであれ，あるいは心理学的過程であれ，ヒトの身体内に独立した機能と考えられるものがあるのだろうか？

私たちが行動を決定する際には，これら三つの系が多くの側面で常に関わり合っていると言うことは正しいであろう。三つの系が相互に関わっているという事実は，特に動機づけ，情動，そしてストレスについて明らかであり，このことについては第6章ですべて述べられている。この章では，**ホメオスタシス**（homeostasis）と呼ばれる大変重要な機能に関して，これら三つの系の連携した作用について考えていくことにしよう。ホメオスタシスとは，身体の細胞が機能し生きていくことのできる内的状態をしっかりと一定に維持しようとする身体の傾向を意味するものである。

キー用語
ホメオスタシス：内的状態を一定に保つために身体に備えられた傾向。

ホメオスタシス

フランスの生理学者クロード・ベルナール（Claude Bernard）は，外部環境が大きく変化しているのにも関わらず，身体の内部環境は通常ほぼ一定に保たれていることに気づいた。この観察はホメオスタシスの現象に関する多くの研究の先駆けとなった。ホメオスタシスが最もはっきりと示される実例の一つは身体温であり，ヒトの通常の状態は37℃前後である。イギリスにおける外部環境としての気温は冬と夏の間でおよそ30℃ほど変化するという事実があるにも関わらず，身体温が一定というものまた事実である。

ホメオスタシスについてはその他に数多くの種類のものがあり，身体の水分供給，酸素濃度，そしてグルコースのような栄養物質の濃度などの調節が挙げられる。血流内のグルコース濃度は100 cm^{3}の血液中に60〜90 mgに保たれていなければならない。もし，この範

囲を下回れば，結果として昏睡と死を招く。もし，この範囲を常に超えるようであれば，糖尿病かあるいはその他の疾病の幾つかが続いて生じてくる。同じように，もし私たちの身体温が数時間，通常のレベルよりもかなり高かったり低かったりし続けたときや，また4〜5日間完全に水を剥奪されるとすれば死を免れない。

カールソン（Carlson, 1994）が指摘しているように，ホメオスタシスを生じさせる身体内の調節機構にはすべて四つの主な特徴がある。

1. システム変数：これは調節を必要とする特性（たとえば，温度）である。
2. セットポイント：そのシステムにおける理想的あるいは最も適切な変数の値。
3. 検出器：実際のあるいは現在のシステム変数の値が測定される必要がある。
4. 修正機構：これは実際の値と理想的な値の間にある乖離を減少させるか，消失させるためにはたらく。

このような調節機構は，温度を調節するために設計されたセントラルヒーティングシステムの中で，すべて実際に用いられている。サーモスタットは選ばれた温度に設定されており，そして実際の温度と設定された温度との間の違いを検出する。温度が低くなりすぎたときにはセントラルヒーティングシステムのボイラーが作動し設定された温度を保つよう仕向けられる。

摂食と飲水の制御に関与する調節機構は第6章で詳細に論じられる。ここ

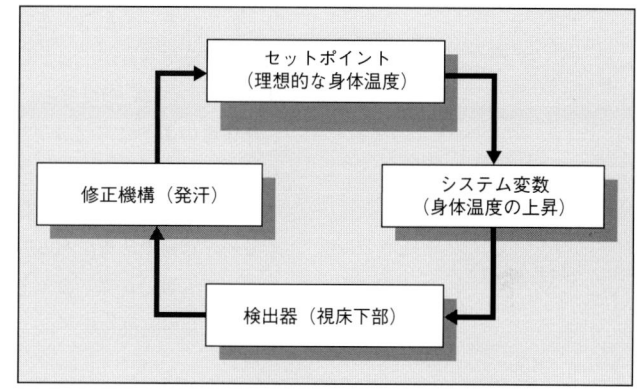

図 3-13　身体調節に関わるホメオスタシス機構

では，主として身体温に関わるホメオスタシスについて，これを生み出す調節機構の仕組みに焦点を当てることにしよう。体温調節は動物の種が異なれば，異なった方法で行われていると言える。ここでは動物種としてのヒトを含めた恒温動物について注目することにする。身体の温度は通常血液の温度と関係があり，血液温の検出に関しては中枢神経系に属している視床下部の一部が関わっているようである。視床下部はまた，修正的な活動を開始する際にも関与している。

身体温

視床下部は身体温をどのように調節しているのであろうか。視床下部には脳の周囲を浸している体液の温度に反応する受容器細胞が存在する。この根拠となっている事実はマグーンら（Magoun *et al.*, 1938）によってもたらされた。人為的に視床下部前部を熱せられたネコでは，たとえ身体の他

の部分が通常の体温を下回っていたとしても，とても熱いかのように喘ぐような反応や皮膚の毛細血管の拡張反応が認められた。

さらに詳細な研究から，視床下部前部は身体の温度を下げる際に役割を果たしており，それに対して視床下部後部は身体の温度を上昇させる際に関与していることが示されている。たとえば，アンダーソンら（Andersson et al.,1956）はヤギを用いて，視床下部前部の電気刺激が皮膚の毛細血管の拡張反応と喘ぎ反応を生じさせることを見出した。これに対して，視床下部前部の破壊は身体の過熱により死をもたらした。

視床下部は身体温の調節という点で自律神経系に影響している。副交感神経系は身体温が高すぎるときに活性化する。副交感神経系は呼吸を通じて発汗や喘ぐといった反応を生じさせ，その結果として熱を発散させることに関与している。また，副交感神経系は皮膚の毛細血管を拡張させることにより皮膚へ高い温度の血液を送り，放熱によって熱を失わせている。一方，交感神経系は身体温がとても低いときに活性化する。その場合，皮膚の毛細血管の収縮が生じる。このことは身体の冷えた末梢から血液が移動していくことによって熱の放出を防ぐ役割を果たしている。さらに交感神経系は震えを生じさせることにも関与している。幾つかの動物種では交感神経系は下毛を立て，その結果としてさらに寒さから防御する手段を取り入れている。私たちが寒い天気のときに体験する鳥肌は，ヒトにおける同様の現象であるが，しかしヒトはもはや下毛に覆われていないため，意味をなしていないのである。

身体温の調節にはさまざまな活動によっても対処することが可能であり，このことは終脳の中枢神経系の一部が関与しているともいえる。もしも私たちがとても寒いと感じたときには，セーターやコートなどの上着を着るのが普通である。あるいは，普段よりも活動的にする。一方で，私たちがとても暑いと感じたときには，服を脱ぎ，冷たい飲み物を飲み，泳ぎに出かけるのである。

議論のポイント
1. 気候がとても暑かったり寒かったりするときになされる身体の温度調節の限界について，幾つか考えてみよう。
2. 私たちに適切な身体の温度調節ができなかったとしたら，私たちの生活はどれほど違ったものになっているだろうか。

倫理的問題

1938年のマグーンらの研究や1956年のアンダーソンらの研究が行われたかつての時代は，倫理的側面の配慮という点で今日といくぶん異なっていたということに気づくであろう。現代においては，この種の研究を行うにあたって許可を得ることは，不可能ではないとしてもかなり難しいかもしれない。しかしながらこの種の研究結果から，脳についてはたらき方の仕組みや異なる領域の機能などきわめて重要な示唆が得られており，人の生活はある点で改善されてきたということができる。研究に動物を用いることに関しては賛成か反対かの議論が数多くなされており，たいていの議論は十分に正当なものである。しかし一方で，ヒトの実験参加者を対象としては，十分に情報を与え，できる限り安全に行うことが可能な確実な研究はわずかである。

身体温の調節機構とホメオスタシスのその他の例として挙げられる機構の間には類似点が存在する。実際，自律神経系として二つに区別される交感神経系と副交感神経系は，修正機構として中心的な役割を果たしている場合が多い。特に，活動レベルがとても低いときに交感神経系はそれを上昇させるように仕向け，一方で活動レベルがとても高いときには副交感神経系は活動

レベルを低下させるようにはたらく。

睡　眠

　睡眠のはたらきに関してはこれまでに相当数の論争がなされてきた（第5章参照）。しかしながら，オズワルド（Oswald, 1980）やホーン（Horne, 1988）のような理論家のうちの数名は，睡眠がホメオスタシスのさまざまな機能に役立っていると論じてきた。彼らの提唱する回復や復元の理論によると睡眠はエネルギー維持を可能にし，さらに組織の修復の準備をする。ホメオスタシスに関わる幾つかの側面は，私たちが起きている間に混乱し眠っている間に回復するのである。

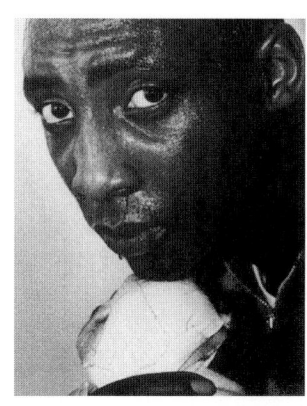

図3-14　発汗は身体温の上昇に対する副交感神経系の反応の一つである。皮膚からの汗の蒸発は身体を冷却するのに役立つ。

　幾つかの根拠によって，これらの理論は支持されている。たとえば，一般的に代謝率の高い動物種では代謝率の低い動物種に比べて，より深い徐波睡眠をとることが明らかにされてきた（アリソンとシチェッティ Allison & Cicchetti, 1976）。このことはただ相関的な根拠であるが，エネルギーの維持を最も必要とする動物種は最も多く徐波睡眠をとるということを示唆するものである。

　オズワルド（1980）は深い徐波睡眠が特に重要であると論じた。その理由となるのは，この段階での睡眠中に成長ホルモンが放出され，組織の修復の助けとなるからである。ヒトでは徐波睡眠が特に重要であるという根拠が存在する。超人マラソンを走った人々は，その日の夜の睡眠で徐波睡眠が他の睡眠段階よりも明らかに増加しているのである（シャピロら Shapiro et al., 1981）。

神経細胞とシナプスの活動

　先に述べたように，ニューロンは電気的なインパルスを伝導するために特殊化された細胞である。平均的なニューロンは他の約1000個のニューロンに信号を伝達する。神経細胞には感覚ニューロン，運動ニューロン，そして介在ニューロンの3種類がある。感覚ニューロンは求心性ニューロンとも呼ばれ，身体の内外で生じた事象を検出する受容器からの信号を伝えている。運動ニューロンは遠心性ニューロンと言われるもので，脳から筋肉系あるいは腺に信号を伝えている。最後に，介在ニューロンはそれぞれのニューロンを接続させる役割をもっており，ほとんどが中枢神経系内にある。

膜電位

　ニューロンのはたらき方を理解するために，私たちはまず膜電位について考えることから始めよう。膜電位とはニューロンの内側と外側での電荷の差を意味している。膜電位を測定するためには，一方の電極をニューロンの内側に刺入し，もう一方の電極を細胞外液に浸す。およそ-70 mVの**静止電位**（resting potential）が得られる。言い換えると，ニューロン内部の電位はニューロン外部に比べて70mV低い。

　ニューロンの内部と外部のどちらにもイオンが存在する。これら

キー用語
静止電位：ニューロン内の電荷が約-70mVで，発火していない状態。

は素粒子であり，幾つかのものは正（陽性）に荷電した陽性イオンであり，残りのものは負（陰性）に荷電した陰性イオンである。ニューロンの静止電位が−70 mVであるという事実は，ニューロンの外部に比べて，内部の方が陰性イオンの割合が高いということによる。なぜこのようになっているのかについては，複雑な理由があり，一部にはナトリウム−カリウムポンプが関与している。ナトリウム−カリウムポンプによってカリウムイオン（K^+）がニューロン内部に送り込まれ，ナトリウムイオン（Na^+）は外部へ押し出されている。

シナプス（synapses）は隣り合ったニューロンとニューロンの間に存在するたいへん狭い隙間である。ニューロンが発火すると，そのニューロンはシナプス内を横断するように化学物質である**神経伝達物質**（neurotransmitters）を放出し，隣り合ったニューロンの受容体に作用する。これらの遊離した神経伝達物質は隣り合うニューロンの膜電位を増大させもするし，あるいは減少させもする。もし，神経伝達物質が膜電位を増大させれば，受容ニューロンの内部と外部の電位差が広がることになり，発火の見込みは減少することになる。

これまではそれぞれのニューロンについて，受容体の領域に単一のシナプスだけがあるかのように論じてきた。実際には，各ニューロンの受容体領域に存在するシナプスはおよそ数千に達する。ニューロンが発火するか否かは何によって決まるのであろうか。ピネル（1997, p.86）によると，ニューロンの発火を決めるのは「細胞体と軸索の間の結合部分にあたるトウモロコシ状の形態をした，円錐状の構造である軸索小丘に到達する興奮性の信号と抑制性の信号のバランスによっている」。もし，膜電位であるニューロン内外の電位差が−65 mVかそれよりも小さくなるとニューロンは発火する。この発火というのは，軸索小丘で発生した**活動電位**（action potential）のことである。活動電位は電気的で化学的な短時間の現象で，常に同じ大きさと時間間隔である。さらに特殊なのは，活動電位はおよそ1ミリ秒持続し，膜電位をおよそ−65 mVから+50 mVに逆転させる。

ピネル（1997）はニューロンの発火と銃の発砲を対比させている。どちらの場合も，到達するのに必要な閾値が存在し，それはつまり他のニューロンからの十分な刺激であり，引き金への十分な圧力と言える。しかし，どちらの場合もそれぞれの閾値を越えることによってもたらされる効果の大きさは一定であり，さらに増大することはない。もし活動電位が常に同じであれば，なぜ私たちは強い刺激と弱い刺激の違いを語ることができるのであろうか。その理由は強い刺激が与えられたとき

> **キー用語**
> シナプス：隣り合うニューロン間のたいへん狭い隙間。
> 神経伝達物質：シナプスを横断し近隣するニューロンの受容体に作用する化学物質。

> **キー用語**
> 活動電位：軸索にそって神経インパルスを伝導させる短期間の電気的で化学的な興奮で発火と言われる。

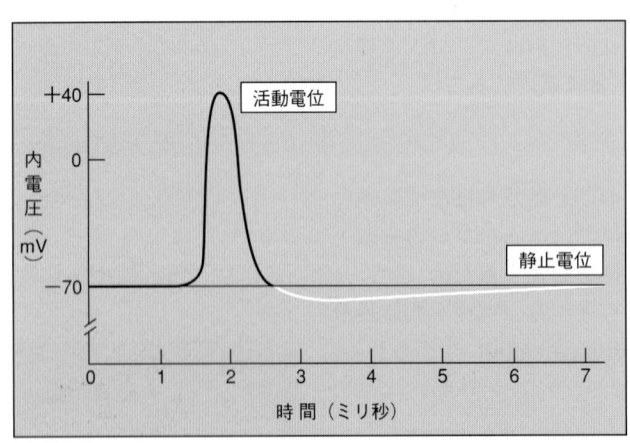

図3-15　イカの巨大軸索から記録した活動電位

には弱い刺激が与えられたときよりも，もっと多数のニューロンが発火し，そしてさらに頻繁に発火するからである。

　活動電位が生じている間の過程について，もう少し詳細に論じることにしよう。最初に生じる現象は，ナトリウムとカリウムのイオンチャンネルが開くことである。このことによってナトリウムイオンがニューロン内に入り込み，その後の短時間にカリウムイオンがニューロンから外へ運び出される。およそ1ミリ秒後，ナトリウムのイオンチャンネルは閉じ，続いてカリウムチャンネルが閉じる。これらのチャンネルの閉鎖によって活動電位が終結する。一方で，活動電位の開始後1〜2ミリ秒の間，ニューロンが再び発火できるようになるまでの時間が存在し，これは**絶対不応期**（absolute refractory period）として知られている。

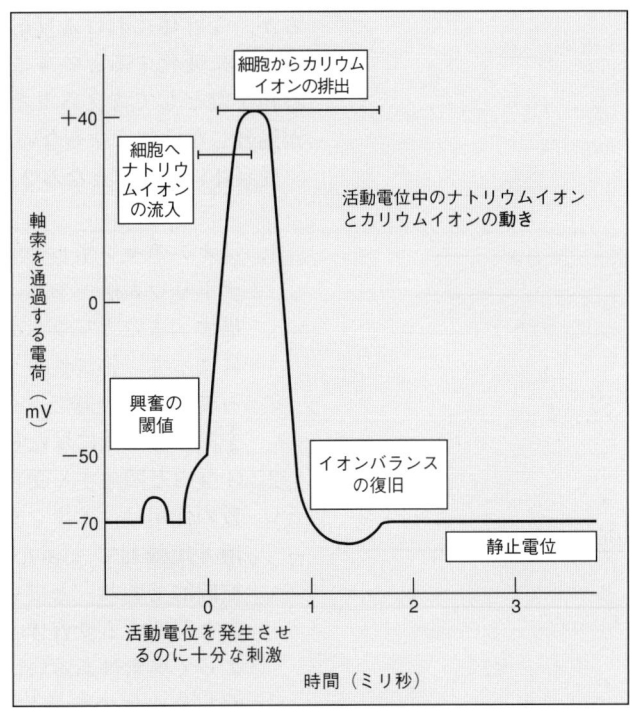

図3-16　ニューロンの「発火」

キー用語
絶対不応期：ニューロンが再発火することのできない活動電位開始後のとても短い期間。

　神経系のニューロンの多くは，ミエリンとして知られ脂肪質の鞘の役割を果たす髄鞘におおわれた軸索をもっているが，一方でその他のニューロンには髄鞘がない。また，軸索をもっておらず活動電位も生み出さないニューロンも数多く存在している。ミエリン化され髄鞘をもっている軸索では，ランヴィエ絞輪として知られるミエリンの鞘と鞘の間に結節をなす隙間があり，活動電位は軸索に沿ってその結節から結節へとジャンプする。活動電位はミエリン化されていない軸索に沿っていく場合よりも，ミエリン化された軸索に沿って進む場合の方がさらに速く伝わっていき，その速度は1秒間に80〜100 mである。これに対してミエリン化されていない軸索では1秒間にわずか2〜3 mである。

シナプスにおける伝達

　シナプスのほとんどは他のシナプスと向かい合っている。このことが意味しているのは，一方のニューロンの神経伝達物質を放出する位置がもう一方のニューロンの神経伝達物質を受容する位置とたいへん接近しているということである。神経伝達物質はシナプス後膜の受容体と結合することによって，シナプス後膜側のニューロンの反応を引き起こす。ほとんどの神経伝達物質はさまざまな種類の受容体と結合しう

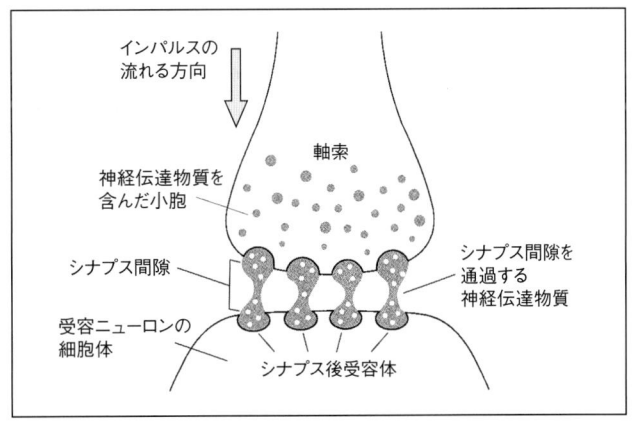

図3-17　シナプス

るが，受容体における反応の本質はある種の受容体から別の種類の受容体に変化するということである。神経伝達物質を鍵として，受容体を錠として考えることができ，何かが起きるためにはこの二つが適合しなければならない。

受容体には基本となる2つの種類がある（ピネル，1997）。

1. イオンチャンネルと関連する受容体：神経伝達物質はしばしばナトリウムチャンネルを開き，興奮性のシナプス後電位を生み出す。またカリウムあるいは塩化物のチャンネルを開けることによって，抑制性のシナプス後電位を生み出すという作用をもっている。一方で，その他の神経伝達物質はイオンチャンネルを閉じるようにはたらく。
2. G蛋白と関連する受容体：これらの受容体における神経伝達物質の作用は，イオンチャンネルと関連する受容体でみられる作用と比較して，「ゆっくりと展開し，より長く持続し，さらに拡散的であり，とても多様である」（ピネル，1997, p.95）。G蛋白と関連する受容体のうち，幾つかのものでは神経伝達物質によって興奮性あるいは抑制性のシナプス後電位が発生する。しかしその他のG蛋白と関連する受容体では，神経伝達物質によって二次的なメッセンジャーとして知られている化学物質が作られ，さまざまな仕方でシナプス後膜側のニューロンに作用している。

神経伝達物質が長時間にわたって，シナプスで作用し続けることを阻害する二つのメカニズムが存在する。第一に再取り込みであり，神経伝達物質はシナプス前膜側のニューロン内に引き戻される。第二には酵素による分解がある。この場合には，酵素として知られる化学物質の活動により，神経伝達物質はシナプス内で破損させられるか，ばらばらに分解されるということが起こっている。

神経伝達物質

神経伝達物質には五つの種類があり，そのうちの一つは大きな分子からなるものであり，その他の四つは小さな分子である。大きな分子の伝達物質は神経ペプチドからなっている。神経ペプチドの幾つかのものは神経修飾物質（neuromodulator）である。神経修飾物質とは信号に対するニューロンの感受性に影響を与えるが，それ自体が他のニューロンへ信号を送ることはない。エンドルフィンは最も重要な神経ペプチドとして位置づけられ，痛みの抑制と快感に関係するシステムを活性化する際に重要な役割を果たしている。ヘロイン，モルヒネ，そしてアヘンのような薬物はエンドルフィンと同じように受容体に作用する。

小さな分子からなる神経伝達物質の四つの種類は，次のようなものである。アミノ酸，モノアミン，アセチルコリン，そして可溶性ガス。

アミノ酸　哺乳類の中枢神経系で最もありふれてみられるアミノ酸には二つのものがあり，ガンマアミノ酪酸（GABA）とグルタミン酸塩である。GABA は抑制性の神経伝達物質としてはたらき，一方でグルタミン酸塩は興奮性の神経伝達物質としてはたらく。

モノアミン　モノアミンの神経伝達物質にはドーパミン，セロトニン，アドレナリン，ノルアドレナリンの四つがある。これらの神経伝達物質はすべて重要なはたらきをもっている。ドーパミンとセロトニンはどちらも統合失調症に関与していることが論じられてきた（第 25 章参照）。ドーパミンを放出する黒質ニューロンの変性はパーキンソン病を引き起こす原因の一側面であり，この疾患では筋肉の制御が劣っていく。セロトニンは覚醒，睡眠，そして気分の調整に関与している。アドレナリンとノルアドレナリンは情動（第 6 章参照）と内分泌系のはたらきに関わっている。

アセチルコリン　アセチルコリンはこの種類の中では唯一の神経伝達物質である。神経系内の数多くのシナプスでみられ，このことは中枢神経系においても自律神経系においても同様である。アセチルコリンは学習と記憶に関与している。アセチルコリンを含んだ神経を移植された老齢ラットは学習能力に大きな改善がみられると報告されている（ビョークルンドとリンドヴァル Bjorklund & Lindvall, 1986）。

可溶性ガス　可溶性ガスの伝達物質は他のほとんどの神経伝達物質に比べて，最近になって発見された。その中には一酸化炭素と一酸化窒素がある。これらの神経伝達物質はとても短い期間しか存在しないが，その理由はこれらが急速に分解され他の化学物質や二次的なメッセンジャーを作り出すからである。

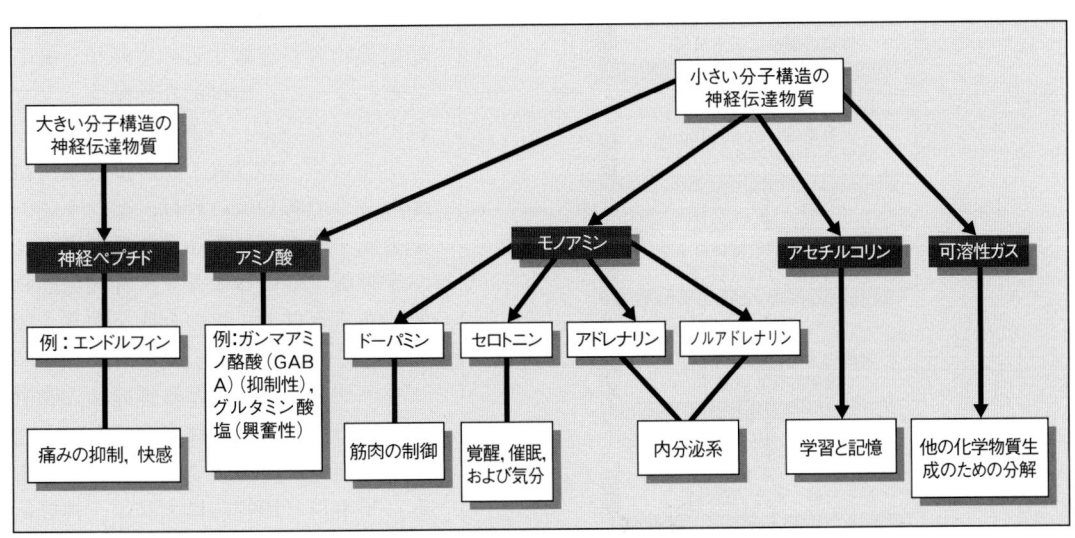

図 3-18　5 種類の神経伝達物質

実際的な側面への適用

シナプスでの伝達の過程を詳細に明らかにしていくことは，実際にどのような側面に適用されるのであろうか。最大の貢献として，シナプス伝達に対してある種の作用をもつように設計された薬物の開発によって得られた成果を挙げることができるかもしれない。ここでは，シナプス伝達にさまざまな仕方で作用する薬物の例を幾つか検討していくことにしよう。行動に対してそれらの薬物がもつ効果については，次のセクションで論じる。

薬物は神経伝達物質の作用を変化させることにより，シナプスでの伝達に影響する。**作動薬**（agonists）として知られているある種の薬物は，シナプス伝達における神経伝達物質の作用を高める。これに対して**拮抗薬**（antagonists）あるいは阻害薬として知られている他の薬物は，神経伝達物質の作用を低下させる。作動薬と拮抗薬はそのはたらき方が直接的であるか間接的であるかによって区別することができる。直接的にはたらきかける薬物の典型は神経伝達物質と化学的にとても類似した構造をしており，神経伝達物質のように振る舞いシナプス受容体に作用する。直接的にはたらく作動薬はシナプス受容体を刺激し，一方で直接的にはたらく拮抗薬は神経伝達物質がシナプス受容体を刺激するのを阻害している。ヘロインは直接はたらく作動薬の一例であり，抑制薬であるクロルプロマジンは直接的なはたらきをする拮抗薬の一例である（カードウェルら Cardwell et al., 1996）。

間接的にはたらきかける薬物もまた神経伝達物質の作用を変化させるが，その仕方はシナプス受容体に影響するものではない。カードウェルらは間接的にはたらく薬物の例としてアンフェタミンを挙げている。興奮薬であるアンフェタミンはシナプス前終末から神経伝達物質が遊離するのを増加させることによって，間接的な作動薬としてはたらいている。パラクロロフェノールアラニン（PCPA）は間接的な拮抗薬の一つである。これは，セロトニンを合成するのに必要とされる酵素の一つを抑制することにより，神経伝達物質であるセロトニンの合成を大きく減少させている。

シナプス伝達における神経伝達物質や薬物の作用は，これまでにみてきたよりも幾つかの側面でさらに複雑である。ピネル（1997）によれば，神経伝達物質の活動は通常はっきりと区別される七つの段階あるいは過程に関わっ

> **キー用語**
> **作動薬**：シナプス伝達において特定の神経伝達物質の作用を増大させる薬物。
> **拮抗薬**：シナプス伝達において特定の神経伝達物質の作用を減少させる薬物。

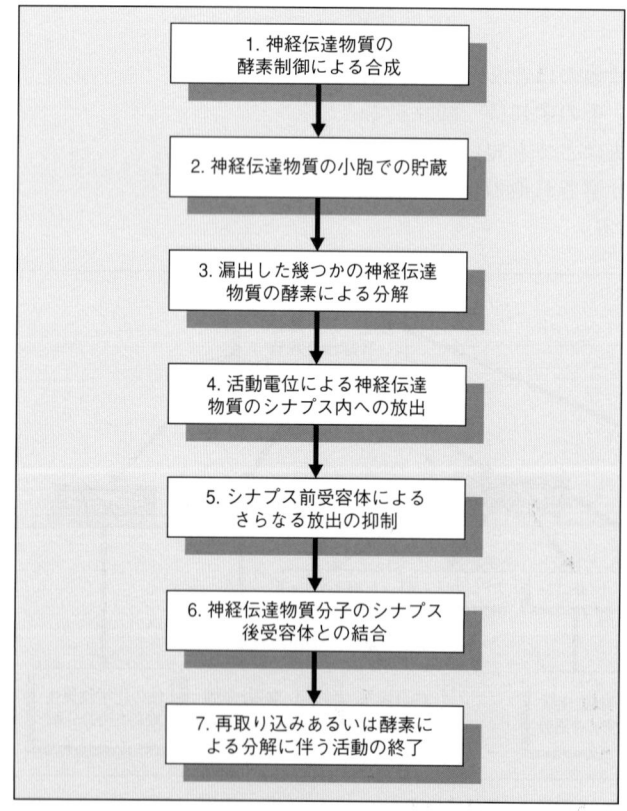

図3-19　ピネルによる神経伝達物質の活動の7段階

ており，それらのうちの幾つかはすでに論じたものである。

1. 神経伝達物質の分子は酵素の制御を受けて合成される。
2. 神経伝達物質の分子は空洞をなしているシナプス小胞に貯蔵される
3. シナプス間隙に放出される以前にシナプス小胞から漏出する分子の幾つかは，酵素によって分解される。
4. 活動電位はシナプス小胞に対して，神経伝達物質分子のシナプス内への放出（能動性放出）を生じさせる。
5. 神経伝達物質分子はシナプス前受容体と結合し，神経伝達物質がさらに放出されるのを抑制する。
6. 神経伝達物質分子はシナプス後受容体と結合する。
7. 神経伝達物質分子は再取り込みあるいは酵素による分解を通じてシナプス後受容体に対する影響を終わらせる。

　神経伝達物質の活動に七つの過程が関与しているという事実から想像できることは，薬物が神経伝達物質の活動を変化させる際には，七つの方法があるということを意味している。ピネル（1997）は作動薬の活動について六つの機構，また拮抗薬の活動については五つの機構を明らかにした。ある種の作動薬は，神経伝達物質分子の合成を促進させ（段階1），一方でその他の作動薬は分解酵素を破壊し（段階3），あるいは神経伝達物質の放出に対する抑制作用を阻害し（段階5），または再取り込みあるいは酵素による分解の過程を阻害する（段階7）。拮抗薬の幾つかのものは，神経伝達物質合成酵素を破壊し（段階1），そして他の拮抗薬はシナプス小胞からの神経伝達物質分子の漏出を増加させ（段階3），また神経伝達物質の放出に対する抑制作用を高め（段階5），そして神経伝達物質分子がシナプス後受容体と結合するのを阻害する（段階6）。

薬物と行動

　薬物として，数百あるいは数千にも及ぶさまざまな物質が存在している。メディアはエクスタシー，ヘロイン，そしてコカインのような非合法的な薬物に注意を向けすぎる傾向がある。しかしながら，一方で数百万人もの人々が毎日摂取している合法的な薬物もかなり多い。これらにはアルコール，ニコチン，そしてカフェインがあり，お茶，コーヒー，そしてコーラ飲料の中に含まれている。このセクションでは，かなり有害な影響をもたらす薬物について注目していくことにする。しかしながら，薬物の中には行動に望ましい影響をもつものも数多くある。たとえば，抗不安薬，抗うつ薬，そして統合失調症のような症状の状態をコントロールするための薬物は，治療を目的として用いられてきたと指摘することができる。そのような薬物についての詳しい議論は第26章でなされる。

> 薬物に関する研究の中で心理学的側面への効果に焦点を当てた研究は，精神薬理学（psychopharmacology）として知られている。精神薬理学は部分的に生物学，生理学，生化学，医学および精神医学に属している。

> キー用語
> 精神活性薬物：心理的な過程を変化させる薬物。

　心理学者は心理過程あるいは精神過程を変化させるような**精神活性薬**（psychoactive drugs）に特に関心をもってきた。精神活性薬の分類についてはさまざまな方法が数多くある。しかし，どのように分類しても同じ種類に位置づけられる薬物の類似性を強調しすぎているようである。ハミルトンとティモンズ（Hamilton & Timmons, 1995）によれば，薬物の主な三つの種類は以下のとおりである。

1. 抑制薬（depressants）：これらの薬物（たとえば，アルコール，バルビツール誘導体）はリラックス感や嗜眠状態を引き起こし，鎮静効果として知られている作用をもたらすことの多い薬物である。
2. 興奮薬（stimulants）：これらの薬物（たとえば，アンフェタミン，カフェイン，ニコチン）は覚醒状態を引き起こし，さらに自信に満ちた感情を増加させる。
3. 幻覚薬（hallucinogens）：これらの薬物（たとえば，LSD）によって精神的な歪みと幻覚が生じ，また精神病様症状の範疇に入るような状態が引き起こされる。

　薬物は神経伝達物質にはたらきかけることで私たちの行動に影響するが，このことは前のセクションで記述した通りである。先に述べたように，作動薬として知られる幾つかの薬物は特定の神経伝達物質の効果を増強させる。その他，拮抗薬や遮断薬として知られている薬物は神経伝達物質の効果を減弱させる。

嗜　癖

　薬物と行動を議論する際に重要な論点となるのは嗜癖の問題である。これまで嗜癖は身体依存か精神依存に基づくものであるという議論がなされてきた。**身体依存**（physical dependence）は身体が特定のある種の薬物を欲するときに生じるもので，もしその薬物がもはや効かなくなったときにはひどい離断症状が生じる。**精神依存**（psychological dependence）は身体依存のみられないときに起きる状態のことである。つまり，その人が嗜癖している特定の薬物のために生じる離断症状を解消する目的で摂取するのではなく，その薬物を摂取することでとても心地よくなるという理由によって摂取する状態である。

> キー用語
> 身体依存：身体がある種の薬物を求め，そしてその薬物がさまざまな離断症状の原因となる状態であり，生理学的依存としても知られている。
> 精神依存：身体依存はなく，その薬物の摂取が原因となる深刻な離断症状の有無にかかわらず，ある種の薬物を摂取することが強烈な快を引き起こす状態。

　薬物の嗜癖のほとんどには，身体依存が関与していると考えられてきた。このような見方は以下の通りである（ピネル，1997, p. 340）。

> 身体依存によって薬物常習者は薬物摂取と離断症状の悪循環に陥っている。身体依存が引き起こされるのに十分なレベルまで薬物を摂取してきた使用者が抱く考えというのは，自らが薬物の摂取を少なくしようと試みるときにはいつでも，離断症状のために薬物を自己投与するよう駆り立てられてしまうのである。

このような見方は，専門家ではない多くの人々にとって今日でも一般的なものである。しかし，このことは事実と合ってはいないように思われる。たとえば，薬物常習者の多くが**解毒**（detoxification）過程に置かれると，最終的に彼らの身体から薬物が消失し，離断症状に悩まされなくなるまでの期間，嗜好されていた薬物は身体の中から徐々に失われていく。身体と依存に関する理論によれば，このことによって嗜癖を止められるだろうと考えられる。しかしながら実際には，身体依存を取り去ってしまっても薬物常習者の多くは，その後すぐに薬物の再摂取を始めてしまうのである。

解毒プログラムにみられる全般的な失敗から，薬物がもたらす快の効果による精神依存という側面に専門家の多くは賛同するようになってきた。精神依存の強さに関する考え方の幾つかのものは，一人の薬物常用者によって述べられた言葉からうかがい知ることができる（ピネル，1997, p.341）。「もし私が今以上に金を手にすることができれば，その金はすべて薬のためにつぎ込むだろう。求めているのは，薬漬けになることだけ。好きなのは本当にヤクを打つことだけだ。セックスなんかからは何も得るものはない，そんなことよりヤクを打ちたい。この世の中のほかのどんなものよりも，ヤクを打つのが好きだ」。

薬物常用者の多くは，たとえ薬物自体には快をもたらす多大な効果がないよう思われても薬物を摂取し続ける。ロビンソンとベリッジ（Robinson & Berridge, 1993）によると，このような状態は快をもたらす薬物そのものの効果と薬物を摂取するときに得られると**期待**している快の感覚を区別することによって説明できる。初期の段階では快をもたらす効果そのものによって薬物が摂取される。しかし，薬物常用者になると大半は予測された快の感覚のために薬物を摂取するのである。

抑制薬

抑制薬にはアルコールやバルビツール誘導体など幾つかのものがある。ここでは世界中で数億人に使用されているアルコールに注目していくことにしよう。アルコールは抑制薬と考えられている。その理由は中程度かそれ以上の投与量でニューロンの発火が抑制されるからである。このときアルコールがどのように作用しているのかと言えば，アルコールは神経系に対してさまざまな作用をもっているのである（ピネル，1997, p.332）。

> アルコールはカルシウムチャンネルにはたらきかけることでニューロン内へのカルシウムの流入を減少させ，GABA受容体複合に作用し抑制的にはたらく神経伝達物質であるGABAの活動を高める。また，興奮性の神経伝達物質であるグルタミン酸塩

メタドン（methadone）はヘロイン嗜癖の治療のために処方されることがある。しかしながら，メタドン自体が嗜癖を引き起こす可能性があり，漸進的に行われる薬物離断のプログラムにおいて使用されると，離断症状を減少させる方向へは向かわない。薬物嗜癖が認められるとき，メタドンを処方することによってもたらされるであろう結果の好ましい側面と好ましくない側面について列挙してみよう。ここでの倫理的な論議とはどのようなものであろうか？

キー用語
解毒：嗜好状態から身体内の薬物が消失し，離断症状を経験しなくなるまでの薬物が徐々に抜けていく過程。

の結合部の数を増加させ，グルタミン酸塩受容体のサブタイプの幾つかでグルタミン酸塩の作用を減弱させる。さらにニューロン内の二次メッセンジャー系に干渉的に作用する。

> 多くの薬物でみられる場合と同様に，度を越えて多量にまたは慣れないほどの量のアルコールを消費すると，アルコールの毒性によって死に至ることがある。

少量のアルコールによって，典型的には人々は不安が軽減しリラックスでき，さらに抑制のとれた感情になる。多量の場合，アルコールは多くの人にとって鎮静作用をもつが，他の人にとってアルコールは理屈っぽく攻撃的になるようにはたらく。かなり多量のアルコールを消費すると協調運動を失い，社会的に受け入れられない行動を引き起こし，そして意識消失が生じる。短時間で多量のアルコールを消費する人々は，その後に三つの段階からなるアルコールの離断症状を経験する。第一段階として，彼らは飲酒を止めた後ほぼ5時間で頭痛，吐き気，発汗，および腹部の痙攣を経験する。第二段階では彼らは飲酒を止めた後，ほぼ1日で数時間継続するような痙攣発作を経験する。第三段階として，**振せん・せん妄**（delirium tremens）がある。これには幻覚，興奮，妄想および高熱がみられる。

> キー用語
> 振せん・せん妄：アルコールの過剰摂取によって引き起こされる状態で，幻覚，興奮，妄想および高熱を伴う。

アルコールは摂取量が多くなると，人を攻撃的で暴力的にする。たとえば，殺人を犯す人々のほとんどは飲酒している場合が多い（ブッシュマンとクーパー Bushman & Cooper, 1990）。実際のところアルコールがなぜ人々を攻撃的にするのか明らかにはなっていないが，人々にとって普段は抑制されている怒りという感情の制御を低減させているのかもしれない。

アルコールと自動車の運転

自動車の運転動作に対するアルコールの影響は，社会の中で特別に重要な問題である。ドルーら（Drew et al., 1958）は意外なほど少量のアルコールの摂取によっても，反応時間は遅くなり操縦能率が低下し，さらにスピードメーターを読み取る注意力が低下した結果として，運転動作が混乱することを実験室内で見出した。アルコールが運転能力を障害するという見解は繰り返し確かめられてきた。サベイとコドリング（Sabey & Codling, 1975）はイギリスにおいて血中のアルコールレベルに関して法定限度を設定するという法律の導入の効果について検討した。この法律が導入された翌年には，主な飲酒時間となる午後10時から午前4時の時間帯において路上での死亡者数が36％減少した。この数字は午前4時から午後10時までの時間帯の死亡者数がほんの7％の減少であったことと比較しても注目に値する。

図3-20 イギリスでは，自動車運転手の血中アルコール許容レベルの限度を導入した結果，主な飲酒時間となる午後10時から午前4時の交通事故による死亡者数は明らかに減少した。

ホッケイ（Hockey, 1983）は行動に対してアルコールのもつ負の影響をまとめている。アルコールは機敏さを減少させ，動作の速度を遅らせ，さらに正確さを引き下げ，また短期記憶の容量を狭める。その結果として，アルコールはほとんどあらゆる課題の遂行を損なうのである。

議論のポイント
1. 自動車を運転する人が飲んでもよいアルコールの量を少なくするために，法律が改正されるべきであると，あなたは思うだろうか？
2. 研究の結果が示す内容は正反対であるのに，自動車を運転する人々の多くがなぜ多量に飲酒した後でも，自らの運転能力を信じているのだろうか？

大切な議論の一つとして挙げられることは，神経系に対する作用の結果としてのアルコールの影響とその作用に対する期待から生まれるアルコールの効果を区別すべきことである。このような区別については，ノンアルコールの飲み物をアルコールと信じ込ませて何人かの人々に与えるという方法で取り組まれてきた。一般的にどのような既成の文化であっても，期待が行動に強く影響することが見出されてきた（ハルとボンド Hull & Bond, 1986 参照）。たとえば，アルコールを飲んだと考えている男性の研究協力者は，実際にどのようなアルコールを飲んだか否かにかかわらず，性的覚醒を促すような刺激を提示されたとき，より高い性的覚醒と一方で罪の意識の低下を報告したのである（ハルとボンド，1986）。

> アルコールの使用とその効果について研究を行う際に，研究協力者の選択にあたって心に留めておくべき安全対策とはどのようなものであろうか？

アルコール症

人々の中にはアルコールに対する嗜好の結果としてアルコール症者になる者が幾人かいる。クロニンジャー（Cloninger, 1987）はアルコール症者には2種類あることを指摘している。(1)常習型の酒飲みで，事実上毎日飲酒し，禁酒するのが困難であることが明らかなもの。そして(2)耽溺型の酒飲みで，機会のあるときだけ飲酒するが，しかし飲むことを止められず，そして発症する。女性よりも男性ではるかにアルコール症者が多い。なぜ，人々はアルコール症者になるのであろうか。クロニンジャーら（Cloninger et al., 1985）はアルコール症者が生じる理由について，遺伝と環境の関係の重要さを評価するために養子縁組した人々を対象に研究を行った。男性の中で常習型の酒飲みに関しては，遺伝の主効果がみられたが女性にはなかった。つまり養子となった男性では，もし彼らの生物学的な父親が常習型の酒飲みであれば常習型の酒飲みになる傾向にあった。しかし，養子縁組した家族の構成員の飲酒行動による効果はなかった。また，クロニンジャーらは男性と女性の耽溺型の酒飲みは遺伝と環境の両方に依存することを見出した。つまり，耽溺型の酒飲みである生物学的な親とさらに彼らが養子縁組された家族の中に一人かそれ以上の大酒飲みがいる場合に，その子は耽溺型の酒飲みとなる傾向が認められた。

> アルコール乱用に関する研究に対して，倫理上の配慮から研究方法の多くを用いることができないのは明らかである。しかし，症例研究という方法からとても価値のある内容が示されてきた。

アルコール症には多くの深刻な結果が待ち受けている。それは肝硬変を引き起こしうる。またアルコール症では，肝臓によるビタミンB1の代謝が阻害されることによって生じる重篤な障害もある。ビタミンB1の欠乏は脳のニューロンの脱落を引き起こし，その結果として**コルサコフ症候群**（Korsakoff's syndrome）という型の健忘症として知られる記憶の喪失を生じさせる。この症候群に罹った患者はこの世界や自分自身，さらに自らの経験について新しい知識を獲得することにたいへんな困難さを抱き，その結果彼らはこれらの範囲の事柄に関して貧弱な長期記憶しか保てないのである。しかしながら，運動技術の学習・記憶に関わる彼らの能力はたいてい正常である。アルコールに関して負の影響が多くあるという視点からみると，合衆国におけるすべての死亡者数の少なくとも3％については，部分的にアルコールが原因になっているということは驚くに値しない。

> **キー用語**
> **コルサコフ症候群**：アルコール症によって引き起こされ，記憶が失われることを特徴とする脳が障害される病気。

オピエイト

オピエイト類の中には，最も危険で嗜癖を引き起こす薬物が幾つか見つかっている。オピエイト類はアヘンをもとに作られるもので，アヘンとはケシから採取される粘着性の樹脂である。モルヒネはアヘンの成分の一つであり，またヘロインとコデインはともにモルヒネから作り出される。マキルヴィーンとグロス（McIlveen & Gross, 1996）が指摘しているところによると，痛みから解放する目的でモルヒネを与えられた兵士がモルヒネを嗜癖するようになる傾向があり，そのためにヘロインが開発された。兵士の痛みの除去が契機となり，19世紀の終わりにバイヤー製薬はモルヒネの代用薬としてヘロインの開発を進めた。しかしながら，ヘロインはすぐにモルヒネと同じように嗜癖を引き起こすことが明らかになった。

オピエイト類の影響とはどのようなものなのであろうか。ヘロインは最も一般に用いられるオピエイトであり，ほとんどすぐに多幸

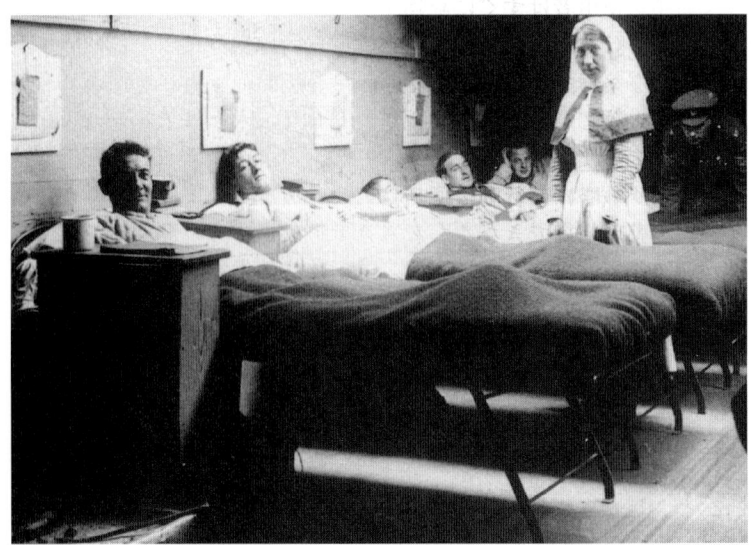

図3-21 モルヒネは19世紀に戦時下の病院で使用され，時には嗜癖をもたらした。

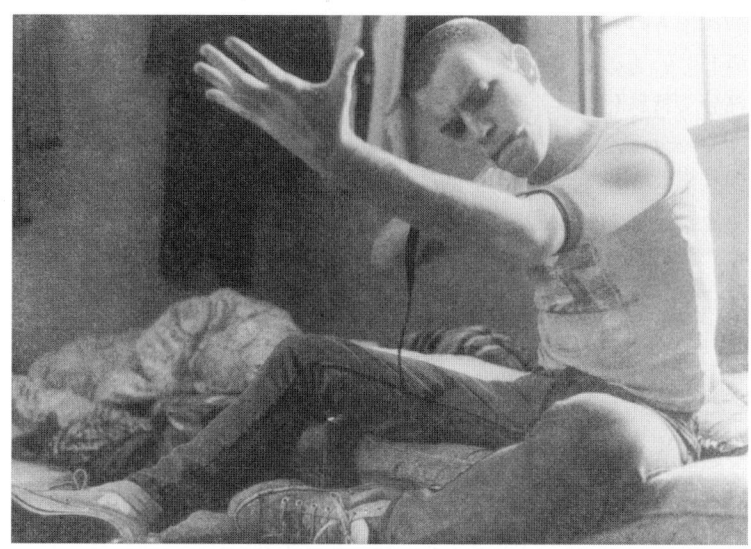

図3-22 映画「トレインスポッティング」の一場面，ユアン・マクレガー（Ewan McGregor）はヘロイン依存を乗り越えるために苦闘する登場人物の役を演じている。

的な感情と強烈な幸福感が生じ，その後にリラックス感と満足感を伴う。モルヒネは効果として，その幾つかを引き起こすが，さらに鎮痛剤あるいは痛み止めとしての効果がとても大きい。しかしながら，これらの薬物を繰り返し使用することによって大変深刻な結果がもたらされる。つまり，敵意や攻撃性の全般的な増加，さらに他の人々との関係を保つ能力の低下などである。通常の基準でヘロインを摂取している者はヘロインに対する耐性が生じることとなり，このことはつまり与えられた薬物の量では徐々に効果が少なくなっていくことを意味する。当然のこととして，このような耐性ができ上がっていく結果，ヘロインの使用者は多幸感を得るためヘロインを徐々に多量摂取するようになる。

ヘロイン使用者はすぐに身体的にも心理的にもヘロインに対する嗜癖に陥る。その結果として，彼らはたとえヘロインがきわめて危険で高価な薬物であることを認識していても，ヘロインの摂取を止めることが難しいことに気づく。もし，ヘロイン使用者がヘロインの使用を本当に止めたとすれば，広範囲の離断症状を経験することになる。その際には行動は混乱し，心拍の上昇，発汗，不眠，そして脚の運動が制御できなくなる。しかしながら，離断症状は一般的にそれほど劇的なものではない。カールソン（1994, p.584）が指摘したように，ヘロイン摂取を止めることは「多くの人々が信じ込んでいるほど苦しみを伴うものではない。生じてくる離断症状はインフルエンザのひどい場合と同じもののように記述されてきた」。ヘロイン使用者がその習慣をあきらめるのが大変困難であると気づく理由は，ヘロインに対して多幸感を得られるものとして，心理的に依存していることによるのである。

脳に対するオピエイト類の作用とは

人体で生成されるβエンドルフィンは生来のオピエイト類であり，オピエイト類の幾つかのものと同じように多幸感を引き起こす。激しい運動を長時間継続することは安全にこの効果をもたらす方法である。

どのようなものであろうか。漠然とした見方をすれば，作用として生じているのは，ヘロインのようなオピエイト類が脳のさまざまな部分で特殊化されたオピエイト受容体を刺激しているということである。なぜ，これらのオピエイト受容体は存在するのだろうか。その理由として考えられるのは，生まれたときからすでに生体に備わっているいわゆる内因性のオピエイト類が幾つか存在するからである。身体内で自然に生じるオピエイト類の二つの例は**エンセファリン**（encephalin）と**βエンドルフィン**（β-endorphin）である。

> **キー用語**
> エンセファリンとβエンドルフィン：自然に生成される内因性のオピエイト類。

ヘロインを繰り返し使用することによって生じる四つの主な効果として，鎮痛あるいは痛み感覚の消失，強化あるいは報酬，鎮静，そして低体温つまり身体温度の低下が挙げられる。それぞれの効果と関連するオピエイト受容体が別々に存在しているようである。

1. 鎮痛：これは中脳水道周辺部灰白質として知られる中脳の一部にあるオピエイト受容体を経由して生じる。
2. 強化：オピエイトの強化的な効果は側坐核として知られている前頭基底部の一部と被蓋腹側部のオピエイト受容体を経由して引き起こされる。神経伝達物質としてのドーパミンが脳の報酬系に関与しているため，オピエイト類がドーパミン作動性ニューロンを活性化し，その結果として脳の報酬系の賦活を引き起こす（マシューズとジャーマン Matthews & German, 1984）。
3. 鎮静：中脳網様体内に関連するオピエイト受容体が存在する。
4. 低体温：視索前野に低体温に関わるオピエイト受容体が存在する。

興 奮 薬

興奮薬は数多く存在し，それは交感神経系内の活動を増加させる。コカイン，アンフェタミン，エクスタシー，ニコチン，そしてカフェインはいずれも興奮薬のほんの一握りの例である。ここでの議論においてはコカインとアンフェタミンに注目することにしよう。

コカイン

コカインは大変強烈な強化特性を効果としてもっている薬物である。コカインの効能に関する幾つかの根拠は，ボザートとワイズ（Bozarth & Wise, 1985）によって報告された。ラットがコカインを自己投与するためにレバー押しできる状況下に置かれ，コカインに対して無制限に 25 日間接近させた実験では，90％を越えるラットがコカインの過剰摂取により死亡した。対照的にヘロインに対して無制限に接近できたラットでは，同じ期間を過ぎて死亡したのは 40％にとどまった。

> **時代による変遷**
> あらゆる種類の薬物に対する態度というのは時代とともに変化してきており，今後もまた変化し続けていくであろう。フロイトが初めてコカインを試した際には，彼は治療薬としてのコカイン使用について熱心であり，彼の友人や家族を含めた多くの人にコカインの使用を勧めた。彼の特に親しい友人であったフライシュル（Fleischl）は，コカインへの嗜癖を強め，そのことが結局のところ彼に死をもたらした（スティーヴンス Stevens, 1989）。今日では治療という側面からコカインが有用であると考えるものはいないようである。
> 1960 年代と 1970 年代において，アンフェタミンが食欲の抑制と体重減少に役立つとして処方された。しかし，アンフェタミン使用による劇的な副作用がいったん知られるようになって，このような使用の仕方は影を潜め，いまでは大変危険であるとみなされている。

コカインを摂取している人々の言葉によると，コカインは自分自身を多幸的にし，すっかり目覚めた後のような，さらに力がみなぎったような感じにさせる。コカインはまた，行動にも影響し，典型的には人々を多弁で活力に満ちたものにする。ジークムント・フロイト（Sigmund Freud）はしばしばコカインを摂取していた。1885年の彼の記述（p.9）によれば，「爽快な気分と持続する多幸感があり，これは健康な人にみられる普通の多幸感と区別できないものである……あなたは自己統制感が高まっているのを知覚し，活力と仕事に対する力量のさらなる広がりを手に入れる」。

積極的な効果はおよそ30分前後で徐々に消え去っていく傾向にあり，抑うつと極端な倦怠の感情が生じる。これらコカインを摂取した後の否定的な効果は時として「恐るべきもの」として知られている。通常の基準でコカインを摂取している人々は，しばしば幻覚，誇大妄想，そして気分障害といった精神症状を経験する。

コカインを繰り返し使用すると嗜癖に至る。これは身体依存によるものではないようである。コカイン摂取を止めたコカイン使用者は，通常いかなる離断症状も示さないし，さらに彼らがコカインを摂取している間にコカインに対する耐性を発達させることもない。しかしながら，コカインの強化あるいは報酬効果に起因する精神依存は存在する。

アンフェタミン

アンフェタミン使用の効果はコカインで認められる効果と同じである。アンフェタミンによって人々はとても機敏で，覚醒した，そしてエネルギーに満ちたように感じる。アンフェタミンに特有でコカインとの違いの一つは，このような効果が30分ほどではなく数時間にわたって持続するという点である。アンフェタミンの効果が消失したときには，コカインでみられたのと同じように恐るべきことが待ち受けている。アンフェタミンの持続的な使用は，精神症状と激しい怒りや攻撃性を生じさせうる。

行動に対するアンフェタミンの効果はホッケイ（1983）によってまとめられている。中程度の投与量のアンフェタミンでは行為の速度は増すが，しかしこれは時として誤りの増加という代償を伴うことになる。また注意の選択性が高まるが，これは重要でない環境刺激が無視される傾向にあるという意味においてである。最後に，短期記憶の容量については減少がみられる。

アンフェタミンはまた情動状態にも影響しうる。たとえば，シャクターとシンガー（Schachter & Singer, 1962）の古典的な研究を考えてみよう。彼らは実験の協力者が自らの覚醒状態についてアンフェタミンによるものとは判断できない状況を示すことによって，アンフェタミンの投与量が情動的な反応を増加させることを見出した。しかしながら，これらの発見を追試によって確かめることができないのは明らかである（第6章参照）。

オピエイト類について議論した際に述べたことと同様に，神経伝

達物質であるドーパミンは脳の報酬系に関与している。ドーパミンの活性を増加させる薬物である**ドーパミン作動薬**（dopamine agonists）は脳の報酬系を刺激することになる。コカインとアンフェタミンはどちらもドーパミン作動薬であり，このことがコカインとアンフェタミンによって引き起こされる嗜癖の特性を十分に説明している。

> キー用語
> ドーパミン作動薬：神経伝達物質であるドーパミンの活動性を高める薬物。

> 治療を目的として使用する際に処方される薬物は，厳密に検査され滴定つまり計量された投与量が与えられる。しかしながら，このような安全対策はアンフェタミンや幻覚薬のような物質を非合法に使用する場合には適用されない。このような非合法な使用から，どのような結果がもたらされる可能性があるだろうか？

> キー用語
> 幻覚薬：視覚性幻覚と思考の歪曲を引き起こす薬物。

幻覚薬

幻覚薬（hallucinogens）とは視覚性の幻覚，錯覚，そしてその他思考の歪曲を生じさせる薬物である。幻覚薬の幾つかは天然に存在しているものであるが，一方でその他のものは合成され製造された物質である。天然由来の幻覚薬にはプシロシビンがあり，これはマジックマッシュルームの中に見出される。またメスカリンはペヨーテサボテンに由来する。製造された幻覚薬にはリセルグ酸ジエチルアミド（LSD），ジメチルトリプタミン（DMT），そしてフェンシクリジン（PCP）がある。

幻覚薬はそれを摂取する者に広範囲の効果を及ぼす。ハルギンとウィットボーン（Halgin & Whitbourne, 1997, p.441）はこれらの薬物について次のように結論づけている。

> 不安，抑うつ，関係念慮［個人的に意味のあるものとしてありふれた事柄を誤って解釈すること］，自分の心が失われてしまう恐怖，妄想性思考，そして全般的な機能障害を引き起こす原因

図3-23　1960年代にハーヴァード大学教授であったティモシー・リアリーはLSDを「精神を発展させるもの」であるかのように記述し，その使用を擁護した。彼は人々に「波長を合わせ，夢中になって，そして脱落する（tune in, turn on, and drop out）」ことを勧め，体制を大変混乱させた。

となる。さらに，知覚の鮮烈化，離人症の感覚，幻覚，そして錯覚のような知覚的な変調が顕著である。生理学的な反応としては瞳孔の拡張，心拍の増加，発汗，心悸亢進，視野のかすみ，振せん，そして協調性を欠いた筋肉の運動などが含まれるかもしれない。

　幻覚薬を繰り返し使用することによる影響の一つは，持続性の知覚障害として知られるような状態であり，それは何週間か幻覚薬を摂取していないときに典型的に認められる。このような知覚障害ではフラッシュバック，幻覚，妄想，そして気分変化などがあり，その多くは幻覚薬の作用による中毒症状と類似している。

　さまざまな幻覚薬の中でLSDは一般に「アシッド（acid）」と呼ばれ，最も広く知られている。LSDはアルバート・ホフマン（Albert Hoffmann）という一人の科学者によって1943年の終わり頃に発見された。彼の手元には呼吸に困難さを抱えている人々を救うことができるかもしれないと考えていたある種のキノコから抽出した薬物があり，その抽出物を彼自身が試みに飲んだのである。不幸にして，その薬物は彼の帰宅途中に鮮明な幻覚を引き起こすこととなった。ホフマンによれば，「私は自分が正気でなくなったということに本当に恐怖を感じ，普通ではいられなかった」のである。1960年代アメリカでは，ハーヴァード大学教授のティモシー・リアリー（Timothy Leary）が主唱した薬物文化の中で，LSDは中心的な役割を果たしていった。

　LSDを摂取している者がいれば，その結果典型的には幻覚や刺激的な体験としての「トリップ（trip）」が4〜12時間続く。LSD摂取に伴う危険の一つとして，思考過程の歪みを挙げることができる。LSDを摂取した人々の思考の中に浮かんでくるのは，たとえば高いビルの屋上から無事に飛び立つかジャンプできてしまうというような不可思議な考えを信じ込んでしまうことである。現実場面でこのような妄想を実行に移してしまえば，その妄想によって死に至ることになる。LSDを繰り返し使用しても，身体依存は引き起こされないようである。さらに，LSD摂取を止めた際の離断症状は，たとえとあるとしてもごくわずかである。LSDが精神依存を引き起こすかどうかについては，すべてが明らかになっているわけではない。

　PCPは「エンジェルダスト（angel dust）」として知られており，その効果の幾つかについてはLSDの効果と類似のものである。しかし，幾つかの点でPCPはさらに危険な薬物である。PCPは人々を攻撃的で暴力的に変え，統合失調症にみられる症状の幾つかを引き起こす。何よりも悪いことには，PCP摂取による結果として高血圧，痙攣，さらには昏睡までもが生じる可能性がある。

その他の危険

　さまざまな種類の多くの薬物が，非合法的に使用されることを目的として売買される際には，売る側の利益を増やすために「目減らし（cut）」として他の物質，たとえばタルクム（talcum）や洗剤の粉とさえ混合されることがしばしばある。このようなことを実際に行った薬物が危険であることは明白である。つまり，そのような物質をヒトが摂取したらどうなるかについては，まったく明らかになっておらず，もしそのような人が医学的な治療を必要とする事態に陥ったとしても，どのような治療が効果的な方法であるか，はっきりと決めることがスタッフにはできないのである。

幻覚薬は脳内でどのように作用をしているのであろうか。LSD，そしておそらくその他の幻覚薬も同様にセロトニン系に作用していると考えられる（カールソン, 1994）。さらに厳密に言えば，LSDはセロトニン受容体を阻害し，その結果としてセロトニンの神経伝達を低下させているのである。一方で，セロトニンは夢の発現の制御に関与していることも知られている（カールソン, 1994）。これらの事実をすべて考え合わせると，LSDは脳に対して，たとえその人が起きていて覚醒しているときでさえ，夢幻状態を引き起こすような作用があると考えられる。

マリファナあるいは大麻

　マリファナは主に温暖な気候で育つ**大麻**（学名：カナビス・サティヴァ cannabis sativa）の葉を乾燥させたものにつけられた名称である。この植物の中で薬理作用のある主な成分はテトラハイドロカンナビノール（THC）である。しかしながら，マリファナにはTHCと類似した化学物質がその他にも多数含まれており，それらの幾つかの物もまた脳に作用している。ハッシッシ（hashisi）あるいはハッシ（hash）と呼ばれる薬物にもまたTHCが含まれているが，この薬物には植物の樹脂から生成されたTHCが含まれているため，マリファナや大麻よりもさらに強力である。THCは脳内にある海馬，小脳，尾状核，そして新皮質などのさまざまな領域にある受容体と結合する（松田ら Matsuda *et al.*, 1990）。

　中国の記録によると，マリファナや大麻は数千年間にわたって，精神に作用する薬物として摂取されてきた。今日では通常，紙巻タバコのようにして吸われているが，直接食べられたり注射されたりする場合もある。この薬物の効果はほぼ2時間持続するが，しかしTHCはその後数日間体内に残留する。

　精神過程や行動に対するマリファナあるいは大麻の影響とはどのようなものであろうか。心理学的な影響は驚くほどさまざまであり，一部には摂取する人の期待に関わっているという根拠が示されている。わずかな量の摂取によって生じる効果はかなり微妙である。マリファナと薬物依存に関する国の委員会によれば（National Commission on Marijuana and Drug Abuse, 1972, p.68），マリファナを少量摂取した者は，

気分のいい感覚が増すのを経験するようである。はじめに休憩を必要としないようなはしゃいだ気分となり，その後夢見るようで，リラックスして心配のない状態が訪れ，空間や時間が広がっていくような感覚・知覚の変化がみられる。そして，触覚，視覚，嗅覚，味覚，聴覚などの感覚が一層生き生きとしたものとなり，空腹感，特に甘いものに対する渇望を感じながら，思考

図3-24

の組み立て方や表現に微妙な変化がみられる。

　マリファナあるいは大麻の大量摂取には，むしろ負の影響がみられ次のようなものがある。協調運動が劣化し，集中できなくなり，社会的な引きこもり，短期記憶の障害，感覚の歪み，涙目そして発話の際にみられる不明瞭な発音などが生じる。これら負の影響の幾つかは，自動車の個人的な運転能力にも影響を与えている。アラバマにおける自動車による死亡事故に関する研究によると，運転者の17％が大麻を摂取していたことが明らかになった（フォーテンベリーら Fortenberry et al., 1986）。しかしながら，この事実を解釈するために私たちは，すべての運転者の内で大麻を摂取している者の割合がどのくらいであるかをはっきりと確かめる必要があろう。大麻を使用している者が自動車の運転をしているとき，停止しなければならないと実際に気づくまでには比較的時間がかかるようである。しかし，彼らがいったん停止しなければならないと決めたときの停止するまでの反応時間については，大麻使用の影響はほとんどみられなかったのである（モスコヴィッツら Moskowitz et al., 1976）。

> **倫理的問題**
> 　多発性硬化症のようなある種の病気では，症状としてみられる痛みが大麻喫煙によって緩和されると主張してきた人々が幾人かいる。習慣的な大麻使用によって引き起こされる不都合な点を考え合わせると，このような使用を合法化することは倫理的に受け入れられるだろうか？

　マリファナあるいは大麻については，典型的にはさほど依存を生じさせるものではなく，また離断症状として生じる吐き気や睡眠障害などのような幾つかの症状も軽く，しかも短期間である。しかしながら，多くの人々は長期間にわたって日常的に大麻を使用しており，そのような長期にわたる使用については，負の効果がいろいろとある可能性が議論されてきた。第一に，大麻を吸引している人々には，しばしばせきやぜん息，そして気管支炎などの症状から呼吸機能の障害が見受けられる。しかしながら，喫煙しているときにタバコとニコチンの含有物がこれらの症状を引き起こすことも明らかである。20世紀初頭の頃までは，医師はぜん息患者に大麻を処方することが多かった。その理由は大麻にみられる筋肉の痙縮を緩和する特性が実際に呼吸機能を改善していたからである。

　第二に，大麻は動機づけのレベルを低下させ，その結果として実際上，人々が働けなくなっていると主張されてきた。しかしながら，この主張を支持する根拠はほとんどない。たとえば，ブリルとクリスティ（Brill & Christie, 1974）は大麻を使用している大学生と使用していない大学生の学業成績に差のないことを見出した。しかしながら大量の大麻を持続的に使用することによって，無気力になるかもしれない。

　第三に，男性においては大麻の長期使用によって男性ホルモンであるテストステロンのレベルが低下し，その結果として性的機能が障害されるということが示唆されてきた。しかしながら，事実のほとんどはこれらの見解を支持してはいない（ピネル，1997 参照）。第四に，大麻の使用は身体的な疾患を引き起こす可能性のあることが

述べられてきた。その理由は，免疫系機能を障害し，また心拍の上昇を引き起こすからである。しかしながら，これについても根拠となる事実は確認されていない。

感　　想

- それぞれが担っている情報伝達の仕方を明らかにするために，中枢神経系，末梢神経系，そして内分泌系について個別に論じてきた。しかしながら，これら三つの系は統合的でしかも協調的に機能するという特性をもっているということを心に留めておくことは大変重要である。筆者にとっては身体のはたらきの複雑さという点について，とても印象深いのであるが，一方で本章の内容を単純化しすぎた視点から示したかもしれないという事実については十分に承知している。
- 筆者には，私たちが私たち自身の生理学的なシステムに強く縛られており，また心理学的要因が重要ではないと強く考えすぎるのは危険なことであるように思われる。たとえば，私たちの体重は普段ホメオスタシスのメカニズムによってほぼ一定に保たれている。しかし，心理的なストレスが生じると私たちの体重は劇的に増加もするし，減少したりもするのである。私の見解としては神経系と内分泌系の詳しい過程を知ることは，幾つかの目的のために重要であると思っているが，他の目的のためには役に立たないかもしれない。一つの例としてナトリウム－カリウムポンプに関する知識が，果たして人々の社会的行動について私たちに何かを語ってくれるだろうか？
- 筆者は薬物に関する研究が，神経系について一般に理解されている内容以上に，より一層の解明に役立つ可能性があると考えている。そのような研究によって，神経伝達物質のレベルでのさまざまな実験的な（そして緻密な）操作が可能となり，その結果として私たちは行動の細部にわたって現れる効果を観察することができるようになるのである。

要　　約

神経系

　神経系は身体内のすべての神経細胞を含んでおり，そのほとんどがニューロンとして電気的なインパルスを伝導するために特殊化されている。神経系は脳と脊髄からなる中枢神経系と末梢神経系に区別される。脳には主な三つの領域がある（前脳；中脳；菱脳）。前脳は終脳と間脳に区分され，解剖学的な部位としての中脳は発生学的な中脳から成り立っており，菱脳は後脳と髄脳に区分される。終脳は事実上，あらゆる認知的な活動に関して決定的な役割を果たしており，また間脳には視床下部と視床がある。視床下部は身体温，飢え，そして渇きの調節に関与しており，また視床は感覚信号の中継所である。中脳は視覚系と聴覚系の一部をなしている中脳蓋と，網様体の一部に含まれるとともに運動の制御にも関与している中脳被

蓋からなっている。後脳には延髄が含まれ，呼吸の制御と信号の経由に関与している。末梢神経系は身体の外部環境との相互作用のために感覚と運動に関わる体性神経系と，身体の内部環境に関わる自律神経系からなっている。自律神経系は交感神経系と副交感神経系に区別される。交感神経系はエネルギーや覚醒が必要な際に関与し，その一方で副交感神経系はエネルギーを蓄えておく必要が求められるときに関わっている。

内分泌系

　内分泌系はさまざまな腺から成り立っている。つまり，下垂体，甲状腺，副甲状腺（上皮小体），そして副腎，さらに膵臓と性腺である。内分泌腺はホルモンを分泌する。内分泌系のほとんどは視床下部によって制御されている。視床下部は身体における「内分泌腺の主人」と呼ばれる下垂体前葉と直接的な結合関係がある。下垂体からは数多くのさまざまな異なるホルモンが放出される。性腺は身体の生殖腺であり，男性ホルモンであるアンドロゲン，卵胞ホルモンのエストロゲン，そして黄体ホルモンを分泌する。副腎からはさまざまなコルチコステロイドが分泌される。甲状腺は甲状腺ホルモンを生成し身体の代謝率を上昇させる。膵臓はインスリンを分泌することによって血液中のグルコースのレベルを制御しており，グルカゴンは血液中にグルコースを放出するよう刺激する。

中枢神経系，末梢神経系，内分泌系の影響

　中枢神経系，末梢神経系，そして内分泌系は，ホメオスタシスとして知られている身体の内的環境が一定に保たれた状態を作り出すように協力し合っている。ホメオスタシスは身体温，身体の水分の供給，酸素濃度，栄養素の供給などに適用される。身体温の調節には視床下部が関与している。さらに，身体温が低すぎる場合には交感神経系が関わり，反対に身体温が高すぎると副交感神経系の関与がある。睡眠はおそらくさまざまなホメオスタシスの機能を提供するもので，そのため睡眠とエネルギーの備蓄や組織の修復がなされることには関係がある。

神経とシナプスの活動

　ニューロン休息時の膜電位はほぼ－70 mVである。ニューロンが発火すると，化学物質である神経伝達物質が放出され，シナプスを横断し近隣するニューロンの受容体と結合し作用する。神経伝達物質は近隣するニューロンの膜電位を変化させ，そのことが受容体側ニューロンの発火の機会を増加させるか，または減少させる。発火の機会が増加した場合には活動電位が生じる。活動電位が開始されると，ナトリウムイオンがニューロン内に入り込み，カリウムイオンの排出がそれに続く。神経伝達物質に応答する受容体には二つの種類が存在する。つまり，イオンチャンネルと結びついている受容体とG蛋白と結びついている受容体である。神経伝達物質には五つ

の種類がある。それらはシナプスでは短い時間しか効果がなく，その理由は再取り込みと酵素による分解のためである。

薬物と行動

　薬物の主要な三つの種類は次の通りである。つまり抑制薬，興奮薬，そして幻覚薬である。ヘロインやモルヒネのようなオピエイト類によって満足を伴った多幸感がもたらされる。持続的に使用すると敵意，攻撃性，そして他者との関係をうまくやっていくことができなくなるなどの状態が生じる可能性があり，また精神依存もある。脳内には，オピエイトに対して鎮痛，強化，鎮静，そして低体温に関わるような作用と関連して独立したオピエイト受容体が存在する。興奮薬の中にはコカインとアンフェタミンがある。コカインによって人々は多幸的で，力が漲り，そしてとてもすっきりと目覚めたような感覚になり，さらに多弁で精力的となる。繰り返して使用すると，精神依存とたとえば幻覚のようなさまざまな精神症状が生じる。アンフェタミンの作用も同様である。コカインとアンフェタミンはドーパミン作動薬であり，ドーパミンは脳の報酬系に作用している。LSDやPCPのような幻覚薬は，幻覚，錯覚，そしてその他の歪んだ思考を引き起こす。幻覚薬の長期にわたる使用は不安，妄想的思考，そして攻撃性を生じさせる。さらにPCPは痙攣と昏睡に至る可能性がある。幻覚薬はセロトニン系に作用し，その結果として目覚めているときに夢幻状態を引き起こすような効果が幾つかみられる。大麻にはTHCが含まれており，リラックス，上機嫌，性的関心の増加，さらに周囲の出来事に関して意識が高まるというような状態が引き起こされることがある。一方で大麻は不安，集中力の乏しさ，社会的な引きこもり，そして短期記憶の障害なども引き起こす。長期にわたる使用によっては，生殖機能の減衰とかなりの無気力感を引き起こす可能性がある。

【参考書】

　この章で扱ったトピックスのほとんどは，入手するのが比較的容易なJ. P. J. Pinel (1997), *Biopsychology* (3rd Edn.), Boston: Allyn & Baconで述べられているものである。これらのトピックスについて，さらに詳細にまた複雑な内容を扱っているものとしてN. R. Carlson (1994), *Physiology of Behaviour* (5th Edn.), Boston: Allyn & Baconがある。内分泌系に関してはS. Green (1994), *Principles of biopsychology, Hove*, UK: Psychology Pressが優れた解説を行っている。

【復習問題】

1　中枢神経系と自律神経系についてその構造とはたらきを区別せよ。　（24点）
2a　ホメオスタシスという用語によって意味されるものを説明せよ。　（6点）
2b　次のうちから二つを選び，ホメオスタシスに対する影響について論ぜよ。
　　・中枢神経系
　　・自律神経系
　　・内分泌系　　　　　　　　　　　　　　　　　　　　　　　　　（18点）
3　神経とシナプスの活動に関わる過程について論ぜよ。　　　　　　（24点）
4　行動に対する薬物の影響に関する研究について述べ，評価せよ。　（24点）

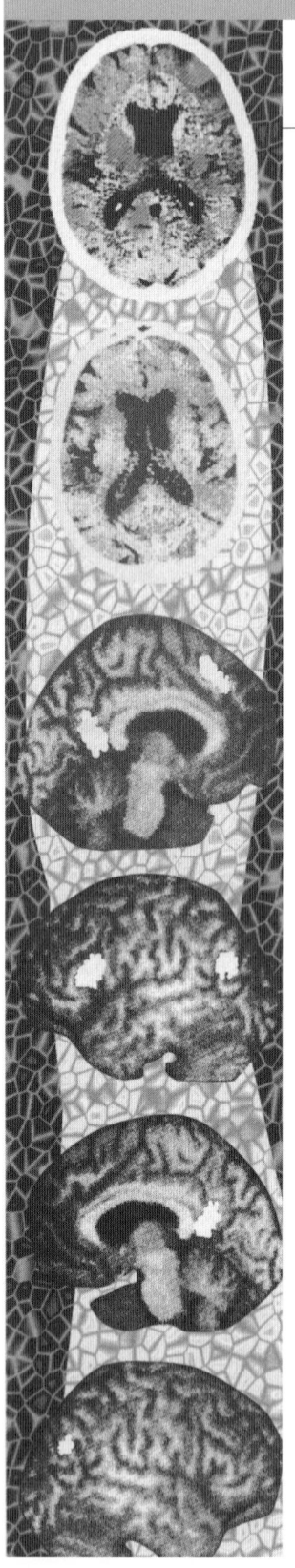

- **非侵襲的方法**：思考や言語などを遂行中の脳活動を観察する方法。
    脳波と誘発電位
    CT，MRI，fMRI，PET，SQUID 脳磁計などの脳の画像検索技術
    ガブリエリらによる意味処理の fMRI 研究

- **侵襲的方法**：物理的方法により脳機能を変化させる方法。
    動物実験における除去や損傷
    脳損傷患者の研究方法
    てんかん患者を対象としたペンフィールドの研究

- **機能の局在化**：大脳皮質のさまざまな部位とその機能。
    大脳皮質の四つの葉とその機能
    大脳による運動の制御：失行症

- **半球非対称性**：左半球と右半球の機能の特異化。
    言語：ブローカ失語，ウェルニッケ失語など
    ウェルニッケ‐ゲシュヴィンドモデル
    スペリーの分離脳研究
    健常者を対象としたブラッドショウとシャーロックの研究
    気分と感情に関するガイノッティの研究

- **視知覚の構造と処理過程**：人間の視覚システムのはたらきとその重要性。
    眼の構造
    ヒューベルとヴィーゼルの空間周波数理論
    階層的構造：盲視
    ゼキのモジュール処理理論

- **色覚**：なぜ，どのようにして色が見えるのか。
    ヤング‐ヘルムホルツ理論
    反対色説
    色の恒常性に関するランドの研究

4 大脳皮質機能

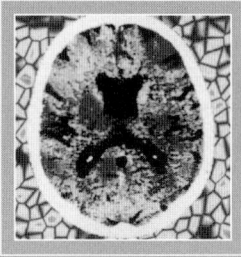

図 4-1

　大脳皮質は前脳を構成する大脳の表面に位置する。この大脳皮質はたった2ミリの厚さであるが，知覚や思考，言語能力に重要な役割を果たしている。皮質の機能を調べる方法は多数あり，皮質機能を妨害することなく脳活動を観察する非侵襲的方法と，脳の一部を意図的に妨害する侵襲的方法に大別することができる。侵襲的方法の最も極端な例は，脳の一部を外科的に除去し，その効果を観察するというものである。

　まず，皮質機能を調べるためのさまざまな非侵襲的方法を扱う。その後，侵襲的方法について議論する。心理学者や生理学者は，現在幅広い種類のテクニックを自由に使用することができる状況にある。さまざまな方法が集中的に用いられることにより，近年脳機能に関する知識が増加してきている。

　次に，非侵襲的方法や侵襲的方法を用いて明らかにされてきた脳のはたらきについて検討する。皮質の特定の部位は特定の機能のために特殊化されており（たとえば，言語），これらの機能の局在化について多くの知識が得られている。

　最後に視知覚に含まれる構造とプロセスを検討する。視覚は私たちの日常生活においてきわめて重要であり，多くの皮質領域が視覚情報処理のために特殊化されていることは偶然ではない。

非侵襲的方法

　脳研究に用いられてきたさまざまな非侵襲的および侵襲的方法について学ぶと，どの方法が最もよいか判断するのは難しいことがわかるだろう。事実，異なる方法は異なる目的のために用いられており，通常は直接競い合うものではない。それぞれの方法は空間解像度と時間解像度がさまざまに異なっている。神経レベルの活動についての情報を提供する方法もあれば，脳全体の活動について情報を提供する方法もある。同じように，1000分の1秒単位で脳活動の情報を提供する方法もあれば，分単位や時間単位などより長い期間で脳活動を測定する方法もある。

　空間解像度もしくは時間解像度について唯一の「最も適したレベル」は存在しない。脳機能の詳細な説明が求められる場合には高い空間および時間解像度が有利である。対照的に，脳活動についての全体的な観点が必要な場合には低い空間および時間解像度がより好都合である。

95

脳電図

脳電図（electroencephalogram: EEG）は頭皮から測定される脳の電気的記録がもとになっている。EEGはハンス・バーガー（Hans Berger）が65年前に初めて使用した。EEGでは頭皮上に置かれた電極により脳内の電気的活動のわずかな変化が記録される。この電気的活動の変化はオシロスコープという装置を用いてブラウン管のスクリーン上に映し出され、変化のパターンは「脳波」と呼ばれる。

EEGには多くの利点がある。たとえば、睡眠にはその深さと夢活動の有無という点で異なる五つの段階があることがわかっている（第5章参照）。それぞれの段階では脳波が異なるため、睡眠段階を同定するためにはEEGによる調査が必要である。またEEGはてんかんや脳組織の損傷、腫瘍の局在を検出するためにも用いられる。

大脳を構成する二つの半球の機能を特定するためにもEEGを使用することができる。言語課題を行っているときは右半球よりも左半球でより高い活動がみられる（コスリン Kosslyn, 1988）。

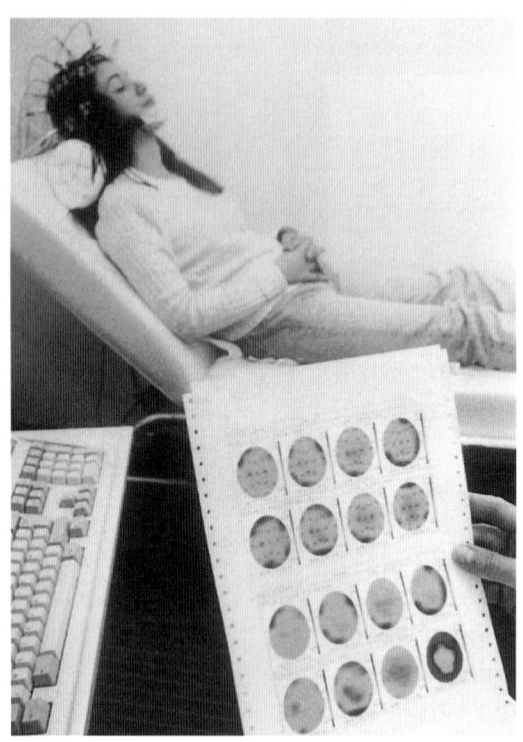

図4-2　EEGを用いて記録された脳活動

キー用語
脳電図：頭皮から記録される脳の電気的活動。

一方、空間課題を行っているときは左半球よりも右半球で高い活動がみられる（コスリン, 1988）。この発見は脳損傷患者を対象とした研究など、他の研究方法から得られた結果と一致している。

しかし、EEGは二つの点でかなり切れ味の悪い道具であると言える。第一に、異なる脳領野の電気活動をいっぺんに測定するので、具体的に脳のどの部分が活動しているかを明らかにしにくい。次に、頭皮に置いた電極から記録するため、脳活動を直接測定しているとは言えず間接的な測定方法である。そのため、EEGは隣の部屋の話し声を壁に耳をつけて聞こうとするようなものだと言われる。では、ある特定の刺激（たとえば、音色）に対する脳の反応を知りたい場合にはどうしたらよいのだろうか。EEGの記録から**誘発電位**（evoked potentials）を抽出することにより、刺激に対する脳の反応を調べることが可能になる。この手続きでは特定の刺激を繰り返し提示し、それぞれから得られたEEGの記録を平均化する。これより、刺激とは無関係な背景の脳活動の中から、特定の刺激に対する真の反応を識別することができるようになる。

キー用語
誘発電位：刺激を繰り返し提示した際に得られるEEGを平均化したパターン。

科学者や心理学者にとって、さまざまな脳機能の局在を明らかにすることが非常に重要なのはなぜだろうか。

ラヴレス（Loveless, 1983）による研究は誘発電位の有用性を示す一例である。研究協力者は、片方の耳に提示される刺激を聞き、もう片方の耳に提示される刺激は無視するように指示された。ラヴレスは注意が向けられている刺激とそうでない刺激とでは、刺激提示からおよそ60ミリ秒内の誘発電位に違いがあることを明らかにした。このように、注意されている刺激と注意されていない刺激とでは、非常に早い段階から脳内で異なる処理がなされている。

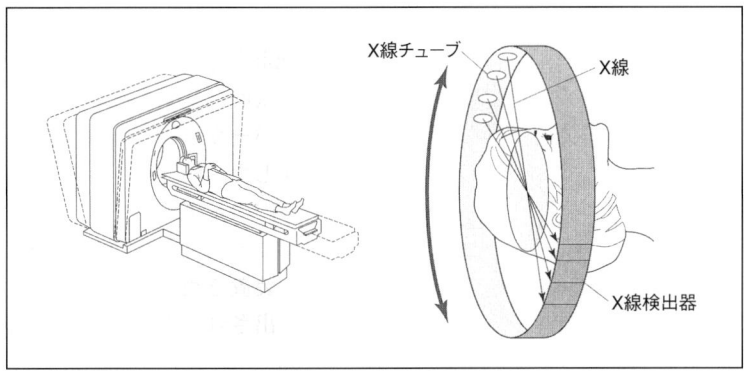

図4-3 CTスキャナの中では，X線がビームとなって脳を通過する。X線検出器は弧形状に配置されており，スキャン画像を作成するコンピュータに情報を送る。

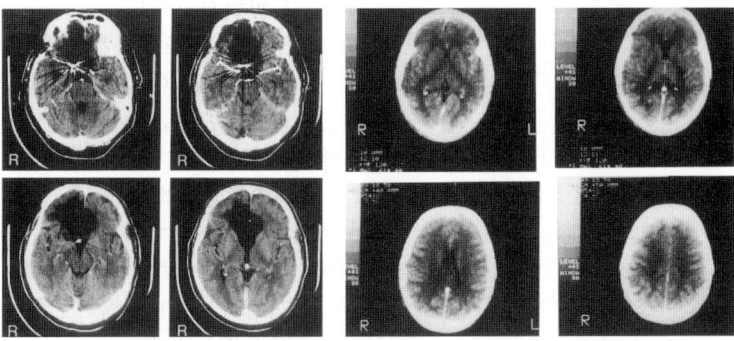

図4-4 左のCT画像は67歳男性の脳であり，画面上の黒い領域は前頭葉損傷を示している。右の16歳少年の健常な脳と比較してみよう。

誘発電位はどれくらい役に立つのだろうか。誘発電位を用いることにより，時間的に詳細な脳活動情報を得ることはできるが，脳のどの部分が関与しているかを正確に明らかにすることはできない。

脳の画像検索

近年，皮質機能を研究するためにさまざまな脳スキャナが開発されてきた。ここでは，X線体軸断層撮影（computerised axial tomography：「CAT」）（訳注：本邦ではcomputed tomography: CTと呼ばれることが多く，以下の表記はCTで統一する）。磁気共鳴画像（magnetic resonance imaging：MRI），機能的MRI（functional MRI），ポジトロン放出断層撮影（positron emission tomography：PET），超伝導量子干渉素子（superconducting quantum interference devices: SQUID脳磁計）を扱う。

CT

CT（CAT scan）の測定では，まずドーナツ形をしたリングの中央に頭を入れて横たわる。次にX線が頭部を通過するように放出され，通過した放射能のレベルが検出される。密度が高い物質を通り抜けると，検出される放射能レベルは低くなる。完全な画像を得るため，

キー用語
CT（CAT）：X線を用いて得られる脳断面の写真。X線体軸断層撮影。

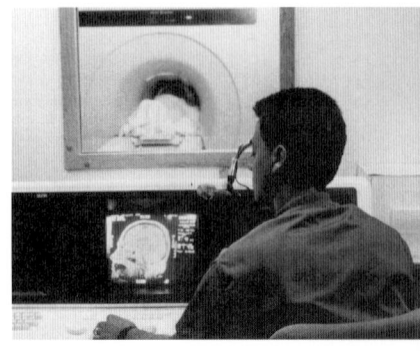

図4-5 MRIスキャナの中では11トンの磁石が脳の磁気変化を検出しており，この情報により正確な三次元画像が生み出される。

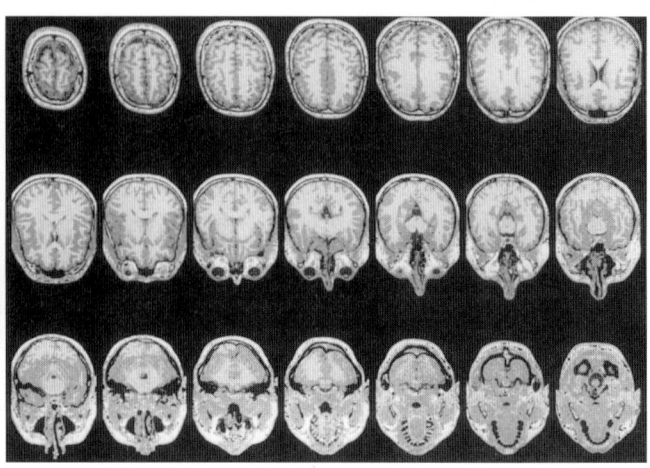

図4-6 MRIは，脳腫瘍や癌を検出するために有用な身体のスライス画像を作成する。これら21枚の画像は，頭のてっぺん（最上段左）から歯の見えるレベル（最下段右）までの画像である。

異なる角度からの放射能レベルを評価できるようにX線の発信器と検出器はリングの周りを動くようになっている。

　CTは腫瘍や血栓，および他の脳異常を検出するために役立つ。また，脳の損傷部位を同定するために事故の被害者に対しても使用される。しかしCTには明らかな限界がある。CTでは脳損傷の部位を正確に同定することはできないし，脳の実際の機能を測定することができない。またCTでは脳の水平断面の画像しか得ることができない。

MRI

　「**MRI**」（magnetic resonance imaging）はCTと似ているが，より明確で詳細な画像を作成することができる。MRIではラジオ波を用いて脳内の原子を励起させる。これにより磁気変化が発生し，患者を囲む11トンの磁石によって磁気変化が検出される。磁気変化は，コンピュータによって処理され，非常に正確な三次元画像へと変換される。そのためMRIは微少な腫瘍の検出に用いることができる。

　MRIはCTよりも詳細な情報を提供する。またCTでは水平断面の画像しか得ることができないが，MRIでは多数の異なった角度からの画像を作成することができる。しかしながらMRIとCTとは両者とも脳の構造に関する情報を提供するのみであり，脳機能の情報を知ることはできないという限界がある。

機能的MRI

　MRIの技術は脳活動の測定に応用され，「**機能的MRI**」（functional MRI）と呼ばれる方法が生み出された。この方法により活動の高い脳領域がはっきりと示された三次元の脳画像が作成される。機能的MRIは後に述べるPETよりも知られてはいないが，より有効な技術である。機能的MRIはPETよりも正確な空間的情報を提供し，またPETよりもはるかに短い期間の脳活動変化を明らかにすることがで

キー用語
MRI：磁気変化の検出により得られる脳の三次元画像。磁気共鳴画像。
機能的MRI：MRIの技術を用いて脳活動を研究する方法。fMRIと呼ばれる。

ガブリエリの研究

> ガブリエリら（Gabrieli et al., 1996）は単語の意味処理に関わる脳部位を調べるために機能的MRIを用いて研究を行った。実験参加者には二つの課題が与えられた。課題1は提示された単語が具体的（物体を指すもの）であるか，または抽象的であるかを判断する課題。課題2は単語が大文字であるかどうかを判断する課題であった。ガブリエリらは，課題1の遂行には単語の意味処理が必要であるが，課題2では意味処理は関与しないと考えた。これらの課題遂行中の機能的MRIの結果から，意味課題遂行中には左半球の前頭前皮質が高い活動を示すことが明らかにされた。ガブリエリら（1996, p.283）は「左半球の下前頭前皮質でみられた活動は意味検索過程と考えられる」と結論づけた。また，彼らは意味処理がなされた単語は意味処理がされなかった単語よりもよく再生されることを明らかにした。これは処理水準仮説から予測される結果と一致している（第13章参照）。
>
> 広い観点からみると，ガブリエリらの研究は認知過程を研究する方法として機能的MRIが有効であることを裏付けている。より明確に言えば，研究協力者が意味処理を行っているかどうかを示す独立した測度として，左半球の前頭前野質の活動を用いることができる可能性を示唆している。
>
> **議論のポイント**
> 1. 機能的MRIの限界が次に議論されるが，これらの制限によりガブリエリらによる研究の解釈について何らかの問題が生ずるだろうか。
> 2. ガブリエリらが用いた二つの課題は意味処理過程の有無という点だけではなく，課題の難易度が異なっていた可能性がある。この研究を追試するにあたり，もっとよい課題はないだろうか。

ライケル（Raichle, 1994, p.350）は，機能的MRIには他のテクニックと比較し幾つかの利点があると述べている。

> 閉所恐怖症の人を除いては（全身は比較的細長いチューブの中に挿入されなければならないため），MRIには生物学的な危険性はないと言われている。MRIは解剖学的情報と機能的情報の両方を提供するため，各研究協力者の脳の活動部位を解剖学的に正確に同定することができる。空間解像度が非常に優れており，1〜2ミリの範囲である。

機能的MRIの主な問題点は，神経活動ではなく脳血流を測定していることである。血流の増加は皮質の神経活動からおよそ1秒後に生ずるため，機能的MRIでは即時の脳活動情報を得ているとは言えない。

PET

メディアの関心を最も多く引きつけた脳の画像検索技術はポジト

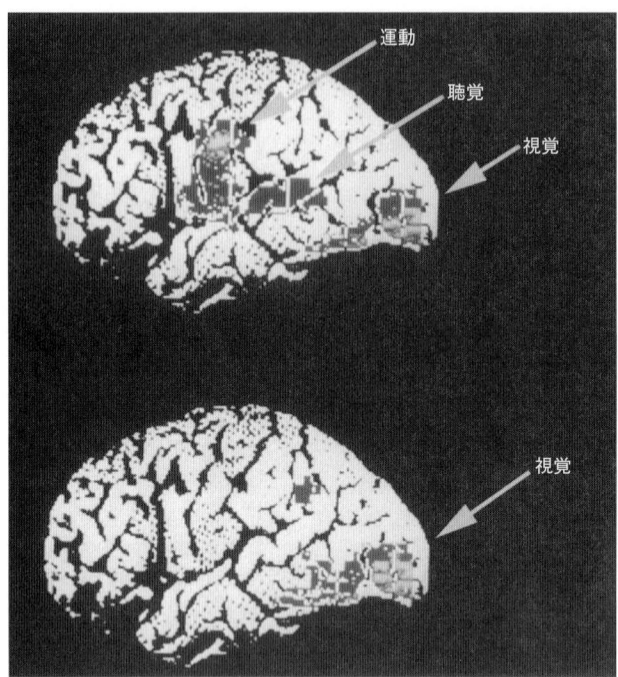

図 4-7　この PET 画像は読字に関与する脳の活動部位を示している。灰色の暗い領域が活動している部位である。上の図は声を出して読んでいる場合である。字を見るため視覚皮質が，発話産出のため運動領野が，自分自身の声を聞くため聴覚野がそれぞれ活動している。下の図は黙読している場合であり，視覚皮質のみが活動している。

> **キー用語**
> PET：脳内の放射性ブドウ糖のレベルを測定し得られる脳活動の画像。ポジトロン放出断層撮影。

ロン放出断層撮影，つまり **PET**（positron emission tomography）である。このテクニックは特定の放射性物質が放出する原子粒子である陽電子を用いる。まず，放射性を帯びたブドウ糖が身体に注入される。その後，皮質の一部が活動的になると，放射性ブドウ糖は急速にその場所に移動する。CT スキャナと似たスキャン装置が放射性ブドウ糖から放たれる陽電子を測定し，そして，コンピュータはこの情報を脳部位ごとの活動レベルを示す画像へと変換する。放射性物質を注入することは危険に思われるかもしれないが，含まれる放射能はごく微量なので人体には安全であると考えられている。

タルヴィング（Tulving, 1989）の研究から，PET のもつ可能性を知ることができる。彼は，個人的な出来事について考えたとき（エピソード記憶）には脳の前方が最も活動的である一方，世界に関する自分の一般的な知識について考えたとき（意味記憶）には脳の後方が最も活動的であることを発見した。この発見は，長期記憶内の異なる情報の想起には異なる脳部位が関与していることを示唆している。

PET では活動中の脳について知ることができるため，CT や MRI よりも優位である。しかしながら，PET には考えられている以上に限界がある。脳のどの領野が活動的であるかを知ることができるが，その領野を正確に同定することはできない。そのうえ，PET では短い時間の脳活動を知ることはできず，60秒以上の期間にわたった活動しか測定することができない。

SQUID 脳磁計

近年，**SQUID 脳磁計**（Squid magnetometry）と呼ばれる新しいテクニックが開発された（訳注：現在では脳磁図，magnetoencephalography: MEG という技術に用いられている）。SQUID は，超伝導量子干渉素子（superconducting quantum interference device）を意味し，脳の神経集団が活動したときに生ずる磁気束または磁場を非常に正確に測定する。この正確さの主な理由は，頭蓋骨は電気伝導率が低い一方で，磁場に対しては完全に無干渉的であることによる。

SQUID 脳磁計の使用に関して幾つかの問題点がある。思考している際に脳で発生する磁場よりも地球の磁場の方がおよそ1億倍強く，また頭上の送電線周囲の磁場の方が100万倍強い。その結果，無関

> **キー用語**
> SQUID 脳磁計：超伝導量子干渉素子を用いて脳の磁気束または磁場を測定する方法。

表 4-1　脳の画像検索技術：まとめ

	利点	限界
CT	腫瘍や血栓だけでなく事故被害者の脳損傷部位を検出できる。	損傷部位を正確に同定することができない。脳機能を明らかにすることはできず，構造だけである。
MRI	より詳細な情報を提供し，非常に小さな腫瘍を検出できる。	脳機能を明らかにすることはできず，構造だけである。
機能的 MRI	構造的・機能的情報を提供する。三次元画像を作り出す。	血流増加は神経活動からおよそ1秒後に生ずる。機能的 MRI は血流を評価するため，即時の脳活動情報であるとは言えない。
PET	活動状態の脳や，異なる課題を遂行中にどこの部位が活動しているかを調べることができる。	短時間での分析ができず，60秒以上の期間にわたる活動しか測定できない。
SQUID	活動している神経細胞集団の磁場を測定するため，脳活動の正確な画像を生み出すことができる。	無関係な磁気源が測定に影響してしまう。SQUID は非常に低い温度に保たれる必要がある。

係な磁気発生源が脳活動の測定に影響しやすく，これを防ぐことが困難である。別の問題は超伝導が絶対零度近くの温度を必要とするということである。SQUID は −273 度の絶対零度ほどの液体ヘリウムに浸されなければならないのである。

侵襲的方法
除去と損傷

　さまざまな脳機能の局在化を調べるアプローチの一つは，動物の脳のある部分を破壊しその効果を観察する方法である。このアプローチの根底には手術後に消失もしくは大きく低下した機能は，その破壊された脳部位に依存しているという基本的な仮定がある。除去と損傷は区別することができ，除去は脳の組織を体系的に破壊したり取り除いたりするような外科的手続きに関係している。除去にはさまざまな方法がある。たとえば，真空ポンプに取りつけられたガラスピペットか細長いチューブを使って脳組織を吸い取る，ナイフで取り除く，電極を脳に挿入して脳組織を焼き尽くすなどの方法がある。

　損傷は，傷または負傷のことである。脳の損傷が外科的に行われた場合には，破壊される組織の量は除去よりも通常少ない。一般的には，麻酔をかけた動物の頭蓋骨に穴を開け，脳の特定の部位に電極を挿入した後，電流を流す。損傷を作成するために用いる電流は直流もしくは高周波の電流である。電極を取り除いた後に電極の金属イオンが脳に残ってしまうため，直流電流はあまり有用ではない。

　ではどのようにして，実験者が意図した通りの脳部位に電極の先端を挿入することができるのだろうか。これは脳定位固定装置を用いて行われる。脳定位固定装置は動物の脳を固定し，これにより実験者は三次元空間における電極位置の正確な情報を知ることができる。脳定位固定装置は，脳や各部位間の距離などを正確に描写した

動物を対象とした研究から人間の脳機能について結論を導くことの問題点とは何だろうか。

脳座標図と組み合わせて使用される。

評　価

除去と損傷の研究は，各脳部位の機能について非常に有益な情報を提供しうる。しかし，このような外科的アプローチにはさまざまな限界がある。

1. 脳のすべての部位は相互に接続しているため，除去や損傷による結果の解釈が困難である。たとえば，A，B，Cという脳部位がお互いに隣接していると仮定しよう。AとCとが関与する特定の機能があり，情報はBを通ってAとCの間を流れている。このときBを破壊すると，Bは直接関与していないにもかかわらず，その動物はAとCとが担う機能を示さなくなるだろう。たとえて言うと，テレビの電源プラグを破壊すればテレビは動かなくなるが，電源プラグはテレビの映像を生み出す機能を担っているわけではないのである。
2. ある特定部位の外科的破壊は，隣接した部位の機能に対して広範な低下を引き起こす可能性がある。このため，破壊された部位の機能を正確に評価することが困難である。
3. 破壊しようとした脳部位を破壊できていないことがある。
4. 外科的手続きに関連した重大な倫理的問題がある（第29章参照）。多くの国々では，除去や損傷を行うためには特別な資格が必要であり，また倫理上のガイドラインを厳守しているかどうか確認するための定期的な監査がある。

脳損傷

特定の脳部位を意図的に破壊することによりその機能を調べるという方法をみてきたが，この除去や損傷のテクニックを人間に適用することはできない。しかしながら，交通事故やアルコール乱用，脳卒中などにより脳に病変をもつ人々は多く，そのような人々から得られた情報は健常な脳がどのようにはたらいているのかを理解する手助けとなる。**認知神経心理学**（cognitive neuropsychology）は，脳損傷をもつ患者や脳損傷に関連した機能低下を調べることにより，認知システムのはたらきを理解しようとする研究領域のことである。

脳のどの部分が損傷されているかを正確に知るために，すでに議論したテクニック（たとえば，CT，MRI，機能的MRI，PET）を使用することができる。脳の画像検索が利用可能になる前には，脳の損傷領野は死後の剖検により確認するしかなかった。しかし，異なる患者がまったく同じ脳損傷パターンを有していることはめったにない。このように，脳損傷の部位や低下のパターンは患者間でそれぞれ異なるため，複数の患者から得られた結果を解釈することが困難な場合がある。

キー用語
認知神経心理学：人間の認知機能を理解するために脳損傷患者を対象とした研究を行う研究領域。

脳損傷をもつ人々を研究する際，どのようにして損傷以前の機能を明らかにすることができるだろうか。また，このことが重要なのはなぜだろうか。

単一ユニット記録

単一ユニット記録は40年以上前に見出された微細なテクニックであり，これにより個々のニューロンを研究することが可能となった。直径およそ1000分の1ミリメートルのマイクロ電極が，細胞外電位（電荷）を記録するために脳に挿入される。電極を確実に正しい位置に設置するため，前述した定位固定装置が使用される。単一ユニット記録は，100万分の1ボルトほどの電荷をも検出することができる非常に敏感なテクニックである。

ヒューベルとヴィーゼル（Hubel & Wiesel, 1962）の研究は，このテクニックを用いた最も有名なものである。視覚刺激が提示されたときの視覚の神経生理学的なはたらきを研究するために，彼らはネコを対象として単一ユニット記録を行った。その結果は本章の後で詳しく述べることとするが，大まかに言うと，多くの脳細胞が視覚刺激のうちのある特定の側面に反応することがわかった。この発見は，その後の多くの視知覚理論に影響を及ぼした。

電気刺激

脳の電気刺激では，非常に小さい電極を通して微弱な電流を脳に加える。これを注意深く行うと，脳はまるでそれが実際の神経衝動であるかのように電流に反応する。

ペンフィールドの研究

> ワイルダー・ペンフィールド（Wilder Penfield, 1969）はてんかん患者の脳外科的手術を多数行った。手術中，彼はたびたび微弱な電流で脳の表面を刺激した。するとこの電気刺激により，患者は非常に鮮明に過去の出来事を再経験することがあった。ペンフィールド（1969, p.165）は，この発見は過去の情報が永久的に脳に保存されていることを示唆していると述べた。「意識状態を伴った神経活動が，脳にその永久的な痕跡を残すことは明らかである。この痕跡，すなわち記録は，何年も後の電気刺激が再びたどることが可能な神経接続の疎通の跡である」。
>
> しかし，ペンフィールドのデータを詳しく吟味すると，彼の結論は簡単に受け入れることはできないとわかる。彼の患者のうち，忘却されていた記憶の回復の証拠を示したものは7.7％だけであった。そして，彼らがてんかん患者であったという事実は，それ以外の人々でも同様の発見を得ることができる確証がないことを意味している。また，ペンフィールドは患者が思い出した過去経験の鮮明さと詳しさを強調したが，多くの例では記憶の想起はむしろ曖昧で限定されたものであった。科学的観点から考えると，患者が電気刺激の間に想起した出来事に対して，ペンフィールドが独立した客観的証拠をもっていなかったことは不幸である。
>
> #### 議論のポイント
> 1. なぜ心理学者がペンフィールドの発見に興奮したのだろうか。
> 2. ペンフィールドが直面した問題をなるべく少なくした研究を行うにはどうしたらよいだろうか。

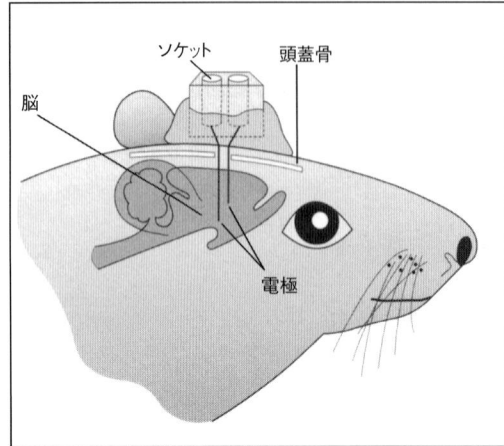

図4-8 電気刺激の実験から，ラットが視床下部への快楽的な電気刺激の報酬を得ようとレバー押しを学習するなどの結果が示されている。しかし電気刺激は実際の神経衝動とは異なるため，結果の解釈は困難である。

電極による電気刺激は皮質以外の脳部分に対しても行われている。オールズとミルナー（Olds & Milner, 1954）は，視床下部に対する電気刺激により報酬が与えられると，ラットが数百回もレバーを押すことを発見した。後の研究から，この自己刺激効果は，視床下部外側野の内側前脳束が刺激された場合に最も劇的であることが明らかにされている（オールズとフォルベス Olds & Forbes, 1981）。

電気刺激を用いた研究の結果を解釈する際の主な問題点は，電気刺激がさまざまな意味で実際の神経衝動とは異なっているということである。

カールソン（Carlson, 1994, p.196）は以下のように述べている。

> 脳の電気刺激は，オーケストラのメンバーの腕にロープをとりつけ，彼らが何を演奏できるかを知るためにすべてのロープを同時に振動させるようなものである。

光学染料

光学染料を用いて皮質機能を解明するさまざまな方法があるが，ブラスデル（Blasdel, 1992）の用いたテクニックがおそらく最も有効である。彼はサルの頭蓋骨の一部を一次視覚皮質領野の近くで外科的に取り除き，その上にガラス窓を設置した。そして，光学染料を一次視覚皮質に注入した。この染料は電圧に敏感なので，電界が通り抜けると色が変化する。視覚刺激をサルに提示した結果，その刺激に反応する細胞では色が変わった。このような一次視覚皮質における色の変化のパターンを詳細に分析することができるように，ビデオ記録が行われた。

ブラスデルがこのテクニックを用いて行った研究の一つが，刺激を片方の眼だけに提示したときの反応の検証である。ある皮質細胞は左眼または右眼の刺激だけに反応したが，他の細胞は刺激が提示された眼にかかわらず等しく反応した。

> **制御 対 関与**
> 本章で紹介した脳機能研究の方法はすべて，制御かそれとも関与かという重要な問題を提起する。研究を評価する際には，問題とされている脳部位が特定の行動を制御しているのか，それとも単にその行動に関与しているだけなのかは立証することができないことを念頭に置いておくべきである。

機能の局在化

ラシュレー（Lashley, 1931）はラットの脳における機能の局在化を研究した。ラットに迷路課題を学習させた後，大脳皮質の一部に損傷を加えた。これによりラシュレーは脳のどこの部位に記憶が貯蔵されているのかを発見しようとした。しかし驚いたことに，特定の大きさで損傷が与えられた場合，その効果は脳のどの部分においてもまったく同じであった。この結果からラシュレーは，大脳皮質のすべての部分が等しく記憶の貯蔵に関与しているとする，等能性

の原理を提唱した。また，記憶は皮質全体にわたって貯蔵されるとする，量作用の原理を提案した。しかしこれからみていくように，ヒトにおいては大脳皮質の異なる部位がそれぞれ特定の機能を担っているという根拠が多く存在する。

　ヒトの大脳皮質は二つの方法で分割することができる。最初に，前頭葉，頭頂葉，側頭葉，および後頭葉として知られている四つの葉または領野に分割することができる。それぞれの葉は最も近くにある頭蓋骨の骨にちなんで命名された解剖学的な領域である。前頭葉が脳の前部にあり，後頭葉は脳の後部にある。他の二つの葉が脳の中央にあり，頭頂葉が上部に位置し，その下に側頭葉がある。次に，脳全体は左半球と右半球の二つの半球に分割することができる。

大脳皮質の葉

　大脳皮質の四つの葉はそれぞれはたらきが異なる。ロバート・スターンバーグ（Robert Sternberg, 1995, p.93）はそれぞれの機能について以下のように概説している。

> 前頭葉は抽象的な推理などの高次思考過程や運動処理過程を，頭頂葉は体性感覚処理過程（身体の皮膚や筋肉の感覚）を，側頭葉は聴覚処理過程を，そして，後頭葉は視覚処理過程をそれぞれ担っている。

ケーススタディ：コンピュータと脳

　コンピュータ技術は非常に急速なペースで発達している。ポケットに入るほどの小さいコンピュータが登場しているだけではない。コンピュータを操作するための物理的運動が必要なくなり，精神活動だけで操作をすることができるようになるかもしれない。アメリカの研究者は人の脳だけで制御することができるコンピュータの開発に取り組んでいる。これはSFの話ではない。その装置は，脳梗塞の後遺症として身体の麻痺が残った57歳の男性によって使用されている。小さい植込錠（小型電極を含むガラス円錐）が男性の運動皮質に設置され，男性のひざから抽出された化学物質を用いて，運動皮質の神経が植込錠を通るように成長促進がなされた。成長した神経は電極と接続され，頭蓋骨のすぐ下に設置された送信機を経由してコンピュータが脳の信号を検出することが可能となった。男性は，考えるだけで，コンピュータカーソルを動かすことができるのである。
　プリチャード（Pritchard, 1998）によると，この男性は現在「スクリーン上で言葉を選び，外の世界とコミュニケートするためにコンピュータカーソルを制御することができる」。現在，カーソルの動きは上下のみに制限されているが，運動が重度に制限されている人々への利益は過小評価されるべきでない。この研究は，私たちがコンピュータと情報をやりとりする方法を探る多くの計画のたった一つにすぎない。しかし，このような研究が提起する倫理的問題とは何だろうか。

前頭葉

　前頭葉は，中心前回に位置する一次運動皮質を含む。一次運動皮質は動きの計画と制御に関わっている。右半球は左半身の動きを担当し，左半球は右半身の動きを担当している。二次運動皮質の多くは一次運動皮質のすぐ前に位置している。二次運動皮質の一部が補足運動野であり，運動反応の調整に関わっている。二次運動皮質には他に前運動皮質がある。運動皮質については後に詳しく検討する。さらに，前頭葉は思考や推理に関わっている。

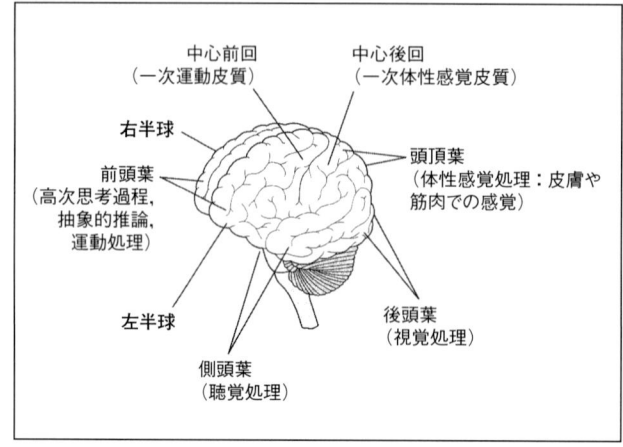

図 4-9

頭頂葉

　頭頂葉は，中心後回に位置する一次体性感覚皮質を含む。一次体性感覚皮質は温度や，痛み，圧力などさまざまな感覚から情報を受け取っている。左半身におけるこれらの感覚情報は右半球へ，右半身の感覚情報は左半球へと送られる。また，一次運動皮質で最も広く表現されている身体部分は，一次体性感覚皮質においても広く表現されている傾向がある。これは一次体性感覚皮質のさまざまな部分に電気刺激を行ったペンフィールドとボルドレイ（Penfield & Boldrey, 1937）が明らかにした。彼らは，一次体性感覚皮質は機能が分化していない単一の領野であると信じていた。しかし実際は，一次体性感覚皮質はそれぞれ特定の感覚に関係する四つの小部位から構成されている（たとえば，触覚や温度）（カースら Kaas et al., 1981）。また，一次体性感覚皮質に隣接して，それよりはるかに小さい二次体性感覚皮質が存在する。

側頭葉

　側頭葉は聴覚処理過程に関係している。この処理過程のうち最も重要なものが発話の知覚である。側頭葉においては，ある部位は特定の種類の音に最もよく反応する（たとえば，高い音であるか，または低い音であるか）。一次聴覚皮質は側頭葉の外側溝内に位置し，その周りをおよそ六つの二次聴覚皮質が取り囲んでいる。一次聴覚皮質は垂直な機能円柱で構成されており，垂直円柱内のすべての神経は主として同じ周波数の音に反応する。一次聴覚皮質の前方の領域は，より高い周波数に反応し，後方領域はより低い周波数に反応する。人間の聴覚皮質が壊れた場合には，語聾症が最もよく認められる。語聾症は発話の知覚や短時間提示された音の同定に困難を示す。

後頭葉

　後頭葉は主に視覚処理過程に関与している。それぞれの眼の右側からの神経線維は右半球の後頭葉に，それぞれの眼の左側からの神経線維は左半球の後頭葉に向かっている。そのため，もし後頭領野付近の後頭部に衝撃を受けたら「星」が見えるだろう。後頭葉は視覚処理に主要な役割を果たすが，視覚処理には側頭葉や頭頂葉も関わっている。実に大脳皮質全体の 50 %ほどが視覚処理に関与し

■やってみよう：それぞれの皮質領域に関する以下の表を完成させよう。

	位置	機能	損傷の影響
聴覚野			
体性感覚野			
視覚野			
運動野			

ていると推測されている。この章の後半でも，多くのページが視覚処理に関わる皮質領野の説明に当てられている。

　四つの葉はいままで説明してきたそれぞれの機能にのみ関与しているわけではない。それぞれの葉の大部分は連合野であり，そこでは感覚処理と運動処理が連結されている。連合野では適切な行動を導くために異なる種類の感覚情報が統合または組織化される。前頭葉の前頭連合野は特に重要であり，複雑な計画や問題解決に関わっている。

運動処理

　すでに言及したように，運動処理過程に関わる脳領野の大部分は前頭葉にある。運動処理過程を大まかに説明すると，後部の頭頂連合皮質は聴覚や視覚，体性感覚システムからの情報を受け取っている。そのため，個人は環境における物の位置や自分の手足および身体の位置を知ることができる。その後，信号は前頭前連合皮質の背外側部へ送られ，次に二次運動皮質へ，最終的に一次運動皮質へと向かう。

　後部の頭頂連合皮質の役割は，この部位を損傷した患者から明らかになってきた。頭頂連合野が損傷されると，自発的運動の障害を示す**失行症**（apraxia）が生ずることがある（ベンソン Benson, 1985）。患者は意識して動作を実行しようとするとその動作ができないが，意識しなければ同じ動作をすることができる。そのためこの症状は筋肉の障害によるものではない。したがって，後部の頭頂連合皮質は，動きの計画に関わっているように思われる。

　二次運動皮質の二つの領野について簡単に議論する。二次運動皮質のうちの補足運動皮質は運動反応の調整に関わる。この領野に損傷を受けたサルは手を伸ばし，物を握ることができるが，組織化された方法ですることはできない（ブリンクマン Brinkman, 1984）。二次運動皮質に含まれる前運動皮質は主に感覚情報に基づいて運動反応を決定する際に用いられる。これはコレバッチら（Colebatch et al., 1991）が明らかにした。PETにおいて，研究協力者がメトロノームに合わせて手を動かしているときは前運動皮質が活動したが，同じ手の動きをメトロノームなしで行った場合には前運動皮質の活動は認められなかった。

　ペンフィールドとボルドレイ（1937）は，電気刺激を応用して一次運動皮質を研究した。彼らは，この領野の大部分は特定の身体部位の正確な動きを担当していることを発見した（たとえば，手や顔）。一次運動皮質は運動制御における中心的な役割をもつ。しかしながら，驚くことに一次運動皮質への損傷はほとんど影響がない（ピネル Pinel, 1997）。

　ローランド（Roland, 1993）はさまざまな運動課題を遂行中の脳血流量を調べた。彼の発見はすでに議論されてきたことを支持し補足するものであった。ピネル（1997, p.219）によると，ローランドの研究は以下の結論を示唆している。

自分自身の手足や身体の位置がわからなくなったら，いったいどのような状態になるだろうか。

キー用語
失行症：自発的な運動を実行することができない症状。

後部の頭頂皮質は補足運動野と前運動皮質へ感覚情報を提供している。補足運動野と前運動皮質は一次運動皮質を通して作用する。補足運動野は運動出力の連続したパターンを制御するプログラムを開発し，実行する役割がある。前運動皮質は感覚入力に基づいて既存の運動プログラムを変更する。そして，一次運動野と一次体性感覚野は一連の簡単な反復運動を連合皮質や二次皮質の関与なしで実行することができる。

半球非対称性

いままでのところ二つの大脳半球がまったく同じ機能を有しているかのように説明してきた。しかし，これは事実ではない。左半球と右半球ではその機能が異なっており，これは半球特異性と呼ばれる。この半球特異性のため，特定の種類の情報処理には片方の半球が主な役割を果たすという半球優位性の状況が生まれてくる。

言　語

100年以上前から，右利きの人々のほとんどでは（およそ95％）主に左半球が言語機能を担っていることが知られている。左利きの人々では，およそ70％が左半球に言語機能がある。残りの右または左利きの人々は，主に右半球が言語機能をもっているか，またはどちらの半球も優位ではない。

発　話

言語機能の脳局在に関する根拠の多くは，脳卒中の患者から得られたものである。脳卒中では血液の塊が脳血流を遮断し，これにより脳細胞の破壊が引き起こされる。脳卒中患者は**失語症**（aphasia）を患うことがある。カールソン（1994, p.512）によると，失語症には以下のような基準がある。

> 患者は，言語理解，復唱，もしくは意味のある発話の産出に困難を覚える。そして，この困難は単純な感覚もしくは運動の障害が原因ではなく，また動機の欠如によるものでもない。

以上のように，たとえば聴覚障害者は発話の理解が困難であるかもしれないが，彼らは失語症とは言えないのである。

キー用語
失語症：言語の産出または理解の能力が低下した症状。

ブローカ

1860年代にポール・ブローカ（Paul Broca）は，現在ではブローカ失語，すなわち表出性失語症として知られる失語症に悩む患者を研究した。これらの患者は発話が困難であり，話し言葉は非常に遅く，流暢性に欠けている傾向がある。対照的に，脳損傷のない健常者よりは一般的に悪いが，発話を理解する能力は比較的よい。ブローカ失語すなわち表出性失語症の患者には，発話に関する三つの問題がある（それらの相対的な重症度に関し

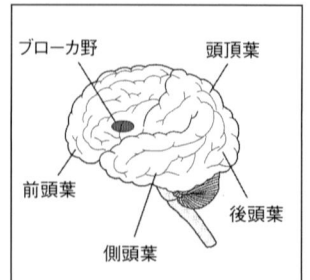

図 4-10

- 失名辞：正しい単語を見つけることが困難である。
- 失文法：正しい文法で話すことが困難である。
- 調音の問題：多くの単語が誤って発音される。

> **ケーススタディ：症例「タン」**
> ポール・ブローカの最初の，そして最も有名な神経学的患者は「タン（Tan）」であった。発音できる音節が「タン，タン」だけであったので，このように呼ばれている。タンは長年にわたり右半身のまひも患っており，床ずれからの感染により外科医であるブローカの患者となった。ブローカはタンの発話理解能力は比較的保たれていることに気づいた。ブローカはなぜこのような症状が生ずるのかに興味をもち，タンが死亡した後に剖検を行った。そして現在ではブローカ野として知られる脳部位に損傷があることを発見した。タンの脳は防腐処理を施され，パリの博物館に保存されている。その損傷領域は現在でもはっきりと見ることができる。

ブローカ（1861）は，前頭前連合皮質の現在ブローカ野として知られている脳部位の損傷により表出性失語症が生ずると主張した。ブローカ野は確実に表出性失語症に関わっているという点で，ブローカは部分的に正しかった。しかしながら一般的には，脳損傷がブローカ野を超えて隣接した前頭葉領域と皮質下白質に及んでいる場合にのみ表出性失語症が認められ，ブローカ野に限局した損傷では表出性失語症は生じない（ダマージオ Damasio, 1989）。

ブローカはなぜ表出性失語症に関わる脳領域を実際よりも小さく推測したのだろうか。脳損傷によって影響を受ける領域は明らかな組織損傷がある領域よりも広大であることが多い。たとえば，大脳基底核に対する皮質下損傷を有する失語症患者のPET研究では，前頭葉皮質の明らかに「損傷を受けていない」部分の機能が低下している可能性が明らかにされている（メッター Metter, 1991）。大脳基底核が表出性失語症に関与しているというさらなる根拠として，大脳基底核に損傷を有する患者は表出性失語症に関連するほとんどの症状を示したというダマージオら（Damasio *et al.*, 1984）の報告がある。

議論のポイント
1. なぜブローカの研究が重要なのか。その理由がわかるだろうか。
2. 脳損傷患者を対象とした研究の問題点を後に議論する。なぜ，脳損傷患者から得られた結果の解釈は注意深く行う必要があるのだろうか。

言語理解

ウェルニッケ失語　ブローカから数年後，カール・ウェルニッケ（Carl Wernicke）は，発話が可能である一方，言語理解の能力に重度の低下を示した脳卒中患者を研究した。これらの患者は左半球の上側頭回の中央から後方に損傷があった。この左半球の上側頭回後半は現在ではウェルニッケ野として知られている。ウェルニッケ失語，すなわち受容性失語症の患者は流暢に話すが，それはほとんど無意味な発話である。ゲシュヴィンド（Geschwind, 1979）が研究した受容性失語症患者の発話内容を推測してみよう。「母親がこっちにいて，自分をよくするために働いている。しかし彼女が見ている間に二人の少年は別なところを見ている。（Mother is away here working her work to get better, but when she's looking the two boys looking in the other part.）」実はこの患者は，女性の背後で2人の少

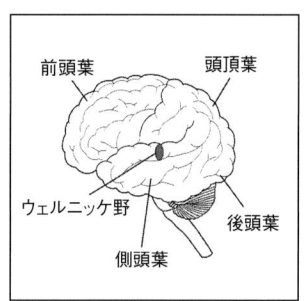

図4-11

年がビスケットをとろうとしている絵を見て説明をしていた。

　以上のように受容性失語症患者の発話は流暢ではあるが意味内容を理解することはできないため，言語反応を求める課題で受容性失語症患者の言語理解能力を調べることはできない。言語理解能力を検査する一つの方法として，言語指示に従って特定の物体を指し示すように求めるやり方がある。ウェルニッケ失語症患者はこの課題で重度の困難を示す。驚くことに，ウェルニッケ失語症患者のほとんどは，自分が重度の言語障害を患っていることに気づいていないようである。

　ウェルニッケ失語症患者は，患者によってそれぞれの重症度は異なるが典型的には複数の言語障害を有している。

- 純粋語聾：非言語的な音（たとえば鳥の鳴き声）は聞き取ることができるが，言語の聴覚的理解が障害されている。
- 語意味理解の障害：単語の意味を理解することが困難である。
- 思考の表現の障害：思考内容を表現する意味の通った発話を産出することができない。

　ウェルニッケ野は聴覚連合皮質の一部であるため，この領野が純粋語聾すなわち言語の聴覚的理解の困難に関与していると推測することは妥当だろう。CTやMRIを用いたウェルニッケ失語症患者の研究はこの推測を支持している（カールソン，1994）。しかし，純粋語聾は（ウェルニッケ野に隣接している）一次聴覚皮質の損傷や一次聴覚皮質からウェルニッケ野へ情報を伝える軸索の損傷によっても生ずる。

　超皮質性感覚失語　　語意味の理解および思考を発話として表出することの重度の障害は，ウェルニッケ野より後方の，側頭葉，後頭葉，頭頂葉の接合領域に近い脳部位に関連している。このことを示す最も説得力のある根拠は，ウェルニッケ野ではなく上述した部位の損傷を有する**超皮質性感覚失語**（transcortical sensory aphasia）の患者の研究から得られている。これらの患者は単語の意味を理解することはできず，意味のある発話をすることもできないが，耳で聞いた単語を復唱することができる。カールソン（1994, p.520）が指摘したように，「ウェルニッケ失語症の症状は超皮質性感覚失語症の症状に純粋語聾が加わったものである」。

　伝導失語　　ここまではブローカ野とウェルニッケ野について別々に議論してきた。しかしながら，これら二つの領野は**弓状束**（arcuate fasciculus）によって結びつけられている。この軸索の束が損傷されると，**伝導失語**（conduction aphasia）として知られる症状が生ずる。伝導失語がある患者は一般に発話を理解し，また流暢で意味の通る発話をすることができる。しかしながら，耳で聞いた非単語やなじみのない単語を復唱することが困難である。

キー用語
超皮質性感覚失語：単語を理解することはできず，意味の通る発話をすることはできないが，単語の復唱は可能な症状。
弓状束：ブローカ野とウェルニッケ野を接続する軸索の束；この軸索の束への損傷は伝導失語を引き起こす場合がある。
伝導失語：発話を理解することができ，流暢に意味の通る発話をすることができるが，非単語やなじみのない単語を復唱することができない症状；弓状束の損傷で生ずる。

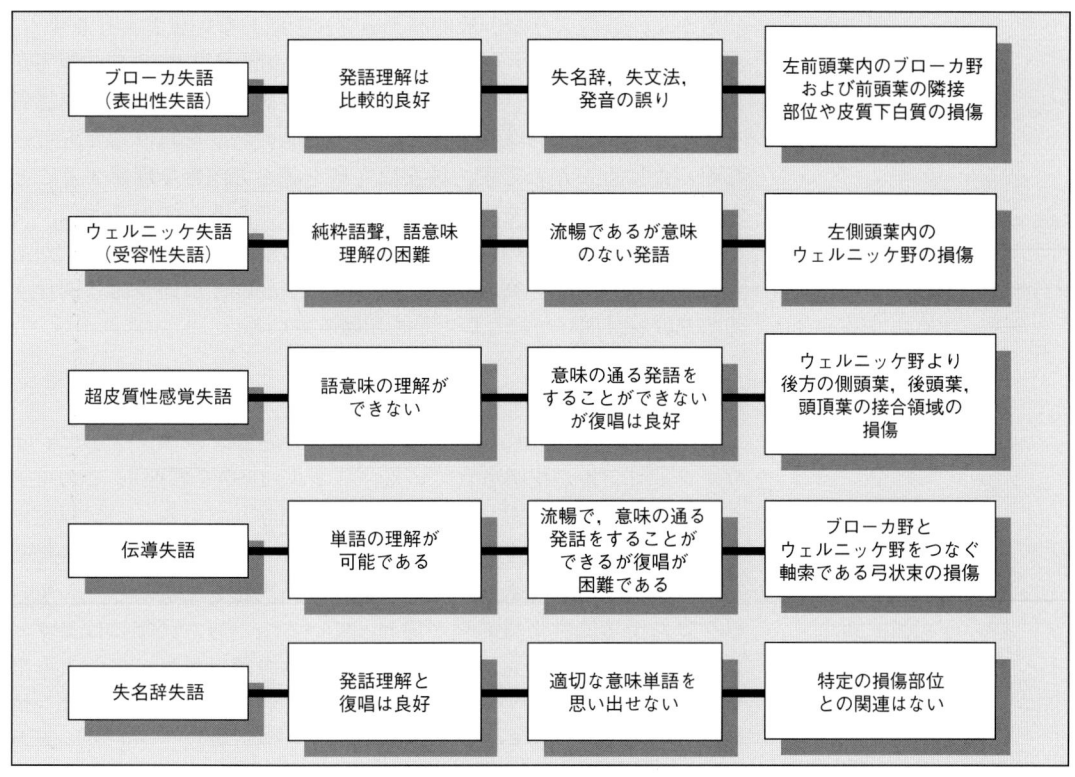

図 4-12　失語症の種類

失名辞失語　最後の失語症タイプは失名辞失語である。**失名辞失語**（anomic aphasia）の患者は発話の理解は良好で，流暢に正しい文法で話すことができる。しかしながら，話しているときに適切な単語を思い出せないことがよくある。たとえば，のこぎりの絵を見てその名前を言おうとしている患者がいる。「のの……のこ……のに……言えません。それが何かはわかっています。それは木を切ることができ，家の車庫に置いてあるものです」（カールソン Carlson, 1994, p.524）。

失名辞失語ではどこの脳部位が損傷されているのだろうか。これまでの研究からはさまざまな脳部位が関与していることが示唆されている。たとえば，ダマージオら（1991）は失名辞失語を示す症例の研究を行い，普通名詞の健忘を示す症例は下側頭回に損傷がある一方，固有名詞（人物や場所，物の名前）の健忘を示す症例は隣接する側頭極に損傷があることを明らかにした。

読みと書き

一般的に言って，発話の理解が困難な失語症患者は読字にも障害があり，発話の産出が困難な患者は書字にも障害が認められる。失語症患者が言語技能に関して示す**特異的**な障害には共通性がある。たとえば，正しい文法で話すことができないブローカ失語の患者は書字においても非文法的に書く傾向がある。

> **キー用語**
> **失名辞失語**：発話の理解も産出も良好であるが，話そうとするときに適切な単語を思い出すことができない症状。

しかし，このような一般的パターンに一致しない患者も存在する。たとえば，セメンツァら（Semenza et al., 1992）は口頭言語の障害があるにもかかわらず，読字や書字が良好であった女性の失語症患者を研究した。話し言葉が理解できず，物品の名前を言うこともできなかったにもかかわらず，彼女は文章を読んで内容を理解することができ，物品の名前を書くことができたのである。このことは，文字言語と口頭言語との間には実質的に明らかなオーバーラップがあるにもかかわらず，文字言語に関与する脳部位と口頭言語に関与する脳部位とは同一ではないことを示唆している。

評　価

言語機能の局所化に関する多くの研究からウェルニッケーゲシュヴィンドモデルが提唱されている（ピネル，1997を参照）。このモデルによると，言語処理には七つの領域が関与している。一次視覚皮質，角回，一次聴覚皮質，ウェルニッケ野，弓状束，ブローカ野そして一次運動皮質である。発話理解には一次聴覚皮質からウェルニッケ野に至る聴覚情報処理が関わっている。一方，読字にはまず一次視覚皮質が，次に角回（それぞれの単語の聴覚的コードを生み出す）が，そしてウェルニッケ野が関わっている。発話産出では，情報はウェルニッケ野から弓状束を経てブローカ野に，そして一次運動皮質，発話筋へと進む。

このモデルは部分的に正しいと言えるが，三つの主要な問題点がある。第一に，ある脳部位はこのモデルで提唱されているほど重要ではない。ブローカ野のすべてや弓状束のほとんどを破壊するような損傷でも永続的な発話障害を引き起こすことは典型的にない（ラスムッセンとミルナー Rasmussen & Milner, 1975）。また，ウェルニッケ野のほとんどを除去しても，持続的な言語能力の低下が生じない場合がある（オジェマン Ojemann, 1979）。第二に，ウェルニッケーゲシュヴィンドモデルで提唱されている以外の脳部位も言語機能に関与しているようである。ウェルニッケーゲシュヴィンドモデルでは左半球のみが含まれているが，さまざまな言語課題遂行中のPETでは右半球にも多くの活動が認められる（ピーターセン Petersen et al., 1989）。第三に，このモデルはこぎれいで整然としすぎている。たとえば，なじみのある単語の読みに関与する処理はなじみのない単語の読みの場合とは通常異なるが（第14章参照），このモデルでは考慮されていない。

脳損傷患者の研究から，発話に関連したさまざまな機能の局在が明らかにされてきた。しかし，脳損傷患者を対

> 他の症候群は考えつくだろうか。また，症候群に基づいたアプローチの限界は診断や治療にどのような影響を与えるだろうか。

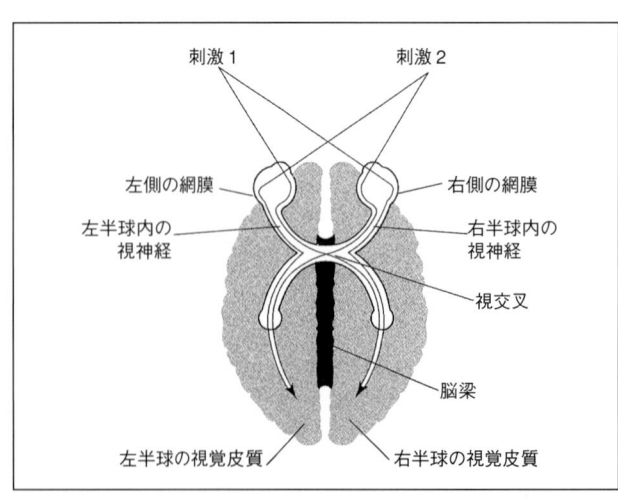

図4-13

象とした多くの研究には重大な限界がある。ブローカ失語，ウェルニッケ失語，超皮質性感覚失語，伝導失語，失名辞失語は全て症候群である。症候群は多数の患者に共通して認められるさまざまな症状から構成される。症候群に基づいたアプローチは，同じ症候群に分類された患者間の共通点を誇張する一方，異なる症候群に分類された患者間の共通点を最小限に抑えてしまうことがある。

分離脳研究

　半球特異性や半球優位性に関する知識の多くは，分離脳患者の研究から得られている。分離脳患者の多くは意識の減損と消失を引き起こす重度のてんかんに苦しむ患者である。てんかん発作を片方の半球内に留めておくため，脳梁，すなわち二つの半球間をつなぐ橋を外科的に切断することがある。脳梁は二つの半球を接続するおよそ2億5千本の軸索が集まったものである。半球間をつなぐ経路は他に二つあるが，脳梁は片方の半球からもう片方の半球へ情報を素早く伝達するという点ではるかに重要である。外科的治療の結果，二つの半球間の連絡がなくなり，半球機能を解明するための状況がもたらされるのである。

　脳梁の切断が何らかの障害を引き起こすことは，分離脳手術が始まった当初は気づかれていなかった。分離脳患者は片方の半球からもう片方の半球へ情報を伝達することができないが，単純に眼をあちこちに動かすことによって環境からの視覚情報が両半球に届くようにすることができる。そのため，はっきりとした障害の証拠を見つけるためには注意深く研究を行う必要がある。ロジャー・スペリー（Roger Sperry）やマイケル・ガザニガ（Michael Gazzaniga）らによりアメリカで綿密な研究が行われてきた。

　多くの研究では，ある情報は左半球へ，ある情報は右半球へ入るような方法で視覚刺激を提示する。視覚経路の解剖学的構造はかなり複雑である。左右の網膜の耳側半分からの線維は同側半球へ行き，鼻側半分の線維は交差して対側半球へと向かう。結果として，それぞれの網膜の左半分に提示された情報は左半球のみに進み，それぞれの網膜の右半分に提示された情報は右半球のみに向かう。

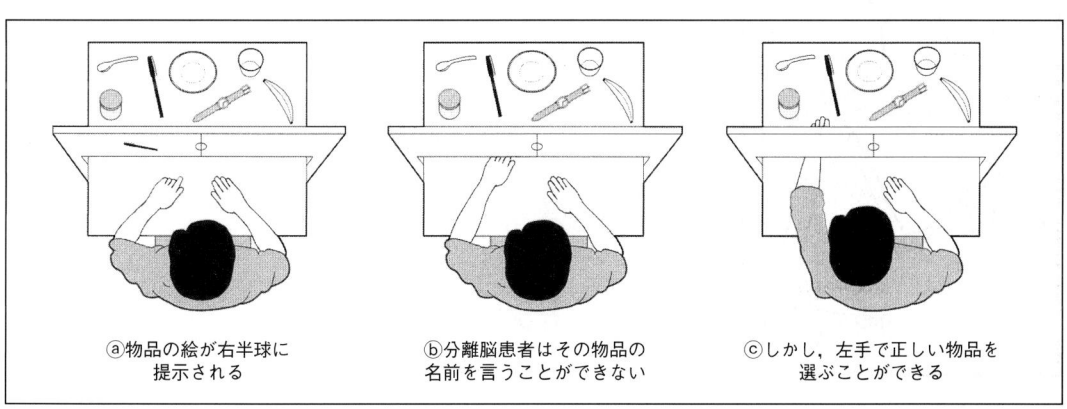

ⓐ物品の絵が右半球に提示される　　ⓑ分離脳患者はその物品の名前を言うことができない　　ⓒしかし，左手で正しい物品を選ぶことができる

図 4-14

顔と物体

レヴィら（Levy *et al.*, 1972）が行った研究は視覚経路の解剖学的構造をうまく利用したものである。この研究では，分離脳患者を対象として，ある顔写真の左半分を異なる人物の顔写真の右半分と隣り合わせにして提示した。その際顔写真は，眼球運動を妨げるために非常に短い時間で提示された。この方法により，写真の右半分についての情報は左半球へ，写真の左半分の情報は右半球へ行くことを確実にした。見たものを言うように求められると，分離脳患者は一般的に写真の右側の顔を見たと報告した。しかし，見たものを指で指し示すように求められると，多くの患者は左側に提示された顔を指し示した。これらの発見は，言語は主に（すなわち排他的に）左半球に基づいている一方，何かを指し示すような空間処理は右半球により多く依存していることを示唆している。

スペリーと彼の同僚は同じような研究を行っている。ある研究では分離脳患者の右半球に対してある物品の写真を短時間提示した。右半球はほんのわずかな言語能力しかもっていないためと考えられるが，患者は提示された物品の名前を言うことはできなかった。その後，患者は左手をスクリーンの後ろに置き，どの物品が先に見た写真と同じ物かを触って判断するように求められた。右半球は空間情報の処理に優れているため，多くの患者はこの判断が可能であった。

議論のポイント
1. 分離脳患者を対象としたこの研究が非常に重要であると考えられているのはなぜだろうか。
2. 分離脳患者から得られた結果を他の人々へ一般化する際には，注意深く行う必要があるのはなぜだろうか。

簡単な実験をすることでスペリーの見解を試すことができる。右または左手の人差し指でできるだけ長い間棒のバランスを保ってみよう。もし右利きの人が黙ったままこれを行えば，左手よりも右手の人差し指の方が長くバランスをとることができるだろう。しかし，バランスをとりながら話をすると，反対の結果になる。右手よりも左手の人差し指の方が長くバランスをとることができるのである。まるで発話が右手人差し指の棒を払い落とすかのようである。

いったい何が起きているのだろうか。発話と右手は両方とも左半球によって制御されているため，お互いに干渉し合っている。対照的に，発話と左手は別々の半球で制御されているため，お互いに干渉し合うことはほとんどないのである。

図 4-15

もし分離脳患者が視覚刺激の提示中に眼を動かす機会があったら，情報が直接両半球に向かってしまう可能性がある。そのため多くの研究では眼球運動が生じないように，非常に短い時間で刺激を提示している。しかしザイデル（Zaidel）はこの問題点を解決した。彼は提示時間を長くしても視覚入力が片方の半球にしか入らなくなるZレンズを開発した。スペリーら（1979）はZレンズを用いて分離脳患者を研究した。分離脳患者は，右半球に提示された自分の親類や自分自身，歴史的な人物，ペットなどの写真に対して適切な感情反応を示した。これは右半球が感情処理を行えることを示している。

　右半球が感情に関与しているというさらなる根拠はエトコフら（Etcoff et al., 1992）によって報告された。彼らは嘘をついている人物や本当のことを言っている人物を患者に提示した。その結果，右半球損傷例や損傷のない健常者よりも左半球に損傷をもっている患者の方が嘘の検出がよくできた。左半球損傷患者は右半球で処理される嘘に関連した表情のわずかな感情的サインに注目し，左半球で処理される嘘を含んだ言葉の内容にはあまり注意を向けていなかったのだろう。

　分離脳患者の研究から二つの半球はお互いにまったく異なっていると主張する研究者もいる。スペリー（1985）によれば，右半球は情報を統合的に（全体として）処理するのに対し，左半球は情報を分析的もしくは論理的に（少しずつ）処理する。

　スペリーや他の研究者はさらに発想を推し進め，分離脳患者は二つの精神つまり意識の流れをもっていると主張した。この主張を評価することは困難であるが，現在までの研究結果はこの考えを支持していない。もし分離脳患者が二つの意識をもっているなら，二つの精神間の対話が可能であるはずだ。しかし，マッケイ（MacKay, 1987）はそのような現象は生じないと述べている。彼によれば，「肯定的に考えても，他の『半分』を異なる人物と認めるべき徴候を見つけることはまったくできない」。ある患者はマッケイに「あなたは私から2人の人物を作り出そうとしているのですか？」とたずねたという。

嘘に関連したわずかな表情の動きとは何だろうか。

評　　価

　分離脳患者からの発見は劇的なものであった。しかし，健常者においても二つの半球が独立してはたらいているという思い込みの罠にかかってはいけない。健常者は正常な脳梁を有しているため，情報は片方の半球からもう片方の半球へ数ミリ秒で伝達される。その結果，通常私たちの二つの半球は協力する形で一緒に機能している。障害を明らかにすることができる特殊な実験条件でなければ，実際のところ分離脳患者の脳も非常によく機能しているのである。

　スペリーらが研究した分離脳患者は何年もの間重度のてんかんを患っている患者であり，てんかんは通常脳損傷によって引き起こされる。このため，分離脳患者の術前の情報処理過程が健常な脳の人々と同じであったかどうかを判断することが困難である。スペリ

ーが研究した患者の多くは，外科的に脳梁を切断した時点ですでに成人であった。手術が行われた年齢が重要であるようだ。ラソーンドら（Lassonde et al., 1991）は，分離脳手術が子供のときに行われた場合の方が大人になってから行われた場合よりも，さまざまな課題における遂行成績が良好であることを報告している。おそらく，低年齢では脳梁離断に対する脳の適応能力が大きいためだろう。

　左半球が分析的にはたらき，右半球が統合的にはたらくという概念には一抹の真実がある。しかし，広い範囲の異なる処理活動がそれぞれの半球内で行われていることが一つの理由であるが，これは明らかに単純化しすぎた観点である。キムラ（Kimura, 1979）は，分析的－統合的理論の先駆けと考えられる運動理論を提出した。キムラによると，左半球はすべての正確な運動の制御に特化されており，発話はその一例にすぎないという。予測される通り，発話障害のある左半球損傷患者は正確な顔の運動を行う能力も低下していたのである（キムラとワトソン Kimura & Watson, 1989）。

健常者での研究

　健常者を対象として，各半球の情報処理過程を調べるさまざまな実験方法がある。たとえば視野分割法というものがある。これは同じ種類の二つの刺激を左右に同時に提示することにより，各半球へ一つずつ刺激を入力する方法である。どちらの刺激が最初に検出もしくは報告されるかにより，どちらの半球がその種の刺激の情報処理に優位であるかが示唆される。

　聴覚において視野分割法に相当するものが両耳分離聴課題である。二つの単語や聴覚的刺激がそれぞれ片方の耳に一つずつ同時に提示され，研究協力者は聞いたものを報告するように求められる。両耳分離聴課題の結果を解釈する前に，左耳に提示された情報は最初に右半球に届き，右耳に提示された情報は最初に左半球へ向かうことを理解しておこう。しかし，片方の半球に最初に届いた視覚的もしくは聴覚的情報は，脳梁を通り少なくとも100ミリ秒以内にもう片方の半球へ伝達される。

図4-16

　これらの方法を用いた研究から何が明らかにされてきたのだろうか。グリーン（Green, 1994, p.69）は以下のように要約している。

　　　視野分割研究においては，表情認知，パターン認知，明暗や色の区別，奥行きの知覚，線の傾きの知覚はすべて右半球が優位になる。一方，単語，文章，数字は左半球優位となる。両耳分離聴研究では，環境音の認知，持続時間や感情的調子などの音楽的側面の認知については右半球優位となり，発話された数字や単語，無意味音節，逆送りされた発話，普通の発話はすべて左半球優位となる。

　キムラ（1964）の研究からも同様の結果が報告されている。彼女は，左半球は単語を検出することが得意であるが，右半球はメロデ

ィの知覚が得意であることを明らかにした。

　健常者を対象とした研究の結果は，分離脳患者から得られた結果と一致している。しかし，これらの結果の解釈は困難である。コーエン（Cohen, 1983, p.237）は以下のように指摘している。

> 観察された半球間の差異は，刺激の入力から反応として出力する間のどこかの処理段階に由来する。半球非対称性は知覚，分析，判断，もしくは反応を行うための声や手の制御の違いを反映しているのかもしれないのである。

ブラッドショウとシャーロックの研究

　右半球と左半球との機能の差異は提示される刺激のタイプに依存しているのだろうか，それとも刺激に対する処理のタイプに依存しているのだろうか。ブラッドショウとシャーロック（Bradshaw & Sherlock, 1982）はこの問題点を検討した。彼らは実験参加者に対して正方形や三角形，長方形からなる顔を提示した。各試行において，実験参加者は提示された顔がすでに見たことのあるターゲット顔かそうでない非ターゲット顔かを判断するように求められた。一つの条件では目や口の相対的位置が判断の手掛かりとなっていた（目や口が鼻から離れているか接近しているか）。もう一つの条件では鼻の向きが手掛かりとなっていた（上向きか下向きか）。

　結果はどうなったのだろうか。顔の特徴の相対的位置が手掛かりである条件では，左半球と比較し右半球に提示された場合の方がターゲット顔を早く検出することができた。しかし，鼻の向きが手掛かりである条件では，右半球よりも左半球に提示された場合の方が早く検出された。これらの結果は，半球差異は単純に刺激のタイプに依存しているのではなく，求められる処理のタイプに依存していることを示唆している。ブラッドショウとシャーロックによると，右半球は刺激全体に関わる全体的処理が得意である。これが，特徴の相対的位置を変化させた刺激が右半球でより正確に検出された理由である。対照的に，左半球は刺激を要素ごとに処理するような分析的処理が得意である。これが，鼻の向きを変化させた刺激が左半球でより正確に検出された理由である。

議論のポイント

1. ブラッドショウとシャーロック（1982）が検討した重要な問題は何だろうか。
2. 右半球が全体的処理に関与し，左半球が分析的処理に関与しているという知見を検証する他の方法はあるだろうか。

　半球側性化はおそらく言語において最も明らかである。健常者の言語能力は主に左半球が担っていることを示す確証的な根拠のほとんどは，Wadaテストから得られている。この方法では，実験参加者は片方の半球へ血液を供給する動脈に麻酔剤が注入された後，朗読することを求められる。90％以上の人々は，右半球よりも左半球が麻痺させられた場合の方が朗読ができなくなる（グリーン，1994）。

> **ケーススタディ：フィネアス・ゲージ**
> 　感情状態と脳機能の関係がフィネアス・ゲージという症例においてはっきりと示されている。彼はアメリカの鉄道会社の工事現場責任者であったが、1848年の9月13日にひどい事故に巻き込まれた（ライランダー Rylander, 1948）。火薬が偶然に爆発し、長さ3フィート厚さ1インチの鉄棒が頬から入り頭蓋骨上部から抜け、ゲージの頭部を貫通した。驚くことに、ゲージはケガから回復し、彼の記憶や注意などの認知的処理に関してはほとんど影響を受けていないようだった。しかしながら、彼の性格はあまりにも悪く変化していたため、雇用主は彼の復職を拒否した。彼らは「知的能力と動物的傾向との間のバランスが崩壊しているようだ」と記述した。事故の前、ゲージはよくバランスがとれた、礼儀正しい、真面目な男であったが、いまや「気まぐれで、失礼で、ときどき不潔な行為に耽り……自分の願望に反する束縛や忠告に我慢できない……ゲージの知的能力と表現の中には子供がおり、同時に彼は強い男性の動物的感情をもっている」。ゲージはあまりにも変わってしまったため友人たちは、「ゲージはもはやゲージではない」と言った。その当時それが生計を立てる唯一の手段であったのだろう、ゲージは最終的にサーカスの見世物になったと報告されている。

感　情

　さまざまな感情はどちらかの半球により多く依存しているのではないかという疑問には多くの関心が寄せられてきた。ガイノッティ（Gainotti, 1972）は、片方の半球にのみ損傷を負った患者を対象としこの問題を検証した。その結果、左半球に損傷のある患者は不安や怒りを経験することがあったが、右半球に損傷のある患者は比較的無感情、無関心であるように思われた。この結果からガイノッティは、感情経験は左半球よりも右半球に多く依存していると結論づけた。脳損傷患者を対象とした同様の研究においても、右半球は左半球よりも気分の知覚に優れていることが示されている（トンプキンスとマティア Tompkins & Mateer, 1985）。

　しかし、さまざまな感情が右半球に依存しているという知見と矛盾する結果も得られている（グリーン、1994）。デヴィッドソン（Davidson et al., 1990）は、喜びもしくは嫌悪を引き起こすフィルムを見ているときのEEGを記録した。その結果、喜びのフィーリングは左半球の活動増加を引き起こし、一方嫌悪のフィーリングは右半球の活動増加を引き起こした。彼らは快感情には左半球がより強く関与しており、一方不快感情には右半球が強く関与していると結論づけた。

要　約

　コルプとウィショー（Kolb & Whishaw, 1990）は半球側性化に関する文献を再検討し、次の機能に関しては左半球優位であると結論づけた。単語、文字、言語性記憶、すべての言語技能、計算そして複雑な運動。対照的に次の機能に関しては右半球優位であると述べた。顔、感情の表出、非言語的記憶、空間能力（たとえば、幾何学）、触覚、音楽そして空間パターンにおける運動。

視知覚の構造と処理過程

　他の感覚様式と比べ、非常に多くの皮質領域が視覚機能に関与している。それはなぜだろうか。第一に、視覚機能は日常生活を営むうえでおそらく他の感覚よりもはるかに重要であるためだろう。第二に、人間の視覚システムは複雑な処理活動をしているためと考えられる。ピネル（1997, p.151）によると、

表4-2　大脳半球の側性化 (コルブとウィショー, 1990)

左半球優位	右半球優位
単語	顔
文字	感情の表出
言語性記憶	非言語性記憶
あらゆる言語技能	空間能力
計算	音楽
複雑な運動	空間的な運動

視覚が最も重要な感覚であると考えられているのはなぜだろうか。

視覚システムは，眼の裏側に位置する視覚受容体に投射する，小さな，歪んだ，逆さまの二次元の網膜イメージから，正確で詳細な三次元知覚をつくり上げる。

視覚システムの構造

物体からの光が眼球の前部にある透明な**角膜**（cornea）を通過し，角膜の後ろに位置し眼に特有の色を与える虹彩へと進む。眼球へ入る光の総量は虹彩の開口部である瞳孔によって決まる。つまり光が非常に明るい場合には瞳孔が小さくなり，相対的に光が少ない場合には瞳孔が広がる。水晶体が眼の裏にある網膜に光の焦点を合わせる。映像の焦点が網膜上に合うようにするために，**調節**（accommodation）の処理により水晶体が形を変える。

> **キー用語**
> 角膜：眼球前部にある透明な膜。
> 調節：映像の焦点が網膜上に合うように，水晶体の形を調整するプロセス。

網膜は非常に複雑である。網膜は五つの異なる細胞層から構成されている。受容体，水平細胞，双極細胞，アマクリン細胞そして網膜神経節細胞である。これらの細胞の配列は少々風変わりである。水晶体からの光はすべての細胞層を通過して最も下層にある受容体細胞に届き，そこから神経衝動が各層へと伝わっていく。網膜からのインパルスは網膜の表面に露出している視神経を経由して眼球から出発する。網膜の受容体には錐体細胞と杆体細胞の二つの種類がある。この二つについては後の色知覚のセクションで議論する。

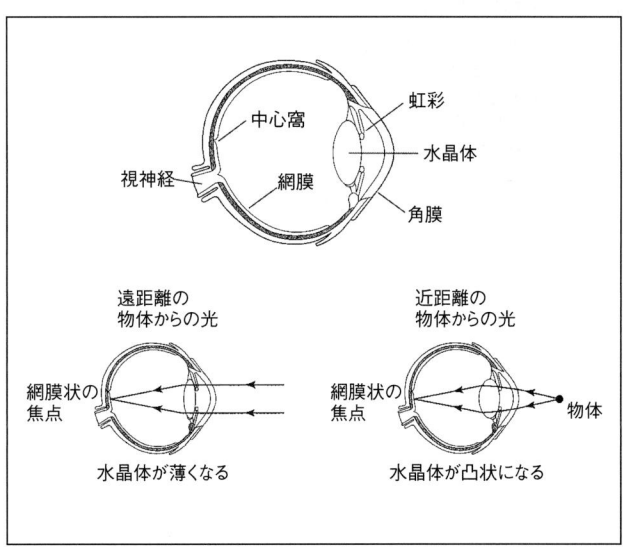

図 4-17

なぜ私たちは二つの眼をもっているのだろうか。主な理由は**両眼視差**（binocular disparity）を生み出すためである。両眼視差とは，左眼と右眼との間で網膜に映る像にズレがあることを意味し，二次元の網膜像から三次元の世界を構成するために非常に重要な情報を提供する（第11章参照）。

> **キー用語**
> 両眼視差：左右の網膜上に映る映像のズレ。

眼球から皮質への経路

眼球と皮質をつなぐ主な経路は，網膜 - 膝状体 - 有線野の経路である（訳注：一次視覚皮質はⅣ層に有髄線維による白い線条がみられるので，有線野とも呼ばれる）。この経路は，網膜からの情報を視床の外側膝状体を経由して一次視覚皮質，すなわち有線野へと伝達する。網膜 - 膝状体 - 有線野は網膜システムと同じような方法で組織化されている。たとえば網膜像において互いに近接した点同士は，外側膝状体や有線野など高次レベルにおいても近接した2点として位置づけられている。そのため，盲目患者の一次視覚皮質を特定の形状で電気刺激すると，実際にその形が「見えた」と報告する（ド

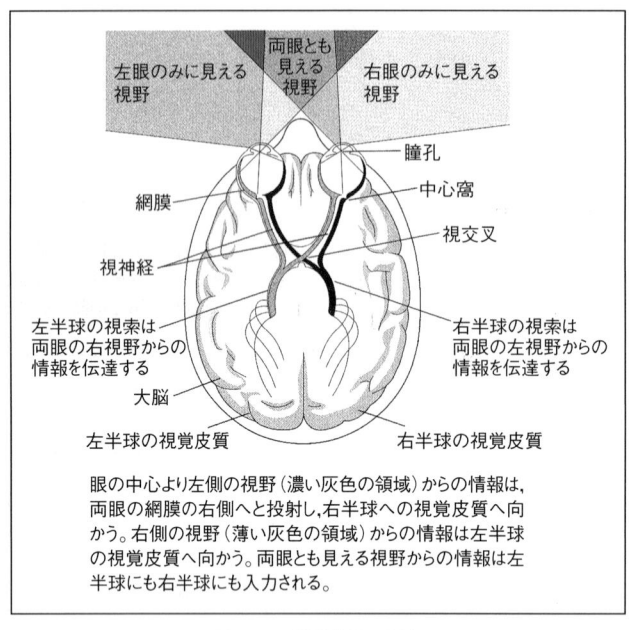

図 4-18 視覚情報の経路

ーベルら Dobelle *et al.*, 1974)。

左右の眼球にはそれぞれ独自の視神経があり，二つの視神経は視交叉で合流する。この場所から，それぞれの網膜の耳側半分からの軸索は同側の半球へと進み，鼻側半分からの軸索は交叉し対側の半球へと進む。その後，信号は脳内の二つの視索を進む。左半球の視索はそれぞれの眼の左半分からの信号を伝達し，右半球の視索は眼の右半分からの信号を伝達する。

視交叉の後，視索は視床の一部である外側膝状体へと進む。その後，神経衝動は最終的に後頭葉内の一次視覚皮質へ進み，そこから隣接する二次視覚皮質へと広がっていく。

網膜－膝状体－有線野システムには最後にもう一つ重要な特徴がある。このシステムには二つの独立したチャンネルが存在する。

1. 小細胞（parvocellular）経路（P経路）：この経路は色や細部の情報に対して非常に鋭敏である；この経路は主に錐体細胞からの入力を受けている。
2. 大細胞（magnocellular）経路（M経路）：この経路は動きに関する情報について非常に鋭敏である；この経路は主に杆体細胞からの入力を受けている。

輪郭知覚：一次視覚皮質

ほとんどの人々は輪郭の知覚が重要だとは思っていないだろう。しかしながら，これは誤りである。ピネル（1997, p.163）が指摘したように，「輪郭はどのような視覚像においても最も重要な特徴である。なぜなら輪郭は物体の範囲と位置を決定するからである」。輪郭とは何か。それは視野内にある二つの隣り合った領域が接する場所のことである。

輪郭を知覚するためには，二つの隣接領域の間にある種のコントラストが存在することが必要である。明るい縦縞と暗い縦縞が隣接している場面を見ていると仮定しよう。二つの縦縞の境界線，つまり輪郭の周辺領域では，明るい縦縞は実際よりも明るく見え，暗い縦縞は実際よりも暗く見える。このような錯覚の縞はしばしばマッハ・バンドと呼ばれ，これは**コントラスト増強**（contrast enhancement）として知られる現象の一例である。この現象は側方抑制により生ずる。**側方抑制**（lateral inhibition）とは受容体の発火が隣接する受容体の発火を抑制することである。たとえば，明るい縦縞側の中央に位置する受容体は高い率で発火するが，それらはすべてお互

キー用語
コントラスト増強：側方抑制により生ずるコントラスト効果。これにより輪郭の知覚が促進される。
側方抑制：受容体の発火が隣接する受容体の発火を抑制するプロセスであり，コントラスト増強を引き起こす。

いからの側方抑制の対象となっている。輪郭付近の明るい縦縞に位置する受容体もまた高い率で発火するが，隣接した暗い縦縞に位置する受容体からの側方抑制は相対的に少ない。その結果，輪郭に近い明るい縦縞の部分は他の部分よりも明るく見えるのである。

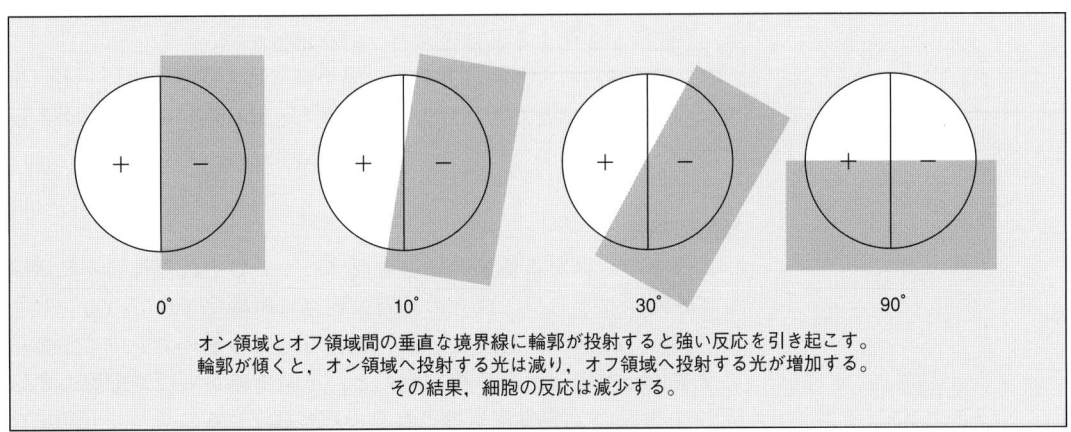

オン領域とオフ領域間の垂直な境界線に輪郭が投射すると強い反応を引き起こす。輪郭が傾くと，オン領域へ投射する光は減り，オフ領域へ投射する光が増加する。その結果，細胞の反応は減少する。

図 4-19　単純細胞の方位選択性

ヒューベルとヴィーゼルの研究　基礎的な視覚処理過程に関する理解の多くは，ノーベル賞を受賞したデヴィット・ヒューベル（David Hubel）とトルステン・ヴィーゼル（Torsten Wiesel）（たとえば，1979）のネコとサルを対象とした研究に由来している。彼らは個々のニューロンを調べるために単一ユニット記録を用いて研究を行い，視覚経路の多くの細胞は受容野の光の位置に依存して二つの異なる方法で光に反応することを見出した。光が当たったときに発火率が増加する「オン」反応と，光が当たったときに発火率が減少する「オフ」反応である。網膜神経節細胞，外側膝状体の細胞，一次視覚皮質の細胞の多くはオン中心型細胞とオフ中心型細胞に分けることができる。オン中心型細胞は受容野の中心に位置する光についてオン反応を，周辺の光に対してはオフ反応を引き起こす；オフ中心型細胞では逆になる（訳者注：細胞の受容野とは，その細胞が発火率の変化を示して反応する視野内の範囲を意味する）。

さらにヒューベルとヴィーゼル（1979）は，一次視覚皮質の受容野には 2 種類のニューロンが存在することを発見した。単純細胞と複雑細胞である。単純細胞はそれぞれの領域が長方形である「オン」と「オフ」の領域をもっている。単純細胞は傾きの検出に重要な役割を果たしている。単純細胞は明視野中の暗い帯，暗視野中の明るい帯，明るい領域と暗い領域の間のまっすぐな輪郭に最も反応する。しかも単純細胞にはある傾きをもって与えられた刺激に対して特異的に反応する性質があると同時に，その最適角度が細胞によりそれぞれ異なっている。

複雑細胞の方が単純細胞よりも多く存在する。複雑細胞は特定の角度で提示された直線状の刺激に対して最大限に反応するという点では単純細胞と同様である。しかし，三つの非常に異なる点がある。

1. 複雑細胞は単純細胞より広い受容野をもっている。
2. 特定の傾きをもった刺激に対する複雑細胞の発火率は細胞受容野内の刺激の位置に依存しない；対照的に，単純細胞は「オン」領域と「オフ」領域に分割され，刺激の傾きが同じでも刺激の位置が変化するとほとんど反応を示さない。
3. 複雑細胞の大多数はどちらの眼の刺激にも反応する。一方，単純細胞のほとんどは片方の眼（左もしくは右）の刺激にのみ反応する。

細胞の組織化

　ここまで，異なる種類の細胞の反応についてそれぞれ別々に議論してきた。しかし，これらの細胞は明確に組織化されている。ピネル（1997, p.168）が主張したように，「信号はIV層のオン中心型細胞とオフ中心型細胞から単純細胞へと，単純細胞から複雑細胞へと伝達される」。一次視覚皮質のこれらの細胞は皮質層に対して直角になる機能的な垂直円柱内に配置されており，円柱内の細胞は特定の傾きをもった線に対して最大限に反応するという共通性をもっている。さらに，網膜の特定部位からの入力を分析する機能的円柱がクラスター内に一緒に集まっている。クラスター内では，半分の細胞は主に左眼からの刺激に反応し，他の半分は主に右眼からの刺激に反応する。特定の視覚野からの視覚入力を分析する組織の一群は，その中にさまざまな異なる角度の直線に最大限に反応する細胞のクラスターを含んでいる。以上のように，一次視覚皮質内の細胞構築は非常に複雑で興味深い構造をしている。

空間周波数理論

　ヒューベルとヴィーゼル（1979）は視覚皮質内の処理過程は直線と輪郭をもとにしていると論じた。しかし，実際はもっと複雑であるようだ。デヴァロワとデヴァロワ（DeValois & DeValois, 1988）は，処理過程は空間周波数に基づいていると主張した。具体的に言うと，彼らは**正弦波グレーティング**（sine-wave gratings）に注目した。正弦波グレーティングは交互に配置された同じ幅の明るい縞と暗い縞からなり，パターンの輝度を描くと規則正しい正弦波となる。一般的に言うと，すべての視覚刺激の輝度の変化は正弦波という形式で描くことができる。この理論によると，ある場面の知覚には多数の正弦波グレーティングからの情報を統合することが必要であるという。

　空間周波数理論はヒューベルとヴィーゼルのアプローチが進歩したものと考えることができる。一次視覚皮質のほとんどの細胞は線や輪郭よりも正弦波グレーティングに強く反応するという重要な発見がある。これは，視覚皮質は主に空間周波数を処理するための役割をもつことを示唆する。しかし，二つの理論にはそれほど違いはないことに注意しなければならない。なぜなら，「直線や輪郭刺激は

キー用語
正弦波グレーティング：明るい縞と暗い縞のパターン。輝度を描くと正弦波となる。

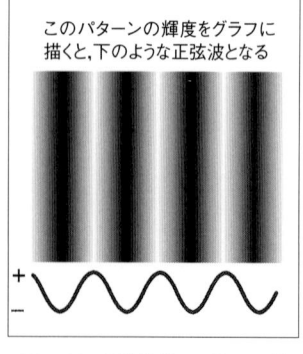

図4-20　正弦波グレーティング

……同じ方向性をもった正弦波グレーティングへと容易に変換可能である」（ピネル，1997, p.171）。

皮質の階層構造

前節においては，後頭葉の後部領域に位置する一次視覚皮質に焦点を当てた。しかし，他の皮質部位もまた視覚処理過程に関わっている。大まかに言えば，一次視覚皮質からの情報は二次視覚皮質へと進み，二次視覚皮質から連合皮質へと進む。二次視覚皮質の一部は後頭葉の前有線野内に一次視覚皮質と隣接して存在する（訳注：前有線野とは有線野の前に位置し，多数の視覚領野を含んでいる）。残りの二次視覚皮質は側頭葉下部に位置する。連合皮質は皮質のさまざまな部位に分布しているが，その多くは後部頭頂領域に位置している。

一次視覚皮質は後の視覚処理のための一種の入り口のようなはたらきをしている。そのため，けがや病気により一次視覚皮質を失った患者は物を見ることができなくなると推測される。しかし実際の症状はもっと複雑である。一次視覚皮質を失った患者は何も見えないと報告するが，その中にはそれにもかかわらず視覚課題を遂行できる患者が存在する。たとえば，左視野には何も見えないと述べるDBという症例がいた。ワイスクランツら（Weiskrantz *et al.*, 1974, p.726）によると，それにもかかわらず，

> 彼は（左視野の）視覚刺激に対してかなり正確に手を伸ばすことができ，垂直線の傾きを水平線や対角線から区別することができ，また"X"と"O"の文字を区別することができた。

この現象は**盲視**（blindsight）として知られており，おそらくある情報は一次視覚皮質を通過せずに，皮質下構造から二次視覚皮質へと直接向かうために生ずるのだろう。このため盲視の患者は簡単な視覚課題を遂行できるが，一次視覚皮質での処理がなされていないため意識的気づきを生み出すためには不十分であると考えられる。

一次視覚皮質から他の皮質領域へと進む情報の流れには主に二つの経路がある。背側の前有線野から頭頂皮質の後部へと進む背側経路と，腹側の前有線野から側頭皮質下部へと進む腹側経路である。これら二つの経路の機能とは何だろうか。アンガーレイダーとミシュキン（Ungerleider & Mishkin, 1982）によると，背側経路は物体の位置（「それはどこにあるか？」）についての情報を伝達する一方，腹側経路は物体の同定（「それは何であるか？」）についての情報を伝える。この根拠は脳損傷患者から得られている（アンガーレイダーとハクスビィ Ungerleider & Haxby, 1994）。背側経路に関連した構造に損傷をもつ患者は物体が何であるかはわかるが，その物体に正確に手を伸ばすことができない。対照的に，腹側経路の構造に損傷をもつ患者は物体に正しく手を伸ばすことができるが，その物体が何であるかがわからない。

キー用語
盲視：脳損傷患者において，見えているという意識的な気づきがないにもかかわらず簡単な視覚課題が遂行できるという現象。

ミルナーとグーデイル（Milner & Goodale, 1993）は，背側経路は「その物体はどこにあるか？」というよりも「その物体とどのようにやりとりしたらいいか？」という課題を遂行するはたらきをしているかもしれないと述べている。背側経路に損傷のある患者の多くは，きちんと物体を持ち上げることができないにもかかわらずその物体の位置や大きさ，形を非常に正確に説明することができる。言い換えれば，彼らは物体がどこにあるかはわかっているが，その情報を効果的に使用することができないのである。

モジュール処理

ゼキ（Zeki, 1992, 1993）は，異なる皮質部位は異なる視覚機能のために特異化されていると主張した。言い換えれば，視覚システムは複数のモジュールつまり相対的に独立した処理ユニットから構成されているとした。これは，単一の処理システムが存在するとする伝統的な観点とは非常に異なっている。ゼキ（1992）はマカクザルを対象として研究を行い，マカクザルの視覚皮質は一次視覚皮質（V1野）と前有線野（V2野からV5野）から構成されていることを示した。ゼキによると各領野の機能は以下の通りである。

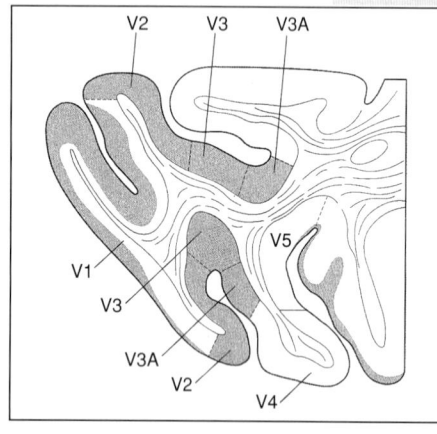

図4-21　マカクザルの視覚皮質の断面図（ゼキ, 1992）

・V1野とV2野：これらの領域は視知覚の初期段階に関わる；色や形に反応する細胞集団から構成され，それぞれは「V3野やV4野，V5野などの機能的に特異化された視覚領野に中継される前のさまざまな信号が集まる小領域を持っている」と言われている（ゼキ, 1992, p.47）。
・V3野とV3A野：これらの領野の細胞は形（特に動きのある物体の形）に反応するが，色には反応しない。
・V4野：この領野の細胞の大多数は色に反応する；また，多くは線の傾きにも反応する。
・V5野：この領野は視覚的な動きに対して特異化されている。

ゼキは，色，形，動きは解剖学的に別々の視覚皮質部位で処理されると考えた。最初の証拠はサルを対象とした研究から得られたものであった。しかし，PETや脳損傷患者の研究から，人間における視覚皮質の機能的特異化はサルと類似していることが示唆されている。

ゼキ（1992）は，彼が行ったPETの研究について論じている。それによると，抽象的な色彩画を見ているとき，健常な実験参加者は人間のV4野として知られる紡錘状回に最も強い脳活動を示した。対照的に，動いている白黒の正方形パターンを見ているときには人間のV5野として知られる部位が最も活動した。ゼキはまた，「エニグマ」と呼ばれる静止した視覚図形を見ているときにもV5野が活動することを発見した。これは非常に興味深い。なぜなら，この図形は回転運動の錯覚を生み出すからである。これらの発見は，サルだけでなく人間においても運動と色は異なる視覚皮質部位で処理されていることを示している。運動と色のどちらの刺激でもV1野に（おそらくV2野でも）多くの活動がみられたという付加的発見は，これらの領域は特異化された視覚領野へと信号を出力していることを示唆

している。

議論のポイント
1. 視覚処理の異なる側面が異なる皮質部位で行われているということが驚くべきものであるとわかるだろうか。
2. ゼキの理論で説明し尽くされていないことは何だろか。

もし視知覚において解剖学的に異なる脳システムが存在するならば，おそらくそれらのシステムの一つにだけ障害を示す脳損傷患者が存在するだろう。つまり，非常に選択的な視知覚障害をもっている患者がいるに違いない。事実，特異的な障害に関するさまざまな症状がある。

- 大脳性色盲（achromatopsia）：V4野に損傷があり色知覚ができない。しかし形や動きの知覚は正常である。
- 大脳性運動盲（akinetopsia）：V5野に損傷がある。静止した物体は正常に見ることができるが，動いている物体は目に見えない。
- 色視症（chromatopsia）：視知覚のあらゆる側面が障害されているが，色覚だけが正常。

動き，形，色に関わる別々の脳システムが存在する。この事実は，異なるタイプの情報がどのようにして集まり，統合されるのかという問題を提起する。ゼキ（1992）は，情報の統合にはさまざまな処理段階が関与していると推測している。

- 信号は網膜から外側膝状体を経由してV1野へと進む。
- 信号はV1野から，形，動き，色の処理に特異化されたさまざまな前有線皮質領野へと進む。
- V1野やV2野は視覚野について最も正確な地図をもっているため，前有線野の特異化領野からの信号はV1野やV2野へフィードバックされる。

視野内の特定の物体に対する細胞の反応は，V1野を通して広がっていく。これらの分散した情報源を一緒に結びつけるためには，何らかの「結合」が必要である。しかし，いまのところこの結合がどのようにして行われているかについてはほとんどわかっていない。

> キー用語
> 大脳性色盲：形や運動の知覚は正常であるが，色の知覚はまったくできない症状。
> 大脳性運動盲：静止している物体は見ることができるが，運動している物体はまったく見えない症状。
> 色視症：色覚は保たれているが，それ以外の視知覚の側面がすべて低下している症状。

色　覚

なぜ色覚が発達したのだろうか。そもそも，テレビで古い白黒の映画を見ても，提示される動画を理解することは非常に簡単である。なぜ色覚が私たちにとって価値があるのか。これには二つの理由が考えられる（セクラーとブレイク Sekuler & Blake, 1994）。

色覚の進化論的な利益とは何だったのだろうか。

・検出：色覚は，物体とその背景とを区別する手助けとなる。
・区別：色覚は，物体間にはっきりとした区別をつけることを容易にする（たとえば，熟した果物と熟していない果物）。

どのようにして私たちがおよそ500万もの異なる色を区別できるかを理解するためには，網膜から説明を始める必要がある。網膜には錐体細胞と杆体細胞という2種類の視覚受容体細胞がある。およそ600万の錐体細胞があり，錐体細胞は中心窩，つまり網膜の中心部に最も多く認められる。錐体細胞は色や鮮明さの知覚に特異化されている。一方，杆体細胞はおよそ1億2500万個あり，杆体細胞は網膜の周辺領域に集中している。杆体細胞は暗所での視覚や運動の検出に特異化されている。錐体細胞と杆体細胞のはたらきの違いは，網膜神経節細胞に対して錐体細胞からはわずかな入力しかないが杆体細胞からは非常に多くの入力があるという事実に由来している。その結果，わずかな光しかない条件では，杆体細胞しか網膜神経節細胞を活性化することができず，刺激の正確な位置がはっきりしないという不都合さがある。

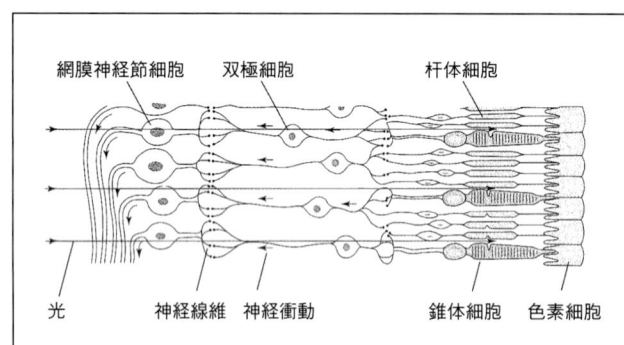

図 4-22

ヤング－ヘルムホルツ理論

錐体受容体はロドプシンを有している。ロドプシンとは光に敏感な感光色素であり，錐体受容体が光に反応することを可能にしている。トーマス・ヤング（Thomas Young）が提唱し，ヘルマン・フォン・ヘルムホルツ（Hermann von Helmholtz）が発展させた構成成分説もしくは三色説によると，最も強く反応する光波長がそれぞれ異なる3種類の錐体受容体が存在する。最初のタイプは短い波長の光に最も敏感であり，青い刺激に最も反応する。二番目のタイプは中程度の波長の光に最も敏感であり，緑色の刺激に強く反応する。三番目のタイプは，赤い刺激からくるような長い波長の光に最も反応する。では，私たちはどのようにしてそれ以外の色を見ているのだろうか。この理論によると，多くの色は2種類または3種類の錐体受容体を活性化させる。黄色の知覚は二番目と三番目のタイプの錐体受容体が関与しており，また，白色光は3種の錐体受容体すべてを活性化させる。

ダートナルら（Dartnall et al., 1983）は，顕微分光測光法と呼ばれる正確なテクニックを用いてヤング－ヘルムホルツ理論を強く支持する研究結果を得た。この研究では，異なる波長に対して個々の錐体受容体に吸収される光の総量が調べられた。その結果，ヤング－ヘルムホルツ理論で想定されていた3種類の錐体受容体がすべて見つかった。しかし，ヤング－ヘルムホルツ理論では色知覚のすべて

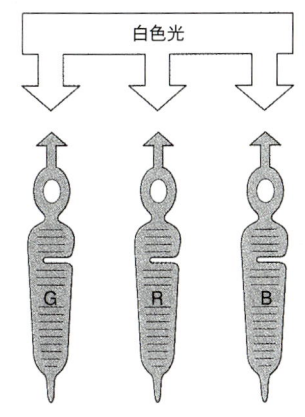
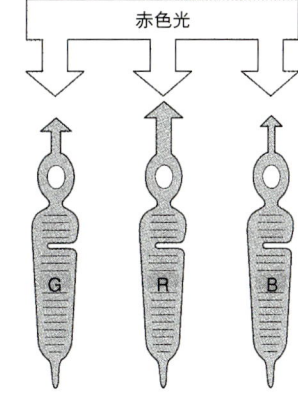

白色光への反応
白色光はすべての波長（色）が混合しているため，3種の錐体受容体すべてを活性化させ，同程度の反応を引き起こす。この錐体受容体の反応パターンが脳内での白色の感覚を生み出す。

赤色光への反応
長い波長の光（赤色光）は赤色に敏感な錐体受容体の強い反応を，青色に敏感な錐体受容体の弱い反応を，緑色に敏感な錐体受容体の中程度の反応をそれぞれ引き起こす。この反応のパターンが脳内で赤色と解釈される。

図 4-23

の側面を説明することはできない。たとえば，色盲のある人々のほとんどは赤と緑を知覚することに問題がある。しかし，緑と青の知覚に障害をもつ色盲のパターンはまったく存在せず，ほとんどの人では赤と黄色を知覚する能力は正常である。これらの色盲のパターンはヤング−ヘルムホルツ理論の観点からは謎である。また，後に議論する陰性残像もこの理論では説明できない。

反対色説

　エヴァルト・ヘリング（Ewald Hering, 1878）は反対色説を提唱した。彼は視覚システムには三種類の反対細胞があると考えた。最初のタイプは，ある方法で反応したときには緑の知覚を生み出し，別の方法で反応したときには赤の知覚を生み出す。二番目のタイプは同様に青または黄色の知覚を生み出す。三番目のタイプは輝度を符号化し，白もしくは黒を生み出す。

　ヘリングの理論を支持する証拠の幾つかは陰性残像の研究から得られる（ピネル，1997）。あなたが特定の色の四角を数秒間注視し，その後，目を白色面に移すと，この理論から予測される陰性残像の色が見えるだろう。たとえば，緑の四角は赤い陰性残像を生み出し，青い四角は黄色の陰性残像を生み出す。さらに，反対細胞はサルの外側膝状体でも見つかっている（デヴァロワとデヴァロワ，1975）。

　反対色説の最大の強みは色盲を説明できることである。この理論によると，色盲は，赤と緑の知覚を担当する細胞または黄色と青の知覚を担当する細胞が損傷された場合に典型的に生ずる。つまり，色盲は，赤と緑もしくは黄色

■やってみよう：陰性残像を体験してみよう。色の付いた四角を30秒間注視した後，白色の四角に目を移すと何色が見えるだろうか。

と青という組み合わせで生ずるが，緑と青の色盲は一緒に生じないのである。

統合

ヤング−ヘルムホルツ理論とヘリングの理論は統合させることができる。ヤング−ヘルムホルツ理論の3種類の錐体受容体は，ヘリング理論の反対細胞に信号を送っており，これが色の知覚を生み出す。短い波長に敏感な錐体受容体は青−黄色の反対細胞へと興奮性の信号を送り，長い波長に敏感な錐体受容体は抑制性の信号を送る。興奮性信号が抑制性信号よりも強ければ，青色が知覚される。もし抑制性信号の方が強ければ，黄色が見える。緑−赤の反対細胞は中程度の波長に敏感な錐体受容体から興奮性の信号を受け，長い波長に敏感な錐体受容体から抑制性の信号を受ける。興奮性信号が抑制性信号よりも強ければ緑が見え，相対的強さが逆になれば赤が見える。

この統合理論は色盲の研究により支持される。上述したように，色盲の最も一般的な形式は赤と緑の知覚障害であり，それは同じ反対処理が関わっている。統合理論から予測されるように，このタイプの色盲をもつ人々は中程度もしくは長い波長を担当する錐体受容体の数が減少していることが多い（ゼキ, 1993）。

色盲を最もよく説明する理論は，どの色覚理論だろうか。

色の恒常性

現在までに述べてきたことから，色覚は神経生理学的に完全に理解されているという印象をもっているかもしれない。しかし色覚のさまざまな現象は，物体から反射する光の波長のみに依存しているわけではない。異なる視覚条件でも物体が同じ色に見える傾向，つまり**色の恒常性**（color constancy）について考えてみよう。自然光と人工光とには顕著な違いがある。もし私たちの色覚が反射する光の波長のみに基づいているならば，自然光よりも人工光のもとでの方が，物体はより赤く見えるだろう。しかし実際はそのようには見えず，ある程度同じ色をしているように知覚される。このように異なる環境においては通常，色の恒常性が認められる。

> キー用語
> **色の恒常性**：さまざまな視覚条件の下でも，物体が一定の同じ色をしていると知覚される傾向。

ランドの研究

私たちはなぜ色の恒常性を示すのだろうか。最も明らかな理由は親密さによるものである。私たちは郵便箱が真っ赤な色をしていることを知っているために太陽に照らされていても人工的な街灯に照らされていても同じ色に見えるのだろう。しかし，それですべてが説明できるわけではない。ランド（Land, 1977）は研究協力者にさまざまな色の長方形が映し出されている二つのディスプレイを提示した。そして，（二つのディスプレイ間で）異なる色の長方形を一つずつ選び，その二つがまったく同じ光の波長を反射するように，二つのディスプレイの光を調節した。もし私たちの色覚が光の波長のみに基づいているならば，二つの長方形の光の波長は同じであるため同じ色に見えるはずである。しかし，二つの長方形は元の色（つまり別々の色）に

見え，親密さがない状況でも強い色の恒常性が示された。最後にランド（1977）は，二つのディスプレイ上の他の長方形が消されると二つの長方形は同じ色に見える，つまり色の恒常性がなくなることを発見した。

　ランドの研究では何が起きているのだろうか。彼のレティネックス理論によると，私たちは短い波長，中程度の波長，長い波長を反射する能力を隣接する表面と比べることにより，ある表面の色を決定している。これが，そのような比較ができなくなると色の恒常性が失われる理由である。この理論から予測されるように，隣接する表面から反射される波長の違いに反応する神経細胞が存在する（ゼキ，1993）。このような神経細胞は二重反対色細胞として知られている。

議論のポイント
1. なぜ色の恒常性は重要なのか。
2. ランド（1977）が示したレティネックス理論の根拠はどれくらい説得力があるだろうか。

色の恒常性に関するあなた自身の体験例を思いつくだろうか。

感　想
・私の意見では，PETや機能的MRIなどの脳画像研究は，いままでのところ若干失望的であるようだ。これらのテクニックは概して，認知心理学者が明らかにしてきたことを**確かめているだけ**であり（どこで処理が行われているかという情報をつけ加える），最新の発見を**生み出していない**。しかし，状況は変わりつつあるということを次第に受け入れるようになった。認知心理学における脳画像研究の数は1990年代におよそ6倍に増加し，脳機能理解の大躍進に近づいているという兆候がある。21世紀における心理学の最も重要な進歩は，脳画像検索についての技術的進歩を背景にしたものだろう。これは賭ける価値があるかもしれない。

要　約
非侵襲的方法
　皮質機能を調べるためにさまざまな非侵襲的，侵襲的方法が開発されてきている。これらの方法は空間解像度・時間解像度が非常に異なっている。EEGは睡眠のさまざまな段階を同定するために用いられるが，脳活動の測定としては不正確で間接的である。EEG記録をもとにした誘発電位は刺激処理の時間的経過を表すが，脳のどの部位が最も活動的であるかを示すことはできない。CTやMRI，機能的MRIやPETなど，さまざまな種類の脳画像検索方法がある。PETと機能的MRIは活動中の脳について情報を提供するため，CTやMRIよりも進んでいる。しかし，PETは短い時間の脳活動レベルを示すことはできない。SQUID脳磁計は見込みのある新しいテクニックだが，技術的に非常に複雑である。

侵襲的方法
　手術後に低下するあらゆる能力はその破壊された脳部位に依存し

ていると仮定するならば，除去や損傷は有益である。しかし，脳のすべての部位は相互に接続しているため，**特定部位の破壊**が生み出した効果の解釈が困難である。除去と損傷は人間では行うことはできないが，脳損傷患者は脳の機能局在について重要な情報を提供してくれる。単一ユニット記録は異なる刺激に対する脳細胞の反応について詳細な情報を提供してきた。脳の電気刺激は，実際の神経衝動と同じ反応を引き起こすことができる。光学染料は刺激に対する細胞の反応を同定するために用いることができる。

機能の局在化

大脳皮質は四つの葉もしくは領野に区分することができる：前頭葉，頭頂葉，側頭葉，後頭葉。また大脳は右半球と左半球に分けることもできる。大まかに言うと，高次思考処理や運動処理は前頭葉で，体性感覚処理は頭頂葉で，聴覚処理は側頭葉で，視覚処理は後頭葉でそれぞれ行われる。一次聴覚皮質は側頭葉の外側溝内にあり，その周りをおよそ六つの二次聴覚皮質が取り囲んでいる。前頭葉のさまざまな領野は運動処理に関わっている。二次運動皮質内の補足運動皮質は協調運動反応に関与している。前運動皮質（これもまた二次動皮質内にある）は感覚情報をもとにして運動反応を決定する際に関わる。一次運動皮質のほとんどは身体各部位の正確な運動遂行に関与している。

半球非対称性

言語機能のほとんどは左半球で行われている。ブローカ失語すなわち表出性失語は前頭葉連合皮質とそれと関連した皮質への損傷の結果生ずる。ウェルニッケ失語すなわち受容性失語は上側頭回とそれに関連した領野への損傷の結果生ずる。ブローカ野とウェルニッケ野をつなぐ弓状束への損傷は伝導失語を引き起こす。症候群に基づいたアプローチは患者間の類似性を誇張する傾向がある。分離脳患者の研究から，言語処理は左半球で生じ，空間処理は右半球で行われることが示唆されている。しかし，ほとんどの場合二つの半球は協調して機能している。健常者の研究から，右半球はパターン認識や顔の認知，色の識別に優位であり，一方左半球は単語や文字，数字の処理に優位であることが示されている。半球差異の多くは刺激のタイプというよりも処理のタイプに依存している。肯定的感情には左半球がより強く関与し，否定的感情には右半球がより強く関与しているという報告がある。

視知覚の構造と処理過程

光は眼の裏側にある網膜に降り注ぎ，そこから視神経を経由して眼からインパルスが出発する。二つの眼の視神経は視交叉で合流する。視交叉の後，視索は外側膝状体へと進む。一次視覚皮質には単純細胞と複雑細胞がある。皮質内においては，形や動き，色の知覚のような視知覚の異なる側面に対して異なる領野が特異化されてい

る。この特異化の根拠は PET や脳損傷患者の研究から得られている。

色　覚

　色覚は物体の検出や物体間の区別に役立つ。色覚は網膜の錐体細胞に依存している。最も強く反応する光の波長がそれぞれ異なる3種類の錐体受容体がある。最初のタイプは青色に最も反応し，二番目のタイプは緑色に，三番目のタイプは赤色に最も反応する。反対色説によると，三つの反対細胞がある。最初のタイプは，緑もしくは赤の知覚を生み出す。二番目のタイプは同様に青または黄色の知覚を生み出す。三番目のタイプは白もしくは黒を生み出す。3種類の錐体受容体からの信号がこれらの反対細胞に送られる。色盲の最も一般的なパターンは赤と緑の知覚ができないタイプであり，どちらの色も同じ反対細胞が関わっている。色の恒常性の存在は，色覚が物体から反射する光の波長にのみ依存しているわけではないことを示している。脳の V4 野の細胞は色の恒常性に関与している。

【参 考 書】

　J.P.J. Pinel（1997），*Biopsychology*（3rd Edn.），Boston: Allyn & Bacon には皮質機能について，わかりやすく便利な記述がある。N.R. Carlson（1994），*Physiology of behaviour*（5th Edn.），Boston: Allyn & Bacon でも皮質機能が議論されている。S. Green（1994），*Principles of biopsychology*, Hove, UK: Psychology Press においても本章のトピックが扱われている。

【復習問題】

1　皮質機能を調べるために使われている方法や技法を議論してみよう。
（24 点）
2　脳における機能の局在化の研究を記述し，評価してみよう（たとえば，言語や半球非対称性）。
（24 点）
3　視知覚の神経生理学的基礎を批判的に考察してみよう。
（24 点）

- **体のリズム**：睡眠 - 覚醒サイクルや生理周期のパターンが生ずる原因。
    睡眠 - 覚醒周期とショーシャのメラトニンの研究
    時差ボケ，季節性気分障害

- **睡眠**：なぜ眠る必要があるのか？ 眠りを奪われると何が起こるのか？
    デメントとクレイトマンの睡眠の5段階
    睡眠剥奪研究
    回復理論（オズワルド，ホーン）
    適応理論（メディス，ウェブ）

- **夢**：夢とは何か？ 夢に目的や意味はあるのだろうか？
    フロイトの願望達成理論
    ホブソンの活性 - 統合理論
    クリックとミッチソンの逆学習理論
    フォールクスの認知理論
    ハイエクとベルヒャーの喫煙者の夢に関する研究
    ウィンソンの生存方略理論

- **意識**：思考・推論からボーっとするまでのさまざまなアウェアネスの状態。
    リーバーの意識IとII
    オークリーによる意識のレベル
    バースの注意と意識に関する研究
    精神力動的アプローチ
    統合失調症と人格障害

- **催眠**：催眠状態でアウェアネスの状態はどのようになっているのか？
    催眠感受性尺度
    催眠下における健忘と無痛覚症
    ヒルガードの新解離理論
    ワグスタッフの非状態理論
    フロイトによる催眠の使用
    記憶の増進と誤った記憶症候群

5
アウェアネス

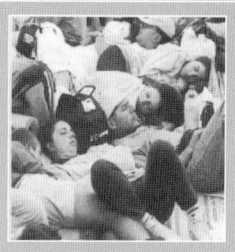

図 5-1

　私たちの意識にはさまざまな状態がある。たとえば，寝ているときと起きているときの意識状態はまったく違うものだ。さらに，寝ている状態では，夢を見ているときと見ていないときを区別する必要があるだろう。もちろん日中も（起きているときも）私たちの意識状態はさまざまに変化する。これは主に体のリズムによるものだ。意識には少なくとも二つのレベルがあり，高次のレベルは自己意識と内省に関連があるようだ。

　意識状態を変化させるさまざまな方法がある。薬物を使用する方法には，合法的なもの（例：アルコール）も，非合法なもの（例：エクスタシー［アンフェタミン系薬物］）もある。意識状態を催眠によって変化させることもできる。ポール・マッケンナのテレビ番組などから，催眠に興味をもっている人も多いだろう。催眠について考えるうえで重要な問題は，催眠が特別な意識状態を作り出すか，否かである。現在のところ，特別な状態を作り出すと考える心理学者もいれば，そうでない研究者もいる。

体のリズム

　さまざまな体のリズムがあり，それらは生物学的・生理学的リズムと心理学的なリズムに分けられる。最も重要な体のリズムは睡眠－覚醒サイクルである。もちろん他のサイクルも人間の行動に影響を与える。

生物学的リズム

　多くの人間における生物学的リズムは24時間ごとのサイクルとなっている。これを**日周期リズム**（circadian rhythms）と呼ぶ。

　グリーン（Green, 1994）によれば，ほ乳類にはおよそ100もの異なる日周期リズムがある。たとえば，人間の場合，1日の中で体温は午後の遅い時間で最も高く，朝早く最も低くなる。他の日周期リズムの例として，人間の場合睡眠－覚醒サイクルや脳下垂体におけるホルモン分泌を挙げることができる。

　人間にはこれ以外の体のリズムもある。生理学的あるいは心理学的なプロセスの周期的な変化によりそのリズムが生ずる。日周期リズム以外には，インフラディアンリズムやウルトラディアンリズムがある。**インフラディアンリズム**（infradian rhythm）は1日以上の周期をもつリズムを指す。最もよく知られたインフラディアンリズ

キー用語

日周期リズム：24時間ごとに繰り返される生物学的なリズム。

インフラディアンリズム：1日以上の周期で起こる生物学的リズム。

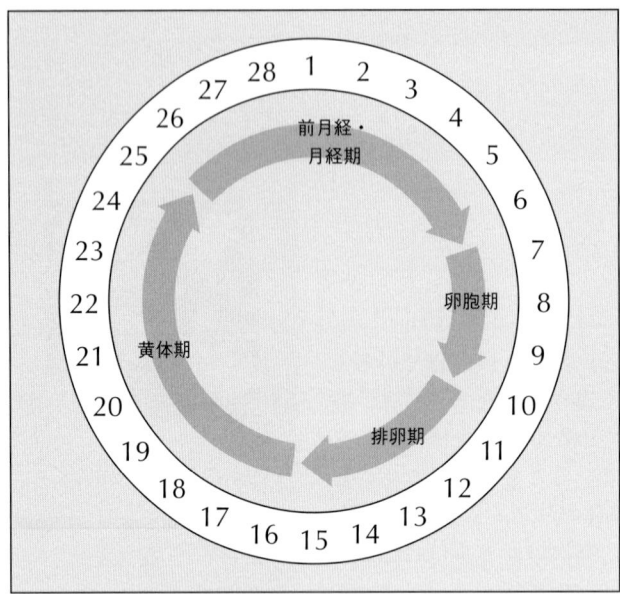

図5-2 28日からなる平均的な人間の生理周期。サイクルの中で個人差がある。また、それぞれの段階がわずかに重なり合う。

ムの例は，人間の生理周期であろう。これはおよそ28日周期である。人間の生理周期における段階の変化はホルモンによってもたらされる。生理周期には下に示す四つの段階がある。

・卵胞期：卵胞刺激ホルモンが増加し，卵胞が卵子の周りで大きくなる。その後卵胞はエストロゲンの分泌を始める。
・排卵期：エストロゲンは視床下部を刺激し，脳下垂体から，黄体ホルモンと卵胞刺激ホルモンの分泌が始まる。黄体ホルモンの増加によって，卵胞から卵子が放出される。
・黄体期：卵子を放出した卵胞でプロゲステロンの分泌が始まる。結果として，子宮内膜が受精卵を着床できる状態になる。
・前月経・月経期：卵子が卵管に入る。受精していなければ，プロゲステロンとエストラディオルのレベルは減少する。

ウルトラディアンリズム（ultradian rhythm）は，1日以下のサイクルをもつリズムである。睡眠中に起こる90分程度の周期的なサイクルがよい例である。これについては後で詳しく説明する。

睡眠-覚醒サイクル

24時間の睡眠-覚醒サイクルは特に重要であり，他の日周期リズムにも影響を与える。たとえば，体温は，1日の中で起きている時間の半分を過ぎたところ（午後遅く）で最も高くなり，寝ている時間の半分を過ぎたところ（およそ午前3時）で最も低くなる。なぜ，睡眠-覚醒サイクルは24時間なのだろうか？　もしかすると，睡眠-覚醒サイクルは，昼と夜の明るさの違いのような外界の出来事に強く影響されるかもしれない。また，夜明けがおよそ24時間ごとに起こることも関連するかもしれない。あるいは，睡眠-覚醒サイクルは**内発的**（endogenous）なものである可能性もある。体内のメカニズムあるいはペースメーカーのようなものが睡眠-覚醒サイクルの基礎となるのかもしれない。

外的な要因

どのようにすれば睡眠-覚醒サイクルが外的と内的のどちらの要因によるか調べられるだろうか？　一つの例として，通常の昼夜のサイクルから隔離され常に暗い状態に置かれた研究協力者の行動を調べる方法がある。2ヶ月間真っ暗な洞窟で暮らしたミシェル・シフ

起きているときに効率よく行動ができることと体温にはどのような関連があるだろうか？

キー用語
ウルトラディアンリズム：1日以下の周期で起こる生物学的リズム。
内発的：内的な生物学的メカニズムに基づく。

レ（Michel Siffree）の例がある。洞窟生活のはじめ，明確な睡眠 - 覚醒のサイクルは観察されなかった。しかし，しばらくすると通常の24時間周期ではなく，25時間周期の睡眠 - 覚醒サイクルで彼は生活するようになった（グリーン，1994）。ウィーヴァー（Wever, 1979）は隔離された状況で数週間から数ヶ月生活した研究協力者について検討し，多くのものが25時間周期に落ち着くことを見出した。

これらの結果は睡眠 - 覚醒サイクルがおおむね内発的であることを示している。ただし，内発的な睡眠 - 覚醒サイクルと私たちの通常の睡眠 - 覚醒サイクルには違いがある。この違いは，陽の光や夜の暗さなどの外的な手掛かりも通常の睡眠 - 覚醒サイクルを維持するために大切であることを示している。生物学的なリズムを部分的にコントロールする外的な出来事を，専門用語で**同調因子**（zeitgeber）という。

> **キー用語**
> **同調因子**：生物学的リズムを部分的に決定する外的な出来事。

内的な要因

睡眠 - 覚醒サイクルのペースメーカーに関わる内発的なメカニズムについて幾つかわかっていることがある。グリーン（1994, p.136）は以下のように述べた。

> 重要なペースメーカーは視床下部の一部である視交叉上核である。この部位は眼の網膜から神経入力を直接受けている。それが，次に松果体へ軸索を延ばし，ホルモンの一種であるメラトニンの生成と分泌を刺激する。

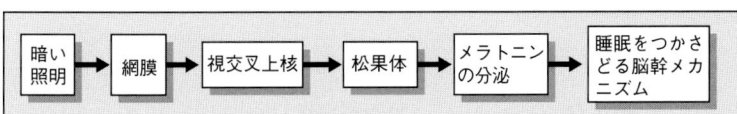

図5-3　睡眠に関わる生理学的なプロセス

視交叉上核の神経細胞には自然な日周期発火パターンがあり，この部位の損傷によって日周期リズムが消失することがわかっている。

睡眠の生理学的プロセスの詳細はカードウェルら（Cardwell et al., 1996）に詳しく述べられている。網膜から視交叉上核へ直接の入力があることは，目に入ってくる光の量が視交叉上核の活動に影響を与えることを意味する。これが松果体におけるメラトニン分泌に影響し，光のレベルが低いほど多くメラトニンが分泌される。メラトニンは睡眠を制御する脳幹メカニズムに影響を与え，眠るタイミングや起きている時間をコントロールするのである。

ショーシャら

メラトニンの睡眠 - 覚醒サイクルの関与について最も重要な研究はショーシャら（Schochat et al., 1997）が行った。この研究では極短睡眠 - 覚醒パラダイムが用いられた。実験に参加した6名の男性研究協力者は朝7時から明くる日の正午までの29時間を実験室で過ごした。実験中，7分間完

> **キー研究評価―ショーシャら**
>
> ショーシャらの結果はメラトニンが睡眠-覚醒サイクルに関わっていることを示した。しかし，実験室で睡眠をとることは生態学的な妥当性を欠いているかもしれない。実験における要求特性と評価への不安が研究協力者に影響する可能性がある。この影響はホルモンレベルに及ぶかもしれない。また，ショーシャの実験に参加した研究協力者は，男性のボランティア6名と少なく，母集団を代表しているとは言いがたい。ただし，この研究は，他の多くの研究同様，将来の研究を行うための重要な基礎を与えてくれることは間違いない。

全な暗室でベッドに横たわる機会が20回あり，そのたびに研究協力者は眠るように努めた。この方法でショーシャらは，1日の中のさまざまな時間における睡眠傾向（眠りやすさ）の違いを調べた。

最も睡眠傾向が高くなる時間帯はスリープゲートとして知られ，これは夜遅くであった。一方，睡眠傾向が最も低くなるのはスリープゲートの少し前の夕方であった。

ショーシャらの実験において，1時間に3回，血中のメラトニン濃度が測定された。そして，「日周期リズムとメラトニンの間に時間的に近接した正確な関連があり，夜間のメラトニン分泌はスリープゲートに100～120分先立って起こることがわかった（1997, p.367）」。この関連性は，メラトニン増加と睡眠傾向の増加の因果関係を必ずしも意味しない。しかし，ショーシャはメラトニンと睡眠傾向の関連を示唆する他の研究に言及し，彼らの妥当性を主張した。たとえば，睡眠障害をもつものには，2時間前のメラトニン服用が効果的であることが述べられた。

議論のポイント
1. ショーシャの研究のよい特徴は何か？
2. 彼らの研究アプローチの限界は何か？

近年，青色光受容体が重要だとする研究結果もある。ホークス（Hawkes, 1998, p.9）によると，

> あるアメリカの研究者が体内時計に関わる新しい光受容体，青色光受容体を発見した。この受容体には日周期リズムをコントロールする機能があるようだ。日周期リズムは血圧や知的活動，睡眠などを制御する。青色光受容体は眼，皮膚，そして，体内時計に関わる脳内部位で見つかっている。

これまでのところ，一つの内発的メカニズム，あるいは体内時計があると考えられてきた。しかし，実際はもう少し複雑のようだ。長い間隔離して生活を行った研究協力者の多くは，睡眠-覚醒サイクルと体温サイクルで異なる変化パターンを示すようになる（ウィーヴァー, 1979）。この結果は，睡眠-覚醒サイクルと体温サイクルが異なる体内時計によって制御されることを強く示唆する。

時差ボケと夜間勤務の効果

私たちの日常生活では，内発的な睡眠-覚醒サイクルと外的な出来事，つまり，同調因子はたいてい一致している。しかし，不一致が生ずることもある。最も代表的な例は時差ボケと夜間勤務であろう。

時差ボケ　時差ボケの原因は何だろうか？　飛行機の旅に時間がかかり退屈なために生ずると思っている人もいるかもしれない。だが，実際のところ，時差ボケは東から西にあるいは西から東に旅するときにだけに生ずるのである。時差ボケは，体内時計と外界の出来事の不一致によって生ずる。たとえば，スコットランドからアメリカの東海岸へ旅行することを考えよう。あなたが朝11時にスコットランドを出るなら，出発地時間の午後5時にボストンに着くことになる。このとき，ボストンはまだ正午なのだ。この5時間の時差のせいで，ボストンの午後8時頃になるとあなたは疲れ切ってしまうことだろう。

クラインら（Klein *et al*., 1972）は，時差ボケの解消が西行きのとき，東行きに比べ容易であることを示した。この差は出発地にかかわらず観察される。東行きの場合，時差ボケを解消するにはタイムゾーンごとにおよそ1日かかる。したがって，ボストンからイギリスに飛行機で行く場合，完全に時差ボケを解消するなら，およそ6日はかかることを覚悟しなければならない。

なぜ，西行きのとき時差ボケの解消は容易なのだろうか？　これは西行きの場合，旅行によってその日の時間が延びるのに対し，東行きの場合は縮まるからである。内発的な睡眠 - 覚醒サイクルは25時間なので24時間以上の長さに合わせることは，それ以下の長さに合わせるよりも簡単なのである。

夜間勤務　夜間勤務はどうだろうか？　夜間勤務には二つの問題がある。つまり，眠りたいときに働かなければならず，起きていたいときに眠らなければならない。夜間勤務には，幾つかの種類があるが大きく二つに分けられる（モンクとフォルカード Monk & Folkard, 1983）。一つは高回転シフトで，ある勤務時間で一度か二度

図5-4　時差ボケはタイムゾーンを越えて頻繁に移動する航空乗務員にとっては深刻な問題である。

ケーススタディ：メラトニンと航空乗務員

アメリカではメラトニンが普通の薬局で手に入る。これを時差ボケの特効薬だと宣伝するむきもある。時差ボケは疲労，頭痛，睡眠障害，イライラ，消化不良などを引き起こす。これらはすべて飛行時の安全にとってよいものではない。興味深いことに，これまで報告されたメラトニンの副作用にこれらの症状も含まれるのである。メラトニンは非常に安全な薬品だと主張する研究者もいる。しかし，現時点で長期にわたってその副作用を調べた研究はない。

メラトニンが私たちの体内時計の機能に重要なはたらきをしていると考える科学者もいる。これまでの研究は，メラトニンが睡眠障害を解決し，さらに体内時計が新しいタイムゾーンに慣れる能力を向上させることを示している。しかし，医療関係者はこの結果に注意を呼びかける。メラトニンは世界中のさまざまなタイムゾーンを飛び回る人にとってよい処方箋になるとは限らない。新しいタイムゾーンで3日以上過ごす予定がない限り，メラトニンを使うべきでないと考える研究者もいる。国際線の航空乗務員は多くのタイムゾーンを経る長時間の飛行勤務を日常的に経験する。飛行勤務の後，たいていは24時間地上で過ごした後，また長時間の飛行勤務で復路に着く。24時間の地上待機のため，往路が夜の勤務の場合，復路が昼になる。往路が昼の場合，その逆である。このような不規則な勤務は，たいてい長時間の睡眠をとらず連続して行われる。このような状況でのメラトニンの使用を研究者たちは不適切だと考えている。

メラトニンを服用するタイミングは非常に重要である。睡眠 - 覚醒サイクルが回復するのはメラトニンを飲んだ後眠ることができる場合のみである。メラトニン服用後，睡眠をとれない研究協力者はかえって日周期リズムが長くなってしまう。さらに心配なことに，メラトニンの運動や認知機能に対する影響にはわかっていないことが多い。メラトニンの鎮痛作用も不確かである。

残念ながら，メラトニン服用時の飛行時のパフォーマンスについての研究結果はこれまで発表されていない。アメリカ空軍が，現在，検討を行っているところである。現時点で，アメリカ空軍でメラトニンの日常的な使用は認められていない。メラトニンの研究に参加している兵士は，服用後36時間の間，飛行勤務に就くことを禁じられている。

働くと，次はそれと異なる時間で働くよう変更される。もう一つは，低回転シフトで，ある勤務時間で働くなら，ある程度の長期間（例：毎週，毎月）その時間で勤務する。どちらのシフトにも問題はあるものの，高回転シフトが望ましい。高回転シフトではある程度一定の日周期リズムが維持できるのに対し，低回転シフトでは日周期リズムがひどく乱されるため，悪影響を被ることがある。

最も効果的な夜間勤務のパターンについてあなたなら従業員にどのようなアドバイスをするだろうか？

心理学的な日周期リズム

これまで生物学的，あるいは生理学的なプロセスに基づく日周期リズムについて中心的に取り扱ってきた。これら以外に心理学的なプロセスに基づく日周期リズムもある。たとえば，あらゆる心理的な課題成績は，1日の間で最大10％ほどの差が生ずる（アイゼンク Eysenck, 1982）。

工場における事故は1日の中で，ある特定の時間帯で生ずると思うか？

これについて，ブレイク（Blake, 1967）が行った古典的な研究がある。彼は水兵を研究協力者に幾つかの課題を行った。1日の中で，異なる五つの時間（8：00, 10：30, 13：00, 15：20, 21：00）で課題成績を比較したところ，ほとんどの水兵で成績が最もよかった時間は21：00で，二番目は10：30であった。ただし，その後の研究では，夜ではなく，正午付近に最もよくなるという結果が得られている（アイゼンク, 1982）。

なぜ，正午に成績がよくなるのだろうか？　なぜ，朝早く，あるいは夜遅くではないのだろうか？　エイカーステット（Akerstedt, 1977）はこの問題について検討した。質問紙によって自己の覚醒状態を評定させたところ，やはり正午付近で覚醒状態が最もよいという結果が出た。また，研究協力者のアドレナリンの分泌量を測定したところ，正午で最も多くなった。アドレナリンは生理学的な覚醒状態に結びついた自律神経系のホルモンである（第3章参照）。心理学的な活性（＝覚醒状態評定）も生理学的な活性（＝アドレナリン分泌）も正午で高くなることは，正午で課題の成績が最も優れることとよく一致する。ただし，生理学的な覚醒が曖昧な概念であることに注意する必要がある。エイカーステットが測定した心理学的，そして生理学的な活性と課題成績との因果関係は慎重に議論しなければならない。これらはあくまでも相関データなので，課題成績が生理的な活性に依存するかはわからない。

■やってみよう：覚醒状態を測定する質問紙を作成し，ボランティアの研究協力者に配布してみよう。研究協力者にそれを決められた間隔ごとに，何日かにわたって回答してもらおう。そして，覚醒の度合いから，いわゆる「朝型人間」と「夜型人間」がいるのか調べてみよう。さて，この調査における方法上の問題は何だろうか？

ブレイク（1967）は多くの研究協力者の成績が10：30に比べ，13：00で悪くなることを示した。この成績の低下は昼食のすぐ後に起こるもので，「昼食後の落ち込み」として知られている。消化に関わる生理学的プロセスがぼんやりとした状態を生じさせ，作業の効率を落とすと考えられる。

インフラディアンリズム

インフラディアンリズムは1日以上の周期をもつ体のリズムのこ

とである。最もわかりやすい例は，女性の生理周期である。進化的な視点から考えると，女性は排卵期，すなわち生物としての生産性が最も上がる時期に性的に活発になると予測される。このようなパターンはアフリカの新婚女性で観察されている（ヘドリクス Hedricks et al., 1987）。しかし，ヨーロッパやアメリカでは行った研究では観察されなかった。この違いは，アフリカの新婚女性の多くが妊娠を望むのに対し，ヨーロッパやアメリカではそうではないために生ずるのかもしれない。

月経前症候群

月経前症候群（pre-menstrual syndrome）は生理周期の重要な側面である。これは，多くの女性が緊張，抑うつ，頭痛などを月経の数日前に経験することを指す。ただし，30～40％の女性はほとんど，あるいはまったくこのような症状を示さない。女性は，他の時期と比較すると，月経が始まる少し前に犯罪を犯しやすくなる（ドルトン Dalton, 1964）。これはおそらく月経前症候群によるものである。

文化の違いにかかわらず月経前症候群が存在することを示す結果がある（マキルヴィーンとグロス McIlveen & Gross, 1996）。これは月経前症候群が環境的要因ではなく，生理学的要因で決定されることを示唆する。ただし，生理周期のサイクルは環境要因によっても変化する。レインバーグ（Reinberg, 1967）は暗い洞窟で3ヶ月間暮らした女性の例を報告した。この女性の場合，生理周期のサイクルが26日に縮まった。

> キー用語
> 月経前症候群：緊張や抑うつなど月経前に多くの女性が経験する症状。

> 月経前症候群
> 「月経前症候群」を定義することは難しいことが指摘されている（例：バンカー－ローボー Bunker-Rohrbaugh, 1980）。研究で使われる質問紙には，否定的な内容を問うバイアスがある。たとえば，質問紙は「どのくらい落ち込んでいるか」「どのくらい不安か」を聞くもので，「どのくらい気分がよいか」を聞くものではない。西洋文化圏の女性にとって，月経はネガティブなものである。一方，これ以外の文化圏ではむしろおめでたいものであることもある。このような文化な違いもこの分野における研究にバイアスを生じさせるかもしれない。

年周期リズム

年周期リズム（circannual rhythm）はおよそ1年のサイクルをもつ生物学的リズムである。このようなリズムは人間よりも他の動物，特に冬眠をする動物によくあるものだ。ペンジリーとフィッシャー（Pengelley & Fisher, 1957）は，リスを使って年周期リズムについて研究した。彼らはリスのためにきわめて統制された環境を整えた。気温は常に0度に保たれ，1日12時間照明が照らされるようになっていた。すなわち，環境の変化はない。その中にリスを置いたところ，10月から冬眠を始め，それは翌年の4月まで続いた。冬眠の間，37度あった体温は1度まで下がった。リスの年周期リズムは1年より短くおよそ300日であった。

> キー用語
> 年周期リズム：およそ1年のサイクルをもつ生物学的リズムのこと。

季節性気分障害

季節性気分障害（seasonal affective disorder）に苦しむ人もいる。季節性気分障害は年周期リズムに似ている。冬の時期に経験される抑うつが季節性気分障害の大部分である。ただし，夏に抑うつを経験する人もわずかながらいる。季節性気分障害は，メラトニンの生

> キー用語
> 季節性気分障害：冬の間に起こる抑うつ障害。

図5-5 季節性気分障害に悩む若い患者。図中右にある光源から光を浴びる光線療法を受けている。

成量が季節によって異なることが原因である。メラトニンとは松果体から分泌されるホルモンである（バーローとデュランド Barlow & Durand, 1995）。メラトニンの多くは夜に作られる。したがって夜が長い冬に多く作られる。予測できるかもしれないが，季節性気分障害は夜が極端に長くなる，緯度の高い地域，特に北方に多く観察される。ターマン（Terman, 1988）はアメリカ北部のニューハンプシャーに住む人々のおよそ10％が季節性気分障害に悩んでいることを報告した。同じアメリカでも南にあるフロリダではたった2％だけが季節性気分障害に悩んでおり，この差は大きい。

　光線療法が季節性気分障害の治療にはよいだろう（バーローとデュランド，1995）。この療法では，気分障害で悩む人を朝起きた後2時間強い光に当てる。これによりメラトニンの生成が抑えられると考えられている。ただし，バーローとデュランド（1995, p.256）によれば，「これまでの研究ではきちんと統制された条件が用いられてこなかった。そのため光線療法の効果にはきちんとわかっていないことが多い。また，メラトニンが実際どのように作用するか，本当に原因なのかは明らかになっていない」。

睡　眠

　睡眠は生活の重要な一部である。私たちは一生のうちおよそ3分の1を眠って過ごす。睡眠を理解するためのさまざまな方法がある。その中で，脳電位が特に重要である。頭皮につけられた電極によって脳の電気的活動を連続的に測定することが可能になる。測定された脳電位の変化がトレースとして記録される。眼球運動を記録した眼電位や筋肉の動きを記録した筋電位も有用な生理学的指標である。

　脳電位の活動は周波数と振幅という二つのパラメータから記述される。周波数は1秒間に繰り返される振動の数である。振幅は，振動における最大値と最小値の差を半分にしたものである。脳電位活動を記述する場合，周波数がよく使われる。

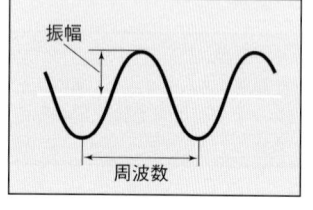

図5-6

睡眠の段階

　デメントとクレイトマン（Dement & Kleitman, 1957）は睡眠には五つの異なる段階があることを報告した。これは睡眠に関する生理学的研究で最も重要な知見である。

- 第一段階：脳電位にアルファ波（1秒あたり8〜12サイクルの波）が現れる。眼がゆっくりと回るように動き心拍数，筋肉の緊張，体温が低下する。これはいわゆるウトウトの状態である。
- 第二段階：脳電位の波はゆっくりと大きくなる。ただし，大きな波は

トゲのような高周波数の睡眠紡錘波を伴っている。少し眼電位活動がある。
- 第三段階：眼電位と筋電位の記録は第二段階と変わらない。しかし，脳電位はゆっくりとした大きなデルタ波である。わずかに睡眠紡錘波もみられる。これまでの段階より深い眠りに落ちている。
- 第四段階：さらに第三段階よりもデルタ波が多くなり，眼電位や筋電位の活動はほとんどない。これまでの段階で最も深い眠りで，徐波睡眠と呼ばれる。
- 第五段階：高速眼球運動と非常にわずかな筋電位が観察される。脳電位は第一段階とよく似ている。この段階は，高速眼球運動（Rapid Eye Movement）を伴うことからレム睡眠と呼ばれる。レム睡眠は逆説的睡眠と呼ばれる。なぜなら脳電位は比較的活発に活動しているにもかかわらず，他のどの段階よりも睡眠から覚ますのが困難だからである。

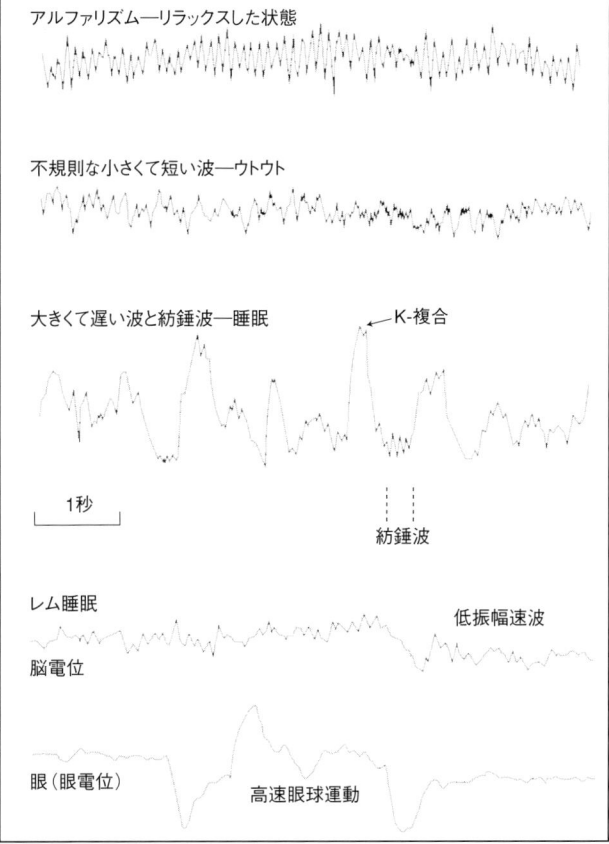

図5-7　脳電位の例

　一〜四段階までの少しずつ深くなる睡眠段階が終わると，この進行過程は逆転する。すなわち，一，二，三，四と進んだのち，三，二，へと戻るのである。この一度戻った第二段階のあと，第五段階，レム睡眠へ睡眠状態は変化する。レム睡眠が終わると，また新たな睡眠サイクルが始まる。このサイクルでは第一段階が省かれる。睡眠サイクルは全体でおよそ90分である。私たちは通常の睡眠の場合およそ5回このサイクルを繰り返す。一つの睡眠サイクルにおけるレム睡眠の割合は，サイクルが重ねられるほど増える傾向がある。

議論のポイント
1. なぜ，睡眠に複数の段階があるのか考えよう。
2. なぜ，睡眠が必要なのか考えよう。それについて書かれた部分を読む前に自分で考えみよう。

レム睡眠

　レム睡眠は睡眠の中で最も興味深い段階である。アセリンスキーとクレイトマン（Aserinsky & Kleitman, 1955）はレム睡眠が夢と関連することを見出した。実験においてレム睡眠中の研究協力者を起こしてたずねたところ，ほとんどの研究協力者はそのときちょうど夢を見ていたと答えた。ただし，夢はレム睡眠のときに見るだけで

はない。徐波睡眠中に起こされた研究協力者のうちおよそ30％は夢を見ていたと答えた（グリーン，1994）。もちろん，レム睡眠のときに70〜75％が夢を見ていたと報告することと比べれば多くはない。しかし，30％は決して少ない数字ではない。

レム睡眠時の夢は他のものと異なっている。レム睡眠のときは夢が鮮やかで詳細なのに対し，それ以外のときは詳細が不確かでまとまっていない（マキルヴィーンとグロス，1996）。

睡眠剥奪

私たちは1日のうちおよそ3分の1を寝て過ごす。これを足し合わせると一生でおよそ20万時間も寝ることになる。このような膨大な時間を費やす睡眠が何か重要な機能を担っていると考えても決しておかしくはないだろう。しかし，この重要な機能を見つけるのはなかなか難しい。なぜ眠るかを検討するために，眠らせないと何が起こるか調べてみるという方法がある（睡眠剥奪）。睡眠を剥奪されたとき生じる問題や損なわれる機能が，睡眠を必要とする機能だと考えられる。

睡眠を奪われても私たちは驚くほどうまくやっていくことができる。ピーター・トリップというニューヨークのディスクジョッキーの例を検討してみよう。彼はチャリティーの一環として，不眠マラソンに参加した。そして，8日間すなわち200時間も連続して起きていることができた。ただし，彼は妄想や幻覚に悩まされた（例：机の引き出しが燃え出すという幻覚を見た）。これらの妄想は非常に深刻で彼の正確な心理機能を調べることも困難なほどであった。ただし，1週間以上も眠らなかったことによる悪影響が長期にわたって生ずることはなかった。なお，彼が十分に統制された状態で調べられたわけでないことには留意しなければならない。

ホーン（Horne, 1988）はランディー・ガードナーの事例を取り上げた。ガードナーは，1964年に11日間，264時間にわたって起き続けた当時17歳の高校生である。11日の不眠期間が終わりに近づくと，彼はきちんと言葉がしゃべられなくなったり，目がひどくぼやけたり，偏執的な妄想にとらわれた（例：他人が彼のことをバカだと思っている）。ガードナーは本来眠るはずの80〜90時間を眠らずに過ごした。しかし，驚くほど少ししか問題を生じさせなかった。彼は，トリップに比べて3日も多く起きていたにもかかわらず，睡眠剥奪による影響がトリップより少なかった。

ガードナーは264時間起き続けた後，15時間眠った。彼は，その後数日間，夜はいつもより長く眠った。そして通常の睡眠パターンに戻った。彼は眠らなかった80〜90時間のうち，25％（およそ20時間）しか回復のために必要としなかった。しかも，その短い時間にもかかわらず，彼は奪われた睡眠のうち70％の第四段階の睡眠と，50％のレム睡眠を取り戻すことができた。つまり，回復期における睡眠時間の多くが第四段階の睡眠とレム睡眠に当てられた。この結果は，第四段階の睡眠とレム睡眠が特に重要であることを示唆して

いる。
　ただし，睡眠剥奪が非常に長くなると問題は深刻になる。マキルヴィーンとグロス（1996）は非常に長い睡眠剥奪によって深刻な結果が生じること示す，レヒトシャフェンら（Rechtschaffen et al., 1983）の研究結果を取り上げた。レヒトシャフェンらは，水槽の上に備えつけられた円盤を用意した。被験体としてラットが用いられ，二種類の実験群に分けられた。一方は，実験中眠ることができない睡眠剥奪群で，もう一方は眠ることができる睡眠可能群であった。実験でそれぞれのラットは円盤の上に置かれ，連続的に脳電位が測定された。睡眠剥奪群では，ラットの脳電位に睡眠の兆候が現れると円盤が回転し，ラットが水に落ちるようになっていた。逆に睡眠可能群のラットでは，脳電位に睡眠の兆候が現れると円盤が止まるように設定されており，眠ることが可能だった。睡眠剥奪群のラットは実験開始後，すべて33日以内に死亡した。睡眠可能群ではすべてのラットは健康であった。
　ラットの結果を人間にそのまま適用することは難しい。しかし，ルガレッシら（Lugaressi et al., 1986）の症例報告はまったく睡眠をとれないことが人間にとっても危険であることを示している。ルガレッシによれば，睡眠をつかさどる部位に脳損傷を受けた結果まったく眠れなくなった患者は，当然のことながら，心身ともに疲れ果て，通常の生活を営むことはできなかったそうである。

レム睡眠の剥奪
　先にランディ・ガードナーのケースで，彼が他の睡眠よりもレム睡眠を優先的に回復させたことを述べた。デメント（Dement, 1960）はレム睡眠とノンレム睡眠の違いを体系的に検討した。ある研究協力者は数日にわたってレム睡眠を剥奪され，ある研究協力者はノンレム睡眠を剥奪された。一般的に，レム睡眠を剥奪された研究協力者で症状が深刻であり，攻撃性の増加，集中力の減退が観察された。レム睡眠を剥奪された研究協力者はそれを回復しようと試みることもわかった。実験の当初，レム睡眠は一晩に12回観察された。レム睡眠の剥奪を数日にわたって続けると，7日目にレム睡眠が一晩あたり26回に増加することがわかった。彼らが妨害されずに眠れるようになると通常よりもはるかに長い時間をレム睡眠に使った。この現象はリバウンド効果として知られている。

課題の遂行成績
　睡眠を剥奪された研究協力者の課題成績がどのように変化するか統制された環境下での研究が行われてきた（レビューとして，アイゼンク，1982）。最初の3日間は，課題が複雑で興味深いものなら睡眠剥奪による悪影響はあまり大きくない。しかし，課題が単調でつまらない場合，課題の成績は悪くなる。特に課題を朝早く行うときや長い時間にわたって行うときにこの傾向がみられる。ビジランス課題がよい例である。この課題ではごくたまに提示されるシグナル

あなたは1日にどのくらいの睡眠時間が必要だろうか？　十分に眠れないとどのような気分になるだろうか？

倫理的問題：倫理的な問題に直面することなく，人間を研究協力者として睡眠剥奪の実験を行うことができるだろうか？

図5-8 航空管制官は昼も夜もスクリーン上の小さな光のわずかな変化に注意を向けていなければならない。しかし、その小さな光の一つひとつは飛行機であり、その自覚がモチベーションを上げ、注意のレベルを高く保つのを助ける。

（例：弱い光）の検出が求められる。睡眠が剥奪されたときこのような課題の成績は非常に悪い。

　これらの結果は何を意味するだろうか？ ウィルキンソン（Wilkinson, 1969, p.39）によれば、「睡眠剥奪の本当の効果が、研究協力者のやる気ではなく、研究協力者の能力に影響を及ぼすかは評価が難しい問題である」。ウィルキンソンの研究は睡眠剥奪による悪影響が、研究協力者を適切に動機づければ消失することを報告した。この結果は他の研究でも観察された。これらの結果は眠っていない研究協力者の悪い課題成績は、彼らの能力ではなく、やる気に原因があることを示唆するかもしれない。

時間の効果

　睡眠略奪の最初の3日間に起こる最も大きな問題は、退屈な課題に対する成績の低下である。そして、4日目の夜になると、ごく短い（2〜3秒）眠りが起こるようになり、研究協力者はその間反応ができなくなる（ヒューバー－ヴィードマン Huber-Weidman, 1976）。加えて、長時間の睡眠剥奪は、いわゆる「帽子現象」を生じさせることがある。これは長く眠りを奪われると、あたかも頭にきつい帽子をかぶっているような感覚が生じてくることである。睡眠剥奪5日目の夜になると問題はもっと深刻なる。たとえば、妄想が出てくるようになる。これはピーター・トリップも経験したことである。さらに6日目になると、自己感覚の一時的な喪失が起こり、周りの人や環境と対応していくことが困難になる。これらの症状はランディ・ガードナーが経験したことでもある。睡眠剥奪精神障害という用語はこの症状に対して使われる（ヒューバー－ヴィードマン, 1976）。ただし、これは実際の症状を若干誇張して記述している。

　さて、なぜこの項の記述は睡眠剥奪の心理学的な側面だけを取り上げたのだろうか？ これは身体的、生理学的な効果は比較的小さいからである。アイゼンク（1982）は幾つかの研究をまとめ以下のように述べている。

> 睡眠剥奪は環境が刺激的でなく単調なとき、感情の喚起を低減させる。ただし、さまざまな要求があったり、ストレスを感じたりする状況である場合は必ずしも一貫した効果があるわけではない。（中略）感情の喚起レベルは睡眠剥奪と環境からの刺激の相互作用で決定される（p.147）。

睡眠の理論

睡眠の機能について幾つかの理論が提唱されてきた。これらの理論は大きく二つに分けることができる。

1. 回復・修復理論
2. 適応・進化理論

これからこの二つの理論について検討する。その後，レム睡眠の機能について詳細に取り上げる。またレム睡眠に関する主要な理論についても議論する。

回復・修復理論

睡眠の重要な機能は，おそらく，エネルギーを蓄え体内組織の修復を行うことだろう。これが回復・修復理論の中心的なアイデアである。代表的なものとして，オズワルド（Oswald, 1980）やホーン（1988）がある。これらの理論は生理学的システムにおける睡眠の肯定的な効果に焦点を当てている。もちろん，睡眠は心理学的なシステムにも効果があるかもしれない。すなわち，睡眠は心理的な機能の修復に役立つ可能性がある。

アリソンとシチェッティ（Allison & Cicchetti, 1976）の研究は，回復・修復理論を支持する重要な研究である。彼らは39種のほ乳類を対象に徐波睡眠とレム睡眠の時間の長さを測定し，種々の生物学的指標との関連を調べた。体重と徐波睡眠の長さに最も強い統計的な関連がみられ，体重が小さいほど徐波睡眠，レム睡眠を長くとることがわかった。体重と代謝率には相関のあることが知られている。この代謝率にも徐波睡眠と統計的な関連がみられた。一方，危険に対する弱さ（例：獲物になりやすさ）とレム睡眠に最も強い統計的な関連がみられ，危険に弱い種ほどレム睡眠が短くなることがわかった。

代謝率と徐波睡眠の関連が回復理論にとって特に重要である。この関連はさまざまに解釈できる。しかし，小さいほ乳類が高い代謝率をもつことを考えると，睡眠によってエネルギーを補充することがこれらの動物には特に必要だと考えられる。すなわち，この事実は回復理論を支持する。

オズワルド（1980）は，徐波睡眠が体の回復に役に立つと述べた。彼が指摘したように，徐波睡眠中は脳下垂体から成長ホルモンが放出される。これがタンパク質の合成を促し，体の組織の回復に寄与すると考えられる。彼はさらにレム睡眠中にも重要な回復プロセスが生ずると主張した。この主張を支持する知見として，脳の成長が

なぜ小さな生きものは大きな生きものより多くの徐波睡眠が必要なのだろうか？

短いレム睡眠は獲物になりやすい動物にとってどのような利点があるだろう？

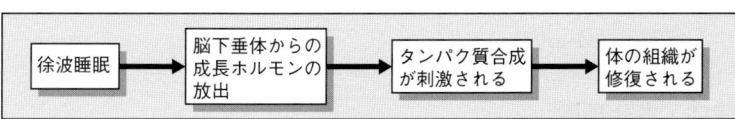

図5-9

図5-10 たくさん運動をした場合普段より多くの睡眠が必要となることを示す研究がある。しかし、ほとんどあるいはまったく運動をしない人の睡眠が少なくてすむことを示した研究はない。

著しい新生児では睡眠の大部分をレム睡眠が占めることがある（グリーン, 1994）。

シャピロら（Shapiro et al., 1981）の研究にも、オズワルドの回復理論を支持する知見がある。57マイル（およそ97 km）を走るウルトラマラソンの選手を調べたところ、選手たちはマラソン後の二晩、普段より1時間半ほど長く眠った。また、このとき徐波睡眠の量が特に増えた。この結果をみると、ほとんど運動をしない人は少ない睡眠時間ですむように思えるかもしれない。しかし、そのような結果はいまのところ得られていない。

レム睡眠と徐波睡眠の重要性は前節のランディ・ガードナーの例からも支持される。長い睡眠剥奪の後、彼は徐波睡眠とレム睡眠を、他の睡眠段階よりも多くとった。

ホーン（1988）はオズワルド（1980）の回復理論と類似した理論を提唱した。ホーンは人間が覚醒時にエネルギーをあまり消費しないリラックスした状態でいることに注目した。そして、オズワルドとの違いとして、体の組織の修復は、眠っているときでなく、リラックスした覚醒状態のとき起こると主張した。ホーンは睡眠剥奪によってランディー・ガードナーに起こったトラブルが、体の生理的な過程ではなく、脳の過程に関わるものであることに注目した。これは睡眠が体の組織の修復に必ずしも不可欠ではない可能性を示唆している。

これまでに述べたように、睡眠には心理学的な機能を回復する役割があるかもしれない。たとえば、これまでに気分と睡眠の質の関係について多くの研究が行われてきた。不眠障害をもつ人は、不安や心配を多く抱える傾向がある。この事実の解釈は難しい。多くの場合、睡眠不足によって心配事が増えるというより、心配事が睡眠を妨げると考えられる。ベリーとウェブ（Berry & Webb, 1983）は、よく眠った次の日は、不安感情の自己評定がそうでない日よりも低くなることを報告している。

よく眠った後心配事や問題がなくなった経験はあるだろうか？ これを睡眠の機能として考えることは妥当だろうか？

内藤（Naitoh, 1975）は、一晩の睡眠剥奪が気分に与える効果について考察した。睡眠剥奪の効果は一貫してネガティブであった。睡眠を剥奪された研究協力者は、そうでない研究協力者に比べ、友好的でなく、緊張しており、性格が悪く、魅力的でないと、自身を評する傾向が強かった。

適応・進化理論

多くの理論によれば（例：メディス Meddis, 1979；ウェブ, 1968）、

睡眠は進化によって形作られた適応的行動である。どの種の睡眠行動も環境にひそむ脅威や危険に応じ適応的に変化する。たとえば、行動をとる必要がないとき、眠ることで、体は動かなくなり、捕食者に気づかれる可能性が減る。すなわち、睡眠により安全が確保される。視覚に依存している種の場合、夜に睡眠をとることが適応的だと考えられる。

眠ることで安全が確保されるなら、捕食される危険にある種は、捕食者よりも長く眠ることが導かれる。しかし、実際のところ、捕食者はその獲物に比べ長く眠るのである（アリソンとシチェッティ, 1976）。これは適応理論とうまく一致しないかもしれない。しかし、捕食される危険にある種は目を覚まして警戒していることで捕食を回避できるという利益がある可能性もある。これは論旨が逆転するよい例である。このような説明を用いれば、適応理論で説明できないパターンなどないであろう。

ピレリ（Pilleri, 1979）は、環境における脅威が睡眠のパターンを決定する興味深い結果を報告した。インダス川に住んでいるイルカにとって、川に浮かんでいる瓦礫は1日中危険な存在である。このような状況下で、イルカは一回に数秒しか眠らなくなってしまう。常に瓦礫に対する警戒状態を保つことで自分の身を守るのである。

図5-11　コウモリには限られた視覚機能しかない。反響定位、すなわち、超音波を利用して獲物を見つける。彼らは夜行性のパターンに適応しており、昼に眠って夜に狩りをする。

評　価

回復理論と適応理論のどちらが正しいのだろうか？　回復理論は、睡眠が健康的な生活に必要不可欠だと主張する。一方、適応理論は睡眠がそれほど重要ではないと主張する。これまでまったく眠らない人がいるという報告はない。しかし、ほんの少ししか眠らなくても通常の健康的な生活を続けられる人はいる（メディスら, 1973）。

ホーン（1988）は睡眠には種によって異なる役割がある可能性を指摘した。ホーンが正しければ、睡眠について一つの理論だけが正しいのではないのかもしれない。この章では回復理論と適応理論の二つについて検討した。適応理論では、睡眠は非常に有用ではあるが不可欠ではないという考えに基づいている。この考えは、(1)睡眠がすべての種で観察されること、(2)睡眠剥奪が致命的な結果を生じさせることと一致しない。

一方、回復理論は睡眠に関して幅広い説明力があり、よく発展した理論となっている。ただし、この二つの理論は異なる焦点をもつことに留意すべきであろう。回復理論は、なぜ睡眠が重要なのかについて検討したもので、適応的理論は異なる種のそれぞれがいつ眠

睡眠についての二つの理論を念頭においたうえで、なぜ赤ちゃんが多く眠るのかを説明しなさい。

心理学の分野で二つの理論が異なる問題を扱うとき、それらの理論の比較は可能だろうか？

るか検討したものである。

夢を見る

　夢を見るのはほとんどレム睡眠の間である。そのため，レム睡眠の長さを，夢を見る長さの大まかな指標とすることができる。1日のうちレム睡眠は，新生児では9時間，大人では2時間である。すなわち，私たちは非常に長い時間を夢を見て過ごすのである（1年間でおよそ700時間）。これは夢が何か重要な役割を担っていることを示唆する。以下にみるようにこれまで夢についてさまざまな理論が提唱されてきた。

　一見，私たちはあまり多く夢を見ていないように思える。その理由は私たちが夢の中身の95％以上を忘れてしまうからである。この忘れられた夢はいったいどのようなものなのだろうか？　睡眠研究を行う研究室では，夢を見ているその瞬間に研究協力者を起こすことで幾つか興味深い知見を得ている。夢を見ているかどうかは，脳電位や眼電位の測定結果をもとに判断される。レム睡眠を示す脳波が観察されたり，眼球運動が起こっていたりすれば夢を見ている状態であると考えられる。エンプソン（Empson, 1989）は，忘れてしまう夢は，そうでないものより，普通で，変わったところがないと報告した。これは私たちが記憶している夢が決して代表的なものではないことを示唆する。したがって，私たちが記憶している5％の夢だけから，夢の一般理論を構築することは不適切である。

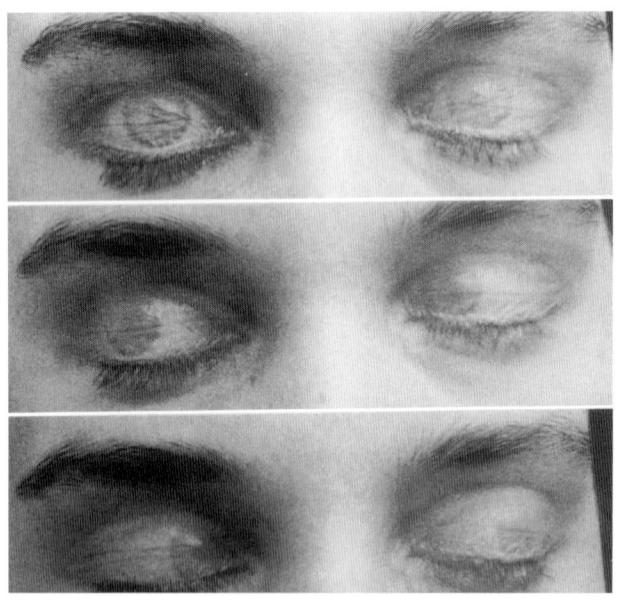

図5-12　レム睡眠時の眼球運動のモンタージュ写真

　エンプソン（1989）は，夢を見ている状態と起きているときのさまざまな違いを明らかにした。まず，夢を見ているとき，それをコントロールしている感覚をもつことはほとんどない。一方，目が覚めているとき，私たちは意識的にコントロールを行っているという感覚を常にもっているだろう。ただし，時によってとてもはっきりとした夢（明晰夢）を見ることもある。そのときは夢を見ているという感覚もあれば，夢の内容をコントロールすることもできる。ラバージュらは（LaBerge *et al.*, 1983）は，とてもはっきりと性的な夢を自由に見ることができる女性の例を報告した。彼女はその夢の中でオルガズムに達することも可能であった。

　また，夢はしばしば非論理的で，ばかげた内容なことがある。たとえば，夢の中でありえないことが出てくる（例：空中を飛ぶ）。妄想や幻覚が出てくる夢もある。

　さらに，私たちは夢を見ているとき，完全に夢にひたりきってし

まう。これをエンプソン（1989）は夢の専心と呼んだ。しかし，通常，目が覚めれば，私たちは意識的な思考に戻り，心が夢にひたりきってしまうのを避けることができる。

　夢の中心的な理論を以下に紹介する。はじめにフロイトの古典的な願望達成理論にふれ，続いて，活性 - 統合理論，逆学習理論，フォールクスとウィンソンの認知理論を紹介する。

■やってみよう：小さなグループを作って，人間の夢の機能について議論してみよう。

フロイトの願望達成理論

　ジークムント・フロイト（Sigmund Freud, 1900）が提唱した夢の理論はおそらく最も有名であろう。フロイトはすべての夢が願望の達成，主に抑圧された欲望（例：性的な欲望）を表現しているのだと主張した。このような願望の存在は，夢を見た当人にとって到底受け入れがたい。その受け入れがたさから，フロイトは夢を「夜の狂気」と呼んだ。夢として表現された願望を受け入れることができないため，実際の夢とその内容（潜在内容）を受け入れ可能な形（顕在内容）へ歪めたものが理解されるとフロイトは考えた。

　精神分析はこの潜在内容を明らかにするために用いられる。実際，フロイトによると，夢分析は無意識の心を理解するための王道だとされる。夢分析の特徴は，さまざまな夢に出てきたシンボルの意味を検討することである。たとえば，乗馬は性行為のシンボルだったり，葉巻は陰茎のシンボルだったりする。しかし，フロイト自身が述べているように，「しばしば葉巻はただの葉巻にすぎない」のである。

評　価

　フロイトは最初の体系的な夢の理論を構築したことで評価に値する。この理論の長所は，夢がしばしばまとまりを欠き，意味をもたないことに説明を与えられたことであろう。フロイトが考えたように，抑圧された19世紀末のオーストリア社会では，歪んだ形で願望達成を表現した夢を見た患者がフロイトのところにやってきたこともあったかもしれない。

　フロイトは夢が無意識的な思考と夢を見た人の感情について貴重な情報を与えると考えていた。最近の理論では夢にそこまでの機能があるとは考えられていない。しかし，夢が思考や感情など，何かしかの心理的な情報を与えることは認めている。たとえば，活性 - 統合理論（次節を参照）は私たちが夢を見ているとき，そこに意味を見出そうとすると主張している。

　願望達成理論にはさまざまな問題がある。まず，私たちが現在暮らしているような自由で寛容な社会において多くの抑制や受け入れがたい欲望があるとは考えにくい。また，夢の中には悪夢のように非常に恐ろしいものもある。これが，たとえ歪んだ形とはいえ，願望達成であるとは考えにくい。さらに，精神分析によって明らかになった夢の潜在内容には疑問の余地がある。言い換えるなら，潜在

内容の解釈には疑わしい方法が用いられている。確かに夢の中には歪んだ形の願望達成もあるかもしれない（歪んでないものすらあるかもしれない）。だが，すべての夢を願望達成であると考えることは難しいであろう。

活性-統合理論

　ホブソンとマクカリー（Hobson & McCarley, 1977）は，レム睡眠中の脳活動が，起きているときと変わらないくらい活発なことに驚いた。この事実から彼らは活性-統合理論を発案した。この理論によれば，夢に関わる脳の生理学的機構は脳内の幾つかの部位に強いランダムな活性を生じさせる。知覚，行為，情動反応などにさまざまな機能に関わる部位にわたり活性は生ずる。たとえば，知覚に関わる部位（中脳や後脳）が活性した場合について考えてみよう。睡眠中は環境からの情報入力が遮断されており，外界にある刺激が入力されることはない。しかし，ランダムな脳の活性により，中脳や後脳で眼や耳から入力される信号と類似したものが生成されると，あたかも外的な刺激が作り出したものとして私たちは解釈する。これが夢だと活性-統合理論では考える。

　一方，行為に関する夢は，行為に関わる部位の活性を解釈したものだと考えられる。睡眠中は，脊柱の上部で脳から体への情報出力が遮断されている。そのため夢によって生じた脳の活性が体に伝わることがない。このため，脳で行為を起こすための活性が起こっても，レム睡眠中に体を動かすことができない。しかし，ランダムな活性を何とか解釈しようとするためその行為を行っている夢を見てしまうとホブソンらは説明した。

　活性-統合理論を支持する生理学的な知見がある。ネコの神経発火記録をとると，レム睡眠中に明らかにランダムな発火が観察される（ホブソン，1988）。この発火は，知覚や運動をコントロールする部位を活性化する

　ホブソン（1994）はレム睡眠時に，神経伝達物質のノルアドレナリンとセロトニンのレベルが，ノンレム睡眠や目が覚めているときより低くなることに気がついた。ホブソンは，ノルアドレナリンとセロトニンのレベルが低下することにより，注意のはたらきが弱まり，脳内の情報をまとまった形で捉えることが難しくなると考えた。これにより脳は，脳内で作られた信号をあたかも外界からの刺激や反応から作り出された信号のように誤って解釈をしやすくなると考えられる。さらにホブソンは，ノルアドレナリンとセロトニンの低下によって生ずる注意の低下が，なぜ私たちがほとんど夢を憶えていないかを説明できると主張した。

　ホブソン（1988）はレム睡眠とノンレム睡眠が交互に起こる原因について考えた。神経伝達物質アセチルコリンは網様賦活系における巨細胞の発火を生じさせる。これによりレム睡眠が始まり，夢を見るようになる。一方，アセチルコリンのレベルが落ちたとき，レム睡眠は終了し，もう一度そのレベルが上がるまで始まることはな

い。

　レム睡眠中に生ずるランダムに生ずる脳の活性に対し，私たちはどのように反応するのだろう？　ホブソン（1988）は私たちが活性によって生じたランダムな神経発火パターンを統合し，意味のあるものとして理解しようとすると考えた。活性は基本的にランダムなので，夢がまとまったものとなるのは難しい。ホブソンたちのアイデアに疑問に思う人もいるかもしれない。しかし，ホブソンは「脳は意味への探求を行うよう強く形作られている。その傾向は無視することができないほど強い。そのため処理すべきデータが本来意味をなさないようのものでも，何とか意味づけをしてしまう。むしろ意味を作り出すことすらあるだろう」と述べた。このような活性 − 統合理論の視点に立つと，夢が創造的な問題解決を促すことが理解できるかも知れない。

評　　価

　活性 − 統合理論の長所は，夢を見ているときの脳の生理学的な活動に関する詳細な情報から理論が構築されていることである。この理論はにおいや味を夢の中でほとんど感じることがなぜないのかを説明してくれる。その理由は「においや味を生じさせる末梢の神経機構が活動していないからである」（マキルヴィーンとグロス, 1996）。活性 − 統合理論は，夢が一般にまとまりのないものであることの説明も与えてくれる。夢がランダムな脳の活性から生じ，そのときに注意のプロセスがうまくはたらいていないのなら，夢がしばしば理解不可能なことにも納得がいく。

　一方，この理論はしばしば夢がとてもはっきりしていて，まとまりがあることを説明できない。この事実を活性 − 統合理論から説明するのは難しい。脳は確かに真実への探求を行うかもしれず，その結果がはっきりとしたまとまりのある夢なのかもしれない。しかし，これはまとまりのある夢の詳細な説明とは言えないだろう。また，この理論では多くの人がそのとき抱いている関心事を夢で見ることを説明できない。もし夢がランダムな脳活動に基づくなら，現在の関心事がしばしば夢の中で出てくるとは考えられない。

逆学習理論

　クリックとミッチソン（Crick & Mitchison, 1983）は逆学習理論，あるいは非学習理論を提唱した。これはこれまでの夢研究に対し挑戦的な試みであった。この理論によれば，夢の主要な機能は脳にある不要な寄生情報を捨て去ることにある。この寄生情報は，脳内の貴重な空間を無駄に使用している。この無駄な空間を空け，もっと重要な情報に明け渡すことを夢が可能にするとクリックらは考えた。クリックたちによれば，脳内の神経ネットワークは相互に強く結びついている。そのため，過負荷の状態となっている。夢の最中に重要でない情報を捨て去ることにより，負荷が下がり神経ネットワークが効率よくはたらくようになると考えられる。

夢と不要な情報の除去に関わる生理学的なプロセスはどのようなものだろうか？ ブレイクモア（Blakemore, 1988）は以下のように述べた。

> 夢は一種のショック療法である。夢を見ているとき，脳の皮質は脳幹からの激しい衝撃を与えられる。また，このときシナプスが変容して異なる様態になることは不要な要素が取り除かれることを意味するだろう。

逆学習理論を検証することは難しい。しかし，クリックとミッチソン（1983）は，ほ乳類における脳皮質の大きさの違いは逆学習理論を支持すると主張した。イルカとハリモグラはレム睡眠をとらないことが知られている。夢はレム睡眠中に見るものであることを考えると，これらの種では不要な情報の除去ができないことになる。クリックとミッチソン（1983）は，イルカとハリモグラの脳の皮質が体重あたりのサイズからみるとかなり大きいことを指摘した。この大きな皮質のために，無駄な情報を除去できなくとも，何とか脳が機能すると考えられる。

評　価

逆学習理論は夢の機能についてとても興味深い検討を行った。もし，夢が価値のない情報を除去するなら，私たちがたいてい夢を憶えていないことに納得がいく。先に述べたように，私たちは夢のうちおよそ95％を忘れてしまう。これは逆学習理論に大変よく一致する。

しかし，この理論には幾つか大きな問題がある。まず，この理論に基づけば夢は意味のないものだと考えられる。しかし，しばしば意味のある夢や重要な夢を私たちは見ることがある。価値のある夢の最も有名な例はノーベル化学賞をとったケクレ（Kekule）の夢だろう。彼は蛇が自身のしっぽをくわえている様子を夢に見た。これは，彼がそのとき研究で取り組んでいたベンゼン分子の環型構造に大きな示唆を与えるものであった。マキルヴィーンとグロス（1996）が指摘したように，胎児はレム睡眠によく似た状態になることがある。まだ生まれてもいない胎児が何か不要な情報を除去しようとするとは考えにくい。ただし，この結果は胎児がレム睡眠時に夢を見ていると仮定した議論である。しかし，胎児がレム睡眠時に夢を見ていない限り，この議論は必ずしも有効でない。

認知理論：フォールクス

フォールクス（Foulkes, 1985）は夢の機能について認知理論を提唱した。この理論はフロイトの願望達成理論に似ている。フォールクスによれば，夢はそれを見ている人がそのとき関心をもっていることを表現するものである。この関心事は，フロイトが強調した願望と関連づけることができるかもしれない。また，恐怖（例：失業

の不安，愛するものの健康状態）とも関連づけることができるだろう。これらの関心事は直接的ではなく，象徴的な形で夢の中に表現される。たとえば，テストに落第することをおそれる学生は，崖から落ちたり，道で何かにつまずいたりする夢を見るだろう。

ハイエクとベルヒャー

夢がそのときの関心事に関連していることを示唆する幾つかの研究例がある。ハイエクとベルヒャー（Hajek & Belcher, 1991）は禁煙プログラムの参加している人の夢について調べた。多くの参加者が禁煙プログラムの最中や，その後の1年間にタバコを吸う夢を見た。これは夢における過失の罪と呼ばれる。彼らは，夢でタバコを吸うと，夢の続きの中で罪の意識を感じたり，パニックに陥ったりした。

ハイエクとベルヒャーはタバコを吸う夢は禁煙者にとって助けになると考えた。タバコを吸う夢（そして，その後にひどく悪い気分になる夢）を見た禁煙者はそうでない者より，再びタバコを吸い始めることが少なかった。ただし，これらはあくまでも相関をとっただけであり，タバコを吸う夢が本当に役に立ったのかはわからない。

議論のポイント

1. あなたの憶えている夢はあなたのそのときの心配事に関連するものだろうか？
2. もし個人的な出来事を夢に見るとしたら，なぜ，夢のわずかな断片しか憶えていられないのだろうか？

ボカート（Bokert, 1970）の研究にも，現在の関心事が夢に影響することを支持する知見がある（マキルヴィーンとグロス, 1996で議論された）。彼は，水のない環境に長く置かれたものは，何かを飲む夢を見る傾向があると報告した。

夢にしばしば意味があり，そのときの関心事を反映することはデメントとウォルパート（Dement & Wolpert, 1958）の研究からも支持される。彼らは寝ている最中に冷水をスプレーでかけられた研究協力者とそうでない研究協力者の夢を比較した。冷水をかけられた研究協力者は水に関する夢を見ることがそうでない研究協力者より多かった。デメントとウォルパート（1958, p.550）によって紹介された夢の例は以下の通りである。

> 子供たちが部屋にやってきて，私に水があるかたずねました。そのとき，私は水の入ったコップを持っていて，彼らに渡すためにコップを傾けました。私は座っていました。そして，自分に水をかけてしまったのです。

評　価

夢にしばしば意味があり，そのときの関心事を反映することはありえることで，それを支持する証拠も多い。だが，フォールクスの

理論に基づくと，私たちは自分の夢を憶えておく方がよいと考えられる。それにもかかわらず，わずか5％しか憶えていないのは不思議である。

フォールクスの認知理論には他の問題もある。ほとんどの夢は意味をなさない。意味をなす夢がわずかにあるだけである。フォールクスの理論は一部の夢について説明を与えるものの，夢全体について統合的な説明理論とは言いがたい。また，夢に関わる生理学的プロセスについてほとんど言及していない。

フォールクスの認知理論は試験の夢を見る学生や手術の夢を見る患者についてどのように説明するだろうか？

生存方略理論

ウィンソン（Winson, 1997）はフォールクスの認知理論に似た理論を提唱した。ウィンソンは以下のように述べた。

> レム睡眠中，私たちはその日の出来事を過去の記憶と重ね合わせ，今後の生存の方略を練る。今日見たもの，行ったことがいったい何であるか，あるいは，将来似たような状況でどのような行動が適切か検討される。レム睡眠が私たちの生存に重要な役割を果たすことをこれまでのあらゆる知見が支持している。

レム睡眠を剥奪されると，その日の重要な出来事を憶えていられなくなる。この事実はウィンソンの理論を支持する。

ウィンソンは夢を見ているとき体の動きが抑制されることが重要であると主張した。「寝ている間にこの種の神経的な活動を遮断しなかったら，夢に見たことをいまにも目を覚ましてやろうとするだろう。眼球運動が止まらないのは，睡眠の邪魔にならないからである」。

■やってみよう：2週間夢日記をつけてみよう。夢の内容だけでなく，起きているときに起こった出来事との関連に気づいたらそれも記録しよう。紹介した四つの理論の中で，どれがあなたの夢をうまく説明しているだろうか？　それともそれぞれが夢の異なる側面に関わるものだろうか？

評　価

生存方略仮説を評価するのは困難である。なぜなら，いまのところこの理論の検証はほとんど行われていないからである。しかし，夢が生存方略をたてるなら，多くの場合夢は記憶されているであろう。夢の多くが記憶されていないことは，夢が必ずしも将来に有効な情報を与えているわけではないことを示唆する。

意　識

アウェアネス（awareness 自覚）の中で**意識**（consciousness）は最も重要な機能である。意識にはさまざまなレベルがあることに研究者の多くが賛同している。たとえば，リーバー（Reber, 1993）は意識Ⅰと意識Ⅱを区別した。意識Ⅰは自己と他者を区別するものである（リーバー，1993, p.135）。これは意識の最も基礎的な形式で，多くの種に存在する。

一方，「意識Ⅱは自己の吟味であり，それにより他の機能をどのく

キー用語
意識：高次の意識は自己認識と内省に関わり，低次の意識は自己と非自己の区別に関わる。

表 5-1　オークリー（1985）による意識に関わる脳内部位

意識のレベルによって異なる脳の部位が関わっている。

意識のタイプ	内容	脳部位
自己認識	内省	人間および霊長類の新皮質
意識	推論と複雑な学習	皮質と脳幹系
単純なアウェアネス	古典的条件づけと反射（第10章を参照）	種々の皮質下の構造

らい変化可能かを示すものである（リーバー, 1993, p.136）」。すなわち，意識Ⅱは自己意識に関わり，人間や霊長類に限られたものだと考えられる。

オークリー（Oakley, 1985）も似た立場をとった。彼は異なる意識のレベルに関わる脳の部位を明らかにしようとした。最も高次レベルにあるのは自己認識で，これはリーバーの意識Ⅱに対応する。オークリーはこの機能が人間や霊長類の新皮質が担っていると考えた。その下のレベルに意識がある。これはリーバーの意識Ⅰに対応するもので，推論や複雑な学習に関わる。この機能は皮質と辺縁系が担っている。最も低次のレベルとしてオークリーは単純意識があると考えた。これは古典的条件づけや反射など，基本的な行動形態に関わるもので，皮質下のさまざまな脳部位が担っている。

意識Ⅱあるいは自己認識と意識Ⅰあるいは意識は，実際場面ではなかなか区別が難しい。本書ではこれから主に意識Ⅱに焦点を当て議論を進める。ただし，既存の理論において，意識がⅠとⅡのどちらの意味で使われたかは必ずしも確かではないので，気をつける必要がある。

意識を評価する

意識研究の困難な点は他者の意識体験を直接知ることができないことにある。ヴィトゲンシュタイン（Wittgenstein, 1953, paragraph 293）はこの問題を，人それぞれの意識を箱の中身にたとえることで表現した。「他人の箱の中身を誰も見ることはできない。誰もが自分のカブトムシだけを見て，カブトムシが何であるかわかった気になっている。(中略)一人ひとりの箱にはまったく違うものが入っている可能性も大いにある。その箱が空っぽなことすらあるかもしれない」。

このような困難にもかかわらず，以下に述べる意識の特徴は広く合意されている（ヴァレンタイン Valentine, 1992）。

・個人的なものであること。
・異なる感覚モダリティの情報をまとめたものであること。
・思考過程の結果に関する情報で，思考過程そのものではないこと。たとえば，フランスの首都について答えるときに，答えを導き出す過程を認識できるわけでない。
・川の流れのように常に変化すること。

どのようにして個人の意識体験を評価することができるだろう

か？ バース（Baars, 1997）は以下のガイドラインに沿って研究を行うべきだと提案した。

1. 個人の意識体験は自発的な行動で，たとえば，言語報告などの手法で報告されるべきである。
2. 個人は自分自身の意識体験を主張していることを断言すべきである。
3. 報告された体験が妥当で，本当である何か独立な証拠が存在すべきである。
4. 反応を歪める社会的あるいはその他の圧力が排除されているべきである。

バースはどのようなものを，第三条件に出てくる独立した証拠として考えただろうか？

意識と注意

意識と注意にははっきりとした関連がある。最も明確な例は第12章で議論する。まず，膨大な練習をある課題に対して行うと処理の自動化が生じ，課題における行動自体に意識を向けることが減ってくる（例：シフリンとシュナイダー Shiffrin & Schneider, 1977）。これは意識と注意に関連を支持すると考えられる。たとえば，熟練したタイピストはキーボードのどこにどの文字があるのか，これまでそれらの文字を何千回と打ったであろうにもかかわらず，はっきりと自覚していない。知識は「指にあり」，文字の場所を同定する

図5-13 熟練のタイピストは異なる言語用のキーボードをうまく使えない。タイピストたちは普段から使っているキーボードを使うときキーを見ることはない。そのため，異なるキーの配置ではいつもの能力を発揮できない。

長期にわたる経験をへて自動的になる作業や課題には他にどのようなものがあるだろうか？

ためにタイピストたちは，指を動かさなくてならない。

意識と注意の関連を支持する第二の例はアクションスリップや失念である（第12章参照）。典型的なアクションスリップでは，自分の行為に注意を向けそこない，日常的ではあるが誤った反応をしてしまう。たとえば，仕事からいつもの道を車で運転して帰る途中，少し寄り道をしてスーパーで買い物をしようとする。このときスーパーのところで曲がり忘れ，いつもの道をまっすぐ行ってしまうことは誰でもよくあるだろう。

バース（Baars, 1997）は，「見るために視線を向ける（we look in order to see.）」という文に焦点を当て注意と意識の違いを検討した。この文では，注意による選択と，選択された出来事に意識を向けることが区別して記述されている。ここでは，英文で最初に出てくる動詞（look）が注意による選択に関わり，それに続く語（see）が意識に関わる。注意によって選択されたものに意識が向くことを考えると，意識の内容は注意に依存すると考えてよい。バースは，注意のプロセスはテレビのチャンネルを選ぶことに似ており，意識は選んだチャンネルに映っている番組に似ていると説明した。

意識の機能

意識の機能とは何だろうか？ シャリス（Shallice, 1982）は以下の4点を満たすものを意識であると考えた。

- 意志決定に使われる。
- 行動に柔軟性を与える。
- 行為をコントロールするために使われる。
- 行動をモニターするために使われる。

ハンフリー（Humphrey, 1993）は，コミュニケーションを円滑にし，社会的な集団を発展させるのに適していることが，人間において意識が進化した理由であると考え，以下のように述べた。

人間にとって初めての意識の使用は人間であるとはどのようなことかを理解することであり，これによって自己の内面そして他者の内面を理解するようになる。この機能はいまでも使われている。

精神力動的アプローチ

ジークムント・フロイトは意識に三つのレベルがあると主張した。それぞれ意識，前意識，無意識と呼ばれる。意識はいつでも私たちが自覚できているものである。前意識は自覚してはいないが気づくことは可能なもの，そして，無意識は主にトラウマ的で不安に関連した情報から構成される。無意識の情報を意識的に自覚することはきわめて難しい。

心理学は意識的な体験の検討を行うものだとフロイト以前は考えられていた。フロイト以降，多くの研究者が，意識の機能は私たちが考えていたより制限されたものであることを認めている。意識の機能に限界があることを示す二つの例を紹介しよう。ニスベットとウィルソン（Nisbett & Wilson, 1977）は，研究協力者に基本的にはまったく同じストッキングを幾つか見せ，その中でどれが一番よいものか選ぶように求めた。また，研究協力者に選択の理由もたずねた。多くの研究協力者は最も右にあるものを選んだ。しかし，誰もストッキングの位置が彼らの選択に影響したことを意識したものはいなかった。

第二の例は盲視である。多くの人は，視知覚が意識なしには成立しないと考えてよいと思うかも知れない。しかし，必ずしもそうでないことが盲視の症例が示唆している（第4章参照）。脳損傷を受け盲視の症状を示す患者は，光刺激の有無やその位置を正しく答えることができる。しかし，彼らは正解できるにもかかわらず，何も見えなかった，判断は当てずっぽうだったと主張する。しかも，その当てずっぽうの判断が正しかったことを知ると非常に驚くのである（ワイスクランツ Weiskrants, 1986）。

> フロイトはどのような方法を使って，いかなる情報が無意識に存在するかを知ったのだろうか？

> ニスベットとウィルソンの研究で，なぜ，ストッキングの位置が判断に影響したのだろう？ その理由をあなたは思いつくだろうか？

統合失調症

統合失調症は現実世界との関係がうまくいかなくなるきわめて深刻な症状である。統合失調症の患者はさまざまな妄想や幻覚をもつ（第25章参照）。たとえば，統合失調症の患者は彼らの行為が外部の力によってコントロールされているという妄想をもつ。フリスとカーヒル（Frith & Cahill, 1994, p. 911）は，「患者が自分の意図する行為をモニターできず，事前に意図に気づくことなしにその行為に及ぶため，外部の力によってコントロールされているという妄想が生ずる」と主張した。言い換えると，統合失調症の患者は意識のモニター機能に問題があると考えられる。

統合失調症の患者が経験する幻聴には，他人が自分のことを話しているというものが多い。マクギガン（McGuigan, 1966）は，この幻聴が患者自身の内声のモニターに失敗したために生ずると主張した。この主張は幻聴が生じているとき，患者の喉頭がしばしば動くことから支持される。

解離性同一性障害

> **キー用語**
> 解離性同一性障害：一人の中に複数の人格が存在する症状。

人間の意識の複雑さは，**解離性同一性障害**（dissociative identity disorder）という非常にまれな症例から理解することができる。解離性人格障害をもつ患者は，複数の異なる人格を有する。この症状を持つ患者が意識できるのは，複数の人格のうち，いつでも一つだけである。おそらく最もよく知られた解離性同一性障害の例は，クリス・サイズモアであろう。彼女の体験をもとにして「イブの三つの顔」という映画が作られたこともある。彼女には，イブ・ブラック，イブ・ホワイト，ジェーンという三つの人格があった。イブ・ブラックは衝動的で気まぐれな性格，イブ・ホワイトはうって変わって抑制された穏やかで優しい性格をしていた。ジェーンは最も安定した性格であった。イブ・ブラックは，イブ・ホワイトの存在を知っ

図5-14 女優のジョアンヌ・ウッドワードは表情や化粧そして衣装を変えて，映画「イブの三つの顔」に出演した。この映画でジョアンヌ・ウッドワードが演じた役はクリス・サイズモアをモデルとした三つの異なる人格をもつ女性だった。

ていたが，イブ・ホワイトはイブ・ブラックの存在を知らなかった。ジェーンは他の二つの性格を知っており，イブ・ブラックの方を好んでいた。

何が解離性同一性障害を引き起こすのだろうか？　多くの患者が子供の頃，性的虐待を経験している（ロスら Ross *et al*., 1990）。女性は，男性に比べ，性的虐待の被害にあう危険性が高く，解離性同一性障害はほとんどの患者が女性である。子供の頃のトラウマ的な記憶を意識から引き離そうとした結果，多重人格が生じたと考えられる。

パトナム（Putnam, 1991）は解離性同一性障害において複数の人格が存在することを実験的に確かめた。患者の中の人格は，それぞれ異なる記憶をもち，性格テストでも異なる成績を示した。また，ストレス下の状況における生理学的な反応も異なっていた。

催　　眠

催眠（hypnosis）とは何だろうか？　この言葉はギリシャ語の hypnoun，眠らせるという言葉に由来する。しかし，催眠は実際の睡眠とは異なる。ヒルガード（Hilgard, 1977）は，催眠を以下のように定義した。

> 意識を変容させるための体系的な手続きにより生じた意識の状態。通常，一人（催眠術師）がもう一人（研究協力者）の意識状態を変容させる。

キー用語
催眠：被暗示性（暗示のかかりやすさ）が高まっている状態。意識が変容しているときもあればそうでないときもある。

催眠は被暗示性（暗示のかかりやすさ）が高められた状態であるとも定義できる。この定義において意識の変容はあまり重要ではない。この定義を不十分であると感じる人もいるかもしれない。この定義では催眠状態と覚醒状態の違いが明らかになっていないからである。しかし，催眠の詳細について種々の論争があり，後者の定義の方が望ましいとされてきた。

催眠と睡眠
グレゴリー（Gregory, 1987）は，催眠と睡眠の関連について膨大な研究が行われてきたことを示した。催眠下の状況は，しばしば，睡眠と似たような用語で記述される。たとえば，「ウトウトする」「不活発になる」といった用語が用いられる。しかし，すでに19世紀の時点で，催眠下の研究協力者は，睡眠時に比べ筋肉が緊張状態にあり，手に持ったものを落とさないことが知られていた。また，催眠時と睡眠時の脳波はまったく似ていない。むしろ，催眠時の脳波は覚醒時と基本的には同じである。

どのようにして催眠状態になるのだろうか？　睡眠やリラックスの暗示を基礎とする導入テクニックを使えば，研究協力者を催眠状態にさせることは決して難しくない。まず，研究協力者は催眠術師にあるターゲット（例：振り子や光点）に集中するように求められる。研究協力者の注意が十分にターゲットに向けられたとき，催眠術師は研究協力者に眠る，あるいはリラックスするように暗示をかける。研究協力者の手や足が重くなり，リラックスしているように感じるという暗示も与えられる。典型的な方法では，このような手続きを睡眠に似た催眠状態を作り出すためにおよそ10〜15分行う。その後，作り出された催眠状態の強さと深さをもっと多くの時間をかけて評価する。

図5-15 催眠をかけるとき研究協力者は何か動くものに集中することが求められる。

催眠のかかりやすさ

催眠のかかりやすさは個人差が大きい。このような個人差はスタンフォード催眠感受性尺度やハーバードグループ催眠感受性尺度で測定可能である。これらの尺度はさまざまな暗示から構成される（例：あなたの手は重くなる。あなたは手をそのままにしておけない。あなたは私がいま言ったことを忘れてしまう）。研究協力者がこれらの暗示に従った数が催眠のかかりやすさの指標となる。

ここでスタンフォード催眠感受性尺度を具体例として取り上げ，どのようにして催眠のかかりやすさを評価するかみてみよう。この尺度は12の暗示アイテムから構成される。中には非常に簡単で多くの人が従ってしまうものもある（例：ハエがあなたの顔の周りを飛び回っています。それを追い払ってください）。一方で，難しい暗示もあり，これに従う人の数は少ない（例：ネガティブな幻覚。研究協力者は催眠術師の暗示によりある箱がもはや見えなくなってしまう）。スタンフォード催眠感受性尺度で調べたところ，人々の5％は催眠にとてもかかりやすく，逆に10％の人はまったくかかる兆候を見せなかった。

どのような人が催眠にかかりやすいのだろうか？ マキルヴィーン（1995）は，空想傾向の強い人だと述べている。彼らは何かにすぐひたりきってしてしまう。ひたりきることをマキルヴィーンは「感覚的あるいは想像上の体験に深く没入してしまう傾向」と定義した。ただし，ひたりきることが催眠のかかりやすさと関連があるのは，催眠を受けることを期待している場合のみである（マキルヴィーン，1995）。また，催眠にかかりやすい人の特徴として他者からの命令にとてもよく従うことも挙げられる。

催眠のかかりやすさに，年齢や性別の違いはあるだろうか？ 性差はないが，年齢の違いがあることが知られている。催眠の最もかかりやすい年齢は10歳で，青年期から大人になるにかけて急激にかかりにくくなる。

催眠状態

催眠にかかった研究協力者は無抵抗でまるで寝ているような状態になる。しかし，脳電位記録は催眠状態が睡眠状態とは異なることを示している。その他にも，呼吸速度，体温，皮膚抵抗，血圧などの生理指標も，脳電位同様，催眠状態を理解するために用いられる。残念なことに，これらの指標を使った研究ではあまり多くのことがわかっていない。ワグスタッフ（Wagstaff, 1994, p. 995）は，こう結論している。

> **ケーススタディ：ステージ上での催眠**
>
> 　催眠術を取り上げたテレビや舞台が近年非常に増えてきた。1994年12月12日イギリス下院はステージ上での催眠術で被害を被ったとする訴えについて議論した。これにより，当時のイギリスにおける催眠に関する法律（Hypnotism Act, 1952）が全面的に再検討され，法律上の制約が厳しくなった。
>
> 　専門委員たちは五つの学術雑誌に広告を出し，臨床医たちに何か関連する医学的な証拠を提出するように依頼した。その結果，ステージ上の催眠術によって生じた被害が，25年間で25件報告された。このうち4件はステージ上で生じた身体的な被害であり，うち2件は催眠中にステージから落ちた怪我をしたもの，2件は暗示を実行に移そうとしたとき体を痛めたというものだった。残りの21件は被害と催眠の関連が必ずしも明確ではなかった。訴えとして多かったのは，頭痛，ふらつき，慢性疲労で結果として強い倦怠感を生じさせたというものであった。また，不眠や睡眠障害の訴えもあった。そして，半数が抑うつ感情を訴えていた。
>
> 　関連が明確でないもののうち7件は深刻な問題で，ひどい抑うつ状態，外傷後ストレス障害，慢性的な統合失調症と診断された。幾つかのケースは大きな報道がなされた。ただし，ステージ上の催眠術との直接の関連はないという判断が下された。ステージ上の催眠術の結果，問題を抱えた人は多くいたものの，それに参加した人たちは，体験自体を楽しいもので，悪影響がないと考えていた。
>
> 　催眠術師に従うことに加え，社会的な要因がステージ上の催眠術にはある。社会的要因には，観客から，あるいは他の催眠術参加者からのプレッシャーがあるだろう。これらの要因が重要な役割を果たすことを示唆する研究もある。参加者の中には大勢の観客の前でばかげた行為をすることで，コントロールをしている感覚を失い，不安になったものもあるだろう。また，ステージ上で繰り返される断続的な身体的な活動とリラックスは研究協力者を疲れさせ，頭痛やふらつきを生じさせたかもしれない。ただし，これらの症状は催眠以外のさまざまな活動の後でも起こるものである。したがってステージ上の催眠術が原因であると決めるのは難しい。
>
> 　現在の法律では，催眠術に不安やストレスを感じる人がいることを意識していなくてはならないと述べている。特に過去に感情障害がある人や，影響を受けやすい精神状態にある人は悪影響を受けやすい。

　催眠に特有なものを発見しようとする試みはいままでのところ失敗に終わっている。これに多くの研究者が同意するであろう。催眠の導入過程や催眠のための暗示を与えられたとき，確かに生理学的な変化は起こる。しかし，この変化は催眠以外の説明が可能である。たとえば，単なる通常の注意の変化やリラックスした状態になったことがこの変化の原因かもしれない。

　さまざまな現象が催眠状態に関して報告されている。とてもありえないものもあれば（例：前世を思い出す），一考に値するものもある。以下に示した四つの現象は一考に値するものであろう。

1. 催眠性健忘
2. 催眠性無痛覚症
3. トランス論理
4. 注意の狭まり

催眠性健忘

　催眠状態の研究協力者にそのときのことを忘れるように教示することがある。このとき，研究協力者は高い頻度で忘れてしまうことがわかっている。これを**催眠性健忘**（hypnotic amnesia）と呼ぶ。催眠性健忘は通常の忘却とは異なる。なぜなら，催眠にかけられた研究協力者はそれを思い出すよう言われるとたいてい思い出すことができるからである。催眠性健忘のよい例として**催眠後健忘**（post-hypnotic amnesia）がある。催眠にかけられた研究協力者は催眠から覚めたらそのときに起こったことを忘れるように指示される。催眠後健

> **キー用語**
> **催眠性健忘**：暗示によって生ずる一時的な忘却。
> **催眠後健忘**：催眠術師の暗示によって催眠後にその最中の出来事を忘れてしまうこと。

> **キー用語**
> 催眠後暗示：催眠中に暗示された行為を催眠から覚めて行うこと。このとき催眠中の暗示を思い出すことはできない。

図5-16 コー（1989）はウソ発見器を使って催眠にかかった研究協力者に質問した。研究協力者は催眠下で忘れるように言われたことをすべて憶えていた。

> **キー用語**
> 催眠性無痛覚症：催眠時に痛みの感覚が弱くなるあるいはほとんどなくなること。

忘は多くの人に起こるものである。しかも，通常の忘却とは異なる。なぜなら，研究協力者をもう一度催眠にかけ，以前に催眠にかかったことを思い出すように促すと，かつて思い出せなかったことが思い出せるようになるからである。

催眠後健忘に関連する現象に**催眠後暗示**（post-hypnotic suggestion）がある。これは催眠術師が催眠下の研究協力者に何か合図をしたら決められた行動をとるように暗示することである（例：花粉症と言われたらくしゃみをしなさい）。催眠術師は，研究協力者にこの暗示を忘れるように暗示する。催眠から覚めた後合図を与えると，研究協力者は暗示された行動をとる。しかし，彼らは催眠時にかけられた暗示を思い出すことはできない。

催眠後健忘の最も単純な説明は，研究協力者が憶えようとしていなかった，あるいは憶える作業を妨害されたというものだろう。この説明を支持するデータがコー（Coe, 1989）によって示された。彼は催眠後健忘が研究協力者に正直になるように教示し，ウソ発見器をつけ，研究協力者自身のパフォーマンスのビデオテープを見せればたいてい消失することを示した。ワグスタッフ（1977）は，催眠トランス状態にならず，役割を演じていただけの研究協力者は催眠後健忘になることがないことを示した。

催眠性無痛覚症

催眠性無痛覚症（hypnotic analgesia）とは，催眠にかけられた研究協力者が，強い痛みを感ずるような状況でもほとんど，あるいはまったく痛みを感じないという症状である。1842年には，イギリスの医師ワードが催眠性無痛覚症の驚くべき事例を報告している。彼は催眠にかけただけでまったく痛みを与えることなく男性の脚を手術したという驚くべき報告をした。

催眠性無痛覚症の典型的な研究では，痛みを感ずるように冷水に手を入れたり，手に圧力をかけたりする。痛みを感じないという教示は，催眠状態において通常の状態より大きな効果を発揮する（ヒルガードとヒルガード，1983）。しかし，ワグスタッフ（1994）が指摘したように，これらの研究では催眠状態と通常状態に同じ研究協力者が参加していた。研究協力者は実験者の期待に沿うように，痛みを低減する方略を通常の状態ではとらなかったのかもしれない。

別の説明も可能である。無痛覚症は催眠術師に迎合する，あるいは催眠にかかったふりをするために生ずるのかもしれない。この可能性を検討するため，スパノスら（Spanos et al., 1990）は研究協力者に痛みの伴う刺激を与えた。痛みが与えられたとき催眠状態だったと後で告げられた研究協力者は，そうでない研究協力者に比べ，痛みを弱く評価した。この差は実際に催眠状態にあったかとは関係がなかった。

パティ（Pattie, 1937）も催眠性無痛覚症に疑問を呈する研究結果を報告した。まず，パティは催眠にかかった研究協力者に対し，片手に何も感じないという暗示を与えた。続いて，腕を交差させたあ

と両手の指を組み合わせ，前から後ろへ回転させるよう求めた。これによりどの指がどちらの手に乗っているかわからなくなった。パティは研究協力者の指に何本か触れ，全部で何回触れたかたずねた。研究協力者は片手が何も感じていないと主張したにもかかわらず，どちらの手に触れたものでも勘定に入れ，触れられた回数を回答した。

トランス論理

トランス論理（trance logic）も催眠状態と関わる現象である。これは催眠にかけられた人が論理的な一貫性を保てないことを指す。たとえば，オーン（Orne, 1959）が二重幻覚と呼ぶものがある。二重幻覚が経験されるのは，研究協力者が，ある人物を見てその人が別の場所にいる様子を思い浮かべるように指示されたときである。このとき研究協力者はその人が景色の中にいる幻覚として見たと報告することが多い。すなわち実際の人物と幻覚の景色を同時に（二重に）知覚したと報告するのである。また，誰も座っていない椅子に誰かが座っているように想像するように指示されると，人物を通過してイスが見えると研究協力者は報告する。なお，催眠にかかったつもりになるように頼んでもトランス論理が観察されることはない。

トランス論理の存在とその重要性については論争がある。実際に催眠にかかった状態と催眠にかかったつもりになった状態で二重幻覚の反応に差がなかったという報告も多い（デグルートとグウィン DeGroot & Gwynn, 1989）。催眠にかかった人の二重幻覚の報告，たとえば，ある人が想像上の景色の中にいるのを見たという報告にはどのような意味があるのだろうか？ 催眠にかかった人に自分の幻覚について，「イメージした」と「見た」というどちらの記述がふさわしいかたずねると前者を選択することが多い（スパノス, 1982）。これは二重幻覚の効果がそれほど劇的でないことを示している。

注意の狭まり

注意の狭まり（attentional narrowing）という周囲の情報を処理する能力が低くなる現象も催眠中に観察される。たとえば，催眠術師に集中するように言われた研究協力者は，催眠術師以外が催眠中に話しかけても気づかないことがある。さて，この注意の狭まりは，催眠をかけられた人の情報処理能力の低下を実際に反映しているのだろうか？ ミラーら（Miller et al., 1973）は，面白い実験からこの問題について検討した。実験で催眠をかけられた研究協力者はポンゾ図形（図5-17）を提示された。通常の状態では，ポンゾ図形内の長方形Aがその下に付置された長方形Bより大きく知覚される（図5-17を参照）。この知覚はAとBが物理的に同じ大きさでも生ずる。ミラーらは，催眠にかかった研究協力者にポンゾ図形の斜め線はもはや見えないと暗示をかけた。この暗示にもかかわらず，研究協力者は長方形Aが大きいと答えた。すなわち，彼らは，それに気づいていないのもかかわらず，錯視を生じさせる斜め線の処理を行って

> **キー用語**
> トランス論理：催眠にかかった人の非論理的な思考様式。

> **キー用語**
> 注意の狭まり：催眠中に観察される情報処理能力の見せかけの低下。

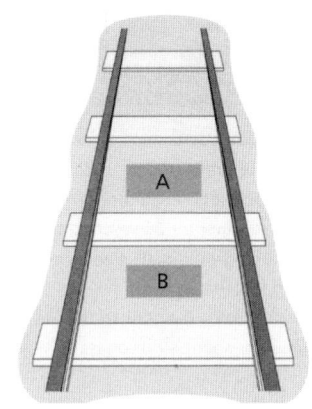

図5-17　ポンゾ図形
長方形AとBはまったく同じ大きさである。しかし，見た目上遠くに付置されたように見えるAのほうがBよりも大きく見える。

いたのである。

変容状態理論

催眠が何か特別な意識状態で，通常とは異なるものであるかは，きわめて重要な疑問である。この立場において最も卓越した理論は，アーネスト・ヒルガード（1986）の**新解離理論**（neo-dissociation theory）によって提唱された。この理論によれば，催眠中に起こっている出来事は以下のようになる（マキルヴィーン，1996 p. 24）。

> 催眠中，意識は幾つかの異なるチャンネルの精神活動に分離する。この分離により，催眠術師に注意を集中するのと同時に，周囲の出来事を半ば無意識的に知覚することができる。

ヒルガード（1986）は，私たちの通常の会話や行為は意識的にコントロールされるが，催眠状態ではそれがほとんど失われると主張した。ヒルガードは，健忘の壁により，身体システムの一部が他の部分と分離するために催眠に関わる現象が起こると考える。たとえば，催眠にかかった人が痛みの伴う刺激を受けるときを考えてみよう。このとき，この人が痛みをまったく報告しなかったとしても，通常，痛みを引き起こす生理学的反応はその人に起こっている。これは痛みを感ずるための意識，あるいはそれに関わるチャンネルが，痛みを感じる生理学的機構を担う身体部位と分離しているために生じると考えられる。

隠された観察者現象

> 催眠にかけられた研究協力者はしばしば彼らが意識によるコントロールを失ったと報告する。たとえば，彼らは催眠術師に従ったことを，自分が意図しない行為で，あらかじめ綿密に計画された行為ではないと述べる。この**隠された観察者現象**（hidden observer phenomenon）はヒルガード（1986）の新解離理論を支持するものである。隠された観察者現象とは，催眠にかかった人に観察されるもので，催眠術師が以下の暗示を与えることにより生ずる。「私があなたの肩に手を置いたら私はあなたの中の隠された部分に語りかけることができます。その隠された部分は何がいま起こっているのかわかっており，いま私が話しかけている部分，すなわち私の声を聞いているあなたにはそれがわかりません。あなたの中の一部はいま起こっていることの多くを理解しています。この部分は普段のあなたの意識や催眠をかけられたあなたからは隠されている部分なのです」（ノックス Knox, 1974, p.843）。

ヒルガード（1986）が隠された観察者現象のよい例を紹介している。彼は実験で冷圧テストを用いた。このテストでは氷水の中にできるだけ長く腕を入れておくことが求められた。多くの人はおよそ25秒ほどしか耐えられない。しかし，催眠にかけられ，痛みを感じない状態であると暗示をかけられた人は，40秒近く腕を氷水に入れておくことができる。しかも，催眠にかかっていない人に比べ，痛みは非常に軽かったと報告する。一方，

キー用語
新解離理論：催眠中は体の一部が他の部分と分離しているというヒルガードが提唱した理論。

どのようにして催眠にかけられた人の痛みに対する生理学的反応を測定すればよいだろうか？

キー用語
隠された観察者現象：催眠にかけられた部分がそれ以外の心の部分と異なる経験をすること。

「意識を失うように暗示をかけられた」隠された観察者は非常に強い痛みを覚えたと報告する。言い換えると，催眠にかけられた人の意識は二つに分離しているようにみえるのである。

ヒルガードはこの現象を新解離理論から説明した。ヒルガードによれば，催眠性健忘は，忘却された情報が意識のコントロールから分離していたために生ずる。そのために意図的に記憶を思い出すことができないのである。催眠性無痛覚症についても，この理論を支持する知見がある。催眠中は痛みを感じないという暗示がなされたとき催眠性無痛覚症は観察される。上に示したヒルガードの実験を思い出してみよう。彼の研究では，催眠にかかった人の隠された部分が，その人の他の部分より強い痛みを報告した。隠された観察者は，暗示が作り出す健忘の壁に保護されていないとヒルガードは考えた。そのために痛みを防御できなかったと考えられる（ヒルガード，1986）。一方，スパノス（1989）は催眠にかかった人は単に彼らが求められていることを答えているだけだと主張した。すなわち，隠された観察者は，実際の痛みに対して報告しているというより，催眠下において期待されること（痛みはほとんどない）を報告しているだけだとスパノスは考えた。

図5-18 冷圧テスト；ほとんどの人は氷水の中に25秒ほどしか腕をつけていることができない。しかし，催眠にかけられて，痛みを感じないと暗示をかけられた人は40秒も腕を氷水の中につけておくことができる。

議論のポイント
1. 新解離理論は催眠について妥当な説明を与えているだろうか？
2. どのようにして，催眠にかけられた人が単に期待されていることをいっているだけだと知ることができるだろうか？

新解離理論は催眠にかけられた人の非論理的な反応についても説明することができる。説明に必要な仮定は，催眠中に意識のそれぞれの部分に対し，別々にアクセスがなされるというものだ。意識へのアクセスが別々になされるため，催眠にかけられた人は，彼らの報告にある矛盾に気づかないと説明される。もちろん，催眠にかけられた人が幻覚を見たと本当に思っているかに疑問の余地はある（スパノス，1982）。しかしながら，彼らに正直に言うように促しても，催眠にかけられた人は，そうでない人よりもずっと鮮明な幻覚を報告するのである（バウアーズ Bowers, 1983）。

要求特性や評価不安のメカニズムを考えると，ヒルガードとスパノスのどちらが正しいだろうか？

評　価

ヒルガード（1986）の新解離理論は催眠中のさまざまな状態を説明することができる。催眠中に意識状態に変容があることは多くの一般の人にとって魅力的なアイデアである。また，隠された観察者現象はこの理論を強力に支持しているようだ。

その一方で，幾つかの問題点もある。残念ながら，この理論を支持する直接的な証拠はあまりない。隠された観察者現象は，催眠にかけられた人が期待通りに行動しているというだけで説明可能であり，直接的な証拠とは言いがたい。他の多くの現象も意識の分離や記憶の壁という概念を用いなくとも説明可能であろう。次節で議論するように，催眠状態が覚醒状態で意識の変容がほとんどないと主張する理論もある。

非状態理論

催眠状態と覚醒状態でほとんど差がないと考える理論もある（たとえばワグスタッフ，1991）。これらの理論は非状態理論と呼ばれる。非状態理論には幾つかの種類があり，それぞれ違いがある。ただし，ワグスタッフ（1994, p.993）が指摘するように，

> 非状態理論は催眠に関わる現象を平凡な心理学的な概念から説明できると考える。この概念は主に社会心理学や認知心理学の領域のもので，態度，期待，信念，追従，想像，注意，集中，放心，リラクゼーションなどである。

ワグスタッフ（1991）は催眠にかかった人の行動は，催眠時の彼らの反応に三つの段階を仮定することで説明できると考えた。

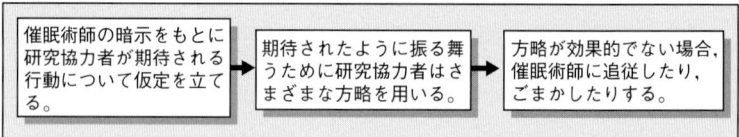

図5-19

非状態理論を支持する強力な知見が二つある。はじめは，催眠に関わる現象はほぼすべて催眠にかかっていない人でも観察されることである。これを調べるためによく使われる方法は「リアルシミュレーター」計画である。この計画では催眠にかけられた人と催眠にかかったふりをした人との比較がなされる。また，課題に強く動機づけられた統制群を使う方法もある。この方法で研究協力者はたとえ催眠にかかっていなくとも催眠において暗示された経験するために最大限の努力をするように教示される。どちらの方法でも，催眠にかかったふりをした研究協力者は催眠状態に観察される行動とほぼ同じ行動をとる。

課題に強い動機づけをもった統制群と，ステージ上の催眠術に自ら参加しようとする人に似たところはあるだろうか？

もし，催眠状態が通常の覚醒状態と異なるものだったら，この二つの状態の脳活動は異なるはずである。しかし，実際のところ，二つの状態で脳活動が違ったという報告は一つもない（サービンとスレイル　Sarbin & Slayle, 1972）。最も類似性が高いのは，催眠状態をリラクゼーションや瞑想状態と比較したときである。カウンシルとケニー（Council & Kenny, 1992）は，催眠とリラクゼーションは基

本的に同じ意識の状態であると主張した。彼らの主張は催眠やリラクゼーション状態を経験した研究協力者の経験や思考の自己報告に基づいている。

催眠にかかった人の行動のほとんどは催眠にかかっていない人でも観察される。ただし，例外もある。マキルヴィーン（1995）は催眠にかかった研究協力者と催眠にかかったように振る舞うように教示した研究協力者を比較した。どちらの研究協力者も「実験」という単語を聞いたら，自分のおでこを触るように教示された。催眠にかかりやすい人の70％が，また催眠にかかった人全体で30％の人がこの教示に従った。一方，催眠にかかったように振る舞うように教示した場合には，たった8％程度しかこの教示に従うものはいなかった。

グロス（1996, p.88）は催眠が意識の変容した状態であることを示唆する知見について述べている。彼によれば「真っ赤に燃えた鉄だと教示された場合，鉛筆で研究協力者に触れることで火傷のような症状が生ずることがある」。しかし，このような現象は統制された実験室環境で観察することはきわめて難しい。

■やってみよう：催眠について学習したこともなく，催眠にかかったこともない人が以下の質問についてどのように答えるか，グループになって議論してみよう。何も知識がないとき，何をもとに意見を言えばよいだろうか？
・催眠にかかるとはどのようなことか？
・催眠にかかった人はどのように振る舞うか？

一方，キヌネンら（Kinnunen et al., 1995）は，非状態理論では説明できない事実を報告した。実験では，催眠にかかった研究協力者と催眠にかかったふりをした研究協力者の生理学的反応が比較された。研究協力者は実験中の意識的な経験について，そのときの皮膚電位が測定された。この皮膚電位は嘘をついているかどうかの指標となる。実験の結果，催眠にかかったふりをした研究協力者では，嘘をついていることを示す皮膚電位が観察された。一方，催眠にかかった研究協力者ではその皮膚電位は観察されなかった。これらの証拠において催眠にかかった人が嘘をついていないという示唆があることはたいへん重要である。

第二に，催眠にかかった人がきわめて暗示にかかりやすいことは広く受け入れられている。これを念頭に置くと，催眠に関わる現象は，催眠にかかった人が単に催眠術師の願望に合わせようとしただけだと説明することもできる。催眠が変容した意識の状態であると考える必要はない。

倫理的問題：医師や警官が催眠術を用いるときどのような倫理的な問題があるだろうか？

評　価

催眠に関わる現象は催眠にかかったふりをしただけの人でも観察される。これは，非状態理論を強く支持する。また，催眠状態とリラクゼーションや瞑想状態には高い類似性がある。この理論は複雑なメカニズムやモデルを仮定せずに，種々の現象の説明できる。これは大きな長所である。

非状態理論に有利な証拠は多い。しかし，催眠状態と覚醒状態の間に確かな違いがあることもまた事実である。この違いを非状態理

■やってみよう：以下のような表を作り、空欄を埋めて完成させなさい。

	意識変容理論	非状態理論
催眠の定義		
理論の提唱者		
理論を支持する証拠		
評価		

論から説明することは難しい。おそらく、非状態理論でほとんどのことを説明できるが、すべては説明できないと考えるのが現状では妥当であろう。説明できない現象について今後理論的な検討が必要である。

現実場面への応用

　ジークムント・フロイトは19世紀末に精神分析を療法の一形式として発展させた。彼は無意識下にひそむトラウマ的で痛みの伴う記憶にアクセスする方法に強い関心をもっていた。夢分析はフロイトがこの目的のため用いた方法の一つである。しかし、彼が最初に用いたのは催眠術であった。フロイトとブロイアー（Freud & Breuer, 1895）は21歳のアンナ・Oと呼ばれる女性の患者について報告した。彼女は、まひや神経性の咳などの症状を伴うノイローゼ症状を呈していた。フロイトが催眠にかけたところ、アンナは死に瀕した父親を看病しているとき、近所の家からダンスの音楽が聞こえてきたことを述べた。そして、音楽を聞いたとき、彼女は看病するよりもよほど踊っていた方がよいと思ったこと、そして、それにとても罪の意識を感じていることを述べた。彼女の神経性の咳はこの抑圧された記憶を思い出してからなくなった。

　フロイトははじめの頃催眠に非常に熱心であった。しかし、やがて夢分析や自由連想を使用するようになっていた。なぜフロイトは催眠をやめてしまったのだろうか？　まず、催眠にかかりにくい患者もおり、多くの患者にこの療法を使うことは困難であったことが挙げられる。また、催眠下で思い出される記憶はしばしば信頼できないことがあり、思い出された出来事が実際に起こったのかはっきりしないことが多かった。

記憶を思い出す

　催眠を現実場面で用いる分野に犯罪捜査がある。催眠術が記憶を思い出すためにすばらしい効果を発揮したと報道されることがある。たとえば、イスラエル警察軍や他の警察組織が目撃証言の証拠を得るために催眠を利用している。警察の捜査において、催眠により事件に関連する車のナンバーや容疑者の身体的特徴が明らかになることがある。このように催眠状態において記憶能力が高まることを**記憶増進**（hypermnesia）と呼ぶ。

　記憶増進は本当に存在するだろうか？　一般的に、催眠にマスコミで報道されるような記憶増進の効果はない。催眠にかかった人は自分が報告した記憶にあまり注意を払わない。たとえば、彼らは自信をもって未来の記憶を思い出すのである！　しかし、注意が低下したからといって、催眠下で本当の記憶が思い出されないわけではない。本物の記憶かそうでないか区別することは非常に難しい問題である。

キー用語
記憶増進：想起能力の増進。催眠下で観察されると言われている。

図 5-20 パトナム（1979）は図示したような内容のビデオテープを目撃者の記憶を調べるために用いた。彼は催眠にかかった人，かかっていない人に対して，ビデオの中の事故とその後の出来事についてたずねた。そして，催眠にかかった人がそうでない人より多くの間違いをすることを見出した。また，催眠にかかった人は暗示にかかりやすかった。すなわち，誤りを誘う質問に対して「はい」ということが多かった。

　パトナム（Putnam, 1979）がこれに関連した研究を行っている。彼は研究協力者に車と自転車の交通事故のビデオテープを見せ，その後幾つかの質問をした。質問の中には誤解を誘うようなものも含まれていた。この質問を催眠中に受ける研究協力者と，そうでない研究協力者がいた。催眠中に質問を受けた研究協力者は，そうでない研究協力者より誤答が多かった。誤答は誤解を誘うような質問のとき特に多かった。この結果からパトナム（1979, p.444）は「研究協力者は催眠中，暗示にかかりやすい状態にあり，そのために容易に誘導情報に影響されやすい」と結論を出した。

　催眠は**誤った記憶症候群**（false memory syndrome）の妥当性を評価するために用いられてきた。この症候群は成人して子供の頃のトラウマ的な記憶（例：性的虐待）を誤って思い出してしまうというものである。グリーンとリンは催眠にかかった研究協力者に夜よく眠っているときに大きな音を聞いたことがあるかたずねた。実際に，大きな音を聞いたことがあるものはいなかった。実験には催眠が誤った記憶を思い出させることがあるという警告を与えられた研究協力者とそうでない研究協力者がいた。警告を受けなかったものの44％が騒音を誤って思い出したのに対し，受けたものは28％が誤って思い出した。この知見は誤った記憶を植えつけることが可能であること，そして，警告によってそのような誤りを減らすことができることを示している。

催眠下での証言に基づいて罪を宣告するのは安全だろうか。

キー用語
誤った記憶症候群：子供の頃にトラウマ的な経験があったと誤って思い出してしまうこと。

感　想
・意識とアウェアネスの状態に関する諸問題は心理学の中で最も重要なものである。しかし，これらの問題を検討するのは難しい。最も大きな問題は，アウェアネスの状態について私たちは基本的に自己報告に頼るほかなく，適切な客観的データを得ることがで

きないことにある。しかし，私は，将来的にfMRIなどの脳画像技術が個人の意識の状態について重要なデータを提供してくれることを期待している。

要　約
体のリズム

　日周期リズム（例：睡眠 - 覚醒サイクル）はおよそ24時間周期である。インフラディアンリズム（例：生理周期）は1日以上の周期であり，ウルトラディアンリズム（例：睡眠）は1日以下の周期である。睡眠覚醒サイクルはおおむね自発的だが，外的な出来事にも影響を受ける。自発的な睡眠 - 覚醒サイクルと外的な出来事に不一致があるとき時差ボケなどの問題が起こる。年周期リズムは冬眠をする動物や，季節性気分障害に関わりがある。また，心理学的な日周期リズムもあり，午前中の遅い時間が最も作業能力が高まることが知られている。生理周期によって気分が変容することもわかっている。

睡　眠

　脳電位，眼電位，筋電位などの生理学的指標は睡眠に五つの段階があることを示している。第四段階の睡眠（ゆっくりした波で深い睡眠）とレム睡眠が特に重要である。レム睡眠中にほとんどの夢が現れる。睡眠剥奪はほとんど生理学的な変化を生じさせない。しかし，単純な課題の成績は悪くなり，頻繁に短く眠るようになる。最終的には幻覚や妄想が生ずることもある。回復理論によれば，睡眠により体の組織が回復しエネルギーが蓄えられるとされる。これを支持する知見として，ほ乳類は，他の代謝の低い動物よりも長く眠るというものがある。適応理論によれば，睡眠行動は環境における恐怖（例：捕食者）に対する適応的な行動である。睡眠は，単に望ましいだけでなく，不可欠なものなので回復理論が妥当であると考えられる。

夢

　夢は主にレム睡眠中に起こる。大人は夜におよそ2時間夢を見る。しかし，そのうちの95％を思い出すことができない。思い出せる夢は，そうでない夢よりもおかしなものであることが多い。フロイトの願望達成理論によれば，夢は抑圧された欲望を表現するものだとされる。このために，思い出される夢の内容（顕在内容）と夢自体に含まれていた内容（潜在内容）に差が生ずる。恐い夢は願望達成のようには見えず，潜在内容を調べる方法には問題が多い。ホブソンとマクカリーの活性 - 統合理論によれば，レム睡眠中には脳内でランダムな活性が起こる。夢を見ているとき，これらをまとめ上げ解釈しようとする。統合 - 活性理論は脳の詳細なデータに基づいているという利点がある。その一方で，夢にしばしばまとまりがあり，意味があることを説明できない。

クリックとミッチソンの逆学習理論によれば，夢の役割は脳内の不要な情報を消去し，自由に使える領域を増やすことにある。この理論では意味のある夢が存在することを説明するのが難しい。認知理論によれば，夢は現在の関心事を表現するとされる。これが当てはまる夢もあるが，多くの夢は必ずしもそうでなく，まったく意味のない夢もある。

意　識
　自己アウェアネスや内省に関わるような高いレベルの意識と複雑な学習や推論に用いられる低いレベルの意識がある。高いレベルの意識は新皮質が，低いレベルの意識は皮質や辺縁系が担っている。意識の内容は先立つ注意によって決定される。高いレベルの意識は行動を監視しコントロールするために用いられ，柔軟に行動できるようにする。フロイトは意識の限界を強調し，この考えは盲視などの症状を呈する脳損傷患者の症例からも支持される。統合失調症は彼らの自己監視能力が衰えているために生ずる。解離性人格障害をもつ患者には複数の人格があり，たいてい，一時に意識をもつのは一つの人格だけである。

催　眠
　受動的で眠っているような催眠状態は催眠術師が研究協力者をリラックスさせるための暗示を行うことによって作り出される。空想傾向が強い研究協力者は催眠に非常にかかりやすい。脳電位の記録は催眠状態と睡眠状態はまったく似ていないことを示している。深く催眠にかかった人について，催眠性健忘，催眠性無痛覚症，トランス論理などさまざまな興味深い現象を観察することができる。ヒルガードの新解離理論によれば，催眠に関わる現象は健忘の壁により体の一部分が他の部分から引き離されてしまうことによって生ずる。この理論は催眠に関わるさまざまな現象を単純に説明することができる。また，催眠状態と覚醒状態にほとんど違いがないと考える理論もある。これは非状態理論と呼ばれ，催眠にかかった人は催眠術師の教示から自分の期待されている振る舞いを行っているだけだとするものである。

【参　考　書】
　この章で扱ったことは以下の書が参考になる。
J. P. J. Pinel (1997), *Biopsychology* (3rd Edn.), Boston: Ally & Bacon.
　また，意識については以下の書が，
N. R. Carlson (1994), *Physiology of behaviour* (5th Edn.), Boston: Ally & Bacon.
　催眠については以下が参考になるだろう。
G. F. Wagstaff (1994), Hypnosis, in A. M. Colman (Ed.), *Companion encyclopedia of psychology*, vol. 2, London: Routlegde.

【復習問題】

1 体のリズムかアウェアネスの状態に関する生理学的な研究を調べ評価しなさい。 (24点)
2 睡眠の二つの理論について比較しその差について述べなさい。 (24点)
3a 心理学者が催眠という単語を使うときの意味について説明しなさい。(6点)
3b 催眠に関する研究について調べなさい。 (18点)

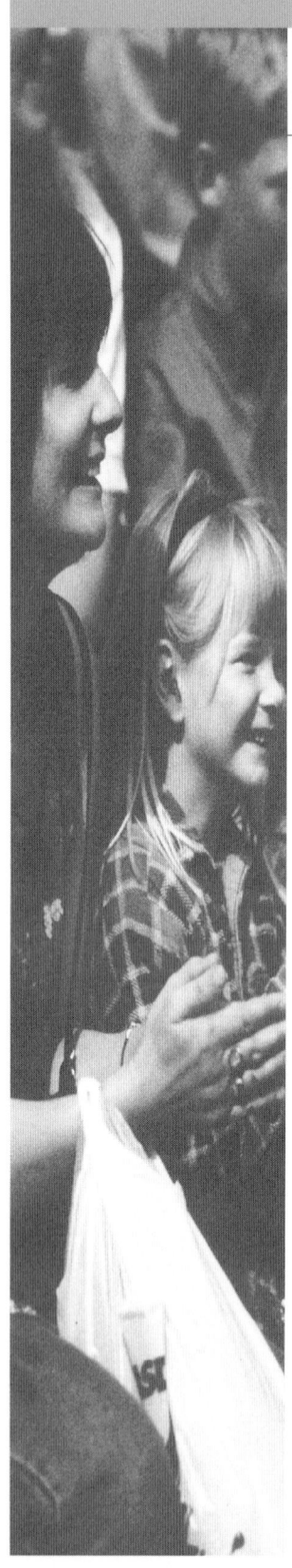

- 動機づけ：何が行動を開始させ，方向づけ，停止させるのか？
    - 飢餓理論
    - 飢餓に関するロジャーズとブランデルの正の誘因理論に関する研究
    - 渇きに関する理論
    - マクドゥーガルの動機づけの本能理論
    - マレーの要求－圧力理論
    - ハルの動因低減理論
    - マズローの欲求階層
    - レイサムとユクルの目標理論に関する研究

- 情動：私たちの感覚の背後にあるメカニズムとプロセス。
    - パペッツ–マクリーンの辺縁系モデル
    - 脳手術と情動
    - ジェームズ–ランゲの情動理論
    - キャノン–バードの理論
    - シャクターとシンガーの認知的ラベリング理論
    - ラザラスの認知的評価理論
    - パーキンソンの4要因理論

- ストレス：日常生活におけるストレスの原因とその効果，およびその扱い方。
    - セリエの汎適応症候群
    - ホームズとレイの社会的再適応評価尺度
    - フリードマンとローゼンマンのタイプA研究
    - ストレスと免疫システム
    - バイオフィードバック，薬物療法，ソーシャルサポート
    - マイケンバウムのストレス予防トレーニング
    - エンドラーとパーカーの多次元的コーピング目録

6
動機づけ，情動，およびストレス

　この章は，心理学の鍵となる領域，すなわち動機づけ，情動，およびストレスを扱う。動機づけの研究は，**なぜ**人々がそのような形で行動するのかという問題を扱う。私たちは他者を行動へ駆り立てる動機づけの力をきちんと理解することができて初めて本当に他者を理解したことになる。情動も，心理学のきわめて重要な部分である。もしあなたが愛や楽しみ，そして幸福のようなポジティブな感覚をまったく経験しないとすれば，あなたの人生がいかに空虚なものとなるか，ちょっと想像してみるといい。不安や怒りのようなネガティブ情動でさえ，その使い道をもっているのである。たとえば，私たちは普通，危険かもしれない状況に置かれると不安になるが，このように不安の経験は私たちに用心をするように警告するのである。

　ストレスについてはどうだろうか？　メディアを信じるならば，日常生活のプレッシャーはあまりに大きく，私たちの大部分が，ほとんど常にストレスを受けていることになる。何百万という人々がストレスに苦しんでいるということは，誰も否定しない。しかしながら，人々はあまりにもそれにとらわれすぎるようになっているのかもしれない。たとえば，宝くじにたくさんのお金をつぎ込む人たちの中には，ストレスカウンセリングを受けに来る人がいるが，それは負けが込むことが彼らを窮迫に追い込んでいるからである。さらに，宝くじにおいて幸運を勝ち取った人の多くも，ストレスカウンセリングを受けているが，それは何百万ポンドもお金を受け取ることによるプレッシャーのためである！

図 6-1

動機づけ

　動機づけは次のようなことに関係する。

- 行動の方向：目標あるいは追求すべき目標。
- 行動の強さ：行動に投資される努力，集中などの量。
- 行動の維持：達成されるまで目標を追求する程度。

　これらの構成要素を含む定義が，テーラーら（Taylor *et al.*, 1982, p.160）によって提唱されている。

　心理学者にとって，動機づけとは，目標に向けられた行動の系

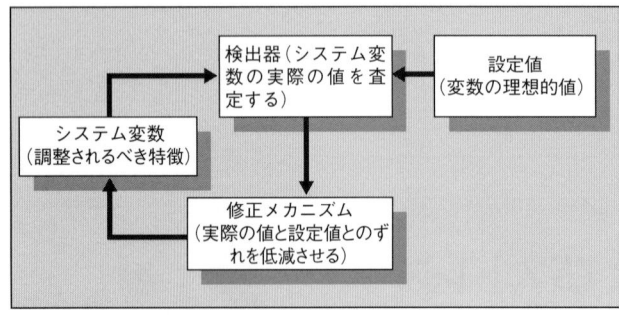

図6-2　ホメオスタシス

図6-3　通常定められている食事時間は，仕事やその他の社会的スケジュールを規定する規範である。

キー用語
ホメオスタシス：適切な内的環境を維持する仕組み。

列をスタート・進行させるとともに，それを維持し，最後には停止させるプロセスあるいはプロセスの系列として考えられている。

もし誰かが非常にお腹を空かせているのであれば，私たちはその人の行動が食物を見つけ，それを食べるという方向に向けられていると考えるだろうし，それに多くの努力を割くこと，そして食物を見つけるまで探し続けるであろうとも考える。

動機づけに対する生物心理学的アプローチにおいて鍵となる考え方は，ある内的特性を，外的環境の変化によらずほぼ一定のレベルに維持する制御メカニズムの概念である。これは**ホメオスタシス**（homeostasis）として知られている（第3章参照）。たとえば，外気温が非常に激しく変化しても，ヒトには体内温度をあるレベルで保つ制御メカニズムが備わっている。ものを食べる，飲むなどの行動は，どちらも制御メカニズムにある程度依存している。第3章で論じたように，この制御メカニズムは，あるシステム変数（制御すべき特性），設定値（システム変数の理想的な値），そのシステム変数の現在の値を測定する検出器，そして実測値と設定値とのずれを減らす修正メカニズムを必要とする。

飢　餓

多くの人の体重は，時間が経てば多少は変化する。したがって，たとえそれが理想値よりも高い目標に向かってでさえも，人は体重を調整あるいはコントロールすることができるのである。私たちが，いつ食べるという行動を始めるか，あるいは止めるのかということを決定している要因は何であろうか？　世界でも比較的豊かなところでは，社会的・文化的要因が非常に重要になる。たとえば，人々はしばしば，昼食やディナーの時間になったという理由や，他の人たちが食事をしているという理由で食事をする。しかしながら，生理的な要因もまた重要であり，これからみていくのはこのような要因についてである。

視床下部理論

動物を用いて行われた初期の研究は，視床下部が摂食行動の調節において大きな役割を果たしていることを示唆してきた。そこでは，視床下部外側核が，食物摂取の開始を受けもつ摂食中枢であると主張されていた（たとえば，アナンドとブロベックAnand & Brobeck, 1951）。それに対して，視床下部の腹内側核は，摂食の停止を引き起こす満腹中枢である。

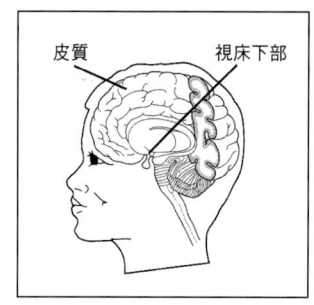

図6-4 視床下部の位置

摂食中枢の（局所的な）損傷は，摂食を低下させるだろうし，満腹中枢の損傷は，摂食の増大を招くだろう。アナンドとブロベックは，外側核の損傷が，ラットの摂食を停止させ，急速に体重が低下することを見出した。ヘザリントンとランソン（Hetherington & Ranson, 1942）は，腹内側核の損傷効果を観察した。ラットは以前に比べて非常に多くの量を食べるようになり，体重が2倍になることもしばしばであった。

ヘーベルとタイテルバウム（Hoebel & Teitelbaum, 1966）は，腹内側核の損傷には，動的と静的の二つの段階が伴うことを見出した。動的段階では，ラットは通常の何倍もの量を食べ，それがたいてい4～12週間続いた。しかし，その後に続く静的段階では，体重のさらなる増加はみられず，動的段階で最終的に到達した体重を維持するように，食物の消費は調節されていた。

飢餓の視床下部理論は，もはや受け入れられていない。視床下部の外側の損傷は，摂食とともに摂水も減少させるし，また損傷は動物を全般的に刺激に対して無反応にさせる（ピネルPinel, 1997）。そのため，そこが摂食中枢であると単純にみなすことはできない。

視床下部の腹内側部は，さまざまな理由によって満腹中枢とは言えない。第一に，視床下部腹内側部の損傷は，通常，他の関連領域にもダメージを与えてしまう。これらの領域のうち，幾つかのもの（たとえば，ノルアドレナリン性腹側束；室傍核）へのダメージも，肥満を引き起こす。第二に，視床下部腹内側核を損傷したラットは肥満するが，幾つかの点から，彼らが別に非常に空腹であるというわけではなさそうに思われるのである。たとえば，損傷を受けたラットは，統制群（訳注：損傷を受けていない）のラットに比べて，おいしい餌をより喜んで食べようとするが，それらを手に入れようとして熱心に活動しようとはしない（タイテルバウム, 1957）。第三に，視床下部腹内側部損傷の中心的な効果は，体脂肪の増加である。ハン，フェンとクオ（Han, Feng & Kuo, 1972）は，損傷を受けたラットは統制群のラットに比べて，同じ量の食物を与えられても体脂肪をより多くつけることを見出した。損傷を受けた動物がたくさん食べるのは，彼らが食べる食料が体脂肪となって，そのときにすぐ必要なエネルギーを満たすことが比較的少ないからである。

グルコース定常理論

視床下部理論は，摂食行動とその停止をもたらすために視床下部が用いている情報の種類については，詳細な説明を行っていなかっ

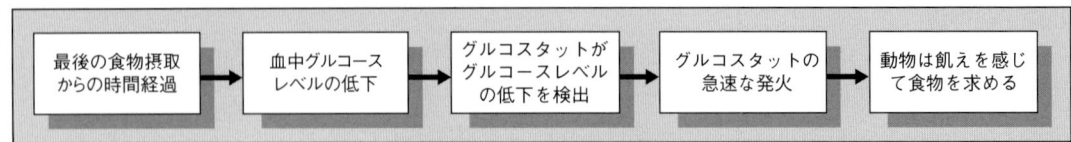

図6-5 グルコース定常理論の基本

た。メイヤー（Mayer, 1955）は，この空白を埋めるべく，グルコース定常理論を提唱した。この理論によれば，血液中のグルコースレベルを測定する，グルコスタットと言われる特殊なニューロンが存在する。グルコスタットは，使用できるグルコースのレベルが低い場合，高頻度で発火し，この高頻度の発火が飢餓感をもたらすのである。

　グルコース定常理論を支持する証拠は，キャンプフィールドとスミスによってレビューされている（Campfield & Smith, 1990）。ラットが摂食行動を開始する少し前には，一般的に血中グルコースレベルの低下がみられるが，これはグルコースレベルの低下が，摂食行動を引き起こすことを証明してはいない。しかしながら，キャンプフィールドとスミスは，微量のグルコースをラットの血管中に注入することによって摂食が遅延するということ，さらにこの注入が血中グルコースレベルの低下中に行われた他の研究についても論じている。全体として証拠はやや一致を欠いている。たとえば，摂食行動はしばしば多量のグルコース注入によっても影響されないことがある（ピネル, 1997を参照）。

　どこにグルコスタットあるいはグルコース感受性ニューロンがあるのだろうか？　それらは脳と肝臓で見出されている（カールソンCarlson, 1994）。たとえば，ラッセク（Russek, 1971）は，グルコースをイヌの頚動脈か肝臓のどちらかに注射した。頚動脈注射されたグルコースは，イヌの食物摂取に影響を及ぼさなかったが，肝臓へのグルコース注射は，数時間の間，イヌの摂食行動を妨げた。

　これまで，私たちはインスリンの役割を無視してきた。血中グルコースレベルは，動物がものを食べ始める少し前に急激に低下するが，それはインスリンの分泌がその直前に50％も上昇するからである。インスリン分泌を増加させる注射を行うと，グルコースレベルが下がり，摂食行動が始まる（キャンプフィールドとスミス, 1990）。インスリンの重要性は，ウッズら（Woods et al., 1979）によっても示されている。ヒヒの側脳室へインスリンを定期的に注射すると，食物摂取が70％減少したのである（訳注：ここの記述は，前の内容と矛盾するようにみえるが，長期的なインスリン投与と短期的な投与では効果が異なるということであろう）。

脂肪定常理論

　空腹はグルコースレベルの低下によってもたらされうる。グルコースは，重要な栄養素（滋養をもたらす物質）の一つであるが，栄養素には他にも脂質，脂肪酸と呼ばれるものと，アミノ酸という二

つがある。脂肪定常理論によると（たとえば，ニスベット Nisbett, 1972），食行動は視床下部が脂質あるいは脂肪酸のレベルが低いという情報を受け取ると始まる。

脱脂（細胞から脂肪を取り除く）は，空腹を引き起こすが，特に脱グルコース（細胞からグルコースを取り除く）と組み合わされた場合にそれは著しい。フリードマン，トードフとラミレス（Friedman, Tordoff & Ramirez, 1986）は，脱脂あるいは脱グルコースのどちらかをもたらす相当量の化学物質をラットに投与した。二つの化学物質が同時に与えられたときに食物摂取は著しく増大したが，どちらか一方だけを用いた場合にはわずかな効果しかみられなかった。

脂質あるいは脂肪酸レベルの低下を検出する受容器はどこにあるのだろうか？ リッターとテーラー（Ritter & Taylor, 1990）は，迷走神経を腹腔に入るところで切断すると，脂肪酸の欠乏によって引き起こされる空腹が低減することを見出した。このことは，腹腔の中あるいはその近くに脂質応答性の受容器があることを示唆している。

食行動の停止

なぜ私たちは食べるのを止めるのだろうか？ ある程度の量の食物を食べるように強いる社会的圧力もあるが，内的・生理学的プロセスも存在する。ドイッチとゴンザレス（Deutsch & Gonzarez, 1980）は，胃が重要な役割を果たしていることを見出した。彼らはラットを手術して，食物が胃から出ないようにする空気で膨らませることのできるカフを挿入した。人工的に胃の内容物を5ミリリットル取り除いたとき，ラットは失ったものを補うために，液体食料を5ミリリットルちょうどかあるいはそれ以上消費した。

胃が何らかの役割を果たしているということについては，他にも有力な証拠がある。胃や腸管の受容器は，ペプチドの放出を引き起こすという形で，摂取された食物に反応する。これらのペプチドの幾つかは，脳に満腹情報を送り，食行動を停止させる。関連する証拠は，ギブス，ヤングとスミス（Gibbs, Young & Smith, 1973）によっても報告されている。彼らは，コレシストキニンというペプチドを空腹のラットに注射することによって，食行動が減少することを見出した。似たような見解は，他の幾つかのペプチドについても得られている。

評　価

私たちは，自分のエネルギーレベルが設定値あるいは最適水準を大きく下回ったときに，ものを食べるように動機づけられ，設定値に戻ると食べるのを止める，と仮定することは魅力的である。これまで論じてきた理論（たとえば，グルコース定常理論，脂肪定常理論）の幾つかは，これらの仮定に基づいている。だが実際には，ピネル（1997）が論じているように，ホメオスタシスを強調する設定値アプローチは不適当である。多くの西欧社会の人々が食事をする

> 社会的・文化的要因以外のどのような要因によって，食べたいという動機づけが起こるのだろうか？

図6-6 摂政官：有名な大食家

とき，彼らには重大なエネルギーや生理的な欠乏（たとえば，グルコースレベル；脂肪の蓄積）があるわけではない。私たちのほとんどにとって，空腹とは基礎的な生理学的プロセスよりも，社会的・文化的要因（たとえば，期待される食事時間）に強く関係するものである。

擬似摂食についての研究は，ホメオスタシス理論に対する強い反証を提供している。これらの研究では，動物を手術して，食べた食料が胃に入らず，チューブを通って体外に出ていくようにしている。動物（たとえば，ラット）は，食物によってエネルギーを得ることができないにもかかわらず，最初は食料を，普段食べている通常の摂取量しか食べない（ワインガルテンとクリコフスキー Weingarten & Kulikovsky, 1989）。このような見解は，貯蔵されているエネルギーレベルによる食行動の制御が，非常に不完全なものであることを示している。

正の誘因理論

正の誘因理論（たとえば，ロールズとロールズ Rolls & Rolls, 1982）は，設定値あるいはホメオスタシスアプローチよりも，より証拠と一致するものである。正の誘因理論によれば，空腹レベルは，食べることがもたらす快感への予期によって決定される。非常に多くの要因が，この予期される快感のレベルに影響を及ぼす。それらは，食物の味についての予期，最後にとった食事から経過した時間，普段の食事時間との時間的関係，血中グルコースレベルなどを含んでいる。言い換えると，基礎的な生理学的プロセスと社会的要因の両方が，私たちの空腹感に影響する。

正の誘因理論に対する強力な支持は，ロジャーズとブランデル（Rogers & Blundell, 1980）によって報告されている。彼らは，通常の餌を与えられたラットと，さまざまなおいしそうな餌で成り立っているカフェテリア飼料と呼ばれている餌を与えられたラットの食行動を比較した。この研究では，カフェテリア飼料のラットは，通常の餌に加えてパンやチョコレートを与えられた。

その結果はどうなったであろうか？ カフェテリア飼料を与えられたラットのカロリー摂取量は，通常に比べて平均84％増大した。新しい飼料を与えられてから120日後，これらのラットの体重は，平均にして49％増大した。これらの見解は（ラッ

図6-7 カフェテリア・ダイエット

■やってみよう：食行動に関わる生理的・心理的メカニズムをリストアップしてみよう。答えを「食べる」ということを中心的構成概念に置いた「心の地図」フォーマットで表すと役立つかもしれない。

トにのみ基づいているものの），西欧世界でなぜ肥満人口が劇的に増大している のかを説明するかもしれない。彼らはこの説明における重要なポイントは，正の誘因理論の予想通りに，油っこさ，甘み，塩味などの点で，私たちの好みを満足させる食物をすぐ手に入れることができるということが，私たちに必要以上の食物摂取を助長しているという点であると示唆している。これに対して，設定値あるいはホメオスタシス理論は，なぜかくも多くの人が肥満になっているのかということを簡単には説明することができない。

議論のポイント
1. 私たちの食行動のどの側面が，正の誘因理論によって説明されるのかを考えてみよう。たとえば，デザートの味はメインコースの味と非常に異なっている。
2. 正の誘因理論は，あなたの食行動パターンに関係すると思うか？

のどの渇き

渇きについては，さまざまな理論が提出されてきた。人体にある水の約3分の1は，細胞の外側にある細胞外性で，残り3分の2が細胞の内側にある細胞内性である。これらの水分（細胞の内であろうと外であろうと）には，さまざまな物質が溶け込んでいるが，中でも最も重要なものはナトリウムあるいは塩分である。多くの物質を含んだ水は，高い浸透圧をもつと言われており，溶けている物質が少ない水は浸透圧が低い。

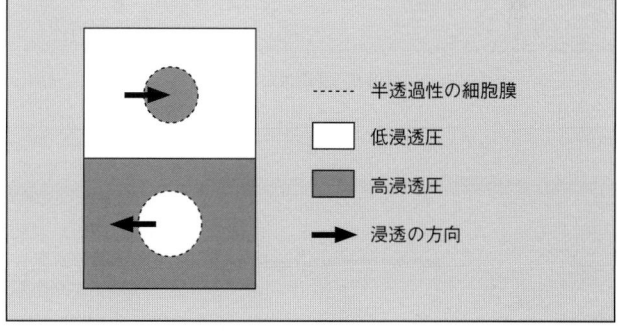

図6-8 浸透性

細胞膜は半透過性である。このことは，水はそこを通り抜けることができるが，溶け込んでいる物質にはそれができないということを意味している。半透過膜の両側に水がある場合，低い浸透圧をもつ溶液は，高い浸透圧をもつ溶液の方に通り抜けていく。これが浸透と呼ばれるもので，細胞の内側と外側の浸透圧が等しい状態になるまで続く。水分の欠乏は，細胞の内側・外側の両方で起こりうる。ロールズ，ウッドとロールズ（Rolls, Wood & Rolls, 1980）は，多くの種において，細胞内の水分欠乏が摂水行動により大きな効果を及ぼすことを見出した。彼らが絶水した動物の細胞内の欠乏を，注射によって満たしてやると，飲む量が75％まで減少した。対して，細胞外の欠乏を満たしてやっても，飲む量は約15％しか減らなかった。

絶水がのどの渇きを引き起こすに至るには，大きく二つの道がある。第一に，絶水はナトリウムの細胞外濃度の上昇をもたらす。これは浸透を通じて水分が細胞から出ていくことにつながる。これらの変化は，浸透圧受容器のある視床下部の外側視索前野内で検出される。ここが，関連する神経回路を賦活させることによって，**直接**

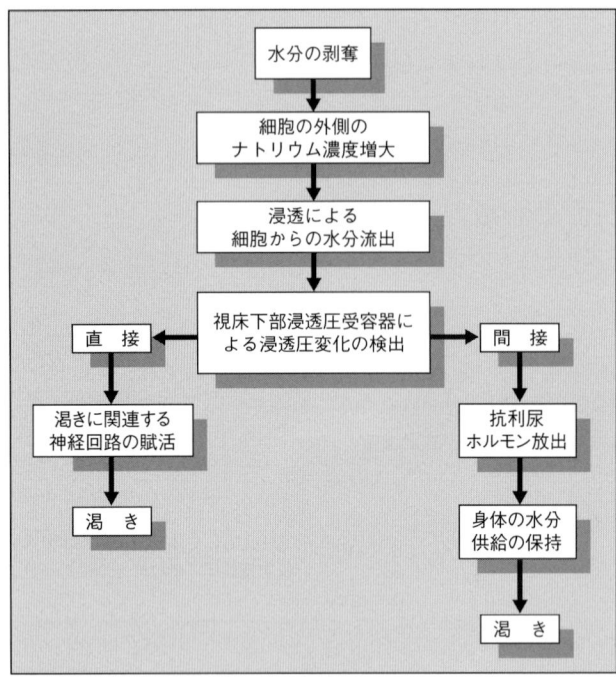

図6-9 浸透性と渇き

的に渇きを引き起こすのである。それはまた**間接的**にも渇きを引き起こす。抗利尿ホルモンが放出されると，身体への水分補給の維持と，のどの渇きの感覚が生じる。

　第二に，絶水は血液量の減少をもたらす。血流の受容器はこの低下を検出し，腎機能を直接はたらかせる。心壁にある圧受容器もしくは血圧受容器も，血液量の減少を検出し，抗利尿ホルモンの放出を増大させることによって腎機能に影響を及ぼす。抗利尿ホルモンは，腎臓において産生する尿の量を減少させ，それはまたレニンというホルモンの放出を促す。次にレニンは，血中のペプチドホルモンの一つであるアンギオテンシンⅡの形成をもたらす。アンギオテンシンⅡは血圧を上昇させ，アルドステロンというホルモンの放出

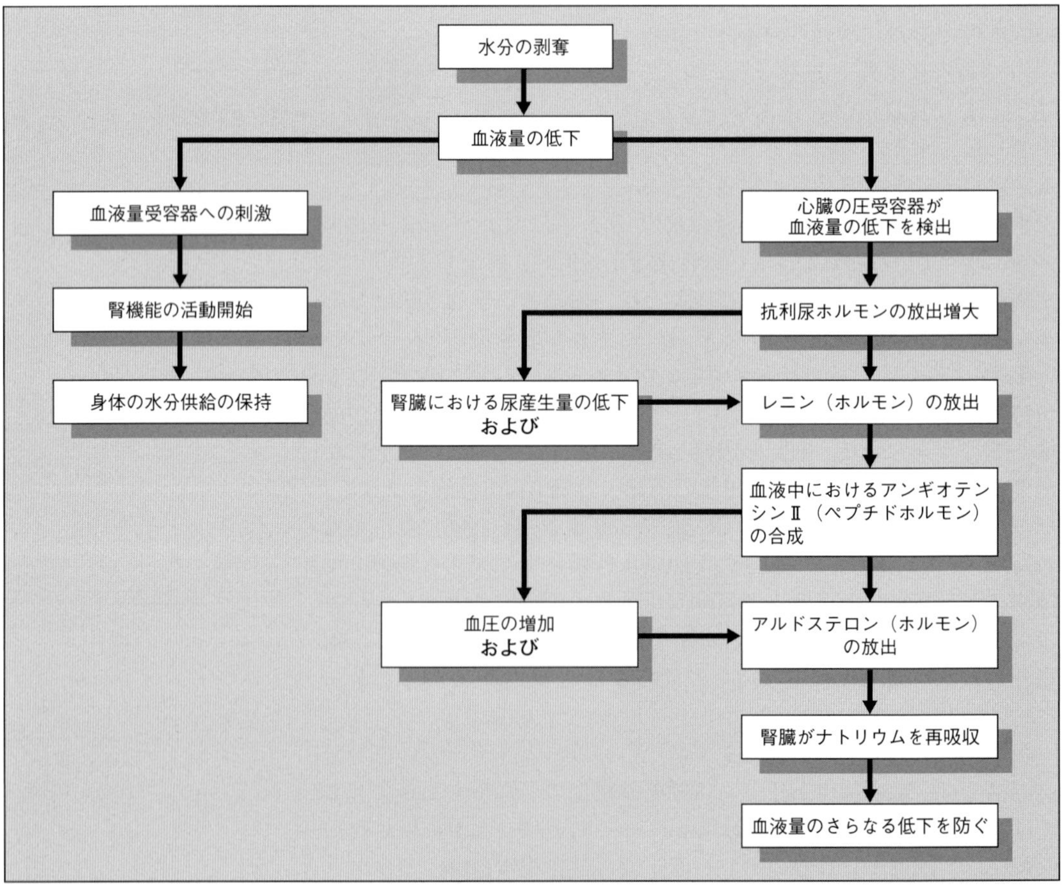

図6-10 血液量の低下

を促す。アルドステロンは，腎臓にナトリウムの再吸収を行うようにはたらきかけ，それによって血液量のさらなる低下を防ぐ効果が現れるのである。

　視床下部は，のどの渇きと摂水行動において決定的な役割を果たしている。視床下部外側部の損傷は，細胞の水分喪失に対する反応として起こる摂水を減少させることが見出されている。この損傷は，血液減少に伴う摂水をも減少させる（ピネル, 1997）。

摂水の停止

　水を飲むという行動を停止させるものは何だろうか？　ホメオスタシスと設定値の概念から考えてみると，人々は細胞内と細胞外の水分レベルが正常に復帰するまで飲み続けるという仮定が思い浮かぶ。しかし，この仮定は事実ではない。人間における摂水の多くは，水分レベルや血液量に重大な欠乏が生じない状態で起こっている。さらに，本当に水分の欠乏に対する反応として飲んでいる人々でも，水が体内に吸収される時点より前に飲むことを止めている。実際には，口や腸にある飽和（満足）受容器が，飲むことをストップさせるのである。これらの受容器は，飲む液体の味が同じである場合に特に急速に飽和を起こす。これは感覚特異的飽和として知られている。ロールズら（1980）は，水そのものを与えられたラットと，味つけを頻繁に変えた味つきの水を与えられたラットの摂水を比較した。味つきの水を与えられたラットは，単なる水を与えられたラットの約3倍もの水を飲んだ。

図6-11　強い渇きを感じている人でさえも，身体が消費した水分を吸収する前に，飲むのをやめて十分に飲んだと感じることがある。

動機づけの理論

　初期の動機づけ理論は，**本能**（instinct），すなわち先天的な衝動あるいは動機の概念を最重要視していた。マクドゥーガル（McDougall, 1912）に従えば，本能には非常に多くのものがあり，食物の探索，性行動，好奇心，恐怖，親としての防衛，嫌悪，怒り，笑い，自己主張性，群居性，習得力，安静，移動，援助を求めるアピール，快適性，服従，建設・構成などを含んでいる。

　マクドゥーガルは，すべての行動をこれらの本能のあるものを満たそうとするものであると考えることによって，説明しようとした。しかし，このようにあまりにも多くの本能を同定することにはあまり意味はない。建設・構成や服従が基本的な本能であるということはあまりありそうにないことである。もう一つの問題は，循環論の危険性が非常に大きいということである。たとえば，誰かがその自己主張本能のために，自己を主張していると論じることは，実際にその行動を説明していない！

　マクドゥーガル以来，さまざまな動機を分類する試みは，幾つか行われてきた。ある体系は，動機を**内的**に喚起されたものか**外的**に喚起されたものかという区別に基づいている。食物，水，睡眠，排泄などはすべて内的要因に大きく依存するが，極端な気温を避けるとか，痛みを伴う刺激から遠ざかろうとする欲求のような動機は，

キー用語
本能：先天的な衝動，あるいは動機。

外的刺激が引き金となる。しかし，ほとんどの動機は内的・外的要因の両方に基づいている。たとえば，食べるという行動の目標は，しばしば内的な生理的条件を必要とするが，それはまた，食べ物がおいしそうな外見をしているかどうかというような外的要因によっても影響される。もう一つの明快な例は，性的動機である。これは血中の性ホルモンによって影響されるが，魅力的でかつ同意のとれたパートナーがいるかどうかというような要因によっても影響される。

　動機の分類には他のやり方もある。一つは周期的なものと非周期的なものに分けるやり方である。周期的動機は，動機づけの力が時間経過に伴って，程度の差はあれ周期的に増加・減少するものである。睡眠や食事の要求は周期的動機であるが，痛み刺激を避けようとする動機は違う。周期的動機は内的に喚起される傾向があり，非周期的動機は外的に喚起される。

その他の周期的・非周期的な動機について考えてみよう。

　動機のもう一つの分類は，一次性あるいは基礎性のものと，二次性あるいは獲得性のものに分類するやり方である。一次性動機は，学習の必要がなく，その種のほとんどの個体にみられるものである。それらは，食べる，飲む，排泄などへの欲求を含んでいる。二次性動機は学習されたものであり，その存在は一次性動機に多くを負っている。たとえば，多くの人々は金銭の獲得をそれ自体重要な目標とみなしている。しかし，金銭のそもそもの重要性は，食べ物や飲み物に対する一次性動機を満たすことができる方法としてあるのである。

■やってみよう：以下の行動を動機に基づいて分類してみよう。
・試験勉強
・お金のために働く
・自発的に働く
・パーティーに行く
・結婚する
・子供をもつ

欲求－圧力理論

　ヘンリー・マレー（Henry Murray, 1938）は，私たちが20の欲求をもっているとする欲求－圧力理論を論じた。これらの欲求は，支配，達成，親和，遊び，性，攻撃，養育などを含んでいる。それぞれの欲求は，それと結びついた欲望，意図された効果，感覚，そして活動をもっている。たとえば，支配欲求は他者をコントロールする，あるいは他者に影響を及ぼそうとする欲望・自信の感覚，そして他者に影響を与え，かつ説得するための活動を必要とする。誰か他人の行動を理解するためには，欲求の満足に関わる環境の特性である**圧力**（press）というものを考慮に入れなければならない。たとえば，支配への欲求は，影響を喜んで受け入れる他者の存在がある場合にのみ満たされる。

キー用語
圧力：欲求の満足に関わる環境特性。

■やってみよう：若い男性が年老いた女性から離れようとしている絵を用いて，人々が主題統覚検査において示すさまざまな動機に関する幾つか可能な説明を工夫してみよう。

　欲求はどうやって測定できるだろうか？ マレー（マレーとモーガンMurray & Morgan, 1935）によって主題統覚検査（Thematic Apperception Test）が開発されている。これは多く

の絵で構成されている（たとえば，若い男性が年老いた女性から離れようとしている）。テストを受ける個人は，絵の中で何が起きているのか，どうしてこのような状況になったのか，および次に何が起こるのかについて話す。これらの物語は，たいていやや柔軟かつ主観的に解釈され，個人のもつ動機や葛藤を明らかにしようとする。マレー（1938, p.529）は，主題統覚検査を「正常な人々の隠されていた（抑制された）無意識の（部分的には抑圧された）傾向を発見するための試み」の一部として開発した。

　マレーとともに研究をしていたマクレランド（McClelland）は，絵の解釈のされ方に基づく達成欲求の測度を開発した。達成欲求は，物事をうまく行いたいという欲求である。達成欲求の得点が高い人は，非常に簡単か非常に困難な課題よりも，ほどほどの難しさをもつ課題を好む傾向がある（ケストナーとマクレランド Koestner & McClelland, 1990）。彼らはまた，結果に責任がもてるような活動を好む。達成欲求測度の妥当性をめぐる証拠は，ケストナーとマクレランド（1990）で論じられている。達成欲求の高い共同体は，それが低い共同体よりも生産性や経済成長のレベルが高い。

　マクレランドら（1953）は達成欲求について，興味深い比較文化的研究を行った。彼らは八つのネイティブアメリカンの文化から民話を収集し，それらの達成動機を評定した。彼らはまた，各文化において子供が独立するために受けるトレーニングの量も評定した。達成欲求のレベルは，独立が奨励される文化の方が大きく上回った。

比較文化的問題：達成動機が，集団的主義文化と個人主義的文化とどのように関係するだろうか？

評　価

　マレーやマクレランドによって採用された動機づけへのアプローチは，重要な欲求に関心をもっている。達成欲求は，仕事での成功を予測し，文化間の違いの幾つかを説明することが見出されている。ネガティブな側面としては，主題統覚検査とマクレランドによって開発された達成欲求測度は，信頼性・妥当性がかなり低いことである。したがって，欲求の一貫性を測定しておらず，行動をそれほど正確に予測していない。マレーによって同定された欲求の多くは詳細に研究されていないため，欲求−抑圧理論の全体的な有効性を評価することは困難である。

動因理論

　ウッドワース（Woodworth, 1918）は，個人をある目標に対して能動的に努力するように促す動機づけの力を意味する言葉として，**動因**（drives）という概念を導入した。動機づけに関する最初の動因理論の一つは，ホメオスタシス性動因理論である。この理論は，キャノン（Cannon, 1929）が生体の内的環境をほぼ一定に保つためのプロセスを指すために用いたホメオスタシスの概念に基づいている。これまでみてきたように，空腹やのどの渇きに関係する制御的・ホメオスタシス的メカニズムが存在する。しかし，ホメオスタシス性の動因理論が，他のタイプの動機づけを説明できるかどうかという

キー用語
動因：人をある目標に向かって能動的に活動させるような動機づけの力。

ことは，それほどはっきりしていない。しかし，ホメオスタシス性動因理論を評価するために，他の類似の動因理論も検討してみよう。

ハル（Hull, 1943）は，動因低減理論を提出し，その中で欲求と動因にははっきりした違いがあると論じた。欲求は本質的に生理学的なものであり，空腹や水に対するものなどが含まれている。対して，動因は生理的というよりはより心理的なものであり，欲求に基づくものである。

ハルのアプローチは，動因低減理論と呼ばれているが，それは行動が一つあるいはそれ以上の動因を低減するように動機づけられるからである。動因低減は，報酬・強化の機能をもっており，動物と人間は，動因低減をもたらすように行動する方法を学習する。たとえば，子供が空腹動因を低減するために，台所のつぼの中からビスケットを見つけて食べると，以後その子供は空腹になると，ビスケットのつぼのところに行く傾向を強めるだろう。

動因低減理論の中心的仮定は，ある状況における個人の行動は，動因あるいは動機と，その個人がこれまで何を学習してきたか（習慣）ということによって決定されるというものである。ここから，反応の傾向＝動因×習慣という数式が導かれた。ハルは後に，誘因や他の要因の役割についてさらに仮定を追加した。しかし，彼は依然として行動が主として動機づけ（動因）と学習（習慣）の組み合わせに依存するという立場を保持し続けた。

評　価

ホメオスタシス性動因理論は，空腹やのどの渇きの幾つかの側面を説明することができる。しかし，全体としての動因理論アプローチは不適切である。なぜであろうか？　第一に，すべての行動が動因の低減に方向づけられているという概念には，多くの例外がある。人間の行動の多くは好奇心に基づいており，好奇心を動因あるいは欲求の低減を必要とするものとしてみなすことは難しい。レバーを押したときに脳のある部分（視床）に電気刺激を受けるようにされたラットは，何時間もの間，何千回もレバーを押し続ける（オールズとミルナー Olds & Milner, 1954）。ここでも，この行動によって低減される生理的欲求は存在しない。

第二に，この理論的アプローチは，大部分，他の種，特にラットの研究に基づいている。ラット，犬，およびその他の種は，生理的欲求あるいは動因を低減するように動機づけられている部分が大きいと考えることは確かに可能ではある（あまりありそうではないが）。しかし，これが人間に当てはまるとは思えない。たとえば人間性心理学者であるマズロー（Maslow）によれば，人間は部分的には（好奇心のような）認知的欲求，美的なあるいは芸術的な欲求，そして自己実現に対する欲求によって動機づけられている（次項を参照）。人間性アプローチに同意するかどうかにかかわらず，人間を動機づける力は，動因理論に含まれるものよりもはるかに多種多様である。

第三に，動因理論には，認知的要因が人間の動機づけに重要な役

不安が私たちの動因の一つであり，それを低減させようとする場合，どのような行動が，これを説明すると思うか。

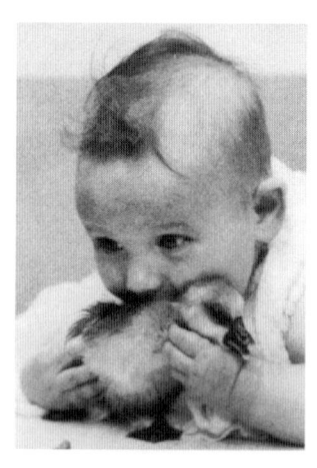

図6-12　食物捜索？　それとも好奇心？

割を果たしているということをそれほど認めていない。何人かの理論家（たとえば，ロック Locke, 1968）は，動機づけは多くの部分が私たちの設定した目標に依存すると論じている。たとえば，心理学の上級クラスにおいてBをとることを目指している人は，単に単位をとることを考えている人よりもより強く動機づけられるだろう（そしてより熱心に勉強するだろう）。動機づけのこのような側面は，キャノンやハルには欠けている。

アブラハム・マズロー

人間性心理学者アブラハム・マズロー（1954, 1970）によれば，ほとんどの動機づけの理論は非常に偏狭なものであるという。それらは，空腹やのどの渇きのような基本的生理的欲求か，あるいは不安を避けようとするような欲求を扱っている。しかし，このような理論は，全体的に個人の成長に関わる多くの重要な欲求を省略している。マズローは，**欲求の階層性**に基づいた理論を提唱することによって，これらの事柄にふれている（第2章参照）。食物や水分などに対する生理的欲求あるいは要求は，この階層性では最下層にあり，安全への欲求がそのすぐ上にくる。真中の階層は，愛情や親密さに対する欲求である。その階層の上には，自尊心や効力（esteem）への欲求，そして最上層には自己実現（もしくはその人の潜在能力の充足）への欲求がくる。

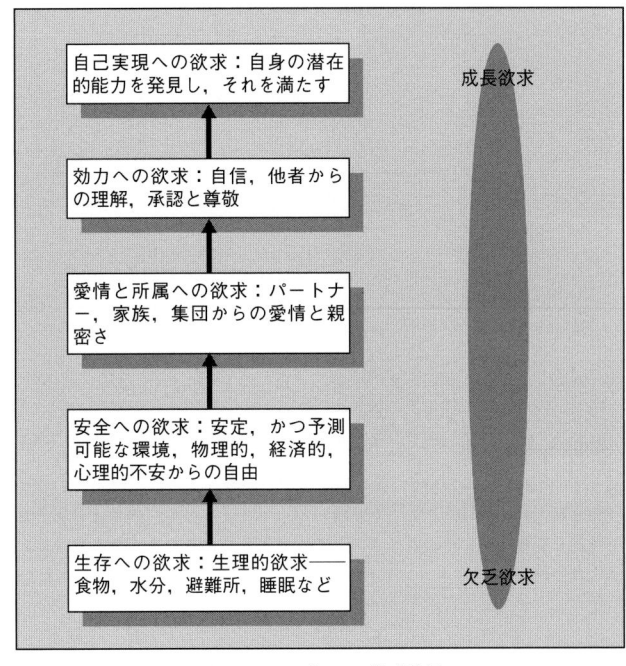

図6-13　マズローの欲求階層

マズローは，階層の下方の欲求を，不足や欠乏を低減するように作られていることから，欠乏性の欲求とみなした。より上層の欲求（たとえば，自己実現）は，成長への欲求を表し，個人の成長を促進するように作られている。マズロー（1954）は，自己実現のキーポイントとなる考え方を，以下のように述べている。

> 音楽家は奏でなければならない，画家は描かなければならない，詩人は詠わなければならない，もし彼が自分自身について究極的に満たされたいのであれば。人がなしうること，それはなさねばならないことである。この欲求こそ，私たちが自己実現と呼んでいるものだろう。

マズロー（1954, 1970）によれば，人は欠乏性の欲求を満たすことができて初めて成長性欲求に焦点を当てることができる。この見方が意味することは，成長性の欲求を満たしている人は，欠乏性の欲

あなたは，自己実現をしていると思う人を挙げることができるだろうか？

求を満たせる人に比べて非常に少ないということである。マズロー（1970）は、生理的欲求を満たしているアメリカ人は約85％、安全欲求については70％、所属や愛情に対する欲求は50％、自尊欲求は40％、そして自己実現欲求を満たしているのはわずか10％にすぎないと推定した。

アロノフ（Aronoff, 1967）は、より高次の欲求は、より低次の欲求が満たされた場合にのみ現れるという仮説を検証した。彼は英領西インド諸島の漁師とサトウキビ畑労働者とを比較した。漁師は一人で働いていた。彼らは一般に、集団で労働しているサトウキビ畑労働者よりも多く稼いでいた。サトウキビ畑での労働は、収入が漁師に比べて安定しており、また不作のときでも賃金が支払われるという意味で、漁師よりも安全な仕事である。マズローの理論に従うならば、安全と自尊欲求が満たされている人々は、より挑戦的で責任を伴う仕事である漁師に多いはずである。この仮説はアロノフ（1967）によって立証された。

図6-14 アロノフ（1967）は、西インドの漁師の多くが、効力と安全の欲求を満たしており、このことが彼らをして、サトウキビ栽培よりも予測不可能な要素の強いそのライフスタイルや収入などをうまく処理させていることを見出した。

評　価

動機づけに対してマズローがとったアプローチの最大の強みは、それが他のアプローチに比べてより包括的である点である。より明確には、自己実現や自尊心に対する欲求は非常に重要であるが、初期の動機づけの理論にはほとんど含まれていなかった。しかし、自己実現の概念は漠然としており、それを測定するよい方法を開発することが困難である。マズローは、誰もが自己実現者になる潜在力をもっているという仮定をもっていたが、それは少し楽観的にすぎたかもしれない。平均的なイギリス人が週に25時間テレビを観ているという事実は、個人の成長への動機づけがそれほど強くないという人が多くいるということを示唆している！　もう一つの限界は、自己実現の促進に及ぼす環境の影響が、十分に強調されていないことである。実際のところ、自己実現をした個人は、大抵、学歴、訓練、親の支援など環境的な要因を多くもっている。

認知的理論

人間の動機づけは、他の種におけるそれとどのように異なっているだろうか？　人間はしばしば長期的な目標（たとえば、試験に合

格する）に向かって動機づけられるが，他の種はたいてい短期的な目標（たとえば，食物を見つける）に焦点を当てる。人間の動機づけにおけるこの特徴は，ロック（1968, p.159）によって取り上げられた。彼の目標理論によれば，動機づけの鍵となる要因は，目標である。ロック（1968）は，目標を「個人が意識的に行おうとしていること」と定義した。誰かが自分自身で設定した目標は，直接的な質問によって査定することができる。

　目標設定は実際の遂行（performance）とどのような関係にあるだろうか？　ロック（1968, p.162）によると，目標の困難性と遂行の間には直接的な関係がある。すなわち「目標が困難であればあるほど，遂行のレベルも高くなる」のである。これは，難しい目標が設定された場合に，人はより懸命になるために起こるのである。

レイサムとユクル

　目標理論を支持する証拠は，レイサムとユクル（Latham & Yukl, 1975）によって報告された。彼らは木材の伐採と輸送に従事している労働者を三つのグループに分けた。

1. 単に「最善を尽くす」ように教示された労働者（激励群）。
2. 1週間あたり何百立方フィートもの木材を扱うという明確で困難な目標を与えられたグループ（割り当て群）。
3. 誰もが明確で困難な生産目標の設定に参加できるグループ（参加群）。

　レイサムとユクルは，激励群が最も易しい目標を設定することを見出し，したがって遂行が最も低いと予測された。対して，参加群は最も困難な目標を設定し，したがって遂行が最も優れていると予想された。予測した通り，激励群は1時間あたり平均46立方フィートの木材を，割り当て群は53立方フィート，そして参加群は56立方フィートの木材をそれぞれ処理した。これらの差異は，それほど大きいようにみえないかもしれない。しかし，参加群の作業遂行は激励群よりおよそ22％も大きいわけであり，どんな企業も従業員の生産性が22％も上昇すれば大喜びするだろう！

議論のポイント
1. 目標理論は職業心理学における動機づけ理論で最も広く用いられているが，その理由は何だろうか？
2. ロックのアプローチの弱点は何か（私の考えの幾つかは後述）？

　誘因が遂行に及ぼす効果の説明についても，目標理論は適用されてきた。ロックら（1968, p.104）によれば，「お金のような誘因は，それが個人の目標や意図に影響を与える場合にのみ，そしてその影響の程度によって，活動に影響を及ぼすだろう」。この仮説に対する支持は，ファー（Farr, 1976）のカード並び替えスピードに関する研究から得られた。金銭的な誘因を与えることによって，目標設定が非常に高くなり，並び替えのスピードも上昇した。

ロックら（1981）は，目標理論に対する証拠をレビューした。目標設定は，90％の研究で遂行を改善していたが，特に以下の条件の下でそれは明らかであった。

・目標へのコミットメント：個人が設定された目標を受け入れること。
・フィードバック：目標への進展状況に関する情報が与えられていること。
・報酬：目標到達が報酬的であること。
・能力：個人が目標に到達する能力を備えていること。
・支援：管理者や他者が激励を与えること。

評　価

目標設定と目標へのコミットメントは，目標理論から予測されるように，しばしば遂行レベルの重要な決定因となる。目標理論は，動機づけと遂行の個人差についてもいくぶんかの光を投げかけている。動機づけの高い労働者は，低い労働者に比べて，より高い目標を設定してそれによりコミットする。

しかし，ロックの目標理論は，若干範囲が限られている。たとえば，個人の目標レベルは，その人の意識的な意図と対応するものとみなされているが，人間の動機づけの力は，常に意識的気づきが伴うわけではない。もう一つの限界は，目標理論が高い目標を設定し，それにコミットすることに伴う潜在的な不利益を無視している点である。これらの不利益は，不安やストレス，フラストレーションのようなさまざまなネガティブな情動状態を含んでいる。もう一つの限界は，空腹やのどの渇きのような多くの動機づけが考慮されていないことである。

情　動

情動の研究は，心理学の中でも大きな重要性をもっている。しかし，それを定義することは簡単ではない。ドレーヴァー（Drever, 1964, p.82）によれば，情動とは，

> 非常に広範な身体的変化——呼吸，脈拍，発汗など——と，精神的な側面においては，強い感覚の伴う興奮あるいは動揺状態である。

私たちはドレーヴァーの定義を越えて，情動について以下の要素を明らかにしていこう。

・認知あるいは思考：情動は通常，人や物体に向けられており（たとえば，状況が危険であるために不安状態になる），私たちは思考の結果として状況が無害ではなく危険であるということを知るのである。

ロックらによる五つの条件のリストは，あなた自身の長期的・短期的目標（たとえば，心理学を勉強する）と，どのように関係しているだろうか？

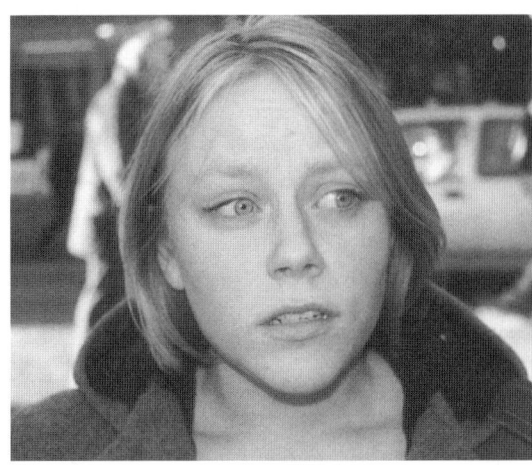 

図6-15 情動と結びついた表情は，一般に文化間にわたって認識される。

- 生理的側面：一般的にみて，情動には多くの身体的変化（たとえば，心拍，血圧，呼吸率の増大，発汗）が関係する。それらの多くは，自律神経系の中でも交感神経系の覚醒，あるいは内分泌系におけるホルモン活動によって生起する（第3章も参照）。
- 経験的側面：体験される感覚は，ヒトという種においてのみ測定することができる。
- 表出的側面：表情，姿勢のような非言語行動。
- 行動的側面：情動状態によってもたらされる行動のパターン（たとえば，闘争か逃走）。

情動の脳内システム

パペッツの回路

　脳の多くの領域が情動に関係している。情動に関して，キーとなる脳内システムを明らかにしようとした最初の試みは，パペッツ（Papez, 1937）によってなされたものである。彼は高レベルの攻撃性をもたらす疾病である狂犬病の事例を研究した。この病気は，海馬へ損傷を与えることによって攻撃性を増大させると考えられていた。パペッツはこの情報を，脳損傷患者の研究からの知見と組み合わせて，情動の基礎としての**パペッツの回路**（Papez circuit）を提議した。マキルヴィーンとグロス（McIlveen & Gross, 1996, p.153）が指摘したように，この回路は「海馬から視床下部，さらにそこから視床前部へと至る，閉じたループを形成している。回路はさらに帯状回，嗅内皮質を通って海馬へと戻るというように続いている」。

　パペッツの回路は，少し単純すぎる。たとえば，その中に含まれる部位の違いによって，機能にもわずかな違いがあるようである。フリン（Flynn, 1976）は，猫の視床下部のさまざまな部位を電気的に刺激したときの効果について研究した。ある部位を刺激したとき，猫は静かに噛みつき行動をするという反応を見せたが，また別の部位を刺激すると，引っ掻きや唸り声のような感情的（情動的）攻撃

> **キー用語**
> パペッツの回路：情動に関係する回路で，視床下部，海馬，視床などで構成されている。

行動を示した。

パペッツ - マクリーンの辺縁系モデル

　マクリーン（MacLean, 1949）は，パペッツ - マクリーンの辺縁系モデルで幾つかの改善点を加えた。このモデルがオリジナルのパペッツのモデルと異なっている点は，帯状回の役割の重要性が低下したこと，そして扁桃体と海馬の役割をより強調するようになったことである。この扁桃体重視の理由は，一つにはクリューヴァーとビューシー（Klüver & Bucy, 1939）の研究に負っている。前部側頭葉を切除されたサルは，攻撃性が低下し，恐怖をほとんど示さず，ものを口に入れるようになり，性的活動を行おうとする傾向が強くなる。この行動パターンはクリューヴァー - ビューシー症候群として知られており，側頭葉の内部にある扁桃体の損傷が大きく関わっている。ヒトにおいては，頭部のけがや腫瘍によってダメージを被ることがある。

　クリューヴァーとビューシーによる研究の結果，服役中の犯罪者に対する「精神外科」手術がアメリカで数多く行われるようになった。これらの手術の多くは，扁桃体切除術であり，扁桃体の各部を破壊するものであった。これは頭蓋骨に開けた小さな穴から電極を挿入し，そこから強い電流を流すことによって行われた。これらの扁桃体切除術は，全般的には被術者の恐怖や怒りを低減させたものの，しばしば非常に不幸な副作用が伴った。たとえばトーマス・R（Thomas R.）は，34歳の技術者で，手術後には錯乱に悩み働くことができなくなってしまった。彼は時折，かばんやぼろきれ，新聞紙などを頭にかぶって歩いている姿を目撃された。彼はこの行動を，脳の他の部分も壊されるかもしれないのが怖いからだと言うことによって正当化していた。感謝すべきことに，今日，扁桃体切除術が行われることは非常にまれである。

　現在では，扁桃体が情動において果たす役割については，もっと多くのことが知られている。ルドゥー（LeDoux, 1989）によれば，扁桃体とは脳の「情動コンピュータ」であり，刺激の情動的意味を知るために必要な部位である。ルドゥーはこの証拠として，扁桃体と視覚あるいは聴覚をつないでいるニューロンを損傷もしくは遮断したサルの研究を挙げている。サルはそれでも見たり聞いたりすることができたが，刺激の情動的意味についてはもはや知ることができなくなっていた。

　ルドゥー（1995）は，情動の辺縁系理論の修正版を提案した。彼によれば，情動的刺激についての情報は，視床によって中継される。視床の後では，二つの幾分異なった脳回路が関与する。一つは，視床から扁桃体へ伝えられる情報に基づいた，急速な情動的反応であり，しばしば自律系，内分泌系の変化を引き起こす。これらの変化は，その後で皮質によって解釈される。二つ目は，視床から皮質への直接伝達された情報に基づく，よりゆっくりとした情動的反応である。

二つの脳回路から発生した情動的反応の間に葛藤がある場合，どのようなことが起こるのだろうか？　一つの例として，多くの人々が歯科医院の待合室で経験していることが挙げられるかもしれない。すなわち「何も怖がることがないことがわかっているのに，非常に不安な感じがする」というような経験である。このような事例では，扁桃体に基づいた一つ目の回路が，高レベルの不安を示すのに対し，視床と皮質の直接的リンクに基づく二つ目の回路はそれを示していないのである。

　評　価　辺縁系は情動に関与している。しかし，情動の辺縁系理論は多くの点で限界をもっている。第一に，実証的証拠のほとんどが，恐怖や怒りあるいは激昂のような少数の情動に基づいていることである。他の情動（たとえば，愛情や悲嘆）における辺縁系の役割は明確ではない。第二に，ほとんどの研究が他の動物種において行われてきたことである。ヒトの情動に関係する脳システムは，おそらくこれら他の動物種の情動におけるそれよりも，より複雑で込み入ったものであろう。第三点目は第二点目とも関係するが，ヒトは皮質領域がより大きくなっており，他の動物種に比べて非常に認知システムが発達している。これは情動との関係において非常に重要である。たとえば，私たちは何か好ましくない未来の出来事（たとえば，試験を受ける）について考えるだけで不安になるが，このようなことは他の動物ではないだろう。情動における皮質の役割について，以前の理論よりも重点を置いているという点は，ルドゥー（1995）の理論の強みである。

前頭葉

　前頭葉も情動に関わっている。この点については，おそらくフィネアス・ゲージ（p.118も参照）と呼ばれているダイナマイト工が負った恐ろしい怪我のもたらした結果から，初めて推測されるようになった。彼が鉄の棒で，一発分のダイナマイトを穴に詰め込もうとしていたとき，爆発が起こった。そして鉄棒が，彼の眼窩皮質を通って，彼の頭のてっぺんまで突き抜けた。彼は勤勉でまじめな人間から，やや子供っぽくて無関心な人間になってしまった。したがって，この事故は彼の情動経験を損ねてしまったように思われる。

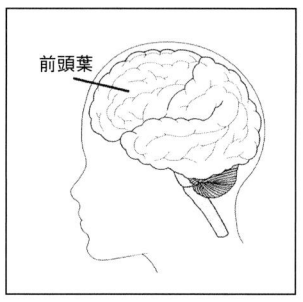

図6-16　前頭葉の位置

　その約100年後，ジェイコブセン，ウルフとジャクソン（Jacobsen, Wolfe & Jackson, 1935）は，ベッキーというチンパンジーの前頭葉を切除した。ジェイコブセンら（1935, pp.9-10）は，手術前のベッキーが，何か過ちを犯したときに，彼女がいかに「すぐかんしゃくを起こして床を転げまわり，糞尿をしていた」のかを記述している。手術後，彼女は「情動的混乱の兆候をみせなくなった」。ポルトガルの神経精神科医，エガス・モニス（Egas Moniz）は，これらの発見に強い感銘を受けた。彼は，前頭葉の各部を破壊したり他の脳部位から切除したりする，前頭ロボトミーという方法を開発した。前頭ロボトミーは，何万もの人々に実施され，不安，強迫神経症の低減に

効果的であった。その結果，モニスは1949年のノーベル賞を受賞した。しかし，この手術は非常に深刻な副作用をもたらした。患者はもはや正常な情動を経験することができなくなり，大部分は手術後に働くことができなくなった。これらの副作用から，前頭ロボトミーはもはや行われていない。

評　価　前頭葉は，個人にとっての状況の意味を決定したり，適切な情動的反応を行ったりするうえで何らかの役割を果たしているようである。前頭部からの出力は扁桃体，海馬，そして視床下部など，私たちがこれまで論じてきた他の脳システムと接続している。脳の幾つかの領域が，情動に関与することがわかっているという事実は，情動が脳のある単独の小さな部分ではなく，それらが統合された機能に依存しているということを気づかせる。その事実のみで，モニスや他の人々に対して，前頭ロボトミーが，それほど有効ではないということを示唆していたはずである。さらに，このような手術は，大きな倫理的問題を引き起こす，というのも誰かの人格をこれほど劇的に変容させるということを正当化することが非常に難しいからである。

情動の理論
ジェームズ - ランゲ理論

　情動についての最初の重要な理論は，アメリカのウィリアム・ジェームズ（William James）と，デンマークのカール・ランゲ（Carl Lange）によって，それぞれ独立に提出された。多くの明らかな理由によって，この理論はジェームズ - ランゲ理論として知られるようになった。この理論によれば，以下の状態が情動の発生に必要となる。

- 情動刺激の存在（たとえば，道路を横断しているときに車が猛スピードでやってくる）。
- その結果，身体的変化（たとえば，自律神経系の覚醒）が生じる。
- 身体的変化のフィードバックが情動体験となる（たとえば，恐怖や不安）。

　これらの三つの段階は，ジェームズ（1890）の論文からとられた次の例の中にみることができる。「私はクマに出会った。私は逃げた。私は恐くなった」。第一段階は，クマに出くわすことであり，逃げるのが第二段階，そして恐さを感じるのが第三段階である。
　ジェームズ - ランゲ理論を支持する証拠は，ホーマン（Hohmann, 1966）によって報告されている。彼は脊髄への損傷で苦しむ25人のまひ患者について研究を行った。このダメージの影響は，生理的な覚醒に対する意識あるいは気づきにほぼ限定されていた。この覚醒を体験することが困難な患者においては，怒り，悲嘆，そして性的

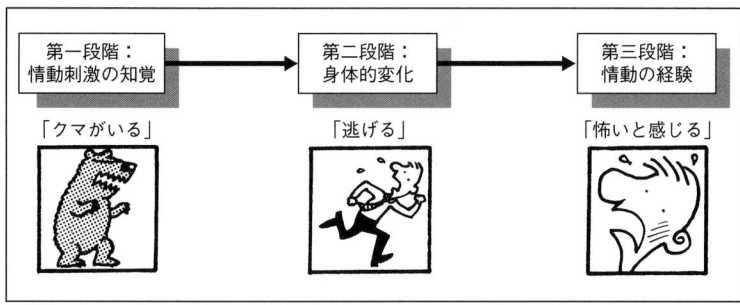

図 6-17

興奮などの情動的体験が大きく減退していた。ある患者の言葉を借りれば，「時折，私は不正を眼にすると怒った振る舞いをする。私は大声で喚き，悪態をつき，怒鳴りちらす……しかし，それはかつてのような熱さをもっていない。それは一種の精神的な怒りである」。

その後の研究は，全体的にみてホーマン（1966）の知見を裏づけていない。バーモンドら（Bermond *et al.*, 1991）は，脊髄を損傷した患者のほとんどは，情動の強度が**増大した**と報告することを見出した。彼らは，情動の身体的兆候は，けがをする前と同じくらい大きいとさえ報告した。これらの見解は，身体的変化からのフィードバックは，情動が体験されるために**必要なものではない**ということを示唆している。

ジェームズ-ランゲ理論に従えば，私たちが体験する情動は，そのときに起こっているある特定の身体的変化に依存している。したがって，各情動はそれぞれ独特の身体的変化パターンをもっているはずである。この見方には幾つかの支持がある。微笑みは幸福に，泣くという行為は不幸に，逃走行動は恐怖にそれぞれ結びついている。アックス（Ax, 1953）は，恐怖と怒りのそれぞれに対する生理的反応を比較した。恐怖は研究協力者に不快な電気ショックが来ることを伝えることによって起こし，怒りの方は，実験技師の粗野で不親切な言動によって喚起した。恐怖に対する生理的反応は，アドレナリンというホルモンによってもたらされるものと類似していたが，怒りに対する反応は，アドレナリンとノルアドレナリンを組み合わせたときの状態と似通っていた。

アドレナリンによる生理的反応はどのようなものか？

評　価

ジェームズ-ランゲ理論から予測されたように，生理的変化は，私たちが情動を体験する前に起こることがある。しかしこの理論は，多くの点で不適当である。第一に，私たちが情動を体験するのは，理論が予測するように身体的変化が起こった後ではなく，むしろその前であることの方が多い。言い換えれば，情動は身体的変化を通じて間接的に引き起こされるのではなく，情動的刺激によって直接的に生起するのである。

第二に，各情動状態と結びついた特有の身体的変化が存在するという仮定は，部分的にしか正しくない。多くの異なった情動が，全

レース前の運動選手の自律神経系の覚醒パターンは、単一の情動状態を示しているだろうか？

体としては似通った自律神経系の覚醒と連合しており，情動体験の豊かなバリエーションは，単なる身体的変化にのみ依存するとは言えない。

第三に，この理論は情動刺激が一連の身体的変化の連鎖を引き起こすとしている。しかし，これがどのようにして起こるのかということについてはほとんど述べていない。ある状況を解釈するその仕方が，どのようにして生理的変化と情動体験をもたらすのかということを詳細に考えるようになったのは，最近の理論家（たとえば，ラザラス Lazarus, 1966）になってからのことである。

キャノン-バード理論

キャノン-バード理論は，ジェームズ-ランゲ理論に代わるものとして提出された。人が情動的状況に置かれた場合，視床と呼ばれる脳部位が活性化する（第3章を参照）。これがさらに，二つの効果を及ぼす：1) 適当な情動状態が体験される；2) 他の脳部位（視床下部）が活性化し，自律神経系の中でも交感神経系の覚醒のような生理的変化をもたらす。

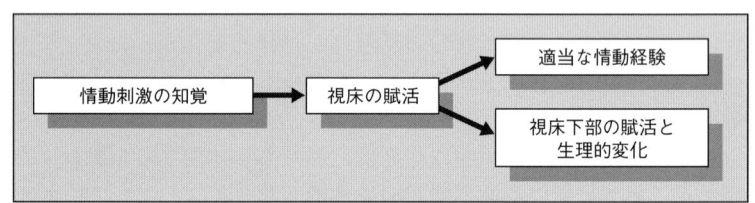

図6-18　キャノン-バード理論

キャノン-バード理論に従えば，私たちの感情は，生理的覚醒のレベルによって決定されるのではない。その結果，この理論は身体変化が生起する前に情動が起こるという事実と矛盾しない。しかしながら，脊髄を損傷した患者に対して行ったホーマン（1966）の見解と比べた場合には非常な問題がある。もし情動において身体変化の知覚が情動体験に影響を及ぼさないと考えるのであれば，なぜこの患者たちの情動性が大きく低下したのかを説明することは困難である。しかし，これまでみてきたように，ホーマンの知見を再現することは困難であることが明らかにされてきている（たとえば，バーモンドら, 1991）。

評　価

キャノン-バード理論は，多くの点で限界をもっている。第一に，実証的証拠は，全体として体験された情動状態の強さが，部分的にせよ生理的覚醒水準に依存することを示唆している（ライゼンザイン Reisenzein, 1983）。第二に，この理論は，私たちがどのようにして自分の置かれた状況が情動的であると判断するのかという

■やってみよう：ジェームズ-ランゲ理論とキャノン-バード理論からは，以下の点をどのように説明できるだろう？
・親子の愛情
・自動車事故への不安

ことについては何もふれていない。これは，情動的とも非情動的とも解釈できるような曖昧な状況（たとえば，真夜中に外から騒音が聞こえてくる）が数多くあることを考えると，重要な欠落である。これらの限界は，次に述べる認知的ラベリング理論で扱われている。

認知的ラベリング理論

シャクターとシンガー（Schachter & Singer, 1962）は，その認知的ラベリング理論の影響によって，現代の情動研究を拓いた。それは認知的要因に焦点を当てた最初の理論の一つであった。彼らの提議の中心は，情動が体験されるために本質的に必要な要因は二つあるというものである。

・高い生理的覚醒。
・その覚醒についての情動的解釈（もしくはラベルづけ）。

シャクターとシンガー（1962）によれば，この二つの要因のうち，どちらの一方が欠けていても情動は体験されない。マラノン（Maranon, 1924）による研究は，この予測と一致している。研究協力者はアドレナリンの注射を受けたが，この薬物は，普段生じる覚醒状態と似通った変化をもたらす。彼らはどのような感情を感じるかをたずねられると，71％の者は情動体験を伴わない，単なる身体的変化を報告した。残りの研究協力者のほとんどは，「あたかも」情動，すなわち通常の激しさを欠いた情動を報告した。なぜ大多数の研究協力者は，真の情動を報告しなかったのだろうか？　彼らは自分の覚醒状態を，薬物によってもたらされたものと解釈（もしくはラベルづけ）したため，情動的なラベルを与えられなかったのだろう。

シャクターとシンガー

シャクターとシンガー（1962）は，マラノン（1924）の研究を拡張した。研究協力者はすべて，その研究が合成ビタミン剤「スプロキシン」が視覚に及ぼす効果を調べることを目的としていると伝えられた。実際には，彼らは（覚醒をもたらす）アドレナリンか，覚醒状態には影響を及ぼさない生理食塩水を注射された。アドレナリンを与えられた者たちの何人かは，薬の効果について正しい情報を与えられた。他の者たちは，（単に注射は軽いもので副作用はありませんと言われるだけで）間違った情報か，あるいは情報が何も与えられなかった。注射の後，研究協力者は喜びもしくは怒りをもたらすように計画された状況の中に置かれた。これは楽しげに振る舞っている他者（紙飛行機を折ったり，紙を使ったバスケットボールゲームをしたりする），あるいは（非常に個人的な質問に対して）怒っている他者と同じ部屋に彼らを置くことで行われた。

どのグループが最も情動的になっただろうか？　それはアドレナリンを投与された（その結果，非常に覚醒した）グループで，さらにその覚醒が薬物によってもたらされたものであるとは考えなかったグループであると

考えられる。したがって，アドレナリンを投与され，かつ誤った情報を与えられたり，あるいは何も情報を与えられなかったりしたグループが，最も情動的になったという予測が成り立つ。実験の結果は，これらの仮説を全体としては支持したが，多くの場合，その効果は小さいものであった。

　シャクターとシンガー（1962）の研究が強い効果をもたらさなかった一つの理由は，生理的食塩水を注射された研究協力者が情動的状況に置かれることによって，生理的に覚醒したからかもしれない。もしそうであるならば，彼らも高い覚醒と情動的ラベルを生じたために，情動体験を感じたのだろう。シャクターとウィーラー（Schachter & Wheeler, 1962）は，人々を覚醒させない方法は，覚醒を低下させる鎮静剤を彼らに与えることであると論じた。そこで研究協力者に，鎮静剤，アドレナリン，あるいは何も効果をもたない物質のいずれかを与え，いずれの場合も薬には副作用がないと伝えた。続いて彼らは，*The Good Humour Man* という喜劇フィルムを観た。予想した通り，アドレナリンを与えられ（覚醒した）研究協力者は，そのフィルムを最も面白いと報告し，鎮静剤を与えられ（脱覚醒した）グループは，面白さを最も低いとした。

議論のポイント
1. シャクターとシンガーのアプローチは，それ以前の理論とどのように異なるか？
2. この研究と理論的アプローチの弱点は何か（幾つかについては次の項を参照）？

倫理的問題：あなたがいま，シャクターとシンガーの研究を再現使用とする場合，解決しなければならない倫理的問題には，どのようなものがあるか？

評　価

　シャクターとシンガー（1962）が，情動を**感じるかどうか**，さらに**どの情動**が生じるのかということに，認知的プロセスが重要であると論じたことは正しかった。彼らの認知的ラベリング理論に端を発して，幾人かの理論家が情動に対する認知的アプローチを発展させたが，それらの理論は非常な影響力をもっている。

　ネガティブな側面としては，シャクターとシンガー（1962）の知見を再現することが非常に難しいことが明らかになっている点である。マーシャルとジンバルドー（Marshall & Zimbardo, 1979）は，大量のアドレナリンは，喜び条件の研究協力者の幸福感を，増大させずにむしろ低下させることを見出した。おそらく高いレベルの覚醒は，全体としては不快とみなされるのであろう。もう一つ別の問題は，シャクターとシンガーが用いた状況が非常に人工的であるという点である。日常生活において，解釈するのが困難であるほどの高レベルの覚醒を体験することはあまりない。

　この理論が予測するように，生理的な覚醒レベルが高いときには，情動の強度もより大きくなる傾向がある。しかし，情動の強度に及ぼす覚醒の効果は，しばしば理論的に期待されるよりもかなり小さくなることがある（ライゼンザイン，1983）。

ラザラスの認知的評価理論

今日の学者は、もはや情動の説明として認知的ラベリング理論が適当であるとは考えていない。しかし、シャクターとシンガー（1962）が、情動における認知的プロセスを強調したことの正当性については、全体として公正に受け入れている。情動に対する認知的アプローチのうち、最も影響力のあるものの一つは、ラザラス（1982, 1991）によって提起されたものである。ラザラス（1982, p.1021）によると、「（意味あるいは重要性についての）認知的評価は、あらゆる情動状態の基底にあって、それらすべてに不可欠な特徴である」。これはザイアンス（Zajonc, 1984, p.117）の視点と対照をなしている。すなわち彼によれば、「感情と認知は別個のそして部分的には独立したシステムである。それらは通常組み合わさって機能しているが、感情はそれに先行する認知的プロセスがなくとも発生することがある」。

認知的処理が、刺激に対する情動的反応に常に先行して存在するのかどうかという問題について、明確な証拠を得ることは困難であるといままで言われてきている。しかしザイアンス（1980）は、彼が自分の理論的立場を支持する証拠と信じている幾つかの研究について論じている。これらの研究では、音楽あるいは写真を、意識として気づかないくらいごく短時間に提示したり、あるいは研究協力者が何らかの課題を行っているときに提示したりしている。これらの刺激は後で行った記憶テストでは再認されなかったが、それでもその刺激が、類似した別の刺激と一緒に提示されて、どちらか好きな方を選ぶように求められると、研究協力者は先に提示された刺激を選ぶ傾向を示した。

ザイアンス（1980）によれば、これらの研究は、（再認記憶の成績から）認知的処理が存在しないと思われる場合でさえ、以前に提示された刺激に対する（選好反応で示される）ポジティブな情動的反応というものが起こりうることを示しているのである。この現象は「単純露出」効果という名で知られている。これらの研究における一つの問題は、普段の情動状態と明らかな関連性をもっていないことである。研究協力者は、自分の生命や生活にとって、ほとんど関連のない無意味な刺激について、いわば表面的な選好判断を行ったのであり、このような場合ではごく弱い情動だけが必要とされる。別の問題点は、再認記憶の欠如が、刺激を認知的に処理していないということを意味しているとするザイアンスの仮定である。この結論

> あなたは、ザイアンスの情動は認知が先になくても生起しうるという考えを正しいと思うか？

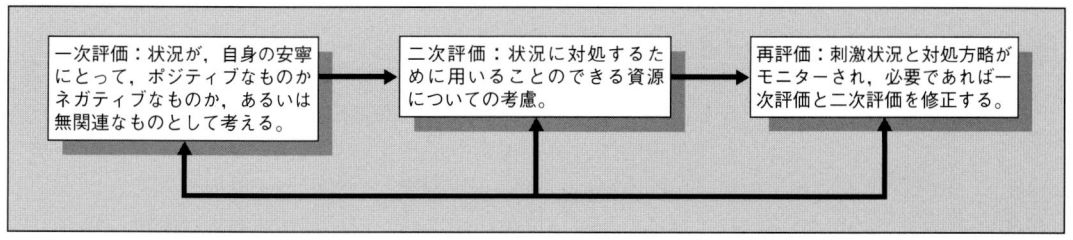

図 6-19

は，私たちが認知的処理は意識的でなければならないという，ごく少数の認知心理学者しか同意しないような仮定に立ってのみ意味がある。

ラザラス（1982, 1991）によれば，状況の認知的評価は，三つのよりはっきりした形に分類することができる。

認知的処理の重要性を示す最も古い証拠の一つは，スパイズマンら（Speisman et al., 1964）によるものである。研究協力者は，青少年の生殖器を切除するという石器時代の儀式を映したフィルムを見せられた。認知的評価はフィルムのサウンドトラックを変えることによって操作した。否認条件のサウンドトラックは，フィルムで示されているものが苦痛な手術ではないことを伝え，知性化条件のそれは，奇妙な土着習慣を眺める人類学者の視点からなされるものであった。統制条件には，サウンドトラックがなかった。否定条件と知性化条件の研究協力者は，統制条件に比べてそれほど不安を感じなかったことが，生理的指標（たとえば，心拍）からうかがわれた。

評　価

スパイズマンら（1964）によって行われたような研究は，認知的評価の変化によって，状況に対する情動的反応も変化することを示してきた。しかしながら，認知的評価理論にも多くの問題点がある。第一に，状況に対する個人の認知的評価を測定することが非常に困難な点である。というのも，それらは意識的な気づきよりも下のレベルで行われているかもしれないからである（ラザラス, 1991）。第二に，ラザラスや他の研究者によって行われた研究が，やや人工的なものである点である。典型的なものは，情動を感じていない状態で椅子に座っている研究協力者を，情動的な脅威をもたらす刺激にさらすというものである。このような状況においては，認知的評価が情動的反応に影響を及ぼしうるということは明白である。しかし実際においては，因果関係は逆方向，すなわち情動状態が認知的評価プロセスに影響を及ぼすということもありうるのである。第三に，情動体験が認知的評価にのみ依存するということは，ありそうにない。次に論じるように，他の要因（たとえば，身体的反応）も，どのような情動が体験されるかについて何らかの役割を果たしているようである。

統合：4要因理論

これまでみてきた情動の主要な理論は，一般には互いに対立しあうものとして考えられている。しかし，いずれの理論も，情動についての完全な説明を与えているとは考えられない。必要とされているものは，これまでの理論の諸要素を結合した理論である，というような議論は次第に高まってきている。一つの例として，パーキンソン（Parkinson, 1994）が提案した情動の4要因をみてみよう。この理論によれば，情動体験は四つのそれぞれ個別な要因に依存している。

1. 外的な刺激あるいは状況に対する何らかの評価：これは最も重要な要因であり、ラザラス（1991）が強調したものである。
2. 身体の反応（たとえば、覚醒）：これはジェームズ－ランゲ理論が強調した要因である。
3. 表情：この要因の重要性は、ストラック、マーティンとステッパー（Strack, Martin & Stepper, 1988）の研究で示されている。研究協力者は、笑いに近い顔を作っているときの方が、しかめ顔に似た顔をしているときよりもカートゥーンを面白いと感じた。
4. 活動傾向：たとえば、相手に脅威を与えるような形での準備状態は、怒りと連合しているが、逃走や後退の準備は、恐怖と結びついている（フリーダ、クーパーズとタ・シュレ Frijda, Kuipers & ter Schure, 1989）。

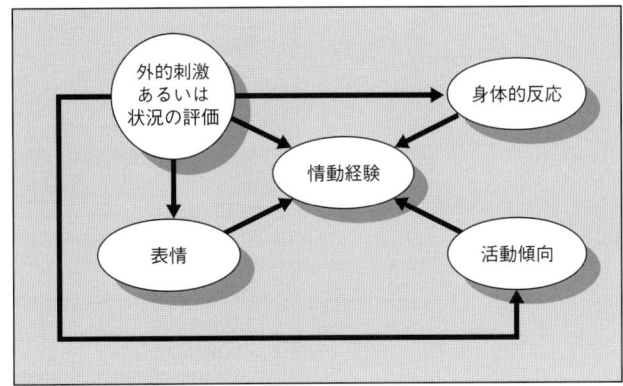

図6-20

■やってみよう：表情に関するパーキンソンの理論をテストするため、誰かと組んで笑いながら強い怒りを表現する練習をしてみよう。

これらの四つの要因は、互いに独立したものではない。状況の認知的評価は身体反応、表情、活動傾向に影響を与えるが、情動体験にも直接的な影響を及ぼす。認知的評価が四つの要因の中で最重要視されているのは、このような理由による。

ストレス

私たちはこのセクションを、「ストレス」という言葉の意味を考えることから始めよう。セリエ（Selye, 1950）は、ストレスを「あらゆる要求に対する身体の非特異的な反応」として定義した。しかしこの定義はそれほど有用なものではない、というのもストレス反応の性質は状況に依存するし、またこの定義はストレスを引き起こす要因をきちんと考慮していないからである。

コックス（Cox, 1978）の交流モデルによれば、ストレスは個人とそれを取り巻く環境との相互作用に依存する。このようなアプローチはステプト（Steptoe, 1997, p.175）にみられるような次の定義に帰結した。「ストレス反応は、要求が個人の動員できる個人的・社会的資源を越えたときに生起すると言われている」。したがって、たとえば運転は、教習中の未熟なドライバーにとっては、ストレスとなる。しかし熟練ドライバーにとって運転はストレスではない、というのも、彼らは自分の運転能力に関して、自分が多くの状況に対処できると

図6-21　運転は教習中のドライバーにとっては特にストレスである。

```
┌─────────────────────────────────────────────────────────────┐
│  情動的効果：                    認知的効果：                │
│  ・不安と抑うつの感覚            ・集中力の低下              │
│  ・身体的緊張の増大              ・気が散りやすくなる        │
│  ・心理的緊張の増大              ・短期記憶の容量の減少      │
│                                                             │
│  生理的効果：                    行動的効果：                │
│  ・アドレナリン，ノルアドレナリンの放出  ・長期欠勤の増加    │
│  ・消化活動の中断                ・睡眠パターンの乱れ        │
│  ・肺活量の増大                  ・仕事量の低下              │
│  ・心拍の増大                                                │
│  ・血管の収縮                                                │
└─────────────────────────────────────────────────────────────┘
```

図 6-22

いう自信があるからである。

ストレスがもつ効果は何であろうか？ その効果の多くは，性質として生理学的なものであるが，このゆえにストレスは，生物心理学の枠組みで考えられているのである。しかし，ストレスに置かれている個人の内部では，別の変化も起こっている。ストレス状態には，四つの主要な効果がある。情動的，生理的，認知的，そして行動的なものである。以下にストレスと思われるものの具体例を幾つか示す。

汎適応症候群

私たちの情動反応の多くは，それらが何らかの意味で適応的・機能的であるがゆえに進化してきた。しかし，ストレスが非常にネガティブな結果をもつ場合があることも，これまでしばしば論じられてきたことである。では，なぜストレス反応は進化してきたのだろうか？ ハンス・セリエ（Hans Selye, 1950）によれば，ストレスは短期的には有用なものであるが，それが長期間続く場合には非常に有害なものとなりうるのである。

セリエは，さまざまなけがや疾病患者について研究を行った。彼は患者たちが皆，似通った身体反応パターンを示していることに気がついた。セリエはこのパターンを**汎適応症候群**（general adaptation syndrome）と呼んだ。彼はこの症候群には三つの段階があると論じた。

> **キー用語**
> **汎適応症候群**：ストレスに対する身体反応で，三つの段階，警告反応，抵抗，疲憊で構成される。

1. 警告反応期：下垂体前葉・副腎皮質系が賦活する。これは，視床下部がコルチコトロピン放出因子と呼ばれるペプチドを分泌し，それが下垂体前葉の腺性下垂体を刺激する。その結果，副腎皮質刺激ホルモン（アドレノコルチコトロピン：adrenocorticotrophic hormone, ACTH）が下垂体前葉から放出され，さらにこれが副腎皮質を刺激して，ストレス反応をもたらすグルココルチコイドと呼ばれるホルモンの放出を促す。グルココルチコイドという呼び名は，このホルモンがグルコースの代謝に大きな影響を及ぼすことからきている。これはタンパク質の分解とグルコースへの変換，エネルギー源としての脂肪の利用を助け，また血流量率を増大させる。その結果，その個体は闘争あるいは

逃走へ準備された状態となる。
2. 抵抗期：警告反応期に始まった，ストレスを処理するための生理的変化が，フル稼働になる。しかしこの段階が進行していくにしたがって，(エネルギー貯蔵に関与する) 副交感神経系が，身体資源の使用をより慎重に行うように要求する。また，コーピング (対処) 方略の多用 (たとえば，状況がストレスフルであることを否定する) がみられる。
3. 疲憊期：警告反応期と抵抗期に作動していた生理的システムが次第に無力化し，ストレスに関連した疾患 (たとえば，高血圧，喘息，心疾患) にかかりやすくなる。極端な場合，副腎皮質の肥大，免疫系臓器 (たとえば，脾臓や胸腺) の縮小，そして胃潰瘍に伴う出血などの症状がある。

議論のポイント
1. なぜセリエの研究はこれほど影響力をもっていたと考えるか？
2. 彼の研究の弱点は何か (私の考えは次の項を参照) ？

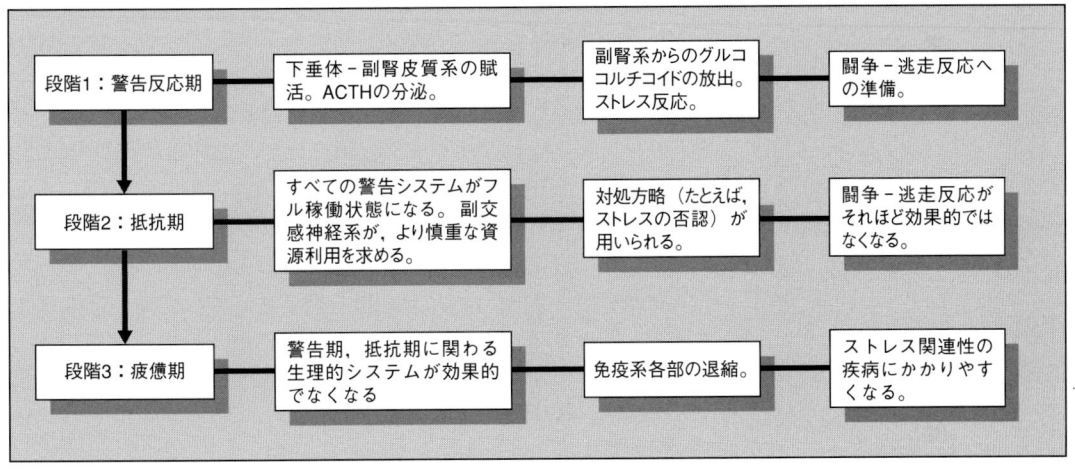

図 6-23　汎適応症候群

評　価

　ストレス反応の生起に関わる生理学的システムには，主要なものが二つある (ピネル，1997)。セリエはそのうちの一つ (下垂体前葉と副腎皮質) を明らかにしたが，交感神経系の役割を軽視する傾向にあった (次の項も参照)。セリエは，グルココルチコイドの重要性を強調した点においては正しかった。これは副腎摘出手術を受けて，正常量のグルココルチコイドを産生することのできない人にはっきりとみられるものである。彼らはストレッサーにさらされると，生存のためにグルココルチコイドの投与を必要とする (ティレルとバクスター Tyrell & Baxter, 1981)。

　セリエはストレスの生理学的効果が，ストレスの種類にかかわらず非常に似通っていると仮定した。だが実際のストレス反応は，ストレッサーのタイプによって幾分異なったものとなる。たとえばメイソン (Mason, 1975) は，さまざまな程度の恐怖，怒り，不確実感

をもたらすストレッサーに対する反応を比較した。さまざまなストレッサーは，異なるパターンのアドレナリン，ノルアドレナリン，コルチコステロイド分泌をもたらした。

> ストレスに対する能動的な反応とはどのようなものなのだろうか？

セリエのアプローチのもつもう一つの限界は，彼が人々はストレッサーに対して**受動的**に反応すると仮定した点である。実際には，人々はストレッサーに対して何らかの能動的な形で反応することが多い。メイソン（1975）によれば，人々がストレッサーに直面したとき，何らかの能動的な心理的評価過程が存在し，このプロセスが身体の生理的反応を決定するのに一役買っているのである。たとえばサイミントンら（Symington et al., 1955）は，昏睡に陥った患者と，意識を保っていた患者という，2群の死の床にある患者の生理的反応を比較した。生理的ストレスの兆候は，意識を保っていた患者においてより多くみられたが，これはおそらく彼らが自身の状態に関するストレスフルな心理的評価を行っていたからだろう。

他の生理学的効果

ストレスは非常に広範な生理学的効果を及ぼすが，セリエ（1950）が明らかにしたものは，その幾つかにすぎない。ACTHやグルココルチコイドの他にも，交感神経系が，副腎髄質からのアドレナリン，ノルアドレナリンなどのホルモン分泌を促す。これらのホルモンは，筋肉への血流や心拍，呼吸率の増大，消化活動の抑制，外傷による失血を減らすための血中への凝血因子の放出促進などをもたらす。アドレナリンはグルコース代謝に影響を及ぼし，筋肉に蓄えられている栄養分をエネルギーとして利用しやすいようにする。ノルアドレナリンもストレスホルモンであるが，脳内の神経伝達物質でもある。ラットがストレスフルな状況に置かれると，脳のさまざまな部位（たとえば，視床下部：前頭皮質）においてノルアドレナリンのレベルが上昇する（カールソン Carlson, 1994）。

交感神経系および内分泌系に及ぼすストレッサーの効果は，短期的にみると非常に有効なものである。グルココルチコイドと同じように，アドレナリン，ノルアドレナリンは，ヒトあるいは動物を闘争‐逃走状態に備えさせる。しかし，長期的にはネガティブな結果をもたらしうる。アドレナリンとノルアドレナリンは，心臓の拍出量を増大させ，これが高血圧を引き起こす。長期にわたってこのようなことが起こると，心臓血管系の疾患に結びつく。

ストレスと疾病

> 心臓血管系の疾患や，胃出血以外に，どのような疾病がストレスと関係しているのだろうか？　どのようにしてストレスと疾病の間の因果関係をはっきりさせることができるだろうか？

一般に，ストレスがさまざまな疾病の発生において何らかの役割を果たしていると信じられているが，多くの証拠がこの通念を支持している。コーエン，ティレルとスミス（Cohen, Tyrrell & Smith, 1991）は，研究協力者に風邪のウィルスを含んだ鼻薬を与えるという，よく統制された研究を行った。最も高いストレスレベルをもっていた人たち（多くのネガティブなライフイベントを体験し，コントロール感を喪失している人々）は，ストレスの最も低い人に比べ

て，ほぼ2倍近くが風邪にかかった。またストレスが胃からの出血を促しうることを示す証拠もある。ストレスは塩酸の分泌を促し，またそれに対する胃壁の耐性を弱めてしまう。その結果，胃の出血が発生する（ピネル，1997）。

ストレスとライフイベント

ライフイベントについての初期の研究は，ホームズとレイ（Holmes & Rahe, 1967）によって行われた。彼らは，患者たちが疾病の発生の何ヶ月か前に幾つかのライフイベントを体験していた傾向があることを見出した。ここから，彼らは社会的再適応評価尺度を開発し，人々にある一定の期間（通常6〜12ヶ月）の中で，43個のライフイベントのうち，どれが自身に起こったのかを回答させた。これらのライフイベントは，その推測されるインパクトに基づいて値が割り当てられていた。以下にこの尺度に含まれる幾つかのライフイベントと，それらの変化得点を示す。

配偶者の死	100
離婚	73
母子の別居	65
服役	63
近親者の死	63
食習慣の変化	15
休日	13
ささやかな法律違反	11

なぜ休日がストレスフルなライフイベントとして扱われているのだろうか？ ホームズとレイ（1967）によれば，あらゆる変化が（望ましいものであっても望ましくないものであっても）ストレスとなりうるのである。社会的再適応評価尺度を用いた膨大な研究からは，過去1年以内に生活変化得点の合計が300点以上のイベントを体験した人たちは，さまざまな身体的・精神的疾患にかかるリスクがより大きかった。これらの疾患は，心臓発作，糖尿病，結核，喘息，不安，抑うつなどを含んでいた（マーティン Martin, 1989）。しかし，生活変化得点とある特定の疾患のなりやすさとの相関は，やや低くなる傾向にあり，ライフイベントと疾患との弱い関係性を示した。

社会的再適応評価尺度を用いて得られた知見については，多くの問題点がある。第一に，ライフイベントが何らかのストレス関連性の疾患を引き起こしたのかどうかや，ストレスがライフイベントを引き起こしたのかどうかが，はっきりしないことがある。たとえば，食習慣の変化がストレスを引き起こすというよりも，ストレスが食習慣の変化を引き起こしているのかもしれない。第二に，ほとんどのライフイベントの衝撃度は，人によって異なっている。たとえば母子の別居は，他の誰かと親密な関係を確立している人にとっては，それほどストレスではないだろう。幾つかの測度

図6-24 たとえ休暇をとるというような快適なものであっても，変化というものはストレスとなりうる。

は，人々がライフイベントを体験する文脈を考慮に入れている。たとえば，ライフイベントと困難性調査票（Life Event and Difficulties Schedule：LEDS；ハリス Harris, 1997 を参照）などがそうである。第三に，望ましいライフイベントがストレスの原因となりうるという仮定は，一般に支持されていない（マーティン，1989）。

> **議論のポイント**
> 1. あるライフイベントが，他のものに比べて非常にストレスフルであるということの主要な理由は何であろうか？
> 2. ホームズとレイのアプローチに対して，どのような批判がなされてきたか（幾つかの点については次項を参照）？

ストレスフルなライフイベントが，生命を脅かすような疾病において何らかの役割を果たしうるということに関する間接的な証拠は，タチェら（Tache et al., 1979）によって報告されている。ガンは，結婚している人よりも，離婚した人や未亡人，あるいは別居中の人により多くみられた。これについての最も適当と思われる説明は，結婚していない人は，ソーシャルサポートを欠いているがゆえに，ストレスをより強く受けるのだろうというものである。しかし，このようなデータから因果関係を明らかにすることは困難である。離婚あるいは別居した人たちは，結婚している人よりもストレスに弱く，そしてこのストレスに対する脆弱性が，彼らの結婚生活の破綻に何らかの影響を及ぼしたのかもしれない。

タイプ A 行動パターン

2人の循環器医，マイヤー・フリードマンとレイ・ローゼンマン（Mayer Friedman & Ray Rosenman, 1959）は，**タイプ A 行動パターン**（Type A behaviour pattern）をもつ個人は，タイプ B の人に比べてストレスを強く受け，その結果冠状動脈性心疾患に苦しむことになりやすいと論じた。タイプ A 行動パターンとは，マシューズ（Matthews, 1988, p.373）によって，次のようなものとして定義されている。

> 目標達成における競争心，敵意，攻撃性，時間的切迫感などの傾向が非常に強く，精力的な話し方や動作によって特徴づけられる。

> **キー用語**
> **タイプ A 行動パターン**：短気，時間的切迫感，競争心と敵意などに関わる一連の行動形式。

これに対して，タイプ B 行動パターンは，よりリラックスしており，タイプ A 行動パターンにみられる特徴を欠いている。

タイプ A 行動パターンは，最初，構造化面接によって査定されていた。この査定手続きから，二つの主要な情報を用いることができる：(1)面接中にたずねられた質問に対する回答；(2)個人の行動，これにはその人の話し方（たとえば，声の大きさ，話のスピード）に関する諸側面も含んでいる。せっかちさや敵意の傾向は，面接者

タイプAの人の特徴に留意すると，どのような職業がこのパーソナリティに向いているのだろうか？

がときどき，話を意図的に中断させることによって査定される。タイプA行動パターンは，さまざまな自己報告式の質問紙（たとえば，ジェンキンス活動性調査票：Jenkins Activity Survey）によっても査定されてきた。

　タイプAの個人が，タイプBの人に比べて冠状動脈性心疾患にかかりやすいという概念は，西部共同グループ研究（Western Collaborative Group Study：ローゼンマンら Rosenman *et al.*, 1975）によってテストされた。その結果は衝撃的なものであった。研究の開始時に冠状動脈性心疾患の症状のなかった約3200人の男性のうち，タイプAの人で，その後8年半の間に冠状動脈性心疾患にかかった人の割合は，タイプBの人の約2倍にも達していた。この結果は，心疾患に関係するといわれている他のさまざまな要因（たとえば，血圧，喫煙，肥満）の影響を考慮に入れても変わらなかった。

　ローゼンマンら（1975）によって報告された，西部共同グループ研究の限界の一つは，タイプA行動パターンのどの側面が，心疾患に最も深く関係しているのかということが明らかにならなかった点である。この点は，マシューズら（1977）によって検討された。彼らは西部共同グループ研究のデータを再分析し，冠状動脈性心疾患は，タイプAに含まれる敵意の要素と最も関係が強いことを見出した。

　なぜタイプA（あるいはその敵意要素）は，心疾患に結びつくのだろうか？　ギャンスターら（Ganster *et al.*, 1991, p.145）が指摘しているように，「（タイプAにおける）慢性的な交感神経系の亢進は，心臓血管系の劣化をもたらす」ということが，しばしば仮定されている。ギャンスターらは，研究協力者をストレス状況にさらし，さまざまな生理的測度，血圧や心拍などを記録した。タイプAの敵意の要素のみが，生理的反応性の亢進と関係していた。これらの見解をマシューズら（1977）によるそれと組み合わせると，敵意のレベルが高いと，それが交感神経系の活動性の増大をもたらし，これが冠状動脈性心疾患において何らかの役割を果たしていることが示唆される。

　何人かの研究者は，タイプAと冠状動脈性心疾患との間にいかなる関係性も見出すことができなかった。この結果は，多くの心理学者に，心疾患の原因としてのタイプA行動パターンの重要性を疑わせるもととなった。しかし，ミラーら（Miller *et al.*, 1991）の文献レビューからは，否定的な結果の多くは，タイプA行動の査定に自己報告式質問紙を用いた研究から得られていることを見出された。研究開始時に健康であった母集団に対する構造化面接を用いた研究では，タイプA行動と冠状動脈性心疾患との間に平均で＋0.33の相関を報告しており，この二つの変数にある程度の関係性があることを示している。

メカニズム：ストレスはどのようにして疾患を引き起こすのか？

　ストレスが人を病気にかかりやすくするという点については，確かな証拠が存在する。ストレスが疾患を引き起こすには，二つの大

比較文化的問題：タイプAとタイプBの関係に（集団主義と個人主義の）文化差はあると思うか？

きなルートがある。

1. 身体の疾患に対する抵抗力を減らすことによる直接的なもの。
2. ストレスを受けた個人が不健康なライフスタイル（たとえば，喫煙や飲酒の増加）をとることによる間接的なもの。

免疫系

ストレスが，**免疫系**（immune system）の作用を損ねることによって疾患を引き起こしうるという証拠が増えてきている。このシステムは，全身に分布している疾病と闘う細胞で構成され，**精神神経免疫学**（psychoneuroimmunology）という言葉は，ストレスや他の心理的要因が免疫系に及ぼす効果に関する研究を指す場合に用いられる。ストレスは，ほとんど直接的な経路によって免疫系に影響を与えうる。一方，それはまた不健康なライフスタイルを通じて間接的にも免疫系に影響を及ぼしうる。免疫系の細胞は，ストレス反応に関係するさまざまなホルモンや神経伝達物質に対する受容器をもっているため，生理学的ストレスが免疫系の機能にどのように影響を及ぼすのかをみることは簡単である。

どのように免疫系ははたらいているのだろうか？　免疫系内の細胞は，**白血球**（leucocytes）として知られている。これらの細胞は，ウィルスのような外界からの物質（**抗原** antigens）を同定・破壊する。さらに，抗原の存在は，抗体の産生をもたらす。**抗体**（antibodies）は血中において作られる。これらは，自ら抗原に付着し，それらの抗原を後で分解するようにマークするたんぱく質分子である。

免疫系には，T細胞やB細胞と呼ばれる幾つかの種類の白血球細胞がある。T細胞は侵入者を破壊し，ヘルパーT細胞は免疫系の活動性を上げる。これらのヘルパーT細胞は，エイズ（AIDS）を引き起こすウィルスであるHIVによって攻撃される。B細胞は，抗体を産生する。ナチュラルキラー細胞は，ウィルス・腫瘍の両方に対する攻撃に関わっている。

ストレスが免疫系を変化させうるという証拠は，シュリーファーら（Schliefer et al., 1983）によって報告されている。彼らは乳癌で死亡した女性の夫の免疫系機能を比較した。夫の免疫系の機能が，妻の死亡後はその前に比べて低下し，免疫系に与える死別のインパクトを示した。

ストレスは，さまざまな感染やガンに対する防衛において非常に重要な，ナチュラルキラー細胞活性にも影響を及ぼしうる。ナチュラルキラー細胞活性の低下は，重大な試験を控えている学生や遺族，および強い抑うつの人の

> **キー用語**
> **免疫系**：疾病との戦いに関係する身体の細胞システム。
> **精神神経免疫学**：免疫系に対するストレスや他の心理的要因の効果に関する研究。
> **白血球**：抗原を発見，破壊する血液細胞。
> **抗原**：ウイルスのような外来の物質。
> **抗体**：侵入者に付着し，その後にそれを破壊するためにマーキングするたんぱく質分子。

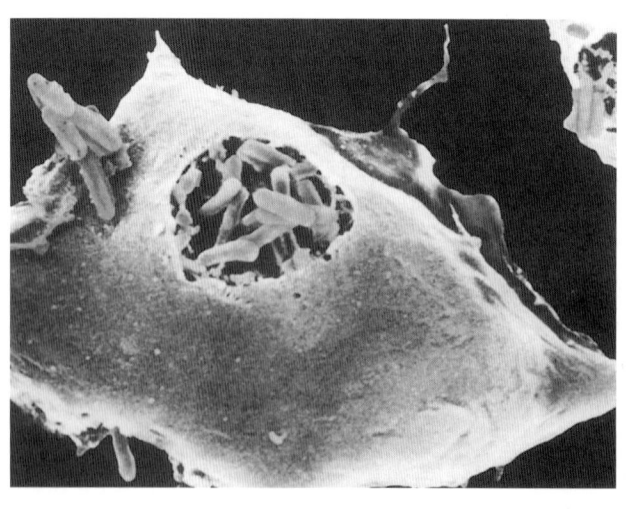

図6-25　マクロファージ細胞——免疫系におけるスカベンジャー細胞の一つ——が結核菌を飲み込んでいる。

ような，強いストレスを受けている人にみられる（オグデン Ogden, 1996）。グッドキンら（Goodkin et al., 1992）は，HIV 陽性とされたホモセクシャルの男性のナチュラルキラー細胞活性を検討した。彼らはテストされたときには，身体的症状を示していなかった。ナチュラルキラー細胞活性のレベルは，食事療法で大量のビタミン A をとっており，アルコールをほとんど飲まない男性において高かった。これらの見解は，免疫系に対するストレスの間接的な効果，すなわち強いストレスを受けている男性たちは，食事やアルコール摂取などの面で，より不健康なライフスタイルをとっているという効果を反映しているのだろう。さらに，自身の情動に注目（さらにそれを表現）することを必要とする能動的コーピングスタイルをとっている HIV 男性は，他のコーピングスタイルをとっている人よりもナチュラルキラー細胞活性が高かった。これは，免疫系に対するストレスの直接的効果を示している。

心理的要因が免疫系に影響を及ぼすルートは，他にもある。アーネッツ，ワッサーマンとペトリーニ（Arnetz, Wasserman & Petrini, 1987）は，仕事がなくて困っている女性を対象に研究した。彼女らはソーシャルサポートプログラムを受けた人と，プログラムを受けていない人に分けられた。免疫機能は，ソーシャルサポートを受けている人の方が良好であった。

> どのようなソーシャルサポートが，ストレスの低減に役立つだろうか？

評　価　ストレスが免疫系に変化を引き起こすことを示す有力な証拠があり，またストレスがさまざまな身体疾患を引き起こす可能性を高めうるという証拠もある。この証拠は決定的なものではない。ベイチェン，コーエンとマースランド（Bachen, Cohen & Marsland, 1997）が結論したように，「精神神経免疫学研究において見出される免疫系の変化の性質や大きさが，病気のかかりやすさを増大させるかどうかについては，まだ明らかではない」。注意しなければならない理由の一つは，最も強いストレスを受けた人の免疫系の機能でも，正常範囲内であることである。別の理由は，免疫系というものが非常に複雑であり，個人の免疫系の質的側面を査定することが難しいことである。最後に，免疫系の変化の健康に対する影響は，すでに免疫系が弱まっている人たちにおいてはるかに大きい（ベイチェンら，1997）。

ライフスタイル

ストレスは，ライフスタイルの変化を通じて疾患に間接的影響をもたらしうる。専門用語で言えば，ストレスを受けている人は，身体疾患を引き起こすエージェントである**病原体**（pathogens）に，自らをより多くさらしているのかもしれない。ストレスを感じている人は，そうでない人に比べて，喫煙・飲酒が多く，運動や睡眠が少ない（コーエンとウィリアムソン Cohen & Williamson, 1991）。たとえば，強いストレスを受けている青年は，それほどストレスを受けていない人よりも，喫煙を始めやすい（ウィルズ Wills, 1985）。喫煙

> **キー用語**
> **病原体**：身体的疾患を引き起こす因子。

図6-26 ストレスは不健康なライフスタイルに結びつきやすい。

を止めた成人でも，人生において強いストレスを体験した後では，また吸いやすくなる（キャリーら Carey et al., 1993）。アルコールに関して言えば，緊張低減理論に関する有力な証拠が存在する。この理論によれば，不安，恐怖，抑うつのような形で起こった緊張を低下させる手段として，アルコールを摂取するのである。この理論については，妥当な支持がある（オグデン，1996）。

疾患がストレスと同じくライフスタイルにも影響されるという証拠は，ブラウン（Brown, 1991）によって報告された。ネガティブなライフイベントという形でのストレスの効果を，身体的健康度の高い学生と低い生徒で比較した。ストレスは健康度の低い学生の病院訪問回数をおよそ3倍にもしたが，健康度の高い学生のそれにはほとんど影響しなかった。

ストレス低減法

人々が自身のストレスレベルを下げようとする方法は，何十とある。それらの多くは，その性質において心理的なものである。

1. 人生の問題についてよりポジティブに考える認知的な変革。
2. 友人や家族からのソーシャルサポート。
3. 短期間の間に，多くのことをしなければならなくなるような事態を防ぐためのタイムマネジメントトレーニング。

このようにストレスを低下させるための心理学的方法があるが，ここで私たちはあえて，生理的システム内の変化を通じたストレス低減法に焦点を当てていきたいと思う。私たちが検討する生理学的な志向をもつ主要な二つの方法は，バイオフィードバックと抗不安薬である。その後で，代表的な心理的方法について簡単な考察を加える。

バイオフィードバック

バイオフィードバックは，しばしばストレスを低下させるために用いられている。**バイオフィードバック**（biofeedback）とは，本質的には「生理的行動の何らかの側面を，意識化（たいていは視覚や聴覚を通じて）できるように電気信号へと変換するテクニックである」（ガッチェル Gatchel, 1997, p.198）。たとえば，聴覚あるいは視覚刺激によって，その人の心拍率が高すぎる状態にあるのか，適正であるのかを示すようなことをするかもしれない。また，ストレス

キー用語
バイオフィードバック：その人の現在の生理的状態に関する情報をフィードバックする技法。しばしばリラクセーショントレーニングと一緒に行われる。

の生理学的側面を低下させることがわかっているテクニックの訓練も受ける。たとえば，ゆっくりと周期的に呼吸を行うことも含んだリラクセーショントレーニングがある。

バイオフィードバックトレーニングは，三つの段階を踏む。

1. ある特定の生理的反応（たとえば，心拍率）に対する意識化を発達させる。
2. 安静状態において，生理学的反応をコントロールする方法を学習する。これには，うまくいった制御には，フィードバックに加えて報酬も与えるということも含める。
3. そのコントロール法を日常生活にも適用させる。

血圧のような明らかに不随意的なプロセスに対して，随意的なコントロールを及ぼすことができるとは思えない。しかし，有名な縄抜け術者（escapologist）である，ハリー・フーディーニ（Harry Houdini）について考えてみるとよい。彼はしっかりと手錠をかけられ，さらに鍵を持っていないかどうか衣服を厳重にチェックされた。彼はどうしただろうか？ 彼は鍵を喉の中に吊っており，誰も見ていないときにそれを吐き出した。喉にものが引っかかっているときに自然に起こる反応は，吐き気である。しかし，フーディーニは，糸に結んだ小さなジャガイモのかけらを使って，嘔吐反射をコントロールすることができるようになるまで，何時間も練習を行ったのである。

バイオフィードバックによって，心拍率，血圧，皮膚温，脳波のリズムなどを，一時的に低下させることができる。自律神経系によって自動的にコントロールされている心拍率や血圧を，私たちが**直接的**にコントロールすることは不可能であるにもかかわらず，このようなことは起こるのである。だが，**間接的**なコントロールを及ぼすことは可能である。たとえば，リラクセーションの方法を用いて深呼吸をしたり，あるいは単純にそのあたりを動き回ったりすることで，多くの生理的測度に変化を起こすことができる。

バイオフィードバックは，人々が現在の自分の生理学的状態について直接的なフィードバックを受けていなくても，日常のストレス

図6-27 リラックスの習得は，ヨーガの大きな目的の一つであり，ストレスに対抗する手段として多くの人に用いられている。

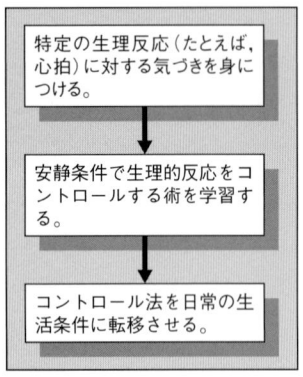

図 6-28 バイオフィードバックトレーニング

の長期的な低減をもたらしてきた。しかし，実証的証拠を検討するうえでは注意が必要である。ガッチェル（1997, p.199）が指摘したように，「バイオフィードバックの治療効果については，ひどく誇張された主張，あるいは間違った主張まで存在する」。

バイオフィードバックの有益な効果を**解釈**することは難しい。リラクセーショントレーニングは，しばしばバイオフィードバックと一緒に行われるため，より効果的なものは，バイオフィードバックなのか，リラクセーショントレーニングなのかをはっきりさせることを難しくさせている。バイオフィードバックは，純粋に生理学的メカニズムに対する効果よりも，コントロール感を高めることによる利益と結びついているのかもしれない。

薬物療法

人々のストレスレベルを下げる一つの方法は，その人たちに抗不安薬を投与することである。最もよく使われている抗不安薬は，バリウム（Valium）やリブリウム（Librium）のようなベンゾジアゼピンである。脳内には，GABA受容体複合体の一部を構成する，ベンゾジアゼピン受容体が存在する。ベンゾジアゼピンは，神経系の賦活を抑制する神経伝達物質であるGABAの活動を増大させる。ベンゾジアゼピンは，不安の低減に非常に効果的であり，このため世界中で何百万と用いられている。

ベンゾジアゼピンはその有効性にもかかわらず，幾つかの好ましくない副作用をもっている。この薬は，しばしば鎮静作用を及ぼし，人を眠くさせることがある。さらに，ベンゾジアゼピンは認知や記憶の悪化を招いたり，抑うつ気分を引き起こしたりもするうえ，アルコールと予期しない形で相互作用を起こすこともある（アシュトン Ashton, 1997）。その結果，ベンゾジアゼピンを服用している人は，アクシデントに巻き込まれやすくなる。最後につけ加えるべきことは，多くの人々がベンゾジアゼピンに依存するようになり，服用をやめることが難しいと感じている事実である。ベンゾジアゼピンを突然止めると，強いストレスや不安という最初の症状に戻ってしまうことがある。

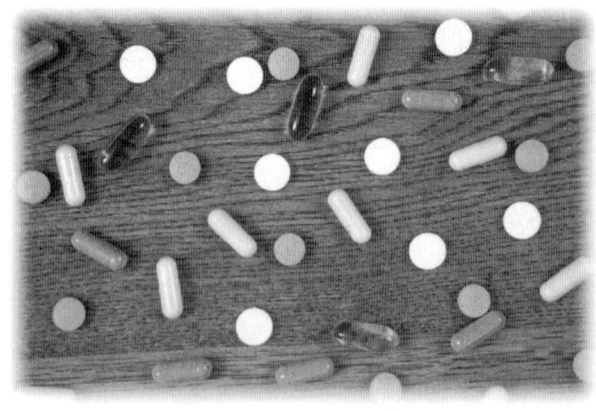

図 6-29

より新しい抗不安薬，バスピロン（buspirone）は，ベンゾジアゼピンに比べて幾つかの利点をもっている。これはセロトニン亢進剤で，神経伝達物質セロトニンの効果を促進する。ベンゾジアゼピンのような沈静作用をもっておらず，著しい禁断症状がない。しかし，バスピロンは頭痛や抑うつのような幾つかの副作用をもっている（ゴアとウォード Goa & Ward, 1986）。

抗不安薬は，強いストレス感を低減させるのに非常に有効である。しかし，そ

れらはストレスを引き起こした問題には関与しないし，望ましくない副作用ももっている。ベンゾジアゼピンの使用は，短期に限り，4週間を越えないようにするべきであると一般に勧告されている（アシュトン，1997）。また，これらの薬は，強い不安症状をもっている人にのみ用い，さらに服用量は薬の効果が現れる必要最小限の量にすべきであることをも勧告されている。ベンゾジアゼピンに依存するようになった人は，服用量を徐々にでも減らすべきである。ベンゾジアゼピン依存者のうち，薬をやめようとした人の約70％が，数年間かそこらでこれに成功しているということは，喜ばしいことである（アシュトン，1997）。

ソーシャルサポート

ソーシャルサポートが，ストレスに対する防御を助けうるということは，しばしば主張されてきていることである。しかし，その証拠について議論する前に，私たちはソーシャルサポートの定義について考慮する必要がある。シェーファー，コーインとラザラス（Schaefer, Coyne & Lazarus, 1981）は，ソーシャルサポートという言葉が，二つの若干異なった意味をもっていると論じた。

1. ソーシャルネットワーク：サポートを提供してくれる人の数。
2. 知覚されたサポート：これらの人々によって提供されうるソーシャルサポートの強さ。

シェーファーらによれば，これらのタイプのソーシャルサポートが，健康と幸福に及ぼす効果は，非常に異なっている。知覚されたサポート（基本的にはソーシャルサポートの質）は，健康および幸福と正の関係にあるのに対し，ソーシャルネットワーク（基本的にはソーシャルサポートの量）は，幸福とは関係しない。ソーシャルネットワークは，幸福と負の関係にさえなりうる，というのも，大きなソーシャルネットワークを維持するためには，多くの時間をとられるからである。

知覚されたソーシャルサポートの重要性は，ブラウンとハリス（Brown & Harris, 1978）によって示されている。彼らは強い抑うつをもっている女性の61％が，その前の9ヶ月間に非常にストレスフルなライフイベントを体験していたが，抑うつをもっていない女性では，その割合25％にすぎなかったことを見出した。しかし，多くの女性は深刻なライフイベントに対して，抑うつにならずにうまく対処していた。深刻なライフイベントを体験した女性

図 6-30

のうち，親しい友人をもたない女性の37％は抑うつになったが，非常に親しい友人をもっている女性で抑うつになったのは10％にすぎなかった。

身体的健康にソーシャルサポートが及ぼす効果は，ナッコルス，キャッセルとキャプラン（Nuckolls, Cassell & Kaplan, 1972）による，妊娠女性についての研究で検討された。彼らはソーシャルネットワークと知覚されたサポートを含む心理社会的資産についての全般的測度を使用した。多くのストレスフルなライフイベントにさらされた女性は，心理社会的資産をあまりもっていない場合には，妊娠期間中にはるかに多くの医学的合併症を示した。

ストレス予防トレーニング

幾つかの認知療法が，臨床的な不安や抑うつの治療のために考案されてきた（第26章参照）。この治療的アプローチの本質は，ネガティブで非合理的な思考（たとえば，「自分はまったく無能である」）を，ポジティブで合理的なもの（たとえば，「自分は十分な努力さえすれば，多くのことをすることができる」）に置き換えることである。認知療法は，すでに強い不安や抑うつに苦しんでいる人々に対して用いられている。マイケンバウム（Meichenbaum, 1977, 1985）は，私たちは人々が強い不安や抑うつを感じるようになってしまった後よりも，むしろその前に認知療法を用いるべきであると論じている。この立場から，彼はストレス予防トレーニング法を開発した。

ストレス予防トレーニングには主として三つのフェーズあるいは位相がある。

1. 査定：治療者は，その人の問題の性質と同時に，どうやってその問題を消失させるのかということに関するその人の知覚について考察する。
2. ストレス低減技法：被訓練者は，リラクセーションや自己暗示など，ストレスを低減させるさまざまな方法を学ぶ。自己暗示の本質は，被訓練者が「私が平静を保っていれば，この状況を

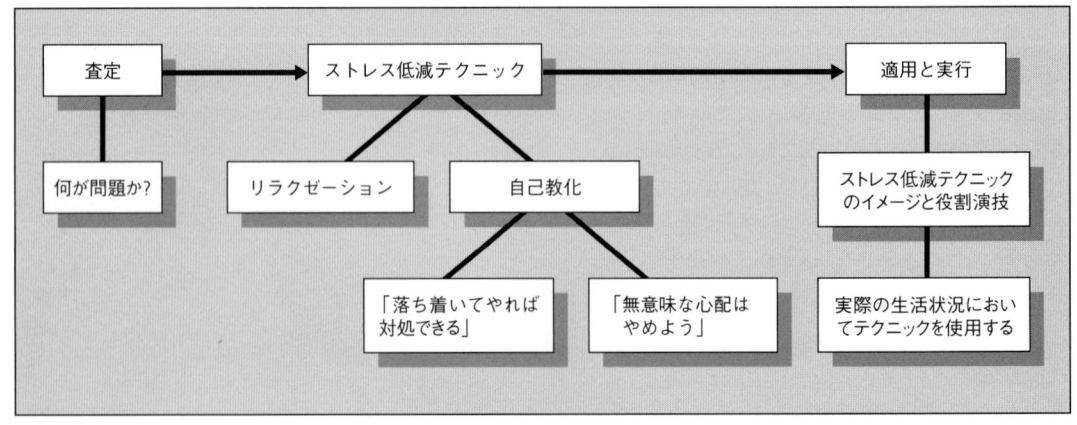

図6-31　ストレス予防トレーニング

うまく扱うことができる」とか，「無意味な心配はやめよう」というような，幾つかの対処的な自己陳述を身につけることである。
3. 適用と実行：被訓練者は，さまざまな状況において自分が第二フェーズで学んだストレス低減技法を使っているところを想像してみたり，治療者と一緒に，このような状況での役割演技をしてみたりする。最終的には，この技法を実際の生活状況において使用する。

マイケンバウム（1985）は，彼のストレス予防トレーニングに関する初期のアイデアのうち，幾つかを発展させた。特に，彼はそれに関連している認知的プロセスのうち，幾つかのものにより重きを置いた。たとえば，特にストレスフルに感じる状況についてのその人の思考のあり方について，よく検討することが重要であると論じた。

マイケンバウム（1977）は，自身のストレス予防訓練を，脱感作と呼ばれる行動療法（p.1023を参照）と対置している。ヘビ恐怖症とネズミ恐怖症の両方で苦しんでいる人に対して，これらの方法が適用されたが，治療は片方の恐怖症のみ適用された。どちらの治療法も，処置された恐怖症の緩和や消失に有効であった。しかし，ストレス予防は，処置されなかった恐怖症も大きく低減させたのに対し，脱感作はそのような効果を示さなかった。これが意味していることは，自己暗示が新たな状況にも簡単に一般化し，したがって非常に個別的な治療法よりも有用であるということである。

評　価

ストレス予防は，人々が相当程度にストレスフルな状況において体験しているストレスを低下させるうえで効果的であることが明らかにされてきた。しかしながら，被訓練者がストレスを非常に強く感じていたり，置かれている状況が非常にストレスフルであったりすると，この方法はあまり価値がない。ストレスフルな状況において，対処的な自己陳述をどの程度容易に使えるかどうかには個人差がある。

なぜストレス予防トレーニングが，非常に強いストレス状況では評価が少ないと思うか？　どのようにしてこの問題を扱えばよいだろうか？

コーピング（対処）方略

ストレスフルな状況に対処するうえで用いる，人々のコーピング方略には，一貫した個人差がある。エンドラーとパーカー（Endler & Parker, 1990）は，多次元的コーピング目録を開発して，三つの主要なコーピング方略を査定した。

・課題志向的方略：これは，ストレスフルな状況や，他の行動の選択肢や，その結果についての情報を得ることなどに関係している。また，ストレスフルな状況を直接的に扱うために，優先すべきこと，しなければならないことを決定するということに

それぞれの方略タイプに従った，行動例を考えてみよう（たとえば，電話の請求書を開けずに置いておく）。

も関係する。
- 情動志向的方略：これは，希望を保ち続けたり，情動をコントロールしようとしたりする努力と関係する。また，怒りやフラストレーションにはけ口を与えることや，物事を変化させるようなことを何もしないようにすることなども含まれている。
- 回避志向的方略：これは状況の深刻性を否定したり，過小評価したりすることに関係する。また，ストレスフルな思考の意識的抑圧や，自己防衛的な思考への置き換えなどとも関係する。

特性不安が高く，したがって強いストレスと不安を感じている人は，課題志向的方略よりも情動志向的および回避志向的方略の方を用いる傾向にある（エンドラーとパーカー，1990）。タイプA行動パターンをもつ人では，事情がまったく異なる。彼らは，たとえそれが適切でなくても，課題志向的方略を用いる傾向が強い（アイゼンク Eysenck, 1994a）。

ストレスを低減させるうえで，どのコーピングが最も効果的だろうか？ これには単純な回答はない，というのもすべてのコーピング方略の有効性は，ストレス状況の性質に依存するからである。一般的には，人がそのストレス状況を整理する資源をもっている場合には，課題志向的コーピングが最も有効となる傾向にある。他方，情動志向的コーピングは，その人が状況を解決できない場合に好ましい（アイゼンク，1994a）。

図6-32　回避志向的方略

感　想

- 私の考えでは，生物心理学的アプローチは，動機づけ，情動，そしてストレスが，なぜ起こるのかということよりも，どのようにして起こるのかということの方について，教えるところが多い。それらの詳細な生理学的プロセスについて感銘を受けるあまり，動機づけ，情動，ストレスなどが，どれだけ心理的，社会的，そして文化的文脈に依存しているのかという視点を見失いやすい。
- 動機づけは，心理学において最も重要であるとともに，最も理解されていない領域であると，私は思う。動機づけの査定は人事選考において非常な価値をもっているということについては，一般的な合意がある。しかしながら，人が熱心に働く程度を予測する妥当な測度の開発は困難である。一般に最も価値があるとされているものは，これまでのその人の業績であり，過去はしばしば未来をも予測するという基盤に立っている。動機づけの理論が，このような単純なアプローチをも改善することができていないのは，残念なことである。

要　約

動機づけ

動機づけの要因は，行動の方向性，強度，そしてその維持の決定を助けるものである。かつては，視床下部の外側核が摂食中枢で，

その腹内側核が喉の渇きの中枢であると考えられていた。この視床下部理論は，非常に単純化されたものである。食行動は，しばしば血中グルコースレベルが下がった後や，脂肪あるいは脂肪酸のレベルが低いときでも起こる。食行動の停止は，部分的には胃の栄養分モニタリングシステムに依存している。正の誘因理論は，空腹に対するホメオスタシスアプローチよりも適当である。のどの渇きは，細胞から水分が出ていき，さらにこれが検出されて，抗利尿ホルモンが放出されたときに起こる。水分剥奪は，血量の低下をもたらして，抗利尿ホルモンの放出による影響と相まって直接的な影響を腎臓に与える。口腔と小腸にある飽和受容器が，水分摂取の停止を引き起こす。

動機づけ理論

　マレーによれば，私たちは20の主要な欲求をもっており，その表出は環境的要因あるいは「圧力」に依存する。これらの欲求の幾つかは，主題統覚検査（TAT）によって測定されてきた。マレーが挙げている欲求のうち，最も検討されているのは，達成欲求である。主題統覚検査は，信頼性も妥当性も低い。動因理論は，ホメオスタシスの概念に基づいた理論である。これらの理論は，空腹やのどの渇きは説明できても，好奇心や自己実現などについてはほとんど関連しない。マズローは，欠乏欲求から成長欲求に至るまでの欲求の階層について論じた。このアプローチは包括的であるが，環境のインパクトが十分に強調されておらず，また幾つかの概念（たとえば，自己実現）が曖昧である。ロックの目標理論によれば，高いレベルの動機づけと遂行は，困難な目標設定と，それらの目標へのコミットメントを必要とする。ロックは，意識的な意図にのみ焦点を当て，目標設定とコミットメントのネガティブな効果（たとえば，遂行が目標に達しそうにないときの不安）については無視する傾向にあった。

情　動

　情動は，認知，生理，体験，表出，そして行動などの成分で構成されている。海馬，視床下部，そして視床に基づいたパペッツの回路は，情動の基盤であると示唆されていた。これは後に，パペッツ－マックリーンの辺縁系モデルへと修正され，扁桃体の役割がより強調されるようになった。より最近では，ルドゥーが，情動には二つのシステムが関与していると論じている。一つは扁桃体と自律系，内分泌系の変化に関わっており，もう一つは，視床から皮質への直接的な情報転送を必要としている。情動の辺縁系理論は，恐怖と怒りに最も関連が深く，情動における皮質の役割を軽視する傾向がある。前頭葉も情動に関連している。

情動の理論

　ジェームズ－ランゲ理論では，体験された情動は，情動刺激にと

ってもたらされた身体的変化のフィードバックに依存し，各情動はそれぞれ固有の身体変化パターンをもっている。しかし，私たちはしばしば身体的変化が起こる前に情動を体験するし，多くの異なった情動状態が，全体としては似通った自律系の覚醒状態と連合している。キャノン‐バード理論では，情動刺激は視床を賦活し，これが二つの異なった効果をもたらす：1）情動体験；2）視床下部の賦活と自律系の覚醒。情動状態を体験する強度は，生理的覚醒のレベルに依存することがあるという事実は，この理論と一致しない。認知的ラベリング理論では，情動とは，高い生理的覚醒があり，かつその覚醒が情動的解釈を与えられた場合にのみ体験されるものである。多くの研究は，この理論に対して弱い証拠しか見出せておらず，情動の強度に及ぼす覚醒の効果は，予想されるよりもはるかに小さいことがある。ラザラスによれば，情動体験は，重要な刺激に対する認知的評価に依存するものである。

ストレス

　ストレスは，情動，生理，認知，そして行動にさまざまな効果をもたらす。セリエによれば，ストレスに対する反応は，汎適応症候群を形成するが，これは警告反応段階，抵抗段階，そして疲憊期で構成されている。実際には，ストレス反応はセリエが仮定したよりも変動が大きく，ストレッサーの性質に依存する部分もある。ストレスは，前部下垂体副腎皮質システムを賦活する他，交感神経系をも賦活させる。ストレスフルなライフイベントは，多くの疾患と結びつくが，この関係は因果的なものではないかもしれない。タイプＡ行動パターンを示す人々は，タイプＢ行動パターンの人々に比べて，よりストレスを感じやすいということが，これまでしばしば論

図6-33　ポジティブな情動は日々のストレス対処を助ける。

じられてきた。タイプAの敵意成分の高い人は，冠状動脈性心疾患にかかりやすいというのが，主要な証拠である。ストレスは，免疫系にも変化を引き起こしうるが，このような変化が，病気の発生を助けているのだろう。これらの効果のあるものは，ストレスを感じている人が，食事，喫煙，飲酒などの点で，不健康なライフスタイルをとっていることから来るのかもしれない。ストレスに立ち向かうには，主として三つのコーピング方略がある：課題志向的方略；情動志向的方略；回避志向的方略である。

ストレス低減法

　バイオフィードバックは，ストレスを低減させるためにしばしば用いられてきた。これは短期的には有効であるが，日常生活におけるストレスの長期的な低減をもたらすのかどうかについては，それほどはっきりしてはいない。抗不安薬もストレス低減に用いられている。ベンゾジアゼピンは，鎮静作用を及ぼすことがあり，突然の服用中止は，強い不安を引き起こすことがある。より新しい薬，バスピロンは，これらの欠点をもっていないが，頭痛や抑うつを引き起こすことがある。抗不安薬は，ストレスを低減させるが，ストレスを引き起こした問題そのものに作用するわけではない。それらは，短期間に少量だけ使用するべきである。ソーシャルサポートとコントロールに基づいた心理的方法は，ストレスの低減に効果的である。

【参　考　書】

　J. P. J. Pinel（1997），*Biopsychology* (3rd Edn.), Boston: Allyn & Bacon には，動機づけ（第10章），情動とストレス（第17章）の詳しい説明がある。動機づけと情動について，詳しい説明は，N. R. Carlson（1994），*Physiology of behavior* (5th Edn.), Boston: Allyn & Bacon の第11章から第13章にある。この章でカバーしたトピックについての簡単な考察は，S. Green（1994），*Principles of biopsychology*, Hove, UK: Psychology Press にある。

【復習問題】

1　脳システムと動機づけの関係性についての研究を分析・検討してみよう。
（24点）

2a　情動の生理学的理論の一つを批判的に考えてみよう。　　（12点）

2b　生理学的なもの以外の情動理論の一つを批判的に考えてみよう。　（12点）

3　ストレスの生理学的効果に関する理論あるいは研究知見のどちらかについて議論してみよう。
（24点）

4　「生きることに伴うストレスの効果の低減を目指して多くの方法が提案されてきており，それらは大まかには生理学的反応性に影響を及ぼすものと，心理的レベルに介入するものに分けられる……この二つのコンビネーションがたぶん最も有効だろう」（グリーン，1994）。心理学の証拠がこの文章の内容をどの程度支持するのかについて批判的に考えてみよう。　（24点）

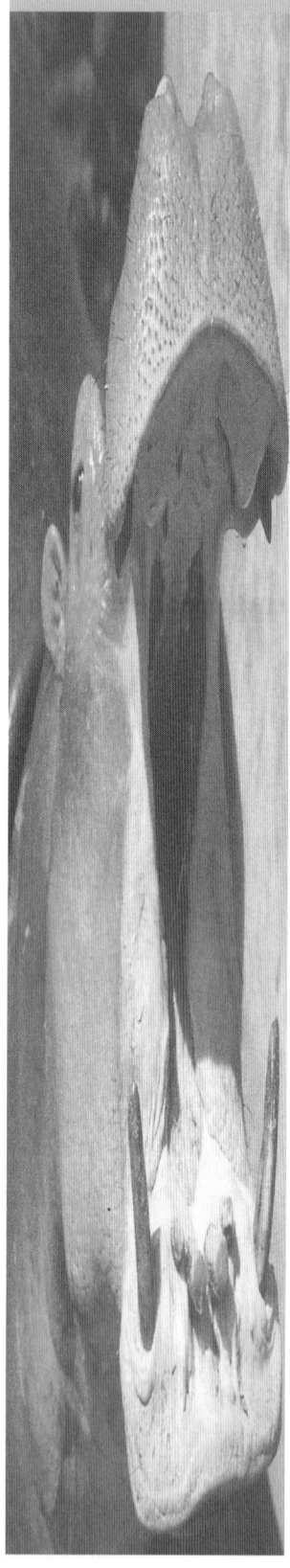

- 行動の進化：動物と鳥の行動の違いに関する説明。
    - クレブスとデイヴィスの理論
    - 自然淘汰に関するマルサスとダーウィンの理論
    - 変異に関するグリアーとバークの理論

- 資源の競争：餌などの資源が不足しているとき，なぜある個体は他の個体よりも多くの資源を得られるのか。
    - ハンティングフォードとターナーのなわばりの特徴
    - トゲウオを用いたミリンスキーの研究
    - ギルとウオルフのタイヨウチョウの研究
    - ハンティングフォードとターナーのなわばり理論

- 捕食者－被捕食者の関係：どのように狩りをするのか，そしてどのように狩りに成功し，失敗するのか。
    - グリアーとバークの走性のリスト
    - クレブスとデイヴィスの探索イメージ理論
    - 被捕食者の適応：擬態，多形性，威嚇，食の適合性，模倣

- 共生関係：一緒に住んでいる異なった種そしてお互いの利益。
    - アイザックとレイヤーのノドグロミツオシエの研究
    - プレストンの魚の研究
    - トンプソンの共生関係の理論

7

進化と行動

この章は，ヒト以外の動物の行動を決定する幾つかの要因に関するものである。1859年にチャールズ・ダーウィン（Charles Darwin）は，自然淘汰，遺伝，そして種の進化の役割に焦点を当てた進化論を発表した。いろいろな種の行動の進化に対しこの一般的なアプローチの適用を考えてみよう。

図7-1　チャールズ・ダーウィン（1809-1882）

すべての種の成員にとって最も大切なことは，特に食べ物に関して適切な供給源をもつことの必要性である。進化論の一つの重要な部分は，通常，資源獲得の競争があるという観念に基づいている。生存と繁殖のためには，種の成員は資源を効果的に獲得することができることが必要である。

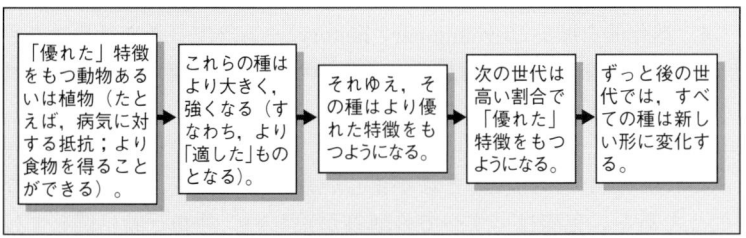

図7-2　進化の過程

進化の過程は，異なる種の成員の間にいろいろな関係をもたらす。その多くの関係で共通しているのは，捕食者と獲物との関係であり，一つの種が他の種を殺し，食べてしまうという関係である。これは獲物となる種に，捕食者に対しより効果的に捕食者から自分自身を守るための強い進化論的なはたらきかけを生み出す。そうすると，捕食者に，獲物を捕らえるための新しい方略を生み出すように進化論的なはたらきかけが生じる。しばしば，二つの種はポジティブな関係を発達させ，彼らは他の種の行動から両方とも利益を得ることがある。

行動の進化

おそらく，比較心理学における最も重要な問題は，以下のことである。すなわち，「なぜ，動物は，特定の方法で行動するのか？」。この問題に対しては通常幾つかの異なった答えがある。たとえば，ある種の鳥たちは，繁殖の目的のため，つがいの片方を引き寄せるべく春にさえずりをする。この行為は，種の保存にとって重要であ

る。しかしながら，春になって昼間の長さが増加してホルモンレベルに変化が誘発されるためにさえずりを生じるのかもしれない。

ティンバーゲン（Tinbergen, 1963）はこの論法を展開した。彼は，なぜ種の成員がその行動をするのかという問題に対し4種類の回答があると述べている。なぜ春にムクドリがさえずりを行うかという問題に関して，クレブスとデイヴィス（Krebs & Davies, 1993）に従って，4種類の回答を考えてみよう。

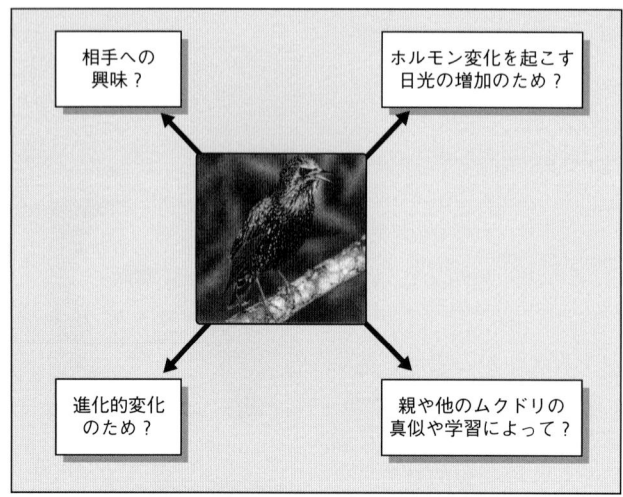

図7-3　なぜムクドリは春になると鳴くのか

1. 生存価（survival value）：ムクドリたちは，繁殖のため仲間を集めるためにさえずりを行う。
2. 因果性（causation）：ムクドリたちは，春になって昼が長くなることにより生じるホルモンの変化によりさえずりを行う。
3. 発達（development）：ムクドリたちは，親鳥や他のムクドリがさえずりをするのを聞いてさえずりを行う。
4. 進化的な歴史（evolutionary history）：ムクドリたちは単純なさえずりを行っていた以前の世代から進化的な変化の結果として複雑な歌をさえずる。

これらの四つの回答のどれが正しいかをたずねることは魅力的なことである。実際は，**すべての回答が正しい**。動物行動に関してはいろいろなレベルでの説明がある。そして完全な説明をするためには，これらすべてのレベルを考えてみる必要がある。しかしながら，この章では，主に私たちはその種の現在の行動における種の進化的歴史の影響に焦点を当てるつもりである。

種：固定されたもの，あるいは変化するもの

すべての種は他の種のどれからも独立している，そしてそれは時を超え固定され残っていると主張されてきた。この主張は，私たち自身の観察の証拠によって支持されてきたように思われる。私たちが一生を過ごす間に，ネコやイヌそして私たちが出会う他の種の動物に明らかな変化はみられない。しかしながら，種は人間の一生よりももっと長い期間を経て実質的な変化が生じるという圧倒的な証拠がある。少なくとも，種が時間をかけて進化するという見解を支持する3種類の証拠が存在している。すなわち，化石資料，地理的変異，そして選択的交配の三つである。

化石資料

化石資料の調査は多くの種の大きさ，形は時間をかけて漸進的な

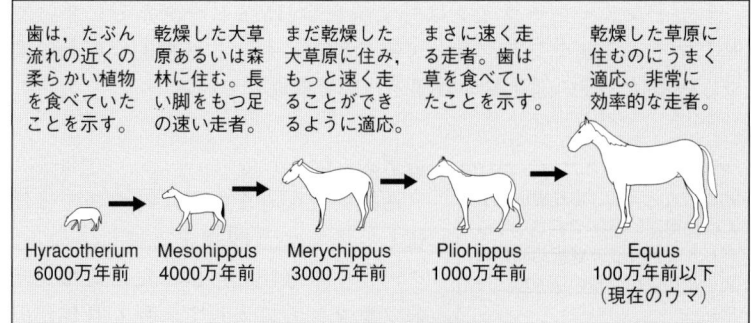

図7-4　現在のウマの進化

図7-5　イクチオザウルス：ジュラ紀の海洋性ハ虫類。化石記録は、動物が何に似ているかの手掛かりは私たちに与えてくれるが、それがいかに行動したかの手掛かりは与えてくれない。

変化をしてきていることを示している。しかしながら、化石資料はその方法に多くの限界がある。第一に、資料は通常きわめて不完全である。しばしば、ある部分の骨だけが保存されており、資料の幅に1000年、あるいは1万年というギャップがあるかもしれない。第二に、よく手に入る化石資料は動物の硬い部分についてだけの証拠であり、そのため、動物がいかなる見かけかについて詳細に検査するのは容易ではない。第三に化石資料は種の行動については私たちに何も語らない。それはしばしばその種の行動について確かな推測をすることを可能にするが、それだけである。

地理的変異

　各々の種が長期にわたってそのままであるという考えは地理的変異の観点からありえないように思われる。リドレイ（Ridley, 1995, p.21）は次のように指摘している。

　　どの場所においても、種は別々の生物のグループとみなすことができるが、もしある種が世界の至るところでその痕跡が存在するなら、その外見は通常その場所によって変化していたとみなすことができる。たとえば、イエスズメはアメリカ中で大きさ、体つき、色合いが変化し、北アメリカのイエスズメはヨーロッパのイエスズメとは見た目が違っている。

チャールズ・ダーウィンは科学調査船 HMS ビーグル号に乗って何千マイルも旅をした。そして彼の種内における地理的な変動に関する観察は，彼の進化論の展開の一部を構成している。

> 現代の選択交配の例は，視覚的に明白に（たとえば，血統書のあるイヌ），あるいは一部は明白に（たとえば，寒さに強いイチゴ）することができる。現在の小麦は2000年にわたる草からの選択的交配の結果である。私たちの現在の環境の中で選択的交配の他の例を思い浮かべられるだろうか？

選択的交配

選択的交配もまた種は時が経てば変化しうるという観点を支持している。ダーウィン（1859）は，たとえば交配のプログラムによって，軽く身体が引き締まっている競走馬か，大きくて強い農耕馬かのどちらにもできることに感銘を与えられた。ダーウィンは彼自身ハトを交配し，ある世代から次の世代への変化を観察していた。彼は選択的交配により人工的に作り出された変化はより自然な条件下で起こる変化に似ていると述べている。

自然淘汰と適応

私たちは，種が非常に長い時間で変化しうるという確かな証拠があることをみてきた。必要なものはこれらの変化を作り出す過程の説明である。ダーウィン（1859）は自然淘汰に関する彼の理論の中でこれに関する説明を提出している。この理論は五つの主要な仮説に基づいている。

図7-6 すべてのイヌは同じ遠縁の原型種をもつが，選択的交配は大きな変化をもたらした。

1. 変異（variation）：ある種の中の個体はお互いにその物理的特徴（たとえば背の高さ）そしてその行動が異なっている。
2. 遺伝力（heritability）：少なくとも種の中での変異のあるものは遺伝する。結果として，子孫はその種の他の成員よりも自分の親に似る傾向にある。
3. 競争（competition）：多くの種は，生き残りうるよりもずっと多くの子孫を産む。ダーウィンは，もし生存にとって何ら問題がないならば，ゾウの一つのつがいは，彼らが生まれた後750年の間に1900万の子孫をもつと計算した。もし事実なら，生きるために配偶者，餌，住処に関して競争が存在する。
4. 自然淘汰（natural selection）：競争の過程を生き残り，繁殖をする種は，そうでない種より，より環境に適応した特徴をもつ傾向にあるであろう。このように，自然淘汰あるいは適者生存（survival of the fittest）が存在する（物理的な適合というよりも生き残りあるいは繁殖成功度（reproductive success）という意味において）。

5. 適応（adaptation）：自然淘汰の過程の結果として，一連の世代は環境に徐々に適応をしていく傾向にある。彼らは餌を得ることができるようなそして繁殖できるような特性をもつようになる。

年数	世代	子孫の数
2000	初代	3
2025	2代	9
2050	3代	27
2075	4代	81
2100	5代	243
2125	6代	729
2150	7代	2187
2175	8代	6561
2200	9代	19,683
2225	10代	59,049
2250	11代	177,147
2275	12代	531,441
2300	13代	1,594,323

25年ごとに新しい世代ができ，各々の子孫は3人の子を育てるという条件に基づく。この状況は，初期の死や不妊あるいは選択のためあるものは3人の子をもたないものとして考えている。

図7-7　多世代の子孫の数

ダーウィンはマルサス（Malthus, 1798）の仕事に大いに影響された。マルサスは，人口は時間とともに増加する傾向にあるが，地球の資源（たとえば，土地，食べ物）は増えないか，もしくは増えても非常にゆっくりであることを強調した。マルサスはもし1組のカップルが3人の子をもうけるとするなら，彼らの子供のすべては3人の子供をもつ，そして以下同様のことが生じるとしたらどういうことになるかということに答えを出した。12世代後その最初のカップルは25万人以上の子孫をもつことになる。25世代後では，これは500万人以上に増加する。この数字は私自身が3人の子供をもつことに罪の意識を感じさせる数字である。マルサスとダーウィンは，何らかの種が繁殖抑制（reproductive restraint）を行う可能性については2人とも悲観的であった。その結果として，ダーウィンは，限りある資源の限りない競争が起こらざるをえないと結論した。

図7-8　チーターは最も速い地上動物であり，びっくりするような突発的な速さで獲物を捕まえる。チーターは時速70マイル（時速110km）に達するが，およそ400mで疲れてしまう。

種内の変化

自然淘汰に関するダーウィンの理論の仮説は，種内の変化をどのように説明できるのだろうか？　重要なことは，環境は，しばしば生き抜くためにある特徴をもつに至ったある種だけにその成員の変化を起こさせるということである。たとえば，ある素早い捕食者が，主にある特定の種を食べるということを想像してみよう。もし，その被捕食者の中で速く動くことのできる成員だけが生き残るなら，その種は世代を通じて平均的により素早く動くようになる方向で進化していくであろう。

ダーウィン（1859）は，一般に進化的変化が数百年あるいは数千年の期間を経て，比較的ゆっくりと起こると推測した。しかしながら，化石資料は，変化が非常に素早く起こりうることを示している。結果として，グールド（Gould, 1981）は，種はしばしば比較的安定

> **キー用語**
> **断続平衡説**：種にとって長い期間にわたる比較的安定した時期は短期間の急激な変化によって区切りがつけられているという概念。

した長い期間の中に，非常に短い期間で素早い発達を遂げる期間があると論じた。彼は，**断続平衡説**（punctuated equilibrium）としてこの意見を説明した。最近の結果は，このような急激な発達を可能にする遺伝子を同定している。

グリアーとバーク（Grier & Burk, 1992）は，行動のある面がなぜ進化の過程で他の面よりも変化するのかという問題を扱った。彼らはなぜ進化的変化が行動の幾つかのカテゴリーにおいて急激に生じるのか四つの主要な理由を特定している。

> **深海のタコ**
> 深海の生き物の研究で，ワイダー，ジョンセンとバルサー（Wider, Johnsen & Balser, 1999）は，水深900mに住み，触手を用いて捕まえるにはあまりに小さい獲物を食べているタコの一種について述べている。そのため通常のタコの触手の吸盤は退化し，通常の浅瀬にいるタコの仲間にある筋肉をもっていない。代わりに，吸盤に似たパッドが，典型的な生物光の青い光を作り出し，獲物を引きつける，発光する細胞を発達させている。

1. これらの行動面での変化は適切な資源をより効率的に使用することを可能にするだろう。
2. 競争は行動のより特殊な形態をもたらす。
3. 同じ種の他の成員との関係において使用する行動の形態（たとえば求愛，コミュニケーション）は，おそらく進化的変化を示すであろう。
4. 二つの種の成員の間での行動の形態（たとえば，捕食者と被捕食者の関係，寄生動物の宿主と寄生虫の関係）は，二つの種の変化をより素早くするであろう。

これに対し，その種にとって変化することが利益をもたらさないであろうとき，行動の形態は世代を通じて安定したままである傾向がある。その行動はまた，より優れた行動の形態が問題となっている種に単に現れていないために変化しない。

適応は不完全である

自然淘汰や適応の過程は，その環境にほとんど完全に適するようにその種を変える傾向があると考えられる。これはダーウィンが実際に信じていたことではない。ダーウィン（1872, p.163）によれば，

> 自然淘汰は，競争関係をもつ同じ土地の他の居住者と同様，あるいはそれよりもう少し完全な存在としての生体を作る傾向があるだけである。……自然淘汰はまったく完璧なものを作り出すわけではない。

環境が近頃変化してきたため，しばしば，行動はその環境にうまく適応できなくなっている。たとえば，恐竜たちの行動は6500万年前に大きな隕石が地球に衝突した後致命的に不適応になった。

環境に適応することは，その変化が急激なときには種にとって非常に難しい。最近人類がその環境を破壊する速さのため，多数の種は大きな変化を経験した。ロバート・メイ卿（Sir Robert May, 1998）によれば，近い将来を展望すると，差し迫った絶滅の割合を評価す

図 7-9 恐竜の絶滅に関する一つの理論は，巨大な隕石の地球への衝突によってもたらされた世界規模の気候の変動に恐竜が適応できなかったというものである。

る三つの異なった方法が，種の平均余命は 200 年から 400 年であることを示唆している。これに対して，人類が出現する前の種の平均寿命はおよそ 500 万年から 1000 万年であった。メイ（1998）は，いま起こっていることは，「歴史上地理学的な 5 回の大きな消滅（恐竜の絶滅を含む）に十分に匹敵する 6 回目の絶滅の大きな波である。しかし，それは外的な環境の変化というよりも単一の他の種の活動の結果である」と指摘している。

種がその環境に対して不完全に適応している重要な理由は，メイナード・スミス（Maynard Smith, 1976）が確認している。彼は，自然淘汰は，その方略が理想的でないときでさえも典型的に**安定した**行動の方略を作り出すと述べている。個々の動物が他の動物たちと関係するとき，その最も適応的な行動は他の動物がいかに行動するかに依拠している。

メイナード・スミスは，動物にとってより適応的なのは，好戦的である（非常に攻撃的で戦いに傾斜する）ことなのかそれとも友好

ケーススタディ：ミルク泥棒

1949 年になるとミルクのボトルの家庭への配達が普及した。以前はミルクはその家のミルク入れや容器に注がれていたが，新しい方法では金属の蓋のあるガラスのボトルの中に入れられる。主婦は誰かがあるいは何かが金属の蓋の後ろに穴を穿ったり，開けたりし，ミルクの上部からクリームを奪い取っていると訴え始めた。この盗みが蔓延するにつれ，犯人は数種類のシジュウカラの仲間で，主な犯人は新しい食料資源を発見したアオシジュウカラであることが発見された。その行動は 10 年ほどで広く知れわたった。この期間のうちに家主たちは，解決策は戸口の上にミルク配達人がミルクボトルの上にコップを置いておくことだということを学んだ。次第にミルク窃盗は問題でなくなった。しかしながら，ほぼ同じとき，アオシジュウカラは通常では行わない行動を始めた。シジュウカラは，家や工場に入り込み，紙を引き裂くことに夢中になり，見つけた紙，すなわち壁紙，トイレットペーパー，包み紙，新聞紙などをビリビリに破り始めた。この行動には明白な報酬はないように思われ，科学者たちを困惑させた。イギリスの鳥類学会によって提示された一つの説明が，シジュウカラは非常にたやすく多くの餌を見つけるために，餌を見つける動因以前に彼らのお腹は満たされており，被捕食者を探す木の皮を引き裂くまねをしているのだというものである。この奇妙な行動の真の説明に誰もが同意する前に，その行動はみられなくなってしまい，アオシジュウカラによるミルク盗みや紙を引き裂く行動はいまではもはやほとんど知られていない。

タカ派とハト派が混合された適応戦略は人間にもまた適応できるだろうか。

キー用語
進化的安定方略：効果的にはたらき，長い間安定している行動戦略はその種の最も多くの成員によって採用することによって提供される。

的である（論争や戦いを避ける）ことなのかを考察している。原則的には，最も適応的な方略はすべての動物にとって友好的な存在であることであろう。しかしながら，現実の世界は好戦的な種によって侵害される危険があるため，それは冒険的な方略である。実際問題として最も適応的な方略は好戦的なものと友好的なものの混合したものであることであり，これは多くの種において見られる。メイナード・スミスは，**進化的安定方略**(evolutionarily stable strategy) としてこれを表している。これは「種の大部分で採用されれば，いかなる他の方略によっても打ち負かされることのできない」（クレブス＆デイヴィス，1993, p.149）方略である。

根　　拠

　斉一説　自然淘汰の大半の証拠は少々間接的である。この理由は，関係した過程が直接的に観察できるよりももっと長い時間で起こるためである。化石記録や他の歴史的な証拠を用いる人々は，**斉一説**（uniformitarianism）という仮説を是認している。これは，生物学的そして身体的過程は長い時間で同じ単一の方法で影響されるという考えである。もし私たちがこの斉一説の考えを受け入れるなら，現在の私たちの観察によって，過去についても推測することが可能になる。

キー用語
斉一説：生物学的，そして他の過程は時間が経てば同じ一定の方法で作用するという考え。

　ある種が現在どのようであるかを観察し，もっともらしく聞こえるが，証拠はない「説明」を作り上げてしまうという危険は常に存在している。たとえば，私たちは，長い過去において，長い首をもったキリンたちだけが餌を得るのに十分な高さまで達することができたため，キリンは長い首をもっているのだというように考えてきた。ハイルマン（Hailman, 1992, p.127）はこの提案に非常に批判的である。

> 動物の色，解剖，生理，そして行動は，生存環境にたいへんうまく適応しているように思われるため，自然淘汰が動物をその環境に適応させたに「ちがいない」。うそでしょう，そうではないんじゃない？

　オオシモフリエダシャクガ　ダーウィンの理論の仮説の幾つかをうまく直接的に支持するものとしてみなされてきたものは，1950年にケトルウェル（H. B. D. Kettlewell）によって得られた（リドレイ，1995を参照）。彼は，色の明暗の異なる2匹のオオシモフリエダシャクガの変異体を研究した。暗い色のタイプの子孫は明るい色のタイプの子孫よりも平均的に暗い色であり続けるという形で遺伝した。オオシモフリエダシャクガの両方のタイプは，視覚にたよって彼らを見つけるコマドリやジョウビタキのような鳥によって食べられてしまう。ケトルウェルは，比較的明るい色の地衣類に覆われた木々にいるとき，そして暗い色の地衣類に覆われた木々にいるとき，そして人工的に汚された土地の地衣類が覆っていない木々にいると

図7-10　オオシモフリエダシャクガの色の変異体

きのガを観察した。明るい色のガは明るい木々のところでより生息しており，暗い色のガは暗い木々のところでより多く生息していた。

　ダーウィンの理論によれば，暗い色のガはもし暗い木々が増加すれば，増えるはずである。まったくその通りのことが産業革命の結果イギリスで起こった。そのとき，汚染は地衣類を殺し，すすけた堆積物で木々を覆った。非常に少なかった暗いタイプのオオシモフリエダシャクガの割合はおよそ50年の間に，半分以上に増えた。しかしながら，19世紀後半には暗い色のタイプのオオシモフリエダシャクガはほとんどいなくなったという証拠が，ガの収集からもたらされている。ハイルマン（1992, p.126）は指摘している。「これらの収集はアマチュアによってなされたものであり，科学的なサンプルではない。たぶん，彼らは醜い黒いガがきらいだったのだ」。

ミツユビカモメ　　進化の理論のよい証拠は，カモメの研究からもたらされている。カモメにはおよそ35種類あり，その多くは行動が非常に類似していることが示されている。これらの種のほぼ全部が地上に巣を作るが，ミツユビカモメは地上からはるかに離れた狭い岩棚に巣を作る。カレン（Cullen, 1957）は多くのカモメの仲間のヒナは孵化後およそ1日以内に巣から離れてうろつき始めることを見出した。これに比べ，ミツユビカモメのヒナは巣の中にとどまったままである。この違いの進化論的な重要性は明らかである。ミツユビカモメのヒナはもし，狭い岩棚の周りを歩き回れば死に至るであろ

図7-11　ミツユビカモメの歩き回る行動は種の生存を脅かしている。

う。一方，他のカモメのヒナはそこから走り去ることによりしばしば危険を回避できるのである。

オドリバエ　いろいろな種のオドリバエの求愛行動は，進化論的な用語で簡単に説明できる。ある種では，オスのハエは求愛の間メスに対し生糸で包まれた餌を与える。これは効果的であるが，オスは餌を手に入れるためにエネルギーを消費しなければならないという不利な点がある。他の種では，オスはメスに何も与えない。これは，おそらく生糸に包まれた餌を与えられることによってメスの気が紛らわせられないため，オスがしばしばメスによって食べられてしまうという不利な点をもっている。進化論的な意味において，オスにとっての適切な行動は，いかなる餌もとることなく，メスの気を紛らわせることである。まさにこれは，オスが空の生糸で覆った風船をメスに与えるという，他のオドリバエの種において起こっていることである（ケッセル Kessel, 1995）。

環境と行動間のつながり　進化論的な考えをテストする最もよい方法は，行動の違う多様な種を研究することである。研究者は，環境的な違いが種の間に行動的な違いを作り出す問題を解明することを試みている。グリアーとバーク（1992, p.143）によれば，

> このアプローチは純粋な実験的方法と同じくらい，強力な，あるいはほとんど同等に強力と言っていいほどのものである。要するに，偽りの相関の影響を減らすのに十分な標本サイズである自然界において，すでに行われている実験を援用しているだけである。

リドレイ（1983）は，このアプローチを活用した。オスが受精の数日から数週間前からメスにしがみつく多くの種がいる。これは交尾前ガード（precopulatory guarding）として知られている。そしてそれは節足動物（たとえばクモ類，甲殻類），カエルやヒキガエルで見出されている。リドレイは，交尾前ガードは，メスが非常に短い予測可能な期間だけ交配を受け入れるという種の自然淘汰を通じて発達してきたものであろうと主張している。一方，交尾前ガードはメスが常に交尾を受け入れる種やその受け入れが予測できないときに起こる種では見出せないであろうと述べている。彼の主要な発見は，これらの予測が 401 の種のうち 399 の種で確かめられたことである。

図7-12　オスのカエルは交配をうまく行うために交尾前ガードを用いる。

評　価

　遺伝のメカニズム　　自然淘汰に関するダーウィンの理論（1859）は，いまのところ本質的に正しいと一般的に受け入れられている。しかしながら，彼は遺伝に関わる**メカニズム**の説明を何一つ提供していない。私たちはいまや遺伝子がいかなる遺伝を決定するかを知っている。したがってダーウィンの理論は遺伝子の関与という意味で説明しなおすことができる。クレブスとデイヴィス（1993, pp.9-10）の言葉を借りれば，

> 個体は，遺伝子が存続し，複写するための一時的な乗り物あるいは生存機械としてみなすことができる。……最も成功する遺伝子は最も効果的に個体の生存，繁殖を成功に導くものである……。結果として，私たちは遺伝子を生き残すように行動することを個体に期待するであろう。

　遺伝子要因が，行動に強い影響をもちうるという証拠は人工的な選択実験から得られている。この実験において，動物はお互いにまったく異なる行動をする別の系統を作り出すように訓練された。たとえば，ベルソールドら（Berthold *et al.*, 1990）は，75％が定期的に移動する移住性で，25％が移動をしない居住性のズグロムシクイの選択交配研究を行った。彼らは移住性の鳥と移住性の鳥を交配させ，居住性の鳥と居住性の鳥を交配させた。6世代の後，彼らは100％移住性か100％居住性かどちらかの二つの別の系統を作り出した。彼らは選択交配実験が，進化のはたらきを誇張して示していると主張している。

> 人工的な選択の日常的な例を考えてみよう。

　利他主義　　ダーウィンの理論によれば，個々の動物は他の個体と競争して優勢になるように，そして，そのことで将来における遺伝子の生き残りを確実にするように，自分本位の流儀で行動する。しかしながら，動物はしばしば他の動物の利益になるような，しかしその動物自身あるいはその繁殖可能性にとっては何らかの損失があるような利他的行動を示すように思われる。このような利他的行動の最も明らかな例の一つは社会性昆虫社会で見出されている。社会性昆虫社会では，大部分の昆虫は彼ら自身繁殖を試みることはない（第9章参照）。

　利他的行動の存在は，ダーウィン（1859）によって提唱された進化論に反するものである。しかしながら，それは進化という意味で説明することができる。その主要な概念は，個々の動物の近親者は，その遺伝子の多くを共有しているというものである。結果として，その遺伝子を次の世代に伝えることを保障するという動機づけは，密接な身内の繁殖を助けることによって達成される。この戦略は**血縁淘汰**（kin selection）として知られている。このことが社会的昆虫の利他的行動を明らかに説明するように思われる。

> 血縁淘汰は人間にも適用されるのだろうか。

> **キー用語**
> **血縁淘汰**：個々の動物が近縁者を幇助することによって次世代の遺伝子の発現を増加させる戦略。

図7-13 クジャクの長い尾は明らかに進化の間違いであるが，交尾相手の注意を引くという重要な役割をもっている。

適応 ダーウィンの理論によれば，個々の動物がもっている特徴は，環境にうまく適応した特徴を作り出す機能をもっている。しかしながら，幾つかの種ではいかなる有益な目的も与えるようには思えない特徴をもっている。たとえば，クジャクのオスの長い尾は，運動性を減少させるものであるがゆえに，捕食者に攻撃されやすくなる。しかしながらオスのクジャクの長い尾は考えられていたものよりももっと機能的である（第8章参照）ように思われる。メスは，オスの長い尾に魅力を見出す。そのため長い尾をもつオスは，短い尾のオスより繁殖の成功率が高くなる。オスは交配のためのディスプレイとしてその尾を広げ，それだけでなくその尾に注意を引きつけるために激しく尾を羽ばたかせたりする。

資源の競争

餌などの資源が不足するとき，個々の動物はその資源の獲得競争をする必要がある。自然界には，しばしば個体がいかに資源を争うかを総合的に決定する幾つかの要因が存在している。しかしながら，私たちは二つの単純な可能性を考えることから始めたい。それは，搾取作用による競争と資源の欠乏による競争である。その後で，これらの競争の形式を利用している幾つかの種の例を考えてみよう。

搾取作用（資源の奪い合い）

搾取作用（exploitation）は，資源を使い果たすことを意味する。最も単純な搾取作用のモデルによれば，個体は，資源へのアクセスを自分たちに最も多く提供してくれる場所や生育環境にいようとする。重要な点は，最もよい生育環境というのは必ずしも最も多くの資源がある環境とは限らないことである。クレブスとデイヴィス（1993）は，ある豊かな生育環境とある貧しい生育環境をもつ環境の単純な例を挙げている。最初，豊かな生育環境にいることはすべての個体にとって最も望ましいことである。しかしながら，豊かな生育環境の資源は，次第に多くの個体がそこに入り込むにつれ使い果たされていくであろう。新しく来るものにとって，競争が少なく，資源の枯渇がないという利点をもつ貧しい生育環境に行く

図7-14 搾取作用：最もよい環境はいつも最も多くの資源を含む環境というわけではない。

キー用語
搾取作用：動物が最も資源に接近しうる場所に行く資源獲得競争の一つの型。

方がよいという時期がやってくるであろう。

　各々の生育環境にいる多くの動物が，それぞれ個々に資源に対して同じようにアクセスをする状況を仮定してみよう。この状況は**理想自由分布**（ideal free distribution）と呼ばれている。それは，動物がいろいろな生育環境での資源の入手可能性に関する理想的な情報をもつときにだけに起こりうる現象であるので，理想的分布である。この考えは動物のすべてが彼らが好む生育環境のどこへでも住むことが自由であるという仮説に基づいているため，自由な分布である。だが実際には，動物はしばしば攻撃的な方法で生育環境を守るため，この仮説は正しくはない。

> **キー用語**
> **理想自由分布**：動物の個々の個体が資源に同じように接近することができるという考え。すなわち動物は資源の分布について適切な情報をもっており彼らが望むどこへも自由に行くことを原則とする。

資源防御

　資源防御（resource defence）は，攻撃のディスプレイや戦いによって資源に他の動物を近づけさせないようにする動物に関係している。典型的に起こることは，豊かな生育環境に最初に到達した動物は**なわばり**（territory）を設定し，遅れてやって来た動物に防戦するということである。なわばりは，一般的には，1匹あるいは複数の動物によって守られている領域としてみなすことができる。なわばりは餌の獲得の目的，交配の目的，養育などのために設定される。

> **キー用語**
> **資源防御**：これは攻撃行動や戦闘行動によって資源に他個体を近づけさせない動物に関係している。
> **なわばり**：1匹あるいはそれ以上の動物によって防御されている領域。

　ハンティングフォードとターナー（Huntingford & Turner, 1987）は，なわばりの存在を特徴づける四つの主要な特色について述べている。

1. なわばり領域を守っている動物は，他の動物に対し攻撃的行動を示す。
2. なわばりを守っている動物は，彼らの攻撃行動を所定の領域に限定している。
3. なわばりあるいは防御領域はそれを守る動物によって用いられるだけである。
4. 自身のなわばりを守る動物によって示された攻撃行動あるいは優越行動は，その動物が他の動物のなわばりに入ったとき服従的行動へと変化する。

図7-15　このオオカミは獲物の分配に与ろうとしている他のオオカミに攻撃的に反応している。

根拠：搾取作用

　資源の搾取作用に関する幾つかの研究は，理想自由分布の証拠を得ている。ミリンスキー（Milinski, 1979）は水槽の中に6匹のトゲウオを入れた。餌は水槽の両側に入れられたが，片方では，もう一方の2倍の餌の入手が可能であった。この状況における理想自由分布は，より多くの資源がある水槽の方に4匹のトゲウオが存在する

> あなたの経験では，ペット動物はどのように彼らがなわばりと考えているものを示すだろうか。

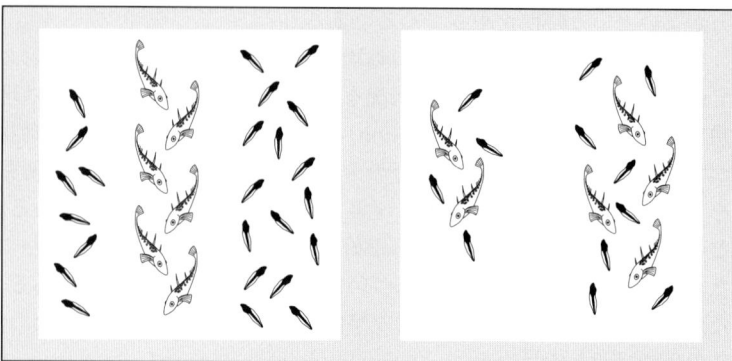

図7-16 ミリンスキーの研究：最初に，被捕食者の3分の2は水槽の片方の端で手に入れられた。続いてトゲウオの3分の2はより多くの被捕食者の資源をもつ場所に移動し，理想自由分布を示した。

ことである。結果はまさにミリンスキーの見解と同じであった。

ミリンスキーによる研究は，統制された実験室研究であった。自然な条件のもとでの理想自由分布の証拠はパワー（Power, 1984）によって報告されている。彼女はパナマの小川でヨロイナマズの行動を研究した。この魚は，日当たりのよい池でよく見かける藻を食べる。ナマズは日当たりのよい池に集まる傾向があり，日当たりのよい池と日陰の池での相対的な数は理想自由分布に一致していた。

自然界においては，搾取作用と資源防御の両者に関わる資源の獲得競争はごく当たり前のことである。たとえば，動物たちは搾取作用に基づいて資源のために生育場所を決めるが，どのような生育場所であれ，各々の動物によって得られる資源の量は，資源防御に依存している。

ウイザーム（Whitham, 1980）はアブラムシの生育場所選択を研究した。春にメスたちはうまく繁殖するのに必要な液汁を供給する葉の上に住みつく。大きな葉は小さな葉よりもより多くの液汁を提供する。そしてそのため最も大きな葉が最初に占拠される。ウイザームの観察は理想自由分布と一致するものであった。多くのメスのアブラムシは小さな葉よりも大きな葉の上に住みついた。そのため子孫の数という意味における平均繁殖成功度は，生育場所が豊かか貧しいかということによらなかった。

この発見は，これまでのところ理想自由分布を確かめるものとして考察されてきた。しかしながら，このように資源への平均的な接近や繁殖成功度が生育場所の性質によらないとはいえ，どんな生育場所でも他の個体よりもより多くの資源に接近した個体がいると

図7-17

いう証拠もまた存在している。葉のある部分は他の部分よりもより
たくさんの液汁を提供する。そしてメスのアブラムシは葉の最もよ
い場所を占有するためにお互いに蹴り合い押し合いをする。これら
の観察は，資源防御が資源の獲得競争の一部を担っていることを示
している。

根拠：資源防御

　クレブス（1971）は，シジュウカラで資源防御の証拠を報告した。
彼らの最善の繁殖場所は樫の木の森である。樫の木の森は春になる
となわばりで即座に満たされてしまう。そのため遅れてやって来た
シジュウカラは生け垣のより貧しい生育場所を占有しなければなら
ない。シジュウカラが樫の木の森から立ち去るとき，他のシジュウ
カラはすぐに生け垣から移り住みなわばりを作る。これは，生け垣
に住まわせるように強制したものは資源防御であったことを示唆し
ている。

　ある種の成員は資源防御の方法やなわばりを守ることで資源をと
り合っているが，他の種の成員はそうでない。動物が資源防御を用
いるかどうかは何が決定するのか？　ブラウン（Brown, 1964）は，
その利益がコストよりも大きくなるならばいつでも，なわばりが守
られるという**経済的防御可能性**（economic defendability）の重要性
を論じた。なわばり争いに関する項において，オスのアカジカのグ
ループが彼らのなわばりを守るコストをいかに評価するかを見てみ
よう。

図7-18　シジュウカラは森林地帯の環境を好む。しかしすべての利用できる森林地帯のなわばりが占領されたとき，彼らは他の領域を見つけるであろう。

> **キー用語**
> 経済的防御可能性：なわばりはその利益が損失よりも大きいときに防御されるという考え。

ギルとウォルフ

　なわばりを守ることに関係した利益とコストを計算することは非常に難しい。しかしながら，これはある種の鳥では行われている。ギルとウォルフ（Gill & Wolf, 1975）は東アフリカのキンバネオナガタイヨウチョウの行動を詳細に調べた。タイヨウチョウはシソ科のレオノチス属の花から蜜を吸っている。タイヨウチョウは競争相手からなわばりを守るか，なわばりを奪い取ることで蜜を得ることができる。タイヨウチョウが守っているなわばりでは1000から2500の花が咲いており，守っている花の方には，守っていない花よりもたくさんの蜜がある（利益が多い）。

　ギルとウォルフは，要求される時間当たりのカロリーの量という形でなわばりの防衛，略奪，止まり木に止まっている状態のコストを計算した。なわばり防衛は他の活動よりも時間当たりのカロリーをずっと多く必要としている。しかしながら，なわばり防衛は略奪よりも時間がかからず，より多くの蜜を含んだ花に接近することができる。経済的防御可能性の考えによれば，タイヨウチョウは，追加される蜜という意味での利得が，カロリー消費という意味でのコストを上回るときなわばり防衛を行う。一般的な意味で，ギルとウォルフが見出した結果は正しい。しかしながら，タイヨウチョウはどのように活動するかを決める前に異なった活動の時間当たりのカロリー消費量を計算することは**ない**ということを考えておくことは重要である。実のところ，なわばりを守るのか，餌を得るために略奪する

のかを決定するときにタイヨウチョウが用いる情報に関してはよくわかっていない。

議論のポイント
1. 心理学者はいつでもなわばり防衛の利益とコストを計算できるのだろうか？
2. どのようにしたら私たちはこのような研究を展開できるだろうか？たとえば，カロリー消費という意味でなわばり防衛のコストを増加させるために，タイヨウチョウの背中に小さな重りを置いてみたらどうだろうか。

なわばりの大きさ

私たちはこれまで経済的防御可能性の考えが，動物がなわばりを守るかどうか予測できる点で価値があるということをみてきた。しかしながら，もっと詳細な予測をすることができれば有益であろう。たとえば，動物が守ろうとするなわばりの大きさはどうであろうか？　大きななわばりは小さななわばりよりもより多くの資源を含んでいるので，動物は大きななわばりを守るだろうと考えられる。しかしながら，大きななわばりを守ることはより多くのエネルギーを必要とする。そのため余分な資源の利益は，なわばりを守るというコストを上回ってしまうであろう。

これについてはカーペンター，パトンとヒクソン（Carpenter, Paton & Hixon, 1983）によって考察された。彼らはカルフォルニアを通過して南方への渡りを行い，その旅の途中での体重の損失を補う必要があるアカフタオハチドリを研究した。これらの鳥はしばしば一日一日でそのなわばりの大きさを変化させる。カーペンターらはハチドリが，大きななわばりか小さななわばりを守っているときよりも中くらいの大きさのなわばりを守っているときの方がより体重が重いことを発見した。これらの発見は最も守りやすいなわばりは中くらいの大きさのなわばりであるということを示唆している。

> カーペンターらはどのように毎日のハチドリのなわばりの大きさを評価したのだろうか。

分　配

資源防御のすべての例はこれまでは個々のなわばりを守ることに関係しているものとして考えてきた。しかしながら，同じ種の2匹以上の個体が同じなわばりを守るために力を合わせるという多くの例がある。デイヴィスとヒューストン（Davies & Houston, 1981）はハクセキレイを研究した。昆虫を餌としているこの鳥は川の土手で昆虫をついばんでいる。個々のセキレイは通常1日に数回，1回約40分をかけてなわばりを回る。しばしば2羽のハクセキレイは，そのなわばりのオーナーが「衛星」のなわばりのオーナーに自分のなわばりの中へ入ることを許すことで，同じなわばりを守っている。これは，なわばりを侵入者からうまく守りうるという利点がある。しかしながら各々の鳥はなわばり内の昆虫の半分だけしか餌にできないという不利益をもっている。デイヴィスとヒューストンは，多

くの昆虫が川の土手でついばまれているとき，そして多くの侵入者がいるとき，分配の利益がコストを上回るということを計算した。予測しうるように，水に洗われた岸にほとんど昆虫がいないときや侵入者がいないときに比べて，分配はこのような環境においてもっと一般的であった。

資源防御：理論

多くの理論的アプローチは，資源防御に関係した利益とコストの同定（identifying）を重要視する経済的防御可能性の考えに焦点を当ててきた。ハンティングフォードとターナー（1987）は，なわばりが経済的防御可能性をとるかどうかを一緒に決定するさまざまな利益とコストを同定した。なわばりの主な潜在的利益の幾つかは以下の通りである。

図7-19　なわばりへの侵入者に警告するためにカバのオスが大口を開ける行動。

- （他の捕食者によって攻撃される）捕食のリスクの減少。
- その餌に接近する動物が少ないため，食物資源が長く続く。
- 再生する食物資源がゆっくりと消費され，そのためより効率的に収穫できる。
- なわばり内に利用可能な資源があるため，動物たちの繁殖成功度が高い。
- 子孫はよりよい環境で育つ。

ハンティングフォードとターナーはなわばりに関し以下の主要なコストを特定している。

- なわばりを交代する前に，前のオーナーは移動することが必要であろう。
- なわばりを守ることはより多くのエネルギーの消費を必要とするだろう。
- なわばりを守るには非常に多くの時間がかかるだろう。
- なわばりを守ることは怪我をする危険や死ぬ危険さえもありうるであろう。

動物は，典型的には長い時間にわたってなわばりを維持しようと努力するとよく考えられれている。しかしながら，環境がなわばりの利益を減少させるか，あるいはコストを増加させるように変化するとき，なわばりはしばしば放棄されるであろうことは，経済的防

ハンティングフォードとターナーの利益と損失に関するリストは初期の人類にもまた適用できるだろうか。

御の考えからすれば当然の結果である。これは明らかにハクセキレイに関するデイヴィスとヒューストン（1981）の研究で示されている。なわばりのオーナーはその時々において四つの異なるなわばり戦略を使う。なわばりの食物資源が非常に少ないとき，彼らはなわばりを完全に捨ててしまう。食物資源がやや少ないとき，彼らはなわばりの中ですべての時間を過ごす。食物資源は豊富ではあるが，他の多くの鳥が侵入してきているとき，彼らはなわばりに第二のあるいは衛星としてのなわばりをもつ鳥を仲間に加える（前述参照）。餌が豊富にあり，侵入される危険がほとんどないとき，ハクセキレイはなわばりを守ることに時間を費やさない。

なわばり争い

なわばりを守ることが価値があるかどうかを決定することは，侵入者に対するなわばり争いに勝てるかどうかの可能性に依存している。多くの種において，どんななわばり争いの勝者も大きい方の動物である傾向がある（ハンティングフォードとターナー，1987）。2匹の動物が同じ大きさのとき，オーナーか，居住者が勝つ可能性が高い。たとえば，バーク（1984）はカリブショウジョウバエのなわばり争いを研究した。2匹のハエが同じ大きさのとき，オーナーが争いの70％以上で勝った。

> **アカジカのディスプレイ**
> スコットランドのラム島のアカジカのコロニーでは明らかにその繁殖相手やなわばりの争いの相手に儀式的行動を示すことがみられる。その儀式は幾つかの段階をもっており，その段階の各々は競争相手の強さの評価に基づき行動する。一つの段階はどんなときでも後退や後戻りによって競争から離れることができる。こうすることでひどい怪我を避ける。はじめの2頭の競争段階は広大な土地を上へ下へ並行して歩くことを行うことである。彼らはお互いに目で評価し合っているように思われる。もし競争が続くなら，この段階では歩くのを止め，立ち止まりうなり声を上げ吠えるようになる。こうした行動は強さを誇示するもう一つの方法と思われ，大声を出す。次の段階は他の動物のところへの偽り突進をすることであり，その後に身体や角を用いた身体的な接触が続く。もし競争がこの点に達し，大怪我をしたり，片方の個体の死をもたらしたりするとしても，2頭の成熟したオスのアカジカ両者が争いに勝てると自分の強さと戦闘能力を見極めたときのみこの最後の段階が開始される。勝利はなわばりやメスのハーレムをもたらすために，それは強力な報酬である。

締め出し行動 なぜなわばり争いが多くの種においてめったに生じないかについてはいろいろな理由がある。一つの理由は，視覚的，あるいは聴覚的な締め出し行動の存在のためである。ピーク（Peek, 1972）はオスのハゴロモガラスを研究した。ハゴロモガラスは，赤と黄色の体色を誇示することか，大きな声を出すことによってなわばりを守っている。赤と黄色の体色を黒くぬりつぶされたハゴロモガラスは侵入者の締め出しにほとんど成功しなかった。同様の手法で，声が出ないように操作されたハゴロモガラスもまた，なわばりに侵入者が立ち入ることをほとんど阻止できなかった。

> **キー用語**
> **儀式的攻撃**：ステレオタイプな儀式は戦いから他の動物を避けさせるためデザインされた攻撃表現に関わっている。

儀式的攻撃 なぜ徹底的ななわばり争いがほとんど起こらないかというもう一つの理由は**儀式的攻撃**（ritualised aggression）である。これは他の動物に攻撃することを思いとどまらせるためのステレオタイプな攻撃のディスプレイをとることに関係している。儀式的ディスプレイの主要な目的の一つは，怪我や死という重大なリスクなしにお互いの攻撃能力を評価することを可能にすることである。たとえば，なわばりを守っているネコは背中を弓なりに曲げ，毛を逆立て，他のネコに威圧的な音を出す。オスのカエルやヒキガエル

は最良のなわばりをもつのが誰かを決定するためにお互いに格闘し合い，カブトムシはより強いのがどちらか見極めるためにお互いに押し合う（クレブスとデイヴィス，1993）。

真の攻撃　儀式的攻撃が基本であろうが，資源が乏しい，あるいは価値があるとき，しばしば暴力的な戦いが起こる。たとえば，毎年オスのジャコウウシの10％以上がメスをめぐる激闘の結果，死んでいる。もっと劇的には，オスのスジマダラスズメバチは，メスと交尾するものを決めるためにイチジクの実の中で戦い，しばしば殺し合いをする。クレブスとデイヴィス（1993, p.157）によれば一つのイチジクの実の中には，15匹のメス，12匹の無傷のオス，そして死んでいるか戦いの怪我で死にそうな42匹のダメージを受けたオスが入っていたことが観察されている。ダメージを受けたオスは脚，触角，頭を完全に食いちぎられたり，胸部に穴があいていたり，内臓が飛び出していたりした。

図7-20　儀式的攻撃は参加者間のいかなる接触にも関係していない。

捕食者－被捕食者の関係

クレブスとデイヴィス（1993）によれば，捕食者と被捕食者間には常に一種の軍備拡張競争が存在する。進化の間の自然淘汰は被捕食者を見つけ，捕まえるため徐々に装備された捕食者を生み出すであろう。しかしながら，自然淘汰はまた被捕食者に変化をもたらし，そのため彼らは捕食者をうまく見つけて逃れることができるようになる。**共進化**（coevolution）という言葉は，捕食者，被捕食者の種を変化させる進化が，部分的に他の種における変化に依存しているという考えを指して用いられる。グリアーとバーク（1992, pp.268-269）によれば，

> 動物の行動と形態（形と構造）における捕食者－被捕食者共進化の効果は広く知られているため，たとえば脊椎動物の進化における主な要因の一つとして理論化されてきた。

もし捕食者か被捕食者のどちらかが十分な速さでの適応に失敗したなら，その種の絶滅をもたらす重大な結果になる。だから捕食者と被捕食者にとって進化の軍備拡張競争に遅れないことは非常に重要なことである。ドーキンスとクレブス（Dawkins & Krebs, 1979）は，その重圧はしばしば捕食者においてよりもむしろ被捕食者において大きいと主張している。彼らは次のように述べている。「キツネはウサギとのレースに負けた後，繁殖を行う。ウサギはキツネとの

> キー用語
> 共進化：捕食者と被捕食者の進化的変化はお互いの変化に依存している。

レースに負けた後決して繁殖しない。被捕食者を捕まえることに何度も失敗したキツネは，やがて餓え死にする。けれども彼らはそれまでに子孫を残せるかもしれない」。

以下，私たちは，捕食者によって用いられているある種の方法，同様に被捕食者で発達してきたある種の防御方法をみていく。捕食者と被捕食者で用いられる方法には驚くべき種類がある。これらの方法のあるものは進化の変化の道筋に直接的に依存している。たとえば，多くの種は鋭い視覚，聴覚，嗅覚を発達させてきた。他の種では，より速く動くことができるように，あるいはより強く，より重くなるように身体を発達させた。他の方法はもっと微妙でさまざまな策略に基づいている。

捕食者‐被捕食者関係には幾つかの段階が存在している。エンドラー（Endler, 1991）は，以下の5段階，遭遇（encounter），発見（detection），同定（identification），接近（approach），消費（consumption）を特定した。捕食者あるいは被捕食者のある適応は，典型的にはこれらの段階のどれかに関係している。

捕食者による適応
戦　略

グリアーとバーク（1992）は，被捕食者を捕まえようとするとき捕食者が用いる七つの方法を挙げている。たぶん，最も明白な方法は，単純に追い回し，追跡するものである。他の方法は，被捕食者が疲れ果てるまで動き続けさせることである。この方法は，被捕食者を疲れる前に攻撃すると危険があるときによく用いられる。

忍び寄ったり，待ち伏せするのは多くのネコ科が用いている。他の種（たとえば，カメレオン，カマキリ）では見えないように背景に交じり合うことで忍び寄ったり，待ち伏せたりして成功をおさめている。忍び寄りや待ち伏せの一風変わった方法は，アンコウによって用いられている。アンコウは小さな魚に非常によく似たおとりを見せる。被捕食者がこのおとりに近づいてくるとアンコウは素早く動いてその被捕食者を捕まえる（ピーチュとグロベッカー Pietsch & Grobecker, 1978）。

捕食者はしばしばグループで狩りをすることでより多くの成功をおさめる。このような共同の狩りはライオン，オオカミ，シャチ，共同活動をするクモ，その他の種でみられる。ライオンの狩りの成功に対するグループの大きさの効果に関し詳細な証拠がシャラー（Schaller, 1972）によって報告されている。ライオンがガゼル，ヌー，シマウマあるいは他の獲物を1頭だけで狩るとき，その総合的な成功率はたった15％である。この成功率は2頭のライオンで一緒に狩りをするとき29％に，そして3頭のライオンが一緒に狩りをするときには37％に増加する。狩りのグループが3頭以上のときその成功率はいくぶん減少する。

被捕食者を捕まえるために捕食者によって用いられる七つの方法（グリアーとバーク, 1992）
1. まさぐり（groping）と一瞥（flashing）：これは足や触覚を用いることによって生じる
2. 追尾や待ち伏せ
3. 追跡や追撃
4. 飛行経路の妨害
5. 被捕食者の疲労
6. 被捕食者を得るための道具の使用
7. 集団での狩り

図7-21　チョウチンアンコウは偽の餌を示すことで被捕食者を引きつける。

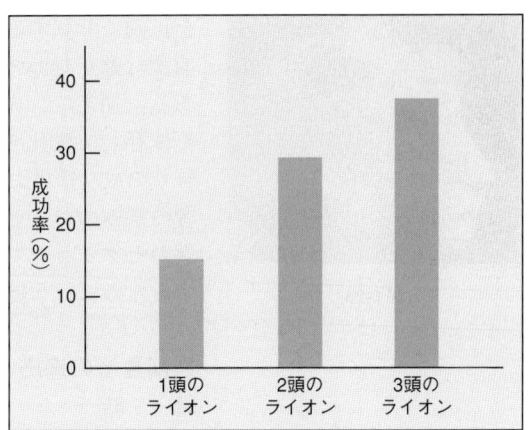

図7-22　シャラーのライオンの研究での狩りの成功率

探索イメージ

　クレブスとデイヴィス（1993）は，捕食者がもっと確実に被捕食者を捕まえることができる別の方法を特定した。捕食者は視覚を鋭くすることで被捕食者を探すより効果的な方法を発達させるであろう。または，捕食者は被捕食者を**探索イメージ**（search image）の形成によってよりたやすく見つけ出すことを学ぶかもしれない。この探索イメージの形成は彼らの餌である被捕食者の視覚的特徴についての学習に関係している。探索イメージの形成はまた注意過程の向上にも関わっている。探索イメージの発達の証拠はヒヨコを用いて，ドーキンス（1971）によって報告された。餌は，色のついた米粒であり，その米粒は同じ色かまったく違った色の背景の上に置かれていた。背景と同じ色の米粒のとき，はじめヒヨコは餌を見つけることができなかった。しかしながら，2, 3分の後，ヒヨコたちは素早く餌を見つけ食べるようになる。これはヒヨコたちが適切な探索イメージを作り出したことを示唆している。

> **キー用語**
> 探索イメージ：捕食者によってなされる被捕食者の視覚的特徴についての詳細な学習。

被捕食者の制圧

　クレブスとデイヴィス（1993）はまた，捕食者は彼らが捕まえた被捕食者を制圧するよりよい方法を発展させることで，効果的に被捕食者を捕まえることができるようになっていくと指摘している。被捕食者はいろいろな方法で制圧され，殺される可能性がある。捕食者は獲物を噛んだり引き裂いたりするために歯やくちばしを使い，獲物を切り開くためにかぎ爪を使うことができる。他の方法では，多くのヘビの仲間がするように，締めつけることで獲物を絞め殺したり窒息死させたりするものもある。最後に，アカエイ，毒ヘビ，サソリのような捕食者は，その獲物を制圧し殺すために，刺したり，毒を用いたりする。

成　功　率

　捕食者はいつも獲物をうまく捕まえられるわけではない。成功率

図7-23

を正確に計算することは難しい。それは，一つには観察者にとって，捕食行動が行われたかどうかが常に明確であるとは限らないためである。加えて，成功率は関係している捕食者と被捕食者の種に著しく依存して変化するからである。しかしながら，捕食者の典型的な狩りの成功率はおよそ30％であり（グリアーとバーク，1992），捕食者の試みのおよそ3分の2は失敗に終わっていることを示している。次のセクションでは，被捕食者が捕食者によって捕まらないようにするために行う幾つかの方法を検討してみよう。

被捕食者の適応
戦　略

グリアーとバーク（1992）によれば，捕食者から身を守るために被捕食者が用いる主な方法には少なくとも11通りある。最もよく行われる方法は，捕まえられないように捕食者よりも速く走り，泳ぎ，飛ぶことである。他によく行われる方法は，捕食者に捕まりにくくするために予測不可能な動きをすることである。この方法はコウモリから逃れようとするガが用いる。

防御のための有効な方法は，できるだけ早く捕食者を発見できるように，より敏感な知覚能力を発達させることである。ローダーとトリート（Roeder & Treat, 1961）は，ガの聴覚は主にコウモリの鳴き声を検出し，逃避行動を行う必要を警告するように計画されていると述べている。彼らはコウモリとガのおよそ400回の遭遇を観察した。コウモリを見つけ，回避的な活動をとったガは，回避行動をとらなかったガよりもより生き残るように思われた。こうした行動とは違う戦略をサンゴ礁に住む小さな魚は用いている。その魚は非常に大きくぎっしりと詰まった群れで泳ぐ傾向をもっている。この集団は捕食者にとって喜ばしいかもしれないが，個々の魚が捕食を逃れるチャンスを増大させるものである。

隠　蔽　色

多くの種によって有益であることが実証されてきたもう一つの防御方法は，被捕食者の色を一般的な生息環境の色に似せる**隠蔽色**（crypsis）として知られているものである。言い換えれば隠蔽色は捕食者が被捕食者を発見しにくくさせるために行うカモフラージュのようなものである。

いろいろなシタバガは，彼らがとまる樹皮に非常によく似た前翅をもっている。シタバガは一般的に前翅の模様ができるだけ樹皮にまぎれ込むようにとまることで，非常に効果的なカモフラージュを行っているようにみえる。実際，隠蔽色によってアオカケスなどの捕食者の，シタバガを見つける能力が減少したという証拠が，ピートビックスとカーミル（Pietrewicz & Kamil, 1981）によって報告されている。彼らはテスト装置の中のアオカケスに写真スライドを提示した。何枚かのスライドには1匹のシタバガが提示されていたが，他のスライドにはシタバガは提示されなかった。そしてそのシタバガは，ガの前翅に似ているか，あるいはずいぶんと違っているものを背景にして示された。アオカケスは正確にガを見つければ毎回ゴ

キー用語
隠蔽色：被捕食者が取り入れてきた防御の一つの型，身体の色合いを自然な環境の色合いに似せるというもの。

ミムシダマシを報酬として与えられた。アオカケスは違った背景の前に提示されたガは90％以上で見出したが，非常によく似た背景に提示されたガはわずかおよそ10％しか見出さなかった。これらの発見は，明らかに被捕食者の隠蔽色あるいはカモフラージュが捕食者に対する非常に有効な防御となりうることを示している。

　被捕食者の隠蔽色やカモフラージュは，捕食者による被捕食者の発見を非常に困難にさせるときのみ効果的な防御方法であると考えられる。しかしながら，必ずしもそうとばかりは言えない。エーリヒゼンら（Erichsen et al., 1980）は，見つけるのに数秒かかる大きな被捕食者と簡単に見つけ出しうる小さな被捕食者の混合したものをシジュウカラに提示した。簡単に見つけられる被捕食者に出会ったとき，しばしばシジュウカラは彼らを食べ，隠蔽色をもった大きな被捕食者を無視をした。このように，かなり不出来な隠蔽色あるいはカモフラージュでさえも，もしそれが被捕食者にとって有利にはたらくなら，それはその種にとって非常に有益であろう。

議論のポイント
1. カモフラージュを用いている他の種を思いつくだろうか。
2. 隠蔽色やカモフラージュを用いるこれらの種においてどのようにそれが発達してきたと思うか。

多形性（ポリモーフィズム）

　シタバガは捕食者に対する防御方法として隠蔽色やカモフラージュを用いるだけではない。多くの種のシタバガの前翅は多形性（polymorphism）を示す，すなわち，彼らはその種の成員の中でも色が若干異なっている。捕食者は見つけた最初のガの色の模様で探索イメージを形成し（前述参照），続いて同じ色の模様をもつ他のガを探すことが想像される。もしそうであるなら，多形性によって被捕食者は捕食者から見つかりにくいことになる。

　この考えはピータービックスとカーミル（1981）によって調べられた。アオカケスにシタバガのある種のみか，2種のランダムな混合かから構成されるスライドを提示された。そのスライドがすべて同じ種であった場合，アオカケスがシタバガを見出す能力は即座に上達したが，シダバガのスライドが二つの異なった色の種で構成された場合，上達しなかった。これらの発見は，多形性をもつ被捕食者に出会った捕食者はその被捕食者の有効な探索イメージを形成することが困難であることを示している。

キー用語
多形性：ある一つの種にいろいろな形のものが起こること（たとえば，ガの羽の色の違い）。

捕食者を驚かす

　シタバガの前翅は樹皮に似ている。逆に，彼らの後翅は明るい色をしている傾向がある。シタバガは，発見されないために通常後翅を前翅で覆って休んでいる。捕食者によってその休息が破られたとき，シタバガは突然後翅を現す。これが捕食者を驚かせ，シタバガは逃げるチャンスを獲得するかもしれない。色鮮やかな後翅の利点は，色彩に欠けた後翅よりも捕食者を驚かすところにあるかもしれ

ない。

シュレーノフ（Schlenoff, 1985）は、この考えを調べた。彼女は後翅が突然見えるようになるシタバガのモデルをアオカケスに提示した。はじめに灰色の後翅をもつモデルを見せられたアオカケスは、色鮮やかな後翅に対して驚愕反応を示した。しかしながら、最初に色鮮やかな後翅を見たアオカケスは灰色の後翅を見たときは驚かなかった。このように、色鮮やかな後翅は、捕食者を驚かす要因となる。シュレーノフはまた、アオカケスは同じ色鮮やかな後翅を繰り返し見せられると驚かなくなることも見出した。しかしながら、驚愕反射は違った色の後翅が提示されたとき再び生じた。これらの発見は、シタバガがその後翅に非常にさまざまな色の模様の変化をもっているという事実の裏づけとなっている。

食用に適すること

幾つかの被捕食者は全身が色鮮やかで、隠蔽色やカモフラージュのいかなる傾向も示さない。このような被捕食者が、捕食者から簡単に見つけ出されるような色をもっていることにはちょっと当惑させられる。この難問はこのような被捕食者がしばしばいやな味がするということを認識することでほぼ解くことができる。見つけられやすいあるいは目立つ存在であるということがいやな味のする被捕食者にとって有効であるという証拠は、ギットルマンとハーヴェイ（Gittleman & Harvey, 1980）によって報告されている。ヒヨコに硫酸キニーネやマスタードの粉をまぶしていやな味にされたパン粉が与えられた。はじめの段階では、ヒヨコは見つけにくい隠蔽色をもっていたりするものよりも簡単に見つけ出せるパン粉の餌（被捕食者）を多く食べた。しかしながら、目立って簡単に見つけられる餌はしばらくすると隠蔽色の餌よりも食べられなくなった。たぶんヒヨコは、餌が隠蔽色をもっている場合のときよりも目立つときの方がまずい被捕食者を避けやすいことに気がついたのであろう。

擬態と混乱

捕食者がまずくて、食べるのに適さない被捕食者を避けることを学習するという事実が、幾つかの種におけるベーツ擬態（batesian mimicry）の背後にある。ベーツ擬態はある食用に適した種の成員が適さない種の成員と同様の警戒色や模様をもっているということに関係している。これは多くの種のカブトムシやハエに見出されている。たとえば、あるカブトムシ（bombardier beetle）はコオロギに似ており、あるカブトムシ（lady beetle）はゴキブリに似ている。ベーツ擬態は一般にまねしているものに食用に適さない多くの種があるとき一番効果を発揮する。もしそうでなければ、捕食者は食用に適さない種に出会う前に数種の擬態をもつ者を食べてしまうであろう。

メルテンス擬態（mertensian mimicry）は被捕食者が捕食者から身を守るもう一つの様式である。それは、被捕食者が捕食者にとって

危険な種の行動とよく似た様式で振る舞うものである。たとえば，幾つかの種のヘビはシーッという音を出すことやしっぽを振ること，あるいは攻撃行動をすることによって自分たちをより危険に見せようとする（グリアーとバーク，1992）。ロウ，コスとオウイングス（Rowe, Coss & Owings, 1986）はアナフクロウがガラガラヘビが立てるようなシーッという音を立てることを見出した。

被捕食者が捕食者によって捕まえられたり，食べられたりすることを避けることのできる他の方法は，相手を混乱させることである。グリアーとバーク（1992）は，このような効果の二つの例を記述している。タコが攻撃されると，大量の黒い液体を放出し，捕食者に見つかりにくくする。タカの攻撃にあったガチョウは，しばしばタカを混乱させるために周りの水を羽でバシャバシャさせる。

図7-24 この食用に適するトラカミキリの警戒色は捕食者を思い止まらせるためにスズメバチのそれをまねしている。

「擬態」という単語は意図的に被捕食者が特定の模様や色を採用することを示している。本当だろうか。

適応と対抗適応

先に述べたように，私たちは共進化に焦点を当てることによってのみ捕食者－被捕食者関係を理解することができる。言い換えれば，捕食者の進化的適応はその被捕食者の行動の変化に依存し，同様に被捕食者の適応は捕食者の行動の変化に依存している。これらの文脈における幾つかの証拠をもう一度考えなおしてみよう。

捕食者は被捕食者を見つけやすくするためにいろいろな方法で適応してきた。適応は，視覚，聴覚の感度の改善，そして探索イメージの形成のための能力を包含している。簡単に発見されないようになることは被捕食者にとって言うまでもなく大変有利なことである。

> **ウサギの対抗適応**
> ウサギは追いかけられたとき，まっすぐに走る代わりにジグザグに走る。これは，ウサギよりも大きいキツネやイヌは小回りが利かないため，逃げられる可能性を大きくさせる。不幸にして，この行動はウサギの路上での死を増加させる傾向にある。なぜならウサギはしばしば車の方に引き返してくるためである。たぶんウサギはこのリスクに対処するため，いま，違った行動パターンを進化させている。

これは，隠蔽色や多形性のように捕食者の種に関してさまざまな対抗適応を導いてきた。

捕食者は概して見つかる前に被捕食者にできる限り接近したいと思っている。このことは背景に溶け込むことで実現しうる。ゆっくりとほとんど無音で被捕食者に近づくことでも，そしてまた確実に被捕食者の風下に立つことでも実現しうる。被捕食者の主な対抗適応の一つは，より感度の高い知覚能力（たとえば，ガにおける聴覚）を身につけることである。それによって彼らはまだ遠くにいる捕食者を見つけることができる。

捕食者が彼らの被捕食者を見つけたとき，彼らは通常被捕食者を捕まえるために素早く動く。たとえば，ライオンやトラ等がこの例

である。多くの被捕食者は見つかった後に捕まる確率を小さくするために対抗適応を発達させてきた。たとえば，タコやガチョウは混乱効果を作り出す。他の対抗適応としては食べられない種と思わせることや，より危険な種のように行動することがある。あるハナアブはスズメバチに似た黒と黄色のストライプをもつ身体をしている。

多くの捕食者は，その被捕食者を押さえ込み，殺すためにいろいろな適応を発達させてきた。これらの適応には，鋭い歯や鉤爪，被捕食者を抱きかかえるための力強い身体，そして被捕食者を針で刺し，毒殺する能力などがある。多くの被捕食者は対抗適応を発達させてきた。好戦的な方法で捕食者を攻撃する齧歯類や昆虫類もいる。自分を守るサナギや堅い殻を発達させている被捕食者の種もいる。

共生関係

人間は他の種と何かの共生関係をもとうとしていると思うだろうか。もしそう思うなら，どの種と関係をもつのだろうか。

> **キー用語**
> **共生関係**：二つの異なる種がお互いを助けるような，あるいは片方を助けるようなやり方で行動する共同行動。
> **相利共生**：両者にとって利益をもたらす2種の間での交互関係。
> **片利共生**：一方が他方を傷つけることなく利益になる2種の間での相互関係。

グリアーとバーク（1992, p.291）は，「ほとんどの種の生命体は単に彼らの本分を全うしているだけで，彼らを取り巻く他の生命体の多くと関係しているわけではない」と指摘した。みてきたように，異なる種同士の関係の大部分は捕食者 - 被捕食者のそれである。しかしながら，これらの種の関係があまり攻撃的でない例がある。**共生関係**（symbiotic relationship）はお互いに有益な方法で行動する二つの異なる種に関わるものである。2種類の重要な共生関係は，**相利共生**（mutualism）と**片利共生**（commensualism）である。相利共生は両者がお互いに利益を得る異なった種間の関係に関するものである。これに対し，片利共生は片方の参加者には利益があるが，他は利益もなければ，傷つけられもしない関係に関するものである。

一方での共生関係と他方での相互的な利他的行為との間には密接な類似性がある（第9章参照）。主な違いは，共生関係は異なった種間でお互いを助けるものであり，一方，相互的な利他的行為は同じ種間の互いの助け合いに関わるものである。

根　拠

ほとんどの共生関係は，一方には餌を与えるという特典を提供し，他方には異なった利益（たとえば，捕食者からの保護，身体の衛生状態）を提供する。この共生関係の型の中には，他の型に移る前の段階にあるものもあると考えられる。たとえば，ハタとベラの間には共生関係がある。ハタは大きな魚であり，ベラは小さな掃除屋である。ハタはベラが皮膚の寄生虫や他のめぼしい小さなものを取り除くために口の中に入ることを許している。ベラが掃除を終えても，ハタは口の外をベラが泳ぐことを許しており，ベラを傷つけることはしない。ハタは口の中から寄生虫を取り除くという利益を得，ベラは餌の提供を受けるという意味で利益を得ている。

共生が寄生虫を取り除くことに関係している種は他にもいる。たとえば，コウウチョウはキリンや他の大きなアフリカの動物の毛や皮膚に住みついている昆虫を取り除くことに大部分の時間を費やしている。見返りに，コウウチョウは豊富な食料資源を得ている。

図7-25　共生関係の一例：食事中にコバンザメがネムリブカから寄生虫を取り除く。

　アイザックとレイヤー（Isack & Reyer, 1989）は，人間が他の種と共生関係をもつ比較的まれな一つの例を考察している。ノドグロミツオシエ（鳥の一種）は，遠くから容易に見つけることもできず，木の洞の奥深くにあることもあるミツバチのコロニーや巣にケニアのボラン族を導く。その鳥は巣の方向や距離を示すかのように飛んだり，止まったりすることによってこれを行っている。ボラン族は蜂蜜をとる。彼らが巣を見つけるのに要する平均時間は，その鳥の手助けのない場合はほぼ9時間であるのに比較して手助けがある場合3.2時間であり，ボラン族はその恩恵を受けている。ノドグロミツオシエは蜂の子や蜜蝋を食べる。ノドグロミツオシエは巣の多くは人間の手を借りてのみ接近できるため，鳥はその利益を得ている。
　プレストン（Preston, 1978）は，摂食行動に関係しない相利共生の形態を研究した。ハゼとエビの間には共生関係が存在する。エビが一緒に住む穴を掘る。ハゼは安全な住処という利益を受け，エビはハゼが危険を知らせてくれるという利益を得ている。エビは触角を使ってハゼに触れており，ハゼはそのヒレで触覚による警告信号を与える。
　多くの共生関係はその参加者の両方にとって利益があるが，このような関係は他の動物にとられてしまうことがある。たとえば，ブレニーは掃除魚に似た，行動も掃除魚と似ている小さな魚である。この類似性の結果として，ブレニーは主魚に密接に近づくことができる。そしてブレニーは主魚の掃除をすることはせず主魚に嚙みつく。

共生関係はいかにして発達したのか？

　通常，関係した二つの種にとって共生関係の利点を見つけ出すことは簡単である。しかし，異なった種同士の間で，このような関係がどのように成立したかを解き明かすことはそれよりも難しい。しばしば同じ種同士の協同的な関係を作ることは困難で，二つの種の間でそのような関係を築くことはさらに難しいと思われる。トンプソン（Thompson, 1982, p.61）は多くの共生関係は敵対的な接触の中から発達したと述べている。

もし，個体がある敵対的な関わり合いを避けられないようなら，少なくともほとんどネガティブな効果のより少ない関係をもたらす特性をもつような個体を選ぶであろう。この自然淘汰のレジームは，片利共生と相利共生に向かうような相互関係に次の進化の段階を準備する。

なぜ共生関係の発達を導くのに，敵対的な接触が不可避である必要があるのだろうか。もしこのような接触が避けうるなら，弱者は傷つけられたり，死に追いやられる可能性を減らすために回避行動をとるであろう。

スプリンゲット（Springett, 1968）は，攻撃的な接触の中から発達してきた共生関係の例を考察している。シデムシとハエは死んだネズミの上に卵を産みつけようとして競合している。シデムシの幼虫はハエがいるときには生き残らないので，ハエはこの競争に打ち勝つことが多い。しかしながら，全体の状況は全体として利益がある。なぜならシデムシによって運ばれたダニはハエの卵を食べてしまい，シデムシは生き残ることができる。

トンプソン（1982）は，共生関係の発達は不可避な敵対的な接触に加えていろいろな要因に依存していると論じた。

1. 環境は，非常にわずかな餌しか供給しないなど物理的にストレスフルであるに違いない。このことが共生関係を起こそうとする動機を提供する。
2. 二つの種の生き残れる水準は中程度である。もし，それが低かったなら他の種との接触はあまりにリスキーであるに違いない。もしそれが高ければ他の種との接触を探し求める利益は明らかにない。
3. 他個体といろいろな方法でコミュニケーションする方法をもっている社会的動物（たとえば，社会的昆虫，鳥）は，非社会的動物よりも共生関係を成立させる傾向がある。

評　価

トンプソン（1982）は共生関係の発達に関わると思われるいろいろ要因を示唆している。彼の示唆は，多くの証拠からなっており，なぜこのような関係が多くの他の種よりも社会的昆虫や鳥で一般的なのかの説明を助けている。しかしながら，共生関係が発達する方法に関するどの理論的な考えを調べるうえでも避けられない問題が存在している。つまりこれらの関係が発達する過程を観察することはほとんど不可能であるということである。そのため，なぜ，そしてどのようにそれらが起こったかを推測することしかできない。

感　想

・種が見せた行動のパターンに進化論的な説明をすることは往々に

して簡単である。しかしながら，それではその説明が正しいという証明にはならない。私自身の見解は，一般にこのような説明にはちょっとした真実があるが，どの動物の行動パターンであってもそれを十分に説明するためにはこのような動物同士の環境の現状，社会的関係，異種の成員間の社会的相互作用を考える必要があるということである。進化論的説明は直接実験的に調べることがほとんどできないという事実は，その考えを妥当なものとして受け入れる前に注意を必要とすることをさらに示唆している。

要　約
行動の進化
　自然淘汰の理論によれば，種の成員間に変異が存在し，少なくともその変異の中には遺伝するものもある。遺伝子は何を遺伝させるかを決定する。自然淘汰や適者生存をもたらす配偶者や餌，住処の競争がある。自然淘汰の結果として，種の連続する世代は環境に対する適応力を増加させる傾向がある。しかしながら，進化的安定方略（evolutionarily stable strategies）のため，部分的には適応は不完全である。多くの種の進化の歴史は断続平衡説を示す。進化理論はカモメや他の種に関する研究によって支持されてきた。ダーウィンのはじめの理論は利他的行動の存在，そしていかなる機能の役に立つとも思われない特徴をもっている種があるという事実の説明に関して幾つかの問題を残している。

資源の競争
　種の中の個体は搾取作用か資源防御かによって資源を争うことができる。他の動物の攻撃がない場合，そして資源の位置に関する適切な知識がある場合，搾取行動による競争は，各々の個体が資源に対し同様に接近するという理想自由配分に従う。資源防御によって，ある動物はテリトリーを守るために攻撃行動のディスプレイや戦いによって資源から遠ざけようとする。種が資源防御をするかどうかは，利益がコストに優るならなわばりは守られるという経済的防御可能性に基づいている。利益は捕食者や寄生虫のリスクを減少させることであり，ずっと餌が供給されることに関係している。コストはなわばり防御に必要な時間や努力，なわばりを守るときに怪我を負うリスクに関係している。中位のサイズのなわばりが通常はベストであり，大きななわばりは守りにくく，小さななわばりでは資源が少ない。経済的防御可能性の考えから予測されるように，なわばりはもし環境状況が変化すれば捨て去られる。

捕食者-被捕食者関係
　捕食者と被捕食者は，進化的軍備拡張競争に携わっており，捕食者は被捕食者を発見し，捕まえるための道具をより備えるようになり，被捕食者はよりうまく捕食者からの発見を免れたり，逃げたりできるようになる。これは共進化として知られている。捕食者は探

索イメージを作ったり，追跡したり，被捕食者を消耗させたり，追い回したり，待ち伏せしたり，共同で狩りをしたり，鋭い歯や爪を使って被捕食者を押さえつけたり殺したりする。被捕食者は，あるものはより敏感な知覚能力を発達させ，あるものは擬態を発達させ，多形性を発達させ，捕食者にとってまずい存在となるようなさまざまな方法を発達させてきた。他の被捕食者の適応では，食べられない種の成員のように見えるようにし，より危険な種と同様の行動をするようになった。

共生関係

　自然界には二つの種の個体がお互いに助け合うという幾つかの例がある。ほとんどの例は参加者の片方が餌の利益を受け，他の個体は捕食者からの保護，身体の衛生，あるいは何か他の利益を受ける。ほとんどの共生関係は不可避な攻撃的接触を通して発達するように思われる。共生関係の出現は，環境が物理的にストレスフルである場合，種の生き延びる水準が中程度である場合，そしてその種がさまざまなコミュニケーション反応をもつ社会的種である場合に最も起こりうる。

【参 考 書】

　J. W. Grier & T. Burk (1992), *Biology of animal behaviour* (2nd Edn.), Dubuque, IO: W. C. Brown の中にこの章で考察したトピックスの非常によい解説がある。トピックスの多くは，J. R. Krebs & N. B. Davies (1993), *An introduction to behavioural ecology* (3rd Edn.), Oxford: Blackwell によって詳細に扱われている。行動の進化的決定因は M. Ridley (1995), *Animal behaviour* (2nd Edn.), Oxford: Blackwell によって使用しうる方法が考えられている。進化論の最近の展望の面白く読める説明は R. Dawkins (1989), *The selfish gene* (2nd Edn.), Oxford: Oxford University Press によって提供されている。

【復習問題】

1a　進化の概念の主要な仮説のアウトラインを示しなさい。　　　　　（8点）
1a　人間以外の動物の行動の説明の有効性を評価しなさい。　　　　　（16点）
2 　資源防御に関わる要因に関する研究根拠の討議をしなさい。　　　（24点）
3 　捕食者‐被捕食者の関係性の中で捕食者によって，また被捕食者によって示される適応の研究根拠を批判的に考えなさい。　　　　　　　　（24点）

- **有性生殖と親としての投資**：遺伝的に多様な子世代を新たに生み出す利点は何か，そして子の生存はどのようにして保障されるか？
    - 異型配偶が同型配偶よりも有利な点
    - 遺伝的多様性
    - 親としての投資に関するトリヴァースの定義
    - クラットン－ブロックとハーヴェイによる霊長類研究
    - さまざまな種にみられる性役割逆転

- **性淘汰**：なぜ，交尾に成功する個体もいれば失敗する個体もいるのか？
    - クラットン－ブロックとアルボンによるアカシカ研究
    - アンダーソンによる鳥類の尾の長さについての研究
    - フィッシャーの仮説
    - ザハヴィのハンディキャップ仮説
    - ヒトの性淘汰に対する社会生物学的アプローチ
    - バスによる比較文化メタ分析

- **配偶システムと親としての養育**：なぜ，生涯一つの婚姻関係を保つ種もあれば乱婚の種もあるのか？
    - さまざまな種における一夫一妻，一夫多妻，一妻多夫，乱婚
    - 親としての養育に影響するウィルソンの4要因

- **親子間コンフリクト**：親子の利害が衝突するとき，勝つのはどちらか？
    - 離乳時コンフリクトに関するトリヴァースの理論
    - 半倍数性：トリヴァースとヘアーの研究
    - ハーディによるサルの子殺し研究
    - グリアーとバークによる鳥類の子殺し理論

8 繁殖戦略

なぜ有性生殖というものが存在するのだろうか？　奇妙な疑問に思われるかもしれないが，生物学者が長い間細部にわたって考えてきた疑問である。有性生殖を問題にする主な理由は，おそらく性がさまざまな不利益と結びついているからである。グリアーとバーク（Grier & Burk, 1992, p.319）は，

> 性行動には多くの時間とエネルギーがかかる。それが目立つと捕食の危険が増すことも多い（性交感染寄生虫と病原体による危険性については，ここではふれない）。最悪なのは，進化という観点からすると，特定の対立［遺伝子］を伝える方法としては，有性生殖が著しく効率の悪い方法だということである。

図8-1　メスのアリマキは，単為生殖で繁殖し，子はすべて遺伝的に親と同一である。

このように，有性生殖を非効率的とみなす理由を簡単に述べている。
　圧倒的多数の種は，有性生殖によって繁殖する。しかし，別の方法で繁殖する種も少数ながら存在する。アリマキ（昆虫類の目の一つ）では，メスは**単為生殖**（parthenogenesis）で繁殖する。これは，オスの関与なしに未受精卵が個体へと発生する繁殖のタイプである。これには奇妙な特徴があり，この方法で生まれたメスの子はすべて遺伝的にそのメスと同一となる。しかし，アリマキが常にこの方法で繁殖するわけではないことにも留意すべきである。
　繁殖戦略には，種によってかなりの差がある。片方の性の成員が互いに交尾の権利をめぐって競争する種もあるし，交尾を成功させる機会を増やすために異性を引きつける形質を発達させる種もある。ここからわかるように，幾つかの交尾システムと交尾戦略は種によって異なり，どれを選ぶかは，主としてそれぞれの利益とコストによって決定される。この多くの問題にとって重要なのは，オス親とメス親が食物，時間，そして子にかける努力といった資源を投資する程度である。

> キー用語
> 単為生殖：オスが関与しない，メスによる繁殖のこと。子はすべて遺伝的に同一である。ギリシア語の「パルテノス（parthenos）」（処女）と「ジェネシス（genesis）」（起源あるいは生成の意）から来ている。

有性生殖と親としての投資

有性生殖に関与する主なプロセスの幾つかは，よく知られている。しかし，生物学者はむしろあまり知られていないプロセスに注目している。クレブスとデイヴィス（Krebs & Davies, 1993, p.175）の定義に従えば，「有性生殖は，減数分裂による配偶子形成と，2個体から伝えられる遺伝物質の融合を，必然的に伴う」。この定義で使われ

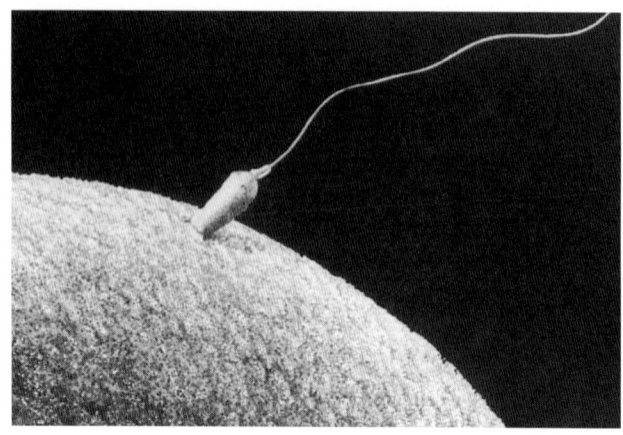

図8-2　ヒトの卵と精子の受精。異型配偶の例。両性の配偶子の大きさは異なる。

ている幾つかの用語については，熟考を要する。第一に，配偶子とは，受精に関わるそれぞれの生殖細胞（精子と卵子）のことである。第二に，減数分裂とは，あるタイプの細胞分裂のことであり，1個の核は四つの核へと分裂し，それぞれの核が，もとの核内にあった染色体の半数をもつ。第三に，2個体とは1個体のオスと1個体のメスのことである。ほとんどすべての種では，オスが非常に小さい数多くの運動する配偶子，つまり精子を作るのに対し，メスは大きくて静止した配偶子，つまり卵を作る。

区別する必要があるのは，異型配偶と同型配偶である。**異型配偶**（anisogamy）とは，両性の配偶子が異なる有性生殖のことである。これは，有性生殖のきわめて主要なタイプであり，写真のように私たちヒトという種もこの異型配偶による有性生殖を行う。対照的に，**同型配偶**（isogamy）とは両性の配偶子が等しい大きさをもつ有性生殖であり，非常にまれなタイプである。小さな淡水性の動物であるゾウリムシは，同型配偶で繁殖する種の例である。

遺伝的多様性

なぜ，ほとんどの種の子が，いわゆる単為生殖ではなく有性生殖によって生まれるのだろうか。最も重要な理由は，有性生殖が遺伝的多様性を生み出すからである。ヒトの大家族をみると，二人の両親から概して身長，体つき，知能，パーソナリティの異なる子供たちができる。これは，一卵性双生児の場合を除き，子によって厳密な遺伝的構成がそれぞれ異なるという理由によるところが大きい。

> **キー用語**
> 異型配偶：両性の配偶子の大きさが異なる有性生殖。
> 同型配偶：両性の配偶子の大きさが同じである有性生殖。

> **殺虫剤**
> 遺伝的多様性の利点を示す例は，農業における殺虫剤の使用である。病害虫を殺すために化学物質を使用すると，死なない昆虫が必ず何匹かは出てくる。その昆虫の遺伝的構成に，特定の化学物質への耐性が含まれているからである。耐性をもつ昆虫はその耐性を遺伝的にもっている新たな世代を産み続け，その種は生き残ることになる。

遺伝的多様性の価値は，単為生殖で生まれる遺伝的に同一の子と比較すれば理解できる。もし環境条件が一定のままなら，単為生殖はすばらしい繁殖戦略かもしれない。しかし，環境条件は予測できない方法で変化することが多く，遺伝的多様性は種の成員がその変化に対処できる可能性を最大にしてくれる。その環境の中でも重要なのは，捕食者として行動するかもしれない他の種である。もし，捕食者となる種が被捕食者を捕える効果的な方法を持続的に進化させていくなら，被捕食者となる種は遺伝的多様性によって防御を一層発達させないと死活に関わる。この状況は捕食者にしても同じであり，防御が上達する被捕食者を捕える技能をもつため，生物学的に進化する必要がある。

なぜ異型配偶がこれほど一般的なのか？

1個体の遺伝子が次世代へと伝わるためには、有性生殖できるようになるまでその配偶子が生存する必要がある。これを達成する戦略の一つは、不利な環境でも生存するべく作られている、大きな配偶子を少しだけ生産することである。この戦略を用いるのは、卵をもつメスである。もう一つの戦略は、非常に移動性の高い配偶子を多数生産することである。その結果、他個体に先駆けて、1個あるいはそれ以上の配偶子がメスの卵と受精するかもしれない。この戦略を用いるのは、精子をもつオスである。私たちヒトのように異型配偶をする種は、両方の戦略を組み合わせて「両方に賭けて丸損を防ぐ」ようにしている。

異型配偶には、いろいろと重要な意義がある。ほとんどの種では、メスが比較的少ない卵を産むのに対し、オスは非常に多くの精子を産む。確かに、オスに特有の射精では、1回につき約5億のメスを受胎させるに十分な精子がある。このように、メスの卵子は、オスの精子よりもずっと重要なのである。通常、メスは食物を供給し子の世話をすることによって、繁殖成功可能性を最大限に高める。対照的に、オスは自分の子の世話よりも数匹のメスを受胎させることによって、繁殖成功可能性を最大限に高める。

ウマの進化（p.223の説明を参照）は、被捕食の種にみられる遺伝的多様性の利点をどのように証明しているだろうか？

親としての投資

親としての投資（parental investment）のレベルが高いという点で、メスは概してオスと異なる。トリヴァース（Trivers, 1972）は、親としての投資を「親ができる限り行う1個体の子への投資であり、それは他の子に投資する親の能力を犠牲にしてその子の生存の機会（また、それによる繁殖の成功）を増加させる」と定義した。親としての投資には、多くの形態がある。卵に含まれる栄養分はその重要な形態の一つだが、胎盤を通して食物を胎児に供給することを考えれば、体内で卵を保持すること、そして卵と子の両方またはいずれか一方を保護するための巣を作ることも、親としての投資である。子が生まれた後、親としての投資には、子に餌をやり、子を捕食者から守り、将来の生存に直接関連する知識を子に与える時間を過ごすことが含まれる。

> キー用語
> **親としての投資**：親が子育てに向ける時間と努力。

メスとオスの投資

ほ乳類では妊娠中のメスの労力が大きいので、子へのメスの投資はオスの投資よりも大きくなる。たとえば、メスのゾウアザラシは数ヶ月間妊娠し、体重50kgほどの子を産む。出生後、授乳している母親は最初の数週間で200kgほど体重が減少する。

親としての投資がオスよりもメスで大きいという意味は何なのだろうか？　トリヴァース（1972）が指摘したように、

> 片方の性がもう一方の性よりもかなり多く投資する場合、後者は前者と交尾するために仲間同士で競争するだろう。

図8-3　ゾウアザラシは，出生時に50kg（112ポンド）もの体重がある。

このように，多くの種で，メスと交尾する権利を得るためにオスは互いに競争すると予想される。この逆のパターンはない。それというのもメスの方が，不適切な交尾相手の子をもつと失うものも多いからである。そのため，メスは相手の選択には慎重である。

これまで議論してきた概念の幾つかは，アレクサンダーとボルジア（Alexander & Borgia, 1979）の見解に関連している。彼らは，繁殖の努力を（エネルギーと時間のような）資源の総計と定義することから始めた。動物は，その資源を，子を産み生存を確実にするために用いる。彼らが論じたのは，繁殖の努力が交尾の努力（相手を得るために配分される資源）と親としての努力（子を養い育てるために配分される資源）からなるということである。つまり，ほとんどの種のオスは自分の繁殖の努力を交尾の努力に費やすのに対し，メスは親としての努力に焦点を当てる。

大多数の種では，メスの方がオスよりも子に投資し，オスはメスと交尾するためにオス同士で競争する。この分析から一つ予測されることは，オスがメスよりも大きく体重も重い傾向にあるはずであり，そうするとオスが互いに競争する準備も整うということである。クラットン－ブロックとハーヴェイ（Clutton-Brock & Harvey, 1977）は，多くの霊長類の種でオスとメスの相対的体重を報告している。それによれば，約90％の種でオスの平均体重はメスよりも重かった。メスのために競争する必要があってオスが重いのなら，オスが数個体のメスと交尾する一夫多妻の種ではオスの体重の重さが有利になるはずである。クラットン－ブロックとハーヴェイの所見は，その予測に従うものであった（本章で後述するソーア羊の研究も参照のこと）。

配偶者選択

なぜ，親としての投資の多い性が，もう片方の性の数個体に好意を示すのだろうか。ここまでに論じた見解の幾つかは，その説明の助けとなるだろう。最も多くの資源を親としての投資に当てることができる個体は最もよく選ばれるはずだ，というのが中心的な考えである。これについては，多くの証拠がある。たとえば，ソーンヒル（Thornhill, 1980）は，オスがメスに餌を差し出すガガンボモドキを研究した。一般に，メスは餌を差し出すオスと交尾するが，その持続時間は餌の大きさで決まる。結果的に，メスは小さな餌を差し出すオスからの精子はもらわないが，大きな餌を差し出すオスからの精子は大量に受け取る。

このことから，メスの関心事は親としての投資が最も大きなオス

と交尾することであるということがわかる。しかし、そこには一つの問題がある。オスによる親としての投資のほとんどは妊娠後に生じるので、そのときにはもうメスが考えを変えようとしても遅すぎるのである！　多くの種で、オスの求愛行動は後に与えるはずの親としての投資レベルをメスに予測させる、というものになっている。たとえば、トゲウオのメスは、他のオスに対して最も攻撃的なオスと交尾することを好む。これは道理にかなっている。というのは、他のオスに対して最も攻撃的なオスは、捕食者に対して巣を防御する際にも攻撃的な傾向があるからである（ハンティングフォード Huntingford, 1976)。同様に、求愛中にアジサシのオスがメスに与える餌の量で、その後ヒナへ与えるの餌の量を予測することができる（ウィギンズとモリス Wiggins & Morris, 1986)。

性役割逆転

　トリヴァース（1972）が、あらゆる種のメスはオスよりも親としての投資が大きいとまでは論じなかったことに留意すべきである。彼の基本的な考えは、親としての投資の多い性はもう一つの性よりも交尾のときに選択的で好みも難しい傾向にあるということである。卵を生産し妊娠するのはメスなので、これは一般的にメスのことである。そして、ほ乳類のメスは自分の母乳を子に与える。しかし、オスが親としての投資に寄与できる方法も幾つかある。オスは巣を作り、卵を抱き、捕食者に対して子を守り（トゲウオのオスのように）、そして子に食べさせるために食物を探すことができる。もしもオス親の投資がメスよりも大きい種を見つけることができたら、このような種のメスはオスを獲得するために互いに競争するに違いない。次で論じるように、このような種は多い。

　モルモンクリケットは、非常に密集した集団で生活するため食糧不足の問題に対処しなければならないことも多い。これはメスにとっては困難なことである。というのも、メスは卵を産むために十分

図 8-4　他のオスに対して攻撃的なオスのトゲウオは、また巣を防御する際に最も攻撃的となる傾向がある。

図 8-5　オスのアジサシは、求愛すると同時にメスに餌を与える。そして、孵化するときヒナにとってオスがどれほどよい扶養者となるかは、その量で予測できる。

> **トゲウオの性役割逆転**
> ティンバーゲン（Tinbergen, 1951）による古典的研究が明らかにしたのは，トゲウオのオスが子育てによく投資するだけでなく，メスを引きつけるために熱心に働くことであった。オスは自分のテリトリーを見つけ，防御し，巣を作り，メスへ近づいて巣へ導こうとする。オスがそれに成功し，メスがトンネル様の巣で卵を産むと，オスは卵に受精させる。それまでにメスはその場所から他へ移り，オスが巣を守る。オスは，巣へ水流を送り，孵化後もしばらくの間子を保護する。

な食料を供給される必要があるからである。こういう状況では，メスに精子の入った精莢または精包を提供することで，オスが主に親としての投資を行う。これは，貴重な食物源にもなる。グウィン（Gwynne, 1981）は，モルモンクリケットのメスが精莢をもつオスへ接近するために互いによく戦うことを見出した。そのオスは自分の相手を選択し，体重の軽いメスよりも重いメスを受け入れたようであった。体重の重いメスは子も多く産むことができるので，これは進化的にみても道理にかなっている。

アメリカイソシギでは，オスによる親としての投資の種類がいくぶん異なる。抱卵とヒナの世話は，メスよりもオスが主に行う。結果的に，アメリカイソシギのメスは，攻撃的なディスプレイを示し互いに戦うことで，オスを獲得するために競争する。アメリカイソシギのメスは，オスよりも約20％体重が重い。それは，おそらくメスが交尾のために互いに競争しなければならないからである。

性役割逆転の事例は，交尾の際に相手を選択するのはメスとオスどちらであるかを決定する際に親としての投資が重要な役割を果たすという考えを特に支持している。そのような事例がはっきりと示しているのは，ほとんどの種で，なぜメスがオスよりも交尾相手の選択に淘汰的かという理由が，メスだからという単純なものよりも，むしろ親としての投資が大きいからだということである。

評　価

この節で検討した考えは，有性生殖についての以前の考えとはかけ離れているものである。以前は，ほとんどの種のオスとメスは，繁殖と子育ての過程で協力し合うと信じられていた。子が親のそれぞれから遺伝子を50％ずつ受け継ぐので，この協力はオスとメスの両方に利益をもたらすのだと説明された。しかしこれまでみてきたように，いまや両性間にはさまざまな争いがあると認識されている。クレブスとデイヴィス（1993）によれば，「この性的葛藤の結果は，相互の協力よりも片方の性によるもう片方の搾取によく似ている」。

次のような考え，つまり異形配偶の結果の一つとしては，ほとんどの種でオスよりもメスの方が親としての投資が大きくなっているという考えは大事である。しかし，親としての投資を正確に測定することはなかなか難しい。さらに，親としての投資という考えだけではすべての種の行動は説明できない。カードウェルら（Cardwell et al., 1996）が指摘したように，オスよりもメスが大きな配偶子を作るヨウジウオという種がいるが，この種では逆にメスがオスをめぐって互いに競争する。

クラットン-ブロックとヴィンセント（Clutton-Brock & Vincent, 1991）は，このヨウジウオの行動は潜在繁殖速度によって説明できると主張した。ほとんどの種で，オスの潜在繁殖速度はメスの潜在

繁殖速度よりもずっと大きく，その結果，オスはメスに近づく権利を得ようとして他のオスと競争する。ところがヨウジウオの場合，オスは子を自分の身体の中の小さな育児嚢に入れて運び，そのためメスが産むことのできる子の数は限定されている。なぜなら，こうした習性がないのであれば，メスはもっと多くの子を産むことができるからである。したがって，ある意味ではヨウジウオのメスの潜在繁殖速度はオスよりも大きいと言える。クラットン-ブロックとヴィンセントによるおおよその見解は，低い潜在繁殖速度をもつ性の方が，もう片方の性と交尾するために同性同士で競争するだろうということである。この見解によってヨウジウオの行動は説明できるし，またこの見解は他の多くの種の行動を理解するのに普遍的な価値をもつだろう。

性淘汰

ほとんどの種で，他個体よりも繁殖成功を享受する個体がいる。これが**性淘汰**（sexual selection）という結果を生み出す。この用語は，ダーウィン（Darwin, 1871）によって，「ある個体が，同性および同種の他個体よりも単に繁殖に関してもつ有利性」と定義される。これまでみてきたように，配偶者選択では，ほとんどの種でオスメス間に著しい差がある。メスがオスを獲得するために競争するというよりも，オスがメスを獲得するために競争するのである。ほとんどの種で，メスは単にある時期あるいは生涯において数個体の子を育てるだけである。したがって，メスにとっては最も適切なオスとの交尾が重要となる。対照的に，ほとんどの種でオスは多くのメスと交尾する。それゆえ，選択することはオスにはあまり重要ではない。

ほとんどの種で，子の養育に主たる責任を負うのは，オスよりもメスの方である。これには大きな理由があり，それは，交尾相手を選ぶ際にはオスよりもメスの方が選択的だからである。これは，親としての投資がメスとオスでほぼ同じときには性淘汰はそれほど強くならないはずだということによる。クレブスとデイヴィス（1993）が指摘したように，一夫一妻の（たった1個体の配偶相手しかもたない）鳥類のほとんどの種では，両親の親としての投資は同等である。つまり，メスとオスはともに子の食餌に関わる。予測の通り，性淘汰の圧力はこのような種では他の種よりも弱い。

これまでの議論から，基本的に2種類の性淘汰の形態があるということがわかる。第一は，**同性内淘汰**（intrasexual selection）であり，種内の同性の成員（概してオス）が，異性の成員と交尾するために競争する。第二は，**異性間淘汰**（intersexual selection）であり，一つの性（概してメス）の成員が異性の配偶相手を選抜あるいは選択する。

同性内淘汰

2個体のオスが1個体のメスとの交尾をめぐって直接競争する際に，最もはっきりした決め方は闘争あるいは他の形態の攻撃行動に

> **キー用語**
> 性淘汰：交尾の成功を高める特性を淘汰すること。

配偶相手を「選好する」「選抜する」「選択する」のような用語の使用は，関係する種によって意識的に使い分けられているかもしれない。どうしたら，この記述の困難さを解決できるのだろうか？

> **キー用語**
> 同性内淘汰：種内の同性間（概してオス）で生じる，配偶相手を獲得する競争に基づいた性淘汰。
> 異性間淘汰：一つの性（概してメス）の成員が異性の配偶相手を選抜あるいは選択することに基づいた性淘汰。

よるものである。それは，ほ乳類と鳥類の種のほとんどで，なぜオスがメスよりも大きいのかを説明する助けとなってくれる。まずは，攻撃性に基づく同性内淘汰の例を幾つかみることから始めたい。その後で，攻撃行動以外の決め方の例を考えたい。

攻撃行動

> アカシカの攻撃行動を研究したのは，クラットン-ブロックとアルボン（Clutton-Brock & Albon, 1979）である。秋の繁殖期の間，雄鹿はメスを得るために競争する。最初に，2個体のオスは，うなり声を上げて競争を始める。ハーレムをもつオスが挑戦者のオスよりも素早くうなり声を上げたら，通常はそこまでで競争は終了する。次に，2個体のオスは互いに並行して歩く。そうすることで，オスは特に身体の大きさを互いに値踏みすることができる。もし1個体の雄鹿が相手よりもずっと大きければ，その時点で競争はほぼ終了する。最後に，2個体のオスは枝角を絡み合わせ，互いに押し合おうとする。たいてい，大きな枝角をもつ方が勝つ。
>
> なぜ，雄鹿の競争的行動は闘争に至らない場合が多いのだろうか？ 主な理由は，闘争が本当の危険と結びついているからである。最もはっきりとみてわかるのは怪我であり，約25%の雄鹿が闘争によって永久的な怪我を負う。メスのハーレムをもつオスに限ると，そのオスが戦っている間に別の雄鹿がメスを数個体盗もうとする危険もある。この危険性から考えて，勝つ見込みがない限り，闘争を避ける方が雄鹿にとっては賢明である。このことが，なぜ雄鹿がもっぱらうなり声を上げるのか（彼らは上手にうなることのできる状態にある），そしてなぜ彼らは戦う決心をする前に互いを念入りに調べるのか，について説明している。
>
> **議論のポイント**
> 1. 雄鹿によるこの行動は，進化的な見地からすると，どのようにして発達してきたのだろうか？
> 2. もし雄鹿が競争の場面でばらばらに行動したら，それは望ましいことなのだろうか？

ほとんどの種においてオスが戦うのかどうかを決める重要な要因は，他のオスがどの程度攻撃的であるかあるいは攻撃したいと思っ

図8-6 雄鹿は，勝つチャンスがなければ，通常闘争を避ける。したがって，対戦はたいていの場合に互角となる。

ているかである。攻撃的なオスは，特定の姿勢をとることが多くなる。たとえば，オスのセグロカモメのくちばしは，攻撃的なときには下を向くのに対し，不安なときにはもっと水平に保たれる（ティンバーゲン，1959）。マクファーランド（McFarland, 1985）が指摘するには，そこには多くのいかさまがあると思われる。オスは，他のオスに戦いを思いとどまらせるため，威嚇の姿勢をとるにすぎないのである。しかし，実際にはいかさまが広く行われているわけではない。おそらくその理由は，それがよく行われるようになると攻撃的姿勢はどんな意味ももたなくなり，そうするとただ無視されるだけになるからだろう。

> **ソーア羊**
> スターリング大学でブライアン・プレストン（Brian Preston）がソーア羊について行った研究（モトリュック Motluk, 1999）は，雄鹿の行動に関する所見と似ている。スコットランドのセントキルダ島で野生のソーア羊100匹を3年間研究したところ，体の大きい雄羊が最もよく交尾に成功することがわかった。体の小さい雄羊を追い払い，その結果1日に10回以上も交尾することができたのである。子羊の血液検査によって，11月と12月の繁殖期（5週間）の初期に起こった交尾で生まれた子羊の多くは，体の大きな雄羊が父親だとわかった。しかし，繁殖期最後の2週間の交尾で生まれた子羊については，大きな雄羊と小さな雄羊が父親である可能性は等しかった。このことは，繁殖期のはじめには大きな雄羊の方が交尾に成功し，淘汰は体重の重い方が有利になるようにかかったことを示している。後に成功率が低下することは，体の大きな雄羊が精子を実際に使い果たしたことで説明できるだろう。すなわち，成功のしすぎは失敗につながるのである！

攻撃的でないオスが相対的にいかさまをしないことについて，他にどんな理由があるというのだろうか？

精子競争

幾つかの種では，精子競争という形態で同性内淘汰が現れる。精子競争では，他のオスの精子にメスの卵を受精させないようオスが努力する。たとえばトンボの種の一つ（*Orthetrum cancellatum*）を考えてみたい。この種のメスは，身体に特別な袋をもち，後で使用するためその中に精子が貯蔵されている。それぞれのオスはペニスの先端に棘のある鞭をもっている。これは，メスと以前に交尾した他のオスの精子を取り除き，自分の精子を袋に残すために使われる。

パーカー（Parker, 1978）は，フンバエの精子競争に目を向けた。オスのフンバエは，交尾中の他のオスを蹴飛ばしたり押し出したりしてメスから離し，自分がそのメスと交尾する。2匹のオスのどちらが子を多く産ませるのかを調べるために，パーカーはオスの数匹を不妊にした。不妊のオスはメスの卵を受精させることまではできたが，卵は羽化しなかった。最初に交尾するオスが正常で2番目のオスが不妊の場合，約20％の卵だけが羽化した。しかし，もし最初のオスが不妊で2番目が正常なら，約80％の卵が羽化した。以上の所見が示しているのは，メスと交尾する2匹のフンバエのうち2番目のオスがたいていは精子競争に勝つということである。このことから，交尾したオスがなぜ頻繁にメスの上にとまり卵を産むまでメスを守るのかということが説明できる。

> **代理による交尾**
> リバプール大学の研究者マット・ゲイジ（Matt Gage）は，貯蔵穀物をだめにする病害虫の一つ，コクヌストモドキを研究していた（ウォーカー Walker, 1999）。彼はこの虫の蔓延を防ぐ方法への手掛かりを繁殖サイクルから見つけたいと思っており，「代理による交尾」という奇妙な方法を偶然発見した。この方法は，コクヌストモドキがきわめて乱婚で密集した集団を作ることに発している。オスは，ほんの数分で多くのメスと交尾し，メスは交尾を連続して受ける。オスはそれぞれ，棘のある生殖器を使って先に交尾したオスの精子を掻き出し，自分の精子と取り替える。追い出された精子は，そのオスの生殖器の外側に付着し，次のメスとの交尾までを生き延び，そのメスのところに精子を残す。ゲイジによれば，メス8匹中1匹は，自分が交尾していないオスによって受精していた。ここまでのところ，この戦略は動物界の中でもユニークだと思われる。

他の形態の競争

幾つかの種では，同性内淘汰がきわめてまれな形態をとる。アベ

ールとギルクリスト（Abele & Gilchrist, 1977）は，ラットの腸内に生息する寄生虫（*Monoliformes dubius*）の交尾の習性を観察した。この種のオスは，メスとの交尾後メスの生殖器開口部へ充填物質を塗る。これによって，他のオスがそのメスを受精させることを妨害することができる。また，オスは他のオスの生殖器部分に充填物質を塗るという見事な習性をもち，その結果，他のオスは交尾できなくなる。

　同性内淘汰は，*Xylocoris maculipennis* という昆虫の種では一種の同性愛的交尾の形態をとる。一般に交尾にはオスがメスの体壁に入り精子を注入することを必要とする。しかし，この昆虫ではオスが同様の方法で別のオスへ精子を注入するときがある（キャレイヨン Carayon, 1974）。精子を注入されたそのオスが次にメスと交尾するときに，他のオスの精子がメスの卵を受精させる機会ができる。

代替戦略

　どんな既知の種でも同性内淘汰がいつも同じやり方ではたらくというような印象をもたれるかもしれないが，実際はそうではない。たとえば，ハワード（Howard, 1978）は，ウシガエルのオスを研究した。2匹のオスが戦うときには，体の大きなウシガエルの方がほとんど勝つ。したがって，体の小さなウシガエルのオスは別の戦略をとらねばならない。ハワードが見出したことは，中程度の大きさのウシガエルは自分のなわばりを守らないということであった。別のウシガエルから挑戦されるとそこを立ち去り，違う場所で求愛鳴きを行った。結果的に，彼らはまあまあの交尾成功を得た。最後に，最も小さな（そして最も若い）オスは大きなオスのそばにとどまった。そして，大きなオスの鳴き声に引かれてやってきたメスと何とか交尾をすることもあった。

図8-7　体の大きなウシガエルの鳴き声には，メスを引きつける意図がある。しかし，小さなオスもまた，鳴き声に引かれたメスのどれか1匹との交尾を期待してその鳴き声に引きつけられるかもしれない。

異性間淘汰

　異性間淘汰は，片方の性の成員（概してメス）が反対の性の相手を選択するときに生じる。異性間淘汰の基礎を構成しているのは，非常に多くの要因である（詳細は，グリアーとバーク，1992を参照）。たとえば，合理的に考えてメスは自分の卵を最もよく受精させられるオスを選ぶはずである。シヴィンスキー（Sivinski, 1984）は，カリビアンフルーツフライのメスを研究した。通常，このメスは体の大きなオスとの交尾を好む。しかし，メスは，交尾したことのある大きなオスよりも交尾したことのない小さなオスを選んだ。というのは，かつて交尾したオスは卵をほとんど受精させられなかったか

らである。

　また合理的に考えて，乏しい資源しか与えないオスよりも，豊富な資源を与えられるオスとの交尾をメスが選択するはずである。この考えに対する現実的な証拠は，ソーンヒル（1980）によって報告された。ハンギングフライのオスは，交尾の前にメスへ昆虫を差し出す。メスがオスと交尾する時間の長さ（そしてメスへと移る精子の量）は，大きな餌が与えられるときの方が多くなったのである。

メスのカリビアンフルーツフライの行動の背後にある動機づけを，どうしたら確信できるのだろうか？

身体的特性

　おそらく，異性間淘汰で最も面白い形態は，ある特性（たとえば，長い尾）が何世代にもわたって進化する際に生じる。なぜならば，そのような形態が相手の性の成員にとって魅力的だからである。たとえば，幾つかの種のオス（たとえばクジャク，ゴクラクチョウ）は入念に装飾されており，その装飾は交尾しようとするメスの目には魅力的だと思えるようである。この異性間淘汰の形態は一見明白にみえるが，実際には違う。たとえば，クジャクのオスは非常に長い大きな尾をもっているが，それによって捕食者から逃げる機会は減じてしまう。さらに，尾の重さを支えるためにオスはもっと食べなければならない。

　メスが魅力的だと認めることによってこのような装飾が発達する，という仮定は筋が通っているように思えるが，仮定とは必ず根拠を必要とする。アンダーソン（Andersson, 1982）は，ケニヤで尾の長いコクホウジャクを研究した。この種のオスはかなり小さいが（およそスズメの大きさ），その尾は約40センチ（16インチ）の長さである。アンダーソンは，数個体のオスの尾を約14センチ（6インチ）にまで短くした。また，別のオスについては，強力接着剤で尾を接着して長くし，尾を約65センチ（26インチ）にした。

　次にアンダーソンは，それぞれのオスのなわばり内の巣を数え，繁殖を成功させたオスの数を測定した。人為的に長くされた尾をもつオスが最も繁殖成功が高かった。このことは，コクホウジャクのメスがオスのもつ長い尾に引かれることを示している。この根拠は説得力がある。というのは，単に相関的証拠に頼るのではなく，アンダーソンが実験的に尾の長さを操作したからである。

アンダーソンのアプローチが，なぜ相関的証拠に基づくものよりも説得力があるのか，説明できるだろうか？

議論のポイント
1. アンダーソンによる研究は，なぜ特別な価値があるのだろうか？
2. この研究は，コクホウジャクのオスの尾が長い理由を適切に説明しているとみなしうるか？

鳥類の鳴き声

　キャッチポールら（Catchpole, Dittami & Leisler, 1984）は，相関的証拠に基づいて異性間淘汰を研究した。その根拠とは，より精妙な歌を歌うヨーロッパヌマヨシキリのオスは，それほど精妙な歌を歌わないオスよりも早く交尾する傾向があるということである。実験室のヨシキリのメスは，少ない歌のレパートリーよりも多い歌のレパートリーに反応する。このことは，歌のレパートリーが多いヨ

シキリのオスの方がメスを引きつけることを示唆している。

理論的アプローチ

フィッシャーの仮説　異性間淘汰に対する主な理論的アプローチの一つは，フィッシャーの仮説である。フィッシャー（Fisher, 1930）によれば，種の進化の初期段階では，メスは生存価をもつオスの特徴に引きつけられる。たとえば，相当長い尾をもつ鳥類は飛ぶのが上手であり，したがって短い尾をもつ鳥類に比べて餌を探すのも上手かもしれない。もし遺伝子が尾の長さを決定するのであれば，世代を重ねるに従ってオスの尾の長さも長くなるだろう。さらに，メスはオスの長い尾を好む方向へと遺伝子を進化させるだろう。なぜなら，多分この両者の息子が配偶相手を見つけ，母親の遺伝子を保存するからである。進化の過程で，メスの配偶者選択は主に魅力的な息子を産むことを基礎とする傾向にある。この息子は，成長したときメスにとって最も魅力的となるだろう。しかし，オスの尾が永久に長く伸び続けることはない。というのは，非常に長い尾をもつと捕食者に遭遇したとき自分の生存が脅かされるからである。

> フィッシャーの仮説に従った場合，世代を重ねると鳥類のオスはなぜ長い尾をもつようになると考えられるのだろうか？

ハンディキャップ仮説　フィッシャーの仮説に代わりうるのは，ザハヴィ（Zahavi, 1977）のハンディキャップ仮説である。この仮説によれば，長い尾のようなオスの装飾は，生存という点ではハンディキャップである。メスは，長い尾がハンディキャップであるがゆえに長い尾をもつオスを好む。重大なハンディキャップをもつにもかかわらず生存できる鳥類のオスは，たぶん他の鳥類よりも優れている。こうして，ハンディキャップをもつオスを好むメスは，生存にとって優れた遺伝子をもつ傾向のあるオスを淘汰しているのかもしれない。

ハンディキャップ仮説の背後にある基本的見解は，具体的な例を考えれば理解できるだろう。仮に，2人の男性が同じ速さでトラックを走っているが，そのうちの1人は重い荷物を運んでいるとしよう。荷物によってハンディキャップを背負った男性の方がもう1人よりも強く健康的だと考えられるだろう。

ハミルトンとズック（Hamilton & Zuk, 1982）は，ハンディキャップ仮説の特別版を提唱した。彼らは，健康なオスであれば，長い尾や他の性的装飾をもっていたとしても，それはただそれだけのことである，と論じた。したがって，このような装飾をもつオスの動物は，病気をもっていないようだというのでメスを引きつける。

モラー（Moller, 1990）は，ハンディキャップ仮説のハミルトンとズック版を検証した。彼はデンマークでツバメを研究し，まず第一にメスのツバメが尾の長いオスを好むことを示した。つまり，人為的に長くなった尾をもつオスは正常なオスよりも早くメスとつがいになったのである。次に，多くの吸血ダニがいる巣で育てられたツバメのヒナは，ほとんどダニのいない巣で育てられたヒナよりも成長が悪かったり，死亡しやすかったりした。最後に，長い尾をもつ

オスのツバメは，短い尾をもつオスに比べてダニのほとんどいない子をもつことがわかった。言い換えると，ハンディキャップ仮説から予測されるように，長い尾をもつオスのツバメは吸血ダニのような寄生虫への抵抗性が高いので，短い尾をもつツバメよりも健康なのである。

ヒトの性淘汰

社会生物学的アプローチ

ウィルソン（Wilson, 1975）のようなヒトを研究している社会生物学者は，動物種の性淘汰を規定する要因の多くがヒトにも当てはまると論じている。ヒトのオスは，多くのメスとの性行動によって，繁殖成功を最大にすることができる。対照的に，メスは限られた数の子だけを育てることができ，9ヶ月の妊娠期間中とその後の数年間，それぞれの子に大量に投資する。それは，女性が性的パートナーの選択では男性よりも淘汰的なはずだということから来ている。女性は，申し分ない資源をもち長期間自分と関わりたいという気持ちをもつ男性を好むはずである。子が産まれたとき，母親の同定に関しては疑問の余地はないが，父親については断定が難しい。進化論からすれば，オスが自分の遺伝子をもたない子に資源（たとえば，時間，金）を投資するのには気が進まないはずである。結果的に，オスは，メスがオスの純潔を尊重するよりもずっとメスの純潔を尊重するに違いない。

ウェステン（Westen, 1996, p.706）が指摘するように，社会生物学的あるいは進化論的解釈には多くの特徴があり，それは以下のような他者の観察とも一致するようである。

> 女性との関係を公言しておきながら，数ヶ月も経ったら，結局関係する気も何もないというカザノーヴァ（Casanova）を考えてみよう。つまり，最初のデートでは喜んで女と寝るが，もちろん長期に関係をもつつもりはなく，二度とその女に会いたいとは思わないという男である。あるいは，地位が高く将来性のある男とだけデートする女である。

比較文化的根拠

ヒトの性淘汰に関する社会生物学的理論を検証する一つの方法は，配偶相手が好む形質を比較文化的に研究することである。もしその理論が正しければ，男性と女性が好む形質には明白な差があるはずであり，その差はさまざまな文化にわたって一貫しているはずである。この予測をかなり支持するものが，バス（Buss, 1989b）によって幾つか報告されている。彼が33の国の37の文化からデータを得て見出したことは，あらゆる文化の男性は実質的に自分より若い女性を好み，その結果，繁殖可能性が高くなるということである。対照的に，すべての文化の女性は自分よりも年上の男性を好み，その結果十分な資源をもつことになる。予想通り，女性は将来の配偶相手がどれだけの財産をもつことになるのかを，男性よりも評価し

ウェステンが述べたこのような観察は，ヒトの性淘汰を社会生物学的に解釈する際に適切な証拠となるのだろうか？

た。男性が，女性よりも繁殖可能性を考えて配偶相手の身体的魅力を重んじるはずだということについては，異論があるかもしれない。37の文化のうち36で，男性は，配偶相手の身体的魅力を女性よりも重んじた。最後に，男性は女性よりも将来の配偶相手の純潔を重んじたが，両性間の差は分析対象となった文化のうち38％で有意ではなかった。

バス（1989b）の所見は重要ではあるが，二つの主な理由で見かけほど明白ではない。第一に，配偶者選好の性差が文化を越えて一定であるということを，彼らは実際には示していない。事実，好まれる年齢差，財産の見通し，配偶相手の純潔の価値を含むほとんどの測度に関して，発展していない文化よりも発展した文化における性差の方がずっと小さい。第二に，社会生物学的アプローチとは，バスの調べた好みよりも行動に関連しているものである。実際には，異なる文化にわたる夫と妻の年齢差は，平均2.99歳であり，男性が好む年齢差（2.66歳）と女性が好む年齢差（3.42歳）によく似ている。しかし，他の測度に関しては，好みと行動の間にこのような一致がみられるかどうかはまったく不明である。

議論のポイント
1. この研究は，社会生物学的アプローチを強く支持するものなのだろうか？
2. 配偶者選好にみられる性差が，西洋文化とそうでない文化で異なるのはなぜだろうか？

評　価

バス（1989b）の所見は興味深くもあり重要でもある。特に配偶相手について最も大事だと考える要因には，明らかに一貫した性差がある。これは，新聞の個人広告の内容を検討したデイヴィス（Davis, 1990）の所見と一致している。配偶相手を求める広告を出す女性は，自分の身体的美しさを強調し，自分が地位の高い裕福な男性を期待していることを示そうとする傾向があった。対照的に，男性は自分の富あるいは他の資源を強調し，身体的に魅力的な若い女性を求めていることをはっきりさせた。言い換えると，女性は男性を「成功者」とみなすのに対し，男性は女性を「性対象」とみなすのである。

クラークとハットフィールド（Clark & Hatfield, 1989）は，パートナーの選択では女性の方が男性より淘汰的であるはずだという，社会生物学的理論からの予測をさらに支持する証拠を報告した。魅力的な男子学生と女子学生が自分と異なる性の学生に近づき，自分とその夜一緒に寝ないかとたずねた。推察通り，女子学生よりも男子学生の方がこの申し出を熱心に受けた。女子学生は誰もこの誘いを受け入れなかったのに対し，男子学生の75％は受け入れたのである。

ヒトの性行動と繁殖をもっと一般的に考えると，進化的あるいは社会生物学的用語では説明の難しい所見が幾つか存在する。幾つかの例を挙げると，以下の通りである。

研究の情報源として新聞の個人広告を使うことには，どんな潜在的弱点があるのだろうか？　人々は，広告の中の表現では，常に正直なのだろうか？

ヒトという種では，「性的パートナー」は他の種の「配偶相手」と同じ意味なのだろうか？

- 女性の婚外情事。
- 繁殖と遺伝子生存にはつながらないような同性愛の存在。
- 十分な資源のある豊かな国に住む結婚したカップルは，平均して少数の子をもつ。これは，個体が繁殖成功を最大限にするという説とは一致しない。

一般に，進化的あるいは社会生物学的アプローチの中では，ヒトの性淘汰はおそらく世代間ではほとんど変化しないと想定されている。しかし実際には，20世紀中に多くの西洋文化の中では非常に大きな変化があり，「性革命」について多くが語られた。性習慣のこのような変化が，進化論的用語でどう説明できるかは明らかではない。全体として，進化論的あるいは社会生物学的アプローチは簡略化されすぎており，またヒトの性的関心の複雑さを説明できていないようである。

配偶システムと親としての養育

配偶システムと親としての養育の量には，種間でかなりの差がある。配偶システムとは，「オスとメスの性行動が種の中で相互作用する際のその様相」である（グリアーとバーク，1992, p.359）。クレブスとデイヴィス（1993）によれば，4種類の主な配偶システムがある。これについては，本節で後に詳細に考えることとする。

1. **一夫一妻**（monogamy）：オス1個体とメス1個体の間に配偶関係の絆が存在し，それがある繁殖期全体あるいは生涯に至るまで続く。両親は卵や子を保護し，子育てについて協力する。
2. **一夫多妻**（polygyny）：1個体のオスが複数のメスと交尾するのに対し，1個体のメスは通常1個体のオスだけと交尾する。メスはオスに比べて親としての養育をよく行う。

> **キー用語**
> **一夫一妻**：1個体のオスと1個体のメスが長期間一緒にいる配偶システム。一般に両方が親としての養育を与える。
> **一夫多妻**：1個体のオスが複数のメスと交尾する配偶システム。しかし，メスは通常1個体のオスとしか交尾しない。親としての養育は，たいていメスが行う。

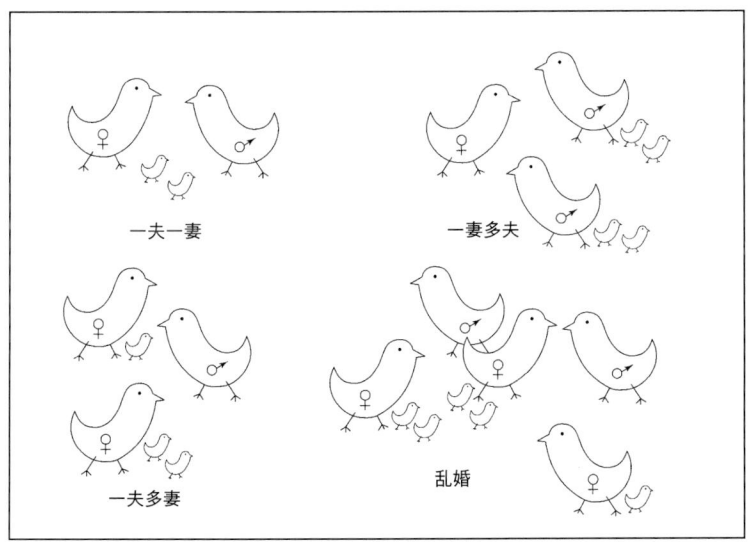

図8-8　4種類の主な配偶システム

> **キー用語**
> **一妻多夫**：1個体のメスが複数のオスと交尾するが、オスはそれぞれ1個体のメスとしか交尾しない。親としての養育は、一般にオスが行う。
> **乱婚**：複数のオスと複数のメスがともに複数の個体と交尾し、親としての養育はオスかメスが行う。

3. **一妻多夫**（polyandry）：1個体のメスが複数のオスと交尾するのに対し、1個体のオスは通常1個体のメスだけと交尾する。この配偶システムでは、オスが一般に親としての養育を行う。
4. **乱婚**（promiscuity）：複数のオスと複数のメスがともに複数の個体と交尾する。親としての養育は、どちらかの性が行う。

脊椎動物の綱が異なると、最も共通した配偶システムの形態も異なる。鳥類の種の多くは一夫一妻であり、親としての養育は両親が分担する。ほ乳類の種の多くは一夫多妻であり、メスが親としての責任の大部分あるいはすべてを担う。対照的に、魚類は乱婚の傾向があり、親としての養育に関わるのはほとんどオスである。これからわかるように、ある特定の種の個体すべてが同じ配偶システムをとると仮定するのはあまりにも単純化しすぎであることが多い。

クレブスとデイヴィス（1993）によれば、特定の種がどの配偶システムを選択するかは、**生態**（ecology）すなわち動物と環境との間の関係に大きく依存している。しばしば重要視される環境の一つは、食物の入手可能性である。鳥類のほとんどの種がなぜ一夫一妻なのかという理由の一つは、食物がなかなか得にくいからである。片親が働くよりも両親がともに働けば、子に多くの食物を与えることができる。しかし、果物や種を食べる鳥類の種の多くは、一夫多妻の配偶システムをとる。というのは、食物供給が夏の数ヶ月間には多くなるので、片親さえいれば子に食べさせることはできるからである。

> **キー用語**
> **生態**：生体と環境との間の関係。

親としての養育

ある種の配偶システムと親としての養育の量の間には関連がある。一般的に言えば、ほとんど親としての養育を行わない種に比べて、両親が親としての養育をよく行う種は一夫一妻であることが多いようである。ほとんど片方の親だけが親としての養育を行う場合、その親は、もう片方の親が異性の多くと交尾するのに対しあまり多くの相手と交尾しそうにもない。

親としての養育の量は、種によって非常に異なる。最も親としての養育の量が多いのは鳥類、ほ乳類（ヒトを含む）、真社会性あるいは高度の社会性昆虫類である。以上の種ではすべて、両親が食物、巣または住処、捕食者に対する防御などを与えるため、子に多くの時間と労力をつぎ込む。

図8-9 南極では親としての責任が真剣に果たされなければならない。

ウィルソンの4要因

ウィルソン（1975）は四つの要因を明らかにし、それぞれが親としての養育の進化を促進するとした。第一は、捕食者の圧力である。片親あるいは両親が子を養育すれば、子が捕食者に攻撃されたり殺されることはほとんどない。グンバイムシのメスでは、親としての養育を行うメスもいればしないメスもいる。子の生存可能性は、子を養育するメスが、見捨てるメスの半分以下しか卵を産まなくても、

母親が養育する場合にはそうでない場合の7倍も大きくなった（タラミー Tallamy, 1984）。

　第二に，親としての養育は，その種がストレスの多い物理的環境で生活しているときに，よく与えられるようである。グリアーとバーク（1992）は，南極に生息しているペンギンについて述べている。生活条件が非常に極端なので，おそらく生存のために子は両親からかなりの世話を受ける必要があるだろう。

　第三に，親としての養育が与えられるのは，その種が餌を捕まえたり加工したりするのが難しいときだという傾向がある。ミヤコドリがよい例である。このトリの餌は，殻から中身を取り出しにくい貝（たとえばイガイ）であることが多い。たとえば，殻を壊すには，その最も弱い場所を叩く必要がある（ノートン-グリフィス Norton-Griffiths, 1969）。若いミヤコドリにとって，殻から貝の中身をどう取り出すかを学習するには長い時間を必要とする。

　第四に，親としての養育は，その種が過密な状況で生活しているときに与えられるようである。こういう状況では，資源をめぐって多くの競争が行われやすい。親としての養育によって，資源をうまく勝ち取るのに必要な技術を子が発達させていく機会は高まる。

■やってみよう：ウィルソンの4要因
　小さなグループに分かれて，私たちヒトという種を取り上げ，親としての保護に関するウィルソンの4要因の要点を議論し，それを列挙してみよう。

誰が親としての養育を行うのか？

　これまでは，親としての養育がどの程度与えられるかを決定する要因について幾つか考えてきた。しかし，誰が親としての養育を行うのかという問題に焦点を当てることも，また重要である。それがオスなのか，メスなのか，あるいは両親なのかを，いったい何が決めているのだろうか？　これに関する要因の幾つかを，さまざまな魚類の種でみることができる。

　硬骨魚と両生類では，誰が親としての養育をするのかを決定する重要な要因の一つは，体外受精か体内受精かということである。グロスとシャイン（Gross & Shine, 1981）は，体内受精の場合には，オスよりもメスの養育が一般的だと報告した。対照的に，体外受精の場合には，メスよりもオスの養育が頻繁にみられる。この差は，胚との共生が後の保護を親に準備させるのだ，と仮定することで説明できる（グロスとシャイン，1981）。メスは，体内受精の場合，常に胚と密接なつながりをもつ。魚類の体外受精では，メスの卵は一般にオスのテリトリーで産卵され，オスの方がメスよりも胚と密接なつながりをもつ。オスは自分のテリトリーを防御し，同時に親としての養育を提

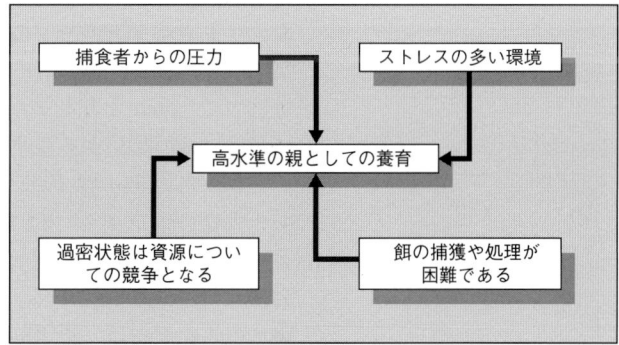

図8-10　親としての養育の進化を促進する要因

供する。

　別の生理学的要因も重要である。たとえば，授乳を考えてみよう。ほ乳類のメスは，子に母乳を与えるようにつくられている。つまり，それは子が小さいときには親としての養育を最大限与えるということである。さらに，ほ乳類のメスは体内受精をする。これまでみてきたように，そのことが親としての養育についてのメスの関与を増大させることになる。ほ乳類の多くの種（ヒトを含む）では，オスも親としての養育をある程度行う。それは，一般にオスが自分の子の数個体を運んだり子の食餌を助けるときである。

　これまでみてきたのは，あらゆる種がどのような配偶行動を行うのか，またどのようなタイプの親としての養育を行うのか，ということについての決定を促進する一般的要因が幾つかあるということである。次には，主な配偶システムをそれぞれ順に考えていこう。

一夫一妻

　鳥類の種の約90％が一夫一妻である。なぜそうなのだろうか？ラック（Lack, 1968, p.225）によれば，その理由は，「もしメスとオスのそれぞれがヒナの養育を分担すれば，ほとんどの子孫を残すことができる」からである。この説明は，海鳥や猛禽の多くの種に当てはまるようである。このような種では，メスの卵を孵化している間，オスとメスは協力する。もしつがいの片方が死んだり殺されたりしたら，繁殖は不首尾に終わる。しかし，両親の存在は，多くの鳴鳥の種では不可欠というわけではない。たとえば，巣からウタヒメドリのオスを取り除くと，その場合の繁殖の成功率は両親がそろって子に餌をやる場合の51％にまで低下した（スミスら Smith, Yom-Tov & Moses, 1982）。このように，オスによる親としての養育は大切ではあるが，決して必須ではない。

　ラックの観点がもつ問題の一つは，彼が仮定したほどには鳥類の多くの種は実際には一夫一妻ではないということである。DNAフィンガープリント法という技法を使うことによって，非常に明確に父性を証明することができるようになったのは，ごく最近のことである。バークヘッドとモラー（Birkhead & Moller, 1992）は，鳥類の数種で，DNAフィンガープリント法を使用した結果について報告した。ムラサキツバメとルリノジコについては，子の35％がつがい以外の交尾から生まれ，ハゴロモガラスについては，それは28％であった。対照的に，フルマカモメ，キタヤナギムシクイやモリムシクイでは，つがい以外の交尾から生まれる子はいなかった。

　クレブスとデイヴィス（1993）は，鳥類のほとんどの種がなぜ一夫一妻なのか，あるいは少なくとも一夫一妻に近いのかという問題を考えた。彼らによると，鳥類のオスは，複数のメスと交尾する機会が一般に限られている。クレブスとデイヴィス（1993, p.226）が突き止めた理由は，以下の二つである。

オス同士の激しい競争があるので，オスが別のメスを得るのは難しくなるであろう。そして……メスはオスの助けもないままでの一夫多妻には苦労するようである。[だから]メスは，その他のメスに対しては攻撃的になることが多く，自分の配偶相手が別の相手を得られないようにしてしまうのかもしれない。

　クレブスとデイヴィスの観点を支持する証拠は，鳴鳥のさまざまな種で見出されている。鳴鳥のオスは，機会がありさえすれば（たとえば，隣のオスを排除しても），交尾相手のメスを進んで見捨てて，他のメスと喜んで交尾する。時には，自分が交尾した何個体ものメスの子に餌を与えることもある。

　メスの観点からすると，重要な要因は，オスのテリトリーがその供給する資源によってどの程度違うのか，ということである。あるオスのテリトリーが他のオスのものに比べてずっとよければ，貧弱なテリトリーをもつオスとだけ交尾するよりも，申し分のないテリトリーをもつオスの第二，第三の配偶相手になった方がメスにとってはいいかもしれない。他方，オスのテリトリーの質が変わらなければ，一夫一妻の方が道理にかなう。

一夫多妻
　一夫多妻（オスが複数のメスと交尾する）は，自分の遺伝子が生存する機会を最大化するという意味で，ほとんどの種のオスにとって明らかに有益である。しかし，オスが与える親としての養育の量は少なくなるため，それがメスにとってよいかどうかはそれほどはっきりしない。では，一夫多妻が多くの種で生じるのはいったいなぜだろうか？　この疑問に対して説得のある答えを与えたのは，ヴァーナーとウィルソン（Verner & Wilson, 1966）の一夫多妻閾値モデルである。このモデルによれば，メスが一夫多妻を選ぶ傾向があるのは，もっとよいテリトリーへと移る利益よりも，オスの親としての養育を他のメスと分かち合うコストの方が軽い場合である。もっと具体的に言うと，もし別のメスがすでにつがいとなっているオスがそうでないオスよりもずっとよいテリトリーをもっていたら，そのすでにつがいとなっているオスと交尾することはメスの利益になるのである。

> ヴァーナーとウィルソンのモデルは，配偶システムのどれを選択するかが状況に依存することを示唆している。このアプローチは妥当だと考えられるだろうか？　四つの配偶システムの説明をすべて読んだ後，答えを考えよう。

　エザキ（Ezaki, 1990）は，グレイトウィードワーブラーについてヴァーナーとウィルソンの立場を支持する研究結果を報告した。一夫多妻の形態をとるオスの比率は年ごとに変わるが，平均すると約50％である。一夫多妻のオスは，最もよい場所，つまり捕食者から十分に身を守ってくれる密集したアシの中に巣をもつ傾向がある。エザキは，貧弱な巣にいる一夫一妻のメスと一夫多妻のオスがもつ第二番目のメスとが，どの程度繁殖に成功するかについて比較した。どちらかと言えば，第二番目のメスの方が繁殖成功が高かった。こ

図8-11 アザラシは一般に一夫多妻であり，複数のメスが1匹のオスによって守られ，そのオスと交尾する。

キー用語
レック：メスが交尾のために訪れる小さな場所の中で求愛ディスプレイをする多くのオス。

のことは，メスが一夫多妻のせいで損をしているわけではないことを示している。

なぜ一夫多妻が発達したのかについては，別の理由がある。たとえば，もし複数のメスが近接して生活すれば，1個体のオスがメスたちを守りそのすべてと交尾することもできるだろう。一夫多妻というこの形態は，アカシカとゾウアザラシでもみられる（グリアーとバーク，1992参照）。

また，どのオスが最も魅力的かについてメスの考えが一致しているときに，その種の一夫多妻は発達するのかもしれない。これは，**レック**（lek）というはっきりとした形態にみられる。レックは，かなり狭い領域内にいる複数のオスで構成される。そこへ，メスが交尾のためだけにやって来る。通常，数個体のオスが非常に多くのメスと交尾するが，その他のオスはほとんど交尾に成功しない。レックは，もともと鳥類の種（たとえばライチョウ）で観察されたが，それ以来，魚類，ほ乳類，両生類，昆虫類の幾つかの種でも見出されてきた。

ビーラーとフォスター（Beehler & Foster, 1988）は，ホットショットモデルでレック形成を説明した。このモデルによれば，優位なオス（ホットショット）はメスを自分のテリトリーへと引きつける。優位でないオスは，レック内に複数のメスがいるのだから自分も繁殖成功を少しは享受できると期待して，そのホットショットに近づく。このモデルを支持するものとして彼らが見出したことは，オスが最も多くの配偶相手を引きつけるオスの近くへ移動するということであった。しかし，グリアーとバーク（1992, p.369）が指摘するように，「レック形成は幾つかの理由で生じるようである」。

これまではメスが一夫多妻の配偶システムを選ぶと仮定してきた。しかし時として，自分の交尾相手のオスが別のメスとすでに交尾していることを知らずに，メスがその配偶システムに関わるようになるという証拠もある。アラテイロら（Alatalo et al., 1981）は，パイドフライキャッチャーのオスが，あるメスと巣のテリトリーを作った後に2番目のメスと交尾することがあることを見出した。2番目のメスのもつ巣のテリトリーが，最初のメスのテリトリーから通常では数百メートル離れているという事実は，オスが2番目のメスをだまそうとしていることを示唆している。この事実についての解釈は，アラテイロら（1990）によって支持された。彼らは，パイドフライキャッチャーのメスがすでに交尾したオスとそうでないオスとを識別できないということを見出した。ごまかしに基づく一夫多妻がヒトという種でも知られていないわけではないと述べることは，おそらく価値のあることだろう！

一妻多夫

　一妻多夫は，一夫一妻や一夫多妻ほど一般的ではなく，主に鳥類と魚類の数種にみられるだけである。なぜこの数種が一妻多夫なのかという主たる理由は，それがメスの繁殖成功を最大にするからである。スポッティッドサンドパイパーのケースを考えてみよう。概してメスのサンドパイパーは，メス同士が争って大きなテリトリーを守る。そのテリトリーには，それぞれ一かえりのヒナを抱いている数個体のオスがいる（ランクら Lank, Oring & Maxson, 1985）。メスのサンドパイパーは，一かえりで4個以上の卵を産むことなどめったにないので，数個体のオスと交尾する。もし一夫一妻ならば，繁殖成功数は限定されてしまうだろう。事実，サンドパイパーのメスはオスの5個体までと交尾し，その結果6週間以内に最大20個もの卵を産むことが知られている。数個体のオスと交尾しようとして，メスはオスをめぐって互いに張り合う。そのため，サンドパイパーのメスはオスよりも約25％体が大きくなっている。

　オーリング（Oring, 1986）は，古典的な一妻多夫と協同的一妻多夫とを区別することが重要だと論じた。古典的一妻多夫では，オスはそれぞれ自分の繁殖場所を構え，メスはその場所に応じて自分の時間を割り当てる。スポッティッドサンドパイパーは，この古典的な一妻多夫の例である。一方，協同的一妻多夫では，ある一つの繁殖行動に関して多くのオスが1個体のメスと協力する。タスマニアンヘンは，この一妻多夫の形態を示す。兄弟は概して同じメスと交尾し，その大集団は互いに協力してテリトリーを守り，巣を作り，ヒナの世話をする（p.291参照）。

図8-12　タスマニアンヘンは，協力的一妻多夫の一例である。多くのオスが，ある一つの繁殖行動に関して，1個体のメスと協力する。

　なぜ，一妻多夫が存在するのだろうか？　メスよりもオスの方が親としての養育に関して優れているので，古典的一妻多夫が生じるのかもしれない。またいま一つには，繁殖できるメスよりもオスの数が多く，その結果，メスは複数の配偶相手を見つけやすくなるということである。協同的一妻多夫は，環境条件が極端なときにみられるのかもしれない。そのような環境下では，3個体以上の成体が子の保護と給餌に貢献する方がよいのである。

乱　婚

　ほとんどの種のオスは複数のメスとの交尾で利益を得るが，メスは多数の交尾からは利益を得ないのが普通だとしばしば仮定される。しかし実際には，複数のオスと交尾するメスにはかなりの利益があるということが，わかってきている。ハリデイとアーノルド（Halliday & Arnold, 1987）は，乱婚に伴う利点について以下のようなものを同

定した。すなわち，(1)子の遺伝的多様性が増す，(2)多くのオスに，一かえりのヒナを守るよう促す，(3)性的競争に関与した際にオスが被るマイナスの効果を減少させる，である。

　ヨーロッパカヤクグリには，乱婚を行うものもいれば，一夫一妻，一夫多妻，一妻多夫のものもいる（デイヴィスとランドバーグ Davies & Lundberg, 1984)。ヨーロッパカヤクグリのオスは，できる限り大きなテリトリーを獲得し，メスは数ヶ所の餌場を確保するのに十分なテリトリーを一つもつ。交尾は，テリトリーが部分的に重なり合う者同士の間で起こる。一夫一妻は，1個体のメスのテリトリーが1個体のオスのテリトリーと重なるときにだけみられる傾向にあるのに対し，一妻多夫は，1個体のメスのテリトリーが複数のオスのテリトリーと重なるときに生じる。同じように，一夫多妻は，複数のメスのテリトリーと重なるような大きなテリトリーを1個体のオスがもつときに生じる。最後に，乱婚は，複数のオスが一つのテリトリーを共有し，それが複数のメスのテリトリーと重なるときにみられる。

　ヨーロッパカヤクグリがどういう配偶システムをとるかは，明らかにテリトリーの大きさよる。何が，テリトリーの大きさを決定するのだろうか？　メスのテリトリーは，餌が豊富なときには小さくなる傾向にあるが，餌がたやすく手に入らないときには大きい。デイヴィスとランドバーグ（1984）は余分に餌を与え，これがテリトリーの大きさを予想通りに変化させ，一夫多妻と一夫一妻を増加させることを見出した。

評　価

　配偶システムという概念は有益である。種が異なれば性行動もきわめて大きく違うはずだが，そのパターンを観察すると，ほとんどがこれまで論じてきた四つの配偶システムの一つに当てはまる。しかし，配偶システムに基づくアプローチでは，どんな種でもその種内では性行動が同じであるということが誇張されている。もっと正確に言えば，このアプローチは，一つの種内の性行動にみられるかなりの個体差を無視している。別のアプローチは，配偶戦略に基づくものである。それによれば，特定の種でのオスとメスそれぞれの性行動は，まさに自分たちがいる状況に依存している。本質的には，配偶システムに基づくアプローチを好む研究者は，種のオスとメスが示す性行動はどの種に属するのかによって予測可能だと想定している。対照的に配偶戦略に基づくアプローチを好む研究者は，性行動の予測には，属する種についての知識と同様，オスとメスが生きねばならない環境についての知識も必要だと主張する。

　これまですでに検討してきた証拠の幾つかは，配偶システムに基づくアプローチよりも配偶戦略に基づくアプローチと一致する。たとえば，DNAフィンガープリント法に基づく研究は，鳥類の種の多くが従来信じられていたほど一夫一妻ではないことを示している（バークヘッドとモラー, 1992）。もっと驚くことに，ヨーロッパカヤ

一夫一妻，一夫多妻，一妻多夫，乱婚，という四つの配偶システムには，ヒトにとってどんな長所と短所があるのだろうか？

クグリは一夫一妻，一夫多妻，一妻多夫，あるいは乱婚を示す（デイヴィスとランドバーグ，1984）。一般的な言い方をすれば，個体が採用する性行動のパターンは食物の入手しやすさのようなコストと利益に依存している。

食物の入手しやすさの重要性は，燕雀類に関する研究で示されている（ラック，1968）。昆虫を食べる燕雀類は一夫一妻であるのに対し，種と果物を食べる燕雀類の25％は一夫多妻である。この説明として最も有望なものは，昆虫は種と果物より入手しにくいので，両親が昆虫を与えることが子の生存にとって大切なのだというものである。

どの配偶システムをとるのかの決定に関わる食物の入手しやすさの他に，別の要因も幾つかある。すなわち，オス同士の競争，捕食者の存在，テリトリーの資源，環境の極端さ，である。このように，ほとんどの種の成員がどのような性行動をとるのかは，種々の配偶システムのコストと利益がどの程度あるかに依存している。言い換えると，性的方略は，どんな種でもそうすると「仮定される」配偶システムに厳密に従うというよりも，一般に柔軟であり環境条件に適応的である。

親子間コンフリクト

すべての種の親が子の世話に熱心であると仮定するのは，当然だと思われる。これは，包括適応度の点からみて，個体の遺伝子が将来の世代に伝えられる確率を最大にするという道理にかなっているようだ。しかし，そこにはしばしばバランスが必要である。もし，ある親がいま育てている子の世話に相当投資をしているのなら，親にとってこれは将来の繁殖成功をかなり弱めてしまう。結果として，進化論からすれば，親の要求と子の要求の間に大きなコンフリクトが存在するということになる。

ロバート・トリヴァース（1974）は，親子間コンフリクトに関し，重要で有力な理論的説明を提示した。彼が指摘したのは，重要な**遺伝的不均衡**が存在するということである。すなわち，親は子のそれぞれに等しく遺伝的関係をもつが，子は親とは自分の兄弟姉妹の2倍も関係が深い。結果的に，概して子は親の投資に対して適正な分け前以上を欲しがるのに対し，親は自分の資源を現在の子の間で平等に分配しようとする。親はさらに先のことを考えており，資源を現在の子に与えるよりも，むしろ将来もつ子のために保持しておこうとする（次項を参照）。

図8-13　餌を争っているヒナ

離乳中のコンフリクト

トリヴァース（1974）が支持するこのアプローチは，離乳中に生じる親子間のコンフリクトを説明するために多くの種で用いられる。概して離乳時には，子は以前にもまして餌を要求する。しかし，なぜ母親が離乳させたいのかについては，理由はさまざまである。第一の理由は，自分の繁殖成功数を最大にするため，母親は将来の子のための資源を幾らか残しておく（トリヴァース，1974）というものである。第二の理由は，第一の理由と関連して，授乳したり母乳を生産する母親の生理的負担は非常に大きい傾向にあるということである。事実，妊娠に関係した負担よりも大きいことすらしばしばである。というのも，メスの身体は母乳に含まれるタンパク質，脂肪，ミネラルなどだけでなく，母乳そのものを生産するためのエネルギーも供給しなければならないからである。

離乳中の親子間コンフリクトの証拠は，アカゲザルでみることができる（ハインド Hinde, 1977）。生後数週間で，一般に子の方から母親と密着することをやめる。約15週後，母親は子が自分の方へ進んでくるのをだんだんと拒み，自分の乳首と接触させないようにする。

トリヴァース（1974）の理論的アプローチによれば，親子間コンフリクトの多くは，自分の繁殖成功数を最大にしたいという母親の要求のために生じる。自分の繁殖生活が終わる親か終わりが近づいた親とは，コンフリクトはあまり生じないだろう。その証拠は，カリフォルニアカモメに関する研究の中でトリヴァース（1985）が報告している。親は歳をとると若い親よりも1時間当たりの子への給餌が多くなったのである。

図8-14 親をうまく操る子……

親子間コンフリクトに勝つのは誰か？

親は子よりも体が大きくて強い。だから親子間コンフリクトでは親がいつも勝つと思うかもしれない。親の方が親子間コンフリクトに勝つと仮定する理論的根拠は，アレクサンダー（1974）によって提唱された。彼によれば，親とのコンフリクトに勝つ子は，親をうまく操る能力が遺伝した子をもつ傾向にある。これはうまく繁殖する能力には逆の効果を及ぼすので，進化的には意味をなさない。

事実，証拠が示しているのは，物事が実際にはもっと複雑だということである。子は，非常に空腹だというふりをし，だから兄弟姉妹よりもたくさん餌がほしいと親を説得して，餌についてのコンフリクトに勝とうとする。別の形態のごまかしは，セグロカモメで行われている。セグロカモメの子は約3ヶ月齢になると，実際よりも小さく見えるように自分の

頭を落として引っ込め，親から餌を得ようとする。グリアーとバーク（1992, p.386）は，進化論的な意味での最もよい状態とは，個体が「若いときにはうまく操作できる子となり，歳をとったときにはうまく操作できる親となる」ことだと論じている。

半倍数性

トリヴァースとヘアー（Trivers & Hare, 1976）は，親子間コンフリクトが子の利益となると解明された興味深いケースを報告した。彼らが研究したのは，多くのアリの種である。アリはミツバチのように，性が半倍数性というメカニズムで決定される。**半倍数性**（haplodiploidy）の真髄は，オスが未受精卵から生まれるのに対し，メスは受精卵から生まれるということである。トリヴァースとヘアーが指摘したように，メスは自分の姉妹と4分の3の血縁関係をもつが，兄弟とは4分の1しか血縁関係をもたない，という奇妙な状況が生まれる。もし女王アリがドローンと呼ばれるオスアリよりも女王アリを多く産むなら，結果的にメスの働きアリに有利となる。もっと具体的に言えば，1匹のオスアリに対し3匹の女王という割合からメスの方が利益を得るだろう。それと比べて，女王は息子と娘に半分の血縁関係しかもたず，この割合に関する女王の利益は，1匹のオスのドローンに対し1匹の女王となる。

トリヴァースとヘアー（1976）は，アリの種の幾つかで，実測値では通常メスの働きアリが3対1と多くなることを見出した。女王が自分の卵を受精させるかどうか決定できるとすれば，どうやったらこれが可能なのだろうか？　その主な原因は，働きアリが一腹の子の面倒をみ，将来のドローンを犠牲にして将来の女王を世話する傾向があるからというものである。しかし，女王は時としてこの親子間コンフリクトに勝つことがある。*Polis metricus* というジガバチの種では，繁殖によって生まれる子の性比は1対1である。女王は，繁殖期のはじめにオスを産む。この時点では，繁殖の性

キー用語
半倍数性：昆虫類の種の幾つかにみられる性比を決定するメカニズム。このような昆虫では，オスが未受精卵から生まれるのに対し，メスは受精卵から生まれる。

ミツバチでは，女王バチはメスである。女王バチはオスバチ（ドローン）の1匹と交尾し，三つのタイプの卵を産む。大多数は受精卵であり，メスだけれども不妊の働きバチとなる。名前が示すように，働きバチは花粉と花蜜を探し，食物を巣に貯蔵し，女王の卵，幼虫，さなぎの世話をする。働きバチは，巣の大多数を構成する。女王は少数の未受精卵を産み，それは単為生殖によって雄のドローンとなる。時には，女王は第三のタイプの卵を産む。この卵は受精卵であり，羽化のときに特別な餌を与えられ，新たな女王バチへと発達する。

図 8-15　半倍数性とミツバチ

ほとんどの細胞では，核内にそれぞれ偶数の染色体をもち，その染色体は対になっている。この染色体数は倍数染色体として知られ，ヒトの細胞核には46本あるいは23対ある。2倍体の半分，すなわち染色体の各対の片方を集めると，1倍体になり，1倍体の核は卵細胞と精子のような配偶子の中にみられるのが普通である。

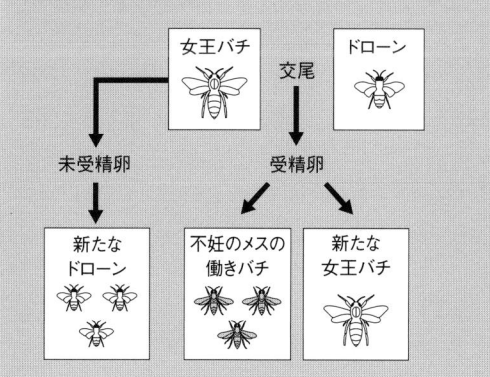

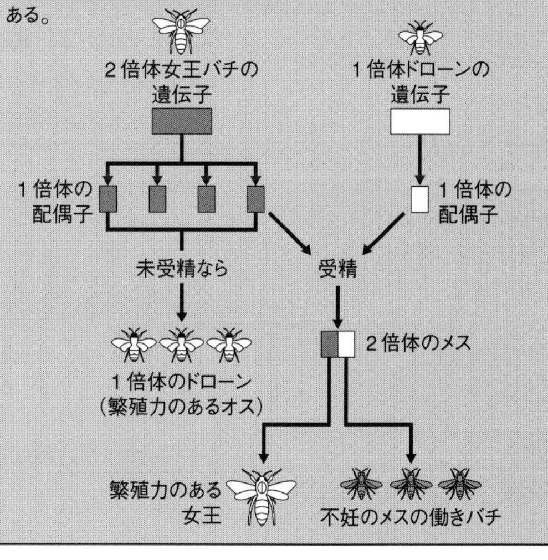

図 8-16　1倍体と2倍体の数

比に影響するメスの働きバチはほとんどいない。繁殖期の後半で，働きバチの影響の結果として女王は次第に娘の女王バチを産むようになる。

要するに，親も子も両者間のコンフリクトに常に勝利するわけではない。親が勝つ場合もあれば，子が勝つ場合もある。またその解決が妥協という形をとることもある。

論議のポイント
1. 半倍数性の変わった特徴とは何だろうか？
2. 半倍数性の種を研究することには，なぜ意義があるのだろうか？

子殺し

キー用語
子殺し：意図的に子を殺すこと。

子殺し（infanticide）（意図的に子を殺すこと）は，成体と子の間のコンフリクトに関する印象的な例である。それは，主として1個体以上のオスが多くのメスを守る種にみられる。たとえば，ハリデイ（1980）は，タンザニアのライオンの行動について述べている。それぞれのプライド（群れ）は，一般的に2, 3個体のオスと約10個体のメスからなる。プライドを支配しているオスが他のオスに負けると，そのプライドの新たなリーダーは，プライド内の幼獣をすべて殺す。なぜ，このような子殺しが起こるのだろうか？　理由の一つは，これによって，メスが急速に発情あるいは性的に受容的となるからというものである。すると，新たなオスはメスを妊娠させ，自分たち自身の子が生まれる。別の理由は，新たなオスがプライドを引き継いだとき，プライド内の幼獣はそのオスと遺伝子を共有していないからだというものである。結果的に，その幼獣を生存させると，オスが自分の遺伝子を将来の世代へ新たにわたそうとする際には無益である。

ハーディ

ハーディ（Hrdy, 1977）は，ハヌマンラングールというサルを研究した。このサルは，一般に約25個体の群れで生活し，その群れは1個体のオス，そのオスと配偶関係にある数個体のメス，そして自分たちの子からなる。ハーディは，概して居住するオスが変わった直後に起こる子殺しを数例観察した。なぜ子殺しが起こったのだろうか？　その理由はライオンと同じである。居住するオスは平均27ヶ月間群れのサルをコントロールし続ける。これは長期間のように思えるかもしれないが，子は妊娠後たった約24ヶ月で独立する。新しいオスは，別のオスに自分がとって代わられる前にわが子が独立するチャンスを最大にするため，自分が支配しているときには前のオスの子を殺す必要があるのである。

子殺しは，時期をずらしてヒナが孵化するような鳥の種（たとえば，タカ，フクロウ）にも共通してみられる。特にヒナが2個体の場合に典型的なのは，初子のヒナは親がくれる分け前以上の餌を受け取るということである。多くの場合，後に生まれたヒナは次第に飢えて死に，親が初子のヒナにそれを餌として与える。初子のヒナは後に生まれたヒナを攻撃し，その死を早めることもある。

これまで，子殺しはオスにとって利益があるということをみてきた。しかし，殺される子をもつメスにとっては利益はない。ハーディは，ラングールのメスがさまざまな方法で子殺しを避けようとするのを見出した。群れにいるオスが子の1匹を殺そうとしたとき，数個体のメスがそのオスと戦うこともあった。子が独立するまで，群れを出ていくメスもいた。妊娠しているメスは新たなオスと多数回交尾する。おそらくその結果，新しいオスは愚かにも妊娠しているメスの子が前のオスの子ではなく自分の子なのだと考えるのかもしれない。

議論のポイント
1. 子殺しが生じる主な理由は何だろうか？　幾つか挙げなさい。
2. ヒトという種では，ありがたいことになぜ子殺しがめったに起こらないのだろうか？

　幾つかの種のメスは，別のやり方で子殺しを未然に防ぐ。自発的堕胎は，優位でない雄馬と交尾してしまった野生の雌馬でみられる（バーガー Berger, 1983）。もし雌馬が子を産めば，その子は優位な雄馬によって殺される。その論理は，子殺しによって後で失われてしまうような余分な資源の投資を止めようとしているのだろうということである。

　メスによる防御的戦略があるにもかかわらず，なぜ子殺しをそれほど普通に行う種がいるのだろうか？　グリアーとバーク（1992, p.340）によると，以下の通りである。

　　状況の収支は，子殺しをするオスに有利である。つまり，子殺しを防ぐには，複数のメスによる一定の警戒が必要だが，子殺しの成功には，数秒の不注意と犬歯での素早い一嚙みだけが必要だからである。

図8-17　ライオンのプライドでは，多くの場合，新しいリーダーは前のリーダーの幼獣を殺す。

鳥　類

鳥類の種の中には，後に生まれた子へわざと餌を十分に与えず死なせてしまう種がいる。なぜ，そういうことをするのだろうか。グリアーとバーク（1992）によれば，そこには二つの主な戦略がある。

1. 親の保険戦略：初子が生存できない場合のために，1個体以上のヒナを産む。
2. 日和見主義的戦略：餌の供給が乏しければ，初子がそのほとんどを受け取る。餌の供給が非常に豊富なら，他のヒナは初子と同じく生存に十分な餌を与えられる。

第一の戦略をとる種もいるが，第二の戦略をとる種もいる。親の保険戦略はクロコシジロイヌワシとレッサースポッテッドイーグルのような種で用いられる。これらの種では，初子が生存するなら，後で生まれたヒナはほとんど常に孵化後すぐ死んでしまう。日和見主義的戦略は，モリフクロウのような種で用いられる。餌が豊富なら，概して後で生まれたヒナ1個体あるいは数個体が生存する（グリアーとバーク，1992を参照）。

モックとパーカー（Mock & Parker, 1986）は，サギにみられる日和見主義的戦略の複雑性を幾つか研究した。サギの親は，先に生まれたヒナが後に生まれた同胞を殺しても止めない（これは，兄弟殺しとして知られている）。このような殺しが食物不足のためなら，一かえりのヒナの数が多いときに殺しが起こるはずである。しかし，単生個体がかえった場合のヒナは，一かえりのヒナが多い場合ほどには生存しない。特に繁殖期の初期には，親が1個体の子だけの場合，巣を見捨てて子殺しをする傾向がある。結果的に，繁殖期の終わりにかけて生まれた単生個体の55％が生存したのに比べて，繁殖期の初期に生まれた単生個体は26％しか生存しなかった。

図8-18　成体のサギが，東アフリカの沼地でバッファローの背中にとまっている。

1個体しかヒナがいないときに，なぜサギの親は子殺しをすることがあるのだろうか？　このようなことが起こるのは，繁殖期にまだ十分な時間が残されている場合には親が別の巣を作るためである。不愉快に聞こえるが，この戦略は親が長期的にみて繁殖に成功するという点では進化的に意味をもつものである。

評　価

子殺しに関する進化論的説明は，特にオスの観点からすると一般的に説得力がある。子殺しをすることで成体のオスが自分の繁殖を

最も確実に成功させようとする種では，子殺しが主として生じる。子殺しにはそれなりの大きな理由があるという事実は，なぜそれがもっと一般的にならないのかという問題を提起する。グリアーとバーク（1992）は，二つの説明を提示した。第一に，メスがオスよりも大きな種の場合，メスはオスの子殺しを妨げることができる。第二に，進化圧によって子殺しを促進するには二つの条件が満たされねばならない。すなわち，(1)群れの中の優位なオスが，あるとき別のオスにとって代わられる可能性が高いこと，(2)メスが子に食物を与えているときには妊娠できない期間があること，である。以上の条件は，主に若干のほ乳類の種で見出されている。そして，子殺しがみられる場合には，ほとんどがそのような種である。

進化論的にうまく説明できているにもかかわらず，まだ十分には取り組まれていない問題点が幾つかある。たとえば，子殺しはメスの利益に大きく反するので，メスは子殺しを妨げることのできる戦略をもっと発達させるだろう。さらに，子が自分の子ではなく子殺しの対象となりうるということをどのようにしてオスがわかるのかについては，ほとんど明らかではない。幼獣のにおいになじみがないためかもしれないし，あるいは自分自身の性経験の記憶を幾らかもっているのかもしれない。多くの場合，オスが何の情報を使っているのかについては，単にまだ知られていないだけである。

感　　想
- 種によって異なる配偶システムや戦略に影響する基本的一般的な進化的原理について，いまや多くのことがわかっている。しかし，私見では，原理と動物の実際の性行動との間のギャップには，橋渡しがもっと必要である。たとえば，多くの種は，例外は多いもののある優位な配偶システムをもっている。したがって，なぜこのような例外が生じるのかは，もっと正確に理解される必要がある。
- あらゆる既知の動物が用いている繁殖戦略は進化的原理によっており，かつさまざまな戦略に対するその種の置かれた状況に基づいたある種のコスト－利益の分析にもよっている。原理と状況との相互作用に関しては，もっと多くの研究が必要である。
- ある既知の種の性行動を実際に決定している情報について，私たちはあまりにも漠然とした考えしかもっていない。たとえば，ある種のメスは，そのオスの方が他のオスよりもずっとよく親としての投資をしてくれそうだということを，どうやって決めるのだろうか？

要　　約
有性生殖と親としての投資
　有性生殖の主なタイプは異形接合である。異形接合では，両性の配偶子は似ていない。メスは比較的少ない卵を生産するのに対し，オスは非常に多くの精子を生産する。結果的に，オスよりも大きな

親としての投資を行うことでメスは最大限に自分の繁殖を成功させる。メスが親としての大きな投資を行ったときに生じる重要な結果の一つは，メスと交尾する権利のためにオス同士で競争が生じることであり，その逆ではないということである。メスのために競争しなくてはならないということは，なぜメスよりもオスの方が体重が重いのかを説明してくれる。オスによる親としての投資がメスのものよりも大きい種では，メスの方がオスを得るために競争する。別の見方をすると，繁殖率の低い性の成員の方がその異性の成員を得るために競争するだろうということである。

性淘汰

オスがメスを得るために互いに競争する方法はさまざまであるが，主に同性内淘汰と異性間淘汰という二つがありうる。同性内淘汰は，闘争や他の攻撃行動という形態をとることが多いが，精子競争や他のオスの生殖器部分に充填物質を塗ることもまれにある。異性間淘汰では，オスはメスを引きつける装飾やその他の特徴を進化させる。鳥類における種の幾つかでは，オスは長い尾をもっている。この尾は，そもそも生存価をもったので進化してきたものかもしれない。あるいは別の可能性としては，長い尾はハンディキャップであり，このようなハンディキャップをもって生存するトリは生存にとって適した遺伝子をもつのだろうということである。進化論的あるいは社会生物学的観点はヒトの性淘汰を説明できるという，比較文化的研究からの根拠もある。しかし，これはあまり発達していない文化での場合が多く，婚外交渉とホモセクシャルは進化論の用語では説明困難である。

図 8-19

配偶システムと親としての養育

鳥類は一夫一妻の傾向があり，ほ乳類は一夫多妻の傾向がある。そして魚類はほとんどの場合乱婚である。親としての養育を行うのは，一夫一妻の種では通常両親であり，一夫多妻の種ではほとんどメスであり，乱婚の種ではどちらかの性である。配偶システムの選択は，動物とそれを取り巻く環境および生理的要因（たとえば体内受精であるか体外受精であるか，あるいは母親が母乳を与えるかどうか）のような，種々の要因に依存する。一夫多妻をメスが選ぶのは，あるオスの親としての養育を他のメスと共有するコストよりも，貴重な資源（たとえば食物）を手に入れる利益が勝るときである。多くの種内でみられるさまざまな交尾パターンは，配偶システムよりも配偶戦略という点から考えた方がよいことを示唆している。

親子間コンフリクト

親と子の間のコンフリクトは，離乳時に生じることが多い。そのとき，子はこれまで以上に食物を要求し，親は将来生まれる子のために資源をいくらか確保しようとする。ライオンのプライドでは，成体と子の間には著しいコンフリクトがある。新たなオスのリーダーがしばしば幼獣のすべてを殺すのである。子殺しはオスのライオンの利益にはなるが，メスの利益や種の利益にはならない。子殺しが最も一般的に生じる種は，優位なオスが入れ替わりやすく，子育て中のメスが長期間妊娠しないという種である。

【参 考 書】

本章で論じているトピックについてよく書かれているのは，J. W. Grier & T. Burk (1992), *Biology of animal behaviour* (2nd Edn.), St. Louis: Mosby の第11章と第12章である。有性生殖に関するさまざまな論点は，J. R. Krebs & N. B. Davies (1993), *An introduction to behavioural ecology* (3rd Edn.), Oxford: Blackwell で詳しく取り扱われている。繁殖戦略と性行動に関してわかりやすく書かれているのは，M. Ridley (1995), *Animal behaviour* (2nd Edn.), Oxford: Blackwell の第8章である。

【復習問題】

1　動物行動の進化における性淘汰の役割についての研究を批判的に検討しなさい。　　　　　　　　　　　　　　　　　　　　　　　　　　　　(24点)
2　ヒト以外の種を取り上げ，親としての投資に性差がみられるという証拠を議論しなさい。　　　　　　　　　　　　　　　　　　　　　　　　(24点)
3a　ヒト以外の種を取り上げ，その配偶戦略あるいは社会的体制を述べなさい。　　　　　　　　　　　　　　　　　　　　　　　　　　　　　(8点)
3b　3aで述べた事柄についてその配偶システムに関する進化論的見解を批判的に検討しなさい。　　　　　　　　　　　　　　　　　　　　　　(16点)
4　ヒト以外の種を取り上げ，親子間コンフリクトに関する進化論的説明を議論しなさい。　　　　　　　　　　　　　　　　　　　　　　　　(24点)

- **利他性**：動物は利己的だろうか。なぜミツバチは刺したとき自殺するのだろうか。
    - メイナード・スミスの血縁淘汰
    - ハミルトンの法則
    - シェルマンの地リスの研究
    - アクセロッドとハミルトンの囚人のジレンマの類推；互恵性
    - 相互扶助と操作

- **社会性**：集団で生活することの有利な点と不利な点。
    - 捕食者を避けることと食物を得ること
    - ワードとザハヴィの「情報センター」理論
    - カラコらの集団の最適な大きさモデル
    - 不利な点：競争，病気など

- **刻印づけ**：なぜ新しく孵化したばかりのガチョウは最初に見たものの後追いをするのだろうか。
    - ローレンツのガチョウの研究
    - スラッキンとスオミによるその後の修正

- **絆**：無力なほ乳類の新生児は，生き残るために，両親との親密な絆を必要とする。
    - ハーローの「布製の母親」研究

- **信号システムとコミュニケーション**：どのようにして，そしてなぜ，動物は自分自身の種の成員とコミュニケーションを行うのだろうか。
    - 化学的，視覚的，聴覚的，触覚的信号
    - 儀式化された行動
    - 欺き
    - フォン・フリッシュのミツバチのコミュニケーション研究
    - ヘルマンらのイルカの研究
    - クジラの歌の研究

9

血縁関係と社会的行動

ヒトという種は，とても社会的な種である。私たちの大部分は，家族や友達と相互作用をすることや，他者を援助すること等に，多くの時間を割いて過ごす。それと同じことが，確かに他の種では言えないのであろうか。社会的行動が，人間たちの間では他の種の成員の間より一般的なものであるということは，おそらく真実である。しかしながら，社会的行動の幾つかの側面は，多くの種にもみられる。たとえば，集団で過ごすことは動物にとってありふれたことである。

私たちがこの章でみていくように，人類と他の種の主な違いは，集団に所属する理由にある。ほとんどの動物の種では，その主要な理由は繁殖と十分な食物を得る可能性を増やすことである。

進化論によると，個体は彼ら自身の子孫をつくることを最大限に成功させようと行動する。このことから，なぜ個体が配偶者を求めて，また食物や他の資源に近づこうとして競争するのか，理解しやすくなる。しかし，多くの種の成員はまた，他者に直接的な利益をもたらす（だがその個体には損失を伴う）社会的行動を示す。そのような利他的行動は，表面的には進化論と矛盾すると思えるために，謎である。利他的行動について考えられる説明を，この章で議論する。

多くの種で，母親と子供の間に，特殊な社会的行動が見られる。そこに含まれるプロセスの一つが，刻印づけである。刻印づけでは，子供は彼らが見た最初の動く対象の後追いをする。もう一つの重要なプロセスは，絆を作ることや愛着である。それは，子供が両親の片方や両方と親密な愛着を発展させていくことを含む。絆作りは霊長類と多様な他の種で見られる。刻印づけと絆作りは，子供が大人になるまで生きのびる機会を増やすのを助けるために，進化したのであろう。

動物での社会的行動の一つの重要な部分は，情報伝達のため，信号システムを使うことを含む。異なる種では，視覚的な，聴覚的な，化学的な，触覚的な信号による非常に異なる種類の信号システムが発達してきた。これらの信号システムは，食物のありかや捕食者がいることなどについての重要な情報を伝達するために使用される。それらの形式の信号システムの各々は，利点と欠点をもっている。

利他性

多くの種で，利他性（altruism）の証拠がみられたり，行動に利他

図9-1 この幼いヒヒと母親との明らかな絆は，幼児が大人になるまで生き残るのを助けるであろう。

キー用語
利他性：他の動物には利益をもたらすが，その動物自身には損失がある行動。

性が現れたりする。利他的行動は，他の動物の利益になるが，その動物自身には損失を伴う。クレブスとデイヴィス（Krebs & Davies, 1993, p.265）は，利他性を「その個体自身の生存と繁殖を犠牲にして，他の個体の生涯の子孫数を増やすように行為すること」と定義した。この定義は不十分なものである。というのは，利他的行動の利益と損失は，クレブスとデイヴィスが示したほど極端なものである必要はないからである。

利他的行動の例は，ミツバチの自殺的な一突きや，捕食者が近くにいることを他の鳥たちに警告する鳥の警戒音声である。鳥の警戒音声は捕食者に音声を上げた鳥の居場所を伝えることにもなる。利他性あるいは利他性のようにみえるものの存在を，ダーウィン（Darwin, 1859）の自然淘汰説（第7章参照）で説明するのは難しい。利他的行動を見せた動物は，他の動物より多くの子孫を残すことはできない。しかし，繁殖の成功は，自然淘汰説ではとても重要なことである。自然淘汰の過程で利他性は次第に消失していくと思われる。どうしてそうならないのであろうか。

この問いに対する一つの可能な答えは，自然淘汰は集団や種のレベルにはたらくということである。たとえば，鳥の警戒音声はたとえ音声を上げた鳥が生き残る可能性を減らすとしても，鳥の群れが生き残るのを確実にしてくれるものである。この流れの推論は説得力があるように聞こえるが，そこには一つの問題がある。主として利他的なものから構成されている集団の中の利己的な個体は，利他的なものたちより多く繁殖に成功するだろう。このようにして，利己性が自然淘汰によって好まれ，利他性はおそらく消えていくだろう。

利他性を説明するいろいろな方法がある。クレブスとデイヴィス（1993）によると，なぜ動物がときどき利他的な行動を示すのかについて四つの主な理由がある。それは次のようなものである。

1. 血縁淘汰：個体は，近親者への援助を提供することによって，将来の世代の中でのその遺伝的発現を増やすことができる。
2. 互恵：一つの個体が第二の個体に利他的に行動するとき，第二の個体が将来その親切な行為にお返しするという期待を伴っている。
3. 相互扶助：二つの個体が，両方とも協力することから得るものがあるため，同時に利他的な仕方で行動する。
4. 操作：一つの個体が，利他的とみえる行動をするように，他の個体によって惑わされる，あるいは操作される。

私たちはこの四つの理由を順番に考えていくことにしよう。

血縁淘汰

ダーウィン（1859）は，自然淘汰の単位として個体に焦点を当てたが，その観点から利他的行動を説明するのは難しい。遺伝子を淘

図9-2 ミツバチの針がついているのは，毒液の袋である。ハチが攻撃するとき，針を毒液の袋がついたまま犠牲者の身体に残す。いったんハチが針を失ったら，死ぬ。それで，この方法でハチの巣を守ることは利他性とみなすことができる。

私たち自身の種で可能な利他的行動として，どのような例を示せるだろうか？

汰の単位とみなす方が，もっと意味があるだろう．子供は，遺伝子の半分を父親から，半分を母親から受け継いでいる．遺伝子の生き残りを確実にすることが，遺伝子を与えられた個体の生き残りを確実にするよりも，重要であると考えてみよう．グロス（Gross, 1996, p.413）が指摘したように，この考え方は利他的行動についての単純な説明になる．

> **親のケアと利他性**
> 「赤ん坊を育てること」は，多くの動物の親たちにとって重い負担を伴う．すなわち，ほ乳類においては，これは，卵の生産，子宮の中での胎児の成長発達，出産後乳を出すこと，世話し守ることに時間と労力を費やすこと等，生物学的な投資である．鳥類においては，巣作り，産卵，孵化，餌運び等，同じくらいの量の投資がされる．これらの行動は，親たちに直接の利益をもたらさないので，利他性という項目の下で行われるのだろうと，主張できるかもしれない．この利他性は，家族の他の成員，すなわち同じ遺伝子を分かちもつ他者から，親たちが援助されるとき，もっと顕著なものとなる．マム（Mumme, 1992）は，年上の血縁者が若い子孫の援助者として行為する，あるタイプのフロリダ・カケスを観察した．その結果，若い血縁者が生き残る率は，著しく増加した．

もし母親が3体の子供を捕食者から救う経過の中で死んだら，彼女は自分の遺伝子を$1\frac{1}{2}$倍救ったことになる（各々の子供は母親の遺伝子の半分を引き継いでいるから）．それで，遺伝子に関して言えば，利他性に見える行為は非常に利己的なものとなるかもしれない．

メイナード・スミス（Maynard Smith, 1964）は，**血縁淘汰**（kin selection）という，この議論と密接に関連する用語を導入した．それは，「子供と，子供でない血縁者を含む，近親者の生き残りに効果のある形質が選択される過程」（クレブスとデイヴィス，1993, p.266）をいう．「血縁（kin）」という言葉は，個体の親類すべてを含む．私たちがみていくように，血縁淘汰がおそらく利他性の進化の最も重要な理由だろう．

> **キー用語**
> 血縁淘汰：ある個体の遺伝子の生き残りは，近親者の生き残りを助けることで保証されるという知見に基づく，利他的あるいは非利己的行動の説明．

遺伝的な近さ

血縁淘汰に含まれる大切な意味は，遺伝的に近い近親者に向かっての方が他の個体に向かってよりも，利他的行動が示されることが多いということである．この考えは，遺伝学者ハルデーン（J. B. S. Haldane）によって要約された．彼は，自分の2人の兄弟のため，あるいは自分の8人の従兄弟のため，自分自身の生命を進んで犠牲にするだろうと論じた．

直接適応度と間接適応度の知見を考慮することによって，私たちは血縁淘汰に何が含まれるかもっと明確に理解することができる．**直接適応度**（direct fitness）とは，子供をつくることを通して遺伝子の生き残りが得られるという意味での適応度である．一方，**間接適応度**（indirect fitness）とは，兄弟姉妹，従兄弟，甥，姪のような子供でない血縁者の生き残りを助けることを通して，遺伝子の生き残りが得られるという意味での適応度である．ハミルトン（Hamilton, 1964）によると，動物の利他性が存在する主な理由は，直接適応度に間接適応度を加えるためである．その2種類の形の適応度の組み合わせは，包括適応度として知られている．グリアーとバーク（Grier & Burk, 1992, p.457）によると，**包括適応度**（inclusive fitness）とは，

> **キー用語**
> 直接適応度：子供をつくることを通して，遺伝子の生き残りが得られるという意味での適応度．
> 間接適応度：子供でない血縁者を助けることを通して，遺伝子の生き残りが得られるという意味での適応度．
> 包括適応度：個体の繁殖の成功と，その個体の行動によって増えた親類の追加の繁殖の成功を一緒にしたもの（個体と親類との間の遺伝的類似性を考慮に入れる）．

(1) 1個体の繁殖の成功，プラス (2) その個体の親類たちがその個体の行動によって成し遂げた追加の繁殖の成功（各々のケースでその個体と親類の血縁度によって切り下げられている），マイナス (3) 個体がその親類から受けた援助ゆえにもてた（もしいれば）追加の子孫。

ハミルトン（1964）は，私たちがこれまでに論じてきた多くの考えをまとめた。ハミルトンの法則によると，利他性の進化のための必要条件は次の公式によって表される。

$$B/C > 1/r$$

図9-3 捕食者がいるぞという警戒音声を，他の地リスに与えているところ。しかし，それは同時に，音声を上げたものの存在と位置を，捕食者に教えることになる。

この公式において，Bは動物が援助を受けて得る利益，Cは利他的動物の損失，そしてrは血縁度である。血縁度は，各親がその子供たちの各々と同じ対立遺伝子（allele）または遺伝子（gen）をもつ可能性は2分の1であるという事実に基づいている。祖父母と孫が同じ対立遺伝子をもつ可能性は4分の1であり，最初の従兄弟たちの可能性は8分の1である。

ハミルトンの法則から，近親者は遠い親類より助けられやすいことが言える。しかし，もし利他的援助の利益が大きく，そして/または，利他的動物の損失が小さかったら，遠い親類も利他的援助を受けるだろう。ハミルトンの法則はおそらく，両親が子供に向けて利他的に行動することは，兄弟姉妹がお互いに向けてするよりも多いのはなぜか，説明するのに使われるだろう。私たちはこのことを血縁度の点からは説明できない。血縁度は，どちらのケースも同じである。ハミルトンの法則によると，その違いは，子供は兄弟姉妹より利他的行動から多くの利益を得ることからか，あるいは利他性の損失は両親の方が兄弟姉妹より小さいことから生じているのだろう。

シェルマンの研究

血縁淘汰の知見を支持する証拠が，シェルマン（Sherman, 1977）によって，アメリカ合衆国のベルディングの地リスの研究の中で報告された。そのリスは生後たったの数週間のとき，若いオスたちはさまざまな方向へ去って行くが，若いメスたちは一般に生まれた場所の近くに居続ける。近親者のメスたちが互いに戦うことはほとんどないし，攻撃者からお互いの子供を守るために協力する。しかし，親類でない地リスは，およそ80％の若いリスを穴から引きずり出して，殺してしまう。このリスたちは殺された若いリスたちと近親者ではないので，血縁淘汰ということは考慮しなくてよい。

シェルマンはまた，捕食者（たとえば，イタチ，コヨーテ）が近づいているときのリスの警戒音声について研究した。この警戒音声は，利他的行動を表している。というのは，警戒音声を発したリスは，捕食者から攻撃される可能性が増すからである。血縁淘汰の知見から予測されるように，近親者が近くにいるときの方がその領域には親類でないリスしかいないときより，メスたちはこの警戒音声を発することが多かった。警戒音声の恩

恵を受けるのは，通常，音声を発したリスの子供であった。しかし，警戒音声は，親たちや子供でない親族（たとえば，姉妹）しか近くにいないときも，発せられた。これらの発見は，利他的行動は近親者の利益にかなうときの方が，そうでないときより生じやすいという知見に，正確に合致している。

議論のポイント

1. なぜこの方法で近親者が利益を受けると考えられるのだろうか。
2. シェルマンの研究が重要であるとみなされる理由を，考えることができるだろうか。

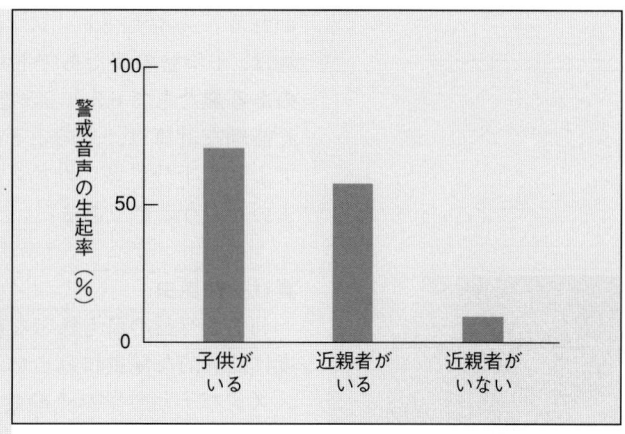

図9-4 プレーリードッグのメスの警戒音声 （ホッグランド, 1983）

警戒音声

ホッグランド（Hoogland, 1983）は，黒い尾のプレーリードッグの警戒音声を観察した。そのプレーリードッグは，コテリーとして知られている集団で生活している。各々のコテリーには通常，1匹の成体のオスと，3，4匹の成体のメスと，彼らの子供がいる。プレーリードッグをだまして警戒音声を上げさせるために，ホッグランドはプレーリードッグの捕食者であるアナグマのはく製を提示した。メスのプレーリードッグが警戒音声を発したのは，自分の子供がコテリーにいるときには71％，子供ではない近親者（たとえば，兄弟姉妹）がコテリーにいるときには58％で，近親者がいないときには10％にすぎなかった。オスのプレーリードッグも似たような数字で，それぞれ，51％，49％，25％であった。その調査結果の重要な点は，子供でない親族だけが利益を受けるときも，子供がコテリーにいるときとほとんど同じくらい，警戒音声が発せられるということである。このことは，利他的行動は子供と子供でない親族の両方に向けられることを示していて，それは血縁淘汰の知見から予測される通りである。

ペアとトリオ

厳密に言うと，血縁淘汰は，その種の血縁のある成員の生き残りの可能性を増やす行動のことを指す。警戒音声の研究の限界は，私たちが親族の生き残りへのその効果の詳細をつかめないことである。より適切な研究が，メイナード・スミスとリパス（Maynard Smith & Ridpath, 1972）によって行われた。タスマニア原産のニワトリは，子供を産むため，ペア（1羽のオスと1羽のメス）かトリオ（2羽のオスと1羽のメス）を作る。トリオでは，2羽のオスは通常兄弟であり，1羽がもう1羽を支配している。支配的なオスは，一般的に，彼の兄弟をメスのニワトリとつがわせる。血縁淘汰によると，この協力的な行動はたくさんの子供をつくるという点で有利であるため行

われる。メイナード・スミスとリパスは，生き残った子供の数の平均は，1年目の親たちでトリオが3.3に対してペアは1.1だけ，経験のある親たちで6.5と5.5であったことを見出した。血縁淘汰に基づく詳細な計算は，次のことを示唆した。子供の数はトリオの方がペアよりも十分に多いため，兄弟の協力的な行動は正当なものとみてよいということである。

真社会性昆虫

利他的行動の最も厳密な根拠が，**真社会的**（eusocial）あるいは高度に社会的な昆虫にみられる。それには，アリとシロアリのすべて，スズメバチとミツバチの幾つかの種が含まれている。これらの昆虫は，巣作りに協力し，集団のための食物を得るため集団で探し回ることに従事し，子供を協力して世話し，巣を侵入者から攻撃的に防衛する。おそらくそのような防衛の最も知られた例は，ミツバチの利他的な自殺である。ミツバチが侵入者を刺すと，その針の器官全体がとれてしまい，そのハチは死んでしまうのである。

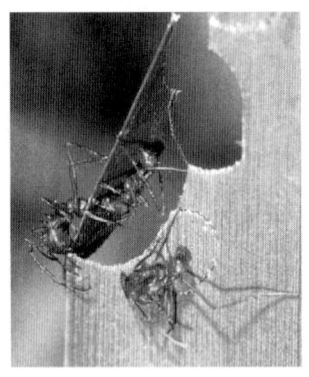

図9-5 アリが協力して大きな食物を運び，主な集団に帰っている。

> **キー用語**
> 半倍数性：真社会性昆虫における性決定システム。オスは受精していない卵から発達し，メスは受精卵から発達する。

なぜ真社会性昆虫はそんな利他的なやり方で行動するのだろうか。その単純で最も重要な理由は，真社会性昆虫のほとんどの種が半倍数性と呼ばれる性決定システムをもっていることである。**半倍数性**（haplodiploidy）は，オスは受精していない卵から発達し，一方メスは受精卵から発達するということである（第8章参照）。半倍数性の下では，メスの子供は遺伝子のすべてを与える1個の共通の父親をもち，さらに共通の母親の遺伝子の半分を分かちもつ。この珍しい交配の結果，メスの姉妹との血縁度は0.75になるが，自分自身の子供との血縁度は0.5にすぎない。このことは，彼女は母親を助けることによる方が（母親は彼女のためにもっと多くの姉妹を産んでくれるので），彼女自身が生殖することによるよりも，自分の遺伝子が生き残る可能性を最大にできることを意味する。

どのようにして真社会性昆虫の利他的行動は半倍数性に依存しているとわかるのだろうか。鍵となる根拠は，洗練された利他的社会が半倍数性がある11の昆虫の種で発達しているが，それがない種では一つ（2倍体のシロアリ）だけで発達したにすぎないことである。しかし，半倍数性は，複雑な利他的社会を作ることに関係する唯一の要因ではありえない。半倍数性は，利他的社会を形成していない単独寄生スズメバチにもみられる。他のどんな要因が関係するのだろうか。捕食者からの高度なレベルの危険と複雑な巣を作る必要が，複雑な社会の発達にある役割を演じているようである（グリアーとバーク，1992）。

血縁の認知

多くの種の個体が，近親者や血縁者が利益を受けるときの方が親類でないものだけが利益を受けるときより，利他的に行動しやすいことを，私たちはすでにみてきた。このことは，彼らが彼らの種のどの成員が血縁でどの成員がそうでないか認知できることを示して

いる。どのようにしてこの血縁の認知が生じるのだろうか。その鍵となる点は，個体は決して必ずしもこの問題に正確ではないということである。たとえば，もし子供が巣の外にいたら，両親が自分たちの子供を無視してしまう，幾つかの鳥の種がある。しかし，もしカッコウや他の鳥が彼らの巣の中に卵を置いたら，彼らはその鳥がまるでわが子であるかのように面倒をみるだろう。この観察は，個体は彼らの家の中で生活している他の動物を，たとえ身体的によく似た点がなくても，血縁とみなしがちであることを示している。

図9-6 「うーん，あいつはうちの家の中に住んでいるから，私たち家族の一員だろうと思うよ」

ホームズとシェルマン（Holmes & Sherman, 1982）は，動物は一緒に育ったものを血縁として扱うという知見を検証した。地リスの子供たちが，次の四つの種類の育成グループに分けられた。それは，1匹の母親から育てられる兄弟姉妹，別々の母親から育てられる兄弟姉妹，1匹の母親から一緒に育てられる兄弟姉妹でない子供たち，そして，別々の母親から育てられる兄弟姉妹でない子供たちであった。彼らが成長したとき，これらのグループからさまざまな方法で選ばれたペアのリスが，一緒に置かれた。一緒に育った動物がお互いに攻撃的に行動することはめったになかった。しかもそれは，彼らが遺伝的に関係あるかどうかによって違いがなかった。離れて育った動物は，一緒に育った動物より，お互いに向けて攻撃的に行動することが多かった。例外は，離れて育った2匹の姉妹であり，離れて育った親類でないメスより，お互いにそれほど攻撃的でなかった。その例外を除いて，ペアの動物が遺伝的に関係があるかどうかは重要でなかった。このように，リスがお互いに向ける行動は，彼らが血縁であるかどうかより，彼らがお互い近くで生活してきたかどうかに基づいていた。

要約すると，ある個体にとって彼らの種の他の成員を，血縁であるかないか区別することは，たいてい困難である。しかし，同じ巣や家で生活している誰かは血縁であるという単純な仮定は，普通正しい。ある一つの種の子供を，親類でないものと一緒に育てるという特殊な研究が，もしなされたら（たとえば，ホームズとシェルマン，1982），動物は間違いを犯すだろう。しかし，このような状況は，自然界ではめったに起こらない。

あなた自身の経験から考えると，家で飼っているペットの行動に，ある種の血縁の認知を適用できるだろうか？

図9-7 一緒に育てられた幼い地リスは，あたかも遺伝的に親族であるかのように行動し，離れて育てられた親族のリスよりも，成体になってお互いに向けて攻撃的になることが少なかった。

評　価

　動物の多くの利他的行動は，血縁淘汰に依存しているという強い根拠がある。しかし，幾つかの複雑な要因があることに注意しなければならない。第一に，動物は血縁度を計算できないので，同じ巣にいるものはみんな近い親族とするような「目の子勘定」を用いる。第二に，利他的行動が血縁淘汰によって影響されているときでさえ，それはしばしば環境の要因によっても影響される。たとえば，危険な捕食者が出現すると，種の成員がお互いに利他的に行動する可能性が増すだろう。第三に，動物の種から発見されたことを私たち自身に適用しようとするときには，慎重になる必要がある。人間はしばしば，他者が感じていることへの共感や理解といった経験をするために，利他的に行動する（第22章参照）。対照的に，動物の種のほとんどの利他性は，個体の遺伝子の生き残りに基づいているのであって，共感を伴って行われるのではまったくないと言ってよかろう。

互恵性

　トリヴァース（Trivers, 1971）は，ある動物が他の動物に利他的に行動すると，他の動物がその動物に利他的に行動してくれる可能性が増すときに，動物は利他的に行動するだろうと論じた。彼は，このことの状態に，遅延した互恵的利他性という用語を使った。遅延した互恵的利他性（あるいは**互恵性**（reciprocity）としても知られている）に伴う最も明白な問題は，だます可能性である。もし誰かがあなたに向けて利他的に行動して，あなたがその人を助けなかったとしたら，あなたはすべてを得るが彼らは失うことになる。

　アクセロッドとハミルトン（Axelrod & Hamilton, 1981）は，「囚人のジレンマ」（次ページ囲み記事参照）と呼ばれる協力あるいは互恵性の達成の問題について論じた。囚人のジレンマはもともと人間の行動を理解するために考案されたが，他の種にも容易に適用できる。その基本的な考えは，各々の動物がもし利己的に行動するなら，協力するより，うまくやることができるだろうというものである。しかし，もし彼らが両者とも協力するなら，両者とも利己的に振る舞うより，彼らにとってよりよいものとなる。アクセロッドとハミルトンが指摘したように，もし2匹の動物が1回しか会ったことがなかった

擬人観

　「擬人観」という言葉は，人間の特徴を動物や生命をもたない物に当てはめることを意味する。西洋の文化には，人間でない動物（汽車のような生命をもたない物ですら！）が，私たちがしているように考えたり，感じたり話したりしているように記述された物語がたくさんある。日常生活での擬人観は何も悪くないし，たとえば私たちが飼っているペットのような他の動物を，「幸福である」とか「食べ飽きている」とか言って議論することも何も悪くない。しかし，たとえば研究を行っているときのように，客観的であろうと試みているときには，私たちは注意する必要がある。動物が人間ができるような意味で喜んだりいらいらしたりするかどうか，あるいは動物が人間のような形の情動をもつかどうか，あるいは動物が私たちのように考えることができるかどうか，知ることは不可能である。動物がそうしているという証拠は，ほとんどないか，ない。私たちは研究を行う場合，動物の行動を人間の言葉を使って考えたり，話したり，書いたりするのを避けるよう注意する必要がある。私たちは，人間の思考や情動を他の種に当てはめることはできないからである。

キー用語
互恵性：一匹の動物がもう一匹のものに向かって利他的行動をすると，そのもう一匹が後でその親切な行為にお返しすることである。

ヒヒにおける互恵性

　ヒヒの部族では，集団の中で最も成功したオスが，最も回数多く，メスたちと交尾する。しかし，パッカー（Packer, 1977）は，若いオスたちの間での利他的な協力を観察した。彼らのうちの1匹が，優位なオスの気をそらす。これは危険な仕事である。優位なオスは普通，彼より大きくて強いからである。もう1匹の若いオスは，優位なオスのパートナーと交尾する機会をうかがう。両方の若いオスが交尾し子供の父親となる可能性が与えられるように，親切な行為は後の機会にお返しされるようである。

> **囚人のジレンマ**
>
> 　このゲームは，人々の間の協力を試すため，心理学者にとって特に魅力をもつ。ゲームの結果はいつも，双方がする選択と彼らの間の協力の度合いによっているからである。その典型的な形では，プレイヤーたちには，ある犯罪に共犯したために逮捕されているという仮説的な状況が与えられる。2人の「囚人」は切り離され，1人ずつ「警察」から尋問される。以下のような提案がそれぞれになされる。すなわち，もし彼または彼女（A）が，もう1人の囚人（B）にそむいて，自白し証拠を差し出すなら，Aは釈放されBは厳しく罰されるだろう。各プレイヤーには，パートナーと協力して黙秘を続けるか，あるいは変節して自白するかの2つの選択肢がある。
>
> 　両方のプレイヤーが協力をしたときが彼らは得をするのだが，それでも，各々は同じ軽い罰を受けることになる（どちらにも証拠がほとんどないか，まったくないから）。もし両方のプレイヤーが自白したら，彼らは2人とも損をする。なぜなら，いまでは彼ら両名に対する証拠があり，罰はもっと厳しくなるだろうから。しかし，1人が黙秘を続け，もう1人が自白したら，自白者は罰を受けずに釈放されるのに対して，もう1人のプレイヤーは厳しい罰を受ける。このジレンマは，もちろん，**一方にはもう一方**の決定を，決して確かめることはできないことである。
>
> **やってみよう**
>
> 　囚人のジレンマを，三つのグループでシュミレートしてみよう。二つのグループの人々が囚人の役割をし，3番目のグループは「判事」としてポイントを配分する行為をする。それぞれの囚人は，もう1人の囚人がどんな決定をしたのか，見たり聞いたりできないようにされるが，各試行の終わりに自分たちの得点を告げてもらうことはできる。得点をつけるやり方は次の通りである。
>
> 　　両方が黙秘（協力）：それぞれ5点
> 　　Aは黙秘を続けるが，Bが自白：Aは10点失い，Bは10点獲得
> 　　Bは黙秘を続けるが，Aが自白：Bは10点失い，Aは10点獲得
> 　　両方とも自白：それぞれ得点なし
>
> 　二つの条件で実験を行ってみよう。つまり，一つの条件はヒントなしであり，もう一つの条件は本文に引用したようなアクセロッドのしっぺ返し方略を使うことである。

ら，彼らの最良の方略は利己的なやり方で行動することである。しかし，彼らが何回も会っていたら，他の方略がより効果的となる。

　アクセロッド（1984）は，62人の科学者に囚人のジレンマに勝つ方略を示すように求めた。最も効果的な方略は，しっぺ返し（tit for tat）だった。しっぺ返し方略では，個体は最初の回に協力する。2回目には，個体は，相手が最初の回に行動したように行動する。それから後は，個体はただ単純に，相手が先の回にとった行動をまねる（訳注：つまりしっぺ返し方略では，相手が裏切ると次の回に裏切り返し，相手が協力すると次の回に協力してお返しすることになる）。このしっぺ返し方略は，相手の動物に協力的であるように奨励し，利己的であることを思いとどまらせるため，効果的である。

　しっぺ返し方略は非常に効果的であり，そして動物でも使えるほど簡単な方略である。しかし，この方略がある種で最初にどのようにして確立されてきたのかはっきりしていない。アクセロッドとハミルトン（1981）は，これが血縁淘汰と直接関係あるだろうと示唆した。血縁淘汰を考えると，協力的行動や互恵性は近親者の間で非常に発展しやすいだろうということになる。協力的あるいは互恵的行動が親族でないものと親族を区別するために使われることもありえよう。

根　拠

　クレブスとデイヴィス（1993）は，互恵性のいろいろな例を論じた。フィッシャー（Fischer, 1980）は，ブラック・ハムレット・フィッシュの産卵を考察した。その魚は，オスとメスの両方の特質をもっている。その魚はペアを形成し，一方の魚が卵を放出し，もう一方が受精する。それから，2匹の魚は役割を交代する。そして，彼らは2時間にわたって役割を交代し続ける。このかなり複雑な産卵方法の価値は，ごまかしを早いうちに見つけることができるということである。フィッシャーは，ペアの一方の魚が協力しなかったら，もう一方はそれ以上の卵を放出するのをやめ，ただ泳ぎ去ることを見出した。

　互恵性は，コスタリカの血吸いコウモリにもみられた（ウィルキンソン Wilkinson, 1984）。ウィルキンソンは，両方とも親族でない個体から構成されている，二つの群れのコウモリから，大きな一つの集団を作成した。1匹のコウモリが隔離され，血に近づくことが禁じられた。そのコウモリは，その後，集団に戻された。そのコウモリは，自分の群れから来たなじみのあるコウモリから血をもらうことの方が，他の群れから来たなじみのないものから血をもらうより，ずっと多かった。このことは予測通りである。というのは，互恵性は，互いに知っている動物の間でより可能性が高まるからである。特に重要なことは，他のコウモリから血を与えられた飢えたコウモリは，将来，他の誰よりも血を与えてくれたコウモリに，血を与えることが多かったということである。

相互扶助

　相互扶助（mutualism）は，2匹の動物がお互いに向けて利他的あるいは協力的なやり方で行動するという点で，互恵性に似ている。違いは，相互扶助では両方の動物が同時に利益を得るが，互恵性の場合は一方の動物の利益は遅延するということである。

　パッカーら（1991）は，タンザニアのライオンの群れでの相互扶助について研究した。その群れには普通，多くの親類のメスと2頭から6頭のオスがいる。オスが群れの中にいる利点は，生殖の可能性が増すことである。一つの群れに2頭のオスだけがいたとき，彼らは両方とも多くの子供の父親となった。このことは，彼らの間の相互扶助あるいは協力があるということを示している。一つの群れにもっと多くのオスがいたときには，相互扶助ははっきりしなかった。そのような群れでは，少なくとも1頭のオスは，どの子供の父親にもならなかった。これは，血縁淘汰の用語で説明できる。一つの大きな群れのすべてのオスは，近親者だった。その結果，どの子供の父親にもならなかったオスの遺伝子は，群れの中の他のオスたちの生殖の成功を通して生き残ったことになる。

操　作

　利他的なやり方で行動している動物が，利他的行動で利益を受け

> **キー用語**
> **相互扶助**：二つの個体が，同時に，お互いに向けて，協力的あるいは利他的に行動すること。

る動物からトリックにかけられたため，利他性のようにみえる出来事が実際にときどき起きる。おそらく，そのような**操作**（manipulation）の最もよく知られた例は，カッコウのやり方である。カッコウは，他の種の鳥がカッコウの卵をかえしヒナを育てる宿主として行為するように信じさせる。メスのカッコウは自分の卵を一つ宿主の巣に置くと，すでにそこにあった宿主の卵から一つを取り除いてすりかえる。カッコウが孵化すると，すばやく宿主の卵をすべて巣から放り出してしまう。

カッコウがする操作は，宿主の鳥がカッコウの卵を拒否することがより少なくなるように，注意深く計画されたものである。デイヴィスとブルック（Davies & Brooke, 1988）は，カッコウの卵の模型を使った。もし宿主の鳥がカッコウのはく製を巣の上で見たなら，もし卵が彼ら自身の卵と似ていなかったら，そして，もし彼らが自分自身の卵を置く前に巣に卵が置かれたら，宿主の鳥は卵を拒否しがちであることを，デイヴィスとブルックは見出した。カッコウが自分たちの卵を宿主の巣の中に置く行動は，卵が宿主の鳥から受け入れられる可能性を最大にするものである。

図9-8 いったんカッコウの卵が宿主の鳥から受け入れられたら，カッコウのヒナは自分自身の生き残りを確実にするために，他のヒナを全部巣から押し出してしまおうとする。

> キー用語
> **操作**：ある動物が，利他的にみえる行動をするように，トリックにかけられる，あるいは操られること。

社 会 性

多くの種の動物が少なくとも一生の時間のある部分を集団で生活していて，**社会性**（sociality）という用語がこの傾向を示すのに使われている。読者が想像されているように，動物がなぜ集団生活を選択するかには，多くの異なる理由がある。しかしながら，二つの理由が主として重要である：(1)捕食（捕食者から殺され食べられること）を避けること，(2)十分な量の食物を獲得することである。もしある種の成員が集団に属することで捕食者から攻撃され殺されることが少なくなり，十分な食べ物を手に入れることが多くなれば，彼らはたいてい集団に加わっていくだろう。

集団の成員になることの，これらの有利な点に関する根拠を考えることから始めよう。その後，集団に属することの幾つかの不利な点が論じられる。最後に，集団の成員になることの利益と損失についての情報が，どのように集団の大きさを説明するのに結びつけられるかを考える。

> キー用語
> **社会性**：動物たちが，食物を得たり捕食者を避けたりすることなどのため，集団の中で生活する傾向。

有利な点：捕食を避けること

集団は捕食者による攻撃のリスクを減らすために形成される可能性があることの根拠が，セガーズ（Seghers, 1974）によって報告された。彼はトリニダードのいろいろな小川を泳いでいるグッピーた

ちを研究した。グッピーたちは，捕食者が多くいるときには少ししかいないときより，密集して集団を作るきわめて顕著な傾向を示した。

見張ること

　どのようにして集団で生活していることが，個々の動物を捕食者による攻撃から守る助けになるのだろうか。その有利な点の幾つかは，捕食者を見張ること（scanning）に関係している。ダチョウの研究でバートラム（Bertram, 1980）は，それぞれのダチョウは群れの中にいるときの方が1羽だけでいるときより，捕食者がいるかどうか見張ったり見回したりするのに費やす時間が少ないことを見出した。にもかかわらず，少なくとも1羽のダチョウが捕食者のために見張っている時間の割合は，群れや集団の方が少し高かったのである。

図9-9　集団の中のダチョウは，食べ物を探すことにより多くの時間を，捕食者を見張ることにより少ない時間を当てる。見張る仕事を分かち合うことは，集団全体の方がどの単独のダチョウより守られていることを意味している。

捕食者をすばやく見つけること

　集団で見張ることは，個体が見張るより，捕食者をすばやく見つける点で，しばしば効果的である。ケンワード（Kenward, 1978）は，単独のハトは普通オオタカが非常に近づいたときにだけ反応することを見出した。対照的に，50羽を超える大きな群れのハトは，平均的にオオタカがまだ40ヤードあるいは37メートルくらいのところで反応した。オオタカの単独のハトに対する攻撃の成功率は80％であったが，オオタカが20羽かそれ以上の群れから鳥を捕らえようとしたときには成功率は10％に下がった。

　バートラム（1980）のダチョウの研究で，彼は集団で生活するダチョウは単独のダチョウよりライオンに攻撃されたとき食べられることが少ないことを見出した。その理由は，1回の成功した攻撃で，ライオンはただ1羽のダチョウを殺すだけだからである。しかし，より大きくて目立つ集団のダチョウは1羽だけでいるダチョウより，

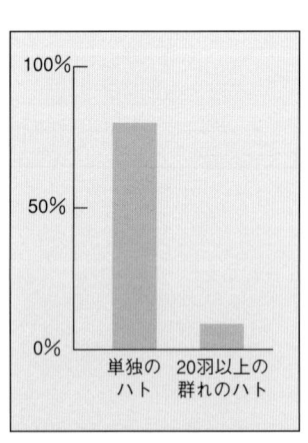

図9-10　オオタカが捕まえる率

捕食者に攻撃されやすいように思えるかもしれない。

希釈効果

どの動物も，集団の中にいるときの方が単独でいるときより，捕食者の攻撃から生き残りやすいという知見は，**希釈効果**（dilution effect）と言われる。この効果はダチョウ以外の幾つかの種，オオカバマダラチョウや半野生のウマなどにもみられる。コールヴァートら（Calvert *et al.*, 1979）は，鳥から攻撃されたオオカバマダラチョウが，木の上に非常にたくさんの数で集まる効果を考察した。彼らは，小さなとまり木にとまったチョウは大きなとまり木に止まったチョウより，鳥から食べられる確率が高いことを見出した。希釈効果は，大きなチョウのとまり木は鳥から見つけられやすいという不利な可能性とつり合うくらい強かった。

> **キー用語**
> 希釈効果：大きい集団の中にいるときの方が，小さな集団の中や単独のときより，個体が捕食者によって殺される可能性が減ること。

利己的な群れ効果

集団で生活することのもう一つの利点は，**利己的な群れ効果**（selfish-herd effect），またはあなたがお先に効果（you-first effect）として知られていることである。集団の中心にいる動物が集団の外側にいる動物より捕食者から安全であるとき，この効果が生じる。利己的な群れ効果の好例が，ブルーギル・マンボウにみられる。この種の主な捕食者はカタツムリであり，卵を食べる。グロスとマクミラン（Gross & MacMillan, 1981）は，マンボウのコロニーの中央にある巣と端や周辺にある巣の中にいるカタツムリの数を調べた。周辺の巣の中には，中央の巣の中の2倍のカタツムリがいた。しかし，コロニーの周辺の巣の中にいるカタツムリは，コロニーの外に一つだけある巣の中にいるものの半分にすぎず，それゆえ周辺の巣のマンボウでさえ集団で生活することの利点があった。

> **キー用語**
> 利己的な群れ効果：集団の中心にいる動物は，周辺にいる動物より，捕食者からの危険が少ない傾向。

図9-11　利己的な群れ効果：集団の中心のシカは，端のシカより，攻撃から守られている。

押し寄せること

私たちが考えてきた例は，集団の中の動物が捕食者に対して受身的なやり方で行動するときにさえ，集団で生活することの現実的な利点がみられるかもしれないことを示してきた。しかしながら，ある集団に属する動物たちが力を合わせて捕食者を攻撃する幾つかの種がある。たとえば，カラスから攻撃される頭黒カモメの場合を考えてみる。大きなコロニーの中のカモメはしばしば一緒になってカラスに押し寄せる。こうして，カラスの攻撃が成功する機会を減らすのである（クルーク Kruuk, 1964）。

要約すると，集団で生活する動物が捕食者から身を守る多くの方

法がある。その方法には次のようなものがある：(1)捕食者を見張るのに費やす時間が短い；(2)捕食者を早く見つける；(3)希釈効果；(4)利己的な群れ効果；(5)捕食者に対する積極的防衛（たとえば，押し寄せること）。

有利な点：食物の獲得

先に述べたように，動物が集団に属すると十分な食物を手に入れる可能性が増えるだろう。たとえば，斑点ハイエナがヌーの子供を捕らえようとする場合を考えよう。クルーク（1972）は，1頭だけでいるハイエナは企てに15％成功したにすぎないが，ペアのハイエナは攻撃の74％に成功したことを見出した。ペアのハイエナがそれほど成功した主な理由は，1頭のハイエナが母親をそらし，その間にもう1頭が子供を捕まえるからである。

図9-12 ペアのハイエナは，一緒に狩りをするときには，単独のときの2倍以上成功する。それゆえ，協力は，彼らが食物を半分ずつ分けたとしても，いい方略である。

ライオンが集団で狩りをするのは，それが獲物を捕まえるのに成功することを増やすからだというふうに，ときどき論じられてきた。しかし，幾つかの証拠はその議論に一致していない。たとえばパッカー（1986）は，大きな集団の中のライオンが1日に消費する食物は，2頭という小さな集団の中あるいは単独のライオンより**少ない**ことを見出した。なぜ，それでも，ライオンは集団で狩りをするのだろうか。パッカーによると，ライオンは狩りをするより多くの時間を掃除することに費

ワタリガラスの間で交換される情報

マーツロフ，ハインリヒとマーツロフ（Marzloff, Heinrich & Marzloff, 1996）は，アメリカ合衆国のメイン州西部の松林の中で，夜の間ずっと，大きな集団でとまり木にとまっているワタリガラスの研究をした。ワタリガラスは掃除屋であり，毎朝，動物の死体を探しに飛び立つ。観察により次のことがわかった。もし数羽の鳥が大きな死体（シカのような）を見つけ，とまり木に帰る前にそれをついばんだら，次の日，彼らが死体に戻ってくるのについて群れがやってきて，骨がきれいについばまれるまで数日そこで食べ続ける。とまり木で伝達された情報が食物源の場所を定めたのだろうか。情報がどのように置かれたか，あるいはこれらの信号が何であるのか，まだ明らかにされていない。

やす。そして，獲物の死体が他のライオンやハイエナに見つかることから守るのは，大きな集団のライオンの方ができやすいとのことである。

よい食物源が見つけにくい（たとえば，広く散らばっている）とき，集団の動物は食物を探すのに最適な場所についておたがいに有益な情報を得るだろう。これはミツバチにみられる。ミツバチは尻振りダンスによる複雑な形のコミュニケーションを使う（この章の後半でもっと詳細に論じる）。尻振りダンスはたいへん効果的である。平均的なハチの巣から毎年15万匹のハチが育ち，45ポンドの花粉と130ポンドのハチ蜜を消費する。セーリー（Seeley, 1985）が指摘したように，「この食物を集めるため……一つのコロニーは働きバチを数百万回探索の旅に派遣しなければならない。その探索飛行は総じて2兆キロメートルに及ぶ」。

ワードとザハヴィ（Ward & Zahavi, 1973）は，多くの種の鳥が巣を作っているコロニーと共同のとまり木は，「情報センター」に似ていると主張した。その基本的な考えは，食物を得るのに成功した鳥の後をついていくことで，鳥はよい食物源を発見できるというものである。「情報センター」という用語はむしろ誤った理解をもたらす。その用語は鳥がお互い非利己的に共同作業していることを示しているが，鳥たちはただ他の鳥の情報を，彼ら自身の目的のために使っているにすぎない。

情報センターという知見は，デグルート（DeGroot, 1980）によって職工鳥の二つの集団について検証された。一つの集団は四つの個室から水のある一つを見つけるように訓練され，もう一つの集団は他の個室から食物のある一つを見つけるように訓練された。その後，二つの集団の鳥が一緒にされ，水と食物を奪われた。ワードとザハヴィ（1973）によって予測されるように，水（あるいは食物）がどこにあるのか知らない鳥は，決定的な情報をすでにもっている鳥の後をついていくことで，それを見つけた。

要約すると，集団の中で生活することが動物に適切な食物を獲得しやすくしているいろいろな方法がある。集団で生活することは，食物を見つけやすくし，食物を見つけて獲得しやすくし，他の動物から食物を守りやすくしている可能性がある。

その他の有利な点

その他にも集団で生活する利点がある。その最も重要なものはおそらく同じ種の敵対的な成員からの防衛であろう。ランハムとルーベンスタイン（Wrangham & Rubenstein, 1986）によると，その理由のため多くの種が一夫多妻（1匹のオスが数匹のメスを伴う）を形成する。それらの種にはライオン，ウマ，チンパンジーが含まれる。そのような集団のオスは，同じ種の他のオスの敵対的な行為から彼の集団のメスを守るため，一種の「用心棒」のように振る舞う。

多くの種で，そのような防衛はとても価値がある。たとえば，ライオンの群れが他のオスから攻撃されたとき起きることを考えてみよう。もしオスが群れを乗っ取るのに成功したら，ライオンの子供は普通オスから殺される（ハリデイ Halliday, 1980）。それゆえ，メスのライオンはこのようなことが起きるリスクを最小限にするため，かなり大きい集団に所属することにたいへん関心を示す。

社会生活をするもう一つの利点は，「フレイザー・ダーリング効果」として知られている。この効果は，集団の中の若い動物が，彼らが単独でいるときより早く，集団の他の成員から受けた社会的刺激の結果として，生殖し始めるとき生じる。この効果は，フレイザー・ダーリング（Fraser Darling, 1938）によって，コロニー形成性カモメで見出された。早熟な生殖の結果，当の動物は一かえりのヒナを追加してもつことができ，そのため一層繁殖に成功することができるのかもしれない。

不利な点

先に述べてきたことから，集団の中で生活することは動物にとって有利な点だけをもたらすと考えるかもしれない。それはまったく真実ではない。アレクサンダー（Alexander, 1974）が指摘したように，「集団生活からの自動的なあるいは普遍的な利益はない。むしろ，その逆が真実であり，自動的なあるいは普遍的な損害がある」。アレクサンダーによると，二つの主な損害あるいは不利な点は次のようなものである。(1)食物と生殖をめぐる競争，(2)寄生と病気の割合の増加。

競　　争

集団生活が食物を求める競争に及ぼす効果について考えることから始めよう。ある集団内の動物が平均的には単独のときより多くの獲物を捕獲できるとしても，集団の中の幾らかの個体は単独のときより獲物が**少なくなる**可能性もある。このことはメジャー（Major, 1978）のジャッキの研究によって明確に示された。ジャッキは肉食魚である。5匹の集団の中の平均的なジャッキは，単独で狩りをするときより60％以上多くハワイアン・アンチョビを捕獲した。しかし，狩りをしている集団の先頭の魚は他のどの魚よりよく獲物を得ることができたが，集団の4番目と5番目は1匹で狩りをしているジャッキより獲物を得ることができなかった。

集団の中での供給の最も明らかな損失はおそらく，食物源を求めてその集団内の動物たちが競争するだろうという見込みである。このことは，レイチャート（Reichert, 1985）のアフリカの社会生活するクモの研究によってはっきりと示された。供給している集団の中のクモの数が6匹のとき，各クモは単独のときの60％の食物しか得られなかった。各クモが産む卵の数は大きな集団になるほど減少するので，集団生活はクモの繁殖の成功には反する効果をもっていた。

食物源を求める競争に動物たちがどのように競争するかという証拠が，エルガー（Elgar, 1986）の家スズメの研究によって得られた。一羽の家スズメが食物源を見つけると，普通「チュンチュン」という合図の鳴き声を上げ，他のスズメたちが集まってくる地点を教える。そのチュンチュンという合図の鳴き声は，パンがたくさんのパンくずになっているときの方が同じ量のパンが塊になっているときより，上げられやすい。もし食物が分けにくければ（たとえば，パンの塊）そうでないときより，群れの中で食物を求めて激しい競争が起こるだろう。食物のための猛烈な競争は，最初にパンの塊を見つけたスズメが他のスズメに，パンの塊のあることを知らせ損ねたことで避けられたのだった。

食物や他の資源を求める競争の明らかなコストの一つは，いろいろな形の攻撃的行動の増加である。たとえば，白い尾と黒い尾のプレーリードッグの攻撃的な出会いの平均数は，大きなコロニーの方が小さなコロニーより，約60％高かった（ホッグランド, 1979）。

寄生と病気

　大きな集団の寄生と病気の問題とは何だろうか。ホッグランド（1979）は，黒い尾と白い尾のプレーリードッグのノミを研究した。それぞれの穴にいたノミの数の平均値は，プレーリードッグが大きな集団を作るほど多くなった。これは重要な問題である。なぜならこのノミは腺ペストを運び，それは致命的だからである。大きな集団は寄生のリスクが高いことのさらなる証拠は，次の項で論じることとする。

その他の不利な点

　集団で生活することの不利な点は他にもある。たとえば，動物の集団は単独の動物より捕食者に，見つかりやすいことが多い。このことは，アンダーソンとウィックランド（Andersson & Wicklund, 1978）によって示された。彼らはノハラツグミという，時にはコロニーの中に，時には個別に，巣を作る小鳥の種について研究した。コロニーの巣は単独の巣より捕食にあうことが非常に多かった。

　集団で生活することのもう一つの不利な点は，親たちが彼ら自身の子供より他の子供を世話してしまう可能性である。マククラケン（McCracken, 1984）は，少なくとも17％のメキシコ尾なしコウモリのメスが子供を間違えて世話していることを見出した。これは驚くことではない。なぜなら，母親たちが食物を探しに飛んで行っている間，たいへん多くの子供のコウモリたちが互いにくっつきあって休んでいるからである。

図9-13　「ああ！　ママ！　こっちだよ！　ママ！　こっちだよ！」

利益とコスト：集団の大きさへの影響

　私たちはこれまでに，集団で生活することの主な利益と損失を考えてきた。次のステップは，この情報を使って，利益を最大にして損失を最小にする最良あるいは最適な集団の大きさに取り組むことである。ブラウンとブラウン（Brown & Brown, 1986）は，いささか進んだ見方をしている。彼らはネブラスカの崖ツバメを観察した。このツバメは1対から300対の間のコロニーの中に巣作りし，昆虫の幼虫を食べる。コロニーの中で生活する主な利益は，食物源に関して他の鳥から提供される情報である。食物を見つけるのに成功した鳥の後を次の旅で他の鳥がついていくのは44％であったが，成功しなかった鳥の後は10％にすぎなかった。

　だが，崖ツバメが大きなコロニーで生活することで支払っている損失は何だろうか。ヒナはしばしばツバメ虫によって攻撃される。

ツバメ虫は，ヒナの生育率を減らす。巣あたりの虫の数は，大きなコロニーの方が小さなコロニーより多い。ブラウン（Brown, 1988）は，その虫を殺すため殺虫剤を用いて数個の巣を消毒し，消毒した巣のヒナは大きなコロニーの方が小さなものよりすみやかに育つことを見出した。しかし，消毒していない巣のヒナでは，コロニーの大きさと生育率の間に関係がなかった。これらのいろいろな知見から，大きなコロニーの方が小さなコロニーよりツバメ虫の問題が大きいことが，コロニーの平均的な大きさを低く押さえている重要な要因であることがわかる。殺虫剤を使って虫を取り除くことで，大きなコロニーの総体的な利益は小さなコロニーより大きくなった。

カラコらの研究

カラコら（Caraco et al., 1980）は，小鳥の冬の群れに基づいて，集団の大きさの影響モデルを進歩させた。彼らの出発点は，その鳥が飢餓と捕食者からの攻撃を避けるため，さまざまな活動に時間を分けなければならないことであった。カラコらの主な理論的仮説は次のようなものだった。

1. 鳥たちは，捕食者を見張ること，食物を求めて戦うこと，そして食べることに時間を分けている。どの時間にも，これらの活動の一つが行われているだろう。
2. 集団の大きさが大きくなるにつれ，個々の鳥が見張ることに費やしている時間は少なくなる。捕食者を見つける仕事が，より多くの鳥に広げられるからである。
3. より大きな集団では，鳥たちは戦いと攻撃的に行動することに，より多くの時間を費やす。大きな集団では，他の鳥たちと出会う頻度が大きくなるからである。
4. 中くらいの大きさの群れでは，大きな群れや小さな群れより，鳥たちは多くの時間を食べることに使う。小さな群れの鳥は見張ることに，大きな群れの鳥は闘うことに多くの時間を割くゆえに，最良あるいは最適な群れの大きさは，普通大きいものでも小さいものでもないのである。

カラコらは，アリゾナで，黄色い目のユキヒメドリの冬の群れが，見張ることと戦うことに費やす時間を研究した。個々の鳥は，大きな群れの中の方が小さな群れの中より，見張りに使う時間がより少なく戦いに使う時間がより多かった。カラコらはまた，そのモデルの幾つかの他の予測を検証した。それはすべて，証拠によって支持された。第一に鳥たちは，やぶの形で鳥たちへ覆いを与えてみると，見張ることが減り，戦うことと食べることが増えた。第二に，鳥たちが捕食者（タカ）によって攻撃され

図9-14　ユキヒメドリの冬の群れ

る機会が増えると，見張ることが増えた。第三に，温度が高くなると，支配的な鳥が十分食物を見つけることが容易になり，下位の鳥を追い払う時間ができることになった。このことが，群れの大きさを減少させた。第四に，食物が増えると，群れの大きさが小さくなり，支配的な鳥が攻撃的に行動する時間の量が増えた。

> **議論のポイント**
> 1. このモデルの強みは何か（私のある考えについては次項を参照）。
> 2. そのモデルの弱点は何か（次項を参照）。

評　価

　カラコら（1980）は，小鳥の群れの主要な活動を識別した。彼らはまた，それぞれの活動に分けられる時間の総量は，群れの大きさの影響を受けるであろうことを示し，彼らのいろいろな理論的仮説は証拠によって支持された。最終的に彼らは，群れの大きさが通常，小さくもなく（小さいと見張ることにあまりに多くの時間を費やすため），大きくもない（大きいと戦うことにあまりに多くの時間を費やすため）のはなぜかということの有効な理由を示した。

　マイナス面について言うと，そのモデルはあまりに単純である。私たちがこの章の前の方でみてきたように，群れを作ることの利益にはそのモデルで強調されている以上のものがある。たとえば，群れが大きいときには，希釈効果があるし，警戒を増やすことができる。そのうえ，カラコら（1980）の証拠は，群れの平均的な大きさは3.9羽であることを示しているが，一方，食べている時間が最も多くなる大きさは6羽か7羽であった。なぜ，実際の群れの大きさと，最良あるいは最適な群れの大きさとの間に，この違いが生じたのだろうか。クレブスとデイヴィス（1993）が指摘したように，群れの実際の大きさが最適なものにならないさまざまな理由がある。たとえば，単独の鳥がすでに最適の大きさになっている群れに加わることがあるかもしれない。それによって，たとえ群れのすでにいる成員たちはわずかに損をするとしても，その鳥にはより多くの食べる時間をもてるという利益をもたらすからである。

刻印づけ

　1930年代から1940年代の間に，コンラッド・ローレンツ（Konrad Lorenz）やニコ・ティンバーゲン（Niko Tinbergen）を含む多くの科学者たちが，**動物行動学**（ethology）として知られる比較心理学へのアプローチを発展させた。動物行動学的なアプローチの背景には，自然な環境でその種の成員を観察することがその種を理解する最もよい方法であるという基本的な考え方がある。このアプローチの主な発見の一つは，**刻印づけ**（imprinting）の存在である。これは，幾つかの鳥類の子供が最初に見た動くものに後追い反応を示し，その後，それに後追いし続ける傾向のことである。刻印づけは，鳥類の**早成性の種**（precocial species），つまり生まれてすぐの

> **キー用語**
> **動物行動学**：自然の生活場面において実行される観察に基づく動物心理学へのアプローチ。
> **刻印づけ**：生まれてから最初に見た動くものに後追い反応を示し，その後もずっとそれに後追いし続けるという生まれたばかりの早成性の鳥類のヒナの傾向。
> **早成性の種**：生まれたばかりのヒナが動き回ることができる種（たとえば鳥類）。

> **刻印づけ：Imprinting**
>
> BBCテレビのシリーズ「超自然世界」は，飛んでいるガチョウの壮観なクローズアップ映像をとる手段として，刻印づけを利用した。製作会社のメンバーは，一群のガチョウの雛が孵化したときに，自分を最初に見せた。そのときから，鳥は彼にどこへでも，オフィスでさえも！ついてくるようになることを彼は確信したのである。
>
> ガチョウが青年になったとき，ガチョウを養子にした「親」は，グライダーの乗客として空を飛んだ。ガチョウはグライダーについていき，そのそばを飛んで，真に興奮を引き起こすような彼らの飛行の様子をテレビシリーズのために撮影させてくれたのである。

図9-15 「超自然世界シリーズ」でグライダーの後ろを飛んでいる刻印づけられたガチョウ。

ヒナが動き回ることができる種にみられる。刻印づけは，生まれてすぐのヒナが母親のそばに居続けることを確実にしてくれるものであり，ヒナが危険の中に迷い込まないようにするという意味がある。したがって，それには明らかに進化論的な価値があるのである。

ローレンツ（1935）は，生まれたてのガチョウの研究で刻印づけの根拠を示した。半数のガチョウには，彼らが最初に見る動くものを彼らの母親であるようにした。一方，他の半数のガチョウには，彼らが最初に見る動くものをローレンツであるようにした。生まれたてのガチョウは，最初に見た生き物，それが母親であるかローレンツであるかにかかわらず，それに後追いをする強い傾向を示したのである。ローレンツによれば，刻印づけは他に二つの主要な特徴をもっている。

1. 孵化後，最初の数時間だけしか可能でないという点で，刻印づけには臨界期がある。
2. 鳥は生涯その同じ生き物に刻印づけされ続けるという点で，刻印づけは不可逆的である。

その後の研究は，ローレンツの仮説は正確ではないと指摘してきている。子供の鳥が，生まれてから最初の数日間孤立しても，その鳥はその後に刻印づけを示す。たとえそれが，臨界期と言われる時期が終わったかなり後であってもなのである。そのような知見から，スラッキン（Sluckin, 1965）は「臨界期」という用語を「敏感期」という極端でない概念に置き換えることを提案した。スラッキンによれば，刻印づけは鳥の人生の遅い時期よりも早い時期により簡単に生じるが，しかし，年齢を重ねても達成されることは可能なのである。

不可逆性の概念についても，疑いの余地がある。鳥が不自然なものに刻印づけたとしても，後にその刻印づけを母親や他の自然なものに変更することが可能な場合がある（ステッドンとエッチンガーStaddon & Ettinger, 1989）。

ローレンツ（1935）は，刻印づけは，早成性の鳥類の少数の種にのみ生じると仮定した。しかし，他の多くの種においても，刻印づけのような現象があるという根拠が増加しつつある。犬，人間，魚，そして羊のようなさまざまな種が，少なくとも刻印づけのような兆

候を示すようである（スオミ Suomi, 1982）。

要約すると，刻印づけは広く認められる現象である。しかし，刻印づけはローレンツが仮定したほどには厳密に作用するわけではない。固定された臨界期があるわけではないし，刻印づけは決していつも不可逆的であるというわけではないのである。

絆（きずな）

晩成性の種（altricial species）は，子供が生まれたときに無力な存在であり，生き残るために親の世話がかなりの量必要となる種のことである。人間やサルも含めて，ほ乳類の大部分の種は晩成性である。ほ乳類の子供は生後数ヶ月か数年は，しばしば攻撃されやすく，自分自身の世話をすることができないという事実を考えると，彼らが生き残るために両親の片方もしくは両方に親密な愛着をもつのは重要なことである。**絆**（bonding）や愛着という用語は，晩成性の種の子供が両親の片方もしくは両方との親密な関係を発達させる過程を示すために用いられるのである。

> **キー用語**
> **晩成性の種**：赤ちゃんが生まれたときに無力で，数ヶ月間もしくは数年間親の世話が多く必要な種。
> **絆**：晩成性の種の赤ちゃんが両親の片方もしくは両方との親密な愛着を確立し，また，両親も彼らの子供に強い愛着を形成する過程。

サルの研究

絆は，大多数のほ乳類に典型的に生じるということを示すよい根拠がある。サルの絆に伴う幾つかの要因がハリー・ハーロー（Harry Harlow, 1958）によって明らかにされた。彼は，2種類の代理母親ザルを創作した。一つは，触ると暖かくやわらかい「布製の母親」で，もう一つの「母親」は針金の網目で作られていた。生まれてすぐに本当の母親から離された子ザルは，針金製の母親よりもやわらかい布製の母親を非常に好んだ。平均的に，彼らは1日のうちの18時間を布製の母親にぴったり寄り添って過ごした。対照的に，針金製の母親では1日2時間以下しか過ごさなかった。この傾向は，子ザルが針金製の母親からのみミルクを得ることができるときでさえも残ったのである。

ハーローは他の研究でも，赤ちゃんザルが布製の母親に非常に強い愛着をもっていることを示した。彼は，4種類の「怪物母親」を創作した。それらは，すべて布で覆われていた。1番目の母親は，子ザルに強い空気の風を与えた。2番目の母親は，非常に激しいショックを与えたので子ザルがしばしば振り落とされた。3番目の母親には，子ザルがそれから振り飛ばされるようなパチンコ（カタパルト catapult）がついていた。4番目の母親は，ときどき一揃いの金属の釘が布から突き出るようになっていた。それぞれの怪物母親の好ましくない側面を初めて経験したとき，赤ちゃんザルは混乱状態になった。しかし，怪物母親が普通の状態に戻るや否や，すぐに赤ちゃんザルはそれに再びぴったり寄り添い抱きつき始めたのである。

子ザルは本当の母親に対するのと同じ種類の愛着を

図9-16　布製の代理母親に抱きつく子ザル

> **キー研究評価—ハーロー**
>
> サルは、たいていかなり大きな集団で生活する社会的動物である。このことは、ハーローの研究が二つの根拠で批判されうることを意味する。すなわち現代の倫理的な考え方によると、この実験的アプローチを正当化するのは難しいだろう。でもやはり、この研究には、方法論的にも欠点がある。赤ちゃんザルは二重に剥奪されているので、因果性が明らかではない。彼らのその後の行動は、母性剥奪か社会性剥奪か、もしくはその両方によって引き起こされた可能性があるからである。

布製の母親にもつのだろうか。ハーロー (1958) によれば、答えは「イエス」である。「本当の母親に対する愛情と代理母親に対する愛情は、非常に類似したものであるようだ……本当の母親に対する子ザルの愛情は強い、しかし、代理の布製の母親に対する実験的なサルの愛情も同じように強いのである。そして、子供が本当の母親の存在から得る安心感は布製の代理母親から得る安心感と同じくらい大きいものである」。

子ザルが両親との絆作りを妨げられるとき、何が起きるだろうか。ハーローとミアーズ (Harlow & Mears, 1979) は、赤ちゃんザルが生後数ヶ月間、他のサルを見ることや相互作用することを許されなかったとき、多大な影響があったと報告した。このようにして孤立させられた何匹かのサルが一緒に連れてこられたとき、彼らは非常に攻撃的に行動した。また、そのうちの数匹は、奇妙な姿勢でじっとして動かなかったり、無意味な反復動作を行ったり、また、ただ空中を凝視するだけだった。孤立させられることによるもう一つの影響は、サルの性生活に関するものだった。性的に経験豊かなオスザルが、以前孤立させられていた数匹のメスザルと同じ空間に置かれたとき、そのオスザルはメスザルを妊娠させるのに失敗した。

ハーローとミアーズは、幾つかのより喜ばしい知見も報告した。本当の母親との絆作りを妨げられている赤ちゃんザルに及ぼす幾つかの否定的な影響は、代理母親が存在しているときには減少したのである。また孤立させられたサルが、そのサルよりも幼い普通に育てられたサルの一群の中に置かれたときも、有益な効果があった。しかし、孤立させられたサルが、彼らと同じ年齢の普通に育てられたサルと一緒に置かれたとき、彼らは対処することができなかった。彼らは、恐怖でじっとして動かず、健常なサルたちとほとんどまったく相互作用することができなかったのである。

早い年齢での母親との絆や愛着の欠如が必ずしも永続的な影響をもつわけではないという根拠が、メリンダ・ノヴァック (Melinda Novak, ハーローとミアーズ (1979) による報告) によって得られた。彼女は、生後12ヶ月間孤立させられたサルを研究した。これらのサルは、彼らの年齢の3分の1より幼い普通に育てられたサルと一緒に置かれた。それで、孤立させられたサルは、彼らを怖いとは思わなかったのだろう。2年間が過ぎた頃には、孤立させられたサルの望ましくない行動は徐々に消失していき、遊びや社会的接触がゆっくりと増加していったのである。

要約すると、絆は、幼い子供において数ヶ月にわたって健常に発達する重要な過程である。それは、ほんの数分で生じる刻印づけよりは、典型的によりゆっくりと発達する。絆は、生後遅い時期よりも早い時期の数ヶ月間の方がより容易に達成される。しかし、生後早い時期の絆の欠如によって生み出されるマイナスの影響の幾つかは、後に取り除くことができるのである。

議論のポイント

1. ハーローによるこの研究がこれほど高く評価されているのはなぜだと

2. ハーローがサルで見出したことは，人間にも本当に当てはまると思うか。

信号システムとコミュニケーション

ほとんどすべての種は信号によって同種の成員とコミュニケーションを行っている。多くの種は他の種の成員（たとえば，捕食者や獲物となる種）ともコミュニケーションを行っている。これらの信号は，多くの形態をとりうる。それらは，視覚的，聴覚的，化学的，触覚的といった形態であろう。

人間のコミュニケーションはたいてい意図的である。言い換えれば，コミュニケーションを行っている個人は，コミュニケーションが送られる人や人々にある影響を与えようとしている。動物のコミュニケーションが意図的であるかどうかをいうことは非常に難しい。したがって，動物におけるコミュニケーションの定義は，意図性にはふれていない。ここでは，コミュニケーションの二つの定義を考えていくことにしよう。バーガード（Burghardt, 1970）は，コミュニケーションは「ある生物が，他の生物によって反応されるとき，ある利点を……信号を出すものやその集団に与えるような刺激を出すときに生じる」と主張した。クレブスとデイヴィス（1993, p.349）によれば，コミュニケーションは「行為者が反応者の行動を変えるために特別に企図された信号や表示行動を用いる過程」である。

両方の定義に共通した重要な概念は，コミュニケーションは受け手の行動をある程度変えさせることを要求しているということである。コミュニケーションに対するこのアプローチには，私たちが受け手の行動を観察することができ，そのためにコミュニケーションが生じているかどうかを判断することができるという利点がある。

ヒトは，どのようにして無意図的にコミュニケーションを行っているのだろうか。

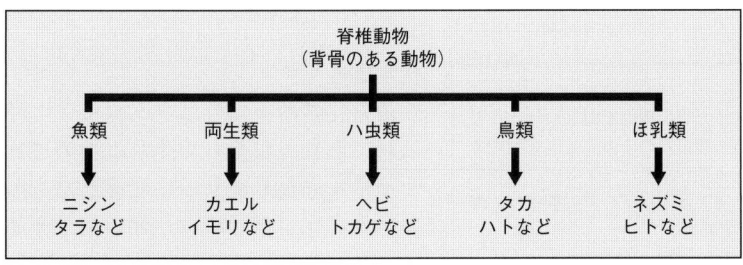

図9-17 類と種：脊椎動物は五つの類に分けられ，それぞれは非常に多くの個別の種を含んでいる。

動物はなぜコミュニケーションをするのだろうか。グリアーとバーク（1992）が指摘したように，それには多くの理由がある。とはいえ，動物のコミュニケーションには次のような四つの主な機能があるようだ。

1. 生存：たとえば，警報や苦境の信号は，捕食者の警告のために用いられる。
2. 繁殖：たとえば，信号は求愛，ペアの形成，ペアの維持の際に

用いられる。
3. なわばりと社会的空間：たとえば，攻撃的な威嚇，防衛的威嚇，従属の信号は，種の成員の間で用いられる。
4. 食物：たとえば，信号はよい食物源がどこにあるかを示すために与えられる。

　人間のコミュニケーションは，多くの他のものと一緒に，これらの機能のすべてを果たす。人間と動物のコミュニケーションの重要な違いは，私たちはしばしば過去に生じた事象や将来生じるであろう事象についてコミュニケーションを行うということである。対照的に，動物は，典型的にいますぐに重要となることに関して，つまり，いまここについてコミュニケーションを行うのである。
　種々の信号の数は，他の類（たとえば鳥類）よりもある類（たとえばほ乳類）においてより多いと考えられるだろう。しかし，実はこの見解を支持する根拠はない。種々の信号の平均的な数は，鳥類よりもほ乳類の方が，魚類よりも鳥類の方がわずかに多い程度である（モイニハン Moynihan, 1970）。信号の数は，さまざまな類の間よりも，ほ乳類，鳥類，もしくは魚類の中のさまざまな種の間でより多くの変動性がある。
　次に，動物の信号システムの一般的な特徴の幾つかを考えてみよう。その後，さまざまな種における信号の固有の特徴について考察していくことにしよう。

感覚チャネル
　すでに述べたように，動物のコミュニケーションで用いられる主な感覚チャネルは，化学的，視覚的，聴覚的，そして触覚的なものである。

フェロモン
　多くのフェロモンの機能は，交尾するために異性を引きつけることである。庭師は現在，庭の害虫を捕るためにこのメカニズムを利用することができる。つまり，関連する昆虫類からとったメスのフェロモンがついた，餌つきの罠を買うのである。オスはその罠に群がり，繁殖のための機会をもつ前に殺されるのである。

化学信号
　最も化学的な信号はフェロモンと呼ばれており，おそらくそれは他の感覚チャネルの信号より前に発達したものである。化学信号には，他の信号を超えるさまざまな利点がある。受け手は，暗闇でさえも，また送り手と受け手の間に多くの物体があるときでさえも，化学信号を検出することができる。加えて，化学信号は，しばしば長時間継続するし，捕食者がそれを検出したり妨害したりすることが困難である。一方マイナス面は，化学信号はあまりにも長く継続することができるため，その後の化学信号を妨害してしまうことがある点である。また，化学信号を作るのには，他の種類の信号よりも長い時間がかかってしまうという欠点もある。

視覚信号
　動物によって生み出される多くの信号は，本質的に視覚的である。

グリアーとバーク（1992, p.528）によると，視覚的コミュニケーションの使用には幾つかの利点がある。

　(1)視覚信号は，瞬時に伝達される。(2)受け手の眼と脳がそのすべてを処理することができると仮定すると，大量の情報を運ぶことができるだろう。(3)方向性がはっきりしている。したがって視覚的情報源の位置がわかる。(4)身体の色のような幾つかの側面は永続的である……ただ一度産出されるだけでよいのである。

　視覚信号の欠点は何だろうか。第一に，適度に明るさのある条件下でしか効果的でないという点である。第二に，一般的に長距離では受け手が検出できないという点である。

聴覚信号

　聴覚信号（多くの種によって生み出される）には，さまざまな利点がある。視覚信号とは異なり，聴覚信号は暗闇で用いることができる。加えて，聴覚信号は，化学信号よりもいっそう多くの意味を含むことができる。そして，コミュニケーションの過程が一般的に速くて効果的である。マイナス面は，動物はしばしば聴覚信号を生み出すために多くのエネルギーを使う必要があるという点である。たとえば，数種の昆虫は長時間の鳴き声を発する間に彼らの体重の2〜3％を失う（ドッドソンら Dodson *et al*., 1983）。その他の問題は，たいてい捕食者が聴覚信号を検出することができるという点と，聴覚信号は長距離にわたると非常に歪曲されてしまうという点である。

触覚信号

　接触を含む触覚信号は，大部分他の種類の信号と組み合わされて用いられる。触覚信号は，子供が両親に食物を与えてもらいたいときや，毛づくろいの際に用いられる。また，個体が抱っこされたいということを示すためにも用いられる。触覚的コミュニケーションには，聴覚信号の送受信に伴うような複雑な構造に依存しないという利点がある。その一方で，2匹の動物の直接的接触が可能な状況でしか利用されることができないという欠点がある。

その他のチャネル

　魚類の数種は電気信号を利用する。たとえば，電気魚のさまざまな種は，お互いに電気信号によってコミュニケーションを行う。電気信号は，求愛時や順位制が成立するときにも用いられる（ハーゲドーンとハイリゲンバーグ Hagedorn & Heiligenberg, 1985）。

概　　観

　動物のさまざまな種によって，コミュニケーションのために用いられる主な感覚チャネルは異なっている。ウィルソン（Wilson, 1975)

によると，大部分のハ虫類や発光飛翔昆虫類（ホタル）や魚類は，化学的チャネルや聴覚的チャネルよりもむしろ視覚的チャネルをより多く利用する傾向にある。カエルやカやセミは聴覚的チャネルに大部分依存している。そして，ガや原生動物は化学的チャネルを主に用いている。他の種は，分類するのがより難しい。鳥類の大部分の種は視覚的チャネルと聴覚的チャネルにほぼ等しく依存している。そして人間は聴覚的チャネルを大部分利用している。その次に視覚的チャネルが続き，化学的チャネルにはそれほど依存していない。

ある特定の種のチャネルの好みには，かなり明確な理由があることが多い。たとえば，開かれた空間に住んでいるノロジカは，彼らのなわばりに印をつけるために主に視覚信号を用いる。しかし，深い森の中では彼らの視覚信号は見えないだろう。結果として，彼らは他の動物に警告するために，大きな呼び声や彼らのなわばりにつけてあるにおいを利用する。

ときどき，動物は同時に一つ以上の感覚様相で信号を送る。たとえば，アリは他のアリが彼らについてくるように，においの痕跡の形態で化学信号を使う（ホールドブラー Holldobler, 1971）。同時に，アリは，食物へと導いている（横の動き）のか，巣の方へ導いている（前後の動き）のかを示すために頭の動きを用いる。

どの感覚チャネルがコミュニケーションの目的にとって最もよいかを問うことは，あまり意味がない。各チャネルは，それ独自の利点と欠点をもっている。そして，どのチャネルの効果的な使用にとっても，送り手と受け手の両方が適切な構造をもっている必要がある（たとえば喉頭，耳，目）。一般的に言えば，それほど複雑でない種の方が，より複雑な種よりもその感覚的能力が限られているので，化学信号もしくは触覚信号により多く頼る傾向にある。

> **ゴキブリの跡**
> アメリカのゲーンズビルにあるフロリダ大学で，研究者は，何匹かのゴキブリが彼ら自身の排泄物の跡についていくことを見出した。彼らはうろつき回るとき，脱糞する。そして，他のゴキブリたちも，この跡についていく。おそらく，それが食物源へと導いているからだろう（グータマン Guterman, 1998）。

> **キー用語**
> **儀式化**：信号が他の動物へ情報を伝達する際に，より効果的になるようにする進化の過程。儀式化された信号は定型化され，誇張され，反復される傾向にある。

儀式化

多くの種によって作られる信号は定型化され，誇張され，反復される傾向にある。これらの信号は，他の動物により効果的に情報を伝達するために進化を通して発達してきた。信号の進歩的発達に伴うプロセスは**儀式化**（ritualisation）として知られている。

なぜ儀式化は生じるのだろうか。一つの重要な理由は，曖昧さを減らし，受け手が信号の意味を確実に理解するようにすることである。たとえば，犬のとる姿勢は，恐怖を感じているのか，威嚇を示そうとしているのかによってまったく異なっている。恐怖を感じている犬は地面の近くにかがむが，一方，威嚇する犬は直立姿勢をとる。従属の姿勢は，葛藤を減らして傷害を受ける機会を減らす方向に導くようである。曖昧さを減らすもう一つの例は，数種のシオマネキの求愛の表示行動にみられる。求愛時に，オスのシオマネキは大きい方のはさみを振る。幾つかの種では，はさみを短く迅速に振る。一方その他の種では，はさみをほんの数回だが長く振り続ける。

はさみを振るパターンは，おそらく種の間の混乱を確実になくすために，種によって異なっているのである。

欺き

自然淘汰の原理によると，動物は利益がもたらされるときだけに信号を使用するはずである。結果として，信号を送る動物は他の動物の行動を操作しようとすることが多いだろう。これは，欺きを伴っているかもしれないし，信号を受け取る動物にとって不利になることがあるかもしれない。この一例は，里親に食物を請う子供のカッコウが信号を出す行動である。もし，信号を出すことによる操作の試みに受ける側が抵抗を示すならば，この抵抗を克服するために，信号はより誇張され定型化されるだろう。

図9-18 求愛時にある種と他の種を区別するようにシオマネキのオスがはさみを振る方法。

ザハヴィ（Zahavi, 1987）が論じるところによると，信号を受け取る動物が不正直な信号を検出できてしまい，正直な信号だけが続いているだろうと感知することは，非常に重要なことである。フィッツギボンとファンショウ（Fitzgibbon & Fanshaw, 1988）は，正直な信号の明らかな例を報告した。東アフリカのトンプソンのカモシカ（ガゼル）は捕食者が近づいてきたとき，しばしば，奇妙な跳ねる動きを伴う飛び跳ね歩きをする。飛び跳ね歩きの割合は，カモシカの逃げる能力を正直に示している。高い割合で飛び跳ね歩きをするカモシカは，低い割合で飛び跳ね歩きをするカモシカよりも捕食者に捕まらないことが多いのである。

正直でない信号も幾つかある。シャコは，強力な前脚をもっていて威嚇の表示行動の際にこれを広げる。これはたいてい正直な信号である。しかし，シャコは自分の固い外側の保護カバーを2ヶ月ごとに脱ぐ。そうなると，数日間は彼らはやわらかく傷つけられやすくなる。この傷つけられやすい期間においても，たとえ，それが戦う能力の正直な信号ではないとしても，彼らは威嚇の表示行動を使用し続けるのである（アダムスとコールドウェル Adams & Caldwell, 1990）。

人間のどんな種類の行動が，信号とみなされるだろうか。

欺きの信号を利用するシャコや多くの他の種は，おそらく故意に不正直であるというわけではない。ベルベットモンキーの場合のような，考えられなくもない例外が，チニーとセイファース（Cheney & Seyfarth, 1990）によって報告された。これらのサルは，ヒョウが近づいていることを示すために警報音声を出す。このため，群れの他のサルたちは最も近い木に登る。キツイちゃんという呼び名のサルが，もう一つの群れから来たオスザルが近づいてくるときこの警報音声を与えているのが観察されたが，しかし，視界にはヒョウはいなかった。このことは，見知らぬオスを木に登らせて，彼が群れを妨害することをやめさせたのである。このような状況で二度，キツイちゃんは，ヒョウが近づいたという警報音声を与えながらも，

図9-19 ベルベット・モンキーは，最も近い木に避難することによってお互いの警報音声に反応する。

地面を歩いたのである。もしヒョウがその領域にいると本当に考えていたのならば，そうはしなかったであろう。

多くの動物の信号は固定され，定型化されている。しかし，幾つかの種の信号は，驚くほど多様である。カモメの一種のフルマカモメは，魚と競争するときに，さまざまな異なる種類の威嚇信号を発する。エンキスト（Enquist, 1985）によると，これらのさまざまな威嚇信号は損失と効果性によって理解されうる。後ろから突撃するといったような，競争相手を退却させるのに最も効果的な信号は，エネルギー消費の損失もたいてい大きい。対照的に，あまり効果的でない信号（たとえば，羽をあげる）は損失がほとんどない。どの信号が選ばれるかということは，そのときにその鳥にとってどれくらい重要な食物かということによっているようである。

鳥類のコミュニケーション

先に述べられたように，鳥類の大部分の種は聴覚的様相を通して多くの情報のコミュニケーションを行っている。彼らの歌の正確な性質は，彼らが生活している環境の種類によってしばしば異なっている。ハンターとクレブス（Hunter & Krebs, 1979）は，深い森の中で生活しているシジュウカラと疎開林や草原地帯で生活しているシジュウカラのなわばりの歌を幾つかの国で録音した。開けた環境にいる鳥は，森に住んでいる鳥よりも，高い最大周波の歌と，迅速に反復される音声と，広範囲の周波をもっていた。この効果は非常に強かったので，イギリスの草原地帯に住むシジュウカラの歌は，イギリスの深い森に住む鳥よりもイランにいるシジュウカラの歌に似ていたのである。

なぜ環境や生息地のタイプが，鳥の歌にそのような大きな影響を与えるのであろうか。ウィリーとリチャード（Wiley & Richards, 1978）が論じるところによると，鳥の歌はできるだけ少ない歪みで他の鳥に聞こえるようにもくろまれている。森では木の部分からの共鳴や反響のために歪みが生じやすい。そのような共鳴は，もし歌の中に高周波の音があったり，歌が迅速に反復される音声を含んでいればより強くなる。対照的に，開けた環境では，瞬間瞬間に生じる風によって，歌がよりやわらかくなったり強くなったりするので，歪みが生じるようだ。

ウィリーとリチャードの分析から，森の条件での鳥の歌は低周波の音を含んでいるはずであるということが導き出される。それらは，純粋な音声や正しいテンポで一定の間隔を空けた音声をもったさえずり（震える音）で構成されているはずである。一方，開けた空間における鳥の歌は，高周波の音で構成されていて，迅速なさえずり

の形態であるはずである。大部分の鳥類の歌は，これらの予測と一致しているのである。

ミツバチのコミュニケーション

ミツバチが必要とするおそらく最も重要な情報の種類は，よい食物源の位置に関することである。結果として，ミツバチは，食物がどこで見つけられるのかについての情報を伝達するためのよく発達した能力をもっているのである。この領域に関する古典的な研究は，フォン・フリッシュ（von Frisch, 1950）によってなされている。彼は，食物の位置を知らせるミツバチが巣に戻ってきて，特殊な動きで他のミツバチにこの情報を伝達した6000を超える事例を注意深く分析した。この動きは，通常垂直面で行われた。食物が100メートル以内にあったとき，ミツバチは単純に円を描くように動いた。食物が遠くにあったときは，ミツバチは8の字を描くような形態で尻振りダンスを踊った。この8の字のパターンでは，中心線が食物源の方向を示している。より厳密に言えば，それは，巣箱と太陽の位置と食物の間の角度を示しているのである。

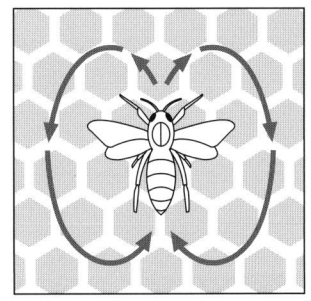

図9-20　尻振りダンス

食物源への距離は，尻振りダンスの中でどのように伝達されているのだろうか。この距離は，ハチがダンスをする速さによって示されている。食物源が遠くにあるときは比較的ゆっくりとダンスをする。ハチは，食物源が500メートル離れているときは，1分間に約25回8の字を描く割合でダンスをする。対照的に，食物源が1万メートル離れているときは，1分間に約8回の割合である。

他のハチは，尻振りダンスに含まれる情報をどのくらい利用することができるのだろうか。フォン・フリッシュの知見では，ハチはそれをかなり有効に利用していることが示唆された。60％以上のハチは，巣箱から遠い食物源よりもむしろ巣箱に最も近い食物源に行くことを，彼は見出した。ハチがこれらの食物源に到達する速さは，尻振りダンスがハチに価値ある情報を提供したことを示唆している。しかし，何匹かのハチは，尻振りダンスを観察することによってというよりもむしろ，臭覚や視覚を通して最も近い食物源を見つけた可能性がある。

ハチは，尻振りダンスに自動的に反応すると仮定されてきた。しかし，いまや問題はそんなに単純ではないようである。グールド（Gould, 1992）は，ハチは，湖の真ん中のボートに置かれている蜂蜜に飛んでいくためにはダンスの情報を利用しようとしないことを見出した。このことは，食物は湖の真ん中で見つけられる可能性は低いだろうという理由からか，もしくはハチは水の上を飛ぶことが好きでないという理由からだったかもしれない。

議論のポイント

1. ハチはコミュニケーションのこの複雑なシステムをどのように発達させてきたのだろうか。
2. フォン・フリッシュが観察をする際に，どのような問題があったと思うか。

クジラ類の研究

クジラ類（イルカとクジラ）は大きな脳を発達させている。イルカの脳は比較的大きな皮質の領域をもっている。これらの生き物が高度に知的であるということはしばしば論じられてきた。したがって，彼らのコミュニケーションシステムを理解したり，彼らに言語を教えたりする試みが行われている。

イルカ

イルカはさまざまな音を発する。これらの音は，カチッというクリック音やガラガラいう音の連続から構成されているものもあれば，ピューピューいうホイッスル音や，キーキーきしるスクウォーク音や，ギーギーうなる音や，チューチューいう甲高い音から構成されているものもある。これらの音は，イルカの間のコミュニケーションを可能にする。たとえば，ブライト（Bright, 1984）は，捕獲されている間にオスのイルカによって作られる音を録音した。これらの音が同じ集団の他のイルカに聞かされたとき，彼らは迅速に泳ぎ去ったのである。

ハーマンら（Herman et al., 1984）は，バンドウイルカの言語学習を研究した。バンドウイルカの一種アケアカマイは，訓練士が示すジェスチャーに基づく視覚的言語を訓練された。この言語では文法が重要であった。つまり，語やシンボルの順序が，訓練士によって表される意味の違いを作っているのである。アケアカマイは正確に反応できたら報酬が与えられるという訓練プログラムの後，多くのものの中からある特定のものをとってくることに熟達するようになった。アケアカマイは，訓練士のジェスチャーに反応して，あるものを別のもののところにもっていくこともできるようになった。多くの訓練の後に，アケアカマイは，以前には実行したことのない行動の組み合わせを記述する新しい文章を示された。アケアカマイは，これらの行動を正確に遂行することによって理解能力を示したのである。

ハーマンら（1984）はフェニックスという呼び名のもう一種類のバンドウイルカを研究した。フェニックスは，コンピューターによって生成された短い音を用いて表現されたという点を除いては，アケアカマイで用いられたものと類似した言語を訓練された。フェニックスは，この言語の教示に正確に反応するよい能力を示したし，また，語順を考慮に入れることも得意だった。

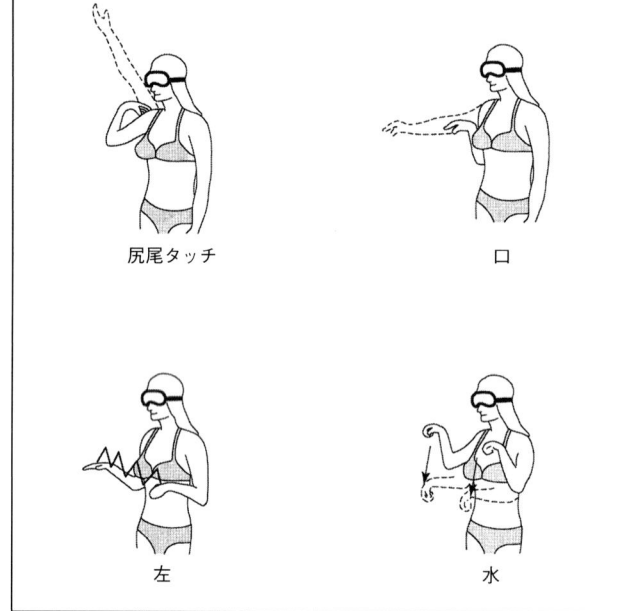

図9-21 イルカのアケアカマイとコミュニケーションするために用いられる幾つかのジェスチャー（ハーマンら，1984）。

バスチョン（Bastion, 1967）によって，イルカの間にコミュニケーションが生じているという見事な根拠が報告された。2頭のイルカが別の水槽に閉じ込められた。彼らは，お互いに見ることができなかったが，聞こえる範囲内にいた。1頭のイルカが報酬を得るために權を押すことを教えられた。もう一頭のイルカがテストされたとき，すぐに正確にその課題を遂行することができた。これは，第一のイルカが何らかのやり方で，第二のイルカにその課題についての適切な情報を伝達したということを示唆している。

図9-22　「えーと，僕はただ，これを何回も押せば，僕に魚をくれるように彼らを訓練しただけなんだ」

要約すると，イルカは言語を理解し，文法の基礎を把握する能力を示すのである。イルカがこれ以上の言語的能力を発達させることができるのかどうかを示すためには，さらにより多くの研究が必要である。

図9-23　コミュニケーション能力をもつイルカ

クジラ

ザトウクジラは，精巧な「歌」や音の組み合わせを用いてお互いにコミュニケーションする。歌の音声は長く，その音は反響する質をもっている。各々の歌は30分に至るまで続き，それから反復される。典型的に，クジラの歌は約六つのテーマをもっているが，しかし，その数は，4から10の間の範囲がある。ザトウクジラの大集団は，すべて同じ歌を歌う。長期にわたる研究において，ペインとペイン（Payne & Payne, 1985）は，その歌は時間が経つにつれて変化することを見出した。

これらの歌の正確な意味は知られていない。しかし，クジラは繁殖期に主に歌う。クジラは魚を駆り集めるときや，集団として一緒に来るときや，異なる方向に立ち去るときなどに「歌う」ようであることも見出されてきている。

ティアック（Tyack, 1983）によって，クジラの呼び声の意味が幾らか明らかになった。クジラの歌の録音テープを他のクジラに聞かせたとき，他のクジラは分散する傾向にあった。集団の中のクジラは，メスの注意を引くための2頭のオスの競争を観察しているときに，お互いに呼び声を発する。ティアックがそのような呼び声の録音テープをクジラに聞かせたとき，それらのクジラはすぐに非常に興奮するようになった。

要約すると，ザトウクジラによってなされる大部分の（もしくはすべての）呼び声は，集団の他の成員とコミュニケーションするようにもくろまれているようである。つまり，彼らの呼び声はおそらく種々の社会的機能を果たすものなのである。

感　想

・明白な利他性や社会性や信号システムの発達のような現象の理解が，有意義な進歩を遂げていることは疑いのないことである。しかし，この領域の研究の大部分は，動物行動の観察によるものであり，統制された実験が比較的不足している。結果として，利用できる根拠は一般的に理論と一致しているが，しかし，特に確信できるものではない。

要　約

利他性

利他行動は説明するのが難しい。なぜならば，利他的に行動する動物はしばしばそうしない動物よりも生殖に成功するとは限らないからである。利他行動を主に説明する概念は，血縁淘汰である。この概念によると，個体の利他的行動は，血縁者に向けられているはずである。なぜならば，これはその個体の遺伝子の生存を確実にしてくれるものだからである。血縁淘汰は，血縁を区別することができるということによっている。動物は，同じ巣や家で暮らしているどんな動物でもそれを血縁であると仮定することが多いようである。利他行動は互恵性に基づくこともある。それは，しっぺ返し方略を含む。利他行動のその他の理由は相互扶助と操作である。

社会性

動物は，一般的に，略奪を避けるために，また，適切な量の食物を得るために，また，彼ら自身の種の他の成員から自分自身の身を守るために集団に加わる。集団は略奪から身を守る。なぜならば，捕食者を見張ることが，集団の成員に共有されるからである。加えて，それぞれの動物は，希釈効果や利己的な群れ効果のために攻撃にもかかわらず生き残るようである。集団の中の動物はより多くの食物を得るだろう。なぜならば，集団の中にいるということは獲物を見つけたり，捕まえたり，得られた獲物を守ったりするのをより容易にするからである。しかし，集団の中にいることによる損失もある。得られた食物を食べるときの集団成員間の競争のような損失

図9-24 集団で生活するシカ

である。また，寄生虫や病気の危険も増加する。動物の集団の最良の大きさは，たいてい小さすぎてもよくないし（捕食者を見張るのに多くの時間を費やす），大きすぎてもよくない（戦うために多くの時間を費やす）のである。

刻印づけ

刻印づけは，生まれたてのヒナが動き回ることができる早成性の鳥類にみられる。それは，ヒナが母親のそばに居続けることを確実にしてくれるものであり，彼らが生き残る機会を増加させるという意味を持っている。ローレンツの考え方とは対照的に，刻印づけが生じる強固な臨界期はないし，刻印づけは必ずしもいつも取り消しができないというわけではない。

絆

絆や愛着は，利他的な種に共通しているところが多い。その種では，子供は生まれたときに無力である。絆や愛着は，彼らが生き残ることを確実にしてくれるものである。霊長類における絆は，母親が子供にミルクを与えるから生じるというよりはむしろ，母親の接触がやわらかいので生じるという根拠がある。絆は普通数ヶ月を超

図9-25 刻印づけられた鳥類

図9-26 利他的な協力をするゴリラ

えて発達するし，人生の早期の数ヶ月の間に最も容易に達成される。人生の早期における絆の欠如によって生じる否定的な影響の幾つかは，後に取り除かれることができる。

信号システムとコミュニケーション

　動物の信号は，過去や将来についてというよりは，いまここについてのコミュニケーションをするために用いられる。これらの信号は，視覚的，聴覚的，化学的，触覚的である。信号の各タイプは独自の利点と欠点をもっている。多くの信号は儀式化されている。つまり，それらは定型化され，誇張され，そして反復されるものである。儀式化は，曖昧さを減少させる方法として発達することが多い。大部分の信号は，本当のことであるが，しかし，幾つかは欺瞞的である。鳥類の歌は，彼らの自然の生息地に依存している。それらは反響の効果や振幅の変化のような問題を最小限にするようにもくろまれている。ミツバチは，複雑なダンスによって食物源の方向と距離を伝達する。ハチは，自動的にそのダンスに反応していると以前は考えられていたが，しかし，現在ではそうではないようだ。イルカは，人工的な言語のようなコミュニケーションの範囲を理解したり，幾つかの文法の基本的な要素を把握するための優れた能力を示している。幾つかの言語的スキルは，クジラでもみられる。

【参考書】

　J. W. Grier & T. Burk (1992), *Biology of animal behaviour* (2nd Edn.), St. Louis: Mosby. この興味深い本の中には，多くのトピックに関する広範な記事が掲載されている。第14章は利他性に関することである。第13章は社会性に関すること，第15章は動物のコミュニケーションと信号システムに関することである。

　J. R. Krebs & N. B. Davies (1993), *An introduction to behavioural ecology* (3rd Edn.), Oxford: Blackwell. この章で考察されているトピックの大部分が，この本でも詳細に取り扱われている。

【復習問題】

1　利他的行動は遺伝的に決定されるものであるという考えを批判的に考察せよ。　　　　　　　　　　　　　　　　　　　　　　　　　　(24点)

2　集団で生活することの動物にとっての利益と損失について論議せよ。
　　　　　　　　　　　　　　　　　　　　　　　　　　　　　(24点)

3a　両親と子供の間で発達している愛着の主な形式を述べよ。　(8点)

3b　親－子の愛着に関する二つの理論を批判的に考察せよ。　(16点)

4　証拠を示し，人間以外の動物のコミュニケーションに用いられる信号システムの幾つかの説明を論議せよ。　　　　　　　　　　　　(24点)

- **古典的条件づけ**：なぜ好きな食物のことを考えるとよだれが出るのか。
    - パヴロフによる「よだれを流すイヌ」の研究
    - カミンによる期待に関する研究
    - ガルシアによる一試行学習の発見

- **オペラント条件づけ**：人間は報酬が与えられる行為を続け，与えられない行為をしない。
    - スキナーの用いたラット箱；強化のスケジュール
    - シェーピングと潜在学習
    - 罰と回避学習
    - セリグマンによる学習性無力感仮説
    - エイブラムソンらによる帰属理論

- **捕食**：餌を探す動物と餌を待ち伏せする動物：どのようにして動物は食物を見つけるのか。
    - ザックによる最適捕食理論の研究
    - 鳥類やハチにとっての捕食の目的

- **帰巣と移住**：なぜ鳥や，魚や，昆虫は，巣までの遠い道のりを正しくたどることができるのか。
    - 魚類，鳥類，オオカバマダラ，チョウの研究
    - 磁気的情報，太陽，目印，匂い，星の利用

- **動物の言語**：人間以外の動物に言語を教えることができるか。
    - スキナーとチョムスキーの見解
    - ヘイズとヘイズによるヴィキの研究
    - ガードナーとガードナーによるワショーの研究
    - テラスによるニム・チンプスキーの研究
    - パターソンによるココの研究
    - サヴェージ-ランボーらによるカンジの研究

- **人間の行動に関する進化論的説明**：進化論の観点から人間の行動を説明することができるか。
    - ウィルソンによる社会生物学理論
    - トリヴァースによる親子の葛藤理論
    - ドーキンスによる利己的遺伝子理論

10 行動分析

この章の大部分では，動物が生きていくうえで不可欠である学習と行動において重要となる側面について論じる。もし，ほとんどの種が生きていかなければならないのだとすると，食物や巣へ帰る道を見つける能力が必要となる。高度に発達した学習能力を有する種（たとえば人間）は，生き残るための術を十分に身につける傾向にあることから，この章では経験から学ぶ能力について扱う。

比較心理学者は，人間以外の種がもつ学習能力を実験によって明らかにすることに関心がある。以前は学習と行動について詳細に検討することを目的とした行動学的アプローチが主流であり，人間以外の種に対する古典的条件づけやオペラント条件づけについての研究が盛んに行われていた。古典的条件づけやオペラント条件づけは非常に単純で基本的な学習形態であるので，たいていの種に対してこのような条件づけが簡単にできるのも当然のことである。

言語学習は条件づけを必要とする学習よりはかなり複雑であるという理由から，動物に言語を教えようとする試みのほとんどが類人猿を対象としている。この類人猿を対象にした言語学習での研究成果にはいくぶん議論の余地があるものの，類人猿が言語に関する幾つかの基本的な特徴（おそらくすべてではなくて）を学習できることが明らかとなっている。

動物にとって，捕食者に捕まらないよう，それでいてあまり苦労することなく食物を探すことはとても重要なことである。この章の中で述べるように，ほとんどの動物が食物を上手に探し出すことができ，この能力は経験や学習を通じてより向上する。しかし，幾つかの理由により，動物が食物を常に上手に探すことができるとは限らない。言語学習同様，条件づけの理論だけでは補食行動の複雑さを説明することはできない。

多くの鳥類や魚類は長距離に及ぶ移住をするが，このとき必要となるのは，自分の巣までの帰り道を見つけることである。帰巣の際に利用される情報は種によって異なり，長距離を正確に移動するためにたくさんの工夫がなされる。後述するように，帰巣行動に用いることができる情報には何種類かあるが，精度の高い情報というものは種を超えて利用される。多くの種の帰巣行動は，子供の頃からとても効率的ではあるが，これには学習過程も何らかの役割を担っているのであろう。

ダーウィン（Charles Darwin）に始まる進化論的説明は，動物の行

図 10-1

学習性連合

おいしいものや好きな食べ物のことを想像してみよう。それはイチゴ？ チョコレート？ バーベキュー？ カレー？ その食べ物のことを思い出し、はっきりと心に描いてみよう。すると口の中からよだれが出ていることに気がつくだろう。その食べ物が、いま手元になくて、実際に見たり、においをかいだり、味わったりすることができなかったりするけれども、あなたはその食べ物が自分の大好物だということを知っている。このような唾液分泌は「学習性連合」によってもたらされているのである。見たことのない食べ物に対しては、学習性連合が形成されていないため、唾液分泌は起こらないだろうし、一番嫌いな食べ物が出てきても、よだれは出ないであろう。おそらく別の連合が形成されていて、異なる反応が示されるであろう。

動の多くを理解することに対して大きな影響を与えている。社会生物学者の中には、進化論的説明はそっくりそのまま人間の行動に当てはまると主張する学者もいる。この問題は議論の余地のあるところである。社会生物学者の見解を支持する根拠と支持しない根拠の主なものを、本章の後半部分で分析する。

古典的条件づけ

あなたが歯医者に行かなくてはならないときのことを思い浮かべてみよう。リクライニングチェアーに横になると、あなたは恐怖を感じるかもしれない。歯医者がまだあなたに痛みを与えていないのにもかかわらず、あなたはなぜおびえるのだろうか。それは治療室の光景や音が、これからまもなく自分が痛みを感じるということを予期させるからである。言い換えると、あなたは治療室の中にはあるけれども実際には痛みを引き起こさない中性的な刺激と、

図10-2　パヴロフがイヌの条件づけのために用いた装置
（ヤーキーズとモーガリス Yerkes & Morgulis, 1909 から改変）

ドリルで歯が削られるときの痛み刺激とを**結びつけている**のである。このような二つの刺激の連合が古典的条件の中核である。

基礎的知見

最もよく知られた古典的条件づけの例は、イワン・パヴロフ（Ivan Pavlov, 1849-1936）に始まる研究である。イヌ（や他の動物）は、口の中に食物が入るとよだれを流す。このような、口の中に入れられた「食物」に相当する無条件刺激と「唾液分泌」に相当する無条件反応との間に形成される関係を、専門用語では「非学習性反射」あるいは**無条件反射**（unconditioned reflex）という。パヴロフは、食物以外の刺激を用いてもイヌがよだれを流すことを発見した。彼は幾つもの出来事が起こる中で、音刺激（訓練刺激あるいは条件刺激）を食物を与える直前に提示した。つまり、音刺激が食物提示の合図になるようにしたのである。そしてこの条件刺激である音刺激を、食物を与えることなく単独で提示したところ、イヌはこの音刺激に対してよだれを流した。このような条件刺激（音刺激）と無条件刺激（視覚刺激としての食物）とが関係づけられ、条件反応である「唾液分泌」が生起することを、専門用語で「イヌが**条件反射**（conditioned reflex）を学習した」という。

パヴロフは古典的条件づけにおけるさまざまな特徴を発見した。そのうちの一つが**般化**（generalisation）である。音刺激の提示によって分泌される唾液の量は、その音刺激が古典的条件づけの訓練時に用いられた刺激と同一の場合に最も多いが、似ていなくなるほど少なくなる。般化は、「唾液

> **キー用語**
> **無条件反射**：無条件刺激と無条件反応との間に十分に形成された連合。

> **キー用語**
> **条件反射**：古典的条件づけで形成される刺激と反応の間の新たな連合。
> **般化**：条件刺激とは同一でない刺激に対して、条件反応の強度が弱くなる傾向のこと。

分泌量のような条件反応の大きさは，提示する刺激と訓練時の刺激がどの程度似ているかによって決まる」という事柄を指していう。

パヴロフは同時に**分化**（discrimination）という現象についても確かめている。ある音刺激（A）とともに視覚刺激としての食物（実際には食べさせない）を数回提示すれば，その音刺激（A）に対してイヌは，唾液を分泌させるであろう。次に音刺激（A）とは異なる音刺激（B）を単独で提示してみたとする。はじめ提示した音刺激（A）の場合よりも，より少ない量の唾液分泌が般化によってもたらされるであろう。さらに，最初に提示した音刺激（A）と食物を同時に提示することを繰り返す一方で，異なる音刺激（B）に対しては，食物の同時提示を一切行わない。そうすると最初に提示した音刺激（A）に対する唾液分泌量は増加するが，異なる音刺激（B）に対しての唾液分泌量は減少する。つまりこのイヌは，「二つの音刺激が別々の刺激であるということを学習した」と言い換えることができる。

古典的条件づけにおいて他に重要となる特徴が，**実験的消去**（experimental extinction）である。パヴロフは音刺激のみを単独に数回提示してみたところ，唾液分泌がどんどん少なくなっていくことを発見した。言い換えると，無条件刺激を伴わせずに条件刺激のみを繰り返し提示すると，条件反応が起こらなくなるということである。これが「実験的消去」と呼ばれる発見である。

消去は，「イヌや他の動物において成立していた条件反射が消失した」という意味ではない。ある条件反応が消去された後に再び同一の音刺激を提示すると，この刺激に対してわずかに唾液分泌がみられる。これが**自発的回復**（spontaneous recovery）と呼ばれるものである。消去がみられる間は，唾液分泌反応が「消失した」というよりは，むしろ「抑制された」のである。

> **キー用語**
> 分化：ある条件刺激に対する条件反応の強さが，二番目の条件刺激に対する条件反応が弱まったときに強くなること。

> **キー用語**
> 実験的消去：古典的条件づけにおいて，無条件刺激を伴わせず条件刺激を数回提示したときに，条件反応が生起しなくなること。オペラント条件づけにおいては，反応に報酬や強化が伴わないように操作したとき，反応が生起しなくなること。
> 自発的回復：実験的消去の後，時間が経過して再び反応が現れること。

議論のポイント

1. パヴロフの実験で用いられたイヌは**なぜ**上記のような行動を示したのであろうか（次の項を参照）？
2. ワトソン（Watson）（第2章を参照）のような行動主義者は，なぜパヴロフの発見に大きな興味を抱いたのであろうか？

古典的条件づけの解説

時間的要因

古典的条件づけでは，どんなことが起こっているのであろうか？ 条件刺激と無条件刺激との間で連合が形成されることが必要不可欠であるが，このような連合が起こるためには，これら二つの刺激が時間的に近接して提示されることが重要である。条件づけは，条件刺激を無条件刺激の直前（約0.5秒）に提示したときに最も成立しやすく，無条件刺激が提示されている間持続する。無条件刺激が条件刺激にわずかに先行して提示された場合，条件づけはほとんどあるいはまったく成立しない。この状況は，**逆行性条件づけ**（backward conditioning）と呼ばれている。

重要な点は，条件刺激（たとえば音刺激）が，これからまさに無条件刺激（たとえば食物）がイヌに対して提示されようとしている

> **キー用語**
> 逆行性条件づけ：古典的条件づけにおいて，無条件刺激が条件刺激の直前に提示される状況。

ことの**予告**となっていることである。音刺激は食物提示の合図となるものなので，食物それ自体が提示されたときと同じような結果（たとえば唾液分泌）をもたらすのである。音刺激がもはや食物提示の合図とならなくなったときに，実験的消去や唾液分泌の停止が起こる。このことが，逆行性条件づけが成立しづらいことの説明となる。もし条件刺激が無条件刺激の後に単独で提示されたとしたら，条件刺激が食物提示の合図とはなりえないのである。

期　　待

古典的条件づけは「期待」によって左右されるということをカミン（Kamin, 1969）は示した。まず実験群の動物には，光刺激と電気ショックを同時に与えることで，その光刺激に対する恐怖と，そこからの回避反応を学習させた。一方，統制群の動物には，何の学習もさせなかった。次いで電気ショックを与える前に，光刺激と音刺激のペアを一度だけ両群に提示し，最後に，音刺激のみを両群に一度だけ提示した。その結果，統制群では単独の音刺激に対して恐怖反応を示したが，実験群では示さなかった。

この実験では何が起こっていたのであろうか？　実験群の動物は，光刺激が電気ショックの予告となることをすでに学習しているので，音刺激も電気ショックの予告となっていることには気づかないのである。一方，対照群の動物は事前に何も学習していないので，音刺激が電気ショックの予告となることを学習したのである。**阻止**（blocking）という用語は，この実験群の動物に対して起こったことを指している。つまり，ある条件刺激がすでに無条件刺激提示の予告となっている場合，別の条件刺激を用いて条件づけすることはできないということである。

レスコーラとワグナー（Rescorla & Wagner, 1972）は，阻止や他の多くの現象を説明する古典的条件づけの理論を発表した。彼らの説によると，これから成立させようとする強化がすでに成立している強化を否定するものでないと，条件づけは成立しないとしている。カミン（1969）の研究では，光刺激は電気ショックを予告するものとしてのはたらきを十分に果たしており，これに音刺激を追加しても，光刺激が電気ショックを予告することに変わりはない。そのため，音刺激に対する条件づけは成立しないのである。

古典的条件づけの評価

古典的条件づけは，重要な学習の形態の一つである。古典的条件づけを用いると，人間に対して恐怖症（ある物事や状況に対する強い恐怖感）を植えつけることができる。しかしながら人間の学習のほとんどは，古典的条件づけに基づいていない。実験室状況における古典的条件づけでは，動物はさまざまな条件刺激や無条件刺激の提示を**待つ**しかない。一方実生活における学習では，動物や人間が環境に対して**積極的**にはたらきかけることが一般的に必要である。

倫理的問題：倫理的に見て，カミンの研究は現在すんなりと受け入れてよいだろうか？

キー用語
阻止：ある条件刺激がすでにある無条件刺激提示の予告となっているため，条件刺激を他の刺激に代えても，条件反応が生起しないこと。

一試行学習

古典的条件づけはかつて考えられていたほど単純ではない。これまでの古典的条件づけは，何試行もの訓練の後にのみ生起し，無条件刺激と条件刺激は時間的に近接していなければならないと考えられていたが，ガルシア，エルビンとケーリング（Garcia, Ervin & Koelling, 1966）は，これらの仮定が見事なまでに当てはまらない例を発見した。実際のところいつの時代にもあるように，はじめは多くの心理学者たちに拒否されるような類の発見であり，ガルシアはこの発見を発表することにとても難しさを感じていた。

ガルシアら（1966）が行った研究は，味覚嫌悪についての研究であった。ラットは甘い食物が大好物である。数匹のラットに対して，数時間後に腹痛を引き起こすような薬物を混ぜた砂糖水を与えたところ，たった一度腹痛を感じただけでその後砂糖水を飲まなくなるという一試行学習が成立したのである。この場合，なぜこれほど早く条件づけが成立したのであろうか？ 生物学的に，動物は種を保存するような行動を学習するようにできているので，有毒な食物は食べないことを学習するのが，動物にとって明らかに大切なのである。

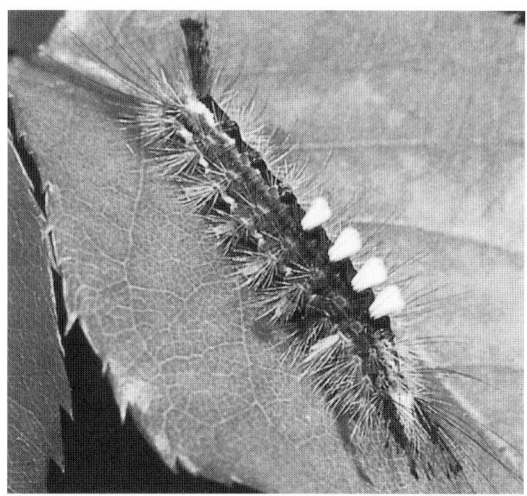

図10-3　アカモンドクガの幼虫には毒があるので，これを他の動物が食べることは有害であるばかりか，死を招く危険もある。幼い捕食動物は，このような幼虫を避け，被害を最小限に抑えることを即座に学習しなければならない。もし，この幼虫を避ける行動を捕食動物が学習するまでの間にその多くが食べられてしまったとしたら，目立つ色で危険信号を出すというこの虫の作戦はまったく意味がないのである。

自然な連合

初期の行動主義者は，古典的条件づけが成立するためには刺激同士の強い結びつき（連合）が必要であるとしており，この連合はほとんどの条件刺激と無条件刺激の間に成り立つと仮定した。しかし，成立しやすい連合とそうでない連合があることから，この仮定は通用しなくなっている。ある研究では，ラットに対して甘味水とエックス線が原因となって発症する病気を連合させることはできたが，光刺激や音刺激と病気との間に連合を成立させることはできなかった。ラットは味と病気の連合は自然に学習するが，光や音のような外的刺激と病気の連合を学習することは生物学的にできないのである。

言　語

他の種と比べると，古典的条件づけは人間にとっては重要ではない。その大きな理由の一つが，人間は言語をもっているということである。他の種における消去の過程は，通常緩やかで長期間に及ぶ。人間においては，「今後無条件刺激は提示されない」と教えるだけで，即座に消去は成立しうる（デーヴィー Davey, 1983）。この問題で重要となる点をマッキントッシュ（Mackintosh, 1994, p.392）が著している。

クモ恐怖症の人に「クモは怖くないよ」と言ったところで，彼らの恐怖症は治るだろうか？

人間は，条件刺激と無条件刺激を苦労して結びつけるよりも，言語と規則に基づいたはるかに効果的な学習形態を自在に用いることができる。行動療法は人間の問題行動に対して条件づけの原理を応用する試みとして非常に成功したが，それも認知行動療法や認知療法に取って代わられたのである。

生物学的な価値

グリアーとバーク（Grier & Burk, 1992, p.719）によると，「いつもベルやフラッシュのような人工的な条件刺激を用いて実験室研究を行っているが，古典的条件づけは，明らかに生物学的に価値のある自然現象である」と述べている。味覚嫌悪は古典的条件づけの生物学的な価値が明らかとなる例である。グリアーとバークによると，古典的条件づけは，捕食動物にとってある音や匂いを発する生物が獲物か否かを学習するときに必要になるとしている。しかしながら，野生動物が生きていくうえで行っている古典的条件づけの妥当性を明確に理解するためには，今後の研究が必要である。

オペラント条件づけ

日常生活において，人々はしばしば幾つかの報酬や強化子と引き換えに，ある特定の行動をとるように方向づけられる。たとえば，学生はお金を稼ぐため朝刊を配達し，アマチュアの運動選手は好成績を讃える賞をもらうため，競技に参加する。これら二つの例は，心理学ではオペラント条件づけや道具的条件づけとして知られている。オペラント条件づけの多くは，**強化の法則**（law of reinforcement）に基づいている。つまり，ある特定の反応が起こる確率は，その反応に食物や賞のような報酬や正の強化子が伴うときに高まるというものである。

> キー用語
> 強化の法則：ある特定の反応が生起する確率は，その反応に報酬や正の強化子が伴う場合に増加するという法則。

基礎的知見

オペラント条件づけの最も有名な研究がスキナー（B. F. Skinner, 1904）の研究である。彼は空腹のラットを，1個のレバーのある小さな箱（スキナーボックスと呼ばれることがある）の中に入れ，ラットがレバーを押したとき，餌が与えられるようにした。ラットはレバーを押したときに食物を得ることができるということをゆっくり学習した結果，レバーを何度も押すようになった。これが強化の法則をよく示した例である。報酬や正の強化子の効果は，これらを反応生起の直後に与える方が遅れて与える場合よりも大きいのである。

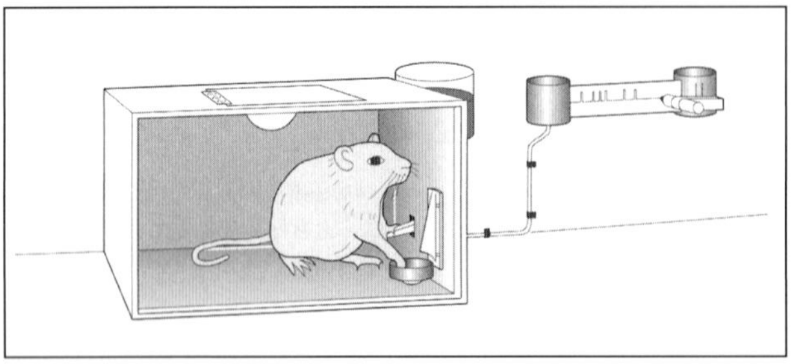

ある反応が生起する確率は，正の強化子が伴わないときに低下することが確かめられている。この現象は，前に

図10-4　スキナーボックスでラットのレバー押し反応を記録している図：この図では，1本の垂直線がレバー押し反応1回を示している。

も述べた実験的消去として知られている。古典的条件づけのときのように，消去の後には通常自発的回復がみられる。

正の強化子と報酬には二つのタイプがある。それは一次的強化子と二次的強化子である。**一次的強化子**（primary reinforcers）は，生きていくうえで必要な刺激（つまり，食物，水，睡眠，空気）である。**二次的強化子**（secondary reinforcers）とは，一次的強化子との間に連合が形成されているため報酬となるものである。これには，お金，賞，注目が含まれる。

> キー用語
> 一次的強化子：生きていくうえで必要となる報酬刺激（たとえば食べ物や水）。
> 二次的強化子：一次的強化子との間に連合が形成されているために報酬としてのはたらきをもつ刺激。たとえばお金や賞がある。

強化のスケジュール

報酬が伴う行為を続け，伴わない行為をしないことは理にかなっているように思われる。しかしスキナー（1938）は，物事はそれほど単純ではないということを，オペラント条件づけで説明した。これまでは，強化子や報酬が反応の後に常に与えられるという**連続強化**をみてきたが，日常生活において私たちの行動が常に強化されることは少ない。反応の一部に報酬が与えられる部分強化について考えてみよう。スキナーは部分強化には大きく四つのスケジュールがあることを発見した。

- **定率スケジュール**（fixed ratio schedule）：x 回目（5回目，10回目など）の反応に必ず報酬が伴うスケジュール。ある目標を達成したときに労働者に与えられるボーナスが，このスケジュールに当てはまる。
- **変率スケジュール**（variable ratio schedule）：平均すると x 回目の反応に必ず報酬が伴うスケジュール。報酬が与えられた二つの反応の時間的隔たりは，ごくわずかである場合もあるし，とても長い場合もある。このスケジュールは，魚釣りやギャンブルに当てはまる。
- **定間隔スケジュール**（fixed interval schedule）：ある一定の時間間隔（たとえば60秒）の後で起こる最初の反応に，報酬が与えられるスケジュール。週給の労働者の場合が，このスケジュールに当てはまる。つまり，彼らはある一定の時間間隔の後に報酬を得るが，それまでの間は特別な反応を起こすことは必要とされない。
- **変間隔スケジュール**（variable interval schedule）：平均するとある一定の時間間隔（たとえば60秒）後で起こる最初の反応に，報酬が与えられるスケジュール。実際の間隔はしばしば平均値よりも短かったり長かったりする。グロス（Gross, 1996）が述べているように，支払いが不規則な顧客を持つ自営業者に当てはまる。彼らは変間隔で報酬を得るが，それまでの間は特別な反応を起こすことは必要とされない。

> キー用語
> 定率スケジュール：x 回目の反応すべてに報酬が与えられるスケジュール。
> 変率スケジュール：平均すると x 回目の反応すべてに報酬が与えられるスケジュール。実際に何回目に報酬が与えられたのかについては，若干のばらつきがある。
> 定間隔スケジュール：ある一定の時間間隔の後で起こる最初の反応に，報酬が与えられたり強化が行われたりするスケジュール。
> 変間隔スケジュール：平均するとある一定の時間間隔の後で起こる最初の反応に報酬が与えられるスケジュール。実際にどれくらいの時間の後に報酬が与えられるかについては若干のばらつきがある。

部分強化よりもすべての反応の後に報酬が得られる連続強化の方が効率よく条件づけできるように思われるかもしれないが，実際はその逆である。最も反応の生起する確率が低いのが連続強化で，反応が頻繁に起こるのが変スケジュール（特に変率）である。ギャンブルはなぜやめられないかという理由がここにある。

消去についてはどうであろうか？　最も効率のよい強化のスケジュールは，同時に最も強い消去抵抗を示す。したがって，報酬が与えられない消

図10-5 ギャンブラーはいつ当たるのか，もしくはそもそも当たるのかどうかわからずにプレーし続ける。これが最も効果的な強化スケジュールである変率強化の例である。

去の過程では，変率スケジュール下で訓練されたラットは他のスケジュールで訓練されたラットよりも，長く反応を示し続けるであろう。連続強化で訓練されたラットの消去が最も早い。連続強化で最も早く反応が消去することの理由の一つは，すべての試行に報酬が与えられていたのが，一転してまったく報酬が与えられなくなったという明らかな変化である。変スケジュールで訓練された動物は，報酬がたまにあるいは不定期に与えられることに慣れており，もはや反応に対して報酬が与えられないということを悟るのに時間がかかるのである。

議論のポイント

1. 日常生活における強化の変スケジュールに関連する例を幾つか考えよう。
2. スキナーによるオペラント条件づけの限界は何か（評価の項を参照）？

シェーピング

オペラント条件づけの特徴の一つは，要求されている反応が，強化子が与えられる以前に起こらなければならないということである。ある動物に対して，自然には起こらない複雑な反応を条件づけるには，どのようにすればよいのであろうか？ その答えが**シェーピング**（shaping）という方法である。漸次的接近という方法を通じて，望ましい反応へ徐々に動物の行動を近づけていくのである。ハトに卓球を教えたい場合はどうであろうか。はじめに，ハトがピンポン球に少しでも触れたら報酬を与える。訓練していくに従って，報酬を与えるのにふさわしい，より卓球に適した行動を求めていく。スキナーはこの方法で，ハトに対して卓球の基本的プレー方法を実際に仕込んだのである。

> **キー用語**
> シェーピング：行動が望ましい方向に段階的に変化するように，報酬や強化を用いること。

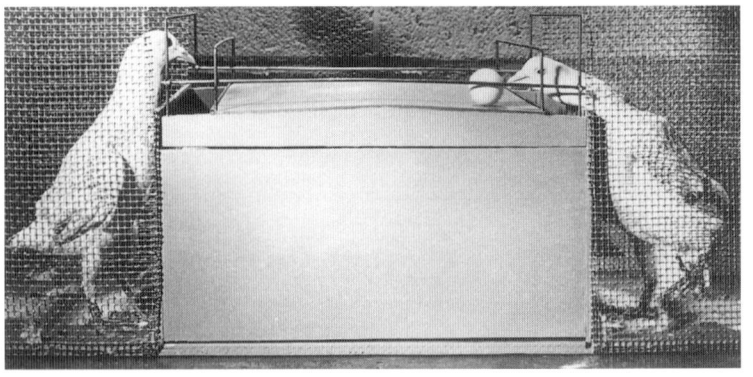

図10-6

潜在学習

学習とその遂行成績の間には，明らかな関係がある。誰かが何かを学習したということを最も簡単に知ることのできる方法は，その人の行動の変化を観察することである。しかし，正の強化が行われていない場合，遂行成績や行動に明らかな変化がみられなくても，学習が成立していることがある。これを **潜在学習**（latent learning）と言う。

潜在学習に関する幾つかの研究に，ラットの迷路走行に焦点を当てたものがある。ゴールしても食物をもらうことができないラットが迷路内を探検している様子を観察しても，ほとんど何も学習していないようにみえる。しかし迷路の端や中心にある箱（ゴールボックス）の中に食物を置いた途端，ラットはその箱に向かって一目散に走っていく。これは潜在学習が成立していることを示している。トールマンとホンジック（Tolman & Honzik, 1930）はある研究で，最初の10日間，まったく報酬が与えられないラットの迷路走行と，毎日報酬の与えられるラットのそれを比較した。前者のラットに食物の報酬を与え始めたところ，このラットの迷路走行は，後者のラットのレベルまで急速に向上した。このようなことから，潜在学習はオペラント条件づけによる学習にひけを取らないということができる。

しかしヒルガードとマーキス（Hilgard & Marquis, 1961, p.233）は，潜在学習の研究における大きな問題点を述べている。

> 「被験体群に対する強化を一時的に除去することができた」と言いきれるような実験はないのである。

> キー用語
> 潜在学習：正の強化がなされるまで，その効果が遂行成績に現れない学習のこと。

罰

これまでは学習の遂行成績における正の強化子や報酬の効果について考えてきた。しかしオペラント条件づけには，電気ショックを与えることやフィードバックを与えないことといった，不快なあるいは **嫌悪的な刺激** もある。人間や他の種は，正の強化子や報酬を受けるために学習をするのと同じように，嫌悪刺激にさらされることを避けるような行動も学習する。

反応に嫌悪刺激が伴うオペラント条件づけを，**罰訓練**（punishment training）と呼んでいる。ある反応の直後に嫌悪刺激が提示されたら，その反応は起こりづらくなるだろう。しかし，嫌悪刺激の提示が遅れたとしたら，その反応はなかなかなくならないだろう。「罰はある反応をしばらくの間起こさないようにするものであって，新たな学習を形成するものではない」とスキナーは主張している。エスティズ（Estes, 1944）はこの主張を支持する結果を報告している。レバーを押すと食物が与えられるということを二群のラットに学習させ，次いで一連の消去訓練を行った。一方の群は消去のはじめの段階に，レバーを押すと必ず強い電気ショックが与えられ，他方の群には電気ショックを与えなかった。そうすると，電気ショッ

> キー用語
> 罰訓練：不快刺激や嫌悪刺激の提示によって，ある反応の生起する確率を低下させるようなオペラント条件づけの形態。

幼児がスーパーマーケットで駄々をこねたら，なだめるためにお菓子を買ってあげる親がいる。これはどのような種類の強化であろうか。子供の行動によって結果として起こりそうなことは何だろうか。

> **ケーススタディ：罰**
>   現代の心理学者は，行動を矯正しようとして罰を単独に用いることは，道徳的にも倫理的にも疑わしい方法であるとみなしている。この考えと罰それ自体がいかに効果の持続しないものであるかを示す研究を総合すると，家庭生活から戦争している国まで，罰が未だに非常に多くの状況で用いられているということは驚くべきことである。
>   私たちが営むさまざまな文化では，罰は未だに犯罪者を懲らしめるために用いられている。罰金や懲役の判決は犯罪者自身の権利を著しく罰するものとなるが，再犯を犯さないためのある種の報酬が伴うならば，罰はより効果的であるということを示す研究がある。中央統計局（Central statistical office, 1996）の統計によると，罰のみを用いることにはそれほどの成果がないそうである。1987年から1990年のイギリスやウェールズでは，罰金刑に処せられた5人中3人の男性が再犯を犯しており，1991年では75％の青年犯罪者が2年以内に再び有罪判決を受けている。そのうち12％は刑期を終えた3ヶ月以内であった。

クを与えた方の群では，しばらくの間反応が起こらなくなるという罰訓練の効果がみられたが，長い目でみるとレバー押しの回数に差はみられなくなった。これは罰訓練の効果の寿命は短いということを示したものである。

罰訓練の寿命は短いものばかりとは限らない。エスティズの研究の特徴は，ラットが正の強化を受けることのできる方法はレバー押ししかなかったということである。罰の効果が長持ちするのは，通常，罰せられる反応以外の反応に対して正の強化が与えられる場合である。たとえば，食事中にテーブルにひじをつくことを罰せられている子供に対して，椅子にきちんと座っていることを誉めたとき，ひじつきはぴたりとおさまるであろう。

回避学習

日常生活での回避学習の例を考えてみよう。

信号が赤になったとき，ほぼすべてのドライバーは，事故を起こしたり，信号を無視したりしたことで警察官とトラブルになるといったような嫌悪刺激を避けるためにブレーキを踏む。これは適切な行動をとったときに嫌悪刺激の提示を受けないという状況であり，**回避学習**（avoidance learning）の一例である。嫌悪刺激の多くは，嫌悪刺激を受けないようにするような反応を強化する。これが**負の強化子**として呼ばれるものである。

> **キー用語**
> **回避学習**：適切な回避反応が不快刺激や嫌悪刺激の提示を妨げるようなオペラント条件づけの形態。

ソロモンとウィン（Solomon & Wynne, 1953）の示すように，回避学習は非常に有効なものである。イヌを二区画に仕切られた実験装置に入れ，区画の照明の変化が，電気ショックの警告刺激となるようにする。照明が変わったときは，もう一方の区画に飛び込むことで，電気ショックを避けることができる。実験開始時，たいていのイヌは何度か電気ショックを受ける。しかしその後，約50回かそれ以上の試行において，ショックに対する回避反応がみられる。

マウラー（Mowrer, 1947）は回避学習を説明するための二過程学習理論を提唱した。この説によると，第一の過程が古典的条件づけである。中性刺激（たとえば区画の壁）と嫌悪刺激（電気ショック）のペアは，古典的条件づけによる不安を形成する。第二の過程がオペラント条件づけである。他方の区画に飛び込むという回避反応は，不安が減少するということで強化される。

二過程学習理論は回避学習に対するもっともらしい説明となった。しかしながら，回避反応が不安の低減をもたらすという見解にはいささかの問題がある。ソロモンとウィンの研究で用いられたイヌは，概して警告刺激に対して約1.5秒以内に反応したのであるが，この時間は不安反応が高まるには短すぎる可能性がある。不安を感じてい

たかのような行動は，回避反応を起こした後にはまったくみられないのである。つまりこのイヌにおける回避学習が，不安の低減のみによって動機づけられたと主張するには困難があるのである。

学習性無力感

セリグマン（Seligman, 1975）は嫌悪刺激に基づく他の学習の形態について研究した。イヌは回避できない電気ショックを受けた後，真ん中に仕切りの壁がある箱に入れられる。その箱の中でイヌは，警告信号の後電気ショックが与えられるものの，壁を飛び越せば向こう側へ逃げることができる状況にある。ところが実際にはたいていのイヌはただ一方的に電気ショックを受けるばかりで，そのショックから回避するということを学習しない。セリグマンは適切な行動をとることによって不快刺激から回避することのできる状況でみられる受動的な行動に，**学習性無力感**（learned helplessness）という用語を当てはめた。セリグマンは，事前に回避不可能な刺激を与えられて**いない**イヌが警告信号と同時に壁を飛び越えることで，そのショックからすぐに回避できることも発見した。このイヌでみられた行動は単なる回避学習である。

> **キー用語**
> **学習性無力感**：罰が避けられないという認識によって生み出される受動的な行動。

帰属理論

セリグマンはイヌにみられる学習性無力感は，ある種の臨床的なうつ症状を示す人にみられる受動的な無力感によく似ていると主張した。エイブラムソン，セリグマンとティースデイル（Abramson, Seligman & Teasdale, 1978）は，学習性無力感が起こる仕組みを認知の側面から説明した。この帰属理論と呼ばれる彼らの理論で用いられている認知的側面は以下のとおりである。まず第一に，失敗を内的な原因（自分自身）のせいにするのか，あるいは外的な原因（他の人々，つまり状況）のせいにするのかという側面である。そして第二に，失敗の原因を将来にまで持続しそうな安定したものとして認知しているのか，あるいはすぐに変化してしまう不安定なものとして認知しているのかという側面である。最後に，失敗を全体的な（さまざまな状況に関係のある）原因か特定の（一つの状況に関係のある）原因のせいにするのかという側面である。エイブラムソンらは，学習性無力感に陥った人々は失敗を，内的で，安定した，全体的な原因に帰する傾向があるとした。それゆえそのような人々は，失敗の責任を自分自身に求め，今回の失敗を導いた要因が将来にまでわたって持続し，その要因が他の状況でも失敗を招く原因となっていると考えていると述べた。

オペラント条件づけの評価

オペラント条件づけは時にとても効果的である。強化を巧みに用いることで，人や他の種の行動を制御することができる。たとえばサーカスの動物に対する訓練の大部分はオペラント条件づけの原理に基づいている。オペラント条件づけはさまざまな精神的障害の治

> あなたの子供時代に受けたしつけの中で，身に覚えのあるオペラント条件づけの例は何か？

療にもうまく用いられている。たとえば，トークンエコノミーというものがある。これは種々の望ましい行動をしたときに患者に対して与えられる報酬である。このトークンエコノミーという手法は，統合失調症を含めたさまざまな精神疾患を有する患者に対して用いられている（p.1025を参照）。

　オペラント条件づけは多くの種に適用することができる（グリアーとバーク，1992を参照）。たとえばボイコット（Boycott, 1965）はタコに対して，彼らの常食の一つであるカニを避けるように訓練した。これはタコに対して白色の正方形とカニを同時に提示し，その後電気ショックを与えるというものであった。白色の正方形がないときには電気ショックは与えられず，このときにカニを捕えることをタコは学習した。同様のオペラント条件づけの手続きが，タコがカニを捕獲したり魚から回避する行動のみならず，その逆の場合にも用いられている。

洞察学習

> **キー用語**
> 洞察学習：ゲシュタルト心理学者が重視した学習の一形態で，ある問題の諸要素を急速に再構成することによって達成される。

　条件づけの研究における最大の弱点は，条件づけの原理に当てはまらないような学習が幾つかあるということである。前述の潜在学習がその一つの例であるが，他にもある。ゲシュタルト心理学者は**洞察学習**（insight learning）と呼ばれる現象について研究した。これは問題を思いがけず突如として再構築したり，再構成したりするという現象である。洞察学習（アハー体験ともいわれる）はケーラー（Köhler, 1925）によって研究されている。たとえば，サルが数本の棒とともにケージに入れられているが，食べたいと思っているバナナまで届く棒は1本もないとしよう。突如サルは2本の棒をつなぎ合わせ，バナナに棒が届くように細工するのである。しかしバーチ（Birch, 1945）は，身動きできないようにして育てられたサルを対象に研究したところ，サルが洞察的に問題解決をしたという証拠はほとんどみられないとした。彼は，ケーラーの研究におけるサルは，生涯の一部を野生で過ごしており，突発的な洞察にみえる能力は，実は自然の中で少しずつ学習した能力であるかもしれないと指摘した。

観察学習

> **キー用語**
> 観察学習：他者の行動を模倣することで達成される学習の一形態。

図10-7　観察学習の一例：ボボ人形を攻撃している様子。

　バンデューラ（Bandura, 1977）は**観察学習**（observational learning）の重要性を主張した。この学習は，特に報酬が与えられている他者の行動を真似することによって達成される。バンデューラら（1963）は，空気で膨らませたボボ人形と呼ばれるピエロに対して，攻撃的なあるいは非攻撃的な行動をする成人女性の映像を見ている幼児の観察学習について明らかにした。映像を見終わった後，子供はその人形を使って遊んだが，人形に対して攻撃的な行動をする大人の映像を見た子供は，人形を攻撃的に扱う傾向がより強かった（バンデューラの業績はpp.861-862でより詳しく議論されている）。

　バンデューラは，オペラント条件づけのアプローチ全体には限界

があると主張している。彼によると，

> 学習は反応を起こしたときや，効果を体験したときにのみ起こるということを心理学では伝統的に前提としてきた。現実には直接経験による学習現象のほとんどすべては，他人の行動やその結果を観察することによって代理的（二次的）にもたらされるのである。

等能性

スキナーは，あらゆる刺激を用いればどんな反応でも条件づけすることができると信じていたようである。これを**等能性**（equipotentiality）と言う。しかし実際のところは，オペラント条件づけの幾つかの形態は，他の学習の形態よりも成立させることがかなり難しい。ブレランドとブレランド（Breland & Breland, 1961）は，ブタに報酬を与えて，貯金箱に木製のトークンを入れることができるよう訓練を試みた。この際ブタはトークンを拾い上げたが，これを床の上に落とすということを繰り返した。ブレランドとブレランドが言うには，ブタは「引っかきまわしては落とし，途中でまた引っかきまわし拾い上げては空中に放り投げ，また落とし，さらにもっと引っかきまわし……」といったようであった。彼らはこの発見を，「動物が学習する行動は，その動物自身の本能的な行動に似る傾向がある」という本能的傾向の証拠であると主張した。

スキナーが考えていた以上に，本能的な行動がオペラント条件づけにおいて非常に大きな役割を果たしているという説得力のある証拠が，ムーア（Moore, 1973）によって示された。彼は報酬として食べ物が出てくるキーと水が出てくるキーをつつくハトの様子を撮影した。その後学生に対して，ハトのキーつつき行動を見て，水と食べ物のどちらが報酬となっているかを当てるよう求めた。その結果，学生の予測の87％が正解であった。食物を食べるときは，いつもくちばしを開いてキーをたたくために，鋭く，力強い音を立てたが，水を飲むときは，くちばしを閉じ抑えるようにキーを押したのであった。

説明力の不足

スキナーによると，オペラント条件づけでは，ある一定の反応とある強化子との間に連合が形成されることが必要であるとしている。しかしマッキントッシュ（1994）が指摘したように，スキナーが考えているほど，オペラント条件づけは単純ではないのである。この例として彼は，甘い餌を得るためにスキナーボックス内のレバーを押すように訓練されたラットの例を示した。訓練後，ラットに別の場所で甘い餌を与え，すぐ後に，甘いものを避けたい気分にさせるリチウム塩化物を注射した。そうするとついには，たと

> **キー用語**
> **等能性**：あらゆる刺激を用いれば，どんな反応でも条件づけることが可能であるという概念。

ラットやマウスにおいて，最も条件づけしやすい行動は何だろうか？

> **生態学的妥当性**
> 初期の条件づけ研究の多くは，生態学的妥当性の欠如から，今日でも批判を受けるかもしれない。日常行動は非日常的な状況では生起されようもなく，ここで述べられている多くの研究は，動物が生活する日常の状況であるとみなすことはできない。

えレバー押し反応を直接的に弱めるような刺激が一切なくても、レバー押し回数は減少したのである。

マッキントッシュ（1994, p.382）は、これはスキナーのオペラント条件づけ観の大きな限界を示す一例であると主張した。

> 条件づけは、強化の過程で動物が自動的に行動したことで新しい反応が強化されたり、刺激と反応が結びついたものと結論づけることはできない。むしろ、動物が環境内で起こった出来事の間にある関係を見抜き学ぶような過程とみなされよう。

同様にバンデューラ（1977）は「原則的に、強化は機械的に反応を強めるようなものではなく、動物に対して環境に関する情報を与え、動機づけを高めるようなはたらきかけなのである」と主張している。

捕　食

実際のところすべての動物が**捕食**（foraging）に従事しているが、それには食べ物を十分に得るために計画されたさまざまな行動が必要となる。捕食動物は餌を探す動物と餌を待ち伏せする動物に分類することができる。餌を探す動物は捕食行動の最中、周囲を活発的に動き回るが、餌を待ち伏せする動物は一定の場所にとどまり、そこで餌を捕らえようとする。捕食行動の成功は、さまざまな活動によって支えられている。まず、適切な食物源を見つけることに始まる。その食物源が生きていれば、それを追い、捕らえ、殺すであろう。その後、その捕食動物は獲物を処理して食べられるような準備をしなければならない。動物にとって捕食は不可欠であるため、効果的な捕食戦略をとる必要がある。もっと正確に言えば、捕食の過程では下記のようなさまざまな判断が求められる。

> **キー用語**
> **捕食**：適切な食物を見つけ出そうとするときにみられる動物のさまざまな行動。

・どの食料が適しているか。
・餌を探すための最善の方法は何か。
・どのように餌を捕まえ仕留めるべきか。
・どのように仕留めた獲物を処理して食べられるようにするか。
・どのぐらいの量を食べるべきか。

捕食行動にまつわる幾つかの問題点は、これらの捕食動物と獲物の関係に横たわる問題点と共通している（第7章参照）。しかし、そこには大きな違いが幾つかある。特に捕食行動に関する話は、捕食動物と獲物の関係の話よりはるかに広く、食物を得ようとしてい

図10-8　捕食動物：餌を探す動物と餌を待ち伏せする動物

る動物にみられる細かな行動と深く関係している。

最適捕食理論

　捕食行動に関する幾つかの理論がここ数年提唱されてきているが，最も有力な理論が「最適捕食理論」と呼ばれるものである（最適は最善という意味）。この理論は，もともとマッカーサーとピアンカ（MacArthur & Pianka, 1996）とエムレン（Emlen, 1966）によって提唱された。本質的に最適捕食理論で主張されているのは，異なる捕食戦略における利益（得るもの）と出費（失うもの・消費するもの）を考えることで，いかなる種の捕食行動をも理解することができるということである。もっと正確に言えば，捕食行動はその利益が最大限にそして出費が最小限になるように設計されているということである。多くの種が学習や経験を通じて，最大限の利益と最小限の出費による捕食行動を達成することができるようになると考えられている。

　この理論によれば，**利益**と**出費**にはさまざまなものがあるという。通常，主な利益は消費カロリーである。一方，主な出費は一般にエネルギー消費であるが，これには捕食動物によって攻撃される危険や捕食にかける時間も含めることができる。

　限られた食料源しかないときは，利益を最大限にし，出費を最小限にとどめるという意味での効果的な捕食が非常に望ましい（それどころか必須な）のは明らかである。これは自然淘汰や適者生存説というダーウィンの概念を直接的に受け継いだものである。しかし最適捕食理論は少なくとも二つの点でダーウィンの理論に優る。第一に，最適捕食理論では，たとえ食物が豊富な場合でも効率のよい捕食行動がなされるという点である。第二に，最適捕食理論は，ある種に属する個々の個体がどのような捕食行動を示すかということを特に強調しているという点である。

　最適捕食理論によると，動物の捕食行動はすべての側面において効率的かつ最適であると考えられている。動物は最も適した種類の食物を効率のよい方法で探すはずであり，結果的に彼らは食物が見つかるような場所に効率よく時間を使う。しかし動物の捕食行動が完全に効果的であり，かつ最適であると考えている人はいない。動物の感覚システムには限界があり，周囲の状況やその環境の中でとることのできる食物のすべてを把握することはめったにない。言い換えると，動物の捕食行動にはさまざまな限界があるということである。つまり，捕食戦略は「最も」効果的であるというよりはむしろ，「かなり」効果的なのであろう。

根　　拠

　　最適捕食理論によると，出費と利益を詳しく検討することで，捕食行動を理解することができるという。ザック（Zach, 1979）はこの方法に関するよい例を示した。彼はカナダに生息するバイ貝を常食とする北西ガラスの行動を研究した。カラスは大きい貝を選び，中の肉をとることができる

よう岩に落とす。低いところから落とすのであれば，何度も落とす必要がある。これは貝を割るためには十分な高さが必要であるということを示唆している。しかしカラスは貝を落とす高さまで飛ぶのにエネルギーを消費しなければならない。ザックの計算では，貝を落とす回数と飛ぶために消費するエネルギーが最適になる高さは，5メートルであり，これはカラスの実際の行動ときわめて一致している。

さらにザックは，カラスが選ぶ貝の大きさについても検討した。大きい貝は小さい貝に比べ持ち運びにくく，小さい貝よりも数が少ない。しかし(1)貝殻が割れやすいということと，(2)より多くの食料が得られるという二つのメリットがある。ザックは大きい貝を選ぶのがカラスにとって最も効率がよく，また実際にカラスは大きい貝を選んでいるということを発見した。

議論のポイント

1. このカラスの行動は，どのように進化してきたと思うか？
2. 食物を得たということやエネルギーを消費したということに加えて，どんな利益と出費をそれぞれ挙げることができるか？

ゴス-カスタード（Goss-Custard, 1977a）は，渉禽類の鳥であるアカアシシギの行動が出費と利益に基づいていることを発見した。彼は多毛類の昆虫のみを常食とするアカアシシギに焦点を当てたが，このアカアシシギは小さい虫には目もくれず，また中ぐらいの大きさの虫も無視する傾向にあった。小さな虫と比べると，大きな虫からは捕食にかけた労力以上のエネルギーが得られることから，彼らの行動は捕食に消費されるエネルギーに対して最大の効率を示したと言える。

ゴス-カスタードのさらなる研究（1977b）では，アカアシシギの捕食行動は，いつも出費と利益の分析から予測できるわけではないということを発見した。甲殻類のドロクダムシ（*corophium*）と多毛類の昆虫のどちらを食べてもよい状況では，たいていはドロクダムシを選ぶ。ゴス-カスタードは鳥が捕食に消費するエネルギーと餌に含まれるエネルギーについての謎を解明した。多毛類の昆虫はドロクダムシよりも少なくとも2倍のエネルギーがあることがわかったが，ドロクダムシには，「味」のようなエネルギー以外の魅力的な特徴があったのである。

最適捕食理論では，動物における厳密な意味での捕食行動は，環境内において最適な行動であるはずだと考えられている。この考えはグラッブ（Grubb, 1977）によって提唱された。彼はミサゴについての研究を行った。ミサゴの捕食行動には，その場所でホバリング

図10-9 リスの捕食戦略の一部は，食物が不足したときのために，食べられる以上の食物を，食物が豊富な間に集め保存することである。

する行動や，飛んだり滑走したりしている間は獲物に注意を払うという行動がある。ホバリングは，エネルギー消費の観点では，最も出費が大きい捕食行動であるが，獲物を捉えるチャンスという観点では，一般的に最も餌をとりやすい行動である。条件がよいときには，ホバリングは最も効率のよい捕食戦略であり，ミサゴはいつもこの戦略を用いる。条件が悪いとき（たとえば視界が悪いとき）には他の戦略の方が効果的であり，ミサゴはそのような戦略に変える傾向にある。

多くの種の捕食行動は，捕食動物から攻撃をされるというみえない危険に大きく左右される。スズメが野外で餌を食べているとき，餌を食べる速さはその群れを構成する鳥の数によって変わってくる（バーナード Barnard, 1980）。おそらくいずれの鳥も外敵がいないかどうかを確かめるのにより時間を割かなければならないため，餌を食べる速さは群れが小さいときに遅い。一方，スズメが外敵の危険がより少ない牛小屋で餌を食べているときは，群れの中にいる鳥の数は餌を食べる速さにあまり影響を与えない（バーナード, 1980）。

捕食行動に影響を与える要因はまだ他にもある。気温が摂氏25度（華氏77度）あるいはそれ以上になると，マルハナバチは，桜やそれと同じように小さいクランベリーやシャクナゲといった花の蜜を吸う。しかし気温がそれ以下のときは，これらより小さい花の蜜は吸わない。その理由は，気温が摂氏25度（華氏77度）以下だと，体を震わせて胸を温める必要が出てくるため，桜のようなごく少量の蜜しか得られない花は無視するのである。

捕食行動の目的

これまで，捕食行動は利益と出費によって影響を受けているという明確な証拠を示してきた。しかしそのように単純に説明できない，あるやっかいな要因が存在する。利益と出費を正確に評価するためには，動物の捕食行動の目的は，その行動の中にこそあるということを知る必要がある。これからみていくように，ムクドリにおける捕食行動の目的とハタラキバチのそれは明らかに異なる（クレブスとデイヴィス Krebs & Davies, 1993）。

ムクドリの捕食行動はエネルギー消費に注意を払いながら，巣に持ち帰る餌の割合を最大にしようとしていることを示している。ムクドリの捕食行動の目的はできるだけ多くの食物をくちばしに入れて巣にもち帰ることのように思われるかもしれないが，そのようにしないのは，くちばしの中が餌でほぼ一杯のときに捕食をするのはきわめて効率が悪いからである。もっと正確に言うと，ムクドリは捕食する際に，閉じているくちばしを地面に押し入れ食物（たいていはガガンボの幼虫であるカワハギ）を探し，くちばしを開くことで地中にいるカワハギを掘り出すという方法をとるが，くちばしの中にすでに何匹かのカワハギをくわえているときは，なかなかその方法をとることができないのである。

ケセルニク（Kacelnik, 1984）は，ムクドリが巣に持ち帰る餌の割

「目的を達成する」や「効率を最大限にすること」といった言葉は，ほ乳動物や鳥類の意識的な努力を示す。このことはどこまで真実だろうか？

合を最大にしようとしていることを示す強力な証拠を得た。彼は二つの要因が重要だとした。

1. 離巣時間（travelling time）：エサ場まで飛んでいき，戻ってくるまでの時間。
2. 運搬曲線（loading curve）：くちばしの中に入っているカワハギの数が増えるほど，次の1匹を見つけるまでの時間が長くなるということを表している。

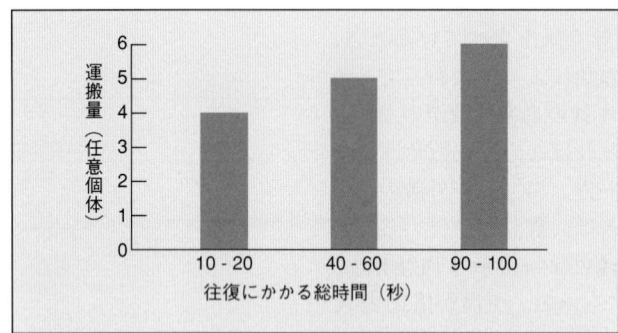

図10-10　ムクドリのカワハギ捕食における移動時間と運搬量の関係

ケセルニクはこれらの二つの要因がムクドリの捕食行動に関係していると主張した。具体的には運搬曲線のうえでは利益が減ってしまったとしても，ムクドリが長い時間をかけて餌場まで飛んでいき，何匹かのカワハギをくわえて巣に戻ってくることには価値があるのだという主張である。彼は，プラスティックパイプの端から端まで徐々に間隔を空けてゴミムシダマシを落としておくことで通常の運搬曲線を擬似的につくりだす実験で，この主張を確かめた。巣を起点に8メートルから600メートルの距離にゴミムシダマシをおいたところ，予想した通り，平均的な運搬量は巣からの距離が長い方が短い場合よりも多かった（約6匹対3〜4匹）。

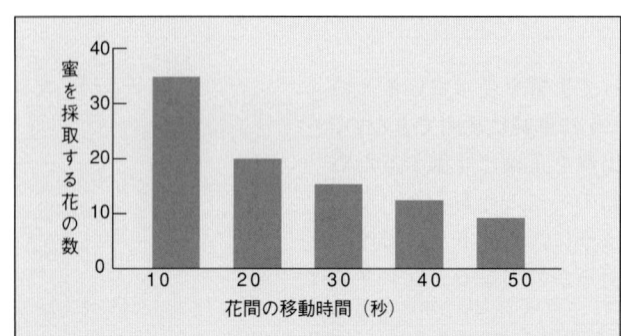

図10-11　ハチにおける花間の移動時間と運搬量（蜜を採取する花の数）

一方，シュミット-ヘンペルら（Schmid-Hempel et al., 1985）はハタラキバチの捕食行動を研究したが，蜜の運搬量を最大限にしようという観点からは，ミツバチの行動は説明できないということを見出した。より長い距離を飛行する場合，ハチは蜜の運搬量を抑えている。これは，エネルギーを最も効率よく消費しようとするためであるように思われる。ミツバチにとって，大量の蜜を抱えて長距離を移動することは，エネルギーを大量に消費するため，非効率的である。シュミット-ヘンペルは，ハチの背中にごくわずかの重りをつける実験によって，この要因の重要性を示した。重りをつけられたハチは，重りのないハチよりも蜜の運搬量が少なかった。ハチにとってエネルギーの保存が重要であることは，重いものを運ぶハチがそうでないハチよりも寿命が短いという事実からも示される。

要約すると，図で示したように，捕食行動の目的はすべての種で共通であるとみなすべきではないということである。捕食行動を理解するためには，エネルギーを保存しようとするハチのように，個々の種の特性に注意を払わなければならない。

評　　価

　捕食行動は幾つかの要因によって決定される。それは時には，食物および（または）食物のもつエネルギー価や味という観点での利益を最大限にしようとする要因，また時には捕食にかける時間や外敵によって攻撃される危険性といったエネルギー消費という観点での出費を最小限にしようとする要因である。言い換えると，最適捕食理論は多くの根拠によって支えられているのである。最適捕食理論には幾つかの欠点があるが，これらの欠点にも価値はあるのである。こうした欠点は，効率のよい捕食を妨げる要因は何かという研究につながる。

　最適捕食理論が成果を上げているにもかかわらず，さまざまな問題点もある。第一に捕食行動における多種多様な利益と出費を評価することはしばしば困難であるということである。結果的に，ある特定の種の捕食行動が最適か否かということがよくわからなくなることもある。

　第二に捕食行動は古典的な最適捕食理論によって示されたものよりも，より広い文脈で考える必要があるということである。動物はしばしば目の前の，あるいは目に見えない外敵の出現に注意を払い，自分の縄張りを守ることをしなければならないであろうし，また彼らの行動は同じ獲物を狙う動物によっても影響を受けるであろう。そのため捕食行動は，カロリーの摂取と消費によっても，他の種類の要求（欲求）や危険によっても決められるものではない。たとえば支配的なユキヒメドリ（アメリカの鳥）はかなり最適で効果的な捕食をするが，支配下のユキヒメドリは支配的な個体からの干渉にうまく対処するためにかなり効率の悪い捕食行動になってしまう（カラコら Caraco et al., 1980）。

　第三にきわめて非効率的な捕食行動がみられる場合が幾つかあるということである。たとえば，動物が見知らぬ環境にいるときには，最適な捕食行動がとれないことがある。慣れ親しんだ環境でのムクドリの捕食行動は，地中に隠れているゴミムシダマシを掘り出すという動きをする。目に見える場所にゴミムシダマシが何匹もいるといった不慣れな環境でも，ムクドリは慣れた環境と同じ捕食行動をとってしまうのである（イングリスとファーガソン Inglis & Ferguson, 1986）。

　第四に最適捕食理論は餌の分布，種類の異なる餌を捕らえる際に消費するエネルギー，外敵のいる位置などに関する情報と関係がある。最適捕食理論を支持する研究者は，**実際に利用できる情報**よりも，**潜在的・内在的な情報**に焦点を当てる傾向がある。これは誤った解釈を招く危険性がある。ある動物の捕食行動が，これに関係するすべての情報をもつ理論家にとっては非能率的にみえるかもしれないが，その動物自身が知っている情報という観点からは，本当のところは効率的なのかもしれない。

　第五に，動物が入手した情報を**いかに利用するのか**ということについては，ほとんど知られていない。彼らは「見たものの中で最も

大きい虫を捕まえろ」という単純で大雑把な方法を用いているようであり，こうした大雑把な方法では捕食方法は最適に近いものでしかない。いまのところ，他の種が用いている大雑把な捕食方法についてはほとんど何もわかっていない。

帰巣と移住

鳥類の幾つかは，何千マイルも離れた場所から，自分の巣まで戻ることができる。これは**帰巣**（homing）と呼ばれ，移住ととても深い関係がある。**移住**（migration）は「特定の場所への長旅（通常は再訪地）」と定義される（グリアーとバーク，1992, p.243）。移住は鳥類や魚類の多くの種にみられ，一般的には群れで旅をする。移住にはきわめて長い距離を必要とすることもある。その幾つかの例がグリアーとバーク（1992）によって示された。

ムナグロカナダは，ラブラドルから南アメリカまでの2400マイルを休むことなく飛ぶということが知られており，また足輪をつけられたキョクアジサシが，ロシアから9000マイルも離れた南極で発見されたこともある。

移住には出費が伴う。長距離の帰巣においては，多くのエネルギーを消耗することや，道に迷ったり，道中外敵に襲われたりといった危険がある。このような出費があるのにもかかわらず，移住という行動はなぜ起こるのであろうか。そこには移住に必要とする出費を上回る利益がなければならない。気温の季節変動や採取できる食物などが重要であるように思われるが，一般的に言って，食物や他の資源がいま住んでいるところよりも多く得られる場合に，移住は意味があるものとなる。冬季には気温が下がり荒涼となる北半球で暮らす多くの鳥類がこの例である。南へ移住することで，より食べ物が得やすくなると言える。

移住に関してはその他にも利点がある。たとえば，現在地よりもっと条件のよい繁殖の場が得られる可能性があるということである。さらに，移住先では他の種との競争が減る可能性もある。

> **キー用語**
> **帰巣**：遠く離れた場所から自分の巣まで戻る能力。
> **移住**：特定の場所へ長い距離を移動すること。

図10-12 フロリダの巣を離れてからのウミガメの帰巣経路

> **オオカバマダラ**
> 毎冬，何百万ものオオカバマダラがアメリカやカナダからメキシコに飛んでくる（コッカー Cocker, 1998）。オンタリオ州ブライトンで目印をつけられた一羽のオオカバマダラが，2135マイル離れたメキシコで発見されたという記録がある（p.343のケーススタディも参照）。

魚　類

長距離を移り住む魚類もいる。これらのうち最も詳しく研究されている種が，ウナギとサケである。大西洋ウナギは，西ヨーロッパの河川や北アメリカの東岸近くに生息するが，繁殖は大西洋西部のホンダワラ海で行われる。稚魚が川に着くまでは，少なくとも1年は海を漂うことになるのだが，想像する通り，ウナギの動きを何千

マイルにもわたって追跡するのは困難である。そのため，ウナギがホンダワラ海まで移り住む道筋をどのように見つけているのかということがよくわかっていないのは，当然の結果なのである。

　サケの帰巣行動についてはもっと詳しくわかっている。サケは河川で孵化し，何百・何千マイルも離れた大海原で数年間を過ごす。その後繁殖するため，自分の生まれた川へ戻ってくるという驚くべき能力が彼らにはある。サケは，どのようにして自分の生まれた川へ，困難の末にたどり着くのであろうか。ハスラー（Hasler, 1986）によれば，河川のにおいがそれぞれ異なっているという事実をサケは利用しているのだという。サケの稚魚は自分のいる河川のにおいを学習し，そのにおいに関する記憶がサケを帰巣行動に導く。鼻が詰まっていて嗅覚が利用できないときは，帰巣行動の能力は著しく低下する（ハスラー, 1986 を参照）。

　他の研究では，サケの稚魚をミシガン湖へ放流する前に，二つの人工臭のうち，一方の人工臭を嗅がせている。ミシガン湖へ注ぐ川は二つあり，一方の川のにおいが一方の人工臭に，また他方の川のにおいが他方の人工臭に酷似しており，どちらの川にサケが帰るのかを調べたところ，90％以上の成魚が稚魚のときにかがされたにおいに似たにおいを持つ川へ帰ったのである（グリアーとバーク, 1992）。これらはサケの帰巣行動がにおいによって影響を受けているということを示す説得力のある発見である。

鳥　類

　デンショバトは帰巣性の鳥類として最も有名である。しかし帰巣性の鳥類はデンショバト以外にも幾つか存在する。たとえばマダラヒタキは北ヨーロッパで繁殖し，冬季はアフリカへ移住する。ある研究（バーントとスターンバーグ Berndt & Sternberg, 1969）によると，繁殖期になると，大部分のマダラヒタキが生まれた場所のかなり近くに戻ってくるということが発見されている。他には，英国からアメリカ東海岸へ空輸されてきたマンクスコミズナギドリが，12日かけて自分の巣へたどり着いたという記録もある（マシューズ Matthews, 1953）。

　鳥類の移住や帰巣行動は遺伝によって決まるのだろうか，それとも経験によって決まるのだろうか。この答えは「種によって異なる」ということである。グリアーとバーク（1992）が指摘したように，ヨーロッパに住むコウノトリが地中海を渡る際に目指す方角は遺伝によって決定されると考えられている。シューツ（Schuz, 1971）は，西ヨーロッパに住むコウノトリの幼鳥は南西の方角に飛ぶが，より東にいるものは南東に向かって飛ぶという事実に着目し研究を行った。彼は東に生息するコウノトリの卵を採取し，西ヨーロッパにある巣に移した。そのコウノトリの幼鳥は，西ヨーロッパ出身の親を持つコウノトリが飛んでいく南西方向ではなく，南東方向へ向かって飛んだ。飛ぶ方角に違いがみられる背景には，おそらく遺伝的な違いがあるのだろう。

パーデック（Perdeck, 1958）は，遺伝と経験のどちらも大切であるということを報告している。北あるいは東ヨーロッパで生まれたムクドリは，秋になると南西方向へ移住する傾向がある。パーデックは，ムクドリの幼鳥と成鳥をオランダからスイスへ移動させた。飛び立たせる段になると，幼鳥は専ら南西方向へ飛んでいき，結果的に，本来目指さなければならない地点よりかなり南に着いた。これに対して成鳥は，飛び立った場所が南に移動させられたということに注意を払って，飛んでいく方角を調整した。彼らは北西に飛んでいき，本来の目的地に到着したのである。

パーデックの研究において，ムクドリの幼鳥と成鳥との間みられる行動上の違いは何が原因となっているのだろうか。

帰巣に必要なメカニズムとは？

多くの鳥類が帰巣に長けているということをみてきたが，特に問題となっている点は，どのようにしてかなりの長距離を正確に飛んでいくことができるのかというメカニズムの解明である。この問題にまつわる多くの研究では，デンショバトに焦点を当てているが，これに関連する他の種から得た発見についても同時に議論していく。

議論に先立って，まず話の全体に関わる二つの重要点を示さなければならない。第一に帰巣性鳥類のすべてが同じメカニズムに基づいて飛んでいると仮定するのは誤りであるということである。第二に，鳥類の幾つかの種は複数の帰巣メカニズムをもつが，どのメカニズムを用いるかは，その場その場の状況によって厳密に決まっているということである。

磁気的情報　デンショバトは帰巣の際にさまざまな情報を用いている。地球の磁場からの情報を用いていることを示す明らかな証拠がある。レドノーアとウォルコット（Lednore & Walcott, 1983）はデンショバトが磁気情報を利用できないようにするために，ハトの頭に電磁コイルを装着した。この操作の結果，デンショバトは晴れた日には巣に戻ることができたが，曇った日には巣に戻ることはできなかった。このことは，帰巣行動においてデンショバトは磁気情報または太陽の位置に関する情報を利用することができるということを示唆している。

レドノーアとウォルコットの研究では，帰巣行動に熟達したデンショバトを用いていた。帰巣行動に熟達していないデンショバトは，磁気情報だけを利用して正確に飛行することはより難しく，太陽の位置に関する情報も同時に必要であると考えられた（キートン Keeton, 1974）。正確な飛行ができるようになるためには，学習と経験が重要な役割を果たしているということをこれらの発見は示している。

デンショバトは飛行の際に磁気情報を利用しているというさらなる証拠が，ウォルコットとグリーン（Walcott & Green, 1974）によって報告された。彼らは電磁コイルの付いた帽子をデンショバトの頭にかぶせた。このとき，コイルを小さなバッテリーに接続させることで磁場を発生させた。曇りの日の実験では，電磁コイルに流れ

る電流の方向に一致した方角に飛んでいった。電流の向きを逆にしたところ，先ほどとは逆の方角に飛んでいった。

他の鳥類も磁気を利用している。ウィルシュコ（Wiltschko, 1972）は，ヨーロッパコマドリを鳥かごに入れ，その周りの磁場を変化させる研究を行った。この鳥が飛んで行く方向は磁場の変化による影響を受けていた。このことはヨーロッパコマドリも磁気情報を利用しているということを示している。

太陽の位置　デンショバトは巣までの帰り道を見つけるために，太陽の位置に関する情報を利用することができるということが，レドノーアとウォルコット（1983）の研究によって示されている。このことを最もよく示す証拠が，**クロックシフティング**（clock shifting）を利用することで得られた。実際の実験では，デンショバトや他の鳥類は人工の光にさらされるが，この際，自然界での1日より早めに（あるいは遅めに）光を点灯・消灯することで，夜明けと日没の時間を人工的にずらした1日を作った。しばらくすると鳥の概日リズムあるいは睡眠－覚醒サイクル（第5章参照）は，人工的な1日に一致するように変化する。そのようなクロックシフティングの操作を受けた鳥は，現在の時間を実際よりも数時間早くあるいは遅いものとして知覚するため，太陽の位置についての情報を誤って解釈するだろうと仮定される。

キートン（1974）はクロックシフティングを用いて，デンショバトの概日リズムや睡眠－覚醒サイクルを6時間ずらした。晴れた日にこのデンショバトを屋外に放つと，彼らは帰途に対して90度ずれた方角に飛んで行った。それに対して，曇った日の帰巣行動はずれることがなかった。これらの発見は，デンショバトは可能なときには太陽の位置情報を用いているが，概日リズムがずらされてしまったために，太陽の位置情報を誤って解釈してしまったということを示している。

> **キー用語**
> **クロックシフティング**：動物の体内における概日リズムを外界における実際の時間からずらすこと。

ケーススタディ：オオカバマダラ

クロックシフティングはオオカバマダラの帰巣能力を調べるためにも用いられている。オオカバマダラはアメリカやカナダの西部および東部からメキシコへ群れで移り住む。ペレス，テーラーとジャンダー（Perez, Taylor & Jander, 1977）は移住性のオオカバマダラの概日リズムを6時間ずらし，実験室の統制群と比較したところ，クロックシフティングされたオオカバマダラが飛んでいく方向は，統計学的に太陽方向が多かった。

その一方で，少量の磁性物質がオオカバマダラの成虫の体内で発見されている（コッカー，1998）。彼らが移住するメキシコの地域は鉄鉱石に富んでおり，そこの磁力の強度は通常の90～100倍である。これはオオカバマダラが，冬に暮らす場所として自然の磁気信号のあるところに飛んでいくのに，太陽地図と同様にコンパスに似た能力を用いているということを示している。

図10-13

目　印　デンショバトは帰路を知るうえで視覚的な情報，おそらく往路の途中で見つけた目印を利用していると考えられる。しかし同じ場所から繰り返し放たれたデンショバトが，まったく同じルートをたどることはかなりまれである。これはデンショバトが帰路の途中途中にある目印を，丹念にたどっていないことを示している。このことについてより説得のある証拠が，ウォルコットとシュミット-ケーニッヒ（Walcott & Schmidt-Koenig, 1971）によって報告されている。巣から80マイル離れたところからデンショバトを放つ前に，目印をつけさせないように，目に半透明のレンズをつけたところ，ほとんどのハトは帰路を見つけるか，少なくとも巣がある方向へ飛んでいった。中でも特に顕著なのは，クロックシフトされたデンショバトは，たとえ放された場所から小屋が見えている場合でも，小屋の方向とはまったく違った方向に飛ぶということである（キートン，1974）。

他の鳥類はデンショバトよりも視覚的情報を多用しているようである。見たことのない場所に移動させられたカツオドリは，普段飛ぶより広めの範囲を，でたらめに飛び回る傾向があった。そして見たことがある場所をたまたま飛んだときに，すばやく帰路を見つけたのである（グリフィン Griffin, 1955）。

に　お　い　デンショバトは嗅覚，つまりにおいに関する情報を利用していることをパーピ（Papi, 1982）は主張した。彼と彼の共同研究者はこの主張を支持する幾つかの研究を報告した。たとえば，鼻孔が詰まっていたり，嗅覚神経が遮断されたときに，帰巣行動は妨げられるという。しかしながら，これらの再現性を確認することは難しいということがわかってきた。ハトの帰巣行動を混乱させるのは，嗅覚システムに対する特定の影響ではなく，苦痛や不快であるのはもっともなことである。パーピの理論には，長距離の帰巣においてにおい情報がどのように利用されうるのかということがうまく説明されていない点を含めて，他にも問題がある。

星　幾つかの鳥類は，星の位置に関する情報を利用して飛んでいるという。たとえば，ベルローズ（Bellrose, 1958）は，晴れた夜と曇った夜に放たれたマガモの飛行経路を比較した。晴れた夜には，マガモは皆同じ方角に飛んでいったが，曇った夜には，方角を間違えて飛んだり，目的地を見失ったような飛び回り方をした。ルリノジコも星の位置に関する情報をふんだんに利用するが，他の多くの種（たとえば白鳥）は利用しない。

評　価

これまで飛行のためには，地磁気，太陽の位置，視覚的な目印，星の位置に関する情報や，そしておそらくは嗅覚的な情報が用いられているということをみてきた。熟達したデンショバトは，太陽の位置に関する情報が利用できるときには，それに頼っているが，利

用できないときには，地球の磁場からの情報を用いている。それらの情報はデンショバトを正しい方角に導くのにとても有用である。巣のすぐ近くを飛行したときは，小屋へたどり着くために視覚的な目印を用いるであろう。

このように研究が進歩しているにもかかわらず，わかっていないことは多い。たとえば，鳥が太陽の位置や地磁気，星の位置から得ている厳密な意味での情報は**何か**ということや，そういった情報が目的地にたどり着くために**どのように**利用されているのかということである。帰巣では一般的に，少なくともおおよその距離と同様に，巣のある方角を知る必要がある。これに加えて，目指すべき方角に向かってどのように飛んでいくのかということも知る必要がある。言い換えると，鳥には地図とコンパスが必要なのである。

> ペットが昔住んでいた家に戻るためにかなりの距離を旅する物語が数多くあり，その幾つかは映画にもなっている。そのような動物がいくぶんかの「方向感覚」をもつと仮定すれば，この方向感覚のはたらきをどのように説明できるだろうか。

太陽が地図やコンパスとして用いられているのかどうかということに関しては，幾つかの議論がある。地図－コンパス仮説（クレーマー Kramer, 1953）によると，鳥類は太陽をコンパスの情報としてのみ用いているという。この仮説を支持する証拠がキートン（1974）によって報告された。彼らはクロックシフティングによってデンショバトの体内時計を6時間遅らせた。そして巣からちょうど60マイル南へデンショバトを移動させ，正午に空へ解き放った。この際デンショバトは自分の巣が北にあり，北へ飛んでいく方法を太陽の位置が教えてくれるということを知っていると仮定すると，クロックシフティングによってデンショバトは，正午である現在が午前6時であり，そして太陽は早朝には東にあると錯覚することになる。地図－コンパス仮説に従えば，デンショバトは北へ向かっていると思い込んで太陽に対して90度の方角に向かって飛んでいくはずである。そして，実際にハトは太陽に対して90度の（東の）方角に向かって飛んでいったのである。

動物の言語

第9章では人間以外の種で用いられている幾つかのコミュニケーション形態が，詳しく論じられている。人間以外の種は人間の言語に似たものを一切もっていないと思われている。しかし，人間以外の種が言語をもっていないということは，そういった種が言語を獲得できないということを必ずしも意味しない。類人猿に人間の言語の基本的な特徴を教えるという試みがあり，そのような試みから得られた知見をここでは論じる。類人猿は人間以外に人間言語を習得することができる唯一の種であると考えられている。

> ■やってみよう：このセクションを読む前に，言語の実用的な定義を書き留めてみよう。鳥の呼び出しのようなもの，あるいはクジャクの尾が示すサインは言語に含まれるだろうか。ボディーランゲージはどうだろうか。手話または点字は定義に含まれるだろうか。

人間以外の種に言語を教えることができるかという問題は，理論的にみて幾つか興味深い点がある。スキナー（1977）によると，発話言語は他の反応ととてもよく似た方法で学習される。言い換える

と，報酬が与えられたり，強化されたりした発話はよく行われ，報酬が与えられない発話は行われなくなる。結果的に，言語が特別だという点は何もなく，人間以外の種に言語を学習させることはできない理由は何もないのだという（第14章参照）。

それに対してチョムスキー（Chomsky, 1959, 1965）は，言語は人間しかもちえないシステムであると主張している。言語の学習は，言語に関するさまざまなシステムを生まれつきもっている種のみでみられることから，人間以外の種が言語を獲得することは不可能であるとした。チョムスキー（1959）によれば，人類のみがそのような生得的なメカニズムをもっており，そのようなメカニズムがいわゆる**言語獲得装置**（language acquisition device）の一部を形成するのだという。言語獲得装置はどんな言語を習得する際にも使われるものであるため，普遍的なものと言える。

類人猿を対象とした主な研究から得られた知見をみていくことにしよう。

ヘイズとヘイズ

キース・ヘイズとキャサリン・ヘイズ（Keith & Catharine Hayes）はヴィキ（Viki）という名のチンパンジーを飼育し，6ヶ月にわたり発話を教えた（ヘイズ，1951）。この試みが終わるころに，ヴィキは，「momma（ママ）」「poppa（パパ）」「up（上に）」「cup（カップ）」というわずか四つの言葉を発声することができた。教師ははじめ，ヴィキの唇や口を無理に正しい型にしてやらなければ発音することができなかったが，最終的には発音に必要となる唇や口の型を自分で学習したのであった。

しかしこの研究は，よく計画されたものとはいえない。なぜなら声帯を極度に利用することは，チンパンジーにとってきわめて不自然だからである。人間は約100種類の音声を作り出すことができるが，チンパンジーの場合はわずかに約12種類である。これからみていくように，後の研究では，人間と同じような方法でチンパンジーにコミュニケーションをさせようという試みは失敗に終わっている。

ガードナーとガードナー

チンパンジーに言語を教えようという研究は，1966年に本格的に始まった。アレン・ガードナーとベアトリス・ガードナー（Allen & Beatrice Gardner）は，ワショー（Washoe）という1歳のメスのチンパンジーにアメリカ手話を教えた。4年間の訓練の後，ワショーは132の手話を覚え，今までにない新しい方法でそれらを応用することができた。たとえば白鳥を見たときに，「水鳥」と身ぶりで知らせたのである。彼女が幾つかの文法的な要素も理解できていたことを示す証拠も挙げられた。彼女は「tickle me（私をくすぐってください）」という身ぶりを「me tickle」よりも多く用い，また「baby mine（私の赤ちゃん）」を「mine baby」よりも多く用いた。ワショーは，自分が学習した手話を新しい状況に適用するという能力を示した。た

キー用語
言語獲得装置：人間のみがもっている，言語を発達させるための生得的なメカニズム。

とえば，ドアを「開けてください」という手話をはじめに学習し，その手話を戸棚，引き出し，箱に対しても応用した。ガードナーとガードナーは「彼女が学習した反応」という観点から，「彼女は言語を習得した」と結論づけた。

ただし，このガードナーとガードナーの結論を受け入れることには，注意が必要である。テラスら（Terrace et al.,1979）は，彼女を撮影した映像の中でみられた行動について，詳細な分析を行った。ワショーが文法的につなげた手話のほとんどは，教師の手話を真似たときに起こったものであった。模倣の能力と文法的な規則を学習する能力とは大きく異なる。ワショーが学習した手話の多くと類人猿が自然にみせる身のこなしとは，何ら違いはなかった。これらには「くすぐり」（くすぐることによって示された身ぶり），「抱きかかえ」（抱くことによって示された身ぶり），「引っかき」（引っかくことによって示された身ぶり）が含まれていた。それに対してガードナーは，テラスの結論がごくわずかの映像のみに基づいたものであり，ワショーの研究全体を通じた十分な記録に基づいていないと反論した。

テラス

類人猿に手話を教えようとする最も手の込んだ研究が，ハーバート・テラス（1979）によってなされた。彼とその同僚は，ニム・チンプスキー（Nim Chimpsky : Noam Chomsky をもじった名前）と名づけたチンパンジーにアメリカ手話を教えようとした。生後18ヶ月から35ヶ月までの間に，ニムは複数の単語で構成された19,000の文章を手話で示した。他動詞と「私」あるいは「ニム」の二つの手話を組み合わせた文章を分析したところ，ニムは83％の割合で，動詞を最初に選択した（つまり "Nim tickle" より "Tickle Nim" の組み合わせの方が明らかに多かった）。

また多くの人間は嘘をつくために言語を用いることがあるが，ニムもそのように嘘のための言語を用いることができたという。ニムは「dirty」（「トイレに行きたい」という意味）と「sleep」（「寝る」という意味）を手話で示したときに，教師の対応がよくなるということに気がついた。おそらく彼が退屈していて，もっとかまってほしいがために手話を使うようになったのだろう。

ただしニムが獲得した行動を人間の幼い子供と比較すると，特別驚くことではないことがわかる。人間の子供の発話に含まれる単語数は，はじめのうちは1.5語だが，それが急速に4語以上に増加する。しかしニムの手話の平均単語数は，26〜46ヶ月の全期間を通して1.5語のままであった。言い換えると，幼児の言語は飛躍的に発達するが，ニムが学習したと思われている言語の発達レベルは低いままなのであった。

ニムの言語と幼児の言語には他にも大きな違いがある。言葉を話し始めた子供では，両親の話す言葉を真似した発話が20％以下で，約40％は自発的に発話されたものである。これに対して，ニムの手

Nim の注意探索的な身ぶりは条件づけで学んだこととどのような関係にあるだろうか。

話の40％は教師の手話を単に真似しただけのものであり，自発的な手話はわずか10％であった。それゆえニムの使用する言語は幼児の言語と比べても，創造的・自発的ではないのである。テラスが言語学習に関係して発見した証拠が，アメリカ手話を用いた他の研究（たとえばガードナーとガードナー，1969）よりも少なかった理由は幾つかある。第一にテラス（1979）は真の言語使用と単なる模倣の違いについて，それ以前の研究者よりもより注意を払ったという点である。第二にたくさんのボランティアがニムに言語を教えようというテラスの研究に参加しており，そのうち何人かはその役にふさわしくなかった可能性があるという点である。このことが，ニムが獲得した言語の数に限界を生じさせたのかもしれない。第三にテラスはスキナーと共同研究しており，ニムに対してオペラント条件づけの手法を用いた可能性があるという点である。この手法は，自発的な言語使用よりもむしろ，模倣による言語使用を生み出しやすいのである。

パターソン

　パターソン（Patterson）はココ（Koko）と名づけたメスゴリラに対して，修正版アメリカ手話の訓練を施した。彼女は10歳までに400語の手話を習得しており，これは他の類人猿よりもかなり多いものであった。彼女は学習したことを応用するような能力を幾つか示した。たとえば，彼女は飲み物を飲むときに使う「ストロー」という手話を覚えたが，彼女はこれをプラスティックのチューブやタバコといった，見た目が似ているものに対しても用いた。

　ココの学習における最も印象的な成果は，手話を組み合わせて新しい意味を作り出すことであった。彼女は「シマウマ」を示すために「白いトラ」を，また「鼻」を示すために「偽物の口」を，マスクを示すために，「目にかぶる帽子」という手話を作った。これらの手話の組み合わせは「生産性」や「創造性」を意味するが，これは純粋言語における大きな基準の一つである。彼女は置き換えあるいは，いま目の前で起こっていない事柄について言及する能力も幾つか示した。たとえばあるとき，3日前に誰かに噛みついたことに対して謝っているようであり，また別のときには相手を侮辱する意味で「汚いトイレ」という手話を使用した。

　否定的な立場からみると，ココは統語的あるいは文法的に正しい順序での単語使用を習得したことを示す証拠はほとんどない。加えて，彼女のコミュニケーションのほとんどはかなり簡潔で，幼児の場合よりもかなり短い。それゆえ，ココは言語に関する特徴の一部を示したにすぎないのである。

サヴェージ-ランボーら

　ガードナーやテラスの研究で用いられたチンパンジー（*Pan troglodytes*）はごくありふれた平均的なチンパンジーであった。一般的なチンパンジーよりもボノボザル（*Pan paniscus*）の知能の方が高いという主張がある。

それを受けてサヴェージ-ランボーら（Savage-Rumbaugh et al., 1986）はカンジ（Kanzi）という名のボノボザルを対象に研究を行った。アメリカ手話に基づいた先行研究とは異なり、レクシグラムと呼ばれる幾何学記号が並んでいるキーボードの使い方をカンジに教えた。このようなカンジに言語を教える取り組みは、時には教師自身キーボードを用い、またときには英語で話しかけるようにして行われた。

類人猿に言語を学習させる初期研究の多くは、言語の理解よりも言語の生成に焦点が当てられていた。これに対してサヴェージ-ランボーらは言語の生成とともに、カンジの言語理解能力をも考慮した。幼児は言語の生成よりもその理解が急速かつ容易に発達するが、これは類人猿にも当てはまるかもしれないというのがその理由の一つである。

図10-14　カンジに対して、ヘッドフォンを用いて教示を与えることもあった。

17ヶ月目に、カンジは60近くの記号の理解を学習し、また50近くの記号を生成することができた。その後の訓練の結果、カンジはその他に150の記号を使用することができるようになった。さらにサヴェージ-ランボーらは、カンジの言語理解が上達したということも発見した。彼は109語の発話理解のテストにおいて常に正解し、105の行動－物品発話（たとえば、「カンジ、私にナイフをとってきてください」）に対して適切な行動を示した。カンジの言語学習は、ワショー、ニム・チンプスキー、ココよりも優れていた。また彼は「カンジを追え」と「カンジが追う」の違いを理解した。それどころかカンジは、「ボールの上に松葉を置きなさい」と「松葉の上にボールを置くことができますか」の微妙な違いを区別することができた。しかしニム・チンプスキーの研究と同様、彼の発話の長さは、幼児の場合とは異なり、増えることはなかった。実際のところ、彼の発話のほとんどは、単一のレクシグラムで構成されていた。

議論のポイント

1. カンジの言語使用に対して、あなたはどのような印象をもったか。
2. カンジや他の類人猿が学習したことにはどのような限界があるか（下記参照）。

図10-15　スー・サヴェージ-ランボーが持っているのは、カンジとコミュニケーションを交わすためのレクシグラムが並んでいるキーボードである。

評　価

類人猿に言語を学習させることが可能か否かという問題は、多くの点で重要である。原則として、これは先に論じたスキナー（1957）

とチョムスキー（1959）の理論的な論争を解決する手助けとなるはずである。加えて，この問題にまつわる研究を通じて，言語の本質に関して幾つかの発見があるかもしれない。

人間の言語システムはチンパンジーには適さないため，類人猿に言語を学習させようとする研究は，自然にそぐわないものだという否定的な立場がある。特に人工的に作られたアメリカ手話を利用した研究が多いのは，不幸なことである。アメリカ手話の文法構造は発話言語のそれとは異なり，この種の研究で用いられた幾つかのバージョンは，もとの発話言語の形を簡素化したものであったり，崩してしまったものである。その点を踏まえてベンダリー（Benderly, 1980）は，「このようなもとの形から離れてしまった形式は真の言語ではなく，英語使用のために用いる手で動かす記号のようなものである」と結論づけた。

図10-16 「彼は『世界貿易の停滞がバナナ供給に悪影響を与えている。利率の引き下げを正当化せよ』と言っております」。

言語を定義する基準が幾つかあれば，類人猿が言語を獲得できたかというかを判断することができる。ホケット（Hockett, 1960）は類人猿の言語獲得を判断するための多くの基準を作った。そのうちの幾つかを以下に示す。

・意味性：単語をはじめとして，一つのかたまり（ユニット）には意味がなければならないということ。
・恣意性：単語の発音とその意味との間に必然的な関係はないということ。
・置換：伝えたい物事が目の前になくても言語は生成されうるということ。
・言い逃れ：うそやジョークを言う能力があるということ。
・生産性：コミュニケーション場面で用いられる表現の数は，本質的に無限であるということ。

ハーレー（Harley, 1995, p.14）は，「ホケットの基準に照らし合わせると，類人猿に対して人間の言語を教えようとする研究には，一見して重要な基準がすべてそろっているように思われる」と述べている。しかしながら，ハーレーが指摘し続けたように，このうちの幾つかについては証拠が非常に少ない。たとえば類人猿はめったに置換することはなく，長い間目の前になかった対象を参照することはまれである。また，たいていの人間が示すような生産性をみせることは非常に少ない。

その他に私たちはどのようにしてチンパンジーの言語行動を評価できるであろうか。このことに関してハーレー（1995, p.18）は，「結局はほとんどの研究が類人猿の言語使用と人間の子供のそれとの比較になるが，この比較において言語使用の優れたサルがどれほど出てくるかについては，かなり意見が分かれる」と述べている。類人猿の言語使用が幼児のそれより劣るということに対しては，さまざまな見方がある。第一に類人猿が自発的に言語を用いることはほとんどなく，質問をすることもかなりまれであるということ。第二に，発語の平均的な長さは，幼児のものよりもかなり短いということ。第三に類人猿が思考の道具として言語を使用するという証拠がほとんど見当たらないこと。第四に，類人猿は言語を「いまのこの場所」に関係した使い方をしており，いま見ることのできない対象やしばらく見ていない対象に対して使うことはまれであるということである。

　チンパンジーが意思疎通をしなければならないという必要や，したいという希望はごく限られているので，彼らはそこそこにしか言語を使うことができないのである。サヴェージ-ランボーは以下のように結論づけた。

> あなたが作った言語の定義を見返し，それが適切であるか吟味してみよう。これらの動物研究に照らし合わせると，あなたの定義はどのように変更されるだろうか。

　　チンパンジーにとっての記号とは，単なる非言語的なジェスチャーの代わりになるものかあるいはそのおまけ程度の役割しかない。言語訓練を集中的に行ったところで，チンパンジーの言語能力は生まれつきもっているコミュニケーションレベル——つまり自分に対して何かしてほしいということを人間に頼める程度——にとどまっている。

　明確な結論を示すことは難しいが，2歳くらいの幼児のほとんどが，言語訓練された類人猿よりも言語を操る能力に長けているということは，類人猿の言語は発達しないということを完全な意味において示すものである。チンパンジーの言語能力に対するもう一つの懐疑的な理由を，チョムスキーは述べている（アトキンソンら Atkinson et al., 1993 に引用されている）。

　　もし，ある動物が言語のような生物学的に優れた能力をもちながら，どういうわけか，いままで使ってこなかったとしたら，それは空の飛び方を知っている人間が住む島を見つけるのと同じくらい，進化の過程においては奇跡的なことなのである。

人間の行動に関する進化論的説明

　第7章〜第9章では，多くの種の行動を理解するうえで，ダーウィン的アプローチや進化論的アプローチが大きく役立っていることをみてきた。人類と猿やチンパンジーのようなその他の種では遺伝構造の98％以上が共通している。加えて，制御遺伝子は人類を含め

たほとんどすべての種で酷似している。結果的に，ダーウィンの生物学的あるいは進化的アプローチを，人類の社会的行動の理解にまで範囲を広げて適用してよいかという議論になるのは当然の成り行きである。

エドワード・ウィルソン（Edward Wilson, 1975）は，人類に対して進化論を適用することを目的とし，**社会生物学**（sociobiology）と呼ばれる学問領域を立ち上げた。この社会生物学の中核をなす前提は，「個体は包括適応度が最大限になるように行動するはずである。包括適応度とは，直系の子孫のみならず血縁者によって残された子孫の数のことである（スミス Smith, 1983, p.224）」。この社会生物学者の主張をよりわかりやすく言うと，人間の行動の多くは遺伝的な要因と自分の遺伝子を未来に残すという目的によって決定されるということである。つまり，さまざまな社会的行動に関係する利益と出費について理解する際，遺伝子を保存するという目的が関係してくるということである。一般的に，進化心理学者は社会生物学者の理論を支持しているが，おそらくより広い観点で，ダーウィンのアプローチを適用していると思われる。

ウィルソン（1975, p.156）は，人類の行動を決定する際にいかに遺伝的要因が重要な役割を果たしているかを示した。彼は「脳のほんのわずかな部分だけが**タブラ・ラサ**（白紙の状態）であり，これは人間にも当てはまる。残りの部分は，現像液に浸されるのを待っている，露光されたネガのようなものである」と述べている。社会生物学者は後に，環境要因も重要であるという考えも取り入れたが，遺伝の役割を強調することに変わりはなかった。

社会生物学は**動物行動学**（ethology）の一部に発展した。動物行動学は自然環境下における動物の行動についての研究であり，ローレンツ（Lorenz）とティンバーゲン（Tinbergen）のような動物行動学者は，多くの動物の行動は生得的な能力や反応によって決まると主張した（第9章参照）。社会生物学者および動物行動学者の双方とも，ダーウィン学派の進化理論を人間に対して適用することは妥当であると信じているが，特に社会生物学者は，人間の社会的行動のほとんどを進化の観点から積極的に解釈しようとしている。

社会生物学的アプローチを用いると，多くの社会現象を説明することができるという主張がある。このような社会現象には利他主義，近親相姦のタブー，服従，倫理的行動，資源開発の資本主義，部族闘争，領土権，行動にみられる性差，自分と異なる人種への恐怖心などが含まれる。たとえばウィルソン（1975）は，「男性は女性と比べて生物学的に攻撃的であり，空間的な能力に長けている」と主張している。その結果として，「たとえ同じ教育を受け，職業の選択が平等であったとしても，男性は政治やビジネス，科学において女性に勝り続けるであろう」と述べている。

進化論的な見方をする人は，人類の行動のほとんどすべてが適応的であり，ある種の価値がある目的の達成に役立っていると考えている。しかしながら，この考え方は恐らく間違っている。カードウ

キー用語
社会生物学：人間の行動は自分の遺伝子を残すという目的によって大きく影響されるという概念。

ウィルソンの主張は「生物学的準備」（進化を通じて，幾つかのことを学習する準備はできているが，他のことを学習する準備はできていないということ）とどう関係するか。

キー用語
動物行動学：自然環境下での動物の行動を研究する。このアプローチは生得的な能力と反応がいかに重要であるかを示す。

ウィルソンの発言は，女性運動が急速に発展してきた1970年代中頃になされたものである。このような発言は，今日では受け入れられるだろうか。

ェルら（Cardwell *et al.*, 1996, p.533）が指摘するように，人の盲腸はまったく何の役にも立たない。彼らは「どんな生物も，まったく理想的とはいえないような出発点から始まった，その場しのぎの解決策のつぎはぎからできあがっている」と主張した。大きな社会的・文化的変化は，長期間にわたる進化圧によって生み出された遺伝的変化よりも急速に起こりやすいというのがその理由の一部である。

　進化のアプローチを人間の行動に適用した幾つかの具体例を次で論じる。それらには，性淘汰（第8章でより詳細に議論されている），親子の葛藤および男性の攻撃性がある。

性淘汰

　社会生物学者のシモンズ（Symons）によると（アイゼンク Eysenck, 1990に引用されている），

> 女性的な性質と男性的な性質というものがある。男女はその性的な性質において異なる。それは人類が進化していく中で非常に長い間採取狩猟生活が営まれており，一方の性にとって適応的な性的欲求や性質が，別の性にとっては適応的でなくなったからである。

　ウィルソン（1975）は，女性は妊娠中も出産後も自分の子供に多くの時間を割かなければならないが，男性はたくさんの女性と性交することで，自身の繁殖能力を最大限に発揮することができることから，女性の性的な性質と男性のそれとは異なると主張した。女性は自分が産んだ子供はどの子供であっても，自分のものであるということを確信しているが，男性はその確信に欠ける。結果として，男性は自分とその女性との間に生まれてきた子供が自身の遺伝子による産物であるということをできる限り確信できるように，女性的な性質をコントロールする必要があると感じるのである。

　第8章で議論されているように，人間における性淘汰に関する研究方法の大きな問題点は，社会的・文化的影響をあまり重視していないところにある。ここ50年の間に，人間の性行動や性的態度はとても大きく変化しており，この変化は単に進化の観点から説明することができないのである。

親子の葛藤

　トリヴァース（Trivers, 1974）は，進化論に基づいて，親子の葛藤に関するかなり有力な理論を発表した（第8章参照）。親子の間には共通の利益がさまざまあるが，親と子の間になぜ葛藤が起こるのかということに対するよい説明がその中にあるのだという。トリヴァースによると，そのような葛藤は母親と胎児の間にもありうるのだという。トリヴァース（1974）やウィルソン（1975）は，親子にみられる葛藤の大きな原因は，親子の間で遺伝的な対称性が決定的に異なっているところにあると強調している。親からみれば，自分の

子供それぞれとの間の血縁度はすべて等しいが，個々の子供からみれば，自分のきょうだいの血縁度は自分自身の血縁度の2分の1しかないのである。ウィルソン（1975, p.343）はその結果として「親と子の間では，きょうだいに対する態度をめぐって葛藤が繰り広げられることがある。つまり，親は子が発揮しようとしている以上の利他精神を子に期待することがある」と述べている。

新生児の平均体重が，生存率が最大となると推定されている値よりも低いという現象は，この理論から説明することができる。推定値よりも低い体重で生まれることが母親の資源を保存し，さらに子孫をもうける機会を増やすことにつながるのだという主張になるのだろう。

胎児期

カードウェルら（1996）は，胎児期に親子の葛藤の本質がみられている可能性があるということについて，詳細に議論した。プロフェット（Profet, 1992）は，妊婦がしばしば経験する吐き気やつわりに焦点を当てた。この感覚は，母親が胎児にとって有害な食べ物を食べた後に生じやすい。子供にとって有害な食べ物はいろいろあるが，たいていの成人にとっては，長年かけてそのような食べ物に対しての免疫ができあがってきているので無害である。プロフェットは，「つわりや吐き気は胎児が母親に適度な不快をもたらす有効なシステムである。そのシステムが，胎児にとっていかなる有害な食べ物をも受けつけなくさせるのである。また，ある特定のミネラル，あるいは他の栄養が胎児にとって不足しているとき，母親がその栄養素を含む食物を急に食べたくなるようにもさせるのだろう」と述べている。

ヘイグ（Haig, 1993）は，妊婦にみられる医学的症状の幾つかは，胎児が栄養を欲することで起こると主張した。たとえば，妊婦はしばしば胎児の影響によって，前子癇（妊娠中毒症）あるいは妊娠糖尿病にかかるのだという。前子癇（妊娠中毒症）には高血圧と体重の異常増加という症状がある。この症状は血液で運ばれる資源を増加させようとして，胎児が母親の動脈へ細胞を送り込むことによってもたらされた結果だと考えられている。

母親の妊娠糖尿病は，胎児が母親の血中へ乳汁分泌ホルモンを分泌するときに生じる。乳汁分泌ホルモンは母親のインスリンに対する感受性を低下させ，一時的な糖尿病をもたらすことがある。その一方で，胎児には母親からブドウ糖をより多く取り入れることができるという利益がある。それにより

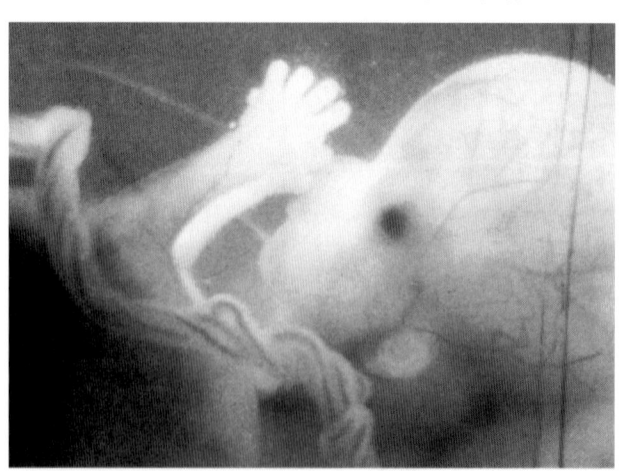

図10-17 母親と資源をめぐって争ったり，母親の行動を変えようとするために不快感を与えたりといったように，親子の葛藤は生まれる前からもう始まっている。

食料の供給が増加し，ブドウ糖を胎児の脂肪に貯えさせることができるようになるのである。胎児は母親を不快にさせることで直接利益を得ている。これが親子の葛藤を明確に説明している。

小児期

　親子の葛藤は幼児期にもよくみられる。幼児は親の注意を引くために，泣いたり，かんしゃくを起こしたり，走り回ったり，食べるのを拒んだり，排便を拒んだりといったようなあらゆる手を使う。このような手の込んだ作戦は，家族の中に2人かそれ以上の子供がいるときによりみられる。先に指摘したように，トリヴァース（1974）は，兄弟のいる子供が，自分の兄弟に払う以上の注意・関心を両親に求めるが，それは両親が通常そうしようと思わなかったり，あるいはそうできないようなことであると主張している。トリヴァースによると，

　　社会化の過程でみられる葛藤は，単なる「親の文化」と「子供の生物学」の対立としてみる必要はない。それは「親の生物学」と「子供の生物学」の間で起こる葛藤としてもみなすことができる。

他の種との比較

　人間以外のほ乳類でみられる親子間の葛藤を検討することで，人間の親子間でみられる葛藤を理解することに役立つ知見を得ることができる。カードウェルら（1996）は，ヒヒでは親子の葛藤が3つの段階から構成されるということを議論した。第一段階では，母ヒヒは親の資源（たとえば食物）や保護がなくては生きていくことが

図10-18　ヒヒの新生児は，母親から保護や食糧が与えられないと生きていくことはできない。しかし，子供が成長していくに従って，母親は徐々に母乳を与えなくなり，子供は親離れするよう仕向けられる。

できないわが子に対して十分な資源を与える。第二段階では，子供が自分自身で食物を採取できるように成長したとき，母親は母乳を与えないようになる。この段階で母親が与える資源は，子供が求める量よりも少なくなる。第三段階では，子供からの要求が続くほど親子の葛藤は大きくなる傾向にあり，母親はどんどん子供を突き放す。

ヒヒの親子の葛藤にみられる要素の幾つかは，人間にもみられるようである。人間の親は，はじめのうちは食料，保護，注意といった子供が要求するすべての資源を与える。思春期になると，子供は親からの資源を求め続ける一方で，時に独立心を見せ始めるといったように，両親に対してしばしば冷たい態度をとる。

評　価

子供が食物を要求することで母親側に生じるさまざまな悪影響は，親子間の葛藤が進化圧によって引き起こされるということに対する説得力のある証拠となっている。しかし，親子間の葛藤が，自分のきょうだいよりも多くの資源を求めようとすることが原因となって起こると解釈するのには問題がある。トリヴァース（1974）とウィルソン（1985）が示唆したように，子供自身の血縁度が自分のきょうだいに対する血縁度と比較するとより高いということが，親子間の葛藤の原因となっている可能性がある。その一方で，基本的な進化圧よりも，社会的・文化的要因によって決まってくることが多いかもしれない。

思春期は親子の葛藤が頂点に達する時期であると，一般的には考えられている。しかし思春期にみられる葛藤の度合いは，しばしば誇張して語られる（第18章参照）。家族関係で経験する肯定的な感情は思春期の初期には低いが，後期になると，幼児期のレベルにまで回復するというラーソン（Larson, 1996）の発見がそのような誇張の例である。

男性の攻撃性

女性よりも男性の方が攻撃性が強いということを，進化の観点から説明しようとする幾つかの研究がある。たとえばスプリッグス（Spriggs, 1998）は，男性が攻撃性を発揮することは進化の過程で，さまざまな理由により促進されてきたと主張した。第一に，私たちの先祖は群れをなして生活する狩人であり，食料となる野生動物を捕らえるためには攻撃性が必要であったということ。第二に攻撃的な男性のほとんどは，女性に対して支配的になることに

図10-19　身体的な攻撃性と関係があるスポーツは，女性の間よりも男性の間でより一般的であり，このことは男性の攻撃性の高さを反映している。しかしながら多くの文化では，攻撃性を発揮したくなるような状況で男性がそれを抑えることは褒められる一方で，女性が攻撃性を示すことは非とされている。

より，自身の遺伝子を確実に残すことができたこと。第三に，女性はつがうことに積極的な男性に対して好意をもつのだろうということである。スプリッグス（1998）によると，このような進化圧が以下のような結果をもたらしたのだという。「人間の進化は，攻撃的な男性とそれを受け入れる女性が土台となって作り上げられてきた。進化はこのような男性の攻撃性とそれに対する女性の応答という『自然淘汰』の文化によって支配される社会的集団に対して，有利にはたらき続けたのである」。

　スプリッグスは，男性の攻撃性が現代社会よりも数千年前の狩猟社会での方がより価値のあるものであったと主張した。男性の攻撃性が高いことは，男性による性の乱用や彼が言うところの「犯罪気質」という点で危険である。男性が「犯罪気質」をもっていることを示す指標が幾つかあると考えられている。たとえばストレス状況下で神経伝達物質セロトニンが減少するということが知られているが，男性のセロトニンレベルが低い傾向にあるのは，男性の祖先は野生動物を狩るというストレス状況下に置かれていたためであるという。また男性は女性より性ホルモンであるテストステロンのレベルが高く，攻撃的で反社会的な行動を示す思春期の少年においてこのレベルは特に高いという（オルウェウス Olweus, 1985）。最後に，男性犯罪者は安静時の心拍数が少ない傾向にあるといわれている（スプリッグス, 1998）。進化論的にみて，獲物に襲いかかる前に静かにじっとしていることのできる者が成果を上げた時代ということを考えると，このことは理にかなっているのである。

評　価

　男性の攻撃性に関する幾つかの発見の中には，進化論的に説明することができるものもある。しかしこれを支持する直接的な証拠は，まったくと言っていいほどない。攻撃性には大きな性差が存在するということについても，よくわかっていない（p.855参照）。イーグリーとステフェン（Eagly & Steffen, 1986）は，男性の方がわずかに女性よりも攻撃性が高いと論じているが，ビョルクヴィストら（Bjorkqvist et al., 1992）は，思春期の男性は女性より身体的な攻撃性は高いが，直接表に現さない攻撃性は女性の方が高いということを発見した（たとえば悪意のあるうわさ話）。ティーガー（Tieger, 1980）は，攻撃性の発達傾向について再検討したところ，5歳以下ではほとんど性差がみられないということを発見している。このことは5歳以降でみられる攻撃性の性差は，基本的な生物学的要因よりもむしろ社会化の過程に左右されていることを示している。

　攻撃性とテストステロンおよびセロトニンの関係は，本質的には相互作用であることを裏づける証拠がほとんどである。この相互関係が解釈を難しいものにしている。セロトニンレベルの低下とテストステロンレベルの増加が攻撃性をもたらす可能性はあるが，攻撃性がセロトニンレベルの低下とテストステロンレベルの増加をもたらす可能性もあるためである（ダーキン Durkin, 1995）。

なぜ相互関係を理解することは難しいのか。

多くの社会で男性支配が続いている理由が，男性の腕力や攻撃性の強さによるものであるとする考えは疑わしい。人間における支配は，腕力よりも名声や評判によって決まることが多い。ダーキン (1995) は，「もし身体的な強さのみが社会的地位にとって欠かすことのできないものであるならば，人類は皆ゾウに対して大いなる尊敬の念を抱くであろう」というジョークを述べている。

社会生物学：他の根拠と評価

社会生物学的な仮説を実験によって検証できる機会はほとんどない。実験に代わるものとしてウィルソン (1975) やドーキンス (Dawkins, 1976) のような社会生物学者がよく用いた方法は，人間の行動のさまざまな側面に対して，思索的な社会生物学的説明（あるいは進化論的説明）を与えることである。子供が成長するうえで，父親よりも母親のきょうだいが非常に重要な役割を果たすと考える社会学者は多い。父親と子供の間に血縁関係がない場合，子供とその義父の間にある遺伝的つながりよりも，母親のきょうだいと子供の間にあるつながりの方がより強くなるであろう。包括適応度を強調する社会生物学者の観点からすると，母親のきょうだいの方が子供の世話をより行うはずである。

遺伝子と遺伝学

ドーキンス (1976) は，人間の社会的行動における幾つかの側面は，自身の遺伝子を残すことが人生の主な目的であると仮定することで説明できると主張した。たとえば，継親が継子に対して冷たい態度をとりがちであるという理由や，よそ者に対しては不親切になる理由がこの仮定によって説明できる。しかし，多くの継親が継子に対して優しく振る舞っているのは明らかであり，またよそ者が友好的かつ親切にもてなされることは珍しくないと反論することができる。

社会生物学的アプローチの最大の強みは，人間の社会的行動において遺伝的要因の果たす役割を認めているところにある。遺伝的要因は知能や性格における個人差を決定するうえで役立つ（第27章と第28章を参照）が，それ以上に，人間の行動における他の多くの側面に対しても，影響を及ぼしている。遺伝的要因に基づけば，離婚する人を予言することさえ可能であるという（プロミン Plomin, 1997）。しかし社会生物学者は遺伝的要因の重要性を誇張していると言えよう。わかりやすく言えば，生得性は人間の社会的行動に対して控えめに・**間接的**に影響を及ぼしているが，社会的要因や文化的要因は大きく・**直接的**に影響を及ぼしているのである。

生得性　対　文化（氏か育ちか）

社会生物学者は，人間や他の種にみられる利他主義は進化圧が強くなることでもたらされると論じている。彼らは，利他主義がほとんどの種で共通する特徴であると主張している（第9章参照）が，生物学的利他主義（進化圧によって規定されるもの）と心理学的利

図 10-20

他主義（文化を保存するという必要性によって規定されるもの）を区別することが重要である。生物学的利他主義はたいていの種でみられるが，人間は心理学的利他主義を示すおそらく唯一の種である。

　一般的に社会生物学者は，人間の社会や行動の進化について評価する際，よく**回顧的**な説明をするが，このような説明は循環論法に陥りやすい。人間の行動は適応的で機能的であることから，ダーウィンの理論に一致すると主張されている。しかし人間の行動が適応的であるということをどのようにして確かめることができようか。もし人間の行動が適応的でなければ，私たちはいまここでこのような議論はできていないだろう。このような論理は，不十分で説得力に欠けるのである。

　たいていの心理学者は，人間の社会的行動が生物学的・遺伝的要因からよりも，知識や文化の発展からより多くの影響を受けていると信じている。実際のところ，ここ100年程で大きく変化した人間の社会的行動は，環境的要因・文化的要因のみで説明できる。心理生物学者の創設者であるエドワード・ウィルソンでさえ，過去10万年以上にわたる人間の進化において，生物学的要因よりも文化的要因が重要であるということを1978年に認めている。

　　人間の社会的な進化は，生物学的というよりは文化的なものである。それでも私は，ほとんどすべての人間社会ではっきりとみてとれる「利他主義」のような基本的な感情は，遺伝の賜物

であると信じている。

　現代西洋社会の幾つかの側面は，社会生物学的アプローチでは説明できない。たとえば，社会が繁栄しているにもかかわらず平均的な家族のサイズは縮小しているが，このことは遺伝子を最大限に保存するという概念には当てはまらない。もう一つの例が，ほとんどの養子縁組が血縁者以外で行われるという事実である。血縁者以外の養子縁組で，子供に対して親が大量の資源を投資するということは，一族の遺伝子の保存という観点からは説明できない。
　人間を対象とした社会生物学では，人間の社会的行動を深く理解することはできない。スミス（Smith, 1983, p.240）は以下のように結論づけている。

　　伝統的な社会生物学は，人間の進化における初期段階やそれほど複雑でない社会を理解する際にはとても有効である。しかし現代の産業化社会に対して伝統的な枠組みを用いることには，多くの限界がありそうである。

　人間の社会的行動が（生物学的・進化論的にみて）人間以外の種と同じように説明できると信じている専門家はもうほとんどいない。ダーキン（1995, p.29）は以下のように指摘している。

　　人間の行動に関心を寄せている現代の民族学者や社会生物学者の多くは，人間は自身の行動や社会の仕組みについて意識的に考えることができ，また慎重に適応していけるという点から，人間という種は特殊であることを認めている。

感　想
・スキナーはすべての時代の中で最も過大評価された心理学者であると思う。オペラント条件づけを用いることで，動物や人間の行動が予測可能な変化を示すということは確かである。しかし，言語の獲得，複雑な思考，長期的な目標，計画などは，人間を対象とした心理学において基本となるものであるが，これらを条件づけの原理で説明することはほとんどできない。それゆえ，スキナーのアプローチには大きな限界があるのである。
・1970年代や1980年代までは，人間の行動を説明するうえで，進化論の影響は心理学の影響よりもはるかに少ないものであった。しかし最近では，人間の行動ほとんどすべてに進化論的説明がなされるというように，偏りすぎの感がある。ほとんどの人間の行動は複数の要因が絡み合って成り立っているので，進化論的要因を過大評価しないことが大切なのである。

要　　約

古典的条件づけ

　古典的条件づけは，新たな条件反射を生み出す基盤として，動物が生得的にもっている無条件反射を用いるという学習形態である。条件づけが成立するためには，条件刺激が無条件刺激提示の予告となっていることが必須である。古典的条件づけは，しばしば恐怖症の成立過程と関係がある。しかし他の種とは異なり人間には，言語と法則を用いたより効率のよい学習形態があるので，古典的条件づけの価値はほとんどない。

オペラント条件づけ

　オペラント条件づけの多くは強化の法則に基づいている。それによると，ある反応が生起する確率は，その反応に報酬や強化子が伴ったときに増加するという。報酬が得られるまでの時間間隔や，報酬を得るまでに必要となる反応数といった法則に基づいて，幾つかの強化スケジュールに分けられる。その他のオペラント条件づけには，罰訓練（ある反応の生起する確率を，反応に嫌悪刺激を伴わせたときに低下させるもの）や，回避学習（適切な反応をすることで，嫌悪刺激の提示を受けないようにするもの）がある。オペラント条件づけは，さまざまな状況において非常に効果的である。しかしながら，動物が学習する行動は本能的な行動によく似る傾向にあることから，真の意味において条件づけを施すことはしばしば困難である。「オペラント条件づけは，単に反応を強めたり弱めたりすることを意味する」とスキナーは主張している。実際のところ動物は，環境内にある物事の間にある関係を学習する。

図10-21　イヌの訓練士はオペラント条件づけの技法を用いることがある。望ましい行動には食べ物のような報酬が与えられる。イヌの所有者に対して，命令をはっきりと伝えるよう教えることも訓練士の役割の一つである。所有者もまたある種のオペラント条件づけをされていると言うことができる。

捕食

　最適捕食理論によると，捕食行動は出費と利益について分析すれば理解できるという。利益は常に採取した食物の量と栄養価から成り立ち，一方出費は，時間やエネルギーの消費，攻撃を受ける危険から成り立つが，重要なのは捕食行動の目的を理解することである。捕食行動の目的は，多くの種においては餌を子供のところまで運ぶ運搬効率を最大にすることであるが，ハチにおいては，捕食行動で消費するエネルギーの効率を最大にしようとすることである。最適捕食理論の予測よりも捕食行動の効率が悪くなってしまうときがある。その理由の幾つかを以下に述べる。(1)外敵やライバルに注意を払う必要があるということ。(2)食料源に関する適切な情報のうちの幾つかしか利用していない場合があるということ。(3)おそらくほとんどの動物は，経験に基づいて捕食行動を行っているということである。

帰巣と移住

　デンショバトは，巣までの道を知るために幾つかの情報を利用する。彼らは太陽の位置に関する情報を利用するが，曇った日には地磁気からの情報を利用する。デンショバトは巣が近くなったとき以外は，目印をあまり利用しないようである。デンショバトが用いる情報の種類と，それがどのように利用されるのかについての正確なところは，さらなる研究が必要である。一般的に長距離を群れで移動する「移住」には，それにかける出費に見合うだけの明らかな資源が報酬としてある。

動物の言語

　チンパンジーとボノボザルは，語彙や単純な文法のような，言語の基本的要素の幾つかを教えられ，言語を理解したり生成したりする能力を示した。しかし，彼らの発語はとても短く，人間の幼児と比較すると自発的に言語を使用する機会は少ない。ホケットや他の研究者によって提唱されているような言語の基準という観点からは，動物が言語を獲得できるかどうかについては疑わしいところである。

人間の行動に関する進化論的説明

　社会生物学者は，人間の行動の多くは，自身の遺伝子を残すという目的に左右されており，人間の社会的行動は生物学的・遺伝的要因によって決定されると主張している。彼らはこの考え方を，性淘汰，親子の葛藤，男性の攻撃性などを説明する際に用いている。生物学的要因は，人間の行動に対して間接的に影響することがあるが，多くは文化的要因の影響である。人間は適応的であるがゆえに社会的行動が進化しているのだという主張は，循環論法になりやすい。近年家族のサイズが着実に縮小していることや，ほとんどの養子縁組が血縁者以外で組まれているという事実は，進化論の観点から説明することが難しい。

【参考書】

　条件づけに関する理論や研究は，N. J. Mackintosh（1994）*Companion encyclopedia of psychology*, Vol.**11**, London: Routledge で議論されている。人間の行動を決定する進化論的な要因についての短い議論と同様に，回帰と帰巣に関する話題を扱ったもので優れているのが，J. W. Grier & T. Burk（1992）*Biology of animal behavior*（2nd Edn.）, Dubuque, IO: W. C. Brown である。この章で議論されている話題に関する全体的な説明（ところどころ理解しづらいところもあるが）は，J. R. Krebs & N. B. Davies（1993）*An introduction to behavior ecology*（3rd Edn.）, Oxford: Blackwell に示されている。人間の行動を決定する進化論的な要因に関しての興味深い観点が，K. Durkin（1995）*Departmental social psychology*, Oxford: Blackwell にある。

【復習問題】

1　学習行動における二つの理論に対して，批判的に論じなさい。　　（24点）
2　帰巣と捕食に関する説明を比較しなさい。　　（24点）
3　霊長類に対して言語を学習させようという心理学者の研究について，根拠を示しながら論じなさい。　　（24点）
4　人間の行動の二つの側面に関する進化論的な説明を述べるとともに，これらの説明について評価しなさい。　　（24点）

- 知覚発達：新生児は，外界の理解をどのようにして学習するのか。
    バターワースとシチェッティの動く部屋
    ファンツの視覚選好の研究
    ギブソンとウォークの視覚的断崖
    大きさと形の恒常性の研究
    ピアジェのアプローチ
    ギブソンとスペルキの分化説
    シャファーの３段階説

- 知覚の体制化：私たちが見ている対象の奥行き，大きさ，色，運動の識別についてのいろいろな説。
    ナヴォンのゲシュタルトの法則についての研究
    ウェルトハイマーの点光源実験
    ヨハンソンの共通運命の研究

- 空間あるいは奥行き知覚：私たちは二次元の網膜像をどのように使って，三次元の外界を知覚しているのか。
    単眼視および両眼視手掛かり
    カニッツァの錯覚的四角形
    立体視
    ブルノとカッティングの三つの方略

- 視覚の恒常性：遠くにある自動車が本物であって小さな玩具ではないということが，どうしてわかるのか。
    エイムズの歪んだ部屋
    ランドのレティネックス理論；色の恒常性

- パターン認識：たとえば，雑踏の中から友人の顔を見分けるというような記憶情報の使用。
    特徴説（たとえば，ナイサー）
    構造記述（たとえば，ブルースとグリーン）
    マーの計算理論；三次元モデル表現
    ビーダーマンのRBC説（コンポーネントによる認識説）

- 知覚に関する説：人の視覚がどのように機能するかについてのいろいろな考え方。
    ギブソンの直接知覚説
    構造主義説（たとえばヘルムホルツ）
    グレゴリーの大きさの恒常性誤用説
    ポンゾの錯視
    ミュラー－リヤー図形
    ナイサーの循環説

- 個人的，社会的，文化的多様性：知覚は経験に基づいているのか。
    場依存型と特性不安
    社会的，異文化間的研究

11

知覚過程

外界を見てそれを理解するということは，たいへん簡単そうに思える。たとえば，私たちは歩道にいて道路には自動車が行き来しているということを知るのに，ほとんど考える必要もない。ところが実際は，置かれた環境を理解する（知覚する）ということは大きな成果なのである。この章では，知覚の複雑さならびに知覚の発達に関わる過程について述べることにする。

知覚（perception）とは何か。ロス（Roth, 1986, p.81）によれば，

> 知覚とは，感覚器を通して環境から得られる情報を，対象，事象，音，味などの経験に置き換える手段である。

感覚（sensation）とは感覚器に与えられた基本的な未解釈情報であるとされ，時には，知覚と感覚ははっきりと区別される。感覚は知覚の前に生じると論じられてきたが，感覚と知覚はだいたい時間的に重なって生じると考えた方が現実的である。今日の一般的な見解では，感覚と知覚に関わる過程は非常に複雑なので，それを明確に分けようとすることにはほとんど意味がない。

図 11-1　知覚能力：知覚能力があるので私たちは環境を解釈できる。

キー用語
知覚：環境からの情報にまとまりと意味がある解釈をするために必要な過程。
感覚：感覚器に提示された基本的な，未解釈の情報を含む過程。

知覚発達

新生児はどの程度見たり聞いたりすることができるのだろうか。かつて仮定されていた答えは，「ほとんどできない」であった。19世紀末に，ウィリアム・ジェームズ（James W.）が，新生児の外界は，「目，耳，鼻，内臓から一斉に入ってくる外界からの情報にほんろうされた，ざわざわ，がやがやと雑音がするだけの混乱状態」であると述べた。新生児はあらゆる感覚様相（モダリティ）に雨あられと降り注ぐ情報を浴びせられて，情報そのものに意味づけができないというのである。この見解は，乳児の能力を甚だしく過小評価している。多くの基本的な知覚機構はごく初期の段階から機能しており，乳児は外界の単なる無能な傍観者ではない。

知覚発達の研究方法

乳児は見たり聞いたりしたことを伝えることができないので，その知覚を評価することは難しい。しかし，乳児の知覚能力を評価する幾つかの方法は開発されてきた。

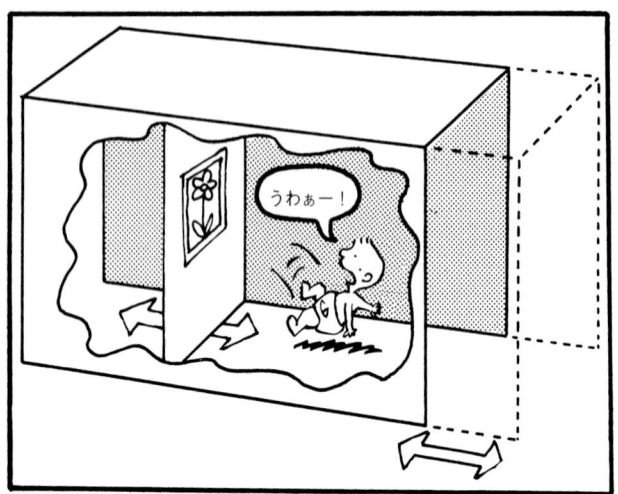

図11-2 バターワースとシチェッティの動く部屋の描画：部屋の床は固定されているが，壁と天井は可動式である。子供たちは，部屋がどちらの方向に動くように見えるかで，前後に身体が揺れるという平衡の喪失を経験する。

- 行動法：乳児が何を知覚できているのかを知るのに，さまざまな行動の尺度が適用されている。たとえば，バターワースとシチェッティ（Butterworth & Cicchetti, 1978）は，壁と天井が遠ざかったり近づいたりする部屋の中で乳児をテストした。常に予測された方向へ，乳児の身体は平衡を失って傾いた。部屋が乳児に近づけば前方へ身体が揺れ，部屋が遠ざかれば後方へ身体が揺れた。

- 選好法：二つ以上の刺激を同時に提示し，実験者は，どの刺激が最も注意を引いたかを単に観察するだけの方法である。もし，乳児が系統的に一つの刺激を他のものより好むなら，それは乳児が刺激を弁別できたということを示している。この方法はファンツ（Fantz, 1961）が実験に用いたもので，後に詳しく述べる。

- 馴化法：一つの刺激を，乳児が興味を示さなくなるまで繰り返し提示する。これが**慣れ**（habituation）である。乳児がある刺激に慣れると別の刺激を与える。乳児が新しい刺激に反応すれば，これら二つの刺激を弁別したことになる。

> **キー用語**
> 慣れ：繰り返し提示される刺激に対する反応が減少すること。

- 眼球運動法：乳児の眼球運動から視覚についての情報が得られる。たとえば，乳児に動く刺激を与えると，追跡反応や視運動性眼振を記録することができる。それにより，乳児が，動く刺激とその背景を識別できているかどうかがわかる。あるいは，乳児に視覚刺激を提示して眼球運動のパターンを写真にとり，それを考察するという方法もある。マウラーとサラパティク（Maurer & Salapatek, 1976）は，生後1ヶ月の乳児は人の顔の輪郭を注視するが，生後2ヶ月の乳児は，目や鼻，口などの顔の造作に，もっと系統的に焦点を合わせることができるという結果を得た。

なぜ知覚の実験に乳児を使うことが利点になるのか。

- 生理学的方法：いろいろな生理学的測定法を利用することができる。乳児が二つの刺激を弁別することができるかどうかを知るには，各刺激に対する視覚誘発電位（脳波の変動）を測定する方法がある。あるいは，乳児が二つの刺激に対して異なる心拍数あるいは呼吸数を示したならば，乳児が，その二つの刺激が異なっていることを知覚していることを示唆している。心拍数の違いで，乳児が視覚刺激を恐れたためなのか，または単に

興味を覚えただけなのかもわかるが，これについては後で述べることにする。

・視覚強化法：基本的な考え方は，乳児に提示される刺激はコントロールされているということである。たとえば，ジークランドとデルシア（Siqueland & DeLucia, 1969）は，乳児におしゃぶりを与えたとき，しゃぶる回数が測定できるような装置を考案した。おしゃぶり刺激を一つずつ与え，しゃぶる頻度が減少すれば別のおしゃぶりに代えるし，しゃぶる頻度が高ければ刺激はそのままにしておくという方法である。

知覚発達の研究
視覚選好

ファンツ（1961）は視覚選好課題を考案したが，それは乳児の知覚を研究するうえで最も効果的な研究方法の一つであることが証明されている。要点は，二つの刺激を同時に左右に並べて乳児に提示することである。左右それぞれの刺激に対する注視時間の長さを測定する。もし乳児が，一方の刺激を他方よりも一貫して長く注視した場合，この選択は視覚的弁別の存在を示していると考えられる。

ファンツは，乳児（生後4日〜5ヶ月）に顔の形をした円形刺激を見せた。すべての乳児が最も長く注視したのは写実的な顔で，のっぺらぼうの顔にはほとんど注視しなかった。このような研究結果から，ファンツ（1966, pp.171-173）は次のように結論づけた。

  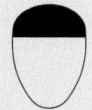

図 11-3 顔の形の円形刺激

実験結果は，「新生児の世界は大きな雑音のする混乱状態で，視野はぼんやりとしたものであり，心は白紙の状態，脳は未熟で，行動は反射作用か方向性のないかたまり運動に限られている」という神話を打ち砕くことになった。乳児は，乳児なりにパターン化されたしかも体制化された世界を見ている。そして，その世界を限られてはいるが自分の意のままになる手段で，弁別しながら探索している。

視覚的選好課題の実験結果が上記の結論を本当に正当化しているとは言えない。ファンツの研究（1961）の実験段階では，写

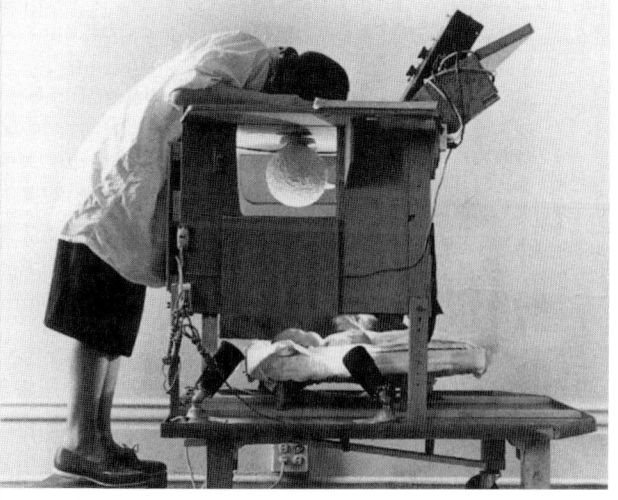

図 11-4 ファンツの実験装置：乳児がどのように視覚刺激に反応しているかを観察するのに用いられた。

ダンネミラーとスティーブンスの研究は、ファンツの研究よりも生態学的妥当性があったと思うか。コンピュータで描かれた人の顔は未だに本当の顔らしくないのはなぜだろうか。

実的な顔とそうではない顔に対する注視時間の差はかなり小さい。解釈の段階では、乳児が写実的な顔を注視したのは、それが顔だからなのか、複雑で対称的な視覚刺激だからなのかを知るのは困難である。しかし、ダンネミラーとスティーブンス（Dannemiller & Stephens, 1988）はその要因をコントロールするために、コンピュータで描いた顔を考案して実験に用いた。たとえば、同程度の複雑性と対称性のある人の顔とパターンなどであった。生後3ヶ月の乳児は人の顔の方を好んだ。こうしてファンツの研究結果は十分にコントロールされた条件下で確証されたのである。

議論のポイント
1. ファンツは自分の研究結果を拡大解釈したと思うか。
2. なぜ乳児が顔を注視するのかを正しく説明できるだろうか。

奥行き知覚

視覚的断崖 ギブソンとウォーク（Gibson & Walk, 1960）は、乳児がよく発達した知覚技能を備えているとも主張した。彼らはガラスの天板をもつテーブルを用いて「視覚的断崖」を考案した。テーブルの半分は、ガラスのすぐ下をチェックの模様にし（浅い方）、残り半分はずっと下の方を、同じチェックの模様にした（深い方）。生後6ヶ月半から12ヶ月の乳児をテーブル上の浅い方に置き、深い方の側から玩具を見せたり、または母親に呼びかけてもらったりして、乳児が視覚的断崖の端を越え深い方に這って来るように励ました。ほとんどの乳児がこの誘因に反応することに失敗したが、このことで、乳児には少なくとも初歩的な奥行き知覚があるということがわかった。

図11-5 ギブソンとウォークの「視覚的断崖」の絵：生後6ヶ月半から12ヶ月の赤ん坊は、たとえ自分の母親に呼ばれても深い方に這い寄るのを嫌がった。チェックの模様で作られた落差を知覚していることがわかる。

ギブソンとウォークの研究の、赤ん坊（a）と動物（b）から得られた実験結果を使って、奥行き知覚は比較的生得的なものなのか、学習的なものなのかを説明してみよう。

ギブソンとウォークは他の動物の能力についてテストをした。ほとんどの動物（生後1日未満のヒヨコを含む）が視覚的断崖の深い方を避けた。奥行き知覚には生得的なものがあると言える。しかし、暗闇で育てられた生後4週間の子猫は深い方を避けなかったし、また、ひげでガラスを探り出すことができるネズミも同様であった。

視覚的断崖に関する研究は、奥行き知覚が生得的であることを必ずしも指摘しているわけではない。生後数ヶ月の乳児であっても、経験からすでに奥行き知覚を学習していたのかもしれない。視覚的断崖の条件設定で、学習の重要さを指摘する興味深い実験結果が幾つか報告されている。生後9ヶ月の乳児は、深い方に置かれたとき通常以上の心拍数を示したが、おそらく怖かったからだと思われる（キャンポスら Campos et al., 1978）。しかし、生後2ヶ月から5ヶ月

の乳児は，深い方に置かれたとき実は通常以下の心拍数を示した。これは怖ってはいなかったことを示唆している。この心拍数の減少はおそらく興味の現れで，乳児が確かに，視覚的断崖の浅い方の側と深い方の側の間に，何らかの相違を見つけたということを示している。

網膜像の大きさ バウアーら(Bower et al., 1970)は，乳児には何らかの奥行き知覚があるという，さらに説得力のある実験結果を得た。彼らは生後2週間未満の乳児に二つの対象を見せた。一つは大きな対象で乳児から20センチメートル以内に置き，他方は小さな対象で8センチメートルまで近づけ，二つの対象が，乳児に同じ大きさの網膜像を投影するように設定した。それにもかかわらず，乳児は，接近してきた対象にあわてて，見上げるようにして対象から遠ざかった。明らかに乳児は，奥行きに関する情報を何とかして役立てて，どちらの対象が大きな脅威となるかを確認したものと思われる。

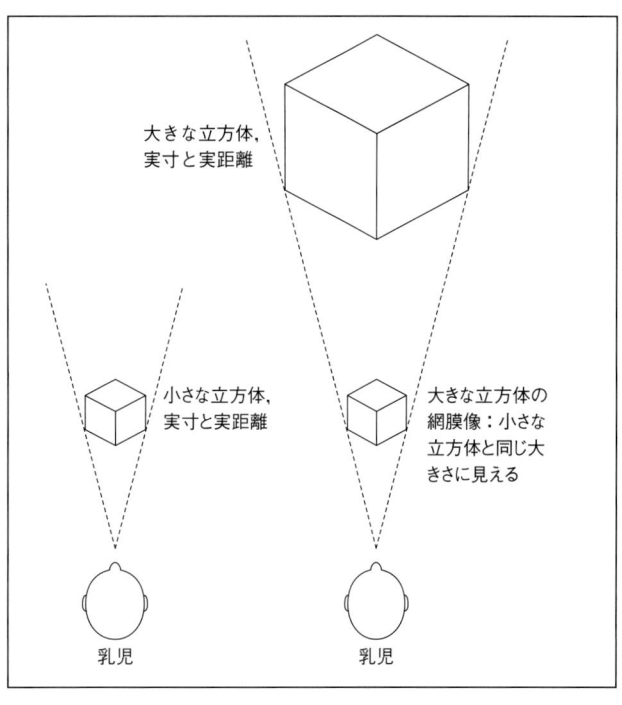

図11-6 二つの立方体：観察者からの距離によるが，異なる大きさの二つの立方体は同じ大きさの網膜像を投影する。バウアーは，この効果を乳児の奥行き知覚と大きさの恒常性をテストするために用いた。

大きさと形の恒常性

成人のほとんど全員が**大きさの恒常性**および**形の恒常性**を示す。大きさの恒常性とは，提示された対象が，距離にかかわらず同じ大きさであると知覚されることである。形の恒常性とは，対象の向きにかかわらず同じ形に見えることである。このように私たちは，網膜に与えられる多様な情報に欺かれることなく，事物を「まさにあるがまま」に見ている。対象がはるか遠くにあるとき網膜像は甚だしく小さいから，このことは想像以上に大きな成果である。乳児が大きさと形の恒常性を示すかどうかを発見することは，興味深いことである。

大きさの恒常性 バウアー（1966）は，生後75日から85日までの乳児の大きさの恒常性について研究した。実験の第一段階では，一辺が30センチメートルの立方体を約1メートルの距離に置いて，乳児に見る練習をさせた。その後，バウアーは注視時間を比較するために，同じ立方体と一辺が90センチメートルの立方体を乳児から3メートルの距離に置いた。刺激に用いた立方体は，練習に用いた立方体と同じ大きさであったにもかかわらず，網膜像は非常に小さかった。反対に，一辺が90センチメートルの刺激は，実寸は練習に用

いた立方体よりはるかに大きかったにもかかわらず，網膜像の大きさは同じであった。乳児は，前者を後者より3倍ほど長く注視したので，何らかの大きさの恒常性を示しているといえる。しかし，乳児は，一辺が30センチメートルの立方体が，3メートル先にあるときよりむしろ1メートル先に置かれたときに，注視しがちだったことから，乳児が完璧な大きさの恒常性を示したとは言えない。

形の恒常性　3ヶ月の乳児が，形の恒常性をもっていることが馴化法（habituation method）（キャロンら Caron *et al.*, 1979）を用いてわかった。網膜に台形を形作る四角形を乳児に提示し，乳児が慣れるか興味を失うまで繰り返した。その後，乳児に実際の台形を提示すると，乳児は即座に興味を示した。このように乳児には，網膜上に与えられた形よりむしろ実在する形に慣れが生じていた。

生得的か学習か？　大きさあるいは形の恒常性の知覚技能は，生まれつき決定されているのだろうか。バウアーが生後2，3ヶ月の乳児を研究したとき，乳児は実験に用いられた技能を少なくともいくつか学習していたのかもしれない。しかし，乳児が探したり手を伸ばしたりといった，関連性のある知覚技能学習に至るような行為は，通常少なくとも生後3ヶ月になって初めて本格的に始まる。乳児が大きさあるいは形の恒常性を早い時期に示すのは，そうすれば外界を正確に知覚するのに役立つからで，これは進化論的な意味がある。

ピアジェのアプローチ

ピアジェ（Piaget）によれば，生後2歳までの乳児は発達の感覚運動段階にある。乳児は，対象物を口に入れたりつかんだりまた操作したりしながら，主に外界にはたらきかけることで外界の知識を獲得している。この段階では，思考と行動はほとんど同じである。ピアジェの研究が主に示唆していることは，知覚の発達は，乳児の環境に従って行動する能力の発育にかなり大きく左右されているということである。たとえば，奥行き知覚は，乳児が這い始めて環境との直接の相互作用をし始めてから，獲得されるものであるとした。

ピアジェは，知覚の発達における行動の重要性を過大視していた。アータベリーら（Arterberry *et al.*, 1989）は，二つのそっくりな物体を奥行きの錯視が生じる碁盤目の上に置き，生後5ヶ月から7ヶ月の乳児に見せた。二つの刺激は乳児からまったく同じ距離にあったが，7ヶ月の乳児は近くにあるように見える刺激の方に手を伸ばした。しかし，5ヶ月の乳児は手を伸ばさなかった。ここで得られた重要な結果は，5ヶ月の乳児が這い這いの上手下手に関わりなく，奥行知覚を示さなかったということである。

メドウズ（Meadows, 1986）は，ピアジェの理論では上手に説明ができないような他の研究結果について検討した。たとえば，環境の中で限られた移動しか経験していないとしても，5ヶ月の乳児は，一

テーブル上にコインが立てて置かれているのを見た場合，あるいは平らに置かれているのを見た場合，コインの置かれかたによって目に映る像が異なるのに，どのようにしてそれがコインであるとわかるのだろうか。同じコインを手に握り，腕を伸ばしたところから徐々に自分に近づけたら，コインは近づくにつれて大きく見えてくる。どのようにしてコインの大きさが実際変わっていないとわかるのだろうか。

ピアジェの概念（第16章参照）のどれが形の恒常性と関連しているか。

般的に手が届かない対象には手を伸ばさなかったと報告している。

分化説

　分化説（たとえば，ギブソンとスペルキ Gibson & Spelke, 1983）では，私たちの感覚器に与えられる刺激には，正確に知覚するのに必要なすべての情報が含まれているとする。知覚の発達には，刺激の決定的特徴を見分けるための学習が必要である。ギブソン（1969）の研究では，4歳から8歳の子供たちに，13個の図形の中から標準刺激図形とまったく同じものを一つだけ選択させた。その他の12個の図形は，標準図形の形といろいろな点でわずかに異なっていた。あるものは方向が異なり（すなわち，図形は回転したり，反転したり），あるものは見え方が異なっていた（すなわち，図形は後ろの方に斜めに傾いて見えた）。

　ギブソンが発見したことは何だったのか。年齢とともに，間違いの数は減少し間違いのパターンは変化した。また，遠近の間違いはすべての年齢でかなり共通していたが，方向の間違いは4歳から8歳にかけて急速な減少を示した。この発見は，子供たちが読み書きに必要な技能を習得したことを反映しているのかもしれない。刺激の方向は，子供たちが玩具を異なる方向から見るときは重要ではないが，文字を区別しながら読み書きするのにはきわめて重要である（たとえば，b，d，p，そしてqは主に方向が異なっている）。対照的に，遠近の変化は，物にせよ文字にせよ，子供たちが何かを見分けようとしているときは，ほとんど重要ではない。

　多くの実験結果から，子供たちが次第に分化が上手になっていることがわかる。しかし，知覚の発達にはそれ以上の意味がある。本を読むのが上手な人は，読んでいる文章の内容を理解するが，それは単に文字を個別に分化していく以上のことを意味している。

評　価

　乳児は，広範囲な知覚の課題を期待以上に上手にこなしている。たとえば，視覚的選好課題に見事な弁別を示し，視覚的断崖の場では奥行知覚のある面を披露し，さらに，大きさと形の恒常性を適度に示した。

　スレイター（Slater, 1990, p.262）は，乳児の知覚技能について次のように要約した。

> どのモダリティ（感覚様相）も誕生時には，成人なみの水準で機能していないが，乳児期の驚くほど初期の段階で成人なみの水準に達する。このことが「能力のある乳児」という新しい概念形成へと導いてはいるが……初期の知覚能力は認知能力を伴っていない。そして知覚表象を再体制化することは，物体，人々，言語，事象からなる外界にはたらきかけるための認知構造の発達や構築に多くを依存している。

表11-1 生後1年間における3段階の知覚発達

期間	段階	乳児ができること
生後0-2ヶ月	刺激の探索	視覚刺激の弁別
生後2-6ヶ月	形態の構成	多数の形態の知覚
生後6-12ヶ月	形態の解釈	知覚しているものの理解

シャファー（Shaffer, 1993）は，生後1年の間に3段階の知覚発達があると主張している（表11-1）。

乳児の知覚能力に関する研究では，まだ限られたことしかわかっていない。馴化法および生理学的方法でわかるのは，どの刺激が乳児に弁別されるかであり，また選好法および視覚強化法では，どの刺激が乳児に好まれるかである。しかし，一般的にこれらの方法では，どのようにして刺激が知覚され解釈されているかについて詳しく知ることができない。眼球運動法および行動法は，乳児にとっての刺激の重要性について多くの情報をもたらしてくれる場合もあるが，やはり多くの疑問は解けないままである。たとえば，生後8ヶ月の乳児は，視覚的断崖の深い方には這って行かないし，深い方に置かれたら心拍数が増加する。この発見から，乳児が視覚的断崖に関して，**何か当惑するものを見つけている**ということは，はっきりわかるが，乳児が大人のような奥行きを知覚しているかどうかまではわからない。

知覚過程の発達における成熟の役割は何か。

知覚の体制化

視覚は，ほとんどいつも高度に体制化されている。私たちの視覚世界は三次元空間に意味深く配置された対象からなっている。知覚の体制化は，実質的な成果のおかげであるとは信じがたいほど自然に楽々と起こる。コンピュータに難易度の高いチェスをするようにプログラムすることはできるが，かなり原始的な動物の視覚技能でさえ，未だにまねさせることができない。この事実は，視覚を高度に体制化するための過程がいかに複雑であるかを裏づけている。

感覚受容器に達する情報には順番も秩序もない。視覚の受容野の場合，通常は色の寄せ集めがあり，網膜に投影された対象の大きさ

知覚の体制化についての知識は，使いやすく効率的で美的感覚を満足させる，職場環境や視覚的展示パネルのデザインに役立っている。

図11-7 人間対コンピュータのチェス世界大会優勝戦：コンピュータは，プログラムされれば特殊な課題では人間の能力を上回るかもしれないが，人間の技能のすべてをもつことはできない。

や形は，環境にある対象の実際の大きさや形とはほとんど一致していない。知覚の体制化には，良好な奥行き知覚，対象を認知する能力，運動を追従する能力，そして対象の大きさや色を正確に知覚する能力が必要である。これらの能力については次に述べる。

ゲシュタルト心理学のアプローチ

知覚の体制化についての最初の系統的な研究は，ゲシュタルト心理学によってなされた（「ゲシュタルト」とはドイツ語で「まとまりのある全体」である）。二つの世界大戦の間にアメリカ合衆国へ移民した，ドイツの心理学者たち（コフカ Koffka，ケーラー Köhler やウェルトハイマー Wertheimer も含めて）は，特に**知覚の分凝**に興味をもった。知覚の分凝とは，私たちに与えられた視覚情報の，どの部分がまとまって一つの対象になり，どの部分が別の異なる対象を形成するのかを解決する能力である。視覚の分凝の主要点は，視野が，図（注意の中心）と地（その他）に分かれることである。

知覚体制化の原理

ゲシュタルト心理学は，知覚の体制化の法則を幾つか提唱した。しかし，彼らの最も基本的な原理は**プレグナンツの法則**（law of Prägnanz）であり，コフカ（1935, p.110）は次のように述べている。

> 通常の条件が許す限り心理学的体制化は必ず「よい」状態であるはずである。ここでは「よい」という用語の定義はしない。

事実，コフカは非常に曖昧に定義した。ゲシュタルト心理学は実際，いろいろ考えられる体制化構造の中で，よい形が最も単純もしくは一様であると考えたのである。

具体的な例を幾つか検討すれば，ゲシュタルト心理学の研究法がよくわかる。パターン（a）は，3 行の小さなマルの水平配列として見るのが最も自然である。これは，互いに近接している視覚的要素は一つにまとまる傾向があるという，ゲシュタルトの近接の法則を図示したものである。パターン（b）では，横の列より縦の列が目に入る。類似した視覚要素は一つにまとまるという，類同の法則に適合している。パターン（c）では，V字型と逆V字型の線というより，むしろ 2 本の線が交わっているように見える。ほとんど中断がないなめらかな曲線を作っている視覚要素は一つにまとまるという，よい連続の法則に適合する。最後に，パターン（d）は，部分的に欠けた形は完全な

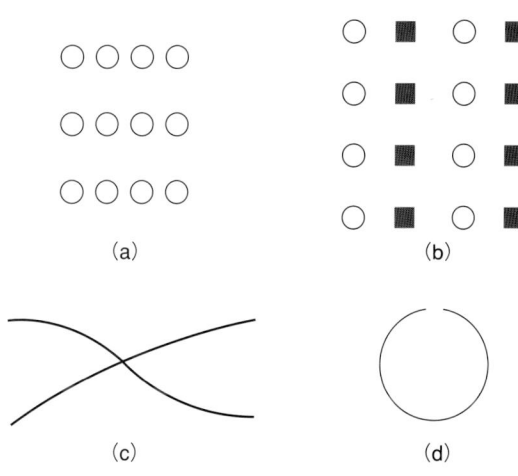

図 11-8 ゲシュタルトの法則

ものになるために補われるという，閉合の法則に適合する。これらすべての法則は，プレグナンツの基本原則をさらに具体的に述べたものと考えられる。

　ポメランツとガーナー（Pomerantz & Garner, 1973）が，群化の重要性を示す根拠を報告した。彼らは，研究協力者にいろいろに配置された二つの括弧をもつ刺激を提示した。課題は，左側の括弧が「（」あるいは「）」のどちらであるかを見極めて，できるだけ速く刺激を2種類により分けて積み重ねていくことであった。研究協力者は，右括弧を無視するように指示されたにもかかわらず，二つの括弧が1組のように見えるとき，無視することが不可能であった（両方の括弧の方向づけが似ていて，互いに近接していたため）。ここでいう証拠とは，1組にまとまることができる刺激の選別時間は，1組にまとまらない刺激より長かったということである。

　体制化の過程をどのように考えたらよいのか。ゲシュタルト心理学は，ほとんどの知覚体制化は，主として生まれながらに決定されている知覚系の機能を反映しているのだと主張した。しかし，これではすべてを説明できそうにない。日常の経験からわかることは，互いに類似して近接する視覚的要素は，一般的に同一の視覚対象に属しているが，類似せずかけ離れているものは，そうではないということである。

図11-9　ナヴォンの用いた実験刺激

全体と部分

　ゲシュタルト心理学の立てた主要な仮説の一つは，「全体はその構成部分の合計以上のものである」ということであった。ゲシュタルト心理学が，まさにどのようなつもりでこの仮説を立てたかは少々曖昧である。しかし，全体は部分より先に知覚されているかもしれないという実験が可能であることを示唆している。これが，「馬の前に荷車をつなぐ」という言葉のように，本末転倒したことのように思えるのは，視覚刺激の個々の部分や特徴が処理されてから対象の全体が確認されるのだと通常仮定されてきたからである。ナヴォン（Navon, 1977）は研究協力者に少々変わった刺激を提示した。一つは，たくさんの小さなSの字からなる1個の大きなHの字であった。他には，小さなHの字で形作った1個の大きなHの字と，小さなSの字で形作った1個の大きなSの字であった。

　各試行の課題は，一つの大きな文字，または大きな文字を形作っている小さな文字群の字のいずれかをできるだけ速く確認することであった。大きな文字を確認するための所要時間は，大きな文字と小さな文字群の字が同じであるかどうかには影響されなかった。それに対して，小さい文字群の字を確認するための所要時間は，小さな文字群の字が大きな字と同じときより，異なるときの方がはるかに長くかかった。これは，全体（大きな文字の確認）についての情報が，部分（小さな文字群の字の確認）についての情報より先に有効になったから生じたと言える。

　ナヴォンの研究は，知覚処理の早い段階で最も重要な対象が確認されることを示唆した。それに続く知覚処理で，その対象の詳細な構造がさらにきめこまかく分析される。しかし，知覚処理は常にこのようには進まない。

キンチラとウルフ (Kinchla & Wolfe, 1979) は，ナヴォンの刺激と同じように作られた刺激を使用したが，刺激の大きさを全体的に変えた。研究協力者には文字の名前を口頭で告げてから，視覚刺激を提示した。研究協力者は，告げられた文字が，大きな文字か，小さな文字群の字のどちらかと一致していた場合，「はい」と応答しなければならなかった。刺激全体がかなり小さいとき，研究協力者は小さな文字群の字より大きな文字との一致を見つけるのが速かった。この結果は，大きな文字が最初に処理されるとしたナヴォン (1979) の実験結果と似ている。しかし刺激全体がナヴォンの刺激の5倍の大きさのときは，正反対の結果が得られた。この場合，大きな文字を構成する小さな文字群の字の方が速く処理されたと考えられる。

議論のポイント
1. 部分より全体が先か，全体より部分が先かを決めるのは何だろうか。
2. ナヴォンが使った刺激のどこが独創的なのか。

運動の知覚

仮現運動　ゲシュタルト心理学による知覚に関する初期の研究の一つにウェルトハイマー (1912) の研究がある。暗室に刺激となる二つの光源が置かれた。刺激の提示間隔時間は約50ミリ秒であった。観察者には，一つの光源が闇の中を一方から他方へ移動しているように見えた。これが**仮現運動** (apparent motion) として知られている。たとえ実際運動が何もなくても運動が知覚される。映画を見たことがある人なら誰でも仮現運動を経験している。全体（運動の知覚）が，いかにその部分（二つの静止した光源）の合計以上でありうるかが明らかだったので，ゲシュタルト心理学は仮現運動に興味をもった。

映画では，1コマ1コマが少しずつ異なる一連の静止画が，素早い連続で映し出されるため，動画を知覚する。

キー用語
仮現運動：類似した静止刺激が素早い連続で提示されるときに生じる運動の錯覚。

共通運命の法則　ゲシュタルト心理学はまた，一緒に動くように見える視覚要素は一つにまとまるという，共通運命の法則を提唱した。ヨハンソン (Johansson, 1973) は，黒い衣服をまとった人物の各関節部分に光点を取りつけ，この人物が暗室内を動き回っているところを撮影した。その人物が静止しているときは，観察者には，

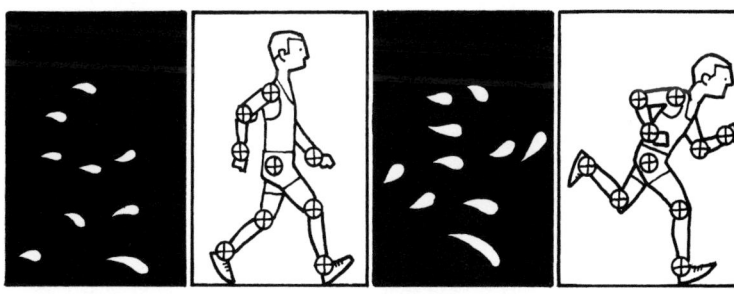

図11-10　動く人を示す光点：ヨハンソンはある人物の関節に光点を取りつけた。その人が暗室でじっと立っているときは，その光点の配置は観察者にとって何の意味もなかった。しかし，その人が動き始めるとすぐに，その光点が人の姿をくっきりと浮かび上がらせていることに気づいた。

意味のない光のディスプレイにしか見えなかった。しかし，光以外は何も見ることができなかったという事実にもかかわらず，人物が歩き回ると，観察者たちは動く人間の姿を知覚した。

カッティングとコズロフスキー（Cutting & Kozlowski, 1977）は，観察者たちが，光点のディスプレイから自分と他人を上手に見分けることに気づいた。コズロフスキーとカッティング（1978）が，光点のディスプレーから性別を推測させると，観察者の約65％は正しい判断をした。観察者たちは，男性は歩くとき尻よりも肩を振るが，女性はその反対の傾向があると説明した。

運動を検出することの重要性　運動を検出することができるということがいかに重要かということは，L. M.という名前の，脳に損傷のある女性患者の事例ではっきりと証明された。彼女は，静止物の位置は目で見てすぐにわかり，色の識別も上手であったが，運動の知覚が極端に貧弱だった。結果は次の通りである（ジールら Zihl *et al.*, 1983, p.315）。

> L. M.は，自動車自体は苦もなくわかったのに，自動車のスピードの判断能力がなかったので，通りを横断することができなかった。彼女は次のように語った。「最初，自動車を見ているときは遠くにあるように見えるのに，でもそれから道路を渡ろうとすると，突然自動車がとても近くにいる」。

コロラリー放電説　私たちは，対象によって生じる網膜像の変化が，対象の移動によるものか，自分の眼球運動によるものであるのかどうしてわかるのだろうか。コロラリー放電説（たとえば，リチャード Richards, 1975）によれば，視覚系は，網膜に記録された運動と，眼球運動についての信号を比較しているとする。すなわち，脳が眼筋に運動の指令を送るとき，運動の知覚に関わる視覚系にもコピー（コロラリーすなわち結果放電）を送る。網膜像の運動が，環境における運動によるものかあるいは単に眼球運動によるものかが，それから決定される。

自分の眼球の側面を軽く押さえてみれば，コロラリー放電説を証明する単純な証拠が生じる。網膜像には，眼筋への運動指令によらない運動がある。眼球運動はないのに網膜像には運動が生じているので，結果的には，視覚系によって，環境での運動がこの網膜像の運動を生じさせていると解釈される。

しかし，コロラリー放電説では運動の知覚を完全には説明できていない。トレシリアン（Tresilian, 1994, p.336）は，この説からは次のように言えると指摘した。

> 頭を回すとき，目だけは静止状態にあるとする。結果として生じる網膜像の運動は環境の運動だと解釈されるだろう。しかし，そんなことは起こらないと誰でも知っている。

したがって，私たちは眼球運動に関する情報にだけ頼って，安定した環境を知覚しているわけではない。網膜像全体の運動は，普通は，頭あるいは目の運動によって起こると考えられるが，網膜像の部分の運動は外界の対象の運動であると解釈される。

評　価

　ゲシュタルトの体制化の法則は一見，理にかなっているかのように思われる。しかし，多くの批判がなされてきた。この法則は，**なぜ類似した視覚要素や近接の要素がまとまりやすいのかを，説明しそこなった単なる記述的声明書にすぎない**。もう一つの限界は，大部分のゲシュタルトの法則は，主に二次元パターンの知覚体制化と関連していることである。それ以外の要因は三次元の場と戯れているにすぎない。たとえば，カメレオンの体を背景から区別できるとしたら，動いているときだけかもしれない。結局，ゲシュタルトの体制化の法則を複合的な視覚刺激（たとえば，類似した要素が相対的にかけ離れ，類似していない要素が一つにまとまるような視覚刺激）に適用するのは困難なのである。

空間あるいは奥行き知覚

　視覚では，二次元の網膜像が三次元世界の知覚に変換されている。日常生活では，奥行きの手掛かりは，観察者あるいは視覚環境の対象のどちらかの運動によって与えられることが多い。しかしここでは，観察者あるいは環境にある対象が，たとえ静止していたとしても，得ることができる奥行きの手掛かりについて主に述べる。手掛かりは，単眼視の場合と両眼視の場合の手掛かりに分類される。**単眼視手掛かり**（monocular cues）は片方の目で見ると得られるが，そのとき両方の目を開けていてもよい。片目を閉じていても外界に奥行きを感じるから，明らかに単眼視手掛かりは存在している。**両眼視手掛かり**（binocular cues）は両方の目で見る必要がある。

単眼視手掛かり

　奥行きに対する単眼視手掛かりは多様である。画家が風景を描くとき，平面に三次元の印象を作り出すために用いるので，**絵画的手掛かり**（pictorial cues）と呼ばれることもある。手掛かりの一つに**線遠近**がある。こちらから遠くへ真っ直ぐに伸びている平行線は，遠くの方では接近して一緒になっているように見える（たとえば，鉄道の線路）。このような線の収束は，二次元絵画では力強い奥行きの印象を作り出すことができる。

　別の遠近法は，**大気遠近**として知られている。特に大気がほこりっぽいときなど，光は大気を通過するときに四散する。その結果，遠くの方にある対象は明暗のコントラストを失い，どことなくかすんで見える。

　遠近法に関連する別の手掛かりは肌理（texture）である。ほとんどの対象には肌理があり，遠ざかる方向に傾斜するように見えた肌

> **キー用語**
> **単眼視手掛かり**：片方の目を使って見たときの奥行きの手掛かり。
> **両眼視手掛かり**：両方の目を一緒に使って見たときの奥行きの手掛かり。
> **絵画的手掛かり**：画家たちが，三次元の印象を作り出すために用いる多様な単眼視手掛かり。

図11-11 枯渇した湖沼における肌理の勾配：枯渇した湖床は，実際の肌理の勾配の例である。地面は，見ている人から斜めに遠ざかるのでひび割れはだんだん小さくそしてはっきりしなくなる。

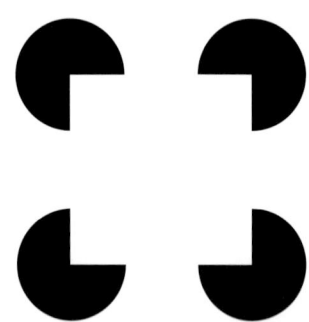

図11-12 カニッツァの錯覚的四角形：四角形は提示されていないのに，まるで四つの黒い円の上に白い四角形が重なっているように見える。

手を伸ばしてペンを持ってみよう。すると，網膜像は非常に鮮明である。しかし，ペンを顔に近づけていくと網膜像はぼやける。それはあなたの目が，ある点を境にもはや正確に輻輳したり焦点を作ったりできなくなるからである。

理のある対象を，ギブソン（Gibson, 1979）は肌理の勾配と名づけた。これは傾斜する対象の手前から後ろまでを見たとき，肌理の密度勾配が増大することである。たとえば，大柄な模様のカーペットを観察すると，遠くの縁に向かうにつれて，模様の細部がはっきりしなくなる。

さらに，**重なり**の手掛かりがある。近くの対象は遠くの対象の一部を覆い隠す。重なりの力は，カニッツァ（Kanizsa, 1976）の錯覚的な四角形によって証明されている。四つの黒い円の前に主観的な白い四角形の強い印象がある。私たちは，錯覚的な白い四角形が重なっていることを知覚することによって，四つの黒い円が扇形の部分を切り取られているように感じる。

さらに別の奥行きの手掛かりに，**陰影**がある。対象の上や周りにある明暗の模様とも言える。平らな二次元表面では影を生じないから，陰影は縦，横，高さのある三次元対象の存在のよい証拠となる。

奥行きの手掛かりには，**熟知した大きさ**の手掛かりもある。もし対象の実際の大きさを知っていたら，その網膜像の大きさを使って距離を推定することができる。研究協力者は覗き穴からトランプのカードを見たとき，普通のより大型のカードは，実際よりも近くにあるように見え，普通のより小型のカードは実際より遠くに見えた（イッテルソン Ittelson, 1951）。

最後の単眼視手掛かりは**運動視差**である。これは対象の網膜像の動きに基づいている。たとえば，次の例を考えてみよう。二つの対象が同じ速度で視野を左から右へ移動するとする。しかし，対象の一つは，もう一つの対象よりも観察者からはるかに離れている。その場合，近い方の対象の網膜像は網膜を非常に速く移動するように見える。

両眼視手掛かり

両眼視のときにだけ得られる奥行きの手掛かりが三つある。これらの手掛かり（**輻輳**，**調節**，および**立体視**）は，対象が近くにあるときに限られるので，対象が遠くにあると効果は期待できない。

1. **輻輳**とは，対象が非常に近くにあるとき，対象に焦点を合わせるために眼球を著しく内側に回転させることを言う。
2. **調節**とは，近くの対象に焦点を合わせるとき，水晶体を厚くすることにより生み出される光学的な視力の変化を言う。
3. **立体視**とは，両眼の網膜上に投影された像の視差による立体的な視覚のことである。

距離の手掛かりとしての輻輳の価値については論議がなされてきている。実際の対象を用いたときには，実験結果は否定的な傾向を示している。調節もまたほとんど役に立たない。すぐ前の空間という範囲に限定すれば，調節の奥行きの手掛かりとしての価値があるかもしれない。しかし，対象がすぐ近くにあったとしても，調節を

もとにした距離判断は不正確である（クナパス Kunnapas, 1968）。

立体視の重要性をホイートストーン（Wheatstone, 1838）が明らかにした。彼は実体鏡の発明者である。実体鏡をのぞいている観察者に両眼視差を与えるような2枚の別々の図画を提示すると，観察者の右目と左目は，実物が提示されたかのような情報を受け取る。立体視は強い奥行き効果を生じさせる。

手掛かりからの情報の結合

これまで，奥行きの手掛かりを一つずつ考察してきた。しかし現実世界では，一般的に幾つもの奥行きの手掛かりを利用している。そこでいろいろな手掛かりからの情報をどのようにして結びつけ，統合しているかを知る必要がある。ブルノとカッティング（Bruno & Cutting, 1988）は，観察者が二つ以上の奥行きの手掛かりから情報を得た場合，用いるかもしれない三つの方略があることを確認した。

片目を閉じ，1本の指をまっすぐにして自分を指差してみよう。それから閉じた目を開け，他方を閉じてみよう。指はある位置から別の位置にジャンプするように見える。これは，左右の網膜にわずかに異なる像が投影された結果である。

1. 加法方略：いろいろな手掛かりからのすべての情報が，単純につけ加えられる。
2. 選択方略：一つの手掛かりからの情報だけが使われ，他の手掛かりからの情報あるいは他の手掛かりそのものが無視される。
3. 複合方略：いろいろな手掛かりからの情報は，さまざまな方法で互いに影響し合う。

ブルノとカッティングは，単眼のみで観察する視覚刺激を用いて，一連の奥行き知覚に関する研究を行った。研究協力者に，奥行きに関する四つの情報源（たとえば，重なりなど）を利用できるように

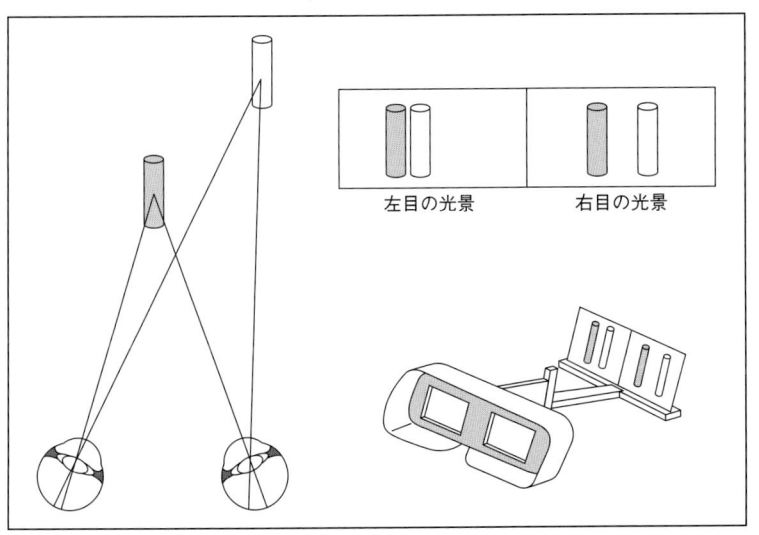

図11-13　実体鏡による両眼視差：両目は少し離れているので，左右の目は同じ風景からわずかに異なる像を受け取る。左右の目の網膜像の違いを両眼視差と呼ぶ。脳は，このわずかな差を空間的奥行きの手掛かりの一つとして利用している。これが実体鏡の原理で，わずかに異なる角度から撮られた写真が，左右の目の網膜上の対応する位置に写ると，見る人の目には融合して一つの三次元像に見える。

して，さまざまな対象の距離について判断させた。研究協力者は，四つの情報源をすべて均等に使ったので，用いたのは加法方略である。

付加的な方法で奥行き手掛かりからの情報を結合することは，一般的に言って理にかなっている。どの奥行きの手掛かりも時には不正確な情報を与えるので，一つの手掛かりだけにすべてを頼ると間違いを犯しやすい。反対に，手に入る情報をすべて考慮にいれることは，奥行き知覚が正確であるという確信をもつには，普通，最もよい方法である。しかし，選択方略が使われる場合はまれである。ウッドワースとシュロスバーグ（Woodworth & Schlosberg, 1954）は次のような実験をした。2枚の同じ大きさのトランプのカードをそれぞれスタンドに貼りつけ，1枚は観察者に近いところに置いた。観察者は単眼で2枚のカードを見たが，離れた方は実際より距離があるように見えた。次は，研究の重要な段階なのだが，近くのカードの角を切り取り，遠くのカードの縁がその切り取られた角にちょうどぴったり当てはまって見えるように，2枚のカードを配置した。単眼視では，遠くのカードは部分的にぼやけてはいるが，近くのカードの手前にあるように見えた。この場合，重なりの手掛かりが熟知した大きさの手掛かりを圧倒してしまったのである。

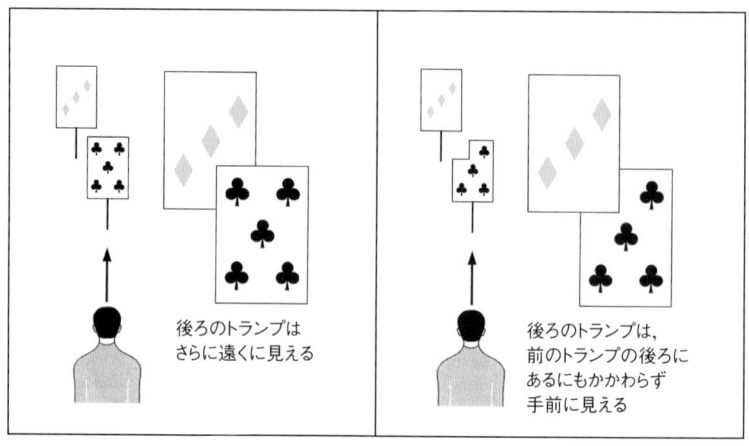

図11-14 ウッドワースとシュロスバーグによるトランプカード実験の二つの場面：観察者が最初の配置を見ると，後方のカードは実際より離れて見える。しかし，前方のカードの角が切り取られて2枚のカードが再配置されると，後方のカードはまるで前方のカードに重なっているように見える。熟知した大きさの手掛かりがあるので，小さなカードが大きなカードより遠くにあるに違いないと思うはずである。しかし，重なりの手掛かりが優先すると，大きさに関わりなく不明瞭な部分のある方が，観察者の近くにあるかのように見える。

視覚の恒常性

私たちは対象を見るたびに，それがほとんど同じように見えるということに慣れている。たとえば，あなたが目にする仲のよい友人の姿形，肌や髪の色は，時間が経ってもほとんど変わらないように思える。**視覚の恒常性**（visual constancies）という言葉は，たとえ網膜像では大きな変化があるようなときでさえも，対象の視覚的特徴

キー用語
視覚の恒常性：対象の大きさや形，色などは，網膜像の大きな変化にもかかわらず，かなり一定あるいは不変であると知覚される。

の多くが，ほとんど変わっていないように見えるという事実を述べるときに使われる（たとえば友人があなたの身近にいるときは，友人の網膜像はかなり大きいが，疎遠になると，とても小さくなる）。心理学者は，大きさの恒常性，形の恒常性，色の恒常性を含む幾つかの特殊な視覚の恒常性を明らかにしている。

いろいろな視覚の恒常性が乳児にはあるのかどうかという関心がずっともたれてきた。この章のはじめに述べたように，乳児は大きさと形の恒常性を立派に示すことが証明されている。しかし，視覚の恒常性は，成人の場合でも常に機能しているわけではない。たとえば，高いビルの屋上からの眺めを考えてみよう。自動車は実物というより玩具に見えるし，人はアリのように見える。

大きさの恒常性

大きさの恒常性とは，提示された対象の網膜像の大きさが大きくても小さくても，対象はやはり同じ大きさに見えるという傾向のことである。なぜ私たちは大きさの恒常性を示すのだろうか。主な理由は，対象の大きさを判断するときに，その見かけの距離を考慮に入れているということである。たとえば，対象が遠く離れている場合，網膜像は非常に小さいにもかかわらず，大きいと判断するかもしれない。高いビルの屋上や飛行機から地上を見るときは，距離を正確に判断することが難しいので，実際，大きさの恒常性をあまり示さないことがある。

大きさの恒常性に影響を及ぼす要因の一つに，熟知した大きさがある。たとえば，成人の身長は，大体1.6メートルから1.85メートルであるとわかっている。網膜像の極端な大小にかかわらず，大きさを正確に判断する場合，この熟知した大きさという情報を使うことができる。熟知した大きさの重要性は，シフマン（Schiffman, 1967）によって証明された。観察者は，奥行きの手掛かりがある場合とない場合に，いろいろな距離にある熟知した対象を観察した。彼らは，熟知した大きさという自分の知識を利用したので，奥行きの手掛かりを利用できないときでさえ，大きさについての推定量は正確であった。

大きさ・距離の不変仮説によれば，網膜像の大きさについての情報と知覚された距離についての情報とが結合して，対象の大きさが割り出されているとする。この説は，ホールウェイとボーリング（Holway & Boring, 1941）によって証明された。研究協力者は二つの廊下の交差点に座った。テスト円が一方の廊下に提示され，比較円が他方に提示された。テスト円は任意の大きさでよいし，距離も任意でよい。研究協力者の課題は，比較円をテスト円と同じ大きさになるように調節することであった。奥行きの手掛かりが利用できたときは，たいへんよい結果が得られた。しかし，廊下にカーテンをかけて奥行きの手掛かりを取り除き，のぞき穴から見るように指示したときの結果は悪かった。

もし，大きさの判断が知覚された距離によってなされるならば，

遠くの対象（たとえば，大きな競技場のステージ上のロックスター）の写真を撮ろうとして，いままでにがっかりしたことはないだろうか。たぶん，あなたは写真に写っているその人がずっと近くにいたと思ったに違いない。なぜこういうことが起こるのだろうか。

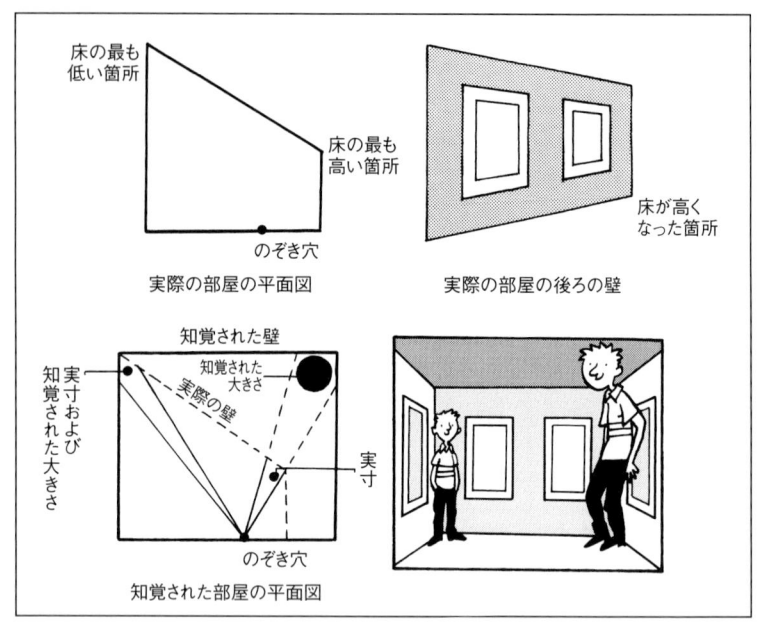

図11-15 エイムズの歪んだ部屋
左：エイムズの部屋で使われている実際の寸法と角度
右：のぞき穴を通して見たときのエイムズの部屋

観察者がエイムズの部屋で不可能なこと（たとえば，人が伸びたり縮んだりする）を「見た」という事実は，知覚された距離や熟知した大きさの重要性について，何を意味するのか。

対象までの知覚された距離が実際と大きく違っていると，大きさの恒常性は見出されるはずはない。エイムズ（Ames）の歪んだ部屋がよい例である。その部屋は奇妙な形をしている。床は傾斜し，後ろの壁は横の壁に対して直角ではない。それにもかかわらず，エイムズの部屋はのぞき穴から見ると普通の長方形の部屋と同じ網膜像を作り出す。後ろの壁の一端が観察者からかなり離れているという事実は，壁を高くして偽装されている。後ろの壁が横の壁と直角に接していると思わせる手掛かりが非常に強いので，誰かがその前を行ったり来たりすると，驚くべきことに，動き回るにつれてその人が伸びたり縮んだりするように観察者には見えるのである。

色の恒常性

　色の恒常性とは，物体が反射している光が変化するにもかかわらず，同じ色をしているように見える傾向のことである。たとえば，対象が人工照明で照らし出されているときの反射光は，普通，太陽で照らし出されているときより黄色がかっている。しかし，一般的に対象の色の知覚にはほとんど影響はない（セクラーとブレイク Sekuler & Blake, 1994）。

夜，地面の積雪を見るとかなり黒く見えるのに，どうしてそれが実際は白いとわかるのだろうか。

　なぜ私たちは色の恒常性を示すのだろうか。一つには，私たちはほとんどの物体は固有の色をもっていると何年にもわたって学習してきている。たとえば，イギリス人は郵便ポストが赤いと知っているので，夜，光が乏しい条件下でさえも赤い色だとわかる。
　ランド（Land, 1977）は，レティネックス理論（retinex theory）の中で，私たちは表面と隣接面の反射光を比較することで，表面色を

知覚すると主張している（第4章参照）。ランドは二つの視覚刺激を用いてこの理論を証明した。照明を調整し，色の異なる二つの長方形がどちらも同じ波長の光を反射するようにした。しかし，二つの長方形は同じ波長の色を反射したにもかかわらず，やはり色は違って見え，それぞれの実際の色が知覚された。ランドの理論では，隣接面の反射光に関する情報がなかったならば，色の恒常性は発見されなかったかもしれないとする。ランドの視覚刺激から，色の異なる二つの長方形以外のあらゆるものを除外すると，その長方形は同じ色をしているように見えた。

色の恒常性が最もよく機能するのは，自然の太陽光線で対象を見ているときである。制限された波長域の人工照明で対象を見ると，色の恒常性は崩れがちである。セクラーとブレイクが指摘したが，この事実を悪用して，スーパーマーケットなどで肉製品に照明をして実際より赤く見えるようにしていることがある。

パターン認識

パターン認識（pattern recognition）は，二次元および三次元の視覚刺激を同定すること（identification）と関係している。パターン認識は非常に重要であり，そのおかげで私たちは環境を理解することができる。二次元刺激に関する研究で，アルファベットと数字を組み合わせたパターン（アルファベットと数字の象徴）の認識に焦点を合わせたものがある。大事なことは，人間の視覚系には柔軟性があるということである。たとえば，アルファベットの「A」を考えてみよう。字の向き，活字の形，大きさ，筆記体といった非常に多様な「A」を，私たちは，素早くしかも正確に認識できる。どうしてそれが可能なのか。鋳型説，特徴説，構造記述説の提唱者たちはこの質問に対して異なる答えを主張している。しかしパターン認識には，視覚刺激からの情報と記憶に保持された情報とが一致する必要があるという点では意見が同じである。

> **キー用語**
> パターン認識：大きさや向きの変動に関わりなく，二次元のパターンが三次元の対象と同じものであるとわかること。

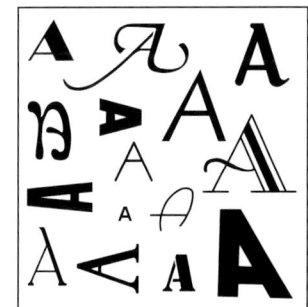

図 11-16　多様なアルファベット「A」

鋳型説

鋳型説の要点は，既知のパターンの各々に対応する長期記憶に，小型の複製あるいは鋳型が蓄えられているということである。刺激からの情報と鋳型との照合を行い，どの鋳型が最もよく当てはまるかをもとにして，パターンは認識されている。この種の説は非常に単純である。しかし，甚だしく多様な視覚刺激が同一の鋳型にその通り適合するという考え方は，現実的ではない。おそらく視覚刺激は正規化の過程を経て，標準的な位置や大きさなどの内部表現となっていく。この正規化の過程を経て一致する鋳型の探索が始まる。正規化は文字や数字のパターン認識には有効のようだが，時には間違った鋳型との組合せを作ることもある。

おそらく文字や数字の各々に，それぞれ一つ以上の鋳型があると思われる。それが広範にわたる刺激とそれに適合する鋳型の正確な組合せを可能にするのであろう。しかしこのことを説明するには，

どの特徴が牛の鋳型を馬の鋳型から区別しうるのか。それともこの両方が単に「動物」の鋳型に当てはまるのか。

図11-17 いろいろな建物：最初の例が「建物」というカテゴリーの一般的な「鋳型」であるとする。しかし、その他の例も建物という同一群に属しているのは明らかである。ヒトはいかに融通性があるかが一目瞭然である。

単純な鋳型説がはるかに難解な鋳型説にでもならない限り無理がある。

鋳型説は、人間がパターンを認識するときに示す適応能力を説明するには不十分である。刺激が建物のように、一定の型におさまりきれないカテゴリーに属するとき、鋳型説の限界が非常にはっきりしている。そのような場合どの鋳型も完璧ではありえない。

特徴説

特徴説によれば、一つのパターンは1組の特徴あるいは属性からなる。たとえば、顔は鼻、両目、口、あごなどの特徴をもっていると言える。パターン認識の過程は、視覚刺激がもたらす個々の特徴から始まると仮定されている。個々の特徴は結合され、長期記憶に貯蔵されている情報と比較される。

たとえば、「A」という文字の場合、特徴説では、決定的な特徴は2本の直線とそれを結ぶ横線であると主張されるだろう。この研究方法の利点は、視覚刺激が大きさ、向き、そして比較的重要でない細部で非常に異なっていた場合でも、同一パターン例として見分けることができることである。

特徴分析

特徴説は、視覚的探索の研究で実験されてきた。目標の文字を一連の文字群の中からできるだけ速く見つけるという実験がある。ナイサー（Neisser, 1964）は、妨害刺激の文字が直線（たとえば、W, V）からなる場合と、あるいは丸みを帯びた特徴（たとえば、OやG）をもつ場合とで、「Z」の文字を見つけ出すための所要時間を比較した。結果は、OやGのように丸みを帯びた特徴をもつ妨害刺激の場合の方が速かった。おそらく目標刺激のZと共通の特徴をほとんどもっていなかったからであろう。

ナイサーの古典的な研究で、特徴分析は文字の知覚においては主要な役割を果たしているということがわかっている。しかし、ハーヴェイら（Harvey et al., 1983）は他の要素も含まれていると主張した。彼らは空間周波数について研究し、交流照明の周波数と黒い縞の太さが近くて重なると周波数は低く、かけ離れていると周波数は

表11-2 ナイサーの刺激

文字配列の例	
リスト1	リスト2
IMVXEW	ODUGQR
WVMEIX	GRODUQ
VXWIEM	DUROQG
MIEWVX	RGOUDQ
IWVXEM	UGQDRO
IXEZVW	GUQZOR
VWEMXI	ODGRUQ
MIVEWX	DRUQGO
WXEIMV	UQGORD

ナイサーは、Zの文字を発見するのにかかった時間を測定するためにこのような刺激を用いた。直線の文字群でZを見つけるより、丸みを帯びた文字群で見つける方が所要時間は短かった。

高いことがわかった。ある文字（たとえば，「K」や「N」）は幾つか共通の特徴をもっているにもかかわらず混同されなかった。類似の空間周波数をもつ文字は，ほとんど共通の特徴がないのに混同された。

文脈と期待

　特徴説は文脈と期待の効果を無視している。ウェイスステインとハリス（Weisstein & Harris, 1974）は，立体的な形か，あまり一貫性がない適当な形のどちらかに直線を埋め込んだものを瞬間的に提示し，研究協力者に埋め込まれた直線を見つけさせた。特徴説によれば，直線という特徴を探している人は，直線を見つけることに集中しているので，直線が埋め込まれているものがどんな形であろうが，発見に影響を及ぼすはずはないということになる。しかし実際は，発見が最もうまくいったのは，目標の直線が立体的な形の一部である場合であった。ウェイスステインとハリスは，これを「物体優位効果」（object-superiority effect）と呼んだが，この効果は多くの特徴説とは相容れない。

　パターン認識に必要なのは，刺激の特徴を数え上げて一覧表にすることだけではない。たとえば，「A」という文字は，2本の立ち上がった斜線と1本のダッシュからなる。しかし，この三つの特徴はAとは知覚されないような次のような方法でも提示できる。すなわち，＼　／　ー　のようにである。したがって**特徴**間の関連を考慮することが必要となる。

限　界

　立体的な刺激を用いたときに特徴説の限界がもっとはっきりする。立体的な対象の主要な特徴が一つ以上視界から隠れていても，観察者は大体それを認知できる。もし認知にとって決定的なものが特徴であるとするなら，このことについて説明することが難しくなる。

構造記述

　構造記述に基づく説は，鋳型説や特徴説より妥当である。構造記述は命題からなる。ここでいう命題とは意味をもちうる最小単位のことである。ブルースとグリーン（Bruce & Green, 1990, p.186）によれば，「命題は，形態の構成要素の性質を記述し，部分の構造編成を明らかにする」。たとえば，大文字のTの構造記述は次のようになる。二つの部分がある。一部は横線。一部は縦線。縦線は横線を支えている。縦線は横線を2分している。

　構造記述は刺激の重要な点に焦点を置くが，その他を無視している。たとえば，Tという文字の構造記述は，縦および横線の長さに言及する命題を含んでいない。2本の線の長さが大きく変動してもTという文字がTとわかるのは，その命題があるからである。

限　界

　要するに，構造記述に基づくアプローチは鋳型や特徴に基づくも

もし，あなたがナイサーの実験の追試計画を立てるとすれば，再実験にするか，それとも独自の計画にするか（第31章参照）。各条件の平均時間を比較するには，どの統計法を使うか（第32章参照）。

混み合ったショッピングセンターにいて，雑踏の中から友人を見つけようとしていると想像してみよう。どのパターン認識説が一番適切だろうか。鋳型か特徴か，構造記述か？

のよりは優れている。しかし視覚刺激から形作られる構造記述が，貯蔵されている関連構造記述と，どのように照合されるかが明らかでない。さらに構造記述には，文脈上の情報が考慮されていないという限界がある。

マーの計算理論

マー（Marr, 1982）は視覚とパターン認識についての計算理論を提唱した。この理論によれば，視覚情報処理とは一連の表現あるいは記述を作り出すことである。作り出された表現が，視覚環境についてのさらに詳細な情報を提供する。三つの主要な表現は次の通りである。

- プライマル・スケッチ：視覚入力における主に光の明るさの変化についての二次元的記述を提供する。それは，エッジ（縁）や輪郭，不明瞭な形やブロブ（小塊）などに関する情報を含んでいる。
- 2 $1/2$ 次元スケッチ：プライマル・スケッチで得られた表現を入力情報として，陰影や肌理，運動，両眼視差などから得られた情報を分析的に利用することにより，観察者から見た物体の面の奥行きや向きに関する記述を提供する。
- 三次元モデル表現：物体の形状や相対的な位置の三次元記述を提供する。記述が観察者の視点ではないところが，2 $1/2$ 次元スケッチとは異なる。

キー用語
三次元モデル表現：マーの理論では，物体の形の三次元的記述は観察者の視点からは独立している。

三次元モデル表現

パターンの理解あるいは物体の認識を目的とした場合，マーの**三次元モデル表現**（3-D model representation）を考慮することが最も重要である。彼は，物体を認識するには，長期記憶に貯蔵されている情報と三次元モデル表現の情報を照合することが必要であると仮定した。たとえば，三次元モデル表現における情報が，他のどんな物体よりも犬の特徴について貯蔵された情報と密接に適合するなら，その物体は犬と認識される。

マーと西原（Marr & Nishihara, 1978）は物体を記述する基本的な単位は，主軸をもつ円筒であるべきだと主張した。その単位は階層的に組織化され，高水準の単位は物体の形状についての情報を与え，低水準の単位はもっと詳細な情報を与えるとした。

知覚者はどのようにして物体の主軸を認識するのだろうか。マーと西原によれば，凹面（輪郭が対象を指し示している領域）がまず確認される。凹面が重要であるという研究結果が，ホフマンとリチャード（Hoffman & Richards, 1984）によって報告されている。彼らは，ルビンの杯と呼ばれる人の顔と杯の形が反転する曖昧な図形を研究した。顔が見えたとき，凹面は額，鼻，唇，あごと容易にわかる。反対に杯が見えたとき，凹面は明らかに台，脚，杯である。

図11-18 人の顔と杯のあいまいな図形：顔だけに意識を集中したとき，凹面は容易に額，鼻，唇，あごとわかる。しかし，杯が見えたとき，凹面は台，脚，杯になる。

表11-3 マーの計算理論による三つの表現

プライマル・スケッチ	2½次元スケッチ	三次元モデル表現
プライマル・スケッチとは，エッジ，明暗領域，輪郭線からなる二次元記述である	2½次元スケッチは，陰影，肌理，両眼視差などから得られる情報を利用して，見える領域の奥行きや配置の記述を可能にする。しかし，ボールの背後や内側といった観察者から見えない領域については記述できない。	三次元モデル表現は，観察者の視点によって決まるのではなく，対象物の形や，それらの相対的な位置といった異なる要素間にあるあらゆる関係を考慮に入れている。

注：2½次元スケッチの具体例を写真で示すのは難しい。写真はもともと，実物よりもむしろ二次元的なものだからである。私たちにはボールの形や機能についての知識がある。それで，実際に見ているものだけを描写する試みが邪魔される傾向があり，知っている知識を見ているかのように描写してしまうのである。

RBC説（コンポーネントによる認識説）

ビーダーマン（Biederman, 1987）は，さらに詳細なパターン認識説を提唱した。彼は，物体は基本的な形すなわち「ジオン」（幾何学的なものの意）として知られる構成要素からなると仮定した。ジオンの例として，ブロック，円柱，球形，弓型，楔形がある。ビーダーマンによれば約36種類のジオンがある。意外に数が少ないと思われるかもしれない。しかし，英語には約44音素しかないにもかかわらず，莫大な数の話し言葉がある。これらの音素はほとんど無限に順序を変えて配列することができるからで，ジオンについても同じことが言える。

ジオンによって得られる対象記述の豊かさは，ジオン間で起こりうるいろいろな空間位置関係にある程度由来する。たとえば，カップは円柱の横に弓型がくっついていると描写することができる。バケツは同様な二つのジオンで描写できるが，弓形は円柱のてっぺんにくっついている。

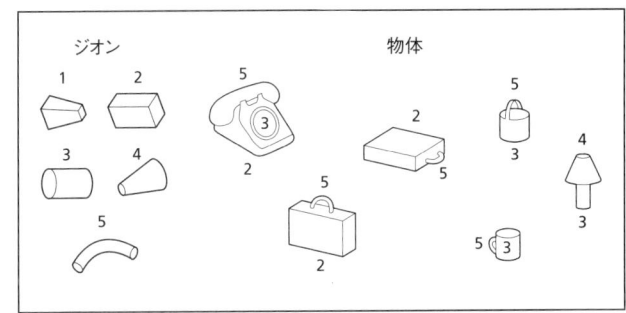

図11-19 ジオンと物体：「ジオン」と呼ばれるビーダーマンの容量表現素。同じジオンを異なる方向で組み合わせることで，いかに異なった物体を作り出すことができるかに注目しよう。

貯蔵された表現

　ここまでは，視覚対象のコンポーネントつまりジオンとその関係の決定に関わる段階についてのみに焦点を合わせてきた。視覚情報が与えられた場合，その情報は，関連ジオンの性質，方向，大きさなどの情報を含む貯蔵された表現や構造モデルと照合される。提示された視覚対象はどれも，それから得られたジオンに基づいた情報が，貯蔵されている対象表現のどれと最もよく適合するかで，その視覚対象が何であるかが認識される。

　視覚対象のジオンを決定するのに必要な過程については，いままでのところ考慮されていない。視覚対象を構成する部分あるいはコンポーネントの数が割り出されるためには，視覚対象がどのように分割区分されるべきかを決定する主要素があるはずである。

実験結果

　ビーダーマン（1987）は，複合的な物体は，ジオンという構成要素が失われているときでさえ，見分けることができると仮定した。ビーダーマンら（1985）は，六つあるいは九つの構成要素をもつ複合的な線画を視覚対象として短時間提示する研究で，妥当な結果を得た。研究協力者は，絵の中に3，4個のジオンしか提示されていないときにも，90％以上の正確さで対象を見分けた。

　ビーダーマンとクーパー（Biederman & Cooper, 1991）は，RBC説を裏づける結果を得た。研究協力者に，ありふれた物体（たとえば，ピアノ）の輪郭の一部しか描かれていない部分的な絵を提示して，それが何であるかを推測させるという課題を与えた。重要な論点は，もし研究協力者が，各刺激の別の部分絵を以前に見たことがあれば，対象の認識が容易になるかどうかということであった。2枚の部分的な絵が同じジオンを共有していた場合は対象の認識は容易で，ジオンを共有していなかった場合は容易ではなかった。このことからジオンはパターンや対象の認識において重要なはたらきをしていると言える。

マーとビーダーマンの評価

　マー（1982）とビーダーマン（1987）の説は，パターン認識に必要な過程を詳しく説明している。しかし，これらの説は，たとえば，目の前にいる動物がイヌかネコのどちらであるかを決定するといった，主に大まかな知覚的弁別について説明するために考案されたものである。これらの説は，たとえば，多彩なカップのコレクションの中から，普段使っているカップを見分けるような，もっと複雑な弁別については，ほとんど何も言及していない。また，マーとビーダーマンの説は，パターン認識での**文脈**が果たしている役割を無視する傾向がある。文脈に合っていないときより，合っているときのほうが対象を認識するのは容易であるが，どうしてそうなるのかを十分に説明していない。

知覚に関する説

視覚は2通りの情報処理に頼っている。まず，**ボトムアップ処理**（bottom-up processing）があり，これは外的刺激に直接左右される。次には，**トップダウン処理**（top-down processing）がある。これは個人の知識や期待に影響を受ける。ボトムアップ処理は必然的に視覚を伴う。トップダウン処理ももちろん視覚が必要だが，ボトムアップ処理ほどではない。トップダウン処理の役割の簡単な例がここでは三角形の図形の中に表されている。先に進む前に，まず図を見てみよう。

このトリックについてはよく知っていても，たぶん三角形の中のメッセージを"Paris in the spring"と読んでしまうだろう。もう一度見てみよう。そうすれば，"the"という文字が繰り返されていることに気づく。それは，よく知っている文字だという期待（すなわち，トップダウン処理）が刺激から得られる情報（すなわち，ボトムアップ処理）に優先していたからである。

知覚は，だいたいにおいてボトムアップ処理とトップダウン処理の混合したものである。これについて特に明快な実験を行ったのが，ブルーナーら（Bruner et al., 1951）である。研究協力者は，この実験で，普通のトランプのカードがごく短時間提示されて，それを判別するのだろうと思っていた。黒いハートのカードが提示されたとき，何人かは紫色あるいは茶色のハートを見たと言い張った。ボトムアップ処理に基づく黒い色と，ハートは赤であるという期待による，トップダウン処理に基づく赤い色が，ほとんど文字通り混合したのである。

ある心理学者は，視覚にとって重要なのはボトムアップ処理であると強く主張し，ある心理学者は，視覚にとって重要なのはトップダウン処理であると強く主張した。たとえば，ギブソン（1950, 1966, 1979）はボトムアップ過程に焦点を合わせた。彼の直接知覚説では，ヒトは，視覚環境から与えられる情報によって，内的な処理を必要としないで動き回ったり，環境と直接相互作用をしたりすることができるとする。反対に，ナイサー（Neisser, 1967）とグレゴリー（Gregory, 1972, 1980）はトップダウン過程に焦点を合わせた。彼らの構造主義説では，知覚とは，仮説と期待に大きく影響を受けた能動的で構成的な過程であるとする。この二つの説を次に詳しく考察する。

ギブソンの直接知覚説
光学的流動

ギブソンは第二次世界大戦中に視覚に対する興味を覚えた。彼は，パイロットが着陸時に経験する諸問題を学ぶための訓練映画を作る仕事に携わり，**光学的流動パターン**（optic flow patterns）があることに気づいた（1950）。パイロットが向かっている目標点（「極」と呼ばれる）は静止しているように見え，それ以外の視覚環境は明らかに目標点から離れて行くように見える。着陸滑走路の極から遠け

キー用語
ボトムアップ処理：個人の知識や期待よりも外的刺激によって決定される全体から細部に至る知覚処理。
トップダウン処理：刺激から直接というより，個人の知識や期待によって影響される上位下達式の知覚処理。

図11-20　文字の錯誤

キー用語
光学的流動パターン：人が向かって行っている目標点から，視覚環境が遠ざかっていくように見えるときの知覚効果。

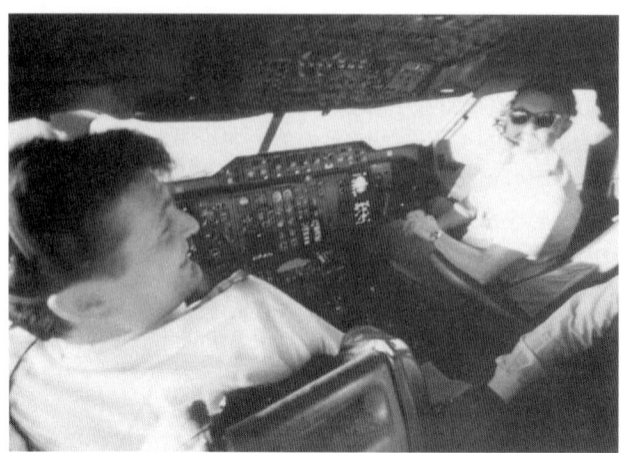

図11-21 パイロットの模擬訓練装置：パイロットは現在ではコンピュータの模擬訓練装置で訓練を受ける。スピード，高さ，方向について光学的流動からの情報の解釈の仕方を学び，実際の状況で飛行機がどのように反応するかを会得する。

キー用語
光学的配列：ギブソンの説では，目に届く光のパターン。

キー用語
不変項：ギブソンの説では，観察者が動いてもそのままで変わらない視覚環境の様相。

れば遠い部分ほど，遠ざかろうとする運動の見かけの速さがますます大きくなる。ギブソンによれば，パイロットが光学的流動パターン内で得る感覚情報は，方向，スピード，高度についての的確な情報となる。

ギブソンは，パイロットが光学的流動パターン内で得る感覚情報の豊富さに驚き，その重要性に気づいたので，他の状況でも得ることができる情報の分析に専念した。彼は，肌理の勾配（texture gradients）から奥行きについての有効な情報が得られると主張した。すなわち，「観察者が近くの縁から遠くの縁を見るとき，観察者から傾斜して遠ざかる対象の肌理密度の勾配（変化率）は増加する」と主張した。

光学的配列

ギブソン（1966, 1979）は視覚の一般説を主張した。彼の出発点は，目に到達する光のパターンは**光学的配列**（optic array）になっており，その中には，網膜で得られるすべての視覚情報が入っていると考えることができるという視点であった。空間での対象の配置図について詳細な情報を与えるのが，この光学的配列である。この情報はいろいろな形で与えられ，光学的流動パターンや肌理の勾配もその一つである。知覚に必要なのは，情報処理をほとんどあるいはまったく伴わない直接的な方法で，光学的配列によって与えられる豊かな情報をただ「拾い上げること」であるとした。

知覚と行動

ギブソンの説で特に重要なことは，知覚と行動の間には密接な関係があるという仮定であった。観察者は動き回ることで環境についての価値ある情報を入手することができる。たとえば，光学的流動パターンは人が移動してはじめて存在する。かつての視覚研究者たちは，人工的な研究室で研究を行ってきたせいかもしれないが，運動の重要性を過小評価していた。たとえば，視覚刺激に関連する眼球運動が起こらないようにするために，あご当てや他の制限具を使用することが多かった。

不変項

ギブソンは，観察者が環境内を動き回る場合でも，光学的配列の重要な様相はそのままで変わらないと主張した。これが**不変項**（invariants）として知られている。極（人が行こうとしている目標点）は不変項の一例である。他の例として水平線比率相関（the horizon ratio relation）がある．対象の基線と水平線間の距離に対する対象の高さの比率は，観察者からの距離に関わりなく不変である．ギブソンによれば，この不変項は大きさの恒常性を維持するのに役立っている．

共　鳴

　人々はどのようにして，光学的配列によってもたらされる不変情報を「拾い上げ」たり，検出したりしているのだろうか．ギブソンは**共鳴**（resonance）という過程があるとし，彼はラジオのはたらきからの類推でそれを説明している．西洋社会の家という家では，多様な電磁波発信装置から，電磁放射線がほとんど絶え間なく発信されている．ラジオのスイッチを入れただけでは，単にザァーという音しかしないかもしれない．しかし，チャンネルを正しく合わせると話や音楽がはっきりと聞こえる．ギブソンの言葉を借りれば，そのときラジオは電磁放射線に含まれている情報と共鳴しているのである．

　彼の類推は，もし環境からの情報にチャンネルを合わせさえすれば，私たちは情報をかなり自動的に，努力なしに拾い上げることができると示唆している．ラジオは一つの機械装置として作動しているから，ラジオの電気回路のどの部分に損傷が起こっても動かなくなる．それと同様に，ギブソンは，知覚をするときに私たちの神経系は機械の電気回路のような役目を果たしていると主張した．

> キー用語
> 共鳴：ギブソンの説では，環境の不変の情報を検出するために使用される過程．

アフォーダンス

　視覚の重要な点に，目に入ってきた視覚情報に意味づけするということがある．私たちは通常，長期記憶に貯蔵されている関連知識のおかげで意味のある環境を知覚していると仮定されている．ギブソン（1979）はこの仮定には賛同しなかった．彼は，対象のもっているあらゆる潜在的な用途（それを彼は**アフォーダンス**（affordance）（訳注：ギブソンによる造語）と呼んだ）を直接知覚することはできると主張した．たとえば，はしごは上りと下りの「可能性を与え」，椅子は座ることの「可能性を与える」．アフォーダンスの考えをギブソン（1979, p.139）は郵便ポストにも適用した．

> キー用語
> アフォーダンス：ギブソンの説では，対象がもつ潜在的な有用性．刺激によって感覚情報に直接与えられるとする．

> 郵便ポストは……郵便制度のある地域社会においては，手紙を書いた人にとって手紙を送るのに役立っている．この事実は，郵便ポストがその役目を担っていると周知されているときに知覚される．

　ほとんどの対象は，知覚者の置かれた状況によって決定された行動に影響を及ぼす特別のアフォーダンスと合わせて，一つ以上のアフォーダンスを伴っている．たとえば，空腹の人はオレンジを差し出されると，食用に適していると受け取りそれを食べるだろう．怒っている人は，オレンジが投てき物になることを発見し，誰かにそ

ギブソンの説を還元論の一つとみなすことは可能だろうか（第2章参照）。それはなぜか？

れを投げつけるかもしれない。

アフォーダンスの考えはギブソンの説にとって非常に重要である。それは，視覚環境を理解するために必要なすべての情報は，視覚に直接入力されるということを示そうとする彼の試みの一部を形成している。さらに，知覚と行動の間に密接な関係があるという考え方に一致する。

評　価

　知覚と行動　　ギブソンの説の一番の強みは，視覚環境は以前考えられていたものより，もっと多くの情報を提供しているという考えを強調したところにある。移動中に起こる光学的配列の一瞬一瞬の変化は，視覚環境の配置図について非常に有益な情報を与えているとする仮定は正しかった。以前の研究者の多くは，運動の重要性を過小評価し，視覚環境および研究協力者を運動とは無縁な状況に置いて研究を行っていた。

　知覚の正確さ　　ギブソンは，光学的配列で得られる情報が豊富だということは，知覚がほとんど常に正確であるということを意味すると主張した。それでは実験室内の研究は，視覚がたいへん不正確かもしれないということを示しているのだろうか。ギブソンは，実験室的研究（たとえば，錯視）では，典型的にごく短時間の刺激提示か貧相な刺激かのどちらかを用いるので，日常の知覚とはほとんど関係がないとする。人工的な実験室の状況から発見されたことが通常の知覚に当てはまると仮定することは，賢明とはいえないというギブソンの主張は正しい。

　過剰単純化　　否定的な側面を述べるなら，環境における不変項を見極めたり，アフォーダンスを発見したり，共鳴を生ずるのに必要な過程は，ギブソンが指摘したよりもっと複雑である。マー（1982, p.30）は，ギブソンの分析結果の欠点を次のように述べている。

　　一つの失敗から二つのことが顕在化した。まず，物理的な不変項の検出……それは間違いなく情報処理の問題である，……そして次は，彼は不変項を検出することの真の難しさを著しく過小評価していた。

　「とみなすこと」　　ギブソンの理論的研究は，視覚の幾つかの様相にはよく当てはまる。この重要な論点を，「見ること」と「とみなすこと」の間の区別ということから考えてみよう。フォーダーとピリシン（Fodor & Pylyshyn, 1981）は，海で迷ったスミスという人を例にとって，ここでいう区別を明白にした。スミスは，北極星を含む夜空の星を見る。しかし，彼の生存にとって決定的なことがあるとすれば，彼が北極星を北極星とみるか，単に別の星を北極星とみ

なすかである。別の言葉で言い換えれば,「とみなすこと」は, 見られているものに意味を与えるということである。ギブソンのアフォーダンスの考えは, 知覚の意味の奥深さを説明する試みとしては不首尾であったといえるだろう。ギブソンは, 見ることについては価値ある説明をしたが, とみなすことについてはほとんど関心を向けなかった。

ギブソンの理論は錯視, たとえば, 非常に暑い日に路上に水が「見える」こと, すなわち「逃げ水」を説明していない。

記憶の役割　ギブソンの研究方法の決定的な弱点は, 知覚を説明するのに内的表象（たとえば, 記憶）はまったく必要でないとする考え方であった。ブルースら（1996）は, メンゼル（Menzel, 1978）の実験結果を参考にして, ギブソンの説から派生する問題点を明らかにした。20個の食物を野原に置き, チンパンジーを運んで回って, その場所を教えた。その後チンパンジーはそれぞれ自由にされると, 効率的に食べ物を拾い上げながら野原を動き回った。チンパンジーに届いている光の中には, 関連情報は何もなかったはずなので,（そのときチンパンジーは, 最初のように運ばれていたのではなく, 自主的に動き回っていたのだから）, 彼らは, 食物探索の助けに長期記憶に貯蔵された情報を利用したに違いなかった。このことはギブソンが立てた仮説に反している。

内的表象と知覚
　ギブソンによれば, 1枚の紙の上の意味のない印, たとえば,「～」は, 何かを確認するための十分な視覚情報となる。私たちにはそれが「曲がりくねった線」ということはもちろんわかっている。しかし, もし私たちが誰かの玄関口にある「1パイントの～をお願いします」というメモを見たとすると, 玄関口にあるメモという以前の経験から, 私たちの内的表象を使ってその意味を正確に解釈することができるだろう。ギブソンの説は, この問題点を扱っていない。

構造主義説

　ヘルムホルツ（Helmholtz, 1821-1894）は, 感覚によって与えられた不適当な情報が無意識の推理により増大され, それが知覚情報に意味をつけ加えていると主張した。彼がこの推理を無意識であると

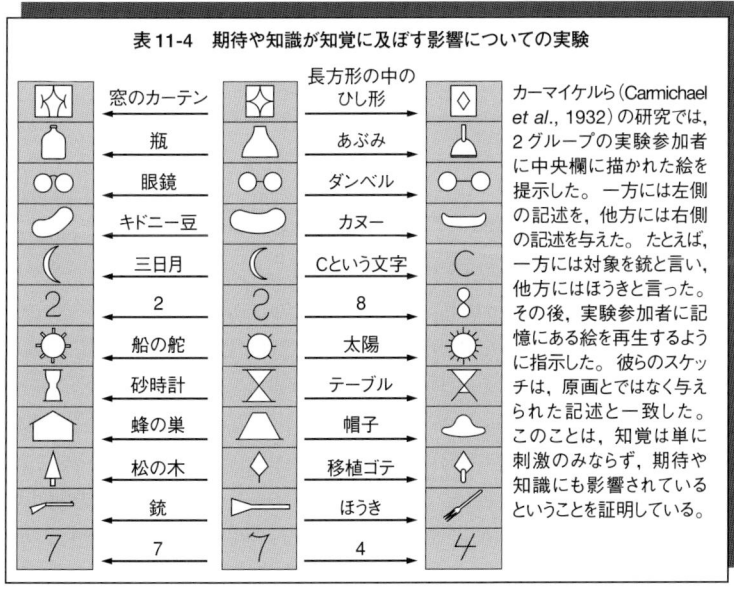

表11-4　期待や知識が知覚に及ぼす影響についての実験

カーマイケルら（Carmichael et al., 1932）の研究では, 2グループの実験参加者に中央欄に描かれた絵を提示した。一方には左側の記述を, 他方には右側の記述を与えた。たとえば, 一方には対象を銃と言い, 他方にはほうきと言った。その後, 実験参加者に記憶にある絵を再生するように指示した。彼らのスケッチは, 原画とではなく与えられた記述と一致した。このことは, 知覚は単に刺激のみならず, 期待や知識にも影響されているということを証明している。

たとえば, 私たちがテーブルのような対象を見るとき, 感覚からの情報で大きさ, 形, 色などはわかる。しかし, その対象が何のために使われるのかを知るには, 感覚情報に意味をつけ加える必要がある。

仮定したのは，私たちは通常，知覚しているときに推理していると気づいていないからである。ヘルムホルツの構造主義的知覚研究は，グレゴリー（1972, 1980）やナイサー（1967）のような構造主義によって発展した。

ほとんどの構造主義心理学者は次のような仮説を立てた。

- 知覚は能動的で構成的な過程である；ゴードン（Gordon, 1989, p.124）は，知覚とは「感覚の直接記録以上の何かで……他の出来事が刺激による興奮と経験の間に介在している」とした。
- 知覚は，刺激の入力によって直接的に与えられるのではなくて，むしろ動機や感情の要因はもちろん，内的仮説，期待，知識が関わっている；感覚情報は，提示された刺激とその意味について，事細かな情報推理や推測をする基礎として用いられている。
- 知覚は，時には正しくない仮説や期待に影響されるため，間違うことがある。

私たちの感覚は，たとえば，痛みをやわらげる方法として催眠と緊張緩和の技術が使用されたときのように，暗示によってだまされる（第5章）。

この理論的研究に興味を覚えたのがグレゴリー（1972）であった。彼は，知覚は，「感覚から信号で送られた断片的なデータと脳の記憶庫から引き出された断片的なデータ（それ自体が断片的な過去から構成されている）から」の構成であると主張した。このように感覚器に与えられた不適当な情報が，視覚環境について推理したり仮説を立てたりするための基礎として使用されている。

他の研究：感情および動機の要因

ソリーとヘイグ（Solley & Haigh, 1958）は，知覚における感情的要因の役割について考察した。クリスマス前後の二つの時期に，4歳から8歳の子供たちにサンタクロースの絵を描かせた。クリスマスが近づくにつれてサンタの絵は大きく丁寧になったが，クリスマスが過ぎると絵はずっと小さくなった（p.1136参照）。クリスマスへの期待感に含まれている感情が，子供たちが，サンタとプレゼントをどのように描くかに影響したのである。

サンドフォード（Sandford, 1936）が，動機の要因について考察した。実験参加者に単語完成課題をさせた。実験当日，何人かの実験参加者には食事をさせなかった。最も空腹な実験参加者は，「B－D」を完成させる単語として「BREAD（パン）」を作ったが，食事抜き条件でない実験参加者は「BORED（退屈）」という単語を作る傾向があった。

イッテルソン（1952）は，本章ですでに述べたエイムズの歪んだ部屋をもとにして，期待がどのように知覚に影響を及ぼすかを図で示した。部屋はひどくおかしな形をしているが，私たちの知覚は，部屋は長方形だという期待に強く影響されている。その結果，部屋の後方の右隅に立っている人は，後方の左隅に立っている人よりずっと背が高いように見える。

構造主義では，観察者の仮説と期待は動機と感情の要因に影響を受けると主張している。それを支持する研究結果が，シャファーとマーフィー（Schafer & Murphy, 1943）によって報告された。彼らは，歪んだ線が円を縦に通るように引かれていて，各半円がそれぞれ違う人の横顔に見えるような絵を使用した。はじめは，その顔が別々に提示された。片方はお金がもうかった顔，もう片方はお金を損した顔を連想させた。次に両方の顔が一つの円の中におさまった絵が短く提示されると，実験参加者は「ひどい目にあった」顔より「報酬があった」顔の方を見たと報告する傾向が格段に強かった。報酬が，知覚経験に影響したのかどうか，あるいは実験参加者の反応に単に影

響しただけなのかどうかは，この研究では明らかにされていない。

グレゴリー (1970) は，よく知られている錯視の多くを説明するのに構造主義的考え方を用いた。彼は，対象は，遠く離れて見ても近くから見ても，同じ大きさを保っているように見えるという大きさの恒常性から着手した。彼の**大きさの恒常性の誤用説**（misapplied size-constancy theory）によれば，三次元の対象に大きさの恒常性が生じる過程が，ときどき二次元の対象の知覚に不適当に適用されているとする。基本的な考え方は，ここに示されているポンゾの錯視を参考にするとよくわかる。図11-22の２本の長い線は，線路または遠くに伸びている道路の両端のように見える。したがって上の横線は一番下の横線より遠くにあるように見える。四角形Ａ とＢは網膜像では同じ大きさなので，遠くの四角形（Ａ）は近くの四角形（Ｂ）より実際は大きいはずである。

大きさの恒常性の誤用説は，錯視の中で最も有名なミュラー－リヤーの錯視（図11-23）も説明できる。二つの図の縦線は同じ長さである。しかし，左図の縦線は，右図の縦線より長く見える。グレゴリーによれば，ミュラー－リヤーの図形は，三次元対象の単純な遠近法の図とみなすことができるとする。左図は室内の隅のように見え，右図は建物の外側の角のように見える。したがって，左図の縦線はある意味ではその端の部分より私たちから離れているが，右図の縦線はその端の部分より私たちに近い。網膜像の大きさは２本の縦線ともに同じであるから，大きさの恒常性の原則は，遠くにある線（たとえば，左図の線）のほうが長いに違いないと思わせる。これがまさにミュラー－リヤーの錯視である。

グレゴリーは，たとえば，ポンゾやミュラー－リヤーの図形は，大部分が三次元図形として扱われていると主張した。それならばなぜ，それらの図形は平面かつ二次元のように見えるのか。グレゴリーによれば，図形が平面上にあるように見えようと見えまいと，奥行きの手掛かりが自動的に使われているという。この観点を支持する実験結果がある。二次元のミュラー－リヤーの図形は暗室で光り輝くモデルとして提示されると，実際，三次元図形のように見える。グレゴリーは，それが起こるのは，私たちが三次元図形とは知覚しない，平面上に提示された図形のときのみであるとした。

二次元図の奥行きの手掛かりは，写真の奥行き手掛かりより効果が小さいのではないかと考えられる。レイボヴィッツら（Leibowitz *et al.*, 1969）が，それを支持する研究結果を報告した。彼らはポンゾの錯視を研究し，図画より写真の方が錯視の度合いが際立って大きいという結果を得た。

議論のポイント

1. どの錯視理論でもすべての錯視を説明できるだろうか？
2. グレゴリーの大きさの恒常性誤用説を疑う根拠が何かあるか（評価参照）。

> **キー用語**
> **大きさの恒常性の誤用説**：グレゴリーによって提唱された説で，これによれば，三次元対象に大きさの恒常性が生ずる過程が，二次元対象を知覚するのに不適切に使用されている。

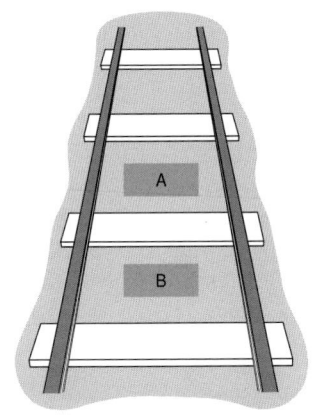

図11-22　ポンゾの錯視

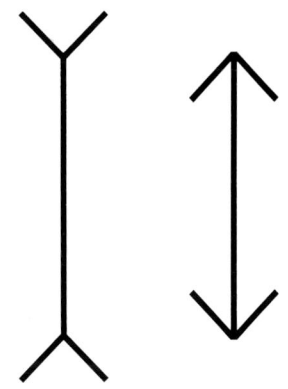

図11-23　ミュラー－リヤーの錯視

評　価

グレゴリーの大きさの恒常性誤用説は，独創的で，錯視説の中で最も妥当だと考えられている。しかし，光り輝くミュラー－リヤー

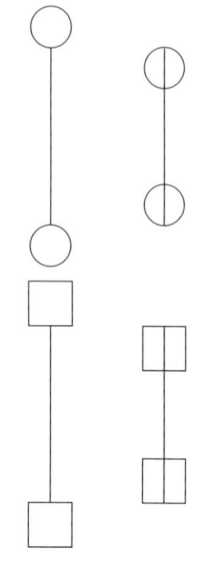

図11-24 ミュラー‐リヤーの錯視の変形

日常生活で遭遇したことがある錯視を略述しよう。そういった経験が知覚の特質を理解する手助けになったか。

図11-25 デルシアとホッホバーグによる3冊の本：中央の本の背はどちらの本の背に近いか。さあ、定規で測ってみよう。

の図形は，誰にでも三次元的に見えるというグレゴリーの主張は正しくない。ミュラー‐リヤーの錯視は，二つの図形の矢線が他の付属物，たとえば，円や四角に置き換えられてもなお起こる（アイゼンクとキーン Eysenck & Keane, 1995 参照）。マトリンとフォーリー（Matlin & Foley, 1997）は，アイゼンクらの研究結果は，不正確比較説（incorrect comparison theory）を支持していると解釈した。彼らは，錯視の知覚は，何の図形かわかっていない対象の部分に影響を受けているとした。したがって，たとえば，ミュラー‐リヤー錯視の縦線が，実際の長さより長く見えたり短く見えたりするのは，それが単に大きい対象あるいは小さい対象の一部分だからなのかもしれない。

　コーレンとガーガス（Coren & Girgus, 1972）は，不正確比較説を支持する研究結果を報告した。ミュラー‐リヤー錯視の大きさは，縦線と両端の矢線の色が異なるとき甚だしく減少する。おそらく，2本の縦線が相対的な長さに決定されるとき，矢線が無視されやすくなるためであろう。

　デルシアとホッホバーグ（DeLucia & Hochberg, 1991）は，グレゴリーの説が不完全であるという最も強力な研究結果を報告した。彼らは，2フィート（約61センチメートル）の高さの三つの矢線からなる立体的な対象を床の上に設置した。すべての矢線が観察者から等距離にあるのは明白だったのだが，典型的なミュラー‐リヤー効果が得られた。これは次のようにして，自分自身で確かめることができる。3冊の本を横一列に並べる。左側と右側の本は右側に開き，中央の本は左側に開くようにする。中央の本の背は他の2冊の背から等距離にあるはずである。

総合評価

　期待，仮説などに基づくトップダウン過程は，視覚にかなりの影響を与えるものである。理論心理学者の多くは，たとえば，ギブソンのように，ボトムアップ過程の重要性を強調し，構造主義心理学では，トップダウン過程は無視されるべきでないことを証明するという価値のある仕事がなされている。しかし，構造主義の研究には幾つかの重大な問題点がある。ここでは，三つの主な問題点について述べる。

正確さ

　構造主義では，知覚にはしばしば間違いが起こると予測したが，一般的には知覚は正確である。もし私たちが，感覚データを解釈するのに常に仮説と期待を使用しているとしたら，その仮説と期待がほとんどいつも正しいというのはどういうことなのだろうか。答えは明白で，環境は，構造主義が仮定した「断片的なデータ」よりもはるかに多くの情報を与えてくれているということである。

人工的な刺激

構造主義の研究の多くは，人工的あるいは不自然な刺激を使用している。ゴードン（1989, p.144）の指摘によれば，そのような研究とは次の通りである。

> 短い露出，建物の角や隅を表す図画，暗い廊下で輝く物……どれも，人間の知覚系が進化論的発達の現在の状態に到達した，アフリカの草原には存在しなかった条件下でのパターンの知覚を要求している。

たとえば，視覚刺激を瞬時的に提示する研究を考えてみよう。短時間の提示はボトムアップ過程の効果を減少させ，トップダウン過程が機能するための機会を増している。

仮　説

構造主義では，知覚している人が立てた仮説は，入手した情報に照らし合わせた「最良の推量」であると仮定している。しかし，その仮説を変えるように説得するのは，たいへん困難なことが多い。たとえば，グレゴリー（1973）の「くぼんだ顔」錯視がある。この錯視では，観察者に，約1メートルの距離からくぼんだ顔の石膏面を見せる。すると普通の顔が見えるという報告をする。観察者はくぼんだ顔を見ていると知っている場合でさえ，やはり普通の顔のように見えるという報告をする。

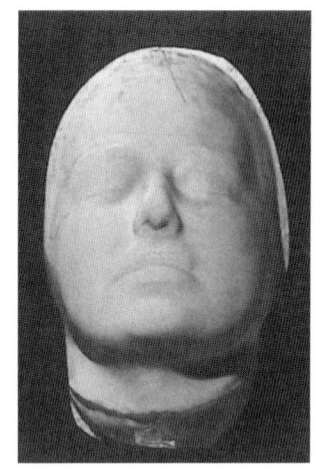

図11-26　グレゴリーの「くぼんだ顔」錯視：この写真は石膏面の内側で，顔がくぼんでいるのだが，「裏から」見ていると知覚するのは非常に難しい。観察者は，まるで表から面を見ているかのように知覚しがちである。

統合：ナイサーの循環説

ナイサー（1976）は，彼の循環説（cyclic theory）で，直接知覚説と構造主義説を統合した。彼は，スキーマ，知覚探索，および環境が作り出す刺激からなる知覚循環があると仮定した。スキーマというのは，関連性のある環境刺激へと知覚探索を**方向づける**機能としてはたらく，過去の経験に由来した知識の集約である。知覚の主体者は，知覚探索をすることで，有効な刺激の情報を**取り入れる**ことができる。もし，その環境から得た情報が関連スキーマの情報とうまく合わない場合，スキーマの情報は適切に修正される。

ナイサーの知覚循環は，ボトムアップ処理とトップダウン処理の要素を必要とする。ボトムアップ処理とは，関連スキーマを修正することができる有効な環境情報の抽出のことである。トップダウン処理とは，スキーマが，知覚に含まれる情報処理過程に影響を及ぼす概念のことである。

スキーマ

ナイサーの説の重要な点は，スキーマあるいは集約知識についての考え方である。スキーマは視野のあらゆる様相を分析する必要性を減らしているはずである。これを検証したのは，ビーダーマンら（1973）である。研究協力者に，よく知っている場面（たとえば，街

図 11-27　ビーダーマンらの実験：不規則な配置
ビーダーマンらの実験結果を自分で試してみよう。図 11-29 の場面をまだこの写真を見たことがない人にほんのわずかな時間提示して（ビーダーマンは 10 分の 1 秒を適用），どのような物を思い出せるか試してみよう。また，他の誰かに図 11-27 の不規則な配置を同じ条件で提示して，物を幾つ覚えているか試してみよう。なぜ，この 2 枚の写真を違う人たちに見せなければならないのか。これは，あなたの実験結果にどのように影響するだろうか。

の通り）の写真を，ほんの 10 分の 1 秒間だけ提示した。その後，彼らは，その写真に写っていたものをだいたい半分は思い出すことができた。関連スキーマが容易に使えたためである。反対に，でたらめに置かれているものを写した写真を提示した場合，研究協力者には，写っていたものを認識して覚えるということがずっと難しいとわかった。

　フリードマン（Friedman, 1979）は，視覚がスキーマに影響されているということについてよい証拠を報告した。研究協力者に，場面（台所，事務室など）の詳細な線画を提示した。そこにあるとは期待していなかった物への，最初の注視時間は，そこにあると期待していた物への 2 倍の長さであった。このことから，見ることを期待していた対象を処理する際のスキーマの役割がわかる。スキーマに適合しないものより，適合する対象を知覚するのは容易である。

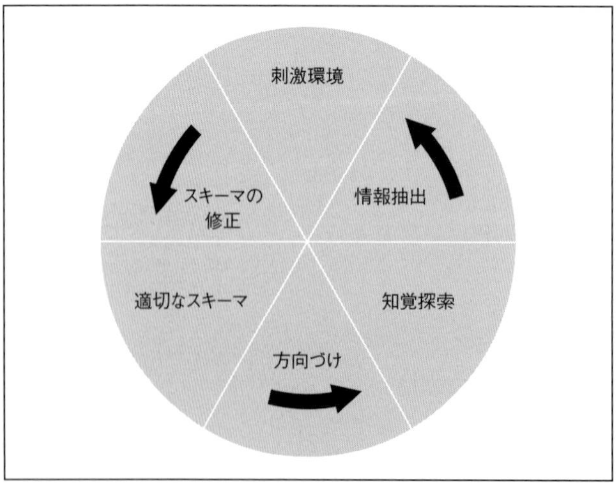

評　価

　ナイサー（1976）の循環説は，知覚を研究するための，直接説と構造主義説の最もよい特徴を結合させている。知覚は，トップダウン過程もボトムアップ過程も必要とすることが多く，両方の過程がナイサーの知覚循環説には組み込まれている。ナイサーの説の別の強みは，スキーマの強調である。スキーマと関連した対象は，スキーマと関連していない対象より，一般的には

図 11-28　ナイサーによる知覚循環

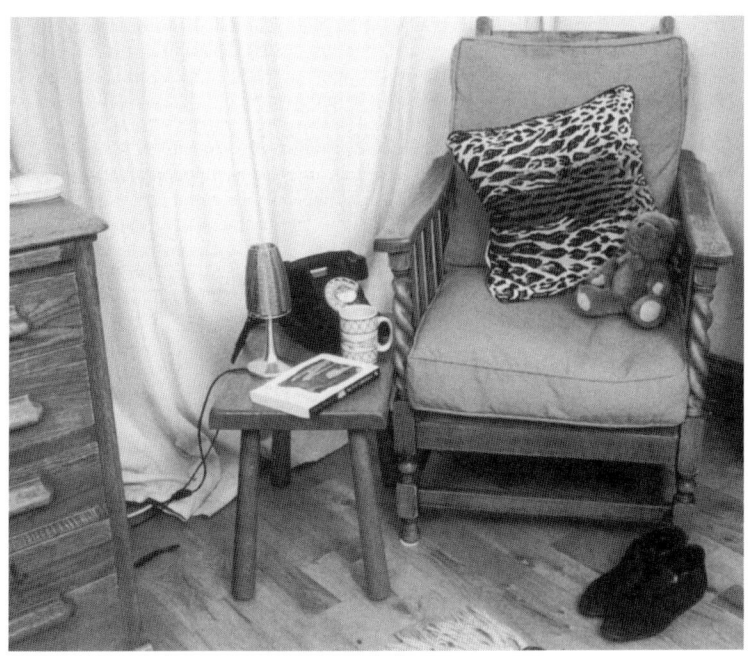

図 11-29　ビーダーマンらの実験：部屋の中

るかによく知覚され覚えられる。

　しかし，ナイサーの循環説は，表層的で，知覚に必要な過程の詳細を明らかにするには至っていない。もっと明確に述べると，関連スキーマがどのように知覚探索を方向づけているのか，知覚探索が，刺激環境で何を抽出するべきかをどのように決定しているのか，そして刺激環境のどのような過程が，どのようにして関連スキーマを修正するのかということを詳しくは説明していない。マー（1982）やビーダーマン（1987）らが提唱した説は，人間の知覚を正確に理解するためには，さらにもっと複雑で詳細な説の必要性を私たちに指摘している。

表 11-5　異なる知覚説の比較

主要概念	特徴説	直接説	構造主義説	統合説
トップダウンかボトムアップか？				
一般的に学習か生まれつきか？				
保存された知識を必要とするか？				
弱点				

異なる知覚説の比較表を作成しよう。

個人的，社会的，文化的多様性

　構造主義心理学が主張したように，視覚が経験と期待に左右されるとしたら，知覚には当然，個人的，社会的，文化的多様性があると思われる。これらすべての要因は外部刺激から得られる知覚，特にその意味や意義に影響を及ぼす。たとえば，どのような社会的，文化的背景をもつ人でも，実際のサッカーの試合を見れば，競技中のサッカー選手の行動をおそらく同じように知覚する。しかし，競技をよくわかっている人だけが，オフサイド・ポジションに走り込

図 11-30　サッカーの試合

んでいる選手の行為の意味を知覚する。

個人的多様性

多数の要因が知覚における個人的多様性をもたらすが，ここでは次の二つの要因のみを取り上げよう。場依存型と特性不安がそれである。

場依存型

場依存型（field dependence）は，背景や文脈の要因によって歪められる知覚のスタイルのことである。ウィトキン（Witkin, 1967）は，知覚の場依存型と，環境の要因による知覚の歪みからは影響を受けない場独立型とには，重要な差異があると主張した。場依存型を評価する一つの手段として，傾斜した部屋の実験を用いる方法がある。この実験では，部屋とその部屋に置かれた，研究協力者が腰掛けている椅子が，異なる方向に動くようにしてあった。研究協力者の課題は椅子を調整して元のようにまっすぐにすることである。場依存的な人は，場独立的な人より傾いた部屋を考慮にいれる。このように，場依存的な人の知覚は**外部要因**に影響されるが，場独立的な人は**内部要因**（平衡感覚など）に影響される。

この研究方法には二つの問題がある。一つは，場依存型の異なる測定法には通常，高い相関関係はない（アイゼンク, 1977）ということである。もう一つは，場依存型と知能は関連があり，場独立的な人は場依存的な人より知的である傾向がある（ヴァーノン Vernon, 1972）ということである。結果として，知覚における個人的差異は，場依存によるものか，あるいは知能によるものかが明らかでないことが多い。

特性不安

外界を肯定的または楽観的に知覚する人もいれば，否定的または悲観的に知覚する人もいる。たとえば，ある人はコップに半分も入っていると受け止めるが，ある人は半分しかないと受け止める。**特性不安**（trait anxiety）の高い人（不安経験に関連するパーソナリティ特性）は，特性不安の低い人より物事を否定的にみる（アイゼンク, 1997）という多くの証拠がある。ディラクシャンとアイゼンク（Derakshan & Eysenck, 1977）は，研究協力者たちが演説するのをビデオテープに撮影した。その後，研究協力者および別の判定者たちがそのビデオを見て，演説者の行動不安の等級をつけた。特性不安の高い研究協力者は，判定者たちが知覚したより，自分の行動を不安そうに見えるとしたが，特性不安の低い研究協力

> キー用語
> 場依存型：背景あるいは文脈によって歪められる知覚の型。

> キー用語
> 特性不安：不安に対する感受性の個人差に関わるパーソナリティ特性。

図 11-31　コップの量

者の意見は判定者のものと違わなかった。

社会的多様性

知覚における社会的多様性を研究したのは，ブルーナーとグッドマン（Bruner & Goodman, 1947）である。金持ちの子供と貧乏な子供に，各種のコインの大きさを推定させた。貧乏な子供たちは，どのコインも皆実際の大きさより大きく見積もった。貧乏な子供たちにとっては，貨幣価値が大きいことを反映しているのかもしれない。しかし，金持ちの子供たちの方がコインを見なれているので，大きさの推定が正確であるという単純な説明ができる。アシュレイら（Ashley et al., 1951）は，独創的な方法でその研究に修正を加えた。彼らは成人の研究協力者に催眠術をかけ，自分を金持ちあるいは貧乏であると思い込ませた。研究協力者たちが貧乏な状態のときの方が，コインの大きさは大きく推定された。この結果から，貧乏な研究協力者は，単に見なれていないという理由でコインの大きさを過大に推定しているのではないとわかり，知覚における社会的要因の重要性が明らかになった。

ウィトキンら（1962）は，社会的要因が，場依存型と場独立型の知覚スタイルに影響を与えているという結果を得た。男性は場独立型の傾向があり，したがって，男性の視覚は気を散らす刺激に比較的影響されなかった。反対に，女性は場依存型の傾向があった。また，ウィトキンらは，支配的な両親に育てられた子供は場依存型の傾向があり，もっとおおらかな両親に育てられた子供は，場独立型の傾向があると報告した。前述したように，場依存型を正確に測定することは難しい（アイゼンク，1977）。

文化的多様性

ウィトキンとベリー（Witkin & Berry, 1975）は，場依存型に関する研究を，知覚における文化間の多様性を含めた内容にまで拡大した。彼らは文化あるいは集団社会を，二つに大別した。

1. 狩猟・採集社会：小集団が食糧を求めて動き回る。
2. 農耕・牧畜社会：集団の成員が家畜の番をしたり，作物を育てたりしながら同じ場所に留まる。

狩猟・採集社会の子供は場独立型の傾向があり，農耕・牧畜社会の子供は場依存型の傾向がある。これは議論の余地があると思われるが，狩猟・採集社会では，場独立型と関連した明確で歪みのない外界の知覚がもっと重要である。

錯視の利用

知覚における文化間の多様性に関する研究結果の多くは，さまざまな錯視に関する研究をもとにしている。シーガルら（Segall et al., 1963）は，ミュラー-リヤー錯視を知覚するのは，数多くの四角形，

ブルーナーとグッドマンといった研究者たちのような研究の成果は，ギブソンやグレゴリーの知覚説を支持しているか。

直線，規則的な角や隅といった「大工仕事で作られた環境」の経験をもつ人たちだけなのではないかと主張した。西洋社会の人々は大工仕事で作られた環境に住んでいるが，部族集落に住んでいるズールー族はそうではない。田舎に住むズールー族はミュラー-リヤー錯視を示さなかったのである。しかし，この結果は，田舎のズールー族が二次元の図画を解釈できなかったということを，単に意味しているだけなのかもしれない。ところが，シーガルらの別の実験結果を考慮すると，そうではなさそうである。シーガルらは，二次元図の中でも，水平方向の広がりに対して垂直方向の広がりが大きく見える，水平-垂直錯視の研究を行った。田舎のズールー族は，水平-垂直錯視をヨーロッパ人より大きな度合いで示したが，これはおそらく彼らの方が広々とした見通しのよい空間に慣れ親しんでいるからだと思われる。

　その他の研究者たちは異なる結果を得た。グレガーとマクファーソン（Gregor & McPherson, 1965）は，オーストラリアのアボリジニーの二つの集団を比較した。一方は大工仕事で作られた環境に住み，他方は自然環境の中で非常に素朴な住居に暮らしていた。この二つの集団には，ミュラー-リヤー錯視にも水平-垂直錯視についても差はなかった。視覚における異文化間の差は，対象集団が大工仕事で作られた環境に住んでいるか否かより，訓練と教育によるのかもしれない。

　ターンブル（Turnbull, 1961）は，知覚に異文化間の差があるという研究結果を追加報告した。研究協力者は密林に住むピグミー族の男で，そのため遠くの対象を見たことはほとんどなかった。このピグミーの男を見通しのよい平原に連れていき，遠くのバッファローの群れを見せた。彼はバッファローを昆虫だと言い，実際は大きな動物であるとは信じなかった。この章ですでに述べたが，他の文化圏の人々なら利用する幾つかの奥行きの手掛かりの使い方を，おそらく彼は一度も学習したことがなかったのだと思われる。しかし，ターンブルは，たった一人しか研究対象にしていないし，彼が以前にバッファローを見たことがあったかどうかが明らかではないことから，この研究には限界がある。

　アニスとフロスト（Annis & Frost, 1973）はカナダのグリーインディアンについて研究し，異文化間の差に関するもっと多くの結果を得た。グリーインディアンには，辺鄙な場所でテントで暮らしている者と，町に住んでいる者がいた。アニスとフロストは，日常生活では，町に住むインディアンは主に垂直・水平線に取り囲まれているが，テント暮らしのインディアンはあらゆる方位の線に遭遇していると主張した。両方のインディアンの集団に，2本の線群が平行かどうかを判断させた。テント暮らしのグリーインディアンは，どんな角度で2本線が提示されようと課題を上手にこなした。対照的に，町に住むグリーインディアンは，線が斜めのときより水平あるいは垂直の場合に課題をずっと上手にこなした。この結果は視覚にとっての関連経験の重要性を示唆している。

> 知覚における文化的多様性は，トップダウンあるいはボトムアップの方法で情報を処理するという考えを支持しているか。

オルポートとペティグルー（Allport & Pettigrew, 1957）は，水平かつ垂直な窓枠におさまっている，ほぼ長方形もしくは台形の「窓」をもとにした錯視を用いた。この「窓」がぐるりと回転すると，長方形の窓が前後に動いているように見える。長方形の窓がない文化圏の人々は，このような錯視を経験しないものである。辺鄙な地域に生活するズールー族は，ヨーロッパ人や都会に住むズールー族より，長方形の窓が前後に行ったり来たりしているのを見かける機会が少なかったと思われる。

図画の利用

西洋社会の成人の多くは，二次元図画および写真を見ると三次元の景色を表していると解釈することができる。しかし，そのような図画の経験が以前にほとんどない南アフリカの黒人の子供や大人にとっては，二次元図画に奥行きを知覚することは非常に困難である（ハドソン Hudson, 1960）。このような異文化間の研究には問題が伴う。デレゴウスキーら（Deregowski *et al.*, 1972）は，次のような結果を得た。エチオピアのミーエン（Me'en）族は，紙に描かれた動物の絵に反応しなかったが，紙は彼らにとってなじみのない材料であった。このことは，彼らが二次元表現を理解する能力に乏しいことを示唆しているように思われるかもしれない。しかし，部族の人々は，布地（彼らがよく知っている材料）に描かれた動物を提示されたときは，だいたいにおいて動物を正しく認知できた。

図 11-32　写真を見る人の目にはどう映る？
この写真の遠くの背景にいる動物は大きい動物か，また近くにいるのは小さい動物か。

評　価

知覚の体制化において，個人的，社会的，文化的多様性があることは明らかである。個々人の知覚スタイルは異なり，子育てや経験には社会差があり，文化は構成員の主要な活動と知覚的経験という点で異なっている。

この分野での研究には主に三つの限界がある。一番目は，多くの場合，発見を解釈することが難しいことである。たとえば，異なる文化に暮らす人々の経験はさまざまに異なっているから，知覚における異文化間の差異は複数の要因が関わってくると考えられる。錯視を示すには，どのような種類の学習経験が必要なのかを見つけ出すために，将来，錯視（たとえば，ミュラー－リヤーの錯視）を示さない集団が研究されることになるかもしれない。ハトでさえも，ミュラー－リヤーの錯視を示すという事実（マロットら Malott *et al.*,

1967）は，錯視がどのようにして起こるかを決定するのに，文化的要因が大きな役割を果たしていると仮定するには，慎重であらねばならないということを示唆している。

二番目は，ほとんどの研究が，測定を自己報告に頼っているところに限界がある。たとえば，特性不安の高い人は，実際に知覚しているというより自己評価が低いために，自分の行動をどんなに不安に思っているかを大げさに言っているのかもしれない。知覚において異文化間にはっきりとした差異がみられるものの中には，知覚経験を正確に報告する能力における文化差があるために起こっているものがあるかもしれない。その他の異文化間の差異は，知覚における事実上の違いというよりも言語間の違いによるものかもしれない。

三番目は，異文化間の研究の多くは二次元の錯視に重点が置かれてきたが，そのような限られた研究からは，私たちの日常的な知覚の文化差については，学ぶべきものはほとんどないと思われる。いろいろな視覚刺激がもつ実際の意味には，おそらく大きな文化差があることだろう。たとえば，アフリカ文化圏の人々の多くは，西洋社会の人々より，複雑な足跡のパターンの読み解きが巧みにできる。

> 異文化間の問題：自民族中心主義とは何か。自民族中心主義は，異文化間の研究成果の解釈になぜ限界をもたらすのか。

> 知覚における文化的多様性は，知覚は学習されるという証拠を私たちに提示している。ターンブルのピグミーの研究を用い，なぜそうなるのかを述べよ。

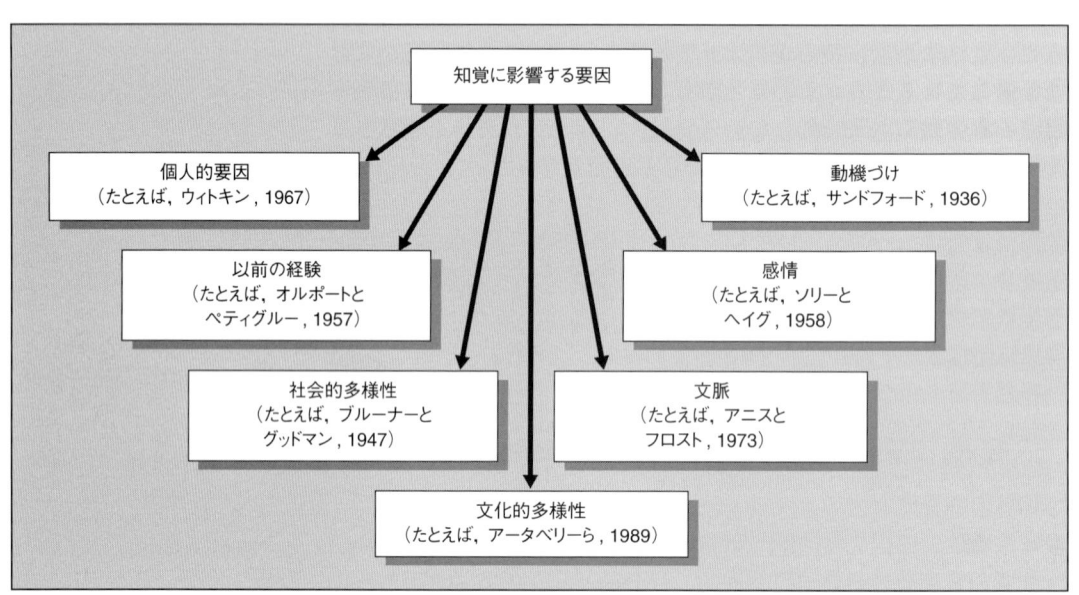

図 11-33　知覚に影響する要因

感　想

・私の考えでは，この50年間で他の誰よりも視覚の理解に貢献したのはイギリスの心理学者デビッド・マーである。彼の主要な洞察は，（私たちには，とても簡単なことのように思えている）視覚が，実際はかなりの数の複雑な過程を経ているということであった。さらに彼はこれらの過程の多くを証明するに至った。視覚系がどのように対象の三次元表現を構築するかを明らかにした最初の研究者がマーであった。彼は，1980年に痛ましくも35歳の若さで亡くなったが，実に優れた業績を残した。

要　約

知覚発達

慣れおよび選好法のように，知覚発達を研究するために利用できる方法が幾つかある。乳児は，他の刺激より人間の顔に初期の選好を示す。視覚的断崖に関する研究で，生後数ヶ月の乳児は少なくとも基本的な奥行き知覚をもっているということが明らかになっている。乳児には，大きさと形の恒常性を表現する能力もある。知覚発達は，ある程度乳児の能動的な環境との関わりに，そしてある程度識別過程に左右される。

知覚の体制化

ゲシュタルト心理学では，知覚の分凝とプレグナンツの法則を重要視した。その後の法則（たとえば，近接や類同，よい連続，閉合など）はすべて，プレグナンツの法則を例証したものである。これらの法則は説明というよりむしろ記述である。ゲシュタルト心理学はまた，全体とは部分の集まり以上のものであると仮定したが，研究結果にはこの仮説を支持するものもある。

空間あるいは奥行き知覚

空間知覚はさまざまな単眼視手掛かりに頼っている。たとえば，絵画的手掛かり，線遠近，大気遠近，肌理，重なり，陰影，熟知した大きさ，運動視差などがある。また両眼視手掛かりにも頼っているが，中でも断然重要なのは立体視である。手掛かりからの情報は，通常付加的に統合されているが，時折一つの手掛かりからの情報は無視される。

視覚の恒常性

対象のほとんどの視覚的特徴は，観察条件が変化してもほとんど同じように見える。たとえば，ほとんどの人は大きさの恒常性，形

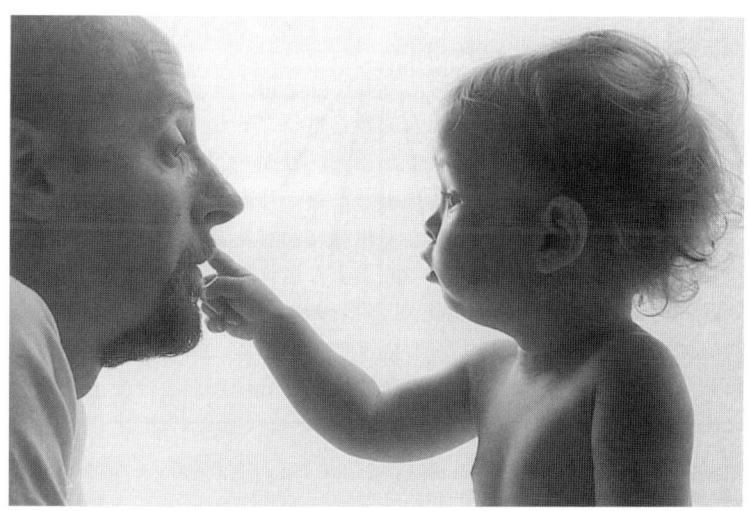

図 11-34　乳児は人間の顔を好む

の恒常性および色の恒常性を示す。これらの恒常性は生後まもなく発達し，網膜像での大きな変化にもかかわらず，かなり不変の外界を知覚することを可能にしている。

パターン認識

　パターン認識の鋳型説はうまく証明できているとは言えない。特徴説は個々の特徴や属性の処理を強調しているが，文脈や期待効果を無視する傾向がある。マーやビーダーマンなどの理論心理学者は，構造記述に基づくパターン認識説を提唱した。マーは3種類の表現（プライマル・スケッチ，2 1/2 次元スケッチおよび三次元モデル表現）を識別した。ビーダーマンは物体が基本的な形つまりジオンとして知られる成分からなると主張した。これらの説はパターン認識における違いを大まかに説明してはいるが，文脈の役割を無視する傾向がある。

知覚に関する説

　ギブソンは直接知覚説の中で，人が自由に動き回ることができるのは，一般的に言って十分な情報を環境から得ているからであると強く主張した。彼は，観察者が動き回っても，光学的配列の様相には同一あるいは不変のままのものがあると主張した。彼はまた（アフォーダンスと呼ばれる）対象の潜在的用途は直接知覚可能であると主張した。ギブソンは視覚の基礎をなす複雑な過程を過小評価した。グレゴリーやナイサーなどの構造主義は，知覚は仮説，期待および知識を必要とすると主張している。彼らは動機づけられた感情的な要因は知覚に影響を及ぼしうると主張している。構造主義によって論じられたトップダウン過程は，まさに知覚に影響を及ぼす。しかし，視覚にはめったに間違いはないという事実は，構造主義が仮定した以上に，トップダウン過程の使用頻度が少ないということを示唆している。

個人的，社会的，文化的多様性

　知覚には，個人的，社会的，そして文化的な多様性があるという研究結果が得られている。個人的多様性は，知覚スタイルやパーソナリティによるものもある。ミュラー－リヤー錯視は，大工仕事で作られた環境でない社会では見出されない傾向がある。文化間で異なっている視覚経験は多くの点で視覚に影響を及ぼす。とりわけ重要なのは，世界中のどの地域の人々より西洋社会の人々の方が，広い範囲の関連経験のおかげで，二次元の絵画を見て三次元の光景を表していると容易に解釈するということである。問題は，文化差を解釈する際の難しさと，知覚の測定に二次元図形および自己報告法に多くを頼りすぎていることである。

【参　考　書】

　　M. W. Eysenck (1993), *Principles of cognitive psychology*, Hove, UK: Psychology

Press.の，特に第2章は，初級レベルの学生が視覚についての基本知識を学ぶのに適している。V. Bruce, P. R. Green & M. A. Georgeson (1996), *Visual Perception: Physiology, psychology, and ecology* (3rd Edn.), Hove, UK: Psychology Press. は，この章で述べたほとんどのトピックについて，詳しく述べている。ギブソンの知覚へのアプローチについてのよい説明がある。R. Sekuler & R. Blake (1994), *Perception* (3rd Edn.), New York: McGraw-Hill. には，視覚の多くのトピックについてのよい説明がある。

【復習問題】

1	構造主義と直接知覚説を区別せよ。	(24点)
2	知覚発達を研究するために用いられてきた方法を述べて評価せよ。	(24点)
3a	知覚の体制化に関する二つの説を述べよ。	(12点)
3b	これらの説が基にしている研究成果を分析せよ。	(12点)
4	知覚の体制化における文化的多様性を検討分析せよ。	(24点)

- **聴覚における注意の焦点化**：私たちはどのように多くの背景からある音を選択し，処理し，記憶するのだろうか？
    - チェリーの「カクテルパーティ効果」；追唱
    - ブロードベントのフィルタ理論
    - トリーズマンの減衰理論
    - ドイッチとドイッチの修正理論
    - ジョンストンとハインツの折衷理論

- **視覚における注意の焦点化**：多くの視覚刺激の中からどのようにして一つだけ選択し，処理するのだろうか？
    - ラバージュのズームレンズモデル
    - トリーズマンの特徴統合理論

- **注意の分配**：二つの異なる課題を同時に行うということはどのくらい簡単なのだろうか？
    - 中枢容量干渉理論
    - ブーケらの四重課題
    - 実際場面への応用

- **自動的処理**：何度も練習することで自動化される課題がある（タイピングや車の運転など）。
    - ストループ効果
    - シフリンとシュナイダーの「マッピング」実験
    - ローガンの事例検索理論

- **アクションスリップ**：注意の処理がうまくはたらかないと，私たちは「うわの空」で，するつもりのなかったことをしてしまう。
    - リーズンの日記研究
    - ヘイとジャコビーの対連合学習を用いた実験
    - セレンとノーマンのスキーマ理論

12

注意とパフォーマンス

「注意（attention）」という言葉はさまざまな意味で用いられている。日常生活の中では「意識を集中させる」という意味で利用されることが多い。しかし，「次の段階での処理のために環境の中の情報を選択する能力」という意味でも用いられることがあり，ウィリアム・ジェームズ（William James, 1890, pp.403-404）は次のように述べている。

> 注意とはどういうものであるか，ということは誰でも知っている。注意とは，同時に存在する複数の物体や一連の思考などの中から，はっきりと一つのことに気をとられることだ。意識を焦点化させること，つまり意識を集中させるということは注意の本質である。あるものを効果的に扱うためにその他のものを犠牲にするということを意味する。

注意（attention），覚醒（arousal），警戒（alertness）という三つの概念は密接に関連している。たとえば，快適な椅子でうとうとしているときには覚醒や警戒の状態は低く，環境に対してほとんど注意を向けていない。人は注意するということを自ら決定することができるため，注意は一般的に「随意的」なものである。しかし，エンジンの爆発音のような新しい刺激や驚かされるような刺激，激しい刺激などが提示されたとき，注意は「不随意」なものとなる。

アイゼンクとキーン（Eysenck & Keane, 1995）は，注意の焦点化（focused attention）と注意の分配（divided attention）という2種類の注意を明確に区別した。**注意の焦点化**に関する研究は，同時に複数の刺激を提示してそのうちの一つの刺激にだけ反応するという実験によって行われる。この手法を用いた研究から，ある入力を他の入力の中から選択する人間の能力について知ることができる。さらに，選択という処理はどのようなものであるのか，また注意の向けられなかった刺激がその後どのような運命をたどるのかということを知ることができる。日常的な例としては，試験を受けている学生が他の生徒や部屋の外の騒音によって注意がそらされないようにするというような状況は注意の焦点化が関連している。

注意の分配（divided attention）に関する研究は，二つの刺激を同時に提示し，両方の刺激に注意を向けて反応するという実験によって行われる。この課題は二重課題としても知られているが，このよ

図12-1　注意の分配はパフォーマンスにどう影響するのだろうか。

キー用語
注意の焦点化：単一の刺激入力にだけ注意し，他のすべての刺激を無視するような状況。
注意の分配：二つの異なる課題を同時に遂行するような状況。二重課題によって研究されている。

うな研究によって人間の処理の限界について知ることができる。さらに，注意のメカニズムやその容量について知ることができる。注意の分配は，学生が音楽を聞きながら宿題を行うというような状況に関連している。両方の物事を同時に行うことは実際に可能なのだろうか。

さらに，**アクションスリップ**（action slips）と呼ばれる行動の研究によって注意のはたらきに関する多くのことを知ることができる。アクションスリップとは，自分の意図とは異なる行動が出現してしまうことである。アクションスリップはさまざまな要因によって生じるが，自らの行動に対して注意を向けることができないということが最も重要な要因である。

筆者もアクションスリップを経験したことがある。コンピュータのハードディスクから，アイコンの似ている別の記憶媒体にファイルをコピーしようとしていたときのことである。私はファイルを含んでいるハードディスクにコピーしようとしてしまったのだ。しかし結局のところ何もコピーされず，もう一つの記憶媒体は空のままであった。

多くの心理学者が（そうでない人も），注意という現象は単一の注意システムに依存すると考えている。しかし，おそらく注意は単一のシステムによって生じているわけではない。この点について，オルポート（Allport, 1993, pp.203-204）も次のように指摘している。「いわゆる注意するという現象のすべての基盤となる，一定の機能あるいは知的活動（つまり，一つの原因となるメカニズム）は存在しない。……思考や知覚などの素朴心理学の伝統的なカテゴリに関して，その原因となる単一の基盤が存在しないというのと同じように，注意に関するすべての現象の基礎となる唯一のメカニズム，すなわち計算論的な資源は存在しない」。

オルポートの主張は，注意に障害をもつ脳損傷患者に関する知見によって支持されている。その多くは，他の能力が正常であるにもかかわらず注意する能力だけが障害されている。ポスナーとピーターセン（Posner & Petersen, 1990）はそれらの知見を例として挙げ，少なくとも以下の三つの異なる視覚的注意のプロセスがあることを主張した。

- 与えられた刺激から注意を解放する能力。
- ある刺激から他の刺激に注意を移動させる能力。
- 新しい刺激に注意を保つ能力。

聴覚における注意の焦点化

　　当時MITエレクトロニクス研究所に在籍していたコリン・チェリー（Colin Cherry）は，「カクテルパーティ効果」がどのように生じているのかという問題に関心を寄せていた。カクテルパーティ効果とは，複数の人々が同時に話しているときでも一つの会話に従うことができるという現

キー用語
アクションスリップ：意図していないにもかかわらず生じる行動。

オルポートが「素朴心理学」と述べたのはどういう意味だろうか。

象である。チェリー（Cherry, 1953）は、興味のある一つのメッセージを選択するために、話者の性別や音声強度、話者の位置といった物理的な違いを利用していることを示した。それらの物理的な違いを排除して両耳に異なるメッセージを提示すると、純粋に意味のみに基づいて二つのメッセージを区別することとなり、判断は難しくなった。

さらにチェリーは**追唱課題**（shadowing task）を用いた実験を行った。この課題は、あるメッセージが片耳に提示されているときに反対側の耳に提示されたメッセージを追唱するというものである。メッセージの中に外国語のフレーズや文章を逆回転したものを挿入したとき、研究協力者はそれらにほとんど気づかず、注意されていないメッセージからは情報が得られてはいないようであった。一方、純音の挿入のような物理的変化や、話者の性別、音の強度の変化には気づいた。これらの結果から、注意の向けられなかった聴覚情報はほとんど処理されないと結論づけられた。このことは他の研究によっても支持されている。たとえば、モーレイ（Moray, 1959）は注意の向けられなかったメッセージの中に単語が35回も提示された場合でさえ、それらの単語の記憶はほとんどないということを示した。

キー研究評価—聴覚における注意の焦点化

コリン・チェリーによる研究は、実生活で気づいたある現象（この場合ではカクテルパーティ効果）を説明するために心理学者がどのようにして仮説を立てて実験を行うのかを示すとてもよい例である。チェリーは追唱課題を用いることによって実験室でこれを検討した。その結果、注意していないメッセージについて、研究協力者は物理的な特徴だけを報告することができた。この効果はメッセージが男性に読まれても女性に読まれても、また音声の代わりに音を用いたときにも示された。チェリーの研究は、実生活の現象とは異なる人工的な実験室状況であったために批判の対象となった。しかし、この研究はブロードベントに始まる他の研究者たちに、聴覚における注意の焦点化に関する理論を開発するための道を切り拓いた。

図12-2 このような状況で、私たちは多くの会話から一つだけをどのように区別して聞き取っているのだろうか。

議論のポイント

1. チェリーの知見は意外なものだっただろうか？
2. これから登場するブロードベントがチェリーの知見に関心を示したのはなぜだろうか？

キー用語
追唱課題：ある聴覚的なメッセージを声に出して繰り返し、もう一つのメッセージを無視する課題。
両耳分離聴課題：ある聴覚的なメッセージが片耳に提示され、異なるメッセージが反対の耳に提示される注意課題。

ブロードベント（Broadbent, 1958）は、**両耳分離聴課題**（dichotic listening task）と呼ばれる手法を用いた実験を行った。両耳に異なる3桁の数列を同時に提示してから研究協力者にその数列を自由に報告してもらったところ、ペアごとではなく耳ごとに数列を報告した。たとえば、「4-9-6」と「8-5-2」という二つの数列が提示されたとき、「4-8-9-5-6-2」ではなく「4-9-6-8-5-2」と報告した。両耳分離聴課題で用いられる刺激は必ずしも数字である必要はなく、さまざまな種類の言語刺激でも同様である。

図12-3

ブロードベントのフィルタ理論

ブロードベントは、注意に関する詳細な理論を提唱した先駆者で

ある。ブロードベントの理論は最初期の情報処理理論の一つであった。情報処理理論は以下の点によって特徴づけられる。

・環境から入力された情報は，一連の処理システム（たとえば注意，知覚，短期記憶などのシステム）によって処理される。
・これらの処理システムは，さまざまな方法で系統的に情報を変形する（たとえば，私たちは2×4を見ると8を思い浮かべる）。
・認知的なパフォーマンスの基礎となる処理や構造（たとえば長期記憶）を明確にすることを研究の目的とする。
・人間における情報処理は，コンピュータの情報処理に類似している。

コンピュータで注意のプロセスをモデル化したとき，これは人間がコンピュータと同様に情報を処理しているということを意味するだろうか。

ブロードベントは，追唱課題や両耳分離聴課題からの知見から注意のフィルタ理論を提唱した。注意のフィルタ理論は次のことを仮定している。

キー用語
感覚バッファ：処理システムの初期段階で，注意が向けられたりシステムから消失したりする前に短時間情報が留まる。

・同時に提示された二つの刺激やメッセージが，**感覚バッファ**（sensory buffer）に並列的に（同時に）入力される。
・感覚バッファは，入力された情報に注意が向けられたり情報が処理システムから消失したりするまでの短い時間だけ情報を保持する。
・その後，一方の情報をその後の処理のためにバッファの中に残したまま，もう一方は物理的な特性に基づくフィルタを通過する。
・このフィルタは，容量に制限のあるフィルタ後のメカニズムの負荷を軽減させるために必要であり，このメカニズムは入力された情報を完全に処理する。

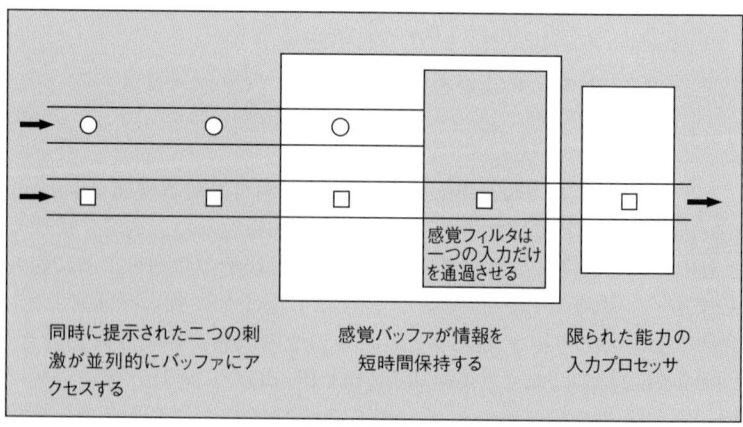

図12-4　ブロードベントのフィルタ理論

　チェリーの実験の結果はこの理論によって説明することができる。つまり，注意の向けられていないメッセージがフィルタを通過しな

かったために処理されなかったと考えられる。さらに，この理論は二つの入力（情報が入力される耳）を区別する多くの物理的な特性に基づいてフィルタが一つの入力を選択することを仮定しているので，ブロードベントの両耳分離聴課題の成績をも説明することができる。しかし，この理論では説明することができない研究結果もある。た

> **日常生活への応用**
>
> どんな応用がドナルド・ブロードベントの応用のように日常生活で機能するだろうか。ブロードベントが注意の機能と問題に興味をもつようになったのは，第二次世界大戦中のイギリス空軍での経験による。彼はレーダーや航空交通管制官が効果的に機能することができるような方法を開発していた。交通管制官はパイロットからのメッセージを他の多くのメッセージの中から選択したり集中したりする難しい課題に直面していた。このような状況における効果的な注意のメカニズムが非常に重要であるということは火を見るより明らかで，航空交通管制は今日まで重労働なのである。

とえば，処理の初期の段階で注意の向けられなかったメッセージは**常に**フィルタを通過しないというフィルタ理論の仮定は誤っている。初期の研究では課題に慣れていない研究協力者が実験に参加していたため，処理資源のほぼすべてを追唱課題に費やさなければならなかった。アンダーウッド（Underwood, 1974）の実験では，追唱課題を用いて提示された数字を検出するように研究協力者に求めた。それまで課題を行ったことのない研究協力者は，追唱しなかったメッセージの中に提示された数字の8％しか検出できなかったが，トレーニングを積んだ研究協力者は，追唱しなかった数字の67％を検出することができた。

　追唱課題に関する初期の研究では二つのメッセージは両者ともに聴覚的に提示された言語的なメッセージであり，非常に類似したものであった。オルポートら（Allport, Antonis & Reynolds, 1972）は，二つのメッセージの間の類似性が追唱されなかったメッセージに対する記憶に影響を及ぼすことを示している。追唱課題中に単語を聴覚提示したときには単語の記憶が低下したのに対して，追唱と同時に絵画を提示したときには絵画の記憶は非常によかった（正答率は90％）。これらの結果は，二つの入力が互いにまったく異なる場合にはブロードベントのフィルタ理論で考えられていたものより多くの情報が処理されうることを示唆している。

　また，ブロードベント（1958）は注意が向けられなかったメッセージの意味は処理されないと仮定したが，それは，研究協力者がその意味に意識的には気づいていなかったことに由来する。しかし，意識的に気づいていなかった，ということは，無意識的には意味処理が行われていたという可能性を残している。フォン・ライトら（Von Wright, Anderson & Stenman, 1975）の実験では，研究協力者に二つのリストを聴覚的に提示し，一つのリストを追唱してもう一方は無視するように教示した。あらかじめ電気ショックに関連づけられた言葉が，無視するように教示されたリスト上で示されたとき，生理学的な反応が顕著にみられた。電気ショックをあらかじめ受けていた単語に音や意味の類似している単語が提示されたときにも同様の結果がみられた。これらの結果は，注意の向けられなかったメッセージ中の情報が音と意味の両方で処理されたことを示唆する。最も重要なことは，あらかじめ電気ショックを受けた単語やそれに関連した刺激が提示されたことに研究協力者は意識的には気づいて

いなかったが，これらの生理的反応が生じたということである。しかしながら，生理学的反応がみられたのは実験を通して数回のみであった。注意の向けられなかった刺激については，それほど多くの情報は処理されなかったようである。

評　価

注意に関するブロードベントのフィルタ理論は歴史的に非常に重要である。互いに関連する複数の処理を伴った情報処理システムの概念は，フィルタ理論という組織的な形で最初に日の目を見た。それ以来情報処理システムの概念は，注意だけでなく，記憶や言語処理などの情報処理システムに対して大きな影響力をもってきた。さらに，今日ある認知心理学はブロードベントのフィルタ理論によるものであると言われるようになった。

その一方で，ブロードベントの理論は柔軟性がないという欠点もあり，その欠点のうちの幾つかは本章ですでに議論した。ブロードベントの理論は，注意の向けられなかった入力は最小限しか処理されないと予測しているが，実際にはそのような入力に対する処理の量は大きく変動する。入力の物理的な特徴についての情報をフィルタが選択するという仮定からも，フィルタ理論に柔軟性がないということがわかる。この仮定は，両耳分離聴課題において数字が耳ごとに想起されるという研究協力者の傾向によって支持されるが，課題をわずかに変更させることによって結果は大きく変わる。グレーとウェダーバーン（Gray & Wedderburn, 1960）の実験では，一方の耳に「who 6 there」と提示するのと同時にもう一方の耳に「4 goes 1」と提示した。研究協力者は耳ごとには報告せず，たとえば「who goes there」に引き続いて「4 6 1」のように意味でまとめて報告した。したがって，注意による選択は両方の入力からの情報の処理の**前**にも**後**にも生じうる。提示された情報の意味に基づいて選択が行われうるという事実はフィルタ理論には一致しない。

その他の理論

トリーズマンの理論

トリーズマン（Treisman, 1964）は，注意の向けられなかった情報は減衰して処理されるという注意の減衰理論を提案した。ブロードベントのフィルタ理論では選択機構が処理の初期段階にあると提案されていたが，トリーズマンの理論では選択機構の位置はより柔軟である。あたかも人間が「漏れる」フィルタをもっているかのようであり，ブロードベント（1958）のフィルタほど効率的ではない。

トリーズマンの理論をもう少し詳しくみてみよう。刺激の処理は，まず物理的な手掛かりに基づいて分析し，次の段階で意味に基づいて分析するという系統的な方法で進む。処理容量が刺激を分析する

■やってみよう：両耳分離聴
　二つのテープレコーダを用意する。1台で男性の朗読を，もう1台で女性の朗読を再生する。イヤホンを用いて，片耳では男性の声を，もう片方の耳では女性の声を同時に聞けばよい。どちらかの声で言われていることを声に出して繰り返して「追唱」してみよう。もう一つの声の内容をどれくらい再生できるだろうか。この手続きは二つの男声でもいいし，二つの女声でもいいし，外国語のテープを使ってみてもいい。どのようなことがわかったか説明してみよう。

のに十分でない場合，注意の向けられなかった刺激は次の段階で処理されない。この理論は，注意の向けられなかった入力の意味ではなく物理的な特性（たとえば話者の性別）に気づいていたというチェリー（1953）の結果を説明することができる。

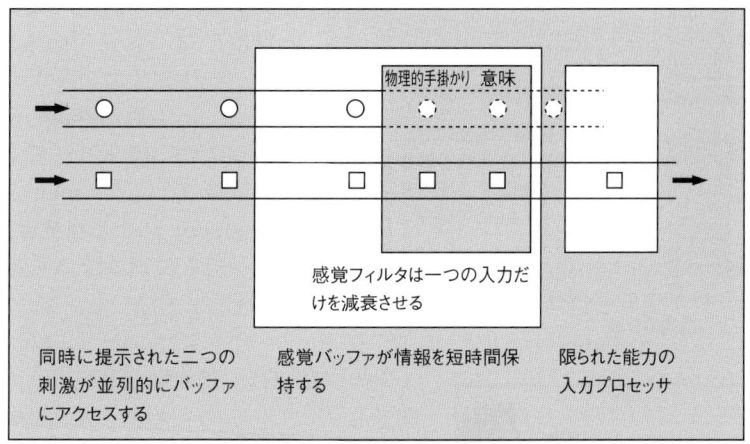

図12-5　トリーズマンの減衰理論

　トリーズマンの減衰理論によって，フィルタ理論では説明することのできなかった，注意の向けられなかった情報源の広範囲にわたる処理について説明することができる。ドイッチとドイッチ（Deutsch & Deutsch, 1963）によっても同様の説明がなされているが，彼らは，反応を決定する最も重要な刺激や適切な刺激だけではなく，すべての刺激が完全に分析されると主張した。この理論は，処理中の選択機構の存在を仮定する点でフィルタ理論および減衰理論に類似している。しかし選択機構の位置が異なっており，処理システムの反応の終了に近いところを仮定している。

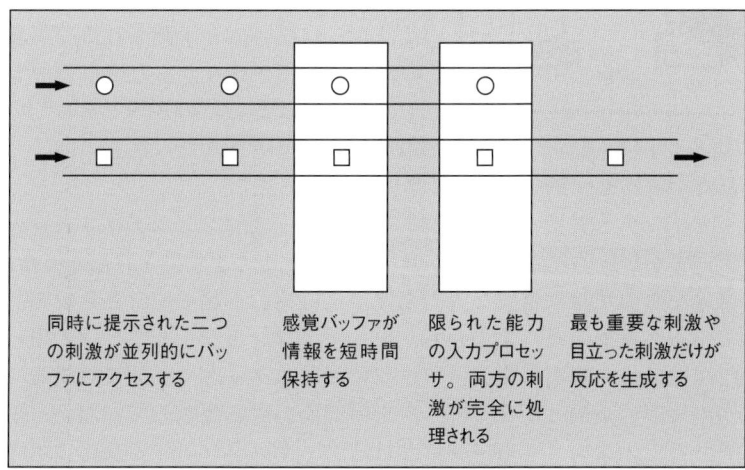

図12-6　ドイッチとドイッチの理論

　トリーズマンの理論とドイッチらの理論のどちらが正しいかを決定することはとても難しい。トリーズマンの理論は幾つかの点でよ

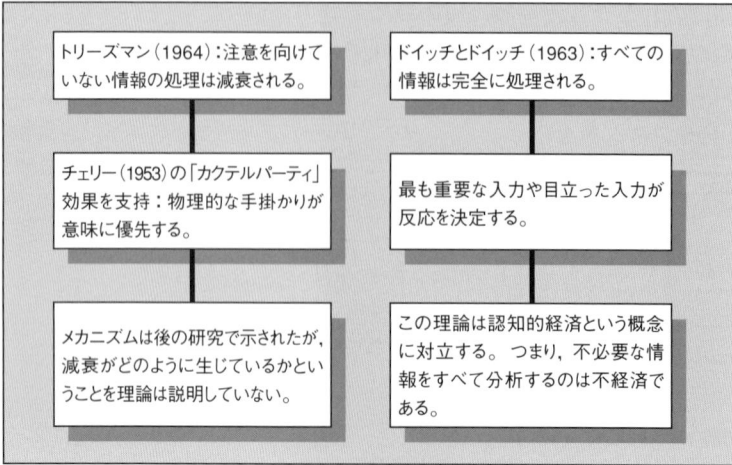

図12-7 理論の比較

り妥当性がある。すべての刺激が完全に分析されるが，ほとんどの分析された情報がほとんどただちに失われるというドイッチらによる仮定はやや不経済である。実際，トリーズマンとジェッフェン（Treisman & Geffen, 1967）やトリーズマンとリレイ（Treisman & Riley, 1969）による研究は，ドイッチらの理論ではなく減衰理論を支持している。

トリーズマンとジェッフェンの実験では，研究協力者が二つの聴覚的メッセージのうちの一方を追唱した。研究協力者はあらかじめ，どちらかのメッセージにターゲット語が提示されたときにボタンを押して反応するように教示されていた。減衰理論に従うなら，追唱されていないメッセージは減衰されて分析されるはずである。つまり，追唱されたメッセージよりされていないメッセージの検出率が低いことが予測される。ドイッチらの理論に従うなら，すべての刺激は完全に処理されるはずである。したがって，追唱の有無によるメッセージの検出力の差はみられない，と予測される。実験の結果，追唱されなかったメッセージでの検出率はたったの8％であったのに対して，追唱された（注意の向けられた）メッセージでの検出率は87％であった。

図12-8 重要な入力だけが反応を引き起こす。

ドイッチとドイッチ（1967）は，トリーズマンとジェッフェンのデータが自らの理論の誤りを示したということを受け入れなかった。自分たちの理論は**重要な入力だけが反応を引き起こす**ことを仮定していると指摘した。すなわち，トリーズマンとジェッフェンの用いた課題では，追唱したメッセージにおけるターゲット語に対する二つの反応（追唱とボタン押し）を研究協力者に要求していたが，追唱されていないメッセージにおけるターゲットに対する反応はボタン押しだけであったため，追唱されたターゲットは追唱されなかったターゲットより重要であったと説明した。

それに対して，トリーズマンとリレイ（1969）は，どちらのメッセージでも，その中のターゲットに対する反応が正確に同じになる

ような研究を行った。研究協力者は，一方のメッセージにターゲットを発見した場合に追唱をやめてタッピングするように教示された。実験の結果，追唱されたメッセージのターゲット語が，そうでないメッセージより多く検出された。この結果はドイッチらの理論によって説明することはできない。

ジョンストンとハインツの理論

ジョンストンとハインツ（Johnston & Heinz, 1978）は二つの理論の柔軟性のなさを指摘し，それらを統合して合理的な理論を提出した。彼らの理論に基づくと，選択は課題要求によって異なる処理段階で選択が生じうる。先ほどの課題でいえば，できるだけ初期の段階で選択が行われる。それは，選択が遅れるとともに処理容量に関する要求が増加しているからである。

ジョンストンとウィルソン（Johnston & Wilson, 1980）はこれらの概念の幾つかを検討した。ペアとなった語が各々の耳に一つずつ提示され，与えられたカテゴリーに含まれるターゲット語を弁別する課題を実施した。ターゲットは「SOCKS（靴下，打撃）」のように，二つの異なる意味をもつ曖昧語であった。たとえば，もしカテゴリーが衣服に関するものであれば，ターゲットとして「SOCKS」が適切である。それぞれのターゲット語は3種類の非ターゲット語とペアになっていた。非ターゲット語は，ターゲットに関連する意味をもつ適切語（たとえば「臭い」），異なる意味に関連する非適切語（たとえば「パンチ」），中立語（たとえば「土曜日」）であった。

研究協力者がどちらの耳にターゲット語が提示されるかわからなかったとき（注意の分配条件），ターゲット語の検出は適切な非ターゲットによって成績が向上し，不適切な非ターゲットによって低下した。このように，注意が二つの耳で分割されていたとき，非ターゲット語は意味的に処理されていた。対照的に，研究協力者がすべてのターゲットは左耳に提示されることを知っていたとき（注意の焦点化条件），ターゲット語の検出は同時に提示された非ターゲット語の適切性の影響は受けなかった。これは注意の焦点化条件では非ターゲット語が意味的には処理されないということを示唆する。これらの

図12-9　ジョンストンとウィルソンの実験

さまざまな知見は，主な課題を実行するのに非ターゲット刺激が必要最低限な量しか処理されないということを示唆する。

視覚における注意の焦点化

視覚における注意の焦点化は，スポットライトにたとえられることが多い。視覚における注意もスポットライトも比較的狭い範囲の中のものははっきりと見ることができる。しかしその範囲の外側にあるものは見えにくかったり，もしくはまったく見ることができない。このスポットライトのたとえはこれまでさまざまな理論へと発展してきた。ブロードベント（1982, p.69）は次のように述べている。

> 選択的注意を，焦点を変えることができるサーチライトのようなものだと考えてみよう。どこかで何かが起きたと思うと，……ビームはすぼまり何かが起きた最も重要なところに移動する。

同様に，エリクセン（Eriksen, 1990）はこのたとえを**ズームレンズモデル**（zoom-lens model）に発展させた。エリクセンは，注意は通常広い範囲全体に向けられているが，視野内のある部分に注目するべき重要な情報がある場合には，その場所に焦点が合わせられると考えた。

> キー用語
> ズームレンズモデル：視覚における注意は調節可能なビームをもったスポットライトであるという考え方。

ズームレンズモデル

ラバージュ（LaBerge, 1983）は調節可能な注意のビームという概念を，実験によって検証した。研究協力者は提示された5文字の単語に対して2種類の課題を行った。一つは，単語が所属するカテゴリーの判断課題，すなわち単語全体に注意を向ける課題であった。もう一つは，単語の中央の文字が何であるかを判断する課題，すなわち単語の一部に注意を向ける課題であった。

研究協力者が注意を向けている範囲を調べるために，単語を提示した後すぐにどこかの文字の位置に刺激が提示された。研究協力者はその刺激が出たら素早く反応するように言われた。ラベルジュは，刺激が注意のビームの外側に提示された場合よりも内側に提示された場合の方が研究協力者の反応は速いだろうと予測した。実験の結果，中央の文字判断課題では中央に提示された刺激への反応の方が，その他の場所に提示された場合よりも有意に速かった。これは注意のビームがとても狭くなっているということを示している。一方，カテゴリー判断課題では，刺激がどこに提示されても反応時間に差はなかった。つまりこの課題では注意のビームは広い範囲に向けられていると考えられる。この実験から，注意のスポットライトの大きさは課題の要求に応じて適切な広さに柔軟に調節することが可能であることが示唆された。

> ラバージュの研究は実生活の状況とはまったく異なる研究室状況で行われた。この実験には生態学的妥当性があるだろうか。

議論のポイント

1. ラバージュの示した証拠は注意がズームレンズのようであると説得できるものだろうか。
2. ラバージュの実験方法の限界は何だろうか（評価参照）。

評　価

　ズームレンズモデルは理にかなっているようにみえるが，すべてを説明できるわけではない。ジュオラら（Juola *et al*., 1991）は三重になった円（中心，中間，外側）のどこかに提示される標的文字を検出する課題を研究協力者に行わせた。研究協力者にはどの円に標的刺激が提示されるかを前もって知らせるようにした。もし注意がスポットライトのように円上に広がるものならば，真ん中の円に標的刺激が出るときが最も成績がよいだろうと予測された。ところが実際には，手掛かりの与えられた円に標的刺激が提示された場合が一番成績がよかった。すなわち視覚における注意は中央の円を抜かして中間や外側の円にドーナツ型に向けられたのである。

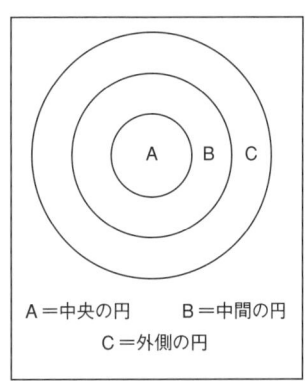

図12-10

　ズームレンズモデルによると，注意の焦点は「視覚的空間の」中心に向けられると考えられる。しかし注意は空間ではなく，**物体**に向けられるという考え方もある。たとえばナイサーとベックレン（Neisser & Becklen, 1975）の実験では，映画のフィルムを2種類重ね合わせて見た場合，一方を無視してもう一方のシーンに注意を向けることは非常に簡単であった。このようなことは日常生活の中でも体験できる。たとえば私たちは木々が視界を部分的に遮っていても，それを無視して木の向こうの建物に注意を向けることができるだろう。

　クレーマーとハン（Kramer & Hahn, 1995）は，注意を焦点化するときは必ずしも一つの領域や特定の物体に向けられるわけではないと主張した。彼らは研究協力者が中央に提示された妨害刺激を無視して，二つの分離した領域に同時に注意を向けることができることを示した。彼らはこの実験からズームレンズモデルはあまりにも柔軟性に欠けると考えた。彼らによれば，注意は一つの領域にも，他の刺激によって部分的に隠されている物体にも，二つの分離した領域にも焦点を合わせることができる。

　クレーマーとハン（1995, p.385）は，この実験が「注意のすばらしい柔軟性，すなわち視野の中の隣接していない領域に注意を分配することのできる能力」を示していると結論づけている。

　では注意を向けられていない視覚刺激には何が起きているのだろうか。ズームレンズモデルによれば，このような刺激に対する処理は非常に限られている。ジョンストンとダーク（Johnston & Dark, 1986, p.56）は，注意を向けられなかった刺激の処理に関連する実験的証拠をまとめた結果，「空間的注意の焦点の範囲外にある刺激が意味レベルまで処理されることは，ほとんどない」と結論づけている。フランコリーニと

図12-11　注意の焦点は物体に向けられる？　空間に向けられる？

図12-12 この子供たちの中から，あまり知らない子供の顔を探すには時間がかかるだろう。しかしもし自分がこの写真の中にいるとして，自分を探すのであったらどれだけ速く見つけられるのだろうか。

エゲス（Francolini & Egeth, 1980）は，ジョンストンとダークの結論を裏づける非常に有力な実験的証拠を報告している。彼らは赤か黒で書かれた文字，あるいは数字を円形に並べて研究協力者に提示し，黒を無視して赤いものの数を数えるように教示した。その結果，赤いものが数字で，その数が答え（赤いものの総数）と異なるときに反応時間が遅くなった。しかし，黒いものは何の影響も与えなかった。すなわち，無視された刺激に対する処理はほとんどされていないと考えられる。

フランコリーニとエゲスは無視された刺激（黒いもの）が課題を妨害しなかったことから，無視された情報は処理されないと結論づけた。しかしその後，この仮説は誤りであることが明らかになった。ドライヴァーとティッパー（Driver & Tipper, 1989）がより精度の高い測定を用いてフランコリーニとエゲス（1980）と同じ実験を行ったところ，無視された刺激が処理されている可能性が示唆されたのである。

要するに，注意を向けられなかった刺激は，意味レベルまで処理される場合もあると言える。注意を向けられなかった刺激に比べればあまり徹底していないが何らかの処理をされていると考えられる。

視覚探索

視覚的注意の焦点化の処理基盤の解明には，**視覚探索**（visual search）課題の研究が大きな役割を果たしたと言える。視覚探索課題とは，幾つかの異なる刺激を提示して，その中に標的刺激（たとえば数字の4）が提示されているかどうかを，できる限り速く判断する課題である。日常生活での例としては，学校の集合写真の中から自分を探すことを考えてみよう。たとえ写真に何十人もの人が写っていても，たいていすぐに自分を見つけることができるものである。

ナイサー（1964）の実験は視覚探索の古典的な研究である。彼は研究協力者にアルファベットのリストを提示し，"Z"があるかどうかを報告させた。その結果，妨害刺激（標的刺激以外の文字）が曲線で構成される文字（S, P, B, Oなど）である場合は，妨害刺激が直線で構成される文字（E, H, T, Lなど）である場合よりも標的刺激検出にかかる時間が短かった。これは曲線で構成された妨害刺激は標

キー用語
視覚探索：一つ，もしくは複数の視覚的標的刺激を，妨害刺激の中からできるだけ速く見つけだす課題。

的刺激である"Z"と共有する特徴がほとんどないためだと考えられる（第11章参照）。また，練習によって視覚探索のスピードが上がることも明らかにされた。これは，標的刺激検出の処理が自動化していくためだと考えられる。

特徴統合理論

トリーズマン（1988）は，視覚探索研究から得られた発見から，**特徴統合理論**を打ち立てた。特徴統合理論では物体と，物体の特徴（色，大きさ，輪郭など）とが区別される。この理論の重要な特徴は次のようなものである。

- 処理の第一段階では，物体の視覚的特徴が非常に速く並列的に（すべてが同時に）処理される。この段階では注意は必要とされない。
- 処理の第二段階では，それらの特徴が物体の形態に結合される（赤い椅子，紫色の花など）。この段階の処理は非常にゆっくりで直列的である。
- 物体や場所に向けられた注意は接着剤（glue）のようにはたらいて物体の特徴を結合する。注意によって特徴が結合され，一つの物体が形成されるのである。
- さらにそれらの特徴は，貯蔵されている知識と照合される（たとえば「イチゴは赤い」）。
- 注意が向けられていなかったり適合する知識がない場合には，特徴はランダムに結合される。その結果，特徴が間違って結合される場合がある。これを**結合錯誤**と呼ぶ。

トリーズマンとジェレード（Treisman & Gelade, 1980）は特徴統合理論を支持する実験結果を報告している。特徴統合理論に基づけば，特徴探索課題において標的刺激が一つの特徴で定義される場合（たとえば「青」）には，第一段階の処理での検出が可能である。特徴統合理論が主張するように第一段階の処理が並列処理ならば，標的刺激検出までの時間は画面上の刺激の数の影響をほとんど受けないはずだからである。しかし，標的刺激が複数の特徴の**組み合わせ**で定義されている結合標的刺激（たとえば緑の「T」）である場合には，第二段階の処理である注意の焦点化が必要となる。注意の焦点化が直列処理ならば，標的刺激の有無の判断にかかる時間は画面の刺激数が増加するに従って長くなると考えられる。実験の結果，標的刺激が実際に含まれている場合には特徴統合理論の予測と完全に一致した。標的刺激が含まれていない場合は予測とは少し異なる結果であった。

特徴統合理論によれば，注意が視野の適切な部分に焦点化されないと結合錯誤が起きる。つまり結合錯誤は刺激に焦点的注意が向けられれば生じないと考えられる。トリーズマンとシュミット（Treisman & Schmidt, 1982）の実験はこの予測を支持する結果を示

どのようなときにどうやって，特徴統合理論を日常生活での体験に結びつけられるであろうか。

している。

　特徴統合理論は非常によくできているが，すべての現象を説明できるものではなかった。そこでトリーズマンとサトウ（Treisman & Sato, 1990）は理論の根本的な改良を行った。彼らは標的刺激と妨害刺激の類似性が視覚探索の成績に影響を及ぼす重要な要因であることを主張した。彼らは複数の特徴で定義された標的刺激を探索する場合，妨害刺激となるのは少なくとも一つは標的刺激と同じ特徴をもつものであるとした。たとえばもしグレーの三角，黒の三角，黒の丸の中からグレーの丸を探すならば，おそらく黒の三角は無視されるだろう。トリーズマンとジェレード（1980）の理論ではこのような状況においてもどの刺激も無視されないことになり，このような現象とは矛盾するのである。

図 12-13

注意の分配

　本章で先述したように注意の分配や二重課題の研究では研究協力者に二つの課題をできる限り同時に行ってもらう。このような研究では，二つの課題がどのようにして同時に行われているかを検討することが重要である。たとえば運転に慣れた人が車を運転しながら会話ができるように，どちらも難なくこなされる二重課題も日常の場面ではみられる。しかしたいていの場合は，二つの課題を同時に行うことは非常に難しい。たとえば片方の手でおなかをさすりながら，もう一方の手で頭を叩いてみよう。非常に難しいことがわかるだろう。このような例からもわかるように，二重課題の遂行成績を決定する要因については詳細に検討する必要があるといえるだろう。

課題の類似性

　同時に行うことができる活動というと，たいてい似ていないものが挙げられる（たとえば運転と会話，読書と音楽鑑賞など）。二重課題の成績には課題の類似性が重要であることを多くの証拠が示している。本章の最初で述べたオルポートら（1972）の実験をみてみよう。聴覚提示された単語を記憶しながら，同時に前もって覚えた文章を暗唱すると単語の記憶成績が低下した。一方，視覚提示された絵は，暗唱しながらでも記憶することができた。

> ■やってみよう：二つのことを同時に行うということ
> 　おなかをさすりながらもう一方の手で頭を叩いてみよう。これはあらゆる世代の人がやったことがある子供の遊びである。しかし，これが上手にできるかどうかが，ヘリコプターのパイロットの訓練に適性があるかどうかの判断基準になる。ヘリコプターのパイロットにはそれぞれの手で異なる課題を行えることが重要なのである。日常生活で二つの課題を同時に行わなければならない状況をリストアップしてみよう。音楽を聞きながら文章を書くことが実際にできるかどうか考えてみよう。トークラジオ番組を聞きながらの場合とは違うだろうか。もし違うと感じたら，その違いを説明できるだろうか？

2種類の課題の類似性を規定する要因はいろいろと考えられる。ウィッケンズ（Wickens, 1984）は二重課題について行われた研究をまとめた。彼は二つの課題が同じ感覚モダリティ（たとえば視覚，聴覚）を使用するとき，もしくは同じ処理のステージを使用するとき（たとえば入力，内的処理，出力），または同じような記憶方法（たとえば言語，視覚）を用いるときに互いに干渉すると結論づけた。

　また課題の類似性だけではなく，反応の類似性も重要である。マクロード（McLeod, 1977）は音高識別課題と手で対象を追う追跡課題を研究協力者に同時に行わせた。研究協力者の半分には音高を口頭で報告させた。もう半分の研究協力者には追跡課題とは反対の手で音高識別課題の反応を行わせた。その結果，追跡課題の成績は反応の類似性が低い場合（音高課題に口頭で反応）に比べて，類似性が高いとき（音高課題に手で反応）に悪かった。

練　　習

　年配の人がよく言う「習うより慣れろ（Practice makes perfect）」という諺は，一般的に二重課題の成績にもとてもよく当てはまる。たとえば運転初心者にとって，運転と会話を同時に行うことは，ほぼ不可能に近い。しかし熟練した運転者にとってはたやすいことである。

　スペルキ，ハーストとナイサー（Spelke, Hirst & Neisser, 1976）は，ダイアンとジョンという2人の学生を研究協力者として，このような常識を実験によって裏づけた。彼らは4ヶ月の間，週に2時間さまざまな課題を練習した。最初の課題は短い話を読んで理解すると同時に，書き取りを行うというものであった。最初のうちはこの二つの課題を同時に行うのはとても難しかった。しかし練習を始めて6週間後には，普通の速さで書き取りを行いながら，話をきちんと理解することができるようになった。さらに書き取りの成績もよくなっていった。

　しかしこの時点では，ダイアンとジョンは幾千もの言葉を書き取っていても，その内の35個の言葉しか思い出すことができなかった。また連続して書き取られた20個の単語が文を形成していても，同じ意味カテゴリ（たとえば四つ足の動物）の言葉であっても，そのことに気がつかなかった。そこでさらに練習を積んだところ，最終的には通常の読む速度と理解度を保ったまま，書き取っている言葉が属するカテゴリの名前さえも書くことができるようになったのである。

図12-14　練習効果：ピアニスト・エンタテナーのリベラーチェはピアノを弾きながら観客とおしゃべりを楽しむステージやテレビのショウを何年もこなしていた。

2種類の複雑な課題を同時に行う場合，練習によってその課題に関わる能力は非常に向上する。たとえば，プロのピアニストは聞いた言葉を反復したり追唱したりしながら，楽譜の通りに演奏することができる（オルポートら，1972）。またプロのタイピストは追唱しながらタイプを打つことができる（シャファー Shaffer, 1975）。彼らのパフォーマンスのレベルの高さは感動的ですらある。しかしこのような熟練者たちでさえも，その遂行成績には若干の干渉が生じている可能性があることも指摘しておくべきだろう（ブロードベント，1982）。

課題難易度

同じ二重課題といっても，簡単な課題を二つ行う場合よりも難しい課題や複雑な課題を二つ同時に行う方がより難しい。たとえばサリヴァン（Sullivan, 1976）は，研究協力者に文章を聞かせ，その文章の追唱と標的刺激の検出を同時に行わせた。その結果，追唱課題で複雑な文章を用いた場合には，もう一方の標的刺激検出課題はほとんどできなかった。

二重課題における課題難易度の影響に関する研究には二つの問題点がある。一つは，課題の難易度を定義するのは簡単なことではないということである。難易度の評価というのはどれほど基準の精度を高めても簡単ではない。もう一つの問題は個人差の問題である。ある人にとって難しい課題が，他の人にとってはとても簡単である可能性がある。たとえば，プロのタイピストにとってタイピングはそれほど難しいものではないが，タイピングを習い始めた人にとってはとても難しい。

理論的重要性

ここまでさまざまな要因が二重課題の遂行成績を決定するということを紹介してきた。一般的に，類似性が低く，練習を積んだ簡単な二つの課題は，たいてい同時に遂行することができる。一方，類似性が高く，慣れていない，複雑な課題は同時に遂行することが難しい。これに加えて，二つの課題を別々にではなく，同時に行わなければならないことから，協調というまったく新しい問題も生じる。たとえば目の前で人差し指を円を書くように動かすことは簡単である。また両手の人差し指を同じ方向に円を書くように動かすことも簡単である（どちらも時計回り，もしくは反時計回り）。しかし片方の人差し指を時計回りに，もう一方の人差し指を反時計回りに動かすことは非常に難しい。これは二つの課題がお互いに干渉し，協調が崩れてしまうためである（ダンカン Duncan, 1979 参照）。

中枢容量干渉理論

中枢容量干渉理論は二重課題を説明する最も単純な理論である。この理論はノーマンとボブロー（Norman & Bobrow, 1975）やその他の理論家によって強く支持されている。この理論は以下の2点を想

自分のこれまでの人生を振り返ってみよう。はじめはとても難しいと思ったけれどいまは簡単にできて，さらに現在も練習を積んでいるようなものはないだろうか？

定している。

- 注意や努力といった中枢容量があり，ここには限界のある心的資源がある。
- 二つの課題を同時にこなせるかどうかは，それぞれの課題がどれくらいの心的資源を要求するかにかかっている。

つまり，この理論によると二つの課題の要求する資源が中枢容量を超えた場合，2種類の課題の成績は悪くなる。しかし，要求される心的資源が中枢容量の総量よりも少なければ二つの課題は同時にこなすことができると考えられる。

四重課題

ブーケ，ダンカンとニンモー-スミス（Bourke, Duncan & Nimmo-Smith, 1996）は2種類の課題のパフォーマンスを決定する中枢容量の存在について，最も説得力のある実験結果を示している。彼らはできる限り処理内容が異なるように構成された4種類の課題を用いて実験を行った。

1. ランダム生成課題：文字をランダムに，すなわち単語にならないように生成する課題。
2. プロトタイプ学習課題：さまざまな例を見て二つのパターンやプロトタイプから特徴を見つける課題。
3. 手作業課題：並べられたナットとボルトを順番に締めたりゆるめたりしていく課題。
4. 音高判断課題：指定された高さの音を検出する課題

研究協力者はこれらの課題のうち2種類を同時に行った。その際，一方の課題がもう一方の課題よりも重要であると教示された。もし中枢容量が存在するならば，心的資源を一番要求する課題は他の3種類の課題すべてに対して干渉を起こすだろう。一方，最も心的資源を要求しない課題は他の3種類の課題すべてに対して干渉を起こさないと予測された。

実験の結果，それぞれの課題が他の課題に干渉することが示された。さらに，ランダム生成課題は他の課題に対して最も干渉すること，音高判断課題は最も干渉しないことが明らかになった。最も重要な発見は，ランダム生成課題は主要な課題であるときも，副次的な課題であるときも，プロトタイプ，手作業，そして音高課題に干渉したことであった。音高判断課題はどのような条件であっても他の3種の課題に対してそれほど干渉を起こさなかった。これらの結果は中枢容量理論の予測に合致するものであった。

しかし，ブーケらの研究（1996, p.544）では中枢容量というものが本質的にどのようなものなのかについては検討することが

キー研究評価—ブーケらの実験

これまでみてきたように，ブーケらの実験で用いられた4種類の課題はそれぞれまったく違うものである。もし課題ごとに特有の処理がなされているならば，それぞれの課題がお互いに干渉することなどおそらくないだろう。しかし実際には強い干渉が生じるということは，一般的な中枢処理容量が存在するという強い証拠であろう。特別に訓練された研究協力者ならば，幾つかの課題を簡単に同時に行えるはずだと思われるのではないだろうか。たとえば，機械工ならボトルとナットの課題を簡単に行えるだろう。しかし，この実験の研究協力者は普通の大学生であり，どの課題に関しても特別な訓練は行っていなかった。

できない。彼らは以下のように述べている。「中枢容量とは，課題を行うために使われる有限の心的資源かもしれないし，それぞれの課題を監視して協調させる中央実行系かもしれない。さらに同時に実行できる課題の数を決定するものとも考えられる。ここで述べたような実験は二重課題の遂行成績にどのような要因が影響するかどうかを検討することはできるが，二重課題の本質については知ることができないのである」。

議論のポイント
1. まったく異なる課題がお互いに干渉し合うことは驚くべきことだろうか。
2. なぜランダム生成課題は他の課題に対して最も干渉し，音高判断課題はあまり干渉しないのだろうか。

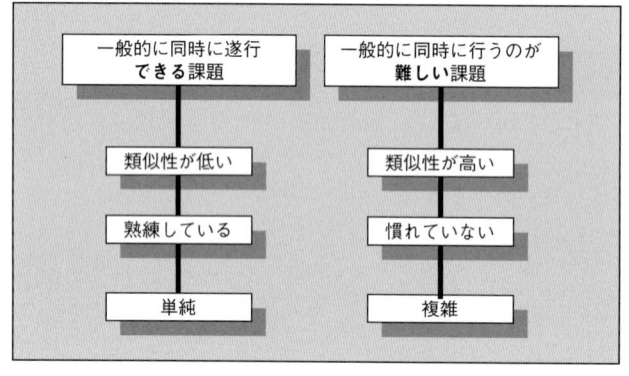

図12-15 制御処理 対 自動処理

課題難易度と練習効果 中枢容量干渉理論は，これまでの主要な二重課題研究の結果をどのように説明できるのであろうか。中枢容量干渉理論は，課題難易度が二重課題の成績を決定する重要な要因であるということを説明することができる。課題難易度は，すなわち課題遂行のために要求される心的資源量として定義することができる。同時に2種類の課題（たとえば，理解しながら読み，聞き取りながら書き取ることなど）をどちらも損なうことなく遂行できるということ（スペルキら，1976など）は，中枢容量理論に反する結果のように思える。しかし複雑な課題であっても十分な練習を積めば同時に行うことが可能になるということは，練習によって要求される心的資源が減少すると考えるためだと考えることもできる。次の節で詳しく述べるが，練習を積むことによって処理が自動化され，心的資源を要求しなくなる場合もある。

課題類似性 以上のように中枢容量干渉理論は課題難易度の効果と練習効果について説明することができる。しかし課題類似性の効果について説明することは難しい。シーガルとフッセラ（Segal & Fussela, 1970）の研究をみてみよう。彼らは研究協力者に視覚，もしくは聴覚イメージを保持しながら弱い視覚，もしくは聴覚信号を検出する課題を行わせた。

その結果，聴覚イメージ保持課題よりも視覚イメージ保持課題を同時に行った場合の方が聴覚信号検出課題の成績がよかった。中枢容量理論に基づけば，視覚イメージ保持課題は聴覚イメージ保持課題よりも簡単で要求する心的資源量が少ないからだと考えられる。しかしこの実験のデータを詳細に分析すると，今度は正反対の結論が導かれた。視覚信号検出課題の成績は，視覚イメージ保持課題よりも聴覚イメージ保持課題を同時に行った場合の方がよかったので

ある。すなわちこの場合では，聴覚イメージ保持課題は視覚イメージ保持課題よりも心的資源の要求が少ないということを示しているのである。

特定処理機構理論

オルポート（1989）は処理機構それぞれに資源があると仮定する理論を提唱した。この理論は課題類似性が二重課題の遂行成績に影響するという，類似性効果を説明することができる。類似性の高い課題というのは一般的に同じ特定処理機構を用いるために干渉が起こる。一方，類似性の低い課題は異なる特定処理機構を使うのでそれぞれが干渉することはほとんどない。

オルポートの理論に基づいて，車を運転しながら同時に会話を続けるという状況を考えてみよう。車の運転には視覚情報処理や運動反応など数多くの処理機構が関わる。一方，会話の継続には言語処理，会話の話題に関する長期記憶内の情報検索などの処理機構が関わる。このように異なる処理機構を使うので，運転と会話を同時に行うことができるのである。

統合理論

アイゼンク（1984）は，中枢容量干渉理論と特定処理機構理論を統合することで，よりいっそう妥当性の高い理論を構築できると考えた。この理論によれば，課題難易度の効果は注意や中枢処理に強く関わる。一方，課題類似性の効果は特定処理機構に関わる。また練習効果は，最初は多くの心的資源を要求していた課題も練習によってその要求を減少させていくことだと考えられる。

実際場面への応用

仮説検証

二重課題が難しいのは，心的資源に限界があるためだということが示唆されてきた。この理論は1960年代にイボール・ブラウン（Ivor Brown）によって社会的に実際場面に応用されている。イギリスのバス会社はバスの運転手の訓練に多額の費用をかけていた。ところがそのような訓練を受けても，公共サービス乗り物運転免許試験に失敗する者も多かった。しかし訓練期間中に誰が運転試験に合格するかどうかを判断することは難しかった。試験に受かる人と受からない人との間の差はあまりみられないのである。そこでブラウンは巧妙な解決法を思いついた。

ブラウンは，試験に落ちる人は試験に受かる人よりも運転に対してより多くの注意容量を用いているはずだと考えた。彼は二重課題を用いて検証を行った（アイゼンクとアイゼンク Eysenck & Eysenck, 1981参照）。訓練中の人に，八つの数字からなる刺激セットを数秒ごとに読ませながら運転を行わせた。この刺激セットは，一つ前に読まれたセットと一つだけ数字が異なるように構成されていた。課題はこの新しい数字を検出することであった。実験の結果，この課題

の成績は後に運転試験に合格した人の方が，不合格だった人よりもほぼ2倍近くよかったことが明らかになった。この研究によって，バス会社は多くの時間とお金を無駄にしないですんだのである。

不安効果

危険な環境で働いているとき，人間は潜在的に不安を覚える。二重課題の成績に不安が与える影響についての研究を紹介しよう。不安は両方の課題の成績に悪い影響を与えると思われるかもしれない。しかし実際は不安の影響は非常に複雑であることが明らかになっている。ウェルトマン，スミスとエグストロン（Weltman, Smith & Egstrom, 1971）は，研究協力者に彼らのいる潜水室が60フィート（18メートル）の深さに下降していると信じさせることによって，不安を与えた状況で実験を行った。彼らは主要な課題として環の隙間を検出する課題（視力検査で用いる課題），副次的課題として光点検出課題を同時に行った。その結果，不安は主要な課題の成績には影響を与えないが，副次的な課題の成績に影響を与えるということが明らかになった。すなわち，不安による主な課題へのマイナスの影響は，副次的な課題に費やされるはずだった心的資源を主要な課題に当てることによってある程度補われていると考えられる。この結果は，なぜ危機的状況において，飛行機のパイロットが致命的重要性をもつ情報を見落としてしまうことがあるのかということを説明できるかもしれない。そのような情報は通常の状態で空を安全に飛ぶためには必要のないものだからである。

倫理的問題：ウェルトマンたちの行ったような実験において倫理的に考慮するべきこととは何だろうか。

注意操作の学習

ゴファー（Gopher, 1993）は，二重課題における注意制御は学習することができる能力だと指摘している。彼は**スペースフォートレス**というコンピューターゲームを用いて実験を行った。このゲームは宇宙船を操作してミサイルで要塞を爆撃し，同時に敵の攻撃をかわしていくというものである。イスラエル空軍の訓練生たちにゲームによって注意を制御する訓練を行わせた。これはゲームの中で一つの課題（ミサイルを撃つ，など）だけに注意を向ける，というものであった。実際のフライトはスペースフォートレスよりもはるかに難しいものであるにもかかわらず，18ヶ月間で他の訓練生よりも腕のよいパイロットが2倍近く増えた。訓練生がゲームで訓練したことは，どうやって注意を効果的に制御するかということだったのである。

図12-16　注意操作の練習：任天堂ゼルダの伝説

自動的処理

先に述べたように，練習によって劇的な課題成績の向上が認められる場合がある。これは練習によって処理が自動化されるためだと考えられている。**自動的処理**（automatic processes）の主な基準は次のようなものである。

キー用語
自動的処理：一般的に素早く生じ，注意を要求せず，意識にのぼらない処理。

・速い。
・注意を要求しない。
・意識にのぼらない。
・無視できない。すなわち適切な刺激が提示されると常に起こる。

この基準すべてを満たす処理はあまりない。たとえば注意を要求しないということは，すなわち他の課題と同時に行ってもその成績はまったく干渉を受けないということになる。しかし，実際にはそのようなことはめったにない（ハンプソン Hampson, 1989 のレビュー参照）。

ストループ効果

無視できない処理とはどのようなものだろうか。カーネマンとヘニク（Kahneman & Henik, 1979）は自動的処理の「無視できない」という基準について検討した。彼らはストループ効果に注目した。ストループ効果とは，単語のインクの色を答える課題において，単語が色を表す単語であるときに反応するのに時間がかかるというものである（グレーのインクで書かれた BLACK を見て「グレー」と答える場合など）。単語の読みには無視できない自動的処理が関わっているためにストループ効果が生じるのだと考えられる。そのためインクの色の名前を答えるように言われていても，グレーで書かれた BLACK を，「BLACK」と言ってしまいそうなのを抑制することは難しいのである。しかし，カーネマンとヘニクは，妨害情報（たとえば色の名前）が課題の対象である色そのものと同じ場所にある場合の方が，隣り合った場所にある場合よりもストループ効果がより大きいことを明らかにした。すなわちストループ効果を引き起こしている処理は，常にすべて無視できないというわけではないのである。

BLACK	GRAY	BLACK
GRAY	GRAY	BLACK
BLACK	GRAY	GRAY
GRAY	BLACK	BLACK

図 12-17

■やってみよう：ストループ効果

ストループ課題を行うにはまず 2 枚の紙と 4 色のペン（赤，緑，黄，青），ストップウォッチを用意しよう。

1 枚に赤，緑，黄，青の名前をランダムにそれぞれ 5 回ずつ書く。ただし，色の名前は違う色のペンで書くように気をつけること（たとえば「赤」を緑のペンで書くこと）。

もう 1 枚の紙には，最初と同じようなリストを書く。ただし書く単語は色の名前ではなく，同じくらいの出現頻度の単語（たとえば，ボート，時計など）にすること。

実験は協力者にどちらの課題も行わせる計画である。そのためリストの提示順序による影響を相殺する必要がある（研究協力者 1 ははじめにリスト 1 を，次にリスト 2 を見せる。研究協力者 2 にははじめにリスト 2 を，次にリスト 1 を見せる，というように）。研究協力者にはできるだけ速く間違えないようにリストに書かれた単語の色を読み上げていくように教示する。間違いはすべて訂正する。

読み上げるのにかかった時間を記録する。そしてどのように結果を見せるか決定しよう。カーネマンとヘニクの結果と一致するだろうか。

技能の獲得

自動的処理で一番わかりやすいのが技能の獲得だろう。たとえばタイピング技能の獲得過程を考えてみよう。フィッツとポスナー（Fitts & Posner, 1967）はタイピング技能の獲得には三つの段階があることを指摘している。一つ目は認知段階である。これはルールを考えながらタイピングを行う段階である（左手の人差し指を右に動かして g を打つ……など）。二つ目は結合段階である。この段階では，

図12-18　熟練したタイピストは会話をしたり他のことに注意を向けながら速く正確にタイピングすることができる。

間違いの検出と排除ができるようになる。三段階目は自動的段階である。この段階では自動的になり，速く，正確なタイピングができるようになる。

　タイピングのスピードが練習によって非常に速くなることをはっきりと示しているデータもある。特に熟練したタイピストは60ミリ秒ごとに1回キーを押すことができる（フィッツとポスナー，1987）。ここで重要なのは練習によって処理**速度**がただ速くなるということだけではなく，その処理が質的にも変化することである。この質的な変化は自律段階において最も明らかである。この段階のタイピストのほとんどは無意識にタイプしており，認知段階や結合段階で用いていたルールを言葉では表すことができなくなる。これは私の場合でも当てはまる。私はこれまでの人生で300万の言葉をタイプしてきたが，他の誰かにキーボードのどこにどの文字があるかを言葉で説明するのは非常に難しい！　シャファー（1975）はこのような熟練者のタイピングに自動的処理が深く関わっていることを検証した。彼は熟練したタイピストはタイピングの効率をほとんど損なわずに追唱課題や反復課題を行うことができること，さらにタイピングをしながら会話に参加することが可能であることを示した。

制御的処理と自動的処理

　シフリンとシュナイダー（Shiffrin & Schneider, 1977），シュナイダーとシフリン（1977）は制御的処理と自動的処理を明確に区別する理論を提案した。彼らの理論によれば，制御的処理は処理容量が限られており，注意を必要とし，環境の変化に対して柔軟に対応できる。一方，自動的処理は処理容量の限界がなく，注意を必要とせず，一度学習されてしまうと修正することは難しい。

　シュナイダーとシフリン（1977）は一連の研究によってこの理論について検証した。彼らの実験では，まず研究協力者に1個から4個の刺激（子音か数字）を記憶させた。これを記憶セットと呼ぶ。次に1個から4個の刺激が視覚提示された。研究協力者の課題は視覚提示された刺激の中に前もって記憶した刺激が含まれているかを判断するものであった。

　重要なのは，**不変マッピング条件**と**変化マッピング条件**の2種類の条件が設けられたことである。不変マッピング条件では刺激セットは子音のみ，視覚提示される妨害刺激は数字だけで構成された（もしくはその反対であった）。記憶セットに数字だけが与えられた場合を考えてみよう。もし視覚提示される刺激が数字だけならばその中には覚えた刺激が含まれている可能性が高い。シュナイダーとシフリン（1977）によれば研究協力者は何年もの経験の結果，文字と数字の区別に熟達しているので，不変マッピング条件は自

動的処理で遂行可能だと言える。一方，変化マッピング条件では，記憶セットでも視覚提示される刺激でも子音と数字が混合したものが用いられた。この条件では自動的処理によって課題を遂行することはできない。

不変マッピング条件と変化マッピング条件との間にどのような重要な違いがあったのだろうか。一つ一つ検討してみよう（図12-20参照）。

まず不変マッピング条件と変化マッピング条件では成績が大きく異なっていた。記憶セットと視覚提示の刺激の数は，不変マッピング条件では成績にほとんど影響を与えなかったのに対し，変化マッピング条件では大きな影響を与えた。シュナイダーとシフリン（1977）によれば，不変マッピング条件では並列処理である自動的処理が用いられていると考えられる。一方，変化マッピング条件では直列処理である注意による制御的処理が用いられていると考えられる。そのため，刺激数が多くなればなるほど反応時間が長くなるのである。シフリンとシュナイダー（1977）は練習によって処理が自動化されるという仮説を不変マッピングを用いて検証した。実験では，記憶セットの刺激は常に子音のBからL，そして視覚提示における妨害刺激は常に子音のQからZが用いられた。もしくはその反対であった。2100試行の間に課題成績は劇的に向上した。これは処理が自動化されたことの現れだと考えられる。

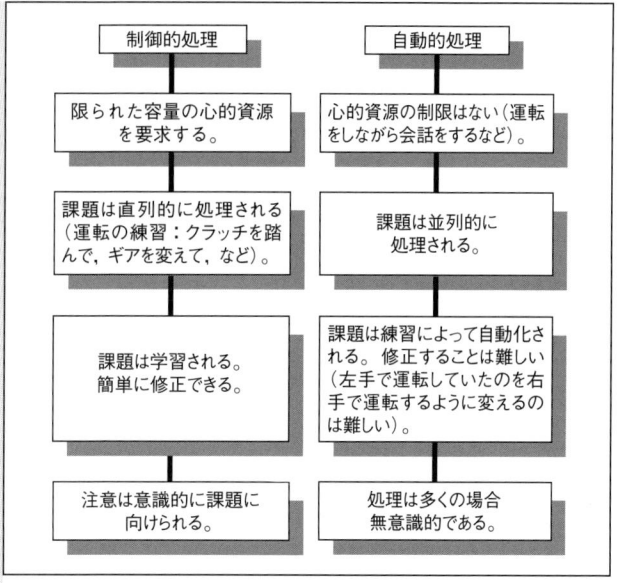

図12-19

不変マッピング

記憶セット	視覚提示される刺激	反応
HBKD	43B7	Yes
HBKD	9253	No
5273	J5DC	Yes
5273	BJGH	No

変化マッピング

記憶セット	視覚提示される刺激	反応
H4B3	5CGB	Yes
H4B3	2J7C	No
58F2	G5BJ	Yes
58F2	6D1C	No

図12-20

処理が自動化された後，今度は記憶セットと視覚提示される刺激を逆にして2400試行を行った。たとえば，最初の2100試行で記憶セットがアルファベットの前半であった場合には，次の2400試行ではアルファベットの後半が用いられるということである。このように刺激を逆転した結果，課題成績が大幅に低下した。

この課題成績の低下は非常に大きく，成績が実験の一番はじめの状態に戻るためには1000試行が必要なほどであった。これらの結果は環境の変化によって自動化された処理が不必要になってしまっても放棄することが困難なことを示している。

自動的処理が制御的処理に比べて有利な点，もしくは不利な点とは何であろうか。自動的処理の最も有利な点は，多くを速く同時に処理することができることである。不利な点としては，環境や有効な方略の変化に対して柔軟性や適応性に欠ける点がある。私たちは自動的処理と制御的処理の両方を備えていることによって，あらゆる場面において素早く，また適切に反応することができるのである。

> **議論のポイント**
> 1. シフリンとシュナイダーの研究は自動的処理の理解に役立つものであろうか（ヒントは次を参照）。
> 2. 日常生活における自動的処理と制御的処理の幾つかの例を考えてみよう。

> **キー研究評価—シュナイダーとシフリン**
> シュナイダーとシフリンの制御的処理・自動的処理に関する研究は，実験によって検証され支持された理論のよい例である。興味深いことに，ある広告が同じような文字と数字の結合を効果的に利用している。たとえば映画の『SE7EN』（Seven：セブン）である。これは読みの自動的処理を無効にすることがどれほど難しいかを証明している。シュナイダーとシフリンの研究はある処理が時間とともに自動化されるという当たり前のことに確認を与えたと言える。しかしある処理が時間とともに自動化されことは明らかになったが，そのメカニズムは特定されなかった。

評　価

シフリンとシュナイダー（1977），シュナイダーとシフリン（1977）の研究は理論的にも実験的にも重要なものである。理論的な重要性は，自動的処理と制御的処理の区別を明確にし，この違いを非常に効果的に証明したことである。実験的な重要性は課題成績が自動的処理に基づいているのか，制御的処理に基づいているのかによって大きな影響を受けるという説得力のある証拠を示したことである。

ただし，自動的処理の定義に関してデータと理論の間に解けない矛盾があることも指摘されている。理論的には，自動的処理は並列に行われ心的資源を用いないと仮定される。すなわち，自動的処理の場合には記憶セットと視覚提示される刺激の数にかかわらず，課題達成までの反応時間の勾配はゼロであるはずである。しかし実際の反応時間は刺激数の増加に従って長くなっていた。

シフリンとシュナイダー（1977）の理論的アプローチの最大の弱点は，内容よりもむしろその表現にあると考えられる。この理論はある処理が練習によって自動化するということが，どのようなメカニズムに基づいているのかについては明らかにしていない。練習は課題の遂行に関わる処理の速度を上げているだけかもしれないし，処理それ自身の性質を変えているのかもしれない。チェン（Cheng, 1985）は不変マッピング条件では研究協力者が覚えた刺激と提示された刺激の共通性を探索している可能性を指摘した。たとえば，もし彼らが提示された子音が覚えた刺激とすべて同じものであるとわかっていたら，彼らは「覚えた子音」があるかどうかを照合するのではなく，ただ「子音」を探すだろう。もしかしたらチェンの批判通りなのかもしれないが，シフリンとシュナイダーの示しているデータからでは検証することができない。

以前に挙げた不変，変化マッピングの例を振り返ってみよう。チェンの主張は正しいだろうか？

事例検索理論

シフリンとシュナイダー（1977）の理論では，練習がどのようにして処理を自動化するのかについては言及していない。そこでローガン（Logan, 1988）はこの穴を埋めるために事例検索理論を打ち出した。この理論は五つの基本的仮説に基づいている。

1. 刺激が提示され，処理されるたびに分類された記憶が貯蔵される。

2. 同じ刺激に対して繰り返し処理を行うこと（すなわち練習）は，貯蔵された刺激情報と刺激に対する対応の記憶を増強する。
3. 練習による知識量の増加によって，刺激が提示されたときにその刺激に関連する情報を素早く検索することができるようになる。
4. 「自動的処理とはすなわち記憶検索である。過去の解決法への直接アクセス検索に基づく処理は自動化される」（ローガン, 1988, p.493）。
5. 練習が行われないと，刺激に対する反応には試行やルールの提供が必要となる。練習を積むことによって，刺激に対する適切な反応が記憶に貯蔵され，その記憶に非常に速くアクセスすることが可能になる。

　この理論は自動的処理の多くの面をうまく説明することができる。つまり自動的処理とは長期記憶から「過去の解決法」を素早く検索することなのである。このような自動的処理は他の課題を遂行するのに必要な処理容量にほとんど影響を与えない。なぜなら練習を積むと，難なく情報の検索をすることができるようになるからである。また，自動的処理は無意識になされるものである。なぜなら提示された刺激への適切な反応の検索には，意識的処理は必要ないからである。

アクションスリップ

　アクションスリップとは，するつもりではなかった行動を思わずしてしまうことである。一般的にアクションスリップは，注意が欠如している状態，すなわち「うわの空」の状態のときに起こると考えられている。アクションスリップの生起に関する理論的議論の前に，アクションスリップをカテゴリーに分類してどのようなものがあるのかを検討してみよう。自分自身が体験したアクションスリップはどのカテゴリーに当てはまるだろうか。

日記研究

　アクションスリップの研究法の一つに，日記をつけてもらうことによってたくさんのアクションスリップの例を収集するものがある。リーズン (Reason, 1979) は35人に2週間アクションスリップを報告する日記を記入させた。その結果400を越えるアクションスリップが報告された。リーズンはそれらを大きく五つのカテゴリーに分類した。

図12-21

この研究によると，アクションスリップの 40 ％が**貯蔵の失敗**であった。貯蔵の失敗についてリーズンは以下のような例を挙げている（1979, p.74）。「私はやかんに沸いたお湯をティーポットにそそぎ，紅茶を入れようとしました。しかし紅茶を入れることをすっかり忘れてしまいました」。

またアクションスリップの 20 ％以上が**検証の失敗**であった。意図した目的のためにとるべき行動の確認をし損ねることが原因である。たとえば以下のような例がある（1979, p.73）。「私は車を出そうとしました。しかしガレージへ向かい，裏のポーチを通るとき，私は庭仕事をするときのようにウェリントンブーツとガーデニングジャケットを着ようとしていました」。

18 ％は**サブルーチンの失敗**であった。これは行動の下位手順において割り込みや省略，繰り返しが生じることが原因である。リーズン（1979, p.73）は次の例を挙げている。「いろいろと仕事を片づけようと思って私は机に向かいました。書き物を始める前に私は手を顔にやって眼鏡を外そうとしました。しかし私の指はむなしく空をかきました。なぜなら私は眼鏡を掛けていなかったのです」。

残る二つのカテゴリーは日記研究ではあまりみられないものである。一つは**弁別の失敗**（11 ％）であり，これは入力情報の区別に失敗することが原因である（たとえばパソコン画面上のアイコンを間違えてしまう）。

またもう一つは**プログラムの組み立ての失敗**（5 ％）である。これは行動の協調を間違えてしまうことが原因であった。たとえば以下のようなことである，「私はあめの包みをはがし，紙を口に入れてあめをゴミ箱に投げ入れました」（リーズン, 1979, p.72）。

■やってみよう：日記研究
　あなたもできる日記研究のすすめ：実験で検証される期間（1週間か2週間）よりも長い期間，自分が体験したアクションスリップや他人のアクションスリップのすべての例を日記につけてみよう。すべてのアクションスリップはリーズンが提唱するカテゴリーに分類することができるだろうか。このような方法論の問題点に反論することができるだろうか？　評価の項もみてみよう。

評　価

リーズン（1979）のような日記研究によって，日常生活で生じるアクションスリップには，幾つかの種類があることが明らかになった。しかし，それぞれのカテゴリーのアクションスリップの生じる頻度についてはあまり重要視されていない。なぜならば，報告されたもののように気がつくことのできるアクションスリップ以外に，それぞれのカテゴリーにおいてどれだけのアクションスリップが気がつかれずにいるのかについてはわからないからである。また，カテゴリーの割合を議論するためにはそれぞれのカテゴリのアクションスリップが生じる状況すべてを把握しなくてはならない。しかし実際にはそのようなことは不可能である。そのため，アクションスリップをこれくらいの少数のカテゴリーに分類するのが正しいのか，それとも本当はより細かい分類が必要なのだがデータが足りないのかはわからない。

さらに問題として，異なる二つのアクションスリップが同じカテゴリーに分類されている可能性が挙げられる。表面的には同じにみ

えても，そのアクションスリップが生じるメカニズムが異なっているかもしれない。グルジン（Grudin, 1983）は，タイピングを行っている最中の間違いをビデオに撮って分析した。すると，同じようなキーの押し間違い（文字を一つ飛ばして打つ）であっても，指使いを間違えてキーを押し間違える場合もあれば，指使いは正しいが間違ったキーを押してしまう場合もあった。グルジンによれば，前者は運動実行の失敗であり，後者は運指の間違いであると考えられる。このように，アクションスリップの生じる基本的なメカニズムを特定するためには，日記研究だけでは不十分であると言えるだろう。

実験室研究

それでは実験室研究ならばアクションスリップに関する正確なデータを得ることができるだろうか。しかしセレンとノーマン（Sellen & Norman, 1992, p.334）は，実験室研究の根本的な問題点を指摘した。多くのアクションスリップが自然に生じるのは，

> 悩みごとや考えごとをしているとき，もしくは意識が散漫になっているとき，意図した行動であっても間違った行動であっても，その行動が自動的になされたとき，そして慣れ親しんだ状況で慣れ親しんだ課題を行うときである。しかし実験室研究はこの定義とはまったく正反対の状況である。実験室研究では，研究協力者は慣れない状況で，初めてみる綿密に計画された課題を行わなくてはならない。さらに研究協力者の多くは課題に一生懸命取り組むので他のことを考えたりはしないだろう。つまり，いわゆる実験室研究は実際の自然発生的なうわの空のような状況とはまったく異なるのである。

実験室研究にはこのような問題点もある。しかし実験室研究によって明らかにされた興味深い結果も多い（次を参照）。

ヘイとジャコビー

> ヘイとジャコビー（Hay & Jacoby, 1996）は，次の二つの条件が満たされた場合アクションスリップが生じる可能性が高いことを指摘した。
> 　一つは，その状況においてとるべき行動が，本人が意図する行動と一致していない場合や習慣となっている行動ではない場合である。
> 　もう一つは，行動を選択するという課題にほとんど注意が払われていない場合である。
> 　たとえば，家の鍵を探している状況を想像してほしい。いつも置いてある場所に鍵がない場合でも，まずはじめにいつもの場所を探してしまうので時間がかかってしまうだろう。そのうえ大事な待ち合わせに遅れているとすれば，鍵を置いた可能性のある他の場所を考えることなどとてもできないだろう。結局，間違った場所を探して時間がかかってしまうのである。
> 　ヘイとジャコビーは対連合学習を用いてこの理論を検証した。研究協力者はまず単語の組み合わせを学習した。学習する単語の組み合わせは意味

キー研究評価—ヘイとジャコビー

ヘイとジャコビーの研究は実験室状況でのアクションスリップを検証したものである。この分野では実験室研究がほとんど行われていない。しかし実際の生活ではアクションスリップは重要なものなのではないだろうか。たとえば接近してくる目標物が敵かどうかを判断しなければならない戦艦の戦闘員のことを考えてみよう。ヘイとジャコビーは、アクションスリップはその状況で要求される反応が、有力なものではなく、かつ速く判断しなければならない場合に起こりやすいことを発見した。彼らの理論によれば、素早く判断する必要があり、通常ターゲットを敵として反応するように訓練を受けてきた戦闘員は、敵ではないのに攻撃してしまうというアクションスリップを起こしやすいと考えられる。

のつながりが強い場合（たとえば knee : bent）もあれば、弱い場合（たとえば knee : bone）もあった。学習後の本試行では、提示された組み合わせ（たとえば knee : b_n_）の答えを1秒、もしくは3秒以内に答えるように指示された。ヘイとジャコビーは、意味のつながりが弱い組み合わせを速く答えなければならない場合に最もアクションスリップが起こるだろうと予測した。結果は予測通りであり、他の条件の誤答率が30％であったのに対して、上記の条件の誤答率は45％であった。

ヘイとジャコビーの研究の重要性は何だろうか。それは彼ら自身が以下のように述べている（p.1332）。「アクションスリップが生じる可能性を直接操作して検討した実験室研究はこれまでほとんどなかった。私たちの研究は、アクションスリップを操作しただけではなく、アクションスリップの生起に関わる自動的な反応と意図的な反応の役割を区別したのである」。

議論のポイント

1. ヘイとジャコビーの理論ですべてのアクションスリップを説明できるだろうか。
2. ヘイとジャコビーの用いたような実験室研究に基づく理論に限界はあるだろうか。

アクションスリップの理論

リーズン（1992）やセレンとノーマン（1992）など、アクションスリップに関する理論は幾つか提出されている。それぞれ違いはあるものの、リーズン（1992）、セレンとノーマンの理論は、制御には二つのモードがあると仮定している点では共通している。

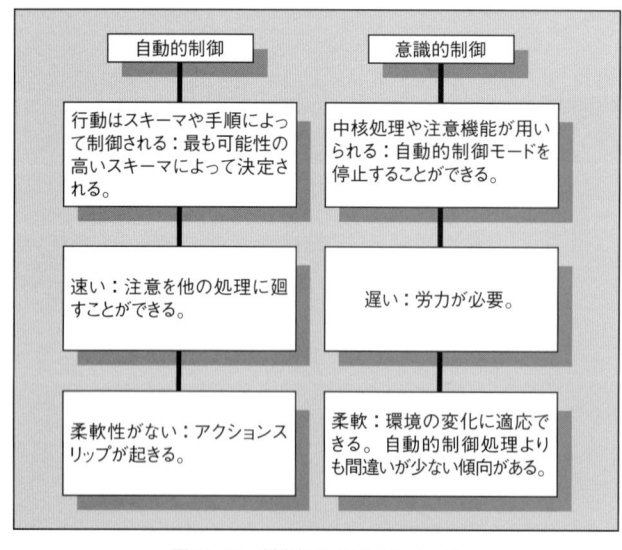

図12-22　制御処理の二つのモード

- 自動的制御モード：行動はスキーマや構造化された手順によって制御される。行動を決定するのはその状況において最も可能性の高いスキーマである。
- 意識的制御モード：中枢処理システムや注意機能が関わる。意識的制御モードは自動的制御モードを無効にする。

自動的制御モードには、処理が速く、他の処理活動に心的資源を割り当てることができるという利点がある。しかし一方で、柔軟性がなく、頼りすぎるとアクションスリップが起きるという

欠点もある。意識的制御モードは，自動的制御モードよりも間違いが少ない傾向にあり，環境の変化に対しても柔軟に対応することができる。しかしその処理は遅く，心的資源を要求するという欠点がある。

これらの理論に基づけばアクションスリップは自動的制御モードで，状況が要求する反応と本人の中での可能性の高いスキーマや運動プログラムが一致しないときに生じると考えられる。自動的制御モードの関わりはリーズン（1979）のアクションスリップの例にも多くみられる。最も一般的なアクションスリップは，最初の行動を忘れてしまうことによる行動の反復である（たとえば歯をすぐに続けて2回磨いてしまう，車のエンジンがかかっているのにまたかけようとしてしまうなど）。この章で先に述べたように，注意を向けられなかった情報の保持は短く，すぐに忘れられてしまうのである。歯を磨いたり，エンジンをかけたりという行為が自動的制御モードで行われた場合には，その行為を行った記憶はすぐに失われてしまう。その結果行動が繰り返されてしまうのである。

スキーマ理論

セレンとノーマン（1992）はスキーマ理論を唱えている。スキーマ理論によると，行動は階層構造的に配置された**スキーマ**（schemas），もしくは構造化された運動プランによって決定される。スキーマという言葉は一般的に記憶研究の中で使われている用語である（第13章参照）。最も高次な意味でのスキーマは意図や目的のすべてである（たとえばプレゼントを買う）。そして低次な意味でのスキーマは目的の達成に関わる下位の行動である（たとえば，お金をおろす，ショッピングセンターまで電車に乗る）。どのようなスキーマもその活性レベルが十分高く，そして適切な刺激が存在するときに行動が決定される（電車が駅に止まったときに電車に乗るなど）。スキーマの活性レベルは，現在の意図と内的な状態によって決定されるのである。

アクションスリップはスキーマ理論によってどのように説明できるのであろうか。スキーマ理論によれば，アクションスリップの生じる原因には多くの可能性がある。一つは意図の形成において間違いがある可能性である。二つ目は間違ったスキーマが活性している可能性である。たとえば，間違ったスキーマが正しいスキーマの活性を抑制する可能性がある。三つ目に状況によって間違ったスキーマが活性されている可能性がある。間違ったスキーマによって間違った行動が引き起こされるのである。

リーズン（1979）によって記録されたアクションスリップの多くは，スキーマ理論によって説明することができる。たとえば弁別の間違いは目的の形成の失敗とみなされるだろうし，目的の保持の失敗は間違ったスキーマの活性を引き起こしたためだといえるだろう。

評　価　アクションスリップは何か特別なメカニズムによっ

> **キー用語**
> **スキーマ**：セレンとノーマンの理論によれば，将来の行動を決定するのに用いられる構造化されたプランである。記憶の理論で言われるスキーマとは若干意味が異なる。

図12-23 このような曲芸は何千回も練習される。しかしどのようなアクションスリップが起きても非常に深刻な事態となるため、これらの行動がすべて自動化されることはない。

て生じる特別な現象だと思うかもしれない。しかしアクションスリップは「行動システムの正常な反応」（セレンとノーマン, 1992, p.318）だと捉えた方がおそらくよいだろう。スキーマ理論でもそのように考えられている。すなわち, 通常では巧みに機能する一つの運動システムが, 時としてアクションスリップという形で間違いを犯すと考えられるのである。

　最近の理論では, アクションスリップと自動的処理の関わりが強く示唆されている。しかし自動的処理とは定義が難しいものである。どのような要因が間違った自動的処理を引き起こすのかについてもっと検討することが必要だろう。また, 最近の理論は, アクションスリップは熟達した行動で生じやすいことを予測している。なぜなら熟達した行動は自動的処理であることが多いからである。しかし実際は, アクションスリップは重要性の非常に高い運動よりも重要性の低い運動において生じる。たとえばサーカスの団員は危険な演技を何度も練習する。しかし危険な要素となる行動が自動制御化されることはない。最近の研究では, このような事実をうまく説明することができない。

パフォーマンス効率

　もし自動的制御処理がなければ, アクションスリップのような間違いをしないでもっと効率よく行動することができるのに, と思うかもしれない。しかしこのような考えは間違いである。リーズン（1979）の研究によると, アクションスリップが起こるのはせいぜい1日に1回である。これは私たちの行動が非効率的だとは言えない頻度であろう。自動的制御モードの重要な利点は, 注意システムを過去の経験を思い出すことや将来の行動計画などに費やすことから解放することができることである。結局のところ, アクションスリップが日常生活に支障をきたすことはほとんどないのである。

感　想

・これまでほとんどの心理学者が, 情報処理の多くは, 限られた心

的資源を用い，意識的処理を要求すると考えてきた。この考え方は私たちの日常体験によく当てはまり，道理にかなっているように聞こえるだろう。しかしそうではない。注意を必要としない多くの視覚的，聴覚的処理がある。二重課題の研究によって，処理が自動化することによって注意資源を用いなくなるということが明らかにされた。注意機能の重要性は過大評価されがちである。というのも意識下で起きているその他のすべての処理は気がつくことができないからであろう。

要　約

注意の概念
　注意の焦点化と注意の分配の間には，重要な区別がある。注意の焦点化は単一の刺激入力にだけ反応するのに対して，注意の分配はすべての刺激入力に注意を向けて反応しなくてはならない。注意はしばしば単一のシステムであると考えられているが，実際には数多くの異なる処理を含んでいる。

聴覚における注意の焦点化
　人間は，聴覚的メッセージの物理的な差異（たとえば話者の性別や位置）によってあるメッセージを追唱し，同時に提示されるもう一つのメッセージを無視することができる。たいていの場合，注意を向けていないメッセージはほとんどまったく覚えていない。しかし，注意を向けていないメッセージもある程度は意味の処理がされているということが優れた実験によって示唆されている。人間は一般的に，注意を向けたい入力を同定するために必要なだけの「注意を向けていない」メッセージを処理している。

視覚における注意の焦点化
　視覚における注意の焦点化は可変性のスポットライトにたとえられる。ただしこのたとえは単純すぎるとも言える。注意はスポットライトよりももっと柔軟なものであるからである。注意のビームの外側の視覚刺激は時には意味レベルまで処理されている。特徴統合理論によれば，物体の視覚的特徴はまず並列的に処理され，その次に焦点化された注意によって物体を形成するために結合されると考えられる。

注意の分配
　注意の分配の研究は，特に問題なく二つの課題を同時に行うことができることを示した。しかし，課題の組み合わせによっては同時に行うことがほとんど不可能な場合もある。この二重課題の成績を決定する重要な要因には，課題の類似性，課題の難易度，練習量などがある。これらの発見の多くは中枢容量理論によって説明することが可能である。また何か特別な処理メカニズムが関わっている可能性もある。

図12-24 注意の分配の研究を考えてみよう。車の運転者が運転をしながら携帯電話で話をしてよいものだろうか。

自動的処理

なぜ二重課題の成績は練習によって大きく向上するのだろうか。それは処理が自動化されるためだと考えられる。理論的に自動的処理は速く，注意を要求せず，意識に現れず，無視することができない。しかし実際にはこれらすべての基準を満たすような処理はほとんどない。自動的処理は，過去に経験した解決法を素早く検索できる貯蔵知識があることで，成り立っていると考えられる。

アクションスリップ

日記研究によると，多くのアクションスリップは貯蔵の失敗，検証の失敗によるものである。実験室研究は，アクションスリップは，選択した反応がその状況において要求される反応と一致しないとき，そして注意が現在行われている行動に完全に向けられていないときに起こりやすいことを示唆している。アクションスリップの理論では自動的制御モードと意識的制御モードを区別して考えている。スキーマ理論によれば，行動は階層構造的に配置されたスキーマか，統合化された運動計画によって決定されると考えられる。

【参考書】

注意のトピックは，M. W. Eysenck(1993), *Principle of cognitive psychology*, Hove, UK : Psychology Press（認知心理学）の第3章で紹介されている。またM. F. Eysenck & M. T. Keane(1995), *Cognitive psychology: A student's handbook*(3rd Edn.), Hove, UK : Psychology Press（認知心理学：学生のためのハンドブック）の第5章でもより詳しく議論されている。注意研究のテーマ全体については E. A. Styles(1997), *The psychology of attention*, Hove, UK : Psychology Press（注意の心理学）に明快に扱われている。

【復習問題】

1 注意の焦点化の二つの理論について議論せよ。　　　　　　　　　(24点)
2a 注意の分配は何を意味するのかについての心理学者の見解を説明せよ。
　　　　　　　　　　　　　　　　　　　　　　　　　　　　　　　(6点)
2b 注意の分配に関する二つの研究を議論せよ。　　　　　　　　　(12点)
2c 注意の分配の本質についてこれら二つの研究が私たちにどのような洞察を与えてくれるかを評価せよ。　　　　　　　　　　　　　　　　(6点)
3 自動的処理に関する実験的証拠を記述し評価せよ。　　　　　　(24点)
4a アクションスリップという言葉を定義せよ。　　　　　　　　　(6点)
4b 遂行成績の決定（アクションスリップや二重課題の限界など）に関する二つの理論を記述し評価せよ。　　　　　　　　　　　　　　　(18点)

- 記憶貯蔵庫：多様な記憶貯蔵庫をもつヒトの記憶の構造に関する説。
    アトキンソンとシフリンの多重貯蔵モデル
    ブラウンとクリクのフラッシュバルブ記憶
- 作動記憶：短期記憶貯蔵庫をさらに複雑なシステムに置き換えた記憶に関する説。
    バッデリーとヒッチの作動記憶モデル
    ヒッチとバッデリーの二重課題研究
- 記憶過程：私たちの情報の処理の仕方は，情報をどれほどよく覚えているかということに影響するだろうか。
    クレイクとロックハートの処理水準説
    クレイクとタルヴィングの精緻化に関する研究
    アイゼンクの示差性の研究
    モリスらの転移適切性処理説
- 長期記憶：いろいろな種類の長期記憶システム。
    タルヴィングのエピソード記憶と意味記憶
    グラーフとシャクターの顕在記憶と潜在記憶
    コーエンとスクワイアーの宣言的知識と手続的知識
- 長期記憶における情報の体制化：長期記憶に貯蔵された知識の塊りはどのように整理されるのだろうか。
    コリンズとキリアンの意味記憶のネットワーク
    コリンズとロフタスの活性化拡散説
    バートレットのスキーマ説
- なぜ，私たちは忘却するのか：忘却の過程。
    記憶痕跡の減衰説（ジェンキンスとダーレンバック）
    干渉説（アンダーウッドとポストマン）
    手掛かり依存忘却（タルヴィングとパールストーン）
    抑圧（フロイト）
    リーバーの潜在記憶に関する研究
    ブラウン＝ピーターソン・パラダイム
- 実用的応用：目撃者証言や試験のための復習など，実生活に応用される記憶に関する説。
    ロフタスとパーマーの目撃者の研究
    レイの医学情報の研究
    記憶術

13 記憶

記憶はどのくらい重要なのだろうか。仮に，私たちに記憶がないと想像してみよう。どのような人もどのような物も，よく知っているものとして認識することなどないだろう。言葉について何も記憶しないから，話すこと，読むこと，書くこともできないだろう。まるで生まれたばかりの赤ん坊同然の知識しかないということになる。

私たちは，記憶を数限りない目的のために使っている。記憶があるからこそ，私たちは，会話を続けることができ，電話をかけるときには電話番号を覚え，試験中に小論文を書き，読んでいる内容を理解し，人の顔を見分けることができる。豊かな記憶があるということは，私たちには多くの記憶系（memory system）があるということを示唆している。本章では，いままでに提唱されたヒトの記憶の細部について詳しく研究する。

学習と記憶には密接なつながりがある。記憶があるということは以前に学習したことがあるということで，記憶テストの成績がよければ，学習を最もわかりやすく実証することになる。学習と記憶には次のような一連の3段階がある。

1. 符号化（encoding）：学習材料の提示中に起こる処理を意味する。
2. 貯蔵（storage）：符号化の結果として，情報が記憶系に貯えられることである。
3. 検索（retrival）：貯蔵されている情報を記憶系から探し出して，取り出すことを意味する。

学習に興味がある研究者は符号化と貯蔵に焦点を合わせるが，記憶に興味がある研究者は検索に関心を集中する。しかし，そのすべての過程は互いに関わり合っている。

図13-1 ヒトの記憶：記憶とは，人生や経験に関する情報を符号化し，貯蔵し，体制化し，検索することである。

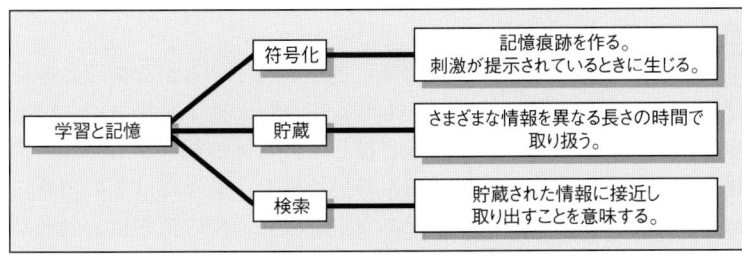

図13-2 学習と記憶の段階

構造と**過程**には重要な違いがある。構造は，記憶系が体制化される方法を言うが，過程は記憶系内で生じるはたらきのことである。構造と過程は両方とも重要である。しかし，理論家は記憶系のこの二つの様相のどちらを強調するかで，見解を異にする。

本章では，記憶研究の実用的な応用についてもふれることにする。目撃者証言や医学情報の再生，長期記憶を助ける記憶術などを中心に後述する。

記憶貯蔵庫

アトキンソンとシフリン（Atkinson & Shiffrin, 1968）は，記憶系の基本構造は次のように多くの記憶貯蔵庫からなると主張した。

- 感覚貯蔵庫：情報をごく短時間保持する個別の感覚様相（モダリティ）（たとえば視覚や聴覚）にだけ結びついた貯蔵庫。
- 短期貯蔵庫：情報をほんの数秒間だけ保持する非常に限られた容量の貯蔵庫。
- 長期貯蔵庫：情報を永続的に保持することができる本質的に無限の容量の貯蔵庫。

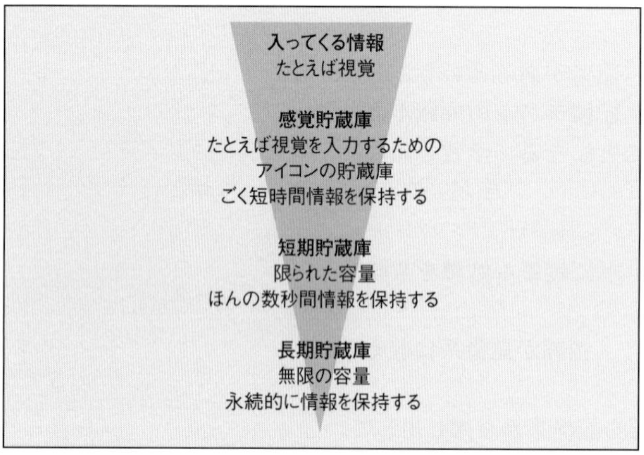

図13-3 アトキンソンとシフリンの記憶貯蔵モデル

彼らの説によれば，環境からの情報は最初に感覚貯蔵庫で受容される。その情報のうち，あるものは短期貯蔵庫によって注意を払われ，さらに処理される。次に，短期貯蔵庫で処理された情報のうちあるものは，順に長期貯蔵庫へと送られる。長期貯蔵庫に貯えられた情報はリハーサルに依存することが多く，短期貯蔵庫でのリハーサルの量と貯蔵された記憶痕跡の強さの間には直接的な関係がある。

多重貯蔵アプローチは，構造や処理に関する多数の仮定に基づいていた。記憶は，基本構造から自動的に貯蔵されるが，注意やリハーサルなどが記憶貯蔵庫間の情報の流れを制御する過程でも貯蔵される。しかし，多重貯蔵アプローチでは主に構造が重要視された。

感覚貯蔵庫

私たちの感覚は絶え間なく情報にさらされているが，情報の多くは何の注意も払われていない。もし，あなたが椅子に座ってこの文章を読んでいるとすれば，椅子と接している体の部分から触覚の情報を入手している。しかし，ほんのいままで，あなたはその情報に気づきもしていなかったはずである。各感覚様相の情報は，刺激がなくなった後もしばらく持続する。そのおかげで最も重要な様相を

容易に抽出し，さらに分析することができる。

視覚様相の感覚貯蔵庫は，**アイコニック貯蔵庫**（iconic store）として知られている。スパーリング（Sperling, 1960）は，1列に4文字ずつ，3列からなる視覚的配列を50ミリ秒提示したとき，研究協力者が，たった四つか，五つの文字の名前しか言うことができないということを見出した。しかし，研究協力者はもっと多くの文字を見たと主張した。スパーリングは，このことは，アイコニック貯蔵庫の視覚情報は報告される前に，大部分が薄れて消えてしまったということを意味するのだろうかという疑問を抱いた。

スパーリングはこの疑問を明らかにするために，手掛かり音を使って，特定の**1行**だけから文字を研究協力者に報告させた。再生された文字の数に3（3列あるので）を掛けたものを入手可能な全情報の推定値とした。視覚刺激の提示直前あるいは直後に，音の手掛かりを与えた場合，9文字が入手可能情報だった。しかし，刺激提示0.3秒後に音を聞かせた場合，入手可能情報は6文字に減り，1秒後の場合，4.5文字に減った。したがって，アイコニック貯蔵庫の情報は約0.5秒以内で減衰するのである。

聴覚様相の感覚貯蔵庫は**エコーイック貯蔵庫**（echoic store）と呼ばれる。読書中のあなたに，誰かが何か質問をしたと仮定しよう。おそらく，あなたは「何と言ったのですか」と問い返すと同時に，何と言われたか実は知っていることに気づく。この「録音再生」のような能力はエコーイック記憶のはたらきによるものである。

トリーズマン（Treisman, 1964）は，関連効果について研究した。研究協力者に，片方の耳に提示されたメッセージを追唱させた（声を出して繰り返させた）が，もう片方の耳に提示された二番目のメッセージは無視させた。追唱するメッセージより先に，二番目のメッセージすなわち追唱しないメッセージを提示した場合，その差が2秒以内の場合に限り，二つのメッセージが同じであると認識された。このことは，エコーイック貯蔵庫にある注意を払われていない情報は，約2秒間しか持続しないということを示唆している。しかし，もっと長く持続すると推定する研究者もいる。

短期貯蔵庫と長期貯蔵庫

電話番号を数秒間覚えておくことは，短期貯蔵庫の日常生活での利用例である。その大事な特徴として二つのことが挙げられる。

1. 非常に限られた容量。
2. 注意がそれると番号を忘れるような，貯蔵庫の脆弱さ。

短期記憶の容量を推定するのは困難である。短期記憶の容量を評価するのには主に2通りの方法がある。記憶範囲法と自由再生における新近性効果である。記憶範囲法の一例が数字記憶範囲である。数字記憶範囲では，ランダムな数字のリストを提示直後に，研究協力者に順序通りに復唱させる。直接記憶の範囲は，単位が数字，文

キー用語
アイコニック貯蔵庫：約0.5秒間視覚情報を保持する，限られた容量の貯蔵庫。

アイコニック貯蔵庫とエコーイック貯蔵庫が使うのは，どの感覚様相なのかを覚えておくための効果的な方法を考えてみよう。

訳注：スパーリングの実験については，水野りか：「基礎・認知心理学実験演習」（2004, ナカニシヤ出版）の4章に詳しい説明がある。

キー用語
エコーイック貯蔵庫：聴覚刺激提示後約2秒間聴覚情報を保持する，限られた容量の貯蔵庫。

■やってみよう：記憶範囲法
　次の数字リストを一度だけさっと読んでみよう。リストを隠し，数字を書きとめてみよう。

7 3 5 1 5 6 9 8 2 7 4

　幾つの数字を順序通りに思い出しただろうか。これは記憶範囲を測定するための方法の一つである。次の数字もやってみよう。

1 9 3 9 1 0 6 6 1 8 0 5 1 2 1 5

　もっとたくさんの数字をやってみよう。もし，「チャンク」を認知できれば，全部の数字を覚えることができるはずだ。

　　1939　第2次世界大戦の開始
　　1066　ヘイスティングスの戦い
　　1805　トラファルガーの戦い
　　1215　マグナ・カルタの署名

　数字のリストを再生しようとしたとき，あなたは，何らかの初頭効果や新近性効果を見出しただろうか。このことを心に留めて，このテストをもう一度やってみよう。さて順序通りに思い出せた数字はどのくらいあっただろうか？

キー用語
チャンク：まとまった情報の単位。
新近性効果：短期貯蔵庫の情報を基にして，リストの終末部の項目のほんの幾つかを自由再生するのに有効。
初頭効果：自由再生テストで，リスト頭初の項目を高率再生；主に特別なリハーサルに左右される。

字，単語のいずれであっても，だいたい「7 ± 2」である。ミラー（Miller, 1956）は，短期記憶に保持できるのは約七つの**チャンク**（chunk）（小さな個々の情報が統合されたもの）であるとした。たとえば，"IBM"は，International Business Machinesという会社の名前で，よく知っている人にとっては一つのチャンクであるが，その他の人にとっては三つのチャンクになる。

　短期記憶の容量は単語の数よりもチャンクの数に左右される。サイモン（Simon, 1974）が，関連のない単語の記憶範囲は7語だったが，8単語からなる語句の記憶範囲は22語であったと報告した。その数はそれぞれ，七つと三つのチャンクに相当していた。したがって，ミラー（1956）が，チャンクの短期記憶の容量は常に同じであると仮定したのは誤りであった。

　新近性効果は自由再生の研究で測定された。自由再生では，研究協力者にリストを提示した直後に，リストの単語をどの順番でもよいから再生させる。**新近性効果**（recency effect）は，通常，リストの中央部にある項目より，終末部にある項目の方がはるかに記憶されやすいという事実で定義されている。グレンザーとクーニッツ（Glanzer & Cunitz, 1966）が得た実験結果では，リストの提示後，再生開始までの10秒間だけ数字を逆に数えさせた場合，実質的に新近性効果は失われたが，その他の点では再生には何の影響もなかった。リスト提示を終える時には，新近性効果に影響された2, 3の単語が短期貯蔵庫にあったが，失われやすい状態であった。対照的に，それ以外の単語は，長期貯蔵庫にあって数字を逆に数えるという課題には影響されなかった。

　研究協力者には，リストの中央部にある項目より，冒頭の幾つかの項目を思い出す方がはるかに容易であった。これは**初頭効果**（primary effect）として知られている。なぜ初頭効果があるのだろうか。リストの冒頭部分の単語は，中央部にある単語よりリハーサルされるためである。これは，ランダスとアトキンソン（Rundus & Atkinson, 1970）が，リストの提示中に研究協力者に任意の単語を大きな声で復唱させることで明らかにした。

　新近性効果は，短期貯蔵庫の容量はだいたい2, 3項目であると示唆している。しかし，記憶範囲法は7項目の容量を指摘している。なぜこの二つの評価法は，異なる結果を生み出したのか。一つの理由としては，異なる様式のリハーサルと関係がある。記憶範囲課題を実行した研究協力者は，一度にできるだけ多くの項目をリハーサ

ルするが，自由再生用のリストを学習させられた研究協力者は，一度に数項目しかリハーサルしない。新近性効果も記憶範囲法もともに，短期記憶の容量は非常に限られていると指摘している。対照的に，長期記憶の容量には，事実上の限界は何も発見されていない。

　短期記憶と長期記憶の区別についての最も説得力のある結果は，脳を損傷した患者の研究から得られた。健忘症の患者（本章で後述する）は，いろいろな種類の情報の長期記憶が乏しかった。しかし，数字範囲記憶法や自由再生テストの新近性効果で評価すると，短期記憶はほとんど健常であった（たとえば，バッデリーとウォリントン Baddeley & Warrington, 1970）。2, 3名の脳損傷患者の長期記憶は良好であったが，短期記憶は損なわれていた。シャリスとウォリントン（Shallice & Warrington, 1974）は，オートバイ事故の結果，脳を損傷したKFについて研究した。KFは長期記憶には何の問題もなかったが，彼の数字記憶範囲は2項目しかなかった。この結果は，短期記憶と長期記憶に関わっているのは脳の別々の部位であることを示唆している。

　脳損傷患者から得られた研究結果は，アトキンソンとシフリン（1968）のモデルを完全に支持してはいない。彼らは，短期貯蔵庫を一つしか仮定しなかったが，ウォリントンとシャリス（1972）やシャリスとウォリントン（1974）の研究では，問題がもっと複雑であることが指摘された。ウォリントンとシャリス（1972）は，KFについてさらに研究した。KFの短期記憶の忘却は，視覚的な刺激より耳で聞いた文字や数字の方がはるかに大きかった。シャリスとウォリントン（1974）は，KFの短期記憶の欠損は言語的なもの（たとえば，文字や単語）に限られていて，意味のある音（たとえば，ネコのなき声）などには及んでいないという実験結果を得た。したがって，KFの場合，短期記憶のほんの幾つかの側面だけが損なわれていたのである。シャリスとウォリントン（1974）によれば，KFの問題はいわゆる「聴覚的言語の短期貯蔵庫」に集中していた。

　短期貯蔵庫と長期貯蔵庫の大きな違いは，忘却の起こり方と関連している。本章で後述するが，短期記憶の忘却は注意がそれることと干渉による。反対に，長期記憶の忘却は主に検索手掛かりの忘却による（後述する）。

評　価

　多重貯蔵モデルは，ヒトの記憶に関わる構造と過程について系統的な説明を提供した。3種類の異なる記憶貯蔵庫があるという考えは，貯蔵庫間には重要な差異があるという研究結果に確固として基づいたものである。

1. 一時的な持続
2. 貯蔵容量
3. 忘却の仕組み
4. 脳の損傷の影響

図13-4 たった一つの貯蔵庫：長期貯蔵庫がたった一つしかないという考えは，ずっと疑問視されてきた。ここにみられるような乱雑に置かれた品物の中から，一つだけ特別な品物を取り出すことが，どんなに難しいかを想像してみよう。それは，あなたが人生において貯えてきたありとあらゆる記憶の中から，一つのことについての知識だけを別個にして取り出すようなものだ。

多重貯蔵モデルはあまりに簡易化されすぎていた。短期貯蔵庫が一つと長期貯蔵庫が一つだけしか仮定されなかったのである。あとから説明するが，その仮定は誤っていたことが証明された。たとえば，長期記憶貯蔵庫が一つだけしかないという仮定をよく考えてみよう。エマ・トンプソン（Emma Thompson）が映画スターで，2＋2＝4，昨日はフィッシュ・アンド・チップスを昼ご飯に食べたという知識や，おそらく自転車の乗り方についての情報も含めて，長期貯蔵庫には莫大な量の情報が貯蔵されている。このような知識のすべてが，たった一つの長期記憶貯蔵庫の中に貯蔵されていることがあるとは容易に信じられないように思われる。

このモデルによれば，長期記憶に情報を貯える主な方法は，短期貯蔵庫でリハーサルすることである。しかし，ほとんどのヒトは，リハーサルの実践にはほとんど時間を割かないばかりか，常に新しい情報を長期に貯め込み続ける。**フラッシュバルブ記憶**（flashbulb memories）は，非常に重大な事件の鮮明でしかも長時間持続する記憶からなる。良好な長期記憶のためには，短期貯蔵庫での完全な処理が必要であるとされる考え方とは相反している。たとえば，何百万もの人々には，元イギリス皇太子妃であったダイアナ妃の死亡時のフラッシュバルブ記憶があって，どこで，どのようにダイアナ妃の逝去を知ったかということをはっきりと覚えている。そのような記憶は，頻繁に思い出されているとしても，おそらく鮮明さが際立

> **キー用語**
> フラッシュバルブ記憶：公的なあるいは個人的な重大な事件によって形成される正確で長期間持続する記憶。

ケーススタディ：フラッシュバルブ記憶

「フラッシュバルブ記憶」と呼ばれてきた事柄については多くの研究がある（ブラウンとクリク Brown & Kulik, 1977）。

この研究は当初，アメリカで起きたジョン・ケネディ大統領とマーティン・ルーサー・キングの暗殺事件が契機となって始められた。アメリカおよび世界中の人々が，その恐ろしい事件のことを聞かれると，事件のことをはっきりと思い出せるばかりでなく，そのニュースを聞いたときに，自分がどこに誰といて何をしていたという取るに足らないささいなことまで，非常によく覚えていた。ブラウンとクリクは，国の内外を問わず重大事件が起こると，フラッシュをたいて写した写真のように記憶に刷り込まれる事件となると主張した。他の研究者は，そのことが，何度も繰り返し語られるので，取るに足らないささいなことも思い出されると主張した。

元皇太子妃のダイアナ妃逝去に伴う事件は，そのニュースの第一報を聞いたこと，および翌週にまたがった一連の出来事のために，人々がもつことになった記憶という点から最終的に研究されることになるだろうと思われる。この研究にあたっては，人々をもう一度悲しませることになるかもしれないという倫理的な面が明らかに考慮されなければならない。だからこそ，当分の間差し控えるべきであろう。方法論的な要件としては，少なくともマスコミによる死因の探究や議論が沈静化するまで待つことが肝要である。

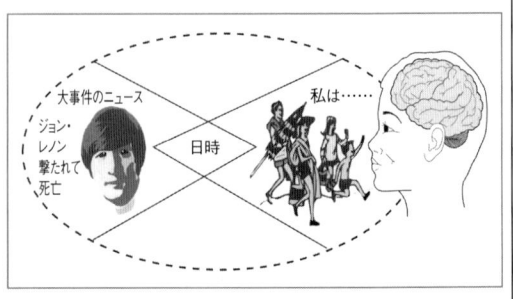

図13-5 フラッシュバルブ記憶

っているだろう（アイゼンクとキーン Eysenck & Keane, 1995 参照）。

　一般的に言えば，多重貯蔵モデルは，かたくなであまりにも融通がきかない。ヒトが情報を学習し記憶する際に，積極的な関わりをすることを過小評価する傾向がある。

作動記憶

　多重貯蔵モデルが不人気に陥った理由の一つは，短期記憶についての説明が単純化されすぎていたからである。バッデリーとヒッチ（Baddeley & Hitch, 1974）は，短期貯蔵庫の概念は作動記憶の概念と置き換えられるべきであると主張した。彼らは，作動記憶システムは三つの部分からなるとした。

- 中央制御部：感覚様相（モダリティ）にかかわらず限られた容量をもつ。注意のようなものと言える。
- 音声ループ：ここでは，情報が音声（たとえば，基本的に話し言葉）の形で短期に保持される。改訂されたモデルでは，このループは，話し言葉を聞き分けるのに直接関わる音韻の貯蔵庫と，言葉を話すために必要な構音の過程とに分けられている。
- 視空間メモ（あるいは，スケッチ）帳：これは，空間的・視覚的な情報を符号化するための機能である。

　最も重要な要素は**中央制御部**（center executive）である。その容量は限られており，ほとんどの認知課題を処理するときに用いられる。**音声ループ**（articulatory）と**視空間スケッチ帳**（visuo-spatial sketch pad）は，中央制御部によって特別な目的に用いられる下位のシステムである。音声ループについては，バッデリーら（1975）の研究で大部分のことが明らかになっている。彼らは，単語五つの組合せを研究協力者に提示し，直後に順序正しく再生させた。長い単語よりも短い単語の方がよい結果が得られた。さらに，この**語長効果**について研究を行い，研究協力者が再生することができる単語の数は，2秒以内に大きな声で読み上げることができる数と同じであるという結果を得た。このような実験結果から，音声ループの容量はテープレコーダのテープと同様，持続時間の長さで決定されると考えられている。

　音声ループは日常生活ではどのように役立っているのであろうか。

> **キー用語**
> **中央制御部**：感覚様相にかかわらず容量の限られたシステムであり，注意のシステムと類似している。作動記憶システムの重要な部分である。
> **音声ループ**：情報を短期間音声の形で保持する作動記憶システムの部分。
> **視空間スケッチ帳**：空間的・視覚的情報を符号化するために機能する作動記憶の中のシステム。

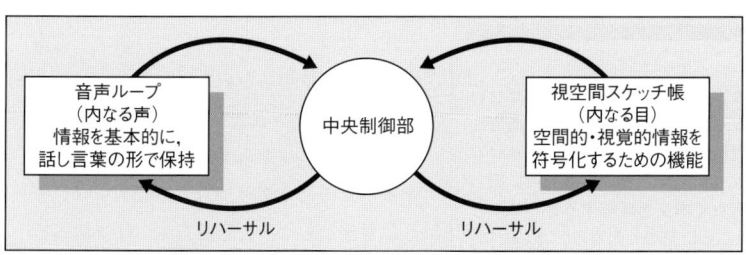

図 13-6　バッデリーとヒッチの作動記憶モデル

難しい書物を読んだりする際に，文章の語順についての情報を記憶に留めて，読みやすくすることなどに役立っている。たとえば，バッデリーとルイス（Baddely & Lewis, 1981）は，研究協力者に文の意味が通じるかどうかを答えさせた。単語の場所を入れ換えたことで，意味の通じていた文で意味をなさなくなったものがあった（たとえば，「木は小鳥へ飛んで行った」）。研究協力者に何か意味のないことを繰り返し言わせることで，音声ループの使用を妨害すると，文が意味をなしているかどうかを判断する能力が減少した。

キー研究評価－ヒッチとバッデリー

作動記憶は，短期記憶の多重貯蔵構造モデルに代わる別の考え方として，ヒッチとバッデリーが提唱した。バッデリーとヒッチは，二重課題法による研究を行った。この研究法の根拠とする仮定は，各々の処理装置には限られた処理能力しかないということであった。同じ処理装置を用いる二つの課題が同時に遂行された場合，一つの課題あるいは両方とも結果が損なわれることになる。この研究は，たとえば作動記憶のような，一つの概念を理論化することが，仮定の展開や条件の整備された研究へと導きうるかということを示す一例である。

情報の形が異なれば処理方法も異なるということから，私たちは直感的に，この研究はおそらく理にかなっていると考える。作動記憶の概念は，受動的な過程というよりむしろ能動的な過程であり，本を読んだり，暗算をしたりするような日常生活の場面を説明するのに使うことができる。また，脳損傷患者が経験した，短期記憶の問題も説明することができる。しかし，この説を支持するために脳損傷患者の研究結果（たとえば，シャリスとウォリントンのKFに関する研究）を使うのは常に問題を伴う。心理学者に評価されることになった，あるヒトの短期記憶の機能が，出来事や事故などが起こる前はどうであったかを正確に評価することは，不可能ではないとしても困難である。

ヒッチとバッデリー

作動記憶モデルは，二つの課題が同時に首尾よく遂行できるかどうかを予測するために用いられる。作動記憶システムの各部分の容量は限られていて，他の部分から比較的独立している。予測は次の二つである。

1. 二つの課題が作動記憶システムの同じ部分を使う場合，どちらもよい成果を上げることができない。
2. 二つの課題が作動記憶システムの異なる部分を使う場合，別々に行った場合と同じくらいよい成果を上げることができるはずである。

ヒッチとバッデリー（1976）は，この予測を試した。言語的意味づけ課題を研究協力者に実行させた。その課題では，1組の文の後に記された文字の組合せの記述（たとえば，BはAに続く：BA）が，正しいか誤っているかの判断を要求した。この課題では中央制御部を広範囲に使用するだろうと仮定された。

それと同時に研究協力者に，「the」を繰り返し言わせるか，または，「1, 2, 3, 4, 5, 6」と連続した数字を何度も言わせる，あるいは，試行ごとに，一連のランダムな数字を繰り返し大声で読み上げさせる，もしくは，特別の付加課題を何も与えないかであった。研究協力者には，各意味づけ課題の試行を提示する前に，それらの付加課題を与えた。「the」や「1, 2, 3, 4, 5, 6」を繰り返し言うことは，思考や注意をほとんど必要としないので，音声ループしか使用しないと仮定された。反対に，六つの数字をランダムに言うことは，音声ループのみならず中央制御部を必要とする。このことから，六つの数字をランダムに言うことは，言語的意味づけ課題遂行に干渉するが，六つの数字を順番に言うことと「the」と言うことは，干渉しないと

■やってみよう：二重課題法

自分自身で二重課題法を試してみよう。以前に読んだことがない本の1ページを読んでみよう。あなたは，何について書いてあるかを理解し，読んだことを他の人に説明することができるにちがいない。さて，ページをめくって，"the, the, the"と繰り返し声に出しながら読んでみよう。あなたはおそらく本文を理解することに難しさを感じ，読む速度が減少していることに気づくだろう。あなたは，今回読んだ内容を他の誰かに説明できるだろうか。もしできるとしたら，どのように説明するだろうか。

考えられた。予想された通り，中央制御部を使わなければならない付加課題（すなわち，六つのランダムな数字）の場合にのみ，意味づけが遅くなった。

議論のポイント
1. ヒッチとバッデリーによって立てられた仮定はすべて証明されたと思うか。
2. この研究は，アトキンソンとシフリンの説を吟味するために意図された短期記憶についての研究を，どういう点で越えているか。

評 価
　作動記憶モデルによる短期記憶の説明は，多重貯蔵モデルによる説明より，いろいろな点で進歩している。まず，作動記憶システムは，能動的な処理と情報の短期貯蔵の両方に関わっている。そのため，作動記憶システムは，従来通りの短期記憶課題のみならず，たとえば暗算，言葉の意味づけ，理解といった活動に関連している。二番目に，作動記憶モデルは，多重貯蔵のアプローチでは説明が難しかった多くの実験結果（たとえば，ヒッチとバッデリー，1976）を説明する。三番目に，作動記憶モデルは，言葉のリハーサルを音声ループ内で生じる**随意に選べる**過程として捉えている。このことは，言葉のリハーサルを最重要視する多重貯蔵モデルよりも現実的である。

　マイナスな面は，中央制御部についてほとんどわかっていないことである。容量が限られているとするが，その容量は正確に測られたことがない。中央制御部は「感覚に関わらない」ので，多種多様な処理のはたらきに使われていると主張されているが，その正確で詳細な機能については不明である。実生活では，飛行機のパイロットや自動車の運転手が，中央制御部の容量をはなはだしく超える要求をされた場合に，多くの事故が起こっている。この分野での実践的な研究については第12章で述べている。

記憶過程
　学習の処理が長期記憶に与える効果を考察することは，興味深いことではないだろうか。よく使われる方法の一つに，幾つかの研究協力者グループに名詞が幾つか書かれている同一のリストを提示し，グループごとに異なる活動，あるいは方向づけ作業をさせるというものがある。課題に用いられたのは，各単語の文字数を数えることから，各単語に合う適当な形容詞を考えさせることまでいろいろであった。

　もし，研究協力者が，後で記憶についてテストされることになっていると知らされていたならば，各単語の文字数を単に数えるだけのこととしても，たいして覚えることにはならないと思うだろう。ゆえに単語の処理をもっと徹底的にしようという誘惑が自然に起こるであろう。研究協力者の処理活動を制御するためには，実験者は，

倫理的問題：ディセプション（詐欺）。もちろん，実験目的について研究協力者を意図的にだますことは，倫理的ではない。しかし，**実験後に研究協力者に，だまされたことで苦しんだかどうかを問う**ことで，ある程度は克服できる。
もし，研究協力者が苦しむようであれば，実験を中止することもできる。しかし実際は，偶発学習に関わるたいしたことのない虚偽に苦しむ人はいないと思われる。

> **キー用語**
> **偶発学習**：引き続き記憶テストがあるという指示がないのに起こる学習。

研究協力者には記憶テストについて教えない（これが，**偶発学習 incidental learning** である）。最終的に，研究協力者は予期しないで単語を再生するように言われる。別々のグループが同一の単語リストを学習するので，再生におけるいかなる差異も処理する課題の影響を反映していることになる。

上述の研究方法を用いたのが，ハイドとジェンキンス（Hyde & Jenkins, 1973）であった。リスト上の単語は，意味が連想的に関連しているか関連していないかのどちらかで，グループごとに次の五つの方向づけ作業をさせた。

- 単語を愉快さで等級づけする。
- 単語が英語の中で使用される頻度を推定する。
- リストの単語中の "e" と "g" の文字の出現数を調べる。
- リストの単語が文章の枠に合致しているかどうかを判断する。
- 各々の単語にふさわしい品詞（名詞，動詞，他）を判断する。

各条件において研究協力者の半数には単語を覚えるように指示したが（意図的学習），残りの半数には指示しなかった（偶発学習）。その後，自由再生テストをした。

愉快さの等級づけ，および単語の使用頻度の推定は，意味の処理を必要とすると考えられるが，その他の三つの方向づけ作業は意味の処理を必要としない。単語が連想的に関連していないリストを用いた場合，意味のない課題より，意味のある課題の再生率の方が51％高かった。単語が連想的に関連しているリストを用いた場合，意味のある課題が83％の優位を示した。驚くべきことに，偶発学習者が意図的学習者と同数の単語を再生した。それは，学習時の処理活動の本質には，学習が，偶発的であっても意図的であっても，何でもかまわないということであろう。

処理水準説

クレイクとロックハート（Craik & Lockhart, 1972）は処理水準説を推唱した。彼らは，学習時にはたらいている注意および知覚処理が，長期記憶に何を貯蔵するかを決定すると仮定した。また彼らは，浅い物理的な刺激分析（たとえば，各単語中の特定文字の検出）から深い意味的分析までいろいろな処理水準があると仮定した。処理の深さという重要な概念は，クレイクによって次のように定義された（1973, p.48）。「『深さ』は，刺激についてなされた分析の数という観点からよりも，むしろ刺激から抽出された意味の深さという観点から捉えるべきである」。

クレイクとロックハート（1972）による重要な理論的仮定は，次の通りである。

- 刺激の処理の深さは，刺激の記憶可能性に影響する。
- 深い水準の分析は，浅い水準の分析より精緻で持続性があり，

強い記憶痕跡を作り出す。

ハイドとジェンキンス（1973）の実験結果は，その他の多くの実験結果と同様に上記の仮定と一致している。しかし，研究方法が単純化されすぎているということが明らかになったので，さまざまな修正が提言された。

> ■やってみよう：再生に関わる深い処理と浅い処理
> 使用頻度がほぼ同じ単語リストを作成してみよう。そして，深い処理（たとえば「これは（　　）の反対ですか」），あるいは浅い処理（たとえば「この単語はＧという文字を含んでいますか」）を必要とする質問を考える。もし，質問の答えとして「はい」と「いいえ」が用意されていたら，答えるのが簡単になるだろう。リストを半分に分けて，それぞれを家族の中の何も予備知識のない別々の人へ与え，質問をしてみよう。リストを回収し白紙を与えて，自由再生のテストをする。あなたの実験結果は，クレイクとロックハートが得たものと一致するだろう。すなわち，深い処理はよい再生に結びつく。

精緻化（elaboration）

クレイクとタルヴィング（Craik & Tulving, 1975）は，処理の精緻化（ある特殊な処理の量）が重要であるとした。ある研究では，研究協力者に単語とブランクがある文を提示し，その単語がその不完全な文に適合するかどうかを判断させた。精緻化は，単純な文（たとえば「彼女は（　　）を料理する」）と複雑な文（たとえば「大型の鳥が空から急に襲いかかり，もがく（　　）をつかんで飛び去った」）の間で，文章構成の複雑さを変えることにより操作された。手掛かりを与えられた再生では，複雑な文と一緒に提示された単語の方が2倍も成績がよく，精緻化は長期記憶に大いに貢献していることがうかがえた。

その後の研究では，記憶が精緻化の量のみならず精緻化の質にも左右されるという指摘がなされた。ブランズフォードら（Bransford et al., 1979）は，最小限精緻化された直喩（たとえば「カは医者のようなものだ，どちらも血を採る」），あるいは，幾重にも精緻化された直喩（たとえば「カはアライグマのようなものだ，どちらも頭，手足，顎がある」）のどちらかを研究協力者に提示した。再生がかなりよかったのは，最小限に精緻化された直喩の方であった。このように，再生を予測している場合，意味的な精緻化の精度の質と程度は関連することになる。

示差性（distinctiveness）

アイゼンク（Eysenck, 1979）は，長期記憶は処理の示差性によって影響されていると主張した。どこか示差的で独特な記憶痕跡は，他の類似した記憶痕跡より容易に検索されるものだ。アイゼンクとアイゼンク（Eysenck & Eysenck, 1980）は，書記素と音素が不規則に対応している名詞（すなわち，たとえば"comb"の"b"のように，発音規則に従って発音されない文字のある英単語）を用いてその理論を試した。研究協力者に，そういう不規則対応の名詞を，まるで書記素と音素が規則的に対応しているかのように発音させる（たとえば，"comb"の"b"を発音させる）という，浅い，つまり意味のない方向づけ作業を遂行させた。そうすると，示差的で独特な記憶痕跡を作り出したことになる。これを，意味的でなく示差的な条件とした。意味的でなく示差的でない条件下では，名詞は通常の方法で単に発音された。この他の意味的で示差的な条件，および

意味的で示差的でない条件下では，名詞はその意味に関して処理された。

予期せず行われた再認記憶テストで，意味的でない示差的な条件下の単語は，意味的でなく示差的でない条件下の単語よりはるかによく記憶されていた。そしてまた，実に上述の2通りの意味的な条件下の単語とほぼ同様によく記憶されたのだった。この実験結果は，示差性の重要さを示している。

提示された刺激は文脈で処理されるが，示差性は，その文脈にいくぶんか左右される。たとえば，もし「スミス」という名前が，「ジョーンズ，ロビンソン，ウィリアムズ，ベイカー，スミス，ロバートソン」というリストにあったとしても示差的ではないが，「ズィッツ，ザイズブラット，バンギャサデル，ヴィズリンガム，スミス，ウェジヤァ」（ロンドンの電話帳から拝借した）のようなリストでは目立つことだろう。もし，あなたが，この分野の実験を行いたいならば，示差性を以上のように操作することも，長期記憶への示差性の影響を観察することもかなり容易であろう。

評　価

学習時に生じる処理は長期記憶に最も強い影響を与える。このことは，わかり切ったことに聞こえるかもしれないが，1972年以前には，学習の過程とそれが記憶に与える影響を考慮した研究は皆無に近かった。処理の精緻化や示差性が，学習と記憶に影響を与える要因として認識されたこともまた価値がある。

マイナスの面は，ある特定の方向づけ作業に必要なのは，浅い処理なのか深い処理なのかを判断するのが困難なことである。この問題は，深さを処理する独立した測定法がないために生じている。ハイドとジェンキンス（1973）は，単語の使用頻度を推定するには深くかつ意味的処理を必要とすると仮定したが，彼らはこの仮定に対する現実的な証拠を得ていない。関連点としては，研究協力者に課題を遂行させるとき，あらかじめ実験者が想定した処理の水準に達しても，やめないかもしれない。たとえば，もし，あなたがあなた自身の名前の中に"e"と"g"が幾つあるか数えるように言われた場合，課題を遂行するばかりでなく，おそらくあなた自身について意味深く考えることだろう。

実験結果には，処理水準説を支持しないものもある。モリスら（Morris *et al.*, 1977）は，貯蔵された情報が記憶テストに**関連**する程度にまでしか思い出されていないと主張した。研究協力者は，意味または音という観点から単語を処理させられてきた。ある者は押韻の再認テストをさせられた。そのテストでは，研究協力者はリストの単語は見せられないまま，リストの単語と韻を踏んでいる単語を選ばなければならなかった。たとえば，「鞭（whip）」という単語が押韻テストにあり，「船（ship）」がリストにあったとすると，研究協力者は，韻を踏んでいるので「船（ship）」を選ぶしかない。

モリスら（1977）は，意味で処理された言葉よりも音で処理され

※なぜ，人の名前は記憶過程に関する研究に使う材料としては適さないのだろうか。

た言葉の方が，認知記憶がずっとよいという結果を得た。そのことは，深い処理は浅い処理より常によいという処理水準説の予測に対する反証であった。記憶テストでリストの単語と韻を踏んでいる単語の識別をする場合，リストの単語の意味処理は，ほとんど助けにならなかったということが理由として挙げられる。その条件では，浅い押韻課題から得られた情報の方がはるかに適切だったので，記憶の成績が高くなったのである。

　モリスらは，彼らの得た結果が，転移適切性処理説を支持していると主張した。この説は，学習者が刺激について異なる種類の情報を得るのは，異なる種類の処理があるからであるとする。貯蔵された情報が後に保持の状態に至るかどうかは，当の情報の記憶テストに関する情報との**関連**による。

　処理水準モデルによるアプローチは**説明**というより**記述**である。クレイクとロックハート（1972）は，浅い処理より深い処理がよい長期記憶に至ると主張した。しかし，彼らは，**なぜ**深い処理がそれほど効果的なのかを詳しく説明することができなかった。

長期記憶

　アトキンソンとシフリン（1968）によって提唱された記憶の多重貯蔵モデルは，本章ですでに述べた。この理論では，長期記憶貯蔵庫がたった一つしかないとする。しかし，私たちがもつすべての知識が，たった一つの長期記憶貯蔵庫に同じ形で貯えられているということはありそうもない。もし，貯蔵庫が一つ以上あるとしたら，私たちがもつ長期記憶貯蔵庫の数や性質を解き明かす必要がある。主な提案を次に述べる。

エピソード記憶と意味記憶

　タルヴィング（1972）は，二つの型の長期記憶の区別を主張した。エピソード記憶と意味記憶である。**エピソード記憶**（episodic memory）は，特定の時に特定の場所で起こった特別な出来事やエピソードの貯蔵のことで，いわば自伝的な色彩を帯びている。私たちが，昨日何をしたとか，先週の日曜日の昼食に何を食べたかという記憶は，エピソード記憶の例である。これに対し，**意味記憶**（semantic memory）は，私たちが貯えている外界に関する知識についての情報を含んでいる。タルヴィング（1972, p.386）は，意味記憶を次のように定義した。

> 意味記憶は，単語やその他の言語的シンボルやその意味や指示対象について，また，それらの間の関係について，そしてその言語的シンボルや概念や関係を操作するための規則や公式やアルゴリズムについて，個人が保有する体制化された知識すなわち心的辞書である。

　タルヴィング（1989）は，エピソード記憶と意味記憶を区別する

キー用語
エピソード記憶：自伝的なあるいは個人的な出来事の長期記憶で，通常，あるエピソードや出来事の日時，場所についての情報を含む。
意味記憶：長期記憶に貯蔵された外界や言語についての体制化された知識。

図13-7　エピソード記憶と意味記憶の例

ための証拠を得た。

　微量の放射線を放つ金を，タルヴィング自身を含む研究協力者たちの血管に注入した。彼らは，個人的な出来事，もしくは意味記憶の範疇にある情報（たとえば，天文学史）について考えた。このとき血液が，脳の異なる領域を流れていることが記録された。エピソード記憶は，大脳皮質前頭部に高水準の活性化をもたらしたが，意味記憶は，大脳皮質後頭部に高水準の活性化をもたらした。エピソード記憶と意味記憶の検索中に，最も活発な脳の部位が異なるという事実は，エピソード記憶システムと意味記憶システムは少なくとも部分的に分かれているという見解と一致する。

　　評　　価

　エピソード記憶と意味記憶の区別は，どのように役立っているのであろうか。エピソード記憶と意味記憶の情報の**内容**には明白な違いがある。しかし，必要とされる**過程**に違いがあることがあまり明白ではない。エピソード記憶と意味記憶は相互に大きく依存している。たとえば，先週の日曜日の昼に何を食べたか思い出すには，基本的にはエピソード記憶を必要とする。しかしあなたが食べた，いろいろな種類の食物が何であったかを知るためには，あなたの外界の知識も必要で，それには意味記憶が関わっている。

顕在記憶と潜在記憶

　本章で述べた記憶テスト（たとえば，自由再生法，手掛かり再生法，再認）すべてでは，研究協力者に特別な情報の検索をさせるのに直接教示を用いた。そのような記憶テストが**顕在記憶**（explicit memory）のテストであり，それは「課題遂行に，以前の経験を意識的に回想することが必要とされる場合に現れる」記憶である（グラーフとシャクター Graf & Schachter, 1985, p.501）。グラーフとシャクターは，**潜在記憶**（implicit memory）とは，「課題遂行が，意識的回想がなくても促進される場合に現れる」記憶であるとして，顕在記憶と潜在記憶とを対比させた。

　タルヴィングら（1982）は潜在記憶に関する研究を行った。彼らは，研究協力者に使用頻度の低い単語（たとえば，平底ソリ toboggan，など）のリストを学習させた。1時間後あるいは1週間後に，断片的な単語の隙間を埋めて単語を完成する（たとえば，_O_O_GA_）という課題をさせた。断片的な単語に対する解答の半分はリストの単語だったが，研究協力者にそのことは知らせなかった。単語完成テストでは，研究協力者にリストの意識的回想を要求していないので，潜在記憶のテストであったとみなすことができる。

キー用語
顕在記憶：意識的回想に基づく記憶。
潜在記憶：意識的回想に基づかない記憶。

あなたは，研究協力者の単語リストの再認記憶をどのようにテストするだろうか。

研究協力者は，解答がリストの単語と一致した場合に，一致しなかった場合よりも単語の多くを完成させた。そのことは潜在記憶の証拠となる。

タルヴィングら（1982）は，再認記憶の形態では潜在記憶と顕在記憶に差異があることを発見した。再認記憶は1時間後よりも1週間後の方が甚だしく劣るが，断片的な単語の完成課題の成績は時間が経過しても有意な差はなかった。

顕在記憶と潜在記憶の差異の有用性は，脳を損傷して健忘症を患う患者を研究することで探究することができる。**健忘症**（amnesia）の患者は長期記憶に重大な問題がある。ここで重要なことは，潜在記憶よりも主に顕在記憶に問題があるということである。クラパレード（Claparède, 1911）の談話を引用しよう。「私は，健忘症の女性患者と握手する前に，手の中にピンを隠し持った。その後，その患者は，私とはいやいやながら握手するようになった。しかし，彼女自身，なぜいやなのかという理由に心当たりがなかったので当惑していた」。患者の女性の行動は潜在記憶を示しているが，その出来事の顕在記憶がないのにそのような行動が生じた。

健忘症の患者は潜在記憶での忘却が少ないという研究結果が，グラーフら（1984）によってさらに報告されている。単語リストの記憶が4通りの方法でテストされた。そのうちの三つのテストは標準的な顕在記憶テスト（自由再生，手掛かり再生，再認）であり，4番目（単語の完成）は潜在記憶を必要とした。単語完成の課題では，研究協力者に単語の断片の3文字（たとえば，STR___）を与え，この文字で始まる単語で最初に思いついたものを書かせた。潜在記憶は，完成課題の単語と先のリスト上の単語との一致の程度で評価された。健忘症の患者は，顕在記憶テストの全般にわたって，健常な統制群に比べて非常に劣っていた。しかし，潜在記憶テストでは，統制群とほとんど同じ成績を上げた。

評　価

顕在記憶と潜在記憶の区別は，健常者にも健忘症の患者にも重要である。しかし顕在記憶の特徴を定義するのに重要な意識的回想を，研究協力者が使っているかいないかを見出すことは容易でないことが多い。この分野の研究のもう一つの限界は，顕在記憶と潜在記憶に関わっている構造（structure）について，ほとんど言及していないことである。この問題は次の節で述べる。

宣言的知識システムと手続的知識システム

コーエンとスクワイアー（Cohen & Squire, 1980）は，長期記憶は，宣言的知識と手続的知識という二つの記憶システムに分けられると主張した。この違いはライル（Ryle, 1949）によってなされた「それを知っている」と「どうするかを知っている」の相違に関係している。**宣言的知識**（declarative knowledge）は，それを知っていることに相当する。したがってたとえば，私たちは，自分たちが日曜日の

キー用語
健忘症：長期記憶の部分的喪失で，通常は脳の損傷により起こる。

倫理的問題：クラパレードの観察は，記憶と健忘症の実態に対する私たちの認識を深めたが，彼のとった行動は倫理的であったか。

自由再生テストと手掛かり再生テストとの違いは何か。

キー用語
宣言的知識：エピソード記憶と意味記憶を含む「それを知っている」に関わる知識。

> **キー用語**
> **手続的知識**：運動技能を含む「どうするかを知っている」に関わる知識。

昼食にローストポークを食べたことを知っているし，パリがフランスの首都であるということも知っている。**手続的知識**（procedural knowledge）は，どうするかを知っていることに相当し，意識的回想を必要とせずに，動作や実演の熟練を要する活動（たとえば，自転車の乗り方やピアノの弾き方）を遂行する能力を言う。顕在記憶は，大部分あるいは全部を宣言的知識システムに依存しているが，潜在記憶は手続的知識システムに依存している。

コーエンとスクワイアー（1980）によれば，健忘症の患者は，宣言的記憶システムはひどく損なわれているが，手続的記憶システムは損なわれていないという。宣言的記憶はエピソード記憶と意味記憶からなり，健忘症患者が新しいエピソード記憶や意味記憶を獲得することは困難であることがわかっている。健忘症患者が最も容易に学習することができそうなものは，だいたい手続的であると思われる運動技能な

■やってみよう：手続的知識と宣言的知識
次の事柄が，手続的知識あるいは宣言的知識のどちらに関わるかを言いなさい。

- あなたの名前
- 自動車の運転
- 日本の首都
- m＝6のときのm²の数値
- 片足立ち

手続的知識と宣言的知識のその他の例を考えよう。

どを必要とするものが多い。健忘症患者の技能獲得を証明することができる課題は非常に種類が多い。たとえば，洋裁やビリヤード，指迷路，追跡盤（回転テーブルを含む）上の動く標的の追跡，ジグソーパズル，鏡映文字を読むこと（アイゼンクとキーン，1995）などがある。

鏡映文を読むことについての研究は，健忘症患者の手続的学習能力を明らかにした。その研究は，練習することで読む速さが速くなるという一般的な上達と，同じ単語や文を再読することで達成されるもっと特殊な上達との区別を可能にした。コーエンとスクワイアー（1980）は，健忘症患者に鏡映文字を読ませると，一般的上達と特殊な上達をはっきりと示したと報告している。

スクワイアーら（1993）は，宣言記憶または顕在記憶になくてはならない主要な脳の構造は，海馬の中と側頭葉の中央部および間脳の関連構造の中に位置していると主張した。スクワイアーら（1992）はこの考え方を証明している。彼らはPET断層撮影を用いて，研究協力者が手続記憶課題（語幹完成）の場合よりも，宣言記憶課題（手掛かり再生）を遂行している場合の方が，右の海馬の血流がずっ

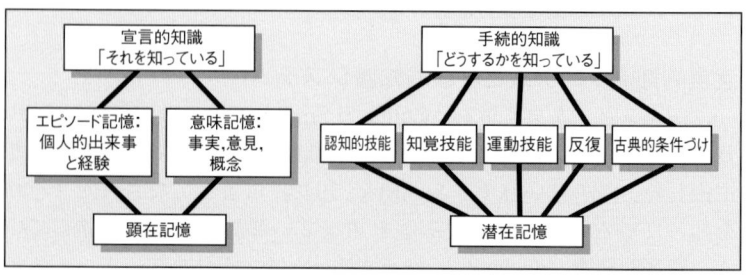

図13-8

と多いということを発見した。

潜在記憶は技能や処理過程の集大成なので，手続記憶または潜在記憶に関わっている脳の構造を決めるのは難しいことがわかった。スクワイアー（1987）は，手続学習または潜在学習には主要な五つの型があると主張した。

- 認知的技術学習（cognitive skill learning）
- 知覚学習（perceptual learning）
- 運動技能学習（motor skill learning）
- 反復学習（repetition learning）
- 古典的条件づけ（classical conditioning）

評 価

アトキンソンとシフリン（1968）が提唱した単独長期貯蔵庫は，二つの別個の長期記憶システムと取り替える必要があることを実験結果が証明した。二つのうちの一つは宣言的知識に関わり，他方は手続的知識に関わっている。宣言的知識システムからの検索は一般的に顕在記憶を必要とし，健忘症の患者はうまくそれを遂行できない。手続的知識システムからの検索は潜在記憶を必要とし，健忘症の患者は健常またはほぼ健常に遂行できる。

長期記憶における情報の体制化

記憶は常に高度に体制化されている。そのうえ，記憶にある情報が体制化されていればいるほど，ますますよく記憶している。記憶が体制化されているということは容易に証明できる。カテゴリーごとに分類された単語が記載されている1枚のリストを準備し，個々のカテゴリー（たとえば，四つ足の動物，スポーツ，花，家具など）にはたくさんの単語が属しているようにする。次に，そのリストの単語をランダムな順序で提示し（たとえば，テニス，猫，机，ゴルフ，カーネーションなど），続いて自由再生テストをする。自由再生テストでは，研究協力者はどの順序で

図13-9 カテゴリー群化：カテゴリー群化は，大量の情報を分類し貯蔵するには便利な手段である。スーパーマーケットで，もし，商品が色と大きさで分類陳列されていたら，何かを見つけることがいかに難しいかを想像してみよう。

単語を書きとめてもよい。ところが単語はランダムな順序では書かれず，そのかわりカテゴリーごとに再生される。それが**カテゴリー群化**（categorical clustering）として知られており，提示された情報が，長期記憶に貯蔵されている知識に一致するように構造化され体制化される方法を表している。

なぜカテゴリー群化が起こるのであろうか。可能性の一つとしては，リストの単語は学習中に体制化されると考えられる。もう一つ

キー用語
カテゴリー群化：カテゴリーに分けられた単語リストを，カテゴリーごとに自由再生する傾向。

考えられるのは，カテゴリーについての私たちの知識が，検索時にリストの単語を体制化するために利用されるのではないかということである。ウィースト（Weist, 1972）は，体制化の過程が学習中に起こることを証明した。カテゴリーに分類された単語リストをランダムな順序で提示し，引き続き自由再生テストを行った。ウィーストは，研究協力者に学習中に大きな声でリハーサルさせ，その顕在化リハーサルを録音した。顕在化リハーサルのパターンは，カテゴリーへの体制化が学習中に起こっていることを示していた。ウィーストはまた，リハーサルが体制化されればされるほど，研究協力者の再生水準が向上するという結果を得た。

マンドラー（Mandler, 1967）が，体制化過程はランダムな単語のリストであっても機能しているという結果を得た。研究協力者に単語を二つから七つのカテゴリーに分類させた。研究協力者が首尾一貫して単語を分類し終えた場合に，単語を再生させた。二つのカテゴリーを使用した研究協力者の再生が最悪で，使用したカテゴリーが一つ増えるごとに，再生される単語が4単語ずつ増加した。したがって，七つのカテゴリーを使用した研究協力者は，二つしか使用しなかった研究協力者より約20単語多く再生した。マンドラーによれば，分類により多くのカテゴリーを使用した研究協力者は，ほんの少しのカテゴリーしか使用しなかった研究協力者より，リスト上の単語を自分なりに体制化することを課していたという。それを，**主観賦課カテゴリー群化**（subject-imposed categorisation）という。マンドラー（1967, p.328）は，「記憶と体制化は，ただ単に相関関係にあるだけでなく，体制化は記憶にとって必要な条件である」と結論づけた。

体制化について述べるのに，タルヴィング（1972）のエピソード記憶と意味記憶の区別を利用することにしよう。エピソード記憶は，基本的には自伝的記憶であるが，意味記憶は，外界および言語についての一般知識である。意味記憶の情報は高度に体制化されていること，カテゴリー群化はこのもとにある体制化を反映していると想定される。

コリンズとキリアン：意味記憶のネットワーク

意味記憶には，何万，何百万もの情報があるという事実にもかかわらず，一般的に，私たちは，その情報についての質問に非常にすばやく答えることができる。たとえば，1秒もあれば，つばめは鳥であると断定できるし，"p"の文字で始まる果物を思いつくのにかかる時間も同じくらいである。意味記憶は，高度に体制化され構造化されているので，通常，たいへん効率的に作用するものである。

意味記憶に関する最初の系統的な説を研究推進したのは，コリンズとキリアン（Collins & Quillian, 1969）であった。彼らは，意味記憶は一連の階層的なネットワークに体制化されていると仮定した。各ネットワーク（たとえば，動物，鳥，カナリア）の主要概念は，ノード（node）で表され，特性（または，属性，property）や特徴

キー用語
主観賦課カテゴリー群化：学習者自身がランダムな単語リストをカテゴリーに体制化すること。その体制化は学習者によって異なる。

（たとえば，翼がある，黄色である）は各概念に関係づけられている。なぜ，「飛ぶことができる」という特性が，カナリアの概念でなく鳥の概念に貯蔵されているのであろうか。コリンズとキリアンは，もし飛ぶことができるという情報が個々の鳥の名前とともに貯蔵されると，意味記憶空間を無駄にするとした。ほぼ全部の鳥に共通する特性（たとえば，飛ぶことができる，羽根がある）が，鳥のノード

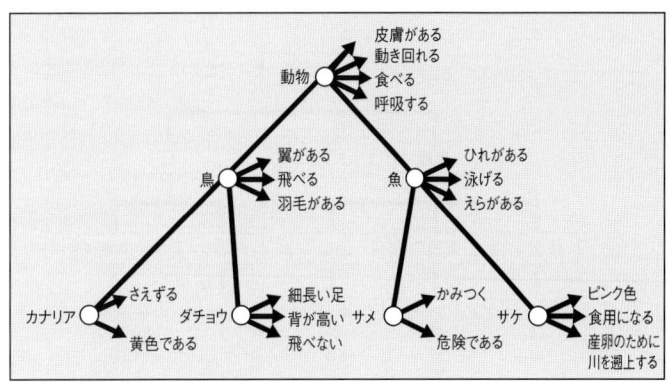

図13-10　コリンズとキリアン（1969）の階層ネットワーク

すなわち鳥の概念だけに貯蔵されていれば，それは認知的に無駄を省くことになる。強調するべき原則は，意味記憶に貯蔵される情報量を最少化するために，その特性情報がネットワーク階層のできるだけ上位に貯蔵されるということである。

　コリンズとキリアン（1969）は，研究協力者にどの文が正しいか間違いかをできるだけ速く判断させる反応速度検証課題を使って彼らの説を検証した。概念（すなわち「カナリア」）とその特性（すなわち「黄色である」）は，ネットワークの同階層にまとまって貯蔵されているので，「カナリアは黄色である」という文が正しいという判断は，非常に速やかに下されるはずである。それに対し，「カナリアは飛ぶことができる」という文では，概念と特性の階層が一つ違うので，もっと時間がかかるはずである。「カナリアには皮膚がある」という文は，概念とその特性が2階層離れているのでもう少し時間がかかるであろう。予想された通り，文の主語と述語の階層が離れるほど，正しい文への応答に要する時間が長くなった。

■やってみよう：コリンズとキリアンの階層ネットワーク
　コリンズとキリアンの階層ネットワークを研究してみよう。次のどの文が最も速く検証できるか。そしてどの文が最も時間がかかるか。
・サケは動物である。
・サメはかみつく。
・サケは食用になる。

評　価

　コリンズとキリアン（1969）の提唱した説によって，数字の記憶実験で観察された階層的体制化の説明ができるようになるかもしれない。バウアーら（Bower et al., 1969）は，研究協力者にそれぞれ四つの階層からなる4種類の階層構造に属する112単語を学習させた。鉱物階層構造では，一番上に「鉱物」という単語があり，次の階層には「金属」と「石」，三番目には「希少な」「ありふれた」「合金」「貴重な」「建築素材」，四番目には幾つかの特殊な鉱物（たとえば，プラチナ，銅，鋼）があった。単語をランダムに提示した場合，平均でたった21語しか再生されなかったのに比べて，それぞれの階層で単語が提示された場合，平均で73語が再生された。

　この説は，まさに私たちが，意味記憶の中に正解を見つけるために推理を大いにはたらかせているということを仮定している。たと

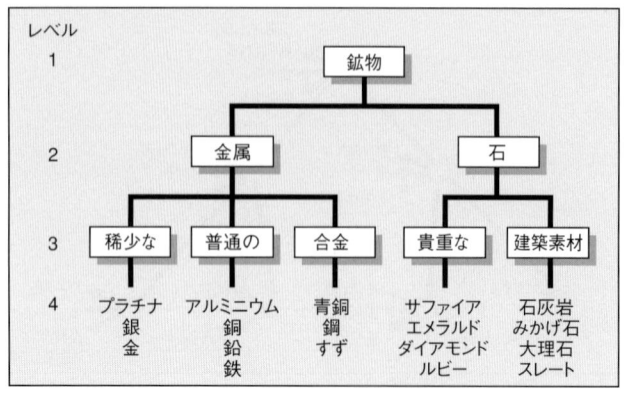

図13-11 バウアーら（1969）の鉱物階層構造

えば，レオナルド・ダ・ヴィンチ（Leonardo da Vinci）には膝があったという情報は，私たちの意味記憶には直接的には貯蔵されていない。しかし，私たちは，レオナルド・ダ・ヴィンチがヒトであったと知っているし，ヒトには膝があるということも知っている。したがって，私たちは，レオナルド・ダ・ヴィンチには膝があったと自信をもって推論をすることができる。そのことが，コリンズとキリアン（1969）によって提案された推論過程である。

この説には，いろいろな問題もある。たとえば「カナリアは黄色である」という文は，「カナリアには皮膚がある」というのとは，概念と特性の間の階層的な距離だけでなく，よく知っていることという観点からも違っている。コンラッド（Conrad, 1972）は，いろいろなグループの文を，よく知っているということで同等にしたうえで，主語と述語間の階層的距離は，各文を検証するのに要する時間とは，ほとんど関係がないという結論を得た。

■やってみよう：どのカテゴリー項目が，変則的または非典型的だろうか。

つぐみ，わし，にわとり，ペンギン，スズメ，オーストリッチ

上記の単語を含むカテゴリー化課題で，判断時間に影響を及ぼすのは，一体何なのだろうか。違う人種のヒトは，典型について異なる考えをもつのだろうか（たとえば，イギリス人とイヌイット族）。

この説には，予測に関連する次のような別の問題もある。すなわち，ある項目があるカテゴリーに属していると判断するのに要する時間は同じで，その項目がそのカテゴリーにとってどのくらい典型的であり代表的なものであるかということは，無関係のはずであるとしていることである。したがって，たとえば「ニワトリは，鳥である」が正しいと判断するのは，「コマドリは鳥である」が正しいという同様な判断をするのと同じくらい，時間がかからないはずである。実際には，検証時間はカテゴリーの典型的な項目の方が短いのである（アイゼンクとキーン，1995参照）。

要するに，コリンズとキリアンによって提唱された階層的ネットワーク説は，あまりにも融通性がなく，心理学的意味というより論理学的な意味をなすものである。コリンズとキリアンによれば，私たちが意味記憶から情報を取り出すことができる速度は，辞書的な意味をもとにした概念相互の関連によって決定されるとする。しかし，実際には，意味記憶にある情報へのアクセス速度は，私たちがどのように言語を使うかということと，私たち自身の異なる概念組み合せの経験，あるいは親近性にかなり大きく依存している。

コリンズとロフタス：活性化拡散

コリンズとキリアン（1969）のネットワーク説の問題の多くは，コリンズとロフタス（Collins & Loftus, 1975）の活性化拡散説によっ

て解決された。彼らの説では，意味記憶は，意味的関連あるいは意味的距離に基づいて体制化されているとする。意味的関連は，対になっている単語がどのくらい近い関連にあるかを研究協力者に判断させることで，測定することができる。または，与えられた一つのカテゴリーについて，できるだけたくさんの項目を選んで一覧表を作らせると，その結果選ばれた項目は，ほとんどカテゴリーに密接している項目であった。

　この説によれば，ヒトがある概念について見たり，聞いたり，考えたりするときはいつも，意味記憶の適切なノードが活性化しているとする。この活性化は，それから，意味的に近接している概念に最も強く拡散する。たとえば「コマドリは鳥である」という文の中で，「コマドリ」と「鳥」は意味的に近接関連しているので，活性化は「コマドリ」から「鳥」まで強く浸透する。そのおかげで，ヒトはその文が正しいとすばやく判断することができる。

　活性化拡散説を支持する証拠が，研究協力者に一連の文字列が英単語であるかどうかを判断させる，語彙判定に関する研究から得られている。メイヤーとシュヴェインヴェルト（Meyer & Schvaneveldt, 1971）は，二つの文字列を一緒に提示し，文字列が両方とも，単語になっているときだけ「はい」と，研究協力者に言わせた。二つの単語が意味的に関連している場合（たとえば，医者・看護師）は，関連していない場合（たとえば，医師・木）より，試行に対する判断がはるかにすみやかになされた。

評　　価

　活性化拡散説は，コリンズとキリアン（1969）のアプローチより上手に証明ができている。多くの場合，課題遂行は，階層構造内の概念の位置よりむしろ意味的関連度で決定される。活性化拡散説で予測されたように，どのような概念が与えられようと，その活性化は，意味的に関連した概念の自動的な活性化に結びついている。しかし，バッデリー（1990, p.333）が指摘したように，この説は，データの説明をするのに「非常に複雑なネットワークと一組の入念な処理規則を仮定するという代価を払っている」。

　活性化拡散説は説明が十分ではない。日常生活では，私たちは意味記憶の情報を多くの異なる方法で利用しており，活性化拡散説は，数ある過程の一つにほかならない。活性化拡散説は，基本的に意識的な自覚あるいは統制によらない自動的過程である。したがって，活性化拡散説は，意味記憶で概念について考えるのに必要とされる過程には，ほとんど役に立たない。

　活性化拡散説は，意味記憶における個々の概念を扱っている。しかし，意味記憶における情報のほとんどは，体制化された情報の束であるスキーマの形をとっている（次項参照）。スキーマの一例が，私たちの学校についての知識である（たとえば，学校で学んでいるのは誰か，学校はどのように組織化されているか，学校は何のためにあるかなど）。活性化拡散説では，スキーマのような複雑な種類の

情報が説明されていない。

バートレット：スキーマ説

バートレット（Bartlett, 1932, p.213）は，記憶を決定するのは，実際に提示された情報だけではなく，その人がもつ過去の関連知識にもよると主張した。

> 記憶というのは……想像上の再構成あるいは構成である。体制化された過去の反応あるいは経験からなる全体的に活性化したまとまりがあり，それに対する私たちの態度との関連から造られるものである。

バートレットは，先行知識は**スキーマ**（schema）の形で貯蔵されていて，私たちが読んだり聞いたりしたことを再構成しようとする際に，そのスキーマを必要とすると主張した。したがって，スキーマは，記憶において情報が体制化されるのに必要な主要な手段の一つである。

スキーマに基づいたシステムでは学習はどのようにして起こるのだろうか。ラメルハートとノーマン（Rumelhart & Norman, 1981）は，スキーマ学習は次の三つの手順で起こるとした。

1. 付加（accretion）：現在あるスキーマの新しい例が記録され，長期記憶の関連スキーマ情報に付け加えられる。
2. 調整（tuning）：現在あるスキーマが適切でないと経験が示せば，スキーマにおける概念は，精緻化され精錬される。
3. 再構成（restructuring）：多くの場合，先に存在していた類似のスキーマに関連して新しいスキーマが作られる。

残念ながら，付加，調整，再構成の過程は，ほとんど証明されていない。

バートレット説を検証する

> 私たちは，先行知識やスキーマ知識が記憶に与える効果を，どのようにすれば証明できるだろうか。バートレット（1932）は，提示されたものと，外界の知識に基づいた再構成過程との間の葛藤を生み出す材料を学習させた。たとえば，もし研究協力者が，異なる文化で創作された物語を読んだ場合，先行知識は，記憶に残った物語の内容を，彼らの文化的背景の観点からもっと社会的慣習に一致した，受け入れやすいものにしようとして，その記憶されたものの中に歪みを作り出すかもしれない。
>
> ある研究で，バートレットはイギリス人の研究協力者に「幽霊の戦争」という北アメリカインディアンの民話を読ませた後，研究協力者に物語を再生させた。物語の一部は次の通りである。
>
> ある晩，エデュラックの若者が2人，川を下ってアザラシ狩りに出

キー用語
スキーマ：長期記憶に貯蔵されている体制化された情報あるいは知識。

かけた。狩場にいるうちに霧がかかり，あたりが静まりかえった。突然，トキの声が聞こえた。「たぶん，あれは戦闘部隊にちがいない」そう思った若者たちは岸に逃げ，丸太の後ろに隠れた。すぐにカヌーが何艘かやって来た。水をかく櫂の音が聞こえ，一艘のカヌーが彼らの方へこぎ寄って来るのが見えた。カヌーには5人の男が乗っていた。若者らに向かって言った。「どうかな？　一緒に来てもらいたいんだが。川をさかのぼって，あいつらに対し戦をしに行くんだ」

バートレットは何を見出したのだろうか。研究協力者は，元の物語の内容と文体を歪めて再生し，再生を続けるうちに歪みは増大した。再生の誤りの大部分には，その物語を普通のイギリスの物語のように読んでしまう傾向がみられた。バートレットは，その種類の誤りを**合理化**（rationalisation）と呼んだ。記憶の歪みには，その他，平板化（なじみのない細部描写の再生に失敗）と強調化（ある特定の細部描写が精緻なものとなる）があった。

> **キー用語**
> **合理化**：文化的慣習に一致するように物語を歪めて再生する傾向。

バートレット（1932, p.78）は，研究協力者にあまり特別な教示を与えなかった。彼は，「研究協力者のやり方にできるだけ影響を与えないように……それが一番よいと考えた」のである。したがって，バートレットが観察した歪みには，実際の記憶誤りというより，意識的な想像によるものがあったかもしれない。この論議には説得力がある。というのは，正確な再生の必要性を強調する教示を与えた場合，通常みられた誤りをほぼ半分に減らすことができた（ゴールドとスティーブンソン Gauld & Stephenson, 1967）。

幾つかの研究は，バートレット（1932）を支持している。スーリンとドゥーリング（Sulin & Dooling, 1974）は，研究協力者に物語を読ませたが，研究協力者は，あらかじめ，その物語はアドルフ・ヒットラー（Adolf Hitler）について，または，ジェラルド・マーティン（Gerald Martin, 架空の登場人物）についてであると教えられていた。その後，認知記憶のテストをし，テストの各文が物語の中にあったかどうかを判断させた。テストの決め手の文章は，アドルフ・ヒットラーについての周知の事実を述べたものであったが，物語の中には書かれていなかった。あらかじめヒットラーについての物語であると告げられた研究協力者の方が，その決め手の文章は元の物語に書かれていたと，間違って主張する傾向がはるかに大きかった。このように，ヒットラーについての先行知識が，研究協力者の再生を歪めてしまったのである。

バートレットは，「スキーマ」という用語を曖昧に使い，使用したどの

> **キー研究評価ーバートレット**
>
> フレデリック・バートレット卿は，記憶研究には構造主義的アプローチを用いるという信念をもっていた。すなわち，ヒトは，記憶したり，記憶を再生したりするのに，積極的なアプローチをしていると確信していたからである。記憶自体は，過去の経験と新しい情報を統合することから構造であると言える。バートレットの研究は20世紀はじめに行われたものではあるが，彼の関心はヒトの記憶が実生活の状況でどのように機能するかということにあったため，いまなお十分現代に通用する。彼の行った実験は，音節や単語リストの再生を含む実験より，はるかに生態学的に有効であると断言できる。しかし，この研究では，他の多くの質的な研究同様，再生の誤りのような種類のデータが出るので，分類することが難しい。ごく最近は，バートレットの枠組みを引き継いだ日常記憶の研究が復活しているが，そのやり方では，出現したデータの解析は多少やりやすくなっている。

> ■やってみよう：小さなグループに分かれて，次のことに対する一人ひとりのスキーマを書いてみよう。
>
> ・汽車に間に合う
> ・新聞を買う
> ・就学する
>
> 出来事の一定パターンに一致をみるのは，どのくらい容易だろうか。どのようなテーマが，他のものより容易に一致するだろうか。それはなぜなのだろうか。

スキーマに含まれる情報の種類についても，ついによい証拠を得なかった。バウアーら（1979）は，その問題を取り扱った。たとえば，たいていのヒトには食堂のスキーマがあるはずだとした。言い換えれば，ヒトは食堂で食事をするときに，連続して起こりうる出来事についてはっきりした期待をもっている。バウアーらは，何人かの者に，食堂で食事をすることに関連する最重要事項を一覧表にさせた。ほとんどの者が，次のような出来事をリストに挙げた。座る，メニューを見る，注文する，食べる，勘定をする，そして，食堂を出る。バウアーら（1969）は，他のスキーマに対しても同様な試行を行ったが，回答者が違っても提示したスキーマの内容はどれもかなり一定になる傾向があるという結果を得た。

議論のポイント
1. なぜ，バートレットの研究がそれほど影響力を保っていると考えるか。
2. バートレットが観察した誤りや歪みが，他の種類の刺激にも現れると思うか（次項参照）。

評　価

　先行知識は，私たちが物語を記憶する際に系統的な歪みを作り出すことがある。この先行知識は，通常，スキーマの形態，すなわち体制化された情報の束の形で，貯蔵されている概念として広く受け止められている。バートレットのスキーマ説に対する批判の主なものに，彼は，なじみのない文化の物語を使って，記憶の系統的な歪みについてのよい証拠を見つけようとしたということがある。しかしブランズフォード（Bransford, 1979）は，ヒトが推論をする場合は**絶えず**スキーマの知識を使い，メッセージ内の失われた情報は関連情報に基づいて推測されると主張した。推論をし終わると，ヒトはその推論が提示された情報の部分を形成したことに後で思い至り，それが記憶の歪みにつながっていくとした。

　ブランズフォードは，彼自身の推論についての研究の一つを論議した。研究協力者に単純な物語を提示した（たとえば，「その男は台所に入ると，濡れた箇所で滑り，壊れやすいガラスの水差しを床に落としてしまった。その水差しは非常に高価なものだったので，皆は固唾をのんで，その出来事を見守った」）。その後の認知記憶テストで，研究協力者は，「その男は台所に入ると，濡れた箇所で滑り，壊れやすいガラスの水差しを床に落としたときに壊してしまった」という文章を聞いたと主張することが多かった。研究協力者の水差しについてのスキーマの知識が，その水差しは壊れてしまったと推論するのを助長し，そのことが長期記憶における誤りとなった。

　バートレット（1932）は，スキーマは，理解過程よりもむしろ検索過程に影響すると主張した。実は，スキーマは**両方**の過程に影響する（アイゼンクとキーン，1995）。スキーマ説は，記憶は，通常，不正確であると主張する方向にあまりにも偏りすぎている。私たちは，他人の批評を正確に覚えていることが多いし，俳優はせりふを完璧に覚える必要がある。スキーマ説では，系統的に提示された事

柄がスキーマによって変えられるといったことを強調しているが，上記のような現象は容易に説明がつかない。

なぜ，私たちは忘却するのか

　過去に起こったことの記憶は，時間の経過とともに薄れていく。時間の経過で忘却が増大することについて，明らかな実験的証拠を最初に得たのは，ヘルマン・エビングハウス（Herman Ebbinghaus, 1885）であった。彼の実験では，実験者であるエビングハウス自身が唯一の研究協力者でもあった。彼は，無意味つづり（たとえば，MAZ，TUD など）として知られる意味のない項目のリストを完全に再生できるようになるまで学習した。しばらくおいて，もう一度完全に再生できるようになるまで同じリストを再学習した。エビングハウスは，最初の学習と第二学習の間で，リストの完全再生に要する試行数が減少する，すなわち節約できる（節約法，the savings method）ということから，異なる保持期間における自分自身の記憶水準を測定した。

　エビングハウスの記憶は，保持期間が短いときは非常に良好だったが，保持期間が長くなるにつれて着実に薄れていった。忘却が最大になったのは，学習後，最初の1時間を経過した時点であったが，その後はもっと緩やかであった。忘却の時間経過を記述するのは簡単であるが，忘却の理由を理解することは困難である。続いて，忘却の主な要因について論議することにする。後半の，記憶の実際の応用に関する節では，日常生活において，忘却が重大な結果をもたらしかねない分野を取り扱っている。

忘却は常に悪いことだろうか。私たちは，すべてを覚えておく必要があるだろうか。

痕跡減衰説

　忘却は，おそらく脳内の基本過程によって起こる記憶痕跡が次第に減衰することによるもので，「残存イメージが変容をきたし，ますますそれが本来のイメージに影響する」（エビングハウス，1885）と考えられている。そのような生理学的な変容を直接研究するのは，困難なことがわかっている。そのため，痕跡減衰説はいくらか間接的である。忘却は，保持期間に生じた出来事より，むしろ保持期間の長さによると減衰説は仮定した。

　ジェンキンスとダーレンバック（Jenkins & Dallenbach, 1924）は，1時間から8時間の保持期間で，2人の学生に無意味つづりを再生させた。2人は，その保持期間中，目を覚ましている場合と眠っている場合とがあった。保持期間中，起きている場合より，眠っている場合の方が2人の忘却はずっと少なかった。このことは，痕跡減衰説と矛盾する。彼らの説では，ヒトは起きているときの方が，眠っているときより他の出来事からの干渉をはるかに大きく受けるから，忘却のほとんどは，そのような干渉によると示唆している。

　実は，ジェンキンスとダーレンバック（1924）が得た結果は額面通りには受け取れない。睡眠条件では，学生が材料を学習したのは**夕方**で，覚醒条件では，彼らの学習は通常**午前中**であった。したが

ジェンキンスとダーレンバックの研究では，何が独立変数，従属変数，交絡変数か。

って，学生たちが保持期間ずっと覚醒していたからか，あるいは，午前中の学習は効率が悪いからか，そのどちらかの理由で，覚醒条件での高水準の忘却は起こったかもしれない。ホッケイら（Hockey et al., 1972）は，その要因を混同しなかった。忘却の割合は，日中の睡眠中に急速に高くなったので，忘却は，学習がなされる時間帯に大いに左右されるということを示唆している。

要するに，痕跡減衰説にはほとんど何も証拠がない。仮に，すべての記憶痕跡が減衰するならば，何年も前に起こった多くの出来事，しかも，めったにそれについて考えたり，リハーサルしたりしない出来事を，私たちは何とよく覚えていることかと驚く。たとえば，ほとんどの人は，1990年にサッチャー夫人の辞任のニュースを聞いたとき，自分たちが何をしていたかを何年も詳しく覚えていた（コンウェイら Conway et al., 1994）。たいへん重大な出来事に対する，正確で長く持続する記憶は，フラッシュバルブ記憶として知られている（本章で前述した）。しかし，痕跡減衰は，忘却において何らかの原因となる役割を演じているかもしれない。

干渉説

もし，あなたが，1930年代，40年代，あるいは50年代の心理学者に，何が原因で忘却が起こるのだろうとたずねたとしたら，「干渉」という答えがおそらく返ってきたであろう。記憶は，私たちが以前に学習したこと，あるいは，将来，学習するであろうことによって，妨げられたり干渉されたりすると仮定されていたのである。先行の学習が後続の学習や保持を妨害するとき，それは，**順向抑制**（proactive interference）として知られている。後続の学習が先行の学習の記憶を妨害するとき，それは**逆向抑制**（retroactive interference）として知られている。

干渉説は，対連合学習という手段でテストされる。初期の研究では無意味綴りを使用していたが，最近では，一般的に単語を使用している。研究協力者に，まず，対になった単語（たとえば，猫－木，ろうそく－食卓）を幾つか提示する。各組の最初の単語（たとえば，猫，ろうそく）は，**刺激項**と呼ばれ，二番目の単語（たとえば，木，食卓）は，**反応項**と呼ばれる。研究協力者が，刺激項が提示されると各反応項を再生できるようになるまで，学習は続けられる。

その後，研究協力者は第二番目の対連合リストを学習する。第二番目のリストの再生テストをすることで，順向抑制の証拠が得られる。それには，実験群の記憶のパフォーマンスと，第一学習をしなかった統制群のパフォーマンスとを比較する。逆向抑制は，第一番目のリストの再生テストをすることで評価できる。そのためには，第二学習をしなかった統制群のパフォーマンスと，学習した実験群のパフォーマンスを比較する。順向抑制と逆向抑制は，実験群のパフォーマンスの程度が，統制群よりどのくらい低いかで明らかになる。

刺激項が同じで反応項だけが異なるものが，両方の対連合リスト

> キー用語
> **順向抑制**：現在の学習や記憶が，先行の学習によって妨害されること。
> **逆向抑制**：後続の学習が，先行の学習の記憶を妨害すること。

図 13-12　並べ替えの後：台所の食器棚の中を並べ替えた後，数週間たっても，あなたは，自分が何かを以前の位置に探していることに気づくだろう。以前の位置の記憶が，新しい位置の記憶を妨害しているという干渉の一例である。

に用いられた場合，2種類の干渉の明確な証拠が得られる（アンダーウッドとポストマン Underwood & Postman, 1960）。しかし，異なる刺激項がその二つのリストに用いられた場合，順向抑制も逆向抑制もほとんど起こらない（アンダーウッドとポストマン，1960）。

　干渉説は，日常生活にはあまり適用できそうにない。刺激項が同じで，対になる反応項が異なった場合にだけ実質的な抑制がみられる。日常生活では，たまにそういうことが起こる。19世紀のドイツの心理学者，ヒューゴ・ミュンスターベルク（Hugo Munsterberg）は，懐中時計をポケットからポケットにいつも動かしていたが，彼のことがよい例になる。適刺激（たとえば「いま，何時ですか」）が与えられたとき，ミュンスターベルクは，ろうばいして時計を探し回り，間違ったポケットに手を突っ込んだものだ。

　干渉説によれば，提示された刺激に対して二番目の反応を学習すると，最初に学習した反応が取り消されてしまう。それは，実験室の条件の下では起こりそうであるが，実験室外で学習された連想には起こりそうにない。スラメッカ（Slamecka, 1966）の研究では，研究協力者に，いろいろな刺激項に対して自由連想をさせた。別な言葉で言えば，研究協力者に心に思い浮かぶことを何でも答えさせた。次に，刺激項が新しい反応項と対になったが，それは，彼らの自由連想の学習を解除するはずであった。しかし，スラメッカが研究協力者にその自由連想を再生させると，予想されたような逆向抑制の徴候は何もなかった。

　干渉説がもはや大して人気がないのには別の理由がある。認知心理学の最大の関心事は，学習や記憶に必要とされる**過程**なのだが，干渉説はそのことについてほとんど触れていない。

手掛かり依存忘却

　タルヴィング（1974）は，忘却の主な理由は二つしかないとする。第一番目は，情報が記憶にもはや貯蔵されていない痕跡依存忘却である。痕跡減衰説は，この形の忘却を強調した。第二番目は，情報が記憶にあるが，アクセスができない**手掛かり依存忘却**（cue-dependent forgetting）である。そこでは情報は利用できる（すなわち，まだ貯蔵されてはいる）が，アクセスできない（すなわち，検索できない）のである。

　手掛かり忘却の重要性を証明したのが，タルヴィングとパールストーン（Tulving & Pearlstone, 1966）であった。何枚かの長い単語リストがあって，単語は幾つかのカテゴリー（たとえば，家具の名前，4本足の動物）に属している。そのリストを提示後，研究協力者に思い出すことができた物を書きとめさせた（手掛かりなし再生）。その後，研究協力者に手掛かりとしてカテゴリーの名前を全部教え，再度，リストの単語を書かせた。手掛かり再生では，研究協力者が再生した単語は，手掛かりなし再生より3, 4倍ほど多かった。手掛かりなし再生のパフォーマンスが比較的悪かったのは，手掛かり再生で提示されたような有効な手掛かりがなかったからであろう。すな

スラメッカは，干渉説は実生活には必ずしも適用できるわけではないという結果を得たが，それに対してあなたはどういう説明をするだろうか。

キー用語
手掛かり依存忘却：適切な検索手掛かりがないために起こる忘却。

タルヴィングとパールストーンの研究は，あなたの心理学学習に適用可能か。あなたが，回想するのに使うことができる「手掛かり」について考えてみよう。

わち，相当な数の手掛かり忘却があったと言える。

タルヴィングとソトカ（Tulving & Psotka, 1971）は，手掛かり依存忘却によるアプローチを干渉説と比較した。単語リストを6枚用意した。各リストには六つの異なるカテゴリーがあり，それぞれに4語が属していた。各リストを提示した後，研究協力者にできるだけたくさんの単語を自由に再生させた。これを最初の学習とした。リスト全部を研究協力者に提示後，提示された**すべて**のリストから単語を再生させた。これが完全な自由再生である。最後に，カテゴリーの名前全部を研究協力者に提示し，もう一度，すべてのリストの，すべての単語を再生させた。これが完全な手掛かり再生である。

完全自由再生には，逆向抑制を証明する明らかに有力な証拠があった。すなわち学習と再生の間に介在するその他のリストの数が増えるにつれて，提示されたどのリストからの単語再生も減少したのである。この結果は，干渉説では，先に提示したリストについて学習したことが解除されてしまうと仮定することで解釈できるかもしれない。しかし，その解釈は，完全手掛かり再生から得られた結果と一致していない。研究協力者がカテゴリーの名前を利用する場合，本質的に，逆向抑制あるいは忘却はみられなかった。したがって，完全自由再生でみられる忘却は，基本的には手掛かり依存忘却である。

私たちがこれまで，考えてきた手掛かり依存忘却の研究は，**外的**手掛かり（たとえば，カテゴリーの名前の提示）を含んでいる。しかし，手掛かり依存忘却は，**内的**手掛かり（たとえば，気分状態）でもみられる。現在の気分状態についての情報は記憶痕跡に貯蔵されていることが多く，検索時の気分状態が異なれば忘却が増える。学習と検索時の気分状態が同じ場合，忘却は少ないはずだという概

図13-13　映画『街の灯（City Lights）』：気分状態依存記憶の概念を映画に描き出している。

念は，一般的に**気分状態依存記憶**（mood-state-dependent memory）と呼ばれる。そのことは，チャーリー・チャップリン（Charlie Chaplin）が，酔っ払った自殺未遂の百万長者を救い，お返しに友人になるという『**街の灯**（City Lights）』という映画で，楽しく理解することができる。百万長者がしらふのときに，もう一度チャーリーを見ても誰なのかわからない。しかし，再び酔っ払ったときには，チャーリーを見つけ，長い間会わなかった友人のように扱い，一緒に家に連れて帰る。翌朝，百万長者はまたしらふになる。彼は，チャーリーが彼の招待した客だということを忘れ，執事に追い出させる。

ヒトは，学習時と検索時の気分が一致しているときの方が，物をよく覚える傾向がある。研究協力者がよい気分のときは，悪い気分のときよりこの効果は高い（ウクロス Ucros, 1989）。また，個人的関連がある出来事を覚えようとするときの方が，高い効果が得られる。

情報は永久に貯蔵されるから，すべての忘却は手掛かり忘却であると主張する心理学者がいる。ロフタスとロフタス（Loftus & Loftus, 1980）は，心理学者の84％と，心理学者以外の69％が，永久貯蔵を信じているという結果を得た。それほどの強い見解を証明する証拠はほとんどない。おそらく，永久貯蔵の概念を反証できないので，広く支持されているのだろう。たとえ情報を検索できなくても，長期記憶のどこかに，その情報はずっと貯蔵されているということはありうる。現時点で最も適切な結論としては，忘却のほとんど（全部ではない）が，おそらく手掛かり依存忘却であろう。

手掛かり依存忘却および気分状態依存記憶に関する研究結果は，検索時に利用できる情報が，記憶痕跡に含まれる当該情報と適合も一致もしない場合に，忘却が起こるとしている。タルヴィング（1979, p.408）は，この概念を彼の**符号化特定性原理**（encoding specificity principle）を推進するのに使った。

> 目的の項目を首尾よく検索できる確率は，検索手掛かりに含まれた情報と記憶に貯蔵された情報との，情報的な重なりの増加関数から求められる。

したがって，検索手掛かりと記憶痕跡に含まれる情報との類似性が大であればあるほど，ヒトは，探している情報を思い出す確率が高まる。

私たちは，普通，検索手掛かりと記憶痕跡の間にどの程度の「情報の重なり」があるか知らないので，符号化特定性原理をテストするのは困難である。符号特定性原理によれば，検索（あるいは，そ

キー用語
気分状態依存記憶：検索時の気分と学習時の気分が一致する場合の方が，記憶がよい。

学習時および検索時に，ヒトが積極的な気分のときほど，再生のときに，気分の効果が強く出るということを心に留めて，この研究の応用を考えてみよう。たとえば，広告主は，製品が，肯定的な気分になるような趣向と結びつくように，努力している。

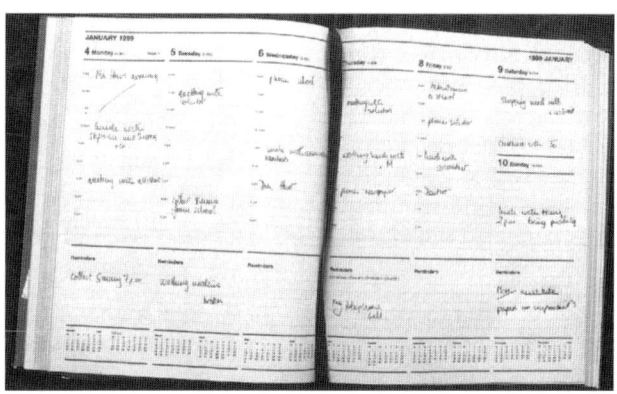

図 13-14　スケジュール・ブック

キー用語
符号化特定性原理：検索時に利用できる情報と記憶痕跡にある情報の重なりが大である場合，記憶が最良であるという概念。

の反対の忘却）は，急激にしかもほとんど思考とは関係なしに起こる。しかし，検索は問題解決活動を含むことがよくある。たとえば，もしあなたが，先週の金曜日に何をしていたかとたずねられた場合，次のように答えるかもしれない。「えっと，金曜日は，いつもバドミントンをするのですが，先週は学期の中間休みでしたから，友だちと『タイタニック号』の映画を見に行きました」。

抑　圧

　忘却について最もよく知られたアプローチの一つは，ジークムント・フロイト（Sigmund Freud）が唱えた**抑圧**（repression）説である。フロイト（1915, p.86）によれば，抑圧の本質は「単に，無意識に何かを拒んだり，意識の中に何かが入ってこないようにしたりするという機能にある」。フロイトが主張したのは，忘却の多くが，不安を生じさせる記憶を意識の外に置こうとする欲求によって，動機づけられているということであった。しかし，彼は，「抑圧」という言葉をいろいろな違った意味で使った。時には，抑圧を感情経験の容量の抑制であると定義した。その定義によれば，不愉快な記憶の意識がある場合でさえ，抑圧は起こりうる。

　フロイトの説をテストするのは，困難である。抑圧に関わる不安を引き起こす出来事，あるいはトラウマ（心的外傷）になるような出来事を利用することは，倫理上不可能である。抑圧現象を発現させる実験的試みは，基本的に忘却や抑圧を生じさせるための不安を必要とする。その後不安が消失しても，抑圧の情報はなお長期記憶にあるということになる（抑圧の再発）。実際には，通常は，失敗のフィードバック（研究協力者が記憶課題の成績が悪いと知らされること）が，不安を生じさせるために使用されている。不安は，その後，失敗のフィードバックは虚偽であったとして研究協力者を安心させることにより，取り除かれる。失敗のフィードバックは，記憶の欠損に結びつくことが多いが，抑圧が関わっているかは明らかではない。ホームズ（Holmes, 1990）が指摘したように，研究協力者は，記憶テストに一所懸命に専念するよりも，むしろ，自分の失敗

> **キー用語**
> 抑圧：フロイトの概念で，非常に不安を引き起こすものは意識から閉め出される。

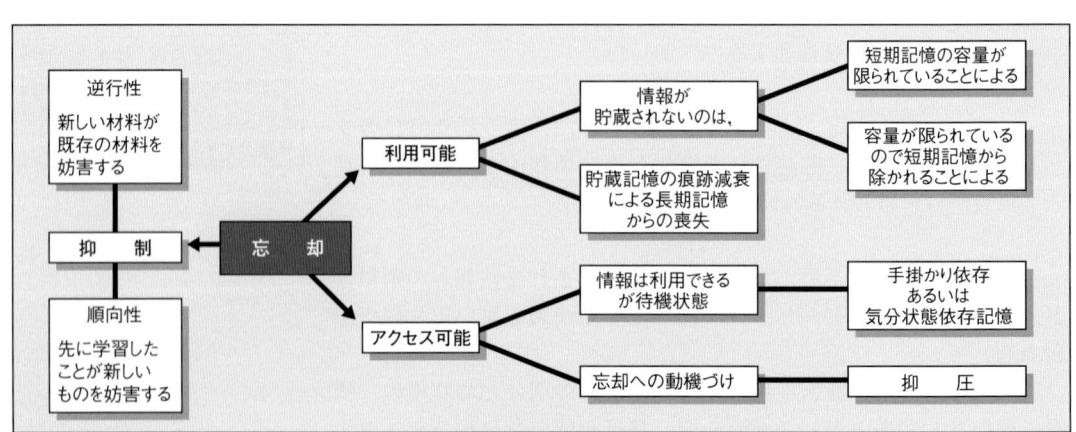

図13-15　忘却に関わる過程

とその理由について考えるかもしれない。

　抑圧の納得のいく証拠が，特性不安（不安に対する感受性に関わるパーソナリティ要因）が低くて防衛度（第27章参照）の高い抑圧傾向の人から得られている。ワインバーガーら（Weinberger et al., 1979）によれば，特性不安と防衛度が低い人は本当に不安の低い人であり，特性不安が高くて防衛度が低い人は不安が強く，特性不安と防衛度の両方が高い人は防衛的で不安が強い。

　マイヤーズとブレヴィン（Myers & Brewin）が，四つのグループすべてを研究した。子供の頃の否定的な記憶を再生するのにかかった時間の長さを測定した。抑圧的なグループは，他のどのグループよりもずっと時間がかかった。彼らが最高に幸せな子供時代を送っていたなら，そういうことは起こらなかっただろう。しかし，抑圧的なヒトたちは，自分たちの父親から最大の無関心と敵意を経験したと報告した。

　実験ではないが抑圧の証拠がある。成人の多数には，子供の頃に受けた性的虐待の抑圧された記憶があると思われている。たとえば，ハーマンとシャッツォウ（Herman & Schatzow, 1987）によれば，近親相姦の犠牲者の女性グループの28％が，子供の頃の記憶の著しい欠落を報告した。そして，そのような抑圧された記憶は，暴力的な虐待を被った女性に最も多くみられるという結果を得た。抑圧された記憶の正確さを確認する具体的な証拠は何もない場合が多い。ブレヴィンら（1993, p.94）は，この問題を論議し次のような結論に達した。「特殊な出来事や事実の発生について個人に質問する場合，彼らが，その当時，年齢が十分高く，十分知りうる立場であった場合ならば，説明の主要点は納得がいく程度には正確であると思われる」。しかし，虐待の記憶の回復全体が非常に微妙な問題であるということは，心に留めておかなければならない。セラピストの責任に関わる倫理的かつ法律上の重大な問題や，家族の他の構成員に対する告発という結末などをもたらすことになる。

潜在記憶

　これまで，顕在記憶に影響を及ぼす要因を論議してきた。顕在記憶は，意識的な想起に頼っている。では，潜在記憶はどうだろう。潜在記憶は，意識的な回想には頼っていないのだろうか。リーバー（Reber, 1993）は，潜在的な学習・記憶は，一般的に顕在的な学習・記憶より強固なので，忘却による影響が少ないと主張した。ミューデルとメイズ（Meudell & Mayes, 1981）は，研究協力者に漫画の中で特定の対象を探させた。17ヶ月後，研究協力者は一般的に言って漫画（顕在記憶）を再認するのがへただった。しかし，以前の場合より，特定の対象（潜在記憶）を発見するのが速かった。したがって，顕在記憶で忘却を生じさせる要因が，潜在記憶でははたらいていなかったのである。

　リーバー（1993）は，潜在的な学習・記憶は，顕在的な学習・記憶より，脳損傷の影響に対して耐性があると主張した。私たちがみ

てきたように，健忘患者から得られた証拠（たとえば，クラパレード, 1911；グラーフら, 1984）が，その見解を支持している。なぜ，脳の損傷は潜在記憶よりも顕在記憶の忘却を引き起こすのだろうか。リーバー (1993) によれば，顕在的な学習・記憶に関わる脳の組織より，潜在的な学習・記憶に関わる脳の組織の方が，進化上早く発達し，何世代も経るうちにますます強固になっていったとする。対照的に，顕在的な学習・記憶に関わる脳の組織は主に意識に依存しているが，意識はどちらかと言えばもろく壊れやすい。リーバーが正しくても間違っていても，それに関係なく，顕在記憶の忘却を生じさせる要因は，潜在記憶にはそれほど影響を及ぼさない。

短期記憶

　忘却に関する説のほとんどは長期記憶に焦点を合わせている。しかし，短期記憶に忘却を生じさせる要因を突き止めることに以前から興味がもたれている。「ブラウン＝ピーターソン・パラダイム」で，重要な結果が得られている。このパラダイムでは，三つの子音（たとえば，FBM）を提示した直後に，3桁の数を提示する。研究協力者の課題は，子音を再生するようにという合図が与えられるまで，その数から三つずつ逆に数えることであった。一般的に保持期間がなかった場合，子音再生は，ほぼ100％であったが，18秒の保持期間があった場合，たったの10～20％に落ちた。

　ブラウン＝ピーターソン・パラダイムでは，何が忘却の原因なのだろう。可能性の一つとしては，子音と，提示された3桁の数が干渉し合うほど十分に似ている場合，逆向抑制が関わっているということである。その見解を支持する証拠がライトマン (Reitman, 1971) によって報告されている。研究協力者は，保持期間中に音節発見課題か音調発見課題のどちらかを遂行した。音節発見課題を遂行した研究協力者の方が，音調発見課題の研究協力者より，子音再生がかなり悪かったので，再生を妨害するのはおそらく音調より音節のほうだと思われる。

　ブラウン＝ピーターソン・パラダイムで忘却の生じるもう一つの可能性は，覚えるべき情報から注意がそれるからだとする。この説明は，忘却が起きるのはただ時間が経過したからだと仮定する，減衰説にむしろ近い。ワトキンスら (Watkins *et al.*, 1973) は，注意がそれる説を支持する結果を得た。研究協力者のうち数名に音符を聞かせて，ハミングさせ，最後にその音符が何かを答えさせた。一方，残りの研究協力者には，音符を聞かせただけであった。ハミングし，音符を確認した研究協力者の方が多くを忘却したのに，単に音符を聞いただけの研究協力者には忘却が起こらなかった。ワトキンスらは，音符のハミングと確認を要求する条件が，覚えるべき情報から注意をそらさせたと主張した。

　要するに短期記憶での忘却は，おそらく覚えるべきことから注意がそらされることに基づいた，主に減衰のような過程によるのであろう。付言すれば，抑制は一つの要因であると考えられる。

実用的応用

　読者は，この章で論議してきた説の多くは，日常生活とはほとんど関わりがないと思っているかもしれない。ここでは，ヒトの記憶に関する知識の実用的な応用の主なものに焦点を合わせることにしよう。日常生活記憶の研究をするのに幾つかの利点がある。第一に，日常生活での記憶を研究する方が，実験室での研究より直接的に日常生活に応用できそうである。第二に，日常生活で記憶が果たす役割を考察することは重要である。第三に，日常生活での記憶の研究が，実験室研究から発展してきた記憶説のためのテストの基盤を与えてくれる。

　日常生活記憶の研究をする際には不利な点もある。第一に，学習が起こる条件のコントロールが不備なことが多い。第二に，日常記憶の正確さを評価できないことが多い。第三に，日常記憶の研究は，ヒトの記憶に関する新しい理論的な洞察を生み出すに至っていない（アイゼンクとキーン，1995）。いまから述べる研究の多くについては，十分にコントロールされた条件の下で遂行されており，先に述べた二つの限界は事実上当てはまらない。

目撃者証言

　目撃者の証言のみに基づいて，多くの無実の人が監獄に入れられてきた。犯罪や事件当時に何が起こったか，あるいはその後何が起こったかということであるから，目撃者は誤りを犯すことがある。おそらく誤った証言がなされる最も明白な理由としては，目撃者が事件に十分な注意を払っていなかったからであると考えられる。また，目撃者の証言は，暴力的な犯罪の場合ほど限界がある傾向がある。ロフタスとバーンズ（Loftus & Burns, 1982）は，研究協力者に2種類の犯罪の記録映画（暴力的な事件を含むものと含まないもの）を提示した。暴力的な事件を含むものは，提示された詳細な場面に関して，提示2分前までの場面の記憶に欠落を生じさせた。暴力的な犯罪者の出現は，目撃者の生命を危険にさらすかもしれないのであるから，暴力が記憶を損傷する効果は，おそらく実生活ではもっと大きいと考えられる。

事後情報

　目撃証人の記憶のもろさおよび，事件後に記憶がどのように歪められるかに焦点を合わせた研究がある。ロフタスとパーマー（Loftus & Palmer, 1974）は，研究協力者に，自動車の多重衝突事故についての一連のスライド映像を見せた。その後，一定の質問をした。ある者には，「自動車が激突したとき，車はだいたいどのくらいの速さで走っていたでしょうか（About how fast were the cars going when they smashed into each other?）」と質問し，一方，他の者には，「激突した（smashed into）」の代わりに「ぶつかった（hit）」という言葉を使った。推定速度は，使われた言葉に影響され，「激突した」という言葉が使用された場合は，毎時66キロメートルに対して，「ぶつかった」という言葉が使用された場合は，平均して毎

> **キー研究評価―ロフタスとパーマー**
>
> この研究は，研究協力者に自動車の多重衝突事故の映画を見せることで遂行された。通常通り，大学生が研究協力者として使われていて，大学生は必ずしも一般的な母集団の代表ではないという論議も起こるだろうが，方法論的にはこの実験はよくコントロールされている。しかし，研究協力者は現実の目撃者ではないので，実験は生態学的妥当性に欠けるし，現実の目撃者なら，目撃者であるという感情的な効果が再生に影響を与える可能性もあると言えるだろう。この研究は，特に，法廷での目撃者証言の信憑性，および警察署で録音された供述の利用という点で，現実に応用されている。

時55キロメートルであった。このように，たとえほんのわずかしか違ってないように思える場合でも，質問に潜在する情報が記憶には影響するのである。

1週間後，研究協力者全員に「壊れたガラスを見ましたか」と質問した。実は，壊れたガラスは映し出されていなかった。「激突した」という言葉を使って速度を質問された研究協力者の32％が壊れたガラスを見たと答えた。対照的に「ぶつかった」という言葉で質問された研究協力者は，14％だけが壊れたガラスを見たと答えた。このように1週間前に聞かれた質問の，たった一つの言葉の違いが，研究協力者の記憶に大きな影響を与えたのである。

ロフタスとザーニ（Loftus & Zanni, 1975）は，質問方法に小さな違いがあってさえも，その違いが効果を与えることができることを証明した。彼らは，研究協力者に自動車事故の短い映画を見せた。ある研究協力者には「一つの壊れたヘッドライトを見ましたか（Did you see a broken headlight?）」とたずね，一方，その他の研究協力者には「その壊れたヘッドライトを見ましたか（Did you see the broken headlight?）」とたずねた。映画の中には，壊れたヘッドライトはなかったが，後者の質問はあったことを示唆していた。事故車のそのヘッドライト（the broken headlight）についてたずねられた研究協力者の17％が，見たと答えたのに対し，一つの壊れたヘッドライト（a broken headlight）についてたずねられた研究協力者では，7％だけが見たと答えた。

議論のポイント
1. 実験室に基づくような実験結果が，実社会に見出されることと似通っていると，どれほど確信できるだろうか。
2. この研究が実践的に示唆していることは何か。

説　明

誤解を招くような事後情報が，目撃者の報告をどのように歪めるのだろうか。バートレットのスキーマ説が答えを提供している。バートレット（1932）は，検索は再構成の過程を含み，その過程で，出来事について利用可能なすべての情報が，「真実はこうあらねばならない」ということに基づいた出来事についての詳細を再構成するのに使われていると論じた。以前に経験した出来事に関連した新しい情報が，再構成のための異なる基礎を提供することで，回想に影響を及ぼすことがある。

もう一つの可能性は，実験者が目撃者にそう答えてほしいと思っていると目撃者が考え，目撃者がそのようにただ応答するということである。実験者が，「その壊れたヘッドライトを見ましたか（Did you see the broken headlight?）」と質問した場合，そこに壊れたヘッドライトがあって，実験者が，観察力の鋭い目撃者はそれを気づい

ただろうと期待していると示唆している。実験事態に置かれた研究協力者が，単に期待されたように振る舞おうとすることを状況の**要求特性**（demand characteristics）に呼応しているという。リンゼイ（Lindsay, 1990）は，事後情報は間違いであったと研究協力者に告げることで，要求特性を排除しようとした。それでもなお事件の記憶は，事後情報によって歪められていた。それは，事後情報が本当に記憶を変えてしまったということを示唆している。

　事後情報効果に関するほとんどの研究の主な限界は，周辺の些細なこと（たとえば，壊れたガラスがあったかなかったか）の記憶に焦点を合わせたということである。フルゼッテイら（Fruzzetti et al., 1992）らが指摘したように，あまり大したことのない細部ならともかく，重要な細部（たとえば，凶器）へ誤解を招くような事後情報を与えても，目撃者の記憶を歪めることはより困難なのである。

> **キー用語**
> 要求特性：研究協力者が，何についての実験であるのかを理解しようとするのに用いる手掛かり。

その他の要因

　目撃者証言に関する最も重要な発見は，実験で首尾一貫して得られる結果であり，そして，その結果が常識で期待されているかもしれないことと違っていたことである。カシンら（Kassin et al., 1989）は，目撃者証言の専門家に，十分に証明されたと信じられる実験結果を確認してもらい，さらにその実験結果が常識的であると思うかどうかを述べてもらった。十分に証明された実験結果のほとんどに対して，常識的見解に一致すると考えたのは，非常に少数の専門家（割合は括弧の中）だけであった。

- 目撃者の自信は，彼あるいは彼女の事実確認の正確さについてのよい予測にはならない（3％）。
- 目撃者は事件の続行時間を過大視する傾向がある（5％）。
- 目撃者の事件についての証言は，目撃者が実際に見たことばかりでなく，引き続き得た情報を反映することがよくある（7.5％）。
- 目撃者の記憶には型通り（すなわち，エビングハウス型）の忘却曲線がある（24％）。
- 事件についての目撃者の証言は，目撃者がどのような言葉遣いで質問されたかに影響される（27％）。
- 一人の人間の証言だけを採用すれば，事実誤認の危険度が増す（29％）。

警察手続きへの示唆

　私たちが論議してきた研究から派生して，警察面接での質問が目撃者の記憶を歪め，そのために信憑性が減ることがあるかもしれないと言える。英国でかなり最近まで起きていたことだが，何が起こったかについて目撃者が説明しているのに，それが繰り返し中断されていた。そのような中断は，目撃者が検索過程に全神経を集中することを困難にするので，再生を減少させる。心理学的実験の結果を踏まえて，英国内務省はガイドラインを出した。それによると，

警察面接は，自由再生から始めて一般的な自由回答の質問に進み，さらに特定的な質問で終わりにするべきであると勧めている。

目撃者の証言を改善するために導入された（あるいは，されるべき）変更が，何か他にあるだろうか。ゲイゼルマンら（Geiselman et al., 1985）は，ヒトの記憶の基本的な特徴が面接技術に考慮されるべきであると主張した。

- 記憶痕跡は複雑で，いろいろな特徴や種類の情報を含んでいる。
- 検索手掛かりの有効性は，手掛かり情報が，記憶痕跡に貯蔵されている情報とどの程度まで重なっているかによる。これは符号化特定性原理である（前述）。
- 特定の記憶痕跡が何であれ，いろいろな検索手掛かりがアクセス可能である。たとえば，知り合いの名前が検索できない場合，もし，他の情報（たとえば，彼または彼女のイメージを描くこと，その人の友達の名前を考えること）が検索手掛かりとして使われたならば，再生できるかもしれない。

ゲイゼルマンらは，基本的な認知的面接を発展させるために以上の考慮すべき事柄を用いた。目撃者に，犯罪場面に存在した状況を，環境的で内的な情報（たとえば，気分状態）を含めて心の中で再現させる。その後，目撃者に事件に関連していると考えられるあらゆることを，たとえ情報が切れ切れであっても単に報告させる。さらに，目撃者にいろいろな順番で，いろいろな見方（たとえば，別の目撃者の見方）から，その事件についての詳細を報告させる。

ゲイゼルマンらは，標準的な警察面接の効果と，基本的な認知的面接の効果とを比較した。目撃者の正しい供述の平均数は，標準的な警察面接を使用した場合はわずか29.4で，それに比べて，基本的な認知的面説を使用した場合は41.1であった。フィシャーら（Fisher et al., 1987）は，拡張認知的面接を考案し，基本的認知的面接よりも効果的であることを証明した。拡張認知的面接は，基本的認知的面接の主要点を包含している。しかし，次の勧告も役に立っている（ロイ Roy, 1991, p.399）。

> 取り調べは，気を散らすものを最小限にし，目撃者にゆっくり話をさせ，応答と次の質問との間に短い間をとり，個々の目撃者に合うように言葉を選び，解釈的な短いコメントで応じ，目撃者の不安を減少させ，判定的かつ個人的な意見は避け，そして，取り調べ中の事件や人についての目撃者の供述を常に再吟味すべきである。

医学情報を記憶する

患者が，医者に与えられた情報を覚え，それに適切に従うということは重要である。しかし，患者は教えられた医学情報の多くを忘れることがよくあり，それが彼らの健康に逆効果を与えることがあ

る。

　レイ（Ley, 1978, 1997）は，医学情報の記憶の系統的調査を論議した。彼の最初の課題は，どの情報項目がよく記憶され，どれがよく再生されないかを見出すことであった。彼の得た結果の多くは，先の実験室研究から予測されたものであった。医者から最初に与えられた情報はよく記憶されていた（これは初頭効果である。前述）。患者にあまり重要でないと評価されたものより，最重要であると評価された情報項目の方が再生はよかったが，おそらく，徹底的に処理されたからであろう。もう一つの予測された結果は，医師が述べることが増えるにつれ，患者が言われたことを忘れる割合が増えるということであった。それは，私たちの情報処理には限られた能力しかないことから説明できる。期待された通り，医学情報の記憶の成績は，再生が使われた場合より，再認記憶との場合の方が高い傾向があった。

　カテゴリーに顕在的に体制化された情報（たとえば，飲み薬）は，体制化されていない情報よりよく記憶された。本章で前述したように，体制化された情報は，長期記憶の体制化や構成に対応しているので容易に覚えられる。医学知識のある患者は，医学知識のない患者より医者の言ったことをよく記憶していた。おそらく，彼らにとっては，精緻な処理を行う方が簡単だとわかっているのだろう。心理学者の期待通り（しかし，おそらく医者は期待していないだろうが），情報を単に繰り返しても，再生される量にはとりたてて効果はない。その理由は，言葉を繰り返しても，おそらく処理の深さあるいは精緻化を変化させることにはならないということである。

　日常場面での医学情報に関する記憶は，その他の種類の情報についての記憶と同じ原則に従うということを確立したので，レイ（1978）は，医者のためのいろいろな勧告を提唱した。第一に，彼は，最も重要な情報，すなわち助言と指示は最初に与えられるべきだと主張した。第二に，助言と指示の重要性は強調されるべきであるとした。第三に，医者は，短い言葉と文を使うべきであるとした。レイ（1978）は，患者が，医学の小冊子に掲載されている情報は理解しがたいと感じていることが多いのに気づいた。彼は，減量について書かれた2冊の小冊子を比較した。1冊には，長い言葉と文章が使われ，もう1冊には，短い言葉と文章が使われていた。短い文章の小冊子を読んだ肥満女性は，平均で15ポンドを減量したのに比べ，長い文章の小冊子を読んだ肥満女性の減量は平均で8ポンドであった。その効果は，短い文章の小冊子の理解が深くなればなるほど，その小冊子の内容にますますよく

再生について，これまで学習してきたことから，あなたなら，患者の情報再生を改善できるように，医者にどのような実際的な助言をするだろうか。

図13-16　飲み薬の服用回数の忘れ

図13-17 レイの調査：患者の医学情報の記憶に関するレイの調査から，医者によって与えられる情報の多くは忘却されるということがわかった。その結果，彼は，情報をもっと上手に提示して再生を改善するための勧告リストを提案した。

レイの勧告
1. 最初に助言と指示を与える。
2. 助言と指示の重要性を強調する。
3. 短い言葉と文章を使う。
4. 情報を顕在的カテゴリーにまとめる。
5. 情報を繰り返す。
6. 明確であること。
7. 患者に情報の負担をかけすぎない。

キー用語
記憶術：情報の記憶を向上させるために開発された技法。
場所法：各項目を既知の場所に関連づけて，一連の項目を順序正しく記憶するための技法。

従っていることを反映している。レイ（1997）は，医学情報を提示する方法が簡素化されることで，再生が平均で55％増加することを13の実験で見出した。

第四に，情報は顕在的なカテゴリ（たとえば，「これらは，終わらせないといけない検査です」）にまとめられるべきであるとした。第五に，たとえ，効果が小さくなりそうであっても情報を繰り返す。第六に，医者は，できるだけ明確であるべきである。たとえば，太りすぎの患者に，「体重を減らさなければいけません」と言うより，むしろ，「20ポンド減量しなければいけません」と言うべきである。最後の項は，ブラッドショウら（Bradshaw et al., 1975）による研究に基づいている。すなわち，明確な説明をすると，一般的な説明をした場合の2倍以上を記憶することができる。

レイ（1988）は，開業医用に，以上の勧告に基づいた小冊子を準備した。一般開業医がその小冊子を受け取る前は，彼らの患者は言われたことのおおよそ55％を再生していた。その後，その数字は70％にまで増加した。

レイ（1997）は，オーストラリアでの調査研究に基づいて，さらに進んだ勧告をつけ加えた。数名の喫煙者が煙草の箱を幾つか買ったが，その全部に，健康に対する同じ警告がついていた。別の喫煙者たちは，健康に対する4種類の警告を順に目にした。先のグループは，92％がその警告を再生した。対照的に，後のグループの50％以上が再生した警告は，たった一つであった。勧告は，ヒトに情報の負担をかけすぎてはならないということである。

記憶術

記憶研究の実用的応用のなかでもとりわけ，記憶を向上させるための技法は，大いに役に立つ可能性がある。**記憶術**（mnemonic techniques，すなわち，記憶を助けるために考案された技法）が発達してきたが，それには古代ギリシアにまでさかのぼる長い歴史がある。

場所法

ギリシア人は**場所法**（method of loci あるいは場所づけ法 method of location）を創案した。それは，ヒトが多数の事項を順序正しく記憶することを可能にする方法である。最初に，たとえば，よく知っている散歩道沿いの場所などをひとそろい記憶する。次に心的イメージを使って，各項目と特定の場所を順番に連合させる。その項目を思い出したいときには，そのヒトは散歩道沿いの各場所に何が貯蔵されているかを単に再生しながら，「心的散歩」をするだけである。あなたが歩く道筋のいろいろな場所に，それぞれの項目をイメージすることで（たとえば，公園の入口に1本の食パン），買い物リストの項目をひょっとしたら記憶できるかもしれない。

"One is a bun"「一つは菓子パン」

場所法は基本的には，項目が使い勝手のよい「鈎(かぎ)(peg)」（たとえば，散歩道の道筋にある場所）と連合している鈎システム(a peg system)である。ごく最近の鈎システムは，"one is a bun"「一つは菓子パン」の押韻(rhyme，訳注：ここでは脚韻を踏んでいることに注意)に基づいている（たとえば，一つは菓子パン，二つは靴(two is a shoe)，三つは木(three is a tree)）。記憶されるべき最初の項目を菓子パンと関連させ，二番目を靴と，というように心的イメージが使用されている。この方法が場所法より優れている点は，特定の項目を急速に作り出すことができることである（たとえば，5番目）。この方法は，従来の学習方略に比べると再生が2倍になったと報告されている（モリスとリード Morris & Reid, 1970）。

なぜ，「一つは菓子パン」記憶術がそんなにうまくいったのだろうか。エリクソン（Ericsson, 1988）によれば，非常に高水準の記憶の成績のためには，三つの要件がある。

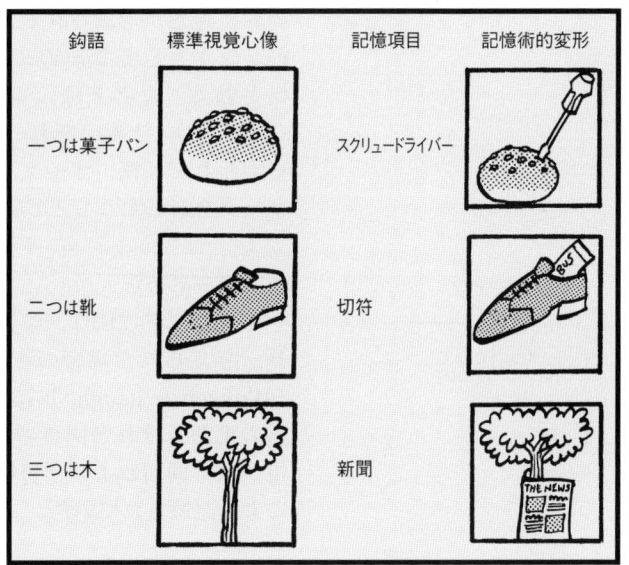

図13-18 「一つは菓子パン」記憶術の使い方

One is a bun	一つは菓子パン
Two is a shoe	二つは靴
Three is a tree	三つは木
Four is a door	四つは戸
Five is a hive	五つは蜂の巣
Six is sticks	六つは棒きれ
Seven is heaven	七つは天国
Eight is a gate	八つは門
Nine is a vine	九つはぶどう
Ten is hen	十はめんどり

（訳注：英文は，語末が韻を踏んでいることに注意。）

- 意味のある符号化：情報は，すでにある知識と関連させながら，必ず意味深長に処理される。これは，処理水準説を思わせる。
- 検索構造：手掛かりは，後の検索を助けるための情報とともに必ず貯蔵される。これは，符号化特定性原理を思わせる。
- 迅速化：実践を積んでいるので，符号化と検索に必要な処理が速やかに生じる。

「一つは菓子パン」記憶術は，学習者がすでに知っている韻に，学習する必要のあることを関連づけるので，意味のある符号化を与えることになる。また，韻の項目（たとえば，パン，靴）が効果的で特定的な検索手掛かりを与えるので，検索構造を与えることにもなる。また，相互作用の心的イメージも関わっている。意味のある符号化，検索構造，そして相互作用の心的イメージが，「一つは菓子パン」記憶術の成功にそれなりに関わっていることに，私たちが気づいていないことは，残念である。

キーワード法は，もう一つの記憶術である。外国語の語彙を習得するという課題に広く適用されている。まず，外国語の話し言葉の単語と，そのように聞こえる英語の語句（キーワード，keyword）と

の間に連想が形成される。次に，その外国語と英語の同義語との間のリンクとしてキーワードがはたらき，そこに心的イメージが作り出される。たとえば，ロシア語の"zvonok"は，「ズヴアオーク (zvah-oak)」と発音され，「鐘 (bell)」を意味する。これは，キーワードとして「樫（オーク，oak）」を用い，鐘で覆われた樫の木のイメージを形成することで学習できる。

キーワード技法

キーワード技法は，学習者が自分でキーワードを準備する場合より，与えられた場合の方が効果的である。アトキンソンとローフ（Atkinson & Raugh, 1975）の研究では，研究協力者に120のロシア語の単語とそれと同義の英単語を提示した。キーワード技法では，短い保持期間および学習後6週間の時点で，ロシア語の単語が非常によく記憶されていた。

SQ3R

複雑で統合的な材料を学習するための方略についてはどうだろうか。モリス (1979) は，下見 (Survey)，設問 (Question)，閲読 (Reading)，暗唱 (Recite)，概観 (Review) を表すSQ3Rを検討した（第1章参照）。最初の下見の段階では，理解を助ける枠組みを作ることを試みながら，材料にざっと目を通すことが肝要である。設問の段階では，学習者は，材料のいろいろな表題をもとにして自分自身に問いかける。閲読の段階で，前段階からの設問を心に留めたまま，材料を完全に読む。暗唱の段階では，学習者は各セクションを読んだ後で，各セクションの要点を自分に言って聞かせながら，材料をもう一度読む。最後に，学習者は，刺激の材料から学んだことを概観する。

SQ3R法は，非常に効果的であることが証明されている（モリス，1979参照）。この方法は，幾つかの記憶説に基づいている。下見の段階は，関連スキーマを活性化し，学習と記憶を助けるための体制的構造を与えるように考案されている。設問および閲読の段階は，深いまたは意味的な処理と精緻的処理を産み出すように考案されている。最後に，暗唱および概観の段階は，試験のような条件の下での，読んだ人の情報検索能力を試している。私たちが何を思い出すことができるかは，検索条件に大いに左右されるので（特殊符号化原理），このことは有意義である。

評　価

ほとんどの記憶術には限界がある。私たちは，記憶術のおかげで関連性のない項目の長いリストを覚えることが

心理学に関する学習で使われているような，複雑な情報を再生するための能力を高めるために，あなたならどの記憶術が使えそうだと思うか。

図13-19　全部忘れてしまったら

できる．しかし，SQ3R 法という例外はあるが，他の記憶術は，本の内容を記憶するのに要求されるような複雑な学習には，あまり役には立たない．それでも，記憶術は，ある状況（たとえば，嫌がらせを受けた教師が嫌がらせをした学生の名前を覚えようとする）においては，非常に役に立つ．

ほとんどの記憶術のその他の主な限界は，それがなぜ有効かという詳しいことがはっきりとわからない場合が多いことである．しかし，エリクソン（1988）は，非常に高水準の記憶の成績に関連することが多い三つの重要な要因（前述）を確認した．

感　　想

- 個人的見解では，ヒトの記憶についての私たちの理解は，最近著しく進歩した．いまや，短期記憶と長期記憶がどのようにはたらくかについて，以前より現実的な見方がされ，単純化されすぎた過去の説は捨てられた．
- おそらく，日常記憶とそれに関連した記憶の実用的応用についての私たちの理解には最大の進展があった．30 年前には，記憶の実験室研究では，日常記憶については何も言えないように思えた．そして，その隔たりが急速に縮まっていることはとても嬉しい．

要　　約

記憶貯蔵庫
　学習と記憶の理論は，符号化，貯蔵，そして検索の連続段階に焦点を合わせている．また，ヒトの記憶構造とその構造に作用する過程にも焦点を合わせている．多重貯蔵説によれば，個別の感覚器，短期貯蔵庫，および長期貯蔵庫がある．この説では，短期記憶貯蔵庫と長期記憶貯蔵庫がそれぞれ一つずつしかないとする概念が，特に単純化されすぎている．

作動記憶
　バッデリーは，短期記憶貯蔵庫は，中央制御部，音声ループ，視空間スケッチ帳から成る作動記憶システムに置き換えられるべきであると主張した．このシステムは能動的な処理と情報の短期貯蔵の両方に使われる．

記憶過程
　処理水準説によれば，処理の深さ，処理の精緻化，処理の示差性が長期記憶の主な決定要因である．主な問題は，学習の過程に焦点を合わせすぎ，検索の過程に十分な焦点を合わせていないことである．

長期記憶
　タルヴィングは，長期記憶はエピソード記憶と意味記憶に分けられるべきであると主張した．エピソード記憶と意味記憶は内容とい

> あなたは，ここに述べられているもの以外に，何か個人的な記憶術を使っているだろうか．それは，あなたが学習してきたいろいろな記憶説にどのように結びついているだろうか．

う点では異なるが，必要な処理という点では区別があまり明確ではない。顕在記憶と潜在記憶には，重要な差異がある。それは，健忘症患者の顕在記憶は乏しいが，潜在記憶は損なわれていないという実験結果によって証明されている。顕在記憶は宣言的知識システムに依存するが，潜在記憶は手続き知識システムに依存する。健忘症の患者から得られた証拠がこの違いを支持している。

長期記憶における情報の体制化

　意味記憶は，意味的関連あるいは意味的距離を基にして高度に体制化されている。この体制化は，カテゴリー群化や主観賦課的体制化のような現象に反映されている。長期記憶における知識はスキーマに体制化されている。再生で生じる間違いの種類は，基礎的なスキーマの影響を反映している。たとえば，ヒトは，理解の最中に自分自身が立てた推量を，実際に提示されたかのように間違って信じることがよくある。スキーマの概念はかなり曖昧で，スキーマ説は実際以上に記憶の間違いを予言しそうである。

なぜ，私たちは忘却するのか

　忘却は，部分的には痕跡の減衰によるかもしれないが，説得力のある証拠が欠けている。長期記憶は一般的には非常に良好なので，痕跡減衰が忘却の主要な要因ではないであろう。忘却は，部分的には順向抑制と逆向抑制による。しかし，実験室では強力な抑制効果を得るのは簡単そうだが，日常生活では，抑制はそう重要なものではなさそうである。手掛かり依存忘却は，おそらく忘却の最も重要な原因であろう。検索時に利用できる情報が記憶痕跡に貯蔵された情報と一致しないときに忘却が起こる。手掛かりには，外的あるいは内的なもの（たとえば，気分状態）がある。短期記憶からの忘却は，注意がそれることと干渉による。

実用的応用

　目撃者の証言は，事後情報によって歪められやすい。基本的認知的面接と拡張認知的面接は，記憶痕跡には数々の異なる種類の情報があるという考えに基づいて，その問題を避けるために考案された。いろいろな記憶術（たとえば，場所法，「一つは菓子パン」法，キーワード技法，SQ3R法）は，記憶を向上させるのに効果があることが証明されている。多くの技法が，単語リストのための記憶に限定され，一般的な有用性には欠ける。

【参考書】

　M. W. Eysenck (1993), *Principles of cognitive psychology*, Hove, UK: Psychology press. の第4章では，本章で論議したトピックのほとんど全部が取り扱われている。M. W. Eysenck & M. T. Kean (1995), *Cognitive psychology: A student's handbook* (3rd Edn.), Hove, UK: Psychology Press. には，ヒトの記憶についてもっと十分な説明がある。J. A. Groeger (1997), *Memory and remembering: Everyday memory in context*, Harlow, UK: Addison Wesley Longan. では，記憶の重要なトピックがわか

りやすく論議されている。

【復習問題】
1 　記憶の二つのモデルを比較対照せよ。　　　　　　　　　　　　　　　(24点)
2 　「記憶は短期記憶システムに分けられるべきであるという考え方は，価値があるが単純化されすぎている……将来的には……付加的な短期記憶貯蔵庫と長期記憶貯蔵庫が発見されるであろう」(アイゼンク，1994)。このことを，記憶に情報がどのようにして体制化されるのかを示した心理学的研究を述べて評価せよ。　　　　　　　　　　　　　　　　　　　　　　　　　　(24点)
3a　心理学の忘却説を二つ簡単に述べよ。　　　　　　　　　　　　　　　(12点)
3b　その二つの説の実用的な応用を評価せよ。　　　　　　　　　　　　　(12点)
4a　記憶の研究の実用的応用を二つ簡単に述べよ。　　　　　　　　　　　(6点)
4b　その応用の基本となっている研究成果を論議せよ。　　　　　　　　　(18点)

- **言語獲得**：子供は，どのようにして言語によるコミュニケーションを身につけるのか？
  チョムスキーの理論
  臨界期仮説
  スキナーの強化説

- **言語理解**：発話理解および文章理解。
  ブランズフォードとジョンソンのスキーマ研究
  マクーンとラトクリフの最小仮説
  グレーサーらの意味−検索理論
  ヴァン・ダイクとキンチュの理解についての理論

- **言語産出**：発話と文章産出。
  グライスの共同の原理
  ギャレットの5段階モデル
  ヘイズとフラワーの文章産出理論

- **推論**：人はどのように問題を考え，解くのか？
  ブレインらの抽象的規則理論
  ウェイソンの4枚カード問題
  カテゴリー推論
  ジョンソン−レアードのメンタルモデル理論
  ウェイソンの帰納的推論課題

- **意思決定と判断**：いろいろな選択肢をどのようにして絞り込むのか？
  効用理論
  トゥヴァースキーとカーネマンの損失回避
  トゥヴァースキーの段階的消去理論
  サイモンの最低限の条件追求理論
  トゥヴァースキーとカーネマンの判断と可能性についての研究

- **言語と思考**：私たちの思考様式は，使用言語に影響を受けるのか？
  ワトソンの考え
  ウォーフの仮説
  ハントとアグノリの修正版ウォーフ仮説
  ピアジェ・ヴィゴツキー・フォーダー
  バーンスティンの二つの言語コード

14 言語と思考

　言語がなければ，私たちは日常生活を営むことができない。日常生活における他者とのやりとりのほとんどは，言語を通して行われる。すべての学生にとって，言語を自由に使いこなせることは重要である。私たちは昔の人より多くの知識をもっているが，それは知識が言語という形で受け継がれてきたからである。私たちが人類以外の他の生物よりも優れている理由の一つが，この言語能力である。

　スターンバーグ（Sternberg, 1995）は，言語を「コミュニケーションを目的とした，単語の結合に関する組織化された方法」と定義している。確かにオウムでも片言の単語は話す。しかしオウムは，本当の意味で言葉を用いているのではない。オウムの言葉は組織化されていないし，他者にメッセージを伝えるために言葉を組み合わせているのでもない。

　言語に関する研究には領域が三つある。一つ目は，どのようにして子供がスムーズに言語を使いこなすようになっていくのかを検討する，言語獲得の領域である。二つ目は言語理解の領域である。私たちは何かを読んだり誰かが話しているのを聞いたりすると，簡単にそれを意味のあるものとして理解する。心理学者はこの過程を詳しく研究している。三つ目は言語産出である。多くの人が話したり書いたりすることで，自分の考えをきちんと他者に伝達することができる。言語理解と同じように，心理学者は言語産出プロセスにも興味をもっている。

　最後に，言語と思考の間にどのような関係があるのかという少し複雑な問題を取り上げる。言語はさまざまな形で思考に影響していると考えている研究者がいる。その中の幾つかの理論を，実際の研究結果を踏まえながら紹介する。

言語獲得

　最も顕著な乳幼児の発達的変化は，息を飲むようなスピードで進む言語獲得である。2歳になる頃までには，多くの子供が言語で何百ものメッセージを伝えるようになる。5歳までには，文法の規則を意識している大人が周囲にほとんどいないにもかかわらず，学校にまだ行き始めていない子供ですら，母国語の文法をほぼ習得してしまう。子供たちは，学校教育がなくても，複雑な文法の規則を簡単に身につけてしまう。

図14-1　言語の重要性：国連のような組織において国と国との協力を進めるには，言語が必要不可欠である。

言語が人間のコミュニケーションの手段として非常に重要なのはなぜだと思うか？

比較文化的問題：異なる文化に属する者は，言語の形式が異なるために異なったものの考え方をするのか？　それとも，そのような言語の違いは人々の生活様式の違いの結果生じたのか？　この「鶏が先か？　卵が先か？」のような問題を，あなたならどのように検証するか？

言語の発達段階

　言語の発達は，**言語受容**（言語理解）の発達と**言語産出**（発語，言語表現）の発達に分けて考えることができる。1歳の子供は（これは大人でも同じだが），言語産出より言語理解が優れている。子供の発話が，子供が習得した言語のすべてと考えることは，子供の言語能力を過小評価することになる。

　シャファー（Shaffer, 1993）は，子供は，言語について最低4種類の知識を学ぶと考えている。

・音韻論：その言語で使われている音がどのように構成されているか。
・意味論：単語や文によって，どのように意味が伝えられるか。
・統語論：文が文として成り立つために，どのような単語のつながり方が可能で，どのようなつながり方が認められないのかについての規則，文法規則。
・語用論：現実の会話の流れに合うようにするために，どのように言語を修正するのかについての原理（たとえば，大人に話すときより子供に話すときに，簡単な言葉を使う）。

　子供たちは普通，上記の順序で言語を学ぶ。最初に音を出すことを，次にその音が何を意味するのかを，そしてその後に，文法の規則や状況に合わせて言葉を修正していく方法を学んでいく。

初期の発声

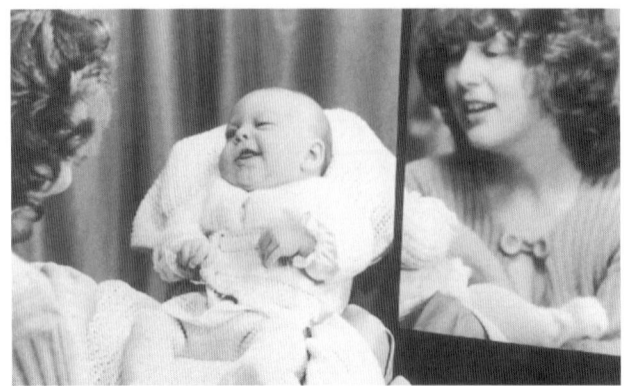
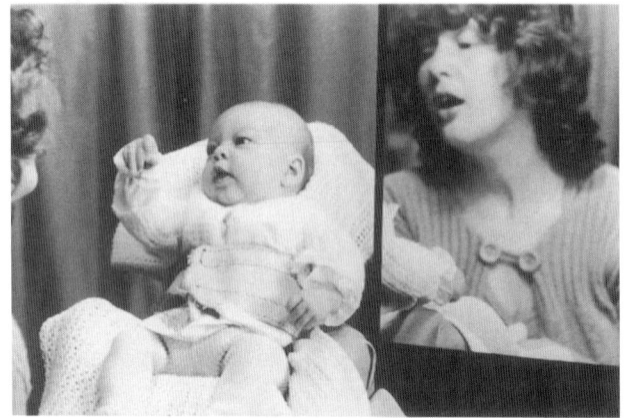
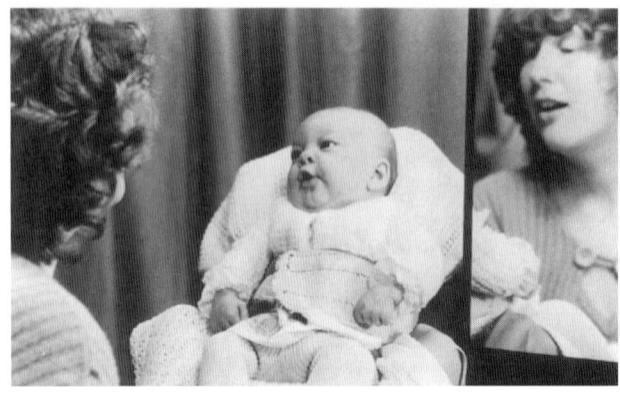

図14-2　母子間の相互交渉：生後6週間の乳児が，母親の顔を見て微笑みかけている。さらにクーイングや大きな手の動きで反応している。3枚目の写真では，母親が子供のクーイングをまねている（トレヴァーセン Trevarthen, 1980より）。

　新生児は，不快なことがあると泣き声を上げる。生後3週間くらいになると，不快なことがなくても泣くようになる。それがなぜなのか，明確にはわかっていない。子供たちは自分の声を聞くことを楽しんでいるのかもしれない。生後3週から5週経つと，自分の声が出せるようになり，母音のような音（たとえば，ううう）を繰り返すようになる（クーイング）。生後4ヶ月から5ヶ月になると，喃語（なん）が出始める。これは何らかの意味と

結びつく前の段階の，母音と子音の組み合わせによる音声である。

　生後6ヶ月頃までの喃語は世界共通の現象であり，聴力障害のある子供にも現れる。しかし生後8ヶ月になるまでにこの発声に変化が生じ，日頃聞いている言葉を発声に反映させるようになる。この時期になると，子供の発声からその子供が何語を聞いて育ったのか（フランス語か，中国語か，アラビア語か，英語か）をかなり正しく推測できるようになる（ドゥ・ボアッソン-バーディーズら De Boysson-Bardies *et al*., 1984）。

両親はどのようにして，子供の初期の発声の意味を解読するのだろう？

一語文の段階

語彙のカテゴリー　　生後18ヶ月くらいまでの子供は，一語文を話す。ネルソン（Nelson, 1973）は，子供が使う最初の50語をグループ分けしている。最もよく使われていたのは，「物」について（たとえば，猫，車），次に使われていたのは，特定の対象（パパ，ママ）だった。子供が使っていた残り四つのグループは（頻度順に），動作を表す語（行く，来る），修飾語（私の，ちっちゃい），他者にはたらきかけるための語（ねぇえ，だめ），他の語と結びついて意味をなす語（前置詞，冠詞，関係詞：〜のため，〜であるところの）だった。

　子供が使う単語の約3分の2は，物か人に関するものであった。なぜだろう？　子供は自分にとって興味がある対象について話すのだが，それが主に身の周りにいる人や物なのだろう。

意味に関する誤り　　子供はしばしば単語の意味を間違える。最初は，本来その単語が表している範囲よりも広い範囲で言葉を用いる。これが**過剰適用**（over-extension）である。子供があらゆる男性に「パパ」と言ってしまうような誤りである。逆に単語が表す意味が狭すぎるという誤りもある。これが**過小適用**（under-extension）である。たとえば子供は「シリアル」という単語が，家族で朝食に食べているシリアルだけを指す（他の銘柄のシリアルは含まれない）と考えたりする。

> **キー用語**
> **過剰適用**：言葉を，実際にその言葉が表す範囲より広い範囲で使うこと。
> **過小適用**：言葉を，実際にその言葉が表す範囲より狭い範囲で使うこと。
> **多くの概念を一語で表現する時期**：言語発達の最初の段階。この時期の子供は，自分が発する言葉（一語文）が表すことができる意味よりも，多くの意味を伝えようとする。

一つの言葉で多くの意味を表してしまう　　マクニール（McNeill, 1970）は，一語文の段階を，**多くの概念を一語で表現する時期**（holophrastic period）と考えた。この時期の子供たちは，自分の発話が実際に意味しているのよりも多くのことを，一つの単語で伝えようとする。ボールを指差して「ボール」と言っている子供は，そのボールで遊びたくて「ボール」と言っているのかもしれない。マクニールは，一語文の使用が子供の注意の及ぶ範囲が限られ

図14-3　過剰適用の例

もし仮に何も障害がなければ、子供は、およそ 27 〜 45 の音素（発音される音）を 18 ヶ月までに獲得すると考えられている。発達を阻害する要因にどのようなものがあるだろうか。

ており語彙が乏しいことによるものと考えている。

マクニールの考えを検証することは難しい。子供が身ぶり手ぶりや声の調子などで、多くのことを伝えようとするという事実は、マクニールの考えと一致している。その一方で、認識能力が十分に発達していない子供は、多くのことを同時に考えようとしても、まだうまく考えることができないからだと考えることもできる。

電信文の段階

次の段階は、**電信文期**（telegraphic period）である。この時期は、生後 18 ヶ月またはそれ以降に始まる。この時期が「電信文期」と呼ばれるのは、発話が電報に使う表現に似ているからである。電報では一語単位で料金が計算されるため、できるだけ文を短くしようとする。そのため、動詞や名詞だけを残して助詞抜きで文を作る。同じことがこの時期の子供にも生じる。しかしながら子供たちは、実際に電報で行われている文の省略よりもっと多くのものを、たとえば複数や時制までも省略してしまう。

この時期の発話は大体二語文であるが、それでも子供たちは多くの意味を伝えることができる。二語文であっても、異なる状況で話されれば異なる意味を表すことができるからである。たとえば、「パパ、椅子」という発話は、「パパの椅子に座りたい」なのかもしれないし、「パパが椅子に座っている」なのかもしれないし、「パパ！椅子に座って！」を意味しているのかもしれない。

> **キー用語**
> **電信文期**：言語発達の二番目の段階。この時期の子供は、名詞と動詞を使うようになるが、助詞などを省略してしまう。

中心になる語と開放語　ブレイン（Braine, 1963）は、初期の発話が、**中心になる語**と**開放語**の二つに分類されることを見出した。中心になる語は、発話の中でいつも同じ位置を占める。数としては非常に少ないが、用いられる頻度は非常に高い。これに対して、開放語は異なる発話の中では、異なる位置で用いられる。数的には非常に多いが、一つひとつの単語について言えば、用いられる頻度は非常に低い。電信文期のほとんどの発話は、中心になる語と開放語の組み合わせであり、それが子供の（発話上の）ルールでもある。ブレインは一人の子供を対象に、「みーんなきれい」「みーんな終わり」「みーんな着た」「みーんなばっちい」などの中心になる語と開放語の例を記録している。

表 14-1　初期の言語獲得

年齢	0〜6ヶ月	6ヶ月〜1歳	1歳〜2歳6ヶ月	2〜5歳
喃語	○			
幾つかの音素獲得	○	○		
初語		○		
初期の文法規則獲得			○	
基本的文法規則獲得				○

基本的な語順に関する規則　ロジャー・ブラウン（Roger Brown, 1973）は、電信文の発話に関する規則をもう一つ見出してい

る。子供たちは，たとえば「パパ，食べる，昼ご飯，お家」のように，「主語→行為→目的語→場所」といった語順についての基本的な規則をもっている。二語文の発話は，このルールに従っている。たとえば，発話の中に主語が含まれる場合には，「主語→行為（たとえば，パパ，あんよ）」の方が，その逆である「行為→主語（あんよ，パパ）」より多く出現する。また発話の中に行為と目的語が含まれる場合には，「コーラ，飲む」の順（目的語，行為）になる。世界中の子供は，このような語順のルールに従って二語文を発話している。

ブラウンが明らかにした，基本的な語順に関する規則は，子供が初期の段階においてどのように文を組み立てるのかを明らかにした。子供の文の組み立て方に共通性がみられるということは，この段階の言語発達が，主に生得的な要因に影響されていることを示唆する。

その後の言語発達

子供の言語能力は，2歳半から5歳にかけて劇的に発達する。この間の最も大きな変化は，発話が長くなること，つまり形態素（意味のある発話の単位）の数が増えることである。もう一つの重要な変化は，助詞や接頭語，接尾語などの文法的形態素の学習の結果生じる変化である。子供たちは，多くの文法的形態素を同じ順序で学習する（ド・ヴィラーズとド・ヴィラーズ de Villiers & de Villiers, 1973）。簡単なもの（文の中での in や on の使用）から，複雑なもの（they are が they're）へと進んでいく。文法的形態素に関する規則は，さまざまな状況で適用される基本的な規則である。

過剰般化　子供たちは文法の規則を学んでいるのではなく，単に大人の発話のまねをしているにすぎないとは考えられないだろうか？　答えはノーである。それは，子供の発話の文法的なエラーをみれば明らかである。子供は「The dog runned away.（犬が逃げた）」と言ったりするが（正しくは「The dog ran away.」），このような発話を両親や他の大人からは聞くことはできない。この間違いは，動詞を過去時制にするには，現在時制の動詞の語尾に「-ed」をつけるという規則を適用することで生じる。不適切な状況でルールが適用されてしまう間違いを，**過剰般化**（over-regularisation）という。

過剰般化は，子供が他の子供の発話をまねしているからではないかと考えることもできる。しかしこの仮説では，バーコ（Berko, 1958）の報告を説明することができない。子供は，二つの架空の生き物の絵を見せられる。そして，「これは wug（ワッグ：架空の生き物の便宜上の名前）です。これも wug です。いま2匹の……がいます」という説明を受ける。そうすると子供は，それまでに聞いたことが一度もないはずである，「wug」という名詞の複数形である「wugs」という言葉を作り出すのである。

洗練されていく言語　2歳半から5歳にかけて，子供たちは，多くの内容を含む複雑な文を使うようになる。2歳になる娘のフルールと船に乗っていたときに，私がボートと思った船を「ボートだよ」と言って指差すと，「パパ，ボートじゃないわ，ヨットよ」と正確に答えた。

キー用語
過剰般化：本来当てはまらない場面に，文法規則を当てはめてしまうこと。

図 14-4　過剰般化の例

語用的な側面　最終的には，子供たちは語用的な側面においても，十分な理解を示すようになる。すなわち状況にあった発話が可能になってくる。シャッツとゲルマン（Shatz & Gelman, 1973）は，新しいおもちゃについて，2歳児または大人に話しかけている4歳児の発話を分析している。4歳の子供たちは，大人に話すときは複雑な文を使っていた。しかしながら，2歳児に話すときには，短い文を使い，注意を促すような発話（「ほら見てごらん」）を用いていたのである。

生成文法からみた子供の言語

子供たちは，どのようにして複雑な言語を，急速に獲得していくのだろう？　生成文法の立場に立つ研究者たちは，子供は生まれながらにして，人間の言語の構造に関する知識をもっていると考えている。たとえば，チョムスキー（Chomsky, 1965）は，人間は**言語獲得装置**（language acquisition device），すなわち文法構造に関する生得的な知識をもっていると考えている。

> キー用語
> **言語獲得装置**：言語獲得のために用いられる，文法構造に関する生得的知識。

言語獲得装置は，言語獲得の生得的基盤とも言うべきものである。たとえて言えば，駒の置いてないチェスの板のようなものである。一つひとつの駒が，言葉を表している。板の上のマス目が，文法構造の基盤である。意味は，単語と文法を両方使うことによって伝達される。

表層構造と深層構造

生成文法理論が発展する中で，チョムスキーは文の深層構造と表層構造を区別するようになった。表層構造とは，文の中での実際の言い回しに関するものであり，深層構造は意味に関するものである。たとえば，「親類の訪問は退屈だ」という文には一つの表層構造しかない。しかしながら意味的には，「親類を訪ねるのは退屈だ」とも読めるし，「訪問してくる親戚は退屈だ」とも読める。この二つの意味が深層構造においては区別される。

「その男性がその本を書いた」と「その本はその男性によって書かれた」という二つの文は，意味的（深層構造的）には非常に類似しているが，表層的にはまったく異なっている。

チョムスキー（1965）は，文の意味つまり深層構造を文の中の実際の言語（表層構造）に変換するための規則を**変形文法**（transformational grammar）と呼んでいる。チョムスキーはこの変形文法が生得的なものであり，言語獲得装置において重要な役割を果たすと考えている。

> キー用語
> **変形文法**：チョムスキー理論の用語。文の意味を，実際に文で使われている単語に置き換える装置。

深層構造が同じで，表層構造が違う文の他の例。「The house in which I live（私が住んでいる家）」と「The house I live in（私が住んでいる家）」。

普遍文法

チョムスキー（1986）はその後，言語獲得装置を，普遍文法という考え方に改めている。チョムスキーは，ほとんどあらゆる言語に共通した「言語の普遍性」が存在すると述べている。言語の普遍性には，実質的な普遍性と形式的な普遍性がある。実質的な普遍性はすべての言語において共通するものであり，たとえば，名詞と動詞といった品詞の分類がこれに当たる。形式的な普遍性とは統語や文法規則の形式に関するものである。

語順は，言語の普遍性を表すよい例である。一つの文の中で，主語，動詞，目的語を表現するためには，どのような語順が可能なの

か考えてみよう。6通りの組み合わせが可能だが，その中の二つ（目的語－動詞－主語，目的語－主語－動詞）は世界的にもきわめてまれである（グリーンバーグ Greenberg, 1963）。最もよくみられる語順は，主語－目的語－動詞であり（44％），その次が英語の語順である，主語－動詞－目的語である（35％）。グリーンバーグは，98％の言語において，主語が目的語に先行することを明らかにしている。

> **キー研究評価－チョムスキー**
>
> 言語構造に関するチョムスキーの関心は，時には非文法的な文をも含む日常の発話ではなく，文法的に正しい言語の習得に向けられた。
> 　単語が並ぶ順番が変わることで，伝わる意味が変わるかもしれない。しかし心理学者が関心をもっているのは意味の方なのである。
> 　言語は，心理学的または社会的に構成されたコミュニケーションの手段である。だから言葉は一対一の場面を超えて重要な意味を伝達する。たとえば広告業者は，ある化粧品を表現する際に「自然な」という言葉をよく使う。しかしこの言葉の使い方は，ただ単に化粧品の入った瓶の中身の正確な記述にとどまらず，社会的な意味も負っている。この点において，発話の文法的な構造は，「自然な」という単語の意味よりも，重要ではないのである。

　言語の普遍性は何によってもたらされるのだろうか？　チョムスキー（1986）は，言語が生得的なものだからと考えている。しかしそれ以外の可能性も否定できない。名詞と動詞の普遍性について考えてみると，名詞は対象を表し，動詞は行為を表す。すべての言語において名詞と動詞が区別されるのは，そのような区別が外の世界において，きわめて当たり前のことであるからにすぎないと考えることもできる。

臨界期仮説

　小さいときに母国語を学ぶ方が，大きくなってから他の国の言葉を学ぶより簡単だと思ったことはないだろうか。実際そうである。レンネバーグ（Lenneberg, 1967）や他の言語生得説論者たちは，この共通体験が臨界期仮説を支持するものと考える。臨界期仮説では，言語学習は生物学的成熟に支配されており，思春期以前に行った方が容易であると考える。

　レンネバーグ（1967）によれば，左右の大脳半球は，生まれた段階では同じ潜在能力をもっている。しかしながらそのはたらきは発達に伴って異なるものになる。言語に関する機能は主に左半球に局在化する。小さい頃に受けた左半球への損傷は，言語機能が右半球に代替されることで克服可能である。しかし脳への損傷が，左半球に言語機能が局在化し終わった青年期の間に生じると，このような回復は困難になる。

失語症

　レンネバーグ（1967）は，脳への損傷に伴う言語機能の障害——**失語症**（aphasia）に関する研究も臨界期仮説を支持すると考えている（第4章参照）。思春期以前に失語症になった子供の中には，失った言語機能のほとんどまたはすべてを回復するものがいる。この回復は，特に5歳以前の脳損傷において顕著である。対照的に思春期以降の脳への損傷は，緩やかにしかも部分的にしか回復しない。しかし，臨界期仮説では説明できない場合もある。小さい子供から成人早期までの年齢層にわたって，同じように回復したとする研究もある（ハーレー Harley, 1995）。

> **キー用語**
> 失語症：脳への障害によって生じる，何らかの程度での言語の損失。

脳障害による失語症には2種類ある。
ブローカ失語症：言語の理解よりも，書いたり話したりすることが困難になる。
ウェルニッケ失語症：話すことよりも，話された・書かれた内容の理解が困難になる。

比較文化的問題：外国に移住した子供の第二言語習得のスピードに影響を及ぼす要因にどのようなものがあるだろうか。

第二言語習得

　臨界期仮説は，なぜ思春期以降の子供や大人の第二言語学習が，子供よりも難しいのかを説明してくれる。実際，大人は第二言語学習の初期において子供より学習が進むが，最終的には子供に追い越される。スノウとホフナゲル−ホール（Snow & Hoefnagel-Hohle, 1978）は，オランダに移住したアメリカ人家族の最初の1年を調査した。その結果，3〜4歳児は，オランダ語の学習において，大人や年長の子供よりも，進歩が少ないことを明らかにした。ニューポート（Newport, 1994）は，アメリカへ移住したアジア系移民の第二言語習得を長期間にわたり調査し，入国した時点での年齢が若いほど，英語の複雑な文法やその他の側面についての複雑なルールを学ぶ能力が高くなることを示した。

劣悪な環境に置かれた子供たち

　原理的には，臨界期仮説を検証する最もよい方法は，小さいときに言語を習得する機会に恵まれなかった子供たちについて検討することである。出生時に捨てられた野生児に関する報告は無数にある。たとえば，南フランスの人里離れた場所で発見されたアヴェロンの野生児などである。フランスの教育者であるイタール（Itard）博士は，その子供に言語を教えようとしたが，二つの言葉しか学ばせることができなかった。他に，下の欄に挙げるジェニーの例がある。
　これらの報告は，統語の習得には臨界期があること，同様に発音の学習にも臨界期があることを示している。しかしながら語彙の習得に関しては，臨界期仮説を指示する証拠はほとんどない。言語能力の多くは，臨界期以降も習得可能である。ハーレー（1995）が結論づけているように，臨界期仮説については，臨界期を過ぎると習得が困難になる言語の側面もあるという程度の理解が適当であろう。

環境を重視する理論

　スキナー（Skinner, 1957）は，言語が，報酬や強化によるオペラント条件づけ（operant conditioning）（第10章）によって習得されると考えた。スキナーによれば，子供の発語は報酬や強化によって

キー用語
オペラント条件づけ：報酬や強化によってコントロールされる学習。

ケーススタディ：ジェニー

　ジェニーは，13歳になるまでの大半を隔離されて育った（カーティス Curtiss, 1977）。彼女はほとんど他人と接触したことがなく，音をたてると罰が与えられた。1970年に彼女が救出された後，彼女は言語の幾つかの側面（たとえば，語彙）を習得した。しかしながら彼女はなかなか文法規則を習得することができなかった。ジェニーの事例を解釈する際に気をつけなければならない点がある。彼女は言語的に劣悪な環境にいただけではなく，社会的にも劣悪な環境に置かれていたのである。彼女の父親は，重度の知的障害をもっているから彼女を隔離したと言っていた。ジェニーの言語学習の問題を説明する理由は一つだけではない。

　倫理的問題：ジェニーのように文化的な剥奪を受けた子供についての研究からは，さまざまな有益な示唆を得ることができる。しかしながら，そこから科学的検証に耐えうるデータが得られることはほとんどない。文化的な剥奪の影響を検討する際にどのような倫理上の問題が生じるだろう？　万一ジェニーのような状況に直面したときに，心理学者は発達上のマイナスを埋め合わせ，言語発達を促進するようなはたらきかけを行うべきなのではないだろうか。

　このような状況では，倫理的問題が心理学の進歩より重視されなければならない。

のみ強められる。言語は，**シェイピング**（shaping，報酬を与えることで，反応を次第に目標に近づけていく）を通して発達していく。

両親が言ったことを子供が繰り返す模倣は，頻繁に観察される。この現象が，**オウム返し**（echoic response）である。子供は，両親やそれ以外の人たちが話した特定の言い方を模倣するし，耳から入ってきた文法構造も模倣する。スキナーはまた，人間の発話をタクトとマンドに分類している。子供が正しい単語の発音に似た発音をした際に，報酬（たとえば，微笑やうなずき）が与えられ，その発話が強められることを**タクト**（tact）という。これに対して**マンド**（mand）とは，その発話自体が自分にとって意味をなす（たとえば，水が欲しいときに，「水！」と言って，水を手に入れる）単語を学ぶことをいう。

> **キー用語**
> **シェイピング**：オペラント条件づけの一つ。報酬を与えることで，反応を少しずつ目的行動に近づけていくこと。
> **オウム返し**：模倣による子供の言語習得。
> **タクト**：人間の言語習得の形式の一つ。ほぼ正確な発話が行われたときに，その発話に対して報酬（たとえば，微笑やあいづち）が与えられることによる言語習得。
> **マンド**：子供自身の日常生活において必要であるために学ばれていく言語（たとえば，水！）。要求や命令に関するものが多い。

子供たちは時には模倣によって，あるいは報酬を与えられることで，言葉を学ぶ。しかし子供の言語行動を詳細に検討すると，スキナーの仮説には無理があることが明らかになる。ブラウンら（Brown *et al.*, 1969）は，中流階級のアメリカの家庭における両親と子供のやりとりを観察した。その結果，両親が文法を正しく用いているかという基準ではなく，発話内容の正しさに基づいて，子供をほめていることが明らかになった。スキナーの理論に従えば，このような環境で育てば，事実通りには話すが文法的に正しくない言語を話す大人に育ってしまうことになる。しかしながら実際には，ほとんどの大人の発話は，必ずしも事実に忠実ではないが文法的には正確である。

> ■やってみよう：4〜5人でグループを作り，1人を選んで，しばらくの間話し続けられるような話題を決めてもらう。その人が，聞き手の積極的反応（微笑み，うなずき，視線を合わせる，身ぶり・手ぶり，あいづち）に従って，どのように話し方を変えていくのかを観察する。
>
> 1. 話し手は聞き手の積極的反応にどう反応しているか？
> 2. それが話し方にどのように反映されているか（くだけた話し振りになった，明確な話し振りになった）？
>
> かなりの変化が確認された場合，それは話し手が体験したことへの（聞き手の積極的な反応に対する）反応と考えることもできるし，話し手の社会的能力の高さによると考えることもできる。あなたはどっちだと思うか？

ほとんどの子供たちは，急速かつ優秀に，言語を使いこなすようになる。多くの研究者たちは（たとえばチョムスキー，1959），このような急速な言語習得が模倣や強化によると考えるのは無理だと考えた。強化（ほめられること）によって一つの単語を習得する際には，ある程度の時間が必要となる。しかし子供は速やかに何千もの単語を理解し，文法を理解する。

スキナーの考えでは，子供は，自分以外の者の発話を模倣する傾向があるということになっている。しかし実際には，2歳以下の子供にみられる電信文は，他者の発話をまねたものではない。子供の言語は発達に伴ってより柔軟になる。子供たちはしばしば，それまでに一度も耳にしたことがない文を話したりする。

最も重要なことは，スキナーが強化によるある限られた反応（たとえば，レバーを押したり，言葉を発したり）の学習しか取り上げていないという点である。これに対して，子供がもっている言語知識の多くは，スキナーが取り上げたような限られた反応とはまったく別のものである。子供たちは，文法についての多くのルールを知

っている。しかしながらこのことは，文法のルールが報酬を与えられることで獲得されたということを意味するわけではない。このことは，子供の言語習得における過剰般化という現象からも明らかである。

育児語

　言語習得における最も重要な環境要因は，母親または養育者と子供との社会的な相互交渉である。ほとんどの母親は，**育児語**（motherese）として知られる子供への語りかけを行う。育児語はとても短く簡単な文であり，子供の言語発達が進むにつれて，徐々に長く複雑になっていく（シャッツとゲルマン，1973）。母親は子供のために子供が発する文より少しだけ長く複雑な文で語りかける（ボハンノンとワレン‐ロイベッカー Bohannon & Warren-Leubecker, 1989）。

　母親，父親，大人たちは，子供たちの発語を直後により適切で文法的な文に置き換えることで，子供の言語発達を促す。たとえば，「ニャーニャ，そと」という子供の発語に対して，母親は「猫が外に出たがっているのね」と言い換える。

　ハリスら（Harris *et al.*, 1986）は，母親の子供への語りかけ方が，子供の言語発達に影響することを報告している。それによると，母親の16ヶ月児への語りかけの78％は，子供が注意を向けている対象に関するものだった。これに対し2歳の段階で言語発達に遅れがみられるグループでは，状況が異なっていた。このような子供たちの母親の16ヶ月児への語りかけのうち，子供が注意を向けている対象に関するものは，49％にすぎなかった。

　子供の言語発達は，育児語や言い換えなどの大人からのはたらきかけによって，大きく影響される。しかし，このようなはたらきかけが言語発達にとって不可欠なのかどうかは明らかではない。シャファー（1993）が指摘しているように，大人が大人に話しかけるのと同じように子供に語りかける文化もある（たとえば，ニューギニアのカルリ族）。それにもかかわらずこれらの文化においても，言語の発達は標準のレベルで進むのである。

言語理解

　多くの心理学者は，何かを読んで理解するプロセスと発話を理解するプロセスに共通点があると考えている。ダーネマンとカーペンター（Daneman & Carpenter, 1980）は，高い読書理解能力をもつものが，高い発話理解能力をもっていることを明らかにした。これは両者の共通性を物語っている。両者の間には類似性が認められるが，以下に示すような重要な違いもある。

- 読書においてのみ，理解を深めるために読み返すことができる。読書中の眼の動きの10％は後ろに戻る動きである（レイナーとセレノ Rayner & Sereno, 1994）。
- 文章よりも，会話の方が一つひとつの単語の特定が困難である。

倫理的問題：子供の言語発達を保障しつつ，貧弱な親子のコミュニケーションの影響について研究することは可能だろうか？

キー用語
育児語：小さな子供に母親が語りかけるときの，短く簡単な発話。

子供が注意を向けているものと同じものに注意を向けて話をする母親としない母親の差はどこにあるのだろう？

ハリスの研究結果から，子供の社会性の発達における言語の役割について何がわかるか？

発話は，沈黙期間を含む絶え間ない音のパターンの変化から成り立っている。このことが，一つひとつの単語をまとまりとして捉えることを困難にしている。
- 話し手は，意味的または文法的な構造に，声の高低，抑揚，強弱，間といった**韻律的手掛かり**（prosodic cues）を与えている。（韻律的な手掛かりの重要性については，ケーススタディ：大統領のスピーチを参照）。
- 読むことは，しばしば話を聞くことよりも簡単である。なぜなら，書き手は話し手よりもより明確に表現するからである。

> キー用語
> 韻律的手掛かり：話し手によって文法構造につけ加えられた，高低，強勢，間などの変化。

統語解析

統語解析（parsing）は，一つひとつの文の文法構造の理解のことである。ここで大切なことは，意味の理解が先か文法構造の理解が先かということである。この問題は曖昧な文（ガーデンパス文）を使って検討される。例を挙げる。「ジェイはいつも走っているので，1マイルは短い距離に思われる（Since Jay jogs a mile seems like a short distance.）」という文が，「ジェイはいつも1マイル走っている（Jay always jogs a mile.）」と間違って解釈されることは簡単に想像ができる。

レイナーら（Rayner et al., 1983）のガーデンパスモデルでは，文の意味と初期の文法構造の理解には関連がないとされている。レイナーらは，「花を贈られた役者はとても満足した（The performer sent the flowers was very pleased with herself.）」とか「花を贈られた

> キー用語
> 統語解析：文の文法構造を解析すること。

> 比較文化的問題：外国に移住した子供の第二言語習得のスピードに影響を及ぼす要因にどのようなものがあるか。

ケーススタディ：大統領のスピーチ

オリバー・サックス（Oliver Sacks）の有名な本に，「妻を帽子と間違えた男」（1986, p.76）がある。この本で彼は，アメリカ大統領であったロナルド・レーガンの演説に対する，彼の病院の患者たちの反応について書いている。

> どうしたんだ？　大統領の演説が進むにつれ，失語症病棟から笑いのどよめきが起こった。病棟の者が皆，大統領の演説に耳を傾けていた。
> 大統領は，大衆を魅惑した俳優だった。芝居じみた，情緒的な言い回しをした。患者たちは皆笑い転げた。いや，全員ではなかった。困っているような顔つきをした者もいたし，憤慨しているようにみえる者もいた。演説を理解しているようにみえる者も1～2人はいた。しかしほとんどの者は演説を楽しんでいた。大統領は，患者たちを常に感動させていた。しかしそれは，笑わせるという形の感動であった。患者たちはいったい何を考えているのだろう？　大統領の話がまったく理解できていないのだろうか？　それとも，話を理解しすぎているのだろうか？

失語症の患者は，知的には障害がないものの，記憶障害のために，自分たちに直接語りかけられた言葉を，文字通りに理解することが困難である。失語症の患者たちは，声の調子，抑揚，強勢，といった非言語的な手掛かりに，ジェスチャーや表情や姿勢といった情報を加味して，意味を理解しようとする。もし，患者たちに，そのような非言語的な手掛かりを一切取り除いた演説を聞かせたら，まったく理解できないだろう。

失語症の患者が，実際に単語の意味が理解できないにもかかわらず，自分に向けられた言葉を理解できるという事実は，実際の発話が，単語以上のものであり，発話の理解が単語理解以上のものであることを示している。サックスは，「失語症の患者に嘘をつくことはできない。なぜなら失語症の患者は，言葉の意味が理解できないので騙されるということがないからである。非言語的手掛かりを総動員して，本当のことを理解してしまう」と述べている。

じゃあ，失語症の患者が大統領の演説を聞いて大笑いしていたのはなぜなのだろう？　ロナルド・レーガン元大統領は俳優だったのだが，非言語レベルでは，言語レベルと同じことを，伝えられなかったのである。失語症の患者は，大統領が発する非言語的手掛かりにきわめて敏感である一方，言葉の意味は理解できない。このため，ジェスチャーや抑揚などに秘められた嘘に反応したのである。言葉の意味が理解できないために，患者たちは演説が行われるときの，非言語レベルでの明白な嘘に反応できたのである。多くの者が爆笑し，ある者は憤慨し，ある者は当惑していた。大統領の演説が爆笑の渦を引き起こしたのは，このためだったのである。

花屋はとても満足した（The florist sent the flowers was very pleased with herself.）」などの文を提示した。もし，意味が文法構造の理解に何らかの役割を果たしているのであれば，前者の文の方が理解しやすいはずである。しかし実際には，それぞれの文を読むのには同じ時間しかかからなかった。

タラバンとマクレランド（Taraban & McClelland, 1988）は，異なる方法を用いた。タラバンとマクレランドの意味−誘導理論によれば，文の意味は，最初に行われる文法構造の解析と関連している。たとえば，「そのレポーターは腐敗を明らかにした，政府の」という文と「そのレポーターは腐敗を明らかにした，記事の」という文を同時に提示すると，最後の単語が，前者の文において早く処理されることが明らかになった。これは多分，政府という単語の方が，より読み手の予測に一致しているからだと思われる。

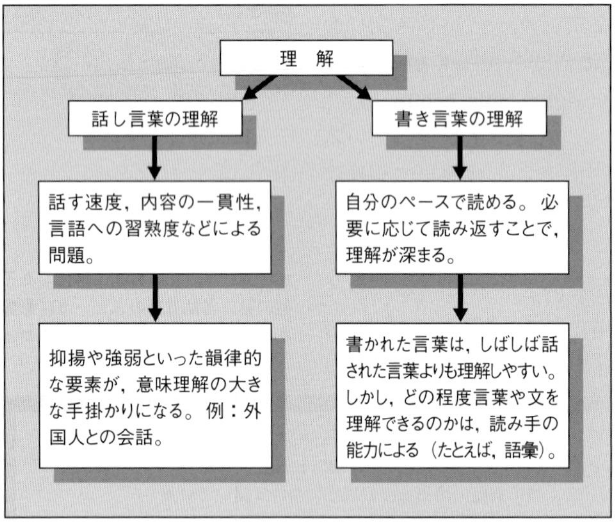

レイナーら（1983）の研究のように，文の文法構造が明確なときには，文の意味は，文法構造の理解にほとんど影響しないと考えられる。しかしながら，タラバンとマクレランド（1988）が示したように，文法構造が強く埋め込まれていない文では，意味は初期の文法構造の理解に強く影響するのである。

スキーマ

言語を理解するには，長期記憶の中に蓄えられた組織化された情報——**スキーマ**（schemas）が必要である。個人的な例でスキーマについて説明をしてみる。私が最初にアメリカを訪問したとき，私は野球の解説がまったく理解できなかった。一つひとつの単語や文は，ある程度理解できるのだが，解説を完全に理解することは不可能だった。これは，私が野球のルールを完全には理解していなかったからである。

ブランズフォードとジョンソン

> ブランズフォードとジョンソン（Bransford & Johnson, 1972, p.722）の実験は，理解におけるスキーマの重要性を明らかにしている。ブランズフォードとジョンソンは，以下に挙げるような，何が書いてあるのかはっきりわからない（スキーマを特定するのが困難な）文を研究協力者に提示した。
>
> > 手続きはきわめて簡単である。最初あなたは提示された項目を，幾つかのグループにまとめることが求められる。もちろん，するべきことがどのくらいあるのかということに基づいて分類した結果，それが一つになるのであれば，それはそれで十分である。もし機能が不足するためにどこか他のところに行かなければならなくなれば，次のステッ

ヒラリー・モーディには，それが完全には信じられなかった。

いまでは，仕事場までほんの10分で到着。これまで彼女が19年間サリーのテムズディトンから，オックスフォード通りのジョンルイス支店に通勤していたのとの大きな違い。

曖昧な構造の文は，文法構造への配慮の少なさによることが多い（ブリストルイブニングポストから）。

図14-5　話し言葉の理解と書き言葉の理解

理解
├─ 話し言葉の理解
│ ├─ 話す速度，内容の一貫性，言語への習熟度などによる問題。
│ └─ 抑揚や強弱といった韻律的な要素が，意味理解の大きな手掛かりになる。例：外国人との会話。
└─ 書き言葉の理解
   ├─ 自分のペースで読める。必要に応じて読み返すことで，理解が深まる。
   └─ 書かれた言葉は，しばしば話された言葉よりも理解しやすい。しかし，どの程度言葉や文を理解できるのかは，読み手の能力による（たとえば，語彙）。

キー用語
スキーマ：記憶に蓄えられた組織化された知識のまとまり。

プである。もしそれがなければ、かなりうまくいっているということになる。あまりやりすぎないことが重要である。つまり、多すぎるのよりは、少なすぎる方がよいということである。短いスパンで考えると、このことは重要ではなさそうである。しかしすぐに面倒なことになってしまう。ミスを犯すことも同様に高くつく。最初は全体的な手続きが複雑に思えるかもしれないが、すぐに単なる生活の側面のようなものになっていく。近い将来においてこの課題の必要性がなくなるということを予測するのは難しい。誰にもわからないことである。一連の処理が済んだ後で、材料が再び異なるグループに割り当てられる。さらに、適当な場所に割り当てられる。最終的には、この手続きがもう一度繰り返される。しかしながら、それも生活の一部である。

研究協力者は、この文章を自力で理解するのがとても難しいことに気づく。それは、文章の中の情報を、スキーマ（長期記憶の中に貯えられた知識）を用いて、関連づけていくことができないからである。これに対し、文章のタイトルという形で、その文を理解する「衣類の洗濯」というスキーマを与えられた者は、かなり容易にこの文章を理解することができる。

キー研究評価ーブランズフォードとジョンソン

この研究においては、研究協力者が理解できないように文章に操作が加えられていると言える。たとえば、多くの具体的な情報を取り除き、代名詞やある種の言い回しを挿入し、意味を曖昧なものにする。ここで使われている幾つかの言い回しは、意味的に考えれば不適切である。たとえば、「一連の処理がすんだ後」という言い回しは、認知的な能力を使用する課題において用いるのであって、洗濯のような日常の課題においては用いない。

しかしながらブランズフォードとジョンソンは、言語理解におけるスキーマの重要性、文化的な影響の大きさを実証的に示した。ある言語で書かれた文章を他の言語に翻訳すること、他の文化で同じような研究を行うことは非常に興味深いことである。研究協力者は同じような困難を体験するのだろうか？

議論のポイント

1. タイトルを知る前に、この文章が何について書かれているのかわかったか？
2. ブランズフォードとジョンソンは、どのようにして部分的には理解できても、全体としてはほとんど意味をなさないような文章を作ったのだろうか？

図14-6　洗濯機

推論を引き出す

推論においてはスキーマが決定的な役割を果たしている。たとえば文章やスピーチにおける情報の不足を埋めるために、スキーマが用いられる。私たちがいかに積極的に推論をしているかは、ラメルハートとオートニィ（Rumelhart & Ortony, 1977）が取り上げた課題によっても明らかである。

1. メアリーは、アイスクリームの販売車が近づいて来るのを聞いた。
2. 彼女はポケットにお金が入っているのを思い出した。
3. 彼女は家に飛び込んだ。

この文を読んだ読者は仮説を立てたり推論したりするだろう。たとえば、メアリーはアイスクリームを買いたかった、それにはお金

図14-7　推論課題の例

がいる，お金が入っていたのは他のズボンのポケットだった，ゆっくりしている時間はない，など。これらの推論は一例にすぎない。

私たちは普通どのくらいの推論を行っているのだろうか？ ほとんど推論を行っていないと考える研究者もいれば，それは過小評価だとする研究者もいる。

最小仮説

マクーンとラトクリフ（McKoon & Ratcliff, 1992）は，自動的な推論はほとんど行われないと考え，「最小仮説」を提出した。推論が読み手の目的に合わせる形で推論が行われていると考えた。このような推論は戦略的推論として知られている。ドゥシャーとコルベット（Dosher & Corbett, 1982）は，最小仮説を指示する結果を報告している。ドゥシャーとコルベットは，「マリーがコーヒーをかき混ぜた」のような文を提示された研究協力者が，「マリーはスプーンを使った」という推論を引き出すかどうかを検証した。このような推論は通常の読書条件では認められなかった。しかしながら，使った道具を推論するように教示を受けた研究協力者は，適当な推論を行うことができた。

この結果は，推論が行われるかどうかが読み手の意図や目的によることを示している。またかなり簡単な推論でさえ，常にそれが行われるとは限らないことも示された。「メアリーがコーヒーをかき混ぜた」という文を完全に理解するには，コーヒーをかき混ぜた道具を推論しなければならない。しかしながら，実験結果はそのような推論が常に行われているわけではないことを示した。

評　価

最小仮説は，文章を読む際にどのような推論が自動的に行われる（行われない）のかを明らかにした。もう一つのポイントは，自動的な推論と戦略的な推論の区別をつけた点である。多くの推論が，読み手の意図と一致するときにだけ行われているという考えは重要なものである。

最小仮説の欠点は，どのような推論が行われるのかを十分に予測できないという点にある。たとえば，マクーンとラトクリフ（1992）は，必要な情報が直ちに利用可能な状態にあれば，自動的に推論が行われるとしているが，情報の利用可能性といったものを測定することは実際には難しい。

意味－検索理論

グレーサーら（Graesser et al., 1994）は，最小仮説は，実際に行われている推論の数を過小評価していると考え，次に挙げる仮説に基づく「意味－検索理論」を提唱した。

- 読み手の目標仮説：読み手は，目標や意図に合うように文章の意味を作り上げる。

比較文化的問題：たとえば，「彼女は，彼の死の喪に服している集団に加わった」という文に対して行われる推論は，文化によって大きく異なる。あなたも，異なる文化の中にいる間に，読んだり聞いたりしたことを間違って解釈してしまったことがあるだろう。

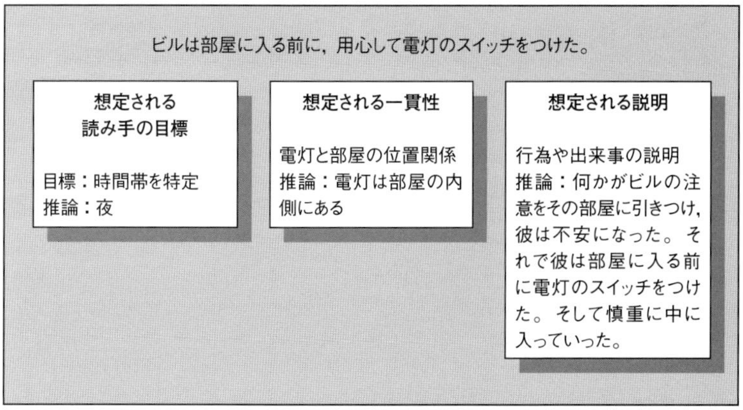

```
┌─────────────────────────────────────────────────────────────┐
│         ビルは部屋に入る前に，用心して電灯のスイッチをつけた。       │
│  ┌──────────┐  ┌──────────┐  ┌──────────────┐ │
│  │ 想定される │  │想定される一貫性│  │  想定される説明  │ │
│  │ 読み手の目標│  │電灯と部屋の位置│  │行為や出来事の説明│ │
│  │目標：時間帯を特定│ │関係      │  │推論：何かがビルの注│ │
│  │推論：夜   │  │推論：電灯は部屋の│ │意をその部屋に引きつけ，│
│  │         │  │内側にある    │  │彼は不安になった。そ │ │
│  │         │  │         │  │れで彼は部屋に入る前│ │
│  │         │  │         │  │に電灯のスイッチをつけ│
│  │         │  │         │  │た。そして慎重に中に│ │
│  │         │  │         │  │入っていった。   │ │
│  └──────────┘  └──────────┘  └──────────────┘ │
└─────────────────────────────────────────────────────────────┘
```

図14-8　意味−検索仮説による文理解の例

- 一貫性の仮説：読み手は，文章の意味にできる限り一貫性をもたせようとする。
- 説明仮説：読み手は，文章の中に出てきた行為や出来事や状態を，目標や意図と一致する形で説明（理解）しようとする。

　文章の意味を作り上げることが要求されない場合（たとえば，校正読み），文章を理解するのに必要な知識を読み手がもっていない場合，文章に一貫性が欠けている場合には，読み手は意味を考えずに読むことになる。グレーサーらはさまざまな証拠を通してこの仮説を検討し，最小仮説によって予測されるのよりも，はるかに多くの推論が通常行われていることを示した。現在では，意味−検索仮説が，おそらく読書場面における推論を適切に説明していると考えられる。

文章の理解

　これまで取り上げた研究のほとんどは，文または短い文章の理解に関するものだった。ところが私たちが実際に読んでいるものの大半は，本や物語といった長い文章である。長い文章を読むときの私たちの理解や記憶は非常に選択的であり，あまり重要でない細々としたことより中心となるテーマに焦点を当てる。ゴムリキー（Gomulicki, 1956）は，研究協力者の第一のグループには，実際に物語を読みながら，それについて要約を書いてもらった。第二のグループには，まず物語を読んでもらいその後記憶から再生してもらった。第三のグループに，第一のグループが書いた要約と第二のグループの再生を見せたが，どれがどちらなのか区別をつけることができなかった。物語から抽出されるものと再生されるものは，物語の中心となるテーマを強調しているという点で，要約と似ているのである。

命題と短期記憶

　ヴァン・ダイクとキンチュ（Van Dijk & Kintsch, 1983）は，**なぜ**

文章例：茶色のジャンパーと緑色の半ズボンを着た小さな男の子が，しっかりと右手に赤い風船のひもを持って公園を歩いていた。小道に面したやぶの後ろで，犬が大声でほえた。少年は飛び上がった。そして，彼は赤い点が，木々の上でだんだん小さくなっていくのを見たとき，泣き始めた。

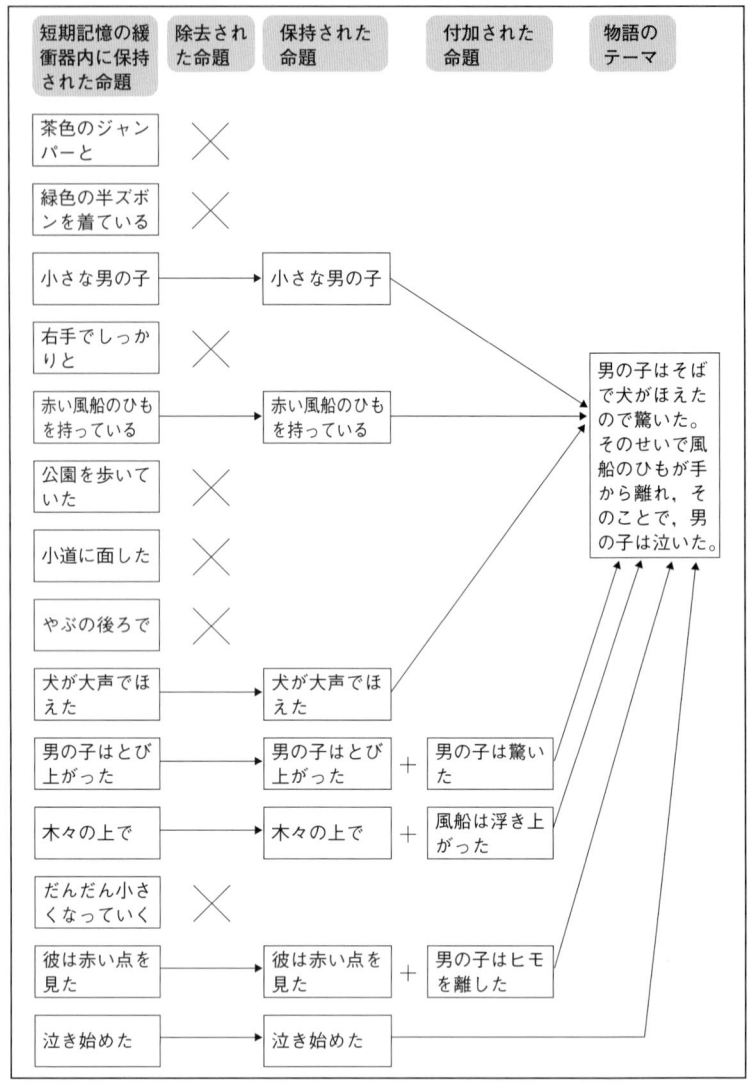

図14-9 文章理解における命題の処理：文章の理解においては，本質的ではない情報が削除され，付加的な推論が行われている（山内光哉・春木豊編, 1985, 『学習心理学』サイエンス社より）。

物語の中心テーマが最もよく覚えられるのかを説明する理論を提案した。それによると，物語の中の命題（私たちが事実であると認めることができる，意味の最小単位：一般的には句や節）は，まず短期間，容量の限られた作業記憶に送られる。作業記憶に多くの命題が含まれるようになると，読み手や聞き手はその命題を相互に関連づけ一貫性をもたせようとする。中心となるテーマと深く関連する命題は，かなり長い間作業記憶の中に保持されることになる。それは，中心テーマと深く関連した命題が，他の命題と多く結びついているからである。作業記憶の中にそのような情報を保持しておくことは，物語の理解を容易にする。作業記憶の中で長期間にわたって処理が行われた結果，意味的な命題はよく記憶されるのである。

ヴァン・ダイクとキンチュは，文章を処理する際の理解過程では，

二つの構造が主に用いられると述べている。一つはミクロ構造であり，文章から抽出された命題が相互に結びつけられる。二つ目はマクロ構造であり，中心となるテーマに関する情報に結びつけられたミクロ構造から成り立っている。

評　価

　合理的な証拠に基づいてミクロ構造とマクロ構造の区分が行われている。文章理解に実際に関与しているのは，命題などの表象である。特に重要なのは，主要なテーマと関連のある概念がよく覚えられているのが，作業記憶の中に長い時間存在していたからだと考えた点である。弱い点として，この理論には命題がどのように形成されるのかについての記述がない。スキーマ内の知識が大きな構造を作り上げるために，どのような形で文章の情報と相互に影響しあっているのかがわからない点も，この理論の弱い点である。

言語産出

　言語産出よりも言語理解についての方が，わかっていることが多い。このことは部分的には，研究協力者に無理に言語を産出させるよりは，理解する素材を操作する方が，研究者にとって簡単だからである。また言語産出が，言語に関する理論からだけでは捉えられないということもある。たとえば言語産出は明らかに動機づけと関連がある。人々は友人を作るため，他者に影響を与えるため，他者に情報を伝えるために，話したり書いたりする。

　ここで取り上げる言語産出の形式は，話すことと書くことである。話すことは書くことよりもより詳細に検討されてきた。これは，ほとんどの人が書くことより話すことに多くの時間を使っているからである。書くことに含まれるプロセスより話すことのプロセスを理解した方が，実践的価値が高いのである。

話すこと

コミュニケーションとしての話すこと

　（何らかの障害がない限り）ほとんどの人々にとって，話すことは社会的な文脈の中の会話として生じる。言い換えれば，私たちが話すのは他者との意思疎通を図るためである。グライス（Grice, 1967）はコミュニケーション成功の鍵が**共同の原理**（co-operative principle）にあると述べ，話し手と聞き手は協力的でなければならないとしている。

　共同の原理の他に，グライス（1967）は話し手が気をつけるべき四つの原理を提唱している。

- 量の原理：話し手は必要なだけの量の情報を提供すべきである。多すぎるのはよくない。
- 質の原理：話し手は真実を話すべきである。
- 関連の原理：話し手は，状況に関連のあることを話すべきであ

■やってみよう：簡単な話題を選んで，グライスの原理と一致する，またはそれを破るような話し方をしてみよう。たとえば，量の原理であれば，理解するのが難しいくらい簡潔に話してみたり，うんざりするくらいしつこく話してみたりしてみよう。

キー用語
共同の原理：コミュニケーションを成立させるには，聞き手と話し手が協力しなければならないというグライスの考え。

図14-10 会話の成立には共通の背景が重要：共通の背景の重要性は，あなたが電車やバスの中で，あなたの知らない2人の会話が聞こえたとき明らかになる。あなたには2人の共通の背景を知らないため，2人が何を話しているのかを理解するのがきわめて難しい。

■やってみよう：会話の切り替え（隣接対および順序構成単位）が含まれるような，2人の友人の会話を脚本にしてみよう。

聞き手の側の聞き間違いは，このような研究においてどのような意味があるのだろうか。

・話し方の原理：話し手は，理解しやすいように話すべきである。

量 オルソン（Olson, 1970）は，話し手が話す量について気をつけるべきことを明らかにしている。オルソンは，話す内容は文脈によって決まると述べている。つまり発話は，話し手が何について話そうとしているのか（しばしば指示対象と呼ばれる）ということからだけでは説明できないのである。相手の話を理解するには，取り上げられている対象について知っておく必要がある。たとえば，もしほとんどのメンバーが男の子で女の子が1人しかいないフットボールのチームがあれば，「その女の子はフットボールが上手だね」ということができるし，聞き手もそれが誰なのかすぐにわかる。しかしながら，それが女の子だけのチームならば，たとえば「あの赤毛の女の子はフットボールが上手だね」と言わなければならない。

共通の背景 量の原理について配慮をする際に，話し手は共通した背景をもっているかを考えなければならない（クラークとカールソン Clark & Carlson, 1981）。共通の背景は，お互いの信念や知識からなっていて，友人であればさらに深いものとなる。話し手と聞き手が数人の共通した友人をもっているなら，話し手が「ジョンはケビンの車を買った」と言うのは適当なことである。しかしながら，もし聞き手がケビンのことを知らなくて，ジョンという名の知人がウィルディング博士しかいないのなら，話し手は「ウィルディング博士があなたの事務所の外に駐車してある青い車を買った」などのように言うことであろう。

会話切り替え ブレナン（Brennan, 1990）は，誰がいつ話すのかを決める要因について研究した。話し手が切り替わる最も共通したパターンは**隣接対**である。隣接対においては，最初の話し手の話している内容が，聞き手に次の会話を引き継ぐように強く促すのである。質問し，それに答えるというのは最も典型的な例である。もし最初に話したものが，会話の切り替えを促すような手掛かりを発信せずに言いたいことを言い終わってしまうと，話す順番は次に話し出した聞き手に移る。もし聞き手が誰も話し出さなければ，最初に話をしていたものが，自由に話を続けていく（**順序構成単位**）。

発話の産出過程

発話の産出過程を明らかにすることは簡単ではない。理由の一つは，発話が非常に短い時間の中で発生するからである。たとえば私

たちは1秒間に平均2～3語を産出する。発話の過程はどのようにして研究されるのだろうか。特定の話題について話をさせ，それを録音する方法もある。また日常生活の発話エラーを収集する方法もある。デル（Dell, 1986, p.284）が指摘したように，「高度に複雑なシステムがどのようにはたらいているかは，しばしばそのシステムの機能不全をみればわかる」のである。

発話エラーの収集は，さまざまな研究者が行ってきた（たとえばギャレット Garrett, 1975）。エラーの収集は，研究者自身による聞き取りという形で行われる。この手続きには幾つか問題点がある。たとえば構造的な偏りがあるかもしれない。なぜなら，エラーには気づきやすいエラーと気づきにくいエラーがあるからである。このため発話エラー種類の出現頻度（パーセント）に関する分析の信憑性には疑問が残る。また実際にはほとんどの人が発話の際にエラーをしない。このことも，発話エラーの分析が発話産出過程を理解するための基礎的資料になりにくい理由の一つである。

発話エラーに関する情報は，発話産出に関する理論を形成するために使われる。古典的な理論がギャレット（1976, 1984）によって提唱されており，その改定版がいまも提唱されている。ここではまずギャレットの理論的なアプローチを取り上げる。

ギャレット

ギャレット（1976, 1984）は，発話産出は想像よりもはるかに複雑な過程であると述べている。ギャレットのモデルによれば，一つの文が話されるときに，異なる五つの段階の表象が関与している。この5段階は以下の順序で生起する。

- メッセージレベルの表象：話し手が伝えたいと考えている内容の抽象的な表象。
- 機能レベルの表象：発話についての文法的構造の輪郭。たとえば，ここには名詞が，ここには形容詞が入るなど。まだ実際の単語は入っていない。
- 位置的なレベルの表象：実際に発話される文に含まれる単語を含むという点で，機能レベルの表象と異なる。
- 音声レベルの表象：発話しようとしている文において単語が発音される方法に関する情報。
- 構音レベルの表象：文における単語を正しい順序で発音するための一連の手順。

ギャレットの理論に従えば，話し手は話す前に精巧な事前プランを作っていることになる。このことは，発話の際にどのようなエラーが生じるのかを調べることで検証できる。たとえば，もし文の終わりの方にある音や単語が，文の最初の方に来てしまうようなエラーが現実に存在するのであれば，発話の前にプランニングが行われていることになる。このタイプのエラーを，W. A. スプーナー牧師にちなんで，スプーナリズムという。ス

キー用語
スプーナリズム：二つの単語の最初の文字（二つ以上のこともある）を入れ替える発話エラー。

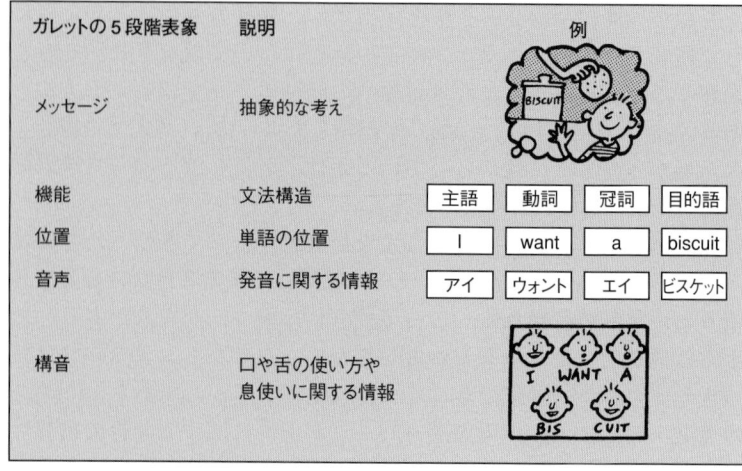

図14-11 発話産出に関するギャレットの5段階表象モデル：「私はビスケットが欲しい」という文を，ギャレットの5段階の表象に分ける。

スプーナリズム（spoonerism）は，二つの単語の最初の文字が入れ替わってしまうというエラーである。スプーナー牧師の有名な発話に，You have hissed all my mystery lectures.（正しくは，You have missed all my history lectures.）などがある。スプーナー牧師は，そのようなエラーを思いつくのに多くの時間をかけたという者もいるだろうが，実際にそのようなエラーを自発的に犯す者もいるのである。

事前にプランニングが行われていることを示すエラーは他にもある。**先取りエラー**（anticipation error）は，単語があるべき位置よりも先に出てきてしまうエラーである（たとえば，「その学校は学校にある」）。同じようなエラーに**交換エラー**（exchange error）がある。このエラーでは，一つの文の中の二つの語が入れ替わってしまう（たとえば，今日は私の「一日」の中で一番幸せな「人生」です）。

事前にプランニングが行われているのは，話し手が発話中にとる「間」によっても明らかである。多くの人が実際の発話時間の約40〜50％を，間をとることに当てる。この間は主に節（訳注：主語＋動詞を含む意味のまとまり）と節の間で起こる。そして何をどう言うべきかを決める時間になっている。発話産出において，間をとることはきわめて普通の現象である。しかし，それがギャレット（1984）の理論で述べられているように通常の発話において本質的なものなのかについては疑問が残る。この問題は，研究協力者にできるだけ間をとる回数を減らして話すように要求することで検討された。その結果，単語の繰り返しや，一節丸ごとの繰り返しがみられた。間をと

> **キー用語**
> **先取りエラー**：単語が本来あるべき位置よりも早い段階で話される発話エラー。
> **交換エラー**：文中の二つの単語が入れ替わる発話エラー。

> **キー研究評価―ギャレット**
>
> ギャレットのモデルは，発話産出において考えていることを言葉に置き換える一連の無意識（そしておそらく自動的な）の過程が存在することを明らかにした。この過程の中では次の数秒間に話すことがプランニングされている。また発話エラーが生じるのもこのプランニングの間のことである。一般論として言えば発話産出の研究は，思考と言語の関係についての興味深い視点を提供している。
>
> ギャレットのモデルの問題点は，モデルによって説明可能なのがエラー発生のメカニズムに関するものに限られるという点である。このモデルを，間違いのない流暢な発話に適用することは簡単なことではない。しかしながら，発話が止まっているときに，発話産出のためのプランニングが行われていると考えることは当然のことだろう。一般に発話が止まるのは，流暢な文の産出や文の中心を産出した後なのである。
>
> ギャレットのモデルは，私たちが実際に話そうとすることを事前に詳細にプランニングしているのかという問題を提示した。私たちは皆，話しているときにあれこれ考えたりしていないと感じている。実のところ，子供や脳損傷による言語障害のある患者は，私たちよりも事前のプランニングを行っていないのである。なぜそんなことが言えるのだろうか。子供や言語障害のある患者は，事前プランニングに起因するエラー（たとえば，先取りエラーや交換エラー）をほとんどしないのである。

ることが自発的な発話において非常に重要であることが示された。

　ギャレット（1976, 1984）によって提唱された理論によれば，話し手は，機能レベルの表象の段階で発話の文法構造を決定している。次の位置レベルの表象の段階で正しい単語が，文法構造に合わせて埋め込まれる。文法構造の決定が先に来るからこそ，実際に発話される文において，文法構造は正しいが，そこに入る単語がおかしいというエラーが生じるのである。これが**形態素交換エラー**（morpheme-exchange errors）である。このエラーにおいては，文法的な構造をそのままにして，二つの単語の語根が入れ替わる（「He has already packed two trunks.」と言うところを，「He has already truncked two packs.」と言ってしまう）。

> **キー用語**
> 形態素交換エラー：発話時に二つの単語の語根が入れ替わるエラー，文法構造は正しい。

議論のポイント
1. 発話エラーを，通常の発話過程プロセスの分析に用いることのどこが問題なのか？
2. 発話においてエラーをするのは，悪いことなのか良いことなのか。

　なぜ人間は発話において間違ってしまうのか。デル（1986）によれば，それは，私たちが非常に柔軟な発話システムをもったことの代償である。システムの柔軟性が，私たちの柔軟な発話を可能にする。ほとんどの発話エラーは，新奇なものであり，思いもよらないものである。もし私たちが非常に硬直した発話システムをもっていたら，エラーは起こらなくなるかもしれない。しかし私たちはきわめて型にはまった発話しかできなくなるだろう。

書くこと

　書くときには，他の認知的な活動で使う多くのプロセスを使う。書くことは，記憶検索，目標設定，プランニング，問題解決，評価などの過程を含んでいる。書くことは，他の言語的・非言語的活動から切り離せない活動である。

分析の水準

　書くことが含む過程には，多くの異なる水準があると考えられる。最も特定的な水準は，一つひとつの単語である。最も一般的な水準は，書くことの全体構造や書き手の目標設定である。その中間として，目標設定と文を書くことの間にある過程を考えることができる。

プロトコル分析

　直接観察がほとんどできない書くことの過程を，どのように分析するのだろう？　その方法の一つが**プロトコル分析**（protocol analysis）である。プロトコル分析では，書いている間に考えていることを言語化させ，テープに録音する。さらに書き手が書いたメモをすべて集める。ヘイズとフラワー（Hayes & Flower, 1980）は，書いているときに使っているプロセスを意識するのが上手な書き手を用い，プロトコル分析に成功した。書き手は最初に情報を収集し，次に集

> **キー用語**
> プロトコル分析：書くことを研究する方法の一つ。書いているときに考えていることを言語化したものと書き手のメモを分析する。

めた情報を組織化し，最後にそれを文に変換していた。

プロトコル分析の欠点　プロトコル分析は書き手が意識できる過程についての情報を提供してくれるにすぎない。書き手は，自分がどのようにして長期記憶からアイディアを検索しているのかはわからないし，記憶から引き出した情報をどのように組織化しているのかもわからない。書き手に考えていることを言語化させることが，通常の書くときの過程を混乱させているかもしれない。

書くことの理論

ヘイズとフラワー（1986）は，書くことには主要な過程が三つあると述べている。

- プランニング：アイディアを作ったり，それを関連づけたりして，書き手の目標にあった書くためのプランを作り出す。
- 文の生成：書くためのプランを実際に文になおしていく。
- 推敲：書かれたものを評価する。細かなレベル（個々の単語や言い回し）で行われる場合もあるし，もっと全体的なレベル（構造の一貫性）で行われる場合もある。

プランニング　プランの立案は，書こうとしている話題についての書き手の知識に大きく依存する。しかしながら，それ以外の要因の影響を受けることもある。熟達者であっても，もとになるアイディアを理解可能な形へと置き換えるのが貧弱だということがよくある。このことは部分的には，熟達者が専門的であるがゆえに，非熟達者によって理解可能な問題意識との間にギャップが生じてしまうからだと考えられる。

ヘイズとフラワー（1980）によれば，戦略的な知識がプランの立案において大きな役割を果たしている。戦略的な知識は目標と下位目標を系統立て，プランの一貫性を保つ方法と関係している。ヘイズとフラワー（1980）によれば，よい書き手は，戦略的知識をより柔軟な形で使っている。プランの構造は，新しい発想が生じたり最初のプランに対する不満が生じたりしてくると，それ自体が変化していく。ヘイズとフラワー（1980）は，うまく書けない人は最初のプランにこだわりすぎる人であると述べている。プランが不適当であることがわかったら，そのときには書くことが止まってしまうのが普通なのである。

ヘイズとフラワーは，ある話題について知識の多い大人と少ない大人を比較した。知識の豊富な者は，多くの目標と下位の目標を立て，全体としてより複雑なプランを作った。両者の間の最も大きな違いは，知識の多い者が目標をよく統合しているという点だった。

文の生成　何を書くのかを考えるのと実際に書くことの間には大きな隔たりがある。カウファーら（Kaufer *et al.*, 1986）は，まず先

■やってみよう：詩と公の場面での演説を書き取ったものを比べよう。そしてその違いを，プランニング，構文，書き換えなどの視点から比較しよう。

ヘイズとフラワーがよい書き手がそうでない書き手よりも，知識をより柔軟な形で用いていることに気づいたのはなぜだと思うか？

にあらすじを書かせ，そのうえで後に書かせた文章と比較した。実際に書かれた文章はあらすじよりも少なくとも8倍は長かった。カウファーらは，プロトコル分析を用いて，文がどのように生成されるのかを検討した。以下に実際に書いているときの言語プロトコルを挙げる（下線は，明確な休止を表している。数字は意味のまとまりを表している）。

> それについて最もよいのは①_____何だろうか？②私の心を使うことについての何か③_____それが私に機会を与えてくれる④_____ええーっと私は私の考えについて書きたい⑤_____考えを実行に移す⑥_____それともアイディアを膨らませて⑦_____何だろうか？⑧_____有意義なものにするには？⑨ああそうだ！_____えっと，それが私にさせる⑩_____使うことを⑪_____いいや　私にさせる_____いやそうじゃない。それについて最もよいのは，私に使うことを可能にすること⑫_____私の心と考えを生産的に使うこと⑬。
>
> 最終的に書かれた文：それについて最もよいのは，そのことが私の心と考えを生産的な方法で使うことを可能する点である。

このプロトコルにおいて，⑫と⑬が書かれた文を作っている。はじめの方の①・④・⑥・⑦・⑨・⑪は文の部分を構成しようとするものだった。

カウファーらは，熟達者と平均的な書き手を比較した。両方の群とも，言語報告した部分の約75％を文章化していた。そして変更されていれたのは，言語報告されたばかりの部分であった。しかしながら，生成する文の長さが異なっていた。熟達者の長さは11.2語だったのに対し，平均的な書き手は7.3語だった。このようによい書き手は，長い構成要素を使って文を産出していた。

推　敲　熟達した書き手とそうでない書き手は，推敲に費やす時間が異なっている。意外かもしれないが，熟達者は非熟達者より推敲に長い時間を費やしていた。両者が推敲をどのように考えているのかを検討することで，その理由は明らかになった。熟達者が，文章の一貫性と構造に焦点を当てているのに対し，非熟達者は個々の単語や言い回しに焦点を当てていた。個々の単語を変えるより，文章の全体構造を修正する方がはるかに難しい。

フェイグレイとウィット（Faigley & Witte, 1983）は，推敲について検討している。経験を積んだ大人の書き手が行う推敲のうち，34％は意味の変化を含んでいた。これに対して経験のない大学生の書き手では，12％にすぎなかった。おそらく，経験のある書き手の方が，一貫性や意味といった全体的な項目に配慮しているのであろう。

ヘイズら（1985）は，熟達者と非熟達者のその他の違いを報告し

ている。熟達した書き手は，そうでない書き手よりも60％以上多くの問題点を見つけることができた。指摘された問題のうち，熟達した書き手は74％の割合で正しく問題を指摘することができた。これに対し非熟達者では42％の割合にすぎなかった。意外なことに両方のグループとも，もとの文章のどこが悪いのかを意識することなく，テキストの一部を書き直すということがしばしば観察された。

書くことと学校教育：どれだけ上手に書けるかは，実際に書いた量によって決まる。つまり，書くことが苦手な人は，時間をかけて書く練習をすることが必要なのである。このことは，教育的なはたらきかけという視点から考えると大きな意味をもつ。書くのが苦手な子供たちには，より多くの時間を書くことに割くように促すことが大切なのである。

評　　価　ヘイズとフラワー（1986）は，書くことに含まれる過程を明らかにすることに貢献した。特に興味深いのは，経験のある書き手とない書き手を比較したことである。このことは，熟達した文章作成において用いられている方略や特定の過程を明らかにし，適切な作文技術をもっていない人たちへの実践的なアドバイスを提供した。また，他の研究（たとえば，ケロッグ Kellogg, 1988）においても，プランニングの過程が作文の質を決定する重要な要因であることが確認されている。

　プランニング・文の生成・推敲という三つの過程が，お互いにきちんと独立しているのかについては，幾つかの疑問がある。たとえば，プランニングと文の生成は密接に結びついている。ヘイズとフラワーは，書くことには重要な社会的側面があること，他者へ意思を伝達するために書いているということを無視しているという指摘もある（ケロッグ，1990）。また，ヘイズとフラワーによって用いられたプロトコル分析は，意識できない水準で起こっている過程についての情報を取り上げていないという批判もある。

熟達した書き手

　熟達した書き手と熟達していない書き手は，プランニング，文の生成，推敲の過程において異なっている。しかしながら，書く能力の個人差の大部分は，プランニングの差によるものである。ベレイターとスカーダマリァ（Bereiter & Scardamalia, 1987）は，プランニング段階における二つの主要な方略を紹介している。一つは知識－表出方略，もう一つは知識－組換え方略である。**知識－表出方略**では，書き手は単に話題について自分が知っていることをすべて書き出していく。読み手のために情報を組織化しようという試みやプランニングは行われない。知識－表出モデルを使っている12歳の子供の言葉を紹介する（ベレイターとスカーダマリァ，1987, p.9）。

■やってみよう：あなたが書いたものから，知識－表出モデルによるものを選び，その中の1段落を抜き出してみよう。そしてそれを，知識－組換えモデルで変換してみよう。そのためには，自分の知識をもっと分析すること，そしてその知識をあなたが書いたもののテーマと深く関連づけることができるように組み替えることが必要になってくる（次ページ図14-12の例を参照のこと）。

　私は，考えの固まりをもっていて，考えが尽きてしまうまで書き出していく。それから，もうこれ以上は考えが出ないというところまでアイディアを考える。

　知識－組換え方略はもっと複雑である。知識－組換え方略は，書

く目的についての問いかけを含んでいる（たとえば，中心になるテーマがもっと簡単に表現できないか？）。また，書くべき情報についての考慮も含んでいる（たとえば，スミス対ジョーンズの例が，論点を強調できるのではないか）。

　知識－組換え方略を用いる書き手は，知識－表出モデルを用いる書き手より，練られた文章を産出する。よく練られた文章では，重要なテーマが高い水準でわかりやすくまとめられている。そのような文章を産出する書き手は，知識－組換え変成方略を用いている。ベレイターら（1988）によれば，重要なテーマを高い水準でわかりやすく表現できる書き手は，プランニングの間に，平均して4.75の異なる知識－組換えプロセスを用いていた。これに対し，低い水準の文章しか産出できない書き手は，わずか0.23しか知識－組換えプロセスを用いていなかった。

課題：サンフランシスコへ旅行する際の概要を書く

知識－表出方略	知識－組換え方略
・カリフォルニアにある	中心になるテーマ：以下のポイントからなる多様性
・ゴールデンゲートブリッジ	・地理：地震，港
・地震	・歴史：貿易
・中華街	・気候：他のカリフォルニアの地区より雨が多い
・霧	・人間：長年の間培われた多様な人種
・ゲイ共同体	・他者のライフスタイルへの寛容
・ビクトリア朝の家	
・フェリー	
・ヒッピーの文化	

図14-12　知識－表出モデルと知識－組換えモデル：概要をまとめるという同じ課題に，異なる二つの方略を適用してみる。

推　論

　人類が他の生物に比べて優れている点の一つに推論能力がある。推論には主に二つの形式がある。一つは**演繹的な推論**（deductive reasoning）であり，もう一つは**帰納的な推論**（inductive reasoning）である。演繹的な推論とは，真であると仮定された条件文から論理的な道筋に沿って結論を導き出すことである。**三段論法**（syllogisms）も演繹的推論の一種である。三段論法は二つの**前提**と一つの**結論**から成り立っている。たとえば，前提文は，「ロンドンはイングランドの中にある。イングランドは連合王国（UK）の中にある」，結論文は，「ロンドンは連合王国の中にある」である。課題は，結論が論理的に前提文から導けるかということである。

　帰納的推論は，特殊な情報から一般的な結論を引き出すことである。帰納的推論によって正しく導き出された結論であっても，その結論が普遍的に真実ではない場合もある。たとえば，ある七面鳥が「毎日私はお腹一杯である」という結論を引き出したとしよう。彼はそれまでの人生において実際にそうだったのである。しかしながら，もし明日がクリスマスイブなら，彼は突然の悲劇に見舞われるかもしれない！

キー用語

演繹的な推論：真実であると仮定された前提から，結論を引き出す推論形式。

帰納的な推論：特殊な情報から一般的な結論を引き出す推論様式。結論自体が事実を反映している必要はない。

三段論法：二つの前提文とそれに続く結論（二つの前提文から論理的に正しく導き出される場合，導き出されない場合がある）からなる問題。

以下に演繹的推論と帰納的推論について取り上げる。この領域での主な関心は，人がさまざまな推論課題に遭遇した際に用いる推論過程の理解である。

演繹的推論
条件文推論

演繹的推論は多くの方法で研究されてきた。最もよく用いられる課題に，条件文推論課題がある。例を挙げる。「もし雨が降れば，フレッドは濡れる」「雨が降っている」が前提文である。これらの前提文が提示されると，妥当な推論・結論として「フレッドが濡れる」が引き出される。この例は，最も重要な推論の規則の一つである**肯定式**に基づいている。これは，「AならばB」と「A」が与えられたときに，「B」であると推論することは妥当であるとする規則である。もう一つの重要な推論の規則に否定式がある。**否定式**では，「AならばB」と「Bではない」という前提が与えられたときに，「Aではない」という結論が引き出される（図14-13を参照）。

引き出された結論の妥当性は，それが論理的に正しく導き出されたのかどうかのみに基づいている。結論がこの世界でありうること

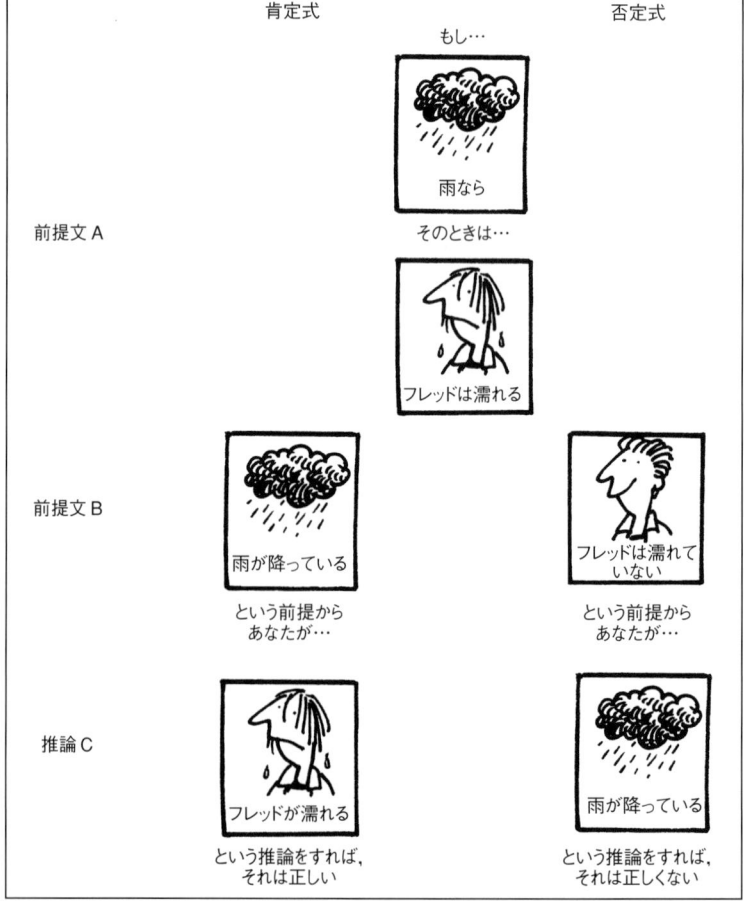

図14-13　否定式と肯定式

かどうかは問題にならない。たとえば，「もし彼女が女性であれば，彼女はアリストテレスである」と「彼女は女性である」という前提文からは，「彼女はアリストテレスである」という結論が導き出される。アリストテレスが実際には男であるということは，結論の論理的な妥当性とは何の関係もない。

　他の二つの推論も取り上げる。一つが**後件肯定の錯誤**であり，もう一つは，**前件否定の錯誤**である。まず後件肯定の錯誤の例を挙げる。

　　前提：もし雨なら，フレッドは濡れる。フレッドは濡れている。
　　結論：だから雨が降っている。

次に前件否定の錯誤の例を挙げる。

　　前提：もし雨なら，フレッドは濡れる。雨は降っていない。
　　結論：だから，フレッドは濡れていない。

　あなたはこの結論が正しいと思うか。エヴァンスら（Evans *et al*., 1995）の研究によると，先の例では，21％の研究協力者が後件肯定を正しいとし，60％の研究協力者が前件否定を正しいとした。しかしながら実際にはどちらも間違いである。最初に挙げた三段論法では，フレッドが濡れているためには，必ずしも雨が降っていなければならないとは限らない。プールに飛び込んだのかもしれないし，誰かにホースで水をかけられたのかもしれない。同じように考えれば，前件否定がなぜ間違いなのかも明らかである。

　条件文推論は，後件肯定や前件否定の場合に間違いが生じやすい。エヴァンスら（1995）は，肯定式を間違えることはほとんどないが，否定式になると間違いの割合が30％を超えることを明らかにしている。このような正答率の違いが生じる理由の一つに，私たちがこのような推論を行う練習をあまり行っていないということがある。

理論的な説明

　なぜ私たちは，条件文推論課題が解けないのだろう？　ブレインら（1984）は，抽象的規則理論を提唱している。この理論では，条件文推論などの場面において，人は抽象的な理論を用いると考える。推論の間違いが生じる理由として以下の三つが考えられている。

1. 理解の失敗：前提文の理解に失敗する。
2. 不適切な解法：三段論法の問題を解くために必要な抽象的な規則が，相互にきちんと関連づけられていない。
3. 処理上の間違い：処理容量の限界によって引き起こされる誤り。

　抽象的規則理論で最も大切なのは，前提文がしばしば誤解されることを明らかにした点である。前件否定の例で考えてみる。前提文

は「もし芝生を刈れば，あなたに5ドルあげよう。あなたが芝生を刈らなかったら」である。その後に「私はあなたに5ドルをあげない」という結論が続く。ほとんどの研究協力者は，この結論が正しいと考えてしまう。でも論理的には正しくないのである。なぜ間違ってしまうのだろう。ガイスとツウィッキー（Geis & Zwicky, 1971）が指摘したように，「もし芝生を刈れば，5ドルあげよう」という文は，普通「もし芝生を刈らなければ5ドルあげない」というふうに拡大解釈される。前提文がこのように解釈されてしまうと，結論は妥当なものとされてしまう。

ウェイソンの4枚カード問題

ピーター・ウェイソン（Peter Wason）は演繹的推論について検討するため，4枚カード問題を考案した。オリジナル版の問題では，テーブルの上に4枚のカードが置いてあり，それぞれのカードの片面には文字が，その裏面には数字が書いてある。研究協力者には4枚のカードに書かれた文字や数字があるルールに基づいていることを伝える。研究協力者の課題は，4枚のカードがルールを満たしているかを確かめるために，最低限裏返す必要のあるカードを選択することである。

このような課題で最もよく用いられるのは，「R」「G」「2」「7」が書かれている4枚のカードがあって，ルールが「もし表がRであれば，裏は2である」という課題である。あなたならどのカードを裏返すだろうか？　ほとんどの研究協力者は，「R」だけとか，「R」と「2」と答える。もしあなたが同じ答えなら，間違いである。この問題を解くために最初に考えなければならないのは，ルールにあっていないカードを

図14-14　ウェイソンの4枚カード問題

特定するためにどのカードを裏返すかということである。この視点からいけば，「2」のカードは関係がないことになる。もし「2」の裏に「R」があれば，それはルール通りということになるし，「2」の裏に他の文字があったとしても，それはルールに反することにはならないのである。

正しい答えは，「R」と「7」である。大学生でも正しい答えが出せるのは，5〜10％程度である。「7」のカードを裏返さなければならないのは，「7」の裏に「R」があれば，明らかなルール違反だからである。

ウェイソンの4枚カード問題と条件文推論の間には類似点が幾つかある。「7」というカードを選択するのは，推論における否定式のルールから来ている。「表がRであれば，裏は2である」と「7のカードが（同時に）2のカードであることはない」という前提文からは，「7の裏にRが来ることはない」という結論が導き出される。もし7の裏にRがあれば，それは前提文が間違っているということになる。

ウェイソンとシャピロ（Wason & Shapiro, 1971）は，ウェイソンの4枚カード問題が抽象的であるので，課題の解決が困難なのだと考えた。そこで（マンチェスター，リーズ，車，列車）という4枚のカードと，「マンチ

ェスターに行くときは，必ず車を使う」というルールを用いて課題を検証した。課題は，このルールが正しいかどうかを確認するために最低限裏返さなければならないカードを特定することだった。正解であるマンチェスターと列車を選んだものが62％いたのに対し，課題が抽象的な形で与えられたときの正答率は12％だった。

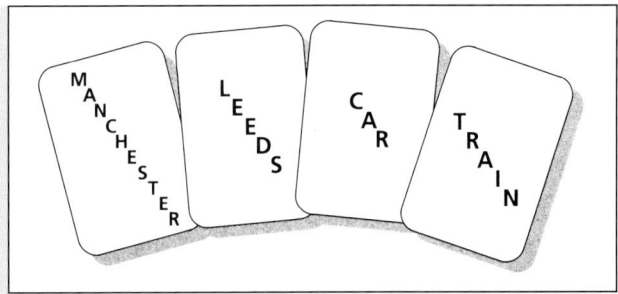

図14-15　ウェイソンの4枚カード問題に具体性をもたせたバージョン

　ウェイソンとシャピロの知見は，具体的で意味のある課題を使うことが，正しい推論を容易にすることを示した。しかしながら，グリッグスとコックス（Griggs & Cox, 1982）はこの考えに異論をはさんだ。アメリカの大学生を対象に同じ課題を行ったところ，アメリカの大学生では意味のある課題（マンチェスター課題）での正答率の改善が認めらなかった。これはほとんどのアメリカの学生にマンチェスターやリーズに関する直接経験がないためと考えられる。

　さらに，グリッグスとコックスは，アメリカの学生が，直接自分たちの体験と関連のある飲酒に関するフロリダ州の法律についての問題（もしビールを飲んでいるのであれば，その人は19歳以上である）であれば，73％の学生が正しい推論が行うことができることを示し，自分自身の経験と関連のある課題においてはより正しい推論が可能になるという記憶手掛かり説を提唱した。

　グリッグスとコックスは，記憶手掛かりが唯一の重要な要因であると述べているわけではない。実験参加者に，自分が伝票の管理責任者であると考えるように指示し，そのうえで「30ドル以上の金額の伝票であれば，裏側に部門責任者の印鑑が必要である」というルールを検証するように求めると，実験参加者にそのような直接体験がなくても，70％以上が正しく答えることができたのである。

　チェンとホリョーク（Cheng & Holyoak, 1985）は，グリッグスとコックス（1983）の知見を，実用論的スキーマ（許可や義務に関する抽象的なルール）という考えで説明した。私たちはよく許可（たとえば，大学に入るためには大学の許可を受けなければならない）や義務（事故のときには，当局に通報しなければならない）に関する場面に遭遇する。その結果，私たちは実用論的なスキーマやルールを習得し，それが義務や許可といった場面でのウェイソン風の推論課題の解決を可能にしているのである。

　ウェイソンの4枚カードの解決に影響を与える要因は他にもある。しかし，課題を解く人が課題の内容に関する直接体験をもっていたり，実用論的なスキーマの使用が可能だったりすると，課題の解決が容易になるのは確かである。

議論のポイント

1. ウェイソンの4枚カードのオリジナル版が多くの人にとって難しいのはなぜか？
2. どのようにすればウェイソンの4枚カード問題は容易になるか？

評 価

ウェイソンの4枚カード課題を取り上げた研究は少なくない。そこから得られた結果は，人間の推論が非合理的・非論理的であることを示してきた。これに対しエヴァンスら（1994）は，合理性には二つのレベルがあると考えている。合理性1が個人の目標達成に関するものであるのに対し，合理性2は論理などのシステムへの一致に関するものである。ウェイソンの4枚カード課題は，合理性2のみを問題にしている。実際には，ほとんどの人々が合理性1に基づいている。エヴァンスら（1994, p.184）は，次のように述べている。

> 実際に人間の生活に関連しているのは合理性1である。人々はかなりの程度合理性1に基づいて行動しており，これで実際の目標のほとんどを達成できる。

比較文化的問題：エヴァンスが，合理性1として述べた合理性は，合理性2よりも文化の影響を受けると考えられる。この仮説は，下に挙げる買い物や手紙の投函のような課題を使うことで検証できる。そこで得られた知見は，行動を決定する際の個人経験の意義について何を明らかにするのだろうか。

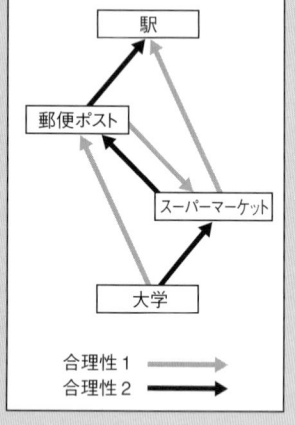

以下に挙げる状況で，合理性2ではなく合理性1に従って推論すると，実際の行動にどのような違いが生じるか？		
目標	・大学を出て，駅から列車に乗る ・途中で，手紙を投函する ・途中で，スーパーでたくさん買い物をする	
情報	・スーパーマーケットは駅よりも大学に近い ・郵便ポストは大学よりも駅に近い ・スーパーマーケットから駅までは，郵便ポストを経由していくと少し遠くなる	
行動計画	**合理性1** ・最初に手紙を投函し ・スーパーマーケットに戻って ・駅に行く	**合理性2** ・一番近いところに行く（スーパーマーケット） ・それからポストに行って ・駅に行く
理由づけ	最初に手紙を投函しに行けば，結果的に長い距離を歩くことになるが，そこまで買った物を持って歩く距離が短くなる	距離的に一番近い，後戻りしなくてすむ

図14-16　2つの合理性

カテゴリー推論

カテゴリー推論においては，三段論法（二つの文に真または偽の結論が続いている）や，カテゴリー分類に関する推論が行われる。

以下に例を挙げる。

前提：すべての動物は死ぬ。人間は動物である。
結論：ゆえに人は死ぬ。

キー用語
信念による錯誤：カテゴリー推論において，推論の妥当性とは無関係に，ありそうな結論を肯定し，ありえなさそうな結論を否定してしまう傾向。

この結論は真である。なぜなら二つの前提文からこの結論が論理的に導き出せるからである。

誤　り　このようなカテゴリー判断が必要な推論課題において，私たちはしばしば間違いを犯す。その理由の一つに**信念による**

錯誤 (belief bias) がある。これは，推論自体の妥当性とは無関係に，信じられる（ありそうな）結論が受け入れられ，信じられない（ありそうにない）結論が否定されるという偏りである。ニューステッドら (Newstead et al., 1992) は，これを支持する実験結果を報告している。また結論が信じがたいものであるときに，正確に結論が真かどうかを判断することができるということも報告している。なぜこのようなことが生じるのだろう。ニューステッドらは，人は前提文を読むとそこに書いてあることについて一つまたは複数の**メンタルモデル**（mental model, 出来事の状態についての表象，詳しくは次の項）を作る。結論が信じられるものであれば，普通一つしかメンタルモデルは形成されない。そしてこのことが推論の誤りを導き出す。これに対して，最初のメンタルモデルから信じられないような結論が導き出されると，さらに処理が行われ別のメンタルモデルが形成される。このことが間違いを減らすと考えられる。

> **キー用語**
> メンタルモデル：問題の前提文や記述などに述べられた出来事から導き出された表象。

方　略　フォード (Ford, 1995) は，カテゴリー推論課題を解く際には，いろんな方略が用いられると述べている。研究協力者に三段論法の課題を解いている間に何を考えているのかを話すように指示し，さらにどのようにして結論に達したのかを紙と筆を使って説明するよう求めた。すると，肯定式や否定式などの推論に関するルールについて，言語的な説明を行った者は35％だった。これに対して40％の者は，課題中の用語間の関係を図を用いて説明した。たとえば，「すべての猫は動物である」という前提文を，動物と名づけられた大きな円の中に，猫と名づけられた小さな円を描くことで説明した。それ以外の研究協力者は，さまざまな方略を用いた。しかしながら言語方略，図示方略のどちらかに分類することはできなかった。

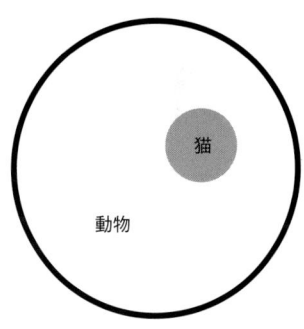

図 14-17　すべての猫は動物であるという前提文の図的表現

メンタルモデル

メンタルモデルに基づく演繹的推論に最も影響を与えた理論的アプローチは，おそらくジョンソン-レアード (Johnson-Laird, 1983) のモデルである。メンタルモデルがどのように作られるのかを示すためにアイゼンクとキーン (Eysenck & Keane, 1995) が用いた例を紹介する。

　　前提：ランプはスタンプ台の右にある。
　　　　　本はスタンプ台の左にある。
　　　　　時計は本の前にある。
　　　　　花びんはランプの前にある。

　　結論：時計は花びんの左にある。

ジョンソン-レアードによれば，前提文に含まれている情報を用いて，以下に挙げるようなメンタルモデルが作られる。

```
    本        スタンプ台      ランプ
    時計                      花びん
```

このメンタルモデルから，時計が花びんの左にあるという結論を導き出すのは簡単である。しかし多くの場合，前提文と矛盾しないメンタルモデルを複数作ることが可能である。

前提：ランプはスタンプ台の右にある。
　　　　本はランプの左にある。
　　　　時計は本の前にある。
　　　　花びんはスタンプ台の前にある。

結論：時計は花びんの左にある。

```
メンタルモデル1：本         スタンプ台    ランプ
                時計                      花びん
メンタルモデル2：スタンプ台  本            ランプ
                花びん      時計
```

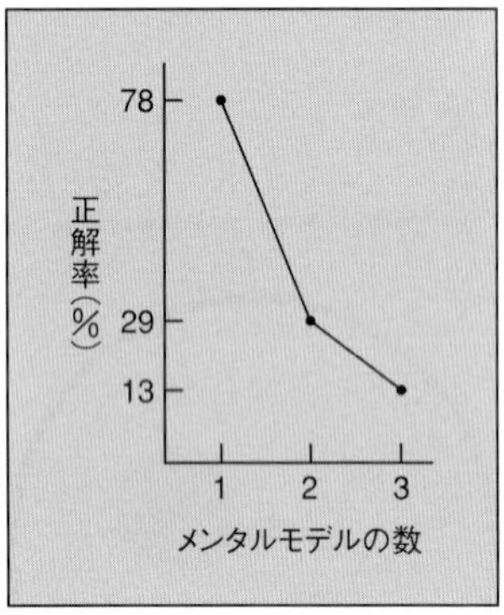

図14-18　可能なメンタルモデルの数と正解率の関係：前提文から一つしか妥当な結論が導き出せないときには，ほとんどの研究協力者が正しい解答を選択できる。これに対して，二つ以上の結論が導き出せるような場合には，正しい答えを選ぶことが難しくなる。

メンタルモデル1だけしか作らなかった者は，間違って時計は花びんの左側に来ると結論づけてしまう。しかし，二つのメンタルモデルを作った者には，時計が必ず花びんの左に来るとは限らないことは明らかである。

ジョンソン-レアードのメンタルモデルの理論の特徴は以下のように要約できる。

・前提文を理解することで，前提文に書かれている内容についての一つまたは複数のメンタルモデルを作る。
・前提文から作ったモデルから，前提文の中に直接書かれていなかった新しい結論を導き出す。
・新しく導き出された結論と矛盾するようなモデルがないかどうかのチェックが行われる。
・上記の三つの過程は作動記憶の処理資源（第13章参照）に大きく影響される。作動記憶の中で複数のメンタルモデルを処理しなければならないときに，推論の誤りが増加する。

ジョンソン-レアードは，作動記憶の処理資源が不足することで推論に誤りが生じることを実験的に示した。研究協力者は，前提文からどの結論が導き出されるかを明らかにするよう求められた。ジョンソン-レアードは，前提文に矛盾しないメンタルモデル数を操作することで，作動記憶にかかる負荷をコントロールした。前提文から一つのメンタルモデルしか作れないときには，78％の研究協力

できるだけ急いで旅行しなければならないと考えてみよう。二つの可能なルートがある。あなたの最初の決定は距離によるものである（一つのルートが20マイル，もう一つのルートが25マイル）。後になって，あなたは短いルートには信号や合流（分岐）が多いことに気づいた。あなたはその時点で考え直すことになる。最終的には長いルートは交通量が多いことに気づく。

あなたはそれぞれの段階でどのような意思決定を行っていたのだろうか？　あなたがそこで気づいたことは，ジョンソン-レアードの知見とどの程度一致していたか。

者が正しい結論を得ることができた。これに対し，二つのメンタルモデルが可能なときには29％まで，三つのモデルが可能なときには13％まで正解率が落ち込んだ。

帰納的推論

　ウェイソン（1960）は，興味深い帰納課題を考案した。ウェイソンは研究協力者に，2, 4, 6という数を示し，それがある簡単なルールに従って作られていると述べた。そして研究協力者に（そのルールに基づいた）3つの数を挙げ，そのルールがどのようなものなのかを述べるよう教示した。実験者は，研究協力者が述べた三つの数があらかじめ実験者が考えていた規則に一致しているかどうかを，研究協力者に告げた。課題は，規則がどのようなものなのかを推論することである。この場合の規則は「三つの数字が大きくなっていく」という簡単なものである。ほとんどの研究協力者がすぐに解けると思われる。しかしながら第一試行で解けたのは，わずか21％の研究協力者にすぎなかった。

　この課題が容易ではないのは，ほとんどの人が仮説をもっと複雑なものと考えるからである（たとえば，2番目の数は，1番目の数を2倍にしたもの，3番目の数は3倍にしたもの）。この仮説に従うと，「6, 12, 18」とか「50, 100, 150」といった答えが出てくる。このような仮説をたてた研究協力者は，自分の仮説が常に肯定されるので，正しいに違いないと考えてしまう。ウェイソンは，この問題を解くには自分の仮説と**一致しない**数列を考えることが重要であると述べている。反例を見つけることに失敗すると，見つけるべき規則より狭くて特殊な最初の仮説から抜け出せなくなってしまう。

　トゥエニィら（Tweney *et al*., 1980）は，2－4－6課題の成績がどのようにすれば改善されるかを検討した。研究協力者には，実験者が「DAX」ルールと「MED」ルールの二つのルールを準備していること，「2－4－6」がDAXであることを告げた。DAXルールは，ウェイソン（1960）のルール（順に大きくなる）と同じである。それ以外のものがすべてMEDである。研究協力者が産出する数は，DAXルールかMEDルールの**いずれか**に従っていることになる。すると50％以上の研究協力者が第一試行の段階で正しいルールを言い当てたのである。なぜだろうか。DAXルールの**反例を探す**というよりも，MEDルールを確かめることで，DAXルールを言い当てたのである。

MEDルールに従うには，型通りの反応ではなく頭を使うことが必要である。普通，問題として提示されるより，順に大きくなっていくような形で提示される方が，数を処理するのに頭を使う必要がある。このことを頭に置いて，DAXルールに合わない数列を産出してみよ。

評　価

　ウェイソン（1960）は，2－4－6問題が，人はまず自分が思いついたことを検証しようとすることを示したと述べている。科学的な研究も同じような方法で行われる。ウェイソンは，科学者は一般に反例を探すことではなく，既存の仮説を確認したがると述べている。科学におけるこのようなアプローチの問題については，ポパー（Popper, 1969, 第28章）に詳しい。ポパーによれば，仮説が確認さ

> **ポパーの議論の適用**
> 「すべての白鳥は白い」という仮説は、黒い白鳥が1羽でもいれば否定される。この仮説を検証しようとしている科学者が、黒い白鳥を探そうとしないのであれば、すべての白鳥は白いと誤って結論づけることになるかもしれない。つまり、白鳥の色についての科学的研究は、「すべての白鳥が白いわけではない」という無意味な仮説を論破するところから始めるべきなのである。

れることはもともと不可能であり、可能なのは反例を挙げるか、偽造することだけなのである。

エヴァンス（1989）は、ウェイソンの説に異論を唱えている。エヴァンスは、研究協力者が単に仮説の確認だけを行っているのではなく、仮説を積極的に作り出そうとしていると考えている。すべての金属は加熱されると膨張するという仮説を検証しようとしている科学者の例を挙げ、こういう場合には一つひとつ金属を加熱し膨張するかを確認していくのが最も適切な方法であると述べている。つまりこのような積極的な検証は科学の分野において、意義のあることなのである。エヴァンスは、人間はただ単に仮説が正しいか

図14-19 科学的な検証：加熱すれば爆発するということを確かめるんじゃなくて、加熱しなければ爆発しないということを確かめるんだった！

どうかだけを確認しているのではなく、むしろ仮説を積極的に検証しようとしていると結論づけ、ウェイソンが自分の研究結果を誤って解釈していると述べている。

意思決定と判断

日常の生活において、人間は数多くの意思決定や判断を行っている。それはどのようにして行われているのだろう？ この問いに答えるため、幾つかの理論を紹介する。

効用理論

たとえば、主にアジア地域で発見される珍しい病気がアメリカに600人の死者をもたらすというケースを考えてみる。いま二つの対策が考えられる。プランAは200人の生命を救う。これに対してBプランは3分の1の確率で600人を救うが、3分の2の確率で600人全員が死んでしまう。

どっちのプランが望ましいだろう？ 合理的に考えるなら、プランAとプランBそれぞれの**期待値**（expected utility）を計算しなければならない。期待値は以下の数式で算出される。

> **キー用語**
> 期待値：それぞれの選択肢がもたらすであろう結果の予測値。

期待値＝（結果が生起する可能性）×（その結果がもたらす効用）

病気の例で言えば、プランAの期待値は1×200で200人が助かる。またプランBの期待値も0.33×600で200人である。つまり二つのプランの有効性には差がない。しかしながら、トゥヴァースキーとカーネマン（Tversky & Kahneman, 1987）の実験によれば、72％の研究協力者がプランAを選択した。このことは意思決定が合理的に行われるとは限らないことを意味している。また、他の研究

協力者に,「プランAを使うと400人が死んでしまう。もしプランBが使われると誰も死なない確率が3分の1,皆が死んでしまう確率が3分の2はある」という,先に述べた問題とまったく同じ問題を提示したところ,プランAを選んだものは22％にすぎなかった。

> **高脂肪乳？**
> 問題の表現を変えることが判断に影響を与えるということは,食品業者が,スキムミルク（脱脂乳）に比べ脂肪分が高い高脂肪乳を,94％脂肪を含まない牛乳として宣伝するということからも明らかである。食品業者は,消費者が高脂肪乳をダイエットに不向きであると考えてしまわないように,牛乳の脂肪を含まない部分のパーセンテージを強調している。

問題の表現

情報がどのように与えられるかによって,意思決定に影響がでることがある。これが**枠組み効果**（framing effect）である。なぜこのような現象が生じるのだろう？ 最初の問題でプランAは,助かる人数を強調するいわば肯定的な形で提示された。これに対して二番目の問題では,助からない人の数が強調されたのである。

> **キー用語**
> 枠組み効果：問題の表現が意思決定に影響を与える効果のこと。

損失回避

トゥヴァースキーとカーネマンの研究によれば,私たちは予測される結果だけで意思決定をしているわけではない。予測される結果以外の要因を考慮して意思決定を行う場面も多く存在する。たとえば,ほとんどの者はどれだけのものが得られるかより,どれだけのものを失うのかを重視する**損失回避**（loss aversion）による意思決定を行う。カーネマンとトゥヴァースキー（1984）は,研究協力者に表が出たら20＄をもらい,裏が出たら10＄を支払うという賭けにのるかどうかをたずねた。効用理論に基づいて考えれば,この賭けは受けるべきである。しかし,ほとんどの研究協力者は賭けにのらなかった。これが損失回避である。

> **キー用語**
> 損失回避：問題解決場面で,報酬よりも損失の方に敏感である傾向。

図14-20 損失回避：俺様をつかまえるには,その鶏を離さなくっちゃな。運がいいな,お前は。

効用理論以外の理論

段階的消去 トゥヴァースキー（1972）が提案した段階的消去では,条件を一つずつ考慮しながら,選択肢を絞り込んでいく。たとえば,家を買おうとしている人は,最初にどこに建てるかということを考える。そして条件に合わない物件を皆消してしまう。次に価格のことを考え,高すぎる物件を消していく。このような手続きが最後の一つの物件が残るまで繰り返されていく。この方法には,複雑な思考過程を必要としないという利点がある。それと同時に,選択肢の絞込みが,どの要因から考えていくかという順番に大きく影響されてしまうというマイナスもある。

最低限の条件追求 サイモン（Simon, 1978）は,最低限の条件

■やってみよう：将来の職業設計をしてみよう。その際に，トゥヴァースキーの段階的消去を用いてみよう。それから，最低限の条件追求を使ったときの結果と比較してみよう。どっちの方略がうまくいくか。他にもこのような決定を覆すような非合理的な要因はないだろうか？

追求として知られる意思決定方法を紹介している。この方法が最も役に立つのは，さまざまな選択肢が異なる時間帯にわたって生じる場合である。たとえば，誰と結婚するかという問題について考えてみよう。最低限の条件追求によれば，意思決定の際にはまず最低限のレベル設定が行われる。最初の選択（たとえば，ボーイフレンドやガールフレンドの選択）が，この最低限のレベル設定を満たすように行われる。もし最初のレベル設定が高すぎたり低すぎたりするのであれば，現実に合うようにレベルを調整する。

ペイン（Payne, 1976）は，カードに記載された情報に基づいてアパートを選択するという課題を行った。ほとんどの者は選択肢を減らすために，消去法や最低限の条件追求を使い，それから残りの選択肢を徹底的に分析した。

合　理　性　　合理性という視点から，意思決定過程を取り上げた理論もある。トゥヴァースキーとシャファー（Tversky & Shafir, 1992）は，ハワイへのパック旅行を買うかどうかを決めるという課題を設定した。ちょうど難しい試験が終わったところという設定で実験を行った。試験に合格したという情報を与えられる者，不合格だったという情報が与えられる者，合格か不合格かわからないという情報が与えられる者の3条件を比較した。

合格したと告げられた者の54％が，成功に対する報酬という理由でパック旅行を購入した。失敗したものの57％が，自分を慰めるという理由でパック旅行を購入した。これに対し，結果がわからなかったものの中でパック旅行を購入したのは32％にすぎなかった。曖昧な状態にある者は，パック旅行の購入を合理化するだけの理由を見出せなかったものと考えられる。

要　　約

私たちは通常，効用理論が示すような合理的・論理的な基準に基づいて意思決定を行っているわけではない。たとえば問題がどのように表現されているか，損失回避，自分の決定を正当化したいといった非合理的な基準に基づいて意思決定を行う。私たちは問題によって問題解決の手段を使い分けている。しかしながら段階的消去や最低限の条件追求を用いることが多い。このような方法は理想的なものではないかもしれないが，実際の場面においてはかなりうまく機能する。

はっきりしない状態での意思決定

カーネマンとトゥヴァースキー（1973）は，必要な情報を無視することで誤った意思決定を行ってしまうことを明らかにしている。あなたがいま気になっている自覚症状を百科事典で調べたところ，それが滅多にみられない難病の症状の一つに該当していたという状

況を考えてみる。この病気は5千人に1人の確率で発症し、その症状がある場合に実際に罹患している確率は70％、その症状がなくても罹患している確率は1％とする。このような状況で実際にその病気にかかっている確率はどのくらいなのだろう？　ほとんどの人は、このような場合、高い確率でその病気にかかっていると考えてしまう。しかしながら、実際には、本当にその病気にかかっている確率は1.4％にすぎない。

ケーススタディ：宝くじの番号を選ぶ

一般的に、ランダムとか確率という事象はほとんど理解されていない。このことは、イギリスの宝くじでよく選ばれる番号からも明らかである。どんな数を選んでも当たる確率が同じであるということを理解していると自分で言っている人でも、「連続した4つの数では当ったためしがない」とか「全部20以下の数だ、もう少し数を分散させた方がいい」などと嘆いたりする。実際に宝くじを買うときには、ばらばらの数または固まった数を選んだ方がよい。当たる確率がそれで高くなるわけではないことは統計学的にも明らかであるが、もし当たったときに、賞金を他の誰かと山分けする確率は低くなるだろう！

代表性

このような状況での確率判断はなぜ不正確なのだろうか。カーネマンとトゥヴァースキーによれば、人間は意思決定の際にさまざまな選択肢の中から与えられた証拠のうち最も代表的、あるいは矛盾しないものを選んでいる。言い換えれば「代表性ヒューリスティック」（heuristic）というよいかげんなルールを使っている。最も代表的な（目につきやすい）選択肢が、そうでない選択肢よりも、可能性が高いと評価されてしまう。そして基準となる確率についての情報が無視されてしまう。上の例で言えば病気の発生率である。病気にかからない人の数はかかる人の数よりも圧倒的に多い（5000人中4999人対5000人中1人）。このことが、症状を訴えている人が実際に罹患している確率を大きく引き下げている。

カーネマンとトゥヴァースキー（1972）は、次のような問題を使って、代表性ヒューリスティックについて検討している。

> ある都市において子供が6人いるすべての家庭が調査された。72の家庭では、男児（B）と女児（G）の出生順が、GBGBBGだった。では、BGBBBBの家族はどの位だろうか？

代表性ヒューリスティックを使って、以下のケースを説明してみよう。
1. 宝くじの人気の秘密。
2. 旅行の手段として、車・船・列車よりも飛行機が好まれる理由。

最も適切な推定値は72家族である。なぜなら男児と女児の生まれる確率は、ほぼ50％ずつだからである。出生順位ということに限れば、GBGBBGもBGBBBBもBBBBBBも同じ確率（2分の1の6乗）で生起するのである。しかしながらほとんどの答えは、72よりもはるかに低い。カーネマンとトゥヴァースキーは、研究協力者が着目すべき点を間違っていると考えた。GBGBBGという順位は、BGBBBBという順位よりも一見すると多そうである。これは、男3人女3人の方が、男5人女1人よりも一般的であるからである。またGBGBBGの方がBGBBBBよりもランダムにみえるからである。

トゥヴァースキーとカーネマン（1983）は、人が一番目立つ特性に引きずられて判断のエラーを起こすことを示す実験を行っている。この誤りは**連言錯誤**と呼ばれている。研究協力者は、積極的で、独身で、知的で、哲学を専攻していたリンダという架空の人物を思い

浮かべるように指示された。それから，リンダがいま銀行の現金出納係である可能性と女性解放運動に熱心な現金出納係である可能性のどちらが高いかを判断させた。ほとんどの研究協力者は，リンダがただの現金出納係であるよりも，女性解放運動に熱心な現金出納係である可能性の方が高いと答えた。この判断は誤りである。現金出納係の集合は，女性解放運動に熱心な現金出納係の集合を含んでしまうからである。

情報の関連性

　人間は，いつでも基準となる確率を無視し，目立つ特徴に引きずられて判断してしまうのだろうか？　トゥヴァースキーとカーネマン（1980）によれば，基準となる確率についての情報は，関連性が明らかにされていれば使用される。研究協力者に，ある町にグリーンタクシーとブルータクシーの二つのタクシー会社があるという情報を与える。研究協力者の課題は，タクシー事故が起こったとき，それがブルータクシーの事故である可能性を指摘することである。研究協力者には，その町の50％がブルータクシーで，残りの50％がグリーンタクシーであること，しかしながらタクシー事故の85％はグリーンタクシーの事故であること，ブルータクシーが事故を起こしたという目撃者証言が得られているが，目撃者証言の20％に誤りがあることが告げられている。このように基準となる確率（たとえば，ブルータクシーが事故を起こす確率）の関連性が明らかにされていると，研究協力者はその情報を使うことができる。ほとんどの研究協力者は，正解（41％）に近い解答を出す。これに対し基準となる確率が明確にされていない条件では，ほとんどの研究協力者が事故を起こしたのがブルータクシーである確率が80％という間違った答えを出してしまう。

利用可能性ヒューリスティック

　トゥヴァースキーとカーネマン（1973）は，利用可能性ヒューリスティックに基づく判断について検討している。この解法において可能性判断は，判断の手掛かりとなる事例がどれだけ長期記憶の中にあるかによって行われる。研究協力者に，K, L, N, R, Vという文字が，単語の最初に来ることが多いか三番目に来ることが多いかを質問する。実際にはこの五つの文字は，最初にくるよりは三番目にくることの方が多いが，ほとんどの研究協力者は最初にくる方が多いと答えてしまう。この現象は，利用可能性ヒューリスティックに基づく判断で説明できる。つまり，三番目にその文字がくる単語を思い出すよりも，最初にその文字がくる単語を思い出す方が容易なのである。

報道の頻度

　リヒテンシュタインら（Lichtenstein *et al*., 1978）は，日常生活で，利用可能性ヒューリスティックが用いられていることを明らかにし

どのようにしたら，人間がどう判断しているのかを考えるときに，利用可能性ヒューリスティックに基づく判断が非常に強力であることを，立証することができるか？

た。生命に関わる出来事の発生頻度の判断は，マスメディアで報道される量に影響されることを示した。たとえば殺人は自殺よりも少ないのだが，自殺よりも頻繁に報道されるため，自殺よりも多く発生していると判断されてしまう。これは，私たちがメディアで報道されている生命に関わる事件の量に基づいて判断しているためである。

評　価

カーネマンとトゥヴァースキーの研究の最大の長所は，判断を行うプロセスの幾つかを捉えたことである。私たちは考える際に，重要な情報を無視するといった必ずしも適切とは言えない方法を用いる。つまり私たちの判断は，私たち自身が考えるほど正確でもないし合理的でもないのである。

問題がどのように記述されているか　カーネマンとトゥヴァースキーの研究には，幾つか問題点がある。一つ目の問題点は，研究結果から予測されるよりも正確な判断が行われることが少なくないという点である。たとえば，フィードラー (Fiedler, 1988) は，トゥヴァースキーとカーネマン (1983) の連言錯誤の研究の追試を行った。その結果75％の者が，リンダが銀行の現金出納係であるよりも，女性解放運動に熱心な銀行の現金出納係であると答えた。しかしながら，質問の仕方を少し変えて，リンダのような人が百人いたとして，そのうちどの位が女性解放運動に熱心な銀行の現金出納係で，どの位が銀行の現金出納係であるのかを尋ねた。すると約75％が，正しく銀行の現金出納係の方が多いと答えたのである。問題文を表記する際のわずかな違いが，判断の正確性に大きな変化をもたらすのであれば，カーネマンらの知見の解釈は慎重に行わなければならない。

実験室研究　カーネマンとトゥヴァースキーらの研究の二つ目の問題点は，人工的な実験室研究に依存しすぎている点である。ケーラー (Koehler, 1996) によると，現象の発生率に関する情報は，それが直接体験を通して得られた場合の方が，実験室の中で知識として与えられた場合よりも多く用いられる。クリステンセン－ザランスキーとブシィヘッド (Christensen-Szalanski & Bushyhead, 1981) は，肺炎の発生率があまり高くないことを経験を通して知っている医者が，発生率に関する情報をどのように使うのかを調査した。そしてこのような医者は，肺炎の診断をする際に肺炎の発生率に関する情報をかなり用いていることを明らかにした。

理論の欠如　問題点の最後は，明確な理論の裏づけに欠ける点である。たとえば，利用可能性ヒューリスティックに基づく判断は，情報を長期記憶から検索する過程を含んでいる。しかしながら，そのような情報の検索過程またはそこで検索した情報が確率判断のプロセスにどう影響するのかについては，ほとんど明らかにされてい

ない。

言語と思考

私たちは，言語と思考が別のものであるかのように考えることが多い。しかし両者の間には密接な関連がある。両者の関連については説が幾つかある。言語が思考を決定するという説もあれば，思考が言語を決定するという説もある。また両者の関係はそのような単純なものではなく，もっと複雑なものであるとする説もある。

ワトソンの考え

行動主義の立場に立つ研究者たちは，比較的早い段階から言語と思考の関係についての理論的な説明を行ってきた。行動主義の創設者であるジョン・ワトソン（John Watson）は，思考は内的な発話であるという説を提唱している。多くの人がちょっと込み入ったことを考えるときに，心の中で発話しているのは確かに事実だろう。しかしワトソンの考え方はもっと過激である。

ワトソンの理論の半ばこっけいとも言える本質は，ハーバート・フェイグル（Herbert Feigl）という哲学者のユーモアあふれるコメントに的確に表現されている。彼のコメントによれば，ワトソンは心をもたない気管（のど）にすぎない。スミスら（Smith et al., 1947）は，ワトソンの理論を否定する研究を行っている。スミス博士は，アメリカインディアンが矢じりに塗っている毒物を勇敢にも服用した。彼は全身の筋肉がまひし，生命を維持するのに人工呼吸器をつけなければならなかった。毒のためにのどの筋肉がまひしているので，当然声を出すことはできない。行動主義者の立場に立てば，このことは同時に思考が停止することを意味する。しかし実際には，全身がまひしている間にも何が起きているのかを考えることができたのである。

図14-21 ジョン・ワトソン：アメリカの心理学者で行動主義の創設者でもある。

ウォーフの考え

ベンジャミン・リー・ウォーフ（Benjamin Lee Whorf, 1956）は，言語と思考について影響力のある仮説を提唱している。彼は保険会社の防災局に勤務しながら，余暇の時間を言語の研究に捧げた。ウォーフは世界各国の言語間のいろんな違いに注目した。たとえば，アラビア語にはらくだやアラビア語を話す人たち独特の癖について記述する言葉がたくさんある。イヌイットエスキモーは，雪を記述する言語を多くもっている。タイ語は，英語のように動詞で時制を表すということがない。このためタイ語を母国語とする人たちは，英語を話す際に，動詞を使って過去や未来を表現することが困難である。

言語は思考に影響するのか？

ウォーフはこのような言語間の違いに強い関心を抱いた。言語相対仮説では言語が思考を決定する（大きな影響を与える）と考える。

ウォーフ（1956, pp.212-213）は，言語システムについて次のように述べている。

> 言語システムは，ただ単に考えていることを言葉に置き換えていくためだけのものではなく，言葉自身が考えを作り出していく。個人の心的活動，印象の分析，頭の中にあることをまとめるということに言葉は影響を与える。考えを作り上げる過程は独立した過程ではなく，特定の文法の支配下にあり，異なる文法の間ではその過程は大なり小なり異なってくる。私たちは自分が話している言語という枠組みの中で，物事を考えている。

三つの仮説

この仮説を検証するのは困難なことである。ミラーとマクニール（Miller & McNeil, 1969）は，この仮説を理論的に整理している。言語が心理的過程に与える影響については三つの異なる仮説があると述べている。影響が強いと考える仮説は，ウォーフによって提唱されたものであり，言語が思考を決定すると考える。影響が中程度であるとする仮説は，言語は知覚に影響すると考える。最も弱い影響を仮定する仮説では，言語は記憶に影響し，その言語の中で明確に表される情報がよく記憶されると考える。三つの仮説の中で，最もよく検証されているのは，弱い影響力を仮定する仮説である。

グロス（Gross, 1996）が指摘しているように，影響力が強いと考える仮説の数少ない検証の一つに，キャロルとカサグランデ（Carroll & Casagrande, 1958）の研究がある。彼らは，ナバホ語しか話さないナバホ族の子供と，ナバホ語と英語を話すナバホ族の子供と，英語だけを話し，家族の成員がすべてヨーロッパ系であるアメリカの子供について研究した。ナバホ語においては，形が重要視される。たとえば，何かを持ち上げたり触ったりするというときに，持ち上げたり触ったりするものの形によって，動詞が変わる。言語の影響力が強いと考える仮説に従えば，ナバホ語を知っている子供は，それを知らない子供よりも，形の認識が早いはずである。実際，ナバホ語だけを話す子供が最も早く形を認識するようになった。しかしながら，ナボホ語と英語を両方話すものは，英語だけを話すものよりも，形の認識の発達が遅かった。結果は強い仮説を部分的にしか支持しなかった。

色に関する言葉

ウォーフの仮説を支持する別の研究に，レンネバーグとロバーツ（Lenneberg & Roberts, 1956）がある。北米インディアンでニューメキシコ州の西部にいるズニ語を話す人たちは，英語を話す人たちより黄色とオレンジ色を間違えてしまう。ズニ語では英語と違って黄色もオレンジ色も同じ単語で表すので，ズニ語を話す人にとっては黄色とオレンジ色の識別が難しいと考えられる。

これ以降の研究では，ウォーフの仮説はあまり支持されていない。

■やってみよう：一番多くの系統色（バリエーション）をもつ色は赤である。赤系の色をリストアップしてみよう（たとえば、クリムゾン〜深紅色）。できたリストを他の人と比べてみよう。あなたとあなたの友人、家族、クラスメイトとの違いをどう説明するか？

ハイダー（Heider, 1972）は，英語（や他の言語）には基本的な色を表す単語が11語あり，そのそれぞれの色相において典型的な色があるということを研究の出発点にした。英語を話す人は，典型的な色をそうでない色よりもよく覚えることを示した。しかし，もし言語が記憶に影響を与えるのであれば，ニューギニアに住むダニ族についての結果は異なるものになっていたはずである。ダニ族の言語において，色を表す基本的な単語は，暗い冷たい色を表す「ミリ」と，明るい暖かい色を表す「モラ」の二つしかない。それにもかかわらず，ダニ族の人々も典型的な色をそうでない色よりよく覚えたのである。

ハイダーの知見には，彼女が使用した典型色が非典型色よりも知覚的に識別しやすいという問題点がある。ルーシーとシュベーダー（Lucy & Schweder, 1979）はこの点を改良して，典型色と非典型色の間に覚えやすさの差が**ない**ことを示した。しかしながら言語が知覚に与える影響が，ケイとケンプトン（Kay & Kempton, 1984）によって報告されている。研究協力者には，緑と青の中間の色からなる木片がわたされた。英語を話す者は，たとえわずかにしか色が違っていなくても，その色の違いを誇張する傾向があった。これに対してメキシコインディアンの言葉であるタラホマラ語を話す者には，このような傾向は認められなかった。なぜだろう。英語を話す者は，木片を緑か青のどちらかに分類しようとする傾向があり，この傾向が判断を歪めていた。これに対しタラホマラ語を話すものには，そのような傾向が認められなかった。これは，タラホマラ語に青や緑に該当する言葉がないからである。

知覚と記憶

カーマイケルら（Carmichael *et al.*, 1932）の研究も，言語が知覚や記憶に影響を与えることを支持するものである。研究協力者に，ある図形とその図形にあった名称を提示する。たとえば同じ図形に対して，三日月という名前を与えたり，Cという名前を与えたりする（p.393参照）。その後記憶した図形をもう一度思い出して描くように指示すると，そこで描かれる図形は与えた名前に影響される。

評　価

ウォーフの言語相対仮説をそのままの形で認めることは難しい。理由はいろいろとある。第一にウォーフは言語間の相違を強調しすぎている。たとえば，イヌイットエスキモーが話す言葉には，確かに雪に関する言葉がたくさんあるが，英語にも同じような言葉は幾つかみられる。第二に，言語の違い

図14-22　言語相対仮説

が思考に強く影響することを示す研究結果がほとんどない。たとえ言語が思考に影響を与えるとする報告があるにせよ，それは文化の違いによる環境要因や体験の違いによるものかもしれない。またこのような違いが言語の発達に影響を与えているかもしれない。三番目に，グリーン（Greene, 1975）が指摘しているように，一つの単語にさまざまな意味をもたせることはきわめて容易なのである。たとえば英語を話す者は，山のふもとのことを「山の足」と表現する。もちろん英語を話す者は，山の足（ふもと）と人間の足が異なっていることなど百も承知なのである。

ウォーフの仮説の修正版

　ハントとアグノリ（Hunt & Agnoli, 1991）は，ウォーフの仮説の修正版を提案している。ハントとアグノリ（1991, p.379）は，以下のように述べている。

　　異なる言語を話すことができれば，異なるタイプのメッセージを伝えることができる。人間はものを考えるときに，処理のコストがどの程度かかるのかを考える。言語はこの処理コストを部分的に決定している。この点において，言語は認識に影響を与える。

　つまり，ある言語に向いている考え方，向いていない考え方があるということである。
　これまでに紹介した研究の中にも，修正版ウォーフの仮説で説明できるものがある。たとえば，カーマイケルら（1932）の「図形につけられた名前が図形の記憶に影響する」という結果は，情報を思い出す際に名前を使った方が思い出しやすかったからと考えることができる。もし図形を図形のままで厳密に覚えなければならないのなら，それはかなりのコストを必要とする処理になる。
　ホフマンら（Hoffman et al., 1986）は，言語が思考にどのように影響するのかを検討している。英語と中国語の二ヶ国語を話す者に，ある個人について書かれたものを読ませる。それは，中国人とアメリカ人のどちらかの人格の典型的なパターン（ステレオタイプ）に合うよう作られている。たとえば英語における芸術家タイプのステレオタイプは，芸術の才能，不機嫌，感情的，自由奔放なライフスタイルなどである。しかし，中国においてはこのようなステレオタイプは存在しない。このような記述を読んだ後に，参加者はそこに書かれていた個人についての自由な感想を述べるよう求められた。中国語を使って考えると中国におけるステレオタイプが用いられ，英語を使って考えると英語におけるステレオタイプが用いられた。このことから，私たちの推論が考えるときに使っている言語に左右されていることが示された。
　使用言語が，思考様式に影響を与えることを示したもう一つの研究に，アーヴィン-トリップ（Ervin-Tripp, 1964）が日本語と米語の

図14-23　典型的な芸術家

二言語使用者について行った研究がある。文章完成課題や単語連想課題に対し，日本語で答えるよう求めると日本語しか話さない者と同じような反応を示し，英語で答えるよう求めると英語しか話さないものと同じような反応を示したのである。

評　価

ハントとアグノリ（1991）は，ウォーフの仮説を認知心理学的に解釈し直すことで，より妥当なモデルを提唱した。この仮説と一致する知見も多い。しかしながら，欠けている点もある。言語が限定的な形ではあるが思考に影響しているということを明確に示す体系的な研究プログラムがそうである。

ピアジェの理論

ピアジェ（Piaget）は，子供はある段階の認知的操作や構造を獲得して初めて，効率的に物事を考えることができると考えている（第16章参照）。たとえば，子供に同じ大きさ・形の二つのコップに入った同じ量の液体を見せるとしよう。その中の一つのコップに入った液体を，元のコップよりも背が高く細いコップに移す。そして子供に二つのコップに同じ量の液体が入っているかどうかをたずねる（この課題は保存課題と言われている）。7歳以下の子供は，しばしば**高いから**背の高い方のグラスの液体が多いとか，**幅が広いから**もとのグラスの液体が多いと答えてしまう。この問題に答えるには，**可逆的な**（reversibility）操作が必要になる。心の中ですでに行った操作を元に戻さなければならない。もう少し年をとると，移したグラスの液体を，頭の中で元のグラスに戻して，二つのグラスの中の液体の量は同じと考えることができる。

ピアジェは認識の発達が成熟に大きく影響されていると考えた。ピアジェの理論では，言語はどのように位置づけられているのだろうか。ピアジェは，言語発達が思考に与える影響よりも，思考発達が言語に与える影響がはるかに大きいと考えている。ピアジェのこの考えを支持する研究に，サンクレール - ド - ズワール（Sinclair-de-Zwart, 1969）がある。彼女は，コップを用いた保存課題を，保存概念と関連のあるさまざまな言語テスト（例：これは高いけど細い，これは短いけど太い）を行った子供に実施した。保存課題が解ける子供たちは，解けなかった子供たちよりも，言語テストでよい成績をとった。このことは，言語と思考の間に重要な関連があることを示している。

サンクレール - ド - ズワールの研究の重要な点は，保存課題が解けなかった子供についての結果である。保存概念に関連のある言葉について教えられた子供の中で，その後に行われた保存課題が解けたものは10％にすぎなかった。このことは，言語が思考にはあまり影響しないことを意味する。言語の完全な理解は，関連のある認知的操作や構造が獲得されて初めて可能になる。

キー用語
可逆性：ピアジェの理論における概念。すでに実行した操作を心の中で元に戻す認知的な操作。

子供の教育において，子供が可逆性といった概念をどの程度理解しているのかを評価する際に，書き言葉または話し言葉によって判断することが多い。このことに対する賛成意見と反対意見を考えることで，言語と思考の関係がはっきりしていないことがよりはっきりとわかるかもしれない。

ヴィゴツキーの理論

ロシアのレフ・ヴィゴツキー（Lev Vygotsky）は，幼児期において言語と思考は独立・分離した活動であると述べている。幼児は言語を獲得する前から思考することができる。言語習得の初期において子供が試みているのは，大人が言ったことを，意味を理解することなく反復することである。状況が変わり始めるのは，子供たちが2歳になる頃からであり，思考が言語的になり，発話が合理的なものになる（ヴィゴツキー，1962）。

2歳から7歳にかけて，子供はさらに発達する。この間に言語の二つの機能が発達する。一つは内的な思考を行いその状況をチェックする**内的**な機能（内言）であり，もう一つは考えたことを他人に伝えていくために用いられる**外的**な機能（外言）である。7歳になるまでの子供は，この二つをきちんと使い分けることができない。その結果7歳までの子供は，**自己中心的な発話**（egocentric speech）を産出する。ヴィゴツキーによれば，自己中心的な発話は心的な適応や意識的な理解を促し，困難な事態の克服にも役に立つ，子供の思考と密接に関連のある発話であり，最終的にはそれが内言になっていく（訳注：ピアジェも自己中心的という言葉を使用するので混同しないこと）。

ヴィゴツキーは，思考と言語が初期の段階では独立したものであるが，それが子供の間に相互に依存し合うものになると考えている。ハーレー（1995）も指摘しているように，ヴィゴツキーの理論の意義を正しく評価するのは難しい。それは，彼の理論が曖昧な形で論述されたものであり，詳細な検証を受けていないからである。ヴィ

> **キー用語**
> **自己中心的な発話**：ヴィゴツキーの理論における概念。幼児がしばしば独り言のように発する言語。

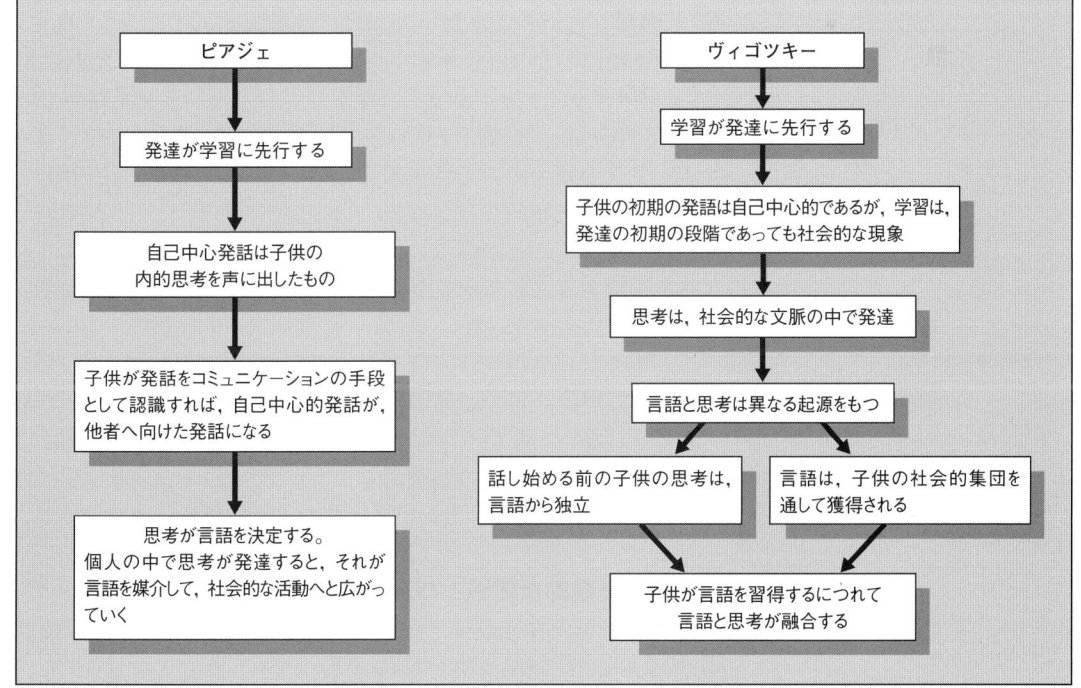

図14-24　ピアジェの理論とヴィゴツキーの理論

ゴツキーの理論については，第16章で詳しく取り上げる。

フォーダーの理論

　フォーダー（Fodor, 1983）は，言語の処理を行う認知システム（モジュール）があると論じている。また彼は情報をカプセル化する言語処理システムが，言語以外の処理システムとは独立しているとも論じている。

　フォーダーの理論で重要な点は，言語を理解する過程が，言語以外の処理過程（たとえば思考）に影響を受けないと考えている点である。言語を処理する過程は完全にボトムアップ（言葉を大枠でまとめて処理することなく，一つひとつ処理し積み重ねていく）の過程であると考えられている。しかしながら現実には，トップダウン（言葉を一つひとつ処理することなく，何らかの枠組みに合うように効率よく処理していく）処理が，発話の理解に大きく影響している。たとえば，ウォーレンとウォーレン（Warren & Warren, 1970）は，単語の一部分が消去された音声を，研究協力者に提示した。研究協力者は，以下の文の一つを聞いた（＊は，発音されなかった文字）。

　　軸に「＊eel」がある。
　　靴に「＊eel」がある。
　　テーブルに「＊eel」がある。
　　オレンジに「＊eel」がある。

　すべての研究協力者は「＊eel」という同じ音を聞いているが，文中の情報（軸なのか，靴なのか）によって，異なった聞こえ方をしていた。「軸に」という文を聞いた者は「車輪（wheel）」と，「靴に」という文を聞いた者は「かかと（heel）」と聞こえていた。これに対して，「テーブルに」という文と「オレンジに」という文を聞いた者は，「食事（meal）」または「皮むき（peel）」と聞こえていた。

　フォーダーの理論的立場は極端なものである。しかし脳に損傷を負ったときに，一般的な認知機能には損傷がみられず，言語機能だけに障害が現れることがあるのは，言語のみのための処理システムの存在を示唆する（第4章参照）。さらにハリス（1990, p.203 参照）は，次のように述べている。

　　言語の処理は，他の認知的な活動とは大部分独立したものであるに違いない。というのは，もしそうでなければ，私たちは自分が聞こうとしたものしか聞くことができないし，読もうと思ったものしか読めないということになってしまう。

言語使用の社会的な要因：バーンスティン

　バーンスティン（Bernstein, 1973）は，子供の言語使用は，子供が成長した社会環境にある程度影響を受けると考えている。彼は二つの言語使用パターンを考えた。一つは**制限コード**，もう一つは**精密コード**である。前

図14-25 制限コードと精密コード

者は，より具体的・記述的な状況で用いられ，背景となる情報がわかっていなければ，理解するのが難しいような言語の使い方である。これに対して精密コードは，複雑で抽象的であり，背景となる情報がなくても十分に理解することができる。

バーンスティン（1973, p.203）は，以下の例（4枚の絵と二つの文章）で，二つのコードの違いを説明している。

・制限コード：彼らはサッカーをしていた。彼が蹴った。大きくそれて窓ガラスが割れた。彼らはそれを見ていた。彼が外に出てきて，それを壊したことで，彼らを怒った。それで，彼らは逃げ出した。彼女は外を見てがみがみ怒った。
・精密コード：二人の男の子がサッカーをしていた。一人の男の子がボールを蹴って，窓ガラスを割ってしまった。男の子たちはそれを見ていた。ある男の人が外に出てきて，窓ガラスを割ったことで，彼らを叱った。それで，彼らは逃げた。そのとき一人の女性が窓の内側から外を見て，男の子たちを叱った。

バーンスティンは，中流階級の子供たちは一般に精密コードを使い，労働者階級の子供たちは，制限コードを使うと述べている。しかしながら多くの中流階級の子供たちが両方のコードを使うのに対し，労働者階級の子供たちが使うコードは制限コードに限られている。精密コードが使えないことが，労働者階級の子供たちの思考活動を制限しているのかもしれない。学校の教師は，精密コードをよく使う，このことが労働者階級の子供たちに不利に作用しているのかもしれない。

バーンスティン（1961）は，労働者階級の子供たちが言語発達の面において不利な状態に置かれていることを示している。非言語性の知能（たとえば，空間能力や数的操作）において高得点をとった中流階級の子供と労働階級の子供を，言語的知能に関して比較した。中流階級の子供は，両方の課題において高得点をとったが，労働階級の子供は，言語的知能に関する問題の得点が低かった。バーンスティンは，労働者階級の子供たちの言語的知能と非言語的知能の差は，制限的な言語コードを使うことによると解釈している。

ヘスとシップマン（Hess & Shipman,

> **キー研究評価―バーンスティン**
>
> バーンスティンの研究は，黒人英語の研究に応用されている。双方の研究において，社会的な文脈の重要性に焦点が当てられている。バーンスティンは，子供が学校で話している言葉に基づいて，客観的に言語スタイルの評定を行っている。そして労働階級の子供たちが，その言語スタイルのために不利益を被っているとしている。しかし，このような研究は，労働者階級の子供や黒人の子供たちの能力を適切に測定しているとも，予測できるとも言いがたい。しかしながら，精密コードを用いることが多い教師は，そのような子供たちが能力的に劣っていると考えてしまうかもしれない。制限コードを使うことが多い労働者階級の子供たちの多くは，教室場面で用いられる言語への適応に難しさを感じている。文化的少数民族の子供たちの中には，同じようなことが当てはまる場合があるだろう。

比較文化的問題：ヘスとシップマンの結果が，他の階級や民族に対して過度に一般化されることのないよう注意が必要である。

1965) は，アメリカ人の女性とその4歳の子供についての研究を行っている。中流階級の母親は，質問とその答えという形で相互交渉的に子供と話をしていた。対照的に労働者階級の母親は，子供に命令するために言語を使っており，考えをやりとりすることは少なかった。

議論のポイント
1. 言語を制限コードと精密コードに分けることにどの程度の妥当性があるのだろうか？
2. 制限コードと精密コードの本質的な違いは何だろうか？

評　価

　制限コードと精密コードを区別して考えることには，実際の証拠もある。しかしながらバーンスティンの考え方はあまりにも単純である。言語コードには多分幾つかの種類があり，制限コードや精密コードはその中の極端なものなのだろう。少なくとも，多くの人々は日常生活の会話で二つのコードを混在させて使っている。バーンスティンは，精密コードを制限コードよりも優れたものとして考えている。しかしハーレー（1995, p.348）も指摘しているように，労働者階級の使用言語が中流階級の使用言語よりも劣っているとは言えない。ただ単に違いがあるというだけなのである。

感　想

・私の考えでは，言語というものが，実験心理学が始まって50年の間ほとんど研究されてこなかったということは，非常に奇妙なことである。これは，行動主義者が人間と他の種（の動物）の類似性に焦点を当てようとしたことによるのかもしれない。あるいは，行動主義者が観察可能な刺激と反応だけに研究の対象を絞ろうとしたため，内的な過程である言語は，研究の対象から外されてしまったからかもしれない。
・言語に関する理解が進むにつれて，さまざまな実践レベルでの応用が可能になってきた。たとえば，身体や感覚器に障害をもつ子供や，失読症の子供たちの言語能力の向上に貢献している（第23章参照）。

要　約

言語獲得

　幼児は1語文の時期や電信文の時期を経て，文法や実際の場面での言葉の使い方を獲得していく。チョムスキーは，人間には生得的な文法構造の獲得装置が備わっていると考えている。そこから彼は普遍文法という概念を展開していった。臨界期仮説によれば，言語学習は生物学的な成熟に依存している。たとえば，音声の獲得は臨界期の間に行われないと難しくなってしまうという知見は，臨界期仮説の弱い仮説を部分的に支持するものである。

言語理解

　言語理解には，橋渡し機能と精緻化された推論が関与していることが多い。推論のほとんどは，読み手が読みの目的に到達するために必要な推論として行われる。

言語産出

　話し手は，質の原理，量の原理，関連の原理，話し方の原理などを考慮すべきである。発話に先立ってプランニングを行うことも重要である。ギャレットによれば，発話には五つの段階がある。メッセージレベル，機能レベル，位置レベル，音声レベル，構音レベルの表象である。これら五つのレベルの表象は通常決まった順序で展開する。ギャレットの理論は，発話時のエラー（たとえば，スプーナリズム：頭音転換，book case を cook base といってしまう）の研究によって裏づけられている。書くことのプロセスについての研究は，主に書き手が書いている間に考えていることを口に出して言うプロトコル分析によって行われてきた。ヘイズとフラワー（1986）によれば，書くことには，プランニング（計画），文への生成，推敲（文の練り直し）といった過程が含まれる。熟達した書き手は，プランニングの間に知識－組換え方略を使う。これに対して未熟な書き手は，知識－表出方略を使う。熟達した書き手は，そうでない書き手に比べ，多くの文を産出する傾向があり，推敲に多くの時間をさく傾向がある。

推　　論

　条件文推論においては，多くの誤答が観察される傾向がある。抽象的規則理論では，これらの誤答が，問題文の理解の失敗，解法の

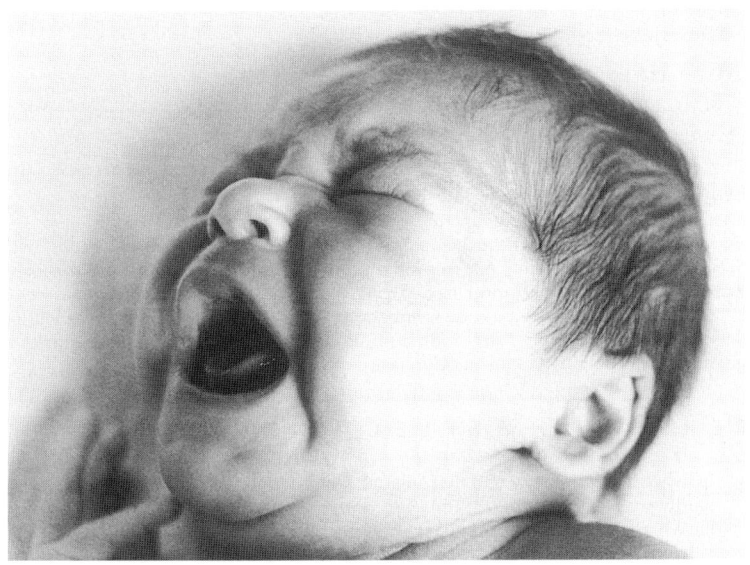

図14-26　泣いている新生児：赤ちゃんは生まれるとすぐに泣き始める。それは悲しみを知らせるためである。しかし3週間も経てば，赤ちゃんはそう悲しくないときでも泣くようになる。赤ちゃんは自分の声を聞くことを楽しんでいるのかもしれない。

不適切さ，処理上の誤りによって生じると考える。ウェイソンの4枚カード課題は，正解するのが難しい課題であるが，問題を解くものが似たような体験をしていたり，実用論的なスキーマが使えると，正解率が向上しやすい。空間的な推論または言語的な推論を必要とするカテゴリ推論課題も，間違いやすい課題である。推論課題を解く際にメンタルモデルが用いられることが多い。帰納的な推論においては，自分の仮説にこだわるあまりに，それに一致する例のみを取り上げようとすることがある。

意思決定と判断

合理的決定を行うとき，選択肢のうち，期待される有利性もしくは期待される価値だけが考慮されていると思うかもしれない。しかし（前に述べた）「枠組み効果（フレーミング）」や「損失回避」に示されるように，事実上めったにそのようなことはない。段階的消去法や最低限の条件追求による意思決定は，決定を行うことについての，比較的納得のいく説明を示している。一般的に人々は，いかなる判断をも正当化できることに重きを置く傾向がある。不確実な状態での判断は，典型であるという経験則や，手に入りやすい経験則といった，さまざまな大雑把（ヒューリスティック）なやり方に影響を受けるものなのである。

言語と思考

ウォーフの言語相対仮説によれば，言語が思考を決定する（決定的な影響を与える）。この仮説は少し大げさである。しかし，ある言語を話すということが，ある種の考え方をとることを容易にし，また他のある種の考え方を難しくする。バーンスティンは，労働者階級において使われている制限コードと中流階級において使われている精密コードの存在を明らかにしている。

【参考書】

M. W. Eysenck (2002), *Principles of cognitive psychology*, Hove, UK: Psychology Press. この本の第5章と第6章に，この章で取り上げられた議論の大半が紹介されている。K. J. Gilhooly (1995), *Thinking: Directed, undirected and creative* (3rd Edn.), London: Academic Press. には主な思考のタイプが詳しく取り上げられている。T. A. Harley (1995), *The psychology of language:From data to theory*, Hove, UK: Psychology Press. には，言語に関するさまざまな内容が，わかりやすい形で，詳細（すぎるくらい）に取り上げられている。

【復習問題】

1　言語獲得に関する二つの理論を比較せよ。　　　　　　　　　　（24点）
2　言語理解をうまく説明しているのがどの理論なのか，批判的に考えてみよ。
　　　　　　　　　　　　　　　　　　　　　　　　　　　　　　（24点）
3a　人間の思考についてのモデルを二つ挙げよ。　　　　　　　　（12点）
3b　そのモデルを支持する研究を評価してみよ。　　　　　　　　（12点）
4　サピア（Sapir, 1941）は「人間は言語のなすがままの存在にすぎない。言語は人間が生活する社会における表現手段になっている。私たちが，同じように見たり聞いたり経験したりできるのは，その社会で共有されている言語が，同じようなものの考え方を強いるからである」と述べている。

ニューステッド（1995）は「言語は，状況によっては思考を促進する。しかしながら，それは他の考え方を不可能にしているということであって，思考を決定づけているということではない。このことは，言語を変えることが，人の態度や思考にあまり大きな影響を与えないということからも明らかである」と述べている。

　心理学的な研究の結果から考えると，この二つの相反する主張のうち，どちらが現実をよく表しているのかを，じっくりと考えよ。　　　（24点）

5　言語が受ける社会や文化の影響を，思考との関連において考えよ。　（24点）

- 社会性：幼児は，大人や他の幼児に対して，どのようにそしてなぜ親しくなり始めるのだろうか。
    パーテンの遊び行動に関する6つのタイプ
    ミューラーとルーカスの3段階理論
    養育スタイルと遺伝的要因

- 愛着：親密な情緒的関係はどのように発達し始めるのだろうか。
    フロイトの理論
    ハーローの猿の研究
    ダラードおよびミラーの学習理論
    動物行動学的および生態学的なアプローチ
    エインズワースとベルのストレンジ・シチュエーション法の研究

- 剥奪の影響：情緒的世話の欠損は，子供の発達にどのように影響を与えるのか。
    ボウルビィの母性剥奪に関する仮説
    ティザードの施設児の研究

- 強化：成長期に特別な世話や刺激を与えることが，子供によい成果をもたらすことができる。
    ヘッドスタート・プロジェクト
    ミルウォーキー・プロジェクト
    カロライナ入門プロジェクト
    文化および副次文化の影響
    ごっこ遊び

- 子育てにおける異文化間の相違：異なる文化をもつ人々の子育て方法はさまざまに異なる。
    異文化間のストレンジ・シチュエーション法の結果
    愛着スタイル
    異文化間の知的発達

15

初期の社会化

　幼児の初期の学習の多くは，社会的発達の領域にある。この学習の二つの側面，つまり社会性と愛着は特に重要である。社会性は，他者に対して友好的で肯定的なやり方で相互交渉する傾向であり，愛着は，ある特定の他者に強く長く持続する情緒的絆である。ほとんどの子供たちは成長するとともに多くの他の子供や大人に対して社交的になるが，彼らは普通ごく少数の他者（たとえば彼らの両親）に対してのみ愛着を形成する。以下の二つの節において，社会性と愛着の発達に関わるプロセスについて考察する。

　子供たちの発達は，彼らが遭遇するさまざまな環境によって大いに影響されうる。剥奪（そして特に母性剥奪）は，子供の社会性や知性に痛烈で長く持続する影響を与えるかもしれないと強く懸念されてきた。もちろん環境はまたよいものになりうるし，心理学者たちは，子供たちの発達における強化の影響について考察してきた。これからみていくように，子供たちはしばしば剥奪や強化によってさまざまに影響を受けるのである。

　子供たちの社会的および情緒的発達は，いくぶん両親の子育てのスキルに左右される。子育てのスタイルは文化によってかなり多様であり，だからこそ，異文化間の研究が重要になるのである。期待されるように，子育てのスキルは，文化における主要な価値観を反映させる傾向にあり，だからこそ子育ては，親たちがそれらの価値観を次なる世代に伝えていく一つの方法なのである。

社 会 性

　幼児は非常に早い年齢で社会性の兆候（たとえば，微笑みや注意喚起）を示す。生まれて6週ほどで，大人が自分を置き去りにするならば抗議する傾向がある（シャファーとエマーソン Schaffer & Emerson, 1964）。この時期を過ぎると，幼児はますます多くの他者との間で幅広い社会的な行動を示しながら，さらに社会性を発達させていく。

養育者との間での社会性

　発達初期に**社会性**（sociability）が発達するという事実は，進化論的な視点から容易に説明される。幼児および幼い子供たちはほとんど無力であり，したがって，もし彼らが生きながらえ，健常に発達するとするならば，彼らは他の人間に強く依存しているのである。

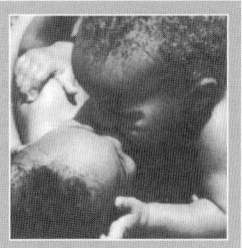

図15-1　生まれて6ヶ月の子供でさえ社会的な相互作用を示す。

あなたは何人の人に愛着を感じるか。

あなたは何人の人に社会性をもって関わるか。

キー用語
社会性：他者と友好的でポジティブに相互作用する傾向。

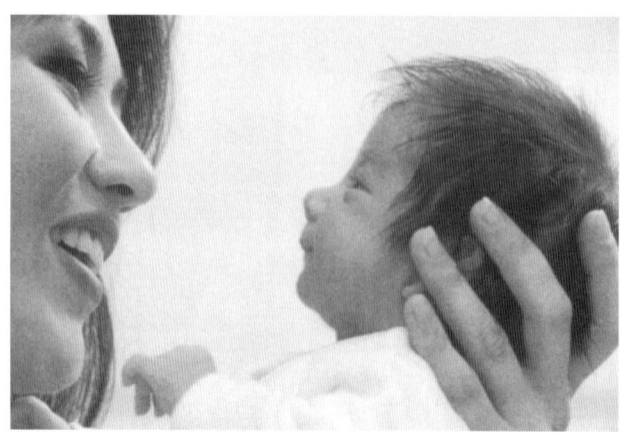

図15-2 乳児は早くから微笑み始める。このことは，養育者に対しての親密な愛着の発達において，重要な要因であるかもしれない。

このことは，生まれて2日目の子供が自分の母親を識別することができるという事実の説明を可能にし（ブッシュネル，サイとミュリン Bushnell, Sai & Mullin, 1989），発達初期に乳幼児がなぜ微笑を始めるかということの説明を可能にする（ダーキン Durkin, 1995）。乳幼児によって示される社会性は，母親や他の主要な養育者との間に**愛着**（attachment）を形成することに，決定的な重要性を有しているかもしれない。

他の幼児との間での社会性

この節では，他の乳幼児に対する社会性の発達について焦点を当ててみたい。非常に早い年齢において，乳幼児は他の乳幼児に対する関心を示す。生まれて2ヶ月ほどでは，他の乳幼児を見るだけにとどまるが，その後1，2ヶ月すると他の乳幼児に手で触れようとする。6ヶ月くらいになると，他の乳幼児に微笑みかけたり声をかけたりする。動き始めるようになると，他の乳幼児のところに這い始めたり，もしくは部屋の中で他の乳幼児の後を追ったりする。1歳の誕生日がくる頃には，乳幼児はジェスチャーを用いたり，互いに真似をしたり，他の乳幼児が現れたら笑ったりする（ヴァンデルとミューラー Vandell & Mueller, 1980）。

> **キー用語**
> 愛着：かなり強くて長期にわたるある特定の他者に対する情緒的絆。

社会性の発達において別の乳幼児の存在が重要であることが，母親や別の乳幼児と同じ部屋で乳幼児を観察する研究において示された。ベッカー（Becker, 1977）は，9ヶ月の乳児は自分の母親やおもちゃよりも他の乳児に注意を示すことを報告した。他の乳児と再び会うと，前のときよりももっと関心を示し，いろいろな方法で遊んでいた。

図15-3 幼児は約6ヶ月の頃から他の子供と遊ぶようになる。そして身体的，認知的，そして言語スキルが発達するとともに，子供たちのコミュニケーションは次第に進歩する。

このような観察は，乳幼児は他の乳幼児に関心をもつという点で社会性があるということを示している。彼らは他の乳幼児と適切な相互交渉をもつという意味で，適切な社会性のある行動を示しているのであろうか。少なくとも6ヶ月になるまではこの質問に対する答えは，イエスであるようである。この年齢の乳幼児は，他の乳幼児に接触する頻度を調整する傾向があり，その頻度は自分が他の子から触れられる頻度と一致している。さらに，6ヶ月の子供の機嫌は，他の子供たちと一緒に遊ぶにつれて似通ってくる（ナッシュ Nash, 1988）。

6ヶ月から12ヶ月にかけての乳児は，身体的，認知的，言語能力それぞれにおいて発達してくるので，コミュニケーションができるようになってくる。結果として，誕生日が近い子供が集まると，互いに身ぶりで表現したり，声を出したり，互いに見合ったりといった行動を示す（ダーキン, 1995）。

2歳の頃には，互いに影響を及ぼし合う遊びがきわだって増えてく

る。子供たちは代わりばんこにするといったゲームで遊ぶようになり，また会話を通して話をしたりし始める（ダーキン，1995）。

パーテン

　2歳から5歳の年齢における子供の社会性の研究は，パーテン（Parten, 1932）の功績によるものが多い。彼女は子供の観察に基づいて六つの遊び行動のカテゴリーを明らかにした。

1. 何もしていない行動：遊んでいるのではなく，また他の子供の活動に参加しているのでもない。
2. 一人遊び：一人で遊び，他の子供に関心を示さない。
3. 傍観者的行動：他の子供の遊び活動によく関心を示すが，その遊びに加わろうとはしない。
4. 平行的遊び：他の子供と遊ぶが，その活動は他の子供の活動と統合されていない。
5. 連合的遊び：他の子供と遊ぶ。その活動は他の子供の活動と部分的に統合されている。
6. 協同的遊び：遊びのグループの一員として協同的に振る舞い，また組織的な方法で遊ぶ。

　パーテン（1932）は，2歳から5歳までのどの年齢においても，六つのカテゴリーのうち平行的遊びが一番よくみられると報告した。とはいえ，就学前の年月の間に，幾つかの重要な変化がみられた。より社会的な行動の形態（連合的遊び，協同的遊び）の頻度が増加した一方で，一人遊びや傍観者的行動といった非社会的形態はあまりみられなくなった。ベイクマンとブラウンレー（Bakeman & Brownlee, 1980）によると，平行的遊びをする子供は概してグループ遊びをしたがるが，その遊びの目標の達成の仕方については明らかではなかった。この点については，しばしば平行遊びはグループ遊びの結果として生じるが，一人遊びの結果として生じることはめったにないという結果から支持された。

議論のポイント

1. パーテンは遊び行動の重要なカテゴリーを明らかにしたと考えられるか？
2. 遊びの中での攻撃性と実際の攻撃性は，どのように簡単に区別することができるか。

キー研究評価－パーテン

　パーテンの研究はずいぶん前のものであるが，彼女の研究結果は最近の研究においても支持されている。子供の遊びの内容は，1932年からおそらく幾らか変化してきたであろうが，何もしていない行動や一人遊びから協同的遊びへの発達は，人間のような社会的種においては必然であると思われる。この健常な発達からの逸脱は，行動的もしくは発達的問題の初期の兆候になる可能性がある。

　シー（Shea, 1981）は，保育園に入所した3歳・4歳児の遊び場での様子を10週間ビデオにとり，時間の経過とともに社会性が増加したことを見出した。子供の行動は五つの特徴に分けられ測定された。その特徴は，攻撃性，無鉄砲で乱暴な遊び，仲間との相互作用の頻度，保育者からの距離，一番近くにいる仲間からの距離であった。時間の経過とともに子供はより社会的になるという明確な特徴がみ

られた。一番近くにいる仲間からの距離と攻撃性が減少し、乱暴で無鉄砲な遊びと仲間との相互作用の頻度、保育者からの距離が増加した。1週間に2日だけ保育所に通う子供に比べて5日通う子供の方が社会性が増加した。そしてこのことにより、社会性の増加という変化を生起させるのは、成熟よりもむしろ保育園での経験であるということが示された。

ステージ・アプローチ

ミューラーとルーカス（Mueller & Lucas, 1975）は、社会性の発達の初期の段階に焦点を当てた。彼らは、乳幼児が社会性の発達において三つの段階をたどることを提示した。

- 物に中心化された段階：他の子供に注意を向けるのではなくおもちゃに注意を向ける。
- 単純な相互作用の段階：子供は他の子供により興味を示し、しばしば他の子供の行動に強く影響を与えようとする。
- 共同の相互作用の段階（18ヶ月以上）：子供は互いに見つめ合ったり微笑み合ったりして、共通の目標を達成するために互いに影響を及ぼし合ったりし始める（たとえば、2人でするゲームをしたりなど）。

ブラウネルとキャリガー（Brownell & Carriger, 1990）は、子供は共同作用の段階に達するためには、個人としての自己感覚をもつ必要があると述べている。彼らは、自己の感覚を次の二つの方法で測定した。(1)鏡の中の自分自身を認識できることを示す子供の行動がみられるかどうか、(2)他の子供の写真と自分の写真とを区別できるかどうか、を観察することによってである。彼らの主な発見は、子供は自己の感覚をもっていることがはっきりしてくる頃と時を同じくして、共同作用の相互関係をもち始めるということであった。

なぜある子供は他の子供に比べて社会性があるのであろうか。シャファー（Shaffer, 1993）は幾つかの要因があることを指摘した。そのうち主なものを次に述べることにする。

エインズワースの理論

愛着と社会性は、社会的な行動のまったく異なった側面について言及している（愛着については後に詳述する）。しかしながら、エインズワース（Ainsworth, 1979）によると、母親に対して安定した愛着を示す子供は、安定した愛着を欠く子供よりもより社会性に富んでいる。この理論の根拠は、ウォーターズ、ウィップマンとスルーフェ（Waters, Wippman & Sroufe, 1979）によって報告された。彼らはまず15ヶ月の子供の愛着行動を測定し、彼らが3歳半になったときの保育園での社会的行動を観察した。安定した愛着を形成している子供は、不安定な愛着を形成している子供に比べてより明確な社会性を示した。たとえば、彼らは子供たちの中で人気があったし、

■やってみよう：保育園もしくは幼稚園で子供たちを観察してみよう。その場合には、倫理上、主任や園長に許可をもらわなければならないことを忘れないこと。

男児、女児が示す表を作成してみよう。そしてパーテンの六つのカテゴリーの人数例を記してみよう。

この課題は、ビデオ録画、もしくは一人以上の観察者によっての観察を用いると容易である。その場合には、測定者間の一致率を確認すること。

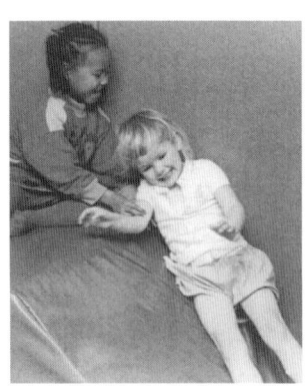

図15-4 保育園に通う子供は、他児との関係の中で、適当な社会的行動を発達させる傾向がある。たとえば、彼らは攻撃的ではないでんぐり返し遊びをよくする。

子供が鏡の中の自分を認識できるかどうかについて検討するために、どのように研究を工夫するか。異なる文化において、自己認識が同じ発達段階に発現するのか（遺伝とのつながりを示唆）、それとも異なる発達段階で発現するのか（環境要因を示唆）。

他の子供の気持ちに対してより敏感であり，また彼らは遊び活動をすぐに始める傾向があった。

愛着が社会性と関連しているというより明確な根拠は，メインとウェストン（Main & Weston, 1981）によって報告された。彼らは，乳幼児の前にピエロの衣装を着た親しみ深い見知らぬ人が現れるという場面を設定した。両親に対して安定した愛着を形成している乳幼児は，この状況において最も社会性を示し，一人の親に安定した愛着を形成している乳幼児はそれに続いた。両方の親に対して安定した愛着を形成していない乳幼児は，社会的な反応をまったく示さなかった。

養育スタイル

子供に対する親の接し方は，その子供の社会性の程度に影響を与えるということは妥当である。シャファー（1993，p.471）は次のように述べている。

> 心が暖かく支持的で，「よい子でいなさい」「静かに遊びなさい」「人を叩いてはいけません」というように社会的ルールに従うように子供に求める親は，両親や仲間とよい関係をもち社会的によく適応した息子や娘を育てる傾向がある。それとは対照的に，模範を示さず子供たちをほとんど統制しない許容的な親は，攻撃的で仲間から好かれない子供を育てていることが多い。過保護な母親をもつ男の子は，大人と関わるときには非常に社会性に富んでいるが，仲間といるときには不安で，仲間の中で抑制されているということがよくある。

幼い子供たちが示す社会的行動のほとんどは，他の子供たちとの遊びである。結果として，親の子供との遊びスタイルは，子供の他の子供に対する社会性に影響している。ヴァンデルとウィルソン（Vandell & Wilson, 1987）は，9ヶ月の乳児を対象に研究を行った。どんな遊びを始めるかの決断を手助けした母親の子供は，他の子供と遊ぶときはより敏感な反応を示した。マクドナルドとパーク（MacDonald & Parke, 1984）は，3歳から5歳の子供を対象に行った研究で，同様の結果を報告している。それによると，他の子供と非友好的な相互作用をする子供の親は，子供に命令したり希望を無視したりすることによって，子供を先導し統制する傾向があった。

遺伝的要因

社会性は，成人にとって，外向性というパーソナリティ次元の主要な部分を形成する重要な特性とされている（アイゼンクとアイゼンク Eysenck & Eysenck, 1985）。最も主要なパーソナリティ特性において，その個人差の約30〜40％は遺伝的要因によるものである（第27章参照）。結果として，幼い子供の社会性における個人差は，ある程度遺伝に起因すると仮定することは妥当である。

図15-5

この仮説に関連する根拠は，マセニー（Matheny, 1983）とダニエルスとプロミン（Daniels & Plomin, 1985）によって報告されている。マセニーは，社会的微笑と見知らぬ人に対する恐怖心について，一卵性双生児と二卵性双生児を対象に検討した。これらの双生児は，18ヶ月のときと24ヶ月のときにテストが行われた。どちらの月齢においても，一卵性双生児の方が二卵性双生児よりも非常に似通っていた。これらの結果は，乳幼児においては，部分的に遺伝は社会性の程度を決定づけるということを強く示唆している。

ダニエルスとプロミン（1985）は，養子に出された幼い子供を対象に，内気性（shyness）の研究を行った。内気な子供の生みの母親は，内気でない子供の母親に比べると，社会性があまりない傾向があった。また，ダニエルスとプロミンは，内気な養子先の母親をもつ子供の社会性は低く，その関連は生みの母親と子供とのものよりもいくぶん強かったことも報告している。生みの母親との関連に関する結果は遺伝的要因の影響を示唆している一方で，養子先の母親との関連は，環境要因の重要性を示唆している。

愛　着

シャファー（1993）によると，愛着は「二者間における親密な情緒的関係のことをいい，相互的な愛着と，近接（接近）を維持することを求めることによって特徴づけられる」とされる。たいていの場合，乳幼児の主な愛着は母親に向けられる。しかしながら，子供が母親以外の他者に定期的に接触をもつ場合，その他者に強い愛着が形成されることも可能である（シャファーとエマーソン，1964）。その他者は一般的に父親であるが，時には他の親族であることもある。幼児期初期に子供が形成するまさに一番最初の愛着はとても重要である。なぜならば，生涯において他者との社会的・情緒的関係における出発点であるからである。それは，成長するに伴って大人に対して何が期待できるかという認識を子供に与える。

子供が母親と同様にしばしば父親に対して愛着を形成するという根拠は，ウェストンとメイン（Weston & Main, 1981）によって得られた。彼らは，44人の子供を対象に，ストレンジ・シチュエーショ

表15-1　愛着の段階

非社会的段階	対象が区別されない愛着	特定の対象への愛着
0～6週 微笑みと泣き。しかし特定の他者に向けられたものではない。	6週から7ヶ月 他者からの注意を求める。	7ヶ月から11ヶ月 ある一人の他者への強い愛着。

ン法（後述）を実施した。これらの対象児のうち，12人が安定した愛着を両親に対して形成しており，11人が母親に対してだけ，10人が父親に対してだけ形成しており，11人が両親どちらにも不安定な愛着を形成していた。

シャファーとエマーソン（1964）は，乳幼児の他者に対する愛着の初期の発達に関して，三つの段階があることを指摘している。

1. **非社会的な段階**：この段階は誕生後6週ぐらいまで続く。この段階においては，微笑や泣きといった情緒的行動は，ある特定の他者に向けられたものではない。
2. **対象が区別されない愛着の段階**：ほぼ6週くらいから7ヶ月になるぐらいまでの期間続く。乳児は多くの異なった人からの注意を求め，注意が得られているときは概して満足している。
3. **特定の対象への愛着の段階**：ほぼ7ヶ月頃に始まり11ヶ月頃まで続く。乳児はある特定の他者に強い愛着を形成するが，その後まもなく他者への安定した愛着はその他の他者に向けられていく。

これらの強い愛着の発達は，暖かく愛情ある母親の反応と子供の側の肯定的な反応（たとえば，微笑）による。子供と母親との間で適切に愛着が発達するためにまず一番必要なことは，子供が自分の母親を認識し，他の大人と母親を区別できるということである。生まれて2週の乳児が，自分の母親の顔と声を認識することができるという根拠はカーペンター（Carpenter, 1975）によって報告された。彼は乳児を対象に，声を聞きながらある顔を見るという実験を行った。あるときは声と顔は同一人物のものであり，またあるときは声と顔は別で，同一人物のものではなかった。乳児は，示された顔が自分の母親のものであり，声も自分の母親のものである場合には，長い時間その顔を見ていた。乳児が自分の母親の顔と声を認識しているという確かな根拠は，自分の母親の顔と他人の声という組み合わせ，もしくは他人の顔で母親の声という組み合わせを乳児に見せるという実験において得られた。ほとんどの乳児は，この組み合わせに困惑しすぐに示された顔から目をそむけた。

カーペンターの研究は，解釈のうえで幾つかの問題点を残している。なぜならば，乳児の行動を評定した評定者は，どの場面においてもどの組み合わせになっているかということを事前に知っていたのである。しかしながら，カーペンターの実験案を改善したものが後の幾つかの研究で用いられてきた。ダーキン（1995, p.54）によると，「乳児は，非常に早い時期から自分の母親と他の見知らぬ女性とを区別できるという一貫した結果を示す根拠がある」。

生まれて2週目の乳児が，自分の母親を認識することができるという驚くべき根拠がある。ブッシュネルら（1989）は，乳児に母親と見知らぬ女性の両者を見せて，どちらを20秒間凝視するかという実験を行った。乳児のうち約3分の2が見知らぬ女性よりも母親を

倫理的問題：カーペンターは，子供が母親の顔を見たり他の人の声を聞いたりしたとき困惑するということを予測していたか。もしそうならば，この研究は本当に倫理的か。

カーペンターの研究の解釈上のこの問題は，いかにして解決ができるのか。

凝視しており，このことは，乳児が自分の母親を認識する能力をもっているということを示している。

次に，愛着に関して，主な幾つかの理論を紹介する。初期の理論から最近の理論まで，提唱された年代に沿って論考することとする。

精神力動的アプローチ

ジークムント・フロイト（Sigmund Freud, 1924）は，子供の母親に対する愛着に関して，非常に単純な解釈をした。それは，「母親に抱かれている乳児が，母親が傍にいることをいつも確認したがる理由は，乳児がその経験から，母親がすぐに自分の要求を満足させてくれるということを知っているからである」というものである。言い換えれば，乳児がまず母親に対して愛着を形成する理由は，母親が，快適さと暖かさに加えて，食糧の供給源であるからなのである。

愛着に関する初期のフロイトの視点は，彼の心理的・性的発達論（第2章参照）に由来する。この理論によると，心理的・性的発達の第一段階は口唇期である。この段階は，およそ18ヶ月続き，乳児はその満足のほとんどを母親の乳房を吸うといった口を通した経験を通して得る。結果として，フロイト（1924, p.188）は，母親の座は「他に匹敵するもののない唯一のものであり，初めてでしかも最も強い愛の対象として，そして後の愛情関係の原型として生涯不変のものである」と述べている。

図15-6　サルの赤ん坊は，左側の針金製母親のところで食べ物を与えられるが，たいこを打つテディベアに恐怖を感じたときには，安全を確保するために布製母親のところに戻ったのである（ハーロー，1959）。

評　価

赤ん坊の愛着行動は，食糧の供給だけに依存するものではない。ハリー・ハーロー（Harry Harlow, 1959）は，非常に幼いサルを対象に一連の研究を実施した。これらのサルは，二つの代理母のうち一つを選択することが求められた。一つは針金で作られたものであり，もう一つは布で覆われたものであった。何匹かのサルには，針金製母親からミルクが与えられ，一方で他のサルには，布製母親からミルクが与えられた。結果は明確であった。サルたちはたとえ布製母親がミルクを与えてくれていないときでも，この母親のところでほとんどの時間を過ごしたのであった（第9章参照）。

サルに関するハーローの研究は，人間の愛着に関する研究とは関連しないと言われるかもしれない。しかしながら，シャファーとエ

ある「種」で観察された行動を，この研究が示す重要性を減少することになるかもしれない，別の「種」に一般化することは，問題であると考えるか。

マーソン（1964）は，子供が最も愛着を形成したのは，食事を与え，お風呂に入れ，服を着替えさせた大人ではなかったという結果が，40％の人間の乳幼児において得られた。したがって，フロイトによって仮定された，食べ物と愛着の単純な関連はないと言える。乳幼児は，自分自身に対して反応的で，接触や遊びの中で多くの刺激を自分に与えてくれた大人に愛着を形成するようになるのである。

> **倫理的問題：ハーローの研究**
> ハーローは，隔離されたところで育った赤毛ザルを対象に，一連の研究を行った。これらのサルは，条件のよい社会的背景をもっていた。実験後，サルはかなり深刻な情緒障害行動を示した。当時は，サルに引き起こされた苦痛は，愛着がどのようにして発達するかを理解するための成果を得るために，容認されていた。しかし，人間以外の対象を用いる研究に対する厳しい倫理的規定により，今日ではこのような研究は許可されなくなっている。

学習理論と社会的学習理論

ダラードとミラー（Dollard & Miller, 1950）により提唱された学習理論によると，すべての人間は空腹や飢えといったさまざまな原始的な動因をもっているという。さらに，原始的な動因から発生して二次的もしくは学習された動因も存在する。たとえば，母親に対する子供の愛着は，食べ物の形で一時的報酬を母親が子供に与えた結果引き出された二次的動因である。これらの一次的，二次的動因は，何が報酬あるいは強化であるかによって決定づけられる。その結果，母親は子供が微笑んだり泣くのをやめるという報酬を与えられるのであろう。この理論的アプローチの限界の一つは，乳幼児は食事を与えたり基本的な世話をしたりしない大人にも，しばしば愛着形成をすることである（シャファーとエマーソン，1964）。

このタイプの理論においてより精巧なものは，ヘイとヴェスポ（Hay & Vespo, 1988）によって提唱された社会的学習理論である。彼らによれば，両親が「子供たちに親を愛するように，そして人間関係を理解するように慎重に教える」（p.82）ことから愛着が形成されるという。両親はどのようにしてこれらの目標を達成するのであろうか。主な幾つかの方法を次に挙げる。

- モデリング：子供は，両親が示す情愛的行動を模倣することを学習する。
- 直接的な教示：両親は子供に直接的，間接的な方法で，情愛に注意を払い，情愛を示すように教える。
- 社会的促進：両親は子供たちを注意深く見て，必要な場合は助けてやる。

評　価

社会的学習アプローチの最も大きな効果は，親子間で生起する相互作用のプロセスに関して詳細な研究を行うということである。さらに，乳幼児によって示される愛着の学習の幾つかは，モデリングや直接的な教示，社会的促進といったプロセスに依存している。社会的学習アプローチの否定的な側面は，ダーキン（1995）が指摘しているように，多くの親子の愛着の強い情緒的効力について，社会

的学習理論家は本当のところは説明していないということである。

動物行動学的アプローチ：絆

　動物行動学者は，自然環境の中での動物について研究した。ある動物行動学者（コンラッド・ローレンツ Konrad Lorenz）は，幾つかの種のヒナ鳥が，生まれたとき初めて見る動く対象の後を追う傾向があり，その後もその対象の後を追い続けたことを発見した。これは，**刻印づけ**（imprinting）として知られている。刻印づけは，鳥の一生の中での短い臨界期に生起する。一度刻印づけが生起すると，鳥は刻印づけした対象の後を追い続けていくという意味で，それは取り消しえないものになる傾向がある（第9章参照）。

　ボウルビィ（Bowlby, 1969）によると，刻印づけのようなものが乳幼児においても生起するという。彼は，モノトロピー（monotropy）という概念について論じた。人間の乳幼児は，生来ある特定の個人との間に強い絆を形成する傾向をもっているという。その特定の個人はたいてい（しかしいつもそうであるわけではないが）子供の母親である。彼は，乳幼児の母親もしくは他の養育者への愛着が生起する期間には，決定的な臨界期があるとしている。この臨界期は，1歳から3歳までの間のある時点で終わる。その後は，母親もしくは他の養育者に対して強力な愛着を構築することはもはや不可能である。

根　　拠

　クラウスとケンネル（Klaus & Kennell, 1976）は，初期の母子間の絆はきわめて重要であるというボウルビィ（1958）の見解に対して，大枠で合意していた。特に彼らは，膚と膚のふれあいを通した絆が生起する誕生直後に敏感な時期があることを論じている。クラウスとケンネルは，乳児の二つのグループの発達を比較した。一つのグループは，誕生後3日間，授乳時，母親と規則的なふれあいしかしなかった。一方でもう一つのグループは，誕生後3日間，母親と1日数時間の時間を延長したふれあいをもった。

　1ヶ月後，母親が検診のため病院を再び訪れたときには，授乳時に規則的な接触しかしなかったグループよりも，時間を延長したふれあいをもったグループの方がよりしっかりと母子の絆が形成されていた。授乳している間に，時間を延長したふれあいをした母親は，赤ん坊を抱きしめたり気持ちよくさせたりし，また彼らと目を合わせ続けたりした。1年後も，時間を延長してふれあった母親は子供をなだめたり関わりをもったりというやり方で接していた。

　クラウスとケンネル（1976）によって報告された結果は，後の研究においては大枠として支持されなかった。ダーキン（1995）は，クラウスとケンネルの研究では，対象であった母親のほとんどは，恵まれない背景をもつ未婚の10代であったことを指摘した。時間を延長したふれあいをもった母親が，授乳時に規則的な接触しかしなかった母親よりも，より赤ん坊と関わりをもっていたのは，彼らが

キー用語
刻印づけ：幾つかの幼い種が，生まれて初めて見る，動く対象の後を追い，絆を形成する強い傾向。

倫理的問題：このタイプの研究に関して，倫理上の問題があると考えられるか。

膚と膚のふれあいを何時間ももったか
らではなく，彼らが特別な思いやりの
ある行為を受けたからなのである。最
近の一般的な見解によると，母親と赤
ん坊の関係は，誕生後すぐに固定され
るのではなく，時を越えて発達し変化
するという。

　異文化比較研究から得られた根拠は，
これらの結論を支持している。ロゾフ
(Lozoff, 1983) は，母子間の初期の身
体接触を奨励する文化圏においては，
母親は赤ん坊に対して情愛的に接する
ことはなかったことを報告した。さら
に，母親による初期の授乳が一般的な
文化圏の母親は，他の文化圏の母親と
比較すると，赤ん坊に対して強い絆を
示したわけではなかった。

図15-7　クラウスとケンネルは，母子間の時間をかけた皮膚接触により
絆が形成されると指摘した。しかしながら，異文化間の研究を含めて，最
近の研究は，母親からの注意に関する他の形態もまた，絆形成を促進する
ことを示している。

生態学的理論

　ブロンフェンブレンナー (Bronfenbrenner, 1979) は，人間の発達
を理解する枠組みを提供するために構想された生態学的理論を提唱
した。ブロンフェンブレンナーは，発達心理学を「見知らぬ大人と
のストレンジ・シチュエーションにおける子供の変わった行動の科
学」とするために，子供に関する研究が実験室の中で多くなされす
ぎてきたことを指摘した。彼は，発達は，「ロシアのマトリョーシカ
人形」(p.3) のような環境構造のセットの中で生起するという概念を
提案している。以下が四つの基本的な構造もしくはシステムである。

・マイクロシステム：親子の相互作用，家族，友人，そして子供
　が直接接触するグループなどから構成される。
・メゾシステム：子供が親しくするところのセット（たとえば，
　家族や学校）の中での相互関係から構成される。
・エクゾシステム：直接的な経験を通してではないが，子供にイ

■やってみよう：乳幼児におけ
る社会性と愛着の説明を含む理
論を比較する図を作成してみよ
う。

	精神力動論的アプローチ	学習理論と社会的学習理論	動物行動学的アプローチ	生態学的アプローチ
主な研究者（たち）				
このアプローチに関する根拠				
このアプローチからは得られない根拠（もしあれば）				
主な研究の，倫理的問題と/もしくは方法論的問題				

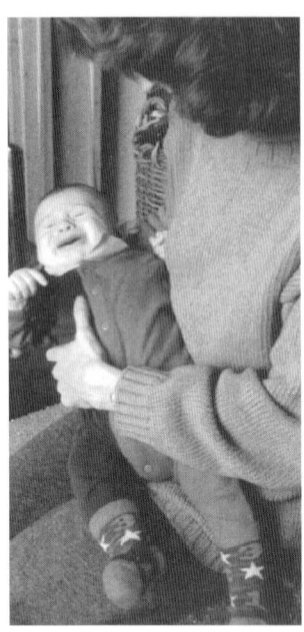

図15-8 抵抗的愛着の場合、母親が自分から離れたとき、赤ん坊は母親との接触を拒否する。この赤ん坊は泣き、母親が抱いても体をよじって混乱している。

ンパクトを与える要因（たとえば、両親の職場、マスメディアなど）から構成される。
・マクロシステム：一般的な信念や文化のイデオロギーから構成される。

この生態学的アプローチは、二つの理由で興味深い。一つは、密接に関連する領域である発達心理学と社会心理学とを統合するのに役立つ。二つは、他のほとんどの発達論よりも、子供の発達に影響を与えるさまざまな要因を明らかにするという意味で有益である。生態学的アプローチにおいて、最も明瞭な限界は、正確な分析可能な予想を導くことができないことである。

エインズワースとベル

乳幼児の愛着行動の完全な理解を発展させるためには、それを測定するよい方法が必要である。エインズワースとベル（Ainsworth & Bell, 1970）は、ストレンジ・シチュエーション法を考案した。その方法においては、八つの短い一連のエピソードの中での乳幼児（普通月齢は約12ヶ月）を観察する。あるときは、乳幼児は母親といる。またあるときは、母親と見知らぬ人と3人で、またあるときは見知らぬ人と2人で、またあるときは1人でいる。見知らぬ人に対して、母親と離れる場面に対して、そして母親の再会場面に対しての、子供の反応は録画される。

これらのエピソードに対する、乳幼児の反応により、母親に対する子供の愛着は三つのカテゴリーのうちの一つに評定される。

1. **安定的愛着**（secure attachment）型：乳幼児は母親の不在に対して悲嘆する。しかし、母親が戻ってくると、すぐに安心し、母親との接触を求める。乳幼児の母親に対する反応と、見知らぬ人に対する反応との間には明らかな違いがある。アメリカの乳幼児のうち70％は安定した愛着型である。
2. **抵抗的愛着**（resistant attachment）型：乳幼児は、母親といるときに不安定であり、母親がいなくなると非常に悲嘆する。母親が戻ってきても、母親との接触に抵抗し、見知らぬ人に対して慎重である。アメリカの乳幼児のうち10％が抵抗的愛着型である。
3. **回避的愛着**（avoidant attachment）型：乳幼児は、母親との接触は求めず、母親がいなくなってもほとんど悲嘆しない。母親が戻ってきたとき、母親との接触を回避する。見知らぬ人に対しても、母親に接するときと同じように接し、しばしば回避する。アメリカの乳幼児のうち20％が回避的愛着型である。

なぜ、ある乳幼児は母親に対して安定的な愛着を形成しており、一方で他の乳幼児はそうではないのであろうか。エインズワース（1982）の育児に関する仮説によると、

キー用語
安定的愛着：母親が戻ってきたときに母親との接触を求めることに結びついた、子供の母親に対する強くて満足した愛着。
抵抗的愛着：子供の母親に対する不安定な愛着。
回避的愛着：母親が戻ってきたときに母親との接触を回避することと結びついた、子供の母親に対する不安定な愛着。

キー研究評価―エインズワースとベル

エインズワースの研究は、子供が発達させる愛着のタイプを決定づけるものとして、母親や他の主な養育者の行動の重要性を強調している。しかしながら、関係は二方向いずれにも作用するものであり、おそらくたくさん泣いたりあまり笑わなかったりなどの原因で、幾人かの子供たちはあまり関係をもたなかったり、または容易に関係をもったりするかもしれない。避けることが難しい、またはできない苦しい出来事（たとえば両親の死、離婚）もまた、子供の愛着に大きな影響を与える。

母親（もしくは他の養育者）の敏感性は，非常に重要である。エインズワース，ベルとステイトン（Ainsworth, Bell & Stayton, 1971）は，安定した愛着を形成している乳幼児の母親は子供の欲求に対して非常に敏感であり，情緒的に豊かに乳幼児に反応していた。これとは対照的に抵抗型の乳幼児の母親は，子供に関心をもっているが，子供の行動をしばしば誤解していた。特に重要なのは，これらの母親は子供を扱う方法が場面によって変わる傾向があった。結果として，乳幼児は母親の情緒的なサポートに頼ることができなかった。

最後に，回避型の乳幼児の母親について述べる。エインズワースら（1971）は，これらの母親の多くは子供に関心をもたず，しばしば子供を拒絶し，自己中心的な傾向があり，子供の行動に対して融通がきかなかったと報告した。しかし，回避型の子供の母親の幾人かは，かなり異なった振る舞いをした。これらの母親は，子供が相手をしてほしいと思っていないときでさえ，子供に関わろうとするといったように，子供が息苦しく思うようなやり方で関わる。これらの二つのタイプの母親に共通していることは，子供の必要に対してあまり敏感ではないということである。

議論のポイント
1. エインズワースによって用いられた実験的アプローチの長所は何か。
2. 乳幼児の愛着スタイルを決定する要因は何か（次節参照）。

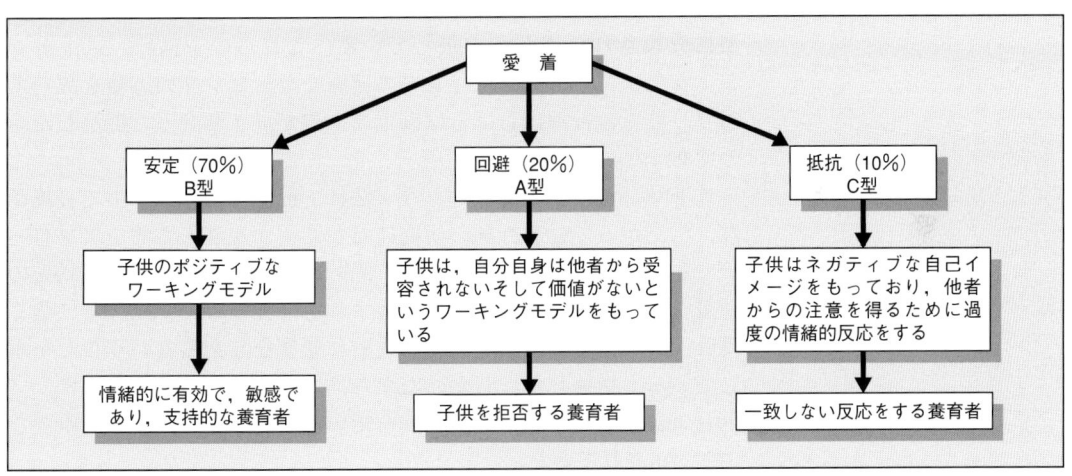

図15-9

子育てに関する仮説

エインズワースら（1971）以降の研究は，育児に関する仮説を支持している傾向がある。ダーキン（1995, p.97）は関連する研究から以下のような結論を導き出した。

> これらの研究は，育児環境の特徴，特に母親の敏感性や習慣的な相互作用のスタイルの調和性が，エインズワースの主張する愛着タイプと関連しているという広く認められている主張を支持している。

乳幼児期の愛着は，後の児童期の社会的行動を予測するであろうか。これに関する根拠は，肯定と否定両方を含む。ベーテス，マスリンとフランクル（Bates, Maslin & Frankel, 1985）は，生後12ヶ月の子供の愛着スタイルは，3歳になったときの，行動上の問題の出現を予測しなかったと報告している。しかし，エリッカーら（Elicker et al., 1992）は，乳幼児期の愛着スタイルと，数年後の学校での社会的相互作用との関連性を報告している。得られた根拠のほとんどは，初期の愛着行動は後の社会的・情緒的発達を予測するという仮説を支持している。エインズワースによると，このことは，初期の強い愛着が社会的発達のための安全基地を提供することから生起するのである。しかしながら，また，乳幼児期に母親との間で安定した愛着を形成した子供のほとんどは，その後も安定した愛着を保つ傾向がある。そしてこのことは，安定した愛着を形成している子供が児童期においてもよりよい社会的発達を示している理由である。

評　価

　ほとんどの研究はストレンジ・シチュエーション法の有効性を確認し，またエインズワースとベル（1970）によって，明らかにされた三つの愛着タイプを確認している。

　しかしながら，メインとソロモン（Main & Solomon, 1986）は，幾人かの乳幼児は4番目の愛着タイプである，無秩序もしくは混乱型に分類されたことを主張している。これらの子供は，ストレンジ・シチュエーションに対しての明瞭なコーピングの方略を欠いており，彼らの行動はしばしば接近と回避が混ざり合った混乱したものであった。

　ストレンジ・シチュエーション法は一般的に研究室の中で実施され，したがって愛着行動の研究に対して，かなり人工的なアプローチであると言える。ブロンフェンブレンナー（1979）は，乳幼児の愛着行動は，彼らが家にいるときよりも研究室の中では非常に強く現れ，このことは実験室場面が愛着に影響を与えるということを示していると指摘した。しかしながら，これまでみてきたように，ストレンジ・シチュエーション法を用いた研究により，多くの重要なことが示されてきた。

　気質に関する仮説　育児に関する仮説は，愛着の発達において，養育者が演じる役割を過度に強調し，子供の側が演じる部分を無視してきたということから批判を受けてきた。ジェローム・ケイガン（Jerome Kagan, 1984）は，母親に対する子供の愛着を決定するものの中で，気質もしくはパーソナリティに焦点を当てた。子供の気質が重要であろうという根拠は，ベルスキーとロヴァイン（Belsky & Rovine, 1987）によって報告された。行動上の不安定性（たとえば，不安感もしくは震え）の徴候を示した新生児はそうでない新生児と比較すると，母親に対して安定した愛着を形成していない傾向があった。

示された根拠のほとんどは，ケイガンの気質に関する仮説を支持していない。たとえば，両親によって評価された子供の気質は，たいていの場合，子供の愛着タイプと関連はみられない（ダーキン，1995）。気質に関する仮説によると，乳幼児は両親に対して同じ愛着タイプを示すと予測される。しかしながら，実際には多くの場合，母親に対する子供の愛着タイプと父親に対する愛着タイプは異なっている（ダーキン，1995）。

ベルスキーとロヴァイン（1987）は，子供の愛着の形態を決定づけるものとして，母親の敏感性と子供の気質の両方が重要であるかもしれないと主張した。これを支持する根拠は，スパングラー（Spangler, 1990）のドイツ人の母親を対象とした研究によって示された。これらの母親の子供に対する反応は，母親の子供の気質についての認知によって影響を受けていた。しかしながら，それ以外に，子供が2歳のときの母親の反応レベルは，子供が3歳になる頃に示された社会的コンピテンスを予測していた。他の研究においては，母親の敏感性が重要であるという根拠は示されていない。セイファー ら（Seifer et al., 1996）は，子供が6ヶ月，9ヶ月，12ヶ月の時点での母子研究を縦断的に行った。主要な結果は，「母親の敏感性はストレンジ・シチュエーション法による分類とは関連していなかった」（p.12）ということであった。

比較文化的問題：異なる文化は，子供が示す特徴について，異なる価値を置くかもしれない。子供たちは，通常母親によって認められた行動を示すかもしれない。

剥奪の影響

私たちはここまで母親もしくは他の養育者との間で子供が形成する愛着の性質を決定づける幾つかの要因について考察してきた。実際にはもちろん子供の愛着を混乱させたり，形成すること自体を妨害することとなる離婚や両親の死といった状況がある。本節では，人生においてある特定の他者や非常に重要な大人から分離させられた幼い子供への影響について考えていきたい。しかしながら，剥奪はもっと年齢の高い子供においても同様の過酷な影響を与えうるということを心に留めておかねばならない。たとえば，12歳という年齢に達する前に母親を失った女児は他の女児に比べ，大人になったときにかなりひどい抑うつになる傾向があったということが報告されている（ブラウンとハリス Brown & Harris, 1978）。

母性剥奪仮説

ジョン・ボウルビィ（John Bowlby, 1907-1990）は，母親と子供の関係に焦点を当てた児童精神分析家であった。ボウルビィ（1951）によれば，「乳幼児，幼い子供は，両者が満足と楽しみをともに感ずる母親（もしくは永久的な母親像）との関係において暖かくて親密で永続的な関係をもつべきである」。このことについては，誰も反論はしない。しかしながら，ボウルビィはさらに，論議の的となる母親的養育の剥奪に関する仮説を提唱した。この仮説によると，人生初期に子供との間の母性的絆が壊れることは，知的・社会的・情緒的発達に深刻な影響を与えるようである。ボウルビィはまた，母親

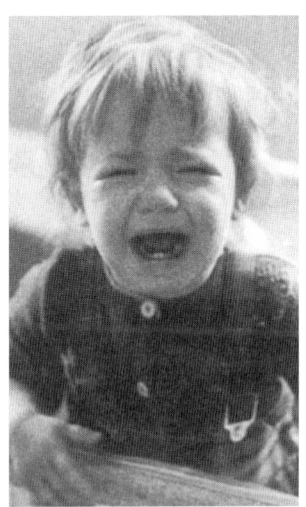

図15-10 母親からの分離は子供に対して厳しい情緒的な影響を与える。分離に対する反応の第一段階は，抗議である：ほとんどの時間子供が泣いている激しい時間。

的養育の剥奪のこれらのネガティブな影響の多くは，永久的であり不可逆的なものであると主張した。

短期的影響

ほとんどの研究は，剥奪が与える長期的影響について焦点を当ててきた。しかしながら，ここでは短期的影響の幾つかについてまず考えたい。母親からのかなり短い分離でさえも，子供には深刻な情緒的影響を与える。ロバートソンとボウルビィ（Robertson & Bowlby, 1952）は，母親が病院に行くために，ある時間分離させられる幼い子供について研究を行った。彼等は分離に対する子供の反応には三つの段階があることを発見した。

1. 抗議（しばしばかなり激しい）：子供は長い時間泣き，時にパニックになっている。
2. 絶望（希望をまったく失ってしまう）：子供はしばしば無感情であり，周囲に対してまったく感情を示さない。
3. 無関心：子供は困惑していないようにみえる。この段階においては母親が戻ってきても，子供は母親に関心を持たない。

第三の無関心の段階においては，子供は母親からの分離にかなり適応していたと考えられてきた。しかしながら，子供によって示された落ち着いた行動は，その感情下にはしばしば苦痛が隠れているようである。後に母親に対する愛着を再構築する子供がいるという事実から示されるように，母親が戻ってきたときに子供によって示される知らん顔は，概して見かけだけで実際はそうでもない。

短期的な分離がこれらのネガティブな影響をもたらすということは必然的なことであろうか。ロバートソンとロバートソン（Robertson & Robertson, 1971）の研究によると，それは必然的ではない。彼らは，母親から分離させられた多くの幼い子供たちを，ロバートソン夫妻の家で世話をし，子供たちが経験するかもしれない苦しみを最小限にするためのさまざまなステップを実行した。まず第一に，実際に分離させられる前に，子供たちはロバートソン夫妻の家を訪問し，子供たちが新しい環境に慣れるようになることを確保した。第二に，子供たちがなじんでいる日常の役割や仕事を子供たちに提供するために最善を尽くした。第三に，彼らは子供たちの母親と話をした。他のほとんどの分離させられた子供たちと比べると，対象の子供たちがあまり苦痛を示さなかったことから，このアプローチは成功したと言える。

根　　拠

孤　児　　ボウルビィの母性剥奪仮説は，ある部分スピッツ（Spitz, 1945）とゴールドファーブ（Goldfarb, 1947）の業績に基づいていた。スピッツは，南アメリカのかなり貧しい孤児院や施設を訪れた。これらの孤児たちのほとんどは，スタッフからの暖かさや関

> ロバートソンとロバートソンの発見は，病院もしくは短期間の養子に出されて世話を受けた子供への援助としてどのように用いられるのであろうか。

心をほとんど受けていなかった。その結果として，彼らは無感動になっていた。子供たちの多くは，無力感や欲求の喪失状態である**依存性抑うつ**（anaclitic depression）に苦しんでいた。

ゴールドファーブ（1947）は，未熟で不適格なスタッフが配属されている孤児院の子供たちにおいて，二つのグループを比較した。一つのグループの子供たちは，養子に出される前に生まれて数ヶ月をその孤児院で生活していた。二つ目のグループの子供たちは，養子に出される前にその孤児院で3年間生活していた。両方のグループは12歳になるまでの幾つかの年齢段階でテストが行われた。孤児院で3年間生活した子供たちは，そうでない子供たちに比べて，知能テストの成績がよくなかった。彼らの社会性は未成熟であり，攻撃的であった。

スピッツ（1945）とゴールドファーブ（1947）の知見は，ボウルビィが仮定した母性剥奪仮説をあまり支持しなかった。彼らが研究を行った施設は，さまざまな点で欠陥があり，母性剥奪と同様に，日常的に刺激が欠けていることに子供たちは苦しんでいた。結果として，母親がいないことからなのか，貧しい施設上の問題なのか，それとも両者の要因によるものなのかという結果の解釈は非常に困難である。

図15-11　最近の報告では，ルーマニアの孤児が経験した剥奪を強調している。これらの多くの子供たちは，最低限の食糧は与えられていたが人間の暖かさや接触をもたず，依存性抑うつ症状を示した。

長期的影響　ボウルビィ（1946）は，母性的養育の剥奪が深刻な長期的影響をもたらすという根拠を示した。彼は，犯罪は犯していないが情緒障害を抱える青年と，犯罪を犯した非行者を比較した。非行者のうち32％が，罪の意識や良心の呵責を感じない病気である，**愛情欠損性精神病質**（affectionless psychopathy）を示した。一方で，情緒障害を抱える青年においてはこの病質は示されなかった。ボウルビィは愛情欠損性精神病質である非行者の64％が，発達初期に剥奪を経験していたことを発見した。これとは対照的に，愛情欠損性精神病質を伴わない非行者の10％のみが，発達初期に母性的養育を剥奪されていた。これらの結果は，母性剥奪は愛情欠損性精神病質をもたらしうることを示している。しかしながら，これらの知見は後の研究においては支持されなかった。

剥奪と欠如

ラター（Rutter, 1981）は，愛情欠損性精神病質に関するボウルビィ（1946）の発見は再考する必要があると主張した。彼は，剥奪と欠如との間には重要な差異があることを指摘した。**剥奪**（deprivation）は，子供は重要な愛着を一度形成しているが，後に主な愛着対象から分離させられた場合に生起する。これとは対照的に，**欠如**（privation）は，誰とも親密な関係を形成したことがない場合に生起

評価—ボウルビィ

ボウルビィは，44人の盗みをはたらいた非行少年の研究に基づいて，母性的養育の剥奪に関する仮説を提出した。これらの青年は，子供補導相談所に通っていた。ボウルビィは，このグループと，情緒障害を抱えてはいるが犯罪は犯していない他の44人の青年を比較した。44人のうち17人が，5歳になるまでに少なくとも1週間，母親から分離させられた経験をもつことをボウルビィは発見した。彼のこの研究は，その研究が，本当の意味での統制群を用いておらず，サンプリングに問題があったことから，方法論的に欠点があると批判されてきた。ボウルビィは，この研究の結果を誇張していたかもしれないことを後に認めた。現在では，母親にだけではなく，他者に対して愛着を形成することが重要であるということが明らかになっている。

キー用語

依存性抑うつ：ほとんど世話をされなかった子供が経験する状態。欲求を失い無力感を感じるものである。

愛情欠損性精神病質：非行少年にみられる病気である。罪の意識や後悔の念を欠いている。

剥奪：一度他者との間で親密な関係を形成したが，後にその他者から分離させられた子供の状態。

欠如：他者とこれまで親密な愛着を形成したことがない子供の状態。

するのである。ボウルビィの研究の対象であった非行者の多くは，発達初期に家の中での変化や主な養育者の交替を経験していた。このことは，彼らの問題行動は，ボウルビィが述べたような剥奪というよりはむしろ，欠如によるものであるとラター（1981）は考えた。ラター（1981）は，欠如がもたらす影響は，剥奪のそれよりもより深刻で長く継続するものであると述べている。欠如は，「他者からの注意を求めたがることによる執着や依存的行動，誰彼かまわない無差別な友好性，そしてついには罪の意識を欠くパーソナリティ，ルールを守ったり，友人関係を形成することができないといったことをもたらす」と彼は結論づけている。

モノトロピー仮説

ボウルビィの**モノトロピー仮説**（monotropy hypothesis）によると，子供はある一つの強い愛着を形成し，その対象は大抵母親であるという。しかしこれはいつもそうであるとは限らない。シャファーとエマーソン（1964）は，先述した研究の中で，乳児が1歳になるまでの間，数回彼らの家を訪問した。それぞれの大人から分離させられる状況に対しての乳児の抗議のレベルに基づいて，それぞれの大人に対する子供の愛着を調べた。10ヶ月になるまでに，59％の乳児が1人以上の大人に対して愛着を形成しており，その数字は18ヶ月になるまでに87％にまでのぼった。より年齢が上がってくると，主に母親に愛着を形成しているのは子供たちの半数のみであり，父親に対しては30％であった。したがって，ボウルビィが仮定した，母親に対してのみ強い愛着を形成している子供はかなり少なかった。

剥奪の理由

ボウルビィ（1951）は，剥奪それ自体が長期の困難をもたらすと指摘した。対照的にラター（1981）は，剥奪の影響は，分離時の正確な理由に依存すると提案した。彼はその研究の中で，幼いとき，ある期間母親と離れさせられた9歳から12歳の年齢の男児を対象に研究を行った。概して，社会的によく適応した男児は，住居上の問題や身体の病気といった要因により分離させられていた。これとは対照的に，不適応な男児は，多くが家族内での社会的関係の問題（たとえば，精神病など）により分離させられていた。したがって，子供における問題を引き起こす原因となるのは，分離そのものであるよりもむしろ家族内での不一致であると言える。

ティザード

ボウルビィ（1951）は，母性剥奪のネガティブな影響は，取り返しがつかない，もしくはその効果を消し去ることはできないと主張した。しかしながら，先行研究による有効な根拠のほとんどは，彼の主張を支持しなかった。そしてこのことは，欠如でさえもいつも永久的な影響をもつわけではないということを示唆している。この見解に関する最も綿密な根拠の幾つかは，ティザード（Tizard, 1977），ティザードとホッジス（Tizard &

キー用語
モノトロピー仮説：ボウルビィによって提唱された，子供が生来母親と強い絆を形成する傾向をもっているという考え。

Hodges, 1978)，ティザード（1986）によって報告された。彼らは，誕生後7年間を施設で生活した子供を対象に研究を行った。それぞれの研究対象となった子供たちは，2歳までに平均して24人の異なった養育者によって世話をされた。特定の大人と強く継続的な関係を形成する機会を欠いたことは，彼らが母性的養育の剥奪に苦しんでいたことを意味する。このことにもかかわらず，子供たちのIQの平均値は，4歳半の年齢のとき105であった。したがって，おそらくこの施設は，子供たちの認知的発達は妨げてはいなかったのである。

これらの子供たちの発達は，8歳と16歳のときにおいても研究が行われた。彼らのうち幾人かは自分たちの家庭に戻っており，またその他の子供たちは養子に出されていた。養子に出された子供たちのほとんどは，養子先の両親との間で親密な関係を築いていた。このことは，自分たちの家庭に戻った子供たちにおいてはあまり事実としてみられなかった。なぜならば，彼らの両親は，本当に子供たちに家に戻ってきてほしかったかどうかについて，自分自身よくわからなかったからである。自分の家に戻った子供たち，養子に出された子供たち，両者ともに学校生活においては問題があった。ティザードとホッジス（1978, p.114）によると，彼らは大人からの注意を強く欲し，仲間との関係においてもよい関係を形成することは困難であった。

ホッジスとティザード（1989）によると，子供が16歳のときの養子先の家族との関係は，誕生後ずっと家族と暮らしてきた子供と同じくらい良好であった。しかしながら，施設から自分の家族に戻った，現在16歳の子供たちは，両親に対してほとんど愛情を示さず，また両親の方も彼らに対してあまり情緒的に関わっていなかった。両者ともに，同年齢の友人との関係は似通っていた。他の子供たちと比べると，彼らの場合，親友をもったり，情緒的支えのよりどころとして友人をみなしていたりといったことは，あまりみられなかったのである。

議論のポイント

1. 剥奪の影響に関するこれまでの見解に関して，ティザードの研究は何を新しく加えたのであろうか。
2. 養子に出された子供たちと自分の家族のところに戻った子供たちによって示された異なった行動は，どのように説明されるのか。

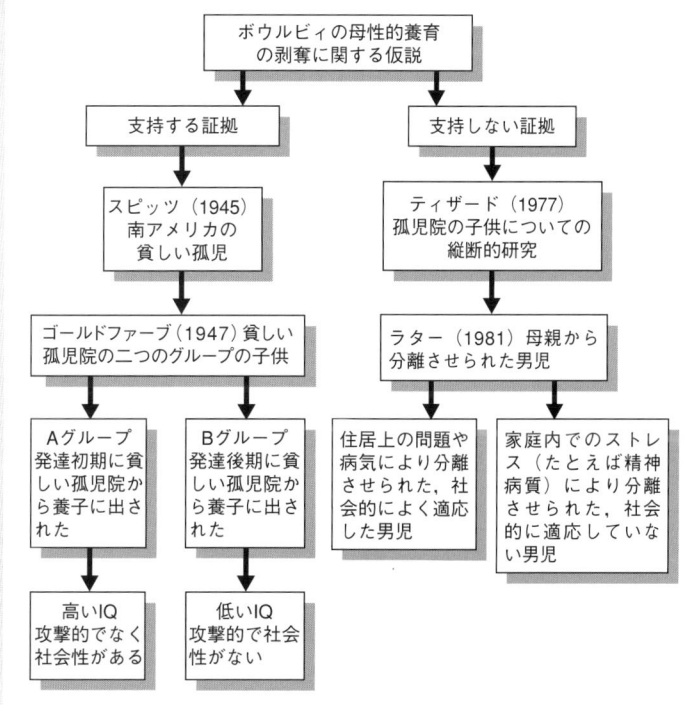

図 15-12

極端な欠如

　子供を対象とした，極端な欠如や隔離の影響について検討した研究は幾つかみられる。これらの子供たちがいかに立ちなおる力をもっているかということは非常に驚くべきことである。コルチョヴァ（Koluchova, 1976）は，誕生後7年間地下室に閉じ込められていた一卵性双生児について研究を行った。彼らは，劣悪に扱われ，しばしば殴られていた。彼らはほとんど話すことができず，主にジェスチャーに頼っていた。この双子は9歳のとき養子に出された。14歳になる頃には，彼らの行動は健常なものとなっていた。20歳の頃には，彼らの知的レベルは平均であり，養子先の家族とはすばらしい関係を築いていた。

　カーティス（Curtiss, 1989）は，児童期のほとんどをロスアンジェルスの自宅の押入れで過ごしたジェニー（Genie, p.494参照）のケースについて検討している。彼女は，家族とはほんの少しの接触しかもつことができず，また音を立ててはいけないと抑制されていた。彼女は1970年，13歳半のときに発見された。彼女は十分に食べ物を与えられておらず，まっすぐに立つことができず，また社会的スキルももっていなかった。そのときは彼女は言語を理解することができず，話すことはできなかった。ジェニーは，発見された後，かなり多くの教育と援助を与えられた。言語を用いた達成課題を達成する能力は急激に発達し，幾つかの知覚課題においては健常なレベルに達した（カーティス，1989）。

　不幸なことに，ジェニーの言語スキルは健常な成人レベルには到達しなかった。彼女はかなり多い語彙をもつようになったが，概して，文法上正しくない文章で，短文で話し，複雑な文法である文章は理解しなかった。彼女の社会的スキルには限界があった。その理由はいくぶんかは，「彼女のイントネーションは正しくなく，彼女のことをよく知っている人しか彼女が言おうとしていることを理解す

図15-13　発達初期に残酷な経験をし，収容所に拘束された孤児は，収容所から解放されると，急激な社会的・言語的発達を示した。これは，1945年1月にアウシュビッツからの解放を待つ子供たちの写真である。

ることができなかった」ことによる（カーティス，1989, p.216）。

フロイトとダン（Freud & Dann, 1951）によると，他の幼い子供との間で強い愛着を形成した幼い子供は，両親を失ったり劣悪な環境で生活することから受けたひどい損傷を回避することができた（p.1232参照）。彼らは，強制収容所において，わずか生後数ヶ月のときに両親を殺された6人の戦争孤児について研究を行った。子供たちは，3歳になるまでの間，約2年間移送キャンプの中でともに生活し，人が絞首刑にあっている場面を見たりといった，ひどい苦痛を経験した。このキャンプの中では，彼らは母親のいない子供たちの監房に入れられ，互いの子供たち以外の人との接触は厳しく制限されていた。第二次世界大戦が終わってキャンプが解放された後には，彼らはイギリスに送られた。キャンプが解放されたときには，彼らの話す言葉は十分に発達しておらず，体重は平均以下で，大人に対して恐怖心を表した。しかしながら，彼らは子供たち同士では強く愛着を形成していた。フロイトとダン（1951, p.131）によると，

> ケーススタディ：リリーの家族
>
> ジーン・リリー（Jean Riley）（54）と彼女の夫ピーター（Peter）（58）は，現在17歳と19歳のルーマニア人の2人の子供を養子として引き取った。彼らが初めてセザリナ（Cezarina）と会ったときには，目は精気がなく，不道徳的で，身体的発達レベルは約4年遅れていた。まず第一に，セザリナの身体的問題が解決され，後にはよい発達を遂げた。しかしながら，セザリナは，ジーンとピーターが重要だと思う事柄については，ゆっくり（した発達）であった。子供が生きのびるために必死で頑張っているときには，明確な検査はあまり重要ではないことを，ジーンはわかっていた。
>
> ジーンによると，セザリナは頭はよかったが，情報を得るためには何度も何度も確認する必要があった。また，彼女にとってジョークや皮肉を理解することは難しかった。このことは言語学習が困難であることによるのかもしれなかったが，ジーンは，セザリナは繊細で，情緒的に未成熟であるとみていた。セザリナは，コミュニケーションができないことでストレスを感じていると言っていた。彼女は，ファッションやポップミュージックといったことでは他の女の子と同じであったが，自分自身を他の女の子とは異なっているとみていた。ジーンは，子供を養子に迎えた親のグループである，施設児のための両親のネットワークにすぐに相談した。セザリナは，初期の貧しい経験から，いくぶん回復した（1998年9月21日の雑誌「ウーマン（Woman）」に掲載されていた説明）。
>
> ラターら（1998）によって重要な研究が実施された。それは，2歳になるまでにイギリスに養子に出された111人のルーマニアの子供たちに関する研究である。彼らがイギリスに到着したときには，重度の発達障害がみられたが，その後2年で劇的な発達が認められた。
>
> これらの発見は，まさに問題がある困窮の子供時代を送った場合でさえ，ほとんどの子供は回復可能であるという見解を支持している。

> 子供の心の中のポジティブな感情は，子供たち同士のグループ内に限定されていた。彼らは，仲間と一緒にいること以外には何も望まず，少しの時間でも互いから離れると混乱を示した。

時が経って，6人の子供たちは，大人の養育者に対して愛着を形成するようになっていた。さらに，社会的レベルや言語の使用においても急激な発達を遂げた。彼らの発達初期の経験が，永続的なネガティブな影響を与えたかどうかについて言うことは難しい。彼らのうち1人（リー Leah）は精神医学的援助を受け，他の1人（ジャック Jack）は時に強い孤立感を感じていた（モスコヴィッツ Moscovitz, 1983）。しかしながら，無作為に抽出された大人の中から，同様の問題を見つけ出すことはそれほどまれなことではない。

まとめると，母性的養育の剥奪もしくは欠如のネガティブな影響のほとんどは取り戻すことができ，ボウルビィが信じていたように子供たちは思っている以上に回復する力があるのである。しかしながら，ジェニーのケースは，児童期の間ずっと言語発達が妨げられている場合には，健常な成人の言語スキルにまで発達する能力は失

われるということを示唆している。

強　化

子供にとってひどい剥奪におけるネガティブな影響を排除する試みは，しばしば驚くほど効果的であることをみてきた。それらの試みの成功は，それほど極端ではない剥奪を経験した子供にとっても，豊かな環境を供給することはまた好結果になると意味するかもしれない。最もよく知られているそのような試みは，おそらく1960年代にアメリカで紹介されたヘッドスタート・プログラムであった。しかしながら，ミルウォーキー・プロジェクトやカロライナ入門プロジェクトといったさまざまな他の強化プログラムもあり，それらも後に詳述する。

ヘッドスタート・プロジェクト

ヘッドスタート・プログラムは，恵まれない環境に育った幼い子供のための強化プログラムであった。それは，広い範囲にわたる就学前教育の供給に焦点を当てたものであり，時には子供の両親に対してもケアや教育を提供するものであった。医学的・栄養的な指導・助言も含まれていた。

ヘッドスタート・プログラムにより，概して，短期間で約10ポイントIQの上昇が生起した（レイザーとダーリントン Lazar & Darlington, 1982）。そしてまた学習到達度に対しても有益な効果をもたらした。しかしながら，子供たちが小学校に通うようになると，これらのIQの上昇は消失する。

ヘッドスタート・プログラムは，関係している教師の有能性や利用できる教材のレベルに関して大きな相違があった。シュワインハートとウェイカート（Schweinhart & Weikart, 1985）は，よいヘッドスタート・プログラムは，「幼児期における知的作業の改善，学童期でのよりよいクラス分けと学習目標達成の改善，そして思春期における非行率の低さと，19歳時での高校卒業率とその後の就職率の高さ」というよい結果をもたらすと結論づけた。

リーら（Lee et al., 1990）は，ヘッドスタート・プログラムに参加した子供，プレスクールで学んだ子供，そしていずれも受けていない子供，の三つのケースを20年間追跡調査した。ヘッドスタート・プログラムにより得られたよい成果は，時が経つにつれ薄れていったが，しかし，この計画に参加せず，プレスクールにも行かなかった子供

図15-14　学校に行き始めると，プレスクールに通っていた子供は，そうでない子供と比べると，幅広く発達が進んでいる。ヘッドスタート強化プログラムもまた，このような成果を生起させるものであるが，その成果は，プレスクールへの通園によって得られる成果に比べるとあまり多くない。

比べると，それでもいくらか優れていた。しかしながら，プレスクールに参加した子供とはほとんど差が見出されなかった。

　ヘッドスタート・プロジェクトは，長期でみればなぜわずかな成果しかもたらさないのであろうか。ヘッドスタート・プログラムにおける主な限界とは，子供たちが1週間のうちほんの数時間しかこの計画に参加しないことである。その結果，1～2年間の通常の学校生活がヘッドスタート・プロジェクトによる成果を消失させることは，たぶん驚くには当たらない。

ミルウォーキー・プロジェクト

　ヘッドスタート・プログラムの最も明白な改善方法は，計画に参加している子供を，より強力にその内容に関わるような強化プログラムを考案することである。強化プログラムが正確に実施されたのがミルウォーキー（Milwaukee）・プロジェクトである（ヘバーら Heber et al., 1972）。この計画にはIQが75以下の低い社会階層における，黒人の乳幼児40人が参加した。母親と乳幼児は，二つの群（実験群と統制群）に分けられた。実験群だけが途中で操作を受けた。乳幼児については，3ヶ月になった子供から始められ，週に5日間の集中的なデイケア・プログラムが実施された。プログラムは，読むこと，数学，言葉，そして問題解決，そしてさらに社会支援の準備ということに焦点を当てていた。母親に関しては，家事と養育スキルについて改善するために，またさらに就職に必要なスキルを訓練するための講習会が実施された。

　ミルウォーキー・プロジェクトにおいて見出されたことは何であったろうか。プロジェクト実施から最初の18ヶ月においては，実験群と統制群の子供のIQは同じ平均値を示していた。しかしながら，5歳半では，IQの平均値において30ポイントという著しい差（124ポイントと94ポイント）が生じた。そして，この差は子供たちが学校に通っている間，20ポイントしか縮まらなかった。これらの発見は，劇的なものであり，強化プログラムは大変長期にわたる効果が可能なことを示唆している。しかしながら，この知見をそのまま受け入れるべきかどうかは明白ではない。ベリーマンら（Berryman et al., 1991, p.133）は次のように指摘している。

> ミルウォーキー・プロジェクトの結果は審査付の学術雑誌にほとんど発表されていないので，その結果に対する疑惑が生まれている。チャールズ・ロカルト（Charles Locurto）は，それゆえに『ミルウォーキーのミステリー』として引用している。彼はまた『ミルウォーキーの奇跡』とも呼んでいる。

カロライナ入門プロジェクト

> ミルウォーキー・プロジェクトの知見に対する疑問の理由の一つは，同じようなプロジェクトであるカロライナ入門プロジェクトにおいては，同じような劇的な成果というものがほとんどみられていない点にある。この

リーら（1990）による発見は，ヘッドスタート・プロジェクトもしくはプレスクールに参加した子供たちは，そうでない子供に比べると，恩恵を被ることを示唆している。この研究は，今日の社会における社会的ポリシーへの示唆を与えるであろうか。

プロジェクトにおいて，ラムジー，ブライアントとシュアレス（Ramsey, Bryant & Suarez, 1985）は，母親のIQが70〜85である恵まれない子供を研究した。これらの子供のうち一部は，生後数週間から始まって，5歳になるまで続いた週5日間の教育プログラムを受けた。一方，このような教育プログラムを受けない同様の恵まれない子供の統制群もあった。3歳では，子供の平均IQにおいて，統制群の子供に比べ，より高い値を示した（102対93）。5歳においても，かなり大きなIQの差がみられた（102対93）。さらに12歳においても依然その差は存在した。しかしながら，ミルウォーキー・プロジェクトから得られた発見と比較すると，5歳時のIQに対する効果は，統制群との差異は，ミルウォーキー・プロジェクトの場合の3分の1だけ大きいにすぎなかった。

カロライナ入門プロジェクトにおいては，他の群として5歳から8歳にかけてプログラムを受けた恵まれない子供の群が調査された（キャンベルとラミー Campbell & Ramey, 1994）。プログラムの効果は，この群と比べてより小さなものであり，おそらくこれはすでにこの子供たちが学校に通い始めていたからであろう。

議論のポイント
1. カロライナ入門プロジェクトにおいて見出されたことは，どの程度印象に残ったか。
2. このプロジェクトは，知性を自然に養育するという議論にどのような光を当てているか。

養子研究

豊かな養育環境が子供の知性と教育的到達度を改善することができることについての最も確かな根拠は，養子研究から得られている。シフら（Schiff et al., 1982）は，実の親が未熟練労働者であり，生まれた際に捨てられた子供の研究を行った。この子供たちは，生後約4ヶ月で成功した専門的職業をもつ家族に養子として引き取られた。養子になって数年後の平均IQは109であった。対照的に，実の親に育てられた，これらの子供の実のきょうだいの平均IQは，わずか95であった。つまり，養子になった子供が経験した豊かな養育環境は，IQの平均値を14ポイント上昇させたことになる。加えて，学校教育において成績が悪かった率は，養子になった子供は，そうでない子供と比較して4分の1であった。

キャプロンとダイン（Capron & Duyne, 1989；pp.613-614とp.1063参照）によって，同様な知見が報告された。彼らは，実の生物学的な親が低い社会−経済的階層であった子供たちの，引き取られた後について検討した。半分の子供は高い社会−経済的階層の家

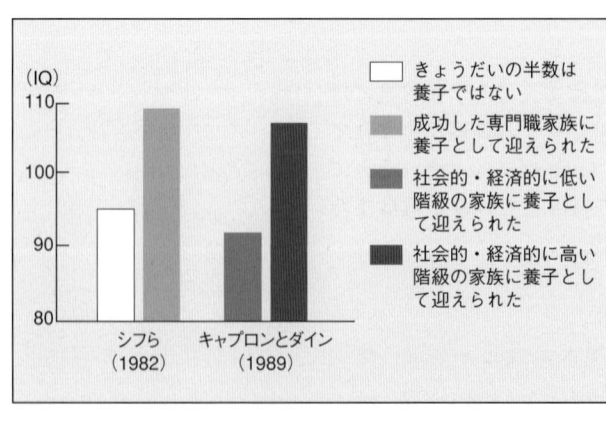

図15-15

庭で養育され，他の半分は低い社会-経済的階層の家庭で養育された。養子になって数年後，前者の群は後者の群に比べ，平均IQにおいて11ポイント高かった（107対92）。

「ホットハウス」の子供たち

ヘッドスタート・プロジェクト，ミルウォーキー・プロジェクト，そしてカロライナ入門プロジェクトは，すべて恵まれない子供のための強化プログラムを提供することを目的としていた。一方，平均あるいは平均以上の能力をもった子供への強化プログラムの提供もまた可能である。ウォームズレーとマルゴリス（Walmsley & Margolis, 1987）は，そのようなプログラムは非常に効果的であると主張した。彼らによれば，親から基礎的スキルについて熱心な指導を受けた幼い子供は，他の子供に比べ，何年も早くその能力を発達させる。彼らはこのような子供を「ホットハウス」の子供たち（"hot house" children）と呼んだ。

ウォームズレーとマルゴリスは，すべての子供は，豊かな学習環境が提供されるならば，優秀な能力を発達させることを示唆した。しかしはっきりした根拠はない。しかしながら，優秀な成績を示す子供の大多数は，親から熱心な指導と励ましを受けていることは確かな事実である。このように，豊かな養育環境は，子供の優秀な成績には必要であるが，しかし十分な条件ではない。

「ホットハウス」の子供たちについての明確な根拠が，ハウ（Howe, 1988）によって考察された。彼は，以下のように結論づけた。

> 基礎的なスキルを早期に獲得させるように誠実な努力を行う親をもった子供は加速的な発達を示す。さらに，親の支援と励ましが児童期初期以降突然終わらないならば，加速的な発達の効果は，累積的で永続的なものになるであろう。

> **キー用語**
> 「ホットハウス」の子供たち：発達初期に提供される熱心な指導により，まれにみる到達度を有する，平均的または平均以上の能力をもつ子供。

文化と副次文化の影響

強化は，一般に，あるグループにおいて特定のプログラムに志向されたものとして考えられている。しかしながら，より広い方法において強化は効果的であることが証明されている。たとえば，フリン（Flynn, 1987）は14ヶ国で世代間のIQを比較した。彼の主な知見は，対象となったすべての国において実質的にはIQの平均が相当量増加したということであった。おそらく，これらは社会的，教育的機会が改善されたことによってもたらされた。強調するべきことは，環境の豊かさは社会全体の知性に対して大きな成果をもた

図15-16 両親は，遊びを通して学習を支持したり奨励した場合には，スキル獲得においてすばらしいスタートを子供たちに提供することができる。

らすことができるということである。しかしながら，少なくとも，フリンにより報告された幾つかの改善点は，知性そのものの向上によるというよりもむしろ，知性に関するテストをより熟知していることによるものであろう。

語彙と社会的階層

中流階級家庭の子供は，労働者階級の家庭の子供に比べてより高いIQを示す傾向にある（スターンバーグ Sternberg, 1985）。この相違について，幾つかの妥当と考えられる理由がある。そのうちの一つは，中流家庭は豊富な学習環境を提供している点である。示唆的証拠がハートとリズレー（Hart & Risley, 1995）により示された。彼らは専門的職業についている家庭の3歳児が，なぜ他の家庭の子供よりもより多くの語彙を有するのか，その理由を見出すことに興味をもっていた。専門的職業についている家庭の子供は3歳までに自分に向けられた3千万以上の単語を耳にしている一方，生活保護を受けている家庭の子供は1千万の単語しか耳にしていないことを見出した。労働者階級の子供は中間的で約2千万の単語を耳にしていた。これらの知見は，専門職家庭の子供の大きな語彙数が，その豊かな言語環境によるものであることを，証明してはいないが，しかし関連性のある要因のうちの一つのようである。

遊　び

多くの理論家は，遊びが子供の知的・社会的発達の手助けになり，強化の形態の一つと考えられると主張している。ピアジェとイネルデ（Piaget & Inhelder, 1969）は，実践的遊びと象徴的遊びを区別した。子供にみられる実践的遊びとは，完成させるために繰り返される行為である。対照的に象徴的遊びとは，発達上いくぶん後期にみられる。象徴的遊びは，対象物あるいは人物を実際とは異なるようにみなすものである。たとえば，子供は貝殻をカップとみなしたり，自分を海賊や電車の運転士とみなしたりする。ピアジェとイネルデによれば，象徴的遊びは子供の想像力を発達させる。

ピアジェとイネルデは，象徴的遊びの重要な機能とは子供にさまざまな役割を担わせることであり（たとえば教師，親），このことが彼らが生きている社会的世界について学ぶ手助けをすると述べた。たとえば，彼らは経験する葛藤を解決するためにしばしば象徴的遊びにふける。ピアジェとイネルデは以下の例を示した（1969, p.60）。

> もし昼食で［叱られる］場面があったら……きっと1, 2時間後に人形でその場面が再現され，そしてより幸せな解決がもたらされるであろう。その子供が自分の人形をしつける……あるいは，嫌いなスープを飲み干すといった昼食で彼が受け入れられなかったことを，後で遊びの中で受け入れることで，特に人形が象徴的にスープを飲み干すといったことが起こるならば，先の出来事を受け入れるのである。

豊富な言語の環境は，プレイスクールや幼児学校でいかに適用が可能であろうか（ヘッドスタート・プロジェクトや他の強化プログラムによって一般化される研究や，それらの恩恵と豊富な言語環境との可能なつながりを忘れないこと）。

図15-17

遊びの豊かな効果に関する示唆的な根拠はダンスキー（Dansky, 1980）によって示されている。彼は最初，就学前の幼児がどのくらい頻繁にごっご遊びをするのかによって二つのグループに分けた。次に，普通の遊びでは使われない物を使って子供がどのように遊ぶかを観察した。これらの物は，マッチ箱，クリップなどである。重要な知見は，よくごっこ遊びをする子供は，これらの物をより新しい創造的な方法で用いるという点であった。

　ごっご遊びがよい効果をもたらすというさらなる根拠が，コナリーとドイル（Connolly & Doyle, 1984）によって得られた。ごっこ遊びをほとんどしない就学前幼児に比べ，よくごっこ遊びをする就学前幼児は，他の子供の中でより人気があり，より発達した社会性を示す傾向があった。

　ダンスキー（1980）と，コナリーとドイル（1984）の研究には限界がある。彼らは，高いレベルのごっこ遊びはさまざまな望ましい結果（たとえば，人望）と関連しているという重要な相関に関する根拠を得た。しかしながら，このことはその望ましい結果がごっこ遊びの結果として生じたことを証明しているわけではない。

評　価

　恵まれない環境の子供への強化プログラムからの知見は，かなりの一致を示している。一般に，急激な IQ の上昇と学習到達度の向上がみられるが，しかし，これらのよい変化は，学童期の初期において消失する傾向がある。養子に出された子供の研究は，強化が恵まれない環境の家庭に生まれた子供の IQ を向上させることを確認した。また，平均か平均以上の家庭の子供は，もし親が熱心な指導を行うならば，より急激な発達能力を示すことが可能であるという根拠もある。

限　界

　先行研究から得られた知見が一致しているにもかかわらず，強化に関する研究は，幾つかの点で限界がある。まず第一に，子供の発達に強化が**なぜ**，そして，**どのように**影響を与えているのか，その詳細については私たちは知らない。強化プログラムは，子供が読むことや数学などについてより詳細な指導を受けられるという理由でうまく機能しているようである。しかしながら，強化プログラムは，子供に学校に行ったらより一生懸命勉強する動機づけの手助けをしているのかもしれない。同様に，成功した専門職家庭に受け入れられた子供は，たぶん幾つかの点で恩恵を受けている。教育的，動機づけとしての恩恵ばかりでなく，社会的，情動的な恩恵もあるかもしれない。

独創的で創造的な遊びは，大人になってからの生活にいかに役に立つであろうか。

IQの強調

二番目に，強化プログラムの有効性の尺度として，IQの変化に注目しすぎているということである。ほとんどの知能テストによって評価されているように，IQは知的能力のいくぶん狭い範囲の測定法である。高いIQは学校における学習の成功のよい予測因子であるという理由から，尺度としてのIQがしばしば擁護される。しかしながら，介入プログラムを通して示される高いIQ値は，「自然に」生じる高いIQ値の場合に比べ，学校での成功を予測する力は弱いことを示す根拠がある（ミラーとビゼル Miller & Bizzell, 1983）。この理由についてはわかっていないが，これは，強化による高いIQ値は，強化をしないときには同じような高いIQ値が得られるということはないという明確な示唆である。

異文化要因

三番目に，ほとんどの強化プログラムは米国で実施されているので，見出されたことが他の国の場合にも当てはまるかどうかは明らかではない。これらの研究において恵まれない子供がなぜ強化プログラムにより短期間に改善を示したかに関する主要な理由は，おそらく，もし強化プログラムを受けない場合にも就学前教育あるいは幼稚園教育のような形の教育を受けてなかったであろうということが考えられる。強化プログラムは，ほとんどすべての小さな子供が幼稚園にいくような社会においては，あまり効果がないのではなかろうか。

子育てにおける異文化間の相違

これまでこの章においては，米国とイギリスにおける幼い子供に

図15-18 子育ては文化によって多様である。イギリスでは，生活を支えるために幼い子供がごみを集めることは受け入れられないけれども，一方で，バングラデッシュではこれが子供と家族が食べていくために十分なものを手に入れる唯一の方法である。

ついて初期の社会化の過程に主に焦点を当ててきた。これから先に示すように，乳幼児における社会化の発達は世界の他の地域でも同じように生じるという仮定は間違いであろう。異なる文化間において子育てには相違が存在する。そしてこれらの相違は，子供の社会的行動に避けがたい影響をもっている。ストレンジ・シチュエーション法による研究は，幾つかの異なる文化において実施されており，その中で発見されたことについて，以下で詳細に考察する。

証明されていない因果性
　しかしながら，先に進む前に二つのことに注意を払う必要がある。第一に，私たちが興味ある文化間差異を，子育てと子供の行動や発達において見出した場合，たいがい子育てがこのような子供の行動や発達の結果をもたらす要因になっていると結論しがちである。しかしながら，文化間研究は，実験的手法を用いておらず，そのような研究は本質的に相関的であるので，子育てと子供の発達の間に因果関係が存在することを示してはいない。

異なっている，だからより望ましい？
　第二に，ある文化が他の文化よりよりよい子育てを有するといった仮定は危険である。ある特定の文化においてその中での子育ての適正さを説明するためには，その完全な理由づけが必要である。たとえば，親が属している社会がもし貧困と恐怖の中にあるのであれば，子供の世話に費やせる時間はほとんどないであろう。この例の一つは，北西ブラジルにおける母性剥奪的家庭に見出されている（シェパー-ヒューズ Scheper-Hughes, 1992）。この地域では，子供がもし病気などで通常の発達をしない場合には，この子供はほとんど世話されることはない。これは残酷に聞こえるが，しかし，これらの家庭が，5歳になるまでに約5割の子供が死亡するといういかに困難な条件の中に生きているかを認識すれば，頷けることである。そのような環境では，生き抜く機会を有する子供だけに適切な世話をするということは現実的であろう。
　レイヴン（Raven, 1980）によって，エディンバラでの家庭訪問プロジェクトにおける研究の中で，文化的価値を導入する危険性が示された。このプロジェクトでは，労働者階級の母親は，子供と頻繁にコミュニケーションをとるという中流階級のアプローチを採用するように促された。その主な結果は，母親が自分の母親としてのスキルに対してより自信をなくしていったということであった。メドウズ（Meadows, 1986, p.183）がコメントしたように，「よい親としての役割のいくぶんかは，家庭の外の社会が何をその子供と家庭に許し，そして要求するのかによる」(p. 183)。言い換えると，子育ての実際はその文化の中で「機能する」から発達していくのである。
　以下において，まず社会性の発達への文化的影響に焦点を当てる。その後，知的発達への文化的影響を検討する。

子育ての実際

　子育てに関する幾つかの研究は，文化間における重要な類似性を発見している。また他の研究では，類似性が認められなかったものもある。これらの研究における類似性のうちの一つは，ケラー，ショルメリックとアイブル-アイベスフェルト（Keller, Scholmerich & Eibl-Eibesfeldt, 1988）によって報告された。彼らは，四つの国と地域（ドイツ，ギリシャ，ヤノマニ・インディアン（Yanomani Indian），トロブリアンド島（Trobriand Island））の母親とその子供を観察した。母親と子供とのアイコンタクトと会話のパターンは，これら四つの国と地域において非常に類似していた。

　対照的に，ラバイン-ジャミン（Rabain-jamin, 1989）は，パリに住んでいるフランス人の母親と西部アフリカ人の母親が，かなり異なったやり方で10～15ヶ月の乳幼児を扱うことを見出した。フランス人の母親は，より多く子供へ話しかけた。そしてまた，言語と非言語情報を統合する傾向があった。たとえば，ある物を指しながらその名前を言い，その物について話をした。子育てにおける本質的相違は，以下のような西部アフリカ人の母親の言葉によって表現された。「私たちは遊ぶためにおもちゃを与える。あなた方は将来のことを考えて，教えるためにおもちゃを与える。私たちは，子供たちは年齢を重ねるとよりよく学ぶであろうと感じている」(1989, p.303)。

比較文化的問題：この西アフリカのアプローチは，先述した「ホットハウス」とどのように異なるのか。

　私たちはどのようなときに子育てにおける文化間差異を見出すのであろうか？　そのような差異は，より年齢の高い子供や大人の文化的期待に関する差異を一般的に反映する。たとえば，ラバイン-ジャミンによるフランス人と西部アフリカ人の母親の相違を検討してみよう。ダーキン（1995）が指摘しているように，フランス文化において期待されるものは，子供たちが，その主要な部分が高いレベルの言語スキルの習得からなる公的教育に何年間かを費やすことである。対照的に，西部アフリカの文化は，子供はかなり幼い年で，日常に実際に要求されることを扱えるようになることを期待される。子育てにおける相違は，これら文化的な目標を成し遂げるためにうまく作られているようである。

　子育てに対する西洋のアプローチは，一般的に子供の発達段階に適した話し方や振る舞いを養育者自身がとる。サモアでは異なるアプローチをとる。大人は，乳幼児に言葉をかけるとき，その言葉を単純なものにしない。彼らは子供にリズミカルに歌ったり話したりして，子供たちが言っていることの正確な意味を明らかにすることにはほとんど興味を示さない。なぜこのアプローチをサモアの大人はとるのであろうか？　サモア社会では地位は，大きな意味をもっており，幼い子供は低い地位なのである。その結果，高い地位の大人にとって，話し方や振る舞いをこのような低い地位にある者のために修正することが適切であるとは考えない。

比較文化的問題：サモアのアプローチと西部アフリカの母親のアプローチ，西洋の強化プログラムを比較しなさい。

文化的価値

　異なった文化において，子育てはその文化的価値を次世代へ伝達するために重要である。たとえば，個人主義と集団主義のいずれに重きを置くのかに関しては人間社会によって異なるということがしばしば議論される（たとえば，ホフステド Hofstede, 1980；第28章参照）。個人主義的文化（アメリカ人のような）では，個人の成功に焦点が当てられる。一方，集団主義的文化（日本人や中国人のような）では，集団での努力や協調に焦点が当てられる。ボーンスタインら（Bornstein et al., 1990）は，日本人の母親が幼児に母親である自分に関心を向けるように勧め，その後子供の関心を子供の周囲の環境へ向けるようにすることを見出した。対照的に，アメリカ人の母親は，幼児が環境や母親に注意を向けているか否かにかかわらず，いずれの場合も幼児を支持し励ました。これらのことは，社会性発達における文化的差異を示唆している。彼らは，日本人の母親は主に幼児の人間関係の発達に焦点を置いており，一方アメリカ人の母親は自発性を発達させることに焦点を置いている。

　同じような結果がハーウッドとミラー（Harwood & Miller, 1991）によって報告されている。彼らは，英国系アメリカ人の母親が，幼児が示す自立の兆候に対して好意的に反応することを見出した。このことは個人主義的なイギリスやアメリカの文化に適合している。対照的に，プエルトルコ人の文化はより集団主義的であり，この文化の母親は，幼児の服従的で社会的な行動に対して，好意的に反応したのであった。

　集団主義を育成することによって子育てが社会性の発達に影響をもつという最も強い根拠がブロンフェンブレンナー（1970）によって報告された。彼は，旧ソ連，イギリス，米国，そして当時の西ドイツの12歳の子供に対して面接を行った。何人かの子供は，彼らの面接への解答は完全に秘密であると言われていた。一方，他の子供は仲間だけに彼らが述べたことを知らされていると言われ，さらに別の子供は親と教師の会合で公開されると言われていた。

　ブロンフェンブレンナーの主な発見の一つは，旧ソ連の子供は，他の3グループの子供に比べて，どのような条件下においても反社会的行動を示すことは少なかったことを見出したことである。ドイツ，イギリス，米国の子供は，仲間だけが彼らが答えたことを知ると考えたときにより反社会的行動をしがちだった。その一方，旧ソ連の子供は，そのような条件でさえも反社会的行動をすることを拒否した。その当時，旧ソ連の教育システムは子供の集団帰属の感覚を発達させるようになっており，このことは旧ソ連の子供の反社会的行動のレベルが低いことについて，明白に説明している。

子育てスタイル

　バウムリンド（Baumrind, 1980）は子育てスタイルには，二つの基本的次元が存在すると主張した。

> アメリカと日本ほど異なった文化において，なぜアメリカの親は個人の到達度を，日本の親は集団的努力を子供たちに対して奨励するのか，その理由をどう考えるか。

- 許容－要求：この次元は，子供に対する親の統制の強さに関係している。
- 受容－拒否：この次元は，親の愛情の度合いに関係している。

彼女が提案したこれら二つの子育ての次元はほぼすべての人間社会にみられるので，バウムリンドのアプローチをここで取り上げることは実際的な意味がある（ローナーとローナー Rohner & Rohner, 1981）。

許容－要求次元での親スタイルに関して，集団主義的な社会と個人主義的な社会は異なる傾向をもつ（トリアンディス Triandis, 1993）。前項でみたように，集団主義的社会の親は，社会の協調的で従順なメンバーになるように仕向けるので，相対的に要求が多い傾向がある。対照的に，個人主義社会の親は，自立するように子供を仕向けるために，許容的な傾向がある。集団主義や個人主義文化の子供はこのような子育てに応じているわけである。たとえば，韓国（ゆるやかな集団主義文化）の子供は，受容して許容的な親よりも受容して要求の多い親の方が自分を愛しているとみなす（ローナーとペテンジル Rohner & Pettengill, 1985）。

受容－拒否の次元はどうであろうか？ 異文化間研究は，親が拒否的であるよりも受容的である方が，実際にどのような社会においても子供はよりよい社会性の発達を示すことが言われている。拒否的養育は，攻撃性，非行，親密な関係維持の困難，そして短気と関連している（ローナー，1986）。ローナー（1975）は，ある文化の受容的養育と拒否的養育に関して調査するという広範囲の異文化間研究を実施した。異なる文化において，受容的養育と子供の自尊心との間の相関が＋0.72であり，これは，親の受容が子供の高い自尊心に関係していることが，ほぼ普遍的な傾向であることを示唆している。また，受容的なあるいは愛情豊かな親を有する文化は，低い敵意（－0.48の相関）と低い依存性（－0.30の相関）をもった子供を有する。

異文化間差異

さまざまな文化の乳幼児における愛着スタイルは，エインズワースとベル（1970）によって考案されたストレンジ・シチュエーション法を用いて研究された。サギラ（Sagi et al., 1991）は，米国，イスラエル，日本，ドイツにおける乳幼児の研究について報告している。アメリカ人の乳幼児に関する知見は，エインズワースとベル（1970）によって報告されたものと類似していた。つまり71％が安定した愛着，12％が抵抗的愛着，そして17％が回避的愛着を示した。

イスラエルの乳幼児は，アメリカ人の子供とはかなり異なる振る舞いをした。62％が安定した愛着，33％が抵抗的愛着，そしてほんの5％が回避的愛着を示した。これらの乳幼児はキブツに住んでいるか，あるいは集団農場の中に住んでいた。そして，家族以外の大人によって大半の時間世話を受けていた。しかしながら，これらの子供は母親と親密な関係を有し，

回避的愛着型にならなかった。

　日本人の乳幼児は，イスラエルの乳幼児とは非常に異なった方法で扱われる。日本人の母親は，実際，決して乳幼児を見知らぬ人と2人だけになる状況に置き去りにはしない。日本とイスラエルは子育てには違いがあるものの，日本人の乳幼児はイスラエルの子供と同じような愛着スタイルを示した。3分の2（68％）が安定した愛着，32％が抵抗的愛着，そして回避的愛着はまったくみられなかった。回避的愛着がまったくみられなかったことは，乳幼児が，見知らぬ人のそばにいるといったまったく新しい状況に自分が置かれているために生じたのかもしれない。

　イスラエルと日本の子供は，かなり異なる理由で抵抗的愛着を示す。イスラエルの子供は，母親から離されることに慣れているが，しかし完全に見知らぬ人に出会うことはほとんどない。したがって，彼らの抵抗する行動は，見知らぬ人の存在によるものであった。対照的に，日本人の子供は母親から事実上決して離されることはなく，このことが抵抗的愛着の主な要因であった。

　日本人の乳幼児は，母親から離される経験がないので，彼らはそのように振る舞うという意見は，デュレットら（Durrett et al., 1984）の研究によって支持されている。彼らは，母親が就労しており，自分の子供を他の養育者にまかせざるをえない家庭に焦点を当てた。このような母親の子供は米国でみられる愛着スタイルと同様なパターンを示した。

　最後に，ドイツの乳幼児は，他の三つのグループとは異なる愛着パターンを示した。40％だけが安定した愛着であり，これは回避的愛着の乳幼児（49％）よりも少ない。残りの11％は抵抗的愛着であった。グロスマンら（Grossmann et al., 1985）も同じような知見を得た。彼らは，ドイツ文化は親と子供の間のある個人的距離を保つように要求することを示唆している。グロスマンら（1985, p.253）が述べているように，「理想は自立した，他人に頼らない，親に何の要求もせず無言で親の命令に従う子供である」。

　ドイツの子供が他の文化の場合よりも安定した愛着になりにくい，さらなる根拠がサギとレウコヴィッツ（Sagi & Lewkowicz, 1987）により報告された。ドイツの親は，安定した愛着をもつことは乳幼児を甘やかして駄目にすることになるとネガティブにみなしていた。

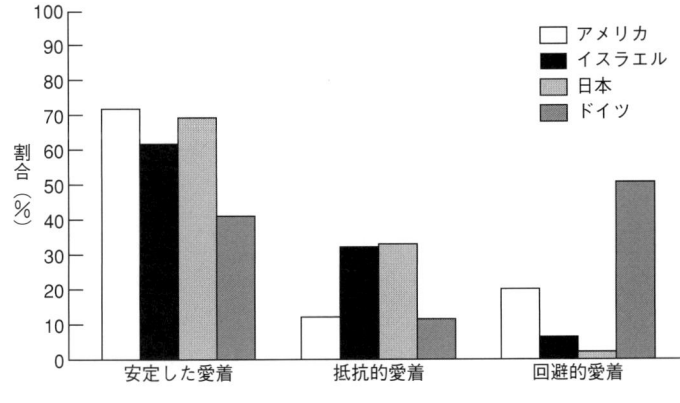

図 15-19

> 米国，イスラエル，日本，ドイツのそれぞれにおいて非常に異なった子育ては，乳幼児の愛着スタイルにとても大きな影響をもつようである。しかしながら，米国，イスラエル，日本において約3分の2の乳幼児が母親に対して安定した愛着を示していることは注目に値する。これは安定した愛着の子供を生み出すという目標は，さまざまな方法によって到達可能であることを示唆している。
>
> **議論のポイント**
> 1. 異文化間差異の理由は何か？
> 2. より貧困な文化を研究することで，愛着スタイルにおけるより大きな異文化間差異が見つかると考えるか？

愛着研究

ファン・アイゼンドールンとクローネンブルグ（van IJzendoorn & Kroonenberg, 1988）は，ストレンジ・シチュエーションに関する研究のメタ分析を行った。彼らの主要な知見は，ある文化内での多様性は，文化間での多様性の1.5倍あるということであった。単一のイギリス，あるいは米国文化が存在するという考えは，疑いもなく単純化しすぎている。実際，ほとんどの大きな国では幾つかの下位文化が存在する。ファン・アイゼンドールンとクローネンブルグは，分析を行ったすべての研究において，それぞれ三つの愛着タイプが示す子供の全般的な割合は，エインズワースのもともとの数字とかなり近いことを発見した。

このような知見にもかかわらず，文化的差異についての一般化は可能である。ダーキン（1995, p.106）によると，

> B型（安定愛着型）は最もよく認められるタイプである一方で，A型（回避型）は西ヨーロッパ諸国においては最もよく認められ，C型（抵抗型）はイスラエルや日本においてかなり頻度が高い。

評　価

乳幼児の愛着スタイルにおける異文化間の差異に関して，その解釈には，基本的に二つの見方がある。まず第一に，得られた結果は，母子関係における文化的差異と子育てに関する文化的差異という重要なことを示しているであろう。第二に，コールとコール（Cole & Cole, 1993, pp.235-236）が指摘したように，次のように言うことは可能である。

> ストレンジ・シチュエーション法において見知らぬ他者に愛着をもつことの意味に関する文化的差異は，母子の情緒的絆の本当の質について言及することを困難にしている。ある一つの文化で確認されたパターンが他の文化においても解釈を理由づけるために用いられる場合には，誤った結論を導くことになる。

どの解釈がより妥当であるか，ということについては確信をもつことはできない。しかしながら，母親の行動と子供の愛着スタイルの間には妥当と思われる関連があるという事実から，とりあえずは広く受け入れられることが可能である。

知性の発達

子育ては，学校での教育的到達度にも影響を与えうるという間接的な根拠がある。スティーヴンソンとスティグラー（Stevenson & Stigler, 1992）は，台湾や日本の子供と比べると，学校に行き始めたアメリカの子供は，達成度が低いことを見出した。このことは，短期間の差異ではなかった。なぜならば，アメリカの5年生の子供は，他の二つの国の子供と比べると，読みと算数の成績が悪かった。スティーヴンソンとスティグラーは，知性や両親の教育的レベルにおける文化的差異は，教育的な成功における文化的差異の原因ではないということを見出した。その代わりに，アメリカの子育ての状況がいくらか関連していると報告した。たとえば，アメリカの母親は，子供の宿題に積極的に関わろうとはせず，子供に家庭内の雑用の手伝いをするように言っていたのであった。

比較文化的問題：スティーヴンソンとスティグラーが発見した根拠は，その国のもつ文化のタイプと一致しているか（すなわち，個人主義か集団主義か）。

発達初期の認知的・知的発達がゆっくりしたものである場合，後の発達も時間がかかるものとなると一般的に言われてきた。しかしながら，ケイガンとクライン（Kagan & Klein, 1973）は，北西グアテマラのサンマルコスの子供もしくは，東グアテマラのラディノ村の子供においては，このことは当てはまらなかったことを報告している。サンマルコスの子供は，アメリカの子供と比較すると，4分の1の頻度で話しかけられたり一緒に遊んでもらったりしていた。結果として彼らは，「動きが受動的で恐がり，ほとんど笑わない，そのうえ，度がすぎておとなしい」（ケイガンとクライン, 1973, pp.949-950）と特徴づけられた。生後15ヶ月の頃には，子供たちは他の子供と遊び始め，彼らの認知的発達は急激に進んだ。ケイガンとクライン（p.947）の観察によれば，子供たちは「活動的で，健康的で，知的に有能な11歳」に成長していたという。

ラディノの子供は，同じような方法で扱われていた。2歳半のときに，意味のある話し言葉を示したのであった。このことはアメリカの子供に比べると，約1年遅かった。認知的発達の他のほとんどの面もまた，大きく遅れていた。しかしながら，彼らの認知的発達は，11歳になるまでにはまったく健常になった。ケイガンとクライン（1973, pp.960-961）は以下のように結論づけている。

> 子供の遅滞はいくぶん取り返しがつくものであり，発達初期の認知的発達は，これまで考えられてきたよりも回復可能である。……そのコミュニティへの適応の視点から子供たちを分類した場合には，世界には愚鈍な［馬鹿な］子供はほとんどいない。しかし，他の社会の視点から彼らを分類した場合には，多くの愚鈍な子供がいることになる。

図15-20 社会化は社会科学の合流の場である。

感　想
・ブラウン（Brown, 1965）は，社会化は「社会科学，一般心理学，人格心理学の合流の場である。それは，社会心理学の中心的なトピックをうまく明示しているであろう」と述べた。私は，これに反対しない。社会化についての根拠（特に，異文化間の差異に関する研究からの根拠）は，子供たちはかなり順応性があることを示唆した。彼らは，養育されることを通して，よく社会化され，優れた認知的発達を示したのである。もしそれが真実であるならば，特に最後に述べた子供との相互作用に関して，両親は心配する必要はないということを意味している。

要　約
社　会　性
　社会性の発達には対象中心の段階，単純な相互作用の段階，そして協調的相互作用の段階がある。安定した愛着型の乳幼児は不安定な愛着型の場合よりも，より社会性がある。両親が乳幼児の遊びを統制しない場合の方が，乳幼児は社会性があるようである。双子を対象とした研究は，遺伝的要因が子供の社会性における個々の相違を決定する際に，いくぶんかの役割を担っていることを示唆している。

愛　　着

　乳幼児の主要な愛着は通常母親に対してなされるが，乳幼児は定期的に出会う他の人々へもしばしば強い愛着を示す。このような他者への愛着の初期の発達には次の三つの段階がある：非社会的段階；無差別的な愛着；特定された愛着。精神力動的アプローチに従えば，乳児はまず母親へ愛着を示す。なぜならば母親は栄養取得源だからである。実際には，フロイトによって仮定されたこのような栄養取得源と愛着との単純なつながりはない。ボウルビィによれば，乳幼児は生来ある特定の個人と強いつながりを形成する傾向をもつ。そして，この強いつながりが生まれるある決定的な時期（3歳までに）が存在する。現実的には，母親と乳児との関係は，生後のある限られた短い時間というよりもより長い期間にわたって発達する。ストレンジ・シチュエーション法によって乳幼児の母親への愛着には三つの主要なタイプが存在することが示されている。安定した愛着；抵抗的愛着；回避的愛着。エインズワースの子育てに関する仮説によれば，母親の感受性（あるいは他の養育者）は，愛着のタイプを決定するのにたいへん重要である。この仮説は，乳幼児の側の役割を考慮しておらず，母親の感受性や反応態度の重要性を過大視しているのかもしれない。

剥奪の影響

　ボウルビィの母性剥奪仮説によれば，人生初期において子供の母親に対する絆が壊されることは，長期にわたり子供の社会的，情緒的，そして知的発達に重大な影響をもつことになる。また，抵抗，絶望，分離の形成といった短期的影響もある。しかしながら，欠如の影響は一般的に剥奪よりもより深刻である。この場合，ほんのわずかの子供しか母親との強い愛着を示さない。身体的な疾病や住居の問題から剥奪が生じた場合に比べ，家族内での社会的問題から剥奪が生じた場合，それはより長期にわたる問題となるようである。ボウルビィは母性剥奪の有害な影響は概して非可逆であるとしている。極端な欠如と隔離経験のある子供に関するほとんどの研究は，その非可逆性を支持していない。

強　　化

　米国においては恵まれない環境にある子供のために幾つかの強化プログラム（ヘッドスタート・プロジェクト，ミルウォーキー・プロジェクト，カロライナ入門プロジェクト）が実施されている。一般にIQの急速な向上と教育的能力における改善が認められているが，これらの利点は，学童期の初期の間に減衰するか消失した。恵まれない環境の子供たちを職業的に成功した家庭で養育するという養子に出された子供の研究においても，著しいIQの増加が認められている。平均的または平均以上の家庭の就学前幼児は，両親からの手厚い指導を受ける利益を享受しているという根拠がある。ほとんどの研究の主な限界は，子供たちの発達にどのように強化（プログ

ラム）が影響しているのかが明らかでない点である。

子育てにおける異文化間差異

子育てにおける文化的差異は，概して，大人の文化的期待と価値観に関しての差異を反映している。集団主義的社会における親は，子供に従順で協調的であることを要求し，またそのようにさせる傾向にある。対照的に個人主義的社会の親は，寛容的で，子供に自立させようとする傾向にある。子育てが受容的であるか，あるいは拒否的であるかは文化間で違いがあるが，拒否については，子供における望ましくない結果（低い自尊心；怠慢；攻撃）とほとんど普遍的に関連している。子育てはまた学校における学習到達度にも影響する。しかしながら，認知発達は回復可能であり，ある文化において初期の認知発達が遅滞していても，後に通常に戻ることがしばしばある。ほとんどの文化において，大多数の子供は安定した愛着を有している。しかしながら，回避的愛着は西ヨーロッパにおいてより一般的であり，また抵抗的愛着はイスラエルと日本においてより一般的である。ほとんどの異文化間研究の主な限界は，因果関係を示すことが不可能であることである。

【参考書】

K. Durkin (1995), *Developmental social psychology: From infancy to old age*, Oxford: Blackwell 第3章で愛着行動と母性的剥奪についての理論と研究についてよく説明されている。強化については，J. C. Berryman, D. Hargreaves, M. Herbert, & A. Taylor (1991), *Developmental psychology and you*, Leicester：BPS Books に詳しく述べられている。社会性と愛着に関する初期の発達は，D. R. Shaffer (1993), *Developmental psychology: Childhood and adolescence* (3rd Edn.), Pacific Grove, CA: Brooks/Cole 第11章に論じられている。

【復習問題】

1a 愛着または社会性という言葉によって心理学者は何を意味しようとしているのか説明せよ。 (6点)
1b 愛着理論かまたは社会性の発達論のうち一つの概要を述べよ。 (6点)
1c 1bで述べた理論が，どの程度心理学的研究によって支持されているのか評価しなさい。 (12点)
2 「初期における加速は可能かもしれないが長い目でみればよい影響がないであろう」ということがよく議論される。「早く熟すれば早く腐る」という諺は，この視点の根底にあるこの種の懸念を表している（ハウ，1995）。この懸念について，強化に対する心理学的研究は支持しているか，あるいはそのようなことは見出されていないのか，批判的に検討せよ。 (24点)
3a 子育てにおいて見出された異文化間差異について述べよ。 (12点)
3b これらの差異の影響を評価せよ。 (12点)

- ピアジェの理論：スイスの心理学者ジャン・ピアジェは，子供の技能は段階を追って発達するものと信じた。
    - ピアジェの発達段階理論
    - 保存課題
    - 三つの山課題
    - ヒューズの隠されたおまわりさんの課題
    - マクガリグルとドナルドソンの「いたずら熊ちゃん」の保存研究

- ヴィゴツキーの理論：ロシアのヴィゴツキーは，子供の発達に関わる社会的文脈を強調した。
    - ヴィゴツキーの「最近接発達領域の理論」
    - ウッドらの「足場づくり理論」
    - 内言に関するバークの研究

- 情報処理的アプローチ：若干の心理学者は，発達ということは，「心的能力」あるいは「Mパワー」が発達することだと信じている。
    - ケースの3種類のスキーム
    - パスカル-レオンのMパワー

- 教育への実践的応用：認知発達の諸理論は，私たちの学校教育にいかなる影響を及ぼすか。
    - ピアジェ理論と自己発見
    - ヴィゴツキーの理論と子供同士が教え合うこと
    - 課題分析と誤り分析

- 知能テストの成績の発達：IQの検査は，何を測定しているのか，そして，結果の真の意味は何か。
    - ビネーとシモンのIQ検査
    - 双生児研究
    - キャプロンとダインの養子研究
    - 環境要因：「家庭環境観察質問紙」
    - ロチェスター研究

16 認知発達

子供たちは，乳児期から青年期にかけて，あらゆる面において，変化し，発達を遂げていく。とりわけ，認知発達の側面において，幾つかの劇的な変化が現れる。認知発達に関する最初の体系的な理論はジャン・ピアジェ（Jean Piaget, 1896-1980）によってもたらされたが，ヴィゴツキー（Vygotsky）の認知発達理論や情報処理理論をはじめとして，他にも幾つかの重大な理論的アプローチがなされている。

認知発達について学ぶことの重要性については，教育との関連ということがその理由として挙げられる。学習と認知発達が関係し合う過程を明らかにできたなら，各年齢段階における子供たちの教育システムを改善し，レベルアップすることが可能となるだろう。

認知発達は，子供たちの知的レベルや，児童期における知能発達の測定方法によってもいくぶんかの影響を受けるものである。知能テストの成績判定において，遺伝と環境の影響がどれほど重要な関連をもつかについては幾つかの論争があり，その論拠については後で論議する。遺伝と環境に関する論争はかなり重要なもので，一人ひとりの子供たちの教育法に重要な影響を及ぼすものである。

図 16-1

ピアジェの理論

ジャン・ピアジェが示した解釈は，認知発達に関する，それまでのどの解釈よりも包括的であった。実に，彼の貢献は多大であり，ここではその概略を提供することしかできない。

ピアジェは，子供たちがどのようにして学習し，生活世界に順応していくのかということに関心があった。順応あるいは調整をするために，子供たちは周辺世界とたえず相互作用を繰り返しているに違いない。ピアジェによれば，以下の二つのプロセスが重要な手掛かりとなる。

- **調節**（accommodation）：環境に対処する必要から，個人の認知能力が変化すること。すなわち，周辺世界に対する個人の調整。
- **同化**（assimilation）：個人の現在の認知的組織力を基盤として，新しい環境状況に対処すること。言い換えれば，周辺世界の解釈が個々人に合わせて調整されること。

調節よりも同化の方が優勢になる，最も明瞭な例は遊びである。

> **キー用語**
> **調節**：ピアジェ理論において，環境に対応するために認知の仕方を変えることを指している。
> **同化**：ピアジェ理論において，すでに身につけている認知の仕方で新規の環境に対応することを指している。

579

図16-2 調節よりも同化の方が優勢になっている例：段ボール箱を乗り物に見立てている。

キー用語
シェマ：ピアジェ理論における用語で，行動を引き出す体系的な知識。
均衡化：平衡状態やバランスのとれた状態にするために，調節や同化を用いること。

遊びの中では，個人の思いつきによって，たとえば，一本の棒が銃になるように，その現実が解釈される。これとは対照的に，同化よりも調節の方が優勢になるのは模倣である。模倣では，誰か他の人のある動きを単純にまねるだけである。

また，この他にもピアジェ学派の手掛かりとなる概念が二つある。それは，シェマと均衡である。シェマ（schema）とは，動作を引き起こすのに用いられる組織化された知識を指している。赤ちゃんが最初に身につけるシェマは，自分と自分以外のものとの間に，重大な相違があると気がついたときに現れる身体シェマである。この身体シェマは，赤ちゃんが周りの世界を探索しようとしたり，理解しようとしたりするのを手助けしてくれるものである。

　均衡化（equilibration）は，人が，変化する環境の中でも安定した内的状態（均衡）を保とうとする，そういった概念に基礎を置くものである。いま経験していることが，既存のシェマでは理解できないとき，不均衡，あるいは平静さを欠いた不快な内的状態になる。そこで子供は均衡のとれた平静な状態を取り戻すために，同化や調節を行う。このように，不均衡は，子供にとって，均衡の状態を取り戻すための新しいスキルや知識を学ぶ動機づけとなるのである。

　子供の発達の問題における，二つのタイプの理論家の違いははっきりしている。一方のグループは，認知発達とは，子供たちが利用できる知識量やその知識を思考に用いる能力の変化を意味するだけのものであると論じる。この理論によれば，発達過程では認識における根本的な差異はないということになる。もう一方の理論家たち（たとえばピアジェ）は，青年期にみられる思考方法は乳幼児期のそれとは大変異なるものであると主張する。

　ピアジェは，あらゆる子供が，幾つかのそれぞれ異なる段階を経ていくとしている。彼の段階説については後で詳しく論じていくが，その主だった前提の幾つかを挙げると，以下のようになる。第一に，それぞれの認知段階を識別できるほどの，認知発達の変化があるに違いないということ。第二に，子供によって一定段階に達する年齢は異なるが，一連の段階はどの子にとっても同じであるに違いないということ。第三に，ある段階を明確にする認知操作や構造は，統合された全体としての形を作り出すに違いないという前提である。

　段階説はもしかすると，発達的変化の複雑さを説明できるかもしれない。しかし，時には，段階間の差異を過大評価したり，段階内の個々の変化を過小評価したりする場合もありうる。ピアジェは，ある段階において，子供が，いつもその段階の典型的な思考方法をとるわけではないということを容認しており，このことに言及する

ために，**水平的ずれ**（horizontal decalage）という言葉を創り出した。

> **キー用語**
> **水平的ずれ**：ある認知能力（たとえば保存）が，ある状況ではみられ，他の状況ではみられないといった，子供の遂行行動での不一致。

段階理論

ピアジェは，認知発達には四つの主要な段階があることを示した。第一は，**感覚運動期**で，誕生から2歳頃まで続く。第二は，**前操作期**で，2歳から7歳に及ぶ。第三は，**具体的操作期**で，通例，7歳から11歳か12歳の間に見出される。第四の段階は，その具体的操作期に続く，**形式的操作期**である。

ピアジェによれば，生まれて間もない乳児は，周りの対象物にはたらきかけて環境に対応する。したがって，感覚運動の発達は基本的に**行動による思考**と言える。その後，前操作期では，思考は**知覚**に支配されるようになる。そして，次の7歳からは，ますます論理・数学的な思考に支配されるようになる。具体的操作期では，論理的推理は，現実のあるいは眼前の事物に向けられるだけである。形式的操作期へと成長した子供，あるいは大人になると，起こりうる事柄や抽象的な創意工夫についても論理的に考えるようになる。

図16-3　ジャン・ピアジェ，1896-1980

感覚運動期（0〜2歳）

認知発達におけるこの段階は，生まれてから2歳くらいまで続き，赤ん坊はあちこち動き回ることによってたくさんのことを学ぶ。はじめのうちは，赤ん坊のシェマはほとんどが吸啜反射のように先天的な反射能力から成り立っている。けれども，これらの反射能力は体験したことによって多少変化する。たとえば，赤ん坊は，生まれて間もない頃でも，くちびるの形を変化させるようになり，それによってより能率的に乳を吸うことができるようになる。

この段階に達成する重要なものとして，**対象の永続性**（object permanence）が挙げられる。これは，たとえ見えなくなったとしても，物は存在し続けていることがわかる，ということである。感覚運動期の初期の頃には，赤ん坊は対象の永続性には少しも気づいていない。すなわち，文字通り，「視界から去るものは，心から去る」のである。物の永続性は赤ん坊が身の周りの環境を積極的に探索すると

> **キー用語**
> **対象の永続性**：たとえ視界から消えたとしても，対象は存在しているのだと認識すること。

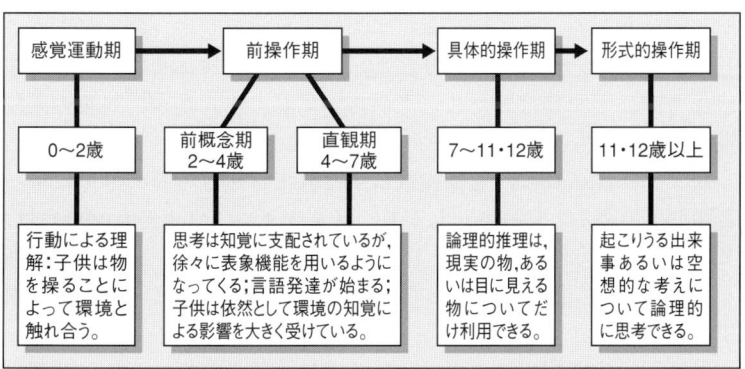

図16-4　ピアジェによる認知発達の四つの段階

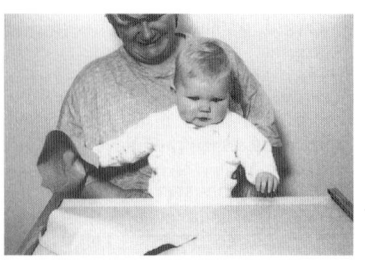

図16-5 左側の写真は，赤ん坊が目の前にあるおもちゃに手をのばしているところである。右の写真は，同じ場所におもちゃを探しているが，実際は，おもちゃは赤ん坊の右手にある紙の下に隠されている。

赤ん坊はどんな反射能力をもって生まれてくるのだろうか？　そして，それらはどのようにして意識的な運動へと発達していくのだろうか？

赤ん坊の最初の言葉の発達は，模倣という言い方でどのように説明できるだろうか？

キー用語
固執した探索：いま，対象が隠されている場所ではなくて，以前にその対象を見た場所を探して見つけられないこと。
延滞模倣：ピアジェ理論において，ずっと前に観察した行動を模倣する能力を指す。

きに発達する。生後1年目の終わりに向けて，赤ん坊は，いわゆる，**固執した探索**（perseverative search）をし始める。このことは赤ん坊が，最後に見た場所よりもむしろ，それ以前に見た場所に見えなくなったものを探すということを意味している。ピアジェによれば，このことは，赤ん坊が，自分自身の行動と無関係には物は存在しないと考えることから生じるとする。この固執した探索は，対象の永続性のある特徴を示している。しかし，完全な対象の永続性は，感覚運動期の終わり頃にやっと達成されるのである。

　模倣の発達も，感覚運動期に達成される主要な能力である。模倣によって，赤ん坊の行動領域はかなり大きくなる。模倣行動は，より精密さを増しながら，ゆっくり発達していく。そして，感覚運動期の終わりに向けて，赤ん坊は，以前に見た行動を模倣する能力，すなわち，**延滞模倣**（deferred imitation）の形跡を示し始める。

　感覚運動期の評価　ピアジェは，赤ん坊が生まれて最初の2年間に，数多くの貴重な学習があることを認めている。しかし，多くの面で，赤ん坊の能力を過小評価した。たとえば，バウアー（Bower, 1982）は，スクリーンの後ろにおもちゃを隠し，ほんの数秒後にスクリーンが上げられたとき，おもちゃはすでにそこにはなかった。そのとき，3，4ヶ月の赤ん坊は，驚きの表情を示した。このことは，ピアジェによって主張された時期よりもはるかに早い時期から，対象の永続性のある側面が現れることを示唆している。このことは，バウアーとウィシャート（Bower & Wishart, 1972）でも明らかになった。彼らは，すべての明かりを消して，物を見えなくした。しかし，赤外線カメラによって，乳児でさえも物に対して正確な方向に手を伸ばしたことを明らかにし，赤ん坊が，対象の永続性の少なくともある側面を獲得していることを示した。

　ピアジェによれば，延滞模倣は生まれて2年目の終わり頃にやっと現れてくることになる。しかし，メルツォフ（Meltzoff, 1988）は，ピアジェがいう時期より数ヶ月早く現れることを見出した。多くの9ヶ月児が簡単な動作を見せられ，その24時間後に，その動作を模倣することができたのである。

　ピアジェの解釈の幾つかは，いまでは支持されていない。ピアジェは，根気強い探索をする赤ん坊でも，おもちゃが隠された場所を

思い出すことはできないとみなした。しかし、ベラージョンとグレーバー（Baillargeon & Graber, 1988）は、8ヶ月児に対して、二つある衝立の一方におもちゃを隠すという実験を行った。15秒後に、赤ん坊は、おもちゃが隠された方から取り出されるのを見、またもう一方の衝立からもおもちゃが取り出されるのを見た。赤ん坊はおもちゃがないはずの衝立からおもちゃを取り出したときだけ、驚きを示した。このことは、赤ん坊は、おもちゃが置かれた場所を記憶していたことを示している。このように、固執した探索は、単に記憶の間違いで生じるのではないのである。

図16-6　ベラージョンとグレーバーは、8ヶ月の赤ん坊が、カップが左側の衝立の後ろに置かれるのを見た後で、今度は右側の衝立の後ろから取り出されるのを見て、驚きの表情を示すことを見出した。

　固執した探索についてのピアジェの解釈には、もう一つ問題がある。彼は、乳児は自分自身のはたらきかけによって物の存在を知るのであるから、固執した探索が生じるのだと論じた。この説明からは、最初に物を見たとき、その物についてただ見るだけであった赤ん坊には、固執した探索は現れ**ない**ということになる。しかし実際は、赤ん坊は、最初におもちゃが隠されるのを見ていたときと同じくらいに、衝立からおもちゃを取り出す状況で固執した探索を示すのである。

前操作期（2～7歳）

　認知発達における感覚運動期を終えた子供にも、「真の」思考は依然として不可能である。彼らは主として行動レベルでの操作を行うが、前操作期の子供は、ますます多く、象徴機能を発揮するようになる。言葉の発達は、前操作期の子供の認知発達と結びついている。しかし、ピアジェは、言葉の発達は、認知発達がその原因ではなくて、むしろ、もっと基本的な認知の変化によるものだと考えた。

　子供は、前操作期の5年間に、注目に値する認知発達を見せてくれる。そのために、ピアジェは、前操作期を二つの下位段階に分類した。すなわち、前概念的段階（2～4歳）と、直観的段階（4～7歳）である。**前概念的段階**と**直観的段階**の子供の間の認知の違いは、**系列化思考**と**複合的**（syncretic）**思考**に関係している。

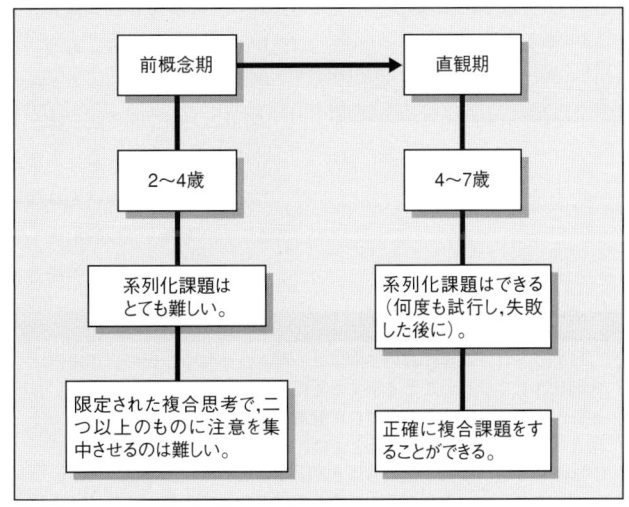

図16-7　前操作期における二つの下位段階

系列化課題では，子供は，ある特徴（たとえば高さ）に基づいて順番に物を並べるように求められる。ピアジェとシェミンスカ（Piaget & Szeminska, 1952）は，前概念的段階の子供にはそれがとても難しい課題であり，直観的段階の子供でも，しばしば，試行錯誤的になることを見出した。

複合的思考は，どれもよく似ている物の中から，それぞれ異なる物を選び出す課題において，明らかになる。直観的段階の子供は，この課題を，たとえば，黄色い物，あるいは四角い物をそれぞれに選び出すといったように正確に成し遂げることができる。前概念的段階の子供は複合的思考を見せてくれる。彼らが選んだ二番目の物はある次元（たとえば大きさ）において最初に選んだものと同じである。しかし，三番目に選ぶ物は，二番目の物とは異なるもう一つの要素（たとえば色）において同じなのである。このように，幼児が同時に二つの物に注目して，同時にそれぞれの物の特性を考慮に入れることが困難なとき，複合的思考が生じるのである。

保存課題

前操作期の子供は，子供自身が周囲の状況をどう知覚したかに大きく影響される。彼らは全体の状況の中からある一つの側面に注目しがちである（ピアジェはこれを**中心化**（centration）と呼ぶ）。中心化が誤った結果をもたらすのは，保存の学習においてである。**保存**（conservation）は，目の前に提示された物のある側面は，知覚上の変化があっても変わらないということの理解を表している。量の保存におけるピアジェ

図16-8　液体の保存課題

キー用語
中心化：ある状況の一側面にのみ注意を払う。
保存：外見はいろいろ変化しても量は一定であるという原理。

の典型的な研究では，同じ量の液体が入っている，大きさも形も同じ二つのグラスを子供に提示した。子供が二つのグラスに同じ量の液体が入っているということをいったん認めた後で，片方のグラスから，もう一つ別の細くて長いグラスに液体を注ぎ入れる。そこで子供に，二つのグラス（最初にあったものと，新たに注ぎ入れたもの）には同じ量の飲み物が入っているのかどうか，あるいはどちらかが多いのかをたずねるのである。前操作期の子供は保存を理解することができない。彼らは新しい入れ物に入っている量の方が多い（なぜなら背が高いから），あるいは最初からあった方が多い（幅が広いから）のどちらかだと主張する。いずれの場合も，子供はどちらか一つの要素（高さ，あるいは幅）だけを注目したり，取り扱ったりするのである。

前操作期の子供は，中心化によって，保存課題に失敗する。しかし，ピアジェによれば，そうした子供は内面化された重要な認知操作を欠いているというのである。その二つの認知操作，すなわち，可逆性と脱

キー研究評価―保存

ピアジェは，前操作期の子供には，可逆性や脱中心化の認知操作が内面化されていないことを示すために，液体の保存課題を用いた。しかし，次のような子供での同じ実験を試みることは興味深い。その子供とは，西欧でない環境，たとえば，アフリカのカラハリ砂漠のブッシュのような。その子供たちは水が入ったビーカーには馴染んでいない。その子たちは保存を示すだろうか。保存ができないことは必ずしも子供たちが脱中心化ができないということを意味するだろうか。

中心化は，特に保存課題に関連している。**可逆性**（reversibility）は，いったん遂行したある操作を元に戻す能力，あるいは心の中で逆にする能力を意味している。可逆性によって，ある容器から他の容器へ液体を注いだ結果は，また単に元の容器に注ぎ返すことによって取り消されることが理解できる。**脱中心化**（decentration）は，ある状況において，二つあるいは二つ以上の要因を同時に考慮する能力を意味している。量の保存の場合であれば，容器の高さと幅を合わせて考えることである。

> **キー用語**
> 可逆性：操作の活動を心の中で元に戻したり，逆転させたりする能力。
> 脱中心化：ある状況の二つ以上の側面を同時に考慮する能力を含む認知的操作。

議論のポイント
1. ピアジェの保存課題の研究は，なぜ多くの興味を引きつけたのかについて，考えなさい。
2. ピアジェの研究の限界は何なのか？（評価の項を参照）

ピアジェは，自己中心性が，前操作期の子供の思考の特徴であると主張した。**自己中心性**（egocentrism）とは，あることについて自分が考えた方法が，唯一可能な方法だとする傾向のことである。ピアジェは三つの山課題を用いて前操作期の子供の自己中心的な思考について検討した。子供は模型の山を見た後，自分とは違う角度からこの山を見た景色を示す写真はどれかを考えて選択する。8歳以下の子供は，必ずと言ってもいいくらい，自分自身が見た景色の写真を選んだ。ピアジェによれば，この誤りは自己中心的な観点から逃れることができないために生じたとしている。

> **キー用語**
> 自己中心性：自分の思考の仕方が唯一であると仮定すること。

ピアジェの三つの山課題は子供に頭の中での複雑な心像を逆転させることを要求する。あなたはこうしたことができないことが自己中心性を示すと思うだろうか？

自己中心性はまた，自分と世界の未分化，すなわち，心理的な事象と物理的な事象の相違をはっきりと識別することができないことを意味している。このことは以下のような傾向をもたらす。

- **実在論**（realism）：心理的な出来事を，物理的に実在することとしてみなす傾向。
- **アニミズム**（animism）：物理的なものや事象に，心理的な特質を付与する傾向。
- **人工論**（artificialism）：物理的なものや事象が，人によって創られると考える傾向。

ピアジェ（1967, p.95）は，アングルという子供の会話における，次のような実在論の例を挙げた。

「あなたが眠っている間，夢はどこにあるの？」「私のそば」「あなたが夢を見ているときは，眼を閉じているの？　夢はどこにあるの？」「あそこに」

図16-9　ピアジェの三つの山課題で用いられた模型を描いたもの。子供が一つの方向から模型を見せられ，他の方向からの模型の写真を見せられる。そして，他の場所に立っている人からどう見えるかを選ぶよう求められる。前操作的段階の子供は，普通，その子が模型を見ている地点からの眺めを選ぶ。

子供は，山に向かって風が吹くとき，風は山を感じていると主張して，アニミズムを示唆する。また，しばしば，すべてのものに意識があると考える。人工論の一例として，3歳の私の娘フルーについて述べよう。私たちがウィンブルドンの広場にいたとき，私は娘に，「10数えたらお日様が出てくるよ」と言った。そしてそうなったとき，娘はパパはお日様を動かせるんだと強く確信して，以来，曇り空のときにはよく，「お日様を出して！」とせがむようになった。

前操作期の評価 ピアジェは前操作期の子供の思考には幾つもの限界があることを認めている。この段階の子供が重要な認知的操作（たとえば可逆性）に欠けていると主張し，その理論的根拠を示した。しかし，ピアジェは前操作期の子供の認知能力を非常に過小評価していた。たとえば，フェルドールとポボルカ（Wheldall & Poborca, 1980）は，子供が保存課題にしばしば失敗するのは，質問が理解できないからだと主張した。そしてそのために，彼らは液体の保存課題に言語を用いない型を考案した。この型はオペラント弁別学習に基礎を置くものであった。すなわち，子供が正しい選択をしたら報酬が与えられるのであり，言葉は必要でなかった。標準の言語を用いた実験では，6, 7歳児の研究協力児のわずか28％が保存を示すだけだったが，この非言語型でテストを行ったときは50％が保存を示した。これらの結果は，言語の理解ができないということが非保存に関係する一つの要因であることを示唆している。しかし，研究協力児の2分の1が非言語型で非保存だったという事実は，まだ他の要因が関係しているに違いないことを示している。

ブルーナー，オルヴァーとグリーンフィールド（Bruner, Olver & Greenfield, 1966）は，前操作期の子供は視覚的な提示物の外見の変化に非常に影響されるために，保存課題に失敗したのかもしれないと主張した。まず最初に，彼らは液体の保存課題の標準型を用いた。それから，彼らは二つの形の異なるコップを衝立の後ろに置き，子供にはコップの上端部だけが見えるようにした。そして次に，コップに入った水を衝立の後ろにある別のコップに注ぎ入れ，二番目のコップに入っている水の量は，最初のコップに入っていたものと同じ量かどうかたずねた。すると，4歳から7歳までの全年齢の子供が，標準バージョンの課題をしたときよりもはるかに多く，保存を示したのである。最後に，子供たちは標準型の課題をもう一度行った。保存を示した5歳児の割合は，標準型のテストの1回目では20％だったのが，2回目には，その3倍以上にもなる約70％という結果であった。

ブルーナーらは，子供たちに，保存課題における判断の理由についてたずねた。ほとんどいつも保存を示した子供たちは，水は同じ量だと主張した。このことは，保存には，同一であるという観念が必要（十分条件ではないだろうが）であることを暗示している。さらに加えて，「それは同じ水のままですか？」とたずねることによっ

オペラント弁別学習を定義し，フェルドールとポボルカの研究では，どのように示されたかについて述べなさい。

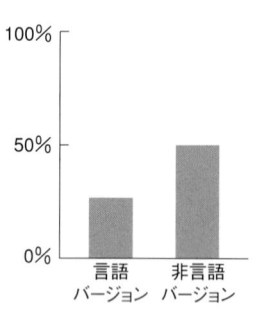

図16-10 6, 7歳の子供を対象にしたピアジェの保存課題において，二つの型で保存を示した割合
（フェルドールとポボルカ，1980）

て，同一性の問題に焦点を合わせたことは，保存を示す子供の数の大幅な増加に結びついた。

フィールド（Field, 1981）もまた，同一性の観念が重要であることの証拠を得た。同一性とは，物体は変形させた後でも依然として同じであると実感することを意味している。フィールドは何人かの4歳児に可逆性と脱中心化の操作を訓練する一方，他の子供には，同一性の訓練をした。数ヶ月後，同一性の訓練を受けた子供の70％が保存を示したのに対し，可逆性と脱中心化の訓練をした子供では，たったの35％が保存を示しただけであった。これらの結果は，ピアジェが可逆性と脱中心化に主眼点を置いたことが誤りだったことを示している。

ヒューズ（Hughes, 1975）は，三つの山課題においてうまく遂行できなかったのは，この課題が，子供の経験と関係づけられていなかったことによると主張した。彼は，この議論を一組の道具を用いることで検証した。その道具というのは，二つの仕切り壁が，十字形に見えるように直角に交わっているものであった。男の子の人形とおまわりさんの人形がその道具の中に置かれた。そして，子供は，おまわりさんには男の子が見えるかどうかとたずねられた。またその後で，おまわりさんから見えないように男の子を隠すよう言われた。ほとんどすべての子供がこの課題を遂行し，失敗する子供はいなかった。最後に，2人目のおまわりさんを加えて，どちらのおまわりさんからも見えないように男の子を隠すように言われた。ピアジェによれば，子供は子供自身から見えないように男の子を隠すことになり，この課題に失敗するはずである。しかし実際には，ヒューズの実験では，3歳半から5歳の子供の90％が，この課題を見事に遂行したのである。ヒューズは，ピアジェが用いた三つの山課題よりも，彼の課題の方がはるかに高成績になった主な理由は，彼の課題が幼児にとって意味のある，また興味のあるものだったということにあると結論づけた。

図16-11　ヒューズの実験装置の2人のおまわりさんの図：そこでは子供が，おまわりさんから見えないように子供の人形を隠すように言われる。ピアジェの自己中心性の理論によれば，子供はAかBの場所に隠すはずだが，そこは子供から人形が見えない場所である。しかし実際には，子供の90％は，人形をCの場所に置いたことをヒューズは見出した。その場所はどちらのおまわりさんからも見えない唯一の場所である。

具体的操作期（7～11歳）

ピアジェは，前操作期の思考から具体的操作期の思考への変化は，知覚から思考が独立していくことを意味すると述べている。この変化の基礎には，論理的あるいは数学的本質のいろいろな認知的操作

図16-12 数の保存を検討するのに用いられた課題の一つ：子供は，2列のビーズが並べ替えられる前と後とで，数は同じかどうか，たずねられる。

の発達があり，それは当然，数学的シンボル（たとえば，＋，−，÷，×，＞，＜，＝）を伴う行動を含んでいる。最も重要な認知的操作は可逆性で，それは，逆の変化を想像することによって知覚的な変化の影響を取り消す能力を意味している。具体的操作期においては，特定の具体的な場面に関してのみ，子供はいろいろな認知的操作を用いることができる。しかしこの後にくる形式的操作期においては，思考は目前の状況に影響されたり，悩まされることはなくなる。

ピアジェは，認知的操作は，通常，組織や構造を結合させたり，体系づけたりするのだと論じた。たとえば，「〜より大きい」操作は，実際は，「〜より小さい」操作と無関係に考えることはできない。「『AはBよりも大きい』ということが，『BはAよりも小さい』ということを意味している」と気がつかなければ，「AはBよりも大きい」ということの完全な意味を理解することはできないのである。ピアジェは，理論的に関連させられる，こうした操作のセットを表すものとして，**群性体**という言葉を創り出した。

それ以前には遂行できなかった，どんな種類の課題を，具体的操作期の子供はできるようになるのだろうか。一つの例は，**推移律**の観念に基づくもので，それは，三つの構成要素を正しい順番に配置させるというものである。たとえば，もし，マークがピーターよりも背が高く，ピーターはロバートよりも背が高いとしたとき，推移律から，マークはロバートよりも背が高いということが結果として生じる。具体的操作期の子供はこうした問題を解決することができるのである。しかし，抽象的な問題に推移律を応用することはできない。

ピアジェは，子供は，ある課題は他の課題よりも，保存課題を達成するのに簡単であることがわかるはずだと述べている。数の保存（たとえば，2列に並んでいる物が，たとえ，一方の列では他方の列よりもくっつき合っていたとしても，物の数は同等であるということがはっきりとわかること）は，かなり簡単な操作を意味している。すべての子供が，片方の列の物と，もう一方の列の物とをそれぞれ対にして見るに違いない。それとは対照的に，体積の保存について考えてみよう。この課題は，粘土で作ったまったく同一の二つの球を，同じ量の水が入った，同一の二つの透明容器の中に入れることによって検証される。一方の粘土球を型に入れて新しい形に作り変え，それを水の中に移したとき，子供が水の量は変わらないことを理解したとしたら，保存があることになる。体積の保存は，数の保存よりも達成するのは難しいといわれる。なぜなら体積の保存は，液量の保存と大きさの保存に関係する操作を考慮するということを意味しているからである。予想通り，体積の保存は，一般的に，数の保存の数年後に達成される（たとえば，トムリンソン‐キージィら Tomlinson-Keasey

図16-13 体積の保存テストの装置：子供は，粘土を変形してコップに再び戻したとき，液体の水面が同じ高さかどうかをたずねられる。体積の保存は普通，11歳か12歳ぐらいまではできない。

et al., 1979)。

　ピアジェによれば，たいていの子供たちは，同様な順序でさまざまな種類の保存を獲得していく。まず第一に，約6歳から7歳時に，数と液量の保存が現れる。それから7，8歳時に，物質あるいは量の保存と長さの保存が現れ，引き続いて，さらに8歳から10歳の間に，重さの保存が現れる。そして最後に，おおよそ11あるいは12歳時に，体積の保存が獲得される。

　具体的操作期の評価　　7歳から11歳の子供たちは，一般的に，数学と論理学に関連する認知的操作の領域を学習する。しかし，ピアジェの研究方法には限界がある。具体的操作期の子供たちは，大量の新しい知識を獲得し，それは彼らの認知発達の一助とはなるが，これらの知識の大部分は，数学にも論理学にもあまり貢献はしない。ピアジェは，保存課題における判断能力について，具体的な経験の重要性を過小評価していた。たとえば，子供は，あまり見たこともないような物の保存を示す以前に，彼らがよく知っている物の保存を示すことが多い（ダーキン Durkin, 1995）。このことは，ピアジェの発達段階に基づく認知発達の根拠と矛盾している。

形式的操作期（11歳以上）

　形式的操作の思考は，世界に起こりうる多様な状態について考える能力を必要とする。この能力は，目の前にある事実の限界を超えることを可能にする。したがって，形式的操作期にある10代の若者や大人は，認知発達ではその前段階にみられる具体的思考もだが，抽象的思考が可能である。

　イネルデとピアジェ（Inhelder & Piaget, 1958, p.279）は，その子供が形式的操作を用いているかどうかを判断するために，次のような提案をした。

> 研究協力児がもたらす証拠を，分析してみるとよい。もしそれらの証拠が，経験できる結び付き（観察できる類似性）を示すだけなら，具体的操作期における思考過程ですべての説明ができるはずで，それ以上複雑な思考過程を仮定する必要はないだろう。しかしながら研究協力児が，目にした関係を，可能ないずれかの組み合わせの一つだと解釈し，そこで起こる結果を実際に観察することによって，自分が作った仮説を確かめ証明しようとするなら，そこには命題的思考操作が存在していると考えられるのである。

　言い換えれば，形式的操作期の思考においては，可能な限りのすべての要素の組み合わせについて注意を払うのに対し，具体的操作期の思考はほんの少しの組み合わせに注意を払うだけなのである。

　形式的操作思考を学習するのに，どのような課題が用いられてきたのだろうか？　ピアジェが用いたある課題は，対象者に，一組の

あなたにとって，11歳以前はできなかったけれども，いまはできる，というのはどんなことだろうか？

命題操作の例題は，代数や三角法のような課題にみられる。

図16-14 子供たちは錘の振動数（錘が一定の時間に何回振れたか）に影響を与えるものは何かについてたずねられた。錘の重さを変えたり，紐の長さを変えたり，押す強さや押す方向を変えて考えるように言われた。

錘と，長さが変えられる紐を提示することであった。錘を柱から紐で吊り下げて作った振り子の，その揺れ方を測定するのが，その目的であった。注意を払う要素としては，紐の長さ，吊り下げられた物の重さ，対象者が押した強さ，そして，振り子がどの位置から押されたかということが挙げられるだろう。しかし，実際には，紐の長さだけが重要なのである。

前操作期の子供たちは，この課題が提示されると，たいていが間違って，振り子を押した強さが主たる要因であると主張する。具体的操作期の子供たちは，しばしば，振り子の揺れの頻度は紐の長さに影響されていると主張するが，他のすべての要因からその要因を分離することはできない。それとは対照的に，形式的操作期の子供たちの多くは，この課題を何とかやり遂げる。ピアジェによれば，振り子課題を解決する能力は，複雑な組み合わせシステムの理解を必要とするものなのである。

形式的操作期の評価　たぶん，ピアジェは，青年や大人の思考における論理-数学的構造によって処理する機能を，大きく強調したのであろう。大人は，毎日，一つの完璧な回答などない問題，また，厳密に論理に従うことだけでは解決できない問題に対処しながら生きているのが普通なのである。このように，数学や論理学についての詳細な理解は，大人の思考においても限られた価値をもつものなのである。

ピアジェ理論の全体的評価

ピアジェ理論は，子供たちがどのようにして分別のない非論理的な状態から，分別ある論理的な状態へと考えを変えるのかを明らかにしようとした一つの野心的な試みであった。子供がある根本的な操作（たとえば，可逆性）を習得すること，そしてこれらの操作がさらに広範囲の課題を解明させるという見解は，貴重な見解である。ピアジェ以前には，子供の思考が変化していく道筋について，その理由を詳しく説明してくれる人は誰もいなかった。

私たちは，ピアジェが努力して手に入れた，子供の認知発達に関する，溢れ出るほどのたくさんの証拠をみてきた。彼が用いたのは臨床法で，それは，規格化しないどころか，むしろ非科学的な方法で，子供と一緒に課題について話し合う実験者を必要とした。この臨床法に関する重大な問題は，子供の言語能力に負うところが大きいということである。その結果として，ピアジェは子供の認知能力

子供の発達を縦断的に研究しようとする人たちにとって，臨床法はどのような問題をもっているだろうか？

表16-1　ピアジェの結論を問題にした研究

著者	発達段階	操作あるいは機能	結論	どのようにピアジェを問題としたのか？
バウアー(Bower)	感覚運動期	対象の永続性	3〜4ヶ月で能力が現れる。	赤ん坊は，予測された年齢よりも，もっと早く対象の永続性を示す。
ヒューズ(Hughes)	前操作期	自己中心性	3〜5歳に脱中心化して思考が現れる。	課題が子供自身に意味があるものなら，子供はもっとうまく成し遂げる。
ダーキン(Durkin)	具体的操作期	体積の保存	子供がよく知っている物なら，体積の保存は可能である。	文化的差異の理由を考慮していないピアジェの段階説と異なる。

をしばしば過小評価してしまったのである。

ピアジェの理論が拠りどころにしていた，幾つかの重要な前提は不適当なものであった。

1. 認知発達は段階ごとに現れる。
2. 遂行成績はもっぱら潜在能力（competence）によって決まると言ってよい。
3. 認知発達は成熟過程に依存している。

ピアジェは，すべての子供が一連の四つの認知段階を同じように進んでいくと想定した。段階説の重大な危険とは，段階間の違いを**過大評価**する一方で，段階内の違いを**過小評価**した点である。たとえば，ピアジェは，ある素材のものに対して量の保存を示した子供は，可逆的操作が可能だとみなした。その結果，他の素材にも保存を示すはずだということになる。しかし実際は，子供たちは，たいてい，見慣れない素材に保存を示す前に，見慣れたものに量の保存を示した。このように，ピアジェが強調した**一般的**な認知的操作と同じくらい，正しい遂行は，**特定**の学習経験に依存している。本質的には，認知発達はピアジェが想定したほど組織的に進行するものではないのである。

ピアジェは，課題を解決することができなかった子供たちには，必要な認知的構造，つまり潜在能力が欠けていると論じている。しかし，遂行（対象児が実際にどんなことをしたか）と潜在能力（知識の背後にあるもの）の間には重大な差異がある。シャファー(Shaffer, 1993, p.268)が指摘するように，ピアジェは**遂行**と**潜在能力**を同一視し（そして，子供たちの反応に影響を及ぼす他の要因を無視し）がちであった。ドナルドソン(Donaldson, 1978)は，聞き慣れた（埋め込まれた）言葉と，そうでない（埋め込まれていない）言葉との違いを引き出してみせた。聞き慣れた言葉だと，課題遂行に熱中していたのに，聞き慣れない言葉では，そうならなかったのである。ドナルドソンは，聞き慣れない言葉で課題が提示されると，子供は能力を発揮するのがとても難しくなると主張した。言い換え

れば，聞き慣れない言葉が用いられたときの，子供の潜在能力と遂行の間の相違はとても大きいということである．同様に，数学や統計学は難しいと言う学生が多い．それは，そうした学問が，学生の身近な経験からかけ離れたものになる傾向があるからである．

マクガリグルとドナルドソン

マクガリグルとドナルドソン（McGarrigle & Donaldson, 1974）は，潜在能力と遂行行動の間には大きな食い違いがありうることを示した．彼らは，6歳児に2列に並んだチップを提示した．どの子供も，それぞれの列のチップの数が同じであることを理解していた．第一の条件として，実験者は一方の列のチップをわざと散らばらせた．数の保存を示した，すなわち，どちらの列のチップも数は同じであると認めたのは，わずか16％の子供であった．この結果では，数の保存を示すのに必要な基礎的潜在能力をもっている子供はとても少ないということを示している．しかし，この結果は第二の条件においては非常に異なった結果となった．すなわち，それは，「いたずら熊ちゃん」が偶然に見えるようなやり方で一方の列のチップを散らかしてしまうというものであった．この条件では，62％の子供が数の保存を示したのである．

マクガリグルとドナルドソンは，なぜ，この二つの条件の間に，このような大きな相違を見出すことができたのだろうか？「いたずら熊ちゃん」条件において，高い水準で遂行が生じたのは，ほとんどの子供が数の保存の一般的な理解はできていたからである．もう一つの条件においては，実験者がわざと状況を変化させるのを見て，一方の列のチップの数を変えるつもりなの

図16-15　マクガリグルとドナルドソンは，2列に並んだ一方のチップを実験者が並び替えると，2列が同じ数のままだと思う6歳児はほとんどいないが，いたずら熊ちゃんがたまたま散らかしたようなときには，ほとんどの子供が，2列のチップの数は同じだと言うことを見出した．

ではないかと子供たちに憶測させたのかもしれない．これが正しいかどうかは別として，この条件における遂行は，基礎的なレベルの潜在能力を発揮することができなかったということは事実である．

議論のポイント

1. マクガリグルとドナルドソンが二つの条件の間にこのような大きな差異を見出したと考えるわけはなぜか？
2. 遂行と潜在能力との間の相違を注意深く見分けることができなかったことから生じた，ピアジェ理論についての問題とは何だろうか？

子供が数の保存に失敗したのは，実験者が数を変えようとしているのではないかと憶測したからではないかという見解は，ライトら（Light et al., 1979）によってさらに立証された．彼らは，5歳児と6

歳児の2人組に実験を行った。それぞれの組の両者に，同じ数の貝型のパスタが入っている，同じサイズのガラスビーカーが提示された。そして，貝型パスタは競争ゲームをするのに使うので同じ数になっている，と説明された。それから実験者は，一方のガラスビーカーは縁がひどく欠けているので，持つのには危険だなと独り言のように言って聞かせ，貝型パスタをもう一つの違う形のビーカーに移し変えた。そして子供に，二つのビーカーに入っている貝型パスタの数は同じかどうかをたずねた。標準の計画的な入れ替え条件では，たった5%の子供が数の保存を示したのに対して，実際にありそうなこの入れ替え条件においては，70%の子供が数の保存を示した。たぶん，ありそうに見えるにすぎない場合は，容器の交換はそう重要なことではないように思われる。

　ピアジェ（1970）は，脳や神経組織の発達が，子供たちの認知発達を促すのに重要な役割を果たしていると考えた。彼はまた，子供が予想したことと，実際に起こったこととの間の**不一致**が，新しい認知機能を発達させると考えた。これらの想定は，認知発達をもたらす力の解釈において，十分な価値をもっているとするにはあまりに漠然としている。ピアジェは，認知発達における主要な変化については詳細な**記述**をしてくれたものの，十分な説明を提供してはくれなかった。彼は私たちに，認知発達が**何**を必然的に含むのかは示してくれたが，**なぜ**，あるいは**どのようにして**，こうした発達が起こるのかについては教えてくれなかった。しかしながら，ピアジェのアプローチは多くの研究を生み出し，彼が依然として，認知発達における最も重要な理論家であることには変わりはない。

ヴィゴツキーの理論

　レフ・ヴィゴツキー（Lev Vygotsky, 1896-1934）は，ロシアの心理学者で，認知発達は社会的（対人的）要因によるという考え方を強調した。ヴィゴツキー（1981, p.163）によれば，次のようになる。

> 子供の文化的発達のいかなる機能も，二度または二つの水準で姿を現す。最初は社会的水準であり，次は心理的水準である。

　そこではダーキン（1995）が指摘するように，子供は自分にはない知識や技能をもった年上の子や大人との社会的相互作用やコミュニケーションにより，直接学ぶ学習者と考えられている。この考え方は，ピアジェが，自己発見的な過程による個人の知識獲得を強調しているのとは，大きく異なっている。

ヴィゴツキーの四段階理論

　ヴィゴツキーは，概念形成に四つの段階があると主張している。この四つの段階を研究に基づいて明らかにしたが，その研究では無意味語で呼ぶ木のブロックを子供に示している。つまり丸くて薄いといった特徴をもつブロックに，ある意味のない音節を一貫して与

ライトらの研究において，子供が，貝型パスタの数は同じだと言われていたのに，混乱を招く要因になったのはなぜだろうか？

図16-16　レフ・セメノヴィッチ・ヴィゴツキー，1896-1934

えたのである。子供にとっての課題は，それぞれの無意味音節の意味内容を決めるという概念形成課題であった。

1. 曖昧な融合的段階：系統だった方略を用いることができず，概念理解をほとんど，またはまったく示さない。
2. 複合的段階：ランダムではない方略を用いるが，各概念の主要な特徴を見つけ出すことはできない。
3. 潜概念段階：系統的な方略を用いるが，一度に一つの特徴に注目するに留まっている（たとえば形態）。
4. 成熟した概念段階：一度に一つ以上の特徴に関係した系統的方略を用い，うまく，概念形成ができる。

最近接発達領域

認知発達に対するヴィゴツキーの鍵概念の一つは，**最近接発達領域**（zone of proximal development）という考えである。ヴィゴツキー（1978, p.86）は，次のように定義している。

> 問題解決を一人で行った場合に明らかになる，実際の発達レベルと，大人の指導や有能な子供との協同作業でできる発達レベルとの間の差。

言い換えると，一人で検査を受けるときには技能を発揮できないような子が，誰かが必要な知識を与えてくれる対人状況では，よりよくできるというのである。一人ではなく社会的（対人的）状況で現れる技能は，最近接発達領域の中にあることになる。

足場づくり

ウッド，ブルーナーとロス（Wood, Bruner & Ross, 1976）は，ヴィゴツキーの最近接発達領域という考え方を発展させている。子供が認知技能を発達させるのを手助けする，大人のような有能な人が提供する場について，**足場づくり**（scaffolding）という概念を用いたのである。足場づくりのもつ重要な点は，子供の知識や自信が増す

キー用語
最近接発達領域：ヴィゴツキーの理論における用語で，発達しつつあるが，まだ十分には機能しない能力。

キー用語
足場づくり：大人や知識のある人物が認知技能を高めようとする子供を助けるような状況を作る。

図16-17 子供の思い通りにさせたら，この男の子は，姉に誕生ケーキを作ってやれるだろうか。母親は男の子が最近接発達領域に入れるような状況を作り出すのに，足場づくりを用いる。

に従い，助けを少しずつ取り去るところにある。

モス（Moss, 1992）は，就学前に母親が足場づくりを行う場合の研究をまとめた。母親の足場づくり方略には，三つの側面がある。一つは，子供が自分では使えない新しい技能を教える場合である。第二には，子供が自分で示す有用な問題解決法を続けるよう励ます。第三は，母親が子供に未熟で不適切な行動をやめるよう言い聞かせることである。

言語発達

ヴィゴツキーは，言語の発達が大変重要であるとし，言語と思考は，最初の発達段階では，本質的に無関係であると主張している。その結果，年少児は「前知的発話」と「前言語思考」をもっていることになる。第二段階では，言語と思考は並行して発達し，お互いにほとんど影響を与えない。第三段階で子供は，自分の思考や問題解決の助

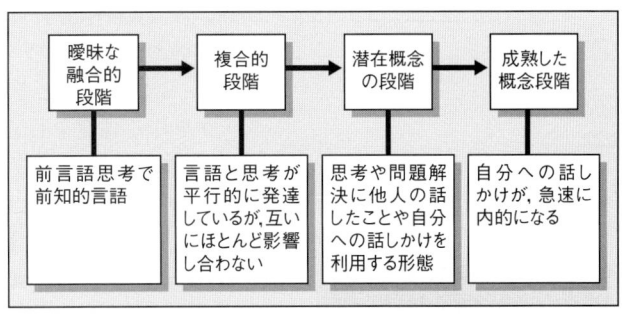

図16-18　ヴィゴツキーによる言語発達の四段階

けに，他者の発話や自分自身への話しかけ（独話）を利用するようになる。ここでの重要な概念は，**相互主観性**（intersubjectivity）である。これは，課題について見方の異なる二人が，共通の理解をするよう向かうことである。

最後に，問題解決に独り言を日常的に用い，言語が思考の発達に大きな役割を果たすようになる。言い換えると，言語は，年長になるに従って，認知発達の，より中心に位置するようになる。独り言は，はじめ声に出して話されているが，その後次第に内的なものになっていく。言語は，子供が他者との社会的相互作用から学習するのに，とても大きな役割を果たす。その過程の幾つかのものを，バーク（Berk, 1994, p.62）が次のように述べている。

> 子供が助言者（指導する人）と困難な課題について話し合うとき，その人が話の方向性や方略を与えることになる。子供はそうした対話を自分の独話の中に取り入れ，一人での取り組みに用いる。

> キー用語
> **相互主観性**：課題について異なる見方をもつ二人が，見方を一致させるようにし，だんだん類似してくる。

ヴィゴツキーの考え方を支持する根拠
足場づくり

最近接発達領域や足場づくりを基本とする教育への取り組みが，とても有効であるとの実験的根拠はかなりある。たとえば，コナーら（Conner, Knight & Cross, 1997）は，いろいろな問題解決や読みの課題を2歳児に行わせ，足場づくりの効果を研究した。これまでのほとんどの研究は母親の足場づくりに焦点を当てていたが，コナーらは父親の足場づくりも検討した。母親と父親は同じように足場づくりが得意で，その質の良し悪しから教育セッションでのいろい

ろな課題の成績が予想できた。

足場づくりが教育において本当に価値があるなら，その有効性は元の教育セッションが終わった後も相当長く維持される必要がある。したがって，コナーらは追跡セッションを行い，はじめによい足場づくりをしてもらった子供は，足場づくりの弱かった子供に比べ，よい成績の持続することがわかった。

社会的文脈（social context）

ワーチら（Wertsch et al., 1980）は，学習が最初に社会的文脈の中で生じるのだ，というヴィゴツキーの考え方を支持する証拠を得ている。2・4歳の子供とそれぞれの母親に，話のモデルとなるようなトラックを作る課題をしてもらった。2歳の子の母親がモデルを見ると，大体90％は子供もモデルを見る。しかし4歳の子の注視行動では，母親がしていることに影響されることははるかに少なかった。こうして，母親の注視行動という形での社会的要因はヴィゴツキー理論から予測されるように，年長児より年少児での影響がはるかに大きかった。

内　　言（inner speech）

内言が思考において重要であるというヴィゴツキーの考えは，これまでずっと支持されてきた。ある研究（ハーディックとペトリノヴィッチ Hardyck & Petrinovich, 1970）では，実験参加児が易しい文章や難しい文章を読んでいる。そこでは，半数の子は内言を使わないよう言われ，残りの子は内言を使うのは自由だった。難しい文章の理解は，内言の使用を許されたときに有意によいが，容易な文章の理解には影響しなかった。このことは，内言が課題の難しいときに最も役立つことを示す他の証拠と一致している（アイゼンクとキーン Eysenck & Keane, 1995）。ベーレンドら（Behrend et al., 1992）は，内言の指標として，つぶやきと観察可能なくちびるの動きを用いている。内言を最もよく用いた子供は，ほとんど用いなかった子供と比べて，困難な課題での成績がよくなる傾向があった。

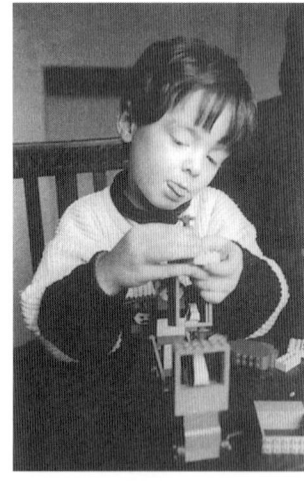

図16-19　内言を使って困難であったり新奇な課題に取り組もうとする子供は，内言をあまり使わない子供より，成績がよい傾向がある。

バーク

バーク（1994）は，内言の重要な役割について信頼できる証拠を報告している。算数問題を解くとき，6歳児は平均して所要時間の60％の間自分に話しかけているというものである。その問題でやるべきことについて多く述べている子供は，その後も数学の成績がよかった。このことは，自分で進める発話が，自分の活動を方向づけやすくするというヴィゴツキーの考え方を裏づけることになる。たぶんこの自分で進める発話は，そのとき行っている課題に注意を向けやすくしていたのであろう。

ヴィゴツキーは，子供の成績のレベルが上がるにつれ，独り言は減少し内化すると主張する。バーク（1994）は，4歳児と5歳児が3セッションそれぞれで見本をまねて積み木を積むという研究について論じている。ヴィゴツキーが予想したように，見本をまねることが上手になるにつれ，子

供の発話の内言化はセッションごとにますます進んでいった。こうしてヴィゴツキーが仮定したように、子供が十分に理解していない新しい課題に出会ったときに、独り言は最も大きな価値をもつことになる。

議論のポイント
1. 子供の思考において、こうした独り言をどれほど重要だと思うか。
2. 子供が課題を習得し始めると、なぜ独り言の頻度が減少するのか。

キー研究評価ーパーク

発話を減少させることでのヴィゴツキー理論の有効性は、「発話」が意味していることにかかっている。たとえば、学習に困難のある子供でも、話せないが、いろいろなタイプの課題で、とてもよい成績を上げることがある。また重い聾をもって生まれたが、家族は耳が聞こえる子供の場合、話すことは困難であったり言語獲得が不可能でも、知能に障害がないこともある。手話を使うように育った聾の両親の聾の子が、ヴィゴツキーが意図したように、内言として手話を用いることができるのかどうかを考えるのは興味深い。

ヴィゴツキーの考え方の評価

ヴィゴツキー理論の考え方には、幾つかの顕著な強みがある。彼が主張するように、子供の認知発達は、社会的文脈や大人や他の子供からの指導に大きく依存している。ピアジェは社会的環境の重要性を軽視したが、ヴィゴツキーは認知発達において社会的環境が果たす重要な役割を認めたと称賛されるだけのことはある。ピアジェがどこの子供も同じ順序の認知発達をたどると主張するのに対し、文化によって認知発達に大きな違いがあるとしたのは、ヴィゴツキーの考え方によるものである。ピアジェが強調する普遍的な段階論の証拠は限られており（アイゼンク、1984 参照）、認知発達には重要な文化差が存在するのである。

ヴィゴツキーの理論にも、幾つかの限界がある。まず第一に、社会的環境を強調しすぎていると批判される。子供の認知発達の速さは、子供が受ける手助けとともに、学習の動機づけや興味のレベルで決まってくる。

二番目に、ヴィゴツキーの説明は、概略的なものにとどまっているということである。どのような社会的相互作用が学習に最も有効であるかについては詳しく述べていない（たとえば、一般的な励まし 対 明確な指示）。ダーキン（1995, p.380）によると、ヴィゴツキーの後継者たちは、「言語が相互作用において実際どのように用いられたか、表面的な説明をしたにすぎない」ことになる。

第三に、たとえば親と子供の社会的相互作用は、必ずしも有益とは限らない。社会的相互作用は、まさに問題を悪化させる場合もありうる。ダーキン（1995, p.375）が指摘するように、「人は自分と対立する見解に出会うと、……自分の主張を曲げず感情的になり、意見を変えられず、また力や統制の源として自分の知識を利用できなくなる」。

第四に、社会的相互作用は、指示の与え方によって、認知発達が促進されると、ヴィゴツキーは考えた。しかし、子供が社会的相互作用から利益を得るのは、他にも理由がある。ライトら（Light et al., 1994）は、コンピュータによる課題において、他の子供が何も話さずに、ただいるだけでも、一人でやるより、成績がよかったことを示した。このことは**社会的促進**ということで知られており、他人

> 社会的促進は年少児にだけ当てはまるのだろうか。年長の子にも当てはまることはあるのだろうか。

がその場にいることが動機づけのはたらきをもつので，こうしたことが起こるのである。

第五には，ヴィゴツキーの説明によると，ほとんどの学習は大人や他の子供から適切な助力を得ると，かなり容易になる。実際には，幼い子供が学校や家庭で十分な援助を得ても，複雑なスキルを習得するには何ヶ月も何年もかかることが多い。ヴィゴツキーは無視しているが，このことは，子供の学習に真の制約があることを意味しているようである。

ヴィゴツキーは，38歳という若さで肺結核のため亡くなったが，最後の10年間に，こうした理論を発展させた。彼の研究方法の少なくとも幾つかの弱点は，長生きしていれば解決していたかもしれない。

情報処理的アプローチ

たいていの認知心理学者は，成人の認知を理解しようとする際に，情報処理的アプローチを利用してきた（アイゼンクとキーン，1995；本書第2章参照）。このアプローチによれば，認知とは，幾つかの**過程**（たとえば，注意）や**構造**（たとえば，長期記憶）をもつ情報処理システムだということになる。このシステムを柔軟に使いながら，簡単な算数や読書，フランス語の学習やチェスのゲームなどをしているというのである。もっと具体的には，認知は外的な刺激を知覚し，そうした刺激に対して，さまざまな思考をめぐらす過程（たとえば，問題解決）だというのが，情報処理的アプローチを支持する理論家たちの考え方である。つまり，刺激に対する対処の仕方を決定し，ある種の反応をしていくことなのである。

認知発達を理解するうえで，情報処理的アプローチが意味するところは何だろうか。メドウズ（Meadows, 1994, p.702）が指摘するように，この考え方では認知発達は幾つもの道筋で起こる可能性がある。そこには，次のようなことが含まれている。

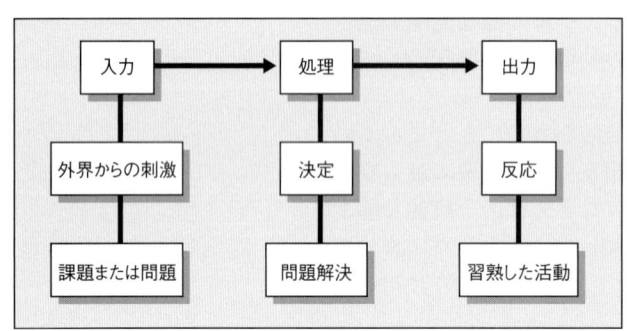

図16-20　情報処理的アプローチ

> 基本的処理の発達，基本的処理が適用される情報ベースの発達，基本的処理が行われる系列構造の発達，システム全体の実行制御，またこれら全体を組み合わせた発達。

たとえるならば，子供は大きくなるにつれ，上のようにして注意や知覚のスキルを発達させ，短期記憶の容量が増加し，問題解決技能なども向上するだろう。

子供と大人での最も明確な違いは，知識ベースの大きさである。つまり，大部分の課題で，子供に比べ大人は適切な知識をはるかに多くもっている。このことが違いとなるのだろうか。チー（Chi,

1978）はそれらしい証拠を報告しているが，それは，チェスの巧みな10歳の子供たちと，チェスについてほとんど何も知らない大人とに行ったものである。大人は子供より数字の記憶再生では，はるかによい成績であるが，チェスの位置再生は子供の方が50％以上も成績がよかった。この子供たちの方がよいというチェスの結果は，適切な知識の重要性を示している。大人は一般には課題遂行での優れた認知過程や能力をもっており，この子供たちが明らかに優れているのは，チェスについての豊富な知識という点だけである。

図16-21　大人と子供のチェス風景

情報処理という観点からみた認知発達の一つの大きな特徴は，**自動処理過程**（automatic processes）が非常に高まるということで，処理は高速かつ最小の処理容量で進む。よい例は，読みや算数にみられる。年長の子や大人では語がわかったり，簡単なかけ算（たとえば，5×6）をするプロセスは，基本的に自動的で，努力を必要としない。ところが学校に入ったばかりの子供には，こうした認知活動は負担になる。読みや算数の基本処理は，長期の練習を経て自動的なものになるのである。

> キー用語
> 自動処理過程：高速であり，処理をほとんど行わない過程。

かけ算や時刻を告げるといった技能を習得しようとしたことを覚えているだろうか。それらはできそうになかったが，いまでは自動的にできる。

ケースやパスカル‐レオンの研究

パスカル‐レオン（Pascual-Leone, 1984）とケース（Case, 1974）はともにピアジェの理論から大きな影響を受けている。子供が理解を自ら積極的に作り上げ，しかも前具体的操作の思考から具体的操作の思考へ，そしてまた抽象的思考へと移っていくと考える点ではピアジェと同じである。しかしながら，幾つかの重要な点でピアジェとは異なっている。

新ピアジェ派理論

まず第一に，二人は認知発達を情報処理の枠組みで考えるのが望ましいとする。第二に，ピアジェが重視する一般的シェマより認知処理の特定の要因に焦点を当てる方が望ましいと主張する。三番目には，認知発達の多くは心的能力や心的パワーの増進によるとする。ピアジェの考え方とのこうした一致や不一致により，認知発達について新ピアジェ派理論が発展するところとなった。

パスカル‐レオン（1984）によると，心的能力の鍵となる側面は，「M」と表示される。これは，子供がそのとき注意を向けたり活動するのに使う認知のスキームやユニットの数を表している。子供が成長するにつれMの数が増し，そのことが認知発達の主な原因の一つであるとしている。パスカル‐レオンは，神経系の発達によってMや処理容量の増加が生じると考えている。

パスカル‐レオンとケースの情報処理アプローチは，認知のスキームや基本ユニットといった概念を用いており，それはピアジェのシェマと類似している。ケース（1974）はスキームを3種類挙げている。

表16-2

形象スキーム	操作スキーム	実行スキーム
子供が認知可能な知覚形態やなじんでいる情報項目の内的表象。	（幾つものルールからなる）遂行の内的表象で，新しい組み合わせの形象スキームの形成に用いられる。	ある目標に達しようとして，特定の問題状況に適用可能な手続きの内的表象を行う。
例：写真で自分の学校を認知する。	例：2枚の写真が同じ学校を表していると判断する。	例：仕事の同僚を見て，仕事の目標や社会的（対人的）目標と関係する操作スキームを決定する。

この理論によれば，子供の問題解決能力は，四つの基本要因に基づくことになる。第一は，子供が扱えるスキームの数などには幅がある。第二に，子供のMパワーや心的能力は，年齢とともに増加する。第三に，子供が使えるMパワーは，すべてを使うにせよ限界がある。第四に，子供にとって一方の知覚的手掛かりと，その他すべての手掛かりに対しての重みの置き方が異なる。

子供は，どのように新しいスキームを獲得するのだろうか。ケース（1974）はそれまでのスキームに変更が加えられ，新しいスキームができると考えている。その他，新しいスキームは，それまでの幾つかのスキームが組み合わされたり統合されてできてくる。

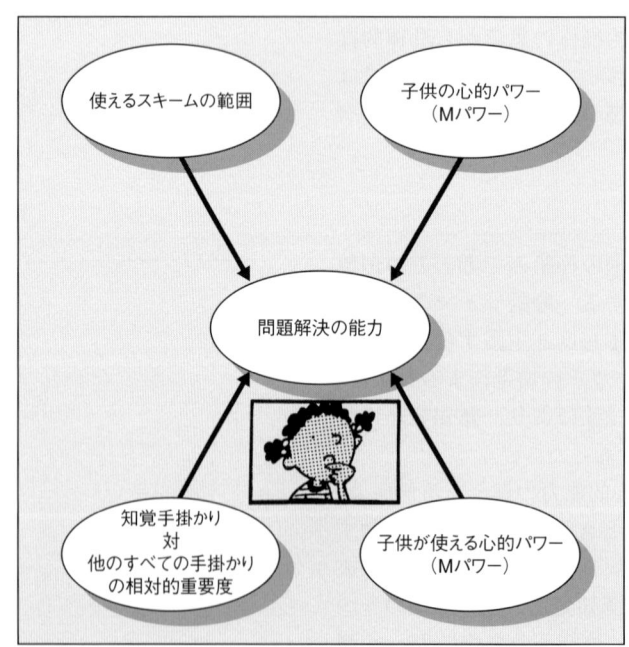

図16-22

実験的根拠

この理論はピアジェの結果の多くに適用できる。たとえば，7歳以下の多くの子供は，水が一つの容器から別の高くて細い容器に移されると，水の量が同じままだとは思わないということを，ピアジェは見出した。ピアジェによれば，この理由とは，これらの子供が保存の論理を理解していないためである。だが，パスカル‐レオン（1984）によれば，子供に，諸々の適切なスキームを頭に留めておく十分な心的能力がないことによることが多いのだという。保存課題が，容器にビーズを入れ，そのビーズが数えられる場合，課題は容易になったとしよう。ピアジェは，子供が基本の論理を学習していないので，やはり間違えるだろうと考えるが，

ケースとパスカル‐レオンは，心的能力の必要度はより少なくてよいので，成功が多くなると予想する。この研究が行われたとき，結果はピアジェより新ピアジェ派の方を支持した（バウアー，1979）。

この考え方の有用性は，ケース（1992）が論じた研究にもみられる。10歳から18歳の子供や青年に，息子が家から道路を隔てた公園にいて，家にいる母親とイナイ・イナイ・バーをし，それを家の窓から眺めているお母さんについて絵を描くように頼む。年少者はこれをとても難しいと思う。家にいる母親と公園の子供を描くことはできるが，その二つの場面を統合するだけの心的能力はなさそうである。それに対して年長者は，統合した絵を描く。それは，より優れたMパワーをもっているからである。

評　価

この理論には，ピアジェの考え方と比べて，幾つかの明確な長所がある。第一に，情報処理的な研究法は成人の認知研究に適用され，大きな成果をおさめてきており，そうした方法を子供の認知研究に広げるのも納得できる。第二にピアジェは，子供には処理の限界というより，必要な論理的構造または他の構造が欠けていると主張する。ケースとパスカル‐レオンの理論では，子供の問題解決の失敗は，処理の限界やMパワーの不足によることになる。第三にケースとパスカル‐レオンのような理論家による諸概念（たとえば，さまざまなタイプのスキーム）は，ピアジェ理論でのシェマよりも，測定するのが容易である。

マイナス面としては，その理論の検証に幾つか問題がある。第一に，課題解決に幾つのスキームが必要かを明らかにすることや，ある子供が実際何個のスキームを用いているかを決めることは困難なことが多い。

第二に，ある人間の心的能力を測ることはまったく容易なことではない。成功が十分な心的能力によるとか，失敗が心的能力の不足によるとか，実際に心的能力を測らないまま仮定するのは，危険である。

第三に，ストラテジーの変化と，M空間あるいは心的能力での変化を区別するのはきわめて困難である。メドウズ（1986, p.419）が指摘するように，「M空間のサイズの変化と一定の空間サイズを用いる方法の変化を区別するなら，M空間の大きさを測るのに，ストラテジーやストラテジーの必要性を一定にしなくてはならない」。実際，ケース（1985）は子供の認知発達が基本的な心的能力よりストラテ

スキームが仮説的な構成体なら，なぜこのことが構成体を含んだ理論の限界となるのか？

表 16-3　三つの主要な研究法の比較

情報処理	ヴィゴツキー	ピアジェ
子供の知的な発達は，自動処理過程によって説明される。	子供は，他者との相互的な過程に参加し，そこでは知識が社会的また文化的に決定された知識により個人のものとなる。	子供の知的発達は，環境に対する個人の適応によって生じる。

ジーの変化によるところが大きいことを認めている。

教育への実践的応用

　ピアジェ，ヴィゴツキー，そして情報理論が示す認知発達理論は，教育界において大きな影響力をもっている。この節では，彼らの考えが学校での教育に与えた影響に焦点を当てる。しかしながら論議している多くの教育方法を，学校以外の場で親やその他の人も非常にうまく利用していることは注目に値する。

ピアジェの立場

　ピアジェ自身は，教育実践への自分の理論の有効性について，それほど注意を払っていない。しかし教育に携わる多くの人が，まさに注意を向けてきた。1967年のプローデン（Plowden）報告書は，ピアジェの幾つかの考え方を教育に用いるべきだとしている。後に行われた教育への「ナフィールド（Nuffield）財団の科学研究」は，子供が学習に活動的に取り組み，具体的実践活動が科学のもつより抽象的な諸側面に先行するはずだというピアジェの考えに基づいていた。次に，ピアジェ派の理論が教育に適用されてきた三つの主な方法について考える。

1. 子供は何を学ぶのか

　ピアジェによれば，認知発達のそのときの段階が，子供たちが学べるものを決定していることになる。言い換えると，子供が学べることは，準備のできていることに強く限られていることになる。より明確に言えば，子供はすでに十分習得している認知的な構造や操作を使用できる課題を，うまく扱えるだけである。

　ただ，この予想はほとんど検証・支持されてこなかった。就学前の子供に具体的操作を教える試みは，幾つか行われている。具体的操作課題をする能力は，普通7歳くらいで備わる。ピアジェ理論では，それよりはるか年下の子がそうした課題をうまく遂行できることはないのだが，4歳児に適当な訓練を行うと，相当よい成績を上げることになる（ブレナード Brainerd, 1983）。つまりピアジェは，子供が新たなレベルの知的課題を処理できることを，低く見積もっていたようである。

図16-23　教室での先生と子供たち

キー用語
自己発見：学習に対する積極的な取り組み方で，自分の主導性を使用する。

2. 子供はどのように教えられるべきか

　ピアジェによると，子供は積極的な**自己発見**（self-discovery）の過程にあるとき，一番よく学ぶことになる。自分の周りの世界への積極的な関わりに，同化と調節の過程を適用する。教師は非均衡状態を進んで作らせ，子供がいまもっているシェマや認知構造が不適

当であることを示す。非均衡の状態は，子供に難しい質問をしたり，子供が質問するようにし向けることで作り出せる。

　これらの考えの幾つかは，保育所での実践やおもちゃ遊びに応用できる。ピアジェによれば，子供が自己発見の過程にいるときには，周りの保育園児やおもちゃから発達上の最も大きな助力を得ることになる。習得遊びとピアジェが呼ぶものでは，いろいろな状況で新しい運動シェマを用い，このことが子供の学習に役立つ。

　ピアジェが好んだ教育方法は，受け身的な子供に，教師が知識を与えるという伝統的な方法とは，対照的である。ピアジェは，この方法（時に**個人教授法** tutorial training と呼ばれた）が，自己発見に比べ，効率という点ではるかに劣ると主張している。彼の言い方では，「子供に何かを教えるときはいつも，子供が自分で発見するのを妨げているのだ」という。

　この点ブレナード（1983）は，関連する研究を検討して，「自己発見を訓練すると学習をもたらすが，個人教授法に比べるとだいたいは効率的でない」と結論づけている。そしてメドウズ（1994）は，似てはいるがより広い立場の結論に至り，「ピアジェ派の理論は，個としての子供を，まったく独力で発達を構成していく存在として強調し，認知発達への他者の貢献を軽んじ，教育や文化の力を考慮していない」としている。

　社会認知的な葛藤　非均衡という概念は，ドワーズとミュニィ（Doise & Mugny, 1984）といった新ピアジェ派の人たちが発展させてきた。認知発達には，他者の異なった見方に接して**社会認知的な葛藤**（socio-cognitive conflict）を解決する必要があると，その人たちは考えている。言い換えると，ピアジェよりも社会的要因を強調していることになる。

　社会認知上の葛藤が重要であるとの証拠は，エイムズとマレー（Ames & Murray, 1982）が，保存課題のできない6・7歳児についての研究で報告している。幾人かは正答を教えられ，他の子はすでに保存について知っている子と一緒にされた。さらには保存ができず，異なる誤答をした子と一緒になる子もいた。そしてこの最後の条件の子供たちが，保存についての能力に最も大きな進歩を示した。多分このことは，社会的認知の葛藤と課題を詳しく検討したいという欲求が，この条件で最も大きくなったからであろう。

　新ピアジェ派の人たちは，**社会的評価づけ**（social marking）の重要性もまた強調している。それは個人の認知理解と社会ルールの間の葛藤を意味している。ドワーズら（1981）は，はじめは保存を示さない4～6歳児で，液量の保存を研究している。そこでは，社会的評価を導入して，ペアとなる子供も同じ報酬を得るべきだという社会ルールを子供に思い起こさせる。また別のペアにはこうしたことを思い起こさせない。社会的評価条件の子供は，容器の見かけ上異なる液量とこの社会ルールの葛藤に出会い，これが保存を示すのに役立つのである。

比較文化的問題：西欧のほとんどの子供は，学校で何年も過ごす。このことから，ここでの普遍的な理論をすべての子供に適用するのにどんな意味があるだろう。

キー用語
個人教授法：伝統的なやり方で，教師が相当受け身的な生徒に知識を与える。

キー用語
社会認知的な葛藤：自分と異なる他者の考えに出会って起こる知的葛藤。
社会的評価づけ：社会的ルールと個人の理解の間の葛藤。

3. 子供は何を教えられるべきか

ピアジェは，いろいろなシェマや認知構造（たとえば，操作）が学習する子供によって大きく異なり，このことが認知発達を左右すると，主張する。そしてこうしたシェマの多くは，数理的あるいは論理学的な原理に基づいている。それで作用しているこれらの原理を明らかにする理科の科目とともに，数学や論理学を学ぶのは有益なはずである。それぞれの学習の題材が複雑すぎて，子供のもっているシェマからかけ離れてはいけないという考え方は，とても重要である。ピアジェでは，子供が基礎となる適切なシェマをもっているときにのみ，有効な学習ができるということになる。

どんな科目がピアジェ理論と合わないのか。またうまく合うのか。

ところでピアジェの立場の大きな弱点は，重要だとしている認知構造が，いろいろな種類の学習にあまり価値をもたないという点である。具体的また形式的操作は，外国語や歴史の学習に，大きな適合性があるとは言えない。それゆえピアジェの考え方は，学校で教える数少ない学科に適用できるにすぎない。

評　価

要するに，ピアジェの考えは幾つかの国で教育実践に影響してきたが，得られる証拠からはこうした影響力は限られているということがわかる。幾つかの事例（たとえば，個人教授法）では伝統的な教え方がピアジェの方法より優れているようなのである。

ヴィゴツキーの方法

ヴィゴツキーの教育実践に対する最大の貢献は，子供が自分より理解力のある人に導かれ，学習への努力を刺激される状況で，だいたいは最も学習が進むと考えた点にある。つまり，子供は，必要な技能を，すでにもっている人から教えられる学習者であり，それはいわゆる足場づくりによるのだという。有能な先生や家庭教師は，一般に子供が上手にできるとだんだんと子供に任せていき，失敗すると手綱をしめるものだろう。

ヴィゴツキーの考えは学校だけでなく家庭にも当てはまる。親によっては，足場づくりをせず，子供の理解レベルに合わせて問題について話し合おうとしない。その結果，子供の集中力がなくなり，活動性を高めることが難しくなる（メドウズ，1994）。

図16-24 よい教え手であるには，この父親は息子が一人で頑張っているときは手を出さないようにし，行きづまったときにはすぐ助けられるようしておく必要がある。

子供同士の教え合い

ヴィゴツキーによれば，子供の教育に関わる人は，子供の最近接発達領域

に注意を払うことが重要となる。教えを受ける子より少し年上で，発達のレベルが少し高い子が理想的な教え手になると言われる。こうした教え手は教えを受ける子に伝えて役立つ知識をもっている。そしてまた，1，2年前の自分の知識や理解の限界を覚えている。ここで述べてきた方法は，**子供同士の教え合い**（peer tutoring）として知られ，学校教育ではますます評判が高くなっている。

子供同士の教え合いは，一般的には有効である。バーニアー（Barnier, 1989）は，さまざまな空間課題や視点取得課題で6，7歳児の成績をみている。7，8歳の子に教えてもらう短いセッションを経験するとき，その子の成績が自分よりよい子であれば，そうでない子と一緒になるより成績がよくなった。子供が教え合うことの利点は，さまざまな文化でみられてきた。エリスとゴーヴェン（Ellis & Gauvain, 1992）は，迷路ゲームをさせ，ナバホインディアンとヨーロッパ系アメリカ人の7歳児を比較している。その子たちは，一緒にゲームをする一人か二人の9歳児に教えられた。どちらの文化の子も一人でやるより，教え手と一緒の方が利点が大きく，それは両方の文化で同じであった。教え方については，幾つか文化的な違いがあり，ヨーロッパ系アメリカ人の教え手は言語教示が多く，忍耐力が少なかった。

協同作業と葛藤

フォーマンとカズデン（Forman & Cazden, 1985）は，ヴィゴツキーが薦める協同作業と新ピアジェ派が薦める葛藤の両方が，役割をもつのを見出している。化学反応の実験を行う9歳児が研究対象であった。子供の協同作業は，装置を整える最初の頃にとても有用であった。しかしその後，実験をどのように遂行するか決めるとなると（例：元素のどのような組み合わせが，どんな結果を生むか），葛藤の方が協同より有効なようである。この研究は，一方の教育方法が，ある状況下では，他方に比べ，よりよいはたらきをするということを暗示している。

遊びを通しての学習

ヴィゴツキーはまた，子供は遊びを通して多くを学習すると述べている。ヴィゴツキー（1976, p.552）によると，

> 遊びにおいて子供は年齢以上に，また通常の日常行動以上に機能を発揮する。つまり遊びにおいて最も高い能力を発揮するのである。

これは，どうしてだろうか。大きな理由は，遊びでの子供は自分の文化の幾つかの側面を一般に利用するからである。たとえば，消防士やお医者さんのふりをしたり，自分の文化特有のおもちゃで遊ぶ。文化とのこうした関係が，学習を促進するのである。

キー用語
子供同士の教え合い：子供の教え合い。子供では，教えるのは教えられる子より少し年上であることが多い。

図16-25　子供同士の教え合い：女の子が妹に数え方を教えている。

学校でのあなたの経験を振り返りなさい。どの方法が一番あなたの学習に役立っただろうか。

評　価

　子供や教師による足場づくりが，学校での実効性のある学習を高めるのにとても効果があるとの確かな証拠がある。しかしヴィゴツキー派の進め方にはいろいろな限界が存在する。第一に，ダーキン（1995, p.375）が示したように，全般的な考え方は次のような疑義のある仮説に基づいている。それは「援助できる先生役と熱心な学習者が一体になったとき，最も大きな学習成果が生まれる」というものである。事実，サロモンとグローバーソン（Salomon & Globerson, 1989）が指摘したように，この仮説がしばしば誤りとなる理由が幾つもある。たとえば，教え手と学び手にあまりに大きな差があると，学び手はその学習過程に入り込むことができない。またサロモンとグローバーソンが「課題への単なる参加」と呼んだものがあり，そこでは双方が，課題はしっかりとやるほどのことはない，と考えるからである。

　第二に，ダーキン（1995）は，ヴィゴツキー派のアプローチが，他のアプローチに比べ，数種の課題にはうまく合っていると述べている。さまざまな構成課題では，足場づくりがうまく利用できていることが多い。それに反して，ハウら（Howe et al., 1992）は，勾配を下る動きの理解について，子供同士の教え合いを研究した。ここでは基本的な発想について考えることは有用ではあったが，子供同士の教え合いは，役立たなかった。

　第三に，ヴィゴツキー派の教育へのアプローチは，子供や学び手の理解に教え手や専門家が貢献することに主眼が置かれている。実際のところ，足場づくりがうまくいくかどうかは，子供の考えや活動に対する，教え手の反応性に大きく依存している。言い換えると，ヴィゴツキーのやり方を支持する人は内的要因（たとえば，子供のもつ知識や活動性）を軽視し，学習における外的要因（たとえば，教え手が与える助言）を重視しているのである。

情報処理的アプローチ

課題分析と誤り分析

　教育に対して，情報処理的アプローチがもつ意味は幾つもある。その中で最も重要なものは，教師が学級の子供たちに伝えたい情報について，注意深く課題分析に取り組まなくてはならないということである。このことは，題材を効果的に示せるという点で，価値がある。また子供が誤った形で課題を行った場合に，その理由がわかるという点でも価値がある。教師が課題を行うための情報と処理について明確な考えをもっているなら，子供の誤りを分析し，どのようなルールや処理が誤って用いられているかを知ることができる。ここで，こうした内容の具体的な例について考えてみよう。

　読みと算数　情報処理の研究者は，人が単語を読む場合に二つの異なる方法があることを示している。

1. 書かれた文字と語の音節を，音パターンに変換する諸ルールを

> 課題のもとにある考え方について考えるのは，ピアジェ派の考え方か情報処理理論の考え方，どちらにより合っているだろうか。

用いる。
2. 語と発音が長期記憶の中に見つかる。これは相当見慣れた語のときに，うまく作用する。

この二つは，読みを教える二つの方法に対応している。つまり語が部分に分解される（たとえば，c-a-t）場合と，見て即座に言える，全体法と言うべき場合である。多くの教師はこのどちらか一方を支持するが，両方の組み合わせで読みの学習過程の速まることが，だんだんと認められてきている。

ブラウンとバートン（Brown & Burton, 1978）は，算数で子供の問題点が表れやすい課題を用いている（カードウェルら Cardwell *et al.*, 1996 参照）。二人は，子供が起こす計数規則の一定の誤りに，「虫食い（bug）」という用語を当てて用いた。たとえば，子供が，736 − 464 = 372 や 871 − 663 = 218 と言うのは，100 や 10，1 の桁での引き算は右の桁の結果に影響されないという間違ったルールを用いるためである。ブラウンとバートンは，虫食いがわかるように教師を訓練するコンピュータ・ゲームを作った。その結果，教師はそれまでより速く虫食いを見つけるようになり，ある種の算数での誤りは単なる注意不足というより，誤ったルールによるのだと理解するようになる。

学校で単語のスペルをどのように習ったか。どんなつづりの規則を覚えているか？

図16-26 読みへの二つの接近法（各音からと語全体から）は，読みを教えたり伸ばしたりするいろいろ有用な教材で，それぞれ別々であったり，また一緒に用いられたりしている。

その他の関連内容

他の関連内容は次のようである（カードウェルら，1996 参照）。

1. 情報処理システムの，特に注意や短期記憶と関係している部分は，非常に容量が限られている。その結果，教師はこうした容量を超えないように課題を提示することが重要である。そしてここでは，自動処理過程の発達がとても有用である。
2. 子供は認知過程についての**メタ認知的知識**（metacognitive knowledge）（こうした知識には，さまざまな認知過程のもつ価値を理解することなどが含まれる）を得ることで，力がつく（たとえば，意味の処理は長期記憶を高めると知っている）。
3. **潜在学習**（implicit learning）を含む課題は，それぞれに応じた方法で教える必要がある。セガー（Seger, 1994, p.163）は，潜在学習について，「学習内容を完全に言語化できる知識はないままに，複雑な情報を学習すること」と定義している。潜在学習課題について顕在的な教示を与えてもほとんど役立たない（次の論議を参照）。

キー用語
メタ認知的知識：学習に関係するさまざまな認知過程の有効性についての知識。
潜在学習：学習したことをはっきり言語化できないが，生じている複雑な学習。

関連内容 1　上の最初の関連内容に関して，ベックとカーペンター（Beck & Carpenter, 1986）が論じているのは，子供は処理容量が個々の語やその部分に向けられているので，読んでいるものの理解が難しいと感じることが多いという。したがって音節のような語の下位単位を知りそして利用するには，大変な量の練習を子供にさせることになる。このことにより語の認知の速さや正確さが実際増加し，読みの材料をいっそうよく理解するようになる。

関連内容 2　子供それに大人でさえ，大切なメタ認知の知識に欠けることが多い。たとえば，意味について処理した言葉は，そうでない言葉より記憶に残りやすい（第14章参照）と考えていたが，再生率が向上するとは思っていない（アイゼンクとキーン，1995）。
　テキストを完全に理解するために，読み手は主題が何であるかを探りながら，テキストの構造に注意を向ける。しかし子供は特徴としてこのメタ認知の知識に欠け，全体の構造よりも個々の語や文章に注意を払う。パリンクサーとブラウン（Palincsar & Brown, 1984）は，自分が読んでいるテキストの構造について考える訓練を子供に行い，このことで理解力が有意に増すことになった。

関連内容 3　ベリーとブロードベント（Berry & Broadbent, 1984）は，複雑な潜在学習課題を用いた。そこでは砂糖製造工場を，あるレベルの生産量を維持するよう管理しなければならない。この課題は潜在学習を含んでおり，課題をうまくできるようになった者の大部分は，そうした遂行のもとにある原理については説明できなかった。最も重要なことは，ベリーとブロードベントが参加者に砂糖生産量をいかにコントロールするかの明確な教示を与えると，成績がよくならなかったことである。どうすべきかを言うより，行わせて繰り返しフィードバックを与える方が，潜在的学習課題の成績はよくなったのである。

評　価

　情報処理的アプローチは，教育に利用できることが明らかになってきた。最も大きなことは，課題をうまく達成するのに必要な過程と方略を知る技術を，そのアプローチが提供してくれるということである。しかしこのアプローチには，幾つもの点で限界がある。第一に，提示課題の基礎過程を明らかにすることは困難なことが多い。第二に，いずれの子供の限界容量も正確な測定が困難で，どこで過重負荷が起こるか予測できない。第三には，情報処理的アプローチにおいて，課題遂行にどんな過程が含まれているかを指摘するが，

表16-4　教育へのそれぞれのアプローチのまとめ

ピアジェ	ヴィゴツキー	情報処理
子供中心 （「発見的学習」）	教師 - 子供間の相互交渉 （「社会的学習」）	技能，方略，ルールの発達

子供がそうした過程をどのように獲得するかは明らかにしていないのである。

知能テストの成績の発達
知能とは何か

この節は，子供の知能テストにおける遂行成績の発達に関係している。まず最初にすべきことは，知能の意味について考えることである（第27章参照）。スターンバーグ（Sternberg, 1985, p.45）によれば，知能とは

> 自分が生きていくための目的的な適応に向けた心的活動であり，現実の生活環境を選択し形作ることである。

知能に関するこうした定義と知能テストの間には，「ずれ」が存在するだろう。スターンバーグは知能について広い定義を行い，その定義は生活にうまく対処していく能力を含んでいる。そうであるのにだいたいの知能テストは，思考や問題解決・推理といった基本的な認知能力を測定している。こうした認知能力は，生きていくことに対処するとき価値があるのだが，ほとんどの知能テストでは測れない，「世間智」とも言うべき種々の技能を，成功する人はもっていることが多い。

図16-27　この子供たちがもっている商業，売買，経済能力のような生活技能は，従来の知能テストでは測れない。

知能検査

知能についてのそれらしい最初の検査は，ビネーとシモン（Binet & Simon）により1905年に開発された。ビネーは，精神遅滞がある子をできるだけ早い時期に見つけられるような知能検査を考案するよう依頼された。その理由は，精神遅滞児を治療する特殊教育施設をその子たちに提供するためである。ビネーとシモンはアナグラム（つづり換え）や物語の要約といった高次な認知技能の測定を目指す検査を利用した。

ビネーとシモン（1916, pp.42-43）によれば，

> うまく判断することや，理解する，推理すること，これらが知能の本質的な活動である。判断がうまくできない人は，魯鈍（moron）や痴愚（imbecile）であり，十分な判断力のある人はそのどちらでもありえない（訳注：このような用語は現在心理学では使用されていない）。

知能の最もよく知られた尺度は，知能検査による知能指数やIQで

ある（第27章参照）。これは一般的知能の尺度で，人がある点で他の人より特別に優れているといった事実までは考慮できない尺度である。たとえば，クリストファーという少年の事例を考えると，その子の知能指数は75以下で，100という一般の平均を相当下回っていた。それにもかかわらず，17の言語を話し，その多くは流暢だったのである（スミスとチンプリ Smith & Tsimpli, 1991）。

階級や文化による差

知能テストのもう一つの限界は，子供の知能を過小評価することである。第一に，子供たちは，ベストを尽くすほどに動機づけられていないかもしれない。ジグラーら（Zigler *et al*., 1973）は貧しい階層と中産階級の就学前児における知能テストの成績を検討した。貧しい階層の子は，テスト前に遊びのセッションを入れたり，テストを2回行うと，IQ得点がほとんど10点伸び，普通の検査方法で測られたIQは低く評価された得点であることがわかる。それに対して，中産階級の子供は，遊びのセッション後2度目の測定でもだいたい3点という，はるかに小さい伸びを示すだけである。

第二に，大多数の知能検査は，西欧社会で育った中産階級の白人の心理学者が作ったものである。結果としてその人たちが作った検査では，他の文化や社会背景をもつ人たちの知能を，低く評価するかもしれないのである。この見方を支持するものを，「黒人文化用知能検査（Black Intelligence Test of Cultural Homogeneity）」（BITCH）を作ったウィリアムズ（Williams, 1972）が報告している。このテストはアメリカの黒人の子供たちを対象と考えており，白人の子供は大部分の標準的なテストに比べ成績が低かった。

第三に知能検査は，価値があるとする技能は文化で異なるという事実を考慮していない。たとえば，サーペル（Serpell, 1979）は二つの課題で英国とザンビアの子供を比較している。英国の子供は描画課題で成績がよく，ザンビアの子供は針金で形を作る課題で成績がよかったのである。

遺伝と環境

ある子供たちが，なぜ他の子供たちより知的に高いのだろうか。最も概括的なレベルでは，原因となるのは二つの要因にまとまり，遺伝と環境ということになる。遺伝はそれぞれの人が遺伝子により与えられているもので，環境は人が人生で出会う状況や経験からなっている。一般に知能における個人差は，遺伝と環境の両方に依存すると考えられている。ここでみていくように，多くの心理学者が，知能を決定する際に遺伝と環境がどれくらいの割合で関わっているかを見定めようとしてきた。しかしカナダの心理学者ドナルド・ヘッブ（Donald Hebb）は，これは本質的に意味のない問題であるという。ある土地の面積について，長さか幅のどちらがより大きく関与しているかを問うようなものだというのである。もちろんその面積は長さと幅両方に等しく依存している。同様に知能は遺伝と環境の

子供が知能テストでよい成績を上げるよう動機づけられるのは，どのようにしてか。またなぜなのか。

なぜある文化では，絵を描くことが針金で形を示すような実践的な技能より低くみられているのか。

両方に等しく依存していると，ヘッブは述べた。

　ヘッブの主張は，言うほどには説得的でないだろう。面積が長さと幅の両方に等しく依存しているのは明らかであっても，いろいろな土地の面積がそれぞれの長さか幅のいずれの違いにより，より大きく変化するのかを問うことは現在もおかしくはない。同じように知能の個人差が，遺伝か環境の差のどちらにより大きく依存しているか問うことができる。

　遺伝がより重要と信じている人は，**遺伝子型**（genotype）と**表現型**（phenotype）を区別する。遺伝子型は，個人のもつ遺伝子の可能性であり，一方表現型は個人の外に現れている諸特性からなるものである。知能に関する限り，遺伝子型を知ることはできない。できることは知能テストを行い，表現型を測定することだけである。

> キー用語
> 遺伝子型：個人の遺伝上の遺伝子構成。
> 表現型：個人の外観上の特徴。

双生児研究

　知能の個人差を決定するのに，遺伝と環境のどちらがどれほど重要かを測る最もよい方法は，双生児研究を行うことである。双生児には2種類，つまり**一卵性**（単一接合子双生児 monozygotic twins）と**二卵性**（二接合子双生児 dizygotic twins）の双生児がある。一卵性双生児は同じ受精卵から生まれ，基本的に同じ遺伝子型をもっている。その人たちが同一（identical）双子とよく言われるゆえんである。二卵性双生児は二つの異なった受精卵から育つ。それで，遺伝子型は普通の兄弟姉妹と少しも変わらない。そして二卵性双生児は，兄弟（fraternal）双子と言われることがある。

　私たちが双生児研究で見つけたいとしているのは何なのだろうか。遺伝がとても重要であるなら，一卵性双生児は二卵性双生児に比べ，知能の類似性がかなり高いことになる。一方，環境要因がすこぶる重要なものなら，一卵性双生児は二卵性双生児と同じくらいにしか似ていないことになる。

　証拠はどのようなことを示しているのだろうか。ブシャールとマッギュー（Bouchard & McGue, 1981；pp.1062-1063 参照）は，111の研究に基づく文献研究を本に著した。二人はバート（Burt, 1955）の結果は除外した。というのは，バートのデータの一部や全体が捏造されたという，明らかな証拠があったからである。一卵性双生児の平均相関係数が+ 0.86で，知能において一卵性双生児は一般的にお互い非常に類似していることを示している。また二卵性双生児の平均相関係数は+ 0.60で，中程度の類似性にすぎなかった。

　知能において，一卵性双生児の類似性が二卵性双生児よりはるかに高いという事実から，遺伝が知能の決定に大きな意味をもつことがわかる。ここでは一卵性双生児が経験する環境の類似性は，二卵性双生児が経験するものと同じだと仮定している。ただし一卵性双生児は二卵性双生児より取り扱われ方が，以下のようによく似ているのである。つまり親の扱い方，一緒の遊び，一緒に過ごす時間，似た服装，同じ教師に習う（レーリンとニコルズ Loehlin & Nichols, 1976）という点である。こうしたデータをカミン（Kamin, 1981）が

> キー用語
> 単一接合子双生児：同じ受精卵からの一卵性双生児。
> 二接合子双生児：二個の受精卵からの二卵性双生児。

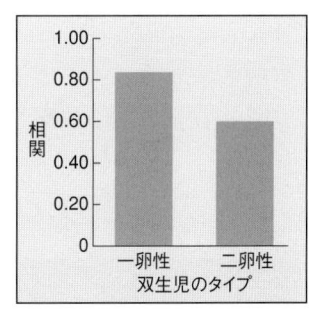

図16-28　双生児間での知能の相関

詳しく考察し，IQという形式での知能の類似性に，子供の扱い方の類似性が影響することを示した。

別々に大きくなった双子

　幾つかの双生児研究では，異なる家族の中で大きくなった一卵性双生児を対象としている。こうした双生児は，知能の決定に遺伝と環境の要因がどれほど重要であるかを決めるのに，特に大きな価値があると思われる。遺伝的要因がとても重要だと主張する人たちは，こうした双生児の知能がよく似ていることを期待するだろう。それに対して，環境論者の立場を支持する人たちは，知能が似ていないはずだと主張するだろう。ブシャールとマッギュー（1981）の文献研究によると，別々に育った一卵性双生児の平均相関係数は＋0.72である。

　別々に育った一卵性双生児からの知見は，表面的には遺伝要因の重要さの確たる証拠を示しているように思える。しかしその証拠にはいろいろと問題がある。別々に育った一卵性双生児の多くは，同じ家族の異なる家庭で大きくなっている。また別の双子は，離れる前に何年間か実際一緒に育っている。こうして一卵性双生児は，相当類似した環境を実際経験している。その結果，別々に育った一卵性双生児のIQ類似性は，遺伝的要因よりむしろ環境要因によることになる。しかしミネソタ別育双生児研究（Minnesota Study of Twins Reared Apart）での一卵性双生児は，乳児期に別れ，異なる環境で育てられている。それにもかかわらず，IQの相関はおおよそ＋0.75であった（ブシャールら, 1990）。

評　価

　双生児研究の証拠から，知能の個人差の約50％が遺伝要因で，また50％が環境要因によることになる。しかしこの結論を受け入れるのに慎重であるべき理由が三つある。

　第一に多くの研究でいろいろ問題があり，環境の類似性を適切に統制したか明らかでない。

　第二に，知能は標準的な知能検査でのIQによって評価され，IQが知能の適切な尺度か，議論の余地がある。

　第三に，知能の個人差を決める遺伝の役割は，年齢と共に増す傾向がある。プロミン（Plomin, 1990）よると，知能における子供での個人差の約30％は遺伝によるが，この値は青年期で50％に増え，成人では50％を超えることになる。この不思議な変化は，環境差が子供より大人では小さくなることによるのだろう。

図16-29　コリスター家の双子：一卵性双生児の兄弟が，一卵性双生児の姉妹と結婚した。

第四に知能の個人差の50％が遺伝によるというその数値は，これまで研究されてきた数少ない文化で当てはまるだけである。ある文化に生活する人々が経験する環境要因差が小さくなれば，それだけ知能の個人差での遺伝要因の影響が大きくなる。確かに，ある社会の人々がまったく同じ環境にいるなら，知能の個人差は遺伝要因によるところとなる！　他方，地域社会のさまざまな地区・階層に大きな環境差がある。そうした社会では知能の個人差を生む遺伝要因の役割はかなり小さいものになるだろう。

あなたは，同一社会の地域社会間に大きな環境差がある例を示せるか。

養子研究

　知能に対する，遺伝と環境要因の役割を明らかにするもう一つの方法は，養子研究である。養子になった子供の測定知能が，遺伝的要因（たとえば，生みの親の知能）に多く関わっているのか，環境的要因（たとえば，育ての親）に多く関わっているのかである。

　ホーン（Horn, 1983）は，ほぼ500人の養子縁組の子を扱ったテキサス養子研究（Texas Adoption Project）の結果について論じた。養子に出た子と生みの親の知能の相関は＋0.28で，弱い相関を示すにとどまっている。そして養子になった子と育ての親との相関は＋0.15で実に低かった。どちらの相関もとても低く，遺伝と環境の役割について何らかの明言をすることは困難である。

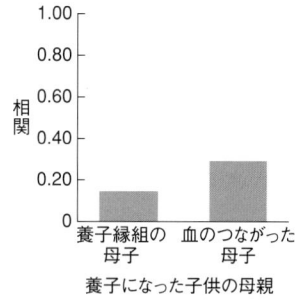

図16-30　母子間での知能の相関：養子縁組の養子にとった母親とも，実の母親との相関もとても低く，知能において遺伝や環境が果たしている役割については，何も明確に言えることはない。

時間経過に伴う変化

　レーリンら（1989）は，養子となっている子を10年後にもう一度検査すると，ある程度違いがあることを見出している。養子縁組みの子と親が共有している家族環境の重要性が低下してくる一方で，遺伝要因が10年前より子供に強く影響するようになる。

　子供が大きくなるに従い，家族の共有する環境の影響力が低下するとの考え方は，プロミン（1988）の文献研究でさらに支持された。養子として入った家庭でともに育ち，遺伝的には関係のない子供たちの間での知能の相関は，子供のときは＋0.30であった。しかし青年期や成人期ではゼロとなった。主な理由は，家庭外での環境要因が青年期以降だんだんと重要になったのである。このゼロという相関から，家庭内でのいかなる環境要因の影響力も長く続くものではない，ということになる。

キャプロンとダイン

　キャプロンとダイン（Capron & Duyne, 1989）は，とても印象深い養子研究を報告している。養子になった子供を四つの異なるグループに分けて対象とした。これらのグループは，社会経済的階層の高・低と生みの親・育ての親を組み合わせて構成され，結果の予想はかなり単純である。遺伝要因が重要なら，養子になった子の測定知能は，主に生みの親の社会経済的状態に関わり，環境要因がより重要なら，育ての親の社会経済的状態に関わることになる。しかし実際には，生みの親と育ての親のもつ社会経済状態の影響がまったく同じであった。こうした結果は，養子になった子の

知能の決定に，遺伝と環境の要因がほぼ同じ重要度をもっていることになる。

この研究はいろいろな理由で大切である。第一に，養子斡旋業者が生みの親と教育や社会的背景の似た相手を養子先に選ぶ**選択的縁組**（selective placement）があるので，ほとんどの養子縁組の結果を，解釈することは難しい。選択的縁組が行われているなら，遺伝と環境の影響を解きほぐすのは困難なことになる。キャプロンとダインの研究デザインは，選択的縁組の問題点をおおよそ除き去っている。第二には，生みの親と育ての親の社会経済状態が大きく異なるグループを用いることは，普通はありえないことであるが，それで遺伝と環境のもつお互いの影響力の違いを容易に測るという利点をもたらしたのである。

> **キー用語**
> **選択的縁組**：仲介業者による養子先の決定では，教育や社会的背景が類似した家族を選ぼうとする傾向がある。

議論のポイント
1. キャプロンとダイン（1989）の研究がなぜ重要なのか。
2. 知能の個人差の決定において遺伝と環境のどちらがどれほど重要かを知るのに，養子研究と双生児研究を比べ，どちらが有効か。

評　価

キャプロンとダイン（1989）の結果は知能スコアの分散の約50％が遺伝要因に基づくという双生児研究の結果と一致している。しかし他の養子研究（たとえば，ホーン，1983）では，ある面で選択的縁組の解釈から，結果はあまり明確ではない。多くの研究で，養子になったと子とその生みの親の相関は，遺伝的要因よりもむしろ選択的縁組に起因していたのである。

環境要因

養子や双生児研究の結果から，測定知能の個人差を生むのに環境要因が大変重要であるということをみてきた。環境の役割が重要であるとのより直接的な証拠は，地域社会全体が大規模な環境変化を経ていることの研究から生まれている。

ウィーラー（Wheeler, 1932, 1942）は，合衆国のテネシー州にある，周りから孤立した地域社会のメンバーを研究している。そこは学校や道路が造られだんだんと社会に組み込まれていき，外の世界とのコミュニケーションが豊かになってきた。子供たちの平均IQははじめ82であったが，十年後には93になった。

ウィーラーの研究の限界は，研究したテネシー州の地域社会で起こった多くの環境変化のどの点が，知能へ大きな影響力をもったか明らかでないことである。予想されるように，学校教育全体が重要であることを示すのだろうか。

スシ（Ceci, 1991）は，6歳以降に学校に行き始めた子は，他の子供より知能が低かったと文献研究で述べている。そのうえ，病気その他の理由で学校教育を長期間受けられなかった子供は，IQが低くなり，夏休みの後も少し低下していた。

表16-5 知能テスト，養子研究，双生児研究についての一般的な批判

知能テスト	養子研究	双生児研究
IQが知能の適切な測定指標かという問題がある。	選択的な養子先の決定により，遺伝と環境のどちらの効果か，決めるのは困難である。	環境の類似していることが多い。
文化差が必ずしも考慮されていない。	双生児研究に比べて，遺伝が十分に統制されていない。	離れて育った双子は，同一家族の血縁で育っている。
		双子は離れる前に，数年一緒に育っていた。

家庭環境観察質問紙

必要なことは，子供の知能への影響力によって，いろいろな環境の側面を比較することである。一つの適切な測定用具は，「家庭環境観察質問紙」（Home Observation for Measurement of the Environment（HOME）Inventory）で，次のような六つの環境カテゴリーの算出値がある。

刺激的な環境は，子供の発達を促進すると言われてきたが，その環境はどのようなものを含むのか。

・親の情動的および言語的反応性
・拘束や罰の回避
・物理的・時間的環境の構成
・適切な遊具を与える
・子供との親の関わり
・日常的な刺激のバラエティ

ゴットフリード（Gottfried, 1984）は，家庭環境のどの側面が，子供の能力に最も大きな影響力をもっているかについて述べた。多くの研究の証拠から，適切な遊具を与えることや親の子供への関わり，そして日常刺激にバラエティのあることが，他の三つに比べ，その後のIQがよくなることを示した。

このアプローチには，隠れた問題点がある。ゴットフリードが論じた結果は，もともと相関関係があり，刺激的な家庭環境が実際に子供のIQを伸ばすということにはならない。知能の高い親の方が子供にとって刺激となる家庭環境を与え，家庭環境より親の知能の高さが重要となってしまうからである。

イェーツら（Yeates *et al.*, 1983）は

図16-31

小さい子の縦断的研究で，この因果関係の問題について述べた。2歳のときには母親のIQの方が，家庭環境観察（HOME）質問紙の得点より予測性が高い。しかし4歳時には，家庭環境観察質問紙の方が母親のIQより子供のIQを予測するようになる。これらの結果は，刺激の豊かな家庭環境が子供の知的発達に有益であり，しかも子供の発達につれますます強くなることがわかる。

ロチェスター研究

サメロフら（Sameroff *et al.*, 1993）は，何百人もの子供を誕生から青年期まで追跡したロチェスター縦断研究の結果を報告している。そこでIQの49％を説明する10の環境要因を見出した。それらの要因は次のようなものである。

- 母親が精神的な病歴をもっている。
- 母親が高校に行っていない。
- 母親が強い不安を抱えている。
- 母親が子供の発達に硬い態度や価値観をもっている。
- 乳児期に母子間にほとんど望ましい対人交渉がない。
- 世帯主は半熟練工である。
- 家庭に4人またはそれ以上の子供がいる。
- 父親が家族と一緒に住んでいない。
- 子供は，少数派グループに属している。
- 子供の生後4年間に，家族は20以上のストレスとなる状況を経験している。

評　価

この節で論じた研究は，主要な環境変化がIQの大きな変化を生むことを示している。こうして知能が相当な程度環境要因に負っているという考え方が強まった。しかしながら，知的な発達を促進するのに，環境のどの側面が最も有効かを正確に決められるだろうか。たとえば，サメロフら（1993）の結果を考えてみよう。彼らが見出したのは，母親が高校へ行っていないとか，世帯主が半熟練工であるとかいった環境要因が子供の低いIQと関連しているということである。このことが因果的関係であるとは立証されていない。遺伝要因が，子供の低いIQや環境要因を生むのに，あるはたらきをしてはいるだろう。

感　想

- 私の考えでは，心理学が果たす社会への最も大きな貢献の一つは，子供を教えるうえでより効果的な方法を発展させることであろう。ピアジェ，ヴィゴツキー，情報処理理論の立場の人たちは，すべて重要な貢献をしてきた。しかし，役立つ研究はとても限られかつ少く，こうしたアプローチの本来もっている教室での有用性を発揮していない。政治家の思いつきではなく，確かな心理学的根

拠に基づいて教育方法を決定していくことが好ましいであろう。

要　約
ピアジェの理論
　ピアジェによれば，均衡やバランスのとれた状態は，調節と同化の過程を通して達成される。そして認知発達の四つの段階が提唱されている。感覚運動期では知能の発達は活動による。前操作期は，知覚が支配している。具体的操作期では，論理的思考を現実のものや見えるものに適用する。形式的操作期では，論理的思考を可能事象や抽象的な思考に適用する。ピアジェは，子供の認知能力を過小評価し，認知発達のバラバラで組織立っていない性質を見過ごしており，認知発達を説明するというより，記述したことになる。

ヴィゴツキーの理論
　ヴィゴツキーは，認知発達が主として社会的要因に関わっているという考え方を強調した。子供が他者の援助によって達成できることは，だいたい自分でできること以上であり，その差が最近接発達領域である。足場づくりは認知発達において重要な役割を果たす。社会的学習は，必ずしも効果的ではなく，ヴィゴツキーは，個々の子供が自分の認知発達に貢献することを過小評価している。

情報処理的アプローチ
　情報処理的アプローチによると，認知発達は知識や自動処理の増大，心的容量やMパワーの増大と関係していることになる。ケースは，認知に3種類のスキームや基本ユニットがあり，それぞれは形象的，操作的，実行的だとしている。その理論においては，時間を経るに従い，スキームの範囲，MパワーやMパワーを使う能力が増加する。ただし，どのスキームが使用されているかを測ったり，Mパワーを測定するのは困難である。

教育への実践的応用
　ピアジェによると，子供が学べることは，子供のその時点での認知発達の段階により規定されていることになる。子供は，自分自身での積極的な発見過程（active self-discovery）にいるとき，最もよく学ぶとの主張である。そしてまた数学や論理学そして科学といった学科の学習は，認知スキームの発達に役立つ。一般に自分自身による積極的な発見活動は，教え手による指導という伝統的なアプローチに比べ，効果が少ない。新ピアジェ派は，葛藤に重きを置き，学校での効果的な学習を促進する方法として，特に社会的な認知葛藤を重視した。ヴィゴツキーによれば，先生や同輩の教え手が与える足場づくりは，学習の効果的な方法である。証拠の示すところでは，葛藤はある学習課題で十分効き目があり，一方，足場づくりは他の課題で，より効果があった。情報処理的アプローチによると，教えることは，いろいろな課題の遂行に必要な知識や過程の十分な

理解に基づいていなくてはならない。そしてまた短期記憶に過重負担をかけないことや，子供の誤りの分析，メタ認知の知識，そして潜在学習課題で明確な顕在的教示を与えないことに注意しなくてはならないとしている。

知能テストの成績の発達

だいたいの知能検査は，基本的な認知能力を測定し，「生活上の知的技能」は測定していない。双生児研究は，知能の個人差を決定する遺伝と環境の相対的な重要度を測るのに用いられてきた。一卵性双生児は二卵性双生児より知能の類似性が高く，ほとんどの結果は知能の個人差の約 50％は遺伝によるものとなっている。しかしこの数字は研究が行われた特定の文化に言えるだけで，知能検査が知能の適切な測定法であるという仮説を正しいとしてのことである。そして養子研究は，一般に双生児研究の結果を追認するものであるが，遺伝要因も環境要因も正確には測定されていないという欠点がある。適切な遊具を与える，子供への親の関わり，日常刺激のバラエティといった環境要因は，すべて IQ の高まりと結びついているが，そこに因果的関係があることを明らかにするのは困難である。

【参 考 書】

K.Durkin (1995), *Developmental social psychology: From infancy to old age*, Oxford: Blackwell. は認知発達を網羅している。D.R. Shaffer (1993), *Developmental psychology: Childhood and adolescence* (3rd edn.), Pacific Grove, CA: Brooks/Cole. は情報処理アプローチを十分に論じている。M.W. Eysenck (1994a), *Individual differences: Normal and abnormal*, Hove, UK: Psychology Press. は知能検査の成績の発達と関連する要因を論じている。

【復習問題】

1a	認知発達の二つの理論を概観せよ。	(12 点)
1b	これらの理論の基礎になっている研究上の証拠を分析せよ。	(12 点)
2	認知研究の教育への応用を論議せよ。	(24 点)
3	個々人の知能検査での成績に，遺伝要因と環境要因がどの程度関わるかを論議せよ。	(24 点)

- **道徳的発達**：私たちはどのようにして善悪を区別することを学ぶのだろうか？
  - シャファーの定義
  - フロイトの精神力動理論
  - ピアジェの認知発達理論
  - コールバーグの段階理論
  - ギリガンの性差別的バイアスの研究
  - 社会的学習理論（バンデューラ，ミッシェル）
  - 両親の役割

- **性役割発達**：私たちの行動はどれくらい性別に依存しているのだろうか？
  - フロイトの精神力動的アプローチ
  - コールバーグの認知発達理論
  - マーティンとハルヴァーソンの性役割スキーマ理論
  - バンデューラの社会的学習アプローチ
  - マネーとエーアハートの生物学的アプローチ
  - バリーらの比較文化的メタ分析

- **自己の発達**：「私は誰？」という問いに対する答え。
  - ルイスとブルックス-ガンの幼児の鏡映像の実験
  - デイモンとハートの自己概念の段階
  - フロイトの視点
  - エリクソンの初期段階
  - バンデューラと自己効力感
  - ハーターの自尊感情の理論

17 社会的行動の発達

子供は大きくなるにつれて，自分が誰であるかを理解し始め，そして社会における自分の位置を把握していく。本章では，この発達がどのようにして生じるかを，道徳的発達，性役割の発達，そして自己の発達の三つの側面から検討する。これら三つの側面における発達には，子供が成長するにつれてどんどん社会と関わるようになっていく，という共通点がある。

- 道徳的発達が起きるのは，子供が他者の要求や要望を考慮し始めるときである。
- 性役割の発達が起きるのは，自分が男の子であるか女の子であるかによって，社会が自分に求めるものが異なることを，子供が理解し始めるときである。
- 自己の発達が起きるのは，子供が自分自身を一人の人間として意識し始め，そして他者が自分をどのように見ているかを理解し始めるときである。

子供が社会とより関わるにつれて，どのようにしてこれら三つの領域での発達が生じるかについては多くの異なった意見がある。本章では，三つの中心的なアプローチである精神力動理論，認知発達主義，社会的学習理論に焦点を当てていく。

図 17-1

道徳的発達

このセクションでは，道徳的発達のさまざまな段階について取り扱う。**道徳性**（morality）という言葉が意味するものは何であろうか？ シャファー（Shaffer, 1993）によれば，道徳性には「個人が善と悪との区別をつけ，この区別に基づいて行動するための一連の原理・理想」が含まれている。

なぜ道徳性は大切なのだろうか？ それは，何が正しくて何が悪いのかについて，何らかの同意が存在しないと社会は効率よく機能しないからである。もちろん，ある社会の個々のメンバーがとても異なった見方をする道徳的・倫理的問題（たとえば，動物実験など）も存在する。しかし，もしすべての主だった道徳的問題に意見の相違があったなら，社会は混沌と化してしまう。

シャファーは人間の道徳性には三つの構成要素があると論じている。まず第一に，**情動的要素**がある。これは道徳的想念や行動と結

> キー用語
> 道徳性：個人が善悪を区別する際に用いる原理。

びついている感情（罪悪感など）に関わっている。第二に，**認知的要素**がある。これはいかに道徳的問題について考え，何が良いか悪いかについていかに判断を下すかについてである。第三に，**行動的要素**があり，これはいかに行動するかについてである。私たちがどれくらい嘘をつき，盗み，ずるをするか，または誠実に振る舞うかに関連している。

なぜこれらの要素を区別する必要があるのだろうか？　まず第一に，各構成要素の間には重要な違いがしばしば存在する。認知レベルでは盗みをすることが悪いと知っていながらも，行動レベルでは盗みをするかもしれない。潔癖な人生を送りながらも（行動的要素），罪悪感を感じている（情動的要素）人もいる。第二に，異なった道徳性の構成要素を区別することは，道徳的発達のさまざまな理論を比較するのに役立つ。ピアジェ（Piaget）とコールバーグ（Kohlberg）は認知的要素に焦点を当てたが，社会的学習理論の研究者は行動的要素を重視した。

表17-1　シャファーの人間の道徳性の要素

情動的	認知的	行動的
道徳的行動と関連した感情	私たちが道徳的問題にどう考えるか，そして善と悪とをどう判断するか	私たちがどのように行動するか
理論家：フロイト	理論家：ピアジェ，コールバーグ	理論家：バンデューラ，ミッシェル
アプローチ：精神力動的	アプローチ：認知発達的	アプローチ：社会的学習

精神力動理論

ジークムント・フロイト（Sigmund Freud, 1856-1939）は人間の精神は，イド，自我，超自我の三つの部分からなると主張した（第2章参照）。イドは（性的本能などの）動機づけの活力であり，自我は意識的な思考と関連している。超自我は道徳的事象と関わっており，良心と理想自我に分けることができる。私たちが悪いことをした場合に罪悪感を感じたり恥ずかしく感じるのは良心のためであり，一方，誘惑を前にして良い行いをしたときに自らを誇らしく思うのは理想自我のためである。

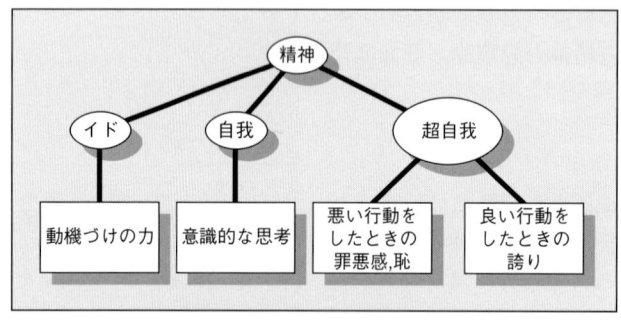

図17-2　フロイトの精神のモデル

フロイトは超自我は5，6歳の頃に発達すると主張した。男児は母親に対する性的欲望を抱くようになり，その結果父親との激しいライバル関係が築かれる。このような状態は**エディプス・コンプレックス**（Oedipus complex）として知られている。これは男児を非常に不安にさせる，というのも彼らは父親よりもはるかに弱い存在だからである。この状況を解決するために，男の子は父親の信念や行動を見習ったりまねしたりする**同一視**（identification）の過程を経験する。同一視には男の子が父親の道徳的基準を取り入れることが含ま

キー用語
エディプス・コンプレックス：フロイトの理論において，幼い男児が母親を性的対象とし，その結果，父親に競争心を抱くこと。
同一視：フロイトの理論において，同性の親の信念や行動を子供が模倣すること。

れており，これが超自我の形成へとつながる。フロイトによれば，超自我とは「エディプス・コンプレックスの継承者」なのである。

　フロイトによれば，女児においても同様の過程がほぼ同じ年齢で起こるという。女児の場合は，父親に対する欲望に基づいた**エレクトラ・コンプレックス**（Electra complex）が発達する。女児はこのコンプレックスを解消するために，母親を同一視し，母親の道徳的基準を取り入れる。フロイトによれば，男児が母親と同一視するほどには，女児は父親と同一視しないという。結果として，女児に育つ超自我は男児のものよりも弱いものとなる。これは本章において後に詳しく取り上げる性別による差の一例である。しかしながら，フロイトも「（超自我の強さという点において）大多数の男性は，男性としての理想からは程遠い」と認めている。

> キー用語
> エレクトラ・コンプレックス：フロイトの理論において，幼い女児が父親を求めること。

フロイトがエディプス・コンプレックスについての考えを発展させた時代には，片親しかいない家庭は非常にまれであった。このことは，彼の理論構築にどのような影響を与えただろうか？

根　　拠

　フロイトのもつ主要な根拠は，子供時代を何とか思い出そうとした彼の患者の報告によるものである。人の記憶は間違っていることが多いため，患者の記憶に頼ったフロイトの根拠は弱いと言える。メドウズ（Meadows, 1986, p.162）は，他にも問題点を挙げている。

> フロイトの主張を完全に否定するような根拠を提示することは不可能である。なぜなら，ある人がエディプス・コンプレックスや男性器願望などを経験しなかったことを示したとしよう。だがそれは，その人のエディプス・コンプレックスや男性器願望が完全に抑圧（動機づけられた忘却）されてしまったためと解釈することが可能である。

　フロイトは，同性の親に対する恐怖が超自我の発達に決定的な役割を果たすと論じた。したがって，攻撃的であり多くの罰を与える親の子供は，強い超自我をもつだろうと予想できる。実際には，事実はその逆である。お尻などをピシャリと打ったり，その他の罰を最もよく与える親の子供は，悪いことをしても，罪悪感や恥をあまり経験しないことが多い（ホフマン Hoffman, 1988）。しかしながら，この証拠がフロイトの理論にとって不利であるのは，同性の親への恐怖が両親によって用いられる実際の罰の程度に完全に依存していると仮定した場合だけである。フロイトによれば，多く罰を与えられていると間違えて信じている子供も，強い超自我を発達させると考えられるが，しかしこれはホフマン（1988）によって検討されてはいない。

　女の子は男の子よりも弱い超自我をもつとするフロイトの仮説は否定されている。ホフマン（1975）は，するなと言われたことをするかどうか見るために，子供が自分だけでいるときの行動を観察した多くの研究結果をレビューしている。ほとんどの研究において，男の子と女の子の間に差はみられなかった。そして，差があった場合には，誘惑により耐えられるのは（男の子ではなくて）女の子の

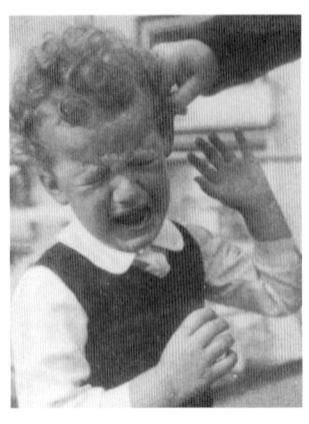

図17-3 フロイトの理論によれば，罰を与えると子供は強い超自我を発達させるという。しかし，大量の体罰を受ける子供は，悪いことをしても罪悪感や恥をほとんど感じないことが多い。

方であった。もっとも，誘惑に耐える能力は，超自我の強さとしてはよい指標ではないと反論できるかもしれない。

いままでに行われた比較文化研究は，ホフマン（1975）と同様の結果を得ている。スネアリー（Snarey, 1985）は世界中の15の異なる国々で行われた17の研究をレビューし，道徳的発達における性差はこれらの研究のうち，たった三つの研究においてしかみられなかったとしている。

評　価

詳細な道徳的発達の理論を提唱したのはフロイトが最初である。両親が子供の道徳的発達に大きな影響をもっており，多くの道徳的価値観が人生の初期において身につけられるとする彼の主張の基本的な前提は正しい。しかしながら，個別にみていくと，彼の理論から導かれる仮説のほとんどが誤りであることがわかっている。

また，フロイトの理論には幾つか不適切な点がみられる。まず第一に，子供の道徳性の発達において彼は同性の親の役割を過大評価している。一般には，異性の親やきょうだいもまた，重要な役割を果たすことが知られている（シャファー，1993）。

フロイトは道徳性において情動をあまりに重視しすぎていて，道徳的行動を決定する際の認知的過程には十分な注意を払わなかった。ピアジェやコールバーグなどの理論家の主張によれば，そのような認知的過程は道徳的判断の鍵を握っている。また，フロイトは，社会的学習理論において深く研究される，道徳性における行動の側面も無視した。

子供は5歳から6歳の間に，その後または青年期よりも，より劇的な道徳的発達を遂げるとフロイトは主張したが，実際には，10歳から16歳の間に道徳的推論は大きく変化する（コルビーら Colby et al., 1983，またはコールバーグの理論を紹介した本章この後の該当部分を参照）。

> **フロイトの方法**
>
> フロイトは根拠を得るための主な供給源として，大人に子供時代の記憶を回想させた。しかしながら，記憶は覚えている本人によって歪められがちなだけではなく，証明したり反証したりすることができない。フロイトは子供の患者を直接診察しなかったが，しばしば手紙のみを通じて親の相談を受けることはあったため，特定の行動の解釈について推測することになった。彼はエディプス，そしてエレクトラ・コンプレックスは子供が同性の親を同一視する過程で通る，無意識の段階であると主張した。しかし無意識の過程であるがゆえに，間接的に子供の行動を解釈することによってしか，この過程が実際に生じているかどうかを証明することができない。
>
> 精神力動的アプローチに対しては，理論が導き出された過程に対して，より幅広い文脈での批判が行われている。フロイトの理論は，しばしば「逆向きにはたらく」。たとえば，結果から仮説の形成を行っている。フロイトは行動を予測するというよりは，起こってしまってから分析をしたのである。最後に，フロイトが活動していた時代を考慮すべきである。彼の患者は中流階級を主としていたが，この時代の中流階級は厳格な戒律主義的制度に支配されていた。歴史上のこの時点では，家庭は子供の発達に対して最も影響力をもっていた。しかしながら，現代では外部の影響である友人関係や学校，そしてテレビすらも，家庭と同様に子供の発達に影響をもっている可能性がある。

認知発達理論：ピアジェ

ジャン・ピアジェ（Jean Piaget, 1896-1980）によれば，子供の思考は幾つかの段階を経て発達する（第16章参照）。初期の段階では，子供が見たり聞いたりする能力が中心であり，後期の段階では，起こりえない仮想の出来事について抽象的に考える能力などが発達する。ピアジェは子供の道徳的判断もまた幾つかの段階を経て発達すると主張した。

表17-2　ピアジェの道徳的発達段階

前道徳的段階 0〜5歳 規則その他をほとんど理解していない。	道徳的実在主義（他律的道徳性）段階 5〜10歳 厳密な思考：規則は守られなくてはならない。 行動は結果によって判断される。 信念： ・贖罪の罰 ・内在的正義	道徳的相対主義（自律的道徳性）段階 10歳以降 道徳的事象における柔軟性の発達。道徳の水準が人々によって異なることを理解している。規則は破ることができ、間違った行動によって必ず罰を受けるわけではない。 信念： ・相互性による罰

　ピアジェはさまざまな年齢の子供とおはじきで遊ぶうちに，道徳的推論についてのアイデアをまとめ始めた。子供がどれほどゲームのルールを理解しているか，ルールに従うことがどれほど重要と考えているか，などを観察することに興味をもっていたピアジェは，そのような観察をもとに以下の道徳的発達段階を提唱した。

1. 前道徳的段階（0〜5歳）：この段階にいる子供は，ルールやその他の道徳的側面についてほとんどまったく理解していない。
2. 道徳的実在主義または他律的道徳性段階（他律的とは外から押しつけられた規則に従うという意味である）（5〜10歳）：この段階の子供は，思考において非常に厳格である。彼らは状況がどうであれ，ルールには何が何でも従わなくてはならないと信じている（人の気持ちをやわらげるためにでも，嘘をついてはいけない，など）。そして，ある行動がどれほど悪いかは，行為者の動機ではなく，行動のもたらす結果に依存すると信じている。この段階の子供の道徳的発達には他に二つの重要な特徴がある。まず，彼らは**贖罪の原理**（expiatory punishment）を信じている。すなわち，行動が悪ければ悪いほど，罪も大きくなるべきであると考える。しかしながら，犯罪に見合う罰を与えるべきだという信念は含まれない。たとえば，焼きたてのケーキを床に落としてしまった子供は，別のケーキを焼くのを手伝わなくてはならないのではなく，お尻などをピシャリと打つなどの罰を受けるべきであると考える。第二に，5歳から10歳の子供は公正の理念を強く好む。このため，悪い行動をすると，後で必ず罰を受けることになる，と考える**内在的正義**を信じている。
3. 道徳的相対主義または自律的道徳性段階（10歳以降）：この段階の子供は道徳的問題についてより柔軟に考えるようになる。彼らは，道徳的規則が人間関係から発展すること，人々がさまざまな道徳的基準をもっていることを理解している。彼らはまた，ほとんどの道徳的規則が破られうることを理解している。もし，銃を持った暴力的な男があなたの母親がどこかをたずねたなら，知らないと嘘をつくことは完全に許されることなのである。他にも，前の段階とは大きく異なる点がある。まず第一に，子供はいまでは，ある行動の善悪は，その行動の結果より

> **キー用語**
> **贖罪の原理**：罰の量が，行動がどの程度悪いかとつり合うべきだとする考え方。どのような罰を与えるかは，罪の内容は関係ないと考える。

> **キー用語**
> **相互性による罰**：どのような罰を与えるかということと、どんな犯罪を犯したかということがつり合うべきであるという考え方。

も、行為者の動機にはるかに大きく依存すると考える。第二に、この段階の子供は贖罪の罰よりも、**相互性による罰**（reciprocal punishment）を信じている。このため、罰は犯罪に見合うものであるべきである。第三に、この段階の子供は人々がしばしば悪い行いをしながらも罰を免れていることを学んでいる。このため、彼らはもはや内在的正義を信じてはいない。

なぜ道徳的推論は子供時代に変化するのだろうか？　ピアジェによれば、これには二つの大きな要因が絡んでいる。まず第一に、幼い子供たちは考え方が自分中心的であり、自分の視点からのみ世界をみている。だいたい7歳ぐらいのときに、子供は自己中心ではなくなる。他の人々は異なった視点をもっているのだと理解し始めることによって、より成熟した道徳的推論が可能となるのである。第二に、もっと年上の子供たちは、同じ年の他の子供たちのさまざまな視点にふれることを通じて、道徳性に対する柔軟な思考を発達させる。一方で、第一段階の幼い子供のほとんどは非常に厳格な道徳性の概念をもっており、ある行動がよいとされるか悪いとされるかは、彼らの両親の反応によってほとんど決定する。

根　拠

ほとんどの西洋文化では、子供たちはピアジェによって示された道徳的発達段階を順番通りに進んでいく（シャファー, 1993）。また、理論における、多くの詳細な論点を支持する根拠も存在する。たとえば、ピアジェは道徳的実在主義段階にいる子供たちは、行動を動機ではなく結果によって判断すると主張した。ピアジェ（1932）は以下のような実験を行ってこの根拠を得た。この段階にいる子供たちに、ドアを開けた結果、向こう側にあった15個のコップを割ってしまったジョンという少年の話をした。また、ジャムを取ろうとしてコップを1個割ってしまったヘンリーの話もした。その結果、ジョンはそこにコップがあったとは知らなかったにもかかわらず、より多くのコップを割ったために、やはりヘンリーよりも悪い子だとみなされた。

だが、他の根拠は、道徳的実在主義段階にいる子供たちが行為者の動機を考慮する能力をピアジェが過小評価していたことを示している。コスタンゾら（Costanzo et al., 1973）は登場人物が良い、または悪い動機をもっていた場合、そして結果がポジティブな場合とネガティブな場合のそれぞれの物語を用いて実験を行った。ピアジェが発見したように、結果がネガティブな場合、幼い子供たちはほとんどまったく行為者の動機を考慮しなかった。だが、

図17-4

結果がポジティブな場合は，幼い子供たちも，より年長の子供たちと同程度に行為者の動機を考慮した。

　また，ピアジェは，道徳的実在主義段階にいる子供たちは，両親や他の権威者の定めた決まりに無批判に従うとしている。しかし，これらは誠実さや盗みなど，限られたものにのみ当てはまる。誰を友達に選ぶか，といったことや自由な時間に何をするか，ということに関して両親が規則を作り守らせようとしても，子供はあまり従おうとはしない（シャファー，1993）。

評　価

　ピアジェは全般的な認知発達と特殊な道徳的発達の間に密接な関係があると考えたが，これは正しい。彼の理論的なアプローチの長所としては他にも，西欧社会のほとんどの子供がピアジェの予測した通り，道徳的実在主義から道徳的相対主義へと移行するという事実が挙げられる。彼はまた，道徳的発達の研究において，何が道徳的に問題となっているかをわかりやすく子供に示すために，短い物語を用いる手法を開発した。

　ピアジェの理論に対して否定的な根拠もある。幼い子供たちは道徳性に対してピアジェが考えていたよりもより複雑な考え方をするし，彼らの道徳的思考にはピアジェが主張していたよりも，もっと進んでいる部分もある。ピアジェは子供が10〜11歳で大人の水準の道徳的推論に達すると考えていたが，これは間違っていた。後に紹介するコルビーら（1983）は，10歳から16歳の間で子供の道徳的思考が大きく変化することを示した。

　最後に，ピアジェは子供の道徳的事象に対する考え方に焦点を当てており，自分がいかに振る舞うべきかということに対する子供の知識を取り扱った。しかしながら，道徳的ジレンマに直面した際には，子供の考えは，実際の行動とは大きくかけ離れていることもある。一般的に，ピアジェは社会的学習理論が取り扱った道徳性の行動的側面を無視する傾向にあった。また，彼はフロイトが強調した道徳性の情動的側面にもほとんど注意を払わなかった。

認知発達理論：コールバーグ

　ローレンス・コールバーグ（Lawrence Kohlberg, 1927-1987）は，道徳的な事象について子供がどう考えるかを理解するためには，子供の認知的構造に焦点を当てなくてはならないという点ではピアジェと同意見であった。しかし，コールバーグの理論はピアジェの理論とは幾つかの点で異なっている。たとえばコールバーグは，道徳的推論はしばしば青年期から初期の成人期まで発達し続けると考えていた。

根　拠

　コールバーグの用いた主な実験的手法は，研究協力者に一連の道徳的ジレンマ課題を提示するものであった。研究協力者はそれぞれのジレンマ課

> 大人もまた，誰かの行動の結果が否定的だった場合にその人の動機を無視してしまうような状況を考えつくだろうか？

図17-5 集団圧力は，時として子供に，たとえばキャンディを盗むといった許されない行為をさせることがある。

題において，法やその他の道徳原理を遵守するか，それとも道徳的原理を拒否して，基本的な人間が必要とするものを選ぶかを選択しなくてはならなかった。コールバーグが行った実験（たとえば，1963年のもの）を理解するために，彼が用いたジレンマ課題の一つをここで検討してみよう。

　ヨーロッパのある女性が癌で死にかけていました。同じ町に住む薬剤師が最近発見したラジウムの一種である薬を使えば，彼女は助かるかもしれません。その薬剤師はその薬を作るのにかかる費用の10倍である2000ドルで売っていました。病気の女性の夫であるハインツは彼の知っているすべての人のもとに行き，お金を借りました。しかし，薬の代金の半分しかお金を集めることができませんでした。彼は薬剤師に，妻が死にかけているので安く売ってくれないか，もしくは後払いでは駄目かたずねました。しかし，薬剤師の答えは駄目だというものでした。夫は必死になり，妻のために薬剤師の店に薬を盗みに入りました。

　このジレンマ課題における道徳的原理は，盗むことは悪いことだというものである。しかし，ハインツが薬を盗んだのは，病気の妻を救うという良い動機に基づいている。盗むことに対して，それを援護するもしくは批判する説得力のある論点が存在する。これがすなわち道徳的ジレンマである。

　コールバーグは理論を発展させるにあたって，実験でこのような道徳的ジレンマを用いて根拠を得た。彼はすべての子供が道徳的発達において同じコースを歩むという点でピアジェを踏襲した。しかし，コールバーグの三つの道徳的発達水準（それぞれに2段階）はピアジェの3段階とはきっちりと対応しない。

　　第一水準：前慣習的道徳性　　この水準では，善悪の判断は，道徳的事象に対する考慮ではなく，結果となる報酬もしくは罰によって決定される。この水準の第一段階は「罰と服従傾向」に基づく。盗みは権威に逆らうことによって罰へとつながるから悪いのである。この水準の第二段階は報酬を受けるように行動するのが正しいことであるという考えに基づく。第一段階より他の人の必要性に多くの注意を払う必要があるが，もし自分が相手を助けたならば相手も自分を助けるだろうという期待に基本を置いている。

　　第二水準：慣習的道徳性　　第一水準と第二水準の一番大きな違いは，他者の視点と必要性が第二水準において第一水準よりもはるかに重要性を増しているということである。この水準では，人々は自分の行動に対して他者に認められようと注意を払い，良くない行動をしたとして責められることのないように努める。第三段階では良い動機をもつこと，そしてほとんどの人のもつ良い行動への視点に同調することが強調される。第四段階では子供は自分の責任を果たすこと，そして権威による法や規則に従うことが重要であると信じる。

第三水準：脱慣習的または原理的道徳性　脱慣習的または原理的道徳性という最高段階を獲得している者たちは，権威者の法や規則が破られなくてはならないことがあることを認識している。正義に対する抽象的な考え方や他者に敬意をもって接する必要性などが，法や規則に従う必要性よりも優先されることがある。第五段階では，道徳的に正しいことが法的に間違っている可能性をより深く理解するようになる。第六段階では，個人は自分独自の良心の原理を発達させる。ある道徳的判断において，関係するすべての他者の視点を考慮するようになる。コールバーグ（1981）はこれをある種の「道徳的な椅子とりゲーム」と表現している。現実的には，常に第六段階の原理に基づいて行動するような人は非常にまれである。

コールバーグは，すべての子供が同じ順番で道徳的発達段階をたどるとみなしていた。この仮説を検証する一番よい方法は，（長期の）縦断的研究を行って，子供の道徳的推論が時とともにどう変化するかをみることである。コルビーら（1983）は58人のアメリカ人男性を対象に20年間にわたる研究を行った。10歳から16歳の間に第一段階と第二段階の道徳的推論がかなり減少し，それを補って同時期に第三段階と第四段階の道徳的推論が増加した。この研究がコールバーグの理論の実証として最も見事だった点は，すべての参加者が，定められた順序に完全に従って道徳的段階を進んでいったことである。

スネアリー（1985）は26の文化圏で行われた44の研究をレビューし，ほとんどすべての文化において，コールバーグの定めたものと同じ順番で人々が道徳的発達段階を進むことを示した。段階を飛ばしたり，道徳的発達の前の段階に戻ったりという例はほとんどみられなかった。

一方，どんな人でも常に一定の段階の原理に基づいた道徳的思考を行うとするコールバーグの主張は未だ支持が得られていない。ルビンとトロッ

> コールバーグの6段階をそれぞれわかりやすく説明するような例を考えてみよう。

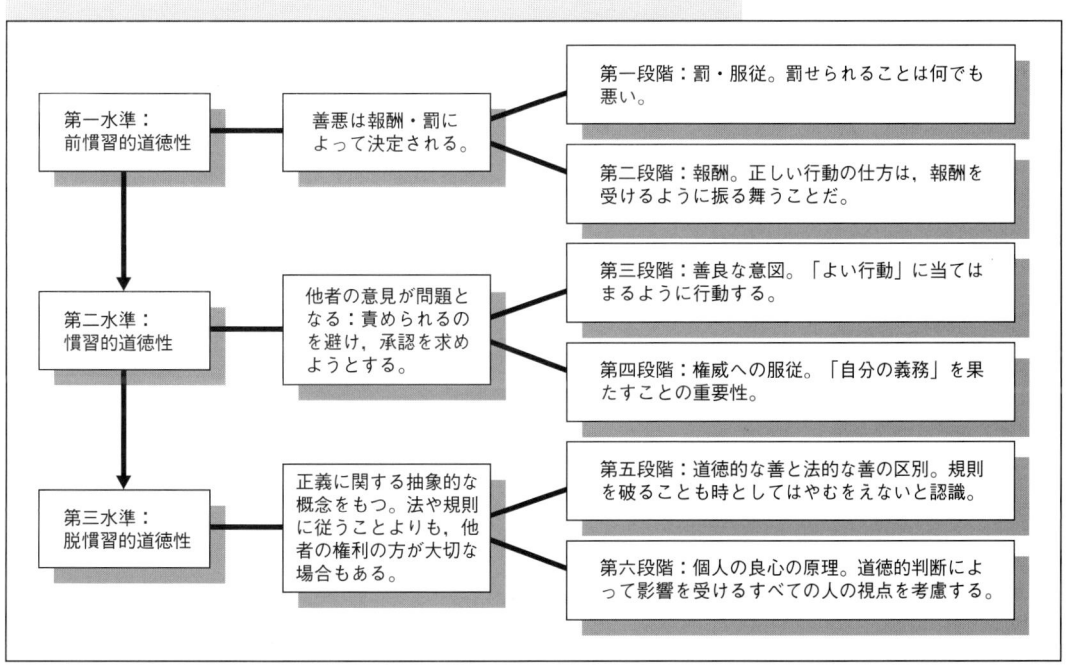

図17-6　コールバーグの認知発達理論

キー研究評価—コールバーグ

コールバーグの理論は，より柔軟であり，年齢特有の発達段階に縛られていないため，ピアジェのアプローチで問題とされた箇所にある程度対処している。メタ分析によれば，コールバーグの理論的枠組みの6段階はほとんどの文化に適応することができ，ほぼ普遍的に各人はそれぞれの段階を順序通りに進んでいく。しかしながら，経験による個人差や文化差などが，ある人が段階を進んでいく速度に影響を与える。たとえば，文化によっては，西欧文化に比べるとはるかに低い年齢で，子供は働き，結婚し，成人文化の一員となる。これらの人々が西欧文化の子供たちと比べるとはるかに早い速度で道徳的に発達していくということもあるだろう。加えて，コールバーグの各段階には，善悪に対して強い道徳感をもち，バランスのとれた典型的な家庭で育つことの必要性が背景に存在する。だが，西欧においても，このような家庭環境で育たない子供もいる。このことも，子供の道徳的発達に非常に大きい影響を与えうる要因である。

ター（Rubin & Trotter, 1977）は研究協力者にさまざまな道徳的ジレンマ課題を与え，与えられたジレンマ課題によって人々の反応の仕方がまったく異なることを発見した。

コールバーグは，ある個人が道徳的推論の上の段階に進むためには，ある特定の種類の一般的な認知発達を遂げている必要があるだろうと考えた。たとえば，第五段階にいる人は抽象的な原理（正義など）を利用することができるが，そのためには，その人が抽象的思考に熟達している必要があるだろう。トムリンソン－キージィとキージィ（Tomlinson-Keasey & Keasey, 1974）による11歳から12歳の少女を対象にした研究は，第五段階に達した少女たちは認知発達の一般的なテストの抽象的思考の箇所でもよい成績をおさめることを示した。しかしながら，抽象的に考えることのできる子供たちの中には，第五段階の道徳的推論を示さないものもいた。このため，抽象的思考は，第五段階の脱慣習的道徳性を獲得する際の必要条件（しかし十分条件ではない）であるということになる。

議論のポイント

1. コールバーグが道徳的発達を研究するのに，道徳的ジレンマ課題を用いたのは適切だっただろうか（評価の項を参考に）？
2. コールバーグの，道徳的発達に対する段階に基づいたアプローチについてどう考えるか？

評　価

すべての文化におけるほぼすべての子供が，コールバーグの示した順番で道徳的推論の段階を進んでいく。このため，この理論はまったく問題がないように思われる。また，より詳細な，そして正確に道徳的発達を記述するという点でピアジェの理論よりも有利である。

否定的な側面としては，ほとんどの人々が第四段階から先に進まないように思われることが挙げられる（シェイヴァーとストロング Shaver & Strong, 1976）。加えて，第五段階と第六段階を明確に区別することが難しいことも判明している（コルビーら, 1983）。

コールバーグは，実際の行動よりも，研究協力者が人工的なジレンマ課題を

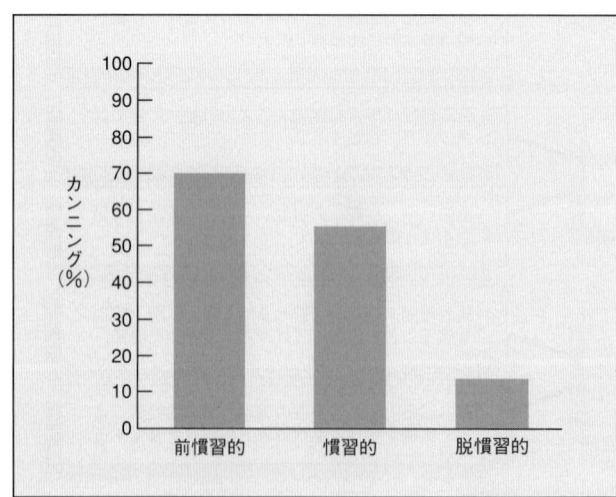

図17-7　コールバーグのカンニングの研究

与えられた場合の言語的反応に焦点を当てている。だが，これらのジレンマに対する人々の反応は，現実生活においてどう振る舞うかを予測するものではないかもしれない。これに関して得られた根拠はあまり一貫していない。サントロック（Santrock, 1975）は，子供の道徳的推論の水準が与えられた条件下でカンニングをするかどうかを予測できないことを示した。しかしながら，大人の場合には道徳的推論の段階が行動を予測できるとする根拠はより多くみられる。

コールバーグ（1975）はさまざまな道徳的発達段階に位置する生徒のカンニング行動を比較した。前慣習的段階の生徒のおよそ70％はカンニングをするが，脱慣習的段階の生徒は15％しかカンニングをしないことがわかった。慣習的段階の生徒はその中間（55％）であった。

最後に，コールバーグは道徳性の情動的側面を一切考慮しなかった。たとえば恥や罪悪感などの感情の発達は，道徳的発達において重要である。

図17-8 状況が異なると，人々の行動もかなり違ったものになるかもしれない。

認知発達理論：ギリガン

キャロル・ギリガン（Carol Gilligan, 1977, 1982）はコールバーグによる理論には性差別主義による歪みが混じっていると考え，これに対抗する理論を提案した。コールバーグの理論は，最初男性に対するインタビューに基づいて提案されたため，ここからジェンダー・バイアスが入り込んだかもしれないと考えられる。加えて，コールバーグによればほとんどの男性は第四段階を達成するが，ほとんどの女性が第三段階に位置している。

ギリガン（1982）は，男児は**正義の道徳性**を発達させ，法と道徳的原理の利用を重視すると主張した。一方，女児は**思いやりの道徳性**を発達させ，人々の幸せと他者に対する配慮が焦点となる。正義の道徳性が思いやりの道徳性に勝るとみなしている点で，コールバーグは性差別を行っているとギリガンは主張する。

評　価

ギリガンの主張を支持する根拠はほとんど存在しない。コールバーグは確かにしばしば女性は男性よりも低い道徳的推論段階に位置するという結果を得た。だが，ウォーカー（Walker, 1984）はアメリカで行われた54の研究をレビューし，道徳的発達における性差はた

った8編の研究にしかみられなかったとしている。

男性と女性が実際には道徳的推論において非常に共通しているとする説得力のある根拠が，自分が実際に経験した道徳的ジレンマについての人々の議論を対象とした研究に見受けられる。ギリガン（1982）による予測とは裏腹に，男性も女性も法と正義を考慮するのと少なくとも同程度には対人関係での責任と他者の幸福を重視している（ウォーカーら，1987）。道徳的推論に多少の性差は存在するかもしれないが，共通する点の方がはるかに大きいのである。

社会的学習理論

アルバート・バンデューラ（Albert Bandura, 1977）やウォルター・ミッシェル（Walter Mischel, 1970）などの社会的学習理論の研究者は，いままで取り上げてきたどの理論とも異なる社会的学習アプローチを提唱した。彼らによれば，特に二つの種類の学習経験が道徳的行動に影響を与える。

- **直接教授**（direct tuition）：これは，ある行動をすると報酬を受けたり強化されたりし，別の行動をすると罰を受けることによる。
- **観察学習**（observational learning）：他の人が特定の行動をして報酬を受けたり罰を受けたりするのを観察し，報酬を受ける行動をまねすることによっても道徳的行動は学習される。

フロイト，ピアジェ，コールバーグなどの理論によれば，ある個人はある時点である特定の道徳的発達段階に位置し，これがほとんどの道徳的事象に対してどう考えるかを決定する。結果として，さまざまな状況下での道徳的判断は高い一貫性をもつことになる。一方で，社会的学習理論によれば，ある状況でのある個人の行動は，その本人が似たような状況でどのような報酬または罰を受けてきたかによって決定される。このため，人々がさまざまな状況でまったく異なった行動を示すこともありうる。

バンデューラ（1977, 1986）によれば，子供の道徳的行動は，彼ら自身の経験によって，発達過程を通して変化していく。道徳的行動はまた，**外的**統制から**内的**統制へと移行することによっても変化する。幼い子供は報酬や罰を自分が受けたり，他者が受けるのを観察したりすることによって大きく影響を受ける。より年長の子供は**自己制御**（self-regulation）へと移り，自分の内部にある行動の基準を満たすことにより自分に報酬を与え，これらの基準を満たさなければ失敗感を経験する。

根　拠

道徳的推論が観察学習によって影響を受けうることの根拠はバンデューラとマクドナルド（Bandura & McDonald, 1963）によって報告されている。5歳から11歳までの子供に，モデル（別の子供）が

キー用語
直接教授：ある行動をすると報酬を受け，別の行動をすると罰を受けることによる学習。
観察学習：他の人の行動を観察し，模倣することによる学習。

キー用語
自己制御：内的達成基準が満たされたときに自己報酬を行い，満たされなかったときに失敗感を味わう過程。

自分とは逆の道徳的判断をし，その考え方を実験者がほめるシーンを見せた。その後，子供に自分の判断をさせた。その結果，ほとんどの子供がモデルの道徳的基準を取り入れ，その効果は少なくとも1ヶ月間持続した。

社会的学習理論によれば，状況によって道徳的行動に違いが生じるのは当然である。ハーツホーンとメイ（Hartshorne & May, 1928）は8歳から16歳までの12,000人の子供の盗み，カンニング，嘘などの行動を調査した。彼らは，行動は非常に非一貫的だったと主張している。たとえば，ある状況において嘘をついた子供が別の状況において嘘をつく可能性が高いというわけではなかった。しかしながら，ハー

図17-9 パーク（1977）の発見は，子供がおもちゃを触ろうとしたときに不快な音を聞かせれば，最終的には子供はそのおもちゃで遊ぼうとする気がなくなるというものである。

ツホーンとメイによるデータの再分析によると，子供の行動には**ある程度の一貫性**がみられた（バートン Burton, 1976）。たとえば，嘘をついた子供は別の関連した状況で嘘をつくことが多く，カンニングと盗みにおいてもそれは同様だった。加えて，ハーツホーンとメイ（1928）の研究対象は子供であったが，子供時代から大人時代にかけて道徳的行動の一貫性が増すという根拠もある（ブラシー Blasi, 1980）。

パーク（Parke, 1977）は罰が道徳的行動に及ぼす影響を調べる実験を行った。子供は魅力的なおもちゃにふれるたびに，罰（小さい，もしくは不快なほど大きいブザー音）を受けた。その後，実験者が部屋を離れると，音が小さいときよりも大きいときの方が，子供は魅力的なおもちゃの誘惑により耐えることができた。パークはまた，なぜ誘惑に耐えなくてはならないのかについてしっかりした理由を子供に与えることが有効であることを発見した。これは，子供が自己強化による誘惑を避けるための自己制御過程に，与えられた理由を用いることができたからであろう。

評　価

社会的学習理論が認知発達理論と異なる点は，道徳的発達における社会的要因を強調すること，そして道徳的推論よりも道徳的行動に焦点を当てていることである。社会的学習理論の研究者たちは道徳的行動が報酬，罰，そして観察学習によって影響されることを示してきた。この理論の予測する通り，道徳的行動は，特に子供たちの間で，しばしば状況によって非一貫性をみせることが知られている。

社会的学習理論にはさまざまな限界がある。まず第一に，この理論の枠組み内では，いかにして一般的な道徳原理（正義，公正など）

実験室実験によって道徳的行動を研究することの限界は何だろうか？

が学習されるのかが容易に理解できない。また，社会的学習理論は，道徳的発達がどのようにして生じるか，なぜほとんどの人が同じ道徳的発達段階を進んでいくのかを明確に説明していない。

第二に，社会的学習理論の研究者によって行われた道徳的行動に関する研究のほとんどは，短期間に行われる実験室実験によるものである。ミラー（Miller, 1993, p.228）によると，結果として，

> 私たちは社会的行動（すなわち道徳的行動）の学習にどのような要因が影響を与えるかについて多くのことを知っている。だが，子供の実生活において道徳的行動にどのような要因がはたらくのか，そしてさまざまな年齢でどんな道徳的行動が実際に生じるのかについてはわかっていない。

人間のどのような行動でも，状況を超えて一貫していると思うか？

第三に，社会的学習理論はあまりに道徳性の行動的側面に重きを置いているため，ピアジェやコールバーグによって詳しく研究された認知的側面が犠牲になっている。また，フロイトによって強調された情動的側面も無視されている。結果として，社会的学習理論の道徳的発達に対する視点はかなり限られていると言える。

道徳的発達における両親の役割

子供の初期の道徳的発達はほとんどを両親に依存している。ホフマン（1970）は子供の道徳的発達において，両親のしつけを次の三つの大きなタイプに分けた。

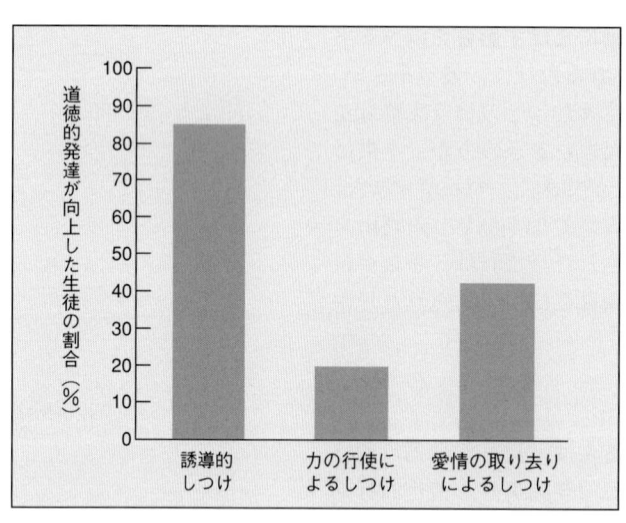

図17-10　ブロディとシャファーの両親のしつけ方法のメタ分析

1. 誘導的しつけ：なぜある行動が悪いのか，特に他者への影響を強調して説明する。
2. 力の行使によるしつけ：お尻などをピシャリと打ったり，楽しみを取り除いたり，きつい言葉を使ったりして子供に権力を及ぼす。
3. 愛情の取り去りによるしつけ：子供が悪いことをしたら注意や愛情を向けなくする。

ブロディとシャファー（Brody & Shaffer, 1982）は両親のしつけのタイプが道徳的発達に及ぼす影響を調べた研究をレビューした。誘導的しつけはこれらの研究のうち86％で道徳的発達を改善していた。一方で，力の行使によるしつけはたった18％において，愛情の取り去りによるしつけでは42％においてのみ改善がみられた。力の行使によるしつけは82％の研究においてマイナスの影響を道徳的発達にもたらすため，とても効果のないしつけ方法だと言える。力の行使によるしつ

表17-3 道徳的発達の諸理論

理論	方法	批判
精神力動理論	子供時代の経験についての大人の個人的説明。	人の記憶の正確さに頼っている。フロイトの仮説の多くが間違いだと証明されている。
ピアジェの認知発達理論	短い物語を使って道徳的問題を明確に示そうとしたところ、道徳的実在主義から道徳的相対主義への移行が判明した。	ピアジェは人々の行動における動機を考慮する幼い子供の能力を過小評価していたかもしれない。ピアジェは道徳性の行動・情動面を無視した。
コールバーグの認知発達理論	人工的なジレンマ課題を用いて、コールバーグはほとんどの文化で共通と思われる道徳的発達の6段階を記述した。	ほとんどの人々が第四段階以降に進まない。第五段階と第六段階の違いが不明瞭である。コールバーグも道徳性の行動・情動面をほとんど重視しなかった。
社会的学習理論	観察と実験における研究を通じて、道徳的推論よりはむしろ道徳的行動を調べた。	一般的な道徳原理、たとえば正義、がどのようにして学習されているかについて説明しない。実践研究はしばしば実社会を反映するものではない。このアプローチは道徳的発達の認知・情動面を無視している。

けは、攻撃的で他の人のことを考慮しない子供をつくり出すという（ザーン‐ワクスラーら Zahn-Waxler *et al.*, 1979）。

　誘導的しつけが有効なのは、子供に道徳的推論の発達に役立つ情報を与えるからである。もう一つの理由として、誘導的しつけは子供に他の人々について考えるように勧める。このように他者の欲求と感情について考慮することは、道徳的発達のためにきわめて重要である。

　これらの結果から、両親の誘導的しつけと、良好な道徳的発達の間に関係があることがわかる。この二つが関連している理由の一つに、誘導的しつけが子供の道徳的発達に有効であることが挙げられるが、しかしそれだけではない。よい振る舞いをする子供の場合、両親が合理的な誘導的しつけを用いることが多い。逆に、悪い振る舞いをする攻撃的な子供の場合、両親は力の行使によるしつけを必要とするかもしれない。このため、親のしつけ方法は子供の行動に影響を与えるが、その逆に、子供の行動も親のしつけ方法に影響を与えるのである。

性役割発達

　赤ちゃんが生まれたとき、誰もが聞く基本的な質問は「男の子、それとも女の子？」である。赤ん坊が大きくなるにつれて、子供の性別によって、両親や他の人の赤ん坊への接し方には違いがみられるようになる。時が経つにつれ、発達していく子供が男の子か女の子かということは、子供の自分自身に対する考え方、そして自分が世界に占める位置に対する考え方に、ある程度影響を及ぼすであろう。本章はこれらの事柄のうち幾つかを取り扱う。

■やってみよう：性役割ステレオタイプ
　男性と女性を記述するのにしばしば使われるステレオタイプのリストを作成してみよう。次に、それらを性役割によるものか、それとも生物学的要因によるかを分類してみよう。それらのステレオタイプのうち、それが事実であるという根拠を提示できるものはあるだろうか、またどのような根拠が妥当であると考えられるか？

> **キー用語**
> **性同一性**：生物学的要因による男性か女性か。
> **性役割同一性**：男女に対する体系的な信念。
> **性役割行動**：それぞれの文化の中で男性または女性にふさわしいと考えられる種類の行動。

- **性同一性**（sexual identity）：これは私たちを男性もしくは女性とする生物学的要因によって決定され，通常性器の形状から判断される。
- **性役割同一性**（gender identity）：これは子供，もしくは大人の自分が男性・女性であることの自覚である。生物学的よりはむしろ社会的に決定され，子供時代の初期に生じてくる。
- **性役割行動**（sex-typed behavior）：ある文化において，それぞれの性別にふさわしいとみなされる行動様式。

観察された性差

性役割行動に対する考え方のうち，衰えつつあるものもある。たとえば，男性は外に働きに行き，家庭や子供の世話をしなくてもよいし，女性は家にいて家と子供の世話だけしていればよい，という考えを受け入れる人はいまでは，もはやほとんどいない。しかしながら多くのステレオタイプが未だ存在する。このため，男児と女児の実際の行動を検討することが大切である。性別は本当に行動に影響するのだろうか？

エレノア・マッコビィとキャロル・ジャクリン（Eleanor Maccoby & Carol Jacklin, 1974）は関連のある研究を検討した。彼らは，男児と女児の間の違いとされているもののうち，確固たる根拠のあるものは以下の四つしかない，と結論を出した。

- 女児の方が男児よりも言語能力に優れている。この差は子供時代を通じてみられる。
- 男児は女児よりも視覚的・空間的能力に優れている。
- 男児は女児よりも計算能力に優れている。だが，この違いは青年時代にのみ現れる。
- 男児は女児よりも身体的・言語的に攻撃的である。

シャファー（1993）が指摘するように，後の研究はこれらの他にも行動における性差を見出している。女児は男児よりも，情動的感受性が高い。たとえば，5歳ぐらいの女の子は男の子よりもより赤ん坊に興味を示し，親切である。男児の方が女児よりも発達的に脆弱で，精神遅滞，言語障害，そして多動性障害を示すことが多い。

行動において観察される性差はほとんどが非常に小さなものである。しかし，イギリスではほぼすべての科目において，女児が男児よりもよい成績をおさめることがますます顕著になってきている。1997年には14歳の男児と

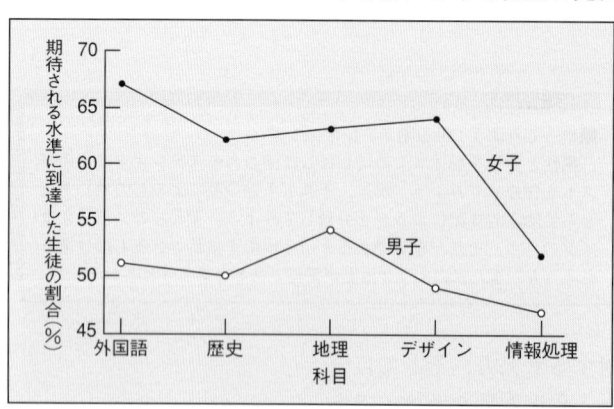

図 17-11　14歳の男子生徒と女子生徒の学業成績

女児のうち，さまざまな科目で期待される基準を満たしている生徒の割合（男児の割合がカッコ内）は，現代外国語67％（51％），歴史62％（50％），地理63％（54％），デザインと技術64％（49％），情報処理52％（47％）となっている。

一般に，世間で考えられているよりも性による差は少なく，その度合いも小さい。ではなぜ，このように見かけと実際に食い違いが生じるのだろうか？　一つには，私たちは感覚によって得られた根拠を，ステレオタイプに沿うように歪めて解釈しがちである。コンドリーとコンドリー（Condry & Condry, 1976）は，大学生に幼児のビデオテープを見せた結果，幼児の行動は，幼児がデイビットと呼ばれるかダナと呼ばれるかで解釈の仕方が異なることがわかった。びっくり箱に対する反応では，幼児がデイビットと呼ばれた場合は「怒っている」と解釈されたが，ダナと呼ばれた場合は「不安である」と解釈された。

精神力動理論：フロイト

フロイトの精神力動理論には，性役割の発達を説明するために考案されたという側面もある。性役割の発達理論の多くは，環境と文化的な影響が非常に重要な位置を占めるという前提のうえに成り立っている。一方で，フロイトはそのような影響を重視せず，「（男女の差をもたらす）生物学的構造は運命である」と主張した。

本章でこれまでみてきたように，フロイトによれば男児はエディプス・コンプレックスを発達させ，母親に性的欲望を抱き，父親に強い恐怖を感じるという。この恐怖の一部は，父親が自分を去勢するかもしれないと考えるところから生じる。エディプス・コンプレックスは父親と同一視を図るプロセスを通して解消される。フロイトによれば，性役割行動の発達において，同一視は主要な役割を果たしている。

フロイト（1933）は，女児は「男児のもつ，はるかに優れたもち物に屈辱を感じ」，このことで母親を責めるようになる。女児はエレクトラ・コンプレックスを発達させ，父親へ性的欲望を抱き，母親を競争相手と考える。女児が性役割行動を身につけるのは，愛情の中心となる父親によって報酬を受けるからである。

チョドロウ（Chodorow, 1978）は別の精神力動理論を提案した。この理論によると，多くの幼い子供は母親と親しい関係を築き，この関係が将来の人間関係のパターンを作り上げる。女児は自分以外の女性（母親）との親しい関係から，性役割同一性を発達させる。そうすることによって，女児は女性らしさと親密感とを連想して考える。一方，男児はこの母親との親しい関係から脱却しないと性役割同一性を確立できない。このため，男性らしさと親密感とを連想して考えないのである。

根　　拠

男児の性役割行動の発達に父親が主要な役割を果たすという根拠

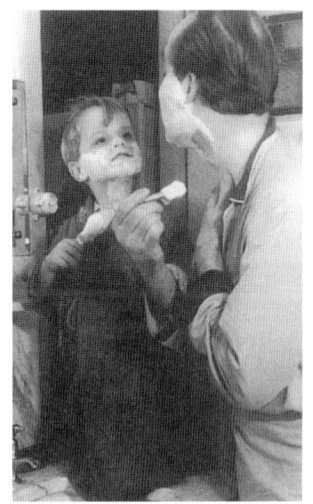

図17-12　息子の性役割行動の発達に父親が主要な役割を果たしているのかもしれない。

は幾つかある。エディプス・コンプレックスが発達する年齢（5歳ぐらい）に父親が側にいなかった男児は，ずっと父親がいた男児よりも性役割行動が少ない（スティーヴンソンとブラック Stevenson & Black, 1988）。また，5歳ぐらいを境に性役割発達に大きな変化がみられるとする根拠もある（後述）。

フロイトの性役割同一性の発達に関する精神力動理論は，他のほとんどすべての面で誤りであることが明らかになっている。彼の説明は，実際に何が起こっているかについて，というよりは，むしろ彼の想像力の豊かさを示すものであると言える。男児が実際に去勢を恐れているとか，女児が実際に男性器を羨ましく思っているという根拠は存在しない。フロイトによれば，同一視の過程は恐怖に基づくため，父親が権威的であれば男児の父親との同一視は最も著しいであろうと予測される。実際には，男児は温かく支持的な父親との方が，威圧的で脅威的な父親とよりも，はるかによく同一視を図るのである（マッセンとラザフォード Mussen & Rutherford, 1963）。

評　価

理論的に有意義な貢献というよりは，心理学における歴史的な興味として性役割発達における精神力動理論を取り扱うべきであろう。精神力動理論は，しかし，性役割発達を理解するうえでの一連の発達段階をはっきりさせるための最初の系統的な試みだった。

いままでみてきたように，フロイトの性役割発達に対する考えを支持する根拠は一般的ではなく，提唱されてから100年経った後でもこの理論は未だ推論の域を出ていない。フロイトは子供の性役割の発達において，同性の親の影響を重要視した。そうすることによって，彼は異性の親，家族の他の一員や他の子供の影響力を無視したのである。

他の理論的アプローチと比べてみると明らかになるのだが，フロイトの一般的なアプローチはいろいろな意味で限定されたものである。次に紹介するコールバーグの認知発達理論と性役割スキーマ理論では，性役割発達における認知的な側面により焦点を当てている。同様に後に紹介する社会的学習理論は，性役割発達の行動的側面により焦点を当てている。

認知発達理論：コールバーグ

ローレンス・コールバーグ（1966）は，性役割行動の発達における認知発達理論を提唱した。彼のアプローチの本質は，後に紹介する社会的学習理論と比べてみると明らかである。コールバーグ（1966, p.85）によれば，「子供の性役割概念は，子供が自分の経験を主体的に構造化することによって獲得される。性役割概念とは，受動的な社会的訓練の結果ではない」。

この他にも，社会的学習理論とコールバーグの理論の間には重要な違いがある。社会的学習理論によれば，子供は同性のモデルに注意を払い，その結果，性同一性概念が発達する。コールバーグによ

フロイトは，同性愛に対する同性の親の影響を説明するのに，どのような点に注目しただろうか？

れば，この因果関係は逆である。すなわち，子供はすでに一貫した性同一性をもっているから，同性のモデルに注意を払うのである。この理論によれば，子供は自分の一貫した性同一性と合致した行動をとることが報酬をもたらすと考える。コールバーグ（1966, p.89）の言葉を借りれば，「僕は男の子だ。だから男の子のすることがしたい。だから，男の子がすることができるなら（中略）それは報酬をもたらすんだ」。一方で，社会的学習理論家は，報酬をもたらす行動とは他者が適切であるとみなす行動である，と主張している。

性同一性はコールバーグの認知発達理論において非常に重要である。性同一性において子供は次の三つの発達段階を通る。

1. 基本的性同一性（2歳〜3歳半）：男児は自分が男児だと，女児は女児だと知っている。しかし，自分の性別は変えられると信じている。
2. 性安定性（3歳半〜4歳半）：性別が時間的に持続性があると知っている（男児は将来男の人になる）。しかし，さまざまな状況下で，たとえば普通異性が着るような服を着るような場合でも，性別が一貫しているという認識は薄い。人形に透明な服を着せて性器の形と服装に違いがある場合，この段階の子供は性別を服装で判断する（マックコネイ McConaghy, 1979）。
3. 性一貫性（4歳半〜7歳以上）：この段階の子供は，性別が時間を越えて，また状況を超えて不変であることを認識している。これはピアジェの保存性の概念に似ている（第16章参照）。

男の子の，または女の子の，とみなされている行動は，時を越えて一定だろうか？ あなたの親の子供時代とあなた自身の子供時代とを比べると，わかりやすい例はあるだろうか？

表17-4 性同一性発達におけるコールバーグの段階説

基本的性同一性	性安定性	性一貫性
2歳〜3歳半	3歳半〜4歳半	4歳半〜7歳以上
性別について気がついているが，変えられると信じている。	性別が時間を越えて一定だが，状況によっては一定でないと理解している。	性別が，時間・状況にかかわらず一緒のままだと理解している。

根　拠

コールバーグによって提唱されたこの3段階を経て子供が実際に成長するという根拠が存在する。比較文化研究において，マンローら（Munroe et al., 1984）は幾つかの文化に属する子供たちが，同じ段階を経て最終的な性同一性に到達することを確認している。

性一貫性に到達した子供は，それ以前の段階の子供よりも同性のモデルの行動により注意を払うだろう，とコールバーグの理論は予測する。スラビーとフレイ（Slaby & Frey, 1975）は，この予測を検証した。彼らは2歳から5歳の子供の性一貫性を測定し，性一貫性高群と低群に分類した。そして，子供たちにさまざまな活動をしている男性と女性のフィルムを見せた。その結果，性一貫性の高い子供は低い子供よりも，同性のモデルにより多くの注意を払うことが確認された。

ルーブルら（Ruble et al., 1981）は，性一貫性が重要であることの

根拠をさらに提示している。彼らは，性一貫性の高いまたは低い就学前児童に，男の子もしくは女の子にふさわしいとして示されるおもちゃのテレビ CM を見せた。すると，これらのテレビ CM は性一貫性の高い児童の態度と行動により強い影響を与えた。

評　価

性同一性はコールバーグの提唱した 3 段階を通して発達するように思われる。この理論が予測した通りに，完全な性同一性の獲得に伴い，性類型的行動が増えていく。もっと一般的に言えば，子供の能動的な周りの世界との関わり合いが性役割の発達を促すという考え方も重要だが，一貫した性同一性を獲得しているかどうかによって子供の世界との関わり合い方が変化するという考え方も重要である。

コールバーグの理論にはさまざまな問題がある。まず第一に，2 歳の誕生日までに，たいていの男児・女児に性類型的行動がみられる。これは性一貫性を獲得する数年前であり，したがって，**すべての性類型的行動が性一貫性によるものであるとは言えない**。

第二に，コールバーグ（1966, p.98）が述べているように，「一定した性同一性を形成する過程は（中略）概念発達の一般的な過程の一部である」。このアプローチは，非常に初期の性類型的行動をもたらす外的要因（たとえば親による報酬と罰など）を無視しがちである。概してコールバーグはあまりに個別の子供に焦点を当てすぎており，性役割発達に大きく影響を与える社会的文脈に十分な注意を払っていない。

第三に，コールバーグはおそらく，性類型的行動をもたらす認知的要因の重要性を誇張している。ハストン（Huston, 1985）は，コールバーグの理論から性の認知と性類型的態度および行動との間に密接なつながりがあるという前提が導かれることを指摘した。実際には，この関係はあまり強くなく，女児においては男児よりもさらに関係が小さい。コールバーグの理論によってこのような事象がどう説明されるかは不明である。

認知発達理論：性役割スキーマ理論

マーティンとハルヴァーソン（Martin & Halverson, 1987）は，性役割スキーマ理論と呼ばれる，これまでとは非常に異なった認知発達理論を提唱した。彼らの主張は，2 歳から 3 歳という幼いときから子供は基本的な性役割同一性を獲得して，男女の性に関する系統的な信念体系である**性役割スキーマ**（gender schemas）を形成し始める。最初に形成されるスキーマは内集団・外集団スキーマであり，どのおもちゃや活動が男の子向けであり，どれが女の子向けであるかについての系統的な情報からなる。別の初期のスキーマは自己性別スキーマであり，いかに性別に類型的に振る舞うか（女の子であれば人形に服を着せるなど）についての情報からなっている。最初の性役割スキーマの発達には，社会的学習理論において強調された

キー用語
性役割スキーマ：性別に関する体系化された一連の信念。

ような過程が含まれるだろう。

性役割スキーマ理論において鍵となるのは，子供は単に受動的に世界に対応するだけではないという視点である。むしろ，子供のもつ性役割スキーマは注意を払う対象，世界をどう解釈するか，どの経験を記憶しておくか，といったことを決定する手助けをする。別の言葉で言えば，シャファー (1993, p.513) が言うように，「社会的情報を処理するための体系を提供することにより，性役割スキーマは経験を『構造化』する」のである。

根　拠

この理論によれば，子供は性役割スキーマを用いて経験を体系化し，意味を理解する。もし子供が自分のもっているスキーマに当てはまらない情報（たとえば，男の子が人形の髪を梳いている）を得ると，その情報はスキーマに合うように歪められるはずである。マーティンとハルヴァーソン (1983) はこの予測を検証した。彼らは5歳と6歳の子供にスキーマと合致した活動（女の子が人形で遊んでいる，など）とスキーマと合致しない活動（女の子がおもちゃの銃で遊んでいる，など）の写真を見せた。スキーマと合致しない活動は，1週間後には，スキーマと合致している活動として（おもちゃの銃で遊んでいるのは男の子だった，など）しばしば間違って記憶されていた。

性役割スキーマ理論を支持する別の研究はブラッドバードら (Bradbard et al., 1986) によるものである。彼らは4歳から9歳の間の男児と女児に，性別の存在しない物体，たとえば盗難警報機やピザ切り器など，を見せた。そして，そのうち幾つかは「男の子のもの」で，その他は「女の子のもの」だと教えた。この研究の主要な発見は二つある。まず第一に，子供は自分の性別に適切だと指示されたものを使ってより多くの時間遊んだ。第二に，1週間経った後でも，それぞれが「男の子」用か「女の子」用か子供たちは覚えていた。

スキーマと合致する行動

スキーマと合致しない行動

図 17-13

マスターズら (Masters et al., 1979) による研究も性役割スキーマ理論を支持している。4歳から5歳の幼い子供によるおもちゃの選択では，おもちゃに貼られたラベルに書いてある性別（たとえば「女の子用」）の方が，そのおもちゃを使って遊んでいるモデルの性別よりも，影響力が大きかった。ダーキン (Durkin, 1995) が指摘するように，子供は同性のモデルの行動を模倣しようとするのではなく，

「これは男の子のおもちゃだ」とか「これは女の子のおもちゃだ」というスキーマの方に子供の行動が影響されているようである。

評　価

　性役割スキーマ理論の大きな利点の一つは，なぜ子供の性役割信念や態度が，子供時代中頃からしばしばほとんど変化しないのかを説明するのに役立つことである。すなわち，スキーマと合致する情報に注意が払われ，記憶されるため，確立された性役割スキーマは維持されがちである。この理論の他の利点は，現在の情報をもとに世界を理解しようとする能動的な子供の姿に焦点を当てていることである。

　性役割スキーマ理論の限界は，コールバーグの理論のそれと似通っている。この理論は性役割発達における個々の子供の役割をあまりに強調しすぎており，社会的要因の重要性を軽視している。加えて，理論内部でも，行動を規定するうえでのスキーマや他の認知的要因の重要性が誇張されているおそれがある。別の問題点として，この理論は**なぜ**性役割スキーマが発達するのか，そして**なぜ**現在のような形をとるのかが実際のところ説明できない。

　最後に，この理論ではスキーマないしはステレオタイプを変化させることにより，子供の行動を変えることができるはずであるとされている。実際には，ダーキン（1995, p.185）の指摘によれば，「行動や行動しようという意図を変化させる試みよりも，概念を変化させる方がより成功してきた」。同様に，多くの結婚したカップルは性の平等と家事の均等な分担についての**スキーマ**をもっているが，これが**行動**に大きな影響を与えることはまれである。

社会的学習理論

　社会的学習理論（バンデューラ, 1977, 1986など）によれば，性役割の獲得は子供の経験の結果起こる。一般的に，子供は他者によって報酬を受けるように振る舞うことや，他者によって罰を受けるような振る舞いを避けることを学ぶ。これは本章の前半で取り扱った直接教授として知られている。社会には男児や女児がどのように振る舞うべきかについての期待が存在するため，社会的に与えられる報酬と罰は性役割行動を生み出す傾向にあるだろう。

　バンデューラはまた，同性の他の子供や親，教師などのさまざまなモデルの行動を観察することによっても，子供が性役割行動を学習することがあると論じている。これは本章の前半で紹介した観察学習として知られている。子供による性役割行動の観察学習の多くは，メディア，特にテレビに依存しているとしばしば指摘される。

根　拠

　性役割行動はある程度は直接教授によって学習される。ファゴットとラインバック（Fagot & Leinbach, 1989）は子供を対象とした長期にわたる研究を行った。子供が2歳に達する前でも，親は子供の

あなた自身の家族を考えてみよう。家族の決まったメンバーが決まった家事を担当していただろうか？　そしてそれは，性別によって割り振られていただろうか？

性役割行動をほめ、性別にそぐわない行動は注意した。たとえば、女の子が人形で遊んでいるとほめ、木登りをしていると叱った。直接教授を最も多く使う親の子供は、最も性役割行動が多い傾向にあった。しかしながら、これらの発見は決して典型的というわけではない。リットンとロムニー（Lytton & Romney, 1991）は親が男児と女児をどう取り扱うかを調べた数多くの論文を検討した。親が性役割行動を促進する傾向は多少みられたが、男児も女児も同等の両親の愛、達成におけるほめ言葉、規律、そしてふれあいを与えられていた。

直接教授はまた、他の子供によっても用いられる。ファゴット（1985）は21ヶ月から25ヶ月の幼児の行動を研究した。男児は、人形で遊んだり女児と遊んでいる他の男児をからかったりし、女児は仲間の1人が男児と遊び始めるのを嫌った。思春期よりも何年も前に、より年長の子供の間でも同じような圧力が存在する。性別類型的に行動することのできない子供たちは、仲間内で最も人気がない（スルーフェら Sroufe *et al.*, 1993）。

ペリーとバシー（Perry & Bussey, 1979）は観察学習を研究した。大人の男性と女性のモデルが、性別に中立的な行動（たとえば、りんごか梨を選ぶ）を、8歳から9歳の間の子供に見せた。その後で、子供は同性のモデルと同じ行動を選ぶことが多かった。これらの発見は、性役割発達において観察学習が重要な役割を果たしていることを示唆している。しかし、バークレイら（Barkley *et al.*, 1977）が過去の研究を調べた結果では、81個の研究のうち、たった18の研究においてのみ、子供は同性モデルの行動を多く選ぶという差がみられた。

4歳から11歳の子供は、およそ1日3時間テレビを見るが、これは1年間で1000時間にもなる。このテレビへの接触が観察学習を通

図17-14　両親は子供が性別にふさわしくない振る舞いをしているのを見ると、さまざまな方法でこれをやめさせようとするかもしれない。ズボンや短パンと比べて、スカートで木登りをしようとするのは大変である。

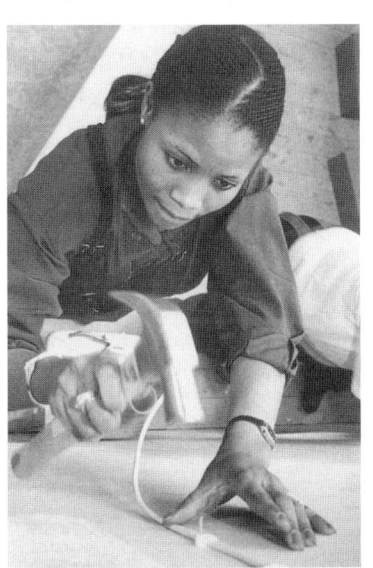 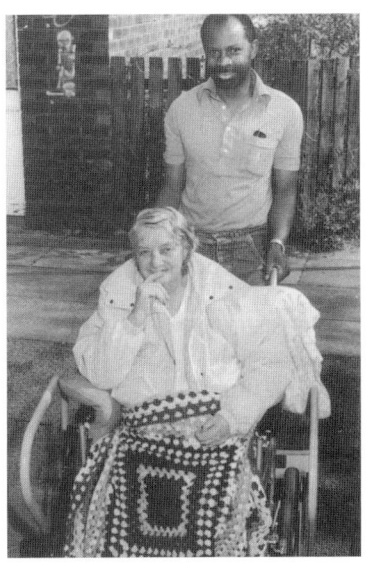

図17-15　男性も女性も伝統的な性役割から外れた活動を行っているところを見せるテレビ番組は、視聴者の間に態度の変化をもたらしたが、行動の変化は少なかった。

じて，子供の自分自身への見方，そして性役割行動に何の影響も与えないとしたら，それはむしろ驚くべきことだろう。ほとんどの研究が，テレビの視聴と性役割行動の間にある程度の関係を見出している。フルーとマギー（Frueh & McGhee, 1975）は4歳から12歳の子供のテレビ視聴習慣を研究した。最も多くテレビを見ていた子供は，性別に典型的なおもちゃを好むという点でより多くの性役割行動を示す傾向にあった。しかしながら，これは単に相関関係による根拠であるため，テレビを見ることが実際に性役割行動を引き起こしたのかを知ることはできない。

ウィリアムズ（Williams, 1986）は，ノテル（テレビのチャンネルがない），ユニテル（チャンネルが一つ），そしてマルチテル（チャンネルが四つ）とあだ名をつけたカナダの三つの町における性役割ステレオタイプを調査した。テレビが存在する二つの町の方が，存在しない町よりも，性役割ステレオタイプが大きかった。また，研究の途中で，ノテル町においてテレビのチャンネルが一つ新しく見られるようになり，その結果，子供の性役割ステレオタイプが増大した。

テレビが性役割発達に及ぼす影響の最も強力な根拠の一つに，ジョンストンとエッテマ（Johnston & Ettema, 1982）の研究がある。**フリースタイル**と呼ばれるプロジェクトにおいて，一連のテレビ番組の中で，非伝統的な機会や活動が手本として示された。これらのテレビ番組は性役割ステレオタイプから離れる方向に非常に大きな態度変容を引き起こし，その変化は9ヶ月後にも依然として残っていた。しかしながら，行動はほとんど影響を受けなかった。

評　価

社会的学習アプローチの一つの長所は，性役割の発達が生じる社会的文脈のすべてを考慮できることである。社会的学習理論の研究者らが主張するように，ある種の性役割行動は報酬を受けるから行われ，性別にそぐわない行動は止めるように言われたり，罰を受けるから避けられるのである。観察学習は重要であるが，しかし特に幼い子供よりも年長の子供にとってより重要であるという根拠もある。

社会的学習理論には幾つか問題もある。まず第一に，ダーキン（1995, p.75）が以下のように指摘している。

> この理論（親による強化，モデリング）によって強調されている基本的なメカニズムの効果についての研究は，これらが大きな影響力をもつという結論に必ずしも結びつかない。

第二に，社会的学習理論の研究者たちは，幼い子供たちを，報酬や罰を与えられてどのように振る舞うかを教え込まれる**受身**の存在として捉えがちであるように思われる。現実には，子供は自分の環境に対して能動的に寄与する。性別役割発達における能動的な関与

ウィリアムズ（1986）によるカナダの研究は，テレビと性役割ステレオタイプの間の因果関係を示すことができると思うか？　子供の生活の他のどの要因が役割を果たしたであろうか？

が社会的学習理論の研究者に無視されているという批判は、特に初期の社会的学習理論を主な対象としている。この批判は、自己と自己の行動に影響を与える役割に重きを置いたバンデューラ（1986）の社会的認知理論にはあまり当てはまらない。

第三に、社会的学習理論の研究者が前提としている、学習過程がどの年齢においても同じようなものであるとする考えは間違っている。たとえば、男性と女性が一緒に食事をしている映画を観ている、幼い子供と若者を考えてみよう。幼い子供は、観察学習では同性の人物の食べるという行動に焦点を当てるが、若者は社会的行動に焦点を当てるだろう。コールバーグの認知発達理論や性役割スキーマ理論といったアプローチの方が、学習と認知における発達的な変化をよりうまく説明するのに適している。

第四に、社会的学習理論は、**ある特定**の行動の仕方の学習に焦点を当てている。これは、かなりの量の**一般的**な学習もまた存在することを無視している。たとえば、子供は性役割スキーマ（男女に関する体系だった信念；マーティンとハルヴァーソン, 1987）を獲得するが、これがいかに起きるかを社会的学習理論の文脈で説明することは難しい。

> ■やってみよう：内容分析
> 小さな集団を作り、現在放映中の子供向けテレビ番組を一つか二つ選んでみよう。観察法を用いて、番組の内容における性役割ステレオタイプと性役割行動を分析してみよう。その結果をすべて集めると、より一般的な分析を行うことが可能である。
> もし可能ならば、現在多くのビデオテープが入手可能な、過去の子供向けテレビ番組を用いて同じ研究を行ってみよう。どのような違いが、（もしあったとしたなら）見つかっただろうか？

生物学的理論

男児と女児の間にはさまざまな明白な生物学的な違いが存在する。これら生物学的な違いは発達段階の非常に初期において男女の間のホルモンの差を生み出す。たとえば、男性ホルモンであるテストステロンは6週間の胎児において男児の方が女児よりも多い（ダーキン, 1995）。基本的な生物学的、ホルモン的な要因が、性役割発達、そして女児よりも男児が攻撃性を発達させることに重要な役割を果たしているとの主張がなされてきた。しかしながら、ウィラーマン（Willerman, 1979）は以下のように指摘している。

> 男性と女性の間にあまり多くの遺伝的違いを期待してはいけない。男女の間では46分の45の染色体が共通であり、異なる一つ（Y染色体）は最も小さい割合の遺伝情報しかもたない。

性役割発達の生物学的理論を検証する理想的な方法は、（生物学的な要因による）性同一性と、社会の取り扱い方との間に明白な区別がある個人を研究することである。たとえば、ある個人が男の子として生まれたが女の子として育てられた場合に、性役割発達において生物学的な要因と社会的な要因のどちらがより重要な役割を果たすだろうか。理想的な研究は未だ行われていないが、それに近い研究を以下に紹介する。

倫理的問題：性同一性と生物学的要因の関係を研究する研究者たちはどのような倫理的問題にぶつかるだろうか？

根　拠

　性役割発達における生物学的アプローチの意義を示唆する根拠は，動物を対象とした研究から得られてきた。たとえば，ヤングら（Young et al., 1964）は妊娠中のサルにテストステロンを投与した。この男性ホルモンにより，母親から生まれた子ザルには，より高い攻撃性と取っ組み合いの遊びが多く見られた。

マネーとエーアハート

　マネーとエーアハート（Money & Ehrhardt, 1972）は出生前に男性ホルモンを与えられた女性の例を議論した。これらの両親が生まれてきた子供を女の子として取り扱ったにもかかわらず，この女の子たちはおてんばになりがちであった。彼らは男の子と一緒に遊んだり争ったりし，より伝統的な女性的活動を避けた。加えて，彼らは人形と遊ぶよりも，積み木や車のおもちゃで遊ぶのを好んだ。これらの女の子があまりに生物学的に男子に近づくのを防ぐため，彼らの多くにはコーチゾン・ホルモンが与えられた。しかしながら，コーチゾンの効果には活動レベルを上げることが含まれており，この効果により女の子たちの行動がより男の子らしくなったのかもしれない。

　社会的要因が生物学的要因を上書きすることができるという根拠もマネーとエーアハートは示している。一卵性双子の男の子2人のうち，1人の男性器が割礼の際にひどく損傷を受けた例が検討された。この男の子は生後21ヶ月で手術を受け，解剖学的に女の子とされた。彼の両親は彼を女の子として取り扱い，これが彼の行動に影響を与えた。彼の兄弟がガレージを欲しがる一方で，彼は人形や人形の家といったおもちゃを欲しがった。彼の一卵性の双子の片方よりも，彼はより几帳面で丁寧だった。

　ダイアモンド（Diamond, 1982）は，この女の子として育てられた一卵性双子の片方に対する追跡調査を行った。この研究の結果は，生物学的要因の重要性を示していた。この女の子は友達が少なく，自分が男性であるとも女性であるとも確信をもてず，男の子の方が女の子よりよい人生を送ると信じていた。

議論のポイント

1. 非常にまれな事例の研究によって，普通の性発達について何か知ることができるだろうか？
2. これらのケースをみると，性発達において生物学的な要因が何らかの役割を果たすということに納得がいくだろうか？

　生物学的な性の発達が複雑であるような，まれなケースも存在する。たとえば，睾丸性女性化症候群として知られる500人ほどの人々がイギリスにいる。彼らは男性染色体と睾丸をもつという意味では男性である。しかしながら，彼らの体は男性ホルモンであるテストステロンに反応しない。その結果，彼らの体は女性化し，乳房も発達する。DW夫人という女性は睾丸性女性化症候群である。彼女は男性染色体をもつにもかかわらず，彼女は女性のように見える

し，2人の子供を養子として迎え，女性としての役割を果たすのに成功している（ゴールドウィン Goldwyn, 1979）。

インペラト-マックギンレイら（Imperato-McGinley *et al.*, 1974）はドミニカ共和国のある家族を研究した。この家族の息子のうち4人は生まれたときに女の子のように見えたため，女の子として育てられた。しかしながら，12歳頃には男性器が発達し始め，普通の思春期の男の子のように見え始めた。これら4人はすべて女の子として育てられ，そして4人とも自分を女性として考えていたにもかかわらず，彼らは男性としての役割にうまく適応しているようであった。グロス（Gross, 1996, p.584）はこのように説明している。「彼らは皆，男性としての役割を果たし始め，男性の仕事をし，女性と結婚し，男性として受け入れられている」。これらの発見は，生物学的要因が社会的要因よりも重要である可能性を示唆している。

評　価

これまでみてきた根拠のほとんどが，生物学的要因が性役割発達において何らかの役目を果たしていることを示唆している。特に興味深いのは，ドミニカ共和国におけるある家族の4人の子供の例のような，生物学的要因と社会的要因との間に衝突が生じた例を研究している場合である。生物学的要因は社会的要因よりもはるかに重要であるかのように思われる。だがしかし，ここで得られた情報は，非常にまれなケースによるものであり，これらの発見がどこまで普通の人々に一般化されうるかを見極めることは難しい。

生物学的理論が部分的な説明しか提供できないことに注意することも大切である。生物学的理論は社会的要因が性役割発達に及ぼす影響を説明できないし，近年の西欧社会で生じた性役割における大きな変化を説明することもできない。ダーキン（1995, p.173）はこのように指摘している。

> 生物学的理論は親になることの必要性と，存在しうる能力差による影響の可能性を強調するが，しかし，人類において特徴的な，他の性質についてはほとんど説明できない。その性質とはすなわち，社会的実践を明確に伝え，共有し，検討し，変化させる能力である。

文 化 差

西欧社会では，男児は**道具的役割**をもち，主張的で競争的で独立的な行動をするように奨励される。一方，女児は**表現的役割**をもち，他者との関わりで協調的で協力的，かつ感受的であるように奨励される。これらはもちろん

図17-16　ほとんどの西欧社会において，大学にはいまや男子学生より女子学生の方が多い。

ステレオタイプであり，実際の行動には非常に小さな差しかないことをすでに本章で議論してきた。

近年，ほとんどの西欧社会において，非常に大きな変化が起こった。20世紀中ほどには大学に行く女性は男性よりもはるかに少なかった。現在では，幾つかの国で大学における女性の数が男性の数を凌駕している。雇用についても似たような傾向がみられる。これらの変化にもかかわらず，多くのステレオタイプはほとんどまったく変化していない。ベーゲンとウィリアムズ（Bergen & Williams, 1991）はアメリカにおいて1988年における男女に対するステレオタイプ的考え方が1972年のものと際立って似通っていることを報告している。

根　　拠

バリーら（Barry et al., 1957）は110の非先進国における社会化圧力を調査した。彼らは五つの性質について調べた。

・養護（保護的であること）
・責任感
・従順
・達成
・自立心

75％の非先進国社会において養護の面で男児よりも女児に圧力がかけられており，逆のパターンを示す社会はなかった。55％の社会で責任感は男児よりも女児にとってより重要であると判断され，10％の社会が逆のパターンをみせた。従順は32％の社会で男児よりも女児にとって重要であり，3％が逆だった。残る二つの性質を身につけるべきであるとする圧力は女児よりも男児に対して強かった。79％の社会において，達成は男児に対してより強調され（逆のパターンを示したのは3％），自立心は77％の社会において男児により重要であるとみなされ，女児にとってより重要だとする社会はなかった。

これらの調査結果は，女性が表現的であり，男性が道具的であるとする性役割ステレオタイプが非常に広範囲に広がっていることを示す。関連した結果はウィリアムズとベスト（Williams & Best, 1990）によっても得られている。アメリカにおいてみられるものと似たような性役割ステレオタイプは，アジア，ヨーロッパ，オセアニア，アフリカ，そしてアメリカ大陸の24諸国に存在していた。

議論のポイント

1. 男性と女性に対して期待される性質が，

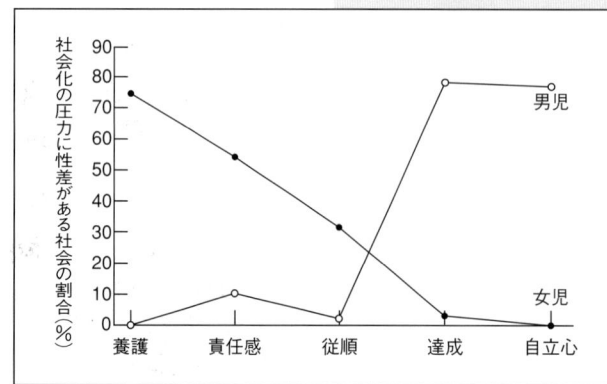

図17-17　男児と女児に対する社会化の圧力比較文化研究

さまざまな文化で似通っていることに驚いただろうか？
2. なぜこのようにそれぞれの性別に対する期待が一貫しているのだろうか？

文化差をまったく無視してしまうのは間違いであろう。マーガレット・ミード（Margaret Mead, 1935）はニューギニアの三つの部族を研究した。ムンドグモル部族では，本来は男性のものである攻撃的，道具的な行動様式を男性も女性も身につけている。アラペシュ部族では，男女ともに，通常女性と結びつけて考えられる，思いやりのある表現的な行動様式を身につけている。最も劇的なのはチャンブリ部族で，女性は主張的で自立主義，男性は養育的で依存的である。

性別に関連した行動が最も多い，もしくは少ないように思える国があるだろうか？　あなたの判断基準の根拠は何か？

評　価

ほとんどの比較文化研究において，その他の点では非常に異なっている文化においても，男児と女児に対する文化的な期待やステレオタイプが非常に文化を通じて共通であることが示されている。しかしながら，**期待されていること**と実際の**行動**の間には非常に大きな違いが存在する可能性を指摘しておく必要があるだろう。また，さまざまな年齢の男児と女児の行動を系統的に観察する比較文化研究をもっと行う必要がある。たとえば，個人主義社会に生きる人々は集団主義社会の人々よりも，文化によって各性別に適切だと期待されるように振る舞う圧力をそれほど感じないかもしれない。

自己の発達

子供は成長するにつれ，自分自身に，そして他の人々が自分をどう考えるかに，より注意を払うようになっていく。別の言い方をすれば，自己の概念を発達させていくのである。このセクションを始めるにあたって，自己について述べる際に使われる二つの用語の違いを明らかにしておくことが必要だろう。

■やってみよう：「私は誰」に対する 20 の答えを列挙してみよう。次に，他の人々があなたを描写するのに使うと思う 20 の単語を列挙してみよう。その二つのリストは同じだろうか？　もし違うとしたら，なぜ違いがあるのだろうか？

- **自己概念**（self-concept）：自分についてのあらゆる考えや感情。自尊感情と**自己像**（self-image, 自分自身に対してもっている知識）を合わせたもの。
- **自尊感情**（self-esteem）：自己概念の評価的側面。自分自身がどれだけ価値があると考えるか，また自分にどれだけ自信があるか。

> **キー用語**
> **自己概念**：自己に対する考えや感情の包括的なまとまり。自尊感情と自己像からなる。
> **自己像**：自己概念の一部であり自分自身に対する知識に関連する。
> **自尊感情**：自己概念の一部であり自分自身に対する感情に関連する。

自己概念の方が自尊感情よりも広範な意味をもつが，この二つの用語の意味には，お互いに重なり合っている部分もかなり多い。自己概念のどの側面を考慮する場合でも，一般的に情動的反応（肯定的か否定的か）を検討する必要がある。このように自己と情動的に関わり合うことが自尊感情，自己像，そして自己概念の基盤となっている。

自己概念は多くの要因に影響されるが，中でも他者との関係は特に重要な位置を占める。チャールズ・クーリー（Charles Cooley, 1902）は自己概念が他者による評価を反映すると主張し，「鏡映的自己」という表現を提唱した。言い換えれば，私たちは他者が自分を見るように自分を見る傾向にある。私たちの生活において最も重要な人々（たとえば配偶者，両親，親友など）は私たちの自己概念に最も大きな影響をもっている。

　自己概念が他者との相互作用の結果生み出されるという考えはジョージ・ハーバート・ミード（George Herbert Mead）が提案したものである。ミード（1934）によれば，

> 自己とは，（中略）誕生の瞬間，最初そこにはなく，社会的発達の過程で浮かび上がってくるものである。すなわち，社会的な発達過程全体へ子供が自分で関与する結果，そして社会的発達過程の途中で子供が他者と関わり合う結果，自己というものが発達する。

　ウィリアム・ジェームズ（William James, 1890）は自己概念の二つの側面，経験の主体である「I」としての自己と，経験の客体としての「me」である自己とを区別している。幼い子供は他者と独立して存在する自分の感覚を発達させ始める。これが「I」であり，ルイス（Lewis, 1990）が実存的自己と呼んだものである。その後，「me」すなわち分類的自己が発達する（ルイス，1990）。これは，他者から認知されることのできる物体としての自己を捉えることを含んでいる。私たちの知る限りにおいて，他のどの種も分類的自己を発達させることはない。分類的自己は自己概念と非常に似ていて，**「他者の視点から見たかのように自分の経験を認識することができる能力に依存している」**（バース Baars, 1997）。

子供時代初期

　子供時代の初期における自己概念の発達を研究することは難しい。幼い子供は十分に言葉を操ることができないので，どのような考えを自分に対して抱いていても表現することができないからである。しかし，幼児を鏡の前に立たせるという非常に興味深いやり方によって，初期の段階における自己の感覚の発達が検討されてきた。幼児が鏡に映っているのが自分だと認識する瞬間は，発達学的に非常に重要である。チンパンジーは鏡に映った自分を認識することを学習できるが，マカク（訳注：主としてアジア，北アフリカ産のサル科マカク属のサルの総称）やヒヒ，テナガザルはできない（ギャラップ Gallup, 1979）。

　ルイスとブルックス‐ガン（Lewis & Brooks-Gunn, 1979）によれば，幼児の鏡に映った像に対する反応は少なくとも4段階を経て発達する。

 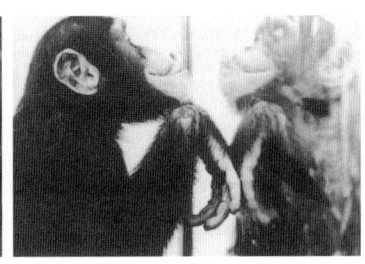 

図17-18　チンパンジーは鏡を見て自分の姿を認識することを学ぶことができるし，鏡を使って自分の体で直接見ることのできない部分を調べることもできるようになる。

1. 生後3ヶ月まで自分もしくは他人の鏡に映った像にほとんどまったく反応しない。
2. 生後4ヶ月ぐらいで，幼児は単に鏡に映った像を見ていると理解していないため，鏡に映った他者やおもちゃの像に手を伸ばして触るようになる。
3. 生後10ヶ月ぐらいで，鏡で自分の後ろに置いてあるおもちゃの像を見ると，自分の後ろに手を伸ばすようになる。だが，自己に対する概念はまだないため，自分の鼻に赤い点がついているのを見ても取り除こうとしない。
4. 生後18ヶ月ぐらいから，幼い子供は，鏡で自分の鼻に赤い点がついているのを見ると，取り除こうとし始める。その数ヶ月後には，鏡に映った自分の像が何かと聞かれると「自分」であると答える。これは，自己概念が芽生えようとしていることの最初のしっかりとした証拠である。

　ルイスら (1989) は (「自己関連感情」と呼ばれる) 多くの感情は，他者との関わり合いの中で自分について考えることから生じると主張する。たとえば，自分の振る舞いを他の人が不適切と判断したと思うと，私たちは恥ずかしく思う。彼らは幼い子供の自己関連感情の存在を検証するために，子供が大人の前で踊る時の反応を観察した。また，自己概念の側面の発達を検証するため，幼い子供が自分の鼻から赤い点をこすり落とそうとするかどうか調べる鏡テストも用いた。その結果，踊ってくれと頼まれて恥ずかしく感じたのは，鏡の中の自分を認識した子供であった。このことは，鏡の自己認知と自己関連感情の存在の両方が自己概念の発達を反映していることを示唆している。

鏡を見ても赤い点を鼻から落とそうとしないことが，自己の感覚が欠けていることの現れであるのは，なぜだろうか？

子供時代中期

　より年長の子供の場合，自分自身をある程度詳細に表現するように求めることができる。デイモンとハート (Damon & Hart, 1988) は4歳から15歳の子供を対象に大規模な研究を行って，これを実施した。この研究で得られた記述にはさまざまな共通のテーマがすべての年齢を通じて存在していた。すなわち，ほとんどの自己記述には，身体的特徴，活動内容，社会的性質，心理的性質などが含まれていた。だが，研究対象となった年齢層

を通じて，自己概念は年齢とともにより複雑になっていった。デイモンとハートは自己概念の発達における3段階を見出した。

1. 分類的自我同一性（4歳〜7歳）：この段階では，子供は自分のことをさまざまな分類に属するものとして表現する（「私は7歳」「僕は幸せだ」など）。
2. 比較的評価（8歳〜11歳）：この段階では，自己記述はしばしば他の子供との比較に基づいている（「僕はみんなより小さい」「私は他の子供より頭がいい」など）。
3. 対人関係の示唆（12歳〜15歳）：この段階では，自己記述の中に，自分の性質がどのように他者との関わりに影響を与えているかが含まれるようになる（たとえば，「私は社交的だから友達がいっぱいいる」「僕は他の人のことがよくわかるから，みんな問題を相談しに，僕のところによく来る」など）。

デイモンとハートの研究から，子供は成長するにつれて他者との関係の中で自分を考えるようになる，ということが明らかである。言葉を変えれば，（成長とともに）自己概念は社会的な側面からより詳細に規定されるようになる。他者が自己概念に影響を与える重要な過程の一つに，**社会的比較**（social comparison）がある。この社会的比較を通して，私たちは他者の成績を基準として自分の成績を判断する。ルーブルら（Ruble *et al.*, 1980）は5歳から9歳の子供が社会的比較をどう用いるかを研究した。子供は隠されたバスケットボールのループに向けてボールを投げ，他の子供と比べて成績がどのようであったかを知らされた。9歳の子供はこのゲームにおいて他の子供の成績がどうだったかを考慮して自分の善し悪しを判断したが，より幼い子供は社会的比較を行うことができなかった。

> **キー用語**
> 社会的比較：自分がどれほどうまくやっているか，他の人と自分自身を比べて判断すること。

> ルーブルらは，研究において，一部の子供に彼らの成績はよくなかったと教示を行ったようである。これには何か倫理的な問題があるだろうか？ あなたなら，どのようにその問題を解決するだろうか？

議論のポイント
1. 発達の過程で，なぜ自己概念はより複雑になっていくのだろうか？
2. 自己概念の発達を段階に分けて考えることに何か問題があるだろうか？

表17-5 デイモンとハートの自己概念の段階

分類的自我同一性	比較的評価	対人関係の示唆
4〜7歳	8〜11歳	12〜15歳
分類による自己描写。	比較による自己描写。	自己描写が自分の性質による他者への影響を含む。
例：僕は7歳。	例：私はクラスの他の子より背が高い。	例：僕は社交的だから友達がいっぱいいる。

精神力動理論

フロイトは自己概念の発達についての適切な理論をもっていなかった。本章の前半で扱った同一視の概念が，自己概念の発達に最も近いと言えるかもしれない。基本的には，5・6歳の男児と女児は同性の親を同一視し，その結果，同性の親の態度や行動をまねしよう

とする。フロイト主義的なアプローチの枠組み内では，子供の自我の芽生えにおいて同一視の過程は主要な役割を果たすと言える。

フロイトの同一視に対する考えは，時の試練を耐え切れなかった。まず，フロイトの理論は，自分を男性と考えるか女性と考えるか，自分の性別に適切に振る舞うにはどうしたらよいか，性的志向性，などの自我同一性のさまざまな側面が，同一視の過程を通して同時に発達すると仮定していた。だが，現実にはこの過程はもっと複雑である（ダーキン，1995）。

第二に，これまでに行われた研究はこれらフロイトの主張を否定している。マッコビィ（1992, p.18）は研究結果をまとめて，以下のように結論している。

> 同一視の理論に関する研究の成果は非常に失望的である。同一視の過程において同じ起源をもつとされ，当然関係があるべき性質の間に，一貫した関係が得られていない。

たとえば，フロイトの説明に従えば，学童期の子供は同性の親と非常に似ているはずであるように思われるが，これは一般的には正しくない（マッコビィとジャクリン，1974）。

第三に，フロイトは自己の発達において社会的要因がきわめて重大な役割を果たすことを無視しがちであった。実際，フロイトが社会的要因を無視したため，もう1人の精神力動理論の研究者，エリック・エリクソン（Erik Erikson）が代わりとなる仮説を導いた。この理論を次に紹介する。

エリクソンの心理社会的理論

エリクソン（1959）は，自然な成長のプロセスと社会の期待との間の葛藤がさまざまな危機を生み出し，それを子供が解決しようとしなくてはならないという考え方から出発した。エリクソンの心理社会的発達の理論はフロイトの心理性的発達理論と幾つかの点で似ているが，社会的要因の役割と自我の発達にはるかに重きを置いている。心理社会的発達には8段階存在する。誰もがすべての段階を同じ順序で通過するが，それぞれの段階でどれほどうまく適応できるかは個々人で非常に異なっている。それぞれの段階は肯定的もしくは否定的な結果をもたらし，否定的な結果が出た場合，その子供は後の人生において，解決されていない危機に対処しなくてはならない。

エリクソンの理論における最初の4段階は以下である（残りはp.674で紹介する）。

1. 第1段階（0～1歳）：乳児は自分と他者に信頼感と不信感を抱く。母親もしくは母親の代わりになる人物が子供の生活における中心人物である。
2. 第2段階（2～3歳）：子供はより自律的になるか，恥や疑惑の

感情を身につけるかどちらかである。エリクソン（1959, p.102）はこれを「特につり合わない意思におけるゲリラ戦において，邪悪な力がつながれそして解き放たれる。子供はしばしば自分の暴力的な欲求につり合わず，親と子供とはお互いにつり合わないからである」と表現している。両親が中心的人物である。

3. 第3段階（4〜5歳）：子供は積極性を見せるか，罪悪感を経験する。エリクソン（1959, p.74）によれば，「子供は，すでに自分が一人の人間であると固く信じており，**どんな人間になるか**をこれから発見しなくてはならない。彼は，理屈がつかないほど危険だが，非常に強く，美しいように思われる彼の両親のようになりたいと考える」。

4. 第4段階（6〜12歳）：子供は生産性を見せ熱心に働くか，劣等感を感じる。エリクソン（1959, p.82）によれば，この段階での子供のアプローチは「私は学ぶものである」。子供の社交的な世界は広がっているため，この学習は自宅だけでなく，学校や友達の家でも行われる。

子供は一般に，ここで述べられた肯定的な結果と否定的な結果の混じったものを示す。たとえば，第1段階の子供のほとんどはある程度の不信とそして信頼を発達させる。それぞれの段階における結果が主に肯定的であった子供は，ほとんどの結果が否定的であった子供よりも，より頑健で，より肯定的な自我を発達させる。

根　　拠　エリクソンは，自らも実践を行う心理臨床家として，彼の理論を支持する根拠の多くを臨床場面で得た。そのような根拠はある理論の方向性が正しいことを示すが，しかし一般的にあまりに個別の事例に頼りすぎており，理論の詳細を確認するには不正確である。しかしながら，エリクソンの理論の幾つかの側面を間接的に支持する実験的な根拠も得られている。たとえば，エリクソンは信頼は第1段階の肯定的な結果であり，不信が否定的な結果だと主張しているが，これにはエインズワース（Ainsworth）の愛着行動の研究が関係している（p.542 と p.550 を参照）。エインズワースとベル（Ainsworth & Bell, 1970）は幼児の母親に対する愛着には，三つの形があるとしている。安定型愛着は幼児の心理的な発達に最も有益であり，高い水準の信頼を含んでいる。反対に，あまり望ましくない抵抗型愛着や回避型愛着には，両方とも不信と不安が含まれる。

第4段階（6歳から12歳）において，自我の発達はますます友人と同級生に影響を受けるようになる，というエリクソンの一般的な

> エリクソンのように，臨床的な根拠を用いて理論を構築することの一番の問題点は何だろうか？

表17-6　心理社会的発達説—エリクソンの1－4段階

段階	年齢	肯定的性質	否定的性質	社会的焦点
1	0－1	自分と他者への信頼感	自分と他者への不信感	母親
2	2－3	自律的になる	恥と疑惑の感情	両親
3	4－5	積極性を見せる	罪悪感の経験	家族
4	6－12	生産性を見せる	劣等感	学校，友人，家族

主張は先に紹介したデイモンとハート（1988）の研究によって支持されている。たとえば，8歳から11歳の子供は4歳から7歳の子供に比べて，自分のことを他の子供と比べて描写することが非常に多い。

　　評　　価　　エリクソンの心理社会的理論にはさまざまな意義のある長所がある。まず，社会的過程と自我の発達に焦点を当てることにより，精神力動理論の視野を大きく広げた。第二に，子供が一連の葛藤や危機に遭遇し，これらをいかに乗り越えるかによって自己に対する結果が異なるとする考え方は有意義である。第三に，幼児期に体験するほとんどの葛藤は家庭で起こり，後の（たとえば第4段階での）葛藤は学校や友人を含むようになるとするエリクソンの主張は正しいように思われる。

　一方，この理論には幾つかの制限が存在する。ミラー（1993, p.172）はこう指摘している。

　　エリクソンの理論は子供がいかにして段階から段階へと進むのか，さらには各段階の危機をいかに解決するのかをまったく説明していない。それぞれの段階を進んでいくのに，何が影響するか（たとえば，生物学的成長，両親，文化的信念，どの程度前段階の危機が克服されたか，など）は説明されているが，どのようにして進行が起こるのか具体的に説明がされていない。

　第二に，エリクソンの理論に対する説得力のある根拠はほとんど得られていない。ドゥオルツキー（Dworetzky, 1996, p.369）はこのように言っている。

　　エリクソンの各段階を統制された実験室環境や他の科学的手法で検討することが難しいため，エリクソンの理論に対する揺るがしようのない科学的な証明を得ることは容易ではない。

　第三に，ほとんどの根拠が相関関係によるものであるという点も，エリクソンの理論を確かめることが難しい理由の一つである。たとえば，第2段階で独立心を見せる子供は見せない子供よりも，後に発達する自我が強いということを発見したとしよう。これは，第2段階における独立心が強い自我を**引き起こした**ことを証明するものではない。

　第四に，段階を提唱する理論であればどれでもそうなのだが，実際に起きていることに対して，あまりに整然としている説明をしようとする危険がある。たとえば，信頼と不信の葛藤は発達の第1段階においてのみ中心的な役割を果たすことになっているが，この葛藤はほとんどの人にとって，人生を通じて引き起こされるものである，と主張することももちろん可能である。

エリクソンが提唱するような理論を科学的に検証することがなぜそれほど難しいのだろうか？

社会的学習理論

ほとんどの社会的学習理論は，特定の状況における行動を決定する要因にのみ注意を払ってきた。その結果，自己といった一般的な概念は無視されていた。しかし，バンデューラ（1977, 1986）はそれらの理論の視野を広げ，与えられた状況において満足に対処できる自分の能力の知覚または評価として，**自己効力感**（self-efficacy）と呼ばれる概念を導入した。バンデューラ（1977, p.391）によれば，自己効力判断とは，「自分がもっている能力についてではなく，自分がもっている能力で何ができるかについての判断」である。

> キー用語
> 自己効力感：与えられた状況における自分の能力を個人が評価すること。

自己効力感は行動の幾つかの側面を予測できるものとしてみられてきた。バンデューラ（1977, p.194）によれば，

> 適切な能力と十分な報酬が与えられた場合に，（中略）人々がどのような活動を選択するか，どの程度努力するか，ストレスのある状況に対処するのにどれほど努力し続けるか，といったことを決定する主要な要因が自己効力感の期待である。

バンデューラ（1986, p.41）は，自己に対するこのアプローチは，より一般的な自己概念に基づいたアプローチよりも役に立つと主張している。自己概念は「さまざまな行動，同じ行動でもさまざまなレベルで，そしてさまざまな条件下で変化する自己効力感の複雑さの前には歯が立たない」のがその理由である。

ある状況においてある個人が自己効力感をもっているかどうかを決定する要因は四つある。

1. その状況において，過去に成功もしくは失敗した経験がある。
2. 関連した代理経験。他の誰かがその状況に対処して成功・失敗したのを観察することによるものであり，これは観察学習である。
3. 言語的（もしくは社会的）説得：もし誰かがあなたはその状況で成功するのに必要な技術をもっているのだとあなたを説得することができたら，自己効力感は上昇するかもしれない。
4. 情動的覚醒：高い水準の覚醒状態はしばしば不安や失敗と結びつき，自己効力感の減少につながりうる。

> たとえば競争的スポーツのような状況において，高い水準の情動的覚醒には，他にどのような影響があるだろうか？

バンデューラの理論的アプローチは自己概念の発達に以下のような幾つかの示唆を与える。

1. 子供はさまざまな状況における成功や失敗の結果として，数多くの個別の自己効力感を発達させる。より多くの人々や状況を経験するうちに，ある意味，子供は数多くの「自分」を発達させることになる。
2. 子供の自己効力感が状況において異なるということは，一般的な自己概念が存在しないということを指す。

図17-19 ある状況において以前成功した経験のある子供は，もう一度成功すると考えるだろう。一方，以前うまくいかなかった子供は，たくさん努力したり，興味を示したりするのを嫌がるかもしれない。

3. 子供が一般的に自分や自分の能力について良いまたは悪いと感じるかを予測するには，自分の成功や失敗，観察学習の経験，言語的説得との接触，その他についての，詳細な情報を知ることが必要である。
4. 子供は発達するにつれて，バンデューラ（1986）が自己制御と名づけたものをより利用するようになる。自己制御のできる子供は自分に達成における基準を設ける。もしこれらの基準を達成できれば，自己強化の過程を通じて，自分に報酬を与える。もしこの彼ら内部の達成基準を満たすことに失敗すれば，失敗の感情と罪悪感が生まれる。

根　拠

　子供を対象とした研究から，観察学習がいかに大切であるかを示す根拠は多く得られている。他の誰か（モデル）が攻撃的に振る舞い，その結果，報酬を得ることを観察した子供は，観察学習を行った結果，その後自分も攻撃的に振る舞った（ローズクランスとハートアップ Rosekrans & Hartup, 1967）。攻撃的なモデルが罰を受けるのを見た子供たちは，罰を受けるのをおそれて攻撃的には振る舞わなかった。

　一般的には，より多くの人々と友情関係を発達させるにつれて，子供は数多くの「自己」を発達させるはずである。ハーターとマンスール（Harter & Monsour, 1992）によって，これに関連した根拠が得られている。彼らは12，14，そして16歳の子供に，両親といる自分，友達といる自分，そして学校での自分を描写するよう求めた。12歳の子供の間では，両親との関係を描写するために用いた自分の性質のうち，3分の1が友人関係や学校での自分の描写にも用いられた。これに比べ，16歳の場合，三つの状況においてまったく異なった描写をする傾向にあり，数多くの自己を発達させたことをうかがわせる。これらの発見は人々は多くの自己をもっている，とするウ

> ウィリアム・ジェームズによる，複数の「自己」をもった人間という表現は有用だと思うか。それはあなたに当てはまるだろうか？

ィリアム・ジェームズ（1890, p.294）の主張と一貫している（「ある人が，幾つかの集団に属する人々の意見を気にするのであれば，その人はその集団の数と同じ数の自分をもっている」）。

自己効力感の重要性はバンデューラとセルヴォン（Bandura & Cervone, 1983）によって示されている。彼らの実験では，研究協力者は課題を行い，その次のセッションにおいて同程度の成績で満足するか満足しないか答えた。自己効力感の高い人々は低い人々よりも，次のセッションではるかに多くの労力を費やし，これは特に最初の成績のレベルでは次のセッションにおいて満足できないと答えた人の場合に顕著であった。

バンデューラの理論の最もはっきりとした予測の一つは，ある状況において強く自己効力感をもつ子供も大人も，別の状況において高い自己効力感をもつとは必ずしも限らないということである。幾つかの研究において，状況に応じて人々は非常にさまざまな水準の自己効力感を抱くことが明らかになっている（バンデューラ，1986）。

評 価

バンデューラの社会的学習理論とその他の理論の最も重要な違いは，人々がより多くの状況や活動を経験するにつれ，より多くの異なった「自己」をもつようになる，と主張する点である。これは，多くの子供や大人が抱く非常に単純な自己像とは一貫していないように思われる。これは，バース（1997）が主張するように，意識的に自己を自覚することの限界によるものであろう。彼は「私たちの自己概念を特徴づけるのは，極端なまでの単純化である」と述べている。強力な根拠は存在しないが，単一の統一されたものとして私たちが自己を知覚するのは，バンデューラ（1986）が言うように，錯覚なのかもしれない。

必ずしも**発達**を扱った理論ではない，という点が社会的学習理論の一番の問題である。別の言い方をすれば，バンデューラは，発達過程において子供がどのように自己の変化を考えるかについての詳細な説明を行っていない。バンデューラが示唆するように，子供時代に自己に関する情報の量は間違いなく増える。しかしながら，バンデューラ以外の理論家（たとえばエリクソン）は，発達過程において自己について子供のもつ情報は**種類**も変化すると説得力をもって論じており，これが社会的学習理論に欠けている重要な点である。

認知発達理論：ハーター

ハーター（1982, 1987）は自尊感情の発達に対する理論的なアプローチを提出した。彼は，子供時代初期には，子供がもっている自己像はかなり一貫しないものである，と主張する。しかしながら，子供は一般に非常に肯定的な自己観をもっている。子供時代中期にかけて，子供の自尊感情の水準はある程度下がる傾向にある。これは，少なくとも部分的には，彼らの自尊感情がどんどん他者（学校での友達や教師）の意見に影響されるようになり，この他者の意見が子

供自身よりもはるかに現実的な視点によるものであるためである。

　ハーターはまた，子供が自己有能感を自覚することの重要性も強調している。発達過程を通じて，子供はより多くの分野における自分の能力の水準について，関心をもつようになる。これは彼らが学校に行き，友情関係を築き上げたりすることにより，社会とより関わりをもつようになることを反映している。ハーターは，子供の自尊感情の水準はその大部分が，自己有能感を自覚することによって決まるとした。さまざまな点において，自分を有能であるとみなす子供は，自分を無能であると考える子供よりも，高い自尊感情をもつ傾向にある。

根　　拠

　ハーターとパイク（Harter & Pike, 1984），そしてハーター（1982）は自尊感情の発達を研究した。ハーターとパイクの研究において，4歳から7歳の子供は組になった写真を見せられた。彼らは組になった2枚のうち，どちらの写真がより自分に密接に関わりがあるか示すように言われた。この写真は認知的有能感，身体的有能感，友人関係での受容，そして母子関係での受容の四つの分野と関連していた。子供の回答から，子供は（1）有能感（認知的，身体的）と（2）受容（友人関係と母子関係）の二つのカテゴリーにおいて自尊心を自覚していることが示された。

　ハーター（1982）はハーター自尊感情尺度を8歳から12歳の子供に実施して自尊感情を測定した。これらの子供は，ハーターとパイクの研究における子供たちよりもより多くの自尊感情の側面を利用した。彼らは一般的自己価値（私はよい人間だ，など）に加えて，認知的，社会的，そして身体的有能感を区別することができた。

　ハーター（1987）はこのアプローチを拡張した。子供は学術的有能感，運動的有能感，社会的受容，外見，そして行動的側面の五つの分野で自分を判断した。彼らはまた，一般的な自尊感情の評定も行った。どの分野においても低い有能感は低い自尊感情と結びついており，これは特に子供が重要であると判断した分野で自分を有能ではないと判断した場合に著しかった。このため，たとえばスポーツに興味をもっていない子供の間では，低い運動的有能感は自尊感情にほとんど影響を与えなかった。

議論のポイント

1. 自尊感情の測定において，自己報告に依存することにどのような問題があるだろうか？
2. 自尊感情と有能感に密接なつながりがあると仮定するのは妥当だろうか？

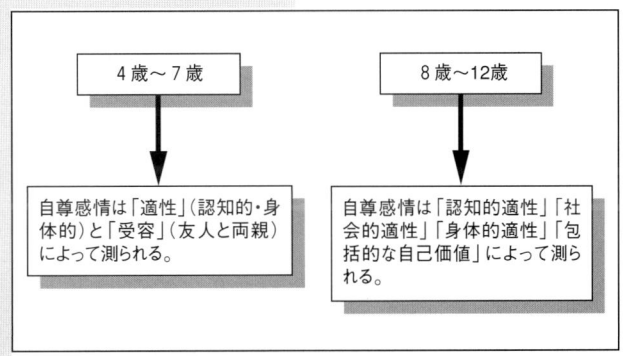

図17-20　自尊感情の発達

評　　価

　子供のさまざまな分野での有能感の評定と自尊感情のレベルとの

間に密接なつながりがあることをハーターは明確に示した。彼はまた，彼らが社会により深く関わっていくにつれ，有能であろうとする分野の数が増えていくことも示した。

ハーターのアプローチには，結果がほとんど相関関係によるものであるという限界がある。ハーターは無能感が低い自尊感情を引き起こすと仮定した。だが，低い自尊感情のために，子供が自分の有能度を低く見積もった，という可能性を排除しきれていない。

自尊感情に影響する要因

子供の自尊感情の高低を決定するのはどのような要因だろうか。クーパースミス（Coopersmith, 1967）は 10 歳から 12 歳の男児を対象とした研究を行い，彼らに両親がどのように接するかが重要であることを発見した。高い自尊感情をもつ男児の両親は以下のような性質をもつことが多かった。

・一般的に子供を受容していた。
・子供の行動に対して明確な制限を決めていた。
・子供に自分の生活を統制することを許し，決められた制限内で道理をわきまえれば，自由に振る舞うことを許していた。

クーパースミスによる発見は，自分自身とそして環境をコントロールする機会を子供に与える親は，高い自尊感情をもつ子供を育てることを示唆している。

子供の自尊感情の高低は，遺伝的要因にも一部依存している。ペデルセンら（Pedersen *et al.*, 1988）は，一緒に育てられた，または分かれて育った一卵性双子と二卵生双子を対象とした非常に大掛かりな研究を行った。彼らの結論は，情緒不安定性（不安，緊張，抑うつなどと関係した性格特性）の 31％は遺伝によるものである，ということであった。本研究と関連してくるのは，情緒不安定性が低い人の方が，高い人よりも自尊感情が高いということである（アイゼンクとアイゼンク Eysenck & Eysenck, 1985）。

要約すると，さまざまな要因が子供の自尊感情の高低を決定する。

全般的な受容

明確に定められた制限

ほどよい自由

図17-21

両親のしつけの方法が最も重要でありそうだが，遺伝的要因も一役買っているように思われる。

感　想
- 道徳的発達，性役割発達，そして自己の発達におけるほとんどの研究において，個人差を適切に取り扱う視点が欠けているように思われる。段階説は子供が発達において示す共通点を教えてくれるが，個人差については盲目である。たとえば，青少年犯罪を犯した子供と自分の時間のほとんどをボランティアに費やす子供の間には，道徳的発達に非常に大きな差がある。このため，私たちは子供の間で共通点を生み出す要因だけでなく，個人差を生み出す要因も理解する必要がある。

要　約
道徳的発達
　道徳性には，情動的，認知的，行動的要素が存在する。フロイトによれば，道徳的発達は5歳から6歳のときに子供が同性の親と同一視を行う過程に依存する。これは非常に限定された理論である。ピアジェによれば子供の道徳的推論には三つの大きな段階がある。道徳的発達は子供が自己中心的でなくなり，友人に影響されるようになるにつれて生じる。実際には，子供はピアジェが考えていたよりも，道徳性に対してより複雑で成熟した考えをもっている。ピアジェは道徳的行動よりも道徳的推論に焦点を置いた。コールバーグはピアジェの理論を展開し，6段階の発達理論を提示した。この理論は比較文化研究において支持されているが，実際よりも個人内の一貫性を仮定しすぎており，道徳的行動についてというよりは，道徳的推論についての理論である。社会的学習理論によれば，道徳的行動は直接教授と観察学習によって決定される。報酬と罰は道徳的行動に対して予測通りに影響を与え，この理論が予測する，状況による道徳的行動の非一貫性の根拠もある。しかし，これは実際には発達理論ではないし，一般的な道徳規範の学習について説明することもできない。

性役割発達
　ほとんどの社会において，男性と女性のそれぞれに求められる態度や行動は異なる。しかし，一般に考えられているよりも，両性の間の差異が存在する側面は少なく，存在したとしてもその程度も小さい。精神力動理論によれば，生物学的差異は運命的であり，性役割発達はほとんど生物学的要因に決定される。フロイトは同性の親との同一視が性役割行動の発達に主要な役割を果たすと主張したが，これを支持する根拠はない。社会的学習理論によると，性役割発達は直接教授と観察学習を通じて行われる。予測された通り，性役割行動が報酬をもたらすために行われたり，性別に適切でない行動が叱られるために避けられることもある。社会的学習理論の研究者は

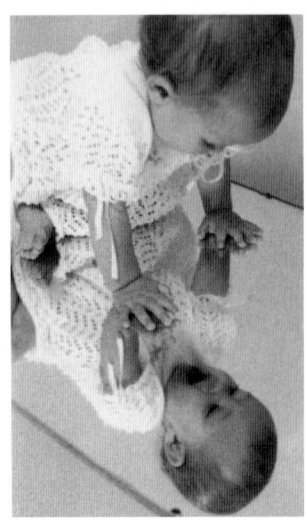

図 17-22

一般的なタイプの学習ではなく，むしろ個別の行動のパターンの学習に焦点を当てており，子供を能動的ではなく受動的な存在とみなす傾向にある。コールバーグによれば，子供の性同一性は，基本的性同一性，性安定性，そして性一貫性の3段階を通じて発達する。これらの3段階には根拠があり，予測通り，性役割一貫性の獲得は性役割行動の増加につながる。しかし，コールバーグは性別役割発達において内的要因をあまりに重要視しすぎており，外的要因（たとえば報酬）に注意を払っていない。性役割スキーマ理論によれば，基本的性役割同一性を獲得した幼い子供は性役割スキーマを形成し始める。性役割スキーマに合致しない情報は間違って記憶されやすい。性役割発達の生物学的発達には限られた支持しか得られていない。女性が養育的であり，男性が道具的であるというステレオタイプはさまざまな文化を通じて広まっている。

自己の発達

経験の主体としての「I」と，経験の客体としての自己の「me」が存在する。子供の鏡に映った自分の像に対する反応から，自己の感覚が2歳の終わりから発達し始めることがわかる。発達の過程で自己概念はどんどん複雑になり，より対人関係を含んでくる。エリクソンの心理社会的理論によれば，子供の自己の感覚は発達のそれぞれの段階で生じる葛藤をいかに克服するかにかかっている。入手可能な根拠のほとんどが相関関係の分析によることもあって，この理論を評価するのは難しい。バンデューラなどの社会的学習理論の研究者は，一般的な自己概念の存在を否定し，むしろ個別の過去の成功や失敗，そして観察学習に自己効力感が依存しているとした。ハーターは，子供の自尊感情は，五つの分野における有能感の知覚に決定されると主張した。子供を受け入れ，行動にはっきりとした制限を定め，統制感の発達を許すような両親の子供は高い自尊感情をもつ傾向にある。

【参考書】

本章で述べられたさまざまな発達の様式は，K. Durkin (1995), *Developmental social psychology: From infancy to old age*, Oxford: Blackwell に詳しく紹介してある。他の有用な参考となる教科書は D. R. Shaffer (1993), *Developmental psychology: Childhood & adolescence* (3rd Edn.), Pacific Grove, CA: Brooks/Cole および J. P. Dworetzky (1996), *Introduction to child development* (6th Edn.), New York: West Publishing Company である。

【復習問題】

1 道徳的発達の精神力動理論と認知発達理論を比較・対照せよ。　　　（24点）
2a 性役割発達理論のうち，二つの理論の概略を述べよ。　　　　　　（12点）
2b その二つの理論のうち，一つの理論を選び，もととなった根拠を分析せよ。
　　　　　　　　　　　　　　　　　　　　　　　　　　　　　　　（12点）
3 1902年にクーリーは鏡映的自己の理論を提案した。「彼は，『最も重要な自己とは，主に他の人々の心に映し出されたものである』と主張している。

それはあたかもわれわれ自身を見ている人々の心の中にわれわれ自身を投影させているかのようである」(ジャクソンとハンフリー Jackson & Humphreys, 1995)。心理学的な根拠が自己の発達に対するこの観点を支持するかどうか，議論せよ。　　　　　　　　　　　　　(24点)

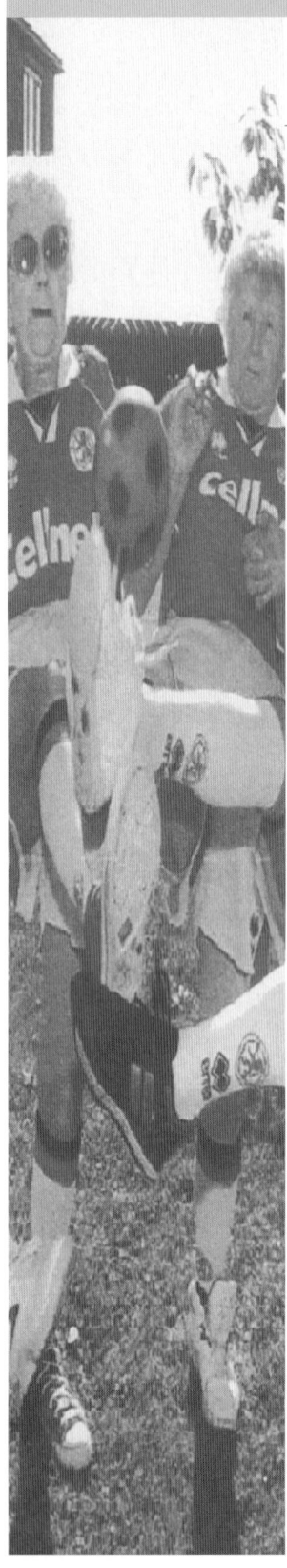

- 青年期：10歳代になることは，とりもなおさず，激動の時期を過ごすことを意味するであろうか。
    エリクソンによる同一性危機論
    マーシアによる四つの同一性地位
    メイルマンによるマーシア理論の支持
    文化差

- 成人期の人格変化：私たちは，どのようにして成人期においても発達変化し続けるのだろうか。
    エリクソンによる後期の発達段階
    レヴィンソンによるライフサイクル理論
    ロバーツとニュートンによる面接法

- 老年期への適応：加齢とは，何もしないようになることを意味するのであろうか。
    カミングとヘンリーによる離脱理論
    活動理論（たとえばハヴィガースト）
    ライチャードらによる面接研究

- 成人期のライフイベント：たいていの人に訪れる重要なライフイベントと，およびそれらが私たちにどのような影響を与えるか。
    ホームズとレイによる社会的再適応尺度
    育児，離婚，死別，失業が与える影響

18

青年・成人・老年期

　人の最も劇的な発達上の変化は乳幼児期や児童初期に生じる，という考えは当然のことである。それは，事実かもしれないが，人の重要な発達上の変化というものは，全人生を通して見出されると思われる。特に青年期には，発達上に大きな変化が生じることは一般的に認められているが，成人中期や老年期の発達的変化はどうであろうか。成人中期には，しばしば厄介なことや離婚などのライフイベントに対処しなければならないことがある。また，50歳代や60歳代では，退職に関しての問題に直面しやすい。それは，いままでの生活水準が低下することを意味している。また，老年期になると夫や妻の死に直面しやすく，また自ら厳しい病を患うこともある。

　今日の心理学者は，ますます，発達は出生から死まで続くものと認めるようになった。従来の発達心理学のテキストでは，人の発達は青年期までであると考えられてきた。しかし，昨今では，生涯にわたってを取り扱った生涯発達心理学のテキストが急速に増えている。本章では，特に青年期から老年期までの生涯の多くの発達についてふれている。

図18-1　加齢とは，必ずしも社会から引きこもることを意味しない。

青年期

　青年期は，ストレスに満ちた，気分がふさぎやすい，たいへん「多難な」時期であるとしばしば言われている。また，青年期は，人生での大きな変化に対処しなければならない時期であるためにストレスが多いと言われている。これらの変化の幾つかは，思春期以後の性行動の変化であり，また，幼い頃のように親と過ごす時間よりも同年齢の者と過ごす時間が増えるという大きな社会的変化のことを意味している。さらに青年期は，自分の将来について意思決定しなければならない時期でもある。つまり，どこの大学を受験し，その後，大学でどのようなことを学んでいくかについてなどを決めていかなければならない。

図18-2

青年期は，確かに変化の時期であり，さまざまなプレッシャーを受ける時期と思われる。しかし，後でわかるように青年だけが，特別なストレスに直面するわけでもなく，あらゆる年代の人よりも大きな発達的危機に直面しているわけでもない。

青年期とは，いつ始まり，またいつ終わるのであろうか。一般に青年期とは，13歳から19歳までの10歳代の時期を言う。しかし，10歳あるいは11歳で思春期となる女子もいる。また，10歳代になる前から青年期的特徴を示す者もいる。一般に20歳から21歳の者が，青年期的特徴を示しやすい。このように早く青年期を迎え，また早く終えていく者もいることから，青年期を暦年齢だけでは定義しにくい。このような捉え方もあるが，ここでは，発達段階のうち青年期を10歳代の者を中心に捉えていきたい。

エリクソンによる理論

エリクソン（Erikson, 1902-1994）は，精神分析学派に属し，彼の青年期論は，情緒的な問題をもつ青年の治療での観察に基づいている。彼の見解は，影響力が大きく，ほとんどの青年はストレスに満ちた生き方をし，自分自身や将来について不確定である，という一般的印象を植えつけることになった。

エリクソン（1950, 1968, 1969）は，青年期の特徴として，強い不確定な感覚である同一性拡散（identity diffusion）を経験することを挙げている。また，彼の定義によれば，青年は，同一性の感覚を得たいと切望しているという。この同一性の感覚は，「身体的にくつろいだ感覚」「自分がいま，どこへ行こうとしているかが定まっている感覚」「また重要な他者が自分に何を期待しているのかについての内的な確信」であると定義されている（エリクソン, 1950, p.165）。青年にとって，この同一性の感覚を獲得することは容易ではない。なぜなら急速な生物学的，社会的変化が生じて，人生のほとんどあらゆる領域（たとえば，将来の仕事について）での主要な決定をしなければならないからである。このように青年期は，一般に**同一性危機**（identity crisis），つまり自分とは何者か，将来，何になるのかといった迷いに直面しやすいのである。エリクソン（1950, p.139）は，ほとんどの青年が，「私はどのようにあるべきか，私はどのようにあろうとしているのか，私は何者だったのか」についてわからなくなり，悩むと唱えている。エリクソン（1969, p.22）は，この同一性危機の内容について次のように詳しく述べている。

> 青年期とは，単に苦悩が生じる時期ではなく，標準的な危機，すなわち悩み多き正常な時期である。……偏ったせんさくを行えば，しばしば神経症の始まりのようにも思えるものの，それは危機が増幅されたものにすぎず，そういった危機は，自分についてを整理させ，実際に同一性形成過程に役立つかもしれないのである。

キー用語
同一性危機：自分とは何者かの明らかな感覚が欠如した状態を言う。青年期や成人前期においてはとんどの人が経験しやすい。

心理学者は同一性という意味をどう捉えているか。同一性危機とは何か。

このようにエリクソンは，同一性確立の問題を解決し，安定した大人になっていくために，青年は必然的に同一性危機を乗り越える必要があると捉えている。

エリクソン（1968）によれば，同一性拡散あるいは不確定性を経験する青年の特徴として次の四つの点が挙げられる。

図18-3　家族に提供される役割に対する軽蔑や俗的敵意

1. 親密性の欠如：同一性の感覚を得ていないために他者と深く関わることをおそれること。
2. 時間感覚の麻痺：「時間が変化を生じさせることへの疑惑と，またそうなりはしないかという激しい恐怖のこと」（エリクソン，1968, p.169）。
3. 生産性の麻痺：集中力の欠如や，一つの活動を一生懸命に行うことができないこと。
4. 否定的同一性：「家族や近隣で好ましいとかよいと言われている役割への軽蔑や俗的敵意を示すこと」（エリクソン，1968, p.173）。

また，エリクソン（1969）は，同一性形成において重要な性差があることを強調している。つまり，女性は，男性よりも遅れて同一性の感覚を獲得するという。というのは，女性は，その配偶者のタイプ次第で自分の同一性や社会的地位を獲得しやすいからだという。社会が大きく変化している現代において，このような見解は好ましくないと唱える者もいる。

次の点がエリクソン理論において明らかにされていくことが要求される。一般に青年期は数年間続き，同一性危機は，10歳代において一応の結果を示してとどまりやすい。しかし，エリクソン（1968）によれば，同一性危機は青年初期よりも青年後期に生じやすいという点である。

■やってみよう：エリクソン理論
青年期における生活を次のような点から捉えてエリクソン理論をみてみよう。
1. 青年期の仲間グループとの関係でどのようなストレス，影響力，あるいは決断内容があるだろうか。
2. ほとんどの青年がうまく同一性形成を達成しているだろうか。もし，達成していないとしたらなぜだろうか。
3. エリクソンの理論は一つの段階理論である。一つの考えの図式（スキーム）が，すべての人に当てはまるだろうか。

根　拠

青年期はストレスに満ちた時期であることを明らかにした研究はある。たとえば，スミスとクロフォード（Smith & Crawford, 1986）の研究では，高校生の60％以上が希死念慮を抱き，10％が自殺企図経験をしたということが示されている。実際に自殺は，米国での15歳から24歳までの青年の死因の第3位である。しかし，自殺は，成人前期になると成人中期よりも少なくなるという。

比較文化的問題：学校教育や読み書き能力は文化によって異なる。認知の差もある。たとえば，推理力や問題解決力は文化によって偏ってくる。

なぜ，多くの危機的人生の変化は青年の自尊感情を低下させるのだろうか。

エリクソン理論では，青年期は不確定なことに直面するために自尊感情は低くなると示唆している。しかし，このことは実証されていない。逆に，もし青年期において自己像に変化が生じているならば，その内容は否定的というよりも肯定的なものであろうという仮説もある（マーシュ Marsh, 1989）。勿論，自尊感情が低下する青年もいるが，それは，短期間に多くのライフイベント（たとえば，転校や親の離婚など）を経験した青年たちに多い（サイモンズら Simmons et al., 1987）。

また，青年期には感情的になりやすいことを立証した研究は少ない。ラーソンとランプマン-ペトレイティス（Larson & Lampman-Petraitis, 1989）は，米国の9歳から15歳までの子供を対象に1時間ごとの感情の変化をみている。その結果，青年期の始まりと感情の高まりとは関連がないことが示されている。

また，青年期の心の問題は，青年後期よりも青年前期に生じやすいという結果が示されている。たとえば，ラーソンら（1996）は，男子は12歳と13歳時において家族関係で否定的な感情が生じやすく，女子は14歳と15歳時において否定的な感情が生じやすいことを示している。しかし，青年後期になると児童期の水準までの肯定的感情が増加していくという。

同一性形成上の性差の問題については，幾つかの研究で明らかにされている。ドゥーヴァンとアデルソン（Douvan & Adelson, 1966）は，エリクソンの見解を支持している。同一性の発達に関して，女子の方が男子よりも多くの問題があるという。それは，女子は結婚を中心に人生が変化していくからであろう。しかし，ウォーターマン（Waterman, 1985）は，多くの研究結果をまとめて，同一性達成までの性差については一貫した結果がないと結論づけている。

評　価

エリクソンが，一般に青年期や成人前期において同一性の大きな

ケーススタディ：アンネ・フランク（Anne Frank）

第二次世界大戦中，オランダ出身のユダヤ人のアンネ・フランクは，10歳代だった。彼女と彼女の家族は，ナチスから身を隠すために2年間もアムステルダムの倉庫の裏にある秘密の場所で過ごしていた。その間，彼女は，毎日，自分の考えや気持ちを日記につけていた。身を隠し始めたのが，彼女が13歳のときであり，それは彼女にとって誰もが経験する青年期の心的動揺とともに，他の7人との閉ざされた生活であったり，飢餓に直面していたり，退屈であったりというほとんど耐えることのできない状況や，発見されるのではないかという恐怖といった困難な状況を味わった。

私が話すとき，人は私を目立っていると思う。私が黙っているとき，人は私をあざ笑っている。私が答えているとき，人は私を傲慢だと思う。私が名案を思いついたとき，人は私をずるい奴だと思う。私が疲れたとき，人は私をさぼっていると思う。私がよく噛んで食べているとき，人は私をわがままだと思う。他にも馬鹿だ，臆病だ，打算的などと人から思われている。何も聞こえてこないのだが，私は何と苛立った子だろう。私は，このことを一笑に付し，考えないふりをしているが，神様に，もうひとりの私，誰にも反感をもたれないもうひとりの私にして下さいと祈っている。

戦後，彼女の父親だけが家族の中で生き残った。彼女の父親であるオットー・フランクは，「アンネの日記」を編集，刊行した。1947年の社会風潮も影響して，オットー・フランクは，アンネが表現した性的感情の文章や母親や家族に示した怒りや憎しみに関する文章を削除した。1997年に「アンネの日記」の改訂版が出された。これによって，アンネ・フランクのごく普通の少女としての全体像が明らかになったのである。それは，彼女の非常に短い悲劇的な人生において，さまざまな変化に対して何とかしようともがいている少女の姿であった。

変化を経験し，この変化が不確かさや疑いを生むと述べた見解は正しいと思われる。しかし，どの青年も同一性危機に直面するというエリクソンの見解は誇張されていると思われる。オッファーら（Offer et al., 1981, p.83-84）は，これまでの研究を整理して以下のような結論を出している。

> たいへん，劇的な所見は，……私たちが，明らかにした米国の典型的な10歳代の青年たちの特徴は，自信，幸福感にあふれ，自己満足しているという内容であり，この特徴は，青年期は混乱し，激しい気分の変動，反抗に満ちているという多くの青年心理学者が唱えている内容とは矛盾するものであった。

エリクソン理論は，また青年男子に基づくものであり，青年女子に基づくものではない。このことをアーチャー（Archer, 1992, p.29）は，次のように述べている。

> エリクソン理論に対してのフェミニストたちの主な批判は，標準の基準を主に白人男子にしているところにある。

エリクソンは当初，男子と女子とで同一性形成内容は，生物学的・身体的な理由から異なると言っている。たとえば彼は，内的空間（inner space），つまり子宮に基づく女性の同一性についてふれている。しかし，彼の考えは後に少し変化している。エリクソン（1968, p.273）は以下のように述べる。

> 性差とは論議を越えた運命的なものであり，それは，むしろ自然に生じている様式として捉えるより他はない。

彼は，自分の理論を実証的に検証していない。彼の理論は，青年期前から青年期後までの長期的・縦断的な観察に基づいている。彼の初期の理論は，主に心理療法を行った青年たちの観察結果に基づいている。同一性危機については，このような偏ったデータから知見を得ている。このようなことから同一性危機については，一般のすべての青年に当てはまるとは言いがたい。
エリクソンは，ほとんどの青年が同一性危機を経験することを信じていたらしい。しかし実際には，青年期の体験には，大きな個人差や文化差がある

キー研究評価―エリクソン

同一性を確立していく際，青年は，自分の身体の変化，役割の変化，人間関係，将来の仕事や進路や教育，その他のストレスに対処している。それは，本当の自分とは，あるいは他者はどのように自分を捉えているのかについてを明らかにしようとしているのである。

エリクソンは，青年が必ず考え抜かなければならないあらゆる領域での不確定性についてを同一性の危機という語で説明している。彼は，安易に同一性という語を用いているので批判されている。彼の研究は，数少ない男性中心のサンプルに基づいていることに対して批判が多い。

エリクソンの言う同一性の見解は，あまりにも大まかであったため，マーシアやその他の研究者によって詳しく説明が加えられた。マーシアは，同一性を多面的に捉えている。エリクソンが，青年誰もが同一性の危機に直面するという選択肢だけを与えたにすぎないと批判する者もいる。

また，エリクソンは，人の発達に関して各発達段階を唱えた先駆者の一人でもある。しかし，各発達段階において，個人差があることを十分に考慮していない。ある発達段階において，すべての人が同じ発達課題に直面するとは言いきれない。すべての人が同じ環境において同じように発達していくとは言いきれないと示す研究結果は多くある。

（ダーキン Durkin, 1995）。たとえば，ワインライヒ（Weinreich, 1979）は，英国の青年女子のさまざまな集団からその体験の違いを報告している。特にパキスタン出身の移民してきた女子は，支配民族出身の女子よりも同一性の拡散がみられるという。少数民族の生活は，多数民族よりも複雑で混乱に満ちているから，少数民族の青年の方が多数民族の青年よりも定まった同一性の地位まで達するのに時間がかかるとするのが一般的である（ダーキン，1995）。

また，エリクソンの見解は，彼が関わった青年を典型的な青年の考えや行動とみなして**記述**している。彼は，同一性危機が生じる過程や同一性危機を克服していく過程についての詳細な**説明**を行っていない。

マーシアによる理論

ジェームズ・マーシア（James Marcia, 1966, 1980）は，青年期は同一性危機を経験するというエリクソン（1963）の見解の影響を大きく受けた。しかし，彼は，同一性拡散や同一性形成の状態を測定できる適切な方法が必要であると考えた。彼はまた，エリクソン理論はあまりにも単純化されていると批判して，安定した同一性の感覚を得ることができない青年たちには実際にさまざまなタイプがあることを挙げた。

半構造化された面接は，質問紙法とどのように異なるのだろうか。

マーシアの最初の仮説は，青年たちにとってさまざまな同一性地位（identity status）があるだろうというものであった。彼は，各同一性地位の内容を明らかにするために，職業選択，宗教，政治的思想の3領域にまたがる内容を探求する半構造化された面接を行った。次の二つの視点に基づいて，四つの同一性地位が提唱された。(1)各3領域について，かつて真剣に種々な選択肢を考えたことがあるかどうか，(2)各3領域について，かつて十分に傾倒（commitment）したことがあるかどうかの2点である。マーシア（1967, p.119）は，このキーとなる用語について次のように定義している。

> 危機とは，青年期において職業や信念についての選択に積極的に関わった時期のことを言う。また，傾倒とは，どの程度職業や信念について明言できるかという打ち込んだ度合いのことを言う。

四つの同一性地位とは以下の通りである。

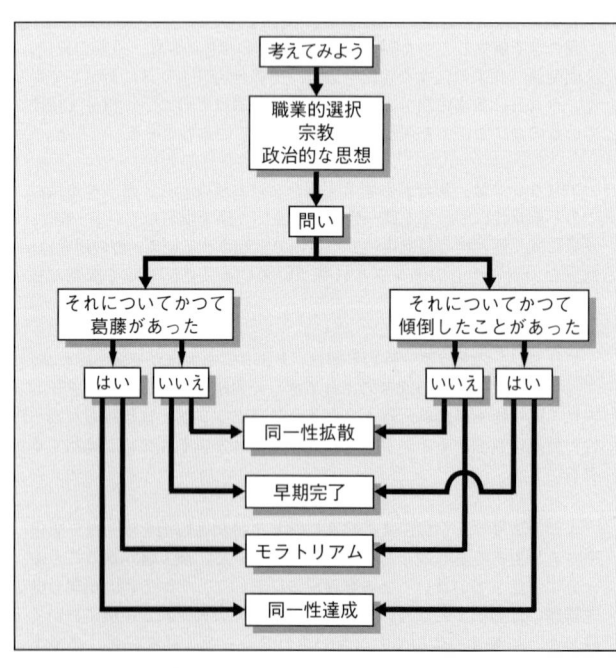

図18-4 マーシアの四つの同一性地位

1. **同一性拡散**（identity diffusion）：同一性の問題について突き詰めて考えたこともなく，将来について十分に傾倒したこともない状態。
2. **早期完了**（foreclosure）：同一性の問題について突き詰めて考えたことはないが，将来について傾倒している状態。
3. **モラトリアム**（moratorium）：積極的に同一性の問題について探索し，悩んでいるが，将来について傾倒したことがない状態。これは，エリクソンのいう同一性危機に相当する。
4. **同一性達成**（identity achievement）：同一性の問題について探索し，悩んだ結果，将来について十分に傾倒している状態。

マーシア（1966）は，青年期は，低い同一性地位（同一性拡散や早期完了）から高い同一性地位（モラトリアム，同一性達成）へと移行していく傾向があると仮定している。つまり，青年期における同一性地位は，大人になるための成長的な内的，外的圧力によって変化していくであろうと仮定している。

> キー用語
> **同一性拡散**：同一性の問題について突き詰めて考えたこともなく，将来について十分に傾倒したこともない状態。
> **早期完了**：同一性の問題について突き詰めて考えたことはないが，将来について傾倒している状態。
> **モラトリアム**：積極的に同一性の問題について探索し，悩んでいるが，将来について傾倒したことがない状態。
> **同一性達成**：同一性の問題について探索し，悩んだ結果，将来について十分に傾倒している状態。

メイルマン

> メイルマン（Meilman, 1979）によってマーシアの見解は幾つか支持されている。彼は，マーシアの半構造化された面接を12歳から24歳までの青年男子に行い，同一性地位を測定している。その結果，12歳男子のすべてと15歳男子のほとんどは同一性地位は低く，特に15歳男子の64％は，同一性拡散であり，32％は，早期完了であった。また，18歳男子の48％は，同一性拡散であり，24％は，早期完了で，20％は，同一性達成であった。同一性達成の割合は，21歳男子で40％，24歳男子で56％と増加することがわかった。
>
> このメイルマンの研究では，意外にも二つの点が明らかにされている。その一つは，20歳代初期になっても同一性を達成していない者が多くいて，この同一性の問題は，決して青年期のみに限られた問題ではないということである。さらにもう一つ，どの年齢においても少数であるがモラトリアムの時期にいる者がいることである。このことは，青年期あるいは青年期以後において同一性危機にいる者はめったにいないということを物語っている。

議論のポイント
1. 青年期や成人前期にいる者を四つの分類に当てはめることは意義のあることであろうか（後述を参照）。
2. どのような根拠から半構造化された面接において表現された内容を四つの地位に分類するのだろうか。

根 拠

マーシア理論とエリクソン理論との主な違いは，マーシアは同一性の感覚が得られない青年たちのタイプを挙げた点にある。マーシア（1980）は，モラトリアム，早期完了，同一性拡散をそれぞれ区

別していくことが重要である根拠を挙げている。特にモラトリアムにいる青年は，同一性拡散や早期完了にいる青年よりも自分について肯定的感情をもち，将来についても肯定的考えであるという。この見解をエリクソン理論によって説明することは困難である。というのは，モラトリアムとエリクソンの言う同一性危機との区別がつきにくいからである。

同一性地位は，マーシア（1966）の捉え方よりも社会的，文化的要因が影響している。たとえばマンローとアダムス（Munro & Adams, 1977）は，大学生の方が，同年齢の常勤で働いている青年よりも宗教や政治的な同一性に関してモラトリアムが多いことを示している。この差は，大学時代の時間は，働くことよりも探求や諸問題を考えるために費やされる点から生じていると思われる。

マーシア（1966）は，エリクソンのように，どのような青年も同一性を作り出すかしないかのどちらかであるという見解をとっている。つまり，同一性形成は可能か不可能かのどちらかであるということである。この見解は，アーチャー（1982）の研究によるとあまりにも単純すぎるという。アーチャーは，12歳から18歳までの青年の同一性地位について，職業選択，性役割，宗教的価値観，政治的思想の四つの領域から測定している。その結果，4領域すべてで同じ同一性地位にいる者は全体の5％だけであり，ほとんどの青年は，各領域で同一性形成の発達が異なっていることが示されている。

エリクソン（1968）もマーシア（1966）も，一度安定した同一性を達成した者は，以前の同一性を模索していた状態には戻らないと考えていた。しかし，マーシア（1976）は，初期の研究結果のフォローアップを行い，同一性達成した青年のうちで，6年後，早期完了や同一性拡散へ戻る者もいることを示している。

評　価

マーシアの理論は，エリクソンよりも幾つかの同一性地位を設定した点において実際的である。しかし，幾つかの共通した批判がされている。たとえば，10歳代の青年が変化・発達していく過程を，ある時点だけにおける半構造化された面接によって測定することはできないのではないかという点がある。また，このような面接によって得られた内容が，正確であるかどうかは問題として残る。むしろ，面接者が期待している内容を青年たちがその通りに答えているかもしれない。さらに四つの同一性地位のどれかに当てはめることと，同一性地位がどのようにして生じ，どのようにして他の同一性地位へ変化していくかについて詳しくみていくこととは，大きく異なることが挙げられる。

このようにマーシアの研究は，非常に限界がある。アーチャー（1992, p.33）は，次のような問題を挙げている。

> なぜ，このような半構造化された面接にエネルギーを費やして，青年たちの人生を同一性達成（A），モラトリアム（M），早期完

マーシアは，青年の同一性地位を測定するための半構造化した面接を行った。よりよい方法は何であろうか。

了（F），同一性拡散（D）の四つのうちに当てはめて，決め込んでしまう聞き方をするのだろうか。

あなた自身の経験から，エリクソンは正しいと思うか。マーシアの精緻な見解を好むか。

　青年たちをさまざまな同一性地位へ導く家族的要因についての研究もある。たとえば，ウォーターマン（1982）の研究では，同一性達成あるいはモラトリアムの青年は，情愛のある親から育てられ，親から自立している点が挙げられている。また，早期完了の青年は，傲慢な親と密な関係であることが示され，同一性拡散の青年は，疎遠で関与しない親子関係であることが示されている（ウォーターマン，1982）。

文化差
　一般に欧米の青年は，概して大人としての同一性を達成するには何年もの時間を要する。しかし，他の文化圏の青年は，このような時間を要するとは必ずしも言いきれない。マーカスと北山（Markus & Kitayama, 1991）は，自己の自立を主体とする社会と相互依存を主体とする社会の相違点について挙げている。米国や西欧のような自己の自立を主体とする社会では，個性的，自己中心的，自己抑制的な点を強調し，一方，東洋のような相互依存を主体とする社会では，共同的，結合的，あるいは関係性を強調しやすい。後者の社会では，成人前期の多くの重要な決定は，当事者本人が直接行うことは少ない。たとえば，親同士で取り決められた結婚や，親と同じ仕事に就くことが多い。このような社会の青年たちの特徴は，米国や西欧のような自立を主体とする社会の青年とは異なっている。

　西欧的な常識における青年の特徴が共通していないことは，コンドン（Condon, 1987）による20世紀初期のカナダの北極地域のイヌイット族の分析によって明らかにされている。エスキモーの社会では，思春期を迎えると女子は，大人としてみなされる。また，一般に思春期までに結婚をしてその後すぐに出産をすることも多い。一方，男子は，家を建て，大きな動物を狩猟して，家族を養えるようになって初めて大人とみなされる。北の生活状況の厳しさは，10歳代の青年に今後，人生をどのように生きていくかについて何年も考えていく時間的余裕を与えないのである。

青年期においては，思春期のような「発達的普遍性」がある。成人期において「発達的普遍性」はあるだろうか。

成人期の人格変化
　青年期の終わりから老年期にかけての成人期は，大きな変化が生じることは日常の観察でもわかる。この変化の差は，パーソナリティや，やる気，興味・関心の違いによっても生じ，ライフイベント（たとえば，離婚，失業，

図18-5　困難な生活条件が，生存するために青年を児童期から成人期へと直行させることがあるかもしれない。

病気）によっても生じる。しかし，ほとんどの成人は，他者と親密な関係をもち，子供がいて，仕事をもっている。このことは，成人にとって，ごく一般的な成人期のテーマがあることを意味している。エリクソンやレヴィンソンは，各発達段階ごとに成人期の普遍的テーマを設定している。

エリクソンの理論

　第17章で既述したようにエリクソンは，児童期までの発達について4段階を挙げた。エリクソン（1950, 1960）は，さらに青年期と成人期を四つの段階に分け，それぞれの発達上の危機について唱えている。最初に唱えた発達段階と同様に青年期と成人期の各発達段階もよい結果と悪い結果が生じるという。ある発達段階で悪い結果で終えた発達は，次の発達段階において支障をきたしやすいという。青年期と成人期の発達段階については次の通りである（各段階の暦年齢については大まかである）。

1. 第5段階・青年期（13〜19歳）：決まりきった役割を避けて，同一性の感覚を得ようと努力する時期。社会的な関わりとしては，仲間グループが挙げられる。
2. 第6段階・成人前期（20〜30歳）：自分自身を他者に充当させ，愛せるか親密になれるかが課題となる時期。孤立感を感じる者もいる。社会的な関わりとしては，親密になれる特定の人が挙げられる。
3. 第7段階・成人中期（30〜60歳）：自分自身を生産的で社会的に価値あることにさらすか（子供を育てることや社会の中で他者に関心をもつこと），あるいは沈滞し，自己中心的になるかの時期。エリクソンは，生殖性 対 沈滞という両極の発達課題を挙げている。生殖性を「次の世代を確立させ，育てることの関心」と定義している（エリクソン, 1959, p.97）。社会的な関わりとしては，家族が挙げられる。
4. 第8段階・老年期（60歳以後）：自分の人生について意味をもたせるように試みる時期。意味をもつと感じられれば，よい知恵を獲得したと捉える。意味をもつと感じなければ絶望感を経験すると捉える。社会的な関わりとしては，人類そのものが挙げられる。

表18-1　心理社会的発達：エリクソンの段階5〜8

段階	名称	年齢	（正）	発達課題	（負）	社会的な関わり
5	青年期	13〜19歳	同一性	対	同一性拡散	仲間グループ
6	成人前期	20〜30歳	親密感	対	孤立感	親友
7	成人中期	30〜60歳	生殖性	対	沈滞	家族
8	老年期	60歳以後	知恵	対	絶望感	人類

　概して，エリクソンは，成人期における上記の三つの段階を，性差や文化に関係なく普遍的なものとして捉えていた。しかし，エリ

クソン（1968）は，発達が次の段階へと移行する際に性差があることを認めている。たとえば，成人前期において，男子は，親密な異性との関係ができる前に同一性の感覚を得るが，女子は，将来における夫となる対象を見つけるまでは同一性の感覚を得ることが困難であることを挙げている。エリクソンは，女子の同一性内容は，結婚したい対象のパーソナリティに一部，左右されやすいという。

根拠と評価

エリクソンは，人の生涯にわたる発達について，各段階ごとの難しい発達課題にふれた先駆的心理学者の一人であり，成人期の心理の開拓者でもある。人は，児童期までというよりも生涯にわたって発達し，重要な変化をしていくことは，いまや一般的に受け入れられている。

しかし，エリクソンの成人期の発達変化については，非常に大ざっぱである。たとえば，成人中期を単純に30～60歳までの30年間としていることは，意味があるかどうか疑わしい。

> さまざまな世代の人々は，さまざまな価値観や欲求で育てられる。このことは，エリクソンの言うような一般的発達課題の理論をどのように歪めているだろうか。

エリクソンの唱えた，男子は女子よりも親密性を得る前に同一性を達成しやすいという傾向は多くの研究から支持されている。

> ■やってみよう：1950年代と1980年代のような二つの別々の10年間における一般市民（青年）の動向とエリクソン理論との関連について，関連があるかどうか考えてみよう。

たとえば，ビー（Bee, 1994）の報告では，同一性を得ることなくして親密性を得る男子大学生は少ないことが示され，逆に女子の52％は，親密性を得ることなくして同一性を得ることがないことが示されている。

また，エリクソンは，彼らが生きている社会が急速に変動しているときには，親が子供に自分たちが頑張っているという感覚を伝えることは困難であると仮定している。エリクソンは，大きな社会的変化を経験してきたシオックスとユーロックインディアンの育児行動を検討した。この研究から，彼のこの仮説が唱えられた（カードウェルら Cardwell et al., 1996から引用）という。

エリクソンの発達課題についての最も大きな問題は，ほとんどの人が同じように変化し，発達していくという点である。このことが，誤っていることを実証した研究は多い。たとえば，ニューガーテン（Neugarten, 1975）は，労働者階級の者は中産階級の者よりもより早くエリクソンの発達課題を果たすという実証的研究をしている。実際に労働者階級の者は，20歳代の初期に結婚をし，子供をもうけて定職に就くが，中産階級の者は，30歳代までに結婚し，定職に就くという傾向がある。

> あなたは，ニューガーテンの理論は，西欧以外の文化圏や時を越えて，たとえば1920年代の人々に適用できると思うか。

エリクソンの行った研究のもう一つの問題は，限られたデータに基づいている点である。エリクソンは，マルチン・ルター（Martin Luther）やマハトマ・ガンジー（Mahatma Gandhi）の伝記や彼の臨床経験に基づく事例研究法を用いている。この方法は，成人期のサンプルのうちごく一部の標準的ではないデータに基づいたものであるという不利な点がある。この方法は，役立つ情報がどんなもので

> 代表的ではない標本とは何だろうか。研究者はこれに対してなぜ，そしてどのような予防措置を講じるべきなのか。

図 18-6 ニューガーテンは，労働者階級の人々の方が，中産階級の人々よりも結婚も早く，出産も早いと言った。

キー用語
ライフサイクル：成人期における連続した各発達段階を意味する。
生活構造：ある時期における個人の基本的な生活パターンを意味する。

あれ（たとえば，手紙や文書など），その情報に頼らざるをえないという不利な点がある。エリクソンは，各個人を比較していく質問紙法や他の測定法を用いなかったために個人差についてはふれていない。

レヴィンソン理論

ダニエル・レヴィンソン（1978, 1986）は，成人期を通して連続する各段階を**ライフサイクル**（life cycle）と呼んでいる。レヴィンソン（Levinson, 1986, p.4）によれば，ライフサイクルの特徴として，各個人の人生は独自なものがあるけれども，皆，同じ基本的な連続線上を生き抜いているという人生の基本的な秩序を挙げている。フロイト（Freud）やピアジェ（Piaget）のような発達心理学の多くの大家は，発達はほとんど青年期の終わりに完成すると唱えているが，レヴィンソンは，発達は成人期や老年期も続くと捉えている。

レヴィンソン（1986, p.6）は，また，時間経過の中で人が生活していく基本的な型や人生計画として**生活構造**（life structure）という語を用いている。成人期の生活構造を理解する際，特にその人が重要な他者とどのように関わっているかや，時を経てその関わり方がどのように変化しているかを注目していくことが非常に重要である。この生活構造の主な構成要因はどのようなものであろうか。レヴィンソン（1986, p.6）は，次のように述べている。

> 生活構造の中で中心を占めるものが三つにも及ぶことはまれであり，一つだけあるいは二つであることが多い。特に家族と仕事がその人の生活の中で主な構成要因であることが多い。しかし，それらの相対的重要度および，他の要因の重要度には，さまざまな差異がある。

レヴィンソンの理論によれば，ライフサイクルは，各時期の連続によって成り立っているという。各時期は，それ自身の心理学的・社会的特徴がある。各時期は「全体に対して，別々の寄与をする」。ある時期から次の時期へ移行することは急ではなく，むしろ時期が重なる移行期がある。移行期は，5年間くらいの時期であり，ある時期の終わりから次の時期の始まりまでの時期である。各時期では，重要な変化が生じている。

ライフサイクルについての細かな内容は，次の通りである。ライフサイクルに即した共通した暦年齢があるが，これも実際には，2年以内のズレが生じることもある。

1. 前成人期（0～22歳）：この時期には，幼児期，児童期，青年期というように最も急速に発達していく。17歳から22歳までの間は，大人の社会の中で大人として振る舞い始める成人前期への移行期である。
2. 成人前期（17～45歳）：レヴィンソン（1986, p.5）によれば，

「この時期が最もエネルギーがあり豊かな時期であるが，最もストレスと矛盾に満ちた時期」でもあるという。17～22歳までの成人前期への移行期は，夢があり，この夢は人生の目的を含んでいる。レヴィンソン（1978, p.92）によれば，「夢が人生で叶わないかもしれないが，それでも夢をもって生き生きと生活している時期である」という。この成人前期の移行期は，次の22～28歳の時期の，大人の生活構造を構築していく試みの時期に連なる。そして，この時期は，次の30歳までの移行期（28～33歳）に連なり，この28～33歳は，生活構造を再考して修正していく時期でもある。次の33～40歳の時期は，人生の主な願望を実現しようとする時期であり，生活構造が最盛期となる。次の40～45歳の成人中期の移行期は，成人前期の終わりでもあり，成人中期の始まりでもある。この時期（40～45歳）は，しばしば人生上のつまずきが生じる。これを中年期の危機（midlife crisis）と呼んでいる。

3. 成人中期（40～65歳）：この時期は，成人中期の移行期より始まり独自な生活スタイルをもつ成人中期（45～50歳）の生活構造に続いていく。この45～50歳の成人期は，次の生活構造を再考したり，修正していく50歳代の移行期（50～55歳）に連なる。55～60歳では，生活構造が最盛期となり，成人中期の終わりへと続く。60～65歳の成人後期の移行期は，成人中期の終わりから成人後期の初期までのことをいう。

4. 成人後期（60歳～以後）：成人後期の移行期から始まり，退職や老化などにどのように適応していくかの関心が高まる時期である。

ライフサイクルに関して二つの対極した考えがある。その一つは，成人期の発達は，連続した生活構造間に発達の急速な移行期があるためにライフサイクルが展開されるというものである。もう一つは，成人期の発達は，少しず

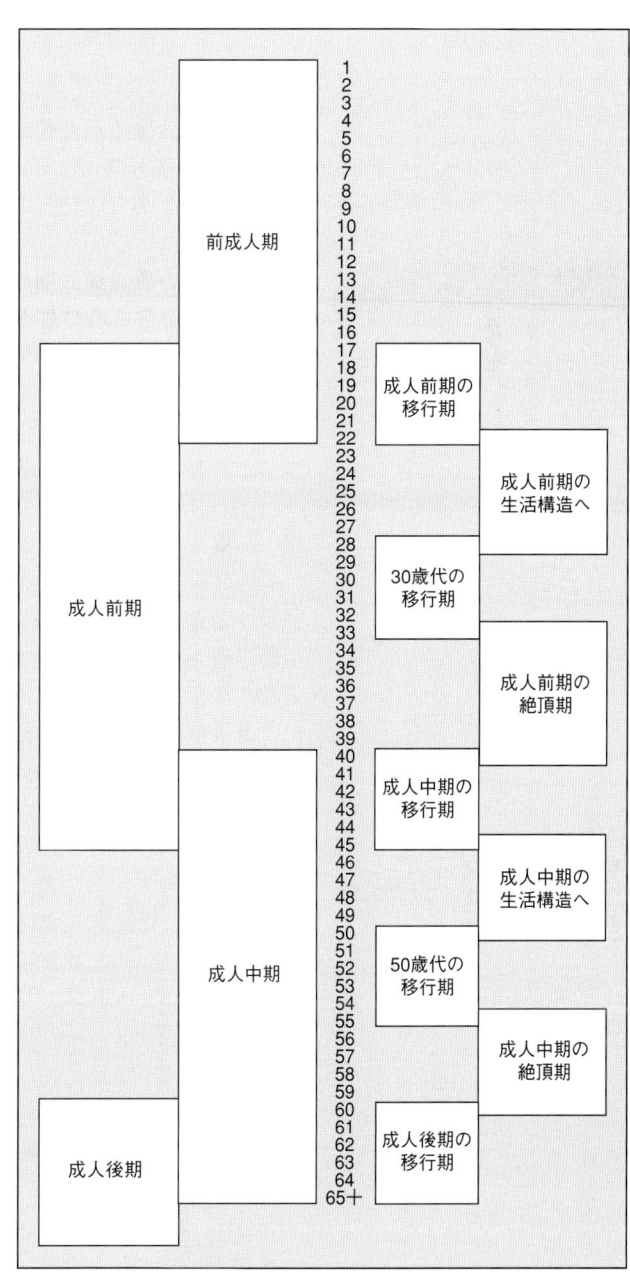

図18-7　レヴィンソンのライフサイクル

成人前期

成人中期

成人後期

図 18-8

つ一定に生活構造が変化しているというものである。レヴィンソン（1986）は，成人期は，一定の生活構造から一定の時間を費やして，移行期を経ながら変化していくという二つの考え方の折衷案を取り入れている。

　個人の生活構造が，どの程度満足しているかをみていくにはどのような観点があるのであろうか。考えられるのは，二つの点である。その一つとして，個人が外界へ対応した結果，どの程度うまくいったか，失敗したかが挙げられる。また，個人の内的世界に与える生活構造の衝撃，たとえば，自分の主な欲求に対して無視したり，軽視したりしなければならない状況が挙げられる。

根　拠

　レヴィンソン（1978）の理論は，30歳代と40歳代の40名の男性に対する面接結果に基づくものである。その内訳は，小説家10名，生物学者10名，工場の労働者10名，ビジネスマン10名である。成人期の生活構造がどのように変化していくかを詳しく探求するために，月3回以上，合計10〜20時間の面接を実施している。レヴィンソンは，2年後にも追跡の面接を行い，また，研究協力者の妻たちにも面接を行っている。さらに数年後，レヴィンソンは，45名の女性にも同様の面接を行っている。レヴィンソン（1986）によると，二つの研究結果から，驚くことに皆，同年齢で同時期において同じような内容の発達をしていくことが明らかにされている。

あなた自身の経験から，あなたはレヴィンソンの理論をどのように評価するだろうか。

ロバーツとニュートン

　ロバーツとニュートン（Roberts & Newton, 1987）は，39名の女性に対して詳細な面接を行っている。研究協力者は，ほとんど17歳から22歳までの夢を抱く移行期を経験しており，彼らは30歳までの移行期を経ていた。しかし，レヴィンソン（1978）の研究と彼らの研究とでは，重要な性差があるという。男性の夢は，仕事の問題を解決しようとする内容であるが，女性は，より複雑であるという。女性の夢は，一般に個人的な目的（たとえば，仕事）や対人関係上の目的（たとえば，他者に義務を果たすことや特別な人から支えられること）の両方が多いという。

女性は，どのようにしてこの個人的な目的と対人関係上の目的との葛藤を解決しているのであろうか。ロバーツとニュートンによれば，30歳まで主に仕事にエネルギーを費やしてきた女性は，30歳から結婚や家族について考え始め，20歳代まで結婚や家族にエネルギーを費やしてきた女性は，30歳から仕事について本気で考え始めるという。このように17歳から22歳までは，ライフサイクルに性差はないが，夢や主な目的については重要な性差があるという。

議論のポイント
1. 若い男女で目的や希望に違いがあるとすればそれはどのような理由からだろうか。
2. 社会階級や文化の差によって，ライフサイクル上の構造で個人的な重要な差があるだろうか。

評　価

レヴィンソン（1986）の面接法には，多くの問題がある。まず，20年前の回想が正確にできるかどうかが挙げられる。過去について述べた内容は，意図的に歪められていることもある。また，面接者が特別な理論をもって面接を行う場合，そのことが，面接での聞き方や面接される者の答え方に影響を及ぼすという問題も挙げられる。さらにレヴィンソン（1978）が，47歳以上の男性に対して面接を行っていないという事実があるので，彼の50歳代や60歳代の者に関する発達理論を一般化しえないのではないかという問題がある。

レヴィンソン理論への批判でよく言われるのは，彼の唱えた40歳代の初期において，「中年期の危機」が生じやすいという点に関して根拠がないということである。たとえば，ヴェイラント（Vaillant, 1977）は，ハーバード大学の卒業生に対して数年間の縦断的研究を行っている。この研究から，離婚や転職をした者が中年期の抑うつ状態に陥りやすいことが示されている。しかし，ほとんどの者が，成人期において同じような変化を経ており，40歳代初期の者が，通常にない困難でストレスに満ちた時期であるという根拠は示されなかったという。

この分野での文化差に関する研究が必要に迫られている。というのは，ライフサイクル上の構造は，文化によって異なるからである。たとえば，平均余命がわずか40年ほどの社会があり，このような社会では，17歳から45歳までを成人前期と考えることは，ほとんど意味がなくなる！　また，女性が仕事をすることを多かれ少なかれ禁止する社会もあり，このような社会では，このことは女性の抱負に影響するにちがいない。

老年期への適応

欧米社会において，20世紀の最も大きな変化として，老年期の人々の劇的な増加が挙げられる。たとえば，米国では，20世紀において平均寿命が26年延びて，65歳以上の者の人口比率は，30人に1

あなたは，知能の低下は老人にとって避けられない特徴だと思うか。

人から6人に1人へと増加した。老人の著しい増加の結果，老人が加齢に伴ってどのように変化していくかについての関心が高まった。

老年期への適応には，多くの理由から困難な点がある。一般に老人は，退職し，友人や親類を亡くし，健康状態は悪くなり，また社会へ関与する機会は減っていく。また，老人は，この時期に関する世間の否定的捉え方に対して対処していかなければならない。ゴールドマンとゴールドマン（Goldman & Goldman, 1981）は，西欧諸国の800人以上の子供に対して老年期についてを質問している。その主な結果（ゴールドマンとゴールドマン 1981, p.498）は，以下の通りであった。単なる体つきだけでは，

> すべての年代の多くの子供たちは，老齢に対して嫌気がするとか愛想がつきるという思いすらしなかった。だがしわの多い肌，病気，弱気になる，もろさの増大などとあげつらわれると，しかめっ面をしたりいやだという情緒的態度を伴いやすかったのである。

老人は，世間は，自分たちについて否定的な捉え方をしていると思っている。グラハムとベイカー（Graham & Baker, 1989）は，大学生と60歳代の者に対して各年代ごとの地位について質問をしている。その結果，両群とも児童期に関する地位は低かった。10歳代，20歳代，30歳代と年齢とともにその地位は上昇し，老年期に関しては低下する結果を示している。特に80歳代に関する地位は，5歳児と同様の低い地位であった。

老人が質の高い老後を過ごすために重要であるとみなされるものとしてどんな要因が挙げられるだろうか。フェーリスとブランストン（Ferris & Branston, 1994）は，人間関係，社会的つながり，健康の三つを重要な要因として挙げている。社会的な支えの重要性については，ラッセルとカトロナ（Russell & Catrona, 1991）が挙げている。社会的支えの少ない老人は，1年以上の抑うつ状態が生じやすいという。老年期は，経済的にも豊かではなく，経済的安定性も重要であるという。クラウスら（Krause et al., 1991）は，米国と日本において経済的に貧困な老人は，抑うつ状態や無気力状態が生じやすいという報告をしている。

高齢者についての社会の固定観念から，自分勝手な予言が生じてしまうと考えられるだろうか。

図18-9

■やってみよう：グループごとで次の質問について話し合い，発表してみよう。
1. 老いていくこととは，衰退の一方向だけだろうか。
2. 老人についての研究を行うとしたら，どのような研究計画を組むか。なぜ，そのような研究計画を組むのか考えてみよう。
3. 心理学者は，かつて老人の知能や記憶について取り扱ってきたが，現在でもこのような問題を新鮮な感じで捉えているのだろうか。
4. 最近，老人に対する社会のあり方は変化しているのだろうか。

離脱理論

カミングとヘンリー（Cumming & Henry, 1961）は，離脱理論を唱えている。この理論によれば，老人が社会に年々関与しなくなっていく，多くの理由があるという。その理由として，個人としてもどうしようもない強制的な退職，親類や友人の死，子供が自立して家から旅立つことなどが挙げられる。また，多くの老人は，社会生

活の範囲を狭めることを選んで自分の時間を過ごしやすい。カミングとヘンリーによれば，積極的に社会から離脱していくことが老人にとって最もよい適応であるという。

　この理論は，カミング（1975）によって展開された。彼によれば，老年期になると次第に生活空間が縮小していくという。つまり，社会的役割も減り，対人関係も減っていきやすい。一方，社会の方もいままで老人がもっていた役割をあまり期待しなくなる。その結果，老人は社会から積極的に離脱しなければならなくなるという。このことは，老人への内的・外的圧力の適切な対処法でもある。外的圧力とは，他者が老人の技術や能力の必要性を感じなくなることをいい，内的圧力とは，健康状態の悪化や他者への関心度の低下をいう。

図18-10　病気，孤独および日常の問題に対処することを欲しないか，そうできないということで，高齢者は介護施設や老人ホームに入所することがある。

根　　拠

　カミングとヘンリー（1961）の離脱理論を支持する研究は多くある。カミングとヘンリーは，カンサス市の50歳から90歳までの住民に対して5年間の調査を行った。その結果，老人は次第に社会から離脱していくという統計的な傾向が示された。しかし，ハヴィガーストら（Havighurst et al., 1968）によるこのデータの半分以上を対象とした追跡調査では少し異なった結果が生じている。ハヴィガーストらの結果では，社会から離脱していく老人がいることも示されているが，社会へ積極的に関わり，それを楽しみにしている老人もいることが示されている。これは，離脱理論に反する結果でもある。

　ハヴィガーストらの次の二つの発見は，離脱理論をより支持するものであると捉えられる。その一つは，**離脱**の意味は，老人自らが社会活動から離脱することを選んでいることを含み，しかも幸福感を伴っている点である。二つ目は，老人は，社会的関わりは減退していくものの，若者よりも孤独になることを好まない傾向があることがわかった点である。

　フォークマンら（Folkman et al., 1987）によれば，老人は，若い人よりもストレス状況においてその対処の方法は受身的で逃げ腰であることが明らかにされている。つまり，ストレス状況において，老人は受身的で感情中心の対処方略を用い，若い人々は積極的で問題解決中心の対処方略を用いるという。

　老人にもさまざまなタイプがあり，このタイプによって離脱の兆候は異なる。たとえば，マドックス（Maddox, 1970）によれば，あきらめやすい老人は，晩年に社会から離脱しやすいという。リーバ

テキストに述べられている要因によって自然に離脱していくと思うか。また，人は離脱を選んでいるのだろうか。

図18-11 最近の研究では，多くの高齢者は離脱を示さず，むしろ社会に活動的に関わっているという。

ーマンとコプラン（Lieberman & Coplan, 1970）は，老人が亡くなる2年前は，離脱傾向があることを示している。しかし，離脱の多くの例は，個人が健康かどうかに左右され，個人による積極的な選択ではないという。

英国やオーストラリアの研究では，カミングとヘンリー（1961）の離脱理論は支持されていない。たとえば，ダーキン（1995）によれば，多くの老人は，教会や地域のグループを通して社会に積極的に関わっているという。

文化差

老人の離脱についての程度は，文化差があることを見逃してはならない。タウト（Tout, 1989）によれば，欧米以外の国々では，老人は社会に積極的に関わり，また，加齢については，尊敬と権威の意味が含まれているという。たとえば，メーリマン（Merriman, 1984）は，インドの老人女性は，地域社会における生活で積極的な役割が維持されているという。しかし，このようなことは，すべての欧米以外の国々に当てはまることでもない。タウト（1989）によれば，次々に移動していく遊牧民族において，老人はグループについていく活動力が低下していくので，老人に対する関心が弱まるという。

年々，欧米社会の影響が世界中の国々に広がっている。それは，アフリカやアジアなど多くの国々にみられる，祖父母と同居する世代家族の数を著しく低下させることを招いた。ターンブル（Turnbull, 1989）によるウガンダのイキ族の研究によれば，老人に対する社会の排斥傾向が高まっているという。ストレスに満ちた不況の傾向が，老人への敵意を煽っているという。諸外国が，イキ族の老人へ支援（たとえば，医療支援）を行った際，死んでいく者への支援は意味がないと捉えて，人々は，老人へ強い敵意を示したという。

評　価

一般に老人は，社会から離脱していく兆候を示すが，カミング（1975）が言うほど離脱を示す者は多くはない。また，死を間近に控えた老人は離脱の兆候を示す。老人の離脱傾向は，自ら積極的に行うというよりも外からの要因（たとえば，退職）などによって示されやすい。

離脱理論の大きな問題点の一つは，基本的にすべての老人は同じ生き方をするという前提に立っていることである。この前提は，老人が離脱していくのはパーソナリティや文化的要因が大きく関わっているので，正しいとは考えにくい。コンリー（Conley, 1984）によれば，成人期において人は，少しずつパーソナリティが変化し，成人前期や成人中期に社交的で外向的な者は，老年期になっても社会性が維持されるという。逆にビー（Bee, 1994）によれば，成人中期において非社交的な者は，老年期に入る前から離脱しやすいことが示されている。つまり，人が人生後半に離脱するかどうかは，パーソナリティによることが大きいと言える。

図18-12　老人のイメージは時代とともに変化している。1880年代は，70歳代の人は非常に少なかった。離脱理論は，福祉システムのない老人に対してどのように適合しただろうか。1940年代には，多くの理由で平均寿命が延び，1990年代では，外見上若く，活動的であることが，70歳以上の人々の目標だった。

　また，離脱理論は，文化差を考慮に入れていない。どのように老人を捉えるかには，大きな文化差があると思われる。特にトリアンディス（Triandis, 1994）が言うように個人主義か集団主義かの違いが大きいように思われる。欧米社会では個人の業績が重視され，能力が低下していく老人は，社会から無視されやすい。一方，アジアやアフリカの集団主義の国々では，老人は社会をよりよくまとめて，活性化していく役割を維持している（トリアンディス, 1994）。

　カードウェルら（1996）は，コホートや世代効果という興味ある見解を示している。つまり，いまの老人は，かつて経済的に貧しく，医療制度も確立しておらず，平均余命の短い社会で育っているが，逆にいまの若い人々や成人が老人になったときは，より恵まれた経済と健康な社会になっているはずである。このようなことから，老人の離脱傾向は，世代ごとにますます低下していくだろうというものである。

活動理論

　加齢について研究を進めているハヴィガースト（1964）と他の理

ケーススタディ：老年期の知恵―ローレンス・ヴァン・デル・ポスト（Laurens Van der Post）

　ローレンス・ヴァン・デル・ポストは，1906年の南アフリカで生まれ，1996年に90歳で亡くなった。彼は，児童期にアフリカで過ごし，カラハリ砂漠の現地の人々のもつ文化や考え方に魅了され，彼らと親しい交流をもった。その後，彼は，捕鯨船に乗り，長い航路を経て日本に立ち寄っている。1930年代には，多くの西欧の人々と関わった。第二次世界大戦では，東南アジアへ戦役に出て，日本軍によって収監されている。戦後も世界中を旅行し，フィクションやノンフィクションの小説を書いている。その内容は，多くの国々の文化に関することが多い。彼は，心理学者で精神科医のカール・ユング（Carl Jung）と友人であり，このユングの讃美者でもあった。

　ヴァン・デル・ポストのさまざまな経験が，人の精神について深くふれる作家や思想家になることへと導いた。彼は，人生の前半においては，西欧以外の文化との交流に時間を大いに費やしたけれども，晩年，英国皇太子を含む西欧社会において，まれな知恵や洞察力をもった老賢者としてみなされた。1986年に出版された友人との対談集（ポッチェ Pottiez, 1986, p.146）では，彼は，白人のブッシュマンと称され，地球は，まるで彼の狩猟地であるかのようだと言われている。ヴァン・デル・ポストは，「よくわからないが，人生は，探求だと思う。人生は，最初の出発点へ戻ることと亡くなっていくまで意識を再統合していくことです。それは，あなた自身の意識の中にあり，あなたは，全宇宙の意識の一部なのです」と述べている。

論家は，活動理論として知られている他のアプローチを推進してきた。活動理論によれば，老人が何がしか社会から離脱していくのは，自らの選択ゆえではなく，社会が老人を離脱していくようにしむけていくからである。たとえば，多くの労働者は，60歳あるいは65歳になったという理由などから彼らの意に反して働くことの辞退を強要されている。活動理論では，老人にとって，できる限り活動を維持することが最もよい適応のための方略であるという前提がある。それは，成人中期に活動していた多くの役割をできるだけ長く維持することを意味している。

特に重要なことは，老人には新しく役割を置き換えながら社会への関与を維持する欲求があることである。言い換えれば，老人は常に当てにされる役割をもちたいのである。それには新しい趣味をもったり，クラブに参加（たとえば，映画鑑賞クラブ）したり，孫の世話をしたりすることも含まれる。

> 自己知覚は，加齢に対処する方法にどんな影響を与えていると思うか。

> あなたは，活動理論をどう評価するか。おそらくこの特徴と合う人々は理論と適合すると思うが，誰もがこの理論に照合できるだろうか。

根　　拠

アチュレー（Atchley, 1977）によれば，離脱理論よりも活動理論の方が，老人の特徴を適切に言い当てているという。彼によれば，「ほとんどの老人は，退職しても現役時代の仕事と同じようなことを続けている」。図18-13に示すように，彼は70歳代以上の者のさまざまな社会的役割の維持についての比率を出している。図によると，70歳から74歳までの男性（75歳以上の者は括弧内）は，76％（71％）が親類との交流があり，72％（71％）が友人をもち，48％（36％）が近所との交流があり，24％（21％）がいまも働いている。また，70歳から74歳までの女性（75歳以上の者は括弧内）は，56％（50％）が親類との交流があり，60％（83％）が友人をもち，52％（50％）が近所との交流があり，16％（17％）がいまも働いている。このことから，米国の多くの老人は，積極的に社会的役割を果たしていることがわかる。

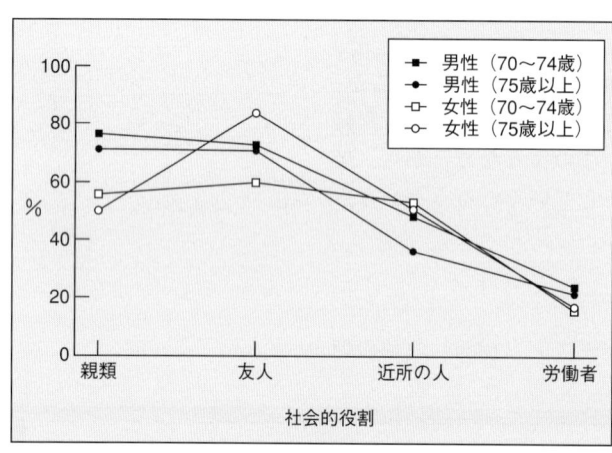

図18-13　社会的役割と高齢者（アチュレー, 1977）

ヘックハウゼン（Heckhausen, 1997）は，老人は一生涯，活動ややる気を維持するという根拠を挙げている。彼は20歳から35歳まで，40歳から55歳まで，それに60歳以上の三つのグループをもとに本来もっている統制力（primary control）——これは個人の欲求に即して外界を積極的に変化させようとする力を意味している——の研究を行っている。ヘックハウゼン（p.183）の重要な所見は次のようである。「人は，この『本来もっている統制力』が低下してくる老年期になっても，一生涯この力を一定に保とうとする」。しかし，「本来もっている統制力」を実践する領域については年齢差があると

いう。老人は若い人よりも，健康・余暇・地域に関心をもち，家族・経済・仕事への関心は薄れるという。

　ランガーとロダン（Langer & Rodin, 1976）は，保養所にいる老人についての研究を行っている。彼らによると活動に励み，可能な限り自分でできることはしようとする老人の方がおとなしい老人よりも幸福感が強く，長く生きることが示されている。同様に矢口ら（1987）の日本における研究でも，具体的に活動的な老人の方が，活動的ではない老人よりも，やる気や人生満足度が高いことが示されている。

一定の施設における生活は，人にどのように心理的な影響を与えるだろうか。

評　価

　活動理論の大きな強味は，成人中期から老年期にかけて，発達の重要な維持があるという見解に基づいている点にある。つまり，成人中期の活動欲求ややる気は，老年期になっても積極的に社会的に表現されているということである。さらに活動理論は，たとえば，ハヴィガーストら（1968）やランガーとロダン（1976）による研究から，人生を満足している老人ほど活動的であるという結果からも支持されている。

　一方，活動理論の問題は，理論があまりにも一般化されていることである。特にパーソナリティの差をほとんどあるいはまったく考慮に入れていない点がある。ハヴィガーストらが言うように，ゆっくりと活動が低下していき，離脱していく老人もいる。それは，彼らにとってそのことが最も適しているからである。このように活動理論は，老人の適応に役立つ活動水準以外の要因を取り扱っていない。身体的な健康，経済的安定，親類との交流，社会的ネットワークの強さなどの要因も考慮に入れる必要があると思われる。

　ほとんどの老人は，成人中期ほど活動的ではない。そのことは，結果として人生満足度を弱めているかもしれない。しかし，実際には，老人の人生満足度は成人中期と同じくらいであるという結果も示されている（ダーキン，1995）。

図18-14　驚くほど多くの活動的な高齢者が退職後の趣味を始めている。それは，働いてきた内容と何らかの関係がある。たとえば，以前鉄道員であった人は，蒸気機関車の運転のボランティアをしている。

まとめ

　離脱理論や活動理論の中心的問題は，すべての老人は本質的に同じであり，同じような境遇にいるという前提をあまりにも一般化している点である。スチュアート-ハミルトン（Stuart-Hamilton, 1994, p.127）は，次のような現実的な仮説を打ち出している。

> 　離脱理論にしても活動理論にしても，何らかの，しかしすべてではない状況での最適な方略について述べているものであり，すべての老人に当てはまるとは限らない。理論は，たとえば次のようなさまざまな要因によって左右されやすいと思われる。経済状況（たとえば，活動的な生活スタイルがとれる余裕があるかどうかを左右する），健康（たとえば，まだ趣味にふける元気があるかどうかを左右する），パーソナリティの型（たとえば，

生涯を通して内向的な者は，活動的な生活スタイルを嫌うこともある）などが挙げられる。

ライチャードら

ライチャードら（Reichard *et al.*, 1962）による老年期をうまく過ごすさまざまな方略についての研究がある。彼らは，米国の55歳から84歳までの老人87名に面接を行い，老人を五つのタイプに分類している。このうち二つのタイプ（自らの不運について他者を責めるタイプと自分を責めて自己否定的なタイプ）は，不適応状態と関係していた。逆に他の三つのタイプは，よい適応状態と関係していたという。この三つのタイプとは，

- 円熟タイプ：このタイプは，年をうまくとっていき，他者との関係を積極的に維持している。
- 依存（「ロッキンチェア」）タイプ：このタイプは年をとることを余暇を過ごすこととして定め，他者の支援をあてにしている。
- 防衛タイプ：年齢をあたかもとっていないかのように活動性を維持している。

ライチャードらの所見は，離脱理論と活動理論と関係している。上記の依存タイプは，離脱と関係しており，防衛タイプは，活動性と関連している。このようにして老人のそれぞれのタイプは離脱理論と活動理論によって説明できる。

図18-15

図18-16　あたかも年をとらないふりをして

議論のポイント

1. 老人の人生観を決定づけるのは年齢よりもパーソナリティの方が重要であると言えるだろうか。
2. 老人を五つのタイプのうちのどれかに当てはめることは意味のあることだろうか。

離脱理論と活動理論は，老人の適応について，自分は**何者**かというパーソナリティよりも**何を**行うかということの方が重要であるという前提に立っている。しかし，自分は何者かというパーソナリティの内容が，人生の幸福感に実質的に影響を与えていることを示す研究がある。コスタとマックレー（Costa & McCrae, 1980）は，幸せな人とは，「多くの楽しい経験をし，否定的な感情経験が少ない人である」と捉えた。彼らは，外向的で社交性のある者の方が内向的な者よりも楽しい経験をし，また神経症的（不安や抑うつが強い者）な者の方が，否定的な感情

を抱きやすいと捉えた。彼らによる研究の結果，予想通り最も幸福感の強い者は，外向的で神経症水準が低い者であり，最も幸福感の弱い者は，内向的で神経症水準が高い者であった。マックレーとコスタ（1982）は，後に老人を対象に同様なことを明らかにしている。

ライフイベントは，一挙に生じる傾向があるだろうか。

成人期のライフイベント
社会的再適応尺度

ほとんどの人は，親類の死，離婚，失業など年中，ストレスに満ちたライフイベントを経験している。ライフイベントの人への影響力とはどのようなものだろうか。ホームズとレイ（Holmes & Rahe, 1967）は，この問題を探求している。彼らは，社会的再適応尺度を作成している。この尺度では，ある期間（半年間か1年間）で生じやすい43のライフイベントが示されている。これらのライフイベントは，1点から100点までの衝撃の度合いが見積もられている（すべての記述は，pp.205-206に記載）。これによると，休暇やクリスマスがストレスであることが示されており，意外に思うかもしれない。ホームズとレイは，好むか好まざるかを問わず，どのような変化もストレスとなると捉えている。たとえば，43のライフイベントのうち，離婚調停（45点の衝撃度），家族の中で新しいメンバーが増えること（39点の衝撃度），著しい個人による成功（28点の衝撃度）などが挙げられる。

この尺度を用いた研究は多くあるが，特に1年間に合計300点以上のライフイベント衝撃度を経験した者は，身体的・精神的な病気になりやすい危険性があることを明らかにした研究がある。病気の例としては，心臓発作，糖尿病，結核，喘息，不安，抑うつが挙げられる。一方，ライフイベントの衝撃度と病気の発症との相関はむしろ低く，相関値が0.30以上をめったに越えることはないことを示した研究もある。

図18-17 クリスマスは，家族とともに楽しむ幸せな時と思いがちだが，かなりストレスとなる。

評　価

ホームズとレイ（1967）の作成した尺度は大きな影響力をもち，その後，ライフイベントに関する質問紙尺度が多く作成されている。また，厳しいライフイベントは病気を発症させる可能性を高める，という仮説を実証した研究は多くある。しかし，ライフイベント研究で社会的再適応尺度の使用と解釈において主な四つの問題がある。

因果関係の方向性　ライフイベントが病気を生じさせるのか，あるいはストレス状況がライフイベントを生じさせているのかが明らかではないことが多い。たとえば，ストレス状況が，夫婦の別居，

> ■やってみよう：あなた自身，あるいはグループで，ホームズとレイの研究について次の点から検討してみよう。
> ・測定上の問題
> ・同じ分野での他の研究について
> ・倫理的問題
> ・パーソナリティや個人差
> ・社会的な交流
> ・統制感
> ・自己報告研究と回顧研究
> ・記憶の役割
> ・バランス；好むライフイベントと好まないライフイベントとの相互作用

不規則な睡眠や食事の習慣などのライフイベントを生じさせる重要な役割となっているかもしれない。シュローダーとコスタ（Schroeder & Costa, 1984, pp.859-860）は，次のことを見出している。

　健康に関した，または神経症に関した主観的な質問項目がライフイベント尺度に含まれているとき，これを用いてライフイベントと病気との関係をみても，通常，低～中程度の相関が示された。しかし…これらの主観性が混じり合っている質問項目を除外して，残ったライフイベントに関する項目と病気との相関をみても，相関はない。このことから，病気とライフイベントとは独立した変数と捉えられる。

　個人差　ライフイベントの衝撃度は，個人によって異なる。たとえば夫婦の別居というライフイベントは，誰か違う人とすでに親しい関係を確立している者や，相当以前から配偶者との情緒的関係がない者にとっては，ストレスではない。ブラウンとハリス（Brown & Harris, 1982）は，このような問題を解決していくために，半構造化した面接を行っている。この方法は，個人の背景にある**状況**を理解して，ライフイベントについて詳しくたずねるものである。こうして，その状況の中での平均的な人に，一定のライフイベントが，どういった衝撃を与えるかが評価されるのである。この方法は，自己報告法と比べて長所が多いが，多くの時間を要するという問題がある。

　記憶の問題　記憶力の問題は，ライフイベント尺度を用いるうえでその信頼性の問題となる。一般に人は，数ヶ月前の些細なライフイベントについて思い出せない。ジェンキンス，ハーストとローズ（Jenkins, Hurst & Rose, 1979）は，6ヶ月の期間に生じたライフイベントを，9ヶ月過ぎてから2回思い出させるという実験をしている。想起率は，2回目では，1回目の40％以下の結果が示された。この記憶の問題を解決していくために，ライフイベントが生じた内容や日時について細かく面接していく，構造化された面接法がある。ブラウンとハリス（1982）は，このような面接法によって忘却の問題は減ることを見出した。

　好ましいライフイベントか好ましくないライフイベントか　ホームズとレイ（1967）は，好ましいライフイベントでも病気が生じると想定している。しかし，この想定は，パイケル（Paykel, 1974）の研究から反証されている。マーティン（Martin, 1989, p.198）は次

のように述べている。

> 好ましいライフイベントは，病気を生じさせる変数ではないことがわかった。現在では，ライフイベントをみていく場合，好ましくないライフイベントのみを取り扱うという統一した見解が支持されている。

ストレスはいつも人の人生において否定的なものと思うか。

育　児

ホームズとレイ（1967）による社会的再適応尺度では，家族に新しいメンバーが増えるというライフイベントはストレスとなると捉えている。このことは，意外なこととしてみえるかもしれない。しかし，親になることは，生活スタイルを大きく変化させ，自由な時間が減り，重要な責任が増すことでもある。またそれは，役割の変化であり，父親として，あるいは母親としての役割を自ら認め，他者からも親として認識されるという変化である。ビー（1994）は，幼い子供のいる親は，互いのための時間が減ることを指摘している。特に，夫婦の会話やセックス，家事をともに行うなどの時間は減るという。

家族のメンバーが新しく増えることは，マーティンの見解（既述した）とは矛盾して，ストレスとなる出来事であると考えるか。

出産したとき，夫婦がともにいる時間が減る要因は育児スタイルと関係があるだろうか。

このことから，欧米社会で最初の子供ができると決まって結婚生活の不満が生じることが説明できる（ライブスタインとリチャード Reibstein & Richards, 1992）。しかし，宗教や民族，すべての教育水準の違いについてこの結果と逆の結果も示されている（アイゼンク Eysenck, 1990）。子供ができると結婚生活に不満が生じることは，男性よりも女性に多い。一つには，女性の方がえてして，夫による育児の支援を期待していることにもよる（ルーブルら Ruble et al., 1988）。実際，白人社会においては理想の子供の数は少なくとも4人であるという事実は異例である！　また「空の巣症候群」の研究から，結婚生活は，最後の子供が独立した後，満足感が増大することが示されている（アイゼンク, 1990）。

では，なぜ子供をもうけるのであろうか。ターナーとヘルムス（Turner & Helms, 1983）は，次の理由を挙げている。(1)子供をもうけることは，ある種の達成感を生む，(2)親と子供との愛の交流が生じる，(3)子供をもうけることは，多くの社会にあって文化的期待に応えられる，(4)子どもをもうけることは親は大切であるという意味を与える，などである。

図18-18　両親にとって初産はストレスになる。

関連要因

親が上手に子供を育てるかどうかは，幾つかの要因によって左右

> 比較文化的問題：ライブスタインやリチャード，ルーブルらの研究に，西欧以外の文化圏の拡大家族はどのような影響があったと思うか。

される。たとえば，労働者階級の親の方が中産階級の親よりも育児上の不満は少ないことが示されている（ラッセル Russell, 1974）。この理由として，中産階級の女性にとって，育児は，仕事との厳しい葛藤を生じさせていることが挙げられる。

考えられる通り，母親役割を果たしていく満足度は，その子供の反応に影響する。米国において，レーナーとガランボス（Lerner & Galambos, 1985）は，母親が母親役割を果たすことに不満があれば，子供は，拒否的態度を示し，しつけを行っていくうえでも困難を招くことを示している。

また，育児を上手にやっていくかどうかは，夫婦の関係のあり方によって異なる。最初の子供の出産以前から親密な夫婦は，出産を上手に受け止める。たとえば，妊娠中に関係がうまくいっている夫婦や悩みが生じた際に互いにいたわり合う夫婦は，親として役割を上手に果たすことが示されている（ハイニッケとガスリー Heinicke & Guthrie, 1992）。また，互いに信頼し合っている夫婦では，父親はその役割を肯定的に受け止め，母親は子供と暖かく関われることが示されている（コックスら Cox et al., 1989）

親の年齢や経済状況も，育児を上手にやっていける重要な要因である。ビーとミッチェル（Bee & Mitchell, 1984）によれば，若くて適切な経済力のある親の方が，年をとった貧しい親よりも，明るい親となっていくことが示されている。

評　価

育児に関する研究では，結論を出すことは難しい。その主な理由として二つ挙げられる。まず，育児には多くの要因が影響していることである。たとえば，親の社会的階級，母親役割を果たすうえでの態度，夫婦間の親密さ，夫婦の信頼感，親の年齢，親の経済力などが挙げられる。また，夫婦が計画して出産しているか，他にも子供を今後もうける予定か，なども重要な要因である。

二つ目の理由として，一般に父親，母親，子供という基本的な家族の関係が概して複雑に絡み合っていることが挙げられる。どのような夫婦にとっても育児が**なぜ**ストレスになるかを解明していくのは難しいと思われる。たとえば，結婚したての夫婦は，子供が泣いてばかりでいたずらをするために育児がストレスになるかもしれない。しかし，それは，子供に安定した愛着が生じるための十分な母親の暖かさや感受性が母親にまだ備わっていないためかもしれない（第15章参照）。言い換えれば，何が原因で何が結果なのかを明らかにしていくことは多くの場合難しいことがわかる。

> あなたは，夫婦が親になっていく過程にどのような研究計画を立てていくか。

離　婚

欧米社会では，離婚はますます一般的なことになっている。英国では，結婚した者の約40％が離婚をしている。離婚率は，米国でも増加している。離婚は，結婚して5年以内に生じやすく，また，一般に結婚して15年目と25年目が離婚の危機と言われる（グロス

Gross, 1996)。

ホームズとレイ（1967）の社会的再適応尺度によれば，離婚は，配偶者の死に次いで高い衝撃となるライフイベントである。ブウンク（Buunk, 1996）によれば，離婚した者は結婚している者よりも心身の健康状態がよくないという。また，離婚した者の健康状態は，未亡人や独身者よりもよくないという。

結婚による幸福感の程度に関する研究では，米国のブラッドバーン（Bradburn, 1969）によるものがある。彼は，既婚の男性の35％，女性の38％が，高い幸福感を示し，これは，未婚の男女の18％が幸福感を示している結果よりも高いことを挙げている。また，未婚の男女の方が，別居夫婦，離婚した者，未亡人たちよりも高い幸福感を示していることを挙げている。また，離婚した者の30％以上，別居夫婦の40％以上が低い幸福感を示している結果と比較をして，既婚者の10％以下が，低い幸福感を示している。このことから，離婚は不幸を招き，また，不幸な人が離婚をしているかもしれないと言える。

離婚のストレスについては，多くの要因が影響している。ブウンク（1996, p.371）は，次のような結論を出している。

> 配偶者と親密でなかったために率先して離婚した者で，その後社会的な交流の中に入り，現在，満足のいく親密な関係を形成している人はうまくいっている。また，高い自尊心，独立心，変化に対する耐久性，平等な性役割態度がとれる者は，離婚状況をうまく乗り越えていく。

離婚の衝撃について，しばしば男性と女性とで異なる。女性の方は，さまざまな点で被害を受ける。たとえば，経済力を失い，子供を育てなければならないことがある（ラターとラター Rutter & Rutter, 1992）。一方，男性は，女性よりも離婚を申し立てることが少なく，心の支えのネットワークを得ることが弱いことが多い（グロス，1996）。

段　階

離婚は一定の段階を経ていくと言われている。たとえば，ボハンノン（Bohannon, 1970）は，次の6段階を挙げている。

1. 情緒的離婚：葛藤や責め合いの中で結婚が解体する段階。
2. 法的離婚：結婚が，公的，法的に終わる段階。
3. 経済的離婚：離婚した夫婦の財産が区分される段階。
4. 親権上の離婚：子どもが保護される事柄および接近権が決まる段階。
5. 社会的離婚：家族や友人との関係に必要な変化が生じる段階。
6. 精神的離婚：離婚した者がそれぞれで新たな問題に適応していく段階。

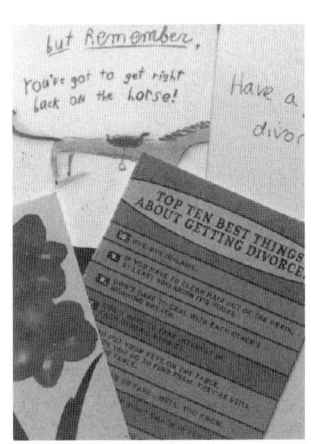

図18-19　離婚はまれなことであり，社会的に好ましいことではなく，あまり聞きなれないことであったが，現在，英国の既婚者の40％が離婚をしている。

1969年の社会的状況は，ブラッドバーンの研究での人々の反応に，どのような影響を与えたと思うか。

たいていの段階理論にも言えるが，離婚した者すべてが決まった通りにこれらの段階を，順序正しく経ているかどうかは問題として残る。

評　価

　離婚の影響については，パーソナリティや以前の夫婦の関係のあり方，他の親密な関係や強い社会的交流があるかどうかなどによって左右される。この点の研究は少ない。ただ，離婚した者は，離婚していない者よりも幸福感は弱く，ストレスが生じやすいことは確かである。その理由として，離婚そのものがストレスを生じさせることとストレスに満ちた不幸な者が離婚しやすいことの二つが挙げられる。どんなことが生じているのかを正しく把握できてはいないが，ある種の人たちが，離婚しやすいことは確かである。たとえば，プロミン（Plomin, 1997）によれば，片方が離婚している一卵性双生児の一方は，離婚していない一卵性双生児よりも離婚する傾向が強いという。離婚に至ることを決定する一要因として遺伝的要因があり，そのこともまた，好ましくない情緒状態を生む傾向があるかもしれない。

離婚や死別、他の危機的な人生の出来事を関連づけるために喪失という概念を用いることができるだろうか。

死　別

　ホームズとレイ（1967）の社会的再適応尺度によれば，配偶者の死別は，人生において最もストレスの強いライフイベントである。これには，幾つかの理由がある。既婚者にとって，配偶者の死別は，かなりの情緒的外傷となる。それは，人生において中心的な人間関係を喪失するからである。また，配偶者を失った者は，生活構造上の大きな変化が生じる。配偶者の死別は，喪失した者の社会的同一性において大きな衝撃を与える。彼らは，結婚のパートナーとしての役割を失い，未亡人，あるいは男やもめとして目立たない役割をとらなければならなくなる。このことから，主に夫婦を単位とした社会における配偶者の死別は，特別な問題として考えなくてはならない。

　ストローべら（Stroebe et al., 1982）は，配偶者の死別は，残された者にとって次の四つの社会的機能に影響を及ぼすと言っている。

1. 社会的情緒的支えの喪失：これは重大な喪失である。
2. 判断していくうえで社会的確認ができなくなること：配偶者は，自分の見解が正しいかどうかの判断の確認をしてくれる存在であるからである。
3. 物質的あるいは仕事上の支えの喪失：夫婦は，各自，仕事や活動において異なった役割を果たしているが，死別後，残された者は，配偶者が行ってきた仕事や活動を果たしていかなければならない。
4. 社会的保護の喪失：配偶者は，もはや他者による不公平な対処に対して残された者を守ることができなくなる。

図 18-20

段　階

　パークス（Parkes, 1986）は，配偶者の死後，残された者は，次の段階を経ていくという。(1)ショックで何もしたくない時期，(2)死別した配偶者を強く思いこがれる時期，(3)長い抑うつと絶望が続く時期，(4)自らの新しい人生を再構築するためにできることをしていく時期の4段階である。

　ラムゼイとデ・グルート（Ramsay & de Groot, 1977）は，死別後の過程は，段階理論が仮定したように，同じような経過をたどるわけではないという。彼らによれば，順序は一貫しないが，悲しみの九つの構成要因が各々表現されるという。それは，(1)ショック，あるいは何もしたくない気持ち，(2)まとまりがなく，十分に計画立てていくことができない，(3)否認（たとえば，死別した配偶者が家に戻ってくると思う），(4)抑うつ，(5)死別した配偶者を生前，無視したり，悪く取り扱ったことの罪悪感，(6)将来の不安，(7)攻撃（たとえば，医師や家族に対して攻撃する），(8)偶然に生じることに対する解決や受容，(9)人生の再統合あるいは再構成の九つであるという。

　悲しみの最終段階は，死別経験の克服であるとよく言われてきた。しかし，ストローベら（1993）は，完全な克服は不可能であるという。彼らは，「失った者への強い愛情があるならば，その未練は一生涯続きやすい」と言っている。

根　拠

　残された者は，多少の差はあれほとんど誰でも悲哀を味わう。トンプソンら（Thompson et al., 1991）の言うように，死別後2年半過ぎても，なお悲哀や否定的感情はまだあるという。しかし，アイスドーファーとウィルキー（Eisdorfer & Wilkie, 1977）によれば，配偶者が死ぬ前に長く病気で寝こんでいた場合，その死別経験は，大きなストレスにはならないという。また，ストローベとストローベ（Stroebe & Stroebe, 1987）によれば，亡くなった配偶者がかなり高齢である場合，死別経験はそれほど大きなストレスにはならないという。このことから，亡くなった人が若かった場合，その喪失経験が予期せぬことであったために大きなストレスになると考えられる。

　ストローベら（1982）は，残された配偶者の死因は，肝硬変，事故，脳溢血，心臓病，暴力による被害などが多いと報告している。特に未亡人よりも男やもめの方が，肝硬変や暴力に関する限りそれによって亡くなっていく確率が高いという。ガラファー-トンプソンら（Gallagher-Thompson et al., 1993）は，残された配偶者男女の縦断的研究結果から，若くして亡くなることが多いことを報告している。この研究では，この若死した者は，存命している残された配偶者よりも社会的関わりが少なかったことが明らかにされている。つまり，若死した者は，配偶者のみが信頼できる対象であったり，狭い社会的な関わりしかもたなかったり，社会的活動に関与していない人たちであったという。

100年前の人々が行ったのと同様な方法で私たちは死に対処していると思うか。違いがあるとしたらどんなものか。そのような方法で死に対処する心理的効果はどんなものだろうか。

比較文化的問題：ガラファー-トンプソンらの研究結果は，西欧文化圏外の国に適用できると思うか。あなたはどのような文化差があると思うか。

一般に夫よりも妻の方が，死別経験をする確率がずっと高い。配偶者の死別経験をする85％が未亡人であり，それに対してわずか15％が男やもめである。キャヴェノー（Cavenaugh, 1994）によれば，夫の方が妻よりも配偶者の死別を乗り越えることが困難であるという。一つの理由は，夫は，妻より他に親しい人がいることが少なく，妻の方は，多くの友人をもっていることが多いためであろう。また他の理由は，多くの男性は，家事や料理ができず，それらを死後，自分でしなければならなくなることも挙げられる。男やもめになった者の方が，未亡人よりもふけていく傾向があり，この老化が，生活をより困難にさせると思われる。このことは，バリーとホーム（Bury & Holme, 1991）が，男やもめの方が未亡人よりも病気や急死が多いことを挙げている点から支持できる。

　未亡人の生き方は，生前の夫との関係のあり方に左右される。ロパタ（Lopata, 1979）によれば，自分の生活を夫に合わせてきた妻は，未亡人となって同一性の喪失を経験し，未亡人になりきることが困難であるという。逆に，死別前から広い生活範囲で過ごしてきた妻は，未亡人となってもうまく適応し，同一性の喪失はないという。フィールドとミンクラー（Field & Minkler, 1988）によれば，他者と深い絆（特に自分の子供）を形成してきた未亡人の方が，他者と関係を形成してこなかった未亡人よりも何とかうまく適応しているという。

　死別に関したもう一つの性差は，女性の方が男性よりも再婚する傾向が少ないことである。ロパタ（1979）によれば，未亡人は，自分の自立心を放棄することを好まず，また，2度目の未亡人になることを恐れているという。逆に男性の方は再婚について，家庭外で親しくなれる人を見つけることが難しいために肯定的であるという。

　しかし，死別に関しての性差はなくなりつつある。スチュアート-ハミルトン（1994, p.121）は，「現在，性役割に関する社会的再評価が行われており，どんな差をも根絶していくだろう」と示唆している。

失　業

　失業の心理的影響が否定的なものであることは，驚くべきことでもない。ヘップワース（Hepworth, 1980）は，英国の有職者と失業者に対して，不安，抑うつ，無気力，絶望感などの悩みの調査を行っている。その結果，失業者の悩みの合計得点は，有職者の得点の6倍近くを示したという。ワー（Warr, 1987）によれば，失業者は，失業後，急な不幸感が生じて，さらにそれは増大していくという。失業して3ヶ月から6ヶ月までは，この不幸感はピークに達してプラトー（停滞期）になるという。

　失業は，身体的健康に支障を招くという。モーザーら（Moser et al., 1984）は，15歳から64歳までの男性を対象に10年間にわたる縦断的研究を行った。この研究過程で，失業した者の方が，有職者よりも亡くなっていった者が多かったという。その死因は，特に自殺

図18-21　失業は，心理的幸福感の急速な低下を生じさせる。

や肺癌が多かった。ワー（1987）は，失業者の方が，失業中，有職者よりも喫煙することが多いために，肺癌になる可能性が高いと指摘している。

このように失業は，マイナスの結果を招くのであるが，どの程度のマイナスの結果を招くかは，その人の置かれた状況によって左右される。たとえば，失業は，特に貧しい多くの家族メンバーを養い，しかもなかなか別の仕事が見つからない年齢である成人中期の者にとってマイナスの結果を招きやすい。逆に，裕福で何らかの理由で仕事をすぐにやめなければならなかった者にとって，失業はそれほど大きな衝撃にはならない。ワー（1987）によれば，失業者の10％は，失業して健康が回復していったという。このことは，たまたま以前，働いていた仕事が，健康を害する点があったことによるかもしれないが，失業者のうちで精神的な健康を回復していく者もいることは確かである。

なぜ失業は，一般に精神的・身体的健康を悪化させるのだろうか。ワー（1987）は，幸福感に影響を及ぼす九つの環境的要因を挙げ，これらのすべての要因は，失業によって悪化するという。九つの環境的要因とは，次の通りである。

1. 金銭の出費：失業すると自由に使える金がなくなる。
2. したいことの機会：失業すると自由にしたいことができなくなる。
3. 技術を示す機会：失業の結果，自分の技術を示すことがなくなる。
4. 目的と課題の需要：失業すると人のために行う需要が減り，自分の行動は意図や目的をもったものではなくなる。
5. 生活の多様性：失業すると，働いている人よりも毎日の生活に多様性や変化が減ってくる。
6. 物質的安定性：失業すると適当な住まいを失うのではないかと不安になり，冷暖房費や光熱費を支払えなくなる。
7. 対人関係の機会：失業すると有職者よりも社会的接触が減っていく。
8. 状況の透明度：失業すると有職者よりも将来が見通せなくなりやすい。
9. 意義ある社会的地位：失業すると，働いていた頃果たしていた，社会的に評価された役割を失う。このことは，自尊感情を低下させる。

ワーのこのような見解に基づいて，次のような重要な仮説が提示できる。それは，失業中における最もよい生き方は，生活の多様性，したいことの機会，技術を示す機会，目的と課題を求めること，対人関係の機会，意義ある社会的地位などを踏まえた生活を何とかしていくことである。この仮説は，フライヤーとペイン（Fryer & Payne, 1984）の結果によって支持されている。つまり，彼らの結果

長期の失業はどのような心理的影響があるのだろうか。

失業した人の10％が精神的健康の回復を生じさせている理由はどんなことであろうか。

比較文化的問題：西欧社会の人々は，自分の仕事内容によって，自分が定義されると感じている。このことは，失業に対して対処する方法にどのような影響を与えているだろうか。文化差によってこのことはどのように違うのだろうか。

は，失業しても，地域や宗教，あるいは政治の団体の中で満足のいく役割を果たしている者は，十分な幸福感を感じているというものであった。

感　想

・従来の発達心理学では，誕生から青年期までだけを重視してきた。おそらく，明らかで劇的な発達がこの時期に生じるためであろう。しかし，現在では，変化や発達が人の生涯をかけて生じることを認めることは，それにもましてもっと意味深いことである。しかし，ほとんどの生涯発達心理学では，成人期から老年期にかけて人が**同じよう**に発達することに目を向けている。そこで成人でも発達の**個人差**があることを強調したい。言い換えれば筆者は今後，なぜ成人期において個人によって発達のタイプが著しく異なっているのかについて明らかにすることを，組織的に行ってみたいと考えている。

要　約

青 年 期

　一般に青年期とは，10歳代のことを言うが，暦年齢よりも心理的な内容から定義した方がよいと思われる。エリクソンは，青年期を同一性の危機を経験する時期であると唱えた。それは，親密性の欠如，時間感覚や生産性のまひ，否定的同一性を特徴とする同一性の拡散や不確定さを意味する。彼は，また，女性の方が男性よりも同一性の発達において多くの問題が生じやすいとも述べている。青年期に誰もが皆同一性の危機に直面することや，同一性発達の性差を実証した研究はほとんどない。エリクソンは，情緒的に問題をもつ青年たちという偏った，限られた臨床例に基づいて彼の理論を展開しており，このデータを当てにしすぎた点がある。マーシアは，生きていくうえで職業や政治などの分野についてかつて葛藤があったか，また，それらの分野に十分傾倒したことがあるかどうかに基づいて，四つの同一性地位を唱えた。これらの同一性地位の存在については実証された。しかし，青年期は，マーシアの同一性地位によって白黒はっきりと分類できるものではないと思われる。エリクソンもマーシアも青年期に生じる事象の説明というよりは記述を行ったにすぎない。彼らは，青年期の経験内容の個人差や文化差を無視している。

成人期の人格変化

　エリクソンの理論は，青年期以後を成人前期，成人中期，老年期の3段階に区分している。彼によれば，成人前期は，親密感 対 孤立感，成人中期は，生殖性 対 沈滞，老年期は，知恵 対 絶望感のそれぞれの発達課題があるという。彼の理論は大概的であり，人は皆，同じような変化や発達をしていくという誤解を招きやすい。それは，伝記に基づく研究という方法の問題から生じていると思われ

図 18-22

る。レヴィンソンは，ライフサイクルとして各段階があり，各段階は，それぞれ長い移行期があることを唱えている。各段階は，前成人期，成人前期，成人中期，成人後期の四つがあるという。彼の理論は，主として面接法によるものであり，それは回顧法であったことからデータの信頼性についての問題が残される。また，レヴィンソンが唱えた，誰もが中年期の危機に直面するという点はほとんど支持されていない。

老年期の適応

　離脱理論によれば，老人は，自ら社会から離脱していくことを選択し，一つにはそのことが最もよい生き方であるために社会へ積極的に関与しなくなるという。しかし，活動を維持しようとする老人は，人生の満足度が高い傾向が示されている。欧米文化圏外の国々では，それほど老人の離脱理論は支持されていない。この離脱理論は，パーソナリティの差や好みの生活スタイルの差を軽視している。活動理論では，老人は，できる限り活動性を維持すべきであると唱えている。この理論は，成人中期と老年期とは，重要な類似性があると捉えている。しかし，活動理論もパーソナリティの個人差をほんの少ししか，あるいはまったく考慮に入れていない。

成人期のライフイベント

　厳しいライフイベントは，精神的，身体的な病いを招きやすい傾向が示されている。しかし，ライフイベントと病気の因果関係の方向性，つまりどちらが原因で結果なのかを明らかにしていくことは難しく，また，ライフイベントに対しての捉え方の個人差があると思われる。また育児は，親自身の自由な時間が減り，責任が増えるために結婚生活上の満足感を低下させる。また離婚経験者は，既婚者と比較して精神的，身体的な健康に支障をきたしやすい。離婚は，情緒的，法的，経済的，親権上，社会的，精神的の6段階の経過を

たどりやすい。また，配偶者との死別は，最もストレスに満ちたライフイベントであり，それは，悲しみとともに若死を招きやすいという。死別後，(1)ショックと無気力な時期，(2)亡くなった配偶者を思いこがれる時期，(3)長い抑うつの時期，(4)新しい人生を立て直す時期を経るという。また，男性の方が，女性よりも死別の対処の仕方が難しいことが多い。失業は，否定的な精神的，身体的な結果を生じさせる。これらの否定的な結果は，金が自由に使えない，したいことが自由にできない，自分の技術が使えない，生活の多様性がなくなるなどの原因から生じている。

【参 考 書】

K. Durkin(1955) *Developmental social psychology: From infancy to old age*, Oxford: Blackwell の第15章から第18章において，青年期，成人期，老年期までの理論をかなり詳しく紹介している。また，I. Stuart-Hamilton(1994), *The psychology of ageing: An introduction*(2nd Edn.), London: Jessica Kingsley は，老年期に生じる変化について詳しく論じている。また，R. A. Martin(1989), Techniques for data acquisition and analysis in field investigations of stress.は，ライフイベント研究の方法上の一長一短について詳しく論じており，R.W.J. Neufeld(Ed.)(1979), *Advances in the investigation of psychological stress*, New York: Wiley におさめられている。

【復習問題】

1 　青年期の社会性の発達に関して，心理学での研究は私たちに何を伝えているのか考えよ。　　　　　　　　　　　　　　　　　　　　　　　　　(24点)
2 　成人期に関するエリクソンとレヴィンソンの二つの理論について検討せよ。　　　　　　　　　　　　　　　　　　　　　　　　　　　　　(24点)
3 　老年期において，人はどのように適応しているかについて検討せよ。　(24点)
4 　成人期におけるライフイベント（例;育児，離婚，死別，失業）の結果に関する心理学の研究について分析せよ。　　　　　　　　　　　　　(24点)

- 社会的認知の諸理論：人々は，自分が所属していると感じる集団によって自分自身を定義するだろうか？
  - タジフェルの社会的アイデンティティ理論
  - 社会的表象に対するモスコヴィッシの定義
  - 文化的アイデンティティの諸理論

- 帰属理論：どのようにして私たちは他人の行動についての見解に到達するだろうか？
  - ジョーンズとデイヴィスの対応推論理論
  - ケリーの帰属理論
  - 基本的な帰属のエラーに関するギルバートらの研究
  - 行為者−観察者効果
  - 自己奉仕的バイアス

- 偏見と差別：これら二つの用語の違いは何か？　ステレオタイプとは何か？
  - オルポートの理論
  - ラピエールのアメリカでの研究
  - マクレイらのステレオタイプ化研究
  - ボーデンハウゼンの認知的アプローチ

- 偏見の理論：ある人々は生まれつき偏見をもっているのか？
  - ダラードらのフラストレーション−攻撃仮説
  - アドルノらのE尺度とF尺度
  - シェリフの集団コンフリクト研究
  - ランシマンの相対的剥奪の理論
  - アブードの社会的発達理論

- 偏見と差別の低減：人々の偏見行動を変化させるための異なったアプローチ
  - アロンソンとオシャローのジグソー教室
  - ウェクスラー中学校の研究
  - ブルーワーとミラーの脱カテゴリー化理論
  - モンティースの自己制御アプローチ

19
社会的認知

　社会的な状況の中で，私たちにあるやり方で行動するよう導く要因は何であろうか？　私たちのパーソナリティ，類似した状況での過去経験，他者の期待，私たちと他者との関係，などさまざまな要因が作用する。社会的行動を理解するための一つの重要な方法は，個人が自分自身，自分が所属する集団，そして社会の中の他の集団に対してどのように考えるかを研究することであると，社会心理学者たちは論じる傾向が強くなってきている。つまり彼らは，社会的認知──「私たちが社会的な情報や社会的経験について考え，解釈するやり方」(ヘイズ Hayes, 1993, p.159) と定義される──に関心をもつのである。

　本章は社会的認知の主要な側面の幾つかを扱う。最も影響力のある理論──特にヨーロッパにおいて──の二つは，社会的アイデンティティ理論と社会的表象の理論である。これらの理論を，文化的アイデンティティという関連事項とともに論じる。その後で，社会的認知の主要なエラーやバイアスの幾つかを述べ，検討する。これらのエラーやバイアスは，自分の行動や他者の行動に対する私たちの知覚に，体系的な歪みをもたらすゆえに重要である。最後に偏見と差別に関して，それらを作り出し，維持する要因を論じ，次いで，偏見や差別を減らす方法の分析を行う。

図19-1　自分たちのチームの色を身につけているフットボールのファン。

社会的認知の諸理論

　社会心理学の多くの部分は，個人や集団のアイデンティティを生じる原因や，世界についての知識が獲得される方法に関連している。このセクションで論じる諸理論は，そのような問題を扱っている。これらの理論が共有しているのは，社会的，文化的な文脈を重視する点である。やや単純化しすぎる危険を冒していうならば，社会心理学者は従来，人々の態度は彼らが世界に関する情報を次々に獲得するにつれて，個人単位ででき上がっていくと論じていた。しかし今日の見解では，自分や世界についての態度や信念は，深遠な形で，社会的コミュニケーションに依拠している。

　このセクションは，社会的アイデンティティ理論，社会的表象そして文化的アイデンティティと関連している。社会的アイデンティティ理論の鍵となる構想は，私たちが自分を**誰だ**と思うかは，主に私たちが所属する集団によって，社会的な観点から定義されるというものである。社会的表象理論によれば，世界に関する私たちの知

あなたは幾つの異なった集団に属しているか？ そのうちある集団は他の集団よりも重要だろうか？ これはなぜか，その理由を考えて述べなさい。

識の多くは，私たちと他者との社会的相互作用に依拠している。文化的アイデンティティに関する見解によれば，ある個人の自分自身に関する感情や信念は，より大きな文化的集団のメンバーとしての彼または彼女の文化的アイデンティティの感覚に，重要な意味で依拠している。このように，私たちが自分自身に関して，社会における自分の位置に関して，そして自分の周りの世界に関してもつ考えは，すべて社会的な要因から大きな影響を受けているのである。

社会的アイデンティティ理論

社会的アイデンティティ理論を提唱したのは，ヘンリ・タジフェル（Henri Tajfel, 1978, 1981）であった。この理論によると，私たちは自分自身を理解し，評価しようという欲求をもっている。自分自身の理解と評価は，自己カテゴリー化，つまり自分を幾つかのカテゴリーに属していると考えることによって達成される。特に重要なことは，すべての人が，自分をそれと同一視する別個の集団に基づいて，幾つかの**社会的アイデンティティ**（social identities）を

図19-2　ブラックプールにあるエルビス・プレスリーのファンクラブのメンバーたち。

キー用語
社会的アイデンティティ：私たちが同一視する集団のそれぞれは社会的アイデンティティを作り出す：自分自身に対する私たちの感情は，自分が同一視する集団について私たちがどう感じるかに依存している。

あなたが所属する集団のうち，どれがあなたの自己高揚欲求を満たしてくれるだろうか？

もつということである。これらの社会的アイデンティティには，人種集団，国籍，職業集団，性別，社交集団，等々が含まれるであろう。たとえば，ある個人は自分自身を，女性であると同時に学生であり，またネットボール・チームのメンバーであり，かつロンドン市民であると自己定義しているかもしれない。

社会的アイデンティティ理論のもう一つの主要な要素は，自己高揚への欲求である。人々は，自分が同一視する集団を他のすべての集団よりも優れているとみなすことによって，自分の自尊心を高めようと努める。要するに，社会的アイデンティティ理論の鍵となる仮説は，私たちが自分自身をどの程度よいと思うかは，自分が同一視している集団を私たちがどれくらいポジティブにみるかに依存している，ということである。

根　拠

社会的アイデンティティ理論では，私たちが社会的アイデンティティを形成したいという強い欲求をもっていると仮定されている。タジフェルの研究から出現した最も顕著な知見は，社会的アイデンティティが驚くほど容易に形成されうるということである。

彼の行った研究の一つでは，14歳か15歳の少年が，短時間見せられた点の数を推定する課題を行った。それから彼らは，ランダムに二つの最小集団，つまり過大推定者と過小推定者の集団に割り当てられた。その後彼らは，自分と同じ集団か他方の集団のどちらかに

図19-3

属しているとされる他の個人に，（金銭と交換できる）点数を分け与えた。ほとんどすべての少年たちは，自分と同じ集団のメンバーに，もう一方の集団のメンバーよりも多くの点数を与えた。

内集団ひいき 研究協力者が，（たとえば，コイン・トスなどで）ランダムにグループに分けられたと告げられたときでさえ，同じくらいの程度の内集団ひいきが見出された。好ましさ／好ましくなさの判断をするときにも，内集団ひいきは見出された。研究協力者自身の集団は，他方の集団よりも一貫してより好ましいと判断された。

現実世界でも，内集団ひいきを示す根拠がある。ブラウン（Brown, 1978）は工場労働者を対象とした研究を報告したが，彼らは，自分たちの部署と，同じ工場内の他の部署との間の賃金格差を維持するように強く動機づけられていた。この傾向は，それが彼ら自身の所得の減少につながるような場合でさえも存続した。

なぜ人々は，相互作用がほとんどない最小集団であってさえも，内集団と外集団とを差別するのであろうか？ ドワーズ（Doise, 1976）は，このプロセスには，**カテゴリー差別化**（categorical differentiation）が関与していると論じた。その基本的なアイディアは，私たちが自分の集団と他の集団の差異を誇張するということである。私たちがカテゴリーの差別化を行うのは，これによって，私たちが自分の社会的環境を単純化し，組織化しやすくなるからである。

> **キー用語**
> **カテゴリー差別化**：私たちを取り巻く社会的環境を単純化し，組織化するために，二つの社会的カテゴリーの差を誇張すること。

自尊心 なぜ人々は自分の集団を他の集団よりもひいきするのであろうか？ 社会的アイデンティティ理論によれば，そうすることが人々の社会的アイデンティティ感覚を増加させ，自尊心を増大させるからである。これらの考えは，レミアとスミス（Lemyre & Smith, 1985）によって検証された。研究協力者たちはすべて，ランダムに集団に分けられた。そしてある研究協力者たちは，内集団または外集団のメンバーに報酬を与えることを許された。他の研究協力者たちは，二つの内集団のうちの一方，または二つの外集団のうちの一方に報酬を与えなければならなかった。外集団よりも内集団に有利になるような形で差別することが可能だった研究協力者たちは，そのような差別が不可能だった人々よりも高い自尊心をもった。

社会的アイデンティティと自尊心との関連についてのさらなる根

拠は，ハートら（Hirt et al., 1992）によって報告された。彼らは，自分たちの大学のバスケットボールチームの熱烈なファンである大学生たちを研究した。そのチームが敗れたとき，彼らの自尊心と有能感は低下した。社会的アイデンティティの感覚がチームとそれほど結びついていない人々は，時には，チームの敗戦に対処するために，心理的な距離をとる方法を用いる。チャルディーニら（Cialdini et al., 1976）は，彼らの大学のチームがアメリカン・フットボールの試合で負けた数日後に学生たちに電話をした。学生たちは，チームの敗戦を語る際に，たいてい「彼ら」という代名詞を用いた。それに対して，チームが勝利したときには，彼らは「私たち」という代名詞を使い，大学のスカーフや大学のマークの入った衣類を身につけることによって，さらに社会的アイデンティティの感覚を顕示した。しかしながら，すべての研究結果がこの理論を支持しているわけではない。ブラウン（1996, p.548）は根拠を通覧して，以下のように結論づけている。「自尊心が集団間差別を制御する，あるいは集団間差別に制御される重要な変数であるという社会的アイデンティティ仮説を，明確に支持することはできない」。

評　価

　集団成員性と社会的アイデンティティは，自己，内集団，外集団に対する態度に強力な効果を及ぼす。社会的アイデンティティ理論から予測されるように，人々は，しばしばそれが彼らの自尊心を高めるゆえに，社会的アイデンティティの感覚を発達させる。

　最小集団研究からの知見は，社会的アイデンティティの重要性を示すものと解釈されてきた。ラビー，ショットとヴィッサー（Rabbie, Schot & Visser, 1989）は，自己の利益もまた，最小集団状況での行動を決定すると論じた。ある研究協力者たちに，外集団のメンバーが彼らに与えるものだけを受け取ることができると告げた。するとこれらの研究協力者たちは外集団ひいきを示した，なぜなら，自己利益が社会的アイデンティティの感覚よりまさったからである。

　社会的アイデンティティ理論のもう一つの限界は，それがある文化には適用できないという点である。ウェザレル（Wetherell, 1982）はニュージーランドで，白人とポリネシア人の子供たちの態度と行動を比較した。社会的アイデンティティ理論から予測される通り，白人の子供たちは，より自分たちの集団を有利に，ポリネシア人の子供たちを不利になるよう差別する傾向があった。しかし，ポリネシアの子供たちは，白人の子供たちに対して協力的で，内集団ひいきをほんの少ししか示さなかった。ある研究では（たとえばマレンら Mullen et al., 1992），低くみなされているマイノリティ集団のメンバーは，より高くみなされている外集団をひいきする傾向を示したのだった。これは，社会的アイデンティティ理論から予測されることとは逆であり，文化が信念や価値観の点でさまざまな差異をもつことを示している。

　最後に，この理論の中では，たいていの人々が幾つかの異なった

社会的アイデンティティをもっていると想定している。あるアイデンティティが他のアイデンティティよりも容易に表面に浮かんできやすいのはなぜかを解明し，ある特定の時点で，どの社会的アイデンティティが優勢になるかを決定する要因を探索するために，より多くの研究が行われる必要がある。

社会的表象

　世の中に関する私たちの知識の多くは，直接の経験を通して得られるのではなく，むしろ社会的な相互作用を通して間接的に得られる。たとえば，私たちは，王室の個々のメンバーにたとえ会ったことがなかったとしても，友人と話し合ったがために，彼らについて非常に明確な見解をもっているかもしれない。**社会的表象**（social representation）という用語は，しばしばそのような社会的に派生した知識を指すものとして使われる。モスコヴィッシ（Moscovici, 1981, p.181）は，社会的表象について以下のような，より詳しい定義を提出している。

> 日常生活において個人間のコミュニケーションの経過の中で発生する一連の概念，陳述，説明。私たちの社会において，それらは伝統的な社会における神話や信念体系に相当するものである。それらは常識の現代版だとさえ言えるかもしれない。

　私たちはいかにして，新しい社会的表象を形作るのだろうか？　モスコヴィッシによれば，係留と対象化という二つの鍵となる過程が含まれている。**係留**（anchoring）とは，新しいアイディアが既存の知識やカテゴリーと密接に関連づけられるやり方を指す。**対象化**（objectification）とは，抽象的なアイディアをより具体的にするプロセスである。それはアイディアを，よりわかりやすく記憶しやすくするという利点をもっている。モスコヴィッシとヒューストン（Moscovici & Hewstone, 1983）によれば，対象化は人格化かまたは形体付与を含んでいる。彼らが指摘したように，精神分析に関するたいていの人の社会的表象は，ジークムント・フロイトという人物を中心にしている。これは人格化の一例である。形体付与，すなわち抽象的アイディアの視覚化は，私たちが重力の法則を，ニュートンの頭の上に落ちてくるりんごという形で思い描く場合に伴うプロセスである。

　なぜ私たちは社会的表象をそれほど頼りにするのであろうか？　モスコヴィッシによれば（1988, p.215），

> 私たちの知識や情報のうち，私たち自身と世の中で出会う事実との単純な相互作用に由来するのはほ

> キー用語
> 社会的表象：他者とのコミュニケーションを助ける，共有された社会的観念または常識的見解。

> キー用語
> 係留：既存の知識と新しい観念を密接に関連づけることによる，社会的表象の形成。
> 対象化：抽象的な観念をより具体的にすることによる，社会的表象の形成。

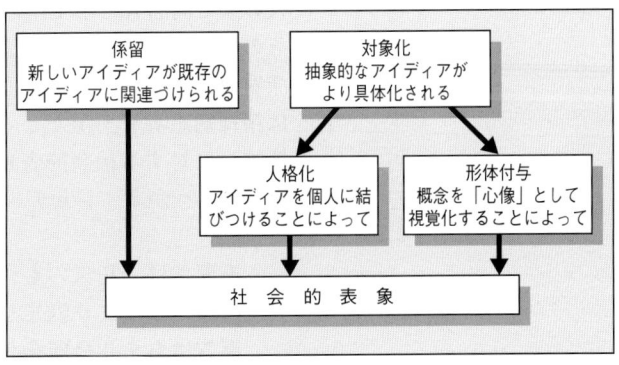

図19-4

メディアはしばしば対象化を用いる，たとえば，「バターの山」とか，「ミレニアム・バグ」など。実例を列挙しなさい。	んの少しの部分である。ほとんどの知識は，私たちの考えに影響を与え，新しい概念を作り出すようなコミュニケーションによって，私たちに付与される。 言い換えれば，世の中はあまりにも複雑なので，私たちはそれを理解するために，しばしば他人の見解や知識を利用する必要があるのだ。そのうえ，もしある集団のメンバーが数多くの社会的表象を共有しているならば，彼ら同士がコミュニケーションを行うことはより容易であろう。 ## 根　　拠 **知能の表象**　カルガティ（Carugati, 1990）は，イタリアの教師と親が知能についてもっている社会的表象に関する研究の中で，モスコヴィッシ（1981）のアイディアの幾つかを支持する結果を見出した。人々は知能を天賦の贈り物と考えていたが，これは複雑な概念を既知の事物に係留することの例である。彼らはまた，知能の個人差が将来の成功を予測するのに使えると仮定することによって，対象化もまた使用していた。 **健康の表象**　ハーツリック（Herzlich, 1973）は80人のフランス人に会話面接を実施することによって，健康と病気に対する社会的表象を研究した。彼らの多くは，健康を個人内のプールか貯水池のようなものと考え，使いきってしまうことがありうると考えていた。他方，病気は個人の外側に存在し，ライフスタイルによって影響を受ける。都会の中に住むことは病気を引き起こすことがあり，他方，田舎に住むことは健康のプールを保存する。広告業者はこれらの社会的表象を考慮に入れる。現実には広告している製品のほとんどが町の大工場で製造されているにもかかわらず，健康食品の典型的な広告は魅力的な田園風景を映している。
倫理的問題：ジョデレットの研究には，方法論的または倫理的な潜在的問題があっただろうか？	**精神的な病の表象**　ジョデレット（Jodelet, 1991）は，エネー・ル・シャトーと呼ばれるフランスの村で，精神病についての社会的表象を観察した。この村が選ばれたのは，精神病患者が，多くの村人の家で同居人として生活しているからであった。ジョデレットは，その村の中に住むことによって情報の大部分を得たが，それ以外に深層面接を行い，大規模な質問紙調査も実施した。ほとんどの村人は精神病患者を不潔だと考えており，不潔と感染の観念は，彼らの精神病に対する社会的表象の中で大きな位置を占めていた。これはなぜだろうか？　ジョデレット（1991, pp.143-144）によれば， 　　不潔さは，狂気のもつ負の要素の主要部分を吸収し，他のものに比べるとより悩ましくない病気の徴候である。病気による不潔さはあまり脅威を与えない。それだけを我慢すればよいのである。

帰属の誤り　本章の次のセクションで，私たちはさまざまな帰属のバイアスやエラーを考察する。たとえば，行為者－観察者効果というものがあり，人々は他人の行動を，その人のパーソナリティのせいにするが，自分自身の行動は状況に帰属する。この効果は，通常個人レベルに当てはまると考えられている。しかしながら，ギモンド，ベギンとパーマー（Guimond, Begin & Palmer, 1989）は，エラーやバイアスが社会的な表象から発達すると論じた。貧しい失業者と社会科学専攻の学生が，貧困の理由を挙げるように求められたとき，通常の効果は逆転した。失業者たちは，貧困であることの責任を自分たち自身に帰したのに対して，社会科学専攻の学生たちは，貧困を社会および貧しい人々の置かれた状況に帰した。

　何がこのような通常の行為者－観察者効果の逆転を引き起こしたのであろうか？　たぶん，貧しい人々は，社会で共有された貧困についての社会的表象を学習し，社会科学専攻の学生は，社会科学者が頻繁に表明する社会的表象を学習していたのであろう。このように，社会的表象の知識は，行為者－観察者効果を除去することがありうる。

評　価

　この世の中についての私たちの信念や知識は，他人とのコミュニケーションに大幅に依存している。「社会的表象は個人間の絶え間ないおしゃべりや永続する対話の結果である」と論じたモスコヴィッシ（1985, p.95）は，たぶん正しかったのであろう。その結果，人々の集団や，場合によっては文化全体が，しばしば非常に類似した社会的表象を共有する。社会的表象の概念は貴重である，なぜなら，それは私たちに自分の知識の大部分に対する社会的起源をさがし求めるよう促すからである。

　否定的な側面を述べるならば，社会的表象の理論的説明はやや曖昧である。そのうえ，社会的表象の形成の背後にあるプロセスは詳しく研究されていない。科学的理論の基準の一つは，その理論の誤りを立証することが可能な仮説を生成しなければならないということである（第28章参照）。これは社会的表象理論に関しては十分満たされていない。数少ない明確な予測の一つは，社会的表象がある社会集団の中で広く共有されなければならないというものである。しかし現実には，しばしばそうなってはいない。カルガティ（1990）の研究では，自分自身が教師である親は，知能は天賦のものであるという社会的表象を，教師でない親よりも強く保持していた。教師ではない親は，知能が教師によって開発される特質であるという見解をより重視していた。しかしながら，ガリとニグロ（Galli & Nigro, 1987）は，チェルノブィリの爆発の直後に放射能に対するイタリアの子供たちの社会的表象を研究した。子供たちの表象は大変似通っていたが，これはたぶん，爆発の後で放射能や原子力の危険性に関する論議がかなり多く行われたためであろう。

あなたは友人と，「地球温暖化」や「BSE」について会話ができるだろうか？　あなたの知識はどこから得られたものか？　あなた方は2人とも共通の信念をもっているだろうか？

文化的アイデンティティ

　多くの社会心理学者たちが仮定するのは，人々は一つの固定したアイデンティティをもち，このアイデンティティはしばしば彼らが所属する文化や人種集団に基づいているということである。社会構成主義者たちは異なったアプローチを支持する。彼らは，個人が幾つかのアイデンティティをもち，これらのアイデンティティは柔軟性をもつと主張する。社会構成主義者によれば，人間の知識（私たちの文化的アイデンティティに対する知識を含め）は，社会的な相互作用から生じる。ガーゲンとガーゲン（Gergen & Gergen, 1991, p.78）は以下のように論じた。

　　人々が集合して叙述や説明を生成するときに，意味が構成される……私たちが知識だと思うものは，個人の頭の中に存在するのではなく，抽象的な叙述や説明の中に含まれるのでもない。構成主義者の立場から言うと，知識は人々の相互調整された活動の一部である。

　文化的アイデンティティに対する社会構成主義者のアプローチは，ホール（Hall, 1990, p.225）によって，以下のように表現された。

　　文化的なアイデンティティは，「そうである（being）」と同時に，「そうなる（becoming）」ことの問題である。それは過去と同程度に未来に属する。それはすでに存在する何かではない……文化的なアイデンティティは絶え間ない変形を被っている……それらは歴史と文化と力の連続的な作用（"play"）を受けているのだ。

> 質的データを分析することの限界はどのようなものだろうか？

　社会構成主義アプローチの最も一般的な研究方法は，研究協力者に，話したり書いたりする形で物語を提供するよう求めることである。この物語は，文化的アイデンティティに関して，その個人がもっている態度や信念の範囲を表している。その後，通常はある種の質的分析が，物語データに適用される。

根　　拠

　文化的なアイデンティティが，時間の経過とともにしばしば変化するということの最も強力な根拠の幾つかは，より大きな社会の中に生活している民族集団に関する研究から得られる。ホール（1990）は，アフリカ系カリブ人とアジア人の英国への移民に焦点を当てた。彼らは自分たちの文化的アイデンティティを積極的に作り上げなければならなかったが，それはしばしば困難であった。たとえば，英国人は歴史的にジャマイカに大きな力をふるってきた。これはジャマイカ人（そして英国へのジャマイカ移民）が文化的アイデンティティの感覚に到達する際に使われる物語に重大な影響を与えた。その結果，ジャマイカ移民は，しばしば彼らに押しつけられてきたア

イデンティティに対抗する内的葛藤や闘争に携わることになった。

三つの段階　フィニィ（Phinney, 1993）は，マイノリティ集団のメンバーが文化的，民族的アイデンティティを確立するに至る過程を説明する理論を提出した。この理論は，関連した研究のレビューに基づいていた。彼によると，文化的・民族的なアイデンティティの形成には三つの段階がある。

図19-5　ノッティング・ヒルのカーニバル，これは，過去にはときどき人種的な暴行の焦点になったことがあったが，いまでは，「達成された民族的アイデンティティ」の実例とみられている，西インド諸島の文化の祝典である。

1. 未検討の民族的アイデンティティ：この段階では，マイノリティの人々は，文化的なアイデンティティの問題を考えるためにしばしば少ししか時間を使わない。結果として彼らは，マジョリティ集団によって一般に受容されている，マイノリティ集団に関する望ましくないステレオタイプを，単純に受け入れるかもしれない。これは「自己嫌悪（self-hate）」の経験を生じることもある。
2. 民族的アイデンティティの探索：この段階はしばしば，マイノリティの人々に，それまで受け入れてきた負のアイデンティティを拒否し，それをより望ましいアイデンティティに置き換えるよう努めさせるきっかけとなるような出来事から始まる。この段階の間，マイノリティの人々は，対立的なアイデンティティを発展させ，マジョリティ集団のメンバーや彼らの価値観を拒否するであろう。
3. 達成された民族的アイデンティティ：この段階では，マイノリティの人々は，優勢な文化の諸側面と自分たちの民族集団への誇りを結合させることによって，自分たちの文化的・民族的なアイデンティティに対する自信を得る。

マイノリティ集団のメンバーが第三段階に到達したとき，彼らは高いレベルの自尊心と望ましい文化的・民族的アイデンティティを発展させる。これは彼らに，より大きな社会に統合され，その活動に完全に参加しているという感覚を与える。

四つのストラテジー　ベリー（Berry, 1997）は，より悲観的な立場をとった。彼はいろいろな民族集団の人々が出会う文化的なアイデンティティの問題を論じた（pp.1157-1158を参照）。彼らの文化的アイデンティティの感覚は，典型的には，彼らが所属する民族集団と彼らが住んでいるより大きな集団や文化の両方から影響を受けている。どのように彼らが反応するかには個人差がある。ある人々は自分たちの文化的アイデンティティを保持したうえで，より大き

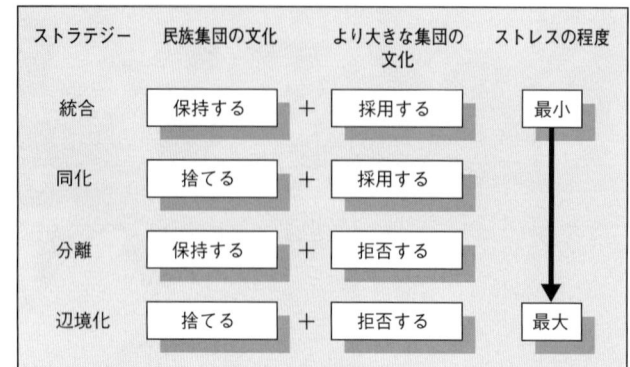

図19-6

な集団の文化的アイデンティティの諸側面も採用し，少なくとも二つの文化的アイデンティティをもつ。これは統合的ストラテジーであり，最も心理的に安寧な状態と結びついている（ベリー，1997）。このストラテジーは，フィニィが提案した，達成された文化的アイデンティティの第三段階にちょうど対応している。もし優勢な文化のメンバーが民族集団に対してあまり寛容でなければ，このストラテジーを効果的に用いることは困難であろう。他の人々は，自分自身の文化的アイデンティティを失い，彼らが住んでいる社会の文化的アイデンティティに適応することも困難だと思う。この辺境化ストラテジーは，文化的アイデンティティの喪失につながり，高いレベルのストレスを生じる。

この他に一方の文化的アイデンティティのみに焦点を当てるストラテジーが二つある。分離ストラテジーに従う人々は，自分たちの民族集団の文化的アイデンティティを保持するが，優勢な文化的アイデンティティの諸側面を取り入れようとは試みない。これに対して，同化ストラテジーに従う人々は，優勢な文化のアイデンティティを採用し，自分たちの民族集団のアイデンティティを放棄する。これら二つのストラテジーは，一般に辺境化ストラテジーよりも生じるストレスは少ないが，統合ストラテジーよりはストレスが多い。

評　価

文化的アイデンティティに対する社会構成主義アプローチは，さまざまな長所をもっている。第一に，それは個人や集団が自分たちの文化的アイデンティティについてもっている見解の複雑さを認識している。第二に，文化的アイデンティティはある社会的文脈においてのみ理解されるという考えは確かに正しいであろう。第三に，物語やストーリーが文化的なアイデンティティの構成において重要だと想定することは，理にかなっている。

社会構成主義アプローチの最大の限界は，それが多くの検証可能な予測をもたらさないということである。それ以外の主要な限界は，社会構成主義者たちが彼らのデータを得るために使う方法に関連している。人々が彼らの文化的アイデンティティの感覚についてインタビュアーに表明する見解は，さまざまな形で歪められているかもしれない。たとえば，彼らはインタビュアーを感動させようとするかもしれないし，同情を引こうとするかもしれない。そのうえ，彼らは自分の文化的アイデンティティのすべての側面に，意識的に気づいていないかもしれない。

誰かがあなたに，あなたの文化的アイデンティティの感覚についてたずねたら，あなたはどのように感じるだろうか？　このアイデンティティはあなたにとってどの程度重要だろうか？　そして，あなたは以前，それについて考えたことがあるだろうか？　そのような質問に含まれる倫理的問題は何か？

帰属理論

日常生活で，私たちは他の人々と一緒に多くの時間をすごしている。**なぜ**彼らがあるやり方で行動しているのかを突き止めることはしばしば重要なことである。たとえば，あなたがいま会ったばかりの誰かがとても友好的であると想像してほしい。彼らは本当にあなたが好きなのかもしれないし，あなたから何かを得たいと思っているのかもしれないし，あるいは彼らはたぶん単に礼儀正しいだけなのかもしれない。この人と相互作用する最もよい方法を知るためには，表面上の友好性の理由を正しく理解することが非常に有用である。

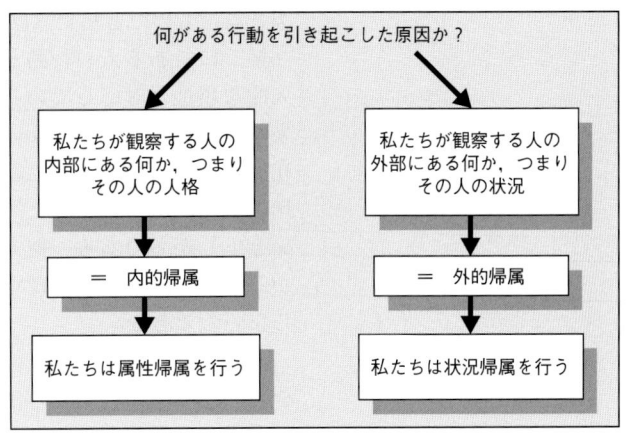

図19-7　帰属

ハイダー（Heider, 1958）によれば，人々は観察可能な行動を観察不可能な原因に関係づける素朴な科学者である。私たちは**帰属**（attributions）を行うが，帰属とは行動の原因に対する信念である。ハイダーは，内的帰属（その行動が観察されている個人の内部にある何かに基づく）と外的帰属（個人の外側にある何かに基づく）の間には重要な相違があると論じた。内的帰属はしばしば**属性帰属**（dispositional attributions）と呼ばれ，他方，外的帰属は**状況帰属**（situational attributions）と呼ばれる。属性帰属は，ある人の行動が彼らのパーソナリティやその他の特徴によるものと判断されるときになされる。これに対して，状況帰属は，ある人の行動が現在の状況に帰せられるときになされる。

属性帰属と状況帰属の相違は，とても緩慢に非効率的に働く事務員の例を考えるとよくわかる。属性帰属とは，その人が怠け者であるとか無能だというものである。状況帰属とは，その人が自分の技能にふさわしくない仕事をするよう頼まれたのだというような場合である。

ハイダーの業績以来，さまざまな理論家たちが，ハイダーのアイディアに基づいた帰属の理論を提出した。そのような理論のうちで最も重要な二つを次に論じる。最初に，ジョーンズとデイヴィス（Jones & Davis, 1965）が提唱した対応推論理論を考察し，第二にケリー（Kelley, 1967, 1973）の帰属理論を取り上げる。

> **キー用語**
> **帰属**：行動の原因に関する信念。
> **属性帰属**：他の人々の行動が，彼らの内的特徴や属性によって引き起こされたと判断すること。
> **状況帰属**：人々の行動が，彼らのパーソナリティというよりは，彼らの周囲の状況によって引き起こされたと判断すること。

対応推論理論

対応推論理論（ジョーンズとデイヴィス，1965）によれば，私たちは人々の意図や個人的属性を突き止めるために，彼らの行動とその結果に関する情報を用いる。まず第一に，ある人の行動の結果が意図されたものであるかどうかという問題がある。その人が自分の行動の結果，何が生じるかを知っており，またそれらの結果を生じる

のに必要な行為を行う能力をもっていると思われるとき，結果は意図されたものだと私たちは判断する。

第二に，ある人の行動とその背後にある意図とが，個人内部の個人的な属性と対応しているかどうかを私たちは判断する。行動の結果が社会的に望ましくないものであるとき，私たちは「対応」が存在すると判断する。たとえば，もしある人が社交的な場面で非常に無作法であるなら，私たちはその人が不愉快な性格の人だという結論を下しがちである。他方，もしある人がしきたり通りに礼儀正しかったならば，私たちはその人について多くのことを知ったとは感じないのである。

ある人の行動がその背後に存在する属性と対応しているかどうかを判断する際に，私たちはまた**非共通結果の原則**をも利用する。もし他者の行為が別の行為と共有しないような珍しい非共通な結果をもっているならば，私たちはその背後に存在する属性を推測する。

A車	B車	C車
無鉛ガソリン	4星ガソリン	ディーゼル
パワーステアリング	パワーステアリング	パワーステアリング
エアーバッグ	エアーバッグ	エアーバッグ
サービスが高価	サービスが安価	サービスが安価

もしあなたがA車を買うならば，無鉛ガソリンがあなたにとって重要だと私たちは推測できる。あなたはパワーステアリングやエアーバッグのゆえに決定をしたはずはない，なぜなら，それらは他の二つの車にも共通なのだから。私たちは，そのうえ，あなたは環境を考慮しているとも推論するであろう。

図19-8　非共通結果の原則：どの車をあなたは買うか？

ケリーの帰属理論

ケリー（1967, 1973）は，帰属理論をさまざまな形で拡張した。彼は人々が原因の帰属をするやり方は，利用できる情報に依拠していると論じた。あなたが幾つかの源泉からかなりの量の関連情報をもっているときには，観察した行動とその原因かもしれない要因との間の共変を検出することができる。たとえば，もしある男性があなたに対して，全般的に不愉快な態度をとったとして，それは彼が不愉快な人物だからかもしれないし，あなたがあまり好ましい人間でないからかもしれない。もし彼が他の人々をどのように扱うか，他の人々があなたをどのように扱うかに関する情報があれば，何が原因であるかを突き止めることができる。

日常生活では，原因帰属をする助けとなる情報は，ただ1回の観察から得られたものしかない場合がしばしばある。たとえば，あなたは車が犬をひき殺してしまうところを見る。そのような場合，あなたは諸要因の関係や配置に関する情報を利用しなければならない。たとえば，もし道路が凍っていたり，霧の深い日だったならば，運転手の行動に対してあなたが状況帰属をする可能性は増すであろう。

知り合いでない誰かが，あなたに向かって無作法に振る舞ったときのことを考えてみなさい。その人に対して，あなたはどう思うだろうか？

共変性

ケリー（1967）によれば，原因の帰属をする人々は**共変原理**（covariation principle）を利用する。この原理は，「ある結果の原因は，その結果が存在するときには存在し，結果が存在しないときには存在しないような条件に帰せられる」（ヒューストンとアンタキ Hewstone & Antaki, 1988, p.115）というものである。ある人があるやり方で行動したのはなぜかを判断する際に私たちが使うものには，三つのタイプの情報がある。

> **キー用語**
> **共変原理**：「ある結果は，その結果が存在するときには存在し，その結果が存在しないときには存在しないような条件に帰せられる」（ヒューストンとアンタキ，1988, p.115）。

- 合意性：他者が同じ状況で同じように振る舞う（または振る舞った）程度。
- 一貫性：その人が通常，いまと同じように振る舞う程度。
- 弁別性：現在の対象に対するその人の行動が，他の対象に対するその人の行動と異なる程度。

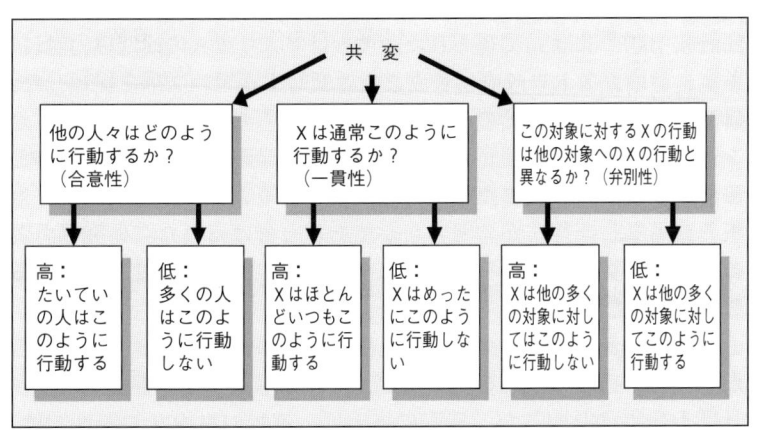

図 19-9

合意性，一貫性，弁別性に関する情報は，属性帰属かまたは状況帰属を行う際に用いられる。もしある人の行動が，高い合意性，高い一貫性，高い弁別性を示すならば，私たちはそれを状況に帰属するだろう。一つの例を出そう：誰もがベラに対して無作法に振る舞う；メアリーは過去にほとんどいつもベラに対して無作法だった；メアリーは他のどんな人にも無作法ではない。この場合，メアリーの行動は，彼女自身の不愉快な性格というより，ベラの不愉快さのせいにされる。

これに対して，ある人の行動が，低い合意性，高い一貫性，低い弁別性を示すならば，私たちは属性帰属をするであろう。例としては次のような場合である：メアリーだけがスーザンに対して無作法である；メアリーは過去にもスーザンに対していつも無作法だっ

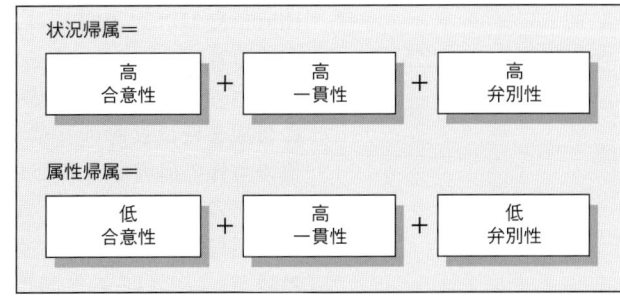

図 19-10

た；メアリーは他の誰に対しても無作法である。

基本的な帰属のエラー

エラーやバイアスの中で最もよく知られたものの一つは，**基本的な帰属のエラー**（fundamental attribution error）である。これは，「行動の原因として属性を強調しすぎ，状況要因を強調し足りない傾向」（ヒューストンとアンタキ，1988）である。言い換えれば，私たちは他の人々の行動が，状況ではなく彼らのパーソナリティによって生じると考える方向に偏っているのである。たとえばインタビューアーは，就職面接を受けている人の神経質そうな様子を，状況のストレスフルな性質ではなく，その人のパーソナリティのせいだと解釈するかもしれない。

根　　拠

基本的な帰属のエラーの根拠は，ジョーンズとハリス（Jones & Harris, 1967）によって得られた。彼らはアメリカ人の研究協力者に，キューバのカストロ政府に賛成または反対する短い文章を提示した。研究協力者たちは，その文章の書き手がどちらの立場を支持するかを選択した（選択条件）か，あるいは政治学の科目の試験の一部として，カストロ賛成または反対の文章を書くように求められた（選択の自由なし条件）かのどちらかであると告げられた。研究協力者の課題は，文章の書き手の，カストロに対する真の態度を推定することであった。

研究協力者は状況（文章の書き手が選択の自由をもっていたか否か）にある程度の注意を払ったが，それは本来払うべき注意に比べれば十分ではなかった。厳密に言えば，選択の自由なし条件では，書き手の本当の態度に関しては何も結論づけることはできない。しかしながら，研究協力者は，選択なし条件で書き手が表明した見解に大きく影響を受けた。

真の態度の隠蔽

基本的な帰属のエラーが本当に基本的なのかどうかについては疑問がある。人々が**常に**状況要因の重要性を過小評価すると信じることは難しい。たとえば，ある人が本当の態度を押し隠す強い理由をもっていると想像してほしい。ファイン，ヒルトンとミラー（Fein, Hilton & Miller, 1990）は，ある研究でこれを検証したが，そこで研究協力者は，「ロブ・テイラー」という学生が，論議の的である問題について書いた文章を読んだ。ある研究協力者は，ロブがある見解に賛成または反対の文章を書くように割りふられたと告げられた。他の条件の研究協力者たちは，ロブはどのような見解を表明するか選択する自由があるが，ロブを評価することになっている教授は，この話題について非常に強い見解をもっており，ロブの文章は彼の教授がもっているのと同じ見解を提唱したものだったと告げられた。

ロブがある見解を割りふられたと思っている研究協力者は，基本

> キー用語
> 基本的な帰属のエラー：他者の行動を状況要因ではなく，その人のパーソナリティや属性に帰属する傾向。

的な帰属のエラーを示した。すなわち彼らは，ロブの本当の態度は文章の中で表明されていると感じた。これと対照的に，ロブが自分の本当の態度を隠すような言い訳（すなわち彼の教授の気に入る）を見つけたと感じる研究協力者は，彼の文章の中に彼の本当の態度を反映しないような見解を述べていると結論づけた。つまり，人が自分の言うことやすることに対して，隠れた動機をもつことが明らかなときには，私たちは基本的な帰属のエラーを犯さない。

図19-11 この男性が野宿しているのは，状況要因（彼は病気にかかっている，自分の家の鍵を忘れた）によるものか，属性要因（たとえば，彼は職をもてない，彼は酔っ払いで宿舎で喧嘩をする）によるものか，どちらの可能性が高いと私たちは思うだろうか？

因果的要因

どんな要因が基本的な帰属のエラーを引き起こす原因だろうか？最も重要なのはたぶん**顕現性**（salience）であろう：ある人の行動は，しばしば状況よりも顕現性が高く目立ちやすい。マッカーサーとポスト（McArthur & Post, 1977）は，顕現性の重要性を示す根拠を報告した。観察者たちは2人の人物の会話を見聞きした。会話参加者の一方は，明るい光で照明されることによって顕現性を高められ，他方は照明が暗くて目立たなくされた。顕現性を高められた人の行動は目立たない人の行動よりも，属性によって引き起こされたと評定される程度が高く，状況によって引き起こされたと評定される程度が低かった。

> **キー用語**
> 顕現性：特に顕著な，あるいは目立つ，状況や行動の側面。

ギルバート，ペラムとクラルの研究

ギルバート，ペラムとクラル（Gilbert, Pelham & Krull, 1988）は，基本的な帰属のエラーに含まれるプロセスのある部分を突き止めようと試みた。彼らの理論によれば，人々は誰かの行動を観察したとき，最初に自動的に属性帰属をする。時には，その後に努力を伴う認知的処理が続き，それは彼らの判断を変化させて，状況へ帰属するよう仕向けるかもしれない。彼らはこの理論をある研究で検証したが，そこで研究協力者たちは，明らかに不安に見える女性のビデオテープを見た。彼女は髪の毛を引っ張ったり，座席で座り直したり，指のつめを噛んだり，指でかたかたと机を叩いたりした。研究協力者たちには，その女性が何を話しているかは聞こえなかったが，彼女が話しているはずの話題はビデオテープの字幕スーパーとして画面の下方に提示されていた。一つの条件では，話題は不安を誘発するような種類のものであった（たとえば，性的な空想，隠された秘密，公けの場面で恥を書いたこと）。もう一つの条件では，話題は比較的中性的なものだった（たとえば，世界旅行，ファッションの傾向，理想の休日）。現実には，両条件の研究協力者は，字幕以外はまったく同じビデオテープを見たのだった。

ビデオを見た研究協力者の半分は，話題のリストを記憶するようにと言

われたが，残り半分は単にビデオを見ただけだった．ビデオテープが提示された後で，研究協力者たちは，その女性の不安がどの程度彼女の属性に帰属できるかを評定するよう求められた．不安を誘発するような話題を話しているときより中性的な話題を話していて不安そうに見える場合の方に，より強い属性帰属を行うのが理にかなっているだろう．そして，単にビデオを見ていただけの研究協力者の間では，まさにこのような結果が現れた．これに対して，記憶課題を与えられた研究協力者たちは，女性が話している話題にかかわらず，**同じように**属性帰属を行った．なぜ彼らは，女性が不安を誘発するような話題を話しているときにも属性帰属をしたのだろうか？　ギルバートらによれば，これは，これらの研究協力者たちがリストを学習するのにあまりにも忙しすぎて，状況帰属をもたらすのに必要な認知的努力を伴う処理に従事することができなかったからである．

議論のポイント
1. ギルバートらの実験結果は，彼らの理論に強力な支持を与えているか？
2. 人々が基本的な帰属のエラーを示すのはなぜだとあなたは思うか？
（以下を参照）

人々は**なぜ**基本的な帰属エラーの傾向をもつのだろうか？　ギルバート（1995, p.108）によれば，二つの主要な理由がある．第一に，私たちは人生が公平であると思うことを好み，属性帰属をすることはこの信念をもち続ける助けになるからである．

属性主義者の世界観は以下のようなことを意味する．……人々は彼らがそのような種類の人であるからこそ，そのようなことをし，何が彼らに起ころうと，それは彼ら自身のなせる業である．だいたいにおいて，私たちは，自分がそのために働いたものを得，自分が求めたものを得，自分にふさわしいものを得る．

図19-12　（上の写真のゴードン・ブラウンのような）政治家が公衆と会うときの彼らの動機について，私たちはどのような仮定をするだろうか？

第二に，私たちは，自分の人生に起こることは予測可能だと考えることを好む．もし他の人々の行動が主に彼らのパーソナリティによって決定されるならば，彼らの行動が状況間で大きく変動する場合に比べて，彼らの将来の行動ははるかに予測可能なものとなる．

評　価
肯定的な側面として，人々はしばしば行動の原因として属性の重要性を誇張し，状況の重要性を過小評価する．時には，これらの効

果は極端なものとなる。たとえば，たいていの人々は，ミルグラムの実験状況で非常に強い電気ショックを与えようとする人のパーセンテージを大幅に過小評価する，というのは，彼らは，精神病質の傾向をもつ人だけがそのようなことをするだろうと想像するからである（第21章を参照）。

　否定的な側面として，基本的な帰属のエラーは，日常生活では実験室におけるほど重要ではないかもしれない。日常生活では，私たちは多くの人々（たとえば，政治家，中古車販売業者）が，特定の状況で彼らの行動に影響を与えるであろう隠れた動機をもっていることを十分認識している。

　文化差　基本的な帰属のエラーは，アジア文化圏では西欧文化圏におけるほど一般的ではないかもしれない。モスコヴィッシとヒューストン（1983）が指摘したように，大部分の西欧文化は，個人主義および個人が自分の行動に責任をとるべきだという観念を強調している。そのような文化規範は基本的な帰属のエラーときわめてよく調和している。これに対して，大部分のアジア文化においては，個人よりも集団に重きが置かれている。これを支持する根拠はミラー（Miller, 1984）によって報告されている。成人のアメリカ人とヒンドゥー教徒インド人が，よくある出来事，たとえば誰かのアイディアを盗んだ同僚の行動を説明するよう求められた。アメリカ人は状況的な説明よりも属性的な説明を好む強い傾向があった（それぞれ18％と40％）が，インドのヒンドゥー人は，全体の40％で状況的な説明を好み，属性的な説明は18％しかしなかった。

行為者－観察者効果

　ある母親が息子と，なぜ息子の試験の成績が悪かったかについて話し合っているところを想像してほしい。息子は，問題がいつになく難しかったとか，採点が不公平だとか，その種のことを主張するだろう。これに対して，彼の母親は子供の怠惰や全般的なやる気のなさに焦点を当てるだろう。より一般的な言葉で言えば，息子は自分自身の行動が，さまざまな外的，状況的な要因によって決定されたとみるが，彼の母親は息子の中にある内的，属性的な要因に焦点を当てる。

根　　拠

　ジョーンズとニスベット（Jones & Nisbett, 1972）は，この例に含まれるプロセスが，数多くの状況で作用していると論じた。彼らによれば（1972, p.80），

> 行為者は自分の行動を状況からの要求に帰する傾向が広くみられ，他方，観察者は同じ行為を，安定した個人的属性に帰する傾向がある。

この他どのような状況で，他人は隠れた動機をもつであろうか？

比較文化的問題：集団主義的文化の人々が行う帰属は，文脈を考慮に入れたものになりがちである。個人主義的文化の人々が行う帰属は，個人の選択に焦点を当てたものになりがちである。

インドのヒンドゥー教徒はなぜ状況的な説明を好むと思うか？

キー用語
行為者-観察者効果：行為者は自分の行動を状況要因に帰属し、他方、観察者はそれを内的な属性に帰属する傾向。

この現象はしばしば、帰属の**行為者-観察者効果**（actor-observer effect）と呼ばれている。

ニスベットら（Nisbett *et al.*, 1973）は、行為者-観察者効果に関してさまざまな研究を行った。ある研究で、男性の大学生たちは、なぜ自分がガールフレンドを好きなのかについての文章を書き、なぜ自分の親友が彼のガールフレンドを好きなのかについてもまた文章を書いた。自分自身について書くときには、学生たちは属性帰属の2倍もの数の状況帰属を行った。これに対して、親友について書くときには、彼らは状況帰属と属性帰属を同じくらい行った。状況帰属の例は、ガールフレンドが陽気だから彼女が好きだというようなもので、属性帰属の例は、その人が陽気な女性が好きだから、ガールフレンドが好きだというようなものである。

もう一つの研究で、ニスベットらは研究協力者に、自分自身、親友、父親、尊敬する知人、そしてウォルター・クロンカイト（有名なアメリカのテレビキャスター）を、一連の特性形容詞（たとえば、緊張した-平静な）に関して評定させた。彼らは形容詞のどちらか一方を選ぶこともできたし、状況による、と答えることもできた。研究協力者は、自分を記述する際には、他のどの人を記述するときよりも、状況によると答える傾向がはるかに多かった。ニスベットらによれば、人々は自分自身の行動の場合には、他人の場合よりも、行動を決定する状況要因の重要性にずっとよく気づいている。

因果的要因

なぜ、行為者-観察者の帰属に差異が生じるのだろうか？ そのような差異は、私たちが自分自身については、他人についてよりもはるかに多くの情報を所有しているという事実に依拠しているかも

図19-13

しれない。これは私たちに、自分の行動が状況によって微妙な形で影響を受けていることに気づかせるが、他人についても同じだということには気づかせない。この説明はあまり多くの支持を得ていない。たとえば、ニスベットらの研究の参加者たちは、尊敬する知人やウォルター・クロンカイトよりも自分の父親や親友についてはるかに多くのことを知っているだろうが、これは彼らの帰属に影響を与えなかった。

行為者-観察者効果に関するもう一つの考えられる理由は、私たちが他人を見ることはできるが、自分自身を見ることはできないという事実に由来している。しかしながら、私たちは状況を見ることができ、これが行動を決定づける要因としての状況の重要性を過大視させる結果になる。この考えはストームズ

(Storms, 1973)によって検証された，2人の研究協力者が，「知り合いになる」会話を行い，その他に2人の研究協力者が彼らを観察した。会話場面に関して2種のビデオが撮影されたが，一つは行為者の視点から撮ったもので，もう一つは観察者の視点から撮ったものであった。ある研究協力者たちは，二つのビデオの一方を見た後に行為者の行動について帰属を行った。行為者と観察者が自分自身の視角から見たビデオを見たときには，通常の行為者－観察者効果が得られた。しかしながら，行為者と観察者が逆の視角から撮られたビデオを見たときには，逆のパターンの結果が得られた。人々が自分自身の行動を観察したときには，彼らはそれを状況要因ではなく属性要因に帰属する傾向があった。

ストームズの研究には，何らかの交絡変数が考えられるか？

自己奉仕的バイアス（自己に都合のよいバイアス）

前のセクションで論じられた行為者－観察者効果は，常に当てはまるとは限らない。状況帰属は，観察者よりも行為者でよくみられるが，属性帰属における行為者と観察者の差はあまり見出されていない（たとえば，ストームズ，1973）。行為者が一般に自分自身の行動を状況要因に帰属するという傾向を限定するもう一つの点は，それが成功に対する帰属を説明しないということである。私たちは自分の成功を内的な属性要因に帰属する傾向があるが（たとえば，私たちは一生懸命働いた；私たちは非常に能力がある），自分の失敗は外的，状況要因に帰属する（たとえば，課題が非常に難しかった；準備をする時間が十分でなかった）。成功は自分の手柄とするが，失敗の責めは受けないというこれらの傾向は，しばしば**自己奉仕的バイアス**（self-serving bias）と記述される。

> キー用語
> 自己奉仕的バイアス：自分の成功は自分の手柄とするが，自分の失敗に対しては責めを負わない傾向。

因果的要因

意　図　私たちがなぜ自己奉仕的バイアスをもっているかの理由はいろいろある。認知的な説明によれば（ミラーとロス Miller & Ross, 1975），私たちは通常，成功しようと意図し，失敗しようとは意図しない。結果として，私たちは成功するための試みに多くの努力を費やす。もし私たちの内的な意図や努力が成功によって確証されたならば，私たちが自分の行動を内的要因に帰属することは理解できることである。私たちの意図や努力が裏切られ，私たちが失敗したならば，状況内にある障害によって，私たちの行動が意図と一致することが妨げられたのだと主張しがちであろう。

図19-14

動機づけ　ミラー（Miller, 1976）は，動機づけの要因が重要な

あなたが最近，達成に成功した事柄を何か思い出しなさい。あなたは自分の成功をどのように説明しただろうか？ また，あなたが達成に失敗したことも何かあるだろうか？ あなたは自分の失敗をどのように説明しただろうか？

役割を果たすことを見出した。研究協力者たちは，社会的感受性のテストを受け，その後ランダムに，成功した，または失敗したと告げられた。彼らの半分は，これは社会的スキルを測るためのよいテストであると告げられ，他の人々は，よいテストではないと告げられた。テストが妥当なものであると信じた人々は，それ以外の人々よりもはるかに強い自己奉仕的バイアスの徴候を示した。これらの研究結果は，自尊心を守り，高揚しようとする動機づけが，自己奉仕的バイアスの背後に横たわっていることを示唆する。

　抑うつと低い自尊心　　自己奉仕的バイアスにおける自尊心の役割を示すさらなる根拠は，抑うつ的な人々の研究から得られる。彼らはしばしば自己奉仕的バイアスを示さない。実際のところ，彼らは失敗を内的要因に帰属し，成功を外的要因に帰属するという逆のパターンを示す（たとえば，エイブラムソンら Abramson et al., 1978）。抑うつ的な人々は自尊心が非常に低く，自尊心を押し上げるために自分にできることは何もないと感じているのが普通である。言い換えれば，彼らは自己奉仕的バイアスを示すために必要な動機づけをもっていないのだ。

評　価

　自己奉仕的バイアスについては，それを支持する強力な根拠が存在する。それは物事がうまくいかないときでも，屈せずに頑張るよう私たちを励ますという利点をもつ。たとえば，失業した労働者は，自己奉仕的バイアスを示して，仕事を見つけられないことを自分の無能さや技能の欠如に帰属することを避けるならば，仕事を見つけられる可能性が高いだろう。

　否定的な側面について言えば，自己奉仕的バイアスが動機づけの観点（自尊心の高揚）から説明されるか，認知的な観点（内的な意図と努力の確証，不確証）から説明されるか，どちらがよりよいのかは明確でないままである。自己奉仕的バイアスは，集団主義文化よりも個人主義文化においてより強い。嘉志摩とトリアンディス（Kashima & Triandis, 1986）は，アメリカ人と日本人の大学生にスライドに示される風景の詳細な情報を記憶するよう求めた。両グループは，彼らの成功を状況要因（たとえば，運）によって説明し，失敗は課題の難しさによって説明する傾向があった。しかしながら，アメリカ人たちは，自分の成功を能力の高さで説明する傾向が，失敗を能力の低さで説明する傾向より強く，他方，日本人は逆のパターンを示した。つまり，自己奉仕的バイアスは，アメリカ人研究協力者においてより明白であった。

偏見と差別

　多くの人々は偏見と差別が同じことを意味していると考えている。実は，両者の間には重要な区別が存在する。偏見（prejudice）は態度であるが，差別（discrimination）は行動や行為を指す。もし誰か

キー用語
偏見：ある集団のメンバーに対して，その集団のメンバーであることに基づいてもつ，通常否定的な態度。
差別：他の集団のメンバーに対して向けられる否定的な行為や行動。

があるマイノリティを嫌っていても，その嫌悪が自分の行動に影響を与えないようにしていれば，その人は偏見を示すが，差別は示さないことになる。バロンとバーン（Baron & Byrne, 1991, p.183）によれば，偏見とは「ある集団のメンバーに対して，その集団のメンバーであることのみに基づいてもつ（通常否定的な）態度」である。これに対して，差別はある集団のメンバーに向けられる否定的な行為（たとえば，攻撃）を含んでいる。

オルポートの理論

他の集団への差別はさまざまな形をとる。オルポート（Allport, 1954）は，差別には五つの異なった段階があると論じた。ある状況で（たとえば，ナチスドイツ），差別のレベルは，初期の段階から後期の段階に向けて急速に増加する。以下がオルポートの五段階である。

図19-15 特定の集団に対する差別は，弁別的な視覚的特徴（たとえば，皮膚の色，スタイルや衣装）によって助長される。しかし時には，少数者集団のメンバーは，多数者集団から明確に区別することができないため，自分自身を識別するよう強いられる。これは，ナチスドイツにおいて，ユダヤ人が自分の衣服にダビデの星をつけなければならず，人種的憎悪の焦点とされたケースに当てはまる。

1. 否定的な言い回し：言語的な攻撃が，ある他集団に向けられる。
2. 回避：その他集団が組織的に回避される；これはその集団のメンバーを識別するのを容易にするような手段を含む（たとえば，ナチスドイツの時代に，ユダヤ人が身につけたダビデの星）。
3. 差別：その他集団は，市民権，就職の機会，クラブへの加入などの点で，意図的にそれ以外の集団よりも，不利な取り扱いを受ける。
4. 物理的攻撃：その他集団のメンバーは攻撃され，彼らの所有物が破壊される。
5. 皆殺し：その他集団のメンバーをすべて殺してしまおうという意図的な試みがなされる（たとえば，ユダヤ人を殺害するためにナチが建てたガス室）。

差別と一貫性

人々の態度と行動は，通常一貫しているとあなたは感じるかもしれない。もしそれが本当ならば，偏見と差別は同時に起こるであろう。しかし実際は，一貫していないことが非常によくある。ラピエール（LaPiere, 1934）は，中国人のカップルをアメリカ合衆国内の250のホテルやレストランに連れて行った。彼らはたったの1回だけしかサービスを断られなかったが，これは中国人に対する差別が非常に低いレベルにあったことを示している。しかし，ラピエールがそれらのホテルやレストランのすべてに手紙を書いて，中国人を受

け入れるかどうかたずねたところ，半分だけが返事をよこし，そのうち90％が中国人を受け入れないと答えた。これらの結果は，その当時，高いレベルの反‐中国人の偏見があったことを示している。たぶん，中国人を受け入れるようにという社会的圧力は，手紙を書くときよりも対面状況の方がはるかに大きかったのであろう。

偏見と社会的望ましさ

社会的な圧力はまた，偏見を測定する際にもはたらく。偏見はたいてい自己報告式の質問紙によって測定される。質問紙に対する回答は，社会的望ましさのバイアス，つまり社会的に是認される答えをしようとする傾向によって影響を受ける。そのようなバイアスの根拠については，ジョーンズとシガール（Jones & Sigall, 1971）が論じている。アメリカ合衆国の白人は，質問紙のうえでは，黒人に対して肯定的で偏見のない態度を表明した。彼らはその後，**偽のパイプライン**につながれた。これは光のフラッシュを伴う機械で，それによって実験者は研究協力者の生理学的な反応をモニターし，研究協力者の本当の意見を突き止めることができると公言する。研究協力者は，この偽のパイプラインにつながれている状態で，黒人に対する態度をたずねられた。彼らは黒人に対して，質問紙で答えたよりもはるかに否定的な態度を表明した。偽のパイプライン条件での回答が，彼らの本当の態度により近かった可能性が高い。

ステレオタイプ

偏見と差別を論じる際に，ステレオタイプ化のことも考察することが重要である。タジュウリ（Taguiri, 1969）は**ステレオタイプ化**（stereotyping）を以下のように定義した。

> ステレオタイプ化とは，ある人を，年齢，性別，人種，国籍，職業のような，容易にかつすばやく識別できるような特徴によってカテゴリー化し，そのカテゴリーのメンバーに典型的だと信じられている性質をその人に帰する傾向である。

私たちは，**内集団**（ingroups：私たちが所属している集団）についてよりも，**外集団**（outgroups：私たちが所属していない集団）に対してステレオタイプをもちやすい。

マクレイ，ミルンとボーデンハウゼンの研究

私たちはなぜステレオタイプをもつのだろうか？　主な理由は，ステレオタイプが世の中を知覚するための，単純で経済的な方法を提供するということのようである。関連した根拠をマクレイ，ミルンとボーデンハウゼン（Macrae, Milne & Bodenhausen, 1994）が報告している。彼らは研究協力者に二つの課題を同時に行うよう求めた。一つの課題は，名前とパーソナリティ特性を知らされて，何人かの想像上の人物の印象を形成するというものであった。もう一つの課題は，テープで提示される情報を聞き，そ

倫理的問題：ジョーンズとシガールによってレビューされた研究の協力者たちはだまされている。なぜなら，その機械は本当は彼らがうそをついているかどうかを明らかにすることができなかったからである。これは倫理的であろうか？

キー用語
ステレオタイプ化：たとえば皮膚の色や性別のように，容易に利用できる特徴に基づいて，人々をカテゴリー化する傾向。
内集団：ある個人が所属している集団。
外集団：ある個人が所属していない集団で，しばしば非好意的にみなされている。

図19-16　料理上手なイタリアの女家長のステレオタイプ化されたイメージは，イタリア食料品に対する幾つかの宣伝用キャンペーンを作り出した。

の後，理解力のテストを受けることであった。研究協力者の半分は，印象形成課題での想像上の人々の職業名を知らされることによって，ステレオタイプを使うチャンスを与えられた。ここでの仮説は，ある人がたとえば中古車のセールスマンだとか医者だとか知らせることは，その種の職業をもつ人々がどんな人であるかについてのステレオタイプ的情報を活性化させるであろうということであった。残りの研究協力者たちは，このようなステレオタイプ関連情報を与えられなかった。

　主要な研究結果は，ステレオタイプを使うことができた研究協力者たちは，どちらの課題でも成績がよかったというものであった。これは，ステレオタイプが人や事物の便利な（たとえ不正確であったとしても）要約を提供するゆえに，ステレオタイプを使用することが貴重な認知資源を節約するということを強く示唆する。

議論のポイント

1. マクレイらの研究結果は，本当にステレオタイプが認知的な処理を減じるということを示しているであろうか？
2. 人々がステレオタイプをもつ他の理由はあるか？

ステレオタイプは必ず否定的または不正確であるか？

　ステレオタイプ化に関連する傾向として，外集団のメンバーはとても類似しているようにみえるが，内集団のメンバーはそうみえないという知覚がある。これはいわゆる**外集団同質性効果**であり，カトローンとジョーンズ（Quattrone & Jones, 1980）によって立証された。プリンストン大学とラトガーズ大学の学生が，自分の大学または他方の大学の学生とされた人物が，実験者が装置を修理する間，一人で待つか他の研究協力者と一緒に待つかを決定する場面のビデオを見た。彼らはその後，ビデオテープに登場したのと同じ大学の学生のうち何％が，ビデオに登場した学生と同じ選択をするかを推定するよう求められた。研究協力者たちは，他大学の学生の場合は，ほとんどすべてがビデオの学生と同じ決定をすると推測する傾向があった。しかしながら，その学生が自分と同じ大学の学生であったときには，このような傾向はなかった。

　カッツとブレーリー（Katz & Braly, 1933）は，ステレオタイプ化についての最初の体系的研究を行った。彼らは学生たちに，一連の集団（たとえば，ドイツ人，アフリカの黒人，イギリス人）に典型的な特徴はどのようなものかを示すよう求めた。その結果，ドイツ人は有能で国家主義的であるというかなりの合意があり，他方，アフリカの黒人は楽天的で迷信的だと思われていた。

　このようなアプローチの最大の問題は，研究協力者が実際にステレオタイプ的な考え方をするかしないかにかかわらず，課題自体が彼らにステレオタイプを作り出すよう**強いる**ことである。マッコーリーとスティット（McCauley & Stitt, 1978）は，ドイツ人に対するステレオタイプの研究で，もっとよい方法を使った。彼らは研究協力者たちに，「世界中の人の中で全体として何％くらいの人が有能ですか？」や，「ドイツ人の何％が有能ですか？」など，一連の質問を

図19-17 これらの人々はそれぞれどんな特徴をもっているとあなたは思うだろうか？

した。前者の質問に対する答えの平均は50％であり，後者の質問への答えの平均は63％であった。したがって，大部分の人々がすべてのドイツ人が有能だと思っていると想像することはナンセンスである。実際，一般的な感じ方は，ドイツ人は他の国の人よりもやや有能だという程度である。これはあまり極端でない形のステレオタイプである。

ステレオタイプと偏見：認知的アプローチ

ある外集団の大部分あるいはすべてのメンバーが，ステレオタイプ化された同じ特徴をもつと思う人々は，その集団に対して偏見をもつ傾向がある。どのようにして，ステレオタイプは偏見につながるのであろうか？　ボーデンハウゼン（Bodenhausen, 1988）は，認知的なアプローチを提唱した。このアプローチによれば，ステレオタイプと一致した情報は注目を集め，記憶の中に貯蔵されやすいが，ステレオタイプと不一致な情報は無視されるか忘れられてしまう。

ボーデンハウゼン（1988）は，彼の認知的アプローチを，多くのアメリカ人はスペイン系の人々に対して偏見をもっているという仮定に基づいた二つの研究で検証した。彼の最初の研究で，アメリカ人の研究協力者たちは，自分が裁判の陪審員であると想像するよう求められた。ある研究協力者に対しては，被告はカルロス・ラミレスという，スペイン系に聞こえる名前だと記述された。他の研究協力者に対しては，ロバート・ジョンソンと記述された。その後，研究協力者たちは証拠を読み，被告がどの程度有罪の可能性があるかを判断した。被告をカルロス・ラミレスだと思った人々は被告がロバート・ジョンソンだと思った人々よりも，彼を有罪だと評定する傾向が強かった。これは，ステレオタイプが情報の偏った処理につながることを示唆している。

ボーデンハウゼンは第二の研究で，そこに関与するプロセスについて，より多くのことを突き止めようと試みた。彼は，ステレオタイプが研究協力者に，ステレオタイプと合致した情報のみに**注意する**ように仕向け，また，ステレオタイプを支持するように情報を**歪曲する**よう仕向けるかもしれないと主張した。ステレオタイプ合致

情報に対する選択的注意を防ぐために，ボーデンハウゼンは研究協力者に，証拠の各項目が被告にとって有利か不利かをただちに評定するよう求めた。すると，カルロス・ラミレスはもはやロバート・ジョンソンよりも有罪だとは評定されなくなった。つまり，ステレオタイプは，私たちにステレオタイプ合致情報に注意を向けさせ，他の情報項目を無視するように仕向けるのである。

評　価

　ステレオタイプは二つの主要な理由で，望ましくないとしばしば論じられる。つまり，(1)それは偏見につながりうる，(2)それは世の中についての非常に単純化しすぎた見解を表しており，ゆえに不正確で誤解を招きやすい。他集団についての否定的なステレオタイプが危険でありうること，そのため容認できないとみなされる傾向が強くなっていることは確かである。二つの明白な実例は性別と人種に基づいたステレオタイプである。性差別と人種差別は偏見と差別の両面で，長年にわたって大きな害を引き起こしてきた。機会平等の観念に基づいた法律が幾つかの国で通過している。これらの法律は，以前存在していた差別の多くを防ぐ効果を果たしている。しかしながら，積極的な差別は減ったかもしれないが，しばしば多くの潜在的な偏見は残っている。

過度の単純化

　上で提唱されたようなステレオタイプに対する反対論にもかかわらず，すべてのステレオタイプが偏見につながるというわけではない。ステレオタイプはしばしば過度に単純化されているが，それは非常に複雑な世の中を私たちが理解する助けとなる。たとえ最も偏見のない人であっても，たぶん毎日幾つかのステレオタイプを利用しているだろう。たとえば，ブラウン（1988）は，大部分の人が夜型人間と昼型人間（早寝早起きの人）についてのステレオタイプをもっていると指摘した。私たちは夜型人間を，因習にとらわれず，反逆心のある人だと思い，他方，昼型人間は自制心があり，責任感があると思っている。

「真実の核心」

　ステレオタイプはしばしば不正確である。しかし，いつもそうであるとは限らない。たとえばトリアンディスとヴァッシリュー（Triandis & Vassiliou, 1967, p.324）は，ギリシャ出身者とアメリカ合衆国出身者について研究し，以下のような結論に達した：「**それが対象となる集団について直接の知識をもつ人々から引き出されたものであるときには，大部分のステレオタイプにはある種の『真実の核心』がある**」。マッコーリーとスティット（1978）はさまざまなアメリカ人の集団に，高校を中退した人，私生児として生まれた人，暴力的犯罪の犠牲者等がアメリカ人成人全体では何％くらいいるか，そして黒人アメリカ人成人では何％くらいいるかをたずねた。大部

> 私たちは皆，ほとんどよく考えもせずにステレオタイプを使う。たとえば，エセックスの少女とか，鉄道マニアとか，パンクとか。一般によく使われている他の例を列挙しなさい。

分の質問で両推定値には差があり，ステレオタイプの存在を示した。しかしながら，マッコーリーとスティットは，推定値を関連した政府の統計と比較したところ，質問の約半分の答えにおいて，研究協力者は両集団の実際の差を**過小評価**していた。これらの研究結果は，ステレオタイプがしばしば真実の核心をもっているという考えにさらなる支持を与えるものである。

偏見の理論

偏見の原因は幾つかある。しかしながら，これらの原因の大部分は二つのカテゴリーに属すると論じることができる。第一に，偏見は，偏見をもつ個人のパーソナリティやその他の特徴に依存するかもしれない。第二に，環境要因や文化的要因が偏見を生ずるかもしれない。たとえば，ある国の中での失業率が劇的に増加すると，その国の中のマイノリティに対して，偏見や差別の増大が生じるであろう。もちろん現実には，偏見を十分に理解するためには，私たちは個人とその人が住む社会的，文化的文脈の両方を考慮する必要があるであろう。

図19-18　1960年代初頭，西インド諸島から英国への移住がさかんだった時代に，イノック・パウェル議員は，労働市場の歪みに引き続いて起こる社会不安を警告した。彼の「血の川」演説は，多くの人によって，移民の本国への送還を求めるものと受け取られ，移民賛成派と反対派の双方によって引用された。

以下の部分で，私たちはまず個人に焦点を合わせた，偏見に対する重要なアプローチを考察する。その後で，偏見を生ずる原因となる主要な社会的，文化的要因の考察に重点を移す。

精神力動的アプローチ

ジークムント・フロイトは，19世紀の終わりおよび20世紀の初頭に，精神分析理論を提唱した（第2章を参照）。彼の見解は非常に影響力があったので，彼の理論に多少とも基づいた多くの精神力動的理論をもたらした。偏見に関して，二つの精神力動的理論が提唱されている。つまり，フラストレーション-攻撃仮説と権威主義的性格の理論である。

フラストレーション-攻撃仮説

ダラードら（Dollard *et al*., 1939）は，個人や集団に対する攻撃がフラストレーションによって引き起こされると論じた。フラストレーションは，不快な喚起状態の増強をもたらし，それは攻撃という形で発散される。フラストレーションの源泉に向けて攻撃や敵意を示すことは，しばしば不可能である，というのは，それはあまりに強力だからである。これはフロイトが**置き換え**と呼んだものにつながる。つまり攻撃は代理の標的やスケープゴートに向けられる（た

とえば，上役から苛立たされたとき，私たちは帰宅してから猫を蹴飛ばす）。フラストレーション - 攻撃仮説は，元来は個人のレベルのフラストレーションに焦点を当てており，それは一人ひとりかなり差があるものである。しかしながら，後にそれは個人だけでなく，社会の中の大きな集団に適用された。

　フラストレーションによって引き起こされたと思えるスケープゴート現象の歴史的事例は数多くある。1920年代のドイツにおける重症のインフレと非常に高い失業率に引き続いて，反セミティズム，反ユダヤの偏見が急速に高まった。ホヴランドとシアーズ（Hovland & Sears, 1940）は，合衆国の綿花価格の落下が貧困の増加をもたらし，フラストレーションにつながったと論じた。彼らはまた，リンチ（罪があると申し立てて，法的な裁判を経ずに人を殺すこと）の数は，スケープゴート現象の測度とみなすことができると論じた。フラストレーション - 攻撃仮説が予測するように，綿花の価格が最低だったときに，アメリカのある地域におけるリンチの数が最大であった。

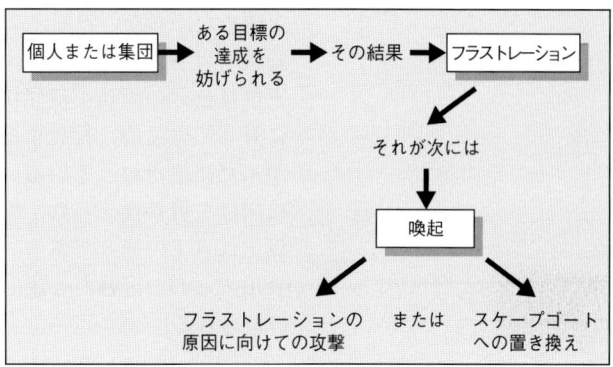

図 19-19　フラストレーション - 攻撃仮説

　　評　　価　　肯定的な側面としては，フラストレーション - 攻撃仮説は，偏見を引き起こす要因について，もっともらしい説明を提供する。否定的な側面としては，フラストレーションは攻撃だけでなく，その原因を取り除こうという建設的な試みにつながることもあるし，あきらめた態度につながることもある。そのうえ，フラストレーション - 攻撃仮説は，なぜ攻撃がある特定の集団（たとえば黒人）に向けられ，他の集団（たとえばユダヤ人）に向けられないのかを説明することができない。

高い失業率等の問題の結果として，一つの集団が他集団をフラストレーションに対するスケープゴートとして使ったという，似たような例を第二次世界大戦後で何か思いつくだろうか？

権威主義的パーソナリティ

　アドルノら（Adorno *et al.*, 1950）は，偏見の個人差に焦点を当てた。彼らによれば，権威主義的パーソナリティをもつ人々は，最も偏見をもちやすい。**権威主義的パーソナリティ**（authoritarian personality）は，以下のような特徴を含んでいる。

- 伝統的な価値への剛直な信念
- 他集団への全般的敵意
- 曖昧さ耐性の低さ
- 権威的人物への服従的態度

キー用語
権威主義的パーソナリティ：アドルノらが見出したもので，剛直な信念，他集団に対する敵意，権威ある人物に対する服従的な態度を含む。

　　初期経験　　アドルノらは，権威主義的パーソナリティの発達において幼児期の経験が重要な役割を果たすと主張した。過酷な取り扱いは，子供に両親に対する強い敵意を抱かせる。子供はその敵意

を認めたがらないので，この敵意は無意識のままに留まる。これは，動機づけられた忘却，フロイトが抑圧と呼んだものを引き起こす。子供は自分の両親を理想化するようにみえ，長じてからも権威人物に対して服従的に行動する。しかしながら，表面下には大きな敵意が未だに横たわっている。この敵意は脅威を与えないマイノリティに向けて置き換えられ，偏見の形で現れる。つまり，主要な理論的仮定は以下の通りである。過酷な扱いを受けた子供が両親に対して表出するのが困難だと感じた敵意は，後に罪のない集団に対して向け直される。

E 尺度と F 尺度　アドルノらは，彼らの理論に関連した幾つかの質問紙を考案した。これらの質問紙の一つは自民族中心主義尺度（E 尺度）である。自民族中心主義とは，自分の民族集団が他のすべてより優れているという信念である。この尺度は黒人やユダヤ人などを含む幾つかのマイノリティ集団に対する偏見を測定する。しかし最も重要な質問紙は F（ファシズム）尺度（fascism scale）である。これは権威主義的パーソナリティの態度を測定するため考案されたものである。F 尺度が何を測定するのかを明確に理解するには，幾つかの項目をみるのがよいだろう；「権威に対する服従と尊敬は，子供が学ぶべき最も重要な美徳である」「もし私たちが，不道徳で心の曲がった低能な人々を何らかの形で追放することができれば，私たちの社会問題の大部分は解決されるだろう」「青年が最も必要とすることは，厳格な訓練と強い決断力と，家族や国家のために働く意志である」。

アドルノらは F 尺度の妥当性に対するさまざまな種類の根拠を得た。彼らは多くの人々の集団に F 尺度を実施すると同時に，幾つかのテストと臨床的な面接を行った。F 尺度で高得点をとった人々は，低得点者よりも偏見をもつ傾向が強かった。たとえば，F 尺度は，自民族中心主義尺度と ＋0.75 の相関をもっていた。理論から予測されるように，F 尺度における高得点者は，権威主義的でない人よりも，子供時代に過酷な扱いを受けていた。

さらなる根拠が，ミルグラム（Milgram, 1974）の研究から得られた。彼は，権威人物から命令されたときには，大部分の人々が非常に強い電気ショックを他人に与えようとすることを発見した（第 21 章参照）。権威主義的パーソナリティをもつ人々は，権威に対して服従的であると仮定され，そのため，彼らは特に強い電気ショックを与える可能性が高いはずである。予測通り，F 尺度での高得点者は，低得点者よりも強いショックを与えた。

> **キー用語**
> F（ファシズム）尺度：ファシズム傾向のテスト。高得点者は，偏見があり，人種差別主義者で，反セム族的である。

表 19-1　権威主義的パーソナリティの九つの性格特性
（アドルノらの F 尺度より）

特性	記述
因襲尊重	非常に因襲的で，変化をたいへん嫌う
権威的-服従的	権威に対して敬意を表する
権威的-攻撃的	権威に挑戦する人々に対して非常に敵対的
反-摂取	何らかの意味で「間違った」行動に対して非常に非寛容
迷信とステレオタイプ	運命を信じる
力と「タフネス」	支配的で他人をいじめる傾向がある
破壊性と皮肉癖	自分と意見の違う人に対しては非常に敵対的
投影傾向	自分自身の無意識的な衝動を他人に投影する
性	"正常"だとみなされない性的行動に対して過大な関心をもつ

文化差 アドルノら（1950）の研究は，第二次世界大戦直後のアメリカで行われた。権威主義的パーソナリティの特徴の幾つかは，文化によって，時代によって異なると思われる。幾つかの関連した根拠をピーターソンら（Peterson *et al.*, 1993）が報告している。権威主義的パーソナリティをもったアメリカ人は，家族の価値観を強く支持し，アメリカ流の生活スタイルに強い信仰をもっている。つまり，たとえば彼らは妊娠中絶に反対し，ホームレスは怠惰によって引き起こされると主張し，麻薬の売人が非常に厳しく処遇されることを望んでいる。

マクファーランドら（McFarland *et al.*, 1992）による，ロシアでの権威主義的パーソナリティの研究からは，非常に異なった様相が現れた。権威主義的なロシア人は，ソ連の共産主義的統制が続くことに賛成する傾向があったが，これはアメリカ流の生活スタイルを是認することとはほとんど正反対の見解である！ 研究結果は，権威主義的パーソナリティをもつ人々が非常に保守的であることを示唆している。彼らは変化を嫌い，既存の秩序に対して脅威を与える者には誰にでも，権威者が罰を与えてほしいと思っている。このように，権威主義的な人の信念は，その人の文化の優勢な価値観によって色づけられている。

評 価 肯定的な側面としては，ある人々は他の人々よりも偏見が強く，F尺度はこれらの個人差を測る適正な測度である。理論が予測する通り，幼児期の経験は，ある人が権威主義的パーソナリティを発達させるかどうかを決定する一因となる。

否定的な側面としては，幾つかの問題が存在する。第一に，ある文化的な集団における偏見の広範な一様性（たとえば，ナチスドイツにおける反ユダヤ人偏見）は，権威主義的パーソナリティによって説明することができない。そのような一様性は，社会的，文化的な要因に依拠している。第二に，アドルノら（1950）は，権威主義的パーソナリティが極右の見解と結びついていると仮定した。実際には，極左の見解も同様に剛直で不寛容にみえる（ロキーチ Rokeach, 1960）。第三に，F尺度のすべての項目は，それに同意することが権威主義的態度を示すという方向の表現になっている。その結果，黙従反応セット（その意味にかかわらず，項目に同意する傾向）をもつ人は権威主義者であるようにみえてしまう。第四に，アドルノら（1950）は，F尺度の高得点者との深層面接が彼らの理論を支持したと報告した。しかし，インタビュアーは前もって，インタビューされる相手のF尺度得点を知っていたので，これが結果を歪曲したのかもしれない。

図19-20 権威主義的パーソナリティがアメリカ的生活スタイルを好む傾向があることをアメリカでの研究が見出したのと同じ時期に，ロシアの権威主義者たちは，共産主義的理想に同じように強く関与していた。ロシアのリーダー，フルシチョフのこの写真は，典型的な権威主義的気分状態にある彼を示している。

集団コンフリクト

シェリフ（Sherif, 1966）によれば，偏見はしばしば集団間コンフリクトの結果として生じる。二つの集団が同じ目標に向かって競争するとき，それぞれの集団のメンバーは，他集団のメンバーに対して偏見をもつように

なりがちである。現実的なコンフリクト理論によれば，そのような利害の対立は偏見を引き起こす。

この理論的アプローチは，よく知られた泥棒洞窟実験から発展した（シェリフら，1961）。全体で22人の少年がアメリカ合衆国のサマーキャンプで2週間を過ごした。彼らは二つの集団に分けられた（イーグルズとラットラーズと呼ばれる）。これらの集団は，さまざまなスポーツ行事やその他の競争で，成績がよかった方がトロフィーやナイフやメダルをもらえると告げられた。この競争の結果として，二つの集団のメンバー間に闘争が勃発し，ラットラーズの旗が燃やされた。それぞれの集団が自集団のメンバーを友好的で勇敢であるとみなし，他方，他集団のメンバーをうぬぼれ屋で嘘つきだと思ったという事実によって，偏見の存在が示された。実験者が競争的な状況を，それぞれの集団の成功が他集団の協力を必要とするような協力的な状況に変えたとき，偏見は大幅に減少した。

異なった文化における同様の結果は，ロシアで研究したアンドレーヴァによって報告された。内集団ひいきや偏見は，ピオニール青年キャンプの少年たちが競争的なスポーツに従事しているときに増加した。アンドレーヴァ（Andreeva, 1984）は，少年たちが農業共同体での作業で協力したとき，偏見が減少することを見出した。同じように，シェリフら（1961）は，協力的な作業を設定することは，サマーキャンプでの少年間の偏見を減じることを見出した。

競争が常に偏見や集団間コンフリクトにつながるという仮説は，タイアマンとスペンサー（Tyerman & Spencer, 1983）によって棄却された。彼らは，競争が劇的な効果をもつのは，シェリフらやアンドレーヴァの研究における少年たちのように，参加者が以前に友情を形成していなかった場合に限ると主張した。タイアマンとスペンサーは，すでにお互いをよく知っているボーイスカウトの少年が，年次キャンプにおいて集団同士で競争する様子を観察した。競争は，シェリフら（1961）が観察したような否定的な効果を生じなかった。

> **キー研究評価－集団コンフリクト**
>
> シェリフらの研究が非常に重要だと考えられてきたのは，普通の少年たちが状況によって，お互いに対して異なったやり方で行動することを示したからであった。競争は嫌悪と敵意に帰着し，共通の目標は友情と好感情をもたらした。もしすべての参加者が少女であったならば，結果は異なっていたかどうかを考えてみることは興味深いかもしれない。少女たちは成長していく過程で，協力に対して報酬を与えられ，他方，少年たちは競争的であることに対して報酬を与えられると論じられてきた。また参加者たちは，この研究のためにランダムに選ばれたわけではなかったので，彼らは代表的なサンプルではなかったと論じることもできるだろう。

図19-21　ある特定の主義に強く傾倒する人々は，時として，同じ価値観を共有しない人々との間で，暴力的な衝突を経験しがちである。

議論のポイント
1. なぜ，シェリフらの研究はこれほど影響力が大きかったのか？
2. 集団コンフリクトは偏見の原因としてどの程度重要であるか？

相対的剥奪

ランシマン（Runciman, 1966）は，私たちがしたことと，することができると期待したこととの間にギャップが存在するとき，私た

ちは偏見をもつようになるであろうと論じた。彼は**相対的剥奪**（relative deprivation）という言葉を，そのようなギャップを指すものとして用いた。私たちが相対的に剥奪された状態にあるかどうかを判断する際，私たちはしばしば自分の状況や自分が所属する集団の状況を他の人々や集団と対比させて考える。ランシマンは二つの形の相対的剥奪を区別した。

> キー用語
> 相対的剥奪：私たちがしたことと，私たちがすることができると期待したこととの間のギャップ。

1. 自己本位的剥奪：これは自分自身と似ていると考えられる他の人々との比較から生じる。
2. 友愛的剥奪：これは，個人間ではなくむしろ集団間の比較から生じる。自分自身の集団が何らかの他集団と比べて不当な取り扱いを受けているという考えは，しばしば集団規範や何が公平で正当であるかの期待を反映している。

自己本位的剥奪と友愛的剥奪を区別することの価値は，差別に抵抗するマイノリティ集団のリーダーを考えることによって理解できる。そのようなリーダーは，たいてい自己本位的剥奪は受けていない成功した個人である。しかし，彼らは友愛的な集団剥奪の強い感覚をもっている。たとえば，低賃金のメンバーのために行動する英国の労働組合のリーダーは，たいてい高い給料を得ている成功した人物である。同じように，1960年代，1970年代の合衆国における闘争的な黒人は，よい教育を受け，かなり高い社会‐経済的地位の人物であることが多かった（アベレス Abeles, 1976）。

図19-22　アメリカの市民権運動のリーダーであるマーティン・ルーサー・キング自身は，彼がその代表として運動している団体の人々よりもよい教育を受け，高い社会経済的地位にあった。

相対的剥奪理論を支持する根拠はヴァネマンとペティグルー（Vanneman & Pettigrew, 1972）によって報告された。合衆国の都市住民で，最も極端な人種差別的態度をもつ人は，友愛的剥奪の程度が最も高い人であった。

評　価

ランシマン（1966）の相対的剥奪理論（特に，友愛的剥奪の概念）は，私たちが偏見を理解する助けになる。それは集団規範に基づいており，偏見がしばしばある集団の大部分のメンバーに見出されるという事実を説明する。そのうえ，自己本位的な剥奪の概念は，なぜ偏見や敵意のレベルが，ある人々において他の人々より高いかを説明する。しかし，その理論が説得力をもつためには，友愛的剥奪が作り上げられる際のプロセスを，より詳細に知ることが必要であろう。

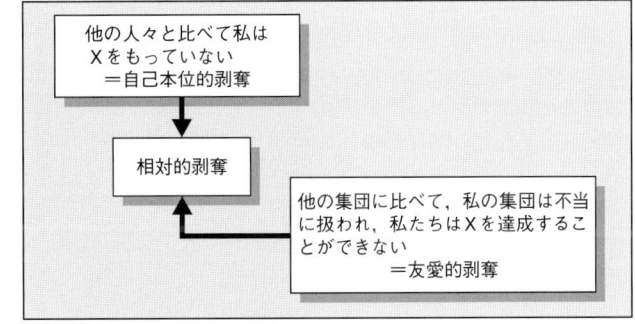

図19-23

社会的発達理論

アブード（Aboud, 1988）は，偏見の社会的発達理論を提唱した。

その中で彼女は，偏見が一般に年長の子供よりも年少の子供の場合により大きいと論じた。幼児は親しい人々を好み，見知らぬ人々を信用しない傾向がある。成長するにつれて，子供たちは皮膚の色や言語などが自分と似た人々を，似ていない人々よりも親しく，予測可能であるとみなし，したがってより好ましいとみなす。子供たちが言語を上手に操れるようになると，彼らは自分が所属している集団に対しては肯定的なステレオタイプを，他集団に対しては否定的なステレオタイプを用い始める。さらに認知的に発達すると，より年長の子供たちは，内面的な性質の方が外面的な特徴（たとえば，皮膚の色）よりも重要であることを認識し始める。彼らはまた，単純なステレオタイプを人々の大きな集団に対して適用することは，集団内での重要な個人差を無視するということを認識するようになる。

根拠

アブードは関連した根拠をレビューした。ある研究で，子供たちはいろいろな人形を提示され，どれが良い人形，どれが悪い人形で，どの人形で遊びたいかをたずねられた。典型的な研究結果は，4歳から7歳の間の子供たちは，より年長の子供たちよりも，選択において大きな人種的偏見を示すというものであった。後の研究において，年少の子供たちの方が年長の子供たちよりも，外国人に対して否定的な態度を表明した（バレットとショート Barrett & Short, 1992）。このように，研究結果はアブードの社会的発達理論を支持しているようにみえる。しかしながら，年長の子供たちに見出された，より低いレベルの偏見が本物であるのか，それともそれは単にどんな答えが社会的に受け入れられやすいかにより敏感であることを反映しているだけなのかを知ることは難しい。

倫理的問題：子供たちを用いた研究を行うときに考慮に入れる必要がある倫理的問題は何か？

図 19-24　幼児は見知らぬ人を信用せず，親しい人にしがみつく。

偏見と差別の低減

偏見と差別は大部分の文化の中でありふれた現象である。すべての形の偏見と差別を低減させる（そして理想的には除去する）のに

適した方法を見つけることは非常に重要である。心理学者たちはとりうるさまざまなアプローチを見出してきた。そのうちの幾つかをここで論じる。たとえば、異なる集団の人々が共通の目標を達成するために協力するならば、偏見と差別は減じられる。あるいは、集団間の社会的接触もまた有益な効果をもたらす、特に集団間の境界を曖昧にする試みがなされるときにはそうである。最後に、偏見を低減させるのに効果的だと示唆される方法は、人々を偏見を受ける側に置き、それがどれほど不愉快なものであるかを自分自身で経験できるようにするやり方である。

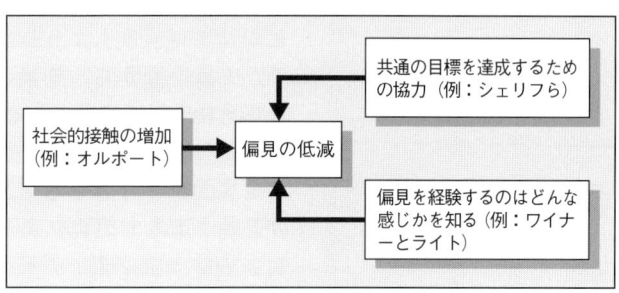

図19-25　集団間の偏見の低減

共通の目標

対立している二つの集団間の偏見と差別は、彼らがある共通の目標を追求するよう同意するならば低減されるとしばしば論じられてきた。これは本章ですでに述べた研究の中で、シェリフら（1961）によって示された。ラットラーズとイーグルズの間のコンフリクトを減ずるために、キャンプの飲料水を止めるべきだという判断がなされた。水の供給を取り戻すために二つの集団は力を結集しなければならなかった。それ以外の幾つかの状況も設定された、そこでは、共通の目標に向けての協力が是非とも必要だった。これらの状況には、立ち往生してしまったトラックを救い出すことや、テントを張ることなどが含まれている。これらの共通の目標を追求した結果、二つの集団はお互いに対してはるかに友好的な態度を示すようになった。実際、少年たちは自分の集団よりも他の集団のメンバーを、友人としてより多く選択したのである。

ジグソー教室

アロンソンとオシャロー（Aronson & Osherow, 1980）は、学校における偏見を、共通目標への協力によって低減しようと試みた。テキサス州オースティンの学校では、その少し前に人種による分離が廃止された。そこで、同じクラスに黒人と白人の両方が入る結果として人種的コンフリクトが発生するのではないかという懸念が生じた。黒人と白人の子供からなる一つのクラスが、ある学習課題（たとえば、エイブラハム・リンカーンの生涯）のために小集団に分割された。各集団の中で、それぞれの児童は情報の異なった部分（たとえば、リンカーンの子供時代、奴隷制度に対する彼の態度など）を学習することに責任をもたされた。それから、集団の各メンバーは自分が学んだことを他の集団メンバーに教えた。その後、子供たちはそのトピックに対する彼らの全体的知識に基づいた成績を受け取った。このアプローチは**ジグソー教室**（jigsaw classroom）と呼ばれた。その理由は、ジグソー・パズルが、それを完成するためにす

> **キー用語**
> **ジグソー教室**：すべての子供たちがクラスの目標達成に貢献できるよう教師が配慮するような、偏見を減らすためのアプローチ。

達成度の低い生徒たちの能力を上昇させることを，ジグソー教室の共通の目標とすることはできただろうか？

べての断片を必要とするのとちょうど同じように，すべての子供たちが主要な貢献をするからである。

ジグソー教室での知見は将来に希望を抱かせるものであった。子供たちは自尊心がより高く，学校の成績もよりよく，クラスメートに対する好意度もより高かったし，ある程度の偏見の低減もみられた。しかしながら，効果の大部分は比較的小さかった。これには二つの理由が考えられる。第一にジグソー教室は，6週間の間，週3日，1日にたった45分用いられただけであった。第二には，各集団はいつも協力的に作業をしたというわけではなかった。もし共通の目標が達成されなければ，あるいはもし互いに協力している集団が自分自身のアイデンティティを失いつつあるように感じるならば，偏見と差別は減少せずに逆に増加するかもしれない（ブラウンとウェイド Brown & Wade, 1987）。加えて，さらなる問題がローゼンフィールド，シュテファンとラッカー（Rosenfield, Stephan & Lucker, 1981）によって確認された。彼らはジグソー教室の手法を用い，能力の低いマイノリティ集団のメンバーが，より有能な生徒の学習のペースを遅らせると責められがちであることを見出した。彼らが見出した根拠は，これが既存の偏見的態度を減じるのではなく，それを確証することもあるという事実を示唆した。

社会的接触

オルポート（1954）の**接触仮説**（contact hypothesis）によれば，偏見をもつ人々と偏見の対象である集団との接触を増すことによって，偏見は低減されうる。これが起こるはずである理由は幾つかある。第一に，ステレオタイプは，ある集団内のすべての人は非常に似ているという仮定に基づいており，その集団のメンバーと頻繁に接触することはこのステレオタイプに反証を与える。第二に，他の集団のメンバーと相互作用をすることは，彼らが態度や行動の点で，それまで思っていたよりも偏見をもつ人々（自分たち）と似ているということをしばしば明らかにするからである。

幾つかの研究結果は，接触仮説を支持している。たとえば，ドイッチとコリンズ（Deutsch & Collins, 1951）は，互いに近所に住んでいる黒人と白人のアメリカ人主婦の態度を，人種分離された住宅に住んでいる同じような主婦たちの態度と比較した。互いに近くに住む主婦たちにおいては，時間が経つにつれて偏見は減少

ケース・スタディ：新時代学校連盟

新時代学校連盟（NEST：New Era School Trust）は，南アフリカのダーバン，ヨハネスブルグ，ケープタウンに，三つの寄宿学校を運営している。すべてのNEST学校のユニークな目的は，よい教育を受けた品のある若者をつくるというだけでなく，学生たちの中からいかなる人種偏見の痕跡も除去しようというものである。これを達成するために，すべての人種は学校生活の第一日目から混合され，人種隔離政策後の南アフリカでさえもまれであるほどに，互いに並んで生活し，勉強する。教師たちも同じく多人種からなっており，男子と女子も等しく混合する。

NEST学校では，異なった人種が平等だとみなされるだけでなく，彼らの文化もまた平等な価値を与えられる。南アフリカの学校は，一般に，アフリカの文化は不適切だという見解をとっており，もっぱら白人の視点から教育をしてきた。NEST学校においては，生徒たちはキーツと同様にコーサ族の詩人を学び，ナポレオンと同様にズールー族の戦士の生活について学ぶ。この完全な平等の感覚はすべてに浸透している。そこには監督生や上からの懲戒もなく，制服も体罰もなく，日常の面倒な仕事には皆が携わる。

白人の両親よりも黒人の両親の方が，自分の子供をNESTに通わせたいと願っていることをNESTは発見した。白人の子供たちは，寮の掃除の手伝いを要求されないような，設備のよい学校に通いたがる傾向があるが，他方，多くの黒人の両親は，彼らの子供たちが恵まれない黒人居住区を離れて教育を受けることを熱望している。しかし，NEST学校が学業成績の上で成功をおさめつつあることを白人の両親が認識するにつれて，このアンバランスは小さくなりつつある。1992年におけるNEST学校の及第率は100％であったが，私立の白人学校や白人の教会学校の及第率は90％であった。

（ザ・タイムズ，1993年5月号のブルー・レイスの記事による）

した。しばらくすると，彼女らの偏見のレベルは，人種分離住宅に住む主婦たちの偏見レベルよりもはるかに低くなった。

社会的接触は，通常それ自体では十分でない。シェリフら（1961）のサマーキャンプの研究でみたように，少年の二集団の社会的な接触は，調和ではなくコンフリクトをもたらした。ご馳走の出るパーティや大きな花火を計画しても，集団間の敵意を減らすことはできなかった。つまり，偏見が減じられるためには，社会的接触に他の要因をつけ加える必要がある。オルポート（1954）は，接触それ自体では偏見の大きな低減を生じるためには十分でないことに気づいていた。彼は，関係する集団は協力的な活動に参加しなければならず，そして統合に対する公式な制度上の支持がなければならないと論じた。さらにオルポートは，集団が等しい地位であるとき，接触は偏見を低減するのに最も効果的であると感じていた。

■やってみよう：新聞を通覧して，異なった集団間の社会的接触の例をさがしてみよう。

ウェクスラー中学校

接触仮説を完全な形で検証する最も野心的な試みは，アメリカ合衆国，ウォーターフォードのウェクスラー中学校で実施された（ブラウン，1986を参照）。それは**分離廃止**（desegregation），つまり異なった集団のメンバーが同じ学校に通うことを含んでいた。その学校には優れた設備を備えるために多額の金が費やされた。黒人と白人の生徒の数はほぼ同じになるよう配慮され，白人の学校あるいは黒人の学校とみなされないようにした。すべての生徒が平等であると感じ，能力別のクラス分けを極力少なくするよう，多くの努力がなされた。生徒たちが皆で使える特別の設備を購入するために生徒たちを一緒に働かせることによって，協力が増大させられた。

キー用語
分離廃止：異なった人種やその他の集団メンバーを自由に混じり合わせること（たとえば学校において）。

最初の3年間の結果は，勇気をもたせるものであった。差別ははるかに少なくなり，黒人生徒と白人生徒の互いに対する行動は友好的であった。しかし，確かに黒人－白人間の友情は多くあったけれども，これらの友情は互いの家を訪問するところまではめったに広がらなかった。さらに，ある程度のステレオタイプ的信念は未だに見出された。黒人生徒と白人生徒のどちらもが，黒人生徒の方が白人生徒よりも頑丈で自己主張が強く，白人生徒は黒人生徒よりも頭がよく，より一生懸命勉強するという同じ見解をもっていた。

議論のポイント
1. なぜ，ウェクスラー中学校で得られた結果は，他の研究結果よりも将来に希望を抱かせるのだろうか（「評価」を参照）？
2. 人種分離廃止をもっと効果的にする方法はあるだろうか？

評　価

ウォーターフォードのウェクスラー中学校で行われた研究の成功にもかかわらず，学校での人種分離廃止に関連した他の研究はあま

りうまくいっていない。シュテファン（Stephan, 1987）は，人種分離廃止に関する研究をレビューして，それは白人の偏見の望ましい低減ではなく，むしろしばしば偏見の増加を生じると結論づけた。そのうえ，白人と黒人の間の接触は，黒人の生徒に対して望ましい効果をもつことはめったになかった。問題の一つは，分離廃止された学校の白人生徒と黒人生徒が，運動場であるいは昼食時に，しばしば自分たちの集団内だけにとどまるということである。シュテファンによれば，分離廃止が偏見の低減を最も生じやすいのは，生徒たちが対等な立場であり，協力的な1対1の相互作用があり，二つの集団のメンバーが似たような信念や価値観をもち，接触がさまざまな状況で，他集団の何人かのメンバーがいる場面で生じる場合である。しかし，これらの必要条件は，大部分の分離廃止された学校では通常満たされていない。

接触仮説は，それが優勢な集団の偏見的な見方を変えることにあまりにも焦点を合わせすぎており，マイノリティ集団の態度には十分注意を払っていないようにみえるという理由で，批判されてきた。多くの場合，優勢集団とマイノリティ集団の間の接触は，集団間の不安を伴う（シュテファンとシュテファン Stephan & Stephan, 1989）。優勢な集団のメンバーは，偏見をもっているとみなされるかもしれないことを言ったりしたりすることを避けようと不安になり，他方，マイノリティ集団のメンバーは，自分たちが犠牲者になったり，否定的な評価を受けるかもしれないと不安になる。接触が偏見の低減を生じるようにするためには，集団間の不安を減じる方法を考えることが重要である。

脱カテゴリー化

ブルーワーとミラー（Brewer & Miller, 1984）は，全般的には接触仮説と同意する方向にあった。しかし，脱カテゴリー化理論の中で，社会的な接触が偏見を減じるのは，主に対立する集団間の境界が不明瞭になったり，あまり厳密でなくなるような場合であろうと彼らは論じている。これが起こるとき，各集団のメンバーは，他方の集団のメンバーをカテゴリーや集団所属の観点から考えることがより少なくなるであろう。その代わりに，彼らは他集団のメンバーに個人として反応する。

前述したアロンソンとオシャロー（1980）の研究は，脱カテゴリー化の価値を示したといえるかもしれない。彼らは子供たちを「ジグソー教室」で，集団を作って一緒に作業させることによって，子供たちの中の人種的な障壁を減じた。一般的に言って，協力的な学習と集団障壁の除去に焦点を合わせた教育方法は，集団間のコンフリクトと偏見の低減に効果的である（スラヴィン Slavin, 1983）。

評　価

ヒューストンとブラウン（1986）は，脱カテゴリー化はしばしば，限られた形でのみ効果をもつと指摘した。脱カテゴリー化や協力は，

1989年の11月に，北アイルランドのエニスキレンで，すべての宗教の子供たちに開かれた統合小学校が開校した。エニスキレンの人々に，このような珍しい手段をとるよう動機づけたものは何だったと思うか？

それが用いられた状況では非常に効果的かもしれない。しかし偏見の低減はしばしば他の集団メンバーや他の状況には広がらない。脱カテゴリー化を生じるために用いられたテクニックは，他集団のメンバーを個人として取り扱うことを含んでいる。その結果，それらの人たちに対する偏見は低減するが，集団全体に対する偏見が減じるわけではないことが多い。

偏見の低減がある個人からその人の集団へと般化するためには，その個人の集団所属が明確であることを保証することが重要かもしれない。ある興味深い関連した根拠をワイルダー（Wilder, 1984）が報告した。学生たちはライバル大学に所属している一人の学生と楽しい会合をした。その学生がライバル大学の典型的なメンバーであるとみなされたときには，これはライバル大学に対する偏見を減じる結果になった。しかし，その学生が典型的でないとみなされたときには，偏見の低減は起こらなかった。このように，全般的な偏見の低減が起こるためには，個人がその所属している集団の**代表的**メンバーであることが重要である。

あなたは「ライバル」集団のメンバーに出会い，あなたが発見したことにうれしい驚きを感じた経験があるか？

偏見を経験すること

偏見を受ける側に立ったらどんな感じがするかを知らないからこそ，人々は偏見をもつことができるのかもしれない。もしそうならば，人々に自分自身で偏見を経験させることによって偏見を減じることができるということになる。ワイナーとライト（Weiner & Wright, 1973）はこの考えを検証した。9歳か10歳の白人アメリカ人の子供たちが，ランダムにオレンジ色または緑色の集団に分けられ，彼らの集団所属を識別するために色のついた腕章を身につけた。最初の日には，オレンジ色の子供たちは，彼らの方が緑グループの子供たちよりも賢く，清潔だと告げられ，彼らは緑グループには許されていない特権を与えられた。2日目には，状況は逆転させられた。それぞれの日に，差別された集団は劣等感を感じ，自信の減少を示し，学業成績がより低くなった。

これらの子供たちの経験が，彼らの偏見を減らしたかどうかをみるために，彼らは黒人の子供たちと一緒にピクニックに行きたいかどうかたずねられた。ほとんどすべて（96％）の子供たちが同意した。これに対して，偏見にさらされた経験をもたない子供たちは，62％しかピクニックに行くことに同意しなかった。このように偏見を経験することは，直接の体験によって，他の人々に対する偏見を減らすことができる。

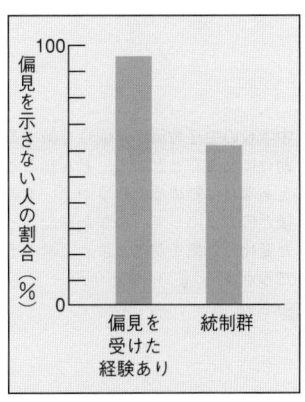

図19-26 偏見を低減させる方法として，自身で偏見を経験すること（ワイナーとライト，1973）。

なぜ統制群のうち，ある人々は偏見を示さなかったと思うか？

自己制御

モンティース（Monteith, 1993）は，自己制御に基づいた偏見低減へのアプローチを主張した。このアプローチによれば，全般的には偏見をもっていない人でも，長期記憶に蓄えられたさまざまな種類の否定的なステレオタイプをもっている可能性が高い。たとえば彼らは，フランス人は横柄だという考えに基づいたステレオタイプを

もっているかもしれない。彼らが一人のフランス人に会うとき，このステレオタイプが自動的に活性化されるであろう。これは彼らに，無作法な振る舞いをさせるかもしれない。もし彼らが，自分の行動が偏見のなさそうな自分の外見と食い違っていることに気づいたら，彼らは罪悪感と自己批判を経験するだろう。彼らはまた，自分に偏見的な行動をさせた状況的な手掛かりを突き止めようとするかもしれない。

　偏見的行動に対するこの分析の意味するところは，偏見の程度の低い個人は，自分の思考や感情に対する通常の自己制御によって偏見を除去することができるということである。これはより思慮深くなるよう心がけ，自動的に活性化するであろうステレオタイプが偏見的な行動を生じる**前に**，それらについて考えることを要求する。モンティース (1993) は，自己制御メカニズムの発達によって，偏見が低減され得るという根拠を報告した。しかしながら，このアプローチは，事前の偏見が低く，**かつ**偏見のある思考や行動を避けようと動機づけられている人の場合にのみ，偏見を低減させる可能性が高いことに注意すべきである。事実，デヴァイン (Devine, 1995, p.509) は，このモデルが「偏見の高い人々の経験を直接に対象にしたものではない」ことを認めている。

評　価

　偏見を減じる方法に関する研究の多くは，落胆させるような結果であった。私たちがみてきたように，接触仮説に基づいた最も一般的なアプローチは，多数派と少数派集団が出会う環境が入念に統制されているようなときにのみ成功するようにみえる。より懸念すべきことは，たとえ接触が望ましい効果を生じることが見出されたとしても，これらの効果は接触状況を越えて般化することはまれである。これらの落胆させるような結果の一つの理由は，集団間の接触を作り出すことが，偏見的な態度を変化させる試みの**間接的な**方法であるということである。これに対して自己制御は，否定的な態度を**直接的な**方法で変化させようと試みるという長所をもつ。

　偏見を減じるための大部分の試みに関するもう一つの主要な問題点を，デヴァインは以下のように指摘した (1995, p.500)。

> 偏見の習得に関与するプロセスに関して，幾つかの理論的な説明が提出されているにもかかわらず，これらの理論を偏見の低減に関与するプロセスを突き止めるために利用する研究は不足（欠如）していた。その結果……，偏見低減テクニックは，「当たるも外れるも運任せ」という性質をもっているようにみえた。テクニックの成功と失敗を引き起こすプロセスはしばしば不明であったし，いまもわからないままである。

中学校の主任教師に，偏見を減ずる助けになることとして，どんなことをあなたは勧めるだろうか？　その後どのようにして，あなたは起こった変化の効果を測定しようと試みるだろうか？

感　　想
・私は基本的な帰属のエラーのような帰属のバイアスに，非常に関心をもっている。適切に提起されてこなかった基本的質問は以下の通りである：私たちの思考が間違っていることを示す根拠にもかかわらず，私たちはどのようにしてこれらのバイアスをもち続けてきたのだろうか？　これに対する答えの重要な部分は，私たちの思考の多くが直観的であり，私たちが想像するほど合理的でないということだと思う。たとえば，研究協力者たちが，複雑な推理の問題を解くよう求められる研究があった。その後，異なった群の研究協力者たちは，正解だとしてそれぞれ異なった誤答を与えられた。大部分の研究協力者たちは，与えられた誤答を完全に喜んで受け入れた（アイゼンク Eysenck, 1998 を参照）！　このように，私たちは状況を解釈するときに，しばしばすべての関連した根拠を考慮し損ない，そしてこれが帰属のバイアスをはびこらせる結果になるのだ。

要　　約
社会的認知の諸理論
　社会的アイデンティティ理論によれば，個人は，自分が同一視する異なった集団に基づいて，さまざまな社会的アイデンティティをもつ。彼らは自分が同一視する集団を他のすべての集団よりも優れているとみなすことによって，自分の自尊心を増大しようと努める。最小集団に関してさえ，内集団ひいきがみられる；これは社会的アイデンティティまたは自己利益を反映しているのであろう。社会的アイデンティティ理論は，西洋文化に最もよく適用可能である。モスコヴィッシによれば，この世の中に対する私たちの知識の多くは，社会的コミュニケーションに基づく社会的表象の形をとっている。社会的表象は，ある種の帰属のバイアス（たとえば，基本的な帰属のエラー）を除去することがある。社会的表象に関する理論的な陳述は検証するのが難しい。社会構成主義者によれば，多くの人々は単一の固定的な文化的アイデンティティをもつのではない。文化的アイデンティティはむしろ，歴史や権力や文化の効果として徐々に発展してくる。これらの効果は移民集団の中に最も明瞭にみることができる。

帰属理論
　対応推論理論によれば，ある人の行動が社会的に望ましくないとき，または行動がまれな効果をもつとき，私たちはその人の行動と個人的属性の間に対応があると判断する。ケリーの帰属理論によれば，私たちは誰か他人の行動に対して，属性帰属をするか，状況帰属をするかを，合意性，一貫性，弁別性に関する情報に基づいて判断する。基本的な帰属のエラーによれば，私たちは他者の行動を，状況要因よりもその人の属性やパーソナリティに帰属する傾向がある。このエラーは，他者がある状況で行動に対して隠れた動機をも

っているのではないかと私たちが疑う場合には，見出されることが少ないであろうし，集団主義文化では個人主義文化においてよりも一般的でない。行為者－観察者の差異の仮説によれば，私たちは自分自身の行動を状況要因に帰属しがちである。これはたぶん，私たちが状況を見ることはできるが，自分自身を見ることができないからであろう。自己奉仕的バイアスは，動機づけ要因（自尊心の高揚）によるものかもしれないし，または認知的要因（意図の確証または不確証）によるものかもしれない。

偏見と差別

　偏見や差別を正確に測定することは困難であるが，これは部分的には，社会的圧力と社会的望ましさのバイアスのせいである。私たちはしばしば外集団に対してステレオタイプ的な見解をもっている。ステレオタイプは偏見を生じうる，というのは，ステレオタイプは私たちに，ステレオタイプと適合した情報に詳細に注意を払わせるからである。偏見はフラストレーションから派生することがあり，権威主義的パーソナリティをもつ個人により一般的に見出される。しかし偏見が，ある文化的集団に広く一様にみられるという事実は，権威主義的パーソナリティによっては説明できない。

偏見と差別の低減

　もし二つの対立する集団が共通の目標を成功裏に追求するならば，偏見と差別は低減されうる。平等な地位の集団間の社会的接触もまた，偏見を低減しうる。脱カテゴリー化は，対立する集団間の境界を曖昧にすることによって有益である。しかしながら，脱カテゴリー化はしばしば，集団全体ではなく，ある人々のみに対する偏見の低減を引き起こす。偏見の程度が低く，それを除去しようと動機づけられている人々は，自分の思考，特に自動的に活性化された否定

図19-27　子供たちを集団で勉強させることは，人種的障壁を減ずるために役立つ。

的なステレオタイプを自己制御することによって，偏見を除去する。偏見を経験することは，直接体験として偏見を低減しうる。

【参　考　書】

M. Hewstone, W. Stroebe, & G. M. Stephenson (Eds.) (1996), *Introduction to social psychology* (2nd Edn.), Oxford: Blackwell の中に，本章で論じた問題を扱ったよい章が幾つかある。社会的認知を扱った読みやすい本は N. Hayes (1993), *Principles of social psychology*, Hove, UK: Psychology Press である。偏見と差別は，J. Vivian と R. Brown が A. M. Colman (Ed.) (1994), *Companion encyclopedia of psychology*, Vol.2. London: Routledge の中で詳しく論じている。

【復習問題】

1　社会的要因が知覚に及ぼす影響の説明として，社会的表象と社会的アイデンティティ理論を論ぜよ。　　　　　　　　　　　　　　　　(24 点)
2a　社会心理学者は，帰属という言葉をどのような意味で使うか？　(6 点)
2b　帰属過程で作用することが見出されているエラーやバイアスについて論ぜよ。　　　　　　　　　　　　　　　　　　　　　　　　(18 点)
3　社会的あるいは文化的ステレオタイプの起源に関して，心理学的研究が示してきたことについて批判的に考察せよ。　　　　　　　　　　　(24 点)
4a　偏見の起源について，心理学的研究が私たちに示してきたことを考察せよ。
(12 点)
4b　偏見や差別を減じるために心理学者たちが行ってきた試みを評価せよ。
(12 点)

- **好意と愛情**：好意と愛情をいかに測定し，いかに区別するか。
    - ルビンの愛情尺度と好意尺度
    - スターンバーグの三角理論
- **対人関係の諸理論**：関係研究へのさまざまな心理学的接近法。
    - 生物学的諸理論
    - 強化と欲求満足理論
    - 社会的交換理論（例：ティボーとケリー）
    - 公平理論（例：ハットフィールド，アーガイル）
    - クラークとミルズの理論
    - レヴィンジャーの5段階モデル
    - カークホフとデイヴィスのフィルター理論
- **対人関係の形成**：私たちはなぜある人に魅力を感じ，ある人に感じないのか？
    - カニンガムの魅力的な人の諸特徴
    - ウォルスターらのマッチング仮説
    - 近接性と類似性
- **関係の維持**：どのような要因がある関係を他の関係よりも長続きさせるのか？
    - 自己開示とコミットメント
    - 維持方略とルール
    - マレーとホームズの作話研究
- **関係の解消**：なぜ関係は終わるのか。
    - リーとダックのモデル
    - ダックの危険因子
    - レヴィンジャーの社会的交換理論
    - カーニーとブラドベリの被傷因－ストレス－適応モデル
    - 嫉妬研究
- **対人関係の構成要素**：他の種類の関係（母－子，教師－生徒など），それらとその効果をどう研究するか。
    - アーガイルとファーンハムの目標と葛藤研究
    - ウィッシュらの勢力研究
    - ポストモダン的接近法（ウッドとダックなど）
- **他の諸側面**：同性愛，年齢，精神的健康と身体的健康。
    - 同性愛
    - アンダーソンらの比較文化研究
    - ブラッドバーンの幸福感研究

20 社会的関係

図 20-1

　この章は社会的関係に関するものである。ここでは私たちが人と出会うときその人に魅力を感じるか否かをどのような要因が決めるのかということや，交友関係その他の関係を維持するのにどのような要因が役立つのか，さらに関係を崩壊に導きうる要因にはどのようなものがあるかについて扱う。対人関係の幾つかの基礎的過程を理解することを目指した理論が何種類か提出されているので，それらを詳細に検討する。後にみるように，対人関係（殊に夫婦関係）の幾つかの側面には，文化による差異がかなりみられる。

　心理学者は対人関係をどのように研究することができるだろうか？　関係の初期段階に関わる問題の幾つかは実験室の中で研究することができる。たとえば，出会いの当初に感じる魅力にとって身体的魅力がどのくらい重要かを知りたいとする。心理学者は研究協力者にさまざまな人の写真を，その人の伝記的情報とともに見せるという方法をとるかもしれない。そうしておいて，それぞれの人物とデートしたいと思う度合いが，身体的魅力によって決まるのか，伝記的情報によって決まるのかをみるのである。

　対人関係のもっと後の諸段階を実験室の中で研究するのは，これよりずっと困難である。たとえば恋に落ちる過程を実験室状況で研究することは実際には不可能である。しっかりした実験が対人関係についてはめったに行えないという事実は，他の接近法を用いる必要があることを意味する。典型的には自記式の質問紙が，関係にまつわる諸過程や関係の満足度などを探るのに使われる。そうした質問紙は測定上の歪み，特に社会的望ましさの影響を被りやすい。これは質問に対して，不正確ではあっても社会的に望ましいような回答をする傾向のことである。たとえば英国の既婚カップルのほとんどは自分たちの結婚生活が幸福な，ないしは非常に幸福なものであると主張する。しかし婚姻関係の約40％が離婚に至るという事実は，多くの既婚カップルの結婚生活が自ら認めるよりも不幸なものであることを示唆する。

　他の接近法もまた可能である。この章の終わりにかけて，私たちはポストモダン的接近法について検討し，この接近法が関係研究に対して推奨する事項を吟味する。

　概して，対人関係という話題は心理学で最も興味深いものの一つである。しかし実験を行い確実なデータを収集するのが困難な領域でもある。この章の残りの部分では，心理学者たちがこの挑戦にい

743

かにうまく対処してきたか（あるいはしてこなかったか）を示すことになる。

好意と愛情
ルビンの二つの尺度

社会的関係を発展させる相手に対して私たちがもつ感情には、概して好意や愛情が含まれる。鍵となる問題は、これら二つの感情を区別しようとする点にある。最もよく知られた試みはルビン（Rubin, 1970）によるもので、彼はルビン愛情尺度とルビン好意尺度を提唱した。愛情尺度の諸項目は三つの主要な要因を測定する。(1) 相手を助けたいという願望、(2) 相手への依存欲求、(3) 排他性と熱中の感覚である。これに対して好意尺度の諸項目は、相手の能力への敬意と、相手の態度や他の諸特性における類似性を測定する。

ルビンの愛情尺度と好意尺度は相互に高く相関する。スターンバーグとグラジェク（Sternberg & Grajek, 1984）は恋人への好意得点と愛情得点が＋0.72の相関をもつことを見出した。この相関は最も親しい友人に対しては＋0.66、母親に対しては＋0.73、父親に対しては＋0.81であった。こうした高い相関は、ルビンの2尺度が好意と愛情をあまりうまく区別できていないことを意味する。

スターンバーグの三角理論

スターンバーグ（Sternberg, 1986）は**愛情の三角理論**（triangular theory of love）を展開した。この理論によれば、愛情は親密さ（intimacy）、熱情（passion）、決意（decision）・コミットメント（commitment）の3要素からなる。スターンバーグはそれぞれを次のように定義した。

> 親密さの要素は、恋愛関係における親しさや結びつき、絆の感情を指す。……熱情の要素は恋愛関係におけるロマンスや身体的魅力、性的成就、その他関連事象へと導く衝動を指す。決意・コミットメントの要素は、短期的には人が他者を愛するという決意を、長期的にはその愛情を維持することへのコミットメントを指す。

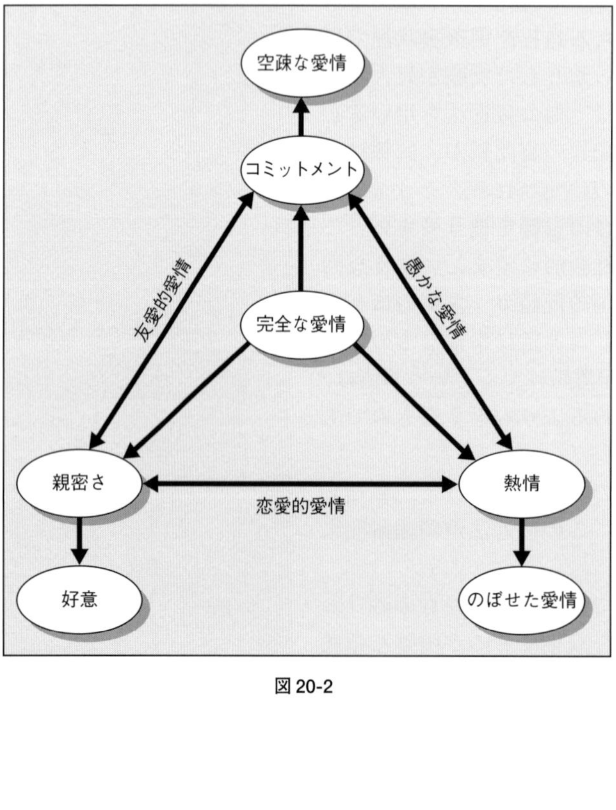

これら3要素の相対的重要性は、短期的関係と長期的関係とで異なる。熱情の要素は通常、短期的関係で最も重要であり、決意・コミットメントの要素の重要性が最も低い。一方、長期的関係では、親密さの要素が最も重要で、

図20-2

熱情の要素の重要性が最も低い。

　スターンバーグはこれら3要素の組み合わせ方の違いによって，何種類かの異なる愛情が存在すると主張する。愛情の主な種類には次のようなものがある。

- 好意ないし友情（liking or friendship）：これは親密さを伴うが熱情やコミットメントは伴わない。
- 恋愛的愛情（romantic love）：これは親密さと熱情を伴うが，コミットメントは伴わない。
- 友愛的愛情（companionate love）：これは親密さとコミットメントを伴うが，熱情は伴わない。
- 空疎な愛情（empty love）：これはコミットメントを伴うが，熱情や親密さは伴わない。
- 愚かな愛情（fatuous love）：これはコメットメントと熱情を伴うが，親密さは伴わない。
- のぼせた愛情（infatuated love）：これは熱情を伴うが，親密さやコミットメントは伴わない。
- 完全な愛情（consummate love）：これは愛情の最も強い形態である。なぜならこれは三つの要素すべて（コミットメント，熱情，親密さ）を伴うからである。

愛情の水準

　私たちは誰を最も愛し，好むのであろうか？　スターンバーグとグラジェク（1984）は，男性が一般に恋人のことを，自分の母親や父親，年齢の一番近い兄弟姉妹，最も親しい友人よりも，愛し，好むことを見出した。女性もまた，恋人と最も親しい友人を，自分の母親や父親，年齢の一番近い兄弟姉妹よりも愛し，好んでいた。しかし女性は男性とは次の点で違っていた。すなわち女性は恋人と最も親しい同性の友人を同程度に愛し，また恋人よりも最も親しい友人の方を好んでいたのである。

　スターンバーグとグラジェクはまた，ある人が自分の家族成員の1人に向ける愛情の量によって，他の家族成員に向ける愛情の量を予測することができる，ということを見出した。たとえば父親を大いに愛する人々は，母親や年齢の一番近い兄弟姉妹に対しても高い水準の愛情を傾ける傾向があるということである。しかしある人が自分の恋人や最も親しい友人に対して抱く愛情の量は，自分の家族成員に対して感じる愛情の量からは予測することができない。

ある関係における愛情の種類は時間とともに変化するのか。もし変化するなら，それはなぜ，どのように変化するのか？

対人関係の諸理論

　この節では対人関係の諸理論について論じる。これらの理論は検証することが困難である。その理由の一つは，関連する過程の多くが，実験室の中では容易に検討できないからである。別の理由は，対人関係のあり方が人によって大いに違うからである。たとえば恋愛関係と同性間の交友関係，異性間の交友関係，職場での対人関係

等々はそれぞれ区別することが重要である。対人関係の一つの類型と別の類型では，関連する過程がかなり違うことが経験上明らかである。こうした多様性をたった一つの理論の範囲で扱うのは難しい。多くの理論家たちは，自分たちの理論がどのような類型の対人関係に最もよく適用できるのかということを，あまり注意深く明示してこなかった。

ほぼすべての対人関係に当てはまる鍵となる特徴は，それらが時とともに変化するということである。この変化を理解するためには，関連する**過程**に注目しなければならない。しかしこれらの過程は概して長い時間をかけて生起するので，実験的に観察することは非常に困難である。

生物学的諸理論

社会的関係を考察するための一つの方法は，生物学的ないしは進化論的観点をとることである（第8章参照）。中心的なアイディアは，誰もが有性生殖を通して自分の遺伝子の生存を確保しようと動機づけられるというものである。生物学的接近法から示唆されることの一つは，男性も女性もともに，健康な子を産む見込みが最も高い生殖相手を探し求めるはずだということである。このことで，なぜ身体的に健康な相手が不健康な相手よりも一般に好まれるのかを説明することもできる。男性が自分より年下の女性を好みがちであるのも，若い女性の方が子を多く産む見込みが高いからかもしれない（バス Buss, 1989b）。

生物学的接近法は，家族の中でしばしばみられる近しい関係を説明するためにも援用されてきた。ある個体が自分の遺伝子の生存を確保するためには，自分の親族を保護して生殖できるようにしてやることが一つの方法として役立つ。たとえば，子は両親のそれぞれと50％ずつの遺伝子を共有する。その結果，両親がかなりの労力を費やして子の世話をするのには，強力な生物学的理由があることになる。同じ考え方が他の親族との関係についても当てはまる。関係の強さは遺伝的類似性によって決まるということである。**血縁淘汰**（kin selection）という用語は，個体の遺伝子の生存が，近親者の生存を助けることにより確保されるという考え方を表すのに用いられる（第9章参照）。

この生物学的接近法と一貫する根拠が幾つかある。フェルナーとマーシャル（Fellner & Marshall, 1981）は86％の人が自分の子のためには進んで腎臓提供者になるが，両親に対して同様にするのは67％，兄弟姉妹に対しては50％であることを見出した。

評　価

関係についての生物学的諸理論は，

生物学的接近法によると，配偶者の特徴として他にどのようなものが望ましいと考えられるだろうか？

キー用語
血縁淘汰：個体の遺伝子の生存を確保するのに役立つがゆえに近親者に対して，愛他的な，すなわち非利己的な行動が示される。

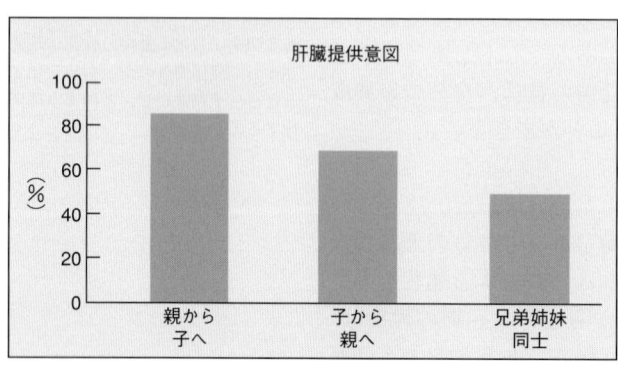

図20-3　血縁淘汰

家族内関係の独特な特徴，特に，ほとんどの親たちが自分の子に費やす莫大な時間と資源の量，を説明するのに役立つ。しかしこのような諸理論でほとんどの関係を説明できるわけではない。たとえば，恋愛関係の主な目標が生殖にあるという考え方は，多くの同性愛関係や子をもつ意図のない異性愛関係には適用できない。

生物学的諸理論のもつ最大の限界は，性的関係に焦点を合わせ，他の性的でない関係や友情を無視することである。これらの理論では，女性が最も親しい友人を恋人と同じくらいに愛し，好意については親しい友人のほうが上であるということを説明することが困難である（スターンバーグとグラジェク，1984）。一般的な言い方をすると，生物学的欲求よりもむしろ心理学的欲求に基づく対人関係を説明するには，生物学的諸理論では不十分である。

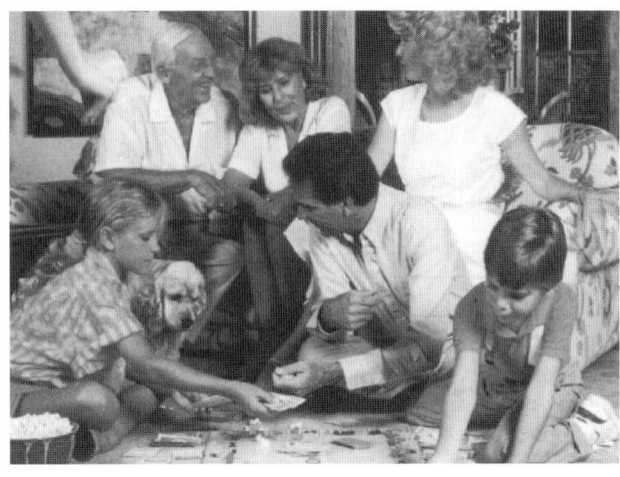

図20-4　親は子に多くの時間と資源を投入するが，これは関係の生物学的諸理論で説明できるかもしれない。すなわち子が生存し成功するのを助けることができれば，親の遺伝子を伝えるチャンスが増えるからである。

強化と欲求満足理論

強化と欲求満足理論は，私たちが友情や深い関係を結ぶ鍵となる理由が，他者から得られる報酬ないし強化にあるという考えに基づいている。この報酬は，しばしば是認や微笑み等からなる。フォアとフォア（Foa & Foa, 1975）は他の人たちから与えられる報酬には，セックスや地位，愛情，援助，金銭，自分の意見への同意なども含まれうると論じた。これらのものが報酬になるのは，それらが私たちのさまざまな社会的欲求に見合うからであろう。たとえば，他者からの是認を得ることは私たちの自尊欲求を満足させるし，人に慰めてもらうことは私たちの依存欲求を満足させる。また他者を管理することは私たちの支配欲求を満足させるし，愛を交わすことは私たちの性的欲求を満足させる（アーガイル Argyle, 1988）。

バーン（Byrne, 1971）は，強化が対人魅力に与える影響を決定する際には，古典的条件づけもまた重要な役割を果たすと論じた。人が自分と類似した態度を表明する場合には肯定的な感情ないし情動が作られるのに対して，自分と類似していない態度を人が表明する場合には否定的情動が産み出されることを彼は見出した。さらにこの理論に深く関連する次のようなことも彼は見出した。すなわち，研究協力者は，ある人物の写真を見ているときに自分の態度と類似した態度表明を聞くと，類似していない態度表明を聞く場合よりも，その写真の人物をより好むということである。これはバーンによると，いつも音を鳴らしてから食物を見せていると，音を鳴らすだけで唾液分泌が生じることになる様子に似ているという（第10章参照）。

次の関係の諸類型に対応する欲求を列挙せよ：親友関係，親子関係，恋愛関係。

評　価

　私たちは強化を提供してくれる人に対して，そうでない人以上の魅力を感じる。たとえば報酬性の高い人（すなわち友好的で，協力的な，笑顔で，暖かい人）は，報酬性の低い人よりも一貫して好まれる。しかしさまざまな理由から，強化理論で対人魅力が十分に説明できると言うことはできない。第一に，この理論は現在進行中の友情や深い関係の中での魅力よりも，まさに最初期の段階の魅力を扱う場合により一層適合するようである。第二に，アーガイルが指摘するように，強化は親子間の関係の強度を決めるにあたっては，それほど重要でないことが示されてきている。

　第三に，強化理論は人々がまったくもって利己的であり，自分の受け取る報酬にしか関心がないという前提を置く。しかし実際には，人々はしばしば他の人々のことを気にかけ，他の人々に与える報酬にも心を配る。第四に，強化が対人魅力を高めるか否かは強化が与えられる文脈（context）に大いに依存する。たとえば性的欲求は売春婦によっても満たすことができるが，これは売春婦のもとに赴く男性が売春婦に人としての魅力を感じるようになることを意味するわけではない。

　第五に，強化と欲求満足の諸理論は非西洋諸国の集団主義社会よりも，西洋諸国の個人主義社会によりよく適合するようだ（第28章参照）。さらにいくぶん想像を逞しくするならば，これらの理論は女性よりも男性により当てはまる傾向があるかもしれない。多くの文化で他者の欲求に注意深くなることは，男性よりも女性に対して強調されるのである（ロット Lott, 1994）。

交換と公平

社会的交換理論

　社会的交換理論（たとえば，ティボーとケリー Thibaut & Kelley, 1959）は強化理論と似ているが，対人魅力についてのよりもっともらしい説明を提供する。そこでは誰もがある関係から自分の得る報酬（愛情や注目など）を最大化し，コスト（相手に時間と労力をかけること，相手の情緒的問題に対処することなど）を最小化するよう試みると仮定される。さらに人々は相手に与えるのと同じだけの報酬を，相手が与えてくれることを期待するとも仮定される。

　ティボーとケリーは長期的な友情と深い関係が次の四つの段階を経ると論じた。

強化理論に基づいて人に助言を与えるとすると，まだ一度も会ったことのない人によい印象を与え，好意をもたれるには，どのように振る舞うべきだとあなたなら助言するか？

次の関係ではどのような報酬とコストが関わっているのか？：親友関係，親子関係，恋愛関係。

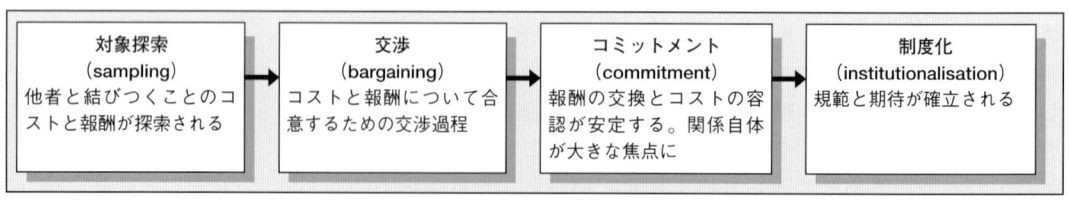

図 20-5

時には付加的な前提が社会的交換理論に含められることがある。たとえば，ある関係の報酬とコストに人がどれだけ満足するかはその人が以前の関係から何を期待するようになったかに依存する。言い換えると，その人は**比較水準**（comparison level）をもっていることになる（ティボーとケリー，1959）。ここで比較水準とは，過去の経験に基づいて自分が受け取るに値すると信じる成果の水準を意味する。さらにその人の満足水準は，もし他の誰かと関係を築いていたら伴ったであろう報酬（愛情，セックスなど）とコスト（口論，コントロールの喪失など）に依存する。これは選択的比較水準として知られている。

> **キー用語**
> **比較水準**：人々が過去の経験に基づいて，ある関係から自分が得るに値すると考える成果の水準。

公平理論

交換理論を拡張し，公平さをより強調する理論家たちもいる（ハットフィールドら Hatfield, Utne & Traupmann, 1979）。公平理論によれば，人々はある関係から受け取る報酬が，相手に提供する報酬に見合ったものであることを期待する。しかしこの理論では，不均衡があっても，その関係に関わる2者がその状況を容認する場合には，不均衡も大目にみられることがあると仮定する。ウォルスターら（Walster *et al.*, 1978）は公平理論の主要な前提を次のように表現した。

公平と平等の違いは何か？

1. 人は自分の受け取る報酬を最大化し，コストを最小化しようと努める。
2. 公平さを産み出すために交渉がなされる。たとえば伴侶の一方は，週2回スポーツをしに出かける代わりに，毎週の買い物を担当するかもしれない。
3. 関係が不公平であると，特に不利益を被る側に苦痛が生じる。
4. 不利益を被る側は，不公平さが甚だしい場合には特に，関係をもっと公平なものにしようと努力する。

ハットフィールドら（1979）は，結婚生活への貢献という観点からみて自分が得るべき以上のものを得ている，あるいはそれ以下のものしか得ていないと感じる度合いを示すよう，新婚夫婦に求めた。さらに満足感，幸福感，怒り，罪悪感の程度も示すよう求めた。享受不足者は結婚生活への全体的満足度が最低であり，怒りを経験する傾向があった。享受過剰者はその次で（罪悪感をもつ傾向があり），夫婦関係が公平だと認識している者は満足度が最高水準であった。享受過剰の男性は夫婦関係が公平な者とほぼ同じくらい満足していたが，享受不足の女性は平等に享受している女性よりもずっと満足度が低かった（アーガイル，1988）。

自分たちの夫婦関係が公平だと認識している者が最も幸福であるという知見と，享受不足であると認識している者が最も不幸であるという知見は，ブウンクとヴァン・イペレン（Buunk & Van Yperen, 1991）の研究でも確認されている。しかしこれらの知見は交換志向

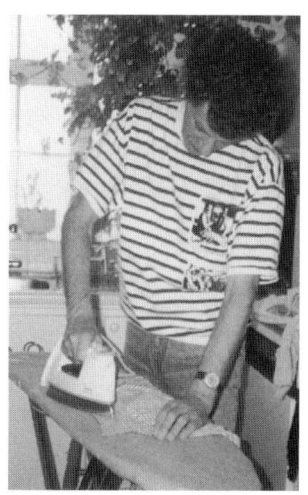

図20-6 家事分担は公平な関係における交渉の結果かもしれない。公平な関係では伴侶のそれぞれは，相手が自分の責任分を果たしていると感じる。

> 享受過剰の男性と享受不足の女性の違いのようなジェンダー差には，どのような原因がありうるか？

の高い（すなわち，ある関係で一方が報酬を与えると，すぐに他方も報酬を返すべきであると期待する）人々だけに当てはまっていた。交換志向の低い人々は，享受過剰か享受不足か，あるいは平等享受か，といったことに関わりなく，結婚生活にかなり高い満足度を示していた。

評　価

公平理論は交換理論よりも理にかなっているように思える。公平理論は自分自身だけでなく，相手の報酬とコストを考慮する度合いの強いものとなっている。両方の接近法への最もわかりやすい批判は，人々が友情や深い関係において非常に利己的で自己中心的であるという前提を置いている点にある。この前提は合衆国のような個人主義的な社会では一定の妥当性をもつかもしれないが，集団主義的な社会には当てはまる可能性が低いだろう。文化差の根拠がガーゲンら（Gergen et al., 1980）に報告されている。ヨーロッパの学生は自分の人間関係において，報酬を等しく分配する平等性の方を好むことが見出された。対照的に，米国の学生は，報酬と投入量の比が一定であることに基づく公平性を好む傾向があった。

公平理論からの比較的明白な予測の一つは，公平な関係の将来の質は不公平な関係のそれよりも優れているはずであるというものだ。しかし，公平性と将来の関係の質の間には関連がみられないという研究がたくさんある（ブウンク Buunk, 1996 参照）。

この領域の多くの研究は，これまであまり有益な成果をあげてきていない。この理由の幾つかをアーガイル（1988, p.224）は次のように見定めている。

> （交換）理論は多くの場合非常に人工的な実験へと導いてしまったし……，現実の人間関係に関する研究は，報酬を測定することの難しさによって進展が妨げられてきた。

交換や公平性という考え方は，親しい友人同士や互いに情緒的な関わりのある人々の間でよりも，軽い知り合いの間でより重要である。幸せに暮らしている夫婦は交換や公平さの問題に焦点を合わすことはない。交換や公平さに関心のある夫婦はそうでない夫婦よりも，互いの間の調整が著しく下手であることをマースタインら（Murstein et al., 1977）は見出している。この点に関する他の根拠は次のセクションでさらに議論される。

共同体的関係

親密な関係が伝統的な諸理論の見地からうまく理解できるのかについて，疑問を抱いてきた理論家たちもいる。たとえば，クラークとミルズ（Clark & Mills, 1979）は，関係には二つの主要な類型があると論じた。

・**共同体的関係**（communal relationships）：主な焦点は，相手が必要と

> キー用語
> **共同体的関係**：主な焦点が相手の必要としているものを与えることにある関係。

するものをその相手に与えることにある。概して親しい友人や家族成員との関係がこれにあたる。
- **交換的関係**（exchange relationships）：主な焦点は，その関係に投入したものがそこから得られるものと釣り合うべきであるという考え方にある。通常，知り合いや見知らぬ人との関係がこれにあたる。

> **キー用語**
> **交換的関係**：主な焦点が関係に投入されるものとそこから得られるものとの均衡にある関係。

クラークとミルズによると，最もロマンチックな関係は交換の原理には基づかない。そうした関係に関わる者は，交換や互酬性によりも，相手の要求に応じることができるかということにずっと関心をもつ。

クラーク（1984）は共同体的関係と交換的関係の区別についての，この提案と一貫する根拠を示している。男子学生がポーラと呼ばれるある人物とともに，ある行列内の一連の数字を特定するという課題に従事した。それぞれの学生は，彼とポーラが課題成績に基づいて共同で報酬を受け取るが，それぞれがいくら受け取るかは自分たちで決めなければならないと聞かされた。ある学生たちはポーラが独身で友達を作るために実験に参加していると聞かされていた。別の学生たちはポーラが結婚していて夫が車で迎えに来ると聞かされていた。前者の研究協力者はポーラとの共同体的関係の可能性という観点から考える傾向をもつ一方で，後者の研究協力者は交換的関係を期待するであろうとクラークは予測した。

研究協力者はポーラがすでにフェルトペンで，一連の数字に丸をつけていることに気づく。ここで興味深いのは，研究協力者が違う色のペンを用いるかということであった。交換的関係を求めている学生は，自分の貢献に応じた支払いを受け取る可能性が出てくるよう，違う色のペンを使うであろうと論じられた。これに対して共同体的関係を求めている学生は，2人の努力の合計値に主な関心があるため，同じ色のペンを使うはずであった。結果は予測通りであった。違う色のフェルトペンを使ったのはポーラが既婚者であると考えていた学生では約90％であったのに対して，独身だと考えていた学生では10％にしかならなかった。クラークはさらに，友人同士のペアでは見知らぬ人同士のペアでよりも違う色のペンを使う傾向が低いことを見出した。

フィスク（Fiske, 1993）はクラークとミルズ（1979）の提唱した理論化の方向をさらに展開した。彼によると関係には次の4類型がある。

- 交換：互酬性に基づく。
- 共同体：相手の要求を満たすことに基づく。
- 平等性の適用（equality matching）：誰もが同じだけ受け取ることを保証することに基づく。たとえば，ある一家の子供すべてに同じ大きさのアイスクリームを与えることなど。
- 権威：ひとりの命令に他の人が従うという考えに基づく。

議論のポイント

1. クラークとミルズの研究は交換的関係と共同体的関係の区別があることを本当に示しているか？
2. 社会心理学者は交換的関係に焦点を合わせすぎて，共同体的関係には

十分注意を払ってこなかったのか？

レヴィンジャーの5段階モデル

深い関係と深い友情の最も重要な特徴は，それらが時間とともにダイナミックに変化することである。レヴィンジャー（Levinger, 1980）はこの変化を彼の5段階モデル，すなわちABCDEモデルの中で強調した。このモデルによると深い関係は，次のような5つの連続的段階を経るとされる。

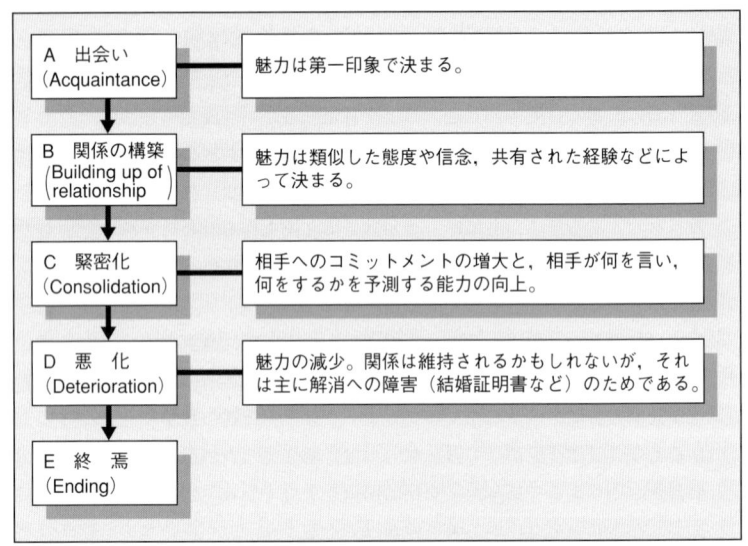

図20-7

評　価

レヴィンジャーのモデルの最大の強みは，深い関係や深い友情の時間に伴う変化の仕方が予測できる，という考えを強調する点である。しかしレヴィンジャーは関係の一連の段階が固定した順序で進むとみなしており，それゆえ関係間の類似性に焦点を合わせていることになる。実際には関係の進展には，カップルごとに大きな違いがある（ブレーム Brehm, 1992）。結果として，固定した段階としてよりもむしろ柔軟性のある位相という観点で考える方が望ましいかもしれない（ブレーム, 1992）。レヴィンジャーのモデルは**いつ　何が**という疑問に対する一つの答えとなっており，関係の推移の中で何が起こり，いつ別の段階に移るのかを私たちに教えてくれる。しかし，**なぜ**という疑問にはほとんど答えていない。なぜ関係はこの一連の固定的段階を経るのか？　なぜ関係は最初時間とともに改善し，後に悪化するのか？

すべての関係がレヴィンジャーの5段階をすべて経るのだろうか？

フィルター理論

カークホフとデイヴィス（Kerckhoff & Davis, 1962）は，深い関係が一連のフィルターを経るものであり，それぞれのフィルターは関係が始まり継続するために必須のものであると論じた。第一のフィ

ルターは，私たちが出会うのが，自分の住む地域のごく限られた数の人々でしかないという事実を主要テーマとする。私たちが実際に出会う人々のほとんどは，私たちと類似した社会階層と教育程度の人々であり，同じ人種・民族集団にさえ属しているかもしれない。

第二のフィルターは心理学的な諸要因に基づく。カークホフとデイヴィスは（18ヶ月以下の）短期間の関係がより長期間の関係になる成算は，価値と信念の共有いかんに最も依存することを見出した。第三のフィルターは情緒的欲求の補完性である。相手の情緒的欲求を満足させる能力は，7ヶ月以上にわたり行われた研究においても長期的関係が維持されるか否かを予測する最良の指標であった。

深い関係の形成と維持にとって，社会階層，出身民族，教育水準，年齢といった要因が重要であるとあなたは思うか？

評　価

ある関係の初期段階で重要な諸要因が，後の段階で問題になるものとは異なるという根拠はかなりあり（ブレーム，1992），これがフィルター理論の中では強調されている。この理論が対人関係の形成と維持に影響する広範な諸要因を，理論的に理解する助けになることも別の利点である（後述）。フィルター理論の主な限界は，その焦点が恋愛関係にあり，友情の発展に影響する要因については何も語らないことである。

対人関係の形成

多くの要因が対人関係の形成に関わっている。対人関係には，恋愛関係から職場での軽い友情にわたるまでの，幾つかの種類がある。しかし私たちは恋愛関係の形成に多く焦点を合わせることにしよう。すべての関連要因をここで考慮することは不可能である。その代わりとして，主な要因のうち次の五つに焦点を合わせることにする。すなわち，身体的魅力，近接性，態度の類似性，人口統計学的類似性，パーソナリティの類似性である。

身体的魅力

私たちが見知らぬ人に出会うとき，普通，最初に気づくのは，その人の外見である。これにはその人がどんな服を着ているか，それらは清潔か汚れているかということも含まれ，またしばしばそこに身体的な魅力の評価も含まれる。ある人が身体的に魅力的であるか否かについて，人々の意見は一致する傾向にある。小さな子供のような顔をもつ女性は，しばしば魅力的であると知覚される。たとえば，比較的大きくて左右に離れた目をし，鼻と顎が小さい女性の写真は，より魅力的であるとみなされる。しかし広いほお骨と細いほほもまた魅力的であるとみなされるが（カニンガム Cunningham, 1986），これらの特徴は普通小さい子供にはみられない。

カニンガムは男性の身体的魅力についても研究している。四角い下顎，小さな目，薄い唇は女性たちから魅力的であるとみなされた。これらの特徴は子供にはめったにみられないため，成熟度を示すものとみなすこともできる。

魅力的だと考えられているが，カニンガムの魅力性の基準に合致しない有名人を誰か思い浮かべることができるか？

 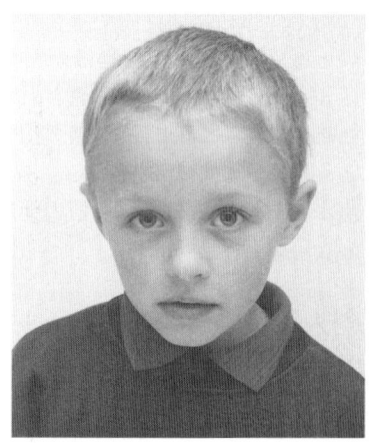

図20-8 ジョーン・コリンズ（左上）はカニンガムの「魅力的な女性」の特徴に当てはまる。彼女の特徴が小さな女の子（右上）の特徴にどれほど似ているかに注意せよ。しかしピアース・ブロスナン（左下）は小さな男の子（右下）とはずいぶん違って見える。

身体的に魅力のある人々は一般的にも魅力的であると考えられているという根拠がブリアム（Brigham, 1971）によって報告されている。身体的に魅力のある人は，落ち着いていて，社交的であり，おもしろく，独立心が強く，わくわくさせてくれて，性的に盛んであると，男女ともに主張した。

キー研究評価—ウォルスターら

ウォルスターらのマッチング仮説は，人々は身体的魅力の水準が自分とほぼ同じくらいの相手に惹かれると提唱する。これは実際多くの場面で当てはまるかもしれないが，私たちが誰を魅力的であると感じるかには多くの社会的要因もまた影響を及ぼしうるのに，それが考慮されていない。魅力水準が異なっていても，一緒に働いていたり近くに住んでいることから知り合うことになった人々の間で，関係はしばしば始まる。ここでは純粋な身体的魅力以外のメカニズムが作用している。その他にも，たいへん魅力的であると一般に考えられている人々が，他の人々から近づきがたいと思われているということもある。あまり魅力的でないパートナーは，たいへん魅力的なパートナーと比べて道を踏み外すことが少ないので，その関係には信頼が置けると信じる人もいる。

ウォルスターら

ウォルスターら（Walster et al., 1966）はあるダンスパーティを開催し，そこで学生たちを無作為に異性のパートナーに割り当てた。ダンスパーティの半ばあたりで，学生たちは質問紙に記入して自分のパートナーについての意見を述べた。これらの意見が学生たちの身体的魅力に関する判定者の評定と比較された。身体的に魅力的な方の学生たちは，あまり魅力的でない学生たちよりもパートナーから好まれた。6ヶ月後

にウォルスターらが学生たちにダンスパーティ以降，パートナーとデートをしたかをたずねたところ，身体的魅力が類似していた場合には，類似していない場合よりもパートナー同士でデートをしていた傾向があることがわかった。

　ウォルスターらはこの知見を次のように説明した。私たちは最初，美しく，ハンサムな人たちに惹かれるが，自分よりもずっと身体的に魅力のある人から魅力的だとみてもらえる見込みについては現実的な判断をする。その結果，私たちは身体的魅力が自分とほぼ同じくらいの相手に惹かれることになる。これは**マッチング仮説**（matching hypothesis）として知られており，ウォルスターとウォルスター（1969）によって検証されている。彼らはダンスパーティをもう一つ催した。ただし今回は学生たちを事前に引き会わせておいた。このことは学生たちに，パートナーに求める特質についての考えを深めさせる機会になったであろう。マッチング仮説の予測する通り，学生たちが最も好意を示したのは身体的魅力が同じ水準の者に対してであった。

> **キー用語**
> マッチング仮説：私たちは身体的魅力が自分とほぼ同じくらいの相手に惹かれるという考え。

議論のポイント
1. あなたの経験から，マッチング仮説は正しいと思えるか？
2. デート行動や深い関係において身体的魅力がこれほど重要な役割を果たすのはなぜか？

　マースタイン（1972）はマッチング仮説をさらに支持する結果を得ている。婚約したカップルと交際中のカップルの身体的魅力が写真で判定された。カップル内の2人は身体的魅力という点で類似しているという傾向が明確にみられた。

> ■やってみよう：新聞や雑誌からカップルの写真を集めてマースタインのマッチング仮説に関する研究結果を確認してみよう。これは相関的研究になる（すなわち非実験的である）。マースタインの研究の改良版として，デート中のカップルや結婚して10年以上のカップル，同性愛のカップルを含めてもよいだろう。関連するさまざまな倫理的配慮を忘れないように。

　身体的魅力は，人と出会った当初に感じる魅力に重要な影響を及ぼすものである。しかし他の人よりずっと身体的魅力に影響されやすい人たちもいる。トウヒー（Towhey, 1979）は男性と女性に，ある人物の写真と伝記的情報を見せた上で，その人物をどのくらい好きになりそうかとたずねた。（性差別的な態度やステレオタイプ，行動を扱う）マコー（Macho）尺度で高得点をとった者の判断は，身体的魅力にかなり影響されていたのに対して，マコー尺度で低得点の者は身体的魅力を，考慮すべき要因としてほとんど無視していた。

　身体的魅力は主に関係の初期の段階でのみ重要なのであろうか？答えは「ノー」であるようだ。たとえば，マースタインとクリスティ（Murstein & Christy, 1979）は，身体的魅力の類似度がデート中のカップルよりも既婚カップルで有意に大きいことを報告している。

近接性

　近接性，すなわち近さは，友人選択を決める重要な要因である。この強力な根拠がフェスティンガーら（Festinger, Schachter & Back,

> 近接性というこの概念は，あなたの友人たちに当てはまるか？

図20-9 友情は近くに住み、余暇に類似した趣味を楽しむ人々の間で生まれ、維持される。

1950）の研究から得られている。彼らは2階建てのアパート17棟に無作為に住居を割り当てられた、既婚の大学院生たちを調査した。彼らの最も親しい友人の約3分の2が同じ棟に住んでいた。同じ棟に住む親しい友人が同じ階に住んでいる割合は、別の階に住む割合の2倍であった。

　近接性の重要性は、結婚につながる恋愛関係にまで及ぶ。ボサード（Bossard, 1932）はフィラデルフィアの結婚証明書5000通を調べた。結婚する者はお互い近くに住んでいる、という明確な傾向のあることを彼は見出した。しかしこれは今日ではそれほど当てはまらないかもしれない。なぜなら1930年代と比べて、人々は一般に移動性が高くなっているし、もっとずっと旅行するようになっているからである。

　友情と深い関係は近くに住んでいる者たちの間での方が一般的であるが、このことは敵対関係についても当てはまる。エベスンら（Ebbesen, Kjos & Konecni, 1976）は、カリフォルニアの団地の住民たちは、敵もほとんど近隣に住んでいることを見出した。

態度の類似性

　対人魅力を決定する要因の一つは態度の類似性である。ニューカム（Newcomb, 1961）は学生たちの信念と態度に関する情報を手に入れた。次にこの情報を用いて学生たちを各部屋に割り当てた。態度の類似した学生と一緒の部屋に割り当てられたものもいたし、非常に異なる態度をもつ学生と組まされたものもいた。同じ信念と態度を共有する学生たちの間では、そうでない学生たちの間と比べて、友情が育まれる度合いがずっと大きかった（それぞれ58％と25％）。

　態度の類似性は、その態度が当人にとって重要なものである場合にはより一層、対人魅力に影響することをバーンら（Byrne et al., 1968）は見出した。彼らは相手の態度が75％の話題、もしくは25％の話題で、研究協力者の態度と類似しているようにみえるよう、状況を設定した。これは相手についての偽情報を意図的に与えることを通じて行われた。類似性が魅力に影響を与えたのは、研究協力者にとって最も重要な話題に関して類似性があるときのみであった。

　ワーナーとパーマリー（Werner & Parmalee, 1979）は、重要なのは態度の類似性そのものではないと主張した。彼らは態度の類似性よりも余暇活動（これは態度の類似性と関連する）に対する好みの類似性の方が、友情にとって重要であることを見出した。ワーナーとパーマリー（1979, p.62）によれば、「ともに遊ぶものたちは、友であり続ける（those who play together, stay together）」のである。

類似した余暇活動を好むことは親密な関係にとって重要なことであるとあなたは思うか？

人口統計学的類似性

　人口統計学的変数（年齢、性別、社会階層など）の効果を検討した研究もいくらかある。人口統計学的特徴の類似した人々の方が友人になりやすいということは、ほぼ常に見出されてきた。たとえば、カンデル（Kandel, 1978）は中等教育学校の生徒に対して、他の生徒

たちの中から親友の名前を挙げるよう求めた。名前を挙げられた親友と名前を挙げた生徒の年齢，宗教，社会階層，民族的出自は，同じである傾向にあった。

パーソナリティの類似性

身体的魅力，態度，人口統計学的変数の類似性は，友人同士，婚約したカップル，既婚のカップルの間でそこそこ見出される。パーソナリティの類似性についてはどうであろうか？　一つの可能性として，パーソナリティの類似したもの同士がお互いに関わりをもつようになることは大いにありうる（「類は友を呼ぶ」）。一方，似ていないもの同士が友達になったり結婚したりする可能性も大いにありうる（「自分にないものに惹かれる」）。ウィンチ（Winch, 1958）は後者の可能性を主張した。既婚カップルはそれぞれが相補的欲求をもつなら幸福であろうと彼は論じた。たとえば傲慢な人物が従順な相手と結婚すると，双方が自分の欲求を満たすことができるかもしれない。

ウィンチはパーソナリティの異なる既婚カップルが，類似したカップルよりも幸福であることを見出した。しかしほとんどの根拠はパーソナリティの類似性が重要であり，人々は自分と似た人との間に親密な交わりをもつ傾向があることを示している。バージェスとウォリン（Burgess & Wallin, 1953）は婚約した1000組のカップルから，42のパーソナリティ特性についての情報を含む，詳細な情報を得た。自分にないものに惹かれるという考えを支持する根拠は一つも見つからなかった。14のパーソナリティ特性（傷つきやすさ，社交行事のリーダーであることなど）にはカップル内での有意な類似性がみられたが，その類似性の度合はあまり大きくなかった。

5つの要因の評価

対人関係の形成は数種類の類似性に非常に大きく依存するという根拠がたくさんある。なぜ類似性はそれほど重要なのか？　ルビン（Rubin, 1973）はさまざまな回答を提出している。第一に，私たちが自分に類似した人々を好むのならば，彼らも私たちを好むだろうということが当然，見込まれる。第二に，類似した人々とのコミュニケーションはより容易である。第三に，類似した他者は私たちの態度と信念の正しさを支持しより強固なものにしてくれるかもしれない。第四に，もし私たちが自分自身を好むのならば，自分に類似した他者を好むのも当然である。第五に，私たちに類似した人々は，同じ活動を楽しむ傾向が強いであろう。

この領域の研究の多くはどちらかというと人工的なものである。たとえば身体的魅力の重要性は，時に，一度も会ったことのない人の写真を研究協力者に見せて，その人たちとどのくらいつき合いたいと思うかを示すよう求めることで評価される。身体的魅力は他の関連情報が利用できないときには当然，きわめて大きな影響を結果に及ぼすことになる。対人関係は2人の人間がお互いをよりよく知

関係の形成に関わる諸要因を考慮すると，どのようなタイプの人とあなたはうまく関係を築けそうか？　それはあなた自身に似た人であろうか，なかろうか？

るようになるにつれて時間をかけて形成されるが，関連する諸過程が実験室の中で調べられるのはまれである。

ほとんどの研究に当てはまるもう一つの限界は，個人差が無視されてきたことにある。身体的魅力や態度その他の類似性を他の人たちよりも重視する人たちがいるが，このことについてはほとんどわかっていない。

関係の維持

友情と深い関係の，維持と展開にはさまざまな要因が貢献している。これらの要因には自己開示や，コミットメント，さまざまな維持方略，関係上のルールの遵守が含まれる。これに対し，自己開示水準の低下は，概して関係の強度の減少に関わる。

自己開示

本章で先に議論された通り，スターンバーグ（1986）は好意と愛情の両者にとって，親密さの要素が鍵となることを特定している。**自己開示**（self-disclosure）は自分自身についての個人的でデリケートな情報を別の人に明かすことを意味するが，これは親密さが進展し維持されるにあたって根本的な重要性をもつ。アルトマンとテーラー（Altman & Taylor, 1973）の**社会的浸透理論**（social penetration theory）によると，関係の進展は双方の自己開示量の増大を伴う。出会ったばかりの人々は相手の自己開示の水準に合わせるという，**自己開示の応報性規範**（norm of self-disclosure reciprocity）に従いがちである。アルトマンとテーラーによると，自分自身のことをさらけ出す方向への動きは，相手が怖がるかもしれないので，急ぎすぎるべきではない。

脱浸透 関係が進展するにつれて自己開示の応報性規範への拘泥は少なくなる。親密な関係においては，デリケートな個人的情報を聞くと，相手は自己開示をするよりは，恐らく支援を申し出たり，理解を示したりしてくれる可能性が大きい（アーチャー Archer, 1979）。関係の維持にとっての問題は，アルトマンとテーラー（1973）が脱浸透と呼ぶものに関わる傾向にある。**脱浸透**（depenetration）とは，広範な話題にわたって，相手に親密な自己開示をする習慣をやめることを意味する。それは主に二つの形をとる。一つは，単純に，相手に親密な情報を明かすことを拒否する形をとる。もう一つは，少数の話題についてのみ親密に語るという形をとる。しかもそのときの話題は，相手を傷つけるために選ばれたものであり，通常，強い否定的感情を伴う（トルステッドとストークス Tolstedt & Stokes, 1984）。

ジェンダー差 女性は男性に比べて，さまざまな関係において自己開示水準が高い傾向にあるとしばしば主張される。ディンディアとアレン（Dindia & Allen, 1992）は関連する根拠を205の研究か

キー用語
自己開示：自分についての個人的情報を他の誰かに明かすこと。

新しい関係において自己開示が危険を伴うのはなぜか？

キー用語
脱浸透：他の誰かに対する自己開示の量を意図的に減らすこと。

らレヴューした。平均すると，異性の恋愛相手と同性の友人に対して女性は男性よりも多く自己開示をする。しかし男性の友人への自己開示水準は，男女間に差がみられなかった。自己開示における性差のほとんどは大きなものでないが，過去30年間ほどの間，差が縮まっていないようだ。

コミットメント

関係を持続させる決意という意味でのコミットメントは，時間とともに増加する。どんな要因がコミットメントの成長につながるのであろうか。ラズバルト（Rusbult, 1980）は投資モデルを提唱し，そこで鍵となる三つの要因を区別した。

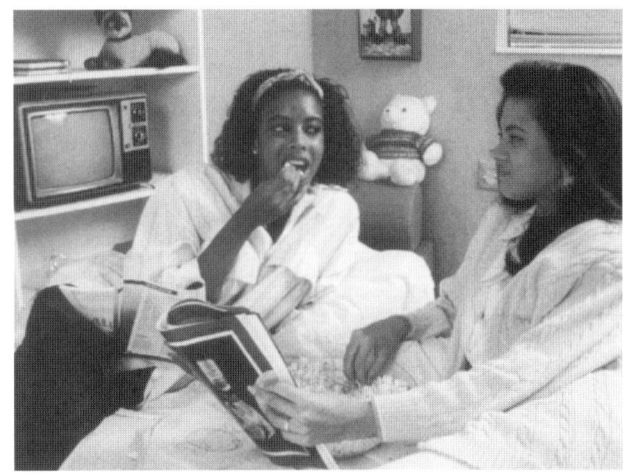

図20-10 平均して女性は男性よりも，同性の友人に対して自分の個人的かつデリケートな情報を多く開示する（ディンディアとアレン，1992）。

1. 満足感：関係から得られる報酬。
2. 知覚された選択肢の質：人がある関係にもっとコミットするようになるのは，他に魅力的な選択肢がない場合である。
3. 投資サイズ：時間，労力，金銭その他をある関係に投資すればするだけ，コミットメントはより大きくなる。

ランド（Lund, 1985）はコミットメントの水準が，満足感や報酬よりもむしろ投資サイズに依存することを見出した。マイクルズら（Michaels, Acock & Edwards, 1986）はある関係から得られる成果が別の関係から予期されるものより大きいときには，それが小さいときと比べて，その関係へのコミットメントが強いことを見出した。彼らはまた，関係が公平である度合いからコミットメントの大きさを予測できないことを見出した。

ラズバルトの接近法には二つの限界がある。第一に彼が区別した三つの要因はそれぞれ真に独立したものとは言えない。たとえばある関係に非常に満足している人は，その関係に一層大きな投資をする可能性が大きい。第二にほとんどの研究が長期的な関係よりも，短期的な関係に焦点を合わせたものとなっている（ブウンク，1996）。

ラズバルトの3要因によれば，ある関係が失敗に終わりがちなのはどのようなときであろうか？

維持方略

ディンディアとバクスター（Dindia & Baxter, 1987）は，既婚カップルが結婚生活を維持するために用いる方略について，徹底的な研究を行っている。彼らはそうした方略の49個について根拠を見出した。それらは維持方略と修復方略に分けることができる。維持方略は一緒に散歩に出かけること，その日の出来事について語ることなど，大部分が共同活動に関わり，それが心地よいために行われる。これに対して，修復方略は問題点を議論したり，困難な決断を下す

図20-11 一緒に散歩に出かけることは，カップルたちが関係を維持するために使う維持方略の一つの例である。

ことに関わり，それがその関係で問題となっているために行われる。
　ディンディアとバクスターは，結婚して間もない者と長く連れそった者との間には差があることを見出した。新婚者は長年連れそった者よりも維持方略を用いる傾向が高かったが，その理由ははっきりしなかった。肯定的な見方をすると，2人の人間がお互いを非常によく知っている場合には，維持方略はそれほど必要ないのかもしれない。否定的な見方をすると，長年連れそった者たちは単にお互いを当たり前のものとみなして日常の共同活動に努力を注がないのかもしれない。
　ラズバルトら（Rusbult, Zembrodt & Iwaniszek, 1986）は関係内での葛藤を処理するため人々が用いる四つの方略を区別した。方略のそれぞれは能動的なものか受動的なものであり，また建設的なものか破壊的なものである。**発声**（voice）は能動的で建設的な方略であり，問題を議論し，その関係における問題点への答えを探し求めるような方略である。**忠誠**（loyalty）は受動的で建設的な方略であり，状況が改善されるのを期待しながら待つような方略である。**無視**（neglect）は受動的で破壊的な方略であり，相手を無視したり，あまり一緒にいないようにする方略である。最後が**退出**（exit）である。これはその関係から離脱することを決断するような能動的で破壊的な方略である。

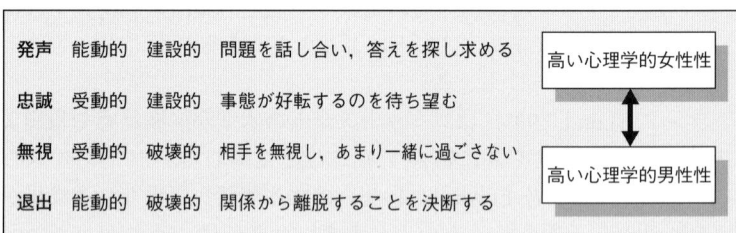

図 20-12

　何が方略の選択を決めるのであろうか？　ラズバルトらはレズビアンとゲイ，異性愛のカップルを調査した。心理学的女性性（暖かさ・親密さ，対人関係への配慮）の高い人たちは，心理学的男性性（攻撃性，独立心，自己主張）の高い人々よりも関係に対して建設的に反応しがちであった。

関係上のルール

　ある関係をうまく維持するためには（それが恋愛関係であれ，友情であれ何であれ），関わる両者が関係上の非公式のルール（「それぞれの関係でなすべき，あるいはなさぬべきと信じられている行動」アーガイル, 1988, p.233）を守ることが必要である。アーガイルとヘンダーソン（Argyle & Henderson, 1984）は，友情のどのルールが関係するかを判断するにあたり四つの基準があると論じた。

・そのルールに示された行動が友情に関係する，という一般的合意があること。

・そのルールは現在の友人と過去の友人に，同様には適用されないものであること。
・そのルールを固守することができなければ，友情の放棄につながりかねないものであること。
・そのルールは親しい友人と知り合いに対する，人々の振る舞い方の違いを区別できるものであること。

アーガイルとヘンダーソンはこれら四つの基準を用いて，イングランドとイタリア，香港，日本の友情のルールを調べた。彼らは四つの国々すべてにおいて，特に重要であるらしいルールが六つあることを見出した。それらは次のようなものである。

1. 相手を信用して秘密を打ち明けること。
2. 情緒的理解（emotional support）を示すこと。
3. 成功のニュースを分かち合うこと。
4. 一緒にいるとき相手が楽しい気持ちになるよう努力すること。
5. 困っているときには援助を買って出ること。
6. その友人がいないところでも，その友人の弁護をすること。

認知的要因

マレーとホームズ（Murray & Holmes, 1993）は，人々が深い関係を維持する重要な方法の一つは，相手の過失ができるだけ好ましく聞こえるように作話する（storytelling）ことであると論じた。この作話はよくなる見込みのない状況でさえ生じる。マレーとホームズは，自分の深い関係にはあまり争いごとがなく，争いごとは親密さにとって有害であると主張する人々を調査した。次に彼らのうちの何人かは，争いごとが親密さの進展にとって有益であるという強力な根拠があることを知らされた。最後に，調査参加者は，自分の深い関係における親密さの進展を描写した物語を書くように求められた。

何が起こったであろうか？　争いごとは有利であると聞かされた調査参加者は，争いごとや不一致には価値があると主張する物語を書く傾向がずっと高かった。たとえばある調査参加者は「彼があらゆる事柄について私の意見に反対してますます言いつのってきたのは，彼が私たちの成長を促そうとしているのだと感じた」と書いたし，別の者は「私たちの意見が合わなかったの

キー研究評価ーマレーとホームズ

マレーとホームズの研究が重要なのは，それまでほとんどの研究者たちが深い関係の維持における作話の役割を無視していたからである。ただし私たちは，深い関係にある人々がいつ作話を利用するのかを決める要因についてもっと知る必要がある。さらに研究協力者は，実験者が望んでいると思う見方を単に述べただけなのではなく，自分の書いたことを本当に信じていたのかという問題点もある。

図 20-13

は三度しかなかった。……私たちは問題の根本のところに到達することができ，それについて徹底的に議論し，それにより以前よりも親しくなることができた」と書いた。マレーとホームズ（1993, p.719）は次のように結論づけている。

> 人が自分の伴侶を信頼し続けることができるかどうかは，……その伴侶の潜在的な過失を可能な限り最善の観点から描いた物語を紡ぎ出すよう，努力し続けることができるかにかかっているのではないか，と私たちは考えている。

議論のポイント
1. 深い関係の維持を理解するための作話的接近法をあなたはどう思うか？
2. 人々は自分の伴侶についての物語を構築していることに気づいているか？

フィンチャムとブラドベリ（Fincham & Bradbury, 1993）は，既婚者が自分の配偶者について行う帰属がどのような種類のものであるかということが，結婚生活をいかにうまく維持できるかに影響すると論じた。伴侶の否定的行動を（パーソナリティなどの）**内的**特徴に帰属した夫や妻たちは，（働きすぎ，家庭内の心配ごとなどの）外的要因に帰属した者たちよりも，1年後の結婚生活についての満足度が低かった。

関係の解消

なぜある関係が終わりを迎えるのかについては多くの理由がある。どの一つの事例をとってみても，何が重要な理由であるかは，その関係者の置かれた特定の状況と，関係者のもつ特定の性質に依存する。（片方が国内の別の地域に引っ越した，ライバルの出現，失職といった）**外的（external）**要因と，（2人のパーソナリティなどの）**内的（internal）**要因を区別することが可能かもしれない。関係は激しい非難や暴力さえも伴いながら崩壊することもあれば，より「礼儀正しい」方法で処理されることもある。

これらの違いにもかかわらず，関係の解消には類似した過程が伴う傾向があると論じられてきた。私たちはまず婚前の関係崩壊について考察し，次に結婚生活の崩壊に移っていく。

婚前の関係

リー（Lee, 1984）によると，婚前の関係崩壊は，単一の出来事というよりはむしろ一定の時間をかけて起こるプロセスとみるべきである。より具体的に言うと，彼はこのプロセスに，次の五つの段階があると論じた。

・**不満（dissatisfaction）**：一方ないしは双方が，その関係には大き

な問題があると理解する。
- 露見（exposure）：不満段階で特定された問題が明るみに出る。
- 交渉（negotiation）：露見段階でもち上がった争点に関して話し合いが多くもたれる。
- 解決の試み（resolution attempt）：双方が問題解決の道を探る。
- 終了（termination）：解決の試みがうまくいかないとき，その関係は終わりを迎える。

リーはこの5段階を，100件以上の婚前の恋愛崩壊事例についての研究に基づき見出した。露見と交渉の段階は，関係崩壊のうちでも最も強烈かつ消耗する段階となりがちである。鍵となる知見の一つは，最も強固な関係であったものは，解消の5段階のすべてを終えるのに最も時間がかかる傾向にあることである。これは当然かもしれない。ある関係が価値あるものであればあるだけ，それを維持するため激しく（長く）戦うに値するのである。

ダック（Duck, 1982）は関係の崩壊について，いくぶん類似したモデルを提出した。彼は関係崩壊の四つの位相ないし段階を特定した。

- 個人内の位相（intrapsychic phase）：相手とその相手との関係の否定的な側面について考えることを伴うが，この考えを相手とは議論しない。リーの不満段階に大体相当する。
- 二者間の位相（dyadic phase）：この位相は個人内の位相における否定的見解を相手に突きつけ，さまざまな問題を解決しようとすることを伴う。これはリーの露見，交渉，解決の試み段階に相当する。
- 社会の位相（social phase）：この位相は関係が事実上終わった後に，何を行うかを決意することを伴う。何があったのかについて世間体のよい説明を考えることがこれに含まれる。これはリーの終了段階に大体対応する。
- 葬送の位相（grave-dressing phase）：この位相では，関係の終了についての社会的に受け入れられる説明を人に話すことに焦点が合わされる。この位相は，関係者が将来の新しい関係に向けて準備

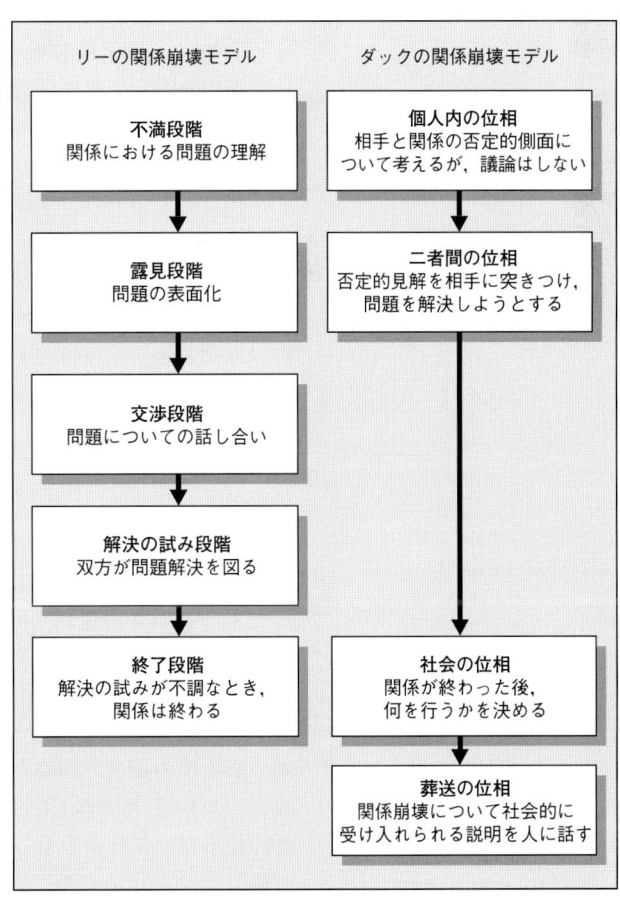

図20-14

をするという点で，重要なものである。

　リーの段階理論とダックの位相理論には重要な違いが幾つかある。リーの理論は関係がまだ救いようのある時点でのさまざまな関連過程に主な焦点を合わせるのに対して，ダックの理論は関係が終わったことがはっきりした後の関連諸過程により注目する。これら二つの理論で特定された過程のすべてを組み入れた6ないし7段階の理論であれば，それぞれの理論単独のものよりも関係崩壊についてもっと適切な説明をすることができるだろう。

> ダックの描写した解消段階のすべてを経るには，どれくらい時間がかかるとあなたは思うか？

婚姻関係

　結婚生活の維持と解消に関わる要因を特定するために設計された研究は，横断的なもののこともあれば，縦断的なもののこともある。横断的研究は時間軸上のある1点で何が生じているかを考察するのに対して，縦断的研究は2つ以上の時点間のデータを手に入れることに関わる。縦断的研究は時間に伴う**変化**に関する情報を与えてくれるので，一般により有益である。カーニーとブラドベリ（Karney & Bradbury, 1995, p.18）は115の縦断的研究から得られた根拠のレヴューに基づき，次のような結論を導いた。

　　一般に，肯定的に価値づけられた諸変数（教育，肯定的行動，雇用など）からは，（満足感や結婚生活の継続といった意味での）婚姻関係の肯定的な成果が予測できるのに対して，否定的に価値づけられた諸変数（神経症傾向，否定的行動，不幸な子供時代など）からは，婚姻関係の否定的な成果が予測できる。

　カーニーとブラドベリは115の研究で検討された変数のほとんどが，夫と妻に対して類似した効果をもつことを見出した。重要な例外は雇用である。夫が雇用されているとき，雇用は結婚生活への高い満足度と結びつく。しかし妻が雇用されているときにはそれが逆になる。

危険因子

> 縦断的研究を実施する際にはどのような不利益が伴うか？

　ダック（1992）もまた縦断的研究によって得られた知見を考察している。彼は結婚生活をより危ういものとし，その解消を引き起こしやすい幾つかの要因を特定した。第一に，両親がそもそも離婚している人たちの間の結婚生活は，より離婚に終わりやすい。第二に，双方が（十代など）非常に若い者の間の結婚生活は，双方がより年長の者の間の結婚生活ほど長続きしない。年齢が要因となるのには幾つかの理由がありそうだ。若い人たちは成熟度が低い傾向にあり，成人のパーソナリティをまだ発達させておらず，安定した収入か常勤の仕事のいずれかをもっている見込みが少ない。

　第三に，文化，人種，宗教などの点で非常に異なる背景をもつ者同士の結婚生活は，非常に類似した背景をもつ者同士の結婚生活よ

りも不安定である。この理由の一つは，お互いが結婚生活に対して，異なる背景に由来する非常に異なる期待をもっているかもしれないことにある。第四に，社会経済的な下層集団の出身であったり，教育水準が低い者たち同士の間の結婚生活は，離婚に終わる見込みがより高い。そうした夫婦はしばしば非常に若く，それが離婚の確率を高める。第五に，婚前に数多くの相手と性的関係をもっていた者たちの結婚生活はより不安定な傾向にある。恐らくこの理由の一つは，多くの恋愛関係をもっていた者たちが，結婚生活をうまく運ぶのに必要な長期間のコミットメントを作り上げることに困難を感じがちなことにある。

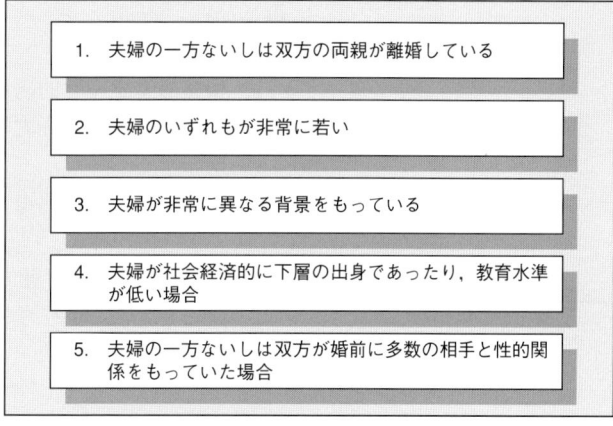

図20-15 結婚生活を不安定にしがちな因子（ダック，1992）

その他の因子

ダック（1992）が特定したこの5因子が語るのは，実態のほんの一部にしかすぎない。これらすべての被傷性（vulnerability）因子をもっている夫婦でも結婚生活が安定しうまくいっている場合があるし，これらの因子が一つもないのに長続きしない婚姻関係もある。これらの因子の幾つかは，一見そうみえるよりも複雑なのかもしれない。たとえば教育水準の低いカップルが離婚しやすいという事実を考えてみよう。本当に重要なのは教育水準そのものなのではなく，重要なのはむしろ自宅を所有し，それなりの常勤職に就くことが低い教育水準からはあまり見込めないことなのである。

ほとんどの縦断的研究から得られたデータには，限界があることを銘記することが重要である。たとえばカーニーとブラドベリ（1995, p.17）がレヴューした縦断的研究で用いられていた標本の75％は，主として中産階級の白人のカップルから構成されていた。カーニーとブラドベリ（1995）は他の限界も挙げている。

> 半数近くの研究は小さな効果を検出する力を欠いている。多くの場合，問題となる効果が小さいものである傾向があるにもかかわらず，そうなのである。データはほぼ例外なく自記式調査と面談から得られたものであり，他のデータ収集法がさらに開発されねばならない。

理　論

結婚生活の維持と解消を説明するためにさまざまな理論が提出されている。

社会的交換理論（social exchange theory）　レヴィンジャー（1976）は婚姻関係が存続する見込みは次の三つの因子に依存すると

論じた。

1. 情緒的安定や性的満足感などの，その関係がもつ魅力。
2. 社会的・経済的圧力などの，婚姻関係から離脱することへの障壁。
3. より望ましい伴侶などの，魅力的な他の選択肢の存在。

結婚生活にほとんど魅力がなくて，その関係離脱への障壁が少ししかなく，非常に魅力的な他の選択肢がある場合には，おそらく離婚となる。

レヴィンジャーの社会的交換理論の利点の一つは，これによってなぜ結婚生活の満足度から後の離婚の可能性がそれほど強力に予測できないかを説明するのに役立つことにある（カーニーとブラドベリ，1995 参照）。たとえば満足していない既婚カップルが離婚しないのは，婚姻関係を離脱することへの強い障壁があり，他に魅力的な選択肢がないからかもしれない。レヴィンジャーの社会的交換理論の最大の欠点は，最初うまくいっていた婚姻関係が駄目になる過程を説明できないことにある。

図 20-16　抑うつ的な人は自分の人生にストレスの大きい状況を作りやすく，それが伴侶との関係に影響を及ぼす。

被傷因-ストレス-適応モデル（vulnerability-stress-adaptation model）　カーニーとブラドベリ（1995）は，婚姻関係の被傷因-ストレス-適応モデルを提出した。このモデルによると，結婚生活の質と安定性ないし持続性を決定するのは主に三つの要因である。

1. 永続的被傷因（enduring vulnerabilities）：これには強い神経症傾向（不安や抑うつに関連するパーソナリティ次元）や，不幸な子供時代が含まれる。
2. ストレスの大きい出来事（stressful events）：これには病気，失業，貧困などの短期および長期のライフイベントが含まれる。
3. 適応工程（adaptive processes）：これには難題を解決するための建設的および破壊的対処方略が含まれる。

このモデルで鍵になる前提は，3 要因すべてがお互いに影響し合うということである。適応工程の使用は，永続的被傷因とストレスの大きい出来事によって影響される。たとえば神経症傾向が強かったり自分の両親が離婚している既婚者は，適応工程が相対的に貧弱である傾向にあり，失業によって引き起こされたストレスは配偶者との否定的で非建設的な相互作用と結びつく（オーブリら Aubry, Tefft & Kingsbury, 1990）。さらに永続的被傷因はストレスの大きい出来事を作り出す役割を果たすことがある。たとえば非常に抑うつ的な人は，しばしば自分の人生にストレスの大きい状況を作り出す（ハンメン Hammen, 1991）。適応工程もまたストレスの大きい状況を作り出しうる。たとえば抑うつ症の人で，配偶者が非常に批判的な場合に

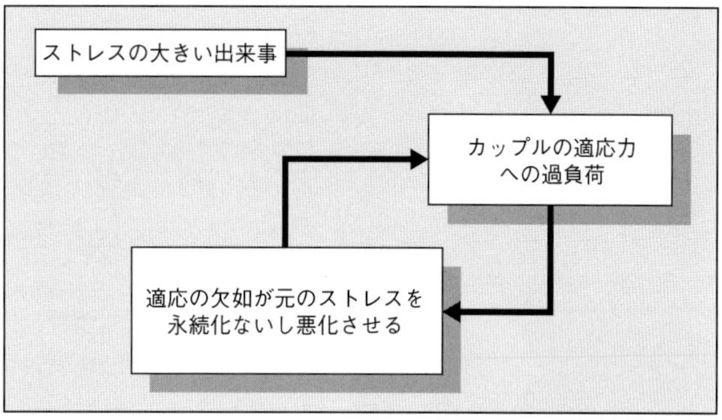

は，それほど配偶者が批判的でない場合と比べて，再発を起こしやすい傾向にあった(フーリイら Hooley et al., 1986)。

被傷因-ストレス-適応モデル(カーニーとブラドベリ, 1995, p.24)によれば婚姻関係が崩壊に至りうる主な道筋の一つは，次のような悪循環をたどるものである。

(a)ストレスの大きい出来事がカップルの適応力への脅威になり，(b)それがその出来事の永続化ないし悪化をもたらし，(c)今度はそれがカップルの適応力へのさらなる脅威になり，おそらくはその限界を超えてしまう。

図20-17 カーニーとブラドベリ(1995)によれば，永続的被傷因をもつカップルの中にはこの悪循環の中に閉じ込められるものもいる。

この悪循環は永続的被傷因をもつカップルの間に大変起こりやすい。

先にみたように，結婚生活の維持と解消には多数の要因が結びついている。被傷因-ストレス-適応モデルの強みの一つは，これらの要因のほとんどが永続的被傷性，ストレス，適応工程という三つの幅のある変数に直接関連させうることにある。このモデルの別の強みは，それがこれら三つの変数がいかに異なる仕方で影響し合い，結婚生活の質を低下させるかを示す点である。

被傷因-ストレス-適応モデルの最大の限界は，婚姻関係の安定性の主要決定因として，結婚生活の質と満足度を強調する点にある。レヴィンジャー(1976)が論じたように，結婚生活の**外部**からくる要因もまた婚姻関係の安定性に影響する。これには関係離脱への障壁や，魅力的な他の選択肢の存在が含まれる。

嫉　妬

関係の解消を引き起こす要因の一つは嫉妬である。これは現実の，あるいは想像上のライバルによって引き起こされる，驚くほどよくみられる感情である。アイゼンク(Eysenck, 1990)が考察したある研究では，男子学生の63％と女子学生の51％が現在，嫉妬をしていると認めている。

どのような要因が嫉妬を生み出すのだろうか？　バスら(Buss et al., 1992)は性的な不貞行為と情緒的な不貞行為のどちらへの反応として，より大きな苦痛を経験するだろうかと学生にたずねた。男子学生の中では60％が伴侶の性的不貞行為がより大きな苦痛になると報告した。対照的に，女子学生の83％は情緒的な不貞行為により苦痛を感じるだろうと述べた。

嫉妬の破壊的な力をバスらは力説する。彼らによれば，

図 20-18 嫉妬は現実のライバルによって引き起こされることもあるが，競争相手がいると嫉妬する側で思い違いをする場合にも同じくらいの苦痛となる。

不安であればあるほど人は嫉妬深くなる。アブラハム・マズローは言う。嫉妬は「事実上，常にさらなる拒否とより深い不安を招く」。……ならば，それは決して愛情の作用ではなく，私たちの不安感と依存心の作用である。それは愛情を失うことへの恐怖であり，それがまさに愛情そのものを破壊する。

バスらは自分たちの主張を大げさに述べすぎているかもしれないが，彼らの主張にも一面の真理はある。嫉妬は概して，強い依存感情と相手との関係についての不安感に関わる（サロヴェイ Salovey, 1991）。これはさらに嫉妬する人物の自尊感情の水準を低下させるという否定的効果ももつ（マチスら Mathes, Adams & Davies, 1985）。

性　差

西洋諸国の多くで，異性愛関係を終わらせるのは男性からよりも女性からの方が多く，離婚訴訟手続きの約3分の2は女性によって起こされる。一般に別離を言い出す方は，苦痛を感じる度合が小さい。しかしこの苦痛を感じる傾向は女性よりも男性においてずっと強い（フランツォイ Franzoi, 1996）。これはなぜか。フランツォイによると，統制と勢力は女性の伝統的役割よりも，男性の伝統的役割に結びついている。その結果，伴侶が関係を断ち自分を無力で統制不能な状態に置いたときには，男性は対処するのに非常に困難を感じるのである。

対人関係の構成要素

これまで私たちは，私的な深い関係と友情に主に焦点を合わせてきた。しかし対人関係には他にも多くの種類がある（母-子，雇用主-雇用者，教師-生徒など）。この節で私たちは，これらの異なる種類の関係の間にみられる，類似性と差異を幾つか考察する。

目標と葛藤

関連する目標や満足感，それに葛藤や緊張を調べることによって，私たちは異なる種類の関係の基礎にある諸種の動機づけについて，多少理解することができる。アーガイルとファーンハム（Argyle & Furnham, 1983）は，九つの異なる関係について，それに伴う満足度という観点から15の満足度尺度上で評定を行うよう研究協力者に求めた。データ分析の結果，物質的・道具的援助，社会的・情緒的支援，共通の関心という三つの独立し

た因子が得られた。これらの因子上で最高位と最低位を占めた関係は表20-1のようなものであった。

表 20-1

因　子	最高得点の関係	最低得点の関係
物質的・道具的援助	配偶者 親 同性の友人	隣人 職場の同僚
社会的・情緒的支援	配偶者 同性の友人 親	隣人 職場の上司 職場の同僚
共通の関心	配偶者 同性の友人 異性の友人	隣人 職場の同僚 思春期の子

　この知見は驚くべきものでは，ない。これは私たちが自分にとって最も重要である関係（配偶者，親，同性の友人，異性の友人）から，最大の満足感を得ていることを示す。重要でない関係（隣人や職場の同僚となど）は，一般に高水準の満足感に結びつかない。

　アーガイルとファーンハムはまた，配偶者が満足と同様に，葛藤の最大の源でもあることを見出した。結婚生活の満足度は報酬がコストを大幅に上回るときに最大になると想定してもよいだろう。これに沿って，ハワードとダウズ（Howard & Dawes, 1976）は主たる報酬（性交渉）の頻度マイナス主たるコスト（激しい大げんか）の頻度に基づく単純な公式が，結婚生活の満足度のよい予測指標であることを見出した。

議論のポイント
1. 異なる種類の関係は多くの点で明らかに大きく異なる。それらを互いに比較することは実際可能であろうか？
2. あなたの他の人たちとの諸関係が区別される主な次元は何であると思うか？

　アーガイルら（Argyle, Furnham & Graham, 1981）は研究協力者に，さまざまな関係について，それぞれの中での重要な目標が何であるかを示すよう求めた。最も一貫して現れた目標は（1）社会的受容，（2）個人の身体的健康，（3）所与の状況にふさわしい特定の課題目標，の三つであった。これらの目標は，一つの目標の達成が他の目標の達成を容易にしたり困難にしたりするという意味で，しばしば相互に独立ではない。

ルール

　ほとんどの対人関係は多くの暗黙のルールによって支配されている。人々が対人関係に適用するルールは関係の性質に応じてさまざまに異なる。しかしアーガイルら（Argyle, Henderson & Furnham, 1985）は，研究協力者に 22 の関係のそれぞれにおけるさまざまなルールの重要性を評定することを求めて，幾つかのルールがかなり一般的であることを見出した。六つの最も一般的な重要ルールを，重

要さの順に，以下に示す。

1. 相手のプライバシーを尊重する。
2. 内緒で聞いたことについて他の人に話さない。
3. 会話の最中は相手の目を見る。
4. 他人の前で相手を批判しない。
5. 相手と性的関係をもたない。
6. 借りや好意，賛辞はすべて返すよう心掛ける。

> あなたならアーガイルらの六つのルールの重要度の順序に同意するか？　重要なものが他にもあると思うか？

　私たちはこれらのルールが実際に重要であることを，どのようにすれば知ることができるだろうか？　アーガイルら（Argyle *et al.*, 1985）は壊れた友情を研究した。予想された通り，アーガイル（1988, pp.233-234）は次のことを見出した。

> 　友情の消失は，多くの場合一定のルール，殊に報酬性のルールと嫉妬しない，秘密を守るなどの第三者に関するルールを破ったことに原因を求めることができる。

　アーガイルら（1986）は一定のルールのもつ重要性には興味深い文化差がみられることを見出した。たとえば香港と日本の研究協力者は，上司に従う，集団の和を保つ，体面を失わないようにするなどのルールを英国やイタリアの研究協力者よりも支持する傾向にあった。
　対人関係の中でルールはどのような機能を果たしているのだろうか。アーガイルとヘンダーソン（1984）によると，幾つかのルールは関係の中での葛藤を最小化するのに役立つ。何が受け入れられて何が受け入れられないかをそれが示すからである。これらは調整ルール（regulatory rule）として知られている。報酬ルール（reward rule）というのもあり，これはそれぞれの人が提供する報酬が適切であることを保証するために用いられる。しかしカードウェルら（Cardwell *et al.*, 1996）が指摘した通り，ことはやはり，それほど単純ではなさそうだ。

> 　ウッドら（Wood *et al.*, 1994a）による親密さの研究では，回答者は葛藤を，人間関係にエネルギーを与え，個性を高め，信頼感を呼び起こし，親密さを深めるものというように表現した。

　もちろん葛藤が人間関係を改善することを，いつも当てにできるわけではない！

勢力と役割

　ウィッシュら（Wish, Deutsch & Kaplan, 1976）は，さまざまな対人関係を区別することのできる主要な軸を見出すための研究を実施した。彼らは平等 対 不平等，協力的で友好的 対 競争的で敵対的，

社会情緒的で非公式 対 課題志向的で公式，表面的 対 熱情的，という四つを見出した。ここで最も興味深いのは平等性に関連する軸である。なぜなら不平等な関係は，一人の人間がより勢力をもつ関係だからである。ここで勢力とは，「他者の行動に影響を及ぼす能力」を指す（アーガイル，1988）。平等とみなされる関係には，親しい友人同士，夫婦，仕事仲間，チームメイトが含まれていた。非常に不平等と考えられた関係は，看守と囚人，親と子，教師と生徒であった。

夫婦関係内での夫と妻の相対的勢力は，論争の多い問題である。アーガイル（1988）によれば女性は結婚生活において，かつてよりも平等な勢力をもつに至っており，それはある程度まで，女性がより大きな経済的自立性をもつようになったからである。しかしこの見解は，全方面から賛同を得ることができないかもしれない。

ヘイズ（Hayes, 1993, p.2）が指摘したように，

> 私たちが社会生活を営む際には，他人に対してどのように振る舞うべきかを教えてくれる「役割」を身にまとう。本質的には，私たちは，私たちの役割を演じているのであり，他の人々も自分の役割を演じているのである。

言い換えると，**役割**（role）とは「社会の中で人が演じる社会的配役」である（ヘイズ，1993）。役割の概念は勢力の議論においてたいへん重要である。多くの役割が勢力行使の期待，ないし無勢力であることの期待を含んでいるからである。たとえば監獄の看守の役割を占める人は自由に勢力を行使できるのに対して，囚人の役割を占める人はそうできない。このことはスタンフォードの監獄実験で非常に明確に示されている（pp.809-810 参照）。

女性と男性が親しい関係において平等な勢力をもっていない実生活上の例を，あなたは思い浮かべることができるか？　なぜまだ不平等があるのか？

あなたはどのような役割を占めているか。その役割のゆえに，あなたはどのような種類の勢力をもっているか？

図20-19　最近になるまで，夫婦のうち女性の側が配偶者よりも有力な公的地位を占めることはまれであった。

ポストモダン的接近法

ポストモダン的接近法を好む人たち（ウッドとダック Wood & Duck, 1995 など）は，対人関係に関するほとんどの研究の価値を疑う。ポストモダン的接近法によれば，関係はそれが生じる文脈ないし環境という点から考察される必要がある。根拠が入手できたとしても，それにはさまざまな解釈が可能であり，さらに一つの解釈が他の解釈よりも望ましいということを立証するのは，困難であるか

キー用語
役割：他の人々と交わるときに人が演じる社会的配役。

不可能である。

社会的目的

ライリー（Lalljee, 1981）は関連するアイディアを提出している。彼によれば，人が自分の行動に対して与える説明の裏にひそむ社会的目的を，私たちは考慮する必要がある。たとえば 2 人の人間が離婚するとき，彼らは概して，自分たちの結婚生活の崩壊を異なる言い方で説明する。離婚に至ったのは相手の無分別な行状のせいであると，それぞれがほのめかしがちである。自分自身の行動を他の人たちに対して正当化する必要性を考慮すると，真実を確定することは非常に困難になる。ポストモダン派の者たちはさらに先に進み，発見されるべき唯一の「真実」などないと主張する。先に議論された研究の中で，マレーとホームズ（1993）は，やっかいな事実との不一致を調整するためには，人の深い関係についての作話は容易に変更されうることを示した。真実とは柔軟性のある観念であることを，このことは示唆する。

談話分析

多くのポストモダニストたちは，談話分析を利用することによって，対人関係の理解は前進し得ると主張する。**談話分析**（discourse analysis）は人々により記述された，あるいは話されたコミュニケーションの質的分析を伴う。これらはしばしばそれなりに自然な状況でテープ録音される。談話分析の興味深い例がゲイヴィ（Gavey, 1992）の著作におさめられている。彼女は 6 人の女性の強要された性行動について詳細に検討した（カードウェルら Cardwell *et al.*, 1996 参照）。これは女性たちの 1 人が述べなければならなかったことの一部である。

> 彼はずっと，これだけ，これだけさせてくれとか，あれをさせてくれ，そしたらそれでおしまいだと言い続けた。で，これが 1 時間も続きそうなくらいだった。……それでたぶん 1 時間ほども私が「だめ」と言い続け，彼が「さあさあ，ほらほら」と言い続けた後，私もついに「おお神様，……1, 2 時間の平穏と安息を得られるのなら，その方がましだ」と考えたのだった。

ゲイヴィの根拠が示唆するのは，二つの性の，さらなる平等性への道のりはまだまだ遠いということである。

この例は，談話分析が，深い関係の本質について驚くべき根拠を与えうるということ示している。しかしゲイヴィ（1992）やその他の談話分析を用いてきた者たちは，しばしばごく少数の調査参加者から根拠を得たにすぎない。このことは，得られた知見がより大きな母集団に一般化できるのかという問題を呼び起こす。手続きの妥当性に関する問題もある。たとえば人が自分の性体験を語るときには，相手が自分の伴侶か親しい友人か，あるいは単なる知り合いか

キー用語
談話分析：それなりに自然な状況で生成された音声（spoken）コミュニケーションと書記（written）コミュニケーションの質的分析。通常テープ録音に基づく。

人が個人的問題について自分の伴侶や，親しい友人，見知らぬ人と話し合っているとき，どのような種類の取り組み方の違いを，あなたは見つけると予想するか？

見知らぬ人かで，話し方はずいぶん違ってくることが予想できる。

個人的，社会的，文化的多様性

対人関係に関するほとんどの研究は西洋文化の中，特に合衆国と英国の文化の中で実施されてきた。同性愛関係を犠牲にして異性愛関係に焦点を合わせてきたし，義務的関係よりもむしろ自発的な関係が研究されてきたという限界もある。ポストモダン派の理論家たちによると，これらの限界はきわめて重大である。彼らは行動とコミュニケーションはそれが生じる文脈の中で理解される必要があると主張するが，ある文化と別の文化とで，また異なる関係の種類ごとに，この文脈がかなり異なることは明白である。

ここで決定的な論点をモガダムら（Moghaddam *et al*., 1993；カードウェルら，1996のp.103に引用）が指摘している。

> 対人関係の文化差は，科学者も他の皆と同じように，一定の文化の下で社会化されるのだということを私たちに思い出させてくれる。……北米における文化的価値と環境条件は，北米の社会心理学者が，初めての出会いや，友情，親密な関係に主たる関心をもつよう導いてきたのである。

文化間に対人関係の大きな差があることを，私たちはすぐに受け入れることができる。しかし多くの文化内においても数世紀にわたって，そうした関係における相当な変化があった。アメリカ人の医師セリア・モシャ（Celia Mosher）は，19世紀後半に中産階級の自分の女性患者たちに，彼女たちの性生活についての質問を行った。19世紀の半ばに生まれた者たちはセックスを生殖に必要なものであると表現したが，それを楽しいものとはみなさなかった。その世紀中に，もっと遅れて生まれてきた者たちはセックスをずっと肯定的な言い方で表現し，セックスを情熱的な愛情と密接に結びついたものとみていた（ウェステンWesten, 1996）。

ある種の関係が別の関係よりもよい，ないしは悪いとみなさないようにすることが大切である。人がとり結ぶ関係は，その人の個人的欲求と態度，その人の暮らす文化的文脈その他に依存する。私たちが判断できる限りにおいては，さまざまな種類の関係のすべてが，そこに関わる個人にとってしばしば大変満足のいくものであり，大切なのはそのことなのである。

同性愛関係

恋愛関係についての研究のほとんどは，例外なく異性愛カップルに注意を集中してきた。しかし世界中には同性愛関係にある人が何百万人もおり，そうした関係はますます研究されるようになっている。同性愛関係については多くの誤認があり，そうした関係は，時には異性愛関係と非常に異なるものであると思われている。実際にはこれは当たっていない（p.1156参照）。ビー（Bee, 1994；グロス

性行動を研究する際，どのような種類の方法論的，倫理的問題が関わってくるか？

なぜこれまでの研究は主として異性愛関係に焦点を合わせてきたのか？

Gross, 1996 により引用）が指摘したように，

> ゲイの関係と異性愛関係とは，異なる部分よりも似る部分が多い。成人期初期における，ただ一つの，中心的で，献身的な関係を築くことへの衝動は，ゲイであれストレートであれ，私たちすべての内にある。

同性愛関係と異性愛関係が基本的には類似しているという仮説は，キッツィンガーとコイル（Kitzinger & Coyle, 1995）によってリベラル・ヒューマニズム（liberal humanism）（pp.1156-1157 参照）と表現された。

図 20-20　1996 年に 175 組のゲイとレズビアンのカップルが，サンフランシスコでのドメスティックパートナー（domestic partner）公式式典に参加した。これは通常の結婚式と類似したものであった。

同性愛関係は長続きせず不満足なものになりがちであると，これまでしばしば思われてきた。しかし実際は，どの時点をとっても，ゲイの男性の約 50％と，恐らく 65％のレズビアンの女性が，決まった伴侶をもっているようである（ペプロー Peplau, 1991）。カーデクとシュミット（Kurdek & Schmitt, 1986）は，既婚カップルと，異性愛の同棲カップル，ゲイのカップル，レズビアンのカップルがもつ，伴侶への愛情と好意を測定した。4 種類のカップルすべてにおいて愛情の平均水準は高く，それらの間に有意な差はなかった。伴侶への好意の平均水準も全種類のカップルでかなり高かったが，異性愛の同棲カップルではこれが他のどのカップルよりもいくぶんか低かった。

同性愛関係が異性愛関係に非常に似通っているとするリベラル・ヒューマニズム的な見方は，単純化のしすぎである。同性愛カップルは異性愛カップル以上に，その関係以外でセックスの相手をもつ傾向がある。10 年以上一緒にいるカップルのうち，妻の 22％，夫の 30％，レズビアンの女性の 43％，ゲイの男性の 94％が，伴侶以外の少なくとも 1 人以上とセックスをしたことがあると報告した（ブラムスタインとシュワルツ Blumstein & Schwartz, 1983）。

同性愛関係と異性愛関係の主要な違いは，地位と勢力における平等性が同性愛関係でより重視されることである。勢力の平等性の欠如は，レズビアンとゲイの関係を終わらせる 1 要因であるが，異性愛の婚姻関係にはこれは当てはまらない（ブラムスタインとシュワルツ, 1983）。

もう一つの違いは，同性愛者が社会の敵意と戦わなければならないことである。キッツィンガーとコイル（1995, p.67）が指摘したように，

レズビアンとゲイのカップルは，しばしば彼らの存在を否定し，彼らの性的趣味を非難し，その関係を罰し，互いへの愛情をあざける社会という文脈の中で，関係を築き上げ，維持していこうともがいている。

> どのような種類の実際的問題が，同性愛カップルの同棲を妨げうるであろうか？

その結果，同性愛関係での同棲は，異性愛関係でのそれと比べてずっと少ない。

最後に，異性愛の既婚カップルでは，ゲイやレズビアンのカップルを含めたどんな種類の未婚カップルよりも，概して長く関係が保たれる。この理由の一つは，既婚のカップルが未婚のカップルよりも社会的，文化的，宗教的な支持を受けるからであることは間違いない。

> 比較文化的問題：同性愛関係にはどのような比較文化的差異を見出すことが期待できるだろうか？

文化的多様性
身体的特性

対人関係について私たちの文化で真実であることが，他の文化でもまた真実であろうと思うのは，おそらく自然なことである。しかし実際には，これはまったく事実に反する。たとえば，ある人が魅力的とみられるかみられないかに影響する要因を考えてみよう。何が身体的な魅力とみなされるかは，ある程度までは，支配的社会集団の現在の基準によって決まる。北米文化の場合には，明るい色の肌が浅黒い肌よりも魅力的であると人口の大半からみなされる。アフリカ系アメリカ人の大学生ですら，明るい肌の色合いに対する好みを表明する（ボンドとキャッシュ Bond & Cash, 1992）。

アンダーソンら

身体的魅力の基準は他の要因にも左右される。アンダーソンら（Anderson et al., 1992）は，54の文化における女性の身体サイズの好みに関する興味深い研究を報告している。彼らはこれらの文化を食料供給が非常に安定しているものと，ある程度安定しているもの，ある程度不安定なもの，非常に不安定なものに分けた。女性の身体サイズに対する好みは，太った身体，中くらいの身体，ほっそりした身体に分けられた。得られた知見は次のようなものであった。

表 20-2

好み	食料供給			
	非常に不安定	ある程度不安定	ある程度安定	非常に安定
太った身体	71%	50%	39%	40%
中くらいの身体	29%	33%	39%	20%
ほっそりした身体	0%	17%	22%	40%

西洋文化における女性の細さに対する強迫的な関心からみると，アンダーソンらによって調べられた文化の大多数において，特に食料供給がある程度ないし非常に不安定な文化において，ほっそりした女性よりも太った女性が好まれるという発見は，驚くべきものである。これらの文化差はど

> **キー研究評価—アンダーソンら**
>
> アンダーソンらの研究は，女性の身体サイズへの好みにかなりの文化差があることを示した点で，重要である。しかしこの研究は相関的な性質のものであり，相関からは原因を特定することができないことを思い起こす必要がある。したがって，女性の身体サイズへの好みの文化差が，本当に食料供給の安定性によっており，他の文化間差異によるものでないとは断定できない。

のように説明できるであろうか？　恐らくこうなるのは，食料供給の不安定な文化においては，太った女性がほっそりした女性よりも，食料不足を生き延びて子に栄養を与える能力が高いからであろう。この要因は食料供給の非常に安定している文化においては重要でなく，それらの文化では太った女性とほっそりした女性は同じだけ魅力的であるとみなされていた。

議論のポイント
1. 女性の体型に対する好みにこれだけ大きな文化差があるのはなぜか？
2. 貧しい国々では豊かになるにつれて，摂食障害がもっとありふれたものになっていきそうか？

相対的年齢

身体的魅力の基準にさまざまな文化差がみられるにもかかわらず，重要な類似性もまた，幾つか認められる。バス（1989b）は世界中の37の文化を調べ，これらの文化のすべてで男性は自分よりも年下の女性を好み，スペインを除くすべての文化で女性は自分よりも年上の男性を好むことを見出した。また，バスは，彼が調べた文化のうち，事実上すべてにおいて，優しさと知性という個人特性が重要であるとみなされることも見出した。

男性が年下の女性を好み，女性が年上の男性を好む理由には，さまざまな可能性がありうる。一つの接近法が，人間の社会行動を遺伝的・生物学的要因によって説明しようとする**社会生物学者**（sociobiologist）たちによって提出されている。社会生物学者たち（バス，1989bなど）によると，男性と女性が異性に魅力を感じるのは，子を作る確率を最大化し，自分の遺伝子が次の世代に伝わることを可能にするような特徴に対してである。年下の女性が年上の女性より好まれるのは，年上の女性が子を作ることのできる可能性がより低いからである。同様に，女性が年上の男性を好むのは，年上の方が子に生活上の必要物を十分与えることができる可能性が高いからである。

社会生物学的な接近法は不十分である。第一に，グロス（1996）が指摘したように，ほとんどすべての文化において，男女ともに，なぜ年齢よりも優しさと知性を重要視するのかについて，

> **キー用語**
> **社会生物学者**：社会行動の起源が生物学的，遺伝的要因に見出されると主張する科学者。

図20-21　年齢差の大きい結婚は，公衆の目にさらされやすいという余計な重荷をしばしば背負うことになり，離婚に至ることもある。

社会生物学者たちは説明をしない。第二に，結婚相手の選択を左右する要因は，文化ごとにかなり異なる。社会生物学者たちは社会行動を説明する際に，文化的要因の重要さを一貫して過小評価している。

　ハワードら（Howard, Blumstein & Schwartz, 1987）は，男性の年下の女性への好みと女性の年上の男性への好みを，社会的・文化的観点から説明しようと試みた。彼らによると，女性は歴史的に男性よりもずっと低い社会的地位に立たされてきた。社会的地位の上昇を願う女性は，通常これを，地位の高い年上の男性と結婚することを通じて行わなければならなかった。社会の構造上，女性は高い社会的地位を提供することができないので，その代わりに若さと身体的魅力を提供する必要があった。もちろん近年，社会には重要な変化が生じてきている。以前よりもずっと多くの女性が常勤の職業をもち，男性から経済的に自立している。ハワードら（1987）の社会文化的理論から導かれるのは，年上で地位の高い男性に対する女性の好みが，結果として変化するかもしれないということである。時が答えを教えてくれるであろう。

恋愛的愛情

　結婚相手の選択が大部分，恋愛的愛情に基づくものであることは，ほとんどの西洋社会において，ここしばらくの間，事実であった。しかしそれより以前の時代には，これは確かに事実ではなかった。その頃は財産問題と，関係する家族の相対的な社会的地位が，花嫁と花婿の感情よりも重視される傾向にあった。結婚生活を成功させる鍵として，恋愛的愛情の要素がますます強調されてきたことが，離婚率の劇的な増大を説明するのに役立つ。1990年代の英国で離婚に至った結婚の割合は，1940年代のそれの約8倍である。なお，1940年代には離婚に対する法的，社会的障壁がずっと高かった。

　ほとんどの非西洋文化の下では，結婚はまだ，恋愛的愛情に基づくよりもむしろ協定で決められる傾向にある。恋愛的愛情に対する態度の文化差が，シェイヴァーら（Shaver, Wu & Schwartz, 1991）によって幾つか調べられている。ほとんどの中国人は恋愛的愛情を，悲しみや，苦痛，満たされない思いと結びつける。結婚が恋愛的愛情に基づくべきであるという西洋的見方は，中国人の目には非現実的なほどの楽観主義と映る。

比較文化的問題：男性にはどのような身体的特徴が重要か？　これは文化間で異なるとあなたは思うか？

個人主義的（individualist）文化と集団主義的（collectivist）文化

　グッドウィン（Goodwin, 1995）は，ほとんどの西洋社会とほとんどの東洋社会の鍵となる違いは，前者が個人主義的傾向をもつのに対して後者が集団主義的傾向をもつことであると論じた。言い換えると，西洋社会（特に合衆国）では個人は自分で意思決定をし，自分の生活に対する責任を引き受けることが期待される。これに対して東洋社会では，個人は自分を主に家族や社会集団の一部であるとみなし，その意思決定は他者に対する義務によって

伴侶になる可能性のある人と会うときに，あなたはシューの質問のどちらを最初に考慮するか？　それらは同じくらい重要か，重要でないか？

強い影響を受けることが期待される。この態度の違いをシュー（Hsu, 1981）は次のように要約している。「アメリカ人は『私の心はどう感じるだろうか？』と問う。中国人は『他の人たちは何というだろうか？』と問う」と。その結果，個人主義的な西洋社会の中にいる者は，交際相手のパーソナリティを強調しがちであり，集団主義的な東洋社会の中にいる者は社会的地位に基づく協定結婚（arranged marriage）をより好む。

　インド，パキスタン，タイ，メキシコ，ブラジル，香港，フィリピン，オーストラリア，日本，イングランド，合衆国から収集された，愛情と結婚に関する根拠がレヴァインら（Levine et al., 1995）によって，報告されている。彼らの知見の鍵となるのは，ある社会の個人主義の度合いと結婚の成立にとって愛情が主観的に必要な度合いとの間に，＋0.56 の相関がみられることであった。言い換えると，個人主義的な社会の成員は集団主義的な社会の成員よりも，愛情を結婚にとって重要なものとみなす傾向がかなり強いのであった。

　世界中の 42 の狩猟採集社会から収集された根拠が，ハリス（Harris, 1995；ウェステン, 1996 に引用）によって報告されている。恋愛的愛情の存在を示す根拠がこれらのうち，26 の社会でみられた。しかし個人に完全な選択の自由を与えるのは六つのみであり，残りのすべては協定結婚であるか，少なくとも両親に拒否権を与えていた。

　個人主義的な社会と集団主義的な社会の区別を，極端に受け止めるべきではない。協定結婚が標準である社会においてさえ，結婚相手についてのなにがしかの限定的な選択の余地はしばしば認められる。個人主義的な社会においても，親たちはしばしば子の結婚の選択に対して影響を及ぼすべく，懸命に努力する。

　協定結婚は恋愛結婚よりも幸福なのか，幸福でないのか？　利用可能な根拠のほとんどは，結婚生活の満足感の平均水準がほぼ同じであることを示す。イェルスマとアサピリィ（Yelsma & Athappily,

図 20-22　多くの非西洋文化の下では，協定結婚が標準である。結婚生活の満足感の平均水準は，協定結婚と選択の自由のある結婚の両者で同じであることを示唆する根拠がある。

1988）はインドの協定結婚と，インドと北米の恋愛結婚を比較した。協定結婚をした者たちは，恋愛結婚をした者たちとほとんどの点で，少なくとも同じくらい，幸福であった。

友　　情　　個人主義的社会と集団主義的社会の違いでもう一つ重要なものに，友情に関するものがある。グッドウィン（1995）が指摘したように，集団主義的な社会の人々は個人主義的な社会の人々よりも少数の，より親しい交友関係をとり結ぶ。たとえばサラモン（Salamon, 1977）は日本と西ドイツの交友関係を調べた。日本の交友関係は，友人間に何の障壁もなく，非常に個人的な情報も自由に話し合われるような関係である傾向がずっと多かった。これは「親友（shin yiu）」関係として知られている。

対人関係の効果

対人関係は明らかに，それに関わる人々に多くの異なる種類の影響を及ぼしうる。しかし，おそらく最もよく知られているのは対人関係の（殊に婚姻関係の）幸福感と，精神的健康，身体的健康に及ぼす効果である。そこで，これらの要因が，本章のこの節の焦点となる。

幸　福　感

高い離婚率と結婚生活の問題に関する広範なメディア報道から，おそらく多くの人々は，結婚が不幸でみじめになるための秘訣であると思っていることであろう。しかし実際，ほとんどの根拠は，事実が正反対であることを示している。それらの根拠を考察する前に，私たちは「幸福感」という用語の定義をしておく必要がある。アイゼンク（1990）によれば，

> あなたはどれくらい幸福か，ともしたずねられたら，あなたは自分の人生の一般的趨勢についての見解に基づいて回答するかもしれない（「すべてがかなり順調にいっている」「私の人生はまったく滅茶苦茶だ」など）。あるいは現在の気持ちという面から答えるかもしれない（「いま現在，私は本当にうれしく感じている」「私はとても落ち込んでいて元気がない」など）。

文献では一般的趨勢に焦点が当てられているので，この節で用いられるときにも幸福感は，本質的には人生の満足感を意味することとする。

ブラッドバーン

ブラッドバーン（Bradburn, 1969）は合衆国で実施した研究において，35％の既婚男性と38％の既婚女性が，自分たちは「非常に幸福である」と述べることを見出した。この数字は結婚したことのない男女の数字よりもずっと大きい（それぞれ18％）。かつて結婚していたが現在別居中であ

> **キー研究評価—ブラッドバーン**
>
> ブラッドバーンの研究は，独身者（そのうち別居中の者に至っては「あまり幸福でない」と述べる者が40％もいる）と比較して，相対的に多くの既婚者が自分は非常に幸福であると主張することを見出した。しかしこの研究は，結婚が標準的な状態であり，婚外の同棲がまだ多少奇妙にみられた頃の1969年の合衆国で実施されている。家庭での幸福感について見知らぬ人からたずねられたとき，要求特性が既婚者の反応に影響していたかもしれない。これは，結婚することを望むよう期待されていた1969年の独身者の反応についても同様である。

ったり，離婚あるいは死別した者の中では，「非常に幸福」である者の割合はさらに少なかった。たとえば別居中ないし死別した男性で，自分は「非常に幸福」だと述べたのは，7％しかいなかった。

結婚はよいものだという結論は，自分は「あまり幸福ではない」と認めた人の割合に関するブラッドバーンの知見でさらに補強される。自分が「あまり幸福ではない」と述べた既婚者は10％に満たなかった。これは別居中の者では40％，離婚者でも同じく30％を超える大きな数字になるのと対照的である。一度も結婚したことのない人は，既婚者ほど幸福ではない。しかし彼らのうち「あまり幸福ではない」のは約17％なので，彼らの方が，結婚していたがもはやその状態にない人々よりも幸福である。

これらの知見は注意深く解釈されねばならない。離婚者が既婚者ほど幸福でないのは，主に自分が離婚したという事実によるのかもしれない。しかしもともと不幸で落ち込みやすい人が，幸福でのんきな人よりも離婚しやすいという可能性もあるだろう。

議論のポイント

1. 既婚者はなぜそうでない人より一般に幸福なのか？
2. 幸福感の自記式測度（self-report measure）のもつ限界は何か？

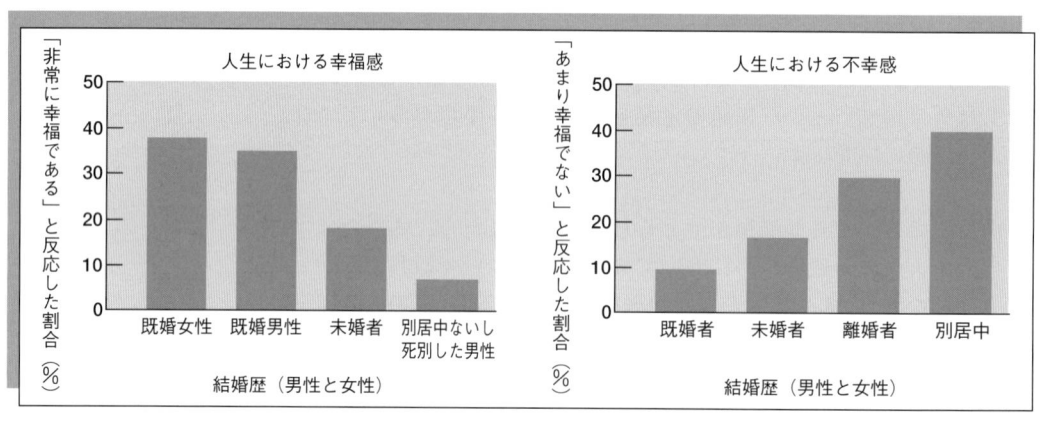

図 20-23

既婚者が相対的に幸福である傾向について，その理由の幾つかに関する情報が，すでに取り上げたアーガイルとファーンハム（1983）の研究の中で報告されている（pp.768-769参照）。彼らはさまざまな種類の関係に対する人々の満足度を決める，主な因子を三つ見出した。物質的・道具的援助，社会的・情緒的支援，共通の関心である。配偶者は3因子すべてにおいて，しかし特に物質的・道具的援助において，他の性的でないどの種類の関係にある人よりも，高く評定されていた。

さらに二つの論点をつけ加えなければならない。第一に，結婚生

活が高水準の幸福感と結びつくことを示した研究の多くは，ずいぶん昔に実施されたものである。婚姻関係はいまではかつてほど，好ましい効果をもたない可能性もある。第二に，結婚するよりもむしろ同棲をする人の数が劇的に増大してきたが，その主な理由は，同棲者が婚姻関係という状態に著しい不利益を認めていることにある。カニンガムとアントリル（Cunningham & Antrill, 1995；カードウェルら，1996に引用）によると，

> 現在の伴侶への，あるいは結婚制度への生涯にわたるコミットメントに対して感じる居心地の悪さが，同棲者についての諸調査から繰り返し浮かび上がってくる。今日では，結婚制度に対する女性の居心地の悪さは，しばしばそれが未だにジェンダー間の不平等の主たる舞台であるという自覚に由来する。

結婚の長所と短所は何であるとあなたは思うか？　それらで，いま，同棲する人が増えている理由を説明することができるか？

結婚生活における変化

結婚生活の満足度は年月とともに変化する傾向にある。結婚生活の満足度と結婚期間の長さとの間には，U字型関係があることが何度か報告されている（グレンとマクラナハン Glenn & McLanahan, 1982など）。結婚生活の満足度は第一子の誕生とともに急激に減少し，最後の子が家を離れるときにようやく再び上昇する。これらの研究のほとんどがもつ一つの限界は，既婚者が通常，過去のさまざまな時点における結婚生活の満足度について思い起こすよう求められることにある。それらのうちの幾つかは，20年以上も前に起こったことかもしれない。それほど長い時間が経ってから思い出されることは，当然，不正確かもしれないのである。

ヴェイラントとヴェイラント（Vaillant & Vaillant, 1993）は，40年以上の期間の数回の時点で，既婚者が結婚生活の満足度を回答した縦断的研究の結果を報告している。結婚生活に対する夫の満足度はこの期間中ほぼ同じ水準であり，妻の満足度は少し減少することを彼らは見出した。彼らの知見と他のほとんどの研究者の知見との違いは，彼らが調査参加者に，遠い過去の気持ちを思い出すよう求めなかったという事実に帰することができるかもしれない。しかしもう一つ重要な違いが，彼らの研究と他の研究者のそれとの間にはある。彼らの調査参加者のうち，男性はすべてハーバード大学の卒業生であり，それゆえ平均して非常に裕福であった。その豊かさのゆえに，彼らは子育ての重圧を，いくぶん免れていたのかもしれない。

子をもたないことを選択した夫婦の40年後の結婚生活への満足度は，どのようなものになると思うか？

図20-24　結婚50周年の祝典

精神的健康

対人関係（特に親密な関係）は，精神的健康を増進するのに非常に役立ちうる。たとえば既婚者は精神障害の率が，同年齢の独身者よりもずっと低い（ゴウヴ Gove, 1979）。この点に関する詳細な情報がコクラン（Cochrane, 1988）によって示されている。彼は精神病院への入院率が，既婚者では0.26％にしかならないことを見出した。これは結婚していない者の入院率よりもずっと低い。その率は，未

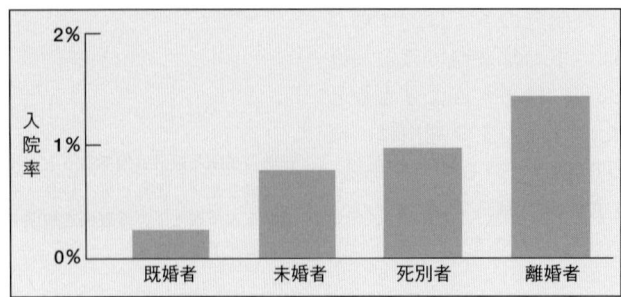

図20-25 精神病院への入院率（コクラン，1988に基づく）

婚者で0.77％，死別者で0.98％，離婚者で1.4％である。この知見の解釈にあたっては問題がある。離婚者の非常に高い数字は，部分的には，精神障害の症状を示し始めた人がそもそも離婚されやすくなることから生じている可能性が十分ある。

ソーシャルサポート

対人関係はなぜ精神的健康によい影響を及ぼすのか？　一つの理由は，友人や恋人，配偶者から受けるソーシャルサポートにある。関連する根拠の多くが，シュヴァルツァとレッピン（Schwarzer & Leppin, 1992）による70の研究のメタ分析で考察された。彼らはソーシャルサポートと抑うつの間に，全体として－0.22の相関があることを見出した。これはサポートを多く受ける人が，抑うつになりにくいことを示唆する。しかしこの効果のうちいくぶんかは，抑うつ的な人がソーシャルサポートを受けにくい傾向にあることから生じているかもしれない。

緩衝仮説によると，ソーシャルサポートはストレスの強い状況で精神的健康を改善するのに最も効果がある。この仮説を支持する研究が幾つかある。たとえばコーエンとホバーマン（Cohen & Hoberman, 1983）は高ストレス条件で，ソーシャルサポートを多く受けている人は，（頭痛や不眠症などの）身体的症状をソーシャルサポートの少ない人の3分の2しか報告しないことを見出した。これに対して，低ストレス条件の身体的症状にはソーシャルサポートは効果をもたなかった。

ソイツ（Thoits, 1982）はソーシャルサポートの効果性を示す根拠の幾つかについて議論している。しかし，ソーシャルサポートが次のように多くの異なる次元をもつことも彼はまた指摘している。

・サポートの量
・サポートの種類（情緒的 対 道具的など）
・サポートの源泉（配偶者，友人，親族など）
・サポートネットワークの構造（大きさ，利用のしやすさ，安定性など）

ストレスの大きいライフイベント

ソーシャルサポートが精神的健康にとって重要であるという最も説得的な根拠が，ブラウンとハリス（Brown & Harris, 1978）によって幾つか報告されている。彼らはロンドン南部の女性400人以上のサンプルを調べた。前年1年間にストレスの大きいライフイベントを経験した女性の間でみられた知見は，特に興味深い。これらの女性のうち重度の抑うつになったのは，支えてくれる（supportive）夫をもたない女性が41％であったのに対して，支えてくれる夫をもつ

どのような要因が離婚者の高い精神障害率の原因となりうるか？

ものは10％のみであった。

　ソーシャルサポートは常に精神的健康によい影響をもつわけではない。ホブフォルとロンドン（Hobfoll & London, 1986）は、1982年のイスラエルとレバノン間の戦争中に研究を実施した。友人と親密であり、情緒的サポートを多く受けていた女性は、親密さが低くサポートの少なかった女性よりも、情緒的ストレスを多く経験した。これはなぜだろうか。ホブフォルとロンドンによれば、高水準のサポートを受けている女性は戦争とその成り行きに関する誇張されたうわさについて、多くの時間を費やして話し合うことになり、これが一種の「圧力釜」効果を生み出し、ストレスの原因になったのである。

身体的健康

ソーシャルサポート

　ソーシャルサポートが身体的健康に大きな影響を及ぼしうるという最も劇的な根拠がバークマンとサイム（Berkman & Syme, 1979）によって幾つか報告されている。カリフォルニアの成人7000人に、支えになる社会的ネットワークの強さに焦点を合わせた面談が行われた。一方の端は、一人暮らしで、家族や友人から非常に限られたサポートしか受けていない人たちである。反対側の端は、緊密な家族の絆と何人かの親友を含んだ、強力な社会的ネットワークをもつ人たちである。

　このカリフォルニア人たちの社会的満足度に関する最初の調査の9年後、この期間に誰が死亡したかを明らかにするための探索が行われた。研究開始時に50代であった男性のうち、最高のソーシャルサポートを受けていた人はたった10％がその9年間で死亡していたにすぎなかった。これに対して、ソーシャルサポートの貧弱だった50代男性では、31％が同じ期間に死亡していた。女性調査参加者の数字も同様に劇的なものであった。支えになる強いネットワークをもっていた60代女性で、死亡していたのは10％だけだったのと比較して、ソーシャルサポートの貧弱だった女性では29％が死亡していた。

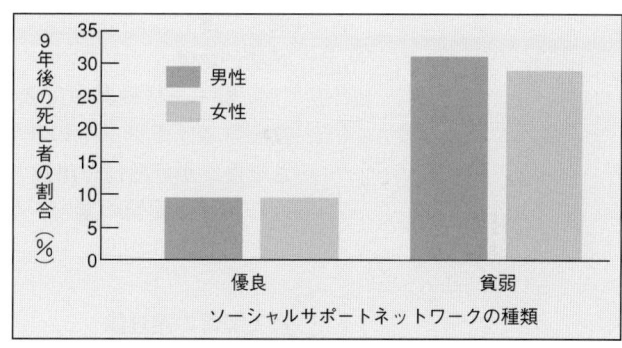

図20-26　身体的健康とソーシャルサポート

健康上の実践

　バークマンとサイム（1979）は自分たちの知見をどう説明しただろうか？　一つの可能性として、ソーシャルサポートの乏しい調査参加者たちは定期的に運動を行わず、適度の飲食をしていなかったのかもしれない。ソーシャルサポートの乏しい者は健康上の実践が不十分なため、それが実際に彼らの命を縮めることに影響した、という根拠が幾つかある。しかし健康上の実践や、肥満、喫煙、飲酒、

元の健康状態という点を合わせて両者を比較した場合でさえ，その9年間に生き延びたのは，乏しい社会的ネットワークをもつ者よりも，強いネットワークをもつ者に多かった。

婚姻関係

　婚姻関係が身体的健康の維持に役立つという根拠をリンチ（Lynch, 1977）は得ている。既婚者は，同年齢の未婚者，離婚者，死別者よりも，何種類かの健康状態に関しては，死亡する割合がずっと少なかった。この傾向の当てはまる病気には，糖尿病，心臓発作，各種の癌，肝硬変，肺炎，結核が含まれていた。婚姻関係の身体的健康へのよい影響は，女性より男性で少し強かった。

感　想

・社会的関係と対人関係を研究することは，実験心理学者にとっては悪夢である。関係の形成や，維持，解消に影響する重要な要因は，そのどの一つをとってみても，研究者がそれを「統制」することがほとんどできないからである。その結果，通常できることと言えば，関係を「観察」し，さまざまな種類の相関的根拠を得ることだけなのである。ほとんどの研究に当てはまるこれらの限界を考えると，対人関係の基礎となる諸過程についてこれだけのことがわかっているのは驚くべきことである。

要　約

好意と愛情

　スターンバーグの三角理論によれば，愛情は親密さ，熱情，決意・コミットメントの3要素からなる。好意ないし友情には，親密さを伴うが，熱情や決意・コミットメントは伴わない。家族成員の1人に向ける愛情の量で，他の家族成員に向ける愛情の量を予測することができる。

対人関係の諸理論

　強化ないし欲求満足理論によると，私たちは報酬ないし強化を提供してくれる人々に魅力を感じるが，罰を与える人は嫌う。援助や金銭，敬意，地位，セックス，愛情を提供することなどが，主要な報酬である。この理論が最も適合するのは，魅力の最初の段階である。この理論は人々が非常に利己的であることを前提にしており，また強化が与えられる文脈を無視する。社会的交換理論によると，人々は対人関係の報酬を最大化し，コストを最小化しようとする。類似した公平理論によると，人々はある関係から受け取る報酬が，相手に提供した報酬に見合ったものであることを期待する。公平理論は交換理論よりも理にかなっている。相手の報酬とコストをより考慮したものになっているからだ。交換理論と公平理論は，共同体的関係よりも交換的関係によく当てはまる。

対人関係の形成
　マッチング仮説によると，私たちは身体的魅力が自分とほぼ同じくらいの相手に惹かれる。この仮説を支持する資料は，出会った当初の魅力についての研究と既婚カップルの研究から得られている。態度の類似性は，余暇活動の好みの類似性と同様，対人魅力を決めるのに一定の役割を果たす。人口統計学的変数（年齢，性別，社会階層など）において類似する者たちは，より友人になりやすい。パーソナリティの類似した者同士は，関わり合いをもつようになる可能性が大きい。

関係の維持
　自己開示は関係を開始し，維持することにおいて非常に重要であり，脱浸透は通常，関係が問題を抱えているときに伴う。女性は男性よりも自己開示をしがちである。友情には鍵となる六つのルールがあるようだ。相手を信頼すること，情緒的理解を示すこと，成功のニュースを分かち合うこと，友人が楽しい気持ちになるよう努力すること，困っているときに援助を買って出ること，その友人がいないところでもその友人を弁護すること，の六つである。

関係の解消
　リー（1984）は婚前の関係崩壊に，五つの段階があることを見出した。不満，露見，交渉，解決の試み，終了の五つである。露見と交渉の段階が最も強烈で，消耗する段階である。この理論は，最終的な崩壊（葬送の位相など）に関連した諸過程の幾つかを無視している。離婚は，夫婦の親たちが離婚しているときや，夫婦が非常に若いとき，異なる背景をもつとき，社会経済的な下層集団の出身であるとき，夫婦が婚前に数多くの相手と性的関係をもっていたときに起こりやすい。嫉妬は通常，依存感情と相手との関係についての不安感に関連するが，概して関係を危うくする。

対人関係の構成要素
　人々が最も重要視する関係には，物質的・道具的援助と，社会的・情緒的支援，共通の関心において，最大の満足感が結びつく傾向にある。関係内の行動を支配するルールには，関係の種類ごとにさまざまに異なるものもあるが，一般適用性をもつルールもある（相手のプライバシーを尊重するなど）。ルールを破ることは，しばしば友情を終局へと導く。ルールは葛藤を最小化し，それぞれの人が提供する報酬が適切であることを保証するのに役立つ。平等－不平等は，諸関係を区別する主要な軸の一つである。不平等な関係とは，一人の人間がより勢力をもつ関係のことであり，それはある程度まで当人が占める役割に由来する。

個人的，社会的，文化的多様性
　愛情と好意の水準は，同性愛関係と異性愛関係で同程度である。

しかしゲイとレズビアンのカップルは異性愛関係のカップルよりも，関係の基礎を，平等性の観念に置きがちである。異性愛関係の既婚カップルでは，他のどの種類の未婚カップルよりも長く，関係が保たれる。食料供給が非常に不安定な文化では，ほっそりした女性より太った女性が圧倒的に好まれる。ほぼすべての文化で男性は年下の女性を好み，女性は年上の男性を好む。ほとんどの西洋文化では，結婚相手の選択は大部分，恋愛的愛情に基づく。非西洋文化では，結婚は協定で決められる傾向にある。集団主義的な社会の人々は個人主義的な社会の人々よりも，少数のより親しい交友関係をもつ。

対人関係の効果

既婚者は未婚者や離婚者よりも幸福である傾向にある。対人関係に伴う幸福感は，物質的・道具的援助，社会的・情緒的支援，共通の関心に依存する。結婚生活の満足度と結婚期間の長さとの間には，U字型関係がある。精神的健康に対するソーシャルサポートの価値は，その量，種類，源泉，サポートネットワークの構造に依存する。ソーシャルサポートが貧弱な水準にある人々は，他の人たちより早く死亡する傾向にあり，それは健康上の実践が不十分なことにある程度，由来する。婚姻関係の身体的健康へのよい影響は，女性より男性で大きい。

【参考書】

M. Hewstone, W. Stroebe, & G.M. Stephenson (1996) *Introduction to social psychology* (2nd Edn.), Oxford: Blackwell の第12章は，交際と，魅力，親しい関係について優れた俯瞰図を与えてくれる。M. Hewstone, W. Stroebe, J.-P. Codol, & G.M. Stephenson (1988) *Introduction to social psychology*, Oxford: Blackwell の中にアーガイルによる社会的関係についてのすばらしい説明がある。N. Hayes (1993) *Principles of social psychology*, Hove, UK: Psychology Press には対人関係が読みやすい形で論じられている。S.L. Franzoi (1996) *Social psychology*, Madison, WI: Brown & Benchmark の第8章および第9章においても社会的関係が論じられている。

【復習問題】

1　対人関係の二つの理論を比較し，対比せよ。　　　　　　　　　　　　　　(24点)
2　いかに関係が形成されるかに関して，心理学的研究から得られた洞察について論じよ。　　　　　　　　　　　　　　　　　　　　　　　　　　　　(24点)
3　対人関係の構成要素（たとえば目標と葛藤，ルールと勢力，役割といった，関係の諸特徴）に関する心理学的研究を記述し，分析せよ。　　　　　　(24点)
4　モガダムら（1993）は，西洋の関係が一般に自発的で個人主義的，そしてしばしば長続きしないのに対して，非西洋の関係が非自発的で集団主義的，そしてしばしば終世にわたると論じた。関係の性質の文化的多様性についてわかったことを論じよ。　　　　　　　　　　　　　　　　　　　　　(24点)
5　対人関係が人々に及ぼす影響に関する心理学的研究（たとえば幸福感と精神的健康について）を論じよ。　　　　　　　　　　　　　　　　　　　(24点)

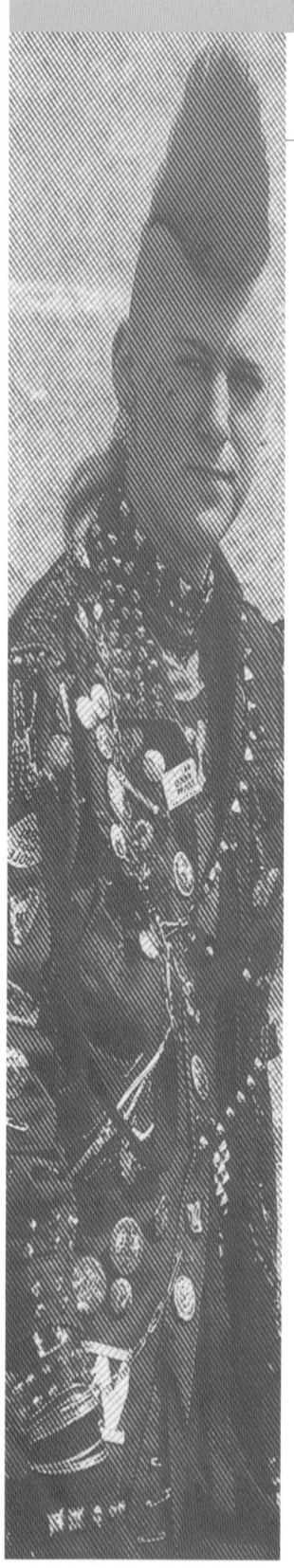

- **同調**：人々はいつ，またいかなる理由で同調する必要を感じるか？
    自動運動効果に関するシェリフの研究
    同調に関するアッシュの研究
    モスコヴィッシの社会的影響理論

- **権威に対する服従**：権威をもつ人々の勢力は私たちの行動に影響を与える。
    服従に関するミルグラムの研究
    現実生活場面における若干の事例

- **独立的行動**：なぜ人々は同調への圧力に抵抗するか？
    状況を用いたミルグラムの研究とアッシュの研究

- **社会的勢力**：人々の社会的行動に影響を与えるさまざまな方法。
    コリンズとレイヴンによる社会的勢力の六つの型
    ジンバルドーのスタンフォード刑務所実験

- **リーダーシップ**：リーダーとフォロワー。
    課題的リーダーと社会 - 情緒的リーダー
    リーダーシップ・スタイル（たとえばレヴィンら）
    特性アプローチ（たとえばマン，ストッディル）
    フィードラーの条件即応モデル
    フォロワーシップの理論

- **集合行動**：群集，カルト，および個人空間。
    セント・ポールの暴動に関するライシェールの研究
    フットボール・ファンに関するマーシュらの研究
    デモに関するワディントンらの研究
    群集における攻撃性
    脱個人化（たとえばディーナー）
    ターナー，キリアンの新生 - 規範理論
    ポストメス，スピアースの修正理論

21

社会的影響

　私たちが話すことや行動する仕方は他者によって影響を受ける。他者は世間に関する有益な情報をもっており，他者が話していることを考慮に入れることはしばしば賢明なことである。さらに私たちは他者から好かれ，また社会に適合することを望んでいる。その結果私たちは時に本当に考えていることを隠したり，あるいはまた他者による是認とマッチするような仕方で行動しようとする。これらの問題は**社会的影響**（social influence）と関連している。これには特定の方向に他者の態度や行動を変化させようとして個人や集団が社会的勢力を行使するということが含まれる。社会的勢力とはこのような変化を動機づけるため，影響を与える人が利用しうる力のことを意味している（フランツォイ Franzoi, 1996, p.258）。

　社会的影響には多くの型があり，その幾つかを本章で考察する。たとえば人々は集団の他成員によって期待されるような仕方で行動するとき同調を示す。人々はまた権威者の命令に何ら考えることなく従うとき，服従を示す。そこには社会的勢力が存在しているといえる。この場合，多くの組織（たとえば刑務所）においてある人々が他者に対する支配を可能とするような勢力構造が存在する。最後に社会的影響は群集やモッブ（訳注：活動的ないし表出的な群集。リンチ，テロ，暴動，パニックなど）における個人の行動を規定するはたらきをしている。

　本章を読むにあたって，通常の1週間においてあなたが接触をもっている個人や集団のことを考えてほしい。その個人や集団はあなたの行動に多くの影響を与えているであろうか。もしそうであれば，なぜそうなのか，その理由について考えてほしい。

同　調

　同調（conformity）とは私たちほとんどすべての者が少なくともある時点で何かを行うようにさせる集団圧力を生み出すものとして定義される。たとえばあなたと何人かの友人が映画を観に行ったときのことを想像してほしい。あなたはこの映画がとてもよいとは思わなかったが，友人全員がその映画はすばらしいと思ったとする。そのようなときあなたは，自分一人が変わっているよりもむしろ，その映画に対する彼らの意見に同意するふりをすることで同調しようという気持ちになるかもしれない。後に述べるように，集団圧力への同調は実は多くの人々が想像する以上に発生している。

図21-1　グループ・メンバーシップ：非同調者でさえ，ある種の規範に同調することがある。

> **キー用語**
> **社会的影響**：他の個人の判断，意見，態度等における変化。

> **キー用語**
> **同調**：集団圧力に公的に，またときに私的に服従すること。

同調は望ましくないのか？

あなたは同調に関する研究を読むにつれ，集団圧力への同調は望ましくないものと考えるかもしれない。確かにそのような場合もある。たとえばロドニー・キングの事例を考えてみよう。彼は黒人で，4人のロサンゼルス警察官に暴行された。地域住民がその場面をビデオに撮影しており，後に法廷で陪審員が見ている。ビデオはロドニー・キングが警察官の野蛮さの被害者であることを示唆しているように思われたにもかかわらず，警察官は無罪とされてしまった。後になって陪審員の1人，バージニア・ロヤは他の陪審員の考えに同調するという圧力があったので自分の投票を有罪から無罪へ変更したと告白した。彼女は他の陪審員の見解を納得していないにもかかわらず，そのようにしたのである。彼女は「テープは私にとってすごい証拠でした。彼ら（他の陪審員）は真実を見ることができなかったのです。私に言わせれば彼らは目の不自由な人か，あるいは彼らは自分たちの眼鏡をクリーンにしておくことができなかったのです」と述べている。

ロドニー・キング事件のような事例にもかかわらず，同調が常に望ましくないということは明確ではない。コリンズ（Collins, 1970, p.21）は次のように指摘している。

> この問題を過度に単純化して同調が良いか，悪いかをたずねるようなことは誤りである。どんな事に関しても他人の助言を全く受け入れない人は自分の人生を台無しにしてしまうかもしれないが，同様にいつも同調して決して自分自身の情報源に基づいて判断をしない人もそうなりうるのである。

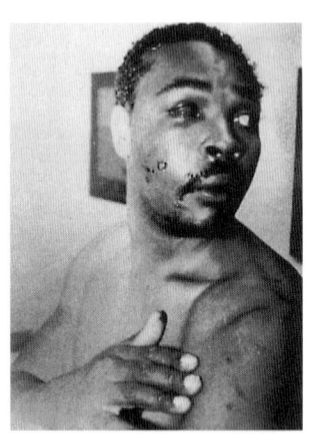

図 21-2 集団決定は人々の目前にある証拠を否定するよう人々を導くことがある。写真は1992年ロサンゼルスの警察官によって続けざまに打たれ，その場面を撮影したビデオテープが存在した事件の被害者ロドニー・キング。1週間後4人の警察官は起訴された。

ムザファー・シェリフ

同調に関する最初の主要な研究はムザファー・シェリフ（Muzafer Sherif, 1935）によって行われた。彼は**自動運動効果**（autokinetic effect）として知られている現象を利用した。私たちが暗室で静止した光点を眺めるとき，目の非常にわずかな動きによって，その光点が移動しているように見える。シェリフの実験における中心的条件で，研究協力者は最初に1人ずつテストされ，ついで3人からなる小集団でテストされた。彼らは光点がどの程度，またどの方向に動いたように見えたかを口頭で報告するように求められた。（1人場面で）研究協力者は急速に自分自身の個人的規範を発展させた（訳注：100回の判断をする過程で，光点の動く大きさがある一定の値に落ち着いてくる）。この規範は安定したものであったが，個人差はかなり生じた。互いに非常に異なる個人的規範を有する3人の個人が一つの集団として編成されたとき，彼らはお互いにきわめて近い判断をする傾向を示した。個人的規範が集団規範によって急速に置き換わったというこの事実は，社会的影響の存在を示している。

シェリフ（1935）はまた，3人集団条件からスタートしてその後個人条件でテストするという条件を設定している。ここでも再び集団

キー用語
自動運動効果：暗室内の静止している光点が動いているように見える錯覚。

規範が集団内において発展する傾向がみられた。すなわち（集団状況の後）成員が個人場面でテストされると，光点の動きに関する個人的判断は，引き続き集団の影響を受けたと言える。

シェリフの研究に対する評価

　シェリフ（1935）の研究に関して次のような三つの限界がある。第一に彼はきわめて人工的な状況を用いている。したがって彼の研究結果が多くの日常的な状況とどの程度関連するか明確でない。第二に彼の実験状況に「正解」は存在しない。研究協力者はどのように判断すべきかについて明確な方法が存在しないとき，彼らが他者の判断に依存したとしても驚くに値しない。第三に1人の研究協力者以外の他の研究協力者がまったく同一の判断をするよう導くことによって，これがどのような効果をもつかを分析すれば，同調行動をより直接的に測定することができるであろう。このようなことは自動運動を用いて，ヤコブスとキャンベル（Jacobs & Campbell, 1961）によって試みられ，同調に関する明確な証拠が見出されている。

ソロモン・アッシュ

　ソロモン・アッシュ（Solomon Asch, 1951, 1956）はシェリフ（1935）の実験に改良を加えた。アッシュは通常7人の人々が着席してディスプレーを眺めている状況を構成した。彼らは刺激として与えられている線分と同じ長さの線分はA，B，Cのうちいずれであるかを回答することが要請された（訳注：図21-3参照）。実験に参加した人のうち1人（訳注：ナイーブな研究協力者）を除いて他はすべて実験のサクラであった。彼らは幾つかの試行において，同一の誤った回答を述べるようあらかじめ（実験者から）要請されていた。1人の真の研究協力者は各試行において自分の意見を最後（あるいは最後から2番目）に述べることになっていた。このような集団圧力にさらされた研究協力者の回答が，サクラのいない統制条件の回答と対比された。

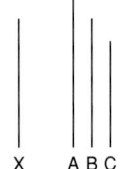

図21-3　あなたは，どの線分の長さが線分Xに最も近いと思うか？線分Aか，それともBあるいはCか？　研究協力者の30％以上が線分Aと答えた。その理由についてあなたはどう思うか？

　アッシュ（1951, 1956）の結果は劇的であった。サクラ全員が同一の誤った回答をしたとき，真の研究協力者はおよそ37％の誤った回答をした。このデータはコントロール条件における誤りがわずか0.7％にすぎないことと対比すべきであろう。つまり正解は疑いえないもので，ほぼすべての研究協力者は正解するということが予想されるのである。サクラの誤った判断にふれた研究協力者のうち，ただの一度も誤まりをしなかった研究協力者はわずか25％にすぎなかった（コントロール条件では95％）。

　アッシュ（1956）は同調行動の根底に存在する諸要因をより詳しく理解しようとして多くの状況側面を操作した。たとえば彼はサクラの人数が1人から3人に増えるにつれ，同調行動は次第に増加するが，サクラが3人から16人に増えても同調行動はそれに応じては増加しないという結果を見出している。しかしながら別の研究で，サクラの人数が3人以上になるとわずかではあるが同調が増加するという結果が見出されることもしばしばある（ヴァン・アヴァーメイトvan Avermaet, 1996の展望を参照せよ）。

　これとは別の重要な要因として真の研究協力者が回答する前にすべての

> **キー研究評価－アッシュ**
>
> アッシュは同調に関する研究でよく知られている。正解が明確な状況で人々は試行の37％で（集団の）誤答に同調した。仲間の参加者が誤答を出したにもかかわらず、すべての試行で正当を答えた人は研究協力者のうちわずか25％であった。より多くの人々は正解を出すよりも、サクラの考えに同調した。ただしこの実験は1950年代のアメリカにおいて行われた。「自分自身のことをやる」という考え方が社会的に受け入れられるようになる以前のことであった。またアッシュの研究協力者は困難で当惑させられるような状況に置かれていた。このため、その時代に普及していた特定の文化に基づく高いレベルの同調が導かれたと考えられる。研究協力者が回答するより前に、正しい解答を出す参加者がいる条件では、誤答への同調は試行の5％に劇的に減少した。このことは社会的圧力と、葛藤状況に置かれているという感情が、オリジナルな研究において予想以上に高いレベルの同調がみられた主要な要因であることを示唆している。
>
> 試行において正答を与えるサクラの有無（研究協力者にとって集団内に自分の意見の支持があるか否か）という条件が操作された。アッシュ（1956）はこのような支持者をもつ条件で、（誤った多数者に対する）同調がわずか5％という劇的に小さな値を導くという結果を見出した。
>
> アッシュの実験はさまざまな倫理的問題を引き起こした。研究協力者は十分なインフォームド・コンセント（訳注：十分に知らされたうえでの同意）を与えられてはいなかった。彼らは実験手続きの主要な側面について誤って理解するよう導かれていた。さらに彼らは、困難でしかも当惑するような状況に置かれていた。関連する証拠はボグドノフ、クライン、ショーとバック（Bogdonoff, Klein, Shaw & Bach, 1961）によって報告されている。彼らはアッシュ・タイプの実験における研究協力者が自律的喚起レベルをきわめて高めているという結果を見出している。つまり研究協力者は葛藤状況に置かれ、見たままを報告すべきか、それとも他者の意見に同調すべきかについて決断することが困難であったということが示唆された。
>
> **議論のポイント**
> 1. アッシュの結果は彼の同調実験で用いられた人工的状況以外にも適用できるであろうか？
> 2. アッシュは彼の実験をアメリカ合衆国で行った。その他の文化で結果が異なるのはなぜか？（次セクションを参照）

倫理的問題：アッシュ実験の研究協力者は研究の本当のことについて説明を受けていなかった。これは果たして倫理的であろうか？

比較文化的研究

同調に関するアッシュの実験について考えられる一つの限界は、これが1940年代後半から1950年代前半のアメリカ合衆国において行われたということである。アメリカ人は他の人々よりも同調傾向が強いとしばしば想定されてきた。また「自分のしたい通りにする」という考えが流行する以前では、人々は自ら進んで同調することがありえたであろう。したがってアッシュによって見出された同調のレベルは当時のアメリカ合衆国に一般的であった特定の文化を反映しているかもしれないと考えられる。

英国とアメリカ合衆国　ペリンとスペンサー（Perrin & Spencer, 1980）はアッシュの実験を1970年代後半の英国（イングランド）において追試したが、同調を立証することができなかった。彼らはアッシュの効果は「時代の産物」であると結論づけた。しかしながらペリンとスペンサーの実験における同調のレベルが低かったのは実は彼らが研究協力者として工学部の学生を用いたためであった。研究協力者は正確な測定の重要さについて訓練を受けていた。スミス

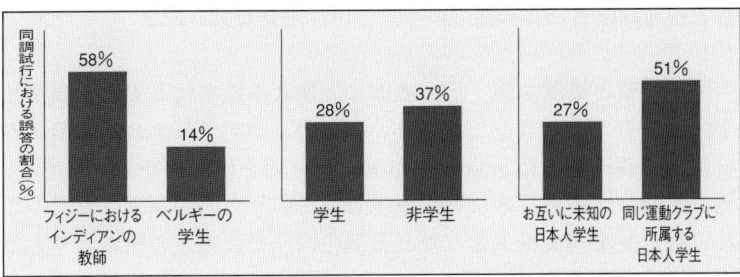

図21-4 アッシュ実験が繰り返されると，文化間の差異が現れた。

とボンド（Smith & Bond, 1993, p.124）はアメリカ合衆国におけるアッシュの課題を用いた諸研究結果にメタ分析を試みた結果，「一般に同調レベルは1950年代のアッシュの実験当時よりもはっきりと低下してきた」と結論づけている。

ペリンとスペンサー（1981）は同調の文化的要因に関する研究を報告している。一つの研究で研究協力者は保護観察下にある若い男性で，誤答を与えるサクラは保護監察官であった。この場合同調レベルはアッシュの実験とほぼ同一であった。もう一つの研究で，研究協力者とサクラはともにアフリカ系カリブ人のバックグラウンドをもつ失業中の若い男性であった。この実験でも同調レベルはアッシュ（1951）によって報告されたものと類似していた。

その他の研究協力者集団 アッシュの実験計画を用いて行われた異文化間的研究が20編以上ある。これらの結果はスミスとボンド（1993）によって要約されている。アッシュ（1951）は同調試行において学生たちは37％の誤答を出したと報告している。世界各地で行われた研究では，平均はおよそ30％であった。最高はフィジーにおけるインディアンの教師で58％，最低はベルギーの学生で14％であった（ペリンとスペンサー，1980より）。

学生と非学生，友人と他人 これらの同調実験を詳細に検討すると，次の二つの興味ある点が現れてくる。第一に研究協力者が学生の場合，同調試行の26％の誤りが生じるのに対し，非学生の場合それが37％になる。この差異はどこから来るのであろうか？ 学生はおそらく非学生よりも独立的に思考することを学習しているためであろうか？ あるいは学生の方が知能が高く，自分の意見により自信をもっているためであろうか？

第二にウィリアムズと荘厳（Williams & Sogon, 1984）は日本人の学生について研究協力者が他の集団成員を知らないとき試行の27％の誤りを示したのに対し，集団成員が研究協力者と同一のスポーツ・クラブに所属しているとき誤りは試行の51％に増加することを見出した。これらの結果私たちは他成員を知らないときよりも，好き，あるいは尊敬しているとき，同調はより増えるということを示唆している。アッシュ（1951）の同調に関する実験において研究協

学生（26％）は非学生（37％）より同調しないのはなぜだと思うか？

力者相互はほとんど未知であったという限界があった。

個人主義と集団主義　一般的に，個人主義文化と集団主義文化を区別することが可能であろう。英国およびアメリカ合衆国のような個人主義社会では，自分の幸福についてその個人が責任をもち，個人的同一性を感じることが望ましいということが強調される。これに対して集団主義文化（たとえば中国）では個人の欲求よりも集団の欲求が先行し，集団の同一性が強調される。ボンドとスミス（1993, p.124）は17ヶ国で行われた133編のアッシュ・タイプの研究結果を再分析し，個人主義的文化よりも集団主義的文化において同調はより多いという一般的仮説を立証している。

評価と理論的問題

同調に関するアッシュ（1951）の研究はきわめて大きな影響を与えた。彼は正解が明白な状況においてすら，かなり大きな同調効果が存在するということを見出した。もちろんこの線分の判断課題において1人で判断を求められたとき，その誤りはわずか0.7％にすぎないことを彼は見出している。彼は同調させる集団圧力が個人主義文化よりも集団主義文化において強いということも，納得できるような形で示している。

ただ，ネガティブな立場からみると，アッシュ（1951）は研究協力者の深くもっている信念については注意を払わないような，いわば些細な状況における同調についてのみ考察していると言えよう。アッシュの実験状況はきわめて限定的である。すなわち見知らぬ人々の間における同調のみが測定されている。同調効果は友人間においてより大きいことを示唆する証拠もある（ウィリアムズと荘厳，1984）。さらに彼は「なぜ」このように同調が多く見られるかについて，その理由を正確に確かめるということを実際には処理していなかった。この問題は別の研究者によって分析されてきたので，それらの研究へ移っていこう。

情報的影響と規範的影響　ドイッチとジェラード（Deutsch & Gerard, 1955）は人々が同調するのは情報的影響，規範的影響のいずれかによると論じた。**情報的影響**（informational influence）は個人が他者の優れた知識や情報の理由で同調するときに発生する。このことはシェリフ（1935）の実験に含まれている。**規範的影響**（normative influence）は個人が集団の他成員から好かれたり，尊敬されたりすることを望んでいることから生じる。この影響はアッシュ（1951）の実験において重要な役割を果たした。この二つのタイプの影響力の重要な相違は情報的影響が人々の私的意見を変えるよう導くのに対して，規範的影響はそうではないところにある。

情報的影響に関する証拠はディ・ヴェスタ（Di Vesta, 1959）によって示されている。彼は初期試行のほとんどにおいて多数群が正解を出したとき，後期試行において同調がより多くなることを見出し

キー用語
情報的影響：他者が多くの知識や知恵をもっているという理由で同調するとき生じる。
規範的影響：他者を好きになる，あるいは尊敬するという理由で同調するとき生じる。

た。これは多数群が正しいということでそのコンピテンス（能力）を示した場合，それが真の研究協力者に対して多数群の判断を受け入れるよう導くことを意味している。真の研究協力者が，常に正しい回答をする1人の支持者を集団内にもっている場合，（真の研究協力者の）同調率がかなり低下するというアッシュ（1965）の結果について，情報的影響があるはたらきをしているように思われる。アレンとレヴァイン

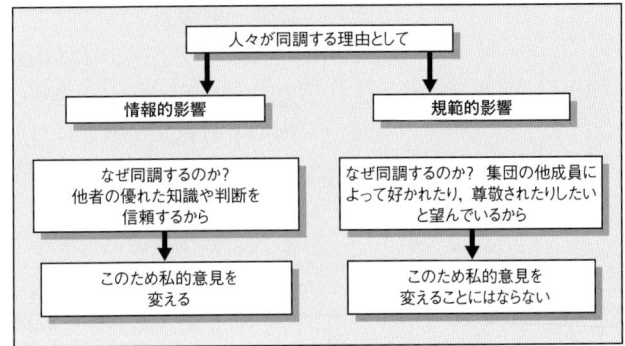

図21-5

(Allen & Levine, 1971)は支持者の視覚が非常に劣っているために，その支持者の判断の情報的価値が低いという条件を設定した。この条件では，支持者が正常な視覚をもっている条件と比較して，同調の低下の程度が少なかった。

規範的影響に関する重要な証拠はドイッチとジェラード（1955）によって報告されている。彼らは誤りが少ないときは，ブロードウェーの劇場の入場券を与えるという形で報酬を約束することによって集団成員の相互依存性を高めた。この操作によって，よい集団業績に対して何らかの報酬が与えられない場合と比較して，2倍の同調を導くことが見出された。

モスコヴィッシの社会的影響理論

ケルマン（Kelman, 1958）は人がなぜ同調行動を示すか，それには応諾，同一視，内面化の3種類の原因があると考察している。

応諾（compliance）は現実的に同意していないにもかかわらず，多数群に同調することを含む。この同調は表面的であるから，同調に対する集団圧力がなくなった時点で応諾は終わる。

同一視（identification）はある人が社会における所与の役割に伴う要請に同調するとき発生する。同調は一般に行動の幾つかの側面を超えて広がる。たとえば航空機の客室乗務員は実際にいかなる感情状態にあろうとも，常に楽しく，丁寧で，乗客に役に立つように試みる。彼らがこのように行動するのは，彼らに期待していることに向かって彼らが同調しているからである。

内面化（internalisation）は影響を与えようとする人々の見解と本当に一致するため，人が同調するときに発生する。たとえば年少の女子の両親は，自分の子供が他の子供たちと一緒の時間を過ごすことが非常に重要であると信じているとする。友人が子供をブラウニー（訳注：ガイド協会の年少団員）にやり始めると，自分も子供をブラウニーへやろうと同調する。内面化に基づく同調は彼または彼女が本当にしたいと望んでいることをするよう説得されるという意味で，自ら進んでそう行動しようとする人に対して無理な要求を強いるのに似ている。その結果として，同調に対する外的プレッシャーが存在しない場合ですら，内面化に基づく同調行動は持続する。

キー用語
応諾：勢力に基づいて多数派が少数派に対して与える影響。この影響は私的信念よりも公的行動に関してみられる。
同一視：社会における所与の役割の要請に対する同調行動。
内面化：個人が多数派の見解を十分に受け入れたときの同調行動。

応諾か転換か

モスコヴィッシ（Moscovici, 1976, 1980）は本書のこれまでの記述とは異なる方向から考察している。彼はアッシュや他の人々が集団内の多数派が少数派に対してきわめて大きな影響力をもっているという考え方を強調しすぎていると批判する。彼の意見によれば少数派も多数派に対して影響を与える可能性がある。すでにみたように多数派が少数派に影響するとき応諾が現れるが、その場合通常は多数派に対して公的な面では同意するが、私的な面では同意しないということが含まれる。**転換**（conversion）は少数派が多数派に対して与える影響に関わる。ここで少数派の見解が正しいということを多数派に確信させることが含まれ、しばしば多数派に対する私的同意よりもむしろ公的同意を導く。

少数派が多数派に対して影響を与えることの現実生活における重要な事例は、20世紀初頭における婦人参政権運動である。婦人参政権論者は女性が投票権をもつべきだという、当時それほど一般に支持されていない見解を強く主張した。婦人参政権の激しい運動はその正当性と相俟って最終的には彼らの見解を多数派が受け入れるよう導いた。

一貫性　モスコヴィッシ（1976）は少数派が明確な態度を唱え、それを一貫して保持するとき転換が生じやすいと論じた。モスコヴィッシ、レジとナフレンショー（Moscovici, Lage & Naffrenchoux, 1969）は一貫性の重要性を示す証拠を見出している。6名の研究協力者からなる集団は彩度の異なる青色のスライドを提示された。各研究協力者は単一の色を大きな声で述べることが要請された。このとき（6名のうちの）2名のサクラはすべての試行または3分の2の試行において、スライドの色（訳注：実際は青であるにもかかわらず）は「緑」であると回答した。多数派が「緑」と反応した割合は、少数派が一貫して反応した場合、8％であるのに対し、少数派の反応が一貫していないとき、その反応はわずか1％にとどまった。

なぜ少数派の意見の一貫性が重要なのであろうか。もっともらしい解釈の一つはケリー（Kelley, 1967）の帰属理論（第19章参照）に見出される。この理論によれば、私たちは他者の行動が内的原因（たとえば彼らの本当の信念）によるか、それとも外的原因（たとえば社会的圧力）によるかを明らかにしようと試みる。もし同一の状況においてある人の行動が他の人々とは異なっており、しかも行動に一貫性があるとすれば、私たちはその行動が内的原因によるものと推測する傾向にある。したがってもし少数派の意見が一貫しているならば、彼ら（少数派）の意見は誠実であると他の集団成員を納得させ、少数派の意見は真面目に受け入れられる傾向にある。

ネメス、スウェドランドとカンキ（Nemeth, Swedlund & Kanki, 1974）は少数派が多数派に影響を与えるために一貫性は必要ではあるが、常にそれで十分ではありえないということを見出している。彼らはモスコヴィッシら（1969）の実験を基本的に追試したが、こ

キー用語
転換：その見解が正しいということを多数派に対して確信させることから生じる、多数派に対する少数派の影響。この影響は公的行動よりも信念に関してみられる。

図21-6　女性に投票する権利が認められるべきだということがかつて少数意見であったと信じるのは難しいであろう。20世紀前半における婦人参政権運動の直接的活動は結局、女性に投票権を確保した。

の実験で研究協力者はただ一つの色ではなくて，スライドで見たすべての色について回答することを許された。さらに次の三つの条件が操作された。

1. 2人のサクラはランダムに半分の試行において「緑」と答え，残りの半分の試行において「緑 - 青」と答えた。
2. 上述1.と同じ条件であるが，ただ，最も明るいスライドに対して2人のサクラは「緑」と答え，残りの暗いスライドに対して「緑 - 青」と答えた（あるいはその逆）。
3. 2人のサクラはすべての試行において「緑」と答えた。

ネメスらによれば，上述の条件2において多数派のほぼ21%が影響を受けたが，条件1および条件3において少数派は何らの影響も与えなかった。条件1において少数派が効果をもたなかったのは一貫した反応がなかったからである。条件3の少数派の反応は確かに一貫してはいたが，刺激のより複雑な記述（たとえば「青 - 緑」）を用いることが禁じられていたため，その行動は硬くて，非現実的だと受け取られたのである。

評　価

モスコヴィッシ（1976; 1980）が証拠に基づいて多数派が少数派に影響を与えるのと同様に，少数派が多数派に影響を与えうると主張することは正しい。これら二つのタイプの影響には相異なる過程が含まれているという彼の意見にもある程度の支持が得られている。さらに具体的に言えば，多数派は公的一致あるいは応諾を導くことによってしばしば少数派に影響を与えるけれども，少数派は私的見解の一致を導くことによって多数派に影響を与える。しかしながら，相異なる過程がどの程度含まれるかについて専門家は同意していない（ヴァン・アヴァーメイト，1988）。

3種の同調効果　　ウッドら（Wood *et al.*, 1994b）はモスコヴィッシ理論に関する多くの研究をレビューした。彼らは3種の同調効果があると述べている。すなわち，①公的影響（集団場面における個人の行動の変容），②直接的な私的影響（集団討議の話題に関連する個人の私的意見の変容），③間接的な私的影響（関連する問題についての個人の私的意見の変容）などである。ウッドらによれば，公的同調および直接的な私的同調において多数派は少数派に対して多くのインパクトをもたらす。しかしながら，間接的な私的同調の場合，特に少数派の意見が時間を経ても一貫しているとき，少数派は多数派に対して多くのインパクトを与える傾向

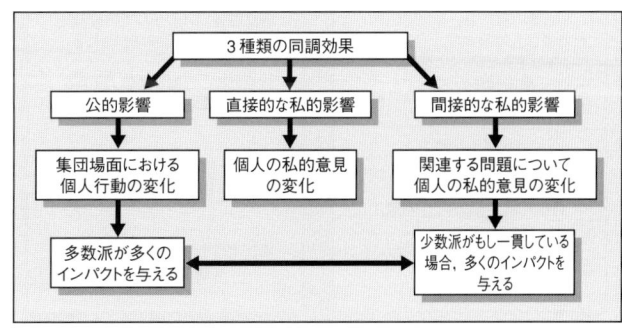

図 21-7

図 21-8　権威に対する疑念のない服従は破局的結果をもたらすことがある。左上の写真はナチ党の成員が1935年ナチ党大会期間中にニュールンベルクを行進するところ。右上の写真は1945年戦争が終結した時点におけるアウシュビッツ強制収容所（迫害，監禁，大量虐殺などが行われた）の生存者。

にある。

権威に対する服従

　ほとんどすべての社会において，ある人々は他の人々に対して勢力や権威を与えている。たとえば私たちの社会において両親，教師，管理者などはさまざまな程度の権威を与えられている。多くの場合このこと自体何ら問題の原因とはならない。もし医師が私たちに1日3回ある錠剤を服用するように言えば，私たちは医師が専門家であるということから医師の指示を受け入れる。

　権威に対する服従に関する研究は少なくとも次の三つの点で同調に関する研究とは異なる。第一に服従の場合，影響を受ける人物は何をなすべきかということに関してかなり自由に決定できるというよりも，むしろある一定のやり方で行動するよう命令される。第二に服従の場合，影響を受ける人物は命令を与える人物よりも低い地位にあるのに対し，同調の場合，影響を受ける人物は影響を与えようと試みる集団成員と通常等しい地位にある。第三に，服従研究において影響を受ける人物の行動は社会的勢力によって規定されるのに対し，同調研究において影響を受ける人物の行動は受容されたいという欲求によって大部分規定される。

　長年にわたって心理学者の関心を集めてきた一つの問題は，なぜ多くの人々があれほどまでに自ら進んで権威に服従するかを明らかにしようということである。もしあなた自身間違っていると思っていることを権威ある人物からするように求められたとき，どのようなことが起こるであろうか。たとえば第二次世界大戦中アドルフ・アイ

服従と同調との相違

服従	同調
階層内部において生じる。行為者は上位の人間が行動を指図する権限をもっていると感じている。地位相互のリンク。勢力の強調。	地位の等しい人々の間の行動を規制する。受容が強調される。
とられる行動は権威者の行動とは異なる。	受容された行動は同僚のそれと類似している。
行動に関するおきては明確。	集団とともに行動するという要請はしばしば明確である。
参加者はその行動の説明として服従を快諾する。	参加者はその行動の説明として同調を否定する。

図 21-9

ヒマンは何百万人ものユダヤ人の殺害を命令するという主要な役割を演じたことにより，有罪とされた。彼はすべての道徳的責任性を否定し，自分はただ自分の仕事を単に行っただけだと主張した。この問題に関してよく知られている実験がスタンレー・ミルグラム（Stanley Milgram, 1974）によって行われた。次に詳細に述べる。

スタンレー・ミルグラム

　スタンレー・ミルグラム（1974）はイェール大学で彼が行った一連の長期的な実験結果を報告している。研究協力者のペアは単純な学習検査における教師と学習者の役割を与えられた。実際に「学習者」は常にミルグラムのサクラであった。「学習者」が誤った解答をするたびに，「教師」は「学習者」に対して電気ショックを与えるように要請された。しかも回数を追うごとに電気ショックの強度を高めるように要請された。実際には学習者がショックを受けないように実験装置は設計されていたが，「教師」はそのことを知らなかった。180ボルトのとき学習者は「もう苦痛でがまんできない」と答え，270ボルトで反応は苦しみの悲鳴に変わる（訳注：サクラである「学習者」はそれぞれの刺激に対して所定の反応をするよう演技した）。最高の強度は450ボルトであった。教師が電気ショックを与えることを望まない場合でさえ，実験者は教師にショックを与え続けるように促した。

　あなたは自ら進んで最高の450ボルトのショック（おそらく死亡の可能性がある）を与えると思うだろうか？ ミルグラム（1974）が（このような場面を想定させて，人は450ボルトまで電気ショックをかけ続けるであろうか？　と）たずねてみたところ，すべての人々はそのようなことをしないであろうと回答したという結果を得た。ある精神科医は450ボルトの段階にまで達するのは1,000人中1人程度であろうと予測した。しかし実際は，ミルグラム実験の標準的手続きで，研究協力者のおよそ65％が最高のショックを与えたのである。これは専門の精神科医による予測の650倍以上の人数であった！

　最も顕著な全般的服従を示したのは43歳の水質検査官であった。実験の終了時近く彼自身「あれあれ彼は死んでいる。えー，あー，いやになってしまうなー，私たちは彼を殺してしまったよ，とことん450ボルトまでやり続けたんだ……」と考えている自分に気づいていた。

　ミルグラム（1974）は彼の基本的実験手順に幾つかの変更を加えて実験を試みている。彼はそれを通じて権威に対する服従を低下させるためには次の二つの主要な方法があることを見出した。

　1. 学習者の苦しい状態が明確にわかるようにする。
　2. 実験者の権威あるいは影響力を低下させる。

　上記1. の要因の影響について，学習者の苦しい状態がどの程度明確であるか，その程度が異なる4条件について，服従行動を比較するという実験が行われた（以下その4条件ごとに完全な服従を示した研究協力者の割合を（　）内に示す）。

キー研究評価－ミルグラム

　権威に対する服従に関するミルグラムの研究はよく知られているし，また常にかなりの論争を巻き起こすものとみなされてきた。人間に対して450ボルトの電気ショックを与えるのはおそらく1000人のうちわずか1人くらいであろうと複数の精神科医が予測したにもかかわらず，実際にこの実験の研究協力者の65％が偽りの教授－学習状況で，そのように行動することをミルグラムは見出した。研究協力者はショックが現実にはまったく与えられないということを知らなかった。最高のショックを与えた人々の大多数はストレスと内的葛藤の気配を示して，いやいやながらもそうしたのである。この結果は部分的にはこの研究が1970年代に行われたという事実によるのかもしれない。つまりこの1970年代において，それ以前の10年間における社会的および政治的運動によって，反抗と個人主義に対する態度が変化した。ミルグラムの結果とナチの強制収容所守衛のような人々（ただ命令に従っただけだと抗議した）との間に，ある対応が導き出されてきた。しかしながら，他の研究は現実の状況（集団が権威に挑戦する）において服従のレベルが低下するということを示している。ミルグラムのオリジナルな実験のような研究を実行するための許可は，今日では倫理的基礎から言って得られないであろう。しかし，彼の研究は同調や服従が多くの要因によって規定されるということを示している。

・遠隔操作によるフィードバック：犠牲者の音声は聞こえないし，姿も見えない（66％）。
・音声によるフィードバック：犠牲者の音声は聞こえるが，姿は見えない（62％）。
・近接性：犠牲者は研究協力者からわずか1メートル離れているだけ（40％）。
・接触－近接性：近接性条件に類似。ただし研究協力者は学習者の手を無理やりショック板上に置かなければならない（30％）。

　ミルグラム（1974）は崩れかけたオフィスビルにおいてイェール大学のときと同一の実験を行い，実験者の権威を低下させることを試みた。服従的研究協力者の割合はイェール大学のとき65％であったのに対し，崩れかけたオフィスビルの場合それは48％に低下した。また実験者が研究協力者のすぐ側に座るのではなくて，実験者の指示を電話で伝えることによって実験者の影響を低下させた。こうすることによって服従の割合は65％から20.5％に低下した。このような距離のもつ効果は人々を近距離から射殺するよりも飛行機から爆弾を投下して人々を殺害する方がストレスが少ない理由を説明するかもしれない。最後に白衣の研究者よりも一見して普通の人々とわかるように見せかけることによって実験者の権威は低下した。これによって全体の服従は20％にまで低下した。

　さらにその後の研究でミルグラム（1974）は3人の教師を用いた。うち2人はサクラであった。一つの条件で，2人のサクラは反抗的で，学習者に対して激しいショックを与えることを拒否した。この条件で，研究協力者のわずか10％が完全な服従を示したにすぎなかった。2人の他者が実験者に自ら服従しないということによって研究協力者に対する実験者の影響を低下させたのである。

このような差異をもたらした実験状況についてどう考えるか？

議論のポイント

1. たいていの人はむしろあまり気をつかわないやり方の方が単純に権威に服従するのであろうか？
2. 権威に対する服従の存否を規定する主要な要因とは何か？

評価と理論的分析

　比較文化的側面　ミルグラム（1974）の実験はアメリカ合衆国において行われた。したがって他の文化において類似した結果が得られるか否かを知ることは重要である。関連する異文化的証拠はスミスとボンド（1993）によって検討された。残念ながら研究手続きの重要な側面が文化によって互いに異なっており，服従に関する異

文化的相違について解釈することはきわめて困難である。しかしながら，最も激しいショックを自ら進んで与えた研究協力者の割合は幾つかの国において非常に高かった。イタリア，スペイン，ドイツ，オーストリア，オランダ等において行われた実験で最も激しいショックを与えた研究協力者の割合は 80％を超えた。これらのデータは多くの文化において実質的な服従が存在するということを示唆している。

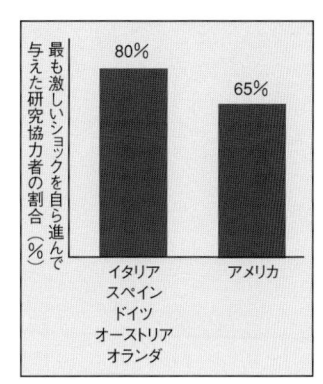

図 21-10

服従の理由　ミルグラムの実験状況でなぜ多くの人々が服従的なのであろうか？　ミルグラム（1974）によれば以下の三つの主要な理由が考えられる。

1. 権威者は一般に信頼できるし，またそこには正当性があると私たちは経験から学んでいる。
2. 実験者から与えられる指示は「信頼できる」から「信頼できない」へとゆるやかに変化していく。このため研究協力者はどの時点において信頼できないような形で行動することを実験者から要請され始めたかについて気づくことが難しい。
3. 研究協力者はある種の「代理」状態に置かれる。つまり研究協力者は権威者の手先となり，自分の良心に従って行動することを放棄する。代理状態に置かれたこのような人物の態度は「私に責任はない，私はそうするように命令されたのだ」というものである。

ミルグラム研究の重要性　権威に対する服従に関するミルグラムの研究は，それが人間行動解明に光を与え，またその結果が驚くべきものであったということから，大きな重要性をもっていると言える。しかしこれは人間性に関するきわめて悲観的な見方を描写しているように思われる。ミルグラム（1974）によれば，

　　人がその人間性を捨て去るのは確かにそうすることが避けられないことにもよるが，その人のユニークなパーソナリティが制度的構造に組み込まれていくにつれ，その致命的な欠陥が私たちの中で形づくられ，長い目で見ればそれが私たちの種にとって，生存のためのわずかなチャンスとなっている。

ミルグラム（1974）の結論はあまりにも悲観的であるように思われる。大多数の服従的研究協力者は実験者からの要請と研究協力者の良心からの命令との間に強いコンフリクトを経験して

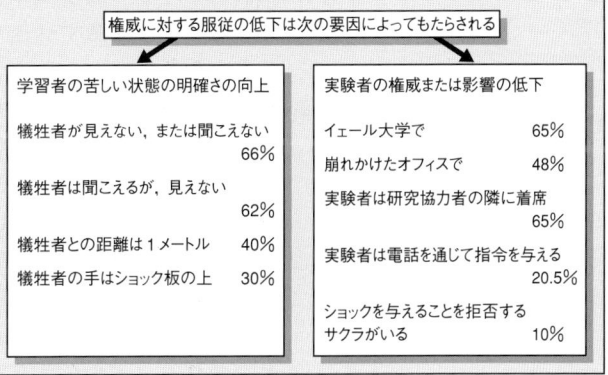

図 21-11

いた。研究協力者は非常に緊張し，神経質になっていた。彼らは汗をかき，唇をかみ，こぶしを固めたりゆるめたりした。このような行動は彼らが代理状態にあることを示唆していない。

　ミルグラムや他の人たちはミルグラムの結果とナチ・ドイツの恐怖との関係を示唆してきた。しかしながらその間に類似性を誇大に考えないことが重要であろう。第一にミルグラム研究の根底にある価値は，人間の学習・記憶に関する理解に関する一つのポジティブな面であるのに対し，ナチ・ドイツの価値観は道徳的に堕落している。第二に，ミルグラム研究における大多数の研究協力者は服従が起こるか否かについて厳しく観察されていたのに対し，ナチ・ドイツにおいて必ずしもそうではなかった。第三にこれまでみてきたように，ミルグラム実験の大多数の研究協力者は激しいコンフリクトと動揺の状態に置かれていた。これと対照的にナチ・ドイツにおいて残虐な行為を実行した人間は典型的な場合倫理的問題に無関心であったように思われる。

　帰　　属　　ミルグラム実験における研究協力者の行動はなぜ，たいていの人が期待するものとこれほどまでに違うのであろうか。この問いに対する解答はおそらく部分的には**基本的帰属のエラー**（fundamental attribution error）に見出せるであろう。これは行動を規定する状況要因のもつ役割を過小評価し，パーソナリティおよびその他の個人的特性を過大評価するという傾向のことである。ミルグラム実験の状況で，なぜ多くの人々が完全な服従を示したのか，その原因をたずねられた場合，私たちは次のように考える傾向にある。すなわち「精神病質者だけが他者に対して相当な電気ショックを与えるであろう。精神病質者はそうたくさんはいないから，完全に服従を示すのはほんのわずかな人だろう」。こういった方向における推測はもっぱら研究協力者の個人的属性に焦点を合わせている。基本的帰属のエラーに従えば，関連する状況諸要因（たとえば実験者の科学的専門性，地位，あるいは引き続き電気ショックを与えるようにという実験者からの強い要請など）を無視することになる。

　倫　　理　　最後にミルグラム実験は重要な倫理上の問題をもっていることに注意すべきであろう。研究協力者はこの実験がコンフリクトや苦痛をもたらすことがありうるということを事前に告げられていなかったし，またインフォームド・コンセント（十分な説明に基づく合意）も与えられていなかった。さらに研究協力者は実験には最後まで残らなければいけないと告げられており，もし途中でやめたいと思っても自由に立ち去ることは許されなかった。今日の（心理学研究における）倫理的ガイドラインにおける中心的重要性は研究協力者の権利と地位は研究者のそれと等しいということの強調にある（第29章参照）。ミルグラムはこのことを完全に怠っていると言われる。ミルグラム実験では研究協力者自身が望まないのに行動するよう強制するために，研究者はその地位が高いことを利用で

> **キー用語**
> **基本的帰属のエラー**：人の行動の原因を明らかにしようとして，行動する人物の個人的特性のもつ役割を過大評価し，状況のもつ役割を過小評価しようとする傾向。

きるよう特に実験設計がなされていた。

　ミルグラム（1974）はこれらの批判に対する反論として次の三つの点を挙げている。第一にすべての研究協力者に対しディブリーフィング（訳注：実験後研究協力者にその目的・理由を明かす）を行い，この実験に関する十分な情報を与えた。第二に研究協力者の84％は実験に参加できたことを喜んでおり，参加したことに対し後悔した人はわずか1％であった。第三にたとえほとんどすべての人々が実験者の非倫理的要請に対し単純に従わないだけであったら，倫理的関心を引き起こすことはほとんどなかったであろうと彼は主張した（多くの人も彼に同意している）。

その他の研究

　権威に対する服従に関するミルグラム（1974）研究における一つの限界はそれが実験室状況で行われたことにある。現実生活において類似の結果が得られるか否かを知るために，現実生活状況における権威に対する服従について研究することが有益であろう。第二の限界としてミルグラム（1974）は権威者は個人に高水準の服従を導き得ることを見出してはいるが，果たして集団も同様に服従的になるか否かについて彼は検討していない。これらの問題に関わる研究

ケーススタディ：ミライの大虐殺

　ミライ（ベトナム，ソンミ村）の大虐殺はベトナム戦争における最も論争となった事例として知られている。1968年3月16日およそ400人のベトナム人村民が4時間以内に殺害された。以下の記録はこの大虐殺に加わったある兵士に対するCBSニュースのインタヴューによるものである。

Q 何人くらいの人を集めたのですか？
A えー，私たちが村の中央部に集めたのはおよそ40人か50人くらい。私たちは彼らをちょうど小さな島のような形に集めました。村の中心が右側です……ちょうど小さな島のように……。
Q どのような人たちですか。男ですか，女ですか，子供ですか……？
A 男も女も，子供も……。
Q 赤ん坊は？
A 赤ん坊も。私たちは彼らをごちゃごちゃに集め，座らせました。カリー中尉がやってきて「君たちがやるべきことはわかっているだろうね」と言いました。私は「はい」と答えました。もちろん彼は私たちが村民たちを監視することを望んでいるのだと思っていました。カリー中尉はそこをいったん離れましたが，10分か15分後にまた戻ってきて「どうしてまだ彼らを殺さないのか」と言いました。私は彼に「あなたは私たちが彼らを殺すことを望んでいるとは思わなかった，ただ彼らを見張っていることを望んでいると思った」と言いました。すると彼は「いや，私は彼らを殺すことを望んでいるのだ」と言いました。

Q 彼はそのことをあなた方全員に対して言ったのですか，それとも特にあなたに対して言ったのですか？
A えー，私は彼と対面していました。彼の言葉は3人か4人の仲間が聞いていました。そのとき彼はおよそ3メートルか4メートルくらい後ずさりして，彼らを撃ち始めました。そして彼は私に撃ち始めるように命令しました。私も撃ち始めました。私はグループに向けておよそ4回ほど掃射を浴びせました。
Q あなたは4回掃射したのですね，あなたの……
A M-16（訳注：マシンガン）です。
Q そしてまあ，ざっとそんなことで多くの銃撃を……どのくらい銃撃を加えたのですか？
A 私は1回の掃射で17個の弾薬を込めていましたから……。
Q ということはあなたは67発かその程度の弾丸を発射したのですね？
A そうです。
Q あなたはそのときどのくらいの人を殺したのですか？
A えー，私は自動小銃で撃っていたので……考えてみてください。あなたが彼らに向けて一定の方向でただ銃撃を浴びせたとします。何人殺したか知ることはできないでしょう。攻撃は非常に素早く行われたのです……。私は10人か15人くらい殺しているかもしれません。
Q 男ですか，女ですか，子供ですか？
A 男も女も，子供も……。
Q 赤ん坊は？
A 赤ん坊も……。

について次に検討しよう。

現実の生活状況

ホフリングら（Hofling et al., 1966）は現実生活状況における研究を報告している。22名の看護師は「スミス博士」と名乗る人物から電話を受けた。彼らは看護師に対しアストロテンと呼ばれる薬の入手可能性をチェックするよう求めた。看護師がチェックしてみると瓶には最高投与量10ミリグラムとの指示が見えた。看護師がこのことをスミス博士に伝えると，彼はこの薬20ミリグラムを患者に投与するようにと告げた。

看護師にとって博士の指示通り行動することを拒否するに足る二つのはっきりとした理由があった。第一に指示された薬の投与量は最大安全基準の2倍である。第二に看護師はスミス博士をまったく知らなかったし，看護師は知っている医師からの指示のみに従うことが想定されていた。しかしながら看護師は医師の指示には従うように日常訓練されていた。医療場面には明確な勢力構造があって，医師は看護師よりも大きな勢力をもっている。予想される通り，看護師は守るはずの病院の二つの規則よりもむしろこのような勢力構造による影響を実際には受けた。すなわちただ1人を除いてあとの看護師はすべてスミス博士の指示に従ったのである。この状況で看護師はどのような行動をとるであろうかとたずねられた看護師は全員がスミス博士の指示には従わないであろうと答えた（訳注：現実の実験結果は上述の通り）。この研究結果は権威に対する服従へのプレッシャーはたいていの人が想像する以上に大きいことを立証している。

集団的服従

ガムソン，ファイアーマンとリティナ（Gamson, Fireman & Rytina, 1982）は討論に参加するためモーテルに到着した9人からなる集団について研究した。9人はその討論の進行状況が大規模な石油会社によってビデオに撮影され，この石油会社は系列のガソリン・スタンドの元管理者からある訴訟を起こされていると説明された。彼らはまた，その元管理者は正式に結婚していない女性と一緒に生活しているという理由で解雇されたと説明を受けたが，解雇の本当の理由は彼が石油の値段が高いことに抗議してテレビでしゃべったためであるということを9人の人々はその後知った。元管理者のライフスタイルを不快と思うとそれをカメラの前のこの討論の場で主張してほしい，とコーディネーターが9人に求めたが，彼らはそれを拒否した。いくつかの集団で，研究協力者は討論のビデオテープを自分たちが没収して，石油会社のことをメディアに暴露すると言って脅かした。

要　　約

要するに権威に対する服従は現実の生活状況においてもかなり容

易にみられる。したがってミルグラムの結果は実験室に限定されるわけではない。ガムソンら（1982）の結果は私たちを力づけるものであった。彼らの研究結果は，複数の人々からなる集団はしばしば個人よりもむしろ権威者の非合理的な要請に対してより挑戦的になるということを示唆している。

独立的行動

私たちはここまで，権威に同調する，あるいは服従する社会的圧力が人々の行動にきわめて強力な効果をもたらす，ということをみてきた。しかしながらある人々は同調したり服従したりするプレッシャーに抵抗して，**独立的行動**（independent behaviour）を示す。これは特に1人またはそれ以上の他者が独立して行動するようにみられるある種の環境において発生しやすい。たとえばすでにみてきたように，アッシュの実験状況において全部の試行を通して正解を述べるサクラが1人いる場合，同調行動は37％から5％に減少した。

> キー用語
> 独立的行動：権威に同調したり，服従したりするプレッシャーに抵抗する種類の行動。

他者の行動

ミルグラム（1974）は3人の研究協力者が同時に教示の役割を演じるという条件を設定した。3人の研究協力者のうちの1人は本当の研究協力者であったが，他の2人はサクラであった。2人のサクラが実験の途中でその場から離れると，本当の研究協力者の90％は彼らに続いて実験者に対して服従しなくなった。つまり他者が権威に対して服従することへのプレッシャーに抵抗するのを見ると，人々は独立した行動を示し，権威に服従するプレッシャーに対する抵抗を容易に示すようになる。

個人差

アッシュやミルグラムによって工夫された実験状況における研究協力者の反応には大きな個人差がある。これからみていくように，独立的行動を示す人々のパーソナリティおよびその他の特徴を明らかにするため，さまざまな試みがなされている。

ミルグラムの実験状況

標準的なミルグラムの実験状況においておよそ3分の2の研究協力者は権威に対する全面的服従を示す。そして残りの研究協力者も電気ショックを与えなさいという権威の要請に大半は従う。これらの結果はミルグラムの実験状況において服従させるというプレッシャーがいかに大きいかということを意味している。権威に対する服従にはどのような個人差があるのだろうか？　ヴァン・アヴァーメイト（1996, p.525）によれば，

> ミルグラムの実験状況においてパーソナリティの特徴は大きな相違をもたらさなかった。彼の分析によれば，男性と女性，職

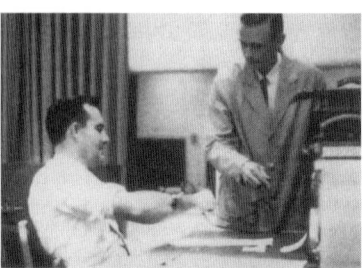
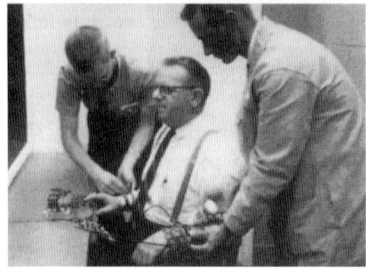
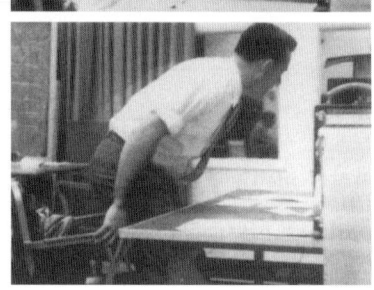

図21-12　ミルグラム（1974）の「服従」実験：上左（電気ショック・ボックス），上右（実験者が「教師」役の研究協力者に対して電気ショック・ボックスの説明をしているところ），下左（「学習者」役のサクラを電気ショック装置につなぐところ），下右（「教師」役の研究協力者の1人が実験継続を拒否する場面）。

業の種別，パーソナリティ質問票の得点などについてもわずかの相違がみられただけである。

　一般的に言って統計的に有意ではない数少ないケースがミルグラム（1974）によって報告されている。それによれば独立的行動を示す研究協力者はF（ファシズム）尺度（権威主義的態度尺度，第19章参照）で低い得点の傾向があった。

アッシュの実験状況

　アッシュの実験状況において独立した行動と関連するパーソナリティ特性を見出すことに成功した研究がある。クラウンとマーロウ（Crowne & Marlowe, 1964）はマーロウ‐クラウンの社会的望ましさ尺度得点と同調との関係に関する多くの研究を展望している。この尺度が厳密には何を測定しているかについて論争があるが，これが社会的是認に対する欲求をある程度測定していると考えられる。予測される通り，社会的是認欲求の低い人はアッシュの実験状況において同調を拒否することによって独立的行動を示す傾向が強い。その他の同調実験（たとえばスタング Stang, 1972）においても自尊心の強い個人はそれが低い個人よりも独立的に行動する傾向が強いことが見出されている。ヴィーゼンタールら（Wiesenthal et al., 1976）は判断課題において自分自身を有能であるとみなしている研究協力者は，自分自身のコンピテンスに自信をもっていない研究協力者よりも，独立的な行動を多く示すということを見出している。

　クラッチフィールド（Crutchfield, 1955）は同調と独立的行動に関する個人的相違を検討した諸研究を考察している。それによると独立的行動を示す人は同調行動を示す人よりも知能が高い傾向にあっ

た。また独立的行動を示す人はリーダーシップ能力および自分自身のパーソナリティに対する洞察において優れており，断定的なパーソナリティ傾向をもつことが見出されている。

評　価

　ある人々が他の人々よりもなぜ独立的行動を多く示すかについて二つの主要な理由がある。第一に彼らは自分自身および自分の判断の正確さについて高い評価をもっている可能性がある。このことから自尊心が高い人，自分自身有能だと思っている人，知能の高い人，リーダーシップ能力をもっている人などがなぜ同調行動をあまり示さないかが説明できるであろう。第二に彼らは他者からの承認にそれほど関心がないので，他者の判断に従うという動機をほとんどもっていない。このことは社会的是認欲求が弱く，主張性の強い人々がなぜ独立的な方向で行動するかを説明すると思われる。

　最後に二つのポイントをつけ加えておく必要がある。第一に独立的な行動を示す人々のパーソナリティその他の特性はしばしば同調的な行動を示す人々の特性と驚くほど大きな相違を示さない。第二に独立的な行動に関する研究は重要である。なぜなら，それによって権威に対する同調行動と服従は (1)個人的および (2)社会的状況の二つの要因によって規定されるということを私たちに気づかせるからである。

社会的勢力

　フランツォイ（1996, p.258）は**社会的勢力**（social power）を「態度を動機づけ，行動を変容するよう影響を与えることを可能にする力」と定義している。社会的勢力を有する多くの人々がいる。教師，親，管理者，会社の取締役，政治家などが含まれる。ジンバルドー（Zimbardo, 1973）によれば勢力に関するトピックスはこれまで心理学者によってほとんど無視されてきた。

> キー用語
> **社会的勢力**：他者の行動および（あるいは）態度を変化させるよう，影響を与える人が利用可能な能力。

> 勢力は社会心理学における最も重要な変数でありながら，最も無視されてきた。強化された反応はその頻度を増すというアメリカの行動主義の大発見は，誰がその強化子をコントロールするかという基本的問題に比すれば単に技術的脚注といったものにすぎない。

社会的勢力には幾つのタイプがあるか？

　有力な一つの回答はコリンズとレイヴン（Collins & Raven, 1969）によって提唱された。彼らは社会的勢力の六つの形を明らかにしている。

1. **報賞勢力**：他者に対するさまざまな報酬を与えたり，与えなかったりすることによる勢力。
2. **強制勢力**：他者を罰するべきか否かを決定する勢力。

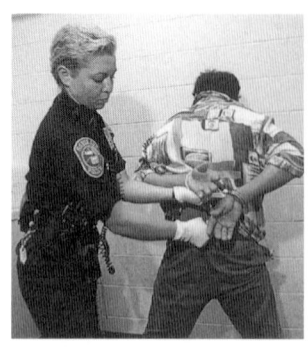

図21-13 役割かパーソナリティか？ 私たちの行動は私たちの職業的役割によって変化するだろうか？

3. 準拠勢力：他者が彼または彼女を同一視したいという理由で，彼または彼女が有する勢力。
4. 専門勢力：ある個人が他者よりも関連する知識を多くもっていることからくる勢力。
5. 正当勢力：社会的組織ないし仕事組織内において承認されたリーダーシップあるいはその他の役割をもっていることから生じる勢力。
6. 情報勢力：一つまたはそれ以上の重要な情報をもっていることに基づく勢力。

これら6種類の勢力がすべて存在するということが一般に認められている。たとえばミルグラムの実験状況で研究協力者を実験者に服従するよう説得する実験者の能力はその専門勢力あるいは正当勢力による。それほど明確ではないけれども，多数派の報賞勢力および強制勢力が同調行動を導くことに関与している。情報勢力に関する証拠はレイヴンとハーレー（Raven & Harley, 1980）によって報告されている。看護師と医師は感染症防止に関する病院のポリシーを厳守するよう同僚を奨励するため典型的に情報勢力を用いている。

限界

コリンズとレイヴン（1969）のアプローチには二つの大きな限界がある。第一にこのような幾つかの社会的勢力は同時にみられる。たとえば正当勢力をもつポジション（たとえば会社の社長）にいる人は報賞勢力と強制勢力をともにもつことがある。第二に社会的勢力の六つの形のいずれをもっていないにもかかわらず，他者に影響を与えることを可能とさせるような，有力で支配的なパーソナリティをもつ個人の社会的勢力を無視しているように思われる。シュリーシャム，ヒンキンとポドサコス（Schriesham, Hinkin & Podsakoss, 1991）は社会的勢力の二つの主要な形の一つは個人的勢力であると論じて，その重要性を認めている。個人的勢力とはある方向へ向けて他者を熱中させたり，あるいはまたその種の行動を確信させるように導く能力のことである。

二つの視点

本セクションおよび次セクションで私たちは二つの主要な視点から社会的勢力について検討している。その第一は刑務所の看守によって行使される社会的勢力および看守の責任において囚人を処遇するときのやり方である。看守はさまざまな形の社会的勢力をもっている。そこには正当勢力，報賞勢力，強制勢力などが含まれる。中心的問題は看守による攻撃的行動が果たして彼らのパーソナリティによるものか，それとも刑務所という環境によるものか，ということにある。

第二に，リーダーの社会的勢力の問題がある。リーダーが自由に行使しうる社会的勢力の形にはリーダーによってかなり相違してい

る。しかしながらリーダーはコリンズとレイヴン（1969）が明らかにした社会的勢力の六つの形すべてをもちうる。集団の成員がある限られた仕方で他者に影響を与えるのに対し，リーダーはほとんどすべての社会的勢力を保有している。中心的問題は以下のようである。

1. リーダーはパーソナリティあるいはその他の特性において部下と異なるであろうか？
2. どのような種類のリーダーが最も有効か？

スタンフォード刑務所実験

　1960年代にアメリカの刑務所における問題について数多くの報告がなされた。その多くの報告書は刑務所の看守が管理している囚人に対しての粗暴な攻撃に関連するものであった。このような野蛮な行為がなぜ起こるのであろうか。一つの可能性は刑務所看守という勢力のあるポジションにつくという選択をした人々は攻撃的もしくはサディスト的パーソナリティ傾向にあったというもので，もう一つの可能性は刑務所看守の行動は厳格な勢力構造を含めて主として刑務所という社会的環境によるというものである。

　フィリップ・ジンバルドー（1973）はしばしば「スタンフォード刑務所実験」と呼ばれる実験でこの問題を研究した。情緒的に安定した社会の成員たちは模擬刑務所実験で「看守」「囚人」として行動することに合意した。ジンバルドーが知りたいと思っていたのは多くの刑務所でみられる敵意がこの模擬刑務所においてもみられるか否かということであった。もしサディスティックな看守を使っていないにもかかわらず敵意が見出されるとしたら，刑務所という勢力構造が敵意を導くということを示唆していると言えるであろう。

　スタンフォード刑務所実験においては研究協力者の体験を可能な限り現実的なものとするため，幾つかの試みがなされた。「スタンフォード郡刑務所」（訳注：スタンフォード大学キャンパス内にこの実験のために特別に設置された模擬刑務所）に到着すると同時に囚人は着衣を脱がされ，ボディーチェックをされ，シラミを取り除いてから囚人服，寝具および基本的支給品を与えられた。囚人は決められた時間においてのみ食事することが認められた。彼らはほとんど何をする場合でも看守の許可が必要であった。たとえば手紙を書くとかトイレに行くという場合でもそうであった。守るべく定められた16の規則があった。

　模擬刑務所で実際に発生したことはきわめて不快で，また危険でもあったので，当初14日間計画されていた本実験は，実際

キー研究評価—ジンバルドー

　フィリップ・ジンバルドーのスタンフォード刑務所実験は，社会的勢力の問題を研究するために計画された。アメリカの刑務所における囚人に対する看守の厳しい処遇は看守自身のパーソナリティによるものであろうか，それとも刑務所という状況の性質によるものであろうか。ジンバルドー実験の研究協力者は安定し，バランスのとれた人物であって，模擬刑務所という状況における看守と囚人の役割をランダムに割り当てられた。この実験は当初14日間継続することが意図された。しかしわずか6日間で中止せざるをえなかった。なぜなら激しい暴力と混乱が発生したからである。「看守」はきわめて大きな勢力を楽しみ始め，「囚人」は服従し，従順な行動をとり始めた。ジンバルドーはこの実験で状況要因が人の行動に劇的に影響することを示した。しかしながら，さまざまなタイプのメディア報道から刑務所についてたいていの人がステレオタイプ的アイディアをもっている状況だという議論がなされた。極端なストレスに悩んでいる研究協力者はもっと早期にその実験場面から離れることができたとしても，介入することなしに，そこで起こってきた行動を観察することは倫理的に誤っている，と多くの人が感じた。

には6日間で中止せざるをえなかった。暴力と暴動は実験開始の2日目以内に始まった。囚人は衣服を盗み，叫び，また看守をののしった。一方看守は消火器を用いて囚人たちの暴動を押さえつけた。看守は囚人相互を対立させ，そのことで常に囚人たちを悩ませた。ある囚人は情緒不安の深刻な症状（思考の混乱を示したり，抑制しがたいほどの大声を上げたり，ギャーギャー泣くなど）のため，わずか1日後に釈放せざるをえなかった。実験開始4日目にさらに2人の囚人が深刻な症状を示して釈放された。

時間が経過するにつれ，看守と囚人の行動に面白い変化が現れた。囚人はより抑制され，服従的になっていった。しばしば前かがみに歩き，目を地面に向けて固定させた。同時に看守による力，いやがらせ，攻撃の行使は日ごとに着実に増加していった。看守は他者をコントロールする勢力を楽しみ始め，囚人の消極的な反応がさらに看守の勢力の行使を促した。

スタンフォード刑務所実験から私たちは何を学ぶことができるか？
ジンバルドーによればこの実験は刑務所における勢力構造のもつ重要性を示唆している。現実の刑務所看守がある程度他者に対してサディスティックなところがあるかもしれない。しかし刑務所という環境が看守による粗暴な行動を導く主要な要因であるように思われる。

議論のポイント
1. あなたはスタンフォード刑務所実験の結果に驚いたか？
2. この研究は倫理的に受け入れられると思うか？

評　価

倫理的問題：この研究に参加することに同意したにもかかわらず，スタンフォード実験における何人かの「囚人」（の役割を演じた研究協力者）はこの実験によって深刻な影響を受けた。彼らのうち3人は情緒不安定の症候を示した。この実験はわずか6日間に短縮された。

ポジティブな面について言えば，ジンバルドー（1973）はたとえ情緒的に安定しているとして注意深く選ばれた人であっても，勢力のあるポジションにつけば攻撃的あるいは敵対的な方法で行動することがありうるということをこのスタンフォード刑務所実験によってうまく示すことができた。ジンバルドーの結果は状況的要因（たとえば，組織の勢力構造）が人の行動に対して決定的な効果をもちうることを示している。

ネガティブな面について言えば，このような退廃や敵意に人々を向けさせるということは倫理的に受け入れられないとして多くの人々が批判した。看守が囚人に強制的にトイレを素手で掃除させたり，消火器で囚人に水を掛けたり，後方に回って腕立て伏せをさせるなどしても，ジンバルドーはそれを傍観していたが，こんなことは果たして妥当と言えるであろうか？　サーヴァン（Savin, 1973）は模擬刑務所は「地獄だ」（p.787）と論じている。これらの批判に対する反論としてジンバルドーは丸1日かけたディブリーフィング（訳注：実験後研究協力者にその目的，理由を説明すること）セッションをもち，そこでこの実験によってもたらされた倫理上のコンフリクト問題も検討され，それを通じて研究協力者に与えるネガティブな効果を減少させる試みがなされたと述べている。彼はまた大多数の研究協力者が彼ら自身価値あることをこの実験から学んだと報

告したと指摘している。この研究が価値あることは確かであろう。しかしながら，そのことが実験中に発生した退廃や身体的攻撃を正当化できるか否かは明確ではない。

バヌアジジとモハヴェディ（Banuazizi & Mohavedi, 1974）は別の問題を提起している。彼らによれば研究協力者は刑務所の看守および囚人は現実の刑務所においてどのように行動するかについて強いステレオタイプをもっており，研究協力者は単にこれらのステレオタイプに基づく役割演技を行っていたのである。たいていの人が刑務所の看守や囚人に対してステレオタイプをもっているのは本当であろう。しかしながら研究協力者がステレオタイプ的に規定された役割をただ単に「気ままに行動する」ということはありそうにない。もしバヌアジジとモハヴェディ（1973）が正しいとすれば研究協力者は最初からステレオタイプ的な形で行動したはずである。さらに刑務所看守によって示された身体的虐待やいやがらせは単なる演技から期待されるレベルをはるかに超えていたように思われる。演技は観衆がいる場面で一般的に起こりやすいはずであるが，実際には看守が独居房で囚人といるとき，あるいは記録設備がカバーする範囲以外にいるときにおいて囚人に対するいやがらせは激しくなるということをジンバルドーは見出している。

リーダーシップ

リーダーシップ（leadership）についてよい定義を下すことは容易ではない。ストッディル（Stogdill, 1974, p.259）は「この概念を定義しようと試みる人と同じ数だけ，リーダーシップについて多くの定義がある」という。リーダーシップについて，これまで個人のパーソナリティの特徴，行動のタイプ，集団過程，相互作用のパターン等からさまざまに定義されてきた。しかしながらリーダーシップを集団成員の行動や信念に影響を与える能力として考えるのが最も有用であろう。

ベールズ（Bales, 1950）は集団内における地位の相違を研究するための，非常に有力な方法を提唱した。すなわち彼は**相互作用過程分析**（interaction process analysis）として知られる方法を工夫した。これは観察者が集団成員の行動を幾つかのカテゴリーをもとにコード化するものである。相互作用過程分析は四つの行動カテゴリーから構成されており，各カテゴリーにはそれぞれ三つのサブカテゴリーが含まれる（サブカテゴリーは（　）の中に含まれる）。

- 肯定的社会‐情緒行動（連帯性を示す，緊張解消を示す，同意する）
- 課題‐応答行動（示唆を与える，意見を与える，方向づけを与える）
- 課題‐質問行動（方向づけを求める，意見を求める，示唆を求める）
- 否定的社会‐情緒行動（不同意を示す，緊張を示す，敵意を示す）

課題的リーダーと社会‐情緒的リーダー

ベールズとスレイター（Bales & Slater, 1955）は相互作用過程分析

図 21-14　リーダーは何らかの共通する特性をもっているであろうか？

キー用語
リーダーシップ：他者の行動や信念に影響を与える能力。
相互作用過程分析：ベールズによって考案された方法で，集団成員の行動をさまざまなカテゴリーによってコード化する。

> **キー用語**
> **課題的リーダー**：集団において最もしばしば課題行動を開始し，課題目標を設定する個人。
> **社会−情緒的リーダー**：集団において最もしばしば肯定的社会−情緒行動を開始する個人。

を小集団の行動に適用している。彼らは集団成員が与えたり，受けたりする行動の性質にはかなりの相違があることを見出している。特に彼らは集団内には通常2種類のリーダー（課題的リーダーと社会−情緒的リーダー）が存在することを見出している。**課題的リーダー**（task leader）はかなりの課題的行動を開始し，他者に不同意や敵意を示し，意見の不一致，方向づけ，意見，示唆，さらにはすべてのタイプの否定的な社会−情緒行動を他者から受け取る。これと対照的に**社会−情緒的リーダー**（social-emotional leader）はすべてのタイプの肯定的な社会−情緒行動を開始し，方向づけ，意見，示唆を求め，緊張を示し，連帯性，緊張解消，方向づけ，示唆，意見などを他者から受け取る。

　ベールズとスレイター（1955）は同一人物が課題的リーダーと社会−情緒的リーダーを兼ねることはまれであることを見出している。なぜであろうか？　一つの理由として人間は両方の機能を適切に充足させる資質を備えているということはあまりないからである。もう一つの理由として，課題的リーダーは集団の他成員に対して敵意を引き起こしがちであり，また多くのネガティブな社会−情緒行動を受けたとき効果的な社会−情緒的行動を示すことが困難となるであろう。

質問紙による研究

　上でみたようにベールズによる課題的リーダーと社会−情緒的リーダーの区別は集団の行動観察に基づいている。本質的にこれと同じ区別は集団成員によるリーダーの評価を含む質問紙研究においても見出されている。リッカート（Likert, 1967）は質問紙評価に基づくリーダー行動の二つの大きなカテゴリー（従業員中心，生産中心）を明らかにしている。従業員中心的行動と社会−情緒的リーダー，そして生産中心的行動と課題的リーダーとは明らかにつながりがある。

評　価

　課題的リーダーと社会−情緒的リーダーに関するたいていの研究

行動		時間									
		1	2	3	4	5	6	7	8	9	10
肯定的社会−情緒	連帯性を示す										
	緊張解消を示す										
	同意する										
課題−応答	示唆を与える										
	意見を与える										
	方向づけを与える										
課題−質問	方向づけを求める										
	意見を求める										
	示唆を求める										
否定的社会−情緒	不同意を示す										
	緊張を示す										
	敵意を示す										

■やってみよう：ベールズによって創案されたカテゴリーを用いて，10分間の討議集団の成員を観察しよう。その行動を1分間隔で分類し，左の図にその結果を記録しよう。

　その課題はどのくらい容易であったか？　どこが最も困難であったか？　その人物は社会−情緒的リーダーと思われるか？　また課題的リーダーと思われるか？

はアメリカ合衆国および英国において行われてきた。二つのリーダー・タイプの区別がこれら以外の国において現れるか否かを知ることはたいへん興味深い。ニステッド（Nystedt, 1996）は関連する証拠を検討している。彼はフィンランド，日本，香港，スウェーデンといった国においてこの両方のタイプのリーダーが存在すると結論づけている。この研究は二つのタイプのリーダーシップを区別することについて異文化間的妥当性があることを示しており，さらに広い文化圏の情報を得ることは価値あることであろう。

集団が直面する課題の要請を処理する方法を発展させる段階において，部下よりもリーダーの方がより多くの貢献を示す証拠がある。多くの集団において従業員中心的あるいは社会‐情緒的技能の方がより大きな重要性をもつという証拠はない。質問紙調査を用いた研究によれば，リーダーが集団成員に対して配慮を示しているとき，集団成員はリーダーの従業員中心的あるいは社会‐情緒的技能を認めている。しかしながら観察法を用いた幾つかの研究（たとえばロード Lord, 1977）は社会‐情緒的リーダーシップについて，ほとんどあるいは何の証拠も見出していない。

リーダーシップ・スタイル

レヴィン，リピットとホワイト（Lewin, Lippitt & White, 1939）は模型を作成するクラブの10歳の少年たちに対する3種類のリーダーシップ・スタイルの効果を研究した。成人のリーダーは自然に行動するよりも一定のリーダーシップ・スタイルをとるように教示されていたことに注意しておくことが重要である。専制的リーダーは少年たちに対して，何の仕事をどのようにするかを告げた。専制的リーダーは問題を少年たちと議論もしなかったし，少年たちの視点に興味を示すこともしなかった。民主的リーダーは少年たちに対し誰と一緒に仕事したいかその相手を選択することを許し，少年たち自身の意思決定を行うよう奨励した。民主的リーダーは多くの活動に参加した。最後に，自由放任的リーダーは集団運営にほとんど関与しなかった。自由放任的リーダーは少年たちがしたいように自由にさせて，少年たちを奨励したり，批判したりすることもなかった。

民主的リーダーシップは一般的に最もよい成功をおさめた。仕事はうまくなされ，少年たちの間によい協力関係が生じた。少年たちはお互いを好きになり，リーダーが部屋を離れたときも仕事を続けた。自由放任的リーダーシップは最も失敗した。リーダーがいるときもいないときも業績は最低であった。少年たちは問題が起こると意欲をなくし，お互いに攻撃的行動を示した。専制的リーダーシップはよい業績を導きはしたけれども，リーダーが部屋を離れると少年たちは攻撃的になり，仕事をやめる傾向がみられた。

評　価

レヴィンら（1939）によって行われた研究にはさまざまな限界がある。第一に，アメリカ社会において民主的リーダーシップ・スタ

比較文化的問題：ニステッド（1996）はフィンランド，日本，香港，スウェーデンといった国々において大抵の集団は課題的リーダー，社会‐情緒的リーダーの両者をもつと指摘している。

イルは最もよく受け入れられたスタイルであるとみなされていたが、その他の文化にいてはそれほど成功しないかもしれない。第二に、専制的あるいは自由放任的方法で**演技する**成人は、民主的方法で**演技する**成人よりも成功しないという結果が得られたのである。もしリーダーが**自然に**専制的もしくは自由放任的リーダーシップをとったとすれば、効果的であったかもしれない。第三に、民主的リーダーシップ・スタイルは少年たちのクラブという非脅威的な状況において、きわめてよい成功をおさめたのかもしれない。しかしながら、迅速な意思決定を要する緊急場面に直面した集団にあっては専制的リーダーシップがベストかもしれない。

特性理論

集団におけるリーダーシップの役割を占める人を規定するものは何であろうか？ リーダーシップのグレートマン理論（訳注：歴史上に名を残した指導者の個人的資質を追跡・調査し、知能、エネルギー、道徳的な力などにおいて大衆とは異なるものがあるとする考え方、「人物理論」とも呼ばれる）は**リーダーシップに対する特性アプローチ**（trait approach to leadership）として知られているが、これによればリーダーはその他の人々と区別しうる一定のパーソナリティあるいはその他の特徴を有していることになる。もしあなたが政治的リーダーシップを達成したさまざまな人々のことを考えてみると、このようなことはあまり当てはまらないように思われるかもしれない。たとえばマーガレット・サッチャー（訳注：英国首相、在籍 1979-1990）とネルソン・マンデラ（訳注：南アフリカ最初の黒人大統領、在籍 1994-1999）の両者に多くの共通点があるか否か明確ではない。

> **キー用語**
> リーダーシップに対する特性アプローチ：知能やパーソナリティに関連するさまざまな特性において、リーダーとフォロワーは異なるという見解。

パーソナリティの特徴

マン（Mann, 1959）はリーダーのパーソナリティの特徴を追求した諸研究について検討している。関連する研究のうち 70％以上において認知されたリーダーシップの地位と知能、適応性、外向性、支配性、男性性、保守的傾向などとの間にポジティブな関連を示していた。しかしながらその関係はかなり弱かった。マン（1959, p.266）は「パーソナリティの側面と業績との相関の中央値が 0.25 を超えることはなかった。相関の大多数の中央値は 0.15 に近かった。これらのことが示唆することはパーソナリティに関してリーダーとフォロワーはほんのわずかしか異なっていない」と結論している。

ストッディル（1974）もリーダーの特徴に関する諸研究を展望して上記と類似した結論に到達している。彼によればリーダーはフォロワーよりもわずかに知的で、自信があり、社交的で、支配的で、達成志向的の傾向にあると報告している。しかしその効果はすべて小さいと強調しておくことが重要である。言い換えれば成員のパーソナリティを基礎にして誰がリーダーになるかを正確に予測することは不可能なのである。

性　差

　私たちはリーダーとフォロワーはどこが異なるかについていろいろな点から考察してきた。しかしながらたいていの大きな組織においてリーダーとフォロワーの明確な相違はおそらくリーダーは女性よりも男性に多いということであろう。リーダーシップには一貫した性差があるのだろうか？　一般的な言い方をすればその答えは「ノー」である。イーグリーとジョンソン（Eagly & Johnson, 1990）は組織場面におけるリーダーシップに関する150編以上の研究をレビューしている。それによると男性リーダーと女性リーダーのリーダーシップ・スタイルの類似性はその相違性よりもかなり明確である。たとえば男性リーダーと女性リーダーは同様に課題志向的であった。性差は小さい。女性リーダーは男性リーダーよりも意思決定においてフォロワーや部下を一緒に参加させる傾向があり，専制的ないし支配的傾向は少なかった。言い換えれば女性リーダーは男性リーダーよりも社会‐情緒的リーダーシップを示す傾向があった。

評　価

　マン（1959）やストッディル（1974）の展望によれば，リーダーシップに対する特性アプローチはほとんど価値がないように思われる。しかしながらこの仮定は誤りである。パーソナリティの測度とリーダーシップとの相関が低いことの理由の一つに測定尺度の信頼性の低さがある。マン（1959）もストッディル（1974）もその展望においてこのことを考慮していない。ロード，デ・ヴァダーとアリージャー（Lord, De Vader & Alliger, 1986）はマン（1959）が分析したデータを再検討した。その際測度およびその他の要因の信頼性を修正する処置を施した。そうすると知能とリーダーシップ認知との間の相関は＋0.25から＋0.50に，また男性性‐女性性とリーダーシップ認知との間の相関は＋0.15から＋0.34に向上した。ロードら（1986, p.407）は「パーソナリティ特性とリーダーシップ認知とは，よく知られている文献が指摘する以上に実はより高く相関している」と結論づけている。

　マン（1959）やストッディル（1974）によるレビューはただリーダーシップ地位をもっていると認知された人々のパーソナリティの特徴について論じている。したがって彼らの考察は，集団の業績を改善するという意味における効果的なリーダーのパーソナリティの特徴については何も教えてくれない。ヘスリン（Heslin, 1964）は効果的なリーダーシップと関連するパーソナリティの特徴に関する研究をレビューして，よい業績の集団のリーダーは知能および適応レベルが高いと結論づけている。

　ある人々は他の人々よりもリーダーの役割に適しているという付加的証拠がケニーとザッカロ（Kenny & Zaccaro, 1983）によって報告されている。六つの集団会合が行われ，どの会合においても同一の集団成員はいないように組み合わされた。各会合の終わりに成員はリーダーとして誰が望ましいかを特定した。この研究における主

要な結果は，ある会合でリーダーとして好まれる人物は他の会合においてもリーダーとして好まれるという強い傾向がみられたことである。つまりリーダーはフォロワーがもっていない種類の資質をもっているということである。

条件即応モデル

　リーダーシップに対する特性アプローチは相対的に言って失敗であったということから，さまざまな理論家はリーダーの行動とリーダーシップが行使される状況の両者をともに研究することが重要であると考察するようになった。このアプローチによれば，特定のリーダーシップ・スタイルの効果性は集団が置かれている状況によって決まり，それに依存する。その結果この理論的アプローチはしばしば**条件即応モデル**（contingency model）と呼ばれる。このような条件即応モデルの中でおそらく最も影響力のあるものはフィードラー（Fiedler, 1967）によって提唱されたものであろう。以下これについて詳細に検討する。

フィードラーのモデル

　フィードラー（1967, 1978）の条件即応モデルには四つの基本的成分が含まれる。一つはリーダーのパーソナリティであり，他の三つはリーダーが導く状況の特徴に関するものである。リーダーのパーソナリティはリーダーがその最も苦手とする仕事仲間（the least preferred co-worker）をリーダーがどの程度好きかをもとにして測定される。最も苦手とする仕事仲間（LPC）尺度はリーダーにこれまで一緒に仕事をしてきた人々のうち，一緒に仕事をする相手として最も困難であった特定の人を思い出させ，その人を18個の下位尺度（たとえば，楽しい-楽しくない，友好的-非友好的など）上で評定することを求める。この尺度の高得点（高 LPC）は最も苦手とする仕事仲間を相対的に好意的に評定している人であり，彼らは関係志向的もしくは配慮的リーダーシップをとると言われている。これと対照的に低得点（低 LPC）は課題志向的であると言われる。

　フィードラーの条件即応モデルでは次の三つの状況要因が一緒に加わってリーダーの状況統制力のレベルを規定する。その三つの要因とは，

> キー用語
> 条件即応モデル：リーダーシップ・スタイルの効果性はリーダーシップが行使される条件によるという仮定に基づくリーダーシップ諸理論。

1. リーダー-成員関係：リーダーと集団の他成員との関係が非常によいか，悪いか。一般的にこれは最も重要な状況要因である。
2. 課題の構造：集団によって遂行される課題の構造化の程度。目標が構造化され，明確であるか，それとも構造化されず，明確でないか。
3. リーダー地位勢力：リーダーシップ・ポジションの勢力および権威が高い（リーダーは成員を雇用したり，解雇したりすることができる，あるいは成員の給与や地位を上げることができる，

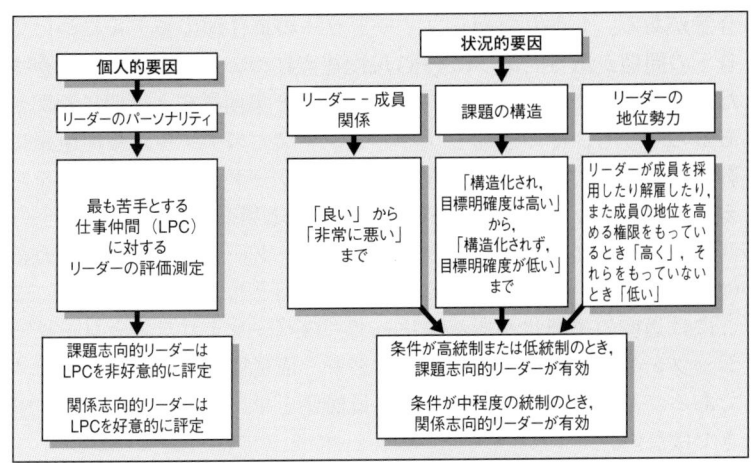

図21-15 フィードラーの条件即応モデル

組織から支持を得ているなど）か低い（上述の条件が失われている）か。

課題志向的リーダーシップ・スタイルと関係志向的リーダーシップ・スタイルのどちらが効果的か？　フィードラーとポター（Fiedler & Potter, 1983）はリーダーシップ効果性を集団業績によって測定した100編以上の研究結果を要約している。それによれば状況統制レベルが高いとき，あるいは低いとき，課題志向的（訳注：低LPC）リーダーは関係志向的（訳注：高LPC）リーダーよりも成功する傾向にある。しかしながら，状況統制レベルが中程度のとき，関係志向的リーダーは課題志向的リーダーよりも成功する傾向にある。

リーダーの健康　リーダーシップ・スタイルが効果的でない仕事状況に置かれたとき，リーダーはストレスや不健康を体験するであろうと考えられる。このことはチェマーズら（Chemers et al., 1985）によって検証された。彼らは，関係志向的（訳注：高LPC）リーダーは状況統制力が高レベルのときと低レベルのときの双方で不健康の症候や欠勤日数が多いのに対し，課題志向的（訳注：低LPC）リーダーは状況統制力が中程度レベルのとき健康状態は最悪であることを見出している。言い換えれば効果的であることが難しい状況に置かれたとき，リーダーはその結果として不健康に悩まされることがあると言える。

評　価

リーダーの効果性はリーダーの個人的特徴と状況のさまざまな側面の両者によって規定され，すべての状況においてよいリーダーはありえないという見解について一般的合意が成立している。またリーダーが課題志向的であるか，それとも関係志向的であるかということが重要な問題であるということについてもまたかなりの一般的

合意がある。しかしながらフィードラーの条件即応モデルについて若干の問題がある。第一にLPC尺度得点についての正確な意味がまだわかっていない。第二にLPC尺度得点と集団業績との間に相関があるとしても，その意味をリーダーシップ・スタイルが集団業績に影響を与えるのか，それとも集団業績がリーダーシップに影響を与えるのか，その双方の解釈が可能ということである。

　第三にリーダーシップ・スタイルはリーダーの特徴と仮定されるのに対し，リーダー－成員関係は状況要因として扱われている。ここには過度の単純化がある。リーダーのパーソナリティとリーダーシップ・スタイルはおそらくリーダー－成員関係に影響をもつはずである。したがってリーダー－成員関係を単に状況要因とみなすべきではない。

　　比較文化的問題　フィードラーの条件即応モデルにはこれまであまり注目されてこなかった別の問題がある。トリアンディス（Triandis, 1993）はフィードラーのモデルに関するほとんどの研究が個人主義的文化（個人は自分自身の目標を追求し，個人的同一性（アイデンティティ）について強い意識をもつ）において行われてきたと指摘している。このことからして個人的文化では幅広い状況の相違を超えて課題志向的リーダーが関係志向的リーダーよりも有効であるということの理由を説明してくれるかもしれない。しかし集団的文化（たとえば極東のような）では個人の欲求よりも集団の欲求に焦点がある。このような文化では課題志向的リーダーよりも関係志向的リーダーが好まれることがあるかもしれない。エイマンとチェマーズ（Ayman & Chemers, 1983）は集団的文化のイランにおいて若干の関連する証拠を得ている。それによるとイランの労働者は彼らにとってよい上司とは支持的で，心遣いをよくする人だという意見に強く賛成している。

比較文化的問題：相異なる文化にはそれぞれ異なるタイプのリーダーシップが適している。個人的欲求よりも集団的欲求を重視する集団主義的文化において，よい上司は支持的で，相手によく心づかいをする人だとみられている（エイマンとチェマーズ, 1983）。

フォロワーシップ

　フィードラー（1967）はリーダーの効果性はリーダーと集団成員の関係に非常に強く依存するという考えを強調した。ここで私たちはリーダーの行動同様，フォロワーの行動と態度（リーダーに対する行動あるいはフォロワー同士に対する行動と態度）について考察する必要がある。フォロワーによって演じられる重要な役割はサンフォード（Sanford, 1950, p.4）によって次のように指摘されている。「リーダーシップを受容したり，拒否したりするのがフォロワーであるのみならず，リーダーと状況の双方を認知し，フォロワーが認知するような仕方によって反応するのもまたフォロワーなのである」。

交流理論

　ホランダー（Hollander, 1993）はリーダーとフォロワーは社会的交換関係に含まれると考察している。このような交流理論によれば，リーダーはフォロワーに利益（目標達成の方向づけやその機会）を

与え，フォロワーはリーダーの影響に敏感に反応することによってそれに応える。もしリーダーが有能であるとか，あるいは集団の規範や標準に同調することを早い段階から示しているとすれば，リーダーはフォロワーからの信頼を獲得することができるであろう。いったんこのことが達成されると，それがたとえある種の集団規範に対して同調しない場合でも，フォロワーはリーダーが革新的になることを許容するであろう。

認知理論

交流理論における中心的概念は，リーダーの勢力および影響力がかなりの程度，フォロワーからの支持と信頼を獲得できるリーダーの能力によるというところにある。これと類似したアイディアはリーダーシップの認知理論（レヴァインとモーアランド Levine & Moreland, 1995　参照）に含まれている。認知理論によれば，リーダーシップ効果性はリーダーおよびフォロワーがお互いに対してもっている思考や信念による。リーダーはフォロワーの行動に関して原因帰属を行うが，この帰属はリーダーがフォロワーに対処する方法に影響を与える。フォロワー自身リーダーの行動およびパーソナリティについて信念を共有すると，今度はその信念はフォロワーがリーダーをどのように認知するか，またフォロワーがリーダーを記憶するときの情報に影響する（レヴァインとモーアランド, 1995）。

相互作用過程分析

すべてのフォロワーが集団の機能に対して与える影響は相互に類似しているとみなすのは誤まりであろう。たとえばベールズ（1950）によって考案された相互作用過程分析を用いた集団研究について考えてみよう。前に述べたように，この方法によって課題的リーダー（課題行動を開始する），および社会‐情緒的リーダー（肯定的な社会‐情緒行動を開始する）を明らかにすることができる。しかしながらこの種の分析によって同時に課題的行動または肯定的な社会‐情緒的行動をどの程度開始するかということに関してフォロワー相互の間にかなりの違いがあることをも明らかにしている。言い換えればフォロワーが演じるリーダーシップタイプ行動の程度に関して集団の全成員を順位づけるために，相互作用過程分析を用いることができる。

フォロワーの反応

フォロワーの行動はリーダーがどの程度好意的に評価されるかということに大きな影響を与える。ブラウンとガイス（Brown & Geis, 1984）の研究で，ある研究協力者はフォロワーがリーダーに対して肯定的に反応している（たとえば，うなずいたり，微笑んだりしている）場面を観察した。他の研究協力者はフォロワーがリーダーに対して否定的に反応している（たとえば，疑いを表明したり，まゆをひそめたり，疑わしい視線を交わしたりする）ところを観察した。

フォロワーが彼らのしていることを是認しているようにみえたとき，リーダーはリーダーシップ，貢献の質などにおいて（研究協力者から）高く評価されていた。

集合行動

人々は自分だけ，あるいは友人の小集団と一緒にいるとき，群集の中にいるときとは，しばしば異なった行動をすることはよく知られている。たとえば，アメリカ合衆国南部におけるリンチのモブ（訳注：活動的ないし表出的な群集）によって20世紀前半でおよそ2000人（たいていは黒人）が惨殺されている可能性がある。これらの残虐行為に関わる人々も，もしきわめて情動的な群集の中にいなければ，おそらくそのような行動をとらなかったであろう。

フランスのジャーナリスト，ル・ボン（Le Bon, 1895）はおそらく群集行動に関する理論を唱えた最初の人であろう。彼によれば，群集の一部を構成する人は，

> 文明化の階段を何段か下り，本能によって行動する野蛮人となる。彼は自分の最も明白な関心や最もよく知られた習慣に反した行動をとるよう誘導されることがありうる。群集の中の個人は風が勝手にかき混ぜる砂の中の1粒の砂のようなものである。

ル・ボン（1895）はモブのように行動する群集を動機づけるものを「精神的統一の法則」と呼んだ。彼はまた，群集の成員を通して

ケーススタディ：ヘブンスゲートの集団自殺

1997年3月27日以降の各日刊紙は，カリフォルニア州ランチョ・サンタフェ（訳注：サンディエゴ郊外）の丘の上のマンションにおいて行われた39人の自殺のニュースであふれた。このニュースが報道されるにつれ，被害者は「ヘブンスゲート」（訳注：「天国の門」）と彼ら自身が呼んでいたカルトの成員であることが明らかになってきた。この「ヘブンスゲート」は1970年代に始まり，マーシャル・アップルホワイトとボニー・ネトレスによって導かれた。彼らは自分たちを「宇宙時代の牧師」と呼び，人類をより高いレベルへ導く意図があるとした。

「人類のレベルを超えた王国」の地球圏外代表であると自称するカリスマ的リーダーの教えを通してカルトの成員は自分の身体は単なる容器にすぎないと信じこんだ。彼らはセックス，薬物，アルコール，生まれてからの名前，さらには家族および友人との関係をすべて断ち，宇宙へ旅立つ準備のできた信者は自らの「コンテナー」すなわち身体の殻を脱ぎ捨てて，神の王国へと入っていけると信じた。カルトの成員はヘール・ボップ彗星の出現が外部宇宙へのさらなる純粋な存在としての旅立ちのサインであると信じるように導かれた。

調査が明らかにしたところによれば，この集団自殺は慎重に演出されたと思われた。それは3日間かけて行われ，三つの集団を含み，しかも静かで，儀式的形式に沿って行われた。

ある成員が明らかに他者の自殺を手伝ってから自分自身の致命的措置の行為をとっていた。犠牲者は簡易ベッドまたはマットレスの上に横たわり，各自の身元証明書を携えていた。成員は各自の死に先立って，自分の信念の声明をビデオテープに残していた。その要点は自分たちがよりよいところへ行くと信じているというものであった。

カルトについては次の三つの要因が必要であるように思われる。まず第一に，成員は「私たち」「彼ら」という形でお互いを考える。この場合，誰からも完全に阻害されていると知覚される人々を「彼ら」という。次に成員を選抜したり確保するために，激しい，そしてしばしば巧妙な技法が用いられる。そして第三として，人々をリーダーの信念に従っていきたいと望むように導くカリスマ的なカルト・リーダーの存在である。カルト性（極端な宗派的傾向）は通常，カルト以外のすべてのものは悪で，威嚇的で，カルト内部においてのみ，カルト・リーダーおよびその教えを通して，安全で，救いへの特別な道が存在するというある種の信念を含んでいる。

カルト・リーダーは改心する人々にとってきわめて魅力的な存在でなければならない。カルト・リーダーはその人を信頼し，依存し，全面的に信用している人々の基本的欲求を充足させなければならない。アップルホワイトやネトレスのようなカリスマ的リーダーはフォロワーの人生に目的と意味を与えた。疑問を抱くことなく献身することが38人ものヘブンスゲートのカルト成員を自発的な自殺へと導いた。マーシャル・アップルホワイトはこの集団自殺の39番目の死者であった。

非理性的で暴力的な感情および行動の拡散を**社会的感染**（social contagion）と呼んだ。

群集は時に非常識的な方法で行動する。しかしながら常にそうだというわけではない。ホールやその他公共の建物での火災ですべての人々が急いで逃げようとして何人かの人々が死亡した事例について考えてみよう。一見したところこれは非理性的で非合理的な行動のようにみえるかもしれない。しかしながらある人々が誰も同じように行動するはずだと，信じて，自分たちはむしろゆっくりと一つの出口へ歩くということが意味をもつかもしれない。しかし，このような信念は通常成立しないので，最も合理的な行動はすべての人々が行動するように，燃えている建物からまず最初に脱出しようと努めることになろう。

ル・ボン（1895）は群集は歯止めがきかないという点を誇大に考えていた。群集は悪い行動をしがちであると考えるようになった理由の一つは，静かで，よい行動をする群集は現実にメディアの注意を引かないからであろう。トンプソン（Thompson; ポストメスとスピアース Postmes & Spears, 1988, p.229 から引用）は18世紀のイングランドで起こった食料暴動の事例について考察している。彼によれば「混乱というよりもむしろ自制，しかもそれは非常にはっきりとした自制であった。疑いもなく行動はきわめて評判のよい合意によって支持されていた」。

> キー用語
> 社会的感染：群集の中の個人間に急速に広がる非理性的，非常識的感情および行動。

図21-16 群集は常にネガティブな行動を導くか？

群集行動に関する根拠
市民の騒乱

ライシェール（Reicher, 1984）はイングランドのブリストル市セント・ポール地区で発生した市民の騒乱について研究している。かなりの暴力があり，多くの人々がひどく傷つき，警察の車が何台か破壊された。しかしながら群集の行動は予想以上に統制されていた。群集は警官に暴力を振るいはしたが，店や住宅は攻撃しなかった。しかも群集の行動はその地区の中心部の狭い区域に限定されていた。もし群集の成員が単に暴力的に行動するという意図をもっていたとすれば，おそらく彼らはその暴力を周辺地域にも拡大させていったであろう。最後に，これに加わった人々はこの間自分たちの同一性（アイデンティティ）を失っていたであろうという考えを強く否定した。むしろ彼らはその地域社会に対するプライドの向上を体験するにつれ，アイデンティティの喪失と反対のことが生じた。

ライシェール（1984）は一つの理論を提唱している。それによれば群集の中の個人は通常の場合よりも自分自身に気を配ることが少なくなり，その代わりにどのように行動するかについての手掛かりを与えてくれる状況や群集の他成員にむしろ焦点を合わせるようになる。このため集団規範に対して反応しやすいように彼らを導く。このような集団規範は時に攻撃的行動を好むが，むしろ責任ある行動を好むことが非常にしばしば起こるのである。

フットボールの群集

　群集は概して，ある社会的目的をもって行動し，まったく思考力のないやり方で単純に行動するのではないという，さらなる証拠がマーシュ，ローザとハレー（Marsh, Rosser & Harré, 1978）によって報告されている。彼らはフットボール・ファンの行動について詳細な研究を試み，長期的に継続される社会構造と行動のパターンを見出した。規則および規範に従うという点で最高の能力を示すファンは，彼らの集団において最も重要視され，影響力のある成員であった。

　フットボール・ファンはきわめて攻撃的な集団であるというステレオタイプがあるにもかかわらず，ライバル同士のファンの間において，現実に無制限の争いが起こるのはきわめてまれである。たとえば，ホームチームを応援しているファンは試合終了後，アウェイのチームのファンをグラウンドから追い払う権限があるように思われるが，ライバル・チームのファン同士は通常お互いの距離を保っているものである。一般によくみられるのはファンが激しい言葉を用いて相手を脅すようなジェスチャーを示す程度である。しかもこれらの行動が現実の争いにまで至ることはまれである。フットボールの試合で身体的な暴力はどこで起こるのであろうか。マーシュら（1978）によればこのような暴力の大半はフットボール・ファンの群集の暴力的な意図というよりはむしろ複数の個人を含む孤立した事例からなる。しかしながら，フットボール・ファンのパーソナリティの特徴にある程度説明を求める必要がある場合も起こりうる。ラッセルとゴールドスタイン（Russell & Goldstein, 1995）はオランダのユトレヒトのフットボール・チームの男性サポーターとファンでない人を比較した。彼らはサポーターは精神病質傾向および反社会的傾向の尺度において統計的に有意に高いことを見出している。

デ　モ

　ワディントン，ジョーンズとクリッチャー（Waddington, Jones & Critcher, 1987）はデモが暴力的になるか否かについて幾つかの事例を検討している。彼らは群集の暴力を防ぐという点で警察がきわめて重大な役割を演じると論じている。警察はできる限り最小の力を行使すべきであるが，その行動に関して地域社会に対して説明する責任があるとみなされるはずである。それに加えて警察とデモのオーガナイザー（まとめ役）との間に緊密な協力関係が必要であり，双方とも群集とコミュニケートする技術に関して十分な訓練を受けていなければならない。もしこれらが実行可能であるとすれば，群集が警察に対して振るう暴力の防止にとって最善の方法となる。

　ワディントンら（1987）は群集の暴力は群集の中の個人の特徴よりはむしろ群集が置かれている状況によるという見解を支持する証拠について検討している。彼らは1984年の英国における鉱山労働者のストライキ中に発生した二つの公的集会を比較している。その一つで暴力が発生したが，もう一つでは発生しなかった。平穏な集会と対照的に暴力的な集会は，集会のオーガナイザーよりもむしろ警

察によってコントロールされていた。暴力的な集会は警察によって注意深く計画がなされておらず，十分な配慮なしに狭い区域に大勢の人々を無理やり押しやるために組み立ての柵が立てられた。

ワディントンらによってなされた主要な忠告の一つは，次の六つのレベルごとに群集行動を十分に理解するということである。すなわち，

図 21-17　モッブの規則か，あるいは集合行動か？

1. 構造的：基礎に横たわる貧困や失業といった長期的な，主要な問題。
2. 政治的／イデオロギー的：群集の警察に対する反対，あるいは現政府もしくはその他の政治組織のイデオロギー的見解に対する反対。
3. 文化的：所与の文化に共通する信念および態度。
4. 文脈的：このレベルの分析は当該デモまたは集会に先行する一連の事象。
5. 空間的：群集が集まる区域の配置（過密または対決を引き起こす可能性）。
6. 相互作用的：警察によってデモが手荒く扱われるなど，個人間に発生する特定の相互作用。

ワディントンらによる中心的ポイントは群集が平穏であるか，それとも暴力的になるかを規定するには多くの要因が関わるということである。これは，群集心理に関してル・ボン（1859）が強調したものよりもさらに洗練されている。

クラウディングと個人空間

超混雑感

ひどい混雑感が人々を攻撃的行動に導く傾向があるとしばしば言われる。この見解を支持する証拠はルー（Loo, 1979）によって報告されている。ルーは保育所における幼児の行動について研究した。攻撃行動の全体レベルは保育所における幼児の数が増えるにつれて増加した。同じように刑務所で囚人の密度が高い場合，それが低いときよりも囚人間における攻撃や暴動が多かった（マッケイン McCain et al., 1980）。

他の種

人間以外の種についての研究で，クラウディング（混雑感）と攻撃との関係が確認されている。カーウン（Cahoun, 1962）は大きなおりの中におけるネズミの数の増加について研究を試みた。ネズミ

が正しく世話されているにもかかわらず，おりにネズミがぎっしりつめ込まれるようになるにつれ，ネズミは次第に攻撃的になっていった。最終的な攻撃のレベルは幼いネズミが殺されて，食べられるまでに至った。

個人空間

クラウディングがなぜ攻撃を引き起こすかを理解するためには**個人空間**（personal space）という概念を考えることが重要である。ソマー（Sommer, 1967）は個人空間を「侵入者が入ってこないよう，人の身体を取り囲む，目に見えない境界をもつ領域」と規定している。別の心理学者は個人空間と緩衝区域（知覚された恐怖に対抗する防御を与える領域）とを対比させる。

フェリープとソマー（Felipe & Sommer, 1966）は大きな精神病院のグラウンドにおいて個人空間への侵入に対する人々の反応を記録している。実験者はグラウンドを歩いて，一人で座っている人（男性）からおよそ15センチ離れたところに座り，何もしないでいる。もしその人が椅子を動かしたり，もしくは，ベンチから動いた場合，実験者はベンチに沿って移動し，前と同一の空間を維持するよう努める。その男性は実験者から顔を背け，ひじを横に出してブツブツ言ったり，神経質に笑ったりする。半数の人間は9分以内に実験者から逃げ出し，まったく動かなかったのはわずか8％にすぎなかった。

フェリープとソマー（1966）はほとんど無人の大学図書館でこれと類似した結果を得ている。女性の実験者が女子大学生のすぐ側に座ると，70％の学生は30分以内に図書館を離れ，そのまま留まったのは13％であった。

私たちの個人空間への侵入によって引き起こされる不安は，超混雑感がなぜ攻撃を導くかを説明する助けとなる。しかしながら人々が個人空間の侵入に対してあまり不平を言わないのもまた驚くほどである。フェリープとソマー（1966）によれば，各人の個人空間を侵入した相手に向かって出て行くよう求めたのは，精神病院の患者でわずかに2人，18人の学生のうちわずか1人であった。ホール（Hall, 1966b）が述べているように，「私たちは性別に対処しているように空間に対処している。存在するけれどもそれについては話さない」。

個人空間の領域　ホール（1966b）は個人空間が四つの領域に分けられると述べている。第一は**親密な領域**（intimate zone）で，これは最大でおよそ45センチまで。通常は恋人，親しい親戚あるいは親友がこの領域に入ることを許される。第二は**個人的領域**（personal zone）で，45センチから1.2メートルで，友人や家族の成員がこの領域に入ることを許される。第三は**社会的領域**（social zone）で，1.2メートルから3.6メートルで，知人や職場の同僚との会話は通常この領域でなされる。第四は**公的領域**（public zone）で，3.6メート

> **キー用語**
> **個人空間**：見えないけれども，世界に対する緩衝地帯のように，人の周囲に存在する領域。

どこに座るの？

静かに勉強するためなの……？

友達とおしゃべりするためなの……？

図 21-18

ルから7.6メートルで，通常誰かが聴衆に何か講演をするときにしばしば用いられる。

　比較文化的問題　ホール（1966b）の四つの領域の距離は世界のその他の地域よりもむしろアメリカ合衆国や北ヨーロッパによく該当するということに注意しておくべきであろう。アラブ文化あるいはラテン・アメリカ諸国および地中海文化圏において通常の会話ではより小さな距離が好まれる傾向にある。このことは北ヨーロッパ人あるいはアメリカ人がアラブ人と会話するとき一つの問題を引き起こす。前者は引き下がるが，一方後者は前へ出る。このことが両者にある種の不快な感情状態を導き出す（ワトソンとグレーヴス Watson & Graves, 1966）。

脱個人化

　ル・ボン（1895）は群集またはモブにおける個人の匿名性は正常な社会的拘束から逃れるという点で重要な役割を演じ，それが暴力に導くと論じている。近年の理論家（たとえば ディーナー Diener, 1980; ジンバルドー, 1969）はル・ボン理論を部分的に受け入れながら，脱個人化の概念を基礎として理論をさらに前進させている。**脱個人化**（deindividuation）とは群集またはモブに発生しうる個人的同一性の喪失のことである。これは高喚起の状態で，匿名性が保たれ，しかも責任が分散している条件（つまり発生する事項についての責任が群集の成員間に拡散している条件）で，最も発生しやすい。

　ディーナー（1980）によれば，脱個人化は自己覚知が低下することによって生じ，次のような効果をもたらす。

> **キー用語**
> 脱個人化：群集またはモブの成員の中に生起する，個人的同一性感覚の喪失。

- 自己自身の行動の監視がおろそかになる。
- 自分の行動が社会的に是認されるか否かについての関心が低下する。
- 衝動的に行動することに対する拘束が低下する。
- 理性的に思考する能力が低下する。

　脱個人化は本章においてすでに検討したスタンフォード刑務所実験において現れている。刑務所看守として行動した研究協力者は，彼らの通常の行動とは非常に異なった方法で行動した。一つのありうる理由は，彼らが個人的同一性を喪失していたということである。脱個人化の概念と傍観者介入に関する研究における責任の分散（第22章参照）との間にもまたある種の類似性がある。要するに，もし何人かの他者がある人物の苦しい状態に気づいてい

図21-19　クー・クラックス・クランの制服はそれを着用する人々に匿名性と共有した同一性を与える。

るとすれば，個人がその被害者を助けようとする傾向が減少するのである。なぜなら，このような状況で個人の責任が減少するからである（ダーレーとラタネ Darley & Latané, 1968）。

実験的根拠

喚起レベル

　ディーナー（1980）によれば脱個人化および攻撃的群集行動を導く要因の一つは喚起レベルである。カールスミスとアンダーソン（Carlsmith & Anderson, 1979）は1967〜1971年の間のアメリカ合衆国における暴動または集合的暴力の事例を検討している。それによると，暴動は涼しい日よりも非常に暑い日に発生しやすい。このことは気温が高いとき人々は喚起されやすいということと関連がある。

外　　見

　ジンバルドー（1970）は脱個人化に関する研究を報告している。ミルグラム型の実験で，女性の研究協力者は他の女性に電気ショックを与えることが要請された。半数の研究協力者はその際実験用上着と（顔を覆い隠す）フードを着用することによって脱個人化条件が操作された。さらに実験者は研究協力者に対して個人としてよりも集団として話しかけた。主要な結果は，脱個人化条件の研究協力者が与えた電気ショックの強さは，自分自身の上着を着用し，実験者から個人として取り扱われた研究協力者の与えた電気ショックより2倍も強かったということである。

　ジョーンズとダウニング（Jones & Downing, 1979）はジンバルドー（1970）の実験の原因が本当に脱個人化であるということに納得していない。彼らは脱個人化条件の研究協力者が着用した衣服（訳注：実験用上着とフード）はクー・クラックス・クラン（アメリカの黒人に対して多くの暴力行為を行った秘密結社）の服装とよく似ていると指摘している。看護師の服装を着用させられた脱個人化条件の研究協力者は，自分自身の服を着用している研究協力者よりも与えた電気ショックは実際少なかった。したがって脱個人化はしばしば私たちの行動に影響を与えるけれども，その効果は時に望ましいこともある。

集団行動

　脱個人化が集団を望ましくないやり方で行動するよう導くという考えはこの他の研究においても支持されている。マン（1981）は人が橋，ビル，その他の構造物から飛び降りて自殺する瞬間を目撃した群集に関連する新聞記事を分析している。彼が対象とした21の事例のうち，10の事例で群集の成員は潜在的な投身自殺をあざけり，むしろそれを助長していた。群集の人数が多いか，あるいはその事件発生が夕暮れ時以降という理由で，群集の成員がかなり匿名（したがって脱個人化）条件が成立している場合，群集によるこういった攻撃行動は起こりやすかった。

図21-20　マン（1981）はある人が自殺の前兆を示しているとき，それを見ている群集の行動を報道した21編の新聞記事のうち10編において，群集の成員は潜在的な自殺企図者をあざけり，彼または彼女が自殺を決行するようそそのかしたという結果を見出している。

脱個人化に関する二つの研究がハローウィン（訳注：ハローマスの前夜，10月31日）における子供の行動に関して報告されている。ディーナーら（1976）は集団または個人で子供が「トリッカ・トリー（"Trick or treat!"）」（訳注：ハローウィンの夜，「お菓子をくれないといたずらするぞ」と叫びながら，子供たちが近所の各戸を訪ね，お菓子などをねだる行為）をする行動を研究している。ある子供たちは住所や名前をたずねられたが，残りは匿名性を許された。子供たちは「甘いキャンディーを一つだけ持っていっていいよ」と告げられた。ボールからキャンディーを何個持って行くかが測定された。それによると脱個人化条件（匿名でしかも集団条件）の子供たちの60％は1個以上のキャンディーを持って行ったが，非脱個人化条件（住所，氏名を報告し，しかも個人条件）の子供たちでそうしたのは10％以下であった。

ビーマンら（Beaman et al., 1979）はこれと非常によく似た研究を行っている。ただし彼らは，キャンディーを入れたボールの後方に小さな鏡が設置されているか否かの条件を操作した。鏡がない条件で子供たちの34％は1個以上のキャンディーを持って行ったが，鏡がある条件でその割合は12％に低下した。鏡によって自分自身の姿を見る場合，子供たちはなぜよい行動を示したのであろうか？ ビーマンら（1979）によれば鏡は子供たちの自己覚知および個人的同一性の感覚を高めることによって脱個人化を低下させたものとされた。

要　約

要するに，集団および群集は脱個人化という理由でしばしば反社会的もしくは攻撃的方法で行動するという十分な根拠がある。この根拠は特に匿名性（脱個人化の中心部分を構成する）が重要であることを確信させる。おそらく群集によって与えられる匿名性は自分たちが反社会的あるいは非合法的行動のために罰せられることはないと考え，このため一層悪い方向へ行動するよう導くのであろう。

新生‐規範理論

ジンバルドー（1969）およびディーナー（1980）によれば群集における個人は脱個人化状態に置かれ，このため社会的規範ないし行動の基準に同調する傾向が少なくなる。これと対照的に，ターナーとキリアン（Turner & Killian, 1972）は非常に異なるアプローチに立っている。彼らの新生‐規範理論によれば，群集における個人が攻撃的行動をとるには次の二つの要因の存在が必要とされる。(1)群集は攻撃を好む集団規範を発展させなければならない。(2)群集の中の個人は誰であるか識別できなければならない。なぜなら，このことが集団規範から逸脱しないように彼らへの集団圧力を高めるからである。これら二つの要因が存在すると，群集における個人は新しい規範（そこに新たに生じてきた規範）に同調するはずである。

新生‐規範理論に関わる事例について考えてみよう。デモの集団

図 21-21　ウェールズのダイアナ王妃に敬意を払うために待っている公衆にはいかなる規範が生じるか？

と警察との間に対立が生じていると想定しよう。人々の間には警察に対抗して自分たちを守るべきだという新しい規範が生じるかもしれない。そしてこれが投石行動へと導くかもしれない。お互いを識別しうる群集の中の個人は，この投石行動に同調すべきだという強い圧力を感じるであろう。

実験的根拠

　マン，ニュートンとイーネス（Mann, Newton & Innes, 1982）は脱個人化アプローチと新生‐規範理論アプローチを比較している。研究協力者は2人の討論場面を観察して，群集に対して騒音を与える目的でボタンを押すことによって，研究協力者自身が聞いている討論への反応を示すことができた。匿名性の条件と個人識別条件が操作された。集団規範が攻撃的（ブザーの音が激しい）か，それとも非攻撃的（ブザーの音がソフト）かのいずれであるかについて偽りの情報が与えられた。脱個人化理論に従えば，匿名条件の個人は，個人識別条件の個人よりも攻撃的に行動するはずである。マンら（1982）の見出した結果はまさにその通りであった。この理論はまた，匿名条件の研究協力者は識別条件の研究協力者よりも抑制されておらず，自由で自己をあまり意識していないという感情を報告している事実によっても支持されている。

　研究協力者が非攻撃的規範よりも攻撃的規範が存在すると告げられたとき，彼らはより攻撃的行動を示す傾向があったことから，新生‐規範理論に対してもある程度の支持がみられた。しかしながら，攻撃的集団規範にさらされた識別可能条件下で研究協力者の攻撃レベルは最高になるであろうという予測は支持されなかった。マンら（1982, p.271）は「私たちの結果が示唆するところによれば，攻撃的な群集行動における人々の行為に関して，脱個人化理論は新生‐規範理論よりも説得力のある説明を与えてくれる」と結論している。

> 　ポストメスとスピアース（1998）は新生‐規範理論の修正版を支持する証拠について検討している。彼らの理論によれば集団において個人は脱個人化すると，一般的社会規範よりも当該集団の規範に同調するよう行動しがちである。したがって脱個人化が集団成員による反社会的行動を導くか否かは，その時点における一般的な集団規範いかんによる。ポストメスとスピアース（1987, p.250）はメタ分析により，次の結論に到達した。
>
> > 60編の研究を通して反‐規範的行動（一般的社会規範の破壊）に及ぼす脱個人化操作の影響は小さいながらも存在する。しかし，その効果はかなり変動しやすい。したがってこの効果全体としては，粗暴な集団過程を説明する脱個人化理論を保証するとは言えない。
>
> 　結果の幾つかはジンバルドー（1969）やディーナー（1980）が提唱した理論とまったく矛盾しており，「私的な自己覚知および匿名性の操作は……反‐規範的行動に対して何ら全体的効果をもたらさなかった」（p.251）。

この他の理論的証拠が欠けているのに比してメタ分析の結果はポストメスとスピアース（1997）によって提唱された理論を強く支持する証拠を示していた。この理論は次の三つの主要な仮定をもっている（p.254）。

・脱個人化は自己の喪失を導くのではなくて，個人的同一性への集中を低下させるだけである。
・脱個人化は状況的集団規範および文脈的規範への反応を強める。
・脱個人化は一般的社会規範に関して中立的である。

すでに検討したライシェール（1984）の結果はこの理論によく適合している。

議論のポイント
1. ポストメスとスピアースの結果は，脱個人化の概念が群集行動を現実に説明していないということを意味しているであろうか？
2. ポストメスとスピアースによって提唱された理論はどの程度説得力があるか？

感　想
・私見によれば，社会的影響に関する研究は社会心理学の中心である。私たちの行動がしばしば他者によって影響されるということを私たちは皆知っている。しかし，社会心理学者は私たちが実感する以上に私たちの行動が概して他者によって影響されているということを説得力のある形で示してきた。結果として社会的文脈を考慮することなしに個人の行動を研究してもその価値はまったく限られてしまう。

・群集およびモッブにおける社会的影響を研究することは非常に難しい。明らかに群集における個人を適切にコントロールされた条件下で研究することは不可能である。したがって私たちは攻撃的および反－社会的方向で行動するよう群集やモッブを導く過程に関して私たちはただ素描的なアイディアをもっているにすぎない。しかしながら，群集も一般によい行動をとるし，メディアが群集の荒々しさを過大視してきたということが次第に明らかになってきている。

要　約
同　調
　正解がかなり明確であるにもかかわらず，集団の他成員が誤答を述べるような状況において，多くの人々は集団圧力に屈服する傾向にある。同調が生じるのは個人が，他者はよく知っているとみなすか，あるいは他者から好かれたいと願うかによる。もし少数派がその明白な立場を将来に向かってしっかりと堅持していくならば，少数派が多数派に影響を与えることもありえる。

権威に対する服従

　たいていの人は権威者が不合理な要請をしてもそれに従う構えをもっている。ミルグラムの実験状況で学習者に対して非常に強い電気ショックを与えるよう実験者から求められたとき，およそ60％の人がそれに従った。実験者の権威または影響力が低下したとき，あるいは学習者の明らかな苦境が強調されたとき，服従の程度は低下した。ミルグラム実験状況における服従にもかかわらず，たいていの人は実験者の要請と自分自身の良心からの示唆との間に強い葛藤を経験した。たいていの人はミルグラム実験において示された服従のレベルの高さに驚いた。これは主として行動を規定するうえでの状況要因の役割を過小評価し，パーソナリティの役割を過大評価することから来ている。

独立的行動

　ミルグラムの実験状況における独立的行動はパーソナリティの特徴（たとえば権威主義的でない態度）とわずかの相関を示している。アッシュの実験状況における独立的行動は，自分自身の極端な意見をもっている，自分自身の判断の正しさを高く評価している，他者からの是認に対してあまり関心をもっていないなどの特徴をもつ人々についてみられた。独立的行動に関する研究によって，同調行動を理解するためには，状況とともに人についても考える必要があることを私たちに教えてくれる。

社会的勢力

　刑務所看守は囚人に対して粗暴な仕方で行動するかもしれない。その理由として，彼らが攻撃的あるいはサディスティックなパーソナリティをもっているということがあるかもしれない。また，刑務所にみられる社会的環境もしくは硬直した勢力構造ということがあるかもしれない。スタンフォード刑務所実験においてジンバルドーは情緒的に安定した模擬看守であっても模擬囚人に対して攻撃的な行動に出ることを見出した。つまりこれは状況要因のもつ影響を示唆している。多くの集団は課題的リーダーと社会‐情緒的リーダーの二つのタイプのリーダーをもっている。リーダーはフォロワーよりも知的で，自信をもち，社交的で，支配的，そして業績‐志向的の傾向にある。しかし通常その差（リーダーとフォロワーの差）はむしろ小さい。リーダーシップに関連する主要な状況要因がある。たとえばリーダー‐成員関係，課題の構造，リーダー地位力などである。フォロワーとリーダーは社会‐交換関係に含まれている。そこにおいて両者は互いに依存し合っている。

リーダシップ

　多くの集団は課題的リーダーと社会‐情緒的リーダーをもっている。民主的，自由放任的，専制的リーダーシップを区別することは可能である。民主的リーダーは一般的に最も成功し，自由放任的は

最も成功しないように思われる。リーダーとその他の者との間にはパーソナリティについて，小さいけれども一貫した相違がある。効果的なリーダーは高い知能，よい適応性をもつ傾向にある。状況コントロールのレベルが高いかまたは低いとき，課題志向的リーダーは関係志向的リーダーよりも成功する傾向にあるが，状況コントロールのレベルが中間程度のとき，これとは逆の傾向となる。フォロワーは彼らが演じるリーダーシップタイプの行動の大きさという点で互いに相違している。フォロワーの行動は，リーダーがどの程度好意的に評価されるかに関して大きな影響を与える。

集合行動

　群集は非常識なやり方で行動するとしばしば考えられてきたが，実際にそうなるのはかなりまれである。厳しい過密状況にあるとき人々は攻撃的に行動する傾向がある。それはおそらく個人空間が侵されるからであろう。個人空間は親密な領域，個人的領域，社会的領域，公的領域の四つの領域に分割することができる。群集における人々は個人的同一性の感覚を喪失し，匿名状態に置かれることになる。このことによって自分の行動を監視することが少なくなり，社会的是認に対する関心も減少し，衝動的に行動することに関しての束縛が少なくなり，理性的に考える能力が低下する。もう一つの可能性として，群集行動は新しい規範の出現によって影響されるということがある。

図 21-22　集合行動：あなたの個人空間が侵入されたとき，あなたはどう行動するか？

【参 考 書】

本章で論じた多くの問題は M.Heastone & G.M. Stephenson (Eds.)(1996), *Introduction to social psychology*, Oxford: Blackwell の幾つかの章で取り扱われている。また社会的影響を広くカバーしているこの他の2冊として，N. Hays (1994), *Principles of social psychology*, Hove,UK: Psychology Press および S. L. Franzoi (1996), *Social psychology*, Chicago: Brown & Benchmark がある。

【復習問題】
1 ある領域で行われた特定の研究が非常に決定的で影響力が強いため，この分野におけるその後の研究を実質的にストップしてしまうということがまれにある。よりよい研究はなされなければならない。そうでないと本来発見されるべき事項がほとんど残らないということになってしまう（ハンフリーズ Humphreys, 1994）。同調または服従に関する領域で，このような見解がどの程度当てはまるかについて批判的に考察せよ。　　　　　　(24点)
2 二つのリーダーシップ理論について検討せよ。　　　　　　(24点)
3 集合行動，特に群集およびモップは多くの実証的，理論的研究のテーマとなってきた。しかしながら，群集およびモップについて完全に適切な説明を与える理論はないように思われる（マキルヴィーン McIlveen, 1998）。これについて検討せよ。　　　　　　(24点)

- 愛他性と共感性：他の人の見方を理解することや，コストにかかわらず他の人を助けること。
    アイゼンバーグらの5段階理論
    バトソンらの共感性 − 愛他性研究
    チャルディーニらの否定的状況解放モデル
    比較文化研究
    積極的影響と否定的影響

- 傍観者介入：援助を必要とする人を援助するかどうかは何によって決まるのか？
    ダーレーとラタネの研究
    ラタネとダーレーの意思決定モデル
    ピリアヴィンらの覚醒／損失 − 報酬モデル

- 攻撃：人はなぜ意図的に互いに傷つけ合うのか？
    文化差と個人差
    ダラードらのフラストレーション − 攻撃仮説
    バロンの否定的感情逃避モデル
    ジルマンの興奮転移理論
    バンデューラの社会的学習のアプローチ
    ガーゲンの社会構成主義のアプローチ

- 攻撃行動の低減とコントロール：私たちはこれらの行動を止めることができるのか？
    罰
    モデリングと社会的スキルのトレーニング

- 行動におけるメディアの影響：暴力的な映画やテレビ番組は人々を攻撃的に行動させるのか？
    ライエンズらの映画を使った研究
    テレビを含んだ長期的研究
    認知的プライミング理論
    比較文化的差異

22

向社会的行動と反社会的行動

あなたは，人を助けようとする人や協力的な人に会ったこともあれば，攻撃的で人を不愉快にさせるような人に会ったこともあるだろう。心理学者は向社会的行動と反社会的行動という用語を使って，人が示すさまざまな行動様式を説明している。**向社会的行動**（pro-social behavior）とは，他者にとって利益となる行動のことである。この行動は他者に対して協力的な行為や愛情のこもった行為，はたまた人の助けになろうとする行為を含む。それに対して，**反社会的行動**（anti-social behavior）とは他者に危害を加えたり傷つけたりする行動のことである。人の行動が向社会的か反社会的かを決定する際に，個人のパーソナリティがある程度影響する。しかし，本章でこれからみていくように，状況的側面が私たちの他者に対する振る舞い方に大きな影響を与える。

向社会的行動について最もわかりやすい例の一つとして，愛他性と一般的に呼ばれるものが挙げられる。**愛他性**（altruism）とは愛他的である人にとって損失の大きい自発的な援助行動のことである。愛他性はどんな報酬よりも他者を助けたいという欲求に基づいている。しばしば愛他性は共感性に依存していると想定されてきた。**共感性**（empathy）とは他者の感情を共有し，その人の観点を理解する能力のことである。

向社会的行動研究の中でも，最も詳細に研究されたのは，おそらく傍観者介入である。**傍観者介入**（bystander intervention）の研究は，ある出来事（たとえば，強盗）の傍観者あるいは目撃者が，見ず知らずの犠牲者を助けるかどうかを決定する要因を調査するものである。本章で検討するように，傍観者が被害者に支援の手を差し伸べるか否かは，さまざまな要因に基づいて決定されるのである。

反社会的行動には多種多様な形がある。しかし，心理学者は攻撃行動に焦点を当ててきた。近年，多くの西洋諸国では暴力犯罪がずいぶん増加してきた。したがって，攻撃性と暴力性を作り出す要因を理解することが課題なのである。より実用的な関心としては，攻撃行動をコントロールし，減らす効果的な方法を発展させる必要性が生じているということである。

20世紀には大きな技術的進歩があった。向社会的行動と反社会的行動に関与する最も重要な技術的進歩は，おそらくテレビであった。何億人もの人々が1週間に20時間あるいは30時間費やしてテレビに映る他者の行動を観察している。人の行動に対するテレビの正確

図22-1　向社会的行動？それとも反社会的行動？

キー用語

向社会的行動：協力的な行動，愛情のこもった行動，あるいは人の助けになろうとする行動。

反社会的行動：他人に危害を加える行動，あるいは他人を傷つける行動。

真の愛他性の例を幾つか思い浮かべることはできるだろうか？　その例において考えられる動機は利己的であろうか？　それとも非利己的であろうか？

キー用語

愛他性：個人にとっては高くつくが，他人を助けたいという気持ちに動機づけられた，向社会的行動の一形態。

共感性：他人の観点に立って理解し，その人の感情を共有する能力。

傍観者介入：傍観者が，まったく知らない被害者を援助するかどうかを決定づける要因に注目する研究分野。

な影響力について，幾つかの論争がなされてきた。しかし，ほぼ確実に言えることは，テレビ番組（特に暴力的な番組）に多くさらされることで視聴者はさまざまな点で信念に影響を受け，そして行動にも影響を受けるかもしれないということである。この話題について多くの議論がなされた。とりわけ，幾つかの凶悪犯罪がきっかけとなって，子供たちと暴力性に関する論争と，初期の言語発達に関する論争は多い。しかしテレビは肯定的効果ももたらしうるし，向社会的行動をも導きうる。テレビで攻撃的に振る舞っている人たちを見ることで，視聴者に攻撃的行動を誘発させうるのと同様に，思いやりのある仕方で振る舞っている人たちを見ることで，思いやりのある行動を増加させうるのである。

愛他性と共感性

この節で，主な焦点となるのは，愛他性である。愛他性とは誰か他の人を助けたいという欲望によって主に動機づけられた行動である。愛他性はしばしば共感性の後から引き続いて起こる。共感性とは他者の立場や観点を理解することを伴う。では，愛他性を引き起こす幾つかの要因を検討する前に，共感性に関する概念について論じよう。

共感性の発達

アイゼンバーグら（Eisenberg *et al.*, 1983）は向社会的道徳的推論と行動の発達理論を提唱した。この理論において，共感性の成長は，子供たちの行動を一層向社会的にする主要な要因として捉えられている。アイゼンバーグらによると，向社会的推論の発達には，五つのレベルがある。

図22-2　18ヶ月くらいの子供は困っている他の子供を見ると関心を示すことがある。

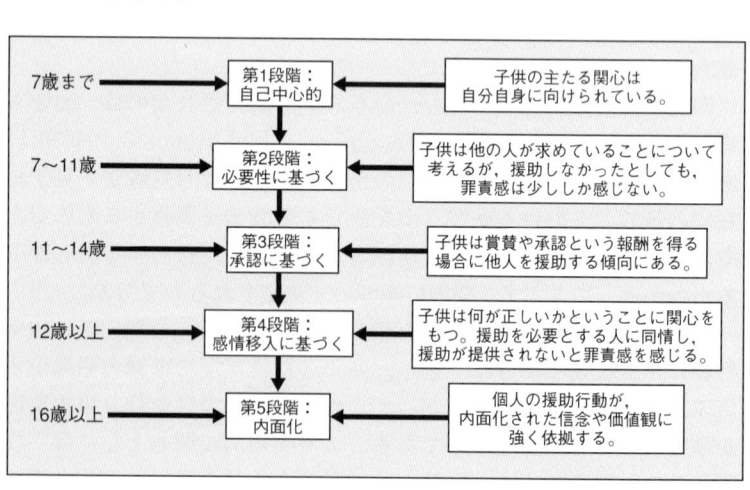

図22-3

この理論は，さまざまな年齢の子供たちに対して，さまざまなジレンマに直面した場合どうするかを決めるようにたずねることによって，検証された。次の状況がそのジレンマの一つである。

ある日メアリーという少女が友人の誕生パーティーに行くところであった。友人の家に行く途中で，メアリーは足に怪我をして倒れている少女に出会った。その少女はメアリーに両親だったら自分を医者のところへ連れて行ってくれるので，自分の家に行って，両親を連れてきてほしいと頼んだ。しかし，もしメアリーが頼みごとを聞いて少女の家に行くと，パーティーに遅れるであろうし，アイスクリームもケーキもゲームも逃してしまうであろう。さあ，メアリーはどうしたらいいだろうか？

アイゼンバーグ-バーグとハンド（Eisenberg-Berg & Hand, 1979）は幼い子供たちは自己中心的傾向があることを見出した。ほとんどの子供たちは，メアリーはパーティーへ行くべきであり，傷を負った少女をそのまま置いていくべきであると判断した。それに対して，その子たちよりも年上の子供たちの多くはパーティーに行くよりも傷を負った少女を助けることの方が重要であると判断した。もちろん上で述べたようなジレンマに子供たちが直面したとき，子供たちが示した意見は，日常生活の行動に対応しないかもしれない。しかし，アイゼンバーグ-バーグとハンドは，上のようなジレンマによって明らかになった向社会的推論のレベルが確かに実際の行動を予測するという根拠を幾つか手に入れた。行動をともにするということは向社会的推論第１段階の子供たちよりも第２段階の子供たちの方によくあることであった。

アイゼンバーグら（1991）は共感性（第４段階で発達するとされる）が向社会的思考に重要な役割を担っていることを発見した。メアリーと傷を負った少女についてのジレンマを提示された青年期にある人々は，少女の傷の痛みと不安を思いやっている場合に一層メアリーは助けるべきであると判断するようであった。

アイゼンバーグら（1983）の理論によると，共感性は12歳頃からようやく発達するということである。しかし，この向社会的行動と関連深い共感性が12歳以前からすでに発達してきているかもしれないという根拠がザーン-ワクスラーら（Zahn-Waxler, Radke-Yarrow & King, 1979）によって報告された。彼らが言うには，18ヶ月から30ヶ月の間の子供たちの多くは，他の子供たちが困っているのを見ると，明らかに関心を示していた。その年齢の幼児たちが共感性の側面を幾分か経験していたというのは，その幼児たちが，他の子供に危害を加えたときに，幼児たちの母親が自分の子供に対して特定のやり方で対処していたからである。母親は，幼児自身の行動が他の子供に苦痛をもたらしたという

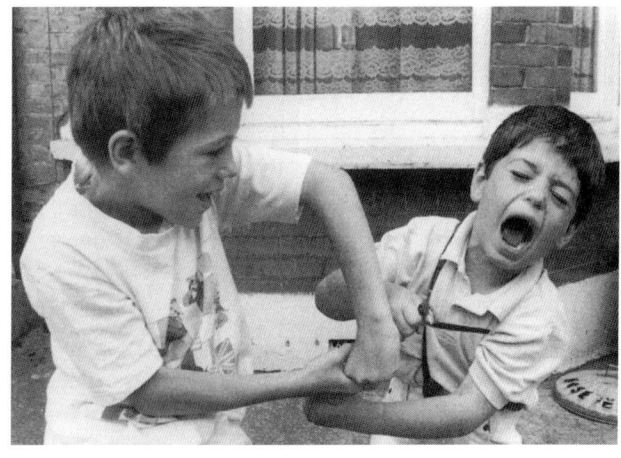

図22-4 他の子供がどれほど傷ついているのかということを，攻撃的な振る舞いをしている子供の母親が強調すると，攻撃的な振る舞いをしている子供は，他の子供に共感し，望ましくない行動をやめる傾向がある。

ことを強調したのだ。母親は、「メアリーを叩いてはいけません。あなたが、彼女を泣かせたのよ」とか「そのバットを下ろしなさい。あなたがジョンを傷つけたのよ」というようなことを言ったのである。

共感性−愛他性仮説

子供たちの発達の過程で共感性と向社会的行動は関連していることが示された。そしてバトソン（Batson, たとえば, 1987）は大人にも同様なことが言えると主張した。彼の**共感性−愛他性仮説**（empathy-altruism hypothesis）によると、愛他的行動あるいは利他的行動は主に共感性によって動機づけられる。バトソンは、私たちは誰か困っている人を見かけると以下のような二つの主要な情動的反応（それぞれの反応を述べる形容詞を括弧内に記述した）が生じると主張した。

> **キー用語**
> 共感性−愛他性仮説：愛他性は共感性に大きく影響を受けるというバトソンの概念。

- 共感的関心：他者の心痛に対する同情的な関心の焦点、および、その苦痛を軽減させることに向かう動機（同情心の厚い、思いやりのある、あわれみ深い）。
- 個人的心痛：自分自身の不快感への懸念、および、その不快感を軽減させることに向かう動機（苦悩を示した、不安な、警戒心を抱いた）。

バトソンらの研究

バトソンら（1981）は、状況を工夫して、共感性−愛他性仮説を検証した。女生徒たちはエレイン（Elaine）という生徒が弱い電気ショックを何度も受けているのを観察させられた。それから、その観察していた生徒たちは、エレインの代わりに残りの電気ショックを受けるかどうかたずねられた。その生徒たちは二つのグループに分けられており、一つのグループの生徒たちは、望めばその実験を自由にやめることができると言われていた。もう一方のグループの生徒たちは、電気ショックを代わりに受けることを拒めば、エレインがショックを受けているのを見続けなければならないと言われていた。生徒全員が実際には何の効果もない偽薬（プラシーボ）を投薬されていた。しかし、生徒たちはその薬について誤解するような情報を与えられた結果、彼女らはエレインに対する自身の反応を共感的関心として解釈するか、あるいは、個人的心痛として解釈するかのどちらかになるようになっていた（研究協力者全員がこのありそうもないストーリーを信じていたかどうかということに関する疑念は受け入れなければならないのだが）。

共感的関心を示した二つのグループの生徒の多くは、この状況から容易に逃げられるかどうかにかかわらず、残りの電気ショ

> **キー研究評価−バトソンら**
> バトソンらは共感性−愛他性仮説を検証することを意図して研究を行った。しかし、たとえば社会的非難の恐怖や実験状況の要求特性といったものを含む、共感性以外の心理過程が、何らかの影響を与えていたのかもしれない。研究協力者となる生徒たちは、実験者が他人に対する関心のレベルに興味があると推測し、期待された、あるいは社会的に受け入れられる方法で振る舞ったのかもしれない。
>
> なぜ心理学者は、実験で、たとえそれが見せかけのものであったとしても、電気ショックを与えるということを頻繁に使用するのであろうか。そのことをじっくり考えてみるのも面白いかもしれない。軽いショックは動物実験でしばしば使用されるが、人間を対象とした場合は、不自然で人為的であるように思われる。実際の生活の中で、人はそのような状況に、いったい何回めぐりあうというのだろうか？

ックを代わりに受けることを申し出た。それに対して，個人的心痛を感じていた生徒の多くは，状況からの脱出が困難である場合には，電気ショックを受けることを申し出たが，脱出が容易である場合は，そうする生徒はほとんどいなかった。したがって，個人的心痛を感じた生徒は，本当にエレインを助けたいという欲求によってというよりも，助けなければ社会的な非難を受けるかもしれないという恐怖によって，助けようという動機づけがなされたと言える。

バトソンらは共感的関心を感じていた生徒は，利他的理由によってエレインを助けたと主張した。しかし，別の可能性もある。たとえば，彼女らはひょっとすると自己批判や社会的非難を避けたかったからかもしれない。この可能性を検証するために，バトソンら（1988）は1981年の研究の修正版を行った。ある女性の研究協力者は難しい数学の課題がよくできた場合でなければ，エレインが受けている電気ショックをいくぶんか代わりに受けて，彼女を助けることはできないと言われていた。社会的な非難と自己批判を避けるためだけにエレインを助けようと動機づけられた研究協力者は，助けようとするかもしれないがわざわざ数学の課題で悪い点を取ろうとするだろう。これは，安易な解決策をとっているものとみなしうる。実際に個人的心痛を感じている人の多くは，そのような安易な解決策をとり，数学の課題で低い結果を出した。しかし，共感的関心を感じている生徒の多くはエレインを自発的に助けようと，数学の課題でよい結果を示した。彼女らの，安易な解決策をとることへの拒絶こそが，助けたいという欲求が真実のものであるということを示しているのである。

議論のポイント
1. この研究は共感性 - 愛他性仮説の適切な検証をしているとみなせるであろうか？
2. 人が愛他的に振る舞うためには，共感性を経験する必要があると思うか？

評 価

愛他的行動が共感性に依存するという共感性 - 愛他性仮説の基本的な仮説はバトソンらに見出された多くの根拠によって確認されている。前節で述べた発達的根拠によっても支持されている。発達的根拠が示しているのは，子供たちの思考や行動は他者に共感する能力が増すほど，一層愛他的になるということである。

ところが，スミスら（Smith, Keating & Stotland, 1989）は，共感性 - 愛他性仮説は不十分であると主張した。彼らは，共感喜び仮説（empathic joy hypothesis）を提唱した。その仮説によると，共感的関心によって，助けを必要としている人を助けるのは，それによって適切に援助された人の喜びを共有することができるからである，ということである。この仮説によって期待されるのは，共感的関心の高い人は援助の失敗行為よりも成功行為について学ぼうと，一層動機づけられるはずであるということである。しかし，バトソンら（1991）は事実はそうではないということを見出した。実際には，愛

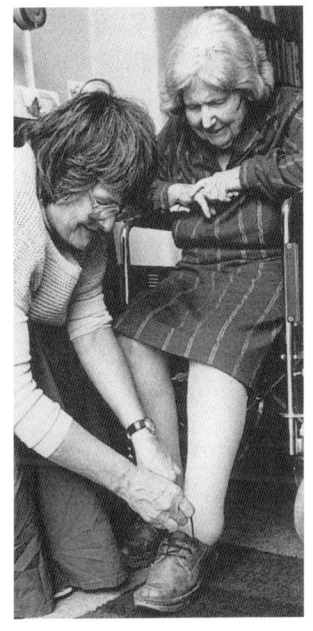

図22-5 実験場面では，愛他的行動が一瞬の関わりであるのに対して，実生活では愛他的行動は何年間にもわたることがある。

他的行動の成功話を聞くことに最も興味を示すのは，共感的関心の**低い**人たちであった。こういった根拠は，共感性－愛他性仮説は共感喜び仮説よりも適切であるということを示している。

　共感性－愛他性仮説に否定的な評価としては，人々が援助するのは，それが単に助けないことから生じる他者からの非難を避けるためとか，罪悪感を避けるためとか，助けを受けることができた人の喜びを共有するためにというよりもむしろ愛他的理由のためなのだということを確かめるのは難しい，ということである。しかしバトソンとオレソン（Batson & Oleson, 1991, p.80）は，これまで見出された結果にはパターンがみられるとし，「私たちはケアすることに対する人間の本質や能力についての見解を徹底的に訂正しなければならない」と主張した。これは，誇張しすぎかもしれないが，バトソンら（1983）が指摘したように他者に対する真の関心とは，「自己中心的な（利己的な）関心によって容易に壊れてしまうはかない花」のようなものなのである。バトソンらはこの主張に対して幾つかの根拠を提示した。共感的関心を抱いている研究協力者について，86％の人は弱い電気ショックの場合に進んでエレインの代わりになろうとした。しかし，この数値は，エレインが痛みを伴うショックを受けている場合にはたった14％にまで下がるのであった。

　共感性－愛他性仮説に関する実験的根拠はある意味では限定されたものである。そこで焦点とされていたのは，研究協力者の実生活にほとんど影響を与えないような短期の愛他的行動についてであった。これは，実際の生活とは対照的である。実際の生活においては，愛他的行動は何年間にもわたるような休みないケアを提供するようなことに関わる可能性のあるものである。共感性－愛他性仮説にみられるようなプロセスが長期・短期の両方に関係しているのかどうかは明らかではない。

否定的状況解放モデル

　チャルディーニら（Cialdini *et al.*, 1987）は，**否定的状況解放モデル**（negative-state relief model）を提唱し，なぜ，共感性が援助行動を引き起こすのかを説明した。このモデルによると，被害者に対して共感性を経験する人は結果として通常悲しみを感じる。そういった人たちは，自分自身の悲しみを低減させたいがために，被害者を助けるのである。したがって，もし，共感性に通常伴っている悲しみが除去されていれば，共感的関心が援助行動につながることはない。このモデルは援助に対する報酬が高く，損失が小さい場合に援助行動が起こる可能性が最も高いという観念も含んでいる。したがって，援助が容易で，かつ報酬が高い場合（たとえば，そうすることによって，自分自身の不愉快な気分を低減させることができる場合）には，不愉快な気分の人は普通の気分でいる人よりも援助行動に向かいやすくなる。

　チャルディーニらは否定的状況解放モデルを，バトソンらと同じ状況を使って検証した。研究協力者は何の効果もない偽薬を与えら

なぜ援助者の行動が愛他的でない場合があるのか？

キー用語
否定的状況解放モデル：被害者に対して共感する人は，共感によって喚起された悲しみを除去するために被害者を助けるのであろうというチャルディーニらの概念。

れた。しかし，実験者はその薬は研究協力者の気分を「固定」し，その気分が変わらないようにするという教示を行った。実験者らは，もし薬のせいで研究協力者の悲しい感情が固定されてしまい，軽減させることができないならば，電気ショックを受けている生徒を助けようとはしないだろうと予想した。結果は予想通りだった。共感的関心を抱いた研究協力者であっても，薬を与えられるとあまり助けようとはしなかったのである。

図22-6 "UK's Comic Relief" や "Children in Need" のような募金集めを狙ったテレビ番組は，視聴者の共感的関心の高さに依存している。

トンプソンら（Thompson, Cowan & Rosenhan, 1980）は，悲しみが必ずしも援助行動を引き起こすわけではないという根拠を報告した。彼らは生徒に，今にも死にそうな状態にある友人が経験するであろう感情を想像するように頼んだ。すると，このことが援助行動の増加を引き起こした。しかし，同じ生徒らにその状況に対する自分自身の反応を想像するように頼むと，援助行動の増加はみられなかった。このことは，あまりにも自分の感情に意識が傾倒しすぎると，援助を必要とする他者を助けられなくなるということを示唆している。

評　価

共感的関心が愛他的行動を引き起こす理由の一つとして，愛他的行動が援助者の否定的感情状態（たとえば悲しさ）を軽減することが挙げられる。しかし，否定的状況解放モデルの適応範囲はかなり限定されている。第一に，共感性は，ただ気分をよくするという利己的理由のために愛他的行動を引き起こすということをこのモデルは示唆している。したがってこのモデルでは，私たちが非利己的な動機によって動くこともあるという可能性を説明できない。第二に，このモデルを裏づける根拠によると，悲しい気分によって援助行動が増加するのは，子供より大人の場合の方が多いということが示されている（フランツォイ Franzoi, 1996）。したがって，このモデルは子供の援助行動を予測するものではない。第三に，このモデルは弱い否定的感情にのみに限定されている点である。否定的状況解放モデルによると，強い否定的感情は援助行動を引き起こさないのである。

比較文化的差異と個人的差異

私たちがこれまで議論してきた研究の多くはアメリカ合衆国でなされたものである。一つの文化で正しいものが，他の文化でも正しいと想定することは危険である。この危険性は特に愛他性という面ではことさら大きいであろう。アメリカでは，生活への主要なアプローチは他者に対する愛他的関心よりも自己への関心に基づいてい

る。ダーレー（Darley, 1991）はこのアプローチについて以下のように述べた。

> アメリカおよびおそらくすべての先進資本主義社会において，人間の行為に対する本質的で基本的根本動機は自己の利益であるということが，一般的に受け入れられている。それは，根本的な動機なのである。

この利己的アプローチがすべての文化において優性ではないという根拠がホワイティングとホワイティング（Whiting & Whiting, 1975）によって報告された。彼らは，六つの文化（アメリカ，インド，沖縄，フィリピン，メキシコ，ケニア）で生活する3歳から10歳までの子供たちの行動を検討した。ホワイティングらは，ケニアの子供たちの100％が高い愛他性を示し，アメリカの子供たちはたった8％しか愛他性を示さなかったということを見出した。その他の文化は両極となる二つの文化の間にあった。

アイゼンバーグとマッセン（Eisenberg & Mussen, 1989）は愛他性について，幾つかの比較文化的差異についての研究をレビューした。彼らはある文化と他の文化では大きな違いがあると結論づけた。彼らは以下のように述べている。

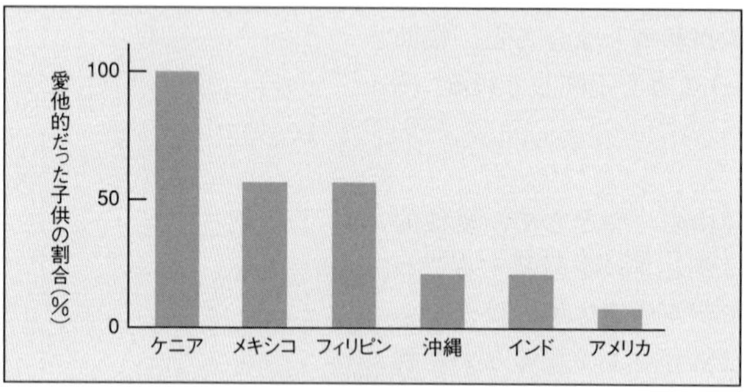

集団主義の文化では，生活している人の行動は，なぜ最初にそう見えたほどには愛他的ではないのか？

> メキシコの村で育った多くの子供たちや，アメリカの南西部にある政府指示保留地に住むホピ族の子供たち，イスラエルの農業共同体キブツの若者は「典型的な」中流階級のアメリカ人の子供たちよりも思いやりがあり，優しくて，協力的である。

図22-7　子供たちの間での愛他的行動の普及
（ホワイティングとホワイティング，1975）

個人主義と集団主義

これらの発見は何を意味しているのだろうか？　そこには三つの主要な要因が関係している。一つは，アメリカや沖縄の多くを占める産業化社会が競争や個人的成功に重きを置いているということである。このことが，協力や愛他性を減少させているようである。二つ目に，ケニアやメキシコ，ホピ族のような非産業化の文化における家族構成が産業化文化における家族構成とはまったく違うということである。非産業化社会の子供たちは多くの場合，家族の一員として重要な役割（子守り等）を担っているのである。そして役割を担うことによって生じる責任感が愛他的行動を発展させるのを促進しているのである。三つ目に非産業化社会や集団主義社会のメンバーは，自分の行動が，それほど愛他的でないような場合でも，他者からより多くの協力や援助を受けることを期待することができる

（フィーネマンら Fijneman, Willemsen & Poortinga, 1996；本章の最後の「感想」の部分を参照）。

個人間変動

　文化的差異とは別に，どのような文化の中においても愛他的行動において個人差があるということも重要である。デイヴィス（Davis, 1983）は対人反応指標（Interpersonal Reactivity Index）を開発した。これは，共感的関心（温かさや同情等）や個人的な悩み（不安や心配等）に対する傾向を測定するための指標である。デイヴィスはアメリカで年に一度放映される Jerry Lewis 筋ジストロフィー・テレソン（長時間放送のチャリティー番組）を見ている人の特性や，自分の時間や努力，お金を援助に当てている人の特性を特定した。バトソンの共感性－愛他性仮説で予測されるように，共感的関心が高得点であった人は，特に基金のためのテレビ番組を見たり，援助をしたりする傾向があった。

愛他性の促進
観察学習

　人が一層愛他的になるにはどうしたらよいのだろうか？　社会的学習理論によると，モデルからの観察学習が効果的なテクニックであるということである。ミドラースキーとブライアン（Midlarsky & Bryan, 1972）は，観察学習の概念を検証するために，チャリティーに価値のある品物を寄付するモデルを子供たちに観察させるという研究を行った。10日後，子供たちは，同じチャリティーに他の子供たちよりもお菓子を多く寄付する傾向があった。

　日常生活における観察学習やモデリングの重要性が，ローゼンハン（Rosenhan, 1970）によって示された。彼は1960年代公民権運動のために愛他的方法で全身全霊で取り組んでいた白人のアメリカ人を研究した。彼らの両親の多くは，一貫して愛他的に行動し，子供たちに対して愛他的モデルを提供することによって子供たちによい例を示していた。ローゼンハンは公民権運動にあまり関わらなかった白人のアメリカ人についても研究した。彼らの両親の多くは，愛他性に賛成していたものの，あまり愛他的には行動してこなかったようであった。したがって，こういった両親の多くは愛他的行動のよいモデルを提供することができなかった。このことによって，彼らの子供たちが公民権運動に部分的にしか関わりをもたなかった理由を説明できるのかもしれない。

> 子供たちの公民権運動への関わりの希薄さに関して，モデリング以外にどんな要因が考えられるだろうか？

報　酬

　愛他性を増加させるためのもう一つの方法として，援助に対して報酬を与えることが考えられる。これは，他者に対して共感的関心をまだ発達させていない幼児に効果的であるかもしれない。しかし，報酬あるいは強化は，より年齢の高い子供に対しては意図した効果とは反対の効果が現れることがある。ファベスら（Fabes et al., 1989）

は，ある子供たちに，病院に入院している子供たちのために色のついた四角いものを色別に分類してくれたら，おもちゃをあげると約束した。また，別の子供たちには，同じ課題を実行しても何の報酬も与えなかった。その後，すべての子供たちに，そのまま続けて色のついた四角いものを分類してくれても構わないが，それに対して報酬を与えることはできないと伝えた。報酬を与えられた子供たちは報酬を与えられなかった子供たちよりも，色別の分類をするという援助をやめてしまうことが多かった。この結果は，報酬を与えると望ましい振る舞いをすると信じている母親の子供たちの間で最もはっきりと現れた。

なぜ報酬は愛他的行動を促すのに効果的ではないのだろうか？主な理由としては援助に対して報酬を受けた人は，他者を助けたいという欲求よりも報酬をもらえるという思いによって動機づけられているということが考えられる。結果として報酬を除去することで援助行動を止めさせてしまうことがしばしば起きる。

アイゼンバーグら（1983）の研究によると，報酬が最も効果的なのはどの年齢か？

社会的規範

個人が振る舞う方法は社会的規範から大きく影響を受ける。**社会的規範**（social norms）とは現前する社会において期待される行動様式のことである。人々に一層愛他的に行動するよう促すためには，西洋文化の社会的規範をある程度変える必要があるかもしれない。ピリアヴィンら（Piliavin *et al.*, 1981, p.254）は援助行動は再度教育することによって促進しうると主張した。

キー用語
社会的規範：社会や文化によって期待される個人の行動の基準あるいは規則。

援助行動に関わる社会的規範について，幾つか考えることはできるだろうか？

> 私たちの社会では，幼い頃から他者の問題を「自分が干渉する必要のないこと」とみなすように教えられる。……このおかげで私たち全員が多くの感情的な苦痛から免れるのだが，そのことによって……，私たちが一般的によくないことと考えるような疎外感や自己陶酔を一層助長させることになる。私たちはもっとおせっかいな人になるよう教育を受ける必要があるのかもしれない。すなわちプライバシーの尊重は共感性の喚起を妨げ，人への関心を，介入による損失，特にでしゃばりであるとみなされることによる損失と結びつけるのである。

メディアの影響

子供の行動に対してどれほどテレビの暴力映像が危機的影響を与えるのかということに，かなり社会の関心が向いてきた（暴力映像の影響については本章の最後で述べる）。しかし，ほとんど関心をもたれていないのだが，テレビでみられる向社会的行動や援助行動は，子供の行動によい影響を与えているという根拠も示されている。

オコーナー（O'Connor, 1980）は，映画による観察学習が行動に有益な変化をもたらしうるという根拠を報告した。他の子供たちと一緒に遊ぶのを避ける子供たちに，楽しそうに皆で一緒に遊んでいる子供たちの映画を見せた。その映画を見た子供たちは全員，その後

図22-8 通行人は，でしゃばりだとか，偉そうだとみなされるような場合に，援助を提供することを躊躇する場合がある。

それまでよりももっと他の子供たちと一緒に遊ぶようになった。そしてこの効果は長い間持続したようであった。

　テレビ番組を見ることで向社会的行動や援助行動が増加するというのは，さまざまな年齢の子供たちにみられた。フリードリッヒとスタイン（Friedrich & Stein, 1973）は就学前のアメリカ人の子供たちを対象に研究した。その子供たちに Mister Rogers' Neighborhood という向社会的なテレビ番組の中のいくつかのエピソードを見せた。その子供たちはテレビ番組に含まれた多くの向社会的情報を覚えており，中立的あるいは好戦的内容のテレビ番組を見た子供たちよりも援助的で協力的な方法で振る舞っていた。向社会的なテレビ番組を見た子供たちは，その番組の向社会的な役割を実際に演じることで，一層援助的になった。

　スプラフキンら（Sprafkin, Liebert & Poulos, 1975）は6歳の子供の場合について研究した。この子供たちの何人かに名犬ラッシーの一場面を見せた。この場面は，鉱山の換気口から子犬を救うために少年が命の危険を犯すというシーンである。残りの子供たちにはラッシーの違う場面を見せた。その場面は救助ということには関係ないものであった。あるいは，The Brady Bunch というコメディーの一場面を見せた。番組を見た後，すべての子供たちに，何匹かの傷ついた子犬を助ける機会を与えた。しかし，子犬を助けるためには，子供たちは大きなごほうびを勝ち取れるかもしれないゲームを途中で止めなければならなかった。鉱山の換気口からの救助を見た子供たちは子犬たちを助けるのに，平均90秒費やした。それに対して，他の番組を見ていた子供たちが子犬を助けるのに費やした時間は50秒以下であった。

　バラン（Baran, 1979）は8歳から10歳の子供たちを対象に研究した。この子供たちには The Waltons という番組の一場面を見せた。その番組では援助行動が強調されていた。そしてこの子供たちはその番組を見ていなかった子供たちよりも援助的あるいは向社会的に振る舞うことがわかった。

　ヘロールド（Hearold, 1986）は子供たちの行動に対する向社会的テレビ番組の影響について，100以上もの研究をレビューした。彼女は多くは，向社会的番組によって確かに子供たちは一層援助的方法で振る舞うようになると結論づけた。実際，向社会的行動における向社会的番組の有効性の方が攻撃的行動における暴力番組の有害性よりも大きく，平均して約2倍であった。しかし，援助行動は通常向社会的テレビ番組を見た後すぐに評価されるので，向社会的テレビ番組が子供たちの向社会的行動に対して長期的な効果をもちうるのかどうかはまったく明らかにされていない。

　なぜ子供たちの援助行動は向社会的テレビ番組を見ることで増加するのだろうか？　一つの可能性として考えられるのは，観察学習あるいはモデリングが関係しているということである。つまり子供たちは目にした向社会的行動を単純に模倣しているということである。観察学習が攻撃行動を引き起こす可能性があることにはすでに

過去あるいは現在のテレビ番組で，どの番組が向社会的だろうか？

知られていたが（バンデューラ Bandura, 1965 等），同じプロセスが向社会的行動をも引き起こす可能性があることがわかった。ザゴッキーら（Sagotsky, Wood-Schneider & Konop, 1981）による研究では，6歳と8歳の子供たちに協力的行動が模倣されているのを見せた。どちらの年齢の子供たちも協力的行動がただちに増加した。しかし，8歳の子供たちだけが7週間後においてもなお協力的行動が増加し続けていた。

傍観者介入

私たちの生きているこの時代からイメージできることの一つに，街の真中で誰かが暴行されているにもかかわらず，誰も助けようとはしないということが挙げられる。このような，援助に対する無関心，あるいは気が進まないということがキティ・ジェノヴィーズ事件で一層明らかにされた。この事件は1964年3月の早朝3時にニューヨークで起きた。彼女は仕事が終わって家に帰る途中で，ナイフで刺され死んだのだった。アパートから38人もの目撃者が殺人場面を見ていたにもかかわらず，誰も介入しなかった。実際には，たった1人しか，警察に通報しなかった。その通報した人でさえ，通報したのは，別の都市に住む友人からアドバイスをもらってからであったのだ。

警察は目撃者にキティ・ジェノヴィーズを助けようとしなかった理由をたずねた。ニューヨークタイムズの記事によると，

> 警察が言うには，多くの目撃者たちは，通報するのが怖かったと証言しているが，何が怖かったのかをたずねられると無意味

あなたはいままでに，誰かが困っているようなときに，何もしなかったことはあるだろうか？ そのとき，あなたはどのように感じただろうか？ なぜ助けなかったのか説明できるだろうか？

ケーススタディ：キティ・ジェノヴィーズ殺人事件

1964年3月13日早朝3時20分頃，28歳のキティ・ジェノヴィーズはバーの支配人の仕事を終えて，ニューヨークのクイーンズにある中産階級が住む地域にある家に帰る途中であった。彼女は車を駐車し，30メートル離れた2階建てのアパートに向かって歩き始めた。彼女が街灯の傍に来たそのとき，後でわかったのだが，ウインストン・モーズリーという男が彼女を強引につかんだ。キティは叫んだ。近くのアパートの電気がついた。「あぁ！ この男が私を刺したわ。誰か助けて！」とキティは叫んだ。アパートの窓が一つ開いており，そこから男の声が叫んだ。「彼女を離してやれ！」モーズリーは窓の方を見上げ，肩をすくめ，立ち去った。キティはどうにかして解放されたので，アパートの電気が消えた。数分後に暴漢者はまたもや戻ってきて，ナイフでキティを暴行し始めた。キティは再び叫んだ。「死んでしまうわ！ 死んでしまう！」また近所のアパートの電気がつき窓が開いた。暴漢者は再び立ち去り，車に乗って逃げ去った。キティは市バスが走っている通りまでよろめいて行った。そのとき，時刻は3時35分。モーズリーは戻ってきて，階段のところのドアの付近にキティがいるのを見つけた。そして彼は彼女をレイプし，また刺した。この3度目の暴行が致命傷となった。最初に警察に通報が来たのが3時50分であった。警察はその通報に迅速に対応し，2分以内に現場に到着した。しかし，キティ・ジェノヴィーズはすでに死んでいた。

警察に通報した唯一の人は，キティの近所の人であり，彼は，ずいぶん考えてから，そして友人にアドバイスをもらおうと電話をしてから，通報したということが明らかになった。彼は，「私は巻き込まれたくなかった」と言った。その後，30分間以上の出来事の目撃者が彼以外に38人いたことがわかった。キティの近所の人たちの多くは，彼女の叫び声を聞いており，窓から様子を見ていた。しかし，誰一人として彼女を助けようとはしなかった。この事件はアメリカ人にショックを与え，アメリカ全土で新聞の一面になった。皆が疑問に思ったのは，なぜ誰も助けようとしなかったのか，あるいは，助けるよりも前になぜ警察に通報さえしなかったのかということであった。都会，モラルの低下，無関心がそういった疑問に対する説明として挙げられた。2人の社会心理学者，ビブ・ラタネとジョン・ダーレー（Bibb Latané & John Darley）は，こういった説明に不満をもち，人が他者に援助を与えるかどうかに影響を及ぼす状況的要因を特定しようと，研究に取り組み始めた。その結果，傍観者が多く存在するほど，個人は援助を提供しない傾向があるということがわかった。

な解答をするのみであったということである。「目撃者たちが暴力事件に巻き込まれることに気が進まないというのは理解できる。しかし，彼らは家の中にいて近くに電話がある。それなのになぜ彼らは警察に通報するのが怖かったのだろうか？」と警部補のジェイコブズが言った。

責任の分散

ジョン・ダーレーとビブ・ラタネ（John Darley & Bibb Latané, 1968）は，キティ・ジェノヴィーズ事件と傍観者の介入の問題に興味をもった。彼らはなぜキティ・ジェノヴィーズは暴行されているのを多くの目撃者が見ていたにもかかわらず，助けられなかったのかを明らかにしようとした。彼らは，複数の傍観者よりも，たった1人しか傍観者がいない場合の方が，被害者にとって幸運であるかもしれないと考えた。傍観者が1人という状況では，被害者を助ける責任は複数に拡散せずに，1人に負わされる。言い換えれば，目撃者あるいは傍観者は個人として責任を負っている。犯罪や他の事件で観察者が多いような場合には，一人ひとりが援助しないことに対する責任を軽くしてしまうという，**責任の分散**（diffusion of responsibility）が生じる。結果として，一人あたりの責任の負担が減少してしまうのである。

ここに何が関与しているのかを考察するには，社会的規範や文化的に決められた行動期待について考える必要がある。社会の中の重要な規範の一つには**社会的責任の規範**（norm of social responsibility）がある。社会的責任の規範とは，援助を必要としている人を助けるべきだというようなことである。ダーレーとラタネは，社会的責任の規範は，1人しか被害者の悲運を観察している者がいない場合に強く活性化されると主張した。しかし，社会的責任の規範は，傍観者が数人いても，あまり行動に影響しないようである。

> キー用語
> **責任の分散**：目撃者が多い事件の場合，援助を行わなくても，自分は少しの責任しか負っていない，と一人ひとりが感じること。
> **社会的責任の規範**：援助を必要としているものを助けるべきであるという文化的期待。

ダーレーとラタネ

ダーレーとラタネはさまざまな研究を行い，上記のアイディアを検証した。研究協力者は別々の部屋に分けられ，ヘッドフォンを装着するように言われた。研究協力者は，マイクに向かって話し，そしてヘッドフォン越しに聞こえる他者の意見を聞きながら，自分自身の個人的な問題について議論するように言われた。この議論には1人あるいは2人，3人，6人が参加していると思わせた。しかし，実際には他の参加者の意見はすべて録音されたものであった。

研究協力者は，議論に参加している者の1人が特に一生懸命に勉強しているときや，試験を受けているときに，発作を起こす傾向があるということを聞いた。しばらくして，研究協力者は，発作を起こすことがあると言ったその彼が「うぅ，発作が始まった。誰か助けてくれ……（息を詰まらせながら）……し，死にそうだ……。発作が，発作が（息を詰まらせ，沈黙）」と言うのを聞いた。

その人が癲癇発作をもっているということを知っているのは，自分1人

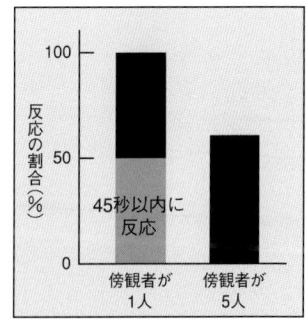

図22-9

であると思っている研究協力者は，100％部屋を出て，緊急事態を知らせた。しかし，発作もちであることを知っているのが，他に5人いると思っている研究協力者は，62％しか反応しなかった。さらに，5人いると思っている研究協力者よりも自分しかいないと思っている研究協力者の方が，迅速に反応したのであった。自分しかいないと思っている研究協力者は，発作開始から45秒以内で50％の人が反応した。それに対して，5人傍観者がいると思っている研究協力者はその時間内で誰も反応しなかった。

ダーレーとラタネのこの研究から他に二つ興味深い研究成果があった。一つは，5人の傍観者がいると思っていた研究協力者は，複数の傍観者の存在が自分の行動に影響を及ぼしていたということを否定したということであった。このことは，人は，向社会的方法，あるいは援助的方法で行動するかどうかを決定する要因にまったく気づいていないということを示している。二つ目に，緊急事態を報告できなかった研究協力者は，無関心でも思いやりがないわけでもなかった，ということである。多くは，手を震わせ，手のひらに汗をかいていた。実際に，彼らは，緊急事態を報告した研究協力者よりも感情の高揚が大きかったようである。

議論のポイント
1. ダーレーとラタネの研究成果が，なぜ後の研究に大きな影響をもたらしたのだろうか？
2. ダーレーとラタネが用いた状況の人為性を考慮すべきだろうか？

他の要因

ダーレーとラタネ（1968）の革新的な研究の公表後，数年のうちに，何人かの研究者が責任の分散以外で，被害者が誰かに助けられるか否かを決定する要因を特定した。今度は，これらの要因についてみていこう。そして，傍観者介入の幾つかの理論についての議論に進もう。

状況の解釈

曖昧な状況　実際の生活では，多くの緊急事態は曖昧性をもっている。たとえば，道端で倒れている人は，心臓発作であるかもしれないし，単にお酒を飲みすぎただけなのかもしれない。驚くことでもないが，ある状況が緊急事態であると解釈された場合に，被害者を援助する頻度がたいへん多くなる。ブリックマンら（Brickman et al., 1982）は，研究協力者に，別の研究協力者の上に本棚が落ち，それに続いて悲鳴が聞こえてくるという状況を作った研究を行った。研究協力者は誰か他の人が，その状況を緊急事態だと解釈したときの方が「心配することはない」と言ったときよりも早く助けに行った。

その場で判断した人間関係　多くの場合，当事者同士の人間関係が傍観者の行動に大きく影響を与える可能性が高い。ランス・ショットランドとマーガレット・ストロー（Lance Shotland & Margaret

Straw, 1976）は男性と女性が見物人の傍で喧嘩をしている状況を設定した。ある条件では女性が「あんたなんか知らないわよ」と叫んだ。もう一方の条件では，女性が「なんであんたなんかと結婚したのかわからないわ」と叫んだ。見物人が，その喧嘩は知らないもの同士であると解釈すれば，65％の人が介入したが，夫婦であると解釈すれば，19％しか介入しなかった。これは，傍観者は他人の個人的生活に関わりたがらないことを示している。

したがって，キティ・ジェノヴィーズを傍観者が誰一人として援助しなかった理由の一つに，傍観者がキティと暴漢者の間柄を親しいものであると想定していたということが考えられる。実際，傍観者の一人であった主婦は「恋人同士の口喧嘩だと思った」と言っていた。

被害者の特徴

多くの傍観者は被害者の特徴から影響を受ける。このことは，ピリアヴィンら（Piliavin, Rodin & Piliavin, 1969）によって示された。彼らは，ニューヨークの地下鉄で，男性が，前のめりによろめき，床に倒れるという状況を設定した。その男性は黒いつえを持ち酒を飲んでいないと思われる人である場合か，あるいはアルコールのにおいを漂わせ，酒ビンを持っている人である場合かどちらかであった。被害者が「病気」だったときの方が「酔っ払い」だったときよりも，傍観者の援助は多かった。酔っ払いは，自分の状態に対して自分で責任をもつべきであって，嘔吐したり罵倒したりするかもしれない酔っ払いを助けることで，かえって不快にさせられるだろうとみなされた。

傍観者の特徴：個人差

傍観者のどんな特徴が，被害者を助けるという行動に影響しているのだろうか？

技術と専門性　　ハストンら（Huston *et al.*, 1981）は技術や専門性をもった傍観者は被害者に対して援助を提供する可能性が高いと主張した。たとえば，飛行機に搭乗中，乗客が突然倒れ，フライ

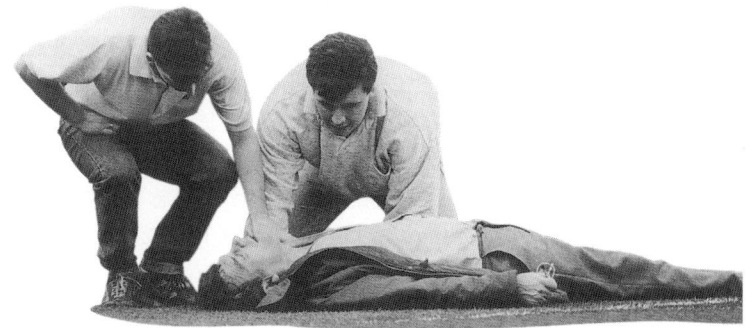

図22-10　その場の援助に関わる技能をもつ傍観者は，どうすればいのかわからない傍観者よりも援助に関わる可能性が高い。

ト・アテンダントが援助を求めたとする。医者が医療技術のない人よりも援助を提供する可能性が高いと推測するのは，道理にかなっているであろう。ハストンらは危険を伴う緊急事態で援助した傍観者の特徴を研究した。援助者は，人命救助や救急処置，護身のような技術を学んだ経験があるという強い傾向がみられた。

性差　イーグリーとクローリー（Eagly & Crowley, 1986）は援助行動におけるジェンダーによる違いについての研究をレビューした。彼らは，状況がジェンダーに関するとき，あるいは観客がいる場合に女性よりも男性の方が援助行動が多いということを見出した。男性は魅力的な女性である場合は特に女性を助ける傾向が高い。それに対して，女性は男性とほぼ同じくらい援助行動を行う。

個人的価値観　シュワルツ（Schwartz, 1977）は，人はある程度，個人的規範をもっている，つまりその人の価値観に基づいた行動の基準をもっていると主張した。こういった規範の中には，援助に関係するものや，他者の幸福に対する責任を引き受けることに関係するものがある。シュワルツによると，個人的な規範に従って行動する傾向のある人は，自己満足を得るが，恥じらいを経験することも自尊心が低下することもない。予測通りシュワルツは，援助傾向の高い人は援助や他者に対する責任の受容に関する個人的規範をもっている傾向があったことを見出した。

性格的要因　特定の性格（たとえば，社交的な，心暖かい，良心的な性格）をもった傍観者は他の性格（たとえば，非社交的な，内気な，打算的な性格）をもった傍観者よりも被害者を助ける傾向が高いと考えられるだろう。援助を提供する人は，自己優先ではなく他者優先の傾向が高いという根拠が示された（ドヴィディオら Dovidio, Piliavin & Clark, 1991）。しかし，性格の影響は，緊急時には特にほとんど影響がないのである。

知覚された類似性

傍観者は通常自分と似ていると思った被害者を助けるようである。しかし，幾つか例外がある。ガートナーとドヴィディオ（Gaertner & Dovidio, 1977）は，白人の研究協力者が隣の部屋で被害者がたくさんの倒れてきた椅子でつまずくのを聞くという状況を設定した。緊急であるかどうかわからない（被害者から叫び声がなかった）場合は，白人の研究協力者は白人の被害者を黒人の場合よりも早く助けた。しかし，被害者が叫び声を上げ，明らかに緊急事態であるとわかると，黒人の被害者を白人と同じくらい早く助けた。

この結果は何を意味しているのであろうか？　これは，傍観者と被害者の類似性が援助行動に影響を与えるということを示している。しかし，類似性の影響は，緊急事態であることが明らかな場合には拭いさられる。

ガートナーとドヴィディオが行ったような研究について聞いたことのある人は，介入や援助をより一層行う傾向があるという根拠も示されている。

他の活動

傍観者は緊急事態にだけ注意を払うわけではない。傍観者は緊急事態に遭遇したとき，その前から関わっていた活動も考慮に入れるのである。バトソンら（1978）は研究協力者に課題遂行のために，ある建物から，別の建物に移動してもらった。その途中で，研究協力者は，階段で咳をしうめき苦しんで倒れこんだ男子学生とすれ違った。研究協力者の中には，課題を遂行し実験者を手伝うことが研究協力者にとっては大事なことであり，急がなければならないと言われていたものもいた。この研究協力者では10％しか立ち止まってその学生を助ける人がいなかった。しかし，研究協力者にとって実験者を手伝うことがあまり重要なことではなく，急がなくてもいいと言われた場合，彼らの80％が学生を助けた。

倫理的問題：あなたは，バトソンらが行ったような研究に倫理的問題があると考えるだろうか。研究協力者には，参加するにあたってのインフォームド・コンセントがあっただろうか。

意思決定モデル

傍観者介入について，さまざまな研究成果を私たちはどのように理論化すればいいだろうか？　ラタネとダーレー（1970）は**意思決定モデル**（decision model）を提唱した。このモデルによると，被害者に援助を差し出す傍観者は，一連の5段階の意思決定を順番に行い，各段階で「yes」と回答した後で行動に至る。意思決定のモデルは，以下の通りである。

キー用語
意思決定モデル：傍観者は，被害者を最終的に援助する，あるいはしないという行動に出る前に，一連の意思決定をしている，というラタネとダーレーの概念。

- ステップ1：問題があるか？
- ステップ2：援助をする必要があると解釈できる出来事であるか？
- ステップ3：傍観者は個人にかかる責任を引き受けられるか？
- ステップ4：どのような援助を傍観者が提供できるか？
- ステップ5：ステップ4で考えた援助は実行できるか？

評　価

意思決定モデルには二つの長所がある。一つは，傍観者が援助行動に至らない理由がさまざまにあるということが考慮されていることである。私たちが議論してきた実験的根拠によって，この仮定に対する実質的な裏づけが示されている。二つ目は，意思決定モデルは，傍観者が被害者を助けないことがよくあるということについてもっともらしく説明していることである。もし傍観者が意思決定の際に"No"と判断すれば，援助行動は生じないであろ

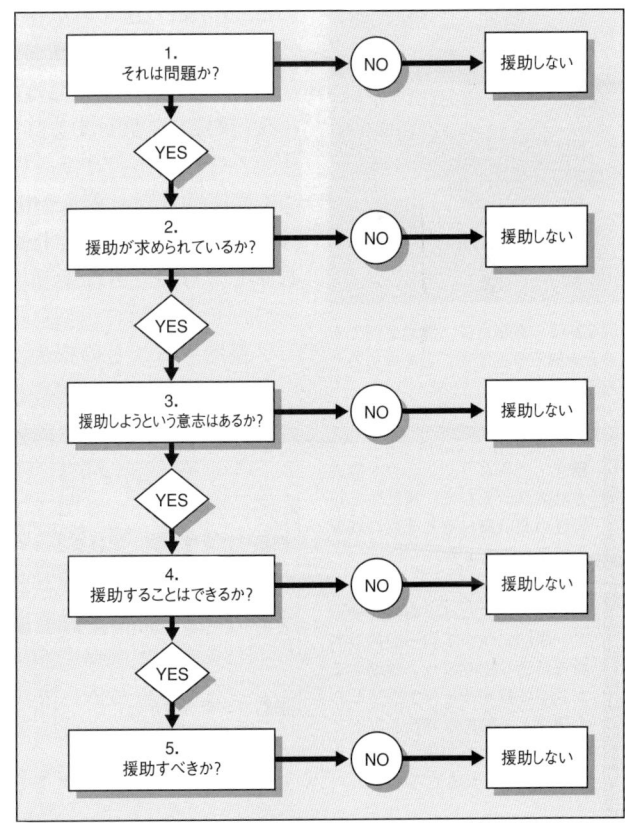

図22-11

う。

　短所は，このモデルが意思決定に関わるプロセスを詳細に説明していないということである。たとえば，ある状況を緊急事態であると解釈し，個人にかかる責任も負うと決めた傍観者は，どんな場合であれ不運な被害者に援助を提供するであろうと推測するのが，妥当であろう。私たちはステップ1，2，3で"Yes"と決め，その後ステップ4あるいは5で"No"と決定するというときに関係するプロセスについてもっと知る必要がある。

　このモデルのもう一つの限界は，傍観者の行動に関与する感情的要因の影響をあまり重視していないことである。不安感や恐怖感をもっている傍観者は，意思決定モデルにある五つの段階をそれほど注意深くは実行しない可能性がある。

覚醒／損失－報酬モデル

　ピリアヴィンら（Piliavin *et al.*, 1981）は**覚醒／損失－報酬モデル**（arousal／cost-reward model）を提唱した。このモデルによると，被害者を援助をするかどうかを決定する前に，傍観者が経験する五つのステップがあるという。

1. 援助を必要としている人に気づくこと。つまりこの段階は注意に依存している。
2. 生理的覚醒を経験する。
3. 手掛かりから解釈し，覚醒状態をラベリングする。
4. 別の行為を選択した場合にかかる，報酬と損失を計算する。
5. 決定し，実行する。

　4番目のステップは，中でも一番重要であり，詳細に考察するに値する。援助すること，援助しないことに関する主な報酬と損失は次に示したものである。

・援助することの損失：身体的危害，他のことを実行するのが遅れること。

ラタネとダーレーの意思決定モデルの各段階において，なぜ人は"No"と答えるのであろうか？

キー用語
覚醒／損失－報酬モデル：傍観者が被害者を助けるか否かは，傍観者の覚醒のレベルと，他に取りうる行為に対する報酬や損失に依存しているという，ピリアヴィンらの考え方。

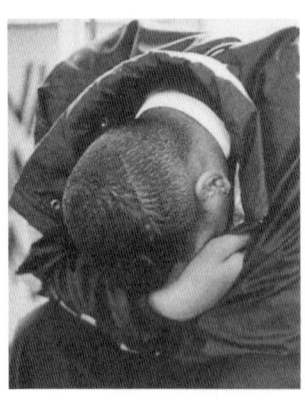

図22-12　あなたは，問題が何であるかを知ろうとすることをやめるだろうか？

■やってみよう：この表を完成させよう。そして，援助する可能性の高い順にそれぞれの状況を評価してみよう。

　表を工夫したり，右表を使って，援助についての一般的な判断を評価してみよう。援助するか否かに対するピリアヴィンらの理由と一般的な判断を比べてみよう。あなたの表に性別や世代の差はみられるだろうか？

状況の見積	コスト	報酬
妊娠した女性が買い物袋を落とす		
目の不自由な人が道を渡るのに援助を求める		
道路で交通事故が起こる		
ヒッチハイカーが人里離れた道で親指を立てて合図している		

- 援助しないことによる損失：個人にかかる責任の放棄，罪責感，他者からの非難，知覚された類似性の無視。
- 援助に対する報酬：犠牲者からの賞賛，技能が役に立ったことの満足感。
- 援助しないことによる報酬：通常と同様に物事を継続して行うことができる。

評　価

　覚醒／損失－報酬モデルは，意思決定モデルよりも，援助を提供するかどうかを決めることに関するプロセスを十分に考慮している。本章の研究のレビューでみたように，傍観者は援助するしないに関わる可能性のある，報酬と損失をしばしば考慮するようである。傍観者は，いつもは経験しないような覚醒が喚起されると，援助の可能性について次第に考えていくようである。

　一方，欠点についていえば，覚醒／損失－報酬モデルは，傍観者はある状況におけるあらゆる要素について考える時間を要したり，どうすべきかを決定する前に時間を要するということを，意味している。しかし，実際には，突然の緊急事態に直面した人は，衝動的に，ほとんど考える余地もなく反応する。傍観者が，たとえ報酬と損失を考えたとしても，その**すべて**を考えているわけではないであろう。覚醒／損失－報酬モデルのもう一つの問題は，緊急事態で傍観者が援助を行う前に，覚醒を経験する必要がある場合ばかりとは限らないということである。類似した緊急事態を経験している人（心臓発作を起こしている人に対する医者のような人）の中は，覚醒することなく，援助を行うかもしれない。

攻　撃

　攻撃（aggression）とは，わざと他人を傷つけることである。攻撃は「そう取り扱われることを避けようとしている他の生き物に危害を加えたり，傷つけたりすることを目的として実行する行動の形式」（バロンとリチャードソン Baron & Richardson, 1993）と定義されてきた。傷つけるということが，故意であることが重要である。たとえば，氷の上で滑って，たまたま誰かにぶつかった人は，攻撃的な行動をしたとはみなされないだろう。

　心理学者は，たとえば，対人志向的攻撃と道具的攻撃といった具合に，異なるタイプの攻撃を特定している。**対人志向的攻撃**（person-oriented aggression）とは他人を傷つけることを意図しており，危害を加えることが主要な目的であるというものである。

> **キー用語**
> **攻撃**：他の生物に対して，危害を加えよう，あるいは傷つけよう，と計画された，あるいは意図された行動。
> **対人志向的攻撃**：他人に危害を加えることが主要な目的である攻撃。
> **道具的攻撃**：ある人が，自分の望んだ何らかの目的を達成するために，他人に危害を加えること。

図22-13　上記の写真では，攻撃の主な目的は，誰かを傷つけることそのものというよりも，バッグを盗んで"利益"を得ることである。これは，道具的攻撃の例である。

■やってみよう：攻撃行動の例を記した表を完成させてみよう。

攻撃行動の種類	例
対人志向的	
道具的	
順向性（Proactive）	
反応性（Reactive）	

キー用語
道具的攻撃：ある人が、自分の望んだ何らかの目的を達成するために、他人に危害を加えること。
順向性攻撃：何らかの目的を達成するために、個人によって遂行される攻撃行動。
反応性攻撃：他人の攻撃行動に反応して行われる攻撃行動。

それに対して，**道具的攻撃**（instrumental aggression）とは，何か欲しいもの（欲しくてたまらないと思っているおもちゃ等）を手に入れるということを主要な目的とし，攻撃的行動を伴うものである。

攻撃には順向性攻撃と反応性攻撃という区別もある。**順向性攻撃**（proactive aggression）とは，期待した結果（たとえば，他者の所有物を手に入れること）を達成しようとする攻撃行動のことである。**反応性攻撃**（reactive aggression）とは他者の攻撃に反応した攻撃行動のことである。

攻撃行動は，必ずしも戦うことあるいはそれ以外の身体的な攻撃である必要はないということに注目すべきである。もちろん幼児はしばしば身体的攻撃に頼ることがある。しかし，4，5歳までには，子供たちは通常言語を使いこなせる力をもつようになり，いじめやそれ以外の言葉による攻撃をするようになる。本章の中で議論する研究では，攻撃は，他者に対する攻撃的遊戯行動や，電気ショックを与えることに乗り気であること，人形を殴ったり叩いたりすることのような，幾つかの方法で評価された。判断する際の重要な問題は，攻撃が，誰かあるいは何かに危害を加えようとする**意図**を伴うということであるが，研究協力者が危害を加えようとするつもりであったかどうかを知るのは，難しい場合が多い。

比較文化的差異と個人的差異

人類の歴史において，攻撃と暴力は頻繁に発生していることが示されている。ここ5,600年のうちに約15,000の戦争があった。これは，1年に約2.7回の戦争が起こっていることになる。しかし，攻撃性のレベルにおける比較文化的な違いについての根拠がある。たとえば，1991年に国際連合が国別の殺人比率についての情報を公表した。一

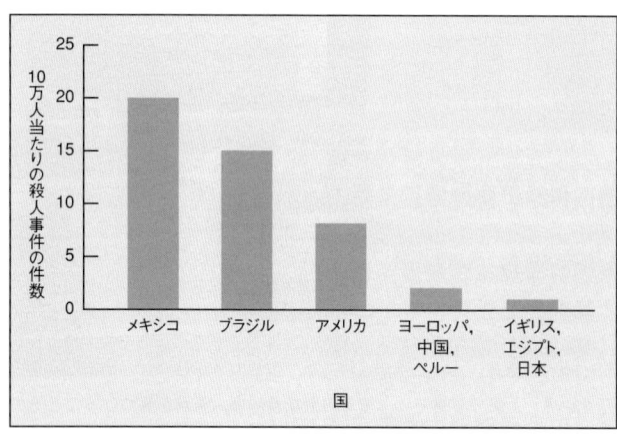

図22-14　世界の殺人事件の割合（国連，1991）

番比率の高い国は，メキシコで，100,000人に約20人の殺人率であった。次いで，ブラジルでは，100,000人に15人の比率であった。それに対して，イギリスやエジプト，日本では，殺人比率は，100,000人にたった1人であった。多くのヨーロッパ諸国は，中国やペルーと同様，100,000人に2人と，殺人比率が低かった。しかし，アメリカの殺人比率は100,000人に8人であった。

人類学からの根拠

攻撃について最もよく知られた比較文化研究として，人類学者のマーガレット・ミード（Margaret Mead, 1935）の研究がある。彼女はニューギニアで，互いにとても近くで生活している三つの部族を比較した。一つ目の部族（ムンドゥグモール The Mundugumor）では，男性と女性がどちらも，とても攻撃的で，喧嘩腰であった。その部族は，時には，食べるために部外者を殺す人食いをしていた。二つ目の部族（アラペッシュ The Arapesh）では，男性も女性も，非攻撃的で，大人同士や子供の扱いにおいて，協力的であった。この部族が誰かに襲われたならば，侵入者と戦うのではなく，むしろ領地内の近づきにくいところに隠れるであろう。三つ目の部族（チャンブリ The Tchambuli）では，男性は彫りものを作ったり，絵を描いたり，手の込んだヘアスタイルをするなど，気ままに過ごしていたのに対し，女性は比較的攻撃的であった。

ミード（1935）は重要な文化的差異を発見した。しかし，彼女はその程度を誇張していたようだった。たとえば，チャンブリでさえ，戦争のときには戦っている者の多くは男性であったのだ。

ゴーラー（Gorer, 1968）は攻撃性のレベルが低い幾つかの文化について議論した。アラペッシュは攻撃性のレベルが低い文化をもつ部族の一つであり，他にはインドのシッキム州のレプチャ（Lepchas）や中央アフリカのピグミーが挙げられる。これらの社会では，食べること，飲むこと，セックスが重要とされているが，手柄や権力については重要であると考えられていない。ゴーラー（1968, p.34）はこれらの平和な文化の本質を次のように要約した。「成長している子供にとってモデルとなるのは，具体的な行動やざっくばらんな楽しみであって，象徴的な手柄や乗り越えなければならない試練ではない」。

> 比較文化的問題：比較文化的根拠は，攻撃が生得的なものだと示しているだろうか，それとも，生得的なもの以上の何かによるものだと示しているだろうか？

性　差

イーグリーとステフェン（Eagly & Steffen, 1986）は，攻撃における性差に関する膨大な数の文献レビューを行った。女性より男性の方が攻撃的であるという一般的傾向は，少ししかみられなかった。性差は，身体的攻撃に関してみられ，その性差は，言語による攻撃やその他の心理的な形による攻撃における性差より大きかった。なぜ男性は女性よりも攻撃的なのだろうか。イーグリーとステフェンが議論した根拠によれば，攻撃的に行動することについて，女性は男性よりも罪悪感を抱き，不安を感じる。また，女性の方が，自分

> イーグリーとステフェンによってレビューされた証拠は，攻撃における性差は生まれつきのものだと示唆しているだろうか，それとも，生まれつき以上のものだと示唆しているだろうか？

が攻撃的に振る舞ったときに身に降りかかる危険性について気にかける。

　男性ホルモンであるテストステロンは，女性より男性において高い攻撃性を作り出す役割を果たしているようである。たとえば，暴力行為によって有罪判決を受けた男性は，暴力行為以外によって有罪判決を受けた男性よりも，テストステロンの濃度が高いことが知られている。しかし，このような相関関係による根拠は，高い濃度のテストステロンが，暴力行為を引き起こす役割を果たすことを証明するものではない。より説得力のある実験結果がホーク（Hawke, 1950）によって報告された。彼は，性的暴力を理由に去勢された男性犯罪者は，去勢によって攻撃性が減少しているということを見出した。ホークは，これらの男性犯罪者に大量のテストステロンを投与すると，もとの攻撃行動が再び現れるということも発見した。

　ここまでは，一般に男性は女性よりも攻撃的であることをみてきた。しかし，非直接的攻撃に関して言えば，重要な例外が存在するようである。ビョルクヴィストら（Bjorkqvist, Lagerspetz & Kaukiainen, 1992）は，青年の男女における，身体的攻撃・言語による攻撃・非直接的攻撃（たとえば，ゴシップ，思いやりのないメモ書き，嘘の話を広めること）の研究を行った。男子は女子よりも身体的攻撃が多くみられたが，女子は男子よりも非直接的攻撃を際立って多く行った。言語による攻撃については，男女の違いはなかった。

遺伝的要因

　攻撃性における個人差は，ある程度は遺伝的なものが要因である，という調査結果がある。マッギューら（McGue, Brown & Lykken, 1992）は，54組の一卵性双生児と79組の二卵性双生児から，多次元パーソナリティ質問紙（Multi Dimensional Personality Questionnaire）の得点を得た。一卵性双生児の得点には，0.43の正の相関があり，二卵性双生児の得点には0.30の正の相関があった。一卵性双生児においてより高い相関がみられるという事実は，遺伝的要因も一定の重要性をもつということを示している。

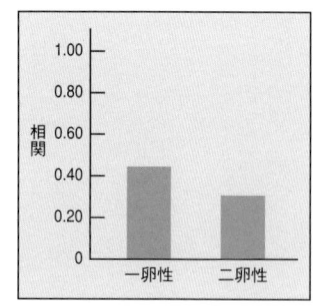

図22-15　双子における攻撃性

フラストレーション－攻撃仮説

　攻撃的に振る舞っているときのことを考えてみよう。多くの場合，おそらくフラストレーション（欲求不満）の状態を伴っているだろう。ダラードら（Dollard et al., 1939）は，フラストレーションと攻撃が密接に結びついている，という**フラストレーション－攻撃仮説**（frustration-aggression hypothesis）を主張した。ミラー（Miller, 1941, pp.337-338）は次のように述べている。

> 攻撃が起こるときは，常にフラストレーションがその前提として存在する。フラストレーションは，数々の違ったタイプの反応の誘因を作り出すが，そのうちの一つは，ある種の攻撃を引き起こす誘因である。

キー用語
フラストレーション－攻撃仮説：フラストレーションはしばしば攻撃を導き，攻撃はフラストレーションによって引き起こされる，という見方。

あなたはどのような状況でフラストレーションを感じるだろうか？

実験結果

　フラストレーション‐攻撃仮説を支持する実験結果は，ドゥーブとシアーズ（Doob & Sears, 1939）によって報告された。研究協力者はフラストレーションを伴う16の状況について，それぞれ，どのように感じるかを想像した。ある状況で，研究協力者は，バスを待っていたのに，バスの運転手が止まらずに通過してしまった，ということを想像した。多くの研究協力者は，それぞれのフラストレーションの状況で怒りを感じる，と報告した。もちろん，必ずしも常に怒りが攻撃に変わる，というわけではない。

　正当なフラストレーションと不当なフラストレーション　多くの実験結果は，フラストレーション‐攻撃仮説は単純すぎる，ということを示している。たとえば，パストア（Pastore, 1952）は，正当なフラストレーションと不当なフラストレーションを区別することが重要だと主張した。パストアによれば，怒りや攻撃を作り出すのは，多くの場合，不当なフラストレーションである。ドゥーブとシアーズ（1939）は，フラストレーション‐攻撃仮説を強く支持するものを見出したが，それは彼らの扱った状況が，不当なフラストレーションを伴っていたからであった。それゆえ，パストア（1952）は，ドゥーブとシアーズ（1939）が使ったのとは違って，正当なフラストレーションを伴う状況を作り出した。たとえば，止まらずに通過したバスが回送中だったことを示した。パストア（1952）は，予想通り，正当なフラストレーションは，不当なフラストレーションよりも，低いレベルの怒りしか引き起こさない，ということを見出した。

　状況要因　ジンバルドー（Zimbardo, 1973）は，攻撃行動は必ずしもフラストレーションによって引き起こされるわけではない，という実験結果を報告した。ジンバルドーのスタンフォード監獄実験（第21章参照）では，囚人役は看守役が望む事柄に対して，徐々にフラストレーションを感じないようになっていった。一方，看守役は囚人役に対して，徐々に攻撃的な方法で振る舞うようになった。戦争のときは，兵士はしばしば敵に対して攻撃的に振る舞う。それは，彼らがフラストレーションを感じるからというよりは，そうすることを命令されているからである。

　もし兵士が攻撃的に振る舞わなければ，彼らの身には何が起こるだろうか？

　環境の手掛かり　バーコウィッツとルパージ（Berkowitz & LePage, 1967）は，攻撃行動は，フラストレーションだけに依存するわけではない，と主張した。環境の中での攻撃的な手掛かりの存在も，人々を攻撃的に振る舞わせる役割を果たしている。この考え方に基づいてバーコウィッツとルパージは実験を行った。男子大学生らに対し，研究者の指示を受けた他の学生（研究協力者）が，電気ショックを与えた。つまり，研究協力者の学生は同僚に対して電気ショックを与える機会を与えられたのである。ある条件では，電気ショックを与える機械の近くにピストルとショットガンを置いた。

キー用語
武器効果：武器（例，銃）が，単に視界の中に入ってくるだけで，攻撃行動の増加が引き起こされること。

図 22-16

バーコウィッツの実験室の状況における要求特性は，研究協力者に研究の本当の目的を推測させることができただろうか？

もう一方の条件は，近くには何も置かなかった。銃が存在することによって，電気ショックの平均回数が 4.67 から 6.07 に増加した。これは，**武器効果**（weapons effect）として知られる。バーコウィッツ（1968, p.22）は次のように述べる。

> 銃は単に人に暴力の機会を与えるだけではなく，それと同じくらい暴力を促進する。指は引き金を引くが，引き金も指を引くのである。

私たちは，武器効果の解釈に伴う潜在的な問題について考える必要がある。銃が存在することによって，研究協力者は，実験者が研究協力者に対して攻撃的な方法で行動することを望んでいる，と推定したのかもしれない。もしそうであるならば，そのとき実験者の意図を勘ぐった研究協力者にだけ武器効果がみられるであろう。実際は，実験者の意図を邪推した研究協力者は武器効果を示さ**ない**ということを実験結果が示している。このことはバーコウィッツの武器効果の解釈がおそらく正しいということを示唆している。

認知的新連合　バーコウィッツ（1989）は，フラストレーション－攻撃仮説を彼の認知的新連合（cognitive-neoassociation）というアプローチによって改訂した。嫌な出来事や不愉快な出来事は，否定的な感情や情動（たとえば，不安や怒り）を引き起こす，と彼は主張した。この否定的な感情は，攻撃に向かう傾向や逃避に向かう傾向を活発にさせる。私たちが実際に見せる行動は，状況についての私たちの解釈に依存している。あなたが歩道を歩いているときに，誰かがあなたにぶつかったとしよう。このことは，否定的な気持ちや，攻撃的な方法での行動に向かう傾向を引き起こすかもしれない。しかし，もしあなたにぶつかってきた人が目の不自由な人だったということがわかったら，あなたの攻撃的な傾向は，罪悪感によって置き換えられるだろう。

バーコウィッツ（1989）の理論によれば，フラストレーションの状況は，嫌な出来事の一つの例である（しかし唯一ではない）。同様に，攻撃的な方法で振る舞うことは，フラストレーションに対する幾つかの反応のうちのたった一つでしかない。この理論はもとのフラストレーション－攻撃仮説に比べて厳密ではない。しかしながら，認知的新連合理論はフラストレーション－攻撃仮説よりも理にかなっていて，現在知られている実験結果とより一致している。

評　価

フラストレーション－攻撃仮説は，状況のうちの一つ（たとえば，フラストレーションの状況）が攻撃を引き起こすと考える，比較行動学のアプローチの発展型である。フラストレーション－攻撃仮説は，バーコウィッツの認知的新連合のアプローチによって，より妥

当な理論に変化した。彼は攻撃的手掛かりの重要性と，フラストレーションに対して起こりうる反応の多様性を強調した。

否定的な面としては，フラストレーション-攻撃仮説は単純化されすぎている。攻撃は，正当なフラストレーションよりも，不当なフラストレーションへの反応の中でより多く引き起こされる。戦争時にみられるように，攻撃は常にフラストレーションによって引き起こされるというわけではない。

否定的感情逃避モデル

バロン（Baron, 1977）の否定的感情逃避モデル（negative affect escape model）によれば，不愉快な刺激（たとえば騒音，熱）は，多くの場合，攻撃行動を増加させる。なぜなら，攻撃行動は，否定的な感情を減らす方法を供給するからである。しかし，不愉快な刺激が非常に強い場合は，しばしば攻撃行動が減り，人々は逃避しようとするか，単に受動的になろうとする。

バロンとベル（Baron & Bell, 1976）は，否定的感情逃避モデルを支持する結果を見出した。彼らは，研究協力者がどのように進んで他の人に電気ショックを与えるかということを検討することによって，攻撃における温度の効果を研究した。気温が華氏92度から95度（摂氏33度から35度）の間になると，怒りの程度は増加した。しかし，極端に暑くなると，ある研究協力者に対して否定的な評価をもたらした他の研究協力者に対する攻撃の程度は減少した。これらの状態では，研究協力者に非常に強いストレスがかかっている。もしある研究協力者が他の研究協力者に電気ショックを与えたら，研究協力者は他の研究協力者の怒りという反応に対処しなければならず，さらなるストレスに対処できない気持ちになっただろう。

極端に暑くなると攻撃行動は減少する，という考え方を支持しない実験結果もある。アンダーソン（Anderson, 1989）は，襲撃・強姦・殺人，といったさまざまな形の攻撃行動における温度の効果について検討した。これらの攻撃的行為のすべてにおいて，温度が上がるにつれて，攻撃行動の着実な増加がみられ，極端な暑さによる減少はまったくみられなかった。

評　価

なぜ，実生活の状況からのデータは仮説を支持しないのに，モデルの実験室実験は仮説を支持する傾向があるのか，ということの理由はわからない。一つの可能性として挙げられることは，実生活よりも，実験室内での方が，不愉快な刺激から逃避するのが簡単だからかもしれない，ということである。もう一つの可能性は，実生活での怒りの刺激が，実験室内のものよりも強いということである。結果として，熱や騒音によって作られる高いレベルの否定的感情は，実生活においては，攻撃行動を引き起こす傾向がより強いのかもしれない。

否定的感情逃避モデルと前述の否定的状況解放モデルとを比較せよ。

実験室の中で電気ショックを使うことは，実生活の中で起こることをモデル化する効果的な方法だろうか？

興奮転移理論

ジルマン（Zillmann，たとえば1979）は興奮転移理論（excitation transfer theory）を提唱した。それによれば，ある刺激によって引き起こされた覚醒は，転移して第二の刺激によって作られた覚醒につけ加わる。第二の刺激に対する情動的な反応が確定されるにあたって重要なことは，転移された覚醒がどのような方法で解釈されたか，ということである。たとえば，たいへん暑い日にある人があなたを侮辱した，と想定してみよう。普通ならあなたはその侮辱を無視したかもしれない。しかし，天候によってあなたは覚醒し，あなたはより攻撃的になるかもしれない。ところがこの理論によれば，攻撃は，覚醒した状態の原因が，気温ではなく侮辱されたことに帰属させられたときにのみ起こるべきものである。ある人の覚醒のレベルに与えられる解釈が重要だという考え方は，シャクターとシンガー（Schachter & Singer, 1962）の情動の二要因理論（第6章参照）の理論的アプローチと似ている。

写真のような状況において，攻撃の増加はみられるだろうか？

図 22-17

興奮転移理論に何が含まれているのかということを考える最もよい方法は，興奮転移の実験の事例について考えることである。ジルマンら（Zillmann, Johnson & Day, 1974）の研究では，男性の研究協力者はサクラによって，憤慨させられた。研究協力者のうち半数は，6分間休憩し，その後90秒間サイクリングマシンのペダルをこぐ一方で，残りの半数の研究協力者は，先にペダルをこいで，その後休憩した。その直後に，すべての研究協力者は，彼らを憤慨させた人に対してショックを与えるレベルを選ぶ機会を与えられた。

何が起こっただろうか？　ジルマンらは，サイクリングが終わった直後の研究協力者は，彼らの覚醒をサイクリングに原因帰属させ，憤慨させた人に対しては攻撃的に振る舞わないだろうと予想した。それとは対照的に，6分間休憩し終えた直後の人は，覚醒を憤慨したことに原因帰属させ，憤慨させた人に強い電気ショックを与えることによって，攻撃的に振る舞うだろうと予想した。結果は，予想通りとなった。

> **キー研究評価―ジルマン**
>
> 多くの社会心理学の実験と同様に，ジルマンの研究は幾つかの倫理的問題を引き起こした。もし研究協力者が実験の本当の性質を知らなかったら，研究協力者は実験に参加することに関して事前に同意しただろうか？　もし研究協力者が事前に実験者の本当の意図を知っていたら，実験を遂行することはできただろうか？　より攻撃的に振る舞った人や，強い「電気ショック」を与えようとしていた人は，おそらくは歓迎されはしないであろうこの自己意識に向き合わねばならないという問題を後でもったのだろうか？

議論のポイント
1. 興奮転移は日常生活の中でしばしば起こるだろうか？
2. 覚醒の原因についての人々の帰属を操作できるような方法について考察せよ。

評　　価

興奮転移理論で予測されるような形で，本人が説明できない覚醒

によって怒りや攻撃が増加することがある。しかし，理論にはかなり限界がある。実生活の中では，私たちは**なぜ**自分が覚醒させられているかたいていの場合わかっており，そのような状況には理論は当てはまらない。

社会的学習理論

攻撃行動に関して最も影響を与えたアプローチは，アルバート・バンデューラ（たとえば1973）によって提唱された社会的学習理論である。このアプローチによれば，ほとんどの行動（攻撃行動を含む）は学習される。バンデューラ（1973）は次のように述べる。

> 攻撃行動がとる特定の型や，それがあらわになる頻度，あるいは攻撃対象として選ばれた特定のターゲット，といったものは，社会的学習という要因によって大部分が規定される。

バンデューラ

バンデューラの理論によれば，観察学習，あるいはモデリングは，攻撃行動を引き起こすにあたって非常に重要である。**観察学習**（observational learning）とは他の人の行動を手本にしたり模倣したりする学習の型のことである。バンデューラら（Bandura, Ross & Ross, 1963）は観察学習とモデリングについての古典的研究を行った。幼い子供たちが2種類の映像のうちのどちらか一つを見せられた。一方の映像は女性の大人のモデルが「ボボ人形」に対して攻撃的に振る舞う様子を示した。もう一方の映像は大人のモデルの攻撃的でない行動を示した。モデルが攻撃的に振る舞ったのを見た子供たちは，攻撃的でないモデルを見た子供たちよりも，ボボ人形に対して多く襲いかかる傾向があった。

バンデューラ（1965）は，ボボ人形に対する攻撃行動についての他の研究も行った。第一のグループは，ボボ人形を蹴ったり殴ったりする大人のモデルの映像を単に見た。第二のグループは，大人のモデルが演じる同じ行動を見たが，この映像では，モデルはお菓子と飲み物をもらうことによって，攻撃行動に対して他の大人から報酬を得た。第三のグループは同じように攻撃行動を見たが，これからは攻撃的にならないように警告する他の大人によって，モデルは罰せられた。

モデルが報酬を受けた映像を見た子供たちや，報酬も罰も受けなかった映像を見た子供たちは，モデルが罰せられた映像を見た子供よりも，ボボ人形に対してより攻撃的に振る舞った。確かに，モデルが罰せられた映像を見た子供たちは，他のグループの子供よりも，モデルの行動についてあまりよく覚えていなかった，と主張することも可能かもしれない。しかし，そうではないということがバンデューラによって示された。覚えている限りモデルの攻撃的な行動をまねると報酬がもらえるようにしたところ，これら三つのグループの子供たちは，皆同様にモデルの攻撃的な行動を再現

キー用語
観察学習：バンデューラによって強調された，モデルの行為を観察し，まねることに依拠した学習の形式。

バンデューラの研究では，モデルは映像の中に現れた。このようなメディアの中のもの以外で，子供たちは普段どのようなモデルに接しているだろうか？

キー研究評価―バンデューラ

バンデューラの古典的なボボ人形の実験で，バンデューラは大人のモデルの行動をコントロールした。バンデューラは，ハンマーで人形を殴ったり，「パーン！ ブーン！」と言いながら人形を宙に投げるといった奇抜な行動をとった。これらの行動は，子供たちが自発的にこのような行動をとることはないだろう，という理由で選ばれた。したがって，これらの行動が現れれば，研究者は，子供たちが大人のモデルをまねしているということに，かなりの確信をもつことができた。

図 22-18　大人の"モデル"と子供たちが，ボボ人形に襲いかかる。

できたのである。このように，この三つのグループの子供たちは，同じように観察学習を行ったが，モデルが罰せられたのを見た子供たちは，自分たちが学習したことを自分自身の行動にはあまり適用しなかったのである。

議論のポイント
1. バンデューラによる有名な研究の限界は何であろうか？（「評価」を参照）
2. 攻撃行動を作り出すことに関して，観察学習はどの程度重要だろうか？

評　価

　バンデューラの社会的学習理論は，重要なものである。攻撃行動の大半は，学習され，観察学習とモデリングがしばしば含まれる。暴力的番組を見る子供は，攻撃的な方法で振る舞う傾向にあるということが発見されてきた。これらの研究（本章で後に議論される）は社会的学習理論に一致する。
　社会的学習理論の成功にもかかわらず，子供たちが行動のモデルをまねする範囲を，バンデューラは過大視している，ということも根拠をもって主張されている。子供たちは人形に対する攻撃行動を大変よくまねするが，他の子供に対する攻撃行動はそれほどまねしない。バンデューラは一貫して実際の攻撃と遊びの取っ組み合いの区別に失敗しており，バンデューラによって観察された攻撃行動のほとんどは遊びの取っ組み合いにすぎなかったようである（ダーキン Durkin, 1995）。ボボ人形は，おもりの入った土台があって，打ち倒しても戻ってくる弾力があるので，小さな子供たちの興味を引く。ボボ人形がもつ，物珍しさという価値は，その効果を決定する上で重要である。カンバーバッチ（Cumberbatch, 1990）は，その人形に慣れていない子供は，それ以前にその人形で遊んだことのある子供よりも，5倍ほど人形に対する攻撃行動をまねする傾向がある，ということを報告した。最後に，その研究が何についてのものなのかと

いうことを解くために研究協力者が使う手掛かりである**要求特性**（demand characteristics）がある。ダーキン（1995, p.406）は次のように指摘した。

> 日常生活の中で，5歳の子供に，力強い大人が実際に模型をこてんぱんにやっつけるのを見せて，さらにその子自身にそれをやらせる機会を与える，というようなことが，他のどこにあろうか？

キー用語
要求特性：研究協力者が，何についての研究なのかを知ろうとして用いる手掛かり。

バンデューラのアプローチは範囲が限られている。攻撃行動は観察学習にのみ依存するわけではない。観察学習以外に，人々の内的な感情の状態，その場の状況の解釈，そして，彼らのパーソナリティといった他の重要な要素を考慮する必要がある。

社会構成主義

私たちがこれまでにみてきた攻撃の理論の多くは，ある人が攻撃的な方法で振る舞っているかどうかはかなり簡単に決定できる，という仮定のうえに成り立っていた。しかしながら，ガーゲン（Gergen, 1997）などの社会構成主義に依拠する研究者は，問題はそれよりももっと複雑だと主張した。社会構成主義に依拠する研究者によれば，私たちは，私たちの周りの世界に対して（主観的な）解釈を行い，現実を構成しているのである。人々が出来事を違った形で解釈していることの例を，ほとんどすべてのサッカーの試合にみることができる。一方のチームのサポーターにとっては，退場処分を受けるような意地悪なファウルであるようなタックルは，他方のチームのサポーターにとっては完全にフェアなものとみなされる。

攻撃に対して適用されるときの社会構成主義のアプローチは，多くの前提のうえに成り立っている。

図22-19 一方のチームにとって，これはファウルにみえるが，もう一方のチームにとっては正当なディフェンスの作戦である。

1. 攻撃行動は社会的行動の一つの形であり，単なる怒りの表現ではない。ガーゲン（1997, p.124）によれば，「（怒りの）感情的表現は，民族舞踊などと同じく，広い意味での相互のやりとりの型」である。
2. 攻撃的・非攻撃的といった，他人の行動に対する私たちの解釈や現実の構成は，私たちの信念や知識に依存している。
3. 攻撃的あるいは非攻撃的に振る舞うという私たちの決定は，自分に対する他人の行動を私たちがどのように解釈するかということに依存している。

第一の前提は，ある人が他の人に怒らされた後，しばらく経ってから，怒った人がその人に対して攻撃的に行動する，という多くの事例によって支持されている。たとえば，かつて教師が学生を棒で叩いていた頃（ありがたいことに過去だ！），学生が悪いことをした日の数日後に，教師が学生を叩くのは珍しくなかっただろう。

第二の前提は，ブルーメンソールら（Blumenthal *et al.*, 1972）の研究によって支持されている。彼らは，学生デモが行われている最中における警察に対するアメリカ人男性の態度と，学生の行動について研究を行った。警察に対して否定的な態度をとる学生は，学生の座り込みや他の活動を非暴力的とみなしたのに対して，警察の行動を暴力的と判定した。それとは対照的に，警察に対して肯定的な態度をとる人は，学生に対する警察の攻撃や小型武器の使用を暴力とみなさなかったのに対して，学生の座り込みは逮捕されるにふさわしい暴力的行為であると非難した。

　ブルーメンソールらによる研究は，攻撃性は単なる写実的な概念ではないということを示している。攻撃も価値的な概念である。なぜなら，ある人が攻撃的に振る舞っている，という私たちの判断は，私たちがその人の行動に対してなす社会的な構成に依存するからである。ある人が攻撃的に振る舞っているかどうかということを，私たちはどのようにして判断しているのだろうか？　ファーガソンとルール（Ferguson & Rule, 1983）によれば，主に三つの規準がある。

- 実際の危害
- 危害を加えようとする意図
- 規範を犯すこと，ある行動が規則違反で社会の規範に背くと捉えられるとき

　返報性の規範は，ある行為が攻撃的であるかどうかを判断するにあたってきわめて重要である。**返報性の規範**（norm of reciprocity）によれば，もしある人があなたに対して何かをしたら，あなたがそれと同じような方法で振る舞うことが正当化される。返報性の規範が攻撃行動に適用されるという実験結果がブラウンとテデシ（Brown & Tedeschi, 1976）によって報告された。敵対的な行動を起こす人は，攻撃的で不公正であるとみなされる。それとは対照的に，ある人に怒らされた後に他の人を攻撃した人は，公正で非攻撃的に振る舞っているとみなされる。

　社会構成主義のアプローチの第三の前提，すなわち，私たちは，ある人の行動に対する自分の解釈に基づいて，その人に対して攻撃的に振る舞うかどうかを決める，という前提は，大渕と神原（Ohbuchi & Kambara, 1985）による研究が支持している。彼らは，人々が自分たちに対して危害が加えられたときにどのように反応するかということについて研究を行った。人々は，相手が意図的に自分を傷つけようとしたと確信したときの方が，相手が自分に痛みを与えたということを実感していないと考えたときよりも，より多く仕返しする傾向があった。

　実生活の状況において，第三の前提を支持する実験結果がマーシュら（Marsh *et al.*, 1978）によって報告された。彼らは学校の中における学生の暴力的攻撃について研究し，これらの攻撃は，ランダムに起こるのでもなければ，自然発生するものでもないということを

どちらの側の人が支持しているかによって違った方法で解釈されるような最近のニュースを思い浮かべることができるだろうか？

返報性の規範が当てはまらないような状況の例はあるだろうか？

キー用語
返報性の規範：ある人が，他人を脅かすような方法で，第三者を脅かすことが正当化されるような文化的な蓋然性。

発見した。一般に，攻撃は実力のない教師のいるクラスで起こる。それは，実力のない教師の存在は，学校当局が生徒に対して見切りをつけたサインだとして解釈するからである。この解釈は（間違った解釈であるが），怒りと攻撃を生み出す。

評　価

　社会構成主義のアプローチで最も価値のある側面の一つは，状況や人々の行動に対する私たちの解釈や社会的構成が私たちの反応を決定する，という考え方である。そのような解釈や社会的構成といったものは私たちの態度や信念に依存している。それゆえ，私たちは社会的状況の中で実際に何が起こったのかということと，起こったことがどのように受け止められ，解釈されたのかということを区別する必要がある。

　否定的な側面をみれば，社会構成主義に依拠する研究者は，人によって起こったことに対する社会的構成が違うということを過大視しているようである。ある人が攻撃的に振る舞っているということにほとんどすべての人が，同意する多くの事例がある。たとえば，もし，無防備なおばあさんが突然強盗に襲われ，ハンドバッグを盗まれたらどうだろうか。ガーゲンなど社会構成主義に依拠する研究者は，客観的事実というものはまったく存在しないとまで主張する。ガーゲンは次のように述べる（1997, p.119）。

　　研究上の発見は，それらが解釈されて初めて意味をもつが，その解釈は何も発見されたこと自体によって，導かれるものではない。解釈はコミュニティの中での交渉のプロセスによって帰結するのだ。

　多くの心理学者は，私たちの社会的構成を限定し束縛する，客観的真実の存在を前提としている。もしこの前提が間違っているとしたら，社会的構成が妥当なのか妥当でないのかを決定する方法がない。その場合，おそらく人間の行動に対する科学的アプローチは失敗する運命にあるだろう（第28章参照）。社会構成主義に依拠する研究者の多くはこの結論を受け入れるようである。バー（Burr, 1997, p.10）は次のように述べている。

　　（社会構成主義にとっての）よい研究の基準は，それが人々についての真実を記述しているかどうかということではなく，それが彼らに

図22-20　ロード・レイジ（Road Rage, 運転中に突然怒り出すこと）は，一方の運転手が，相手がわざと攻撃的に振る舞っている，と決めつけたときに起こるのかもしれない。実際，見かけ上攻撃的な運転手であっても，実は道に迷っていたり，間違ったレーンを走っていたり，不慣れな車を運転していたり，乗客との口論の最中だったのかもしれない。もしそうであるのなら，一見攻撃的に見える行動は，実は意図的なものではまったくないということになる。

対して新たな可能性を与えるかどうか（力を供給しているかどうか）ということである。このように，心理学という科学の根本原理としての客観性を捨て去ることは，社会構成主義によって賛美されるものである。

攻撃行動の低減と，コントロール

強盗・強姦・その他の暴力犯罪といった犯罪の数は2〜3年前に比べてより一般的になっているという事実がある。このことは，攻撃行動を減らし，コントロールする効果的な方法を見つけることがきわめて重要であるということを意味する。ここからは，これまでに提案されてきた解決方法のうちの幾つかを考察する。

カタルシス

フロイトの精神力動の理論によれば，攻撃のエネルギーは，行動の中でそれが解き放たれるまで，人々の中で高まる。これによれば，人々が暴力的になるレベルまで攻撃的エネルギーが増加することを許すよりは，害を及ぼさないように攻撃的に振る舞う方法（たとえば，スポーツをする）を見つけることが人々にとってよいということになる。この見方はカタルシス（「うっぷん晴らし」）仮説として知られる。

多くの根拠はカタルシス仮説を支持しない。それどころか，その仮説によって予想されるものとはまったく正反対の多くの発見がある。ウォルターズとブラウン（Walters & Brown, 1963）は数人の子供たちに，彼らの攻撃性を減少させるために，ふくらませることの可能な人形をぶったり蹴ったり殴ったりすることを許し，他の子供たちにはそうすることを許さなかった。その後，人形に対して攻撃を加えた子供は，他の子供よりも，同級生に対して攻撃的に振る舞う傾向があった。

マリックとマキャンドレス（Mallick & McCandless, 1966）は，カタルシスを起こすのに失敗した他の例を報告した。9歳の男の子からなる二つのグループが，賞をとるために煉瓦の家を建てることを頼まれた。一つのグループは，じゃまする子によって煉瓦の家を建てることを妨げられ，一方のグループはじゃまされなかった。すると，男の子たちのうちの何人かは，人間や動物をかたどった標的を叩いた。これはカタルシスを生み出すかもしれないと期待された。最後に，その男の子たち全員がじゃました男の子に電気ショックを与える機会を与えられた（実際には何のショックも与えられない）。標的を叩くことは，ショックを与えるという点に関しては，攻撃行動に何の効果もなかった。

攻撃と両立しない別の反応

バロン（1977）は，怒りと攻撃行動は攻撃と両立しない別の気持ちや反応を作り出すように個人を促すことで減らすことができると主張した。彼は，研究協力者が自家用車を運転する人を信号機が青

攻撃性の安全な解放の仕方には，スポーツをすることの他に，どんなものがあるだろうか？

暴力映画やボクシングの試合を見ることはカタルシス（攻撃の気持ちの解放）になるだろうか？

倫理的問題：今日において，マリックとマキャンドレスの実験は倫理的だと考えられるだろうか？

になった後で，15秒間止まらせて，怒らせるという実験によって，この考え方の有用性を示した。通常の状況では，90％の運転者が警笛を鳴らした。しかし，女性の研究協力者がピエロのマスクをかぶって道路を横切ったときは，50％の運転者しか警笛を鳴らさず，女性の研究協力者が露出度のきわめて高い服を着て道を横切ったときは，その数字が47％まで低下した。

確かに，攻撃と両立しない別の反応をするようにし向けることによって攻撃行動を減らせる場合もあるかもしれない。しかし，このアプローチは，人が信号で待たされるときのような小さな怒りを経験しているときに有効なようである。ひょっとしたら，パートナーが不倫をしたかもしれない，というときのような極端な怒りの中にある場合は，効果的でないだろう。

罰

人々の行動を変える方法としての罰の効果については多くの議論がある。パターソン（Patterson, 1982）は最も周到な研究の一つによって，罰は子供の攻撃を減少させることにおいては，まったく効果的ではないということを見出した。彼は3歳から13歳の非常に攻撃的な少年の家庭で何が起こったのかということを調査した。同様に，攻撃的でない少年たちの家庭で何が起こったのかということも調査した。罰と親の攻撃は，攻撃的な少年たちの家庭でしばしばみられた。攻撃的な少年の親たちは，子供たちがよい行動をしているときでさえも，攻撃的でない子供たちの親よりも，彼らの子供を頻繁に罰した。

パターソンが，このような発見をした理由は，主に二つある。第一に，よく罰する親をもつ少年は，社会的学習理論から推定される方法によって，彼らの親の攻撃行動をモデルにしている。第二に，行動が悪くて攻撃的な少年をもつ親は，非攻撃的な少年の親よりもその子をより罰する傾向がある。

図 22-21 このような状況では，どんな罰が効果的だろうか？

議論のポイント
1. なぜ攻撃行動を減らすのに罰はしばしば効果的ではないのか？
2. どんな状況ならば罰は攻撃を減少させるのか？（次を参照）

バロン（1973）は，人々が，強くというよりもむしろ，穏やかに怒らされたときに，罰の恐怖が攻撃性を減らすのにより効果的であるということを発見した。彼は男子学生たちに対して，男子学生を穏やかに，または強く怒らせた他人に電気ショックを与えることを許した。男子学生には，電気ショックを与える前に，低・中・高のそれぞれの確率で，後でこの他人から電気ショックの仕返しをされ

る可能性があるかもしれない，ということを告げた。穏やかに怒らされた男子学生は，仕返しされる確率が高いと考えたときは，確率が低いと考えたときよりも，弱い電気ショックを与えた。それとは対照的に，強く怒らされた男子学生は，彼らに電気ショックを与え返される可能性にかかわらず，相当強い電気ショックを与えた。

　一般的に言って，この実験結果は，罰はあるときは非常に効果的で，あるときはまったく効果的ではないということを示している。バロン（1977）は，攻撃行動を減らす罰の条件の幾つかを同定した。

1. 攻撃行動と罰の間隔が非常に短いこと。
2. 罰が比較的強いこと。
3. 罰が首尾一貫したものであり，かつ予測可能なように適用されること。
4. 罰を与える人が攻撃のモデルとみられないようにすること。
5. 罰を受ける人がなぜ罰せられているのかということをはっきり理解するようにすること。

バロンの五つの要求に基づくと，子供の攻撃行動を処罰することに関して親にどのようにアドバイスができるだろうか？

モデリング

　私たちはこの章の前半で，他人が攻撃的な方法で振る舞っているのを個人に見せると攻撃行動が増加するということをみてきた。バンデューラ（1973）によれば，これは他の人の行為をまねたりモデルにしたりする一般的な傾向の一つの例である。もしそうであるならば，非攻撃的なモデルは攻撃行動を減少させるはずである。このことはバロンとケプナー（Baron & Kepner, 1970）によって発見された。研究協力者は，攻撃的あるいは非攻撃的な方法で学習者に対して振る舞う，教師役の人を見た。研究協力者が教師役を演じる番になると，研究協力者は自分が観察した攻撃的あるいは非攻撃的な方法をまねた。もともと，バンデューラは本当の攻撃と戦うまねをすることをはっきりとは区別しておらず，子供たちのいわゆる攻撃行動のほとんどは，実際は単なる戦うまねであったようである（ダーキン, 1995）。

　もちろん，人々はしばしば他人，特にその自分自身に似ているような他人の行動をまねたり，モデルにしたりする。しかし，成功している行動は，成功していない行動よりも，よりまねされる傾向がある。たとえば，もしモデルが非攻撃的に振る舞ったことに対して報酬が与えられなければ，それを見る人はその人の行動をまねしないだろう。モデリングアプローチに伴う一つの限界は，モデリングはそれを見る人にある特定の状況において，ある特定の行動の方法を教えるということである。結果として，新しい状況では，適切な非攻撃行動をとらない。

社会的スキルのトレーニング

　人々はしばしば，社会的状況を非攻撃的な方法で対処することが可能となるような社会的スキルをもっていないがゆえに，攻撃的に

振る舞う。たとえば，謝罪を申し出ることは他の人の敵意を減少させ，最初から争うことを防ぐことができる。グェルラとスラビー（Guerra & Slaby, 1990）は罪を犯した少年少女に対して12セッションからなる社会的スキルのトレーニングを行った。このトレーニングは，非攻撃的な行動のロールプレイ，他人に対する向社会的行動のモデリング，あるいは，争いを解決する非攻撃的な方法，といった，さまざまな活動を含んでいる。トレーニングは成功し，この少年少女らの行動は目立って攻撃的ではなくなり，また，攻撃の有用性をあまり強くは信じないようになった。

図22-22 攻撃に対して攻撃で対抗しなければ，戦いは避けることができるかもしれない。

ザハヴィとアシャー（Zahavi & Asher, 1978）は，攻撃的でない子供が他人の気持ちや考えに注目するのに対して，攻撃的な子供は，他人が自分に対して行った間違った行為に注目する傾向がある，ということを主張した。言い換えれば，攻撃的でない子供は，他の人に対する共感や理解をより多くもっているということである。ザハヴィとアシャーは，悪い行動をする就学前の男の子がより共感的になるように意図して社会的スキルのトレーニングの型を開発した。男の子たちには，攻撃はしばしば他の人々を傷つけ，怒りを引き起こし，他の人々を不幸せにする，ということを教えた。この社会的スキルのトレーニングは，攻撃行動を大きく減少させ，望ましい行動を大きく増加させた。

■やってみよう：以下のそれぞれの状況について表を作ってみよう。 （a）監獄 （b）教室 （c）サッカー場の雑踏	アプローチ	攻撃行動を減らす方法
	カタルシス	
	両立しない別の反応	
	罰	
	モデリング	
	社会的スキルのトレーニング	

行動におけるメディアの影響

西洋社会に暮らす16歳の人はおおよそ13,000にも及ぶ暴力的殺人事件をテレビで見たと推計されている。彼らの行動に対してテレビ

が何らかの影響を与えていると推測するのは理にかなったことであろう。確かに，子供たちが見るテレビの暴力の数と子供たちの行動の攻撃性との間には，明白な関係がある。しかし，そのような相互関係の根拠を解釈するのは容易ではない。暴力的な番組を見ることによって，攻撃行動が引き起こされるのかもしれない。一方で，攻撃的でない子供よりも攻撃的な子供の方が暴力的な番組を多く見るということも自然なことかもしれない。

身体的暴力と言語的暴力

より徹底した研究の一つが，ライエンズら（Leyens et al., 1975）によって報告された。研究協力者は少年事件を犯したベルギーの少年たちである。子供たちは四つの寄宿舎に分かれて住んだ。そのうちの二つには攻撃行動のレベルの高い少年たちが住み，残りの二つは攻撃行動のレベルが低い少年たちが住んだ。特別な「映画週間」を通じて，二つの寄宿舎の少年たち（一方は攻撃性が高く，もう一方は攻撃性が低い）は暴力的な映画だけを見た。一方，他の二つの寄宿舎に住む少年たちは，非暴力的な映画だけを見た。

暴力的な映画を見た少年たちの間では，身体的攻撃のレベルの増加がみられたが，非暴力的な映画を見た少年たちは，そうはならなかった。言語的暴力についての結果はより複雑である。暴力的な映画を見た少年のうち，攻撃性の高い寄宿舎にいる少年たちの間では言語的暴力が増加したが，暴力的な映画を見た少年のうち，攻撃性が高くない寄宿舎にいる少年らの間では，言語的暴力は減少した。最後の発見は，暴力的な映画の攻撃性に対する効果は，映画を見た直後の方が，映画を見てしばらく経ってからよりも強いということである。この研究の限界は，実際の攻撃と，見かけ上の攻撃の区別がはっきりしていないという点にある。

長期的研究

エロン（Eron, 1982）とヒュースマンら（Huesmann, Lagerspit & Eron, 1984）は，重要な長期的研究を報告した。はじめに，何人かの小さい子供たちについて，テレビを見た量と攻撃性のレベルを評定した。そして，数年経

倫理的問題：ライエンズらの研究には倫理的問題は含まれているだろうか？

図22-23 映画やテレビの中で描かれた暴力が暴力行動を導くかどうかという問いはしばしば議論され，オリバー・ストーン監督の「ナチュラル・ボーン・キラーズ」をめぐって熱い議論が行われた。この映画そのものは，暴力に焦点を当てるメディアと，暴力がいかに美化されているかということに着目している。

> **ケーススタディ：映画の暴力**
> 　『ナチュラル・ボーン・キラーズ』は1994年に公開されて以来，物議をかもし，強烈な暴力を見ることが，人の心にどのような影響を与えるのか，ということについての長い議論を巻き起こしてきた。映画では，殺しに浮かれ騒ぎながらアメリカを横断し，52人の命をランダムに奪う，ミッキーとマロリー・ノックスという若いカップルに沿ってストーリーが進行する。犯した罪に対する彼らの浮わついた態度が，メディアによってエキサイティングでスリリングなものとして描かれ，結果として，彼らの残忍な行動は彼らを偶像視する若くて感受性の強い世代の心を捉えた。冷血な殺人者を崇拝する，という考えはありえないもののようにみえるが，フィクションであるミッキーとマロリー・ノックスに対する反応と実際の殺人者との間の驚くべき類似性が明らかにされてきた。『ナチュラル・ボーン・キラーズ』は，少なくとも実際に起きた12の殺人事件と結びついている。その中には，犯罪のインスピレーションを与えたとして被告側が映画に責任を負わせたフランスでの2件も含まれている。
>
> 　フランスの裁判所は，1998年10月，銃を撃って5人を死亡させたフロランス・レイを懲役20年に処した。彼女は銃撃戦の中で殺されたボーイフレンドであるオードリー・モーパンとともに犯行に加わった。銃撃戦の際にボーイフレンドとレイが共有していたアパートの中から映画の宣伝資料が見つかった。マスコミはこの事件に飛びつき，2人組を「フランスのナチュラル・ボーン・キラーズ」と呼んだ。映画の中のように，殺人犯らの俗悪さは消えてなくなり，魅惑的でスリリングな反逆者のイメージに置き換えられた。ほどなく，若いパリの市民たちは有罪判決を受けた女性の写真が描かれたTシャツを着た。このことは初めて実生活の中の殺人者が偶像化（アイドル化）されたものであった。
>
> 　犠牲者を罠におびき寄せて刺し殺した，ヴェロニク・エルベルとボーイフレンドのセバスティアン・パンダヴォアヌのケースでは，映画と殺人者の間により強い結びつきがみられた。襲撃に対する動機はなく，エルベルは責任を『ナチュラル・ボーン・キラーズ』に負わせた。彼女は，「映画が私の気持ちにぴったり合った。おそらく私は夢と現実をごちゃ混ぜにしてしまったのだ。それが魔法によるものであるかのように，私はある人を消したいと思った……。殺そうという考えが私の中になだれ込んできた」。そういった証言が明るみに出た中で，誰が『ナチュラル・ボーン・キラーズ』で描かれた暴力のタイプとエルベルとパンダヴォアヌの身の毛のよだつような行為の間の結びつきを否定できるだろうか？
>
> 　映画とそれに続いて起こる殺人は，スクリーンの中の暴力がすぐに路上の暴力へと変わるということの決定的な証拠だ，と検閲に賛成のロビイストは言う。空想の世界の中では，登場人物が彼らの行為の結果とともに生きる必要がないので，殺人のイメージは，現実のものになりうる。映画に対するこのような申し立てが退けられることはないだろうし，内容を取り巻く議論はミッキーとマロリーと現実の殺人者の間の類似性によって支持されている。しかしながら，『ナチュラル・ボーン・キラーズ』は血に飢えたメディアとアメリカ社会を風刺することを意図したものであり，すべての暴力行為に対して，責任を負うべきは映画そのものではなく社会だと主張し，検閲に反対する議論もある。

ってから，同じ研究協力者の攻撃性とテレビを見た量を再度評定した。主要な発見の一つは，小さい頃にテレビの中での暴力を見た量によって，後の攻撃性が予測できる，ということである（攻撃性は30歳の時点で受けた有罪判決の数で測定された）。このことはテレビの中の暴力を見ることが攻撃行動の原因の一つであることを示唆する。加えて，小さいときに攻撃的だった子供は数年後，暴力的なテレビ番組をより多く見る傾向にある，という調査結果がある。このことは攻撃的な個人ほど暴力的なテレビ番組を多く見るということを示唆する。

テレビがないということ

　ここまでは，私たちはテレビの中での暴力が攻撃性を増加させるという研究についてのみ考えてきた。しかし，攻撃性において，テレビの影響はないということを見出した研究もある。きわめて興味深いのは，1950年代前半にアメリカで得られた調査結果である。1949年の終わりから1952年の中頃まで，連邦通信委員会は新しいテレビのライセンスを発行することを拒否した。結果として，アメリカの一部の地域では，他の地域に比べて2〜3年遅れてテレビが届くことになった。連邦捜査局の犯罪統計によれば，テレビをもって

いなかった地域よりもテレビをもっていた地域の方が，暴力犯罪が多い，ということはみられなかった。そのうえ，ある地域へのテレビの導入は暴力犯罪の増加を引き起こさなかった。しかし，テレビの導入に続いて，窃盗が増加した（ヘンニガンら Hennigan et al., 1982）。このことが起こったのは，テレビコマーシャルが，多くの人々を物の所有に駆りたてたからかもしれない。

同様の研究が近年，ナポレオンが人生の最後の2〜3年を過ごしたという史実によって最もよく知られる，南大西洋のセントヘレナ島で行われた。セントヘレナ島の住民は，1995年に初めてテレビを手にした。しかし，子供たちに有害な影響を与えたという調査結果はなかった。チャールトン（Charlton, 1998）は次のように述べる。

> 暴力的なテレビを見ると若者が暴力的になる，という主張は支持されない。セントヘレナ島における研究は，そのことに対するこれまでで最もはっきりした証明である。セントヘレナ島の子供たちはイギリスの子供たちと同じ量の暴力（多くの場合，同じ番組）を見た。しかし，彼らに悪い影響は及ばなかったし，テレビで見たことをそのまままねすることもなかった。

学校で遊ぶ子供たちをビデオで隠し撮りをしたものからなる幾つかの根拠がある。チャールトンは，「その遊び場では事実上，悪い行動はなかったし，私たちの映像の中では，子供たちがテレビで見たものは繰り返されなかった」と報告している。セントヘレナ島の子供たちに対してテレビの暴力が影響することを防いだのは，どのような要因だったのだろうか？ チャールトン（1998）は，「主要なものの一つは，子供たちが安定した家庭・学校・地域の状況にいたことだろう。このことがセントヘレナ島の子供たちがテレビで見たものの影響を受けないようにみえる理由だ」と述べる。

評 価

テレビの暴力が攻撃行動に与える影響を評価するのは困難である。多くの研究は，範囲が限定されており，単一の暴力番組にさらされた行動に対する短期間の影響に焦点を当てているに過ぎない。こういった研究は暴力番組への長期間にわたってさらされたときの長期的な効果については，ほとんど，あるいはまったく何も教えてくれない。テレビの影響がまだ不確定であることは，ガンターとマクアラー（Gunter & McAleer, 1990）によって次のように要約されている。

> テレビの効果の測定は……大変複雑である。……私たちは子供たちの攻撃行動へのテレビの影響の範囲と特徴をすべて知るにはまだほど遠い。

ウッドら（Wood, Wong & Chachere, 1991）は，子供と青年の攻撃

子供たちは，テレビ番組のどんなキャラクターをまねするだろうか？ そのようなまねは常に否定的な効果をもたらすのだろうか？

性におけるメディアの暴力効果に関する28の実験室実験とフィールド実験をレビューした。実験室実験とフィールド実験の双方で，メディアにさらされることによって，新参者，同級生，そして友達に対する攻撃行動が多くなることが明らかになった。一般的に，実験室条件の方がその効果は強かった。

コムストックとパイク（Comstock & Paik, 1991）は，メディアの暴力の効果に関する1000以上の発見をレビューした。一般に，特に小さな攻撃行為において短期的効果は強い。加えて，長期的効果は比較的弱いようである。彼らは，攻撃に関するメディアの暴力の効果を増加させる傾向にある五つの要因があると結論づけた。

コムストックとパイクの五つの要因を念頭に置いたうえで，観衆の攻撃性を刺激したくない映画制作者に対して，どんなアドバイスができるだろうか？

1. 望むものを手に入れるための効果的な方法として暴力行動が提示される。
2. 暴力的に振る舞っている人が視聴者に似ているものとして描かれる。
3. 暴力的行動が，（たとえば風刺漫画のような形ではなく）リアルな方法で提示される。
4. 暴力の被害者の苦しみを見せない。
5. 暴力的行動を見ている間，見ている人が感情的に興奮している。

理論的説明

攻撃が暴力的なテレビ番組を見ることで増加することがあるということについて，どんな理由を挙げることができるだろうか？

図22-24　子供たちは幼い頃に暴力的画像にさらされ，しばしば彼らの遊びの中にそれらを受け入れる。子供たちは，シナリオを演ずるのと，実生活でどのように振る舞うのかということの区別を，どのようにうまく行うのだろうか？

観察学習

バンデューラの社会的学習理論によれば，一つの要因は，社会的学習あるいはモデリングである。私たちはテレビの中で暴力的に振る舞う人を観察することによって，暴力的に振る舞う方法を学び，それに続けてこの行動をまねするのかもしれない。

反応性の減少

フランツォイ（1996）が指摘したように，あまりに多くの暴力の行為をテレビで見ることによって，私たちが暴力行為にだんだん反応しなくなり，感情的に関心をもたなくなる，という可能性もある。トーマスら（Thomas et al., 1977）の研究では，子供たちが二つのグループに分けられ，小さい子供が暴力的に振る舞うビデオテープを見た。このビデオテープに対する子供たちの心理的反応が記録された。ビデオテープを見る直前に暴力をたくさん含むテレビ番組を見た子供たちは，暴力を含まない番組を見た子供たちよりも，生理的

図22-25　かなり小さい子どもでさえ，他の人が悲しそうにみえるときは気遣いを見せる。

に覚醒しなかった。こういった反応の減少は，暴力行動の受容の増加と結びついているのかもしれない。

認知的プライミング

なぜメディアの暴力が攻撃行動を作り出す役割を果たしているのか，ということのもう一つの理由は，**認知的プライミング**である。基本的な考え方は，暴力的なテレビ番組の中で提示される攻撃の手掛かりが，攻撃的な考えや気持ちを導く，というものである。大学生に，暴力的映画（たとえば「フレンチ・コネクション」）を見ている間に自分の考え方を書くように頼んだとき，彼らは数々の攻撃的な考え，怒りの増加，高いレベルの生理的な覚醒を報告した。

認知的プライミングの重要性に関する最も説得力のある証拠のうちの幾つかは，ジョセフソン（Josephson, 1987）によって報告された。狙撃手がウォーキートーキー（無線通信機）を使って互いに交信する銃撃戦という形の暴力を含むテレビ番組を，数人のカナダ人の少年が見せられた。その他の少年は，モトクロスチームについての非暴力的な番組を見せられた。テレビ番組を見た後，すべての少年は室内ホッケーゲームを行った。ゲームが始まる前，審判は，少年たちに，ウォーキートーキーとテープレコーダーのどちらか一方を使って，指示を与えた。暴力的な番組を見て，かつ，ウォーキートーキーで指示を受けた少年たちは，（同じ番組を見て）テープレコーダーで指示を受けた少年らよりも，ホッケーゲームの間，攻撃的だった。したがって，ウォーキートーキーは，攻撃性の認知的プライムあるいは手掛かりとしてはたらいたと言える。

比較文化的差異

メディアの暴力の効果についてのほとんどすべての研究は，アメリカかイギリスで行われてきた。結果として，他の文化の中でこれらの発見が同じなのかどうかということは，実はわからない。幾つかの比較文化的研究がヒュースマンとエロン（Huesmann & Eron, 1986）によって行われた。彼らはフィンランド，イスラエル，ポーランド，オーストラリアにおいて，3年間にわたって子供たちと親たちについて，実験を行った。攻撃性の当初のレベルを統計的にコントロールしたときも，最初の三つの国では，小さい子供たちが見たテレビの暴力の量から，続いて起こる攻撃のレベルが予測できた。しかし，これらの発見はオーストラリアの子供たちにはみられなかった。全体的な発見は，メディアの暴力が多くの国で攻撃行動を増加させるということを示唆した。

攻撃したり，攻撃行動を見たりすると，どんな生理的反応が生み出されるだろうか？

感　想

・私の意見では，愛他性と共感性に関する多くの研究は非常に不自然であり，現実の世界にはこれらの発見は適用できない。たとえば，薬であなたの気持ちを治したり，気持ちが変わるのを防いだりできる，ということをあなたは信じるだろうか？

・集団主義的な社会にいる人々は，個人主義的な社会にいる人々よりも，他の人に対して配慮する，ということについての十分な根拠がある。このことは，集団主義的な社会に住む人は個人主義的な社会に住む人よりも愛他的だということを意味する，と一般的に考えられてきた。しかし，フィーネマンら（1996）は，集団主義的な社会に住む人は個人主義的な社会に住む人よりも他人からの援助をより多く期待する，ということを発見した。結果として，受け取ることを期待する量に比べてほんの少しの援助しか与えないつもりでいる，という点で，集団主義的な社会と個人主義的な社会は似ている。このことが集団主義的な社会に住む人が本当に愛他的だというわけで**は**ないということを意味するのかどうか，というのは興味深い問いである。

要　約
愛他性と共感性
　共感性が成長することは，子供たちの向社会的な行動の発達の主要な要素であるようだ。共感性－愛他性仮説によれば，大人の愛他的，あるいは非自己中心的な行動は，おおよそ共感性によって動機づけられている。しかし，人々が，罪悪感や他人からの非難を避けるためではなく，愛他的な理由で他人を助けるのかどうかはほとんどわからない。否定的状況解放モデルによれば，人々が被害者を助けるのは，共感できる環境によって作られる悲しみを減少させたいからである。一般に，産業化社会の子供たちは非産業化社会の子供に比べて行動が愛他的ではない。愛他的行動は，観察学習によって，あるいは援助に対して報酬が与えられることによって，助長される。

傍観者介入
　多くの傍観者がいる場合には，責任が拡散するので，傍観者はしばしば被害者を助けることを減少させる傾向がある。傍観者が助ける機会も，その状況を彼らがどのように解釈するか，被害者の特性，彼らの熟達化とパーソナリティ，知覚された傍観者と被害者の間の類似性，そして傍観者が非常事態の直前に関わっていた活動の重要性に依存する。一般に，傍観者が被害者を助けるかどうかは，助けることと助けないことの報酬とコストに依存する。

攻　撃
　フラストレーション－攻撃仮説によれば，フラストレーションは常に攻撃を作り出し，攻撃は常にフラストレーションに依存する。この仮説は，単純すぎるので，バーコウィッツによって修正されている。彼は嫌な，あるいは不愉快な出来事が，攻撃や戦いに対する傾向を呼び覚ます否定的な感

図 22-26

情を起こすと主張した。私たちがどのように振る舞うかということは，状況に対する私たちの解釈に依存する。否定的感情逃避モデルによれば，不愉快な刺激は，多くの場合，攻撃行動を増加させる。なぜならば，攻撃行動が否定的な感情を減少させる方法を提供するからである。しかし，否定的な刺激がとても強くなると，人々は逃避しようとしたり，単純に受動的になろうとするので，攻撃行動は減る。興奮転移理論によれば，説明されない覚醒が怒りの気持ちや攻撃行動を増加させることがある。バンデューラの社会的学習のアプローチによれば，攻撃行動は観察学習やモデリングによって学習される。このアプローチでは，人々のパーソナリティや状況の解釈といった内的状態の重要性は強調されない。社会構成主義に依拠する研究者によれば，ある人が攻撃的に振る舞っているかどうかということについての私たちの判断は，ある程度，その人に対する私たちの評価（たとえば，その人の意図）に依存する。

攻撃行動の低減と，コントロール

攻撃行動を減らし，コントロールする幾つかの方法が提案されてきた。カタルシス（あるいはうっぷん晴らし）は，効果的ではないようである。攻撃的な個人を別の反応をするように仕向けることは，怒りや攻撃のレベルが低いときには有用であることがある。罰は，攻撃行動と罰の間の間隔が短いとき，罰が十分に強いとき，罰が首尾一貫して適用されるとき，その人がなぜ罰せられているかを理解しているとき，とても効果的である。他の有用なアプローチには，非攻撃的な行動のモデリングと，社会的状況をどのように非攻撃的な方法で取り扱うかということを攻撃的な個人が学ぶ社会的スキルのトレーニングがある。

図 22-27

行動におけるメディアの影響

　テレビの暴力が攻撃性を増加させるということを発見した幾つかの研究があるが，他の幾つかの研究では，何の効果も観察されないと報告されている。一般的に言って，テレビの暴力の長期的な効果よりは短期的な効果の方がはっきりしている。幾つかの理由によって，暴力的な番組を見ることによって攻撃が増加することがある。すなわち，観察学習，長期記憶による暴力に関連した情報の蓄積，暴力に対する反応の減少である。一般に向社会的なテレビ番組は少なくとも短期的には援助行動を増加させる。これは少なくとも部分的には観察学習とモデリングによるものである。

【参　考　書】

　M. Hewstone, W. Stroebe, & G. M. Stephenson (1996), *Introduction to social psychology* (2nd Edn.), Oxford: Blackwell, の第13章と第14章は，本章で議論したほとんどのトピックを範囲とした最新のものである。S. L. Franzoi (1996), *Social psychology*, Chicago: Brown & Benchmark の第11章と第12章は，攻撃と向社会的行動を，より詳しく，かつよりわかりやすく扱っている。他の有用な参考文献としては，N. Hayes (1993), *Principles of social psychology*, Hove, UK: Psychology Press が挙げられる。

【復習問題】

1　愛他的行動の二つの説明を書いて，評価しなさい。　　　　　　　　（24点）
2　社会心理学の理論が提供する攻撃性の説明に関する妥当性の程度を批判的に考察しなさい。　　　　　　　　（24点）
3　攻撃のコントロールかつ/または減少に対して心理学的研究が示唆することについて議論しなさい。　　　　　　　　（24点）
4　「もし火星からの訪問者がいたとしたら，その訪問者は，人類がメディアの暴力をたったいま見つけた，と信じたとしても許されるかもしれない……。（しかし）19世紀の漫画や大衆劇場に始まって，映画，テレビ，ビデオ，コンピューターゲーム，といった，大衆文化の有害な効果についてのモラルの混乱には長い歴史がある。これらの混乱は，多くは大衆メディアや，事態が徐々に悪化しているという主張によってあおられている。……この分野ではデマを飛ばすことがきわめて簡単だ」（カンバーバッチ，1997）。メディアが反社会的行動に影響を及ぼす事例を研究結果が支持するかどうかについて批判的に考察しなさい。　　　　　　　　（24点）
5　心理学的研究は，向社会的行動にみられる，個人，社会，文化的多様性に対して，いかなる洞察を私たちにもたらしたか，批判的に考察しなさい。　　　　　　　　（24点）

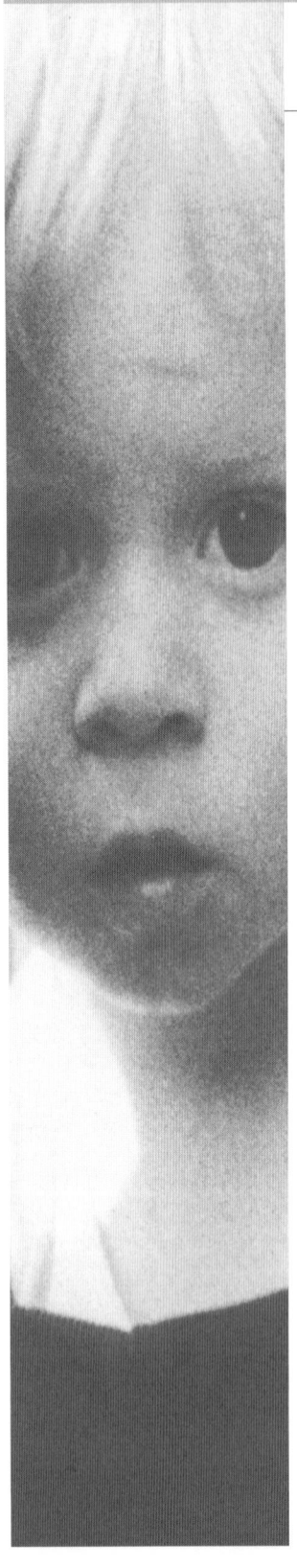

- 学習困難：さまざまな学習困難の原因と影響。
    DSM-Ⅳにおける定義
    遺伝的要因と環境要因
    学問的な影響と社会的な影響

- 身体障害と感覚障害：視覚障害，聴覚障害，脳性まひの挑戦。
    プレイスラーの視覚障害児の縦断研究
    聴覚障害児の研究（例：マシャーク）
    ペトとルードの脳性まひに対する治療的アプローチ

- 注意欠陥・多動性障害：活動過多が医学的問題になるのはいつなのか？
    ADHDの定義と原因
    診断の問題
    影響

- 自閉症：他者とうまく関係をもったり，コミュニケーションしたりすることができない児童や成人がいる。
    カナーによる自閉症の定義
    バターワースとジャレットの凝視パターン研究
    診断と原因
    レスリーの心の理論アプローチ

- 発達性失読症：正常な知能を有する人々が，時として，読み書きの問題を抱えることがある。
    マイルズによる発達性失読症の定義
    構音障害仮説
    原因
    シェイウィツのコンピュータに基づくセラピー

23

非定型的発達

児童は，ある部分においては，社会的そして認知的なレベルで他者より急速に発達するというように，発達の速度がかなり異なっているものである。しかしながら，多くの児童が同年齢で通過するという発達段階という見地も一方では道理にかなう（第16章，17章参照）。そのような段階理論は，正常な速さで発達する児童よりも，さまざまな原因はあるが，それが難しいと感じられるような児童には当てはまらないことが多い。そのような児童の主要なカテゴリーは以下のようなものである。

- 学習困難児（Children with learning difficulties），彼らの一般的な知能レベルは，おおかた平均を下回るものである；DSM-IVによると，精神遅滞として分類される（次節参照）。
- 身体障害児と感覚障害児，その中には視覚障害児，聴覚障害児，脳性まひ児が含まれる。
- 情緒や行動に問題を伴う児童，この中には注意欠陥・多動性障害，自閉症，発達性失読症が含まれる。

これらに分類される児童は，明らかに**特殊な**障害や問題があるのだが，彼らの発達は他の多くの側面においては，正常であるように思えるかもしれない。これからみていくように，それは事実ではないようである。実際，このような児童の大半が過酷な社会的，情緒的そして認知的問題に直面する。このように彼らの発達は**一般的に遅く非定型な**ものである。

本章で検討していくように，障害にうまく対処し，有名で成功した成人が多くいる。たとえば，労働党の下院議員デーヴィッド・ブランケット（David Blunkett）は，視覚障害の問題を克服してきたし，ジャッキー・スチュワートやマイケル・ヘーゼルティーン，スザンナ・ヨークは，発達性失読症ではあったが，それによって彼らの専門性

図 23-1

倫理的問題：知的障害，身体障害，情緒障害というカテゴリーは特殊なものである。このように子供を分類することによる倫理問題には，どのようなものがあるだろうか。

図 23-2

879

が妨げられることはなかった人々である。バーローとデュランド（Barlow & Durand, 1995）は中国から移住した両親をもち，自閉症であるティモシーというアメリカの12歳男児について検討を行った。彼は，自閉性障害であるにもかかわらず，バイオリンとピアノ奏者としての才能を有していた。

障害をもった人々は，他者からかなりの偏見をもたれる。ナイト（Knight, 1998）は3分の1ちかくの人々が，障害者は平均以下の知能しか有していないとみなしているという結果を報告している。ナイトによれば，「私たちが心の底で考えていることは，よくて故意の無関心であり，最悪の場合は，障害者コミュニティから広い社会に出る場合の活発な排除である」。

学習困難

一般的に学習困難児はしばしば「精神遅滞」として分類される。**精神遅滞**（mental retardation）は，さまざまな定義がなされているが，ここではDSM-Ⅳに従う。**DSM**とは精神疾患の診断・統計マニュアルの略であり，改訂を重ね，現在では1994年に刊行されたDSM-Ⅳ（訳注：現在は，DSM-Ⅳ-TR）が用いられている。DSMはアメリカ精神医学会（APA）によって作成され，精神障害を分類する適切なシステムが提供できるように構成されている。多くの場合，学習困難という用語は，精神遅滞という用語より望ましいとされている。しかしDSM-Ⅳについて言及する際には，DSM-Ⅳで精神遅滞という用語を使用しているという理由から，精神遅滞という用語をここでも使用することとする。

精神遅滞は長期にわたり，扱いが困難とされる傾向にあることを意味するDSM-ⅣのAxis Ⅱに含まれる。その主要な基準はIQが70未満であることであり，以下に示すように知的障害のレベルに基づいてさらに四つに分類される。

・軽度精神遅滞：IQ50～55から70まで。
・中度精神遅滞：IQ35～40から50～55まで。
・重度精神遅滞：IQ20～25から35～40まで。
・最重度精神遅滞：IQ20もしくは25未満。

> **キー用語**
> **精神遅滞**：子供のIQが70以下で，適応機能能力において，明らかに障害が認められる状態。「学習困難」という用語の方が望ましい。

「学習困難」という用語が「精神遅滞」より望ましいとされるのはなぜだろうか。

■やってみよう：ラベリング

身体障害者と精神障害者の扱い方は，ナイト（1988）が「故意の無関心」または「活動の混乱」と言及したように，社会的な問題である。たとえば，関節炎，ダウン症候群，難聴，統合失調症のような障害や病気のリストを作ってみよう。ペアになって，これらの状態の中から一つを選び，あなたがそれから連想する特徴を挙げてみよう。病名は明らかにしないで，それぞれのペアで特徴を書いたリストを読み上げよう。
1　どれくらい早くグループの他のメンバーが，その特徴から病名を言い当てることができるだろうか。
2　異なった病名に使用された単語がどのように似ているだろうか。
3　私たちは，疾病の違いにかかわらず，障害者の知能や身体能力を過小評価してしまうという間違った傾向にあるということが，この練習によって明らかになるだろうか。
4　「ラベリング」とは何か，またその社会的意義は何であろうか。

乳児の知的機能のレベルは臨床判断によって評定される。乳児以降の児童は，個別に行われる知能検査によって評定される。

DSM-Ⅳには，精神遅滞の二つの基準がある。第一の基準は以下の領域において少なくとも二つ，適応機能（同じ文化の中で同年齢の児童に期待される標準と同程度の能力）に欠損や障害があるということである。その領域とは，コミュニケーション；身辺処理；家庭生活；社会／対人的能力；地域社会の利用；自己管理および自己決定；実用的な学力；仕事；余暇；健康；安全である。第二の基準は，知的機能の障害が18歳以前に出現することである。この基準には成人で広範な脳損傷を抱えている人は含まれない。

学習困難の診断には，なぜIQ70未満であるということだけでなく，不適応機能も必要なのだろうか。主要理由として，児童が社会の中でうまく機能しているかどうかを測定するには，IQでは正確に測定できないからである。たとえば，英語が母国語でない児童は，英語で行われる知能検査ではIQ70を下回る可能性がある。それは，たとえその児童が，同年齢の児童と同様に社会的に機能できていたとしてもである。

西洋社会の大部分において，約1～2％の児童が精神遅滞（もしくは学習困難）として分類される。これらの大半（約80％）が軽度の遅滞である。約12％が中度で，7％が重度，1％が最重度遅滞である。学習困難の約3分の2の児童が男児であり，社会的・経済的地位の低い家族において，学習困難の発生率が高くなる。

IQ70が精神遅滞もしくは学習困難であるかどうかの境界であるという考えは恣意的なものである。なぜ70という数字が選択されたのか。IQを分類するカギとなる基準は標準偏差である。IQは正規分布であり，多くの知能検査の標準偏差は15である（第27章参照）。その結果，約68％の人々が平均付近の標準偏差内のIQということになり，約95％が2倍の標準偏差内，すなわちIQ70から130内に収まる。こうしてIQ70というものが適当な境界とされる。なぜなら，それは平均値を下回る2倍の標準偏差であり，母集団のおよそ2％に当たるからである。しかし知能検査というものは，正規分布になるように慎重に構成されていることに留意すべきであり，知能が「本当に」正規分布であるのかということに関しては言いきれないところがある。

学習困難の原因

学習困難を引き起こす原因はさまざまである。学習困難の児童の約7割が，学習困難であると説明できる損傷や病気が見つかっておらず，これらのケースにおける学習困難の原因については，ほとんど解明されていない。しかし二つの解釈の仕方がある。一つの解釈は，脳損傷があるが，それがあまりにもわずかなもので既存の方法では発見できないというものである。出生時もしくは周産期に受けた外傷によって，脳に永続的な損傷を引き起こす可能性は十分にある。

知能を検査するにあたって，言語は常に優れた媒介なのだろうか。何か他の方法はあるだろうか。

この解釈の根拠は何であろうか。学習困難の児童の脳のシナプスの接合は健常児のそれより，複雑ではないという指摘がある（ハッテンローシャー Huttenlocher, 1974）。

しかしながら，そのような小さな損傷は，通常死亡後の解剖によってしか，発見されることはない。そのような証拠はあるけれども，身体損傷が学習困難の原因となる，また反対に学習困難が身体損傷の原因であるかどうかということは判断が難しい。

もう一つの解釈は IQ における知能が正常に分類されるかどうかという事実に基づくものである。結果として，約2%の児童は脳損傷がなくても IQ70 未満である。このアプローチによると，明らかな脳損傷のない児童でも知能が低い場合は，文化的／家族性遅滞によるものとされる。たとえばジグラーとカッシオーネ（Zigler & Cascione, 1984）は学習困難は，生物学的，社会的影響が組み合わさって生じるとした。つまり，学習困難を伴わない児童の知能の低さが遺伝や環境によるものであるように，学習困難を伴う多くの児童の知能の低さも，遺伝や環境によるものなのである（第27章参照）。

この理論を支持する証拠はどのようなものだろうか。遺伝による学習困難が家庭的要因にまで及ぶという事実は，この理論と一致しており，社会・経済的地位が低い家族ほどその発生率は高くなっている（バーローとデュランド, 1995）。学習困難と社会経済的地位との関連は，遺伝的要因を反映しているかもしれない。しかし，その原因の大半はおそらく貧困な家族の子供は限られた刺激しか与えられず，教育環境も限定されるためであろう。

ケーススタディ：ブラックリポート

ブラックリポート（タウンセンドとデヴィッドソン Townsend & Davidson, 1982）は，環境要因と健康との関連を研究したものである。それによると，幾つかの研究では，遺伝的要因が乳児を先天性欠損にする素因であるとしているが，環境要因が誘因としてはたらくことが明らかになった。ブラックリポートは，母親自身の乳児期から妊娠以前までの栄養状態と，周産期（出生直前または出生直後の期間）死亡と未熟児の割合とは相関関係にあったことも明らかにした。このように，欠損のサイクルは遺伝子そのものの欠損というよりも，遺伝的な欠損が根本的な原因であると言える。障害の発生において，遺伝要因と環境要因とが絡み合っていることが，一つの原因に特定するのを困難にさせている。

しかしながら，幾つかの因果関係も示されている。たとえば，脊椎披裂は栄養不足によって起こる；ダウン症候群は染色体異常である；聴覚障害は母親の妊娠中の風疹によって発生するということである。

遺伝的要因

前述のように，学習困難の70%のケースが原因不明であり，残りの30%は病気や脳損傷が原因であるか，遺伝によるものである。

ダウン症候群 学習困難の児童のうち，約5%がダウン症候群であり，染色体異常によるものである。母親の年齢が高くなるにつれて，この障害をもつ子供を出産する可能性が高くなる。ダウン症候群の子供は，通常，細胞内に46ある染色体が47本存在する。これによって彼らは中度もしくは重度の学習困難と身体障害（特に心臓障害）をもつことになる。また彼らは，頭が小さく，平らな鼻，小さな口といった特異な顔貌である。ダ

学習困難とその教育

1981年と1988年の教育法によって，学習困難児は医学的な系統で認識されるべきではなく，彼らの学習能力を障害の固定された見解で予測すべきではないということが提唱された。たとえば，ダウン症候群は，認知機能の面でたいへん多様である。多くの親や教育者が，特殊学級が常に適切であるというわけではないことを主張し，実際にダウン症児の中にも，通常の学校へ通学することでうまく統合されている児童もいるのである。

ウン症候群の多くの児童は早期に死亡する。しかし，ダウン症候群の平均余命は過去 60 年間で飛躍的に延び，9 歳から 30 歳を超え，およそ 25％が 50 歳まで生存している。

脆弱 X 症候群　脆弱 X 症候群は女児にはあまり認められず，男児に認められる遺伝的状態である。それは X 染色体上の「脆弱 X 遺伝子」を遺伝的にもち，会話やその他のコミュニケーションにおける中度，重度の学習困難に関係している。脆弱 X 症候群の男児は，他の発達障害を抱える男児と比較すると，その大半が言語や運動機能において障害があり，セルフコントロールが乏しかったり，アイコンタクトができなかったり，内気であったりする。

図 23-3

レッシュ‐ナイハン症　レッシュ‐ナイハン症は男児にのみ認められる X 関連遺伝子障害である。症状としては，学習困難とともに筋緊張や自傷行為（たとえば，唇を噛む）がある。

結節硬化　結節硬化は 3 万人に 1 人発生する遺伝的障害である。結節硬化の児童の約 60％が学習困難である。けいれん発作があり，肌に小さなこぶができる。

フェニルケトン尿症　代謝プロセスの崩壊によって，幾つかのケースではさまざまな学習困難が引き起こされる。たとえば，フェニルケトン尿症は，乳児がアミノ酸フェニルアラニンを代謝できない病気である。その結果，フェニルアラニンの過剰蓄積が起こり，永続的な脳損傷となる。さらに，通常けいれん発作が起き，行動上の問題も発生する。フェニルケトン尿症は早期発見できれば予防することができ，化学的作用をもつフェニルアラニンの発生を防止する食事療法が行われる。フェニルケトン尿症は 1 万 4 千人に 1 人発生する。

テイ‐ザックス病　その他の代謝疾患にテイ‐ザックス病がある。東ヨーロッパのユダヤ人の子孫にしばしば認められ，重度の学習困難の原因となる。テイ‐ザックス病になると神経の萎縮が起こり，一般的に 4 歳以前に死亡する。

他の障害　他にも遺伝的障害は数百あり，その多くが学習困難と関係している。しかし，これら他の障害をもつ子供の数はきわめて少数である。

環境要因

学習困難はまた，環境要因によっても引き起こされる。

妊婦の健康　胎児は脆弱なものであり，その中でもとりわけ妊娠初期の段階は危険であり，薬物やある物質，妊婦の栄養不良，妊

倫理的問題：35 歳以上のカップルには，障害についての遺伝学的スクリーニングをするのが当然なことになるにしたがって，「生きる権利」論争は，たいへん複雑な様相を呈している。医学がより複雑化しているのと同様に，妊娠中絶と遺伝子工学を取り巻く問題は，ますます困難を極めている。

> **親であることと栄養摂取**
> 産科医学では現在，両親の健康状態，とりわけ栄養状態であるのだが，妊娠以前，以後ともにきわめて重要であることが主張されている。栄養不良の親の胎児は，欠損の恐れがある。このことは，脊椎披裂の事例において，決定的に明らかになった。脊椎披裂とは，妊娠後5～6週目に起きる脊髄の変形であり，これは母親の栄養不良と関連がある。

婦の感染によって損傷を受けやすい。たとえば，妊娠3ヶ月までに母胎が風疹に感染することによって学習困難は発生する。問題を引き起こす妊娠中の感染として単純疱疹と梅毒がある。誕生後の伝染病（たとえば脳炎）もまた学習困難を引き起こすことになる。

妊娠4～6ヶ月に流行性のひどいインフルエンザに罹患した母親の多くに統合失調症の子供がいることが発見された（キャノンら Cannon, Barr & Mednick, 1991）。この結果は統合失調症の子供は平均を下回る知能である傾向と関連する（バーローとデュランド，1995）。

胎児性アルコール症候群 胎児性アルコール症候群はまた学習困難の原因ともなる。これは母親が妊娠中，常時，大量のアルコールを摂取することが原因である。1000人の出生に1～3人認められる。胎児性アルコール症候群の子供は小さな頭，低い鼻とあご，長い上唇，狭い額という特徴がある。胎児性アルコール症候群の子供は他者との協調が困難であり，衝動的で，スピーチやヒアリングの障害，また他の認知的問題がある（ストレーシュグース Streissguth, 1994）。そしてこれらの問題は，しばしば成人期に至っても依然として認められる。

無酸素症 学習困難を引き起こすその他の環境要因には，出生時の無酸素または酸素欠乏がある。長期間，酸素欠乏に陥った場合，無酸素が原因で脳損傷を引き起こすため，学習困難がしばしば発生する。

学習困難の影響

これまでみてきたように，学習困難には非常に多くの原因があるため，学習困難の児童が経験する問題はかなり異なっているのである。もちろん，重度，最重度の学習困難の児童の方が，軽度，中度の児童より多くの問題が発生し，またその問題自体も難しいものである。学習困難児の多くは視力と聴力に障害があり，運動能力に乏しく，正確な運動動作をすることが困難であるということにも注意しなければいけない。

学　力

比較文化的問題：西洋において「学力」が等しく重要だとみなされているように，どの文化でも学力はそのようにみなされているだろうか。

学習困難があるということが，広くIQが低いという点から定義づけられるということを考慮すると，学習困難の子供は読む，書く，計算するといった学校での学力の問題が出てくることになる。これは軽度の学習困難児においても当てはまる。しかし軽度の学習困難児は，買い物時，お釣りを計算したり，簡単な本やレシピを読んだりするといった技能を習得することができる。さらに，軽度の学習困難児は一般的に10代の終わり頃までには，平均12歳の学力に達

する。重度の学習困難児は，話はできるが学校で教えられる技能に関しては習得することができないとされている。最重度の学習困難児は，基本的な技能でさえも獲得できないので，トータルケアが必要である。

発達的理論と差異についての理論　ジグラーとカッシオーネ（1984）は文化的／家族性遅滞による学習困難児を，発達的観点と差異の観点という二つの観点から分類した。ジグラーとカッシオーネの発達的視点によると，文化的／家族性遅滞による学習困難児の認知発達は速度は遅いが，正常に進むという。言い換えれば，彼らの認知発達は健常児の発達をスローモーションの映像で見ているのと同様である。差異という観点では，軽度の学習困難児と健常児間には，発達のスピードの違いだけでなく，認知発達のプロセスにおいて重要な違いがあるとされる。

精神年齢　私たちは，この異なる二つの観点をどのように理解すればよいのだろうか。一つは**精神年齢**（mental age）を考慮する方法である。8歳の平均的な児童の精神年齢は8歳であるというように，一般的な知能レベルの児童というものは，実際の年齢に関係なく，精神年齢と実年齢が同じになる。以下は，発達的観点から，同じ精神年齢をもつ健常児と同様に，軽度の学習困難児も同じ程度の認知能力があることを示そうとした研究である。バーローとデュランド（1995, p.610）によると，

> 少なくとも幾つかの問題において，軽度精神遅滞者は精神年齢が一致している人々より劣るかもしれない……事実，軽度精神遅滞者は，発達的遅滞によって説明されない領域で精神遅滞者でない人々とは多少異なっている。

言い換えれば，差異の観点が妥当であり，軽度の学習困難児は一般的に知能が低いのと同様，特殊な認知障害をもっている。

> **キー用語**
> **精神年齢**：他者との比較に基づく知能の個人的レベルの基準；たとえば，精神年齢が10歳であれば平均的10歳児の知能と同レベルにある。

社会的スキル

学習困難児の大半は社会的スキルに問題がある。軽度の学習困難児でさえ，友達を作ったり，関係を続けていくことが難しいとされる。より重い学習困難児は，概して社会的習慣を認識することが難しい。たとえば，ただ会っただけの人に抱きしめられることを求めたりするといった過度に友好的な面がある。学習困難児と学習困難者が社会的問題を経験する一つの理由は，正常な人たちより，およそ3～4倍の割合

> ■やってみよう：社会的スキル
> 集団において，社会的相互作用の構成要素に関連する特殊なスキルを以下のように列挙してみよう。
>
> ・他者の承認（例：アイコンタクトをする）
> ・自己／他者のウェルビーイングのための配慮（例：ぶつからないように道の端を歩くこと）
> ・他者に対しての自己開示（例：個人の清潔）
> ・他者に対する適切な反応の選択（例：微笑み）
>
> 学習困難児が社会的スキルを学んでいるときの彼らのニーズを，あなたの作成したリストを参照しながら議論しよう。

で精神障害が共通して認められるところにある（スコット Scott, 1994）。精神障害は重い学習困難の人々に特に顕著である。

アメリカでは，最も制約の少ない環境で可能な限りの教育を受けさせるべきであるという要求から，学習困難児を社会全般に統合するための試みがなされている。この考え（**メインストリーミング mainstreaming**）が主流となっている。これには特殊な教授が用いられる必要があるが，学習困難児も健常児と同じ教室で学習するようになってきている。これによって学力が向上したという，幾つかの結果がある。しかしながら，社会的スキルに対しては効果的ではなかった。学習困難児は，しばしば仲間によっていじめられたり，あざ笑われたりし，受け入れられることはない（バーローとデュランド，1995）。

コミュニケーションスキル

学習困難児が，なぜ社会的な問題や人間関係上の問題をもつのかという主な理由の一つには，コミュニケーション能力に乏しいということがある。学習困難児の大半が話すことは習得するが，欲求や感情を表現する能力には限りがある。言葉を習得することがあまりに困難な児童はときどき，拡大コミュニケーションスキル（augmentative communication skills）として知られるものを教えられる。たとえば，記号言語を学習したり，物や行動の写真，もしくは絵を指すことによって，自分の要求を表現する方法を習得するのである。

身辺処理スキル

学習困難児の大半が着脱衣，食事，清潔，電話の使用のような基本的な身辺処理スキルに問題がある。これは特に重度もしくは最重度の学習困難児の場合であるのだが，彼らはしばしば知能がたいへん低いのと同様に身体障害もある。基本的な身辺処理スキルは教えられるが，長期間の集中的なスーパービジョンが必要になってくる。

言語スキル

学習困難児が成人になったとき，しばしば職を見つけるのに苦労することがある。その明らかな理由としては，多くの同僚が獲得している教育的な資格が乏しい（たとえば，GCSEs；A レベル）ということがある。しかし軽度学習困難者の多くは次のような領域で仕事を見つけようとする：事務；農業；造園；梱包；大工；食品サービス。中度の学習困難者はときどき，守られた職場環境の中で綿密なスーパービジョンを受けながら単純な労働をする。

キー用語
メインストリーミング：可能な限り通常のクラスで，学習困難児を指導するという方針。

倫理的問題：バーローとデュランドの結果は，障害児に対する差別を正当化するものだろうか。障害児を普通クラスに参加させる通常学校（メインストリーム）の児童は，学習困難児とクラスを共有することで学ぶことがあるだろうか。

音楽やドラマ，芸術，その他の創造的セラピーは特殊教育で広く用いられている。なぜこれらのアプローチが学習困難児にふさわしいのだろうか。

図23-4　ロンドンのグリーンペッパーカフェは，学習困難者が働ける配慮された環境である。

身体障害と感覚障害

身体障害と感覚障害の児童は，社会的，感情的，認知的発達の正常レベルに至るのは困難であるという点で明らかに不利である。この節では視覚障害，聴覚障害，脳性まひの影響を中心に考えていくこととする。多くの子供は，不運にも一つ以上の障害で苦しんでいることにまず気づくことが重要である。たとえば，主要な障害が脳性まひである子供の約75％に学習困難があり，約30％が聴覚障害，約20％が視覚障害である。視覚障害が主である場合，15％が学習困難ももっている。また聴覚障害が主である場合，およそ10％に学習困難がある。

■やってみよう：ペアになって，聴覚障害児や対まひで歩けない児童を養育するにあたって，以下の領域で生じる困難について議論してみよう。
・情緒的発達
・社会的スキル
・認知的発達

視覚障害

視覚障害児もしくは部分的にはみえる児童がイギリスには約2万人いる。想像できるように，わずかでも目がみえる児童は，もちろん限界はあるが，視覚障害児と比較すると急速に発達する。さらに，2歳以前に視覚障害になった児童は，児童期に入ってから視覚障害になった児童よりも一般的により多くの発達的問題に遭遇する（プリング Pring, 1997）。

もしあなたの赤ちゃんが視覚障害をもっているとわかったなら，あなたはどのような行動をとるべきだろうか。

周知の通り，視覚障害児の発達的問題を扱っていくことは，健常児よりもたいへん困難である。その主要な問題はしばしば，認知発達や読みの習得のようなスキルの領域にあると仮定される。しかしながらその仮定は正しいものではない。プレイスラー（Preisler, 1997, p.69）は「もしあなたが親や先生に視覚障害児が最も難しいと考えている問題は何かと問うたとしたら，その答えは社会の中での相互作用と仲間とのつき合いということで全員一致するだろう」と指摘している。したがって，まず視覚障害児の社会性の問題から考えてみよう。

社会的問題

プレイスラー（1997）は，乳児から6歳までの視覚障害児8人を対象に長期間の縦断研究を行い，その児童が10歳になったときに再度調査を行った。詳細な結果は，児童の家や学校で撮影したビデオや児童の親や先生への面接により得られた。5ヶ月の視覚障害児は健常児と同様，親とともに社交的で思いやりのある行動を示した。しかし，その後，彼らは停滞し始めた。たとえば，健常児は生後15ヶ月から18ヶ月の

キー研究評価－プレイスラー

プレイスラーによって，視覚障害児の経験する社会的相互作用に関しての価値ある，そして広くて深い情報が明らかとなり，また個々人の発達についての重要で緻密な情報が提供された。家庭というような自然な設定で行われる観察によって，観察者はある設定と他の設定間での行動の一貫性に関して，生き生きとしたデータが得られる。

プレイスラーの結果は，視覚障害児の経験する社会的問題点に関して，興味深い洞察を加えたが，それらには比較データ，たとえば似たような背景をもちながら健常児である群といったようなデータが欠如しており，当然少数のサンプルから導かれた結論には限界がある。プレイスラーの研究では，視覚障害児とそのきょうだいで健常児である子供との間の社会的相互作用は含まれておらず，もしそれが明らかになれば，健常児がどのようにして視覚障害児の手助けをしていくのかという視点を提供してくれるだろう。

視覚的手掛かりが子供の発達にたいへん重要であるということが明らかになる一方で，乳幼児が世界に適応していくための他の媒介の存在がある。触覚と音は，音楽やマッサージを使用するといったように，障害児に対する刺激として広く用いられている。視覚障害児にとって，触覚コミュニケーションは社会的に有益にはたらくであろう。人間の触覚と発声によって，彼らは安全性を感じるとともに容認されているという感覚をもてるのである。

プレイスラーの研究の主な結果は，私たち大人は障害だけに目を向けるのではなく，子供全体に焦点を当てる必要があるということであった。これがうまくできなければ，子供は受動的で孤立した状態になり，環境に適応するための個々の能力に悪影響を及ぼすことになる。

> **倫理的問題：プレイスラーの研究**
> プレイスラーの研究には，親と教師すべての承諾が必要不可欠である。家庭や学校はプライベートな場としてみなされ，収集されたすべての観察データは他のタイプのデータ同様，秘密を厳守する必要がある。
> 障害者の調査においては多くの議論がされているように，障害者という存在は特に非難されやすいので，倫理的部分にとりわけ敏感になる必要がある。しかしながら，障害者の権利を主張する活動家は，障害者は特別な扱いを受ける対象にはなりたくないと答えるかもしれない。

とき，親や他者とごっこ遊びを行う。対照的に，視覚障害児は2歳になるまでこれを行わない。視覚障害児の発達が健常児より遅い最も明らかな理由は，健常児は親の表情や姿勢，行動を観察することによって親の感情や意図を読み取ることができるからである。

視覚障害児が経験する社会性の問題は，2歳以降，健常児とともに幼稚園に通う頃から増加する傾向にある。健常児との自発的な相互交渉はほとんどみられず，彼らは一人でまたは大人と多くの時間を過ごす。視覚障害児の幾人かは，幼稚園でうまく他者と関係をもつことがあまりにも困難であるため，社会的な行動や感情的な行動が以前よりも未熟になることがある。

幾人かの視覚障害児の社会性の問題は，再度調査が実施された10歳でより深刻なものとなった。8人全員が孤独だと述べ，厄介なことに8人中3人が自閉症児に認められる内気な行動の徴候を明らかに示した（自閉症に関しては本章の後半で検討する）。

プレイスラー（1997, p.83）は，教師やその他の大人が視覚障害児を扱う方法は，彼らが最も関心をもっているところとは異なるかもしれないということを懸念した。

あまりに多くの努力が動作やスキルに費やされるなら，子供を人としてではなく，ものとしてみたり，子供を意志や感情，目標をもった誰かではなく，鍛えたり作ったりするためのものとみなす危険をはらんでいる。子供ではなく機能性障害そのものに焦点化されることになってしまうだろう。

議論のポイント

1. プレイスラーの研究の真意はどういうことだろうか？
2. 視覚障害児の生活を向上させるためにできることは何か？

読みの問題

これまで私たちは，視覚障害児の幾つかの社会性の問題を考えてきたが，他の分野，たとえば読みの習得のような分野においても，彼らはまた困難な問題に直面する。健常児は，たとえ読み方を教わる以前であっても，絵本やテレビ，その他の場所において何千もの言葉にふれる機会があるという利点がある。これによって読みの最初の段階における多くの知識が形成されることになる。

視覚障害児の多くが点字を教わる。点字とは触れることによって解釈できる突起した点である。一般的に点字を習得するには1年以上を要する。これは健常児が文字を習得するよりもかなり長いといえる（ハリスとバーロー-ブラウン Harris & Barlow-Brown, 1997）。一つの理由として視覚障害児は健常児に比べて触覚がほとんど発達していないからである。また別の理由として，視覚障害児は点字を学校だけで習うのに対し，健常児はたいてい家で親と一緒に読書をするからである。

図23-5 視覚障害児は点字を習得するのに1年以上を要する。また健常児は絵本やテレビ，毎日目にする印刷物から膨大な量の視覚によるインプットを得ているが，視覚障害児はこれを得ていない。

その他の認知問題

　読みを習得するという問題を除けば，視覚障害児はその他の学習に対しては，しばしば期待される以上にうまく対処する。プリング（1997, p.383）によると，

> 視覚障害の領域における心理的問題は視覚の喪失によって引き起こされる認知能力のなさに求める傾向にある。確かにそうではあるが，それほど大したことではなく，とりわけ残りの視力によって，空間的な枠組みが与えられるのである。

　視覚障害児の言語習得の速さは母親にかかっている。ローランド（Rowland, 1983）は3人の視覚障害の乳児を対象に研究を行った。その乳児たちは，健常な乳児ほどには母親の声を復唱しなかった。ローランド（1983, p.127）によると，その理由は「聞くということは，周囲の状況の解釈が必要不可欠である。……そのため，母親の声で，聴覚環境をふさいでしまうのは，乳児にとってはふさわしくないのであろう」からである。3人の乳児のうち1人は他の2人よりも言語発達が速かった。この重要な違いは，最初の乳児の母親は他の2人の母親よりも乳児の声に多く反応していたのであった。つまり，母親，もしくは乳児の世話をする人は視覚障害児の欲求に対して，敏感であることがたいへん重要なのである。

　実際のところ，視覚障害児は，健常児より進歩は緩やかではあるが，かなり言語を習得できる。ランダウ（Landau, 1997, p.15）によれば「視覚障害児が母国語の文法を習得できないかどうかは明らかではないし，意味ある文章を話せないということも明らかではない」という。しかし，言語習得において視覚障害児と健常児とには決定的な差異があると主張している。デュンリー（Dunlea, 1989）は視覚障害児の語彙は健常児よりもかなり限定されたものであって，彼らの経験する世界もまた限定されているという。たとえば，視覚障害児は健常児より，語彙の中に動物の単語が少ないが，家庭の中にあるものに関しては多くの単語を知っている。デュンリーはまた，視覚障害児の経験は限定されたものであるという理由から，難しい文脈において健常児よりも動詞を使用しないと主張した。

> ■やってみよう：視覚資料を使用しないで，部分的であれば視覚がある生徒のために，あなたが課題を選んで授業計画を立案してみよう。

　デュンリーは視覚障害児と健常児の言語習得における差異を示し，語彙を増やすためには人との関わりの中での経験が重要であるとも主張した。ランダウ（1997）は視覚障害児は，実際の経験がないにもかかわらず，「見る」や「知る」のような動詞を覚えることができると指摘した。

　マルフォード（Mulford, 1987）は語彙について視覚障害児と健常児間で別の差異を発見した。英語には，bやf, m等の口の動きが明瞭な音と，hやj, k, xのような動きが不明瞭な音とが存在する。部分的に見える児童や視覚障害児の語彙には口の動きが明瞭な音はほ

言語習得と視覚によるイメージとの間には重要な関連がある。視覚障害児の言語習得を支援するための主要な方法は何であろうか。

とんどない。これはおそらく，そのような音を見分ける視覚情報がないからであろう。

視覚障害児への対処

プレイスラーら（1997）は研究の中で，視覚障害児の親や教師，友人に最も求められることは視覚障害児の欲求に敏感になることであると提案した。たとえば，健常者は，視覚障害児の手の動きが視覚障害児の興味や好みを知る貴重な情報であるにもかかわらず，それに十分に注意を払うことをしない。健常者が視覚障害児との接し方のトレーニングを受け，進歩するには時間がかかるものである。コリスとルイス（Collis & Lewis, 1997, p.132）によると，

> 一見したところ，適切な反応ができるように親や教師をトレーニングするための介入プログラムを考案することはかなり容易なことのように思えるが，これは非常に困難であり，うまくいくことはほとんどない。

本質的に，健常者が視覚障害児の欲求や問題を理解するのはたいへん困難なのである。

より留意しておかなければならないことは，遊びにおいて視覚障害児の困難な事態が増加する可能性があるということである。児童の遊びの大半は視覚によるものであるが，そうではないゲーム（たとえば，単語ゲーム）がある。プレイスラー（1997）はある教師が視覚障害児とゲームをやり始めたところ，とてもおもしろかったため，クラスの健常児もそれに加わったという報告をした。

社会的問題に加えて，視覚障害児は読みの習得という課題に対処しなければいけない。ハリスとバーロー-ブラウン（1997）は視覚障害児が点字を容易に習得できるように予備的な試みを行った。彼らは健常児と視覚障害児の双方とも，点字の文字の大きさが，標準的なときよりも大きなサイズの文字のときの方が，点字を早く習得できるということを明らかにした。おそらく触ることに影響されるのではなく，文字のサイズを大きくすることによって，簡単に文字が理解できるようになったと考えられる。最も興味深いのは，視覚障害児はサイズが大きな文字から標準的なサイズの点字へと彼らの知識を変換するのが困難ではなかったという事実である。このようにサイズの大きな文字によるトレーニングは視覚障害児の読みの習得の速度を速めるであろうことは明らかである。

聴覚障害

完全に聴覚を失っている児童はごくわずかであり，一般的には，聴覚が残っているため，「聾」というよりも「聴覚障害」という用語がしばしば用いられる。聴覚障害を発見する技術はかなり進歩し，多くの聴覚障害児が，聴覚がないと診断されるのは2, 3歳以前である。聴覚障害児の大部分（92％）が普通に聴覚がある両親から生ま

> ケーススタディ：聴覚障害児の経験
> 　聴覚障害児の経験する世界というものは，健常な子供の世界とは根本的に異なるものであり，以下にある聴覚障害児の記述は，辛辣な事実を明らかにするかもしれない。アメリカの聴覚障害者によって得られた記述を集めたものの中に，パドンとハンフリーズ（Padden & Humphries, 1988, ブライエン Brien の引用, 1992, p.9）は，聴覚障害児が自分たちの周りの事象を「理解する」ために利用できる情報を使いながら，聴覚障害児の世界の見方がいかに発達するかを示した。パドンとハンフリーズ（1988, p.21）は，ジムという聴覚障害男児の物事の理由づけプロセスを適切に捉えている。
>
> 　　玄関の近くの部屋の中に座っているジムを想像してみよう。彼の母親が，突然，玄関に向かって歩いてくる。母親はドアを開け，そこには訪問者が立っている。しかし，もし子供が違うときに玄関を開けたとしたら，訪問者がそこにいない可能性がある。ドアのベルが聞こえない子供は，ドアを開けるとそこに誰かがいるということをどうやって理解するのだろうか。私たちは推測することしかできず，ジムは他者が自分を認識できないだろうと仮定したということを私たちは知るだけである。
>
> 　パドンとハンフリーズは，このような逸話は単に「敏感な」世界観を暗示しているだけでなく，「人間の象徴的な能力の表明」でもあると指摘する。おそらくジムにはドアベルは聞こえていないだろうが，彼が理解できる言葉で彼に説明されるならば，そのような刺激が表象するものを彼はすぐに学ぶだろう。

れる。そして7％が親のどちらかが聴覚障害者であり，残りの1％が両親ともに聴覚障害者である。両親が健常者の聴覚障害児と，少なくとも一人が聴覚障害者である親をもつ聴覚障害児を区別して捉えることは重要である。なぜなら，健常者の親をもつ聴覚障害児よりも聴覚障害者の親をもつ聴覚障害児の方が，社会的発達や認知，言語の発達が早く進むという結果（マシャーク Marschark によるレビュー, 1993）が存在するからである。

　なぜ，聴覚障害の親の方がこのような好結果が得られる傾向にあるのだろうか。そこにはさまざまな理由がある。第一に，聴覚障害の親は，自分の子供である聴覚障害児の欲求に対して敏感に反応する傾向にある。第二に，口語を用いなくても，うまくコミュニケーションがとれる。第三には，聴覚障害児をもつ聴覚障害の親は，聴覚障害児をもつ健常の親よりも教育に期待し，積極的に関わる傾向にある。グレゴリーとバーロー（Gregory & Barlow, 1989）は，聴覚障害の母親は聴覚障害の子供の行動に約50％に反応するが，健常の母親は23％にとどまっていたということを明らかにした。

　聴覚障害児のおよそ90％が健常者の親をもっていることを考えると，一人もしくは両親ともが聴覚障害者である親をもつ聴覚障害児よりも，むしろ健常者の親をもつ聴覚障害児に目を向けるべきだろう。しかしながら，議論してきたことによって，聴覚障害児の発達が子供関連要因と同様に親関連要因によるものでもあるということが明らかになったと言える。

社会的問題

　聴覚障害児の大半が厳しい社会的問題を経験する。人生の早期におけるこれらの多くの問題によって，健常の母親にとって，児童の欲求を満たすことが難しいという事実が生じる。この問題の一部はコミュニケーションに関してである。たとえば，聴覚障害児の約35％しか，家族とのコミュニケーションの中で記号言語を使えないというアメリカの研究がある（ジョーダンとカークマー Jordan &

もしあなたの赤ちゃんが聴覚障害をもっているとわかったなら，あなたはどのような行動をとるべきだろうか。

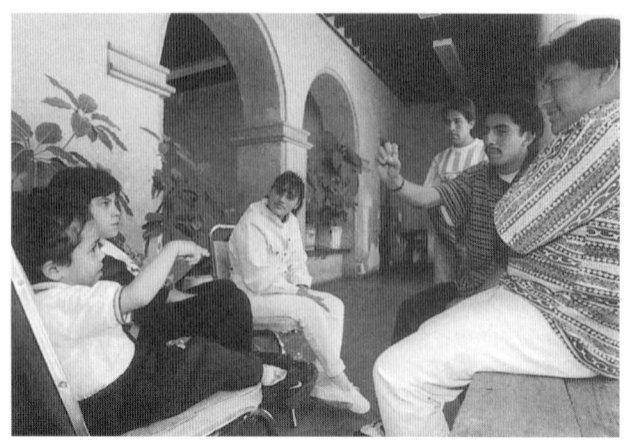

図23-6 聴覚障害児の家族の中の健常者は，家族内でコミュニケーションをするために，記号言語を習得する必要がある。そうでなければ聴覚障害児は家族の社会的相互作用の大半から排除されることになってしまうだろう。

Karchmer, 1986)。またその他の問題としては，多くの母親が聴覚障害児の扱いに感情的になってしまうということである。ヘンゲラーら（Henggeler, Watson & Cooper, 1984）は聴覚障害児と聴覚のある幼稚園児，初期の学童年齢の児童のそれぞれの健常の母親の研究を行った。聴覚障害児の母親は健常児の母親よりも，子供とのコミュニケーション場面で，侵略的で，堅苦しく指示的な傾向が認められた。

そのような早期の経験の結果，聴覚障害児は学校で他の児童に対して社会的に適応していくときに問題が発生する傾向にある。マシャーク（1993, p.71）によると，

> 健常の親をもつ平均的聴覚障害児は，健常児と比較すると，社会経験をあまりせず，比較的社会的刺激の少ない状態で学校に入学する……たびたび衝動的であったり，攻撃的であったり，利己的（自己中心的行動）であったり，という定着した行動パターンは……教師や他の児童の中で，初期の学校経験に影響を及ぼす。

言語問題

聴覚障害児は言語習得において多くの問題を経験する。モグフォード（Mogford, 1993, p.131）は「目で見ることで，ある程度補うことはできるが，言語発達のあらゆる側面において，その習得過程で困難が生じることは明らかである」と指摘した。言語の主要な形態を順次みていくことにしよう。まず最初は会話の理解と会話することである。

会話の理解 健常の子供と成人は他者が自分に言っていることを理解するために，無意識に読唇術を使っているが，彼らは目で見ることよりもむしろその大部分は聞くことによっている。対照的に，事実上，聴覚がない子供は，その大半を読唇術に頼らなければいけない。音の多くは，唇の動きが明瞭ではなく，また多くの人々がはっきりとは発音しないため，読唇術を行うことはたいへん困難である。その結果，聴覚障害児の大半が音声言語を理解するには，健常児よりもかなりの時間がかかってしまうのである。

会話すること 聴覚障害児はまた，他者の話し言葉を理解する際の問題など，他者と話すことに困難な問題を抱えている。コンラド（Conrad, 1979）は教師に対して特殊な学校を卒業した331人の聴

覚障害児の会話の評価を依頼した。その結果，聴覚障害児の約半数（48％）の会話は理解することが難しかった。

読み書き　多くの聴覚障害児にとって，読むことと書くことを習得するのは非常に困難な経験とされる。アメリカにおける学校卒業時に機能的に読み書きのできない聴覚障害児と健常児の割合を考えてみれば，このことは理解できるだろう。そうした障害者は読み書き能力が12歳の平均に達していないものと定義される。機能的に読み書きのできない人は学校を卒業した聴覚障害の生徒の30％以上にみられるのに対して，健常者は1％を下回っている。どういった点が，聴覚障害児が読みを習得するのを難しくさせるのだろうか。彼らは概して，活字を音に変換するのが困難であり，さらに最も難しい問題は語彙についての知識と文法能力である（マシャーク，1993）。

聴覚障害児はまた，物語や作文を書くといった重大な問題に直面する。マシャーク（1993, p.226）は聴覚障害児の書くものは「健常児の書いたものや聴覚障害児が身ぶりで表現するものと比較すると，具体的で，反復性があり，構造的に単純化されたもの」であることが明らかとなったと結論づけた。

記号言語　これまで，健常児や健常者が使用する言語に対して，聴覚障害児が直面する問題に焦点を当ててきた。実際，アメリカとイギリスの聴覚障害児の約80％が記号言語という手段で言葉を理解し，コミュニケーションを行っている。世界中の各国にさまざまな記号言語がある。イギリスにおいては，最も重要なのがおそらく英国記号言語（British Sign Language; BSL）で，それに近い第二のものとして英語サポート記号（Sign Supported English; SSE）がある。SSEは健常の英語を話す人と会話するとき，聴覚障害者にとって有

口語を流暢に話すことが，読みを習得するうえで，どれほど重要だとあなたは考えるだろうか。

ケーススタディ：言語のない人生

オリヴァー・サックス（Dr. Oliver Sacks）は，精神科医であり，また聴覚障害者の生活と歴史に深い興味をもった作家でもあった。彼の著書 "*Seeing voices*"（サックス，1991, pp.45-49）の中で，18世紀にフランスで生まれたジーン・マシュー（Jean Massieu）という名の聴覚障害の男児の話が繰り返されている。マシューは14歳まで，完全に言語のない生活を送っており，14歳の頃，シカード神父（Abbe Sicard）の生徒となった。シカード神父は聴覚障害の有名な教師であった。マシューは記号言語とフランス語で書かれたものを雄弁に使い，ついには自伝を書くまでになった。以下はサックスの引用である。

> 13歳と9ヶ月まで私は教育をまったく受けることなく家にいた……私と同じ年齢の子供と私は遊べない。彼らは私を侮辱した。私はまるで犬のようだった……王冠かマレットやボールで一人遊びをしたり，竹馬に乗って歩いたりして時間を過ごした。

サックスはマシューが，学校に通っていた児童をいかにうらやみ，「アルファベットというものは未知のものであると知りながら，それらの意味を教えられることもないまま，彼がいかにペンでアルファベットを写そうとしたのか」ということを述べている。マシューの教育が開始されたとき，シカードはいろいろな物体が描かれた絵を見せ，それらを写すように言い，それから絵の隣に物体の名前を書いた。マシューは戸惑った：「彼は，絵ではない線が物体のイメージにどのようなはたらきをし，正確でスピードのあるそれらの線がどのように表記されているのかがわからなかった」。それから突如，マシューは書かれた単語の意味をつかみ，その後サックスが物体の名前に対する「激しい欲」といったマシューの発達が始まった。いったんマシューが物体の名前を習得してからは，彼を長い間無視してきた世界，つまり言葉の世界を巧みに扱うことができるようになったのである。

益である。SSE は名前が示唆するように，英語の語順と文法に近いのに対し，BSL は独自の文法構造をもっている。ときどき，記号言語は単純なものであると考えられることがあるが，実際は，その他の言語と同様，複雑さのある独自の体系をもつ言語なのである。

　記号言語は聴覚障害児にとって長所・短所をあわせもっている。最大の利点は，聴覚よりも視覚に訴える言語であるため，聴覚障害児にとって習得しやすいという点である。最大の短所は，健常児や健常者が記号言語をほとんど知らないということと，その実用性は，他の聴覚障害者とのコミュニケーションにおいても大きく制限されたものになるという点である。

　聴覚障害児が話し言葉と書き言葉を習得するために努力するということは，一般的な発達と密接な関係にある。共通して使用される言語の熟達は，多くの社会の中，とりわけ西洋社会の人々において，うまく適応していくためにはきわめて重要である。マシャーク（1993, p.226）は以下のように結論づけた。

> 書く能力の欠如，ならびに読み能力の欠如によって課せられた制限によって，児童は学業成績の不振に陥る。読み書きは，社会的・認知的相互作用の世界と本質的な関係を形成すると同時に，文盲の影響の重大性は聴覚障害児が成長するにつれてすべての領域において大きな影響力を与えることになる。

聴覚障害児への対処
　マシャーク（1993）は聴覚障害児の発達を援助するために考慮しておかなければいけない要因として以下の三つを挙げている。まず，早期の言語体験である。親は，できる限り多くの時間，聴覚障害児とともに言語的なふれあいをすることがたいへん重要であり，これは聴覚障害の親にとっては容易なことであるが，健常者の親にとっては困難なことである。第二に，多様な経験である。さまざまな刺激のある環境にさらされる聴覚障害児は学習において自己動機づけができるようになる。

　第三に，社会的な相互作用である。聴覚障害児はしばしば社会的相互作用が表面的で浅いが，これは社会的スキルを向上させようと努力している親をもつ聴覚障害児には当てはまらない。このような親の多くは彼ら自身も聴覚障害者であるが，健常者の親の中にもたいへん効果的に聴覚障害児とともに社会的な相互交流をもとうとする親はいる。

　聴覚障害児の欲求を満たすための方法はさまざまである。聴覚障害児を通常の学校へ送り込むという統合の試みがある。しかし，マシャークは平日の間，寄宿舎のある聾学校で過ごすことは幾つかの長所があると指摘した。とりわけ重要なのは，寄宿学校では，聴覚障害児が社会化するのに必要とされるコミュニケーションスキルを高めることが容易にできるということである。聾学校は聴覚障害児が快適であると感じるサブカルチャーを提供したり，聴覚障害児が

> **聴覚障害への意識**
>
> 聴覚障害児がよりうまくコミュニケーションできるようにする最も簡単な方法は，聴覚障害に気づくことである。すべての職業の健常者にとって，聴覚障害に対する意識訓練は有効であるが，店員や医師，法務官，銀行員のように聴覚障害者と公共の場で接する職業に従事している人々にとって特に有効である。この訓練によって，人々は多くの場面において，聴覚障害者とコミュニケーションできるように細部に注意を払えるようになる。たとえば，はっきりとそしてゆっくりと話す，どならず口をはっきりと動かして話す，短くて単純な文を使用する，アイコンタクトをする，話しているときに顔をそむけない等である。話すときに手で口を覆わない，チューインガムを噛まないというような多くの点において，それらは自明なことのように思えるが，健常者はしばしば無意識のうちにこのようなことを行っているのである。障害者，健常者にかかわらず，誰かとコミュニケーションをするということは，相互的なプロセスであり，会話に参加している人々によって促進されうるのである。

同一化できる聴覚障害者にも巡り会うことができる。マシャーク（1993, p.61）によると，その選択によってはさらに悪い方向へ向わせる可能性があるという。

> 健常者の親とその聴覚障害児の間には，たいていコミュニケーションが相互に欠けていたり聴覚障害……児に対する過保護な母親の行動パターンを考えると，たとえ支持的で受容的な家族であっても，聴覚障害児が，学校教育の間，健常児とすべての分野において相互に交流していくことは困難であろう。

聴覚障害児を支援するためのその他のアプローチはトータルコミュニケーション（Total Communication）として知られるものである。これは記号言語，会話，補聴器の使用による音の拡大のように，言語コミュニケーションの潜在能力の資源すべてを使うものである。グリーンバーグら（Greenberg, Calderon & Kusché, 1984）はトータルコミュニケーションに基づいた就学前の聴覚障害児への介入プログラムの使用に関して報告を行った。その介入プログラムは，遊び中の母子間のコミュニケーションを増加させ，母親はその価値をよく知るところとなり，子供の注意も引けるようになるというものである。特に興味深いのは，トータルコミュニケーションを経験した聴覚障害児は経験していない聴覚障害児と比較すると，3倍の聴覚障害児が社会的場面で自発的にコミュニケーションを行っており，4倍もの聴覚障害児が多くの質問をしていた。

聴覚障害児を通常の学校へ通学させることの長所・短所は何だろうか？

脳性まひ

脳性まひ（cerebral palsy）は非進行性の脳損傷に起因する運動障害を含む状態である。この脳損傷は出生時や幼少期において受けたものである。脳損傷の原因は，脳の無酸素症や酸素欠乏，出生後間もなくの黄疸，脳内出血や怪我等，さまざまである。子供のおよそ0.2％が脳性まひと言われている。

脳性まひ児は運動障害のタイプ，またその重篤さによってもかなり多様である。極端に言えば，正常に話し，一つの肢の動きのみがわずかに制限されているという子供もいれば，最も重度の，四肢すべてにかなりの障害があり，話すこともできない脳性まひ児もいる。脳性まひ児の約70％が会話に障害をもっている。前述したように，

> **キー用語**
> **脳性まひ**：周産期や出生時の脳損傷によって生じた状態；症状としては，筋力機能の低下と四肢虚弱がある。

重度の脳性まひ児の認知スキルを評価することはきわめて困難である。心理学者はこれらの評価を支援するためにコンピュータや音楽，芸術をどのように使用するべきであろうか。

4分の3の脳性まひ児が学習困難であり，4分の1が視覚障害で，4分の1が聴覚障害なのである。

脳性まひの主要なタイプを表す専門用語がある。たとえば，随意運動やバランスをとるのが難しい子供は失調型脳性まひ，制御することのできない不随運動を起こす子供はアテトーゼ型脳性まひと呼ばれる。痙直型脳性まひ児は少なくとも一つの肢が硬く，たいてい随意運動に問題を抱えている。

脳性まひは多くの場合，会話障害を含んでおり，それには二つの状態があるとされている。一つは**まひ性構音障害**（dysarthria）であり，それは神経系内の障害に起因する運動性スピーチ障害である。まひ性構音障害児の単音は，一般的にゆっくりで歪んでいる。その結果，彼らが言っていることを理解するのはしばしば困難である。もう一つは，**構音不能**（anarthria）であり，それはより難しい状態である。構音不能児はまったく話すことができないが，それは必ずしも言語能力不足を意味するわけではない。バッデリーとウィルソン（Baddeley & Wilson, 1985）は6人の構音不能児を対象に研究を行い，無声本読みプロセスが可能なことを発見した。

日常生活の問題

脳性まひ児（特に深刻な運動障害のある児童）は日常生活において，多くの困難な問題が生じることになる。コミュニケーションは社会的，学業的発達にとって重要であるが，脳性まひ児の多くが他者とコミュニケーションをとることが極端に難しいのである。重度障害者はしばしば基本的な方法でしかコミュニケーションができないことがある。たとえば，彼らは質問に対して瞬きのような運動反応を使うことで「はい」や「いいえ」と答えたり，ディスプレイ上の適切な絵を凝視することで興味があることを示したりする。脳性まひ児には限られた運動能力から生じる他の問題もある。脳性まひ児の約半数がうまく足を使えず，5歳になっても歩けない。つまり，家と学校間，また学校内においても移動手段が必要になる。脳性まひ児の多くが，もっと動けるようになるために手術をするので，入院しなければならず，頻繁に学校を休まなければいけない。脳性まひ児には，咳をするのが困難な運動障害がある児童もおり，呼吸の病気が出るたびに病院へ行く必要がある。

脳性まひ児の多くにはまた別の問題がある。彼らの75％が学習困難であるという事実は，彼らの大半が学習困難の最初の節で述べた日常生活上の問題に対処しなければならないということを意味する。

キー用語
まひ性構音障害：脳損傷によって部分的に構音ができない状態。
構音不能：脳損傷によって正しい構音がまったくできない状態。

以下に挙げている領域を参考にしながら，他者とコミュニケーションできないことによる影響にはどういったものがあるかを考えてみよう。
・社会的相互作用
・情緒的生活
・交友関係の構築と維持

社会参加
身体的拘束という点での脳性まひ児の社会参加の障壁は，障害者に対する社会の反応によって一層大きいものとなる。脳性まひ児とその養育者に影響を及ぼす社会の偏見について以下のことを検討してみよう。
・身体能力と知的能力に対する期待の低さ
・脳性まひに関する社会的スティグマ
・社会的孤立

脳性まひ児への対処

脳性まひ児がさまざまな問題を簡単に解決できるようになるためには何がなされるべきだろうか。マイクロコンピュータの出現は彼らにコミュニケーションの可能性を広げた。たとえば，脳性まひ児は欲しいものを選ぶためにコンピュータ画面のカーソルもしくは動く点をコントロールすることはできる。さらに，彼らは改良されたコンピュータを使用することで，書く練習ができるが，そのような支援があったとしても，作文を書いたり，その他の書く仕事をこなすのは非常に困難である。

図 23-7　動きを訓練することによって脳性まひ児の筋肉運動の協調スキルが向上する可能性がある。

アンドラス・ペトとマーガレット・ルード(Andras Peto & Margaret Rood)は，脳性まひ児の運動機能を向上させるために，それぞれ異なるプログラムを提唱した。ペトは伝導教育(conductive education)の方法を使った。その伝導教育では，多くの脳性まひ児は運動機能の訓練にかなりの時間を費やす。カードウェルら(Cardwell *et al.*, 1996)は，伝導教育の主要な目標は，脳性まひ児が自分自身で動きをコントロールすることによって，運動機能の調整をうまく行うことにあると述べた。

マーガレット・ルードはまったく異なったアプローチを行った。彼女は，脳性まひ児の筋肉群に対してそれぞれ異なる方法で刺激を与えることが有効だという。たとえば，ある子供は異なった速度で筋力ストレッチを行い，また別の子供は筋肉をさすったり撫でたりするといったようにである。その総合的な目標は，運動機能の発達を速めることにある。

ペトによって提唱されたアプローチ，ルードによって提唱されたアプローチ，それぞれにどのような効果があるのだろうか？　それらは確かに有用なように思えるが，体系的な対照実験は行われていない（カードウェルら，1996）。

注意欠陥・多動性障害

子供の多くは，成人よりも活動的であり，注意力も散漫なものである。しかし，すべての状況において，活動が活発すぎたり，注意力が低すぎたりする子供がおり，彼らは**注意欠陥・多動性障害**(attention-deficit hyperactivity disorder; ADHD)に分類される。多くの正常な子供も状況によっては活動過多になることがあるため，ADHD 児の分類には「すべての状況において」という部分が重要である。クラインとギッテルマン‐クライン(Klein & Gittelman-Klein, 1975)は，学校で活動過多だと認められる子供のおよそ 75％が家庭や病院ではそうではなかったという報告をした。

ADHD 児は個別性が高いということが徐々に理解されるようにな

> キー用語
> **注意欠陥・多動性障害**：いかなる状況においても，注意力欠如かつ（または）活動過多である児童期と青年期の状態。

不注意：直接話しかけられているにもかかわらず，しばしば聞き逃す。

活動過多：不適切な状況で過度にはしゃぐ。

図23-8

ってきた。DSM-ⅣによるとADHDは以下の三つに分類される：

・不注意優勢型
・多動性・衝動性優勢型
・混合型

　DSM-ⅣにおけるADHDの主な診断基準は不注意の症状が六つ，もしくはそれ以上ある，また多動/衝動性の症状が六つ，もしくはそれ以上ある，その両者が混在しているという点にある。これらの症状が少なくとも6ヶ月間持続したことがあり，その程度は不適応的で，発達の水準に相応しないものである。

　不注意の症状は以下のようなものである：しばしば注意が払えなくなる，もしくは不注意な誤りをする；しばしば注意を維持できない；直接，話しかけられてもしばしば聞き逃す；しばしば宿題や課題を終えられない；しばしば課題や活動のための準備をすることが難しい；精神的努力を要するような課題（たとえば宿題）をすることをしばしば嫌がる；ある活動に必要なものをしばしばなくす；日常的な活動をしばしば忘れる。

　多動/衝動性の症状は以下である：しばしば落ち着かなかったり，動き回ったりする；座っていなければいけないときにしばしば席を立つ；不適切な状況において，しばしば過度に走ったり登ったりする；しばしば余暇活動を静かに行ったり，従事したりすることが困難である；しばしば「たえず行動する」；しばしば過度に話す；質問が終わる前に，しばしば答えを口走る；しばしば自分の順番を待つことができない；しばしば割りこんだり，邪魔をしたりする。

　DSM-Ⅳに含まれるADHDの基準は四つある。まず，前述の症状の幾つかが，7歳以前に認められること。第二に，症状によって生じる幾つかの障害が，少なくとも二つ発見されること。第三に，社会的，学業成績的もしくは職業的機能における臨床上の重大な障害が明らかであること。第四に，その症状が他の障害にはまったく当てはまらない，または他の障害ではうまく説明がつかないという場合である。

　どういった人々が注意欠陥・多動性障害なのだろうか。女児よりも男児の方が多いということは疑いようもなく，アンダーソンら（Anderson *et al.*, 1987）は，ADHDに悩む男児は女児のそれの5倍以上であると報告した。全体的にみて，アメリカのおよそ3〜5％の子

異常もしくは反社会的？

　「症状」という用語は，病理学のアプローチが，行動における反社会的形態としてみられるものに対して適用されるということを意味している。ADHDに関するテキストの記述を読んでみよう。これはどの程度，精神的疾患を連想させる情緒的-行動的問題を意味するのだろうか。ADHDの場合において「異常」であると仮定されることは，ただ単に社会的に受け入れがたい行動のみということなのだろうか。さらに，なぜADHDには女児よりも男児の方が多いのだろうか（異常性の概念の詳細な記述とその論争に関しては第24章を参照）。

供がADHDであると診断されている。

注意欠陥・多動性障害の原因

多くの障害がそうであるように，ADHDの発達にもさまざまな要因が関係しているであろう。それらは生物学的要因，心理的要因，食事要因に分けることができる。以下ではこの順にこれらの要因それぞれについて検討することとする。

ADHDの発生と社会的そして文化的特徴との間に相関関係はあるのだろうか。それともADHDは全人口の中から無作為に現れるのだろうか。

生物学的要因

生物学的要因が注意欠陥・多動性障害の発達に影響を与えているというかなり有力な証拠がある。ケンドールとハンメン（Kendall & Hammen, 1995）はドイッチ（Deutsch）によって行われた未刊の研究を参考にした。彼はADHD児の生物学上の親の25％が障害歴があるのに対し，養子縁組を結んだ親の場合は4％しかいないと指摘した。これらの結果は遺伝的要因が重要であることを示唆する。同様の結果がグッドマンとスティーヴンソン（Goodman & Stevenson, 1989）によっても得られている。彼らは双生児の少なくとも一方がADHDであるものを対象に研究を行った。両方ともが同じ診断が下される確立は，一卵性双生児の場合51％であるが，二卵性双生児では33％にすぎなかった。二卵性双生児より，一卵性双生児の方が，より遺伝的に類似しているということをこの結果は支持するだろう。しかし，一卵性双生児は二卵性双生児に比べて，親から酷似した扱いを受けるかもしれず，そのことがこの結果に影響しているかもしれない。

不適切な行動は環境要因によるものなのか，遺伝的要因によるものなのかについてどのように決定すればよいのだろうか。

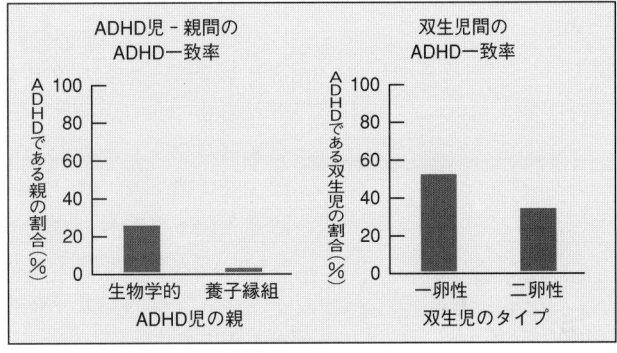

図23-9

遺伝的要因が注意欠陥・多動性障害に関係しているということを知ることは有益であるが，もっと特定の情報の方がより有益であろう。ADHDは，行動の計画と組織をつかさどる部分である大脳の前頭葉の活動の衰退と関連がある，ということが明らかになりつつある。障害児は血流と脳波の活動が減少していく（ルーらLou et al., 1989）。児童期にADHDを発症した成人は，聴覚注意の課題の実行において，正常な成人より脳の活動が不活発であることが，PETスキャンを通して認められた（ザメトキンらZametkin et al., 1990）。このような脳の活動の減少は前頭葉において最も顕著である。

ADHDの子供も成人も，前頭葉が比較的，不活発であるということがわかる。すでに述べたように，前頭葉は行動を計画し組織する部分であるため，ADHDの人々に認められる支離滅裂で衝動的な行動は，前頭葉が活発に機能していないことによるものなのである。

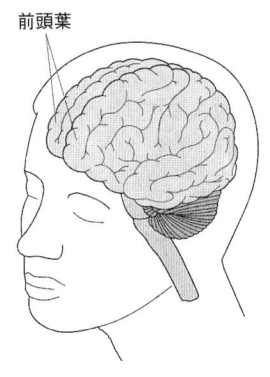

図23-10

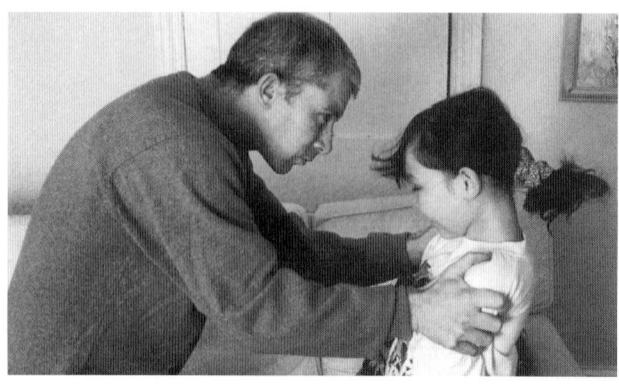

図23-11 活動過多の子供の親はADHD児をもたない親よりも多くの指示を与える傾向にあるが，これがADHDの原因となる要因なのか，親にとって活動過多の子供に対処するのが難しいということから生じたものなのかを決定することは難しい。

観察法を用いて親子間の相互作用を分析する際の方法論的弱点は何か。

倫理的問題：子供に対してリタリンのような薬を処方することに関連する問題は何だろうか。

バークレイら
　バークレイ（1985）が行ったリタリンを使用した研究から予想される問題はどういったものであろうか。仮に子供に対してネガティブでない親であるための本当の理由が，服従する子供を好むことであったとしたら，親たちの中には，自分たちの子供に対する本当の関心がなくなるものがいるのではないだろうか。リタリンを使用したこの調査の科学的な信頼はどのように利用することができるだろうか。

心理的要因

　親の子供の扱い方によっては，子供の注意欠陥・多動性障害を促進させてしまうこともある。生物学的要因・心理的要因は，その両方ともに重要である。過度な行動と注意の欠如がある子供は，親からのネガティブで不満そうな行動を引き起こしてしまう。そして次にこの親行動が子供の行動をさらに悪化させ，そしてついにADHDになっていくのである。

　活動過多の子供の親は，健常な子供の親よりも，命令的でネガティブな関わりをもつ傾向にある（デーヴィソンとニール　Davison & Neale, 1996参照）。しかしながら，これらの結果からはネガティブな親の行動が子供の活動過多を引き起こしているのか，子供の活動過多がネガティブな親の行動を喚起しているのか，または両者に因果関係があるのかということに対しては明言できない。

　バークレイら（Barkley et al., 1985）は活動過多の男児に刺激薬リタリンを与えた。リタリンとは，ADHDの症状の多くが減少するとされる薬である。リタリンを与えたときの活動過多の男児に対して，母親はコントロールしたりネガティブな態度をとったりということは少なくなっていたという重要な結果が得られた。このことから，注意欠陥・多動性障害の子供の親のネガティブな行動は，少なくともいくぶんかは子供の破壊的な行動の結果生じるものであり，親のネガティブな行動が子供の破壊的な行動の原因ではないということが示唆された。

　リタリンやそれに類似した薬には，いくぶん問題があり，睡眠障害や食欲減退のような副作用を引き起こすことがあることに注意しなければならない。バーローとデュラン（1995, p.664）は「一部のADHD児には刺激薬剤が効かず，また反応があった子供の多くも学力や社会的スキルといった重要な領域に有効な結果は示されなかった」と指摘した。

食事要因

　さまざまな食事要因が注意欠陥・多動性障害の発達に影響を及ぼすとされている。たとえば，ファインゴールド（Feingold, 1975）は，食品添加物が活動過多の子供の中枢神経系にネガティブな作用をもたらし，これによって状態がさらに悪化すると主張した。精製糖が障害の症状を引き起こすという示唆もある。

　活動過多の子供の食事から，食品添加物または精製糖を除去して，

その効果を観察した研究において，その関連性が検討されたものに，デーヴィソンとニール（1996）の研究がある。概して，この種の食事の変化の効果は，たいへん小さいものであるか，もしくはまったくなかったという結果が示された。このように ADHD において食事が重要な要因になることは明らかにされていない。

キー研究評価― ADHD

全体的に ADHD の主要な問題は，その症状の未確定な性質にある。そしてそれは一連の症候群の概念を徐々に排除していく。初期の症状を識別するには，科学的根拠に基づいて行われるべきであり，診断が妥当であるためには，すべての状況における全行動の正確で信頼性のある記録が必要である。このようなタイプの調査には，実地的で倫理的な問題が関係してくるため，この問題をクリアする必要がある。

個人が公然と示した行動には，個人の精神的な活動とは無関係なことがしばしばある。またそれは，解釈を受け入れやすく，潜在意識レベルで操作している問題に対しての反応なのかもしれない。

遺伝的根拠をより実証するための一つの方法は複数の場面での行動パターンを記録することであろう。そうすれば，人間の行動に対して，生物学的要因が原因としてあるかについて，より詳細に検討できるだろう。

要　約

以上，注意欠陥・多動性障害の発達に影響を及ぼすであろう生物学的要因，心理的要因，食事要因について考察してきた。その中で，生物学的要因が最も影響を及ぼしていることが明らかとなった。ケンドールとハンメン（1995, p.511）はそれを検証し，類似した結論に至った。

> ADHD の人々は脳機能と関係する生物学的素因をもち，障害は環境の影響（妊娠期間中の合併症；家族のストレスのような）によって悪化しうるという見解が一般的になりつつある。

ADHD の影響

ADHD の基本的で主要な症状は，注意散漫，活動過多，衝動的な行動である。しかしながら，ADHD 児の多くは，このような基本的な症状から直接的，間接的に派生した問題に直面することになる。そのような問題の中でも，最も共通している問題の一つは，学業成績が低いことであり，学年が上がれば上がるほど，この問題は大きくなる。バークレイら（1990a）によると，ADHD 児のおよそ 20～25％が読み，つづり，計算に重度の障害をもっている。このせいで ADHD の青年は，正常な青年よりも，中退するものがはるかに多い（バークレイら，1990b）。

ADHD 児はさまざまな社会的問題をもつ傾向にある。たとえば，彼らは仲間に人望がなかったり，拒否されたりする（カールソンら Carlson, Lahey & Neeper, 1984）。バークレイ（1990b）は注意力と行動面，両方に問題のある ADHD 児は，そのどちらか一方にしか問題をもたない子供と比べて，より多くの社会的問題をもっていたということを発見した。彼らには，発達途上の行動の問題と反抗的な行動の問題，他者との関わりが困難であるという問題，行動障害児の特殊なクラスに分類される問題といった問題を抱えていた。

ADHD 児のどういった面が，他の児童に反感を覚えさせるのだろうか。エルハルトとヒンショー（Erhardt & Hinshaw, 1994）は知能，運動能力，学業成績，身体的魅力のような要因とはほとんど関連性がないことを見出した。問題は，ADHD は攻撃的で従順ではないとみられることにあった。

もし ADHD の症状が 14 歳男児と 30 歳女性に認められたならば，どのような文化的偏見，そして年齢に基づく偏見が，二つの事例における私たちの解釈に影響を与えるだろうか。認識できる症候群として ADHD を分類することに対して，このことはどのような意味をもつのだろうか。

議論のポイント
1. ADHD児はなぜ広範な社会的問題に直面するのだろうか。
2. ADHD児が適応しやすいようにするためには何ができるだろうか。

ADHD児は，青年期になると症状がなくなるとしばしば考えられている。実際には，ADHD児は一般的に，何年間にもわたって問題をもち続け，成人期になってもそれは続くのである。バークレイら（1990a）は，ADHDと診断された児童の70％以上が青年期に入っても障害で苦しみ続けているということを明らかにした。青年において認められる最も共通した症状は次のようなものであった（それぞれのパーセンテージが（ ）内に示されている）：指示に従うことが難しい（84％）；容易に注意散漫になる（82％）；聞こうとしない（80％）；注意を維持できない（80％）。バークレイら（1990a）によると，ADHDと診断された児童の60％が成人になってからも幾つかの症状（たとえば，集中力欠如）がみられるという。

自 閉 症

自閉症（autism）は一般的に児童精神医学の障害の中で最も重篤なものであるとされている。自閉症を最初に定義づけたのは児童精神科医のレオ・カナー（Leo Kanner, 1943）であり，彼によると，自閉症は「人や状況に対して普通に接するという……関係の欠如……いつでも無関心であったり，無視をしたり，外部から自分に対して関わろうとするものをまったく受けつけないといった極端な自閉症的孤立」と定義した。カナーの初期の研究はあるにしても，自閉症が紹介されたのは1980年のDSM-Ⅲであり，その中ではオフィシャルカテゴリーに分類された。

自閉症の基準はDSM-Ⅳにおいて三つある。その中から合計六つ，もしくはそれ以上の症状があり，最初のカテゴリーから少なくとも二つ，その他それぞれのカテゴリーから一つずつ症状があるものとしている。

1. 社会的相互作用における質的障害：多様なノンバーバル行為（たとえば，アイコンタクト）の使用に障害；仲間との関係の欠如；他者との楽しみや興味を共有できない；他者からの社会的もしくは情緒的行為に対する反応の欠如という症状が含まれる。
2. コミュニケーションにおける質的障害：音声言語の発達遅滞；会話を始めたり，結んだりという発話行為をすることを嫌う；型にはまったもの，もしくは反復するといった言語使用；自発的な空想遊びや社会的な模倣遊びをする能力の欠如という症状が含まれる。
3. 興味と行動における限定された反復性と定型化されたパターン：興味が定型化され，限定されており極端に没頭するという症状；特殊な慣例や儀式に対する強迫的な固執；身ぶり等の癖の反復；ものの一部に対する執着という症状が含まれる。

キー用語
自閉症：重篤なコミュニケーションスキルの欠如と言語発達障害を含む重度の障害。

精神的疾患の場合と同様，精神障害としての自閉症の定義は，固定された精神障害と治療できる精神障害との重要な区別を含む。なぜ私たちは最初のカテゴリーの人々に対して同情するのであろうか。

> **凝視パターン**
>
> 　他者の凝視を「読む」能力というものは，通常子供は早期に獲得するものであるが，自閉症児はしばしばこの能力が欠如している。バターワースとジャレット（Butterworth & Jarrett, 1991）は生後6～18ヶ月の乳幼児を対象に，彼らの母親の凝視をたどる乳幼児の能力と同じ場所を凝視する能力を記録するという研究を行った。健常な乳幼児の能力は以下のようだった。
>
> 　6ヶ月児：母親の頭の動きに応じてのみ，母親の凝視を追った。
> 　12ヶ月児：母親の頭は動かなくても，目が動けば焦点を正しく合わせて母親の凝視を追った。
> 　18ヶ月児：視野の範囲を超えても母親の凝視を追える。
>
> 　初期のコミュニケーションを通して獲得されるこれらの直観的なスキルは，心の理解を示しているようである。健常な乳幼児は他者（今回は母親）の思考を理解する能力があったが，自閉症児はこれを達成できないのである。

　自閉症の男児は女児の3倍であり，自閉症が直接的な原因である障害に加えて，その大半が学習困難児でもある。自閉症の徴候は一般的に30ヶ月以前に発生し，しばしば生後2,3週間以内でさえも明らかに認められる。出生2000人に1人の割合で発生する。

　圧倒的多数の乳幼児と異なり，自閉症児は母親と初期の愛着をもたない。彼らが笑うことはまれで，食事中でも目を合わせることはない。彼らは親の愛情も受け入れず，抱かれることや添い寝されることも拒否する。自閉症児が，2・3歳になったとき，その多くが親との愛着を発達させ始める。しかしながら，そのレベルは同年齢の子供に比べて，とても低いものである。

　自閉症児の社会的関係の欠如は他児との交流に影響を及ぼす。彼らが，他児と遊ぶことはまれで，概して他児に対しては無反応である。自閉症児は他児とは異なり，象徴遊び（たとえば，積み木を列車のエンジンに見立てる）をほとんどしない。彼らの非社会的な行動から想像できるように，彼らは一般的にアイコンタクトを避けるのである。自閉症児の凝視パターンはミレンダら（Mirenda, Donnelflan & Yoder, 1983）によって研究され，自閉症児は誰かの注意を引くために凝視することはなく，また，他者の注意を物に向けるための凝視はまれであることが明らかとなった。これらのことから，自閉症児の凝視パターンは健常の子供のそれとはまったく異なるものであるといえる。

　自閉症児ができないことを詳しくみてきた。では，彼らは何ができるだろうか。彼らは，特定の社会的活動やその他の活動とは関係なしに，長時間静かに座っていることができる。彼らは全体的に自己の考えに夢中であるようにみえる。彼らの行動で，その他の特異な特徴は，もの（たとえば，毛布；おもちゃ）に対して，異常なほどに強いアタッチメントをするということがある。最もお気に入り

図23-12　映画『レインマン』は自閉症者に対する繊細な配慮とダスティン・ホフマン（Dustin Hoffman）が自閉症者を正確に演じたことが称賛された。

子供が現実と架空を分けることによる遊び，たとえば寝室を宇宙カプセルに見立てるというような遊びを行うとき分断が生じる。自閉症児はこれが行えないのである。

のものは，どこに行くときにも持ち歩くことになる。

自閉症児に認められる重篤な言語異常は社会的文脈に対する感受性の欠如であるとする研究者がいる（たとえば，バロン-コーエン Baron-Cohen, 1994）。たとえば，彼らは意味のない無礼なことを言ったり，通常の会話の中で，交互に話すということができない。バロン-コーエンによると自閉症児は，他者の考えや思いを理解することができず，このせいでうまくコミュニケーションがとれないという。彼らの発話の特徴の一つとして**反響言語**（echolalia）が知られている。これは他者が発したものを聞こえた通り正確に反響することを指す。その他の特徴は，代名詞の反転であり，自分自身について話すときにも「彼は」「彼女は」という単語を使用する。

> **キー用語**
> **反響言語**：他者が発したことを正確に繰り返すこと；自閉症に共通して認められる。

> **自閉症と診断されるとき**
> 幼い自閉症児（2～4歳）の場合，発話は全般的にできないだろう。検査で他の診断が出るまでは，この状態が時に聴覚障害と誤診されることがある。発話の欠如の原因として，聴覚障害の可能性が消え，続いて自閉症の診断が下されるということは親にたいへんなストレスをかけることになる。そのようなストレスフルな時期における親へのコーピング法は何であろうか。そのような状況下での以下の機能はどのようなものだろうか。
> ・否認
> ・抵抗
> ・怒り
> ・置き換え
> ・受容

自閉症の原因

自閉症の発達に影響を及ぼす要因が幾つかある。以下では，三つの要因に関連する幾つかの証拠を考察していく。まず遺伝的要因について，次に養育スタイルと心の理論について，そして最後に神経的要因をみることにする。

遺伝的要因

自閉症における遺伝的要因を明らかにした研究に，フォルステインとラター（Folstein & Rutter, 1978）によって行われた双生児研究がある。彼らは，双生児の一方が自閉症である一卵性双生児11組を対象とし，その結果，4組（36％）において，もう一方も自閉症であることがわかった。つまり，これが**一致率**（concordance rate）として知られている。彼らはまた，双生児の一方が自閉症である二卵性双生児10組を対象に同様の調査を行ったが，二卵性双生児には一致率はまったく認められなかった。遺伝的要因の結果は，発話が遅れがちであるというような認知障害が考えられるときに最も顕著に現れた。一致率に関しては，二卵性双生児が10％にすぎないのに対し，一卵性双生児が82％であった（図23-13参照）。

遺伝的要因が重要であるというさらなる証拠がステフェンバーグら（Steffenburg et al., 1989）によって報告された。彼らは，二卵性双生児の一致率は0％であるのに対して，一卵性双生児には91％の一致が認められ，これらから，遺伝的要因が自閉症に大きな影響を及ぼすということが示唆された。

> **キー用語**
> **一致率**：仮に双生児の一方が障害，もしくは性質を有していたならば，もう一方も同様に障害もしくは性質を有しているということ。

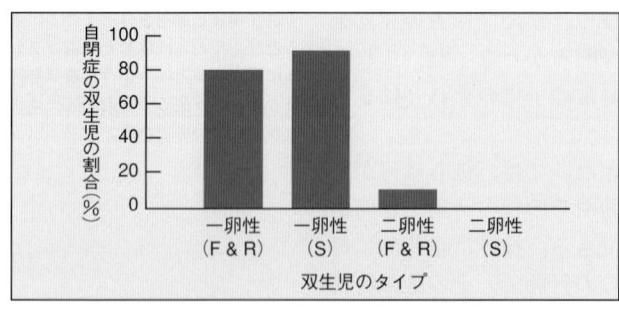

図23-13　双生児間の自閉症一致率
注：フォルステインとラター（F & R）(1978)とステフェンバーグら（S）(1989)の結果より

養育スタイル

初期の研究（たとえば，カナー，1943）においては，自閉症の最も重要な要因として，養育行動が挙げられていた。特に，冷淡で無関心な態度をとる親の方が，その他の親よりも，自閉症児をもつ傾向にあることがわかった。しかし詳細な調査によると，自閉症児の親は，一般的にその他の親とたいへん類似した態度であるという示唆が得られている（たとえば，キャントウェルら Cantwell, Baker & Rutter, 1978）。たとえ，自閉症児の親が冷淡な態度をとることが明らかだったとしても，これは子供の側の無反応さが原因であると言えよう。

心の理論

> レスリー（Leslie, 1987）は自閉症の中心となる問題は，他者が自分とは異なる考えや知識をもっているということを理解する力の欠如であるとした。これが「心の盲」（mind-blindness）である。また行為がどのような信念と思考によって行われているかを理解するのも困難である。レスリーによると，これは自閉症児が心の理論を有していないことを意味し，その結果，彼らは社会を理解できず，他者とも円滑なコミュニケーションができないのである。この理論的アプローチによると，認知問題は基本的に重要な問題であり，この問題が結果として社会的問題を引き起こすことになる。これは通常，仮定されていること，すなわち，社会的問題がはじめに生じ，その結果，認知問題が生じるという仮定と相反する。
>
> 心の理論を支持する研究はバロン－コーエンら（Baron-Cohen, Leslie & Frith, 1985）によってなされている。自閉症児と健常児の4歳児を対象に，以下の教示をした。
>
>> サリーはかごの中にビー玉を入れます。それから彼女は外出します。アンはサリーのビー玉を取り，アンの箱の中に入れます。それからサリーは散歩から帰ってきます。彼女はビー玉を見つけるためにどこを探すでしょう。
>
> 健常児の大半がかごの中だと正しく指すが，自閉症児は箱の中を指す。これはサリーは何も知らないという思考がもてなかったことから生じたのである。つまり，自閉症児にとって，他の児童が異なった視点をもつということを理解するのは難しいということである。

議論のポイント
1. このアプローチで自閉症児を理解できるだろうか。
2. なぜ心の盲（mind-blindness）は社会的問題を生じさせるのだろうか。

ピアジェ（Piaget）はバロン－コーエンら（1985）のこのような結果をどのように解釈しただろうか。

脳損傷

自閉症が脳の異常や損傷と関連するかもしれないという証拠はブレーンスキャン（脳走査写真）の使用による研究によって得られている。ローゼンブルームら（Rosenbloom et al., 1984）はCATスキャ

ンを用いて多くの自閉症者が脳に異常なほど大きな空洞をもっていることを発見した。コーチェスンら（Courchesne *et al*., 1988）は，自閉症児の脳をMRスキャナー（磁気共鳴断層撮影装置）によって分析し，小脳の一部に82％の割合で発達不全が起こっていたと報告した。

脳損傷が自閉症と重要な関係にあるということを示唆するその他の根拠はバロン-コーエン（1994, p.92）によって提出された。彼は以下に示すように，自閉症と関連のある医学的状態は広範であると指摘した：遺伝的障害（脆弱X症候群，フェニルケトン尿症，結節硬化，神経繊維腫症，その他染色体異常）；代謝障害（ヒスチジン血症，プリン合成異常，炭水化物代謝異常），そして先天性異常症候群。さらに，自閉症と妊娠期間中の風疹との関連も明らかになっている（バロン-コーエン, 1994）。

自閉症の影響

自閉症の長期間の影響は，一般的にとても重篤なものである。自閉症の約75％が学習困難で苦しみ，これによって職を得る機会もごくわずかなものになってしまっている。約35％の自閉症者が，うつを経験しており，これは児童期から始まっている。これらの問題は，社会的発達の遅滞やコミュニケーションスキルの欠如と関連しているのであるが，これらが意味するところは，自閉症の成人が成人期において，成人としての生活をうまくやっていくことは，たいへん困難であるということである。ロター（Lotter, 1973）は幾つかの研究をレビューし，自閉症児の5％から17％しか成人として適応することはできないと結論づけた。

カナー（1973）は9人の成人を対象に，自閉症の影響を詳細に分析した。9人中5人が人生の大半を施設で過ごしており，1人はけい

ケーススタディ：自閉症の才能

自閉症はすべての側面でネガティブなものであると想像するかもしれない。しかし自閉症児の中には，驚くべき芸術の才能を有し，他の子供よりかなり早く，たいへん精巧で遠近法を使った絵を描くことができるものがいる。

セルフ（Selfe, 1983）は，ナディアという名の自閉症の女児について研究を行った。彼女は話すことができず，重度の運動障害があったけれども，彼女がまだ5歳だったとき，記憶をたどって馬，雄鶏そして騎兵を写実的に描いた。

その他，自閉症の子供や成人の才能には暗算がある。たとえば，500年前のあるデータを与えられたなら，それから何曜日かを計算できる。また形式的なトレーニングを受けるわけではなく耳から楽器を弾くことを学ぶ自閉症の音楽家もいる。

これらの才能は，自閉症児の世界の狭さと関係があるだろう。なぜなら彼らはある事象に夢中になることができたり，たいへん細かいことを処理できたりするからである。

カナー（1943）はこのような才能を「才能の小島」といい，自閉症児の知能の他の側面は障害という海面の下に隠れていると示唆した。

図23-14　自閉症の5歳のナディアが描いた絵（左）と平均的6歳半の児童が描いた絵（右）

れん発作に苦しんで早期に死亡し，1人は口がきけなかった。その他2人は働いていたが，親と一緒の家に住み，非常に限定された社会生活を送っていた。

　自閉症の負の影響を減少させるためのさまざまな試みがある。その中の一つとしてケーゲルら（Koegel, O'Dell & Koegel, 1987）によって考案された「自然言語治療プログラム」がある。それは，子供の自然な環境において，刺激と有効な報酬を与えることによって，自閉症児の言語スキルを増進させる目的で作成された。ケーゲルらはこのプログラムは，部分的に効果があったと報告した。ロヴァース（Lovaas, 1987）は，オペラントプログラムを用いた。その内容は，自閉症児が攻撃的でないとき，他の児童と遊んでいるとき，話をしているときに報酬を与えるというものだった。このプログラムの鍵となる特徴は，40時間もしくは1週間操作するということである。ロバースは，コントロール群の自閉症児のIQは55であったのに対して，このプログラムを経験した自閉症児のIQは，6歳時の平均IQ83になったと報告した。

発達性失読症

　発達性失読症（developmental dyslexia）は，「発達異常の結果として生じたとされる読み書きの障害」と定義される（マイルズ Miles, 1990, p.116）。発達性失読症と後天性失読症（acquired dyslexia）を区別する必要がある。後天性失読症の患者は脳損傷（たとえば，卒中，損傷）の結果，存在していた言語スキルの幾つかが失われた状態である。

　「発達性失読症」という用語は，発達過程で読みの問題がある人全員に使用するべきではない。この点に関しては以下のようにエリス（Ellis, 1993, pp.93-94）が指摘している。

> キー用語
> 発達性失読症：正常な知能を有している人物の発達において，予期せぬ読みの問題が生じた状態。
> 後天性失読症：脳損傷によって言語スキル（特に読みスキル）が失われた状態。

　　発達性失読症の中心となる概念は，予期できない読みの問題であると言える。つまり，聴力や視覚の欠如，低知能や不十分な教育機会によらない読み書きの獲得障害があるということである。

　どれほどの子供が発達性失読症で苦しんでいるのだろうか。この質問に対して明らかな答えはない。それは失読と呼ぶ以前の子供の読み年齢が実年齢にどれほど遅れたものであるかについて意見が分かれているからである。また，低い知能の定義や不十分な教育機会を定義づけることに関しての意見の相違もみられる。一般的に読み発達性

図 23-15

> **失読症者の才能**
> ときどき，失読症と例外的な視覚的／空間的スキルとの関連が言われることがある。芸術家ロダン（Rodin），レオナルド・ダ・ヴィンチ（Leonardo da Vinci），ターナー（Turner）は，全員が失読症であったとされている。視覚的／空間的能力はまた，失読症であったジャッキー・スチュワート（p.910 参照）の，レーシング・ドライバーとしての技術に大きな役割を果たしたにちがいない。失読症に関連する才能としては，他に音楽，建築，エンジニア，写真家，メカニック，運動選手等がある（エドワーズ Edwards, 1994）。

失読症は女児よりも男児に多くみられると考えられているが，シェイウィツ（Shaywitz, 1996, p.83）は以下のように考察した。「男児の読字困難は……女児のそれよりも多いとみなされている。しかしそのような同一視は偏りがあることが明らかになった。障害の実際の有病率には性差はほぼない」。女児よりも男児の方が読字書困難が多いという結論は，根拠のないものであることが示された。

全単語についての蓄積された情報（視覚の印象，意味，発音）に基づいて，または文字を音に転換するという法則を使うことによって，単語を読むことができるとしばしば論じられてきた（アイゼンクとキーン Eysenck & Keane, 1995 参照）。たとえば，あなたが「ネコ（cat）」と発するとき，親しんでいる単語である，もしくはネーコ（c-a-t）というつづりを思考するという機能を理解することで正しく発音できる。この相違は発達性失読症と関連があり，また発達性構音失読症と発達性表層失読症間での違いにも関連がある。**発達性構音失読症**（developmental phonological dyslexia）とは，文字を音に換えて読むというよりはむしろ，全単語情報に基づいて読む状態を指す。反対に，**発達性表層失読症**（developmental surface dyslexia）は，全単語情報に基づいて読むのではなく，文字を音に換えて読む状態を指す。

> **キー用語**
> **発達性構音失読症**：読みを行う際，文字を音に変換する方法ではなく，全単語情報を使用する状態。
> **発達性表層失読症**：読みを行う際，全単語情報を使うのではなく，文字を音に変換する方法を使用する状態。

HM は，検査時 17 歳の発達性構音失読症の女性であった（テンプルとマーシャル Temple & Marshall, 1983）。彼女は，単語になっていない 3 文字を読むことがたいへん困難であった。たとえば HIB を"hip"と，BIX を"back"と読むのである。HM がこのような誤読をするのは，文字を音に置き換えるということが難しいからだと考えられる。

アランは 22 歳の発達性表層失読症であった（ハンリーら Hanley, Hastie & Kay, 1991）。HM とは対照的に，彼は文字を音に変換できるので，単語ではない文字は容易に読むことができた。しかし，彼は文字－音変換の法則に従わない不規則単語に問題を抱えていた。たとえば BIND を"binned"と，SCENE を"sken"と読んだ。この誤読は，文字－音変換の法則に適合しない単語に対して，それを使用したから起こったのである。

すべての発達性失読症が構音失読症もしくは表層失読症であるという考えには少々問題がある。実際に，どのカテゴリーにも適合しない発達性失読症もあり，発達性失読症の大部分が両方の特徴をもっている（エリス, 1993）。発達性構音失読症や発達性表層失読症のような用語は，子供の詳細な症状の明確な記述というよりも，便宜的な分類としてみなすことが重要である。

失読症協会によると，生徒 25 人中 1 人が失読症であるという。しかし失読症は 1981 年の教育法の用語から省略されることとなった。教育者が，長い間，失読症を特殊な学習困難として認識しないままでいるのはなぜだろうか。

失読症に対する理論的アプローチ

　言語上の問題の正確さという意味においては，発達性失読症は多様である。発達性失読症の多くのケースに光を注ぐ理論的アプローチとして構音障害仮説がある。これを理解するには，ブライアントとブラッドレイ（Bryant & Bradley, 1985）とシェイウィツ（1996）の研究が最適である。ブライアントとブラッドレイは読みを習得する鍵となる部分は，文字を対応する音素もしくは音に置き換える能力であると主張した。彼らはある子供に最初と最後の音に従って単語を分類させるように訓練し，もう一方の子供には意味によって単語を分類させるように訓練した。音に基づいた訓練を受けた子供は，意味に基づいた訓練を受けた子供よりも早期に読みを習得した。

　シェイウィツ（1996）は378名の失読症児と健常児を対象にテストを行った。2群間で最も差が出たテストは構音過程，つまり文字を音に変換する能力をテストするものであった。たとえば，失読症児は聴覚分析テストにおいて特に結果が悪かった。これは，それらのテストが単語内の音素を結びつけ，そして消すこと（たとえば，"lock"と発音された"block"）を要求するからである。

> 英語のような不規則言語は，失読症者にさらなる問題を生じさせる。英語での不規則な発音の例を挙げてみると，
>
> have → cave
> cough → through
> bomb → tomb
>
> 文脈によって発音を変化させる単語もある。
>
> He used to live here.　彼は以前ここに住んでいたものだった。
> Connect up the live wire.　電流の通じた電線を接続しなさい。

　構音障害仮説（シェイウィツ，1996，p.80）によると，「子供が失読症の場合，言語システムの障害は……書き言葉を基本的な音韻組織の構成要素に分ける能力が損なわれている状態である」（p.80）。この仮説は，私たちが議論しているような結果によって支持されている。失読症者は，文字のかたまりと発話音の間にかなりの規則性をもった言語，または予想通りの言語においては容易に読めるという構音障害仮説を仮定するのは妥当であると考える。失読症の問題は，スペイン語やイタリア語のような規則性のある言語よりも，英語やデンマーク語のような不規則な言語において深刻であるという報告がある（マイルズ，1990）。

平均以下の知能，学校教育への不適応，視覚障害もしくは聴覚障害は，失読症という診断にどのような悪影響を及ぼすだろうか。

発達性失読症の原因

　子供が，発達性失読症であると診断されるには，平均もしくは平均以上の知能とある程度の視覚と聴覚があり，十分な学校教育を受けている必要がある。それに従うと，発達性失読症は環境的な問題が原因ではないよう（まったくないとは言えないが）である。それに代替する解釈として，発達性失読症は生物学的要因によって引き起こされるというものがある。

　発達性失読症は家族から伝わる傾向にあり，これは遺伝的要因と関連があるという見解を支持するものである。音声言語における音を選別する能力や単語になっていないものを読む能力は，ある程度生物学的要因によるものであるという結果が，オルソンら（Olson et al., 1990）によって報告された。一卵性双生児は，二卵性双生児より，

失読症の出現率を考えると，学校はそのような児童を支援するためにより多くの力を注ぐべきではないだろうか。失読症に関連するスティグマを軽減させるために学校は何ができるのか。

これらの特殊な読み能力の問題を多く共有していた。つまり，一卵性双生児の方が一致率が高かったのである。カードンら（Cardon et al., 1994）は複雑な発生学的分析を実行し，染色体6の遺伝子が失読症の原因であることを明らかにした。しかしながら，遺伝的要因が関係しているとしても，失読症すべてのケースが遺伝によるものではない。

　発達性失読症の原因が，ブレーンスキャンを使用した研究によって明らかになってきている。シェイウィツとその同僚（シェイウィツ，1996）は，機能的MRI（磁気共鳴像）を使用している（第4章参照）。彼らは，200人以上の失読症の子供と成人，健常な子供と成人を対象に研究を行い，構音プロセスは脳の下前頭溝内で起こることを明らかにした。下前頭溝は，言語の大部分をつかさどる前頭葉の中にある。失読症者と健常者間では，脳のこの部分において重大な神経の相違が認められる。対照的に機能的MRIでは，文字の識別や意味を獲得するといったことに関係のある部分において2群間での差は認められなかった。

　シェイウィツの研究は，なぜ男性に比べて女性の方が失読症の問題の多くを克服しやすいのかということも明らかにした。女性は左右の下前頭溝が構音プロセスをつかさどるのに対し，男性は一般的に左の下前頭溝のみが活性化されているということを発見したのである。

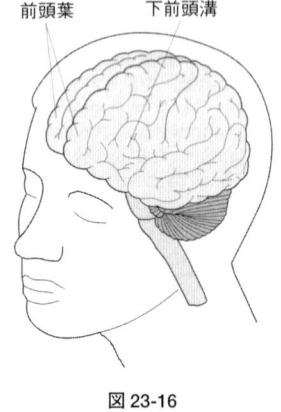

図 23-16

失読症への対処

　失読症児の読みスキルを向上させるための適切な方法を発見することは重要である。また読み不全は低い自尊感情をもつ失読症児を生む原因となるということも重要である。このことは，失読症と診断されなくても，特に起こる現象である。たとえば，ジャッキー・スチュワートの場合を考えると，彼はフォーミュラワンで3度世界チャンピオンに輝き，後にビジネスマンとして大成功を収めた人物である。彼は学生時代に読むことができないということで笑われた。後の成人期になって，これは知能の欠如に起因するのではなく，失読症によるものであったということがわかり，彼はたいへん救われたのである。

　失読症児を教える多くの教師は，読みのための多感覚応用アプローチを好んで使用する。このアプローチの本質は「生徒は注意深く聞くこと，注意深く見ること，単語を話すときに使用される口の動きと単語を書くときの手の動きの両方に注意を払うことが必要である」（マイルズ，1990, p.120）ということである。このアプローチは有効であることが立証されている。

図 23-17　失読症であったにもかかわらず，学校でもそのように理解されないままであったが，ジャッキー・スチュワートはフォーミュラワンにおいて世界チャンピオンとなり，その後仕事においても成功を収めた。

コンピュータに基づくセラピー

シェイウィツ（1996）は大半が失読症児である言語障害児を援助するための新しいアプローチを検討した。これまでみてきたように，失読症児は，口語もしくは書き言葉の中の音素または音を識別することが難しい。実は，失読症児は一般的にほぼ平均的な知能があるために，失読症によって正常な速度で読みが習得できないことがカギとなる問題である。ポーラ・トーラルとマイケル・マーゼニッチ（Paula Tallal & Michael Merzenich）は，この事実に基づいて失読症の扱い方へのアプローチを考案した。彼らは，失読症児は健常児よりも，音素を識別するために音素が長く示されなければならないという結果も考慮にいれた。

トーラルとマーゼニッチは「pa（ぱ）」と「da（だ）」のように似た音素は失読症児がそれらを区別できるように伸ばすというコンピュータに基づくセラピーを考案した。この方法で訓練した失読症児はわずか1ヶ月で2年間分の言語発達を示した（シェイウィツ，1996）。このコンピュータに基づくセラピーはたいへん有望なものではあるが，正確な価値が認められるためには，広範な子供に使用してみること，またその他のセラピーに対して，体系的な比較を行う必要があるだろう。

議論のポイント

1. このコンピュータに基づくセラピーのどういった点が有望なのだろうか。
2. 失読症児にとって音素の識別の問題ばかりに焦点が当てられることは適切なのだろうか。

キー研究評価—失読症

失読症児の正確なニーズを理解するために，診断と支援の包括的なプログラムが必要である。音素の提示に加えて，シェイウィツの研究のように，子供には個々のニーズに適合する全般的なパッケージが必要なのである。失読症の早期発見は言語の向上に非常に重要であり，7歳までのスクリーニングを推奨している。構文能力が弱かったり，単語をリズムに分けることが難しいといった，失読症と関係しているその他の言葉の障害は，就学前の段階で発見することができる。

早期発見に加えて，個々のニーズに応じたプログラムが作成され，遂行されるべきである。このような目的に合ったアプローチは音韻の理解だけではなく，個々の言語障害のすべての領域においてなされなければならない。読み書きと同様，視覚や口頭のスキルが含まれていることが望ましい。流暢なオーラルコミュニケーションは自信につながるし，スペルチェックを含むコンピュータスキルは，失読症者の能力において個々の自信を再び取り戻させる。最後に，失読症についての先入観はときどき困難な経験において無視できない暗い影を落とす。そのため，生徒をラベリングすることを止めることは重要であり，彼らは一個人として扱われるべきなのである。

感　想

・本章で検討してきた研究が，障害のある児童，青年，成人の問題とニーズのよりよい理解につながれば幸いである。

残念なことに，障害者は社会の中で不当な扱いを受けているということがかなり明らかになっている。たとえば，1998年のイギリスの調査によると，35歳以下の60％の人々が，障害者と日常的に接触していないという。それはなぜなのか。ジョン・ナイト（John Knight）によると，イギリスの障害者慈善団体，Leonard Cheshire Homes のポリシーは以下のようなものであるという。「同情というのは，障害者を哀れみの対象であるという印象をもたせる。そしてそれによって，障害者は自分自身が不十分な存在であると感じさせられ，彼らのプライドは傷つけられる。彼らが望むことは，『故障したかたまり』ではなく，個人として社会が彼らと関係をもつことである」。

要　約
学習困難

　DSM-Ⅳによると，精神遅滞（もしくは学習困難）の診断基準は以下に示す通りである：IQ70以下；さまざまな領域の適応機能における障害もしくは欠損；18歳以前の知的機能障害の徴候。精神遅滞には四つの程度（軽度，中度，重度，最重度）があり，学習困難児の大半が軽度に分類される。学習困難児の約70％が文化的／家族性の精神遅滞があり，生物学的要因と社会的要因が混じり合って生じるとされている。学習困難には非常に多くの原因がある。結節硬化，レッシューナイハン症候群，染色体異常（たとえば，ダウン症候群；脆弱X症候群），代謝異常（たとえば，フェニルケトン尿症；テイ-ザックス病）である。学習困難の児童と成人（特に重度，最重度精神遅滞の人々）は，幾つもの問題を経験する。その問題とは；学力獲得の遅滞；社会的スキルの欠如；ごく限定されたコミュニケーションスキル；基本的な身辺処理スキルの習得の困難さ；資格欠如による求職の難しさのようなものである。

身体障害と感覚障害

　視覚障害児の中心的問題は，社会的関係と他の児童との友人関係に関するものである。10人の視覚障害児の大半が孤独であるという。視覚障害児はかなり正常に言語を獲得していくが，読みを習得する際に問題が生じる。視覚障害児は触覚が未発達なために点字を習得するのに1年以上を要する。視覚障害児との交流の仕方を親と教師に訓練するための介入プログラムは適度に効果的なものであった。点字の大文字版は文字習得を促進した。

　健常な親をもつ聴覚障害児より，聴覚障害の親をもつ聴覚障害児の方が急速に発達が進む。聴覚障害児はコミュニケーションをとることの難しさや限定された社会的経験から社会的問題を抱えている。また，読唇術や記号言語の使用にもかかわらず，音声言語と書き言語のすべての面で問題をもつ。言語の発達の遅滞は学業成績の向上や社会的発達を阻害する。寄宿学校やトータルコミュニケーションに基づいた介入プログラムは有効であることが証明されている。

　脳性まひは非進行性の脳損傷に起因する運動障害を含む。運動障害はその性質や重さにおいて多様であるが，一般的に会話の面で問題がある。脳性まひ児の大半がコミュニケーションに大きな問題を抱え，これによって彼らの学業成績の向上や社会的発達が妨げられることになる。マイクロコンピュータはコミュニケーションを援助するために使われ，ペトとルードは運動機能の発達速度を促進するための異なるプログラムを考案した。

注意欠陥・多動性障害

　注意欠陥・多動性障害（ADHD）には三つのタイプがある：不注意優勢型；多動性・衝動性優勢型；混合型。双生児研究によって，注意欠陥・多動性障害には，遺伝的要因が関連することを，またそ

図23-18　下院議員デーヴィッド・ブランケット，彼は視覚障害でありながら，政府の大臣に初めてなった人物である。

の他の根拠によって，前頭葉が関連することが示唆された。ADHD児の親は，児童の破壊的な行動のせいで，彼らの前でネガティブな態度をとることが多い。食事とADHDとの関連は明らかにならなかった。ADHD児は学校でうまく行動することができず，攻撃的で不従順であるため嫌われる傾向にある。

自 閉 症

自閉症の基準は，社会的相互作用における質的障害，コミュニケーションにおける質的障害，興味と行動における限定された反復性と定型化されたパターンの三つである。自閉症の男児の数は，女児の3倍である。双生児研究によって，遺伝的要因が重要であることが示され，ブレーンスキャンによって，自閉症児の大半に小脳の一部に発達不全が認められた。心の理論から，また冷淡さや感受性が欠如した養育行動という点から自閉症を説明しようとする試みもある。

発達性失読症

発達性失読症は読み書きには問題があるが，他の学習能力には問題がない。発達性失読症は構音失読症と表層失読症に分類できる。構音障害仮説によると，失読症者の主要な問題は，書き言葉を音素もしくは音に変換することである。染色体6の遺伝子に関係があるだろう遺伝的要因が関連することが明らかになった。音素を伸ばすというコンピュータに基づくセラピーが有効であることが示された。

【参 考 書】

児童の非定型的発達に関する良書は，V. Lewis (1987), *Development and handicap*, Oxford: Blackwellがある。また本章で取り上げた話題の多くが読みやすい形で書かれているものに，D. Barlow & V. M. Durand (1995), *Abnormal psychology*, New York: Brooks/Coleがある。視覚障害に関しては，V. Lewis & G. M. Collis (1997), *Blindness and psychological development in young children*, Leicester: BPS Books, 聴覚障害に関するものはM. Marschark (1993), *Psychological development of deaf children*, Oxford: Oxford University Pressがある。

【復習問題】

1 　学習困難の問題に関する心理学的研究を述べ，評価しなさい。　　　（24点）
2 　身体障害もしくは感覚障害を扱う問題に関して，これまでに学んできた心理学的研究を批判的に考察しなさい。　　　（24点）
3 　児童期の情緒的，そして（もしくは）行動的な問題を生じさせる原因に関連する二つの理論を論じなさい。　　　（24点）

- **異常とは何か：精神障害の治療における異常の定義の仕方**
    統計学的アプローチ
    社会的逸脱
    ローゼンハンとセリグマンの七つの異常特徴
    文化的文脈
    DSM と ICD の定義

- **分類しなければならないのか：精神障害は身体障害と同様の方法で分類されるか**
    ローゼンハンの偽患者研究
    シェフのラベリング論
    サスとレインの反精神医学の視点

- **分類システム：精神障害を診断する多様なシステム作成の難しさ**
    DSM の軸と特徴
    ICD のカテゴリー

- **異常モデル：精神障害の起因を判断する種々の方法**
    医療モデルと行動モデル
    エリスとベックの認知モデル
    ロジャーズとマズローの人間性モデル
    フロイトの精神力動モデル

- **文化差と下位文化差：文化文脈によって類似した精神障害の症状はみられるか**
    コロやアモクなどの文化を基盤とした症候群
    統合失調症（精神分裂病）の文化間研究
    ウェイズらの抑圧と促進のモデル
    文化バイアス，ジェンダー・バイアス，社会階級バイアス

24 異常モデル

精神障害の患者を治療するセラピストたちは，正常行動と異常行動を区別しなければならない。また，ほとんどのセラピストは，患者の症状に対して分類や診断することの必要性を感じている。換言すれば，患者それぞれにおける特定の精神障害を明らかにすることを望んでいる。完全な精神障害の分類システムを考案することに，多大なる困難が伴うことは承知のことであろう。実際に，患者を分類することは，それぞれに固有の症状パターンを無視することにもなるため，このような試みは時間と労力に比例して成果がみられるものではない。

図24-1 このヤシの木は標準ではない。

主要な分類システムの多くは，異常や精神障害に関する西洋の概念を基盤として作成されてきた。しかし，近年では，文化差や下位文化差について考慮することの重要性が認識されてきている。ウェステン（Westen, 1996, p.578）は，「精神医学的な疾病の診断には，常に患者の文化，下位文化についての理解が必要となってくる」と指摘した。文化バイアス，ジェンダー・バイアス，社会階級バイアスなど，実にさまざまなバイアスが存在するため，文化，下位文化を理解していくことがより求められる。このようなバイアスの存在理由については，この章を通して取り上げていく（第28章参照）。

異常とは何か

統計学的アプローチ

「異常」の定義の仕方は幾つか存在する。一つは，異常は全人口中，統計学的にまれにみられるという，統計学的アプローチに基づくものである。たとえば，スピルバーガー（Spielberger）による状態特性不安（STAI）で評定する特性不安（高い不安を感じる傾向）である。特性不安の平均値は約40点であるが，約50人に1人は55点より高い値の人がいる。このように，55点，あるいはそれ以上の得点の人は，大多数の人口から外れているという意味においては「異常」とみなされる。

この統計学的アプローチは，臨床における「異常」の意味を見出すことにはなるが，十分なものではない。満足いく充実した生活を送っていても，特性不安の得点が高くなる人もいるだろう。しかし，それは臨床的な「異常」をほとんど意味していないと言える。また，特性不安がとても低い得点（25点以下）も統計学的には異常とみなされるが，不安をあまり感じないことは，臨床的にはほとんど異常

> **時代を超えた変化**
>
> 社会的逸脱に関する考え方は時代によって変わることがある。たとえば，20世紀初期，未婚女性の出産は，家族や一般社会から拒絶されてきた。このような状況にある女性は，彼女たちの行動そのものが衝撃的で受け入れがたいこととして認識されていたため，長い間，精神学会においてでさえ全面的に取り上げられてこなかった。ここ100年あまりの間で，このような事態が劇的に変わってきた理由をどのように考えるだろうか。

とみなされない。

統計学的アプローチは，平均からの偏差が望ましいか望ましくないかについては考慮されていない。「異常」は統計学的にまれにみられる行動と言えるが，そのような行動は，その人に望ましくないのか，損傷を与えていないか，ということにも注意しなければならない。

社会的逸脱

統計学的アプローチでは見落とされてしまう重要なことは，異常行動が他の人に与える衝撃・影響である。このことを，社会的逸脱として強調してきた心理学者もいる。社会的逸脱とは，他人に不快を抱かせる社会的に逸脱した，一見理解できない行動をとることであり，そのような行動をとる人は異常とみなされる。

臨床的に異常と診断された大半の人は社会的逸脱の行動をとるが，臨床的な異常を社会的逸脱と同等に扱うべきではない。社会的逸脱になる理由は，

図24-2 警察官につばを吐くという行為は一般的には容認されないが，道路上での抗議デモの際に警察に対して同じような行為をしても，社会的逸脱とは，みなされないだろう。

人それぞれに異なる。非協調的なライフスタイルをとっているために社会的逸脱とみなされる人もいれば，高潔さがきっかけとなってとった行動が社会的逸脱とみなされる人もいる（たとえば，ナチスドイツ時代，傾倒されていた残虐行為に反対を声明する人や，精神施設に長年収容されていたロシアの反体制者などである）。

しかし社会的逸脱を重視しすぎることには他の問題がある。社会が考える逸脱や異常とは，文化的文脈によって大きく異なることである。たとえば，同性愛は，ある社会においては倒錯であり犯罪であるとみなされるが，ある社会（たとえば，ギリシャ）では，寛大に扱われたり，あるいは奨励されたりもした。英国でも，ここ10年で同性愛に対する態度が大きく変化してきている。1960年代まで，同意に基づいたうえでも大人同士の同性愛は犯罪であった。しかし，それ以降は変化し，1995年には18歳から同性愛が同意されるようになり，さらに，16歳からに引き下げられようとしている。

他の文化差に関する例は，グライトマン（Gleitman, 1986）によって示されている。クワキウトル・インディアンは，ライバルたちへの恥を払拭するために，高価な毛布を燃やすという特別な儀式を行う。私たちの社会では，誰かが一番高価な所有物を故意に火の中に置こうとするならば，その人はよほどの変わり者か精神病と思われるだろう。

あなた自身が受けてきた教育に関して，次世代ではどの面が変わる，あるいは変わらないと思うか。

図24-3 異常な行動……?

社会的逸脱が異常の基準とみなされないことは，まったく不適切

であるというわけではない。とにかく，人は他人との相互作用から自分の幸福を引き出す。つまり多くの人は，他人を混乱させたり，くつがえしたりする社会的逸脱行為をとらないことが満足な生活を送るうえで重要だとわかっているのである。

概念としての異常

概念は精密であるとは言いがたい。「異常」には精密な概念が存在せず，また，「得点」として明確化することが難しい。そのため，異常行動は人と異なる様々な状態について解釈できるし，人とは異なるさまざまな特徴を含むこともできるのである。さらに，正常と異常を確実に区別できる唯一の特徴などはまったく存在しない。そのため，正常な人より異常な人によくみられる主な特徴を理解しておくことが必要となってくる。ローゼンハンとセリグマン（Rosenhan & Seligman, 1989）によって，七つの異常特徴が提唱されたが，このような特徴が数多くみられるほど，異常と分類される可能性が高くなる。

七つの異常特徴

ローゼンハンとセリグマン（1989）によれば，異常の主な七つの特徴は，次の通りである：苦痛，不適応性，躍動性と独創性，予測不能性と統制の欠如，不合理と不可解，周囲への不快感，道徳的・理想的基準の侵害。

- 苦痛：異常な人の多くは苦痛を訴える。そして，苦痛の存在こそが異常の重要な特徴なのである。しかし，正常な人も，愛する人が亡くなれば悲しみや苦しみを示すので，この見解は十分なものではない。さらに，異常な人の中には（たとえば，精神病者や反社会的人格障害），他人に対してひどい扱いをする人が存在するが，それに対しては苦痛を感じていない。
- 不適応性：不適応な行動は，他人との交流を楽しんだり，有効的な仕事をしたりするなどの人生における主な目標達成を妨げる行動のことである。異常な行動のほとんどは，このような不適応性がみられる。しかし，不適応な行動は，異常であるがゆえに実質的な知識やスキルが欠けているために起こる可能性もある。
- 躍動性と独創性：躍動的で独創的な行動とは，相対的に人よりも変わっている行動である。異常な人がさまざまな状況でとる行動パターンは，普通，人が同じ状況に置かれたときにとるであろう行動とは明らかに異なっている。しかし，一般社会の規範に従わない人も同じようなことが言える。
- 予測不能性と統制の欠如：大半の人は，あらゆることを適切に予測し，統制しながら行動している。それに対して，異常な人は，変動的で統制できない，さらに，適応できない行動をよくとる。しかし，一般の人の中にも，ときどき予測不能で統制が

図 24-4 はなばなしく，派手な行動をとる人に対する態度は，状況によってどのように変化するだろうか。

図 24-5 ……猫を救助しているわけでもないよ！

できていない行動をとる人もいる。
- 不合理と不可解：異常な行動に共通した特徴は，なぜそのような行動をとろうとしたのか明確ではないことである。つまり，行動が不合理で不可解なのである。しかし，私たちには，そのような行動をとる理由がわからないから，単に不可解に思えるのかもしれない。偏頭痛によって，他の人には理解できない行動を起こしてしまう，なども一例である。
- 周囲への不快感：社会的行動は，表現できないほど多数の規範によって統制されている。たとえば，他人とほどよいアイコンタクトをしながら行動することや，他人と適度な距離を置いて位置することなどである。そのような規範をなくした人に遭遇したとき人は，不快感を感じやすくなる。不快感は，異常というよりも，むしろ文化の違いが行動やスタイルに反映される可能性がある。たとえば，アラブ人は他の人に非常に接近することを好むが，ヨーロッパ人はこの行動に困惑してしまう。
- 道徳的・理想的基準の侵害：一般的な基準を犯したとき，あるいは，多数の人が一般的な基準を守れなかったときでさえも，その行動は異常と判断されてしまう。たとえば，宗教的指導者の中には，いまでは広く認識された事実であるにもかかわらず，マスターベーションを淫らで異常な行動と主張する人もいる。

ローゼンハンとセリグマン（1989, p.17）も，「正常」と説明されることは「異常がみられないことにすぎないだけである」と明確に述べている。つまり，七つの異常特徴の表出が，毎日の生活において少ないほど正常とみなされる。私たちは，正常と異常の程度について考えることが求められる。

評 価

　ローゼンハンとセリグマンも述べているが，ほぼ七つすべての異常特徴に付随する重要な問題の一つが，主観的な判定にならざるをえないということである。ある人にとって不快感を与える行動は，他の人には何も感じさせないかもしれない。また，ある人の一般的基準を犯す行動は，ある人にとっては問題ない基準であるかもしれ

■やってみよう：七つの異常特徴
過度に異常な行動から正常な行動までの連続性について想像してみよう。その行動が受け入れがたくなるのは連続した線上のどの点だろうか。ローゼンハンとセリグマンが提示したことを踏まえて、いろいろな体験を考察してみよう。その連続性の中で、「異常」とみなされた点を判断してみよう。

苦痛：愛する人を亡くした悲しみ
不適応性：過激なスポーツへ臨むなど、身の安全に対する無関心
躍動性と独創性：入墨やボディピアス
予測不能性とコントロールの欠如：怒り出すこと
不合理と不可解：敵と親しくすること
不快感：誰かが悲しい出来事を話しているときなど、不適切なときに笑い出すこと
道徳的・理想的基準の侵害：浜辺で日光浴をしている人の服を取り去ること

次のように考えてみよう。
・その行動が正常もしくは安全でなくなるときを示すことができるか。
・用いた基準は、その人の文化や個人的背景に影響されていないか。

　七つの特徴の幾つか（たとえば，不合理と不可解，予測不能性と統制の欠如，躍動性と独創性）に付随する他の問題は、同調的でない人、あるいは、単に風変わりな人にも当てはまるということである。この問題については、1987年に刊行された「精神障害の診断・統計マニュアル第3版（DSM-Ⅲ-R)」で紹介されている。

道徳慣習
　特殊な行動が正常かどうかを判断する際にみられる主観的な判断基準は、道徳慣習や重要な他者がとる行動を観察して作られた基準によるものである。
　ピアジェ (Piaget) によれば、この基準は、人間発達における本質的な部分を形成している。私たちの道徳的思考は、決して自律的ではない。大人でさえ、道徳性に関する考え方の多くは、それまで遭遇してきた状況でとってきた正しい行動を集合的に理解したものである。この考え方からずれた行動をとる人は、「気が狂っている」「悪い」などとみなされるのであろう。

　逸脱の状態が機能障害（機能の損傷）の徴候でない限り、逸脱行動、たとえば、政治的、宗教的、性的な逸脱行動や、個人と社会の間で起こる葛藤のどちらも精神障害ではない。

文化的文脈

　異常の概念は、文化間によって、また同じ文化の中でも時代によって変化する。同性愛の捉えられ方は、**DSM** の中でも改訂されてきている。1968年に刊行されたDSM-Ⅱでは、同性愛は性的逸脱と分類されていた。1980年に刊行されたDSM-Ⅲでは、同性愛は精神障害として分類されてはいないが、それに代わって「自我失調同性愛」というカテゴリーが設けられた。性転換を求める同性愛者がこのカテゴリーに分類された。DSM-Ⅲ-Rでは、「自我失調同性愛」のカテゴリーは消失し、「自分の性に対する持続的で刻印された苦痛」という特徴をもつ「他には分類されない性的障害」としてカテゴリーが設けられた。これはDSM-Ⅳでも同じように記載されている。
　文化的文脈の重要性は、ローゼンハンとセリグマンによって提唱された七つの異常特徴に置き換えてみれば明らかである。多くの異常の特徴（たとえば、躍動的・創造的な行動、不合理と不可解、観察者不快感）は、文化における社会的規範や期待に調和していない行動によるものと言える。社会的規範や期待は文化間で異なってくるように、異常も文化間で異なった意味をもってくることが理解できる。

図24-6　同性愛は、1980年に刊行されたDSMから精神障害として分類されなくなった。

キー用語
DSM：アメリカの精神医学会より刊行された、精神障害の診断・統計マニュアル。

DSMとICDの精神障害の定義

DSM-Ⅳは，妥当な精神障害の分類システムを提供することを目的としている。DSM-Ⅳ（1994）によれば，精神障害は次のように定義されている。

> 明らかな苦痛（痛みの症状），疾病（一つ，またはそれ以上の重要な機能の損傷），あるいは死に至る高い危険性や心の痛み，無能感，自由の喪失を伴った，人にみられる臨床的意味のある行動，心理学的症状あるいは行動様式のこと。この症状や行動様式には，最愛の人の死といったような，予期できない特殊な出来事に対する反応は含まれない。

この定義とローゼンハンとセリグマンに提唱されたアプローチには，興味深い相違点がある。DSM-Ⅳの定義は個人の苦痛や被害を強調しているのに対して，ローゼンハンとセリグマンは個人の行動が他人に及ぼす影響をより重視している。DSM-Ⅳの定義の有効性は，単に一般社会の規範に従わない行動をとる人は，精神障害から除かれていることである。

その他の主要な分類システムは，世界保健機関（WHO）が刊行した「国際疾病分類（ICD）」である。1992年に刊行されたICD-10によると，精神障害は，「苦痛や機能障害を伴うほとんどのケースにみられる，臨床的症状や行動の存在」と示されている。この定義は，DSM-Ⅳに類似しており，異型の行動様式に対する社会の反応よりも，個人の苦痛に焦点が当てられている。

> 倫理的問題：精神障害の分類や診断に用いられているこの二つの主要な指標は，客観的であることが求められる。しかし，分類する人の意とは反して，社会には不安や偏見がある。個人やその家族が汚名から守られるには，どのような手段があるだろうか。

> キー用語
> ICD：WHOによって刊行された国際疾病分類。

分類しなければならないのか

ほとんどの精神科医や臨床心理士は，異常あるいは精神障害が存在することを認めている。そして，異常症状を表す人は，精神診断や異常性を詳細に記したラベルを受け入れなければいけないことも認知している。この精神診断こそが，適切な治療をしていくにあたって重要となるのである。

症状から分類することを擁護してきた人たちは，分類することが身体疾患の治療において有効であると指摘する。医者は，正確に診断した症状が和らぐまであらゆる治療を患者に施す。このアプローチは，実際に成果を上げているので，100年以上長期にわたり多くの西洋社会で使用され，その頻度は高くなっている。

身体疾患と精神疾患や異常とを横並びに捉えることは重要なのだろうか。精神疾患を診断するのは，身体疾患を診断するよりも困難である。精神異常と報告される症状の多くは，主観的なものである（たとえば，「非常に憂うつだ」「人生はつまらない」）。「非常に憂うつ」という表現によって彼らが意味することは，人によって大きな差異があるので，分類することは，実際，難しい問題である。対照的に，身体疾患を診断しようとする医師は，疾病の**徴候**に関する情報（病気だと感じるという根拠）と同様に，**症状**に関する情報（レ

ントゲンなど，医療的・実験的な検査からの判断）も得る。医療検査による判断は，精神科医や臨床心理士が入手する情報よりも，より正確な情報を提供する。たとえば，レントゲンは患者が足を骨折している場合に立証できるし，血液検査はマラリアにかかっていた場合に立証できる。

身体疾患と精神疾患には，他に重要な違いがある。ほとんどの身体疾患の**原因論**（aetiology）（症状の起因）は明らかにされるが，精神疾患においては部分的にしか明らかにされない。たとえば，マラリアは，マラリアに感染した蚊が原因となるし，患者はマラリアに感染した蚊が多く生存している地域を最近訪れていたという確定した事実から確認できる。一方，精神疾患を診断する精神科医や臨床心理士は，確立された原因からだけでは一般的に精神疾患の診断を正確に判断できない。

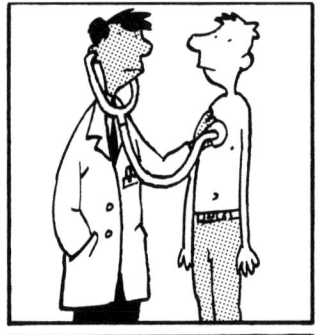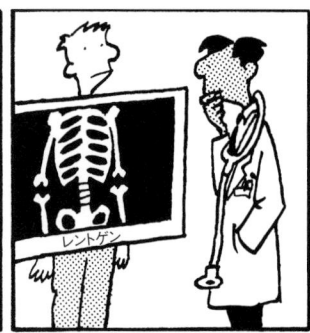

図24-7 医学的検査の結果は，精神科医や臨床心理士が入手できる情報より，精密な情報を提供する。

しかし，精神疾患と身体疾患の差異は，これまで言われてきているほど極端なものではない。たとえば，腰痛のある患者が訴える症状だけを捉えると，確かにある程度の痛みであるのかもしれないが，その痛みは医学的検査ではまったく関連性がみられないかもしれない。この症状は，精神疾患の訴えと同じくらい主観的であると言える。ファレックとモーサー（Falek & Moser, 1975）は，医師の間で，アンギナ，扁桃炎や気腫などの身体疾患に関する診断が一致しないことがよくあることを明らかにしている。さらに，精神科医の間における統合失調症の診断と同じ程度，一致しなかったというのである。しかし，医師が診断を行う前に有効的な医学的検査の結果を入手した場合，医師間での一致レベルは間違いなく高くなっていくだろう。

> **キー用語**
> **原因論**：症状あるいは障害の起因。

> ■やってみよう：精神疾患と身体疾患
> 精神疾患の診断と身体疾患の診断の重要な相違点は何か。次の例から二つの表を作成してみよう。
>
> **精神疾患**
> 患者は自ら病気の根拠を提供する。
>
> **身体疾患**
> 医者は，患者の症状，たとえば体温の上昇といった明らかな根拠から判断する。

ローゼンハン

デーヴィット・ローゼンハン（1973）は，精神医学的な分類がどれほど不正確であるかということを主張した。議論の的となった彼の研究では，8人の正常な人々（5人の男性と3人の女性）が異なった12の精神病院への入院の許可を得ようと試みた。彼らは，「虚しい」「空ろだ」という声や「どんどん」という音がどこからともなく聞こえると訴えた。これは，彼らが訴える症状にすぎないのに，8人中7人が**統合失調症**（schizophrenia）

> **キー用語**
> **統合失調症**：現実との接点をなくしたり，思考，感情や行動が歪曲していたりする危険な状態のこと。

キー研究評価―ローゼンハン

1970年代はじめになされたローゼンハンの研究は，精神診断の不正確さを露呈した。精神科医は患者の症状を立証できず，観察できる行動に頼るしかない。ローゼンハンの研究により，多くの所見は疑問があるということがわかってきた。第一に，彼の見解は，医学的診断は科学的根拠が欠如していることを示しており，個人の自由が危うくなるかもしれないという重要な問題を示している。第二に，1960年代から70年代にかけて，薬や電気発作治療（ECT）などによる身体治療を施すことが積極的に討議されていたが，ローゼンハンの偽患者たちは身体治療が施されなかったにもかかわらず，その研究は，適切な治療の決定を慎重に行う必要性を強調した。

ローゼンハンの研究の重要な事柄は，倫理的な問題である。どちらの研究においても，専門家が故意に惑わせた。精神疾患のある人の治療を仕事とする専門家の欺瞞は，患者や研究参加者の欺瞞と同じように倫理的に裁かれる。しかし，精神科医の知識や技法を活用して公になった研究が，何の重要性も明らかにできなかったことは問題である。

さらに，実際は癌性精神的疾患を患っている，本物の患者の健康に関して，ローゼンハンの第二研究の間，そのときたまたま正常な行動をとることができた患者が，精神治療から誤って外された可能性も考えられる。

と診断され，思考，感情，行動の大きな歪曲を伴った大変危険な状態にあると断言された。

精神病院に入院した正常な8人は，その後全員が，気分がよい，以前のような症状はなくなったと訴えた。しかし，退院するまで平均して19日かかった。7人にいたっては，退院時でも精神医学上は「軽度の統合失調症」と分類されており，これは，将来，統合失調症が再発する恐れがあることを含意している。

ローゼンハンは，正気なことも正気でないと分類される可能性を明らかにしようとしたのではなかった。次に彼は，正気でないことが正気と分類されるかどうかを明らかにしようとした。彼は，精神病院のスタッフに，1人あるいはそれ以上の偽患者（統合失調症と偽った正常な人）が病院に入院しようとすることを伝えた。実際に偽患者はいなかったのだが，少なくとも1人のスタッフは，本物の患者41人を確信をもって偽患者であると判断した。1人の精神科医ともう1人のスタッフは，本物の患者のうち19人を欺瞞ではないかと疑った。ローゼンハン（1973）は，「精神病院では異常と正常を区別できない，ということが明らかになった」と結論づけている。

ローゼンハンの結論を受け入れるならば，分類に対する試みは意味がないことを表している。しかし，彼の研究にはさまざまな限界がある。ローゼンハンの結果に対する最も強い反論は，ケティ（Kety, 1974）によって提供され，それは次のような類推であった。

> もし，私が1クオート（約0.95リットル）の血液を飲み，それを隠してある病院へ行って血を吐いたとする。そうしたらスタッフのとる行動は実に予測がつく。もしも，吐血を伴った消化性潰瘍と診断し治療したならば，医療科学は症状の診断方法をわかっていないと，説得力をもって論争ができる。

精神科医は，精神病院に入院してきた正常な人を，的確に予想できなかったことを非難されることはない。ローゼンハンの研究（1973）における診断の誤りは，普通ではない状況下で起きたことであり，精神科医が一般的に正常と異常を区別できないということを意味しない。

ローゼンハンの結果は，予想していたよりも実際にはそれほど影響はなかった。「軽度の統合失調」という診断は，実にまれになされる。それは，精神科医が，患者が統合失調症であることを確信していないことの表れである。その当時，多くの統合失調症者は退院するまでに長い病院生活を送っていたことを考えると，送り込まれた正常な人が数日の入院の後，退院させられた事実からも確認できる。

> **議論のポイント**
> 1. ローゼンハンの研究についてどのように考えるか。
> 2. ローゼンハンは，精神科医は正常と異常の違いを判断できないということを示したのだろうか。

分類に伴うその他の問題

精神疾患の分類に対しての強力な反論が，シェフ（Scheff, 1966）によるラベリング論（labelling theory）であった。彼は，精神診断やラベルなどの汚名（社会的な侮辱）を受けた人は精神的な病人として治療が施されるだろう，と主張した。結果として，その人の行動は初期よりも，よりラベリングされた症状へと変化していく。つまり，症状から精神医学的なラベルや診断に導き出されるというよりも，そのラベルが症状を作り出していることもありうるというのである。

> **キー用語**
> ラベリング論：患者についてくる精神病というラベルが，精神病者として扱われるようになるため，症状を悪化させているという主張。

ローゼンハン（1973）は，治療方法はその人に与えられたラベルによって影響を受けることを明らかにした。彼の研究では，多くの場合，統合失調症と診断された正常な患者は，正しい情報を求めてスタッフに接近している。

> **ラベルと症状**
> あなたが統合失調症のような精神病である，と誤診された状況を想像してみよう。どのような反応をするだろうか。なかなか信じないだろうか。怒り狂うだろうか。涙ぐむだろうか。ショックで引きこもるだろうか。このようなあらゆる感情は，精神状態を診断していく人からはどのように解釈されるだろうか。

しかし，それらの要請は看護師や付添い人から入院期間の88％，精神科医からは71％無視されている。スタッフによるこのような無反応は，統合失調症とラベリングされた人は，低い地位にあるとみなされることを示している。このような扱いは，実際の統合失調症者が体験している症状を悪化させてしまうだろう。

患者についてまわる精神医学的ラベルや分類がほとんど意味をなさないという考えは，トーマス・サス（Thomas Szasz, 1962）の精神疾患は神話であるという主張によって高められた。「率直に言えば，病気や不健康というものは，体にのみ影響を及ぼす。そのため，精神疾患などということはありえないのである」（サス，1962）。では，なぜ精神科医や臨床心理士は，精神疾患が存在すると主張しなければいけないのだろうか。サス（1974）によると，社会は社会的規範に順応できない人を排除するために汚名のついたラベル，たとえば「犯罪人」「売春婦」「放浪者」「よそ者」などを利用しており，「精神疾患」は社会から非同調者を排除するために使われてきた汚名つきラベルにすぎない，というのである。

サスへの批判（たとえば，ダンマン Dammann, 1997）は，彼の用いた「病気」や「不健康」の用語が実に狭意であること，そして，それが身体疾患と精神疾患とを鮮やかに区別できていないことに向けられた。たとえば，優れたスポーツ選手が足を痛めたならば，それは身体的な損傷である。しかし，結果的に心理的な問題が表れることもある。

スコットランドの精神科医であるレイン（R. D. Laing）は，患者の行動が社会の人たちと異なるため精神病と診断されるのである，

ラベリングの効果は他のグループ，たとえばフットボール狂などで，どのように応用されるだろうか。このような他のグループの人と「精神疾患」とラベリングされた人の類似点は何だろうか。

比較文化的問題：人の行動を判別する社会的規範というものは，文化が異なっても固定しているのであろうか。これは，異文化の中に移住してきた人々にどのように関連してくるのだろうか。

とサス（1962）に同意し，非難されるべきは患者でなく社会であることを主張した。レイン（1967）によれば，「人間は，15歳頃から，多かれ少なかれ，狂気じみた社会に適応していく半異常な生き物，自分自身のような生き物に煩わされるようになる。これは，その年齢においては正常なことなのである」。

分類の有利性

もしも精神科医や臨床心理士が分類するのを回避したら，患者一人ひとりをまったくの独自性によるものとみなさなければいけなくなる。このような場合，精神疾患の原因（や適切な治療方法）を理解していくことがきわめて困難になる。診断に基づいて患者が分類されるならば，症状に応じた検査や効果的な治療の展開が提供されるのである。

分類システム（たとえば，DSM）では，異なる患者の類似性に焦点を当てながら，次第に，ある程度，独自性を見込むようになっている。

ゲルダーら（Gelder *et al.*, 1989；グロス Gross, 1996 に引用）は，「分類は，確かに患者の独自性という質的な部分に対する考慮も兼ね備えられてきている。さらに言うならば，その二つを結合することが重要である」。

分類システム

精神障害の分類は，患者の症状を識別することに始まる。しかし，同じ（あるいは非常に類似した）症状は，まったく違う精神障害でもみられる。たとえば，不安は，不安障害や強迫症や恐怖症において広くみられる。結果として，分類システムが強調したいことは，個々の症状ではなく，一定の行動様式（一般的に共通してみられる症状のまとまり）である。

異常についての徴候・症状のアプローチは，エミル・クレペリン（Emil Kraepelin, 1856-1926）の研究によるところが大きい。医学において，通常，身体疾患は身体症状に基づいて診断する。クレペリンは，同じアプローチが精神疾患にも相応すると気づいていた。彼は，社会適応の欠如や活力の置き違えといった不正確な症状よりも，身体的，行動的症状（たとえば不眠症，支離滅裂な話）に注目することを強調した。

それぞれ患者が，同じ症状を表すことなどまれにしかない。そのため，同じ精神疾患（たとえば，統合失調症）と診断された患者間でも，一連の症状をみてみるとそれぞれ異なっている。彼らは，定義されている診断カテゴリー上の症状をもちあわせているにすぎないのである。患者の症状と診断カテゴリー上の症状を適合させることは，相対的にみて不十分な部分が出現してしまう。このようなことから，診断カテゴリーが適切かどうかを理解するのは困難なのである。

精神疾患の診断・統計マニュアル：DSM

1994年に刊行された「精神疾患の診断・統計マニュアル現代版（DSM-Ⅳ）」は，最も広く使われている分類システムである。DSM第1版が刊行されたのが，1952年で，1968年にDSM-Ⅱが改訂された。DSM-Ⅱの最大の問題点は，2人の精神科医が同じ患者に異なった診断を行ったといわれるほど，信頼性がきわめて低かったことである。スピッツァーとフライス（Spitzer & Fleiss, 1974）は，DSM-Ⅱの信頼性の研究を重ね，精神遅滞，アルコール依存症，脳器質精神症候群の分類においてのみ，容認できるレベルの信頼性に達したと結論づけた。

DSM-Ⅱは症状の定義の多くが曖昧であったため，信頼性は非常に低かったが，DSM-Ⅲ（1980），DSM-Ⅲ-R（1987）では，より正確な定義が提供されるようになった。たとえば，DSM-Ⅱは，「大うつ症状の発現」時間の長さが曖昧であったのに対して，DSM-Ⅲ-Rは，2週間という制限された時間で五つの症状（抑うつ，あるいは興味や楽しみの喪失を含む）が現れる，と明記された。

■やってみよう：DSMの信頼性
　これまでのDSM（Ⅱ，Ⅲ，Ⅲ-R）の信頼性の低さの理由を考察してみよう。Ⅳとこれまでの信頼性について比較し，次のような形式で答えを記述してみよう。

DSM-Ⅱ　【長所】精神障害の分類の広さ（たとえば，精神遅滞）
　　　　【短所】症状の定義の曖昧さ

　さまざまな参考となる情報を用いて，できるだけたくさんの回答を作成してみよう。

DSM-ⅢとDSM-Ⅲ-Rは，他の重要な項目についてもそれらより以前のDSMより改善されていた。この二つのDSM-Ⅲは，患者において観察可能な基本的な症状の診断の仕方に焦点が当てられており，DSM-ⅠとDSM-Ⅱに比べて，推測される精神障害の原因に力点が置かれていた。DSM-Ⅰ，DSM-Ⅱは用いられた理論が多様であるがゆえに活用されていなかったため，このようなDSM-Ⅲの方向性は妥当であった。

DSM-ⅡとDSM-Ⅲはその他にも重要な違いがある。DSM-Ⅱでは，診断はただ一つのカテゴリーかラベル（たとえば，統合失調症）でなされていた。それに対して，DSM-ⅢとDSM-Ⅲ-R，DSM-Ⅳは，診断の基盤が，患者を五つの異なる軸から評価する**多軸システム**に置き換えられた。

DSMの軸と特徴

　DSM-Ⅳの第三軸までは必ず使用し，第四軸，第五軸については任意で使用される。それらの軸は次の通りである。

　　第一軸：臨床疾患：患者の障害の状態が記録される。
　　第二軸：人格障害と精神遅滞：人格障害や精神遅滞から生じる長期的な機能障害が記録される。
　　第三軸：一般的な身体状態：人の感情状態や機能能力に影響を及ぼす身体疾患について記録される。
　　第四軸：心理社会的・環境的問題：精神障害がみられるようになる以前の12ヶ月以内に起こったストレスの多い重要な出来事について

> **キー研究評価ー DSM-Ⅳの軸**
>
> 　DSM-Ⅳの五つの軸は，精神障害の原因，症状，行動の本質の理解に多様性が組み込まれたものである。第一軸は，臨床疾患で，「人格障害」と「精神遅滞」を除くすべての障害が含まれており，起源と予後の質的な違いについて記録する。第二軸に，人格障害と精神遅滞について記録する。第三軸は，身体状態と心理学的症状の関連について，たとえば産後の抑うつや長期アルコール中毒など，説明がつけ加えられている。
>
> 　第四軸と第五軸の使用は必須ではない。その二つの軸は，個人の社会的機能について言及されている。第四軸は，特殊問題よりも，最近見受けられるようになった状況要因についての理解を記録する。PTSD（心的外傷後ストレス性障害）の人は，数ヶ月間苦しんでおり，その症状が現れるまでに12ヶ月以上かかることもある。また，死別や離婚といった人生の危機への反応は，その人の以前からの心理状態と相互的な関連性があるため，解決していくには困難を要する。人格障害は，場面要因に関係なく起こりうる。
>
> 　第五軸も個人的な社会的機能について記録するが，第四軸と異なり，日常生活への適応能力について記述する。暴力的態度や身の周りの衛生管理ができないなどの深刻な不適応状態は，ある種の介入が必要となってくるためである。
>
> 記録される。
> 　第五軸：機能の全体的評価：職業的機能や余暇的機能を100ポイントスケールで評価する。

　DSM-Ⅳは多様な分類を整理した200を超える精神障害が記載されている。次に記すのは，DSM-Ⅳの主なカテゴリーの一部（短い言及を含む）である。

・気分障害：うつ病性障害や双極性障害が含まれ，躁状態または興奮時期とうつの時期がみられる。
・不安障害：12の不安障害（たとえば，恐慌性障害，全般性不安障害，PTSD）があり，それぞれの症状はある場面や刺激によって過度に表される。
・幼児期・小児期・思春期の障害：感情，身体，行動，知力などの多岐にわたる障害を含んでいる。特に重要なのが，精神遅滞，抑うつ，分離不安である。
・認知機能障害：病気やけが，医療状況などによる脳障害によって起きる認知能力の低下である。意識の混濁がみられる認知症（アルツハイマー）やせん妄が例として挙げられる。
・身体表現性障害：身体への専心や心理的要因で生じる身体疾患，たとえば，身体化障害（実際には病気ではないのに医学的な症状の訴えを繰り返す）や転換性障害（心理的問題が，医学的根拠のない医学的症状の訴えを生む）である。
・人格障害：長期にわたり生活に対して不適応である（たとえば，人の権利や要求を無視する反社会性人格障害）。
・衝動制御障害：衝動を制御できない障害である。DSM-Ⅳ以外では取り上げられておらず，物を盗むことに心理的な強迫がみられる盗癖などが該当する。
・統合失調症および他の精神病性障害：現実社会と部分的あるいは全面的に関連性を失った症状である。思考，感情，行動が歪曲した統合失調症はこの分類で最も広く知られている障害である。
・性障害：オーガズム障害や他の人から痛めつけられて性的快楽を得るサディズムがある。
・物質関連障害：薬物やアルコールの過剰摂取による人的・社会的欠陥がある。
・摂食障害：潜在的に危険で異常な摂食パターンである。神経性大食症（嘔吐や下痢によって一掃しながら好きなだけ食べること）や神経性無食欲症（痩身に専心することより過度に体重を落とすこと）などがある。

DSM-Ⅳの特徴は，一連の価値評価を提唱する前に，説明を加えていることである。第一に，DSM-Ⅳで識別された障害は，障害の特徴でなく，記述的・観察的な症状に基づいて定義づけられている。第二に，DSM-Ⅳで用いられている診断カテゴリーは**模範**（まとまったカテゴリー特徴）に基づいている。病状の中には本質的なものはあるが，その他の症状は存在している場合も，ない場合もある。たとえば，全般性不安障害との診断は，過剰な心配と不安で決定される。しかし，その診断は，落ち着かない，疲れを感じやすい，注意散漫，苛立ち，筋肉緊張，不眠の症状のうち三つさえ観察されれば決定されるのである。

第三に，DSM-Ⅳは，診断に関する問題について調査研究した**現場**の結果が基盤に置かれている。スピッツァーら（1989）はDSM-Ⅳの中で「自己敗北型人格障害」を新たな障害として提示するかについての決定を現場で試みた。人格障害は自己犠牲的な態度や失望しやすい状況を選択するなどの症状から生まれると主張している。この現場での試みから，自己敗北型人格障害の症状は，既存の人格障害の症状に類似しているため，DSM-Ⅳに記載する必要がない，という明確な結論が提供された（DSM-Ⅲ，DSM-Ⅲ-Rも共通）。

図 24-8

議論のポイント

1. DSM-Ⅳは多くの調査研究やDSM-Ⅰ，DSM-Ⅱ，DSM-Ⅲから得られた経験が基盤にされている。改訂版が出されてきたことで，どのような成果があるだろうか（評価を参照）。
2. DSM-Ⅳは精神障害の分類システムにおいて最も優れていると言われている。そのような分類システムを展開する価値はあるだろうか。

DSM-Ⅳの評価

分類システムというのは，信頼性と妥当性のどちらも兼ね備えておかなければならない。信頼性は，違う精神科医同士で患者の診断が同じであるならば高くなり，それが**診断者間の信頼性**（inter-judge reliability）として理解されている。

妥当性（validity）は，その分類システムが測ろうとしていることを測れている程度で，信頼性の判定よりはるかに難しい。DSM-Ⅳには，少なくとも三つの妥当性がある。

キー用語
診断者間の信頼性：精神科医や臨床心理士間で診断した場合に一致する程度。
妥当性：分類システムを使用した場合，測ろうとしていることが測れている程度。

- 病因論的妥当性：障害の病因や原因が，類似した症状の患者間で関連する。
- 記述的妥当性：診断カテゴリーに分類されている患者同士が，互いに異なる程度と関連する。
- 予測的妥当性：診断カテゴリーで治療方針や治療結果を予測できる程度と関連する。

信頼性と妥当性は必ずしも独立したものではないということは記述されなければならない。信頼できない分類システムは妥当ではない。

実際に，DSM-Ⅲの信頼性について，以下のようにかなり詳細な数値が報告されている。DSM-Ⅲでの主な診断カテゴリーの診断者間の信頼性は次の通りである（＋0.7かそれ以上の相関値が高い信頼性を示す）。

- 心理性的障害　　　＋0.92
- 統合失調症　　　　＋0.81
- 不安障害　　　　　＋0.63
- 人格障害　　　　　＋0.56

これらを概観すると，DSM-Ⅲの信頼性はカテゴリー間でずいぶん異なる。人格障害の診断の信頼性は，人格障害が多様であること，また症状が部分的に重複していることから，信頼性が低くなるかもしれない。DSM-Ⅳの信頼性は，DSM-Ⅲの信頼性よりも確実に高くなっている。さまざまな精神障害を先導してきた専門家たちは，DSM-Ⅳの構築に精力的に関わっており，数年にわたって，現場での検査を精密に行ってきた。

しかし，妥当性についてはほとんど明らかにされていない。障害が起こる原因が，人によって大きく異なるので，ほとんどの精神障害の病因論的妥当性は，おそらく非常に低いであろう（第25章参照）。DSM-Ⅳの記述的妥当性は**相互病的状態**（comorbidity）のために低くなっている。相互病的状態とは，一人の患者に二つ以上の障害が存在することである。たとえば，不安障害の患者のうち，3分の2に及ぶ人が不安障害に付随した一つ以上の障害があると診断されていた（アイゼンク Eysenck, 1997）。このような広範囲に及ぶ相互病的状態は，カテゴリー間の区分を曖昧にしてしまう。DSM-Ⅳの記述的妥当性については知られていないが，実際，診断によって精密な治療方法が決められ，徐々にその効果が上がってきている。このことから，記述的妥当性はおおむね意味があると言えるであろう。

国際疾病分類（ICD）と健康の問題

精神障害は，1948年WHO（世界保健機関）によって第6版ICDに追加された。しかし，しばらくの間，第6版とそれ以降の改訂版

人格障害よりも心理・性的障害の方が信頼性の相関が高い傾向にあることをどのように説明できるだろうか。また，どちらの障害が病因論的妥当性は高いだろうか。

キー用語
相互病的状態：一人の患者に同時に二つ以上の障害がみられること。

ICDは，信頼性の低さと立証されていない理論を用いていたことから，ほとんど影響力がなかった。しかし，1993年のICD-10の発刊によりICDは認知されるようになった。その中で精神障害は11カテゴリーに分類された。

- 症状性を含む器質精神障害
- 統合失調症，分裂病型障害，妄想性障害
- 精神作用物質使用による精神および行動の障害
- 気分（感情）障害
- 神経症性障害，ストレス関連障害および身体表現性障害
- 小児期・児童期および思春期に通常発症する行動および情緒の障害
- 心理的発達の障害
- 精神遅滞
- 成人の人格および行動の障害
- 生理的障害および身体要因に関連する行動症候群
- 詳細不明の精神障害

　初期のICDとDSMは互いに大きく異なっていたが，ICD-10とDSM-Ⅳは大きな相違がみられない。たとえば，ICD-10の統合失調症，分裂病型障害，妄想性障害とDSM-Ⅳの統合失調症とその他の精神病，ICD-10の精神作用物質使用による精神および行動の障害とDSM-Ⅳの物質関連障害，ICD-10の気分（感情）障害とDSM-Ⅳの気分障害は近似している。一般的には，ICD-10もDSM-Ⅳも，精神障害の分類や障害の症状そのものが基盤とされている。
　ICD-10とDSM-Ⅳは類似しているが，大きな相違点がある。DSM-Ⅳは精神障害が16カテゴリーに分類されているが，ICD-10はたったの11カテゴリーである。主な理由は，ICD-10のカテゴリーはより一般的なものであり，さらに，DSM-Ⅳの主なカテゴリーの幾つか（たとえば，性アイデンティティとジェンダー・アイデンティティ；摂食障害）は，ICD-10では直接的にはカテゴリー化されていないためである。

ICD-10の評価

　ICD-10の信頼性と妥当性については，DSM-Ⅳと類似している。つまり，ある程度の信頼性は示されるが，精密な妥当性に関する情報がほとんどないのである。
　コステロら（Costello et al., 1995）によると，ICD-10は，ICD-9やDSM-Ⅲ-Rよりも信頼できるとされている。しかし，DSM-Ⅳよりも信頼できるかについては明らかにされていない。DSM-Ⅳの分類は，より明確であり，症状の定義もより精密である。全般的に，分類の明確化や症状の正確化は信頼性の高さに結びついている。
　DSM-Ⅳに比べて，ICD-10の病因論的妥当性は低い。さらにICD-10による診断では記述的妥当性についても低くなり，相互病的状態

ICDに比べてDSM-Ⅳの分類の明確さや症状記述の正確さが高いことについて，どのように説明できるだろうか。DSM-Ⅳが，信頼性が高いのはなぜだろうか。

が高くなるだろう。結局，適切な治療を決定するためにICD-10診断を実用することは，予測的妥当性が高いのである。

DSM-ⅣとICD-10の一般的な問題

　DSM-ⅣもICD-10も，妥当な信頼性が示されており，それが重要であることは明らかである。しかし，その信頼性を強調するのは危険なことでもあるだろう。信頼性を強調することは「これまで信頼性を高めることは困難であったことからも理解できる。しかし，妥当性を犠牲にすることをいとわないならば，信頼性は容易に高められるのである」（バーローとデュランド　Barlow & Durand, 1995, p.112）。各々の症状に対して正確な基準を使うならば，信頼性を高めることができる。たとえば，DSM-Ⅳに記載されている全般性不安障害の厳密な基準は次の通りである：「数々の出来事や活動に対する，少なくとも6ヶ月以上に及ぶ過剰な不安と心配（明敏な予期）」。これはとても正確であるが，6ヶ月という期間は恣意的であり，明らかに不利である。6ヶ月間過剰な心配状態にある人と5ヶ月間同じ状態にある人との違いは示しがたい。DSM-ⅣとICD-10のような分類システムは，個々のものをあるカテゴリーに適切に割り当てることができるという仮定が基盤にある。しかし，それらのカテゴリーに定義されている症状の多くは，多くの人によくみられる。たとえば，恐慌性障害の重要症状は，繰り返し発生する恐慌発作である。しかし，ノートンら（Norton et al., 1986）は，35％の大学生が調査前の1年間で，DSM-Ⅲに定義されていた恐慌発作を一つ以上体験していたことを明らかにした。類似した研究に，ラックマンとド・シルヴァ（Rachman & de Silva, 1978）は，強迫性障害患者にみられる強迫思考や強迫欲動が，調査した正常な人の半分にみられたことを明らかにした。このような結果は，適切な分類を判断しづらくさせている。

■やってみよう：分類の練習

　大半の人は，ガスの元栓を締めたか，あるいは，玄関を閉めたか確認しに家に戻らないではいられないといった気持ちを抱く状況を思い起こせるだろう。また，今日，以前に増して人は病原菌を恐れ，消毒済みのものを買うようになった。これらの行動が極度になった場合に，それは強迫性障害とされる。
　DSM-Ⅳを用いて，多くの人が時として見せる行動と，強迫性障害の行動とをどのように区別するのか，確認してみよう。

異常モデル

　異常モデルについては，数年にわたり研究が進められてきている。これらのモデルは，**なぜ**，そして**どのように**精神障害が起こるかを説明するために作成されている。あらゆる精神障害の治療法は，障害の原因理解に基づいて成り立っているため，そのようなモデルはとても影響力をもっている。ここで取り上げる異常モデルは治療法に関連するが，治療法におけるこれらのモデルの効果については第26章で詳しく述べられている。

　少なくとも近年まで，医療モデルが最も有力なモデルとされてきた。医療モデルによると，精神障害は疾病とみなされる。ほとんどの精神科医は，医療モデルを受け入れているのに対して，ほとんどの臨床心理学者はそれを拒否し，心理学的モデルを取り入れている。

心理学的な異常モデルもいくらかあるが，ここでは最も重要な四つのモデル，行動モデル，認知モデル，人間性モデル，精神力動モデルに焦点を当ててみていくこととする。

異常モデルが複数存在するのはなぜだろうか。精神障害は，非常に多くの要因によって引き起こされる。それぞれのモデルは，ある要因を除外して，一部の要因を強調する。モデルそれぞれは部分的には正しいが，精神障害の起源をすべて理解するためには，それぞれのモデルから得られる要因についての情報を統合する必要がある。

医療モデル

医療モデルの本質は「異常行動は身体問題によるもので，医療的に治療すべきであるという見解」（ハルギンとウィットボーン Halgin & Whitbourne, 1997）である。換言すれば，精神障害も身体障害も体の病気なので類似するというのである。結局，医療的見解から精神障害に接近していくことになる。

医療モデルによると，精神障害が起こった原因は，身体障害が起こった原因と似ているということである。一つ目の根拠は，障害を発生させる病原菌あるいは微生物である。二つ目の根拠は遺伝要因で，家族やカップルの発生パターンから判断できるものである。三つ目の根拠は，患者の生化学的特徴である。たとえば，統合失調症の病因の一つは，脳内の過大なドーパミンであるという理論的な主張がある（第25章参照）。四つ目の根拠は，神経解剖学，つまり，神経システムの構造である。たとえば，健忘症は長期間の記憶を蓄えておく脳の一部が損傷することで起こる。

医療モデルは，精神障害を言及する際に用いる用語やその治療に強い影響を与える。メイアー（Maher, 1966, p.22）の指摘によると，異常者の行動は，

> 病理学によって名づけられ，症状に基づいて分類される。それが，診断と呼ばれる分類である。行動変化を期待して組まれていく過程が治療法と呼ばれ，精神病院の患者に施される。異常な行動がおさまれば，その患者は治ったとみなされるのである。

医療モデルアプローチは，精神遅滞の様態を伴うフェニルケトン尿症（PKU）のケースにおいて明確である（第25章参照）。PKUはチロジンへのフェニルアラニンの代謝を阻害する遺伝的な酵素欠損が原因であると医療検査で明らかにされ，低フェニルアラニンの食事療法がPKUの進行予防に有効であるとされている。

治療の意味

医療モデルは，治療に対して明確な意味をもっている。精神病が基本的には身体の病気であるならば，身体に直接的に手技が施される。たとえば，精神障害（統合失調症など）が生化学的異常によるならば，そのような異常に対して薬を使用することができる。薬は

統合失調症や不安や抑うつなどさまざまな障害に有効的な治療として使用されてきた。しかし，精神障害の治療において，薬の効力は精神障害が生物学的要因によって起きているということの立証にならない，ということを記述しなくてはならない。

医療モデルによる他の治療法は，第26章で，電気ショック療法や脳外科療法などの徹底的手法が取り上げられている。

倫理的な意味

精神障害の人が病気にかかっているという見解は，倫理的に妥当である。それは，彼らはそのような状態に対して責任がないという主張によるものである。しかし，人から精神病とラベルを貼られると，その人は他の人から怖がられたり，用心深く対応されたりする可能性がある。さらに，精神障害の回復の全責任を，「精神病」を治療していく専門家に引き渡すことが奨励されるのも好ましいことではないかもしれない。

遺伝的要因が精神障害を引き起こすという考えは，幾つかの倫理上の問題をもっている。そのような障害をもっていると診断された人の親戚はとても不安になるであろうし，そのことがさらなる障害の程度を悪化させることもあるのである。

多くの医療モデルによる治療法は，重要な倫理上の問題を増発させている。薬は深刻な副作用をもっており，薬依存も招きかねない。電気ショックや脳外科治療などより直接的な介入は，患者の生活を以前より悪化させてしまう可能性がある。

最後に，医療モデルにおいて，心理学的要因に対する無関心さによって引き起こされる倫理上の問題がある。たとえば，セラピストが治療するときに心理的要因を無視するならば，治療は必要以上に長引くかもしれない。

評　価

精神障害に対して医療モデルのアプローチはどのくらい有効であろうか。利点は，医学や生化学など確立した科学が基盤となっていることである。精神障害の中には医療モデルの見解から理解できるものもあり（たとえば，フェルトケトニン尿症，統合失調症），神経性精神障害は遺伝要因が一部原因となっているものもある（第25章参照）。医療モデルが基本にしている薬による治療法は，少なくとも精神障害による症状を緩和する点においては効果的である（第26章参照）。

欠点は，身体疾患と精神疾患の相似が厳密ではないことである。身体疾患の方は精神疾患より原因を確定しやすく，また，精神障害の症状は身体疾患の症状より主観的であるとみなされる。医療モデルが頻繁に利用されている精神疾患もあり，たとえば，原因がほとんど明らかにされていない摂食障害などがある（第25章参照）。精神障害の人と精神障害でない人との生物学的差異は，障害の副生成物による可能性があり，生物学的差異が障害をもたらす役割を果た

倫理的問題：統合失調症と診断された人が薬による治療を放棄した場合，倫理上の重要性は何だろうか。

(a)人格障害，(b)PTSD，(c)神経性無食欲症のケースにおいて，精神科医に見落とされる心理的要因は何だろうか。

遺伝要因と環境要因は，精神障害のケースにおいて分離しがたいものである。このようなことが解明しづらくさせている方法論的，倫理的問題は何だろうか。

していないことも考えられる。医療モデルは，症状に焦点が強く当てられており，患者の体験やそれまでの過程には十分加味されていない。また，精神障害の解説においても心理的要因（たとえば，ライフイベント，人格的な難しさ）の役割についてはふれられてはいない。

行動モデル

異常の行動モデルは，主にジョン・ワトソン（John Watson）やスキナー（B. F. Skinner）の行動主義的アプローチによる心理学から展開した。このモデルによると，精神障害の人は，それまで学習してきた不適応な行動様式をもっているというのである。学習のほとんどは，古典的条件づけやオペラント条件づけの様式に由来する。これらについては第10章で詳しく取り上げている。バンデューラ（Bandura, 1986）は，観察学習やモデリングがともに重要であることを主張した。これは，人が他人の行動を模倣することで学ぶ，という学習様式である。観察学習は，他人の行動が繰り返されたり強化されると，特にその影響を受けやすくなることである。このような学習様式すべてが，人間行動における重要な変化を生み出しているという仮説である。

古典的条件づけは，パヴロフ（Pavlov）によって最初に実験された学習様式である。そのエッセンスは，無条件刺激を二次的な刺激と組み合せて繰り返し呈示し続けると，二次的刺激が呈示されただけで，無条件刺激に対する本来の反応を示すようになるというものである。このように，恐怖反応などは無条件刺激によって条件づけられる可能性があり，特殊な恐怖症やある刺激（たとえば，ヘビ）に対しての過度の恐怖は，古典的条件づけで発現すると主張されている。

■やってみよう：行動モデルと恐怖症
　古典的条件づけと関係があるのは，次の恐怖症のうちどれだろうか。

・閉所恐怖（閉じ込められる状況に対する恐怖）
・広場恐怖（広場に対する恐怖）
・クモ恐怖（クモに対する恐怖）

行動モデルのアプローチができる問題はあるだろうか。精神障害の説明において行動モデルの弱点とは何だろうか。

オペラント条件づけは，繰り返しや強化に対して反応するようになる学習であり，嫌なことに対する反応は取り除く学習である。たとえば，レヴィンゾーン（Lewinsohn, 1974）は，抑うつは，強化のレベルが低いことにより起こると主張した。人は，より低いレベルの強化を

図24-9　もしも，ある競争で勝者が賞賛されたり，報酬がもらえたりするならば，人は喜んでまたその競争をするだろう。しかし，敗者が笑いものにされるならば，その先，その競争に参加しなくなるだろう。

受けると反応が少なくなり，その結果，強化さえも受けなくなって，抑うつへと進行する。

　精神障害の中には，観察学習やモデリングが関連しているものもあるかもしれない。本質的に，障害がみられる家族や周囲の人を観察することは，彼らの行動を模倣することになり，それが障害を発症させる機会を高めている可能性はある。

治療の意味

　これまでみてきたように，条件づけや観察学習など，学習様式の不適応の結果として起こる精神障害は，行動モデルから仮定されることである。理論上，適切な治療には，それまで学習してきた不適応な行動様式を除いた条件づけや観察学習を折り込むということになる。

　行動モデルによる治療開始の要点は，不適応な行動や変える必要のある行動を見極めることである。つまり，条件づけや観察学習の技法は，不適応反応を減らす，あるいは除去することとされている。精神力動アプローチに比べて行動モデルの焦点は，障害の根本的な原因というよりも，むしろ行動としてみられる症状に当てられている。

倫理的な意味

　行動モデルには，倫理的な展望に関して有利な点がある。第一に，精神障害は，不適応な学習の結果起こると仮定されているので，「疾患」とみなされないのである。第二に，行動モデルは，個人特有の経験や歴史に注目しており，文化や社会といった要因に敏感である。

　第三に，行動アプローチは，判定されることがないので，その個人の行動で深刻な問題が起きた場合のみ治療が勧められる。第四に，異常行動は，主に環境要因で説明されると仮定されている。その結果，精神障害の進行は個人の責任とはみなされない。

　行動モデルによる治療様式には，倫理上の問題があるものもある。嫌悪療法は，好ましくない行動，たとえば，アルコール依存の飲酒をやめさせるために，とても不快な刺激（たとえば，電気ショックや催吐剤）を患者に与える場合もある。強い痛みや不快感を引き起こすことに対する倫理については，数々の論争がなされてきた。治療様式のほとんどは，主に行動を変化させることに焦点が当てられており，そのため患者の精神的体験や感情を無視することになるのは，非人間的であると言われている。

評　価

　行動モデルを支持する人は，精神障害の進行には条件づけを含むそれまでの人生経験が作用しているという仮定を正しいとする。しかし，一般的に条件づけというのは，行動主義者が実験室で研究を重ねてきた動物種においては重要であると思われるが，人間においてはあまり重要ではない（第10章参照）。たとえば，人間のオペラ

精神障害の人は，行動が無秩序で混乱した思考を保持しているようである。行動モデルによるアプローチを，状況へ介入するために使用することはよくないとされている。どのような点が，精神障害の人に有害となるのだろうか。

ント条件づけや条件反射においての反射の消去は，反応と報酬との関連を意識的に認識させることなので，動物種以外にはおそらく当てはまらないのである（ブレヴィン Brewin, 1988）。

また，行動モデルは，環境要因の重要性を過大視し，遺伝要因のはたらきを軽視する（第27章参照）。その結果，統合失調症や双極性障害（躁うつ病としても知られている）などの障害を説明するには，ほとんど意味をなさないのである。行動モデルは，精神過程（考え，感情など）よりも行動事態が強調されているため，明らかな行動症状を伴わない障害（全般性不安障害）ではなく，容易に識別できる行動症状を伴う障害（たとえば，クモやヘビに対して過度に恐怖を抱く人が見せる恐怖刺激の回避）には適用する。

つまり，行動モデルは，過度に簡素化されており，適応範囲が狭いのである。利用可能な証拠に基づくと，患者の条件づけの歴史に大いに依存している精神障害は，ほんの一部にすぎないと考えられる。

認知モデル

認知モデルは，主としてアルバート・エリス（Albert Ellis, 1962）とアーロン・ベック（Aaron Beck, 1976）によって展開された。認知モデルの基本観念は，コヴァックスとベック（Kovacs & Beck, 1978）によって示された。彼らは，心理学的問題は，

> 誤った学習や，不適当で正しくない情報による誤った推論，あるいは想像と現実の不適切な区別のような，日常的によくある過程によって起こるのである。

と主張した。精神障害の人それぞれがもつ思考の多くは歪んでおり，不合理である，ということが認知モデルにおける中心的な概念である。ウォーレンとツゴーリデス（Warren & Zgourides, 1991）は，精神障害の思考の多くに，"しなければならない"という本質があることを指摘した。たとえば，次のようなものである。「私はうまくやらなければ**ならない**。そして／あるいは，他の人に支持してもらわなければ**ならない**。そうしないと，恐ろしい」「みんなは，公平に，思いやりをもって私をいたわらなければ**ならない**。そして私を不満にさせては**いけない**。そうしてくれないと，恐ろしい」「やりたいことが，不満がなく容易にこなせる生活状況でないと**いけない**。そうでなければ，生活していけ**ない**」。このような歪んだ思考や信念は，感情や行動に影響を及ぼし，それらが精神障害の進行に重要な役割を果たしているのである。

マイケンバウム（Meichenbaum, 1977）は，多くの精神障害の場合，重要な側面は患者の内面的対話であると

■やってみよう：信念？ それとも，症状？
　次に挙げることは，正常な人の不合理な信念とみられるだろうか，それとも，精神障害の症状とみられるだろうか？
- スポーツマンが，勝つことだけが受け入れられる結果として徹底的にこだわり，競争に挑む。
- 離婚した人が，自分はパートナーを引きつけることができなかった失敗者だと信じこむ。

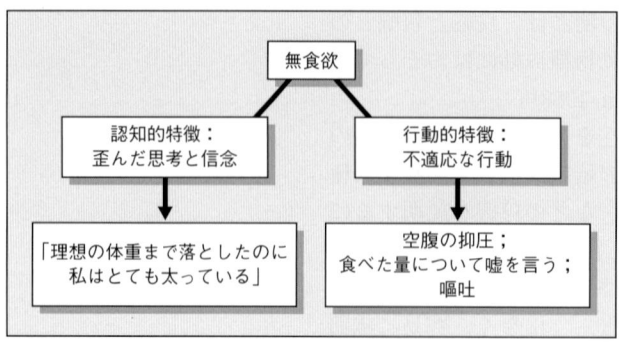

図24-10　無食欲の行動・認知モデル

主張した。患者の多くは，問題が発生すると，とても否定的で，役に立たないことを心の中で自分自身に向けて投げかける。これが無秩序さを助長させる。

近年，行動モデルと認知モデルを結合させる動きが高まってきている。行動・認知モデルによると，精神障害には歪んだ思考や信念と同様に不適応行動が多くみられるのである。

治療の意味

治療の意味は，進行段階に患者の不合理で歪んだ思考や信念を合理的で歪んでいない思考や信念に置き換えることである。**認知再構成**（cognitive restructuring）という用語は，患者の思考をより肯定的・合理的にする手法で用いられている。セラピストは患者の信念に疑問をもったり，異義を抱いたりする。代わりとして，セラピストは患者に，自分の信念がどのように不合理であるのかを表示するために，現実世界で患者の信念を吟味して納得させる。たとえば，自分の会社の同僚が自分のことを嫌っていると信じている，社会的不安をもった患者には，このような信念を吟味するために，同僚を飲みに誘ってみることで納得させる。

ベックら（1979）は「ある仮定に反した行動は，その行動を変えるための最も有力な方法である」と主張した。この主張は，非常に否定的な思考をもった患者に，さまざまな方法で利用される。一つの例は，「活動を奮い立たせること」，活動的になるほどほめることである。もう一つの例は，「格づけされた仕事に割り当てること」で，肯定的な行動を意欲的に行うようになるほどほめることである。

倫理的な意味

認知モデルによると，精神障害の人は不合理な思考や信念をもっており，主として自分自身の責任である。そのような考え方は，倫理上の問題を増発させる。第一に，患者は精神障害となった責任を受容することにストレスを感じる。第二に，周囲の人に主な責任があるかもしれないので，自分の精神障害を患者自身の責任としてとがめるのは不平等である。第三に，精神障害の否定的な思考や信念は，時には合理的であり，彼らが生活している悲運な環境を正確に反映しているということもある。患者に責任を負わせることは，社会的に望ましいとされる変化へ導く努力を抑制しているのである。

評　価

異常の認知モデルは，近年，非常に影響力をもってきている。歪んで不合理な信念は，精神障害に共通しているものと当然視されている。そのような信念は，不安障害や抑うつにおいて非常に重要で

―― 欄外 ――

無食欲の人に対して，認知再構成のプログラムをどのように考案すればよいだろうか。

キー用語
認知再構成：歪んで不合理な信念を合理的にするために，認知セラピストが用いる手法。

社会変化によって改善される可能性がある否定的な思考や信念は，どのような状況で生じると予測されるか。そのような状況下で抑圧されている人への社会的サポートは，「精神障害」のラベルづけよりも価値があるだろうか，それともないだろうか。

あるとされている（ベックとクラーク Beck & Clark, 1988）。しかし，それらの重要性は，他の障害ではほとんど明らかにされてきていない。

異常の否定的側面に関して，認知モデルによるアプローチでは限界がある。遺伝要因は無視されており，さらに精神障害を生み出したものとして社会的要因や精神的要因，あるいは個人の人生経験にはほとんど注意が向けられていない。歪んだ信念は，精神障害の人には普通にみられる。しかし，それらの信念が障害を起こす原因となっているかどうか，あるいは，単なる障害の副産物なのかどうかについては，一般的に明らかになっていない。

異常の認知モデルアプローチのさらなる問題は，前述した主張が循環的であり，ほとんど私たちに伝えられていないことである。デーヴィソンとニール（Davison & Neale, 1996, p.57）は，そのような循環の例を挙げている。

> 抑うつが否定的な面（長期記憶の中で組織化された認知）の結果として起こると言及することは，抑うつな人は陰気な思考をしていると伝えていることになる。しかし，誰でもそのような思考パターンが，実際に，抑うつの診断の一部にすぎないことを理解している。

人間性モデル

人間性モデルによる心理学的アプローチは，1950年代アメリカ合衆国でカール・ロジャーズ（Carl Rogers）とアブラハム・マズロー（Abraham Maslow）によって発展した。このアプローチは，個人の責任，自由意思，個人の発達と達成感への努力に焦点が当てられており，このことは，人は自身が所有するすべての機能に潜在する能力を探求し達成すること，つまり**自己実現**（self-actualisation）する必要性をもっているということである。ほとんどの人々は，自然によい状態や適切な環境で発達する潜在力をもっているという認識が基盤になっていることから，人間性モデルは楽観主義であると言える。

ロジャーズ（1959）は，マズローよりも精神障害に注目した。しかし，彼が正常と異常の区別を示さなかったことは強調しておかねばならない。結果的に，人間性モデルは深刻な問題をもつ人に適用されるようになったが，異常モデルとしてはみなされなかった。

ロジャーズは，自己概念と理想自己の重要な区別を示している。**自己概念**（self-concept）は経験されている自己であるのに対して，**理想自己**（ideal self）は個人が所有したい自己概念である。臨床心理学におけるこの区別の妥当性は，自己概念と理想自己の間にある不一致や矛盾が，精神障害の人により多くみられる傾向にあることから言われている。

現実体験と自己認知の間に矛盾がある場合，問題は発生する可能性がある。たとえば，自分は攻撃的ではないと信じている子供が，

キー用語
自己実現：自分自身の潜在能力を探求し，達成する必要性のこと。

キー用語
自己概念：経験されている自己のこと。
理想自己：自分が最も所有したい自己概念のこと。

図 24-11

攻撃的な態度をとっていることに気づく。歪曲（たとえば，子供は攻撃的というよりも独断的な態度をとっていたのだと判断する）と否認（たとえば，そのような体験自体を否定する）の二つの反応が可能である。どちらの場合も，体験が自己概念に組み込まれていないので不一致が存在している。

発達を妨げる不一致とはどのようなものであるか。ロジャーズ（1959）によると，問題の多くは，親や周りの人がそれぞれの状態に価値をつけること（たとえば，「宿題する子が好きだわ」）から起こってくる。子供の多くは，周囲の基準に合わせて反応する。これは，子供たちが達成できない基準まで引き上げさせて，その結果，自尊心を低下させてしまう可能性がある。子供にとって理想とは，親や周囲の大人から無条件の肯定的配慮を受けることである。そうすれば，子供たちが周囲からの要求や価値で歪められた自己概念をもたずに生活していけるようになる。

治療の意味

人間性モデルアプローチによると，人間は自由意思をもち，自分の人生に対して分別ある決定をしていく能力を一般的に備えているということになる。結果的に，セラピストは，患者が自尊心を高め，より自己現実的になるような保護的環境を提供することが求められる。セラピストが，患者に対して無条件の肯定的配慮，それはロジャーズの提唱した患者中心療法（後に人間中心療法として知られる）の重要な特徴であるが，それを示すことによって治療が成し遂げられるのである。

つまり，人間性モデルアプローチが強調するところは，個人の意識体験と周囲の環境の重要性であり，このアプ

図 24-12 ロジャーズによると，幼い子供たちは，親から無条件の肯定的配慮を受ける必要があるという。親は，子供に愛情を与えることを罰として抑えるべきではなく，愛情を特別な行動や達成の条件とすべきでないのである。

ローチによる治療は，患者の行動よりも意識体験に焦点が当てられているということになる。このことに関しては，第26章で詳しく記述されている。

倫理的な意味

　人間性モデルは，個人に焦点が当てられており，ラベリングや診断で汚名をきせることを強く否定するので，倫理上好ましいとされている。しかし，分類しないことは回復を遅らせてしまうことも考えられ，必要以上に患者の症状を延期しているという倫理上の問題がある。

　人間性モデルの重要な側面は，個人が自分自身の人生に責任を受け入れるということである。しかし，セラピストが，問題がとても深刻なため責任を受け入れることができない人を治療する場合には，倫理上の問題が発生するだろう。人間性モデルにおいて，その人が自己実現に失敗した重要な理由は，周囲の人の態度にあるとされている。そうであるならば，人間中心療法を求めている人の友人や親戚は，その人の自己発達能力を自分たちが邪魔してきたという罪の意識を感じるようになるかもしれない。

評　価

　人間性モデルは，以前ほどは臨床心理学に影響を及ぼさなくなっている。それはなぜだろうか。第一の理由は，精神障害の進行に重要となる遺伝要因や心理学的要因を無視しているからである。もう一つの理由は，ロジャーズが分類やラベリングを行うことに反対を示したためである。このアプローチは1950年代（分類システムがまだ未発達であった時期）には意味をなしたが，精神障害の診断や分類能力が大きく改善されていく中で，説得力を失っていったようである。

　ロジャーズは，無条件の肯定的配慮が基盤にある類似した治療様式は，多くの患者に適切であることを主張した。その主張は，最も有効な最近の治療様式は，ある特定の障害に**特有**のものであるという事実（バーローとデュランド，1995）と相反している。その証拠に，人間性モデルを基盤とした治療は効果的ではないことが示された。ハルギンとウィットボーンは次のように述べている（1997, p.130）。

> 人間性モデルのアプローチは，主観的な自分の体験に注目する意識が高い患者，あるいは，感情意識を詳細に話すことができる患者というかなり狭い範囲内では，有効的であるようだ。

　人間性モデルは，その人自身の主観的な体験を報告することが強調されているため，限界がある。ロジャーズ自身も，患者はしばしば自分の本当の感情に気づかないと認めているが，それでは，患者の報告に対する価値が減少する。加えて，このアプローチは，報告される体験と同様に，患者のとる行動に注目する重要性は無視され

ハルギンとウィットボーンの「患者の厳密な範囲」は，社会・文化的背景の点から，どのように定義されるだろうか。(a)家族を亡くした人，(b)物質乱用者，(c)高齢に伴ううつ症状の人に対して，無条件の肯定的配慮を用いることは有効的と考えられるか。

ているため，限界があると言える。

精神力動モデル

ジークムント・フロイト（Sigmund Freud, 1856-1939）は，精神分析の創始者であり，おそらく臨床心理学に最も影響をもたらした人物であろう。彼は，人の心は三つの構造からなっていることを明らかにした。一つは，エスであり，それは，主にリビドーと呼ばれる無意識の性本能と攻撃本能から成っている。もう一つは，自我であるが，それは，人の心にある理性の部分であり，概念の部分である。そして，超自我である。これら三つの心的構造は，互いによく葛藤しあっており，葛藤はエスと超自我の間でよく起こる。それは，エスが即座に欲求充足を求めるのに対し，超自我が道徳的基準に基づいているためである。

図24-13 フロイトは，ある発達段階で親子に葛藤が生じていることは，その段階に固執していることにつながると提唱した。

フロイトによって注目されるようになった精神力動モデルは，彼の心理性的発達理論が基盤にされていた（第2章参照）。そのエッセンスは，子供は一通りの発達段階（口唇期，肛門期，エディプス期，潜伏期，性器期）を通過していくというものである。これらの段階における主な葛藤や過度の欲求充足は，子供が通常より長い間，ある発達段階に停滞しているということを意味している（この過程を固執という）。大人になって，対人的問題を体験すると，その人はそれまで固執してきた発達段階まで退行（心理性的発達段階を後戻りすること）するようになる。

葛藤は不安を起こす。そして，自我は，外傷的思考や感情が意識化されないように幾つもの防衛機制を使ってその不安に背き，防衛するのである。最も有名な防衛機制は抑圧である。抑圧とは，無意識の中にある葛藤や外傷の記憶を押さえつけてしまう機制である。他の防衛機制には，置き換えや投影がある。置き換えは，攻撃や衝撃が，恐れを抱く人に向けられるのではなく，恐れを抱いていない人に向けられる場合，たとえば，上司に苛められている人が猫を蹴るといったような場合に生じる。投影は，好ましくない特性をもつ人がそれを人のせいにする場合に生じ，例として，ひどい敵対心のある人が，他の人が自分に敵意を向けると言い張るなどである。

> **防衛機制**
> 防衛機制の他の例は，反応様式である。たとえば，幼少期に体験した失望や痛みのために他者と親密な関係をもつことに恐怖を感じる大人である。反対に，そのような大人が，魅力を感じる人に出会うと，嫌悪感を抱いたり，あるいは憎んだりさえするというまったく対極の感情を意識的に経験するかもしれない。

フロイトによると，精神障害は，その人が幼少期から未解決の葛藤や外傷をもっていると起こる可能性があるという。防衛機制は，

そのような未解決の葛藤による不安を減少させるため機能させるのであるが，問題を解決する手段というよりも，それを覆うばんそうこうのようなはたらきかけである。

治療の意味

治療の意味は十分明らかにされている（第26章参照）。治療法の主要目的は，患者が抑圧された理想や葛藤を受け入れ，無意識に思い描いていたことを現実のこととして認識するようになることである。フロイトは，その過程を言及する際に「洞察」という用語を用いた。フロイトは，洞察は，抑圧された記憶が自我や自己意識の中で統合されることで，その後，患者は人生をそれまで以上にうまく対処できるようになるだろう，と述べた。

精神力動モデルを基盤とした治療は，患者が過去を認識することに抵抗するため，通常とても時間がかかる。また，フロイトは次のように述べた（1917, p.289）。

> 患者はあらゆる意味づけを使って逃避しようとする。まず，何も頭に入らないと言う。次第に，たくさん頭に入ってきたので，何も理解できないと言う……最後には，実際は何も言えないことを認める……だから何も口で言い表せない状況が続くのである。

精神力動学的治療法の，たとえば，国際健康サービスを受ける障壁となるものは何だろうか。それは，治療様式を求める人種を制限するのだろうか。

倫理的な意味

精神力動モデルの倫理的な意味は，患者は自分自身の精神障害にまったく責任を負うべきでないということである。精神障害は調節が利かない無意識の過程によるものなので，そのような見解になる。しかし，大人になってからの精神障害は幼少期が基盤となっているという考えは，親やその他は，部分的にとがめられることを示している。親やその他の人たちが，子供の障害の責任は自分にあると信じこんだ場合，容易に苦痛が起こりうる。

実に深刻な倫理上の問題が，最近の虚偽記憶症候群のケースにみられる。それらは，心理療法にかかっている両親が，幼少期の心理的，性的虐待を受けていたことを，実際の証拠はないが，主張し始めたのである。そのような主張が事実かどうかを理解するのは実に難しい。しかし，ブレヴィンら（1993）は，幼少期の体験に対してより**一般的**，包括的な判断よりも，**特殊な**個人記憶を顕在化させることに注目した構造化面接を行った場合，大人になってからの幼少期の記憶は，より精緻化されやすいことを示している。

フロイトは，男性と女性は，それぞ

精神力動学的治療法

次のうち，どの症状が精神力動学的治療法を用いると効果的であると考えられるか。

- 広場恐怖症
- 統合失調症
- 恐慌性障害
- アルコール依存症
- 反社会性人格障害
- 盗癖
- 神経性無食欲症

もし，どの症状にも精神力学アプローチが適切でないと感じるならば，どのアプローチが適切だと考えるだろうか。

れ生物的に決められた性をもっており，不安障害や抑うつは自然な性的発達過程が阻まれると発症する，と述べている。このアプローチは，男女の態度や行動に関わってくる文化差の重要性が無視されている点で疑わしい。さらに，男性と女性の行動の違いを社会・文化的要因よりも生物学的要因に由来していることが強調されている点で性差別的である。

評　価

フロイトの提唱した精神力動アプローチは，精神障害の原因といった心理学的要素や心理学的な治療方式に焦点が明確に当てられた，異常に関する最初の組織的モデルであった。それが，後の心理学的モデル，特に人間性心理学，認知心理学の道を開拓したのである。精神力動モデルの他の利点は，心的外傷を伴った幼少体験を成人障害の進行要因とみなし，確実な証拠であると仮定したことである（バーローとデュランド，1995）。

フロイトの提唱した精神力動モデルの最大の欠点は，患者が向き合っているそのときには，問題に対する関心がかなり欠落することであった。たとえ，幼少体験が精神障害の進行に関連している無意識に蓄えられることが明らかにされたとしても，それは大人になってからの体験が無視されることを意味していない。現在の精神力動セラピーは，フロイトのアプローチを徐々に発展させてきたものであるが，幼少体験と同じくらい，現在の問題についても重視している。

もう一つの欠点は，精神障害の原因としての性的要因に執着しすぎており，精神障害を発生，持続させている人との相互関係や社会的要因に重点を置かない傾向である。今日，一般的に，ほとんどの精神力動セラピストは，そのような要因を重視している。彼らは，患者が経験した性的問題のほとんどは，障害を引き起こす原因とみるよりも，他者との希薄な関係の結果であるとしている。

精神力動モデルは，科学的研究の基礎を基盤に置いている。フロイトの理論的見解は，主に治療における親との相互作用から見出された。しかし，これはフロイトのバイアスや偏見が強く，立証するには不十分である。実際，精神力動モデルは，統合失調症のような深刻な症状よりも不安障害や抑うつなどの患者に応用されている。

つまり，精神力動モデルは，精神障

図 24-14

フロイト派アプローチの建設的な測面

フロイトの研究はよく批判される。確かに，科学的研究によって下意識の心理作用を立証することが困難である。しかし，主観的感情や経験の重要性を主張する，後にフロイト派研究は，心理学だけでなく，創造的な文章，文学理論，芸術の歴史といった他の分野において適用されていった。下意識の心理の重要性に関するフロイトの概念は，20世紀の人間理解に最も強い影響を及ぼした一つとみなされ，人間の動機や意図に対する深い問いをもたらした。フロイトの概念なくしては，人間理解をすることは難しい。

害の進展に関係している遺伝要因を無視する傾向にあるので，限界があるとされている。従来の方式では，患者の現在の人間関係はあまり重視されておらず，幼少体験と性的問題へ執着されていた。

文化差と下位文化差

どの文化にも同じ精神障害がみられるのであろうか。この疑問に対する答えには対極的な立場がある。一つが，**文化的普遍性**（cultural universality）の見解であり，すべての精神障害は世界に共通してみられ，その起源や症状は実に類似しているという仮説である。もう一つが，**文化的相対性**（cultural relativism）の見解であり，これによると，精神障害やその症状は，さまざまな文化にある価値観や社会規範，ライフスタイルによって少なくとも部分的に決定されているという。この対極的な立場はどちらも認め合う必要はない。実際，精神障害の形態にも世界共通してみられるものもあれば，文化によって違うものもある。

下位文化差，同じ文化の中に存在する差異についても証拠がある。たとえば，ある精神障害の発病率は男性と女性，あるいは社会階級によって異なることである。このような下位文化差については文化差を扱った後，検討する。

> **キー用語**
> **文化的普遍性**：同じ精神障害は世界共通してみられ，文化間で根本的に同じ症状をもっているという見解。
> **文化的相対性**：文化的要因によって，それぞれで違った精神障害や症状がもたらされるという見解。

文化を基盤とした症候群

慣習的に，多くの精神障害の分類システム（たとえば，DSM；ICD）は文化的普遍性の考えが基盤となっている。たとえば，DSM-Ⅲは統合失調症，感情障害や人格障害の適用範囲に，たった一つ文化的関連を含めているのみである。しかし，文化要因を考慮する試みがDSM-Ⅳ（1994）ではなされた。DSM-Ⅳ（p.844）は，「DSM-Ⅳの分類カテゴリーとの関連の有無を問わない，地域特有の精神異常の行動様式および苦悩経験である」**文化結合症候群**（cultural-bound syndromes）について言及している。

マニュアルの要点は，各々の障害に関連する文化と民族の要因について，情報を記載しているところにある。また，さまざまな文化結合症候群が付録に表記されているところである。ここに三つの文化結合症候群についての例を挙げてみる。

> **キー用語**
> **文化結合症候群**：少数の文化に限ってみられる精神障害。

- 幻影病：主な症状は，死や死んだ人に対して過度な注目を寄せることである；この障害は比較的ネイティブ・アメリカ人に共通してみられる。
- コロ：この症状は，ペニスや乳首が体の中に後退するのではないかと過剰に心配することである；南アジア，西アジアにみられる。
- アモク：この症状は，繁殖の時期に暴力性を突発させるものである；主に男性にみられ，元来マレーシアにおいて発見された。

比較文化的問題：左の三つの障害はあなたの文化において特有な障害と考えられるだろうか。これらは特有な障害，あるいはDSM-Ⅳに記されている障害とは異型の障害なのだろうか。

以前のDSMにおいては，西洋でみられる精神障害に焦点が置かれ

ていたので，他の文化圏で生活している人々が異なった症状を発症するということが考慮された点では進展した。しかし，クラインマンとコーエン（Kleinman & Cohen, 1997, p.76）はDSM-Ⅳの付録は精神科医や精神人類学者に譲歩したにすぎない，と端的に締めくくっている。加えて，多数の西洋の専門家は，大半の文化結合症候群は，DSM-Ⅳにある障害の単なる**異型**であるとも主張している。これは正しい見解であるかもしれないし，また一方で少なくとも文化結合症候群の中には，実際に文化特有のものもあるだろう。

カードウェルら（Cardwell et al., 1996）は，西洋以外の文化圏でみられる分類システムが，DSMやその他の西洋におけるシステムではみられない精神障害を含むことがよくあることを指摘した。たとえば，中国精神障害分類だけに含まれている**シェンジン・シュウアイリュオウ**（shenjing shuairuo）は，中国人ではとても共通した状態で，精神障害外来患者の半分にみられる。カードウェルらによれば，シェンジン・シュウアイリュオウとは抑うつや感情障害の要因と同様に，不安障害の要因を含んでいる複雑な障害である。

では，どのような精神障害が世界共通なのであろうか。ケンドールとハンメン（Kendall & Hammen, 1995）によると，統合失調症，抑うつ，躁うつ病，不安症状，認知症や精神の老朽化などはすべての文化でみられる。おそらく他のどの精神障害よりも統合失調症についての文化間の根拠が多く存在しており，次節ではこの根拠について考えてみたい。

統合失調症は普遍的な症候群か

世界保健機関は大規模な統合失調症の文化間研究を実施した（サートリアスら Sartorius et al., 1986）。調査したほとんどの国において，15歳から54歳の間に統合失調症が発症する割合は約1％であった。予想されていたように，その特徴は国によって異なっていた。たとえば，インドの農村では25％ちかくであるが，デンマークやホノルルではたったの0.55％であった。アメリカ合衆国においては，統合失調症の割合が異なった文化グループ間でもほぼ同じであった。これらの結果は，統合失調症が多少なりとも文化要因と関連していることを示している。

初期の研究では，世界保健機関（1981）によって，英国，中国，インド，コロンビア，アメリカ合衆国，デンマーク，ソビエト連邦，ナイジェリア，チェコスロバキアの9ヶ国において統合失調症の症状が比較された。各国間で共通してみられた症状が幾つかあり，最も共通してみられた症状は次のようであった（それぞれの症状に付随した統合失調症の割合はグループ内のものである）：病識の欠落（97％）；聴覚的幻覚（74％）；言語的幻覚（70％）；挙動不審（66％）；感情の欠落（66％）。これは，統合失調症の症状が，文化間できわめて類似していることの証拠と言えるだろう。

このように共通性がみられる一方で，国によって統合失調症のタイプに幾つかの違いがある。統合失調症の3タイプ：妄想型分裂病

世界保健機関が示した根拠は，統合失調症が普遍的な疾病であるということをどの程度示していると言えるだろうか。診断の評価や観察される症状の多様性をどのように考慮することができるだろうか。

（被害妄想を含む）；緊張型分裂病（不動を含む）；破瓜型分裂病（支離滅裂な話や態度を含む）。緊張型分裂病と破瓜型分裂病は先進国より発展途上国に共通してよくみられ，一方で妄想型分裂病は発展途上国よりも先進国でよくみられる（クラインマンとコーエン，1997）。

統合失調症が診断される方法は国によって異なっている。サートリアスら（1986）は先進国（たとえば，英国，アメリカ合衆国）の統合失調症患者の40％は深刻で長期にわたる症状を見せるのに対して，発展途上国は24％しかそのような患者がいない。この結果の解釈は幾つかある。しかし，スティーヴンス（Stevens, 1987）は，このような差異の主な原因は，発展途上国の誤診であるという，納得させられる主張をした。ナイジェリアの患者36％，インドの患者27％が1ヶ月未満で回復したという事実が，最初から実際は統合失調症でなかったということを示している。

統合失調症には，実際に文化差もある。アラスカのイヌイットは「狂人」の概念をもっている。それは，私たちの統合失調症に対する考え方と類似しており，自分自身に話しかける，実際に人が存在しないのに金切り声を上げる，奇妙な表情を作るなどの症状である。しかし，イヌイットの狂人の概念には，人は動物と考えること，尿を飲むこと，犬を殺すこと，そして愛される者は呪術によって殺されると信じていることなども含まれている。

図24-15　タイの子供に対して悪いとみなされる行動は，アメリカの親からしてみれば自立的で自己主張できると映り，より受け入れられやすいのである。

抑圧と促進のモデル

さまざまな統合失調症についての文化間研究は，その多くが分類することと文化による差異を記述することに力が注がれてきている。しかし，そのような差異の説明は一般的に十分になされていない。ワイズら（Weisz et al., 1987）は抑圧と促進のモデルについての研究を試みた。このモデルによると，ある文化内で阻止される行動様式は抑圧されるため，ほとんど観察されなくなる。それに比べて，文化内で好ましいとされる行動様式は促進されるため，広くみられるようになるという。

ワイズらは，タイとアメリカ合衆国でこのモデルについて検討した。タイでは，親は抑制できていない行動や攻撃的な行動をひどく嫌う。一方ア

メリカは，独立的，独断的な状態に対して抑制されていない行動をとることは奨励される。ワイズらは，両国それぞれ問題行動のある子供約400名ずつについて調査を行った結果，アメリカの子供よりもタイの子供の方が過剰に抑制された行動を示し，タイの子供よりもアメリカの子供の方が抑制されていない行動を示すことを示唆した。

これら幾つかの文化差は実際よりももっと明白であるかもしれない。ワイズら（1995）はアメリカとタイの学校で子供の行動を観察したところ，アメリカの子供は，話をしたり座席から離れたりする行動に関して，タイの子供よりも2倍妨害的であった。それにもかかわらず，タイの子供の方が，アメリカの子供よりも問題行動が多い，と教師から認知されていた。

キー研究評価—ワイズら
ワイズらによるアプローチの最大の利点は，文化要因が異常の発症に影響を与えていることの証拠を提供したことである。この証拠は，まったく違う文化（アメリカとタイ）が比較されたため，特に印象的であった。しかし，この調査の限界は，行動カテゴリー（たとえば，攻撃的，破壊的）が，異なる文化でも同じ意味をもっており，同じように適用されているということが疑わしいところである。

議論のポイント
1. ワイズのアプローチは，多様な症状の文化差を理解する方法として，どのように役に立つだろうか。
2. なぜ文化によって奨励される行動タイプと阻止される行動タイプが違うのであろうか。

文化バイアス

クラインマンとコーエン（1997, p.74）は，発展途上国では患者が適切な治療を受けづらくなるさまざまな神話や文化バイアスがあると主張する。第一の神話は，「精神疾患の形態は，どこでも有病率が同じ割合である」ということである。すなわち，あらゆる精神障害は各国で同じくらい発生し，あるいは同じくらいまれにしか発生しないというものである。第二の神話は，「文化的信念は，個人的な経験を通して特殊な隔たりを形成するが，生物学は，不定愁訴の根元に対して応答していく義務がある」という考えである。従って，あらゆる精神障害の中核は，文化要因に影響を受ける精密な形態ではなく，どこにでも類似して存在するものである。第三の神話は，「生物学では確信されない，異常で文化特有のさまざまな障害は，西洋以外の外国で起きている」ということである。他の言葉で言うと，普通でない文化要因によってまれに起こりえる精神障害があり，それは西洋以外の文化圏でしかみられないということである。943ページで議論されたコロの例がそれである。この障害は，自分のペニスや乳首が体の中に消えてしまうかもしれないと過剰に心配する障害である。

図24-16　英国では，アフリカカリブ系の人は，白人よりも統合失調症と診断される。これには文化バイアスの影響が大きいようである。

精神障害の診断の際に文化バイアスが重要となることの，最も困惑する証拠が英国で明らかにされた。コクランとサシドアラン（Cochrane & Sashidharan, 1995；カードウェルら，1996が引用）は，英国に住んでいるアフリカカリブからの黒人移住者は，白人よりも7倍の人が統合失調症と診断を受けていたという研究結果を示唆した。この差異は，2世のアフリカカリブ人にも広くみられる傾向にあるため，新しい国に移住してきたことによるストレスのせいではないようである。カードウェルら（1996）の指摘によると，他の国の同じアフリカカリブ人には先述した結果と類似した結果が得られなかったため，これらの結果は当惑させられるものであるという。さらに，英国の南アジア人の統合失調症と診断される割合は，白人とほぼ同じであった（コクラン, 1983）。

　カードウェルら（1996）は，英国における文化バイアスについて，他に明らかな例があることを提唱している。たとえば，アフリカカリブ人の患者は，他の患者より，安全な病院への入所希望に対して強迫的である。加えて，そのような患者は他の患者より，鍵のついた病棟に移送されることが多い（フェルナンド Fernando, 1988参照）。その他，西インド人とアジア人の患者は必要以上に統合失調症と診断されるといったような，気がかりな結果がある（コクラン, 1977）。これらの結果については，さまざまな解釈がある。一つは，英国の精神医学は「ヨーロッパ的バイアスに覆われている」ことである。もう一つは，正常や予想される行動様式について文化差に注意が払われていないことである。

　最後に，文化的バイアスの好ましい証拠は，ブレイク（Blake, 1973）に報告された。それは，臨床家は担当したケースが白人の場合よりもアフリカカリブ人の場合である方が，統合失調症と診断しやすいというものである。また，中流階級の白人よりも下層階級のアフリカカリブ人の方がアルコール依存と診断されやすいといった，類似した傾向がループニッツら（Luepnitz et al., 1982）によって明らかにされた。

　文化によって同じ障害でも診断される比率にばらつきがあることに関して，さまざまな理由が存在する。一つは，障害に関連する症状は，文化によって多様であることがDSM-ⅣやICD-10といった分類システムでは考慮されていない。たとえば，障害をもっている英国や合衆国の人は，一般的に無価値観や絶望感，活動することへの無関心を訴える。一方，ナイジェリア人の場合，身体が燃えるような感覚や，頭や足がむずむずする感覚，そして水で胃が膨張した感覚を訴える（エビグノウ Ebigno, 1986）。

　文化バイアスの他の理由には，ストレスへの対処の違いがある。たとえば，合衆国のプエルトリコ人は，他の環境的に恵まれない群より精神障害を多く発症する傾向がある（ガーナッシアら Guarnaccia et al., 1990）。そのようなことが起こる理由については明らかにされていない。しかし，ガーナッシアらは，プエルトリコ人は概して，ストレスの強い出来事に対して，気が遠くなったり，短い発作を起

こしたり，動悸が激しくなったりといった反応を示すことを指摘した。そうした特徴に気づかないセラピストたちは，プエルトリコ人患者の症状を深刻な障害と誤解してしまうだろう。

また，精神障害への対処について期待の仕方が文化によって異なる理由がある。たとえば，アジア文化圏は，抑うつが西欧文化圏と同じくらい共通してみられる（ラック Rack, 1982）という事実にもかかわらず，抑うつと診断される割合がきわめて低い。アジアでは，患者は身体疾患にかかった場合には医者にかかるが，精神疾患の場合は同じように医者にかかることを非常に嫌う。しかし，抑うつに伴う疲労や不眠などの身体的症状を医者に報告することは，よくある（ラック, 1982）。

文化バイアスの減少

診断における文化バイアスを減少させるためには何ができるだろうか。この疑問に対して興味深い答えがDSM-Ⅳに示されている。一つは，セラピストと患者の言語の違いを考慮することである。二つ目は，セラピストが，それぞれの文化グループの人が示す苦痛に対して親身になることである。三つ目は，患者の多様な文化グループの範囲を明らかにし，情報を利用して診断を決定することである。

他の指標も可能である。セラピストや臨床家が，ステレオタイプや歪曲した態度のために自分の診断が歪んでいると気づいたならば，バイアスの拡大は減少できる。その他には，セラピストと患者が同じ文化背景であるならば，セラピストは患者の訴える症状の真意をより敏感に察知できるであろう。さらに，患者は同じ文化の人と自分自身の問題について話ができる場合，ますます対応がよくなっていくだろう。レヴァインとパディラ（Levine & Padilla, 1980）は，スペイン人は一般的に，スペイン人でない白人セラピストに対して自分自身のことをほとんど打ち明けない，ということをアメリカで行った研究から明らかにした。

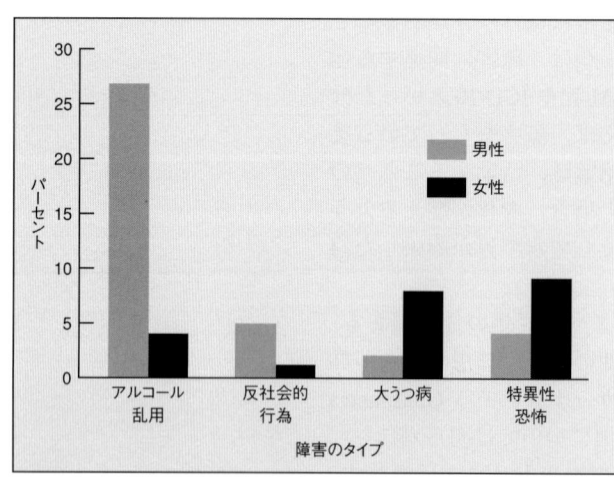

図24-17　アメリカ3都市における**精神健康病理のジェンダー差**(1984)

ジェンダー・バイアス

精神障害には明らかなジェンダー・バイアスが存在するものもある。最もわかりやすい例が，摂食障害の神経性無食欲症と神経性大食症の二つで，摂食障害と診断される90％以上が女性である。ロビンスら（Robins et al., 1984）は，三つのアメリカの都市でさまざまな障害の発症に関するジェンダー差について考察した。アルコール乱用の割合は，女性より男性の方が高く（27％対4％），反社会的行為も同様の結果であった（5％対1％）。一方，大うつ病（8％対2％）や特異性恐怖（9％対

4％)は，女性の方が高かった。

なぜこのようなジェンダー差が生じるのだろうか。その答えは，障害によっては，それが純粋な男女差によるものもあるし，ジェンダー・バイアスによるジェンダー差によるものもある。アルコール関連の障害や摂食障害におけるジェンダー差は，おそらく純粋な

ジェンダー・バイアス
ウォーレルとリマーによって提唱された精神障害の診断におけるジェンダー・バイアスの理由に関して，

- 男性よりも女性の方によくみられる「困難な環境」とは何か。
- 医師（医学や心理学）は，どの障害が女性に多いと分類するだろうか。
- どのアプローチが，性の区別を明らかにするだろうか。たとえば，精神力動的なセクシュアリティの考え方など。

男女差によるものであろう。一方，ジェンダー・バイアスが他の精神障害の要因となっている証明もなされている。このようなバイアスはさまざまな理由から起こってくるが，その理由はウォーレルとリマー（Worell & Remer, 1992）によって四つに分類され，カードウェルら（1996）によって論じられた。

- 環境文脈の無視：分類システムの焦点は，環境よりも個人の症状に向けられている；女性の患者が，男性よりも困難な環境にうまく対処していかなければいけない場合，ジェンダー・バイアスが生じる。
- ジェンダー・バイアスによる差別的診断：伝統的性役割ステレオタイプ，つまりセラピストが数多くの女性は「女性の障害」をもっており，男性は「男性の障害」をもっているということを誇張することで，患者の症状が解釈される場合に生じる。
- セラピストの誤解：伝統的性役割ステレオタイプは，セラピストが女性患者は従順，依存，男性患者は攻撃的であると感じさせる機会を助長する可能性がある。
- 理論定位：セラピストはジェンダーに関連する理論バイアスをもっており，それらの理論バイアスが評価や診断の過程を歪めていく可能性がある。

診断の際，ジェンダー・バイアスが存在することの証拠は，フォードとヴィディガー（Ford & Widiger, 1989）によって報告された。反社会的人格障害（無責任で向こうみずな行動）の患者や，演技的人格障害（過剰な感情表現や注目を求めること）の患者のケーススタディをセラピストに行わせた。患者は，時には男性，時には女性と識別され，その中でセラピストは適切な診断を決定していかなければならなかった。反社会的人格障害は，患者が男性である場合40％以上の確率で正しく診断されたが，患者が女性である場合は20％未満であった。それに対して，演技的人格障害に関しては，患者が女性である場合はほとんど正しく診断され，女性の場合は80％近く，男性の場合は30％の確率で正しく診断された。

フォードとヴィディガーの結果は，強い伝統的性役割ステレオタイプを説明している。このようなステレオタイプの証拠については，ブロヴァーマンら（Broverman et al., 1981）によって明らかにされている。彼らは，臨床家に対して，健康な成人，健康な男性，そして

セラピストが，男性患者を演技的人格障害と，女性患者を反社会的人格障害と診断しにくいのはなぜだろうか。

健康な女性の特性を分類するよう求めた。健康な成人，健康な男性の特性は類似しており，独立した，決断力のある，断定的であるなどの形容詞が含まれていた。一方，健康な女性には，依存している，従順である，感情的であるなどの形容詞が含まれていた。

ブロヴァーマンら（1981）の結果は，精神障害の診断に他のジェンダー・バイアス形式があることを示唆している。健康で正常ということが男性の性役割ステレオタイプに関して定義されるならば，分類システムの異常の症状はステレオタイプと偏差があり，このような場合，女性は冷遇されることになる。ケンドールとハンメン（1995, p.23）は，このようなことは現に起こっていると主張した。

> DSMは，女性に不利となる診断を含んでいる，あるいは無理に含められており，男性にはなく女性に特有な症状を障害としてラベリングしている，と主張する人もいる。

一例として，彼らはDSM-IVの包括として考慮された月経前苦痛の緊張状態について言及している。

ブロヴァーマンら（1981）の結果は，精神障害の診断に関するジェンダー・バイアスのさらなる理由を提唱した。西洋文化の男性は独立していることが重要であると信じている，と仮定するならば，彼らは精神科医の助力が必要なときであっても，女性より助力を求めなくなるであろう。

男性の2倍以上の女性が抑うつと診断される。このジェンダー差はさまざまな理由が考えられる。一つ目は，女性はしばしば性差や相対的な弱さにうまく対処していかなければならない。つまり，抑うつはそのようなストレスの多い環境によるものであるとみなすことができる。二つ目は，ジェンダー差は，セラピストの女性に対する伝統的性役割ステレオタイプに由来するものもあるということである。このステレオタイプには，従順や感情的であることが含まれ，どちらも抑うつ症状の拡大に関連している。三つ目に，女性の身体プロセス（月経周期や閉経）は男性よりも抑うつに影響を及ぼすということである。四つ目は，男性は気晴らし活動（テレビ視聴，スポーツ）で抑うつに対応するが，女性は人生についてじっくり考えたりして，自分を責める傾向にある，というノーレン-ホークスマ（Nolen-Hoeksma, 1990）の主張である。彼女は，抑うつへの対処としては男性の対処法の方が，女性の対処法よりも効果的であることを実証した。

■やってみよう：性ステレオタイプ

健康な男性を暗示する特性と健康な女性を暗示する特性を挙げてみよう。その特性を逆にして，精神的健康を決定するのに有効的なアセスメントを作成しよう。例として，男性の感情的な特性は，弱さあるいは優柔不断の表れとみなされる。

数人グループで，性ステレオタイプを用いない正常の考え方について話し合い，精神的健康を暗示する中立的特性のリストを新たに工夫してみよう。

社会階級バイアス

診断の予測には，一般的に職業を基盤とした社会階級の多様性が関係する。一般には，下流階級の人は中流階級の人より障害がある

と診断されやすい。しかし，時には，その正反対のことが神経症において報告されている（カードウェルら，1996）。個人の経済的地位は社会階級と密接に関係しており，ブルースら（Bruce et al., 1991）はその有力な証拠を報告した。初評の段階で，精神疾患でないとされた貧困ラインより上の人と下の人が，6ヶ月後再び評価された。貧困ラインより下の人は，その期間にアルコール乱用やアルコール依存症，双極性障害，大うつ病を2倍発症しやすくなっており，体がよろめいていた人は，統合失調症を80倍発症しやすかった。

　精神疾患の診断に，社会階級バイアスがみられる理由はさまざまである。メンタルヘルスの専門家は，下流階級の患者の臨床的診断にはあまり積極的ではないことが明らかにされた（アンベンアウアーとデヴィット Umbenhauer & DeWitte, 1978）。メンタルヘルスの専門家は，下流階級の患者に身体治療（たとえば，薬）を頻繁に提供し，心理療法をあまり提供しない。他の可能性は，上流階級の患者は，対処する戦略を自由に加えていけることである。たとえば，お金を多くもっているという事実は，ストレスを強く感じるとき，健康的に牧場に出かけたり，休日を設けたりする余裕をもちやすいことを意味する。

　社会階級と精神障害の関連は，他のどの障害よりも統合失調症に発展しやすいと言われている。次節では統合失調症に焦点を当てることとする。

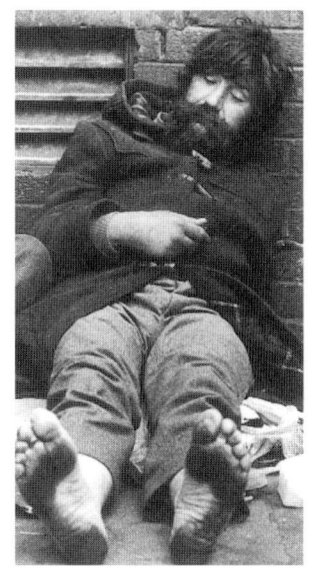

図24-18　貧困ラインより下の人は，十分な経済環境にある人よりも，精神障害を発症しやすい。

統合失調症

　最も低い社会階級の人たちは，最も高い社会階級の人たちよりも統合失調症と診断されやすい（バーローとデュランド，1995）。この結果の解釈は幾つか考えられ，そのうちの三つを次に記した。

　第一に，下流階級の人たちの症状を判断する際に，統合失調症と診断するのをいとわない臨床家が保持している，バイアスの存在である。ジョンストン（Johnstone, 1989）は，下流階級の患者は，中流階級の患者より，たとえ症状にそれほど大差がなくても，深刻な診断（統合失調症など）がなされやすいことが示唆された研究について，それぞれ検討している。

　第二に，社会的原因説である。この仮説によると，下流階級の人たちは，貧困，無職，不健康などのため，他の人たちよりも強いストレスを受けた生活を送る傾向にある。民族的にも，人種的にも，少数派の人は低い社会階級に属する傾向がみられるため，ストレスは差別を通しても生じやすい。中流階級の人たちよりも下流階級の人たちが，強いストレスによって統合失調症になりやすい。この仮説は一理あるが，確固たる証拠がほとんどない。

　第三に，社会的威圧説である。この仮説によると，統合失調症の人たちは，失業しやすいため，社会的地位が降下していく。換言すれば，下流階級であることが統合失調症を引き起こすのではなく，むしろ統合失調症が社会的地位を引き下げるのである。この場合，統合失調症者は，親の社会階級よりも低い社会階級に属することに

社会的原因説は，深刻な精神疾患は身体疾患と同じようにアプローチが可能であると主張する医療モデルと，どのように矛盾しているだろうか。

なる。ターナーとワゴンフェルド（Turner & Wagonfeld, 1967）は，これについて，統合失調症者とその父親を比較した。その結果，父親も下流階級に属しており，社会的原因説とも関連している傾向にあった。

ドーレンウェンドら（Dohrenwend et al., 1992）は，イスラエルの二つの移住民族（1）長い期間イスラエルに定住しているヨーロッパ系ユダヤ人，（2）北アフリカや中東から最近移住してきた人を比較し，社会的原因説と社会的威圧説を調査した。社会的原因論から考えると，（2）のグループの方が，多くの偏見や差別を経験しているため，統合失調症の割合が高くなるはずである。実際には，（1）のグループの方が統合失調症の割合が高かった。中でも，特に低い社会階級の人たちの割合が高かった。社会的威圧説によれば，環境的に恵まれたグループであるのに自分たちは低い社会階級であると判断するようになる理由は，彼らが統合失調症であるからである。対照的に，環境的に恵まれないグループは，精神疾患よりも差別によって低い社会階級になりやすいかもしれない。

統合失調症と社会階級の関連性からどのような結論が導かれるだろうか。ハルギンとウィットボーン（1997, p.361）は，「ほとんどの研究は，社会的原因説と社会的威圧説という対称的な見解を解決するには至っていない」と述べている。しかし，社会的原因説を考慮することは難しい，という重要な結果がある。先述したように，統合失調症の割合は，どの文化もほとんど同じである（サートリアスら, 1986）。このことは，社会的原因説によって統合失調症の重要な決定因であると主張されたいくつかの要因（たとえば，貧困や身体的健康など）において，これらの文化は非常に異なっているという事実にもかかわらず，生じているのである。

感　　想

- 私は認知心理学者であり，おそらく，認知心理学者であることが私にバイアスを生じさせている。しかし，多国において有力とされている異常モデルは，認知の要素と行動モデルを結合させたモデルとなっている。この認知・行動モデルによると，治療法は患者の認知過程と行動を考慮することが重要であり，認知と行動のうち，どちらか一方ではなく**両方**が変化することを意味する。他のモデル，特に人間性モデルと精神力動モデルは，限界が明らかになってきているため，あまり用いられなくなっている。

要　　約

異常とは何か

統計的アプローチによると，異常とは，人口に占める統計的割合である。このアプローチは，平均からの偏差が妥当か妥当でないかが考慮されていない点において限界がある。臨床的な異常は，文化によって捉え方が異なる社会的逸脱とは違うものである。異常と密接する七つの重要な特徴は，苦痛，不適応性，躍動性と独創性，予

測不能性と統制の欠如，不合理と不可解，周囲への不快感，道徳的・理想的基準の侵害である。これらの特徴はすべて主観的判断による。DSM-ⅣやICD-10は，精神異常を定義する中核として，苦痛の重要性をともに強調している。

分類しなければならないのか
　精神障害は症状が主観的であり，病因論が部分的にしか明らかにされていないため，一般的に，身体疾患よりも診断が難しい。ローゼンハンは，精神障害の分類の価値に対して反論したが，彼の見解は十分な証拠をもちえなかった。ラベリング論によると，治療方法は診断の精神学的ラベルに影響を受ける。ラベルは一般社会規範に従わない人を除くために用いられる可能性がある。

分類システム
　分類や診断なしには，精神障害の原因を理解することは困難であろう。ほとんどの分類システムは，一般的に共通してみられる症候群や症状に焦点が当てられている。最も使用されているシステムは，観察された症状を基盤にした描写的アプローチをとっているDSM-Ⅳである。それが，患者を五つの軸から評価する多軸システムである。DSM-Ⅳには16カテゴリーに分類された200を超える精神障害が記載されており，その障害が基本形とされている。DSM-Ⅳは高い信頼性を得ているが，妥当性の評価は難しい。また，ICD-10は，精神障害に関して11カテゴリーに分類され，中にはDSM-Ⅳと類似しているものもある。ICD-10も信頼性は高いが，妥当性については明らかにされていない。両システムともに妥当性よりも信頼性が強調されており，「正常」な人であっても障害の症状を示すことがある，さらに，相互病的状態によってシステムの有効性は減少している，ということが知られているにもかかわらず，それらのカテゴリーは用いられている。

異常モデル
　五つの異常モデルは，それぞれ精神障害の起源の説明を提供しており，それぞれのモデルには治療の意味がある。これらのモデルは相互排除的，独占的なものではなく，すべてのモデルが私たちの理解に大変貢献している。医療モデルでは，精神障害の原因は身体障害の原因と類似しているため，身体過程を直接的に操作する治療をしなければならない，とされている。医療モデルは，精神障害を解釈において精神学的要因の役割を無視したものであり，精神障害の中には関連性がほとんどないものもある（たとえば，摂食障害）。行動モデルでは，精神障害が，条件づけや観察学習を媒介として学ばれる不適応行動のこととみなされており，治療は条件づけが基本とされている。認知モデルとは，多くの精神障害の人が，歪曲して不合理な信念を植えつけられているとみなすもので，治療には認知再構成が含まれる。人間性モデルでは，自己概念と理想自己，あるい

は現実体験と自己認知の間で不一致がある場合，治療法が求められる。その治療には人間的発達を励ますように非暫定的で積極的な考慮を提供する受動的な治療法が含まれる。精神力動モデルによると，精神障害の根元は，子供の頃からの未解決な葛藤やトラウマによって明らかとなる。治療は，基本的に患者が抑圧された記憶の回復するのを受け止めたり，洞察を与えたりして多様な技法をとる。

文化差と下位文化差

　文化結合症候群は，少数の文化圏にみられる症候群である。精神障害の中には（たとえば，統合失調症，抑うつ，不安障害の数例），すべての文化に共通してみられるものもある。文化差は，ある行動が文化によって奨励されたり阻止されたりするなど，行動様式で違いがあるため生じるものもある。診断において文化差が存在し，それにはバイアスも含まれる。バイアスは，文化による症状の違い，障害への対応に関する文化差，あるいはセラピストと患者の文化の違いなどが原因で起こりうる。また，診断の際に，ジェンダーによる差異が実際に反映される場合もあり，ジェンダーによる差異はバイアスを暗示することもある。ジェンダー・バイアスは，患者の環境文脈の無視，性役割ステレオタイプ，あるいはセラピストの誤診や理論定位などが原因で起こりうる。また，下流階級の患者はよく深刻な障害に診断されるといった社会階級バイアスがある。下流階級には統合失調症の割合が高いということは，社会的原因や社会的威圧による可能性もある。

【参考書】

　P. C. Kendall & C. Hammen (1998), *Abnormal psychology* (2nd Edn.), Boston: Houghton Mifflin では，さまざまな異常モデルについて十分な議論がなされている。D. H. Barlow & V. M. Durand (1995), *Abnormal psychology: An integrative approach*, New York: Brooks/Cole，および，R. P. Halgin & S. K. Whitbourne (1997), *Abnormal psychology: The human experience of psychological disorders*, Madison, WI: Brown & Benchmark では，この章に関する他のトピックについて，わかりやすく書かれている。

【復習問題】

1　正常と異常を分類する上で適切なアプローチとされている DSM と ICD とを比較し，対照させてみよう。　　　　　　　　　　　　　　(24点)
2a　異常行動の医療モデルおよび人間性モデルの仮定について概略を示してみよう。　　　　　　　　　　　　　　　　　　　　　　　　(12点)
2b　上記の二つのモデルの治療の意味について分析してみよう。　(12点)
3　「人類学者は，常に『正常』と『異常』が文化的な相対語であることを気づかせてくれる。ある文化では疑いなく正常であることが，他の文化では明らかに異常とみなされることもある。もしも，現在，キリストが生きていて，『金融会社』の机を倒し始めたならば，彼は近くの精神病院に連れて行かれるだろう。このように，異常行動と判断される（用いられる）基準は，（いつも）その時代に普及している規範によるものである」（ヘザー Heather, 1976）。この引用文を題材に，異常の定義における文化差について議論してみよう。　　　　　　　　　　　　　　　　　　　(24点)

- 原因となる要因：精神障害の原因は内的要因，外的要因，あるいは両方の要因に求められるのか。
    - 素因 - ストレスのモデル

- 統合失調症：統合失調症の診断と治療に関する多様なアプローチ。
    - DSM-IVに記載された統合失調症の5類型
    - ゴッテスマンの一致率
    - ケティらの養子研究
    - ドーパミン仮説
    - 脳の構造に関する研究
    - 力動的，行動論的アプローチ
    - 社会的要因

- うつ病：臨床単位としてのうつ病は気分の落ち込みや悲しさとどう異なるのか。
    - 遺伝要因：双生児研究
    - ケティの生物化学的アプローチ
    - 力動的アプローチ
    - 学習性無力症に関するセリグマンの理論モデル
    - エイブラムソンらの認知的アプローチ
    - ベックとクラークのスキーマ療法
    - ライフイベント研究

- 恐怖症：いろいろな対象や状況に対して感じる抗しがたい恐怖。
    - 遺伝要因と神経生理学
    - フロイトによる「小さなハンス」の事例研究
    - ボウルビィの分離不安の理論
    - ワトソンとレイナーの研究
    - バンデューラのモデリング理論
    - ベックの認知の歪み理論
    - 社会的要因とライフイベント

- 心的外傷後ストレス障害：尋常でない外傷経験に対する心理的反応。
    - 遺伝要因と生化学的要因
    - ホロヴィッツの力動的心理療法
    - 条件づけによるアプローチ
    - フォアらによる認知療法
    - ソロモンらによる社会的要因の研究

- 摂食障害：身体のサイズに関する歪んだ信念はいかにして拒食や過食を生み出すのか。
    - 遺伝要因：双生児研究
    - セロトニン仮説
    - 力動的，行動論的アプローチ
    - 社会的，文化的要因
    - 認知的要因

25 精神病理学

精神病理学（psychopathology）とは何であろうか。デーヴィソンとニール（Davison & Neale, 1996）によれば，精神病理学とは「精神障害の本質，その原因や経過に関する学問分野」（p.G-20）である。この精神病理学が本章の主題である。

精神病理学，あるいは異常心理学における重要な論点の一つは，なぜ人はうつ病や統合失調症のような精神障害に陥るのかを解明することにある。これは非常に複雑な課題ではあるが，まず一次元的な原因モデルと多次元的な原因モデルを区別することから始めることができるであろう（バーローとデュランド Barlow & Durand, 1995）。一次元モデルによれば，精神異常の源は単一の根本の原因に由来すると考える。たとえば，深刻なうつ病は大きな喪失（大切な人との死別など）によって引き起こされるとか，統合失調症は遺伝的な素因によって引き起こされる，などの論議である。しかし，今日では一次元モデルはあまりに単純すぎるとみなされ，多次元モデルにとって代わられつつある。多次元モデルでは異常行動は一般的に幾つかの異なった要因によって起きると考えられている。

原因となる要因

精神障害を引き起こすことに関与している要因は何か。一般的に言って，その要因は二つのカテゴリーに分けることができる。それは遺伝的・神経学的要因と社会的・心理的要因である。医学モデルでは遺伝的・神経学的要因に焦点を当てるのに対し，行動論的，認知的，人間学的，そして力動的なモデルではすべて社会的・心理的要因に焦点が当てられる。精神障害の発症に影響を及ぼす，主な要因は次の通りである。

- 遺伝的要因：双生児研究，家族研究，そして養子研究によって，精神障害が発症することの背景要因として，遺伝的に脆弱性をもつ人々が存在することが示唆されている（遺伝的・神経学的要因）。
- 生理的要因（脳化学物質）：脳化学物質の水準が通常のレベル以上に上昇したり，逆に低下したりすると，ある種の精神障害に陥りやすくなる（遺伝的・神経学的要因）。
- 文化的要因：文化的な期待や価値観もある種の障害を引き起こすのに関与するかもしれない。たとえば，西洋文化において女

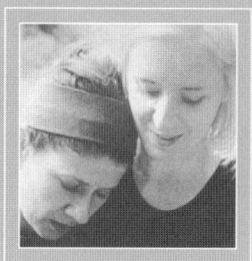

図 25-1

キー用語
精神病理学：心の障害とそれらの障害が起きる原因について焦点を当てた心理学の領域のこと。

図25-2 愛する者の死は私たちが経験するうちで最もストレスの高い出来事の一つであり、長期間にわたって心理的に繰り返されると考えられる。

性は痩せている方が社会的に望ましいという価値観が根強く、このことが摂食障害を引き起こす一因となるかもしれない（社会的・心理的要因）。
・社会的要因：過酷なライフイベント（離婚や失職）を経験した人は多様な心理的な問題を引き起こす危険因子をもつことになる。社会的支援が得られない人や家族が機能不全に陥っている成員も同様の危険性がある（社会的・心理学的要因）。

以上の諸要因は**相互に関係し合っている**。たとえば、ある脳化学物質のレベルが極端に高い人や低い人がいた場合、その人たちは遺伝要因によってそうなっていることもあるし、過酷なライフイベント経験をしたためにそうなっているのかもしれない。また、摂食障害なら文化的な期待感という圧力が発症に関わっているかもしれない。かといって、**ただ一つの要因が摂食障害を引き起こすのではない**ことも明らかである。なぜなら、西洋社会に暮らす圧倒的多数の女性たちは摂食障害にならないからである。摂食障害は痩せていることを期待される文化の中に暮らしていて、**同時に**（たとえば、遺伝的要因のために）その病気に罹患しやすい脆弱性をもっている人たちに起こるのである。

多次元アプローチ

精神病理学への多次元アプローチは、しばしば**素質－ストレスモデル**（diathesis-stress model）という枠組みから述べられる。この理論モデルによると、精神障害の発病は二つの要因によって決定される。

1. 素質：遺伝的な脆弱性もしくは疾患や障害になりやすい素質。
2. ストレス：精神的な混乱を引き起こすような耐えがたい出来事。

素質－ストレスモデルにおける鍵となる考え方は、素質ないし遺伝的脆弱性、およびストレスという複合的要因が精神障害を引き起こすうえで必要であるということである。

精神障害の類型

精神障害の原因となる要因について焦点を当てていこう。本章で検討される精神障害は、統合失調症、うつ病、二種類の不安障害（恐怖症と心的外傷後ストレス障害（PTSD））、そして摂食障害である。これらの原因について多くの観点からの説明がなされていることを知って、読者はあらためて驚かれるかもしれない。そうなる一つの理由は、異なった複数の要因が輻輳して病気の発症に関わっているという事実による。もう一つの理由は、この領域の研究を行うことの困難さに起因する。たとえば、深刻なライフイベントが精神障害の発症に関与しているかもしれないと想定されるが、根拠となるライフイベントの情報はそれらが起きてから数ヶ月ないしは数年

キー用語
素質－ストレスモデル：遺伝的に脆弱性（体質）があって、ストレスに満ちた状態に置かれるとそれに関連した心の障害が起きるという考え。

後に聴取されることが多く，その記憶は不完全で間違っているかもしれない。たとえライフイベントが正確に記憶されていたとしても，その記憶に何らかの解釈が加えられる危険性がある。重いうつ病になる6ヶ月前に深刻なライフイベントがあったからといって，そのライフイベントがうつ病を生み出す原因になったとは証明できない。

それでは，統合失調症，うつ病，恐怖症やPTSDなどの不安障害，そして摂食障害の背景について，生物学的，行動論的，心理力動的，社会的，認知的と呼ばれる主要な五つのアプローチから逐次検討していくことにしたい。

あなたはどんな人生経験が精神障害を引き起こしがちになると考えるか。

統合失調症

統合失調症（schizophrenia）は非常に深刻な病状を呈する。統合失調症という術語は二つのギリシア語に由来する。schizoは「分裂・失調」，phreniaは「心・精神」の意味である。英国人の約1%の人々が統合失調症になっている。患者によって症状は異なっているが，典型的には注意，思考，社会関係，動機，そして情動についての問題を含んでいる。DSM-IV（「精神疾患の分類と診断の手引き―第IV版」）によると，統合失調症の診断基準は次の通りである。

図25-3 統合失調症者は他の人たちの会話を自分のことを噂されていると誤認するように，通常の出来事を誤って解釈してしまう妄想に苦しんでいることがしばしばある。

1. 以下の症状のうち二つかそれ以上があり，各々は1ヶ月以上の期間存在すると認められること。①妄想，②幻覚，③解体した会話，④ひどく解体した行動，または緊張病性の硬い行動，⑤陰性症状（情動の欠如，動機や意欲の欠如，ほとんど話さないか話しても了解が困難など）。なお，妄想が奇異であったり，幻聴がその人の行動を批評する声であったりするときには，その症状一つを満たすだけでよい。
2. 社会的または職業的な機能が著しく低下している。
3. 障害の持続的な徴候が少なくとも6ヶ月間以上存在している。

一般的に統合失調症の患者は，混乱した思考があり，しばしば妄想にさいなまれる。これらの妄想には「関係妄想」として知られている思考様式が含まれている。関係妄想とは，統合失調症の患者が外界の対象や出来事に対して特殊な個人的意味づけを行うものである。例を挙げると，近くの人がただ雑談をしている様子を見たとしよう。時に，統合失調症の人はその人たちが自分を殺そうと企んで話をしていると思い込んだりするのである。

また，統合失調症の患者はよく幻覚に悩まされる。妄想は実際の対象や出来事についての誤った解釈から起きるのだが，幻覚は外部の刺激が何もないところで起きてくる。統合失調症で生起しやすい幻覚のほとんどは「幻聴」であり，通常，患者自身に関することをしゃべる声が聞こえてくる。こうした幻聴は患者が自分の内面の声を他人の声と取り違えることによって起きると，マクギガン（McGuigan, 1966）は示唆した。彼は患者に幻聴が聞こえているときに，患者の喉頭が活動していることを見出したのである。さらに，この幻聴の

説明は新しい研究でも確かめられている（フリス Frith, 1992）。

そして，さらに奇妙な行動を示す統合失調症の患者もみられる。統合失調症の緊張型にみられる行動異常として，何時間もほとんど動かないという症状がある。奇妙なしかめ面をしたり，妙な身ぶりを何度も繰り返したりすることもある。

統合失調症の症状は「陽性症状」と「陰性症状」に分けられる。陽性症状には妄想，幻覚，奇妙な行動様式がある。陰性症状には情動と意欲の欠如，言語の欠落，全般的な無気力，そして社会的活動の忌避，などがある。

統合失調症の類型

DSM-Ⅳによると，統合失調症には五つの主たる類型がある。

> **ケーススタディ：統合失調症**
>
> 19歳の若い男性（WG）が性格の劇的な変化が起きて精神科に入院してきた。彼の両親の語るところによると，彼はいつも非常にはにかみ屋で，親しい友人はいなかった。これまでごく普通の学生であったのが，数ヶ月の間に勉学をしなくなり，ついには退学をした。水泳とか陸上競技とかいった個人競技では優れていたが，いまではまったく練習をしなくなった。WGはこれまでほとんど健康に関しては注意を払っていなかったが，現在では頭や胸の不調を訴えるようになった。発症してから，WGは大部分の時間を窓の外を眺めて過ごし，以前とは異なり外見に無とんちゃくになった。病院のスタッフは彼と会話するのが困難になったことに気がついた。また彼は自分については何も語らず，通常の問診も不可能になった。WGは直接たずねられると，それに答えようとはするが，感情がなくなって平板なしゃべりとなった。時折，質問とは無関係の答えを返すこともあり，スタッフは何の話をしているのかわからなくなって当惑することもあった。WGの感情表出と彼の話す言葉とが完全にずれてしまうこともあった。たとえば，母親が深刻な病気になって病の床に伏していることを話しているときに，くすくす笑い続けていることがあった。あるときは，WGはひどく不穏状態に陥って，頭の中に「電気が流れている」と語った。またあるときは，いわゆる被影響体験について語った。つまり，外の力によって自分の両親に暴力を振るうよう促す声が聞こえてくると話すこともあった。その声が彼に「おまえはそうしないといけない」と繰り返し命令すると言うのだった（ホフリング Hofling, 1974を改変）。

1. 解体型：この類型は会話や行動面での解体が顕著にみられる。支離滅裂な会話，大きな気分変調などがみられる。
2. 緊張型：最も大きな特徴は虚ろな眼差しで何時間もまったく動かないことである。
3. 妄想型：この類型はさまざまな妄想や幻聴がみられる。
4. 鑑別不能型：上記の3類型の基準を満たさない病型がここに分類される。
5. 残遺型：それほどひどくない症状が残っているだけの状態。

生物学的アプローチ：遺伝的要因

統合失調症は遺伝的要因にある程度規定される。そのことを証明する根拠がいわゆる「双生児研究」で得られている。双生児の一人が統合失調症になった場合，もう一人も統合失調症になる確率はどれくらいになるのか。この確率は**一致率**（concordance）として知られている。ゴッテスマン（Gottesman, 1991）は約40編の研究に関するメタ分析を行った。その結果，一卵性双生児の一方が統合失調症である場合，その一致率は約48％になった。他方，二卵性の双生児の場合には一致率は17％にとどまる。

二卵性双生児に比べると一卵性双生児は似通った育て方をされる傾向があり（レーリンとニコルズ Loehlin & Nichols, 1976），この生育環境の類似性が一致率の高さの背景にあるのかもしれない。この見解に対しては二つの反論がある。第一に，二卵性双生児と比較して一卵性双生児の場合，両親としては同じような扱い方を**したくなる**（リットン Lytton, 1977）。これは，一卵性双生児の一致率の高さは，両親がよく似た扱いをした結果というよりも，むしろ親に類似の育て方を誘発させる原因である可能性を示唆

> **キー用語**
> 一致率：双生児の一人が特定の病気であるとき，もう一人が同じ病気になる割合のこと。

するものである。第二に，別々に育てられた一卵性双生児の一致率は，一緒に育てられた一卵性双生児と変わらない（シールズ Shields, 1962）。別々に育てられた一卵性双生児における一致率の高さは，環境的な同質性に原因を求めることはできないであろう。

ゴッテスマン（1991）は双生児研究以外の一致率をレビューした。両親が統合失調症の場合，その子供が統合失調症を発症する可能性は46％である。父親または母親が統合失調症である場合の一致率は16％，きょうだいが統合失調症のときには8％となる。これらの一致率は，無作為に選ばれた人々が統合失調症になる確率が1％であることと比較してみると，相当に高いことがよくわかる。

ゴッテスマンによって報告された根拠は，統合失調症は家族の中で起こりやすいことを示している。遺伝仮説から予測されたように，遺伝的に類似性の高い親族間では一致率はぐっと高くなっている。しかし別の解釈では，家族は普通一緒に生活するので環境要因も重要なのかもしれない。

議論のポイント
1. この調査は統合失調症において遺伝的要因の重要性が高いという証明になるだろうか。
2. 統合失調症の双生児研究や家族研究における限界は何か。

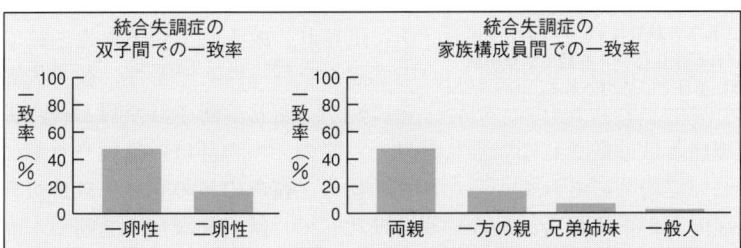

図25-4　ゴッテスマン（1991）による調査は統合失調症が家系の中で伝承されることを示唆した。

遺伝的要因説を強力に支持する証拠がローゼンソール（Rosenthal, 1963）によって報告された。彼は，同じ遺伝子をもつ四つ子の少女たちの研究を行った。驚いたことに，この4人の少女は全員が統合失調症に罹患し，発症年齢が多少異なったものの，ほぼ同様の症状を示した。彼らは「ジナイン（恐るべき遺伝子）四つ子」として有名になった。

最終的に，ゴッテスマンとバーテルセン（Gottesman & Bertelsen, 1989）は遺伝要因の重要性に関し，幾つか有力な知見を報告した。その一つは，両親のうちの一方が統合失調症の双生児で

図25-6　まったく同じ（一卵性の）双生児は遺伝的に同じというだけではない。彼らは，家族の中でより同じように扱われる。

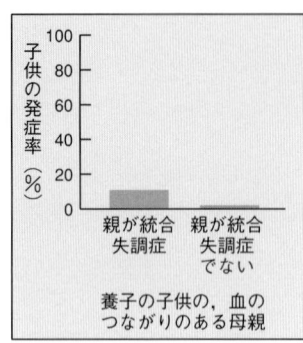

図 25-5 統合失調症の養子での一致率

あった場合，17％の人が統合失調症になる可能性がある，というものであった。つまり遺伝によっても環境によっても発症の契機があると言えよう。だが，親が双生児であって，自分の親は統合失調症でない場合でも，もう一人の兄弟が統合失調症の場合は，子供の17％が統合失調症になる可能性がある，ということも明らかにされた。換言すれば，最も重要なことは両親から伝えられる遺伝子である。

養子研究

統合失調症の発症において遺伝要因が重要であるという見解は養子研究によって支持されている。その一つは，父親か母親が統合失調症の子供が養子に出された事例を調査するものである。ティエナリ（Tienari, 1991）はこの方法をフィンランドで行った。彼は子供を養子に出した155人の統合失調症の母親を探し出し，この母親の子供たちを統合失調症ではない親をもつ155人の養子の子供たちと比較した。これら二つの群の間には彼らが大人になったときの統合失調症の発症において大きな差がみられた。統合失調症の母親をもつ養子の10.3％に統合失調症が発症したのに対し，統合失調症の母親をもたない養子の場合にはその率は1.1％にとどまった。

ケティら（Kety et al., 1978）は1924年から1947年にかけて，幼いときに養子に出され，成人している人たちについて調査を行った。そして，統合失調症にかかったと診断された群と統合失調症とは診断されない群に分けた。この二つの群は，性別や年齢について均等にされている。調査の結果，**産みの親の親族に統合失調症の人がいる場合**，いない場合に比べて，統合失調症の発病率が高いことがわかった。これは遺伝的要因が重要であるときに示されることである。養子が統合失調症であろうとなかろうと，**養子を受け入れた家族成員では，統合失調症の発病率に差はみられなかった**。このことは，統合失調症の発症について，環境要因はほとんど影響を与えないことを示すものである。

キー研究評価―ケティらによる研究について
ケティらによる知見は，統合失調症の発症において，遺伝的要因が重要であることを明らかにしたが，これらの統計は70年以上も前に集計されたということには留意しなければならない。初期の症状解釈と診断は，現在のものと比べて統一性に欠けているのである。

生物学的アプローチ：生化学的要因

生化学的な異常が統合失調症の発症と維持に重要な役割を果たしているかもしれない。たとえば，統合失調症は神経伝達物質のドーパミンの過剰な水準によって引き起こされることがあるとされる（第3章参照）（シードマン Seidman, 1983）。やや異なった視点として，統合失調症者のニューロン（神経単位）は，ドーパミンに対して過敏であるという見方もある。

ドーパミン仮説

種々の根拠から，ドーパミンが統合失調症においてある役割を果たしていることが示唆されている。たとえば，（ドーパミンを阻害する）神経遮断薬は，統合失調症の症状を緩和する。**フェノチアジン**

キー用語
フェノチアジン：ドーパミンの活動を低下させる神経遮断薬。

（phenothiazines）はシナプス（ある神経単位の終末組織と別の神経単位の樹状突起との結合部）でのドーパミンの伝達を遮断する神経遮断薬である。このフェノチアジンは統合失調症での多様な症状を典型的に軽減する（デーヴィソンとニール，1996）。しかしながら，この薬は妄想や幻覚といった陽性症状には高い効果をもつが，無気力や非運動性といった陰性症状にはそれほど効果を発揮しない。

　ドーパミン仮説を支持する根拠は他にもある。たとえば，L-ドーパという薬があって，これはドーパミン水準を高めるのだが，この薬によって統合失調症の症状の多くを引き起こすことができる（デヴィッドソンら Davidson et al., 1987）。類似した方法でドーパミンを活性化させるアンフェタミンが投与されると，統合失調症の症状がしばしば悪化する（ヴァン・カメン，ドチャティとバニー van Kammen, Docherty & Bunney, 1982）。

　パーキンソン病にかかっている患者からの知見も関連性がある。パーキンソン病患者にはドーパミンの低水準がみられ，手足の制御できない動きを含む症状がある（カードウェル，クラークとメルドラム Cardwell, Clark & Meldrum, 1996 を参照）。これと似た不随意運動が，神経遮断薬を投与された統合失調症患者にみられるが，それはおそらくこうした薬物がドーパミン水準を低下させるためと考えられる。

ドーパミン仮説の問題

　バーローとデュランド（1995）が指摘しているように，ドーパミン仮説には問題が幾つかある。神経遮断薬はドーパミンを非常に早く阻害するのであるが，服用後数日ないし数週間は統合失調症の症状は軽快しないことが一般的である。もしも，症状の維持に関してドーパミンの高水準が大きく影響しているのなら，このことはどう考えればよいのか。さらに，神経遮断薬よりもクロザピンという新薬の方が，統合失調症の症状を緩和するうえで明らかに効果がある。この事実はドーパミン仮説からすると不思議なことである（ケインら Kane et al., 1988）。クロザピンは神経遮断薬に比べてドーパミン活動を阻害する効果が少ないので，ドーパミン仮説に従えばクロザピンの効果は高くないはずである。

　クロザピンの効果をどう説明できるのだろうか。バーローとデュランド（1995）によれば，二種類の神経伝達物質，すなわちドーパミンとセロトニンがともに統合失調症の症状を生起させることに関与しているという見解に支持が集まりつつあるという。クロザピンはこれらの神経伝達物質を両方とも阻害するが，神経遮断薬ではそうしたはたらきはないと言われている。

　統合失調症とドーパミン水準との関連性は因果関係というよりも相関関係に近いと言える。そのため，統合失調症者でのドーパミンのはたらきの変化が，発病の**前**に起きたのか発病の**後**に起きたのかがわからない。もし発病後に起きているのなら，明らかにドーパミンは統合失調症の症状を引き起こすことに関与していないことにな

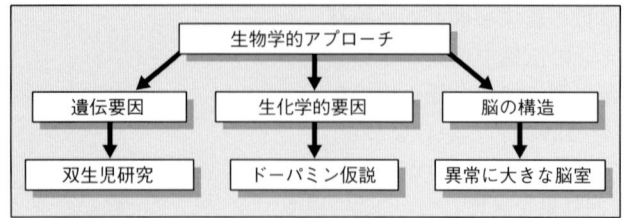

図 25-7

る。

生物学的アプローチ：脳の構造

脳研究の領域では，幾つかの洗練された技術がある（第4章参照）。そのうちの幾つかは統合失調症者の脳研究で用いられた。ポール，スウェイズとアンドレーゼン（Pahl, Swayze & Andreasen, 1990）は，50近くの研究を調べ，それらの大多数には統合失調症者の脳には異常に大きな脳室（脳脊髄液が満ちた空間）があることが判明した。この脳室に関わる別の根拠がサダースら（Suddath et al., 1990）によって報告された。MRI（磁気共鳴診断装置）を用い，一卵性双生児の一方だけが統合失調症になった場合の，脳構造の写真を撮影した。統合失調症の双生児では拡大した脳室と視床下部の萎縮が認められた。その違いは非常に大きくて，12枚の統合失調症双生児の脳の写真はすぐに見分けられた。

また脳の他の部位も発症に関わっているかもしれない。ブッシュバウムら（Buchsbaum et al., 1984）は PET（ポジトロン断層撮影法）を用いて統合失調症者と健常者を調べている。統合失調症者は心理テストを実施している際，健常者に比べて前頭葉皮質の代謝率が低かった。つまり前頭葉の機能の低下がみられたのである。

統合失調症の患者の脳異常がどの程度まで遺伝要因によって説明できるかは明らかでない。しかし，サダースら（1990）の知見によると，一卵性双生児で統合失調症になった人の脳と，統合失調症にならなかったきょうだいの脳に構造上明らかな違いがあることが見出された。この知見は環境要因が重要であるに違いないことを示唆するものである。

精神力動的アプローチ

フロイトは主として不安神経症や抑うつなどの神経症に興味をもっていた。彼は神経症が精神内界の葛藤や外傷体験の結果として起きると考えた。こうした葛藤や心的外傷の情報は無意識の世界に貯蔵されており，分析治療はこの内的葛藤や外傷を解消しようとする試みでもある。

フロイトは統合失調症においても葛藤や心的外傷が重要なものであると論じた。統合失調症と神経症の重要な違いは，前者が後者と比較して心理・性的発達のより早期の段階に退行する点にある。換言すれば，統合失調症者は一次的自己愛（または強い自己関心）の状態に退行すると仮定された。一次的自己愛の段階においては，「自我」も

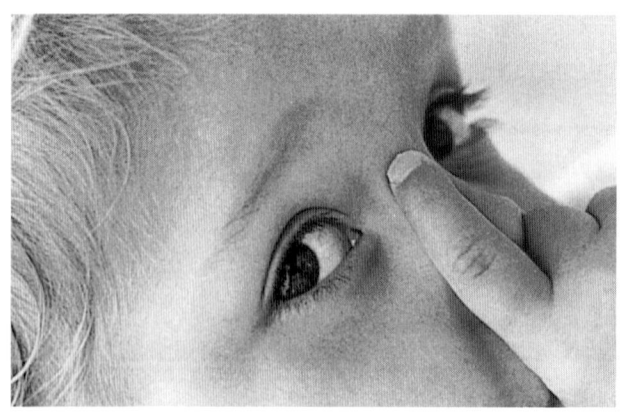

図 25-8

しくは理性的な心的領域がイドまたは性本能から分化して自律的に機能していない。ここで重要なことは，自我は外界に適合的に反応したり，現実検討を行ったりするはたらきをもっているという点である。統合失調症者は，この自我機能が適切にはたらかないために「現実との生きた接触の喪失」を引き起こすのである。

　フロイトは，（シュレーバー症例などを通して）統合失調症者は強い性衝動に衝き動かされていると論じた。この仮説は，統合失調症が青年後期にしばしば発症する理由づけとして役立つかもしれない。しかし，フロイト以後の精神分析家たちは，性衝動との関連性について否定する傾向にあり，むしろ統合失調症者の怒りの役割を強調するようになっている。

　統合失調症に対しての力動論的アプローチは，幾つかの理由で限界がある。第一に，このアプローチはたぶんに推論的なものであり，実証的な裏づけがない。第二に，成人の統合失調症を早期幼児期への退行とみなす考え方はあまり賢明とは言えない。第三に，こうした力動論的アプローチは統合失調症の発症における遺伝的要因の役割を無視している。

行動論的アプローチ

　行動論的アプローチによると，統合失調症を引き起こすうえで「学習」が重要な役割を果たしているとみる。罰を受けた初期体験のために，報酬の得られる内的世界へと子供を退却させてしまうのである。そして，周囲の人はこの子供に「変わった」とか「奇妙な」とかいうラベルを貼りつけ，後には「統合失調症」になったと診断されるかもしれない。シェフ（Scheff, 1966）のラベリング理論によると，このようにしてラベルを貼られた人はそのラベルに一致するようなやり方をとり続ける可能性がある。彼らの奇妙な行動は，変わった振る舞いのゆえに注意を向けられ，同情を買うという報酬を得ることになる。こうしたことは二次利得として知られている。

　統合失調症者が「強化」にしばしば反応するという事実は，この行動論的アプローチに控えめながら支持を与えるものである。たとえば，統合失調症者は自分のベッドを整えたり，髪の毛を櫛でといたりしたときに，報酬を受けることで，そうした行動を学習していく（アイヨンとアズリン Ayllon & Azrin, 1968）。しかし，ラベリング理論はいろいろな点からみて適切ではない。第一に，この理論は統合失調症の症状がいかにして持続しているかを説明するだけであって，こうした症状がどうして起こるのかについて説明していない。第二に，行動論的アプローチは遺伝的根拠を無視している。第三に，このアプローチは非常に重い障害を些末な説明にすり替えてしまう。たとえば，次のような逸話がある。統合失調症の権威であるポール・ミール（Paul Meehl）が講義を行っていた。一人の受講生が講義をさえぎり，ラベリング理論の肩をもつ論議を仕掛けてきた。そのとき，ミール先生はこう言った。「私は，ある患者のことを思い出したのだが……。その患者は『自分の考えが漏れ出さない』ように

それぞれの理論の限界は何か？

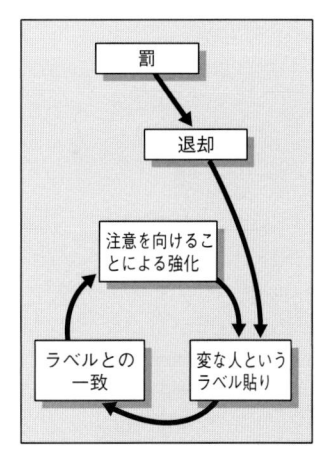

図25-9　継続的な強化によって，おかしい，奇妙な行動は持続的な円環を形作るかもしれない。

指で尻を押さえ，自分の髪の毛が『父親のもの』だからという理由で，もう一方の手で髪を引き抜こうとしていた。そして，その患者は私にこう言った。誰かが私のことを統合失調症だと言ったから，このような奇妙な行為をしているのです，と」（キンブルら Kimble et al., 1980, p.453）。

社会的要因

もしも統合失調症が完全に遺伝的要因によるとみなされれば，一卵性双生児における一致率は100％に近づくことになる。しかし，実際には一致率は50％を下回ることからすると，統合失調症の発症については社会的もしくは環境的な要因が幾つか寄与していることが考えられる。

対人的コミュニケーション

統合失調症患者をもつ家族においては，異常で不適切なコミュニケーションの型があることを論議している理論家もある。ベイトソンら（Bateson et al., 1956）は二重拘束（ダブル・バインド）理論を唱えたが，それによると，統合失調症者の家族成員は両義的で破壊的なコミュニケーションを行っているとされる。たとえば，そうした母親は子供に対して「大好きよ」と口先で言う，しかしその声には何の情愛もこもっていない。その結果，子供は好かれているのか，嫌われているのかわからなくなる。二重拘束理論は統合失調症患者の思考の混乱を少しは説明してくれる。しかし，この理論には実証的な根拠がほとんどないという深刻な問題がある。

統合失調症の家族は不適切な対人コミュニケーションを行う傾向がある。ミシュラーとウェクスラー（Mischler & Waxler, 1968）は，統合失調症の娘に話しかけている母親はどちらかというとよそよそしく反応が鈍いということを見出した。だが，この同じ母親が，正常な娘と話しているときにはずっと普通の，手応えのあるやり方で振る舞っていたのである。このように，統合失調症の患者が家族にいるということは，そうでない場合と比べて貧しいコミュニケーションのとり方を生み出しているのかもしれない。

表出された情動

二重拘束説については根拠に欠けているものの，統合失調症の人の症状を維持するうえで，家族内での相互作用が重要な役を担っているという根拠はある。相互作用で重要に思われることは，家族がどの程度**表出された情動**（expressed emotion）にさらされているかである。この表出された情動（EE）とは批判や敵意，そして感情的な巻き込み反応のことをいう。寛解状態にある統合失調症の人で，表出情動が高い家族（「EE家族」とも称する）の中に暮らしている人は，表出情動の低い家族の中で暮らしている人と比べて，4倍近くの再発率を示すのである（カヴァナー Kavanagh, 1992）。

表出された情動に関する研究では因果関係の方向性は明らかにさ

> **キー用語**
> **表出された情動**：家族内での批判，敵意，そして情動的な過度の巻き込みなど。

れていない。一つの可能性は，家族内での表出された情動が再発を引き起こすという方向である。別の可能性では，心理的な不調を抱える人は，家族成員からの表出された情動を喚起しやすいのかもしれない。

その他の社会的要因

　その他の社会的要因もまた重要であろう。メドニックとシュルジンガー（Mednick & Schulsinger, 1968）は，統合失調症の母親をもつ，15歳から25歳の若者たちについて研究した。この若者たちは，妊娠中や子供の誕生の際に合併症があると陰性症状を生じやすく，また家族の中で不安定さがあると陽性症状を生じやすかった。

　　社会要因作用仮説　　社会要因作用仮説は社会要因を重視している（第24章参照）。なぜ統合失調症は低い社会階層に所属する傾向があるのか。この問いを説明するために社会要因作用仮説は作られた。この仮説によると，低い社会階層の人たちは中流階層の人たちよりも大きなストレスを抱えながら生活をしている。そのため統合失調症に対する脆弱性が高まるとされる。ここでの大きな問題は，低い社会階層に属することで統合失調症にかかりやすくなるのか，それとも統合失調症を発症することで社会的地位が失われて転落す

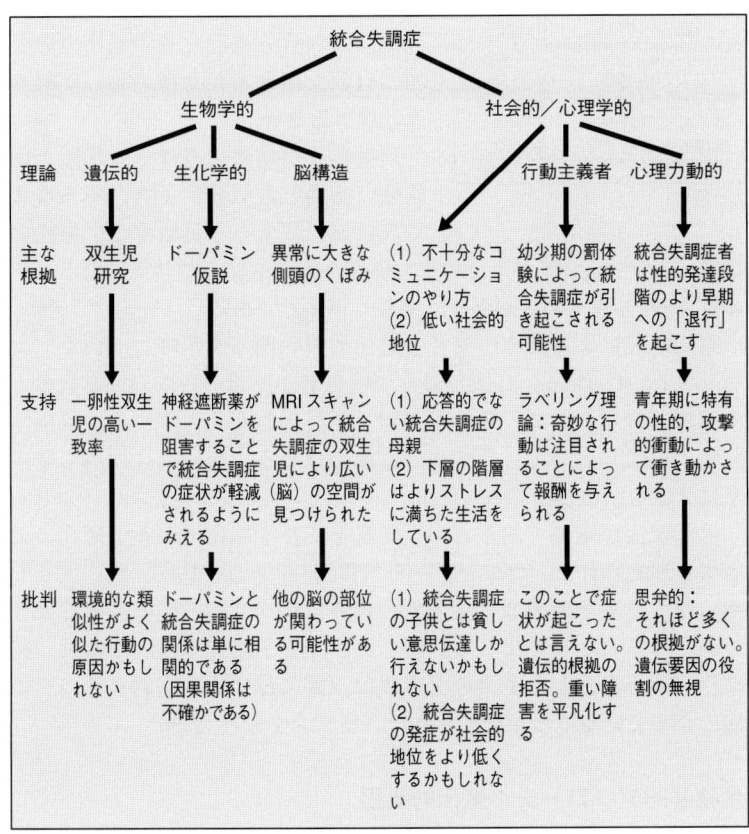

図25-10　統合失調症の諸理論：その特徴と限界

るのかということである。低い社会階層にいることが統合失調症の発症に先んじているという根拠が少しある。ターナーとワゴンフェルド（Turner & Wagonfeld, 1967）は統合失調症者の父親は低い社会階層に属する傾向があることを発見した。

ストレス　最後に，ストレスに満ちたライフイベント（人生の出来事）は時として統合失調症発症の引き金になる。デイら（Day et al., 1987）は数ヶ国で国際的な研究を行った。彼らは統合失調症者が，統合失調症の発症の何週間か前に数多くのストレスに満ちたライフイベントに遭遇していたことを明らかにした。

うつ病

大うつ病（major depression）（単極性うつ病と呼ばれることもある）と**双極性うつ病**（bipolar disorder）（躁うつ病としても知られている）との間には重要な区分がある。DSM-Ⅳの診断基準では，大うつ病の診断においては五つの症状がほとんど毎日，少なくとも2週間以上続いている必要がある。その症状とは以下の通りである。

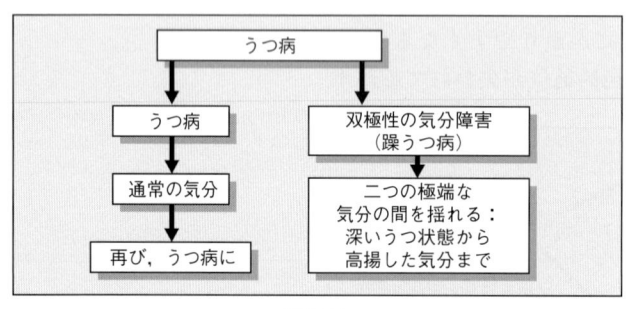

図25-11

うつ病の事例について，女性が男性の2倍の数で報告されていることをどう考えるか？

悲しみと抑うつ気分：日常の活動における興味や喜びの喪失，不眠：行動水準の変化：体重の増加または減少：エネルギーの喪失と倦怠，否定的な自己概念，自責と自己叱責：集中力の欠如：自殺念慮や希死念慮の思いが繰り返し起きること。

双極性うつ病の患者はうつ状態と躁状態（高揚した気分，多弁，不当なまで高い自己評価）を経験する。男性の10％，女性の20％が生涯のうち何度か臨床的にうつ状態になる。そのうち90％以上の人が双極性でなく単極性である。

家族研究によるとうつ病でも遺伝要因の関与を示唆している。ガーション（Gershon, 1990）はうつ病患者が一親等以内にいる数多くの家族研究を通して，幾つかの知見を見出した。大うつ病，双極性障害の両者において，うつ病の家族ではそうでない人に比べて発症率は2倍ないし3倍であった。

遺伝要因が重要であるという見解を支持する根拠が養子研究によっても加えられた。ウェンダーら（Wender et al., 1986）は，大うつ病になった養子の親戚は養子先の親戚に比べて約8倍の高率で大うつ病になることを見出した。同じ方法で養子研究を行った結果，後にうつ病を発症した子供の実の親は，養父母に比べて約8倍，うつ病になっていることが発見された（ウェンダーら，1986）。

生物学的アプローチ：遺伝的要因

大うつ病と双極性うつ病の発症における遺伝的要因についての最も明白な根拠が一卵性双生児と二卵性双生児の研究から導かれた。アレン

（Allen, 1976）が研究をレビューしている。大うつ病については，一卵性双生児での一致率の平均は40％であるのに対し，二卵性双生児では一致率の平均はわずか11％であった。双極性障害では一卵性双生児での一致率は72％，それに比べ二卵性双生児では14％であった。同様の知見がバーテルセン，ハーヴァルドとハウゲ（Bertelsen, Harvald & Hauge, 1977）によって報告されている。彼らは大うつ病では一卵性双生児の一致率が59％であるのに対し二卵性双生児では30％になったことをつかんだ。双極性障害では，一卵性双生児の一致率は80％，二卵性では16％であった。一般の母集団では約5％の人が大うつ病と診断され，双極性うつ病と診断されるのは1％である。一卵性双生児と二卵性双生児の場合の数値はいずれも一般に比べて相当に高い。

これらの知見は，遺伝的な要因がうつ病の二つのタイプについて関与していること，そして双極性うつ病の方が大うつ病よりも遺伝因子の関与が高いことを示唆している。しかし一卵性双生児と二卵性双生児のそれぞれの双生児がまったく同様の環境条件で育ったのかどうかは不明である。二卵性よりも一卵性の双生児の方が高い一致率であるが，一部の一卵性双生児は遺伝的影響よりも環境的影響が高いことを反映している可能性もありうる。

マリリン・モンローは大うつ病にかかっていた。双極性うつ病になった人には，ウインストン・チャーチル卿，エイブラハム・リンカーン，そしてバージニア・ウルフなどがいる。

議論のポイント
1. うつ病における遺伝的要因の根拠は統合失調症の場合と比較して強いか弱いか。
2. 双生児研究による根拠はどの程度まで家族・養子研究で支持されるだろうか。

ケーススタディ：躁うつ病での躁的行動

ロバート（Robert B）は25年間よく仕事をしてきた歯科医で，妻と家族を十分に養っていた。ある朝目覚めたとき，自分は世界一の歯科医であり，できる限り多くの人を治療すべきである，との考えが閃いた。そして，患者を同時に治療するために彼は業務を拡大し，医院の椅子を2から20に増やすことにとりかかった。ロバートは建築業者に電話し，必要な設備を注文した。改築に遅れが生じると，彼は一日中イライラし，自分で作業をすることを決め，壁を崩し始めた。この作業が難しいことがわかると，彼は混乱してきて，X線装置や洗口台を叩き壊し始めた。その歯科治療室から追い返された患者が，ロバートの妻に電話をかけるまで，家族は彼の行動に気づかなかった。

電話があったことを夫に知らせたとき，ロバートは妻を15分にわたって「厳しく叱り，大声でわめく」のだった。夫が「怖い，野性的な目つきを」していて，その言葉は「過剰に興奮して」いたと妻は述べた。こうした行動が数日続いた後，妻は娘たちに電話をかけ，夫と一緒に助けに来てほしいと頼んだ。彼らがやってきた夜，ロバートは，「自分の性的な強さを自慢し，娘たちに攻撃的に言い寄ってきた」。それを止めようとした娘婿の一人は椅子でなぐりかかられた。ロバートは病院に入れられた後になって，自分がやってきた躁行動の病歴に気づいたのだった。

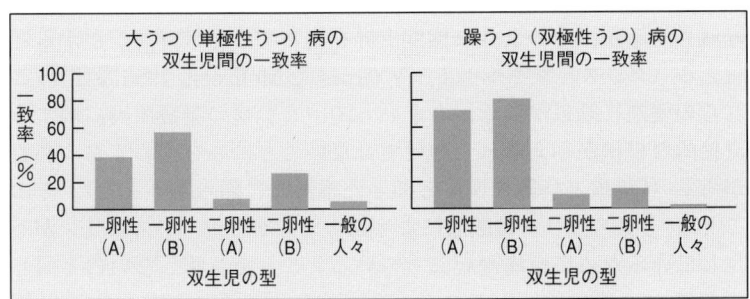

図25-12 うつ病についての双生児研究がアレンによって1976年に査閲された（結果A）。バーテルセンらによる1977年の研究も比較としてここに示した（結果B）。

生物学的アプローチ：生物化学的要因

うつ病の患者たちは，種々の神経伝達物質やその他の物質の水準が上昇したり低下したりしているのではないか，と大きな関心が寄せられている。この領域については数多くの理論仮説が唱えられており，そのうち多くの仮説が，うつ病の発症に関して，ノルアドレナリンやセロトニンなど神経伝達物質の水準が低下していることが何らかの役割を果たしているという知見に基づいている。双極性障害の患者たちが躁状態であるとき，これらの神経伝達物質の水準が上昇しているのではないかと示唆されている。ケティ（1975）は，任意アミン理論を唱えた。この理論によると，ノルアドレナリンの水準は通常はセロトニンの水準によって制御されている。セロトニンの水準が低くなると，ノルアドレナリンの水準は制御がきかなくなり，通常の水準よりも高くなったり低くなったりして変動することが起こりうる。

薬物研究

こうした仮説は薬物研究によってある程度の支持を得ている。トイティング，ローゼンとヒルシュフェルト（Teuting, Rosen & Hirschfeld, 1981）は，うつ病患者の尿と正常な人の尿の成分を比較した。ノルアドレナリンとセロトニンに関与している酵素のはたらきの副産物として生成される混合物が，うつ病患者の尿ではより少ない量であった。ケティ（1975）は，躁病患者の尿中では，ノルアドレナリンに由来する混合物が非常に高水準であることを発見した。ノルアドレナリンとセロトニンの高水準や低水準がうつ病を引き起こすのか，逆にうつ病がこうした神経伝達物質の水準を変えたのか，その因果の方向性に関してはよくわかっていない。

　　抗うつ剤　モノアミンオキシダーゼ（酸化酵素）阻害剤（MAOI）はうつ病患者のノルアドレナリンとセロトニンの活性水準を上昇させ，うつ病の症状を一般的に緩和させる（第26章参照）。炭酸リチウムは双極性障害の症状を軽減させる点で顕著な効果があるが，この薬剤はノルアドレナリンとセロトニンの有効性を減少させると考えられている。しかし，これらの薬剤は神経伝達物質水準には即効性をもつものの，うつや躁の症状を緩和させるには長い時間がかかる。MAOIは，神経受容体の感度を上げることによってうつ状態を軽減させるが，そのような感度上昇を起こすのには時間がかかると言える（グロスとマキルヴィーン Gross & McIlveen, 1996参照）。これらの薬剤に効果があるからといって，うつ病の発病原因に関する**直接的な**根拠が与えられたわけではないことに心を止めておく必要がある（「治療と病因に関する誤った推論」に陥らないこと）。そのことは，「アスピリンは頭痛によく効く薬であるが，アスピリンが不足しているために頭痛が起こっている」ことを意味しないのと同じである。

コーチゾル（副腎皮質ホルモン）

　ストレスホルモンであるコーチゾルはうつ病患者では上昇する傾向がある（バーローとデュランド，1995）。うつ病に対するコーチゾル関与説はデキサメタゾン抑制試験によって確かめられた。デキサメタゾンは通常の人の場合にコーチゾル分泌を抑制するが，うつ病患者の約半数ではこの抑制がほとんど起きなかった（キャロルら Carroll et al., 1980）。これらの患者では，コーチゾルの水準が高すぎて，簡単には抑制されなかったために，こうした現象が起きたのであろう。

　このコーチゾル調査については二つの限界がある。一つには，デキサメタゾン抑制検査でみられた抑制の減少は，不安障害その他の心的障害についても見出されており，非常に高いコーチゾル水準はうつ病に特有のものではない点がある。第二に，高いコーチゾル水準はうつ病の原因の一つを形成するというより，うつ病になった結果であるかもしれないのである。

精神力動的アプローチ

　フロイトは『悲哀とメランコリー』という論文で，うつ病（メランコリー）は悲嘆（あるいは悲哀）に似ていると指摘した。悲嘆は大切な人の喪失に伴う反応としてしばしば起きる。しかし，うつ病と悲嘆とでは重要な点で違いがある。というのは，うつ状態の人は自分のことを価値がないとみなすからである。対象喪失が起こると，残された人は亡くなった人との同一視が生じ，亡くなった人に対する抑圧された怒りを自分自身へと向け変えることが起こりやすい。この自己へと向けられた怒りが，その人の自尊心を低下させ，うつ病に罹患しやすい準備状態を形成するのである。

図25-13　失業はうつ病を引き起こし，その人の能力や将来展望についての信念にマイナスの影響を与えるかもしれない。

　フロイトは，現実的な喪失（大切な人の死など）と象徴的な喪失（失職など）とを区別した。どちらの種類の喪失であれ，そのような喪失が幼少期における愛情喪失の出来事を再体験させ，うつ病を引き起こすと仮定した。

　双極性障害についてはどうであろうか。フロイトによれば，超自我（良心）の機能が支配的であるとき，うつの位相が生起する。対照的に，躁の位相が生起するのは，自我（理性的な心）の機能が活発になりすぎるときであるとした。

　喪失によって抑うつになるのを防ぐには，人はある時期「喪の仕事（mourning work）」を行う必要がある。その仕事（モーニングワーク）を通して，人は故人の記憶を呼び起こし，悲しみの消化作業

を行う。喪の仕事によってその人は故人と自分とを分離し，内へ向けられた怒りを軽減させていくのである。だが，他者に非常に依存することで自尊心を保っている人は，この喪の仕事が適切にできないこともあって，極度の抑うつ状態が続くかもしれない。

評　価

　ある種のうつ病が喪失に関するライフイベントによって起こるという点については，十分な根拠がある。たとえば，フィンレイ－ジョーンズとブラウン（Finlay-Jones & Brown, 1981）は，うつ病患者はうつ病になる前の1年間において，通常の人と比べてずっとストレスに満ちたライフイベントを経験していること，そしてそれらの出来事の多くは喪失体験であることを見出している。しかし精神力動的アプローチの細かい点は正しくないと思われる。フロイトは，うつ病の人の抑制された怒りと敵意は夢の中に表れると予測したが，ベックとウォード（Beck & Ward, 1961）はこの根拠はないとした。フロイトはまた，うつ病の人は主に自分自身に向けて怒りや敵意を表すと予測した。ところが実際には，彼らはかなりの怒りと敵意を，身近な人に向けるのである（ヴァイスマン，クラーマンとパイケル Weissman, Klerman & Paykel, 1971）。

　終わりに，フロイトの理論からは，幼少期にある大きな喪失を体験した人は他の人に比べて成人期に臨床的なうつ病を発症しやすくなるということである。この点に関しては必ずしも一貫した結果は得られていないが，子供時代の喪失は成人期のうつ病を予測するものではないことが示唆されている（クロークとエリオット Crook & Eliot, 1980）。

行動論的アプローチ

　レヴィンゾーン（Lewinsohn, 1974）はうつ病が強化ないし報酬が減少する結果として起きるという知見に基づく行動理論を提唱した。この考えは，大切な関係性が喪失されることによってうつ病が起こるという精神力動的な観点に通じるものがある。というのも，重要な関係性（愛情など）というのは正の強化子の代表例であるからである。解雇などの喪失経験に伴って強化が減少することもある。大きな喪失によって抑うつ状態になった人は，周囲から同情や理解を示されることで，逆にそのうつ状態が強化されるかもしれない。

　レヴィンゾーンの行動理論は，うつ病の原因についてあまりにも単純化した見方を示しているのは明らかである。たとえば，多くの人は大きな喪失経験をしても，必ずしもうつ病にはならない。なぜそうしたことが起きるのか，彼の理論モデルでは説明できない。またこの理論は遺伝要因のような他の要因の可能性が考慮に入れられていない。

学習された無力感

　セリグマン（Seligman, 1975）が明らかにした「学習された無力感」

の理論と研究は他のどの行動理論よりも有力なものであると考えられる（第10章参照）。**学習された無力感**（learned helplessness）は，動物や人間が罰を回避できないと誤って知覚したときに示される受動的な行動と関連している。セリグマンの研究は次のような独創的な実験であった。セリグマンは何匹かのイヌに電気ショックを与え，その状況から回避できないようにした。その後，イヌは中央に垣根を設けた箱の中に入れられた。イヌはその垣根を飛びこえて反対の場所に移れば電気ショックを免れることができる。注意信号に続いて電気ショックを与えられたが，ほとんどのイヌは電気ショックを受動的に受けるだけで，回避の学習ができなかった。この状態をセリグマンは「学習された無力感」と呼び，うつ状態の人たちが示す行動と非常に類似していると考えた。

学習された無力感の理論は，後にエイブラムソン，セリグマンとティースデイル（Abramson, Seligman & Teasdale 1978；次項を参照）によって認知理論に発展した。セリグマン理論の問題点の一つは，この理論が大うつ病の患者の行動をモデル化しようとしたところにある。しかし実際には，この学習された無力感の症状は双極性うつ病の患者が抑うつエピソードであるときの様子によく似ているのである（ディピューとモンロー Depue & Monroe, 1978）。

認知アプローチ

エイブラムソンら（1978）はセリグマンの学習された無力感の理論を，学習された無力感を体験している人の「考え」に焦点を当てることによって発展させた。つまり，人間は失敗を何に帰属させるか，その帰属の方法について彼らは検討したのである。

- 人は失敗を（自分自身の）**内的**要因に帰すか，（他の人の，または環境の）**外的**要因に帰する。
- 人は失敗を（将来まで続く）**変わらない**要因に帰すか，（将来，すぐに変わるかもしれない）**不安定な**要因に帰する。
- 人は失敗を**大きな**（状況の広い範囲に当てはまる）要因に帰すか，**ある特定の**（ただ一つの状況に当てはまる）要因に帰する。

学習された無力感をもつ人は，失敗を内的で，変わらない，大き

キー研究評価－セリグマン

セリグマンはイヌを用いて，ある人が自分の体験についてどうしようもないということがどのように無力感を生み出していくかを描き出そうとした。彼の実験では各々のイヌは他のイヌと「つなげられて」いた。最初のイヌが電気ショックから免れることを学習しても，二番目のイヌはショックを受けるか受けないかについてはつながれたもう一方のイヌの鑑識眼に依存していた。実験のおわりに，これらのイヌたちは別々にされ，「行き来できる箱」の中に入れられた。この箱では，柵を飛びこえることで通電された床から逃げることができた。前もってショックを避けることを学習したイヌはすぐに柵を飛びこえることを学習した。しかし，もう一方のイヌにつながれていたイヌは，受身的に行動し，行き来できる箱に入れられた後も，すぐ，ショックを避けようとすることをあきらめた。

この研究から，こうした動物の行動における最も重要な要素は電気ショックではなくて，回避することを学習することに失敗した，ということにあることが明らかになる。あるイヌたちは無力であることを学習したため，行き来できる箱の中で不適切な行動をとり，逃げようとしなかったのである。

セリグマンはさらに，人間のうつ状態は学習された無力感によることを提唱した。たとえば，ストレスに満ちた状態は回避できないものであり，個人には制御できないものであると体験されるかもしれない。

しかし，セリグマンのイヌに見られる，学習された無力感の症状と，人間におけるうつ病の症状とは一見似ているようだが，そうした結論を導くには問題がある。イヌについての実験は統制された状況において行われたが，そうした知見は社会の中の人間に当てはまるだろうか？ 最近の研究では，重要なのはある人が体験している学習された無力感というよりもむしろ，ストレスに満ちた状況を人がどう受け止め，どう反応するのか，ということであろう，と示唆されている。

キー用語
学習された無力感：罰が避けられないという知覚によって引き起こされた受身的な行動。

倫理的問題：セリグマンらの実験はなぜ現在では非倫理的とされるのであろうか。

実験室で犬を用いた実験の結果を，社会の中の人間に当てはめるのはどの点で間違っているか。

学習された無力感はDV（暴力）の被害を受けている女性にも当てはまるだろうか。

図25-14 うつ病になっている人は自分のことを失敗した人間とみなし，しばしばそのことを自分のせいだとし，また，もう変えることはできないと捉える。

な要因に帰属させる。別の表現をすれば，このタイプの人たちは，失敗について個人的な責任を感じていて，失敗を起こした要因はずっと続き，そうした要因は将来にわたっていろいろな状況に影響を与えると考えている。これら否定的でペシミスティックな思考に立脚すれば，学習された無力感をもつ人が抑うつ状態になるとしても決して不思議ではない。

　この認知理論はエイブラムソン，メタルスキーとアロイ（Abramson, Metalsky & Alloy, 1989）によって修正された。個々の帰属要因についてはエイブラムソン（1978）が当初考えていたほど重要ではなく，むしろうつ病の人は希望のもてない感覚を強めていくという考え方の方がより重要であると，彼らは考えた。

抑うつのスキーマ

　ベックとクラーク（Beck & Clark, 1988）も，うつ病の発症については認知的要因が重要な役割を果たしていると論じた。彼らは，長期記憶に貯えられた組織化された情報から構成される抑うつスキーマについて検討した。ベックとクラーク（1988, p.26）の認知理論は次のようなものである。

　　うつ病の人のスキーマ的構造は否定的な考え方によって形成されている。否定的な認知的特性は，うつ病の人の自己，世界，そして将来についての見方に明らかに示されている。こうした，不適応を引き起こす否定的スキーマに支配されているために，うつ病の人は自分のことを不適格で，不幸で，価値がない存在とみなし，周囲にはとてつもない障害物が立ちはだかっていると感じられ，お先は真っ暗で何の望みもないと捉えている。

　認知の３徴候（cognitive triad）という用語は，うつ病の人が自己・世界・将来に関する否定的な見方をすることを意味するときに使われる。

評　価

　エイブラムソンら（1978）や，ベックとクラーク（1988）らが述べたように，うつ病の人は確かに否定的な考え方をもっている。こうした否定的な考え方がうつ病を引き起こす一因になっているのだろうか。それとも否定的な考え方はうつ病になった結果として起き

キー用語
認知の３徴候：うつ病の人の自己，世界，将来についての否定的な見方。

るにすぎないのだろうか。レヴィンゾーンら（1981, p.218）は，いわゆる予測的な研究を行った。その研究では，研究協力者がうつ病になる前に，すでに否定的態度や考え方をもっていたかどうか査定がなされた。その結果は以下のようになった。

> 後になってうつ病になった人々は不合理な信念の項目に同意しなかった。彼らは肯定的な結果を期待しないわけでもなく，否定的な結果を恐れるわけでもなかった。また，彼らは成功体験を外的要因に帰することも，失敗体験を内的要因に帰することもなかった。要するにうつ病になりやすい人たちは否定的認知という固定的パターンがあるとは言えなかった。

根拠の多くが示唆することは，否定的な信念や態度はうつ病によって引き起こされるのであり，その逆ではないということである。しかし，ノーレン‐ホークスマ，ガーガスとセリグマン（Nolen-Hoeksma, Girgus & Seligman, 1992）は，年長児の否定的な帰属スタイルがうつ病を起こしやすいことを見出した。もう少し説明すると，子供たちのもつ否定的な帰属スタイルはその後の人生で過酷なライフイベントに遭遇すると抑うつ症状を生起しやすくなることを見出した。というわけで，否定的な考え方がうつ病を生起させやすいという可能性は依然として残るのである。

■やってみよう：毎日の状況もしくは問題を整理する（例．ある特定の科目がうまくできない，学校に遅刻する，宿題を提出しない）。一人ひとりにこうした問題点について質問し，参加した人の回答からどの要因が関与しているかを決定する。ここに挙げた例のように回答の一覧表を書き上げる。

例：
質問1　あまりうまくできていない科目はありますか？　もしあるとしたら，そう思う理由は何ですか？

参加者Ａ：私は数学に希望がもてません。それは私自身のせいです（内的要因）。

	内的	外的	固定的	流動的	全体的	部分的
Q1	✔					
Q2						

参加者Ｂ：私は数学がよくできません。先生がひどいからです（外的要因）。

	内的	外的	固定的	流動的	全体的	部分的
Q1		✔				
Q2						

社会的要因：ライフイベント

大うつ病の患者はそのうつ病が発症する前にストレスに満ちたライフイベントを普通の人より多く経験している。たとえば，ブラウンとハリス（Brown & Harris, 1978）はロンドンに住む女性を対象とした面接調査を行った。その結果，うつ病の女性の61％が調査面接の前8ヶ月以内に，少なくとも1件以上の非常にストレスに満ちたライフイベントを経験していることがわかった。対照群とされる，うつ病でない女性ではその率は19％だった。しかし，多くの女性は大きなライフイベントに何とか対処して，うつ病にならずにすんでいる。深刻なライフイベントを経験した女性のうち，親しい友人が一人もいない人は37％の人がうつ病になったのに対し，非常に親密な友人をもっていた女性ではその率はわずか10％であった。

ブラウンとハリス（1978）の発見は何度かにわたって確かめられた。ブラウン（1989）はさまざまな研究を展望した。平均して，う

順位	ライフイベント	ストレス度
1	配偶者の死	100
2	離婚	73
3	別居	65
13	性的困難	39
23	子供が家を出る	29
38	睡眠習慣の変化	16
41	休暇	13

T. ホームズとR. レイ（T. Holmes & R. Rahe, 1967）社会的再適応評定尺度。心身症研究（*Journal of Psychosomatic Research*），11巻, pp.213-218. より引用。

つ病者の約55％が，発病前数ヶ月のうちに少なくとも一つの深刻なライフイベントを経験していた。統制群のわずか17％とは対照的である。

ほとんどのライフイベント研究には二つの大きな限界がある。第一に，情報が数ヶ月後になって回顧的に得られるため，何が起きていたのかをはっきりと思い出すには問題があるかもしれない。第二に，ライフイベントの意味はそれが起きた状況に左右される。たとえば，失職というのは扶養家族がたくさんいるときには非常に深刻なことになるが，定年退職が近づいた年齢になっていて，多額の年金をもらえるなら失職もそれほど深刻にはならないだろう。ただ，この二番目の限界はブラウンとハリスの研究（1978）には当てはまらない。というのは，彼らはライフイベントが起こったときの状況について十分な情報を聴取していたからである。

恐怖症

DSM-IVには，複数の不安障害が記載されている。不安障害の範疇には，恐怖症，外傷後ストレス障害，パニック障害，全般性不安障害，そして強迫性障害が含まれる。この節ではさまざまな恐怖症に焦点を当て，さらに外傷後ストレス障害についても次節で論議する。その他の不安障害の幾つかは適宜ふれることにする。

恐怖症とは何らかの対象や状況に対する高い水準の恐怖がみられることを意味する。この恐怖の水準は非常に高いので，その恐怖対象や状況は可能な限り回避されることになる。恐怖症にはさまざまの異なる区分がある。特定の恐怖症，社会恐怖，広場恐怖などである。それぞれの恐怖症の型について順に述べていく。

特定の恐怖症

特定の恐怖症とはある特定の対象または特定の状況への不合理で強い恐怖感を意味する。特定の恐怖症にはクモ恐怖やヘビ恐怖が含まれるが，それ以外にも何百種類もの恐怖症が存在している。DSM-IVにおいては特定の恐怖症の下位分類として4種類のタイプが区分されている。

・動物タイプ：動物や虫がきっかけで恐怖が生じている場合。

- 自然環境タイプ：高所恐怖，水恐怖，嵐恐怖が含まれる。
- 「血液－注射－けが」タイプ。
- 状況タイプ：飛行機，公共交通機関，エレベーター，または閉所などさまざまな状況における恐怖が含まれる。

加えて，第五の「その他のタイプ」と分類される型がある。これは，四つの大きな下位分類のどれも当てはまらない特定の恐怖症を指している。

DSM-IVによると，特定の恐怖症については次のような主な診断基準がある。

- ある特定の対象または状況についての強くて持続的な恐怖。
- 恐怖刺激にさらされると，ほとんどいつも急速の不安反応が起こる。
- その人は自分の恐怖対象や恐怖状況に対する恐怖が過剰であることを認識している。
- その恐怖刺激は回避されているか，または強い不安を伴って反応している。
- 恐怖反応はその人の仕事または社会生活を明らかに妨害しているか，またはその人が恐怖症のためにひどく苦痛を感じている。
- 18歳未満の人の場合，この恐怖症は少なくとも6ヶ月は持続している。

社会恐怖

社会恐怖は，自分自身の行為そのものや，それに対する他人の反応について過度に気にすることが含意されている。社会恐怖には一般化されたものと，特定のものとがある。この術語が示すように，一般化されたタイプの社会恐怖をもつ人はほとんどすべての状況において臆病であり，特定タイプの社会恐怖のある人は，幾つかの（人の前で話をするなどの）状況においてのみ非常に臆病になる。社会恐怖に関してDSM-IVに記載されている主な診断基準は以下の通りである。

> **ケーススタディ：ある恐怖症**
>
> 大学1年生の若い学生が学生保健センターに援助を求めてやってきたあと，ある治療者のもとに紹介された。初期面接の間，彼は授業中に恐怖感を覚え，しばしばパニックになると話した。彼は自分の部屋にいるときはくつろいでいるのに，勉強に集中したり他の人に顔を合わせることができない，と訴えた。彼は，梅毒にかかったのではないか，そして頭がハゲていくのではないかということに対する恐怖があると認めた。こうした恐怖はとても強烈で，彼は手，頭，そして性器を何度もごしごしと血が出るほど強くこすって洗うということだった。彼はドアの取っ手にふれるのをためらい，公衆トイレは決して使おうとしなかった。この学生は自分の恐怖が非合理的なものだとわかっているのだが，もしもこれらの予防策をとらなかったとすると，ずっとひどい「心的苦痛」を覚えるだろうということを認めた。
>
> その後の治療者とのセッションの中で，この学生の相談履歴から彼の性的同一性に関して以前からの心配があることが明らかになった。子どもであったとき，仲間に比べて自分は速くない，強くない，という劣等意識を抱いていた。こうした感情は，ケガをしてはいけないからということで，乱暴な遊びをさせようとしなかった母親によって強められた。思春期になって，この学生は性的な欠陥があるかもしれないということでも心配になった。夏のキャンプのとき，彼は他の少年たちに比べて，性的に未熟であるということを発見した。彼はまた，女の子とつき合っていけるだろうか，と悩んだ。実際には若い男性として成長していたにもかかわらず，彼はずっと男性としての同一性について心配し，自分は女の子ではないかとさえ空想することもあった。この不安は非常に大きかったので，自殺も考えたことが何度もあったことを認めた（クラインムンツ Kleinmuntz, 1974 の改作）。

図 25-15 舞台恐怖：他の人から注視されることに直面したときの恐怖の例。

特異な恐怖症
13恐怖症：不吉な数字についての恐れ
シデロ恐怖症：線路への恐れ
一人恐怖症：一人でいることの恐れ

- よく知らない人たちの前に出されたり，他の人から注目されたりする状況に対する顕著で持続的な恐怖反応である。
- 恐れている社会的状況にさらされていることによって，いつも高い水準の不安が誘発される。
- その人は自分が感じている恐怖感が過剰であることを認識している。
- 恐れている状況は回避されているか，強い不安を伴って反応されている。
- その恐怖反応はその人の仕事または社会生活を明らかに阻害している。または，恐怖症があるために著しい苦痛を感じている。

　社会恐怖になった人の約70％が女性であるように，社会恐怖は男性よりも女性のほうによくみられる。バーローとデュランド（1995, p.186）は，社会恐怖は「比較的若く（18歳から29歳），あまり高い教育を受けていず，独身で，社会的・経済的にやや下層の人たちに多い傾向がある」としている。

広場恐怖

　広場恐怖は雑踏など人の集まる場所に対する強い不安や恐怖と関係している。DSM-Ⅳ（1994）で指摘されたように，広場恐怖が単独で起こることはまれである。大部分の場合，パニック発作がまず始まって，その後で広場恐怖が起こってくる。パニック発作が起こることを恐れている人は，なじんだ人や環境から離れると心理的な安全感を脅かされる。もしも助けを求められない場でパニック発作が起きたら大変なことになると思っている。こうした予期不安のため，彼らは見知らぬ人が多い公共の場所を避けるようになる。したがって広場恐怖はパニック障害に随伴して起こることが多いのである。

　広場恐怖を伴うパニック障害（panic disorder with agoraphobia）はDSM-Ⅳで次のように定義されている。

- 予期しないパニック発作が繰り返し起こる。
- 少なくとも1回の発作の後少なくとも1ヶ月以上，もっと発作が起きるのではないかという心配や，発作のために大変な事態に陥るのではないかと心配すること。
- 広場恐怖がある。つまりパニック発作を避けることが難しかったり，発作に困惑したりする状況にさらされることへの不安がある。
- そのパニック発作は何らかの物質（薬物）の使用によるものではない。

「パニック発作」はどう定義されているのか　DSM-Ⅳによると，パニック発作では四つ以上の身体症状が突然に発現し，強い恐怖または不快を体験する。これらの症状には動悸，息切れ，心拍数の増

> キー用語
> **広場恐怖症を伴うパニック障害：**パニック発作と雑踏など公共の場所を回避する行動で特徴づけられる。

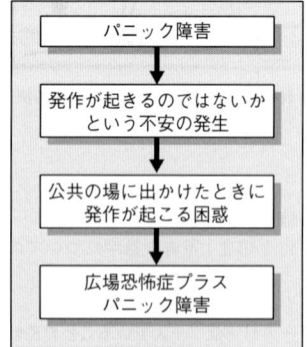

図 25-16

加，窒息感，吐き気，発汗，胸痛，めまい感，死ぬのではないかという恐怖などが含まれる。

25歳から29歳の人たちが，最もパニック障害を起こしやすい。また広場恐怖症になった人の約75％は女性である。どうして男性が広場恐怖のような回避行動が少ないのであろうか。一つの理由として考えられることは，女性に比べて男性はよく酒を飲むので，酒場（英国ではパブ）などの人ごみに出て行く機会が多いからかもしれない（バーローとデュランド，1995）。

> なぜ女性が男性に比べて広場恐怖症になりやすいのか。その理由について他に考えられるか。

恐怖症の比較

全人口の約6％から7％の人は恐怖症にかかる。一口に恐怖症と言っても，日常生活に深刻な影響を与える恐怖症とそうでない恐怖症がある。広場恐怖や社会恐怖はその疾患になった人を無力化する傾向があるが，ヘビ恐怖やクモ恐怖のような特定の恐怖症は概してその人たちの生活の中味に大きな影響を与えることは少ない。臨床的に恐怖症とみられる人の約半数は「パニック障害を伴う広場恐怖」である。

生物学的アプローチ：遺伝要因

恐怖症の遺伝要因に関する主な根拠は双生児研究に求められる。わずかではあれ家族研究も実施されている。遺伝要因は広場恐怖と最も関連が深く，特定の恐怖症ではあまり関係がない。社会恐怖はその中間に位置する。

広場恐怖を伴うパニック障害

広場恐怖を伴うパニック障害について，トーガースン（Torgersen, 1983）は，少なくとも一人がパニック障害に罹患している一卵性双生児と二卵性双生児について比較検討した。二卵性双生児では一致率が0％であったのに対し，一卵性双生児の場合には一致率は31％であった。ハリスら（Harris et al., 1983）は，広場恐怖症者の近親者はそうでない近親者に比べて広場恐怖になりやすいことを見出した。またノイエスら（Noyes et al., 1986）は広場恐怖症者の近親者の12％がやはり広場恐怖になっており，17％はパニック障害になっていることを発見した。これらの割合は統制群に比べてずっと高くな

> さらに特異な恐怖症
> アンソロフォビア：対人恐怖症
> ヒッポフォビア：馬恐怖症

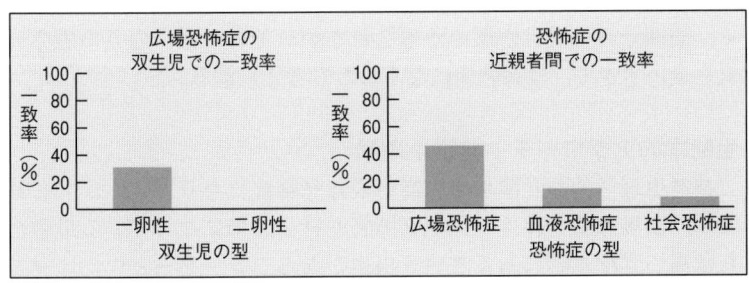

図25-17 トーガースン（1983）とノイエスら（1986）は広場恐怖を伴うパニック障害になっている双生児と家族について研究した。

っている。

遺伝なのか，模倣なのか　前述の知見は遺伝要因が広場恐怖の発症に対してある役割を果たしているという見方と一致する。しかし，これらの結果の解釈については，特にハリスら（1983）のものについては問題がある。広場恐怖症の患者の近親者は確かに広場恐怖症になる傾向があるが，それは遺伝的に受け継がれたというより，患者によって示される行動を模倣学習することで広場恐怖になる可能性もあるからである。

特定の恐怖症

　ファイアら（Fyer et al., 1990）は，特定の恐怖症をもつ人の近親者の31％が，やはり恐怖症になっていることを見出した。オスト（Ost, 1989）は，さらに顕著な知見を血液恐怖症の研究において報告した。血液恐怖症の事例の64％において，少なくとも一人以上の血液恐怖症の近親者をもっていた。この二つの恐怖症研究から導かれた発見は，遺伝要因が関与しているという考え方と合致するものであった。しかし，特定の恐怖症になった近親者をもつと，その経験が引き金になって恐怖症になる可能性も否定できない。

社会恐怖

　ファイアら（1993）は社会恐怖になった人の近親者の内16％が同じ障害を発症させていたこと，そして，社会恐怖症でない人の近親者の場合は，わずか5％しか同じ障害を発症させなかったことを見出した。だが，スクルら（Skre et al., 1993）は社会恐怖症についての一致率は一卵性双生児でも二卵性双生児でも同様であり，社会恐怖は主として環境的な影響によって引き起こされると結論づけた。

　スクルら（1993）の知見にもかかわらず，遺伝要因が社会恐怖を発症させるうえである役割を果たしているという間接的な根拠がある。パーソナリティの個人差はある程度まで遺伝要因に依存しているが（第24章参照），社会恐怖の人と正常な人のパーソナリティには実質的な違いがある。ステムベルガー，ターナーとバイデル（Stemberger, Turner & Beidel, 1995）は，社会恐怖の人は極度に内向的であることを明らかにした。なぜ内向性が社会恐怖と関係してくるのであろうか。内向的な人たちは概してソーシャルスキルが乏しく，周囲からの受けが悪いかもしれない。そのため，周りの思惑に気を遣いすぎて，社会恐怖になることも考えられる。

生物学的アプローチ：神経生理学

　神経生理学的な覚醒水準の高い人は恐怖症になりやすいかもしれない。広場恐怖を伴うパニック障害や社会恐怖になっている患者たちは高い覚醒水準にあるという根拠がある（レーダーとマシューズ Lader & Mathews, 1968）。しかし，これらの根拠だけからは，高い覚醒水準が恐怖症を引き起こす一因なのか，それとも，その恐怖症が

覚醒水準を高めたのかはわからない。

その他の根拠の示唆によると，広場恐怖を伴うパニック障害は神経生理学的活動の増大とはほとんど関連していない。酸素と二酸化炭素の混合気体をパニック障害の人に吸引してもらうという生物学的な課題に挑戦してもらう研究がなされた。こうした生物学的な課題はパニック障害をもつ患者にしばしばパニック発作を引き起こすが，統制群ではそうした発作はまれにしか起こらない。ただ，典型的に見出されたことは，心拍数，呼吸数，血圧，その他の神経生理学的な数値が患者と正常統制群との間で類似しているのである（研究のレビューのために，アイゼンク Eysenck, 1997 参照）。実際の神経学的な反応は両群で類似しているのであるから，広場恐怖を伴うパニック症者は，身体的な症状の意味づけの仕方において統制群とは異なっているのである。別の言葉で言えば，広場恐怖を伴うパニック障害の背景については神経生理学的説明よりも認知的説明が支持されたのである。

精神力動論

フロイトによると，恐怖症とはイドによる衝動や性本能が無意識の世界に抑圧された際に生じる不安に対する防衛なのである。この理論モデルは馬恐怖症になったハンス坊やに関する事例研究から導き出された。フロイトの記述によると，ハンス坊やは母親に性的な魅力を感じていたが，そう思うことで父親から罰せられるのではないかと非常に怯えていた。馬は父親に似ていた。というのは馬の黒い鼻づらと塵よけメガネが父親の口ひげと眼鏡を連想させたからである。だから，ハンス坊やは父親に対する恐怖心を馬に置き換えたのである。

図 25-18　ハンス坊やは，馬がスピードを出して馬車を引いているのを見たときだけ恐怖心を表した。彼は馬車を引いていないときの馬や，歩行している調子で馬車を引いているときの馬には恐怖を抱かなかった。

この置き換えという説明によって，ハンスが馬を見るたびに恐怖反応を示すことが予測されうる。事実，ハンスは馬がスピードを出して荷馬車を引くのを見たときに**限って**恐怖反応を示したのだった。この馬恐怖症の始まりは，馬車が猛スピードで走っているときに起きた大きな事故をハンスが目撃したときである。そうであるなら恐怖に関する条件反応が生起したのかもしれない（以下を参照）。

分離不安

精神力動的アプローチ（たとえば，ボウルビィ Bowlby, 1973）によると，子供における分離不安は広場恐怖を伴ったパニック障害をより引き起こしやすくなるとされる。分離不安は母親や父親などの重要な養育者から引き離されるかもしれないと感じたときに起きる。しかし，広場恐怖の患者が，そうでない人たちに比べて幼少期の分

離不安を多く体験しているという根拠はあまりない。

一般的には，精神力動的アプローチによると恐怖症は子供たちが非常に厳格に育てられ，行儀が悪いと罰せられるという文化において最も頻繁にみられることになる。ホワイティングとホワイティング（Whiting & Whiting, 1975）はそうした予測を裏づける根拠を報告した。しかし，この精神力動的アプローチは，必ずしも支持は得られていないし，このアプローチは恐怖症に関連した多くの（遺伝的，社会的）要因を無視している。

行動論的アプローチ

行動主義者によると，特定の恐怖症は二種類の条件づけによって引き起こされる。第一は古典的条件づけである。この条件づけでは，中立の条件刺激が不快な無条件刺激と一緒に対提示されると，条件刺激が恐怖を生み出すようになる。たとえば，ワトソンとレイナー（Watson & Rayner, 1920）が生後11ヶ月のアルバート坊やを対象にした有名な研究がある。アルバートは穏やかな子供だったが，金属の棒を叩いて大きな音を立てると泣き出すのが常だった。そこで，一匹の白いネズミと大きな音を7回にわたって対提示したところ，アルバート坊やは白いネズミを恐れるようになった。「アルバートは，白ネズミを見たときにひどく混乱するだけではなく，恐怖の対象が広がって白ウサギ，脱脂綿，毛皮のコート，そして実験者の白髪に対しても起こった」（ジョーンズ Jones, 1925）。こうした実験をした後，中立的な刺激（ネズミ）によって引き起こされた恐怖は消去手続きを行って減少していった。しかしながら，実験室場面において，中立刺激を不快刺激と対提示することで恐怖感を条件づけることは困難であることも明らかになっている（デーヴィソンとニール，1996）。

マウラー（Mowrer, 1947）は恐怖症の症状形成を二段階過程のモデルで説明した。第一段階は古典的条件づけ（白ネズミと大きな音が結びつく）である。そして，第二段階はオペラント条件づけである。なぜなら，恐怖症を起こす刺激を回避することは恐怖を軽減させ，それによって回避行動が強化されるからである。

この条件づけによる説明は実証的に支持されている。バーローとデュランド（1995）によれば，特定の恐怖症である運転恐怖症の人の約50％が，運転中の外傷体験（車の事故など）が恐怖症の契機になったことを覚えている。さらに，バーローとデュランドは，彼らが治療した窒息恐怖症のほとんど全員が過去において非常に不快な窒息体験をしていたことに気づいた。

議論のポイント

1. 特定の恐怖症についての行動論的説明，もしくは条件づけによる説明は，実証的な根拠という視点からみるとどの程度まで確かだろうか（評価の項を参照）。
2. ある恐怖症はよく出現し，他の恐怖症は少ないといった出現頻度の違いは条件づけ理論によって説明できるか（評価の項を参照）。

図 25-19 アルバートは大きな音を立てられると同時にネズミを見せられた。

もう一段と珍しい恐怖症
ニクトフォビア：暗がり恐怖
タフォフォビア：生き埋めになる恐怖
シノフォビア：犬に対する恐怖

評　価

　特定の恐怖症に関する条件づけ理論が支持を得るためには，恐怖症患者がそうでない人と比べて恐怖対象に強い恐怖を覚えた経験がよくあることを示す必要がある。しかし，必要な統制群がしばしば欠落している。例として，ディナードら（DiNardo *et al.*, 1988）の研究をみよう。彼らは，イヌ恐怖症の人の約半数はイヌと出くわして非常に不安になった経験があることを見出した。この結果は条件づけ理論を支持しているようにみえる。だがイヌ恐怖症ではない正常な統制群も約半数がイヌと出くわして不安を覚えていたのである。したがって，これらの結果からイヌ恐怖症はイヌと出くわした際に恐怖を覚える経験をしたことには規定され**ない**ことが示唆された。

　コイセン（Keuthen, 1980）は，恐怖症者の半分がその恐怖対象に関係した非常に不快な体験を覚えていないと報告した。条件づけによる説明を好む研究者たちは何年も前に起こった条件づけ経験などしばしば忘れてしまうと論じた。この忘却の問題を少なくするために，メンジースとクラーク（Menzies & Clarke, 1993）は水恐怖症の「子供」を対象とした研究を行った。水恐怖の子供たちの中で水に関する直接的な条件づけ経験を報告したのはわずか2％だけだった。

　進　化　もし中性刺激と嫌悪刺激との偶然の組み合わせによって恐怖症が起きるのであれば，人はほとんど何に対しても恐怖症になりうる。実際には，自動車はクモやヘビよりもずっと頻繁に見かけるし，車のほうがクモやヘビよりずっと危険であるにもかかわらず，クモやヘビの恐怖症になる人が車恐怖症になる人よりずっと多い。セリグマン（1971）は，恐怖症のおおもとを形成する対象や状況は，何百年，何千年も前に実際に危険であったものであり，そうした対象や状況に敏感な人たちだけが進化の過程で生き残ってきたと考えた。だからある刺激に対しては恐怖症になるが，他の刺激ではそうならないのはある種の「準備性」，すなわち生物学的な仕組みが存在しているのかもしれない。

子供のときの恐怖反応はどのように報酬を与えられたり強化されたりしたのだろう。

図 25-20

モデリングと情報伝達

バンデューラ（Bandura, 1986）はモデリングないし観察学習の重要性を示すことによって条件づけ理論を発展させた。人は他者の行動を模倣することを学ぶ。特に報酬を得ている人の行動を模倣するようになる。ミネカら（Mineka et al., 1984）は，ある猿がヘビを見て怖がっている様子を別の猿が見るだけでヘビ恐怖症を起こしうることを見出した。恐怖症が獲得される別の可能性は情報伝達を通してである。つまり，恐怖を喚起する情報を伝えることが恐怖症の発現を促すのである。オスト（1985）は重篤なヘビ恐怖の一つの事例について述べた。当該の女性はヘビの怖さについて繰り返し話を聞かされ，ヘビから身を守るためにゴム靴をはくように強く勧められた。その結果，この女性は近くの店に出かけるときでさえゴム靴を履かざるをえなくなった。

モデリングや情報提供を通して獲得される恐怖症は幾つかある。しかし，他の動物と比べると人間の場合は特定の恐怖症を生み出すという点でモデリングや観察学習はそれほど重要な意味をもたないように思われる（メンジースとクラーク，1994）。そして，情報伝達が恐怖症を導いた事例の報告はわずかしかない（アイゼンク，1997参照）。メルケルバッハら（Merckerbach et al., 1996）は閉所恐怖，つまり閉じられた空間に対する恐怖はモデリングや情報伝達の結果としてはめったに起こらないことを証拠に基づいて論議した。反対に「小動物の恐怖症や血液－注射－けがタイプの恐怖症では，恐怖症になる主な道筋は，モデリングと否定的な情報伝達である」（メルケルバッハら，1996, p.354）と述べた。

認知的アプローチ

ベックとエメリー（Beck & Emery, 1985）など認知療法家によると，不安障害の患者はさまざまな**認知的歪み**（cognitive biases）をもっており，その歪みこそ外的，内的刺激の脅威を大げさに受け取る原因となっていると考えた。恐怖症での認知的歪みについては妥当な根拠がある。トマルケンら（Tomarken et al., 1989）はヘビやクモに強い恐怖をもっている人とそれほど恐怖はもっていない人に恐怖スライドと恐怖のないスライドを連続して提示した。各々のスライドを提示した直後に電気ショックが与えられたり，音がしたり，何も与えられないなどの設定がなされた。恐怖症の人は，電気ショックが随伴した恐怖スライドの提示回数を（実際より）かなり過大に評価した。このことは共変動バイアス（covariation bias）として知られており，そのことで恐怖刺激によって生み出される高水準の不安を説明することができる。

社会恐怖

社会恐怖に陥っている人は，社会的場面における自分たちの行動を周囲からみえるよりもずっと否定的に知覚してしまうという認知的歪みをもっている（ストーパとクラーク Stopa & Clark, 1993）。こ

恐怖症の要約
統計研究における恐怖症の全発生率：
広場恐怖症　　　2〜3％
社会恐怖症　　　1〜2％
特定の恐怖症　　4〜7％
その他の恐怖症　1〜2％

キー用語
認知的歪み：外部または内部の脅威について，不安症患者が大げさに捉える傾向。

の認知的歪みは，社会恐怖症者がなぜ他者によって評価されることに怖さをもつのかを理解するのに役立つかもしれない。

パニック障害

クラークら（1988）は，パニック障害や広場恐怖を伴うパニック障害の患者たちが両義的な出来事をどのように解釈しているのか査定した。こうした患者たちは自分自身の身体感覚に対して認知的歪みをみせた。たとえば，彼らは心拍数の増加を心臓に何か異変が起きていると解釈する傾向があった。これらの知見はクラーク（1986）のパニック障害についての認知理論によく当てはまる。その理論によると，パニック障害の患者たちは自分の身体感覚をマイナスに捉え，破滅的に知覚する傾向があるという。この傾向のために患者たちはさらに不安になり，悪循環が起こって自分の身体感覚に破滅的な考えを抱く傾向を助長させるのである。

どうしてパニック障害を伴う広場恐怖症の人たちは，自分の身体感覚を間違って捉えるのだろうか。一つの可能性としては，以前に患った身体の病気のために自分の健康について人一倍気にするようになったということが考えられる。これに関連した根拠がヴェルブルグら（Verburg et al., 1995）によって報告されている。彼らが調査したパニック障害患者のうち43％の人が一つ以上の呼吸器系疾患を経験しているのに対して，他の不安障害の患者ではわずか16％の人しかそうした疾患を経験していなかった。

原因，それとも結果　恐怖症の患者は恐怖症を起こす刺激を誤って解釈する。そのような解釈を生む元となる認知的歪みをもっていることは明らかである。しかし，こうした認知的歪みは，恐怖症を**引き起こす**原因として一役買っているのか，恐怖症になったための結果なのか，ということについて明らかにするのは非常に難しいことがわかっている。認知的歪みが恐怖症において原因として関与しているとする最も有力な根拠はシュミット（Schmidt）の未刊行の

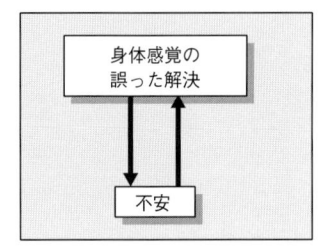

図 25-21

図 25-22　米国空軍アカデミー（養成学校）での研究から，汗を多くかくとか，心拍数が上がるとか，息が切れるとか，という自分自身の身体感覚について気になっていたり，不安になっていたりしている新兵は訓練が進むにつれて，パニック発作になりやすいことが示された。

研究（アイゼンク，1997で言及）に示されている。彼は米国空軍アカデミーでストレスに満ちた基礎訓練を受けた新兵を対象にして自分の身体感覚を悪い方に捉える認知の傾向を測定評価した。訓練の開始時期に，自分の身体感覚について最も敏感であった者は，その後においてパニック発作を起こす可能性も高くなると考えられた。

社会的要因

両親の養育方法が恐怖症の発現に重要な影響を与えている可能性がある。この仮説はゲールスマン，エンメルカンプとアリンデル（Gerlsman, Emmelkamp & Arrindell, 1990）によって検討された。愛情の次元と統制または過保護の次元に焦点を当てて，不安症患者における両親の養育行動に関する文献をレビューした。その結果，恐怖症者（特に社会恐怖と広場恐怖）は，統制群に比べて両親から愛情を受けることが少なく，両親から統制や過保護を受けることは多いことを見出した。

両親の養育行動の研究は何年も経てから得られた情報に基づいているという点で限界がある。もう一つの限界としては，すべてのデータは養育行動と不安障害との間の相関関係にすぎないことである。つまり相関関係は不安障害の原因を明らかにするものではない。

ライフイベント

恐怖症者は統制群に比べて恐怖症が発現する前の1年以内につらいライフイベントをより多く経験している傾向があるということには根拠がある。クライナーとマーシャル（Kleiner & Marshall, 1987）の研究によると，広場恐怖症者のうち84％の人が，最初のパニック障害に襲われる前の数ヶ月以内に家庭の問題に遭遇していた。同様の研究手法でバレット（Barret, 1979）は，パニック障害の患者は統制群と比較して不安障害の始まる前の6ヶ月間に明らかに望ましくないライフイベントを経験していることを見出した。

フィンレイ-ジョーンズとブラウン（1981）は，不安症患者と抑うつ患者について，それらの病気になる前の12ヶ月以内に経験したライフイベントの種類の違いを捉えた。両群とも平均以上の数のライフイベントを経験していたが，不安症患者は「危険な出来事（未来の脅威を含む）」を体験する傾向があり，抑うつ症患者は「喪失の出来事（過去の喪失を含む）」に遭遇しているという傾向があった。

ライフイベント研究の抱えている中心的な問題は，ライフイベントが起きてから相当な時間が経ってからその情報が収集されることである。その結果として忘れられた出来事もあるだろうし，歪んで記憶されているものもあるかもしれない。

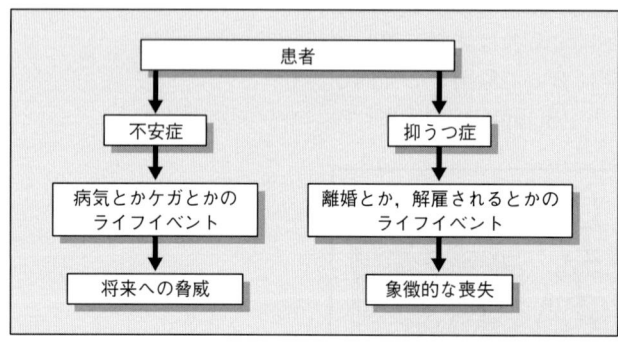

図25-23

フィンレイ-ジョーンズとブラウンの「将来への脅威」と「象徴的な喪失」という範疇に当てはまるその他の人生体験は何か？

心的外傷後ストレス障害

　心的外傷後ストレス障害（PTSD）は，「シェル（砲弾）ショック」や「戦闘疲弊」に関連する概念として，かなり以前から提唱されていたが，DSM-Ⅲ（1980）において初めて正式に認定された。DSM-Ⅲ-R（1987）によると，PTSD を引き起こす主な要因は，人々の日常体験からは想定することのできない出来事や，多くの場合，誰もがひどく苦しめられるような出来事にあるとしている。そのような出来事に対する犠牲者の反応は「激しい不安，恐怖，そして無力感」（p.248）といった反応で表される。また，DSM-Ⅳ（1994）では，PTSD と急性ストレス障害（ASD）が区別して定義されている。急性ストレス障害というカテゴリーは，心的外傷となる出来事によるストレスから，回復がかなり早いとき（1ヶ月以内）に用いられる。しかし回復が遅い場合には，PTSD という診断が下される。PTSD の症状は主に三つのカテゴリーに分けられる。診断をするためには，それぞれの症状が1ヶ月以上続いている必要がある。

■やってみよう：PTSD に関連した日本での災害や事故の一覧表を作りなさい。

1. 外傷的な出来事の再体験：その出来事がしばしば思い出され，その出来事に関する悪夢を頻繁に見る。外傷的な出来事を思い起こさせる，あらゆる刺激に対して，激しい情動的混乱を引き起こしやすい。
2. 外傷的な出来事に関連した刺激の回避，あるいは関連した刺激に対する反応の減少：人はしばしば心的外傷に関する刺激や思考を回避しようとする。そして外傷的な出来事の「再体験」とその出来事に関する刺激に対しての「反応の麻痺」状態との間を揺れ動く。
3. 過覚醒：その結果，入眠困難や不眠，集中困難や過度の驚愕反応といった問題が起こる。

　このような三つの主な症状のカテゴリーの他にも，幾つかの症状がある。たとえば，PTSD の患者は怒りや不安，抑うつや罪悪感といったさまざまな感情に苦しんでいる。さらに夫婦間の問題，頭痛，自殺念慮，突発的な暴力などの問題もある（デーヴィソンとニール，1996）。

　アメリカ合衆国では，人口の約1％が PTSD に苦しんでいると診断されている。デトロイトの調査では（デーヴィソンとニール，1996），成人の39％が心的外傷となる出来事を体験しており，そのうちの24％が PTSD の症状を呈している。

外傷的な出来事

　そもそも，PTSD は戦争や自然災害（たとえば鉄砲水による洪水や地震）といった特定の深刻な出来事によって引き起こされる。つまり PTSD はそのような出来事がなければ起こらない。PTSD を引き起こす出来事の例として，（ベルギー南西部の）ゼーブリュッヘで起きた the Herald of Free Enterprise 号の沈没や湾岸戦争，1999年に

> **ケーススタディ：ジュピター号の災難**
>
> 　1988年10月21日，イギリスの小学生391名と大人84名が，長期旅行のためギリシア南東部のピレエフス港で巡航船ジュピター号に乗りこんだ。船が港を出て15分も経たないうちに大惨事が襲った。貨物船が巡航船に衝突し，ジュピター号の側面に穴があいたのだ。衝突してから40分のうちに，ジュピター号は地中海に沈んだ。奇跡的にも，その大惨事で命を落としたのは4名だけで，約70名の乗客と乗組員が怪我をした。しかし，事故の生存者にとって，その出来事を受け入れることは最大の試練となった。
> 　事故が起こったとき，乗客全員が溺死するか，感電死または圧死する危険性があった。乗客の大半は10代前半の子供たちであったが，大人からの誘導に慣れていたことも幸いし，予期されたような恐怖による将棋倒しや喧嘩などは起こらなかった。若者たちはパニックが起こらないよう，自発的に行動しなければならなかった。そして若者の多くは冷静で，船にいる幼い子供たちを優先して助け出すことに成功した。パニックを最小限におさえ，その状況をうまく切り抜けられたのは，彼らの努力のおかげでもある。その結果，事故で命を奪われた人はごくわずかであった。
> 　生存者がイングランドに戻ると，リハビリの一環としてその体験記を書くように勧められた。犠牲者側からみた被災経験の証言として，その手記は心理学者らに貴重な気づきをもたらした。またその証言からは，犠牲者らが自らの無事を願うだけでなく，絶望的な状況に遭遇した他人への深い配慮をももちあわせていることが明らかとなった。13歳のクロエ・ウォリントンは，事故が起こったときの自らの反応をこう語った。
>
> 　　泣いているような，笑っているような状態だった。私たちは待ちながら，神経質に立ったり座ったりしていたわ。心の中はパニックだった。私の喉からは，むせぶような声が音もなく出ていた。甲板はすでに傾きかけていて，甲板の木の床の線だけが深く記憶に残っている。そのときだった，私は起こっていることが現実だと認識し始めたの。私は恐怖も，驚きも感じなかった。ただ混乱していて，起きていることが信じられなかった。答えの見つけられない疑問が心に浮かんできたの。
>
> 　別の生存者で，事故当時14歳だったキャロル・ガードナーは，船が傾いたときのことについてこう証言した。「他の人たちが椅子の下に滑り込んできて……私の上には何人もの身体が乗って，窒息しそうだと思ったわ。私の左手には椅子に座った年配の女性がいたの。彼女の右のこめかみからは血が流れていて，ぼうっとしているように見えた。私は彼女をどうにかして助けたいと思ったけど，どうしても動くことができなかったの」。
> 　このような証言からは，大惨事における心理的な衝撃は抗しがたいものであることが明らかになった。子供たちの多くは心身全体の疲労感に襲われ，不眠や集中困難，悲嘆，さらには他の人たちが死んでしまったのに自分は生き残ったという罪悪感までをも体験していた。精神医学研究所によって発表された最近の報告によると，1988年の大惨事以来，生存者の半分以上が心的外傷後ストレス障害を引き起こしたと診断されている。PTSDの症状には，悪夢やフラッシュバック，うつや不安，罪悪感，過敏な反応，心的外傷体験への絶え間ない不安などが含まれている。
> 　生存者の一人は自殺した。心理学者たちがインタビューをした158名の生存者のうち15名は自殺を試みたことがあると答えた。そして多くの者は，いまだに10代前半に起こったその出来事に苦しめられている。しかし中にはカウンセリングを受けたことにより，そのような恐ろしい体験を生き抜く際に起こる心理的副作用に立ち向かうためのさまざまな対処法を教えてもらったとする者もいた。
>
> 　　　　　　　　　　　　　　　　　　　　　　　　　　（テスター Tester, 1998）

トルコで起きた大地震などが挙げられる。

　マーチ（March, 1991）は，PTSDを引き起こす出来事には共通した特徴があるという根拠を示すため再調査を行った。それらは，大怪我，死別，残虐行為への参加，グロテスクな死に立ち会うこと，また死に関して目撃したり聞いたりすることなどであった。予測されたように，心的外傷となる出来事が命を脅かすものであればあるほど，PTSDが起こる危険性は高まる。

　PTSDが引き起こされるには明らかに心的外傷となる出来事が重要であるが，他の要素を考慮することも必要である。たとえ多くの人々が同様の外傷性の出来事を体験したとしても，心的外傷後ストレス障害を引き起こす者もいれば，引き起こさない者もいる。そのような知見をよく理解するためにも，私たちはPTSDを引き起こしやすい人々の要因について検討する必要がある。

生物学的アプローチ：遺伝的要因

　遺伝的な要因がPTSDに関連するという仮説は，双生児研究にお

いて，すでに調査されている。スクルら（1993）は二卵性双生児よりも一卵性双生児の方がきょうだいともにPTSDになる確率が高いことを発見した。そして，「これらの結果は心的外傷後ストレス障害が生じる際には，遺伝も関与しているという仮説を支持するものである」（p.85）と結論づけた。

トルーら（True et al., 1993）は戦闘体験に焦点を置いた多数の双生児研究から，同じ結論に達した。彼らも二卵性双生児よりも一卵性双生児の方が，PTSDをともに生ずる確率が高いことを発見した。PTSDの発症についての相関関係は，二卵性の双子では約11～24％なのに比べ，一卵性の双子では約28～41％の発症率を示した。

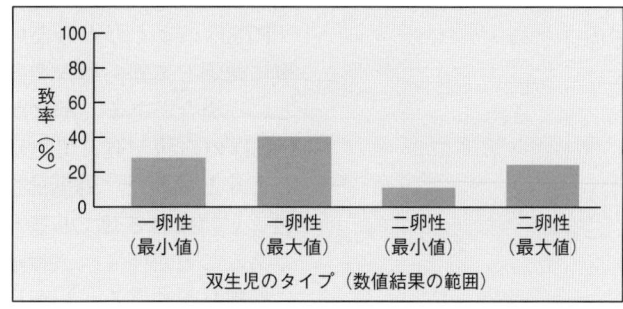

図25-24　心的外傷後ストレス障害：タイプ別の発症一致率

戦闘体験

PTSDの遺伝的な仮説に関する根拠が，フォイら（Foy et al., 1987）によって報告された。戦闘体験がそれほどひどくない場合，家族にPTSD以外の精神障害のある者の方が，遺伝的な脆弱性によってPTSDを引き起こしやすいことがわかった。しかし激しい戦闘体験を経験した場合，約3分の2の者にPTSDが生じ，家族に精神障害があるか否かについては関係性がみられなかった。これらの結論は何を意味しているのであろうか。つまり，心的外傷体験がそれほどひどくない場合は，主に遺伝的な脆弱性がある者の方にPTSDが起こりやすく，強烈な心的外傷体験がある場合には遺伝的な脆弱性とは関係なく，**すべての者にPTSDが生じる可能性がある**ことを示している。

生物学的アプローチ：生化学的要因

何人かの理論家（クリスタルら Krystal et al., 1989）は，心的外傷となる出来事を体験すると，アドレナリンのシステムに損傷を受ける可能性があることを主張した。そのことによりノルアドレナリンやドーパミンの量が増加し，生理学的に神経過敏な状態がもたらされやすくなる。このような生理学的変化の結果，人はすぐに驚愕反応を呈するようになる。

幾つかの根拠がこのような生物学的理論を支持している。コステンら（Kosten et al., 1987）は，PTSDの患者は，アドレナリンやノルアドレナリンの数値が高いことを発見した。またヴァン・デア・コルクら（van der Kolk et al., 1985）はPTSDに苦しむ人の脳内にドーパミンやノルアドレナリンの数値が高いことを発見した。

PTSDについての，このような生物学的理論はどの程度妥当性があるのだろうか。PTSDを引き起こした者が生理学的，生化学的な測定において健常な統制群と異なる結果を示すことは間違いないであろう。しかし，このような生物学的な変化がPTSDを引き起こす

際に，一役買っているとまでは言いきれない。さらにつけ加えると，PTSDの発症率に関する個人差を説明できるよう，生物学的アプローチを拡大していく必要があるだろう。

精神力動的アプローチ

　PTSDのよくわからない側面の一つに，人が心的外傷となる出来事に遭遇してから数ヶ月後，また数年後になってから症状が現れるという場合がある。ホロヴィッツ（Horowitz, 1986）は，このようにPTSDの症状が遅れて出現することを，精神力動論の立場から説明しようと試みた。外傷的な体験は人を打ちのめし，パニックを引き起こし，疲弊させてしまう。このような反応は非常に痛ましいものであることが多く，人は心的外傷となった記憶を抑圧したり，故意に抑制したりする。しかし，このような抑圧や否認の状態でいると，問題は解決できない。なぜなら外傷的出来事の情報を自己感覚として統合できなくなるからである。

　ホロヴィッツの精神力動的アプローチの最大の強みは，PTSDの主な症状を理解する道を切り拓いたことである。しかし精神力動論では，心的外傷となる出来事に直面しても，なぜPTSDへの脆弱性には相当な個人差が生じるのかについては説明がなされていない。

行動論的アプローチ

　PTSDに対する条件づけのアプローチ（キーンら Keane *et al.*, 1985）によると，心的外傷体験が起こった際の古典的条件づけによって，通常は中性刺激であるものに対して，条件づけによる恐怖が生まれてしまう。たとえば，公園でレイプされた女性は，以後その公園に近づくと非常に怖い思いをするであろう。心的外傷体験に関する刺激と遭遇した際の恐怖や，その出来事を想像しただけで引き起こされる恐怖は，人を回避学習へと導く。このような回避は不安感を減らすが，それが報酬となり，さらに回避行動が強化される。

　条件づけのアプローチでは，心的外傷体験に関連する刺激は多大な不安を引き起こし，PTSDを生じた人々はそのような刺激を回避すると予測している。しかしながら，条件づけのアプローチでは何が起こっているのかについての詳しい説明は行われていない。さらに，なぜある人たちは外傷的な体験からPTSDを生じ，一方で同じ体験をしてもPTSDを生じない人々がいるのかについて，条件づけのアプローチでは明らかにされていない。

認知論的アプローチ

　　フォア，スケケッティーとオラソフ-ロスバウム（Foa, Skeketee & Olasov-Rothbaum, 1989）はPTSDへの認知論的アプローチを提案した。認知理論の立場では，私たちは普段「何が安全か」という無意識的な想定をもっているが，外傷的な出来事に見舞われるとそれが崩れてしまうと考えられる。たとえばレイプ被害にあった女性は，その後，彼女が会うすべての男性に不安を感じるかもしれない。その結果，「安全と危険を隔てる境

界線がぼやけてしまう」(p.167)。これは長期記憶において多大な恐怖を感じさせる構造を形成する。この「怖れの構造」をもつと，人は生活の中で正常な予測や，自己の統制ができなくなってしまう。

　予測不能な出来事や制御不能な出来事は，多大な不安を引き起こす（ミネカとキールストローム Mineka & Kihlstrom, 1978）。だとすれば，PTSD に苦しむ人々はかなりの不安を経験することになるであろう。

　フォアら（1989）の認知論的アプローチでは，PTSD の症状形成と関連して，どう認知が変容するかについての合理的な説明が行われている。しかしながら，その説明には不足した点も多い。たとえば，なぜある人々の方が他の人々よりも PTSD を生じやすいのかといった点や，遺伝的な要因が関与しているのか否かといった点についても，その理論からは明らかにされていない。言い換えれば，それらの認知理論は外傷的な出来事そのものについてはかなり重点を置いて説明しているが，他の関連する要因については十分な検討がなされていないと言えるだろう。

認知理論の立場から，ある人々には PTSD が生じないという事実をどう説明することができるだろうか。

議論のポイント

1. 認知論的アプローチは PTSD を説明するために，どの程度役立つだろうか。
2. 認知論的アプローチでは，どのような点で PTSD についての説明に限界が生じるのであろうか。

社会的要因

　外傷的な体験をした人々が PTSD に陥るかどうかを決定づける要因の一つに，社会的支援（ソーシャル・サポート）の有無が関係している。ソロモン，ミクリンサーとアヴィッツァー（Solomon, Mikulincer & Avitzur, 1988）は，レバノン戦争に参加したイスラエル兵のうち，十分な社会的支援を受けた者には，PTSD の症状がほとんどみられなかったことを発見した。そして PTSD の症状が3年間でほぼ軽快した兵士たちは社会的支援を最大限に受けている傾向があった。同様の結果は他の研究からも報告されている。

　しかし，ソロモンら（1988）の発見を説明する際に問題点もみられた。十分な社会的支援のおかげで，人は外傷的な出来事に対処しやすくなったとも言えるし，逆に外傷的な出来事を本人がうまく対処したからこそ，他者からの社会的な支援が得られやすかったとも言えるからである。

図 25-25　レバノン戦に参加したイスラエル兵のうち，十分な社会的支援を得られた者については心的外傷後ストレス障害の症状がほとんどみられなかった。

対処方略とパーソナリティ

　PTSD の深刻さの度合は，PTSD を生じた人々がどのような対処方略を用いたかによって変化すると思われる。ソロモンらは，イスラエル兵が行った3種類のコーピング法を査定した。つまり①症状から距離を置く，または否認するコーピング，②つらい感情を軽減させることを基本にした，情動焦点型コーピング，③症状を解決するための積極的な努力を行うことを基本とした，問題焦点型コーピング，である。深刻な PTSD では，症状に距離を置くコーピングや情

動焦点型コーピングが用いられる傾向がある。一方，問題焦点型コーピングはそれほど深刻ではないPTSDで採用されやすい傾向がある。

また距離を置くコーピングや情動焦点型コーピングを行った兵士たちにとって，ライフイベントはPTSDの症状を悪化させるものであることがソロモンらによって発見された。問題焦点型コーピングを行った兵士たちはライフイベントに対して建設的に取り組み，さらに状況もうまく制御できるようになった。

摂食障害

摂食障害には幾つかの種類がある。最もよく知られているものは（ここで詳細に述べるのは），神経性無食欲症と神経性大食症である。他にも発症頻度はまれであるが，時折みられる以下のような摂食障害がある。

- むちゃ食い障害：精神的苦痛が引き起こすむちゃ食い（気晴らし食い）という障害。
- 反芻性障害：部分的に消化した食べ物を吐き戻し，それを再び飲み込むという障害。
- 異食症：砂や葉，紐などの食べ物ではないものを食べる障害。

周知のように，摂食障害の患者数はここ20年あまりの間にかなり増加してきた。その増加があまりにも著しいため，バーローとデュランド（1995）は摂食障害をある種の伝染病と述べた。

神経性無食欲症

DSM-Ⅳで認定されている二つの主な摂食障害のうちの一つが，**神経性無食欲症**（anorexia nervosa）である。DSM-Ⅳによると神経性無食欲症には四つの診断基準がある。

- その人の体重が，期待される数値の85％以下である。
- 体重がかなり不足しているにもかかわらず，太ることに対して強い恐れを抱いている。
- 自己の体重に関する考え方が歪められている。そのため自己評価の際に体重のもつ意味が過大評価され，また体重の著しい減少に対する危険性が過小評価されている。
- 女性では，3回以上連続して月経周期が欠如する：このことは無

ケーススタディ：ある摂食障害の例

JCは12歳のときに体重が約52kgあり，友達や家族にぽちゃぽちゃした体型だとからかわれていた。JCははじめ，食事の量を減らしたり，食べ物の種類に気をつけたり，間食のスナック菓子をやめるなどして食事制限を行っていた。当初，JCのダイエットは家族や友人たちの協力も得て順調に進んでいた。しかし体重が数キロ減り始めると，JCは新たな目標を設定し，空腹感を無視して目標の達成に励んだ。ダイエットを始めてから1年あまりで，JCの体重は約52kgから40kg程度にまで減った。彼女の当初の目標は，約5kgの減量であった。JCの月経は，彼女がダイエットを始めた後，間もなくして止まった。彼女の外見はがらりと変わり，ダイエットを始めて2年目には減量が止められないように思えた。性格も変化し，ダイエットを始める前の行動的で自発的な，元気な女の子ではなくなってしまった。JCの女友達は彼女の家にほとんど来なくなってしまった。というのもJCは頑固で理屈っぽくなり，女友達にもきっちりとした行動計画を立て実行させようとしたからだ。

JCの家族は主治医に助けを求めた。JCの姿を見た主治医はダイエットの危険性を警告し，彼女のために高カロリーの治療食を考案した。しかし，JCは彼女の内側にある何かが体重を増やさせないようにしていると信じていた。彼女は食べる振りをしながら，実際にはその食べ物をほとんどトイレに流してしまうか，また口の中に入れても飲み込もうとはしなかった。しかし，JCはここ2年ほど気分が沈みがちで，現在でも減量へと気持ちが駆りたてられることを認めた。そして減量のために歩き続けたり，お使いに行ったり，部屋の掃除にも長時間を費やしていることを認めた（レオンLeon, 1984）。

キー用語
神経性無食欲症：深刻なまでに減量を行うなどの摂食障害。

月経として知られている。

　神経性無食欲症の患者の90％以上は女性である。そしてその発症年齢の多くは思春期の頃である。ここ数十年で，欧米社会では神経性無食欲症患者が急増した（クーパー Cooper, 1994）。これはおそらくメディアが若い女性たちに対し痩せている方が魅力的であることを，ますます煽っている影響だと思われる。そしてさらに印象的なのは，神経性無食欲症はアメリカの黒人の中にはこれまでほとんどみられなかったが，最近は黒人女性の間にも著しい増加の傾向がみられるようになったことである（シュー Hsu, 1990）。
　神経性無食欲症は他の文化圏よりも欧米文化においてより多くみられる（バーローとデュランド，1995）。欧米文化の中では社会的下層の勤労者に比べて中流階級の女性の中において多くみられる。そしてこの障害はきわめて深刻な事態を招く危険性がある。神経性無食欲症患者が自ら引き起こす餓死寸前の状態は生理学上の変化を引き起こし，患者の約5％が死に至るのである。

神経性大食症

　DSM-Ⅳが述べている，もう一つの主な摂食障害は**神経性大食症**（bulimia nervosa）である。DSM-Ⅳによると，神経性大食症は次の五つの基準によって定義されている。

> **キー用語**
> **神経性大食症**：過食やむちゃ食いを行うタイプの摂食障害は，自己誘発性嘔吐や下剤の濫用といった代償行為がみられる。

- 一般の人が摂取する以上の大量の食べ物を2時間以内で食べるといった「むちゃ食い」に関する数多くのエピソードがあり，食べている当人も自分の行動が制御不能であると感じている。
- 体重を増やさないための不適切な代償行為がしばしば行われる。たとえば，自己誘発性嘔吐，過剰な運動，絶食，下剤の濫用。
- むちゃ食いや不適切な代償行為が，3ヶ月以上にわたり週に二度以上起こっている。
- その人の自己評価が自分の体型および体重に過度に左右されている。
- むちゃ食いや代償行為は神経性無食欲症のエピソードの期間にのみ起こるものではない。

　1970年代後半から神経性大食症の患者の数は劇的に増加した。ガーナーとフェアバーン（Garner & Fairburn, 1988）はカナダの摂食障害センターを受診した患者の数を報告した。ここで治療した神経性大食症患者の数は1979年には15名であったのに対し，1986年には140名以上にまで増加している。神経性無食欲症の場合と同様，神経性大食症の患者もほとんどが女性に限られている。男性患者の数はというと，受診したケースのうち5％以下である。神経性大食症患者の多くは20代で，神経性無食欲症の患者に比べ多少年齢が高い。神経性大食症は世界中を見渡しても欧米社会において最も多くみられる障害で，そのような点で神経性無食欲症と似ている。そして，

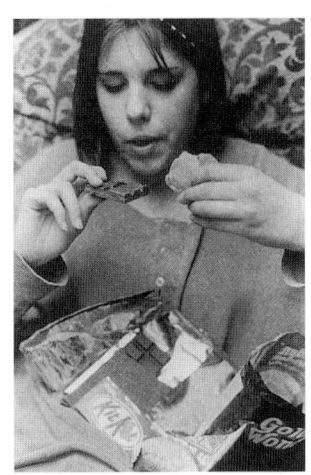

図25-26　摂食障害の中でも神経性大食症の患者は一般の人が摂取する量以上の食べ物を短時間で消費する。そして自己誘発的な嘔吐や，下剤を飲むことで，その帳尻を合わせている。

比較文化的問題：なぜある文化圏においては，他の文化圏よりも摂食障害が多く発症するのだろうか。

そのどちらもが労働者階級の家庭よりも，中流階級の家庭において多くみられる。

ほとんどの神経性大食症患者が行うとされる自己誘発性嘔吐は，医学上のさまざまな問題を引き起こす。たとえば，歯のエナメル質を溶かすことで歯を傷め，体液中のナトリウムとカリウムの量が変化することで命を脅かす危険性もあるとされている。

神経性大食症患者の多くが神経性無食欲症の既往歴をあわせもっていることから，大食症と無食欲症は重なり合う点も少なくない。しかしながら大食症は無食欲症よりも多くの人にみられる障害である。そしてもう一つの大きな違いは，神経性大食症患者のほぼ全員が標準体重の約10％の増加で止まっているのに比べ，神経性無食欲症患者は診断基準にもあるように標準体重よりも15％以上も体重が少ないという点にある。

近年，摂食障害の発症率が増えた理由は何か。

生物学的アプローチ：遺伝的要因

遺伝的要因が摂食障害の発症に何らかの関連があるという多くの根拠が積み重ねられつつある。たとえば親族に摂食障害の患者がいる場合，そうでない場合より摂食障害になる確率が約4～5倍多くみられる（ストローバーとハンフリー Strober & Humphrey, 1987）。これまで行われてきたほとんどの双生児研究では数組の双子しか研究対象とされていなかったので，まだ限られた知見しか得られていない。しかし一般的な知見はかなり一貫しており，一卵性双生児がともに摂食障害に陥る確率は多くの場合40％前後で，それと比較して二卵性双生児では10％以下の確率である。一卵性双生児は二卵性双生児に比べて遺伝的により類似しており，これらの知見からは摂食障害がある部分では遺伝的要因によって決定づけられているということが示されている。

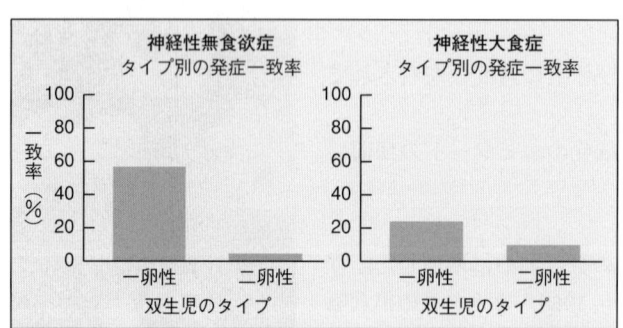

図25-27　ホランドら（1988）とケンドラーら（1991）は，双生児研究において神経性無食欲症と神経性大食症の研究を行った。

数人の研究者たちは神経性無食欲症と神経性大食症について，特に双生児に着目した研究を行った。ホランド，シコットとトレジャー（Holland, Sicotte & Treasure, 1988）は一卵性双生児と二卵性双生児について神経性無食欲症の研究を行った。その結果，ともに発症する確率が二卵性双生児では5％だったのに比べ，一卵性双生児では56％であることが明らかになった。また，ケンドラーら（Kendler et al., 1991）が2,163組の双子の女性に同じような研究を行った結果，摂食障害をともに発症する確率は二卵性双生児では9％だったのに対し，一卵性双生児では23％であったことが報告されている。

これらの知見は，明らかに遺伝的要因が摂食障害の発症，特に神経性無食欲症について何らかの役割を果たしているということを示

唆している。しかしながら，一卵性双生児のきょうだいの方が二卵性双生児に比べ家庭環境の中で似通った経験をする確率が高いとも言える（レーリンとニコルズ，1976）。もしそうであるなら，摂食障害に関して一卵性双生児の一致率が高いのは，環境要因であるという可能性を排除することはできない。

　摂食障害を遺伝的根拠から説明することは，さまざまな点において限界があることも明らかである。第一に，厳密に言うとどの遺伝的要因が摂食障害への脆弱性を増すのかということは明らかになっていない。第二に，一卵性双生児における摂食障害の発症一致率が100％をかなり下回るという事実は，遺伝以外の要因も重要であるということを意味している。第三に，近年の摂食障害患者の劇的な増加は，遺伝学的な用語では説明することができない。なぜなら，過去20〜30年間の間に大きな遺伝的変化が生じることなどはまったくありえないことだからである。

生物学的アプローチ：生化学的要因
脳の機能

　神経性無食欲症の発症に関する要因の一部は生物学的要因であるかもしれない。たとえば，食欲や性行動，月経を制御している視床下部の領域（間脳の一部）は，無食欲症の患者においては正常に機能していない可能性がある。視床下部の食中枢が空腹や満腹を調整する際に中心的な役割を果たしていることについては有力な根拠がある（第6章を参照）。そして神経性無食欲症患者については視床下部の機能がうまくはたらいていない可能性がある（ガーフィンケルとガーナー Garfinkel & Garner, 1982）。しかしながら，視床下部のはたらきが変化することが神経性無食欲症の原因とは言えない。むしろ減量や情緒的な疲弊の結果，視床下部のはたらきに変化が起きたと考える方が自然であろう。

身体疾患

　空腹の調整に関わる恒常性システム（ホメオスタシス）が，一部の神経性無食欲症患者においては損なわれている可能性がある。そのことを証明するデータが，パーク，ローリーとフリーマン（Park, Lawrie & Freeman, 1995）らによって報告された。彼らは4名の神経性無食欲症の女性について研究を行った。すると，その4人全員が摂食障害を発症する以前に，短期間，腺熱や似たような疾患にかかっていた。パークら（1995）は，肉体的な疾患が副腎皮質刺激ホルモン放出ホルモンの数値に

図25-28　神経性無食欲症の患者はかなりの体重不足になってもなお，太ることにおそれを抱く。

影響したことで，視床下部の機能にも影響を及ぼしたのではないかと推論した。

神経化学

　神経伝達物質であるセロトニンが摂食障害に何らかの影響を及ぼしている可能性がある。たとえばファーヴァら（Fava et al., 1989）は，神経性無食欲症とセロトニンやノルアドレナリンの数値の変化の間には関連性があると報告している。炭水化物を含む澱粉質の食べ物を大量に摂取すると，脳内のセロトニンの量が増加し，セロトニンの量が少ない人の気分を改善するとされている。しかしながら，神経性大食症の患者は彼らがむちゃ食いをするとき，特に炭水化物を含む食べ物ばかりを摂取しているようにはみえない（バーローとデュランド，1995）。幾つかの薬物療法においては，脳内のセロトニンの量を増やす薬も使用されている。しかし，これらの治療が他の薬物療法よりも効果的というわけではない。

　現在までのところ，摂食障害に関する生物学的な説明を支持する確かな根拠は見つかっていない。バーローとデュランド（1995, p.319）によると，「神経生物学や内分泌学上における何らかの異常が摂食障害には存在するが，そのことが原因というよりも，むしろ半飢餓や，むちゃ食い，また自己誘発性嘔吐の繰り返しによる**結果**だと言える」と結論づけた。

精神力動的アプローチ

　神経性無食欲症の精神力動的な理解には幾つかのアプローチがある。まず，フロイト派の解釈がある。摂食障害は一般的に思春期の少女に多く現れる。この事実は，神経性無食欲症が彼女たちの深層心理に潜む性衝動の高まりに対する恐れや，経口妊娠の恐れなどと関連しているせいからかもしれない。性という文脈からみると，半飢餓と極端な痩せは妊娠を避けたいという欲求を反映しているのかもしれない。というのも，無食欲症になると無月経という症状が現れるからである。

　別の少し異なった視点からみた力動論的な説明もある。神経性無食欲症は，「大人の女性になりたくない」という無意識的欲求をもつ女性に起こるという仮説である。つまり，彼女たちは減量することによって大人の女性を連想させる体型になることを防ぎ，そのことによって自分たちはまだ子供であるという錯覚を維持することができるのである。

　関係論的な視座に立つ精神力動的アプローチでは，神経性無食欲症は母子関係の混乱が背景となって起こると仮定している。その結果，神経性無食欲症の患者は自分の身体を所有しているという感覚が育たない。食べることを拒否することで，彼らは自分自身の身体をコントロールできているという幻想を得る。つまり仮の自信を得るのである。

家族力動論

ミニューチン，ローズマンとベイカー（Minuchin, Roseman & Baker, 1978）らは，神経性無食欲症の発症には，家族が重要な役割を果たしているという説を展開した。神経性無食欲症患者の家族は相互の**癒着**（enmeshment）によって特徴づけられる。癒着とは，何をするにも家族が一緒に行うため，家族内の誰一人として画然としたアイデンティティをもたないことを意味する。そのような家族は，子供を自立させないように過剰に束縛する。癒着した家族の中で育つ子供は，食べることを拒否することによって親からの束縛に反逆しているのかもしれない。ミニューチンら（1978）は，癒着した家族は葛藤を解消するのが困難であるとも論じた。無食欲症の子供に注意を向けることが両親の葛藤を軽減する道具になっているからである。この理論を正当に評価するのは難しいが，神経性無食欲症患者の家族には両親の争いや葛藤が多くみられるという幾つかの根拠が挙げられている（カルーシー，クリスプとハーディング Kalucy, Crisp & Harding, 1977）。シュー（1990）は無食欲症の子供をもつ家族は，野心的で，葛藤を否認ないしは無視し，彼ら自身の問題を他人のせいにする傾向があると報告した。しかし，このような親の葛藤のために無食欲症が起こったというよりも，無食欲症の子供がいるために葛藤が起こったとも考えられるのかもしれない。

家族間の葛藤は神経性大食症の子供のいる家族でも確認された。健全な思春期の子供をもつ家族と比べ，そのような家族では否定的な相互作用が多くみられ，肯定的な相互作用はあまりみられない（ハンフリー，アップルとキルシェンバウム Humphrey, Apple & Kirschenbaum, 1986）。しかしながら神経性無食欲症の家族研究をみても，家族間の肯定的な相互作用の乏しさが摂食障害を引き起こす一因となっているのか，それとも相互作用の乏しさは摂食障害に対する単なる反応にすぎないのかについては，まだ明らかになっていない。

女性と男性

この節で論じられたさまざまな精神力動的な説明を支持する根拠はほとんどない。すべての説明が，摂食障害は思春期の女性にのみ発症するという誤った前提に基づいているように思われる。その結果，それらの説明からは男性や成人にみられる摂食障害のダイナミズムを説明することはできない。

行動論的アプローチ

行動論的な用語や条件づけの用語で神経性無食欲症の発症について考えることも可能である。ライテンバーグ，アグラスとトムソン（Leitenberg, Agras & Thomson, 1968）らは，神経性無食欲症患者は食べることと不安とを結びつけて学習していると仮定した。なぜなら食べすぎると体重が増え，魅力的ではなくなるからである。食べ物を避けることは，不安を低減させる他に報酬ともなるので，強化

キー用語
癒着：家族成員の全員が誰一人として明確な個としてのアイデンティティをもっていない状態のこと。癒着は神経性無食欲症の発症の一因であると言われている。

比較文化的問題：行動論的アプローチはすべての文化圏に適用できるか。

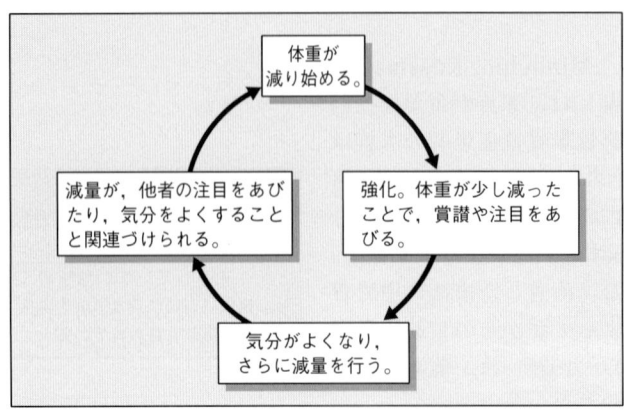

図 25-29

因子としてはたらく。つまりそれは周りの注意を引くためのよい方法となる。また，痩せて他の人々にもっと賞賛されたいという気持ちも報酬となり，食べ物を避ける気持ちをさらに強める。

行動主義者のアプローチは神経性大食症にも当てはめることができる。ローゼンとライテンバーグ（Rosen & Leitenberg, 1985）によると，むちゃ食いは不安を引き起こし，その後の嘔吐やその他の代償行為は不安を減らすとされている。このような不安の減らし方は，むちゃ食いのあとに嘔吐するという行動のサイクルを強化し助長する。

行動論的なアプローチは，なぜ神経性無食欲症患者や神経性大食症患者が摂食障害を継続させるのかについて，幾つかの理由を提示している。しかし，実際のところこれらの摂食障害がどのように始まるかについては説明されておらず，摂食障害の発症に関する個人差についても何も説明されていない。

社会的・文化的要因

摂食障害について，最もきわだった事実の一つは，摂食障害が他の文化圏に比べ西欧社会において著しい広がりをみせているということである（クーパー, 1994）。実際に，他の精神障害と比べ，摂食障害は特定の文化圏において特異的に起こる傾向がある。これは，欧米社会において若い女性は痩せている方が魅力的であるといったメディアなどからの圧力があることによって説明できる。このような精神的圧力は，ここ数十年の間にかなり増加している。痩せている方が望ましいことが強調されているという事実は，ミスアメリカに出場する女性の半数以上が，望ましいとされる体重を 15％以上も下回っていることからもうかがえる（バーローとデュランド, 1995）。体重不足は神経性無食欲症の基準の一つとなっている。

文化的要因が重要であるという根拠は，コーガンら（Cogan et al., 1996, p.98）によって報告された。彼らはガーナ共和国とアメリカ合衆国における学生たちの考えを比較した。それによると「ガーナの学生の多くは，男女ともに体格がよいことを理想的であると評価しており，アメリカの学生と比べ，体格がよいことを社会的にも理想であるとみなしていた」。さらにつけ加えると，アメリカ人の例では痩せた女性が最も幸せだとみなされ，一方ガーナ人は男女ともに，痩せていても太っていても同様に幸せであるとみなしていた。

文化的な圧力は思春期の少女に対し，二つの理由から大きな影響を及ぼしている。一つ目の理由は，彼女たちの多くは男の子に魅力的にみられたいと思う時期にさしかかっているということ。二つ目の理由は，思春期を過ぎてから増えた体重のほとんどは脂肪となり，

彼女たちが理想の体型になろうとするのを難しくするということだ。

摂食障害の患者が抱く歪んだ考えの多くは，社会一般に抱かれている通念を単に誇張したものであると言うことができる。クーパー（1994, p.942）は摂食障害の患者について以下のような考察を行っている。

> 彼らは，主に体型や体重によって自己の価値づけを行っているように思われる。彼らは肥満を憎むべき，また非難すべきものとみており，また痩せていることを魅力的で望ましいものとしてみている。そしてセルフコントロールの維持が最も重要なのである。それに加えて，一部の人たちは減量を最も重要なことだと考えている。そのような考えは，広く一般に抱かれている通念と，基本的にはそれほど大きく違わないということは明白である。

文化的な圧力が摂食障害の発症に関係しているという根拠は，ナッサー（Nasser, 1986）によっても報告された。ナッサーはカイロで学ぶエジプト人女性とロンドンで学ぶエジプト人女性との比較を行った。カイロで学ぶ女性には摂食障害を発症した者は一人もいなかったが，それに対し，ロンドンで学んでいる女性の12％が摂食障害に陥っていた。

■やってみよう：さまざまな時代から，それぞれ異なった体型の有名人を探し，そのリストを作りなさい。

図25-30　体型の流行はここ数十年で劇的に変化した。1920年代に流行した平らな胸の「フラッパー」（左）から，マリリン・モンローのように曲線美にあふれた「砂時計」のような体型（中央），そしてケイト・モス（右）を典型とする，現在人気のある「浮浪児のような痩せた」体型など。

公立学校では300人に1人の割合で女生徒が摂食障害になるのに比べ、私立学校では100人に1人が摂食障害になるのは、なぜだろうか。

しかし文化的要因は摂食障害の発症において唯一の理由ではない。痩せることに対して文化的な圧力を受けている若い女性の大多数は摂食障害にはならない。文化的な圧力に非常に影響されやすく、もともと摂食障害に対して脆弱性のある若い女性のみが発症するといえよう。

完璧主義

若い女性に痩せることを勧めるような欧米社会の文化的な圧力は中でもより重大な問題であると言える。文化的要因に比べれば、遺伝的要因や不安エピソード、もしくはうつエピソードをはじめとする他の諸要因は比重が少ない。あまり注目されていないが、おそらくもう一つの重要な要因と思われるものは**完璧主義**（perfectionism）という人格特性である。完璧主義とは、徹底して完璧にやり遂げたいという強い欲求と関係している。完璧主義が高じた人の場合、非現実的なまでに痩せた体型になろうと、他の人たちよりもさらに努力するであろう。

> **キー用語**
> **完璧主義**：人格特性の一つで、完璧に成し遂げたい、あるいは卓越したいという強い欲求が基礎になっている。

完璧主義が摂食障害と関係しているかもしれないという、幾つかの根拠がある。パイクとロダン（Pike & Rodin, 1991）は、摂食障害の少女をもつ母親に完璧主義の傾向があるという根拠を報告した。その母親たちは娘が痩せていることを望み、自らも減量していた経験をもつ。そして自分の家族に対し、あまり満足しておらず、家族の結束力も弱かった。スタインハウゼン（Steinhausen, 1994）も、摂食障害の女性の従順さと依存性という特徴に加え、完璧主義の徴候がみられることを発見した。

認知論的アプローチ

すでに述べたように、摂食障害の患者たちは体型や体重についての歪んだ考え方をもっている。このような考え方は**認知の歪み**として知られている。神経性無食欲症の患者は自分自身の体型を認識する際、体型に関する正常な認知を歪めてしまう。そして無食欲症の患者は、概して自分の体型を過大評価している（ガーフィンケルとガーナー、1982）。こうした体型の過大評価は統制群と比べ、上回っていることも知られている。

神経性大食症の患者も体型に関する歪んだ信念をもっている。彼らは概して肥満ではないにもかかわらず、自分たちの実際の体型と望ましい体型との間にかなりの認知のズレがある（クーパーとテーラー Cooper & Taylor, 1988）。このズレは彼らが他の人に比べ、自らの体型を過大評価していることから起こっている。また彼らの望む体型は他の人たちが望むよりも痩せた状態に基準が置かれている。

体型に関する歪んだ考え方は、摂食障害の患者以外の人たちにもみられる。ファロンとロジン（Fallon & Rozin, 1985）は、自分の理想の体型と、異性の魅力的と思われる体型とを示してくれるよう、男女両方の調査対象者に依頼した。その結果、女性は自分の理想の体重を男性が最も魅力的だと思う体重よりもかなり**少なめ**に捉えてお

り，一方，男性は自分の理想の体重を女性が最も魅力的だと思う体重よりも多めに捉えていた。このような認知の相違は，女性に対して痩せるための多大なプレッシャーとなっている。

　摂食障害の患者の両親の多くも，強い認知の歪みがあることがわかっている。たとえば，彼らは自分自身の体型を過大評価している。しかし，このような認知の歪みは摂食障害が始まる**以前**からあり，そのことが摂食障害の発症に何らかの影響を与えているかどうかについては解明されていない。もしかすると，このような認知の歪みは摂食障害の始まった**後**で起こった可能性もある。その場合，認知の歪みが摂食障害の原因であるとは言えない。

うつ病と不安

　摂食障害の患者はうつ病になりやすいという根拠がこれまで数多く積み重ねられてきた。たとえば，ベン-トーヴィムとクリスプ（Ben-Tovim & Crisp, 1979）は，神経性大食症患者の12人全員がうつ病の圏内にあり，また同様に9人の神経性無食欲症患者のうちの3分の1がうつ病であることを発見した。どちらが原因で，どちらが結果なのであろうか。うつ病が摂食障害を引き起こす際の何らかの要因になっている可能性もあるし，もしくは深刻な摂食障害がうつ病を引き起こすという可能性も考えられる。

　この因果関係にアプローチするための一つの方法は，さまざまな症状が現れてくる順序を解明することである。これは神経性無食欲症で大うつ病にも罹患している患者の研究をした，ピランら（Piran et al., 1985）によって行われた。それによると神経性無食欲症患者の44％が，摂食障害になる前にうつ病の症状を引き起こしており，34％の患者は摂食障害になった後にうつ病の症状が起こっていた。そして残りの22％の患者は，うつ病と摂食障害が同じ年に始まっていた。同様の知見がウォルシュら（Walsh et al., 1985）によっても報告されている。クーパー（1994, p.941）は，ピランら（1985）やウォルシュら（1985）の知見から次のような結論を導き出した。「うつ病に対する脆弱性は摂食障害に陥りやすい素因を強めるかもしれない。また，うつ病のエピソードは摂食障害を発症させる誘因となるかもしれないことが明らかになった」。

　うつ病は摂食障害へと導く幾つかの要因の中の一つでしかない。うつ病になった多くの人々は摂食障害にはならないし，摂食障害だからといってうつ病になる患者が多いというわけでもない。

図 25-31

■やってみよう：摂食障害に対する，うつ病と不安の影響を表したフローチャートを描きなさい。

不安もまた摂食障害に関係していると考えられている。摂食障害になる人々は，しばしば不安障害にも陥る（バーローとデュランド，1995）。さらに摂食障害の患者をもたない家族よりも，摂食障害の患者がいる家族において不安障害は起こりやすくなっている（シュワルバーグら Schwalberg et al., 1992）。すなわち不安障害への脆弱性は，摂食障害になる可能性を高めるかもしれない。

感　想

・たとえ研究の進歩があったにせよ，精神障害における発症要因を確定することは非常に困難であることが立証された。私見では，これには二つの理由があると考えられる。第一に，ほとんどの精神障害は幾つかの要因が組み合わさった結果，発症するということ。第二に，同じ疾患をもっていても人によって多種多様の要因から病気が引き起こされるため，一般的な答えは出てこないということ。私たちは現在，発症要因に関する一般的な理解をもっている。しかし精神障害の背景にあるさまざまな要因について，その複雑な相互作用を詳細に把握できるかどうかについては，まだ見通しが立っていない。また，ある**特定**の個人に対し精神障害を引き起こす要因を確定することは，非常に困難であるということが証明されたと思われる。

要　約

統合失調症

統合失調症には主に五つのタイプがある。解体型，緊張型，妄想型，鑑別不能型，そして残遺型。双生児研究や養子研究では遺伝的要因は統合失調症の発症に重要な役割を果たすことが示唆されている。高いドーパミン値やドーパミンに対する過敏さなども含んだ，生化学的な異常も考えられる。精神力動論，あるいは行動論的なモデルは統合失調症の原因を理解するうえで，あまり役に立っていない。しかし家族内での情動表出の有り様は統合失調症の症状増悪に影響するかもしれない。

うつ病

大うつ病と双極性うつ病（躁うつ病）とを区別することは重要である。双生児研究，養子研究では遺伝的要因がうつ病の発症に関係しており，さらに双極性うつ病に関しては，より関係が深いことがわかった。精神力動的アプローチの有用性はあまり証明されなかったが，人間のうつ病は動物の「学習された無力感」に似ているということを明らかにした行動論的アプローチには根拠がある。ある認知論的アプローチによると，うつ病の人や学習された無力感をもつ人は，失敗を本質的な要因や不変的な要因，または全体的な要因に帰属させてしまう。しかし認知論的アプローチが強調するように，否定的な考えがうつ病を引き起こしやすくしているのか，それとも否定的な考えがうつ病になった結果として起こる症状なのかは明ら

かになっていない。またストレスに満ちたライフイベントも，うつ病の発症に一役買っている。特に，親しい友人をもたない人たちにおいては，その可能性が高いと言える。

恐怖症

　特定の恐怖症には，ある特定の対象や状況に対する強く不合理な恐怖が伴っている。そして社会恐怖とは，自分自身の行動や他者の反応を過度に気にすることを意味している。広場恐怖とは開けた場所や人の大勢いる場所で強い恐怖を感じることで，多くはパニック障害の副産物として起こってくる。広場恐怖の発症に関しては遺伝的要因が大きく関係しているが，特定の恐怖症にはほとんど関係していない。社会恐怖はその中間に位置している。精神力動論によると，恐怖症はイドの性的な衝動が抑圧されたときに生じる不安への防衛とみられている。しかし，この考え方はほとんど支持されていない。条件づけの理論によると，恐怖症は古典的条件づけとオペラント条件づけが結びついて発症する。しかしながら，ほとんどの恐怖症の患者は，きっかけとなった条件づけ体験を思い出すことができない。恐怖症の患者は外的刺激や内的刺激によって恐怖を増大させてしまうといったさまざまな認知的歪みをもっている。しかし，このような認知の歪みが恐怖症の発症に加担しているかどうかについてははっきりとしていない。また恐怖症の患者の中には生理的な覚醒水準が高い者がいる。しかし，それが原因というよりも患者が恐怖症を発症した結果そうなったと言えるだろう。また，両親の養育行動やライフイベントも発症に何らかの関係があるのかもしれない。

図25-32　コソボ出身のこれらのアルバニア人の女性と子供たちは，セルビア軍による自分たちの村への襲撃から生き残った。しかし彼らの残りの人生において，その恐ろしい体験は何度も思い出されるであろう。

心的外傷後ストレス障害

　心的外傷後ストレス障害（PTSD）は外傷的な出来事に対する反応として起こる。その症状には次の三つが挙げられる。つまり，出来事の再体験という侵入症状，外傷的な出来事を避けようとする回避症状，そして過覚醒の症状である。外傷的な出来事の深刻さはPTSD発症の主な要因となっているが，遺伝的要因も無関係ではない。外傷的な出来事に遭遇するとアドレナリンのシステムが損傷を受けるという生物学的な見方や，古典的条件づけやオペラント条件づけが関係しているという行動論者的な見方，またスキーマが変化するといった認知論的見方などもある。仮に外傷的な体験をしても，ソーシャルサポートを十分に受けたり，適切な対処法を用いたなら，ほとんどの人々がPTSDを発症しないですむかもしれない。

摂食障害

　神経性無食欲症の診断基準としては，その人の体重が期待される体重の85％以下であること，太ることへの激しい恐れ，そして体重についての歪んだ考え方などが挙げられる。神経性大食症の診断基準としては，繰り返されるむちゃ食い，不適切な代償行為（たとえば吐く，過度の運動），そして体型や体重に過度に依存した自己評価などが挙げられる。神経性無食欲症や神経性大食症に苦しむ人たちの多くは，欧米社会に住む若い女性である。双生児研究では，遺伝的要因が摂食障害の発症にある役割を果たしていることを示唆した。しかしながら最も重要な背景的要因は，文化的，社会的な側面である。つまり欧米では若い女性に対し，細くて痩せている方が望ましいと強調してやまない社会的風潮がみられる。また，うつ病や不安も摂食障害の発症と関連している。最後に，完璧主義という人格特性もある一面で摂食障害に対し脆弱な要因となるであろう。

【参考書】

　本章で言及した精神障害について，読者が利用しやすい書籍として次の本が挙げられる。P. C. Kendall & C. Hammen (1998) の *Abnormal psychology* (2nd Edn.), Boston: Houghton Mifflin. 精神障害の要因に関する根拠は，次の本で十分に論じられている。D. H. Barlow & V. M. Durand (1995) の *Abnormal psychology: An integrative approach*, New York: Brooks / Cole. その中でも不安障害について説明した第5章は特にすばらしい。なぜなら，デイヴィッド・バーローは不安に関して世界をリードする権威の一人だからである。そしてほとんどの精神障害について十分に網羅しているもう一冊の教科書は，定番となっている次の書籍である。G. C. Davidson & J. M. Neale (1996) の *Abnormal psychology* (revised 6th Edn.), New York: Wiley.

【復習問題】

1　統合失調症における遺伝的または神経学的要因の関与について批判的に考察せよ。　　　　　　　　　　　　　　　　　　　　　　　　　　　　（24点）
2a　うつ病の症状について記述せよ。　　　　　　　　　　　　　　　　　（6点）
2b　うつ病における社会的要因または心理的要因の影響を論じなさい。　（18点）
3　「神経性無食欲症と神経性大食症は，私たちの文化において現在最も多く

みられる障害である。その主な問題点は，病気や病理といったことではなく，女性はどのようにみられるべきかといった非現実的な考え方にある……，つまり女性の美しさに対する現代の非現実的な文化的イメージや，女性は痩せている方がよく，主に外見によって判断される存在であるといった精神的なプレッシャーなどにある」(ペトコヴァ Petkova, 1997)。これらの見解について討議しなさい。 (24点)

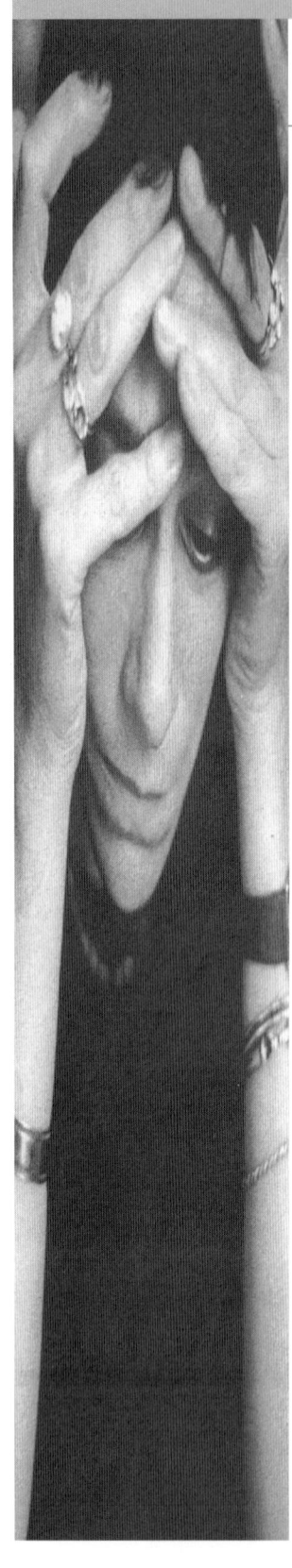

- **精神力動的心理療法**:「お話療法」として展開したフロイトの理論。
  洞察に関するフロイトの着想
  フロイトとブロイアーが行ったアンナ・Oの事例研究
  自由連想
  夢分析
  エゴ・アナリシス，たとえばエリクソン

- **身体療法**:身体システムにはたらきかける治療的アプローチ。
  モニスと精神外科
  電気ショック療法
  うつや不安，統合失調症の薬物療法

- **人間性心理療法**:自己概念と経験に着目した心理療法。
  ロジャーズのクライエント中心療法

- **行動療法**:行動変容に条件づけ理論を適用するアプローチ。
  フラッディング
  ウォルピの系統的脱感作
  嫌悪療法
  オペラント療法
  トークン・エコノミーの研究

- **認知療法**:考え方や信念を変容して，心の有り様を援助するアプローチ。
  エリスのA-B-C理論
  ベックの認知の3徴候
  認知行動療法

- **心理療法の効果**:いかにして心理学者は心理療法の有効性を確認したのか。
  スミスらのメタ分析
  マットとナバロの研究
  アイゼンクによる精神分析の評価
  他の臨床的アプローチへの評価

- **心理療法における倫理的問題**:法律や倫理綱領はいかにして心理療法のクライエントの権利を守るのか。
  インフォームド・コンセント
  イングランドおよびウェールズ精神保健法
  守秘義務
  アレクサンダーとルボルスキーの治療同盟
  二重関係
  スーらの比較文化的な研究

26 心理療法のアプローチ

図 26-1

　世の中の人はいろいろなタイプの精神障害で苦しんでおり，その症状も多様である。その中には，思考と精神に関連した問題（たとえば統合失調症の人にみられる幻覚症状），行動に関連した問題（たとえば恐怖症の人にみられる回避行動），さらに生理的かつ身体的過程に関連した問題（たとえばPTSDにみられるような非常に活性化された生理システム）などがある。しかし，すべての思考や行動は最終的には生理的過程に規定されるところが大きい。このように，思考と行動と身体的過程とは相互に深く関連している。

　したがって精神障害の治療的アプローチは思考，行動，生理機能のいずれかに変化を引き起こすことに焦点を当てていると言えるだろう。あまりに単純化しすぎているかもしれないが，突き詰めればそう言える。つまり精神力動的あるいは精神分析的アプローチは精神の機能を変化させることを意図しており，人間主義的な心理療法もまた同様である。また行動療法は，その名の通り行動を変容させることの重要性を強調している。身体療法は薬物や手術などさまざまな手段で身体に直接はたらきかけることに焦点を当てている。最後に，認知行動療法は行動療法と心理力動的療法の中間にあるため，クライエントの思考過程と行動の両方を変化させることを意図している。

　本章では，これらのすべての心理療法について，歴史的に誕生した順序で概観し，考察していくことにする。また，これらの心理療法の適切さや効果についても考察する。最後に心理療法に内在している主要な倫理的問題についても議論していこうと思う。

　この章を読んでいくうえで，**治療と病因に関する誤った推論**（treatment aetiology fallacy）（マクリード MacLeod, 1998）に陥らないことが重要である。これは特定の治療の成功から疾患や障害の原因を明らかにしようとする誤った考え方であり，薬物療法の効果を説明する際におそらく最も起こりやすい。たとえば，アスピリンは頭痛によく効く薬ではあるが，アスピリンが不足しているために頭痛が起こっていると考えてはいけないという意味である。

> キー用語
> **治療と病因に関する誤った推論**：ある治療の効果が障害の原因を示しているという誤った推論。

精神力動的心理療法

　精神力動的心理療法はいわゆる精神分析学に基づいており，20世紀初頭にジークムント・フロイト（Sigmund Freud）によって創始された。精神分析療法の諸原理はフロイトと深い交流のあったカール・

ユング (Carl Jung) やアルフレッド・アドラー (Alfred Adler) をはじめとした精神科医や心理学者によって各々独自に発展していった。

精神分析

　フロイトによると，不安障害などの神経症は自我（合理的な心の領域），イド（性的または他の本能的衝動の領域），超自我（良心の領域）という心の三つの領域間の葛藤により生じると考えた。その内的葛藤の起源をたどっていけば，その多くは幼児期にまでさかのぼることができるかもしれない。自我はその葛藤と不安から自分を守るためにさまざまな防衛機制をはたらかせるようになる（第2章・第24章参照）。代表的な防衛機制は**抑圧**（repression）である。抑圧とは自我を脅かすような苦痛な考えや嫌な記憶，つまり受け入れがたい考えや記憶を無意識の世界へ閉じ込めることである。そしてこの抑圧の力によって，こういった考えや記憶を再び意識させないようにすることができる。抑圧された観念とは，クライエントが思い出すと，強い不安を覚えるような衝動や記憶と結びついている。抑圧された記憶はその人の子供時代のことが多く，子供のもつ本能的な（たとえば性的）動機と，それを規制する両親からの圧力との間で生じてくる葛藤に関係している。抑圧はクライエントが経験した不安のレベルを下げるはたらきをすると言える。

　フロイトによると，大きな個人的問題に遭遇した大人は心理的な退行を示す傾向がある。退行とは子供時代に経験した心理・性的な発達段階を逆戻りしていくことを意味する（第2章参照）。もしも，ある心理・性的な発達段階が葛藤や過度の満足感と結びついているならば，子供はしばしばその発達段階に固着したり，その段階で非常に長くとどまったりする。そして多くの場合，人は退行して以前に固着した段階にまで逆戻りする。

　またフロイトによれば，神経症からの治癒への道は抑圧された観念や葛藤にアクセスしたり，無意識の中から思い出されたものは何であれ向き合うように勇気づけることによって拓けていく。またフロイトは，クライエントが抑圧された観念に随伴する感情に焦点を当てるべきであり，感情面を無視すべきではないと主張した。フロイトはこの過程を言及するのに**洞察**（insight）という用語を使った。精神分析の最終的な目標はクライエントに隠された本質を洞察させることである。しかしクライエントに不愉快な観念や記憶を意識させようとすると，極度に高レベルの不安を生み出すことになるため，それを邪魔しようとする心の動きが出てくる。その結果，抑圧された観念の覆いをはずそうとすると，クライエントからの大きな抵抗にあうことになる。

　フロイト（1917, p.289）は自由連想で現れる抵抗について，以下のように述べた。

> クライエントはできる限りの方法を使って逃避しようとする。最初に，クライエントは頭に何も浮かばないと言う。それから，

キー用語
抑圧：フロイト派の理論においては，自我を脅かすような考えや記憶を意識から締め出す過程。いわば動機づけられた忘却である。

精神力動的または別の心理療法を求める人を患者と呼ばずに，クライエントと呼ぶのはなぜだろうか？

図26-2　ジークムント・フロイト
（1856-1939）

キー用語
洞察：無意識下に抑圧されている重要な葛藤や感情を意識化して理解すること。

あまりに多くのことが頭に浮かびすぎてまったく把握できないと言う。ついには，恥ずかしくて本当はそのことについて言えないのだと認める。こんな具合に限りなく続いていく。

　フロイトをはじめとする精神分析家たちは，抑圧された観念を意識化し，未解決の問題について洞察を深めるためにさまざまな方法を用いた。その主な方法とは，催眠，自由連想，そして夢分析の三つである。

催　眠
　精神分析の前史において催眠療法が用いられた。フロイトの友人であるブロイアー（Freud & Breuer, 1895）はアンナ・Oと呼ばれる21歳の女性を治療したが，彼女はまひや神経性の咳といった症状に苦しんでいた。アンナは死に瀕している父親を看病していたときに，近所の家から流れてくるダンス音楽を耳にしたが，類催眠状態の下で彼女の抑圧された記憶，つまり病気の父親の世話をするよりもダンスをしたいと思った罪の意識が明らかになった。この抑圧された記憶が白日の下にさらされると，彼女の神経症的な咳は止まったのである。
　フロイト自身は，催眠が得意でなく，催眠に導入できないクライエントも多くあったため，徐々に催眠への興味を失っていった。また別の問題としては，催眠にかかった人は非常に暗示を受けやすくなるため（第5章参照），催眠状態で彼らが想起したと主張する内容には信頼性が乏しいこともあった。

倫理的問題：催眠状態では暗示を受けやすくなったり，実際には起こっていないことを間違って思い出させる可能性があるとすると，心理療法として催眠を利用する際に含まれる倫理的な危険としては何があるだろうか？

自由連想
　自由連想の方法はたいへん単純である。クライエントは頭に浮かんだことを何でも自由に述べるように促され，自由連想をしているうちに抑圧された記憶のかけらが現れることが期待される。しかしこれまでみてきたように，クライエントが抵抗を示したり，思ったことを言いたがらない場合には自由連想は有用でないかもしれない。一方で，抵抗（たとえば極度に長い「間」など）があるということは，クライエントが自分の思考の中の重要な抑圧された観念に近づいており，臨床家によるさらなる探求が必要とされているという強い手掛かりにもなる。

夢 分 析
　フロイトによると，夢を分析することは「無意識への王道」である。フロイトは，心の中には抑圧された心的内容を意識にのぼらせないようにしている検閲というはたらきがあると仮定した。そしてこの検閲のはたらきは，睡眠中に鈍る傾向がある。だから，無意識の世界にある抑圧された観念は目覚めているときよりも夢の中の方へ現れやすい。これらの観念はそのままの形では受け入れることができない性質をもっているため，たいていは何らかの偽装した形で

図26-3 クライエントは本当に思っていることをなかなか言いたがらないものだ。

夢分析

夢の意義や生物学的な機能については，さまざまな学派があってその考え方もいろいろである。フロイトとユングは夢が無意識の世界の思考や感情を象徴的に表現しているので，夢の探究が必要であると信じた。夢には具体的な機能が何もないと示唆する人もいるが，この見解は断眠実験の検証を通して異議が唱えられた。睡眠を奪われた実験参加者に眠ることを認めると，レム睡眠という夢を見る時間が増加するという傾向があった。

さて，夢の役割についてあなたはどう考えるだろうか。そのあなたの考えを心理学者はどうやって科学的に検証するのであろうか。

フロイトは性行動や性愛に対する姿勢が現在とはたいへん異なる20世紀の初頭に彼の理論を発展させた。このことは精神力動的療法の発展においてどのような影響をもたらしたのだろうか。

キー用語
顕在夢：フロイトの理論によると，夢の表面的な意味。
潜在夢（潜在思考）：フロイトの理論によると，夢の隠された意味。

現れる。たとえばその観念は圧縮（さまざまな観念をより少ない観念群へ融合すること）の過程や置き換え（適切な対象から別の対象へと情動を移すこと）によって修正を受けることがあるだろう。置き換えの最も有名な例は性的象徴に関するものである。たとえばセックスすることを直接的に夢に見るのではなくて，乗馬している夢を見る，などの形をとる。

フロイトは実際の夢（**顕在夢** manifest dreamと呼ばれる）と背後にある抑圧された観念（**潜在夢** latent dreamと呼ばれる。第5章参照）とを区別した。潜在夢（潜在思考）の中の受け入れがたい内容は顕在夢の中でより受け入れやすい内容に変えられる。人はなぜ夢を見るのだろうか。フロイトによると，夢を見る主な目的とは願望充足である。つまり現実で起こってほしいと願っていることを私たちは夢に見ることが多いと，フロイトは考えた。だから夢分析は神経症のクライエントの基本的な動機を理解するうえで有用な手だてとなるのである。

フロイトの夢分析の理論には，どのくらい妥当性があるのだろうか。夢を見る人の主な心配事は直接的ではなく，むしろ象徴的な形でしばしば表現される。たとえば生命に関わる手術を受ける予定の患者は実際に手術を受けるという夢を見るよりも，不安定な橋の上に立っていたり，高いはしごから落ちたりする夢を時に見るという（ブレーガーら Breger et al., 1971）。夢の象徴は受け入れられない観念を偽装するために使われているという考え方には，これまで異議が唱えられてきた。ホール（Hall, 1953）は起きているときよりも寝ているときの方が思考はより単純かつ具体的であり，夢の象徴は隠された観念を表現するための簡潔な手段であると示唆した。

解　釈

精神分析は，クライエントの話す内容を臨床家がどのように解釈するかによって大きく左右される。たとえば乗馬を夢に見た少女が乗馬ではなくてセックスのことを実際には考えているなどと，どうやって臨床家にわかるのだろうか。フロイトはその解釈が当たっているかどうかという最終的な基準は，臨床家が提示した解釈に対するクライエントの反応であるとした。もしクライエントが臨床家の解釈が正しいと納得するならば，それはおそらく正しい。もしクラ

イエントが臨床家の解釈を激しく拒絶したとしても，それは抵抗にすぎず，クライエントには受け入れがたいが案外的確な解釈かもしれないのである。

ここで問題が生じる。臨床家はクライエントが夢解釈の妥当性を受容しようとも否認しようとも，自分の解釈が正しいという根拠として利用することができる。フロイトは精神分析をジグソーパズルに似ていると論じた。どの解釈が正しいのか，あるいはどこにピースを置いたらよいのか判断するのはなかなか難しいかもしれない。しかしながら，ちょうどジグソーパズルのピースが最終的にはしかるべきところに収まるように，クライエントの自由連想と夢についての解釈は，首尾一貫したイメージを形成していくはずである。

クライエントの言動についての解釈を複雑にする要素として，フロイトが反動形成と称した防衛がある。反動形成とは基本的には，受け入れがたい欲望を自我防衛のために受け入れやすい反対の言動へと変換することである。たとえば実際には同性愛傾向をもっているのに，この事実を受け入れられず不安に感じている人は，過剰なまで同性愛に反対するかもしれない。

転　移

フロイトはクライエントが抑圧された情報だけでなく，その情報に付随している感情にもアクセスすべきであると強調した。とりわけ，治療関係でクライエントに体験される**感情転移**（transference）が重視された。転移とは，クライエントが子供の頃から自分の両親に対して抱いてきた（あるいは両親以外の重要な人物に対して抱いてきた）強い感情的反応をカウンセラーとの関係において再体験することである。グライトマン（Gleitman, 1986 p.696）が指摘したように，転移は「クライエントの子供時代に解決されなかった問題の感情的再体験」を引き起こす。

> **キー用語**
> **感情転移**：精神分析療法の過程において，親に向けられたクライエントの強い感情を治療者へ向けていくこと。

転移に対応する際に大事なことは，クライエントが攻撃的な感情や情愛的な感情をぶつけてきても，治療者は中立的な態度で応答することである。どんなことがあっても治療者が仕返しをしないからこそ，クライエントは両親に対して長年抑圧していた怒りや敵意を自由に表現できるようになるのである。治療者の中立性は，クライエントの感情的な爆発が治療状況に起因するのではなく，抑圧された記憶に起因するものであることを，クライエントに明確化するのに役立つ。しかしながら，中立的な反応や治療者によるフィードバックがないことに対してクライエントが不満をもったために不信や怒りなどの陰性転移が起こることもあるかもしれない。

> **倫理的問題：治療者・クライエント関係**
> 　治療者・クライエント関係は専門的な役割関係である必要がある。それはクライエントのたいへん個人的な情報の暴露に関わる可能性があるためである。訓練を受けたすべての治療者は，治療者自身とクライエントの両者を守るためにまとめられた一連の倫理ガイドラインを遵守しなければならない。このように倫理規約の存在が正当化されている心理療法の中では，どんな問題が生じるのだろうか。

エゴ・アナリシス（自我分析）

アンナ・フロイト（Anna Freud），H. ハルトマン（Heinz Hartmann），

E. H. エリクソン（Erik Homburger Erikson）らは，1940年代と1950年代に伝統的な精神分析的アプローチを一部変更した。彼らのアプローチは自我心理学，あるいは**エゴ・アナリシス**（ego analysis）として知られている。エゴ・アナリシスは，自我すなわち合理的な思考領域が重要なものであること，そして心理療法はより満足感をもてるように自我機能を強化させることに焦点を当てるべきであるという考え方に基づいている。これは，フロイトの初期の理論でイドや性的本能の欲求充足を強調した無意識の心理学の考え方と重点の置き方が異なる。

エゴ・アナリシスは自由連想をはじめとする多くの精神分析技法を用いる。しかしながら，エゴ・アナリシスはクライエントの子供時代の経験よりもむしろ現在の社会的あるいは対人関係の問題に焦点を当てる。他にも，社会が個人を抑圧するとフロイトが強調したのに対して，エゴ・アナリシスでは，多くの人々の生活において社会は肯定的な力であると評価する点が異なっている。こうした考え方は，K. ホーナイ（Karen Horney）やH.S. サリヴァン（Harry Stack Sullivan）らの米国対人関係学派の見方へと発展していった。

身体療法

医師は，精神疾患が身体疾患に似ていると主張する。この医学モデル（第25章参照）によれば，いわゆる精神疾患は背後にある器質性の問題によって規定されるため，最もよい治療方法とは体内の生理システムを直接操作することである。**身体療法**（somatic therapy）（大部分は薬物療法）はこういった治療方法を表す用語である。

黎明期の身体療法は今日ではまったく行われていない。たとえば，中世にまでさかのぼると，精神疾患で苦しんでいた人々は病気を引

> **キー用語**
> エゴ・アナリシス：フロイト派から発展し，自我機能を強化することに焦点を当てた精神分析の一形態。

> カウンセラーはどのようにしてクライエントの自我（合理的な思考）の強化を促進させるのであろうか。
> (a) 他人と関わるときの否定的な行動パターンを変化させることによって。
> (b) 個人的な念願を叶えていく過程において。

> **キー用語**
> 身体療法：身体への操作を伴う治療方法の総称（たとえば薬物療法）。

初期の身体療法

長い歴史の中では，緩下剤を利用した流血治療といったものから冷水浴まで，精神疾患に対して多くの奇妙な治療がなされてきた。1810年ベンジャミン・ラッシュ（Benjamin Rush）博士は図のような拘束椅子を発明した。ハーマンとグリーン(Herman & Green, 1991)は拘束椅子の効果を述べたラッシュ博士の説明を引用している。

> 私はある椅子を考案し，狂気の治療に役立てるためにこれを私たちの病院へ導入した。この椅子は身体の各部を縛って拘束するものである。胴体をまっすぐ保つことで，脳に向かう血液の勢いを下げる……。この椅子は，血管だけではなく言葉や気分を和らげる鎮静剤としてはたらく。

ラッシュ博士は自分が作った器具の名称としてトランキライザーという用語を作り出した。そして患者は一回あたり24時間を上限としてこの拘束椅子に座らされたのだ。もともとの精神状態に関わらず，この拘束椅子に座らされたすべての人が鎮圧されたと聞いても，誰も驚かないだろう。

き起こす悪魔を退散させるために頭蓋骨に穴を開けられていた。**頭蓋開口**（trepanning）として知られているこの慣習はとても推奨できるものではない。実際には何の治療効果もないうえに，頭蓋開口の手術を受けた多くの人々が命を落としていった。

> **キー用語**
> **頭蓋開口**：精神疾患を引き起こすと考えられていた悪魔を追い払うために，頭蓋骨へ穴を開けること。現在も頭蓋腔の中の血圧を下げるために使われている。

精神外科

　心理的あるいは行動的な障害を軽減するために脳の外科的手術を行うことは精神外科として知られている。先駆的な研究が E. モニス（Egas Moniz）によって行われた。彼は前頭葉切断という外科手術を行った。これは前頭葉から脳の他の部分にかけてある線維を切断する手術である。「カッコーの巣の上で」という映画の中で，ランドル・パトリック・マクマフィーはこのロボトミー手術を施され，その結果病院の権威者に対する反抗を止めた。モニスらは，この手術によって統合失調症や他の患者が暴力的でなくなったり，興奮しなくなったり，以前よりもずっと扱いやすくなったと主張した。この種の精神外科は人気を得て，1935年から1955年の間におよそ7万件のロボトミー手術が行われるほどであった。

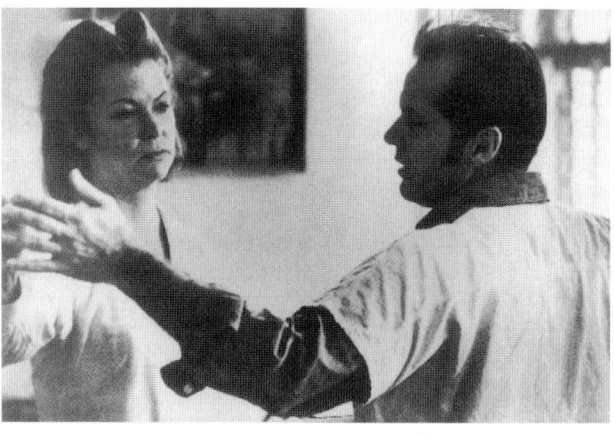

図26-4　映画『カッコーの巣の上で』の中で，主演のジャック・ニコルソンはランドル・パトリック・マクマフィーの役を演じた。映画の中で彼は病院の権威者たちと喧嘩をする一方で仲間の患者たちに活力を与え覚醒させた。最終的に彼は電気ショック療法やロボトミー手術を施され，おとなしく扱いやすくなったが，彼の知的な輝きやエネルギーはすべて失せてしまった。

　確かにロボトミー手術は患者を落ち着かせることができる。しかしその副作用は大変深刻なもので，患者は何もできなくなってしまう。この副作用のために無気力になったり，知力が下がったり，判断力を損なったり，さらには昏睡状態や死がもたらされることもあるという。ロボトミーの結果がもたらす危険性を示す例であるが，開発者のモニス自身が自分のロボトミー患者の一人に銃で脊椎を撃たれたことはまったく皮肉なことであった。

　もう一つの精神外科は扁桃体切除である。これは頭蓋骨に開けられた小さな穴を通って扁桃体へ細い針金の電極を向け，そこに強い電流を流して先端の組織を破壊するという手術である。扁桃体切除を行う理由は，脳の中で扁桃体が主に怒りを扱う部分であるからだ。

　この扁桃体切除は特にアメリカで1950年代から1960年代にかけて暴力的な犯罪者に対して行われた。手術を受けた人が攻撃的でなくなったという点では，手術は成功したと言える。しかし，そこには大変重大な副作用があった。手術を受けた患者はしばしば混乱してやる気を失ってしまい，働くことができなくなった（アイゼン

> **倫理的問題：精神外科**
> 　精神疾患の症状を軽減するための手段としての精神外科に対する以下の倫理的な問題について考察しなさい。
> ・認知能力（たとえば記憶や推理）へ損傷を与えること。
> ・個人の自由意志がはたらかないように妨害すること。
> ・個人の思考過程を非可逆的に変容させること。

クとアイゼンク Eysenck & Eysenck, 1989）。その結果，この種の精神外科はこれ以降まったく行われなくなった。

電気ショック療法

電気ショック療法（ECT）はもともとは統合失調症の治療で使われてきた。グロスとマキルヴィーン（Gross & McIlveen, 1996）が述べたように，同じ人が統合失調症とてんかんの両方をもちあわせていることは珍しいと知られていた。そして，てんかんがある統合失調症の人たちは，てんかん発作の後で統合失調症の症状が軽くなる傾向があることが見出された。この発見によって，統合失調症の人たちにてんかんの発作を起こすために，ECTを利用すれば有効な治療になるかもしれないと考えられた。しかし残念なことに，それはあまり有効ではなかった。

代わりにECTは重度のうつ病の治療として時々使用されるようになった。かつてECTでは，うつ病患者の左右の額に電極をくっつけ，その二つの電極間に半秒間強い電流を流した。この電流によって一瞬で意識を失ったり，けいれんの発作が起こったりした。今日，電流は一般的に非優位大脳半球にのみに流され，治療前に麻酔や筋肉の弛緩薬が与えられる。その結果，患者はECTの間，苦痛を感じることがなくなり以前に比べて筋肉のけいれんも少なくなった。

うつ病の治療において時に薬物よりもECTを使用するのはなぜだろうか。主な理由として，重度のうつ病患者の中に，薬物には反応を示さないが，ECTには反応を示す人がいるからである。実際，薬物に反応を示さない患者のうち，およそ50〜70％の人たちがECTで反応を示した。これは患者がECTに使う機器の外見上の立派さに騙されて効果があったわけではない。実際には電気ショックが与えられない「見せかけ」のECTを受けた患者は，本当のECTを受けた患者と比較するとまったく回復がみられない。その事実から，ECTの効果が本物であることがわかる（バーローとデュランド Barlow & Durand, 1995）。ECTの有用な特徴の一つとして，概して抗うつ薬よりも早く抑うつを和らげることがある。うつ病の患者が自殺をするかもしれないという心配があるときに，ECTはとりわけ有用である。

否定的な側面としては，なぜECTがそんなに効果的なのかが正確にはよくわかっていない点がある。ECTの効果の一部には，おそらくノルアドレナリンという自律神経系を活性化させるホルモン量を増加させるということがある。ECTの機序が曖昧なので，ECTに望ましくない副作用が幾つかあるのは別に驚くことではない。たとえば，治療を始める直前の出来事に限定して記憶を失わせると，連動して記憶全般が何ヶ月間にもわたって損傷を受けてしまうことがある。さらに発話がうまくいかなくなる場合もある。しかし，この副作用は，もしECTが脳の右側にだけ施されるならば一般的に生じない。なぜならば言語中枢は普通脳の左側にあるからである。

倫理的問題：ECTの機序があまり説明されていないのに，このような治療を脆弱な患者に対して行うのは本当に正しいことだろうか。

薬物療法

薬物療法は精神障害に対する治療法として使われている。この節ではうつ病，不安障害，統合失調症に用いられる薬物療法に焦点を当ててみる。

うつ病

薬物療法は大うつ病や双極性の気分障害（躁うつ病）に苦しむ患者への治療法として用いられてきた（第25章参照）。うつ病は**モノアミン**（monoamines）不足に関係していると主張されてきた。モノアミンとは，ドーパミン，セロトニン，ノルアドレナリンを含む神経伝達物質の一種である。うつ病に効果的な薬物療法では，これらの神経伝達物質の供給を増加させる薬を用いるのがよいとされている。このようなはたらきをする薬には，モノアミンオキシダーゼ阻害剤（MAOI）と三環系抗うつ薬という二つのグループがある。MAOIはモノアミンオキシダーゼを抑制するはたらきをして，ノルアドレナリンやセロトニンといった神経伝達物質量の増加を促す。プロザックは三環系抗うつ薬と同じように効く四環系抗うつ薬であるが，他の神経伝達物質よりも主にセロトニン量に影響を与える。プロザックを服用すると，時には自殺や暴力行為への念慮が高まることがあるが，どちらのグループの薬も多くのうつ病患者のうつ症状を軽減する（バーローとデュランド，1995）。

三環系抗うつ薬は一般的にMAOIよりも効果的であり，副作用も少ない。しかし三環系抗うつ薬は，めまいや目のかすみ，口の渇きを引き起こすことがある。また，薬の効果がみられない患者も中にはいるが，その理由はよくわかっていない。しかし三環系抗うつ薬は重篤なうつ病には，より効果的な傾向がある。（シュテルンら Stern *et al.*, 1980）。これは，モノアミン量の異常が重篤なうつ病患者でよくみられるためであろう。

三環系抗うつ薬やMAOIは，うつ患者の生化学的な不足を埋める

> **キー用語**
> モノアミン：うつ病に関係すると思われるドーパミン，セロトニン，ノルアドレナリンを含む神経伝達物質。

躁病は創造性に富む人たちによくみられ，躁病期は特に創造性を高めると示唆されてきた。このことは患者が炭酸リチウムのような薬物治療を受けるべきかどうかという意志決定をする際に，どのように影響するだろうか。

ケーススタディ：ヴァージニア・ウルフ

作家のヴァージニア・ウルフ（Virginia Woolf）は1941年に59歳で自殺したが，彼女は周期的にうつ病に悩まされていた。その症状は双極性気分障害とみなされるが，彼女の場合は極端な身体症状や精神病性妄想が伴っていた。ウルフの伝記の中で，ハーマイオニ・リー（Hermione Lee, 1997）はウルフが最初に発病した1895年から1930年代にかけて彼女に施された治療の数々を解明していった。ウルフの夫レオナルドは彼女の再発の様子を詳しく記録して残していた（リー，1997, pp.178-179）。

躁病期のときには，彼女は極度に興奮していた。心がはやっていた。彼女は多弁になり，躁がピークになると，とりとめもなくしゃべりまくった。妄想や幻聴もあった。うつ病期には，彼女の思考や感情は正反対になった。憂うつと絶望の淵にいた。彼女はほとんど物も言わず，食事を拒んだ。彼女は自分が病気であると信じようとはせず，自分のいまの状態は罪悪感からくるものだと主張した。

1890年から1930年の間，ウルフは12人以上もの医者に次々とかかったが，この間の治療はどれもほとんど変わらなかった。医者たちは彼女の体重を取り戻すために牛乳と肉を食べさせ，不安を軽減するために休息させ，エネルギーを取り戻すために睡眠と新鮮な空気を吸わせた。当時，炭酸リチウムは躁病の治療薬としてまだ発見されていなかった。その代わり，ブロマイド，ベロナル，クロラールなどの鎮静剤の多くが処方されていた。リーはこれらの薬の効果がまったく当てにならないうえに，ウルフの躁病のエピソードはこれらの薬物を服用した結果として起こったと指摘した。

薬というよりもむしろ生理的な活性化を生み出す単なる興奮剤であると主張されてきた。しかしデータの多くは，この考え方と矛盾している。三環系抗うつ薬も MAOI も生化学的な不足のない普通の人の気分を変えるのには，それほど効果がない（コール＆デイヴィス Cole & Davis, 1975）。

双極性気分障害で躁病期の薬物治療は，大うつ病の治療に比べて立ち遅れている。しかし，炭酸リチウムによって，ほとんどの躁病患者が急速に回復したり，双極性気分障害に苦しむ患者のうつ病期の始まりが遅くなったりしている。そして炭酸リチウムは双極性気分障害に苦しむおよそ80％の患者の躁とうつのエピソードの発症を減少させた（ゲルビノら Gerbino et al., 1978）。炭酸リチウムを使用できなかった頃はおよそ15％の双極性気分障害の患者が自殺していたが，利用できる現在では自殺率がずっと低くなった。

また，炭酸リチウムは中枢神経系，心臓血管系，消化器系に重い副作用を引き起こすことがあり，過剰服用は致命的となる。しかし炭酸リチウムの投与中断は双極性気分障害の再発の可能性を高めるため，継続的に使用される傾向がある。

つまり，さまざまな薬（特にプロザック）は患者のうつ状態を軽減させるのにたいへん効果的である。しかし，薬はうつ病を引き起こしている背景問題よりもむしろ症状自体に作用する。したがって，患者の回復を早めるためには薬物療法と平行して他の治療法を用いることが望ましい。

不安障害

不安に苦しむ患者（たとえば全般性不安障害をもつ人々）には，不安を軽減し普通に機能するようにしばしば精神安定剤（マイナー・トランキライザー）が投与される。かつて**バルビツール系薬剤**（barbiturates）は最もよく使用された抗不安薬であった。これは中枢神経系の鎮静剤であり，長く効くバルビツール系薬剤は不安を軽減させるのに効果的である。しかしバルビツール系薬剤にはさまざまな副作用があり，集中力の問題，協応性の欠如，不明瞭な話し方などが挙げられる。さらに依存症にもなりやすい。バルビツール系薬剤の服用を止めた不安障害の患者から一時的せん妄，イライラ感，発汗の増加などが報告されている。

バルビツール系薬剤にはこのような問題があるため，1960年代には代わりにベンゾジアゼピン（たとえばバリアム，リブリウム）を使用するようになった。ベンゾジアゼピンは効用の面ではバルビツール系薬剤よりもはっきりしており，概して副作用も少ない。しかしベンゾジアゼピンはしばしば患者に眠気や嗜眠を催させるような鎮静効果がある。また長期記憶を損傷することもある。患者がベンゾジアゼピンの服用を止めた際に，禁断症状が出ることもあるし，依存症になる可能性もある。

ベンゾジアゼピンがバルビツール系薬剤よりはるかに安全であるのは明白だが，副作用がなく不安を軽減する他の抗不安薬を見つけ

かかりつけの医者はどんな場合にバリアムやリブリウムといった薬の処方が妥当であると思うのだろうか。薬に対する耐性とは何を意味するのだろうか。また薬物治療と不安障害の治療に関わる問題にはどんなものがあるのか。薬と一緒に，または薬に代わってどんな他の治療法が不安障害に苦しむ患者にとってよいのだろうか。

キー用語
バルビツール系薬剤：不安障害の治療として，かつて一般的に使用されていた薬。

るための研究はいまもなお続いている。その一つとしてブスピロンがあるが，これはベンゾジアゼピンがもつ危険な鎮静効果をもっていない。しかし好ましくない副作用があるかどうかを見定めるためにはさらなる研究が必要である。

薬物療法は，ひどく苦しんでいる患者の不安を迅速に軽減するのに有用である。しかし抗不安薬は不安の症状を軽減することのみを目的としており，背景にある問題には目を向けていない。一般的に抗不安薬はあまり長期間使用されるべきでなく，他の療法と組み合わせて用いられるべきであろう。

統合失調症

神経遮断薬（neuroleptic drugs）（精神病の症状を軽減するが，神経系の障害をもたらす可能性のある薬）はしばしば統合失調症の治療において使用される。一般的な神経遮断薬には，フェノチアジン誘導体，ブチロフェノン誘導体，チオキサンテン誘導体がある。それらは統合失調症の陽性症状（たとえば妄想，幻覚）には効果があるが，陰性症状（たとえばやる気や感情の欠如，社会的引きこもり）にはほとんど効果がない。

一般的に用いられているもう一つの薬はクロザピンである。クロザピンは他のものよりも副作用が少ないとされる神経遮断薬である。しかしケンドールやハンメン（Kendall & Hammen, 1998）が指摘したように，クロザピンには二つの重大な欠点がある。一つ目は，クロザピンは統合失調症の他の薬よりもずっと高価であるため利用しにくいことである。二つ目は，クロザピンは統合失調症患者のうち1～2％の人に致死的な血液病（たとえば白血球の減少）をもたらすことがある。

> **倫理的問題：インフォームド・コンセント（説明と同意）**
> 神経遮断薬の使用とパーキンソン病の発症には明らかなつながりがある。パーキンソン病は，中脳で運動を調整するはたらきを促進する化学物質のドーパミンを十分に作り出すことができない病気である。この事実を踏まえたうえで，インフォームド・コンセント（説明と同意）においてどんな倫理的な問題がもち上がるだろうか。

> **キー用語**
> **神経遮断薬**：精神病の症状を軽減するが，神経系の症状をもたらす可能性もある薬。

> **倫理的問題：強制的な薬物治療**
> 薬によって統合失調症の重篤な症状を軽減できるなら，ケアしている人や家族にとっては大きな利益をもたらす。このことは，患者の同意なしでの投薬が可能であること，あるいは投薬されるべきだということを意味しているのだろうか。統合失調症患者の人権と別の病気の患者の人権とには違いがあるのだろうか。ある人の人権は，別の人の人権よりも優先されるということがあるべきなのだろうか。

神経遮断薬は有用であるが，同時に重大な限界もある。ウィントガッセン（Windgassen, 1992）は神経遮断薬を服用している統合失調症患者のうち約半数の人はふらついたりボーっとしたりすることがあり，18％の人が集中力に問題をもち，16％の人が唾液過多となり，16％の人が目が霞むという事実を報告した。これらの副作用を考慮して，一般的に最少服用量の神経遮断薬が与えられたり，まったく投薬されない「休薬日」が設けられたりしている。また，統合失調症患者はしばしば神経遮断薬を服用したがらない。そのために，こうした患者に対して長く効く神経遮断薬を注射することがあり，自分で薬を服用するかどうかを決定する機会を奪ってしまうかもしれない。

統合失調症の治療薬は患者に大きな恩恵をもたらした。それは統合失調症患者が拘束衣に縛られる必要がなくなったという点である。

表 26-1

病気	薬	効能	欠点や副作用
大うつ病	モノアミンオキシダーゼ阻害剤（MAOI）	モノアミン（ドーパミン，セロトニン，ノルアドレナリンを含む神経伝達物質）の酸化を抑制し，その結果モノアミン量を増加させる。	さまざまな副作用。
	三環系抗うつ薬	MAOIと同様。	ふらつき，目の霞み，口の渇き。
	四環系抗うつ薬（例：プロザック）	MAOIと同様。ただしセロトニン量に影響を与える。	自殺念慮や暴力行為へのとらわれ。
双極性気分障害	炭酸リチウム	抗躁薬。ただしそのメカニズムは完全には明らかになっていない。	中枢神経系，心臓血管系，消化器系への副作用。過剰服用は致命的である。
不安障害	バルビツール系薬剤	不安症状（動悸，息切れ，心拍数増加，息苦しさ，吐き気，めまいなど）を治療する。	集中力の問題，協応性の欠如，不明瞭な話し方，依存症，禁断症状によるせん妄，過敏症。
	ベンゾジアゼピン（例：バリアム，リブリウム）	中枢神経系への鎮静効果をもつ。	眠気，嗜眠，長期記憶の悪化。禁断症状や依存症。
	ブスピロン	脳内のセロトニンレセプターを刺激する。	鎮静効果はみられないが，他の副作用もまだ確認されていない。
統合失調症	神経遮断薬（例：フェノチアジン誘導体，ブチロフェノン誘導体，チオキサンテン誘導体）	妄想や幻覚を軽減する。	やる気や感情の欠如，社会的な引きこもりにはほとんど効果がない。ふらつき，過剰な鎮静作用，集中困難，口の渇き，目の霞みが報告された患者もいる。
	クロザピン	神経遮断薬と同様。ただし副作用が少ない。	高価。患者の1～2％に致命的な血液病をもたらす。

しかし，薬には重大な欠点もある。一つ目として，これまでみてきたように，時に幾つかの困った副作用があることである。二つ目として，薬は基本的に症状を軽減させるが，統合失調症を治癒させる効果があるとはみなすことができないということである。

身体療法の全般的評価

身体療法にはさまざまな問題点がある。第一に，患者から責任性を奪い取って，心理臨床家や精神科医に責任を直接背負わせることになりがちである。第二に，コンプライアンスの問題，つまり指示に従ってもらえるかどうかという問題がある。患者はしばしば副作用のある薬を服用することを嫌がるため，患者がきちんと薬を服用すべきときに服用しているのかを治療者が確かめるのは難しい。第三に，身体療法は背景にある原因よりもむしろ症状を治療するものである。その結果，身体療法が終わると症状が再発したり，別の症状が現れたりするという危険性がある。

人間性心理療法

人間性心理療法の主な形態としては、**クライエント中心療法**（client-centred therapy）があり、これはパーソン・センタード・アプローチ（PCA）としても知られている（ロジャーズ Rogers, 1951, 1959）。ロジャーズのこの心理療法の出発点は自己概念であるが、これは私たち自身に関しての意識的経験、そして社会における自分の位置に関しての意識的経験に基づいて形成される（第20章参照）。しばしば個人は問題を抱えて、自己概念とリアルな経験の間に**不一致**（incongruence）（あるいは大きなズレ）があるときに治療を求める。つまり、実際の自分とこうでありたいと描く自分との間――理想の自己と実際の自己との間――に大きな相違がある場合に、この不一致は自覚される。

ロジャーズ（1986）はクライエント中心療法の背後にある主な前提を発見した。ロジャーズによると、

> 自己概念や態度、行動などを修正するために、人は自分自身の中に自己理解を行うための豊富な資源をもともともっている……。カウンセラーによる促進的な心的態度という明確な風土が醸成されさえすれば、これらの資源の蓋が開けられるだろう。

クライエント中心療法で、クライエントは自己概念や人生の目標を治療者（ロジャーズはグループワークの場合に特にファシリテーターと呼んでいる）と話し合う。その目的は治療の場において心地よい雰囲気を作り出すことである。その雰囲気に支えられて初めて、クライエントは自分の経験をファシリテーターと共有していくことができる。ファシリテーターはクライエントに自分の経験に目を向けて、理解が深まるように働きかける。面接を通して、クライエントの自尊感情を高め、経験と自己概念の不一致を減らすことが期待されている。なぜクライエント中心療法がクライエントの自尊感情を高めるのかというと、自分の運命を統制しているという感覚を高めるためである。クライエント中心療法は治療的な焦点の当て方が精神力動的療法とは異なる。精神力動的療法は生活史で生起した過去経験に焦点を当てるのに対して、クライエント中心療法は現在の心配事や未来への希望に焦点を当てているからである。

ロジャーズ（1951）は、治療者やファシリテーターのクライエントに対する基本的な態度こそが治療の成功を左右する重要なものであると考えた。ロジャーズは、治療者は以下のようであるべきだと論じた。

キー用語
クライエント中心療法：ロジャーズが創始した人間性心理療法の一つで、クライエントの自尊感情を高め、不一致を減らすことが目的とされている。

図26-5 クライエント中心療法は援助的な対話を通してクライエントが自分のことをどう考えて、何を目指して生きていくのかを明らかにしていく。治療者は、クライエントが自分の経験について深く理解するのを援助する。

キー用語
不一致：ロジャーズのアプローチにおける自己概念と経験の間のズレ。時に、調査研究では理想の自己と現実の自己のズレを意味することもある。

なぜロジャーズは「治療者」よりも「ファシリテーター」という用語を好んだのだろうか。

ファシリテーターが非審判的であろうとすることと、自分の本当の感情を表明することとの間に葛藤が生まれる可能性はないだろうか。

- 無条件の肯定的関心：治療者が批判的あるいは審判的にならないでクライエントを受容していくこと。
- 純粋性と自己一致：クライエントに防衛的にならず，治療者の経験と言動が一致していること。
- 共感的な理解：クライエントの内的な準拠枠に沿って経験を理解していくこと。

このような特徴をもつ治療者はそうでない治療者よりもずっとクライエントをうまく援助できる。なぜなら，こうした基本的態度を身につけていると，クライエントの話にしっかりと耳を傾けるようになり，治療者の考えにとらわれすぎないで聞けるからである。

ロジャーズは，治療者はクライエントが言っていることを明確化すべきではあるが，言ったことに対して賛成したり反対したりすべきではないと示唆した。ロジャーズ（1947, pp.138-139）はメアリー・ジェーン・ティルデンと呼ばれる女性のクライエントとの次のような対話の中で，このアプローチを示した。

> ティルデン：「自分が何を探しているのかわからないの。時に気が狂ってしまったみたいに思うわ。自分でも変だと思う。」
> ロジャーズ：「自分で感じているよりも実際にはずっと異常なのではないかと心配しているのですね。」
> ティルデン：「その通りよ。こんなに心配しているのに，私に心配するなって言うのは馬鹿げているわ。これが私の人生よ。ああ，どうやったら自分に対する見方を変えられるのかがわからないわ。」
> ロジャーズ：「あなたは他人と自分がとても違っていると感じていて，どうやってそこを直せばいいのかわからないのですね。」

ロジャーズとメアリー・ジェーン・ティルデンの対話を読みなさい。どの点において，治療者は医者や助言者ではなくファシリテーターの役割を担っているだろうか。なぜこのアプローチはクライエントの否定的な自己概念をより肯定的なものに変えるのに効果的なのだろうか。

この短い対話は，クライエント中心療法の幾つかの側面を示している。一つ目は**反射**（reflection）である。反射とはクライエントが言ったことの要点を治療者が繰り返して言うことである。もう一つは，**積極的解釈**である。これは，治療者がクライエントの本当の感情を明確化しようとすることである。

人間性心理療法の評価

マクリード（1998, p.570）は人間性心理療法のアプローチを評価した。マクリードによると，

> 人間性心理療法のアプローチは，私たちに主体的選択の重要性，自己感覚，個人の責任を気づかせるという点で有用である。その影響は広範囲に及び，義務よりも自己実現に重点をおいて，自分の人生についての考え方を変化させる。しかし，このアプローチを都合よく偏って受け取ると，「わがままになる口実」を

与えて，問題が生じる。

クライエント中心療法とは治療者がクライエントに解決法を与えるのではなくて，クライエントが自分で答えを見つけることを期待するという意味で，非指示的であるとロジャーズは信じていた。しかし，トゥルー（Truax, 1966）が，ロジャーズの面接を幾つか逐語的に記録してみたところ，クライエントが肯定的な発言をしたり進歩しているようにみえたときに，ロジャーズはクライエントに言語的な報酬を与えたり，励まそうとしていた。つまり，ロジャーズは自分が意図しているよりも，ずっとクライエントの考えを方向づけていたのかもしれない。

> マクリードが使った「わがままになる口実」とはどういう意味だろうか。これは他の療法にも当てはまるだろうか。

行動療法

行動療法（behaviour therapy）は1950年代後半から1960年代の間に発展した。その背景には，精神疾患の多くが不適切な学習によって生じ，最善の治療法は適切な新しい学習と再教育であるという考え方がある。行動療法家たちは，異常な行動は間違った条件づけによって起こり（第10章参照），条件づけの原則を利用するとクライエントは回復できると信じている。つまり，行動療法は古典的条件づけやオペラント条件づけによって望ましくない行動を望ましい形に変えることができるという前提に基づいている。行動療法の重要な特徴は，**現在の問題と行動に焦点を当て**，患者が問題だと感じている症状を取り除こうとすることである。これは，子供時代から続く未解決の葛藤を明らかにすることに焦点を当てる精神力動的療法とは，まったく対照的である。

行動療法のはっきりとした特徴の一つは，他の心理療法よりも科学的なアプローチに基づいていることである。マクリード（1998, p.571）は以下のように指摘した。

> キー用語
> **行動療法**：クライエントを回復させるために，条件づけの原理を適用した治療の一形態。

> **望ましくない行動とは何なのか**
> 「望ましくない行動」という用語は，誰が何を，好まれない行動，望まれない行動，異常な行動であると判断するのかという疑問を引き起こす。通常，クライエント自身が，自分の症状（たとえば恐怖症の反応）には治療が必要であるかどうかを決める。行動の中には，あまりにも反社会的なため誰もが好ましくないと思うものがあるかもしれない。しかし，権威者たちが受け入れがたいとみなす行動は「精神疾患」として分類されることがありうる。反抗的な若者，労働組合の活動家，孤独な老人の行動は「疾患」とみなされ，その行動には修正の必要があるのだろうか。あなたが知っている限りでこのようなことがいままでにあっただろうか。

> 障害と行動についての行動モデルは，実験心理学に基づいた行動原理を直接適用させており，しばしば実験室でネズミを対象として行われるような学習（条件づけ）の研究と緊密に関係している。このように，行動療法はその原理を精密に作る点や，成功を評価するという点において科学的な研究方法と緊密な関係がある。

古典的条件づけおよびオペラント条件づけの基本的事項は，第10章で述べているのでここでは繰り返さないことにする。ここでは，行動療法家が用いている治療の主な形態について論じる。行動療法の一般的な評価を簡潔に行った後，主に古典的条件づけを基本とし

強迫的に嘘をつくという不適応行動に取り組む際に，あなたならどのように行動療法を用いるだろうか。

た治療の三つの形態について扱い，それからオペラント条件づけを基本とした治療について考察していく。「行動療法」という用語は古典的条件づけを基本とする治療形態に制限されるべきであり，オペラント条件づけを含む治療形態には「行動変容」という用語を使用すべきであるという主張がなされることがある。しかしここでは，条件づけの原則を基本とする治療法をおしなべて「行動療法」という用語を使って表すことにする。

行動療法の一般的評価

行動療法には，常に繰り返されてきた，三つの批判がある。第一の批判として，ケンドールとハンメン（1998, p.75）は以下のように指摘した。

> 批評家たちは，行動療法の適用が機械的であり，治療的利点が観察可能な行動の変容にのみ限定されているとみなしている。

第二の批判は，行動療法家たちが焦点を当てているのは，特定の症状の消去という大変限定された部分にすぎないということである。そこで心理力動的な心理療法家たちは，精神疾患の背景にある原因を考えないことは**症状の置き換え**（symptom substitution）につながると批判した。つまり，ある症状は取り除かれるかもしれないが，根底にある問題が解決されない以上，他の症状に置き換わる危険性がある。第三の批判は，いわゆる「般化」の困難さの問題として知られていることがある。行動療法は，治療者の部屋の中で患者が望ましい行動をするのには役立つかもしれない。しかし，必ずしも同じ行動が他の状況においてもできるようになるとは限らない。

フラッディング（エクスポージャー）

行動療法家の見方では，恐怖症の恐怖症状（たとえばクモ恐怖症）は古典的条件づけによって学習される。そして，恐怖症の刺激は恐怖を引き起こす苦痛な刺激または嫌悪する刺激と結びついている。この恐怖は恐怖症の刺激となるものを回避することによって軽減される。

条件づけられた刺激（たとえばクモ）と恐怖とのつながりを断ち切る一つの方法は，経験によって消すことであり，**フラッディング**（flooding）またはエクスポージャーとして呼ばれる技法が用いられる。この技法の特徴は，クライエントを極度の恐怖が引き起こる状況にさらすことである。クモ恐怖症の治療の場合，クライエントはクモがうようよいる部屋に実際に入れられるか，または多数のクモに囲まれている状況をイメージするようにと指示される。最初は，恐怖や不安が洪水のように溢れてクライエントは困惑してしまうだろう。しかし，その恐怖はだいたいにおいてしばらくするとおさまり始める。クライエントを説得して，十分に長い期間その状況にとどまらせることができたら，クライエントの恐怖は著しく軽減され

キー用語
症状の置き換え：根本的な問題が解決されていないため，取り除かれた症状が別の症状に置き換えられること。

図 26-6 この体長18cmの毒グモはフラッディングで用いられるクモよりもずっと恐ろしいだろう！

キー用語
フラッディング：恐怖症の治療の一形態。恐怖となる刺激に長期間さらされること。エクスポージャーとしても知られている。

るであろう。

　なぜフラッディングには効果があるのだろうか。この方法はクライエントに自分が感じている恐怖には客観的な根拠がない（たとえば，普通のクモは実際には身体に何も害を及ぼさない）ということを教える。日常生活においては，恐怖症の人は恐怖症に関連した刺激を回避しているため，このことを学習する機会がもてないままになっている。

　フラッディング技法の主な問題は，かなり高レベルの恐怖を故意に作り出すように意図されていることである。そのためクライエントの心はかき乱される。クライエントが耐えきれずセッションを無理に早く終わらせようと思うならば，クライエントは恐怖症の刺激となるものを回避すると恐怖が軽減されてよいということを学ぶかもしれない。しかしこのことによって，後に行われる恐怖症に対する治療をより困難にしてしまう。

系統的脱感作

　ジョセフ・ウォルピ（Joseph Wolpe, 1958）は，恐怖症のクライエントのために，**系統的脱感作**（systematic desensitisation）として知られている行動療法の新しい形を発展させた。これは，**拮抗条件づけ**（counterconditioning）を基本としており，恐怖症の刺激に対する恐怖反応を恐怖とは相反する新しい反応に置き換えることである。この新しい反応とは筋弛緩（リラクセーション）である。クライエントは最初リラックスした状態で訓練を受け，訓練後は指示されるとすぐに筋弛緩をすることができるようになる。

　次に取り組むのは，クライエントと治療者が「不安階層表」を一緒に作り上げていくことである。不安階層表とは，クライエントが恐怖や不安を感じる幾つかの状況を，最も不安を感じない状況から最も不安を感じる状況へと順番に並べていったものである。たとえばクモ恐怖症の人は，小さくて5メートル離れたところにいる動かない一匹のクモを小さな脅威としてみなし，大きくて1メートルしか離れていない素早く動き回るクモを大きな脅威としてみなすかもしれない。クライエントが深いリラックス状態に入ると，不安階層表のうち最も脅威を感じない状況を想像（または直面化）するように言われる。クライエントはまったく不安が生じなくなるまで，繰り返しこの状況を想像（または直面化）する。不安を感じなくなるのは拮抗条件づけがうまくいったためである。不安階層表のすべての状況を同様に一つずつ試して，最も不安を感じる場面においても不安が生じなくなるまで，この過程を繰り返していく。

系統的脱感作のアプローチは生物的な要素によるところが多いのか，あるいはクライエントが得た力と統制の感覚によるところが多いのか，あなたはどう思うだろうか。

> **キー用語**
> **系統的脱感作**：恐怖症に対する治療の一形態。脅威となる刺激への恐怖反応を筋弛緩といった異なった反応に置き換えること。
> **拮抗条件づけ**：系統的脱感作において，恐怖となる刺激に対する恐怖反応を弛緩反応に代替させること。

図 26-7

嫌悪療法

　クライエントを誘惑する刺激状況やその刺激と連動した行動パターンが存在し，その行動パターンを治療者もクライエントも望ましくないと思っているときに，嫌悪療法が用いられる。たとえば，アルコール依存者は酒場に通っては大量の酒を飲んで楽しむ。**嫌悪療法**（aversion therapy）は，このような刺激状況と行動パターンとを，とても不快な無条件刺激（たとえば電気ショック）へ結びつける。アルコール依存の場合によく行われるのは，嫌酒剤を服用したうえでクライエントにアルコールを飲むように指示することである。クライエントは嫌酒剤の効果で酒を飲むと気持ち悪くなって吐いてしまう。倫理的な問題の検討は後ですることにして（pp.1042-1050で議論される），嫌悪療法を用いることに関して二つの検討課題がある。第一に，電気ショックや薬にどのような効き目があるのかがそれほど明確にはなっていない。嫌酒剤が魅力的な**刺激**（たとえばアルコールを目にする）を嫌悪すべき刺激に変えてしまうのか，あるいは飲酒という**行動**にブレーキをかけるのかさまざまな可能性が考えられる。第二に，嫌悪療法の効果の長さについて疑いがあることである。確かに面接室の中ではクライエントに劇的な効果をもたらすかもしれない。しかし，嫌酒剤を飲まずにすませられる面接室外の世界，また電気ショックを与えられない日常世界においては，しばしばその効果が薄れてしまう（バーローとデュランド，1995）。

> **キー用語**
> **嫌悪療法**：望ましくない行動を厳しい罰と結びつけて除去する治療の一形態。

オペラント条件づけに基づいた療法

　これまでのところ，古典的条件づけに基づいた行動療法に焦点を当ててきた。しかし，多くの行動は実際にはオペラント条件づけを利用している（第10章参照）。オペラント条件づけを利用した療法は，クライエントの不適応行動を注意深く分析したり，その行動を維持させているものを強化したり報酬を与えることを基本としている。治療者が現在の行動傾向やその原因についてはっきりとした見解をもっている場合には，適応行動への報酬を増やし，不適応行動への報酬を減らすためにクライエントの環境の変化を引き起こそうとする。

　オペラント条件づけを利用する際に，行動療法家が使うことのできるさまざまな技法がある。

> 以下の不適応行動を治療する際における嫌悪療法の適用について考察しなさい。
>
> ・強迫的なギャンブル
> ・性倒錯（たとえば露出症）
>
> あなたが二つの不適応行動のうち，どちらか一方を治療するとして，どの程度まで成功するのかを見立てなさい。クライエントにとって，自分の行動を変えたいと思うことはどのくらい重要なのだろうか。

・消　　去：もしクライエントが，正の強化が続いてあるために不適応行動をとるのならば，その行動に報酬が与えられないようにすると，行動が減少したり消去したりするだろう。クルックスとスタイン（Crooks & Stein, 1991）は，ある消去の例について論じた。それは20歳の女性の例で，彼女は自分の顔の小さな発疹やにきびを血が出るまで突きまわしていた。この強迫的

な行動によって，彼女は婚約者や家族から注意を引くという報酬を得ているように思われた。この行動が無視されるようになり，望ましい行動をしたときに注目されるようになると，彼女はすぐにこの強迫的な行動を止めた。
- 選択的な罰：ある特定の不適応行動に対して，その行動を起こすと嫌悪を感じる刺激（たとえば電気ショック）によって罰せられる。これは，嫌悪療法の一部である。
- 選択的な正の強化：ある特定の適応行動（あるいは標的行動）が選択され，クライエントがこの標的行動を起こすと正の強化が与えられる。この療法の詳細については次に論じる。

倫理的問題：オペラント条件づけに基づいた三つの治療方法は，倫理的な視点から制約を受ける。これら三つの治療方法のうち，どれが最も倫理的な問題を示しているのだろうか。そして，なぜそれが大きな問題なのだろうか。

トークン・エコノミー法

選択的な正の強化や報酬に基づく療法の中で重要な形態の一つとして，**トークン・エコノミー法**（token economy）がある。これは病院や施設にいる患者に対してよく用いられている。彼らは適切な行動をするとトークンが与えられる（たとえば色つきのチップ）。これらのトークンは貯めるとさまざまな特典（たとえばビリヤードで遊ぶ，タバコ）を得るために利用できる。アイヨンとアズリン（Ayllon & Azrin, 1968）は平均16年も入院している女性患者たちを対象にした古典的研究を行った。その女性患者たちがベッドを整えたり，髪を櫛でとかしたりすると，報酬としてプラスチックのトークンを与えた。トークンが貯まると，それを使って映画を見たり，売店へ行くなど，楽しい活動ができた。このトークン・エコノミー法は大成功だった。トークンを与えられるようになると，患者が日常的に行う雑事の数が約5項目から40項目以上へと激増した。

ポールとレンツ（Paul & Lentz, 1977）は，長期間入院している統合失調症患者に対してトークン・エコノミー法を利用した。その結果，患者のさまざまな社会的スキルや仕事に関連したスキルが発達し，彼らは自分の身の周りのことができるようになり，症状も軽減していった。なお，患者に与えられる薬の数を実質的に減らした時期に，こうした変化が見出されたのは，いっそう印象的である。

トークン・エコノミー法の主な問題としては，患者が報酬を受け取るのに慣れてしまい，報酬があってもよい行動をしなくなったときに，有益な効果が激減することがある。このように，トークン・エコノミー法は，文字通り「名ばかりの（トークン）」学習（すなわち最小の学習）にしかならない危険性もある。この問題に対して回答するのは難しい。よい行動には継続して報酬が与えられ，悪い行動には与えられないように，環境を注意深く構造化しているときには，トークン・エコノミー法は効果的である。しかし，外の世界は大変異なり，患者は施設外の構造化されていない環境に

キー研究評価―トークン・エコノミー法

トークン・エコノミー法は患者の社会的に適応した行動に対して報酬を与える。しかし，患者の能力には多様性があることを考慮に入れてはいない。たとえば，不適応度の高い患者は，不安定で新しいスキルを学ぶことが困難であるため，彼らに与えられるトークンは少なくなってしまう。その結果，ある種のヒエラルキー（上下の階層）を産み出し，下位に位置する脆弱な患者の自尊心を低下させるという，望ましくない影響をもたらすかもしれない。

よい行動に報酬を与えるという誘因を利用すると，望ましくない行動を消去させるだけでなく，患者の自律性が育つのを妨げるという副作用も出るかもしれない。自律性とは与えられた場面でどのように行動すべきかを選択しなければならないときに不可欠の心性である。正の行動を起こしたときではなく，負の行動がなかったときに報酬を与えても，その人は何も変化しないだろう。なぜなら彼らは自尊心に基づいて道徳的な決断をしているのではなくて，外からの報酬のためにしているだけだからである。

キー用語
トークン・エコノミー：選択的な正の強化によって精神疾患の患者を変化させるために病院等で主に用いられるオペラント条件づけ。

トークン・エコノミー法で学んだことを転移することが難しいと感じる。

議論のポイント
1. トークン・エコノミー法は，別に心理学者でなくても，誰かの行動を変えようとするときに使うアプローチと似ていないだろうか。
2. 学習したことを外の世界にさらに転移させていくためには，どんなことができるだろうか。

認知療法

行動療法は外的刺激と反応に焦点を当てており，（たとえば考えや信念のように）刺激と反応との間で起こる認知的なプロセスを無視している。この抜け落ちた領域は，1960年代前半に**認知療法**（cognitive therapy）の導入によって取り上げられるようになった。認知療法の根底には，治療が成功するためにはクライエントの認知や思考の変容ないしはそれらの再構成が必要であるという仮説がある。

キー用語
認知療法：クライエントの考えや信念を変えたり再構成したりする試みを含む心理療法の一つの形態。

アルバート・エリス

アルバート・エリス（Albert Ellis, 1962）は認知療法を前進させた最初の臨床家の一人である。彼は，不安と抑うつが一連の三つの段階の最終段階で起こるものであると主張した。

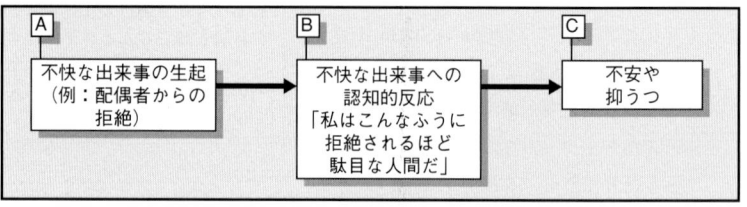

図26-8　エリス（1962）が提示した三つの段階

このA-B-C理論によると，不安と抑うつは不快な出来事の直接的な結果として起こるのではない。正確に言えば，これらの否定的な気分は，不快な出来事の生起によって引き起こされる「非論理的な信念」によって生成される状態である。Bの段階で作られる解釈は，個人の信念体系に左右される。

エリス（1962）は，非論理的（不合理）で自己否定的な考えを取り除き，それらをより論理的で前向きな信念に変えていけるようになるために論理療法を考案した。エリス（1978）はこう指摘している。

> もし，彼［ある人］が不安や混乱を最小限にし，できる限り健全でありたいと望むならば，彼は，自分が発している「なんてひどいことだ」という絶対的な表現を，他の二つの表現に変えて用いるようにすべきである。それらは，オウムのように繰り返すのでもなければ口先だけの言葉でもない。そのことを十分に考え抜いて甘受した言葉である。たとえば，「残念だが，仕方がない」とか，「自分には関係ないよ」などの言葉である。

技法的な表現で言えば，不安や抑うつに陥っている人はA-B-Cに続いてDという段階を生み出さなければならないと，エリスは主張した。D段階とは，人生の出来事を別の見方で解釈できるような自省的信念体系を生み出す段階のことで，それによって情緒的な苦しみを引き起こさずにすむのである。

　論理療法では，クライエントの信念が自己敗北的な性格を帯びていることを気づかせることから始めていく。つまり，クライエントは自分の信念が論理的で合理的であるかどうかを把握するために，これらの信念の是非について自分自身に問いかけるよう求められる。たとえば，クライエントは次のような問いを自らに投げかけるよう指示される。「なぜ私は周りの人皆から好かれなければならないのか」「いつも自分の思い通りにできないことが，なぜそんなにひどいことなのか」「私がすべての面で有能ではないからといって，そんなに大問題なのか」。その後で，クライエントは自分たちの間違った不合理な信念を，より現実的な考えに変えるよう教えられる（例：「すべての人々から好かれることは不可能だが，自分を好いてくれている人も少なくない」「人生において，たとえ自分の望むことを実現できなくても，私は幸福になれる」「私は自分が有能になれるよう，ある程度の努力はするが，それを完璧に達成することは無理だということを受け入れよう」）。最後の決定的な段階は，こうした新しい合理的な信念をクライエントに十分に受け入れさせることである。

　不安なクライエントは通常の人よりも不合理な信念をもちやすいということを裏づける証拠が，ニューマークら（Newmark et al., 1973）によって報告された。彼らの調査によると，クライエントの65％（健常者ではたった2％）が「人は，自分の周囲の人たち皆に好かれたり認められたりすることが不可欠である」という項目に同意したことが見出された。「人は，自分を価値があると認めるためには，きわめて有能で，適切で，成功していなければならない」という項目には，不安を抱えているクライエントの80％が同意したが，健常者では25％の人々しか同意しなかった。

■やってみよう：下記のような状況を想定し，その状況への反応として生起した考えや感情，行動をいかに変容させることができるかを記述しなさい。

　今日はあなたの誕生日です。友だち何人かが昼食時間に会ってお祝いをしたいとサプライズで招待をしてくれました。しかしあなたの一番の親友が参加しないことがわかりました。でも，その親友からは何の説明も断りもありません。

	非論理的・否定的	論理的・肯定的
考え	相手はあなたに説明することすら厄介だと思っているのだろう。	多分相手は仕事が大変なのに違いない。
感情	傷つき感情的になる。多分あなたはその人と友人の関係を維持できない。	がっかりした。でも多分今後近いうちに会ってお祝いできるだろう。
行動	次に会ったときは，相手に冷たい態度をとってやろう。	相手に会うために電話しよう。

評価

なぜ論理療法は，重い思考障害を抱える人々に比べ，不安や抑うつに苦しむ人々にとってより効果的なのだろうか。

　クライエント中心療法のカウンセラーと比べてみると，論理療法（rational-emotive therapy; RET）に立脚する心理療法家は，クライエントに対してはるかに論争的な態度をとる傾向があり，共感的な感受性に関してはあまり関心を示さない。多様な心理療法の中でどのアプローチが好ましいかは，クライエントによって大きく異なると言えよう。たとえば，論理療法は，自分の不全感のために罪悪感をもっているクライエントや，自分自身に高い要求を課しているクライエントに特に効果がある（ブランズマ，モールツビーとウェルシュ Brandsma, Maultsby & Welsh, 1998）。さらに，論理療法は，重い思考障害のあるクライエントよりも，不安や抑うつに苦しむクライエントにより適しているようである（バーローとデュランド，1995）。

アーロン・ベック

　おそらく認知療法家の中で最も影響力のあるのはアーロン・ベック（Aaron Beck）であろう。彼は，不安に対する認知療法を発達させたが，抑うつに関する業績で広く知られるようになった。ベック（1976）によれば，抑うつの心理療法には，抑うつ状態にあるクライエントの否定的で非現実的な信念を明らかにし，論駁していくことが含まれるべきであると主張した。中でも最も重要なのは，**認知の3徴候**（cognitive triad）である。これは，抑うつ状態の人が「自分」「世の中（世界）」「将来」に対してもっている，否定的な思考から成り立っている。抑うつ状態にあるクライエントは，概して「自分」自身のことを，無力で，価値がなく，能力がないとみなしている。彼らは「世の中」で起こる出来事を，非現実的なほど否定的で敗北的に解釈し，また世の中は手におえないほどの障害に満ちているとみなしている。認知の3徴候の最後の要素は，抑うつ状態の人は「将来」にはまったく見込みがないという思い込みである。なぜなら，何をやっても駄目だと思っているので，どんな状況の好転も妨害されてしまうのである。

　ベックら（1979）によれば，認知療法による治療の最初の段階は，心理療法家とクライエントが問題の性質や治療目標について合意することである。この段階は，「協力的経験主義（collaborative empiricism）」と呼ばれている。クライエントの否定的な考えは，心理療法

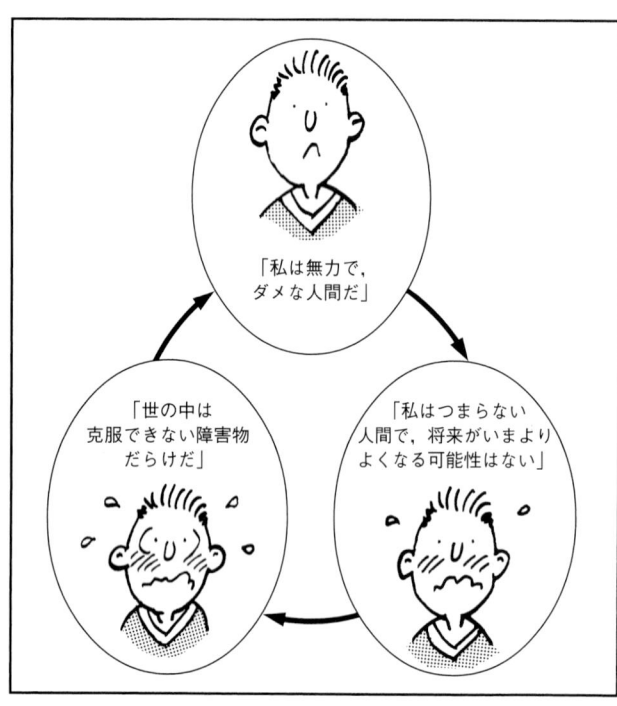

図26-9　アーロン・ベックの「認知の3徴候」

キー用語
認知の3徴候：抑うつ的なクライエントに見られる「自分」「世の中」「将来」に対する否定的な考え方。

家がそれらを論駁することで確認される。またクライエントが次のセッションまでの間に何らかの課題を実行することによって調べられる。そして自分の否定的な考えの多くが不合理で非現実的であることをクライエントが受け入れられるようになることが目標となる。たとえば，人がいつも自分を避けると言い張っている，抑うつ的なクライエントがいるとしよう。その場合には，避けられることが起きたときの詳細な状況を日記に記録するように指示されることがある。そのクライエントが思っているよりもかなり少ない頻度で，そのような事態が起きているのがわかるであろう。

認知療法：要約

同じ認知療法家でも，人によってクライエントに対して介入する方法が違っている。しかしながら，共通の特徴はベックとウェイシャー（Beck & Weishaar, 1989, p. 308）によって確認されている。

> 認知療法は，きわめて個別的に計画された学習経験を教えることによってから構成されている。その教える内容とは，クライエント自身の (1)否定的で習慣的な思考（認知）をモニターすること，(2)認知，感情，行動のつながりを理解すること，(3)自動的に生まれてくる歪められた思考の根拠や反証を調べること，(4)これらの偏った認知をより現実に根ざした解釈に置き換えること，(5)経験を歪める元凶になっている信念を明確化して修正することである。

認知行動療法

近年，行動療法の中で成果の上がっている特徴を認知療法に付加しようという努力がなされている。この組み合わせは**認知行動療法**（cognitive-behavioural therapy）と呼ばれている。ケンドールとハンメン（1998）は，認知行動療法の基礎となる四つの基本仮説を以下のような形で示した。

1. クライエントは，自分自身と周りの世界に関する自分流の**解釈**に基づいて行動するのであって，**実際に起こった事実**に基づいて行動するのではない。
2. 思考，行動，感情は，すべてが関係し合い，すべてが互いに影響を及ぼし合っている。したがって，これらの要素のうち，（たとえば「行動」のように）他に比べてどれか一つだけをより重要だとすることは間違いである。
3. 治療的な介入がうまくいくためには，クライエント自身とその周囲の世界についての考え方が明確化され，変わっていかなければならない。
4. そのクライエントの認知過程とその人の行動がともに変容することが望ましい。なぜならいずれか一つが変容するときよりも，二つが変容した方が概して治療効果が高くなるからである。

ある人の本人自身についての考えは，その人がある状況に反応する際にどのような影響を与えるだろうか？
例：仕事の面接

> **キー用語**
> **認知行動療法**：認知療法の発展形態で，思考と信念の再構成する方法に行動の直接的な変容技法がつけ加えられたやり方のこと。

図 26-10

これまでに，エリス（1962）やベック（1976）らの認知療法家がクライエントの思考や信念を再構成しようとする方法論の幾つかを検討してきた。さらに彼らは，クライエントの行動をかなり直接的な方法で変容させようとしてきた。そういう点では認知行動療法家とみなすこともできる。ベック(1976)は，自分のクライエントに，心理療法のセッションとセッションの間に起きた思考の過程を注意深く監視し，それを記録するよう教示した。また彼はクライエントたちに，彼ら自身がいままではできなかった方法で振る舞うことを求め，それを宿題として課するやり方がよいと強調したのである。ひどい社会恐怖で苦しむクライエントには，面接後の数日間，その人の職場の仲間たちと言葉を交わすことを始めるよう指示されるかもしれない。このような宿題の重要な要素は**仮説の検証**である。クライエントたちは，宿題を実行することで不安や抑うつが起こってくると予測する。そのため，彼らはこうした予測の是非を検証するように指示される。その結果，クライエントは悲観的に考えすぎていたことに気づき，このことが回復の度合いを早めることになる。

治療の効果

特定の心理療法の効果を査定するためには，この治療法を受けたクライエントの回復率と，治療をまったく受けていないか，別の治療法を受けたクライエントの回復率とを比較するのが一般的である。心理療法の効果判定に関してはさまざまな問題が潜んでいる。そのうちの主要なものを以下に示してみよう。

倫理的問題：（投薬により）治療を受けたうつ病患者のグループと，（プラシーボを利用した）実際には治療しない統制群で効果を比較することが倫理原則に反しているとするなら，どのような理由が考えられるだろうか。

- （行動においても，自己申告の調査においても）何をもって治癒とするか，それをどう評価するかに関しては非常に多くの異なった方法がある。たとえば，精神力動論を用いる臨床家にとって，心理療法のゴールは内的な葛藤を克服することであるが，一方，行動療法家にとって，治療目標は顕在化された行動面の変化である。理想的な評価方法は，自己報告，行動面や生理面に関する尺度など，多面的な評価手段を実施することである。
- 回復に有効な心理療法が，再発を防ぐうえでも有効であるとは限らない。換言すれば，短期間に効果がありそうにみえる心理療法が，長期間にわたって効果があるかどうかはわからない——効果がある場合もあるし，ない場合もある。
- 特定の心理療法の方法論の効果を証明するために，何も治療をしないクライエントを統制群（対照群）として用いることは，一般的に言って倫理原則に反する。

- 心理療法の有益な効果が，**特異な要因**（specific factors）（その治療形態に限定された要因）のためか，または**共通の要因**（common factors）（例：クライエントの期待，臨床家の個人的資質など）のためかを見極めることは難しいことが多い。
- たとえ同じ診断を受けたクライエントであっても，その症状の軽重や，症状の下位類型などが大きく異なっていることが少なくないという事実が考慮されていない。
- どの心理療法の学派であれ，それぞれの臨床家が各自の方法で実践している。ラザラスとデーヴィソン（Lazarus & Davison, 1971, p.3）は，「臨床家は……複雑な情報を整理するうえで自らの理論的枠組みを駆使して，自分の仕事を行っている。しかし，理論的枠組みだけでは不十分である。臨床家は，理論的な骨組みに臨床の知をもって肉づけしていかなければならない。個々のケースの問題は，常に心理学の基本原則を超えた知を必要とする」と指摘している。
- 心理療法の効果は，一方で臨床家の技術とその人の資質に左右されるが，他方で，その心理療法自体の内容にも規定される。
- クライエントたちが**無作為**にさまざまな形式の心理療法に割り当てられているとは考えにくい。実際にはクライエントの**自己選択**がなされており，自分が受ける心理療法に何らかの考えをもっている人もいる。このことが異なる心理療法との比較をより複雑にしている。
- ある心理療法は，ある特性をもったクライエントにより適合するかもしれない。たとえば，精神力動的心理療法は，"YAVIS"と略称されるクライエントに実施されると最も効果が上がるという根拠がある。ちなみにYAVISとは，各々の言葉の頭文字をとって，若くて，魅力的で，言語能力に優れ，インテリで，成功したクライエントという意味である（ガーフィールド Garfield, 1980）。

> **キー用語**
> **特異要因**：ある心理療法に特異的に見出せる固有の要因。
> **共通要因**：各種の心理療法に共通して見出せる一般的要因。

> **個々のケースによる違い**
> たとえば摂食障害に苦しむ人の診断と治療は，個々のケースによって相当に異なってくると思われる。つまり，その人の症状の内容，病気の重さ，病歴等に左右される。したがって，その治療の有効性は，どんな心理臨床的なアプローチを採用したかではなく，臨床家のもつ知識やケース理解の深さによって決まってくると言えるであろう。

ストラップ（Strupp, 1996）は，心理療法の有効性は三つの異なった視点から検討されるべきだと主張している。第一に，社会という視点。つまり，個人が社会的存在として機能する能力，および社会規範を守る力などを含むものである。第二に，クライエント自身の視点である。これには，そのクライエントの主観において感じられる健康さも含んでいる。第三は，心理療法家の視点である。この視点は，臨床家がクライエントの思考や行動を自らの依拠する理論的枠組みに照らして評価することを含んでいる。あるクライエントが回復したかどうかは，視点によってさまざまのバリエーションが生じるであろう。

統制群

　特定の心理療法を受けたクライエントからなる実施群が，系統的な治療を受けていない統制群に比べて，必ずしも高い回復率を示したわけではないとわかったと仮定しよう。この結果をもって，その心理療法には効果がないことを証明したのであろうか。必ずしもそうではない。なぜなら統制群に**プラシーボ効果**（placebo effect）（偽薬効果）がはたらいているかもしれないからである。このプラシーボ効果は薬物研究において発見された。少し説明すると，患者によく効く薬だと説明したうえで，実際には何の薬効もない物質（例：塩の錠剤）が与えられる。すると，不思議なことに医学的にみて改善の兆候をしばしば示す。要するに，とても効果のある治療を受けたという間違った思い込みが，相当な治療効果をもたらしうる。メア（Mair, 1992）によると，きっと元気になると期待されている統制群のクライエントたちも同様のことが起こるという。

　クライエントに安心していいという希望を与えることによって，（治療を施さないのは）非倫理的であるという非難を緩和しようとするかもしれない。このような象徴的なコミュニケーションを用いて，プラシーボの効果を与えるのはある種の心理療法である。それゆえ，プラシーボ効果が心理療法を求めているクライエントに顕著な安心を与えたとしても不思議ではない。

心理療法の包括的研究（メタ分析）

　スミス，グラスとミラー（Smith, Glass & Miller, 1980）は，心理療法の効果研究に関する475編の文献をレビューした。そのレビューに取り上げられるには，同じ母集団から抽出された対照群が設定されていなければならない。そのような条件の下に，スミスらは**メタ分析**（meta-analysis）を実施した。メタ分析とは，それぞれの治療形態の効果に関して正確な予測ができるよう，数多くの研究からのデータを収集して行うものである。その研究法は実に多種多様である。たとえば，心理療法の異なった方法論における比較を行っているものもあるし，心理療法を行った場合と未実施の場合を比較しているものもある。また，研究によって異なった評価尺度が用いられており，自己申告の尺度から行動や生理的な尺度までさまざまな種類があった。その475編の研究では，合わせて1776種類の評価尺度があった。ただしスミスらによって検討された475件の研究では，クライエントの50％以上が学生であったため，臨床的な効果研究の典型とは言いがたいものであった（グロスとマキルヴィーン，1996）。

　スミスら（1980）は，以下のように締めくくっている。「精神分析，来談者中心療法，系統的脱感作法など，異なる種類の心理療法には，その効果に大きな違いがあるわけではない」。スミスらの分析では，どんなアプローチであれ心理療法を系統的に受けているクライエントは，回復という点からみて統制群よりも80％がよりよい状態にあった。また心理療法の効果は，治療期間の長さに左右されるもので

キー用語
プラシーボ（プラセボ）効果：薬物や心理療法によってもたらされる実際の効果ではなく，その薬物や心理療法の効果を信じ込むことによって生じるポジティブな反応。

何らかの形態の心理療法に助けを求めることで，クライエントが実際に将来に対する望みを表現していると，あなたは思うだろうか。これはプラシーボ効果をもたらすであろうか。

キー用語
メタ分析：全体的な評価を行うために，多くの関連研究のデータを統合して分析する方法（例：心理療法の効果研究）。

もないと報告している。たとえば精神力動的アプローチに比べて行動療法は治療期間が短くてすむ。そのことが行動療法がより好まれる理由の一つになっている。

スミスらによって採用されたアプローチは，多くの面で制限があった。彼らは既存のすべての研究を取り上げることはできなかった。加えて，研究の質の良し悪しにかかわらず，取り上げたすべての研究に同じ重みづけをした。これは大きな問題をはらんでいる。なぜならスミスらによって検証された研究のうち32件のみが信頼のおける方法論を用いていたにすぎないからである。

心理療法の効果を決めるうえで，心理療法家の信念や好みが重要な役割を果たすことをスミスらは見出した。どんな種類の心理療法でも，それがその治療法を強く信じている臨床家によって行われているとき，より高い効果を示すという。しかしながら，ほとんどの研究において，回復の有無に関する評価は，対象となっている心理療法の種類を知らない専門家によってなされていたことを踏まえておくことも重要である。

さらにスミスらは，心理療法の種類によって効果のある疾患が異なることを見出した。認知療法や認知行動療法は，特定の恐怖症，恐れや不安などに最も効果的である。来談者中心療法は自尊感情が低いクライエントに対して最も効果が出るとした。

ローゼンハンとセリグマン（Rosenhan & Seligman, 1995）は，どの精神疾患にはどの治療方法が最も効果的なのかという課題について考察した。彼らの検討の結果は，以下の通りである。

もし，ある人がその治療的アプローチの意義を信じないとしたら，効果的な心理療法を行うことが可能であろうか。

- 不安，恐れ，恐怖症，パニック：系統的脱感作，認知療法，薬物療法（ベンゾジアゼピン）が最も効果がある心理療法である。
- 抑うつ：認知療法，電気ショック療法，薬物療法（プロザックなど）が効果が大きい。
- 統合失調症：薬物療法（クロールプロマジンなどの抗精神病薬），家族への介入（コミュニケーションスキルの導入）などが効果的である。

マットとナバロ

マットとナバロ（Matt & Navarro, 1997）は心理療法の効果に関する63件のメタ分析から，根拠に関して考察を行った。28件のメタ分析を通じて，効果量の平均は0.67であった。これは，統制群に比較して，治療を受けた患者の75％により大きな改善がみられたことを意味している。この結果はスミスら（1980）によって報告された数値と比べると幾らか少ない。

キー研究評価ーマットとナバロ

マットとナバロの研究に対する主な批判は，標準化の欠如に向けられている。個別事例における特異な条件は心理療法の効果を決定づけるにあたってきわめて重要である。病的な退行や再発は心理療法の失敗を表していると思われるが，マットとナバロの研究からこれらの事態を発見するのは不可能である。本質的に異なる種類のデータを扱うことができて，詳細な事例記録とフォローアップ研究を取り入れた方法論を備えた，より長期的な研究がこの問題に迫るためには必要であろう。

メタ分析で正確さを期することは難しい。そこで「事例研究」中心のアプローチをもっと活用することは大変に価値があるであろう。ただ費用と時間がかかるわけで，そのことがこの種の焦点化した研究を進めていく際には不利にはたらくであろう。しかしながら，もし心理学者たちが，心理療法の効果に本当に何らかの影響を与えたいと思うなら，間接的な観察をもとにした記録に頼るのでなく，データの妥当性を高めるためにクライアント自身の証言を利用することは意味がある。そうしたからといって，それほど満足のいく結果が得られるわけではないかもしれないが，少なくともメタ分析の結果として得られる大雑把な一般化よりは一歩でも前進することになるであろう。

また，マットとナバロは心理療法の効果が特異的な効果によるのか，共通の効果によるのか（例：プラシーボ効果）という問題にも取り組んでいる。彼らは10件のメタ分析に的を絞って，この問題に取り組んだ。なお，この分析においては以下の3種類のグループが比較された。

1. 特定の心理療法を受けるグループ：特異効果または共通効果によって決定づけられる。
2. プラシーボ統制群（一般的な励ましはあるが，心理療法は行わない群）：多くの場合共通効果によるものと考えられる。
3. 待機統制群：どのような効果も期待できない。

プラシーボ統制群の患者のうち57％は，待機統制群の平均値よりもよくなり，共通効果（プラシーボ効果）があったことを支持している。しかしながら，特定の心理療法を受けた患者のうち75％がプラシーボ統制群の平均よりよい効果を得ていることからすると，特異効果は共通効果（プラシーボ効果）のほぼ4倍も強力である。

心理療法の違いは，それらの全体的な効果においても違いを生むのであろうか。マットとナバロ（1997, p.22）は関連するメタ分析を検証し，次のように結論づけた。「効果判定では，精神力動的アプローチや来談者中心療法的アプローチよりも行動療法や認知療法的アプローチにやや軍配が上がる傾向がある」。しかし，病気の重篤度や効果尺度などに関して標準化された方法がない。そのため，心理療法の効果の違いを解釈するのは難しいことを，彼らは認めた。

議論のポイント
1. 心理療法の効果を捉える方法として，メタ分析の長所と短所は何であろうか。
2. マットとナバロは心理療法の大部分が有効であることを実証したが，あなたはその結論にどんな印象をもつだろうか。

ワンポルドら（Wampold et al., 1997, p.221）は，二種類以上の心理療法が直接的に比較検討されていて，クライエントに同じ尺度を用いている幾つかの研究を対象にしてメタ分析を実施した。その結果，すべての心理療法の効果は本質的には同じであると，彼らは示唆した。彼らの結論は以下の通りである。

> 研究者たちが治療方法の間で効果の違いを見出そうとすることに固執するのはなぜなのだろうか。いつになったら方法論間の効果の違いは他の効果と比較して小さいことに気づくのであろうか。つまり，治療者による効果の違い，あるいは治療の効果と非治療の効果の違いの方が大きいのである。

心理療法のメタ分析の評価
メタ分析からの実証的根拠を意味づける際にはよく注意をしなけ

ればならない。なぜならそれらの根拠の多くはさまざまな面で限界があるからである。マットとナバロ（1997, p.20）は以下のように述べている。

■やってみよう：マットとナバロによると，より複雑な事例に対する治療の研究はあまりなされていない。慢性アルコール依存症患者のように，明確な診断カテゴリーに区分できない問題を抱えており，それゆえ治療的ニーズが複雑である患者の情報を入手する際に伴う，実践上の困難さを検討しなさい。

　　心理療法の効果研究では，患者の母集団，治療的設定，介入や成果などが必ずしも臨床現場を反映したものになっていない。（従来の研究では）不安障害が多く取り上げられ，調査対象も若年層や学生，募集された患者らが比較的多く，偏りがみられる。治療的設定でみると，外来の相談室，大学，高度に統制された実験室的設定などが過度に多く取り上げられており，臨床実践の場や精神科病棟はあまり選ばれていない。介入の種類について言えば，メタ分析家は，訓練中の心理療法家や経験の浅い治療者を対象として，認知行動療法的介入を過度に取り上げたり，かなり限定された行動上の問題に対する介入などを過剰に取り上げている。メタ分析の成果については，自己申告の尺度，心理療法家による評価，行動面の尺度に，過度に依存していることを，何人かのメタ分析家が指摘している。

精神力動的心理療法の効果

　精神分析の効果について最初に系統的に取り組んだのはアイゼンク（1952）であった。アイゼンクは精神分析を受けたクライエントと何も受けていない者とを比較した幾つかの文献をレビューした。そこで得られた数値は衝撃的であった。とりたてて治療を受けていないクライエントの72％が2年あまりで回復していた（これは自然寛解として知られている）。他方，精神分析を受けたクライエントは44％が回復していただけだった。要するに，精神分析は役に立たない方法だということを示唆したのである。

　しかしながら，アイゼンクによって報告された知見を額面通りに受け入れることはできない。彼は，精神分析を途中でやめたクライエントを治療に失敗したクライエントとして数えていた。仮にそうしたクライエントを除外して計算しなおすと，精神分析を受けたクライエントの治癒率は66％という数値になる。加えて，精神分析の研究と自然寛解の研究とでは，病気の重さや回復の基準という点において条件が同じであったかどうか大きな疑問が残る。バージン（Bergin, 1971）は，アイゼンク（1952）と同じ資料を異なった回復基準を用いて再検討した。その分析の結果によると，精神分析は83％の成功率を示し，一方自然寛解率はわずか30％であることがわかった。

　スローンら（Sloane *et al.*, 1975）は，不安障害のクライエントを主な対象に詳細な研究を行った。行動療法とエゴ・アナリシス（フロイト派の精神分析）はいずれも80％の改善率であり，治療を待っている統制群における48％よりもはるかに高い数字である。しかしな

がら，8ヶ月後のフォローアップでは3群の間に差異がみられなくなった。なぜならその間に統制群のクライエントが著しく回復したからである。このように，フロイト派の精神力動的心理療法は，行動療法と同様に効果があり，治療をしない群よりは迅速な回復を示している。

精神力動的心理療法によく適合する精神疾患は何であろうか。不安障害や抑うつ，ある種の性的障害などの治療においては有用であることが証明されているが，統合失調症の治療においては明らかに効果が低いと言われている（ルボルスキーとスペンス Luborsky & Spence, 1978）。精神力動的心理療法の核心はクライエントが自己洞察や自己理解を深めていくことを促進する点にある。このような内面的なワークができないクライエントたち（例：薬物療法が使えない統合失調症の患者）は，精神力動的心理療法にはまったく向かないと言える。

精神力動的心理療法は幾つかのタイプのクライエントにはとても向いている。ルボルスキーとスペンス（1978）はその根拠について若干の検討を加えている。たとえば，教育水準の高いクライエントの方が精神力動的心理療法から得るものが大きいであろう。というのは言語で表現する能力が精神力動的心理療法ではとても重要だからである。また，精神力動的心理療法はとても幸福で満足のいく子供時代を過ごした人にはあまり適していないかもしれない。もし子供時代の抑圧された辛い記憶がないのなら，クライエントが幼少期の苦しみの意味を理解する機会もないからである。

身体療法の効果

精神外科は別にして，ほとんどの身体療法はかなり効果があるとわかっている。対象が不安や抑うつであれ，統合失調症であれ，薬物療法には共通の特徴がある。まず，一般に薬物は症状の急速な緩和に効果がある。つまり薬物が心身の苦痛を軽減して，クライエントの自殺したい気持ちを緩和してくれるかもしれない。その意味で，薬物療法はとても価値がある。薬物療法が統合失調症に有効なもう一つの理由がある。それは，薬剤のおかげで，統合失調症のクライエントに自己理解の拡大を目指すタイプの心理療法（例：精神力動的心理療法）を行うことを可能にし，それなりの効果も得ることができるようになるからである。

第二に，治療に使用されるほとんどすべての薬物には副作用があり，これらの副作用は深刻で時に危険でさえある。第三に，多くの薬物には依存（常習）性があり，その薬が与えられなくなると禁断症状が起こるかもしれない。第四に，ほとんどの薬物は疾患の症状を軽減するが，治癒をもたらすのではない。しかしながら，薬物療法は治癒を狙いとした統合的なアプローチの一翼を担っている。

身体療法は生理的，生化学的なシステムを変化させることに重きを置いている。したがって生理的，生化学的な異常から起こる疾患の治療に適している。そのわかりやすい例は統合失調症である。ま

た薬物療法は、クライエントが強い苦痛の状態（例：不安障害、抑うつ）にある場合に適している。かといって薬物だけでは十分ではない。たとえばパニック障害を考えてみよう。第25章で述べたように、パニック障害のクライエントは自らの生理的症状の重さを相当に誇張して表現する。その結果、これらの誇張された認知を軽減する認知行動療法は、パニック障害の薬物療法よりも高い効果がある（アイゼンク、1997）。

　一般論で述べれば、身体療法は生理的、生化学的な異常が明確に認められない疾患に対しては適切でない。たとえば、摂食障害では文化的な価値や期待が重要な役割を占めているので（第25章参照）、摂食障害に対して身体療法はあまり適合性があると思えない。

人間性心理療法の効果

　ロジャーズは、臨床家が誠実で、共感的で、無条件に相手を尊重することの大切さを強調した。彼の見解の妥当性を証明する研究がある。トゥルーとミッチェル（Truax & Mitchell, 1971）は心理療法のさまざまな方法論に関する研究を再検討した。最も成功した心理療法家は、これらの三つの基本的態度をもつ傾向にある。しかし、より最近の研究では、ロジャーズが主張したほどには重要でないことも示唆された（たとえばビュートラー、カーゴと、アリスメンディ Beutler, Cargo & Arizmendi, 1986）。

　ロジャーズ（1951）は、心理療法の成功を決定づけるうえで、臨床家の個人的な態度の重要性を強調した。しかしながら、実際の状況はさまざまな要因が影響している。心理療法家とクライエントは相互に交流し合っている。だから無条件に肯定的に尊重し、共感し、誠実であるといっても、クライエントによってそのような態度が維持できるかどうかは異なる。フィスク、カートライトとカートナー（Fiske, Cartwright & Kirtner, 1964）は、クライエントの行動と態度が問題であると主張した。つまり、自分の気持ちや人間関係の問題を初回面接で話したクライエントは、まるで他人事のように自分の問題を話すクライエントに比べて回復がずいぶんと早かった。

　ロジャーズは、仲間の臨床家や研究者に自らの面接の詳細な記録を公開した最初の臨床家の一人である。彼はテープレコーダーを用いて逐語記録を作成し発表した。もしクライエントの思考と行動の変化が適切に理解されるなら、そのような情報はとても価値あるものである。それは心理療法の成果を評価するうえでとても役立つ。この領域におけるロジャーズの貢献は大変に優れているので、デーヴィソンとニール（Davison & Neale, 1990, p.527）が

図26-11　エンカウンター・グループの参加者は寛大な誠実さの中で彼らの感情を見つめ、話し合うが、問題のある人や自尊感情の低い人は、このような体験を経るとより悪くなる場合もある。

「ロジャーズは心理療法に関する研究領域の創始者として評価されてもよい」と述べたほどである。

エンカウンター・グループは来談者中心療法から発展したグループ療法である。エンカウンター・グループの参加者は，自分の気持ちをできるだけ誠実に見つめ，その気持ちについて他の参加者と自由に話し合うよう勧められる。エンカウンター・グループは多くの場合効果を上げている。しかし，精神的に障害がある人や自尊感情が低い人は，エンカウンター・グループに参加すると有害な影響が出てかえって苦しむこともある（カウルとベッドナー Kaul & Bednar, 1986）。

来談者中心療法の効果を査定することは難しい。その理由の一つは，ロジャーズ派はクライエントの症状を診断したり分類したりする意図がないので，クライエントの状態を介入の前後で比較することが簡単ではないからである。人間性心理療法の立場の臨床家は，クライエントが回復したかどうかを，彼らの自己報告に頼り，クライエントの行動にはあまり目を向けない傾向がある。しかし，クライエントの自己報告は歪められている可能性があり，臨床家でさえ「人間はしばしば自分の真の気持ちに気づかない」ということを認めている。そこで，回復の程度を査定するのにQ分類法を使用することができる（第2章参照）。この方法はロジャーズ（1959）によって考案された。個人的な特性が記載された複数のカード（例：「私は親しみやすい人です」）を見て，どれが最も「現実の自己」を表現しているかを選ぶ。次に「理想的な自己」はどれになるかを選ぶのである。回復の程度は，Q分類法を実施して自己概念と理想の自己との間のズレが減少することによって測定される。

来談者中心療法はどんなときに最も適しているだろうか。ハルギンとウィットボーン（Halgin & Whitbourne, 1997, p.130）は以下のようにまとめている。

> 心理療法に関して言えば，ヒューマニスティックな接近法は比較的狭い範囲のクライエントに最も適合しているように思われる。クライエントは彼ら自身の主観的な体験に関心を向けるよう動機づけられており，情緒的な心配について詳しく語ることができる者でなければならない。

来談者中心療法にも適応症がある。デーヴィソンとニール（1996）はこう考察している。

> 悩みはもっているが，さほど病理が重くない人々が，自分で自分をよりよく理解（し，さらにいままでと違った行動がとれるよう援助）する方法として，来談者中心療法はとても適切な方法で効果もある。

なぜ来談者中心療法がカウンセリングでよく用いられるのか，ま

た，なぜ統合失調症のような重い精神障害の治療ではめったに使用されないのか，前述の考察を読めばその訳がわかるであろう。

行動療法の効果

行動療法は，それなりの効果がみられる心理療法の一つである。私たちがみてきたように，スミスら（1980）は行動療法が他の主要な心理療法と同様に効果があることを見出した。その後の文献レビューでは，行動療法と認知行動療法が力動的心理療法よりも効果があるかもしれないことを示唆した（次項参照）。

不安障害には，行動療法，とりわけエクスポージャー法が，大変効果がある。オスト（Ost, 1989）は特定の恐怖症のクライエントに1回のみのエクスポージャー法を用いた。そして，「クライエントのうち90％は臨床的にみて有意な改善を示し，平均して4年を経た後までそれは維持された」と述べている。不安障害の範疇に入る症状のうち，エクスポージャー法があまり効かなかったのは強迫性障害である。ヴァン・オッペンら（van Oppen et al., 1995）の報告では，強迫性障害のクライエントの中で，エクスポージャー法を受けて回復した人が17％であるのに対し，認知療法を受けた人では39％が回復したとされている。

行動療法の成功は，行動療法家が主張する要因に必ずしも規定されているわけではない。たとえば，ウォルピ（1958）によれば系統的脱感作の治療機序はクライエントが条件刺激とリラクセーション反応を結びつける学習（拮抗条件づけ）が成立するからであると仮定した。しかし，リック（Lick, 1975）はウォルピの説明がすべてではないという証拠を示した。彼はクライエントにこう告げた。「あなたにサブリミナルな恐怖刺激（閾下刺激）を提示しています。この刺激を反復提示すると生理的な恐怖反応が軽減します」と教示した。しかし実際には何の刺激も提示しなかった。だから生理的反応についてのフィードバックも偽りであった。リック（1975）の治療は「正しい」手続きに従っていないので，その心理療法は効果的であるはずがないと行動療法家は予測するであろう。しかし実際には，リックの「信じ込ませる」手続きがクライエントの恐怖刺激を軽減したのである。たとえ拮抗条件づけは起こらなかったとしても，「信じ込ませる」手続きはおそらくクライエントに自らの恐怖をコントロールできると信じ込ませるのに成功したと思われる。

行動療法家は，行動面の症状が顕著な疾患に最も効果があり，主な症状が内面にあるときには，あまり効果を発揮しない。たとえば，特定の恐怖症のクライエントは恐怖刺激を回避しようとする行動面の症状を伴っており，行動療法はそうした疾患には効果がある（オスト, 1989）。その反面，強迫性障害の主症状の多くは強迫観念など内面の思考であり，行動療法ではわずかの効果しか認められない（ヴァン・オッペンら, 1995）。

さらに，遺伝的要素をもった深刻な精神障害を扱う際も，行動療法はあまり適した方法ではない。その代表例は統合失調症である。

倫理的問題：リックの研究でクライエントがポジティブな結果を得たことは，彼がごまかしの教示を用いたことの倫理面の問題よりも優先されるだろうか？

強迫性障害の治療においてはどのような心理療法またはその組み合わせが効果的だろうか。

トークン・エコノミー法は望ましい方向に統合失調症の行動を修正するのには効果があるが，統合失調症の主症状の改善にはまったく効果がない。

認知療法と認知行動療法の効果

　認知療法と認知行動療法は，クライエントの認知の歪みがどの程度であるかにかかわらず，彼らが「世界」をいかに認知しているのかに十分な注意を払うアプローチである。もし有益な変化を起こそうと思うなら，クライエントの現時点の状態を明確につかむことが大切である。クライエントが悩んでいる症状の多くは彼らの行動と関連しているので，認知療法よりも認知行動療法の方が有利な点が多い。要は，彼らの思考や信念を変容させることで**間接的に**行動を変えるのも，**直接的に**行動を変えようとするのも，ともに妥当な方法である。

　ベックのアプローチは，エリスの論理療法よりも発展し，こなれた手法である。エリスはむしろ似通った不合理な信念（irrational belief）が多くの精神障害の根底に潜んでいると仮定したが，ベックの方は特定の不合理な信念がそれぞれの疾患と特異的に結びつく傾向にあると主張した。エリスの論理療法には限界があるが，それなりの効果もある。エンゲルス，ガーネフスキとディエクストラ（Engels, Garnefski & Diekstra, 1993）は28編の文献レビューを行い，論理療法（RET）は系統的脱感作と同様の効果があり，未治療に比べて顕著にその効果があることを見出した。

　認知行動療法は抑うつと不安障害の治療に効果があることが証明された。マイケンバウム（Meichenbaum, 1985）はそれがストレス軽減（第6章参照）に効果があることを示した。しかし，不合理な信念が関与していない疾患の治療にはほとんど効果がない。ダブソン（Dobson, 1989）は28例の抑うつの心理療法に関する研究を再検討した。その結果，ほとんどの研究において認知療法は他の心理療法よりも好ましいと報告されていると述べた。認知行動療法は，ほとんどすべての不安障害に効果がある（アイゼンク，1997），しかし特に効果があるのはパニック障害に対してである。ラックマン（Rachman, 1993, p.279）によれば，「不安障害に関する限り，理論的にも臨床的にも認知行動療法の進歩が著しいのはパニックに対する治療法である」という。また強迫性障害の治療において，認知行動療法は行動療法よりも効果的である（ヴァン・オッペンら，1995）。

　認知行動療法は，認知療法の利点と行動療法の利点を兼ね合わせた手法であり，幅広い疾患に対して適切な形態の治療を提供している。またかかる経費も少なく，対費用効果の高い治療法であるので，英国や米国において好ましい治療法として盛んに利用されるようになっている。認知行動療法は統合失調症の治療に用いるには大きな限界がある。統合失調症はとても深刻な障害であるので，そもそも治療を成功させるのがたいへん難しいことが判明している。

倫理的問題：より好まれる心理療法の選択の基準として，対費用効果の高さを採用する場合に，何か倫理的な問題があると思うか。

心理療法におけるプロセス

どのような心理療法であっても，その効果は二つの要因に規定される。つまり，その治療に独自に見出せる特異要因と治療者の温かさや受容，共感などといった共通要因である。

共通要因

大まかに言って，どの心理療法もその効果に大きな違いはないという事実は，共通要因が重要であることを示唆している。事実，心理療法の効果を左右する要因の85％が特異要因ではなくて，共通要因であることが立証されている（ストラップ，1996）。

図26-12 臨床家からの温かさ，受容，共感

肯定的な共通要因 スローンら（1975）は行動療法あるいは洞察療法（精神力動的アプローチなど）を受けて，役立ったと評価しているクライエントを対象に研究を行った。この二つのグループのクライエントたちは自らが受けた心理療法でどんな点が効果的であったかたずねられた。受けた治療方法の大きな違いにかかわらず，とても多くの要因が2グループに共通していた。クライエントが役に立ったと感じた要因は，臨床家のパーソナリティ，共感的態度に支えられて話せたこと，難しい問題に取り組めるように臨床家が励ましてくれたことなどである。このように，相異なる治療法において，共通した要因が重要な役割を果たしていたのである。

否定的な結果 モーア（Mohr, 1995）は否定的な結果をもたらすと思われる要因で共通したものに焦点を当てた。つまり，心理療法によってクライエントの状況をよくするどころか悪くしている側面とは何かを探索したのである。その結果，クライエントの思いに対して共感不全に陥ったり，クライエントの問題の深刻さを軽く考えていたり，治療経過についてクライエントと意見を異にしたりすると，その臨床家は治療がうまく運ばなくなる傾向が強いことがわかった。他方，クライエント側の要因もある。治療に対する動機づけが低かったり，心理療法が簡単なものとの予断をもっていたり，対人関係のスキルがとても低いと，かなり高い確率で，否定的な結果に終わりやすい。

特異要因

共通要因の重要性を理解したうえで，各々のアプローチに特異な要因が果たす役割の重要さも見逃せない。たとえば，うつ病の治療について考えてみよう。うつ病を治すうえで薬物療法と認知療法は等しく効果がある（たとえばバーバーとデルベイス Barber & DeRubeis, 1989）。しかしながら，薬物療法はうつ病の症状を軽減す

倫理的問題：もし，うつ病の人が自殺を試みる可能性が高い場合に，適切な治療法を選ぶにあたって，長期間の効果があることを考慮する必要があるであろうか。

るだけであるが，認知療法や認知行動療法では自己や周りの状況に対する現実的でプラス志向の信念をもてるよう援助するのである。予想がつくように，薬物療法のみを受けているクライエントは，認知行動療法を受けているクライエントに比べてうつ病が再発しやすい傾向がある（バーバーとデルベイス，1989）。このように，うつ病の治療における認知行動療法の特異要因は，薬物療法を用いた治療よりも長期間にわたる効果がみられるのである。

心理療法における倫理的問題

心理療法に関して重要な倫理的問題が存在していることは誰もが認めるところである。この倫理的問題について最も過激な主張をした一人がマッソン（Masson, 1989）である。彼は心理療法のプロセスに内在する倫理的問題を糾弾した。マッソンは臨床家がクライエントより優位な立場にいるという事実に懸念を示した。彼はそうした考えを発展させて，以下のような結論（1989, p.24）に到達した。

> 心理療法の考えは，それ自体，間違っている。いかに親切な人であっても，いったん臨床家になると，助けを求めてやってきた人の尊厳，自律心，自由を制約する行為をしてしまう危険性がある。そのような構造が心理療法に内在しているのである。

心理療法に対するマッソンの攻撃は極端ではあるが，後述するような重要な倫理的問題があることは受け止めねばならない。

1. インフォームド・コンセント（説明と同意）
2. 守秘義務
3. 治療目標の選択
4. 二重関係
5. 文化的要因

インフォームド・コンセント

インフォームド・コンセント（説明と同意）の手続きを十分に踏んだうえで，心理療法を実施するのは当然であると思えるかもしれない。クライエントの「同意」を得るためには，以下に述べるいろいろな情報を十分に「説明」しておかねばならない。説明すべき情報とは，①どんな種類の心理療法が受けられるのか，②それぞれの治療法の治癒率はどれくらいか，③起こりうる危険性や副作用について，④いつでも治療を止める権利があること，⑤必要な治療費の概算，などである。デヴァインとフェルナルド（Devine & Fernald, 1973）によって，インフォームド・コンセントの意義を明らかにする研究が行われた。ヘビ恐怖の人が4種の治療法の紹介フィルムを見せられた。そのうえで，自

以下に述べるような問題を抱えたクライエントに，インフォームド・コンセントの手続きをせずに心理療法を実施することは妥当であろうか。統合失調症のクライエント，殺人場面を目撃した子供，小児性愛の嗜好者など。

インフォームド・コンセント

インフォームド・コンセントの前に立ちはだかる壁として挙げた五つの例を考えてみよう。それぞれの事態で，その臨床家の役割にクライエントが盲従するという場合がある。このことはクライエントとセラピスト関係における力の均衡について記述したマッソンの主張とどう関係してくるだろうか。

分が希望する治療を受けられた人は治療法を決められなかった人より治癒率が高くなったのである。

インフォームド・コンセントが必要とされることには，倫理的，実践的な理由がある。しかし，実際問題としては，完全な形でのインフォームド・コンセントを行うことは難しい。それは以下のような理由があるからである。

（1）まず，必ずしも臨床家が種々の治療形態の利点や費用について詳しい情報をもちあわせているわけではない。加えて，ある治療形態はある種のクライエントには効果があるが，別のクライエントには深刻な問題をもたらすかもしれない。いろいろと考え出すと，臨床家は個々のクライエントが明確な決断ができるに十分な情報を提供できなくなるかもしれない。

（2）第二に，クライエントが臨床家から伝えられた情報をしっかりと覚えていることは難しい。このことは，アーウィンら（Irwin, 1985）によって確かめられた。彼らはその治療法の利点や副作用について覚えていると言ったクライエントに詳細な質問を行った。すると，重要な情報を忘れてしまったために，クライエントの75％が間違って答えたのである。

（3）第三に，インフォームド・コンセントの手続きを十分に踏むことができないクライエントが多いということがある。例を挙げると，幼い子供，重い知的障害を抱えている者，統合失調症のクライエントなどの場合である。しかしながら，統合失調症に関して言うと，クライエントによってインフォームド・コンセントを受け入れる能力にとても大きな開きがあることがわかっている（デーヴィソンとニール，1996）。これらの人がインフォームド・コンセントの手続きを踏めない場合は，親権者か近親者が代わりに意志決定をするのである。

（4）第四に，クライエントは，利点や治療費などの情報を参考にするのでなく，専門家の意見を鵜呑みにして治療方針に同意するかもしれない。このような事態は，そのクライエントが他の治療法に関する予備知識がほとんどない場合に起こりがちである。

（5）最後に，クライエントの中には，社会的，文化的な圧力のために，インフォームド・コンセントを行うことができないクライエントがいるかもしれない。たとえば，シルバースタイン（Silverstein, 1972, p.4）は同性愛者たちが抱えがちな問題を次のように述べている。

> ある人が自分の性的な志向を変えるために自ら進んで（カウンセリングに）来ると述べることは，周囲からの強力な圧力の問題を見落とすことになる。つまり，同性愛者に「変わるべきだ」と長い間言い続けてきた周囲の圧力を見落としているのである。「同性愛」という言葉が陰で囁かれるような家庭に育ったこと，運動場で遊んでいて「ホモ」とか「オカマ」と言われるのを聞いたこと，教会に行って（同性愛の）「罪」について聞いたこと，

倫理的問題：クライエントに代わって近親者がインフォームド・コンセントの手続きを行うことを認めることにおいて，新たな倫理的問題が起こりうると思うだろうか？

大学に行くようになって「病気」とみなされていることを耳にしたこと，そしてカウンセリングセンターに行って「治すこと」を約束すること。これらの社会的な圧力は，自由で自発的な選択のできる環境にあって，そこに住むことを困難にしてしまう。

同性愛者は，「異性愛に変わりたい」と願うことを期待されている。同性愛者が治療を申し込むことは，「まともな」行動への一歩を踏み出したとしてひそかに賞賛されるのである。

インフォームド・コンセントの解除

インフォームド・コンセントの問題に関する大きな問いがバーローとデュランド（1995, p.675）によって提起された。「精神的な疾患に陥っている人々は社会からの助けや保護を必要としているのか。それとも，社会の側が精神疾患のクライエントから守られる必要があるのか」ということについてである。バーローとデュランドによると，1980年頃までのアメリカ社会では個人の権利と要求が重視されていた。しかし，1980年頃以降になると，徐々に社会の要請の方が重視され始めた。その結果，アメリカに住む人は治療を受けることを命じられるか，または意志に反して精神病院に収容されるようになってきた。換言すれば，精神疾患のクライエントではインフォームド・コンセントの機会が保証されない人が増えてきたと言えるかもしれない。

図26-13

英国では，主要な規定は「イングランドおよびウェールズ精神保健法（1983）」の中に含められている。マクリード（1998）が指摘したように，この法律の第2条では認定ソーシャルワーカーと2名の医師の指示があれば最長28日間までの範囲でクライエントの強制入院と拘束を認めている。この拘束が可能となる条件は以下の通りである。

- クライエントが治療を必要とする精神疾患に苦しんでいること。
- クライエントの健康と安全のために拘束が必要とされていること。
- 社会の人々を保護するためにクライエントの拘束が必要とされること。

■やってみよう：若い男性が警官に近づいてきて，「あの女を攻撃しろと命令する声が聞こえてくる」と訴えた場合を考えてみよう。2名の医師の診察と1名のソーシャルワーカーの判断に従って，彼は強制入院させられた。1983年の精神健康法に基づいて28日を越えた後に拘束を解かれるためには，彼はどのように診断されうるのか，その可能性を検討してみよう。

1983年に制定された精神保健法第3条では，強制入院の命令を6ヶ月まで更新できることが記載されている。この命令は以下のような状況において行うことができる。

・クライエントが治療を必要としていること。
・処方された治療は効果があると判断されること。
・処方された治療はクライエントの健康と安全のために，または他者を守るために必要であること。
・処方された治療はクライエントが拘束されることによって実施可能になること。

　最後に，この法律の第4条では，緊急の際には72時間の強制入院を認めている。この処遇には認定ソーシャルワーカーと医師1人の指示が必要になる。

　精神保健法の条文で用いられている基準には，臨床現場で活用しにくいものもある。もし入院による拘束がない場合，個人や社会に及ぶかもしれないリスクも考慮されるべきである。しかし，こうしたリスクを正確に見極めることは容易ではない。あるクライエントは不必要に拘束されるかもしれないし，他のクライエントは拘束の必要がありながら入院もさせられないかもしれないというように，判断の間違いは避けがたいのである。

守秘義務
　守秘義務は心理療法の倫理において最も重要な事項である。クライエントが臨床家を信頼できるかどうか，人生の深い話を詳しく話せるかは，きわめて重要なことで，守秘義務に守られないとできないであろう。法律によって守秘義務がいろいろな場面で義務づけられている。たとえば，英国の「警察および刑事上の証拠に関する法（1984）」では，当局がクライエントの秘密記録を見ようとするなら，事前に裁判官の署名入りの令状を必要とするとしている。

　マクリード（1998）は守秘義務を厳密に遵守することはできないと指摘している。たとえば，何かのケースについて同じ病院に勤務している臨床家同士の間で話し合われることがある。この話し合いはクライエントにとって最もよいと思われる援助が何であるかを探るために行われるため，特に危惧する必要はない。しかしながら，取り扱いに注意を要するクライエント情報が，臨床家が勤務する組織の外の人々に漏らされる場合がある。次にその例について考察してみよう。

　クライエントが恨みを抱いている誰かを殺そうと計画していることが面接の中で話されたとしよう。もし，その臨床家が殺害計画を本気で考えていると思った場合，その臨床家はその計画が実行されないように，しかるべき機関に通告する義務を負っている。英国では，臨床家がしかるべき機関にクライエントの情報を通告する法的な義務を負う場合が二つある。一つは，テロ活動と関連がある情報であり，もう一つは，虐待など子供の福祉に関連する情報である。

　米国でも事情は似ている。守秘義務に関する倫理的な立場についてはアメリカ心理学会（1991）が明示している。「心理学者が秘密情

> **守秘義務と匿名性**
> 匿名性を守ることは守秘義務の重要な役割の一つである。一般に向けて行う講義，公刊論文や書籍などで事例の中味にふれる場合は，クライエントが誰なのか特定できないようにすべきである。もし守秘義務に違反すると，そのクライエントや近親者が，当該の臨床家に対して法的手段をとることにもなりうる。これらのことが懸念される場合には，関係者の許可を取りつけ，クライエントは仮名や記号で示すようにする。

報を明らかにできるのは，法律によって求められる場合，あるいは理由があって法的に許可される場合である。法的に認められる妥当な理由とは，(1)クライエントに必要な専門的なサービスを行うため，(2)専門的なコンサルテーションを受けるため，(3)クライエントや他の人々が危害を被ることから守るため，(4)サービスに対する支払いを得るため（保険請求の資料）などである」。

倫理的問題には守秘義務の一般原則からはずれる例外がいろいろと出てくる。たとえば，もしクライエントが社会に危険を及ぼすと思われた場合には，臨床家は関係機関にそのことを通報するよう求めた法案が通過した。この法案が通過した後，ワイズ（Wise, 1978）はカリフォルニア州の臨床家を対象にした質問紙調査を行った。この調査結果では，臨床家の約2割が通告義務のことを考えると，クライエントに暴力についてたずねることを控えるかもしれないと答えている。そうなると心理療法の効果が低減するという不都合も生じるかもしれない。

ほとんどのクライエントは，彼らが心理療法の治療過程で明かしたことすべては極秘とされることを期待している。実際には，私たちがみてきたように，さまざまな状況でクライエントからの秘密情報が他の人々に伝えられることが起こりうるのである。守秘義務があるからといって，クライエントが話すすべてのことを保護するものではないことを，治療に入る前にクライエントに伝えなければならない。加えて，臨床家が他の人に開示しなければならない情報がどのような種類のものであるのか明らかにしておかねばならない。

治療目標の選択

クライエントが心理療法でその目標をもっておくことは望ましいことである。少なくとも，クライエントは適切な目標を定めるのにあたって臨床家とよく話し合っておくべきである。臨床家とクライエントは一緒に治療目標を決め，さらにその目標がどうしたら達成できるかも一緒に考えていく必要がある。その作業を行うためには前提として「治療同盟」が必要であると，アレクサンダーとルボルスキー（Alexander & Luborsky, 1984）は述べた。彼らの実証的研究によって，治療同盟が効果的な治療への道を開いていくことが明らかにされた。

臨床実践においては，幾つかの理由からクライエントが適切な治療目標を決めることができないことが少なくない。たとえば，幼い子供や統合失調症などの重い症状のクライエントは，その意志決定の手続きに十分には関われないかもしれない。そのような場合には，身近な者が，そのクライエントにとって最もよい治療目標が設定されているかどうか，専門家に意見を求める必要がある。もう一つの懸念事項の例として，施設や病院で多く用いられているトークン・

精神力動的アプローチの視点からみたとき，臨床家とクライエント関係がうまくいくための必要条件は何であろうか。臨床家自身のクライエントへの価値観の押しつけに対して，これらのことがどんなふうに作用するだろうか。

エコノミー法に関することが挙げられる。この方法を用いる場合，病院側がトークン・エコノミー法の目標をどこに置くのかを決定し，クライエント側にはほとんど選択肢がないという状況がある。

また，それぞれの心理療法に特有の目標を設定するにあたって起きる危険なことがらについて，クライエントに丁寧に説明しておく必要がある。たとえば，精神力動的心理療法では，現在の苦悩の背後に潜む子供時代の経験を想起し，内的世界の洞察（気づき）を得られるように援助する。しかしながら，そのような洞察は，非常につらい記憶（例：身体的・性的虐待の記憶）にも光を当てることになるかも知れない。もし取り戻された記憶が間違っていたら，それも危険なことである（これは「誤記憶シンドローム」として知られている）。というのは，想起された記憶が間違いであるなら，保護者は自分の子供を虐待したとして無実の罪を負わせられることになるからである。クライエントは力動的心理療法の治療目標を了承する前に，そのことに伴う潜在的な危険性に気づいておく必要がある。

カップルや家族を対象とした心理療法でも特別な問題があることを，デーヴィソンとニール（1996）が指摘した。カップルや家族の中の一人に有効な心理療法は，そのカップルの相手や家族の他のメンバーにとってはマイナスの効果をもたらすこともある。たとえば，クライエントがより自己主張できるようになることは，本人には有益であるが，このことが家族内のコミュニケーションのもち方を混乱させることになるかもしれない。そのような場合，家族全員が満足する治療目標を選択することは果たしてできるのであろうか。

クライエントは，自分で考えている以上に治療者の価値観や考え方から影響を受けているかもしれない。そうならば，クライエントは自分自身で治療目標を決めることはできないかもしれない。この点について，ハレック（Halleck, 1971, p.19）は強い調子でこう述べている。

> 「自分がしたいと望むことをできるように援助されるべきである」という価値観に基づいた精神医学の臨床モデルは，わかりやすいし，望ましいことだと思える。しかし，それは実際には達成できないモデルである。技術者とは違い，精神科医はコミュニケーションをとったり，時に自分の価値判断をクライエントに強く勧めたりすることは避けがたい。クライエントは通常自分の行動を変える方法を見つけるのにかなり苦労している。そのクライエントが精神科医と話をするにつれ，自分の望みや必要とするものがより明確になる。最終的にはその精神科医がクライエントに対して必要だと望むことを望むようになるのである。

クライエントの行動があまりに破壊的で，他人に危害を及ぼす恐れがあるなら，クライエントの同意なしに治療目標を決めなければならない。このことはどの程度まで受け入れられるのであろうか。

倫理的な問題：ADHDと診断された子供の治療に薬物を用いることは、保護者の理解を得ることによって実施することができる。このことによって、どのような倫理的な問題が考えられるだろうか。

ポールとレンツ（1977）によれば、「最小の目標」（例：食事をとる、暴力を振るわない）と「最適の目標」（例：仕事に関する技能の習得）を区別すべきであるとしている。最小の目標なら、クライエントに同意を得ないで、その目標を設けても倫理的に問題はない。しかし、同意を得ないで最適の目標を設けるのはあまり望ましくない。

　最後に、臨床家とクライエントが設定した目標を達成することができないという問題もある。たとえば、嫌悪療法を用いてアルコール依存症を治療する場合を考えてみよう。もしその治療法があまり不快なものでなく、成功する可能性も高いものであると納得できたら、多くのクライエントはその方法を用いることに同意するであろう。しかし実際には、その嫌悪療法がうまくいくかどうか、また治療過程が大きな苦痛を伴うのかどうか、臨床家もクライエントも正確には予測することはできない。こうしたことから、特定の治療形態が自分に向いているかどうか判断するのは難しいのである。

二重関係

　ポープとヴェッター（Pope & Vetter, 1992）は、臨床家に対して、過去1〜2年間に取り扱うのが難しかった倫理的またはその他の困難な事柄が何であったかについて質問した。その中で挙げられた事柄のうち、18％が守秘義務に関するもの、17％が二重関係に関するもの、そして14％が支払いに関するものであった。ここでは「二重関係」の問題に焦点を当ててみよう。二重関係とは「専門的な関係」以外に個人的な関係をもつことであり、そのような私的関係をもたないことが専門家には求められている。

　最も大きなダメージを与える個人的な関係は、性的関係に関するものである。このことは、女性の臨床家と男性のクライエントの間よりも、男性の臨床家と女性のクライエントとの間の方がずっと高い確率で起こりやすい。このような二重関係はまったく受け入れがたい。なぜならば精神的な疾患をもったクライエントは、彼らよりも高い社会的地位をもっている臨床家にうまく利用されることがあるからである。臨床家とクライエントの性的な接触は、ほとんどすべての臨床家の専門組織において明確に禁じられており、米国では多くの州において犯罪にすらなるのである。米国の「心理学者の倫理基準（1993）」において、臨床家は以前に担当していたクライエントと個人的、性的な関係をもつべきではないと強く勧告している。少なくとも治療の終結後2年間は、かつてのクライエントと恋愛関係になることを避けるべきである。

文化的要因

　西欧の多くの臨床家は白人であり中流階級に属している。その結果、白人で中流階級のクライエントが最も心理療法から利益を得られる立場にいることになる。スーら（Sue et al., 1991）は、臨床家とクライエントが民族的、言語的に合致しているとき、治療はより効果的になると述べている。つまり臨床家とクライエントが同じ民族的背景をもち、同じ母国語を話す

場合である。スーらによると，母国がクライエントと同じである臨床家ならば，アジア系アメリカ人やメキシコ系アメリカ人の場合，治療の中断率が低く，治療意欲も高いことを見出した。一方，アフリカ系アメリカ人については民族的背景の一致による効果がみられなかった。概して，クライエントは民族的背景が違う臨床家に自己開示をするのは難しいと感じているのかもしれない。

さらにスーらは，英語を母国語としない人々にとって，言語的に合致している方がよい治療的成果につながることを見出した。同じ母国語をしゃべる方が意思の伝達が容易であるので，成果が上がるのも当然であろう。

一般的に言って，臨床家がクライエントのもつ価値観や期待に敏感であると，治療は最もよい効果を示す傾向にあると，スーらは述べている。スーらの知見と関連して，デーヴィソンとニール（1996, pp.619-620）は次のような意見を述べている。

図26-14　スーらによると，上の写真のような心理療法のセッションは，臨床家とクライエントが同じ民族的背景をもっている場合に効果があるとした。

アジア人は対人関係において組織と形式を重んじるが，西欧の臨床家は形式ばらないで，非権威主義的な態度を好む傾向にある。ストレス対処法としての心理療法の容認度はアジア系アメリカ人の間ではずいぶん低いようにみえる。なぜならば感情的な苦悩を自分の意志の力で対処すべきものと考える傾向があるからである。また，アジア系アメリカ人は，結婚生活，特に性的問題などの領域には臨床家に立ち入ってほしくないと考えているかもしれない。

キー研究評価－スーら

無条件に受容して，非審判的な態度で共感しようとする臨床家の能力は，クライエントと臨床家の文化的背景が違うとかなり低下すると思われる。スーらの研究では，このことが白人で中流階級の臨床家が多数占めていることに帰因することを明らかにした。人種自体は文化的価値を決定づける要因ではないと考えられるので，「階級的な要素」の方がより重要になると思われる。

当然のことながら，治療の成果を上げるためには，臨床家はクライエントとよくコミュニケーションを行う能力をもたねばならない。このことは同じ言語で会話をする能力よりももっと大事なことである。また臨床家はクライエントの世界観を詳しく知り，深い理解をしなければならない。そのためには彼らの文化的，階級的な背景の理解が不可欠である。

臨床家の役割を育てていくもう一つの方法は，臨床家がさまざまな社会的・文化的背景をもつ人々にカウンセリングを受けることである。自分のカウンセリングは臨床家の訓練の重要な要素であるので，文化的な背景が何であれ，駆け出しの臨床家の経験を深めるためにはよい機会となるであろう。

議論のポイント

1. 臨床家は文化の違いに敏感であることが重要である。それはなぜか。
2. すべてのクライエントが心理療法で最高の恩恵を受けるためには，臨床家とクライエントが同じ民族であることが，ぜひとも必要となるのであろうか。

医療側から提供される治療の内容が，クライエントの文化的背景によって影響を受けることを示す若干の根拠がある。ボンド，ディキャンディア，マッキネン（Bond, DiCandia & MacKinnon, 1988）は，

米国で白人と黒人で，症状としては類似の統合失調症の患者を比較した。その結果，白人の患者は黒人の患者に比べて身体的に拘束されることが少ない傾向にあった。また，白人の患者は薬物の投与の量も少ない傾向にあった。これらの知見の意味についてはさまざまな説明が可能であろう。いずれにしろ，ボンドらが少数民族の治療方法に関する倫理的問題を提起したのは明らかである。

文化的なバイアスがみられることは，ナズロー（Nazroo, 1997）の行った 8000 人以上の英国在住のカリブ人，アジア人，白人の研究からも実証された。カリブ人男性が統合失調症などの精神病に罹患する割合は白人男性と大差がないにもかかわらず，カリブ人男性が精神病という理由で入院させられる率は 5 倍にものぼっていた。ナズローによれば，カリブ人男性は重い精神疾患に陥るリスクが高いとみなされており，そのために入院しないで心理療法を受けるといった選択肢が与えられないのである。

また，グラント（Grant, 1994）は白人の臨床家が黒人を治療する場合に特別な倫理的問題が起きると主張した。白人の臨床家たちは，「黒人特有の問題」が潜んでいると誤解していたり，自分は黒人の考え方がよくわかっていると思い込んでいたりするかもしれない。いずれの場合も，個々のクライエントに固有の問題や考え方に適切に対応することができない可能性がある。

治療において不利益を被る人々をなくすために何ができるだろうか。第一に，臨床家は文化的な問題にもっと敏感になり，すべての民族的グループに対して効果的な治療ができる技能を身につけなければならない。第二に，いろいろな少数民族から臨床家を養成して，その数を増やしていく努力がなされなければならない。第三に，クライエントに**役割の準備**（role preparation）をしてもらう。つまり，簡単な話し合いをしたり，説明テープを用いたりして，クライエントが事前に心理療法について現実的な期待をもてるようにするのである。ランバートとランバート（Lambert & Lambert, 1984）は，「役割の準備」をすることで，心理療法のセッションを受ける割合を高め，心理療法に対する満足感を高め，結果として好ましい成果をもたらすことを見出した。

> キー用語
> 役割準備：自分が受ける心理療法の経過や効果について，現実的な期待をもてるようクライエントに情報を与えること。

> キー用語
> 折衷技法：さまざまな心理療法から必要な技法を，臨床家が選び出して用いるアプローチのこと。

感　想

- すべての臨床家が自分の好む心理療法だけを限定して使用しているという印象を受けやすい。しかし実際にはそんなことはありえないことである。ほとんどの臨床家は，**折衷技法**（eclectism）が役立つと信じており，さまざまな心理療法の中から適切と考えられる技法を折衷的に用いている。
- 近年，心理療法が進歩した結果，スミスら（1980）の行った古いメタ分析の妥当性には限界がある。たとえば，1990 年代初期まではどんな形態の認知行動療法も強迫性障害には効果がないとされていた。しかし，この状況は急速に変化した。ヴァン・オッペンら（1995）は，強迫性障害のうち 39％ が認知行動療法によって回

復し，エクスポージャー法やフラッディング法を用いた行動療法では17％しか回復しないことを見出した。

要　約

精神力動的心理療法

　精神力動的心理療法はフロイトの精神分析学を基礎にしている。精神的な障害を抱えている人々は，自分に脅威を与える考えや感情を抑圧しているとフロイトは考えた。そのクライエントの問題や過去の経験への洞察をもたらすために，催眠や自由連想，夢分析などの技法が必要であると述べている。心理療法はしばしば感情転移を引き起こすことがある。それは，そのクライエントが自分の人生における重要な人物に対する強い感情を臨床家との関係において再体験することである。精神分析の過程は，臨床家がクライエントの語る内容をどう解釈するかによって大きく左右される。しかし，その解釈が間違っていることもありうる。精神分析の効果についてはさまざまな議論がなされてきたが，それなりの効果があると認められている。

身体療法

　身体療法は，患者の体内の生理システムに直接はたらきかける方法である。電気ショック療法（ECT）は重いうつ病には効果があることが多い。しかしながら，その治療機序についてはよくわかっていない。そして副作用も起こりうる（例：記憶の喪失）。モノアミンオキシターゼ阻害剤や三環系抗うつ剤のような薬物は，さまざまな神経伝達物質の増加を促し，重篤なうつ病患者の症状を軽減する。リチウムは双極性気分障害の躁とうつのエピソードの発症を抑える。不安障害はバルビツール系薬剤で治療されていたが，ベンゾジアゼピンがそれに代わって用いられるようになった。ベンゾジアゼピンは効果があるが，しばしば鎮痛効果をもたらす。薬物療法は，根底にある問題を解決しないまま，クライエントの症状だけを軽減するものである。

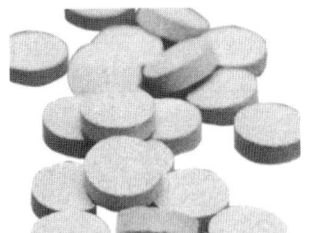

図26-15

人間性心理療法（クライエント中心療法）

　クライエント中心療法は，ロジャーズによって始められた。臨床家がクライエントに対して無条件に肯定的な態度で尊重し，共感的に理解し，表裏のない誠実な態度に向き合うことが，クライエントの自尊感情を高め，クライエントの自己認識と経験の間にある不一致を軽減することにつながる。このアプローチは比較的軽い精神的な課題に対してよく用いられ，効果を発揮している。

行動療法

　行動療法は古典的条件づけやオペラント条件づけを用いて，望ましくない行動をより望ましい行動へと変えていく方法である。主な技法を挙げると，フラッディング法，系統的脱感作，嫌悪療法，ト

図26-16 フロイトが精神分析療法で用いた「長椅子（カウチ）」で，現在はロンドンのフロイト博物館に展示されている。

ークン・エコノミー法などがある。ただし，この治療法は認知過程と認知構造の重要性を軽視している。

認知療法と認知行動療法

認知療法は，否定的で不合理な信念や考えを，より肯定的で合理的な考えに変えたり再構成したりする方法である。その発展はエリスとベックの業績によるところが大きい。近年，認知療法は認知行動療法となって発展し，行動療法の要素も含むようになった。換言すれば，最大限の治療効果を得るためには，そのクライエントの思考と行動の両方が変容される必要があるということである。

心理療法の効果

臨床家の力量の相違や，回復とみなすことの定義の難しさ，プラシーボ効果の存在などがあるので，難しい問題が起こってくる。どんな心理療法であれ，その効果の有無だけでなく，なぜ効果があるのかを検討することが重要である。大規模なメタ分析の結果では，ほとんどの心理療法は等しく有効であり，クライエントは回復という点で統制群の80％の人々よりもよくなっている。しかしながら，それぞれのアプローチには適応症があり，どの疾患によく効いて，どの疾患にはあまり効かないかがわかるようになってきている。心理療法のプラスの効果の多くは，特異要因よりも共通要因から生まれている。

心理療法における倫理

心理療法は多くの倫理問題を浮き上がらせる。原則として心理療法は十分にインフォームド・コンセントの手続きをしてから実行されるものである。しかし，社会防衛の必要もあるため，数多くの例

外を生み出すことにもなる。守秘義務と二重関係の問題は心理療法において最も重要なものである。クライエントは自らが治療目標の設定に積極的に関わらねばならないが，いつの間にか担当の臨床家に影響されることも起こりうるのである。

【参 考 書】

　異常心理学の分野で，主な心理療法のアプローチを網羅した役立つ教科書が出版されている。幾つかを挙げると，P. C. Kendall & C. Hammen (1998), *Abnormal Psychology: Understanding human problems* (2nd Edn.), Houghton Mifflin (Boston), D. H. Barlow & V. M. Durand (1995), *Abnormal Psychology: An integrative approach*, Brooks/Cole (New York), R. P. Halgin & S. K. Whitbourne (1997), *Abnormal Psychology: The human experience of psychological disorders*, Brown & Benchmark (Madison, WI)，などである。

【復習問題】

1　行動療法と人間性心理療法の効果を比較して論じなさい。　　　　（24点）
2　臨床家が治療形態を二者択一で選ぶとき，どのようにしてそれが適切であるかを判断しているのか，批判的に考察しなさい。　　　　（24点）
3　精神障害に対する治療形態を選ぶ際に起こる倫理的問題について批判的に考察しなさい。　　　　（24点）

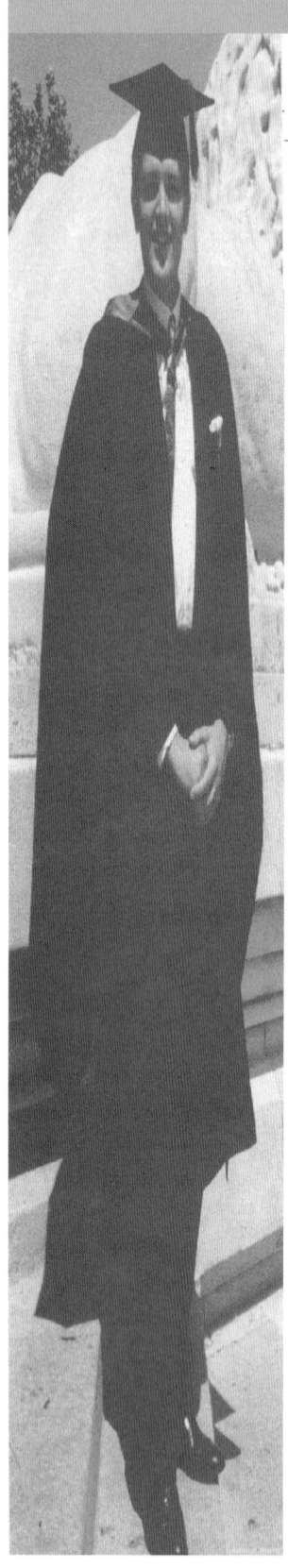

- **知能検査**：知能とは何か，そしてどのように測ることができるのか。
  スタンフォード・ビネー知能検査，ウェクスラー知能検査，イギリス人能力尺度
  知能指数
  信頼性と妥当性
  ガードナーの7知能
  ブシャールとマッギューの双生児研究のメタ分析
  集団差と偏り

- **パーソナリティ検査**：心理検査で人間性を明らかにし，行動の予測までもすることができるのか。
  キャッテル16PFとアイゼンク人格目録
  オルポートによるジェニーの研究
  ブリンクホルンとジョンソンの予期力と雇用の研究

- **パーソナリティの特性理論**：パーソナリティ構造論を詳細にみる。
  因子分析
  キャッテルの特性理論
  アイゼンクの特性理論
  ビッグファイブモデル

27 個人差

日々の生活において，私たちはすぐにお互いに違いがあることに気づく。いつも陽気ではつらつとしている人がいる一方で，憂うつで悲観的になりがちな人もいる。また，頭の回転が非常に速い人もいれば，非常にゆっくりな人もいる。知能とパーソナリティには重大な影響力をもつ個人差がみられる。この章では，これらのことについて述べていくこととする。

私たちは，知能とパーソナリティに関して，あらゆる見地から研究することができる。ここでは主に，知能とパーソナリティをどのように査定すべきかということに焦点を当てることとする。**計量心理学**（psychometrics）とは，「心理検査や心理測定と関係のある心理学の分野（ジンバルドーら Zimbardo *et al.*, 1995）」と定義されているため，私たちは，心理検査に焦点を当てることとする。さまざまな心理検査の発展を促してきた論理的手法の見地から，心理検査について考察することは有用と言える。したがって，幾つかの関連する理論も議論の対象に含むこととした。

図 27-1

> キー用語
> **計量心理学**：テストによって心理的特質（たとえばパーソナリティ；知能）を測定すること。

知能検査

1920年代，知能検査を用いて知能の何が測定されるのかについての議論がなされた。しかしながら，その定義は表面的なものであり，スターンバーグ（Sternberg）によってより現代的な定義が提唱された（1985, p.45）。

> 精神活動は，個人の生活と関わる現実世界の環境に，目的志向的に適応したり，選択したり適合したりするものである。

正式な知能検査を最初に考案したのは，フランス人のアルフレッド・ビネー（Alfred Binet）であった。20世紀初頭，彼は精神発達遅滞児の研究のための知能検査を考案し，その結果精神発達遅滞児への特別な教育設備を設置した。1905年，ビネーと彼の同僚のシモン（Simon）は，理解力，記憶力，およびその他の認知的プロセスなど広範囲にわたるテストを生み出した。これは後に考案された多数のテストの土台となった。このようなテストのうち最も知られているものが，1916年にスタンフォード大学で作られたスタンフォード・ビネー知能検査，子供のためのウェクスラー知能検査，1970年代に作られたイギリス人能力尺度である。

これらのテストや，その他の作成されたテストは，知能の幾つかの側面を測定するものである。その中には，言葉の意味を定義する語彙力検査が多く含まれている。その他，類推（たとえば，「帽子は頭とすると，靴は＿＿」）や空間能力（たとえば，「もし私が北方へ歩き始め，そして左に曲がり，さらにまた左に曲がると，私はどの方位を向いているでしょう？」）に基づく問題も含まれている。さらに，個人の言語能力のレベルを査定する語彙力調査もみられる。

　主要な知能検査にはすべて，重要な類似点がみられる。それは，そのテストがどのようになされるべきかを明確に説明している手引きがあるということである。これは重要なことと言える。というのも，言葉による説明は，しばしばテストの得点に影響を及ぼすからである。また，主要なテストは，**標準テスト**（standardised tests）とも類似している。テストの標準化には，テスト施行の対象となる世代集団の，大規模かつ代表的なサンプルが必要となる。個人の得点の意味は，その他の人々の得点と比較することによって評価することができる。

　ほとんどの標準テストを用いることで，幾つかの個人行動の度合いを知ることが可能となる。これらの尺度はたいてい，かなり特有の性質をもっている（たとえば，数学能力や空間能力）。しかし，最もよく知られている尺度は，非常に一般的なIQつまり**知能指数**（intelligence quotient）である。これは知能検査に含まれるすべてのサブテストのあり方に影響を及ぼすものであり，そのため知的能力に関する総体的な尺度とみなされている。

　では，IQとはどのように算出されるのだろうか。個人の検査結果は，同世代の子供や標準化された大人のサンプルによって得られた

> **キー用語**
> **標準テスト**：母集団からのランダムなサンプルにすでに実施され，そこで立証されたテストであるため，そのテストの個人の得点は他の人の得点と比較可能である。
> **知能指数**：精神年齢を生活年齢で割ることによって算出される一般的な知的能力の測定；IQと省略する。

得点と比較される。ほとんどの知能検査は，総得点が正規分布となるように考案されている。したがって私たちは，知能の「本当の」分布がどのようになるものかはわからないのである。正規分布は，平均値よりも低い値そして高い値にも同様に分布する釣鐘曲線である。最も人数の多い得点群は平均値に近い群であり，平均値から離れれば離れるほど人数も減少する。正規分布の得点範囲は，普通，統計学で標準偏差と言われるものによって示される。正規分布においては，平均値の1標準偏差以内に68％が入り，2標準偏差の中には95％が入る。

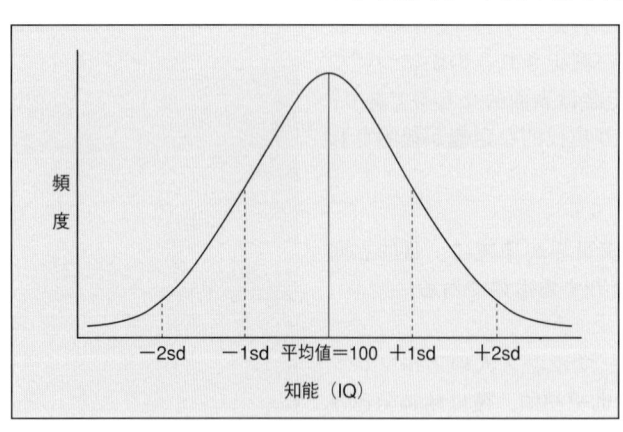

図27-2

　知能検査の平均値は100で，標準偏差はおよそ16である。そのため，IQ116というのは平均の1標準偏差以上であり，その人は84％の人よりも知能が高いということを示す。なぜかと言えば，平均値以下には50％の人がおり，そこから1標準偏差の間にさらに34％の人がいるからである。

しかしこのような高いIQをもつ人々が、一連の知能検査の全テストにおいて常によい結果を残すわけではなく、IQが低い人々が常に悪い結果を残すわけでもない。結果として、それぞれのテストは普通、それぞれの能力の尺度を得るために構成されていると言える（たとえば、数、空間、推理、知覚の速さ）。私たちは、IQのみに焦点を当てるよりも、さまざまな能力の側面を考慮することによって個人の知能をより正確に査定することができるのである。

信頼性と妥当性

良質な知能検査には高い信頼性と妥当性が認められている。**信頼性**（reliability）とは、テストがどの程度一貫した結果をもたらすかということを意味し、**妥当性**（validity）とは、テストが測定したいことをどの程度測っているものかということを意味する。これら二つの条件について、順に検討していくこととする。

> **キー用語**
> **信頼性**：テストが一貫した結果をもたらすかどうかの程度。
> **妥当性**：テストが測定したいことを測定しているかどうかの程度。

信頼性

知能検査において、ある人のIQが125という結果を得た。まもなくして同じテストによる再検査を行ったところIQ95という結果になったとする。もしこのようなことが起これば、そのテストははっきりと信頼することができず、知能のようにあまり変容しないものの測定尺度としてはふさわしくないということになる。

信頼性は一般に、再検査法という方法を用いて査定される。一つのグループ集団が、2回にわたって、同じテストを受ける。そのときその2回の得点は、相互に関連のみられるものである。その相関（2回受けたテストの得点の関連の度合い）が高ければ高いほど、より信頼性の高いテストということになる。この方法においては、参加者がテストを2回目に受けるとき、1回目に受けたときの幾つかの回答を覚えているかもしれないということを考慮する必要がある。それは、不適切な理由に基づく高い信頼係数を示すことになりえるからである。さらに、参加者がすでに受けたことのあるテストを受けることによって、練習効果も生まれうる。

最も標準的な知能検査は、信頼性が高い。その信頼性相関係数はおよそ+0.85から+0.90である。これは、相関係数が完璧な信頼性を示す+1.0からもそう遠くはない値である。

二度にわたって同じテストを受けるとき、練習効果を防ぐにはどうすればよいか？

妥当性

知能検査の妥当性を評定するには、三つの主要な方法がある。

1. 内容的妥当性
   ・表面的妥当性
   ・因子的妥当性
2. 基準関連妥当性
   ・予測的妥当性
   ・併存的妥当性

3. テスト妥当性

内容的妥当性（content validity）は，テスト項目の内容を熟考して判断するものである。内容的妥当性には二種類あり，一つは表面的妥当性でもう一つが因子的妥当性である。表面的妥当性とは，率直に，テスト内容が目的と関連しているか否かをみるものである。たとえば，語彙力検査を含むような数学能力検査は，表面的妥当性がかなり低いということになる。それに対して因子的妥当性はより複雑である。まず，因子分析（p.1075に記述）といった統計テクニックは，テスト内の，異なる能力の因子の数と本質を導き出すために用いられる。もし数学に関するすべての項目が，テスト内の他の項目から構成される因子とは別の因子を構成するのであれば，それらの項目は数学能力を測る項目ということになる。

妥当性に関する最も直接的な研究法は，**基準関連妥当性**（empirical validity）と呼ばれている。その基本的な考え方は，知能の高い人はあまり知能の高くない人よりも，学校においてはよい成績をとるといった，ある基準を達成することがより多いというようなことである。また予測的妥当性とは，知能検査における基準値と将来集積されるデータとの間に高い相関が得られるか否かを検討するものであり，併存的妥当性は，知能検査による基準値と他の心理検査との間に高い相関が得られるか否かをみるものである。用いられている基準のほとんどは，知能を除いた他の因子に影響を受ける。たとえば，学業成績が優秀であることの幾らかは知的能力によるものである。しかしそれはまた，動機づけや親の励ましの量などにもよる。実際には，知能検査の得点は普通，学校または大学の成績とおよそ＋0.5の相関があり，二つの尺度の間にはかなり密接な関係があるということになる。

テスト妥当性（test validity）は，新しい知能検査と，一つ以上の既存のテストとの得点の相関である。もし，既存のテストの信頼性と妥当性が高ければ，このテストとかなり相関が高い新しいテストもまた，妥当な測定道具ということになる。

要するに，知能検査にはほどほどの妥当性があるということである。たとえば，知能は一貫して仕事上の成功と＋0.3の相関があるという結果がある（ジゼリ Ghiselli, 1966）。しかし，知能検査の妥当性は，その信頼性よりもかなり低い。

知能検査論争

数百万の知能検査が世界中で作られている。知能検査は，11歳で初等中学校に入学するための選抜過程の一部として，ずいぶん前にイギリスで使用された。しかしこれが論争を巻き起こしたのである。というのも，初等中学校に入学することが認められなかった子供たちは，しばしば「失敗者」とみなされたためである。彼らは他の学校に入学し，そこでは学力を強調されることはなかった。知能検査は，幾つかのイギリスの大学においても学生を選抜するために用い

キー用語
内容的妥当性：テスト内の項目が測定したいことを測定しているかということを根拠とする妥当性の形態。

キー用語
基準関連妥当性：あるテストの結果と他の基準により測定された結果との相関に基づく妥当性の測定（たとえば，友人の数と外向性得点との相関）。

予測的妥当性はどのような状況で用いられるのが有効であるのか？

キー用語
テスト妥当性：あるテストの得点と一つ以上の既存のテストによる結果を比較する妥当性の形態。

られてきた。

現今では，知能検査は主に人員選抜に用いられ，仕事に最も適した人間を選ぼうという意図で使用されている。知能検査は，選抜過程においてしばしば経歴や面接などの他の試験と組み合わせて用いられる。そしてこの知能検査の使用に関するさまざまな論争が起こっている。そのうちの主要なものを次に述べることとする。

測定法の幅

第一の論争は，知能検査が本当に知能を測ることができるのかということにある。知能検査のほとんどが，知能の限られた局面を測定するにとどまっている。それらは普通，思考や類推，問題解決能力を測定するが，「世情に明るく」なることと結びつくスキルのような実践的な知能を評定することはないのである。

多重知能

ガードナー（Howard Gardner, 1983）は，知能をより広く捉えることの重要性を訴えた。彼は，知能は7因子に分類することができると主張した。ガードナーの言葉を借りると，知能とは，「個人が問題を解決するための能力または特定の文化環境のもとで生まれた産物を形成する能力」と定義されている（ウォルターズとガードナー Walters & Gardner, 1986, p.165）。ガードナーの分類した七つの知能とは以下の通りである。

1. 論理・数学的知能：これは，論理的または数学的特質をもつ抽象的な問題を扱う際に重要な価値をもつ。
2. 空間的知能：これは，ある場所から他の場所への行き方や，車のトランクの中のスーツケースの整頓方法などを判断する際に用いられる。
3. 音楽的知能：これは，楽器を演奏したり歌ったりするような能動的な音楽活動や，音楽を鑑賞するというよ

図27-3

うな受動的な活動の両方に用いられる。
4. 身体・運動的知能：これは，スポーツやバレエ，ダンスのような活動において，身体の動きをうまくコントロールする際に用いられる。
5. 言語的知能：これは，入力（読むことと聞くこと）と出力（書くことと話すこと）の両面の活動において用いられる。
6. 個人内知能：これは，自分自身の能力と感情状態についての感性と関係がある。
7. 対人的能力：これは，他者との交流に関するもので，他者とコミュニケーションをとったり他者を理解したりすることなどを含む。

ガードナーの多重知能の理論は，知能検査における大事な意味を含んでいる。多くの標準的な知能検査には，言語的，論理・数学的，空間的知能に関する項目が含まれている。しかし，音楽的，身体・運動的，個人内知能，対人的知能を査定する項目はない。もしガードナーの理論的立場を受け入れるとすれば，現在存在するほとんどの知能検査はかなり不十分ということになる。だが，七つの知能がそれぞれ同程度に重要というわけではない。言語的，論理・数学的，空間的，対人的知能の欠如は，日常生活において深刻な結果をもたらすが，同じことが音楽的，身体・運動的知能に言えるかどうかは明らかにはされていない。ある人の音楽的，身体・運動的知能が非常に低かったとしても（すなわち，音痴であったり，運動能力が低かったりすること），その人は自分の能力に大きな問題を感じることなしに，たいていの社会においては十分に役割を果たすことができるだろう。

議論のポイント
1. 七つの知能があるというガードナーの理論に賛成か？
2. ガードナーの七つの知能のうち，最も重要性が高いもの，低いものはどれだと考えるか？

「知能」の概念の価値

議論の的となる第二の問題点は，「知能」の概念に関することである。ハウ（Howe 1990, p.599）は以下のように述べている。

> 異なる遂行レベルのもとにある原因を突き止めるのに役立つ重要な課題において，知能の概念が重要な役割を果たしていることを示す説得力のある証拠はない。

ハウは，「トムはジョンよりも利口なので，トムの方がジョンよりもたいていの問題はうまく解決することができる」というようなことは，知能の説明をしているのではなく単に事柄の状況を述べているにすぎないと主張した。

一方クライン（Kline, 1991）は，知能検査は，個々人が，テスト時にはまったく知らないことに関する科目の勉強を将来うまくできるかどうかを予測するのには，かなり成功していると主張する。このようにうまく予測できるということは，ハウが主張するように，

行動について単に冗長な記述をしているわけではないと言える。

　知能の概念の価値は，二つの新しい会社が設立された状況を想像するとみえてくるだろう。一方の会社はIQ130以上の者のみ採用し，もう一方の会社はIQ70以下の者のみを採用するとする。もし知能というものが存在しないのであれば，おそらくこの二つの会社は同じように成功するであろう。しかし実際は，職業心理学によると，前者の方が見通しはかなり明るいということが明らかにされている。それは，知能は現実世界で成功するための一要因となっているからである。

遺伝対環境

　第三の議論の的となる問題は，知能における個人差を決定づける，遺伝と環境の相対的な重要性についてである。

　何名かの心理学者は，この問題は大して重要ではないと論じている。ドナルド・ヘッブ（Donald Hebb）は，知能は，遺伝によって決定するのかそれとも環境によって決定するのかということを問うことは，面積は，縦の長さによって決定するのかそれとも横の長さによって決定するのかということを問うことに似ていると述べた。というのは，その両方は，ともに非常に重要だからである。しかし，面積の違いが，縦の長さの違いによるものなのか横の長さの違いによるものなのかということを問うことはできる。たとえば，もし横の長さはほぼ同じで縦の長さがまったく異なる10の土地があったとすると，その面積の違いは，横の長さよりも断然縦の長さの違いによるものであるということは明らかである。この論理を知能に応用すると，知能の個人差は，主に遺伝の個人差によるものなのか，それとも環境の差によるものなのかということを問うことは意味をなすと言える。

　初期の問題の一つは，実験的な統制がなかったというところにある。私たちは，家系による遺伝を操作することは倫理的にできないし，子供が発達するうえでの環境を統制することもできない（第23章を参照）。さらに，私たちは個人の遺伝子の潜在能力（**遺伝子型**（genotype）と言われる）を正確に評定することはできない。同様に表立った性格（**表現型**（phenotype）と言われる）を測ることも難しい。このように，環境が知能の発達において最も重要であるという見解を支持することもできない。最後に，知能やIQは，標準的な知能検査によって評定されるが，それらのテストは知能を測ることに優れたものではないのかもしれない。

> **キー用語**
> **遺伝子型**：個人の遺伝子の潜在能力。
> **表現型**：個人の遺伝子型と経験による観察可能な個人の性格。

子供の発達において，子供の認知発達を高める要因となっているものは何であろうか？　この要因は知能検査の結果に影響を及ぼすのであろうか？

家族研究

　これまで，問題はあるものの，双生児の研究により，多くの有益な情報が得られている。**一卵性双生児**（monozygotic twins）は，同じ受精卵から成長した子供であるため，本質的に同一の遺伝子型をもつ。これに対して，**二卵性双生児**（dizygotic twins）は，二つの異なる卵子から成長した子供であるため，その遺伝子型も普通の2人きょうだいと同様，類似したもので

> **キー用語**
> **一卵性双生児**：同一の卵子から生まれた一卵性双生児。
> **二卵性双生児**：二つの卵子から生まれた二卵性双生児。

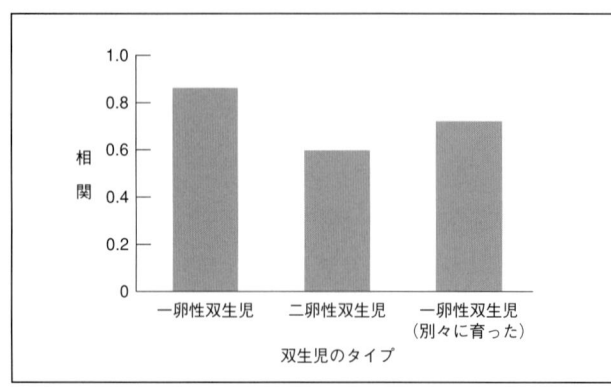

図27-4 双生児の知能の相関（ブシャール＆マッギュー, 1981）

はない。もし遺伝が知能に影響を及ぼすのであれば，一卵性双生児は二卵性双生児よりも，知能に類似性がみられるはずであると推測できる。

そこで，111の研究をレヴューしたところ，ブシャールとマッギュー（Bouchard & McGue, 1981）は双生児の知能の相関に関して，一卵性双生児の場合は＋0.86であり，二卵性双生児の場合は＋0.60であったことを報告している。このことから，一卵性双生児は二卵性双生児よりも知能が類似しているということになり，これは遺伝が，知能の個人差を決定する際の一要因となることを示唆していると言える。しかし一般に，環境もまた，一卵性双生児の方が二卵性双生児よりも類似しているということも言われている（レーリンとニコルズ Loehlin & Nichols, 1976; 第16章を参照）。

また，別々に養育された一卵性双生児に関するデータは有益と言える。このような双子は非常に貴重な存在なのである。というのも，（原則的には）遺伝子的に非常に似ているが，異なる環境で育ったペアの違いを明確にすることができるからである。ブシャールとマッギュー（1981）によると，別々に育った一卵性双生児の平均相関は＋0.72であったという。この結果から，知能の個人差は遺伝によるものとも言えることが示唆されている。しかし，一卵性双生児のうちの何組かは，かなり似たような環境で育てられていたため，知能の類似性は，遺伝よりも環境によるものである可能性もあると考えられる。

下部の記述は異なる親族グループ間でのIQの類似性を示した相関である。一般に，非常に類似した遺伝子をもつ親族は，IQはそれ以上に類似した傾向にあると考えられる。しかしながら，非常に類似した遺伝子をもつ親族は，類似していない遺伝子をもつ親族に比べ，より類似した環境で生活している傾向にあるのである。このことにより，調査結果を説明することは難しくなる。ブシャールとマッギュー（1981）が結論を出したように，「家族の類似性に関する研究結果のほとんどは……遺伝説と環境説のどちらも説明しうる」ということになろう。

関係	平均相関
別々に養育されたきょうだい	＋0.24
一緒に養育されたきょうだい	＋0.47
片親──別々に養育された子供	＋0.22
片親──一緒に養育された子供	＋0.42
異父（母）きょうだい	＋0.31
いとこ	＋0.15
養子	＋0.19

> **議論のポイント**
> 1. 知能の個人差を決定する際に，遺伝が重要な役割を果たすというブシャールとマッギューの論証をどのように説明するか？
> 2. ブシャールとマッギューによって報告されている相関のほとんどは，限られた西欧文化の中での研究である。他の文化においても同じ結果を得ることになるだろうか（下記参照）？

　養子を対象とする研究には，知能の個人差を決定する際に，遺伝と環境のどちらが重要であるかを比較する他の方法も用いられている。もし，遺伝が環境よりも重要であるとしたら，生物学上の親子のIQの相関は，養子縁組の親子のIQの相関よりも高くなるだろう。しかし，もし環境がより重要であるとすれば，反対のパターンが生じるであろう。キャプロンとダイン（Capron & Duyne, 1989）は，養子縁組の子供に関する研究を行っている。それによると，生みの親の社会経済的地位は，養子に出された子供のIQにかなりの影響を及ぼしており，同じことが養子縁組をした親の社会経済的地位についても言えることが明らかにされた。このことから，有利な遺伝，または有利な環境はともに，子供の知能レベルにおいてプラスに作用するものであり，遺伝と環境の効果は，ほぼ同じように重要であると言えよう。

　要するに，遺伝も環境もともに，知能を決定する際に主要な役割を果たすと言える。知能の個人差の約50％は遺伝によるものであり，残りの約50％は環境の影響によるものである。しかし，このパーセンテージは，合衆国と西欧で行われた調査で明らかにされたものである。これらの社会は，西欧以外の他の社会よりも均一な環境が整っていると思われる。もしこのことが本当であれば，西欧以外の社会において，知能を決定づける環境の役割は，より大きくなるであろう。逆に，知能の個人差を生み出す遺伝の役割は，似通った環境に置かれたときの方がそうでない環境に置かれたときよりも大きくなる。もし誰もがまったく同じ環境を経験していたら，すべての知能の**個人差**は，遺伝によるものだということになるのである！

集団差

　議論の的とされている第四の問題点は，知能検査の結果に関する集団差についてである。合衆国において，白人と黒人の平均的なIQの差は15ポイントであるという事実は，大きな政治的論争をもたらしている。ただしこれは平均値であって，黒人の約20％の人は，白人の平均値よりもIQが高いということに注目すべきである。ほとんどの心理学者は，白人と黒人の差は，黒人が厳しい環境に置かれているためであるとみなしてきた。しかし，ジェンセン（Jensen, 1969）とH. J. アイゼンク（H. J. Eysenck, 1981）は，遺伝子の違いは複雑であり，人種差別に通じるものであると主張した。

　この論点の第一のポイントは，この問題を議論したとしても，人間の知能に関するプロセスについては何も明らかにされないと考え

家庭の経済状況は，子供の知能検査の結果に影響を及ぼすのであろうか？

図27-5 環境欠損レベルによる影響を排除した場合，白人と西インド諸島の子供の知能差は，きわめて小さくなることが明らかになった。

られ，科学的関心がほとんど示されてこなかったことである。この論点に関して多くの時間とお金を費やすことが無意味であることのように捉えられてきたと言える。

第二のポイントは，この論点が幾つかの点で意味をなさないということである。それは，白人と黒人は，生物学的に異なる集団を形成しているという間違った仮定に基づいているからである。実際は，「人種」に関する概念はどれも確立したものではなく，正確な科学的定義もなされていないと思われる。

第三のポイントは，この論点に関する決定的な調査を実行することができないということである。私たちは，黒人がどれくらいハンディキャップを経験して育ったかについてを正確に測ることはできないし，白人と黒人の遺伝子の資質を比較することもできない。H. J. アイゼンク（1981, p.79）でさえ，実験的な論証により解明することはできないということを認めている。「遺伝子主義者の立場を支持することになる……という遺伝子研究について議論することができるだろうか？　私が思うに，その答えは，否定的なものであると考えられる。二つの集団（黒人と白人）は個別の集団であり，双生児の研究のように，白人だけを対象とする研究は行われていない」。

知能検査において，黒人の方が白人よりも得点が低い結果となる主な理由として，環境的欠損が考えられる。マッキントッシュ（Mackintosh, 1986）は，イングランドにおいて，白人の子供と西インド諸島の子供の比較を行った。その結果，父親の仕事，きょうだいの数，家族の収入，その他の環境的欠損に関係性のある項目と見合った得点となった子供もいれば，そのような結果にならなかった子供もいた。ある研究では，欠損レベルが異なる集団間では9ポイントの差がみられたが，欠損レベルが同じ集団間では2.6ポイントの違いしか生じなかった。このように，二つの集団の欠損レベルを等しい状態にしたとき，この集団間の知能の差はきわめて小さくなると言える。

要するに，黒人と白人の，テストによって示される知能の差のほとんど（あるいはすべて）の原因は，環境的欠損にあると言える。しかし，この論点は，さまざまな点で意味をもたないものである。また，このような研究は，倫理的な問題を提起することにもなる。国民戦線のような過激なグループが，人種不調和を促進するためにこの結果を利用しており，これはまったく容認できないことである。この領域における研究

図27-6

の多くは，これらの調査が，政治的危険性をはらんでいることに関して，無神経であり，このことは明らかにされないままである方がよいとされてきたことが問題と言える。

人種と文化の偏見

　ほとんどすべての知能検査は，中流階級の白人である心理学者によって考案されている。そのため，白人とは非常に異なる文化で育った黒人は，知能検査を受ける際に，この文化的差異によって不利になると思われる。同様に，少数派集団もまた，標準的な知能検査を受ける際は，不利な立場に置かれていることになる。この問題は重要である。すべての人に対する機会均等を確保する法律は，英国，合衆国，そしてその他多くの国々で通過している。もし知能検査が，ある集団に対する偏見をもったものであるならば，平等な機会をもつという人間の権利が侵害されているという危険性がある。

　私たちはどうするべきなのだろうか。スターンバーグ（1994, p.595）は次のように述べている。

> 　私たちは，知能の本質と評価を考える際には，文化を考慮に入れる必要がある。テストを，ある言語からその他の言語に翻訳するだけでは，同じものを構成することは決してできない。むしろ，知能を測るために使用されている道具によって，ある集団の得点を他の集団の得点よりも人為的に上げさせることになるかもしれない文化的差異に，私たちは敏感になる必要がある。

　これを実行する一つの方法は，「文化的平等」検査と言われるものを構成することである。これは，主にある集団のメンバーが他の集団のメンバーよりも容易に理解できるということがないような，抽象的で非言語的な項目からなる。しかし，そのような文化的平等検査は，伝統的な言語的知能検査が用いられていたときの結果よりも，文化的グループの知能差をより大きくする傾向があるのだ（スターンバーグ, 1994）！

■やってみよう：人種，文化，集団に対する偏見のないIQテストのサンプルを考案してみよう。

　知能検査が人種的文化的偏見を示すという観念に対して，限られた範囲ではあるが支持するものがある。それはスタンフォード・ビネー検査と言われ，「黒人英語」（多くのアメリカの黒人が話す訛りの英語）として知られている言語に翻訳されているものである。そして，黒人の検査官によって黒人の子供を対象に行われた。その結果は，標準的な形態で行われたときと変わらないものであった。しかし，文化的等質性黒人知能検査（the Black Intelligence Test of Culture Homogeneity）（BITCH）では，まったく異なる結果が得られている。これは，黒人によって考案されたテストである。このテストにおいては，白人の子供と黒人の子供との結果には差がなく，むしろ白人の子供の方が悪いこともあった（ウィリアムズ Williams, 1972）。

パーソナリティ検査

キー用語
パーソナリティ：個人に，一貫性があり，他者とは異なる行動をとらせる半永続的な内的性向。

パーソナリティ（personality）という言葉を心理学者が使用する際，その意味内容を十分に捉えている定義を，チャイルド（Child, 1968, p.83）は以下のように示している。

> ある一人の人の行動が一貫したものであり，類似した状況においても他の人の行動とは異なる行動を生じさせるいくぶん安定した内的要因。

ハンプソン（Hampson, 1988）は，上に定義したチャイルドの定義について，「安定性」「内在性」「一貫性」「相違」の四つのキーワードを提示した。チャイルドの視点によると，パーソナリティは，時が経っても比較的安定していて変わらないものと言える。気分や感情の状態は，短い周期で劇的に変化するかもしれないが，パーソナリティはそうではない。というのは，パーソナリティは，内的なものであり，外的行動と同じであるはずがない。行動（たとえば，落ち着きのなさ，視線が合わないこと）とは関連性はあるが，それはその人の根元的なパーソナリティについての推測をもたらすにすぎないものであるからである。もし，パーソナリティがずっと適度に安定していて，パーソナリティが行動を決定するものであるとしたら，人は，異なる状況においても，適度に一貫した行動をとるということになるはずである。最後に，パーソナリティには個人差があるが，これらの差は，与えられた状況の中での行動のとり方の違いによって明らかにされる。たとえば，社会集団の中で，外交的な性格の人は内向的な性格の人よりもよく話をするだろう。

検査のタイプ

主として以下の四つの検査が，パーソナリティを評定するために発達してきている。

1. 質問紙法
2. 評定法
3. 客観的検査
4. 投影検査

質問紙法

パーソナリティを査定する最も一般的な方法は，**自己記述式質問紙法**（self-report questionnaires）である。この方法では，思考，感情，行動についてのさまざまな記述が，自分自身に当てはまるかどうかを判断することが求められる。例題としては，以下に示すようなものがある：あなたは不機嫌になりやすいですか。あなたには多くの友達がいますか。あなたは多数の人がいる社会活動に参加するのは好きですか。この質問紙法という方法は，処理が簡単である。また，おそらく人は，自分自身のことについては他人よりもよく知

キー用語
自己記述式質問紙法：参加者の一連の標準的な質問に対する回答によってパーソナリティを評定する方法。

っているという利点ももちあわせている。自己記述式質問紙法は，キャッテル（Cattell）やH. J.アイゼンクのような特性論の理論家によって用いられている。

評定法

パーソナリティを査定するための第二の方法は，観察者が他人の行動について評価する**評定法**（ratings）によるものである。一般に，評定者は，異なる種類の行動のリスト（たとえば，「会話を始める」）を与えられ，行動の局面において，被評定者を評定する（すなわち，行動が評定される）。評定者が被評定者を観察する異なるシチュエーションが多ければ多いほど，正確な評定法であると言える。

客観的検査

パーソナリティを査定するための第三の方法としては，**客観的検査**（objective tests）が用いられる。すでに400以上の客観的検査が存在している。この検査は，実験者が実験参加者に何を期待しているかを悟られないようにするために，実験室においての行動が評価される。たとえば，風船が破裂するまでにその風船を割るように指示することで臆病さを測ったり，つま先で立っているときのふらつく範囲を見ることで不安を測ったりするのである。

投影検査

パーソナリティを査定する第四の方法としては，**投影検査**（projective tests）がある。これは，絵に合う物語を作り上げたり，インクブロットが何に見えるかを述べたりするなどして，参加者がまったく構造化されていない課題を解くものである。基礎的で合理的な投影検査は，このような構造化されていない課題に直面させられた人々の最も内側に秘められた部分を明らかにできると思われる。投影検査を用いる人の多くは，精神力動的研究方法を支持している者である。

> **キー用語**
> **評定法**：被評定者が評定者に指示されて示すさまざまな行動によってパーソナリティを評定する方法。
> **客観的検査**：遮断された実験室で行われるパーソナリティを査定する方法。
> **投影検査**：参加者が与えられた構造化されていない課題に取り組むことによってパーソナリティを査定する方法。例：インクブロットが何に見えるかを述べること。

信頼性と妥当性

パーソナリティの評定に役立つ方法はどのようなものであっても，大規模で代表的なサンプルによって標準化される必要がある。そこでは高い信頼性（尺度の一貫性）と妥当性（測定したい内容を測定できるものであるか）もまた必要となってくる。

信頼性

知能検査において，信頼性を評定する最も一般的な方法は，再テスト法である。これは，同じ人を対象とし，2回にわたって性格検査を行い，得点の相関をみるものである。キャッテル16PF（パーソナリティ要因）やアイゼンク人格目録のような主要な質問紙法の再テスト法による信頼性は，短期間で二度のテストを実行すれば，＋0.80または＋0.85である。ただし，2回実施する性格検査の間隔が数

図27-7 ロールシャッハ・インクブロットの例

図27-8 一般性不安障害と診断された患者は，スピルバーガーの状態特性不安尺度において，しばしば特性不安得点が高いことが示されている。

キー用語
合意的妥当性：他者から評定された質問紙と自己記述式質問紙の得点を比較することによって測定される妥当性。

年に及んだ場合は，信頼性は非常に低下する。

では，他の方法によるパーソナリティー評定の信頼性はどうだろうか。まず評定法の信頼性は，一般に質問紙法と同程度の高さが示されている。しかし，客観的検査と投影検査の信頼性は低い（アイゼンク，1994a）。最もよく知られている客観的検査は，1921年にスイスの精神科医であるヘルマン・ロールシャッハ（Hermann Rorschach）によって考案されたロールシャッハ・インクブロットテストと，ヘンリー・マレー（Henry Murray）によって考案された課題統覚検査（モーガン＆マレー Morgan & Murray, 1935）である。ロールシャハテストの標準的な形式は，まず10のインクブロットを提示する。実験参加者はそれに対して，それぞれのインクブロットが何を描いているように見えるかを答え，そしてその返答の基礎となったのはインクブロットのどの部分であるかを示す。課題統覚検査において最も重要となるのは答えた内容である。ここでは，実験参加者はさまざまな絵を見せられ，何が起こっているのか，その状況では何が描写されているのか，そして次に何が起こると考えられるかということを答えなければならない。これらの物語は，実験参加者の成長史を考慮に入れて，柔軟に解釈される。その目的は，実験参加者の心の奥にひそむ動機や葛藤を明らかにすることにあるのである。

ではなぜロールシャッハテストや課題統覚検査の信頼性が低いのだろうか。それは，構造化されていないという検査の性質によって，実験参加者が，それぞれの事柄においてかなり異なった回答をすることになるためである。また，実験参加者の回答が主観的に解釈されるという問題も指摘できる。

妥当性

信頼性のある検査のみに妥当性がありうる。したがって私たちは，客観的検査や投影検査に妥当性があるということを期待しないし，すでにそれは論証されていることである（アイゼンク，1994a）。残るは質問紙法と評定法である。測定したいものを測っているかどうかを確認する方法の一つには，**合意的妥当性**（consensual validity）を査定することが挙げられる。この方法では，あるパーソナリティの側面についての自己記述式質問紙に対する回答と，同じパーソナリティ側面に関する，観察者（たとえば友達）からのその人についての査定が必要となる。この方法は，自己記述式の短所と評定法の短所が異なるという仮説に基づいている。自己記述式質問紙法は，人が自分自身について有利な印象を与えようとしすぎる欠点があり，それに対して評定法は，評定者が評定される人についての限られた情報しかもたないという欠点をもつ。

マックレー（McCrae, 1982）は，合意妥当性について検討している。自己記述された外向性と評定された外向性は，＋0.72の相関があり，神経質傾向（不安と緊張の尺度）では両者の間に＋0.47の相関が示された。おそらく，神経質傾向よりも外向性の方がより観測可能なパーソナリティ特性であるために，相関が高い結果となった

のであろう。

　妥当性を測る他の方法として，基準関連妥当性がある（p.1058に記述）。これは，テストの得点と関係のみられる外的基準の関連性を伴うものである。たとえば，スピルバーガー（Spielberger）の状態特性不安尺度は，特性不安を測るものであり，特性不安というのは，強い不安を経験する傾向のことである。アイゼンクら（1991）によると，一般性不安障害と診断された患者が，他の人よりも特性不安得点が高いことが示されたとき，そのテストは妥当性があると言える。

パーソナリティ検査に関する論争

　パーソナリティを評定するのに最も広く使用されているのは，キャッテル16PF（パーソナリティ要因）やアイゼンク人格目録のような自己記述式質問紙法である。このパーソナリティ検査の方法に関連する幾つかの主要な議論を，次に考えていくこととする。

> **パーソナリティ特性**
> 　外向性などのパーソナリティ特性は，ある連続性の一端にあり，その反対特性がもう一端に存在する。パーソナリティ検査は，その人が単に外向的か内向的かということを明らかにするのではなく，下の図に示すように，外向性や内向性の程度を示す連続性において，その人が位置するところを示唆するものである。この人の場合，内向的というよりは外向的であると言える。
>
> 　　1　2　3　4　5　6　7　8　9　10
> 外向性・・・・・・・・・・・●・・・・・・・・・・・内向性
> （社交的，外向的，行動的）　　（非社交的，おとなしい，消極的）

法則定立的方法か個性記述的方法か？

　自己記述式質問紙法を使用する心理学者は，すべての人が，一連のパーソナリティの側面（たとえば外向性）のいずれかにある程度当てはまるということを主張する。これは**法則定立的方法（nomothetic approach）**の一事例であり，心理学が，人間の行動の一般的法則を追究する学問であることによるものである。オルポート（Allport, 1937）は，人はそれぞれ唯一無二の存在であるが，同じパーソナリティ検査が大規模な集団に対して行われるとき，その独自性は無視されてしまうと主張した。彼は，**個性記述的方法（idiographic approach）**と言われるものを支持したのである。ここでは，すべての個人の独自性が強調される。そして，個人や個人のパーソナリティを理解するために，長期間かけて詳細にその人を観察するという方法がとられる。

> **キー用語**
> **法則定立的方法**：人間の行動に関する一般的法則に基づいた方法。
> **個性記述的方法**：個人の独自性を強調する方法。

　オルポート（1965）による事例研究では，個性記述的方法を用いている。彼は，数年という期間の中で，「ジェニー（Jenny）」という女性によって書かれた約300通の手紙を調査対象とした。この手紙について詳細な調査をすることにより，オルポートは繰り返されるさまざまな主要テーマの実体を明らかにし，ジェニーのパーソナリティのイメージを作り上げていった。

　ただし，個性記述的方法を支持する心理学者は，人格の独自性から間違った結論を導き出すことにもなりうる。もしすべての人が唯一無二であるとしたら，人々はさまざまな点において異なるものである。しかし，相違性は類似性を包含すると考えられる。たとえば，二人の人が，非常に外向的であるという点で似ているかもしれないが，それぞれの不安レベルに関しては多くの相違があるかもしれな

い。ギルフォード（Guilford, 1936, p.675）が言うように，多くの心理学者は「ある個人は，多くの変数，それは共通変数だろうが，その変数において他者と量的に異なるが，しかし独自のパーソナリティももっていることはわからないだろう」。換言すれば，独自性は，心理測定検査に基づいた個人差への科学的アプローチの中においてつかみうるのである。

個性記述的方法を厳密に利用することは，それぞれの人々が，個人独自のパーソナリティーや特徴をもっていることを暗に意味している。ブロディ（Brody, 1988, p.110）は，このことは以下のような難しい命題を導いてしまうことを指摘している。

> もし，特性がある一人の人だけに適用されるのであるならば，特性を一人以上の人に適用する用語として表現することはできない。このことより，それぞれの人を表現する新しい用語を見つけることが必要となってくる。

回答の歪み

パーソナリティテストには，さまざまな問題点がある。たとえば，パーソナリティテストの回答者が解答をでっちあげることができる点が挙げられる。このでっちあげられた解答として最も頻繁にみられる傾向は，社会的望ましさ——質問項目に対して，社会的に望ましいとされるような解答をする傾向——である。たとえば，「あなたは気分屋ですか？」という質問に対する社会的に望ましい回答は，当然，「はい」ではなく「いいえ」である。

社会的に望ましいような回答がされているか否かは，たとえば虚偽尺度を用いることで判断することができる。一般に，虚偽尺度は，社会的に望ましい回答が真実の回答とはなりえない項目から構成されている（たとえば，「あなたは，悪口を言うことがありますか？」「あなたは，常に約束を守りますか？」）。このような質問に対して社会的に望まれるような回答が多くみられる回答者がいれば，その人は正直に回答していないとみなすことができる。もちろん，これは大多数の中でわずかに存在する，純粋で崇高な人々に当てはまるものではない！

この他，黙従傾向を示す回答もまた，質問紙法によるパーソナリティ評価で問題とされる回答と言える。これは，すべての質問項目に対して，内容に関わらず「はい」と回答する傾向である。このような黙従回答は，項目を慎重に選択し，構成することで見つけ出すことができる。たとえば，特性不安を測定する場合，半数の項目は，「はい」という回答が高い不安を示し，残りの項目は「いいえ」という回答が高い不安を示すように構成する方法がある。この2タイプの項目のどちらにも一貫して「はい」と回答していれば，その回答は黙従回答されたものであると考えることができる。

> 対象者が本当のことを答えたくないと思うのは，どのような状況だろうか？

パーソナリティ特性は幾つ存在するのか？

もしあなたが，既存の何百というパーソナリティテストのうち，数種のテストを見たとしたら，その違いに驚くかもしれない。数あるパーソナリティテストの最も明白な相違点は，測定されるパーソナリティ特性の数にある。極端な例を挙げると，アイゼンクのパーソナリティ質問紙は，わずか三つのパーソナリティ特性のみを測定する。その一方で，キャッテルの16PFテストでは，16もの特性を測定する。パーソナリティ研究では，これまで，主要なパーソナリティ特性の数や性質に関する合意が得られていないことが，議論の原点となっていた。心理測定テストを用いても，明確な手続きに則ったパーソナリティ構造を明らかにすることはできないことが示唆されてきた。

しかし近年では，パーソナリティテストは，かなりの発展を遂げてきている。現在のところ，主要なパーソナリティ特性には，ビッグファイブ（Big Five）として知られているような5特性が存在するという見解に，かなりの合意がみられている。因子名は研究者によって異なっているが，一般的には，以下に示したようなマックレーとコスタ（McCrae & Costa, 1985）の因子名と類似したものと言える。

1. 外向性（Extraversion）
2. 協調性（Agreeableness）
3. 良心性（Conscientiousness）
4. 神経症傾向（Neuroticism）
5. 開放性（Openness）

この内容に関しては，pp.1080-1081で詳しく取り上げている。

パーソナリティは重要か？

パーソナリティテストは，そのテスト結果から，さまざまな状況下で人がどのように行動するかを**予測**できることを前提として使用されている。たとえば，外向型パーソナリティをもつ人は，どのような状況下でも，社交的に行動すると予測される。言い換えると，**異状況下における一貫性**（cross-situational consistency），すなわち，異なった状況下でも，人の行動には一貫性がみられる，と予測される。この様な考え方に対し，ミッシェル（Mischel, 1968）は，異なる状況下では一貫した行動はほとんどみられないと主張し，パーソナリティ得点と行動の関連性を示唆する研究を批判している。彼は，この二つの相関係数が+0.30を上回ることはめったにないことから，パーソナリティテストの結果を用いても，人間の行動を的確に予期することはできないことが示されていると考察している。そして，パーソナリティ以上に，状況や特定の経験が人の行動を規定していると結論づけている。

ミッシェル（1968）の立場を支持した場合，パーソナリティテストには，限られた価値しか存在しないということになる。しかし，

> **キー用語**
> **異状況下における一貫性**：人の行動は異なる状況の中でも一貫していること。

異状況下における一貫性は必ずしも低いというわけではない。たとえば，スモールら（Small *et al.*, 1983）は，キャンプ旅行のさまざまな状況下で，4グループの青年に，優性と向社会的行動（協調行動）に関するさまざまな尺度への回答を求めた。その結果，どのグループにおいても，優性や向社会的行動は，それぞれに状況と関連がみられることが示された。相関は，すべて＋0.30より大きく，ほとんどの相関が＋0.70を超えていた。

異なった状況下における一貫性の問題は，**人－状況論争**と密接に関わっている。この議論では特定の状況下における行動の仕方に境界を定め，その中での個人（そしてそのパーソナリティ）と状況の相対的な重要性に関心が向けられている。もし（パーソナリティテストを使う人々が前提としているように），行動が個人に規定されているとしたら，異状況下における一貫性は高いと予測することができる。反対に，行動が，主に状況によって規定されるとしたら，異状況下における一貫性は低くなると予測される。バス（Buss, 1989a）は，状況とパーソナリティの相対的な重要性は，状況がキー側面となると主張している。その状況がこれまで経験したことのないもので，儀礼的，公的な状況であったり，行動の仕方がほとんど選択できない状況，また短期間しか継続されない状況の場合，行動は状況によって規定される。具体例としては，赤信号で停車したり，教会で敬虔な態度を示したりすることが挙げられる。一方，気楽で形式ばっていない私的な状況や，行動の仕方が多様に選択できる状況の場合，そしてそのような状況が長期にわたる場合，主としてパーソナリティが行動を規定する。

これまで経験したことがなく，
儀礼的で，公的な状況

気楽で形式ばっていない
私的な状況

図27-9

サラソンら（Sarason *et al.*, 1975）は，138事例に基づき，人－状況論争に対する根拠を示している。彼らは，パーソナリティと状況は，等しく参加者の行動に影響を与えているという結果を示した。パーソナリティと状況は，ともに重要な要因であることが示されたが，中でも状況は，行動に対してわずかに強い影響を与えていた。これらの結果は，パーソナリティテストは，人の行為の予期に役立ちうるものであることを示唆するものと言える。

職務遂行行動の予測

ブリンクホルンとジョンソン（Blinkhorn & Johnson, 1990）は，パーソ

ナリティテストによって，職務遂行行動を予期できるかという問題を取り上げた。彼らが使用したのは就業場面で用いられる3種の主要なパーソナリティテスト（カリフォルニア心理目録表，キャッテルの16PF，職業的パーソナリティ質問紙）である。その結果，これらのテストでは，それほど的確に職務遂行行動を予期することはできないことを明らかにした。そして，その結果に対し，ブリンクホルンとジョンソン（1990, p.672）は，次のように結論づけている。「高く評価されているパーソナリティテストでさえ，職務遂行行動を予期できることを示す結果はこれまでほとんど示されていない。そして，予期可能なことを示唆する結果の大多数は，この不完全な考え方を示唆する研究の中で強調されている統計的な手法を，十分に理解することなく示された結果と言える。もし，このようなことが，専門家からの影響により，大多数の一般的とされるテストに当てはまるとしたら，人々は，こじつけが世の中に出回っているというイメージを抱くであろう」。

その一方で，パーソナリティテストの可能性を増大させるような結果も，報告されている。ハフら（Hough *et al*., 1990）は，軍人を対象に，バックグラウンド評定および生活経験評定（the assessment of background and life experiences）と呼ばれるパーソナリティ目録を実施した。ハフら（1990, p.594）は，研究結果に基づき，後述した段階を踏めば，パーソナリティテストは，職務遂行行動の予期に非常に有益でありうる，と主張している。「(a) 回答の中から不正確な記述を見つけ出すために，妥当性尺度（虚偽尺度など）を使用する。(b) 不正確な回答は見つけ出されることを対象者に警告する。(c) 不正確な記述が確認された対象者には，採用を決めるために，資料を追加したり他の資料を使用したりする」。

このようなハフらの見解は支持されている。しかし，ブリンクホルンとジョンソンの取り上げた内容は，仕事場面において，パーソナリティテストが多用されていることに焦点が向けられたものと言える。いま問題となっているのは，人事課，つまり最も仕事に適した人物の選出場面において，パーソナリティテストの使用が増加していることである。現在では，使用されているテストの大多数が，不十分なものと言える。非常に仕事に適した志願者であっても，誤って「不適切な」パーソナリティをもっているとされたことにより，彼らに合った仕事を得ることができなくなるという危険性は，実際に存在している。人事課において最も信頼性，妥当性のあるテストのみが確実に使用されるようにしていくことは，早急に必要なことと言える。

議論のポイント
1. 多くのパーソナリティテストは，パーソナリティを的確に測定していると考えられている。しかし，パーソナリティテストを用いても，職務遂行行動を十分に予測できないことが，しばしば指摘されている。このようなことが起こるのはなぜであると考えられるか？
2. 人事課において信頼性や妥当性の低いパーソナリティテストを使用するか否かは，どの程度重要なことであると考えられるか？

結論

第一に，パーソナリティテストの予測力には，やや低いものであるという傾向がみられるものの，パーソナリティテストには，一貫した結果が示されている。特に，（達成動機，良心性などの）動機づけと関連したパーソナリティ特質は，仕事における成功との明確な関連性が示されている。第二に，仕事に最適な求職者を選び出すことに対して，企業は非常に高い関心をもっている。パーソナリティテストは，選考過程の中で重要な役割を担っているが，それと同時に，誤認による非常に大きな損失も被っている。第三に，多くのパーソナリティテストは，職務満足感の予測にも有益なものと言える。職務満足感は，就労者一人ひとりにとっても，就労者が所属する仕事集団の凝集性にとっても重要なものである。たとえば，神経症傾向，あるいは特性不安と職務満足感には，一般に，約 − 0.3 から − 0.4 の相関が認められている（ブリーフら Brief *et al.*, 1991）。しかし，この結果は，単なる相関関係の結果にすぎず，特性不安や神経症傾向の高い人が，仕事に対してより多くのストレスやつらさを感じる可能性がありうることを示唆しているだけのことと言える。第四に，不適切なテストが人事課でしばしば使用されており，そのために，雇用に値する優秀な求職者を不採用としてしまうこともありうると考えられる。

図 27-10 仕事が異なれば，その仕事に適する人も異なる。証券取引所のような非常にストレスがたまる仕事の環境においては，自己判断や意思決定に自信のない内向的で神経質な人が成功感や幸福感を感じるなどということはありえないだろう。

パーソナリティの特性理論

パーソナリティの研究者たちは，パーソナリティは多くの**特性**（traits）——行動を説明するために使用される，広範で半永続性，安定性のある内的特徴——から構成されていると主張してきた。たとえば，朗らかさや話好き，社会行事への参加などといったものは，どれも，「社会性」等のパーソナリティ特性の基盤と言える。社会性，特性不安，外向性などの特性の得点は，平均点前後となる人が多く

キー用語
特性：比較的永続的で広範なパーソナリティ特質。

なるように配分されている。

因子分析

　多くの特性研究者によって使用されている因子分析は，質問紙，評定結果，もしくは他のパーソナリティ尺度を構成する項目の内的相関に関する情報を使用するものである。二つの項目が互いに高い相関を示していれば，その2項目は知性の同じ因子あるいは同じ側面を測定していると考えることができる。逆に，二つの項目に相関が認められなければ，それらは異なった因子を測定していると考えられる。たとえば，開放性，社会的状況下における安心感，集団活動への参加希望といった項目は，外向性因子と高い相関があると考えられる。

　しかし，因子分析には，限界も多くある。第一に，因子分析では，分析を実行する項目内に存在する因子のみを明らかにすることしかできない。したがって，もし社会性に関する項目を含むことなく因子分析を行った場合，分析結果に社会性の因子が示されることはない。

　第二に，因子分析は，単なる統計的な手法であり，それゆえに，理論や研究のための指針を示唆することのみが可能と言える。そのため，抽出された特性が日常生活の中で重要であるという根拠を示すことが必要と言える。

　第三に，因子分析は，かなりの割合で，いくぶん曖昧な結果を含んでいる。特定のデータから抽出される因子つまりは特性の数や性質は，データに基づいて実行された因子分析の精密な形式に沿って決定されたものと言える。

　因子分析を行う場合，2因子間つまり2特性間の相関の有無を明らかにしなければならない。**直交因子**を用いた場合，すべての因子は互いに無相関でなければならない。つまり，特性のうちの一つのレベルがわかっていても，その他の特性のレベルを予期することはできない，という状態でなければならない。これとは対照的に，**斜交因子**の場合，因子間では互いに相関が認められる。直交因子を使用しているのは，アイゼンクやビッグファイブモデル（Big Five model）の研究方法である。一方，キャッテルは，斜交因子を使用している。この二つの分析法には，それぞれに限界がある。重要と考えられるパーソナリティ特性間には相関がみられないという明確な根拠が示されていないため，直交又は独立因子の信頼性は任意のものと言える。斜交因子の信頼性は，多数のパーソナリティ特性が抽出されていることにより確認されているが，その中には，類似した特性も含まれる傾向が示されている。

キャッテルの特性理論

　特性について研究している人々は，重要なパーソナリティ特性が（質問紙などの）測定用具にすべて含まれていることを，どのようにして証明するのか？　レイモンド・キャッテル（Raymond Cattell）

> **キー用語**
> **基礎的語彙仮説**：辞書には，主要なパーソナリティ特性すべてを描写する用語が含まれているという考え方。

は，この問題を解決するために，独創的な研究方法を使用した。彼が用いたのは，**基礎的語彙仮説**（fundamental lexical hypothesis）である。この仮説では，言語には，主要なパーソナリティ特性すべてを描写する単語が含まれているという立場をとっている。

キャッテルは，この仮説を立てたことにより，オルポートとオドバート（Allport & Odbert, 1956）の研究に着目した。オルポートとオドバートは，パーソナリティと関連のある用語全18,000語を辞典から抽出し，その中の4500語を，パーソナリティを表す用語として捉えた。次に，同義語やまれにしか使用されない用語を削除し，4500語を160語に整理した。これに，キャッテル（1946）は，パーソナリティの文献を参考として11の特性を加え，最終的に，パーソナリティ描写に重要と考えられる用語を網羅した，計171の特性用語を作成した。

キャッテルの16PF因子
ペアとなっている単語は連続した用語であることを覚えておくこと。

打ち解けない	開放的な
知能の低い	知能の高い
感情的な	感情の安定した
謙遜な	主張的な
生真面目な	気楽な
利己的な	良心的な
内気な	大胆な
頑固な	柔軟な
信頼する	疑い深い
実際的な	想像的な
素直な	如才ない
穏やかな	不安な
保守的な	革新的な
集団依存的な	自己充足的な
衝動的な	統制された
リラックスした	緊張した

しかし，キャッテルは，これ以外にも，取り出すことの困難な特性はまだ多く残されていると考えていた。そこで，関連があると考えられる先行研究の結果を参考に，高い相関を示す特性は，基本的に類似した特性であり，単一の基礎からなる特性を反映したものであると考えた。この方法を用い，キャッテルは，特性数を35とし，それらが容易に観察できることから，**表面特性**と名づけた。この表面特性は，評価研究によって調査された。この評価研究による結果から，キャッテルは，表面特性に基づいた基礎特性である16**根源特性**の存在を明らかにした。

評価データ，つまり彼の言う生活記録（life（L）data）を用いて16特性を見出した後，キャッテルは精力的にも，質問紙（Qデータ）と客観的テスト（Tデータ）を用いて，パーソナリティ特性の研究を行っている。Qデータは，「あなたは，ときどき，気分によって，自分の心の中でさえ理性的でなくなることがありますか？　はい／いいえ」などの多肢選択質問によって収集された。Tデータは，不安を測定するための身体的動揺の量や，臆病さを測定するための，たとえば風船が破裂するまでにかかった時間などといった，客観的な方法によって収集された。彼は当初，L，Q，Tデータは，すべて同一のパーソナリティ特性を表出させるものと予測していた。しかし，実際に得られた結果では，LとQデータから得られた特性には適度な類似性が認められたが，Tデータからは異なる特性が見出された。

根　　拠

キャッテルの作成した高名な尺度，16人格因子質問紙（Sixteen Personality Factor Questionnaire）は，一般に，16PFと呼ばれている。

これは，16のパーソナリティ因子を評定するためのものであるが，項目の中には，厳密な意味ではパーソナリティというよりも知能や社会的態度と関連のある項目も含まれている。16PFは高く評価されているとはいえ，不十分な点もある。このテストの体系的な因子分析によって，実際には，16PFが16の異なるパーソナリティ特性に近似の特性を測定するものではないことが示されている。たとえば，バレットとクライン（Barrett & Kline, 1982）は，約500名を対象に16PFを実施した。彼らは，データから5種の異なる因子分析を実行した。その結果，因子の中にはキャッテルの結果と完全に一致するものも幾つかみられたものの各因子分析において，7から9の因子を得ており，これらの因子は，概して，キャッテルの提唱した因子との密接な関連は認められなかった。

評　価

　キャッテルの研究方法は，二つの点で非常に綿密な手法であったと言える。第一は，彼の用いた基礎的語彙仮説が，重要でないパーソナリティ特性を確実に削除することを補助した点である。第二は，彼が，評価，質問紙，客観的テストのデータを用いてパーソナリティ特性の大規模な調査を行った点である。たとえ実際には客観的テストによるデータから十分な結果が得られることはなかったとしても，主要なパーソナリティ特性が全3種のデータの中に現れるであろうとする彼の仮説は，説得力をもったものと言える。

　キャッテルの研究方法の短所は，彼が，斜交つまり相関のあるパーソナリティ因子——直交つまり独立した因子よりも常に値が小さく，見出しにくい傾向をもつ因子——を強調している点にある。端的に言うと，これが16PFの課題であったと言える。

アイゼンクの特性理論

　因子分析を，人のパーソナリティ構造を見出す有効な手法として捉えている点で，アイゼンク（1947など）は，キャッテルと一致した見解をもっていると言える。しかし，直交つまり独立因子と，斜交因子の使用法の点で，相違がみられる。キャッテルは一貫して，斜交つまり相関のある因子を主張してきた。それは，最も効果的にパーソナリティ描写を行うことができるのは，この因子分析であると捉えているためである。対照的に，アイゼンク（1947）は，直交つまり独立因子が適切であると主張している。それは，斜交因子は，しばしば，かなり微弱であるために，常には因子を見出すことができないと捉えていたためである。

　アイゼンク（1944）は，まず最初に主要な斜交因子を明らかにするために因子分析を行った。研究の対象者は，神経障害を抱えた患者700名であった。精神科医の評定により39項目は，十分公正に，**神経症傾向**と**外向性**の2因子（2特性）が抽出された。神経症傾向を強く示す人は，低い人よりも緊張感や不安感を高くもち，外向的な人は，内向的な人よりも社交的で，衝動的であった。

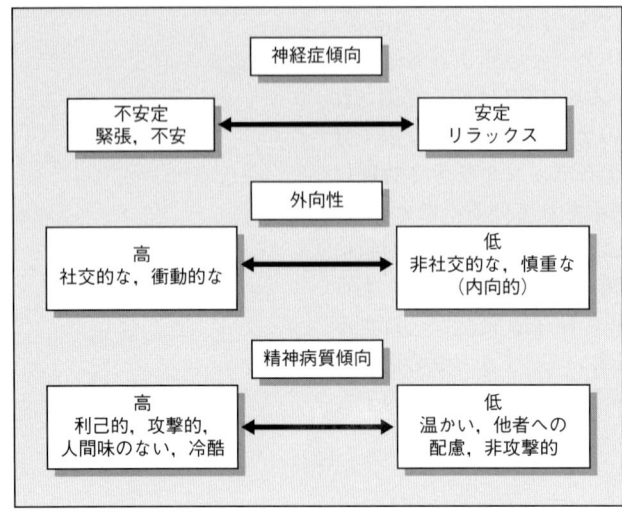

図27-11 アイゼンクによるパーソナリティの3要素

その後に行われた，正常な人とそうでない人を対象とした研究の多くは，神経症傾向因子と外向性因子の重要性を示唆している。アイゼンクの人格目録は，これら二つの因子を測定できるように構成されている。重要なことは，この2因子は，キャッテルの16PFにも含まれている。キャッテルの見出した斜交因子（相関のある因子）は，一次元の因子として知られている。因子分析によってこの一次元因子が見出されるとすれば，16PFから直交の二次元因子を得る可能性はある。実際に，サヴェッリとブリンクホルン（Saville & Blinkhorn, 1981）が行った結果，16PFから神経症傾向と外向性と類似した二次元因子が抽出された。

さらに，アイゼンク（1978）は，第三のパーソナリティ因子を付加し，その因子を**精神質傾向**と名づけた。精神病質傾向得点が高いことは，「利己的，攻撃的，衝動的，人間味のない，冷酷，他者に対する共感や関心の欠如，他者の権利や幸福に対する一般的な無関心」を示している（アイゼンク, 1982, p.11）。

神経症傾向，外向性，精神病質傾向は，アイゼンク人格質問紙（EPQ）により測定することができる。EPQの測定結果で示されているように，これらの3因子は，皆，ほとんど相関がみられない関係（直交の関係）にある。

神経症傾向，外向性，精神病質傾向というパーソナリティ特性は，どのようにして生じるものなのか？　その点について，アイゼンク（1982, p.28）は，「主要なパーソナリティ特性の相違は，遺伝子要因によって，およそ3分の2を説明することができる」と述べている。

根　拠

神経症傾向は，遺伝子要因に強く影響されるという仮説は，双生児を対象とした研究によって検討されている。神経症傾向を取り上げた八つの双生児研究によると，一卵性双生児の相関の平均は＋0.52，二卵性双生児では＋0.24であった（ツッカーマン Zuckerman, 1987）。これらの結果から，神経症傾向における個人差の約40％が，遺伝子に起因していることが示唆された。

外向性にみられる個人差に対して遺伝子が強く影響しているという仮説もまた，検討されている。幾つかの調査の結果，相関係数の平均は，一卵性双

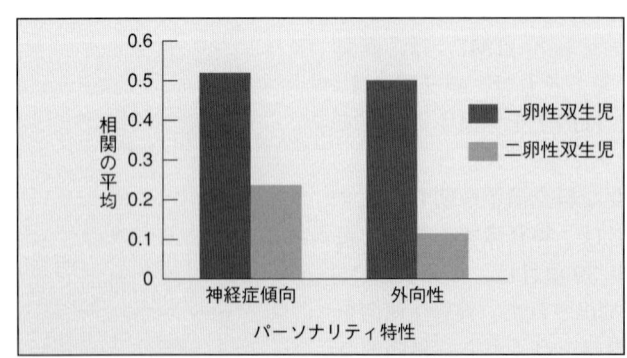

図27-12　双生児におけるパーソナリティの相関 （ツッカーマン, 1987）

生児では＋0.51，二卵性双生児では＋0.12であった（ツッカーマン，1987）。これらの結果から，外向性にみられる個人差の約40％を，遺伝子が規定していることが示唆された。

神経症傾向や外向性を取り上げた双生児研究のほとんどは，ペデルセンら（Pedersen *et al.*, 1988）によって行われたものである。異なる家庭で育てられた一卵性双生児の神経症傾向の相関係数は＋0.25，同じ家庭で育てられた一卵性双生児では＋0.41，異なる家庭で育てられた二卵性双生児は＋0.28，同じ家庭で育てられた二卵性双生児で

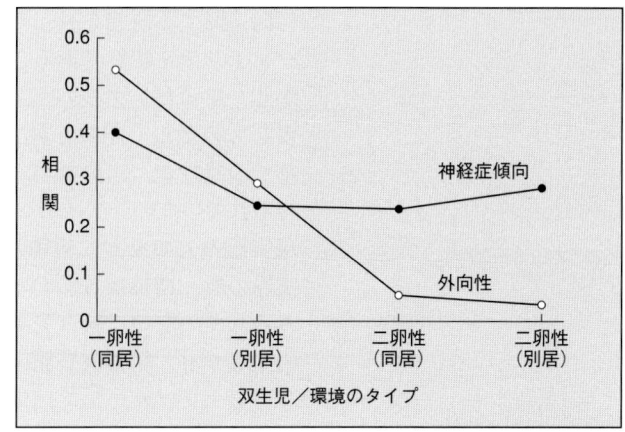

図27-13　双生児を対象としたパーソナリティの相関：環境の影響
(ペデルセンら, 1988)

は＋0.24であった。これらの結果から，遺伝子は，神経症傾向でみられる個人差の31％を説明することが示唆された。外向性に関しては，異なる家庭で育てられた，また同じ家庭で育てられた一卵性双生児は，それぞれ，＋0.30，＋0.54であった。また，異なる家庭で育てられた，また同じ家庭で育てられた二卵性双生児の場合，それぞれ，＋0.04，＋0.06であった。これらの結果から，外向性における個人差の41％が遺伝子によって規定されていることが示唆された。

ツッカーマン（1989）は，精神病質傾向を取り上げている，4編の双生児研究を概観している。一卵性双生児において，中央値の相関は＋0.52であり，二卵性双生児では，＋0.21であった。これらの結果より，精神病質傾向の個人差の約40％が遺伝子に起因することが示唆された。

このように，外向性，神経症傾向，精神病質傾向における個人差の約30％から40％が，遺伝子によって規定されることが示唆された。これらの結果は，アイゼンク（1982）の主張した67％よりもかなり小さな値となっている。報告された30～40％という結果よりも値が大きくなると考えられる理由は，二つ挙げられる。一つは，一卵性双生児は二卵性双生児よりも，一般的にみて，より同じような環境の中にいるためである。彼らの両親は，彼らと同等に接するし，彼ら自身も，多くの時間をともに過ごしたり，ともに遊んだりする。さらに，学校でも同じ先生が担任となっていることが多い（レーリンとニコルズ，1976）。もう一つは，別々に育てられた一卵性双生児は，しばしば血のつながった一族の中の二つの家族に育てられており，彼らの中には，同じ学校に通っている者もいるという点である（シールズ Shields, 1962など）。つまり，対象とした双生児たちは，おそらく，想定していた以上に似た環境で育てられていたと考えられる。

評　価

アイゼンクの主な業績は，パーソナリティ特性の外向性と神経症

傾向に関する研究を行ったことと言える。これらはともに主要なパーソナリティ特性であることが，近年明らかにされてきている。しかし，アイゼンクのいう第三の特性，精神病質傾向は，それほど重要なものとして認識されていない。その後に行われた研究からは，第三の特性が，主要なパーソナリティ特性であることを示す結果を得られていない。アイゼンク（1978）によると，精神病質傾向とは，現実感の欠如など，精神病に対する脆弱さを測定するものである。実際の所，精神病質傾向と精神病との関連は彼が想定したほどにはみられていない。統合失調症患者などの精神病の人は，非行少年や囚人よりも，精神病質傾向の得点が一般に低いことが明らかにされている（ツッカーマン，1989）。ツッカーマン（1989）は，精神病患者は，反社会的パーソナリティをもっている攻撃的な犯罪者であることから，精神病質傾向尺度は，実質的には精神異常尺度であると言える，と述べている。

　遺伝はパーソナリティの個人差を生み出す重要な要因であるというアイゼンクの強調点は，他の研究からも支持されている。しかし，アイゼンク（1982など）は，パーソナリティの個人差に果たす遺伝子の役割を過大評価していると考えられる。

　アイゼンクは，主として，自身の著書の中で，科学的・客観的な妥当性の欠如を示している。パーヴィン（Pervin, 1993, p.290）の言うように，「アイゼンクは，他者からの影響を考慮しておらず，彼の観点を実証的に支持する事柄を誇張している傾向があり……しばしば彼は自身の観点に反する結果を無視し，観点を肯定する結果を誇張している」と言える。

ビッグファイブモデル（Big Five model）

　近年，主要なパーソナリティ特性の数は五つであるという主張がなされるようになってきている。この研究方法は一般的には，ビッグファイブモデル（Big Five model）あるいはパーソナリティの5因子モデル（five-factor model of personality）と呼ばれている。これら5特性の性質に対する見解には，厳密にみると，わずかに相違がみられる。

図 27-14　ノーマン（1963）がキャッテルの評価尺度調査を行ううえで対象としたのは少人数にグループ分けした学生であった。

ビッグファイブモデルを明らかにしようとする研究の中で重要な研究として取り上げられるのは，ノーマン（Norman, 1963）の研究である。学生を少人数のグループに分け，数種のキャッテルの評価尺度に関して，互いを評価させた。回収された評価データに基づいて因子分析を行った結果，以下に示したような相関のみられない5因子が抽出された。

1. 外向性（例：話し好きな，社交的な）
2. 協調性（例：善良な，寛大な）
3. 良心性（例：勤勉な，意志が強い）
4. 情緒安定性（例：気分の安定，平静）
5. 文化（例：芸術面への敏感さ，創造性）

その後の研究においても，これら五つのパーソナリティ特性の重要性が主張されている（ただし，文化因子については例外とされる場合もある）。コスタとマックレー（Costa & McCrae, 1992）は，神経症傾向，外向性，協調性，良心性，経験への解放性を測定するNEO-PI 5因子目録（NEO-PI Five-Factor Inventory）を作成している。彼らは，第5因子の名称を，文化から経験への開放性に変更した。これは，好奇心，関心の広さ，独創性，想像力と定義されるものである。もしコスタとマックレーの5因子の名称を記憶しようと思うなら，各因子の最初の文字を組み合わせたOCEANという単語を覚えておくとよい。

コスタとマックレーの NEO-PI 5因子目録
Openness to experience（経験への解放性） **C**onscientiousness（良心性） **E**xtraversion（外向性） **A**greeableness（協調性） **N**euroticism（神経症傾向）

根　拠

パーソナリティのビッグファイブモデルは，同一（または近似）の5特性を見出すために，因子分析を繰り返し実行することによって作成されたものである（ディグマン Digman, 1990 参照）。パーソナリティの5特性それぞれに対する自己評価と他者評価には，十分な一致が認められている。たとえば，マックレーとコスタ（1990）は，自己評価の場合と配偶者からの評価の場合の相関を分析した結果，以下のようなある程度の相関が認められている；神経症傾向＋0.53，外向性＋0.53，協調性＋0.59，良心性＋0.57，開放性＋0.59。

ビッグファイブモデルの支持者たち（マックレーとコスタ，1985など）は，パーソナリティの5特性はすべて，遺伝子から強い影響を受けていると主張している。ジャンクら（Jang et al., 1996）も，5因子特性はすべて，遺伝の影響をある程度受けており，特に経験への開放性は，その傾向が強いことを明らかにしている。経験への開放性が，遺伝からの影響をより強く受けているのは，経験への開放性が知能と相関があり，知能は遺伝から強く影響を受けていると考えられているためと言える（第16章参照）。

評　価

パーソナリティのビッグファイブモデルつまり5因子モデル（そ

して，これらを測定する質問紙）を用いれば，パーソナリティ構造を的確に描写することができる。独立したパーソナリティ特性は5特性であるとする見解は，キャッテルの示した16特性とアイゼンクの示した3特性の間で，理論に基づく歩み寄りの成果と言える。コスタとマックレーのNEO-PI5因子目録に描かれているように，因子分析を繰り返し行ったことにより，主要なパーソナリティ特性の数が5であることが示唆されている。

しかし，ビッグファイブモデルは，5因子（5特性）を形成する過程の根拠を示すものではない。この他，5因子は互いに独立した因子であるという前提に基づいている点も，欠点の一つに挙げられる。この前提には多くの例外がある。たとえばコスタとマックレー（1992）は，NEO-PIの説明書の中で，神経症傾向因子と良心性因子は，互いに－0.53の相関が認められ，外向性と開放性では，＋0.40の相関が認められたと述べている。言い換えると，5因子は，彼らが前提としていたほど，互いに独立した因子ではないと言える。

特性理論の評価

パーソナリティの特性論の研究方法には，幾つかの強みがある。第一の長所は，それが正当な科学であり，そのために時代とともに発展している点である。第二の長所は，現在のところ，特性論の研究方法を用いれば，人のパーソナリティ構造の大枠を描写することができるという点である。研究グループが異なっていても，その結果は，すべて，経験への開放性，良心性，外向性，協調性，神経症傾向が，主要パーソナリティの5特性であるという結論に集約されている。第三の長所は，特性論の研究方法の中では，遺伝要因が，パーソナリティにおける個人差を生み出す重要な要因であることを，強調している点である。遺伝要因が，パーソナリティにおける個人差に明らかに影響を与えていることは，実証的に示されている。

特性論の研究方法の最大の短所は，異状況下における一貫性の前提，たとえば，状況は異なっていても，人は一貫性のある行動様式を示すという前提にある。学者の中には，人物，状況，そしてそれらの相互作用のすべてが，行動を規定する重要な要因であるとする**相互作用アプローチ**（interactionist approach）を主張する者もいる（バウアーズ Bowers, 1973 など）。相互作用の研究方法は，具体例をみることで理解することができる。たとえば，「人が高い不安感を抱くのはどのようなときだろうか？」という質問をしたとしよう。特性論者は，（不安パーソナリティをもつなど）特性不安の高い人は，より多くの不安を経験しているであろうという仮説を主張している。状況の重要性を強調する研究者は，高い不安を生み出すのは，ストレスの多い状況にさらされているためであると主張するであろう。相互作用の研究方法において重要と捉えているものは，パーソナリティと環境的なストレスが互いに関連していることによる影響である。この研究方法で想定しているように，実際に高い不安を感じるためには，高い特性不安を有することとストレスの多い状況が結び

キー用語
相互作用アプローチ：人，状況およびそれらの相互作用が行動を規定する一端を担っているという考え方。

図27-15 1998年秋の洪水を経験したら，人は家屋の耐久性への不安を増大するだろう。

つくことが必要であると言える（ホッジズ Hodges, 1968）。

　アトキンソンら（Atkinson *et al.*, 1993）は，パーソナリティと状況の相互作用には三つの異なる形態があると主張している。一つ目は，反応の相互作用——人はそれぞれ異なった方法で状況を解釈するために，特定の状況下での行動に相違がみられるという形態——である。二つ目は，思い起こさせる相互作用——自分を取り巻く社会的状況は，他者の振る舞い方に対する自分自身の振る舞い方の結果に起因するという形態——である。三つ目は，順向相互作用である。この相互作用の中では，私たちが多くの時間を過ごしている状況は，私たち自身の活動選択によってある程度決定されると捉えている。たとえば，ファーンハム（Furnham, 1981）は，外向的な人は，内向的な人よりも，社会状況の中でより多くの時間を過ごしていることを示している。

感　想

・知能に関する私の見解は，他者からみるとまだまだ議論の余地があるかもしれない。しかし，父の見解ほどではない！　私の見解は，以下のように論述している クーパー（Cooper, 1998）と一致している。「さまざまな状況下で，人がどのように行動するのかを予測するために，心理学的データを収集することができるのであれば，一般的な能力テストを推薦することを，私は躊躇しない。知能テストには多くの課題が残されてはいるが，職務遂行行動に関しては，一般に，面接や生物学的な情報などを用いるよりも，知能テストを使用する方が，より効果的に予測することが可能であるということもまた，事実である。もちろん心理学者たちは，知能テストの改善に取り組んでいかなければならない。しかし，すでに知能テストの有用性は証明されているのである」。

要　約

知能テスト

　優れた知能テストとは，標準化され，高い信頼性・妥当性を有するものである。信頼性は，一般的には，再テスト法によって評定される。妥当性の検討には3通りの方法，内容的妥当性，基準関連妥当性，テスト妥当性がある。この中で最も正確なのは，基準関連妥当性である。多くの知能テストが，高い信頼性と適度な妥当性を示している。

　知能テストの多くは，知能の中でも限られた側面のみを測定するのにとどまっており，実際に有用な知能や，音楽に関する知能，身体・運動的知能，対人的知能，個人内知能を測定することはできない。知能の概念は，説明的というより，むしろ抽象的であると主張されている。遺伝が知能の個人差に果たす役割に関しては，議論の余地が残されている。しかし，双生児や養子を対象とした研究から，西欧社会の中では，知能の個人差の約50％は，遺伝要因に起因していることが示されている。集団による知能の相違は，そのほとんど，あるいはすべてが（スラム化などの）環境的要因に起因していると考えられる。

パーソナリティテスト

　パーソナリティは，時間が経過しても，比較的変化がみられないものであり，質問紙や，評定法，客観的検査，投影検査によって測定することができる。有効なパーソナリティ測定具はすべて，標準化され，高い信頼性・妥当性を有しており，質問紙や評定法の多くが，高い信頼性と適度な妥当性を示している。この結果は，質問紙と評定法のデータの相関の度合い，つまり一致の程度をみるという妥当性の手法によって示されている。対照的に，客観的検査および

図27-16　パーソナリティテストは，ある仕事状況の中で，どのくらい十分に遂行行動や満足感を予期できるのか。

投影検査の場合では，一般的に，信頼性も妥当性も低くなっている。

　パーソナリティの心理測定テストは，法測定立的な研究方法に基づいている。個性記述的な研究方法を支持する人は，個々人の独自性を強調し，パーソナリティテストの使用を受け入れない。質問紙に記入する対象者が，社会的に望ましい回答や，黙従した回答をすることによって，歪められた結果が示されることもある。そこで，社会的に望ましい回答を見つけ出すために虚偽尺度が使用されている。これまでパーソナリティ特性の数に関して，多くの議論がなされてきたが，現在のところ，一般的には，主要特性は5特性であるという合意が得られている。ミッシェルは，異状況下における一貫性の乏しさから，パーソナリティテストには限られた価値しかないと主張している。しかし，理論的に説明することの可能な異状況下における一貫性もしばしば示されている。この問題は，人‐状況の議論と関連がある。人と状況は，行動を規定するうえで同等の重要性を有していることが，これまで明らかにされている。パーソナリティテストは，主として，職務遂行行動の予期にふさわしいものであるだけでなく，仕事に対する満足感を予期することも，かなり可能と言える。不適切なパーソナリティテストの使用は，しばしば，人事課の中においてみられているのである。

パーソナリティの特性理論

　一般に，因子分析を使用するのは，質問紙に含まれた特性（因子）の数や性質を特定するためであり，直交因子または斜交因子のどちらかを導き出すために実行される。キャッテルは，人のパーソナリティをできる限り多く査定するために，基礎的語彙仮説を使用した。彼の16PFテストは，重要であると考えられた16因子の約半分の因子のみが得られたものと言える。H. J. アイゼンクは，外向性，神経症傾向，精神病質傾向の三つのパーソナリティ特性のみを明らかにし，さらに，遺伝要因は，これらの各特性の個人差を約40％説明するものであることを見出している。外向性と神経症傾向は，主要なパーソナリティ特質であるが，精神病質傾向は主要な特質ではない。現在のところ，ビッグファイブモデルは十分に支持されている。それは，五つのパーソナリティ特性から構成されており，その特性には遺伝がある程度影響を与え，どの特性にも個人差が認められている。特性論の研究者が予測した以上に，異状況下における一貫性は小さなものであり，したがってパーソナリティと状況との相互作用を視野に入れた相互作用アプローチの研究方法が好ましいと考えられる。

【参　考　書】

　知能およびパーソナリティに関する内容は，ともに M. W. Eysenck (1994), *Individual differences: Normal and abnormal*, Hove, UK: Psychology Press の中に，詳細に論述されている。知能に関する主要な研究方法は，R. J. Sternberg (1994), *Intelligence and cognitive styles* （A.M.Colman（Eds.）*Companion encyclopedia of psychology* Vol.1 London: Routledge）で取り上げられている。L. A. Pervin (1996),

The science of personality, New York: Wiley では，非常に綿密に，パーソナリティ研究における主要な課題を網羅している。

【復習問題】

1 　知能テストおよびパーソナリティテストの利用法には，未だ議論の余地がある。そこで，このテストのどちらかを選択し，その利用法について論じなさい。　　　　　　　　　　　　　　　　　　　　　　　　　　　　(24点)
2 　心理測定テストに関する問題点を批判的に考察しなさい。　　　(24点)

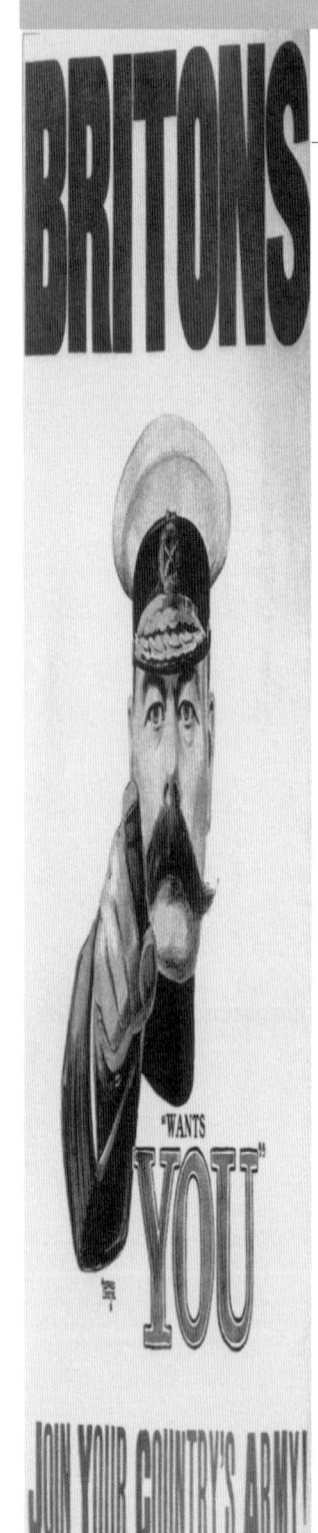

- 広告，プロパガンダ，心理戦：心理学を人々の態度や行動を制御するまたは変えるために用いることは正しいのか？
  - プラトカニスとアロンソンによるプロパガンダの定義
  - 閾下知覚
  - 推論
  - 心理学者にとっての問題点
  - マクガイアによる説得の5要因
  - メッセージの操作
  - ペティらによる受け手の特性研究
  - エイズとプロパガンダ
  - カルトと洗脳
  - 感覚遮断と尋問

- 心理学は科学か？：科学に対する見方の変化およびその人間行動の研究との関連性。
  - 科学の特質と目標
  - 客観性と反証可能性に対するポパーの見解
  - クーンのパラダイム・アプローチ
  - 再現性
  - 実験室内の実験における生態学的妥当性
  - 現象学，たとえばマズローやロジャーズ

- 文化的多様性とバイアス：一つの文化の人々に当てはまることが，他の文化の人々に当てはまらないことはよくある。
  - ホフステドによる労働に対する価値観の多国籍研究
  - ベリーによるエティックとイーミックな構成概念
  - ホウィットとウス-ベムパの人種偏見の分析

- ジェンダーとバイアス：心理学には男女差に関してあまりにも多くのステレオタイプが含まれていないか？
  - ハーレ-マスティンとマラチェクのアルファ・バイアスとベータ・バイアス
  - 社会構成主義，たとえばガーゲン，バーンズ

28 心理学における諸論争

　本章では心理学内での主な論争を幾つか取り上げてみたい。例を挙げると，心理学者は「説得」について研究を行い，人々の態度や行動を変えうる方法を幾つか発見してきた。これら発見の幾つかは，賛否両論を引き起こしつつ，広告，プロパガンダ（宣伝），心理戦に適用されてきた。本章ではこれらすべてを詳しく論じる。

　心理学者は知能やパーソナリティにおける個人の相違を測定するテストを開発してきた。テストの妥当性と有効性には疑念の余地が大いにあるにもかかわらず，それらは広範に，とりわけ個人の選別に，よく用いられている。この知能とパーソナリティについての諸問題は第 27 章で論じられている。

　心理学における最も重要な論争点の一つは，心理学は科学としてみなせるかという問題である。私たちのみるところでは，心理学は科学になろうと邁進しているが，まだその地位を得るまでには至っていない。一つは，心理学では物理学や化学のような自然科学に比べて客観的な観察をすることがやや難しいという問題である。もう一つは，実験室の条件下で得られた結果が往々にして日常生活にうまく適用できないことがあるという問題である。

　心理学者たちは，理論と研究にみられる幾つかのバイアス（bias 偏り）を徐々に意識するようになってきており，それらを排除し始めている。たいていの教科書はアメリカやヨーロッパで行われた研究に焦点が当たっており，そのこと自体が文化的バイアスの一例とも言える。ジェンダー・バイアス（gender bias）も重要である。ジェンダー・バイアスの最も一般的な形態は，現実よりも男性と女性の相違を大きく想定することである。ジェンダー・バイアスのもう一つの側面は，性差が文化的な要因よりも生物的な要因に依存しているという程度の過大視である。

広告，プロパガンダ，心理戦

　多くの心理学者が説得（persuasion）に興味をもっている。説得は人々の態度や行動を変えようとする意図的な努力を含んでいる。私たちは皆日々説得の試みにさらされている。たぶんそのほとんどが明らかに広告からである。たいていの人は，テレビ，ラジオ，映画，広告用の看板，新聞で毎週数百から数千の広告に出くわしている。企業は自社の製品を買わせるために巨額の宣伝費を費やしている。
　消費者を操って本当は望んでもいない製品を購入させることを目

図 28-1

英国人たちに告ぐ
諸君
われらが国の軍隊に入ろう！
国王陛下万歳

キー用語
説得：他者の態度と行動を変えようとする意図的な試み。

「態度」をどのように定義するのか？　人の態度を変えても，行動を変えないことは可能だろうか。

> **キー用語**
> プロパガンダ：人々の態度と信念を操作する目的で系統立てられた試み。

的として，広告主が説得方法の知識を利用するやり方については，多くの人々は納得がいかないだろう。しかしながら，説得にはもっと物議をかもし，憂慮すべき用途がある。**プロパガンダ**（propaganda）がその一つであり，プラトカニスとアロンソン（Pratkanis & Aronson, 1992）は以下のように定義している。

> シンボルの操作と個人心理学を通じての大衆への示唆と感化。プロパガンダは，懇願を受けた人物が，その訴えをあたかも自分自身の立場であるがごとく「自らの意志で」容認するようになることを最終目標とするコミュニケーションである。

「説得」と「プロパガンダ」の区別はどれくらい容易なのか？　両者の似ている点と異なっている点は何か？

しかしながら，プロパガンダをもう少し明確に定義すると，「しばしば虚偽や欺瞞を用いて行われる偏向した思想や意見の宣伝」となる（プラトカニスとアロンソン，1992, p.9）。

大衆プロパガンダとして有名な例を一つ挙げるとすれば，ナチ・ドイツで行われたものであろう。他民族すべてに対するドイツ民族の優越性とユダヤ民族の劣等性が，非常に扇情的なやり方で繰り返し強調された。ナチ政権は，異論を唱えることを封ずると同時に権威への服従を力として，これらの不快なメッセージの影響力を最大限に引き出そうとした（第21章を参照）。このプロパガンダの一部では，ユダヤ人たちは下水管からはい出てきたドブネズミであることをほのめかした。こうして，彼らは人間ではなく社会の害虫とみなされるようになり，約600万人にも及ぶ大量虐殺への道筋が作られていった。

図 28-2　強烈なライト，不眠，飢え，屈辱，すべてが脅迫の武器として使用される。

説得は**心理戦**（psychological warfare）にも一枚かんでいる。心理戦は葛藤状況で使用され，プロパガンダ，洗脳，感覚・知覚遮断，さまざまな尋問テクニック，戦闘耐性訓練などを含んだ多様な形をとる。戦闘耐性訓練は，たとえば集団虐殺のフィルムを繰り返し見せて，兵士たちが敵を殺すことにためらいを感じさせないようにするなどである。

まず，最初に広告主たちが認知過程に影響を及ぼすために用いる幾つかのアプローチを検討してみよう。次に宣伝とプロパガンダに見出される説得のテクニックについて論ずる。最後に，心理戦の問題を取り扱うことにする。

> **キー用語**
> 心理戦：葛藤状況において用いられる説得のテクニック。洗脳，戦闘耐性訓練，プロパガンダ，尋問を含んでいる。

広告：認知過程

ある広告を見たり聞いたりする場合，私たちは第10〜14章で論じてきたさまざまな認知過程を行使している。こうして，私たちは

広告に注意を向け，知覚し，広告に含まれる情報から推論を行っているかもしれない。これらの処理活動の結果，それ以後その広告を記憶しているかもしれないしそうではないかもしれない。この処理過程は広告主たちにとって関心の的である。もし，ある広告が宣伝製品の売り上げ上昇をもたらした場合，その広告は記憶されていたに違いない。広告が認知過程に及ぼす効果の一部を本節で検討する。

閾下知覚

閾下知覚（subliminal perception）は，意識的な認識が起こる閾値以下の強度ないし短時間でその刺激が提示されたにもかかわらず，知覚が生じていることである。製品を売るには閾下知覚が効果的であるという信仰は広く受け入れられている。ある研究によれば（ザノット，ピンカスとランプ Zanot, Pincus & Lamp, 1983），閾下広告について知っているアメリカ人の70％が，閾下広告が消費者の購買慣習に影響を与えると信じていた。

> **キー用語**
> 閾下知覚：意識的に認識できる閾値以下の刺激により生ずる知覚。

業績が悪化したマーケティング事業を経営していたジェームズ・ヴィケリィ（James Vicary）が，閾下広告に関心を向け始めた。彼は，1957年に「ポップコーンを食べよう」「コカコーラを飲もう」という言葉を3000分の1秒といった短時間で上映中の映画のスクリーンに幾度も提示したと発表した。この閾下広告は6週間以上続けられ，上映中にコカコーラは18％，ポップコーンは58％の売り上げ増大の効果があったと推定されている。しかしながら，上映された映画，『ピクニック（picnic）』には飲食のシーンが幾度もあった。したがって，売り上げ増加の原因が閾下広告にあるのか映画それ自体にあるのかは定かではない。さらに困ったことに，ヴィケリィが彼のビジネスのてこ入れのために研究を丸ごとでっち上げたという気配が濃厚である（ワイアー Weir, 1984）。

> **閾下広告**
> それがすべて効果的であるという証拠がないにもかかわらず，閾下広告はイギリスでは違法とされている。閾下広告と閾下メッセージの問題は，人々が自分たちが知らない間に支配されてしまっているという陰謀説を唱える理論家たちには格好の材料を提供してきた。しかしながら，実際には存在しないはずの閾下メッセージの存在をほのめかすことは，人々を支配するために等しく効果的なやり方とみなせるだろう。どのみち，あなたがそのメッセージを感知できれば，それは閾下ではなくなるのである！

プラトカニスとアロンソン（1992）は，閾下広告に関する研究を200以上検討し，閾下広告が効果を示す証拠はほとんどないと結論づけた。しかしながら，多くの実験室研究では閾下知覚の存在が示されている。たとえば，モッグら（Mogg et al., 1993）の研究を検討してみよう。彼らは不安の高い患者たちに色の命名を行うように求め，同時に脅迫的または中性的な単語を閾下レベルで提示した。モッグらは，不安傾向の患者は，中性的な単語よりも脅迫的な単語と対にされた方が，色の命名に長い時間がかかることを見出した。これは，患者たちは何が提示されているかを意識的に感知しなかったにもかかわらず，単語のもっている威嚇値の処理を行ったことを示している。

もし閾下知覚が存在しているならば，なぜ閾下広告はそれほど効果的ではないのだろうか。実験室で発見された行動に対する小規模で直接的な効果（たとえば，色の命名の遅延）を生ずるためには，

小売業者たちはお客にもっとお金を使ってもらうためにどのように閾下知覚を用いているか。

閾下刺激は非常に限局された処理で十分である。対照的に，人々を普段なら購入しないような製品を買わせるようにし向けるには，閾下刺激の全処理を完全に終了していることが必要とされる。

推　論

ある製品についての誤った主張を行った広告主は窮地に立たされることになるだろう。この問題を避けて通るため，しばしば直接的な断定は避けられ，代わりに人々にある種の推論をはたらかせようとし向けられる（p.499参照）。たとえば，広告主たちは通常「Xは他の粉末石鹸より白く洗える」とは言わない。人々がXは他の粉末石鹸より白く洗えると推論することを願いつつ，「Xはより白く洗える」と述べるだけである。もし疑われたとしても，広告主はその広告は単にXは石炭の粉よりも白く洗えることを意味しているだけだと言い張るだろう。

消費者に誤った推論をさせるもう一つの代表的なやり口が見出されるのは，幾つもの断片化された情報を報告している車の宣伝である（たとえば，新しいZはフロントシートがAより広い，リアシートの座面はBよりゆとりがある，トランクはCより大きい）。これはZが驚くほどゆったりとした車であることを暗示している。しかしながら，全体的にみると新車Zは，実際はA，B，C車に比べて狭苦しいことは十分にありうる。

倫理的問題：広告における言葉遣い

広告で用いられる言葉はできる限り正確で人を惑わすことを意図してはならない。民放のテレビプログラムと編成は目の肥えた視聴者を増加させたし，メーカーは製品に苦情が出た場合には法的な問題を考慮しなければならない。ある大手のビール会社はうまくその問題を避けるために宣伝文句に「おそらく」という言葉をはさんでいる。

■やってみよう：言葉を用いずにスポンサーが製品の望ましいメッセージを伝えるやり方についてリストを作ってみよう。アルコール飲料やお菓子の広告がよい例を提供している。

言葉を使用しない広告方法のリストを調べなおし，それらの非忘却性がどのくらい処理の深さや示差性（distinctiveness）に依存しているかを検討してみよう。

人々は主張と暗示とを区別しているのであろうか。ハリスら（Harris et al., 1980）は，人々にアメリカのある大手テレビチャンネルのイブニング・ニュースを見ているかどうかをたずねた。ニュース番組の間さまざまな製品のコマーシャルが流れる。それらはオールスパイスのアフターシェイブローション，マゾーラのマーガリン，エバーレディーのバッテリー，ミラー・ハイライフ・ビール，フォードの自動車などである。これらの広告について質問が行われたとき，当事者たちはその表向きの宣伝文句と同じくらいに暗に含まれた宣伝文句が本当であると信じていた。

記　憶

広告が効果的であるためには，記憶されやすさが必要なことは明らかである。そのことを実現するためには幾つかの方法がある。その一部は第13章で論じた。たとえば，ある情報が特徴のあるもしくは異例の方法で処理された場合，それは通常よく記憶される（アイゼンクとアイゼンク Eysenck & Eysenck, 1980）。そのことを踏まえて，多くの広告主たちが自分たちの広告に際だった特徴をもたせようとしている。そのよい例が，風景やありそうもない背景にたばこ

の箱といったベンソンとヘッジス（Benson & Hedges）のシリーズ広告である。

　ジャコビー（Jacoby, 1978）は，研究協力者に関連する単語（たとえば，足－くつ）を対提示する実験を行った。ある条件では，研究協力者たちは単にすべての単語対を読むだけであった。他の条件（問題解決条件）では，各単語対で2番目に提示されるはずの単語を答えなければならなかった（たとえば，足－く＿）。研究協力者がその単語が何であるかを決定する際に努力を要した場合，各対の2番目の単語はよく記憶されていた（57％対27％）。このアイディアはフィナンシャル・タイムズ（*Financial Times*）の広告キャンペーンのスローガン「フィナンシャル・タイムズ（FT）がなければ，コメントを拒否」（No FT, no comment）で用いられた。この広告の一部には，下記の事項が含まれていた：ABCDEGHIJKLMNOPQRSUVWXYZ。その狙いは，以下のようであった。広告を読んだ人たちがFとTの欠落を思いつくまで少し時間がかかり，それはこの広告を人々に一層よく記憶させるだろう。

論争中の問題

　いままでみたように，広告主は心理学者によって得られた知識をさまざまな製品を売ることに利用している。これは問題になりそうなことなのだろうか。たぶんそれは売られている製品の性質次第であろう。特定のブランドのソフトドリンク類の広告は通常無害であるとみなされている。しかしながら，故意に人々に喫煙を勧めるような広告は一般に承認されていないし，多くの人たちが若者向けの「アルコール炭酸飲料」の広告を不愉快と感じている。心理学者の研究成果が，喫煙を原因とする死や若者のアルコール過剰摂取を（間接的にしろ）招くとしたら，明らかに憂慮すべき事態である。

　どうすべきだろうか。基本的に二つの大きな可能性がある。第一

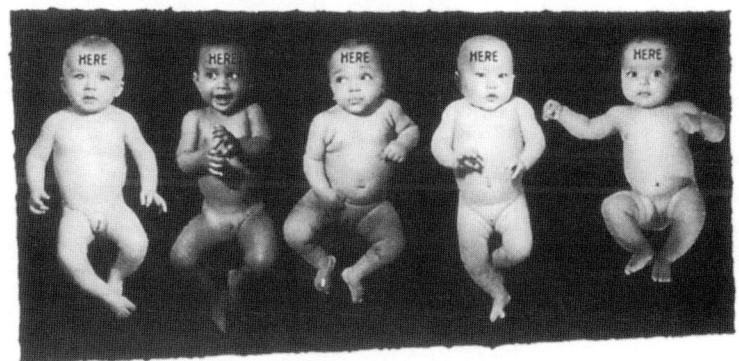

イギリスには人種差別のない場所がいくらでもある。

図28-3　人種平等委員会によって作成されたこのポスターは説得によって人々の態度を変えようとした広告キャンペーンの一例である。

倫理的問題：選択の自由という考え方はある種の広告方法が禁止されていることと両立しうるのだろうか。

は広告の効果を高めるような研究を心理学者たちが中止することである。第二は望ましくない製品に関しては広告を防ぐ法律を通過させることである。現実には第二の取り組みだけが実施されている。イギリス政府や他国の政府はたばこの広告を制限ないし禁止する法律を通過させ、若者向けのアルコールの広告を抑えようと試みている。

説　得

マクガイア（McGuire, 1969）は説得には五つの異なる要因が含まれていることを指摘した。

1. 情報源：情報源は魅力，力，信憑性などの点で大きく異なっている。
2. メッセージ：提示された情報は理性または感情に訴えるかもしれないし，それが多くの事実を含んでいるかどうかは五分五分である，など。
3. チャンネル：メッセージは視覚的または聴覚的に提示され，両者が同時に用いられた場合が最も効果的である（たとえば，テレビ広告）。
4. 受け手：説得的なメッセージの効果は，一部は受け手が払う注意にも依存するし，各人のパーソナリティ，既存の態度，知的レベルにも依存している。
5. 目標行動：説得は小さな行為（たとえば，特定の政党に投票する）の方が多大な行為（たとえば，その政党の選挙運動で週末を過ごす）よりも簡単である。ここで留意すべきは，態度の変化なしには行動は変化しないし，逆もまた同様であるということである。

図28-4　人々にちょっとした行為をしてくれるように説得することはたやすい。

情報源

コミュニケーションの情報源が各人にとって説得的であるためにはどんな特徴を備えているべきなのか。伝達者が，信頼が置けて，魅力的で，専門的知識が豊富で信憑性があり，メッセージの受け手に似ていれば，通常はこれらの特質に欠ける伝達者よりも大きな態度変化を起こさせる（ペティとカシオッポ Petty & Cacioppo, 1981）。ホヴランドとワイス（Hovland & Weiss, 1951）は情報源の特徴の重要性を明らかにした。研究協力者たちは薬物の服用に関してある情報を与えられ，その情報源は有名な医学雑誌または新聞であることを信じ込まされた。情報源が医学雑誌であると考えられた場合には，その情報伝達によって起きた態度変化量は2倍以上となった。

デュースとライツマン（Deaux & Wrightsman, 1988）が指摘しているように，情報源からのメッセージを無視させるような二つのバイアスが存在する。第一は，**報告バイアス**（reporting bias）であり，情報源が進んで真実を明かそうとしていないと私たちが考えたときに生ずる。たとえば，再選を目指す政治家は経済が実態経済よりも順調であると主張する可能性が大いにある。第二は，**知識バイアス**（knowledge bias）であり，私たちが情報源のもつ内容が不正確な可能性があると考えたときに生ずる。たとえば，非常に裕福な人はホームレスの人々が経験する問題についてほとんど知らない可能性がある。

> **キー用語**
> **報告バイアス**：情報源が真実を語りたがらないという理由からメッセージを軽視すること。
> **知識バイアス**：情報源の知識が不正確であるという理由からメッセージを軽視すること。

メッセージ

バランス 特定の観点から人々を説得しようとする場合，私たちは主張のある一面のみを提示しようと決定するかもしれない。これは特にプロパガンダにおいて共通している。ヒットラー（Hitler）によれば，「私たちのプロパガンダが相手側の正当性を少しでも許容したら，私たちの正当性に疑いの基礎が築かれる」。もう一つの方法は主張の両面を提示するが，反対面の弱点を確認しようとすることである。どちらの方法が効果的であろうか。後にわかるように，一般的には（決していつもというわけではないが）主張の両面を提示する方が効果的である。

第二次世界大戦の終わり頃，アメリカ軍は兵士たちに日本がただちに簡単に敗北すると思わせたくなかった。したがって，ラジオ放送が二つ用意され，両者とも日本の抵抗は少なくも2年以上は続くと公言した。一つの放送は戦争が長期化する見解のみを，もう一つの放送は長期化と早期終結の両方の見解を含んでいた。

ホヴランド，ラムズデインとシェフィールド（Hovland, Lumsdaine & Sheffield, 1949）は，一方的な主張だけの放送よりも，両主張を含む放送の方が，戦争が2年以内に終結すると考えていた兵

> **先有信念**（pre-existing beliefs）
> ホヴランドら（1949）は，先有信念がある特定のメッセージの受け取り方に大きく影響することを実証している。卑俗な言葉で言えば，私たちは「自分の先入観を確かめることが大好きである」。態度変化のしやすさに強く影響しそうな他の要因は，集団同調と自己イメージまたは自己概念である。自分自身と自分たちと同一視している人々をどのように理解しているかは，広告やプロパガンダよりも私たちのものの見方に大きな影響をもっているかもしれない。メディアにはほとんど注目されないか無視されるような行動の例が多くあるが，入れ墨やピアスのように人気が高い例もある。

士たちに大きな態度変化を生じさせたことを見出した。彼らはすでに戦争の早期終結を支持する主張の一部を熟知しているため，一方的な放送は見方が偏った平凡なものであると判断した。逆に，戦争が長期化すると信じていた兵士たちは一方的な放送に大きく影響された。

　ラムズデインとジャニス（Lumsdaine & Janis, 1953）は，一方的ないし両面的なメッセージを与えられた人々についての研究を行った。両面的なメッセージを受け取った人々は，後に本来賛成であった立場に反論するメッセージに接しても影響を受けなかった。なぜこのようなことが起こったのだろうか？　両面的なメッセージを最初に与えられた研究協力者たちは，すでに2番目のメッセージがもつ反論に気づいており，それらの反論の弱点についても知悉していた。

　恐　　れ　　しばしば情動的なメッセージは非情動的メッセージよりも効果的であると仮定されている。根拠は入り交じった状態である。ジャニスとフェシュバック（Janis & Feshbach, 1953）は，研究協力者たちに映画を見せて，彼らの歯磨きと歯科通院の習慣を変えようとした。軽い恐れを生じさせる映画を見せられると，人々は前にも増して自分の歯の手入れを行うようになった。しかしながら，歯の手入れを怠った結果として起きる痛みや不快感を強調して，強度の恐れを生ずる映画を見せられた人々には態度変化はみられなかった。

ジャニスとフェシュバックの結果とセリグマン（Seligman, 1975）の学習性無力感の研究との間をつなぐものは何であろうか？（第10章を参照）

　レーベンソール，シンガーとジョーンズ（Leventhal, Singer & Jones, 1965）は，破傷風による恐縮発作の映画を見せた。高恐怖映画を見せられた研究協力者たちは，低恐怖映画を見せられた研究協力者たちよりも，破傷風への態度とその予防接種を受けることへの価値観を大きく変化させた。しかしながら，実際に破傷風の予防接種を受けたかという点では2群間に差はなかった。これは非常に重要な点を明らかにしている。コミュニケーションはしばしば行動よりも態度に効果的な違いをもたらす。

図 28-5　この感情的な広告は飲酒運転に対する人々の態度や行動を改めさせることを目的としている。

高恐怖コミュニケーションが，態度と同様に行動に効果を及ぼすにはどのようにすればよいのだろうか。レーベンソール（1970）は，危惧される結果を回避するためには何をすべきであるかという明確な指示が伴っていれば，高恐怖コミュニケーションは行動にも効果があることを見出した。喫煙者は，X線写真で肺ガンに罹患していることがわかる若者の映画とそれに続く肺ガンの手術の映画を見せられた。映画が喫煙行動を減少させるうえでさらに効果的であったのは，喫煙者がタバコの代わりに雑誌を買うこととタバコを吸いたい衝動に駆られたら水を飲むことを指示された場合であった。

　ロジャーズ（Rogers, 1983）は，恐れが態度と行動の変化に対して異なる効果をもつことを説明するために防護動機理論（protection-motivation theory）を提唱した。この理論によれば，恐れは以下の条件下で効果的に作用する。

■やってみよう：ロジャーズの防護動機理論をHIV感染の危険性のキャンペーンを立案する仕事に適用してみよう。それは行動を変えるのにどの程度効果的だろうか？　この理論的アプローチと比較して過去のキャンペーンはどうであろうか。

・受け手が危険が深刻であることを受け入れていること。
・受け手が危険が発生しそうであることを受け入れていること。
・受け手が危険を避けるために推奨された方法が有効であると信じていること。
・受け手が各人とも推奨された行為を実行するのに必要なスキルをもっていると信じていること。

受け手

　ペティ，カシオッポとゴールドマン（Petty, Cacioppo & Goldman, 1981）によれば，態度変化に対する説得的メッセージの影響力は受け手の性格による。人々を説得するには異なったルートをもつ2つのまったく違った方法がある。メッセージ内容を慎重に考慮する動機に駆られている受け手は，**説得への中心的ルート**をたどる。これは説得的メッセージの詳細な検討を意味する。動機づけの少ない受け手は**周辺的ルート**をたどる。これはメッセージの内容よりもメッセージの非内容的側面（たとえば，議論の多さ），文脈（たとえば，伝達者の魅力）の方が影響力をもつことを意味する。したがって，周辺的ルートを使用する人々は相対的に説得的メッセージに対する注目度が低い。

　ペティらは上記の考えを検証した。ミズーリ大学の学生たちは新しく大規模な試験が導入されるべきだという見解を強く支持するメッセージを読んだ。すべての学生は卒業するためにこの試験に合格する必要がある。中心的ルートを使用するような強い動機づけを与えるため，研究協力者の一部にはこの試験が来年から導入されるかもし

キー研究評価―ペティら

　ペティらの研究に関する問題点を強いて言えば，研究協力者群の間のバランスがとれていないことである；すべての認知的処理レベルに関わる要因が2群間であまりにも異なっているため，彼らの反応が合理的に比較できない。主要な変数（メッセージの質と情報源）の操作は，受け取られたメッセージに対する反応を決定するうえで有効であることを示した。しかし，2番目の周辺的ルート群の場合，低い注意レベルや想起レベルといった仲介変数の可能性が両群の直接的比較を疑わしいものとしている。実験後に比較するために，評価に対する研究協力者たちの感情を実験前に測定する必要あるだろう。一般的に試験がうまくいかなかった学生は，メッセージの内容や文脈，それが自分に直接影響及ぼすことかどうかはさておき，メッセージに対して否定的に反応するかもしれない。

れないと告げられた。他の研究協力者には10年間は変わらないであろう、だからいかなる変化も個人的には影響がないであろうと告げられた。以上のことは、その文章を徹底して検証する動機づけを低めて、彼らが周辺的ルートを使用するように計画された。

ペティらは異なった種類のメッセージを幾つか用意した。メッセージは専門性の高い情報源（高等教育に関するカーネギー委員会）と低い情報源（地方高校のクラス）のどちらかに由来するものとされた。メッセージにおける主張の質も変え、統計や他のデータに基づく強い主張ないし個人的な意見や逸話に基づく単に弱い主張とした。

ペティらは何を見出したのか。中心的ルート使用を予想された学生たちがどう説得されたかを決定づけている主要因は、主張の質であった。対照的に、周辺的ルート使用を予想された学生たちへの説得性に影響を及ぼした主要因は、メッセージの情報源であった。このように、彼らは説得に至る二つの別個なルートがあるという十分な根拠を得た。

議論のポイント
1. 最も説得力があるメッセージが影響を及ぼすのは中心的ルート経由だろうか、それとも周辺的ルート経由だろうか。
2. どのような動機づけ要因が説得的メッセージに対して細心の注意を払わせるのだろうか。

イーグリーとチェイキン（Eagly & Chaiken, 1993）は、ペティ（1981）とは若干異なる方法で周辺的ルートに含まれる過程を記述した。彼らは説得的メッセージにさほど興味をもたない人たちは単に常識的なやり方や経験則を使用していると主張した。そういった人たちがよく使いそうな経験則を3例ほど示す。「論拠を多く含むメッセージはほんの少ししか含まないメッセージより説得力がある」「専門家が伝えるメッセージは素人のそれよりも説得力がある」「統計は嘘をつかない」。

エイズ（AIDS）意識ともっと安全なセックス

心理学者が説得のテクニックについて得てきた知識はエイズ問題に適用された。約150万人のアメリカ人がエイズの原因となるヒト免疫不全ウイルス（human immunodeficiency virus: HIV）に感染している。また、HIVは西ヨーロッパやそれ以外の世界の至るところに発生している。それは当初「同性愛者の伝染病」とされていた。しかしながら、これは誤解である。なぜなら、HIV陽性の人々の約75％が異性愛者であるからである。したがって、誰もがHIVとAIDSに感染するリスクを最小限にとどめるように行動することがきわめて重要になる。最も効果的な方法はコンドームを用いることである（性的な接触を避けることを除けば！）。説得的メッセージはコ

エイズは偏見をもたない
それは誰でも公平に殺す
ゲイでもゲイでなくても、男でも女でも、性行為から誰でもエイズになる。だから、パートナーが多くなるほど、危険が大きくなる。自分自身を守るため、コンドームを使おう。

図28-6 安全な性行為を促進するためによく目立つ公衆衛生キャンペーンが行われているにもかかわらず、アメリカのある研究によれば異性愛者の約17％しかコンドームを使用していない。

ンドームを用いることの重要性を強調し（いわゆる安全なセックス），コンドームの不使用が命に関わる結果を招きかねないことを力説してきた。これらのメッセージはその重要さにもかかわらず，おおむね無視されている。たとえば，アメリカにおける最近の研究では日頃からコンドームを使用しているのは異性愛者の17％にすぎない（ミラー，ターナーとモーゼズ Miller, Turner & Moses, 1990）。

キンブルら（Kimble *et al.*, 1992）は，なぜ安全なセックスとAIDSに関する説得的メッセージがほとんど影響力をもっていないかという謎に解決の糸口を与えた。彼らは，大学生を調査した結果，学生たちのほとんどが，比較的気心の知れない人物やセックスについて過剰に不安がる人を，潜在的に危険な性的パートナーであるとみなしていることを発見した。大学生たちは，パートナーを思いやった場合，そのリスクは非常に小さなものだと信じていた（キンブルら，1992, p.926）。ある学生の言葉によれば「その人を知るようになるにつれて……その人を信頼するようになるや否や……コンドームを使う必要なんかまったくない」。不幸なことに，この意見はパートナーのどちらが危険で，どちらが安全かを支持する証拠とはならないし，安全でないセックスを続けていくことを支持する意見としてしまうのは危険である。

プロパガンダ

プロパガンダはコリンズ英語辞典（*Collins English Dictionary*）によれば以下のように定義されている。「政府，運動などの大義を擁護したり，傷つけたりするための情報，疑惑などを系統立てて普及させること」。すでに述べたように，最も悪名高いプロパガンダの一つは，1930年代と1940年代のドイツのナチによって行われた。彼らは，ユダヤ人は人間以下であり，ドイツが直面する経済や他の諸問題の元凶であるということを主張するために，ドキュメンタリーフィルム，ラジオ放送，ポスター，大衆集会を使用したとされている。ナチのプロパガンダは，典型的なプロパガンダの多くにみられるように，信じがたいほど歪曲され，まったく不正確な情報から構成されている。たとえば，1940年に制作された，『永遠のユダヤ人』（*The Eternal Jew*）という映画では，ユダヤ人は疾病を運び宗教的畜殺にいそしむ守銭奴とされている。

> **倫理的問題：プロパガンダ**
> メディアは一般に公開されている情報にかなりの力をもっている。プロパガンダは，見え透いた嘘を用いる以外に，たとえば検閲の導入などいろいろなやり方で説明されうるだろう。戦時中，ジャーナリストが自分の見たことを何でも記事にできるように，メディアは政府からどの程度まで報道の自由を得ていただろうか。

ナチの宣伝相であったゲッペルス（Goebbels）はこの「デマ宣伝」を信奉していた。彼はたとえデマ宣伝でも何度も徹底して繰り返せば，大衆はそれを信じるようになると論じた。その基本的な論理はヒットラーによって1920年代に述べられた。彼は「プロパガンダは感情に訴えるべきもので，いわゆる知性にはほんの少しだけ振り向ければよい……効果的なプロパガンダはほんの幾つかの要点だけに的を絞り，スローガンによって理解させたかったことを大衆の最後

> **ケーススタディ：ベトナム戦争**
> 　イデオロギーの変化はプロパガンダの効果に影響する。1954年，北ベトナムと南ベトナムの間に戦争が始まった。北は主として共産主義者であり，南はアメリカの資本と武器に後押しされていた。政府や芸術団体のメンバーに共産党員の疑いをかけるというジョセフ・マッカーシー（Joseph McCarthy）上院議員の「魔女狩り」に煽られ，アメリカ全体がすでに広範囲の反共産主義のヒステリーに侵されていた。こうした背景の下で，反共産主義のプロパガンダは，結果としてアメリカがベトナムでの戦争にさらに巻き込まれていくことを強く支持させ，1960年代初頭になってアメリカ軍の軍事行動が活発化していくことをもたらした。マッカーシー上院議員の死後，共産主義者として告発された人々の証拠が偽りであることがわかり，1960年代には社会風土はより開かれたものとなり，政治的所属に対する国民の態度は変わり始めた。ベトナムに対するアメリカの関与への支持は衰えをみせ，反戦プロパガンダが現れ始め，1973年になってアメリカ軍は撤退を始めた。

の一人が理解するまで，これらのスローガンを幾度となく繰り返さなくてはならない」。

　もう一つの例は，ベトナム戦争当時のアメリカで用いられたプロパガンダである。プロパガンダを掲載したチラシの分析から，チラシの69％が民族や政治グループの相違を強調し，グループ間の対立を増長させるように意図されていた（カードウェルら Cardwell *et al.*, 1996）。チラシの約30％が情緒，特に恐怖に焦点を当てていた。

　マクガイア（1969）が分類した説得に伴う5要因の見地から，プロパガンダを検討してみよう。

誰が欠けているのか？
それは君ではないのか

図28-7

1. 情報源：情報源はしばしば強力で信頼できると認められがちな政府や支配階級である。
2. メッセージ：感情に訴える傾向があり，一部の他集団に対する憎悪および恐怖が生ずるように（ナチのプロパガンダのように）立案されている。
3. チャンネル：世界的なテレビジョンの爆発的普及に伴って，プロパガンダが視聴覚から同時に提供されることは当たり前となった。
4. 受け手：受け手のイデオロギーと一致しているとき，プロパガンダは最も効果的である（イデオロギーとは「ある社会集団の成員によって保持されている一連の信念と価値観であり，それ自身と他集団の両者にその教義を説明している」フランツォイ Franzoi, 1996, p.16）。ナチスドイツの場合，かなり広範囲に及んでいた反ユダヤ主義ないしユダヤ人種に対する偏見がすでにあり，これが不愉快なナチのプロパガンダをさらに容易にドイツ人に受け入れさせる助けとなった。プロパガンダはしばしば簡潔で情緒的なメッセージで構成される。これは受け手に周辺的ルートだけを通じてメッセージの処理をさせることになる。もし中心的ルートが用いられていれば，メッセージの不合理さがもっと明確になったであろう。
5. 目標行動：プロパガンダを作成した人々は概して受け手が行動面で大きな変化をみせるとは期待していない。受け手がある他集団（たとえば，戦時中の敵）に対する態度を変えることで，多くの場合，プロパガンダの作成者たちの目的は果たされる。たとえば，ナチのプロパガンダの主な目的はユダヤ人に対する恐怖と憎しみを増大させることであった。すなわち，ナチス政権がユダヤ人たちを過酷で残虐なやり方で取り扱ったときに国民が抗議をしないようにするためである。しかしながら，プロ

パガンダは時として行動変化を目的として作られることがある。たとえば，第一次世界大戦の当初にイギリス政府が公表したプロパガンダは数百万人の若人を軍隊に志願させることに成功した。

カルト

　プロパガンダはカルトまたは狂信的集団の発展に重要な役割を果たす。カルトの構成員はしばしば異様な振る舞いをする。たとえば，ジム・ジョーンズ師（Jim Jones）はガイアナにジョーンズ人民教会として知られるカルト教団を設立した。1978年11月18日，彼は信者に鎮静剤と青酸カリ入りのフルーツ・ポンチを飲むように命令した。彼は，私たちはまさに中央情報局（CIA）により攻撃されようとしている，攻撃が行われる前に革命家として自殺すべきであると主張した。その結果，このカルトのメンバー914名が自殺を遂げた。
　もう一つの例は1954年に世界基督教統一教会を設立した韓国の実業家である文鮮明に関するものである。文鮮明は幾度も集団結婚式を主催し，その場で宗派の成員は文鮮明とその同僚によって選ばれた赤の他人と結婚するように要求された。
　どのようにしてカルトは成立し，維持されるのか。プラトカニスとアロンソン（1992）によれば，そこには主な要因が七つある。

1. カルトの信者は自らが孤立状態であることを確認することにより自分自身の社会的現実を構築しており，外の世界からの情報にさらされない。カルトの指導者は教団の成員に各人の信念の正しさを悟らせようとする。たとえば，ジム・ジョーンズ師は，世界は邪悪であり，教団のメンバーは死ぬ用意ができていなければならないと主張した。
2. 教団はそれ自体の社会的アイデンティティを創造する。それは新しい名称であったり，独特の服装であったり，振る舞いであったりする。他の集団は劣ったものとみなされる。
3. 教団に対する献身の強さは信者が指導者の命令に従うように要求することにより生み出される。この命令はかなり極端なものになる傾向があるが，説明は提供される（たとえば，指導者とセックスすることは自己犠牲の訓練として必要であると説明される）。
4. 指導者には伝説が作り出されている。彼は神の息子や神聖なる目的を与えられた人物とみなされている。
5. カルトの信者は他の人々を転向させるために送り出される。このことは，信者たちに教団に属することの利点を表明させることになるし，最初から教団に参加したことが正しかったことを確信させることになる。
6. カルトの信者がその教団について否定的な考えを抱かないような企てが行われている。たとえば，新人は決して独りにされることはなく，指導者への疑いは邪悪な行いであり，悪に由来

あなたのパーソナリティ理論についての知識から，どのようなタイプのパーソナリティがカルトに引きつけられやすいかを述べよ。

していると告げられる。
7. カルトの信者を勇気づけるために，指導者は未来はすばらしいものとなるだろうと言い続ける。たとえば，ジム・ジョーンズ師は，彼の信奉者たち（彼らの生育環境は貧困であった）に「自分の家を持ち，よい学校教育を受け，大学に行き，泳いだり，魚釣りをしたり，そんな快適な生活ができる」チャンスを得るであろうと告げていた。

心理戦
洗 脳

最も強力で悪意に満ちた心理戦の形態の一つが洗脳である。そこでは個人の思想と信念を変えようとする試みがなされる。リフトン（Lifton, 1961）は香港において中国の思想改造プログラムの犠牲となった欧米人25人と中国人15人に詳細なインタビューを行った。このプログラムの目的は関係者に共産主義のイデオロギーや一連の思想の優位性を確信させることであった。これらのプログラムにはおびただしい構成要素があるが，その一部を以下で検討する。

被害者は逮捕された後，他の思想改造プログラムの被害者たちと一緒の監房に入れられる。同房者たちは新参者の思想改造を支援するように大きな圧力がかけられている。そうすれば，獄中で過ごす時間が減ぜられるからである。リフトンは新参者と同房者との間の議論を「紛争」という言葉を用いている。いさかいが始まって数時間後に，新参者は公式の取り調べのために連れ出される。そこにおいて裁判官は以下のように通達する。「政府はあなたの犯した犯罪についてすべて知っている。それがあなたを逮捕した理由だ。いまとなってはすべてを自白すべきである。そうすればあなたの件は解決し，すぐにも釈放されるだろう」。

もし被害者が自白を拒否すれば，被害者は数日間にわたって断眠させられ，その間交互に「紛争」と尋問が繰り返される。被害者がついにさまざまな犯罪を自白したとき，睡眠が許され，加えられてきた圧力が全面的に減らされる。それらによって被害者は報われ，強化される。次に個々の自白が以前にも増してもっともらしく説得力がある自白となるように，幾度も繰り返させられる。その後，被害者はもっとよい生活環境を提供される。

このような洗脳の効果は非可逆的であるとしばしば信じられているし，数人の被害者はその通りであった。しかしながら，リフトンはインタビューに応じた人々のほとんどが中国共産主義の優位性を受け入れていないことを見出した。実際，彼らは監禁以前よりも共産主義に対する態度を硬化させていた。

これらの思想改造プログラムには幾つかの心理的プロセスが作用している。第一は中国当局が望む態度と行動の変化を生じさ

キー研究評価—洗脳

「洗脳」という用語は古い信念や態度を一掃して，まったく新たな考え方に差し替えてしまうことを意味する。リフトンの研究は，集団に従わせようとする圧力，報酬および罰形式の条件づけ，睡眠剥奪による失見当識の使用が，犠牲者を抵抗がまったく無意味と思われるような脆弱な状態にすることを示した。1960年代にミルグラム（Milgram），1930年代にシェリフ（Sherif），1950年代にアッシュ（Asch）が行った研究は，人々がこれよりはるかにストレスの少ない状況で集団に準拠しようとする傾向を示してきた。中国で政権の座にある人々は，社会的安定のために誰もが共産主義を支持することが重要であると主張した。しかしながら，投獄・監禁によって多くの人々の考え方は変わらないどころかえって強化されているという事実は，思想改造がそのような野蛮な手段では逆効果であることを意味している。

せる報酬と罰への依存であり，第二は被害者たちの同房者によって行われた強力な集団圧力であり，第三は被害者が現実と空想を混同し始めるようにし向ける断眠の使用であった。第四は被害者が共産主義のイデオロギーを批判する人物，あるいはいかなる犯罪にも関与していなかったと指摘する人物への接触を許可されなかったことである。これは従属への圧力増大として知られている（第21章参照）。

議論のポイント
1. 洗脳が功を奏するには何が重要な要因となりうるだろうか？
2. 被害者たちが洗脳されるのを防ぐために国際社会はどのようなことができるだろうか。

感覚遮断

心理戦で用いられてきたもう一つのテクニックは感覚遮断である。感覚遮断の要諦は，視覚的，聴覚的，社会的その他の感覚刺激が通常よりもはるかに少ない環境に個人を置くことである。リリィ（Lilly, 1956）は，自ら目隠しをした研究協力者を体温と同じ温度の水中に浮遊させることにより，極度の感覚遮断を生じさせた。感覚遮断は心理戦でしばしば用いられてきた。たとえば，1970年代前半北アイルランドでは，拘禁されたIRA（アイルランド共和国軍）の容疑者はしばしば視覚刺激を除去するために頭巾をかぶせられた。

感覚刺激の相対的な欠如に伴う**感覚**遮断と，**パターンをもつ刺激**の欠如に伴う**知覚**遮断には違いがある。暗闇にいる人は感覚遮断を経験しているのに対して，眼にパターン化されていない光しか到達しない半透明ゴーグルを装着した人は知覚遮断を経験している。一般的に，知覚遮断の方が感覚遮断に比べて混乱，気分変動，幻覚に陥りやすい（ジュベクZubek, 1969）。

感覚および知覚遮断は両者ともに不快な感覚である。数日間遮断状況で過ごすために貧しい大学生が多額の謝礼を提供されても，かなりの学生がそこにとどまり続けることができない。それゆえ，捕らえた敵兵を強制的に感覚または知覚遮断にさらすことが，彼らに無力さを味わわせたり，情報を漏らすように説得するのに非常に効果的な方法とみなされるのは妥当なことである。

倫理的問題：研究協力者に目隠しをしたまま水中に浮遊させるリリィのような実験にはどのような倫理的問題が含まれているか？

尋　問

捕虜から軍事機密を引き出すためには努力が必要な場合が往々にしてある。さまざまな尋問テクニックもそのような目的で使用されてきた。ある研究は（ビーダーマンBiderman, 1960），朝鮮戦争中に中国共産主義者たちの捕虜となったアメリカ空軍の隊員たちに焦点を当てている。彼らの尋問はしばしば1日以上続き，時としてそれ以上に長いこともあった。苦痛を与えるよりも苦痛を与えない尋問テクニックの方が有効であった。オペラント条件づけの研究（第10章参照）から予測されるように，有用な情報の見返りに尋問中の人間に報酬や強化（食べ物あるいは睡眠の機会など）を提供すること

が多くの場合効果的であった。

ビーダーマン（1960）の報告に照らしてみた場合，それ以外のどのような特徴が尋問を成功させているのだろうか？ カードウェルら（1996）は，それらの特徴の幾つかを論じている。

- 一連の短い質問を立て続けに問いかける。尋問者はすでにそれらの質問の答えを知っていることを明らかにし，捕虜は黙ってそこに座っているだけにする。
- 捕虜は，沈黙していることは自分に罪があることを認めているような感情におそわれ，しばしば自己を弁護しようとし始める。
- 尋問者は捕虜が答えられないような複雑な質問を何十何百と問いかける。最後に単純な質問をすると，たいてい捕虜はホッとして正しい答えをする。
- 尋問者は捕虜に対して決して敵意に満ちたやり方で対応することはない。その意味するところは，捕虜が自分の敵意を同僚の捕虜に転嫁し，捕虜たちのグループの団結を弱体化させるからである。
- 尋問者は漠然とした脅迫を行う。それは詳細で明白な脅迫よりも捕虜を動揺させる。

心理学は科学か？

心理学が科学かどうかの議論を始めるにあたって，適当な出発点は科学の定義を熟考してみることである。これは大変難しいことである。なぜならば，20世紀の流れの中で科学の本質についての考え方が変わってきたからである。従来の考え方によれば，科学は以下の特徴をもつ（アイゼンクとキーン Eysenck & Keane, 1990）。

■やってみよう：客観性
以下の文章のどれが客観的な描写だろうか，なぜそう思うのか？
自分の答えを小グループで検討してみよう。
・たぶん雨になるだろう。春だから。
・猫の平均寿命は約15～20年である。
・落葉樹はすべて冬になると葉が落ちる。
・そのチョコレートを全部食べると，あなたは必ず気持ちが悪くなる。

1. 客観的である。
2. 客観性は入念な観察と実験によって保証されている。
3. 科学者によって得られた知識は法則類似のものとして普遍化される。

行動主義者たちは，論理実証主義として知られる伝統的な思想に多大な影響を受けてきた。エイヤー（Ayer）やカルナップ（Carnap）のような論理実証主義者は，科学で使用される理論的な構成概念はそれらが観察可能な範囲内でのみ意味を有すると主張した。これこそまさにワトソン（Watson）やスキナー（Skinner）のような行動主義者たちがとった立場であった。結果として，心理学における幾つかの重要な概念は捨て去られた。たとえば，スキナーは次のように主張した。「行動の科学的分析には心や自己の居場所はない」。

現在では，行動主義者などにより保持されてきた科学観には大き

な問題があることが一般的に受け入れられている。手短かではあるがさらに詳しく検討すると，行動が客観的に観察されうるという概念が盛んに攻撃の対象となっている。クーン (Kuhn, 1970) のような大家たちは，科学という活動は重要な社会的かつ主観的な諸側面をもつと主張してきた。ファイヤーアーベント (Feyerabend, 1975) はこの見解をもっと過激に展開した。彼は，科学は「誰が最も大声で叫ぶか」のような戦略で進歩してきており，研究の質よりも宣伝と認知度が重要であると述べている。この立場からみれば，客観性は本質的には科学の営みとは無関係である。

図28-8 法則類似のものを普遍化してみても，それはいつも正しいとは限らない。

科学には法則類似のものを真の法則と普遍化してしまうという考え方はどうなのであろうか。もしある仮説を幾度もテストし，そこで得られた研究結果が一貫して仮説を支持したとしたらどうだろう。それは仮説が正しかったことを証明しているのだろうか。ポパー (Popper, 1969) はそうではないと主張した。過去においてそうであったからということに根拠を置いた普遍化は，必ずしも未来において真理であるとは限らない。バートランド・ラッセル (Bertrand Russell) による「僕は毎日餌がもらえる」という七面鳥の法則化 (なぜなら七面鳥のいままでの生活ではそれが事実だったから) という例を考えてみよう。この法則の普遍化は，明日七面鳥が食べられてしまわないという保証を確実に提供しているわけではない。しかも，もし明日がクリスマス・イヴであるとしたら，間違っている可能性はさらに高い。

科学の従来の定義が不適当であるという事実を考慮すると，新たな定義が必要なことは明らかである。これは口で言うほど容易なことではない。アイゼンクとキーン (1990, p.5) が指摘しているように，ファイヤーアーベントやその他の20世紀の科学哲学者たちは，科学と非科学の区分は従来信じられていたよりも明瞭なものではないということを世の中に認めさせつつある。しかしながら，下記の項目が科学の重要な特色であるという点ではほぼ妥当な合意が存在する。

仮説検証と反証可能性

いかなる科学の仮説もその誤りを立証するために開かれていなければならない，すなわち反証可能性がなければならない。よく引用される例は「すべてのカラスは黒い」という主張である。この仮説を完全に検証するためには，世界中のカラスを1匹残らず捕まえて調べなくてはならないだろうし，いまにも白子のカラスが卵からかえろうとしているかもしれない。たいていの人々の経験からすれば，「すべてのカラスは黒い」は真理であるにもかかわらず，仮説全体が偽りであることを証明するためには，白子のカラスが1羽いればよいのである。

---

1. 客観性：完全な客観性が不可能であるとしても，できうる限り客観的な方法でデータを集めることは依然として重要である。
2. 反証可能性：科学理論は証拠によって反証される可能性を秘めているという概念。

3. パラダイム：科学はその内部に一般的に認められた理論的志向性を含んでいる。
4. 再現性：科学者によって得られた研究結果は反復可能ないし再現可能でなければならない；科学の基礎を矛盾した研究結果に置くことは困難（ないし不可能）である。

科学の目的

科学の目的とは何であろうか。オルポート（Allport, 1947）によれば，科学の目的は「常識だけによって達成される水準を超えた理解，予測，統制である」。したがって，科学の主な目標は以下のようになる。

1. 理解
2. 予測
3. 統制

以下に示すが，三つの目標の相対的な重要度に関して心理学者の間でも意見が異なる。

科学者は，確実な研究結果やデータについて統一的な解釈や説明ができる理論を唱える。これらの理論はさまざまな仮説を立てるために使用され，それらの仮説は特定の状況で何が起こるかの予測や期待を可能にする（第31章参照）。心理学において最もよく知られた理論の一つはソーンダイク（Thorndike, 1911）の効果の法則である。その法則によれば，報酬が与えられるかあるいは強化された活動は「合格印を押される」が，罰を与えられた活動は「踏み消されてしまう」。この理論には数々の仮説が含まれている。たとえば，レバー押し行動に報酬を与えられたラットの行動の予測や，ディスク（円盤）をつつく行動に報酬を与えられたハトの行動などである。ある理論に起因する予測が成功するのか失敗するのかは非常に重要である。多数の不正確な予測を生ずる理論はいかなるものであれ，重大な欠陥がある。

ある理論が多くの正確な予測を生み出したとしても，それが必ずしも何が起きているかということに対する十分な理解を与えてくれるとは限らない。クレイクとロックハート（Craik & Lockhart, 1972）の処理水準説は，意味的処理がなされた材料は，処理がなされなかった材料よりも記憶がよいという予測をもたらした。この予測は何度も実験的に確認されてきた（第13章参照）。しかしながら，なぜ意味的処理が有利なのかについての正確な理由は未だ明らかではない。

予測と理解が達成された後，統制へと進むことが時として可能となる。ソーンダイク，スキナーおよび他の研究者たちは，人々は報酬や正の強化が後続する行動を反復する傾向があることを予測し，何が起きているのかを理解しようとしてオペラント条件づけの原理を提唱した。両親が子供に行儀よくすれば，見返りに甘いものをあ

スキナーとソーンダイクの理論が正しければ，罰は常に抑止力となるべきである。しかし，これは必ずしも正しくない。その理由は何であると考えられるか？

げると説得するときのように，人間の行動を統制するため強化を用いることは可能である。スキナー（1948）は，彼のユートピア小説，「ウォールデン・ツウ」（*Walden Two*）においてさらに踏み込んで，社会的に望ましい行動のみが報酬を与えられるあるいは強化されるように物事をお膳立てすれば，理想社会が創造できるだろうと主張した。

客観性

私たちはすでに仮説を検証する方法としてデータ収集や科学的観察の重要性について言及してきた。伝統的な科学観では，科学的観察は完全に**客観的**（objective）である。しかしながら，ポパー（1969, 1972）は，科学的観察は客観的というよりはむしろ理論主導的なものであると主張している。彼の有名な講演でのデモンストレーションは，聴衆に「観察せよ！」と告げることであった。聴衆は当然のように即座に「何を観察するのか？」と言い返した。このデモンストレーションは誰も自分が何を求めているかを考えずに観察することはできないことを強調している。言い換えれば，科学的観察は常に仮説と理論により後押しされており，観察しているものはある程度自分が見出すことを期待しているものに依存している。

特定の事例を挙げると，この主張はもっと具体的になる。幾千もの実験がスキナー箱で行われてきており，そこではラットがレバーを押す回数が重要な行動測度となっている。たいていの実験では，装置は一回ごとのレバー押しが自動的に記録されるようになっている。この手続きは考えられているよりも客観的ではない。ラットがレバーを押すのが右前足，左前足，鼻であろうがしっぽであろうが，実際のラットの行動がかなり異なっているにもかかわらず，すべて一回のレバー押しとして記録される。さらに，場合によってはラットがレバーをあまりにもそっと押しすぎたためにメカニズムが作動しないことがあるが，これはレバー押しとしてカウントされない。

ガーゲン（Gergen, 1985）やハレーとセコード（Harré & Secord, 1972）らの社会構成主義者たちは，心理学におけるデータが客観的とする考えに対してさらに徹底的な攻撃を行ってきた。セミン（Semin, 1995, p.545）は，彼らの基本的な前提を次のように記載した。

> 彼らの考えでは純粋な観察といったような事態は存在しない。すべての観察は，理論的な見解から生じたものであれ，学習に起因するものであれ，事前にある観点を要求する。したがって，データは得られた形式にかかわらず，社会的に「製造された」ものである。

ウォーラックとウォーラック（Wallach & Wallach, 1994）は，完全な客観性は達成できないし，ある人間の行動の正確な解釈が確実にはできないことを認めた。しかしながら，他の証拠による支持があれば，行動の解釈にさらに確信がもてる可能性も指摘している。ウ

キー用語
客観的：感情や評価によって影響されない方法で事実を扱うこと。

ポパーは，私たちは世界を自分特有の視点ないしバイアスからみていると主張した。これは私たちが調べるために選択したテーマにも影響を与える。科学者はどのようにして研究上でのバイアスを避けようとしているのか？

図 28-9

オーラックとウォーラック（1994, p.234）によれば，

> 研究協力者が，他の研究協力者に表向きは（見かけは）電気ショックを供給するレバーを押したとき，その研究協力者が他の研究協力者を害するつもりがあるとは到底確信できない。もし，その研究協力者が害意をもっていたと主張するか，あるいは実験が終わったと実験者が宣言したときに，その研究協力者が他の研究協力者の鼻を殴り始めた場合，他のすべての条件が等しいとすれば，害意は意図的であるように思える。

反証可能性

ポパー（1969）は何が科学と非科学を区別しているかに関してきわめて影響力のある考え方を提出した。彼は科学の顕著な特徴は肯定的な事例や発見による普遍化よりもむしろ**反証可能性**（falsifiability）にあると主張し，科学者は実験的検証によって真ではないことが証明される可能性を秘めている理論や仮説を作るべきであるとした。ポパーによれば，反証可能性は精神分析やマルクス主義のような宗教や疑似科学と科学を区分するものである。

心理学のある理論は反証可能である一方，他の理論はそのようではない。たとえば，アイゼンク（1967）はある理論を提唱した。その理論によれば，神経症傾向（不安と抑うつ）の高い人々は低い人々に比べて生理的反応性が高くなるはずであった（第27章参照）。非常に多くの研究がこの理論を検証しようとしたが，大多数はその理論を支持しなかった（フェーレンバーグ Fahrenberg, 1992）。すなわち，その理論は反証された。

反証可能な理論のもう一つの例は，ブロードベント（Broadbent, 1958）による注意のフィルター理論である。もし二つのメッセージが同時に提示された場合，フィルターによって二つのうち一つのメッセージだけが全面的に処理される。結果として，他方のメッセージは最小限の処理しか受けられない。この理論から導かれる明確な予測は数回にわたって反駁あるいは反証されてきた（第12章参照）。

対照的に，心は三つの部分（自我，超自我，イド）によって構成されているというフロイト（Freud）の考えは反証不可能である。どのように想像力を駆使しても，このような曖昧で，明確な記述に欠ける理論的立場に反証できる知見を見出すことは不可能である。同様に，マズロー（Maslow, 1954）による欲求の階層性に基づく動機づけ理論も検証や反証が困難である。この理論は，五つのタイプの欲求が最も低次の生理的欲求から最高段階の自己実現の欲求へと階層的に位置づけられていると仮定している。この理論の反証に伴う問題点が，なぜそれを検証しようとした研究が比較的数少ないのかということの説明となっているのかもしれない。

キー用語
反証可能性：科学的理論は潜在的に証拠を挙げて反証できる可能性をもつという考え；ポパーによれば，科学の顕著な特徴。

パラダイム：クーンのアプローチ

トーマス・クーンによれば（1962, 1970, 1977），科学の最も本質的な構成要素は彼が**パラダイム**（paradigm）と呼ぶものである。これは当該研究分野の研究者の大多数が受け入れている汎理論的志向性である。知識の進歩とともに，いかなる科学においても支配的パラダイムは次第に適切さを失っていく。現行のパラダイムに反する非常に強力な証拠が存在するとき，最終的に現行のパラダイムは他のパラダイムによってとって代わられる。

> **キー用語**
> **パラダイム**：クーンによれば，特定の学問分野においてほとんどの科学者が受け入れている一般的な理論的方向性。

これらの事項を考慮して，クーン（1970）は科学の発展には明確な三つの段階があることを主張した。

> **■やってみよう：統合失調症の原因**
> 統合失調症の原因に関して矛盾する理論があることは，精神障害の心理学が前科学的段階にあることを示しているのかもしれない。他の出典を用いて，この分野の主なパラダイムを調べ，統合失調症の解釈にあまり適していない他のパラダイムと比較してみよう。心理学者たちは特定の形態の統合失調症に対して一般に認められる解釈を確立したと言えるだろうか？ もしそうであるならば，これらの説明は科学的アプローチの証明なのか？ どのようなきっかけがパラダイム・シフト（たとえば，環境的ないし社会的原因への）となるような競合する解釈を可能にすると思うか？

1. **前科学**：全般的に受け入れられているパラダイムは存在しない。そして最もよい理論的アプローチとして何を選ぶかについては幅広い見解が存在する。
2. **通常科学**：全般的に受け入れられているパラダイムが存在し，その分野の中核を成すとみなされている現象の原因を説明する。このパラダイムは実施される実験や発見をいかに解釈するかといったことに影響する。通常科学の古典的な例は，相対性理論が出現するまでは，物理学者はニュートン力学を使用していたことである。
3. **革命科学**：古いパラダイムに反する証拠がある点まで蓄積されてくると，パラダイム・シフトとして知られていることが起こる。これは古いパラダイムが新しいパラダイムに置き代わることを意味している。パラダイム・シフトの一つの例はコペルニクス転換である。そこでは，惑星と太陽が地球の周囲を回るといった古い考え方が，太陽の周りを地球と他の惑星が回っているという現在の考え方にとって代わられた。

古いパラダイムから新たなパラダイムへの転換は通常整然と起こるものではない。古いパラダイムを支持する科学者はしばしば整合しない証拠を無視するか，あるいはそれを重要なものではないとみなして退けてしまう。古いパラダイムの信奉者たちは，もはやその激しい攻撃にもちこたえられなくなる間際まで，変化に抵抗する。すなわち，社会やその他の圧力が科学者に明らかに不適切なパラダイムを押しつけているのである。どのような科学者が新しい

図28-10 コペルニクスが地球を含む惑星が太陽の周囲を回っていることを示す以前は，すべての天文理論は地球が宇宙の中心であるというパラダイムに基づいていた。コペルニクス後の科学における徹底的変革はパラダイム・シフトの一例である。

パラダイムを最も好むのだろうか？ サロウェイ（Sulloway, 1994）は，科学革命期中の数百に及ぶ科学者の文章にみられる考え方を検討した。長子であった科学者たちは長子ではない科学者たちに比べて，新しい科学パラダイムを採用しない傾向があった。おそらく長子ではない子供たちは，子供時代に兄や姉たちと過ごした子供時代を通して反抗するという経験を多く積んでおり，それが以前のパラダイムを拒絶することにつながっているのであろう。

そろそろ心理学がクーンの3段階のどこに当てはまるかについて検討すべきだろう。クーン（1962）は，心理学がパラダイムを構築することに失敗しており，したがって依然として前科学の段階のままであると論じた。さまざまな理由がこの見解を支持している。第一に，心理学内には汎理論的なアプローチが幾つも存在する（たとえば，精神力動学；行動主義；人間性心理学；認知論）。結果として，心理学者のほとんどが同一のパラダイムを支持することについての論争がまったくない。

第二に，心理学は通常ではありえないほど細分化した学問分野である。心理学は，生物学，生理学，生化学，神経学，社会学といった他の幾つもの専門領域と関係している。たとえば，生化学を研究している心理学者と社会内の社会的要因を研究している心理学者との間には共通するものがほとんどない。共通のパラダイムや汎理論的志向性に基づいて合意へ至ることは，断片化と多様化により見込みのないものとなっている。

ヴァレンタイン（Valentine, 1982, 1992）は異なる立場をとっている。彼女は少なくとも行動主義はパラダイムに最も近いとみなすことができると主張した。彼女の指摘にあるように，行動主義は心理学が行動の研究であること，統制された実験において行動の観察すべきことを強調することにより，心理学に多大な影響を与えてきた。また行動主義は学習の研究が心理学にとって根本的な重要性をもち，学習は条件づけの原理から理解できるという理論的前提によって，大きな影響力をもっていた（ここ数十年はその影響力はかなり低下してきたが）。

行動主義がパラダイムかどうかは明確ではない。行動主義は行動の研究を強調しているが，心理学に対する多大な影響を与えたのは方法論レベルにとどまった。しかしながら，クーンの意味するパラダイムは方法論的問題よりも汎理論的志向性に関連が深い。したがって，行動主義はパラダイムであるようには思えない。クーン（1962）が心理学を前科学の段階に位置づけたことはおそらく正しかったのであろう。しかし，このことがよく想定されるほど心理学を他の科学と異ならせているわけではない。ある専門分野内で科学者のほとんどすべてが，同一のパラダイムを用いて調和を保って研究しているというクーンの通常科学の考え方は，物理学，化学，生物学などの研究者間に見出される考え方の類似性を過大視しているように思われる。

再現性

すでに指摘したが，研究結果の**再現性**（replicability）や反復可能性が，ある対象が科学とみなされるための重要な要件である。心理学の研究結果の再現性は，実施されてきた研究の分野とタイプを反映し，非常に多様である。再現性は，実験が非常に注意深い統制下で行われた場合，最も高くなる傾向があり，実験者が当該の単一あるいは複数の変数を操作できない場合，最も低くなる傾向がある。

再現性の明確な証拠はオペラント条件づけの研究から得られる。動物をスキナー箱に入れ，さまざまな強化スケジュール（第10章を参照）で報酬を与えると，特徴的な反応パターンが見出される。たとえば，特定の時間間隔（たとえば，30秒）が経過した後，動物の最初の反応に餌が与えられる定間隔強化スケジュールである。ほとんどの場合，餌をもらった後ただちに動物は反応を停止する。なぜならば，餌をもらった直後の時間は追加の餌が得られないことを学習しているからである。動物は再び反応を開始し，餌が入手可能な時間が近づくにつれて次第にすみやかに反応し始める。

実験が社会心理学で行われる場合，再現性は低くなる傾向がある。しかし，状況が完全な実験統制下にある場合，再現性が依然として高いことはよくある。たとえば，1人の研究協力者と数人のサクラというアッシュの状況（第21章参照）である。彼らは基準線と同じ長さの線を3本の中から決定するという課題を与えられた。サクラが全員でまったく同一の誤った決定を下すことが重要な条件となる。真の研究協力者の同調性に関する有力な証拠は，幾つもの国々で行われた数多くの実験で発見されている。

実験室での実験

心理学の実験の大部分は実験室で行われている。実験を計画する際に幾つか考慮すべきことは第31章で扱っている。心理学が科学とみなされるためには，人間行動について確かな情報を得るための方法として実験室（およびその他）での実験に信を置かなければならない。以下のように，心理学における実験の価値に対する評価は心理学者たちの間で極端に異なる。

一方の極では，ボーリング（Boring, 1957）は，以下のように主張している。「心の問題に対する実験的方法の適用は，心の研究の歴史における最高に優れた出来事であり，他に比肩する物のない事件である」。それとは対照的に，ニック・ヘザー（Nick Heather, 1976）は実験室的研究に拒否的である。彼は実験室での実験は非常に人工的であり，そこから学べることは異例の状況において他人同士がいかに相互に影響し合うかがすべてであると主張している。

実験室的研究の長所と短所は，2種類の妥当性を考察すると部分的ではあるが一層明らかになる（第31章参照）。**内的妥当性**（internal validity）とは実験が実施される文脈内での研究の妥当性である。たとえば，同一の実験が何回も行われ，そのたびごとに同じ結果が得られたとするならば，このことは高い内的妥当性を示している。こ

> キー用語
> **再現性**：実験の結果は再現可能という研究の特性。

人間の心理学において再現性を主に妨げるものは何か？

> キー用語
> **内的妥当性**：実験が実施される文脈の点からみた実験の妥当性。

> **キー用語**
> **外的妥当性**：研究状況外での研究結果の妥当性。
> **生態的妥当性**：実験室での発見が日常場面で適用できる範囲。

のように反復可能な実験は再現性が高いといえる。**外的妥当性**（external validity）とは研究状況外での研究の妥当性である。多くの実験室内の実験は概して外的妥当性が低い。それは私たちが実験室内で真理であることが日常生活でも真理であると確信できないことを意味している。しばしば**生態学的妥当性**（ecological validity）という用語が実験的な知見が日常生活場面に一般化できる程度を示す言葉として用いられる。

> ■やってみよう：以下の各項目について短い概略を作ってみよう。
> ・高い内的妥当性を示すような実験
> ・高い内的妥当性を示す可能性が低い実験
> ・高い生態的妥当性を示しそうもない実験

人間に対する多くの心理学的研究は，多かれ少なかれ外的妥当性か生態的妥当性を欠いている。私たちは，積極的に自分の環境に対処すること，どのような状況に身を置くかを決定すること，適切と思われる状況に対して反応することなどにほとんどの時間を費やしている。そのような力動的な相互作用の多くが実験室的研究では欠落している。実験者の方が（むしろ研究協力者よりも），研究協力者が置かれる状況と，その状況に対する研究協力者の反応のどれが関心の対象かを決定している。このことはシルヴァーマン（Silverman, 1977）が実験室研究から得られた知見は刑務所，病院ないし学校のような公共機関に限って一般化できそうだと主張する根拠となった。

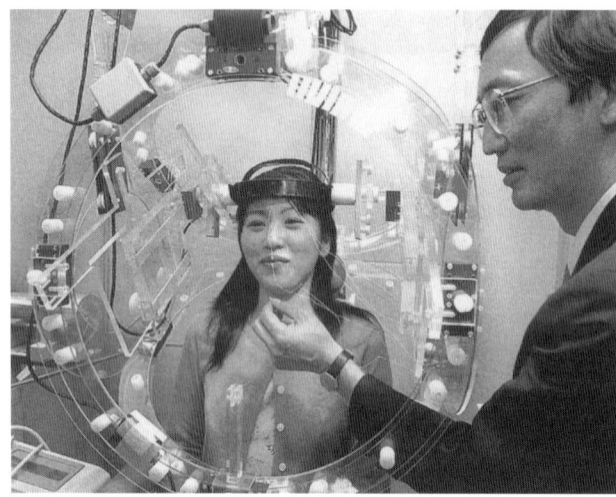

図28-11　心理学における実験室ベースの研究の多くは外的妥当性が低い：すなわち，それらの研究成果は実験室外の行動に対して確実に適用できない。

心理学への非科学的アプローチ

すでにみてきたように，行動主義者は，心理学は科学であるべきであると固く信じており，それを懸命に実現しようとしてきた。しかしながら，科学としての心理学という考えにあまり重きを置かない心理学に対する他のアプローチが存在する（第2章参照）。人間性心理学者と社会構成主義者たちは，心理学は科学であるべきではないという点で強く一致しており，社会構成主義者たちはさらに踏み込んで心理学は科学ではあり得ないと主張した。マズローやロジャーズのような人間性心理学者たちは現象学を使用することを好んだ。**現象学**（phenomenology）では個人が意識体験をできる限り純粋で歪みのない方法で報告する。このアプローチはロジャーズ（1959）によって以下のように正当であると理由づけられた。

> **キー用語**
> **現象学**：純粋経験の報告に焦点を当てるアプローチ。

> この個人的，現象学的タイプの研究は——特にすべての反応を読み取る場合——伝統的で「頭の固い」経験的アプローチよりもはるかに価値がある。この種の研究は，しばしば心理学者たちから「ただの自己報告」にすぎないとされてきたが，それど

ころかその経験が意味していたものに最も深い洞察を与えてくれる。

　科学の主な三つの目標が理解，予測，統制であることは覚えているであろう。人間性心理学者たちは目標が理解であることを強調した。しかしながら，彼らのアプローチは，一つには彼らが他の二つの目標，予測と統制にさほど重きを置かなかったという理由で，科学になり損なった。

　社会構成主義（social constructionism）を支持する心理学者たちは，客観的データなるものは存在しない，私たち自身や世界に関する私たちの「知識」は社会的構成物に基づくものであると主張している。すなわち，「私たちが事実と呼んでいるものは，さまざまな理由から現在のところ広く通用している事象の単純版である」（バー Burr, 1997, p.8）。社会構成主義者たちは「文化的かつ歴史的状況から解き放たれた，科学者のいうところの客観性」を攻撃してきた（セミン, 1995, p.545）。彼らによると，心理学者の行った観察やその観察の解釈方法は，文化的・歴史的影響力によって大部分が決定されている。たとえば，教師が授業を混乱させた学童を叩くことは，現在では暴力的で承認できない行動とみなされているが，20ないし30年前には同じ行動が一般的に容認されていた。

> **キー用語**
> **社会構成主義**：私たちの私たち自身と他者に対する「知識」は社会的に構成されたものであり，ひいては客観的現実は存在しないという前提に基づいた心理学に対するアプローチ。

> **現象学　対　経験主義**
> 　現象学派と経験主義者たちの考え方の相違を示す最も簡単な例は，青年期に起こるパーソナリティ変化に対するアプローチである。経験主義者が一連の質問のような特定の刺激に対する反応（言語的および非言語的）を観察・記録しようとする。一方，現象学的アプローチは，たとえば幼児期の記憶といった若者個人のプロフィールを背景としながら観察を行う。人間性心理学は全自己を背景として起こる変化に焦点を合わせる。経験主義者は到達した発達段階に焦点を合わせる。

　歴史的影響力の重要性はガーゲン（1973, p.318）によって力説されている。彼によれば，「私たちは，**連続体**としての**歴史耐性**といった観点から，一方の極には非常に歴史的影響を受けやすい現象，他方の極にはより安定した過程をともに考えなければならない」。科学的なアプローチを好む行動主義者や他の心理学者たちは，現象のもつ歴史耐性は高いと仮定しているが，社会構成主義者たちはしばしばそれが非常に低いと仮定している。

　ここまで述べてきたことからすると，社会構成主義者たちは，心理学は科学ではありえないと信じている。彼らは心理学者がどう進むべきであると考えているのだろうか？　バー（1997, p.8）によれば，「究極の真理と呼べる人類の最終的な知識は存在しないのであるから，代わりに私たちが為すべきことは私たちの現在の理解方法がどこに由来するかの理解を試みることである」。実行可能な方法の一つは**談話分析**（discourse analysis）の使用である。談話分析は，人々がいかに世界を認識しているかを理解するために，人々の言語の使用を分析することを中心としている（第30章参照）。

　ウェザレルとポッター（Wetherell & Potter, 1988）は，白色ニュージーランド人に行われたインタビューの談話分析を行った。このインタビューは学校でマオリ族の文化を教える問題を取り扱ったもの

> **キー用語**
> **談話分析**：人々の世界についての信念体系を理解するために，質的な方法で人々の言語の使用を評価すること。

である。この談話分析から明らかになったことは，白色ニュージーランド人の多くが自分たちは人種差別主義者ではないと主張しているにもかかわらず，人種差別的見解をもっていた。彼らはマオリ文化の振興を好意的に論じたが，一体感（すべてのニュージーランド人は協調的に働いている）と実際的な現実主義（近代世界と接触している）の重要性を強調した。その隠れたメッセージは，マオリ文化を育成することは一体感と実際的な現実主義に逆効果ではないのか，そうであればマオリ文化の育成はすべきではないということであった。

　社会構成主義者たちの立場にはある程度妥当性がある。しかしながら，心理学者の多くはそれを誇張された主張であるとみなしている。たとえば，何人かの人々が警官が学生を長い警棒で激しく殴打するのを見ていたとする。彼らがどう信じ込もうが，何が起こっていたかという基本的な事実についてはたぶん意見の一致をみることができるだろう。しかしながら，警官の行為が正当化されるかどうかに関しては大いに意見が分かれるであろう（第22章参照）。すなわち，私たちの信念は行為に対する私たちの**解釈**に彩色を行うかもしれないが，行為に対する私たちの**言語叙述**に影響を与える可能性はより低いと言えよう。

図28-12　過去においては，言うことをきかない子供への体罰は適切であると一般的に容認されていた。今日では体罰に対する社会の見方が大きく変化したために，心理学者たちは過去とは異なる見解をもっている。

要約と結論

　心理学を科学としてみなすべきかどうかを決定することは困難である。一般論として，心理学は科学の多くの特徴を所有している。しかしながら，物理学や化学のような他の科学に比べるとその所有物はどちらかと言えば明快ではないし強力でもない。

　肯定的な面をみると，心理学の理論的アプローチの一部は予測，理解，統制といった目標達成に成功してきた。多くの心理学理論は，実験的な研究によって誤りが立証されてきたことで，ポパーの反証可能性の基準を満たしている。心理学における膨大な実験結果は再現に成功しており，それは科学のもう一つの基準に当たる。しかしながら，心理学は反証可能性と再現性の点からみると非常に変動が激しい。周知のごとく，心理学の理論の一部は反証可能であると十分厳密に表明されてもいないし，多くの研究結果が再現されていない。

　否定的な面に眼を向けると，心理学者によって収集されたデータの客観性には幾つか疑問点がある。少なくとも得られたデータには，実験者バイアスによる影響があると思われる。それは実験者の社会的・文化的背景によって決まってくる。心理学の研究から得られた

知見の多くは外的または生態学的妥当性を欠いている。なぜならば，それらは実験室の人工的な条件下で得たものだからである。結局のところ，一般的に受け入れられるパラダイムを欠くがゆえに心理学は前科学であると主張する点において，クーン（1970）は正しいのかもしれない。

　心理学が科学であるかどうかという問題は研究資金調達には重要な意味をもつ。その理由は，科学とみなされたものはそうでないとされるものよりも概してより多くの資金提供があるからである。1970年代末には，英国における心理学の主な研究資金の供給者は社会科学研究会議であった。しかしながら，サッチャー首相の保守政権は，社会科学研究会議が資金供給を行っていた心理学，経済学，その他の専門分野は真の科学であることに納得せず，ほとんどすべてが打ち切られた。実際の話，経済・社会科学研究会議として改名されて，以前よりも少ない資金を受けることになった。

　要するに，心理学は科学になる途中であると主張するには十分な理由が存在する。しかしながら，現時点では，立派に独立した科学であるというよりもむしろ科学の特質の一部だけをもっているとみなすべきなのであろう。

文化的多様性とバイアス

　心理学の研究は長年の間アメリカが主流であった。ローゼンツヴァイク（Rosenzweig, 1992）によれば，心理学分野での研究者は世界中で5万6千人にのぼり，そのうち64％がアメリカ人である。多くの場合，心理学の教科書に対する影響はさらに大きい。たとえば，バロンとバーン（Baron & Byrne, 1991）の社会心理学の教科書を検討してみよう。その本における研究の引用は，94％が北アメリカからであり，それに比べて，ヨーロッパからは2％，オーストラリアから1％，3％がそれ以外の国からであった。

図28-13　日本の労働文化は勤務時間外の同僚とのつき合いが必要条件となっている。

　上記の事実は，異なる文化を研究・比較する**異文化心理学**と関連がある。文化とは何であろうか？　スミスとボンド（Smith & Bond, 1993, p.36）によれば，文化とは「意味を共有する**比較的組織化された**システムである」。たとえば，「仕事」という言葉は日本文化では他の国々と比べてやや異なった意味をもっている。日本では，仕事とは概して通常の労働時間終了後にお酒を飲みに行くことや仕事仲間とレクリエーション活動をともにすることを含んでいる。ほとんどの異文化心理学には異なる国民や国々の比較が含まれてきた。このことは総じて一つの国であっても文化として同一ではないという問題点を抱え込むことになる。たと

えば，アメリカのような単一国家の内部にも幾つかの文化が存在する。

文化の相違

　私たちの文化や国について当てはまることは，他のほとんどの文化や国にも当てはまる。多くの場合，これは当たり前のことと思われている。アメリカやイギリスで研究活動をしている多くの心理学者がそう決めつけている。しかしながら，その前提は誤りである。たとえば，アメリカ人に関する六つの研究の結果を類似の方法を用いてイスラエル人の母集団に再現しようとする試みが行われた（アマー Amir, 1989）。アメリカの研究では有意差をもつ結果は 64 であったが，イスラエル人研究協力者を対象とした場合，再現された結果は 24 のみであった。それ以外の 40 あまりの結果は再現されなかった。さらに，イスラエル人のサンプルではアメリカの研究では得られなかった新発見が六つあった。

　文化間の主な相違とは何であろうか？　ウェステン（Westen, 1996, p.679）はその一部を生き生きとした言葉で表現した。

> 20 世紀の西欧世界の基準からすれば，現代西欧諸国の外でこれまで生活してきた人間のほとんど誰もが怠惰で，受動的で，勤勉さに欠けている。それとは対照的に，人間の歴史上に現れたほとんどの文化の基準からすると，欧米人のほとんどが自己本位で熱狂的である。

　私たちの文化は，自分自身についての思考法も含めて，もっと根本的な方法において他の多くの文化とは異なっている。ウェステン（1996, p.693）は以下のように指摘している。

> 「自尊心」や「自己提示」にみられるような，「自己」という接頭語は産業革命の時代あたりに端を発している……人についての現代の西欧的見解は，多かれ少なかれ固有の属性によって規定され，他者と明白に区別される，境界線をもつ個人である。対照的に，ほとんどの文化，特に原始的な部族社会では……人を社会的かつ家族的文脈でみる。したがって自己概念ははるかに不明瞭である。

ホフステド

　欧米的立場と整合性のある証拠はホフステド（Hofstede, 1980）によって報告されている。彼は多国籍大企業において被雇用者間の仕事に関連した価値観を調査した。被雇用者たちの出身は 40 ヶ国に及んだ。その調査から明らかになった主な次元の一つは個人主義・集団主義であった。個人主義は集団の要求よりも個人の要求と自己開発を重視する。一方，集団主義は個人の要求よりも集団の要求を優先させる。他のどの国にもましてアメリカは個人主義の得点が高く，イギリスは 3 番目であり，フランスは 10 番目

西欧人が怠惰，受動性，低生産力を嫌うという見解を支持する証拠を挙げよ。このような態度はどこに由来するのか？

であった。ホフステドの発見で，個人主義と国の豊かさを指標とした現代性との相関が＋0.82であったことは特に興味深い。これは豊かな国であるほど個人主義的で自己中心的になる傾向が強いことを示している。

議論のポイント
1. なぜ豊かな国々の人々はより貧しい国々の人々に比べて個人主義的なのであろうか。
2. 個人主義的・集団的アプローチの利点と不利点は何であろうか。

文化的相違に対する全般的な無関心さはパーソナリティの分野ではっきりと現れている。非西欧文化におけるパーソナリティ研究のほとんどが，パーソナリティを評価する際の手段として新たにその文化にとって適切なテストを工夫するよりも欧米のテストの翻訳版を用いている。クオシュウヤンとボンド（Kuo-shu Yang & Bond, 1990）によって，パーソナリティの構造は文化により異なる可能性を示す証拠が報告された。彼らは台湾の学生たちに数人の知人を2組の形容詞群を用いて描写してもらった。1組の形容詞群はキャッテルの16PFテストから取り出され，他の1組の形容詞群は中国の新聞から取り出された。西欧の研究では繰り返し見出されているビッグファイブ（Big Five）パーソナリティ因子（外向性，協調性，情緒安定性，文化，誠実性）が，キャッテルの形容詞の分析から出現した。クオシュウヤンとボンドは中国の新聞から採用した形容詞の分析からも5因子（社会的志向性，表現力，能力，自己統制，楽観主義）が現れることを見出した。2組の因子間にはある程度一致が存在する。たとえば，ビッグファイブの協調性と社会的志向性の間には＋0.66，情緒安定性と能力の間には＋0.55の相関があった。しかしながら，二つのパーソナリティ因子組間の全体的な類似性はきわめて低かった。このことは台湾の文化でのパーソナリティ構造は西欧文化におけるパーソナリティ構造と異なっていることを示唆している。

> クオシュウヤンとボンドの結果に対してどのような社会心理学的説明ができるか。

エティックとイーミックな構成概念

ベリー（Berry, 1969）は構成概念としてのイーミックとエティックの相違点を指摘している。**イーミック**（emic constructs）はある所定の文化に特有という意味の構成概念である。したがって，文化によって異なる。一方，**エティック**（ethic constructs）はすべての文化を越えた普遍的な要素として引き合いに出される構成概念である。「家族」という概念はエティックな構成概念の一例である。ベリーによれば，心理学の歴史では，実際にはイーミックな構成概念をエティックな構成概念であるとみなすことがしばしば起きていた。知能の研究（次章で論じられる）は，この点を例証するためによく用いられる。

> **キー用語**
> **イーミックな構成概念**：文化ごとにさまざまである概念。
> **エティックな構成概念**：文化を越えて適用できる普遍的概念。

問題解決，推理，記憶などと同一の能力は，どの文化においても知能を定義するものとしてしばしば論じられてきた。ベリー（1974）はその見解に強く反対してきた。彼は文化相対主義として知られる

立場を支持した。この観点からみると，知能の意味は文化ごとにかなり異なっている。たとえば，スターンバーグ（Sternberg, 1985, p.53）は以下のように指摘している。

> 文字使用以前の社会の生活にとっては必須であったろう調整スキル（たとえば，矢を弓で射るために必要な運動スキル）は，文字使用後のもっと「発展した」社会のほとんどの人々にとって知的行動とは無関係も同然のものかもしれない。

コールら（Cole et al., 1971）は，イーミックな構成概念がエティックな構成概念に優る証拠を提出している。彼らはアフリカのクペレ族の成人に身近な対象をグループに分類するように求めた。ほとんどの西欧社会では，人々は対象をカテゴリー（たとえば，食物，道具）で分類するだろう。クペレ族の人々が行ったことは機能上のグループに分類することであった（たとえば，ナイフとオレンジは同じグループになる，なぜならオレンジはナイフによって切られるから）。このようにして，文化によって知的行動とみなされるものは変わりうる。ちなみに，クペレ族の人々はそうしろと言われれば対象をカテゴリーで分類できた。しかし，彼らはそれが愚かしい分類方法であると思っているがゆえに，普段はこのようなことは行わなかった。

人種偏見

人種偏見は文化的バイアスのとりわけ不快な形である。それが姿を現す有り様はホウィットとウス-ベムパ（Howitt & Owusu-Bempah, 1990）により論じられた。彼らは1962～1980年までの英国社会臨床心理学雑誌（*British Journal of Social and Clinical Psychology*）の各号を検討した。彼らは16PFのような欧米圏のパーソナリティテストが非欧米文化において不適切に使用されていることに愕然とした。彼らが指摘しているように（p.399），「たとえば，ガーナ人や中国人のパーソナリティ構造を西欧的な眼ではなく，自分たちの言葉で探求することを試みた研究は存在しなかった」。

ウス-ベムパとホウィット（1994）は，有名なアトキンソン，アトキンソン，スミスとベムの教科書（Atokinson, Atokinson, Smith & Bem, 1993）においても人種差別の証拠があると主張し，アトキンソンたちが西洋諸文化を一緒くたにして分類し，同様のことを非西洋文化に対して行った形跡があると指摘した。これには，どの部族のことが研究されてきたかをわざわざ特定してみせることもせずに，アフリカの部族に関する研究に言及していることも含まれている。ウス-ベムパとホウィット（1994, p.165）は次のように論じている。「このような**累積的効果**は白人の『自然性』と生活様式であり，結果として黒人や他文化……の排除となる」。

ウス-ベムパとホウィット（1994）によって指摘された主な点は，アトキンソンら（1993）がアメリカとヨーロッパの技術的かつ文化

的成果との関係で他の文化を評価したことであった。彼ら自身の言葉で引用すると (p.163),

> この独断的なヨーロッパ中心の基準に届かない諸文化は，しばしば「原始的な」「未開の」，せいぜいよくても「発展途上」として記述されている。宗教，道徳性，共同体意識などはこの人種差別者的イデオロギーの比較一覧表では無視されている。

要するに，多くの西欧の心理学者は異文化間の相違に関して無神経なやり方で執筆してきた。時として，それはある文化が他の文化と単純に異なるというよりもむしろ「より優れている」という誤った印象を与えてきた。心配する根拠は確かに存在するが，ありがたいことに表立ったあるいは隠れた人種差別は急速に衰退の道をたどっている。

> 比較文化的問題：「あくまでもあるがままに」という語が，異なる文化でのパーソナリティ構造に適用された場合，それは何を意味していると思うか？

ジェンダー (gender) とバイアス

性の相違については多くの有名な（かつ誤った）ステレオタイプが存在する。たとえば，女性は男性に比べて感情的であるとしばしば主張されてきた。これをアルフレッド・テニソン卿 (Alfred, Lord Tennyson) が詩によって表現した。

> 男には剣，彼女には針がふさわしい：
> 男は理知，女は感情を身につけている。

社会的性 (gender) に対するステレオタイプは一般社会と同様に心理学においても多く見出されてきた。最悪の犯罪者の一人がジークムント・フロイトであった。彼は解剖学的構造は宿命であると論じた。それは解剖学的相違のゆえに男女の間には大きな心理学的相違が存在することを意味している。たとえば，フロイトは少女たちは少年たちにはペニスがあるが自分にはそれがないことを知ったとき，「ペニス羨望」に悩まされると主張した。

アルファ・バイアスとベータ・バイアス

ハーレ-マスティンとマラチェク (Hare-Mustin & Maracek, 1988) は心理学におけるジェンダー・バイアス (gender bias：性差による偏向) の問題について詳しく検討した。彼らの出発点はジェンダー・バイアスには二つの基本的な形式：**アルファ・バイアス** (alpha bias) と**ベータ・バイアス** (beta bias) が存在するということであった。

ハーレ-マスティンとマラチェク (1988, p.457) によれば，「アルファ・バイアスは差を過大視する傾向である。ベータ・バイアスとは差を軽視するか無視しようとする傾向である」。彼らは「バイアス」という用語を，経験の特定の側面に他の側面よりも焦点を合わせようとする性向として使用している。

西欧文明の内では，アルファ・バイアスがベータ・バイアスより

> **キー用語**
> アルファ・バイアス：性差を過大視する傾向。
> ベータ・バイアス：性差を最小化しようとする傾向。

も一般的であった。たとえば，フロイトは児童の超自我ないし良心は同性の両親と同一視が生じたときに発達すると主張した。少女は少年が自分の父親を同一視するほど強く母親を同一視しない。結果として，フロイトは女性は男性よりも超自我の発達が未熟であると論じた（第17章参照）。しかしながら，フロイトは「男性のほとんどは理想的男性よりも（超自我の強さという点で）かなり遅れている」ことを認めている。フロイトを支持する証拠はない。ホフマン（Hoffman, 1975）は，児童が禁止を言いわたされている行為を行う傾向を評価した諸研究を検討した。ほとんどの研究において少年と少女の行動の間には差はなかった。性別の相違が存在した場合も，誘惑に耐えたのは（男子よりも）女子であった。

マッコビィとジャクリン（Maccoby & Jacklin, 1974）は性差に関する研究を再検討した。彼らは有力な根拠に裏づけられた性差は四つしかないと結論づけた。このことは，性差はほとんどの心理学者によって予測されてきたよりもさらに少なく，アルファ・バイアスの存在を示唆している。マッコビィとジャクリンによって確認された四つの差は以下のごとくであった。

図28-14 マッコビィとジャクリン（1974）は男子と女子の行動間の差を示す根拠は四つのみであることを示した。

・女子は男子よりも優れた言語能力をもつ。
・男子は女子よりも優れた視空間能力をもつ（たとえば，ブロックを特定のパターンに配置する）。
・男子は女子よりも優れた算数能力をもつが，この性差は青年期にのみ出現する。
・女子は男子よりも攻撃的ではない：これはほとんどすべての文化で見出されており，通常は約2歳頃に姿を現す。

これらの性差のほとんどは非常に小さく，男子と女子の行動は大きく重複している。能力（言語的，視覚的，空間的，数的）における性差は，1970年代の初期に比べて現在ではさらに小さくなっている（ハイドとリン Hyde & Linn 1988）。しかしながら，シャファー（Shaffer, 1993）が指摘しているように，マッコビィとジャクリン（1974）によって確認されなかった幾つかの行動上の差が存在した。第一に，女子はより強い情緒的感受性を示す（たとえば，赤ん坊により注意深く反応する）。第二に，女子は発達過程において男子よりも脆弱性が小さく，学習障害，多様な言語障害ないし多動性をもつ傾向が少ない。第三に，男子は女子よりも身体的活動性が高い傾向がある。第四に，女子は不慣れな状況では男子よりも物怖じする傾向がある。

ハーレ-マスティンとマラチェク（1988）はベータ・バイアスないし性差を最小化するか無視する傾向はアルファ・バイアスに比べて一般的なものではないと主張した。彼らはベム（1974）の心理的両性具有論がベータ・バイアスの一例であると示唆した。その理論によれば，両性的である（男性的および女性的特徴のよい部分が混在している）方が男性的または女性的特徴のみを所有しているより優れている。男性的特徴は道具的役割（たとえば，支配性，競争力，主張性）に適している。一方，女性的特徴は表出的役割（たとえば，他者に対する感受性や協調性）である。ベム（1985）は暗に男性的特徴と女性的特徴は等価値であるとしている。しかしながら，ハーレ-マスティンとマラチェク（1988）は社会が女性的資質に比べて男性的資質に高い価値を置く傾向があると主張した。

実験的研究においてもベータ・バイアスの根拠が存在する。ほとんどの実験で研究協力者として男性と女性が使用される。しかし，通常は優位な性差があるかどうかをみるためにデータ分析を試みることはない。性差はそれを求める研究において見出されてきた（たとえば，ローゼンソール Rosenthal, 1966）。しかしながら，時として性差が見出される理由は，男性の実験者が女性の研究協力者を男性の研究協力者とは違うやり方で扱うからである。ローゼンソール（1966）は，男性実験者は同性の研究協力者よりも女性の研究協力者に対するときの方が感じがよく，友好的で，誠実で，勇気づける態度を示すと報告した。以上の結果はローゼンソール（1966）に次のように結論させている：「心理学的に言えば，男性と女性の研究協力者を同じ実験の中では一緒にすべきではないのかもしれない」。

一部の心理学理論もベータ・バイアスの証拠を提供していると言われている。コールバーグ（Kohlberg, 1963）は，たいていの場合は主な登場人物が男性，関係者も男性である道徳的ジレンマ研究に基づいて道徳的発達理論を提唱した。彼は男性の方が女性よりも道徳的発達レベルが高い傾向があると主張した（第17章参照）。この主張にはギリガン（Gilligan, 1977）によって異論が唱えられた。彼女は，コールバーグは正義の道徳性にあまりにも重きを置きすぎ，養護（care）の道徳性を軽視しすぎていると論駁した。彼女によれば，男子は正義の道徳性を発達させる一方で女子は養護の道徳性を発達させる。

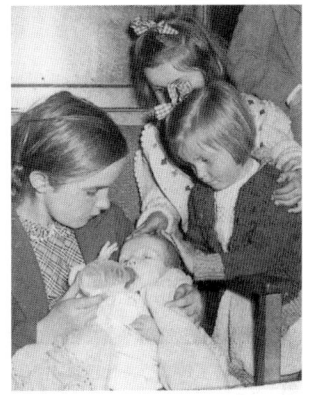

図 28-15　女子は男子よりも赤ん坊に対して注意深い反応を示す傾向がある。

ギリガン（1982）は彼女の主張を裏づける証拠を報告した。しかしながら，ほとんどの証拠は，男性と女性の間には道徳的判断力の差は存在しないか，あっても僅少であることを示唆している。たとえば，ウォーカーら（Walker et al., 1987）は，道徳性の発達において有意な性差が得られた研究は 54 例中 8 例というメタアナリシスを報告した。そのことは，コールバーグが女性の道徳的発達は男性ほど進歩していないと不当に結論づけたというギリガンの見解を支持した。さらに，ダーキン（Durkin, 1995, p.493）が指摘しているように，ギリガンの「批判的観点は，道徳性の何をい

> どのようにしたらジェンダー特異性を排除して道徳的な発達が測れるだろうか。ジェンダー非特異的な尺度に到達するためにはコールバーグとギリガンの研究を直接参照してみること。

かにして測定すべきかという概念を広げるという有力な方法で道徳性の発達研究を活発にした」。

事実と価値観

　伝統的見方によると，科学には事実の発見が伴い，これらの事実は価値観から識別することが可能である。ガーゲン（1985）のような構成主義者たちは，異なった見解を支持している。彼らは価値観が事実としてみなすものを決定すると主張した。換言すれば，「科学的知識が，他のすべての知識も同様であるが，先入観とは無縁であるとか政治的に中立であることはありえない」（ハーレ-マスティンとマラチェク，1988, p.456）。

　バーンズ（Burns, 1993, p.103）はいかに社会的価値観が女性に対する研究上のアプローチ採択に影響しているかの一例を提供した。彼女は学習障害をもつ女性に対する研究の主な焦点が「性別と妊娠すること，子供を産むこと，不妊であること，避妊法を用いること，生理日を管理すること，性的に虐待されることといった学習障害をもった女性を取り巻く問題点や関心事」に置かれていることを指摘した。すなわち，そのような女性たちは厄介ごとを引き起こしそうだという点から否定的にみられている。バーンズ（1993, p.103）が指摘しているように，「このような立場をとることは，結果として学習障害をもつ女性の肯定的なアイデンティティおよび女性としての役割を否定することになる」。

　もし価値観が研究の焦点と検討されるべき「事実」の決定に一役買っているとするならば，適切なアプローチを選定することは非常に重要である。この問題はフェミニスト・アプローチを提唱したグリフィン（Griffin, 1995, p.120）によって提起された。このアプローチによると，有益な研究の基準は，「女性の観点が研究結果で考慮されている度合い，研究者のアカウンタビリティ，女性の権利拡大と進歩的社会変化に対する研究の社会的貢献を含んでいる」。

> ■やってみよう：価値観を入れないように，事実に基づいて，心理学を勉強した経験について考えたことのリストを作ってみよう。次に価値観を入れないように，事実に基づいて，心理学を勉強している女子学生について考えたことのリストを作ってみよう。個人的判断を避けた意見を作成するうえで，どちらのリストの困難度が高いだろうか？　ジェンダーはどの程度まで問題になると思われるだろうか？

　価値観は，研究の焦点に影響を与えるのと同様に，結果が解釈される方法をある程度決定する。たいていの文化では，成功と自立が女子よりも男子にとって重要であるとみなされる一方で，いたわられまたは支えてもらうことが男子よりも女子にとって重要であると考えられている（バリーら Barry et al., 1957）。性差は時として「生まれつき」ないし生物学的に決定されているものとして解釈されてきた。ハーレ-マスティンとマラチェク（1988, p.459）が指摘しているように，これらの性差は女性に比べて男性の方がどちらかと言えばより強力な立場にいる事実に大いに依存しているのだろう。「女性の人間関係への関心は力の欠如に起因した他人を喜ばせようとする欲求として理解されうる……力をもつ人々は規則，規律，管理，合理性を提唱するのに対して，力をもた

ない人々は人間関係や思いやりを共有する」。

　要約して言えば，心理学内にはジェンダー・バイアスが存在する証拠がある。しかしながら，そのようなバイアスの明白な例のほとんどがはるか以前に起こったことである。このことは心理学者たちがジェンダー・バイアスを避けることに以前よりも関心を払うようになってきたことを示唆している。

感　想
・私なりの見解では，心理学が直面すべき最も大きな問題は以下のごとくである。厳密で，よく統制された実験に結びついた問題はどちらかといえばまったく瑣末である。それに対して重要な問題は適切な実験にかけることが困難か不可能である。たとえば，私たちは実験室でラットのレバー押し行動に対する飢餓動機づけの効果を研究することができる。しかしながら，私たちは一部の人々が自分の職業において数十年間も並外れて熱心に働く原動力を探求するような科学的方法をもち合わせていない。この問題に対する回答の一部（私は自分自身の研究で適用しようと試みてきた）は，中程度に重要な問題を可能な限り科学的で統制された方法で研究するというものである。

要　約
広告，プロパガンダ，心理戦

　閾下広告は効果がないようにみえる。広告は，何らかの方法で特徴的であるか，理解するために努力する必要があると，覚えられやすいようである。伝達者が信用でき，魅力的で，受け手と類似している場合，また彼ないし彼女が専門家であり，信頼性がある場合に，

図28-16　第二次世界大戦中，イギリス政府は女性に男性の代わりに工場や農場で働くことを勧めた。それには女性と労働に対する行動と態度を大きく転換することが必要であった。戦後，男性が再びその職場へ復帰しようとしたとき，女性に戦前の態度と行動へ戻るように説得が試みられたが，それは必ずしも成功を収めなかった。

広告とプロパガンダはさらに説得力をもつ。議論の両面を提供することは，特に受け手たちが反論の一部をすでに知っている場合には，通常は単に一つの側面を提示するよりも有効である。動機づけの高い受け手は，主にメッセージの内容に影響されるが，動機づけのさほど高くない受け手はメッセージ内容と無関係の側面や文脈に影響される。プロパガンダは強力な政権により視聴覚を一緒に用いた短い，情緒的なメッセージとしてしばしば作成される。プロパガンダは受け手のイデオロギーと合致するとき，およびそれが周辺的ルートによって処理されるとき最も効果的である。プロパガンダは通常では他の集団に関する信念を変えさせることを意図しているが，行動までも変えさせようとしている可能性がある。心理戦で使用されるテクニックは，洗脳，感覚および知覚遮断，プロパガンダ，尋問が含まれている。

心理学は科学か？

伝統的な考え方によれば，科学は客観的データの集積と普遍化の見取り図を含んでいる。この考え方には異議が唱えられてきた。科学と通常関連した四つの特性は以下のものである；反証可能性，パラダイムの使用，再現可能な結果，相対的な客観的データ。科学の主な三つの目標は，予測，理解，統制である。社会構成主義者たちによれば，心理学者によってなされた観察とその観察の解釈は文化的焦点によって決定されている。クーンは，心理学はパラダイムを開発することに失敗してきたと断言した。心理学における研究はしばしばよく統制されており，内的妥当性を有している。しかしながら，それらは外的妥当性ないし生態学的妥当性が欠けている。人間性心理学者と社会構成主義者たちは，心理学は科学であるべきではないと論議しており，社会構成主義者たちはさらに心理学は科学ではありえないと主張している。心理学は科学の特質の一部（反証可能性，再現性）を有しているが，他の特質（パラダイム，客観性）を完全に保有していない。

文化的多様性とバイアス

西欧世界の心理学者たちは文化間の重要な相違を無視してきた。ある文化に特異的なイーミックな構成概念と普遍的特性であるエティックな構成概念を識別することは重要である。人種的なバイアスは，たいていアメリカやヨーロッパの科学的・文化的業績を対照として他の文化を評価し，他の文化を原始的で未開であると結論づけるという形をとる。

性別とバイアス

ジェンダー・バイアスの一つの形式は，性的差異を過大視する傾向であるアルファ・バイアスであり，もう一つの形式は，性差を最小化または無視しようとする傾向であるベータ・バイアスである。西欧世界ではベータ・バイアスよりもアルファ・バイアスの方が一

般的である。ジェンダー・バイアスに関する最も重要な問題は価値観が事実をどの程度左右しているかである。

【参考書】

この章で取り上げられた問題の一部は，M. W. Eysenck (1994), *Perspectives on psychology*, Hove UK: Psycholgy Press.で論じられている。異文化研究とそれが提起した問題に関しては，P. Smith & M. H. Bond (1993), *Social psychology across cultures: Analysis and perspectives*, New York: Harvester Wheatsheaf.が適切に取り上げている。論争点に関しては，A. Wadeley, A. Birch, & A. Malim (1997), *Perspectives in psychology* (2nd Edn.), London:Macmillan.が広範に扱っている。

【復習問題】

1a 心理学者が心理測定法を用いてどのようにして性格や知能を研究してきたか述べよ。 (12点)
1b そのような研究がどのように賛否両論を巻き起こしたのかを評価せよ。 (12点)
2 科学としてみなされている心理学に対する賛成論と反対論を批判的に検討せよ。 (24点)
3 「心理学者たちが女性たちを独自に調査し始めたとき，彼らは女性たちが経験している多くのこと：女性としての性機能の諸経験，妊娠，出産と母乳で育てること；幼い子供たちを育てること，男性が支配的な職場で一人の女性であること，母であることと有給の仕事を両立させようと試みることが……あっさりとすべて除外されていることを見出した。主流を占める心理学の教科書の大多数において，それらの経験は未だに取り扱われていない」(キッツィンガー Kitzinger, 1998)。心理学の理論と研究において性別によるバイアスの例を批判的に検討せよ。 (24点)

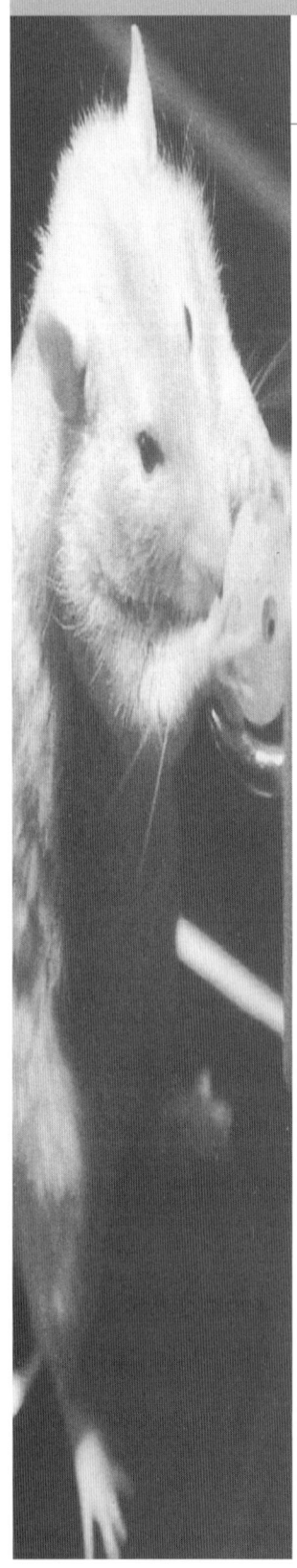

- **研究協力者の使用**：デセプション（だまし），秘密保持，心理学的研究におけるデータの認められた使用。
  - 兵士の恐怖感情に関するバークンらの研究
  - ミルグラムとジンバルドーの研究の見解
  - ガムソンらの市場調査研究
  - 倫理委員会と倫理的ガイドライン
  - キンメルの比較文化のメタ分析

- **動物の使用**：研究でなぜ動物を使用するのか。動物には「権利」があるのか。
  - 研究の動物 vs. 心理学
  - スピーシズムと人種差別
  - 絶対的道徳性と相対的道徳性
  - 英国心理学会ガイドライン（1985）
  - カットヒルの動物研究のメタ分析

- **社会的にデリケートな研究**：サイコロジストは研究の社会的結果を考慮しなければならない。
  - シーバーとスタンリーの定義
  - 結果の解釈と適用（たとえば，人種理論と目撃者証言）
  - 社会的にデリケートな研究に対するスカーの擁護論

- **社会的にデリケートな研究領域**：人種，性的嗜好あるいは民族的背景に関連した研究には特別な注意が必要である。
  - 人種に関連した研究
  - 「もう一つの」セクシュアリティ研究におけるキッツィンガーとコイルの観点
  - 文化的多様性：ベリーの文化変容に関する理論

29

倫理的問題

科学者は，研究の中で重要な倫理的問題に直面することが多い。たとえば，物理学者は1940年代を通じて行われた原子爆弾の開発を道徳的に擁護できたのか。人間の胎児を研究することは正当化できるのか。潜在的に何百万人もの人々を殺すことが可能な化学兵器の開発に科学者は参加するべきなのか。それぞれの研究プログラムに対して賛成あるいは反対の立場からの優れた主張があるため，これら科学的研究の倫理的問題のすべてに答えることは難しい。

心理学の研究には他のどんな分野の研究よりも関連している，おそらく重大な倫理的問題が存在する。この理由はさまざまである。

第一に，心理学の実験すべてが，（人間にせよ他の動物種の個体にせよ）生物を扱う研究に関係していることである。そして，生物がもつ懇切かつ丁重に取り扱われる権利は，無節操または不注意な実験者によって侵害される可能性がある。

第二に，心理学の研究結果は，人間の性質あるいはある社会集団についての不愉快で認めがたい事実と思える事柄を明らかにするかもしれない。実験者がどれほど道徳的に正しくあっても，過激な政治団体がその目的を推し進めるために，研究結果を利用する危険性が常にある。

第三に，心理学の研究は，社会統制に利用され得る強力な技術の発見に結びつくかもしれない。社会を不条理に操作したり，人々の偏見を煽ったりしようとする独裁者や他の誰かが，そのような技術を悪用する危険性がある。

図29-1　私たちは，猿や人間にそうするようにこの実験用ネズミの権利に配慮しているだろうか。

研究協力者の使用

心理学の実験における研究協力者（human participant）は，予想以上に脆弱で搾取されやすい立場にある。ケルマン（Kelman, 1972, p.993）は次のように指摘している。「社会的研究で生じる倫理的問題のほとんどは，研究協力者の無力で弱い立場にまでその原因をさかのぼることができる」。

実験者の勢力

実験者は，（大学研究者や教授のように）社会的地位がかなり高い人物であることが多い。専門知識および研究協力者の知らない実験状況に関する知識を実験者はもっている。ある実験が研究所で行われる場合，その実験者は「本拠地」で活動しているという利点をも

っており，その場面設定はほぼ完全に実験者の支配下にある。そのうえ，科学的研究が社会的評価の高い活動として認知されていることも，実験者の享受する勢力的地位を高めている。

研究協力者の勢力

研究協力者の地位は，典型的に実験者とかなり異なる。研究協力者は実験者より学術的地位が低いかもしれないし，実験目的を部分的にしか理解していないかもしれない。その結果，研究協力者は自分がしていることを実験者が知っていると推測して，実験者に実験状況の支配権を譲ってしまうことがある。そのため，参加中の実験が不快なものだとわかっても，研究協力者は何が行われているのかを質問したり，さらなる実験の継続を拒否したりすることができなくなる。

研究協力者が，実験者に対して責務と考えているものをどれくらい果たそうとするのかは，ミルグラム（Milgram, 1974; 第21章参照）の研究に最も顕著に現れている。実験者に命令されたとき，研究協力者の半分ほどが，もう1人の学習実験の研究協力者に対して非常に激しい電気ショックを与える準備をした。この結果は，実験者の勢力と権威に対する服従がかなり高水準であることを示している。しかし，研究協力者のほとんどが自らの責任すべてを実験者に対して無分別に転嫁しなかったことは，注目すべきことである。実験者に従った人々の多くが，実験の進行に伴って緊張と不安を非常に感じるようになり，自分が陥った道徳的ジレンマのことを敏感に察知していた。

倫理的問題：研究協力者個人の権利と研究がもたらす大多数への利益，どちらが重要であるのか。

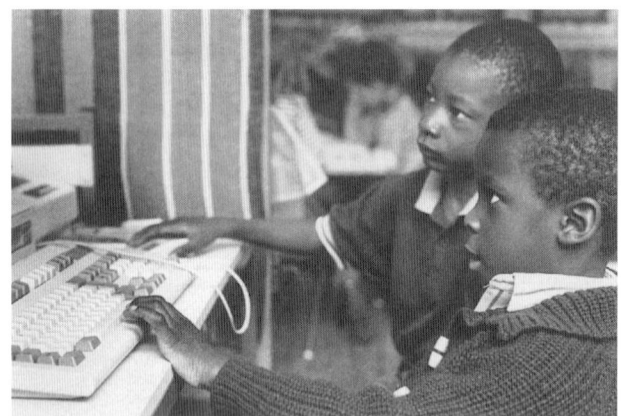

図29-2 黒人の子供が白人の子供と同水準に到達できない原因が，黒人のコミュニティの要因によって主に説明できると，ある研究が示唆したら，政治家にとって教育資源の供給不足の問題を無視することが一層簡単になるかもしれない。

データの使用

研究協力者が実験に参加する限り，実際に倫理的問題が生じる。さらに，実験で収集された情報をその後どう使用するのかによっても倫理的問題が生じる。研究を計画して実行する人物は，社会で勢力と影響力をもった集団の出身者であることが多いが，研究協力者として振る舞う人物は，勢力が弱く地位の低い集団出身者であることが多い。実験で得られた知識が，データを提供した人々にとって不利益になることに使われる危険性もある。

たとえば，モイニハン報告（Moynihan Report）を考えてみよう（レインウォーターとヤンキー Rainwater & Yancey, 1967）。この報告書は，黒人の平等を達成する能力を妨げている最も重要な原因が，黒人家族の崩壊であることを認定した。ここでの倫理的問題は，他方面での施策（資源を分配して不平等を縮小することなど）を政治家に思いとどま

らせるために，報告書の結果が利用される可能性があったことである。

意見の変化

　研究での研究協力者の取り扱いのうち，倫理的に認められるものと認められないものに関する社会の意見は，ここ数十年でかなり変化してきた。当時こそバークンら（Berkun et al., 1962）の研究に対する反発はなかったが，今日では絶対に認められない研究であると言えるであろう。ある実験の一つでは，研究協力者が軍用機で飛行していたとき，エンジンの一つが故障してしまった。研究協力者は軍用機が海上に不時着する前に，保険用の「緊急手続き」書類に記入するよう命じられた。あなたが推測した通り，実際には軍用機は故障しておらず，その状況は恐怖感情が行動に及ぼす影響を観察するために実験者が故意に設定したものであった。

> **キー研究評価－バークン**
>
> 　研究協力者として兵士を用いたバークンの研究は，一般大衆を用いた研究とは若干異なる倫理的問題を突きつける。兵士はその背後にある本当の理由を知らずに命令に従うよう訓練されている，と論じられるであろう。そのため兵士は「欺かれる」ことが多い。そうだからといって，兵士を用いた心理学実験でデセプション（だまし）の使用をよしとするであろうか。高水準のストレスと恐怖に対処するように軍人は訓練されているという事実が，バークンの研究結果の幾つかを説明するであろう。同時に，そのような研究（軍事教練技術の効果性を検証すること）を行うことに理論的根拠を与えてしまうであろう。

　バークンらはもう一つの研究を行った。兵士は野外にいて，無線送信機を用いなければ基地と交信ができない状況にあった。ある兵士は，砲弾のように聞こえる爆発にさらされた。別の兵士は，危険な放射性降下物が発生する事故がそのエリアで起きたと伝えられた。動かずにいた残りの兵士は，山火事が発生したと思い込むほどの煙で包まれた。兵士たちが基地と連絡をとろうとしたとき，無線送信機が故障していることがわかった。

　バークンらは兵士の血液と尿のサンプルを採取し，3条件すべての兵士が，ストレスにさらされなかった統制条件の兵士と比較して，生化学的に異なることを発見した。バークンらは，兵士がどれくらい速く無線を修理するのかを調べることで，ストレスがパフォーマンスに及ぼす影響を評価した。意外にも，砲弾条件の兵士だけが統制条件の兵士よりもその課題の成績が悪かった。

倫理的問題：バークンの研究協力者は本当の研究の性質を知らされておらず，そのためだまされた。デセプションは研究の中で認められることがあるのか。

議論のポイント

1. バークンらの研究に類するものが，今日ではなぜ倫理的に認められないとみなされるのだろうか。
2. 倫理的に認められない研究に関する意見が，なぜここ数年で変化してきたと思うか。

ミルグラム

　倫理委員会（すべての研究が倫理的に認められることを保証する責任を負った委員会）がほとんどの研究機関に設置される以前の時代に，ミルグラム（1974）の権威への服従の研究は行われた。研究協力者は，心臓病で苦しんでいると言われた人に対して非常に強い（恐らく致死の）電気ショックを与えるよう求められた。ミルグラムが行ったタイプの研究を倫理委員会が認める可能性は非常に低い。その証拠として，近年そのような研究はほとんど行われていない。

いまにして思えば，ミルグラムの研究は倫理的に認めがたいものとしてみることができる。しかし，彼の研究は知識の発展に不可欠であったし，個々の研究協力者に対するサイコロジストの社会的責任を一層認識させた。

ミルグラムの研究は，現在では非常に重要であると思われている幾つかの基準を満たしていなかった。研究協力者は，研究の重要な側面についてだまされていた（実際はもう1人が電気ショックを受けていなかった事実など）。研究協力者の何人かが実験を止めたい，あるいは電気ショックを与えたくないと申し出た場合でも，実験を継続する必要があると告げられた。現在では，中断する権利（right to withdraw 理由を説明しなくとも，いつでも実験を中断することができる権利）を研究協力者がもつことを明示することが慣例となっている。しかしミルグラムの研究は，権威への服従に対する重要な洞察を与えてくれた。

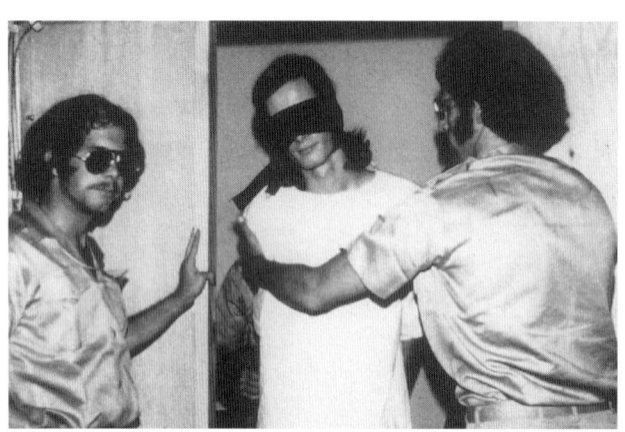

図29-3　ジンバルドーはスタンフォード監獄実験の中で，実験が始まる前にインフォームド・コンセントの書類に署名するよう研究協力者に求めることによって，研究協力者の事後的な影響を最小限にしようと試みた。それでも，看守役の何人かは実験中に非常に攻撃的になり，囚人役の4人は実験の早い段階で釈放されねばならなかった。

ジンバルドー

ジンバルドー（Zimbardo, 1973）のスタンフォード監獄実験は，何年も前からかなりの倫理的問題を起こしている研究の一つである（第21章参照）。この研究では看守役と囚人役からなる模擬監獄を設定した。看守役の中に非常に攻撃的に行動した者がいたため，4人の囚人役が「極度の抑うつ，混乱した思考，不規則な叫び，および激しい怒りの発作」（ジンバルドー，1973）によって釈放された。サーヴァン（Savin, 1973）は，ジンバルドーを「自らの役割が法の許す限りの悪者にさせる」中古車セールスマンなどと比較して，こう結論した。

教授――学生を偽り，恥をかかせ，そうでなければ虐待するような――は，相互信頼と知的誠実さの雰囲気を腐敗させている。内輪事に介入したがっている部外者に好んで情報を漏らすのと同じように，そのような雰囲気がなくては，教育も自由な探求も活性化するはずがない。

ジンバルドーは，研究協力者全員が正式なインフォームド・コンセントの同意書に署名していたことを指摘したが，この手続きは暗にプライバシーの侵害や公民権の喪失，嫌がらせがあることを意味していた。研究協力者と1日にわたるディブリーフィング・セッションをもったことも彼は強調した。その結果，研究協力者は道徳的葛藤の問題が研究されていたことを理解できた。しかし，ジンバルドーは肉体的・精神的危害から研究協力者を守れなかった。看守役が囚人役を攻撃することは完全に予測できた。それは，ジンバルドーがまさに本実験の前に行ったパイロット・スタディで起きた事態だったからである。

一般的原則

人間に関する研究の倫理的問題のほとんどは，研究協力者が典型的に実験者より非常に弱い立場に置かれていることによって起こる。そのため，研究協力者が無力で脆弱な立場に置かれないことを保証する手続きが必要になる。

同意とデセプション

一般に，研究協力者に権限を与える最も簡単な方法は，実験中に何が起こるのかを必ず研究協力者に正確に伝えることである。その後，研究協力者は実験に参加するための**公平なインフォームド・コンセント**（voluntary informed consent）を行うように求められる。しかし，小さい子はインフォームド・コンセントが行えないし，デセプション（deception）が研究の本質的特徴である種類の実験もある。デセプションを用いた研究は明らかに増えている。メンゲス（Menges, 1973）は，アメリカで行われた約1000の実験研究を検討した。何が起こるのかについて十分な情報が提供されていたのは事例のわずか3％であった。

> **キー用語**
> 公平なインフォームド・コンセント：倫理的な研究の必要条件であり，研究協力者は研究で依頼される内容を予め知らされたうえで参加に同意するということ。

デセプション研究で有名な例は，アッシュの研究である（Asch, 1956；第21章参照）。彼は，三つの線分のうち標準線分と長さが等しいものを決定する課題を研究協力者に与えた。この課題は4人から11人の集団で行われ，集団のうち1人以外は全員が実験者の指示で動く「サクラ」の研究協力者であった。研究協力者は1試行につき1回の判断を行った。そして，真の研究協力者が必ず最後に判断を下すような順番で着席していた。鍵となる試行では，サクラ役の研究協力者が全員誤った判断を行った。実験の目的は，真の研究協力者が（試行の約3分の1で起こる）集団圧力に同調するか否かを確かめることであった。もし，集団圧力に対する同調を調べるために計画されたことや，他の研究協力者全員が実験者のサクラ役であることが，研究協力者に対して事前に告げられていたら，この重要な研究は無意味になっていたであろう。

図 29-4　けたはずれの人でさえ仲間からの社会的な圧力の下では合わせたいと思うものだ。

一つの予想される反応は，たとえ研究構想の幾つかを中止せざるをえないとしても，心理学実験ではデセプションを用いるべきではないと主張することである。しかしこの主張は，デセプションの多くがほとんど無害であるといった事実を無視している。たとえば，記憶研究者の中には偶発学習（記憶課題に含まれていない情報を記憶する能力）に興味をもっている者がいる。この研究は，記憶課題が提示されるまで研究協力者に真の実験目的を偽らなければ実現しない。

どのようなときにデセプションが正当化されるのかについての解答は単純ではない。さまざまに関連した要因を考慮に入れる必要があるからである。第一に，デセプションによる結果の潜在的ダメージが小さいほど，デセプションの使用が認められる可能性は高まる。第二に，些細な事柄よりも科学的見地から重要な研究の方が，研究でのデセプションの使用を正当化しやすい。第三に，ある問題を検討するのにデセプションを使わない別の方法がない場合，デセプションは正当と認められやすい。

デセプション問題の解決

デセプションに関連した倫理的問題を回避する一つの方法は**役割演技実験**（role playing experiment）の使用である。研究協力者はデセプション実験で研究協力者役をするように依頼されるが，実験操作のことは事前に告げられる。このアプローチによって，デセプション研究の倫理的問題は除去できる。しかし，それが行動研究の満足いく方法であるのかは不明である。フリードマン（Freedman, 1969）が指摘した通り，役割演技研究から得られるものは，「ある特別の状況にいたら，どのように行動するのかに関する人々の推測」だからである。

> キー用語
> 役割演技実験：ある状況でどのように行動するかを想像するように研究協力者に求める研究。

> ■やってみよう：架空の事件に関するビデオを見た後，あなたが，陪審員を演じている12名の研究協力者の1人だと想像してください。右の理由によって，被疑者が有罪ないし無罪と認定される可能性が高まるか低まるかを考えてみなさい。
>
> (a) これは架空の状況である。
> (b) あなたは（ⅰ）その決定に感情的に関わっている。
>   　　　　　　（ⅱ）個人的見解を出すよう動機づけられている。
>   　　　　　　（ⅲ）被疑者と（または）犠牲者に共感する立場にある。
>   　　　　　　（ⅳ）その出来事全体を想起することができる。
>   　　　　　　（ⅴ）その状況が本当であると信じることができる。
>   　　　　　　（ⅵ）その決定が重大であると感じることができる。
>
> これらの要因を考えた後，役割演技が人間の行動を測定するために，有益ないし効果的な研究法だと言えるか考えなさい。

ガムソン，ファイアーマンとリティナ

デセプション問題を解決するもう一つの方法は，ガムソン，ファイアーマンとリティナ（Gamson, Fireman & Rytina, 1982）が用いた。研究協力者には市場調査に参加していると告げた。ごく近い将来に起こる裁判（婚姻関係にない誰かと同棲したことでフランチャイズを失った酒屋の経営者に関する裁判）をどのように評するかについて，研究協力者には集団討議を行ってもらい，その模様はビデオ録画された。問題の経営者は，契約違反およびプライバシー侵害で会社を訴えることを決意していた。

実験者は研究協力者に対して，研究協力者自身と異なる意見に賛成するよう繰り返し説得を行った。ガムソンらの主な関心は，研究協力者がこの説得にどの程度従うかで

図29-5　この先生のミーティングの中で，研究協力者たちをだまさずに役割演技実験を使用するとしたら，どのように使用することが可能であろうか。

あった。実のところ，研究協力者は実験者から説得を受けて憤慨し，ほぼすべての集団がある時点で議論の継続を拒否した。

確かに，実験を行うためには研究協力者を欺く必要があった。ガムソンらは，事前に研究協力者になる可能性のある人全員に電話連絡をすることで，この倫理的問題に取り組んだ。研究協力者は，本当の目的が終了まで告げられない研究に参加しても構わないかどうかたずねられた。参加しても構わないと表明した者だけが，実際にその後の実験で募集された。

議論のポイント
1. ガムソンらが採用したアプローチは，ほとんどの種類の研究におけるデセプション問題を解決するために適用できるだろうか。
2. ガムソンらが使用したアプローチに関して何か倫理的問題が存在するのか。

中断する権利

ある実験がデセプションを含むか含まないかにかかわらず，人間に関するほぼすべての実験でとられるべき重要な防護策が他にも幾つかある。実験の冒頭で研究協力者に対しては，実験をいつでも**中断する権利**（right to withdraw）があることを明確にしておくべきである。さらに研究協力者が実験を中断する理由を言わないと決めた場合，その理由を言う必要はない。また，研究協力者が望めば，実験で提供したデータの消去を求めることができる。公平なインフォームド・コンセントと結びつけて考えれば，中断する権利は研究に参加している人々が無力で脆弱な存在でないことを保証するのに役立つのである。

> **キー用語**
> 中断する権利：いつでも研究への参加を中止できる研究協力者の基本的権利。

ディブリーフィング

実験的研究のもう一つの重要な防護策は**ディブリーフィング**（debriefing）である。ディブリーフィングには二つの主要な側面がある。

1. 実験に関する情報の提供
2. 実験で生じたかもしれない苦痛を低減する試み

> **キー用語**
> ディブリーフィング：実験の最後にその詳しい情報を研究協力者に提供し，研究協力者が感じるかもしれないあらゆる不快を低減する実験者の試み。

しかし，「人間を研究協力者とする研究を行うための倫理綱領」（英国心理学会が1993年に発表；pp.1162-1165に掲載）が指摘しているように，研究協力者にディブリーフィングを与えたからといって，いかなる非倫理的な手続きの実行も許されない。

ミルグラム

ミルグラム（1974）の服従研究は，ディブリーフィングがどのように機能するのかの好事例と言える。実験後，実際には学習者に電気ショックを与えていなかったことを研究協力者に再確認した。そして，研究協力者は実験者や電気ショックを受けた（ように見えた）研究協力者と長時間にわたって議論した。実験者に従って激しい電気ショックを与えた研究協力者

> ミルグラムの研究協力者の多くが，実験に参加してよかったと言った事実に対して，他にどんな理由があるだろうか。彼らが金で雇われたボランティアであったという事実は，後に彼らがどう感じるのか，あるいは何を実験者に話すのかということに影響を及ぼすであろうか。

の行動は正常であり，他の多くの研究協力者も葛藤と緊張を感じていたことが伝えられた。後日，すべての研究協力者がその研究に関する詳細な情報を受け取った。

ミルグラムが使用したディブリーフィングおよび他の手続きは成功したようにみえる。80％を超える研究協力者が実験に参加してよかったと述べ，1％の者だけが実験に否定的感情を表した。その後の調査では，研究協力者の5分の4がこの種類の実験をさらに実行するべきだと思っており，74％が参加したことで個人的に重要なことを学習したと言っていることが明らかとなった。

議論のポイント
1. ミルグラムの権威への服従研究は，倫理的に認められないものとみなされることが多い。ミルグラムが使用したディブリーフィングの手続きによって，彼の研究は認められるようになったか。
2. ミルグラムが研究協力者を安心させるために他にできたと思われることがあるのか。

秘密保持とストレス

実験的研究で次第にとられるようになってきたもう一つの防護策は，**秘密保持**（confidentiality）に関するものである。心理学の学会では，集団平均を参照して研究発表を行うが，氏名と個人のパフォーマンスに関する情報は明かさない。もし実験者が匿名性を保証できないならば，前もって研究協力者になる人にこのことを明示すべきである。ただし，秘密保持を無視してよい例外がある。たとえば，ある実験での患者の行動がきわめて抑うつ的であれば，研究者は患者の自殺を疑うであろう。そのときには，秘密保持のルールを破ることが患者の幸福（well-being）にとって必要かもしれない。

一般的には，研究者は研究に参加している人々の安全を保証することが必要となる。特に重要なことは，実験で生じるストレスから研究協力者を守る必要性である（それでも，ストレスは生じるかもしれない）。

> **キー用語**
> 秘密保持：倫理的研究の必要条件であり，研究協力者が提供した情報を他人に利用させないこと。

研究所の外で

最後に，観察研究や現場実験（実験室ではなく現場での観察）で発生する問題が存在する。英国心理学会の倫理綱領によれば，そのような観察は，インフォームド・コンセントが事前にない限り，見知らぬ人が通常観察されていることを予想していない場合に行うべきでない。

倫理委員会

心理学的研究が倫理的に適切である

図29-6　観察研究を設定する場合，その状況で見知らぬ人に観察されることを参加者が通常予期するかどうかを考えることが重要である。たとえば，この写真の人たちを観察することは認められるだろうが，彼らを更衣室で観察することは認められないだろう。

ことを保証する一つの方法は，**倫理委員会**（ethical committee）を設立することである。研究が行われる機関（たとえば，大学や研究組織）のほとんどは，自分たちの倫理委員会（研究協力者の権利と尊厳の観点から，すべての研究計画を検討する委員会）をもっている。そのような委員会の存在は，実験者と研究協力者の勢力の不均衡を修正することに役立つ。しかし，倫理委員会のすべての委員がサイコロジストならば，専門家の同僚の提案をおそらく却下する気にはならない。このような理由から，すべての倫理委員会に何人かのサイコロジストではない人と，少なくとも外部から一人の非専門家の委員を含めることが望ましい。

倫理的ガイドライン

多くの国々のサイコロジスト専門団体は，心理学的研究すべてが倫理綱領に沿うことを保証するために積極的な活動を続けている。たとえば，英国心理学会とアメリカ心理学会は，英米それぞれの倫理的な研究活動に向けて詳細なガイドラインを発表してきた。これらのガイドラインは研究協力者を保護することを目的とした幾つか

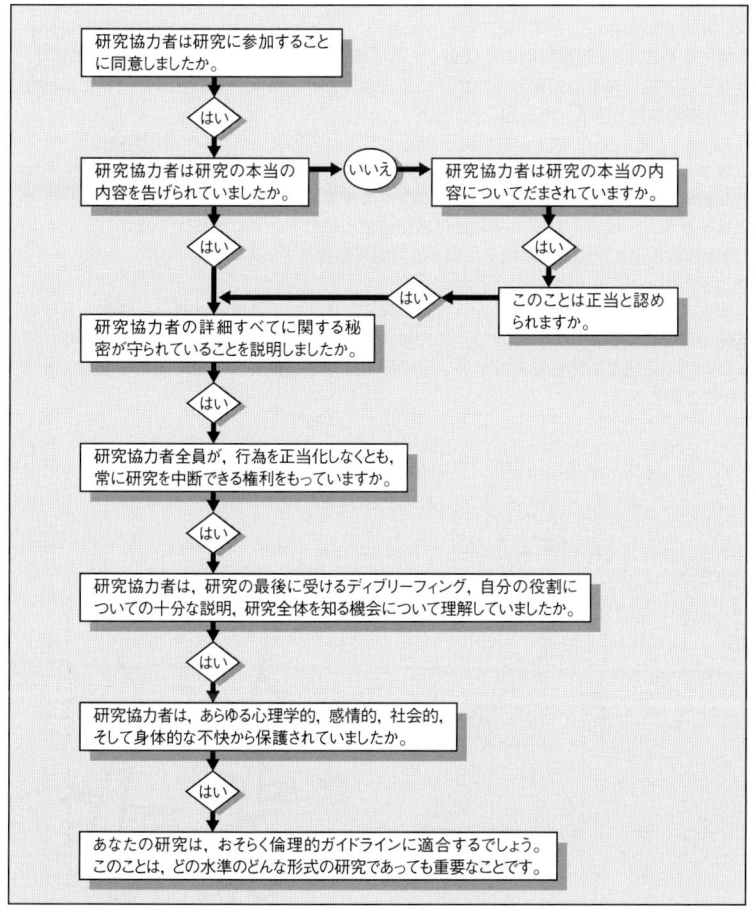

図29-7　倫理的ガイドラインがなければ，問題のある研究方法について疑問を呈するのはどれほど難しいことだろうか。

の条件（自発的参加，インフォームド・コンセント，中断する権利，プライバシー，危害のないこと）を含んでいる。

すべての英国研究者（学習課程の一部として実験を行う学生を含む）は英国心理学会の発行する「人間を研究協力者とする研究を行うための倫理綱領」に従うべきとされている。倫理的に認められる方法で実験を行う重要性は，これらのガイドラインの中で次のように表現されている。

その基本原理は，すべての研究協力者の見地から研究を考慮すべきだということである。すなわち，研究協力者の心理的幸福，健康，価値，あるいは尊厳に対する予測可能な脅威は取り除くべきである。

アメリカでは，サイコロジストに対するすべての苦情が「アメリカ心理学会の学術と専門職に関する倫理委員会」（American Psycho-

---

ケーススタディ：サンタクロースを描く

研究協力者のデセプションを含んだ研究の中には，現在でも倫理的に認められると考えられるものもある。そのような研究の一つが，ソリーとヘイグ（Solley & Haigh）によって 1957 年に行われた（ソリーとマーフィー Solley & Murphy, 1960 に記述がある）。それは子供に関するもので，「知覚的構え」に類したある現象に焦点を当てていた。知覚的構えは，どんな他の方法とも対照的に，ある特定の方法で刺激を知覚してしまうバイアスであり，個人がその刺激に対してより敏感になる外的手掛かり（環境）あるいは内的な力（感情）から起こる。

研究の中で，ソリーとヘイグは 4 歳から 8 歳までの子供にサンタクロースとプレゼントの絵を描くように求めた。子供たちはクリスマスの前後に絵を描いた。ソリーとヘイグは，感情的構え（クリスマスの興奮の予期）が作用し，クリスマス前に感受が高まると大きく詳細な描写となり，他方，クリスマス後は感受性が低いので小さく大まかな描写になるかもしれないと予想した。この研究は，感受性の高まりが知覚的体制化に対して実際に影響していたことを示していた。

この研究に参加した子供たちは，本当の研究目的を隠されていた。自然で現実に近い結果を得るために，子供たちは自分たちに要求される事柄について無知である必要があった。しかし，この事例ではデセプションが原因で研究協力者が何らかのストレスを経験することもないので，正当なものと認められる。この研究は知覚的構えの効果に関する価値ある洞察を生み出し，生態学的にも妥当なものと言える。

図 29-8　最近，コーンウォール地方の子供を対象にソリーとヘイグの実験が追試されたところ，この結果に示されるように，クリスマス前は二つの大きく詳細な絵が描かれ，クリスマス後は小さく単純な絵が描かれた。

logical Association's Committee on Scientific and Professional Ethics）によって調査される。苦情が正当なものとわかった場合，関係するサイコロジストは学会から資格停止ないし退会処分を受ける。

比較文化的問題

キンメル（Kimmel, 1996）は，11の異なる国によって策定された倫理規定を比較した。心理学の倫理規定は，1953年にアメリカで最初に発表され，1960年代には，他の国々（オーストラリア，フランス，ドイツおよびオランダ）が続いた。英国は1978年に最初の倫理規定を策定したが，後にスロベニア（1982），カナダ（1986），スカンジナビア（1989）が続いた。最終的に，スペインとスイスは1990年代の初期に倫理規定を策定した。

さまざまな国々が策定した倫理規定の中には重要な類似点がある。ほとんどが次の三つの基本原理に焦点を当てている。

1. 身体的危害から個人を守る。
2. 心理的危害から個人を守る。
3. 個々の研究協力者から得たデータの秘密を保持する。

ほぼすべての倫理規定の中で，インフォームド・コンセントとデセプションの回避が，最初の二つの原理を確実に達成するうえで重要であると主張されている。

さまざまな国々で採用された倫理規定には，幾つかの違いが存在している。フランスの倫理規定は個人の基本的権利を強調しているが，研究の実施法やインフォームド・コンセントの重要性に関してほとんど言及していない。英国の倫理規定は，臨床心理士の職業上の活動で生じる倫理的問題よりも，主として研究に関係している点で他の多くの国とは異なっている。オランダの倫理規定は非常に多くの包括的陳述が含まれている。そのため実際場面で用いるのは難しい。たとえば，次のようなものがある。「サイコロジストは，クライアントの尊厳を害する方法や，一連の目的以外で不必要にクライアントの私生活に深く立ち入る方法を用いてはならない」。また，別の例として「クライアントが専門職上の関係を結ぶかどうかを，完全に自由な立場から責任をもって決定できるよう保証するために，サイコロジストはできる限りのことをすること」といったものもある。

アメリカとカナダの倫理規定には，他の9ヶ国にはない重要な特徴がある。この二つの国の規定では，専門職のサイコロジストに対して，どのように倫理的問題を個人的に解決してきたかを質問する経験的アプローチが採用されている。そのため，アメリカとカナダの規定には，鍵となる研究原理について事例と適用が含まれている。サイコロジストはこの具体例を活用することで，意図した方法で倫理綱領に従うことが容易となる。

倫理的問題：すべての国々の規定から，最善の特徴を組み合わせた普遍的倫理規定を作る必要があるのだろうか。

動物の使用

動物と薬

　医学領域では動物研究は非常に有用で，何百万人もの人命の救済に結びついている。たとえば，アレクサンダー・フレミング（Alexander Fleming）は，1928年にペニシリンを発見した。ただ，ペニシリンが非常に有効な抗生物質であることが，ハツカネズミを用いた研究で示されたのは結局1940年であった。もう一つの例は，アメリカで毎年約20万人が必要としている腎臓透析に関するものである。薬のヘパリンは透析に不可欠であり，その薬は動物の組織から抽出しなければならない。同時に，麻酔をかけた動物の安全性を調べるために検査が必要となる。

動物と心理学的研究

　心理学における動物研究の利点は，医学に比べればそれほど明確ではない。しかし，サイコロジストが非常に多くの実験で，人間ではなく動物を使用する理由が幾つかある。おそらく（有名な倫理的考察は存在するのだが），人間では簡単に許可されない外科的処置を動物に対しては行うことができるからである。グレー（Gray, 1985）は，不安に関連した脳の部位を識別するために計画された動物研究について議論した。この動物研究は人間の研究から派生したものだが，その研究ではベンゾジアゼピンとアルコールのような抗不安薬が19の独立した効果をもつことが発見された。この抗不安薬の効果は，中隔-海馬（septo-hippocampal）の損傷を受けたあるいは切除された動物研究の観察結果と比較された。これらの損傷効果を観察した19例のうち18例が，人間の抗不安薬の効果と非常に似ていた。したがって，中隔-海馬のシステムは不安に関係するので，抗不安薬と同様に，この部位の損傷あるいは切除が非不安行動を引き起こすと考えられる。

社会的剥奪

　人間以外の動物を，社会的剥奪（social deprivation）あるいは他の形式の剥奪に長期間さらすことは可能である。たとえば，ある猿で，誕生から数ヶ月間は他の猿と接触することを許さない研究が行われた。隔離して育てられた猿が，他の猿と一緒にさせられたとき，その猿は非常に攻撃的な反応をした（ハーローとミアーズ Harlow & Mears, 1979）。さらに，誕生初期の隔離は，成年期における事実上の性生活の欠損を引き起こした。これらの発見は，社会的孤立が深刻な影響をもたらす可能性を示している。

図29-9　孤立して飼育された猿は，他の猿と一緒にされると非常に攻撃的に反応する（ハーローとミアーズ，1979）。この種の社会的剥奪は人間に関する実験では認められないだろう。

遺伝と初期経験

　多くの動物種は人類よりはるかに短い期間で成長し繁殖する。したがって，そのような動物種を用いた研究では，遺伝あるいは初期経験が行動に及ぼす影響を容易に扱うことができる。たとえば，ある研究では，大きな音や明るい光に反応する（あるいは反応しない）

ネズミを作り出す繁殖プログラムを実行した（アイゼンクとブロードハースト Eysenck & Broadhurst, 1964）。幅広い状況で反応するネズミは、反応しないネズミよりも、はるかに不安をもつことが確認された。この結果は、不安の個人差が遺伝によって部分的に左右されることを示唆している。

行　動

一般に人類は他の動物種より複雑な生物であると思われている。したがって、人間より他の動物種の行動を理解するのは容易かもしれない。それゆえに、他の動物が人間に多くの点で似ているなら、動物研究は非常に有用なものになる。この類の議論は、ほとんどの実験で（人間より）ネズミを使用したという事実を正当化するために行動主義者によって使用されてきた。

たくさんの動物研究がほとんどすべての人に受け入れられている。マリム、バーチとウェイドリー（Malim, Birch & Wadeley, 1992）は、そのような動物研究の事例について議論した。ある研究プログラムは、作物に被害を与える動物の行動をよりよく解釈できるように計画された。この研究は効果的な「かかし」の開発に結びつき、作物被害を防ぐ多くの不快な方法（たとえば、毒）を不要なものとした。また、この研究は実際に動物の苦痛を大幅に低減することに役立った。

図29-10　ある最近の動物研究のプログラムでは、鳥が収穫物を啄ばまないように毒を使用する代わりに、効果的な「かかし」を開発することになった。

その効果においてほぼ完璧に有益と思える動物研究のもう一つの例を、サイモンズ（Simmons, 1981）が報告した。ハトはオペラント条件づけによって海上での救命ボートを検知するよう訓練されていた。ハトは優れた視力をもっているので、ハトの検知力はヘリコプターの乗組員よりはるかによかった。人が50％であるのに対してハトは85％の検知力をもつ。その結果、この動物研究で多くの人命を助けることができたのである。

動物の心理学的研究は、人間と同様に動物自身にも利益をもたらす。その例として、野生生物管理綱領、絶滅危惧種に対する保護運動、保全綱領がある（カードウェルら Cardwell et al., 1996）。

使用される動物の数

心理学的研究でどのくらいの数の動物が使用されているのか。トマスとブラックマン（Thomas & Blackman, 1991）は、1977年と1989年に英国の心理学部に対してその質問を行った。1977年には8694匹の動物が使用されたが、1989年は3708匹だけであった。12年間のこの劇的な減少は1989年以降も確かに続いた。幾つかの動物種が心理学的研究で使用されたが、そのうち95％はたった3種（ハ

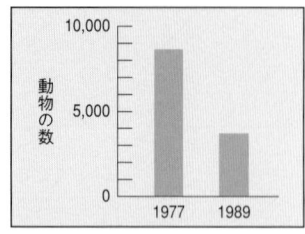

図 29-11 英国の実験で使われた動物の数は 1977 年から 1989 年の間に相当減少した。

ツカネズミ，ネズミ，ハト）で占められていた。

　すべての種類の動物研究に関する合計値は，年々下降しているが依然として非常に高い。ムカルジー（Mukerjee, 1997）によれば，約 150 万の霊長類，犬，猫，モルモット，ウサギ，ハムスター，その他の類似した動物種が毎年アメリカの研究所で使用されている。しかし，さらに約 1700 万のネズミ，ハツカネズミ，鳥類が毎年アメリカの研究で使用されている。

社会の意見

　結局のところ，動物研究に適用される倫理綱領は社会全般の意見に左右される。しかし，社会の成員間にも大きな意見の相違がある。すべての動物実験に対して完全に反対する者もいる。しかし，不必要な苦痛が回避されるならば動物実験を支持する者もいる。何らかの事実に基づく情報を得るために，ファーンハムとピンダー（Furnham & Pinder, 1990）は，247 人の青少年に動物実験に対する態度を調査するアンケートを行った。青少年の平均的意見は，動物研究に極端に賛成とか反対とかではなかった。たとえば，彼らは「実験室の動物研究は，動物と人間の双方の生活にとって大きな利益を生む」や「治療法がまだない医学領域の場合（エイズなど），さらに多くの動物実験が必要だ」という意見には賛成し，「私は全体的に動物実験の廃止を信奉する」との意見には反対した。他方，「全種類の動物に関して死に至るすべての実験を禁止すべきだ」や「化粧品の検査は動物実験を正当化する理由はない」ことに賛成し，「動物を使用する基礎的研究（具体的目的のない研究）は有効である」という意見に反対した。

　ファーンハムとピンダーは，青少年がどのくらい動物実験に反対するかは集団間で異なることを発見した。女性

図 29-12　麻薬や爆薬を探知するように訓練された犬は，人間社会に有用な仕事をまるで楽しんでいるかのように行う。

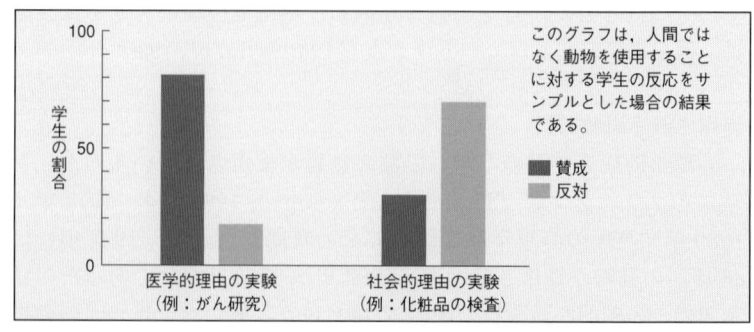

これらの結果を説明する要因は何か。

図 29-13

は男性よりも，革新主義者は保守主義者よりも，菜食主義者は非菜食主義者よりも動物実験に反対した。他の研究（ムカルジー，1997）では，年配者や教育水準の低い者は，若年者や教育水準の高い者より動物実験に賛成する傾向があった。したがって，動物実験の一連の倫理綱領が，これらの異なる集団すべてを満足させることはどうしてもできなかった。

菜食主義，反狩猟団体，自然保護団体の台頭は，研究での動物使用に対する態度を変容させる原因となるのか。

異文化間の相違

動物研究に対する態度には重要な文化的な違いもある。ムカルジーは，ヨーロッパよりもアメリカで動物研究への社会的支援が大きいことを指摘した。しかし，アメリカでさえその支援が衰退してきている。1985年には，アメリカ人の63％が「もし人間の健康問題に関する新しい情報を提供してくれるなら，科学者は犬とチンパンジーのような動物に苦痛と損傷を伴う研究を行ってもよい」という意見に賛成していたが，10年後にはその数字は53％まで落ちた。

時間を超えた変化

社会の意見が，その時代で変化してきたことは驚くべきことではない。ヘルツォーク（Herzog, 1988）が指摘した通り，私たちの道徳律は彼が「人間心理」（human psychology）と呼んだものに左右される。言い換えれば，私たち特有の価値観や感情や信念は，倫理的問題に対する私たちの立場を決定する。ヘルツォークは，もう一つのアプローチが「純粋理性」（pure reason）に基づいたアプローチになるだろうと主張した。しかし倫理的問題はそう簡単に論理的解決ができるものではない。

図29-14

スピーシズム

実験参加者は，実験者に厳しく倫理的ガイドラインを守るよう求めることで自らの権利と感情を守らなければならない。しかし，倫理的ガイドラインによって人間ではない被験体が人間と同様に（可能な限り）完全に保護されるものに該当するのかどうかは重要な問題の一つである。この問題は**スピーシズム**（種差別 specieism）の概念，つまり「種の違いに基づく差別と搾取」（ライダー Ryder, 1990）に関係している。やがてわかるだろうが，スピーシズムに賛成している専門家もいるが（たとえば，グレー Gray, 1991），強く反対している専門家もいる（たとえば，ライダー，1990, 1991; シンガー Singer, 1991）。

グレーは，どのような動物種の個体にも不必要な苦痛を与えることは倫理的に悪いことだと認めていた。しかし，彼はさらに「私た

キー用語
スピーシズム：種の違いに基づいた差別と搾取。

図29-15 私たちは，自分たち以外の動物種に対して，そして恐怖や嫌悪を感じる動物種に対して苦痛を与えてもあまり何も思わない。ネズミは最も共通に使われる実験動物の一つであるが，写真のペットの所有者は，子犬や子猫に苦痛を与えると不満を感じるが，ネズミに苦痛を与えても同じように不満を感じるであろう。

ちは自らの種の個体に対して特別の責任を負っている」（1991, p.197）と主張した。そのため，医学研究の事例でよくあるように，人間が感じる低い水準の苦痛を回避するために，かなり高い水準の苦痛を動物に与えることは許される。しかし，グレーは動物に与える苦痛の水準が許容しがたい理由があることも認めていた。グレーがスピーシズムを容認する主な理由は，「もし，それぞれの種が他の種よりも自分と同じ種に属する個体の利益を優先するならば，ライオン，虎，ハツカネズミ，そして人それぞれにとって好ましい……と思われる」（1991, p.198）。彼の意見の中には，この優先権に対して進化論的かつ生物学的な理由が存在している。

スピーシズムと人種差別

シンガー（1991）によれば，私たちが他の種より自らの種の利益を優先すべきであるという意見は，他の人種より自分たちの人種に優先権を与えるべきだという考え方に結びつくはずだという。したがってスピーシズムと人種差別はリンクしており，両方とも回避されるべきである。しかし，シンガーは自らをスピーシズム主義者ではないとみなす一方で，ある状況では進んで他の種よりも人類をひいきした。たとえば，もし彼が人と戦うライオンを見たら，人を死なせるのではなくライオンを撃つという。その理由は，将来の計画が立てられない生命よりもそれができる生命を救う方が望ましいからだということであった。

ライダー（1991, p.201）は，スピーシズムに反対する強力な論拠を提唱した。彼はスピーシズム，人種差別，性差別のすべてが次のようであると述べた。

> 皮膚の色，身体的性徴そして四足動物（quadrupedality 4本の脚をもっている意）という無関係な根拠に基づいて，個人を不条理に差別している。同意を得ずに，他者に対して苦痛や苦悩を与えることは，人種，性別，動物種にかかわらず誤っている。

ライダーはさらに，スピーシズムは，それが生物学的起源をもっていることで認められるというグレーの議論を否定した。彼によれば，倫理的な正しさは生物学に基づくべきものではないという。そして，ライダーは次のように指摘している。「たぶん，グレーは強姦，略奪，殺人をも擁護するであろう。……これらの行動が『生物学的起源』をもつのだから」（1991, p.201）。

倫理的問題

研究で動物を使用することに賛成か反対かは，他の動物種がどのくらい人間に類似して見えるのかによって左右される。広範囲の実験で動物を使用する場合，私たちと他の動物種が似ている方が非常に似ていないときよりも認めがたくなる。私たちの種と他の動物種との類似点に関する意見は，ここ何百年かの間にかなり変化してきた。17世紀の哲学者ルネ・デカルト（René Descartes）は，動物が機械とよく似ていて，動物は人間の最高の特徴である（考える力を備えた）魂を欠いていると主張した。この見解は，動物が人間より劣っているとの立場から生じてくるものである。

チャールズ・ダーウィン（Charles Darwin, 1859）の見解は，デカルトとまったく対照的である。ダーウィンによれば人類は他の動物種から進化した。そのため，人類はすべて動物界の成員であると言える。進化論的観点から言うと，人間が他の動物種と根本的に異なるとは考えられない。もちろん人類は知的かもしれないが，それは単に程度の問題である。ほぼすべての哺乳類が非常に類似した基本的生理機能および神経系をもつという事実からも，ダーウィンの議論が支持される。

ダーウィン（1872）の感情の研究は，研究での動物使用にとって特に重要である。彼は，人間と他の動物種で感情状態の表出が似ていることに驚いた。この発見は，動物が人間と非常に異なる様式で感情を体験するといった仮定に疑問の余地があることを示唆している。しかし，他の動物種の感情的経験を知る方法がないため明らかにすることはできない。

サイコロジストの多くが，どちらかと言えば人類は他の動物種に似ていないと考えている。人間性心理学のサイコロジストは，人間の重要な特徴が自己実現（あらゆる方法で自らの可能性を十分に発揮すること）への欲求であると主張した。

他の動物種はこの自己実現の欲求を所有しておらず，その代わりに食物や水，性への基本的欲求が中心となる。人間性アプローチでは，人類は他の動物種と非常に異なっており，はるかに複雑な生き物とみなされる。

人類と他の動物種との関係性について誰がどのような立場をとるかに関係なく，動物研究には倫理的問題が存在している。他の動物種が，人間と非常に異なっている場合，他の動物種に関する研究によって人間の行動に関する知見は得られない。他方，ムカルジー（1997, p.77）が指摘した通り，

> もし動物がその肉体や脳，さらには心（精神）において人間の優れた見本になるほど人間に近い存在であれば，動物を使用することで確実に倫理的ジレンマが生じるに違いない。

道徳性のタイプ

絶対的道徳性（absolute morality）と**相対的道徳性**（relative morality）

図29-16　チンパンジーのワショー（Washoe）は，アメリカ手話（American Sign Language）の身ぶりを用いて，人間とコミュニケーションすることを教わった。彼女は1966年に始まった研究から現在まで人間とのつき合いを楽しんでいる。たとえ彼女が現在33歳で，60歳の平均余命があるとしても，私たち人間には，ワショーが死ぬまで世話をする責任があるだろうか。

キー用語

絶対的道徳性：目的は手段を正当化できないという考え方に基づく。つまり，行為の中には行為によって生じた結果にかかわらず根本的に不道徳な行為が存在する。

相対的道徳性：ある行為が許容されるかどうかは，行為によって生じた利益によってある程度左右されるという考え方に基づく。換言すれば，目的は手段を正当化できる。

を区別することは重要である。イマヌエル・カント（Immanuel Kant）や他の哲学者たちは，目的は手段を正当化できないといった絶対的道徳性に対して賛成論を唱えた。対照的に，ほとんどの人はおそらく相対的道徳性の考え方に賛成するであろう。相対的道徳性によれば，その行為が認められるか否かは，結果として生じる利益の点から判断されるからである。

絶対的道徳性　絶対的道徳性の考え方には何らかの魅力があるかもしれない。しかし，その考え方には，実際には柔軟性がなく非現実的な傾向がある。たとえば「いつでも本当のことを言いなさい」という道徳思想は非常に合理的に聞こえる。しかし，銃を持った狂人があなたの母親がどこにいるかを知ろうとしているのなら，あなたがその思想に忠実であることはほとんど意味をなさないだろう。

相対的道徳性　目的は手段を正当化できるというもう一つの見解には，ほとんどのサイコロジストが賛成している。心理学的研究の倫理基準に関するアメリカ心理学会の委員会（American Psychological Association Committee on Ethical Standards in Psychological Research）は次の言葉で表現している。「一般の倫理的問題は，その研究の重要性ではなく，研究協力者の尊厳と福祉に悪影響があるかどうかに関係している」。質が高く（動物の苦痛を最小限に抑えた）利益を得る可能性が高い動物研究は，最も正当と認められる。対照的に，質が低く（動物の苦痛が甚だしい）利益を得る可能性が低い動物研究を正当化することは難しい。

コストと利益　研究での動物使用に関する意思決定が，当該の利益とコストの分析に基づくべきだと考えることは賢明である。たとえば，ある実験が提案され，何体かの動物にかなりの苦痛が与えられるとしよう。実験が，人間にとって恐ろしい疾病の治療開発を目的とするのではなく，改良した化粧品を生産するために計画されたのであれば，その実験は確実に認められないだろう。

しかし，実際上は必ず問題がある。第一に，実験の実施後までは研究の利益やコストを知ることは不可能であることが多いということである。第二に，一連の研究に関して，ある人が行った利益とコストの評価が，別の誰かが行った評価と一致しないかもしれないということである。

苦痛のレベル　所与の実験の手続きが動物にどれだけ苦痛を与えるのかを決定することは難しい問題である。動物が何を経験しているのかを動物に直接たずねることができないので，その行動に頼らなければならない。しかし，行動は誤解を招きやすい感情の指標かもしれない。なすべきは，それぞれの動物種についてできるだけ多くのことを知ることである。動物の苦痛評価に関する問題はあるが，オーストラリア，カナダ，オランダなどで，苦痛尺度を開発す

倫理的問題：どのようなとき目的が手段を正当化するのか。もし動物にどのくらい苦しいのかを直接たずねられないなら，動物がどう感じているかをその行動から推測することに間違いはないか。不快な状況にいる猫がどう行動するかを，あなたは正確に知っているか。

私たちは他の動物種が経験している苦しみに共感できるだろうか。また，苦痛尺度の開発は不可能な課題なのだろうか。

る試みがなされてきた。その評価によれば，1995年にオランダで使用された動物の54％が少しだけ不快を感じ，26％が中程度の不快を示した。残りの20％が著しい不快を示した。

動物の他の用途

最後に，（サイコロジスト以外の）人間が動物を取り扱う方法を考察するために，議論を広げていこう。三つの重要な領域（食肉生産，ペットの虐待，動物園とサーカスで監禁され続けている動物）がある。これらの領域すべてで批判は増えている。食肉生産に限ってみると，子牛や鶏のような動物は非常に制限された状態に閉じ込められ，ほとんど動くことすらできない。この状況は，多くの人々にとって残酷で倫理に反するようにみえる。食肉生産に携わる人々が一般的に認識しているよりも，屠殺場で行われる解体処理法が，はるかに多くの苦痛を伴っているのではないかという懸念も高まっている。

図29-17 たとえば養鶏小屋で育つこれらの鶏など，動物を取り扱う方法について関心が高まってきている。

動物への虐待予防のための英国学士院（UK's Royal Society for the Prevention of Cruelty to Animals）は，動物の虐待に関心をもつ主要な組織の一つである。学士院は毎年，飢えたり，殴られたり，それ以外の方法で虐待された何千もの動物に対応してきた。ロンドンのバタシー・ドッグス・ホーム（Battersea Dogs Home）は，所有者が安易に放棄した多くの犬を毎週保護する。その問題を取り上げたメディアの報道量からは，少なくともペットの虐待に対する公衆の関心が高まっている徴候が認められる。

近年，動物園とサーカスはさらに不評を買ってきた。動物が比較的制限された檻や外国の環境に閉じ込められ，ストレスを受けているのではないかと議論されている。サーカスの多くの動物が，不自然な芸の実行を強いられることで体面が傷つけられているという不安もある。

要は，動物を取り扱う方法への不安が増大しているのである。動物実験の倫理的問題に対する関心が高まっており，人間と他の動物種との関係性をより全面的に再評価する必要がある。多くのことが解決されないままではあるが，（研究所の内外において）人道的処置に対する動物の権利が，次第に認識されているという好ましい兆候が認められる。

個体数の減少で，ある動物種が絶滅寸前になっている場合，その動物種の標本を動物園の環境で保護し，繁殖を促す努力をすることは倫理的に認められることなのか。

倫理綱領

一般的には，動物研究者のほとんどが「3R」として知られているものに同意している。

- 他の研究方法を用いて動物の代わりとする（Replacement）。
- より進歩した統計的技術を用いることで使用する動物の数を減らす（Reduction）。
- 動物の苦痛を低減する実験手続きを洗練する（Refinement）。

3Rの使用は非常に有益であった。たとえば，1970年代のオランダで，年間5000匹の猿がポリオワクチンを生産するために使用された。しかし，1990年代では10匹の猿に減少した。

研究で動物を使用することの最も明らかな問題は，人間を用いた研究を管理するための倫理綱領の多くが，動物研究に適用できないことである。たとえば，実験に参加する動物にとって，公平なインフォームド・コンセントを行ったり，実験後のディブリーフィングを聞いたりすることは不可能である。ベイトソン（Bateson, 1986）は，動物研究の正当性を判断する際に考慮すべき三つの主要な基準があると主張した（これは，ベイトソンの意思決定の立方体（Bateson's decision cube）としてよく知られている）。

1. 研究の質：助成機関によって評価可能である。
2. 動物の苦痛の量：動物の行動とストレスのあらゆる兆候によって評価できる。
3. 利益の見込み：重要ではあるが，事前に判断することは困難かもしれない。

質がよく，最低限の苦痛しかなく，そして利益を得る可能性が高い動物研究は，最も正当性が高いと認識される。対照的に，質が悪く，相当な苦痛があり，利益を得る可能性が低い研究を正当化することは難しい。

英国のガイドライン

サイコロジストが動物の権利を保護し，動物が苦しんだり搾取されたりするのを防ぐ倫理的ガイドラインを作成することは非常に重要である。ほとんどの機関は，研究での動物使用が非常にデリケートな問題であると考えているため，倫理委員会では，日常業務として，提案された動物実験のすべてを注意深く検討している。英国では内務省が全面的に管理している。動物研究を行いたい者は誰でも免許をもつ必要があり，内務省の検査官は定期的に動物設備のすべてを検査している。英国の脊椎動物に関するすべての研究は1986年の「動物科学的処置法」（Animals Scientific Procedures Act）によって管理されている。この法律は，脊椎動物の研究が倫理的に適切であることを保証するために多数の防護策を含んでいる。

動物に関する研究を計画しているほとんどの国々の研究者は，倫理的ガイドラインを利用するように求められる。英国内で最も重要なガイドラインは，1985年に英国心理学会が提出したものである。このガイドラインは，研究者が「生きている動物への不快を回避す

比較文化的問題：人間社会のためになると思われる物事の性質は不変的だとあなたは考えるか。あるいは，文化や時代が異なれば変わると考えるか。人間社会の要求は時代によって変わるのか。このことは，研究が倫理的に認められるか認められないかを決定する方法にどのくらい影響するのだろうか。

るか，少なくとも最小限にすべきである」と明言する。そのガイドラインは，人間でない被験体の実験を行いたいあらゆる研究者の行動をガイドする包括的な規則と忠告を提供する系統的試みを表している。ここにガイドラインの要点を掲載する。

- 第一に，研究者は関連する現行法のすべてを意識する必要がある。研究者は動物を保護するすべての法律に従う必要がある。
- 第二に，何らかの方法で動物を傷つけたりストレスを与えたりする研究者は，「得られる知識が手続きを正当化するかどうかを考えなければならない」。そのため，動物がたとえ低水準の危害やストレスしか受けないとしても，とるに足らない実験を動物に対して実施すべきではない。
- 第三に，動物が所定の手続きで経験する苦痛ないし不快について，動物種の間に違いがあることを考慮する必要がある。幾つか選択肢がある場合，苦痛が最小となる動物種の個体が被験体として選択されるべきである。
- 第四に，所定の実験で必要となる動物の数を最小限に抑えるように，実験は注意深く設計されるべきである。複数の要因が同時に考慮できる統計的検定を使用することが望ましい。
- 第五に，実験はどのような絶滅危惧種の個体にも実行されてはならない。ただ一つの例外は，その実験が保護プログラムの一環である場合である。
- 第六に，研究者は，自らが評判のよい供給者から動物を得ていること，そしてその動物が過去参加した実験室実験に関する経歴について詳細な情報の提供を受けていることを保証する必要がある。さらに研究者は，実験室まで運ばれてくる経路で，動物が適切にかつストレスが最小になるよう扱われたかを確認すべきである。野生の状態で罠に掛かった動物であれば，研究者はできるだけ捕獲が苦痛なく実行されたことを確認すべきである。
- 第七に，飼育状況に関して注意すべきである。孤立状態の飼育に対する反応，そして高密度状態や群がった状態の影響は，動物種の間で明らかに違う。飼育する動物種の個体の推奨条件に関する情報を得て，それに従うべきである。
- 第八に，フィールドワークに従事する研究者は，可能な限り研究対象となる動物が不安にならないようにすべきである。安易な観察によって，繁殖だけでなく生存さえ著しく影響を受ける可能性があることを念頭に置くべきである。識

倫理的問題：現場実験は，動物の自然環境を混乱させる可能性がある。実験が終了した後も長らく動物のストレス状態が継続する可能性がある。

図 29-18

別用に動物に目印をつけたり無線送信機を装着したりすることは，捕獲や再捕獲と同じく，動物にストレスを与えるかもしれない。

- 第九に，動物の攻撃ないし捕食の行動は，なるべく遭遇を演出するのではなく現場で研究されるべきである。遭遇を演出することが必要な場合，模型を使用するかガラス越しに動物を使うよう努力すべきである。
- 第十に，動物の飲食を剥奪する研究では注意が必要である。研究対象となった動物の通常の飲食習慣を考慮し，さらにその動物の新陳代謝の要件に注意を払うことが重要な必要条件となる。
- 第十一に，研究者は実験を実施できる方法が他にない場合に限って，痛みや苦しみを引き起こす手続きを使用するべきである。そのような場合，もし研究者が関係する証明書とともに内務省の免許を保持していなければ，痛みや苦しみを引き起こすことは英国の研究者にとって違法となる。
- 第十二に，もし研究者が関係する証明書に加え内務省の免許をもっていなければ，英国では脊椎動物に外科的ないし薬理的手続きを行うことはできない。さらなる防護策として，経験を積んだスタッフだけがこの手続きを実行しなければならないこと，研究者は手術後に感染を予防する手続きを踏まなければならないこと，そして研究者が麻酔の技術的側面を理解することである。
- 第十三に，動物は手術後に適切なケアを受けることが必要である。ケアには局部麻酔薬の使用および（または）看護が含まれるかもしれない。それぞれの動物の体調を頻繁にモニタリングすることも必要である。激しくかつ継続的に動物が苦しんでいれば，そのときは安楽死のために推奨された手続きを使用して動物の命を絶つ必要がある。
- 第十四に，研究者は実験に参加した動物の体調について不安があるならば，他者の意見を得るべきである。この他者の意見は実験に直接関与していない誰かから得る必要がある（資格をもつ獣医に意見してもらうのが最善である）。
- 第十五に，研究者が動物実験に関連する問題に不安があるならば，連絡を受け付けている二つの組織がある。実験心理学会の委員会（Committee of the Experimental Psychology Society）と動物に関する心理学的研究と教育の基準に関する常任諮問委員会（Standing Advisory Committee on Standards for Psychological Research and Teaching Involving Animals）である。

図29-19 動物は，しばしば識別するために目印がつけられたり，野外で追跡や観察をするために無線送信機が装着されたりする。これが原因で，観察されている動物に著しくストレスがかかり，動物の行動やひょっとすると生存にさえ影響するかもしれない。

動物研究のタイプ

動物の心理学的研究のほとんどが実験室研究である。しかし，カットヒル（Cuthill, 1991）が900以上の研究論文を検討し，その結果，46％が野外で行われた現場研究であった。その約3分の1は，ある種類の実験操作を含んだ現場実験であった。現場実験で使用される

最も一般的な操作のタイプは以下の四つであった。

1. ダミー (dammies)：これは主に縫いぐるみによる捕食動物のダミーであった。実験を効果的にするためにダミーは本物そっくりである必要があり，そのため，ダミーに遭遇した動物は多くの苦痛がもたらされる。
2. ストレスフルな手続き (non-trivial handling)：動物を識別するために動物を追跡したり，目印をつけたりすることはこの例に当てはまる。前述した通り，これは動物にとってストレスの多い手続きである。
3. 記録（録画，録音）された信号の再生 (playback of recorded signals)：記録された信号は一般的に本物そっくりである。すなわち，その信号が警告発声である場合，高い水準の苦痛に結びつく可能性がある。
4. 食糧の増加 (food addition)：実験者がある区域へ人為的に食糧を持ち込むと，動物のなわばり争いと闘争を引き起こす可能性がある。さらに食糧の増加は，動物の正常な食糧の供給源の有用性にとって望ましくない変化をもたらす可能性がある。したがって，食糧の増加は影響を受けた動物にとって重大な結果をもたらす可能性がある。

テレビで野生生物の番組を撮影するためには，リストされたような実験操作テクニックがときどき必要となる。このことが倫理的に示唆することは何であろうか。

社会的にデリケートな研究

これまでみてきたように，倫理的ガイドラインは，主として実験に参加する人々の幸福と保護に焦点を当てている。しかし，たくさんの研究が社会全般に関連した問題を生じさせる。そのため，サイコロジストはさらに幅広い倫理的問題に対して関心をもつ必要がある。このことは，ほぼすべての心理学的研究に該当するが，特に社会的にデリケートな研究 (socially sensitive research) について該当することである。シーバーとスタンリー (Sieber & Stanley, 1988, p.49) は，社会的にデリケートな研究を次のように定義した。

> 研究に参加した研究協力者あるいは研究が描写する個人の階級のどちらか一方に対して，直接的に社会的結果あるいは示唆をもつ可能性のある研究。

社会的にデリケートな研究は，まさに研究協力者として参加した人の他にも，多くの人に危険を及ぼす可能性がある。シーバーとスタンリーによれば，研究協力者以外で危険にさらされる人

図29-20 睡眠剥奪の研究は，人々が睡眠不足によるストレス状況下に置かれた場合，容易に混乱することを示してきた。この一見無害な研究結果は，人民寺院（1978年にガイアナで集団自殺をしたジム・ジョーンズの信徒）のような，カルトの導入手続きに組み込まれてきた。

は次の通りである。

- 研究協力者が所属している集団（たとえば，人種，宗教）の成員
- 研究協力者と緊密な関係をもっている人々（たとえば，家族，友達）
- 実験者
- 実験者が所属している研究機関

シーバーとスタンリーは，社会的にデリケートな研究を徹底的に討論する中で，そのような研究の主要な四つの側面に関して重大な倫理的問題が生じると主張した。

1. 検証すべき研究問題ないし仮説の決定。
2. 研究の実施と研究協力者の取り扱い。
3. 研究環境（たとえば，研究の行われる組織は，その研究結果を不正に利用するかもしれない）。
4. 研究結果の解釈と適用（特に実験者の意図とかけ離れたやり方で結果を適用すること）。

これらの研究の諸側面で生じる問題とはどのようなものか。すでに，研究の実施と研究協力者の取り扱いに関する問題については，かなり詳しく議論してきた。したがって，ここでは残りの三つの側面について焦点を当てる。

倫理的問題：個人の利益と社会全体の利益，どちらがより重要であろうか。

研究の問題

研究過程の第一段階では，研究が解決するための問題の決定が行われる。しかし，単にある質問を問うだけで倫理的問題が生じる可能性がある。たとえば，研究者が「人種によって知能に違いがあるのか」といった問いを立て，ある研究でそれに答えようとしたとしよう。人種によって知能に違いがあると研究者は仮定し，その仮定が研究を動機づけている可能性が（確かではないが）ある。同様のパターンであるが，犯罪性がどの程度遺伝するのかを決定するために双生児研究を行う研究者のほとんどが，おそらく遺伝要因が重要であると考えている。この問題が研究されているという事実こそが，犯罪者の親族に関心を向けさせるかもしれない。

研究環境

研究環境は，少なくとも二つの方法で倫理的問題を生じる可能性がある。第一に，研究環境が威圧的あるいは脅迫的だと認知される場合は，研究協力者に無力感を感じさせて行動に影響を与えるかもしれない。このことはミルグラム（1974）の研究に現れている。彼はその研究の中で，研究協力者が非常に強い電気ショックを進んで与えるかどうかをみることによって権威への服従を研究した（第21

章参照）。研究場面がエール大学であった場合，研究協力者の65％が完全に服従した。その場面が荒廃したオフィスビルであった場合，この数字は48％まで落ちた。第二に，ある会社で研究が行われる場合，その会社の運営者がどのように研究結果を利用するかによって，さまざまな倫理的問題が起きる可能性がある。たとえば，会社の平均的ストレス水準が結果的に普通であることを研究者が確かめたとする。この結果をもとに，会社側は労働者に対するストレス・カウンセリングの導入計画を放棄するかもしれないのである。

解釈と適用

自分たちの研究結果がどう解釈され適用されるのかについて，研究者が関心を寄せるべきであることは疑う余地もない。しかし，研究結果の予測できる利用と予測できない利用とを区別する必要がある。たとえば，国民戦線や他の極右機関が，その目的のために人種間で知能が異なるという研究結果を利用することは予測できたことである。しかし，睡眠剥奪の影響を検討する研究者が，洗脳とカルト教化にその結果が利用されることは予測できなかったであろう。

> **結果の適用**
> 数ある中でも，ジョン・ボウルビィ（John Bowlby）とサー・シリル・バート（Sir Cyril Burt）のようなサイコロジストが行った研究は，社会政策に強く影響した。これらの研究は，育児やIQの発達における母親の役割を検証し，結果として，仕事で外出する母親よりも在宅の母親を助成するような政策と11以上の調査を生み出した。これらの研究は，研究者に倫理的ジレンマを生じさせた。これらの研究結果が，科学の知識的基盤を強化すると同時に，人間の行動と人生選択を操作するために利用可能だからである。

目撃者証言

社会的にデリケートな研究はすべて回避されるべきだと受け取られてしまったかもしれないが，社会的にデリケートな研究の中には全体的に望ましく，かつ社会に対して本当に有益なものがある。たとえば，目撃者証言に関する研究を考えてみよう（第13章参照）。この研究は，目撃者の出来事に関する記憶が脆弱で容易に歪曲されることを巧みに示してきた。このことは，目撃者の証言だけに基づいて被告に有罪判決を下してはならないことを示唆している。しかし，1973年のアメリカにおいて，約350の裁判で目撃者証言が有罪を示すただ一つの証拠であったが，これらの裁判の74％で被告は有罪と判決された。

心理学的研究の結果によって，以前に比べて裁判官と陪審員はあまり目撃者証言に影響を受けなくなった。しかし，そのような研究が無視された時期もあった。「刑事事件における同一性識別の証拠に関するデブリン報告」が1976年に英国で発表された。主な結論の一つは次の通りであった。「心理学的研究の結論は，十分に幅広く受け入れられる段階，あるいは司法過程の要求に見合って訴訟手続きの変更の根拠となりうる段階にまだ達していないように思われる」。

評　価

（少なくともアメリカでは）社会的にデリケートな研究がそうでない研究よりも，機関の倫理委員会によって採択されにくい事実がある。スシら（Ceci *et al.*, 1985）は最大で不採択率が2倍になることを

見出した。こうなってしまう妥当な理由が幾つかある。ある社会的にデリケートな問題がサイコロジストによって研究されている事実こそが，社会一般に対して，これらの問題が真実かつ重要なものであることを暗示する可能性がある。たとえば，サイコロジストが異なる人種の知能を比較したという事実は，人種差があり，知能が存在し，測定することができることを暗示している。

社会的にデリケートな研究は，個人または集団に対する差別のさまざまな形式を正当化するために利用される。最も極端な例では，心理学的研究の結果が，ある社会の法律と規則についての差別的な改正を行うために使用された。このように，社会的にデリケートな研究の成果は社会統制の新しい（そして多くの場合不当な）形式を正当化するために利用される可能性がある。

たとえば，20世紀の初頭に知能検査が開発されたとき，ちょうどアメリカで起こったことであるが，1910年から1920年の間に，アメリカの幾つかの州は，あるカテゴリーの人々（低い知能の人々）が子供をもつことを禁止するための法律を可決した。サイコロジストは，これらの法律を可決するようにたびたび圧力をかけた。たとえば，著名なカリフォルニアのサイコロジスト，ルイス・ターマン（Lewis Terman）は次のように論じた。「州を所有するにふさわしい階層の人々のために州を守るには，精神的退化が遺伝することを可能な限り防ぐ必要がある」。

> あなたは，社会的にデリケートな研究の結果によって，偏見と差別に直面する可能性があるのは，どの集団の人々だと思うか。

ターマンや他のサイコロジストが意見したことによって，1918年のカリフォルニア州の法律は強制的に全員に不妊を要求し，「博士号をもつある臨床心理士」も参加した会議で承認された。同様に，サイコロジストの圧力は1913年のアイオワ州を説得し，「犯罪者，婦女暴行犯，白痴，精神薄弱，痴愚，精神異常者，大酒飲み，麻薬常用者，てんかん病者，梅毒患者，背教者，性倒錯者，病人，変質者の生殖を防止する」法律の制定に手を貸した。

最近では，どのサイコロジストもそのような手荒い法案の採用に賛成しないであろう。しかし20世紀後半のサイコロジストの中には，心理学的法則が社会統制の目的のために使用されるべきだと主張したものもいた。たとえば，スキナー（B. F. Skinner）は，適切なときに適切な報酬を提供することで，人々の行動を決定しコントロールできると主張した。「オペラント条件づけは，粘土の塊を形作る彫刻家の行動を形作る」。スキナー（1948）は，彼の小説「ウォールデン・ツー（Walden II）」（日本訳「心理学的ユートピア」）の中で理想の社会を作るためにオペラント条件づけの使用について記述した。彼は，子供は主に育児専門家が育て，政府は選ばれた代表ではなく，任期のない委員会が運営するといった，この社会における高水準の外部統制について思い描いた。

> 何が認められる行動かを決めるのは誰なのか。個人の行動を文化的基準に一致させるように修正するべきであろうか。

スカー（Scarr, 1988, p.56）は，社会的にデリケートな研究を支持している。彼女は次のように議論している。

> 科学は，人種およびジェンダーの変数を強調した優秀な研究を

切望している……その研究は，少数派の人々がこの社会の中で成功することを手助けするために必要なことを私たちに教えてくれる。ダチョウと違い，私たちは社会的に厄介な発見を恐れて自分たちの頭を隠している余裕はないはずだ。

なぜ倫理的ガイドラインのほとんどが，研究協力者の所属集団よりも研究協力者自身を保護することに焦点を当てているのかについて，スカーは非常に十分な根拠があると主張し，もう一つの重要なポイントを指摘した。本来，研究者は研究協力者に及ぶ実験の直接的影響をかなり正確に予測できるものである。しかし，実験結果が出るまでは，研究協力者が所属している集団にどんな間接的影響が及ぶかまで予測できない。

これまで，社会的にデリケートな研究のメリットとデメリットを考察してきた。このバランスを勘案することは重要である。アメリカ心理学会は，「研究協力者を用いた研究の実施における倫理綱領」の中でこのことを試みた（1982, p.74）。

一方では，大切にしている集団の侮辱的情報が発表されても，そのことを知りたくはないであろう研究協力者を研究する義務がある。他方では，科学的進歩に寄与すると確信した研究結果を公表する義務があり，さらに研究者の側からみると，社会や個人の問題に対する最終的な解釈と改善に寄与する目的がある。

社会的にデリケートな研究領域
人種に関連した研究

心理学で人種に関連する最も有名な（あるいは最も悪名高い）研究は，知能の人種差（特にアメリカの黒人と白人との間の人種差）を扱ったものである（第 27 章参照）。ここでの関心は，この研究に関連する倫理的問題にある。最初に，そのような研究の実施に対する賛成論を考察し，その後で反対論を紹介する。

人種研究に対する主な賛成論の一つが，研究者が重要と考える研究は，何でも自由に行うべきであるということである。もし政府がある種の研究を禁止する法律を可決し始めたら，そのときは，倫理的理由ではなく政治的理由によって研究が中止されるといった本当の危険がやってくる。人種に関連する研究結果（認めがたい目的で人種差別主義者が利用するかもしれない）を公表する場合の倫理についてどう考えるのか。アイゼンク（H. J. Eysenck, 1981, pp.167-168）は次のように議論した。

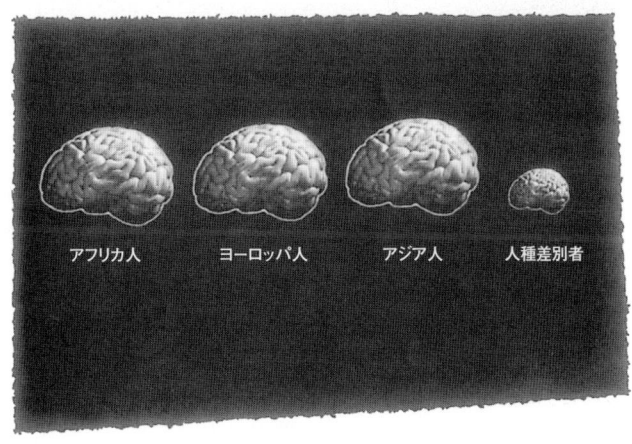

図 29-21　このポスターは「ヨーロッパの若者の人種差別反対キャンペーン」および「人種平等のための委員会」によって製作された。

社会に対して自分が実験結果を知らしめる義務をもっていると感じている人は，その反対の意見をもつ人よりも低俗な倫理欲に左右されていると仮定すべきではない……人種間や階層間の能力差によって生じた明白な社会問題は，優れた知識だけが解決したり，緩和したり，低減したりすることができる……そのような知識を獲得して社会の中で活用しないことは，倫理的に言い訳できるものではない。

人種に関連した知能研究に反対する最も有力な議論の一つは，研究結果が認めがたい方法でたびたび利用されるということである。たとえば，ゴダード（Goddard, 1913）はニューヨークに到着した移民に知能検査を行った。彼は，ロシア人の 87％，ユダヤ人の 83％，ハンガリー人の 80％，イタリア人の 79％が「精神薄弱」であることを研究結果が明らかにしたと主張した。ゴダードは，ほとんどの移民がきわめて限定された英語力しかもちえなかったという明白な事実を無視して，この滑稽な結論に達した。

英国とスカンジナビアからの移民が優れていたことも示す一方で，引き続き行われたアメリカの移民兵士に関する研究は，ゴダードの調査結果を肯定するように思われた。アメリカ政府は 1924 年に，南欧と東欧からの移住を制限する移民割当法を導入するためにこれらのさまざまな研究成果を利用した。

自分がどれくらい知的であるかを知ることが，幸せな人生を送るために重要なのか。

たくさんの人種に関連した研究に対する別の反対意見は，アメリカの黒人と白人が生物学上の分類群を形成していない事実を考えれば，そのような研究はほとんど無意味だというものである。

人種によって知能に違いがある理由を正確に見出すことは，まさしく不可能であるので，人種に関連する研究はかなり的外れである。もう一つの議論は，人種に関連した研究が知能のプロセスやメカニズムを明確にする見通しをもっていない場合，特別な科学的関心をまったく喚起しないということである。仮に，知能の人種差がすべて環境要因に還元できることを示せたとしても，知能の高い人と低い人が用いる問題解決方略が異なる理由については何もわからない。最後に，人種に関連する研究に明白な政治的示唆はないということである。人種と関係なく全員にチャンスを提供することが，あらゆる社会の目標となるべきである。このことは，知能の人種差を生む要因が何であるのかに関係なく真実である。

図 29-22　心理学での人種に関連した研究は，人種による知能の違いを主に扱ってきた。そのような研究を認めることに反対する議論の一つは，このような研究をしても，全員にチャンスが与えられるという目標に社会がいっこうに近づかないということにある。

「もう一つの」セクシュアリティ

キッツィンガーとコイル（Kitzinger & Coyle, 1995）によれば，ゲ

イとレスビアンに関する研究では次の三つの異なる様相が詳しく検討されてきた。

1. **異性愛バイアス**（heterosexual bias）：同性愛よりも異性愛の方が自然であり，優れているという考え方。
2. **リベラル・ヒューマニズム**（liberal humanism）：同性愛および異性愛のカップルの関係性は根本的に類似点をもつといった仮説に基づく考え方。
3. **リベラル・ヒューマニズムの発展型**（liberal humanism plus）：リベラルヒューマニズムの考え方に加えて，ゲイとレスビアンの関係性の具体的特徴に関する認識が追加されている。

> キー用語
> 異性愛バイアス：異性愛が同性愛よりも自然であり，望ましいものであるという考え方。

異性愛バイアス

モリン（Morin, 1977）は，1967年から1974年の間に発表されたゲイとレスビアンに関する研究を展望する中で，異性愛バイアスを示す説得力のある証拠を得た。そして，研究の約70％が，同性愛者は病気か否かといった問題，同性愛を識別できる方法，同性愛の原因に言及していることを見出した。そのような問題に注目することは，同性愛をほとんど「治療」の必要がある病気のようにみなしていたことを示唆している。

ゲイとレスビアンが異性愛者より劣っているという明白な示唆を含んだ，偏りのあるこのアプローチは，ゲイとレスビアンへの差別に関する重大な倫理的問題を提起している。1975年にアメリカ心理学会は，次の解決策を採用することでそのような差別を防ぐ措置を講じた。

> 同性愛それ自体は，判断力や精神的安定感，信頼感，あるいは一般の社会的ないし職業的能力で劣っていることを意味するのではない。アメリカ心理学会はメンタル・ヘルスの専門家全員に対して，同性愛傾向に長らく関係してきた精神病のスティグマの除去を主導するように勧告している。

モリン（1977）が展望した研究のもう一つの特徴は，研究の82％がゲイおよび（あるいは）レスビアンと異性愛者を比較したということであった。このことが倫理的問題を生じさせるのである。というのも，異性愛者と区別できるまったく同じ特性をすべてのゲイとレスビアンがもっている，と誤解させるからである。実際，ゲイ，レスビアン，異性愛者の全員がもちろん一人ひとりの個人である。ある人の性的嗜好のことを知っても，その人の態度，性格，行動については，ほとんどあるいはまったくわからないのである。

議論のポイント

1. もう一つのセクシュアリティは，倫理的に認められる方法でどのように研究することができるのか。
2. 心理学的研究は，この領域ではびこっている不適当かつ誤解を招きやすいステレオタイプを変容することができるのか。

1970年代に同性愛をDSM（Diagnostic and Statistical Manual）から削除することが決定され，最終的には1980年にDSMから削除された。それ以前は，同性愛は他の病気と同じく「治療」が必要な異常行動と思われていた。

リベラル・ヒューマニズム

次の研究の様相は，リベラル・ヒューマニズムのアプローチに基づいていた。このアプローチは，ゲイとレスビアンが異性愛者より劣っているという考えを否定し，彼らを性的嗜好によって定義される集団の成員としてではなく，一個人としてみなすべきであるとした。さらに，同性愛が異性愛と同じくらい自然で正常であることを支持してきた。

カーデクとシュミット（Kurdek & Schmitt, 1986）は，リベラル・ヒューマニズムの観点からの典型的な研究を行った。彼らはゲイ，レスビアン，既婚の異性愛者，同棲している異性愛者の4種類のカップルを比較した。これらのカップルは，パートナーへの愛情，パートナーへの好意，そして関係充足の3側面に基づき関係性の質が評価された。ゲイ，レスビアン，既婚の異性愛者のカップルすべてが，非常に類似した関係性の質をもっていた。同棲している異性愛者のカップルは，有意に関係性の質のレベルが低かった。これらの結果は，同性愛者と異性愛者が根本的に類似しているという見解を支持する。

リベラル・ヒューマニズムのアプローチは倫理的に曖昧というよりも制限されたものであり，そのことが倫理的問題を引き起こしている。そのアプローチは二つの主な制限を行っている。第一に，ゲイとレスビアンは自らの態度と行動を異性愛の規準に同調させているという仮説がある。キッツィンガーとコイル（1995, p.67）によると，結果として，「研究者は，……異性愛者のモデルに容易に同化することができないレスビアンとゲイのそのような関係性の側面を無視したり，歪曲したり，あるいは病理的に解剖したり（疾病とみなす）する傾向があった」。ここにある種の倫理的問題が存在している。というのも，同性愛者と異性愛者の違いが同性愛者に悪い印象を与えると暗黙に仮定しているからである。

第二に，そのアプローチは社会の偏見の見地からみて，ゲイとレスビアンが切り抜けなければならない窮地を無視する傾向がある。これらの窮地の幾つかはキッツィンガーとコイルによって確認された。

> 彼らの存在を否定し，セクシュアリティを非難し，パートナーシップに刑罰を課し，互いの愛情を嘲笑することが多々ある社会の文脈の中で，レスビアンとゲイのカップルは関係性を構築し維持しようと努力している。

図29-23　カーデクとシュミットの研究はゲイ，レスビアン，既婚の異性愛者，同棲中の異性愛者のカップルにおける関係性の質を評価した。その結果，同性愛の関係性と異性愛の関係性は基本的に類似しているといったリベラル・ヒューマニズムの考え方を支持した。

リベラル・ヒューマニズムの発展型　ゲイとレスビアンに関する研究の第三の様相（リベラル・ヒューマニズムの発展型）が，次第に顕著になってきた。このアプローチは，同性愛者と異性愛者が平等であることを認める。しかし，一方ではゲイとレスビアン，他方では同性愛者とそれぞれがもっている関係性について重要な違いが幾つかあることも認めている。社会の多数派階層が採用したゲイとレスビアンの関係性を否定する意見に一部基づいてはいるが，最も倫理的な問題をうまく回避する唯一のアプローチである。

社会的多様性と文化的多様性

これまで，心理学的研究が人種やセクシュアリティに関連した倫理的問題に敏感であることを保証することの重要性について議論してきた。同様の問題は，社会的多様性および（または）文化的多様性に関係した研究で生じる。ここでは**民族集団**（ethnic groups）——より大きな社会で暮らしている「文化的集団」——についての研究を議論しよう。これらの民族集団は，人種，宗教，その他の点から定義することができる。社会における民族集団の立場を論じた後，民族集団についての研究によって生じた倫理的問題を議論する。

民族集団の成員が取り組まなければならない重要な問題の一つが，**文化変容方略**（acculturation strategy）の問題である。これは二つの主要な側面をもっている。

> **キー用語**
> **民族集団**：比較的大きな社会に住む文化的集団（たとえば，人種や宗教によって定義される人々）。
> **文化変容方略**：自らの文化的同一性の保持および他の文化的集団との接触に関する意思決定に関し，民族集団の成員が採用した方法。

1. 民族集団が本来の文化的同一性と習慣を維持したい程度。
2. 民族集団が社会の他集団との接触を求める程度。

ベリー（Berry, 1997）が指摘した通り，人々には取るべき二つの選択（各選択には賛成と反対がある）があるという事実は，主に四つの文化変容方略があることを意味する（pp.709-710も参照）。

- 統合（integration）：他集団との接触を求めるが，自分の文化的同一性も保持する。
- 分離（separation）：自分の文化的同一性を維持し，他集団との接触を回避する。
- 同化（assimilation）：自分の文化的同一性を破壊し，より大きな社会に移動する。
- 境界化（marginalisation）：自集団

図29-24　民族集団の成員は，民族的信条によって多数派とは異なるように自分たちを見せる服装をしなければならない場合，宗教ないし民族的信条を曲げることなしに，大きな社会に向けての統合を行うのは難しいだろう。

の文化あるいは他集団の文化との接触が比較的少ない。

　研究のほとんどが，民族集団の成員が努力をして最も適切な文化変容方略を見つけようと努力した場合，彼らがストレスを経験することを明らかにしてきた。しかし，典型的な研究結果は，文化変容のストレスは「統合」を採用する人々で最低となり，「境界化」を採用した人々で最高となる（ベリー，1997）。多様な民族の態度および行動に対する寛容さが高い水準にある大きな社会の場合は，予測通り文化変容に伴うストレスが低くなる。

　文化変容方略および文化変容に伴うストレスがなぜ倫理的問題に関係するのであろうか。その主な理由は三つある。第一に，民族集団の多くの成員が文化変容ストレスを経験するという事実は，彼らが支配的な文化集団の成員よりも，平均して心理的に脆弱であることを意味する。第二に，民族集団の成員が支配的な文化集団より劣っていることを示しているようにみえる研究結果によって，支配的な文化集団の成員がその民族集団と自発的に接触しようとしなくなるかもしれない。このことが，ある民族集団の成員に「統合」ないしは「同化」の戦略を採用させることをさらに困難にする。

　第三に，ある民族集団の成員の好ましくないことを明るみにする研究結果は，彼らに自分たちの文化的価値を疑問視させるかもしれない。極端な場合，この疑問が境界化に結びつき，文化的同一性の安定した感覚を失うことでストレスが引き起こされることがある。

　まとめると，研究者全員が多くの民族集団が経験するプレッシャーを自覚することが重要である。研究者はさらに，研究（そして研究結果）がプレッシャーを増加させないように保証する必要がある。

> 学校では，さまざまな文化をカリキュラムの中に統合することをどのくらい推奨するべきであろうか（たとえば，さまざまな文化祭を祝うことによって）。

> 比較文化的問題：さまざまな文化と信条に価値を置くことを学習することで，子供たちは肯定的な自己像を発展させることができ，より広い社会の中で独断的でないものの見方をする可能性が高まる。

感　想

・心理学的研究に対する倫理的アプローチが発展する中で，それが長年にわたって進歩してきたことを痛感している。実験の行われた幅広い社会や文化と同じく，実験に参加したすべての人々の要求と感受性について十分に説明しなければならないという事実をなおさら再認識している。

・サイコロジストの行為で認められる，あるいは認められないと考えられるものは，主要な文化的価値と規範によってかなり左右される。サイコロジストの中にはかつて，現在では考えられないやり方で研究協力者を扱った者もいた。彼らがそうしたのは，悪い人間であったからではなく，彼らの倫理基準が，彼らがその中で生き，はたらいていたときの文化基準に似ていたからである。

要　約

研究協力者の使用

　実験の協力者は通常，実験者より弱い立場にある。そして，このことが倫理的問題を生じさせる。研究協力者は実験に参加する前に，公平なインフォームド・コンセントを行うべきである。さらに，理

由を言わずに実験をいつでも中断する権利をもっていることを研究協力者に伝えるべきである。実験の終わりには，実験を十分に議論するディブリーフィングの時間を作るべきである。もう一つの防護策は秘密保持であり，研究協力者個人に関する情報を漏らさないことである。英国心理学会のような専門家の組織が詳細な倫理的ガイドラインを公表している。また，ほとんどの研究機関は倫理委員会をもっている。

動物の使用

　幾つかの実験手続きは人間では許容されないこと，動物が人間よりはるかに短い期間で繁殖すること，そして，動物の行動を理解することは容易であるという理由から，実験に動物が使用されている。女性や革新主義者や菜食主義者はそれぞれ，男性や保守主義者や非菜食主義者よりも動物実験に反対する。自分の種には特別の義務を負っているという理由から，スピーシズムを擁護することができる。しかし，スピーシズムは人種的偏見と性差別主義に類似しているという理由で反対されるかもしれない。ダーウィンは，人類と他の動物種との間に重要な類似点があると論じ，他方で人間性心理学のサイコロジストはその違いを強調した。ほとんどの人々の動物実験に関する見解は相対的道徳性に基づいている。動物実験は，食肉生産，ペットの虐待，動物園とサーカスの文脈といった中で検討されるべきである。英国心理学会の倫理的ガイドラインは，現行法に従う必要性を強調している。すなわち，①研究で得られる知識が重要であること。②苦痛の感度が動物種の間で違うこと。③使用する動物の数を最小限にすること。④あらゆる絶滅危惧種の個体を使用しないこと。⑤信用のある動物納入業者を利用すること。⑥適切な飼育条件を提供すること。⑦フィールドワークでは可能な限り動物を不快にしないこと。

社会的にデリケートな研究

　倫理的ガイドラインは主として研究協力者の保護に焦点を当てる。しかし，研究協力者の所属集団と研究協力者の親族の保護を考慮することは，社会的にデリケートな研究では重要なことである。これらの幅広い社会問題は，研究で選択される問題，研究の実施，研究環境，研究結果の解釈と適用に関して検討される必要がある。研究環境によって研究協力者は無力感を感じるかもしれない。あるいは，研究の行われている組織の運営者が研究成果を誤用するかもしれない。社会的にデリケートな研究の結果は，研究者が予測できない不審な方法で適用されるかもしれない。あるいは，研究は社会統制の新しい形式を正当化するために使用されるかもしれない。肯定的にみると，社会的にデリケートな研究は，少数民族を支援するために有用な情報を提供するかもしれない。さらに，研究者が一般に発見する事柄やそのような発見を他者がどのような方法で利用するかを予見することには期待できない。

社会的にデリケートな研究領域

　研究者が重要と思う研究ならば自由に行ってもよいという理由で，人種に関連した研究は擁護されてきた。重要な反論は，そのような研究の結果がときどき認めがたい方法で利用されてきたということである。黒人と白人が別々の生物学上の分類群を形成していないため，アメリカの人種に関連する知能研究はほとんど無意味である。さらに，なぜ人種差が生じるのかその理由を確実に見出すことは不可能である。「もう一つの」セクシュアリティに関する初期の研究は，異性愛バイアスに悩まされた。異性愛バイアスはリベラル・ヒューマニズムのアプローチに取って代わられたが，それはゲイとレスビアンが態度と行動を異性愛の規準に同調させると仮定し，ゲイとレスビアンが遭遇する特定の問題を最小限度に抑えてきた。さらに最近では，倫理的に認められたアプローチ（それはリベラル・ヒューマニズムの発展型と呼ばれるかもしれない）が発展してきた。民族集団は文化変容に伴うストレスを経験することが多い。研究者は，自らの研究が適切な文化変容方略を使用する少数民族の成員の試みを妨害しないように保証する必要がある。

【参考書】

　本章で議論された問題の多くは，M.W. Eysenck (1994a), *Perspectives on psychology*, Hove, UK: Psychology Press でも扱われている。この領域の他のテキストは，A. Wadeley, A. Birch, & A. Malim (1997), *Perspectives in psychology* (2nd Edn.), London: MacMillan である。実験参加者を用いて研究を行おうとしている人すべてが，研究を進める前に次の文献を調べることが強く望まれる。British Psychological Society (1993), Ethical principles for conducting research with human participants, *The Psychologist*, **6**, 33-35 （pp.1162-1165 に掲載）。

【復習問題】

1　人間を対象とする心理学的研究における倫理的ガイドラインの役割について議論しなさい。　　　　　　　　　　　　　　　　　　　　　　（24 点）
2　心理学的研究の中で人間でない動物を使用することに賛成の事例と反対の事例について議論しなさい。　　　　　　　　　　　　　　　　　（24 点）
3　「社会的にデリケートな領域における研究を行うことは，難しい倫理的問題を引き起こすかもしれないが……この種の研究を実行しようとしないことが，その答えにはならないように思える。そのような研究の倫理的問題を無視することができない一方で，私たちは論争の的となっている問題に尻込みすることもできない」（カードウェル, 1997）。これについて議論しなさい。　　　　　　　　　　　　　　　　　　　　　　　　　　　　　　　　　　（24 点）

人間を研究協力者とする研究を行うための倫理綱領
The Psychologist（January 1993, 6, 33-35）から再掲

1. イントロダクション

1.1. 以下に挙げられた原理は，人間を研究協力者とする研究に適用することを念頭に置いている。職業実践に関する行動原理は，学会の「行動規範」と，学会の類，分科，特別部会が用意した諮問文書の中でみることができる。

1.2. 心理学研究に参加する研究協力者は研究者を信じるべきである。研究者と研究協力者が相互に尊敬，信頼し合う場合のみ，よい心理学的研究が可能となる。心理学の研究者は，人間の行動と意識的経験のすべての側面に興味をもつことができる。しかし，倫理的な理由から，人間の経験と行動の幾つかの領域は，実験，観察，あるいは他の心理学的研究法によって到達できないかもしれない。倫理的ガイドラインは，心理学的研究が認められる条件を明確にするのに必要である。

1.3. 人間を研究協力者とする研究者に対する補足は以下に掲げられている。それは，英国心理学会の行動規範（1985）で述べられた学会員の一般的な倫理綱領と，その後の修正規範である。英国心理学会の会員は，行動規範とここで述べられた詳細な綱領の両方を遵守することが要求される。さらに，会員は，非会員の研究同僚者が綱領に関心をもつように促すべきである。会員は，同僚に綱領を採用するよう促し，会員が監督するすべての研究者（たとえば研究助手，大学院生，大学生，A級およびGCSEの学生）がそれを遵守することを保証すべきである。

1.4. 最近，一般の人が専門家に対して違法行為の申し立てによる法的手段を講ずることが増えてきている。研究者が研究協力者の権利および尊厳を侵害する場合，研究者はそのような法的手段の可能性を認識しなければならない。

2. 一般的倫理

2.1. 研究者は，すべての状況で研究協力者に対する倫理的含意と心理的影響を考慮しなければならない。本質的な原則は，研究がすべての研究協力者の見地から考慮されるべきだということである。研究協力者の心理的幸福，健康，価値あるいは尊厳に対する予測可能な脅威は除去されるべきである。多文化かつ多民族の社会では，年齢，ジェンダー，社会的背景の異なる個人が研究に参加していることや，研究者自身が研究協力者の感じている研究の意味についておそらく十分には理解していないことを研究者は認識すべきである。研究が違法行為となるかならないかを判定ができる最善の審査員は，おそらく研究協力者を募集する予定である母集団の成員であることを心に留めておくべきである。

3. 同　意

3.1. 可能であれば常に，研究者は研究目的を研究協力者全員に通知すべきである。研究者は，参加意欲に影響すると合理的に考えられる研究あるいは介入のすべての側面について，研究協力者に通知すべきである。研究者は，研究あるいは介入について研究協力者が質問するすべての側面について普通は説明すべきである。インフォームド・コンセントを得る前に十分な開示ができない場合，研究協力者の福祉と尊厳を保護するための追加の防護策が要求される（セクション4参照）。

3.2. 子供や，あるいは理解力と（または）コミュニケーション能力に制限のある障害をもった研究協力者を用いる研究は，彼らから本当の同意を得ることができないので，特別な保護手続きが必要とされる。

3.3. 可能な範囲内で，子供と理解力ないしコミュニケーション能力に障害のある成人から，本当の同意が得られるべきである。さらに，研究が16歳以下の者を含んでいる場

合，親ないしは親代わりとなった人物から同意が得られるべきである。研究の性質上，親からの同意ないしは教師からの許可を得られない場合，研究者は研究を進める前に倫理委員会から承認を得なければならない。

3.4. 理解力ないしコミュニケーション能力に障害のある成人から，本当の同意を得ることができない場合，可能ならば常に，研究者は研究協力者の反応を評価するのに適した地位にある人物（たとえば，その人の家族）に意見を求めるべきであり，独立した助言者から研究の第三者的な承認を得なければならない。

3.5. 拘留中の人物に対して研究が行われる場合は，特にインフォームド・コンセントに用心し，その人物の公平なインフォームド・コンセントを行う能力に影響するかもしれない特別な配慮を払うべきである。

3.6. 研究者は，学生，被雇用者またはクライアントであろう研究協力者にとって，権力または影響力をもった地位にいることが多いことを認識すべきである。この関係性が圧力となって，研究協力者が研究に参加したり，残留したりすることが許されてはならない。

3.7. 研究協力者に対する報酬は，それがなければ通常の生活様式で冒さない危険を冒すように仕向けるために用いられてはならない。

3.8. 個人の将来の生活にとって，危害ないし著しい不快，他の悪影響が生じるかもしれない場合，研究者は独立した助言者の第三者的な承認を得て，研究協力者に通知し，彼らのそれぞれから本当のインフォームド・コンセントを得なければならない。

3.9. 縦断的研究では，おそらく同意を1回より多くの機会で得る必要がある。

4. デセプション（だまし）

4.1. ディブリーフィングを受けた研究協力者が，反論または心痛を示す恐れが一般的にある場合は，研究協力者への情報の保留または虚偽は認められない。デセプションに何らかの疑念がある場合，研究に先立って適切な助言を受ける必要がある。研究協力者の社会的および文化的背景を共有している個人から助言を受けることが最善であるが，倫理委員会あるいは経験を積んだ第三者的な同僚による助言でも十分かもしれない。

4.2. できれば常に，研究協力者に研究の目的と一般的特質に関するデセプションを故意に行うことを避けるべきである。きわめて強い科学的ないし医学的な根拠もなく，研究協力者を意図的に欺くべきではない。そのときでさえ，厳密な統制と独立した助言者の第三者的な承認が必要である。

4.3. 本当の研究目的の情報を保留せず，あるいは研究協力者を意図的に欺かずに，ある心理作用を検討することは不可能かもしれない。そのような研究を行う前に，研究者は次のことを行う特別な責任がある。(a)隠蔽またはデセプションを回避するために利用できる代替の手続きがないことを決定する；(b)研究協力者が最初の段階で十分な情報を得ていることを確認する；(c)研究協力者に対して情報の保留または意図的なデセプションを行う方法について適切な助言を求める。

5. ディブリーフィング

5.1. 研究協力者が研究に参加したという自覚がある研究では，研究者はデータが集まった段階で，研究の性質を完全に理解させるために必要なあらゆる情報を研究協力者に提供するべきである。研究者は予知できない悪影響ないし誤解がないかを監視するために，研究協力者が研究で何を経験したかについて議論するべきである。

5.2. ディブリーフィングをしたからといって，その研究の倫理的でない側面を正当化する根拠とはならない。

5.3. 実験で生じるかもしれない影響の中には，研究後に行う言語的説明では除去できないものがある。研究者は研究場面から立ち去る前に，有効な介入方法の中で不可欠なディブリーフィングを研究協力者が受けられる

6. 研究の中断

6.1. 報酬または他の誘因を提示したかに関係なく，研究協力者がいつでも研究を中断する権利をもっていることを研究のはじめに研究者は研究協力者に明らかにするべきである。この手続きは，観察ないし組織上の場面ではおそらく困難であると認識されるが，それでも，中断する権利を研究協力者（子供を含む）が理解することを保証する試みを研究者は行わなければならない。子供を検査する場合，検査状況の回避は，おそらくその子供が手続きに同意できなかった証拠と解釈でき，その状況を回避することは認められるべきである。

6.2. 研究協力者には，研究体験を振り返ることで，あるいはディブリーフィングの結果として，遡及的な同意の取消や，録音・録画を含む自らのデータの消去を求める権利がある。

7. 秘密保持

7.1. データ保護法を含む法律の要件に従って，事前にその他の同意のあった場合を除いては，研究中に研究協力者から得られた情報は機密である。機密情報を開示させる圧力の下に置かれた研究者は，そのような圧力を加える人々の注意をこの点に留意させるべきである。心理学的研究の研究協力者には，提供する情報が機密として扱われ，もし発表される場合は研究協力者のものと識別されないように要求する権利がある。秘密保持および（または）匿名性を保証できない場合，研究協力者は，参加に同意するよりも前にこのことを警告されなければならない。

8. 研究協力者の保護

8.1. 研究者には，研究中に生じる肉体的・精神的危害から研究協力者を保護する主要な責任がある。通常，危害の危険性が日常生活より高くなってはいけない。つまり，研究協力者は，彼らが通常の生活様式で遭遇する危険以上の，あるいはそれに加えて大きな危険にさらされるべきではない。危害の危険性が通常の生活より大きな場合は，3.8の条項が適用されるべきである。研究協力者は，危険性を生じさせる手続きのあらゆる要因，たとえば病歴などについて質問を受ける必要がある。また，危険を回避するために行うべき特別な行為について助言を受ける必要がある。

8.2. これらの綱領が求める予防措置にもかかわらず，ストレス，潜在的な危害，あるいは関連する疑問や関心が生じたときのために，参加後の適当な期間内は研究者に連絡がとれる手段を研究協力者に通知するべきである。研究手続きが研究協力者に望ましくない影響をもたらす可能性がある場合，研究者はこの影響を見つけ出し，除去ないしは改善する責任がある。

8.3. 研究協力者が個人的または私的なことだと思っている行動または経験を扱う可能性がある場合，個人的な質問に答える必要がないことの保証も含めた，あらゆる適切な手段を用いてストレスから研究協力者を保護しなければならない。プライバシーを侵害する情報を求める場合，隠蔽ないしデセプションはあってはならない。

8.4. 子供を含む研究では，親や先生，親代わりの他者とその研究結果を議論する場合，意図せず，評価的な意見が影響力をもつかもしれないので，細心の注意を払うべきである。

9. 観察研究

9.1. 観察に基づく研究は，研究対象となる個人のプライバシーや心理的幸福を尊重しなければならない。観察される人々が観察に同意しない限り，見知らぬ人に観察されることを観察される人々が予期できる状況においてのみ，観察研究は認められる。さらに，地方文化の価値や，通常の公的場所にいる間でさえ観察されないとおそらく思っている個人

のプライバシーを侵害する可能性に関して，特別に配慮すべきである。

10. 助言を与える

10.1. 研究中に，研究協力者が知らないと思われる心理的あるいは身体的な問題の証拠を研究者が得るかもしれない。そのような場合に，研究協力者に通知しないことで研究協力者の将来の幸福が危険にさらされるかもしれないと考えるならば，研究協力者に通知する責任が研究者にある。

10.2. 心理学的研究の通常の過程において，あるいは10.1のように発見した問題の結果として，もし研究協力者が教育，パーソナリティ，行動あるいは健康上の問題に関する助言を求めてきたならば，気をつけるべきである。その問題が深刻であり，研究者が援助する資格をもっていない場合，専門的助言が受けられる適切な資源を勧告するべきである。その他の助言を与えることに関する詳細は，学会の「行動規範」でみることができる。

10.3. ある研究の種類では，もし助言を与えることが研究の中身になっており，前もって同意が得られた場合，助言を与えることは適切である。

11. 同　　僚

11.1. 研究者は，研究協力者の倫理的処遇に対する責任を共同研究者，助手，学生，被雇用者と共有している。別のサイコロジストないしは研究者がおそらく以上の倫理綱領に沿わない研究をしていると思うサイコロジストは，その研究者に研究を再評価するように促すべきである。

【引用文献】

The British Psychological Society (1985) A Code of Conduct for Psychologists. *Bulletin of The British Psychological Society*, **38**, 41-43.

　さらに *The Psychologist*, **5**, 562-563. の中でこの規定の修正提案を確認してほしい。
　この論文の複写は，The British Psychological Society, St. Andrews House, 48 Princess Road East, Leicester LE1 7DR. から得ることができる。

- 実験法：心理学実験を計画し，実施するときに留意する要因。
    従属変数，独立変数，交絡変数
    研究協力者と状況の選択
    原因と結果，追試
    実験室実験　対　フィールド実験
    カールスミスらによる世俗的現実性と実験の現実性

- 準実験：既存のグループ，または，自然な状況で実験法を用いる研究。
    ウィリアムズのカナダの子供の研究
    アダムスとアダムスのセント・ヘレンズ山の研究

- 相関研究：さまざまな要因間の関連を探る。
    双子研究と遺伝／環境問題
    因果関係と倫理観の問題

- 自然観察法：実験的に影響を与えずに，自然に起こる行動を見て調べる。
    ブラウンらの子供の言語発達の研究
    ベールズの相互作用過程分析

- 事例研究：時間をかけて1人の個人を研究する，たとえば脳に損傷を受けた人など。
    オルポートとスキナーの主張
    フロイトのシュレーバー博士に関する事例研究

- 面接法：参加者に質問をすることによりデータを得る。
    クーリカンの面接のタイプ分け
    ピアジェの臨床法

- ディスコース分析：人の言うことは，文脈により影響を受ける。
    ポッターとウェザレルの定義
    カーティスの七つの特徴リスト

30

心理学的研究法

他の科学と同様に，心理学も理論とデータに関心を払っている。**理論**（theory）は，ある特定の研究結果やデータについての一般的な説明を与えてくれる。また，理論は多くの理論に基づいた行動の予測をする**実験仮説**（experimental hypotheses）を作り出す。たとえば，ある人が一部の人たちは，他の者よりも敵対心をもっているという理論を提案したとする。そうすると，この理論は，次のようなさまざまな仮説や予測を生み出すことに使われるであろう。たとえば，敵対心のある人は，そうでない人よりも頻繁に怒りをあらわにするだろう。また，敵対心のある人はそうでない人よりも不満を感じる場面に対して強く反応するだろう。さらに，敵対心のある人は，そうでない人々より皮肉っぽいであろう。

心理学者は，行動の測定という形のデータを集めることに多くの時間を費やす。データは，さまざまな仮説を検証するために集められる。たいていの人は，このデータの収集には実験室状況での適切あるいは真の実験が必要であると思うであろうし，心理学で，文字通り何百万という実験室実験が行われてきたことは事実である。しかしながら，心理学者は幾つかの研究方法を使用しており，それぞれが人間の行動についての役立つ情報を与えてくれている。

さまざまな研究方法について読んでいくうちに，どの方法が最もよく，どれが最も悪いのかと考えるようになるのは当然のことだろう。幾つかの点で，心理学者が使う研究法とプロのゴルフプレーヤーが使うクラブを比べるのは非常によいかもしれない。ドライバーがパターよりもよくない，あるいは，悪いクラブのときもある。なぜなら，単にドライバーは違う目的に使われるからである。同様に，心理学者が使う研究方法もある仮説を検証するためには非常に有効でも，他の仮説を検証するのにはほとんど役立たないか，まったく役立たないのである。しかしながら，これからみていくように，実験法は原因と結果について推論を行うことを可能とする最良の方法を提供してくれる。

実 験 法

心理学者にしばしば使われる研究方法は実験法である。実験法にはどのようなものが含まれるかを理解するために，具体的な例を考えてみよう。

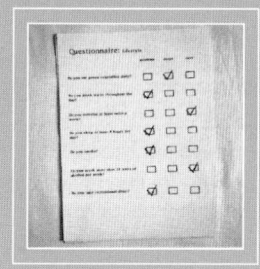

図 30-1

キー用語
理論：一連の研究結果の一般的な説明。たとえば，実験仮説を作り出すために用いられる。
実験仮説：理論により生み出される検証可能な予測。

1167

従属変数と独立変数

ある心理学者が，大きな騒音は課題の遂行に悪影響を与えるという実験仮説を検証したいとしよう。たいていの仮説がそうであるが，仮説は，**従属変数**（dependent variable）について言及している。従属変数とは，測定しようとする行動のある側面である。この場合，従属変数は課題遂行のある測度である。

たいていの実験仮説は，従属変数が特定の要因により体系的に影響を受けていることを述べている。この特定の要因は**独立変数**（independent variable）として知られている。今考えている実験仮説の場合では，独立変数は騒音の大きさ（強さ）である。もっと一般的に言うと，独立変数は実験者によって操作された実験状況のある側面である。

ここで実験法の使用に伴う最も重要な原理についてふれておこう。それは，関心のある独立変数は操作されるが，他のすべての変数は**統制される**ということである。他のすべての変数は統制され，操作された一つの変数だけが従属変数のその後の変化の原因であると仮定される。先ほどの例でいうと，研究協力者の一つのグループに対しては非常に大きな騒音を与え，二つ目のグループは小さな騒音を与える。二つのグループの課題遂行の違いが，騒音によるものであり，他の要因によるものでないことを確実にするためにはどうすればよいだろうか？　そのためには，たとえば，実験には常に同じ部屋を使う，部屋の温度は常に同じに保つ，同じ照明を用いるなど，実験状況の他のすべての側面を統制する必要がある。

交絡変数

実験法のもう一つの本質は，いかなる**交絡変数**（confounding variables）も避けることが根本的に重要であるという点である。これらの変数は，操作されたり，独立変数と一緒に体系的に変化する変数である。いかなる交絡変数の存在も危険を含んだ結果をもたらす。なぜなら，交絡変数が存在することにより，自分たちの研究結果を解釈することができなくなるからである。たとえば，大きな騒音にさらされた研究協力者が弱い明かりの下で課題を遂行したため，自分たちが何をやっているかほとんど見ることができなかったとしよう，一方，小さな騒音にさらされた研究協力者が適切な明かりの状況を楽しんだとしよう。もし，大きな騒音と弱い明かりの下で課題を遂行したグループが，小さな騒音と適切な明かりの下で課題を

図 30-2　心理学実験の研究協力者は，一定の統制された状況下で検査されなければならない（たとえば，一定の照明，温度，音量など）。

> **キー用語**
> 従属変数：研究で測定される研究協力者の行動のある側面。
> 独立変数：実験者により操作された実験状況のある側面。

> **キー用語**
> 交絡変数：誤って操作されたり，独立変数に伴い変化する可能性（余地）のある変数。

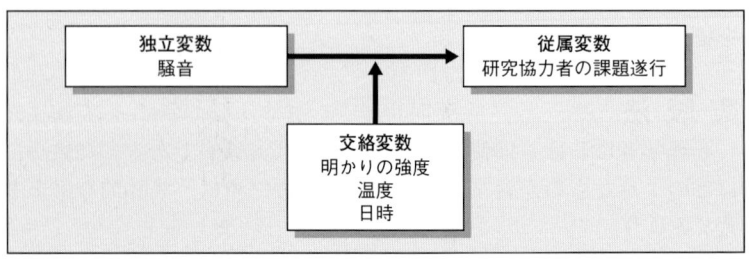

図30-3

遂行したグループよりも，課題遂行がかなり悪かったとしても，この結果が大きな騒音によるものなのか，弱い明かりによるものなのか，あるいはその二つの組み合わせによるものなのかを知ることはできないのである。

　実験において交絡変数を確実になくすことは簡単だと思うかもしれない。しかしながら，よく知られ，公表されている実験の多くが交絡変数を含んでいるのである。たとえば，ジェンキンスとダーレンバック（Jenkins & Dallenbach, 1924）の研究を考えてみよう。彼らは，ある研究協力者グループに対して午前中に学習課題を与え，そして，その日，後に，課題への記憶をテストした。同じ学習課題が二つ目の研究協力者グループには夕方に与えられ，彼らの記憶は，夜の睡眠後である次の日の朝に調べられた。

　ジェンキンスとダーレンバックは何を発見したのだろうか？　記憶の成績は最初のグループよりも二つ目のグループのほうがずっとよかった。彼らは，この結果が，人は起きているときよりも寝ているときのほうが記憶への妨害が少ないことによるものだと主張した。この主張の欠陥がわかるだろうか？　この二つのグループは，課題を異なる時間帯に学習している，したがって，その時間帯が交絡変数だったのである。ホッケイら（Hockey, Davies & Gray, 1972）は，何年も後に，学習した時間帯のほうが，研究協力者が学習と記憶テストとの間に寝たかどうかよりもずっと重要であることを発見した。

研究協力者と状況

　実験法の適切な使用には，研究協力者をさまざまな条件に割り当てる方法を慎重に考慮することが求められる。その詳細な説明は，第31章でするので，ここでは，各実験条件に異なる研究協力者がいる実験のみに焦点を当てよう。大きな騒音にさらされた研究協力者が，小さな騒音にさらされた研究協力者よりも，平均してかなり知的水準が低かったとしよう。そうなると，前者の課題遂行がよくなかったのは，大きな騒音によるものなのか，それとも彼らの低い知的水準によるものなのかを言うことはできないだろう。このような可能性を防ぐための主要な方法は，**無作為化**（randomisation）である。無作為化であれば，研究協力者は無作為に二つの条件に割り当てられる。

　非常に多くの研究が学生を研究協力者として行われている。これは，学生が社会全体を代表しているのかという問題を引き起こす。たとえば，学生は学生宿舎のような騒がしい場所で長い時間勉強するのに慣れているので，他の人と比べて大きな騒音にあまり妨害

キー用語
無作為化：研究協力者を無作為に条件に割り振ること。

図30-4

> **キー用語**
> フィールド実験：実験法が自然な状況で使われる研究方法。

図30-5　理想としては，心理学実験は，ある母集団の中からの無作為標本を選ぶべきであるが，本当に無作為に抽出するのは非常に難しい。

間違った因果関係の推論が行われた状況の例を思いつくだろうか？　たとえば，yがxの後に起こった，しかし，xはyを引き起こさなかった？

> **キー用語**
> 追試：一つの実験から得られた結果を繰り返すことができること。

されない可能性もある。

　実験法は主に実験室実験で用いられる。しかしながら，実験法は**フィールド実験**（field experiments）でも使われる。フィールド実験とは，町中，学校，職場のような自然な状況で行われる実験である。実験法の幾つかの長所は，実験室でもフィールドでも共通しているが，他の長所と限界は実験のタイプにより固有である。次に，この共通の長所について考えていき，固有の長所と限界についてはその後で論じよう。

　多くの研究において，人々の既存のグループが実験に使用される。たとえば，男性と女性の能力を比べたり，あるいは，若者と中年の個人の能力を比べたりしている。このような研究は純粋な実験とみなされるであろうか？　答えは「ノー」である。実験法では，実験者が独立変数を**操作する**が，明らかに，研究目的のために研究協力者が男であるか女であるかを決めることはできないのである。

共通の長所

因果関係

　一般的に，実験法の最大の長所は，実験が原因と結果の関係を証明することができることだと思われている。これまで使ってきた用語の中では，実験における独立変数はしばしば原因とみなされ，従属変数は結果とみなされる。科学哲学者は，因果関係が実験によって立証されるかどうかについて議論してきた。しかし，因果関係は推測されるにすぎないというのが一般的な見解なのである。もし，y（たとえば悪い成績）がx（大きな騒音）の後に起こったとしたら，xがyを引き起こしたと推測するのが妥当である。

　では，なぜ実験法に基づいた研究からの発見が必ずしも因果関係を証明するわけでないのかを次の架空の例でみてみよう。マラリアに関する一つの実験がある熱帯の国で行われた。研究協力者の半分は窓の開いた病室で寝ていた，残りの半分の研究協力者は窓の閉まった病室で寝ていた。窓の開いた部屋に寝ていた人たちは，閉まった部屋で寝ていた人たちよりもマラリアにかかっていたことがわかった。窓を開けていたことがマラリアを引き起こしたという主張が間違っていることは明らかであろう。窓が開いていたか，閉まっていたかは，病気になるかどうかに関連していたが，それはマラリアの主要な原因となる要素（感染した蚊）には直接的には何の情報も提供していない。

追　試

　実験法のもう一つの主要な長所は，**追試**（replication）と関係している。もし一つの実験が慎重に統制された方法で行われたとしたら，他の研究者がその実験で得られた結果を繰り返したり，追試することが可能となる。これまで，実験法を使った追試には数多くの失敗がみられた。しかし，重要な点は，追試の機会は，実験法が使われないときよりも使われたときのほうが多いということである。

実験室実験　対　フィールド実験

　実験室実験とフィールド実験はどちらも実験法を用いるが，これらは，フィールド実験がより自然な状況で行われるという点で異なっている。フィールド実験の例として，ショットランドとストロー（Shotland & Straw, 1976; pp.848-849参照）の研究を考えてみよう。彼らは，1人の男性と1人の女性が，大勢の傍観者のいるすぐそばで，口論となり，喧嘩をする芝居をした。一つの条件では，その女性が「あんたなんか知らないわよ」と叫んだ。二つ目の条件では，彼女が「なんであんたなんかと結婚したのかわからないわ」と叫んだ。傍観者がその喧嘩を見ず知らずの他人を巻き込んだ喧嘩と思ったときには，65％の人が仲裁に入った。それに対し，傍観者がその喧嘩が結婚したカップルのものだと思ったときには，仲裁に入ったのはたった19％であった。このように，人々は喧嘩が「恋人たちの口論」であるときには，そうでないときより，救いの手を差し伸べないようである。傍観者たちは，その喧嘩が本物だと確信していた。その証拠に，傍観者の女性の30％は非常に恐怖を感じたために，自分の部屋のドアを閉め，電気を消し，ドアをロックしていた。

図30-6　ショットランドとストロー（1976）の実験において，傍観者が芝居のケンカを見たとき，傍観者は，結婚しているカップルのケンカと思ったときより，他人同士のケンカだと思ったときに助けようとした。

　フィールド実験よりも実験室実験のほうが優れている最大の長所は，一般的に，自然状況よりも実験室のほうが交絡変数を排除するのが簡単であるという点である。実験者は，自然な状況のすべての側面を統制することはできない。

　フィールド実験よりも実験室実験が優れていることがはっきりしているもう一つの長所は，実験室のほうが研究協力者からより多くの詳細な情報を非常に容易に得ることができることである。たとえば，自然状況で行われたフィールド実験で，研究協力者の生理的活動や複雑な認知課題の遂行速度についての情報を得るのは難しい。このようにフィールド実験に限界があるのには二つの理由がある。一つは，かさばる実験機器を自然状況に持ち込むことが一般的に不可能であること。二つ目は，研究協力者から多くの情報を得ようとするとき，フィールド実験の研究協力者は自分が実験に参加していると気づいてしまうのである。

　実験室実験よりもフィールド実験のほうが優れている点は，フィールド実験の研究協力者の行動が，しばしば，彼らの**通常**の行動の特徴をより多く示している点にある。しかし，フィールド実験が実験室実験よりも優れている最大の長所は，フィールド実験は不自然でないという点である。ヘザー（Heather, 1976, pp.31-33）は，実験室実験の不自然さについて次のように強調している。

心理学者は，人間生活の研究を，実際にそれが自然に起こる状況とはまったく異なる実験室状況に無理に押し込めようとしてきた……心理学における実験は，……見知らぬ人を巻き込んだ社会的な状況であり，人間を対象とした長い間の実験により集められた主な知識は，心理学実験というきわめて不自然で，非日常的な状況で見知らぬ人同士がどのように相互作用しあうかについての情報でしかないだろう。

観察されるという影響

どのようなタイプの研究で，研究協力者は不自然に振る舞うのであろうか？

なぜ実験室実験がフィールド実験よりも不自然であるかというと，実験室実験の研究協力者は自分たちの行動が観察されていることに気づいているからである。シルヴァーマン（Silverman, 1977）は，「事実上，心理学の研究において研究協力者が研究協力者として振る舞わないたった一つの条件は，その人が心理学実験に参加していると知らないことだけである」と指摘している。観察されることによる一つの影響は，研究協力者が実験者の仮説に合わせようとし，そして，実際にそのように行動することである。この点について，オーン（Orne, 1962）は，**要求特性**（demand characteristics）の重要性を強調している。要求特性とは，「研究協力者に実験仮説を伝える手掛かり全体」のことである。オーンは，彼の研究の中で，研究協力者が乱数表の数字を足した後に，完成したシートを破るという課題を何時間も自ら進んで行うことを見出した。おそらく，研究協力者はその実験を忍耐力のテストと解釈し，このことが研究協力者に，このような行動を続けさせたのであろう。

> **キー用語**
> 要求特性：研究協力者が研究の本質を推測できるような手掛かり。
> 評価懸念：うまく課題をこなそう，そして，実験者を喜ばせようとする研究協力者の不安傾向の心配。

実験室実験で研究協力者が観察されていることを知ることのもう一つの影響は，**評価懸念**（evaluation apprehension）である。ローゼンバーグ（Rosenberg, 1965）は，評価懸念を「研究協力者が実験者から肯定的な評価を得たい，あるいは，少なくとも否定的な評価を得たくないという積極的な不安傾向の心配」と定義している。

シガールら（Sigall et al., 1970）は，電話番号を写す課題で要求特性と評価懸念を比較した。実験者は研究協力者に，2回目は前回よりもゆっくり課題を行うように言った。研究協力者が要求特性を支持するなら，課題遂行は遅くなるであろうし，他方，評価懸念と能力があると評価されたい欲求が強ければ課題遂行は速くなるだろう。実際には，研究協力者は前よりも速く課題を行った。このことから，評価懸念の方がより重要であることが示唆される。

図30-7 心理学実験の研究協力者は，普通，実験者の承認を得るために，準備された課題をできるだけ上手に遂行しようとする。

また，この結果は，別の条件の結果により補強された。別の条件では，実験者が研究協力者に対して単に前よりゆっくり課題を行ってくださいと言うだけでなく，急いで行う人は，おそらく強迫観念的で強制的であると言った。その結果，この条件の研究協力者は課題をゆっくりとこなした。なぜなら，研究協力者は肯定的に評価されたかったからである。

ワクテル（Wachtel, 1973）は，実験室実験がフィールド実験より不自然になるもう一つの傾向を示した。彼は，典型的な実験状況を表現するのに，**冷酷無情な実験者**（implacable experimenter）という言葉を使った。そこでは，実験者の行動（たとえば教示）は研究協力者の行動に影響を与えるが，研究協力者の行動は実験者の行動には影響を与えない。冷酷無情な，あるいは，絶対的な実験者を使う実験には二つの深刻な問題がある。一つは，実験状況（実験者を含む）が研究協力者に影響を与えることは許されているが，研究協力者が状況に影響を与えることは許されていないので，状況が私たちの行動に与える影響が過剰評価される可能性がある。二つ目に，個人と状況との間の豊かで動的な相互作用の多くが除外されるので，人間行動を過剰に単純化して説明する危険がある。

冷酷無情な実験者に関係する実験の例を挙げることができますか？

> **キー用語**
> **冷酷無情な実験者**：実験者の行動が研究協力者の行動に影響を受けない典型的な実験室状況。

人為性

実験室実験が人為的であることはどの程度問題となるであろうか？　クーリカン（Coolican, 1998）は「科学的な研究においては，しばしば，仮説とした効果を**分離する**ために，人工的な環境を作る**必要がある**」と指摘している。知覚や注意のように基礎的な認知過程の研究に興味がある場合には，実験室の人為性は結果に影響を与えないであろう。一方，社会的な行動についての研究に興味がある場合には，人為性の問題が重要となる。たとえば，ゼゴイブら（Zegoib et al., 1975）は，母親は自分たちが観察されていることを知っているときには，知らないときよりも，子供に対して温かく，寛容に振る舞うことを見出した。

図30-8　子供に対する親の行動を観察しようとしたとき，ゼゴイブら（1975）は，母親は自分たちが観察されていると知っているとき，子供に温かく，寛容であることを見出した。

カールスミスら（Carlsmith, Ellsworth & Aronson, 1976）は，**世俗的現実性**（mundane realism）と**実験の現実性**（experimental realism）との区別を行った。世俗的現実性は，日常生活によくみられる状況に似た状況で行われる実験に当てはまる。これとは対照的に，実験の現実性は，人為的な状況で行われる実験にあてはまるのであるが，研究協力者が十分に関与するようにするためには，十分に重要である。ミルグラム（Milgram, 1974）の権威への服従に関する研究は，

> **キー用語**
> **世俗的現実性**：自然な状況に非常に近い人工的な状況を使用すること。
> **実験の現実性**：研究協力者が十分関与するように人工的な状況を使用すること。

> ミルグラムの研究が実験の現実性の例であるならば、世俗的現実性の例を挙げてみよう。

実験の現実性のよい例である（第21章参照）。重要な点は、現実に生きているという状況を一般化する結果を導くときには、おそらく実験の現実性のほうが世俗的現実性よりも重要であろう。

倫理的問題

心理学の研究における倫理的問題は、第29章で詳しく論じられた。ここでは、特に実験室実験とフィールド実験に関連する倫理的問題について議論する。実験室実験に関する限り、研究協力者が他のところでは行わないような振る舞いを実験室では行う危険がある。たとえば、ミルグラム（1974）は、権威への服従に関する研究の中で、実験がエール大学の実験室で行われたときには、研究協力者の65％が他の人に非常に強い電気ショックを与えようとしたことを示した。これとは対照的に、同じ実験が荒廃したビルで行われたときには、強い電気ショックを与えようとしたのは48％だけであった。このように、研究協力者は名の通った実験室の状況では、普通は行わないような行動を進んでとるのである。

> なぜ、研究協力者は、実験者の研究に混乱をもたらすことを心配するのか？

実験室実験に特に関係のあるもう一つの倫理的問題は、研究協力者がいつでも実験をやめる権利である。実験の最初にこの権利を研究協力者に知らせるのが一般的な習慣である。しかしながら、研究協力者はもし途中で実験をやめたら、実験者の研究に重大な混乱をもたらすのではないかと思い、この権利を使うことにしり込みするかもしれない。

フィールド実験に関する限り、主要な倫理的問題は、任意のインフォームド・コンセントの原理に関連している。それは、倫理的な人間研究の中心とみなされるものである（第29章参照）。たいていのフィールド実験では、まさにその性質上、研究協力者からのインフォームド・コンセントを得ていない。たとえば、ショットランドとストロー（1976）の研究は、もし事前に研究協力者が芝居である口論を見ることに同意していたならば、ほとんど意味のないものになってしまったであろう。この研究の研究協力者は、暴力的な口論にさらされたことに対し、文句を言っていたかもしれない。

フィールド実験のもう一つの倫理的問題は、ほとんどのフィールド実験で、理由を述べなくてもいつでも実験をやめる権利があることを研究協力者に伝えることができないことである。

■やってみよう：小グループで、二つの異なるアプローチ、すなわち、実験室実験とフィールド実験の長所と限界を表にまとめなさい。心理学者が研究したいと思うような話題を選びなさい。そして、その一つひとつの話題にどちらのアプローチが適しているかを考えなさい。

要 約

実験室実験とフィールド実験のそれぞれの長所と短所は、二つの異なる次の妥当性の枠組みの中でまとめられる。すなわち、**内的妥当性**（internal validity）と**外的妥当性**（external validity）である（第27章参照）。内的妥当性は、その実験が行われた文脈に限定した実験での妥当性を表している。一方、外的妥当性は、研究状況以外での実験の妥当性を表している。実験室実験は内的妥当性が高いが、外

> **キー用語**
> **内的妥当性**：実験が行われた文脈での実験の妥当性。
> **外的妥当性**：研究が行われた状況以外での研究結果の妥当性。

的妥当性が低い傾向があり，一方，フィールド実験は外的妥当性が高いが，内的妥当性が低い傾向がある。

準実験

　実験法に基づく「真の」実験は，自信をもって因果関係の推論を導くことができる最もよい方法である。しかし，現実的な理由や倫理的な理由で，「真の」実験を行うことができない場合がよくある。そのような状況では，研究者はしばしば**準実験**（quasi-experiment）を行う。準実験は，「真の実験と似ているが，幾つかの特徴において実験よりも劣っている」（ラウリンとグラッツィアーノ Raulin & Graziano, 1994）。準実験が本当の実験に及ばない点が二つある。一つは，独立変数の操作を実験者が行うことができないことがしばしばある。二つ目は，たいていの場合，研究協力者を無作為にグループに割り当てることが不可能である。

　心理学には，本当の実験ではなく，準実験という方法でしか研究できない仮説が数多くある。たとえば，離婚が幼い子供に与える影響を調べることに興味があるとしよう。この場合，両親が離婚した子供と両親が結婚したままの子供を比べることによりこれを調べることができるだろう。もちろん，子供を離婚した両親のグループと離婚していない両親のグループに無作為に割り振るわけにはいかない。既存のグループが比較される研究は，しばしば準実験とみなされる。このような準実験の例には，男性と女性の学習成績を比べたり，内向的な人と外向的な人の社会的行動を比べたりするものがある。

自然実験

　自然実験（natural experiment）は，研究者が自然に発生した出来事を研究目的のために使用する準実験の一つのタイプである。自然実験の一つの例は，ウィリアムズ（Williams, 1986）によるテレビが6歳から11歳までのカナダの子供の攻撃行動に与える影響についての研究である。この実験では三つの地域が比較された。すなわち，一つ目の地域は，テレビが導入されたばかりであった。二つ目の地域はチャンネルが一つしかない地域であった。三つ目は幾つかのチャンネルがある地域だった。一つ目の地域の子供は，テレビが導入されてから最初の2年間は，明らかに言語的そして身体的な攻撃が増加した。一方，他の二つの地域ではそのような傾向はみられなかった。これは真の実験ではなかった。なぜなら，子供たちは無作為に三つの条件，あるいは，地域に割り振られてはいなかったからである。

　アダムスとアダムス（Adams & Adams, 1984）は，1980年のセント・ヘレンズ火山の爆発の後に，自然実験を行った。火山性の爆発が予知されたので，彼らはその爆発が起こる前と後のオセロという小さな町の住人を調べることができた。その結果，精神科の予約が50％増え，ストレスによる病気が198％増え，精神的な病気と診断

> **キー用語**
> 準実験：「本当の」実験に似せたタイプの実験。しかし，実験的方法の幾つかが省略されている。

なぜ，男性と女性の学習成績を比べる研究は準実験であり，本当の実験ではないのか？

> **キー用語**
> 自然実験：自然に起こった出来事を使った準実験のタイプ。

図30-9　アダムスとアダムス(1984)は，セント・ヘレンズ火山の爆発の前後に自然実験を計画した。その中で，彼らは，爆発の脅威にさらされた小さな町の人々にストレスがどのような影響を与えるかを調べた。

される人が235％増えた。

長所と限界

　自然実験の長所は何であろうか？　主なものは，自然実験の研究協力者は，たとえ自分たちの行動が観察されていると気づいたとしても，しばしば自分たちが実験に参加しているということに気づかないことである。もう一つの自然実験の長所は，実験者が操作することが倫理に反する独立変数の行動への影響を調べることができることである。たとえば，アダムスとアダムス（1984）は，主要なストレッサーが身体的病気と精神的病気に与える影響を観察することに関心があった。いかなる倫理委員会も，わざと研究協力者を精神的病気を引き起こすかもしれないストレッサーにさらすことを許さない。しかし，彼らは，自然災害をうまく利用して，自然実験を行うことができた。

　自然実験の限界は何であろうか？　最も大きな限界は，研究協力者が無作為に条件に割り当てられていないことにより起こる。結果として，グループ間で観察された行動の違いは，独立変数の影響によるものというよりはむしろ，グループの中の研究協力者の違いによるものかもしれない。たとえば，ウィリアムズ（1986）のテレビと攻撃性の研究を考えてみよう。テレビが導入されたばかりの地域の子供は，もともと，他の二つの地域の子供より攻撃的であったかもしれない。しかしながら，三つの地域の子供たちは，研究開始時点では攻撃性の程度において差はみられなかった。

　普通，さまざまな条件の研究協力者を比べることができるか否かをチェックすることは可能である。たとえば，研究協力者は年齢，性別，社会・経済的地位などの変数について比較することができる。もし実験のグループが独立変数と無関係な点においてきわめて異なっているならば，自然実験の結果の解釈は非常に複雑になってくる。

　自然実験の他の大きな限界は，独立変数と関連している。自然実験によっては，独立変数のどの側面が行動に影響を及ぼしたのかを正確に知ることが困難なものもある。たとえば，セント・ヘレンズ山の爆発が大きなストレッサーであったことは間違いない。それは，火山が再び爆発し，より大きな自然破壊をもたらすかもしれないという可能性があるために，ある程度，ストレスを引き起こした。しかしながら，そこには，おそらく社会的な要因も含まれていただろう。もしオセロの人たちが，爆発のために非常に不安になった隣人

表 30-1

準実験	
長所	限界
・研究協力者は自然に振る舞う。 ・操作するのが倫理に反する独立変数の効果を調べることができる。	・研究協力者を無作為に条件に割り当てられない。 ・独立変数のどの側面が行動に影響を与えたかを特定するのが難しい。

　これらのポイントを実験室実験とフィールド実験の長所と限界のまとめの表に加えてみなさい（p.1174）。

の姿を見たならば，このことが彼らの不安の程度を高めるかもしれない。

倫理的問題

自然実験は，他の多くの研究方法よりも倫理的な問題は少ないと言えるだろう。なぜなら，研究協力者が独立変数にさらされるという事実に対して実験者が責任を負っていないからである。しかし，自然実験はさまざまな倫理的問題を引き起こす可能性がある。一つは，任意のインフォームド・コンセントの問題がある。それは，自然実験で研究協力者がしばしば自分たちが実験に参加していることに気づいていないからである。二つ目は，自然実験を行う実験者は，研究協力者が置かれた状況に敏感になる必要がある。火山の爆発のような自然災害にあった人たちは，実験者が精神的健康や心理的満足について詳細な質問をし始めると，それを不快に思うかもしれない。

セント・ヘレンズ山の研究から得られた結果の現実的な利用とはどのようなものか？

■やってみよう：三つのグループを作って，それぞれが実験室実験，フィールド実験，自然実験のどれかを担当して，倫理的な問題を説明する要約の表を作りなさい。後で，各グループがそれらを発表しなさい。

相関研究

テレビで暴力シーンを見ることは攻撃行動を導くという仮説に興味があったとしよう。この仮説を検証する一つの方法は，非常に多くの人から2種類の情報を得ることである。すなわち，(1)暴力的なテレビ番組を見ている量と (2)さまざまな場面において暴力的に振る舞う程度である。もし仮説が正しいならば，テレビでよく暴力シーンを見ている人ほど，攻撃的になる傾向があることが予想される。専門用語で言うと，この研究では，暴力的な番組を見ることと攻撃的であることとの間の**相関**（correlation），関連をみようとしているのである。したがって，二つのもののつながりが近いほど，相関や関連は大きくなる。

相関を使った研究で最もよく知られているものの一つは，知能における遺伝と環境の役割に関する研究である（第27章参照）。この研究では，一卵性双生児と二卵性双生児のペアの知能が調べられる。その後，双子の知能の類似度が相関により解明される。一卵性双生児は遺伝学的に二卵性双生児よりも似ている。もし，遺伝が知能を決定する際に重要な役割を果たすならば，結果として，一卵性双生児の知能は二卵性双生児の知能よりも似ているはずである。予想通り，知能の類似度を表す相関は，ほとんどいつでも，二卵性双生児よりも一卵性双生児の方が高い。しかしながら，この結果を詳しく解説するのは難しい（第27章参照）。

図30-10 テレビの暴力シーンと攻撃行動との間に相関があるかどうかの問題は，たびたび，マスコミで議論される。

キー用語
相関：二つの変数の間に見られる関連性。

長所と限界

相関研究は，一般的に，実験法による研究よりも劣っているとみられる。なぜなら，原因と結果を証明することが難しい（不可能である）からである。私たちの研究の例で言うと，暴力的なテレビを

表 30-2

相関研究	
長所	**限界**
・直接調べることができない仮説の研究が可能である。	・結果の解釈が難しい。
・実験状況よりも多くの変数についての大量のデータを素早く集めることができる。	・原因と結果が証明されない。
・関連がみられないとき，解釈の問題は小さくなる。	・因果関係の方向が不確実である。
・たとえ強い相関がみられたときでも，因果関係がないことが明らかな場合もある。	・当該の変数以外の変数がはたらいているかもしれない。

見る量と攻撃的な行動との関連性の存在は，確かに，暴力的な番組を見ることが攻撃行動を引き起こすという仮説と一致している。しかしながら，データの他の解釈も可能である。因果関係は実際には反対の方向にはたらいているかもしれない。すなわち，攻撃的な人が，あまり攻撃的でない人と比べて，暴力的な番組を選んで見るのかもしれない。また，いま話題となっている二つの変数（ここでは，暴力的な番組を見ることと攻撃行動）の間の関係を説明する第三の変数が存在するかもしれない。たとえば，恵まれない家庭の人は，恵まれた家庭の人よりも，あらゆる種類のテレビ番組を多く見るかもしれない。そして，その貧しい状況もまた彼らが攻撃的に振る舞う原因となるかもしれないのである。もしこれが真実ならば，見ている暴力的なテレビ番組の数は，攻撃行動に直接の影響はまったくないことになる。

相関研究は，その結果の解釈に問題があるにもかかわらず，心理学者がこの方法を使い続けるには幾つかの理由がある。

第一に，実験法によって直接調べることができない仮説が多く存在する。たとえば，喫煙が多くの身体的疾患を引き起こすという仮説を，ある人には煙草を吸うように強制し，別の人には吸わないように強制して調べることはできないのである。そこで，実際にできることは，煙草を吸う本数とさまざまな病気にかかる可能性との間の相関や関連性を調べることなのである。

第二に，相関研究では，実験法を用いるよりも，多くの変数についての大量のデータを，素早くかつ効果的に得ることがしばしば可能である。たとえば，質問紙を使えば，研究者は攻撃的な行動と幅広い活動（たとえば，映画館で暴力的な映画を見るか，暴力的な本を読むか，仕事場や家で不満を感じているかなど）との関連性を調べることができる。

第三に，もし二つの変数間に関連がまったくないならば，解釈の問題は非常に小さくなる。たとえば，もし暴力的なテレビを見る量と攻撃行動との間にまったく関連がみられないならば，これは，攻撃行動がテレビで暴力的な番組を見ることにより引き起こされるものではないことのかなり有力な証拠となるだろう。

第四に，二つの変数の間の関連や相関の解釈の問題は，しばしば，暴力的な番組と攻撃性の例にみられるほど大きな問題ではない。たとえば，年齢と幸せとの間に，一般的に，歳をとった人は若い人ほど幸せではないという相関を見出したとしよう。この結果に決定的な解釈を与えることは不可能であるが，不幸せによって歳をとったわけではないことは自信をもって言えるだろう。

倫理的問題

　相関分析は非常に広く用いられている。結果として，相関分析が行われたほとんどの研究に当てはまるような特別な倫理的問題をみつけるのは不可能である。しかし，相関分析は，しばしば，社会的に扱いにくい研究に用いられ，政治的かつ／あるいは社会的な問題を引き起こしている。たとえば，知能の個人差は，ある程度，遺伝的要素によることを示す相関的な証拠を考えてみよう。このことが人種による知能の違いも，遺伝要因によるものであることを示唆すると誤って主張する人もいる。ここでの重要な倫理的問題は（他の多くの相関研究においてもそうだが），研究者が，自分が得た結果に対する社会的な感受性を十分にもたなければならないということである。

　現実に起こりうるもう一つの倫理的問題は，一般の人が相関研究の結果を誤解してしまうことである。たとえば，子供が暴力的なテレビを見る量と攻撃性の程度との間に相関があったという結果により，多くの有力者が，テレビの暴力シーンは有害な影響を与えると主張した。すなわち，彼らは，誤って，相関による証拠が因果関係を示していると思ったのである。テレビ会社はこのような結果の過剰解釈にいまでも悩まされているかもしれない。

自然観察法

　自然観察法は，実験者がいかなる点においても介入することなしに行動を調べるために計画された研究方法である。この方法はもともとは動物学者のローレンツ（Lorenz, K.）やティンバーゲン（Tinbergen, N.）により開発された。彼らは実験室の中よりも自然の生息環境で動物を調べ，動物の行動について多くのことを発見した（第9章参照）。人間研究において自然観察法を使った一つの例は，ブラウンら（Brown, Fraser & Bellugi, 1964）の研究である。彼らは，3人の子供（アダム，イブ，サラ）の家を1年に約35回訪ねて，子供の言葉の発達を調べた。

　自然観察法の重要な必要条件の一つは，侵害を避けることである。デーン（Dane, 1994, p.1149）は，侵害を「参加者が出来事を自然に知覚することを減少させるものすべて」と定義している。侵害はさまざまな形で現れる。たとえば，参加者が研究状況とみなす環

■やってみよう：観察する出来事を一つ選んでみよう。テレビドラマの1シーンを録画したものでかまわない。これの代わりに，一つのグループが就職面接か激しい討論をロールプレイしてもかまわない。その出来事を観察し，見たものを個人的に記録してみよう。そして，後で記録したものを比べてみよう。皆が同じことを記録しているだろうか？

図30-11 幼稚園での子供の行動を分類するために，マクグルー（1972）は110の異なるカテゴリーからなる記録方式を使った。

境で観察が行われるならば，それは侵害であろう。また，参加者が自分たちが観察されていることに気づいているならば，それも侵害であろう。多くの研究で，実験者は対象者と同じ部屋にいるので，参加者は自分たちが観察されていることに確実に気づいている。このような場合，参加者は，観察が記録される前に，その状況になじんだ，ありきたりの存在になろうとするかもしれない。

　自然観察の参加者は，しばしば，広範囲の言語的行動と非言語的行動を示す。これらの行動を記録しようとするときに，観察者の過剰な負担を避けるにはどうすればよいだろうか？　一つの方法は，実験者が特に興味のある行為や出来事のみに焦点を当てることである。これはイベント・サンプリング法である。もう一つの方法はタイム・サンプリング法として知られている。この方法では，観察は特定の時間帯にのみ行われる（たとえば，1時間ごとの最初の10分間）。第三の方法はポイント・サンプリング法である。この方法では，参加者の現在の行動を分類するために，1人を観察する，そして，その後に，2人目の対象を観察する。

　自然観察から得られるデータを考えるときには，記録と解釈，またはコーディングを区別することが重要である。たとえば，ある観察者は参加者が前へ動いたと記録し，その動きを攻撃的な行動と解釈するかもしれない。しかしながら，実際には，観察者は概して参加者の行動を解釈することやコーディングすることにのみ集中してしまう。たとえば，ベールズ（Bales, 1950）は，相互作用過程分析を開発した。この方法は，グループのメンバーが示した行動型について，推測した意味を記録することを観察者に可能にした（たとえば「忠告を与える」）。

　自然観察において，人間の行動を解釈するのではなく，分類する方法を開発しようとするさまざまな試みが行われてきた。たとえば，マクグルー（McGrew, 1972）は，幼稚園の子供の社会的なやりとりを110のカテゴリーに配置する詳細かつ包括的な記録方式を考案した。

長所と限界

　自然観察法の長所は何だろうか？　第一は，参加者が観察されていることに気づいていないならば，自然観察法は自然に振る舞う人を観察する方法の一つである。したがって，自然観察法では，要求特性，評価懸念，冷酷無情な実験者などの問題がまったくない。第二に，自然観察法に基づく多くの研究は，典型的な実験室実験より

表 30-3

自然観察法	
長所	限界
・人々が自然に振る舞う傾向がある。 ・集められた情報が豊かで完全である。 ・他の方法が不可能なところで使われる。	・実験者は状況を統制する力をもっていない。 ・参加者が見られていることに気づいているとき、これが行動に影響を与える。 ・バイアスや行動の不明確なカテゴリー化による信頼性の問題。 ・観察者やコード化する人の思い込みによる妥当性の問題。 ・普通、追試は不可能である。

も、豊かで完全な情報を提供する。たとえば、参加者の行動が、実験室の中よりも、さまざまな社会的文脈の中で観察される。第三に、他の方法を使うことができないときに、自然観察法がときどき使われる。たとえば、参加者がインタビューされることや質問紙に答えることを嫌がる場合である。仕事中の参加者が観察されている場合、実験を遂行するために彼らから仕事の中断の許可を得るのは不可能であろう。

自然観察法の限界とは何だろか？　以下はその主要なものである。

・実験者は、基本的に、状況を統制しない。したがって、何が参加者をそのように振る舞わせたかを判断することは非常に難しいか、不可能である。
・参加者は、しばしば、観察されていることに気づいている。結果として、その行動は自然でない。
・観察者の先入観や行動をコード化するカテゴリーが不明確なために、使用する観察手段に信頼性の問題がある。高い信頼性を生み出すために、非常に正確ではあるが狭いカテゴリーがしばしば使用されるが、このことが参加者の行動の多くを無視してしまうという結果を導く。信頼性は、異なる2人の観察者の観察記録の相関をとることによって調べる。これが内的整合性の信頼性の測定となる。
・一般的に、分析以前に、観察したものの解釈、あるいはコード化が行われるという事実が、測定の妥当性に問題を引き起こす。たとえば、一人の子供が他の子を叩いたという事例はすべて攻撃行動を表しているというのは誤った仮説である。実際、そのような場合、その多くは単に遊びのしぐさなのである。したがって、操作的手続き（operationalisation）ということに十分配慮する必要がある。操作的手続きとは、ある変数（たとえば、攻撃行動）を、それを測定するためにとられた操作により定義する手続きのことである。
・自然観察法の研究においては、追試がしばしば問題となる。た

図30-12　これは攻撃、それとも遊び？　正しい解釈のためには、その行為が観察される直前に何が起こったがきわめて重要である。

キー用語
操作的手続き：所定の変数をそれを測定するためにとられた操作により定義する手続き。

とえば，ある学校で観察された子供の行動は，その学校のほとんどの先生がとても優しく規則を押しつけないという事実に，ある程度よるものかもしれない。この結果は，先生が厳しい他の学校ではかなり違ってくるであろう。

倫理的問題

自然観察法は，参加者が観察されていることに気づいていない場合，倫理的な問題をもたらす。そのような状況では，参加者は，明らかに，自分たちがその研究に参加してもよいという任意のインフォームド・コンセントを表明することができない。また，守秘義務についても問題がある。たとえば，ある学校で自然観察が行われたとしよう。そして，その学校の多くの子供の態度が悪いという結果が公表されたとしよう。たとえ学校の名前がその報告書の中でふれられていなかったとしても，報告書を読む多くの人は，研究者がその学校で詳しい観察を行ったことを知っているので，学校を特定することができるだろう。

事例研究

心理学における大部分の研究は，参加者集団に対する実験的手法や相関的手法を使用している。これらの方法では，ある標本から得られた結果がより大きな母集団へ一般化できる範囲内についての情報を与える統計的手法を使うことを認めている。

ある種の研究においては，非常に多くの参加者を使うことが適していないもっともな理由がある。たとえば，ある脳損傷患者は非常に珍しい正常でない行動パターンをもっているが，他の患者は同じような行動パターンをもっていないかもしれない。他の例を挙げると，あるセラピストが珍しい精神障害をもった患者を担当した場合に，他の患者から同じ障害のデータを集めることは不可能である。このような状況では，**事例研究**（case study）を行うことが非常に有効である。事例研究では，一人の個人をじっくりと時間をかけて調べる。

> キー用語
> 事例研究：単一の個人を詳細に調べること。

研究者の中には，個人の事例研究は，参加者集団を研究するよりも有意義であると主張する人もいる。この主張の最も説得力のある供述の一つは，以下に示すゴードン・オルポート（Allport, 1962）によるものである。

> なぜ私たちは直観として個人の行動から研究を始めないのであろう……そして，その後，一般的傾向を探すが，機械的な法則の適用のためではなく，今自分たちができる以上に詳しく，より正確な判断を行うために，最終的には個人に戻るべきではないだろうか？　不安定な一般的法則を捨てよう，そのような法則が具体的な人間に当てはまることはめったにない。

単一の事例研究を好んだ人の中には，非科学的で説得力のない人もいた。しかしながら，単一の事例研究を支持した著名な実験主義

者は，行動主義者のB. F. スキナー（Skinner, B. F.）であった。オペラント条件づけの研究の考察の中で，スキナー（1966）は「1000匹のネズミを1時間ごとに調べる，あるいは，100匹を10時間ごとに調べる代わりに，研究者は1匹のネズミを1000時間調べるだろう」と述べている。

　事例研究には幾つかのタイプがあり，さまざまな理由に基づいて行われる。ここではその幾つかを考えてみよう。一つの理由は，最新の理論を検証するためである。たとえば，アトキンソンとシフリン（Atkinson & Shiffrin, 1968）は，情報は必ず短期記憶貯蔵庫を経由して長期記憶に入ると主張した（第13章参照）。結果として，正常な短期記憶をもたない脳損傷患者は，長期記憶も機能しないことになる。この理論と一致しない証拠が，バイク事故にあったKFさんの事例研究で報告された（シャリスとウォリントン Shallice & Warrington, 1970）。彼は，言葉と数字に対するほんのわずかな短期記憶しかなかったが，長期的な学習と再生は影響を受けていなかった。

　事例研究は，理論を精緻化するときにも使用される。バッデリーとヒッチ（Baddeley & Hitch, 1974）は，人間が，言語情報のリハーサルに使われる音韻ループをもっていると主張した（第13章参照）。以前は，音韻ループ内のリハーサルには，口の筋肉の使用が必要であると仮定されていた。しかし，バッデリーとウィルソン（Baddeley & Wilson, 1985）は，GBという一人の学生の事例研究を行った。彼は構語障害であり，口の筋肉を使うことができず，話すことができなかった。この障害にもかかわらず，GBは音韻ループを使うことができたのである。

図30-13　心理学者は，数多くのネズミの表面的な研究から学ぶのと同じくらいのことを，1匹のネズミの行動の詳しい研究から学ぶことができるのであろうか？

新しい理論の生成

　事例研究は新しい理論の生成という点でも価値をもつ。たとえば，ジークムント・フロイト（Sigmund Freud）は，パラノイア（妄想を伴う精神障害）に苦しんでいた弁護士のシュレーバー博士の事例研究を行った。フロイトは，シュレーバー博士が他のパラノイア患者とは明らかに異なる妄想を数多くもっているという事実に困惑した。それらの妄想は，配偶者あるいは恋人がずっと浮気をしているという嫉妬心であったり，他人が自分を陥れようとしているという思い込みであったり，何人かの異性と恋愛中であるという思い込みなど，壮大な妄想であった。

　フロイトは，シュレーバー博士との対話を進めていく中で，パラノイアの分析を行った。フロイトによると，パラノイアの根底には，同性愛欲求がある。しかしながら，当時，同性愛者は社会から疎外されていたので，

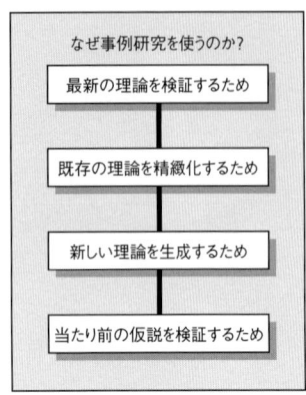

図30-14

これらの欲求が無意識のうちにとどまり，そしてさまざまな形に歪められるとフロイトは感じた。そのような歪められたものの一つが，男性のパラノイア患者にとっては，自分の妻あるいは恋人が他の男を愛していると思うことであり，このことが嫉妬心を生み出す。壮大な妄想は，パラノイア男性の「私は男が好きだ」という考えが「私は誰も好きでない」に変わり，そして，その後「私は自分以外は誰も好きでない」に変わるという仮説により説明された。この分析により，フロイトは新しい（が信じがたい）パラノイアの理論を作り上げた。

議論のポイント
1. シュレーバー博士に関する事例研究に何らかの問題を見つけることができるだろうか？
2. フロイトが提案した事例研究の解釈を検証する方法があるだろうか？

事例研究の中には非常に珍しい個人に基づいているものもある。たとえば，クリス・サイズモアは，映画「イブの三つの顔」（p.158参照）の中の中心人物であった。あるときは，彼女はイブ・ホワイトであり，行儀がよく内気な女性であった。別のときには，彼女はイブ・ブラックであり，ふしだらで衝動的な女性だった。さらに別のときには，彼女はジェーンであり，他の二つのパーソナリティのいずれよりもしっかりした女性だった。多重人格をもった個人の存在により，人々はみな一つの性格と一つの自分をもっているという当たり前の仮説についての問題点が提起されたのである。

長所と限界

事例研究の長所は何だろうか？ 第一に，いままでみてきたように，単一の事例研究は，ある特定の理論が間違っているという適切な証拠を示すことができる。もちろん，そのときに，最初の事例研究の結果を確認するために，他の人を見つけ，調べることが望ましい。第二に，事例研究は，理論の理解を精緻化するのに役立つ。第三に，事例研究は，新しい理論の発想を生み出すために，研究者やセラピストが使った豊富な情報を提供することができる。先に述べた，シュレーバー博士の事例がこの例である。第四に，事例研究は，それまでありえないと思われてきた異常なタイプの行動や動作についての情報を提供することが可能である。

事例研究の限界は何だろうか？ 最も大きな限界は，概して，信頼性が低いことである。一つの珍しい，あるいは，例外的な個人から得られた結果は，詳細な部分では，他の人からは繰り返し得られないであろう。したがって，しばしば，単一の事例研究からの一般化は非常に難しい。第二に，多くの事例研究が，冗長で，組織的でない面接を使用している。このような事例研究は，次の節で述べる面接法で確認されている限界も共有している。第三に，一般的に，研究者は参加者への面接から得られたデータの幾つかだけを報告する。したがって，研究者が報告する内容や省略する内容を過度に恣

意的に選択するかもしれない。

倫理的問題

臨床患者の事例研究は，守秘義務について重要な問題をもたらす。ジークムント・フロイトのようなセラピストは，自分の事例研究の詳細を公表したいかもしれない。なぜなら，それらが自分の理論的立場を支持しているからである。しかしながら，その患者は自分についての個人的な情報が公表されることを非常に嫌がるかもしれない。脳損傷患者の事例研究は，任意のインフォームド・コンセントについて倫理的問題をもたらす。たとえば，深刻な言語機能障害をもつ患者は，事例研究において何が行われるかを理解するのは困難かもしれない。したがって，彼らから適切なインフォームド・コンセントを得ることはできない。

面接法

クーリカン（Coolican, 1994）が指摘しているように，面接法にはさまざまな種類があり，それぞれのもつ構造の量という点でそれらはきわめて異なっている。以下では，異なるタイプの面接のカテゴリーを使用している。

非指示面接

非指示面接は，最も少ない構造をもち，面接を受ける人（被面接者）は，自分が話したいことをほぼ何でも自由に話すことができる。非指示面接での面接者の役割は，話し合いを導き，被面接者がより前向きになるように励ますことである。このタイプの面接は心理療法で非常によく用いられるが，研究とはほとんど関係がない。

非公式面接

非公式面接は，面接者が辛抱強く話を聞き，問題についてより深くあるいは詳細に話し合うために，主に被面接者を励ますことに焦点を当てるという点で，非指示面接に似ている。しかしながら，非公式面接は，一般的に，面接者が調べたい特定の話題があるという点で非指示面接とは異なる。非公式面接を使った最もよく知られた例の一つが，ウェスタン・エレクトリック社のホーソン工場での大規模な労働者研究であった。この研究の目的は，一連の面接によって労使関係を調べることであった。非公式面接で浮かび上がってきたことは，最初に労働者から挙げられた比較的軽い問題が，概してより深く重大な悩みを反映していた点

図30-15 心理学の研究では，非指示面接から，標準的な一連の質問に対して限られた選択肢から答えを選ぶ完全構造化面接まで，さまざまなタイプの面接法が用いられる。

である（レスリスバーガーとディクソン，Roethlisberger & Dickson, 1939；p.1219参照）。

誘導型面接

　非公式であるが誘導のある面接は，非公式面接よりも多少構造化している。面接者は，前もって，取り扱う問題を特定しているが，いつ，どのようにそれらを話題にするかは面接の経過で決められる。構造化されているが制限のない面接は，すべての被面接者が正確に同じ質問を同じ順番で聞かれるという正規の手続きをとる。このような手続きにより，被面接者が面接から横道にそれたり，面接者から面接の制御を奪うことを防ぐことができる。また，この面接は，たずねられる質問に対して，広い範囲でさまざまな種類の回答が可能であるという意味で，制限がない（たとえば，「あなたは自分の経歴をどのように思っていますか？」など）。

臨床面接

　臨床面接あるいは臨床的手法は，構造化されているが制限のない面接と似ている。本質的には，すべての被面接者や参加者は同じ質問を受けるが，答えた回答により，次の質問が選ばれる。ピアジェ（Piaget）は，子供の認知発達の研究の中で臨床的手法を多く用いた（第16章参照）。ピアジェは，子供が課題をうまく遂行できないのは，子供は，実験者が子供たちにしてほしいことを十分に理解していないからだと考えた。この問題を避ける一つの方法は，実験者がさまざまな方法で質問をすることができる柔軟性を与えることであった。それにもかかわらず，ピアジェを批判する人は，彼の調べた子供がしばしば問題を解けなかったのは，実験者が使った言語が複雑だったためだと主張している。

完全構造化面接

　最後に，完全構造化面接がある。このタイプの面接では，すべての被面接者に対して標準的な一連の質問が一定の同じ順序で行われ，彼らは限られた可能性の中から答えを選ばなければならない（たとえば，「はい」「いいえ」「わからない」）。クーリカン（1994, pp.121-122）が指摘しているように，「この方法は，面接という名前にはほとんど値しない。これは直接会って行うデータ収集の手法であるが，電話や郵送で行われることもある」。

■やってみよう：以下に挙げた面接の中の一つを使って，シナリオを作り，仲間と面接のロールプレイを行い，その反応を記録しなさい。もしもう一度課題を行うことができるとしたら，あなたはどのような修正をしますか？
・非指示面接
・非公式面接
・誘導型面接
・臨床面接
・完全構造化面接

長所と限界

　面接法の長所とは何だろうか？　当然のことだが，正確な長所は面接のタイプにより異なる。比較的構造化されていない面接は，被面接者の性格，関心，そして，動機に対応しやすいという長所がある。基本的には，構造化さ

れていない面接は，おそらく，より構造化された面接よりも，被面接者についてより多くのことを明らかにすることができるだろう。かなり構造化された面接の長所の一つは，被面接者はみな同じ質問を受けているので，異なる被面接者の反応を簡単に比べることができることである。もう一つの長所は，十分な信頼性である。2人の異なる面接者が，1人の被面接者にまったく同じ質問を同じ順番で行い，よく似た反応を得るような場合には，十分な信頼性がある。さらに，構造化面接を使った研究から得られた結果は，追試あるいは繰り返すことができる見込みがかなりある。最後に，構造化された面接は，普通，それから得られたデータを分析するのがかなり簡単であるという長所がある。

図30-16　人は，面接で向かい合って聞かれるよりも匿名で質問紙に記入するほうが，恥ずかしい，あるいは，個人的な質問に進んで回答してくれる。

面接法の限界とは何だろうか？　構造化されていない面接に関する限り，異なる被面接者から得られた情報の種類が非組織的でさまざまであるという問題がある。その結果として，構造化されていない面接からのデータは，分析が難しい傾向がある。さらに，構造化されていない面接の限界は，被面接者が言ったことが本人と面接者との間の相互作用により，複雑な形で決まることである。言い換えると，普通，面接者の性格と他の特徴が面接の経過に影響を与え，被面接者の発言のどの部分が面接者の影響を受け，どの部分が影響を受けていないのかを解明することは難しい。最後に，構造化されていない面接で被面接者から得られた情報は，面接者により影響を受けるという事実から，得られたデータが信頼できないとみなされる可能性がある。

構造化された面接の主な限界の一つは，高いレベルの構造が面接に組み込まれているので，被面接者の発言がいくらか制約され，不自然であることである。もう一つの限界は，構造化されていない面接にみられる柔軟性がほとんどないか，まったくないことである。

最後に，すべてのタイプの面接に共通する三つの限界を考える必要がある。第一は，社会的望ましさのバイアスの問題である。たいていの人は，他人に対して好印象を与えたい。このことが，個人的な質問への回答を歪めてしまうかもしれない。たとえば，人は，インタビューされたときよりも匿名で質問紙に回答したときに，自分が不幸せであるということを進んで認める（アイゼンク Eysenck, 1990）。第二に，面接は，被面接者が意識して気づいている情報だけを引き出すことができる。これは重要な限界である，な

■やってみよう：pp.1185-1188に挙げられている面接法の一覧を使って，小グループで，心理学の研究のどの分野が各面接法に適しているか決めなさい。各面接法のどの長所と限界があなたの選択に影響を与えていると思いますか？

ぜなら，人はしばしばなぜ自分がそのように振る舞ったかという理由を意識していないからである（ニスベットとウィルソン Nisbett & Wilson, 1977）。第三は，多くの面接者が面接をうまく実施するのに必要な技術をいくらか欠いているという限界である。よい面接者は面接を自然なものにし，非言語的な手掛かりにも敏感であり，話を聞く熟練した技術をもっている（クーリカン, 1994）。

倫理的問題

面接（特に臨床面接）は，被面接者が気にしている個人的な問題に関係していることがよくある。このことは明らかに守秘義務の問題を引き起こす。さまざまな方法で守秘義務は破られていく。たとえば，クーリカン（1994）は，アメリカ，スプリングデールの被面接者からの直接の引用を公表したヴィディチとベンスマン（Vidich & Bensman, 1958）の研究について議論した。この研究では，架空の名前が使われたが，スプリングデールの人は自分たちが話した内容によって，実際の個人を特定することができた。

詳細な報告書や面接のビデオ記録が不適切な人の手に渡ったときにも，守秘義務は破られる可能性がある。最後に，もちろん，面接者自身が被面接者のデリケートな個人的な情報を他人に暴露してしまうかもしれない。

構造化された面接には特に重要な倫理的問題がもう一つある。被面接者は他の被面接者たちも同じ質問を受けていて，自分たちの答えが後で比べられることに気づいているかもしれない。その結果，被面接者の中には，実験を台無しにしないためにも恥ずかしい質問にも答えなければならないと感じる人もいるかもしれない。

ディスコース分析

ポッターとウェザレル（Potter & Wetherell, 1987）によると，**ディスコース分析**（discourse analysis）は「会話の相互作用のすべての形式，公式的なものと非公式的なもの，すべての種類の書かれた文字」に関係している。基本となる仮説は，私たちの言語の使い方は社会的文脈に大いに影響を受けるということである。したがって，たとえば，政治家が演説をするとき，政治家が言うことがありのままに本当の信念と見解を反映していると仮定するのは認識が甘い。政治家の言うことはある特定の影響を聴衆，他の政治家，そして，一般の人々に与えるように計画されていることは一般的に知られている。

人は状況に合わせて言うことや書くことを変えることを示す多くの証拠がある。たとえば，偽のパイプラインを使った研究を考えてみよう。実験参加者は見栄えがよい機械（偽のパイプライン）に配線でつながれ，この機械はどんな嘘も発見すると告げられる。ほとんどの白人の実験参加者は，普通の状況よりも偽のパイプラインにつながれているときに，黒人に対する否定的な態度を示す。このことは，普段人が示す態度は，他者に対して社会的に受け入れられや

キー用語
ディスコース分析：会話，あるいは書かれた形の言語産物に適用される質的な分析形態。

図30-17 人は，状況に合わせて言うことを変える。

すいように構成されていることを示唆している。

　ギルバートとマルケイ（Gilbert & Mulkay, 1984）は，34人の科学者に対する面接をもとにディスコース分析を行った。ディスコースの中の社会的要因の重要性は，これらの科学者が面接の中で話したことと彼らの学術論文を比べることにより明らかにされた。一般的に，科学者は，学術論文の中よりも面接を受けたときのほうが，自分たちの研究結果の意義について自信をもっていた。

　カーティス（Curtis, 1997, p.24）が指摘しているように，「ディスコース分析を実施する方法は一つであるという考えは，認識が甘く，幻想である」。とは言え，彼はディスコース分析によくみられる七つの特徴を示している。

1. 自分が研究したい問題に関連する文書，あるいは，会話の材料を選ぶ。
2. そのディスコースを数回読むか，あるいは聞いて，それがどのように構成されているかを決定しようとする。このとき，そのディスコースが生まれた社会的文脈を説明する必要がある。
3. ディスコースが果たす機能や目的に焦点を当てた質的なコード化システムを開発する。
4. ディスコースの果たす目的に関する仮の仮説を幾つか作るが，もしその後の分析でその仮説が不適切であることが示されたならば，これらの仮説を進んで修正する。
5. ディスコースを生み出した人は，どのようにそれを正当化するのか？　あるいは，どのようにその出来事の説明を説得力のあるものにしようとするのか？
6. 極端な事例の公式化を証明するために，ディスコースを調べる。人はしばしば，自分の好む解釈をより説得力のあるものにするために，極端な用語（たとえば，いつも，絶対に）を使う。
7. ディスコースの果たす目的や機能が他の場所では異ならないかをみるために，ディスコースを注意深く調べる。

■やってみよう：ロールプレイをしている会話，新聞のインタビュー，人気テレビ番組の一場面の中から一つを選びなさい。そして，ディスコース分析でよくみられる七つの特徴を使って，あなたが選んだディスコースの最も重要な特徴を強調しなさい。

長所と限界

　ディスコース分析の長所の一つは，それが，言語の使用はしばしば社会的文脈に大きな影響を受けるという正しい仮説に基づいているということである。このことは，自分たちが示す態度や信念と同様に，生活の中の出来事を思い出す方法についても真実である。クーリカン（1994, p.178）が次のように指摘した。

> 私たちが現実の生活で，何かを思い出し，その原因を考えるとき，心理学の実験とは対照的に，その記述が，非難，防衛，説明責任，弁解などである傾向がある。私たちはしばしば，思い出したものが実はつくられたものであるとしても，事実として提示してしまうのである。

　たとえば，生活の中の出来事を表現する方法は，それを親に話すのか，親友に話すのか，知り合いに話すのかにより変わってくるだろう。

　もう一つの長所は，ディスコース分析は現実の生活で使われている言語の使用に焦点を当てていることである。したがって，たいていの実験にみられる不自然さの多くを回避している。さらに，ディスコース分析を支持している人の言語は人間にとって第一のコミュニケーション形態であるという主張は正しい。

　ディスコース分析には幾つかの限界がある。その多くは，バーマンとパーカー（Burman & Parker, 1993）により議論された。大きな限界は，ディスコース分析の妥当性は疑惑をかなり受けやすいし，妥当性を測定する手続きを欠いていることである。たとえば，2人の研究者が一つのディスコースに対してまったく異なる解釈をした場合，どちらがより妥当な解釈であるかを確実に判断することはできない。

　さらなる限界は，ディスコース分析が（いままで）実施されてきたが，信頼性や，一貫性についての情報はほとんどないことである。信頼性の情報がある場合，その情報はしばしば信頼性が低いということを示している（クーリカン, 1994）。

　もう一つの限界は，ディスコース分析から引き出されたものが，研究者の見解や信念によって過度に影響を受けるかもしれないということである。ヒューマン（Human, 1992）は，ディスコース分析が単に「実例を伴う研究者の考え」でしかないと述べている。このようなことが起こる主な原因は，研究者が与えられた文書あるいは会話のディスコースを理解しようとするとき，ほとんど何の制約もないことによる。

　最後の限界は，ディスコース分析が言語のさまざまな形態の中で言葉の分析のみに基づいていることである。しかしながら，言葉が人に許された唯一のコミュニケーション手段では決してない。さまざまな種類の言葉によらないコミュニケーションによる説明も必要である（たとえば，身体言語）。

もしクーリカンの言う「思い出したものは，事実というよりもむしろ構成されたものである」ということが正しいならば，このことは，目撃者の証言にどのような影響を与えるだろうか？

倫理的問題

　研究者にとって，ディスコースが分析対象となっている人に，そのディスコースが特定の目的のために使用されることの許可を確実にとることはしばしば重要である。しかし，ディスコースが公的な領域のものである場合には，この倫理的問題は起こらない（たとえば，政治家の演説やテレビでのインタビュー）。

　また，研究者の提案した解釈が，ディスコースを提供した人の感情を害するようなことがあれば，それもまた倫理的な問題となる。たとえば，ウェザレルとポッター（Wetherell & Potter, 1988）は，白人のニュージーランド人へのインタビューのディスコース分析を行った。彼らは，インタビューをされた人たちが，インタビューの中ではそのように直接は言っていなかったが，マオリ族に対して人種差別的な態度をもっていた，と結論づけた（第28章参照）。このような状況では，研究結果が公開あるいは一般に入手可能となる前に，研究者が提案する解釈を対象者と話し合うことが重要である。

　最後の倫理的問題は，ディスコース分析がしばしば個人のディスコースの詳細な分析を含んでいる事実から生じる。結果として，対象者から提供された情報は極秘であるが，個人が特定されてはならないという倫理原則を順守するのが時折不可能な場合もある。

■やってみよう：以下のことを調べるとき，どの方法を選びますか？
・暴力的なテレビ番組を見て過ごす時間と攻撃行動との関連
・人種問題に対する態度
・カフェインの記憶への影響
・生まれたときに離れ離れになった一卵性の双子の性格の違い
・小さな子供の性役割的な遊び

感　　想

・過去50年以上の心理学の成果の一つは，心理学者の用いる研究方法が徐々に増えてきていることである。実際，その変化はあまりに著しいので，かつて多くの研究が迷路の中のネズミやスキナーボックスの研究から成り立っていたということが信じがたい。心理学者の中には，「伝統的な」研究者とディスコース分析などの新しい方法を好む研究者との間での議論を始めようとする人もいる。私の見解では，どちらの方法も長所をもっている。重要な問題は，特定の状況において，どの研究方法を使うことが最も適しているかということである。

要　　約

実　験　法

　実験法の重要な原則は，独立変数の従属変数への影響を観察するために，独立変数が操作されることである（他のすべての変数は統制される）。言い換えると，交絡変数を避けることが重要である。実験法は，実験室実験とフィールド実験で用いられる。実験法を用いると因果関係を推測することが可能となり，しばしば追試も可能である。実験室実験は，フィールド実験に比べ，さまざまな利点をもっている。すなわち，たいていの場合，交絡変数を排除し，詳しい行動的情報と生理的情報を得ることが容易である。フィールド実験

が実験室実験より優れている最大の長所は，フィールド実験はあまり人為的でなく，要求特性，評価懸念，冷酷無情な実験者のような要因にあまり妨害されないことである。

準実験

準実験は，実験者が独立変数を操作していないという理由，あるいは研究協力者が無作為に条件に割り当てられていないという理由で，真の実験には及ばない。自然実験は，自然に起こった何らかの出来事を利用した準実験である。自然実験の長所は，研究協力者が実験に参加していることに気づいていない可能性があることと，非常にストレスの多い出来事の影響を調べる機会となることである。自然実験の限界は，無作為化がないことや複雑な独立変数の使用により結果の解釈が困難なことである。

相関研究

相関的な研究計画は実験計画法よりも劣っている。なぜなら，相関研究では因果関係について推測することができないからである。しかしながら，多くの問題が，変数間の相関や関連を測ることで研究可能となる。相関研究では，しばしば，多くのデータを非常にすみやかに得ることができる。二つの変数間に相関や関連がまったくみられないときには，解釈の問題はかなり小さくなる。

自然観察法

自然観察法は，実験者がまったく介入していない行動を測定するために計画された手法である。データ収集の方法は，イベント・サンプリング法，タイム・サンプリング法，ポイント・サンプリング法がある。そこでは，データの記録とその解釈やコード化とを区別しなければならない。自然観察法は，観察されていることに気づいていない人からは豊富で完全な情報が得られる。しかし，基本的には実験者が状況に対してまったく統制力をもっていない。また，参加者はしばしば観察されていることに気づいている。したがって，測定の信頼性と妥当性が問題となることもある。

事例研究

単一の個人は，事例研究でじっくりと調べられる。事例研究は，最新の理論を検証するため，理論を精緻化するため，新しい理論的なアイディアの生成を可能にするため，特定の個人の異常な特徴を明らかにするために行われる。一般的に，事例研究の信頼性は非常に低い。したがって，一つの事例研究から一般化することは難しい。面接に基づいた事例研究では，しばしば，参加者が話したことが，面接者あるいは研究者により，ある程度，左右されるという限界に苦しむ。このような場合，面接者や研究者は，面接で参加者が話すことに過剰に恣意的になっているかもしれない。

面接法

　面接法は，構造化されていないものから完全に構造化されたものまで幾つかのタイプに及んでいる。構造化されていない面接は，被面接者の性格，関心，動機などに対応しやすいが，得られたデータは信頼されない傾向がある。対照的に，構造化された面接では被面接者を比較することが可能であり，面接はかなり信頼できるものとなるが，被面接者が話すことは制限され，不自然となる。すべてのタイプの面接に社会的望ましさバイアスによる問題が起こる可能性がある。また，被面接者は自分が意識して気づいている情報だけを提供することができる。

ディスコース分析

　ディスコース分析は，言語の使用は社会的文脈に大きな影響を受けるという仮説に基づいている。それは，ディスコースを生み出した人の根底にある目的を特定するための慎重な分析であり，質的なコード化システムを使う。ディスコース分析の限界は，低い妥当性と信頼性，そして，研究者の見解が結果に影響を与えすぎる危険性である。分析のためにディスコースを提供してくれた人の同意が1人でも得られない場合には，倫理的な問題が生じ，データの守秘義務を維持することが困難となる。

【参考書】

　ほとんどの研究法を網羅している便利な本は，H. Coolican (1994), *Research methods and statics in psychology*, London; Hodder & Stoughton.である。もう一つは，J. J. Foster & J. Parker (1995), *Carrying out investigations in psychology: Methods and statics*, Leicester, UK: BPS Books である。

【復習問題】

　研究法に関する例題は，第32章の終わり pp.1263-1264 にあります。

- **目的と仮説**：なぜ研究が行われるのか，何を検証するために計画されたのか。
    独立変数と従属変数
    片側仮説と両側仮説
    帰無仮説
    変数の操作と測定
- **研究協力者の選択**：研究に参加するための人を選択するさまざまな方法。
    無作為抽出法と系統的抽出法
    層別抽出法と比例割当抽出法
    機会抽出法
    標本の大きさ
- **実験の適切な実施について**：標準的な手続きの使用と望まない変数の除去。
    標準的な手続き
    交絡変数と統制変数
    偶然誤差
    操作的手続き
- **実験計画法**：三つの実験計画。
    独立計画法
    研究協力者対応法
    反復測定法とカウンターバランス
- **非実験的な計画の適切な実施について**：面接，調査，そして事例研究の計画法と避けるべき落とし穴。
    評価懸念と要求特性
    参加観察法と非参加観察法
    調査，質問紙，そして態度尺度の計画
    相関研究
- **実験的研究に関する問題**：実験者は予期せぬ方法で，研究の結果に影響を与えてしまう。
    実験者の効果，たとえば「賢いハンス」
    ローゼンソールの扁形動物に関する研究
    バーバーによる九つの効果のリスト
    要求特性と評価懸念
- **研究に関する一般的な問題**：心理学的研究の結果に影響を及ぼすその他の問題。
    ホーソン効果（レスリスバーガーとディクソンのウェスタン・エレクトリック社に関する研究）
    妥当性と一般化可能性
    メタ分析
    信頼性と一貫性

1194

31

実験計画

研究を成功に導くには，研究の計画と実行のそれぞれの段階において気遣いと注意が必要となる。この章では，大部分において実験計画に関するこれらの問題を考えていく。加えて，適切な非実験的計画を生み出す要因についても考えていく。

後で述べるように，実験的研究を計画する際には幾つか決定しなければならないことがある。

図31-1　1人の個人から有効な心理学的データを得ることは可能だろうか。

1. 研究することによって，何を達成したいのかを決定しなくてはならない。
2. 仮説における変数をどのように操作するのか，そして／あるいは測定するのか考えなければならない。
3. 研究協力者を適切な手続きで選択しなくてはならない。
4. 研究協力者の行動に影響する状況変数を最小化するために，実験計画に注意を払わなくてはならない。
5. もし，研究者が実験計画を実施するのであれば，適切なものを選択する必要がある。これには，研究協力者が一つの条件にのみ参加するのか，あるいは二つの条件に参加するのかを決定することも含まれる。
6. 入手するデータの系統的なバイアスを避けるため，研究協力者と実験者の関係に注意を払わなくてはならない。

実験の成功あるいは不成功は，あらゆる基準から評価される。もし，実験の計画と実行が適切だとすれば，結果の信頼性とその再現性は高くなるだろう。さらに，計画が適切であれば，結果の妥当性も最大となる。

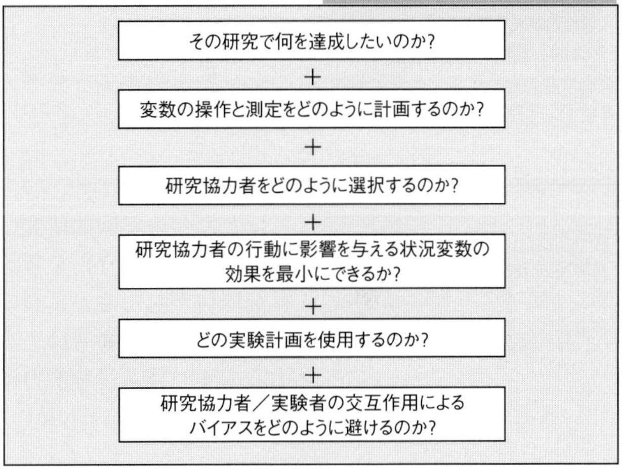

目的と仮説

実験的研究あるいは非実験的な研究を計画するときの最初のステップは，研究の目的と仮説を決定することである。目的は，通常，仮説よりも一般的で，特定の仮説を試みる理由を説明するものである。言い換えれば，目的は

```
その研究で何を達成したいのか？
            +
変数の操作と測定をどのように計画するのか？
            +
   研究協力者をどのように選択するのか？
            +
研究協力者の行動に影響を与える状況変数の
       効果を最小にできるか？
            +
     どの実験計画を使用するのか？
            +
 研究協力者／実験者の交互作用による
   バイアスをどのように避けるのか？
```

図31-2

なぜその研究を実施するかを伝えるものであり，仮説はその検証のためにどんな研究が計画されたかを伝えるものである。

実験的研究

目的と仮説の違いは，例を挙げることによってより明確になる。クレイクとロックハート（Craik & Lockhart, 1972）が提唱した，意味を処理した情報の方がそうでない情報に比べて記憶できるという処理水準理論の検証をするとしよう。この検証のためには，すべての研究協力者に同じ名詞のリストを提示し，30分後に自由再生するよう求める。半分の研究協力者にはその名詞に当てはまる形容詞を考えるように（意味の処理あるいは意味的な処理）教示し，残りの半分には韻が対応する単語を考えるように（意味的ではない処理）教示する。このような研究では，主な目的は処理水準理論を検討することである。一般的に言えば，学習時に行われる処理の種類が長期記憶に影響を与えるかどうかを検討することである。実験的な仮説はより特定的である：長期記憶からの自由再生では，学習時に意味的ではない処理を行う場合よりも意味的な処理を行う場合において再生率が高くなる。

非実験的研究

データが数値形式でない質的な研究では，目的と仮説に関する状況が異なる。質的研究は，しばしば，面接，観察，あるいは事例研究に基づいている。質的な研究を行う研究者は，多くの場合，研究のはじめから特定の仮説をもたず，検証されるべき仮説は，むしろデータを詳細に検討することによって生ずる。質的研究の目的は，古典的な研究よりも一般的で広範囲である。

質的研究の例には，マーシュら（Marsh, Rosser & Harré, 1978）のフットボールファンに関する研究がある。マーシュの最初の目的は，フットボールファンが時折見せる攻撃的な行動を理解することだったが，研究のはじめには，予想や仮説がほとんどなかった。研究が進むに従って，マーシュら（1978）は，フットボールファンの間では複雑な法則や社会的な規制が分かち合われており，それらがファンの行動を決定する重要な役割を果たしていることに気づき始めた（第21章参照）。

仮　説

ほとんどの実験的研究は，**実験仮説**（experimental hypothesis；対立仮説とも言う）を考えることから始まる。これは，与えられた状況で何が起こるかについての単純な予測あるいは期待である。たとえば，大きな雑音は，心理学概論というテキストのある章を学習する人々の課題遂行能力に影響を及ぼすという実験仮説を考えることができるだろう。

科学者の見解と説明は私たち自身の「常識的」見解よりも優れているのだろうか。もしそうであるならば，なぜそうなのだろうか。

キー用語
実験仮説：与えられた状況で何が起こるかに関する予測；通常は，独立変数と従属変数を示す。

変　数

　ほとんどの実験仮説と同様に，状況のある側面（この場合，大きな雑音の存在）は研究協力者の行動（この場合，その章を学習すること）に影響を及ぼすだろうという予測を意味する。より専門的な用語では，実験仮説は，通常，実験者によって操作される実験状況の一側面である，**独立変数**（independent variable）に関係する。先ほどの例では，大きな雑音の有無が独立変数である。仮説は，研究協力者の行動の一側面である**従属変数**（dependent variable）にも関係する。簡潔に言えば，ほとんどの実験仮説は，独立変数が従属変数に特定の効果をもたらすことを予測する。

片側仮説（one-tailed hypothesis）それとも両側仮説（two-tailed hypothesis）？

　この時点で，実験仮説には二つのタイプがあることを述べておきたい：**指向的**または**片側仮説**は，従属変数に及ぼす独立変数の効果の**性質**を予測する。先の例で言えば，片側仮説は以下のようになる：大きな雑音は，人々がテキストの章の情報を学習する能力を減退させる。**非指向的**または**両側仮説**は，独立変数が従属変数に効果を及ぼすことを予測するが，効果の**傾向**については特定しない。先の例で言えば以下のようになる：大きな雑音は，人々がテキストの章を学習する能力に影響を与える。この仮説は，大きな雑音が実際には学習を促進するかもしれない可能性を含んでいる。

帰無仮説

　実験仮説は，従属変数に及ぼす独立変数の効果の予測である。これは，**帰無仮説**（null hypothesis）と比較できる。帰無仮説は，単純に，独立変数が従属変数に影響を及ぼさないことを示す。先の例で言えば，適切な帰無仮説は以下のようになる：大きな雑音は，人々がテキストの章を学習する能力に影響を与えない。ある意味で，実験的手法を用いるほとんどの研究の目的は，実験仮説と帰無仮説の真価を問うことである。

　実験仮説に興味があるのに，なぜ帰無仮説が必要なのだろうか。鍵となる理由は，帰無仮説は実験仮説よりもよ

図 31-3　常識では，勉強にはうるさい場所よりも静かな場所が適しているとされる——しかし，雑音が学習に干渉するという仮説を検証するためには，実験計画を立てる必要がある。

> **キー用語**
> **独立変数**：実験者によって操作される実験的状況のある側面。
> **従属変数**：実験において測定される研究協力者の行動のある側面。

> **キー用語**
> **帰無仮説**：独立変数は従属変数に何の効果も与えないという予測。

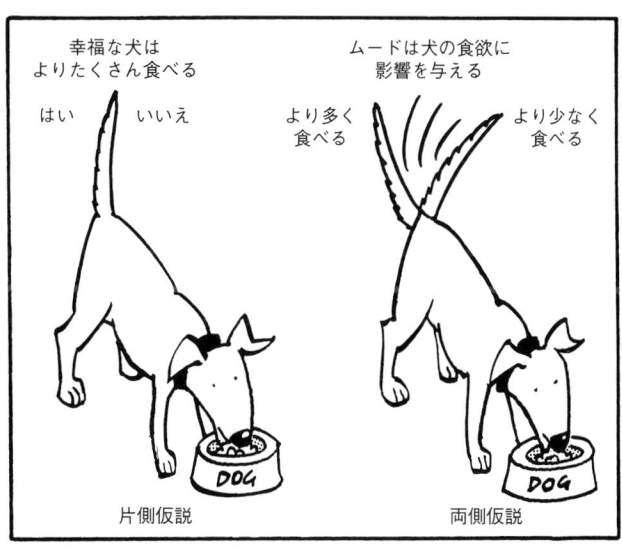

図31-4

> ■やってみよう：仮説を立てる
> 1. 以下の各質問に関して仮説を立てよう。
>   ・「フットボールフーリガン」は実際にはどんな感じなのか？
>   ・子供は年齢に応じて異なった遊び方をするのか？
>   ・カフェインは注意と集中にどんな効果があるのか？
> 2. それぞれの仮説に関して独立変数（IV）と従属変数（DV）を決めよう。
> 3. 仮説が片側か、あるいは両側か決めよう（片側仮説はDVにおけるIVの効果の傾向を予測するが、両側仮説は傾向を予測しない点に注意すること）。
> 4. それぞれの実験仮説に関して帰無仮説を記述しよう。

り明確であり，統計的検定を適確に使うためには明確な仮説が必要となるからである。たとえば，大きな雑音が人々の学習能力に影響を与えないという帰無仮説は，大きな雑音がある条件と雑音がない条件ではパフォーマンスが同じであるという単一の結果の予測を導く。そうでない場合，二つの条件の間にはわずかな違いがあるだけであり，その違いはどちらかの方向に均一に現れる。一方，大きな雑音が人々の学習能力を減退させるという仮説を考えてみよう。この仮説は，どのくらい学習能力を障害するのかを示していないため，不明確である。この明確さの欠如が，実験結果が実験仮説を支持しているか否かの**厳密な**決定を妨げるのである。

独立変数の操作

　大きな雑音が学習を妨害するという実験仮説を検証するための研究は，簡単に思えるかもしれない。しかし，避けるべきさまざまな落とし穴があるのである。最初の問題は，独立変数をいかに操作するかについて考慮することである。先の例では，大きい雑音と無音を比較したいのだが，その雑音をどの程度大きくすべきなのかを厳密に決定しなくてはならない。もし，あまりにも強ければ，研究協力者の聴力を損ねてしまうだろうから，望ましくない。もし，あまりにも弱ければ，研究協力者の学習能力に何の効果ももたらさないだろう。雑音が有意味なものか（音楽やスピーチ）無意味なものか（道路で使用されるドリルの雑音）によっても違いが生じるかもしれない。

従属変数の測定

　第二の問題は，従属変数や研究協力者の行動の様相をどのように測定するかである。私たちは，テキストの章の理解度を測定するために，研究協力者にいろいろな質問をするだろう。しかし，簡単すぎず，難しすぎない質問を選択するには注意深い配慮が必要である。

倫理的問題：研究協力者を不快にさせたり，悩ませたりしないため，あまりにも複雑な，否定的な，曖昧な，あるいは大いに社会的に過敏な問いかけは，避けなければならない。

研究協力者の選択

　心理学の研究では，100人以上の研究協力者を扱うことはあまりない。しかし，研究者は，一般的に，得られた結果を参加した研究協力者よりもさらに大きな集団に当てはめたい。専門用語では，研究のために選択された研究協力者は**標本**と呼ばれる。標本はより大きなある**母集団**から抽出され，母集団は標本となりえるすべてのメンバーからなる。たとえば，ある研究のために20人の5歳児の標本を抽出する場合，母集団はイギリスに住むすべての5歳児となる。

　研究を実施する際には，標本から得られた結果が，標本が抽出された母集団に当てはまることを期待する。このことを達成するため

には，**代表的な標本**を使用しなくてはならない。すなわち，当の母集団の代表や典型的な研究協力者である。しかしながら，非常に多くの研究が非代表的な標本を用いて行われている。このような状況は，**標本の偏り**（sampling bias）と呼ばれる。クーリカン（Coolican, 1994, p.36）は，代表的な標本選択について悲観的である。

> ■やってみよう：代表的な標本
> 以下の各目標にあった代表的な標本を決めよう。
> ・自分の地域に十分な若者の力があるかどうかを検討しよう。
> ・ネコがドライと缶入りのキャットフードのどちらを好むか検討しよう。
> ・5〜11歳の間の子供が暴力的なテレビを見すぎているか検討しよう。
> ・研究で研究協力者が経験する不安の原因を検討しよう。

単純な真実は，真の代表的な標本が実際には達成できない抽象的な理想であるということである。私たち自身で設定できる実際的な目標は，できるだけ標本の偏りを取り除くことである。

無作為抽出

最初の例に戻り，大きな雑音が心理学の試験勉強をしている学生の学習に及ぼす効果を検討するとしよう。代表的な標本を手に入れる最善の方法は，**無作為抽出法**（random sampling）を利用することである。その年に心理学の試験を受けるすべての生徒の名前リストを手に入れたとする。その後，標本を抽出するために何らかの無作為法を使用する。でたらめに名前を選ぶこともできるし，リストを繰り返しピンで刺して抜き出すこともできる。

他には，標本が抽出される母集団内のすべての人間に数字を割り当てるという方法がある。その後，コンピュータによって，標本を抽出するための一連の無作為な数字を発生させる。この他，乱数表も同様の方法で標本を抽出するために利用できるのである。

もし，すべての成人人口の中から標本を抽出したいとすれば，上記の無作為抽出法の一つを選挙人名簿に適用することができる。しかしホームレス，不法移住者，受刑者などの幾つかの集団は，選挙人名簿に含まれていない。

カードウェルら（Cardwell et al., 1996）が提案するように，簡単に利用できる修正された無作為抽出法がある。**系統的抽出法**（systematic sampling）である。この方法では，準無作為手続きによって研究協力者を抽出する。たとえば，母集団すべてのメンバーのリストをもっていたとすれば，リストから第100番目ごとの名前を研究協力者として選択するのである。この手続きは，母集団のメンバーを等しく選んだと主張できない点で，無作為抽出ほど効果的ではない。

実際には，実験者が無作為標本を手に入れることがとても難しいため，無作為抽出によって真の代表的標本を選ぶことは失敗しがちである。これにはさまざまな理由がある。第一に，標本が選択される母集団のすべてのメンバーを同定することは不可能である。第二に，標本として無作為に選択されたすべての人々に接触することは

> 系統的抽出法は無作為抽出法ほど効果的ではないが，実験者のバイアスを克服するのに役立つ。もし，100番目ごとの名前を選ぶとすれば，発音できない名前や見かけが好きではない名前を抜かすことを避けることができる。

キー用語
無作為抽出法：何らかの無作為な方法に基づいて研究協力者を選ぶこと（たとえば，コインを投げて選ぶ）。

キー用語
系統的抽出法：準無作為的な方法で研究協力者を選ぶこと（たとえば，母集団のリストの中から100番目ごとの名前を選ぶ）。

不可能である。

　第三として，標本として選択された何人かの人々は，研究に参加することを拒むことがある。もし，研究の参加に同意した人が，拒んだ人とあらゆる点で違いがなければ問題ない。しかし，ボランティアで参加する人とそうでない人ではさまざまな点で異なるという根拠がある。マンステッドとセミン（Manstead & Semin, 1996）は，その幾つかの証拠について検討し，「ボランティアとそうでない人の間には系統的な人格の違いがある」と結論した。ボランティアは，要求特性（研究の目的を理解するために，研究協力者が用いる手掛かり）に敏感であり，その要求特性に応じやすい傾向にある。

　クーリカン（1998, p.720）の無作為標本についての提言は心に留めておくに値する：「多くの生徒が，標本を無作為に選択したと記述する。実際には，研究の標本が無作為に抽出されることはまれなのである」。

なぜ，ボランティアの研究協力者はボランティアでない研究協力者よりも研究の計画特性に敏感なのだろうか？

層別抽出法と比例割当（quota）抽出法

　代表的な標本を手に入れる他の方法は，**層別抽出法**（stratified sampling）である。最初の段階で，実行する研究にはどの母集団の特性が適切であるかを決める。これらの特性には，性や住んでいる地域を含むこともある。これによって，下位標本（sub-group）について考慮することができる。その後，それぞれの下位標本の中から無作為に研究協力者を選択する。

　心理学を学ぶ成績Aレベルの生徒を対象に，ある研究を実施すると仮定しよう。Aレベルの生徒のうち，全体の75％は女性で，また，全体の40％が北イギリス地方に住んでいるとする。そうすると，その研究では，研究協力者の75％が女性に，40％が北イギリス地方在住になるように，使用する研究協力者を無作為に抽出しなければならない。この場合，代表的な標本を手に入れるために十分な基準を使用するとすれば，層別抽出法が効果的である。

　層別抽出法を修正した方法として，**比例割当抽出法**（quota sampling）がある。比例割当抽出法は，研究協力者を母集団内の代表に比例して抽出するという点で，層別抽出法と似ている。しかし，それぞれの下位標本に誰を含めるのかについて，無作為ではなく，実験者が決定する点において異なる。比例割当は，しばしば市場調査に使用される。比例割当抽出法は，層別抽出法より比較的短時間で実施できる。しかし，簡単に参加できる人々（たとえば，失業者）がそうでない人に比べて含まれやすいという欠点がある。

　層別抽出法と比例割当抽出法の問題は，特定すべき下位標本がわかりにくいという点である。もし，研究に関係ない特性（たとえば，性）を用いたとすれば，それは時間と努力の無駄である。さらに厄介なことは，実際は大いに関連のある特性（たとえば，中学校の成績）に基づいた下位標本の特定に失敗することである。

キー用語
層別抽出法：研究協力者の特定の側面（たとえば，女性の割合，ティーンエイジャーの割合）が均一になるように，研究協力者を無作為に選択する方法。

層別抽出法は，時間がかかり効果的に実行することが難しい。時間と予算に厳しい制限がある場合，この方法は難しいだろう。

キー用語
比例割当抽出法：層別抽出法を修正した方法で，特定の特性に沿った研究協力者の選択は，無作為ではなく，実験者が決定する方法。

比例割当抽出法によって大手チェーンスーパーで働く30人の研究協力者を得るとする。この場合，単純に，最初に帰る30人の労働者を研究協力者とするのが適当だろうか？

機会抽出法

無作為抽出法，層別抽出法，そして比例割当抽出法は，時間とお金がかかることが多い。そのため，多くの研究者は**機会抽出法**（opportunity sampling）を使用する。この方法は，他の方法よりも，参加しやすさに基づいて研究協力者を選択する。機会抽出法は，実験を行う学生によってしばしば利用されるだけでなく，自然実験においてもよく用いられる（第30章参照）。

機会抽出法は，最も実施しやすい方法である。しかしながら，研究協力者が代表的な標本とは似ても似つかないかもしれないという深刻な問題がある。たとえば，研究を実施する生徒の友達は，そうでない生徒に比べて参加の意志が強いかもしれない。

図31-5 これらの人々は，質問紙の回答を得たい場合，調査を実施したい場合，あるいは行動を観察したい場合には完璧な標本となるかもしれない——少なくとも，電車が到着するまでは！

> キー用語
> **機会抽出法**：研究協力者の参加しやすさにのみ基づいて研究協力者を選択する方法。

標本の大きさ

研究をする際に誰もが考慮しなくてはならないのは，含まれる研究協力者の総数である。それぞれの条件における理想的な研究協力者の数は何人だろうか？ この質問に対する明確な答えはないが，関連する要素は幾つかある：

- 数百に至る大きな標本を使用することは，通常，費用がかかり，時間も費やす。
- 独立変数が従属変数に及ぼす統計的に有意な効果を得るために，かなり大きな標本を必要とするならば，その効果はとても小さなもので，実質的な重要性は少ない。
- もし，かなり小さい標本を使用したとすれば（それぞれの条件において，10人より少ない），有意な効果を得る機会を減らす可能性がある。
- 一般的に，標本の偏りは，大きな標本よりも小さな標本で大きくなりがちである。

標本の大きさの決定に適用できる黄金律があるとすれば，以下の通りである。

> 研究で得られたもっともらしい効果が小さいほど，それを証明するためのより大きな標本が必要になる。

図31-6 参加者全員の人数を考えること

しかしながら，ほとんどの場合，各条件で15人くらいが妥当な数である。

実験の適切な実施について

実験の計画と実施をうまく行うために，研究者が心に留めておくべき幾つかのことがある。幾つかの主要な事柄については，このセクションでその詳細を検討する。

標準的な手続き

実験をうまく行うためには，それぞれの条件に割り当てられたすべての研究協力者を同じやり方で扱うことが重要である。言い換えれば，標準的な手続きを使用する必要があるのである。たとえば，研究協力者に与える教示を考えてみよう。すべての研究協力者が正確に同じ教示を受けることを保証するには，実験者は教示を紙に書くべきであろう。実験者はその紙を研究協力者に読むか，研究協力者自身にその紙を読むよう頼むべきである。

同様に，標準的な手続きはデータの収集に関しても行われるべきである。ある本の章の学習に及ぼす大きな雑音の効果を評価したいとしよう。私たちはその章に関して覚えていることをすべて書き出すよう研究協力者に頼むかもしれない。しかし，さまざまな研究協力者の再生結果を厳密に比較することは難しい。標準的な手続きでは，章に関連する幾つかの質問，たとえば20問の質問をすべての研究協力者にたずねる。そして，学習した程度に従って，0から20までの得点を与えるのである。

標準的な手続きが使用されていることを確認するのは簡単だろうか？　いや，簡単ではない。ほとんどの実験は，実験者と研究協力者の社会的な出会いと考えることができ，人は慣習的にそれぞれの人に対して異なった振る舞いをするものである。ロバート・ローゼンソール（Robert Rosenthal, 1996）は，実験者がいかに標準的な手続きに沿っていないかについて研究した。彼は，たとえば，男性の実験者は，研究協力者が男性の場合よりも女性の場合の方がより愛想がよく，親切であり，誠実で，研究協力者を励まし，くつろいだ雰囲気で接することを見出した。このことから，彼は以下の結論を見出した。「男性と女性の研究協力者は，心理学的に，まったく同じ実験に参加しているわけではない」。

交絡変数

考慮すべきもう一つの問題は，実験に**交絡変数**（confounding variables）が含まれているか否かということである。独立変数と一緒に，誤って操作された変数である。研究協力者の一つの群は本の章を雑音なしで真昼に読み，別の群は大きな雑音を聞きながら先の群と同じ章を真夜中に読むという研究があったと仮定しよう。もし，後者の群が前者の群よりも学習できなかったとすれば，この結果は大きな雑音が原因なのか，それともとても眠い夜中に学習したことが原

もし，実験者がそれぞれの研究協力者に違う表現の教示を行ったとすれば，研究の結果にどのような影響を与えるだろうか？

キー用語
交絡変数：独立変数と一緒に，誤って操作された変数。

因なのかわからない。この例では，一日のうちの学習の時間帯が交絡変数である。

交絡変数は，調査者が独立変数を制御しない非実験的研究法で特によくみられる。古典的な例の一つは，施設の子供について行った母性剥奪の研究である（第15章参照）。ボウルビィ（Bowlby, 1951）は，施設の子供たちはその他の子供たちと比べて，母親が不在であるがゆえに社会的・知的発達が遅いと主張した。しかしながら，施設の子供たちは刺激が少ない環境に置かれており，このことは，ボウルビィが気づかなかった交絡変数だった。

図31-7　実験者のタイプは交絡変数になりうる。ある研究協力者は，その実験状況で他の人よりくつろいだ気分になるかもしれない。

交絡変数は恒常誤差の一つである。**恒常誤差**（constant error）は，従属変数における望まない変数の効果が条件間で異なるときに生じる。恒常誤差にはさまざまな種類がある。ある条件の研究協力者は，他の条件の研究協力者よりも疲れやすかったり，あるいはより知的レベルが高かったり，あるいはより動機づけられているかもしれない。

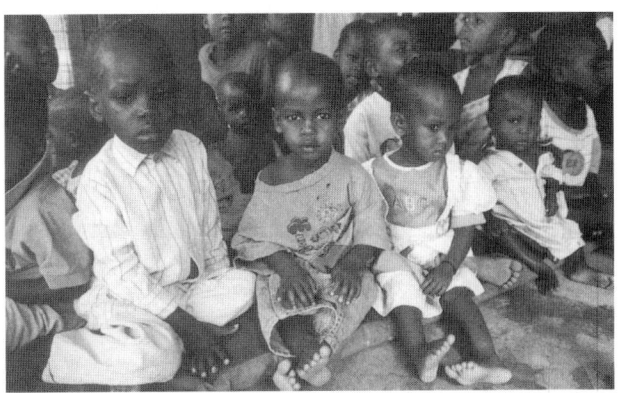

図31-8　これらの孤児に関する母性剥奪の効果の研究では，孤児自身が置かれた刺激の少ない環境という交絡変数を考慮しなくてはならない。

統制変数

どのようにしたら変数の交絡を避けることができるのだろうか。有効な手段の一つとして，交絡変数を一定に保ったり統制する**統制変数**（controlled variables）に変える方法がある。学習に及ぼす雑音の効果を研究したいが，一日の時間帯がある効果をもっていると仮定しよう。たとえば朝の遅い時間帯や夜の早い時間など，すべての研究協力者について決められた時間帯で実施することによって，時間帯を統制変数に変えることができる。もしこの方法で行えば，時間帯が結果を歪めることはないだろう。

> **キー用語**
> **恒常誤差**：異なった条件において，異なる影響を従属変数に系統的に与える不必要な変数。
> **統制変数**：一定に保たれている，あるいは統制されている実験者の興味とは関係のない変数。

偶然誤差

偶然誤差（random error）は，実験にまったく関係のない変数が研究協力者の行動に影響を与えるときに生じる。偶然誤差と恒常誤差の鍵となる違いは，偶然誤差は，すべての条件に同等に影響を与え，**非系統的な**効果がある。一方，恒常誤差は，ある条件には**系統的な**効果を与えるが，その他の条件には効果を与えない。恒常誤差は，結果の解釈を誤る可能性があるため，偶然誤差より深刻である。しかしながら，偶然誤差は，従属変数の変動を導くため，やはり考慮しなくてはならない。

> **キー用語**
> **偶然誤差**：従属変数に影響を与える非系統的で望まれない「厄介な変数」。

偶然誤差には無限のタイプがある。たとえば，騒音条件と騒音のない条件における学習パフォーマンスの比較に興味をもったとしよう。研究協力者は，割れるような頭痛がしていたり，仲のよい友達と喧嘩をしたり，あるいは来週受ける重要な試験を心配しているために，どちらの学習でも成績が悪いかもしれない。実験者は偶然誤差のほとんどを統制することができないが，統制するよう努力するべきである。たとえば，照明の状態，室温の状態，実験者の声の高さなどをすべての研究協力者で一定になるように保証すべきである。

操作的手続き

心理学者は，「不安はパフォーマンスを妨害する」「母性剥奪は不適応を引き起こす」などの実験仮説を検証するために研究を実施する。このような仮説を検証するための研究には，計画に直接関係する問題がある。それは「不安」「パフォーマンス」「母性剥奪」あるいは「不適応」といった心理学的概念や変数を測定するための最善の方法について，ほとんど一致した見解がみられないことである。この問題を解決するための共通した方法には，**操作的手続き**（operationalisation）の使用がある。この方法は，それぞれの関心となる変数について，その変数を測定するための操作という点から定義することである。このような定義を操作的定義と言う。たとえば，不安は，スピルバーガーの状態‐特性不安検査（Spielberger's State-Trait Anxiety Inventory, STAI）の不安特性尺度に基づく得点として定義され，パフォーマンスは5分間で解くことができる5文字のアナグラムの数として定義される。

操作的手続きは，複雑な変数でさえも明確で客観的な定義を与えることができる。しかし，操作的定義の使用についてはさまざまな制約がある。第一に，操作的定義はまったく循環論的である。ストレッチ（Stretch, 1994, p.1076）は以下のように指摘している。

> 心理学的構成概念は，それを測定するために必要な操作の点から定義され，測定は，心理学的構成概念の測度であると定義される。

第二に，操作的定義は，通常，変数や概念の意味の一部のみをカバーしている。たとえば，自己申告の質問表のスコアから不安を定義することは，不安の心理学的，行動的側面を大幅に無視しているし，パフォーマンスがアナグラムの回答率の点から**のみ**評価できるわけではない。

操作的定義に重要な制限があるにもかかわらず，操作的定義を用いずに研究を行うことは難しい。ストレッチ（1994, p.1076）は，操作的定義を慎重に利用することを主張している。

> 有効な経験則は，関心のある心理学的構成概念を測定するさまざまな方法を考えることであり，それぞれの方法がどの程度異

キー用語
操作的手続き：興味のある変数を，それらの測定のためにとられる操作によって定義する手続き。

「知能」の操作的定義は「知能テストによって測定されるもの」と言える。この定義の主要な弱点は何だろうか？

疲労や空腹の操作的定義は何であろうか？

なった結果を引き出すのかを決定することである。もし，測定技術が根本的に結果に影響を与えるならば，これらの効果を説明するための心理学的モデルや測定モデルを発展させる一層の努力が必要であることを示唆している。

実験計画法

もし，ある一つの独立変数に関して二つの群を比較したいとすれば，二つの群が他のどの側面についても差がないことを確かめなければならない。この一般的なルールは，実験の協力者を選択するときに重要である。能力が低いすべての研究協力者が大きな雑音にさらされ，能力が高いすべての研究協力者には雑音が与えられなかったとする。この場合，低い学習成績を引き起こしているのが大きな雑音のせいなのか，それとも研究協力者の能力の低さのせいなのか，わからない。

このような問題を避けるためには，どのように研究協力者を選択したらいいのだろうか？ 実験計画法には，主要な三つのタイプがある。

- 独立計画法（independent design）：それぞれの研究協力者を一つの群にのみ割り当てる。
- 研究協力者対応法（matched participant design）：それぞれの研究協力者を一つの群にのみ割り当てるが，二つの群の研究協力者は何らかの関連する要因が対応している（たとえば，能力，性，年齢）。
- 反復測定法（repeated measures design）：二つの群の研究協力者がまったく同じになるように，それぞれの研究協力者を両群に割り当てる。

独立計画法

独立計画では，それぞれの研究協力者をどの群に割り当てるかについては，一般的に無作為化による方法を用いる。これまでの例から言えば，それぞれの研究協力者が大きな雑音にさらされるか否かを決めるために，コインを投げるなどの無作為な手続きを行う。無作為化では，能力の高いすべての研究協力者が同じ群に割り当てられることもある。しかし，大概は，二つの群の研究協力者が，能力，年齢などについて等しくなる。

研究協力者対応法

研究協力者対応法では，それぞれの研究協力者をどの群に割り当てるかについて，研究協力者の情報を利用する。これまでの例から言えば，研究協力者の能力レベルについての情報である。能力の範囲という点で二つの群が対応することを確かめるために，この情報を利用する。

反復測定法

　反復測定法では，すべての研究協力者が二つの群に割り当てられる。これまでの例から言えば，どの研究協力者も，大きな雑音にさらされながら章の学習をし，そして雑音のない状況でも章の学習を行う。反復測定法の大きな利点は，ある群が他の群よりも賢いということについて心配する必要がないことである。つまり，二つの群に同じ研究協力者が割り当てられるので，能力レベル（そしてすべての他の個々の特性）は両群で等しくなる！

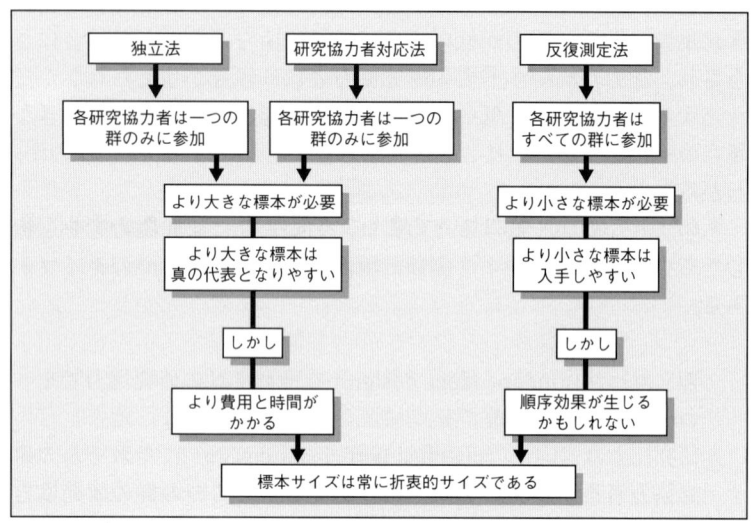

図31-9

　反復測定法の主要な問題点は，順序効果が生じるかもしれないことである。実験の間の経験は，研究協力者をさまざまな面で変化させるかもしれない。研究協力者は，実験や課題についての有効な情報を獲得しているため，2番目の群の方がよりよく遂行できるかもしれない。一方で，疲れや退屈によって，2番目のときにはうまく遂行できないかもしれない。先述の例では，反復測定法を使用することは難しい。なぜなら大きな雑音にさらされているか否かにかかわらず，2番目の学習の方がよりよいことがほぼ明らかである。

カウンターバランスをとる

　反復測定法を用いて，研究協力者が最初に大きな雑音の下で章の学習を行い，次に雑音がない状況で章の学習を行ったと仮定する。研究協力者が，騒音がない条件でよりよい学習をしたとしても，それは単に順序効果のせいかもしれない。より優れた手続きは，研究協力者の半分が，騒音下で章の学習をした後に騒音がない状況で学習を行う一方で，残りの半分は，騒音がない状況で章の学習をした後で騒

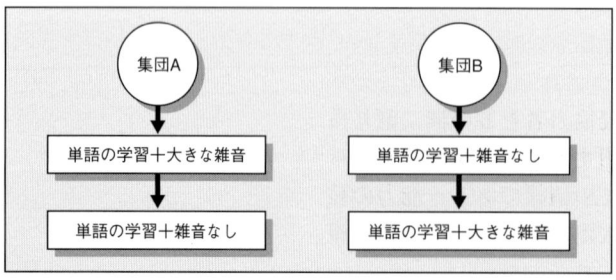

図31-10　カウンターバランス

音下の学習を行うことである。これにより，すべての順序効果は相殺される。この方法は，**カウンターバランス**（counterbalancing）と呼ばれる。順序効果による実験結果の混乱を妨げる最善の方法である。

非実験的な計画の適切な実施について

非実験的な計画には幾つかの種類がある（第30章参照）。これには，自然観察法，参加観察法（participant observation），相関分析に基づく研究，面接と調査，事例研究が含まれる。事例研究は参加者の集団からよりも，個人からの詳細な情報の収集を行うものである。ここでは，非実験的な研究の計画と実行について考慮すべき幾つかの点について考える。

一般的な考慮

多くの非実験的研究において鍵となる問題は，参加者が研究に参加しているという事実に気づかせるべきかどうかを決めることである。何が起こっているのかについて参加者に気づかせることの主要な問題は，倫理的問題である。実験者からの自発的なインフォームド・コンセントは，研究が倫理的に受け入れ可能であることを保証するうえで重要であるが（第29章参照），研究に参加していることを知らない人々から同意を得ることは不可能である。しかしながら，気づいた参加者は，自然に振る舞うことができないかもしれない。彼らの行動は，**評価懸念**（evaluation apprehension）（実験者に印象づけようと望むこと）あるいは検証されている実験的仮説に関する推測（**要求特性**；demand characteristics）によって影響を受けるかもしれない。

考慮されるべき問題の幾つかは，実験的研究に適用されるものと同じである。たとえば，もし，参加者がより大きな集団からの代表的な標本であることを意図した場合，適切な標本抽出方法を使用することが望まれる（たとえば，無作為抽出法あるいは系統的抽出法）。標本抽出法の問題は，特に，個人に関する研究を目的とする事例研究において重要であろう。しかし，研究者がまったく参加者の選択を統制していない非実験的研究は多いのである。

観察研究

観察研究は，それぞれがさまざまな形態で異なっている。第一に，研究者が能動的な参加者として研究に関わる参加観察研究と，研究者が参加者の行動を観察するのみの非参加観察研究（non-participant observation）に区別することができる。

第二に，非構造化観察（unstructured observation）と構造化観察（structured observation）は異なっている。ダイヤー（Dyer, 1995, p.153）によれば，非構造化観察は，「単純に，ある時点において研究に関係すると考えられるすべての事柄を確実に記録することを目的とする研究」である。一方，構造化された観察を利用する研究者

キー用語
カウンターバランス：反復測定に用いられ，研究協力者が1番目の条件と2番目の条件の二つに同じになるように割り当てられること。

キー用語
評価懸念：実験者によって肯定的に評価されたいという参加者の望み。

要求特性：実験が何についてであるかを理解しようとするために，参加者によって利用される手掛かり。

心理学専攻の学生は，しばしば他の心理学専攻の学生を標本として利用する。善意の学生が参加者だとしても，研究の特質に関して素朴ではない。評価懸念や要求特性の効果を考えたとき，仲間の学生を標本として使用することの利点と欠点は何だろうか？

図31-11 学校で参加観察を行うためには，研究が無害でやりがいのあるものであり，教師や児童を邪魔したり批判したり，あざけるためのものではないことを教師に納得させなくてはならない。

は，事前に何を観察するのかを決めるが，このことにより「研究過程が比較的固く，予期しない状況への対応は難しくなる（ダイヤー，1995，p.154）」。

参加観察

　参加観察の鍵となる要素は，研究者である彼女あるいは彼が，研究している集団から受け入れられるよう最善を尽くすことである。目標は，当該の集団の一員となるということはどういうことなのかについての理解を発展させることであり，これが達成されるのは，構成員が研究者を受け入れ信頼したときのみである。集団構成員の信頼を高めるためには数週間から数ヶ月かかるため，参加観察研究は，多くの時間を費す。

　ダイヤー（1995）は，参加観察研究を実行する際の三つの段階について述べている。

1. フィールドに入る：重要な初期段階は，研究すべき集団への接触をコントロールする「門番」に受け入れられることである；学校では，たいていの場合，校長である。通常は，研究をしているという事実を，時間をかけて徐々に示すことが望ましい。しかし，考慮すべき重要な倫理的問題がある。すなわち，学校やその他の組織で研究することに対して，責任を負っている研究者たちがインフォームド・コンセントを行わなければならない。

2. フィールド内にとどまる：研究を継続している間，集団の構成員として適合し，かつ観察者として分離したままでいるという困難な課題が課せられる。構成員が何を言ったか，そして何をしたかの詳細なフィールドノートをとるべきである。これらのフィールドノートは，毎日書くフィールド日記として凝縮され，また鍵となるテーマを同定するべきものとなる。最後に，フィールド日記は研究報告書の基礎として利用される。最初のフィールドノートは，ロヴランド（Lovland, 1976）によって提案された次に示すカテゴリーの情報を含むかもしれない：行為（短い行動）；活動（少なくとも数日間続く行動）；意味（参加者の行動に関する説明）；参加（参加者が担うさまざまな役割）；構成員間の関係；そして設定（集団の構成員が居場所を得る状況）。

図31-12 その集団の構成員として適応しながら，観察者として分離するよう心がける。

3. フィールドを離れる：参加観察研究は，個人的で微妙な問題を扱うことになりがちなため，重要な倫理的問題がある。集団の構成員が研究報告を読み，それに対

してコメントできる機会を必ず設け，研究者はそのコメントを真摯に受け止めることが重要である。

非参加観察

ほとんどの非参加観察は，研究者が実験仮説を考えることから始まる。もし，構造化観察が行われるのであれば，観察者によって使用される行動カテゴリーを工夫する必要がある。そのカテゴリーは下記の特徴を備えるべきである。

1. 参加者の行動形式がどれに当てはまるのかについてできるだけ曖昧にならないように，カテゴリーは詳細で客観的な方法で定義されるべきである。
2. 実験仮説に関連するすべての行動の様相を含むという意味において，カテゴリーの組み立ては包括的でなければならない。
3. カテゴリーは研究の文脈で利用できなければならない。たとえば，交通渋滞における運転者の立ち往生を研究する研究者は，顔の表情に関するさまざまなカテゴリーを含むかもしれない。これは，観察者の視点から運転者の表情がはっきりと見えることができるときにのみ，利用できる。

他の鍵となる決め手は，参加者の行動の抽出方法である。ダイヤー（1995）は，四つの抽出手続きを述べている。

1. 連続的な観察：観察者は，かなり長い時間の間（たとえば，60分），ノンストップでさまざまなカテゴリーに当てはまる行動を記録する。
2. 時間間隔抽出（time-interval sampling）：抽出期間を一連の短い時間間隔に区切り（たとえば，60秒），観察者は，それぞれの期間の間，参加者がそれぞれの行動カテゴリーを産出したかどうかについて決定する。行動が一つの時間単位の間に1度あるいは1度以上現れたかを区別しないために，すべての行動は，あったかなかったかという具合に単純に記録される。
3. 時点抽出（time-point sampling）：抽出期間を一連の短い時間間隔に区切り，観察者は，それぞれの抽出期間の最後に行動のさまざまなカテゴリーが現れたかどうかを決定する。
4. 無作為抽出：行動が抽出される時点が無作為に選択されることを除いて，時点抽出と似ている。

時として，起こる出来事に関して，フィールドノートを書くことができないことがある。出来事の後に書かれたノートの正確さや有効性について，人間の記憶のどんな側面が関係するだろうか？

図31-13

調査研究

調査法は，個人が所属する大きな集団からの情報を集めることである。この情報はしばしば質問紙を用いて集められるが，面接や電話調査（phone contact）によるものも含まれる。すべての調査研究

において，標本の選択が母集団の代表であることをできる限り確実にすることが重要である（本章の冒頭を参照のこと）。ほとんどの抽出法に当てはまる問題点は，無反応の問題である。標本の一部となるべく選択された人の中には，参加を拒否することがある。参加に同意した人でも，要求された情報のすべてを提供しないこともある。説得と忍耐が無反応の問題を最小限にするが，調査研究において回答率が100％になることはまれである。

研究に満足のいく返答をしてもらうために参加者を励ますには，何ができるだろう？

調査計画

ダイヤー（1995）によれば，調査には四つの主要なタイプがある：単発調査（one-shot survey）；前後調査（before-after design）；二つの集団による統制された比較調査（two-groups controlled comparison design）；二つの集団による前後調査（two-groups before-after design）。

単発調査 単発調査は最も単純であるが，一般的に最も参考にならないタイプの調査である。情報はその時点での単一の標本から得られる。この調査がかなり情報価値のないものであることの理由は，標本から得られた結果を他の集団と比較できない点にある。結果として，検討した標本の事例となるものについて記述することしかできない。

もし，単発調査において，回答者の答えが男性によるものと女性によるものに分けられたとしたら，このことは比較する集団を作るのに妥当な基礎となるだろうか？

前後調査 前後調査は，単発調査を発展させたものであり，データは二つの状況において単一の標本から採取される。計画は，ある主要な出来事あるいは経験が，最初と2番目のデータ採取の間に起こるかどうかという関心に沿って立てられる。たとえば，労働党への態度を1997年の一般選挙の前と後という短期間に検討したとする。態度が選挙の前より後の方でより肯定的になった（実際にそうであったように）と仮定する。これは，選挙で勝ったためかもしれないが，その他の可能性もある。労働党への態度は，選挙がなかったとしてもよりポジティブになったかもしれないし，あるいは，人は最初よりも2度目に態度質問紙を行ったときに異なった反応を示す傾向があるのかもしれない。一般的に前後計画に基づいた結果を解釈することは難しい。

二つの集団による統制された比較調査 二つの集団による統制された比較調査は，これまで述べてきた調査よりも有益である。本質的には，似たよ

図31-14　一般選挙での勝利などの出来事は政治的な見解に影響を与えたり，与えなかったりするのだろうか？

うな参加者の集団が二つあり，そのうちの一つはデータ採取の前に何らかの処遇を受け，もう一方は受けない。たとえば，異性に対する態度は，異性関係の破綻を最近経験した（あるいは経験していない）人で評価できる。もし，前者の集団がよりネガティブな態度を示したとしたら，それは関係の破綻によるものだと主張できる。しかしながら，これは二つの集団が破綻前には同じ態度だったという仮定を必要とし，その仮説が正しいかについては確かではない。

二つの集団による前後調査 二つの集団による前後調査は二つの集団による統制された比較調査を発展させたものである。最初，二つの標本あるいは集団が評価され，その後で，一つの集団が何らかの処遇を受けた後，最後に二つの集団が2度目の評価を受ける。ダイヤー（1995）は，架空の例として参加者が二つの集団に無作為に割り当てられる研究を挙げた。まず，すべての参加者の第三世界問題に対する態度が評価された。そして一つの集団が第三世界に対する経済援助の必要性に焦点を当てた幾つかのテレビコマーシャルを見せられた。最後に，第三世界に対する二つの集団の態度が評価された。この調査法は最も複雑な方法であるが，他の調査方法より結果の解釈が簡単である。

二つの集団による前後計画はより信頼性があり，解釈が簡単であるが，それでも個人差が統制されているという仮定を必要とする。これは正しいだろうか？

質問紙の組み立て

興味ある特定の問題を扱うために，独自の質問紙を作成することがある。最初の段階は，質問紙に関連すると考えられるアイディアをできるだけ多く生み出すことである。そして，あまり関係がないと思われるアイディアは除き，次のような根拠（ダイヤー，1995, p.114）に基づいて作業する。

閉ざされた質問：チョコレートは好きですか？（一つ選択せよ）
　はい　　いいえ　　よくわからない

開かれた質問：あなたはなぜチョコレートが好きあるいは嫌いですか？

曖昧な質問：チョコレートは，主にジャンクフードによる食事よりもあなたに害を及ぼすと思いますか？

偏った質問：プレーンのチョコレートはミルクチョコレートよりも洗練された味がします。あなたはどちらが好みですか？

図31-15　質問様式：チョコレートに関する調査

　　幅広いトピックに関して同じ数の質問をするよりも，幾つかの正確に定義された問題について，注意深く計画された，詳細な質問をする方がよい。

閉ざされた（closed）質問と開かれた（open）質問 閉ざされた質問と開かれた質問には重要な違いがある。閉ざされた質問では，回答者にさまざまな答えから選択させ（たとえば，はい，またはいいえ；はい，わからない，またはいいえ；異なった答えを順序づける），開かれた質問では，回答者が好む方法で答えさせる。ほとんどの質問紙は，閉ざされた質問を使用する。開かれた質問には分析が困難であるという不利益があるが，閉ざされた質問よりも多くの情報が含まれている。

曖昧（ambiguity）と偏り（bias） 曖昧だったり，さまざまな方

向で解釈可能な質問は避けるべきである。とても長い，誤解を招きやすい，あるいは複雑な質問も避けるべきである。最後に，偏りのある質問も避けるべきである。ここに偏りのある質問の例を提示する：「イギリスの優位な立場を考えると，私たちはなぜ残りのヨーロッパのさらなる政治的統合を考えなければならないのだろうか」。

信頼性と妥当性　よい質問紙には，測定に関する高い信頼性あるいは一貫性が必要である。また，測定したいものを測定しているというもっともらしい妥当性が必要である。信頼性と妥当性の問題は第27章で述べた。信頼性は，質問紙を同じ人に異なったときに与えるという再テスト法（test‐retest）を用いて評価することができる。得点は，スピアマンの順位相関（Spearman's rho）などのテストを用いて相関をみることができる（第32章参照）。もし，相関が十分に高い（約＋0.7あるいは＋0.8）ならば，質問紙は信頼性があるとみなされる。

テストの妥当性を評価する方法は幾つかある。たとえば，質問の得点を外部の基準と比較する経験的妥当性（empirical validity）がある。たとえば，実直性を測定するための質問紙を考案したとする。実直な人は試験でよりよい成績をおさめると仮定することは道理にかなっているだろうから，試験のパフォーマンスを外部基準として使用することができる。有意な正の相関があるという仮定の元にスピアマンの順位相関を用いて検討した結果，質問紙における実直性の得点は試験のパフォーマンスと相関があるだろう。

態度尺度構成

質問紙の構成に関する多くの点は，態度尺度の構成にも当てはまる。しかし，幾つかの点で異なっている。

リッカート尺度　態度尺度を構成するための最も一般的な方法の一つは，リッカート法を使用することである。最初に，さまざまな短文を一度に集め，参加者は「非常に反対」から「非常に賛成」までからなる5段階で同意のレベルを示す。肯定的な短文（たとえば，「ほとんどのハリウッドスターは優れた俳優である」）に関しては，非常に反対は1で非常に賛成は5と得点づけられ，真ん中は2，3，そして4と得点づけられる。否定的な短文（たとえば，「ほとんどのハリウッドスターは優れた俳優ではない」）では，得点は非常に反対が5で非常に賛成が1になるように，反対に得点づけられる。

リッカート法に基づくほとんどの態度尺度は，不適切な項目を幾つか含んでいる。どの項目が不適切であるかを見つける方法の一つは，尺度の全得点とそれぞれの項目の相関をみることである。全得点と中程度（＋0.3以上）に正の相関がある項目のみが尺度として保持される。

信頼性と妥当性　態度尺度の信頼性は再テスト法によって評価

することができる。その妥当性は，一般的に何らかの経験的妥当性によって評価される。たとえば，スピアマンの順位相関を用いて，教会への参加の規則性といった尺度の得点と相関する信仰態度尺度の妥当性が明らかになったとする。しかし，相関が低かった場合，態度尺度の妥当性が低かったからかもしれないし，あるいは人々の態度と行動の間にはしばしば大きな隔たりがあるからかもしれないということにも留意する必要がある（第19章参照）。

「子供を叩くことは罰として適切な方法だろうか？」というような文に対して参加者が社会的に適切な反応をする可能性があるということは，結果にどのような影響を与えるだろうか？

相関研究

相関研究には，一般的に，一つの参加者集団から二つの異なった測定値を得ることや，スピアマンの順位相関のような相関テストを使用して測定間の関連の程度を評価することが含まれている。たとえば，外向型の人は内向型の人よりも友達が多いという推測に基づいて，参加者の外向性の程度は，友達の数と関連させることができる。

相関研究は簡単に実行できる。たとえば，パーソナリティあるいは態度を測定するための質問紙はたくさんあるが，それらの中の二つを無作為に選び，大きな集団で実行することができる。その後，それら二つの質問紙の得点の相関関係をみるのである。しかし，相関研究が容易に実行できることは，優れた相関研究が簡単に実行できるということではない。どんな特徴が優れた相関研究の特色となるのだろうか。

基になる理論

第一に，研究は何らかの理論に基づかなくてはならない。その研究で測定される二つの変数はその理論と明らかに関連している必要がある。さらに，推測する相関の方向性（正あるいは負）は理論から導き出されるべきである。たとえば，私たちは自分たちと同じような身体的魅力がある人に惹かれるというマッチング仮説がある。これは，マースタイン（Murstein, 1972；第20章参照）の相関研究によって検証された。カップルの身体的魅力は写真から判断された。最も身体的魅力がある人は，同じようにとても魅力ある人をパートナーとする傾向がある一方で，身体的魅力がない人は魅力のない人をパートナーとする傾向があるという強い相関を見出した。

多くの相関研究では，変数の一つを予測変数（predictor variable）として考え，もう一方を結果変数（outcome variable）として考えることができる。予測変数は，結果変数の前に生じる。結果変数の値の予測の基礎となるため，予測変数と呼ばれる。たとえば，タイプAの行動パターン（敵意，短気，緊張）は，冠状動脈性疾患（coronary heart disease）（ミラーら Miller et al., 1991；第6章参照）と正の相関がある。ここに示したタイプAの行動パターンは予測変数であり，冠状動脈性心疾患は結果変数である。相関研究は，因果関係の存在を示唆することができる。しかしながら，「相関は原因を証明することができない」ということを覚えておくことはとても重要である。

魅力ある人々の写真を使う研究をするとしたら，どの写真を含めるべきかをどのように決めるべきだろうか？ 主観性の問題をどう避けることができるだろうか？

図31-16　相関関係？　それとも因果関係？

タイプA行動パターンを導いたり，心疾患に影響しやすい第三の要因（たとえば，遺伝的な脆弱さ）があるかもしれない。

注意深い測定

優れた相関研究のその他の特徴は，変数が注意深く測定されていることである。一つ例を考えてみよう。マーティンら (Martin *et al.*, 1989) は，タイプAの人は，リラックスし，我慢強く，穏やかなタイプBの人に比べて，動機づけが強いと主張した。これは，タイプAの個人はタイプBよりもよりよい仕事成績をおさめるということを示唆しており，タイプAと仕事成績の間には正の相関があることになる。では，仕事のパフォーマンスはどのように測定できるだろうか？　仕事が，先の計画を立てること，スタッフを動機づけること，スタッフのパフォーマンスを監督することなどに関わるマネージャーの場合では，一つの測定で仕事のパフォーマンスを評価することは困難である。保険のセールスを行う人々の集団などの研究は望ましいだろう。彼らの仕事の主な目標は，できるだけたくさんの保険を売ることであり，与えられた期間（たとえば，3ヶ月）内で売った保険の量は，仕事のパフォーマンスの測度としてふさわしい。

範囲の広さ

よい相関研究の最後の特徴は，二つの変数における得点が個人間でかなり異なることである。たとえば，IQは一般的な知的能力を反映すると仮定されるため，ある人はIQと仕事パフォーマンスの間に正の相関があると予測するかもしれない。これは何度にもわたって見出されている（アイゼンク Eysenck, 1994a）。しかし，公認会計士の間でIQと仕事パフォーマンスの相関をみたとしよう。公認会計士の多くは高いIQをもっているため，範囲に制限が生じる。この範囲の制限は，IQと仕事パフォーマンスの関連の強さを弱めるものであり，避けるべきである。

実験的研究に関する問題

ほとんどの実験的研究（そして幾つかの非実験的研究）では，実験者と研究協力者は相互に作用する。これは，さまざまな種類の問題を生み出す。実験者の行動や話し方は独立変数や操作される変数とまったく関係のない形で研究協力者の行動に影響を与えるかもしれない。さらに，研究協力者が何の実験かについて間違った考えをもつ場合もあり，それらの間違った考えは研究協力者の行動に影響を与える。研究者と研究協力者の間の関係から生じる主要な問題の

なぜ，広い範囲であることが重要なのだろうか？　広範囲の異なった参加者が研究に参加した場合，もし，強い正の相関が二つの要因で認められたら，この結果から導き出された結論についてどのようなことが示唆されるだろうか？

幾つかをこのセクションで論じる。

実験者効果

理想の実験者は，すべての研究協力者に対してまったく同じように，ほどよく積極的に振る舞い，自分の期待や実験仮説を研究の実施に反映させない人である。実際には，実験者の期待，人格特性などはしばしば研究協力者の行動に影響を与える；これらは**実験者効果**（experimenter effects）として知られている。

図31-17　実験者の振る舞いや話し方は研究協力者の行動に影響を及ぼすかもしれない。

実験者の期待（experimenter expectancy）

最も重要な実験者効果の一つは，実験者の期待が研究協力者のパフォーマンスに系統的な効果を与えることである。実験者の期待について初めて体系的に証明したものは，おそらく，賢いハンスとして知られる馬に関するものだろう。この馬は単純計算（たとえば，8 + 6）を求められたとき，正しい答えの数を足で踏み鳴らし，適切に数を数えることができた。フングスト（Pfungst, 1911）は，賢いハンスを研究し，賢いハンスが目隠しをされたときには正しい答えを出せないことを見出した。普通の状態では，実験者は馬が正しい数を踏み終えるとわずかに動いており，賢いハンスは足踏みをやめるための手掛かりとして単純にそれらの動作を利用していたのである。

キー用語
実験者効果：研究の結果に影響を及ぼす，実験者の期待，人格特性，データの記録間違いなどのさまざまな要因。

図31-18　賢いハンス，「数を数える」馬。

ローゼンソール

実験者効果について最もよく知られている研究の一つは，ローゼンソール（1966）の報告である。彼は，学生の実験者に扁形動物の頭の回転と身体の収縮の回数を数えるよう要求した。学生は実験が始まる前に，ミミズの半分には多くの活動を期待し，残りの半分からはほとんどの活動を期待しないように言われた。実際には，ミミズは二つの集団に無作為に割り当てられたため，活動レベルが違うということを仮定する理由はどこにもなかった。

ローゼンソールは何を見出したか？　驚くべきことに，実験者は，非活動的と言われたものより活動的と言われたミミズについて，2倍の頭の回転と3倍の身体の収縮を報告した！　ローゼンソールは，これは実験者の期待効果であると主張したが，それよりも実験者が正しい手続きに従うことに失敗し，そして／あるいはデータの記録間違いによるもののようであ

キー研究評価―ローゼンソール

ローゼンソールの研究のような心理学的実験は、人間に関して人間が行っている。たとえばそれは、社会的相互作用が重要な役割を占める独特の社会的状況のようである。確かに、問題は実験者効果の形で現れる。ローゼンソールによれば、研究協力者は、実験の中である結果が生じると期待することに影響を受ける。しかし、実験者は、実際、言語的あるいは非言語的な形のどちらかで、研究協力者がどのように行動すると期待されるかについての手掛かりを与える可能性がある。ローゼンソールは、研究について知覚された権限と権威が、実験者効果を生むことを示唆している。これは、承認欲求といった研究協力者自身の人格特性によって影響を受ける。

る。クーリカン（1994）が指摘したように、期待効果を見つけるために特に計画された実験のうち、少なくとも 40 の実験においては、期待効果の証拠がない。人間の研究協力者の行動は、特に承認の欲求が高いときに、実験者の行動によって影響を受ける。しかし、扁形動物が実験者の笑顔や不機嫌な顔に反応することは少ないだろう。

議論のポイント

1. あなたは、扁形動物に関するローゼンソールの発見を再現することが難しいということに驚くか？
2. 実験者効果を発見するためにはどんな状況が必要だろうか（後述参照）？

ローゼンソールが得た結果が、実験者の期待効果よりも、標準手続きから逸脱した研究協力者のせいであるとされるのはどうしてだろうか？

他の効果

バーバー（Barber, 1976）は、実験者が得られた結果に影響を及ぼすことは数多くあると主張した。彼は、実験者の期待に加えて、幾つかの他の種類の実験者効果（クーリカン（1994）に要約されている）を示している。それらの効果については、ここにリストを示した。リストでは、研究者（investigator）（研究を**方向づける**人）と実験者（experimentor）（実際に実験を**行う**人）の相違点を指摘している。たとえば、学問指向の心理学者はしばしば研究者となる一方で、学部生や大学院生は実験者となりがちである。学部生が研究する場合には、研究者と実験者は往々にして同じ人間である。

1. 研究者によるパラダイム効果（investigator paradigm effect）：研究者により採用された方法全体が、ある結果を得がたくしたり、得やすくする。

2. 研究者による実験計画効果（investigator experimental design effect）：たとえば、研究者が障害をもった子供の学習プログラムに効果のないことを示したい場合、いかなる効果が生じる機会も生じさせないために非常に短期間のプログラムを実行する。

3. 研究者による不正確な手続き効果（investigator loose procedure effect）：もし、教示やその他の手続きの側面が明確に特定されていない場合、結果は研究者によって影響されやすい。

4. 研究者によるデータ分析効果

図 31-19　心理学研究において、教示を与えたり、実験素材を提示したり、結果を記録したりするためにコンピュータを使うことは、バーバーの示した実験者効果の多くの問題を減少させる。

(investigator data analysis effect)：研究者はどんなパターンが示されているかを見た**後**で，計画してなかった幾つかのデータ分析を実行することができる。

5. 研究者によるごまかし効果（investigator fudging effect）：知能は遺伝に依存していると強く信じていたバート（Burt）という研究者は，双子のデータをごまかしたという証拠がある。
6. 実験者の個人的特質効果（experimenter personal attributes effect）：たとえば，女性が好きで男性が嫌いな実験者は，女性と男性の研究協力者の扱いが異なり，そのためデータに深刻なジェンダー効果を与えるかもしれない。
7. 実験者による手続き効果を理解することの失敗（experimenter failure to follow the procedure effect）：もしこのことが生じれば，独立変数はあるべき方法で操作されておらず，結果の解釈が困難になる。
8. 実験者による効果の記録の失敗（experimenter misrecording effect）：実験者は研究協力者によって提供された情報が不確かな（たとえば，研究協力者は，わずかに笑ったか？）場合，データの記録に失敗しがちである。
9. 実験者によるごまかし効果（experimenter fudging effect）：実験者は研究者を喜ばすために，あるいは自分の研究に関してよい結果を得るためにデータをごまかすかもしれない。

実験者効果の低減

　実験者効果を最小にするために，どんな段階を踏む必要があるだろうか？　一つの方法は，研究協力者に関わる実験者と研究協力者の両方が検証されている実験的仮説を知らないという**ダブルブラインド**（double blind）の手続きを用いることである。ダブルブラインド手続きは実験者バイアスの可能性を減少するが，しばしば高額すぎて実行不可能である。しかし，より多くの実験において，研究協力者が人間の実験者よりもコンピュータと関わるようになってきているため，実験者効果の影響はおそらくかつてより少なくなっている。さらに，データは一つひとつ直接コンピュータ内に貯蔵されているため，研究協力者から得られた情報の記録間違いが少なくなっている。

要求特性

　実験室研究の一般的な批判は，状況が人工的なために研究協力者が通常とは非常に異なった行動をするということである。ガイ・クラックストン（Guy Claxton, 1980）は，このことについて驚くべき例を述べている。彼は，研究協力者が「カナリアは飛ぶことができるか」という文が，真か偽かできるだけ早く判断しなければならない実験課題を考案した。実験室状況では，研究協力者はこの課題を辛抱強く行った。しかし，クラックストンが指摘するように，「もし，誰かがパブで『カナリアは飛ぶことができるか』とたずねたなら，

シングルブラインドとダブルブラインド手続きの違いはなんだろうか？

> **キー用語**
> **ダブルブラインド**：実験者も研究協力者も研究の正確な目的を知らない手続き；可能であるならば，実験者はそれぞれの研究協力者が割り当てられた条件を知らない状況。

図 31-20

私はその人がバカかあるいはジョークを言っていると思うだろう」。

人はなぜ実験室状況で，普通ではない行動をするのだろうか？アメリカの心理学者オーン（Orne, 1962）は，彼が名づけた**要求特性**の重要性を強調している。要求特性とは「被験者［研究協力者］に実験仮説を伝える手掛かりのすべてである」。また，要求特性は，「実験中のはっきりとしたあるいは暗黙のコミュニケーションだけでなく，研究についてのうわさやキャンパス内のゴシップ，実験初期に伝えられる情報，実験者，実験室のセッティング」を含んでいる。オーンの基本的な考えは，ほとんどの研究協力者が，実験状況の要求として認識したものに応じるために最善を尽くすが，彼らの認識は往々にして正確ではないということである。

オーンが示したように，実験における要求特性は，研究協力者がしばしば奇妙な行いをすることを納得するほど強力なものである。彼は，研究協力者が乱数表の数字を加算することに何時間も費やし，そしてそれぞれのでき上がったものを32分割にちぎるという実験を示した。多くの研究協力者は，その状況を持久性の検査として扱っており，このことが研究協力者の行動の動機づけとなっていた。

かつて目的をだまされた実験に参加した研究協力者に当てはまる，要求特性に関する別の問題がある。だまされた結果として，ある研究協力者は，実験者の要求特性によって示唆されたものとは逆の方向に反応するようになる。なぜそうなるのか？ シルヴァーマン，シュルマンとヴィーゼンタール（Silverman, Shulman & Wiesenthal, 1970）はこの効果を次のように説明している。

> かつてだまされたことのある被験者［研究協力者］は，欺かれる可能性に対して警戒するようになるため，実験者の仮説に関わるすべての手掛かりと反対の反応をするようになる。被験者［研究協力者］は明白なものの下に隠されている「トリック」に用心深くなり，それに引っかかりたくないという駆け引きの要素が実験状況に入り込んでいるのかもしれない。

倫理的問題：正直は最善の手段だろうか？ もし，実験者と研究協力者の両方が研究目的とゴールについて一定の構えをもっているなら，要求特性の問題を低減できるだろうか？

要求特性の低減

ある実験設定での要求特性についての情報は，実験後，実験が何に関するものだと思ったかを詳細に記述するよう研究協力者に求めることで得ることができる。実験者はこの情報に対して準備することによって，さらなる実験の結果が要求特性により不利な影響を受けないように対処することができる。

要求特性に関する幾つかの（すべてではないが）問題は，先述のダブルブラインド手続きによって低減できる。他の可能性としては，研究協力者がどの条件に割り当てられているかを知らされていない**シングルブラインド**（single blind）手続きがある。しかし，このような状況では，完全なインフォームド・コンセントを得ることができないため，倫理的な問題を引き起こす。

キー用語
シングルブラインド：実験参加者がどの条件に割り当てられているかについて知らされていない手続き。

評価懸念

ローゼンバーグ（Rosenberg, 1965）は，ほとんどの研究協力者が実験的あるいは実験室状況で示す行動の重要な側面には，彼が名づけた**評価懸念**があることを指摘した。彼はこれを「研究協力者が実験者から肯定的な評価を得ようとする，あるいは少なくとも否定的な評価の基盤を与えないようにする，不安に基づく能動的な配慮（anxiety-toned concern）」と定義している。なぜ研究協力者が実験状況の要求特性に応じるのかについての主な理由は，評価懸念のためかもしれない。しかし，好意ある人の評価を得たいという要求は，要求特性に応じるよりも重要であるという証拠がシガール，アロンソンとヴァン・フース（Sigall, Aronson & Van Hoose, 1970）によって報告されている。

シガールらは，電話番号を書き写す実験を行った。実験者は，2回目のテストでは1回目のときよりも遅い速度で行ってほしいと研究協力者に伝えた。要求特性に忠実なら遅いパフォーマンスが得られるが，評価懸念と能力欲求があるならば速くなると考えられた。事実，研究協力者は最初のときよりも速く実施した。このことは，要求特性よりも評価懸念が重要であることを示した。

研究に関する一般的な問題

これまでこの章では，適切な研究計画を確実にするために重要な，幾つかの特別な問題について考えてきた。このセクションでは，研究がいかにうまく計画され実行されたかを評価する際に使用できる（そして使用すべき）重要な一般的基準について述べる。それらの基準は，研究協力者の反応性（participant reactivity）；妥当性；一般化可能性（generalisability）；そして信頼性である。

研究協力者の反応性

多くの研究にみられる弱点は**研究協力者の反応性**（participant reactivity）として知られるものである。これは，単に研究協力者が観察あるいは研究されているのを知っているため，独立変数が行動に影響を及ぼす状況を指している。この影響を受ける研究協力者行動の測度は反応性測度（reactive measure）と呼ばれ，反応性（reactive）はこのような行動の変化を指すために使用される用語である。

> キー用語
> **研究協力者の反応性**：独立変数が行動に単純に影響を及ぼすのは，研究協力者が観察されていることに気づいている状況。

ホーソン効果

> 研究協力者の反応性の意味を明確化するために，シカゴのウェスタン・エレクトリック社のホーソン工場で行われた一連の研究を考えてみよう（レスリスバーガーとディクソン Roethlisberger & Dickson, 1939）。労働者は，光の量が増加するとより生産的になり，このことは，労働条件がよくなると作業能率が上がることを示唆していた。しかし，光の量を減少することも生産性の向上につながった。一般に，賃金や就労日数の変化など，労働条件に対して**どんな**変化がもたらされても，生産性は向上した。元の

キー研究評価―ホーソン効果

作業場における人間関係の研究は，労働条件と生産性の関係を明らかにすることを目的としたレスリスバーガーとディクソン（1939）の研究に端を発する。初期に重要とされていたのは，労働者が受け取る外的な報酬であるが，外的な報酬と生産性の間には何の関係も見出されなかった。明確になったことは，内的な報酬が大きな効果をもっているということだった。これらの内的な報酬は，個人的そして非公式集団の一員としての働きに対する労働者自身の態度からもたらされるものだった。社会的な一員となりその中で受け入れられたいという欲求は，お金の報酬よりも，労働への態度やさらによりよく働くために必要とされる動機づけを決定する。ホーソン研究から新しい研究が刺激を受け，その研究では労働者によって経験される欲求の範囲が検討された。そして，生産性を増加させるためには，友人関係（friendship），集団支援（group support），受容（acceptance），賞賛（approval），承認（recognition），地位（status），自己実現の欲求（the need for "self-actualisation"）などの個人の才能，創造性，そして，パーソナリティを十分高めることに関わる社会的な欲求が満たされなければならないことが明らかになった。

労働条件に戻ったときでさえ，生産性は改善した。たぶん，この結果は，労働者は労働環境の特定の変化よりも，自分たちに関心が向けられていることに反応したのだろう。

ホーソン効果という用語は，研究協力者の反応性と同様の現象を示す言葉であるが，人々がテストされているということを知っているためにもたらされる変化を指す。研究協力者の反応性に影響されたと考えられる結果が幾つか発表されている。たとえば，クラウスとケンネル（Klaus & Kennell, 1976）は，新生児と1日のうち数時間を過ごした母親は，それよりも短い時間しか過ごさなかった母親に比べてより親密な関係を築くことができたと報告した（第15章参照）。より多くの接触をした母親のほとんどが未婚の10代であり，この結果は，彼女たちがより多くの接触をしたことよりも，病院で働く人たちが彼女たちに興味を示したせいだと考えられた。この解釈は，一般に，注目の的になって喜ばない母親の研究で同様の結果が再現されなかったことから支持された（ダーキン Durkin, 1995）。

研究協力者の反応性あるいはホーソン効果は，結果の解釈に誤りを招く深刻な問題である。ある効果が研究協力者の反応性によるものか否かについて，どのように決定できるであろうか。本質的には，二つの集団成員を対象とし，彼らの行動が研究の対象であることを明らかにすることによって，両条件で研究協力者の反応性を同じにする必要がある。それでも効果が認められた場合，それは研究協力者の反応性によるものではない。たとえば，決まった接触をする母親にも同様の関心が示されたとして，それでも母親と赤ん坊の接触が多い場合に親密な関係がもたらされたとしたときにでも，接触自体がその効果を生み出していると結論することは妥当であろう。

議論のポイント

1. 研究において研究協力者の反応性はどの程度問題だろうか？
2. 研究協力者の反応性の証拠がないとされるのはどんなときだろうか？

妥当性と一般化可能性

研究や実験の鍵となる条件の一つは妥当性である。これは，手に入れた結果が本物であり，検討されていた現象についての有効な情報を提供するものであるという意味である。キャンベルとスタンリー（Campbell & Stanley, 1966）は，実験と準実験に最も関係する**内的妥当性**（internal validity）と**外的妥当性**（external validity）の区別をした。内的妥当性とは，観察された効果が本物で，独立変数によってもたらされたものかどうかということである。一方，外的妥当

キー用語
内的妥当性：研究の結果が本物で，独立変数によってもたらされたと考えることができる程度。
外的妥当性：母集団，場所，尺度そして時間を越えて結果を一般化できる程度。

性は，実験で使用された状況や標本の他に，実験の結果をどの範囲まで一般化できるかということである。この2種類の妥当性の違いは重要である：多くの実験は内的妥当性をもち合わせているが，外的妥当性が欠如している（第30章参照）。

妥当性と信頼性の違いをどう定義するべきだろうか？

内的妥当性

なぜ実験が外的妥当性を欠くのかについての理由はこの後すぐ議論するが，実験の内的妥当性を脅かす主なものは何であろうか？クーリカン（1994）は，それらはたくさんあると指摘しており，ほとんどはこの章の最初で論じた。たとえば，信頼性が乏しい，あるいは矛盾した尺度を使用しているなどのように，交絡した要因が内的妥当性を脅かす。内的妥当性の問題は，実験計画が，標準化，カウンターバランス，あるいは無作為化などの問題に慎重な注意を払わずに計画される場合にも生じる。その他に内的妥当性を脅かすものは，実験者効果，要求特性，研究協力者の反応性，そして不適切な統計的手法の使用などがある。端的に言えば，実際には，実験計画に関するすべての原理は内的妥当性を高める方向にあり，これらの原理を適用することに失敗することが内的妥当性を脅かすのである。もし，内的妥当性が高ければ，結果の再現を可能にする。もし低ければ，再現は困難あるいは不可能となる。

図31-21 数十年前に実行された女性の日々の活動と家事への態度の調査は，今日の状況と態度にほとんど関係しない。

外的妥当性と一般化可能性

外的妥当性とは何だろうか？ 外的妥当性と**一般化可能性**（generalisability）は，その両方が実験あるいは研究の結果を他の状況に適用可能かどうかの問題について言及しているため，親密なつながりがある。より厳密に言えば，クーリカン（1994）は，外的妥当性あるいは一般化可能性には，順番に考慮すべき四つの主要な側面があるとしている。

キー用語
一般化可能性：研究の結果が他の設定，母集団，時間，そして尺度に適用できる程度。

- 母集団：個人の標本から得られた結果は，標本が抽出された大きい母集団に一般化できるか？
- 場所：その研究結果は，他の設定や状況に一般化できるか？ もし，結果がさまざまな実生活の場に一般化できるのであれば，その研究は生態学的妥当性を備えていると言える。シルヴァーマン（1977, p.108）は，実験室実験の生態学的妥当性に関して懐疑的である：「実験室研究から導かれた結論は，制限され統制された状況での生態の行動であり，それは同じような状況にのみ一般化できるだろう（ある機関，たぶん，学校あるいは刑務所あるいは病院など）。
- 尺度または構成：実験や研究の結果は，他で使用される尺度に一般化できるか？ たとえば，スピルバーガーの状態 - 特性不安検査によって評価された特性不安のパーソナリティ次元が高い人は，特性不安の低い人よりも長期記憶の再生成績が悪いという結果を得たとする。もし，特性不安を異なる質問紙によっ

図31-22 妥当性：役割の変化は不適切なテストの比較につながるため，異なった期間に得られたデータを使用するときには，社会的変化を考慮する必要がある。

て評価したり，長期記憶の再認検査を使用した場合に，同じ結果を得ることができるだろうか？
・時間：結果は過去や未来までに一般化できるか？　たとえば，近年のさまざまな文化の全面的な変化は，アッシュ（Asch）の同調行動やミルグラム（Milgram）の権力への服従を及ぼす（第21章参照）。

　実験の外的妥当性を最大にするためには何ができるだろうか？残念ながら，この質問に対する簡単な答えはない。一般的に言えるのは，他の研究者が結果を他の標本や母集団，場所，尺度，そして時間に一般化しようとしたときのみ実験の妥当性が明らかになるということである。フィールド実験の結果は，実験室実験よりも他の実生活の場所や状況に一般化可能であると思われるかもしれないが，そうとは限らない。

　メタ分析　特定の結果が一般化可能かどうかを決定するための一つの方法は，**メタ分析**（meta-analysis）を実行することである。メタ分析では，仮説を検証するために計画された多くの研究のすべての結果を合わせて一つの分析を行う。もし，メタ分析によってある結果が一貫して得られていると示唆されたならば，それは，母集団，時間，尺度，そして時間を越えて一般化可能であるということを意味している。たとえば，スミスら（Smith *et al*., 1980）は，精神療法の効果に関する 400 を超える研究についてメタ分析を行った（第26章参照）。彼らは，精神療法を受けた患者の 75 ％以上が，いかなる療法も受けなかった患者よりも改善されていたため，精神療法は効果があると結論した。

　メタ分析の限界は，個々の研究の質の違いがしばしば無視されることである。このことは，幾つかの不十分な計画の研究から得られた結果が本物であるとされ，より数の少ない質のよい計画の研究からではそうではないという状況を引き起こす。その他の問題は，どの研究を含めどの研究を除外するかが難しいことである。たとえば，スミスらは行動療法ではない療法のすべてを一緒にしてに考えた。

> **キー用語**
> **メタ分析**：ある仮説に関連する多くの研究から得られたすべての結果を統計的検証のために一つにする分析。

しかし，行動療法以外の療法の幾つかは他のものよりもより効果的であり（バーローとデュランド Barlow & Durand, 1995），それらは一つのメタ分析に含めるべきではなかった。

信頼性

実験的研究の主要なゴールの一つは，その結果の**再現**や反復が可能になるように計画し，実行することである。このゴールを達成するために，使用する尺度は高い**信頼性**や一貫性を備えていることが重要である。クーリカン（1994, p.50）が指摘するように，

> 私たちの生活において使用するいかなる尺度もすべて信頼性があるべきであり，さもなければ役に立たない。同じ値であるにもかかわらず状況によって異なる読み方をさせるような車のスピードメーターや温度計は必要ない。このことは，心理学的測定にも当てはまる。

図 31-23

信頼性に関連する問題は，実験者が処理しやすい数のカテゴリーを用いて，研究協力者の複雑な行動をコード化しようとするときに起こる。たとえば，ある特定の出来事（たとえば，攻撃的な行動）を記録するための自然観察の研究においてよくみられる。しかし，信頼できる結果を生み出すために，そのような出来事を正確に定義するのは難しい。これを評価するための一つの方法は，観察的状況で2人（あるいはそれ以上）の評定者に評定してもらうことである。評定は評定者間の信頼性を測定するために比較することができる。

内的信頼性＝測定方法内での一貫性。たとえば，定規は0から5センチの間の距離と，5センチから10センチの間の距離では同じ距離を測定するべきである。

外的妥当性＝測定方法の使用間の一貫性。たとえば，定規による測定は月曜でも金曜でも同じでなければならない。

・信頼性＝一貫性と安定性
・妥当性＝意図したものを測定すること
・標準化＝比較は研究と標本の間で行われる。

図 31-24　信頼性

感想

・この章を読むに従って，明らかに実施が簡単にみえる実験や非実験的研究の計画にも多くの忠告があると思われただろう。実際，欠点のない研究を計画することはとても難しい。実験計画に伴う三つの最大の問題は，操作的手続き，実験者効果，そして外的妥当性である。つまり，鍵となる変数の操作的手続きを見つけること，実験者の研究協力者の行動への不必要な影響を避けること，そして結果を他の状況や研究協力者にも当てはめることを保証することは，一般的に難しい。

要約

目的と仮説

研究を計画する最初の段階は，その目的と仮説を決定することである。通常，実験または対立仮説と帰無仮説がある。実験仮説は，

指向的または片側仮説か，あるいは非志向的または両側仮説である。

研究協力者の選択

研究のために選択された研究協力者は，同じ母集団からの標本を表す。彼らは代表的な標本とならなければならない；言い換えれば，標本の偏りは避けるべきである。最善の方法は無作為抽出法であるが，他の妥当な方法には，系統的抽出法，層別抽出法，そして比例割当抽出法がある。機会抽出法は最も簡単であるが，方法としては不十分である。標本の大きさは研究される効果の大きさに依存する。

実験の適切な実施について

標準的な手続きの使用が重要である。変数の交絡や恒常誤差は避け，偶然誤差は最小限に保つことが重要である。操作的な手続きは有効であるが，操作的な定義は，一般的に，独立変数あるいは従属変数の一部の意味しか保証しない。

実験計画法

実験計画には三つの主要なタイプがある：独立計画法，研究協力者対応法，そして反復測定法である。独立計画法では，研究協力者を集団に割り当てるために一般的に無作為化を使用する。カウンターバランスは，あらゆる順序効果を排除し結果の混乱を避けることができるため，反復測定法でしばしば利用される。

非実験的な計画の適切な実施について

参加観察法と非参加観察法に区別することができる。参加観察には，フィールドに入る；フィールド内にとどまる；フィールドを離れるという三つの段階がある。非参加観察では，詳細で，包括的，そして有用なカテゴリーを工夫する必要がある。行動の抽出は，連続的観察；時間間隔抽出；時点抽出；あるいは無作為抽出で行う。調査にはさまざまな計画がある：単発調査，前後計画，二つの集団による統制された比較計画；二つの集団による前後計画。質問紙あるいは態度尺度を作成するときには，項目は短く，明白で，偏らず，テストには信頼性と妥当性が必要である。相関研究は理論に基づくべきであり，変数は注意深く測定され，二つの変数の得点は，個人間で異なっている必要がある。

実験的研究に関する問題

ほとんどの研究には，実験者と研究協力者の相互作用が関わっている。これはさまざまな系統的バイアスを引き起こす。それらは実験者効果と要求特性に分類することができる。実験者効果には，実験者の期待，実験者の記録間違い，そして実験者のごまかしなどが含まれる。要求特性は，研究協力者が実験仮説についての自分自身の信念に基づいて反応することに関与している。加えて，研究協力者の行動は評価懸念によっても影響される。

研究に関する一般的な問題

　幾つかの研究では，研究協力者が観察されていることを知っているために独立変数が単純に行動に影響を及ぼすことがある。これは，研究協力者の反応性あるいはホーソン効果として知られており，結果の誤った解釈を招くため，深刻な問題となる。結果が本物であり，独立変数によってもたらされたことを意味する内的妥当性があるということは，研究にとって重要なことである。研究の結果を一般化できるという外的妥当性も重要である。一般化可能性は，母集団，場所，尺度そして時間に適用される。特定の結果に関する一般化可能性についての情報は，メタ分析によって手に入れることができる。研究で使用された尺度は，信頼性と一貫性を備えておかなくてはならない。もし，そうでないならば，変数の尺度は不適切であり，得られた結果を再現したり反復することが困難となる。

【参考書】

　非実験的研究のさまざまな形態が C. Dyer (1995), *Beginning of research in psychology*, Oxford: Blackwell によって，利用されやすい形で示されている。この章で議論されたほとんどのトピックが，H. Coolican (1994), *Research methods and statistics in psychology* (2nd Edn.), London: Hodder & Stoughton によって明確な形で述べられている。

【復習問題】

　研究方法に関する例題が，第32章の終わりの pp.1263-1264 に示されている。

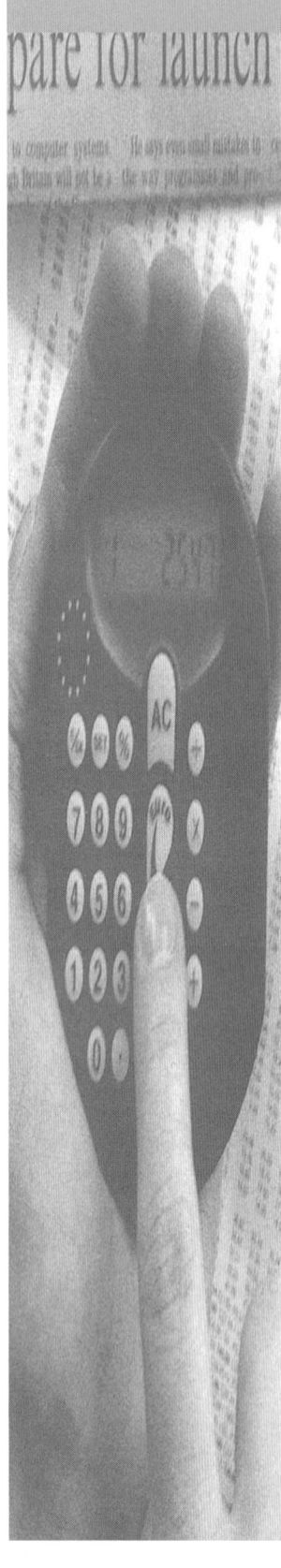

- データの質的分析：結果を数値やパーセンテージで表すことができない研究に，どのように役立っているのだろうか？
  - 質的研究と量的研究の違い
  - リーズンとローワンの見解
- 面接，事例研究，観察の解釈：非実験的研究から導かれた結論に関わる問題について。
  - ライシェールとポッターによるセント・ポールズの暴動に関する研究
  - マクアダムスによる心理的伝記の定義
  - ワイスクランツによるDBの研究
  - ジュラードの比較文化的研究
- 内容分析：あるキャンペーンのテレビコマーシャルなどに含まれるメッセージを研究する。
  - カンバーバッチによるテレビコマーシャルの研究
  - ある過食症患者の日記
- 量的分析：記述統計：研究の最終段階で，研究協力者の人数やパーセンテージをどう扱えばよいか。
  - 代表値の測度：平均値，中央値，最頻値
  - 測度の水準
  - 散布度の測度：範囲，四分範囲，分散比，標準偏差
- データの提示方法と統計的検定：図やグラフはいつ使用すればよいか。どの統計的検定を用いればよいか，またなぜその検定を使用するのか。
  - 度数多角形，ヒストグラム，棒グラフ
  - データの種類：名義的データ，順序的データ，間隔的データ，比例的データ
  - 統計的有意性，第一種の過誤，第二種の過誤
  - 差の検定：マン－ホイットニーのU検定，符号検定，ウィルコクスンの符号つき順位検定
  - 散布図，スピアマンのロー検定
  - 関連性の検定：カイ2乗検定
- 実験的妥当性と生態学的妥当性の問題：あなたの研究は，あなたの調べたいことを検討できているだろうか？　現実世界との関連性はあるだろうか？
  - 実験的妥当性に関する問題
  - さまざまな生態学的妥当性の定義
- 論文を書く練習をしてみよう：研究論文に即した結果の示し方
  - 形式や書き方

32

データ分析

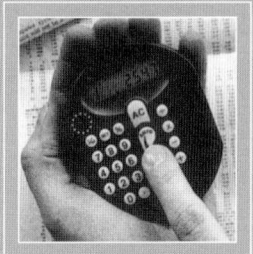

図 32-1 「妥当性」はどのように定義されるのか？「信頼性」とはどう違うのか？

　研究から得られるデータには，数値によって表される量的なデータとそうでないデータがある。量的な形式でないデータの場合には，各研究協力者の経験に基づいて質的分析を行う。量的データの場合，最初に記述統計によって結果をまとめることが多い。記述統計には，ある標本における代表値の測度（平均値など）や散布度の測度（範囲など）がある。データをまとめる他の有益な方法に，グラフや図の使用が挙げられる。本章の後半でその幾つかについて説明する。

　どのような研究にも二つの可能性がある。つまり（1）差があるか（対立仮説〈訳注：著者は実験仮説という用語を使用しているが，統計学では，対立仮説と言うので，本章ではこの用語を使用する〉），（2）差がないか（帰無仮説）である。さまざまな統計的検定は，対立仮説と帰無仮説のどちらを採択すべきかをデータに基づいて判断するために考案された。統計的検定に基づく判断は，その判断が正しいかどうかを確かめることができないため，過誤が生じやすい。本章では，一般的に行われている標準的な手続きを紹介する。

　最後に，研究から得られた結果の妥当性に関わる重要な問題がある。妥当性が制限される原因の一つは，研究が統制された科学的方法で行われていないことである。もう一つの原因は，その結果が実験室研究で最もよく生じるような事象であり，日常生活には当てはまらないことである。これら二つの妥当性に関わる問題は，本章の最後に論じる。

データの質的分析

　量的研究と質的研究には大きな違いがある。量的研究では，研究協力者から得られた情報を数値の形式で表現する。例として，再生項目数，反応時間，攻撃的行動の回数などが挙げられる。一方，質的研究では，研究協力者から得られた情報を数値の形式で表現せず，研究協力者の経験や，研究協力者が他の人や環境に付与している意味を記述することに重点が置かれる。時には研究協力者から得られた結果を直接引用することもあり，それによって非常に意味深い成果が得られることも多い。

量的研究では攻撃的行動を目撃した数を測定する。質的研究ではなぜその攻撃的行動が生じたかを説明するのに役立つであろう。

　質的研究は，1980年代中頃から急速に発展を遂げてきた。これは，過去100年間にわたり心理学で優勢であった量的・科学的アプローチに対する不満が増大したためでもある。クーリカン（Coolican, 1994）は，その不満を明確に表したリーズンとローワン（Reason &

Rowan, 1981) の記述を引用している。

> 測定法は増える一方であるが，数量的に正確なものが真実であるとは限らず，数量的でないものに真実があることもある。オーソドックスな研究では，統計的には有意であっても人間らしさという点では意味のない結果が得られる。人を対象とした研究では，うんざりするほどの正確さよりも，深い興味の方が望ましい。

多くの実験心理学者は，この記述を明らかに誇張だと受け止めた。実験的手法を用いた「オーソドックスな研究」は，注意，知覚，学習，記憶，推論などに対する私たちの理解を変えてきた。一方，質的研究は社会心理学の領域で非常に役立っており，人の動機づけや価値などを解明しうる。結果として，面接，事例研究，観察を用いた研究では，質的データを扱うことが多い。

図32-2 なぜ人は休日をこのように過ごすのだろうか。日光浴によって生じる健康上の問題という危険をあえて冒す動機は何だろうか。

質的データを扱う研究では，種類の異なる分析を幾つか用いるため，ここではデータを処理するうえでの一般的な指摘を行うにとどめる。研究者間の一般的な同意としては，パットン（Patton, 1980; クーリカン, 1994 より引用）による次のような記述が挙げられよう。

> 質的分析の基本原理は，因果関係と理論的記述が，研究対象となる現象に基づいて創発されるということである。理論はデータから創発されるものであり，データに押しつけるためのものではない。

この原理はどのように用いられているのであろうか？ 最も重要な方法は，研究者が自分でカテゴリーを作る**前に**，研究協力者によって自発的に用いられるカテゴリーを考慮に入れることである。まず，研究協力者から得られたすべての情報を集める。この段階はい

つも簡単であるとは限らない。たとえば，研究協力者の発言をテープレコーダーで録音し，それを書き起こすだけであれば，価値のある情報が失われてしまうかもしれない。単語が強調された部分，話者が休止を入れたところ，スピードを速めたり遅めたりしたところもまた記録されるべきであり，そうすることによって初めて話者が伝えようとしていることを完全に理解できるのである。

次に，情報項目（つまり記述）を幾つかのグループに分ける。ある項目が複数のグループと関連している場合には，その項目をそれらすべてのグループに入れる。その次に，研究協力者自身によって示されたカテゴリーやグループについて考慮する。最後に，前の段階で得られた情報に基づいて，カテゴリー群を形成する。ただし，さらに情報が得られた場合には，カテゴリーを変更することもある。

質的研究者は，単に多くの項目や記述をカテゴリーに分類することに興味があるのではなく，各カテゴリーから見出されるさまざまな意味，態度，解釈に興味があるのである。たとえば，ある研究者が優秀なクラスの学生と面接し，心理学に対する態度について研究したとしよう。面接から得られた記述をカテゴリーに分類したところ，その一つは「統計に対する否定的な態度」であった。このカテゴリーに含まれるさまざまな記述を見れば，なぜ優秀なクラスの心理学の学生が統計を嫌うのか，その理由がわかるかもしれない！

質的研究者が結果を報告する際，カテゴリーに基づいてデータを分析するとともに，元のデータ（つまり研究協力者から得られた結果の直接引用）を使用することがある。さらに，研究が進むにつれて，仮説がどのように変化したかを示すこともある。

比較文化的問題：文化的経験によって，他人の行動に対する見方はどう変わるのか？

比較文化的問題：文化的な先入観のある価値，基準，信念によって，データを歪めないよう注意しなさい。

評　価

質的分析は量的分析と比べて研究者のもつバイアスや理論的想定の影響を受けにくい。さらに，研究協力者を社会的文脈の中の個人として理解することもできる。このことは，行動の比較的狭い側面に注目する量的分析と比べると対照的である。

質的アプローチの最大の欠点は，結果の信頼性や再現性が低いことである。なぜなら，質的アプローチは主観的かつその人の印象によるところが大きく，情報のカテゴリー化や解釈の仕方が研究者間でかなり異なっているからである。

質的研究で得られた結果の信頼性を示すためには，幾つかの方法がある（クーリカン，1994）。最も満足度の高いアプローチは，得られた結果の再現性を調べることであろう。これは，たとえば面接から得られた発見と，観察研究で得られた発見とを比較することによって可能になる。または，同一の質的データを2人の研究者で別々に分析し，その結果を比較するのもよい。

典型的な「研究サイクル」の繰り返しが，信頼性を高めるのに役

■やってみよう：テレビプログラムの分類
　3～4人の子供を対象とし，子供がアニメ番組を見ているときに，その子供たちによって目撃された攻撃的行動の回数を分析するにはどうすればよいだろうか。量的手法が適切だろうか？　結果の信頼性はどのようにすれば保証できるだろうか？

立つ，という議論がある。たとえば，研究者の最初の想定やカテゴリーを，データに照らしてチェックし更新する。そしてその新しい想定とカテゴリーを，再びデータに照らしてチェックする。このような研究サイクルの反復は，ある意味では価値があるが，その結果が高い信頼性をもっていることを保証しているわけではない。

面接，事例研究，観察の解釈

前述の通り，質的分析はさまざまな種類の研究で行われている。量的分析が用いられることも多いが，特によく質的研究が用いられるのは，面接，事例研究，観察研究である。この種の研究のもつ利点や欠点は，第30章で幾つか紹介した。この節では，面接，事例研究，観察の解釈について考えてみよう。

面　接

第30章で述べた通り，面接はその構造によってかなり異なる。一般的に，非構造化面接（方向づけのない非形式的な面接）には質的分析が，構造化面接では量的分析が向いている。クーリカン（1994）が指摘している通り，面接で価値あるデータを得るためにはさまざまな技術が必要である。これらの技術には，被面接者をよりよく理解すること，批判的でないアプローチをとること，効果的に話を聞くための技術を開発することなどがある。

カードウェルら（Cardwell et al., 1996）は，1980年4月にブリストルのセント・ポールズで起こった暴動に関

図32-3　ライシェールとポッターによると，セント・ポールズの群衆は，自分たちが合法的な存在であり，警察が非合法的な存在であると捉えていた。群衆と警察は，自らの行為に異なる意味を付与していたのである。このことは，解釈上の問題をはらんでいるのではないだろうか？

するライシェールとポッター（Reicher & Potter, 1985）の研究を紹介し，面接アプローチの価値を示した。暴動に対するメディアの反応は，暴動に荷担した人々の行動が原始的かつ非常に感情的であるという想定に基づいていた。しかし，暴動に加わった人の多くに非構造化面接を行ったところ，彼らがそのように行動したのも当然と言える理由があった。彼らは，警察の代わりにその地域を守っており，強い連帯感や共同体意識をもっていたと述べた。この解釈は，その地域の民家にはダメージがほとんどなかったという事実から支持された。

評　価

面接から得られた情報を解釈するうえで，さまざまな問題がある。

第一に，**社会的望ましさの先入観**（social desirability bias）の問題がある。ほとんどの人は自分自身をできるだけよく見せようと望んでいる。そのため，質問に対して正直に答えず，社会的に望ましい

> **キー用語**
> **社会的望ましさの先入観**：質問紙や面接に正直に答えるのではなく，社会的に望ましい回答をしようとする傾向。

回答をする可能性がある。この問題に対処するには，その回答が正しいかどうかを確かめる質問をすることである。

第二に，面接から得られたデータは，被面接者の思考過程や態度ではなく，面接者と被面接者の社会的相互作用過程を表している可能性がある。

第三に，**自己成就的予言**（self-fulfilling prophecy）が挙げられる。これは，ある人が他の人に期待することによって，その期待通りのことが生じるようになる傾向のことである。たとえば，セラピストが患者に，もっと慎重に行動することを望んでいたとしよう。この期待によって，セラピストは患者が期待通りに振る舞うよう患者を扱う可能性がある。

> **キー用語**
> 自己成就的予言：ある人が他の人に期待することによって，その期待通りのことが生じるようになる傾向。

事例研究

事例研究（ある個人に集中して行う研究）には，さまざまな形や規模のものがある。最も有名な事例研究は，フロイト（Freud）をはじめとする臨床心理学領域の研究であろう。ただし，パーソナリティ研究や脳損傷患者の認知機能に関する研究においても，詳細な事例研究が行われてきた。

パーソナリティ研究で事例研究を用いた方法の一つは，**心理的伝記**（psychobiography）として知られるアプローチである。マクアダムス（McAdams, 1988, p.2）の定義によると，心理的伝記とは，「人生を一貫性のある啓発的なストーリーに変形するための，心理学（特にパーソナリティ）理論の系統的使用」である。心理的伝記の主な特徴は，対象者自身が語ったライフストーリーの中で最も重要な出来事を見つけることである。これはどのように行われるのであろうか？　マクアダムス（1988, pp.12-13）によると，以下の出来事についての手掛かりを見つけ出す必要がある。

> **キー用語**
> 心理的伝記：その人の人生において重要な事象に心理学的な概念を適用する，個人的パーソナリティの研究。

> 始まり（物語の最初にくる出来事），ユニークさ（物語の中で目立つ出来事），省略（物語から失われたと思われる出来事），歪曲と解離（物語の中で論理的でない出来事），不完全（物語が満足した状態で終わらないこと）。

ワイスクランツ（Weiskrantz, 1986）は，非常に奇妙な事例について報告した。彼は，重い偏頭痛を軽減する手術を受けたDBについて研究した。手術の結果，DBに「盲視」として知られる現象が現れた。DBは視覚刺激が提示されたかどうかを報告でき，指で指し示すことはできたが，それを見ているという意識的気づきがなかった。この発見は，知覚過程の多くが意識的気づきなしに生じうることを示している点で重要である。

評　価

事例研究から得た結果の解釈には十分な注意が必要である。最大の危険性は，ある非典型的な個人から得られた結果に基づいて，き

> **ケーススタディ：極度の愛情剥奪の影響**
>
> 　フロイトとダン（Freud & Dann, 1951）は，第二次世界大戦中に両親を亡くした6人の幼児について研究した。子供たちがナチの強制収容所の託児室につれてこられる前に，両親とどのくらいの期間を過ごしたかはわからない。強制収容所を移ることは何度かあったが，その子供たちは常に一緒に移動し，最低限の世話や配慮しか受けられなかった。世話をする大人がいない中，子供たちは互いに強い絆で結ばれていった。この絆によって，子供たちの生活は守られ安定していたのである。
>
> 　戦争の終結によって子供たちは救助され，イギリスで医療面と心理面の治療を受けた。彼らの心身発達には限界があり，発話技術はきわめて乏しかった。はじめ，子供たちは大人を恐れて，互いにぴったりと寄り添うことで安らぎを得ていた。次第に，彼らは世話をしてくれる大人とも絆を結び始め，社会的技術や言語能力が改善されていった。彼らは，さまざまな問題を経験してきたにもかかわらず，「マザーリング」（訳注：母親が養育上なすべきこと）（ボウルビィ Bowlby, 1951）が完全に欠如した状況下で予想されるような極度の愛情剥奪の状態を示さなかった。フロイトとダンの研究は，たとえその人が母親でなくても，他人との絆の形成が重要であること，そして極度の愛情剥奪の影響は覆すことができることを明らかにした。
>
> 　事例研究は非科学的で信頼性が低いようにみえることもある。その標本は母集団を代表しておらず，研究を再現することもできず，結果の解釈も非常に主観的である。しかし，事例研究は，予測していなかった独自の行動に焦点を当てるという点で，非常に興味深い研究になりうる。また，ここでいうボウルビィの理論のような既存の理論に反駁する研究に刺激を与えうる。フロイトとダンの研究は，場合によっては得られなかったかもしれないような人の経験に洞察を与えるものであった。というのも，愛情剥奪の影響について研究するために両親と子供を引き離すことは，倫理上できないのである。

わめて一般的な結論を導いてしまうことである。結論を下す前に，他の情報源からそれを支持する証拠を得ることが重要である。

　事例研究から得た結果の解釈は難しいことが多い。たとえばフロイトは，自分の報告した数々の事例研究が，自らの理論の妥当性を示すうえで役に立つと主張した。しかし，それは疑わしい。なぜなら，フロイトが患者から得たデータは，実際には歪んでいる可能性があるからである。患者がフロイトに話した内容は，以前フロイトが患者に話した内容の影響を受けているかもしれないし，フロイトが患者の話を歪めて解釈するような理論的見解を用いたことも考えられる。

　それでは，事例研究から得られた結果はどのように解釈すればよいのだろうか？　事例研究の最大の価値は，多数の研究協力者を対象に統制された条件下で検討できる仮説を提出することであろう。言い換えると，事例研究からは，決定的とは言えないまでも示唆に富む証拠が得られることが多い。DBにおける盲視の発見から示唆されることは，ほとんどの理論で想定されていたほどには，視知覚は意識的気づきに依存していないということである。

観　　察

　第30章で述べた通り，観察研究にはさまざまな種類があり，得られるデータも量的データと質的データとがある。観察研究から得られたデータを解釈するうえでの問題について，具体例を挙げて考えてみよう。ジュラード（Jourard, 1966）は，カフェで会話をしている2人づれを観察し，1テーブルにつき1人がもう1人に1時間で何回触れるかを記録した。接触回数の合計は，プエルトリコの首都サンファンでは180回であったのに対し，パリでは110回，ロンドンでは0回であった。これらのデータを解釈するうえでの問題は，サンファンとパリとロンドンでは，カフェに行く人のタイプがまった

く違う可能性があるということである。カフェで時間を過ごす人が一般的な母集団を代表していない可能性もある。このような代表性の問題は，多くの観察研究に当てはまる。

評　価

ジュラード（1966）の結果について，なぜロンドンよりもサンファンで接触回数が多いのか（あるいは1966年で多かったのか），本当のところはわからない。単にロンドンの人があまりフレンドリーでもオープンでもないのかもしれないが，他の可能性もあるかもしれない（たとえば，ロンドンの人は同僚とカフェに行く傾向があるのかもしれない）。ここでの一般的な問題は，観察対象者がそのように行動する理由は推論でしかないため，多くの場合，観察研究で得られたデータに基づいて解釈したり意味を見出したりするのは非常に難しいということである。

図32-4　ジュラード（1966）の研究では，カフェで過ごしている2人づれについて，1人がもう1人に何回触れたかを測定した。これは観察研究から得られた量的データの例である。

別の問題点として，クーリカン（1994）はホワイト（Whyte, 1943）の研究を紹介している。ホワイトはシカゴのイタリア系ストリートギャングに加わり，参加観察を行った。彼が観察内容を解釈するうえで直面した問題は，自分がギャングに加わっていることが，彼らの行動に影響したということであった。ギャングのメンバーはこの問題を次のように表現している。「お前がここに来てからというもの，俺の行動が遅くなってしまった。何かしようとすると，お前が俺から何を知りたいのか，そして俺はそれをどう説明すればいいのかを考えないといけないじゃないか」。

図32-5　この行動はどう解釈すればよいのか？　群衆は正当な動機をもつ熱心なサポーターか，それともフーリガンか？

内容分析

内容分析（content analysis）は，質的情報を量的情報に落とすときに使用する。内容分析は，新聞記事，ラジオやテレビでの政治家のスピーチ，さまざまな形式の宣伝，カルテなど，メディアのメッセージを分析する方法として始まった。最近ではほとんどの形式のコミュニケーションに広く適用されている。クーリカン（1994, p.108）は次のように指摘している。

> キー用語
> **内容分析**：メディア，スピーチ，文学などの産物について詳細に研究するための手法。

① 「クイックス」に出会うまで，私は皿洗いが大嫌いだったわ。
② 皿洗いの嫌なことといったら！ どのお皿にもべとべとした油汚れがついているの！ これまでは……
③ ……ある日，「クイックス」でお皿の汚れが簡単にぴかぴかできれいになると聞いて，さっそく手に入れてみたの。

図32-6 コマーシャルの内容分析は，男性や女性に対する社会の態度について多くのことを教えてくれる。

キー用語
コーディング単位：分析の前に必要となる，観察を分類するためのカテゴリー。

内容分析の対象となるコミュニケーションはもともとは出版物であったが，研究者によっては，エッセイ，インタビューの回答，日記，口述のプロトコル（詳しく記録されたもの）など，対象者自身によって産出された材料に基づいて内容分析を行っている。

内容分析が適用されるコミュニケーションの一つに，テレビの宣伝が挙げられる。たとえば，マッカーサーとレスコ（McArthur & Resko, 1975）は，アメリカのテレビコマーシャルについて内容分析を行った。その結果，コマーシャルに登場する男性の70％は，その商品について豊富な知識をもっている専門家として出演していた。一方，コマーシャルに登場する女性の86％は，単なる商品のユーザーとして出演していた。他にも興味深いジェンダー差がある。その商品を使うことによって，男性の場合は社会的な地位やキャリアの向上が見込まれるが，女性の場合は家族が喜ぶようになるというものである。

アメリカのテレビコマーシャルについて，最近の研究（たとえばブレットとカンター Brett & Cantor, 1988）によると，男性と女性の出演の仕方について，その差は少なくなってきているが，やはり男性は女性と比べて，その商品の専門家として出演する傾向がある。

内容分析の第一段階は標本抽出（sampling），もしくは膨大な材料の中から何を選択するかを決定することである。たとえば，カンバーバッチ（Cumberbatch, 1990）がイギリスの500以上のテレビコマーシャルについて研究を行ったときには，二つのチャンネルでコマーシャルが流れていた。この二つのチャンネルでは，年間約1万5千時間のテレビ放映があり，コマーシャルの回数は25万回にのぼった。そのため研究では，2週間ごとにゴールデンタイムから一つだけコマーシャルの標本を選択した。

標本抽出は重要な問題である。たとえば，テレビコマーシャルは母集団の特定の層にターゲットを絞っているため，対象となる人々が最もよくテレビを見る時間帯に，そのコマーシャルが流れるようになっている。結果として，ビールのコマーシャルはファッション番組よりもフットボールの試合中に流れる傾向がある。カンバーバッチ（1990）がゴールデンタイムに焦点を絞ったのは，一般的な魅力をもつコマーシャルについて研究しようとしたためである。

内容分析におけるもう一つの主要な要素は，情報をカテゴリーに分けるための**コーディング単位**（coding units）を構成することである。適切なコーディング単位を形成するためには，内容分析で用いた材料について，研究者がかなりの知識をもっている必要がある。また，コーディング単位は仮説を効果的に検討できるように選択しなくてはならないため，明確な仮説をもつことも必要である。

コーディングにはさまざまな形式がある。非常に限定されたもの（たとえば，特定の単語）をカテゴリーとして用いる場合もあれば，

一般的なもの（たとえば，コミュニケーションのテーマ）を用いる場合もある。カテゴリーを使う代わりに，**評定**を行うこともある。たとえば，テレビコマーシャルに出演した人について，専門家らしさを7段階で評定してもよい。他のコーディングの形式として，項目の順位づけが挙げられる。たとえば，政治家の声明は，事実とどの程度一致しているかという観点から順位をつけることができる。

> **ジェンダーとコマーシャル**
> カンバーバッチ（1990）によると，コマーシャルに登場する男性と女性の比率は2:1であった。さらに，男性の75％は30歳以上であり，女性の75％は30歳以下であった。男性の声は専門的な情報を伝える場面で用いられ，女性の声はセクシーで感覚的な調子で用いられた。このことから，社会における男性と女性の捉え方について何がわかるだろうか。カンバーバッチの研究結果と，より古い研究結果（たとえば，マッカーサーとレスコ，1975）とを比較すれば，その回答が得られるかもしれない。

評　価

内容分析の最大の利点は，現実世界の財産から情報を引き出す手段が得られることである。メディアは，ある問題に対する私たちの考え方や感じ方に影響を与える。それゆえ，メディアコミュニケーションを詳細に分析することが重要になってくるのである。内容分析によって新たな問題が浮き彫りになることもある。たとえば，カンバーバッチ（1990）によるイギリスのテレビコマーシャルについての研究では，コマーシャルに出演している女性のうち，30歳を超えている人は約25％しかいなかったが，男性は約75％であった。このことは性についての先入観を反映しているように思われる。

食事日記——第1週

時間	食べたもの	B	V	L	食べる前（A）と食べた後（C）
8:00	オールブラン				A：昨日からまだおなかがいっぱい。 C：無茶食いしないようにしなきゃ。
12:00	リンゴを1コ				A：おなかがすいた。 C：ずっとおなかがすいている。無茶食いしたくなってもがまんしなきゃ。
3:00	ブドウを1ポンドとチョコバー2本		!		A：ジョンから電話。帰宅が遅くなるらしい。 C：自分で自分が嫌になった。私は世界で一番だめな人間。
6:00	買い物でピーナッツとチョコを買う	!!	!!		A：食べ物がない。買い物に行かなきゃ。どうしても甘いものを買ってしまう。車の中で食べちゃった。家でもまた食べちゃった。
7:00	カレー2皿，チョコバー3本	!!			C：自分にすごく腹が立つ。すごく寂しい。疲れたので早めに寝た。

B＝暴飲暴食，V＝嘔吐，L＝下剤

食事日記——第4週

時間	食べたもの	B	V	L	食べる前と食べた後
8:00	カッテージチーズ，ハチミツを塗ったトースト2枚				満足した。
11:00	リンゴ				
12:30	ベイクドポテト，ツナ				会社の食堂で食べた。ティナが「ここに来るのは久しぶりね」と言った。皆が私のことを見ているみたいで，以前なら走って逃げていたところだ。
3:00	ヨーグルト，クランチバー				
6:00	トースト1枚				
7:00	魚，野菜，アイスクリーム1個				アイスクリームをすすめてきた。最初は断ったが，以前なら洗い物をしている間に1パック食べてしまっていただろう。ジョンと座って1個だけ楽しんで食べた。ジョンがアイスクリームを持っていき，コーヒーを入れてくれた。2人でソファに座ってリラックスして飲んだ。洗い物は残っていたけど。

図32-7 日記研究は臨床心理学でしばしば用いられている。ここでは例として過食症患者の日記を示す。日記には行為，思考，感情に関する記録があるかもしれないが，そのすべてが正しいとは限らない。その人が自分の真の姿を語りたがっていないときには特にそうである。

コーディング単位には，時間，空間，単語，テーマ，役割，項目，行為などが含まれる。たとえば "石けん" というテレビ番組の内容分析に，これらの単位をどのように使えばよいだろうか？

内容分析の最大の欠点は，得られた結果の解釈が非常に難しいことである。たとえば，カンバーバッチ（1990）の研究をもとに，コマーシャルに出演した男性と女性の年齢差について考えてみよう。一つの解釈は，ほとんどの視聴者がコマーシャルで年輩の男性や若い女性を見たいと思っているために，この差が生じたというものである。しかし，コマーシャルの制作者が，視聴者の見たいものを誤って捉えている可能性もある。別の解釈もあるが，このデータだけではどちらの解釈が正しいかはわからない。

日記やエッセイなどのコミュニケーションを解釈するうえでも問題がある。日記やエッセイには，その人が行い，考え，感じたことについて，正確な説明が書いてあるかもしれない。しかし，自尊心を守るために，または自分の生活が実際よりも刺激的にみえるように，わざと正確でない説明をしているかもしれない。

他の問題として，コーディング単位の選択や得点化がかなり主観的であることが挙げられる。コーディングカテゴリーは，コミュニケーションの内容を正確に反映している必要があり，また可能な限り正確に定義されていなくてはならない。

量的分析：記述統計

騒音が学習に及ぼす効果について検討するため，研究協力者を9人ずつ3群に分けて実験を行ったとしよう。第一群は非常に大きな騒音にさらされ，第二群は中程度の大きさの騒音にさらされた。第三群には騒音がなかった。それぞれの群の研究協力者に，ある本の特定の章を学習させ，質問によって0から20点の間で得点化し評価した。

元のデータに対して何をすべきだろうか？ ある条件下で研究協力者から得られた測定値に対して，主に2種類の測度を用いることができる。一つは代表値であり，平均的・典型的な値の大きさを示すものである。もう一つは散布度であり，各測定値が平均的な値に集中しているかどうかの程度を表している。

代表値

代表値は，データが集中している中心的な位置を表している。主な代表値には，平均値，中央値，最頻値の3種類がある。

平均値

各群や各条件の**平均値**（mean）は，ある条件における測定値の総和を求め，その条件の研究協力者数で割って算出する。騒音なし条件における9人の研究協力者の値が1, 2, 4, 5, 7, 9, 9, 9, 17であるとしよう。その総和である63を研究協力者数9で割ると，平均値は7となる。

平均値の主な利点は，すべての値を考慮に入れている点である。特に，値が**正規分布**（normal distribution）に従う場合，つまりほとんどの値が平均値付近に集中した釣鐘型の分布をしている場合には，

キー用語
平均値：全研究協力者の測定値の総和を研究協力者数で割った値。
正規分布：ほとんどの測定値が平均値付近に集まった釣鐘型の分布。

測定値	研究協力者番号
1	1
2	2
4	3
5	4
7	5
9	6
9	7
9	8
17	9
63	9(人) 合計

63 ÷ 9 = 7

図32-8 平均値

平均値は精度の高い代表値である。しかし，分布が正規分布とは著しく異なり，一方向に一つか二つはずれ値があると，平均値は非常に誤解を招きやすい値となる。8人の人がゴーカートでトラックを1周したとしよう。そのうち7人が完走に要した時間（秒）は，25, 28, 29, 29, 34, 36, 42であった。8番目の人は，ゴーカートが故障したため，車を押してトラックを回らなくてはならず，完走するのに288秒かかった。全体的な平均値は64秒であるが，64秒に近い値の人は1人もいないため，これは明らかにおかしな値であると言える。

中央値

各条件における一般的な遂行の水準を記述する別の方法に**中央値**（median）がある。値の数が奇数である場合には，単に真ん中の値が中央値であり，中央値よりも高い値の数と低い値の数は同じである。騒音なし条件における9人の値（1, 2, 4, 5, 7, 9, 9, 9, 17）の例では，中央値は7である。値の数が偶数の場合にはやや複雑であり，中央の二つの値の平均値を求める。たとえば，値が順に2, 5, 5, 7, 8, 9である場合，中央の二つの値は5と7であり，中央値は次のようになる。

$$\frac{5 + 7}{2} = 6$$

中央値の主な利点は，分布の中央の値にしか焦点を当てていないため，少々のはずれ値には影響されない点である。平均値よりも計算が簡単なことも利点の一つである。中央値の主な欠点は，ほとんどの測定値を無視していることであり，平均値よりも精度が低い場合が多い。また，特に測定値の数が少ない場合には，中央値が常に測定値を代表しているとは限らない。

最頻値

最後の代表値は**最頻値**（mode）である。最頻値は単に最も出現頻度の高い値である。騒音なし条件の例では9である。最頻値の主な利点は，若干のはずれ値には影響されないことと，代表値の中で計算が最も簡単であることである。さらに，値のわからないはずれ値がある場合でさえも算出できる。最頻値の最大の欠点は，信頼性が低い傾向があることである。たとえば4, 4, 6, 7, 8, 8, 12, 12, 12という値について考えてみよう。これらの最頻値は12であるが，値が一つ変わっただけで（たとえば，12のうちの一つが4になると），最頻値は4になってしまう！　他の欠点は，最頻値の算出において，ほとんどの測定値が無視されてしまうことである。よって，最頻値は平均値と比べると精度の低い値である。最後の欠点として，最頻値が複数存在することもあり得る。

> **キー用語**
> **中央値**：ある条件における全研究協力者の測定値において中央に位置する値。

測定値
1
2
4
5
7　＝中央値
9
9
9
17

図32-9　中央値

> **キー用語**
> **最頻値**：ある条件において最も出現頻度の高い測定値。

測定値
1
2
4
5
7
9
9　＝最頻値
9
17

図32-10　最頻値

> 最頻値は，他の代表値が役に立たないときに役立つ。たとえば，平均的な家庭の子供の数を計算する場合などがそうである。子供の数が0.4人や0.6人になるのはおかしい！

データの水準

以上のように，一般的に最も有益な代表値は平均値であり，最も有益でない代表値は最頻値である。ただし，どの代表値を用いるかを決定する際には，データの水準について考慮しなくてはならない（データの水準については pp.1244-1245 で紹介している）。間隔・比例的データでは，それぞれの値に数値を足すと，等しく増加する。たとえば，10 回のうち 4 回標的に当てる人は，10 回のうち 2 回標的に当てる人の 2 倍多く当てることになる。間隔・比例的データよりも水準の低いデータは順序的データであり，値を大きさの順に並べたり順位をつけたりすることしかできないデータである。最も水準の低いデータは名義的データであり，その値はさまざまなカテゴリーに分類された研究協力者の人数である。平均値は，測定値が間隔・比例的データである場合に適用すべきである。データが間隔的データか順序的データの場合には中央値を用いる。最頻値はどの水準のデータにも使用できる。名義的データに適用できる代表値は最頻値だけである。

散布度

平均値，中央値，最頻値はすべて代表値である。その他，範囲，四分範囲，分散比，標準偏差など，散布度として知られる値を算出することも有益である。これらの測度は，ある条件における測定値が互いに集中しているか離れているかを示している。

範囲

> **キー用語**
> **範囲**：ある条件における最大値と最小値の差。

最も単純な散布度は**範囲**（range）である。これは，ある条件における最大値と最小値の差によって定義される。騒音なし群の場合（1, 2, 4, 5, 7, 9, 9, 9, 17），範囲は 17 − 1 = 16 である。

実際には，若干異なる方法で範囲を算出することが多い（クーリカン，1994）。（自然数を扱う場合の）修正式は，（最も高い値−最も低い値）＋ 1 である。騒音なし群の例では，(17 − 1) ＋ 1 = 17 である。この数式は，値を自然数に丸めることから，好んで使用されている。標本のデータでは，17 という値は 16.5 と 17.5 の間の値を代表しており，1 という値は 0.5 と 1.5 の間の値を代表している。範囲を最大値（17.5）と最小値（0.5）の間隔として捉えると 17 になり，数式によって表された数値と一致する。

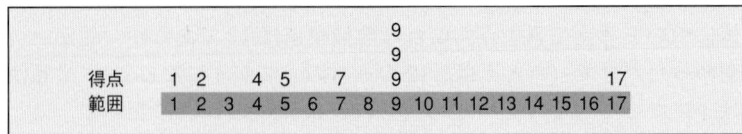

図32-11　範囲

ここまで，自然数に限った範囲の算出方法について説明した。次に，ある課題を遂行するのにかかった時間を 1 秒の 10 分の 1 の単位で計測し，最も速い時間が 21.3 秒，最も遅い時間が 36.8 秒であった

場合について考えてみよう。21.3という数値は21.25と21.35の間の値を代表し，36.8という数値は36.75と36.85の間の値を指す。よって，範囲は36.85 − 21.25で15.6秒となる。

範囲の主な利点は，計算が簡単で，最大値と最小値を考慮していることである。主な欠点は，はずれ値によって大きく影響を受けることである。上記の例では，値に17が含まれていると，範囲は9から17に増大する。範囲の他の重要な欠点は，二つの値以外はすべて無視している点であり，平均値や中央値付近の一般的な広がりや散らばりを表す測度としては不適切であろう。

> **範囲**
>
> 次のような測定値が得られたとする：
> A群： 5, 10, 15, 20, 25, 30, 35, 40, 45, 50　合計＝275
> 平均値＝27.5
> 中央値＝27.5
>
> B群： 15, 20, 20, 25, 25, 30, 35, 35, 35, 35　合計＝275
> 平均値＝27.5
> 中央値＝27.5
>
> 平均値と中央値は両群で等しいが，散布度はまったく異なる。このことは，あるクラスにおける子供の能力の範囲を評価する場合などに強く影響してくる。

四分範囲

四分範囲（interquartile range）は，データの中位50％に位置する値の広がりとして定義される。たとえば， 4, 5, 6, 6, 7, 8, 8, 9, 11, 11, 14, 15, 17, 18, 18, 19という16個の値がある場合には，下位25％(4)，中位50％(8)，上位25％(4) に分けられる。中位50％の最初の値は7であり，最後の値は15である。四分範囲の上位の境界は15と17の間にあり，その平均値は16である。四分範囲の下位の境界は6と7の間にあり，その平均値は6.5である。四分範囲は上位の境界と下位の境界の差であり，16 − 6.5 = 9.5である。

四分範囲は，一つのはずれ値には影響されないという点で範囲よりも優れ，値の広がりや散らばりを正確に反映している。欠点は，値の上位25％と下位25％の情報を無視していることである。たとえば，四分範囲の等しい二つの群について，一方がもう一方よりも大きなはずれ値を含んでいることもありうる。二つの群の広がりや散らばりの違いは，四分範囲ではわからない。

> **キー用語**
> **四分範囲**：測定値を大きさの順に並べた場合の中位50％のばらつき。

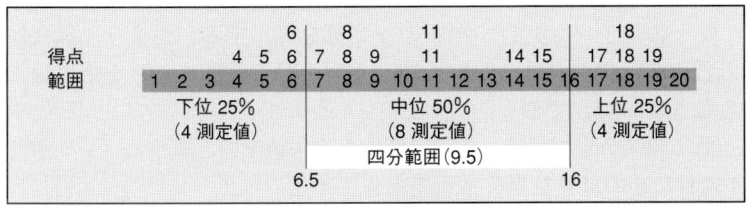

図32-12　四分範囲

分散比

散布度の他の簡単な測度に**分散比**（variation ratio）がある。これは代表値として最頻値を選択した場合に用いる。分散比は，最も頻度の高い値（つまり最頻値の値）ではない値の割合である。先の騒音なし条件（1, 2, 4, 5, 7, 9, 9, 9, 17）の例では，最頻値は9である。よって分散比は次のようになる。

> **キー用語**
> **分散比**：モード以外の値の割合に基づいた散布度の測度。

$$\frac{\text{最頻値以外の値の数}}{\text{値の総数}} = \frac{6}{9} = 0.67$$

分散比の利点は，はずれ値に影響を受けないことと，計算が非常に簡単なことである。ただし，ほとんどのデータを無視しているため，非常に限定された散布度の測度である。特に，最頻値以外の値が最頻値の値に近いか遠いかを考慮に入れていない。よって，分散比は散布度の近似値しか提供できない。

標準偏差

一般に最も有益な散布度の尺度は**標準偏差**（standard deviation）である。範囲や分散比よりも計算は難しいが，値の広がりに関する最も正確な測度である。計算機があれば，計算例に従って，標準偏差を素早く簡単に算出できる。

> **キー用語**
> **標準偏差**：正規分布に特に関係の深い散布度の測定。分散の平方根である。すべての測定値を考慮するため，精度の高い散布度の測度である。

研究協力者	測定値 X	平均値 M	測定値 − 平均値 $X-M$	（測定値 − 平均値）^{2} $(X-M)^2$
1	13	10	3	9
2	1	10	−4	16
3	10	10	0	0
4	15	10	5	25
5	10	10	0	0
6	15	10	5	25
7	5	10	−5	25
8	9	10	−1	1
9	10	10	0	0
10	13	10	3	9
11	6	10	−4	16
12	11	10	1	1
13	7	10	−3	9
13	130	10		136

測定値の総和 $= \Sigma X = 130$
研究協力者数 $= N = 13$
平均 $= \dfrac{\Sigma X}{N} = \dfrac{130}{13} = 10$
分散 $= \dfrac{136}{13-1} = 11.33$
標準偏差 $= \sqrt{11.3} = 3.37$

図32-13　標準偏差：計算例

第一のステップでは，標本の平均値を算出する。つまり，研究協力者の測定値の総計（$\Sigma X = 130$; Σは合計を意味する）を研究協力者数（$N = 13$）で割る。

第二のステップでは，各測定値から平均値を引き算する（$X - M$）。4列目にその計算結果を示してある。第三のステップでは，4列目の値をそれぞれ二乗する（$X - M)^2$。第四のステップでは，二乗した値の総和を算出する $\Sigma(X - M)^2$。その値は136になる。第五のステップでは，第四のステップの結果を，研究協力者数よりも1小さい値，つまり $N - 1 = 12$ で割る。136を12で割ると11.33になる。この値は**分散**（variance）と言い，平方された単位である。最後に計算機を用いて分散の平方根を求めると，3.37という数値が得られる。これが標準偏差である。

> **キー用語**
> **分散**：標準偏差を平方した散布度の測度。

この標準偏差の計算方法は，母集団の標準偏差を評価したいとき

に用いる。もし単にその標本の値の広がりを記述したいときには，第五ステップで，第四ステップの結果をNで割る。

標準偏差の数値は何を意味しているのだろうか？ 標本の値の約3分の2は，平均値の1標準偏差内におさまることが期待される。上記の例では平均値が10.0であり，平均値よりも1標準偏差上は13.366，1標準偏差下は6.634である。実際，値の61.5％は二つの境界値の間に位置し，期待した割合をわずかに下回るだけである。

標準偏差はいわゆる正規分布に密接に関連している。すでに述べた通り，正規分布は，平均値を上回る値と下回る値が同程度であり，釣鐘型の曲線を描く。正規分布を示す例としては，一般的な母集団における知能（もしくはIQ）の得点が挙げられる。他には，身長や体重もほぼ正規分布に従う（p.1056を参照）。正規分布の値のほとんどは平均値付近に集中し，平均値からどちらかの方向にはずれた値は少ない。正規分布では，値の68.26％が平均値の1標準偏差内に，95.44％が2標準偏差内に，99.73％が3標準偏差内におさまる。

標準偏差はすべての測定値を考慮した精度の高い散布度の測度である。上述の通り，正規分布における値の広がりをきわめて正確に記述できることも利点である。標準偏差の最大の欠点は，他の散布度の測度よりも計算がはるかに困難なことである。

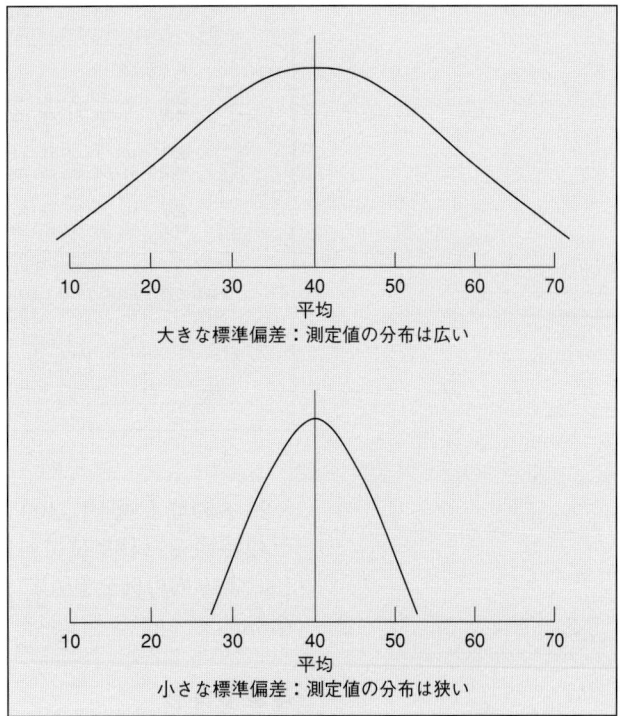

図32-14　大きな標準偏差と小さな標準偏差

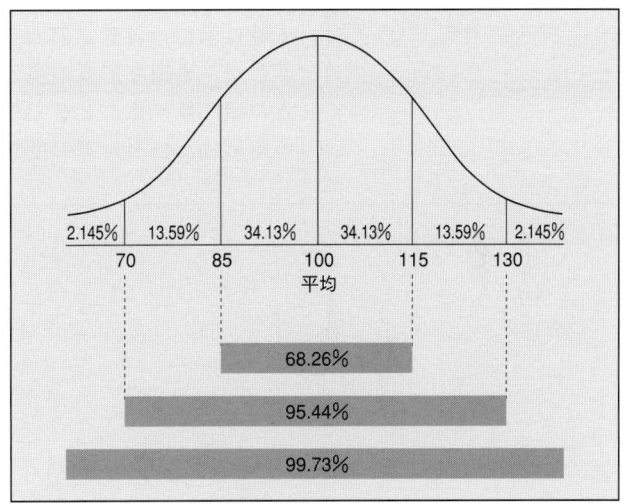

図32-15　正規分布：IQ

データの提示方法

ある標本から得られた値に関する情報は，さまざまな方法で提示することができる。データをグラフや図で提示すると，単に代表値や分散などの情報を示すよりも，データから読みとれることを人に容易に理解させることができる。ここではその例を幾つか紹介する。覚えておくべき重要な点として，どのようなグラフや図を用いる場合でも，読者がそれに含まれる情報をすぐに理解できるよう，明確なラベルをつけて提示しなくてはならない。

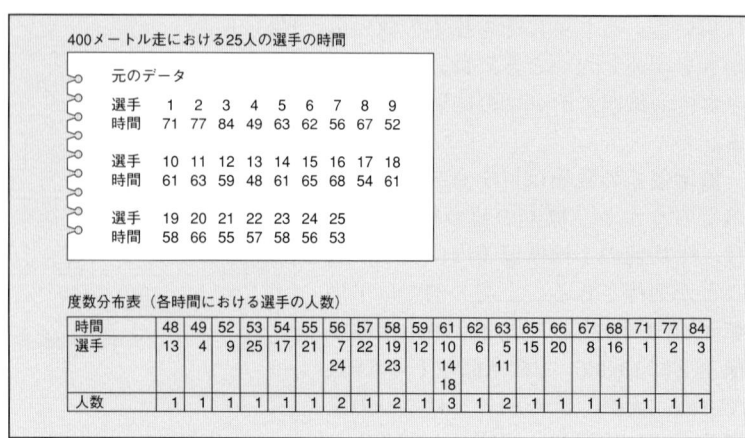

図32-16

　25人の陸上選手に400メートルをできるだけ速く走るよう求め，その時間を（秒単位で）記録したとしよう。度数分布表を作れば（図32-16内の例を参照），幾つかの方法でデータを提示できるようになる。

度数多角形

キー用語
度数多角形：その測定値が得られた研究協力者の度数を示したグラフ。

　データをまとめる一つの方法に，**度数多角形**（frequency polygon）が挙げられる。度数多角形とは，測定値を大きさの順にx軸または横軸に示し，各測定値の度数（研究協力者数）をy軸または縦軸に示した，単純な形式の図である。度数多角形の点は，測定値を大きさの順に並べることができる場合に限って結ぶことができる。度数多角形は，ほとんどの度数が極端に高くなったり低くなったりしないように構成することで，最も有益になる。x軸の各階級（度数をまとめるのに用いるカテゴリー）の幅が広すぎると（たとえば，20秒間），度数は非常に高くなり，各階級の幅が狭すぎると（たとえば，1秒ないし2秒間），度数は非常に低くなる。

　度数多角形のそれぞれの点は，その階級の中央にプロットする。ここである専門的知識が必要である（クーリカン，1994）。53秒から57秒の間にあるすべての時間を同じ区間に含めた場合走行時間は秒単位で測定しているので，この区間には，実際に52.5秒から57.5秒の間にある選手が含まれることになる。この例では，区間の中央の点（55秒）は，実際の記録（52.5 - 57.5秒）を考慮した場合でも，単純にその区間の最短時間と最長時間（53 - 57秒）

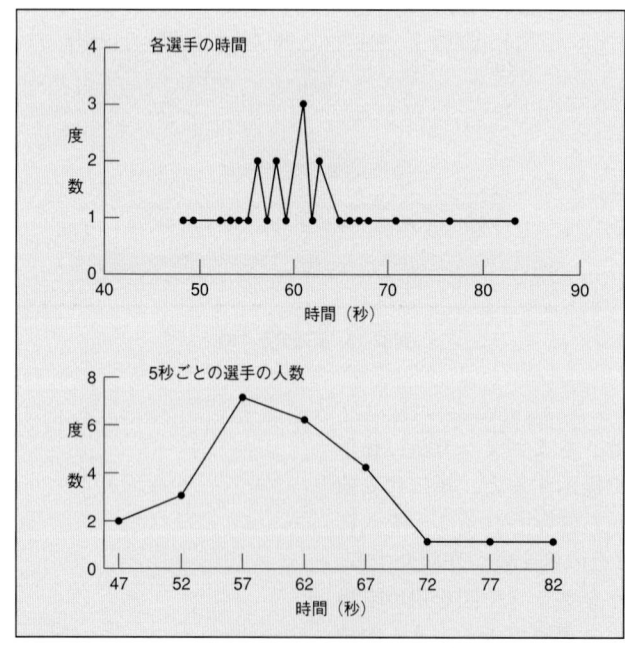

図32-17　度数多角形

とした場合でも同じである。両者が異なる場合には、実際の測定区間を用いることが重要である。

度数多角形に示された結果はどのように解釈すればよいだろうか？　明らかなのは、ほとんどの研究協力者が400メートルを約53〜67秒で走ることができたということである。また、53秒よりもよい時間を出した選手はごくわずかであり、67秒よりも長くかかった人もわずかであった。

ヒストグラム

このようなデータを記述する同様の方法に**ヒストグラム**（histogram）がある。ヒストグラムでは値を横軸に、度数を縦軸にとる。ただし、度数多角形とは異なり、度数が長方形の柱で示される。

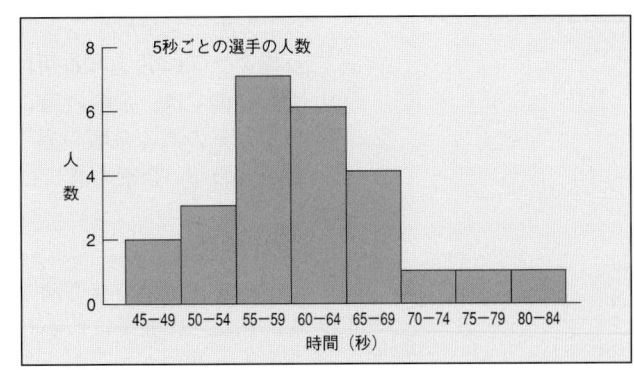

図32-18　ヒストグラム

これらの柱はすべて同じ幅であるが、その度数に応じて高さが変化する。度数多角形と同様、階級が広すぎたり狭すぎたりしないようにすることが重要である。値のない級間がある場合でも、すべての級間を示しておく。階級は柱の中央にくるように書く。

ヒストグラムは度数多角形とよく似ているが、二つの度数分布を比較する場合には度数多角形が好まれる。

ヒストグラムに含まれる情報は、度数多角形に含まれる情報と同様に解釈される。例に示したヒストグラムから、ほとんどの選手が400メートルをかなり早く走っていることがわかる。極端に遅い選手はごくわずかである。

> **キー用語**
> ヒストグラム：その測定値が得られた研究協力者の度数を、高さの異なる長方形によって示したグラフ。

棒グラフ

度数多角形とヒストグラムは、測定値を大きさの順に並べることができる場合に用いる。専門用語でいうと、データは間隔的もしくは比例的データでなくてはならない（次の節を参照）。しかし、多くの研究では、順序づけできないカテゴリーの形式である値、言い換えると名義的データを用いている。たとえば、50人に好きな余暇の過ごし方をたずねたところ、パーティーに行くと答えた者が15人、パブに行くと答えた者が12人、テレビを見ると答えた者が9人、スポーツと答えた者が8人、読書と答えた者が6人であったとしよう。

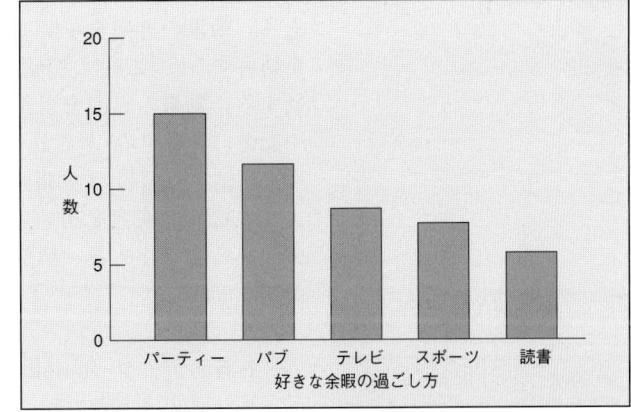

図32-19　棒グラフ

これらのデータは**棒グラフ**（bar chart）の形式で示すことができ

> **キー用語**
> 棒グラフ：研究協力者を異なるカテゴリーに分類した場合の各度数を示すグラフ。

る。棒グラフでは，カテゴリーを横軸に，度数を縦軸にとる。ヒストグラムで示されるデータとは異なり，棒グラフで示されるカテゴリーは数値によって順序づけることができない。ただし母集団を昇順（もしくは降順）で並べることはできる。ヒストグラムとの他の相違は，棒グラフの長方形が互いに接していないことである。

棒グラフの縦軸の値は，通常，ゼロから始まる。ただし，提示の目的によっては，0より高い値から開始してもよい。その場合には，縦軸の下の部分がないことを棒グラフに明記しておくべきである。棒グラフの柱は度数を示していることが多いが，各群の平均値やパーセンテージを示すことにも使われる（クーリカン，1994）。

棒グラフに含まれる情報はどのように解釈すればよいだろうか？上記の例では，余暇の過ごし方の異なる母集団を容易に比較できる。最も人気のある余暇の過ごし方はパーティーに行くことであり，最も人気のない余暇の過ごし方は読書であることが一目でわかる。

統計的検定

データ提示のさまざまな方法は，そのデータから読みとれることを，私たちに簡単にわかりやすくまとめて示してくれるという点で，どれも有益である。しかし，その結果が何を意味しているかをより明確に知るためには，一般的に幾つかの統計的検定を行う必要がある。適切な統計的検定を選択するためには，最初に，そのデータが実験から得られたかどうか，つまり状況のある側面（独立変数）の操作が従属変数（測定値）に及ぼす効果を観察した研究かどうかを判断することである。そのようなデータの場合には，差の検定が必要である（pp.1247-1251を参照）。一方，非実験的計画を用い，単に各研究協力者から2種類の測定を行った場合には，連関もしくは相関の検定が必要である（pp.1254-1257を参照）。

統計的検定を使用する際には，対立仮説を考慮することが必要である。効果の方向を予測できる場合（たとえば，騒音が学習や記憶を妨害する），これは方向性のある仮説であり，片側検定によって評価する。効果の方向を予測していない場合（たとえば，騒音が学習や記憶に影響する），これは方向性のない仮説であり，両側検定によって評価する（第31章参照）。

どの統計的検定を用いるかを決める際に考慮すべき他の問題は，データの種類である。精度の水準の低い順に，次の4種類のデータが挙げられる。

> **キー用語**
> **名義的データ**：質的に異なるカテゴリーに分類した研究協力者の数から構成されたデータ。
> **順序的データ**：大きさの順に並べることができるデータ。
> **間隔的データ**：測度の単位が不変で変化することのないデータ。

- **名義的データ**（nominal data）：さまざまなカテゴリーに分類された研究協力者の数によって構成されるデータ（たとえば，太った人とやせた人，男性と女性）。
- **順序的データ**（ordinal data）：大きさの順に並べることのできるデータ（たとえば，あるレースで選手がゴールした順位）。
- **間隔的データ**（interval data）：測度の単位がその範囲の中で固定されているという点で，順序的データとは異なる。たとえば，

身長 1.82 メートルと 1.70 メートルの間と，1.70 メートルと 1.58 メートルの間の「距離」は等しい。

- **比例的データ**（ratio data）：原点 0 をもつということを除いて，間隔的データと同じである。たとえば，時間という測度は 0 時間を考えることに意味があり，10 秒は 5 秒の 2 倍であるという点で，比例的データであると言える。間隔的データと比例的データの類似性は非常に高く，間隔/比例的データとしてひとまとめに表現されることも多い。

> **キー用語**
> 比例的データ：原点 0 をもつことを除いて間隔的データと同じ。

統計的検定は**パラメトリック検定**（parametric tests）と**ノンパラメトリック検定**（non-parametric tests）に分けられる。パラメトリック検定は，データが幾つかの条件を満たしているときにしか用いるべきではない。その条件とは，間隔的データか比例的データであること，正規分布していること，条件間で分散が等しいことである。一方，ノンパラメトリック検定は，ほぼすべての場合に適用でき，パラメトリック検定の条件が満たされている場合にも使用して構わない。この章では，ノンパラメトリック検定のうち，最も役に立つものを幾つか紹介しよう。

名義的データ

順序的データ

間隔的データ

比例的データ

図 32-20

> **キー用語**
> パラメトリック検定：データが間隔的データか比例的データであること，正規分布すること，条件間で分散が等しいことが必要となる統計的検定。
> ノンパラメトリック検定：パラメトリック検定に必要な条件を満たしていなくても使用できる統計的検定。

統計的有意性

ここまで，統計的検定の選択に関わるさまざまな問題について議論してきた。統計的検定を選択してデータを分析し，結果を解釈しようとすれば，どうすればよいだろうか？ 検定の結果，次の二つのうちどちらかが選択される。

- **対立仮説**（訳注：原書では「実験仮説」となっているが，本章では，一般的な統計用語の「対立仮説」を訳語とした）（たとえば，騒音が学習を妨害する）。
- **帰無仮説**。条件間に差がないと仮定する（たとえば，騒音は学習に影響しない）。

帰無仮説が真である場合に，条件間

> ■**やってみよう：仮説の構築**
> 次の場合について，適切な帰無仮説と対立仮説を考えてみよう。
> - 騒音がクロスワードパズルを完成させる能力に及ぼす影響について調べる。ある一群に，テレビ番組などの妨害的な騒音を与える。
> - 子供を対象として，テレビを見る量と学校での行動との間に関係があるかどうかを調べる。

> **パーセンテージから小数へ**
> 10％　＝　0.10
> 5％　＝　0.05
> 1％　＝　0.01
> 2.5％　＝　？
> 小数からパーセンテージに換算するには，100をかけて小数点を二つ右にずらす。
> パーセンテージから小数に換算するには，100で割って小数点を二つ左にずらす。

（騒音あり 対 騒音なし）に差が生じる確率がきわめて低い，ということが統計的検定によって示されたならば，対立仮説が支持されて帰無仮説は棄却される。

なぜ最初に対立仮説ではなく帰無仮説に注目するのか？ その理由は，対立仮説が非常に曖昧であるからである。対立仮説は，騒音が学習を妨害することを示しているかもしれないが，妨害の程度は示していない。この曖昧さのため，対立仮説を直接評価することは難しい。一方，騒音が学習に影響しないという帰無仮説は明確であるため，統計的検定によって，帰無仮説が真である場合の確率を決定することができる。

心理学では一般的に，**統計的有意性**（statistical significance）の判断に5％（0.05）の有意水準を用いる。このことが意味しているのは，その結果が偶然生じる確率が5％以下である場合に，帰無仮説が棄却される（そして対立仮説が支持される）ということである。これはよく $p = 0.05$ と表現され，$p =$ 帰無仮説が真である場合にその結果が生じる確率である。もし統計的検定によって，その結果が統計的に有意な5％（$p = 0.05$）に達していないことが示されれば，帰無仮説は棄却されず，対立仮説が棄却される。最も重要な判断は帰無仮説が棄却されるかどうかにかかっており，その意味で0.05という有意水準は非常に重要である。しかし，データによっては強い確信のもとに，たとえば1％（0.01）水準で，帰無仮説が棄却されることもある。そのような場合には，慣例として，結果がきわめて有意である（highly significant）と記述することもある（訳注：しかしこういった表現に批判もある）。一般に，有意水準が5％か1％かそれ以外か，正確な水準を記載しなくてはならない。

> **キー用語**
> **統計的有意性**：対立仮説を支持し帰無仮説を棄却する水準。

これらの手続きは簡単であるように思われるが，実際には検定結果に基づいて結論を導く際に生じやすい二つの過誤が存在する。

- **第一種の過誤**（type I error）：実際にはその結果が偶然生じたにもかかわらず，対立仮説を支持し帰無仮説を棄却してしまうこと。この過誤が起こる確率は有意水準によって決定される。
- **第二種の過誤**（type II error）：実際には対立仮説が正しいにもかかわらず，帰無仮説を支持してしまうこと。

> **キー用語**
> **第一種の過誤**：その結果が実際には偶然によるものであるにもかかわらず，対立仮説を支持し帰無仮説を棄却する誤り。
> **第二種の過誤**：対立仮説が実際には正しいにもかかわらず，帰無仮説を棄却しない誤り。

有意水準を厳しくすれば，第一種の過誤が生じる傾向は減少する。たとえば，有意水準を1％（$p = 0.01$）にすると，第一種の過誤が生じる確率は非常に低くなる。しかし，より厳しい有意水準を用いることによって，今度は第二種の過誤が生じる確率が高くなる。一方，10％（$p = 0.10$）のように厳しすぎない有意水準を用いると，第二種の過誤が生じる確率を低くすることはできるが，今度は第一種の過誤の確率が高くなってしまう。以上のことを考慮すると，なぜほ

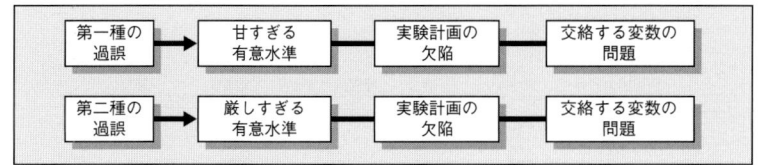

図32-21

とんどの心理学者が5％（あるいは $p = 0.05$）の有意水準を好むのかがわかるであろう。それは，第一種の過誤が生じる確率と第二種の過誤が生じる確率をほどほどに低くすることができるからである。

心理学では，一般的に5％の有意水準を用いる。しかし，第一種の過誤を犯さないことが非常に重要である場合には，1％，時には0.1％の有意水準を用いることもある。たとえば，臨床心理学では，新しい心理療法が既存の心理療法よりも効果的であるということを示す強い根拠を必要とするかもしれない。また，容易には信じられない対立仮説について検討する際にも，1％もしくは0.1％（$p = 0.001$）といった有意水準が用いられる。たとえば，テレパシーの存在を証明した唯一の研究で，その結果がちょうど5％水準で有意であったにしても，ほとんどの人は納得しないであろう！

差の検定

このセクションでは，2条件あるいは2群の間の差が有意であるかどうかを決定する際に用いる統計的検定について考える。第31章で述べた通り，2条件を比較したいときに用いる3種類の計画がある。第一は対応のない計画であり，それぞれの研究協力者が一つの条件に無作為に配置される。第二は反復測定計画であり，同一の研究協力者が両方の条件に参加する。第三は対応のある計画であり，2条件の研究協力者が，関連する幾つかの変数（たとえば，知能や年齢など）についてマッチングされている。

どの統計的検定を用いるかを決めるとき，実験計画の種類を考慮することは非常に重要である。対応のない計画の場合には，マン‐ホイットニーの U 検定を使用することが望ましい。反復測定や対応のある計画を用いた場合には，符号検定やウィルコクスンの符号つき順位和検定を用いるのが適切である。これらの検定について以下に説明する。

マン‐ホイットニーの U 検定

マン‐ホイットニーの U 検定は，対応のない計画を用いた研究で，データが順序的データか間隔的データである場合に使用する。枠内の例はこの検定の計算方法を示している。

二つの条件があると仮定しよう。どちらの条件でも，研究協力者は的に向かって矢を放ち，その得点が記録される。条件Aの10人の研究協力者は，遂行前に練習をしなかった。条件Bの12人の研究協力者は，遂行前に徹底的に練習した。対立仮説は，練習によって遂行成績がよくなる，つまり条件Bの得点が条件Aの得点よりも有意

対立仮説：練習によって遂行成績が向上する。
帰無仮説：練習は遂行成績に影響しない。

研究協力者番号	条件A	順位	研究協力者番号	条件B	順位
1	4	2	1	21	15
2	10	9	2	26	18
3	12	11	3	20	14
4	28	20	4	22	16
5	7	5	5	32	22
6	13	13	6	5	3
7	12	11	7	12	11
8	2	1	8	6	4
9	9	7.5	9	8	6
10	27	19	10	24	17
			11	29	21
			12	9	7.5

より小さなサンプル＝条件A
より小さなサンプル(T)における順位和＝98.5
より小さなサンプルにおける研究協力者数 (N_A) = 10
より大きなサンプルにおける研究協力者数 (N_B) = 12

公式：$U = N_A N_B + \left(\dfrac{N_A(N_A+1)}{2}\right) - T$

例：　$U = (10 \times 12) + \left(\dfrac{10(10+1)}{2}\right) - 98.5 = 76.5$

U'の計算式：　$U' = N_A N_B - U$
例：　$U' = (10 \times 12) - 76.5 = 43.5$

UとU'を比較すると，より小さい値はU'である。計算されたU'の値 (43.5) を，片側検定における5％水準の表の値と参照する。

表の値

	$N_A = 10$
$N_B = 12$	34

結論：43.5は34よりも大きいので，帰無仮説は棄却されない。つまり，練習はこの課題の遂行成績に影響しない。

図32-22　マン－ホイットニーのU検定：計算例

図32-23

に高いということである。

　第一のステップでは，両群の得点をこみにして，一番低い得点を1位，二番目に低い得点を2位，というように順位をつける。結び（同値のつながり）がある場合には，同値の研究協力者のそれぞれに平均順位をつける。たとえば，2人の研究協力者が7位と8位の間で同値であれば，どちらにも7.5位をつける。

　第二のステップでは，より小さなサンプルについて，つまりこの例で言えば条件Aについて，順位の和を求める。この値をTと呼ぶ。例では98.5である。

　第三のステップでは，次式によってUを計算する。

$$U = N_A N_B + \left(\dfrac{N_A(N_A+1)}{2}\right) - T$$

　ここで，N_Aはより小さなサンプルの研究協力者数であり，N_Bはより大きなサンプルの研究協力者数である。

　第四のステップでは，$U' = N_A N_B - U$という式によってU'を計算する。

第五のステップでは，UとU'を比較し，もしその結果が正しい方向にあれば，小さい方の値を選択する。巻末の付録1で小さい方の値（43.5）を参照し，その値が表の値と等しいかそれ以下であれば有意である。この例では，熱心な練習が遂行成績を改善するという対立仮説であるため，片側検定を行う。有意水準は標準的な5％（0.05）とする。第一条件の研究協力者は10人，第二条件の研究協力者は12人であり，有意となる臨界値を表で調べると34である（p.1272下部の表を参照）。43.5という値は34よりも大きいので，帰無仮説は棄却されない。結びがあると表の正確性が低下するが，結びが複数存在しない限り，その影響は小さい。

符号検定

符号検定は，反復測定計画や対応のある計画を用いた研究で，データが順序的データである場合に用いる。データが間隔的データか比例的データである場合には，ウィルコクスンの符号つき順位検定を用いることが望ましい。枠内に符号検定の計算例を示している。

> 符号検定は，データが順序的データである場合に用いるのが望ましい。符号検定では，たとえばレースの順位について，「ジョンはピーターよりも速かった」というような，非常に基本的な水準で分析を行う。データが間隔的データや比例的データである場合にも符号検定は適用できるが，十分な分析は行えない。このようなデータには，ウィルコクスンの検定を適用することによって，「ジョンはピーターよりも2秒速かった」といった，より入念な分析が行える。

研究協力者が12名である実験を仮定してみよう。条件Aでは，研究協力者に騒音のない状態で20の単語を提示し学習させる。学習の5分後に自由再生テストを行い，研究協力者は思い出した単語をできるだけたくさん順不同で書き出す。条件Bでは，研究協力者に騒音のある状況下で別の20単語を提示し，自由再生テストを行う。予測は，騒音なし条件の方が自由再生成績がよい

対立仮説：自由再生成績は，学習時に騒音がある場合よりもない場合の方がよい。
帰無仮説：自由再生成績は学習時の騒音の有無に影響されない。

研究協力者番号	条件A（騒音なし）	条件B（騒音あり）	符号
1	12	8	＋
2	10	10	0
3	7	8	－
4	12	11	＋
5	8	3	＋
6	10	10	0
7	13	7	＋
8	8	9	－
9	14	10	＋
10	11	9	＋
11	15	12	＋
12	11	10	＋

＋符号の数＝8
－符号の数＝2
0の数＝2
各測定値における研究協力者数（N）＝8＋2＝10
出現頻度の低い符号における研究協力者数（S）＝2
問題：Sの値は，表のSの値と等しい，もしくはそれよりも小さいか？
表の値

	5％
N＝10	S＝1

結論：この実験では，Sの値は，N＝10のとき，表の値よりも大きい。（騒音は学習や記憶に影響しないという）帰無仮説は棄却されない。

図32-24　符号検定：計算例

ということであり，これは方向性のある仮説である．

　符号検定で最初に必要なことは，例に示したような表を作成することである．この例では，各研究協力者における条件Aと条件Bの値が記録されている．条件Aの値の方が条件Bの値よりも高い研究協力者には，符号を表す列にプラスの符号（＋）を記入し，条件Bの値の方が条件Aの値よりも高い研究協力者にはマイナスの符号（－）を記入する．両条件の値が等しい研究協力者には0の符号を記入し，以下の計算からは除外する——そのような研究協力者は効果の方向性に関する情報をもっていないため，N（対となる値の数）に含めない．

　例では，八つの＋符号と二つの－符号があり，両条件の値が等しい研究協力者は2人であった．条件間で値の等しい2人の研究協力者を除くと，$N = 10$になる．次に，これら10名の研究協力者について，出現回数の少ない方の符号をもつ研究協力者の数を求める．この値をSと呼ぶ．例では$S = 2$である．$N = 10$，$S = 2$，有意水準が標準的な5％である場合について，表（巻末付録2）の値を参照する．計算されたSが，表に示されたSの値に**等しいかそれ以下**であれば有意である．片側検定での表の値は1であるため，計算された2というSの値は，片側検定で5％水準では有意でない．よって，騒音が学習や記憶に影響しないという帰無仮説を棄却することはできない．

ウィルコクスンの符号つき順位検定

　ウィルコクスンの符号つき順位検定は，反復測定もしくは対応のある計画を用いた研究で，データが順序的データ以上であるときに使用する．データが順序的データ，間隔的データ，比例的データである場合には，この検定か符号検定を用いるが，ウィルコクスンの符号つき順位検定では，研究から得られた情報をより多く用いるため，符号検定よりも精度が高く有益であることが多い．

　符号検定のデータを計算例に用いる．第一ステップでは，各研究協力者の二つの値が同一の行に並ぶよう，すべてのデータを配置する．第二ステップでは，各研究協力者について条件Aの値から条件Bの値を引き算し，差（d）を得る．第三ステップでは，二つの値が等しく$d = 0$となる研究協力者を除く．第四ステップでは，第二ステップで得られたすべての差について，最も差の小さい値を1，二番目に差の小さい値を2，というように順位づけする．そのため，プラスやマイナスの符号は無視し，差の絶対値を求める．第五ステップでは，正の順位の和（例では50）と，負の順位の和（例では5）を別々に算出する．これらの値を比較して，小さい方をTとする．この場合は5である．第六ステップでは，二つの値が等しくない，つまり$d ≠ 0$である研究協力者の数を算出する．例では$N = 10$である．

　結果が有意であるためには，計算されたTの値が表（巻末付録3）の値に**等しいか，それ以下**でなければならない．片側検定で$N = 10$

> 分析によって最良の結果を得るためには，データが順序的データの場合には符号検定を使用し，間隔的データや比率的データの場合にはウィルコクスンの符号つき順位検定を用いる．

対立仮説：自由再生成績は、学習時に騒音がある場合よりもない場合の方がよい。
帰無仮説：自由再生成績は学習時の騒音の有無に影響されない。

研究協力者番号	条件A(騒音なし)	条件B(騒音あり)	差(d) (A−B)	符号
1	12	8	4	7.5
2	10	10	0	—
3	7	8	−1	2.5
4	12	11	1	2.5
5	8	3	5	9
6	10	10	0	—
7	13	7	6	10
8	8	9	−1	2.5
9	14	10	4	7.5
10	11	9	2	5
11	15	12	3	6
12	11	10	1	2.5

正の順位の総和 $(7.5+2.5+9+10+7.5+5+6+2.5) = 50$
負の順位の総和 $(2.5+2.5) = 5$
より小さな値 $(5) = T$
条件Aと条件Bにおける測定値が異なる研究協力者の数 $(N) = 8+2 = 10$
問題：結果が有意であるためには、Tの値は表の値と等しいか、それよりも小さくなくてはならない。

表の値

	5%	1%
$N = 10$	11	5

結論：この実験では、Tは5%水準で表の値よりも小さく、1%水準で表の値と等しい。よって、対立仮説が支持され、帰無仮説は棄却される。

図32-26　ウィルコクスンの符号つき順位検定：計算例

の場合、表の値は有意水準5％のときに11，1％水準のときに5である。つまり、この結果は片側検定において有意水準1％で有意である。よって、自由再生の成績は学習時に騒音がある場合よりもない場合の方がよいという対立仮説が支持され、帰無仮説が棄却される（$p = 0.01$）。同順位が存在すると表の正確性が低下するが、同順位がほとんどない場合には問題ではない。

読者は、同じデータであるにもかかわらず、ウィルコクスンの符号つき順位検定では有意であり、符号検定では有意でないことを不思議に思うかもしれない。このことは統計が役に立たないことを意味しているのであろうか？　いやそうではない。符号検定は、2条件における自由再生成績について、各研究協力者の条件差の大きさを考慮に入れていないため、精度が低い（もしくは検定力が弱い）のである。ウィルコクスンの符号つき順位検定ではこの情報を用いるため、有意な結果が得られたのである。つまり、ウィルコクスンの符号つき順位検定は、2条件間の差を検出する検定力が符号検定よりも高いのである。

相関研究

相関研究では、データとして、ある一つのグループのそれぞれの研究協力者から得られた二つの行動測度を用いる。多くの場合、データは**散布図**（scattergraph または scattergram）の形で提示される。散布図という名称は、個々の測定値が散らばっている様子を表している。

正の相関：背の高いプレーヤーほど高得点である。

負の相関：コンピューターゲームをプレイする時間が長いほど、勉強する時間は短くなる。

相関なし：関係がない場合には、変数間に相関はない。

図32-25

キー用語
散布図：相関研究において、すべての研究協力者の測定値を2次元で表したもの。

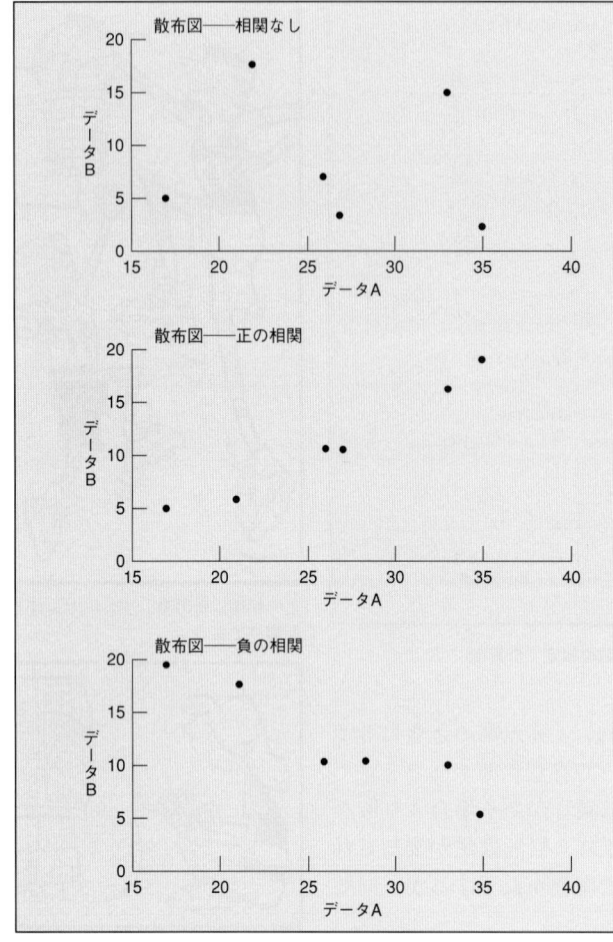

図32-27

散布図

テレビの暴力映像の量と攻撃的行動の量との関係を調べた研究について考えてみよう。横軸にはテレビの暴力映像の量を表す測度，縦軸には攻撃的行動の量を表す測度をとる。各研究協力者について，二つの次元のどこに当てはまるのかを示す点をプロットする。たとえば，ある研究協力者は，テレビを見る時間が17時間であり，攻撃的行動得点が8点であった。この場合，横軸の17から引いた図上には示されていない垂直線と，縦軸の8から引いた図上には示されていない水平線が交わるところに点を打つ。

散布図はどのように解釈すればよいのだろうか？ 暴力映像を見ることと攻撃性との間に正の相関がある場合には，散布図の点は左下から右上に分布する。二つの変数間に相関がない場合には，無作為に分布する。変数間に負の相関がある場合には，左上から右下に分布する。負の相関は，たとえば暴力映像をたくさん見ることと低い攻撃性との間に相関があることを意味している。

次に紹介する通り，2変数の相関の強さはスピアマンのロー検定によって統計的に評価される。それでは散布図にはどのような価値があるのか？ スピアマンのロー検定には，2変数間に関係があるにもかかわらず，関係がないという結果を示す場合があるという点で限界がある。たとえば，2変数間に強い曲線的な関係がある場合，スピアマンのロー検定ではそれを示すことができないが，散布図を見れば一目瞭然である。

図32-28

スピアマンのロー検定

各研究協力者から二つの変数について値が得られ，その間に関連や相関があるかどうかを知りたいとしよう。データが順序的データ以上である場合には，スピアマンのロー（rho）検定を行う。スピアマンのローもしくはr_Sは，関連の強さを示している。r_Sが+1.0であれば，2変数間に完全な正の相関がある。r_Sが-1.0であれば，2変数間に

```
対立仮説：テレビの暴力映像を見る量と攻撃的行動の間には正の相関がある。
帰無仮説：テレビの暴力映像を見る量と攻撃的行動の間には相関がない。

                  テレビの暴力   攻撃的                           差
                  映像を見る量   行動
  研究協力者番号    （時間）   （10回中）  順位A    順位B    d      d²
        1           17         8        7.5      9     −1.50    2.25
        2            6         3         2       2      0.00    0.00
        3           23         9        10      10.5   −0.50    0.25
        4           17         7        7.5      8     −0.50    0.25
        5            2         2         1       1      0.00    0.00
        6           20         6         9      5.5    +3.50   12.25
        7           12         6         4      5.5    −1.50    2.25
        8           31        10        12      12      0.00    0.00
        9           14         6        5.5     5.5     0.00    0.00
       10           26         9        11     10.5    +0.50    0.25
       11            9         6         3      5.5    −2.50    6.25
       12           14         4        5.5     3      +2.50    6.25

  順位差の平方和（Σd²）＝ 30
  研究協力者数（N）＝ 12

  式： ロー ＝ 1 − (Σd²×6) / N(N²−1)

  例： 1 − (30×6)/12(143) = 1 − 0.105 = +0.895

  問題：ロー（＋0.895）の値は、表の値と等しい、もしくはそれよりも大きいか？
  表の値
```

	0.05水準	0.01水準	0.005水準
N＝12	+0.503	+0.671	+0.727

```
  結論：対立仮説を支持し、帰無仮説を棄却する。つまり、暴力映像を見る量と攻撃
  的行動の間には正の相関がある（p＝0.005）。
```

図32-29　スピアマンのローを用いた2変数間の相関の検定

完全な負の相関がある。r_sが0.0であれば、2変数間には一般に関連がない。検定方法は計算例に示してある。

例では、過去1ヶ月におけるテレビの暴力映像の量および攻撃的行動の量に関する情報を、12人の研究協力者から集めている。予測は、2変数間の正の相関、つまり暴力映像（変数A）を最も多く見た者が最も攻撃的である（変数B）ということである。これは方向性のある仮説である。

第一ステップでは、各研究協力者における2変数の測定値を同一の行に配置した表を作成する。

第二ステップでは、変数Aのすべての値に順位をつける。最も小さい値に1位、次に小さな値に2位というように、12位まで順位をつける。同順位がある場合にはどうすればよいだろうか？　たとえば、研究協力者9と研究協力者12は、変数Aの値が等しく、5位か6位のいずれかである。このような場合には、順位の代表値や平均値を求める。例では (5 + 6)/2 = 5.5 である。

第三のステップでは、変数Bのすべての値に順位をつける。研究協力者6, 7, 9, 11は同じ値を示し、4, 5, 6, 7位のいずれかである。平均順位を求めると、(4 + 5 + 6 + 7)/4 = 5.5 である。

第四のステップでは、各研究協力者から得られた二つの順位の差を算出する。つまり、変数Aの順位から変数Bの順位を引き算する。このようにして12人の順位差（d）を計算する。

第五ステップでは、第四ステップで得られた値を平方する。この

平方された順位差（d^2）を12人について計算する。

第六ステップでは，順位差の平方和を得るために，すべてのd^2の総和を求める。これはΣd^2と表現される。例では30になる。

第七ステップでは研究協力者数を求める。例では，研究協力者数（N）は12である。

第八ステップでは，次式によりローを計算する。

$$rho = 1 - \frac{(\Sigma d^2 \times 6)}{N(N^2-1)}$$

例では，この値は以下のようになる。

$$1 - \frac{(30 \times 6)}{12(143)} = 1 - 0.105 = +0.895$$

> スピアマンのロー検定の特徴として，式に"6"という値が含まれる。

第九ステップと最後のステップでは，表（巻末付録4）を参照してローの値の有意性を確かめる。有意であるためには，計算した値が表の値と等しいか，それ以上でなくてはならない。$N = 12$の片側検定の場合，表の値は0.05水準で+0.503，0.01水準で+0.671，0.005水準で+0.727である。よって，暴力映像の量と攻撃的行動との間に正の相関があるという対立仮説が支持され帰無仮説は棄却されると結論づけられうる（$p = 0.005$）。

スピアマンのロー検定について重要な点は，得られたローの値の統計的有意性が研究協力者数に大きく依存するということである。たとえば，研究協力者が10人の場合，片側検定における0.05水準の臨界値は+0.564であるが，30人になると+0.306しかない。実際，研究協力者の数が少ないと，スピアマンのローについて有意な相関を得ることが非常に難しい。

> APA（アメリカ心理学会）の規定によれば，相関や確率などの1より大きくならない数の場合，小数点の前に0を書くべきではない。ただし，本書ではこの規定に従っていない場合もある。

関連性の検定

カイ2乗検定（chi-squared test）は関連性の検定である。データが度数の形式である名義的データであり，それぞれの観察が他のすべての観察と独立である場合に用いる。たとえば，食事のとり方とコレステロール値の間の関係について考えてみよう。ある集団を，脂肪分の摂取を控えるような健康的なダイエットをしている群と，健康的でないダイエットをしている群に分けたとする。同じ集団は，コレステロール値の高い群と低い群に分けることもできる。カイ2乗検定を用いれば，一方の次元のあるカテゴリー（たとえば，健康的でないダイエット）に属するメンバーが，もう一方の次元のあるカテゴリー（たとえば，高コレステロール値）に属するメンバーと関連しているかどうかがわかる。

計算例では，健康的でないダイエットをしている者は186人であり，健康的なダイエットをしている者は128人であった。健康的でないダイエットをしている者のうち，高コレステロール値の者は116人で，低コレステロール値の者は70人であった。また，健康的なダイエットをしている者のうち，高コレステロール値の者は41人で，

> **キー用語**
> **カイ2乗検定**：度数の形で示される名義データに対して使用する関連性の検定。

対立仮説：健康的なダイエットと低いコレステロール値の間には関連がある。
帰無仮説：健康的なダイエットと低いコレステロール値の間には関連がない。

分割表：

	健康的なダイエット	健康的でないダイエット	行の合計
高コレステロール	41	116	157
低コレステロール	87	70	157
列の合計	128	186	314

関連がない場合における期待値：

式：$\dfrac{\text{行の合計} \times \text{列の合計}}{\text{総計}} = \text{期待値}$

	健康的なダイエット	健康的でないダイエット	行の合計
高コレステロール	64	93	157
低コレステロール	64	93	157
列の合計	128	186	314

カイ2乗統計量(χ^2)の計算：

式：$\chi^2 = \Sigma \dfrac{(|O-E|-1/2)^2}{E} = 26.7$

注：修正要素($-1/2$)は，2×2の分割表の場合に用いる。

カテゴリー	期待値	期待値	期待値	$\dfrac{(|O-E|-1/2)^2}{E}$
健康的，高コレステロール	41	64	23	7.91
不健康的，高コレステロール	116	93	23	5.44
健康的，低コレステロール	87	64	23	7.91
不健康的，低コレステロール	70	93	23	5.44
				26.70

自由度の計算：
式：(行の数－1)×(列の数－1)＝自由度(2－1)×(2－1)＝1

カイ2乗統計量と表の値の比較：
表の値

	0.025水準	0.005水準	0.0005水準
自由度＝1	3.84	6.64	10.83

問題：自由度が1のときの観察されたカイ2乗値26.70は，表の値と等しい，もしくはそれよりも大きいか？

結論：カイ2乗値は表の値よりも大きい。よって対立仮説を支持し，帰無仮説は棄却される。つまり，健康的なダイエットとコレステロール値の間には関連がある。

図32-30　カイ2乗検定の計算例

低コレステロール値の者は87人であった。対立仮説は，健康なダイエットと低コレステロール値との間に関連があるということである。

第一ステップでは，計算例に示したように，行と列の合計を含む2×2の「分割表」を作成し，度数を記述する。第二ステップでは，ダイエットとコレステロール値との間にまったく関連がない場合，四つのカテゴリーの度数がどのような値になるかを算出する。各カテゴリーで予測される（単なる偶然による）期待値は次式の通りである。

$$\text{期待値} = \dfrac{\text{行の合計} \times \text{列の合計}}{\text{総計}}$$

たとえば，健康的なダイエットを行い，かつ高コレステロール値である群の人数について，期待値は$157 \times 128 \div 314$であり64である。四つのカテゴリーにおける期待値（単なる偶然によって予測される度数）は表に示してある。

第三ステップでは，各カテゴリーについて，観測値(O)と期待値(E)に次式を適用する。

垂直線は絶対値を表しているため，"$|O-E|$"は符号を無視した値の差である。3－5と5－3では，どちらもその差は正の数となる。この例では2である。

$$\frac{(|O - E| - 1/2)^2}{E}$$

この式によると，$|O - E|$ は，観測値と期待値との差を算出し，差の方向に関係なく，その前に＋符号を付けることを意味している。修正要素（つまり－1/2）は2行×2列である場合にのみ用いる。

第四ステップでは，カイ2乗統計量もしくは χ^2 を求めるため，第三ステップで得られた4カテゴリーの値の総和を求める。この例では，7.91 ＋ 5.44 ＋ 7.91 ＋ 5.44 ＝ 26.70 である。

第五ステップでは「自由度」（df）を求める。自由度は（行の数－1）×（列の数－1）によって算出する。再び分割表をみてみよう。例では1×1＝1である。なぜ自由度は1なのだろうか？ それは，いったん行と列の合計が得られれば，四つの観測値のうち自由に変動できる値は一つであるからである。たとえば，行の合計が157と157，列の合計が128と186であり，健康的なダイエットを行い，かつコレステロール値の高い者が41人であることがわかれば，表のすべてを完成させることができる。言い換えれば，自由度の値は，自由に変動する値の数なのである。

第六ステップでは，巻末付録5の表を参照し，自由度1の表の値と，χ^2 ＝ 26.70 とを比較する。結果が有意であるためには，得られた値が片側検定における表の値と等しいか，それを超えていなくてはならない。

片側検定で df ＝ 1 の表の値は，0.025水準で3.84，0.005水準で6.64，0.0005水準で10.83である。つまり，帰無仮説は棄却され，健康なダイエットとコレステロール水準との間には関連がある（p ＝ 0.0005）という結論になる。

カイ2乗検定には誤用が多い。ロブソン（Robson, 1994）によると，「他の統計的検定をすべて合わせてみても，カイ2乗検定を不適切に誤って使用している場合の方が多い」。カイ2乗検定の誤用を避けるには，次のことに留意する必要がある。

- どの観測も他のすべての観測と独立でなくてはならない。言い換えると，1人の研究協力者は一つのカテゴリーに，しかも1回しか分類してはならない。
- 各観測が適切なカテゴリーに分類されている必要がある。観測の一部（たとえば，コレステロール値が中程度の人のデータ）を除外してはならない。
- サンプルの総計が20を超えていなければ，カイ2乗検定を適用してはならない。より正確に言うと，各カテゴリーにおいて，最も小さい期待値が5以上でなければならない。
- 特定の形の関連が予想され，そのような形の関連がみられた場合には，付録の表の片側検定の値によってカイ2乗検定の有意性を評価する。ただし，いずれかの次元に二つ以上のカテゴリーがある場合には，両側検定の値を用いるべきである。

・関連があることが示されても，それは因果関係があることと同じではないことを覚えておくべきである。たとえば，健康なダイエットと低いコレステロール値との間に関連があったとしても，それは健康なダイエットが低いコレステロール値の**原因**であることを示しているわけではない。

実験的妥当性と生態学的妥当性の問題

研究を行い，統計的検定を用いて分析したところ，統計的に有意な結果が得られ，帰無仮説を棄却したとしよう。ここで，その結果をどう解釈するかを決めるとき，実験的妥当性と生態学的妥当性に関わる問題について考慮する必要がある。**実験的妥当性**（experimental validity）とは，その結果が真である程度のことであり，独立変数の操作に依存している。本質的には，第31章で議論した内的妥当性と同じである。一方，**生態学的妥当性**（ecological validity）は，その結果を現実世界に一般化できる程度のことである。両方の妥当性がある研究が望ましいのは言うまでもない。

> **キー用語**
> **実験的妥当性**：結果が真である程度であり，独立変数の操作に依存する。
> **生態学的妥当性**：実験室研究で得られた結果を，他の空間，時間，測度に一般化できる程度のこと。

実験的妥当性

得られた結果の実験的・内的妥当性はどのようにして評価されるのだろうか？ 重要な点は，第31章で述べた通りである。つまり，実験計画のすべての原理に従うことによって，行動や従属変数上に観察された効果が独立変数によるものであるという確信を得ることができる。これらの原理には，標準化された教示や手続きを用いること，カウンターバランス（相殺）や無作為化を行うこと，交絡する変数，実験者効果，要求特性，研究協力者の観察反応を除去することなどが挙げられる。

この問題は以下の問いによってチェックできる。

・条件間で系統的に変化する（独立変数以外の）変数はあるか？
・すべての研究協力者に同一の標準化された教示を行ったか？
・研究協力者は条件に無作為に割り振られているか？
・研究協力者の遂行は実験者の期待や先入観などに影響されていないか？
・研究協力者は状況の要求特性に影響されていないか？
・観察されていることを研究協力者が知っている場合，そのことが研究協力者の行動に影響していないか？

おそらく，研究に実験的妥当性があるといえる最大の根拠は，その結果が他の研究でも繰り返し認められるかどうかである。それはなぜだろうか？ たとえば，ある研究で，研究協力者を各条件に無作為に配置しなかったために有意な結果が生じたとする。同じ研究を他の研究者が行い，研究協力者を無作為に配置したとすると，再び同じ結果が得られる可能性は低いだろう。

生態学的妥当性

クーリカン（1994）が指摘しているように，生態学的妥当性という用語はさまざまな意味で用いられる。時には，その研究が人工的な場面ではなく自然な現実場面で行われた程度を指す意味で用いられることもある。しかし，すでに述べたように，ある研究を多種多様な現実場面にどのくらい一般化できるかという意味で，生態学的妥当性を捉えた方が有益であろう。ブラクトとグラス（Bracht & Glass, 1968）は，このような観点から生態学的妥当性を定義している。彼らによると，生態学的妥当性のある研究から得られた結果は，他の場所や空間，他の時間，他の測度に一般化することができる。このように，生態学的妥当性という概念は，外的妥当性（第31章参照）の概念と非常によく似ている。ただし，外的妥当性には他の母集団への一般化も含まれる。

研究結果に生態学的妥当性があるかどうかは，どのようにすればわかるのか？　その問いに対する唯一の決定的な答えは，異なる場所で，異なる時間に，異なる測度を用いて，一連の研究を行うことである。そのようなアプローチをとるためには，非常に多くの時間や努力が必要となる。

生態学的妥当性のある研究かどうかを知るためには，その研究が行われたときの様子と現実場面で起こっていることとの間に，重大な違いがあるかどうかを考えてみるのもよい。たとえば，目撃者証言（第13章参照）に関する研究について考えてみよう。ほとんどの実験室研究では，研究協力者に幾つかの出来事を描いたスライドやビデオを見せるが，その際，後に質問があるのでスライドやビデオを注意して見るよう教示している。このような研究には生態学的妥当性を脅かすさまざまな危険性がある。まず，研究協力者はその出来事に注意を向けているが，犯罪などの目撃者はその出来事にほとんど注意を払っていない。また，目撃者は強い恐怖を抱いており，自分の身の安全性が保証されていないことも多いが，実験室場面での研究協力者にはそのようなことはない。

実験室を出て現実場面で研究を行えば生態学的妥当性が得られる，という議論はもっともであろう。しかし，バナジとクラウダー（Banaji & Crowder, 1989）は，記憶研究でそのような方法をとることに強く反論している。

ケーススタディ：知能テストの批判

グールド（Gould, 1982）は，その方法論的・理論的問題に基づいて，知能検査を批判している。グールドは多くのIQテストに妥当性の問題があると主張している。その問題は，文化によって意味が異なる言葉づかいを使用していることに関係している。その文化での解釈を知らなければ，ある群や個人にとって不利になるのである。たとえば，ヤーキーズ（Yerkes）の知能検査は，アメリカの文化や文化的知識に基づいているため，アメリカで生まれ育った者よりも移民者の方がおおむね成績が悪い。グールドは，知能検査の手続きにも欠陥があることを強調しており，特に被検査者が黒人である場合，その欠陥が顕著になると主張している。

ヤーキーズ知能検査では，結果の解釈において，IQに果たす経験と教育の役割を無視し，遺伝の影響に焦点を当てた。そしてその結果は，人種差別的な社会政策を支持するために利用された。その政策とは，少数民族の雇用の機会を制限し，アメリカへの政治亡命者を発見するという名目で多くの人の権利を剥奪するというものであった。

裸眼のみによる天文学，組織培養のない生物学……試験管のない化学を想像してみなさい！　日常生活はこのような科学から導かれた原理に満ちているが，私たちはそのデータベースが現実世界にも当てはまると考えるだろうか？　もちろんそうは思わないだろう。記憶に関する心理学は違うというのか？　そうは思えない。

生態学的妥当性

生態学的妥当性という用語は，ある研究で得られた結果を他の状況に一般化できる程度を指す。実験室研究の多くは生態学的妥当性に欠けていると思われるが，自然な状況で行われた研究も幾つか存在する。

スキナー（Skinner）が行ったハトのキーつつきに関する研究について考えてみよう。その研究結果は，犬の訓練士が犬に違法ドラッグや爆発物の捜査を訓練する際の説明に一般化できるだろうか？　行動形成のために強化子を与えるというオペラント条件付けの手続きは同じだろうか？

自然な環境で鳥を観察し，親鳥がヒナを世話する様子についてデータを集めているとしよう。あなたが物音を立ててしまったために，親鳥は巣を捨てて飛び去ってしまった。自然な環境で研究を行ったからといって，その研究に生態学的妥当性があるといえるだろうか？　その結果を他の状況に一般化できるだろうか？

要するに，結果を解釈する際には，生態学的妥当性の問題について真剣に考える必要がある。研究協力者の置かれた場面や状況が，日常生活とはどのように異なるかを明らかにする試みが必要である。また，自然に生じる行動を代表するような行動を測定することの利点も考えなくてはならない。少なくとも，両者の間に大きな違いがある場合には，得られた結果を注意深く解釈すべきである。最後に，その違いが研究協力者の行動に及ぼす影響を示した先行研究について議論する必要がある。

論文を書く練習をしてみよう

心理学の論文は，ある標準的な方法で書かれる。つまり，特定の形式で構成されていなくてはならない。はじめは難しく感じるかもしれないが，このように構成することには大きなメリットがあり，読者は研究協力者や統計的分析などの情報がどこに書いてあるのかを簡単に知ることができるのである。細かい書き方は実験的な計画か非実験的な計画かによって多少異なるが，一般的な書き方は同じであるので，ここではその基本について述べる。それぞれの部分は論文に書く順序に従って紹介してある。関連する審査委員会が示した評価基準を参照することも大切である。

最後に，形式的な方法で書くようにしよう。たとえば，「私は注意が学習に及ぼす効果を研究することに決めた」と主観的に書くのではなく，「注意が学習に及ぼす効果を研究した」と客観的に書く。

表　題

表題は研究の本質を簡潔に表現したものでなくてはならない。実験的研究であれば，独立変数と従属変数に言及することも望ましい。非実験的研究では，その研究の質的な性質について述べるのもよい。

要　約

研究の目的，デザインの主な特徴，使用した統計法，主な結果やその解釈について，簡潔に説明する。

問 題

　はじめに，自分の研究に関連する主要な概念や背景となる文献について説明する。続いて，研究に**直接**関係のある先行研究について詳しく述べる。研究にあまり関係のない研究を幾つも紹介するのは避けるべきである。

目 的

　対立仮説に似ているが，その仮説の背景を示しているという点で，より一般的である。

方 法

　計　画　グループの数，（当てはまる場合には）対応のない計画か反復測定計画か，（あれば）独立変数と従属変数の性質，対立仮説，帰無仮説を記述する。効果的な計画になるよう試みた状況の統制があれば，それについても述べる。

　研究協力者　研究協力者の人数を，関連する情報（年齢，性別，教育歴など）と共に記述する。研究協力者をどのように選んだか，実験の場合には，研究協力者を各条件にどう配置したかということも記述する。

　装置と材料　提示した刺激（たとえば，5文字からなるなじみのある20の単語）や，研究で用いた装置について記載する。刺激は，詳しい検討が可能なように付録として掲載し，その通し番号を参照しておく。

　手続き　教示をはじめ，研究協力者の経験した事象を順に記述する。標準化された教示であれば，付録として詳しく掲載してもよい。

結 果

　研究目的に再度触れたり，実験であれば独立変数と従属変数を挙げることは，一般的に有益である。

　研究協力者の遂行成績をまとめた表を作成するのもよい。代表値や標準偏差の表によって，結果の「全体像」を捉えることができる。また，棒グラフなどの適切な図は，情報の大まかな傾向を視覚的に把握するのに役立つ。

・表や図の表題が明確かどうか確認せよ。
・元のデータが付録の当該する番号のところにあるか確認せよ。

　統計的検定と有意水準　データ分析に用いた検定を，その検定を選択した理由とともに記述する。また，統計的有意性の水準についても言及すべきである。片側検定と両側検定のどちらを用いたか

明示し，得られた所見を対立仮説と帰無仮説に関係づける。

考　察
　まず，得られた結果について，特に統計的検定の結果に基づいて考察する。その結果が何を示しているのかを（そして何を示していないのかを！），できるだけ正確に記述する。他の研究協力者と一致しない個人データについてコメントするのもよい。

　次に，得られた結果が「問題」で挙げた先行研究とどのように関連しているかを記述する。データが既存の理論やアプローチを支持したかどうか，研究協力者の行動をどのように説明できるか，よく考えよ。

　続いて，自分の研究のもつ問題を明らかにし，今後の研究ではその問題をどのように排除できるのかを示す。たとえば，研究を開始した後に初めて明らかになった，調査期間中の民族問題があるかもしれない。

　最後に，あなたの調べた現象についてより多くの情報が得られるような，発展的な研究法があるかどうかを考えよ。これはたいへん価値のあることである。なぜなら，研究を行ったり研究協力者を探したりする苦労なしに，あなたの考えたことが理想的な研究につながる可能性があるからである！　ただし，発展研究はその研究に関連性のあるものでなければならず，予想される結果についての言及も必要であるということを常に頭に入れておくこと。

引用文献
　あなたが引用したすべての文献の情報を記載する。教科書（この本を含む）にはたいてい引用文献欄が設けてあり，形式通りに文献を記載してあるので，それをよく参照すること。

感　想
・データ分析は非常に重要である。データ分析がなければ，主観的なデータの解釈しかできないであろう。データ分析の大きな利点は，結果の解釈が可能な限り正確になるということである。データ分析はときに難しく感じるかもしれないが，心理学的研究において，非常に重要な要素なのである。

要　約
データの質的分析
　質的研究は，研究協力者の経験や，研究協力者が自分や自分の人生に付与する意味を扱う。面接，事例研究，観察を用いた研究では，多くの場合（必ずというわけではないが），質的データを利用する。質的分析の主な原理は，理論的理解がデータから創発されるということであり，研究者によって課されるものではないということである。典型的な質的研究では，すべてのデータを考慮に入れ，研究協力者が自ら形成したカテゴリーを考慮した後で，データをカテゴリ

ーに分類する。質的データから得られた発見は，信頼性や再現性が低い傾向がある。

面接，事例研究，観察の解釈

　面接から得られた情報の解釈は，社会的望ましさの先入観，複雑な相互作用過程，自己成就的予言によって困難であることが多い。事例研究に伴う大きな危険性は，一つの非典型的な個人から，きわめて一般性の高い結論を導いてしまうことである。事例研究によって仮説が支持されれば，次に，より大きなグループを対象にして，その仮説を検証することもできる。観察研究では，**なぜ**その参加者がそのように振る舞ったかを明らかにすることが難しいため，結果の解釈は容易ではない。さらに，観察対象となる参加者が母集団を代表しているとは限らない。

内容分析

　内容分析は，メディアに含まれるメッセージを分析するだけではなく，たとえば日記のように研究協力者自身が作ったコミュニケーションを分析する方法としても用いられる。第一段階では，選択した情報をカテゴリーに分類するためのコーディング単位を構成する。カテゴリーに分けることに加えて，評定や順位づけを行うこともある。

量的分析：記述統計

　研究協力者群から得られた測定値は，代表値や散布度を算出してまとめることができる。最も一般的に役に立つ代表値は平均値であるが，他の測度として中央値や最頻値がある。最も役に立つ散布度の測度は標準偏差であり，他の測度として範囲や分散比がある。

データの提示方法

　まとめたデータは図の形式で提示することができる。図示することによって，一般的な傾向が容易に観察できるようになる。図によるデータ提示の方法として，度数多角形，ヒストグラム，棒グラフが挙げられる。度数多角形とヒストグラムは，値に順序性がある場合に用い，棒グラフは値がカテゴリーの形式である場合に用いる。

統計的検定

　効果に方向性がある対立仮説を予測している場合には，片側検定を使用する。効果に方向性がないと予測している場合には，両側検定を使用する。データは，精度の水準の低い順に，名義的データ，順序的データ，間隔的データ，比例的データに分けられる。心理学では，一般的に，統計的な有意水準として5％を用いる。この有意水準を用いることによって，誤って対立仮説を採択して帰無仮説を棄却する（第一種の過誤）ごく小さな確率や，誤って帰無仮説を保持する（第二種の過誤）確率をかなり低くすることができる。

差の検定は，独立変数の操作によって効果を観察した研究において得られたデータに適用する。マン-ホイットニーのU検定は，対応のない計画を用いた場合の差の検定に用いる。符号検定は，反復測定計画や対応のある計画を用い，データが名義的データか順序的データである場合に適用する。ウィルコクスンの符号つき順位検定にも同じことが当てはまるが，データは順序的データよりも高い水準でなくてはならない。

　相関研究では，すべての研究協力者について測定された2種類の反応変数という形式のデータを使用する。このようなデータは散布図で提示できる。データが順序的データ以上であれば，二つの値の間の相関をスピアマンのロー検定によって計算できる。

　カイ2乗検定は関連性の検定である。データが度数などの名義的データであり，それぞれの観察が他のすべての観察とは独立である場合に用いる。検定には，ほとんどの場合，片側検定を用いる。すべてのカテゴリーの期待値は5以上でなくてはならない。関連が見出されたとしても，因果関係の存在を示しているわけではない。

実験的妥当性と生態学的妥当性の問題

　実験的妥当性は，その結果が真である程度のことであり，操作された独立変数に依存する。実験計画のすべての原理（たとえば無作為化，標準化など）に従うときに，研究の実験的妥当性が最も高くなる。実験的妥当性は，結果の再現性によって，ある程度保証される。生態学的妥当性は，得られた結果を他の空間，時間，測度に一般化できる程度を指す。生態学的妥当性は，異なる空間，時間，測度を用いたさらなる研究を行うことによって，最もよく評価される。

【参考書】

　本章で議論した話題をより詳しく，かつわかりやすく紹介している本に，H. Coolican (1994), *Research methods and statistics in psychology* (2nd Edn.), London: Hodder & Stoughton がある。Coolican (1994) による教科書の短縮版として，H. Coolican (1995), *Introduction to research methods and statistics in psychology*, London: Hodder & Stoughton. がある。主な質的分析に関する発展的な本としては，P. Banister, E. Burman, I. Parker, M. Taylor, and C. Tindall (1994), *Qualitative methods in psychology: A research guide*, Buckingham, UK: Open University Press がある。

【復習問題】

1a　実験室実験の方がフィールド実験よりも優れている点を二つ述べよ。　(6点)
1b　フィールド実験の方が実験室実験よりも優れている点を二つ述べよ。　(6点)
1c　自然実験とは何か？　(6点)
1d　自然実験の利点と欠点を二つずつ挙げよ。　(6点)
2　ある実験で，喫煙と身体的健康との間に関係があるという対立仮説を検定した。700人の標本を，非喫煙者，軽度の喫煙者，中程度の喫煙者，重度の喫煙者という四つのカテゴリーに分類し，身体的健康がよいか悪いかを評価した。
2a　対立仮説の検討に適した統計的検定を挙げ，その理由を述べよ。　(9点)
2b　研究の標本を集める最適な方法を述べよ。　(6点)
2c　両側検定とは何か。　(3点)

2d 結果が両側検定で統計的に有意であった場合，どのような結論が導かれるか？ (6点)

3 8歳児と6歳児に15問の簡単な算数問題を解かせ，8歳児は6歳児よりも成績がよいと予測した。正解した問題の平均値は，8歳児で10.8問，6歳児で8.2問であった。

3a 平均値という用語は何を意味しているのか？ (3点)
3b 代表値として平均値よりも中央値を用いた方がよい場合は？ (6点)
3c 予測を検定するためにはどの統計的検定を用いればよいか？ その理由も述べよ。 (9点)
3d 片側検定と両側検定のどちらを用いればよいか？ その理由も述べよ。 (6点)

4 ある研究において，テレビの暴力映像の量と，それを見た子供の攻撃性水準の間に関係があるという結論が得られた。2変数間に正の相関があることが予測された。12人の子供の結果は次の通りであった。

研究協力者番号	1週間における テレビの暴力映像(分)	攻撃性の水準 (最大値 = 20)
1	15	8
2	24	11
3	156	18
4	29	11
5	121	10
6	84	9
7	63	7
8	68	17
9	0	5
10	58	8
11	99	12
12	112	15

データ分析にスピアマンのロー検定を用いたところ，r_sの値は+0.64であり，片側検定で$p = 0.025$で有意であった。よって，帰無仮説を棄却し，テレビの暴力映像を見た量と攻撃性水準との間に正の相関があるという対立仮説を採択した。

4a データはどのように提示すればよいか。 (3点)
4b これらのデータを示す図を描け。 (9点)
4c その図から導かれる結論は何か。 (6点)
4d データ分析にスピアマンのロー検定を用いるのはなぜか。二つ理由を述べよ。 (12点)
4e 片側検定とは何か。 (6点)
4f $p = 0.025$とは何を意味しているか？ (6点)
4g この研究の帰無仮説は何か。 (6点)

- **検定法を選ぶ**
    得られた検定法の型を特定する
    適切な検定法を選ぶ
    統計表の中の値を探し出す

- **付録 1**
    マン-ホイットニーの U 検定

- **付録 2**
    符号検定

- **付録 3**
    ウィルコクスンの検定

- **付録 4**
    スピアマンのロー検定

- **付録 5**
    カイ 2 乗検定

付　　録

　以下の頁の統計表を使用するためには，次のことをまず決めておかなければならない．

1. 読者のデータが数形式であるか．その場合定量的分析に適しているか．そうでなければ，質的分析を使用する．
2. 得られたデータが名義的（nominal），順序的（ordinal），間隔的（interval），または，比例的（ratio）のいずれであるか．
3. 二つの条件間のデータに差がある（実験仮説 experimental hypothesis）（訳注：統計学では対立仮説）か，あるいは差がない（帰無仮説 null hypothesis）か．
4. パラメトリック検定が使用できるか（すなわち，データが間隔的または比例的であり，分布が正規であり，しかも二つの条件において分散が類似しているか）．そうでなければ，ノンパラメトリック検定が使用できるか．ノンパラメトリック検定は，ほとんどすべての場合に使用でき，本書で述べた検定の中で最も使い勝手のよいものである．

　データが得られたならば，度数分布表を構成でき，データをできるだけ明瞭に示すために，どういったタイプの表または図を使用してグラフとして表したいか，決めることができる．
　次のステップは，以下のようにデータを解析することである．

1. 中心傾向の測度，すなわち平均値（mean），中央値（median），および最頻値（mode）を計算する．
2. 散布度の測度，すなわち範囲（range），四分範囲（interquartile range），標準偏差（standard deviation）を計算する．

　そうして，第32章で述べた統計的検定を使用して，さらなる統計的分析を適用しなければならない．

使用する検定法を決めるには

　これらの検定法の使用目的は，帰無仮説が正しいという確率を決め，その有意性を評価することである．各々の検定を行うには，結果から得られた観測値を計算し，そして数値表の中の臨界値を探し出し，得られた値がその臨界値より大きいか，等しいか，あるいは

それ以下かをみる。適切な数列または表を使用するには，次のいずれかによっている。(a)読者が片側検定または，両側検定をしたのか，(b)どれだけの有意水準つまり確率（p）（訳注：統計学では一般に α（アルファ）と表記する）を使用したいかということである。もし p が 0.05 すなわち 5％――この値は心理学者が通常使用する有意水準だが――以下またはそれに等しいならば，実験仮説を支持して帰無仮説を棄却する。所見がきわめて有意かどうかをみるためには，帰無仮説がさらに，$p = 0.01$，すなわち 1％，あるいは，ことによっては $p = 0.001$，すなわち 0.1％で当てはまるかどうかをみなければならない。

もし読者の実験仮説が方向性のある（すなわち，何らかの効果の方向性を予測する）ものならば，片側検定を使用しなければならない。そうでなければ，非方向仮説になるので，その場合は両側検定を使用しなければならない。

読者の差の検定計画が独立していて，データが順序的または間隔的である限り，マン-ホイットニーの U 検定が使用できる。もし反復測定値または対応づけられた参加者の計画を使用したならば，データが順序的なものである限り，符号検定が使用できる。あるいは，データが間隔または比例的データであるならば，ウィルコクスンの対応づけられた対の符号つき検定が使用できる。ウィルコクスンの検定は，単なる符号つきの検定より敏感である。符号検定は大まかな分析となる。この検定法は，データが順序的であるときだけで十分である。しかし，実測値（間隔または比例のデータ）が得られたとき，ウィルコクスンの検定の方がもっと精巧な分析となる。したがって，間隔または比例的データのデータに符号検定を使用してもよいが，それを順序的データの分析のみに限定して使用することが最も好ましい。

もし読者が独立変数（事態のある側面）を操作するならば，差の検定（マン-ホイットニーの U 検定，符号検定またはウィルコクスンの対応つきの符号化順序検定のようなもの）を使用する必要がある。そうでなければ，相関の検定（データが順序的，間隔的，または比例的である限り，スピアマンのロー検定のようなもの）あるいは，連関性の検定（データが名義的である限り，カイ 2 乗検定のようなもの）を使用しなければならない。

表の用い方

マン-ホイットニーの U 検定（付録 1，pp.1271-1272）

マン-ホイットニーの U 検定では，U および U' のうち小さい方の値を使用し，片側または両側の U の臨界値を探す。最初適切なものとして，0.05 における片側または両側（p.1272 の下表）とする。もし得られた値がこの水準で，表値（臨界値）に等しいか，それ以下ならば実験仮説を支持し帰無仮説を棄却する。得られた値が表値よりも大きければ，帰無仮説は保持する。

符号検定（付録2, p.1273）

符号検定では，最初 0.05 と置き，Nすなわちさまざまな得点をもった参加者数について，適切なものとして，片側または両側検定のSの臨界値を探す。もしこの水準で，得られた値が表値に等しいかそれ以下ならば帰無仮説を棄却する。表値が得られた値よりも大きければ，帰無仮説は保持する。

ウィルコクスンの検定法（付録3, p.1274）

ウィルコクスンの検定では，最初 0.05 で，Nすなわちさまざまな値をもつ参加者数につき，適切なものとして片側または両側の臨界値を探す。もし得られた値が，この水準で得られた表値に等しいかそれ以下ならば，帰無仮説を棄却する。得られた値が，表値よりも大きければ，帰無仮説は保持する。

スピアマンのロー検定（付録4, p.1275）

スピアマンのロー検定では，最初 0.05 で，Nつまり参加者数について，適切なものとして片側または両側検定のr_Sの臨界値を求める。もし得られた値が表値より大きいか等しければ，帰無仮説を棄却する。得られた値が表値以下であれば，帰無仮説は保持する。

カイ2乗検定（付録5, p.1276）

カイ2乗検定では，自由度（df）について最初 0.05 で，Nすなわち参加者数に適切なものとしての，片側または両側検定のカイ2乗（χ^2として示される）の臨界値を探す。もし得られた値が表値よりも大きいか等しければ，帰無仮説を棄却する。得られた値が表値以下であれば，帰無仮説は保持する。

助　言

統計的検定による決定は，誤りを犯しやすい。しかし読者が，第32章でその大要を示した標準的な手順に従うならば，誤りの可能性を小さくすることができる。できるだけ先入観のないようにし，結果について前もってあまり多くを決めてかからないようにされたい。

読者は，第一種の過誤，または第二種の過誤を犯さなかったということを，確かめられたい。第一種の過誤としては，より厳しい有意水準（たとえば，$p = 0.01$ すなわち 1％，あるいはさらに，$p = 0.001$ すなわち 0.1％）を使用するようにすることで誤りをより少なくすることができる。第二種の過誤は，よりゆるやかな有意水準（たとえば，$p = 0.10$，すなわち 10％）を使用することによってより少なくすることができる。

マン-ホイットニーのU検定では，結び（同値のつながり）が起こりうることを，覚えておいていただきたい。結びが生じると正確度は落ちるが，数個に止まるならば，その効果は小さい。

カイ2乗検定では，この検定の誤用を避けるため，pp.1256-1257 のルールに従われたい。

第32章で述べた諸々の検定法は，種々のデータの水準の分析をしてくれるが，それらの検定法はデータの型が特定のものであることを要する。以下の図は，さまざまのデータの型と実験計画に用いられる検定法の概要を示したものである。

これら以外の検定法もあるが，この図は第32章で述べた統計的検定法だけを取り扱っていることにご注意いただきたい。

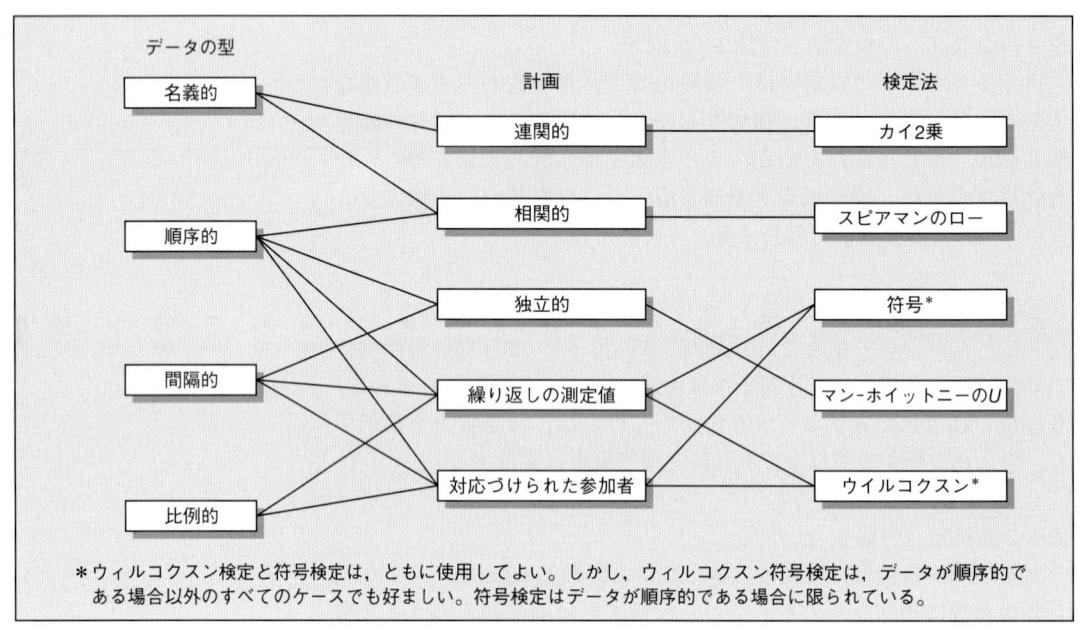

図付録-1　検定法の選び方

付録1：マン‐ホイットニーの U 検定

0.005における片側；0.01における両側についての臨界値[*]

N_B	1	2	3	4	5	6	7	8	9	10	11	12	13	14	15	16	17	18	19	20
1	—	—	—	—	—	—	—	—	—	—	—	—	—	—	—	—	—	—	—	—
2	—	—	—	—	—	—	—	—	—	—	—	—	—	—	—	—	—	—	0	0
3	—	—	—	—	—	—	—	—	0	0	0	1	1	1	2	2	2	2	3	3
4	—	—	—	—	—	0	0	1	1	2	2	3	3	4	5	5	6	6	7	8
5	—	—	—	—	0	1	1	2	3	4	5	6	7	7	8	9	10	11	12	13
6	—	—	—	0	1	2	3	4	5	6	7	9	10	11	12	13	15	16	17	18
7	—	—	—	0	1	3	4	6	7	9	10	12	13	15	16	18	19	21	22	24
8	—	—	—	1	2	4	6	7	9	11	13	15	17	18	20	22	24	26	28	30
9	—	—	0	1	3	5	7	9	11	13	16	18	20	22	24	27	29	31	33	36
10	—	—	0	2	4	6	9	11	13	16	18	21	24	26	29	31	34	37	39	42
11	—	—	0	2	5	7	10	13	16	18	21	24	27	30	33	36	39	42	45	48
12	—	—	1	3	6	9	12	15	18	21	24	27	31	34	37	41	44	47	51	54
13	—	—	1	3	7	10	13	17	20	24	27	31	34	38	42	45	49	53	56	60
14	—	—	1	4	7	11	15	18	22	26	30	34	38	42	46	50	54	58	63	67
15	—	—	2	5	8	12	16	20	24	29	33	37	42	46	51	55	60	64	69	73
16	—	—	2	5	9	13	18	22	27	31	36	41	45	50	55	60	65	70	74	79
17	—	—	2	6	10	15	19	24	29	34	39	44	49	54	60	65	70	75	81	86
18	—	—	2	6	11	16	21	26	31	37	42	47	53	58	64	70	75	81	87	92
19	—	0	3	7	12	17	22	28	33	39	45	51	56	63	69	74	81	87	93	99
20	—	0	3	8	13	18	24	30	36	42	48	54	60	67	73	79	86	92	99	105

[*] 表中のダッシュは，所定の有意水準で決定が不可能であることを示す。
いかなる N_A と N_B についても，観測された U 値がここに示された臨界値に等しいか，それ以下ならば，所定の有意水準で有意である。

出典：R. Runyon & A. Haber (1976) *Fundamentals of behavioural statistics* (3rd Edn.), Reading, MA: McGraw-Hill, Inc. 出版社の好意ある許可による。

0.01における片側；0.02における両側についての臨界値[*]

N_B	1	2	3	4	5	6	7	8	9	10	11	12	13	14	15	16	17	18	19	20
1	—	—	—	—	—	—	—	—	—	—	—	—	—	—	—	—	—	—	—	—
2	—	—	—	—	—	—	—	—	—	—	—	0	0	0	0	0	0	0	1	1
3	—	—	—	—	—	—	0	0	1	1	1	2	2	2	3	3	4	4	4	5
4	—	—	—	—	0	1	1	2	3	3	4	5	5	6	7	7	8	9	9	10
5	—	—	—	0	1	2	3	4	5	6	7	8	9	10	11	12	13	14	15	16
6	—	—	—	1	2	3	4	6	7	8	9	11	12	13	15	16	18	19	20	22
7	—	—	0	1	3	4	6	7	9	11	12	14	16	17	19	21	23	24	26	28
8	—	—	0	2	4	6	7	9	11	13	15	17	20	22	24	26	28	30	32	34
9	—	—	1	3	5	7	9	11	14	16	18	21	23	26	28	31	33	36	38	40
10	—	—	1	3	6	8	11	13	16	19	22	24	27	30	33	36	38	41	44	47
11	—	—	1	4	7	9	12	15	18	22	25	28	31	34	37	41	44	47	50	53
12	—	—	2	5	8	11	14	17	21	24	28	31	35	38	42	46	49	53	56	60
13	—	0	2	5	9	12	16	20	23	27	31	35	39	43	47	51	55	59	63	67
14	—	0	2	6	10	13	17	22	26	30	34	38	43	47	51	56	60	65	69	73
15	—	0	3	7	11	15	19	24	28	33	37	42	47	51	56	61	66	70	75	80
16	—	0	3	7	12	16	21	26	31	36	41	46	51	56	61	66	71	76	82	87
17	—	0	4	8	13	18	23	28	33	38	44	49	55	60	66	71	77	82	88	93
18	—	0	4	9	14	19	24	30	36	41	47	53	59	65	70	76	82	88	94	100
19	0	1	4	9	15	20	26	32	38	44	50	56	63	69	75	82	88	94	101	107
20	0	1	5	10	16	22	28	34	40	47	53	60	67	73	80	87	93	100	107	114

[*] 表中のダッシュは，所定の有意水準で決定が不可能であることを示す。
いかなる N_A と N_B についても，観測された U 値がここに示された臨界値に等しいか，それ以下ならば，所定の有意水準で有意である。

出典：R. Runyon & A. Haber (1976) *Fundamentals of behavioural statistics* (3rd Edn.), Reading, MA: McGraw-Hill, Inc. 出版社の好意ある許可による。

0.025における片側；0.05における両側についての臨界値*

N_B \ N_A	1	2	3	4	5	6	7	8	9	10	11	12	13	14	15	16	17	18	19	20
1	—	—	—	—	—	—	—	—	—	—	—	—	—	—	—	—	—	—	—	—
2	—	—	—	—	—	—	—	0	0	0	0	1	1	1	1	1	2	2	2	2
3	—	—	—	—	0	1	1	2	2	3	3	4	4	5	5	6	6	7	7	8
4	—	—	—	0	1	2	3	4	4	5	6	7	8	9	10	11	11	12	13	13
5	—	—	0	1	2	3	5	6	7	8	9	11	12	13	14	15	17	18	19	20
6	—	—	1	2	3	5	6	8	10	11	13	14	16	17	19	21	22	24	25	27
7	—	—	1	3	5	6	8	10	12	14	16	18	20	22	24	26	28	30	32	34
8	—	0	2	4	6	8	10	13	15	17	19	22	24	26	29	31	34	36	38	41
9	—	0	2	4	7	10	12	15	17	20	23	26	28	31	34	37	39	42	45	48
10	—	0	3	5	8	11	14	17	20	23	26	29	33	36	39	42	45	48	52	55
11	—	0	3	6	9	13	16	19	23	26	30	33	37	40	44	47	51	55	58	62
12	—	1	4	7	11	14	18	22	26	29	33	37	41	45	49	53	57	61	65	69
13	—	1	4	8	12	16	20	24	28	33	37	41	45	50	54	59	63	67	72	76
14	—	1	5	9	13	17	22	26	31	36	40	45	50	55	59	64	67	74	78	83
15	—	1	5	10	14	19	24	29	34	39	44	49	54	59	64	70	75	80	85	90
16	—	1	6	11	15	21	26	31	37	42	47	53	59	64	70	75	81	86	92	98
17	—	2	6	11	17	22	28	34	39	45	51	57	63	67	75	81	87	93	99	105
18	—	2	7	12	18	24	30	36	42	48	55	61	67	74	80	86	93	99	106	112
19	—	2	7	13	19	25	32	38	45	52	58	65	72	78	85	92	99	106	113	119
20	—	2	8	13	20	27	34	41	48	55	62	69	76	83	90	98	105	112	119	127

*表中のダッシュは，所定の有意水準で決定が不可能であることを示す。
いかなるN_AとN_Bについても，観測されたU値がここに示された臨界値に等しいか，それ以下ならば，所定の有意水準で有意である。

出典：R. Runyon & A. Haber (1976) *Fundamentals of behavioural statistics* (3rd Edn.), Reading, MA: McGraw-Hill, Inc. 出版社の好意ある許可による。

0.05における片側；0.10における両側についての臨界値*

N_B \ N_A	1	2	3	4	5	6	7	8	9	10	11	12	13	14	15	16	17	18	19	20
1	—	—	—	—	—	—	—	—	—	—	—	—	—	—	—	—	—	—	0	0
2	—	—	—	—	0	0	0	1	1	1	1	2	2	2	3	3	3	4	4	4
3	—	—	0	0	1	2	2	3	3	4	5	5	6	7	7	8	9	9	10	11
4	—	—	0	1	2	3	4	5	6	7	8	9	10	11	12	14	15	16	17	18
5	—	0	1	2	4	5	6	8	9	11	12	13	15	16	18	19	20	22	23	25
6	—	0	2	3	5	7	8	10	12	14	16	17	19	21	23	25	26	28	30	32
7	—	0	2	4	6	8	11	13	15	17	19	21	24	26	28	30	33	35	37	39
8	—	1	3	5	8	10	13	15	18	20	23	26	28	31	33	36	39	41	44	47
9	—	1	3	6	9	12	15	18	21	24	27	30	33	36	39	42	45	48	51	54
10	—	1	4	7	11	14	17	20	24	27	31	34	37	41	44	48	51	55	58	62
11	—	1	5	8	12	16	19	23	27	31	34	38	42	46	50	54	57	61	65	69
12	—	2	5	9	13	17	21	26	30	34	38	42	47	51	55	60	64	68	72	77
13	—	2	6	10	15	19	24	28	33	37	42	47	51	56	61	65	70	75	80	84
14	—	2	7	11	16	21	26	31	36	41	46	51	56	61	66	71	77	82	87	92
15	—	3	7	12	18	23	28	33	39	44	50	55	61	66	72	77	83	88	94	100
16	—	3	8	14	19	25	30	36	42	48	54	60	65	71	77	83	89	95	101	107
17	—	3	9	15	20	26	33	39	45	51	57	64	70	77	83	89	96	102	109	115
18	—	4	9	16	22	28	35	41	48	55	61	68	75	82	88	95	102	109	116	123
19	0	4	10	17	23	30	37	44	51	58	65	72	80	87	94	101	109	116	123	130
20	0	4	11	18	25	32	39	47	54	62	69	77	84	92	100	107	115	123	130	138

*表中のダッシュは，所定の有意水準で決定が不可能であることを示す。
いかなるN_AとN_Bについても，観測されたU値がここに示された臨界値に等しいか，それ以下ならば，所定の有意水準で有意である。

出典：R. Runyon & A. Haber (1976) *Fundamentals of behavioural statistics* (3rd Edn.), Reading, MA: McGraw-Hill, Inc. 出版社の好意ある許可による。

付録2：符号検定

N	片側検定における有意水準				
	0.05	0.025	0.01	0.005	0.0005
	両側検定における有意水準				
	0.10	0.05	0.02	0.01	0.001
5	0	—	—	—	—
6	0	0	—	—	—
7	0	0	0	—	—
8	1	0	0	0	—
9	1	1	0	0	—
10	1	1	0	0	—
11	2	1	1	0	0
12	2	2	1	1	0
13	3	2	1	1	0
14	3	2	2	1	0
15	3	3	2	2	1
16	4	3	2	2	1
17	4	4	3	2	1
18	5	4	3	3	1
19	5	4	4	3	2
20	5	5	4	3	2
25	7	7	6	5	4
30	10	9	8	7	5
35	12	11	10	9	7

計算されたSが，示された水準で有意であるためには，表（臨界）値に等しいか，それ以下でなければならない。

出典：F. Cregg (1882), *Simple statistics*. Cambridge University Press.
　　　出版社の好意ある許可による。

付録3：ウィルコクスンの符号つき順位検定

	片側検定における有意水準			
	0.05	0.025	0.01	0.001
	両側検定における有意水準			
Sample size	0.1	0.05	0.02	0.002
$N=$ 5	$T \leqq 0$	—	—	—
6	2	0	—	—
7	3	2	0	—
8	5	3	1	—
9	8	5	3	—
10	11	8	5	0
11	13	10	7	1
12	17	13	9	2
13	21	17	12	4
14	25	21	15	6
15	30	25	19	8
16	35	29	23	11
17	41	34	27	14
18	47	40	32	18
19	53	46	37	21
20	60	52	43	26
21	67	58	49	30
22	75	65	55	35
23	83	73	62	40
24	91	81	69	45
25	100	89	76	51
26	110	98	84	58
27	119	107	92	64
28	130	116	101	71
29	141	125	111	78
30	151	137	120	86
31	163	147	130	94
32	175	159	140	103
33	187	170	151	112

計算されたTが，所定の水準で有意であるためには，表（臨界）値に等しいか，それ以下でなくてはならない。

出典：R. Meddis (1975), *Statistical handbook of non-statisticians*. London: McGraw-Hill. 出版社の好意ある許可による。

付録 4：スピアマンのロー検定

	片側検定における有意水準			
	0.05	0.025	0.01	0.005
	両側検定における有意水準			
	0.10	0.05	0.02	0.01
N= 4	1.000	—	—	—
5	0.900	1.000	1.000	—
6	0.829	0.886	0.943	1.000
7	0.714	0.786	0.893	0.929
8	0.643	0.738	0.833	0.881
9	0.600	0.700	0.783	0.833
10	0.564	0.648	0.745	0.794
11	0.536	0.618	0.709	0.755
12	0.503	0.587	0.671	0.727
13	0.484	0.560	0.648	0.703
14	0.464	0.538	0.566	0.675
15	0.443	0.521	0.604	0.654
16	0.429	0.503	0.582	0.635
17	0.414	0.485	0.566	0.615
18	0.401	0.472	0.550	0.600
19	0.391	0.460	0.535	0.584
20	0.380	0.447	0.520	0.570
21	0.370	0.435	0.508	0.556
22	0.361	0.425	0.496	0.544
23	0.353	0.415	0.486	0.532
24	0.344	0.406	0.476	0.521
25	0.337	0.398	0.466	0.511
26	0.331	0.390	0.457	0.501
27	0.324	0.382	0.448	0.491
28	0.317	0.375	0.440	0.483
29	0.312	0.368	0.433	0.475
30	0.306	0.362	0.425	0.467

$n>30$ の場合，次式を使用して r_S を検定できる。

$$t = r_S \sqrt{\frac{n-2}{1-r_S^2}} \quad df = n-2$$

そして，t の値を照合する。

計算された r_S は，所定の有意水準について，表（臨界）値に等しいか，それを超えていなければならない。

出典：J.H. Zhar (1972), Significance testing of the Spearman Rank Correlation Coefficient, *Journal of the American Statistical Association*, **67**, 578-80. 出版社の好意ある許可による。

付録5：カイ2乗検定

	片側検定における有意水準					
	0.10	0.05	0.025	0.01	0.005	0.0005
	両側検定における有意水準					
df	0.20	0.10	0.05	0.02	0.01	0.001
1	1.64	2.71	3.84	5.41	6.64	10.83
2	3.22	4.60	5.99	7.82	9.21	13.82
3	4.64	6.25	7.82	9.84	11.34	16.27
4	5.99	7.78	9.49	11.67	13.28	18.46
5	7.29	9.24	11.07	13.39	15.09	20.52
6	8.56	10.64	12.59	15.03	16.81	22.46
7	9.80	12.02	14.07	16.62	18.48	24.32
8	11.03	13.36	15.51	18.17	20.09	26.12
9	12.24	14.68	16.92	19.68	21.67	27.88
10	13.44	15.99	18.31	21.16	23.21	29.59
11	14.63	17.28	19.68	22.62	24.72	31.26
12	15.81	18.55	21.03	24.05	26.22	32.91
13	16.98	19.81	22.36	25.47	27.69	34.53
14	18.15	21.06	23.68	26.87	29.14	36.12
15	19.31	22.31	25.00	28.26	30.58	37.70
16	20.46	23.54	26.30	29.63	32.00	39.29
17	21.62	24.77	27.59	31.00	33.41	40.75
18	22.76	25.99	28.87	32.35	34.80	42.31
19	23.90	27.20	30.14	33.69	36.19	43.82
20	25.04	28.41	31.41	35.02	37.57	45.32
21	26.17	29.62	32.67	36.34	38.93	46.80
22	27.30	30.81	33.92	37.66	40.29	48.27
23	28.43	32.01	35.17	38.97	41.64	49.73
24	29.55	33.20	36.42	40.27	42.98	51.18
25	30.68	34.38	37.65	41.57	44.31	52.62
26	31.80	35.56	38.88	42.86	45.64	54.05
27	32.91	36.74	40.11	44.14	46.96	55.48
28	34.03	37.92	41.34	45.42	48.28	56.89
29	35.14	39.09	42.69	46.69	49.59	58.30
30	36.25	40.26	43.77	43.49	50.89	59.70
32	38.47	42.59	46.19	50.49	53.49	62.49
34	40.68	44.90	48.60	53.00	56.06	65.25
36	42.88	47.21	51.00	55.49	58.62	67.99
38	45.08	49.51	53.38	57.97	61.16	70.70
40	47.27	51.81	55.76	60.44	63.69	73.40
42	51.64	56.37	60.48	65.34	68.71	78.75
44	55.99	60.91	65.17	70.20	73.68	84.04
46	60.33	65.42	69.83	75.02	78.62	89.27
48	64.66	69.92	74.47	79.82	83.51	94.46
50	68.97	74.40	79.08	84.58	88.38	99.61

χ^2の計算された値は，所定の有意水準について，表（臨界）値に等しいか，それを超えていなければならない。

出典：R. A. Risher & F. Yates (1974), *Statistical tables for biological, agricultural and medical research* (6th Edn.), Harlow, UK: Addison Wesley Longman. より抄録。

引用文献

Abele, L.G., & Gilchrist, S. (1977). Homosexual rape and sexual selection in acanthocephalan worms. *Science, 197*, 81–83.

Abeles, R.P. (1976). Relative deprivation, rising expectations and black militancy. *Journal of Social Issues, 32*, 119–137.

Aboud, F.E. (1988). *Children and prejudice.* Oxford: Blackwell.

Aboud, F.E. (1989). Disagreements between friends. *International Journal of Behavioral Development, 12*, 495–508.

Abramson, L.Y., Metalsky, G.I., & Alloy, L.B. (1989). Hopelessness depression: A theory-based subtype of depression. *Psychological Review, 96*, 358–372.

Abramson, L.Y., Seligman, M.E., & Teasdale, J. (1978). Learned helplessness in humans: Critique and reformulation. *Journal of Abnormal Psychology, 87*, 49–74.

Adams, E.S., & Caldwell, R.L. (1990). Deceptive communications in asymmetric fights of the stomatopod crustacean, Gonodactylus bredini. *Animal Behaviour, 39*, 706–716.

Adams, P.R., & Adams, G.R. (1984). Mount Saint Helen's ashfall: Evidence for a disaster stress reaction. *American Psychologist, 39*, 252–260.

Adorno, T.W., Frenkel-Brunswik, E., Levinson, D., & Sanford, R. (1950). *The authoritarian personality.* New York: Harper.

Ainsworth, M.D.S. (1979). Attachment as related to mother–infant interaction. In J.G. Rosenblatt, R.A. Hinde, C. Beer, & M. Busnel (Eds.), *Advances in the study of behaviour, Vol. 9.* Orlando, FL: Academic Press.

Ainsworth, M.D.S. (1982). Infant-mother attachment. *American Psychologist, 34*, 932–937.

Ainsworth, M.D.S., & Bell, S.M. (1970). Attachment, exploration and separation: Illustrated by the behaviour of one-year-olds in a strange situation. *Child Development, 41*, 49–67.

Ainsworth, M.D.S., Bell, S.M., & Stayton, D.J. (1971). Individual differences in strange situation behaviour of one-year-olds. In H.R. Schaffer (Ed.), *The origins of human social relations.* London: Academic Press.

Akerstedt, T. (1977). Inversion of the sleep wakefulness pattern: Effects on circadian variations in psychophysiological activation. *Ergonomics, 20*, 459–474.

Alatalo, R.V., Carlson, A., Lundberg, A., & Ulfstrand, S. (1981). The conflict between male polygyny and female monogamy: The case of the pied flycatcher, Ficedula hypoleuca. *American Naturalist, 117*, 738–753.

Alatalo, R.V., Lundberg, A., & Råtti, O. (1990). Male polyterritoriality, and imperfect female choice in the pied flycatcher, Ficedula hypoleuca. *Behavioural Ecology, 1*, 171–177.

Alexander, L., & Luborsky, L. (1984). Research on the helping alliance. In L. Greenberg & S. Pinsof (Eds.), *The psychotherapeutic process: A research handbook.* New York: Guilford Press.

Alexander, R.D. (1974). The evolution of social behaviour. *Annual Review of Ecology and Systematics, 5*, 325–383.

Alexander, R.D., & Borgia, G. (1979). On the origin and basis of the male–female phenomenon. In M.S. Blum & N.A. Blum (Eds.), *Sexual selection and reproductive competition in insects.* Cambridge: Cambridge University Press.

Allen, M.G. (1976). Twin studies of affective illness. *Archives of General Psychiatry, 33*, 1476–1478.

Allen, V.L., & Levine, J.M. (1971). Social support and conformity: The role of independent assessment of reality. *Journal of Experimental Social Psychology, 7*, 48–58.

Allison, T., & Cicchetti, D.V. (1976). Sleep in mammals: Ecological and constitutional correlates. *Science, 194*, 732–734.

Allport, D.A. (1989). Visual attention. In M.I. Posner (Ed.), *Foundations of cognitive science.* Cambridge, MA: MIT Press.

Allport, D.A. (1993). Attention and control: Have we been asking the wrong questions? A critical review of twenty-five years. In D.E. Meyer & S.M. Kornblum (Eds.), *Attention and performance, Vol. XIV.* London: MIT Press.

Allport, D.A., Antonis, B., & Reynolds, P. (1972). On the division of attention: A disproof of the single channel hypothesis. *Quarterly Journal of Experimental Psychology, 24*, 225–235.

Allport, G.W. (1937). *Personality.* London: Constable.

Allport, G.W. (1947). *The use of personal documents in psychological science.* London: Holt, Rinehart, & Winston.

Allport, G.W. (1954). *The nature of prejudice.* Reading, MA: Addison-Wesley.

Allport, G.W. (1962). The general and the unique in psychological science. *Journal of Personality, 30*, 405–422.

Allport, G.W. (1965). *Letters from Jenny.* New York: Harcourt, Brace & World.

Allport, G.W., & Odbert, H.S. (1936). Trait-names: A psycho-lexical study. *Psychological Monographs, 47*, No. 211.

Allport, G.W., & Pettigrew, T.F. (1957). Cultural influences on the perception of movement: The trapezoidal illusion among Zulus. *Journal of Abnormal and Social Psychology, 55*, 104–113.

Altman, I., & Taylor, D.A. (1973). *Social penetration theory: The development of interpersonal relationships*. New York: Holt, Rinehart, & Winston.

American Psychological Association (1991). Draft of APA ethics code. *APA Monitor, 22*, 30–35.

Ames, G.J., & Murray, F.B. (1982). When two wrongs make a right: Promoting cognitive change by social conflict. *Developmental Psychology, 18*, 894–897.

Amir, T. (1989). The Asch conformity effect: A study in Kuwait. *Social Behavior and Personality, 12*, 187–190.

Amir, Y. (1969). Contact hypothesis in ethnic relations. *Psychological Bulletin, 71*, 319–342.

Anand, B.K., & Brobeck, J.R. (1951). Hypothalamic control of food intake in rats and cats. *Yale Journal of Biological Medicine, 24*, 123–140.

Anderson, C.A. (1989). Temperature and aggression: Unbiquitous effects of heat on occurrence of human violence. *Psychological Bulletin, 106*, 74–96.

Anderson, J.C., Williams, S., McGee, R., & Silva, P.A. (1987). DSM-III: Disorders in preadolescent children. *Archives of General Psychiatry, 44*, 69–76.

Anderson, J.L., Crawford, C.B., Nadeau, J., & Lindberg, T. (1992). Was the Duchess of Windsor right? A cross-cultural review of the socioecology of ideals of female body shape. *Ethology and Sociobiology, 13*, 197–227.

Andersson, B., Grant, R., & Larsson, S. (1956). Central control of heat loss mechanisms in the goat. *Acta Physiologica Scandinavica, 37*, 261–280.

Andersson, M. (1982). Female choice selects for extreme tail length in a widow-bird. *Nature, 299*, 818–820.

Andersson, M., & Wicklund, C.G. (1978). Clumping versus spacing out: Experiments on nest predation in fieldfares (*Turdus pilaris*). *Animal Behaviour, 26*, 1207–1212.

Andreeva, G. (1984). Cognitive processes in developing groups. In L.H. Strickland (Ed.), *Directions in Soviet social psychology*. New York: Springer.

Annis, R.C., & Frost, B. (1973). Human visual ecology and orientation anisotropies in acuity. *Science, 182*, 729–741.

Archer, J. (1992). Childhood gender roles: Social context and organisation. In H. McGurk (Ed.), *Childhood social development: Contemporary perspectives*. Hove, UK: Psychology Press.

Archer, R.L. (1979). Role of personality and the social situation. In G.J. Chelune (Ed.), *Self-disclosure*. San Francisco: Jossey-Bass.

Archer, S. (1982). The lower age boundaries of identity development. *Child Development, 53*, 1551–1556.

Argyle, M. (1988). Social relationships. In M. Hewstone, W. Stroebe, J.-P. Codol, & G.M. Stephenson (Eds.), *Introduction to social psychology*. Oxford: Blackwell.

Argyle, M. (1994). *The psychology of interpersonal behaviour (5th Edn.)*. London: Penguin.

Argyle, M., & Furnham, A. (1983). Sources of satisfaction and conflict in long-term relationships. *Journal of Marriage and the Family, 45*, 481–493.

Argyle, M., Furnham, A., & Graham, J.A. (1981). *Social situations*. Cambridge: Cambridge University Press.

Argyle, M., & Henderson, M. (1984). The rules of friendship. *Journal of Social and Personal Relationships, 1*, 211–237.

Argyle, M., Henderson, M., Bond, M., Iizuka, Y., & Contarello, A. (1986). Cross-cultural variations in relationship rules. *International Journal of Psychology, 21*, 287–315.

Argyle, M., Henderson, M., & Furnham, A. (1985). The rules of social relationships. *British Journal of Social Psychology, 24*, 125–139.

Arnetz, B.B., Wasserman, J., & Petrini, B. (1987). Immune function in unemployed women. *Psychosomatic Medicine, 49*, 3–12.

Arnold, J., Cooper, C.L., & Robertson, I.T. (1995). *Work psychology: Understanding human behaviour in the workplace (2nd Edn.)*. London: Pitman Publishing.

Aronoff, J. (1967). *Psychological needs and cultural systems: A case study*. Princeton, NJ: Van Nostrand.

Aronson, E., Blaney, N., Stephan, C., Sikes, J., & Snapp, M. (1978). *The jigsaw classroom*. Beverly Hills, CA: Sage.

Aronson, E., & Osherow, N. (1980). Co-operation, prosocial behaviour, and academic performance: Experiments in the desegregated classroom. In L. Bickerman (Ed.), *Applied social psychology annual*. Beverley Hills, CA: Sage.

Arterberry, M., Yonas, A., & Bensen, A.S. (1989). Self-produced locomotion and the development of responsiveness to linear perspective and texture gradients. *Developmental Psychology, 25*, 976–982.

Asch, S.E. (1951). Effects of group pressure on the modification and distortion of judgements. In H. Guetzkow (Ed.), *Groups, leadership and men*. Pittsburgh: Carnegie.

Asch, S.E. (1956). Studies of independence and conformity: A minority of one against a unanimous majority. *Psychological Monographs, 70* (Whole no. 416).

Aserinsky, E., & Kleitman, N. (1955). Two types of ocular motility occurring in sleep. *Journal of Applied Physiology, 8*, 1–10.

Ashley, W.R., Harper, R.S., & Runyon, D.L. (1951). The perceived size of coins in normal and hypnotically induced economic states. *American Journal of Psychology, 64*, 564–572.

Ashton, H. (1997). Benzodiazepine dependency. In A. Baum, S. Newman, J. Weinman, R. West, & C. McManus (Eds.), *Cambridge handbook of psychology, health and medicine*. Cambridge: Cambridge University Press.

Atchley, R. (1977). *The sociology of retirement*. Cambridge, MA: Schenkman.

Atkinson, R.C., & Raugh, M.R. (1975). An application of the mnemonic keyword method to the acquisition of a Russian vocabulary. *Journal of Experimental Psychology: Human Learning and Memory, 104*, 126–133.

Atkinson, R.C., & Shiffrin, R.M. (1968). Human memory: A proposed system and its control processes. In K.W. Spence and J.T. Spence (Eds.), *The psychology of learning and motivation, Vol. 2*. London: Academic Press.

Atkinson, R.L., Atkinson, R.C., Smith, E.E., & Bem, D.J. (1993). *Introduction to psychology (11th Edn.)*. New York: Harcourt Brace College Publishers.

Aubry, T., Tefft, B., & Kingsbury, N. (1990). Behavioural and psychological consequences of unemployment in blue-collar couples. *Journal of Community Psychology, 18*, 99–109.

Ax, A.F. (1953). The physiological differentiation between fear and anger in humans. *Psychosomatic Medicine, 15*, 433–442.

Axelrod, R. (1984). *The evolution of cooperation*. New York: Basic Books.

Axelrod, R., & Hamilton, W.D. (1981). The evolution of cooperation. *Science, 211*, 1390–1396.

Axline, V. (1971). *Dibs: In search of self.* Harmondsworth, UK: Penguin.

Ayllon, T., & Azrin, N.H. (1968). *The token economy: A motivational system for therapy and rehabilitation.* New York: Appleton-Century-Crofts.

Ayman, R., & Chemers, M.M. (1983). The relationship of supervisory behaviour ratings to work group effectiveness and subordinate satisfaction among Iranian managers. *Journal of Applied Psychology, 68,* 338–341.

Baars, B.J. (1997). Consciousness versus attention, perception, and working memory. *Consciousness and Cognition, 5,* 363–371.

Bachen, E., Cohen, S., & Marsland, A.L. (1997). Psychoimmunology. In A. Baum, S. Newman, J. Weinman, R. West, & C. McManus (Eds.), *Cambridge handbook of psychology, health, and medicine.* Cambridge: Cambridge University Press.

Baddeley, A.D. (1990). *Human memory: Theory and practice.* Hove, UK: Psychology Press.

Baddeley, A.D., & Hitch, G.J. (1974). Working memory. In G. H. Bower (Ed.), *The psychology of learning and motivation, Vol. 8.* London: Academic Press.

Baddeley, A.D., & Lewis, V.J. (1981). Inner active processes in reading: The inner voice, the inner ear and the inner eye. In A.M. Lesgold & C.A. Perfetti (Eds.), *Interactive processes in reading.* Hillsdale, NJ: Lawrence Erlbaum Associates Inc.

Baddeley, A.D., Thomson, N., & Buchanan, M. (1975). Word length and the structure of short-term memory. *Journal of Verbal Learning and Verbal Behavior, 14,* 575–589.

Baddeley, A.D., & Warrington, E.K. (1970). Amnesia and the distinction between long- and short-term memory. *Journal of Verbal Learning and Verbal Behavior, 9,* 176–189.

Baddeley, A.D., & Wilson, B. (1985). Phonological coding and short-term memory in patients without speech. *Journal of Memory and Language, 24,* 490–502.

Baillargeon, R., & Graber, M. (1988). Evidence of location memory in 8-month-old infants in a nonsearch AB task. *Developmental Psychology, 24,* 502–511.

Bakeman, R., & Brownlee, J. (1980). The strategic use of parallel play: A sequential analysis. *Child Development, 51,* 873–878.

Bales, R.F. (1950). *Interaction process analysis: A method for the study of small groups.* Reading, MA: Addison-Wesley.

Bales, R.F., & Slater, P.E. (1955). Role differentiation in small decision-making groups. In T. Parsons & R.F Bales (Eds.), *Family, socialisation and interaction process.* Glencoe: Free Press.

Banaji, M.R., & Crowder, R.G. (1989). The bankruptcy of everyday memory. *American Psychologist, 44,* 1185–1193.

Bandura, A. (1965). Influences of models' reinforcement contingencies on the acquisition of initiative responses. *Journal of Personality and Social Psychology, 1,* 589–593.

Bandura, A. (1973). *Aggression: A social learning analysis.* Englewood Cliffs, NJ: Prentice-Hall.

Bandura, A. (1977). Self-efficacy: Toward a unifying theory of behavioural change. *Psychological Review, 84,* 191–215.

Bandura, A. (1986). *Social foundations of thought and action: A social cognitive theory.* Englewood Cliffs, NJ: Prentice-Hall.

Bandura, A., & Cervone, D. (1983). Self-evaluation and self-efficacy mechanisms governing the motivational effect of goal systems. *Journal of Personality and Social Psychology, 45,* 1017–1028.

Bandura, A., & McDonald, F.J. (1963). The influence of social reinforcement and the behaviour of models in shaping children's moral judgements. *Journal of Abnormal and Social Psychology, 67,* 274–281.

Bandura, A., Ross, D., & Ross, S.A. (1963). Transmission of aggression through imitation of aggressive models. *Journal of Abnormal and Social Psychology, 66,* 3–11.

Banuazizi, A., & Mohavedi, S. (1973). Interpersonal dynamics in a simulated prison: A methodological analysis. *American Psychologist, 30,* 152–160.

Baran, S.J. (1979). Television drama as a facilitator of pro-social behaviour. *Journal of Broadcasting, 23,* 277–285.

Barber, J.P., & DeRubeis, R.J. (1989). On second thought: Where the action is in cognitive therapy for depression. *Cognitive Therapy and Research, 13,* 441–457.

Barber, T.X. (1976). *Pitfalls in human research.* Oxford: Pergamon.

Barkley, R.A., DuPaul, G.J., & McMurray, M.B. (1990a). A comprehensive evaluation of attention deficit disorder with and without hyperactivity defined by research criteria. *Journal of Consulting and Clinical Psychology, 58,* 775–789.

Barkley, R.A., Fischer, M., Edelbrock, C.S., & Smallish, L. (1990b). The adolescent outcome of hyperactive children diagnosed by research criteria: 1. An 8 year prospective follow-up study. *Journal of the American Academy of Child and Adolescent Psychiatry, 29,* 546–557.

Barkley, R.A., Karlsson, J., Pollard, S., & Murphy, J.U. (1985). Developmental changes in the mother–child interactions of hyperactive boys: Effects of two dose levels of Ritalin. *Journal of Child Psychology and Psychiatry, 26,* 705–715.

Barkley, R.A., Ullman, D.G., Otto, L., & Brecht, J.M. (1977). The effects of sex typing and sex appropriateness of modelled behaviour on children's imitation. *Child Development, 48,* 721–725.

Barlow, D.H., & Durand, V.M. (1995). *Abnormal psychology: An integrative approach.* New York: Brooks/Cole.

Barnard, C.J. (1980). *Animal behaviour: Ecology and evolution.* London: Croom Helm.

Barnier, G. (1989). L'effet-tuteur dans des situations mettant en jeu des rapports spatiaux chez des enfants de 7–8 ans en interactions dyadiques avec des pairs de 6 –7 ans. *European Journal of Psychology of Education, 4,* 385–399.

Baron, R.A. (1973). Threatened retaliation from the victim as an inhibitor of physical aggression. *Journal of Research in Personality, 7,* 103–115.

Baron, R.A. (1977). *Human aggression.* New York: Plenum.

Baron, R.A., & Bell, P.A. (1976). Aggression and heat: The influence of ambient temperature, negative affect, and a cooling drink on physical aggression. *Journal of Personality and Social Psychology, 33,* 245–255.

Baron, R.A., & Byrne, D. (1991). *Social psychology: Understanding human interaction (6th Edn.).* Boston: Allyn & Bacon.

Baron, R.A., & Kepner, C.R. (1970). Model's behaviour and attraction toward the model as determinants of adult aggressive behaviour. *Journal of Personality and Social Psychology, 14,* 335–344.

Baron, R.A., & Richardson, D.R. (1993). *Human aggression (2nd Edn.).* New York: Plenum.

Baron-Cohen, S. (1994). Infantile autism. In A.M. Colman (Ed.), *Companion encyclopedia of psychology, Vol. 2.* London: Routledge.

Baron-Cohen, S., Leslie, A.M., & Frith, U. (1985). Does the autistic child have a "theory of mind"? *Cognition, 21,* 37–46.

Barrett, J.E. (1979). The relationship of life events to the onset of neurotic disorders. In J.E. Barrett (Ed.), *Stress and mental disorder*. New York: Raven Press.

Barrett, M., & Short, J. (1992). Images of European people in a group of 5–10 year old English school children. *British Journal of Developmental Psychology, 10*, 339–363.

Barrett, P.T., & Kline, P. (1982). An item and radial parcel analysis of the 16PF questionnaire. *Personality and Individual Differences, 3*, 259–270.

Barry, H., Bacon, M.K., & Child, I.L. (1957). A cross-cultural survey of some sex differences in socialisation. *Journal of Abnormal and Social Psychology, 55*, 327–332.

Bartlett, F.C. (1932). *Remembering: A study in experimental and social psychology*. Cambridge: Cambridge University Press.

Bates, J. E., Maslin, C.A., & Frankel, K.A. (1985). Attachment security, mother–child interaction, and temperament as predictors of behaviour-problem ratings at age three years. In I. Bretherton & E. Waters (Eds.), *Growing points of attachment theory and research*. Monographs of the Society for Research in Child Development, 50, No. 209.

Bateson, G., Jackson, D.D., Haley, J., & Weakland, J. (1956). Toward a theory of schizophrenia. *Behavioral Science, 1*, 251–264.

Bateson, P. (1986). When to experiment on animals. *New Scientist, 109*, 30–32.

Batson, C.D. (1987). Prosocial motivation: Is it ever truly altruistic? In L. Berkowitz (Ed.), *Advances in experimental social psychology, Vol. 20*. New York: Academic Press.

Batson, C.D., Batson, J.G., Slingsby, J.K., Harrell, K.L., Peekna, H.M., & Todd, R.M. (1991). Empathic joy and the empathy-altruism hypothesis. *Journal of Personality and Social Psychology, 61*, 413–426.

Batson, C.D., et al. (1978). Failure to help when in a hurry: Callousness or conflict? *Personality and Social Psychology Bulletin, 4*, 97–101.

Batson, C.D., Duncan, B.D., Ackerman, P., Buckley, T., & Birch, K. (1981). Is empathic emotion a source of altruistic motivation? *Journal of Personality and Social Psychology, 40*, 290–302.

Batson, C.D., Dyck, J.L., Brandt, J.R., Batson, J.G., Powell, A.L., McMaster, M.R., & Griffit, C. (1988). Five studies testing new egotistic alternatives to the empathy-altruism hypothesis. *Journal of Personality and Social Psychology, 55*, 52–77.

Batson, C.D., & Oleson, K.C. (1991). Current status of the empathy-altruism hypothesis. In M.S. Clark (Ed.), *Prosocial behaviour: Review of personality and social psychology, Vol. 12*. Newbury Park, CA: Sage.

Batson, C.D., O'Quinn, K., Fultz, J., Vanderplas, N., & Isen, A.M. (1983). Influence of self-reported distress and empathy on egoistic versus altruistic motivation to help. *Journal of Personality and Social Psychology, 45*, 706–718.

Baumrind, D. (1980). New directions in socialisation research. *American Psychologist, 35*, 639–652.

Beaman, A.L., Klentz, B., Diener, E., & Svanum, S. (1979). Self-awareness and transgression in children: Two field studies. *Journal of Personality and Social Psychology, 37*, 1835–1846.

Beck, A.T. (1976). *Cognitive therapy of the emotional disorders*. New York: New American Library.

Beck, A.T., & Clark, D.A. (1988). Anxiety and depression: An information processing perspective. *Anxiety Research, 1*, 23–36.

Beck, A.T., & Emery, G. (1985). *Anxiety disorders and phobias*. New York: Basic Books.

Beck, A.T., Rush, A.J., Shaw, B.F., & Emery, G. (1979). *Cognitive therapy of depression*. New York: Guilford Press.

Beck, A.T., & Ward, C.H. (1961). Dreams of depressed patients: Characteristic themes in manifest content. *Archives of General Psychiatry, 5*, 462–467.

Beck, A.T., & Weishaar, M.E. (1989). Cognitive therapy. In R.J. Corsini & D. Wedding (Eds.), *Current psychotherapies*. Itacca, IL: Peacock.

Beck, I.L., & Carpenter, P.A. (1986). Cognitive approaches to understanding reading. *American Psychologist, 41*, 1088–1105.

Becker, J.M.T. (1977). A learning analysis of the development of peer-oriented behaviour in nine-month-old infants. *Developmental Psychology, 13*, 481–491.

Bee, H. (1994). *Lifespan development*. New York: HarperCollins.

Bee, H.L., & Mitchell, S.K. (1984). *The developing person: A life-span approach (2nd Edn.)*. New York: Harper & Row.

Beehler, B.M., & Foster, M.S. (1988). Hotshots, hotspots, and female preference in the organisation of lek mating systems. *American Naturalist, 14*, 203–219.

Behrend, D.A., Harris, L.L., & Cartwright, K.B. (1992). Morphological cues to verb meaning: Verb inflections and the initial mapping of verb meanings. *Journal of Child Language, 22*, 89–106.

Bellrose, F.C. (1958). Celestial orientation in wild mallards. *Bird Banding, 29*, 75–90.

Belsky, J., & Rovine, M. (1987). Temperament and attachment security in the Strange Situation: A rapprochement. *Child Development, 58*, 787–795.

Bem, S.L. (1974). The measurement of psychological androgyny. *Journal of Consulting and Clinical Psychology, 42*, 155–162.

Bem, S.L. (1985). Androgyny and gender schema theory: A conceptual and empirical integration. In T.B. Snodegegger (Ed.), *Nebraska symposium on motivation: Psychology and gender*. Lincoln, NE: University of Nebraska Press.

Benderly, B.L. (1980). The great ape debate. *Science, 174*, 1139–1141.

Benson, D.F. (1985). Aphasia. In K.M. Heilman & E. Valenstein (Eds.), *Clinical neuropsychology*. Oxford: Oxford University Press.

Ben-Tovim, M.V., & Crisp, A.H. (1979). Personality and mental state within anorexia nervosa. *Journal of Psychosomatic Research, 23*, 321–325.

Bereiter, C., Burtis, P.J., & Scardamalia, M. (1988). Cognitive operations in constructing main points in written composition. *Journal of Memory and Language, 27*, 261–278.

Bereiter, C., & Scardamalia, M. (1987). *The psychology of written composition*. Hillsdale, NJ: Lawrence Erlbaum Associates Inc.

Bergen, D.J., & Williams, J.E. (1991). Sex stereotypes in the United States revisited. *Sex Roles, 24*, 413–423.

Berger, J. (1983). Induced abortion and social factors in wild horses. *Nature, 303*, 59–61.

Bergin, A.E. (1971). The evaluation of therapeutic outcomes. In A.E. Bergin & S.L. Garfield (Eds.), *Handbook of psychotherapy and behaviour change*. New York: Wiley.

Berk, L.E. (1994). Why children talk to themselves. *Scientific American, November*, 60–65.

Berkman, L.F., & Syme, S.L. (1979). Social networks, host resistance, and mortality: A nine year follow-up study of

Alameda County residents. *American Journal of Epidemiology, 109,* 186–204.
Berko, J. (1958). The child's learning of English morphology. *Word, 14,* 150–177.
Berkowitz, L. (1968). Impulse, aggression and the gun. *Psychology Today, September,* 18–22.
Berkowitz, L. (1989). Frustration-aggression hypothesis: Examination and reformulation. *Psychological Bulletin, 106,* 59–73.
Berkowitz, L., & LePage, A. (1967). Weapons as aggression-eliciting stimuli. *Journal of Personality and Social Psychology, 7,* 202–207.
Berkun, M.M., Bialek, H.M., Kern, R.P., & Yagi, K. (1962). Experimental studies of psychological stress in man. *Psychological Monographs, 76,* No. 15.
Bermond, B., Nieuwenhuyse, B., Fasotti, L., & Schwerman, J. (1991). Spinal cord lesions, peripheral feedback, and intensities of emotional feelings. *Cognition and Emotion, 5,* 201–220.
Berndt, R., & Sternberg, H. (1969). Alters und Geschlechtsunterschiede in der dispersion des Trauerschnappers *(Ficedula hypoleuca). Journal Ornithologie, 110,* 22–26.
Bernstein, B. (1961). Social class and linguistic development. In A.H. Halsey, J. Flaud, & C.A. Anderson (Eds.), *Education, economy and society.* London: Collier-Macmillan.
Bernstein, B. (1973). *Class, codes and control.* London: Paladin.
Berry, D.C., & Broadbent, D.E. (1984). On the relationship between task performance and associated verbalisable knowledge. *Quarterly Journal of Experimental Psychology, 36A,* 209–231.
Berry, D.T.R., & Webb, W.B. (1983). State measures and sleep stages. *Psychological Reports, 52,* 807–812.
Berry, J.W. (1969). On cross-cultural comparability. *International Journal of Psychology, 4,* 119–128.
Berry, J.W. (1974). Radical cultural relativism and the concept of intelligence. In J.W. Berry & P.R. Dasen (Eds.), *Culture and cognition: Readings in cross-cultural psychology.* London: Methuen.
Berry, J.W. (1997). Acculturation strategies. In A. Baum, S. Newman, J. Weinman, R. West, & C. McManus (Eds.), *Cambridge handbook of psychology, health, and medicine.* Cambridge: Cambridge University Press.
Berryman, J.C., Hargreaves, D., Herbert, M., & Taylor, A. (1991). *Developmental psychology and you.* Leicester: BPS Books.
Bertelsen, B., Harvald, B., & Hauge, M. (1977). A Danish twin study of manic-depressive disorders. *British Journal of Psychiatry, 130,* 330–351.
Berthold, P., Wiltschko, W., Miltenberger, H., & Querner, W. (1990). Genetic transmission of migratory behaviour into a non-migrating population. *Experientia, 46,* 107–108.
Bertram, B.C.R. (1980). Vigilance and group size in ostriches. *Animal Behaviour, 28,* 278–286.
Bettelheim, B. (1973). Bringing up children. *Ladies Home Journal, 90,* 28.
Beutler, L.E., Cargo, M., & Arizmendi, T.G. (1986). Therapist variables in psychotherapy process and outcome. In S.L. Garfield & A.E. Bergin (Eds.), *Handbook of psychotherapy and behaviour change (3rd Edn.).* Chichester: Wiley.
Biderman, A.D. (1960). Social psychological needs and "involuntary" behaviour as illustrated by compliance in interrogation. *Sociometry, 23,* 120–147.

Biederman, I. (1987). Recognition-by-components: A theory of human image understanding. *Psychological Review, 94,* 115–147.
Biederman, I., & Cooper, E. (1991). Priming contour-deleted images: Evidence for intermediate representations in visual object recognition. *Cognitive Psychology, 23,* 393–419.
Biederman, I., Glass, A.L., & Stacy, E.W. (1973). Searching for objects in real-world scenes. *Journal of Experimental Psychology, 97,* 22–27.
Biederman, I., Ju, G., & Clapper, J. (1985). *The perception of partial objects.* Unpublished manuscript, State University of New York at Buffalo.
Binet, A., & Simon, T. (1916). *The development of intelligence in children.* Baltimore: Williams & Wilkins.
Birch, H.G. (1945). The relationship of previous experience to insightful problem solving. *Journal of Comparative Psychology, 38,* 267–283.
Birkhead, T.R., & Moller, A.P. (1992). *Sperm competition in birds: Evolutionary causes and consequences.* London: Academic Press.
Bjorklund, A., & Lindvall, O. (1986). Catecholaminergic brainstem regulatory systems. In V. B. Mountcastle, F.E. Bloom, & S.R. Geiger (Eds.), *Handbook of physiology: The nervous system, Vol. 4.* Bethesda, MD: American Psychological Society.
Bjorkqvist, K., Lagerspetz, K.M.J., & Kaukiainen, A. (1992). Do girls manipulate and boys fight? Developmental trends regarding direct and indirect aggression. *Aggressive Behavior, 18,* 157–166.
Blake, M.J.F. (1967). Time of day effects on performance on a range of tasks. *Psychonomic Science, 9,* 349–350.
Blake, W. (1973). The influence of race on diagnosis. *Smith College Studies in Social Work, 43,* 184–192.
Blakemore, C. (1988). *The mind machine.* London: BBC Publications.
Blasdel, G.G. (1992). Orientation selectivity, preference, and continuity in monkey striate cortex. *Journal of Neuroscience, 12,* 3139–3161.
Blasi, A. (1980). Bridging moral cognition and moral action: A critical review of the literature. *Psychological Bulletin, 88,* 1–45.
Blinkhorn, S., & Johnson, C. (1990). The insignificance of personality testing. *Nature, 348,* 671–672.
Blumenthal, M., Kahn, R.L., Andrews, F.M., & Head, K.B. (1972). *Justifying violence: The attitudes of American men.* Ann Arbor: Institute for Social Research.
Blumstein, P., & Schwartz, P. (1983). *American couples: Money, work, sex.* New York: Morrow.
Bock, K., & Levelt, W. (1994). Language production: Grammatical encoding. In M.A. Gernsbacher (Ed.), *Handbook of psycholinguistics.* London: Academic Press.
Bodenhausen, G.V. (1988). Stereotypic biases in social decision making: Testing process models of stereotype use. *Journal of Personality and Social Psychology, 55,* 726–737.
Bogdonoff, M.D., Klein, E.J., Shaw, D.M., & Back, K.W. (1961). The modifying effect of conforming behaviour upon lipi responses accompanying CNS arousal. *Clinical Research, 9,* 135.
Bohannon, J.N., & Warren-Leubecker, A. (1989). Theoretical approaches to language acquisition. In J.B. Gleason (Ed.), *The development of language.* Columbus, OH: Merrill.
Bohannon, P. (1970). *Divorce and after.* New York: Doubleday.

Bokert, E. (1970) *The effects of thirst and related auditory stimulation on dream reports*. Paper presented to the Association for the Physiological Study of Sleep, Washington, DC.

Bond, C.F., DiCandia, C.G., & MacKinnon, J.R. (1988). Responses to violence in a psychiatric setting: The role of the patient's race. *Personality and Social Psychology Bulletin, 14*, 448–458.

Bond, R., & Smith, P. B. (1993). Culture and conformity: A meta-analysis of studies using Asch's (1952b, 1956) line judgment task. *Psychological Bulletin, 119*, 111–137.

Bond, S., & Cash, T.F. (1992). Black beauty: Skin colour and body images among African-American college women. *Journal of Applied Social Psychology, 22*, 874–888.

Boring, E.G. (1957). *A history of experimental psychology (2nd Edn.)*. New York: Appleton-Century-Crofts.

Bornstein, M.H., Toda, S., Azuma, H., Tamis-Lemonda, C., & Ogino, M. (1990). Mother and infant activity and interaction in Japan and in the United States: II. A comparative microanalysis of naturalistic exchanges focused on the organisation of infant attention. *International Journal of Behavioral Development, 13*, 289–308.

Bossard, J. (1932). Residential propinquity as a factor in marriage selection. *American Journal of Sociology, 38*, 219–224.

Bouchard, T.J., Lykken, D.T., McGue, M., Segal, N.L., & Tellegen, A. (1990). Sources of human psychological differences: The Minnesota study of twins reared apart. *Science, 250*, 223–228.

Bouchard, T.J., & McGue, M. (1981). Familial studies of intelligence: A review. *Science, 212*, 1055–1059.

Bourke, P.A., Duncan, J., & Nimmo-Smith, I. (1996). A general factor involved in dual-task performance decrement. *Quarterly Journal of Experimental Psychology, 49A*, 525–545.

Bower, G.H., Black, J.B., & Turner, T.J. (1979). Scripts in memory for text. *Cognitive Psychology, 11*, 177–220.

Bower, G.H., Clark, M.C., Lesgold, A.M., & Winzenz, D. (1969). Hierarchical retrieval schemes in recall of categorised word lists. *Journal of Verbal Learning and Verbal Behavior, 8*, 323–343.

Bower, T.G.R. (1966). The visual world of infants. *Scientific American, 215*, 80–92.

Bower, T.G.R. (1971). The object in the world of the infant. *Scientific American, 225*, 31–38.

Bower, T.G.R. (1979). *Human development*. San Francisco: W.H. Freeman.

Bower, T.G.R. (1982). *Development in infancy (2nd Edn.)*. San Francisco: W.H. Freeman.

Bower, T.G.R., Broughton, J.M., & Moore, M.K. (1970). The co-ordination of visual and tactual input in infants. *Perception & Psychophysics, 8*, 51–53.

Bower, T.G.R., & Wishart, J.G. (1972). The effects of motor skill on object permanence. *Cognition, 1*, 165–172.

Bowers, K.S. (1973). Situationism in psychology: An analysis and a critique. *Psychological Review, 80*, 307–336.

Bowers, K.S. (1983). *Hypnosis for the seriously curious*. New York: Norton.

Bowlby, J. (1946). *Forty-four juvenile thieves*. London: Balliere, Tindall & Cox.

Bowlby, J. (1951). *Maternal care and mental health*. Geneva: World Health Organisation.

Bowlby, J. (1958). The nature of the child's tie to his mother. *International Journal of Psycho-Analysis, 39*, 350–373.

Bowlby, J. (1969). *Attachment and love, Vol. 1: Attachment*. London: Hogarth.

Bowlby, J. (1973). *Attachment and loss, Vol. 3*. Harmondsworth: Penguin.

Boycott, B.B. (1965). Learning in the octopus. *Scientific American, 212*, 42–50.

Bozarth, M.A., & Wise, R.A. (1985). Toxicity associated with long-term intravenous heroin and cocaine self-administration in the rat. *Journal of the American Medical Association, 254*, 81–83.

Bracht, G.H., & Glass, G.V. (1968). The external validity of experiments. *American Educational Research Journal, 5*, 437–474.

Bradbard, M.R., Martin, C.L., Endsley, R.C., & Halverson, C.F. (1986). Influence of sex stereotypes on children's exploration and memory: A competence versus performance distinction. *Developmental Psychology, 22*, 481–486.

Bradburn, N. (1969). *The structure of psychological well-being*. Chicago: Aldine.

Bradshaw, J.L., & Sherlock, D. (1982). Bugs and faces in the two visual fields: The analytic/holistic processing dichotomy and task sequencing. *Cortex, 18*, 211–226.

Bradshaw, P.W., Ley, P., Kincey, J.A., & Bradshaw, J. (1975). Recall of medical advice: Comprehensibility and specificity. *British Journal of Social and Clinical Psychology, 14*, 55–62.

Braine, M.D.S. (1963). The ontogeny of English phrase structure: The first phase. *Language, 39*, 1–13.

Braine, M.D.S., Reiser, B.J., & Rumain, B. (1984). Some empirical justification for a theory of natural propositional logic. In G. H. Bower (Ed.), *The psychology of learning and motivation, Vol. 18*. New York: Academic Press.

Brainerd, C.J. (1983). Modifiability of cognitive development. In S. Meadows (Ed), *Developing thinking: Approaches to children's cognitive development*. London: Methuen.

Brandsma, J.M., Maultsby, M.C., & Welsh, R. (1978). Self-help techniques in the treatment of alcoholism. Cited in G.T. Wilson & K.D. O'Leary, *Principles of behaviour therapy*. Englewood Cliffs, NJ: Prentice-Hall.

Bransford, J.D. (1979). *Human cognition: Learning, understanding and remembering*. Belmont, CA: Wadsworth.

Bransford, J.D., Barclay, J.R., & Franks, J.J. (1972). Sentence memory: A constructive versus interpretive approach. *Cognitive Psychology, 3*, 193–209.

Bransford, J.D., Franks, J.J., Morris, C.D., & Stein, B.S. (1979). Some general constraints on learning and memory research. In L.S. Cermak & F.I.M. Craik (Eds.), *Levels of processing in human memory*. Hillsdale, NJ: Lawrence Erlbaum Associates Inc.

Bransford, J.D., & Johnson, M.K. (1972). Contextual prerequisites for understanding: Some investigations of comprehension and recall. *Journal of Verbal Learning and Verbal Behavior, 11*, 717–726.

Breger, L., Hunter, I., & Lane, R.W. (1971). The effect of stress on dreams. *Psychological Issues, 7*, 1–213.

Brehm, S.S. (1992). *Intimate relationships (2nd Edn.)*. New York: McGraw-Hill.

Breland, K., & Breland, M. (1961). The misbehaviour of organisms. *American Psychologist, 61*, 681–684.

Brennan, S.E. (1990). *Seeking and providing evidence for mutual understanding*. Unpublished PhD thesis. Stanford University, Stanford, CA.

Brett, D.J., & Cantor, J. (1988). The portrayal of men and women in US television commercials: A recent content analysis and trends over 15 years. *Sex Roles, 18*, 595–609.

Brewer, M.B., & Miller, N. (1984). Beyond the contact hypothesis: Theoretical perspectives on desegregation. In N. Miller & M.B. Brewer (Eds.), *Groups in contact: The psychology of desegregation*. Orlando, FL: Academic Press.

Brewin, C.R. (1988). *Cognitive foundations of clinical psychology*. Hove, UK: Psychology Press.

Brewin, C.R., Andrews, B., & Gotlib, I.H. (1993). Psychopathology and early experience: A reappraisal of retrospective reports. *Psychological Bulletin, 113*, 82–98.

Brickman, P., Rabinowitz, V.C., Karuza, J., Coates, D., Cohn, E., & Kidder, L. (1982). Models of helping and coping. *American Psychologist, 37*, 368–384.

Brief, A.P., Burke, M.J., George, J.M., Robinson, B.S., & Webster, J. (1991). Should negative affectivity remain an unmeasured variable in the study of job stress? *Journal of Applied Psychology, 73*, 193–198.

Brien, D. (Ed.) (1992). *Dictionary of British Sign Language/English*. London: Faber & Faber.

Brigham, J.C. (1971). Ethnic stereotypes. *Psychological Bulletin, 76*, 15–38.

Bright, M. (1984). *Animal language*. London: BBC Publications.

Brill, N.Q., & Christie, R.L. (1974). A theory of visual stability across saccadic eye movements. *Behavioral and Brain Sciences, 17*, 247–292.

Brinkman, C. (1984). Supplementary motor area of the monkey's cerebral cortex: Short- and long-term deficits after unilateral ablation and the effects of subsequent callosal section. *Journal of Neuroscience, 4*, 918–929.

British Psychological Society (1993). *Code of conduct, ethical principles and guidelines*. Leicester: British Psychological Society.

Broadbent, D.E. (1958). *Perception and communication*. Oxford: Pergamon.

Broadbent, D.E. (1982). Task combination and selective intake of information. *Acta Psychologica, 50*, 253–290.

Broca, P. (1861). Remarques sur le siège de la faculté du langage articulé suivées d'une observation d'aphémie. *Bulletin de la Société Anatomique, 6*, 330–357.

Brody, G.H., & Shaffer, D.R. (1982). Contributions of parents and peers to children's moral socialisation. *Developmental Review, 2*, 31–75.

Brody, N. (1988). *Personality: In search of individuality*. London: Academic Press.

Bronfenbrenner, U. (1970). *Two worlds of childhood: US and USSR*. New York: Russell Sage Foundation.

Bronfenbrenner, U. (1979). *The ecology of human development: Experiments by nature and design*. Cambridge, MA: Cambridge University Press.

Broverman, I.K., Broverman, D.M., Clarkson, F.E., Rosencrantz, P.S., & Vogel, S.R. (1981). Sex role stereotypes and clinical judgements of mental health. In E. Howell & M. Bayes (Eds.), *Women and mental health*. New York: Basic Books.

Brown, C.R., & Brown, M.B. (1986). Ectoparasitism as a cost of coloniality in cliff swallows (*Hirundo pyrrhonota*). *Ecology, 67*, 1206–1218.

Brown, G.W. (1989). Depression. In G.W. Brown & T.O. Harris (Eds.), *Life events and illness*. New York: Guilford Press.

Brown, G.W., & Harris, T. (1978). *Social origins of depression*. London: Tavistock.

Brown, G.W., & Harris, T. (1982). Fall-off in the reporting of life events. *Social Psychiatry, 17*, 23.

Brown, J. (1991). Staying fit and staying well: Physical fitness as a moderator of life stress. *Journal of Personality and Social Psychology, 60*, 555–561.

Brown, J.L. (1964). The evolution of diversity in avian territorial systems. *Wilson Bulletin, 76*, 160–169.

Brown, J.S., & Burton, R.D. (1978). Diagnostic model for procedural bugs in basic mathematical skills. *Cognitive Science, 2*, 155–192.

Brown, M. (1993). Sequential and simultaneous choice processes in the radial arm maze. In T. Zentall (Ed.), *Animal cognition: A tribute to Donald A. Riley*. Hillsdale, NJ: Lawrence Elrbaum Associates Inc.

Brown, R. (1965). *Social psychology*. New York: Free Press.

Brown, R. (1973). *A first language: The early stages*. London: George Allen & Unwin.

Brown, R. (1978). Divided we fall: An analysis of relations between sections of a factory work-force. In H. Tajfel (Ed.), *Differentiation between social groups: Studies in the social psychlogy of intergroup relations*. London: Academic Press.

Brown, R. (1988). Intergroup relations. In M. Hewstone, W. Stroebe, J.P. Codol, & G.M. Stephenson (Eds.), *Introduction to social psychology*. Oxford: Blackwell.

Brown, R. (1996). Intergroup relations. In M. Hewstone, W. Stroebe, & G.M. Stephenson (Eds.), *Introduction to social psychology (2nd edn.)*. Oxford: Blackwell.

Brown, R., Cazden, C., & Bellugi, U. (1969). The child's grammar from I to III. In J.P. Hill (Ed.), *Minnesota symposium on child psychology, Vol. 2*. Minneapolis, MI: University of Minnesota Press.

Brown, R., Fraser, C., & Bellugi, U. (1964). The acquisition of language. *Monographs of the Society for Research in Child Development, 29*, 92.

Brown, R., & Kulik, J. (1977). Flashbulb memories. *Cognition, 5*, 73–99.

Brown, R.C., & Tedeschi, J.T. (1976). Determinants of perceived aggression. *Journal of Social Psychology, 100*, 77–87.

Brown, R.J., & Wade, G.S. (1987). Superordinate goals and intergroup behaviour. In J.C. Turner & H. Giles (Eds.), *Intergroup behaviour*. Oxford: Blackwell.

Brown, V., & Geis, F.L. (1984). Turning lead into gold: Evaluations of men and women leaders and the alchemy of social consensus. *Journal of Personality and Social Psychology, 46*, 811–824.

Brownell, C.A. (1990). Peer social skills in toddlers: Competencies and constraints illustrated by same-age and mixed-age interaction. *Child Development, 61*, 838–848.

Brownell, C.A., & Carriger, M.S. (1990). Changes in cooperation and self–other differentiation during the second year. *Child Development, 61*, 1164–1174.

Bruce, M.L., Takeuchi, D.T., & Leaf, P.J. (1991). Poverty and psychiatric status: Longitudinal evidence from the New Haven Epidemiologic Catchment Area Study. *Archives of General Psychiatry, 48*, 470–474.

Bruce, V., & Green, P.R. (1990). *Visual perception: Physiology, psychology, and ecology (2nd Edn.)*. Hove, UK: Psychology Press.

Bruce, V., Green, P.R., & Georgeson, M.A. (1996). *Visual perception: Physiology, psychology, and ecology (3rd Edn.)*. Hove, UK: Psychology Press.

Bruner, J.S., & Goodman, C.D. (1947). Value and need as organising factors in perception. *Journal of Abnormal and Social Psychology, 42*, 33–44.

Bruner, J.S., Olver, R.R., & Greenfield, P.M. (1966). *Studies in cognitive growth*. New York: Wiley.

Bruner, J.S., Postman, L., & Rodrigues, J. (1951). Expectations and the perception of colour. *American Journal of Psychology, 64*, 216–227.

Bruno, N., & Cutting, J.E. (1988). Mini-modularity and the perception of layout. *Journal of Experimental Psychology: General, 117*, 161–170.

Bryant, P.E., & Bradley, L. (1985). *Children's reading problems*. Oxford: Blackwell.

Buchsbaum, M.S., Kessler, R., King, A., Johnson, J., & Cappelletti, J. (1984). Simultaneous cerebral glucography with positron emission tomography and topographic electroencephalography. In G. Pfurtscheller, E.J. Jonkman, & F. H. Lopes da Silva (Eds.), *Brain ischemia: Quantitative EEG and imaging techniques*. Amsterdam: Elsevier.

Buehler, R., Griffin, D., & Ross, M. (1994). Exploring the "planning fallacy": Why people underestimate their task completion times. *Journal of Personality and Social Psychology, 67*, 366–381.

Bunker-Rohrbaugh, J. (1980). *Women: Psychology's puzzle*. Brighton: Harvester Press.

Burgess, R.L., & Wallin, P. (1953). Marital happiness of parents and their children's attitudes to them. *American Sociological Review, 18*, 424–431.

Burghardt, G.M. (1970). Defining "communication." In J.W. Johnston, D.G. Moulton, & A. turk (Eds.), *Communication by chemical signals*. New York: Appleton-Century-Crofts.

Burk, T. (1984). Male–male interactions in Caribbean fruit flies, *Anastrepha suspensa* (Loew) (Diptera: Tephritidae): Territorial fights and signalling stimulation. *Florida Entomologist, 67*, 542–547.

Burman, E., & Parker, I. (1993). *Discourse analytic research: Repertoires and readings of texts in action*. London: Routledge.

Burns, J. (1993). Invisible women — Women who have learning disabilities. *The Psychologist, 6*, 102–105.

Burr, V. (1997). Social constructionism and psychology. *The New Psychologist*, April, 7–12.

Burt, C. (1955). The evidence for the concept of intelligence. *British Journal of Psychology, 25*, 158–177.

Burton, R.V. (1976). Honesty and dishonesty. In T. Lickona (Ed.), *Moral development and behaviour*. New York: Holt, Rinehart & Winston.

Bury, M., & Holme, A. (1991). *Life after ninety*. London: Routledge.

Bushman, B.J., & Cooper, H.M. (1990). Effects of alcohol on human aggression: An integrative research review. *Psychological Bulletin, 107*, 341–354.

Bushnell, I.W.R., Sai, F., & Mullin, J.T. (1989). Neonatal recognition of the mother's face. *British Journal of Developmental Psychology, 7*, 3–13.

Buss, A.H. (1989a). Personality as traits. *American Psychologist, 44*, 1378–1388.

Buss, D.M. (1989b). Sex differences in human mate preferences: Evolutionary hypotheses tested in 37 cultures. *Behavioral and Brain Sciences, 12*, 1–49.

Buss, D.M., Larsen, R.J., Westen, D., & Semmelroth, J. (1992). Sex differences in jealousy: Evolution, physiology and psychology. *Psychological Science, 3*, 251–255.

Butterworth, G.E. (1974). *The development of the object concept in human infants*. Unpublished PhD thesis, University of Oxford.

Butterworth, G.E., & Cicchetti, D. (1978). Visual calibration of posture in normal and Down's syndrome infants. *Perception, 5*, 155–160.

Butterworth, G.E. & Jarrett, N. (1991). What minds have in common is space: Spatial mechanisms serving joint attention in infancy. *British Journal of Developmental Psychology, 9*, 55–72.

Buunk, B.P. (1996). Affiliation, attraction and close relationships. In M. Hewstone, W. Stroebe, & G.M. Stephenson (Eds.), *Introduction to social psychology (2nd Edn.)*. Oxford: Blackwell.

Buunk, B.P., & VanYperen, N.W. (1991). Referential comparisons, relational comparisons and exchange orientation: Their relation to marital satisfaction. *Personality and Social Psychology Bulletin, 17*, 710–718.

Byrne, D. (1971). *The attraction paradigm*. New York: Academic Press.

Byrne, D., London, O., & Griffit, W. (1968). The effect of topic importance and attitude similarity–dissimilarity on attraction in an intrastranger design. *Psychonomic Science, 11*, 303–313.

Cahoun, J.B. (1962). Population density and social pathology. *Scientific American*, February, 206.

Calvert, W.H., Hedrick, L.E., & Brower, L.P. (1979). Mortality of the monarch butterfly (*Danaus plexippus* L.): Avian predation at five overwintering sites in Mexico. *Science, 204*, 847–851.

Campbell, D.T., & Stanley, J.C. (1966). *Experimental and quasi-experimental designs for research*. Chicago: Rand McNally.

Campbell, F.A., & Ramey, C.T. (1994). Effects of early intervention on intellectual and academic achievement: A follow-up study of children from low-income families. *Child Development, 65*, 684–698.

Campfield, L.A., & Smith, F.J. (1990). Systemic factors in the control of food intake: Evidence for patterns as signals. In E.M. Stricker (Ed.), *Handbook of behavioral neurobiology, Vol. 10: Neurobiology of food and fluid intake*. New York: Plenum.

Campos, J.J., Hiatt, S., Ramsay, D., Henderson, C., & Svejda, M. (1978). The emergence of fear on the visual cliff. In M. Lewis & L.A. Rosenblum (Eds.), *The development of affect*. New York: Plenum Press.

Cannon, T.D., Barr, C.E., & Mednick, S.A. (1991). Genetic and perinatal factors in the aetiology of schizophrenia. In E.F. Walker (Ed.), *Schizophrenia: A life-course developmental perspective*. New York: Academic Press.

Cannon, W.B. (1929). *Bodily changes in pain, hunger, fear and rage*. New York: Appleton-Century-Crofts.

Cantwell, D.P., Baker, L., & Rutter, M. (1978). Family factors. In S.B. Cruze, I.J. Baris, & J.E. Barrett (Eds.), *Childhood psychopathology and development*. New York: Raven.

Capron, C., & Duyne, M. (1989). Assessment of effects of socio-economic status on IQ in a full cross-fostering study. *Nature, 340*, 552–554.

Caraco, T., Martindale, S., & Pulliam, H.R. (1980). Flocking: Advantages and disadvantages. *Nature, 285*, 400–401.

Carayon, J. (1974). Insemination traumatique heterosexuelle et homosexuelle chez *Xylocoris maculipennis* (Hem. Anthocoridae). *C.R. Academy of Science Paris, D. 278*, 2803–2806.

Cardon, L.R., Smith, S.D., Fulker, D.W., & Kimbverling, W.J. (1994). Quantitative trait locus for reading disability on chromosome 6. *Science*, 266, 276–279.

Cardwell, M., Clark, L., & Meldrum, C. (1996). *Psychology for A level*. London: Collins Educational.

Carey, M.P., Kalra, D.L., Carey, K.B., Halperin, S., & Richard, C.S. (1993). Stress and unaided smoking cessation: A prospective investigation. *Journal of Consulting and Clinical Psychology*, 61, 831–838.

Carlsmith, H., Ellsworth, P., & Aronson, E. (1976). *Methods of research in social psychology*. Reading, MA: Addison-Wesley.

Carlsmith, J.M., & Anderson, C.A. (1979). Ambient temperature and the occurrence of collective violence: A new analysis. *Journal of Personality and Social Psychology*, 37, 337–344.

Carlson, C.L., Lahey, B.B., & Neeper, R. (1984). Peer assessment of the social behaviour of accepted, rejected, and neglected children. *Journal of Abnormal Child Psychology*, 12, 189–198.

Carlson, N.R. (1994). *Physiology of behavior (5th Edn.)*. Boston: Allyn & Bacon.

Carmichael, L.C., Hogan, H.P., & Walters, A.A. (1932). An experimental study of the effect of language on the reproduction of visually perceived form. *Journal of Experimental Psychology*, 15, 73–86.

Caron, A.J., Caron, R.F., & Carlson, V.R. (1979). Infant perception of the invariant shape of objects varying in slant. *Child Development*, 50, 716–721.

Carpenter, F.L., Paton, D.C., & Hixon, M.A. (1983). Weight gain and adjustment of feeding territory size in migrant hummingbirds. *Proceedings of the National Academy of Science, USA*, 80, 7259–7263.

Carpenter, G. (1975). Mother's face and the newborn. In R. Lewin (Ed.), *Child alive*. London: Temple Smith.

Carroll, B.J., Feinberg, M., Greden, J.F., Haskett, R.F., James, N.M., Steiner, M., & Tarika, J. (1980). Diagnosis of endogenous depression: Comparison of clinical, research, and neuroendocrine criteria. *Journal of Affective Disorders*, 2, 177–194.

Carroll, J.B., & Casagrande, J.B. (1958). The function of language classifications in behaviour. In E.E. Maccoby, T.M. Newcombe, & E. L. Hartley (Eds.), *Readings in social psychology (3rd Edn.)*. Boston: Allyn & Bacon.

Cartwright, D.S. (1979). *Theories and models of personality*. Dubuque, IO: Brown Company.

Carugati, F. (1990). Everyday ideas, theoretical models and social representations: The case of intelligence and its development. In G.R. Semin & K.J. Gergen (Eds.), *Everyday understanding: Social and scientific implications*. London: Sage.

Case, R. (1974). Structures and strictures: Some functional limitations on the course of cognitive growth. *Cognitive Psychology*, 6, 544–573.

Case, R. (1985). *Intellectual development*. Orlando, FL: Academic Press.

Case, R. (1992). Neo-Piagetian theories of intellectual development. In H. Beilin & P.B. Pufall (Eds.), *Piaget's theory: Prospects and possiblities*. Hillsdale, NJ: Erlbaum.

Catchpole, C. (1984). Song is a serenade for the warblers. In G. Ferry (Ed.), *The understanding of animals*. Oxford: Blackwell.

Catchpole, C., Dittami, J., & Leisler, B. (1984). Differential response to male song repertoires in female songbirds implanted with oestradiol. *Nature*, 312, 563–564.

Cattell, R.B. (1946). *Description and measurement of personality*. London: Harrap.

Ceci, S.J. (1991). How much does schooling influence general intelligence and its cognitive components? A reassessment of the evidence. *Developmental Psychology*, 27, 703–722.

Ceci, S.J., Peters, D., & Plotkin, J. (1985). Human subjects review, personal values and the regulation of social science research. *American Psychologist*, 40, 994–1002.

Central Statistical Office. (1996). *Social trends*. London: Central Statistical Office.

Challis, B.H., & Brodbeck, D.R. (1992). Level of processing affects priming in word fragment completion. *Journal of Experimental Psychology: Learning, Memory, and Cognition*, 18, 595–607.

Charlton, A. (1998). TV violence has little impact on children, study finds. *The Times*, 12 January, p. 5.

Chemers, M.M., Hays, R.B., Rhodewalt, F., & Wysocki, J. (1985). A person–environment analysis of job stress: A contingency model explanation. *Journal of Personality and Social Psychology*, 24, 172–177.

Cheney, D.L., & Seyfarth, R.M. (1990). *How monkeys see the world*. Chicago: University of Chicago Press.

Cheng, P., & Holyoak, K.J. (1985). Pragmatic reasoning schemas. *Cognitive Psychology*, 17, 391–416.

Cheng, P.W. (1985). Restructuring versus automaticity: Alternative accounts of skills acquisition. *Psychological Review*, 92, 414–423.

Cherry, E.C. (1953). Some experiments on the recognition of speech with one and two ears. *Journal of the Acoustical Society of America*, 25, 975–979.

Chi, M.T. (1978). Knowledge, structure and memory development. In R.S. Siegler (Ed.), *Children's thinking. What develops?* Hillsdale, NJ: Erbaum.

Child, I.L. (1968). Personality in culture. In E.F. Borgatta & W.W. Lambert (Eds.), *Handbook of personality theory and research*. Chicago: Rand McNally.

Chodorow, N. (1978). *The reproduction of mothering*. Berkeley, CA: University of California Press.

Chomsky, N. (1959). Review of Skinner's "Verbal behaviour". *Language*, 35, 26–58.

Chomsky, N. (1965). *Aspects of the theory of syntax*. Cambridge, MA: MIT Press.

Chomsky, N. (1986). *Knowledge of language: Its nature, origin, and use*. New York: Praeger.

Christensen-Szalanski, J.J., & Bushyhead, J.B. (1981). Physicians' use of probabilistic information in a real clinical setting. *Journal of Experimental Psychology: Human Perception and Performance*, 7, 928–935.

Churchland, P.S., & Sejnowski, T.J. (1991). Perspectives on cognitive neuroscience. In R.G. Lister & H.J. Weingartner (Eds.), *Perspectives on cognitive neuroscience*. Oxford: Oxford University Press.

Cialdini, R.B., Borden, R.J., Thorne, A., Walker, M.R., Freeman, S., & Sloan, L.R. (1976). Basking in reflected glory: Three (football) field studies. *Journal of Personality and Social Psychology*, 34, 366–375.

Cialdini, R.B., Schaller, M., Houlihan, D., Arps, K., Fultz, J., & Beaman, A.L. (1987). Empathy-based helping: Is it selflessly or selfishly motivated? *Journal of Personality and Social Psychology*, 52, 749–758.

Claparède, E. (1911). Recognition et moitié. *Archives de Psychologie*, 11, 75–90.

Clark, D.M. (1986). A cognitive approach to panic. *Behaviour Research and Therapy*, 24, 461–470.

Clark, D.M., Salkovskis, P.M., Gelder, M., Koehler, K., Martin, M., Anastasiades, P., Hackman, A., Middleton, H., & Jeavons, A. (1988). Tests of a cognitive theory of panic. In I. Hand & H.-U. Wittchen (Eds.), *Panic and phobias, Vol. 2*. Berlin: Springer.

Clark, H.H., & Carlson, T.B. (1981). Context for comprehension. In J. Long & A. Baddeley (Eds.), *Attention and performance, Vol. IX*. Hillsdale, NJ: Lawrence Erlbaum Associates Inc.

Clark, M.S. (1984). Record keeping in two types of relationships. *Journal of Personality and Social Psychology, 47*, 549–557.

Clark, M.S., & Mills, J. (1979). Interpersonal attraction in exchange and communal relationships. *Journal of Personality and Social Psychology, 37*, 12–24.

Clark, M.S., & Pataki, S.P. (1995). Interpersonal processes influencing attraction and relationships. In A. Tesser (Ed.), *Advanced social psychology*. New York: McGraw-Hill.

Clark, R.D., & Hatfield, E. (1989). Gender differences in receptivity to sexual offers. *Journal of Psychology and Human Sexuality, 2*, 39–55.

Claxton, G. (1980). Cognitive psychology: A suitable case for what sort of treatment? In G. Claxton (Ed.), *Cognitive psychology: New directions*. London: Routledge & Kegan Paul.

Cloninger, C.R. (1987). Neurogenetic adaptive mechanisms in alcoholism. *Science, 236*, 410–416.

Cloninger, C.R., Bohmann, M., Sigvardsson, S., & von Knorring, A.-L. (1985). Psychopathology in adopted-out children of alcoholics. The Stockholm Adoption Study. *Recent Developments in Alcoholism, 3*, 37–51.

Clutton-Brock, T.H., & Albon, S.D. (1979). The roaring of red deer and the evolution of honest advertisement. *Behaviour, 69*, 145–170.

Clutton-Brock, T.H., & Harvey, P.H. (1977). Primate ecology and social organisation. *Journal of Zoology London, 183*, 1–39.

Clutton-Brock, T.H., & Vincent, A.C.J. (1991). Sexual selection and the potential reproductive rates of male and females. *Nature, 351*, 58–60.

Cochrane, R. (1977). Mental illness in immigrants to England and Wales: An analysis of mental hospital admissions, 1971. *Social Psychology, 12*, 25–35.

Cochrane, R. (1983). *The social creation of mental illness*. London: Longman.

Cochrane, R. (1988). Marriage, separation and divorce. In S. Fisher & J. Reason (Eds.), *Handbook of life stress, cognition and health*. Chichester: Wiley.

Cochrane, R., & Sashidharan, S.P. (1995). *Mental health and ethnic minorities: A review of the literature and implications for services*. Paper presented to the Birmingham and Northern Birmingham Health Trust.

Cocker, J. (1998). Where Monarchs spend the winter. *Journal of the Association for Teaching Psychology, 7*, 2–20.

Coe, W.C. (1989). Post-hypnotic amnesia: Theory and research. In N.P. Spanos & J. F. Chaves (Eds.), *Hypnosis: The cognitive-behavioural perspective*. Buffalo, NY: Prometheus.

Cogan, J.C., Bhalla, S.K., Sefa-Dedeh, A., & Rathblum, E.D. (1996). A comparison study of United States and African students on perceptions of obesity and thinness. *Journal of Cross-Cultural Psychology, 27*, 98–113.

Cohen, G. (1983). *The psychology of cognition (2nd Edn.)*. London: Academic Press.

Cohen, N.J., & Squire, L.R. (1980). Preserved learning and retention of patter-analysing skill in amnesia using perceptual learning. *Cortex, 17*, 273–278.

Cohen, S., & Hoberman, H.M. (1983). Positive events and social supports as buffers of life change stress. *Journal of Applied Social Psychology, 13*, 99–125.

Cohen, S., Tyrrell, D.A.J., & Smith, A.P. (1991). Psychological stress and susceptibility to the common cold. *New England Journal of Medicine, 325*, 606–612.

Cohen, S., & Williamson, G.M. (1991). Stress and infectious disease in humans. *Psychological Bulletin, 109*, 5–24.

Colby, A., Kohlberg, L., Gibbs, J., & Lieberman, M. (1983). A longitudinal study of moral judgement. *Monographs of the Society for Research in Child Development, 48* (Nos. 1–2, serial No. 200).

Cole, J.O., & Davis, J.M. (1975). Antidepressant drugs. In A.M. Freedman, H.I. Kaplan, & B.J. Saddock (Eds.), *Comprehensive textbook of psychiatry, Vol. 2*. Baltimore: Williams & Williams.

Cole, M., & Cole, S.R. (1993). *The development of children (2nd Edn.)*. New York: Scientific American Books.

Cole, M., Gay, J., Glick, J., & Sharp, D.W. (1971). *The cultural context of learning and thinking*. New York: Basic Books.

Colebatch, J.G., Deiber, M.-P., Passingham, R.E., Friston, K.J., & Frackowiak, R.S.J. (1991). Regional cerebral blood flow during voluntary arm and hand movements in human subjects. *Journal of Neurophysiology, 65*, 1392–1401.

Collins, A.M., & Loftus, E.F. (1975). A spreading-activation theory of semantic processing. *Psychological Review, 82*, 407–428.

Collins, A.M., & Quillian, M.R. (1969). Retrieval time from semantic memory. *Journal of Verbal Learning and Verbal Behavior, 8*, 240–248.

Collins, B.E. (1970). *Social psychology*. Reading, MA: Addison-Wesley.

Collins, B.E., & Raven, B.H. (1969). Group structure: Attraction, coalitions, communication and power. In G. Lindzey & E. Aronson (Eds.), *The handbook of social psychology, Vol. 4 (2nd Edn.)*. Reading, MA: Addison-Wesley.

Collis, G.M., & Lewis, V. (1997). Reflections on blind children and developmental psychology. In V. Lewis & G.M. Collis (Eds.), *Blindness and psychological development in young children*. Leicester: BPS Books.

Comstock, G., & Paik, H. (1991). *Television and the American child*. San Diego: Academic Press.

Condry, J., & Condry, S. (1976). Sex differences: A study in the eye of the beholder. *Child Development, 47*, 812–819.

Conley, J.J. (1984). The hierarchy of consistency: A review and model of longitudinal findings on adult individual differences in intelligence, personality and self-opinion. *Personality and Individual Differences, 5*, 11–25.

Conner, D.B., Knight, D.K., & Cross, D.R. (1997). Mothers' and fathers' scaffolding of their 2-year-olds during problem-solving and literary interactions. *British Journal of Developmental Psychology, 15*, 323–338.

Connolly, J.A., & Doyle, A. (1984). Relation of social fantasy play to social competence in preschoolers. *Developmental Psychology, 20*, 797–806.

Conrad, C. (1972). Cognitive economy in semantic memory. *Journal of Experimental Psychology, 92*, 148–154.

Conrad, R. (1979). *The deaf schoolchild*. New York: Harper & Row.

Conway, M.A., Anderson, S.J., Larsen, S.F., Donnelly, C.M., McDaniel, M.A., McClelland, A.G.R., & Rawles, R.E.

(1994). The formation of flashbulb memories. *Memory and Cognition, 22*, 326–343.
Cooley, C.H. (1902). *Human nature and the social order*. New York: Scribner.
Coolican, H. (1994). *Research methods and statistics in psychology (2nd Edn.)*. London: Hodder & Stoughton.
Coolican, H. (1998). Research methods. In M.W. Eysenck (Ed.), *Psychology: An integrated approach*. London: Addison-Wesley Longman.
Cooper, C. (1998). *Individual differences*. London: Arnold.
Cooper, P.J. (1994). Eating disorders. In A.M. Colman (Ed.), *Companion encyclopaedia of psychology, Vol. 2*. London: Routledge.
Cooper, P.J., & Taylor, M.J. (1988). Body image disturbance in bulimia nervosa. *British Journal of Psychiatry, 153*, 32–36.
Coopersmith, S. (1967). *The antecedents of self-esteem*. San Francisco: W.H. Freeman.
Coren, S., & Girgus, J.S. (1972). Visual spatial illusions: Many explanations. *Science, 179*, 503–504.
Costa, P.T., & McCrae, R.R. (1980). Influence of extraversion and neuroticism on subjective well-being: Happy and unhappy people. *Journal of Personality and Social Psychology, 38*, 668–678.
Costa, P.T., & McCrae, R.R. (1992). *NEO-PI-R, Professional manual*. Odessa, FL: Psychological Assessment Resources.
Costanzo, P.R., Coie, J.D., Grumet, J., & Famill, D. (1973). A re-examination of the effects of intent and consequence on the quality of child rearing. *Child Development, 57*, 362–374.
Costello, T.W., Costello, J.T., & Holmes, D.A. (1995). *Abnormal psychology*. London: HarperCollins.
Council, J.R., & Kenny, D.A. (1992). Expert judgements of hypnosis from subjective state reports. *Journal of Abnormal Psychology, 101*, 657–662.
Courchesne, E., Yeung-Courchesne, R., Press, G., Hesselink, J., & Jernigan, T. (1988). Hypoplasia of cerebellar vernal lobules VI and VII in infantile autism. *New England Journal of Medicine, 318*, 1349–1354.
Cox, M.J., Owen, M.T., Lewis, J.M., & Henderson, K.V. (1989). Marriage, adult adjustment, and early parenting. *Child Development, 60*, 1015–1024.
Cox, T. (1978). *Stress*. London: Macmillan Press.
Craik, F.I.M. (1973). A "levels of analysis" view of memory. In P. Pliner, L. Krames, & T.M. Alloway (Eds.), *Communication and affect: Language and thought*. London: Academic Press.
Craik, F.I.M., & Lockhart, R.S. (1972). Levels of processing: A framework for memory research. *Journal of Verbal Learning and Verbal Behavior, 11*, 671–684.
Craik, F.I.M., & Tulving, E. (1975). Depth of processing and the retention of words in episodic memory. *Journal of Experimental Psychology, 104*, 268–294.
Crews, F. (1996). The verdict on Freud. *Psychological Science, 7*, 63–68.
Crick, F., & Mitchison, G. (1983). The function of dream sleep. *Nature, 304*, 111–114.
Cronbach, L.J. (1957). The two disciplines of scientific psychology. *American Psychologist, 12*, 671–684.
Crook, T., & Eliot, J. (1980). Parental death during childhood and adult depression: A critical review of the literature. *Psychological Bulletin, 87*, 252–259.
Crooks, R.L., & Stein, J. (1991). *Psychology: Science, behaviour and life (2nd Edn.)*, London: Harcourt Brace Jovanovich.
Crowne, D.P., & Marlowe, D. (1964). *The approval motive: Studies in evaluative dependence*. New York: Wiley.

Crutchfield, R.S. (1955). Conformity and character. *American Psychologist, 10*, 191–198.
Cullen, E. (1957). Adaptations in the kittiwake to cliff-nesting. *Ibis, 99*, 275–302.
Cumberbatch, G. (1990). *Television advertising and sex role stereotyping: A content analysis* (working paper IV for the Broadcasting Standards Council), Communications Research Group, Aston University.
Cumming, E. (1975). Engagement with an old theory. *International Journal of Ageing and Human Development, 6*, 187–191.
Cumming, E., & Henry, W.H. (1961). *Growing old*. New York: Basic Books.
Cunningham, J.D., & Antrill, J.K. (1995). Current trends in non-marital cohabitation: In search of the POSSLQ. In J.T. Wood & S. Duck (Eds.), *Understudied relationships: Off the beaten track*. Thousand Oaks, CA: Sage.
Cunningham, M.R. (1986). Measuring the physical in physical attractiveness: Quasi experiments on the sociobiology of female facial beauty. *Journal of Personality and Social Psychology, 50*, 925–935.
Curtis, A. (1997). Discourse analysis — The search for meanings. *Psychology Review, 4*, 23–25.
Curtiss, S. (1977). *Genie: A psycholinguistic study of a modern-day 'wild child'*. London: Academic Press.
Curtiss, S. (1989). The independence and task-specificity of language. In M.H. Bornstein & J.S. Bruner (Eds.), *Interaction in human development*. Hillsdale, NJ: Lawrence Erlbaum Associates Inc.
Cuthill, I. (1991). Field experiments in animal behaviour. *Animal Behaviour, 42*, 1007–1014.
Cutting, J.E., & Kozlowski, L.T. (1977). A biomechanical invariant for gait perception. *Journal of Experimental Psychology: Human Perception and Performance, 4*, 357–372.
Dalton, K. (1964). *The premenstrual syndrome*. London: Heinemann.
Damasio, A.R., Brandt, J.P., Tranel, D., & Damasio, H. (1991). Name dropping: Retrieval of proper or common noun depends on different systems in left temporal cortex. *Society for Neuroscience Abstracts, 17*, 4.
Damasio, H. (1989). Neuroimaging contributions to the understanding of aphasia. In F. Boller & J. Grafman (Eds.), *Handbook of neuropsychology, Vol. 2*. New York: Elsevier.
Damasio, H., Eslinger, P., & Adams, H.P. (1984). Aphasia following basal ganglia lesions: New evidence. *Seminars in Neurology, 4*, 151–161.
Dammann, E.J. (1997). "The myth of mental illness": Continuing controversies and their implications for mental health professionals. *Clinical Psychology Review, 17*, 733–756.
Damon, W., & Hart, D. (1988). *Self-understanding in childhood and adolescence*. Cambridge: Cambridge University Press.
Dane, F.C. (1994). Survey methods, naturalistic observations, and case-studies. In A.M. Colman (Ed.), *Companion encyclopaedia of psychology, Vol. 2*. London: Routledge.
Daneman, M., & Carpenter, P. (1980). Individual differences in working memory and reading. *Journal of Verbal Learning and Verbal Behavior, 19*, 450–466.
Daniels, D., & Plomin, R. (1985). Origins of individual differences in infant shyness. *Developmental Psychology, 21*, 118–121.
Dannemiller, J.L., & Stephens, B.R. (1988). A critical test of infant pattern preference models. *Child Development, 59*, 210–216.

Dansky, J. (1980). Make-believe: A mediator of the relationship between play and associative fluency. *Child Development*, 51, 576–579.

Darley, J.M. (1991). Altruism and prosocial behaviour research: Reflections and prospects. In M.S. Clark (Ed.), *Prosocial behaviour: Review of personality and social psychology, Vol. 12*. Newbury Park, CA: Sage.

Darley, J.M., & Latané, B. (1968). Bystander intervention in emergencies: Diffusion of responsibility. *Journal of Personality and Social Psychology*, 8, 377–383.

Darling, F.F. (1938). *Bird flocks and the breeding cycle*. Cambridge, UK: Cambridge University Press.

Dartnall, H.J.A., Bowmaker, J.K., & Mollon, J.D. (1983). Microspectrophotometry of human photoreceptors. In J.D. Mollon & L. T. Sharpe (Eds.), *Colour vision: Physiology and psychophysics*. New York: Academic Press.

Darwin, C. (1859). *The origin of species*. London: Macmillan.

Darwin, C. (1871). *The descent of man and selection in relation to sex*. London: Murray.

Darwin, C. (1872). *The expression of the emotions in man and animals*. London: John Murray.

Darwin, C.J., Turvey, M.T., & Crowder, R.G. (1972). An auditory analogue of the Sperling partial report procedure: Evidence for brief auditory storage. *Cognitive Psychology*, 3, 255–267.

Davey, G.C.L. (1983). An associative view of human classical conditioning. In G.C.L. Davey (Ed.), *Animal models of human behaviour: Conceptual, evolutionary, and neurobiological perspectives*. Chichester: Wiley.

Davidson, M., Keefe, R.S.E., Mohs, R.C., Siever, L.J., Losonczy, M.F., Horvath, T.B., & Davis, K.L. (1987). L-Dopa challenge and relapse in schizophrenia. *American Journal of Psychiatry*, 144, 934–938.

Davidson, R., Ekman, P., Saron, C.D., Senulis, J.A., & Friesen, W.V. (1990). Approach–withdrawal and cerebral asymmetry. *Journal of Personality and Social Psychology*, 58, 330–341.

Davies, N.B., & Brooke, M. de L. (1988). Cuckoos versus reed warblers: Adaptations and counter-adaptations. *Animal Behaviour*, 36, 262–284.

Davies, N.B., & Houston, A.I. (1981). Owners and satellites: The economics of territory defence in the pied wagtail, Motacilla alba. *Journal of Animal Ecology*, 50, 157–180.

Davies, N.B., & Lundberg, A. (1984). Food distribution and a variable mating system in the dunnock, Prunella modularis. *Journal of Animal Ecology*, 53, 895–913.

Davis, M.H. (1983). Empathic concern and the muscular dystrophy telethon: Empathy as a multidimensional construct. *Personality and Social Psychology Bulletin*, 9, 223–229.

Davis, S. (1990). Men as success objects and women as sex objects: A study of personal advertisements. *Sex Roles*, 23, 43–50.

Davison, G.C., & Neale, J.M. (1986). *Abnormal psychology (4th Edn.)*. New York: Wiley.

Davison, G.C., & Neale, J.M. (1990). *Abnormal psychology (5th Edn.)*. New York: Wiley.

Davison, G.C., & Neale, J.M. (1996). *Abnormal psychology (revised 6th Edn.)*. New York: Wiley.

Dawkins, M. (1971). Perceptual change in chicks: Another look at the "search image" concept. *Animal Behaviour*, 19, 566–574.

Dawkins, R. (1976). *The selfish gene*. Oxford: Oxford University Press.

Dawkins, R., & Krebs, J.R. (1979). Arms races within and between species. *Proceedings of the Royal Society of London*, B205, 489–511.

Deaux, K., & Wrightsman, L.S. (1988). *Social psychology (5th Edn.)*. Pacific Grove, CA: Brooks/Cole.

De Boysson-Bardies, B., Sagart, L., & Durand, C. (1984). Discernible differences in the babbling of infants according to target language. *Journal of Child Language*, 11, 1–16.

DeGroot, H.P., & Gwynn, M.I. (1989). Trance logic, duality, and hidden-observer responding. In N.P. Spanos & J.F. Chaves (Eds.), *Hypnosis: The cognitive-behavioural perspective*. Buffalo, NY: Prometheus.

DeGroot, P. (1980). Information transfer in a socially roosting weaver bird (Quelea quelea; Plocinae): An experimental study. *Animal Behaviour*, 28, 1249–1254.

Dell, G.S. (1986). A spreading-activation theory of retrieval in sentence production. *Psychological Review*, 93, 283–321.

DeLucia, P.R., & Hochberg, J. (1991). Geometrical illusions in solid objects under ordinary viewing conditions. *Perception & Psychophysics*, 50, 547–554.

Dement, W.C. (1960). The effects of dream deprivation. *Science*, 131, 1705–1707.

Dement, W.C., & Kleitman, N.(1957). The relation of eye movements during sleep to dream activity: An objective method for the study of dreaming. *Journal of Experimental Psychology*, 53, 339–346.

Dement, W.C., & Wolpert, E.A. (1958). The relation of eye movements, body motility, and external stimuli to dream content. *Journal of Experimental Psychology*, 55, 543–553.

Depue, R.A., & Monroe, S.M. (1978). Learned helplessness in the perspective of the depressive disorders: Conceptual and definitional issues. *Journal of Abnormal Psychology*, 87, 3–20.

Derakshan, N., & Eysenck, M.W. (1997). Interpretive biases for one's own behaviour in high-anxious individuals and repressors. *Journal of Personality and Social Psychology*, 73, 816–825.

Deregowski, J., Muldrow, E.S., & Muldrow, W.F. (1972). Pictorial recognition in a remote Ethiopian population. *Perception*, 1, 417–425.

De Renzi, E. (1986). Current issues in prosopagnosia. In H.D. Ellis, M.A. Jeeves, F. Newcombe, & A. Young (Eds.), *Aspects of face processing*. Dordrecht: Martinus Nijhoff.

Deutsch, J.A., & Deutsch, D. (1963). Attention: Some theoretical considerations. *Psychological Review*, 70, 80–90.

Deutsch, J.A., & Deutsch, D. (1967). Comments on "Selective attention: Perception or response?" *Quarterly Journal of Experimental Psychology*, 19, 362–363.

Deutsch, J.A., & Gonzalez, M.F. (1980). Gastic nutrient content signals satiety. *Behavioral and Neural Biology*, 30, 113–116.

Deutsch, M., & Collins, M.E. (1951). *Inter-racial housing: A psychological evaluation of a social experiment*. Minneapolis, MN: University of Minneapolis Press.

Deutsch, M., & Gerard, H.B. (1955). A study of normative and informational influence upon individual judgement. *Journal of Abnormal and Social Psychology*, 51, 629–636.

DeValois, R.L., & DeValois, K.K. (1975). Neural coding of colour. In E. C. Carterette & M.P. Friedman (Eds.), *Handbook of perception, Vol. 5*. New York: Academic Press.

DeValois, R.L., & DeValois, K.K. (1988). *Spatial vision*. Oxford: Oxford University Press.

de Villiers, J.G., & de Villiers, P.A. (1973). A cross-sectional study of the acquisition of grammatic morphemes in child speech. *Journal of Psycholinguistic Research, 2*, 267–278.

Devine, P.A., & Fernald, P.S. (1973). Outcome effects of receiving a preferred, randomly assigned or non-preferred therapy. *Journal of Consulting and Clinical Psychology, 41*, 104–107.

Devine, P.G. (1995). Prejudice and out-group perception. In A. Tesser (Ed.), *Advanced social psychology*. New York: McGraw-Hill.

Diamond, M. (1982). Sexual identity, monozygotic twins reared in discordant sex roles and a BBC follow-up. *Archives of Sexual Behavior, 11*, 181–186.

Diener, E. (1980). Deindividuation: The absence of self-awareness and self-regulation in group members. In P.B. Paulus (Ed.), *Psychology of group influence*. Hillsdale, NJ: Lawrence Erlbaum.

Diener, E., Fraser, S.C., Beaman, A.L., & Kelem, R.T. (1976). Effects of deindividuation variables on stealing among Halloween trick-or-treaters. *Journal of Personality and Social Psychology, 33*, 178–183.

Digman, J.M. (1990). Personality structure: Emergence of the five-factor model. *Annual Review of Psychology, 41*, 417–440.

DiNardo, P.A., Guzy, L.T., Jenkins, J.A., Bak, R.M., Tomasi, S.F., & Copland, M. (1988). Aetiology and maintenance of dog fears. *Behaviour Research and Therapy, 26*, 241–244.

Dindia, K., & Allen, M. (1992). Sex differences in self-disclosure: A meta-analysis. *Psychological Bulletin, 112*, 106–124.

Dindia, K., & Baxter, L.A. (1987). Maintenance and repair strategies in marital relationships. *Journal of Social and Personal Relationships, 4*, 143–158.

DiPietro, J.A. (1981). Rough and tumble play: A function of gender. *Developmental Psychology, 17*, 50–58.

Di Vesta, F.J. (1959). Effects of confidence and motivation on susceptibility to informational social influence. *Journal of Abnormal and Social Psychology, 59*, 204–209.

Dobelle, W.H., Mladejovsky, M.G., & Girvin, J.P. (1974). Artificial vision for the blind: Electrical stimulation of visual cortex offers hope for a functional prosthesis. *Science, 183*, 440–444.

Dobson, K.S. (1989). A meta-analysis of the efficacy of cognitive therapy for depression. *Journal of Consulting and Clinical Psychology, 57*, 414–419.

Dohrenwend, B.P., Levav, P.E., Schwartz, S., Naveh, G., Link, B.G., Skodol, A.E., & Stueve, A. (1992). Socioeconomic status and psychiatric disorders: The causation-selection issue. *Science, 255*, 946–952.

Doise, W. (1976). *L'articulation psychosociologique et les relations entre groupes*. Brussels: de Boeck.

Doise, W., & Mugny, G. (1984). *The social development of the intellect*. Oxford: Pergamon.

Doise, W., Rijsman, J.B., van Meel, J., Bressers, I., & Pinxten, L. (1981). Sociale markering en cognitieve ontwikkeling. *Pedagogische Studien, 58*, 241–248.

Dollard, J., Doob, L.W., Miller, N.E., Mowrer, O.H., & Sears, R.R. (1939). *Frustration and aggression*. New Haven, CT: Yale University Press.

Dollard, J., & Miller, N.E. (1950). *Personality and psychotherapy*. New York: McGraw-Hill.

Donaldson, M. (1978). *Children's minds*. London: Fontana.

Doob, L.W., & Sears, R.R. (1939). Factors determining substitute behaviour and the overt expression of aggression. *Journal of Abnormal and Social Psychology, 34*, 293–313.

Dosher, B.A., & Corbett, A.T. (1982). Instrument inferences and verb schemata. *Memory and Cognition, 10*, 531–539.

Douvan, E., & Adelson, J. (1966). *The adolescent experience*. New York: Wiley.

Dovidio, J.F., Piliavin, J.A., & Clark, R.D. (1991). The arousal-cost reward model and the process of intervention: A review of the evidence. In M.S. Clark (Ed.), *Review of personality and social psychology, Vol. 12. Prosocial behaviour*. New York: Academic Press.

Drever, J. (1964). *A dictionary of psychology*. Harmondsworth: Penguin.

Drew, M.A., Colquhoun, W.P., & Long, M.A. (1958). Effect of small doses of alcohol on a task resembling driving. *British Medical Journal, 1*, 993–998.

Driver, J., & Tipper, S.P. (1989). On the nonselectivity of "selective seeing": Contrast between interference and priming in selective attention. *Journal of Experimental Psychology: Human Perception and Performance, 15*, 448–456.

DSM (updated regularly). *Diagnostic and Statistical Manual of Mental Disorders*.

Duck, S. (1982). *Personal relationships 4: Dissolving personal relationships*. London: Academic Press.

Duck, S. (1992). *Human relationships (2nd Edn.)*. London: Sage.

Duncan, J. (1979). Divided attention: The whole is more than the sum of its parts. *Journal of Experimental Psychology: Human Perception and Performance, 5*, 216–228.

Dunlea, A. (1989). *Vision and the emergence of meaning: Blind and sighted children's early language*. Cambridge: Cambridge University Press.

Dunn, J., & Plomin, R. (1990). *Separate lives: Why siblings are so different*. New York: Basic Books.

Durkin, K. (1995). *Developmental social psychology: From infancy to old age*. Oxford: Blackwell.

Durrett, M.E., Otaki, M., & Richards, P. (1984). Attachment and the mother's perception of support for the father. *International Journal of Behavioral Development, 7*, 167–176.

Dworetzsky, J.P. (1996). *Introduction to child development (6th Edn.)*. New York: West Publishing Co.

Dyer, C. (1995). *Beginning research in psychology*. Oxford: Blackwell.

Eagly, A.H., & Chaiken, S. (1993). *The psychology of attitudes*. Fort Worth, TX: Harcourt Brace Jovanovich.

Eagly, A.H., & Crowley, M. (1986). Gender and helping behaviour: A meta-analytic review of the social psychological literature. *Psychological Bulletin, 100*, 283–308.

Eagly, A.H., & Johnson, B.T. (1990). Gender and leadership style: A meta-analysis. *Psychological Bulletin, 108*, 233–256.

Eagly, A.H., & Steffen, V.J. (1986). Gender and aggressive behaviour: A meta-analytic review of the social psychological literature. *Psychological Bulletin, 90*, 1–20.

Ebbesen, E.B., Kjos, G.L., & Konecni, V.J. (1976). Spatial ecology: Its effects on the choice of friends and enemies. *Journal of Experimental Social Psychology, 12*, 505–518.

Ebbinghaus, H. (1885/1913). *Uber das Gedachtnis*. Leipzig: Dunker. [Translated by H. Ruyer & C.E. Bussenius, 1913, *Memory*. New York: Teachers College, Columbia University.]

Ebigno, P.O. (1986). A cross-sectional study of somatic complaints of Nigerian females using the Enugu Somatization Scale. *Culture, Medicine, and Psychiatry, 10*, 167–186.

Edwards, J. (1994). *The scars of dyslexia*. London: Cassell.

Eisdorfer, C., & Wilkie, F. (1977). Stress, disease, aging and behaviour. In J.E. Birren & K.W. Schaie (Eds.), *Handbook of the psychology of aging (3rd Edn.)*. San Diego: Academic Press.

Eisenberg, N., Lennon, R., & Roth, K. (1983). Prosocial development: A longitudinal study. *Developmental Psychology*, 19, 846–855.

Eisenberg, N., Miller, P.A., Shell, R., McNalley, S., & Shea, C. (1991). Prosocial development in adolescence: A longitudinal study. *Developmental Psychology*, 27, 849–857.

Eisenberg, N., & Mussen, P.H. (1989). *The roots of prosocial behaviour in children*. Cambridge: Cambridge University Press.

Eisenberg-Berg, N., & Hand, M. (1979). The relationship of preschoolers' reasoning about prosocial moral conflicts to prosocial behaviour. *Child Development*, 50, 356–363.

Elgar, M.A. (1986). House sparrows establish foraging flocks by giving chirrup calls if the resources are divisible. *Animal Behaviour*, 29, 868–872.

Elicker, J., Englund, M., & Sroufe, L.A. (1992). Predicting peer competence and peer relationships in childhood from early parent–child relationships. In R.D. Parke & G.W. Ladd (Eds.), *Family–peer relationships: Modes of linkage*. Hillsdale, NJ: Lawrence Erlbaum Associates Inc.

Elkin, I., Parloff, M. B., Hadley, S.W., & Autry, J.H. (1985). NIMH Treatment of Depression Collaborative Research Program. *Archives of General Psychiatry*, 42, 305–316.

Ellis, A. (1962). *Reason and emotion in psychotherapy*. Secaucus, NJ: Prentice-Hall.

Ellis, A. (1978). The basic clinical theory of rational emotive therapy. In A. Ellis & R. Grieger (Eds.), *Handbook of rational emotive therapy*. New York: Springer.

Ellis, A.W. (1993). *Reading, writing and dyslexia (2nd Edn.)*. Hove, UK: Psychology Press.

Ellis, A.W., & Young, A.W. (1988). *Human cognitive neuropsychology*. Hove, UK: Psychology Press.

Ellis, S., & Gauvain, M. (1992). Social and cultural influences on children's collaborative interactions. In L.T. Winegar & J. Valsiner (Eds.), *Children's development within social context, Vol. 2. Research and methodology*. Hillsdale, NJ: Erlbaum.

Emlen, J.M. (1966). The role of time and energy in food preference. *American Naturalist*, 100, 611–617.

Empson, J.A.C. (1989). *Sleep and dreaming*. London: Faber & Faber.

Endler, N.S., & Parker, J.D.A. (1990). Multidimensional assessment of coping: A critical evaluation. *Journal of Personality and Social Psychology*, 58, 844–854.

Engels, G.I., Garnefski, N., & Diekstra, R.F.W. (1993). Efficacy of rational-emotive therapy: A quantitative analysis. *Journal of Consulting and Clinical Psychology*, 61, 1083–1090.

Enquist, M. (1985). Communication during aggressive interactions with particular reference to variation in choice of behaviour. *Animal Behaviour*, 33, 1152–1161.

Erhardt, D., & Hinshaw, S.P. (1994). Initial sociometric impressions of ADHD and comparison boys: Predictions from social behaviours and from nonbehavioural variables. *Journal of Consulting and Clinical Psychology*, 62, 833–842.

Erichsen, J.T., Krebs, J.R., & Houston, A.I. (1980). Optimal foraging and cryptic prey. *Journal of Animal Ecology*, 49, 271–276.

Ericsson, K.A. (1988). Analysis of memory performance in terms of memory skill. In R.J. Sternberg (Ed.), *Advances in the psychology of human intelligence, Vol. 4*. Hillsdale, NJ: Lawrence Erlbaum Associates Inc.

Eriksen, C.W. (1990). Attentional search of the visual field. In D. Brogan (Ed.), *Visual search*. London: Taylor & Francis.

Erikson, E.H. (1950). *Childhood and society*. New York: Norton.

Erikson, E.H. (1959). *Identity and life styles: Selected papers*. New York: International Universities Press.

Erikson, E.H. (1963). *Childhood and society (2nd Edn.)*. New York: Norton.

Erikson, E.H. (1968). *Identity: Youth and crisis*. New York: Norton.

Erikson, E.H. (1969). *Gandhi's truth: On the origin of militant nonviolence*. New York: W. W. Norton.

Erlenmeyer-Kimling, L., & Jarvik, L.F. (1963). Genetics and intelligence: A review. *Science*, 142, 1477–1479.

Eron, L.D. (1982). Parent–child interaction, television violence, and aggression of children. *American Psychologist*, 37, 197–211.

Ervin-Tripp, S. (1964). An analysis of the interaction of language, topic and listener. *American Anthropologist*, 66, 94–100.

Estes, W.K. (1944). An experimental study of punishment. *Psychological Monographs: General & Applied*, 54, No. 263.

Etcoff, N.L., Ekman, P., Frank, M., Magee, J., & Torreano, L. (1992). *Detecting deception: Do aphasics have an advantage?* Paper presented at the Conference of International Society for Research on Emotions. Carnegie Mellon University, Pittsburgh, PA.

Evans, J.St.B.T. (1989). *Bias in human reasoning*. Hove, UK: Psychology Press.

Evans, J.St.B.T. (1994). Thinking and reasoning. In A.M. Colman (Ed.), *Companion encyclopedia of psychology, Vol. 1*. London: Routledge.

Evans, J.St.B.T., Clibbens, J., & Rood, B. (1995). Bias in conditional inference: Implications for mental models and mental logic. *Quarterly Journal of Experimental Psychology*, 48A, 644–670.

Evans, J.St.B.T., Over, D.E., & Manktelow, K.I. (1994). Reasoning, decision making and rationality. In P.N. Johnson-Laird & E. Shafir (Eds.), *Reasoning and decision making*. Oxford: Blackwell.

Eysenck, H.J. (1944). Types of personality: A factorial study of 700 neurotic soldiers. *Journal of Mental Science*, 90, 851–861.

Eysenck, H.J. (1947). *Dimensions of personality*. London: Routledge & Kegan Paul.

Eysenck, H.J. (1952). The effects of psychotherapy: An evaluation. *Journal of Consulting Psychology*, 16, 319–324.

Eysenck, H.J. (1967). *The biological basis of personality*. Springfield, IL: C.C. Thomas.

Eysenck, H.J. (1978). Superfactors P, E, and N in a comprehensive factor space. *Multivariate Behavioral Research*, 13, 475–482.

Eysenck H.J. (1981). *The intelligence controversy: H. J. Eysenck vs. Leon Kamin*. New York: Wiley.

Eysenck, H.J. (1982). *Personality, genetics and behaviour*. New York: Praeger.

Eysenck, H.J., & Broadhurst, P.L. (1964). Experiments with animals. In H.J. Eysenck (Ed.), *Experiments in motivation*. London: Pergamon Press.

Eysenck, H.J., & Eysenck, M.W. (1981). *Mindwatching*. London: Michael Joseph.

Eysenck, H.J., & Eysenck, M.W. (1985). *Personality and individual differences*. New York: Plenum.

Eysenck, H.J., & Eysenck, M.W. (1989). *Mindwatching: Why we behave the way we do.* London: Prion.

Eysenck, M.W. (1977). *Human memory: Theory, research and individual differences.* New York: Pergamon Press.

Eysenck, M.W. (1978). Verbal remembering. In B.M. Foss (Ed.), *Psychology survey, No. 1.* London: Allen & Unwin.

Eysenck, M.W. (1979). Depth, elaboration, and distinctiveness. In L.S. Cermak & F.I.M. Craik (Eds.), *Levels of processing in human memory.* Hillsdale, NJ: Lawrence Erlbaum Associates Inc.

Eysenck, M.W. (1982). *Attention and arousal: Cognition and performance.* Berlin: Springer.

Eysenck, M.W. (1984). *A handbook of cognitive psychology.* Hove, UK: Psychology Press.

Eysenck, M.W. (1990). *Happiness: Facts and myths.* Hove, UK: Psychology Press.

Eysenck, M.W. (1993). *Principles of cognitive psychology.* Hove, UK: Psychology Press.

Eysenck, M.W. (1994a). *Individual differences: Normal and abnormal.* Hove, UK: Psychology Press.

Eysenck, M.W. (1994b). *Perspectives on psychology.* Hove, UK: Psychology Press.

Eysenck, M.W. (1997). *Anxiety and cognition: A unified theory.* Hove, UK: Psychology Press.

Eysenck, M.W. (1998). *Psychology: An integrated approach.* Harlow, UK: Addison Wesley Longman.

Eysenck, M.W., & Eysenck, M.C. (1980). Effects of processing depth, distinctiveness, and word frequency on retention. *British Journal of Psychology, 71,* 263–274.

Eysenck, M.W., & Keane, M.T. (1990). *Cognitive psychology: A student's handbook (2nd Edn.).* Hove, UK: Psychology Press.

Eysenck, M.W., & Keane, M.T. (1995). *Cognitive psychology: A student's handbook (3rd Edn.).* Hove, UK: Psychology Press.

Eysenck, M.W., Mogg, K., May, J., Richards, A., & Mathews, A. (1991). Bias in interpretation of ambiguous sentences related to threat in anxiety. *Journal of Abnormal Psychology, 100,* 144–150.

Ezaki, Y. (1990). Female choice and the causes and adaptiveness of polygyny in great reed warblers. *Journal of Animal Ecology, 59,* 103–119.

Fabes, R.A., Fultz, J., Eisenberg, N., May-Plumlee, T., & Christopher, F.S. (1989). Effects of rewards on children's prosocial motivation: A socialisation study. *Developmental Psychology, 25,* 509–515.

Fagot, B.I. (1985). Beyond the reinforcement principle: Another step toward understanding sex-role development. *Developmental Psychology, 21,* 1097–1104.

Fagot, B.I., & Leinbach, M.D. (1989). The young child's gender schema: Environmental input, internal organisation. *Child Development, 60,* 663–672.

Fahrenberg, J. (1992). Psychophysiology of neuroticism and emotionality. In A. Gale & M.W. Eysenck (Eds.), *Handbook of individual differences: Biological perspectives.* Chichester: Wiley.

Faigley, L., & Witte, S. (1983). Analysing revision. *College Composition and Communication, 32,* 400–414.

Fairbank, J.A., & Brown, T.A. (1987). Current behavioural approaches to the treatment of posttraumatic stress disorder. *The Behavior Therapist, 3,* 57–64.

Falek, A., & Moser, H. M. (1975). Classification on schizophrenia. *Archives of General Psychiatry, 32,* 59–67.

Fallon, A.E., & Rozin, P. (1985). Sex differences in perceptions of desirable body shape. *Journal of Abnormal Psychology, 94,* 102–105.

Fantz, R.L. (1961). The origin of form perception. *Scientific American, 204,* 66–72.

Fantz, R.L. (1966). Pattern discrimination and selective attention as determinants of perceptual development from birth. In A.H. Kidd & J.F. Rivoire (Eds.), *Perceptual development in children.* New York: International Universities Press.

Farr, J.L. (1976). Task characteristics, reward contingency, and intrinsic motivation. *Organizational Behavior and Human Performance, 16,* 294–307.

Fava, M., Copeland, P.M., Schweiger, U., & Herzog, D.B. (1989). Neurochemical abnormalities of anorexia and bulimia nervosa. *American Journal of Psychiatry, 47,* 213–219.

Fein, S., Hilton, J.L., & Miller, D.T. (1990). Suspicion of ulterior motivation and the correspondence bias. *Journal of Personality and Social Psychology, 58,* 753–764.

Feingold, B.F. (1975). *Why your child is hyperactive.* New York: Random House.

Felipe, N.J., & Sommer, R. (1966). Invasion of personal space. *Social Problems, 14,* 206–214.

Fellner, C.H., & Marshall, J.R. (1981). Kidney donors revisited. In J.P. Rushton & R.M. Sorrentino (Eds.), *Altruism and helping behaviour.* Hillsdale, NJ: Erlbaum.

Ferguson, T.J., & Rule, B.G. (1983). An attributional perspective on anger and aggression. In R. Green & E. Donnerstein (Eds.), *Aggression: Theoretical and empirical reviews, Vol. 1: Method and theory.* New York: Academic Press.

Fernando, S. (1988). *Race and culture in psychiatry.* London: Croom Helm.

Ferris, C., & Branston, P. (1994). Quality of life in the elderly: A contribution to its understanding. *American Journal of Ageing, 13,* 120–123.

Festinger, L., Schachter, S., & Back, K. (1950). *Social pressures in informal groups: A study of a housing community.* New York: Harper.

Feyerabend, P. (1975). *Against method: Outline of an anarchist theory of knowledge.* London: New Left Books.

Fiedler, F.E. (1967). *A theory of leader effectiveness.* New York: McGraw-Hill.

Fiedler, F.E. (1978). The contingency model and the dynamics of the leadership process. In L. Berkowitz (Ed.), *Advances in experimental social psychology, Vol. 12.* New York: Academic Press.

Fiedler, F.E., & Potter, E.H. (1983). Dynamics of leadership effectiveness. In H.H. Blumberg, A.P. Hare, V. Kent, and M. Davies (Eds.), *Small groups and social interaction, Vol. 1.* Chichester: Wiley.

Fiedler, K. (1988). The dependence of conjunction fallacy on subtle linguistic factors. *Psychological Research, 50,* 123–129.

Field, D. (1981). Can preschool children really learn to conserve? *Child Development, 52,* 326–334.

Field, D., & Minkler, M. (1988). Continuity and change in social support between young-old and old-old or very-old age. *Journal of Gerontology, 43,* 100–107.

Fijneman, Y.A., Willemsen, M.E., & Poortinga, Y.H. (1996). Individualism-collectivism: An empirical study of a conceptual issue. *Journal of Cross-Cultural Psychology, 27,* 381–402.

Fincham, F.D., & Bradbury, T.N. (1993). Marital satisfaction, depression, and attributions: A longitudinal analysis. *Journal of Personality and Social Psychology, 64,* 442–452.

Finlay-Jones, R.A., & Brown, G.W. (1981). Types of stressful life events and the onset of anxiety and depressive disorders. *Psychological Medicine, 11,* 803–815.

Fischer, E.A. (1980). The relationship between mating system and simultaneous hermaphroditism in the coral reef fish, *Hypoplectrus nigricans. Animal Behaviour, 28,* 620–633.

Fischhoff, B. (1977). Perceived informativeness of facts. *Journal of Experimental Psychology: Human Perception and Performance, 3,* 349–358.

Fischhoff, B., & Beyth, R. (1975). 'I knew it would happen' — Remembered probabilities of once-future things. *Organizational Behaviour and Human Performance, 13,* 1–16.

Fisher, R.A. (1930). *The genetical theory of natural selection.* Oxford: Clarendon Press.

Fisher, R.P., Geiselman, R.E., Raymond, D.S., Jurkevich, L.M., & Warhaftig, M.L. (1987). Enhancing enhanced eyewitness memory: Refining the cognitive interview. *Journal of Police Science and Administration, 15,* 291–297.

Fiske, D.W., Cartwright, D.S., & Kirtner, W.L. (1964). Are psychotherapeutic changes predictable? *Journal of Abnormal and Social Psychology, 69,* 418–426.

Fiske, S.T. (1993). Social cognition and social perception. *Annual Review of Psychology, 44,* 155–194.

Fitts, P.M., & Posner, M.I. (1967). *Human performance.* Englewood Cliffs, NJ: Prentice-Hall.

Fitzgibbon, C.D., & Fanshaw, J.H. (1988). Stotting in Thompson's gazelles: An honest signal of condition. *Behavioral Ecology and Sociobiology, 23,* 69–74.

Flynn, J.P. (1976). Neural basis of threat and attack. In R.G. Grenell & S. Gabay (Eds.), *Biological foundations of psychiatry.* New York: Raven.

Flynn, J.R. (1987). Massive IQ gains in 14 nations: What IQ tests really measure. *Psychological Bulletin, 101,* 271–291.

Foa, E.B., Skeketee, G., & Olasov-Rothbaum, B. (1989). Behavioural/cognitive conceptualisations of post-traumatic stress disorder. *Behavior Therapy, 20,* 155–176.

Foa, U.G., & Foa, E.B. (1975). *Resource theory of social exchange.* Morristown, NJ: General Learning Press.

Fodor, J.A. (1983). *The modularity of mind.* Cambridge, MA: MIT Press.

Fodor, J.A., & Pylyshyn, Z.W. (1981). How direct is visual perception? Some reflections on Gibson's "ecological approach". *Cognition, 9,* 139–196.

Folstein, S., & Rutter, M. (1978). A twin study of individuals with infantile autism. In M. Rutter & E. Schopler (Eds.), *Autism: A reappraisal of concepts and treatment.* New York: Plenum.

Ford, M. (1995). Two modes of mental representation and problem solution in syllogistic reasoning. *Cognition, 54,* 1–71.

Ford, M.R., & Widiger, T.A. (1989). Sex bias in the diagnosis of histrionic and antisocial personality disorders. *Journal of Consulting and Clinical Psychology, 57,* 301–305.

Forman, E.A., & Cazden, C.B. (1985). Exploring Vygotskyin perspectives in education: The cognitive value of peer interaction. In J.V. Wertsch (Ed.), *Culture, communication, and cognition: Vygotskyian perspectives.* Cambridge: Cambridge University Press.

Fortenberry, J.C., Brown, D.B., & Shevlin, L.T. (1986). Analysis of drug involvement in traffic fatalities in Alabama. *American Journal of Drug and Alcohol Abuse, 12,* 257–267.

Foulkes, D. (1985). *Dreaming: A cognitive-psychological analysis.* Hillsdale, NJ: Lawrence Erbaum Associates Ltd.

Foy, D.W., Resnick, H.S., Sipprelle, R.C., & Carroll, E.M. (1987). Premilitary, military, and postmilitary factors in the development of combat-related post-traumatic stress disorder. *The Behavior Therapist, 10,* 3–9.

Francolini, C.N., & Egeth, H.E.(1980). On the non-automaticity of automatic activation: Evidence of selective seeing. *Perception & Psychophysics, 27,* 331–342.

Frank, A. (1997). *The diary of a young girl* (Eds. O. Frank & M. Pressler). London: Viking.

Franzoi, S.L. (1996). *Social psychology.* Madison: Brown & Benchmark.

Freedman, J.L. (1969). Role playing: Psychology by consensus. *Journal of Personality and Social Psychology, 13,* 107–114.

Freud, A., & Dann, S. (1951). An experiment in group upbringing. *Psychoanalytic Study of the Child, 6,* 127–168.

Freud, S. (1885). The effects of cocaine on thought processes. In *Collected Papers, Vol. V* (1950). London: Hogarth.

Freud, S. (1900). *The interpretation of dreams* [translated by J. Strachey]. London: Allen & Unwin.

Freud, S. (1915). Repression. In Freud's *Collected papers, Vol. IV.* London: Hogarth.

Freud, S. (1917). Introductory lectures on psychoanalysis. In J. Strachey (Ed.), *The complete psychological works, Vol. 16.* New York: Norton.

Freud, S. (1924). *A general introduction to psychoanalysis.* New York: Washington Square Press.

Freud, S. (1930). *Civilisation and its discontents.* London: Hogarth Press.

Freud, S. (1933). *New introductory lectures in psychoanalysis.* New York: Norton.

Freud, S. (1971). *The psychopathology of everyday life* [translated by A. Tyson]. New York: W.W. Norton.

Freud, S., & Breuer, J. (1895). Studies on hysteria. In J. Strachey (Ed.), *The complete psychological works, Vol. 2.* New York: Norton.

Friedman, A. (1979). Framing pictures: The role of knowledge in automatised encoding and memory for gist. *Journal of Experimental Psychology: General, 108,* 316–355.

Friedman, M., & Rosenman, R.H. (1959). Association of specific overt behaviour pattern with blood and cardiovascular findings. *Journal of the American Medical Association, 96,* 1286–1296.

Friedman, M.I., Tordoff, M.G., & Ramirez, I. (1986). Integrated metabolic control of food intake. *Brain Research Bulletin, 17,* 855–859.

Friedrich, L.K., & Stein, A.H. (1973). Aggressive and pro-social television programmes and the natural behaviour of pre-school children. *Monographs of the Society for Research in Child Development, 38,* 1–64.

Frijda, N.H., Kuipers, P., & ter Schure, E. (1989). Relations among emotion, appraisal, and emotional action readiness. *Journal of Personality and Social Psychology, 57,* 212–228.

Frisby, J.P. (1986). The computational approach to vision. In I. Roth & J.P. Frisby (Eds.), *Perception and representation: A cognitive approach.* Milton Keynes: Open University Press.

Frith, C.D. (1992). *The cognitive neuropsychology of schizophrenia.* Hove, UK: Psychology Press.

Frith, C.D., & Cahill, C. (1994). Psychotic disorders: Schizophrenia, affective psychoses, and paranoia. In A.M. Colman (Ed.), *Companion encyclopedia of psychology, Vol. 2.* London: Routledge.

Frueh, T., & McGhee, P.E. (1975). Traditional sex-role development and the amount of time spent watching television. *Developmental Psychology, 11*, 109.

Fruzzetti, A.E., Toland, K., Teller, S.A., & Loftus, E.F. (1992). Memory and eyewitness testimony. In M. Gruneberg & P. Morris (Eds.), *Aspects of memory: The practical aspects*. London: Routledge.

Furnham, A. (1981). Personality and activity preference. *British Journal of Social and Clinical Psychology, 20*, 57–68.

Furnham, A., & Pinder, A. (1990). Young people's attitudes to experimentation on animals. *The Psychologist, 3*, 444–448.

Fyer, A.J., Mannuzza, S., Chapman, T.F., Liebowitz, M.R., & Klein, D.F. (1993). A direct-interview family study of social phobia. *Archives of General Psychiatry, 50*, 286–293.

Gabrieli, J.D.E., Cohen, N.J., & Corkin, S. (1988). The impaired learning of semantic knowledge following bilateral medial temporal-lobe resection. *Brain, 7*, 157–177.

Gabrieli, J.D.E., Desmond, J.E., Demb, J.B., Wagner, A.D., Stone, M.V., Vaidya, C.J., & Glover, G.H. (1996). Functional magnetic resonance imaging of semantic memory processes in the frontal lobes. *Psychological Science, 7*, 278–283.

Gaertner, S.L., & Dovidio, J.F. (1977). The subtlety of white racism, arousal, and helping behaviour. *Journal of Personality and Social Psychology, 35*, 691–707.

Gainotti, G. (1972). Emotional behaviour and hemispheric side of lesion. *Cortex, 8*, 41–55.

Gale, A. (1983). Electroencephalographic studies of extraversion-introversion: A case study in the psychophysiology of individual differences. *Personality and Individual Differences, 4*, 371–380.

Galli, I., & Nigro, G. (1987). The social representation of radioactivity among Italian children. *Social Science Information, 26*, 535–549.

Gallup, G.G. (1979). Self-recognition in chimpanzees and man: A developmental and comparative perspective. In M. Lewis & L.A. Rosenblum (Eds.), *Genesis of behaviour, Vol. 2: The child and its family*. New York: Plenum.

Gamson, W.B., Fireman, B., & Rytina, S. (1982). *Encounters with unjust authority*. Homewood, IL: Dorsey Press.

Ganster, D.C., Schaubroeck, J., Sime, W.E., & Mayes, B.T. (1991). The nomological validity of the Type A personality among employed adults. *Journal of Applied Psychology, 76*, 143–168.

Garcia, J., Ervin, F.R., & Koelling, R. (1966). Learning with prolonged delay of reinforcement. *Psychonomic Science, 5*, 121–122.

Gardner, H. (1983). *Frames of mind: The theory of multiple intelligences*. New York: Basic Books.

Gardner, R.A., & Gardner, B.T. (1969). Teaching sign language to a chimpanzee. *Science, 165*, 664–672.

Garfield, S.L. (1980). *Psychotherapy: An eclectic approach*. New York: Wiley.

Garfinkel, P.E., & Garner, D.M. (1982). *Anorexia nervosa: A multidimensional perspective*. New York: Basic Books.

Garner, D.M., & Fairburn, C.G. (1988). Relationship between anorexia nervosa and bulimia nervosa: Diagnostic implications. In D.M. Garner & P.E. Garfinkel (Eds.), *Diagnostic issues in anorexia nervosa and bulimia nervosa*. New York: Brunner/Mazel.

Garrett, M.F. (1975). The analysis of sentence production. In G.H. Bower (Ed.), *The psychology of learning and motivation, Vol. 9*. San Diego, CA: Academic Press.

Garrett, M.F. (1976). Syntactic processes in sentence production. In R.W. Wales & E. Walker (Eds.), *New approaches to language mechanisms*. Amsterdam: North-Holland.

Garrett, M.F. (1984). The organisation of processing structures for language production: Applications to aphasic speech. In D. Caplan, A.R. Lecours, & A. Smith (Eds.), *Biological perspectives on language*. Cambridge, MA: MIT Press.

Gatchel, R. (1997). Biofeedback. In A. Baum, S. Newman, J. Weinman, R. West, & C. McManus (Eds.), *Cambridge handbook of psychology, health, and medicine*. Cambridge: Cambridge University Press.

Gauld, A., & Stephenson, G.M. (1967). Some experiments relating to Bartlett's theory of remembering. *British Journal of Psychology, 58*, 39–50.

Gavey, N. (1992). Technologies and effects of heterosexual coercion. *Feminism and Psychology, 2*, 325–351.

Geis, M., & Zwicky, A.M. (1971). On invited inferences. *Linguistic Inquiry, 2*, 561–566.

Geiselman, R.E., Fisher, R.P., MacKinnon, D.P., & Holland, H.L. (1985). Eyewitness memory enhancement in police interview: Cognitive retrieval mnemonics versus hypnosis. *Journal of Applied Psychology, 70*, 401–412.

Gelder, M., Gath, D., & Mayon, R. (1989). *Oxford textbook of psychiatry (2nd Edn.)*. Oxford: Oxford University Press.

Gerbino, L., Oleshansky, M., & Gershon, S. (1978). Clinical use and mode of action of lithium. In M.A. Lipton, A. DiMascio, & F.K. Killam (Eds.), *Psychopharmacology: A generation of progress*. New York: Raven Press.

Gergen, K.J. (1973). Social psychology as history. *Journal of Personality and Social Psychology, 26*, 309–320.

Gergen, K.J. (1985). Social constructionist inquiry: Context and implications. In K.J. Gergen & K.E. Davis (Eds.), *The social construction of the person*. New York: Springer-Verlag.

Gergen, K.J. (1997). Social psychology as social construction: The emerging vision. In C. McGarty & A. Haslam (Eds.), *The message of social psychology*. Oxford: Blackwell.

Gergen, K.J., & Gergen, M.M. (1991). Toward reflexive methodologies. In F. Steier (Ed.), *Research and reflexivity*. London: Sage.

Gergen, K.J., Morse, S.J., & Gergen, M.M. (1980). Behaviour exchange in cross-cultural perspective. In H.C. Triandis & W.W. Lambert (Eds.), *Handbook of cross-cultural psychology, Vol. 5: Social psychology*. Boston: Allyn & Bacon.

Gerlsman, C., Emmelkamp, P.M.G., & Arrindell, W.A. (1990). Anxiety, depression, and perception of early parenting: A meta-analysis. *Clinical Psychology Review, 10*, 251–277.

Gershon, E.S. (1990). Genetics. In F.K. Goodwin & K.R. Jamison (Eds.), *Manic-depressive illness*. Oxford: Oxford University Press.

Geschwind, N. (1979). *The brain*. San Francisco: Freeman.

Ghiselli, E.E. (1966). *The validity of occupational aptitude tests*. New York: Wiley.

Gibbs, J., Young, R.C., & Smith, G.P. (1973). Cholecystokinin decreases food intake in rats. *Journal of Comparative and Physiological Psychology, 84*, 488–495.

Gibson, E.J. (1969). *Principles of perceptual learning and development*. New York: Appleton-Century-Crofts.

Gibson, E.J., & Spelke, E.S. (1983). The development of perception. In J.H. Flavell & E.M. Markman (Eds.), *Cognitive development. Vol. III: Handbook of child psychology*. Chichester: Wiley.

Gibson, E.J., & Walk, R.D. (1960). The visual cliff. *Scientific American*, 202, 64–71.

Gibson, J.J. (1950). *The perception of the visual world*. Boston: Houghton Mifflin.

Gibson, J.J. (1966). *The senses considered as perceptual systems*. Boston: Houghton Mifflin.

Gibson, J.J. (1979). *The ecological approach to visual perception*. Boston: Houghton Mifflin.

Gilbert, D.T. (1995). Attribution and interpersonal perception. In A. Tesser (Ed.), *Advanced social psychology*. New York: McGraw-Hill.

Gilbert, D.T., Pelham, B.W., & Krull, D.S. (1988). On cognitive busyness: When person perceivers meet persons perceived. *Journal of Personality and Social Psychology*, 54, 733–740.

Gilbert, G.N., & Mulkay, M. (1984). *Opening Pandora's box: A sociological analysis of scientists' discourse*. Cambridge: Cambridge University Press.

Gill, F.B., & Wolf, L.L. (1975). Economics of feeding territoriality in the golden-winged sunbird. *Ecology*, 56, 333–345.

Gilligan, C. (1977). In a different voice: Women's conceptions of the self and of morality. *Harvard Educational Review*, 47, 481–517.

Gilligan, C. (1982). *In a different voice: Psychological theory and women's development*. Cambridge, MA: Harvard University Press.

Ginsburg, H.J., & Miller, S.M. (1982). Sex differences in children's risk taking behaviour. *Child Development*, 53, 426–428.

Gittleman, J.L., & Harvey, P.H. (1980). Why are distasteful prey not cryptic? *Nature*, 286, 149–150.

Glanzer, M., & Cunitz, A.R. (1966). Two storage mechanisms in free recall. *Journal of Verbal Learning and Verbal Behavior*, 5, 351–360.

Gleitman, H. (1986). *Psychology (2nd Edn.)*. London: Norton.

Glenn, N.D., & McLanahan, S. (1982). Children and marital happiness: A further specification of the relationship. *Journal of Marriage and the Family*, 44, 63–72.

Goa, K.L., & Ward, A.(1986). Buspirone: A preliminary review of its pharmacological properties and therapeutic efficacy as an anxiolytic. *Drugs*, 32, 114–129.

Goddard, H.H. (1913). *Feedble-mindedness: Its causes and consequences*. New York: Macmillan.

Goldberg, L.R. (1990). An alternative "description of personality": The big-five factor structure. *Journal of Personality and Social Psychology*, 59, 1216–1229.

Goldfarb, W. (1947). Variations in adolescent adjustment of institutionally reared children. *American Journal of Orthopsychiatry*, 17, 499–557.

Goldman, R.J., & Goldman, J.D.G. (1981). How children view old people and ageing: A developmental study of children in four countries. *Australian Journal of Psychology*, 3, 405–418.

Goldwyn, E. (1979). The fight to be male. *Listener*, 24 May, 709–712.

Gomulicki, B.R. (1956). Recall as an abstractive process. *Acta Psychologica*, 12, 77–94.

Goodkin, K., Blaney, T., Feaster, D., Fletcher, M., Baum, M.K., Mantero-Atienza, E., Klimas, N.G., Millon, C., Szapocznik, J., & Eisdorfer, C. (1992). Active coping style is associated with natural killer cell cytotoxicity in asymptomatic HIV-1 seropositive homosexual men. *Journal of Psychosomatic Research*, 36, 635–650.

Goodman, R., & Stevenson, J. (1989). A twin study of hyperactivity: II. The aetiological role of genes, family relationships, and perinatal adversity. *Journal of Child Psychology and Psychiatry*, 30, 691–709.

Goodwin, R. (1995). Personal relationships across cultures. *The Psychologist*, 8, 73–75.

Gopher, D. (1993). The skill of attentional control: Acquisition and execution of attentional strategies. In S. Kornblum & D.E. Meyer (Eds.), *Attention and performance, Vol. XIV*. Cambridge, MA: MIT Press.

Gordon, I.E. (1989). *Theories of visual perception*. Chichester: Wiley.

Gorer, G. (1968). Man has no "killer" instinct. In M.F.A. Montague (Ed.), *Man and aggression*. Oxford: Oxford University Press.

Goss-Custard, J.D. (1977a). Feeding dispersion in some overwintering wading birds. In J.H. Crook (Ed.), *Social behaviour in birds and mammals*. London: Academic Press.

Goss-Custard, J.D. (1977b). Variation in the dispersion of redshank (*Tringa totanus*) on their winter feeding grounds. *Ibis*, 118, 257–263.

Gottesman, I.I. (1991). *Schizophrenia genesis: The origins of madness*. New York: W.H. Freeman.

Gottesman, I.I., & Bertelsen, A. (1989). Dual mating studies in psychiatry: Offspring of inpatients with examples from reactive (psychogenic) psychoses. *International Review of Psychiatry*, 1, 287–296.

Gottfried, A.W. (1984). Home environment and early cognitive development: Integration, meta-analyses, and conclusions. In A.W. Gottfried (Ed.), *Home environment and early cognitive development: Longitudinal research*. Orlando, FL: Academic Press.

Gould, J.L. (1992). Honey bee cognition. In C.R. Gallistel (Ed.), *Animal cognition*. Cambridge, CA: MIT Press.

Gould, S.J. (1981). *The mismeasure of man*. New York: Norton.

Gove, W.R. (1979). The relationship between sex roles, marital status and mental illness. *Social Forces*, 51, 34–44.

Graesser, A.C., Singer, M., & Trabasso, T. (1994). Constructing inferences during narrative text comprehension. *Psychological Review*, 101, 371–395.

Graf, P., & Schachter, D.L. (1985). Implicit and explicit memory for new associations in normal and amnesic subjects. *Journal of Experimental Psychology: Learning, Memory, and Cognition*, 11, 501–518.

Graf, P., Squire, L.R., & Mandler, G. (1984). The information that amnesic patients do not forget. *Journal of Experimental Psychology: Learning, Memory, and Cognition*, 10, 164–178.

Graham, I.D., & Baker, P.M. (1989). Status, age and gender: Perceptions of old and young adults. *Psychology and Aging*, 8, 10–17.

Grant, P. (1994). Psychotherapy and race. In P. Clarkson & M. Pokorny (Eds.), *The handbook of psychotherapy*. London: Routledge.

Gray, J.A. (1985). A whole and its parts: Behaviour, the brain, cognition and emotion. *Bulletin of the British Psychological Society*, 38, 99–112.

Gray, J.A. (1991). On the morality of speciesism. *The Psychologist*, 14, 196–198.

Gray, J.A., & Wedderburn, A.A. (1960). Grouping strategies with simultaneous stimuli. *Quarterly Journal of Experimental Psychology*, 12, 180–184.

Green, S. (1994). *Principles of biopsychology*. Hove, UK: Psychology Press.

Greenberg, J.H. (1963). Some universals of grammar with particular reference to the order of meaningful elements.

In J.H. Greenberg (Ed.), *Universals of language*. Cambridge, MA: MIT Press.

Greenberg, M., Calderon, R., & Kusché, C. (1984). Early intervention using simultaneous communication with deaf infants: The effect on communication development. *Child Development*, 55, 607–616.

Greene, J. (1975). *Thinking and language*. London: Methuen.

Gregor, A.J., & McPherson, D.A. (1965). A study of susceptibility to geometrical illusion among cultural subgroups of Australian aborigines. *Psychology in Africa*, 11, 1–13.

Gregory, R. (Ed.) (1987). *The Oxford companion to the mind*. Oxford: Oxford University Press.

Gregory, R.L. (1970). *The intelligent eye*. New York: McGraw-Hill.

Gregory, R.L. (1972). Seeing as thinking. *Times Literary Supplement*, 23 June.

Gregory, R.L. (1973). The confounded eye. In R.L. Gregory & E.H. Gombrich (Eds.), *Illusion in nature and art*. London: Duckworth.

Gregory, R.L. (1980). Perceptions as hypotheses. *Philosophical Transactions of the Royal Society of London, Series B*, 290, 181–197.

Gregory, S., & Barlow, S. (1989). Interaction between deaf babies and hearing mothers. In B. Woll (Ed.), *Language development and sign language*. Monograph 1, International Sign Linguistics Association, University of Bristol.

Grice, H.P. (1967). Logic and conversation. In P. Cole & J.L. Morgan (Eds.), *Studies in syntax, Vol. III*. New York: Seminar Press.

Grier, J.W., & Burk, T. (1992). *Biology of animal behaviour*. Dubuque, IO: W.C. Brown.

Griffin, C. (1995). Feminism, social psychology and qualitative research. *The Psychologist*, 8, 119–121.

Griffin, D.R. (1955). Bird navigation. In A. Wolfson (Ed.), *Recent studies in avian biology*. Urbana, IL: University of Illinois Press.

Griggs, R.A., & Cox, J.R. (1982). The elusive thematic-material effect in Wason's selection task. *British Journal of Psychology*, 73, 407–420.

Griggs, R.A., & Cox, J.R. (1983). The effects of problem content and negation on Wason's selection task. *Quarterly Journal of Experimental Psychology*, 35A, 519–533.

Groeger, J.A. (1997). *Memory and remembering: Everyday memory in context*. Harlow, Essex: Addison Wesley Longman.

Gross, M.R., & MacMillan, A.M. (1981). Predation and the evolution of colonial nesting in bluegill sunfish (*Lepomis macrochirus*). *Behavioral Ecology and Sociobiology*, 8, 163–174.

Gross, M.R., & Shine, R. (1981). Parental care and mode of fertilisation in ectothermic vertebrates. *Evolution*, 35, 775–793.

Gross, R. (1996). *Psychology: The science of mind and behaviour* (3rd Edn.). London: Hodder & Stoughton.

Gross, R., & McIlveen, R. (1996). *Abnormal psychology*. London: Hodder & Stoughton.

Grossman, K., Grossman, K.E., Spangler, S., Suess, G., & Uzner, L. (1985). Maternal sensitivity and newborn responses as related to quality of attachment in Northern Germany. In J. Bretherton & E. Waters (Eds.), Growing points of attachment theory. *Monographs of the Society for Research in Child Development*, 50, No. 209.

Grubb, T.C. (1977). Why ospreys hover. *Wilson Bulletin*, 89, 149–150.

Grudin, J.T. (1983). Error patterns in novice and skilled transcription typing. In W.E. Cooper (Ed.), *Cognitive aspects of skilled typewriting*. New York: Springer.

Gruzelier, J. (1988). The neuropsychology of hypnosis. In M. Heap (Ed.), *Hypnosis: Current clinical, experimental and forensic practices*. London: Croom Helm.

Guarnaccia, P.J., Good, B.J., & Kleinman, A. (1990). A critical review of epidemiological studies of Puerto Rican mental health. *American Journal of Psychiatry*, 147, 1449–1456.

Guerra, N.G., & Slaby, R.G. (1990). Cognitive mediators of aggression in adolescent offenders: 2. Intervention. *Developmental Psychology*, 26, 269–277.

Guilford, J.P. (1936). Unitary traits of personality and factor theory. *American Journal of Psychology*, 48, 673–680.

Guimond, S., Begin, G., & Palmer, D.L. (1989). Education and causal attributions: The development of "person-blame" and "system-blame" ideology. *Social Psychology Quarterly*, 52, 126–140.

Gunter, B., & McAleer, J.L. (1990). *Children and television: The one-eyed monster?* London: Routledge.

Gurr, T.R. (1970). *Why men rebel*. Princeton, NJ: Princeton University Press.

Guterman, L. (1998). Trail of dung spells disaster for roaches. *New Scientist*, 2160, 12.

Gwynne, D.T. (1981). Sexual difference theory: Mormon crickets show role reversal in mate choice. *Science*, 213, 779–780.

Hagedorn, M., & Heiligenberg, W. (1985). Court and spark: Electric signals in the courtship and mating of gymnotoid fish. *Animal Behaviour*, 33, 254–265.

Hailman, J. (1992). The necessity of a "show-me" attitude in science. In J. W. Grier & T. Burk, *Biology of animal behaviour* (2nd Edn.). Dubuque, IO: W.C. Brown.

Hajek, P., & Belcher, M. (1991). Dreams of absent-minded transgression: An empirical study of a cognitive withdrawal symptom. *Journal of Abnormal Psychology*, 100, 487–491.

Halgin, R.P., & Whitbourne, S.K. (1997). *Abnormal psychology: The human experience of psychological disorders*. Madison, WI: Brown & Benchmark.

Hall, C.S. (1953). A cognitive theory of dream symbols. *Journal of General Psychology*, 48, 169–186.

Hall, C.S. (1966a). *The meaning of dreams*. New York: McGraw-Hill.

Hall, E.T. (1966b). *The hidden dimension*. New York: Doubleday.

Hall, J.A. (1990). *Nonverbal sex differences: Accuracy of communication and expressive style*. Baltimore, MD: Johns Hopkins University Press.

Halleck, S.L. (1971). *The politics of therapy*. New York: Science House.

Halliday, T. (1980). *Sexual strategy*. Oxford: Oxford University Press.

Halliday, T., & Arnold, S.J. (1987). Multiple mating by females: A perspective from quantitative genetics. *Animal Behaviour*, 35, 939–941.

Hamilton, L.W., & Timmons, C.R. (1995). Psychopharmacology. In D. Kimble & A. M. Colman (Eds.), *Biological aspects of behaviour*. London: Longman.

Hamilton, W.D. (1964). The genetical evolution of social behaviour. I and II. *Journal of Theoretical Biology*, 7, 1–52.

Hamilton, W.D., & Zuk, M. (1982). Heritable true fitness and bright birds: A role for parasites? *Science*, 218, 384–387.

Hammen, C.L. (1991). The generation of stress in the course of unipolar depression. *Journal of Abnormal Psychology, 100*, 555–561.

Hampson, P.J. (1989). Aspects of attention and cognitive science. *Irish Journal of Psychology, 10*, 261–275.

Hampson, S.E. (1988). *The construction of personality: An introduction (2nd Edn.).* London: Routledge.

Han, P.J., Feng, L.Y., & Kuo, P.T. (1972). Insulin sensitivity of pair-fed, hyperlipemic, hyperinsulinemic, obese hypothalamic rats. *American Journal of Physiology, 223*, 1206–1209.

Hanley, J.R., Hastie, K., & Kay, J. (1991). Developmental surface dyslexia and dysgraphia: An orthographic processing impairment. *Quarterly Journal of Experimental Psychology, 43A*, 285–310.

Hardyck, C.D., & Petrinovich, L.F. (1970). Subvocal speech and comprehension level as a function of the difficulty level of reading material. *Journal of Verbal Learning and Verbal Behavior, 9*, 647–652.

Hare-Mustin, R.T., & Maracek, J. (1988). The meaning of difference: Gender theory, post-modernism and psychology. *American Psychologist, 43*, 455–464.

Harley, T.A. (1995). *The psychology of language: From data to theory.* Hove, UK: Psychology Press.

Harlow, H.F. (1958). The nature of love. *American Psychologist, 13*, 673–685.

Harlow, H.F. (1959). Love in infant monkeys. *Scientific American, 200*, 68–74.

Harlow, H.F., & Mears, C. (1979). *The human model: Primate perspectives.* Washington, DC: Winston.

Harré, R., & Secord, P. (1972). *The explanation of social behaviour.* Oxford: Basil Blackwell.

Harris, E.L., Noyes, R., Crowe, R.R., & Chaudhry, D.R. (1983). Family study of agoraphobia: Report of a pilot study. *Archives of General Psychiatry, 40*, 1061–1064.

Harris, M. (1990). Language and thought. In M.W. Eysenck (Ed.), *The Blackwell dictionary of cognitive psychology.* Oxford: Blackwell.

Harris, M., & Barlow-Brown, F. (1997). Learning to read in blind and sighted children. In V. Lewis & G.M. Collis (Eds.), *Blindness and psychological development in young children.* Leicester: BPS Books.

Harris, M., Jones, D., Brookes, S., & Grant, J. (1986). Relations between the non-verbal context of maternal speech and rate of language development. *British Journal of Developmental Psychology, 4*, 261–268.

Harris, R.J., et al. (1980). Remembering implied advertising claims as facts: Extensions to the "real world". *Bulletin of the Psychonomic Society, 16*, 317–320.

Harris, T.O. (1997). Adult attachment processes and psychotherapy: A commentary on Bartholomew and Birtchnell. *British Journal of Medical Psychology, 70*, 281–290.

Harris, W.H. (1995). *The opportunity for romantic love among hunter-gatherers.* Paper presented at the annual convention of the Human Behavior and Evolution Society, June, Santa Barbara, California.

Hart, B., & Risley, T. (1995). *Meaningful differences in everyday parenting and intellectual development in young American children.* Baltimore: Brookes.

Harter, S. (1982). The perceived competence scale for children. *Child Development, 53*, 87–97.

Harter, S. (1987). The determinants and mediational role of global self-worth in children. In N. Eisenberg (Ed.), *Contemporary topics in developmental psychology.* New York: Wiley.

Harter, S., & Monsour, A. (1992). Developmental analysis of conflict caused by opposing attributes in the adolescent self-portrait. *Developmental Psychology, 28*, 251–260.

Harter, S., & Pike, R. (1984). The pictorial scale of perceived competence and social acceptance for young children. *Child Development, 55*, 1969–1982.

Hartshorne, H., & May, M.S. (1928). *Studies in the nature of character, Vol. 1: Studies in deceit.* New York: Macmillan.

Harvey, L.O., Roberts, J.O., & Gervais, M.J. (1983). The spatial frequency basis of internal representations. In H.-G. Geissler, H.F.J.M. Buffart, E.L.J. Leeuwenberg, & V. Sarris (Eds.), *Modern issues in perception.* Rotterdam: North-Holland.

Harwood, R.L., & Miller, J.G. (1991). Perceptions of attachment behaviour: A comparison of Anglo and Puerto Rican mothers. *Merrill-Palmer Quarterly, 37*, 583–599.

Hasler, A.D. (1986). Review of R.J.F. Smith (1985). *Zeitschrift für Tierpsychologie, 70*, 168–169.

Hatfield, E., Utne, M.K., & Traupmann, J. (1979). Equity theory and intimate relationships. In R.L. Burgess & T.L. Huston (Eds.), *Exchange theory in developing relationships.* New York: Academic Press.

Havighurst, R.J. (1964). Stages of vocational development. In H. Borrow (Ed.), *Man in a world of work.* Boston: Houghton Mifflin.

Havighurst, R.J., Neugarten, B.L.A., & Tobin, S.S.C. (1968). Disengagement and patterns of aging. In B.L. Neugarten (Ed.), *Middle age and aging.* Chicago: University of Chicago Press.

Hawke, C. (1950). Castration and sex crimes. *American Journal of Mental Deficiency, 55*, 220–226.

Hawkes, N. (1998). Clue to season depression. *The Times*, 26 May, p.9.

Hay, D.F., & Vespo, J.E. (1988). Social learning perspectives on the development of the mother–child relationship. In B. Birns & D.F. Hay (Eds.), *The different faces of motherhood.* New York: Plenum Press.

Hay, J.F., & Jacoby, L.L. (1996). Separating habit and recollection: Memory slips, process dissociations, and probability matching. *Journal of Experimental Psychology: Learning, Memory, and Cognition, 22*, 1323–1335.

Hayes, C. (1951). *The ape in our house.* New York: Harper.

Hayes, J.R., & Flower, L.S. (1980). Identifying the organisation of writing processes. In L.W. Gregg & E.R. Sternberg (Eds.), *Cognitive processes in writing.* Hillsdale, NJ: Lawrence Erlbaum Associates Inc.

Hayes, J.R., & Flower, L.S. (1986). Writing research and the writer. *American Psychologist, 41*, 1106–1113.

Hayes, J.R., Flower, L.S., Schriver, K., Stratman, J., & Carey, L. (1985). *Cognitive processes in revision* (Technical Report No. 12). Pittsburgh, PA: Carnegie Mellon University.

Hayes, N. (1993). *Principles of social psychology.* Hove, UK: Psychology Press.

Hearnshaw, L. (1987). *The shaping of modern psychology: An historical introduction.* London: Routledge & Kegan Paul.

Hearold, S. (1986). A synthesis of 1043 effects of television on social behaviour. In G. Comstock (Ed.), *Public communication and behaviour, Vol. 1.* Orlando, FL: Academic Press.

Heather, N. (1976). *Radical perspectives in psychology.* London: Methuen.

Heber, R., Garber, H., Harrington, S., Hoffman, C., & Falender, C. (1972). *Rehabilitation of families at risk for mental retardation: Progress report*. University of Wisconsin: Rehabilitation Research and Training Center in Mental Retardation.

Heckhausen, J. (1997). Developmental regulation across adulthood: Primary and secondary control of age-related challenges. *Developmental Psychology, 33*, 176–187.

Hedricks, C., Piccinino, L.J., Udry, J.R., & Chimbia, T.H. (1987). Peak coital rate coincides with onset of luteinising hormone surge. *Fertility and Sterility, 48*, 234–238.

Heider, E.R. (1972). Universals in colour naming and memory. *Journal of Experimental Psychology, 93*, 10–20.

Heider, F. (1958). *The psychology of interpersonal relations*. New York: Wiley.

Heinicke, C.H., & Guthrie, D. (1992). Stability and change in husband-wife adaptation and the development of the positive parent-child relationship. *Infant Behavior and Development, 15*, 109–127.

Henggeler, S. W., Watson, S.M., & Cooper, P.F. (1984). Verbal and nonverbal maternal controls in hearing mother–deaf child interaction. *Journal of Applied Developmental Psychology, 5*, 319–329.

Hennigan, K.M., Del Rosario, M.L., Cook, T.D., & Calder, B.J. (1982). Impact of the introduction of television on crime in the United States: Empirical findings and theoretical implications. *Journal of Personality and Social Psychology, 42*, 461–477.

Hering, E. (1878). *Outlines of a theory of the light sense* [translated by L.M. Hurvich & D. Jameson]. Cambridge, MA: Harvard University Press.

Herman, D., & Green, J. (1991). *Madness: A study guide*. London: BBC Education.

Herman, J.L., & Schatzow, E. (1987). Recovery and verification of memories of childhood sexual trauma. *Psychoanalytic Psychology, 4*, 1–14.

Herman, L.M., Richards, D.G., & Wolz, J.P. (1984). Comprehension of sentences by bottlenosed dolphins. *Cognition, 16*, 129–219.

Herzlich, C. (1973). *Health and illness: A social-psychological analysis*. London: Academic Press.

Herzog, H.A. (1988). The moral status of mice. *American Psychologist, 43*, 473–474.

Heslin, R. (1964). Predicting group task effectiveness from member characteristics. *Psychological Bulletin, 62*, 248–256.

Hess, R.D., & Shipman, V. (1965). Early experience and the socialisation of cognitive modes in children. *Child Development, 36*, 860–886.

Hetherington, A.W., & Ranson, S.W. (1942). The relation of various hypothalamic lesions to adiposity in the rat. *Journal of Comparative Neurology, 76*, 475–499.

Hewstone, M., & Antaki, C. (1988). Attribution theory and social explanations. In M. Hewstone, W. Stroebe, J.-P. Codol, & G.M. Stephenson (Eds.), *Introduction to social psychology*. Oxford: Blackwell.

Hewstone, M.R.C., & Brown, R.J. (1986). Contact is not enough: An intergroup perspective on the contact hypothesis. In M.R.C. Hewstone & R.J. Brown (Eds.), *Contact and conflict in intergroup encounters*. Oxford: Blackwell.

Heylighen, F. (1992). Evolution, selfishness and co-operation. *Journal of Ideas, 2*, 70–76.

Hilgard, E.R. (1977). *Divided consciousness: Multiple controls in human thought and action*. New York: Wiley.

Hilgard, E.R. (1986). *Divided consciousness: Multiple controls in human thought and action* (expanded edition). New York: Wiley.

Hilgard, E.R., & Hilgard, J.R. (1983). *Hypnosis in the relief of pain*. Los Altos, CA: William Kaufmann.

Hilgard, E.R., & Marquis, D.G. (1961). *Conditioning and learning*. London: Methuen.

Hinde, R.A. (1977). Mother-infant separation and the nature of inter-individual relationships: Experiments with rhesus monkeys. *Proceedings of the Royal Society of London B, 196*, 29–50.

Hirt, E.R., Zillmann, D., Erickson, G.A., & Kennedy, C. (1992). Costs and benefits of allegiance: Changes in fans' self-ascribed competencies after team victory versus defeat. *Journal of Personality and Social Psychology, 63*, 724–738.

Hitch, G., & Baddeley, A.D. (1976). Verbal reasoning and working memory. *Quarterly Journal of Experimental Psychology, 28*, 603–621.

Hobfoll, S.E., & London, P. (1986). The relationship of self-concept and social support to emotional distress among women during the war. *Journal of Social and Clinical Psychology, 4*, 189–203.

Hobson, J.A. (1988). *The dreaming brain*. New York: Basic Books.

Hobson, J.A. (1994). Sleep and dreaming. In A.M. Colman (Ed.), *Companion encyclopedia of psychology, Vol. 1*. London: Routledge.

Hobson, J.A., & McCarley, R.W. (1977). The brain as a dream state generator: An activation-synthesis hypothesis of the dream process. *American Journal of Psychiatry, 134*, 1335–1348.

Hockett, C.F. (1960). The origin of speech. *Scientific American, 203*, 89–96.

Hockey, G.R.J. (1983). Current issues and new directions. In R. Hockey (Ed.), *Stress and fatigue in human performance*. Chichester: Wiley.

Hockey, G.R.J., Davies, S., & Gray, M.M. (1972). Forgetting as a function of sleep at different times of day. *Quarterly Journal of Experimental Psychology, 24*, 386–393.

Hodges, J., & Tizard, B. (1989). Social and family relationships of ex-institutional adolescents. *Journal of Child Psychology and Psychiatry, 30*, 77–97.

Hodges, W.F. (1968). Effects of ego threat and threat of pain on state anxiety. *Journal of Personality and Social Psychology, 8*, 364–372.

Hoebel, B.G., & Teitelbaum, P. (1966). Weight regulation in normal and hypothalamic hyperphagic rats. *Journal of Comparative and Physiological Psychology, 61*, 189–193.

Hoffman, C., Lau, I., & Johnson, D.R. (1986). The linguistic relativity of person cognition. *Journal of Personality and Social Psychology, 51*, 1097–1105.

Hoffman, D.D., & Richards, W.A. (1984). Parts of recognition. *Cognition, 18*, 65–96.

Hoffman, M.L. (1970). Moral development. In P.H. Mussen (Ed.), *Carmichael's manual of child psychology, Vol. 2*. New York: Wiley.

Hoffman, M.L. (1975). Altruistic behaviour and the parent–child relationship. *Journal of Personality and Social Psychology, 31*, 937–943.

Hoffman, M.L. (1988). Moral development. In M.H. Bornstein & M. E. Lamb (Eds.), *Developmental psychology: An advanced textbook*. Hillsdale, NJ: Erlbaum.

Hofling, C.K. (1974). *Textbook of psychiatry for medical practice*.

Hofling, K.C., Brotzman, E., Dalrymple, S., Graves, N., & Pierce, C.M. (1966). An experimental study in the nurse–physician relationship. *Journal of Nervous and Mental Disorders, 143*, 171–180.

Hofstede, G. (1980). *Culture's consequences: International differences in work-related values.* Beverly Hills, CA: Sage.

Hohmann, G.W. (1966). Some effects of spinal cord lesions on experienced emotional feelings. *Psychophysiology, 3*, 143–156.

Holland, A.J., Sicotte, N., & Treasure, J. (1988). Anorexia nervosa: Evidence for a genetic basis. *Journal of Psychosomatic Research, 32*, 561–572.

Hollander, E.P. (1993). Legitimacy, power, and influence: A perspective on relational features of leadership. In M.M. Chemers & R. Ayman (Eds.), *Leadership theory and research: Perspectives and directions.* San Diego, CA: Academic Press.

Holldobler, B. (1971). Communication between ants and their guests. *Scientific American, 224*, 85–93.

Holmes, D.S. (1990). The evidence for repression: An examination of sixty years of research. In J. Singer (Ed.), *Repression and dissociation: Implications for personality theory, psychopathology, and health.* Chicago: University of Chicago Press.

Holmes, T.H., & Rahe, R.H. (1967). The social readjustment rating scale. *Journal of Psychosomatic Research, 11*, 213–218.

Holmes, W.G., & Sherman, P.W. (1982). The ontogeny of kin recognition in two species of ground squirrels. *American Zoologist, 22*, 491–517.

Holt, R.R. (1967). Individuality and generalisation in the psychology of personality. In R.L. Lazarus & J.R. Opton (Eds.), *Personality.* Harmondsworth: Penguin.

Holway, A.F., & Boring, E.G. (1941). Determinants of apparent visual size with distance variant. *American Journal of Psychology, 54*, 21–37.

Hoogland, J.L. (1979). Aggression, ectoparasitism, and other possible costs of prairie dog (*Sciuridae, Cynomys* spp.) coloniality. *Behaviour, 69*, 1–35.

Hoogland, J.L. (1983). Nepotism and alarm calling in the black-tailed prairie dog (*Cynomys ludovicianus*). *Animal Behaviour, 31*, 472–479.

Hooley, J.M., Orley, J., & Teasdale, J.D. (1986). Levels of expressed emotion and relapse in depressed patients. *British Journal of Psychiatry, 148*, 642–647.

Horn, J.M. (1983). The Texas adoption project: Adopted children and their intellectual resemblance to biological and adoptive parents. *Child Development, 54*, 268–275.

Horne, J. (1988). *Why we sleep? The functions of sleep in humans and other mammals.* Oxford: Oxford University Press.

Horowitz, M.J. (1986). *Stress-response syndromes (2nd Edn.).* New Jersey: Jason Aronson.

Hough, L.M., Eaton, N.K., Dunnette, M.D., Kamp, J.D., & McCloy, R.A. (1990). Criterion-related validities of personality constructs and the effect of response distortion on those validities. *Journal of Applied Psychology, 75*, 581–595.

Hovland, C.I., Lumsdaine, A.A., & Sheffield, R.D. (1949). *Experiments in mass communication.* Princeton, NJ: Princeton University Press.

Hovland, C., & Sears, R. (1940). Minor studies in aggression: VI. Correlation of lynchings with economic indices. *Journal of Personality, 9*, 301–310.

Hovland, C.I., & Weiss, W. (1951). The influence of source credibility on communication effectiveness. *Public Opinion Quarterly, 151*, 635–650.

Howard, J.A., Blumstein, P., & Schwartz, P. (1987). Social evolutionary theories? Some observations on preferences in human mate selection. *Journal of Personality and Social Psychology, 53*, 194–200.

Howard, J.W., & Dawes, R.M. (1976). Linear prediction of marital happiness. *Personality and Social Psychology Bulletin, 2*, 478–480.

Howard, R.D. (1978). The evolution of mating strategies in bullfrogs, *Rana catesbeiana. Evolution, 32*, 850–871.

Howarth, E., & Browne, J.A. (1971). An item-factor-analysis of the 16PF. *Personality, 2*, 117–139.

Howe, C., Tolmie, A., & Rodgers, C. (1992). The acquisition of conceptual knowledge in science by primary school children: Group interaction and the understanding of motion down an incline. *British Journal of Developmental Psychology, 10*, 113–130.

Howe, M. (1990). Useful word but obsolete construct. *The Psychologist, 3*, 498–499.

Howe, M.J.A. (1988). "Hot house" children. *The Psychologist, 1*, 356–358.

Howitt, D., & Owusu-Bempah (1990). Racism in a British journal? *The Psychologist, 3*, 396–400.

Hrdy, S.B. (1977). Infanticide as a primate reproductive strategy. *American Scientist, 65*, 40–49.

Hsu, F. (1981). *Americans and Chinese: Passage to difference (3rd Edn.).* Honolulu: University Press of Honolulu.

Hsu, L.K. (1990). *Eating disorders.* New York: Guilford.

Hubel, D.H., & Wiesel, T.N. (1962). Receptive fields, binocular interaction and functional architecture in the cat's visual cortex. *Journal of Physiology, 160*, 106–154.

Hubel, D.H., & Wiesel, T.N. (1979). Brain mechanisms of vision. *Scientific American, 249*, 150–162.

Huber-Weidman, H. (1976). *Sleep, sleep disturbances and sleep deprivation.* Cologne: Kiepenheuser & Witsch.

Hudson, W. (1960). Pictorial depth perception in subcultural groups in Africa. *Journal of Social Psychology, 52*, 183–208.

Huesmann, L.R., & Eron, L.D. (1986). *Television and the aggressive child: A cross-national comparison.* Hillsdale, NJ: Erlbaum.

Huesmann, L.R., Lagerspitz, K., & Eron, L.D. (1984). Intervening variables in the TV violence–aggression relation: Evidence from two countries. *Developmental Psychology, 20*, 746–775.

Hughes, M. (1975). *Egocentrism in preschool children.* Unpublished PhD thesis, University of Edinburgh.

Hull, C.L. (1943). *Principles of behaviour.* New York: Appleton-Century-Crofts.

Hull, J.G., & Bond, C.F. (1986). Social and behavioural consequences of alcohol consumption and expectancy: A meta-analysis. *Psychological Bulletin, 99*, 347–360.

Human, I.E. (1992). Multiple approaches to remembering. *The Psychologist, 5*, 450–451.

Humphrey, L.L., Apple, R.F., & Kirschenbaum, D.S. (1986). Differentiating bulimic-anorexic from normal families using interpersonal and behavioural observational systems. *Journal of Consulting and Clinical Psychology, 54*, 190–195.

Humphrey, N. (1993). *The inner eye.* London: Vintage.

Hunt, E., & Agnoli, F. (1991). The Whorfian hypothesis: A cognitive psychological perspective. *Psychological Review, 98*, 377–389.

Hunter, M.L., & Krebs, J.R. (1979). Geographical variation in the song of the great tit (*Parus major*) in relation to ecological factors. *Journal of Animal Ecology, 48*, 759–785.

Huntingford, F. A. (1976). The relationship between anti-predator behaviour and aggression among conspecifics in the three-spined stickleback, *Gasterosteus aculeatus*. *Animal Behaviour*, 24, 245–260.

Huntingford, F.A., & Turner, A. (1987). *Animal conflict*. London: Chapman & Hall.

Huston, A.C. (1985). The development of sex typing: Themes from recent research. *Developmental Review*, 5, 1–17.

Huston, T.L., Ruggiero, M., Conner, R., & Geis, G. (1981). Bystander intervention into crime: A study based on naturally-occurring episodes. *Social Psychology Quarterly*, 44, 14–23.

Huttenlocher, P.R. (1974). Dendritic development in neocortex of children with mental defect and infantile spasms. *Neurology*, 24, 203–210.

Hyde, J.S., & Linn, M.C. (1988). Gender differences in verbal ability: A meta-analysis. *Psychological Bulletin*, 104, 53–69.

Hyde, T.S., & Jenkins, J.J. (1973). Recall for words as a function of semantic, graphic, and syntactic orienting tasks. *Journal of Verbal Learning and Verbal Behavior*, 12, 471–480.

Imperato-McGinley, J., Guerro, L., Gautier, T., & Peterson, R.E. (1974). Steroid 5–reductase deficiency in man: An inherited form of male pseudohermaphroditism. *Science*, 186, 1213–1216.

Inglis, I.R., & Ferguson, N.J.K. (1986). Starlings search for food rather than eat freely-available, identical food. *Animal Behaviour*, 34, 614–617.

Inhelder, B., & Piaget, J. (1958). *The growth of logical thinking from childhood to adolescence*. New York: Basic Books.

International Classification of Diseases (1992). *The ICD-10 classification of mental and behavioural disorders: Clinical descriptions and diagnostic guidelines*. Geneva: WHO.

Irwin, M., Lovitz, A., Marder, S.R., Mintz, J., Winslade, W.J., Van Putten, T., & Mills, M.J. (1985). 'Psychotic patients' understanding of informed consent. *American Journal of Psychiatry*, 142, 1351–1354.

Isack, H.A., & Reyer, H.U. (1989). Honeyguides and honey gatherers: Interspecific communication in a symbiotic relationship. *Science*, 243, 1343–1346.

Ittelson, W.H. (1951). Size as a cue to distance: Static localisation. *American Journal of Psychology*, 64, 54–67.

Ittelson, W.H. (1952). *The Ames demonstrations in perception*. New York: Hafner.

Jacobs, K.C., & Campbell, D.T. (1961). The perpetuation of an arbitrary tradition through several generations of a laboratory microculture. *Journal of Abnormal and Social Psychology*, 62, 649–658.

Jacobsen, C.F., Wolfe, J.B., & Jackson, T.A. (1935). An experimental analysis of the functions of the frontal association areas in primates. *Journal of Nervous and Mental Disorders*, 82, 1–14.

Jacoby, L.L. (1978). On interpreting the effects of repetition: Solving a problem versus remembering a solution. *Journal of Verbal Learning and Verbal Behavior*, 17, 649–667.

Jacoby, L.L. (1983). Remembering the data: Analysing interactive processing in reading. *Journal of Verbal Learning and Verbal Behavior*, 22, 485–508.

James, W. (1890). *Principles of psychology*. New York: Holt.

Jang, K.L., Livesley, W.J., & Vernon, P.A. (1996). Heritability of the Big Five personality dimensions and their facets: A twin study. *Journal of Personality*, 64, 577–591.

Janis, I.L., & Feshbach, S. (1953). Effects of fear-arousing communications. *Journal of Abnormal and Social Psychology*, 48, 78-92.

Jenkins, C.D., Hurst, M.W., & Rose, R.M. (1979). Life changes: Do people really remember? *Archives of General Psychiatry*, 36, 379-384.

Jenkins, J.G., & Dallenbach, K.M. (1924). Obliviscence during sleep and waking. *American Journal of Psychology*, 35, 605-612.

Jensen, A.R. (1969). How much can we boost IQ and scholastic achievement? *Harvard Educational Review*, 39, 1-123.

Jodelet, D. (1991). Représentation sociale: Phénomenes, concept et théorie. In S. Moscovici (Ed.), *Psychologie sociale*. Pairs: Presses Universitaires de France.

Johansson, G. (1973). Visual perception of biological motion and a model for its analysis. *Perception & Psychophysics*, 14, 201-211.

Johnson, C., & Blinkhorn, S. (1994). Desperate measures: Job performance and personality test validities. *The Psychologist*, 7, 167-170.

Johnson, R.D., & Downing, L.L. (1979). Deindividuation and valence of cues: Effects on prosocial and antisocial behaviour. *Journal of Personality and Social Psychology*, 39, 1532-1538.

Johnson-Laird, P.N. (1980). Mental models in cognitive science. *Cognitive Science*, 4, 71–115.

Johnson-Laird, P.N. (1983). *Mental models*. Cambridge: Cambridge University Press.

Johnston, J., & Ettema, J.S. (1982). *Positive image: Breaking stereotypes with children's television*. Beverly Hills: Sage.

Johnston, W.A., & Dark, V.J. (1986). Selective attention. *Annual Review of Psychology*, 37, 43–75.

Johnston, W.A., & Heinz, S.P. (1978). Flexibility and capacity demands of attention. *Journal of Experimental Psychology: General*, 107, 420–435.

Johnston, W.A., & Wilson, J. (1980). Perceptual processing of non-targets in an attention task. *Memory & Cognition*, 8, 372–377.

Johnstone, L. (1989). *Users and abusers of psychiatry: A critical look at traditional psychiatric practice*. London: Routledge.

Jones, E.E., & Davis, K.E. (1965). From acts to dispositions: The attribution process in person perception. In L. Berkowitz (Ed.), *Advances in Experimental Social Psychology, Vol. 2*. New York: Academic Press.

Jones, E.E., & Harris, V.A. (1967). The attribution of attitudes. *Journal of Experimental Social Psychology*, 3, 1–24.

Jones, E.E., & Nisbett, R.E. (1972). The actor and the observer: Divergent perceptions of the causes of behaviour. In E.E. Jones, D.E. Kanouse, H.H. Kelley, R.E. Nisbett, S. Valins, & B. Weiner (Eds.), *Attribution: Perceiving the causes of behaviour*. Morristown, NJ: General Learning Press.

Jones, E.E., & Sigall, H. (1971). The bogus pipeline: A new paradigm for measuring affect and attitude. *Psychological Bulletin*, 76, 349–364.

Jones, M.C. (1925). A laboratory study of fear: The case of Peter. *Pedagogical Seminary*, 31, 308–315.

Jordan, I.K., & Karchmer, M.A. (1986). Patterns of sign use among hearing impaired students. In A.N. Schildroth & M.A. Karchmer (Eds.), *Deaf children in America*. San Diego, CA: College-Hill Press.

Josephson, W.L. (1987). Television violence and children's aggression: Testing the priming, social script, and disinhibition predictions. *Journal of Personality and Social Psychology*, 53, 882–890.

Jourard, S.M. (1966). An exploratory study of body-accessibility. *British Journal of Social and Clinical Psychology, 5*, 221–231.

Julesz, B. (1971). *Foundations of cylopean perception*. Chicago: University of Chicago Press.

Juola, J.F., Bowhuis, D.G., Cooper, E.E., & Warner, C.B. (1991). Control of attention around the fovea. *Journal of Experimental Psychology: Human Perception and Performance, 15*, 315–330.

Kaas, J.H., Nelson, R.J., Sur, M., & Merzenich, M.M. (1981). Organisation of somatosensory cortex in primates. In F.O. Schmitt, F.G. Worden, G. Adelman, & S. G. Dennis (Eds.), *The organisation of the cerebral cortex*. Cambridge, MA: MIT Press.

Kacelnik, A. (1984). Central place foraging in Starlings (*Sturnus vulgaris*). I. Patch residence time. *Journal of Animal Ecology, 53*, 283–299.

Kagan, J. (1984). *The nature of the child*. New York: Basic Books.

Kagan, J., & Klein, R.E. (1973). Cross-cultural perspectives on early development. *American Psychologist, 28*, 947–961.

Kahneman, D., & Henik, A. (1979). Perceptual organisation and attention. In M. Kubovy & J.R. Pomerantz (Eds.), *Perceptual organisation*. Hillsdale, NJ: Lawrence Erlbaum Associates Inc.

Kahneman, D., & Tversky, A. (1972). Subjective probability: A judgment of representativeness. *Cognitive Psychology, 3*, 430–454.

Kahneman, D., & Tversky, A. (1973). On the psychology of prediction. *Psychological Review, 80*, 237–251.

Kahneman, D., & Tversky, A. (1979). Intuitive prediction: Biases and corrective procedures. *TIMS Studies in Management Science, 12*, 313–327.

Kahneman, D., & Tversky, A. (1984). Choices, values and frames. *American Psychologist, 39*, 341–350.

Kalucy, R.S., Crisp, A.H., & Harding, B. (1977). A study of 56 families with anorexia nervosa. *British Journal of Medical Psychology, 50*, 381–395.

Kamin, L. (1981). *The intelligence controversy: H.J. Eysenck vs. Leon Kamin*. New York: Wiley.

Kamin, L.J. (1969). Predictability, surprise, attention and conditioning. In R. Campbell & R. Church (Eds.), *Punishment and aversive behaviour*. New York: Appleton-Century-Crofts.

Kandel, D.B. (1978). Similarity in real-life adolescent friendship pairs. *Journal of Personality and Social Psychology, 36*, 306–312.

Kane, J., Honigfeld, G., Singer, J., & Meltzer, H.Y. (1988). Clozapine for the treatment resistant schizophrenic. *Archives of General Psychiatry, 45*, 789–796.

Kanizsa, G. (1976). Subjective contours. *Scientific American, 234*, 48–52.

Kanner, L. (1943). Autistic disturbances of affective contact. *Nervous child, 2*, 217–250.

Kanner, L. (1973). Follow-up of eleven autistic children originally reported in 1943. In L. Kanner (Ed.), *Childhood psychosis: Initial studies and new insights*. Washington, DC: Winston-Wiley.

Karney, B.R., & Bradbury, T.N. (1995). The longitudinal course of marital quality and stability: A review of theory, method, and research. *Psychological Bulletin, 118*, 3–34.

Kashima, Y., & Triandis, H.C. (1986). The self-serving bias in attributions as a coping strategy: A cross-cultural study. *Journal of Cross-Cultural Psychology, 17*, 83–97.

Kassin, S.M., Ellsworth, P.C., & Smith, U.L. (1989). The "general acceptance" of psychological research on eyewitness testimony. *American Psychologist, 44*, 1089–1098.

Katz, D., & Braly, K.W. (1933). Racial stereotypes of one hundred college students. *Journal of Abnormal and Social Psychology, 28*, 280–290.

Kaufer, D., Hayes, J.R., & Flower, L.S. (1986). Composing written sentences. *Research in the Teaching of English, 20*, 121–140.

Kaul, T.J., & Bednar, R.L. (1986). Experiential group research: Results, questions, and suggestions. In S.L. Garfield & A.E. Bergin (Eds.), *Handbook of psychotherapy and behaviour change (3rd Edn.)*, Chichester: Wiley.

Kavanagh, D.J. (1992). Recent developments in expressed emotion and schizophrenia. *British Journal of Psychiatry, 160*, 601–620.

Kay, P., & Kempton, W. (1984). What is the Sapir-Whorf hypothesis? *American Anthropologist, 86*, 65–79.

Keane, T.M., Fairbank, J.A., Caddell, J.M., Zimmering, R.T., & Gender, M. (1985). A behavioural approach to assessing and treating posttraumatic stress disorder in Vietnam veterans. In C.R. Figley (Ed.), *Trauma and its wake: The study and treatment of post-traumatic stress disorder*. New York: Brunner/Mazel.

Keeton, W.T. (1974). The mystery of pigeon homing. *Scientific American, 231*, 96–107.

Keller, H., Scholmerich, A., & Eibl-Eibesfeldt, I. (1988). Communication patterns in adult–infant interactions in Western and non-Western cultures. *Journal of Cross-cultural Psychology, 19*, 427–445.

Kelley, H.H. (1967). Attribution theory in social psychology. In D. Levine (Ed.), *Nebraska symposium on motivation*. Lincoln, NE: University of Nebraska Press.

Kelley, H.H. (1973). The processes of causal attribution. *American Psychologist, 28*, 107–128.

Kellogg, R.T. (1988). Attentional overload and writing performance: Effects of rough draft and outline strategies. *Journal of Experimental Psychology: Learning, Memory, and Cognition, 14*, 355–365.

Kellogg, R.T. (1990). Writing. In M.W. Eysenck (Ed.), *The Blackwell dictionary of cognitive psychology*. Oxford: Blackwell.

Kelman, H.C. (1958). Compliance, identification and internalisation: Three processes of attitude change. *Journal of Conflict Resolution, 2*, 51–60.

Kelman, H.C. (1972). The rights of the subject in social research: An analysis in terms of relative power and legitimacy. *American Psychologist, 27*, 989–1016.

Kendall, P.C., & Hammen, C. (1995). *Abnormal psychology*. Boston: Houghton Mifflin.

Kendall, P.C., & Hammen, C. (1998). *Abnormal psychology (2nd Edn.)*. Boston: Houghton Mifflin.

Kendler, K.S., Maclean, C., Neale, M., Kessler, R., Heath, A., & Eaves, L. (1991). The genetic epidemiology of bulimia nervosa. *American Journal of Psychiatry, 148*, 1627–1637.

Kenny, D.A., & Zaccaro, S.J. (1983). An estimate of variance due to traits of leadership. *Journal of Applied Psychology, 68*, 678–685.

Kenward, R.E. (1978). Hawks and doves: Factors affecting success and selection in goshawk attacks on wood-pigeons. *Journal of Animal Ecology, 47*, 449–460.

Kerckhoff, A.C., & Davis, K.E. (1962). Value consensus and need complementarity in mate selection. *American Sociological Review, 27*, 295–303.

Kessel, E.L. (1955). Mating activities of balloon flies. *Systematic Zoology, 4*, 97–104.

Kety, S.S. (1974). From rationalisation to reason. *American Journal of Psychiatry, 131*, 957–963.

Kety, S.S. (1975). Biochemistry of the major psychoses. In A. Freedman, H. Kaplan, & B. Sadock (Eds.), *Comprehensive textbook of psychiatry*. Baltimore: Williams & Wilkins.

Kety, S.S., Rosenthal, D., Wender, P.H., Schulsinger, F., & Jacobsen, B. (1978). The biological and adoptive families of adoptive individuals who become schizophrenic. In L.C. Wynne, R.L. Cromwell, & S. Matthysse (Eds.), *The nature of schizophrenia*. New York: John Wiley.

Keuthen, N. (1980). *Subjective probability estimation and somatic structures in phobic individuals*. Unpublished manuscript, State University of New York at Stony Brook.

Kimble, D.L., Covell, N.H., Weiss, L.H., Newton, K.J., & Fisher, J.D. (1992). College students use implicit personality theory instead of safer sex. *Journal of Applied Social Psychology, 22*, 921–933.

Kimble, D.P., Robinson, T.S., & Moon, S. (1980). *Biological psychology*. New York: Holt, Reinhart, & Winston.

Kimmel, A.J. (1996). *Ethical issues in behavioural research*. Oxford: Blackwell.

Kimura, D. (1964). Left–right differences in the perception of melodies. *Quarterly Journal of Experimental Psychology, 16*, 355–358.

Kimura, D. (1979). Neuromotor mechanisms in the evolution of human communication. In H.E. Steklis & M.J. Raleigh (Eds.), *Neurobiology of social communication in primates*. New York: Academic Press.

Kimura, D., & Watson, N. (1989). The relation between oral movement control and speech. *Brain and Language, 37*, 565–590.

Kinchla, R.A., & Wolf, J.M. (1979). The order of visual processing: "Top-down," "bottom-up," or "middle-out." *Perception & Psychophysics, 25*, 225–231.

Kinnunen, T., Zamanky, H.S., & Block, M.L. (1995). Is the hypnotised subject lying? *Journal of Abnormal Psychology, 103*, 184–191.

Kitzinger, C., & Coyle, A. (1995). Lesbian and gay couples: Speaking of difference. *The Psychologist, 8*, 64–69.

Klaus, M.H., & Kennell, J.H. (1976). *Parent–infant bonding*. St. Louis: Mosby.

Klein, D.F., & Gittelman-Klein, R. (1975). Are behavioural and psychometric changes related in methyphenidate treated, hyperactive children? *International Journal of Mental Health, 14*, 182–198.

Klein, K.E., Wegman, H.M., & Hunt, B.I. (1972). Desynchronisation of body temperature and performance circadian rhythm as a result of outgoing and homegoing transmeridian flights. *Aerospace Medicine, 43*, 119–132.

Kleiner, L., & Marshall, W.L. (1987). The role of interpersonal problems in the development of agoraphobia with panic attacks. *Journal of Anxiety Disorders, 1*, 313–323.

Kleinman, A., & Cohen, A. (1997). Psychiatry's global challenge. *Scientific American, March*, 74–77.

Kleinmuntz, B. (1974). *Essentials of abnormal psychology*.

Kline, P. (1981). *Fact and fantasy in Freudian theory*. London: Methuen.

Kline, P. (1991). *Intelligence: The psychometric view*. London: Routledge.

Kline, P., & Storey, R. (1977). A factor analytic study of the oral character. *British Journal of Social and Clinical Psychology, 16*, 317–328.

Kluver, H., & Bucy, P. (1939). Preliminary analysis of functions of the temporal lobes in monkeys. *Archives of Neurology and Psychiatry, 42*, 979–1000.

Knight, J. (1998). 1 in 3 thinks disabled are less intelligent. *The Times*, 26 May, p. 9.

Knox, J.V., Morgan, A.H., & Hilgard, E.R. (1974). Pain and suffering in ischemia: The paradox of hypnotically suggested anaesthesia as contradicted by reports from the "hidden-observer". *Archives of General Psychiatry, 30*, 840–847.

Koegel, R.L., O'Dell, M.C., & Koegel, L.K. (1987). A natural language paradigm for teaching non-verbal autistic children. *Journal of Autism and Developmental Disorders, 9*, 383–397.

Koehler, J.J. (1996). The base rate fallacy reconsidered: Descriptive, normative, and methological challenges. *Behavioral and Brain Sciences, 19*, 1–53.

Koestner, R., & McClelland, D.C. (1990). Perspectives on competence motivation. In L.A. Pervin (Ed.), *Handbook of personality: Theory and Research*. New York: Guilford.

Koffka, K. (1935). *Principles of Gestalt psychology*. New York: Harcourt Brace.

Kohlberg, L. (1963). Development of children's orientations toward a moral order. *Vita Humana, 6*, 11–36.

Kohlberg, L. (1966). A cognitive-development analysis of children's sex-role concepts and attitudes. In E.E. Maccoby (Ed.), *The development of sex differences*. Stanford: Stanford University Press.

Kohlberg, L. (1975). The cognitive-developmental approach to moral education. *Phi Delta Kappan, June*, 670–677.

Kohlberg, L. (1981). *Essays on moral development, Vol. 1: The philosophy of moral development*. San Francisco: Harper & Row.

Kohler, W. (1925). *The mentality of apes*. New York: Harcourt Brace & World.

Kolb, B., & Whishaw, I.Q. (1990). *Fundamentals of human neuropsychology (3rd Edn.)*. New York: Freeman.

Koluchova, J. (1976). The further development of twins after severe and prolonged deprivation: A second report. *Journal of Child Psychology and Psychiatry, 17*, 181–188.

Korsakoff, S.S. (1889). Uber eine besonderes Form psychischer Storung, kombiniert mit multiplen Neuritis. *Archiv für Psychiatrie und Nervenkrankheiten, 21*, 669–704.

Kosslyn, S.M. (1988). Aspects of cognitive neuroscience of mental imagery. *Science, 240*, 1621–1626.

Kosten, T.R., Mason, J.W., Giller, E.L., Ostroff, R., & Harkness, I. (1987). Sustained urinary norepinephine and epinephrine elevation in posttraumatic stress disorder. *Psychoneuroendocrinology, 12*, 13–20.

Kovacs, M., & Beck, A.T. (1978). Maladaptive cognitive structures in depression. *American Journal of Psychiatry, 135*, 525–533.

Kozlowski, L.T., & Cutting, J.E. (1978). Recognising the gender of walkers from point-lights mounted on ankles: Some second thoughts. *Perception & Psychophysics, 23*, 459.

Kramer, A.F., & Hahn, S. (1995). Splitting the beam: Distribution of attention over noncontiguous regions of the visual field. *Psychological Science, 6*, 381–386.

Kramer, G. (1953). Die Sonnenorientiering der Vogel. *Verh. Deut. Zool. Ges. Freiburg, 1952*, 72–84.

Krause, N., Jay, G., & Liang, J. (1991). Financial strain and psychological well-being among the American and Japanese elderly. *Psychology and Aging, 6*, 170–181.

Krebs, J.R. (1971). Territory and breeding density in the great tit, *Parus major* L. *Ecology, 52,* 2–22.

Krebs, J.R. (1984). The song of the great tit says "Keep Out". In G. Ferry (Ed.), *The understanding of animals.* Oxford: Blackwell.

Krebs, J.R., & Davies, N.B. (1993). *An introduction to behavioural ecology (3rd Edn.).* Oxford: Blackwell.

Kruuk, H. (1964). Predators and anti-predator behaviour of the black headed gull, *Larus ridibundus. Behaviour Supplement, 11,* 1–129.

Kruuk, H. (1971). *The spotted hyena.* Chicago: University of Chicago Press.

Krystal, J.H., Kosten, T.R., Southwick, S., Mason, J.W., Perry, B.D., & Giller, E.L. (1989). Neurobiological aspects of PTSD: Review of clinical and preclinical studies. *Behavior Therapy, 20,* 177–198.

Kuhn, T.S. (1962). *The structure of scientific revolutions.* Chicago: Chicago University Press.

Kuhn, T.S. (1970). *The structure of scientific revolutions (2nd Edn.).* Chicago: Chicago University Press.

Kuhn, T.S. (1977). *The essential tension: Selected studies in scientific tradition and change.* Chicago: Chicago University Press.

Kunnapas, T.M. (1968). Distance perception as a function of available visual cues. *Journal of Experimental Psychology, 77,* 523–529.

Kuo-shu, Yang, & Bond, M.H. (1990). Exploring implicit personality theories with indigenous or imported constructs: The Chinese case. *Journal of Personality and Social Psychology, 58,* 1087–1095.

Kurdek, L.A., & Schmitt, J.P. (1986). Relationship quality of partners in heterosexual married, heterosexual cohabiting, and gay and lesbian relationships. *Journal of Personality and Social Psychology, 51,* 711–720.

LaBerge, D. (1983). Spatial extent of attention to letters and words. *Journal of Experimental Psychology: Human Perception and Performance, 9,* 371–379.

LaBerge, S., Greenleaf, W., & Kedzierski, B. (1983). Physiological responses to dreamed sexual activity during lucid REM sleep. *Psychophysiology, 20,* 454–455.

Lachiewicz, A.M., Spiridigliozzi, G.A., Gullion, C.M., Ransford, S.N., & Rao, K. (1994). Aberrant behaviours of young boys with fragile X syndrome. *American Journal of Mental Retardation, 98,* 567–579.

Lack, D. (1968). *Ecological adaptations for breeding in birds.* London: Methuen.

Lader, M.H., & Mathews, A. (1968). A physiological model of phobic anxiety and desensitisation. *Behaviour Research and Therapy, 6,* 411–421.

Laing, R.D. (1967). *The politics of experience.* New York: Ballantine.

Lalljee, M. (1981). Attribution theory and the analysis of explanations. In C. Antaki (Ed.), *The psychology of ordinary explanations of social behaviour.* London: Academic Press.

Lambert, R.G., & Lambert, M.J. (1984). The effects of role preparation for psychotherapy on immigrant clients seeking mental health services in Hawaii. *Journal of Community Psychology, 12,* 263–275.

Land, E.H. (1977). The retinex theory of colour vision. *Scientific American, 237,* 108–128.

Landau, B. (1997). Language and experience in blind children: Retrospective and prospective. In V. Lewis & G.M. Collis (Eds.), *Blindness and psychological development in young children.* Leicester: BPS Books.

Langer, E.J., & Rodin, J. (1976). The effects of choice and enhanced personal responsibility for the aged. *Journal of Personality and Social Psychology, 34,* 191–198.

Lank, D.B., Oring, L.W., & Maxson, S.J. (1985). Mate and nutrient limitation of egg laying in a polyanrous shorebird. *Ecology, 66,* 1513–1524.

LaPiere, R.T. (1934). Attitudes vs. actions. *Social Forces, 13,* 230–237.

Larson, R.W., & Lampman-Petraitis, C. (1989). Daily emotional states as reported by children and adolescents. *Child Development, 60,* 1250–1260.

Larson, R.W., Richards, M.H., Moneta, G., Holmbeck, G., & Duckett, E. (1996). Changes in adolescents' daily interactions with their families from ages 10 to 18: Disengagment and transformation. *Developmental Psychology, 32,* 744–754.

Lashley, K. (1931). Mass action in cerebral function. *Science, 73,* 245–254.

Lassonde, M., Sauerwein, H., Chicoine, A.-J., & Geoffroy, G. (1991). Absence of disconnexion syndrome in callosal agenesis and early callosotomy: Brain reorganisation or lack of structural specificity during ontogeny? *Neuropsychologia, 29,* 481–495.

Latané, B., & Darley, J.M. (1970). *The unresponsive bystander: Why doesn't he help?* Englewood Cliffs, NJ: Prentice-Hall.

Latham, G.P., & Yukl, G.A. (1975). Assigned versus participative goal setting with educated and uneducated woods workers. *Journal of Applied Psychology, 60,* 299–302.

Lazar, I., & Darlington, R. (1982). Lasting effects of early education: A report from the Consortium for Longitudinal Studies. *Monographs of the Society for Research in Child Development, 47,* No. 195.

Lazarus, A.A., & Davison, G.C. (1971). Clinical innovation in research and practice. In A.E. Bergin & S.L. Garfield (Eds.), *Handbook of psychotherapy and behaviour change: An empirical analysis.* Chichester: Wiley.

Lazarus, R.S. (1966). *Psychological stress and the coping process.* New York: McGraw-Hill.

Lazarus, R.S. (1982). Thoughts on the relations between emotion and cognition. *American Psychologist, 37,* 1019–1024.

Lazarus, R.S. (1991). *Emotion and adapatation.* Oxford: Oxford University Press.

Le Bon, G. (1895). *The crowd.* London: Ernest Benn.

Lednore, A.J., & Walcott, C. (1983). Homing pigeons in navigation: The effects of in-flight exposure to a varying magnetic field. *Comparative Biochemistry and Physiology, 76,* 665–671.

LeDoux, J.E. (1989). Cognitive-emotional interactions in the brain. *Cognition and Emotion, 3,* 267–289.

LeDoux, J.E. (1995). Emotion: Clues from the brain. *Annual Review of Psychology, 46,* 209–235.

Lee, H. (1997). *Virginia Woolf.* London: Vintage.

Lee, L. (1984). Sequences in separation: A framework for investigating endings of the personal (romantic) relationship. *Journal of Social and Personal Relationships, 1,* 49–74.

Lee, V.E., Brooks-Gunn, J., Schnur, E., & Liaw, F. (1990). Are Head Start effects sustained? A longitudinal follow-up comparison of disadvantaged children attending Head Start, no preschool, and other preschool programmes. *Child Development, 61,* 495–507.

Leibowitz, H., Brislin, R., Permutter, L., & Hennessy, R. (1969). Ponzo perspective illusions as a manifestation of space perception. *Science, 166,* 1174–1176.

Leitenberg, H., Agras, W.S., & Thomson, L.E. (1968). A sequential analysis of the effect of selective positive reinforcement in modifying anorexia nervosa. *Behaviour Research and Therapy, 6,* 211–218.

Lemyre, L., & Smith, P.M. (1985). Intergroup discrimination and self-esteem in the minimal group paradigm. *Journal of Personality and Social Psychology, 49,* 660–670.

Lenneberg, E.H. (1967). *The biological foundations of language.* New York: Wiley.

Lenneberg, E.H., & Roberts, J.M. (1956). *The language of experience Memoir 13.* University of Indiana, Publications in Anthropology and Linguistics.

Leon, G.R. (1984). *Case histories of deviant behaviour (3rd Edn.).* Boston: Allyn & Bacon.

Lerner, R.M., & Galambos, N.L. (1985). The adolescent experience: A view of the issues. In R.M. Lerner & N.L. Galambos (Eds.), *Experiencing adolescents: A sourcebook for parents, teachers, and teens.* New York: Garland.

Leslie, A.M. (1987). Pretence and representation: The origins of "theory of mind". *Psychological Review, 94,* 412–426.

Leventhal, H.R. (1970). Findings and theory in the study of fear communications. In L. Berkowitz (Ed.), *Advances in experimental social psychology, Vol. 5.* New York: Academic Press.

Leventhal, H.R., Singer, P., & Jones, S. (1965). Effects of fear and specificity of recommendations upon attitudes and behaviour. *Journal of Personality and Social Psychology, 2,* 20–29.

Levine, E.S., & Padilla, A.M. (1980). *Crossing cultures in therapy: Counselling for the Hispanic.* Monterey, CA: Brooks/Cole.

Levine, J.M., & Moreland, R.L. (1995). Group processes. In A. Tesser (Ed.), *Advanced social psychology.* New York: McGraw-Hill.

Levine, R., Sato, S., Hashimoto, T., & Verma, J. (1995). Love and marriage in eleven cultures. *Journal of Cross-Cultural Psychology, 26,* 554–571.

Levinger, G. (1976). A social psychological perspective on marital dissolution. *Journal of Social Issues, 32,* 21–47.

Levinger, G. (1980). Toward the analysis of close relationships. *Journal of Experimental Social Psychology, 16,* 510–544.

Levinson, D.J. (1978). *The seasons of a man's life.* New York: Ballantine.

Levinson, D.J. (1986). A conception of adult development. *American Psychologist, 41,* 3–13.

Levy, J., Trevarthen, C., & Sperry, R.W. (1972). Perception of bilateral chimeric figures following hemispheric deconnection. *Brain, 95,* 61–78.

Lewin, K., Lippitt, R., & White, R. (1939). Patterns of aggressive behaviour in experimentally created 'social climates'. *Journal of Social Psychology, 10,* 271–299.

Lewinsohn, P.M. (1974). A behavioural approach to depression. In R.J. Friedman & M.M. Katz (Eds.), *The psychology of depression: Contemporary theory and research.* Washington, DC: Winston-Wiley.

Lewinsohn, P.M., Steimetz, J.L., Larsen, D.W., & Franklin, J. (1981). Depression related cognitions: Antecedent or consequences? *Journal of Abnormal Psychology, 90,* 213–219.

Lewis, M. (1990). Social knowledge and social development. *Merrill-Palmer Quarterly, 36,* 93–116.

Lewis, M., & Brooks-Gunn, J. (1979). *Social cognition and the acquisition of self.* New York: Plenum.

Lewis, M., Sullivan, M.W., Stanger, C., & Weiss, M. (1989). Self-development and self-conscious emotions. *Child Development, 60,* 146–156.

Lewis, V. (1987). *Development and handicap.* Oxford: Blackwell.

Ley, P. (1978). Memory for medical information. In M.M. Gruneberg, P.E. Morris, & R.N. Sykes (Eds.), *Practical aspects of memory.* London: Academic Press.

Ley, P. (1988). *Communicating with patients: Improving communication, satisfaction and compliance.* London: Chapman Hall.

Ley, P. (1997). Recall by patients. In A. Baum, S. Newman, J. Weinman, R. West, & C. McManus (Eds.), *Cambridge handbook of psychology, health, and medicine.* Cambridge: Cambridge University Press.

Leyens, J.-P., Camino, L., Parke, R.D., & Berkowitz, L. (1975). Effects of movie violence on aggression in a field setting as a function of group dominance and cohesion. *Journal of Personality and Social Psychology, 32,* 346–360.

Lichtenstein, S., Slovic, P., Fischhoff, B., Layman, M., & Combs, B. (1978). Judged frequency of lethal events. *Journal of Experimental Psychology: Human Learning and Memory, 4,* 551–578.

Lick, J. (1975). Expectancy, false galvanic skin response feedback and systematic desensitisation in the modification of phobic behaviour. *Journal of Consulting and Clinical Psychology, 43,* 557–567.

Lick, J., & Bootzin, R. (1975). Expectancy factors in the treatment of fear: Methodological and theoretical issues. *Psychological Bulletin, 82,* 917–931.

Lieberman, M., & Coplan, A. (1970). Distance from death as a variable in the study of aging. *Developmental Psychology, 2,* 71–84.

Lifton, R.J. (1961). *Thought reform and the psychology of totalism: A study of "brain-washing" in China.* London: Gollancz.

Light, P., Buckingham, N., & Robbins, A.H. (1979). The conservation task as an interactional setting. *British Journal of Educational Psychology, 49,* 304–310.

Light, P., Littleton, K., Messer, D., & Joiner, R. (1994). Social and communicative processes in computer-based problem solving. *European Journal of Psychology of Education, 9,* 93–109.

Likert, R. (1967). *The human organisation.* New York: McGraw-Hill.

Lilly, J.C. (1956). Mental effects of reduction of ordinary levels of physical stimuli on intact, healthy persons. *Psychiatric Research Reports, 5,* 1–9.

Lindsay, D.S. (1990). Misleading suggestions can impair eyewitnesses' ability to remember event details. *Journal of Experimental Psychology: Learning, Memory, and Cognition, 16,* 1077–1083.

Locke, E.A. (1968). Toward a theory of task motivation and incentives. *Organizational Behavior and Human Performance, 3,* 157–189.

Locke, E.A., Bryan, J.F., & Kendall, L.M. (1968). Goals and intention as mediators of the effects of monetary incentives on behaviour. *Journal of Applied Psychology, 52,* 104–121.

Locke, E.A., & Latham, G.P. (1990). *A theory of goal setting and task performance.* Englewood Cliffs, NJ: Prentice Hall.

Locke, E.A., Shaw, K.N., Saari, L.M., & Latham, G.P. (1981). Goal setting and task performance: 1969–1980. *Psychological Bulletin, 90,* 125–152.

Loehlin, J.C., Horn, J.M., & Willerman, L. (1989). Modeling IQ change: Evidence from the Texas Adoption Project. *Child Development*, *60*, 893–904.

Loehlin, J.C., & Nichols, R.C. (1976). *Heredity, environment and personality*. Austin, TX: University of Texas Press.

Loftus, E.F., & Burns, H.J. (1982). Mental shock can produce retrograde amnesia. *Memory & Cognition*, *10*, 318–323.

Loftus, E.F., & Loftus, G.R. (1980). On the permanence of stored information in the human brain. *American Psychologist*, *35*, 409–420.

Loftus, E.F., & Palmer, J.C. (1974). Reconstruction of automobile destruction: An example of the interaction between language and memory. *Journal of Verbal Learning and Verbal Behavior*, *13*, 585–589.

Loftus, E.F., & Zanni, G. (1975). Eyewitness testimony: The influence of the wording of a question. *Bulletin of the Psychonomic Society*, *5*, 86–88.

Logan, G.D. (1988). Toward an instance theory of automatisation. *Psychological Review*, *95*, 492–527.

Logvinenko, A.D., & Belopolskii, V.I. (1994). Convergence as a cue for distance. *Perception*, *23*, 207–217.

Loo, C.M. (1979). The effects of spatial density on the social behaviour of children. *Journal of Applied Social Research*, *2*, 372–381.

Lopata, H.Z. (1979). Widowhood and husband sanctification. In L.A. Bugen (Ed.), *Death and dying: Theory, research, practice*. Dubuque, IA: WC Brown.

Lord, R.G. (1977). Functional leadership behaviour: Measurement and relation to social power and leadership perceptions. *Administrative Science Quarterly*, *22*, 114–133.

Lord, R.G., De Vader, C.L., & Alliger, G.M. (1986). A meta-analysis of the relation between personality traits and leadership perception: An application of validity generalisation procedures. *Journal of Applied Psychology*, *71*, 402–410.

Lorenz, K.Z. (1935). The companion in the bird's world. *Auk*, *54*, 245–273.

Lott, A.J., & Lott, B.E. (1974). The role of reward in the formation of positive interpersonal attitudes. In T. Huston (Ed.), *Foundations of interpersonal attraction*. New York: Academic Press.

Lott, B.E. (1994). *Women's lives: Theories and variations in gender learning*. Pacific Grove, CA: Brooks Cole.

Lotter, V. (1978). Follow-up studies. In M. Rutter & E. Schopler (Eds.), *Autism: A reappraisal of concepts and treatment*. New York: Plenum.

Lou, H., Hendriksen, L., Bruhn, P., Bourner, H., & Nielsen, J. (1989). Striatal dysfunction in attention deficit and hyperkinetic disorder. *Archives of Neurology*, *46*, 48–52.

Lovaas, O.I. (1987). Behavioural treatment and normal educational and intellectual functioning in young autistic children. *Journal of Consulting and Clinical Psychology*, *55*, 3–9.

Loveless, N.E. (1983). Event-related brain potentials and human performance. In A. Gale & J.A. Edwards (Eds.), *Physiological correlates of human behaviour: Vol. II. Attention and performance*. London: Academic Press.

Lovland, J. (1976). *Doing social life: The qualitative study of human interaction in natural settings*. New York: Wiley.

Lozoff, B. (1983). Birth and "bonding" in non-industrial societies. *Developmental Medicine & Child Neurology*, *25*, 595–600.

Luborsky, L., & Spence, D.P. (1978). Quantitative research on psychoanalytic therapy. In S.L. Garfield & A.E. Bergin (Eds.), *Handbook of psychotherapy and behaviour change: An empirical analysis (2nd Edn.)*. New York: Wiley.

Lucy, J., & Schweder, R. (1979). Whorf and his critics: Linguistic and non-linguistic influences on colour memory. *American Anthropologist*, *81*, 581–615.

Luepnitz, R.R., Randolph, D.L., & Gutsch, K.U. (1982). Race and socioeconomic status as confounding variables in the accurate diagnosis of alcoholism. *Journal of Clinical Psychology*, *38*, 665–669.

Lugaressi, E., Medori, R., Montagna, P., Baruzzi, A., Cortelli, P., Lugaressi, A., Tinuper, A., Zucconi, M., & Gambetti, P. (1986). Fatal familial insomnia and dysautonomia in the selective degeneration of thalamic nuclei. *New England Journal of Medicine*, *315*, 997–1003.

Lumsdaine, A., & Janis, I. (1953). Resistance to counterpropaganda produced by a one-sided versus a two-sided propaganda presentation. *Public Opinion Quarterly*, *17*, 311–318.

Lund, M. (1985). The development of investment and commitment scales for predicting continuity of personal relationships. *Journal of Social and Personal Relationships*, *2*, 3–23.

Luthans, F., & Kreitner, R. (1975). *Organisational behaviour modification*. Glenview, IL: Scott-Foresman.

Lynch, J.J. (1977). *The broken heart: The medical consequences of loneliness*. New York: Basic Books.

Lytton, H. (1977). Do parents create, or respond to, differences in twins? *Developmental Psychology*, *13*, 456–459.

Lytton, H., & Romney, D.M. (1991). Parents' differential socialisation of boys and girls: A meta-analysis. *Psychological Bulletin*, *109*, 267–296.

MacArthur, R.H., & Pianka, E.R. (1966). On optimal use of a patchy environment. *American Naturalist*, *100*, 603–609.

Maccoby, E.E. (1992). The role of parents in the socialisation of children: An historical review. *Developmental Psychology*, *28*, 1006–1017.

Maccoby, E.E., & Jacklin, C.N. (1974). *The psychology of sex differences*. Stanford, CA: Stanford University Press.

MacDonald, K., & Parke, R.D. (1984). Bridging the gap: Parent–child play interaction and peer interactive competence. *Child Development*, *55*, 1265–1277.

MacKay, D. (1987). Divided brains — divided minds. In C. Blakemore & S. Greenfield (Eds.), *Mindwaves: Thoughts on intelligence, identity and consciousness*. Oxford: Blackwell.

Mackintosh, N.J. (1986). The biology of intelligence? *British Journal of Psychology*, *77*, 1–18.

Mackintosh, N.J. (1994). Classical and operant conditioning. In A.M. Colman (Ed.), *Companion encyclopedia of psychology, Vol. 1*. London: Routledge.

MacLean, P.D. (1949). Psychosomatic disease and the "visceral brain": Recent developments bearing on the Papez theory of emotion. *Psychosomatic Medicine*, *11*, 338–353.

MacLeod, A. (1998). Abnormal psychology. In M.W. Eysenck (Ed.), *Psychology: An integrated approach*. Harlow, UK: Addison Wesley Longman.

Macrae, C.N., Milne, A.B., & Bodenhausen, G.V. (1994). Stereotypes as energy-saving devices: A peek inside the cognitive toolbox. *Journal of Personality and Social Psychology*, *66*, 37–47.

Maddox, G.L. (1970). Persistence of life style among the elderly. In E. Palmore (Ed.), *Normal aging*. Durham: Duke University Press.

Magoun, H.W., Harrison, F., Brobeck, J.R., & Ranson, S.W. (1938). Activation of heat loss mechanisms by local heating of the brain. *Journal of Neurophysiology*, 1, 101–114.

Maher, B.A. (1966). *Principles of psychopathology: An experimental approach.* New York: McGraw-Hill.

Main, M., & Solomon, J. (1986). Discovery of a disorganised disoriented attachment pattern. In T.B. Brazelton & M.W. Yogman (Eds.), *Affective development in infancy.* Borwood, NJ: Ablex.

Main, M., & Weston, D.R. (1981). The quality of the toddler's relationship to mother and father: Related to conflict behaviour and the readiness to establish new relationships. *Child Development*, 52, 932–940.

Mair, K. (1992). The myth of therapist expertise. In W. Dryden & C. Feltham (Eds.), *Psychotherapy and its discontents.* Buckingham: Open University Press.

Major, P.F. (1978). Predator-prey interactions in two schooling fishes, *Caranx ignobilis* and *Stolephorus purpureus*. *Animal Behaviour*, 26, 760–777.

Malim, T., Birch, A., & Wadeley, A. (1992). *Perspectives in psychology.* London: Macmillan.

Mallick, S.K., & McCandless, B.R. (1966). A study of cartharsis of aggression. *Journal of Personality and Social Psychology*, 4, 591–596.

Malott, R.W., Malott, M.K., & Pokrzywinski, J. (1967). The effects of outward pointing arrowheads on the Muller-Lyer illusion in pigeons. *Psychonomic Science*, 9, 55–56.

Malthus, T.R. (1798). *An essay on the principle of population.* Harmondsworth: Penguin Books.

Mandler, G. (1967). Organisation and memory. In K.W. Spence & J.T. Spence (Eds.), *The psychology of learning and motivation: Advances in research and theory, Vol. 1.* London: Academic Press.

Mann, L. (1981). The baiting crowd in episodes of threatened suicide. *Journal of Personality and Social Psychology*, 41, 703–709.

Mann, L., Newton, J.W., & Innes, J.M. (1982). A test between deindividuation and emergent norm theories of crowd aggression. *Journal of Personality and Social Psychology*, 42, 260–272.

Mann, R.D. (1959). A review of the relationships between personality and performance in small groups. *Psychological Bulletin*, 56, 241–270.

Manstead, A.S.R., & Semin, G.R. (1996). Methodology in social psychology: Putting ideas to the test. In M. Hewstone, W. Stroebe, & G.M. Stephenson (Eds.), *Introduction to social psychology (2nd Edn.).* Oxford: Blackwell.

Maranon, G. (1924). Contribution a l'étude de l'action emotive de l'adrenaline. *Révue Française d'Endocrinologie*, 2, 301–325.

March, J.S. (1991). The nosology of posttraumatic stress disorder. *Journal of Anxiety Disorders*, 4, 61–81.

Marcia, J. (1966). Development and validation of ego-identity status. *Journal of Personality and Social Psychology*, 3, 551–558.

Marcia, J. (1967). The case history of a construct: Ego identity status. *Journal of Personality and Social Psychology*, 3, 551–558.

Marcia, J. (1976). Identity six years after: A follow-up study. *Journal of Youth and Adolescence*, 5, 145–160.

Marcia, J. (1980). Identity in adolescence. In J. Adelson (Ed.), *Handbook of adolescent psychology.* New York: Wiley.

Markus, H.R., & Kitayama, S. (1991). Culture and the self: Implications for cognition, emotion, and motivation. *Psychological Review*, 98, 224–253.

Marr, D. (1982). *Vision: A computational investigation into the human representation and processing of visual information.* San Francisco: W.H. Freeman.

Marr, D., & Nishihara, K. (1978). Representation and recognition of the spatial organisation of three-dimensional shapes. *Philosophical Transactions of the Royal Society (London)*, B200, 269–294.

Marr, D., & Poggio, T. (1976). Co-operation computation of stereo disparity. *Science*, 194, 283–287.

Marschark, M. (1993). *Psychological development of deaf children.* Oxford: Oxford University Press.

Marsh, H.W. (1989). Age and sex effects in multiple dimensions of self-concept: A replication and extension. *Australian Journal of Psychology*, 37, 197–204.

Marsh, P., Rosser, E., & Harré, R. (1978). *The rules of disorder.* London: Routledge & Kegan Paul.

Marshall, G.D., & Zimbardo, P.G. (1979). Affective consequences of inadequately explained physiological arousal. *Journal of Personality and Social Psychology*, 37, 970–988.

Martin, C.L., & Halverson, C.F. (1981). A schematic processing model of sex typing and stereotyping in children. *Child Development*, 52, 1119–1134.

Martin, C.L., & Halverson, C.F. (1983). The effects of sex-typing schemas on young children's memory. *Child Development*, 54, 563–574.

Martin, C.L., & Halverson, C.F. (1987). The roles of cognition in sex role acquisition. In D.B. Carter (Ed.), *Current conceptions of sex roles and sex typing: Theory and research.* New York: Praeger.

Martin, R.A. (1989). Techniques for data acquisition and analysis in field investigations of stress. In R.W.J. Neufeld (Ed.), *Advances in the investigation of psychological stress.* New York: Wiley.

Martin, R.A., Kulper, N.A., & Westra, H.A. (1989). Cognitive and affective components of the Type A behaviour pattern: Preliminary evidence for a self-worth contingency model. *Personality and Individual Differences*, 10, 771–784.

Martone, M., Butters, N., Payne, M., Becker, J.T., & Sax, D.S. (1984). Dissociations between skill learning and verbal recognition in amnesia and dementia. *Archives of Neurology*, 41, 965–970.

Marzloff, J.M., Heinrich, B., & Marzloff, C.S. (1996). Raven roosts are mobile information centres. *British Journal of Animal Behaviour*, 51(1), 89.

Maslow, A.H. (1954). *Motivation and personality.* New York: Harper.

Maslow, A.H. (1962). *Toward a psychology of being.* Princeton, NJ: Van Nostrand.

Maslow, A.H. (1968). *Toward a psychology of being (2nd Edn.).* New York: Van Nostrand.

Maslow, A.H. (1970). *Toward a psychology of being (3rd Edn.).* New York: Van Nostrand.

Mason, J.W. (1975). A historical view of the stress field. *Journal of Human Stress*, 1, 22–36.

Masson, J. (1989). *Against therapy.* Glasgow: Collins.

Masters, J.C., Ford, M.E., Arend, R., Grotevant, H.D., & Clark, L.V. (1979). Modelling and labelling as integrated determinants of children's sex-typed imitative behaviour. *Child Development*, 50, 364–371.

Matheny, A.P. (1983). A longitudinal twin study of the stability of components from Bayley's Infant Behaviour Record. *Child Development*, 54, 356–360.

Mathes, E.W., Adams, H.E., & Davies, R.M. (1985). Jealousy: Loss of relationship rewards, loss of self-esteem, depression, anxiety, and anger. *Journal of Personality and Social Psychology*, 48, 1552–1561.

Matlin, M.W., & Foley, H.J. (1997). *Sensation and perception (4th Edn.)*. Bostyn: Allyn & Bacon.

Matsuda, L.A., Lolait, S.J., Brownstein, M.J., Young, A.C., & Bonner, T.I. (1990). Structure of a cannabinoid receptor and functional expression of the cloned DNA. *Nature*, 346, 561–564.

Matt, G.E., & Navarro, A.M. (1997). What meta-analyses have and have not taught us about psychotherapy effects: A review and future directions. *Clinical Psychology Review*, 17, 1–32.

Matthews, G.V.T. (1953). Navigation in the Manx shearwater. *Journal of Experimental Biology*, 28, 508–536.

Matthews, K.A. (1988). Coronary heart disease and Type A behaviour: Update on and alternative to the Booth-Kewley and Friedman (1987) quantitative review. *Psychological Bulletin*, 104, 373–380.

Matthews, K.A., Glass, D.C., Rosenman, R.H., & Bortner, R.W. (1977). Competitive drive, Pattern A, and coronary heart disease: A further analysis of some data from the Western Collaborative Group. *Journal of Chronic Diseases*, 30, 489–498.

Matthews, R.T., & German, D.C. (1984). Electrophysiological evidence for excitation of rat ventral tegmental area dopaminergic neurons by morphine. *Neuroscience*, 11, 617–626.

Maurer, D., & Salapatek, P. (1976). Developmental changes in the scanning of faces by young infants. *Child Development*, 47, 523–527.

May, R. (1998). Timebomb threatens thousands of species. *Evening Standard*, 6 July, p.19.

Mayer, J. (1955). Regulation of energy intake and the body weight: The glucostatic theory and the lipostatic hypothesis. *Annals of the New York Academy of Sciences*, 63, 15–43.

Maynard Smith, J. (1964). Group selection and kin selection. *Nature*, 201, 1145–1147.

Maynard Smith, J. (1976). Group selection. *Quarterly Review of Biology*, 51, 277–283.

Maynard Smith, J. (1977). Parental investment: A prospective analysis. *Animal Behaviour*, 25, 1–9.

Maynard Smith, J., & Ridpath, M.G. (1972). Wife sharing in the Tasmanian native hen *Tribonyx mortierii*: A case of kin selection? *American Naturist*, 106, 447–452.

McAdams, D.P. (1988). *Intimacy, power, and the life history*. New York: Guilford.

McArthur, L.Z., & Post, D.L. (1977). Figural emphasis and person perception. *Journal of Experimental Social Psychology*, 13, 520–535.

McArthur, L.Z., & Resko, B.G. (1975). The portrayal of men and women in American TV commercials. *Journal of Social Psychology*, 97, 209–220.

McCain, B., Gabrielli, W.F., Bentler, P.M., & Mednick, S.A. (1980). Rearing, social class, education, and criminality: A multiple indicator model. *Journal of Abnormal Psychology*, 90, 354–364.

McCauley, C., & Stitt, C.L. (1978). An individual and quantitative measure of stereotypes. *Journal of Personality and Social Psychology*, 36, 929–940.

McClelland, D.C., Atkinson, J.W., Clark, R.A., & Lowell, E.L. (1953). *The achievement motive*. New York: Appleton-Century-Crofts.

McConaghy, M.J. (1979). Gender permanence and the genital basis of gender: Stages in the development of constancy of gender identity. *Child Development*, 50, 1223–1226.

McCracken, G.F. (1984). Communal nursing in Mexican free-tailed bat maternity colonies. *Science*, 223, 1090–1091.

McCrae, R.R. (1982). Consensual validation of personality traits: Evidence from self-ratings and ratings. *Journal of Personality and Social Psychology*, 43, 293–303.

McCrae, R.R., & Costa, P.T. (1982). Aging, the life course, and models of personality. In T.M. Field, A. Huston, H.C. Quay, L. Troll, & G.E. Finley (Eds.), *Review of human development*. New York: Wiley.

McCrae, R.R., & Costa, P.T. (1985). Updating Norman's "adequate taxonomy": Intelligence and personality dimensions in natural language and in questionnaires. *Journal of Personality and Social Psychology*, 49, 710–721.

McCrae, R.R., & Costa, P.T. (1990). *Personality in adulthood*. New York: Guilford.

McDougall, W. (1912). *Psychology: The study of behaviour*. London: Williams & Norgate.

McFarland, D. (1985). *Animal behaviour*. Harlow, Essex: Longman.

McFarland, S.G., Ageyev, V.S., & Abalakina-Paap, M.A. (1992). Authoritarianism in the former Soviet Union. *Journal of Personality and Social Psychology*, 63, 1004–1010.

McGarrigle, J., & Donaldson, M. (1974). Conservation accidents. *Cognition*, 3, 341–350.

McGrew, W.C. (1972). *An ethological study of children's behaviour*. New York: Academic Press.

McGue, M., Brown, S., & Lykken, D.T. (1992). Personality stability and change in early adulthood: A behavioural genetic analysis. *Developmental Psychology*, 29, 96–109.

McGuigan, F.J. (1966). Covert oral behaviour and auditory hallucinations. *Psychophysiology*, 3, 421–428.

McGuire, W.J. (1969). The nature of attitudes and attitude change. In G. Lindzey & E. Aronson (Eds.), *Handbook of social psychology, Vol. 3 (2nd Edn.)*. Reading, MA: Addison-Wesley.

McIlveen, R. (1995). Hypnosis. *Psychology Review*, 2, 8–12.

McIlveen, R. (1996). Applications of hypnosis. *Psychology Review*, 2, 24–27.

McIlveen, R., & Gross, R. (1996). *Biopsychology*. London: Hodder & Stoughton.

McKoon, G., & Ratcliff, R. (1992). Inference during reading. *Psychological Review*, 99, 440–466.

McLeod, P. (1977). A dual-task response modality effect: Support for multiprocessor models of attention. *Quarterly Journal of Experimental Psychology*, 29, 651–667.

McNeill, D. (1970). *The acquisition of language: The study of developmental psycholinguistics*. New York: Harper & Row.

Mead, G.H. (1934). *Mind, self, and society: From the standpoint of a social behaviourist*. Chicago: University of Chicago Press.

Mead, M. (1935). *Sex and temperament in three primitive societies*. New York: Morrow.

Meadows, S. (1986). *Understanding child development*. London: Routledge.

Meadows, S. (1994). Cognitive development. In A.M. Colman (Ed.), *Companion encyclopedia of psychology, Vol. 2*. London: Routledge.

Meddis, R. (1979). The evolution and function of sleep. In D.A. Oakley & H.C. Plotkin (Eds.), *Brain, behaviour and evolution*. London: Methuen.

Meddis, R., Pearson, A.J.D., & Langford, G. (1973). An extreme case of healthy insomnia. *Electroencephalography and Clinical Neurophysiology*, 35, 213–224.

Mednick, S.A., & Schulsinger, F. (1968). Some premorbid characteristics related to breakdown in children with schizophrenic mothers. *Journal of Psychiatric Research*, 6, 267–291.

Meehl, P.E. (1954). *Clinical versus statistical prediction: A theoretical analysis and a review of the evidence*. Minneapolis: University of Minnesota.

Meichenbaum, D. (1977). *Cognitive-behaviour modification: An integrative approach*. New York: Plenum Press.

Meichenbaum, D. (1985). *Stress inoculation training*. New York: Pergamon.

Meilman, P.W. (1979). Cross-sectional age changes in ego identity status during adolescence. *Developmental Psychology*, 15, 230–231.

Meltzoff, A.N. (1988). Imitation of televised models by infants. *Child Development*, 59, 1221–1229.

Menges, R.J. (1973). Openness and honesty versus coercion and deception in psychological research. *American Psychologist*, 28, 1030–1034.

Menzel, E.W. (1978). Cognitive mapping in chimpanzees. In S.H. Hulse, F. Fowler, & W.K. Honig (Eds.), *Cognitive processes in animal behaviour*. Hillsdale, NJ: Lawrence Erlbaum Associates Inc.

Menzies, R.G., & Clarke, J.C. (1993). The aetiology of childhood water phobia. *Behaviour Research and Therapy*, 31, 499–501.

Menzies, R.G., & Clarke, J.C. (1994). Retrospective studies of the origins of phobias: A review. *Anxiety, Stress, and Coping*, 7, 305–318.

Merckelbach, H., de Jong, P.J., Muris, P., & van den Hout, M.A. (1996). The etiology of specific phobias: A review. *Clinical Psychology Review*, 16, 337–361.

Merriman, A. (1984). Social customs affecting the role of elderly women in Indian society. In D.B. Bromley (Ed.), *Gerontology: Social and behavioural perspectives*. London: Croom Helm.

Metter, E.J. (1991). Brain–behaviour relationships in aphasia studied by positron emission tomography. *Annals of the New York Academy of Sciences*, 620, 153–164.

Meudell, P., & Mayes, A. (1981). The Claparede phenomenon: A further example in amnesics, a demonstration of a similar effect in normal people with attenuated memory, and a reinterpretation. *Current Psychological Research*, 1, 75–88.

Meudell, P., & Mayes, A. (1982). Normal and abnormal forgetting: Some comments on the human amnesic syndrome. In A. Ellis (Ed.), *Normality and pathology in cognitive function*. London: Academic Press.

Meyer, D.E., & Schvaneveldt, R.W. (1971). Facilitation in recognising pairs of words: Evidence of a dependence between retrieval operations. *Journal of Experimental Psychology*, 90, 227–234.

Michaels, J.W., Acock, A.C., & Edwards, J.N. (1986). Social exchange and equity determinants of relationship commitment. *Journal of Social and Personal Relationships*, 3, 161–175.

Midlarsky, E., & Bryan, J.H. (1972). Affect expressions and children's imitative altruism. *Journal of Experimental Research in Personality*, 6, 195–203.

Miles, T.R. (1990). Developmental dyslexia. In M.W. Eysenck (Ed.), *The Blackwell dictionary of cognitive psychology*. Oxford: Blackwell.

Milgram, S. (1974). *Obedience to authority: An experimental view*. New York: Harper & Row.

Milinski, M. (1979). An evolutionarily stable feeding strategy in sticklebacks. *Zeitschrift für Tierpsychologie*, 51, 36–40.

Miller, D.T. (1976). Ego involvement and attributions for success and failure. *Journal of Personality and Social Psychology*, 34, 901–906.

Miller, D.T., & Ross, M. (1975). Self-serving bias in the attribution of causality: Fact or fiction? *Psychological Bulletin*, 82, 213–225.

Miller, G.A. (1956). The magic number seven, plus or minus two: Some limits on our capacity for processing information. *Psychological Review*, 63, 81–93.

Miller, G.A., & McNeill, D. (1969). Psycholinguistics. In G. Lindzey & E. Aronson (Eds.), *The handbook of social psychology, Vol. III*. Reading, MA: Addison-Wesley.

Miller, H.G., Turner, C.F., & Moses, L.E. (1990). *AIDS: The second decade*. Washington, DC: National Academy

Miller, J.G. (1984). Culture and the development of everyday social explanation. *Journal of Personality and Social Psychology*, 46, 961–978.

Miller, L.B., & Bizzell, R.P. (1983). Long-term effects of four preschool programs: Sixth, seventh, and eighth grades. *Child Development*, 54, 727–741.

Miller, N.E. (1941). The frustration-aggression hypothesis. *Psychological Review*, 48, 337–342.

Miller, P.H. (1993). *Theories of developmental psychology* (3rd Edn.). New York: Freeman.

Miller, R.J., Hennessy, R.T., & Leibowitz, H.W. (1973). The effect of hypnotic ablation of the background on the magnitude of the Ponzo perspective illusion. *International Journal of Clinical and Experimental Hypnosis*, 21, 180–191.

Miller, T.Q., Turner, C.W., Tindale, R.S., Posavac, E.J., & Dugoni, B.L. (1991). Reasons for the trend toward null findings in research on Type A behaviour. *Psychological Bulletin*, 110, 469–485.

Milner, D., & Goodale, M.A. (1993). Visual pathways to perception and action. *Progress in Brain Research*, 95, 317–337.

Minard, R.D. (1952). Race relations in the Pocohontas coalfield. *Journal of Social Issues*, 8, 29–44.

Mineka, S., Davidson, M., Cook, M., & Kuir, R. (1984). Observational conditioning of snake fear in rhesus monkeys. *Journal of Abnormal Psychology*, 93, 355–372.

Mineka, S., & Kihlstrom, J. (1978). Unpredictable and uncontrollable aversive events. *Journal of Abnormal Psychology*, 87, 256–271.

Minuchin, S., Roseman, B.L., & Baker, L. (1978). *Psychosomatic families: Anorexia nervosa in context*. Cambridge, MA: Harvard University Press.

Mirenda, P.L., Donnelflan, A.M., & Yoder, D.E. (1983). Gaze behaviour: A new look at an old problem. *Journal of Autism and Developmental Disorders*, 13, 397–409.

Mischel, W. (1968). *Personality and assessment*. New York: Wiley.

Mischel, W. (1970). Sex-typing and socialisation. In P.H. Mussen (Ed.), *Carmichael's manual of child psychology, Vol. 2*. New York: Wiley.

Mischler, E.G., & Waxler, N.E. (1968). Interaction in families: An experimental study of family processes and schizophrenia. In A. Smith (Ed.), *Childhood schizophrenia*. New York: Wiley.

Mock, D.W., & Parker, G.A. (1986). Advantages and disadvantages of egret and heron brood reduction. *Evolution, 40,* 459–470.

Mogford, B. (1993). Play assessment for play-based intervention: A first step with young children with communication difficulties. In J. Hellendoorn & R. van der Kooij (Eds.), *Play and intervention*. Albany, NY: State University of New York Press.

Mogg, K., Bradley, B.P., Williams, R., & Mathews, A. (1993). Attentional bias in anxiety and depression: The role of awareness. *Journal of Abnormal Psychology, 102,* 304–311.

Moghaddam, F.M., Taylor, D.M., & Wright, S.C. (1993). *Social psychology in cross-cultural perspective*. New York: W.H. Freeman.

Mohr, D.C. (1995). Negative outcome in psychotherapy: A critical review. *Clinical Psychology: Science and Practice, 2,* 1–27.

Moller, A.P. (1990). Effects of a haematophagous mite on the barn swallow *Hirundo rustica*: A test of the Hamilton and Zuk hypothesis. *Evolution, 44,* 771–784.

Money, J., & Ehrhardt, A.A. (1972). *Man and woman, boy and girl*. Baltimore: John Hopkins University Press.

Monk, T.H., & Folkard, S. (1983). Circadian rhythms and shiftwork. In R. Hockey (Ed.), *Stress and fatigue in human performance*. Chichester: Wiley.

Monteith, M.J. (1993). Self-regulation of prejudiced responses: Implications for progress in prejudice-reduction efforts. *Journal of Personality and Social Psychology, 65,* 469–485.

Moore, B.R. (1973). The form of the auto-shaped response with food or water reinforcers. *Journal of the Experimental Analysis of Behavior, 20,* 163–181.

Moray, N. (1959). Attention in dichotic listening: Affective cues and the influence of instructions. *Quarterly Journal of Experimental Psychology, 11,* 56–60.

Morgan, C.D., & Murray, H.A. (1935). A method of investigating fantasies: The thematic appercention test. *Archives of Neurological Psychiatry, 34,* 289–306.

Morin, S.F. (1977). Heterosexual bias in psychological research on lesbianism and male homosexuality. *American Psychologist, 32,* 629–637.

Morris, C.D., Bransford, J.D., & Franks, J.J. (1977). Levels of processing versus transfer appropriate processing. *Journal of Verbal Learning and Verbal Behavior, 16,* 519–533.

Morris, P.E. (1979). Strategies for learning and recall. In M.M. Gruneberg & P.E. Morris (Eds.), *Applied problems in memory*. London: Academic Press.

Morris, P.E., & Reid, R.L. (1970). The repeated use of mnemonic imagery. *Psychonomic Science, 20,* 337–338.

Moscovici, S. (1961). *La psychoanalyse: Son image et son public*. Paris: Presses Universitaires de France.

Moscovici, S. (1976). *Social influence and social change*. London: Academic Press.

Moscovici, S. (1980). Toward a theory of conversion behaviour. In L. Berkowitz (Ed.), *Advances in experimental social psychology, Vol. 13*. New York: Academic Press.

Moscovici, S. (1981). On social representations. In J.P. Forgas (Ed.), *Social cognition: Perspectives on everyday understanding*. London: Academic Press.

Moscovici, S. (1985). Social influence and conformity. In G. Lindzey & E. Aronson (Eds.), *Handbook of social psychology, Vol. 2*. New York: Random House.

Moscovici, S. (1988). Notes towards a description of social representations. *European Journal of Social Psychology, 18,* 211–250.

Moscovici, S., & Hewstone, M. (1983). Social representations and social explanations: From the 'naive' to the 'amateur' scientist. In M. Hewstone (Ed.), *Attribution theory: Social and functional extensions*. Oxford: Basil Blackwell.

Moscovici, S., Lage, E., & Naffrenchoux, M. (1969). Influence of a consistent minority on the responses of a majority in a colour perception task. *Sociometry, 32,* 365–380.

Moscovitz, S. (1983). *Love despite hate: Child survivors of the Holocaust and their adult lives*. New York: Schocken.

Moser, K.A., Fox, A.J., & Jones, D.R. (1984). Unemployment and mortality in the OPCS longitudinal study. *Lancet, 2,* 1324–1329.

Moskowitz, H., Hulbert, S., & McGlothin, W.H. (1976). Marihuana: Effects on simulated driving performance. *Accident Analysis and Prevention, 8,* 45–50.

Moss, E. (1992). The socioaffective context of joint cognitive activity. In L.T. Winegar & J. Valsiner (Eds.), *Children's development within social context, Vol. 2: Research and methodology*. Hillsdale, NJ: Erlbaum.

Motluck, A. (1999). When too much sex is exhausting. *New Scientist, 2181,* 8.

Mowrer, O.H. (1947). On the dual nature of learning: A re-interpretation of "conditioning" and "problem-solving." *Harvard Educational Review, 17,* 102–148.

Moynihan, M.H. (1970). Control, suppression, decay, disappearance and replacement of displays. *Journal of Theoretical Biology, 29,* 85–112.

Mueller, E., & Lucas, T. (1975). A developmental analysis of peer interaction among toddlers. In M. Lewis & L. Rosenblum (Eds.), *Friendship and peer relations*. New York: Wiley.

Mukerjee, M. (1997). Trends in animal research. *Scientific American, February,* 70–77.

Mulford, R.C. (1987). First words of the blind child. In M.D. Smith & J.L. Locke (Eds.), *The emergent lexicon: The child's development of a linguistic vocabulary*. London: Academic Press.

Mullen, B., Brown, R., & Smith, C. (1992). Ingroup bias as a function of salience, relevance and status: An integration. *European Journal of Social Psychology, 22,* 103–122.

Mumme, R.L. (1992). Do helpers increase reproductive success: An experimental analysis in the Florida scrub jay. *Behavioural Ecology and Sociobiology, 31,* 319–328.

Munro, G., & Adams, G.R. (1977). Mothers, infants and pointing: A study of gesture. In H.R. Schaffer (Ed.), *Studies in mother–infant interaction*. London: Academic Press.

Munroe, R.H., Shimmin, H.S., & Munroe, R.L. (1984). Gender understanding and sex-role preferences in four cultures. *Developmental Psychology, 20,* 673–682.

Murphy, G., & Kovach, J.K. (1972). *Historical introduction to modern psychology*. London: Routledge & Kegan Paul.

Murray, H.A. (1938). *Explorations in personality*. Oxford: Oxford University Press.

Murray, S.L., & Holmes, J.G. (1993). Seeing virtues in faults: Negativity and the transformation of interpersonal narratives in close relationships. *Journal of Personality and Social Psychology, 65,* 707–722.

Murstein, B.I. (1972). Physical attractiveness and marital choice. *Journal of Personality and Social Psychology, 22,* 8–12.

Murstein, B.I., & Christy, P. (1976). Physical attractiveness and marriage adjustment in middle-aged couples. *Journal of Personality and Social Psychology, 34*, 537–542.

Murstein, B.I., MacDonald, M.G., & Cerreto, M. (1977). A theory and investigation of the effects of exchange-orientation on marriage and friendship. *Journal of Marriage and the Family, 39*, 543–548.

Mussen, P.H., & Rutherford, E. (1963). Parent–child relations and parental personality in relation to young children's sex-role preferences. *Child Development, 34*, 589–607.

Myers, L.B., & Brewin, C.R. (1994). Recall of early experiences and the repressive coping style. *Journal of Abnormal Psychology, 103*, 288–292.

Naitoh, P. (1975). Sleep stage deprivation and total sleep loss: Effects on sleep behaviour. *Psychophysiology, 12*, 141–146.

Nash, A. (1988). Ontogeny, phylogeny, and relationships. In S. Duck (Ed.), *Handbook of personal relationships: Research and interventions*. Chichester: Wiley.

Nash, E.H., Hoehn-Saric, R., Battle, C.C., Stone, A.R., Imber, S.D., & Frank, J.D. (1965). Systematic preparation of patients for short-term psychotherapy. II. Relation to characteristics of patient, therapist and the psychotherapeutic process. *Journal of Nervous and Mental Disorders, 140*, 374–383.

Nasser, M. (1986). Eating disorders: The cultural dimension. *Social Psychiatry and Psychiatric Epidemiology, 23*, 184–187.

National Commission on Marijuana and Drug Abuse (1972). *Marijuana: A signal of misunderstanding*. New York: New American Library.

Navon, D. (1977). Forest before trees: The precedence of global features in visual perception. *Cognitive Psychology, 9*, 353–383.

Nazroo, J. (1997). Research scotches racial myth. *The Independent*, 30 September, p. 2.

Neisser, U. (1964). Visual search. *Scientific American, 210*, 94–102.

Neisser, U. (1967). *Cognitive psychology*. New York: Appleton-Century-Crofts.

Neisser, U. (1976). *Cognition and reality*. San Francisco: W.H. Freeman.

Neisser, U., & Becklen, P. (1975). Selective looking: Attending to visually superimposed events. *Cognitive Psychology, 7*, 480–494.

Nelson, K. (1973). Structure and strategy in learning to talk. *Monographs of the Society for Research in Child Development, 38* (serial no. 149).

Nemeth, C., Swedlund, M., & Kanki, G. (1974). Patterning of the minority's responses and their influence on the majority. *European Journal of Social Psychology, 4*, 53–64.

Neufeld, R.W.J. (1979). *Advances in the investigation of psychological stress*. New York: Wiley.

Neugarten, B.L. (1975). Personality and aging. In J.E. Birren & K.W. Schaie (Eds.), *Handbook of the psychology of aging*. New York: Reinhold.

Newcomb, T.M. (1961). *The acquaintance process*. New York: Holt, Rinehart & Winston.

Newmark, C.S., Frerking, R.A., Cook, L., & Newmark, L. (1973). Endorsement of Ellis' irrational beliefs as a function of psychopathology. *Journal of Clinical Psychology, 29*, 300–302.

Newport, E.L. (1994). Maturational constraints on language learning. *Cognitive Science, 14*, 11–28.

Newstead, S.E., Pollard, P., Evans, J.St.B.T., & Allen, J.L. (1992). The source of belief bias effects in syllogistic reasoning. *Cognition, 45*, 257–284.

Nisbett, R.E. (1972). Hunger, obesity and the ventromedial hypothalamus. *Psychological Review, 79*, 433–453.

Nisbett, R.E., Caputo, C., Legant, P., & Maracek, J. (1973). Behaviour as seen by the actor and as seen by the observer. *Journal of Personality and Social Psychology, 27*, 154–164.

Nisbett, R.E., & Wilson, T.D. (1977). Telling more than we can know: Verbal reports on mental processes. *Psychological Review, 84*, 231–259.

Nolen-Hoeksma, S. (1990). *Sex differences in depression*. Stanford, CA: Stanford University Press.

Nolen-Hoeksma, S., Girgus, J.S., & Seligman, M.E.P. (1992). Predictors and consequences of childhood depressive symptoms: A 5-year longitudinal study. *Journal of Abnormal Psychology, 101*, 405–422.

Norman, D.A., & Bobrow, D.G. (1975). On data-limited and resource-limited processes. *Cognitive Psychology, 7*, 44–64.

Norman, W.T. (1963). Toward an adequate taxonomy of personality attributes: Replicated factor structure in peer nomination personality ratings. *Journal of Abnormal and Social Psychology, 66*, 574–583.

Norton, G.R., Dorward, J., & Cox, B.J. (1986). Factors associated with panic attacks in nonclinical subjects. *Behavior Therapy, 17*, 239–252.

Norton-Griffiths, M.N. (1969). The organisation, control and development of parental feeding in the oystercatcher (*Haematopus ostralegus*). *Behaviour, 34*, 55–114.

Noyes, R., Crowe, R.R., Harris, E.L., Hamra, B.J., McChesney, C.M., & Chandry, D.R. (1986). Relationship between panic disorder and agoraphobia: A family study. *Archives of General Psychiatry, 43*, 227–232.

Nuckolls, K.B., Cassel, J., & Kaplan, B.H. (1972). Psychological assets, life crisis and the prognosis of pregnancy. *American Journal of Epidemiology, 95*, 431–441.

Nystedt, L. (1996). Who should rule? Does personality matter? *Reports from the Department of Psychology, Stockholm University*, No. 812.

Oaker, G., & Brown, R.J. (1986). Intergroup relations in a hospital setting: A further test of social identity theory. *Human Relations, 39*, 767–778.

Oakley, D.A. (1985). The plurality of consciousness. In D.A. Oakley (Ed.), *Brain and mind*. London: Methuen.

O'Connor, J. (1980). Intermediate-size transposition and children's operational level. *Developmental Psychology, 16*, 588–596.

Ogden, J. (1996). *Health psychology: A textbook*. Buckingham: Open University Press.

Ohbuchi, K., & Kambara, T. (1985). Attacker's intent and awareness of outcome, impression management, and retaliation. *Journal of Experimental Social Psychology, 21*, 321–330.

Ohman, A. (1986). Face the beast and fear the face: Animal and social fears as prototypes for evolutionary analyses of emotion. *Psychophysiology, 23*, 123–145.

Ojemann, G.A. (1979). Individual variability in cortical localisation of language. *Journal of Neurosurgery, 50*, 164–169.

Olds, J., & Milner, P. (1954). Positive reinforcement produced by electrical stimulation of septal area and other regions of rat brain. *Journal of Comparative and Physiological Psychology, 47*, 419–427.

Olds, M.E., & Forbes, J.L. (1981). The central basis of motivation: Intracranial self-stimulation studies. *Annual Review of Psychology, 32*, 523–574.

Olson, D.R. (1970). Language and thought: Aspects of a cognitive theory of semantics. *Psychological Review, 77*, 257–273.

Olson, D.R. (1980). *The social foundation of language and thought*. New York: W.W. Norton.

Olson, R.K., Wise, B., Conners, F.A., & Rack, J.P. (1990). Specific deficits in component reading and language skills: Genetic and environmental influences. *Journal of Learning Disabilities, 22*, 339–348.

Olweus, D. (1985). Aggression and hormones. Behavioural relationships with testosterone and adrenalin. In D. Olweus, J. Block, & M. Radke-Yarrow (Ed.), *The development of antisocial and prosocial behaviour: Research, theories and issues*. New York: Academic Press.

Oring, L.W. (1986). Avian polyandry. *Current Ornithology, 3*, 309–351.

Orne, M.T. (1959). The nature of hypnosis: Artifact and essence. *Journal of Abnormal and Social Psychology, 58*, 277–299.

Orne, M.T. (1962). On the social psychology of the psychological experiment: With particular reference to demand characteristics and their implications. *American Psychologist, 17*, 776–783.

Ost, L.G. (1985). Mode of acquisition of phobias. *Acta Universitatis Uppsaliensis, 529*, 1–45.

Ost, L.G. (1989). Blood phobia: A specific phobia subtype in DSM-IV. Paper requested by the Simple Phobia subcommittee of the DSM-IV Anxiety Disorders Work Group.

Oswald, I. (1980). *Sleep (4th Edn.)*. Harmondsworth: Penguin Books.

Owusu-Bempah, & Howitt, D. (1994). Racism and the psychological textbook. *The Psychologist, 7*, 163–166.

Packer, C. (1977). Reciprocal altruism in *Papio anubis*. *Nature, 265*, 441–443.

Packer, C. (1986). The ecology of sociality in felids. In D.J. Rubenstein & R.W. Wrangham (Eds.), *Ecological aspects of social evolution*. Princeton, NJ: Princeton University Press.

Packer, C., Gilbert, D.A., Pusey, A.E., & O'Brien, S.J. (1991). A molecular genetic analysis of kinship and cooperation in African lions. *Nature, 351*, 562–565.

Padden, C., & Humphries, T. (1988). *Deaf in America: Voices from a culture*. Cambridge, MA: Harvard University Press.

Pahl, J.J., Swayze, V.W., & Andreasen, N.C. (1990). Diagnostic advances in anatomical and functional brain imaging in schizophrenia. In A. Kales, C.N. Stefanis, & J.A. Talbot (Eds.), *Recent advances in schizophrenia*. New York: Springer-Verlag.

Palincsar, A.S., & Brown, A.L. (1984). Reciprocal teaching of comprehension-fostering and comprehension-monitoring activities. *Cognition and Instruction, 1*, 117–175.

Papez, J.W. (1937). A proposed mechanism of emotion. *Archives of Neurology and Psychiatry, 38*, 725–743.

Papi, F. (1982). Olfaction and homing in pigeons: Ten years of experiments. In F.P. Wallraff & H. G. Wallraff (Eds.), *Avian navigation*. Berlin: Springer-Verlag.

Park, R.J., Lawrie, J.M., & Freeman, C.P. (1995). Post-viral onset of anorexia nervosa. *British Journal of Psychology, 166*, 386–389.

Parke, R.D. (1977). Some effects of punishment on children's behaviour: Revisited. In E.M. Hetherington & R.D. Parke (Eds.), *Contemporary readings in child psychology*. New York: McGraw-Hill.

Parker, G.A. (1978). Evolution of competitive mate searching. *Annual Review of Entomology, 23*, 173–196.

Parkes, C.M. (1986). *Bereavement: Studies in grief in adult life*. London: Tavistock.

Parkinson, B. (1994). Emotion. In A.M. Colman (Ed.), *Companion encyclopaedia of psychology, Vol. 2*. London: Routledge.

Parten, M. (1932). Social participation among preschool children. *Journal of Abnormal and Social Psychology, 27*, 243–269.

Pascual-Leone, J. (1984). Attentional, dialectic, and mental effort. In M.L. Commons, F.A. Richards, & C. Armon (Eds.), *Beyond formal operations*. New York: Plenum.

Pastore, N. (1952). The role of arbitrariness in the frustration-aggression hypothesis. *Journal of Abnormal and Social Psychology, 47*, 728–731.

Patterson, F.G. (1979). Conversations with a gorilla. *National Geographic, 154*, 438–465.

Patterson, G.R. (1982). *Coercive family processes*. Eugene, OR: Castiia Press.

Pattie, F.A. (1937). The genuineness of hypnotically produced anaesthesia of the skin. *American Journal of Psychology, 49*, 435–443.

Patton, M.Q. (1980). *Qualitative evaluation methods*. London: Sage.

Paul, G.L., & Lentz, R.J. (1977). *Psychosocial treatment of chronic mental patients: Milieu versus social learning programs*. Cambridge, MA: Harvard University Press.

Paykel, E.S. (1974). Life stress and psychiatric disorder: Applications of the clinical approach. In B.S. Dohrenwend & B.P. Dohrenwend (Eds.), *Stressful life events: Their nature and effects*. New York: Wiley.

Payne, J. (1976). Task complexity and contingent processing in decision making: An information search and protocol analysis. *Organizational Behavior and Human Performance, 16*, 366–387.

Payne, K., & Payne, R. (1985). Large scale changes over 19 years in songs of humpback whales in Bermuda. *Zeitschrift für Tierpsychologie, 68*, 89–114.

Pedersen, N.L., Plomin, R., McClearn, G.E., & Friberg, I. (1988). Neuroticism, extraversion, and related traits in adult twins reared apart and reared together. *Journal of Personality and Social Psychology, 55*, 950–957.

Peek, F. (1972). An experimental study of the territorial function of vocal and visual display in the male red-winged blackbirds (*Agelaius phoenicens*). *Animal Behaviour, 20*, 112–118.

Penfield, W. (1969). Consciousness, memory, and man's conditioned reflexes. In K. Pribram (Ed.), *On the biology of learning*. New York: Harcourt, Brace, & World.

Penfield, W., & Boldrey, E. (1937). Somatic motor and sensory representations in cerebral cortex of man as studied by electrical stimulation. *Brain, 60*, 389–443.

Pengelley, E.T., & Fisher, K.C. (1957). Onset and cessation of hibernation under constant temperature and light in the golden-mantled ground squirrel. *Nature, 180*, 1371–1372.

Peplau, L.A. (1991). Lesbian and gay relationships. In J.C. Gonsiorek & J. Dweinrich (Eds.), *Homosexuality: Research implications for public policy*. Newbury Park, NJ: Sage.

Perdeck, A.C. (1958). Two types of orientation in migrating starlings, *Sturnus vulgaris L.*, and chaffinches, *Fringilla coelbs L.*, as revealed by displacement experiments. *Ardea, 46*, 1–37.

Perez, S., Taylor, O., & Jander, R. (1977). A sun compass in Monarch butterflies. *Nature*, *387*, 29.

Perrin, S., & Spencer, C. (1980). The Asch effect: A child of its time. *Bulletin of the British Psychological Society*, *33*, 405–406.

Perrin, S., & Spencer, C. (1981). The Asch effect and cultural factors: Further observations and evidence. *Bulletin of the British Psychological Society*, *34*, 385–386.

Perry, D.G., & Bussey, K. (1979). The social learning theory of sex differences: Imitation is alive and well. *Journal of Personality and Social Psychology*, *37*, 1699–1712.

Pervin, L.A. (1993). *Personality: Theory and research (6th Edn.)*. Chichester: Wiley.

Petersen, S.E., Fox, P.T., Mintun, M.A., Posner, M.I., & Raichle, M.E. (1989). Studies of the processing of single words using averaged positron emission tomographic measurements of cerebral blood flow change. *Journal of Cognitive Neuroscience*, *1*, 153–170.

Pettigrew, T.F. (1959). Regional difference in anti-Negro prejudice. *Journal of Abnormal and Social Psychology*, *59*, 28–56.

Petty, R.E., & Cacioppo, J.T. (1981). *Attitudes and persuasion: Classic and contemporary approaches*. Dubuque: W.C. Brown.

Petty, R.E., Cacioppo, J.T., & Goldman, R. (1981). Personal involvement as a determinant of argument-based persuasion. *Journal of Personality and Social Psychology*, *41*, 847–855.

Pfungst, O. (1911). *Clever Hans, the horse of Mr. von Osten*. New York: Holt.

Phinney, J. (1993). A three-stage model of ethnic identity development. In M. Bernal & G. Knight (Eds.), *Ethnic identity: Formation and transmission among Hispanics and other minorities*. Albany, NY: State University of New York Press.

Piaget, J. (1932). *The moral judgement of the child*. Harmondsworth: Penguin.

Piaget, J. (1967). *The child's conception of the world*. Totowa, NJ: Littlefield, Adams.

Piaget, J. (1970). Piaget's theory. In J. Mussen (Ed.), *Carmichael's manual of child psychology, Vol. 1*. New York: Basic Books.

Piaget, J., & Inhelder, B. (1969). *The psychology of the child*. London: Routledge & Kegan Paul.

Piaget, J., & Szeminska, A. (1952). *The child's conception of number*. London: Routledge & Kegan Paul.

Pietrewicz, A.T., & Kamil, A.C. (1981). Search images and the detection of cryptic prey: An operant approach. In A.C. Kamil & T.D. Sargent (Eds.), *Foraging behaviour: Ecological, ethological and psychological approaches*. New York: Garland STPM Press.

Pietsch, T.W., & Grobecker, D.B. (1978). The compleat angler: Aggressive mimicry in an antennariid anglefish. *Science*, *201*, 369–370.

Pike, K.M., & Rodin, J. (1991). Mothers, daughters, and disordered eating. *Journal of Abnormal Psychology*, *100*, 198–204.

Piliavin, I.M., Rodin, J., & Piliavin, J.A. (1969). Good samaritarianism: An underground phenomenon? *Journal of Personality and Social Psychology*, *13*, 289–299.

Piliavin, J.A., Dovidio, J.F., Gaertner, S.L., & Clark, R.D. (1981). *Emergency intervention*. New York: Academic Press.

Pilleri, G. (1979). The blind Indus dolphin. *Platanista indi. Endeavour*, *3*, 48–56.

Pinel, J.P.J. (1997). *Biopsychology (3rd Edn.)*. Boston: Allyn & Bacon.

Piran, N., Kennedy, S. Garfinkel, P.E., & Owens, M. (1985). Affective disturbance in eating disorders. *Journal of Nervous and Mental Disease*, *173*, 395–400.

Plomin, R. (1988). The nature and nurture of cognitive abilities. In R.J. Sternberg (Ed.), *Advances in the psychology of human intelligence, Vol. 4*. Hillsdale, NJ: Erlbaum.

Plomin, R. (1990). The role of inheritance in behaviour. *Science*, *248*, 183–188.

Plomin, R. (1997). DNA: Implications. *The Psychologist*, *11*, 61–62.

Plomin, R., Chipuer, H.M., & Loehlin, J.C. (1990a). Behavioural genetics and personality. In L.A. Robson, C. (1994). *Experimental design and statistics in psychology (3rd. Ed)*. Harmondsworth, Middlesex: Penguin.

Plomin, R., Chipuer, H.M., & Loehlin, J.C. (1990b). Behavioural genetics and personality. In L.A. Pervin (Ed.), *Handbook of personality: Theory and research*. New York: Guilford.

Pollack, J.M. (1979). Obsessive-compulsive personality: A review. *Psychological Review*, *86*, 225–241.

Pomerantz, J., & Garner, W.R. (1973). Stimulus configuration in selective attention tasks. *Perception & Psychophysics*, *14*, 565–569.

Pope, K.S., & Vetter, V.A. (1992). Ethical dilemmas encountered by members of the American Psychological Association. *American Psychologist*, *47*, 397–411.

Popper, K.R. (1969). *Conjectures and refutations*. London: Routledge & Kegan Paul.

Popper, K.R. (1972). *Objective knowledge*. Oxford: Oxford University Press.

Posner, M.I., & Petersen, S.E. (1990). The attention system of the human brain. *Annual Review of Neuroscience*, *13*, 25–42.

Postmes, T., & Spears, R. (1998). Deindividuation and anti-normative behaviour: A meta-analysis. *Psychological Bulletin*, *123*, 238–259.

Potter, J., & Wetherell, D. (1987). *Discourse and social psychology: Beyond attitudes and behaviour*. London: Sage.

Pottiez, J-M. (1986). *A walk with a white Bushman*. London: Chatto & Windus.

Power, M.E. (1984). Habitat quality and the distribution of algae-grazing catfish in a Panamanian stream. *Journal of Animal Ecology*, *53*, 357–374.

Pratkanis, A.R., & Aronson, E. (1992). *Age of propaganda: The everyday use and abuse of persuasion*. New York: W.H. Freeman.

Preisler, G. (1997). Social and emotional development of blind children: A longitudinal study. In V. Lewis & G.M. Collis (Eds.), *Blindness and psychological development in young children*. Leicester: BPS Books.

Preston, J.L. (1978). Communication systems and social interactions in a goby-shrimp symbiosis. *Animal Behaviour*, *26*, 791–802.

Pring, L. (1997). Blindness. In A. Baum, S. Newman, J. Weinman, R. West, & C. McManus (Eds.), *Cambridge handbook of psychology, health, and medicine*. Cambridge: Cambridge University Press.

Prioleau, L., Murdock, M., & Brody, N. (1983). An analysis of psychotherapy versus placebo studies. *Behavior and Brain Sciences*, *6*, 273–310.

Pritchard, S. (1998). Triumph of mind over matter. *The Independent*, 16 October.

Profet, M. (1992). Pregnancy sickness as adaptation: A deterrent to maternal ingestion of teratogens. In J.H.

Barlow, I. Cosmides, & J. Tooby (Eds.), *The adapted mind: Evolutionary psychology and the generation of culture.* Oxford: Oxford University Press.

Putnam, B. (1979). Hypnosis and distortions in eyewitness memory. *International Journal of Clinical and Experimental Hypnosis, 27*, 437–448.

Putnam, F.W. (1991). Dissociative disorders in children and adolescents: A developmental perspective. *Psychiatric Clinics of North America, 14*, 519–531.

Putnam, H. (1973). Reductionism and the nature of psychology. *Cognition, 2*, 131–146.

Quattrone, G.A., & Jones, E.E. (1980). The perception of variability within ingroups and outgroups. *Journal of Personality and Social Psychology, 38*, 141–152.

Quay, L.C. (1971). Language, dialect, reinforcement, and the intelligence test performance of Negro children. *Child Development, 42*, 5–15.

Rabain-Jamin, J. (1989). Culture and early social interactions. The example of mother–infant object play in African and native French families. *European Journal of Psychology of Education, 4*, 295–305.

Rabbie, J.M., Schot, J.C., & Visser, L. (1989). Social identity theory: A conceptual and empirical critique from the perspective of a behavioural interaction model. *European Journal of Social Psychology, 19*, 171–202.

Rachman, S.J. (1993). A critique of cognitive therapy for anxiety disorders. *Behaviour Research and Therapy, 24*, 274–288.

Rachman, S.J., & de Silva, P. (1978). Abnormal and normal obsessions. *Behaviour Research and Therapy, 16*, 233–238.

Rack, P. (1982). *Race, culture and mental disorder.* London: Routledge.

Raichle, M.E. (1994). Images of the mind: Studies with modern imaging techniques. *Annual Review of Psychology, 45*, 333–356.

Rainwater, L., & Yancey, W.L. (1967). *The Moynihan Report and the politics of controversy.* Cambridge, MA: MIT Press.

Ramsey, C.T., Bryant, D.M., & Suarez, T.M. (1985). Preschool compensatory education and the modifiability of intelligence: A critical review. In D.K. Detterman (Ed.), *Current topics in human intelligence, Vol. 1: Research methodology.* Norwood, NJ: Ablex.

Ramsay, R., & de Groot, W. (1977). A further look at bereavement: Paper presented at EATI conference, Uppsala. [Cited in Hodgkinson, P.E. (1980, 17 January). Treating abnormal grief in the bereaved. *Nursing Times*, 126–128.]

Rasmussen, T., & Milner, B. (1975). Excision of Broca's area without persistent aphasia. In K.J. Zulch, O. Creutzfeldt, & G.C. Galbraith (Eds.), *Cerebral localisation.* New York: Springer.

Raulin, M.L., & Graziano, A.M. (1994). Quasi-experiments and correlational studies. In A.M. Colman (Ed.), *Companion encyclopaedia of psychology, Vol. 2.* London: Routledge.

Raven, B., & Haley, R.W. (1980). Social influence in a medical context. In L. Bickman (Ed.), *Applied social psychology annual, Vol. 1.* Beverley Hills, CA: Sage.

Raven, J. (1980). *Parents, teachers and children: A study of an educational home visiting scheme.* London: Hodder & Stoughton.

Rayner, K., Carlson, M., & Frazier, L. (1983). The interaction of syntax and semantics during sentence processing: Eye movements in the analysis of semantically biased sentences. *Journal of Verbal Learning and Verbal Behavior, 22*, 358–374.

Rayner, K., & Sereno, S.C. (1994). Eye movements in reading: Psycholinguistic studies. In M.A. Gernsbacher (Ed.), *Handbook of psycholinguistics.* New York: Academic Press.

Reason, J.T. (1979). Actions not as planned: The price of automatisation. In G. Underwood & R. Stevens (Eds.), *Aspects of consciousness, Vol. 1: Psychological issues.* London: Academic Press.

Reason, J.T. (1992). Cognitive underspecification: Its variety and consequences. In B.J. Baars (Ed.), *Experimental slips and human error: Exploring the architecture of volition.* New York: Plenum Press.

Reason, J.T., & Rowan, J. (Eds.) (1981). *Human enquiry: A sourcebook in new paradigm research.* Chichester: Wiley.

Reber, A.S. (1993). *Implicit learning and tacit knowledge.* Oxford: Oxford University Press.

Rechtschaffen, A., Gilliland, M., Bergmann, B., & Winter, J. (1983). Physiological correlates of prolonged sleep deprivation in rats. *Science, 221*, 182–184.

Reibstein, J., & Richards, M. (1992). *Sexual arrangements: Marriage and affairs.* London: Heinemann.

Reichard, S., Livson, F., & Peterson, P.G. (1962). *Aging and personality: A study of 87 older men.* New York: Wiley.

Reicher, S.D. (1984). The St. Pauls' riot: An explanation of the limits of crowd action in terms of a social identity model. *European Journal of Social Psychology, 14*, 1–21.

Reicher, S.D., & Potter, J. (1985). Psychological theory as intergroup perspective: A comparative analysis of 'scientific' and 'lay' accounts of crowd events. *Human Relations, 38*, 167–189.

Reichert, S.E. (1985). Why do some spiders cooperate? *Agelena consociata*, a case study. *Florida Entomologist, 68*, 105–116.

Reinberg, R. (1967). *Eclairement et cycle menstruel de la femme.* Rapport au Colloque International du CRNS, la photorégulation de la reproduction chez les oiseaux et les mammifères. Montpelier, France.

Reisenzein, R. (1983). The Schachter theory of emotion: Two decades later. *Psychological Bulletin, 94*, 239–264.

Reitman, J.S. (1971). Mechanisms of forgetting in short-term memory. *Cognitive Psychology, 2*, 185–195.

Rescorla, R.A., & Wagner, A.R. (1972). A theory of Pavlovian conditioning: Variations in the effectiveness of reinforcement and nonreinforcement. In A.H. Black & W.F. Prokasy (Eds.), *Classical conditioning II: Current research and theory.* New York: Appleton-Century-Crofts.

Richards, W. (1975). Visual space perception. In E.C. Carterette & M.P. Friedman (Eds.), *Handbook of perception.* New York: Academic Press.

Ridley, M. (1983). *The explanation of organic diversity.* Oxford: Clarendon Press.

Ridley, M. (1995). *Animal behaviour (2nd Edn.).* Oxford: Blackwell.

Ritter, S., & Taylor, J.S. (1990). Vagal sensory neurons are required for lipoprivic but not glucoprivic feeding in rats. *American Journal of Physiology, 258*, R1395–R1401.

Roberts, P., & Newton, P.M. (1987). Levinsonian studies of women's adult development. *Psychology and Aging, 2*, 154–163.

Robertson, J., & Bowlby, J. (1952). Responses of young children to separation from their mothers. *Courier Centre International de l'Enfance, 2*, 131–142.

Robertson, J., & Robertson, J. (1971). Young children in brief separation. *Psychoanalytic Study of the Child, 26*, 264–315.

Robins, L.N., Helzer, J.E., Weissman, M.M., Orvaschel, H., Gruenberg, E., Burke, J.K., & Regier, D.A. (1984). Lifetime prevalence of specific psychiatric disorders in three cities. *Archives of General Psychiatry, 41*, 949–958.

Robinson, T.E., & Berridge, K.C. (1993). The neural basis of drug craving: An incentive-sensitisation theory of addiction. *Brain Research Reviews, 18*, 247–291.

Robson, C. (1994). *Experimental design and statistics in psychology (3rd Edn.).* Harmondsworth, Middlesex: Penguin.

Roeder, K.D., & Treat, A.E. (1961). The detection and evasion of bats by moths. *American Scientist, 49*, 135–148.

Roediger, H.L. (1990). Implicit memory: Retention without remembering. *American Psychologist, 45*, 1043–1056.

Roethlisberger, F.J., & Dickson, W.J. (1939). *Management and the worker.* Cambridge, MA: Harvard University Press.

Rogers, C.R. (1947). The case of Mary Jane Tilden. In W.U. Snyder (Ed.), *Casebook of non-directive counseling.* Cambridge, MA: Houghton Mifflin.

Rogers, C.R. (1951). *Client-centred therapy.* Boston: Houghton Mifflin.

Rogers, C.R. (1959). A theory of therapy, personality, and interpersonal relationships as developed in the client-centred framework. In S. Koch (Ed.), *Psychology: A study of a science.* New York: McGraw-Hill.

Rogers, C.R. (1986). Client-centred therapy. In I. Kutash & A. Wolf (Eds.), *Psychotherapist's casebook.* San Francisco: Jossey-Bass.

Rogers, P.J., & Blundell, J.E. (1980). Investigation of food selection and meal parameters during the development of dietary induced obesity. *Appetite, 1*, 85–88.

Rogers, R.W. (1983). Cognitive and psychological processes in fear appeals and attitude change: A revised theory of protection motivation. In J. Cacioppo & R. Petty (Eds.), *Social psychophysiology: A sourcebook.* New York: Guilford.

Rohner, R.P. (1975). Parental acceptance–rejection and personality development: A universalist approach to behavioural science. In R.W. Brislin et al. (Eds.), *Cross-cultural perspectives on learning.* New York: Sage.

Rohner, R.P. (1986). *The warmth dimension: Foundations of parental acceptance–rejection theory.* Beverly Hills, CA: Sage.

Rohner, R.P., & Pettengill, S.M. (1985). Perceived parental acceptance–rejection and parental control among Korean adolescents. *Child Development, 56*, 524–528.

Rohner, R.P., & Rohner, E.C. (1981). Parental acceptance–rejection and parental control: Cross-cultural codes. *Ethnology, 20*, 245–260.

Rokeach, M. (1960). *The open and closed mind.* New York: Basic Books.

Roland, P.E. (1993). *Brain activation.* New York: Wiley-Liss.

Rolls, B.J., & Rolls, E.T. (1982). *Thirst.* Cambridge: Cambridge University Press.

Rolls, B.J., Wood, R.J., & Rolls, R.M. (1980). Thirst: The initiation, maintenance, and termination of drinking. In J.M. Sprague & A.N. Epstein (Eds.), *Progress in psychology and physiological psychology.* New York: Academic Press.

Rosekrans, M.A., & Hartup, W.W. (1967). Imitative influences of consistent and inconsistent response consequences to a model on aggressive behaviour in children. *Journal of Personality and Social Psychology, 7*, 429–434.

Rosen, J.C., & Leitenberg, H. (1985). Exposure plus response prevention treatment of bulimia. In D.M. Garner & P.E. Garfinkel (Eds.), *Handbook of psychotherapy for anorexia nervosa and bulimia.* New York: Guilford Press.

Rosenberg, M.J. (1965). When dissonance fails: On eliminating evaluation apprehension from attitude measurement. *Journal of Personality and Social Psychology, 1*, 28–42.

Rosenbloom, S., Campbell, M., George, A.E., Kricheff, I.I., Taleporos, E., Anderson, L., Reuben, R.N., & Korein, J. (1984). High resolution CT scanning in infantile autism: A quantitative approach. *Journal of the American Academy of Child Psychiatry, 23*, 72–77.

Rosenfield, D., Stephan, W.G., & Lucker, G.W. (1981). Attraction to competent and incompetent members of cooperative and competitive groups. *Journal of Applied Social Psychology, 11*, 416–433.

Rosenhan, D.L. (1970). The natural socialisation of altruistic autonomy. In J. Macaulay & L. Berkowitz (Eds.), *The uncommon child.* New York: Plenum Press.

Rosenhan, D.L. (1973). On being sane in insane places. *Science, 179*, 250–258.

Rosenhan, D.L., & Seligman, M.E.P. (1989). *Abnormal psychology (2nd Edn.).* New York: Norton.

Rosenhan, D.L., & Seligman, M.E.P. (1995). *Abnormal psychology (3rd Edn.).* New York: Norton.

Rosenman, R.H., Brand, R.J., Jenkins, C.D., Friedman, M., Straus, R., & Wurm, M. (1975). Coronary heart disease in the Western Collaborative Group Study: Final follow-up experience of $8^{1}/_{2}$ years. *Journal of the American Medical Association, 233*, 872–877.

Rosenthal, D. (1963). *The Genain quadruplets: A case study and theoretical analysis of heredity and environment in schizophrenia.* New York: Basic Books.

Rosenthal, D. (1970). *Genetic theory and abnormal behaviour.* New York: McGraw-Hill.

Rosenthal, R. (1966). *Experimenter effects in behavioural research.* New York: Appleton-Century-Crofts.

Rosenzweig, M.R. (1992). Psychological science around the world. *American Psychologist, 47*, 718–722.

Ross, C.A., Miller, S.D., Reagor, P., Bjornson, L., Fraser, G., & Anderson, G. (1990). Structured interview data on 102 cases of multiple personality disorder from four centres. *American Journal of Psychiatry, 147*, 596–601.

Roth, I. (1986). An introduction to object perception. In I. Roth & J.P. Frisby (Eds.), *Perception and representation: A cognitive approach.* Milton Keynes, UK: Open University Press.

Rowe, M.P., Coss, R.G., & Owings, D.H. (1986). Rattlesnake rattles and burrowing owl hisses: A case of acoustic batesian mimicry. *Ethology, 72*, 53–71.

Rowland, C. (1983). Patterns of interaction between three blind infants and their mothers. In A.E. Mills (Ed.), *Language acquisition in the blind child: Normal and deficient.* London: Croom Helm.

Roy, D.F. (1991). Improving recall by eyewitnesses through the cognitive interview: Practical applications and implications for the police service. *The Psychologist: Bulletin of the British Psychological Society, 4*, 398–400.

Rubin, K.H., & Trotter, K.T. (1977). Kohlberg's moral judgement scale: Some methodological considerations. *Developmental Psychology, 13*, 535–536.

Rubin, Z. (1970). Measurement of romantic love. *Journal of Personality and Social Psychology, 16*, 265–273.

Rubin, Z. (1973). *Liking and loving: An invitation to social psychology.* New York: Holt, Rinehart & Winston.

Ruble, D.N., Balaban, T., & Cooper, J. (1981). Gender constancy and the effects of sex-typed televised toy commercials. *Child Development*, 52, 667–673.

Ruble, D.N., Boggiano, A.K., Feldman, N.S., & Loebl, J.H. (1980). A developmental analysis of the role of social comparison in self-evaluation. *Developmental Psychology*, 16, 105–115.

Ruble, D.N., Fleming, A.S., Hackel, L.S., & Stangor, C. (1988). Changes in the marital relationship during the transition to first time motherhood: The effects of violated expectations concerning division of household labour. *Journal of Personality and Social Psychology*, 55, 78–87.

Rumelhart, D.E., & Norman, D.A. (1981). Analogical processes in learning. In J.R. Anderson (Ed.), *Cognitive skills and their acquisition*. Hillsdale, NJ: Lawrence Erlbaum Associates Inc.

Rumelhart, D.E., & Ortony, A. (1977). The representation of knowledge in memory. In R.C. Anderson, R.J. Spiro, & W.E. Montague (Eds.), *Schooling and the acquisition of knowledge*. Hillsdale, NJ: Lawrence Erlbaum Associates Inc.

Runciman, W.G. (1966). *Relative deprivation and social justice*. London: Routledge & Kegan Paul.

Rundus, D., & Atkinson, R.C. (1970). Rehearsal processes in free recall, a procedure for direct observation. *Journal of Verbal Learning and Verbal Behavior*, 9, 99–105.

Rusbult, C.E. (1980). Commitment and satisfaction in romantic associations: A test of the investment model. *Journal of Experimental Social Psychology*, 16, 172–186.

Rusbult, C.E., Zembrodt, I., & Iwaniszek, J. (1986). The impact of gender and sex-role orientation on responses to dissatisfaction in close relationships. *Sex Roles*, 15, 1–20.

Russek, M. (1971). Hepatic receptors and the neurophysiological mechanisms controlling feeding behaviour. In S. Ehrenpreis (Ed.), *Neurosciences Research, Vol. 4*. New York: Academic Press.

Russell, C.S. (1974). Transition to parenthood: Problems and gratifications. *Journal of Marriage and the Family*, 36, 294–302.

Russell, D.W., & Catrona, C.E. (1991). Social support, stress, and depressive symptoms among the elderly: Test of a process model. *Psychology and Aging*, 6, 190–201.

Russell, G.W., & Goldstein, J.H. (1995). Personality differences between Dutch football fans and non-fans. *Social Behavior and Personality*, 23, 199–204.

Rutter, M. (1981). *Maternal deprivation reassessed (2nd Edn.)*. Harmondsworth: Penguin.

Rutter, M., & Rutter, M. (1992). *Developing minds: Challenge and continuity across the life-span*. Harmondsworth: Penguin.

Rutter, M., & The ERA Study Team. (1998). Developmental catch-up and deficit following adoption after severe early privation. *Journal of Child Psychology and Psychiatry*, 39, 465–476.

Ryder, R. (1990). *Animal revolution: Changing attitudes towards speciesism*. Oxford: Blackwell.

Ryder, R. (1991). Sentientism: A comment on Gray and Singer. *The Psychologist*, 14, 201.

Ryle, G. (1949). *The concept of mind*. London: Hutchinson.

Sabey, B.E., & Codling, P.J. (1975). Alcohol and road accidents in Great Britain. In S. Israelstam & S. Lambert (Eds.), *Alcohol, drugs and traffic safety*. Ontario: Liquor Control Board.

Sacks, O. (1991). *Seeing voices*. London: Picador.

Sagi, A., & Lewkowicz, K.S. (1987). A cross-cultural evaluation of attachment research. In L.W.C. Tavecchio & M.H. van IJzendoorn (Eds.), *Attachment in social networks: Contributions to the Bowlby-Ainsworth attachment theory*. Amsterdam: North-Holland.

Sagi, A., van IJzendoorn, M.H., & Koren-Karie, N. (1991). Primary appraisal of the Strange Situation: A cross-cultural analysis of the pre-separation episodes. *Developmental Psychology*, 27, 587–596.

Sagotsky, G., Wood-Schneider, M., & Konop, M. (1981). Learning to co-operate: Effects of modelling and direct instructions. *Child Development*, 52, 1037–1042.

Salamon, S. (1977). Family bonds and friendship bonds: Japan and West Germany. *Journal of Marriage and the Family*, 39, 807–820.

Salomon, G., & Globerson, T. (1989). When groups do not function the way they ought to. *International Journal of Educational Research*, 13, 89–99.

Salovey, P. (Ed.) (1991). *The psychology of jealousy and envy*. New York: Guilford Press.

Sameroff, A.J., Seifer, R., Baldwin, A., & Baldwin, C. (1993). Stability of intelligence from preschool to adolescence: The influence of social and family risk factors. *Child Development*, 64, 80–97.

Sandford, R.N. (1936). The effects of abstinence from food on imaginal process. *Journal of Psychology*, 2, 129–136.

Sanford, F.H. (1950). *Authoritarianism and leadership*. Philadelphia: Institute for Research in Human Relations.

Santrock, J.W. (1975). Moral structure: The interrelations of moral behaviour, moral judgement, and moral affect. *Journal of Genetic Psychology*, 127, 201–213.

Sarason, I.G., Smith, R.E., & Diener, E. (1975). Personality research: Components of variance attributable to the person and the situation. *Journal of Personality and Social Psychology*, 32, 199–204.

Sarbin, T.R., & Slayle, R.W. (1972). Hypnosis and psychophysiological outcomes. In E. Fromm & R.E. Shor (Eds.), *Hypnosis: Research, developments and perspectives*. Chicago: Aldine-Atherton.

Sartorius, N., Jablensky, A., Korten, A., Ernberg, G., Anker, M., Cooper, J.E., & Day, R. (1986). Early manifestations and first-contact incidence of schizophrenia in different cultures. *Psychological Medicine*, 16, 909–928.

Savage-Rumbaugh, E.S. (1986). *Ape language: From conditioned responses to symbols*. New York: Columbia University Press.

Savage-Rumbaugh, E.S., & Hopkins, D. (1986). Awareness, intentionality and acquired communicative behaviours: Dimensions of intelligence. In R.J. Schusterman, J.A. Thomas, & F.G. Wood (Eds.), *Dolphin cognition and behaviour: A comparative approach*. Hillsdale, NJ: Erlbaum.

Savage-Rumbaugh, E.S., McDonald, K., Sevcik, R.A., Hopkins, W.D., & Rupert, E. (1986). Spontaneous symbol acquisition and communicative use by pygmy chimpanzees *(Pan paniscus)*. *Journal of Experimental Psychology: General*, 115, 211–235.

Saville, P., & Blinkhorn, S. (1981). Reliability, homogeneity and the construct validity of Cattell's 16PF. *Personality and Individual Differences*, 2, 325–333.

Savin, H.B. (1973). Professors and psychological researchers: Conflicting values in conflicting roles. *Cognition*, 2, 147–149.

Scarr, S. (1988). Race and gender as psychological variables. *American Psychologist*, 43, 56–59.

Scarr, S., & Weinberg, R.A. (1976). IQ test performance of black children adopted by white families. *American Psychologist*, 31, 726–739.

Schachter, S., & Singer, J.E. (1962). Cognitive, social, and physiological determinants of an emotional state. *Psychological Review*, 69, 379–399.

Schachter, S., & Wheeler, L. (1962). Epinephrine, chlorpromazine and amusement. *Journal of Abnormal and Social Psychology*, 65, 121–128.

Schacter, D.L. (1987). Implicit memory: History and current status. *Journal of Experimental Psychology: Learning, Memory, and Cognition*, 13, 501–518.

Schaefer, C., Coyne, J.C., & Lazarus, R.S. (1981). The health-related functions of social support. *Journal of Behavioral Medicine*, 4, 381–406.

Schafer, R., & Murphy, G. (1943). The role of autism in visual figure–ground relationship. *Journal of Experimental Psychology*, 32, 335–343.

Schaffer, H.R., & Emerson, P.E. (1964). *The development of social attachments in infancy*. Monographs of the Society for Research in Child Development, No. 29.

Schaller, G.B. (1972). *The Serengeti lion*. Chicago: University of Chicago Press.

Scheff, T.J. (1966). *Being mentally ill: A sociological theory*. Chicago: Aldine.

Scheper-Hughes, N. (1992). *Death without weeping: The violence of everyday life in Brazil*. Berkeley, CA: University of California Press.

Schiff, M., Duyne, M., Dumaret, A., & Tomkiewicz, S. (1982). How much could we boost scholastic achievement and IQ scores? A direct answer from a French adoption study. *Cognition*, 12, 165–196.

Schiffman, H.R. (1967). Size estimation of familiar objects under informative and reduced conditions of viewing. *American Journal of Psychology*, 80, 229–235.

Schlenoff, D.H. (1985). The startle responses of blue jays to *Catocala* (Lepidoptera: Noctuidae) prey models. *Animal Behaviour*, 33, 1057–1067.

Schliefer, S.J., Keller, S.E., Camerino, M., Thornton, J.C., & Stein, M. (1983). Suppression of lymphocyte stimulation following bereavement. *Journal of the American Medical Association*, 250, 374–377.

Schmid-Hempel, P., Kacelnik, A., & Houston, A.I. (1985). Honeybees maximise efficiency by not filling their crop. *Behavioural Ecology and Sociobiology*, 17, 61–66.

Schneider, W., & Shiffrin, R.M. (1977). Controlled and automatic human information processing: I. Detection, search and attention. *Psychological Review*, 84, 1–66.

Schochat, T., Luboshitzky, R., & Lavie, P. (1997). Nocturnal melatonin onset is phase locked to the primary sleep gate. *American Journal of Physiology*, 273, R364–R370.

Schriesham, C.A., Hinkin, T.R., & Podsakoss, P.M. (1991). Can ipsative and single item measures produce erroneous results in the field studies of French and Raven's five bases of power? An empirical investigation. *Journal of Applied Psychology*, 76, 106–114.

Schroeder, D.H., & Costa, D.T. (1984). Influence of life event stress on physical illness: Substantive effects or methodological flaws? *Journal of Personality and Social Psychology*, 46, 853–863.

Schuz, E. (1971). *Grundriss der Vogelzugskunde*. Berlin: Paul Parey.

Schwalberg, M.D., Barlow, D.H., Alger, S.A., & Howard, L.J. (1992). Comparison of bulimics, obese binge eaters, social phobics, and individuals with panic disorder or comorbidity across DSM-III-R anxiety. *Journal of Abnormal Psychology*, 101, 675–681.

Schwartz, G.E. (1973). Biofeedback as therapy: Some theoretical and practical issues. *American Psychologist*, 28, 666–673.

Schwartz, S.H. (1977). Normative influences on altruism. In L. Berkowitz (Ed.), *Advances in experimental social psychology, Vol. 10*. New York: Academic Press.

Schwarzer, R., & Leppin, A. (1992). Social support and mental health: A conceptual and empirical overview. In L. Montada, S.H. Filipp, & M.J. Lerner (Eds.), *Life crises and experience of loss in adulthood*. Hillsdale, NJ: Lawrence Erlbaum.

Schweinhart, L.J., & Weikart, D.P. (1985). Evidence that good early childhood programs work. *Phi Delta Kappa*, 66, 545–551.

Scott, S. (1994). Mental retardation. In M. Rutter, E. Taylor, & L. Hersov (Eds.), *Child and adolescent psychiatry*. Oxford: Blackwell.

Seeley, T.D. (1985). *Honeybee ecology: A study of adaptation in social life*. Princeton, NJ: Princeton University Press.

Seer, P. (1979). Psychological control of essential hypertension: Review of the literature and methodological critique. *Psychological Bulletin*, 86, 1015–1043.

Segal, S.J., & Fusella, V. (1970). Influence of imaged pictures and sounds on detection of visual and auditory signals. *Journal of Experimental Psychology*, 83, 458–464.

Segall, M.H., Campbell, D.T., & Herskovits, M.J. (1963). Cultural differences in the perception of geometrical illusions. *Science*, 139, 769–771.

Seger, C.A. (1994). Implicit learning. *Psychological Bulletin*, 115, 163–196.

Seghers, B.H. (1974). Schooling behaviour in the guppy *Poecilia reticulata*: An evolutionary response to predation. *Evolution*, 28, 486–489.

Seidman, L.J. (1983). Schizophrenia and brain dysfunction: An integration of recent neurodiagnostic findings. *Psychological Bulletin*, 94, 195–238.

Seifer, R., Schiller, M., Sameroff, A.J., Resnick, S., & Riordan, K. (1996). Attachment, maternal sensitivity, and infant temperament during the first year of life. *Developmental Psychology*, 32, 12–25.

Sekuler, R., & Blake, R. (1994). *Perception (3rd Edn.)*. New York: McGraw-Hill.

Selfe, L. (1976). An autistic child with exceptional drawing ability. In G.E. Butterworth (Ed.), *The child's representation of the world*. New York: Plenum.

Selfe, L. (1983). *Normal and anomalous representational drawing ability in children*. London: Academic Press.

Seligman, M.E.P. (1970). On the generality of the laws of learning. *Psychological Review*, 77, 406–418.

Seligman, M.E.P. (1971). Phobias and preparedness. *Behavior Therapy*, 2, 307–320.

Seligman, M.E.P. (1975). *Helplessness: On depression, development and death*. San Francisco: W.H. Freeman.

Sellen, A.J., & Norman, D.A. (1992). The psychology of slips. In B.J. Baars (Ed.), *Experimental slips and human error: Exploring the architecture of volition*. New York: Plenum Press.

Selye, H. (1950). *Stress*. Montreal: Acta.

Semenza, C., Cipolotti, L., & Denes, G. (1992). Reading aloud in jargonaphasia: An unusual dissociation in speech output. *Journal of Neurology, Neurosurgery, and Psychiatry*, 55, 205–208.

Semin, G.R. (1995). Social constructionism. In A.S.R. Manstead, M. Hewstone, S.T. Fiske, M.A. Hogg, H.T. Reis, & G.R. Semin (Eds.), *The Blackwell encyclopaedia of social psychology*. Oxford: Blackwell.

Sergent, J., Ohta, S., & MacDonald, B. (1992). Functional neuroanatomy of face and object processing. *Brain, 115*, 15–36.

Serpell, R.S. (1979). How specific are perceptual skills? A cross-cultural study of pattern reproduction. *British Journal of Psychology, 70*, 365–380.

Shaffer, D.R. (1993). *Developmental psychology: Childhood and adolescence (3rd Edn.)*. Pacific Grove, CA: Brooks/Cole.

Shaffer, L.H. (1975). Multiple attention in continuous verbal tasks. In P.M.A. Rabbitt & S. Dornic (Eds.), *Attention and performance, Vol. V*. London: Academic Press.

Shallice, T. (1982). Specific impairments of planning. *Philosophical Transactions of the Royal Society of London, B298*, 199–209.

Shallice, T., & Warrington, E.K. (1970). Independent functioning of verbal memory stores: A neuropsychological study. *Quarterly Journal of Experimental Psychology, 22*, 261–273.

Shallice, T., & Warrington, E.K. (1974). The dissociation between long-term retention of meaningful sounds and verbal material. *Neuropsychologia, 12*, 553–555.

Shapiro, C.M., Bortz, R., Mitchell, D., Bartel, P., & Jooste, P. (1981). Slow-wave sleep: A recovery period after exercise. *Science, 214*, 1253–1254.

Shapiro, D., Tursky, B., & Schwartz, G.E. (1970). Control of blood pressure in man by operant conditioning. *Circulation Research, 26*, 127–132.

Shatz, M., & Gelman, R. (1973). *The development of communication skills: Modifications in the speech of young children as a function of the listener*. Monographs of the Society for Research in Child Development, Np. 38.

Shaver, J.P., & Strong, W. (1976). *Facing value decisions: Rationale-building for teachers*. Belmont, CA: Wadsworth.

Shaver, P.R., Wu, S., & Schwartz, J.C. (1991). Cross-cultural similarities and differences in emotion and its representation: A prototype approach. In M.S. Clark (Ed.), *Review of personality and social psychology, Vol. 13*. Beverly Hills, CA: Sage.

Shaywitz, S.E. (1996). Dyslexia. *Scientific American, 276*, 78–84.

Shea, J.D.C. (1981). Changes in interpersonal distances and categories of play behaviour in the early weeks of preschool. *Developmental Psychology, 17*, 417–425.

Sherif, M. (1935). A study of some factors in perception. *Archives of Psychology, 27*, No. 187.

Sherif, M. (1966). *Group conflict and co-operation: Their social psychology*. London: Routledge & Kegan Paul.

Sherif, M., Harvey, O.J., White, B.J., Hood, W.R., & Sherif, C.W. (1961). *Intergroup conflict and co-operation: The robber's cave experiment*. Norman, OK: University of Oklahoma.

Shields, J. (1962). *Monozygotic twins*. Oxford: Oxford University Press.

Sherman, P.W. (1977). Nepotism and the evolution of alarm calls. *Science, 197*, 1246–1253.

Shiffrin, R.M., & Schneider, W. (1977). Controlled and automatic human information processing: II. Perceptual learning, automatic attending, and a general theory. *Psychological Review, 84*, 127–190.

Shotland, R.L., & Straw, M.K. (1976). Bystander response to an assault: When a man attacks a woman. *Journal of Personality and Social Psychology, 34*, 990–999.

Sieber, J.E., & Stanley, B. (1988). Ethical and professional dimensions of socially sensitive research. *American Psychologist, 43*, 49–55.

Sigall, H., Aronson, E., & Van Hoose, T. (1970). The co-operative subject: Myth or reality? *Journal of Experimental Social Psychology, 6*, 1–10.

Silverman, I. (1977). *The human subject in the psychological laboratory*. Oxford: Pergamon.

Silverman, I., Shulman, A.D., & Wiesenthal, D. (1970). Effects of deceiving and debriefing psychological subjects on performance in later experiments. *Journal of Personality and Social Psychology, 21*, 219–227.

Silverstein, C. (1972). *Behaviour modification and the gay community*. Paper presented at the annual convention of the Association for Advancement of Behaviour Therapy, New York.

Simmons, J.V. (1981). *Project Sea Hunt: A report on prototype development and tests*. Technical Report, No. 746. San Diego: Naval Ocean System Center.

Simmons, R.G., Burgeson, R., Carlton-Ford, S., & Blyth, D.A. (1987). The impact of cumulative changes in early adolescence. *Child Development, 58*, 1220–1234.

Simon, H.A. (1974). How big is a chunk? *Science, 183*, 482–488.

Simon, H.A. (1978). Rationality as process and product of thought. *American Economic Association, 68*, 1–16.

Sinclair-de-Zwart, H. (1969). Developmental psycholinguistics. In D. Elkind & J. Flavell (Eds.), *Studies in cognitive development*. Oxford: Oxford University Press.

Singer, P. (1991). Speciesism, morality and biology: A response to Jeffrey Gray. *The Psychologist, 14*, 199–200.

Siqueland, E.R., & DeLucia, C.A. (1969). Visual reinforcement of non-nutritive sucking in human infants. *Science, 165*, 1144–1146.

Sivinski, J. (1984). Effect of sexual experience on male mating success in a lek forming tephritid *Anastrepha suspensa* (Loew). *Florida Entomologist, 67*, 126–130.

Skinner, B.F. (1938). *The behaviour of organisms*. New York: Appleton-Century-Crofts.

Skinner, B.F. (1948). *Walden Two*. New York: Macmillan.

Skinner, B.F. (1957). *Verbal behaviour*. New York: Appleton-Century-Crofts.

Skinner, B.F. (1966). Operant behaviour. In W.K. Honig (Ed.), *Operant behaviour: Areas of research and application*. New York: Appleton-Century-Crofts.

Skinner, B.F. (1971). *Beyond freedom and dignity*. New York: Knopf.

Skinner, B.F. (1980). *The shaping of a behaviourist*. Oxford: Holdan Books.

Skre, I., Onstad, S., Torgersen, S., Lygren, S., & Kringlen, E. (1993). A twin study of DSM-III-R anxiety disorders. *Acta Psychiatrica Scandinavica, 88*, 85–92.

Slaby, R.G., & Frey, K.S. (1975). Development of gender constancy and selective attention to same-sex models. *Child Development, 46*, 849–856.

Slamecka, N.J. (1966). Differentiation versus unlearning of verbal associations. *Journal of Experimental Psychology, 71*, 822–828.

Slater, A.M. (1990). Perceptual development. In M.W. Eysenck (Ed.), *The Blackwell dictionary of cognitive psychology*. Oxford: Blackwell.

Slavin, R.E. (1983). When does cooperative learning increase student achievement? *Psychological Bulletin, 94*, 429–445.

Sloane, R.B., Staples, F.R., Cristol, A.H., Yorkston, N.J., & Whipple, K. (1975). *Psychotherapy versus behaviour therapy*. Cambridge, MA: Harvard University Press.

Slovic, P., & Fischhoff, B. (1977). On the psychology of experimental surprises. *Journal of Experimental Psychology: Human Perception and Performance, 3*, 544–551.

Sluckin, W. (1965). *Imprinting and early experiences*. London: Methuen.

Small, S.A., Zeldin, R.S., & Savin-Williams, R.C. (1983). In search of personality traits: A multi-method analysis of naturally occurring prosocial and dominance behaviour. *Journal of Personality, 51*, 1–16.

Smith, J.N.M., Yom-Tov, Y., & Moses, R. (1982). Polygyny, male parental care and sex ratios in song sparrows: An experimental study. *Auk, 99*, 555–564.

Smith, K.D., Keating, J.P., & Stotland, E. (1989). Altruism reconsidered: The effect of denying feedback on a victim's status to empathic witnesses. *Journal of Personality and Social Psychology, 57*, 641–650.

Smith, M.L., Glass, G.V., & Miller, T.I. (1980). *The benefits of psychotherapy*. Baltimore: John Hopkins Press.

Smith, N.V., & Tsimpli, I.-M. (1991). Linguistic modularity? A case-study of a "savant" linguist. *Lingua, 84*, 315–351.

Smith, P., & Bond, M.H. (1993). *Social psychology across cultures: Analysis and perspectives*. New York: Harvester Wheatsheaf.

Smith, P.K. (1983). Human sociobiology. In J. Nicholson & B. Foss (Eds.), *Psychology survey, No. 4*. Leicester: British Psychological Society.

Smith, S.M., Brown, H.O., Toman, J.E.P., & Goodman, L.S. (1947). Lack of cerebral effects of D-tubocurarine. *Anaesthesiology, 8*, 1–14.

Snarey, J.R. (1985). Cross-cultural universality of social-moral development: A critical review of Kohlbergian research. *Psychological Bulletin, 97*, 202–232.

Snow, C.E., & Hoefnagel-Hohle, M. (1978). The critical period for language acquisition: Evidence from second language learning. *Child Development, 49*, 1114–1128.

Solley, C.M., & Murphy, G. (1960). *Development of the perceptual world*. New York: Basic Books.

Solomon, R.L., & Wynne, L.C. (1953). Traumatic avoidance learning: Acquisition in normal dogs. *Psychological Monographs, 67*, 1–19.

Solomon, Z., Mikulincer, M., & Avitzur, E. (1988). Coping, locus of control, social support, and combat-related posttraumatic stress disorder: A prospective study. *Journal of Personality and Social Psychology, 55*, 279–285.

Sommer, R. (1969). *Personal space: The behavioural basis of design*. Englewood Cliffs, NJ: Prentice Hall.

Spangler, G. (1990). Mother, child, and situational correlates of toddlers' social competence. *Infant Behavior and Development, 13*, 405–419.

Spanos, N.P. (1982). A social psychological approach to hypnotic behaviour. In G. Weary & H.L. Mirels (Eds.), *Integrations of clinical and social psychology*. New York: Oxford University Press.

Spanos, N.P. (1989). Experimental research on hypnotic analgesia. In N.P. Spanos & J.F. Cahves (Eds.), *Hypnosis: The cognitive-behavioural perspective*. Buffalo, NY: Prometheus.

Spanos, N.P., Perlini, A.H., Patrick, L., Bell, S., & Gwynn, M.I. (1990). The role of compliance in hypnotic and nonhypnotic analgesia. *Journal of Research in Personality, 24*, 433–453.

Speisman, J.C., Lazarus, R.S., Mordkoff, A., & Davison, L. (1964). Experimental reduction of stress based on ego-defence theory. *Journal of Abnormal and Social Psychology, 68*, 367–380.

Spelke, E.S., Hirst, W.C., & Neisser, U. (1976). Skills of divided attention. *Cognition, 4*, 215–230.

Sperling, G. (1960). The information available in brief visual presentations. *Psychological Monographs, 74* (Whole No. 498), 1–29.

Sperry, R.W. (1985). Consciousness, personal identity, and the divided brain. In D.F. Benson & E. Zaidel (Eds.), *The dual brain: Hemispheric specialisation in humans*. New York: Guilford Press.

Sperry, R.W., Zaidel, E., & Zaidel, D. (1979). Self recognition and social awareness in the deconnected minor hemisphere. *Neuropsychologia, 17*, 153–166.

Spitz, R.A. (1945). Hospitalism: An inquiry into the genesis of psychiatric conditions in early childhood. *Psychoanalytic Study of the Child, 1*, 113–117.

Spitzer, R.L., & Fleiss, J.L. (1974). A re-analysis of the reliability of psychiatric diagnosis. *British Journal of Psychiatry, 125*, 341–347.

Spitzer, R.L., Williams, J.B.W., Kass, F., & Davies, M. (1989). National field trial of the DSM-III-R diagnostic criteria for self-defeating personality disorder. *American Journal of Psychiatry, 146*, 1561–1567.

Sprafkin, J.N., Liebert, R.M., & Poulos, R.W. (1975). Effects of a pro-social televised example on children's helping. *Journal of Experimental Child Psychology, 20*, 119–126.

Spriggs, W.A. (1998). *Evolutionary psychology and the male criminal mind*. http://www.evoyage.com/criminal.html

Springett, B.P. (1968). Aspects of the relationship between burying beetles, *Necrophorus* spp. and the mite *Poecilochirus necrophori* (Vitz). *Journal of Animal Ecology, 37*, 417–424.

Squire, L.R. (1987). *Memory and brain*. Oxford: Oxford University Press.

Squire, L.R., Knowlton, B., & Musen, G. (1993). The structure and organisation of memory. *Annual Review of Psychology, 44*, 453–495.

Squire, L.R., Ojemann, J.G., Miezin, F.M., Petersen, S.E., Videen, T.O., & Raichle, M.E. (1992). Activation of the hippocampus in normal humans: A functional anatomical study of memory. *Proceedings of the National Academy of Science, USA, 89*, 1837–1841.

Sroufe, L.A., Bennett, C., Englund, M., & Urban, J. (1993). The significance of gender boundaries in preadolescence: Contemporary correlates and antecedents of boundary violation and maintenance. *Child Development, 64*, 455–466.

Stang, D.J. (1972). Conformity, ability, and self-esteem. *Representative Research in Social Psychology, 3*, 97–103.

Steffenburg, S., Gillberg, C., Hellgren, L., Andersson, L., Gillberg, I.C., Jakobsson, G., & Bohman, M. (1989). A twin study of autism in Denmark, Finland, Iceland, Norway, and Sweden. *Journal of Child Psychology and Psychiatry, 30*, 405–416.

Steinhausen, H.C. (1994). Anorexia and bulimia nervosa. In M. Rutter, E. Taylor, & L. Hersov (Eds.), *Child and adolescent psychiatry*. Oxford: Blackwell.

Stemberger, R.T., Turner, S.M., & Beidel, D.C. (1995). Social phobia: An analysis of possible developmental factors. *Journal of Abnormal Psychology, 104*, 526–531.

Stephan, W.G. (1987). The contact hypothesis in intergroup relations. In C. Hendrick (Ed.), *Group processes in intergroup relations: Review of personality and social psychology, Vol. 9*. Newbury Park, CA: Sage.

Stephan, W.G., & Stephan, C.W. (1989). Antecedents of intergroup anxiety in Oriental-Americans and Hispanics. *International Journal of Intercultural Communication*, 13, 203–219.

Steptoe, A. (1997). Stress management. In A. Baum, S. Newman, J. Weinman, R. West, & C. McManus (Eds.), *Cambridge handbook of psychology, health, and medicine*. Cambridge: Cambridge University Press.

Stern, S.L., Rush, J., & Mendels, J. (1980). Toward a rational pharmacotherapy of depression. *American Journal of Psychiatry*, 137, 545–552.

Sternberg, R.J. (1985). *Beyond IQ: A triarchic theory of human intelligence*. Cambridge: Cambridge University Press.

Sternberg, R.J. (1986). A triangular theory of love. *Psychological Review*, 93, 119–135.

Sternberg, R.J. (1994). Intelligence and cognitive styles. In A. M. Colman (Ed.), *Companion encyclopedia of psychology, Vol. 1*. London: Routledge.

Sternberg, R.J. (1995). *In search of the human mind*. New York: Harcourt Brace.

Sternberg, R.J., & Grajek, S. (1984). The nature of love. *Journal of Personality and Social Psychology*, 47, 312–329.

Stevens, J. (1987). Brief psychoses: Do they contribute to the good prognosis and equal prevalence of schizophrenia in developing countries? *British Journal of Psychiatry*, 151, 393–396.

Stevens, R. (1989). *Freud and psychoanalysis*. Milton Keynes: Open University Press.

Stevenson, H.W., & Stigler, J.W. (1992). *The learning gap*. New York: Summit Books.

Stevenson, M.R., & Black, K.N. (1988). Paternal absence and sex-role development: A meta-analysis. *Child Development*, 59, 793–814.

Stogdill, R.M. (1974). *Handbook of leadership: A survey of theory and research*. New York: Free Press.

Stopa, L., & Clark, D.M. (1993). Cognitive processes in social phobia. *Behaviour Research and Therapy*, 31, 255–267.

Storms, M.D. (1973). Videotape and the attribution process: Reversing actors' and observers' points of view. *Journal of Personality and Social Psychology*, 27, 165–175.

Strack, F., Martin, L.L., & Stepper, S. (1988). Inhibiting and facilitating conditions of facial expressions: A non-obtrusive test of the facial feedback hypothesis. *Journal of Personality and Social Psychology*, 54, 768–776.

Streissguth, A.P. (1994). A long-term perspective of FAS. *Alcohol Health and Research World*, 18, 74–81.

Stretch, D.D. (1994). Experimental design. In A.M. Colman (Ed.), *Companion encyclopedia of psychology, Vol. 2*. London: Routledge.

Strober, M., & Humphrey, L.L. (1987). Familial contributions to the aetiology and course of anorexia nervosa and bulimia. Special issue: Eating disorders. *Journal of Consulting and Clinical Psychology*, 55, 654–659.

Stroebe, M.S., Stroebe, W., & Hansson, R.O. (1993). Contemporary themes and controversies in bereavement research. In M.S. Stroebe, W. Stroebe, & R.O. Hansson (Eds.), *Handbook of bereavement: Theory, research and intervention*. New York: Cambridge University Press.

Strupp, H.H. (1996). The tripartite model and the Consumer Reports study. *American Psychologist*, 51, 1017–1024.

Stuart-Hamilton, I. (1994). *The psychology of ageing: An introduction (2nd Edn.)*. London: Jessica Kingsley.

Styles, E.A. (1997). *The psychology of attention*. Hove, UK: Psychology Press.

Suddath, R.L., Christison, G.W., Torrey, E.F., Casanova, M.F., & Weinberger, D.R. (1990). Anatomical abnormalities in the brains of monozygotic twins discordant for schizophrenia. *New England Journal of Medicine*, 322, 789–794.

Sue, S., Fujino, D.C., Hu, L., Takeuchi, D.T., & Zane, N.S.W. (1991). Community mental health services for ethnic minority groups: A test of the cultural responsiveness hypothesis. *Journal of Consulting and Clinical Psychology*, 59, 533–540.

Sulin, R.A., & Dooling, D.J. (1974). Intrusion of a thematic idea in retention of prose. *Journal of Experimental Psychology*, 103, 255–262.

Sullivan, L. (1976). Selective attention and secondary message analysis: A reconsideration of Broadbent's filter model of selective attention. *Quarterly Journal of Experimental Psychology*, 28, 167–178.

Sulloway, E. (1994). *Born to rebel: Radical thinking in science and social thought*. Unpublished MS, Cambridge, MA: MIT Press.

Symington, T., Currie, A.R., Curran, R.S., & Davidson, J. (1955). The reaction of the adrenal cortex in conditions of stress. In *Ciba Foundations Colloquia on Endocrinology*, 20, 156–164.

Szasz, T.S. (1962). *The myth of mental illness: Foundation of a theory of personal conduct*. New York: Hoeber-Harper.

Szasz, T.S. (1974). *The age of madness: The history of involuntary hospitalisation*. New York: Jason Aronson.

Tache, J., Selye, H., & Day, S. (1979). *Cancer, stress, and death*. New York: Plenum Press.

Taguiri, R. (1969). Person perception. In G. Lindzey & E. Aronson (Eds.), *Handbook of social psychology, Vol. 3*. Reading, MA: Addison-Wesley.

Tajfel, H. (1978). Intergroup behaviour. 1: Individualistic perspectives. In H. Tajfel, & C. Fraser (Eds.), *Introducing social psychology*. Harmondsworth: Penguin.

Tajfel, H. (1981). *Human groups and social categories: Studies in social psychology*. Cambridge: Cambridge University Press.

Tajfel, H., Flament, C., Billig, M.G., & Bundy, R.P. (1971). Social categorisation and intergroup behaviour. *European Journal of Social Psychology*, 1, 149–178.

Tajfel, H., & Turner, J.C. (1979). An integrative theory of intergroup conflict. In W.C. Austin & S. Worchel (Eds.), *The social psychology of intergroup relations*. Monterey, CA: Brooks/Cole.

Tallamy, D.W. (1984). Insect parental care. *Bioscience*, 34, 20–24.

Taraban, R., & McClelland, J.L. (1988). Constituent attachment and thematic role assignment in sentence processing: Influences of content-based expectations. *Journal of Memory and Language*, 27, 597–632.

Taylor, A., Sluckin, W., Davies, D.R., Reason, J.T., Thomson, R., & Colman, A.M. (1982). *Introducing psychology (2nd Edn.)*. Harmondsworth: Penguin.

Taylor, H. (1964). Programmed instruction in industry: A review of the literature. *Personnel Practice Bulletin*, 20, 14–27.

Teitelbaum, P. (1957). Random and food-directed activity in hyperphagic and normal rats. *Journal of Comparative and Physiological Psychology*, 50, 486–490.

Temple, C., & Marshall, J.C. (1983). A case study of developmental phonological dyslexia. *British Journal of Psychology, 74*, 517–533.

Terman, M. (1988). On the question of mechanism in phototherapy for seasonal affective disorder: Considerations of clinical efficacy and epidemiology. *Journal of Biological Rhythms, 3*, 155–172.

Terrace, H.S. (1979). *Nim*. New York: Alfred Knopf.

Terrace, H.S., Petitto, L.A., Sanders, D.J., & Bever, T.G. (1979). On the grammatical capacities of apes. In K. Nelson (Ed.), *Children's language, Vol. 2*. New York: Gardner Press.

Tester, N. (1998). Forty minutes that changed everything. The Independent Magazine, 10th October, 1998.

Teuting, P., Rosen, S., & Hirschfeld, R. (1981). *Special report on depression research*. NIMH-DHHS Publication No. 81–1085: Washington, DC.

Thibaut, J.W., & Kelley, H.H. (1959). *The social psychology of groups*. New York: Wiley.

Thigpen, C.H., & Cleckley, H.M. (1957). *The three faces of Eve*. New York: Fawcett.

Thoits, P.A. (1982). Direct, indirect, and moderating effects of social support on psychological distress and associated conditions. In H.B. Kaplan (Ed.), *Psychosocial stress: Trends in theory and research*. New York: Academic Press.

Thomas, J., & Blackman, D. (1991). Are animal experiments on the way out? *The Psychologist, 4*, 208–212.

Thomas, M.H., Horton, R.W., Lippincott, E.C., & Drabman, R.S. (1977). Desensitisation to portrayals of real-life aggression as a function of exposure to television violence. *Journal of Personality and Social Psychology, 35*, 450–458.

Thompson, J.N. (1982). *Interaction and coevolution*. New York: Wiley.

Thompson, L.W., Gallagher-Thompson, D.G., & Futterman, A. (1991). The effects of late-life spousal bereavement over a 30-month internal. *Psychology and Aging, 6*, 434–441.

Thompson, W.C., Cowan, C.L., & Rosenhan, D.L. (1980). Focus of attention mediates the impact of negative affect on altruism. *Journal of Personality and Social Psychology, 38*, 291–300.

Thorndike, E.L. (1911). *Animal intelligence: Experimental studies*. New York: MacMillan.

Thornhill, R. (1980). Rape in *Panorpa* scorpionflies and a general rape hypothesis. *Animal Behaviour, 28*, 52–59.

Tieger, T. (1980). On the biological basis of sex differences in aggression. *Child Development, 51*, 943–963.

Tienari, P. (1991). Interaction between genetic vulnerability and family environment: The Finnish adoptive family study of schizophrenia. *Acta Psychiatrica Scandinavica, 84*, 460–465.

Tinbergen, N. (1951). *The study of instinct*. Oxford: Oxford University Press.

Tinbergen, N. (1959). Comparative studies of the behaviour of gulls (Laridae): A progress report. *Behaviour, 15*, 1–70.

Tinbergen, N. (1963). On aims and methods of ethology. *Zeitschrift für Tierpsychologie, 20*, 410–433.

Tizard, B. (1977). *Adoption: A second chance*. London: Open Books.

Tizard, B. (1986). *The care of young children*. London: Institute of Education.

Tizard, B., & Hodges, J. (1978). The effect of early institutional rearing on the development of eight-year-old children. *Journal of Child Psychology and Psychiatry, 19*, 99–118.

Tolman, E.C., & Honzik, C.H. (1930). Introduction and removal of reward and maze learning in rats. *University of California Publications in Psychology, 4*, 257–275.

Tolstedt, B.E., & Stokes, J.P. (1984). Self-disclosure, intimacy, and the depenetration process. *Journal of Personality and Social Psychology, 46*, 84–90.

Tomarken, A.J., Mineka, S., & Cook, M. (1989). Fear-relevant associations and covariation bias. *Journal of Abnormal Psychology, 98*, 381–394.

Tomlinson-Keasey, C., & Keasey, C.B. (1974). The mediating role of cognitive development in moral judgement. *Child Development, 45*, 291–298.

Tomlinson-Keasey, C., Eisert, D.C., Kahle, L.R., Hardy-Brown, K., & Keasey, B. (1979). The structure of concrete-operational thought. *Child Development, 57*, 1454–1463.

Tompkins, C.A., & Mateer, C.A. (1985). Right hemisphere appreciation of intonational and linguistic indications of affect. *Brain and Language, 24*, 185–203.

Torgersen, S. (1983). Genetic factors in anxiety disorders. *Archives of General Psychiatry, 40*, 1085–1089.

Tout, K. (1989). *Ageing in developing countries*. Oxford: Oxford University Press.

Towhey, J.C. (1979). Sex-role stereotyping and individual differences in liking for the physically attractive. *Social Psychology Quarterly, 42*, 285–289.

Townsend, P., & Davidson, N. (1982). *Inequalities in health: The Black report*. Harmondsworth: Penguin.

Treisman, A.M. (1964). Verbal cues, language, and meaning in selective attention. *American Journal of Psychology, 77*, 206–219.

Treisman, A.M. (1988). Features and objects: The fourteenth Bartlett memorial lecture. *Quarterly Journal of Experimental Psychology, 40A*, 201–237.

Treisman, A.M., & Geffen, G. (1967). Selective attention: Perception or response? *Quarterly Journal of Experimental Psychology, 19*, 1–18.

Treisman, A.M., & Gelade, G. (1980). A feature integration theory of attention. *Cognitive Psychology, 12*, 97–136.

Treisman, A.M., & Riley, J.G.A. (1969). Is selective attention selective perception or selective response: A further test. *Journal of Experimental Psychology, 79*, 27–34.

Treisman, A.M., & Sato, S. (1990). Conjunction search revisited. *Journal of Experimental Psychology: Human Perception and Performance, 16*, 459–478.

Treisman, A.M., & Schmidt, H. (1982). Illusory conjunctions in the perception of objects. *Cognitive Psychology, 14*, 107–141.

Tresilian, J.R. (1994). Two straw men stay silent when asked about the "direct" versus "inferential" controversy. *Behavioral and Brain Sciences, 17*, 335–336.

Triandis, H.C. (1993). The contingency model in cross-cultural perspective. In M.M. Chemers & R. Ayman (Eds.), *Leadership theory and research: Perspectives and directions*. San Diego, CA: Academic Press.

Triandis, H.C. (1994). *Culture and social behaviour*. New York: McGraw-Hill.

Triandis, H.C., & Vassiliou, V. (1967). A comparative analysis of subjective culture. In H.C. Triandis (Ed.), *The analysis of subjective culture*. New York: Wiley.

Trivers, R. (1985). *Social evolution*. Menlo Park, CA: Benjamin/Cummings.

Trivers, R.L. (1971). The evolution of reciprocal altruism. *Quarterly Review of Biology, 46,* 35–57.
Trivers, R.L. (1972). Parental investment and sexual selection. In B. Campbell (Ed.), *Sexual selection and the descent of man, 1871–1971.* Chicago: Aldine.
Trivers, R.L. (1974). Parent–offspring conflict. *American Zoologist, 14,* 249–264.
Trivers, R.L., & Hare, H. (1976). Haplodiploidy and the evolution of the social insects. *Science, 191,* 249–263.
Truax, C.B. (1966). Therapist empathy, genuineness, and warmth and patient therapeutic outcome. *Journal of Consulting Psychology, 30,* 395–401.
Truax, C.B., & Mitchell, K.M. (1971). Research on certain therapist interpersonal skills in relation to process and outcome. In A.E. Bergin & S.L. Garfield (Eds.), *Handbook of psychotherapy and behaviour change.* Chichester: Wiley.
True, W.R., Rice, J., Eisen, S.A., Heath, A.C., Goldberg, J., Lyons, M.J., & Nowak, J. (1993). A twin study of genetic and environmental contributions to liability for posttraumatic stress symptoms. *Archives of General Psychiatry, 50,* 257–264.
Tulving, E. (1972). Episodic and semantic memory. In E. Tulving & W. Donaldson (Eds.), *Organisation of memory.* Hillsdale, NJ: Lawrence Erlbaum Associates Inc.
Tulving, E. (1974). Cue-dependent forgetting. *American Scientist, 62,* 74–82.
Tulving, E. (1979). Relation between encoding specificity and levels of processing. In L.S. Cermak & F.I.M. Craik (Eds.), *Levels of processing in human memory.* Hillsdale, NJ: Lawrence Erlbaum Associates Inc.
Tulving, E. (1989). Memory: Performance, knowledge, and experience. *European Journal of Cognitive Psychology, 1,* 3–26.
Tulving, E., & Pearlstone, Z. (1966). Availability versus accessibility of information in memory for words. *Journal of Verbal Learning and Verbal Behavior, 5,* 381–391.
Tulving, E., & Psotka, J. (1971). Retroactive inhibition in free recall: Inaccessibility of information available in the memory store. *Journal of Experimental Psychology, 87,* 1–8.
Tulving, E., Schachter, D.L., & Stark, H.A. (1982). Priming effects in word-fragment completion are independent of recognition memory. *Journal of Experimental Psychology: Learning, Memory, and Cognition, 17,* 595–617.
Turnbull, C.M. (1961). *The forest people.* New York: Simon & Schuster.
Turnbull, C.M. (1989). *The mountain people.* London: Paladin.
Turner, J.S., & Helms, D.B. (1983). *Lifespan development (2nd Edn.).* New York: Holt, Rinehart and Winston.
Turner, R.H., & Killian, L.M. (1972). *Collective behaviour (2nd Edn.).* Englewood Cliffs, NJ: Prentice-Hall.
Turner, R.J., & Wagonfeld, M.O. (1967). Occupational mobility and schizophrenia. *American Sociological Review, 32,* 104–113.
Tversky, A. (1972). Elimination by aspects: A theory of choice. *Psychological Review, 79,* 281–299.
Tversky, A., & Kahneman, D. (1973). Availability: A heuristic for judging frequency and probability. *Cognitive Psychology, 5,* 207–232.
Tversky, A., & Kahneman, D. (1980). Causal schemas in judgements under uncertainty. In M. Fishbein (Ed.), *Progress in social psychology.* Hillsdale, NJ: Erlbaum.
Tversky, A., & Kahneman, D. (1983). Extensional versus intuitive reasoning: The conjunction fallacy in probability judgement. *Psychological Review, 90,* 293–315.

Tversky, A., & Kahneman, D. (1987). Rational choice and the framing of decisions. In R. Hogarth & M. Reder (Eds.), *Rational choice: The contrast between economics and psychology.* Chicago: University of Chicago Press.
Tversky, A., & Shafir, E. (1992). The disjunction effect in choice under uncertainty. *Psychological Science, 3,* 305–309.
Tweney, R.D., Doherty, M.E., Worner, W.J., Pliske, D.B., Mynatt, C.R., Gross, K.A., & Arkelin, D.L. (1980). Strategies for rule discovery in an inference task. *Quarterly Journal of Experimental Psychology, 32,* 109–123.
Tyerman, A., & Spencer, C. (1983). A critical test of the Sherifs' Robbers' Cave experiment: Intergroup competition and co-operation between groups of well-acquainted individuals. *Small Group Behaviour, 14,* 515–531.
Tyrell, J.B., & Baxter, J.D. (1981). Glucocorticoid therapy. In P. Felig, J.D. Baxter, A.E. Broadus, & L.A. Frohman (Eds.), *Endocrinology and metabolism.* New York: McGraw-Hill.
Ucros, C.G. (1989). Mood state-dependent memory: A meta-analysis. *Cognition and Emotion, 3,* 139–167.
Umbenhauer, S.L., & DeWitte, L.L. (1978). Patient race and social class: Attitudes and decisions among three groups of mental health professionals. *Comprehensive Psychiatry, 19,* 509–515.
Underwood, B.J., & Postman, L. (1960). Extra-experimental sources of interference in forgetting. *Psychological Review, 67,* 73–95.
Underwood, G. (1974). Moray vs. the rest: The effects of extended shadowing practice. *Quarterly Journal of Experimental Psychology, 26,* 368–372.
Ungerleider, L.G., & Haxby, J.V. (1994). "What" and "where" in the human brain. *Current Opinion in Neurobiology, 4,* 157–165.
Ungerleider, L.G., & Mishkin, M. (1982). Two cortical visual systems. In D.J. Ingle, M.A. Goodale, & R.J.W. Mansfield (Eds.), *Analysis of visual behaviour.* Cambridge, MA: MIT Press.
Vaillant, C.O., & Vaillant, G.E. (1993). Is the U-curve of marital satisfaction an illusion? A 40-year study of marriage. *Journal of Marriage and the Family, 55,* 230–239.
Vaillant, G.E. (1977). *Adaptation to life: How the best and brightest come of age.* Boston: Little, Brown.
Valentine, E.R. (1982). *Conceptual issues in psychology.* London: Routledge.
Valentine, E.R. (1992). *Conceptual issues in psychology (2nd Edn.).* London: Routledge.
van Avermaet, E. (1988). Social influence in small groups. In Hewstone, W. Stroebe, J.-P. Codol, & G.M. Stephenson (Eds.), *Introduction to social psychology: A European perspective.* Oxford: Blackwell.
van Avermaet, E. (1996). Social influence in small groups. In M. Hewstone, W. Stroebe, & G.M. Stephenson (Eds.), *Introduction to social psychology (2nd Edn.).* Oxford: Blackwell.
Vandell, D.L., & Mueller, E.C. (1980). Peer play and friendships during the first two years. In H.C. Foot, A.J. Chapman, & J.R. Smith (Eds.), *Friendship and social relations in children.* Chichester: Wiley.
Vandell, D.L., & Wilson, K.S. (1987). Infants' interactions with mother, sibling, and peer: Contrasts and relations between interaction systems. *Child Development, 59,* 1286–1292.
Van der Kolk, B., Greenberg, M., Boyd, H., & Krystal, J.H. (1985). Inescapable shock, neurotransmitters, and

addiction to trauma: Toward a psychobiology of posttraumatic stress. *Biological Psychiatry, 20,* 314–325.

van Dijk, T.A., & Kintsch, W. (1983). *Strategies of discourse comprehension.* London: Academic Press.

Van IJzendoorn, M.H., & Kroonenberg, P.M. (1988). Cross-cultural patterns of attachment: A meta-analysis of the Strange Situation. *Child Development, 59,* 147–156.

Van Kammen, D.P., Docherty, J.P., & Bunney, W.E. (1982). Prediction of early relapse after pimozide discontinuation by response to d-amphetamine during pimozide treatment. *Biological Psychiatry, 17,* 223–242.

Vanneman, R.D., & Pettigrew, T.F. (1972). Race and relative deprivation in the urban United States. *Race, 13,* 461–486.

van Oppen, P., de Haan, E., van Balkom, A.J.L.M., Spinhoven, P., Hoogduin, K., & van Dyck, R.(1995). Cognitive therapy and exposure in vivo in the treatment of obsessive-compulsive disorder. *Behaviour Research and Therapy, 33,* 379–390.

Verburg, K., Griez, E., Meijer, J., & Pols, H. (1995). Respiratory disorders as a possible predisposing factor for panic disorder. *Journal of Affective Disorders, 33,* 129–134.

Verner, J., & Willson, M.F. (1966). The influence of habitats on mating systems of North American passerine birds. *Ecology, 47,* 143–147.

Vernon, P.E. (1972). The distinctiveness of field independence. *Journal of Personality, 40,* 366–391.

Vidich, A.J., & Bensman, J. (1958). *Small town in mass society.* Princeton, NJ: Princeton University Press.

Vivian, J., & Brown, R. (1994). Prejudice and intergroup conflict. In A.M. Colman (Ed.), *Companion encyclopaedia of psychology, Vol. 2.* London: Routledge.

Von Wright, J.M., Anderson, K., & Stenman, U. (1975). Generalisation of conditioned GSRs in dichotic listening. In P.M.A. Rabbitt & S. Dornic (Eds), *Attention and performance, Vol. V.* London: Academic Press.

Vygotsky, L.S. (1962). *Thought and language.* Cambridge, MA: MIT Press.

Vygotsky, L.S. (1976). Play and its role in the mental development of the child. In J.S. Bruner, A. Jolly, & K. Sylva (Eds)., *Play.* Harmondsworth: Penguin.

Vygotsky, L.S. (1978). *Mind in society: The development of higher psychological processes.* Cambridge, MA: MIT Press.

Vygotsky, L.S. (1981). The genesis of higher mental functions. In J.V. Wertsch (Ed.), *The concept of activity in Soviet psychology.* Armonk, NY: Sharpe.

Wachtel, P.L. (1973). Psychodynamics, behaviour therapy and the implacable experimenter: An inquiry into the consistency of personality. *Journal of Abnormal Psychology, 82,* 324–334.

Waddington, D., Jones, K., & Critcher, C. (1987). Flashpoints of public disorder. In G. Gaskell & R. Benewick (Eds.), *The crowd in contemporary Britain.* London: Sage.

Wadeley, A.E., Birch, A., & Malim, A. (1997). *Perspectives in psychology (2nd Edn.).* Basingstoke: MacMillan.

Wagstaff, G.F. (1977). An experimental study of compliance and post-hypnotic amnesia. *British Journal of Social and Clinical Psychology, 16,* 225–228.

Wagstaff, G.F. (1991). Compliance, belief and semantics in hypnosis: A non-state sociocognitive perspective. In S.J. Lynn & J.W. Rhue (Eds), *Theories of hypnosis: Current models and perspectives.* New York: Guilford.

Wagstaff, G.F. (1994). Hypnosis. In A.M. Colman (Ed.), *Companion Encyclopedia of psychology, Vol. 2.* London: Routledge.

Walcott, C., & Green, R.P. (1974). Orientation of homing pigeons altered by a change in the direction of an applied magnetic field. *Science, 184,* 180–182.

Walcott, C., & Schmidt-Koenig, K. (1971). The effect of anaesthesia during displacement on the homing performance of pigeons. *Auk, 90,* 281–286.

Walker, L.J. (1984). Sex differences in the development of moral reasoning: A critical review. *Child Development, 55,* 677–691.

Walker, L.J. (1999). Seedy world: Sexual scandal is rife in the grain store. *New Scientist, 2181,* 12.

Walker, L.J., de Vries, B., & Trevethan, S.D. (1987). Moral stages and moral orientations in real-life and hypothetical dilemmas. *Child Development, 58,* 842–858.

Walker, M. (1999). Seedy world: Sexual scandal is rife in the grain store. *New Scientist, 2181,* 12.

Wallach, L., & Wallach, M.A. (1994). Gergen versus the mainstream: Are hypotheses in social psychology subject to empirical test? *Journal of Personality and Social Psychology, 67,* 233–242.

Walmsley, J., & Margolis, J. (1987). *Hot house people: Can we create super human beings?* London: Pan Books.

Walsh, B.T., Roose, S.P., Glassman, A.H., Gladis, M.A., & Sadik, C. (1985). Depression and bulimia. *Psychosomatic Medicine, 47,* 123–131.

Walster, E., Aronson, V., Abrahams, D., & Rottman, L. (1966). The importance of physical attractiveness in dating behaviour. *Journal of Personality and Social Psychology, 4,* 508–516.

Walster, E., & Walster, G.W. (1969). *A new look at love.* Reading, MA: Addison Wesley.

Walster, E., Walster, G.W., & Berscheid, E. (1978). *Equity: Theory and research.* Boston: Allyn & Bacon.

Walters, J., & Gardner, H. (1986). The crystallizing experience: Discovering an intellectual gift. In R.J. Sternberg & J.E.. Davidson (Eds.), *Conceptions of giftedness.* New York: Cambridge University Press.

Walters, R.H., & Brown, M. (1963). Studies of reinforcement of aggression. III. Transfer of responses to an interpersonal situation. *Child Development, 34,* 536–571.

Wampold, B.E., Mondin, G.W., Moody, M., Stich, F., Benson, K., & Ahn, H. (1997). A meta-analysis of outcome studies comparing bona fide psychotherapies: Empirically, "All must have prizes". *Psychological Bulletin, 122,* 203–215.

Ward, P., & Zahavi, A. (1973). The importance of certain assemblages of birds as "information-centres" for food-finding. *Ibis, 115,* 517–534.

Warr, P.B. (1987). *Work, unemployment and mental health.* Oxford: Clarendon Press

Warren, R., & Zgourides, G.D. (1991). *Anxiety disorders: A rational-emotive perspective.* New York: Pergamon Press.

Warren, R.M., & Warren, R.P. (1970). Auditory illusions and confusions. *Scientific American, 223,* 30–36.

Warrington, E.K., & Shallice, T. (1972). Neuropsychological evidence of visual storage in short-term memory tasks. *Quarterly Journal of Experimental Psychology, 24,* 30–40.

Wason, P.C. (1960). On the failure to eliminate hypotheses in a conceptual task. *Quarterly Journal of Experimental Psychology, 12,* 129–140.

Wason, P.C. (1968). Reasoning about a rule. *Quarterly Journal of Experimental Psychology, 20,* 273–281.

Wason, P.C., & Shapiro, D. (1971). Natural and contrived experience in reasoning problems. *Quarterly Journal of Experimental Psychology, 23,* 63–71.

Waterman, A.S. (1982). Identity development from adolescence to adulthood: An extension of theory and review of research. *Developmental Psychology, 18,* 341–348.

Waterman, A.S. (1985). Identity in the context of adolescent psychology. *New directions for child development, 30,* 5–24.

Waters, E., Wippman, J., & Sroufe, L.A. (1979). Attachment, positive affect, and competence in the peer group: Two studies in construct validation. *Child Development, 50,* 821–829.

Watkins, M.J., Watkins, O.C., Craik, F.I.M., & Mazauryk, G. (1973). Effect of nonverbal distraction on short-term storage. *Journal of Experimental Psychology, 101,* 296–300.

Watson, J.B. (1913). Psychology as the behaviourist views it. *Psychological Review, 20,* 158–177.

Watson, J.B. (1924). *Psychology from the standpoint of a behaviourist (2nd Edn.).* Philadelphia: Lippincott.

Watson, J.B., & Rayner, R. (1920). Conditioned emotional reactions. *Journal of Experimental Psychology, 3,* 1–14.

Watson, O.M., & Graves, T.D. (1966). Quantitative research in proxemic behaviour. *American Anthropology, 68,* 971–985.

Webb, W.B. (1968). *Sleep: An experimental approach.* New York: Macmillan.

Weinberger, D.A., Schwartz, G.E., & Davidson, J.R. (1979). Low-anxious, high-anxious, and repressive coping styles: Psychometric patterns and behavioural and physiological responses to stress. *Journal of Abnormal Psychology, 88,* 369–380.

Weiner, M.J., & Wright, F.E. (1973). Effects of underlying arbitrary discrimination upon subsequent attitudes toward a minority group. *Journal of Experimental Social Psychology, 3,* 94–102.

Weingarten, H.P., & Kulikovsky, O.T. (1989). Taste-to-postingestive consequence conditioning: Is the rise in sham feeding with repeated experience a learning phenomenon? *Physiology & Behavior, 45,* 471–476.

Weinreich, P. (1979). Ethnicity and adolescent identity conflicts. In S. Khan (Ed.), *Minority families in Britain.* London: Macmillan.

Weir, W. (1984). Another look at subliminal "facts". *Advertising Age,* 15 October, 46.

Weiskrantz, L. (1986). *Blindsight: A case study and its implications.* Oxford: Oxford University Press.

Weiskrantz, L., Warrington, E.K., Sanders, M.D., & Marshall, J. (1974). Visual capacity in the hemianopic field following a restricted occipital ablation. *Brain, 97,* 709–728.

Weissman, M.M., Klerman, G.L., & Paykel, E.S. (1971). Clinical evaluation of hostility in depression. *American Journal of Psychiatry, 39,* 1397–1403.

Weisstein, N., & Harris, C.S. (1974). Visual detection of line segments: An object-superiority effect. *Science, 186,* 752–755.

Weist, R.M. (1972). The role of rehearsal: Recopy or reconstruct? *Journal of Verbal Learning and Verbal Behavior, 11,* 440–445.

Weisz, J.R., Chaiyasit, W., Weiss, B., Eastman, K., & Jackson, E. (1995). A multimethod study of problem behaviour among Thai and American children in school: Teacher reports versus direct observations. *Child Development, 66,* 402–415.

Weisz, J.R., Suwanlert, S., Chaiyasit, W., & Walter, B.R. (1987). Over- and undercontrolled referral problems among children and adolescents from Thailand and the United States: The wat and wai of cultural differences. *Journal of Consulting and Clinical Psychology, 55,* 719–726.

Weltman, G., Smith, J.E., & Egstrom, G.H. (1971). Perceptual narrowing during simulated pressure-chamber exposure. *Human Factors, 13,* 99–107.

Wender, P.H., Kety, S.S., Rosenthal, D., Schulsinger, F., Ortmann, J., & Lunde, I. (1986). Psychiatric disorders in the biological and adoptive families of adopted individuals with affective disorders. *Archives of General Psychiatry, 43,* 923–929.

Werner, C., & Parmalee, P. (1979). Similarity of activity preferences among friends: Those who play together, stay together. *Social Psychology Quarterly, 42,* 62–66.

Wertheimer, M. (1912). Experimental studies on the seeing of motion [translated by T. Shipley]. In *Classics in perception.* Princeton, NJ: Van Nostrand.

Wertsch, J.V., McNamee, G.D., Mclane, J.B., & Budwig, N.A. (1980). The adult–child dyad as a problem-solving system. *Child Development, 51,* 1215–1221.

Westcott, M.R. (1982). Quantitative and qualitative aspects of experienced freedom. *Journal of Mind and Behavior, 3,* 99–126.

Westen, D. (1996). *Psychology: Mind, brain, and culture.* New York: Wiley.

Weston, D.R., & Main, M. (1981). The quality of the toddler's relationship to mother and to father: Related to conflict behaviour and the readiness to establish new relationships. *Child Development, 52,* 932–940.

Wetherell, M. (1982). Cross-cultural studies of minimal groups: Implications for the social identity theory of intergroup relations. In H. Tajfel (Ed.), *Social identity and intergroup relations.* Cambridge: Cambridge University Press.

Wetherell, M., & Potter, J. (1988). Discourse analysis and the identification of interpretive repertoires. In C. Antaki (Ed.), *Analysing everyday explanation: A casebook of methods.* London: Sage.

Wever, R. (1979). *Circadian rhythms system of man: Results of experiments under temporal isolation.* New York: Springer.

Wheatstone, C. (1838). Contributions to the physiology of vision. Part I: On some remarkable and hitherto unobserved phenomena of binocular vision. *Philosophical Transactions of the Royal Society of London, 128,* 371–394.

Wheeler, L.R. (1932). The intelligence of East Tennessee children. *Journal of Educational Psychology, 23,* 351–370.

Wheeler, L.R. (1942). A comparative study of the intelligence of East Tennessee mountain children. *Journal of Educational Psychology, 33,* 321–334.

Wheldall, K., & Poborca, B. (1980). Conservation without conversation: An alternative, non-verbal paradigm for assessing conservation of liquid quantity. *British Journal of Psychology, 71,* 117–134.

White, M.J., Kruczek, T.A., Brown, M.T., & White, G.B. (1989). Occupational sex stereotypes among college students. *Journal of Occupational Behavior, 34,* 289–298.

Whitham, T.G. (1980). The theory of habitat selection examined and extended using Pemphigus aphids. *American Naturalist, 115,* 449–466.

Whiting, B.B., & Whiting, J.W. (1975). *Children of six countries: A psychological analysis.* Cambridge, MA: Harvard University Press.

Whorf, B.L. (1956). *Language, thought, and reality: Selected writings of Benajmain Lee Whorf.* New York: Wiley.

Whyte, W.F. (1943). *Street corner society: The social structure of an Italian slum.* Chicago: University of Chicago Press.

Wickens, C.D. (1984). Processing resources in attention. In R. Parasuraman & D.R. Davies (Eds.), *Varieties of attention*. London: Academic Press.

Wider, E., Johnsen, S., & Balser, E. (1999). Light show. *New Scientist, 2177*, 11.

Wiesenthal, D.L., Endler, N.S., Coward, T.R., & Edwards, J. (1976). Reversibility of relative competence as a determinant of conformity across different perceptual tasks. *Representative Research in Social Psychology, 7*, 35–43.

Wiggins, D.A., & Morris, R.D. (1986). Criteria for female choice of mates: Courtship feeding and paternal care in the common tern. *American Naturalist, 128*, 126–129.

Wilder, D.A. (1984). Intergroup contact: The typical member and the exception to the rule. *Journal of Experimental Social Psychology, 20*, 177–194.

Wilkinson, G.S. (1984). Reciprocal food sharing in the vampire bat. *Nature, 308*, 181–184.

Wilkinson, R.T. (1969). Sleep deprivation: Performance tests for partial and selective sleep deprivation. In L.A. Abt & J.R. Reiss (Eds.), *Progress in clinical psychology*. New York: Grune & Stratton.

Williams, J.E., & Best, D.L. (1990). *Measuring sex stereotypes: A multination study*. Newbury Park, CA: Sage.

Williams, R.L. (1972). *The BITCH Test (Black Intelligence Test of Cultural Homogeneity)*. St. Louis, MI: Washington University.

Williams, T.M. (Ed.) (1986). *The impact of television: A national experiment in three communities*. New York: Academic Press.

Williams, T.P., & Sogon, S. (1984). Group composition and conforming behaviour in Japanese students. *Japanese Psychological Research, 26*, 231–234.

Wills, T.A. (1985). Supportive function of interpersonal relationships. In S. Cohen & S.L. Syme (Eds.), *Social support and health*. Orlando, FL: Academic Press.

Wilson, E.O. (1975). *Sociobiology: The new synthesis*. Harvard: Harvard University Press.

Wilson, E.O. (1978). *On human nature*. Cambridge, MA: Harvard University Press.

Wiltschko, W. (1972). The influence of magnetic total intensity and inclination on directions preferred by migrating European robins (*Erithacus rubecula*). In S.R. Galler (Ed.), *Animal orientation and navigation*. Science and Technical Information Office, NASA Special Publications, Washington, DC.

Winch, R.F. (1958). *Mate selections: A study of complementary needs*. New York: Harper.

Windgassen, K. (1992). Treatment with neuroleptics: The patient's perspective. *Acta Psychiatrica Scandinavica, 86*, 405–410.

Winson, H. (1997). The relationship of dissociative conditions to sleep and dreaming. In S. Krispner & S.M. Powers (Eds.), *Broken images, broken selves: Dissociative narratives in clinical practice*. Bristol, PA: Brunner/Mazel.

Wise, T. (1978). Where the public peril begins: A survey of psychotherapists to determine the effects of Tarasoff. *Stanford Law Review, 31*, 165–190.

Wish, M., Deutsch, M., & Kaplan, S.J. (1976). Perceived dimensions of interpersonal relations. *Journal of Personality and Social Psychology, 33*, 409–420.

Witkin, H.A. (1967). A cognitive style approach to cross-cultural research. *International Journal of Psychology, 2*, 233–250.

Witkin, H.A., & Berry, J.W. (1975). Psychological differentiation in cross-cultural perspective. *Journal of Cross-Cultural Psychology, 6*, 4–87.

Witkin, H.A., Dyke, R.B., Faterson, H.F., Goodenough, D.R., & Karp, S.A. (1962). *Psychological differentiation*. New York: Wiley.

Wittgenstein, L. (1953). *Philosophical investigations*. New York: Macmillan.

Wolpe, J. (1958). *Psychotherapy by reciprocal inhibition*. New York: Pergamon Press.

Wood, D.J., Bruner, J.S., & Ross, G. (1976). The role of tutoring in problem solving. *Journal of Child Psychology and Psychiatry, 17*, 89–100.

Wood, J.T., Dendy, L.L., Dordek, E., Germany, M., & Varallo, S. (1994a). The dialectic of difference: A thematic analysis of intimates' meanings for differences. In K. Carter & M Presnell (Eds.), *Interpretive approaches to interpersonal communication*. New York: SUNY Press.

Wood, J.T., & Duck, S. (1995) (Eds). *Understanding relationships: Off the beaten track*. Thousand Oaks: Sage.

Wood, R.E., Mento, A.J., & Locke, E.A. (1987). Task complexity as a moderator of goal effects: A meta-analysis. *Journal of Applied Psychology, 72*, 416–425.

Wood, W., Lundgren, S., Ouellette, J.A., Busceme, S., & Blackstone, T. (1994b). Minority influence: A meta-analytic review of social influence processes. *Psychological Bulletin, 115*, 323–345.

Wood, W., Wong, F.Y., & Chachere, J.G. (1991). Effects of media violence on viewers' aggression in unconstrained social interaction. *Psychological Bulletin, 109*, 371–383.

Woods, S.C., Lotter, E.C., McKay, L.D., & Porte, D. (1979). Chronic intracerebroventricular infusion of insulin reduces food intake and body weight of baboons. *Nature, 282*, 503–505.

Woodworth, R.S. (1918). *Dynamic psychology*. New York: Columbia University Press.

Woodworth, R.S., & Schlosberg, H. (1954). *Experimental psychology (2nd Edn.)*. New York: Holt, Rinehart, & Winston.

Worell, J., & Remer, P. (1992). *Feminist perspectives in therapy*. Chichester: Wiley.

World Health Organisation (1981). *International classification of diseases and related health problems*. Geneva: WHO.

Wrangham, R.W., & Rubenstein, D.I. (1986). Social evolution in birds and mammals. In D.I. Rubenstein & R.W. Wrangham (Eds.), *Ecological aspects of social evolution*. Princeton, NJ: Princeton University Press.

Yaguchi, K., Otsuka, T., Fujita, T., & Hatano, S. (1987). The relationships between the emotional status and physical activities of the Japanese elderly. *Journal of Human Development, 23*, 42–47.

Yarrow, M.R., Scott, P.M., & Waxler, C.Z. (1973). Learning concern for others. *Developmental Psychology, 8*, 240–260.

Yeates, K.O., MacPhee, D., Campbell, F.A., & Ramey, C.T. (1983). Maternal IQ and home environment as determinants of early childhood intellectual competence: A developmental analysis. *Developmental Psychology, 19*, 731–739.

Yelsma, P., & Athappily, K. (1988). Marital satisfaction and communication practices: Comparisons among Indian and American couples. *Journal of Comparative Family Studies, 19*, 37–54.

Young, W.C., Goy, R.W., & Phoenix, C.H. (1964). Hormones and sexual behaviour. *Science, 143*, 212–219.

Zach, R. (1979). Shell dropping: Decision making and optimal foraging in Northwestern crows. *Behaviour, 68,* 106–117.

Zahavi, A. (1977). The cost of honesty (further remarks on the handicap principle). *Journal of Theoretical Biology, 67,* 603–605.

Zahavi, A. (1987). The theory of signal selection and some of its implications. In V.P. Delfino (Ed.), *International symposium of biological evolution.* Bari, Italy: Adriatica Editrice.

Zahavi, S., & Asher, S.R. (1978). Ag   ve behaviour in adolescents. *Journal of School Ps*   *y, 16,* 146–153.

Zahn-Waxler, C., Radke-Yarrow, M., & King, R.A. (1979). Child rearing and children's prosocial initiations toward victims of distress. *Child Development, 50,* 319–330.

Zaidel, E. (1983). A response to Gazzaniga. *American Psychologist, 38,* 542–546.

Zajonc, R.B. (1980). Feeling and thinking: Preferences need no inferences. *American Psychologist, 35,* 151–175.

Zajonc, R.B. (1984). On the primacy of affect. *American Psychologist, 39,* 117–123.

Zametkin, A.J., Nordahl, T.E., Gross, M., King, A.C., Semple, W.E., Rumsey, J., Hamburger, S., & Cohen, R.M. (1990). Cerebral glucose metabolism in adults with hyperactivity of childhood onset. *The New England Journal of Medicine, 20,* 1361–1366.

Zanot, E.J., Pincus, J.D., & Lamp, E.J. (1983). Public perceptions of subliminal advertising. *Journal of Advertising, 12,* 37–45.

Zegoib, L.E., Arnold, S., & Forehand, R. (1975). An examination of observer effects in parent–child interactions. *Child Development, 46,* 509–512.

Zeki, S. (1992). The visual image in mind and brain. *Scientific American, 267,* 43–50.

Zeki, S. (1993). *A vision of the brain.* Oxford: Blackwell.

Zigler, E.F., Abelson, W.D., & Seitz, V. (1973). Motivational factors in the performance of economically disadvantaged children on the Peabody Picture Vocabulary Test. *Child Development, 44,* 294–303.

Zigler, E.F., & Cascione, R. (1984). Mental retardation: An overview. In E.S. Gollin (Ed.), *Malformations of development: Biological and psychological sources and consequences.* New York: Academic Press.

Zihl, J., von Cramon, D., & Mai, N. (1983). Selective disturbance of movement vision after bilateral brain damage. *Brain, 106,* 313–340.

Zillmann, D. (1979). *Hostility and aggression.* Hillsdale, NJ: Erlbaum.

Zillmann, D., Johnson, R.C., & Day, K.D. (1974). Attribution of apparent arousal and proficiency of recovery from sympathetic activation affecting excitation transfer to aggressive behaviour. *Journal of Experimental Social Psychology, 10,* 503–515.

Zimbardo, P. (1969). The human choice: Individuation, reason, and order versus deindividuation, impulse, and chaos. In W.J. Arnold & D. Levine (Eds.), *Nebraska Symposium on Motivation, 17.* Lincoln, NE: University of Nebraska Press.

Zimbardo, P.G. (1973). On the ethics of intervention in human psychological research: With special reference to the Stanford prison experiment. *Cognition, 2,* 243–256.

Zubek, J.P. (1969). *Sensory deprivation: Fifteen years of research.* New York: Appleton-Century-Crofts.

Zubin, J., Eron, L.D., & Shumer, F. (1965). *An experimental approach to projective techniques.* New York: Wiley.

Zuckerman, M. (1987). All parents are environmentalists until they have their second child. *Behavioral and Brain Sciences, 10,* 42–43.

Zuckerman, M. (1989). Personality in the third dimension: A psychobiological approach. *Personality and Individual Differences, 10,* 391–418.

人名索引

ア

アーウィン(Irwin, M.) 1043
アーヴィン‐トリップ(Ervin-Tripp, S.) 529
アーガイル(Argyle, M.) 747-750, 760, 761, 768-771, 780
アータベリー(Arterberry, M.) 370, 404
アーチャー(Archer, J.) 669, 672
アーチャー(Archer, R. L.) 758
アーネッツ(Arnetz, B. B.) 209
アーノルド(Arnold, J.) 32
アーノルド(Arnold, S. J.) 273
アイザック(Isack, H. A.) 247
アイスドーファー(Eisdorfer, C.) 693
アイゼンク(Eysenck, H. J.) 427, 543, 660, 1013, 1035, 1063, 1064, 1067, 1071, 1075, 1077-1080, 1082, 1085, 1108, 1139, 1153
アイゼンク(Eysenck, M. C.) 453, 1092
アイゼンク(Eysenck, M. W.) 4, 13, 21, 26, 27, 42, 138, 143, 144, 216, 353, 396, 400, 401, 409, 427, 449, 453, 458, 462, 466, 475, 517, 543, 596-598, 608, 660, 689, 739, 767, 779, 908, 928, 981, 984, 986, 1014, 1037, 1040, 1068, 1069, 1092, 1104, 1105, 1187, 1214
アイゼンバーグ(Eisenberg, N.) 836, 837, 842, 844
アイゼンバーグ‐バーグ(Eisenberg-Berg, N.) 836
アイブル‐アイベスフェルト(Eibl-Eibesfeldt, I.) 568
アイヨン(Ayllon, T.) 965, 1025
アヴィッツァー(Avitzur, E.) 991
アクスライン(Axline, V.) 25
アクセロッド(Axelrod, R.) 292, 293
アグノリ(Agnoli, F.) 529, 530
アグラス(Agras, W. S.) 997
アコック(Acock, A. C.) 759
アサピリィ(Athappily, K.) 778
アシャー(Asher, S. R.) 869

アシュトン(Ashton, H.) 212, 213
アシュレイ(Ashley, W. R.) 401
アズリン(Azrin, N. H.) 965, 1025
アセリンスキー(Aserinsky, E.) 141
アダムス(Adams, E. S.) 311
アダムス(Adams, G. R.) 672, 1175, 1176
アダムス(Adams, H. E.) 768
アダムス(Adams, P. R.) 1175, 1176
アチュレー(Atchley, R.) 684
アックス(Ax, A. F.) 195
アッシュ(Asch, S. E.) 791, 793-795, 805, 806, 1102, 1111, 1131, 1222
アップル(Apple, R. F.) 997
アデルソン(Adelson, J.) 668
アトキンソン(Atkinson, R. C.) 64, 444, 446, 447, 451, 455, 459, 482, 1083, 1118, 1183
アトキンソン(Atkinson, R. L.) 351, 1118
アドラー(Adler, A.) 29, 1008
アドルノ(Adorno, T. W.) 727-729
アナンド(Anand, B. K.) 177
アニス(Annis, R. C.) 402, 404
アブード(Aboud, F. E.) 731, 732
アベール(Abele, L. G.) 261
アベレス(Abeles, R. P.) 731
アマー(Amir, T.) 1116
アラテイロ(Alatalo, R. V.) 272
アリージャー(Alliger, G. M.) 815
アリスメンディ(Arizmendi, T. G.) 1037
アリソン(Allison, T.) 71, 145, 147
アリンデル(Arrindell, W. A.) 986
アルトマン(Altman, I.) 758
アルボン(Albon, S. D.) 260
アレクサンダー(Alexander, L.) 1046
アレクサンダー(Alexander, R. D.) 256, 276, 300
アレン(Allen, M. G.) 968
アレン(Allen, M.) 758, 759
アレン(Allen, V. L.) 795
アロイ(Alloy, L. B.) 974

アロノフ(Aronoff, J.) 188
アロンソン(Aronson, E.) 733, 736, 1090, 1091, 1101, 1173, 1219
アンガーレイダー(Ungerleider, L. G.) 123
アンダーウッド(Underwood, B. J.) 469
アンダーウッド(Underwood, G.) 413
アンダーソン(Anderson, C. A.) 826, 859
アンダーソン(Anderson, J. C.) 898
アンダーソン(Anderson, J. L.) 775, 776
アンダーソン(Anderson, K.) 413
アンダーソン(Andersson, B.) 70
アンダーソン(Andersson, M.) 263, 301
アンタキ(Antaki, C.) 713, 714
アントニス(Antonis, B.) 413
アントリル(Antrill, J. K.) 781
アンドレーヴァ(Andreeva, G.) 730
アンドレーゼン(Andreasen, N. C.) 964
アンベンアウアー(Umbenhauer, S. L.) 951

イ

イーグリー(Eagly, A. H.) 357, 815, 850, 855, 1098
イーネス(Innes, J. M.) 828
イェーツ(Yeates, K. O.) 615
イェルスマ(Yelsma, P.) 778
イッテルソン(Ittelson, W. H.) 378, 394
イネルデ(Inhelder, B.) 564, 589
イワニチェク(Iwaniszek, J.) 760
イングリス(Inglis, I. R.) 339
インペラト‐マックギンレイ(Imperato-McGinley, J.) 647

ウ

ヴァーナー(Verner, J.) 271
ヴァーノン(Vernon, P. E.) 400

ヴァイスマン(Weissman, M. M.) 972
ヴァッシリュー(Vassiliou, V.) 725
ヴァネマン(Vanneman, R. D.) 731
ヴァレンタイン(Valentine, E. R.) 45, 49, 155, 1110
ヴァン・アヴァーメイト(van Avermaet, E.) 791, 797, 805
ヴァン・イペレン(Van Yperen, N. W.) 749
ヴァン・オッペン(van Oppen, P.) 1039, 1040, 1050
ヴァン・カメン(van Kammen, D. P.) 963
ヴァン・ダイク(Van Dijk, T. A.) 501, 502
ヴァン・デア・コルク(van der Kolk, B.) 989
ヴァンデル(Vandell, D. L.) 540, 543
ヴァン・デル・ポスト(Van der Post, L.) 683
ヴァン・フース(Van Hoose, T.) 1219
ウィーヴァー(Wever, R.) 135, 136
ウィースト(Weist, R. M.) 460
ヴィーゼル(Wiesel, T. N.) 103, 121, 122
ヴィーゼンタール(Wiesenthal, D. L.) 806, 1218
ウィーラー(Wheeler, L.) 198
ウィーラー(Wheeler, L. R.) 614
ウィギンズ(Wiggins, D. A.) 257
ヴィゴツキー(Vygotsky, L. S.) 531, 579, 593-598, 601, 602, 604-606, 608, 616, 617
ウイザーム(Whitham, T. G.) 234
ウィシャート(Wishart, J. G.) 582
ウィショー(Whishaw, I. Q.) 118
ウィックランド(Wicklund, C. G.) 301
ウィッケンズ(Wickens, C. D.) 423
ヴィッサー(Visser, L.) 704
ウィッシュ(Wish, M.) 770
ウィット(Witte, S.) 509
ウィットボーン(Whitbourne, S. K.) 86, 931, 939, 952, 1038
ウィップマン(Wippman, J.) 542
ヴィディガー(Widiger, T. A.) 949
ヴィディチ(Vidich, A. J.) 1188
ウィトキン(Witkin, H. A.) 400, 401, 404
ヴィトゲンシュタイン(Wittgenstein, L.) 155
ウィリアムズ(Williams, J. E.) 648
ウィリアムズ(Williams, R. L.) 610, 1065

ウィリアムズ(Williams, T. M.) 644, 1175, 1176
ウィリアムズ(Williams, T. P.) 793, 794
ウィリアムソン(Williamson, G. M.) 209
ウィルキー(Wilkie, F.) 693
ウィルキンソン(Wilkinson, G. S.) 294
ウィルキンソン(Wilkinson, R. T.) 144
ウィルシュコ(Wiltschko, W.) 343
ウィルズ(Wills, T. A.) 209
ウィルソン(Willson, M. F.) 271
ウィルソン(Wilson, B.) 896, 1183
ウィルソン(Wilson, E. O.) 265, 268, 269, 309, 352-354, 356, 358, 359
ウィルソン(Wilson, J.) 417
ウィルソン(Wilson, K. S.) 543
ウィルソン(Wilson, T. D.) 157, 1188
ウィレムセン(Willemsen, M. E.) 843
ウィン(Wynne, L. C.) 330
ヴィンセント(Vincent, A. C. J.) 258, 259
ウィンソン(Winson, H.) 149, 154
ウィンチ(Winch, R. F.) 757
ウィントガッセン(Windgassen, K.) 1017
ウー(Wu, S.) 777
ウェイカート(Weikart, D. P.) 560
ウェイシャー(Weishaar, M. E.) 1029
ウェイスステイン(Weisstein, N.) 385
ウェイソン(Wason, P. C.) 514-516, 519, 520, 536
ウェイド(Wade, G. S.) 734
ウェイドリー(Wadeley, A.) 1139
ヴェイラント(Vaillant, C. O.) 781
ヴェイラント(Vaillant, G. E.) 679, 781
ウェーバー(Weber, E. H.) 33
ウェクスラー(Waxler, N. E.) 966
ウェザレル(Wetherell, D.) 1188
ウェザレル(Wetherell, M.) 704, 1113, 1191
ウェステン(Westen, D.) 65, 265, 773, 778, 915, 1116
ウェストコット(Westcott, M. R.) 45
ウェストン(Weston, D. R.) 543, 544
ヴェスポ(Vespo, J. E.) 547
ウェダーバーン(Wedderburn, A. A.) 414

ヴェッター(Vetter, V. A.) 1048
ウェブ(Webb, W. B.) 146
ウェルシュ(Welsh, R.) 1028
ウェルトハイマー(Wertheimer, M.) 373, 375
ウェルトマン(Weltman, G.) 428
ウェルニッケ(Wernicke, C.) 109
ヴェルブルグ(Verburg, K.) 985
ウェンダー(Wender, P. H.) 968
ウォーカー(Walker, L. J.) 631, 1121
ウォーカー(Walker, M.) 261
ウォーク(Walk, R. D.) 368
ウォーターマン(Waterman, A. S.) 668, 673
ウォード(Ward, A.) 212
ウォード(Ward, C. H.) 972
ウォーフ(Whorf, B. L.) 526-528, 536
ウォームズレー(Walmsley, J.) 563
ウォーラック(Wallach, L.) 1107, 1108
ウォーラック(Wallach, M. A.) 1107, 1108
ウォーレル(Worell, J.) 949
ウォーレン(Warren, R.) 935
ウォーレン(Warren, R. M.) 532
ウォーレン(Warren, R. P.) 532
ウォリン(Wallin, P.) 757
ウォリントン(Warrington, E. K.) 447, 450, 1183
ウォルコット(Walcott, C.) 342-344
ウォルシュ(Walsh, B. T.) 1001
ウォルスター(Walster, E.) 749, 754, 755
ウォルスター(Walster, G. W.) 755
ウォルターズ(Walters, J.) 1059
ウォルターズ(Walters, R. H.) 866
ウォルパート(Wolpert, E. A.) 153
ウォルピ(Wolpe, J.) 1023, 1039
ウォルフ(Wolf, L. L.) 235
ウクロス(Ucros, C. G.) 471
ウス-ベムパ(Owusu-Bempah) 1118
ウッズ(Woods, S. C.) 178
ウッド(Wood, D. J.) 594
ウッド(Wood, J. T.) 770, 771, 797
ウッド(Wood, R. E.) 11
ウッド(Wood, R. J.) 181
ウッド(Wood, W.) 872
ウッド-シュナイダー(Wood-Schneider, M.) 846
ウッドワース(Woodworth, R. S.) 185, 380
ウトゥーヌ(Utne, M. K.) 749
ウルフ(Wolfe, J. B.) 193
ウルフ(Wolfe, J. M.) 375

エ

エイカーステット (Akerstedt, T.) 138
エイブラムソン (Abramson, L. Y.) 331, 720, 973, 974
エイマン (Ayman, R.) 818
エイムズ (Ames, A., Jr.) 382
エイムズ (Ames, G. J.) 603
エイヤー (Ayer, A. J.) 43
エインズワース (Ainsworth, M. D. S.) 542, 550-552, 570, 572, 575, 654
エヴァンス (Evans, J. St. B. T.) 513, 516, 520
エーアハート (Ehrhardt, A. A.) 646
エーリヒゼン (Erichsen, J. T.) 243
エグストロン (Egstrom, G. H.) 428
エゲス (Egeth, H. E.) 420
エザキ (Ezaki, Y.) 271
エスティズ (Estes, W. K.) 329, 330
エッテマ (Ettema, J. S.) 644
エトコフ (Etcoff, N. L.) 115
エドワーズ (Edwards, J.) 908
エドワーズ (Edwards, J. N.) 759
エビグノ (Ebigno, P. O.) 947
エビングハウス (Ebbinghaus, H.) 33, 467
エベスン (Ebbesen, E. B.) 756
エマーソン (Emerson, P. E.) 539, 544, 545, 547, 556
エムレン (Emlen, J. M.) 335
エメリー (Emery, G.) 984
エリオット (Eliot, J.) 972
エリクセン (Eriksen, C. W.) 418
エリクソン (Ericsson, K. A.) 481, 483
エリクソン (Erikson, E. H.) 653-655, 658, 662, 666-675, 696, 1012
エリス (Ellis, A.) 935, 1026, 1030, 1040, 1052
エリス (Ellis, A. W.) 907, 908
エリス (Ellis, S.) 605
エリッカー (Elicker, J.) 552
エルガー (Elgar, M. A.) 300
エルスワース (Ellsworth, P.) 1173
エルハルト (Erhardt, D.) 901
エルビン (Ervin, F. R.) 325
エロン (Eron, L. D.) 870, 874
エンキスト (Enquist, M.) 312
エンゲルス (Engels, G. I.) 1040
エンドラー (Endler, N. S.) 215, 216, 240
エンプソン (Empson, J. A. C.) 148
エンメルカンプ (Emmelkamp, P. M. G.) 986

オ

オウイングス (Owings, D. H.) 245
オークリー (Oakley, D. A.) 155
オートニィ (Ortony, A.) 499
大渕憲一 (Ohbuchi, K.) 864
オーブリ (Aubry, T.) 766
オーマン (Ohman, A.) 25
オーリング (Oring, L. W.) 273
オールズ (Olds, J.) 186
オールズ (Olds, M. E.) 104
オーン (Orne, M. T.) 163, 1172, 1218
オグデン (Ogden, J.) 209, 210
オコーナー (O'Connor, J.) 844
オジェマン (Ojemann, G. A.) 112
オシャロー (Osherow, N.) 733, 736
オスト (Ost, L. G.) 980, 984, 1039
オズワルド (Oswald, I.) 71, 145, 146
オデル (O'Dell, M. C.) 907
オドバート (Odbert, H. S.) 1076
オラソフ-ロスバウム (Olasov-Rothbaum, B.) 990
オルヴァー (Olver, R. R.) 586
オルウェス (Olweus, D.) 357
オルソン (Olson, D. R.) 504
オルソン (Olson, R. K.) 909
オルポート (Allport, D. A.) 410, 413, 422, 424, 427
オルポート (Allport, G. W.) 403, 404, 721, 734, 735, 1069, 1076, 1106, 1182
オレソン (Oleson, K. C.) 840

カ

カーウン (Cahoun, J. B.) 823
ガーガス (Girgus, J. S.) 396, 975
カークホフ (Kerckhoff, A. C.) 752, 753
カークマー (Karchmer, M. A.) 891
ガーゲン (Gergen, K. J.) 708, 750, 863, 865, 1107, 1113, 1122
ガーゲン (Gergen, M. M.) 708
カーゴ (Cargo, M.) 1037
ガーション (Gershon, E. S.) 968
カース (Kaas, J. H.) 106
カーティス (Curtis, A.) 1189
カーティス (Curtiss, S.) 494, 558, 559
カーデク (Kurdek, L. A.) 774, 1156
カードウェル (Cardwell, M.) 76, 135, 258, 352, 354, 355, 607, 675, 683, 770, 772, 773, 781, 897, 944, 947, 951, 963, 1100, 1104, 1139, 1199, 1230
カートナー (Kirtner, W. L.) 1037
ガートナー (Gaertner, S. L.) 850
ガードナー (Gardner, B. T.) 346-348
ガードナー (Gardner, H.) 1059, 1060
ガードナー (Gardner, R. A.) 346-348
カートライト (Cartwright, D. S.) 36, 1037
カードン (Cardon, L. R.) 910
ガーナー (Garner, D. M.) 993, 995, 1000
ガーナー (Garner, W. R.) 374
ガーナッシア (Guarnaccia, P. J.) 947
カーニー (Karney, B. R.) 764-767
ガーネフスキ (Garnefski, N.) 1040
カーネマン (Kahneman, D.) 14, 429, 520-525
カーヒル (Cahill, C.) 158
ガーフィールド (Garfield, S. L.) 1031
ガーフィンケル (Garfinkel, P. E.) 995, 1000
カーペンター (Carpenter, F. L.) 236
カーペンター (Carpenter, G.) 545
カーペンター (Carpenter, P.) 496
カーペンター (Carpenter, P. A.) 608
カーマイケル (Carmichael, L. C.) 393, 528, 529
カーミル (Kamil, A. C.) 243
カールスミス (Carlsmith, H.) 1173
カールスミス (Carlsmith, J. M.) 826
カールソン (Carlson, C. L.) 901
カールソン (Carlson, N. R.) 69, 83, 88, 104, 108, 110, 111, 178, 204
カールソン (Carlson, T. B.) 504
カーレン (Cullen, E.) 229
ガイス (Geis, F. L.) 819
ガイス (Geis, M.) 514
ガイノッティ (Gainotti, G.) 118
カヴァナー (Kavanagh, D. J.) 966
カウキアイネン (Kaukiainen, A.) 856
カウファー (Kaufer, D.) 508, 509
カウル (Kaul, T. J.) 1038
カウンシル (Council, J. R.) 166
カサグランデ (Casagrande, J. B.) 527
ガザニガ (Gazzaniga, M) 113
カシオッポ (Cacioppo, J. T.) 1095, 1097
嘉志摩佳久 (Kashima, Y.) 720
カシン (Kassin, S. M.) 477
カズデン (Cazden, C. B.) 605
ガスリー (Guthrie, D.) 690
カッシオーネ (Cascione, R.) 882,

885
ガッチェル（Gatchel, R.） 210, 212
カッツ（Katz, D.） 723
カッティング（Cutting, J. E.） 376, 379
カットヒル（Cuthill, I.） 1148
カトローン（Quattrone, G. A.） 723
カトロナ（Catrona, C. E.） 680
カナー（Kanner, L.） 902, 905, 906
カニッツァ（Kanizsa, G.） 378
カニンガム（Cunningham, J. D.） 781
カニンガム（Cunningham, M. R.） 753
ガブリエリ（Gabrieli, J. D. E.） 99
カミン（Kamin, L. J.） 324, 611
カミング（Cumming, E.） 680-682
ガムソン（Gamson, W. B.） 804, 805, 1132, 1133
カラコ（Caraco, T.） 302, 303, 339
ガランボス（Galambos, N. L.） 690
ガリ（Galli, I.） 707
カルーシー（Kalucy, R. S.） 997
カルガティ（Carugati, F.） 706, 707
ガルシア（Garcia, J.） 325
カルデロン（Calderon, R.） 895
カルナップ（Carnap, R.） 1104
カンキ（Kanki, G.） 796
カンター（Cantor, J.） 1234
ガンター（Gunter, B.） 872
カンデル（Kandel, D. B.） 756
カント（Kant, I.） 1144
カンバーバッチ（Cumberbatch, G.） 862, 1234-1236
神原（Kambara, T.） 864

キ
キージィ（Keasey, C. B.） 630
キーティング（Keating, J. P.） 839
キートン（Keeton, W. T.） 342-345
キールストローム（Kihlstrom, J.） 991
キーン（Keane, M. T.） 42, 396, 409, 449, 458, 462, 466, 475, 517, 596, 598, 608, 908, 1104, 1105
キーン（Keane, T. M.） 990
北山忍（Kitayama, S.） 673
キッツィンガー（Kitzinger, C.） 774, 1154, 1156
ギッテルマン - クライン（Gittelman-Klein, R.） 897
ギットルマン（Gittleman, J. L.） 244
キヌネン（Kinnunen, T.） 167
ギブス（Gibbs, J.） 179
ギブソン（Gibson, E. J.） 368, 371
ギブソン（Gibson, J. J.） 378, 389-393, 396, 401, 406

キムラ（Kimura, D.） 116
ギモンド（Guimond, S.） 707
キャッシュ（Cash, T. F.） 775
キャッセル（Cassel, J.） 214
キャッチボール（Catchpole, C.） 263
キャッテル（Cattell, R. B.） 1067, 1071, 1075-1078, 1082, 1085, 1117
キャノン（Cannon, T. D.） 884
キャノン（Cannon, W. B.） 185
キャプラン（Kaplan, B. H.） 214
キャプラン（Kaplan, S. J.） 770
キャプロン（Capron, C.） 562, 613, 614, 1063
ギャラップ（Gallup, G. G.） 650
キャリー（Carey, M. P.） 210
キャリガー（Carriger, M. S.） 542
キャレイヨン（Carayon, J.） 262
ギャレット（Garrett, M. F.） 505-507, 535
キャロル（Carroll, B. J.） 971
キャロル（Carroll, J. B.） 527
キャロン（Caron, A. J.） 370
ギャンスター（Ganster, D. C.） 207
キャントウェル（Cantwell, D. P.） 905
キャンプフィールド（Campfield, L. A.） 178
キャンベル（Campbell, D. T.） 791, 1220
キャンベル（Campbell, F. A.） 562
キャンポス（Campos, J. J.） 368
キリアン（Killian, L. M.） 827
キリアン（Quillian, M. R.） 460-463
ギリガン（Gilligan, C.） 631, 1121
ギル（Gill, F. B.） 235
ギルクリスト（Gilchrist, S.） 262
キルシェンバウム（Kirschenbaum, D. S.） 997
ギルバート（Gilbert, D. T.） 715, 716
ギルバート（Gilbert, G. N.） 1189
ギルフォード（Guilford, J. P.） 1070
キング（King, R. A.） 837
キングスバリー（Kingsbury, N.） 766
キンチュ（Kintsch, W.） 501, 502
キンチラ（Kinchla, R. A.） 375
キンブル（Kimble, D. L.） 1099
キンブル（Kimble, D. P.） 966
キンメル（Kimmel, A. J.） 1137

ク
グウィン（Gwynn, M.） 163
グウィン（Gwynne, D. T.） 258
クーシェ（Kusché, C.） 895
グータマン（Guterman, L.） 310
グーデイル（Goodale, M. A.） 124

クーニッツ（Cunitz, A. R.） 446
クーパー（Cooper, C.） 1083
クーパー（Cooper, E.） 388
クーパー（Cooper, H. M.） 80
クーパー（Cooper, P. F.） 892
クーパー（Cooper, P. J.） 993, 998-1001
クーパーズ（Kuipers, P.） 201
クーパースミス（Coopersmith, S.） 660
クーリー（Cooley, C. H.） 650
クーリカン（Coolican, H.） 1173, 1185, 1186, 1188, 1190, 1199, 1200, 1216, 1221, 1223, 1227-1230, 1233, 1238, 1242, 1244, 1258
グールド（Gould, J. L.） 313
グールド（Gould, S. J.） 225
クーン（Kuhn, T. S.） 1105, 1109, 1110, 1115, 1124
ゲェルラ（Guerra, N. G.） 869
クオ（Kuo, P. T.） 177
クオシュウヤン（Yang, K. -S.） 1117
グッドウィン（Goodwin, R.） 777, 779
グッドキン（Goodkin, K.） 209
グッドマン（Goodman, C. D.） 401, 404
グッドマン（Goodman, R.） 899
クナパス（Kunnapas, T. M.） 379
クラーク（Clark, D. A.） 937, 974
クラーク（Clark, D. M.） 984, 985
クラーク（Clark, H. H.） 504
クラーク（Clark, L.） 963
クラーク（Clark, M. S.） 750, 751
クラーク（Clark, R. D.） 266, 850
クラーク（Clarke, J. C.） 983, 984
グラーフ（Graf, P.） 456, 457, 474
クラーマン（Klerman, G. L.） 972
グライス（Grice, H. P.） 503
グライトマン（Gleitman, H.） 916, 1011
クライナー（Kleiner, L.） 986
クライン（Klein, D. F.） 897
クライン（Klein, E. J.） 791
クライン（Klein, K. E.） 137
クライン（Klein, R. E.） 573
クライン（Kline, P.） 24, 27, 1060, 1077
クラインマン（Kleinman, A.） 944-946
クラインムンツ（Kleinmuntz, B.） 977
クラウス（Klaus, M. H.） 548, 1220
クラウス（Krause, N.） 680
クラウダー（Crowder, R. G.） 1258
クラウン（Crowne, D. P.） 806
グラジェク（Grajek, S.） 744, 745,

747
グラス（Glass, G. V.） 25, 1032, 1258
クラックストン（Claxton, G.） 1217
クラッチフィールド（Cruchfield, R. S.） 806
グラッツィアーノ（Graziano, A. M.） 1175
クラットン - ブロック（Clutton-Brock, T. H.） 256, 258-260
グラッブ（Grubb, T. C.） 336
グラハム（Graham, I. D.） 680
グラハム（Graham, J. A.） 769
クラパレード（Claparède, E.） 457, 474
クラル（Krull, D. S.） 715
グラント（Grant, P.） 1050
グリアー（Grier, J. W.） 226, 230, 239, 240, 242, 245, 246, 253, 262, 267, 269, 272, 279-281, 287, 290, 307, 309, 326, 332, 340, 341
グリーン（Green, J.） 1012
グリーン（Green, P. R.） 385
グリーン（Green, R. P.） 342
グリーン（Green, S.） 67, 116-118, 133, 135, 142, 146
グリーン（Greene, J.） 529
グリーンバーグ（Greenberg, J. H.） 493
グリーンバーグ（Greenberg, M.） 895
グリーンフィールド（Greenfield, P. M.） 586
クリク（Kulik, J.） 448
クリコフスキー（Kulikovsky, O. T.） 180
クリスタル（Krystal, J. H.） 989
クリスティ（Christie, R. L.） 89
クリスティ（Christy, P.） 755
クリステンセン - ザランスキー（Christensen-Szalanski, J. J.） 525
クリスプ（Crisp, A. H.） 997, 1001
クリック（Crick, F.） 151, 152, 171
グリッグス（Griggs, R. A.） 515
クリッチャー（Critcher, C.） 822
グリフィン（Griffin, C.） 1122
グリフィン（Griffin, D. R.） 344
クリューヴァー（Klüver, H.） 192
クルーク（Kruuk, H.） 297, 298
クルーズ（Crews, F.） 26
グルジン（Grudin, J. T.） 435
クルックス（Crooks, R. L.） 1024
クレイク（Craik, F. I. M.） 452, 453, 455, 1106, 1196
クレイトナー（Kreitner, R.） 31
クレイトマン（Kleitman, N.） 140, 141

グレー（Gray, J. A.） 414, 1138, 1141, 1142
グレー（Gray, M. M.） 1169
グレーヴス（Graves, T. D.） 825
グレーサー（Graesser, A. C.） 500, 501
グレーバー（Graber, M.） 583
クレーマー（Kramer, A. F.） 419
クレーマー（Kramer, G.） 345
グレガー（Gregor, A. J.） 402
グレゴリー（Gregory, R.） 159
グレゴリー（Gregory, R. L.） 389, 394-397, 401, 406
グレゴリー（Gregory, S.） 891
クレブス（Krebs, J. R.） 222, 228, 231, 232, 235, 239, 241, 253, 258, 259, 267, 268, 270, 271, 286, 287, 294, 303, 307, 312, 337
クレペリン（Kraepelin, E.） 924
グレン（Glenn, N. D.） 781
グレンザー（Glanzer, M.） 446
クローク（Crook, T.） 972
クローネンブルグ（Kroonenberg, P. M.） 572
グローバーソン（Globerson, T.） 606
クローリー（Crowley, M.） 850
クロス（Cross, D. R.） 595
グロス（Gross, M. R.） 269, 297
グロス（Gross, R.） 82, 139, 142, 143, 151-153, 167, 191, 287, 327, 527, 647, 690, 691, 773, 776, 924, 970, 1014, 1032
グロスマン（Grossman, K.） 571
クロニンジャー（Cloninger, C. R.） 81
グロベッカー（Grobecker, D. B.） 240

ケ
ケイ（Kay, J.） 908
ケイ（Kay, P.） 528
ゲイヴィ（Gavey, N.） 772
ケイガン（Kagan, J.） 552, 573
ゲイゼルマン（Geiselman, R. E.） 478
ケイン（Kane, J.） 963
ケーゲル（Koegel, L. K.） 907
ケーゲル（Koegel, R. L.） 907
ケース（Case, R.） 599-601, 617
ケーラー（Koehler, J. J.） 525
ケーラー（Köhler, W.） 332, 373
ケーリング（Koelling, R.） 325
ゲールスマン（Gerlsman, C.） 986
ゲシュヴィンド（Geschwind, N.） 109
ケストナー（Koestner, R.） 185
ケセルニク（Kacelnik, A.） 337

ケッセル（Kessel, E. L.） 230
ケティ（Kety, S. S.） 922, 962, 970
ケトルウェル（Kettlewell, H. B. D.） 228
ケニー（Kenny, D. A.） 166, 815
ケプナー（Kepner, C. R.） 868
ケラー（Keller, H.） 568
ケリー（Kelley, H. H.） 711-713, 739, 748, 749, 796
ゲルダー（Gelder, M.） 924
ゲルビノ（Gerbino, L.） 1016
ケルマン（Kelman, H. C.） 795, 1127
ゲルマン（Gelman, R.） 492, 496
ケロッグ（Kellogg, R. T.） 510
ケンドール（Kendall, P. C.） 899, 901, 944, 950, 1017, 1022, 1029
ケンドラー（Kendler, K. S.） 994
ケンネル（Kennell, J. H.） 548, 1220
ケンプトン（Kempton, W.） 528
ケンワード（Kenward, R. E.） 296

コ
ゴア（Goa, K. L.） 212
コイセン（Keuthen, N.） 983
コイル（Coyle, A.） 774, 1154, 1156
コヴァック（Kovach, J. K.） 30
コヴァックス（Kovacs, M.） 935
ゴウヴ（Gove, W. R.） 781
コー（Coe, W. C.） 162
コイン（Coyne, J. C.） 213
ゴーヴェン（Gauvain, M.） 605
コーエン（Cohen, A.） 944-946
コーエン（Cohen, G.） 117
コーエン（Cohen, N. J.） 457, 458
コーエン（Cohen, S.） 204, 209, 782
コーガン（Cogan, J. C.） 998
コーチェスン（Courchesne, E.） 906
ゴードン（Gordon, I. E.） 394, 397
ゴーラー（Gorer, G.） 855
コール（Cole, J. O.） 1016
コール（Cole, M.） 572, 1118
コール（Cole, S. R.） 572
コールヴァート（Calvert, W. H.） 297
ゴールド（Gauld, A.） 465
ゴールドウィン（Goldwyn, E.） 647
コールドウェル（Caldwell, R. L.） 311
ゴールドスタイン（Goldstein, J. H.） 822
ゴールドファーブ（Goldfarb, W.） 554, 555, 557
ゴールドマン（Goldman, J. D. G.） 680
ゴールドマン（Goldman, R.） 1097
ゴールドマン（Goldman, R. J.） 680

コールバーグ (Kohlberg, L.) 622, 624, 627-632, 634, 635, 638-640, 642, 645, 661, 662, 1121
コーレン (Coren, S.) 396
コーワン (Cowan, C. L.) 841
コクラン (Cochrane, R.) 781, 782, 947
コス (Coss, R. G.) 245
ゴス - カスタード (Goss-Custard, I. D.) 336
コスタ (Costa, D. T.) 688
コスタ (Costa, P. T.) 686, 687, 1071, 1081, 1082
コスタンゾ (Costanzo, P. R.) 626
コステロ (Costello, T. W.) 929
コステン (Kosten, T. R.) 989
コスリン (Kosslyn, S. M.) 96
コズロフスキー (Kozlowski, L. T.) 376
ゴダード (Goddard, H. H.) 1154
コッカー (Cocker, J.) 340, 343
コックス (Cox, J. R.) 515
コックス (Cox, M. J.) 690
コックス (Cox, T.) 201
ゴッテスマン (Gottesman, I. I.) 960, 961
ゴットフリード (Gottfried, A. W.) 615
コドリング (Codling, P. J.) 80
コナー (Conner, D. B.) 595, 596
コナリー (Connolly, J. A.) 565
コネクニ (Konecni, V. J.) 756
コノップ (Konop, M.) 846
ゴファー (Gopher, D.) 428
コフカ (Koffka, K.) 373
コプラン (Coplan, A.) 682
コムストック (Comstock, G.) 873
ゴムリキー (Gomulicki, B. R.) 501
コリス (Collis, G. M.) 890
コリンズ (Collins, A. M.) 460-463
コリンズ (Collins, B. E.) 790, 807-809
コリンズ (Collins, M. E.) 734
コルチョヴァ (Koluchova, J.) 558
コルビー (Colby, A.) 624, 627, 629, 630
コルブ (Kolb, B.) 118
コルベット (Corbett, A. T.) 500
コレバッチ (Colebatch, J. G.) 107
コンウェイ (Conway, M. A.) 468
ゴンザレス (Gonzalez, M. F.) 179
コンドリー (Condry, J.) 637
コンドリー (Condry, S.) 637
コンラッド (Conrad, C.) 462
コンラッド (Conrad, R.) 892
コンリー (Conley, J. J.) 682

サ

サーヴァン (Savin, H. B.) 810, 1130
サートリアス (Sartorius, N.) 944, 945, 952
ザーニ (Zanni, G.) 476
サービン (Sarbin, T. R.) 166
サーベル (Serpell, R. S.) 610
ザーン - ワクスラー (Zahn-Waxler, C.) 635, 837
サイ (Sai, F.) 540
ザイアンス (Zajonc, R. B.) 199
ザイデル (Zaidel, E.) 115
サイミントン (Symington, T.) 204
サイム (Syme, S. L.) 783
サイモン (Simon, H. A.) 41, 446, 521
サイモンズ (Simmons, J. V.) 1139
サイモンズ (Simmons, R. G.) 668
サヴェージ - ランボー (Savage-Rumbaugh, E. S.) 348, 349, 351
サヴェッリ (Saville, P.) 1078
サギ (Sagi, A.) 570, 571
ザゴッキー (Sagotsky, G.) 846
サシドアラン (Sashidharan, S. P.) 947
サス (Szasz, T. S.) 923, 924
サダース (Suddath, R. L.) 964
ザッカロ (Zaccaro, S. J.) 815
ザック (Zach, R.) 335, 336
サックス (Sacks, O.) 497, 893
サトウ (Sato, S.) 422
ザノット (Zanot, E. J.) 1091
ザハヴィ (Zahavi, A.) 264, 299, 311
ザハヴィ (Zahavi, S.) 869
サベイ (Sabey, B. E.) 80
ザメトキン (Zametkin, A. J.) 899
サメロフ (Sameroff, A. J.) 616
サラソン (Sarason, I. G.) 1072
サラパティク (Salapatek, P.) 366
サラモン (Salamon, S.) 779
サリヴァン (Sullivan, H. S.) 29, 1012
サリヴァン (Sullivan, L.) 424
サロウェイ (Sulloway, E.) 1110
サロヴェイ (Salovey, P.) 768
サロモン (Salomon, G.) 606
サンクレール - ド - ズワール (Sinclair-de-Zwart, H.) 530
サンドフォード (Sandford, R. N.) 394, 404
サントロック (Santrock, J. W.) 631
サンフォード (Sanford, F. H.) 818

シ

シアーズ (Sears, R.) 727
シアーズ (Sears, R. R.) 857
シー (Shea, J. D. C.) 541
シーガル (Segal, S. J.) 426
シーガル (Segall, M. H.) 401
ジークランド (Siqueland, E. R.) 367
シードマン (Seidman, L. J.) 962
シーバー (Sieber, J. E.) 1149, 1150
ジール (Zihl, J.) 376
シールズ (Shields, J.) 961, 1079
シヴィンスキー (Sivinski, J.) 262
シェイヴァー (Shaver, J. P.) 630
シェイヴァー (Shaver, P. R.) 777
シェイウィツ (Shaywitz, S. E.) 908-911
ジェイコブセン (Jacobsen, C. F.) 193
シェーファー (Schaefer, C.) 213
ジェームズ (James, W.) 45, 47, 194, 365, 409, 650, 657, 658
ジェッフェン (Geffen, G.) 416
シェパー - ヒューズ (Scheper-Hughes, N.) 567
シェフ (Scheff, T. J.) 923, 965
シェフィールド (Sheffield, R. D.) 1095
シェミンスカ (Szeminska, A.) 584
ジェラード (Gerard, H. B.) 794, 795
シェリフ (Sherif, M.) 729, 730, 733, 735, 790, 791, 794, 1102
シェルマン (Sherman, P. W.) 288, 289, 291
ジェレード (Gelade, G.) 421, 422
ジェンキンス (Jenkins, C. D.) 688
ジェンキンス (Jenkins, J. G.) 467, 468, 1169
ジェンキンス (Jenkins, J. J.) 452-454
ジェンセン (Jensen, A. R.) 1063
シガール (Sigall, H.) 722, 1172, 1219
ジグラー (Zigler, E. F.) 610, 882, 885
シコット (Sicotte, N.) 994
ジゼリ (Ghiselli, E. E.) 1058
シチェッティ (Cicchetti, D.) 366
シチェッティ (Cicchetti, D. V.) 71, 145, 147
シップマン (Shipman, V.) 533, 534
シフ (Schiff, M.) 562
シフマン (Schiffman, H. R.) 381
シフリン (Shiffrin, R. M.) 156, 430-432, 444, 447, 451, 455, 459, 1183
シモン (Simon, T.) 609
ジャーマン (German, D. C.) 84
シャーロック (Sherlock, D.) 117
シャイン (Shine, R.) 269
ジャクソン (Jackson, T. A.) 193

シャクター（Schachter, D. L.） 456
シャクター（Schachter, S.） 85, 197-199, 755, 860
ジャクリン（Jacklin, C. N.） 636, 653, 1120
ジャコビー（Jacoby, L. L.） 435, 436, 1093
シャッツ（Shatz, M.） 492, 496
シャッツォウ（Schatzow, E.） 473
ジャニス（Janis, I. L.） 1096
シャピロ（Shapiro, C. M.） 71, 146
シャピロ（Shapiro, D.） 514, 515
シャファー（Schafer, R.） 394
シャファー（Schaffer, H. R.） 539, 544-547, 556
シャファー（Shaffer, D. R.） 372, 488, 496, 542-544, 591, 621, 624, 626, 627, 634, 636, 641, 1120
シャファー（Shaffer, L. H.） 424, 430
シャファー（Shafir, E.） 522
シャラー（Schaller, G. B.） 240
シャリス（Shallice, T.） 157, 447, 450, 1183
ジャレット（Jarrett, N.） 903
ジャンク（Jang, K. L.） 1081
ジャンダー（Jander, R.） 343
シュアレス（Suarez, T. M.） 562
シュー（Hsu, F.） 778
シュー（Hsu, L. K.） 993, 997
シュヴァルツァ（Schwartzer, R.） 782
シュヴェインヴェルト（Schvaneveldt, R. W.） 463
シューツ（Schuz, E.） 341
ジュオラ（Juola, J. F.） 419
シュテファン（Stephan, C. W.） 736
シュテファン（Stephan, W. G.） 734, 736
シュテルン（Stern, S. L.） 1015
シュナイダー（Schneider, W.） 156, 430-432
ジュベク（Zubek, J. P.） 1103
シュミット（Schmidt, H.） 421
シュミット（Schmitt, J. P.） 774, 1156
シュミット－ケーニッヒ（Schmidt-Koenig, K.） 344
シュミット－ヘンペル（Schmid-Hempel, P.） 338
ジュラード（Jourard, S. M.） 1232, 1233
シュリーシャム（Schriesham, C. A.） 808
シュリーファー（Schliefer, S. J.） 208
シュルジンガー（Schulsinger, F.） 967

シュルマン（Shulman, A. D.） 1218
シュレーノフ（Schlenoff, D. H.） 244
シュローダー（Schroeder, D. H.） 688
シュロスバーグ（Schlosberg, H.） 380
シュワインハート（Schweinhart, L. J.） 560
シュワルツ（Schwartz, J. C.） 777
シュワルツ（Schwartz, P.） 774, 777
シュワルツ（Schwartz, S. H.） 850
シュワルバーグ（Schwalberg, M. D.） 1002
ショー（Shaw, D. M.） 791
ショーシャ（Schochat, T.） 135, 136
ジョーダン（Jordan, I. K.） 891
ショート（Short, J.） 732
ジョーンズ（Jones, E. E.） 711, 714, 717, 722, 723
ジョーンズ（Jones, K.） 822
ジョーンズ（Jones, M. C.） 982
ジョーンズ（Jones, S.） 1096
ジョセフソン（Josephson, W. L.） 874
ショット（Schot, J. C.） 704
ショットランド（Shotland, R. L.） 848, 1171, 1174
ジョデレット（Jodelet, D.） 706
ショルメリック（Scholmerich, A.） 568
ジョンストン（Johnston, J.） 644
ジョンストン（Johnston, W. A.） 417, 419, 420
ジョンストン（Johnstone, L.） 951
ジョンセン（Johnsen, S.） 226
ジョンソン（Johnson, B. T.） 815
ジョンソン（Johnson, C.） 1072, 1073
ジョンソン（Johnson, M. K.） 498, 499
ジョンソン（Johnson, R. C.） 860
ジョンソン（Johnson, S.） 45
ジョンソン－レアード（Johnson-Laird, P. N.） 517, 518
シルヴァーマン（Silverman, I.） 1112, 1172, 1218, 1221
シルバースタイン（Silverstein, C.） 1043
ジルマン（Zillmann, D.） 860
シンガー（Singer, J. E.） 85, 197-199, 860
シンガー（Singer, P.） 1096, 1141, 1142
ジンバルドー（Zimbardo, P. G.） 198, 807, 809, 810, 825, 827, 828, 830, 857, 1055, 1130

ス

スー（Sue, S.） 1048, 1049
スウェイズ（Swayze, V. W.） 964
スウェドランド（Swedlund, M.） 796
スーリン（Sulin, R. A.） 465
スカー（Scarr, S.） 1152
スカーダマリァ（Scardamalia, M.） 510
スキナー（Skinner, B. F.） 19, 30-32, 36, 44, 50, 326-329, 333-345, 348-361, 494, 495, 933, 1104, 1106, 1107, 1152, 1183, 1259
スクル（Skre, I.） 980, 989
スクワイアー（Squire, L. R.） 457-459
スケケッティー（Skeketee, G.） 990
スコット（Scott, S.） 886
スシ（Ceci, S. J.） 614, 1151
スターンバーグ（Sternberg, H.） 341
スターンバーグ（Sternberg, R. J.） 105, 487, 564, 609, 744, 745, 747, 758, 784, 1055, 1065, 1118
スタイン（Stein, A. H.） 845
スタイン（Stein, J.） 1024
スタインハウゼン（Steinhausen, H. C.） 1000
スタング（Stang, D. J.） 806
スタンリー（Stanley, B.） 1149, 1150
スタンリー（Stanley, J. C.） 1220
スチュアート－ハミルトン（Stuart-Hamilton, I.） 685, 694
ズック（Zuk, M.） 264
スティーヴンス（Stevens, J.） 945
スティーヴンス（Stevens, R.） 84
スティーヴンソン（Stevenson, H. W.） 573
スティーヴンソン（Stevenson, J.） 899
スティーヴンソン（Stevenson, M. R.） 638
スティーブンス（Stephens, B. R.） 368
スティーブンソン（Stephenson, G. M.） 465
スティグラー（Stigler, J. W.） 573
スティット（Stitt, C. L.） 723, 725, 726
ステイトン（Stayton, D. J.） 551
ステッパー（Stepper, S.） 201
ステフェン（Steffen, V. J.） 357, 855
ステフェンバーグ（Steffenburg, S.） 904
ステプト（Steptoe, A.） 201
ステムベルガー（Stemberger, R. T.）

980
ステンマン (Stenman, U.) 413
ストークス (Stokes, J. P.) 758
ストーパ (Stopa, L.) 984
ストームズ (Storms, M. D.) 718, 719
ストッディル (Stogdill, R. M.) 811, 814, 815
ストットランド (Stotland, E.) 839
ストラック (Strack, F.) 201
ストラップ (Strupp, H. H.) 1031, 1041
ストレイ (Storey, R.) 24
ストレーシュグース (Streissguth, A. P.) 884
ストレッチ (Stretch, D. D.) 1204
ストロー (Straw, M. K.) 848, 1171, 1174
ストローバー (Strober, M.) 994
ストローベ (Stroebe, M. S.) 692, 693
ストロング (Strong, W.) 630
スネアリー (Snarey, J. R.) 624, 629
スノウ (Snow, C. E.) 494
スパイズマン (Speisman, J. C.) 25, 200
スパノス (Spanos, N. P.) 162, 163, 165
スパングラー (Spangler, G.) 553
スピアース (Spears, R.) 821, 828, 829
スピッツ (Spitz, R. A.) 554, 555, 557
スピッツァー (Spitzer, R. L.) 925, 927
スピルバーガー (Spielberger, C. D.) 915, 1069
スプラフキン (Sprafkin, J. N.) 845
スプリッグス (Spriggs, W. A.) 356, 357
スプリンゲット (Springett, B. P.) 248
スペリー (Sperry, R. W.) 113-115
スペルキ (Spelke, E. S.) 371, 423, 426
スペンサー (Spencer, C.) 730, 791, 793
スペンス (Spence, D. P.) 1036
スミス (Smith, A. P.) 204
スミス (Smith, E. E.) 1118
スミス (Smith, F. J.) 178
スミス (Smith, G. P.) 179
スミス (Smith, J. E.) 428
スミス (Smith, J. N. M.) 270
スミス (Smith, K. D.) 839
スミス (Smith, M. L.) 25, 31, 1032, 1033, 1039, 1050, 1222
スミス (Smith, N. V.) 610

スミス (Smith, P.) 791, 793, 794, 800, 1115
スミス (Smith, P. K.) 352, 360
スミス (Smith, P. M.) 703
スミス (Smith, S. M.) 34, 526
スモール (Small, S. A.) 1072
スラヴィン (Slavin, R. E.) 736
スラッキン (Sluckin, W.) 304
スラビー (Slaby, R. G.) 639, 869
スラメッカ (Slamecka, N. J.) 469
スルーフェ (Sroufe, L. A.) 542, 643
スレイター (Slater, A. M.) 371
スレイター (Slater, P. E.) 811, 812
スレイル (Slayle, R. W.) 166
スロヴィク (Slovic, P.) 8
スローン (Sloane, R. B.) 1035, 1041

セ
セイファー (Seifer, R.) 553
セイファース (Seyfarth, R. M.) 311
セーリー (Seeley, T. D.) 298
セガー (Seger, C. A.) 607
セガーズ (Seghers, B. H.) 295
ゼキ (Zeki, S.) 49, 124, 125, 128, 129
セクラー (Sekuler, R.) 125, 382, 383
ゼゴイブ (Zegoib, L. E.) 1173
セコード (Secord, P.) 1107
セミン (Semin, G. R.) 1107, 1113, 1200
セメンツァ (Semenza, C.) 112
セリエ (Selye, H.) 201-204, 218
セリグマン (Seligman, M. E. P.) 31, 331, 917-920, 972, 973, 975, 983, 1033, 1096
セルヴォン (Cervone, D.) 658
セルフ (Selfe, L.) 906
セレノ (Sereno, S. C.) 496
セレン (Sellen, A. J.) 435-438
ゼンブロット (Zembrodt, I.) 760

ソ
ソイツ (Thoits, P. A.) 782
荘厳舜哉 (Sogon, S.) 793, 794
ソーンダイク (Thorndike, E. L.) 1106
ソーンヒル (Thornhill, R.) 256, 263
ソトカ (Psotka, J.) 470
ソマー (Sommer, R.) 824
ソリー (Solley, C. M.) 394, 404, 1136
ソロモン (Solomon, J.) 552
ソロモン (Solomon, R. L.) 330
ソロモン (Solomon, Z.) 991

タ
ダーウィン (Darwin, C.) 221, 224-226, 228, 229, 231, 232, 259, 286, 321, 335, 351, 352, 359, 1143
ダーキン (Durkin, K.) 357, 358, 360, 540, 541, 545, 547, 548, 551, 553, 568, 572, 589, 591, 593, 597, 606, 641, 642, 644, 645, 647, 653, 670, 682, 685, 862, 863, 868, 1121, 1220
ダーク (Dark, V. J.) 419, 420
ダートナル (Dartnall, H. J. A.) 126
ターナー (Turner, A.) 233, 237, 238
ターナー (Turner, C. F.) 1099
ターナー (Turner, J. S.) 689
ターナー (Turner, R. H.) 827
ターナー (Turner, R. J.) 952, 968
ターナー (Turner, S. M.) 980
ダーネマン (Daneman, M.) 496
ターマン (Terman, L.) 1152
ターマン (Terman, M.) 140
ダーリング (Darling, F. F.) 299
ダーリントン (Darlington, R.) 560
ダーレー (Darley, J. M.) 826, 842, 846-848, 851, 852
ダーレンバック (Dallenbach, K. M.) 467, 468, 1169
ターンブル (Turnbull, C. M.) 402, 404, 682
タイアマン (Tyerman, A.) 730
ダイアモンド (Diamond, M.) 646
タイテルバウム (Teitelbaum, P.) 177
ダイヤー (Dyer, C.) 1207-1211
ダイン (Duyne, M.) 562, 613, 614, 1063
ダウズ (Dawes, R. M.) 769
タウト (Tout, K.) 682
タウンセンド (Townsend, P.) 882
タジフェル (Tajfel, H.) 702
タジュウリ (Taguiri, R.) 722
タ・シュレ (ter Schure, E.) 201
タチェ (Tache, J.) 206
ダック (Duck, S.) 763-765, 771
ダニエルス (Daniels, D.) 544
ダブソン (Dobson, K. S.) 1040
ダマージオ (Damasio, A. R.) 111
ダマージオ (Damasio, H.) 109
ダラード (Dollard, J.) 547, 726, 856
タラバン (Taraban, R.) 498
タラミー (Tallamy, D. W.) 269
タルヴィング (Tulving, E.) 100, 453, 455-457, 460, 469-471, 483
ダン (Dann, S.) 559, 1232
ダンカン (Duncan, J.) 424, 425
ダンスキー (Dansky, J.) 565
ダンネミラー (Dannemiller, J. L.) 368
ダンマン (Dammann, E. J.) 923

チ

チー(Chi, M. T.)　598
チェイキン(Chaiken, S.)　1098
チェイシャー(Chachere, J. G.)　872
チェマーズ(Chemers, M. M.)　817, 818
チェリー(Cherry, E. C.)　410-412, 415, 416
チェン(Cheng, P.)　515
チェン(Cheng, P. W.)　432
チニー(Cheney, D. L.)　311
チャールトン(Charlton, A.)　872
チャイルド(Child, I. L.)　1066
チャルディーニ(Cialdini, R. B.)　704, 840
チョス(Kjos, G. L.)　756
チョドロウ(Chodorow, N.)　637
チョムスキー(Chomsky, N.)　50, 346, 350, 351, 492, 493, 495, 534
チンプリ(Tsimpli, I.-M.)　610

ツ

ツウィッキー(Zwicky, A. M.)　514
ツゴーリデス(Zgourides, G. D.)　935
ツッカーマン(Zuckerman, M.)　1078-1080

テ

デイ(Day, K. D.)　860
ティーガー(Tieger, T.)　357
ティースデイル(Teasdale, J.)　331, 973
ディーナー(Diener, E.)　825-828
デイヴィス(Davies, N. B.)　222, 228, 231, 232, 236, 238, 239, 241, 253, 258, 259, 267, 268, 270, 271, 274, 275, 286, 287, 294, 295, 303, 307, 337
デイヴィス(Davies, R. M.)　768
デイヴィス(Davies, S.)　1169
デイヴィス(Davis, J. M.)　1016
デイヴィス(Davis, K. E.)　711, 752, 753
デイヴィス(Davis, M. H.)　843
デイヴィス(Davis, S.)　266
ディ・ヴェスタ(Di Vesta, F. J.)　794
ディエクストラ(Diekstra, R. F. W.)　1040
ティエナリ(Tienari, P.)　962
ディキャンディア(DiCandia, C. G.)　1049
ディクソン(Dickson, W. J.)　1186, 1219, 1220
ディグマン(Digman, J. M.)　1081
ティザード(Tizard, B.)　556, 557
ディッタミ(Dittami, J.)　264
ティッパー(Tipper, S. P.)　420
ディナード(DiNardo, P. A.)　983
ディピュー(Depue, R. A.)　973
ティボー(Thibaut, J. W.)　748, 749
デイモン(Damon, W.)　651, 652, 655
ティモンズ(Timmons, C. R.)　78
ディラクシャン(Derakshan, N.)　400
ティレル(Tyrell, J. B.)　203
ティレル(Tyrrell, D. A. J.)　204
ディンディア(Dindia, K.)　758-760
ティンバーゲン(Tinbergen, N.)　222, 258, 261, 303, 352, 1179
デヴァイン(Devine, P. A.)　1042
デヴァイン(Devine, P. G.)　738
デ・ヴァダー(De Vader, C. L.)　815
デヴァロワ(DeValois, K. K.)　122, 127
デヴァロワ(DeValois, R. L.)　122, 127
デヴィット(DeWitte, L. L.)　951
デヴィッドソン(Davidson, M.)　963
デヴィッドソン(Davidson, N.)　882
デヴィッドソン(Davidson, R.)　118
デーヴィソン(Davison, G. C.)　39, 52, 900, 901, 937, 957, 963, 982, 987, 1031, 1037, 1038, 1043, 1047, 1049
デーヴィー(Davey, G. C. L.)　325
テーラー(Taylor, A.)　175
テーラー(Taylor, D. A.)　758
テーラー(Taylor, H.)　35
テーラー(Taylor, J. S.)　179
テーラー(Taylor, M. J.)　1000
テーラー(Taylor, O.)　343
デーン(Dane, F. C.)　1179
デカルト(Descartes, R.)　1143
デ・グルート(de Groot, W.)　693
デグルート(DeGroot, H. P.)　163
デグルート(DeGroot, P.)　299
テスター(Tester, N.)　988
テデシ(Tedeschi, J. T.)　864
テフト(Tefft, B.)　766
デメント(Dement, W. C.)　140, 143, 153
デュース(Deaux, K.)　1095
デュランド(Durand, V. M.)　140, 880, 882, 884-886, 900, 930, 939, 942, 951, 957, 963, 971, 978, 979, 982, 992, 993, 996, 998, 1002, 1014, 1015, 1024, 1028, 1044, 1223
デュレット(Durrett, M. E.)　571
デュンリー(Dunlea, A.)　889
テラス(Terrace, H. S.)　347, 348
デル(Dell, G. S.)　505, 507
デルシア(DeLucia, C. A.)　367
デルシア(DeLucia, P. R.)　396
デルベイス(DeRubeis, R. J.)　1041, 1042
デレゴウスキー(Deregowski, J.)　403
テンプル(Temple, C.)　908

ト

ドイッチ(Deutsch, D.)　415, 416
ドイッチ(Deutsch, J. A.)　179, 415-417
ドイッチ(Deutsch, M.)　734, 770, 794, 795
トイティング(Teuting, P.)　970
ドイル(Doyle, A.)　565
ドヴィディオ(Dovidio, J. F.)　850
ド・ヴィラーズ(de Villers, J. G.)　491
ド・ヴィラーズ(de Villers, P. A.)　491
トゥヴァースキー(Tversky, A.)　14, 520-525
ドゥーヴァン(Douvan, E.)　668
ドゥーブ(Doob, L. W.)　857
ドゥーリング(Dooling, D. J.)　465
トゥエニィ(Tweney, R. D.)　519
ドゥオルツキー(Dworetzky, J. P.)　655
ドゥシャー(Dosher, B. A.)　500
トウヒー(Towhey, J. C.)　755
ドゥ・ボアッソン-バーディーズ(De Boysson-Bardies, B.)　489
トゥルー(Truax, C. B.)　38, 1021, 1037
トーガースン(Torgersen, S.)　979
ドーキンス(Dawkins, M.)　241
ドーキンス(Dawkins, R.)　358
トードフ(Tordoff, M. G.)　179
ドーベル(Dobelle, W. H.)　119
トーマス(Thomas, J.)　1139
トーマス(Thomas, M. H.)　873
トーラル(Tallal, P.)　911
トールマン(Tolman, E. C.)　329
ドーレンウェンド(Dohrenwend, B. P.)　952
ド・シルヴァ(de Silva, P.)　930
ドチャティ(Docherty, J. P.)　963
ドナルドソン(Donaldson, M.)　591, 592
ドネルフラン(Donnelflan, A. M.)　903
トマルケン(Tomarken, A. J.)　984
トムソン(Thomson, L. E.)　997
トムリンソン-キージィ(Tomlinson-Keasey, C.)　588, 630

ドライバー (Driver, J.) 420
トラウプマン (Traupmann, J.) 749
トリアンディス (Triandis, H. C.) 570, 683, 720, 725, 818
トリーズマン (Treisman, A. M.) 414-416, 421, 422, 445
トリート (Treat, A. E.) 242
トリヴァース (Trivers, R. L.) 255, 257, 275-277, 292, 353, 355, 356
トルー (True, W. R.) 989
ドルー (Drew, M. A.) 80
トルステッド (Tolstedt, B. E.) 758
ドルトン (Dalton, K.) 139
ドレーヴァー (Drever, J.) 190
トレジャー (Treasure, J.) 994
トレシリアン (Tresilian, J. R.) 376
トロッター (Trotter, K. T.) 629
ドワーズ (Doise, W.) 603, 703
トンプキンス (Tompkins, C. A.) 118
トンプソン (Thompson, J. N.) 247, 248
トンプソン (Thompson, L. W.) 693
トンプソン (Thompson, W. C.) 841

ナ

ナイサー (Neisser, U.) 19, 41, 384, 385, 389, 394, 397-399, 406, 419, 420, 423
ナイト (Knight, D. K.) 595
ナイト (Knight, J.) 880, 911
内藤 (Naitoh, P.) 146
ナヴォン (Navon, D.) 374, 375
ナズロー (Nazroo, J.) 1050
ナッコルス (Nuckolls, K. B.) 214
ナッサー (Nasser, M.) 999
ナッシュ (Nash, A.) 540
ナバロ (Navarro, A. M.) 1033-1035
ナフレンショー (Naffrenchoux, M.) 796

ニ

ニーパー (Neeper, R.) 901
ニール (Neale, J. M.) 39, 52, 900, 901, 937, 957, 963, 982, 987, 1037, 1038, 1043, 1047, 1049
ニグロ (Nigro, G.) 707
ニコルズ (Nichols, R. C.) 611, 960, 995, 1062, 1079
西原 (Nishihara, K.) 386
ニステッド (Nystedt, L.) 813
ニスベット (Nisbett, R. E.) 157, 179, 717, 718, 1188
ニューガーテン (Neugarten, B. L.) 675, 676
ニューカム (Newcomb, T. M.) 756
ニューステッド (Newstead, S. E.) 517
ニュートン (Newton, J. W.) 828
ニュートン (Newton, P. M.) 678, 679
ニューポート (Newport, E. L.) 494
ニューマーク (Newmark, C. S.) 1027
ニンモー - スミス (Nimmo-Smith, I.) 425

ネ

ネメス (Nemeth, C.) 796, 797
ネルソン (Nelson, K.) 489

ノ

ノイエス (Noyes, R.) 979
ノヴァック (Novak, M.) 306
ノートン (Norton, G. R.) 930
ノートン - グリフィス (Norton-Griffiths, M. N.) 269
ノーマン (Norman, D. A.) 424, 435-438, 464
ノーマン (Norman, W. T.) 1080, 1081
ノーレン - ホークスマ (Nolen-Hoeksma, S.) 950, 975
ノックス (Knox, J. V.) 164

ハ

バー (Barr, C. E.) 884
バー (Burr, V.) 865, 1113
ハーヴァルド (Harvald, B.) 969
パーヴィン (Pervin, L. A.) 1080
ハーヴェイ (Harvey, L. O.) 384
ハーヴェイ (Harvey, P. H.) 244, 256
ハーウッド (Harwood, R. L.) 569
バーガー (Berger, H.) 96
バーガー (Berger, J.) 279
パーカー (Parker, G. A.) 261, 280
パーカー (Parker, I.) 1190
パーカー (Parker, J. D. A.) 215, 216
バーガード (Burghardt, G. M.) 307
パーキンソン (Parkinson, B.) 200
バーク (Berk, L. E.) 595, 596
バーク (Burk, T.) 226, 230, 238-240, 242, 245, 246, 253, 262, 267, 269, 272, 277, 279-281, 287, 290, 307, 309, 326, 332, 340, 341
パーク (Park, R. J.) 995
パーク (Parke, R. D.) 543, 633
パークス (Parkes, C. M.) 693
バークヘッド (Birkhead, T. R.) 270, 274
バークマン (Berkman, L. F.) 783
バークレイ (Barkley, R. A.) 643, 900-902
バークン (Berkun, M. M.) 1129
ハーゲドーン (Hagedorn, M.) 309
バーコ (Berko, J.) 491
バーコウィッツ (Berkowitz, L.) 857, 858, 875
バージェス (Burgess, R. L.) 757
バージン (Bergin, A. E.) 1035
バース (Baars, B. J.) 156, 650, 658
ハースト (Hirst, W. C.) 423
ハースト (Hurst, M. W.) 688
ハーター (Harter, S.) 657-660, 662
ハーディック (Hardyck, C. D.) 596
バーチ (Birch, A.) 1139
バーチ (Birch, H. G.) 332
ハーツホーン (Hartshorne, H.) 633
ハーツリック (Herzlich, C.) 706
ハーディ (Hrdy, S. B.) 278
ハーディング (Harding, B.) 997
パーデック (Perdeck, A. C.) 342
バーテルセン (Bertelsen, A.) 961
バーテルセン (Bertelsen, B.) 969
パーテン (Parten, M.) 541, 542
ハート (Hart, B.) 564
ハート (Hart, D.) 651, 652, 655
ハート (Hirt, E. R.) 704
バート (Burt, C.) 611, 1151
ハートアップ (Hartup, W. W.) 657
バートラム (Bertram, B. C. R.) 296
バートレット (Bartlett, F. C.) 464-466, 476
バートン (Burton, R. D.) 607
バートン (Burton, R. V.) 633
バーナード (Barnard, C. J.) 337
バーニアー (Barnier, G.) 605
バーバー (Barber, J. P.) 1041, 1042
バーバー (Barber, T. X.) 1216
パーピ (Papi, F.) 344
パーマー (Palmer, D. L.) 707
パーマー (Palmer, J. C.) 475, 476
パーマリー (Parmalee, P.) 756
ハーマン (Herman, D.) 1012
ハーマン (Herman, J. L.) 473
ハーマン (Herman, L. M.) 314
バーマン (Burman, E.) 1190
バーモンド (Bermond, B.) 195, 196
パールストーン (Pearlstone, Z.) 469, 470
ハーレー (Harley, R. W.) 808
ハーレー (Harley, T. A.) 350, 351, 493, 494, 531, 534
ハーレ - マスティン (Hare-Mustin, R. T.) 1119, 1121, 1122
ハーロー (Harlow, H. F.) 305-307, 546, 547, 1138
バーロー (Barlow, D. H.) 140, 880, 882, 884-886, 900, 930, 939, 942, 951, 957, 963, 971, 978, 979, 982, 992, 993, 996, 998, 1002, 1014,

1015, 1024, 1028, 1044, 1223
バーロー (Barlow, S.) 891
バーロー - ブラウン (Barlow-Brown, F.) 888, 890
バーン (Byrne, D.) 721, 747, 756, 1115
ハーンショー (Hearnshaw, L.) 35
バーンズ (Burns, H. J.) 475
バーンズ (Burns, J.) 1122
バーンスティン (Bernstein, B.) 532-534, 536
バーント (Berndt, R.) 341
ハイエク (Hajek, P.) 153
パイク (Paik, H.) 873
パイク (Pike, K. M.) 1000
パイク (Pike, R.) 659
パイケル (Paykel, E. S.) 688, 972
ハイダー (Heider, E. R.) 528
ハイダー (Heider, F.) 711
バイデル (Beidel, D. C.) 980
ハイド (Hyde, J. S.) 1120
ハイド (Hyde, T. S.) 452-454
ハイニッケ (Heinicke, C. H.) 690
ハイリゲンバーグ (Heiligenberg, W.) 309
ハイルマン (Hailman, J.) 228, 229
ハインツ (Heinz, S. P.) 417
ハインド (Hinde, R. A.) 276
ハインリヒ (Heinrich, B.) 298
ハウ (Howe, C.) 606
ハウ (Howe, M.) 1060
ハウ (Howe, M. J. A.) 563
バウアー (Bower, G. H.) 461, 462, 466
バウアー (Bower, T. G. R.) 369, 370, 582, 591, 601
バウアーズ (Bowers, K. S.) 165, 1082
ハヴィガースト (Havighurst, R. J.) 681, 683, 685
ハウゲ (Hauge, M.) 969
バウムリンド (Baumrind, D.) 569, 570
パヴロフ (Pavlov, I. P.) 19, 30, 33, 322, 323, 933
バクスター (Baxter, J. D.) 203
バクスター (Baxter, L. A.) 759, 760
ハクスビィ (Haxby, J. V.) 123
バシー (Bussey, K.) 643
バス (Buss, A. H.) 1072
バス (Buss, D. M.) 265, 266, 746, 767, 768, 776
パスカル - レオン (Pascual-Leone, J.) 599-601
パストア (Pastore, N.) 857
ハストン (Huston, A. C.) 640
ハストン (Huston, T. L.) 849
ハスラー (Hasler, A. D.) 341

パターソン (Patterson, F. G.) 348
パターソン (Patterson, G. R.) 867
バターワース (Butterworth, G. E.) 366, 903
パッカー (Packer, C.) 292, 294, 298
バッハ (Bach, K. W.) 791
バック (Back, K.) 755
バッデリー (Baddeley, A. D.) 447, 449-451, 463, 483, 896, 1183
ハッテンローシャー (Huttenlocher, P. R.) 882
ハットフィールド (Hatfield, E.) 266, 749
パットン (Patton, M. Q.) 1228
パティ (Pattie, F. A.) 163
パディラ (Padilla, A. M.) 948
ハドソン (Hudson, W.) 403
バトソン (Batson, C. D.) 838-840, 843, 851
パトナム (Putnam, B.) 169
パトナム (Putnam, F. W.) 159
パトナム (Putnam, H.) 48, 49
パトン (Paton, D. C.) 236
パドン (Padden, C.) 891
バナジ (Banaji, M. R.) 1258
バニー (Bunney, W. E.) 963
バヌアジジ (Banuazizi, A.) 811
ハフ (Hough, L. M.) 1073
パペッツ (Papez, J. W.) 191, 192, 217
ハミルトン (Hamilton, L. W.) 78
ハミルトン (Hamilton, W. D.) 264, 287, 288, 292, 293
バラン (Baran, S. J.) 845
バリー (Barry, H.) 648, 1122
バリー (Bury, M.) 694
ハリス (Harris, C. S.) 385
ハリス (Harris, E. L.) 979, 980
ハリス (Harris, M.) 496, 532, 888, 890
ハリス (Harris, R. J.) 1092
ハリス (Harris, T.) 213, 553, 688, 782, 975, 976
ハリス (Harris, T. O.) 206
ハリス (Harris, V. A.) 714
ハリス (Harris, W. H.) 778
ハリデイ (Halliday, T.) 273, 278, 299
パリンクサー (Palincsar, A. S.) 608
ハル (Hull, C. L.) 186
ハル (Hull, J. G.) 81
ハルヴァーソン (Halverson, C. F.) 640, 641, 645
ハルギン (Halgin, R. P.) 86, 931, 939, 952, 1038
バルサー (Balser, E.) 226
ハルトマン (Hartmann, H.) 1011
ハレー (Harré, R.) 822, 1107, 1196

ハレック (Halleck, S. L.) 1047
バレット (Barrett, J. E.) 986
バレット (Barrett, M.) 732
バレット (Barrett, P. T.) 1077
バロン (Baron, R. A.) 721, 853, 859, 866-868, 1115
バロン - コーエン (Baron-Cohen, S.) 904-906
パワー (Power, M. E.) 234
ハワード (Howard, J. A.) 777
ハワード (Howard, J. W.) 769
ハワード (Howard, R. D.) 262
ハン (Hahn, S.) 419
ハン (Han, P. J.) 177
バンカー - ローボー (Bunker-Rohrbaugh, J.) 139
ハンター (Hunter, M. L.) 312
ハンティングフォード (Huntingford, F. A.) 233, 237, 238, 257
バンデューラ (Bandura, A.) 33, 332, 334, 622, 632, 642, 645, 656-658, 662, 846, 861-863, 868, 873, 876, 933, 984
ハント (Hunt, E.) 529, 530
ハンド (Hand, M.) 837
ハンプソン (Hampson, P. J.) 429
ハンプソン (Hampson, S. E.) 1066
ハンフリー (Humphrey, L. L.) 994, 997
ハンフリー (Humphrey, N.) 157
ハンフリーズ (Humphries, T.) 891
ハンメン (Hammen, C. L.) 766, 899, 901, 944, 950, 1017, 1022, 1029
ハンリー (Hanley, J. R.) 908

ヒ

ピアジェ (Piaget, J.) 370, 530, 531, 564, 579-593, 597, 599-604, 608, 616, 617, 622, 624-628, 630, 632, 634, 635, 661, 676, 919, 1186
ピアンカ (Pianka, E. R.) 335
ビー (Bee, H.) 675, 682, 689, 773
ビー (Bee, H. L.) 690
ピーク (Peek, F.) 238
ピーターセン (Petersen, S. E.) 112, 410
ピータービックス (Pietrewicz, A. T.) 243
ビーダーマン (Biderman, A. D.) 1103, 1104
ビーダーマン (Biederman, I.) 387, 388, 397-399, 406
ピーチュ (Pietsch, T. W.) 240
ビーマン (Beaman, A. L.) 827
ビーラー (Beehler, B. M.) 272
ヒクソン (Hixon, M. A.) 236
ビゼル (Bizzell, R. P.) 566
ヒッチ (Hitch, G. J.) 449-451, 1183

人名索引

ビネー（Binet, A.） 609, 1055
ピネル（Pinel, J. P. J.） 57, 60, 72, 74, 76-79, 89, 107, 112, 118, 120, 122, 123, 127, 177-179, 183, 203, 205
ビューシー（Bucy, P.） 192
ヒューズ（Hughes, M.） 587, 591
ヒューストン（Hewstone, M.） 705, 713, 714, 717
ヒューストン（Hewstone, M. R. C.） 736
ヒューストン（Houston, A.） 236, 238
ヒュースマン（Huesmann, L. R.） 870, 874
ビュートラー（Beutler, L. E.） 39, 1037
ヒューバー・ヴィードマン（Huber-Wiedman, H.） 144
ヒューベル（Hubel, D. H.） 103, 121, 122
ヒューマン（Human, I. E.） 1190
ビューラー（Buehler, R.） 15
ビョークルンド（Bjorklund, A.） 75
ビョルクヴィスト（Bjorkqvist, K.） 357, 856
ピラン（Piran, N.） 1001
ピリアヴィン（Piliavin, I. M.） 849
ピリアヴィン（Piliavin, J. A.） 844, 849, 850, 852
ピリシン（Pylyshyn, Z. W.） 392
ヒルガード（Hilgard, E. R.） 159, 162, 164, 165, 171, 329
ヒルガード（Hilgard, J. R.） 162
ヒルシュフェルト（Hirschfeld, R.） 970
ヒルトン（Hilton, J. L.） 714
ピレリ（Pilleri, G.） 147
ピンカス（Pincus, J. D.） 1091
ヒンキン（Hinkin, T. R.） 808
ヒンショー（Hinshaw, S. P.） 901
ピンダー（Pinder, A.） 1140

フ

ファー（Farr, J. L.） 189
ファーヴァ（Fava, M.） 996
ファーガソン（Ferguson, N. J. K.） 339
ファーガソン（Ferguson, T. J.） 864
ファーンハム（Furnham, A.） 768, 769, 780, 1083, 1140
ファイア（Fyer, A. J.） 980
ファイアーマン（Fireman, B.） 804, 1132
ファイヤーアーベント（Feyerabend, P.） 1105
ファイン（Fein, S.） 714
ファインゴールド（Feingold, B. F.） 900
ファゴット（Fagot, B. I.） 642, 643
ファベス（Fabes, R. A.） 843
ファレック（Falek, A.） 921
ファロン（Fallon, A. E.） 1000
ファン・アイゼンドールン（van IJzendoorn, M. H.） 572
ファンショウ（Fanshaw, J. H.） 311
ファンツ（Fantz, R. L.） 366-368
フィードラー（Fiedler, F. E.） 816-818
フィードラー（Fiedler, K.） 525
フィーネマン（Fijneman, Y. A.） 843, 875
フィールド（Field, D.） 587, 694
フィシュホフ（Fischhoff, B.） 8, 9
フィスク（Fiske, D. W.） 1037
フィスク（Fiske, S. T.） 751
フィッシャー（Fischer, E. A.） 294
フィッシャー（Fisher, K. C.） 139
フィッシャー（Fisher, R. A.） 264
フィッシャー（Fisher, R. P.） 478
フィッツ（Fitts, P. M.） 429, 430
フィッツギボン（Fitzgibbon, C. D.） 311
フィニィ（Phinney, J.） 709, 710
フィンチャム（Fincham, F. D.） 762
フィンレイ-ジョーンズ（Finlay-Jones, R. A.） 972, 986
ブーケ（Bourke, P. A.） 425
ブーティンガ（Poortinga, Y. H.） 843
フーリイ（Hooley, J. M.） 767
プーロス（Poulos, R. W.） 845
ブーンク（Buunk, B. P.） 691, 749, 750, 759
フェアバーン（Fairburn, C. G.） 993
フェイグル（Feigl, H.） 34, 526
フェイグレイ（Feigley, L.） 509
フェーリス（Ferris, C.） 680
フェーレンバーグ（Fahrenberg, J.） 1108
フェシュバック（Feshbach, S.） 1096
フェスティンガー（Festinger, L.） 755
フェヒナー（Fechner, G. T.） 33
フェリープ（Felipe, N. J.） 824
フェルドール（Wheldall, K.） 586
フェルナー（Fellner, C. H.） 746
フェルナルド（Fernald, P. S.） 1042
フェルナンド（Fernando, S.） 947
フェン（Feng, L. Y.） 177
フォア（Foa, E. B.） 747, 990
フォア（Foa, U. G.） 747
フォイ（Foy, D. W.） 989
フォーダー（Fodor, J. A.） 392, 532
フォーテンベリー（Fortenberry, J. C.） 89
フォード（Ford, M. R.） 517, 949
フォーマン（Forman, E. A.） 605
フォーリー（Foley, H. J.） 396
フォールクス（Foulkes, D.） 149, 152-154
フォスター（Foster, M. S.） 272
フォルカード（Folkard, S.） 137
フォルステイン（Folstein, S.） 904
フォルベス（Forbes, J. L.） 104
フォン・フリッシュ（von Frisch, K.） 313
フォン・ライト（Von Wright, J. M.） 413
ブシィヘッド（Bushyhead, J. B.） 525
ブシャール（Bouchard, T. J.） 611, 612, 1062, 1063
ブッシュネル（Bushnell, I. W. R.） 540, 545
ブッシュバウム（Buchsbaum, M. S.） 964
ブッシュマン（Bushman, B. J.） 80
フッセラ（Fusella, V.） 426
ブライアン（Bryan, J. H.） 843
ブライアント（Bryant, D. M.） 562
ブライアント（Bryant, P. E.） 909
ブライエン（Brien, D.） 891
フライス（Fleiss, J. L.） 925
ブライト（Bright, M.） 314
ブラウネル（Brownell, C. A.） 542
ブラウン（Brown, A. L.） 608
ブラウン（Brown, C. R.） 301
ブラウン（Brown, G. W.） 26, 213, 553, 688, 782, 972, 975, 976, 986
ブラウン（Brown, I.） 427
ブラウン（Brown, J.） 210
ブラウン（Brown, J. L.） 235
ブラウン（Brown, J. S.） 607
ブラウン（Brown, M.） 866
ブラウン（Brown, M. B.） 301
ブラウン（Brown, R.） 302, 448, 490, 495, 574, 703, 704, 725, 1179
ブラウン（Brown, R. C.） 864
ブラウン（Brown, R. J.） 734, 736
ブラウン（Brown, S.） 856
ブラウン（Brown, V.） 819
ブラウンレー（Brownlee, J.） 541
ブラクト（Bracht, G. H.） 1258
ブラシー（Blasi, A.） 633
ブラスデル（Blasdel, G. G.） 104
ブラック（Black, K. N.） 638
ブラックマン（Blackman, D.） 1139
ブラッドショウ（Bradshaw, J.） 117
ブラッドショウ（Bradshaw, P. W.） 480

ブラッドバード (Bradbard, M. R.) 641
ブラッドバーン (Bradburn, N.) 691, 779, 780
ブラッドレイ (Bradley, B. P.) 909
ブラトカニス (Pratkanis, A. R.) 1090, 1091, 1101
ブラドベリ (Bradbury, T. N.) 762, 764-767
ブラムスタイン (Blumstein, P.) 774, 777
フラワー (Flower, L. S.) 507, 508, 510, 535
フランクル (Frankel, K. A.) 552
フランコリーニ (Francolini, C. N.) 419, 420
ブランストン (Branston, P.) 680
ブランズフォード (Bransford, J. D.) 453, 466, 498, 499
ブランズマ (Brandsma, J. M.) 1028
フランツォイ (Franzoi, S. L.) 768, 789, 807, 841, 873, 1100
ブランデル (Blundell, J. E.) 180
ブリアム (Brigham, J. C.) 754
フリーダ (Frijda, N. H.) 201
フリードマン (Freedman, J. L.) 1132
フリードマン (Friedman, A.) 398
フリードマン (Friedman, M.) 206
フリードマン (Friedman, M. I.) 179
フリードリッヒ (Friedrich, L. K.) 845
ブリーフ (Brief, A. P.) 1074
フリーマン (Freeman, C. P.) 995
フリス (Frith, C. D.) 158, 960
フリス (Frith, U.) 905
プリチャード (Pritchard, S.) 105
ブリックマン (Brickman, P.) 848
ブリル (Brill, N. Q.) 89
フリン (Flynn, J. P.) 191
フリン (Flynn, J. R.) 563
プリング (Pring, L.) 887, 889
ブリンクホルン (Blinkhorn, S.) 1072, 1073, 1078
ブリンクマン (Brinkman, C.) 107
フルー (Frueh, T.) 644
ブルース (Bruce, M. L.) 951
ブルース (Bruce, V.) 385, 393
ブルーナー (Bruner, J. S.) 41, 389, 401, 404, 586, 594
ブルーメンソール (Blumenthal, M.) 864
ブルーワー (Brewer, M. B.) 736
フルゼッティ (Fruzzetti, A. E.) 477
ブルック (Brooke, M. dL.) 295
ブルックス-ガン (Brooks-Gunn, J.) 650
ブルノ (Bruno, N.) 379
フレイ (Frey, K. S.) 639
ブレイク (Blake, M. J. F.) 138
ブレイク (Blake, R.) 125, 382, 383
ブレイク (Blake, W.) 947
ブレイクモア (Blakemore, C.) 152
フレイザー (Fraser, C.) 1179
プレイスラー (Preisler, G.) 887, 888, 890
ブレイン (Braine, M. D. S.) 490, 513
ブレヴィン (Brewin, C. R.) 473, 935, 941
ブレーガー (Breger, L.) 1010
ブレーム (Brehm, S. S.) 752, 753
ブレーリー (Braly, K. W.) 723
プレストン (Preston, J. L.) 247
ブレット (Brett, D. J.) 1234
ブレナード (Brainerd, C. J.) 602, 603
ブレナン (Brennan, S. E.) 504
フレミング (Fleming, A.) 1138
ブレランド (Breland, K.) 333
ブレランド (Breland, M.) 333
ブロイアー (Breuer, J.) 168, 1009
フロイト (Freud, A.) 559, 1011, 1232
フロイト (Freud, S.) 5, 19-29, 44, 45, 53, 84, 85, 149, 152, 157, 168, 170, 171, 472, 546, 547, 575, 622-624, 627, 632, 634, 635, 637, 638, 652, 653, 661, 676, 705, 726, 728, 866, 940-942, 964, 965, 971, 981, 1007-1012, 1051, 1108, 1119, 1120, 1183-1185, 1231, 1232
ブロヴァーマン (Broverman, I. K.) 949, 950
ブローカ (Broca, P.) 108, 109
ブロードハースト (Broadhurst, P. L.) 1139
ブロードベント (Broadbent, D. E.) 19, 41, 411-414, 418, 424, 608, 1108
フロスト (Frost, B.) 402, 404
ブロディ (Brody, G. H.) 634
ブロディ (Brody, N.) 1070
プロフェット (Profet, M.) 354
プロベック (Brobeck, J. R.) 177
プロミン (Plomin, R.) 358, 544, 612, 613, 692
フロム (Fromm, E.) 29
ブロンフェンブレンナー (Bronfenbrenner, U.) 549, 552, 569
フングスト (Pfungst, O.) 1215

へ

ヘアー (Hare, H.) 277
ヘイ (Hay, D. F.) 547
ヘイ (Hay, J. F.) 435, 436
ベイカー (Baker, L.) 905, 997
ベイカー (Baker, P. M.) 680
ベイクマン (Bakeman, R.) 541
ヘイズ (Hayes, C.) 346
ヘイズ (Hayes, J. R.) 507-510, 535
ヘイズ (Hayes, K.) 346
ヘイズ (Hayes, N.) 701, 771
ベイス (Beyth, R.) 8
ヘイスティ (Hastie, K.) 908
ベイチェン (Bachen, E.) 209
ベイトソン (Bateson, G.) 966
ベイトソン (Bateson, P.) 1146
ペイン (Payne, J.) 522
ペイン (Payne, K.) 315
ペイン (Payne, R.) 315
ベーゲン (Bergen, D. J.) 648
ベーテス (Bates, J. E.) 552
ヘーベル (Hoebel, B. G.) 177
ベールズ (Bales, R. F.) 811, 812, 819, 1180
ベーレンド (Behrend, D. A.) 596
ベギン (Begin, G.) 707
ヘザー (Heather, N.) 1111, 1171
ヘザリントン (Hetherington, A. W.) 177
ヘス (Hess, R. D.) 533, 534
ベスト (Best, D. L.) 648
ヘスリン (Heslin, R.) 815
ベッカー (Becker, J. M. T.) 540
ベック (Beck, A. T.) 935-937, 972, 974, 984, 1028-1030, 1040, 1052
ベック (Beck, I. L.) 608
ヘックハウゼン (Heckhausen, J.) 684
ベックレン (Becklen, P.) 419
ベッドナー (Bednar, R. L.) 1038
ヘップ (Hebb, D.) 610, 611, 1061
ペティ (Petty, R. E.) 1095, 1097, 1098
ペティグルー (Pettigrew, T. F.) 403, 404, 731
ペデルセン (Pedersen, N. L.) 660, 1079
ペテンジル (Pettengill, S. M.) 570
ペト (Peto, A.) 897, 912
ペトリーニ (Petrini, B.) 209
ヘドリクス (Hedricks, C.) 139
ペトリノヴィッチ (Petrinovich, L. F.) 596
ヘニク (Henik, A.) 429
ヘバー (Heber, R.) 561
ペプロー (Peplau, L. A.) 774
ベム (Bem, D. J.) 1118, 1121
ベラージョン (Baillargeon, R.) 583
ペラム (Pelham, B. W.) 715

ベリー (Berry, D. C.)　608
ベリー (Berry, D. T. R.)　146
ベリー (Berry, J. W.)　401, 709, 710, 1117, 1157, 1158
ペリー (Perry, D. G.)　643
ベリーマン (Berryman, J. C.)　561
ベリッジ (Berridge, K. C.)　79
ペリン (Perrin, S.)　791, 793
ヘリング (Hering, E.)　127
ベル (Bell, P. A.)　859
ベル (Bell, S. M.)　550-552, 570, 654
ベルージ (Bellugi, U.)　1179
ベルスキー (Belsky, J.)　552, 553
ベルソールド (Berthold, P.)　231
ヘルツォーク (Herzog, H. A.)　1141
ベルナール (Bernard, C.)　68
ベルヒャー (Belcher, M.)　153
ヘルムス (Helms, D. B.)　689
ヘルムホルツ (Helmholtz, H. v.)　126, 393, 394
ベルローズ (Bellrose, F. C.)　344
ベレイター (Bereiter, C.)　510, 511
ペレス (Perez, S.)　343
ヘロールド (Hearold, S.)　845
ヘンゲラー (Henggeler, S. W.)　892
ペンジリー (Pengelley, E. T.)　139
ベンスマン (Bensman, J.)　1188
ベンソン (Benson, D. F.)　107
ヘンダーソン (Henderson, M.)　760, 761, 769, 770
ベンダリー (Benderly, B. L.)　350
ベン-トーヴィム (Ben-Tovim, M. V.)　1001
ヘンニガン (Hennigan, K. M.)　872
ペンフィールド (Penfield, W.)　103, 106, 107
ヘンリー (Henry, W. H.)　680-682

ホ

ホイートストーン (Wheatstone, C.)　379
ボイコット (Boycott, B. B.)　332
ホウィット (Howitt, D.)　1118
ホヴランド (Hovland, C. I.)　727, 1095
ボウルビィ (Bowlby, J.)　548, 553-557, 559, 575, 981, 1151, 1203, 1232
ホーク (Hawke, C.)　856
ホークス (Hawkes, N.)　136
ボーデンハウゼン (Bodenhausen, G. V.)　722, 724
ホーナイ (Horney, K.)　29, 1012
ポープ (Pope, K. S.)　1048
ホーマン (Hohmann, G. W.)　194-196
ホーム (Holme, A.)　694
ホームズ (Holmes, D. S.)　472
ホームズ (Holmes, J. G.)　761, 762,
 772
ホームズ (Holmes, T. H.)　205, 206, 687-689, 691, 692, 976
ホームズ (Holmes, W. G.)　291
ボーリング (Boring, E. G.)　381, 1111
ホール (Hall, C. S.)　1010
ホール (Hall, E. T.)　824, 825
ホール (Hall, J. A.)　708
ポール (Pahl, J. J.)　964
ポール (Paul, G. L.)　1025, 1048
ホールウェイ (Holway, A. F.)　381
ホールドブラー (Holldobler, B.)　310
ホーン (Horn, J. M.)　613, 614
ホーン (Horne, J.)　71, 142, 145-147
ボーンスタイン (Bornstein, M. H.)　569
ボカート (Bokert, E.)　153
ボグドノフ (Bogdonoff, M. D.)　791
ホケット (Hockett, C. F.)　350
ボサード (Bossard, J.)　756
ボザート (Bozarth, M. A.)　84
ポスト (Post, D. L.)　715
ポストマン (Postman, L.)　469
ポストメス (Postmes, T.)　821, 828, 829
ポスナー (Posner, M.)　410, 429, 430
ポター (Potter, E. H.)　817
ホッグランド (Hoogland, J. L.)　289, 300, 301
ホッケイ (Hockey, G. R. J.)　81, 85, 468, 1169
ホッジス (Hodges, J.)　556, 557
ホッジズ (Hodges, W. F.)　1083
ポッター (Potter, J.)　1113, 1188, 1191, 1230
ポッチェ (Pottiez, J-M.)　683
ホッホバーグ (Hochberg, J.)　396
ポドサコス (Podsakoss, P. M.)　808
ポパー (Popper, K. R.)　26, 519, 1105, 1107, 1108
ホバーマン (Hoberman, H. M.)　782
ボハンノン (Bohannon, J. N.)　496
ボハンノン (Bohannon, P.)　691
ホフステド (Hofstede, G.)　569, 1116
ホブソン (Hobson, J. A.)　150, 151, 170
ホフナゲル-ホール (Hoefnagel-Hohle, M.)　494
ホブフォル (Hobfoll, S. E.)　783
ホフマン (Hoffman, C.)　529
ホフマン (Hoffman, D. D.)　386
ホフマン (Hoffman, M. L.)　623, 624, 634, 1120
ホフリング (Hofling, C. K.)　960
ホフリング (Hofling, K. C.)　804
ボブロー (Bobrow, D. G.)　424
ポボルカ (Poborca, B.)　586
ポメランツ (Pomerantz, J.)　374
ポラック (Pollack, J. M.)　24
ホランダー (Hollander, E. P.)　818
ホランド (Holland, A. J.)　994
ホリョーク (Holyoak, K. J.)　515
ボルジア (Borgia, G.)　256
ボルドレイ (Boldrey, E.)　106, 107
ホロヴィッツ (Horowitz, M. J.)　990
ホワイティング (Whiting, B. B.)　842, 982
ホワイティング (Whiting, J. W.)　842, 982
ホワイト (White, R.)　813
ホワイト (Whyte, W. F.)　1233
ホンジック (Honzik, C. H.)　329
ボンド (Bond, C. F.)　81, 1049, 1050
ボンド (Bond, M. H.)　792, 794, 800, 1115, 1117
ボンド (Bond, S.)　775

マ

マー (Marr, D.)　386-388, 399, 404, 406
マーカス (Markus, H. R.)　673
マーキス (Marquis, D. G.)　329
マーシア (Marcia, J.)　669-673, 696
マーシャル (Marshall, G. D.)　198
マーシャル (Marshall, J. C.)　908
マーシャル (Marshall, J. R.)　746
マーシャル (Marshall, W. L.)　986
マーシュ (Marsh, H. W.)　668
マーシュ (Marsh, P.)　822, 864, 1196
マースタイン (Murstein, B. I.)　750, 755, 1213
マースランド (Marsland, A. L.)　209
マーゼニッチ (Marzenich, M.)　911
マーチ (March, J. S.)　988
マーツロフ (Marzloff, C. S.)　298
マーツロフ (Marzloff, J. M.)　298
マーティン (Martin, C. L.)　640, 641, 645
マーティン (Martin, L. L.)　201
マーティン (Martin, R. A.)　205, 206, 688, 689, 1214
マーフィー (Murphy, G.)　30, 394, 1136
マーロウ (Marlowe, D.)　806
マイクルズ (Michaels, J. W.)　759
マイケンバウム (Meichenbaum, D.)　214, 215, 935, 1040

マイヤーズ(Myers, L. B.) 473
マイルズ(Miles, T. R.) 907, 909, 910
マウラ(Maurer, D.) 366
マウラー(Mowrer, O. H.) 330, 982
マギー(McGhee, P. E.) 644
マキャンドレス(McCandless, B. R.) 866
マキルヴィーン(McIlveen, R.) 82, 139, 142, 143, 151-153, 160, 164, 167, 191, 970, 1014, 1032
マクアダムス(McAdams, D. P.) 1231
マクアラー(McAleer, J. L.) 872
マグーン(Magoun, H. W.) 70
マクーン(McKoon, G.) 500
マクガイア(McGuire, W. J.) 1094, 1100
マクカリー(McCarley, R. W.) 150, 170
マクガリグル(McGarrigle, J.) 592
マクギガン(McGuigan, F. J.) 158, 959
マククラケン(McCracken, G. F.) 301
マクグルー(McGrew, W. C.) 1180
マクソン(Maxson, S. J.) 273
マクドゥーガル(McDougall, W.) 183
マクドナルド(MacDonald, K.) 543
マクドナルド(McDonald, F. J.) 632
マクニール(McNeill, D.) 489, 490, 527
マクファーソン(McPherson, D. A.) 402
マクファーランド(McFarland, D.) 261
マクファーランド(McFarland, S. G.) 729
マクミラン(MacMillan, A. M.) 297
マクラナハン(McLanahan, S.) 781
マクリード(MacLeod, A.) 1007, 1020, 1021, 1044, 1045
マクリーン(MacLean, P. D.) 192
マクレイ(Macrae, C. N.) 722, 723
マクレランド(McClelland, D. C.) 185
マクレランド(McClelland, J. L.) 498
マクロード(McLeod, P.) 423
マシャーク(Marschark, M.) 891-895
マシューズ(Mathews, A.) 980
マシューズ(Matthews, G. V. T.) 341

マシューズ(Matthews, K. A.) 206, 207
マシューズ(Matthews, R. T.) 84
マスターズ(Masters, J. C.) 641
マスリン(Maslin, C. A.) 552
マズロー(Maslow, A. H.) 19, 36, 37, 39, 46, 51, 53, 187, 188, 217, 768, 937, 1108, 1112
マセニー(Matheny, A. P.) 544
マチス(Mathes, E. W.) 768
マッカーサー(MacArthur, R. H.) 335
マッカーサー(McArthur, L. Z.) 715, 1234, 1235
マッキネン(MacKinnon, J. R.) 1049
マッギュー(McGue, M.) 611, 612, 856, 1062, 1063
マッキントッシュ(Mackintosh, N. J.) 325, 333, 334, 1064
マックコネイ(McConaghy, M. J.) 639
マックレー(McCrae, R. R.) 686, 687, 1068, 1071, 1081, 1082
マッケイ(MacKay, D.) 115
マッケイン(McCain, B.) 823
マッコーリー(McCauley, C.) 723, 725, 726
マッコビィ(Maccoby, E. E.) 636, 653, 1120
マッセン(Mussen, P. H.) 27, 638, 842
マッソン(Masson, J.) 1042
松田(Matsuda, L. A.) 88
マット(Matt, G. E.) 1033-1035
マティア(Mateer, C. A.) 118
マドックス(Maddox, G. L.) 681
マトリン(Matlin, M. W.) 396
マネー(Money, J.) 646
マム(Mumme, R. L.) 287
マラチェク(Maracek, J.) 1119, 1121, 1122
マラノン(Maranon, G.) 197
マリック(Mallick, S. K.) 866
マリム(Malim, T.) 1139
マルケイ(Mulkay, M.) 1189
マルゴリス(Margolis, J.) 563
マルサス(Malthus, T. R.) 225
マルフォード(Mulford, R. C.) 889
マレー(Murray, F. B.) 603
マレー(Murray, H. A.) 184, 185, 217, 1068
マレー(Murray, S. L.) 761, 762, 772
マレン(Mullen, B.) 704
マロット(Malott, R. W.) 403
マン(Mann, L.) 826, 828
マン(Mann, R. D.) 814, 815

マンスール(Monsour, A.) 657
マンステッド(Manstead, A. S. R.) 1200
マンドラー(Mandler, G.) 460
マンロー(Munro, G.) 672
マンロー(Munroe, R. H.) 639

ミ

ミアーズ(Mears, C.) 306, 1138
ミード(Mead, G. H.) 650
ミード(Mead, M.) 649, 855
ミール(Meehl, P. E.) 965
ミクリンサー(Mikulincer, M.) 991
ミシュキン(Mishkin, M.) 123
ミシュラー(Mischler, E. G.) 966
ミッシェル(Mischel, W.) 622, 632, 1071, 1085
ミッチェル(Mitchell, K. M.) 38, 1037
ミッチェル(Mitchell, S. K.) 690
ミッチソン(Mitchison, G.) 151, 152, 171
ミドラースキー(Midlarsky, E.) 843
ミニューチン(Minuchin, S.) 997
ミネカ(Mineka, S.) 984, 991
ミューデル(Meudell, P.) 473
ミューラー(Mueller, E.) 542
ミューラー(Mueller, E. C.) 540
ミュニィ(Mugny, G.) 603
ミュリン(Mullin, J. T.) 540
ミュンスターベルク(Munsterberg, H.) 469
ミラー(Miller, D. T.) 714, 719
ミラー(Miller, G. A.) 41, 446, 527
ミラー(Miller, H. G.) 1099
ミラー(Miller, J. G.) 569, 717
ミラー(Miller, L. B.) 566
ミラー(Miller, N.) 736
ミラー(Miller, N. E.) 547, 856
ミラー(Miller, P. H.) 634, 655
ミラー(Miller, R. J.) 163
ミラー(Miller, T. I.) 25, 1032
ミラー(Miller, T. Q.) 207, 1213
ミリンスキー(Milinski, M.) 233, 234
ミルグラム(Milgram, S.) 7, 8, 16, 717, 728, 799-803, 805, 806, 808, 826, 830, 1102, 1128-1130, 1133, 1134, 1150, 1173, 1174, 1222
ミルズ(Mills, J.) 750, 751
ミルナー(Milner, B.) 112
ミルナー(Milner, D.) 124
ミルナー(Milner, P.) 104, 186
ミルン(Milne, A. B.) 722
ミレンダ(Mirenda, P. L.) 903
ミンクラー(Minkler, M.) 694

ム

ムーア（Moore, B. R.） 333
ムカルジー（Mukerjee, M.） 1140, 1141, 1143

メ

メア（Mair, K.） 1032
メイ（May, M. S.） 633
メイ（May, R.） 226, 227
メイアー（Maher, B. A.） 931
メイズ（Mayes, A.） 473
メイソン（Mason, J. W.） 203, 204
メイナード・スミス（Maynard Smith, J.） 227, 228, 287, 289
メイヤー（Mayer, J.） 178
メイヤー（Meyer, D. E.） 463
メイルマン（Meilman, P. W.） 671
メイン（Main, M.） 543, 544, 552
メーリマン（Merriman, A.） 682
メジャー（Major, P. F.） 300
メタルスキー（Metalsky, G. I.） 974
メッター（Metter, E. J.） 109
メディス（Meddis, R.） 146, 147
メドウズ（Meadows, S.） 370, 567, 598, 601, 603, 604, 623
メドニック（Mednick, S. A.） 884, 967
メルケルバッハ（Merckelbach, H.） 984
メルツォフ（Meltzoff, A. N.） 582
メルドラム（Meldrum, C.） 963
メンゲス（Menges, R. J.） 1131
メンジース（Menzies, R. G.） 983, 984
メンゼル（Menzel, E. W.） 393

モ

モイニハン（Moynihan, M. H.） 308
モーア（Mohr, D. C.） 1041
モーアランド（Moreland, R. L.） 819
モーガン（Morgan, C. D.） 184, 1068
モーサー（Moser, H. M.） 921
モーザー（Moser, K. A.） 694
モーゼズ（Moses, L. E.） 1099
モーゼズ（Moses, R.） 270
モールツビー（Maultsby, M. C.） 1028
モーレイ（Moray, N.） 411
モガダム（Moghaddam, F. M.） 773
モグフォード（Mogford, B.） 892
モシャ（Mosher, C.） 773
モス（Moss, E.） 595
モスコヴィッシ（Moscovici, S.） 705-707, 717, 739, 796, 797
モスコヴィッツ（Moscovitz, S.） 559

モスコヴィッツ（Moskowitz, H.） 89
モック（Mock, D. W.） 280
モッグ（Mogg, K.） 1091
モトリュック（Motluck, A.） 261
モニス（Moniz, E.） 193, 194
モハヴェディ（Mohavedi, S.） 811
モラー（Moller, A. P.） 264, 270, 274
モリス（Morris, C. D.） 454, 455
モリス（Morris, P. E.） 12, 481, 482
モリス（Morris, R. D.） 257
モリン（Morin, S. F.） 1155
モンク（Monk, T. H.） 137
モンティース（Monteith, M. J.） 737, 738
モンロー（Monroe, S. M.） 973

ヤ

ヤーキーズ（Yerkes, R. M.） 322
ヤコブス（Jacobs, K. C.） 791
ヤンキー（Yancey, W. L.） 1128
ヤング（Young, R. C.） 179
ヤング（Young, T.） 126
ヤング（Young, W. C.） 646

ユ

ユクル（Yukl, G. A.） 189
ユング（Jung, C.） 1007, 1010

ヨ

ヨーダー（Yoder, D. E.） 903
ヨハンソン（Johansson, G.） 375
ヨム－トヴ（Yom-Tov, Y.） 270

ラ

ラーソン（Larson, R. W.） 356, 668
ライエンズ（Leyens, J.-P.） 870
ライケル（Raichle, M. E.） 99
ライシェール（Reicher, S. D.） 821, 829, 1230
ライスラー（Leisler, B.） 264
ライゼンザイン（Reisenzein, R.） 196, 198
ライダー（Ryder, R.） 1141, 1142
ライチャード（Reichard, S.） 686
ライツマン（Wrightsman, L. S.） 1095
ライテンバーグ（Leitenberg, H.） 997, 998
ライト（Light, P.） 592, 597
ライト（Wright, F. E.） 737
ライトマン（Reitman, J. S.） 474
ライブスタイン（Reibstein, J.） 689, 690
ライリー（Lalljee, M.） 772
ライル（Ryle, G.） 457
ラインバック（Leinbach, M. D.） 642

ラウリン（Raulin, M. L.） 1175
ラヴレス（Loveless, N. E.） 96
ラガースピット（Lagerspit, K.） 870
ラガースペッツ（Lagerspetz, K. M. J.） 856
ラザフォード（Rutherford, E.） 27, 638
ラザラス（Lazarus, A. A.） 1031
ラザラス（Lazarus, R. S.） 196, 199-201, 213, 218
ラシュレー（Lashley, K.） 104
ラズバルト（Rusbult, C. E.） 759, 760
ラスムッセン（Rasmussen, T.） 112
ラソーンド（Lassonde, M.） 116
ラター（Rutter, M.） 555-557, 559, 691, 904, 905
ラタネ（Latané, B.） 826, 846-848, 851, 852
ラッカー（Lucker, G. W.） 734
ラック（Lack, D.） 270, 275
ラック（Rack, P.） 948
ラックマン（Rachman, S. J.） 930, 1040
ラッセク（Russek, M.） 178
ラッセル（Russell, B.） 1105
ラッセル（Russell, C. S.） 690
ラッセル（Russell, D. W.） 680
ラッセル（Russell, G. W.） 822
ラトクリフ（Ratcliff, R.） 500
ラトケ－ヤロウ（Radke-Yarrow, M.） 837
ラバージュ（LaBerge, D.） 418
ラバージュ（LaBerge, S.） 148
ラバイン－ジャミン（Rabain-Jamin, J.） 568
ラビー（Rabbie, J. M.） 704
ラピエール（LaPiere, R. T.） 721
ラミー（Ramey, C. T.） 562
ラミレス（Ramirez, I.） 179
ラムジー（Ramsey, C. T.） 562
ラムズデイン（Lumsdaine, A. A.） 1095, 1096
ラムゼイ（Ramsay, R.） 693
ラメルハート（Rumelhart, D. E.） 464, 499
ランガー（Langer, E. J.） 685
ランク（Lank, D. B.） 273
ランゲ（Lange, C.） 194
ランシマン（Runciman, W. G.） 730, 731
ランソン（Ranson, S. W.） 177
ランダウ（Landau, B.） 889
ランダス（Rundus, D.） 446
ランド（Land, E. H.） 128, 129, 382, 383
ランド（Lund, M.） 759

ランドバーグ（Lundberg, A.）　274, 275
ランバート（Lambert, M. J.）　1050
ランバート（Lambert, R. G.）　1050
ランハム（Wrangham, R. W.）　299
ランプ（Lamp, E. J.）　1091
ランプマン‐ペトレイティス（Lampman-Petraitis, C.）　668

リ
リアリー（Leary, T.）　86, 87
リー（Lee, H.）　1015
リー（Lee, L.）　762-764, 785
リー（Lee, V. E.）　560, 561
リーズン（Reason, J. T.）　433, 434, 436-438, 1227
リード（Reid, R. L.）　481
リーバー（Reber, A. S.）　154, 155, 473, 474
リーバート（Liebert, R. M.）　845
リーバーマン（Lieberman, M.）　681
リカート（Likert, R.）　812
リズレー（Risley, T.）　564
リチャード（Richards, M.）　689, 690
リチャード（Richards, W. A.）　376, 386
リチャードソン（Richardson, D. R.）　853
リック（Lick, J.）　34, 35, 1039
リッケン（Lykken, D. T.）　856
リッター（Ritter, S.）　179
リットン（Lytton, H.）　643, 960
リティナ（Rytina, S.）　804, 1132
リドレイ（Ridley, M.）　223, 228, 230
リパス（Ridpath, M. G.）　289
リピット（Lippitt, R.）　813
リヒテンシュタイン（Lichtenstein, S.）　524
リフトン（Lifton, R. J.）　1102
リマー（Remer, P.）　949
リリィ（Lilly, J. C.）　1103
リレイ（Riley, J. G. A.）　416
リン（Linn, M. C.）　1120
リンゼイ（Lindsay, D. S.）　477
リンチ（Lynch, J. J.）　784
リンドヴァル（Lindvall, O.）　75

ル
ルイス（Lewis, M.）　650, 651
ルイス（Lewis, V.）　890
ルイス（Lewis, V. J.）　450
ルー（Loo, C. M.）　823
ルー（Lou, H.）　899
ルーカス（Lucas, T.）　542
ルータンス（Luthans, F.）　31
ルード（Rood, M.）　897, 912
ルーブニッツ（Luepnitz, R. R.）　947

ルーブル（Ruble, D. N.）　639, 652, 689, 690
ルーベンスタイン（Rubenstein, D. I.）　299
ルール（Rule, B. G.）　864
ルガレッシ（Lugaressi, E.）　143
ルドゥー（LeDoux, J. E.）　192, 193, 217
ルパージ（LePage, A.）　857
ルビン（Rubin, K. H.）　629
ルビン（Rubin, Z.）　744, 757
ルボルスキー（Luborsky, L.）　1036, 1046
ル・ボン（Le Bon, G.）　820, 821, 823, 825

レ
レイ（Ley, P.）　479, 480
レイ（Rahe, R. H.）　205, 206, 687-689, 691, 692, 976
レイヴン（Raven, B. H.）　807-809
レイヴン（Raven, J.）　567
レイザー（Lazar, I.）　560
レイサム（Latham, G. P.）　11, 189
レイチャート（Reichert, S. E.）　300
レイナー（Rayner, K.）　496-498
レイナー（Rayner, R.）　982
レイノルズ（Reynolds, P.）　413
レイヒ（Lahey, B. B.）　901
レイボヴィッツ（Leibowitz, H.）　395
レイヤー（Reyer, H. U.）　247
レイン（Laing, R. D.）　923, 924
レインウォーター（Rainwater, L.）　1128
レインバーグ（Reinberg, R.）　139
レヴァイン（Levine, E. S.）　948
レヴァイン（Levine, J. M.）　795, 819
レヴァイン（Levine, R.）　778
レヴィ（Levy, J.）　114
レヴィン（Lewin, K.）　813
レヴィンジャー（Levinger, G.）　752, 765-767
レヴィンゾーン（Lewinsohn, P. M.）　933, 972, 975
レヴィンソン（Levinson, D. J.）　674, 676-679, 697
レウコヴィッツ（Lewkowicz, K. S.）　571
レーダー（Lader, M. H.）　980
レーナー（Lerner, R. M.）　690
レーベンソール（Leventhal, H. R.）　1096, 1097
レーリン（Loehlin, J. C.）　611, 613, 960, 995, 1062, 1079
レオン（Leon, G. R.）　992
レジ（Lage, E.）　796
レスコ（Resco, B. G.）　1234, 1235

レスコーラ（Rescorla, R. A.）　324
レスリー（Leslie, A. M.）　905
レスリスバーガー（Roethlisberger, F. J.）　1186, 1219, 1220
レッピン（Leppin, A.）　782
レドノーア（Lednore, A. J.）　342, 343
レヒトシャフェン（Rechtschaffen, A.）　143
レミア（Lemyre, L.）　703
レンツ（Lentz, R. J.）　1025, 1048
レンネバーグ（Lenneberg, E. H.）　493, 527

ロ
ロイ（Roy, D. F.）　478
ロウ（Rowe, M. P.）　245
ロヴァース（Lovaas, O. I.）　907
ロヴァイン（Rovine, M.）　552, 553
ロヴランド（Lovland, J.）　1208
ローガン（Logan, G. D.）　432, 433
ローザ（Rosser, E.）　822, 1196
ローズ（Rose, R. M.）　688
ローズクランス（Rosekrans, M. A.）　657
ローズマン（Roseman, B. L.）　997
ローゼン（Rosen, J. C.）　998
ローゼン（Rosen, S.）　970
ローゼンソール（Rosenthal, D.）　961
ローゼンソール（Rosenthal, R.）　1121, 1202, 1215, 1216
ローゼンツヴァイク（Rosenzweig, M. R.）　1115
ローゼンバーグ（Rosenberg, M. J.）　1172, 1219
ローゼンハン（Rosenhan, D. L.）　841, 843, 917-923, 953, 1033
ローゼンフィールド（Rosenfield, D.）　734
ローゼンブルーム（Rosenbloom, S.）　905
ローゼンマン（Rosenman, R. H.）　206, 207
ローダー（Roeder, K. D.）　242
ロード（Lord, R. G.）　813, 815
ローナー（Rohner, E. C.）　570
ローナー（Rohner, R. P.）　570
ローフ（Raugh, M. R.）　482
ローランド（Roland, P. E.）　107
ローランド（Rowland, C.）　889
ローリー（Lawrie, J. M.）　995
ロールシャッハ（Rorschach, H.）　1068
ロールズ（Rolls, B. J.）　180, 181, 183
ロールズ（Rolls, E. T.）　180
ロールズ（Rolls, R. M.）　181
ローレンツ（Lorenz, K. Z.）　303-

305, 317, 352, 548, 1179
ローワン(Rowan, J.) 1227
ロキーチ(Rokeach, M.) 729
ロジャーズ(Rogers, C. R.) 19, 36-39, 46, 51, 53, 937-939, 1019-1021, 1037, 1038, 1051, 1112
ロジャーズ(Rogers, P. J.) 180
ロジャーズ(Rogers, R. W.) 1097
ロジン(Rozin, P.) 1000
ロス(Ross, C. A.) 159
ロス(Ross, D.) 861
ロス(Ross, G.) 594
ロス(Ross, M.) 719
ロス(Ross, S. A.) 861
ロス(Roth, I.) 365
ロゾフ(Lozoff, B.) 549
ロター(Lotter, V.) 906
ロダン(Rodin, J.) 685, 849, 1000
ロック(Locke, E. A.) 10, 187, 189, 190, 217
ロック(Locke, J.) 46
ロックハート(Lockhart, R. S.) 452, 453, 455, 1106, 1196
ロット(Lott, B. E.) 748
ロバーツ(Roberts, J. M.) 527
ロバーツ(Roberts, P.) 678, 679

ロバートソン(Robertson, J.) 554
ロパタ(Lopata, H. Z.) 694
ロビンス(Robins, L. N.) 948
ロビンソン(Robinson, T. E.) 79
ロブソン(Robson, C.) 1256
ロフタス(Loftus, E. F.) 462, 471, 475, 476
ロフタス(Loftus, G. R.) 471
ロムニー(Romney, D. M.) 643
ロンドン(London, P.) 783

ワ

ワー(Warr, P. B.) 694, 695
ワーチ(Wertsch, J. V.) 596
ワーナー(Werner, C.) 756
ワイアー(Weir, W.) 1091
ワイス(Weiss, W.) 1095
ワイズ(Weisz, J. R.) 945, 946
ワイズ(Wise, R. A.) 84
ワイズ(Wise, T.) 1046
ワイスクランツ(Weiskrantz, L.) 123, 157, 1231
ワイダー(Wider, E.) 226
ワイナー(Weiner, M. J.) 737
ワイルダー(Wilder, D. A.) 737
ワインガルテン(Weingarten, H. P.)

180
ワインバーガー(Weinberger, D. A.) 473
ワインライヒ(Weinreich, P.) 670
ワグスタッフ(Wagstaff, G. F.) 160, 162, 166
ワクテル(Wachtel, P. L.) 1173
ワグナー(Wagner, A. R.) 324
ワゴンフェルド(Wagonfeld, M. O.) 952, 968
ワッサーマン(Wasserman, J.) 209
ワディントン(Waddington, D.) 822, 823
ワトキンス(Watkins, M. J.) 474
ワトソン(Watson, J.) 933
ワトソン(Watson, J. B.) 19, 29, 30, 34, 323, 526, 982, 1104
ワトソン(Watson, N.) 116
ワトソン(Watson, O. M.) 825
ワトソン(Watson, S. M.) 892
ワレン-ロイベッカー(Warren-Leubecker, A.) 496
ワン(Wong, F. Y.) 872
ワンポルド(Wampold, B. E.) 25, 1034

事項索引

あ

RBC説(コンポーネントによる認識説)(recognition-by-components theory) 387 →パターン認識
IQ(intelligence quotient) 566 →強化
アイコニック貯蔵庫(iconic store) **445** →感覚貯蔵庫
ICD(International Classification of Diseases) 920
愛情欠損性精神病質(affectionless psychopathy) 555
愛情の三角理論(triangular theory of love) 744
愛他性(altruism) **835** →向社会的行動
愛着(attachment) **540**, 544
　　安定的――(secure attachment) 550
　　回避的――(avoidant attachment) 550
　　抵抗的――(resistant attachment) 550
アクションスリップ(action slips) **410**, 433 →注意
欺き(deception) 311
足場づくり(scaffolding) **594**, 595, 604 →最近接発達領域

アセチルコリン(acetylecholine) 75 →神経伝達物質
遊び(play) 564
　　――を通しての学習(learning through play) 605 →教育への実践的応用
圧力(press) **184**
後知恵の傾向(hindsight bias) **8**
アドレナリン(adrenalin) 67, 75 →副腎髄質, モノアミン
アフォーダンス(affordance) **391** →ギブソンの直接知覚説
アヘン(opium) 82 →オピエイト
アミノ酸(amino acids) 74 →神経伝達物質
誤った記憶症候群(false memory syndrome) 169 →催眠
アルコール症(alcoholism) 81
アルドステロン(aldosterone) 182
アルファ・バイアス(alpha bias) **1119** →ジェンダー・

バイアス
アンギオテンシンⅡ (angiotensin Ⅱ)　182
安定的愛着 (secure attachment)　**550**
アンドロゲン (androgens)　66　→性腺
アンフェタミン (amphetamine)　85　→興奮薬
イーミックな構成概念 (emic constructs)　**1117**　→エティックな構成概念
イオン (ions)　**58**　→ニューロン
医学情報の記憶 (memory for medical information)　479
鋳型説 (template theories)　383　→パターン認識
閾下広告 (subliminal advertising)　1091
閾下知覚 (subliminal perception)　**1091**
育児 (child-rearing)　675, 689, 690, 697　→成人期, ライフイベント
　──語 (motherese)　**496**
異型配偶 (anisogamy)　**254**　→同型配偶
移行期 (transition)　676-678, 697　→ライフサイクル
意識 (consciousness)　**154**
　──Ⅰ (consciousness Ⅰ)　154
　──Ⅱ (consciousness Ⅱ)　154
　──的制御モード (conscious control mode)　436　→アクションスリップ
意思決定 (decision making)　520　→判断
　──モデル (decision model)　**851**　→傍観者介入
　はっきりしない状態での── (judgement under uncertainty)　552
維持方略 (maintenance strategy)　759
移住 (migration)　**340**　→帰巣
異常 (abnormality)　915
　──心理学 (abnormal psychology)　5
異状況下における一貫性 (cross-situational consistency)　**1071**
異食症 (pica)　992　→摂食障害
異性愛バイアス (heterosexual bias)　**1155**
異性間淘汰 (intersexual selection)　**259**　→性淘汰
依存性抑うつ (anaclitic depression)　**555**
一語文の段階 (one-word stage)　489　→言語の発達的段階
一試行学習 (one-trial learning)　325
一次性動機 (primary motives)　184　→二次性動機
一次的強化子 (primary reinforcers)　**327**　→二次の強化子
一卵性双生児 (monozygotic twins)　611, **1061**　→二卵性双生児, 双生児研究, 二接合子双生児
一妻多夫 (polyandry)　268　→配偶システム
一致率 (concordance rate)　**904, 960**
一般化可能性 (generalisablitiy)　**1221**　→外的妥当性
一夫一妻 (monogamy)　267　→配偶システム
一夫多妻 (polygyny)　267　→配偶システム
　──閾値モデル (polygyny threshold model)　271
遺伝子型 (genotype)　611, **1061**　→表現型
遺伝的な近さ (genetic closeness)　287　→血縁淘汰
遺伝的要因 (genetic factors)　544
遺伝と環境 (heredity and environment)　610　→知能
遺伝力 (heritability)　224
イド (id)　**20**　→精神分析
異文化要因 (cross-cultural factors)　566　→強化
意味記憶 (semantic memory)　**455**, 460　→エピソード記憶, 長期記憶
意味-検索理論 (search-after-meaning theory)　500　→最小仮説
医療モデル (medical model)　931　→異常
色の恒常性 (colour constancy)　128, 382　→視覚の恒常性
因果性 (causation)　222　→行動の進化
因子の妥当性 (factorial validity)　1058　→内容的妥当性
インスリン (insulin)　68　→膵臓
インフラディアンリズム (infradian rhythm)　**133**　→ウルトラディアンリズム, 日周期リズム
隠蔽色 (crypsis)　**242**
韻律の手掛かり (prosodic cues)　**497**
ヴィゴツキーの理論 (Vygotsky's theory)　531　→言語と思考
ウィルコクスンの符号つき順位検定 (Wilcoxen matched pairs signed ranks test)　1250
ウィルソンの4要因 (Wilson's four factors)　268
ウェイソンの4枚カード問題 (the Wason selection task)　514　→演繹的推論
ウェルニッケ失語 (Wernicke's aphasia)　109　→失語症
　──症 (Wernicke's aphasia)　493
ウォーフの仮説の修正版 (modified Whorfian hypothesis)　529
ウォーフの考え (Whorfian hypothesis)　526　→言語と思考
受け手 (receiver)　1094, 1100　→説得
ウルトラディアンリズム (ultradian rhythm)　**134**　→インフランディアリズム, 日周期リズム
運動ニューロン (motor neurons)　71
運動の知覚 (movement perception)　375
運搬曲線 (loading curve)　338　→離巣時間
ACTH (adrenocorticotrophic hormone)　202　→副腎皮質刺激ホルモン
永続的被傷因 (enduring vulnerabilities)　766
ABCDE モデル (ABCDE model)　752
エインズワスの理論 (Ainsworth's theory)　542
エクスポージャー (exposure)　1022　→フラッディング
エゴ・アナリシス (ego analysis)　**1012**
エコーイック貯蔵庫 (echoic store)　**445**　→感覚貯蔵庫
SQ3R　12, 13, 482, 484　→記憶術, 読みの技法
　──法 (SQ3R approach)　12
エストラジオール (estradiol)　66, 67
エストロゲン (estrogens)　66　→性腺
エティックな構成概念 (ethic constructs)　**1117**　→イーミックな構成概念
エディプス・コンプレックス (Oedipus complex)　**22, 622**　→エレクトラ・コンプレックス, 精神力動理論
エピソード記憶 (episodic memory)　**455**　→長期記憶, 意味記憶
F (ファシズム) 尺度 (fascism scale)　**728**　→権威主義的パーソナリティ
M　599　→新ピアジェ派理論
MRI (magnetic resonance imaging)　98
LPC (the least preferred co-worker)　816　→リーダーシップ
エレクトラ・コンプレックス (Electra complex)　**22, 623**　→エディプス・コンプレックス, 精神力動理論

演繹的推論(deductive reasoning)　　**511**, 512　→帰納的推論
遠心性神経(efferent nerves)　　63　→体性神経系
延髄(medulla oblongata)　　**61**　→髄脳
エンセファリン(encephalin)　　**84**　→オピエイト
延滞模倣(deferred imitation)　　**582**　→感覚運動期
黄体形成ホルモン(luteinizing hormone)　　66　→性腺
応諾(compliance)　　**795**　→同調
横断的研究(cross-sectional study)　　764　→縦断的研究
オウム返し(echoic response)　　**495**
大きさの恒常性(size constancy)　　369, 381　→形の恒常性, 視覚の恒常性
　　——の誤用説(misapplied size-constancy theory)　　**395**　→構造主義説
多くの概念を一語で表現する時期(holophrastic period)　　**489**　→一語文の段階
置き換え(displacement)　　726　→フラストレーション-攻撃仮説
オキシトシン(oxytocin)　　66
奥行き知覚(depth perception)　　368, 377
押し寄せること(mobbing)　　297
恐れ(fear)　　1096
　　——の構造(fear structure)　　991
オピエイト(opiates)　　82
オペラント条件づけ(operant conditioning)　　**31**, 326, 494, 1111　→古典的条件づけ
思い起こさせる相互作用(evocative interaction)　　1083
思いやりの道徳(morality of care)　　631　→ギリガンの認知発達理論, 正義の道徳性
親子間コンフリクト(parent-offspring conflict)　　275
親子の葛藤(parent-offspring conflict)　　353
親としての投資(parental investment)　　253, **255**
親の保険戦略(parental insurance strategy)　　280　→日和見主義的戦略
音声ループ(articulatory)　　449　→作業記憶

か
蓋(tectum)　　61　→中脳
絵画的手掛かり(pitorial cues)　　**377**　→手掛かり
外言(outer speech)　　531　→ヴィゴツキーの理論, 内言
介在ニューロン(interneurons)　　71
カイ2乗検定(chi-squared test)　　**1254**
外集団(outgroups)　　**722**　→内集団
　　——同質性効果(outgroup homogeneity effect)　　723　→ステレオタイプ
外的妥当性(external validity)　　**1112, 1174, 1220**　→内的妥当性
海馬(hippocampus)　　60　→大脳皮質
回避学習(avoidance learning)　　330, 990　→オペラント条件づけ, 心的外傷後ストレス障害
回避志向的方略(avoidance-oriented strategy)　　216　→コーピング方略
回避症状(avoidance)　　1004
回避的愛着(avoidant attachment)　　**550**
回復・修復理論(recovery or restoration theories)　　145
開放語(open words)　　490　→中心になる語
解離性同一性障害(dissociative identity disorder)　　**158**
カウンターバランス(counterbalancing)　　**1207**

化学信号(chemical signals)　　308
過覚醒(increased arousal)　　987, 1004　→心的外傷後ストレス障害
可逆性(reversibility)　　**585**　→脱中心化, 保存課題
書くこと(writing)　　507
　　——の理論(theory of writing)　　508
隠された観察者現象(the hidden observer phenomenon)　　164
学習性無力感(learned helplessness)　　**331**, 973　→オペラント条件づけ
学習性連合(learned associations)　　322
覚醒(arousal)　　409　→警戒, 注意
　　——/損失-報酬モデル(arousal/cost-reward model)　　852
カクテルパーティ効果("cocktail party" effect)　　410
角膜(cornea)　　**119**
仮現運動(apparent motion)　　**375**　→運動の知覚
過少適用(under-extension)　　**489**
過剰適用(over-extension)　　**489**
過剰般化(over-regularisation)　　**491**
下垂体(pituitary gland)　　66　→内分泌系
化石資料(fossil record)　　222
仮説(hypothesis)　　1196
　　——検証(hypothesis testing)　　1105
課題志向的方略(task-oriented strategy)　　215　→コーピング方略
課題的リーダー(task leader)　　**812**　→社会-情緒的リーダー
課題難易度(task difficulty)　　426　→中枢容量干渉理論
課題類似性(task similarity)　　426
片側仮説(one-tailed hypothesis)　　1197　→両側仮説
片側検定(one-tailed test)　　1244　→両側検定
形の恒常性(shape constancy)　　369　→大きさの恒常性
カタルシス(catharsis)　　866
価値観(values)　　1122
活性化拡散(spreading activation)　　462
活性-統合理論(activation-synthesis theory)　　150　→夢
葛藤(conflicts)　　21, 23　→トラウマ
活動電位(action potential)　　**72**　→膜電位
活動理論(activity theory)　　684-686, 697　→老年期, 離脱理論
家庭環境観察質問紙(the Home Observation for Measurement of the Environment (or HOME) Inventory)　　615　→環境要因
カテゴリー群化(categorical clustering)　　**459**　→体制化
カテゴリー差別化(categorical differentiation)　　**703**　→内集団ひいき
カテゴリー推論(categorical reasoning)　　516　→三段論法
可溶性ガス(soluble gases)　　75　→神経伝達物質
カルシトニン(calcitonin)　　67　→副甲状腺
カルト(cult)　　1101
カロライナ入門プロジェクト(Carolina Abecedarian Project)　　561　→強化
感覚(sensation)　　**365**　→知覚
　　——運動期(sensori-motor stage)　　**581**　→段階理論
　　——障害(sensory impairments)　　887
　　——チャネル(sensory channels)　　308

────貯蔵庫 (sensory stores)　444　→記憶貯蔵庫
────ニューロン (sensory neurons)　71
────バッファ (sensory buffer)　**412**　→注意のフィルタ理論
間隔的データ (interval data)　**1244**
環境要因 (environmental factors)　614　→双生児研究，養子研究
還元主義 (reductionism)　20
還元論 (reductionism)　**47**
観察学習 (observational learning)　**332, 632, 861**　→オペラント条件づけ，社会的学習理論
観察研究 (observational studies)　1207
慣習的道徳性 (conventional morality)　628　→コールバーグの認知発達理論
干渉説 (interference theory)　468　→忘却の理由
感情転移 (transference)　**1011**
間接適応度 (indirect fitness)　**287**　→直接適応度，包括適応度
完全構造化面接 (fully structured interview)　1186　→面接法
間脳 (diencephalon)　60
完璧主義 (perfectionism)　**1000**
ガンマアミノ酪酸 (gamma-aminobutyric acid: GABA)　75　→アミノ酸
キー技法 (key skills)　10
記憶 (memory)　443, 1092
　　医学情報の── (memory for medical information)　479
　　──系 (memory system)　443
　　──術 (mnemonic techniques)　**480**
　　──増進 (hypermnesia)　**168**　→催眠
　　──貯蔵庫 (memory stores)　**444**　→感覚貯蔵庫
　　──の実用的応用 (practical applications of memory)　475
機会抽出法 (opportunity sampling)　**1201**
記号言語 (sign language)　893　→聴覚障害
既婚 (married)　691
儀式化 (ritualisation)　**310**
儀式的攻撃 (ritualised aggression)　**238**　→なわばり争い
疑似摂食 (sham feeding)　180
気質 (temperament)　552
希釈効果 (dilution effect)　**297**
記述的妥当性 (descriptive validity)　928　→妥当性
基準関連妥当性 (empirical validity)　1058　→妥当性
絆 (bonding)　305　→晩成性の種
季節性気分障害 (seasonal affective disorder)　**139**
帰巣 (homing)　340　→移住
帰属 (attributions)　**711**
　　──理論 (attribution theory)　331　→学習性無力感
　　基本的(な)──のエラー　**714, 802**
　　状況──　**711**
　　属性──　**711**
基礎的語彙仮説 (fundamental lexical hypothesis)　**1076**
期待値 (expected utility)　520　→効用理論
拮抗条件づけ (counterconditioning)　**1023**　→系統的脱感作
拮抗薬 (antagonists)　76　→作動薬

機能的 MRI (functional MRI)　98
帰納的推論 (inductive reasoning)　**511**, 519　→演繹的推論
機能的に読み書きのできない人 (functional illiterate)　893　→聴覚障害
規範の影響 (normative influence)　794　→情報的影響，同調
ギブソンの直接知覚説 (Gibson's theory of direct perception)　389　→知覚に関する説
気分状態依存記憶 (mood-state-dependent memory)　471　→手掛かり依存忘却
基本的(な)帰属のエラー (fundamanetal attribution error)　**714, 802**
帰無仮説 (null hypothesis)　**1197**, 1245　→実験仮説，対立仮説
逆学習理論 (reverse-learning theory)　151　→夢
客観性 (objectivity)　1105
客観的 (objective)　**1107**
　　──検査 (objective tests)　1067　→パーソナリティ
逆行性条件づけ (backward conditioning)　323
逆向抑制 (retroactive interference)　468　→干渉説，順向抑制
求心性神経 (afferent nerves)　63　→体性神経系
急性ストレス障害 (acute stress disorder)　987　→心的外傷後ストレス障害
Q 分類法 (Q-sort method)　37
橋 (pons)　61　→後脳
教育への実践的応用 (practical applications to education)　602
強化 (enrichment)　560
　　──のスケジュール (schedules of reinforcement)　327
　　──の法則 (low of reinforcement)　**326**　→オペラント条件づけ
共感性 (empathy)　835　→向社会的行動
　　──‐愛他性仮説 (empathy-altruism hypothesis)　**838**
共進化 (coevolution)　239　→捕食者‐被捕食者の関係
共生関係 (symbiotic relationship)　246
競争 (competition)　224
協調 (co-ordination)　424　→二重課題
共通(の)要因 (common factors)　**1031, 1041**　→特異要因
協定結婚 (arranged marriage)　778
共同体的関係 (communal relationships)　750　→交換的関係
共同の原理 (co-operative principle)　503
恐怖症 (phobia)　976
　　特定の── (specific phobia)　976
共変原理 (covariation principle)　**713**
共鳴 (resonance)　391　→ギブソンの直接知覚説
協力的経験主義 (collaborative empiricism)　1028　→認知療法
虚偽尺度 (lie scale)　1070
ギリガンの認知発達理論 (cognitive-developmental theory: Gilligan)　631　→認知発達理論
均衡化 (equilibration)　580　→シェマ

近接性(proximity) 755
空間周波数理論(spatial-frequency theory) 122
空間知覚(space perception) 377
偶然誤差(random error) **1203** →恒常誤差
偶発学習(incidental learning) **452**, 1131
具体的操作期(concrete operations stage) 587
苦痛(suffering) 917 →異常
クライエント中心療法(client-centred therapy) **1019**
クラウディング(crowding) 823
クリューヴァー‐ビューシー症候群(Klüver-Bucy syndrome) 192 →パペッツ‐マクリーンの辺縁系モデル
グルカゴン(glucagon) 68 →膵臓
グルコース定常理論(glucostatic theory) 178
グルココルチコイド(glucocorticoid) 202 →警告反応期
グルコスタット(glucostat) 178
グルタミン酸塩(glutamate) 75 →アミノ酸
クロックシフティング(clock shifting) **343**
クロルプロマジン(chlorpromazine) 76 →拮抗薬
群集行動(crowd behaviour) 821
群性体(grouping) 588 →具体的操作期
警戒(alertness) 409 →覚醒, 注意
　　——音声(alarm calling) 288
計画上の誤り(planning fallacy) **14**
警告反応期(alarm reaction stage) 202 →汎適応症候群
経済的防御可能性(economic defendability) **235** →資源防御
警察手続きへの示唆(implications for police procedures) 477 →目撃者証言
形式的操作期(formal operations stage) 589
形態素交換エラー(morpheme-exchange error) **507**
系統的脱感作(systematic desensitisation) **1023**
系統的抽出法(systematic sampling) **1199** →無作為抽出法
係留(anchoring) **705** →社会的表象, 対象化
計量心理学(psychometrics) **1055**
ゲシュタルト心理学(gestalt psychology) 373 →知覚の体制化
ゲスタゲン(gestagens) 67 →性腺
血液脳関門(blood-brain barrier) 59 →中枢神経系
血縁関係(kinship) 285
血縁淘汰(kin selection) **231**, 286, **287**, 746 →利他主義
血縁の認知(kin recognition) 290, 291
月経前症候群(pre-menstrual syndrome) **139**
結合錯誤(illusory conjunctions) 421 →特徴統合理論
欠如(privation) **555** →剥奪
結節硬化(tuberous sclerosis) 883
決定論(determinism) 20, **44** →自由意志論
　　ソフトな——(soft determinism) **45**
解毒(dextoxification) **79**
権威主義的パーソナリティ(authoritarian personality) **727**
原因論(aetiology) **921**
嫌悪療法(aversion therapy) **1024**
幻覚薬(hallucinogens) 78, **86** →精神活性薬
研究協力者対応法(matched participant design) **1205**
研究協力者の反応性(participant reactivity) **1219**

顕現性(salience) **715** →基本的(な)帰属のエラー
言語(language) 487
　　——産出(language production) 503
　　——使用の社会的な要因(social factors of language use) 532
　　——と思考(language and thought) 526
　　——の発達段階(stages of language development) 488
　　——発達(language development) 595
　　——理解(language comprehension) 496
言語獲得(language acquisition) 487
　　——装置(language acquisition device) **346, 492**
　　→生成文法
顕在記憶(explicit memory) **456** →潜在記憶
顕在夢(manifest dream) **1010** →夢分析
検索(retrival) 443 →記憶
現象学(phenomenology) **36, 1112**
検証可能性(testability) **45** →決定論
健忘症(amnesia) **457** →長期記憶
好意(liking) 744
行為者‐観察者効果(actor-observer effect) **718**
合意の妥当性(consensual validity) **1068**
構音障害仮説(the phonological deficit hypothesis) 909 →発達性失語症
構音不能(anarthria) **896** →脳性まひ
光学的配列(optic array) **390** →ギブソンの直接知覚説
光学的流動パターン(optic flow patterns) **389** →ギブソンの直接知覚説
効果研究(outcome study) 1032
交換エラー(exchange error) **506** →先取りエラー
交感神経系(sympathetic nervous system) 63 →自律神経系
交換の関係(exchange relationships) **751** →共同体の関係
攻撃(aggression) **853**
　　順向性——(proactive aggression) **854**
　　対人志向的——(person-oriented aggression) **853**
　　道具的——(instrumental aggression) **853**
　　反応性——(reactive aggression) **854**
抗原(antigens) **208** →抗体
広告(advertisement) 1090
　　閾下——(subliminal advertising) 1091
向社会的行動(pro-social behavior) **835** →反社会的行動
恒常誤差(constant error) **1203** →交絡変数, 偶然誤差
甲状腺(thyroid) 67
　　——刺激ホルモン(thyrotrophic hormone) 66 →下垂体
　　副——(parathyroid) 67
構成成分説(the component theory) **126** →三色説
構造(structures) **49** →還元論
構造記述(structural descriptions) **385** →パターン認識
構造主義説(constructivist theory) **393** →知覚に関する説
抗体(antibodies) **208** →抗原
後天性失読症(acquired dyslexia) **907** →発達性失語症
行動主義(behaviourism) **19**

行動の進化(evolution of behaviour)　221
行動モデル(behavioural model)　933　→異常
後頭葉(occipital lobe)　60, 106　→終脳
行動療法(behaviour therapy)　**31, 1021**
後脳(metencephalon)　61
交尾前ガード(precopulatory guarding)　230
抗不安薬(anti-anxiety drug)　212
幸福感(happiness)　779
興奮転移理論(excitation transfer theory)　860
興奮薬(stimulants)　78, 84　→精神活性薬
公平なインフォームド・コンセント(voluntary informed consent)　**1131**
公平理論(equity theory)　749
効用理論(utility theory)　520　→意思決定，判断
交絡変数(confounding variables)　**1168, 1202**　→従属変数，独立変数
合理化(rationalisation)　**465**
抗利尿ホルモン(antidiuretic hormone)　66, 182　→下垂体
交流モデル(transactional model)　201　→ストレス
コーディング単位(coding units)　**1234**
コーピング(coping)　991　→心的外傷後ストレス障害
　　　──方略(coping strategies)　215
　　情動焦点型──(emotion-focused coping)　991
　　否認する──(denial of the symptoms)　991
　　問題焦点型──(problem-focused coping)　991
コールバーグの認知発達理論(cognitive-developmental theory: Kohlberg)　627, 638　→認知発達理論
コカイン(cocaine)　84　→興奮薬
互換性(compatible)　49　→還元論
刻印づけ(imprinting)　**303, 548**　→早成性の種
互恵性(reciprocity)　**292**
子殺し(infanticide)　**278**
心の理論(theory of mind)　905　→自閉症
固執した探索(perseverative search)　582　→感覚運動期
個人教授法(tutorial training)　603　→教育への実践的応用
個人空間(personal space)　**824**
個人主義(individualism)　794　→集団主義
　　──的傾向(individualistic tendency)　777　→集団主義的傾向
　　──的文化(individualistic culture)　717　→帰属
個人的，社会的，文化的多様性(individual, social, and cultural variations)　399
個人的多様性(individual variations)　400
コスト(costs)　748
個性記述的方法(idiographic approach)　**1069**　→法則定立的方法
固着(fixation)　22　→退行
コデイン(codeine)　82　→モルヒネ
古典的条件づけ(classical conditioning)　**30, 322**　→オペラント条件づけ
子供同士の教え合い(peer tutoring)　605　→教育への実践的応用
諺(proverbs)　7
コミットメント(commitment)　759
コルサコフ症候群(Korsakoff's syndrome)　**82**　→アルコール依存症
コルチコトロピン放出要素(corticotropin-release factor: CRF)　65　→視床下部
痕跡減衰説(trace decay theory)　467　→忘却の理由
コントラスト増強(contrast enhancement)　**120**
コンピュータに基づくセラピー(computer-based therapy)　911　→発達性失語症

さ

最近接発達領域(zone of proximal development)　**594**
再現性(replicability)　1106, **1111**
最小仮説(minimalist hypothesis)　500
再体験(re-experiencing)　987　→心的外傷後ストレス障害
最適捕食理論(optimal foraging theory)　335
最頻値(mode)　**1237**　→代表値
催眠(hypnosis)　**159**
　　──後暗示(post-hypnotic suggestion)　**162**
　　──後健忘(post-hypnotic amnesia)　**161**
　　──性健忘(hypnotic amnesia)　**161**
　　──性無痛覚症(hypnotic analgesia)　**162**
　　──のかかりやすさ(susceptibility to hypnosis)　160
サイロキシン(thyroxin)　67　→甲状腺
先取りエラー(anticipation error)　**506**　→交換エラー
搾取作用(exploitation)　**232**, 233
作動記憶(working memory)　449
作動薬(agonists)　**76**　→拮抗薬
差別(discrimination)　**720**　→偏見
三次元モデル表現(3-D model representation)　**386**　→マーの計算理論
三色説(trichromatic theory)　126　→構成成分説
三段論法(syllogisms)　**511**　→演繹的推論
散布図(scattergraph または scattergram)　**1251**
散布度(measure of dispersion)　1238
CT(CAT scan)　**97**
シェイピング(shaping)　**328, 495**　→オペラント条件づけ
シェマ(schema)　**580**, 604　→均衡化
ジェンダー・バイアス(gender bias)　948, 1089, 1119　→精神障害
自我(ego)　20　→精神分析学
視覚障害(blindness)　887
視覚信号(visual signals)　308　→感覚チャネル
視覚探索(visual search)　**420**
視覚的断崖(visual cliff)　368　→奥行き知覚
視覚の恒常性(visual constancies)　**380**
時間間隔抽出(time-interval sampling)　1209
時間管理(time management)　13
色視症(chrmatopsia)　**125**　→大脳性運動盲，大脳性色盲
視空間スケッチ帳(visuo-spatial sketch pad)　**449**　→作動記憶
軸索(axon)　**58**　→ニューロン
ジグソー教室(jigsaw classroom)　**733**　→偏見
刺激の回避(avoidance of stimuli)　987　→心的外傷後ストレス障害
資源の競争(competition for resources)　232
資源防御(resource defence)　**233**, 235

思考(thought)　487
至高体験(peak experiences)　37　→自己実現
指向的仮説(directional hypothesis)　1197
　　非——(non-directional hypothesis)　1197
自己開示(self-disclosure)　758
　　——の応報性規範(norm of self-disclosure reciprocity)　758　→社会的浸透理論
自己概念(self-concept)　37, 649, 937　→人間性モデル，理想自己
自己記述式質問紙法(self-report questionnaires)　1066　→パーソナリティ
自己効力感(self-efficacy)　656　→社会的学習理論
自己実現(self-actualisation)　37, 937　→人間性モデル，欲求の階層
自己成就的予言(self-fulfilling prophecy)　1231
自己制御(self-regulation)　632　→社会的学習理論
自己像(self-image)　649　→自己概念
自己中心性(egocentrism)　585　→前操作期
自己中心的な発話(egocentric speech)　531　→ヴィゴツキーの理論
自己発見(self-discovery)　602　→教育への実践的応用
自己奉仕的バイアス(self-serving bias)　719
示差性(distinctivness)　453　→処理水準説
視床(thalamus)　60　→間脳
　　——下部(hypothalamus)　60, 65　→間脳，内分泌系
自然観察法(naturalistic observation)　1179
自然言語治療プログラム(natural language treatment programme)　907　→自閉症
自然実験(natural experiment)　1175
自然淘汰(natural selection)　224
自尊感情(self-esteem)　649　→自己概念
自尊心(self-esteem)　703
失業(unemployment)　674, 687, 694-696, 698　→ライフイベント
実験仮説(experimental hypotheses)　1167, 1196　→理論
実験室実験(laboratory experiment)　1171
実験者効果(experimenter effects)　1215
実験的消去(experimental extinction)　323　→自発的回復
実験的妥当性(experimental validity)　1257　→生態学的妥当性
実験認知心理学(experimental cognitive psychology)　42
実験の現実性(experimental realism)　1173　→世俗的現実
実験法(experimental method)　1167
失行症(apraxia)　107
失語症(aphasia)　108, 493　→臨界期仮説
　　ウェルニッケ——(Wernicke's aphasia)　493
　　ブローカ——(Broca's aphasia)　493
質的研究(qualitative research)　1227　→量的研究
嫉妬(jealousy)　767
しっぺ返し(tit-for-tat)　293　→囚人のジレンマ
失名辞失語(anomic aphasia)　111　→失語症
時点抽出(time-point sampling)　1209
自動運動効果(autokinetic effect)　790　→同調
自動処理過程(automatic processes)　599
自動的処理(automatic processes)　428, 430　→制御的処理
自動的制御モード(automatic mode)　436　→アクションスリップ
シナプス(synapses)　72　→膜電位
自発的(voluntary)　409　→注意
　　——回復(spontaneous recovery)　323　→実験的消去
四分範囲(interquartile range)　1239　→散布度
自閉症(autism)　902
嗜癖(addiction)　78
死別(bereavement)　692-694, 698　→ライフイベント
脂肪定常理論(lipostatic theory)　179
締め出し行動(keep-out behaviour)　238　→なわばり争い
ジメチルトリプタミン(dimethyltryptamine: DMT)　86　→幻覚薬
社会階級バイアス(social class bias)　950　→精神障害
社会恐怖(social phobia)　977, 1003　→恐怖症
社会構成主義(social constructionism)　863, 1113
　　——者(social constructionist)　708
社会-情緒的リーダー(social-emotional leader)　812　→課題的リーダー
社会心理学(social psychology)　5
社会性(sociability)　295, 539
社会生物学(sociobiology)　352　→動物行動学
　　——者(sociobiologist)　776
社会的
　　——アイデンティティ(social identities)　702
　　——威圧説(the social drift hypothesis)　951　→統合失調症
　　——逸脱(social deviance)　916　→異常
　　——影響(social influence)　789
　　——学習理論(social learning theory)　632, 861
　　——感染(social contagion)　821　→モッブ
　　——規範(social norms)　844
　　——原因説(the social causation hypothesis)　951　→統合失調症
　　——行動(social behaviour)　285
　　——再適応評価尺度(social readjustment rating scale)　205　→ストレス
　　——浸透理論(social penetration theory)　758　→自己開示
　　——勢力(social power)　807
　　——責任の規範(norm of social responsibility)　847
　　——多様性(social variations)　401　→個人的，社会的，文化的多様性
　　——な関わり(social focus)　674
　　——認知(social cognition)　42
　　——望ましさ(social desirability)　743, 1070
　　——望ましさの先入観(social desirability bias)　1230
　　——剥奪(social deprivation)　1138
　　——比較(social comparison)　652　→自己概念
　　——評価づけ(social marking)　603　→教育への実践的応用
　　——表象(social representation)　705
社会認知的な葛藤(socio-cognitive conflict)　603　→教育への実践的応用

斜交因子(oblique factors) 1075 →直交因子
視野分割法(divided visual field technique) 116 →両耳分離聴課題
自由意志論(free will) 20, **44** →決定論
周囲への不快感(observer discomfort) 918 →異常
囚人のジレンマ(prisoner's dilemma) 293 →しっぺ返し
従属変数(dependent variable) **1168**, **1197** →交絡変数, 独立変数
集団主義(collectivism) 794 →個人主義
　　——的傾向(collectivistic tendency) 777 →個人主義的傾向
　　——的文化(collectivist culture) 717 →帰属
縦断的研究(longitudinal study) 764 →横断的研究
自由度(degree of freedom) 1256 →カイ2乗検定
終脳(telencephalon) 59
修復方略(repair strategy) 759
周辺的ルート(peripheral route) 1097 →中心的ルート
自由放任のリーダー(laissez-faire leader) 813 →リーダーシップ
自由連想(free association) 1009
主観賦課カテゴリー群化(subject-imposed categorisation) **460** →体制化
熟達した書き手(expert writers) 510
樹状突起(dendrite) **58** →ニューロン
主題統覚検査(thematic apperception test) 184
出費(costs) 335 →最適捕食理論
順向性攻撃(proactive aggression) **854** →反応性攻撃
順向相互作用(proactive interaction) 1083
順向抑制(proactive interference) **468** →干渉説, 逆向抑制
準実験(quasi-experiment) **1175**
順序的データ(ordinal data) **1244**
状況帰属(situational attributions) 711 →属性帰属
条件即応モデル(contingency model) **816** →リーダーシップ
条件づけ(conditioning) 990 →心的外傷後ストレス障害
条件反射(conditioned reflex) **322**
　　無——(unconditioned reflex) **322**
条件文推論(conditional reasoning) 512 →演繹的推論
症状の置き換え(symptom substitution) **1022**
少数派(minority) 796
情動(emotion) 190
情動志向的方略(emotion-oriented strategy) 216 →コーピング方略
情動焦点型コーピング(emotion-focused coping) 991
小脳(cerebellum) **61** →後脳
情報源(source) 1094, 1100 →説得
情報処理システム(information-processing system) 41
情報処理的アプローチ(information-processing approach) 598, 606
情報的影響(informational influence) **794** →規範的影響, 同調
情報の関連性(relevance of information) 524 →はっきりしない状態での意思決定
初期の発声(early vocalisations) 488 →言語の発達段階
贖罪の原理(expiatory punishment) 625 →ピアジェの認知発達理論
職場行動修正法(organizational behaviour modification) **31** →行動療法
触覚信号(tactile signals) 309 →感覚チャネル
初頭効果(primacy effect) **446** →新近性効果
徐波睡眠(short-wave sleep) 71
処理水準説(levels-of-processing theory) 452, 1106
処理の深さ(depth of processing) 452
自律神経系(autonomic nervous system) 63
事例研究(case study) **1182**
事例検索理論(instance theory) 432 →自動的処理
新解離理論(neo-dissociation theory) **164** →変容状態理論
進化的安定方略(evolutionarily stable strategy) **228**
進化的な歴史(evolutionary history) 222 →行動の進化
新近性効果(recency effect) **446** →初頭効果
シングルブラインド(single blind) **1218**
神経遮断薬(neuroleptic drugs) **1017**
神経修飾物質(neuromodulator) 74 →神経伝達物質
神経性大食症(bulimia nervosa) 992, **993** →摂食障害
神経性無食欲症(anorexia nervosa) **992** →摂食障害
神経伝達物質(neurotransmitter) **72**, 74 →膜電位
人口統計学的変数(demographic variable) 756
真社会性昆虫(eusocial insects) 290
新生-規範理論(emergent-norm theory) 827
振せん・せん妄(delirium tremens) **80**
深層構造(deep structure) 492 →生成文法, 表層構造
身体依存(physical dependence) **78** →嗜癖
身体温(body temperature) 69 →視床下部
身体疾患(physical illness) 920 →精神疾患
身体障害(physical impairments) 887
身体の魅力(physical attractiveness) 753
身体療法(somatic therapy) **1012**
診断者間の信頼性(inter-judge reliability) **927** →DSM
心的外傷後ストレス障害(PTSD)(post-traumatic stress disorder) 987 →急性ストレス障害
心的資源(resources) 425 →中枢容量干渉理論
侵入症状(intrusion) 1004
信念による錯誤(belief bias) **516** →カテゴリー推論
真の攻撃(true aggression) 239 →儀式的攻撃
新ピアジェ派理論(neo-Piagetian theory) 599 →情報処理的アプローチ
信頼性(reliability) **1057**, 1212, 1223 →妥当性
心理学(psychology) 3, 4
　　異常——(abnormal psychology) 5
　　実験認知——(experimental cognitive psychology) 42
　　社会——(social psychology) 5
　　——において成功する方法(how to succeed at psychology) 15
　　——における方法(methods in psychology) 6
　　——を学ぶ(studying psychology) 9
　　生物学的——(biopsychology) 5, 57
　　人間性——(humanistic psychology) 19
　　認知——(cognitive psychology) 5, 19
　　認知神経——(cognitive neuropsychology) 42, 102
　　発達——(developmental psychology) 6
　　比較——(comparative psychology) 6

心理社会的理論(psychosocial theory)　653
心理戦(psychological warfare)　**1090**　→説得
心理的伝記(psychobiography)　**1231**
推移律(transitivity)　588　→具体的操作期
遂行(performance)　591　→段階理論
推敲(revision)　509　→書くことの理論
膵臓(pancreas)　68　→内分泌系
髄脳(myencephalon)　61
水平的ずれ(horizontal decalage)　**581**　→段階理論
睡眠(sleep)　71, 140
　　──-覚醒サイクル(sleep-waking cycle)　134
　　──の段階(stages of sleep)　140
　　──剥奪(sleep deprivation)　142
　　徐波──(short-wave sleep)　71
　　レム──(REM sleep)　141
推論(inferences)　1092
ズームレンズモデル(zoom-lens model)　**418**
頭蓋開口(trepanning)　**1013**
スキーマ(schema(s))　51, 397, **437**, **464**, **498**　→還元論，言語理解，長期記憶，ナイサーの循環説
　　──説(schema theory)　464
　　──理論(schema theory)　437　→アクションスリップ
スキーム(scheme)　599　→新ピアジェ派理論
SQUID 脳磁計(SQUID magnetometry)　**100**
スキナー箱(Skinner box)　1107
スケープゴート現象(scapegoating)　727　→フラストレーション-攻撃仮説
スタンフォード刑務所実験(Stanford prison experiment)　809
ステージ・アプローチ(stage approach)　542
ステレオタイプ化(stereotyping)　722　→差別，偏見
ストループ効果(Stroop effect)　429　→自動的処理
ストレス(stress)　201
　　──予防トレーニング(stress inoculation training)　214
スピアマンのロー(rho)検定(Spearman's rho)　1252
スピーシズム(speciesism)　**1141**
スプーナリズム(spoonerism)　**505**
斉一説(uniformitarianism)　**228**
生活構造(life structure)　676-678, 692
正義の道徳性(morality of justice)　631　→思いやりの道徳性，ギリガンの認知発達理論
正規分布(normal distribution)　**1236**
制御的処理(controlled processes)　430　→自動的処理
正弦波グレーティング(sine-wave grating)　122　→空間周波数理論
静止電位(resting potential)　**71**　→膜電位
脆弱X症候群(fragile X syndrome)　883
精神
　　──依存(psychological dependence)　**78**　→嗜癖
　　──活性薬(psychoactive drugs)　**78**
　　──疾患(mental illness)　920　→身体疾患
　　──障害(mental disorders)　915
　　──神経免疫学(psychoneuroimmunology)　**208**
　　──遅滞(mental retardation)　**880**, 926
　　──健康(mental health)　779
　　──年齢(mental age)　**885**
　　──病質傾向(psychoticism)　1080
　　──病理学(psychopathology)　**957**
　　──分析学(psychoanalysis)　**20**
　　──力動学的治療法(psychodynamic therapy)　941
　　──力動的アプローチ(psychodynamic approach)　19, 546　→異常
　　──力動モデル(psychodynamic model)　940
　　──力動理論(psychodynamic theory)　622, 637, 652
成人期(adulthood)　673-679, 682, 696, 697　→青年期，老年期
生成文法(generative grammar)　492
性腺(gonads)　66　→内分泌系
　　──刺激ホルモン(gonadotrophic hormones)　66　→下垂体
生存価(survival value)　222　→行動の進化
生存方略理論(survival strategy theory)　154　→夢
生態(ecology)　**268**　→配偶システム
　　──学的妥当性(ecological validity)　43, 1112, 1257
　　──学的理論(ecological theory)　549
精緻化(elaboration)　453　→処理水準説
成長ホルモン(somatotrophic hormone)　66　→下垂体
性同一性(sexual idnetity)　**636**　→性役割発達
性淘汰(sexual selection)　**259**, 353
青年期(adolescence)　665-671, 673, 674, 676, 696　→成人期，老年期
正の誘因理論(positive-incentive theory)　180
生物学的心理学(biopsychology)　5, **57**
生物学的接近法(biological approach)　746
性役割逆転(sex-role reversal)　257
性役割行動(sex-typed behavior)　**636**
性役割スキーマ(gender schemas)　**640**
　　──理論(gender-schema theory)　640
性役割同一性(gender identity)　**636**
性役割発達(gender development)　635
勢力(power)　771
脊髄(spinal code)　61
責任の分散(diffusion of responsibility)　**847**
世俗的現実性(mundane realism)　**1173**　→実験の現実性
接触仮説(contact hypothesis)　734　→偏見
摂食障害(eating disorder)　992
絶対的道徳性(absolute morality)　**1143**, 1144　→相対的道徳性
絶対不応期(absolute refractory period)　**73**　→活動電位
折衷技法(eclectism)　**1050**
折衷的アプローチ(eclectic approach)　51　→還元論
説得(persuasion)　**1089**, 1094
セロトニン(serotonin)　75　→モノアミン
前慣習的道徳性(pre-conventional morality)　628　→コールバーグの認知発達理論
宣言的知識(declarative knowledge)　**457**　→長期記憶，手続的知識
　　──システム(declarative knowledge system)　457
潜在学習(latent learning)　329, 607　→オペラント条件づけ，情報処理的アプローチ
潜在記憶(implicit memory)　**456**, 473　→顕在記憶
潜在能力(competence)　591　→段階理論
潜在夢(latent dream)　**1010**　→夢分析

専制的リーダー(autocratic leader) 813 →リーダーシップ
前操作期(pre-operational stage) 583, 586
選択的縁組(selective placement) 614 →養子研究
選択的交配(selective breeding) 224
前頭葉(frontal lobe) 60, 105, 899 →終脳
前頭ロボトミー(frontal lobotomy) 193
洗脳(brainwashing) 1102
戦略(tactics) 240
相関(correlation) **1177**
　　——関係(correlations) 27
　　——研究(correlational study) 1213
早期完了(foreclosure) 671-673 →同一性地位
相互作用アプローチ(interactionist approach) **1082**
相互作用過程分析(interaction process analysis) **811**, 819
相互主観性(intersubjectivity) 595 →言語発達
相互性による罰(reciprocal punishment) 626 →ピアジェの認知発達理論
相互病的状態(comorbidity) **928**
相互扶助(mutualism) **294**
操作(manipulation) 294, **295**
操作的手続き(operationalisation) **1181**, **1204**
双生児研究(twin study) 611 →遺伝と環境
早成性の種(precocial species) 303 →刻印づけ, 晩成性の種
葬送の位相(grave-dressing phase) 763
相対的道徳性(relative morality) **1143**, 1144 →絶対的道徳性
相対的剥奪(relative deprivation) **731**
層別抽出法(stratified sampling) **1200**
相利共生(mutualism) 246 →共生関係, 片利共生
ソーシャルサポート(social support) 213, 782
ソーマ(soma) 58 →ニューロン
属性帰属(dispositional attributions) 711 →状況帰属
側頭葉(temporal lobe) 60, 106 →終脳
側方抑制(lateral inhibition) 120 →コントラスト増強
阻止(blocking) **324**
素質‐ストレスモデル(diathesis-stress model) **958** →精神病理学
ソフトな決定論(soft determinism) **45**
損失回避(loss aversion) **512** →効用理論

た

第一種の過誤(type Ⅰ error) **1246** →第二種の過誤
対応推論理論(correspondent inference theory) 711
退行(regression) 23 →固着
対抗適応(counter-adaptation) 245
胎児性アルコール症候群(foetal alcohol syndrome) 884
対象化(objectification) 705 →係留, 社会的表象
代償行為(compensatory behaviour) 993 →神経性大食症
対象の永続性(object permanence) **581** →感覚運動期
対人志向的攻撃(person-oriented aggression) **853** →道具的攻撃
体制化(organization) 459
体性神経系(somatic nervous system) 63
態度の類似性(attitude similarity) 756

第二言語習得(second language learning) 494 →臨界期仮説
第二種の過誤(type Ⅱ error) **1246** →第一種の過誤
大脳基底核(basal ganglia) 60 →終脳
大脳性運動盲(akinetopsia) **125** →色視症
大脳性色盲(achromatopsia) **125** →色視症
大脳皮質(cerebral cortex) 59 →終脳
代表性(representativeness) 523 →はっきりしない状態での意思決定
代表値(measure of central tendency) 1236
タイプA行動パターン(Type A behaviour pattern) **206**
タイプB行動パターン(Type B behaviour pattern) 206
大麻(cannabis) 88 →マリファナ
対立仮説(experimental hypothesis) 1245 →帰無仮説
ダウン症候群(Down's syndrome) 882
タクト(tact) **495** →マンド
多形性(polymorphism) **243**
多軸システム(multi-axial system) 925 →DSM
多数派(majority) 796
脱カテゴリー化(decategorisation) 736 →偏見
脱慣習的または原理的道徳性(post-conventional or principled morality) 629 →コールバーグの認知発達理論
脱個人化(deindividuation) **825** →群集行動, モッブ
脱浸透(depenetration) **758** →社会的浸透理論
達成欲求(need for achievement) 185
脱中心化(decentration) **585** →可逆性, 保存課題
妥当性(validity) **927**, **1057**, 1111, 1212
　因子的——(factorial validity) 1058
　外的——(external validity) **1112**, 1174, 1220
　記述的——(descriptive validity) 928
　基準関連——(empirical validity) **1058**
　合意的——(consensual validity) **1068**
　実験的——(experimental validity) **1257**
　生態学的——(ecological validity) 43, 1112, **1257**
　テスト——(test validity) 1058
　内的——(internal validity) **1111**, 1174, 1220
　内容的——(content validity) **1058**
　病因論的——(aetiological validity) 928
　表面的——(face validity) 1058
　併存的——(concurrent validity) 1058
　予測的——(predictive validity) 928, 1058
ダブルブラインド(double blind) **1217**
単為生殖(parthenogenesis) **253**
単一接合子双生児(monozygotic twins) 611 →双生児研究, 二接合子双生児
段階理論(stage theory) 581
単眼視手掛かり(monocular cues) **377** →手掛かり
短期記憶(short-term memory) 41, 474, 501 →情報処理システム, 長期記憶, 文章の理解
　——と長期記憶の区別(distinction between short-term and long-term memory) 447
短期貯蔵庫(short-term store) 444 →長期貯蔵庫
探索イメージ(search image) **241**
断続平衡説(punctuated equilibrium) **226**
談話分析(discourse analysis) 772, 1113
遅延した互恵的利他性(delayed reciprocal altruism) 292 →互恵性

知覚(perception)　41, 365　→情報処理システム
　　運動の——(movement perception)　375
　　奥行き——(depth perception)　368
　　空間——(space perception)　377
　　——過程(perceptual processes)　365
　　——と記憶(perception and memory)　528
　　——に関する説(theories of perception)　389
　　——の体制化(perceptual organisation)　372
　　——発達(perceptual development)　365
　　——発達の研究方法(research methods of perceptual development)　365
知識-組換え方略(knowledge-transforming strategy)　510
知識バイアス(knowledge bias)　**1095**　→情報源
知識-表出方略(knowledge-telling strategy)　510
地図-コンパス仮説(map-compass hypothesis)　345
知性の発達(development of intelligence)　573
知能(intelligence)　609, 1059
　　——検査(intelligence test)　609
　　——指数(intelligence quotient)　**1056**
チャンク(chunk)　446　→短期記憶
チャンネル(channel)　1094, 1100　→説得
注意(attention)　156, 409　→意識, 覚醒, 警戒
　　——の減衰理論(attenuation theory of attention)　414
　　——の焦点化(focused attention)　**409**
　　——の狭まり(attentional narrowing)　161, 163　→催眠
　　——のフィルタ理論(filter theory of attention)　412
　　——の分配(divided attention)　**409**
注意欠陥・多動性障害(attention-deficit hyperactivity disorder)　**897**
中央実行系(central executive)　426　→四重課題
中央制御部(center executive)　**449**　→作動記憶
中央値(median)　**1237**　→代表値
中心化(centration)　**584**　→保存, 保存課題
中心的ルート(central route)　1097　→周辺のルート
中心になる語(pivot words)　490　→開放語
中枢神経系(central nervous system)　58
中枢容量(central capacity)　425
　　——干渉理論(central capacity interference theory)　424　→二重課題
中断する権利(right to withdraw)　1130, **1133**
中年期の危機(midlife crisis)　677, 679, 697　→成人期
中脳(mesencephalon)　61
　　——水道周辺部灰白質(periaqueductal grey matter)　61　→被蓋
聴覚障害(deafness)　890
聴覚信号(auditory signals)　309　→感覚チャネル
長期記憶(long-term memory)　41, 455　→情報処理システム, 短期記憶
長期貯蔵庫(long-term store)　444　→短期貯蔵庫
超自我(superego)　**20**　→精神分析
調整ルール(regulatory rule)　770　→報酬ルール
調節(accommodation)　**119**, 579　→同化
超皮質性感覚失語(transcortical sensory aphasia)　**110**　→失語症
鳥類のコミュニケーション(communication in birds)　312, 313
直接教授(direct tuition)　**632**　→社会的学習理論
直接適応度(direct fitness)　**287**　→間接適応度, 包括適応度
貯蔵(storage)　443　→記憶
直交因子(orthogonal factors)　1075　→斜交因子
地理的変異(geographical variation)　223
治療同盟(therapeutic alliance)　1046
治療と病因に関する誤った推論(treatment aetiology fallacy)　**1007**
追試(replication)　**1170**
追唱課題(shadowing task)　**411**　→カクテルパーティー効果
TEEアプローチ(TEE approach)　**9**
DSM(Diagnostic and Statistical Manual of Mental Disorders)　880, **919**
定間隔スケジュール(fixed interval schedule)　327　→強化のスケジュール
抵抗期(resistance stage)　203　→汎適応症候群
抵抗的愛着(resistant attachment)　**550**
テイ-ザックス病(Tay-Sachs disease)　883
ディスコース分析(discourse analysis)　**1188**
ディブリーフィング(debriefing)　**1133**
定率スケジュール(fixed ratio schedule)　327　→強化のスケジュール
手掛かり(cues)　377
　　絵画的——(pitorial cues)　377
　　単眼視——(monocular cues)　377
　　——依存忘却(cue-dependent memory)　**469**　→忘却の理由
　　両眼視——(bichotic cues)　377
適応(adaptation)　225, 232
　　——・進化理論(adaptive or evolutionary theories)　145
テストステロン(testosterone)　66　→アンドロゲン
テスト妥当性(test validity)　**1058**
手続的知識(procedural knowledge)　**458**　→宣言的知識, 長期記憶
　　——システム(procedural knowledge system)　457
転換(conversion)　**796**
電信文期(telegraphic period)　**490**
電信文の段階(telegraphic period)　490　→言語の発展段階
伝導教育(conductive education)　897
伝導失語(conduction aphasia)　**110**　→失語症
同一視(identification)　**622**, 795　→精神力動理論, 同調
同一性拡散(identity diffusion)　666, 670-674, 696　→青年期
同一性危機(identity crisis)　**666**, 667, 669, 670, 672, 696　→青年期
同一性達成(identity achievement)　668, **671**-673　→青年期
同一性地位(identity status)　670, 671, 673, 696　→青年期
同一性の感覚(sense of identity)　666, 667, 670, 671, 674, 675　→青年期, 成人期
動因(drives)　**185**
　　——低減理論(drive-reduction theory)　186

投影検査(projective tests) **1067** →パーソナリティ
同化(assimilation) **579** →調節
等価潜在性(equipotentiality) **31** →発達準備性
動機づけ(motivation) **10, 175**
道具的攻撃(instrumental aggression) **854** →対人志向の攻撃
統計的有意性(statistical significance) **1246**
同型配偶(isogamy) **254** →異型配偶
統合失調症(schizophrenia) **921, 959**
　——患者(schizophrenics) **52**
統語解析(parsing) **497** →言語理解
洞察(insight) **24, 1008**
　——学習(insight learning) **332** →オペラント条件づけ
糖質コルチコイド(glucocorticoids) **67** →副腎皮質
同性内淘汰(intrasexual selection) **259** →性淘汰
統制変数(controlled variables) **1203** →交絡変数
同調(conformity) **789**
同調因子(Zeitgeber) **135** →睡眠 - 覚醒サイクル
頭頂葉(parietal lobe) **60, 106** →終脳
道徳慣習(moral codes) **919** →異常
道徳性(morality) **621**
道徳的・理想的基準の侵害(violation of moral and ideal standards) **918** →異常
等能性(equipotentiality) **333** →オペラント条件づけ
動物科学的処置法(animals scientific procedures act) **1146**
動物行動学(ethology) **303, 352** →社会生物学
トークン・エコノミー法(token economy) **1025** →オペラント条件づけ
トータルコミュニケーション(total communication) **895** →聴覚障害
ドーパミン(dopamine) **52, 75** →モノアミン
　——仮説(the dopamine hypothesis) **962** →統合失調症
　——作動薬(dopamine agonists) **86** →神経伝達物質
特異要因(specific factors) **1031, 1041** →共通要因
特性(traits) **1074**
　——不安(trait anxiety) **400** →個人的多様性
特徴統合理論(feature integration theory) **421**
特定処理機構理論(theory of specific mechanisms) **427** →二重課題
特定の恐怖症(specific phobia) **976, 1003** →恐怖症
独立計画法(independent design) **1205**
独立的行動(independent behaviour) **805**
独立変数(independent variable) **1168, 1197** →交絡変数, 従属変数
閉ざされた質問(closed question) **1211** →開かれた質問
度数多角形(frequency polygon) **1242**
トップダウン処理(top-down processing) **42, 389** →情報処理システム, ボトムアップ処理
トラウマ(trauma) **23, 472** →葛藤, 抑圧
トランス論理(trance logic) **161, 163** →催眠

な
内観法(introspection) **29**
内言(inner speech) **531, 596** →ヴィゴツキーの理論, 外言
ナイサーの循環説(Neisser's cyclic theory) **397** →知覚に関する説
内集団(ingroups) **722** →外集団
　——ひいき(ingroup favouritism) **703**
内的妥当性(internal validity) **1111, 1174, 1220** →外的妥当性
内発的(endogenous) **134** →睡眠 - 覚醒サイクル
内分泌系(endocrine system) **64**
内面化(internalisation) **795** →同調
内容的妥当性(content validity) **1058**
内容分析(content analysis) **1233**
ナチュラルキラー細胞(natural killer cell) **208** →免疫系
ナトリウム - カリウムポンプ(sodium-potassium pump) **72**
慣れ(habituation) **366**
なわばり(territory) **233** →資源防御
　——争い(territorial contest) **238**
二次性動機(secondary motives) **184** →一次性動機
二次的強化子(secondary reinforcers) **327** →一次的強化子
二重課題(dual task) **409** →注意の分配
二重関係(dual relationships) **1048**
二重拘束(ダブル・バインド)理論(double-bind theory) **966** →統合失調症
偽のパイプライン(bogus pipeline) **722** →偏見
日周期リズム(circadian rhythms) **133** →インフラディアンリズム, ウルトラディアンリズム
ニューロン(neuron) **57**
　運動——(motor neurons) **71**
　介在——(interneurons) **71**
　感覚——(sensory neurons) **71**
二卵性双生児(dizygotic twins) **611, 1061** →双生児研究, 単一接合双生児
人間性心理学(humanistic psychology) **19**
人間性モデル(humanistic model) **937** →異常
認知
　——科学(cognitive science) **42**
　——行動療法(cognitive-behavioural therapy) **1029**
　——再構成(cognitive restructuring) **936**
　——神経科学(cognitive neuroscience) **42**
　——神経心理学(cognitive neuropsychology) **42, 102**
　——心理学(cognitive psychology) **5, 19**
　——的新連合(cognitive-neoassociation) **858**
　——的プライミング(cognitive priming) **874**
　——的歪み(cognitive biases) **984**
　——の3徴候(cognitive triad) **974, 1028** →認知療法
　——発達(cognitive development) **579**
　——モデル(cognitive model) **935** →異常
　——療法(cognitive therapy) **1026**
　——理論(cognitive theory) **152** →夢
認知発達理論
　ギリガンの——(cognitive-developmental theory: Gilligan) **631**

コールバーグの——(cognitive-developmental theory: Kohlberg) 627, 638
ピアジェの——(cognitive-developmental theory: Piaget) 624
年周期リズム(circannual rhythm) **139**
脳性まひ(cerebral palsy) **895**
脳電図(electroencephalogram: EEG) **96**
脳梁(corpus callosum) 113 →分離脳研究
ノルアドレナリン(noradrenaline) 67, 75 →副腎髄質, モノアミン
ノンパラメトリック検定(non-parametric tests) **1245** →パラメトリック検定

は

パーソナリティ(personality) **1066**
——類似性(similarity in personality) 757
バイオフィードバック(biofeedback) **210**
配偶システム(mating system) 267
場依存型(field dependence) **400** →個人的多様性
剥奪(deprivation) **555** →欠如
場所法(method of loci) **480** →記憶術
バスピロン(buspirone) 213 →抗不安薬
パターン認識(pattern recognition) **383**
罰(punishment) 867
——訓練(punishment training) **329** →オペラント条件づけ
はっきりしない状態での意思決定(judgement under uncertainty) 522
白血球(leucocytes) **208** →免疫系
発達(development) 222 →行動の進化
——準備性(preparedness) **31** →等価潜在性
——心理学(developmental psychology) 6
——性構音失読症(developmental phonological dyslexia) **908**
——性失読症(developmental dyslexia) **907** →後天性失読症
——性表層失読症(developmental surface dyslexia) **908** →発達性失読症
発話の産出過程(processes in speech production) 504
パニック障害(panic attacks) 51
パニック発作(panic attack) 978
パペッツの回路(Papez circuit) **191** →情動
パペッツ-マクリーンの辺縁系モデル(Papez-MacLean limbic model) 192
ハミルトンの法則(Hamilton's rule) 288
パラクロロフェニールアラニン(parachlorophenylalanine: PCPA) 76 →拮抗薬
パラダイム(paradigm) 1106, **1109**
パラメトリック検定(parametric tests) **1245**
——ノン——(non-parametric tests) **1245**
バルビツール系薬剤(barbiturates) **1016**
範囲(range) **1238** →散布度
般化(generalisation) **322** →分化
半球非対称性(hemisphere asymmetries) 108
反響言語(echolalia) **904** →自閉症
反社会的行動(anti-social behavior) **835** →向社会的行動
反証可能性(falsifiability) 26, 1105, **1108**

繁殖戦略(reproductive strategies) 253
繁殖抑制(reproductive restraint) 225
反芻性障害(rumination disorder) 992 →摂食障害
晩成性の種(altricial species) **305** →早成性の種
反対色説(opponent-process theory) 127
判断(judgement) 520 →意思決定
ハンディキャップ仮説(the handicap hypothesis) 264 →異性間淘汰, フィッシャーの仮説
汎適応症候群(general adaptation syndrome) **202** →ストレス
反応性攻撃(reactive aggression) **854** →順向性攻撃
反応の相互作用(reactive interaction) 1083
半倍数性(haplodiploidy) **277, 290** →真社会性昆虫
反復測定法(repeated measures design) 1206
ピアジェのアプローチ(Piaget's approach) 370
ピアジェの認知発達理論(congnitive-developmental theory: Piaget) 624 →認知発達理論
ピアジェの理論(Piaget's theory) 530 →言語と思考
PET(positron emission tomography) **100**
B細胞(B cell) 208 →免疫系
被蓋(tegmentum) 61 →中脳
比較心理学(comparative psychology) 5
比較水準(comparison level) **749**
比較文化的(cross-cultural) 800
——研究(cross-cultural studies) 792
——問題(cross-cultural issues) 818, 825, 943
非公式面接(informal interview) 1185 →面接法
非指向的仮説(non-directional hypothesis) 1197
非指示面接(non-directive interview) 1185 →面接法
非状態理論(non-state theories) 166 →催眠
ヒストグラム(histogram) **1243**
ビッグファイブ(Big Five) 1117
否定的感情逃避モデル(negative affect escape model) 859
否定的状況解放モデル(negative-state relief model) **840** →共感性
人-状況論争(person-situation controversy) 1072
否認するコーピング(denial of the symptoms) 991
疲憊期(exhaustion stage) 203 →汎適応症候群
秘密保持(confidentiality) **1134**
病因論的妥当性(aetiological validity) 928 →妥当性
評価懸念(evaluation apprehension) **1172, 1207**, 1219
表現型(phenotype) **611, 1061** →遺伝子型
病原体(pathogens) **209**
表出された情動(expressed emotion) 966 →統合失調症
標準的な手続き(standardised procedures) 1202
標準テスト(standardised test) **1056**
標準偏差(standard deviation) **1240** →散布度
表層構造(surface structure) 492 →生成文法, 深層構造
評定法(ratings) **1067** →パーソナリティ
標本(sample) 1198
——の大きさ(sample size) 1201
——の偏り(sampling bias) 1199
表面の妥当性(face validity) 1058 →内容の妥当性
日和見主義の戦略(opportunistic strategy) 280 →親の保険戦略

開かれた質問(open question)　1211　→閉ざされた質問
比例的データ(ratio data)　**1245**
比例割当抽出法(quota sampling)　**1200**　→層別抽出法
広場恐怖(agoraphobia)　978, 1003　→恐怖症
　　——を伴うパニック障害(panic disorder with agoraphobia)　**978**
不安(anxiety)　472, 924　→抑圧，精神障害
　　——効果(effects of anxiety)　428　→二重課題
フィールド実験(field experiments)　**1170**
フィッシャーの仮説(Fisher's hypothesis)　264　→異性間淘汰，ハンディキャップ仮説
不一致(incongruence)　**1019**　→自己概念
フィルター理論(filter theory)　752
フェニルケトン尿症(phenylketonuria)　883
フェノチアジン(phenothiazines)　**962**　→ドーパミン
フェンシクリジン(phencyclidine: PCP)　86　→幻覚薬
フォーダーの理論(Fodor's theory)　532　→言語と思考
フォロワーシップ(followership)　818　→リーダーシップ
武器効果(weapons effect)　858
副交感神経系(parasympathetic nervous system)　63　→自律神経系
副甲状腺(parathyroid)　67
副腎(adrenal glands)　67　→内分泌系
　　——髄質(adrenal medulla)　67
　　——皮質(adrenal cortex)　67
　　——刺激ホルモン(adrenocorticotrophic hormone: ACTH)　66　→下垂体
符号化(encoding)　443　→記憶
　　——特定性原理(encoding specificity principle)　**471**　→手掛かり依存忘却
符号検定(sign test)　1249
不合理と不可解(irrationality and incomprehensibility)　918　→異常
プシロシビン(psilocybin)　86　→幻覚薬
不随意(involuntary)　409　→注意
不適応性(maladaptiveness)　917　→異常
負の強化子(negative reinforcers)　330　→回避学習
不変項(invariants)　**390**　→ギブソンの直接知覚説
普遍文法(universal grammar)　492　→言語獲得装置
プライド(pride)　278
プラシーボ効果(placebo effect)　**1032**
フラストレーション-攻撃仮説(frustration-aggression hypothesis)　726, **856**
フラッシュバルブ記憶(flashbulb memories)　**448**
フラッディング(flodding)　**1022**　→エクスポージャー
プランニング(planning)　508　→書くことの理論
フロイトの願望達成理論(Freud's wish-fulfilment theory)　149　→夢
ブローカ失語(Broca's aphasia)　108　→失語症
　　——失語症(Broca's aphasia)　493
プログラム学習(programmed learning)　**32**　→行動療法
プロゲステロン(progesterone)　67　→ゲスタゲン
プロセス(processes)　49　→還元論
プロトコル分析(protocol analysis)　**507**　→書くこと
プロパガンダ(propaganda)　1090, 1099　→説得
分化(discrimination)　**323**　→一般化

——説(differentiation theory)　371
文化
　　——結合症候群(cultural-bound syndromes)　**943**　→精神障害
　　——的アイデンティティ(cultural identity)　708
　　——的価値(cultural values)　569
　　——的相対性(cultural relativism)　**943**　→精神障害
　　——的多様性(cultural variations)　401　→個人的，社会的，文化的多様性
　　「——的平等」検査("culture-fair" test)　1065
　　——的普遍性(cultural universality)　**943**　→精神障害
　　——的文脈(cultural context)　919　→異常
　　——バイアス(cultural bias)　946　→精神障害
　　——変容方略(acculturation strategy)　**1157**　→民族集団
分散(variance)　**1240**　→散布度
　　——比(variation ratio)　**1239**　→散布度
文章の理解(text comprehension)　501
文の生成(sentence generation)　508　→書くことの理論
分配(sharing)　236　→資源防御
文脈と期待(context and expectations)　385
分離脳研究(split-brain studies)　113
分離廃止(desegregation)　**735**　→接触仮説
ペアとトリオ(pairs and trios)　289
平均値(mean)　**1236**　→代表値
併存的妥当性(concurrent validity)　1058　→基準関連妥当性
ベイトソンの意思決定の立方体(Bateson's decision cube)　1146
βエンドルフィン(β-endorphin)　84　→オピエイト
ベータ・バイアス(beta bias)　1119　→ジェンダー・バイアス
ベーツ擬態(batesian mimicry)　244
ヘッドスタート・プロジェクト(Project Head Start)　560　→強化
ヘブンズゲートの集団自殺(the Heaven's Gate mass suicide)　820
ヘルパーT細胞(T-helper cell)　208　→免疫系
ヘロイン(heroin)　82　→モルヒネ
変異(variation)　224
辺縁系(limbic system)　60　→終脳
変間隔スケジュール(variable interval schedule)　**327**　→強化のスケジュール
勉強の技能(study skills)　10
変形文法(transformational grammar)　492　→生成文法
偏見(prejudice)　**720**　→差別
ベンゾジアゼピン(benzodiazepine)　212　→抗不安薬
扁桃体切除術(amygdalotomy)　192　→クリューバー-ビューシー症候群
返報性の規範(norm of reciprocity)　864
変容状態理論(alterd state theories)　164　→催眠
片利共生(commensualism)　246　→共生関係，相利共生
変率スケジュール(variable ratio schedule)　**327**　→強化のスケジュール
防衛機制(defence mechanism)　21, 940　→精神力動モ

デル
包括適応度(inclusive fitness)　287　→直接適応度，間接適応度
傍観者介入(bystander intervention)　835　→向社会的行動
忘却の理由(reasons for forgetting)　467
棒グラフ(bar chart)　1243
報告バイアス(reporting bias)　1095　→情報源
防護動機理論(protection motivation theory)　1097
報酬(rewards)　747
　　──ルール(reward rule)　770　→調整ルール
法則定立的方法(nomothetic approach)　1069　→個性記述的方法
報道の頻度(media coverage)　524　→はっきりしない状態での意思決定
ホーソン効果(the Hawthorne effect)　1220
母集団(population)　1198
捕食(foraging)　334
　　最適──理論(optimal foraging theory)　335
　　──者‐被捕食者の関係(predator-prey relationship)　239
母性剥奪仮説(maternal deprivation hypothesis)　553
保存(conservation)　584　→中心化
　　──課題(conservation tasks)　584, 586　→前操作期
ホットショットモデル(hotshot model)　272　→レック
「ホットハウス」の子供たち("hot house" children)　563　→強化
ボトムアップ処理(bottom-up processing)　41, 389　→情報処理システム，トップダウン処理
ホメオスタシス(homeostasis)　68, 176
ホルモン(hormones)　64　→内分泌系
本能(instinct)　183

ま

マーの計算理論(Marr's computational theory)　386　→パターン認識
膜電位(membrane potentials)　71　→ニューロン
末梢神経系(peripheral nervous system)　62
マッチング仮説(matching hypothesis)　755　→身体的な魅力
まひ性構音障害(dysarthria)　896　→脳性まひ
マリファナ(marijuana)　88　→大麻
マンド(mand)　495　→タクト
マン‐ホイットニーのU検定(Mann-Whitney U test)　1247
三つの山(three mountains task)　587　→保存課題
ミライの大虐殺(the My Lai massacre)　803
ミルウォーキー・プロジェクト(Milwaukee project)　561　→強化
民主的リーダー(democratic leader)　813　→リーダーシップ
民族集団(ethnic groups)　1157
無作為化(randomisation)　1169
無作為抽出法(random sampling)　1199
無酸素症(anoxia)　884
無条件反射(unconditioned reflex)　322　→条件反射
むちゃ食い(binge eating)　993　→神経性大食症
　　──障害(binge-eating disorder)　992　→摂食障害

名義的データ(nominal data)　1244
命題(propositions)　501　→文章の理解
メインストリーミング(mainstreaming)　886
メスカリン(mescaline)　86　→幻覚薬
メタ認知的知識(metacognitive knowledge)　607　→情報処理的アプローチ
メタ分析(meta-analysis)　1032, 1222
メッセージ(message)　1094, 1095, 1100　→説得
メルテンス擬態(mertansian mimicry)　244
免疫系(immune system)　208
面接法(interview)　1185
メンタルモデル(mental model)　517　→信念による錯誤
モイニハン報告(Moynihan report)　1128
盲視(blindsight)　123
網様体(reticular formation)　61　→被蓋
目撃者証言(eyewitness testimony)　475, 1151　→記憶の現実的応用
黙従傾向(acquiescence)　1070
目的(aim)　1195
目標(goal)　189
　　──行動(target behaviour)　1094, 1100　→説得
モジュール処理(modular processing)　124
モッブ(mob)　820
モノアミン(monoamines)　75, 1015　→神経伝達物質
喪の仕事(mourning work)　971
モノトロピー仮説(monotropy hypothesis)　556
モラトリアム(moratorium)　671-673　→同一性地位
モルヒネ(morphine)　82　→アヘン
問題焦点型コーピング(problem-focused coping)　991

や

躍動性と独創性(vividness and unconventionality of behaviour)　917　→異常
役割(role)　771
　　──演技実験(role playing experiment)　1132
　　──準備(role preparation)　1050
誘導型面接(guided interview)　1186　→面接法
誘発電位(evoked potentials)　96　→脳電図
癒着(enmeshment)　997　→神経性無食欲症
弓状束(arcuate fasciculus)　110　→伝導失語
夢(dream)　148
　　──分析(dream analysis)　1009, 1010
要求特性(demand characteristics)　477, 863, 1172, 1207, 1218　→目撃者証言
養子研究(adoption studies)　562, 613　→遺伝と環境
抑圧(repression)　472, 728, 1008　→権威主義的パーソナリティ
抑制薬(depressants)　78, 79　→精神活性薬
予測的妥当性(predictive validity)　928, 1058　→妥当性，基準関連妥当性
予測不能性と統制の欠如(unpredictability and loss of control)　917　→異常
欲求(need)　184
　　達成──(need for achievement)　185
　　──の階層(hierarchy of needs)　36
読みの技法(reading skills)　12
四重課題(four-task study)　425　→中枢容量干渉理論

ら，わ

来談者中心療法（client-centred therapy） 38
ライフイベント（life event） 665, 673, 687-689, 692, 697, 698
ライフサイクル（life cycle） **676**, 677, 679, 697 →成人期
ラベリング（理）論（labelling theory） **923**, 965 →統合失調症
乱婚（promiscuity） **268** →配偶システム
リーダーシップ（leadership） **811**
　　　——に対する特性アプローチ（trait approach to leadership） **814**
利益（benefits） 335 →最適捕食理論
利己的な群れ効果（selfish-herd effect） **297**
離婚（divorce） 665, 668, 674, 687, 690, 692, 697 →ライフイベント
リセルグ酸ジエチルアミド（lysergic acid diethylamide: LSD） 86 →幻覚薬
離巣時間（travelling time） 338 →運搬曲線
理想自己（ideal self） **37**, **937** →自己概念，人間性モデル
理想自由分布（ideal free distribution） **233**
利他主義（altruism） 231
利他性（altruism） **285**
離脱理論（disengagement theory） 680-686, 697 →活動理論，老年期
リタリン（Ritalin） 900 →注意欠陥・多動性障害
リッカート尺度（Likert scales） 1212
リベラル・ヒューマニズム（liberal humanism） 774, 1155
　　　——の発展型（liberal humanism plus） 1155
利用可能性ヒューリスティック（availability heuristic） 524 →はっきりしない状態での意思決定
両側仮説（two-tailed hypothesis） 1197 →片側仮説
両側検定（two-tailed test） 1244 →片側検定
両眼視差（binocular disparity） **119**
両眼視手掛かり（bichotic cues） **377** →手掛かり
量的研究（quantitative research） 1227 →質的研究
両耳分離聴課題（dichotic listening task） 116, **411** →視野分割法
理論（theory） **1167** →実験仮説
臨界期仮説（critical period hypothesis） 493
臨床面接（clinical interview） 1186 →面接法
倫理委員会（ethical committee） 1129, 1135
倫理綱領（ethical principles） 1145
倫理的問題（ethical issues） 920
冷酷無情な実験者（implacable experimenter） **1173**
レック（lek） **272**
レッシュ‐ナイハン症（Lesch-Nyhan syndrome） 883
レニン（renin） 182
レム睡眠（REM sleep） 141
練習効果（effects of practice） 426 →中枢容量干渉理論
老年期（old age） 665, 673, 674, 676, 679-683, 685, 686, 696, 697 →成人期，青年期
論理療法（RET）（rational-emotive therapy） 1028
枠組み効果（framing effect） **521** →効用理論
ワトソンの考え（Watson's approach） 526 →言語と思考

Illustration Credits

Chapter 1
Page 4: Photofusion/ Christa Stadtler.
Page 5: Popperfoto/ Reuters.
Page 6: Photofusion/ David Montford.
Page 11: Photofusion/ Steve Easen.

Chapter 2
Page 20: Archives of the History of American Psychology/ The University of Akron. Reproduced with permission.
Page 28: Popperfoto.
Page 29: Archives of the History of American Psychology/ The University of Akron. Reproduced with permission.
Page 30: Archives of the History of American Psychology/ The University of Akron. Reproduced with permission.
Page 31: Archives of the History of American Psychology/ The University of Akron. Reproduced with permission.
Page 35: TRIP.
Page 37: Popperfoto.
Page 40: Popperfoto.
Page 43: Popperfoto/ Reuters.
Page 52: From M. Brown (1993), Sequential and simultaneous choice processes in the radial arm maze. In T. Zentall (Ed.), *Animal cognition: A tribute to Donald A. Riley*. Hillsdale, NJ: Lawrence Erlbaum Associates Inc. Reproduced by kind permission of Michael F. Brown, Villanova University.
Page 55: Popperfoto/ Reuters.

Chapter 3
Page 56: Popperfoto/ Reuters.
Page 57: Popperfoto/ Reuters.
Page 59: Mehau Kulyk/ Science Photo Library.
Page 71: Photofusion/ Mark Campbell.
Page 80: Popperfoto/ Reuters.
Page 82: Popperfoto.
Page 83: VinMag Archive.
Page 86: Popperfoto.
Page 88: TRIP.

Chapter 4
Page 96: Bsip Laurent/ Science Photo Library.
Page 97 (series of scans on left): From S.Z. Rapcsak, S.L. Reminger, E.L. Glisky, A.W. Kaszniak and J.F. Comer (1999), Neuropsychological mechanisms of false facial recognition following frontal lobe damage. In D.L. Schacter (Ed.), *The cognitive neuropsychology of false memories: A special issue of the journal Cognitive Neuropsychology*. Hove, UK: Psychology Press Ltd. Reproduced with permission.
Page 97 (series of scans on right): Alexander Tsiaras/ Science Photo Library.
Page 98 (left): John Griem/ Science Photo Library.
Page 98 (right): Wellcome Department of Cognitive Neurology/ Science Photo Library.
Page 100: Wellcome Department of Cognitive Neurology/ Science Photo Library.

Chapter 5
Page 132: Popperfoto/ Reuters.
Page 133: Popperfoto/ Reuters.
Page 137: TRIP.
Page 140: Photofusion/ Gina Glover.
Page 144: Ken Graham/ Impact.
Page 146: Photofusion/ Sarah Saunders.
Page 147: Geoffrey Kinns/ Biofotos.
Page 148: Alan Hobson/ Science Photo Library.
Page 158: Popperfoto.
Page 160: TRIP.
Page 162: Popperfoto/ Reuters.
Page 165: Photographed and supplied by Bipinchandra J. Mistry.
Page 169: Photofusion/ Paul Mattsson.

Chapter 6
Page 174: TRIP.
Page 175: TRIP.
Page 176: Photofusion/ Bob Watkins.
Page 180: Copyright © The British Museum.
Page 183: TRIP.
Page 186: Popperfoto.
Page 188: TRIP.
Page 191: Photographed by Tom Hunt, supplied by Bipinchandra J. Mistry.
Page 201: Photographed and supplied by Bipinchandra J. Mistry.
Page 205: Popperfoto.
Page 208: S.H.E. Kaufman and J.R. Goleck/ Science Photo

1360 Illustration Credits

Page 211: Library.
Page 211: Photographed and supplied by Bipinchandra J. Mistry.
Page 212: Photographed and supplied by Bipinchandra J. Mistry.
Page 213: Popperfoto/ Reuters.
Page 218: Sean Sprague/ Panos Pictures.

Chapter 7
Page 220: Heather Angel/ Biofotos.
Page 221: Popperfoto.
Page 222: Geoff Moon/ Biofotos.
Page 223 (top and bottom): Heather Angel/ Biofotos.
Page 225: TRIP.
Page 227: Popperfoto.
Page 229 (top left, top right and bottom): Heather Angel/ Biofotos.
Page 230: TRIP.
Page 233: Heather Angel/ Biofotos.
Page 235: Jason Venus/ Biofotos.
Page 237: Heather Angel/ Biofotos.
Page 239: Popperfoto/ Reuters.
Page 241: Heather Angel/ Biofotos.
Page 242: Heather Angel/ Biofotos.
Page 245: TRIP.
Page 247: Soames Summerhays/ Biofotos.

Chapter 8
Page 252: Popperfoto.
Page 253: Heather Angel/ Biofotos.
Page 254: Francis Leroy, Biocosmos/ Science Photo Library.
Page 256: Brian Rogers/ Biofotos.
Page 257 (top): Heather Angel/ Biofotos.
Page 257 (bottom): Popperfoto.
Page 260: Heather Angel/ Biofotos.
Page 262: Popperfoto.
Page 268: Heather Angel/ Biofotos.
Page 272: TRIP.
Page 273: TRIP.
Page 275: TRIP.
Page 279: Popperfoto.
Page 280: Heather Angel/ Biofotos.
Page 282: Heather Angel/ Biofotos.

Chapter 9
Page 284: Heather Angel/ Biofotos.
Page 285: Heather Angel/ Biofotos.
Page 286: TRIP.
Page 288: TRIP.
Page 290: Brian Rogers/ Biofotos.
Page 291: Heather Angel/ Biofotos.
Page 295: TRIP.
Page 296: TRIP.
Page 298: TRIP.
Page 302: TRIP.
Page 304: John Downer/ BBC Natural History Unit.
Page 305: Reproduced with kind permission of Harlow Primate Laboratory, University of Wisconsin.
Page 311: Brian Rogers/ Biofotos.
Page 312: Heather Angel/ Biofotos.
Page 315: TRIP.

Chapter 10
Page 320: Popperfoto/ Reuters.
Page 321: Popperfoto/ Reuters.
Page 325: Heather Angel/ Biofotos.
Page 328: Popperfoto.
Page 328: Popperfoto.
Page 332: Reproduced with kind permission of Professor Albert Bandura.
Page 336: TRIP.
Page 349: Photograph by Mike Nichols.
Page 349: From E.S. Savage-Rumbaugh and R. Lewin (1994), *Kanzi: At the brink of the human mind*. New York: Wiley. Copyright © 1994, reprinted by permission of John Wiley & Sons, Inc.
Page 354: TRIP.
Page 355: Popperfoto/ Reuters.
Page 356: Popperfoto.
Page 361: TRIP.

Chapter 11
Page 364: Popperfoto.
Page 365: Popperfoto.
Page 367: Photograph by David Linton, in Scientific American. Reproduced with permission.
Page 378: Popperfoto.
Page 387: Photographed and supplied by Bipinchandra J. Mistry.
Page 399 (top): Photographed and supplied by Bipinchandra J. Mistry.
Page 399 (bottom): Popperfoto.
Page 403: TRIP.
Page 405: Lupe Cunha Photographer and Photo Library.

Chapter 12
Page 408: Popperfoto.
Page 409: Popperfoto.
Page 411: Eliza Armstrong/ Impact.
Page 420: Photofusion/ Louis Quail.
Page 423: Popperfoto.
Page 428: TRIP.
Page 438: TRIP.

Chapter 13
Page 442: Photofusion/ Wayne Tippetts.
Page 443: Photofusion/ Wayne Tippetts.
Page 448: Photofusion/ David Montford.
Page 459: TRIP.
Page 468: TRIP.
Page 470: VinMag Archive.
Page 471: TRIP.
Page 480: Photofusion/ Crispin Hughes

Chapter 14

Page 486: Popperfoto.
Page 487: Homer Sykes/ Impact.
Page 488: Photos by C. Trevarthen. From C. Trevarthen (1980), The foundations of intersubjectivity: Development of interpersonal and cooperative understanding in infants. In D. R. Olson (Ed.), *The social foundations of language and thought: Essays in honor of Jerome J. Bruner*. New York: W. W. Norton. Copyright © C. Trevarthen. Reprinted by permission of W. W. Norton & Company, Inc.
Page 499: TRIP.
Page 504: Popperfoto.
Page 526: Archives of the History of American Psychology/ The University of Akron.
Page 535: Steve Benbow/ Impact.

Chapter 15

Page 538: Penny Tweedie/ Panos Pictures.
Page 539: TRIP.
Page 540 (top and middle): Popperfoto.
Page 542: Sally and Richard Greenhill.
Page 546: Reproduced with kind permission of Harlow Primate Laboratory, University of Wisconsin.
Page 549: Sean Sprague/ Panos Pictures.
Page 550: Ben Edwards/ Impact.
Page 553: Popperfoto.
Page 555: Mark Hakansson/ Panos Pictures.
Page 558: Popperfoto/ Reuters.
Page 560: Penny Tweedie/ Panos Pictures.
Page 563: Popperfoto.
Page 566: Heldur Netocny/ Panos Pictures.
Page 574: Penny Tweedie/ Panos Pictures.

Chapter 16

Page 578: Photofusion/ Bob Watkins.
Page 579: Photofusion/ Bob Watkins.
Page 580: Popperfoto.
Page 580: From J.J. Ducret (1990), *Jean Piaget: Biographie et parcours intellectuel*. Lausanne, Switzerland: Editions Delachaux et Niestlé.
Page 582: Photos by Peter Willatts. Reproduced with permission.
Page 596: Photofusion/ Bob Watkins.
Page 599: Popperfoto.
Page 602: Photofusion/ Christa Stadtler.
Page 604: Lupe Cunha Photographer and Photo Library.
Page 605: Photofusion/ Ewa Ohlsson.
Page 607: Photographed and supplied by Bipinchandra J. Mistry.
Page 609: Popperfoto/ Reuters.
Page 612: Popperfoto.

Chapter 17

Page 620: Popperfoto.
Page 621: Popperfoto.
Page 624: Popperfoto.
Page 628: Photographed and supplied by Bipinchandra J. Mistry.
Page 633: Popperfoto.
Page 637: Popperfoto.
Page 643: TRIP.
Page 643 (left): Photofusion/ Helen Stone.
Page 643 (right): Photofusion/ David Montford.
Page 647: Photofusion/ Crispin Hughes.
Page 651: Photos by Donna Bierschwale, courtesy of the University of Southwestern Louisiana. Reproduced with permission.
Page 657 (left): Photofusion/ David Trainer.
Page 657 (right): Photofusion/ David Trainer.
Page 662: Lupe Cunha Photographer and Photo Library.

Chapter 18

Page 664: Popperfoto/ Reuters.
Page 665: Popperfoto/ Reuters.
Page 673: Popperfoto.
Page 676: TRIP.
Page 680: Popperfoto.
Page 681: Photofusion/ Paul Baldesare.
Page 682: Photofusion/ Sam Tanner.
Page 685: Photofusion/ Mark Campbell.
Page 686: Popperfoto.
Page 687: TRIP.
Page 689: Photofusion/ Reen Pilkington.
Page 691: TRIP.
Page 692: Popperfoto/ Reuters.
Page 694: Sally and Richard Greenhill.
Page 697: Photofusion/ Sam Tanner.

Chapter 19

Page 700: Photofusion/ Steve Eason.
Page 701: Photofusion/ Steve Eason.
Page 702: Mark Cator/ Impact.
Page 709: Photofusion/ Bob Watkins.
Page 715: Photofusion/ John Southworth.
Page 716: Photofusion/ Steve Eason.
Page 721: Popperfoto.
Page 722: TRIP.
Page 724 (left): Bruce Paton/ Panos Pictures.
Page 724 (center): Sean Sprague/ Panos Pictures.
Page 724 (right): Bürje Tobiasson/ Panos Pictures.
Page 726: Popperfoto.
Page 729: Popperfoto.
Page 730: Popperfoto/ Reuters.
Page 731: Popperfoto.
Page 732: Jeremy Hartley/ Panos Pictures.
Page 740: Photofusion/ Emily Barney.

Chapter 20

Page 742: Gisele Wulfsohn/ Panos Pictures.
Page 743: Gisele Wulfsohn/ Panos Pictures.
Page 747: Popperfoto.
Page 749: TRIP.
Page 754 (top left): Popperfoto.

Page 754 (top right): Photofusion/ David Montford.
Page 754 (bottom left): Popperfoto.
Page 754 (bottom right): Photofusion/ Janis Austin.
Page 756: TRIP.
Page 759 (top and bottom): Popperfoto.
Page 766: Photofusion/ Debbie Humphry.
Page 768: Photofusion/ Debbie Humphry.
Page 771: Popperfoto.
Page 774: Popperfoto/ Reuters.
Page 776: Popperfoto/ Reuters.
Page 778: Photofusion/ Sarah Wyld.
Page 781: Photofusion/ Paul Doyle.

Chapter 21
Page 788: TRIP.
Page 789: TRIP.
Page 790: Popperfoto/ Reuters.
Page 796: Hulton Getty.
Page 798 (left): Popperfoto.
Page 798 (right): Popperfoto/ Reuters.
Page 806: From the film *Obedience*. Copyright © 1965 by Stanley Milgram and distributed by Penn State Media Sales. Permission granted by Alexandra Milgram.
Page 808: TRIP.
Page 811 (top): Photofusion/ Steve Eason.
Page 811 (center): Popperfoto.
Page 811 (bottom): TRIP.
Page 821: Popperfoto.
Page 823: Photofusion/ Tomas Carter.
Page 825: Popperfoto.
Page 826: Popperfoto/ Reuters.
Page 827: TRIP.
Page 831: Popperfoto.

Chapter 22
Page 834: Popperfoto/ Reuters.
Page 835: Popperfoto/ Reuters.
Page 836: Photofusion/ Paul Doyle.
Page 837: Photofusion/ Gina Glover.
Page 839: Photofusion/ Vicky White.
Page 841: Popperfoto/ Reuters.
Page 844: Photofusion/ Sam Tanner.
Page 849: Popperfoto.
Page 852: Photofusion/ G. Montgomery.
Page 853: Photographed by Tom Hunt, supplied by Bipinchandra J. Mistry.
Page 858: TRIP.
Page 860: Sally and Richard Greenhill.
Page 862: Reproduced by kind permission of Professor Albert Bandura.
Page 863: Popperfoto.
Page 865: Steve Parry/ Impact.
Page 867: Photofusion/ Sam Scott Hunter.
Page 869: Alex MacNaughton/ Impact.
Page 870: VinMag Archive.
Page 873 (top and bottom): TRIP.

Chapter 23
Page 878: Popperfoto.
Page 879: Popperfoto.
Page 883: Photofusion/ David Montford.
Page 886: Photofusion/ David Tothill.
Page 888: TRIP.
Page 892: Popperfoto/ Reuters.
Page 897: TRIP.
Page 900: Photographed and supplied by Bipinchandra J. Mistry.
Page 903: VinMag Archive.
Page 906: From L. Selfe (1976), *An autistic child with exceptional drawing ability*. New York, Plenum Press. Reproduced with permission.
Page 907: Photofusion/ Emily Barney.
Page 910: Popperfoto/ Reuters.
Page 912: Popperfoto/ Reuters.

Chapter 24
Page 916: Alex MacNaughton/ Impact.
Page 918: Photofusion/ Peter Marshall.
Page 919: Photofusion/ David Montford.
Page 933: TRIP.
Page 938: Photofusion/ David Montford.
Page 940: Lupe Cunha Photographer and Photo Library.
Page 945: Photofusion/ Bob Watkins.
Page 946: Photofusion/ Louis Quail.
Page 951: Photofusion/ Ingrid Gavshon.

Chapter 25
Page 956: Sally and Richard Greenhill.
Page 957: Sally and Richard Greenhill.
Page 958: Photofusion/ Paul Baldesare.
Page 959: Photofusion/ Debbie Humphry.
Page 962: Photofusion/ Linda Sole.
Page 964: Popperfoto.
Page 971: Photofusion/ Steve Eason.
Page 974: Photofusion/ Grispin Hughes.
Page 976: Popperfoto.
Page 981: TRIP.
Page 982: Reproduced with the kind permission of Benjamin Harris, University of Wisconsin.
Page 983: Popperfoto.
Page 991: TRIP.
Page 993: Sally and Richard Greenhill.
Page 995: Sally and Richard Greenhill.
Page 999 (left): Popperfoto.
Page 999 (center): Popperfoto.
Page 999 (right): Popperfoto/ Reuters.
Page 1003: Popperfoto.

Chapter 26
Page 1006: Sally and Richard Greenhill.
Page 1007: Sally and Richard Greenhill.
Page 1008: Popperfoto.
Page 1013: VinMag Archive.
Page 1019: TRIP.
Page 1022: Popperfoto.

Page1030: Photofusion/ Bob Watkins.
Page1037 (top): Photofusion/ Sarah Saunders.
Page1037 (bottom): Photofusion/ Debbie Humphry.
Page1044: Photofusion/ Steve Eason.
Page1048: Photofusion/ Helen Stone.
Page1051: Photofusion/ Sarah Saunders.
Page1052: Popperfoto/ Reuters.

Chapter 27
Page1054: TRIP.
Page1055: TRIP.
Page1064 (top): Photofusion/ Crispin Hughes.
Page1064 (bottom): Photofusion/ Paul Mattsson.
Page1068: Photofusion/ Debbie Humphry.
Page1074: Popperfoto.
Page1080: Photofusion/ Crispin Hughes.
Page1083: Popperfoto/ Reuters.
Page1084: Popperfoto.
Page1098: Photofusion/ Crispin Hughes.

Chapter 28
Page1088: Popperfoto.
Page1089: Popperfoto.
Page1090: Popperfoto.
Page1093: Image supplied by the Commission for Racial Equality. Reproduced with permission.
Page1096: VinMag Archive.
Page1100: Popperfoto.
Page1109: Science Photo Library.
Page1112: Popperfoto.
Page1114: Popperfoto.
Page1115: TRIP.
Page1120: Anita Corbin/ Impact.
Page1121: Popperfoto.
Page1123: Popperfoto.

Chapter 29
Page1126: Popperfoto/ Reuters.
Page1127: Popperfoto/ Reuters.
Page1128: Photofusion/ Janis Austin.
Page1130: Reproduced with permission of P. G. Zimbardo Inc.
Page1132: Photofusion/ Crispin Hughes.
Page1134: Photofusion/ Steve Eason.
Page1138: Popperfoto/ Reuters.
Page1139: TRIP.
Page1140: TRIP.
Page1142: Photographed and supplied by Bipinchandra J. Mistry.
Page1143: Photo by April Ottey. Reproduced with permission of the Chimpanzee and Human Communication Institute, Central Washington University.
Page1145: Photofusion/ Rob Scott.
Page1148: Richard Day/ Biofotos.
Page1149: Popperfoto.
Page1153: Image supplied by the Commission for Racial Equality. Reproduced with permission.
Page1154: TRIP.

Page1156: Photofusion/ David Montford.
Page1157: Photofusion/ George Montgomery.
Page1162-1165: *Ethical principles for conducting research with human participants* are Society guidelines and have been reproduced by kind permission of The British Psychological Society.

Chapter 30
Page1166 (top part of montage): Photofusion/ Ingrid Gavshon.
Page1167: Photographed and supplied by Bipinchandra J. Mistry.
Page1168: Photographed and supplied by Bipinchandra J. Mistry.
Page1170: Popperfoto/ Reuters.
Page1171: Jorn Stjerneklar/ Impact.
Page1172: Popperfoto/ Reuters.
Page1173: Photographed and supplied by Bipinchandra J. Mistry.
Page1175: TRIP.
Page1177: TRIP.
Page1180: Lupe Cunha Photographer and Photo Library.
Page1181: Popperfoto.
Page1183: Photographed and supplied by Bipinchandra J. Mistry.
Page1185: Photofusion/ Crispin Hughes.
Page1187: Photographed and supplied by Bipinchandra J. Mistry.

Chapter 31
Page1194: Popperfoto/ Reuters.
Page1195: Popperfoto/ Reuters.
Page1197: Photofusion/ Bob Watkins.
Page1201: Photofusion/ Peter Marshall.
Page1203: Lieba Taylor/ Panos Pictures.
Page1208: Photofusion/ Julia Martin.
Page1209: TRIP.
Page1210: Photofusion/ Steve Eason.
Page1215: From O. Pfungst (1911), *Clever Hans: The horse of Mr von Osten*. New York: Holt.
Page1216: Photofusion/ Giles Barnard.
Page1221: Popperfoto.
Page1223: TRIP.

Chapter 32
Page1226: Popperfoto/ Reuters.
Page1227: Popperfoto/ Reuters.
Page1228: Photofusion/ Sally Lancaster.
Page1230: Popperfoto.
Page1232: Popperfoto/ Reuters.
Page1233: Photofusion/ Nick Cobbing.
Page1234: Vinmag Archive.
Page1235: Food diaries reproduced from U. Schmidt and J. Treasure (1993), *Getting better bit (e) by bit (e): A survival kit for sufferers of bulimia nervosa and binge eating disorders*. Hove, UK: Psychology Press Ltd. Reproduced with permission.

Appendices

Pages 1271-1272: Critical values of U for the Mann-Whitney U test from R. Runyon and A. Haber (1976), *Fundamentals of behavioural statistics* (3rd edition). Reading, MA: McGraw-Hill. Reproduced with permission.

Page 1273: Sign test values from F. Clegg (1982), *Simple statistics*. Cambridge, UK: Cambridge University Press. Reproduced with permission.

Page 1274: Wilcoxon signed ranks test values from R. Meddis (1975), *Statistical handbook for nonstatisticians*. London: McGraw-Hill. Reproduced with permission of the publisher.

Page 1275: Critical values of Spearman's r from J.H. Zhar (1972), Significance testing of the Spearman Rank Correlation Coefficient. *Journal of the American Statistical Association, 67*, 578-580. Reprinted with permission. Copyright © by the American Statistical Assiciation. All rights reserved.

Page 1276: Critical values of chi-square abridged from R.A. Fisher and F. Yates (1974), *Statistical tables for biological, agricultural and medical research* (6th edition). Harlow, UK: Addision Wesley Longman. Reprinted by permission of Pearson Education Ltd.

[日本語版監修]
山内光哉（やまうち・みつや）
最終学歴：広島大学大学院教育学研究科博士課程単位取得退学
文学博士
九州大学名誉教授
主著：『ピアジェ思考の発達診断法』（監訳）ナカニシヤ出版，『心理・教育のための統計法（第2版）』サイエンス社，『発達心理学（第2版）』上・下（編）ナカニシヤ出版，『グラフィック学習心理学』（共編）サイエンス社
監訳担当：日本語版監修者序文，原著者日本語版序文，1・9・11・13・14・16・18章，付録

[監　訳]
白樫三四郎（しらかし・さんしろう）
最終学歴：九州大学大学院教育学研究科博士課程単位取得退学
教育学博士
大阪大学名誉教授
主著：『リーダーシップの心理学』有斐閣，『リーダーシップ／ヒューマン・リレーションズ』黎明出版，『現代心理学への招待』（編）ミネルヴァ書房，『リーダーシップの統合理論』（訳編）北大路書房
監訳担当：17・19・20・21・22章

利島　保（としま・たもつ）
最終学歴：広島大学大学院教育学研究科博士課程単位取得退学
文学博士
広島大学名誉教授・広島大学大学院医歯薬保健学研究院（医）特任教授
主著：『障害者のための小さなハイテク』（共著）福村出版，『心から脳をみる』福村出版，『認知の神経心理学』福村出版，『視覚の認知神経科学』（訳編）協同出版，『脳神経心理学』（編）朝倉書店
監訳担当：29・30・31・32章

鈴木直人（すずき・なおと）
最終学歴：同志社大学大学院文学研究科博士課程中途退学
医学博士
同志社大学心理学部教授
主著：『学ぶ，教える，かかわる』（共著）北大路書房，『感情心理学への招待』（共著）サイエンス社，『心理学概論』（共著）培風館，『心理学概論』（共編）ナカニシヤ出版
監訳担当：6・7・8・28章

山本　力（やまもと・つとむ）
最終学歴：広島大学大学院教育学研究科博士課程単位取得退学
博士（心理学），臨床心理士
岡山大学大学院教育学研究科教授
主著：『精神分析的心理療法の手引き』（編）誠信書房，『心理臨床家のための事例研究の進め方』（編）北大路書房，『臨床心理行為研究セミナー』（共著）至文堂
監訳担当：25・26章

岡本祐子（おかもと・ゆうこ）
最終学歴：広島大学大学院教育学研究科博士課程単位取得退学
教育学博士，臨床心理士
広島大学大学院教育学研究科教授
主著：『中年からのアイデンティティ発達の心理学』ナカニシヤ出版，『アイデンティティ生涯発達論の射程』ミネルヴァ書房，『アイデンティティ生涯発達論の展開』ミネルヴァ書房，『中年の光と影』（編）至文堂
監訳担当：15・23・24・27章

道又　爾（みちまた・ちかし）
最終学歴：南カリフォルニア大学博士課程修了
Ph. D.
上智大学総合人間科学部教授
主著：『現代心理学』（共編）ナカニシヤ出版，『ワークブック心理学』（共訳）新曜社，『認知心理学』（共著）有斐閣
監訳担当：2・3・4・5・10・12章

[訳者一覧]

日本語版監修者序文	山内光哉（九州大学名誉教授）	17章	森尾博昭（関西大学）
原著者日本語版序文	山内光哉（同上）	18章	長尾　博（活水女子大学）
1章	山内光哉（同上）	19章	外山みどり（学習院大学）
2章	道又　爾（上智大学）	20章	柿本敏克（群馬大学）
3章	小池　敦（三重県立看護大学）	21章	白樫三四郎（大阪大学名誉教授）
4章	足立耕平（長崎純心大学）	22章	渥美公秀（大阪大学）
5章	大久保街亜（専修大学）		中村有美（阪南大学）
6章	小川時洋（科学警察研究所）		諏訪晃一（大阪大学）
7章	鈴木直人（同志社大学）	23章	渡邉照美（くらしき作陽大学）
8章	兒玉典子（滋賀大学）	24章	瀧日滋野（金城学院大学［非常勤］）
9章	宍戸靖子（西南学院大学［非常勤］）	25章	森本　篤（岡山県立岡山城東高校）
	藤田　文（大分県立芸術文化短期大学）		宇都宮真輝（吉備国際大学）
10章	佐藤研史（元上智大学）	26章	小西聡子（岡山県立瀬戸南高校）
11章	朝長昌三（長崎大学［名誉教授］）		西山久子（福岡教育大学）
	朝長佳代子	27章	菅野奈那（元広島大学）
12章	鎌田浩史（元上智大学）		山川真紀子（福岡県春日市立春日中学校）
	実吉綾子（帝京大学）	28章	坂本正裕（東邦大学）
13章	認知心理学研究会	29章	木村堅一（名桜大学）
14章	吉村匠平（大分県立看護科学大学）	30章	牧野幸志（摂南大学）
15章	永田彰子（安田女子大学）	31章	橋本優花里（福山大学）
16章	水谷孝之（武庫川女子大学）	32章	中尾美月（神戸松蔭女子学院大学［非常勤］）
	水谷宗行（京都教育大学）	付録	山内光哉（同上）

アイゼンク教授の心理学ハンドブック

2008年11月10日　初版第1刷発行
2013年 3月10日　初版第3刷発行

定価はカヴァーに
表示してあります

原　著　者	マイケル W. アイゼンク
日本語版監修	山内　光哉
監　訳　者	白樫三四郎
	利島　保
	鈴木　直人
	山本　力
	岡本　祐子
	道又　爾
発　行　者	中西健夫
発　行　所	株式会社ナカニシヤ出版

〒606-8161　京都市左京区一乗寺木ノ本町15番地
Telephone　075-723-0111
Facsimile　075-723-0095
Website　http://www.nakanishiya.co.jp/
Email　iihon-ippai@nakanishiya.co.jp
郵便振替　01030-0-13128

装幀＝白沢 正／印刷＝ファインワークス／製本＝兼文堂
Printed in Japan.
ISBN978-4-88848-853-2

◎本書のコピー，スキャン，デジタル化等の無断複製は著作権法上での例外を除き禁じられています．本書を代行業者等の第三者に依頼してスキャンやデジタル化することは，たとえ個人や家庭内での利用であっても著作権法上認められておりません．